D0655071

FIFE COUNCIL LIBRARIES

REFERENCE BOOK

PLEASE DO NOT REMOVE
FROM THIS DEPARTMENT

Collins

Collins Dictionary

English-Portuguese
Português-Inglês

HarperCollins Publishers
Westerhill Road
Bishopbriggs
Glasgow
G64 2QT
Great Britain

Third Edition 2006

© HarperCollins Publishers 1991, 2001, 2006

ISBN-13 978-0-00-722426-5
ISBN-10 0-00-722426-5

Collins ® and Bank of English® are registered trademarks of HarperCollins Publishers Limited

www.collins.co.uk

A catalogue record for this book is available from the British Library

Typeset by Thomas Callan

Printed in Italy by Legoprint S.P.A.

FIFE COUNCIL LIBRARIES

HJ004142

HJ	29/08/2006
R 469.8 COL	£14.99
GEN AREF	CP

Acknowledgements
We would like to thank those authors and publishers who kindly gave permission for copyright material to be used in the Collins Word Web. We would also like to thank Times Newspapers Ltd for providing valuable data.

All rights reserved. No part of this publication may be reproduced, stored in a retrieval system or transmitted, in any form or by any means, electronic, mechanical, photocopying, recording or otherwise, without the prior permission of the publisher. This book is sold subject to the conditions that it shall not, by way of trade or otherwise, be lent, re-sold, hired out or otherwise circulated without the publisher's prior consent in any form of binding or cover other than that in which it is published and without a similar condition including this condition being imposed on the subsequent purchaser.

Entered words that we have reason to believe constitute trademarks have been designated as such. However, neither the presence nor absence of such designation should be regarded as affecting the legal status of any trademark.

ISBN 0-00-776930-x

EDITORS
John Whitlam
Vitoria Davies
Mike Harland

ÍNDICE

Introdução	v
Abreviaturas usadas neste dicionário	vi
Pronúncia	viii
Ortografia do português	xiii
Verbos portugueses	xiv
Verbos ingleses	xvii
Números	xx
INGLÊS–PORTUGUÊS	1
PORTUGUÊS–INGLÊS	405

CONTENTS

Introduction	v
Abbreviations used in this dictionary	vi
Pronunciation guide	viii
Portuguese spelling	xiii
Portuguese verb forms	xiv
English verb forms	xvii
Numbers	xx
ENGLISH–PORTUGUESE	1
PORTUGUESE–ENGLISH	405

contributors/colaboradores
Carlos Ramires,
Nelly Wanderley Fernandes Porto,
Ana Maria de Mello e Souza,
Adriana Ceschin Rieche, Lígia Xavier,
Amos Maidantchik, Helio Leoncio Martins,
Jane Horwood

consultant/assessor
Dr Euzi Rodrigues Moraes

editorial staff/redação
Gerry Breslin, Joyce Littlejohn

MARCAS REGISTRADAS
As palavras que acreditamos constituir marcas registradas foram assim denominadas. Todavia, não se deve supor que a presença ou a ausência dessa denominação possa afetar o status legal de qualquer marca.

NOTE ON TRADEMARKS
Words which we have reason to believe constitute trademarks have been designated as such. However, neither the presence nor the absence of such designation should be regarded as affecting the legal status of any trademark.

William Collins' dream of knowledge for all began with the publication of his first book in 1819. A self-educated mill worker, he not only enriched millions of lives, but also founded a flourishing publishing house. Today, staying true to this spirit, Collins books are packed with inspiration, innovation, and practical expertise.
They place you at the centre of a world of possibility and give you exactly what you need to explore it.

Language is the key to this exploration, and at the heart of Collins Dictionaries is language as it is really used. New words, phrases, and meanings spring up every day, and all of them are captured and analysed by the Collins Word Web. Constantly updated, and with over 2.5 billion entries, this living language resource is unique to our dictionaries.

Words are tools for life. And a Collins Dictionary makes them work for you.

Collins. Do more.

INTRODUÇÃO

PARA COMPREENDER O INGLÊS

Este novo dicionário, completamente atualizado, fornece ao leitor uma cobertura ampla e prática dos usos lingüísticos mais comuns, incluindo a terminologia relativa à área empresarial e à microinformática, além de uma seleção abrangente de abreviaturas, siglas e topônimos encontrados freqüentemente na imprensa. Para facilitar as consultas do leitor, as formas irregulares de verbos e substantivos ingleses foram incluídas, com indicações que fazem referência à forma básica, onde uma tradução é dada.

PARA EXPRESSAR-SE EM INGLÊS

A fim de ajudar o leitor a expressar-se correta e idiomaticamente em inglês, foram incluídas várias indicações para orientá-lo quanto à tradução mais apropriada em um determinado contexto. Todas as palavras de uso mais comum receberam um tratamento detalhado, com muitos exemplos de utilização típica.

UM COMPANHEIRO DE TRABALHO

Todo o cuidado foi tomado para fazer deste novo dicionário da editora Collins uma obra totalmente confiável, fácil de ser usada e útil para o trabalho e estudos do leitor. Esperamos que ele seja um companheiro de longos anos no atendimento das necessidades de expressão numa língua estrangeira.

INTRODUCTION

UNDERSTANDING PORTUGUESE

This new and thoroughly up-to-date dictionary provides the user with wide-ranging, practical coverage of current usage, including terminology relevant to business and office automation, and a comprehensive selection of abbreviations, acronyms and geographical names commonly found in the press. You will also find, for ease of consultation, irregular forms of Portuguese verbs and nouns with a cross-reference to the basic form where a translation is given.

SELF-EXPRESSION IN PORTUGUESE

To help you express yourself correctly and idiomatically in Portuguese, numerous indications – think of them as signposts – guide you to the most appropriate translation for your context. All the most commonly used words are given detailed treatment, with many examples of typical usage.

A WORKING COMPANION

Much care has been taken to make this new Collins dictionary thoroughly reliable, easy to use and relevant to your work and study. We hope it will become a long-serving companion for all your foreign language needs.

ABREVIATURAS

abreviatura	*ab(b)r*
adjetivo	*adj*
administração	*Admin*
advérbio, locução adverbial	*adv*
aeronáutica	*Aer*
agricultura	*Agr*
anatomia	*Anat*
arquitetura	*Arq, Arch*
artigo definido	*art def*
artigo indefinido	*art indef*
uso atributivo do substantivo	*atr*
automobilismo	*Aut(o)*
auxiliar	*aux*
aeronáutica	*Aviat*
biologia	*Bio*
botânica, flores	*Bot*
português do Brasil	BR
inglês britânico	*Brit*
química	*Chem*
linguagem coloquial (!chulo)	*col(!)*
comércio, finanças, bancos	*Com(m)*
comparativo	*compar*
computação	*Comput*
conjunção	*conj*
construção	*Constr*
uso atributivo do substantivo	*cpd*
cozinha	*Culin*
artigo definido	*def art*
economia	*Econ*
educação, escola e universidade	*Educ*
eletricidade, eletrônica	*Elet, Elec*
especialmente	*esp*
exclamação	*excl*
feminino	*f*
ferrovia	*Ferro*
uso figurado	*fig*
física	*Fís*
fisiologia	*Fisiol*
fotografia	*Foto*
(verbo inglês) do qual a partícula é inseparável	*fus*
geralmente	*gen*
geometria	*Geom*
geografia, geologia	*Geo*
geralmente	*ger*
impessoal	*impess, impers*
artigo indefinido	*indef art*
linguagem coloquial (!chulo)	*inf(!)*

ABBREVIATIONS

abbreviation
adjective
administration
adverb, adverbial phrase
flying, air travel
agriculture
anatomy
architecture
definite article
indefinite article
compound element
the motor car and motoring
auxiliary
flying, air travel
biology
botany
Brazilian Portuguese
British English
chemistry
colloquial (offensive!)
commerce, finance, banking
comparative
computing
conjunction
building
compound element
cookery
definite article
economics
schooling, schools and universities
electricity, electronics
especially
exclamation
feminine
railways
figurative use
physics
physiology
photography
(phrasal verb) where the particle is inseparable
generally
geometry
geography, geology
generally
impersonal
indefinite article
colloquial (offensive!)

infinitivo	*infin*	infinitive
invariável	*inv*	invariable
irregular	*irreg*	irregular
jurídico	*Jur*	law
gramática, lingüística	*Ling*	grammar, linguistics
masculino	*m*	masculine
matemática	*Mat(h)*	mathematics
medicina	*Med*	medicine
ou masculino ou feminino, dependendo do sexo da pessoa	*m/f*	masculine/feminine
militar, exército	*Mil*	military matters
música	*Mús, Mus*	music
substantivo	*n*	noun
navegação, náutica	*Náut, Naut*	sailing, navigation
adjetivo ou substantivo numérico	*num*	numeral adjective or noun
	o.s.	oneself
pejorativo	*pej*	pejorative
fotografia	*Phot*	photography
física	*Phys*	physics
fisiologia	*Physiol*	physiology
plural	*pl*	plural
política	*Pol*	politics
particípio passado	*pp*	past participle
preposição	*prep*	preposition
pronome	*pron*	pronoun
psicologia, psiquiatria	*Psico, Psych*	psychology, psychiatry
português de Portugal	*PT*	European Portuguese
pretérito	*pt*	past tense
química	*Quím*	chemistry
religião e cultos	*Rel*	religion, church services
	sb	somebody
educação, escola e universidade	*Sch*	schooling, schools and universities
singular	*sg*	singular
	sth	something
sujeito (gramatical)	*su(b)j*	(grammatical) subject
subjuntivo, conjuntivo	*sub(jun)*	subjunctive
superlativo	*superl*	superlative
também	*tb*	also
técnica, tecnologia	*Tec(h)*	technical term, technology
telecomunicações	*Tel*	telecommunications
tipografia, imprensa	*Tip*	typography, printing
televisão	*TV*	television
tipografia, imprensa	*Typ*	typography, printing
inglês americano	*US*	American English
ver	*V*	see
verbo	*vb*	verb
verbo intransitivo	*vi*	intransitive verb
verbo reflexivo	*vr*	reflexive verb
verbo transitivo	*vt*	transitive verb
zoologia	*Zool*	zoology
marca registrada	®	registered trademark
equivalente cultural	≈	cultural equivalent

PORTUGUESE PRONUNCIATION

The rules given below refer to Portuguese as spoken in the city and surrounding region of Rio de Janeiro, Brazil.

CONSONANTS

c	[k]	café	*c* before *a*, *o*, *u* is pronounced as in *c*at
ce, ci	[s]	cego	*c* before *e* or *i*, as in re*c*eive
ç	[s]	raça	*ç* is pronounced as in re*c*eive
ch	[ʃ]	chave	*ch* is pronounced as in *sh*ock
d	[d]	data	as in English EXCEPT *d* before an *i* sound or final unstressed *e* is pronounced as in ju*d*ge
de, di	[dʒ]	difícil, cidade	
g	[g]	gado	*g* before *a*, *o*, *u* as in *g*ap
ge, gi	[ʒ]	gíria	*g* before *e* or *i*, as *s* in leisure
h		humano	*h* is always silent in Portuguese
j	[ʒ]	jogo	*j* is pronounced as *s* in leisure
l	[l]	limpo, janela	as in English EXCEPT *l* after a vowel tends to become *w*
	[w]	falta, total	
lh	[ʎ]	trabalho	*lh* is pronounced like the *lli* in mi*ll*ion
m	[m]	animal, massa	as in English EXCEPT *m* at the end of a syllable, preceded by a vowel nasalizes the preceding vowel
	[ãw]	cantam	
	[ĩ]	sim	
n	[n]	nadar, penal	as in English EXCEPT *n* at the end of a syllable, preceded by a vowel and followed by a consonant, nasalizes the preceding vowel
	[ã]	cansar	
	[ẽ]	alento	
nh	[ɲ]	tamanho	*nh* is pronounced like the *ni* in *on*ion
q	[k]	queijo	*qu* before *i* or *e* is pronounced as in *k*ick
q	[kw]	quanto cinqüenta	*qu* before *a* or *o*, or *qü* before *e* or *i*, is pronounced as in *qu*een
-r-	[r]	compra	*r* preceded by a consonant (except *n*) and followed by a vowel is pronounced with a single trill
r-, -r-	[x]	rato, arpão	inital *r*, *r* followed by a consonant and *rr* pronounced similar to the Scottish *ch* in lo*ch*
rr	[x]	borracha	
-r	[*]	pintar, dizer	word-final *r* before a word beginning with a consonant or at the end of a sentence is pronounced [x]; before a word beginning with a vowel it ispronounced [r]. In colloquial speech this variable sound is often not pronounced at all
s-	[s]	sol	as in English EXCEPT intervocalic *s* is pronounced as in rose
-s-	[z]	mesa	
-s-	[ʒ]	rasgar, desmaio	*s* before *b*, *d*, *g*, *l*, *m*, *n*, *r*, and *v*, as in leisure
-s-, -s	[ʃ]	escada, livros	*s* before *c*, *f*, *p*, *qu*, *t* and finally, as in *s*ugar
-ss-	[s]	nosso	double *s* is always pronounced as in bo*ss*
t	[t]	todo	as in English EXCEPT *t* followed by an *i* sound or final unstressed *e* is pronounced as *ch* in *ch*eer
te, ti	[tʃ]	amante, tipo	
x-	[ʃ]	xarope explorar	initial *x* or *x* before a consonant (except *c*) is pronounced as in *s*ugar
-xce-, -xci-	[s]	exceto excitar	*x* before *ce* or *ci* is unpronounced

ex-	[z]	exame	*x* in the prefix *ex* before a vowel is pronounced as *z* in squeeze
-x-	[ʃ]	relaxar	*x* in any other position may be pronounced as in sugar, axe or sail
	[ks]	fixo	
	[s]	auxiliar	
z-, -z-	[z]	zangar	as in English EXCEPT final *z* is pronounced as in leisure
-z	[ʒ]	cartaz	

b, f, k, p, v, w are pronounced as in English.

VOWELS

a, á, à, â	[a]	mata	*a* is normally pronounced as in father
ã	[ã]	irmã	*ã* is pronounced approximately as in sung
e	[e]	vejo	unstressed (except final) *e* is pronounced like *e* in they, stressed *e* is pronounced either as in they or as in bet
-e	[i]	fome	final *e* is pronounced as in money
é	[ɛ]	miséria	*é* is pronounced as in bet
ê	[e]	pêlo	*ê* is pronounced as in they
i	[i]	vida	*i* is pronounced as in mean
o	[o]	locomotiva	unstressed (except final) *o* is pronounced as in local; stressed *o* is pronounced either as in local or as in rock
	[ɔ]	loja	
	[o]	globo	
-o	[u]	livro	final *o* is pronounced as in foot
ó	[ɔ]	óleo	*ó* is pronounced as in rock
ô	[o]	colônia	*ô* is pronounced as in local
u	[u]	luva	*u* is pronounced as in rule; it is silent in *gue*, *gui*, *que* and *qui*

DIPHTHONGS

ãe	[ãj]	mãe	nasalized, approximately as in flying
ai	[aj]	vai	as in ride
ao, au	[aw]	aos, auxílio	as in shout
ão	[ãw]	vão	nasalized, approximately as in round
ei	[ej]	feira	as in they
eu	[ew]	deusa	both elements pronounced
oi	[oj]	boi	as in toy
ou	[o]	cenoura	as in local
õe	[õj]	aviões	nasalized, approximately as in 'boing!'

STRESS

The rules of stress in Portuguese are as follows:

(a) when a word ends in *a*, *e*, *o*, *m* (except *im*, *um* and their plural forms) or *s*, the second last syllable is stressed: cama*ra*da, cama*ra*das, *par*te, *par*tem

(b) when a word ends in *i*, *u*, *im* (and plural), *um* (and plural), *n* or a consonant other than *m* or *s*, the stress falls on the last syllable: ven*di*, al*gum*, al*guns*, fa*lar*

(c) when the rules set out in (a) and (b) are not applicable, an acute or circumflex accent appears over the stressed vowel: *ó*tica, *â*nimo, ingl*ês*

In the phonetic transcription, the symbol ['] precedes the syllable on which the stress falls.

EUROPEAN PRONUNCIATION

The pronunciation of Brazilian Portuguese differs quite markedly from the Portuguese spoken in Portugal itself and in the African and island states. The more phonetic nature of Brazilian means that words nearly always retain their set pronunciation; in European Portuguese, on the other hand, vowels can often be unpronounced or weakened and consonants can change their sound, all depending on their position within a word or whether they are being elided with a following word. The major differences in pronunciation of European Portuguese are as follows:-

CONSONANTS: as in Brazilian, except:

-b-	[β]	cu**b**a	*b* between vowels is a softer sound, closer to ha*v*e
d	[d]	**d**ança, **d**ifícil	as in English EXCEPT *d* between vowels is softer, approximately as in *th*e
-d-	[ð]	fa**d**o, ci**d**a**d**e	
-g-	[ɣ]	sa**g**a	*g* between vowels is a softer sound, approximately as in la*g*er
gu	[ɣw]	a**gu**entar	in certain words *gu* is pronounced as in G*w*ent
qu	[kw]	tran**qu**ilo	in certain words *qu* is pronounced as in *qu*oits
r-, rr	[ʀ]		initial *r* and double *r* are pronounced either like the French *r* or strongly trilled as in Scottish R*o*ry; pronunciation varies according to region
	[rr]		
-r-, -r	[r]	**r**ato, a**r**ma	*r* in any other position is slightly trilled
t	[t]	**t**odo, amanta	*t* is pronounced as in English
z	[ʒ]	**z**angar	as in English EXCEPT final *z* is pronounced as *sh* in fla*sh*
	[ʃ]	cartaz	

VOWELS: as in Brazilian, except:

a	[a]	fal**a**r	stressed *a* is pronounced either as in f*a*ther or as *u* in f*u*rther
	[ɐ]	c**a**ma	
-a-, -a	[ə]	f**a**lar, fal**a**	unstressed or final *a* is pronounced as *e* in furth*e*r
e	[ə]	m**e**dir	unstressed *e* is a very short *i* sound as in rabb*i*t
-e	[ə]	art**e**, regim**e**	final *e* is barely pronounced; these would sound like English *art* and *regime*
o	[u]	poç**o**, p**o**der	unstressed or final *o* is pronounced as in f*oo*t

PRONÚNCIA INGLESA

Em geral, damos a pronúncia de cada verbete em colchetes logo após a palavra em questão. Todavia, quando a verbete for composto de duas ou mais palavras, e cada uma delas aparecer em outro lugar no dicionário, o leitor encontrará a pronúncia de cada palavra na sua posição alfabética.

VOGAIS

	Exemplo Inglês	*Explicação*
[aː]	**father**	Entre o *a* de *p*adre e o *o* de nó; como em *f*ad*a*
[ʌ]	**but, come**	Aproximadamente como o primeiro *a* de *c*ama
[æ]	**man, cat**	Som entre o *a* de lá e o *e* de pé
[ə]	**father, ago**	Som parecido com o *e* final pronuncia do em Portugal
[əː]	**bird, heard**	Entre o *e* aberto e o *o* fechado
[ɛ]	**get, bed**	Como em *pé*
[ɪ]	**it, big**	Mais breve do que em *si*
[iː]	**tea, see**	Como em *fi*no
[ɔ]	**hot, wash**	Como em *pó*
[ɔː]	**saw, all**	Como o *o* de porte
[u]	**put, book**	Som breve e mais fechado do que em *bu*rro
[uː]	**too, you**	Som aberto como em *ju*ro

DITONGOS

	Exemplo Inglês	*Explicação*
[aɪ]	**fly, high**	Como em *bai*le
[au]	**how, house**	Como em *cau*sa
[ɛə]	**there, bear**	Como o *e* de *ae*roporto
[eɪ]	**day, obey**	Como o *ei* de *lei*
[ɪə]	**here, hear**	Como *ia* de companh*ia*
[əu]	**go, note**	[ə] seguido de um *u* breve
[ɔɪ]	**boy, oil**	Como em *bói*a
[uə]	**poor, sure**	Como *ua* em *sua*

CONSOANTES

	Exemplo Inglês	*Explicação*
[d]	**mended**	Como em *d*a*d*o, an*d*ar
[g]	**get, big**	Como em *g*rande
[dʒ]	**gin, judge**	Como em ida*de*
[ŋ]	**sing**	Como em ci*n*co
[h]	**house, he**	*h* aspirado
[j]	**young, yes**	Como em *i*ogurte
[k]	**come, mock**	Como em *c*ama
[r]	**red, tread**	*r* como em pa*r*a, mas pronunciado no céu da boca
[s]	**sand, yes**	Como em *s*ala
[z]	**rose, zebra**	Como em *z*ebra
[ʃ]	**she, machine**	Como em *ch*apéu
[tʃ]	**chin, rich**	Como *t* em *t*imbre
[w]	**water, which**	Como o *u* em á*gu*a

[ʒ]	vi**s**ion	Como em *já*
[θ]	**th**ink, my**th**	Sem equivalente, aproximadamente como um *s* pronunciado entre os dentes
[ð]	**th**is, **th**e	Sem equivalente, aproximadamente como um *z* pronunciado entre os dentes

b, f, l, m, n, p, t, v pronunciam-se como em português.

O signo [*] indica que o r final escrito pronuncia-se apenas em inglês britânico, exceto quando a palavra seguinte começa por uma vogal. O signo ['] indica a sílaba acentuada.

PORTUGUESE SPELLING

The spelling of Portuguese as it is used in Europe differs significantly from that of Brazilian Portuguese. The differences, which affect consonant groups and accents, follow general patterns but do not on the whole conform to fixed rules. Limited space makes it impossible to cover all European forms in the dictionary text, but major differences in spelling and vocabulary have been included. In addition, the following guide is intended as a broad outline of these differences.

The following changes in spelling are consistent:

- Brazilian *gü* and *qü* become European *gu* and *qu*, e.g. ag*ü*entar (BR), ag*u*entar (PT); cin*qü*enta (BR), cin*qu*enta (PT).
- Brazilian *-éia* becomes European *-eia*, e.g. id*éia* (BR), id*eia* (PT).
- European spelling links forms of the verb *haver de* with a hyphen, e.g. *hei de* (BR), *hei-de* (PT).
- The numbers dez*e*sseis (BR), dez*e*ssete(BR), dez*e*nove (BR) become dez*a*sseis (PT), dez*a*ssete (PT), dez*a*nove (PT).
- Adverbial forms of adjectives ending in *m* take double *m* in European spelling, single *m* in Brazilian, e.g. com*u*mente (BR), com*um*mente (PT).
- European spelling adds an acute accent to the final *a* in first person plural preterite forms of irregular *-ar* verbs to distinguish them from the present tense, e.g. am*a*mos (BR), am*á*mos (PT).
- Brazilian co*n*osco becomes European co*nn*osco.

The following changes may take place, but are not consistent:

CONSONANT CHANGES

- Brazilian *c* and *ç* double to *cc* and *cç*, a*c*ionista (BR), a*cc*ionista (PT), se*ç*ção (BR), se*cç*ção (PT).
- Brazilian *t* becomes *ct*, e.g. elétrico (BR), elé*ct*rico (PT).
- European spelling adds *b* to certain words, e.g. sú*d*ito (BR), sú*b*dito (PT), su*t*ilizar (BR), su*b*tilizar (PT).
- European spelling changes *ç*, *t* to *pç*, *pt* , e.g. exce*ç*ão (BR), exce*pç*ão (PT), ó*t*imo (BR), ó*pt*imo (PT).
- Brazilian *-n-* becomes *-mn-*, e.g. a*n*istia (BR), a*mn*istia (PT).
- Brazilian *tr* becomes *t*, e.g. regis*tr*o (BR), regis*t*o (PT).

ACCENTUATION CHANGES

- Brazilian *ôo* loses circumflex accent, e.g. v*ôo* (BR), v*oo* (PT).
- European spelling changes circumflex accent on *e* and *o* to acute, e.g. t*ê*nis (BR), t*é*nis (PT), abd*ô*men (BR), abd*ó*men (PT).

PORTUGUESE VERB FORMS

1 Gerund. **2** Imperative. **3** Present. **4** Imperfect. **5** Preterite. **6** Future.
7 Present subjunctive. **8** Imperfect subjunctive. **9** Future subjunctive.
10 Past participle. **11** Pluperfect. **12** Personal infinitive.

etc indicates that the irregular root is used for all persons of the tense, e.g. **ouvir 7** ouça ouça, ouças, ouça, ouçamos, ouçais, ouçam.

abrir 10 aberto
acudir 2 acode **3** acudo, acodes, acode, acodem
aderir 3 adiro **7** adira
advertir 3 advirto **7** advirta *etc*
agir 3 ajo **7** aja *etc*
agradecer 3 agradeço **7** agradeça *etc*
agredir 2 agride **3** agrido, agrides, agride, agridem **7** agrida *etc*
AMAR 1 amando **2** ama, amai **3** amo, amas, ama, amamos, amais, amam **4** amava, amavas, amava, amávamos, amavéis, amavam **5** amei, amaste, amou, amamos (*PT*: amámos), amastes, amaram **6** amarei, amarás, amará, amaremos, amareis, amarão **7** ame, ames, ame, amemos, ameis, amem **8** amasse, amasses, amasse, amássemos, amásseis, amassem **9** amar, amares, amar, ámarmos, amardes, amarem **10** amado **11** amara, amaras, amara, amáramos, amáreis, amaram **12** amar, amares, amar, amarmos, amardes, amarem
ansiar 2 anseia **3** anseio, anseias, anseia, anseiam **7** anseie *etc*
apreçar 7 aprece *etc*
arrancar 7 arranque *etc*
arruinar 2 arruína **3** arruíno, arruínas, arruína, arruínam **7** arruíne, arruínes, arruíne, arruínem
aspergir 3 aspirjo **7** aspirja *etc*
atribuir 3 atribuo, atribuis, atribui, atribuímos, atribuís, atribuem
averiguar 7 averigúe, averigúes, averigúe, averigúem
boiar 2 bóia, bóias, bóia, bóiam **7** bóie, bóies, bóie, bóiem
bulir 2 bole **3** bulo, boles, bole, bolem
caber 3 caibo **5** coube *etc* **7** caiba *etc* **8** coubesse *etc* **9** couber *etc*
cair 2 cai **3** caio, cais, cai, caímos, caís, caem **4** caía *etc* **5** caí, caíste **7** caia *etc* **8** caisse *etc*
cobrir 3 cubro **7** cubra *etc* **10** coberto
colorir 3 coluro **7** colura *etc*
compelir 3 compilo **7** compila *etc*
crer 2 crê **3** creio, crês, crê, cremos, credes, crêem **5** cri, creste, creu, cremos, crestes, creram **7** creia *etc*
cuspir 2 cospe **3** cuspo, cospes, cospe, cospem
dar 2 dá **3** dou, dás, dá, damos, dais, dão **5** dei, deste, deu, demos, destes, deram **7** dê, dês, dê, demos, deis, dêem **8** desse *etc* **9** der *etc* **11** dera *etc*
deduzir 2 deduz **3** deduzo, deduzes, deduz
denegrir 2 denigre **3** denigro, denigres, denigre, denigrem **7** denigre *etc*
despir 3 dispo **7** dispa *etc*
dizer 2 diz (dize) **3** digo, dizes, diz, dizemos, dizeis, dizem **5** disse *etc* **6** direi *etc* **7** diga *etc* **8** dissesse *etc* **9** disser *etc* **10** dito
doer 2 dói **3** dôo (*BR*), doo (*PT*), dóis, dói
dormir 3 durmo **7** durma *etc*
escrever 10 escrito
ESTAR 2 está **3** estou, estás, está, estamos, estais, estão **4** estava *etc* **5** estive, estiveste, esteve, estivemos, estivestes, estiveram **7** esteja *etc* **8** estivesse *etc* **9** estiver *etc* **11** estivera *etc*
extorquir 3 exturco **7** exturca *etc*
FAZER 3 faço **5** fiz, fizeste, fez, fizemos, fizestes, fizeram **6** farei *etc* **7** faça *etc* **8** fizesse *etc* **9** fizer *etc* **10** feito **11** fizera *etc*
ferir 3 firo **7** fira *etc*
fluir 3 fluo, fluis, flui, fluímos, fluís, fluem

fugir 2 foge 3 fujo, foges, foge, fogem 7 fuja *etc*
ganhar 10 ganho
gastar 10 gasto
gerir 3 giro 7 gira *etc*
haver 2 há 3 hei, hás, há, havemos, haveis, hão 4 havia *etc* 5 houve, houveste, houve, houvemos, houvestes, houveram 7 haja *etc* 8 houvesse *etc* 9 houver *etc* 11 houvera *etc*
ir 1 indo 2 vai 3 vou, vais, vai, vamos, ides, vão 4 ia *etc* 5 fui, foste, foi, fomos, fostes, foram 7 vá, vás, vá, vamos, vades, vão 8 fosse, fosses, fosse, fôssemos, fôsseis, fossem 9 for *etc* 10 ido 11 fora *etc*
ler 2 lê 3 leio, lês, lê, lemos, ledes, lêem 5 li, leste, leu, lemos, lestes, leram 7 leia *etc*
medir 3 meço, 7 meça *etc*
mentir 3 minto 7 minta *etc*
ouvir 3 ouço 7 ouça *etc*
pagar 10 pago
parar 2 pára 3 paro, paras, pára
parir 3 pairo 7 paira *etc*
pecar 7 peque *etc*
pedir 3 peço 7 peça *etc*
perder 3 perco 7 perca *etc*
poder 3 posso 5 pude, pudeste, pôde, pudemos, pudestes, puderam 7 possa *etc* 8 pudesse *etc* 9 puder *etc* 11 pudera *etc*
polir 2 pule 3 pulo, pules, pule, pulem 7 pula *etc*
pôr 1 pondo 2 põe 3 ponho, pões, põe, pomos, pondes, põem 4 punha *etc* 5 pus, puseste, pôs, pusemos, pusestes, puseram 6 porei *etc* 7 ponha *etc* 8 pusesse *etc* 9 puser *etc* 10 posto 11 pusera *etc*
preferir 3 prefiro 7 prefire *etc*
pervenir 2 previne 3 previno, prevines, previne, previnem 7 previna *etc*
prover 2 provê 3 provejo, provês, provê, provemos, provedes, provêem 5 provi, proveste, proveu, provemos, provestes, proveram 7 proveja *etc* 8 provesse *etc* 9 prover *etc*
querer 3 quero, queres, quer 5 quis, quiseste, quis, quisemos, quisestes, quiseram 7 queira *etc* 8 quisesse *etc* 9 quiser *etc* 11 quisera *etc*
refletir 3 reflito 7 reflita *etc*
repetir 3 repito 7 repita *etc*
requerer 3 requeiro, requeres, requer 7 requeira *etc*
reunir 2 reúne 3 reúno, reúnes, reúne, reúnem 7 reúna *etc*
rir 2 ri 3 rio, ris, ri, rimos, rides, ridem 5 ri, riste, riu, rimos, ristes, riram 7 ria *etc*
saber 3 sei, sabes, sabe, sabemos, sabeis, sabem 5 soube, soubeste, soube, soubemos, soubestes, souberam 7 saiba *etc* 8 soubesse *etc* 9 souber *etc* 11 soubera *etc*
seguir 3 sigo 7 siga *etc*
sentir 3 sinto 7 sinta *etc*
ser 2 sê 3 sou, és, é, somos, sois, são 4 era *etc* 5 fui, foste, foi, fomos, fostes, foram 7 seja *etc* 8 fosse *etc* 9 for *etc* 11 fora *etc*
servir 3 sirvo 7 sirva *etc*
subir 2 sobe 3 subo, sobes, sobe, sobem
suster 2 sustém 3 sustenho, sustens, sustém, sustendes, sustêm 5 sustive, sustiveste, susteve, sustivemos, sustivestes, sustiveram 7 sustenha *etc*
ter 2 tem 3 tenho, tens, tem, temos, tendes, têm 4 tinha *etc* 5 tive, tiveste, teve, tivemos, tivestes, tiveram 6 terei *etc* 7 tenha *etc* 8 tivesse *etc* 9 tiver *etc* 11 tivera *etc*
torcer 3 torço 7 torça *etc*
tossir 3 tusso 7 tussa *etc*
trair 2 trai 3 traio, trais, trai, traímos, traís, traem 7 traia *etc*
trazer 2 (traze) traz 3 trago, trazes, traz, 5 trouxe, trouxeste, trouxe, trouxemos, trouxestes, trouxeram 6 trarei *etc* 7 traga *etc* 8 trouxesse *etc* 9 trouxer *etc* 11 trouxera *etc*
UNIR 1 unindo 2 une, uni 3 uno, unes, une, unimos, unis, unem 4 unia, unias, uníamos, uníeis, uniam 5 uni, uniste, uniu, unimos, unistes, uniram 6 unirei, unirás, unirá, uniremos, unireis, unirão 7 una, unas, una, unamos, unais, unam 8 unisse, unisses, unisse, uníssemos, uníssseis,

unissem **9** unir, unires, unir, unirmos, unirdes, unirem **10** unido **11** unira, uniras, unira, uníramos, uníreis, uniram **12** unir, unires, unir, unirmos, unirdes, unirem

valer 3 valho **7** valha *etc*

ver 2 vê **3** vejo, vês, vê, vemos, vedes, vêem **4** via *etc* **5** vi, viste, viu, vimos, vistes, viram **7** veja *etc* **8** visse *etc* **9** vir *etc* **10** visto **11** vira

vir 1 vindo, **2** vem **3** venho, vens, vem, vimos, vindes, vêm **4** vinha *etc* **5** vim, vieste, veio, viemos, viestes, vieram **7** venha *etc* **8** viesse *etc* **9** vier *etc* **10** vindo **11** viera *etc*

VIVER 1 vivendo **2** vive, vivei **3** vivo, vives, vive, vivemos, viveis, vivem **4** vivia, vivias, vivia, vivíamos, vivíeis, viviam **5** vivi, viveste, viveu, vivemos, vivestes, viveram **6** viverei, viverás, viverá, viveremos, vivereis, viverão **7** viva, vivas, viva, vivamos, vivais, vivam **8** vivesse, vivesses, vivesse, vivêssemos, vivêsseis, vivessem **9** viver, viveres, viver, vivermos, viverdes, viverem **10** vivido **11** vivera, viveras, vivera, vivêramos, vivêreis, viveram **12** viver, viveres, viver, vivermos, viverdes, viverem

VERBOS IRREGULARES EM ENGLÊS

PRESENT	PT	PP
arise	arose	arisen
awake	awoke	awoken
be (am, is, are; being)	was, were	been
bear	bore	born(e)
beat	beat	beaten
begin	began	begun
bend	bent	bent
bet	bet, betted	bet, betted
bid *(at auction)*	bid	bid
bind	bound	bound
bite	bit	bitten
bleed	bled	bled
blow	blew	blown
break	broke	broken
breed	bred	bred
bring	brought	brought
build	built	built
burn	burnt, burned	burnt, burned
burst	burst	burst
buy	bought	bought
can	could	(been able)
cast	cast	cast
catch	caught	caught
choose	chose	chosen
cling	clung	clung
come	came	come
cost	cost	cost
creep	crept	crept
cut	cut	cut
deal	dealt	dealt
dig	dug	dug
do (does)	did	done
draw	drew	drawn
dream	dreamed, dreamt	dreamed, dreamt
drink	drank	drunk
drive	drove	driven
eat	ate	eaten
fall	fell	fallen
feed	fed	fed
feel	felt	felt
fight	fought	fought

PRESENT	PT	PP
find	found	found
fling	flung	flung
fly	flew	flown
forbid	forbad(e)	forbidden
forecast	forecast	forecast
forget	forgot	forgotten
forgive	forgave	forgiven
freeze	froze	frozen
get	got	got, *(us)* goten
give	gave	given
go (goes)	went	gone
grind	ground	ground
grow	grew	grown
hang	hung	hung
hang *(execute)*	hanged	hanged
have	had	had
hear	heard	heard
hide	hid	hidden
hit	hit	hit
hold	held	held
hurt	hurt	hurt
keep	kept	kept
kneel	knelt, kneeled	knelt, kneeled
know	knew	known
lay	laid	laid
lead	led	led
lean	leant, leaned	leant, leaned
leap	leapt, leaped	leapt, leaped
learn	learnt, learned	learnt, learned
leave	left	left
lend	lent	lent
let	let	let
lie (lying)	lay	lain
light	lit, lighted	lit, lighted
lose	lost	lost
make	made	made
may	might	–
mean	meant	meant
meet	met	met

PRESENT	PT	PP
mistake	mistook	mistaken
mow	mowed	mown, mowed
must	(had to)	(had to)
pay	paid	paid
put	put	put
quit	quit, quitted	quit, quitted
read	read	read
rid	rid	rid
ride	rode	ridden
ring	rang	rung
rise	rose	risen
run	ran	run
saw	sawed	sawed, sawn
say	said	said
see	saw	seen
sell	sold	sold
send	sent	sent
set	set	set
sew	sewed	sewn
shake	shook	shaken
shear	sheared	shorn, sheared
shed	shed	shed
shine	shone	shone
shoot	shot	shot
show	showed	shown
shrink	shrank	shrunk
shut	shut	shut
sing	sang	sung
sink	sank	sunk
sit	sat	sat
sleep	slept	slept
slide	slid	slid
sling	slung	slung
slit	slit	slit
smell	smelt, smelled	smelt, smelled
sow	sowed	sown, sowed
speak	spoke	spoken
speed	sped, speeded	sped, speeded
spell	spelt, spelled	spelt, spelled
spend	spent	spent
spill	spilt, spilled	spilt, spilled
spin	spun	spun
spit	spat	spat
spoil	spoiled, spoilt	spoiled, spoilt
spread	spread	spread
spring	sprang	sprung
stand	stood	stood
steal	stole	stolen
stick	stuck	stuck
sting	stung	stung
stink	stank	stunk
stride	strode	stridden
strike	struck	struck
swear	swore	sworn
sweep	swept	swept
swell	swelled	swollen, swelled
swim	swam	swum
swing	swung	swung
take	took	taken
teach	taught	taught
tear	tore	torn
tell	told	told
think	thought	thought
throw	threw	thrown
thrust	thrust	thrust
tread	trod	trodden
wake	woke, waked	woken, waked
wear	wore	worn
weave	wove	woven
weep	wept	wept
win	won	won
wind	wound	wound
wring	wrung	wrung
write	wrote	written

NÚMEROS

NUMBERS

NÚMEROS CARDINAIS		CARDINAL NUMBERS
um (uma)	1	one
dois (duas)	2	two
três	3	three
quatro	4	four
cinco	5	five
seis	6	six
sete	7	seven
oito	8	eight
nove	9	nine
dez	10	ten
onze	11	eleven
doze	12	twelve
treze	13	thirteen
catorze	14	fourteen
quinze	15	fifteen
dezesseis *(BR)*, dezasseis *(PT)*	16	sixteen
dezessete *(BR)*, dezassete *(PT)*	17	seventeen
dezoito	18	eighteen
dezenove *(BR)*, dezanove *(PT)*	19	nineteen
vinte	20	twenty
vinte e um (uma)	21	twenty-one
trinta	30	thirty
quarenta	40	forty
cinqüenta *(BR)*, cinquenta *(PT)*	50	fifty
sessenta	60	sixty
setenta	70	seventy
oitenta	80	eighty
noventa	90	ninety
cem	100	a hundred
cento e um (uma)	101	a hundred and one
duzentos(-as)	200	two hundred
trezentos(-as)	300	three hundred
quinhentos(-as)	500	five hundred
mil	1.000/1,000	a thousand
um milhão	1.000.000/1,000,000	a million

NÚMEROS

FRAÇÕES ETC

zero vírgula cinco	0,5/0.5
três vírgula quatro	3,4/3.4
dez por cento	10%
cem por cento	100%

NÚMEROS ORDINAIS

primeiro	1º/1st
segundo	2º/2nd
terceiro	3º/3rd
quarto	4º/4th
quinto	5º/5th
sexto	6º/6th
sétimo	7º/7th
oitavo	8º/8th
nono	9º/9th
décimo	10º/10th
décimo primeiro	11º/11th
vigésimo	20º/20th
trigésimo	30º/30th
quadragésimo	40º/40th
qüinquagésimo*(BR)*, quinquagésimo*(PT)*	50º/50th
centésimo	100º/100th
centésimo primeiro	101º/101st
milésimo	1000º/1000th

NUMBERS

FRACTIONS ETC

zero point five
three point four
ten per cent
a hundred per cent

ORDINAL NUMBERS

first
second
third
fourth
fifth
sixth
seventh
eighth
ninth
tenth
eleventh
twentieth
thirtieth
fortieth
fiftieth
hundredth
hundred-and-first
thousandth

Aa

A, a [eɪ] N (*letter*) A, a *m*; (*Mus*): **A** lá *m*; **A for Andrew** (*Brit*) *or* **Able** (*US*) A de Antônio; **A road** (*Brit*: *Aut*) via expressa; **A shares** (*Brit*: *Stock Exchange*) ações *fpl* preferenciaisa

KEYWORD

a [eɪ, ə] INDEF ART (*before vowel or silent h*: *an*)
1 um(a); **a book/girl/mirror** um livro/uma menina/um espelho; **an apple** uma maçã; **she's a doctor** ela é médica
2 (*instead of the number "one"*) um(a); **a year ago** há um ano, um ano atrás; **a hundred/thousand** *etc* **pounds** cem/mil *etc* libras
3 (*in expressing ratios, prices etc*): **3 a day/week** 3 por dia/semana; **10 km an hour** 10 km por hora; **30p a kilo** 30p o quilo

a. ABBR = **acre**
AA N ABBR (= *Alcoholics Anonymous*) AA *m*; (*Brit*: = *Automobile Association*) ≈ TCB *m* (BR), ≈ ACP *m* (PT); (*US*: = *Associate in/of Arts*) título universitário; (: = *anti-aircraft*) AA
AAA N ABBR (= *American Automobile Association*) ≈ TCB *m* (BR), ≈ ACP *m* (PT); (*Brit*) = **Amateur Athletics Association**
AAUP N ABBR (= *American Association of University Professors*) sindicato universitário
AB ABBR (*Brit*) = **able-bodied seaman**; (*Canadian*) = **Alberta**
abaci ['æbəsaɪ] NPL *of* **abacus**
aback [ə'bæk] ADV: **to be taken ~** ficar surpreendido, sobressaltar-se
abacus ['æbəkəs] (*pl* **abaci**) N ábaco
abandon [ə'bændən] VT abandonar ■ N (*wild behaviour*): **with ~** com desenfreio; **to ~ ship** abandonar o navio
abandoned [ə'bændənd] ADJ (*child, house*) abandonado; (*unrestrained*) desenfreado
abase [ə'beɪs] VT: **to ~ o.s. (so far as to do)** rebaixar-se (até o ponto de fazer)
abashed [ə'bæʃt] ADJ envergonhado
abate [ə'beɪt] VI (*lessen*) diminuir; (*calm down*) acalmar-se
abatement [ə'beɪtmənt] N *see* **noise**
abattoir ['æbətwɑːʳ] (*Brit*) N matadouro
abbey ['æbɪ] N abadia, mosteiro
abbot ['æbət] N abade *m*
abbreviate [ə'briːvɪeɪt] VT (*essay*) resumir; (*word*) abreviar
abbreviation [əbriːvɪ'eɪʃən] N (*short form*) abreviatura; (*act*) abreviação *f*
ABC N ABBR (= *American Broadcasting Company*) rede de televisão
abdicate ['æbdɪkeɪt] VT abdicar, renunciar a ■ VI abdicar, renunciar ao trono
abdication [æbdɪ'keɪʃən] N abdicação *f*
abdomen ['æbdəmən] N abdômen *m*
abdominal [æb'dɔmɪnl] ADJ abdominal
abduct [æb'dʌkt] VT seqüestrar
abduction [æb'dʌkʃən] N seqüestro
Aberdonian [æbə'dəunɪən] ADJ de Aberdeen ■ N natural *m/f* de Aberdeen
aberration [æbə'reɪʃən] N aberração *f*; **in a moment of mental ~** num momento de desatino
abet [ə'bɛt] VT *see* **aid**
abeyance [ə'beɪəns] N: **in ~** (*law*) em desuso; (*matter*) suspenso
abhor [əb'hɔːʳ] VT detestar, odiar
abhorrent [əb'hɔrənt] ADJ detestável, repugnante
abide [ə'baɪd] VT agüentar, suportar; **I can't ~ him** eu não o soporto
▸ **abide by** VT FUS (*promise, word*) cumprir; (*law, rules*) ater-se a
ability [ə'bɪlɪtɪ] N habilidade *f*, capacidade *f*; (*talent*) talento; (*skill*) perícia; **to the best of my ~** o melhor que eu puder *or* pudesse
abject ['æbdʒɛkt] ADJ (*poverty*) miserável; (*coward*) desprezível, vil; **an ~ apology** um pedido de desculpa humilde
ablaze [ə'bleɪz] ADJ em chamas; **~ with light** resplandecente
able ['eɪbl] ADJ capaz; (*skilled*) hábil, competente; **to be ~ to do sth** poder fazer algo
able-bodied [-'bɔdɪd] ADJ são(-sã); **~ seaman** (*Brit*) marinheiro experimentado
ably ['eɪblɪ] ADV habilmente
ABM N ABBR = **anti-ballistic missile**
abnormal [æb'nɔːməl] ADJ anormal
abnormality [æbnɔː'mælɪtɪ] N anormalidade *f*
aboard [ə'bɔːd] ADV a bordo ■ PREP a bordo de; (*train*) dentro de

abode [ə'bəud] N (*old*) residência, domicílio; (*Law*): **of no fixed ~** sem domicílio fixo
abolish [ə'bɔlɪʃ] VT abolir
abolition [æbə'lɪʃən] N abolição *f*
abominable [ə'bɔmɪnəbl] ADJ abominável, detestável
aborigine [æbə'rɪdʒɪnɪ] N aborígene *m/f*
abort [ə'bɔ:t] VT (*Med*) abortar; (*plan*) fracassar
abortion [ə'bɔ:ʃən] N aborto; **to have an ~** fazer um aborto
abortive [ə'bɔ:tɪv] ADJ (*failed*) fracassado; (*fruitless*) inútil
abound [ə'baund] VI: **to ~ (in** *or* **with)** abundar (em)

KEYWORD

about [ə'baut] ADV **1** (*approximately*) aproximadamente; **it takes about 10 hours** leva mais ou menos 10 horas; **at about 2 o'clock** aproximadamente às duas horas; **it's just about finished** está quase terminado
2 (*referring to place*) por toda parte, por todo lado; **to run/walk** *etc* **about** correr/andar *etc* por todos os lados
3: **to be about to do sth** estar a ponto de fazer algo
■ PREP **1** (*relating to*) acerca de, sobre; **a book about London** um livro sobre Londres; **what is it about?** do que se trata?, é sobre o quê?; **we talked about it** nós falamos sobre isso; **what** *or* **how about doing this?** que tal se fizermos isso?
2 (*place*) em redor de, por; **to walk about the town** andar pela cidade

about face N (*Mil*) meia-volta; (*fig*) reviravolta
about turn N = **about face**
above [ə'bʌv] ADV em *or* por cima, acima ■ PREP acima de, por cima de; **mentioned ~** acima mencionado; **costing ~ £10** que custa mais de £10; **~ all** sobretudo
aboveboard [ə'bʌv'bɔ:d] ADJ legítimo, limpo
abrasion [ə'breɪʒən] N (*on skin*) esfoladura
abrasive [ə'breɪzɪv] ADJ abrasivo; (*fig*: *person*) cáustico; (: *manner*) mordaz
abreast [ə'brɛst] ADV lado a lado; **to keep ~ of** (*fig*) estar a par de
abridge [ə'brɪdʒ] VT resumir, abreviar
abroad [ə'brɔ:d] ADV (*be abroad*) no estrangeiro; (*go abroad*) ao estrangeiro; **there is a rumour ~ that ...** (*fig*) corre o boato de que ...
abrupt [ə'brʌpt] ADJ (*sudden*) brusco; (*curt*) ríspido
abruptly [ə'brʌptlɪ] ADV bruscamente
abscess ['æbsɪs] N abscesso (BR), abcesso (PT)
abscond [əb'skɔnd] VI: **to ~ with** sumir com; **to ~ from** fugir de
absence ['æbsəns] N ausência; **in the ~ of** (*person*) na ausência de; (*thing*) na falta de
absent ['æbsənt] ADJ ausente; **~ without leave** ausente sem permissão oficial; **to be ~** faltar
absentee [æbsən'ti:] N ausente *m/f*
absenteeism [æbsən'ti:ɪzəm] N absenteísmo
absent-minded ADJ distraído
absent-mindedness [-'maɪndɪdnɪs] N distração *f*
absolute ['æbsəlu:t] ADJ absoluto
absolutely [æbsə'lu:tlɪ] ADV absolutamente; **oh, yes, ~!** claro que sim!
absolve [əb'zɔlv] VT: **to ~ sb (from)** (*sin etc*) absolver alguém (de); (*blame*) isentar alguém (de); **to ~ sb from** (*oath*) desobrigar alguém de
absorb [əb'zɔ:b] VT absorver; (*group, business*) incorporar; (*changes*) assimilar; (*information*) digerir; **to be ~ed in a book** estar absorvido num livro
absorbent [əb'zɔ:bənt] ADJ absorvente; **absorbent cotton** [əb'zɔ:bənt-] (US) N algodão *m* hidrófilo
absorbing [əb'zɔ:bɪŋ] ADJ (*book, film etc*) absorvente, cativante
absorption [əb'zɔ:pʃən] N absorção *f*; (*interest*) fascinação *f*
abstain [əb'steɪn] VI: **to ~ (from)** abster-se (de)
abstemious [əb'sti:mɪəs] ADJ abstinente
abstention [əb'stɛnʃən] N abstenção *f*
abstinence ['æbstɪnəns] N abstinência, sobriedade *f*
abstract [*adj, n* 'æbstrækt, *vt* æb'strækt] ADJ abstrato ■ N resumo ■ VT (*remove*) abstrair; (*summarize*) resumir; (*steal*) surripiar
absurd [əb'sə:d] ADJ absurdo
absurdity [əb'sə:dɪtɪ] N absurdo
ABTA ['æbtə] N ABBR = **Association of British Travel Agents.**
Abu Dhabi ['æbu:'dɑ:bɪ] N Abu Dabi (*no article*)
abundance [ə'bʌndəns] N abundância
abundant [ə'bʌndənt] ADJ abundante
abuse [*n* ə'bju:s, *vt* ə'bju:z] N (*insults*) insultos *mpl*; (*misuse*: *ill-treatment*) maus-tratos *mpl*, abuso ■ VT insultar; maltratar; abusar; **open to ~** aberto ao abuso
abusive [ə'bju:sɪv] ADJ ofensivo
abysmal [ə'bɪzməl] ADJ (*ignorance*) profundo, total; (*very bad*) péssimo
abyss [ə'bɪs] N abismo
AC N ABBR (US) = **athletic club** ■ ABBR (= *alternating current*) CA
a/c ABBR (*Banking etc*: = *account*) c/
academic [ækə'dɛmɪk] ADJ acadêmico; (*pej*: *issue*) teórico ■ N universitário(-a); **academic year** N ano letivo; **academic freedom** N liberdade de cátedra
academy [ə'kædəmɪ] N (*learned body*) academia; (*school*) instituto, academia, colégio; **military/naval ~** academia militar/escola naval; **academy of music** N conservatório
ACAS ['eɪkæs] (*Brit*) N ABBR (= *Advisory, Conciliation and Arbitration Service*) ≈ Justiça do Trabalho
accede [æk'si:d] VI: **to ~ to** (*request*) consentir em, aceder a; (*throne*) subir a
accelerate [æk'sɛləreɪt] VT, VI acelerar
acceleration [æksɛlə'reɪʃən] N aceleração *f*

accelerator [æk'sɛləreɪtəʳ] N acelerador *m*
accent ['æksɛnt] N (*written*) acento; (*pronunciation*) sotaque *m*; (*fig: emphasis*) ênfase *f*
accentuate [æk'sɛntjueɪt] VT (*syllable*) acentuar; (*need, difference etc*) ressaltar, salientar
accept [ək'sɛpt] VT aceitar; (*responsibility*) assumir
acceptable [ək'sɛptəbl] ADJ (*offer*) bem-vindo; (*risk*) assumir, aceitável
acceptance [ək'sɛptəns] N aceitação *f*; **to meet with general ~** ter aprovação geral
access ['æksɛs] N acesso ■ VT (*Comput*) acessar; **to have ~ to** ter acesso a; **the burglars gained ~ through a window** os ladrões conseguiram entrar por uma janela
accessible [æk'sɛsəbl] ADJ acessível; (*available*) disponível
accession [æk'sɛʃən] N acessão *f*; (*of king*) elevação *f* ao trono; (*to library*) aquisição *f*
accessory [æk'sɛsərɪ] N acessório; (*Law*): **~ to** cúmplice *m/f* de; **toilet accessories** (*Brit*) artigos de toalete
access road N via de acesso
access time N (*Comput*) tempo de acesso
accident ['æksɪdənt] N acidente *m*; (*chance*) casualidade *f*; **to meet with** *or* **have an ~** sofrer *or* ter um acidente; **~s at work** acidentes de trabalho; **by ~** (*unintentionally*) sem querer; (*by coincidence*) por acaso
accidental [æksɪ'dɛntl] ADJ acidental
accidentally [æksɪ'dɛntəlɪ] ADV (*by accident*) sem querer; (*by chance*) casualmente
accident insurance N seguro contra acidentes
accident-prone ADJ com tendência para sofrer *or* causar acidente, desastrado
acclaim [ə'kleɪm] VT aclamar; **to be ~ed for one's achievements** ser aclamado por seus fatas ■ N aclamação *f*
acclamation [æklə'meɪʃən] N (*approval*) aclamação *f*; (*applause*) aplausos *mpl*
acclimate [ə'klaɪmət] (*US*) VT = **acclimatize**
acclimatize [ə'klaɪmətaɪz] (*Brit*) VT: **to become ~d (to)** aclimatar-se (a)
accolade ['ækəleɪd] N louvor *m*, honra
accommodate [ə'kɔmədeɪt] VT alojar; (*reconcile*: *subj: car, hotel, etc*) acomodar, conciliar; (*oblige, help*) comprazer a; (*adapt*): **to ~ one's plans to** acomodar seus projetos a; **this car ~s 4 people** este carro tem lugar para 4 pessoas
accommodating [ə'kɔmədeɪtɪŋ] ADJ complacente, serviçal
accommodation [əkɔmə'deɪʃən] (*Brit*) N alojamento; (*space*) lugar *m* (BR), sítio (PT); **he's found ~** ele já encontrou um lugar para morar; **"~ to let"** "aluga-se (apartamento *etc*)"; **they have ~ for 500** têm lugar para 500 pessoas; **seating ~** lugares *mpl* sentados
accommodations [əkɔmə'deɪʃənz] (*US*) NPL = **accommodation**
accompaniment [ə'kʌmpənɪmənt] N acompanhamento
accompanist [ə'kʌmpənɪst] N acompanhador(a) *m/f*, acompanhante *m/f*
accompany [ə'kʌmpənɪ] VT acompanhar
accomplice [ə'kʌmplɪs] N cúmplice *m/f*
accomplish [ə'kʌmplɪʃ] VT (*task*) concluir; (*goal*) alcançar
accomplished [ə'kʌmplɪʃt] ADJ (*person*) talentoso; (*performance*) brilhante
accomplishment [ə'kʌmplɪʃmənt] N (*bringing about*) realização *f*; (*achievement*) proeza; **accomplishments** NPL (*skills*) talentos *mpl*
accord [ə'kɔ:d] N tratado ■ VT conceder; **of his own ~** por sua iniciativa; **with one ~** de comum acordo
accordance [ə'kɔ:dəns] N: **in ~ with** de acordo com, conforme
according [ə'kɔ:dɪŋ] PREP: **~ to** segundo; (*in accordance with*) conforme; **~ to plan** como previsto
accordingly [ə'kɔ:dɪŋlɪ] ADV (*thus*) por conseguinte; (*appropriately*) do modo devido
accordion [ə'kɔ:dɪən] N acordeão *m*
accost [ə'kɔst] VT abordar
account [ə'kaunt] N conta; (*report*) relato; **accounts** NPL (*books, department*) contabilidade *f*; **"~ payee only"** (*Brit*) "cheque não endossável" (*a ser creditado na conta do favorecido*); **to keep an ~ of** anotar, registrar; **to bring sb to ~ for sth/ for having done sth** chamar alguém a contas por algo/por ter feito algo; **by all ~s** segundo dizem todos; **of little ~** sem importância; **on his own ~** por sua conta; **to pay £5 on ~** pagar £5 por conta; **to buy sth on ~** comprar algo a crédito; **of no ~** sem importância; **on ~** por conta; **on no ~** de modo nenhum; **on ~ of** por causa de; **to take into ~, take ~ of** levar em conta
▶ **account for** VT FUS (*explain*) explicar VT (*represent*) representar; **all the children were ~ed for** nenhuma das crianças faltava; **4 people are still not ~ed for** 4 pessoas ainda não foram encontradas
accountability [əkauntə'bɪlɪtɪ] N responsabilidade *f*
accountable [ə'kauntəbl] ADJ: **~ (to)** responsável (por)
accountancy [ə'kauntənsɪ] N contabilidade *f*
accountant [ə'kauntənt] N contador(a) *m/f* (BR), contabilista *m/f* (PT)
accounting [ə'kauntɪŋ] N contabilidade *f*; **accounting period** N exercício
account number N número de conta
account payable N conta a pagar
account receivable N conta a receber
accredited [ə'krɛdɪtɪd] ADJ (*agent*) autorizado
accretion [ə'kri:ʃən] N acresção *f*
accrue [ə'kru:] VI aumentar; (*mount up*) acumular-se; **to ~ to** advir a
accrued interest [ə'kru:d-] N juros *mpl* acumulados
accumulate [ə'kju:mjuleɪt] VT acumular ■ VI acumular-se
accumulation [əkju:mju'leɪʃən] N

acumulação *f*

accuracy ['ækjurəsɪ] N exatidão *f*, precisão *f*

accurate ['ækjurɪt] ADJ (*number*) exato; (*description*) correto; (*person, device*) preciso; (*shot*) certeiro

accurately ['ækjurətlɪ] ADV com precisão

accusation [ækju'zeɪʃən] N acusação *f*; (*instance*) incriminação *f*

accusative [ə'kju:zətɪv] N (*Ling*) acusativo

accuse [ə'kju:z] VT: **to ~ sb (of sth)** acusar alguém (de algo)

accused [ə'kju:zd] N: **the ~** acusado(-a)

accustom [ə'kʌstəm] VT acostumar; **to ~ o.s. to sth** acostumar-se a algo

accustomed [ə'kʌstəmd] ADJ (*usual*) habitual; **~ to** acostumado a

AC/DC ABBR (= *alternating current/direct current*) CA/CC

ACE [eɪs] N ABBR = **American Council on Education**

ace [eɪs] N ás *m*; **to be** *or* **come within an ~ of doing** (*Brit*) não fazer por um triz

acerbic [ə'sə:bɪk] ADJ (*also fig*) acerbo

acetate ['æsɪteɪt] N acetato

ache [eɪk] N dor *f* ■ VI doer; (*yearn*): **to ~ to do sth** ansiar por fazer algo; **I've got (a) stomach ~** eu estou com dor de barriga; **my head ~s** dói-me a cabeça; **I'm aching all over** estou todo dolorido

achieve [ə'tʃi:v] VT (*reach*) alcançar; (*realize*) realizar; (*victory, success*) obter

achievement [ə'tʃi:vmənt] N (*of aims*) realização *f*; (*success*) proeza

acid ['æsɪd] ADJ ácido, azedo ■ N ácido

acidity [ə'sɪdɪtɪ] N acidez *f*

acid rain N chuva ácida

acknowledge [ək'nɔlɪdʒ] VT (*fact*) reconhecer; (*person*) cumprimentar; (*also*: **acknowledge receipt of**) acusar o recebimento de (BR) *or* a recepção de (PT)

acknowledgement [ək'nɔlɪdʒmənt] N (*of letter*) notificação *f* de recebimento; **acknowledgements** NPL (*in book*) agradecimentos *mpl*

ACLU N ABBR (= *American Civil Liberties Union*) *associação que defende os direitos humanos*

acme ['ækmɪ] N acme *m*

acne ['æknɪ] N acne *f*

acorn ['eɪkɔ:n] N bolota

acoustic [ə'ku:stɪk] ADJ acústico; **acoustic coupler** N (*Comput*) acoplador *m* acústico

acoustics [ə'ku:stɪks] N, NPL acústica

acquaint [ə'kweɪnt] VT: **to ~ sb with sth** (*inform*) pôr alguém ao corrente de alguma coisa; **to be ~ed with** (*person*) conhecer; (*fact*) saber

acquaintance [ə'kweɪntəns] N conhecimento; (*person*) conhecido(-a); **to make sb's ~** conhecer alguém

acquiesce [ækwɪ'ɛs] VI: **to ~ (to)** condescender (a); (*request*) ceder(a)

acquire [ə'kwaɪəʳ] VT adquirir; (*interest, skill*) desenvolver

acquired [ə'kwaɪəd] ADJ adquirido; **an ~ taste** um gosto cultivado

acquisition [ækwɪ'zɪʃən] N aquisição *f*

acquisitive [ə'kwɪzɪtɪv] ADJ cobiçoso

acquit [ə'kwɪt] VT absolver; **to ~ o.s. well** desempenhar-se bem

acquittal [ə'kwɪtəl] N absolvição *f*

acre ['eɪkəʳ] N acre *m* (= *4047m²*)

acreage ['eɪkərɪdʒ] N extensão *f* (em acres)

acrid ['ækrɪd] ADJ (*smell*) acre; (*fig*) mordaz

acrimonious [ækrɪ'məunɪəs] ADJ (*remark*) mordaz; (*argument*) acrimonioso

acrobat ['ækrəbæt] N acrobata *m/f*

acrobatic [ækrə'bætɪk] ADJ acrobático

acrobatics [ækrə'bætɪks] NPL acrobacia

Acropolis [ə'krɔpəlɪs] N: **the ~** a Acrópole

across [ə'krɔs] PREP (*from one side to the other of*) de um lado para outro de; (*on the other side of*) no outro lado de; (*crosswise*) através de ■ ADV de um lado ao outro; **to walk ~ (the road)** atravessar (a rua); **to run/swim ~** atravessar correndo/a nado; **the lake is 12 km ~** o lago tem 12 km de largura; **~ from** em frente de; **to get sth ~ (to sb)** conseguir comunicar algo (a alguém)

acrylic [ə'krɪlɪk] ADJ acrílico ■ N acrílico

ACT N ABBR (= *American College Test*) ≈ vestibular *m*

act [ækt] N ação *f*; (*Theatre*) ato; (*in show*) número; (*Law*) lei *f* ■ VI tomar ação; (*behave, have effect*) agir; (*Theatre*) representar; (*pretend*) fingir ■ VT (*part*) representar; **in the ~ of** no ato de; **~ of God** (*Law*) força maior; **to catch sb in the ~** apanhar alguém em flagrante, flagrar alguém; **it's only an ~** é só encenação; **to ~ Hamlet** (*Brit*) representar Hamlet; **to ~ the fool** (*Brit*) fazer-se de bobo; **to ~ as** servir de; **it ~s as a deterrent** serve para dissuadir; **~ing in my capacity as chairman, I ...** na qualidade de presidente, eu ...

▸ **act on** VT FUS: **to ~ on sth** agir de acordo com algo

▸ **act out** VT (*event*) representar; (*fantasy*) realizar

acting ['æktɪŋ] ADJ interino ■ N (*performance*) representação *f*, atuação *f*; (*activity*): **to do some ~** fazer teatro

action ['ækʃən] N ação *f*; (*Mil*) batalha, combate *m*; (*Law*) ação judicial; **to bring an ~ against sb** (*Law*) intentar ação judicial contra alguém; **killed in ~** (*Mil*) morto em combate; **out of ~** (*person*) fora de combate; (*thing*) com defeito; **to take ~** tomar atitude; **to put a plan into ~** pôr um plano em ação; **action replay** (*Brit*) N (*TV*) replay *m*

activate ['æktɪveɪt] VT (*mechanism*) acionar; (*Chem, Phys*) ativar

active ['æktɪv] ADJ ativo; (*volcano*) em atividade; **active duty** (*US*) N (*Mil*) ativa

actively ['æktɪvlɪ] ADV ativamente

active partner N (*Comm*) comanditado(-a)

active service (*Brit*) N (*Mil*) ativa

activist ['æktɪvɪst] N ativista *m/f*, militante *m/f*

activity [æk'tɪvɪtɪ] N atividade *f*

actor ['æktəʳ] N ator *m*
actress ['æktrɪs] N atriz *f*
actual ['æktjuəl] ADJ real
actually ['æktjuəlɪ] ADV realmente; (*in fact*) na verdade; (*even*) mesmo
actuary ['æktjuərɪ] N atuário(-a)
actuate ['æktjueɪt] VT atuar, acionar
acuity [ə'kju:ɪtɪ] N acuidade *f*
acumen ['ækjumən] N perspicácia; **business ~** tino para os negócios
acupuncture ['ækjupʌŋktʃəʳ] N acupuntura
acute [ə'kju:t] ADJ agudo; (*person*) perspicaz
ad [æd] N ABBR = **advertisement**
A.D. ADV ABBR (= *Anno Domini*) d.C. ■ N ABBR (*US: Mil*) = **active duty**
adamant ['ædəmənt] ADJ inflexível
Adam's apple ['ædəmz-] N pomo-de-Adão *m* (BR), maçã-de-Adão *f* (PT)
adapt [ə'dæpt] VT adaptar ■ VI: **to ~ (to)** adaptar-se (a)
adaptability [ədæptə'bɪlɪtɪ] N adaptabilidade *f*
adaptable [ə'dæptəbl] ADJ (*device*) ajustável; (*person*) adaptável
adaptation [ædæp'teɪʃən] N adaptação *f*
adapter [ə'dæptəʳ] N (*Elec*) adaptador *m*; = **adapter**
ADC N ABBR (*Mil*) = **aide-de-camp**; (*US: = Aid to Dependent Children*) *auxílio a crianças dependentes*
add [æd] VT acrescentar; (*figures: also:* **add up**) somar ■ VI: **to ~ to** (*increase*) aumentar
▸ **add on** VT acrescentar, adicionar
▸ **add up** VT (*figures*) somar ■ VI (*fig*): **it doesn't ~ up** não faz sentido; **it doesn't ~ up to much** é pouca coisa
adder ['ædəʳ] N víbora
addict ['ædɪkt] N viciado(-a); **heroin ~** viciado(-a) em heroína; **drug ~** toxicômano(-a)
addicted [ə'dɪktɪd] ADJ: **to be/become ~ to** ser/ficar viciado em
addiction [ə'dɪkʃən] N (*Med*) dependência
adding machine ['ædɪŋ-] N máquina de somar
Addis Ababa ['ædɪs'æbəbə] N Adis-Abeba
addition [ə'dɪʃən] N (*adding up*) adição *f*; (*thing added*) acréscimo; **in ~** além disso; **in ~ to** além de
additional [ə'dɪʃənl] ADJ adicional
additive ['ædɪtɪv] N aditivo
address [ə'drɛs] N endereço; (*speech*) discurso ■ VT (*letter*) endereçar; (*speak to*) dirigir-se a, dirigir a palavra a; **form of ~** tratamento; **to ~ (o.s. to)** (*problem, issue*) enfocar; **absolute/relative ~** (*Comput*) endereço absoluto/relativo
addressee [ædrɛ'si:] N destinatário(-a)
Aden ['eɪdən] N Áden (*no article*); **Gulf of ~** golfo de Áden
adenoids ['ædɪnɔɪdz] NPL adenóides *fpl*
adept ['ædɛpt] ADJ: **~ at** hábil *or* competente em
adequate ['ædɪkwɪt] ADJ (*enough*) suficiente; (*suitable*) adequado; (*satisfactory*) satisfatório; **to feel ~ to the task** sentir-se à altura da tarefa
adequately ['ædɪkwɪtlɪ] ADV adequadamente
adhere [əd'hɪəʳ] VI: **to ~ to** aderir a; (*abide by*) ater-se a
adhesion [əd'hi:ʒən] N adesão *f*
adhesive [əd'hi:zɪv] ADJ, N adesivo; **adhesive tape** M (*Brit*) durex® *m*, fita adesiva; (*US*) esparadrapo
ad hoc [-hɔk] ADJ (*decision*) para o caso; (*committee*) ad hoc
ad infinitum [-ɪnfɪ'naɪtəm] ADV ad infinitum
adjacent [ə'dʒeɪsənt] ADJ: **~ (to)** adjacente (a)
adjective ['ædʒɛktɪv] N adjetivo
adjoin [ə'dʒɔɪn] VT ser contíguo a
adjoining [ə'dʒɔɪnɪŋ] ADJ adjacente
adjourn [ə'dʒə:n] VT (*postpone*) adiar; (*session*) suspender ■ VI encerrar a sessão; (*go*) deslocar-se; **they ~ed to the pub** (*Brit: inf*) deslocaram-se para o bar
adjournment [ə'dʒə:nmənt] N (*period*) recesso
Adjt ABBR (*Mil: = adjutant*) Ajte
adjudicate [ə'dʒu:dɪkeɪt] VT, VI julgar
adjudication [ədʒu:dɪ'keɪʃən] N julgamento
adjust [ə'dʒʌst] VT (*change*) ajustar; (*clothes*) arrumar; (*machine*) regular ■ VI: **to ~ (to)** adaptar-se (a)
adjustable [ə'dʒʌstəbl] ADJ ajustável
adjuster [ə'dʒʌstəʳ] N *see* **loss**
adjustment [ə'dʒʌstmənt] N ajuste *m*; (*of engine*) regulagem *f*; (*of prices, wages*) reajuste *m*; (*of person*) adaptação *f*
adjutant ['ædʒətənt] N ajudante *m*
ad-lib [-lɪb] VT, VI improvisar ■ N improviso; (*Theatre*) caco ■ ADV: **ad lib** à vontade
adman ['ædmæn] (*inf: irreg*) N publicitário
admin ['ædmɪn] (*inf*) N ABBR = **administration**
administer [əd'mɪnɪstəʳ] VT administrar; (*justice*) aplicar; (*drug*) ministrar
administration [ədmɪnɪs'treɪʃən] N administração *f*; (*US: government*) governo
administrative [əd'mɪnɪstrətɪv] ADJ administrativo
administrator [əd'mɪnɪstreɪtəʳ] N administrador(a) *m/f*
admirable ['ædmərəbl] ADJ admirável
admiral ['ædmərəl] N almirante *m*
Admiralty ['ædmərəltɪ] (*Brit*) N (*also:* **Admiralty Board**) Ministério da Marinha, Almirantado
admiration [ædmə'reɪʃən] N admiração *f*
admire [əd'maɪəʳ] VT (*respect*) respeitar; (*appreciate*) admirar
admirer [əd'maɪrəʳ] N (*suitor*) pretendente *m/f*; (*fan*) admirador(a) *m/f*
admission [əd'mɪʃən] N (*admittance*) entrada; (*fee*) ingresso; (*enrolment*) admissão *f*; (*confession*) confissão *f*; **"~ free", "free ~"** "entrada gratuita", "ingresso gratuito"; **by his own ~ he drinks too much** ele mesmo reconhece que bebe demais
admit [əd'mɪt] VT admitir; (*acknowledge*) reconhecer; (*accept*) aceitar; (*confess*) confessar; **"children not ~ted"** "entrada proibida a menores de idade"; **this ticket ~s two** este ingresso é válido para duas pessoas; **I must ~ that ...** devo admitir *or* reconhecer que ...

▸ **admit of** VT FUS admitir
▸ **admit to** VT FUS confessar
admittance [əd'mɪtəns] N entrada; **"no ~"** "entrada proibida"
admittedly [əd'mɪtədlɪ] ADV evidentemente
admonish [əd'mɔnɪʃ] VT admoestar
ad nauseam [æd'nɔ:sɪæm] ADV sem parar
ado [ə'du:] N: **without further** *or* **(any) more ~** sem mais cerimônias
adolescence [ædəu'lɛsns] N adolescência
adolescent [ædəu'lɛsnt] ADJ, N adolescente *m/f*
adopt [ə'dɔpt] VT adotar
adopted [ə'dɔptɪd] ADJ adotivo
adoption [ə'dɔpʃən] N adoção *f*
adoptive [ə'dɔptɪv] ADJ adotivo
adorable [ə'dɔ:rəbl] ADJ encantador(a)
adoration [ædə'reɪʃən] N adoração *f*
adore [ə'dɔ:r] VT adorar
adoring [ə'dɔ:rɪŋ] ADJ devotado
adoringly [ə'dɔ:rɪŋlɪ] ADV com adoração
adorn [ə'dɔ:n] VT adornar, enfeitar
adornment [ə'dɔ:nmənt] N enfeite *m*, adorno
ADP N ABBR = **automatic data processing**
adrenalin [ə'drɛnəlɪn] N adrenalina
Adriatic (Sea) [eɪdrɪ'ætɪk-] N (*mar m*) Adriático
adrift [ə'drɪft] ADV à deriva; **to come ~** desprender-se
adroit [ə'drɔɪt] ADJ hábil
ADT (*US*) ABBR (= *Atlantic Daylight Time*) *hora de verão de Nova Iorque.*
adult ['ædʌlt] N adulto(-a) ■ ADJ adulto; (*literature, education*) para adultos; **adult education** N educação *f* para adultos
adulterate [ə'dʌltəreɪt] VT adulterar
adulterer [ə'dʌltərər] N adúltero
adulteress [ə'dʌltərɪs] N adúltera
adultery [ə'dʌltərɪ] N adultério
adulthood ['ædʌlthud] N idade *f* adulta
advance [əd'vɑ:ns] N avanço; (*money: payment in advance*) adiantamento; (: *loan*) empréstimo; (*Mil*) avançada ■ ADJ antecipado ■ VT (*develop*) desenvolver, promover; (*money*) adiantar ■ VI (*move forward*) avançar; (*progress*) progredir; **in ~** com antecedência; **to make ~s to sb** (*gen*) fazer propostas a alguém; (*amorously*) fazer propostas amorosas a alguém
advanced [əd'vɑ:nst] ADJ avançado; (*studies, country*) adiantado; **~ in years** de idade avançada
advancement [əd'vɑ:nsmənt] N (*improvement*) progresso; (*in rank*) promoção *f*
advance notice N aviso prévio
advantage [əd'vɑ:ntɪdʒ] N vantagem *f*; (*supremacy*) supremacia; (*advantage*) benefício; (*Tennis*) *o primeiro ponto marcado depois do empate de 40 iguais*; **to take ~ of** (*use*) aproveitar, aproveitar-se de; (*gain by*) tirar proveito de; **it's to our ~ (to do)** é vantajoso para nós (fazer)
advantageous [ædvən'teɪdʒəs] ADJ: **~ (to)** vantajoso (para)
advent ['ædvənt] N advento, chegada; **A~** (*Rel*) Advento
Advent calendar N calendário do Advento
adventure [əd'vɛntʃər] N aventura
adventurous [əd'vɛntʃərəs] ADJ aventureiro
adverb ['ædvə:b] N advérbio
adversary ['ædvəsərɪ] N adversário(-a)
adverse ['ædvə:s] ADJ (*effect*) contrário; (*weather, publicity*) desfavorável; **~ to** contrário a
adversity [əd'və:sɪtɪ] N adversidade *f*
advert ['ædvə:t] (*Brit*) N ABBR = **advertisement**
advertise ['ædvətaɪz] VI anunciar, fazer propaganda; (*in newspaper etc*) anunciar ■ VT (*event, job*) anunciar; (*product*) fazer a propaganda de; **to ~ for** (*staff*) procurar
advertisement [əd'və:tɪsmənt] N (*classified*) anúncio; (*display, TV*) propaganda, anúncio
advertiser ['ædvətaɪzər] N anunciante *m/f*
advertising ['ædvətaɪzɪŋ] N publicidade *f*; **advertising agency** N agência de publicidade; **advertising campaign** N campanha publicitária
advice [əd'vaɪs] N conselhos *mpl*; (*notification*) aviso; **piece of ~** conselho; **to ask (sb) for ~** pedir conselho (a alguém); **to take legal ~** consultar um advogado; **advice note** (*Brit*) N aviso
advisable [əd'vaɪzəbl] ADJ aconselhável
advise [əd'vaɪz] VT aconselhar; (*inform*): **to ~ sb of sth** avisar alguém de algo; **to ~ sb against sth** desaconselhar algo a alguém; **to ~ sb against doing sth** aconselhar alguém a não fazer algo; **you would be well/ill ~d to go** seria melhor você ir/você não ir
advisedly [əd'vaɪzɪdlɪ] ADV de propósito
adviser [əd'vaɪzər] N conselheiro(-a); (*consultant*) consultor(a) *m/f*; (*political*) assessor(a) *m/f*
advisor [əa'vaɪzər] = **adviser**
advisory [əd'vaɪzərɪ] ADJ consultivo; **in an ~ capacity** na qualidade de assessor(a) *or* consultor(a)
advocate [*vt* 'ædvəkeɪt, *n* 'ædvəkɪt] VT defender; (*recommend*) advogar ■ N advogado(-a); (*supporter*) defensor(a) *m/f*
advt. ABBR = **advertisement**
AEA (*Brit*) N ABBR (= *Atomic Energy Authority*) ≈ CNEN *f*
AEC (*US*) N ABBR (= *Atomic Energy Commission*) ≈ CNEN *f*
Aegean [i:'dʒi:ən] N: **the ~ (Sea)** Egeu (o mar)
aegis ['i:dʒɪs] N: **under the ~ of** sob a égide de
aeon ['i:ən] N eternidade *f*
aerial ['ɛərɪəl] N antena ■ ADJ aéreo
aerobatics [ɛərəu'bætɪks] NPL acrobacias *fpl* aéreas
aerobics [ɛə'rəubɪks] N ginástica
aerodrome ['ɛərədrəum] (*Brit*) N aeródromo
aerodynamic [ɛərəudaɪ'næmɪk] ADJ aerodinâmico
aerodynamics [ɛərəudaɪ'næmɪks] N, NPL aerodinâmica
aeronautics [ɛərə'nɔ:tɪks] N aeronáutica
aeroplane ['ɛərəpleɪn] (*Brit*) N avião *m*
aerosol ['ɛərəsɔl] N aerossol *m*

aerospace industry ['ɛərəuspeɪs-] N indústria aeroespacial
aesthetic [iːs'θɛtɪk] ADJ estético
aesthetics [iːs'θɛtɪks] N, NPL estética
afar [ə'fɑːʳ] ADV: **from ~** de longe
AFB (*US*) N ABBR = **Air Force Base**
AFDC (*US*) N ABBR (= *Aid to Families with Dependent Children*) auxílio-família *m*
affable ['æfəbl] ADJ afável; (*behaviour*) simpático
affair [ə'fɛəʳ] N (*matter*) assunte; (*business*) negócio; (*question*) questão *f*; (*also*: **love affair**) caso; **~s** (*matters*) assuntos *mpl*; (*personal concerns*) vida; **that is my ~** isso é comigo; **the Watergate ~** o caso Watergate
affect [ə'fɛkt] VT afetar; (*move*) comover
affectation [æfɛk'teɪʃən] N afetação *f*
affected [ə'fɛktɪd] ADJ afetado
affection [ə'fɛkʃən] N afeto, afeição *f*
affectionate [ə'fɛkʃənət] ADJ afetuoso, carinhoso
affectionately [ə'fɛkʃənətlɪ] ADV carinhosamente
affidavit [æfɪ'deɪvɪt] N (*Law*) declaração *f* escrita e juramentada
affiliated [ə'fɪlɪeɪtɪd] ADJ: **~ (to)** afiliado (a); **~ company** filial *f*
affinity [ə'fɪnɪtɪ] N afinidade *f*; **to have an ~ with** (*rapport*) ter afinidade com; (*resemblance*) ter semelhanca com
affirm [ə'fəːm] VT afirmar
affirmation [æfə'meɪʃən] N afirmação *f*
affirmative [ə'fəːmətɪv] ADJ afirmativo ■ N: **in the ~** afirmativamente
affix [ə'fɪks] VT (*signature*) apor; (*stamp*) colar
afflict [ə'flɪkt] VT afligir; **to be ~ed with** sofrer de
affliction [ə'flɪkʃən] N aflição *f*; (*illness*) doença
affluence ['æfluəns] N riqueza
affluent ['æfluənt] ADJ rico; **the ~ society** a sociedade de abundância
afford [ə'fɔːd] VT (*provide*) fornecer; (*goods etc*) ter dinheiro suficiente para; (*permit o.s.*): **I can't ~ the time** não tenho tempo; **can we ~ a car?** temos dinheiro para comprar um carro?; **we can ~ to wait** podemos permitir-nos esperar
affray [ə'freɪ] (*Brit*) N (*Law*) desordem *f*, tumulto
affront [ə'frʌnt] N ofensa
affronted [ə'frʌntɪd] ADJ afrontado, ofendido
Afghan ['æfgæn] ADJ, N afegão(-gã) *m/f*
Afghanistan [æf'gænɪstæn] N Afeganistão *m*
afield [ə'fiːld] ADV: **far ~** muito longe
AFL-CIO N ABBR (= *American Federation of Labor and Congress of Industrial Organizations*) *confederação sindical*
afloat [ə'fləut] ADV (*floating*) flutuando; (*at sea*) no mar; **to stay ~** continuar flutuando; **to keep/get ~** (*business*) manter financeiramente equilibrado/estabelecer
afoot [ə'fut] ADV: **there is something ~** está acontecendo algo
aforementioned [ə'fɔːmɛnʃənd] ADJ acima mencionado
aforesaid [ə'fɔːsɛd] ADJ supracitado, referido
afraid [ə'freɪd] ADJ (*frightened*) assustado; (*fearful*) receoso; **to be ~ of/to** ter medo de; **I am ~ that** lamento que; **I'm ~ so/not** receio que sim/não
afresh [ə'freʃ] ADV de novo
Africa ['æfrɪkə] N África
African ['æfrɪkən] ADJ, N africano(-a)
Afrikaans [æfrɪ'kɑːns] N (*Ling*) afrikaan *m*
Afrikaner [æfrɪ'kɑːnəʳ] N africânder *m/f*
Afro-American ['æfrəu-] ADJ afro-americano
AFT N ABBR (= *American Federation of Teachers*) *sindicato dos professores*
aft [ɑːft] ADV a ré
after ['ɑːftəʳ] PREP (*time*) depois de ■ ADV depois ■ CONJ depois que; **~ dinner** depois do jantar; **the day ~ tomorrow** depois de amanhã; **day ~ day** dia após dia; **time ~ time** repetidas vezes; **a quarter ~ two** (*US*) duas e quinze; **what are you ~?** o que você quer?; **who are you ~?** quem procura?; **~ he left done** depois que ele se foi; **~ having done** tendo feito; **the police are ~ him** a polícia está atrás dele; **to ask ~ sb** perguntar por alguém; **~ all** afinal (de contas); **~ you!** passe primeiro!
afterbirth ['ɑːftəbəːθ] N placenta
aftercare ['ɑːftəkɛəʳ] (*Brit*) N (*Med*) assistência pós-operatória
after-effects NPL (*of illness etc*) efeitos *mpl* secundários
afterlife ['ɑːftəlaɪf] N vida após a morte
aftermath ['ɑːftəmæθ] N conseqüências *fpl*; **in the ~ of** no período depois de
afternoon [ɑːftə'nuːn] N tarde *f*; **good ~!** boa tarde!
afters ['ɑːftəz] (*Brit*: *inf*) N (*dessert*) sobremesa
after-sales service (*Brit*) N serviço pós-vendas; (*of computers etc*) assistência técnica
after-shave (lotion) N loção *f* após-barba
aftershock ['ɑːftəʃɔk] N abalo secundário
afterthought ['ɑːftəθɔːt] N reflexão *f* posterior *or* tardia
afterwards ['ɑːftəwədz] ADV depois; **immediately ~** logo depois
again [ə'gɛn] ADV (*once more*) outra vez; (*repeatedly*) de novo; **to do sth ~** voltar a fazer algo; **~ and ~** repetidas vezes; **now and ~** de vez em quando
against [ə'gɛnst] PREP contra; (*compared to*) em contraste com; **~ a blue background** sobre um fundo azul; **(as) ~** (*Brit*) em contraste com
age [eɪdʒ] N idade *f*; (*old age*) velhice *f*; (*period*) época ■ VT, VI envelhecer; **he's 20 years of ~** ele tem 20 anos de idade; **at the ~ of 20** aos 20 anos de idade; **under ~** menor de idade; **to come of ~** atingir a maioridade; **it's been ~s since I saw him** faz muito tempo que eu não o vejo
aged[1] [eɪdʒd] ADJ: **~ 10** de 10 anos de idade
aged[2] ['eɪdʒɪd] ADJ idoso ■ NPL: **the ~** os idosos
age group N faixa etária; **the 40 to 50 ~** a faixa etária dos 40 aos 50 anos
ageless ['eɪdʒlɪs] ADJ (*eternal*) eterno; (*ever young*)

sempre jovem
age limit N idade *f* mínima/máxima
agency ['eɪdʒənsɪ] N agência; (*government body*) órgão *m*; **through** *or* **by the ~ of** por meio de
agenda [ə'dʒɛndə] N ordem *f* do dia
agent ['eɪdʒənt] N agente *m/f*; (*spy*) agente *m/f* secreto(-a)
aggravate ['ægrəveɪt] VT agravar; (*annoy*) irritar
aggravation [ægrə'veɪʃən] N irritação *f*
aggregate ['ægrɪgət] N (*whole*) conjunto; **on ~** (*Sport*) no total dos pontos
aggression [ə'grɛʃən] N agressão *f*
aggressive [ə'grɛsɪv] ADJ agressivo
aggressiveness [ə'grɛsɪvnɪs] N agressividade *f*
aggrieved [ə'gri:vd] ADJ aflito
aghast [ə'gɑ:st] ADJ horrorizado
agile ['ædʒaɪl] ADJ ágil
agitate ['ædʒɪteɪt] VT agitar; (*trouble*) perturbar ■ VI: **to ~ for/against** fazer agitação a favor de/contra de
agitation [ædʒɪ'teɪʃən] N agitação *f*
agitator ['ædʒɪteɪtəʳ] N agitador(a) *m/f*
AGM N ABBR (= *annual general meeting*) AGO *f*
agnostic [æg'nɔstɪk] N agnóstico
ago [ə'gəu] ADV: **2 days ~** há 2 dias (atrás); **not long ~** há pouco tempo; **as long ~ as 1960** já em 1960; **how long ~?** há quanto tempo?
agog [ə'gɔg] ADJ (*eager*) ávido; (*impatient*): **~ to** ansioso para; (*excited*): **(all) ~** entusiasmado
agonize ['ægənaɪz] VI: **to ~ over sth** agoniar-se *or* angustiar-se com algo
agonizing ['ægənaɪzɪŋ] ADJ (*pain*) agudo; (*wait*) angustiante
agony ['ægənɪ] N (*pain*) dor *f*; (*distress*) angústia; **to be in ~** sofrer dores terríveis; **agony column** N correspondência sentimental
agree [ə'gri:] VT (*price, date*) combinar ■ VI concordar; (*correspond*) corresponder; (*statements etc*) combinar; **to ~ (with)** (*person, Ling*) concordar (com); **to ~ to do** aceitar fazer; **to ~ to do** aceitar fazer; **to ~ to sth** consentir algo; **to ~ that** (*admit*) concordar *or* admitir que; **it was ~d that ...** foi combinado que ...; **they ~ on this** concordam *or* estão de acordo nisso; **garlic doesn't ~ with me** não me dou bem com o alho
agreeable [ə'gri:əbl] ADJ agradável; (*willing*) disposto; **are you ~ to this?** você concorda *or* está de acordo com isso?
agreed [ə'gri:d] ADJ (*time, place*) combinado; **to be ~** concordar, estar de acordo
agreement [ə'gri:mənt] N acordo; (*Comm*) contrato; **in ~** de acordo; **by mutual ~** de comum acordo
agricultural [ægrɪ'kʌltʃərəl] ADJ (*of crops*) agrícola; (*of crops and cattle*) agropecuário
agriculture ['ægrɪkʌltʃəʳ] N (*of crops*) agricultura; (*of crops and cattle*) agropecuária
aground [ə'graund] ADV: **to run ~** encalhar
ahead [ə'hɛd] ADV adiante; **go right** *or* **straight ~** siga em frente; **go ~!** (*fig*) vá em frente!; (: *speak*) pode falar!; **~ of** na frente de; (*fig: schedule etc*) antes de; **~ of time** antes do tempo; **to go ~ (with)** prosseguir (com); **to be ~ of sb** (*fig*) ter vantagem sobre alguém
AI N ABBR = **Amnesty International**; (*Comput*) = **artificial intelligence**
AIB (*Brit*) N ABBR (= *Accident Investigation Bureau*) *comissão de inquérito sobre acidentes.*
AID N ABBR = **artificial insemination by donor**; (*US*) = **Agency for International Development**
aid [eɪd] N ajuda ■ VT ajudar; **with the ~ of** com a ajuda de; **in ~ of** em benefício de; **to ~ and abet** (*Law*) ser cúmplice de; *see also* **hearing**
aide [eɪd] N (*person*) assessor(a) *m/f*
AIDS [eɪdz] N ABBR (= *acquired immune deficiency syndrome*) AIDS *f* (BR), SIDA *f* (PT)
AIH N ABBR = **artificial insemination by husband**
ailing ['eɪlɪŋ] ADJ enfermo
ailment ['eɪlmənt] N achaque *m*
aim [eɪm] VT: **to ~ sth (at)** (*gun, camera, blow*) apontar algo (para); (*missile, remark*) dirigir algo (a) ■ VI (*also*: **take aim**) apontar ■ N (*skill*) pontaria; (*objective*) objetivo, meta; **to ~ at** (*with weapon*) mirar; **to ~ to do** pretender fazer
aimless ['eɪmlɪs] ADJ sem objetivo
aimlessly ['eɪmlɪslɪ] ADV à toa
ain't [eɪnt] (*inf*) = **am not**; **aren't**; **isn't**
air [ɛəʳ] N ar *m*; (*appearance*) aparência, aspeto ■ VT arejar; (*grievances, ideas*) discutir ■ CPD (*currents, attack etc*) aéreo; **to throw sth into the ~** jogar algo para cima; **by ~** (*travel*) de avião; (*send*) por via aérea; **to be on the ~** (*Radio, TV: programme, station*) estar no ar; **air base** N base *f* aérea; **air bed** ['ɛəbɛd] (*Brit*) N colchão *m* de ar
airborne ['ɛəbɔ:n] ADJ (*in the air*) no ar; (*plane*) em vôo; (*troops*) aerotransportado
air cargo N frete *m* aéreo
air-conditioned [-kən'dɪʃənd] ADJ com ar condicionado
air conditioning [-kən'dɪʃənɪŋ] N ar condicionado
air-cooled [-ku:ld] ADJ refrigerado a ar
aircraft ['ɛəkrɑ:ft] N INV aeronave *f*; **aircraft carrier** N porta-aviões *m inv*
air cushion N almofada de ar
airfield ['ɛəfi:ld] N campo de aviação
Air Force N Força Aérea, Aeronáutica
air freight N frete *m* aéreo
air freshener [-'frɛʃnəʳ] N perfumador *m* de ar
air gun ['ɛəgʌn] N espingarda de ar comprimido
air hostess (*Brit*) N aeromoça (BR), hospedeira (PT)
airily ['ɛərɪlɪ] ADV levianamente
airing ['ɛərɪŋ] N: **to give an ~ to** arejar; (*fig: ideas, views*) discutir
air letter (*Brit*) N aerograma *m*
airlift ['ɛəlɪft] N ponte aérea
airline ['ɛəlaɪn] N linha aérea
airliner ['ɛəlaɪnəʳ] N avião *m* de passageiros
airlock ['ɛəlɔk] N (*blockage*) entupimento de ar
airmail ['ɛəmeɪl] N: **by ~** por via aérea
air mattress N colchão *m* de ar
airplane ['ɛəpleɪn] (*US*) N avião *m*

air pocket N bolsa de ar
airport ['ɛəpɔ:t] N aeroporto
air raid N ataque *m* aéreo
airsick ['ɛəsɪk] ADJ: **to be ~** enjoar-se (no avião)
airspace ['ɛəspeɪs] N espaço aéreo
airstrip ['ɛəstrɪp] N pista (de aterrissar)
air terminal N terminal *m* aéreo
airtight ['ɛətaɪt] ADJ hermético
air traffic control N controle *m* de tráfego aéreo
air traffic controller N controlador(a) *m/f* de tráfego aéreo
airy ['ɛərɪ] ADJ (*room*) arejado; (*manner*) leviano
aisle [aɪl] N (*of church*) nave *f*; (*of theatre etc*) corredor *m*, coxia
ajar [ə'dʒɑ:ʳ] ADJ entreaberto
AK (*US*) ABBR (*Post*) = **Alaska**
aka ABBR (= *also known as*) vulgo
akin [ə'kɪn] ADJ: **~ to** parecido com
AL (*US*) ABBR (*Post*) = **Alabama**
ALA N ABBR = **American Library Association**
à la carte [æla:'kɑ:t] ADJ, ADV à la carte
alacrity [ə'lækrɪtɪ] N alacridade *f*; **with ~** prontamente
alarm [ə'lɑ:m] N alarme *m*; (*anxiety*) inquietação *f* ■ VT alarmar, inquietar; **alarm call** N (*in hotel etc*) sinal *m* de alarme; **alarm clock** N despertador *m*
alarming [ə'lɑ:mɪŋ] ADJ alarmante
alarmist [ə'lɑ:mɪst] ADJ, N alarmista *m/f*
alas [ə'læs] EXCL ai, ai de mim
Alaska [ə'læskə] N Alasca *m*
Albania [æl'beɪnɪə] N Albânia
Albanian [æl'beɪnɪən] ADJ albanês(-esa) ■ N albanês(-esa) *m/f*; (*Ling*) albanês *m*
albeit [ɔ:l'bi:ɪt] CONJ embora
album ['ælbəm] N (*for stamps etc*) álbum *m*; (*record*) elepê *m*
albumen ['ælbjumɪn] N albumina; (*of egg*) albume *m*
alchemy ['ælkɪmɪ] N alquimia
alcohol ['ælkəhɔl] N álcool *m*
alcoholic [ælkə'hɔlɪk] ADJ alcoólico ■ N alcoólatra *m/f*
alcoholism ['ælkəhɔlɪzəm] N alcoolismo
alcove ['ælkəuv] N alcova
Ald. ABBR = **alderman**
alderman ['ɔ:ldəmən] (*irreg*) N vereador *m*
ale [eɪl] N cerveja
alert [ə'lə:t] ADJ atento; (*to danger, opportunity*) alerta; (*sharp*) esperto; (*watchful*) vigilante ■ N alerta ■ VT: **to ~ sb (to sth)** alertar alguém (de *or* sobre algo); **to be on the ~** estar alerta; (*Mil*) ficar de prontidão
Aleutian Islands [ə'lu:ʃən-] NPL ilhas *fpl* Aleútas
Alexandria [ælɪg'zɑ:ndrɪə] N Alexandria
alfresco [æl'frɛskəu] ADJ, ADV ao ar livre
Algarve [æl'gɑ:v] M: **the ~** o Algarve
algebra ['ældʒɪbrə] N álgebra
Algeria [æl'dʒɪərɪə] N Argélia
Algerian [æl'dʒɪərɪən] ADJ, N argelino(-a)
Algiers [æl'dʒɪəz] N Argel
algorithm ['ælgərɪðəm] N algoritmo
alias ['eɪlɪəs] ADV também chamado ■ N (*of criminal*) alcunha; (*of writer*) pseudônimo
alibi ['ælɪbaɪ] N álibi *m*
alien ['eɪlɪən] N estrangeiro(-a); (*from space*) alienígena *m/f* ■ ADJ: **~ to** alheio a
alienate ['eɪlɪəneɪt] VT alienar
alienation [eɪlɪə'neɪʃən] N alienação *f*
alight [ə'laɪt] ADJ em chamas; (*eyes*) aceso; (*expression*) intento ■ VI (*passenger*) descer (de um veícolo); (*bird*) pousar
align [ə'laɪn] VT alinhar
alignment [ə'laɪnmənt] N alinhamento
alike [ə'laɪk] ADJ semelhante; (*identical*) igual ■ ADV similamente; igualmente; **to look ~** parecer-se
alimony ['ælɪmənɪ] N (*payment*) pensão *f* alimentícia
alive [ə'laɪv] ADJ vivo; (*lively*) alegre; **to be ~ with** fervilhar de; **~ to** sensível a
alkali ['ælkəlaɪ] N álcali *m*

KEYWORD

all [ɔ:l] ADJ (*singular*) todo(-s); (*plural*) todos(-as); **all day/night** o dia inteiro/a noite inteira; **all men** todos os homens; **all five came** todos os cinco vieram; **all the books/food** todos os livros/toda a comida; **all the time/his life** o tempo todo/toda a sua vida
■ PRON **1** tudo; **I ate it all, I ate all of it** comi tudo; **all of us/the boys went** todos nós fomos/todos os meninos foram; **we all sat down** nós todos sentamos; **is that all?** é só isso?; (*in shop*) mais alguma coisa?
2 (*in phrases*): **above all** sobretudo; **after all** afinal (de contas); **not at all** (*in answer to question*) em absoluto, absolutamente não; **I'm not at all tired** não estou nada cansado; **anything at all will do** qualquer coisa serve; **all in all** ao todo
■ ADV todo, completamente; **all alone** completamente só; **it's not as hard as all that** não é tão difícil assim; **all the more** ainda mais; **all the better** tanto melhor, melhor ainda; **all but** quase; **the score is 2 all** o escore é 2 a 2

allay [ə'leɪ] VT (*fears*) acalmar; (*pain*) aliviar
all clear N sinal *m* de tudo limpo; (*after air raid*) sinal de fim de alerta aérea
allegation [æli'geɪʃən] N alegação *f*
allege [ə'lɛdʒ] VT alegar; **he is ~d to have said** afirma-se que ele disse
alleged [ə'lɛdʒd] ADJ pretenso
allegedly [ə'lɛdʒɪdlɪ] ADV segundo dizem
allegiance [ə'li:dʒəns] N lealdade *f*
allegory ['ælɪgərɪ] N alegoria
all-embracing [-ɪm'breɪsɪŋ] ADJ universal
allergic [ə'lə:dʒɪk] ADJ: **~ (to)** alérgico (a)
allergy ['ælədʒɪ] N alergia
alleviate [ə'li:vɪeɪt] VT (*pain*) aliviar; (*difficulty*) minorar

alley ['æli] N (*street*) viela; (*in garden*) passeio
alliance [ə'laiəns] N aliança
allied ['ælaid] ADJ aliado; (*related*) afim, aparentado
alligator ['æligeitəʳ] N aligátor *m*; (*in Brazil*) jacaré *m*
all-important ADJ importantíssimo
all-in (*Brit*) ADJ, ADV (*charge*) tudo incluído; **all-in wrestling** (*Brit*) N luta livre
alliteration [əlitə'reiʃən] N aliteração *f*
all-night ADJ (*café*) aberto toda a noite; (*party*) que dura toda a noite
allocate ['æləkeit] VT (*earmark*) destinar; (*share out*) distribuir
allocation [ælə'keiʃən] N (*of money*) repartição *f*; (*distribution*) distribuição *f*; (*money*) verbas *fpl*
allot [ə'lɔt] VT distribuir, repartir; **to ~ to** designar para; **in the ~ted time** no tempo designado
allotment [ə'lɔtmənt] N (*share*) partilha; (*garden*) lote *m*
all-out ADJ (*effort etc*) máximo; (*attack etc*) irrestrito ■ ADV: **all out** com toda a força
allow [ə'lau] VT (*practice, behaviour*) permitir; (*sum to spend etc*) dar, conceder; (*claim, goal*) admitir; (*sum, time estimated*) calcular; (*concede*): **to ~ that** reconhecer que; **to ~ sb to do** permitir a alguém fazer; **he is ~ed to do** é permitido que ele faça, ele pode fazer; **smoking is not ~ed** é proibido fumar; **we must ~ 3 days for the journey** temos que calcular três dias para a viagem
▸ **allow for** VT FUS levar em conta
allowance [ə'lauəns] N ajada de custo; (*welfare, payment*) pensão *f*, auxílio; (*Tax*) abatimento; **to make ~s for** levar em consideração
alloy ['ælɔi] N liga
all right ADV (*well*) bem; (*correctly*) corretamente; (*as answer*) está bem!
all-round ADJ (*view*) geral, amplo; (*person*) consumado
all-rounder (*Brit*) N: **to be a good ~** ser homem/mulher para tudo
allspice ['ɔ:lspais] N pimenta da Jamaica
all-time ADJ (*record*) de todos os tempos
allude [ə'lu:d] VI: **to ~ to** aludir a
alluring [ə'ljuəriŋ] ADJ tentador(a)
allusion [ə'lu:ʒən] N alusão *f*
alluvium [ə'lu:viəm] N aluvião *m*
ally [*n* 'ælai, *vt* ə'lai] N aliado ■ VT: **to ~ o.s. with** aliar-se com
almighty [ɔ:l'maiti] ADJ onipotente; (*row etc*) a maior
almond ['a:mənd] N (*fruit*) amêndoa; (*tree*) amendoeira
almost ['ɔ:lməust] ADV quase
alms [a:mz] NPL esmolas *fpl*, esmola
aloft [ə'lɔft] ADV em cima
alone [ə'ləun] ADJ só, sozinho ■ ADV só, somente; **to leave sb ~** deixar alguém em paz; **to leave sth ~** não tocar em algo; **let ~ ...** sem falar em ...
along [ə'lɔŋ] PREP por, ao longo de ■ ADV: **is he coming ~?** ele vem conosco?; **he was hopping/limping ~** ele/ia pulando/coxeando; **~ with** junto com; **all ~** (*all the time*) o tempo tudo
alongside [əlɔŋ'said] PREP ao lado de ■ ADV (*Naut*) encostado
aloof [ə'lu:f] ADJ afastado, altivo ■ ADV: **to stand ~** afastar-se
aloofness [ə'lu:fnis] N afastamento, altivez *f*
aloud [ə'laud] ADV em voz alta
alphabet ['ælfəbet] N alfabeto
alphabetical [ælfə'betikəl] ADJ alfabético; **in ~ order** em ordem alfabética
alphanumeric ['ælfənju:'merik] ADJ alfanumérico
alpine ['ælpain] ADJ alpino
Alps [ælps] NPL: **the ~** os Alpes
already [ɔ:l'redi] ADV já
alright ['ɔ:l'rait] (*Brit*) ADV = **all right**
Alsatian [æl'seiʃən] (*Brit*) N (*dog*) pastor *m* alemão
also ['ɔ:lsəu] ADV também; (*moreover*) além disso
altar ['ɔltəʳ] N altar *m*
alter ['ɔltəʳ] VT alterar ■ VI modificar-se
alteration [ɔltə'reiʃən] N (*to plan*) mudança; (*to clothe*) conserto; (*to build*) reforma; **timetable subject to ~** horário sujeito a mudanças
alternate [*adj* ɔl'tə:nit, *vi* 'ɔltə:neit] ADJ alternado; (*US: alternative*) alternativo ■ VI: **to ~ with** alternar-se (com); **on ~ days** em dias alternados
alternately [ɔl'tə:nitli] ADV alternadamente
alternating ['ɔltə:neitiŋ] ADJ: **~ current** corrente *f* alternada
alternative [ɔl'tə:nətiv] ADJ alternativo ■ N alternativa
alternatively [ɔl'tə:nətivli] ADV: **~ one could ...** por outro lado se podia ...
alternator ['ɔltə:neitəʳ] N (*Aut*) alternador *m*
although [ɔ:l'ðəu] CONJ embora; (*given that*) se bem que
altitude ['æltitju:d] N altitude *f*
alto ['æltəu] N (*female*) contralto *f*; (*male*) alto
altogether [ɔ:ltə'geðəʳ] ADV (*completely*) totalmente; (*on the whole*) no total; **how much is that ~?** qual é a soma total?
altruistic [æltru'istik] ADJ (*person*) altruísta; (*behaviour*) altruístico
aluminium [ælju'miniəm] (*Brit*) N alumínio
aluminum [ə'lu:minəm] (*US*) N = **aluminium**
always ['ɔ:lweiz] ADV sempre
AM ABBR = **amplitude modulation**
am [æm] VB *see* **be**
a.m. ADV ABBR (= *ante meridiem*) da manhã
AMA N ABBR = **American Medical Association**
amalgam [ə'mælgəm] N amálgama *m*
amalgamate [ə'mælgəmeit] VI amalgamar-se ■ VT amalgamar, unir
amalgamation [əmælgə'meiʃən] N (*Comm*) amalgamação *f*, união *f*
amass [ə'mæs] VT acumular
amateur ['æmətəʳ] ADJ, N amador(a) *m/f*;

amateur dramatics N teatro amador
amateurish ['æmətərɪʃ] (*pej*) ADJ amador(a)
amaze [ə'meɪz] VT pasmar; **to be ~d (at)** espantar-se (de *or* com)
amazement [ə'meɪzmənt] N pasmo, espanto; **to my ~** para o meu espanto
amazing [ə'meɪzɪŋ] ADJ (*surprising*) surpreendente; (*fantastic*) fantástico; (*incredible*) incrível
amazingly [ə'meɪzɪŋlɪ] ADV (*surprisingly*) surpreendentemente; (*incredibly*) incrivelmente
Amazon ['æməzən] N (*Geo*) Amazonas *m*; (*Mythology*) amazona *f* ■ CPD amazônico, do Amazonas; **the ~ basin** a bacia amazônica; **the ~ jungle** a selva amazônica
Amazonian [æmə'zeunɪən] ADJ (*of river, region*) amazônico; (*of state*) amazonense ■ N amazonense *m/f*
ambassador [æm'bæsədəʳ] N embaixador/embaixatriz *m/f*
amber ['æmbəʳ] N âmbar *m*; **at ~** (*Brit*: *Aut*) em amarelo
ambidextrous [æmbɪ'dɛkstrəs] ADJ ambidestro
ambience ['æmbɪəns] N ambiente *m*
ambiguity [æmbɪ'gjuɪtɪ] N ambigüidade *f*
ambiguous [æm'bɪgjuəs] ADJ ambíguo
ambition [æm'bɪʃən] N ambição *f*
ambitious [æm'bɪʃəs] ADJ ambicioso; (*plan*) grandioso
ambivalent [æm'bɪvələnt] ADJ ambivalente; (*pej*) equívoco
amble ['æmbl] VI (*also*: **amble along**) andar a furta-passo
ambulance ['æmbjuləns] N ambulância
ambush ['æmbuʃ] N emboscada ■ VT emboscar
ameba [ə'mi:bə] (*US*) N = **amoeba**
ameliorate [ə'mi:lɪəreɪt] VT melhorar
amen ['ɑ:'mɛn] EXCL amém
amenable [ə'mi:nəbl] ADJ: **~ to** (*advice etc*) receptivo a
amend [ə'mɛnd] VT (*law, text*) emendar; (*habits*) corrigir
amendment [ə'mɛndmənt] N (*to law etc*) emenda; (*text*) correção *f*
amends [ə'mɛndz] N: **to make ~** compensar; **to make ~ to sb for sth** compensar alguém por algo
amenity [ə'mi:nɪtɪ] N amenidade *f*; **amenities** NPL (*features, facilities*) atrações *fpl*, comodidades *fpl*
America [ə'mɛrɪkə] N (*continent*) América; (*USA*) Estados Unidos *mpl*
American [ə'mɛrɪkən] ADJ americano; (*from USA*) norte-americano, estadunidense ■ N americano(-a); (*from USA*) norte-americano(-a)
americanize [ə'mɛrɪkənaɪz] VT americanizar
amethyst ['æmɪθɪst] N ametista
Amex ['æmɛks] N ABBR = **American Stock Exchange**
amiable ['eɪmɪəbl] ADJ amável
amicable ['æmɪkəbl] ADJ amigável; (*person*) amigo
amid(st) [ə'mɪd(st)] PREP em meio a
amiss [ə'mɪs] ADV: **to take sth ~** levar algo a mal; **there's something ~** aí tem coisa
ammo ['æməu] (*inf*) N ABBR = **ammunition**
ammonia [ə'məunɪə] N (*gas*) amoníaco; (*liquid*) amônia
ammunition [æmju'nɪʃən] N munição *f*; (*fig*) argumentos *mpl*; **ammunition dump** N depósito de munições
amnesia [æm'ni:zɪə] N amnésia
amnesty ['æmnɪstɪ] N anistia; **to grant an ~ to** anistiar
amoeba [ə'mi:bə] (*US* **ameba**) N ameba
amok [ə'mɔk] ADV: **to run ~** enlouquecer
among(st) [ə'mʌŋ(st)] PREP entre, no meio de
amoral [æ'mɔrəl] ADJ amoral
amorous ['æmərəs] ADJ amoroso; (*in love*) apaixonado, enamorado
amorphous [ə'mɔ:fəs] ADJ amorfo
amortization [əmɔ:taɪ'zeɪʃən] N amortização *f*
amount [ə'maunt] N quantidade *f*; (*of money etc*) quantia, importância, montante *m* ■ VI: **to ~ to** (*reach*) chegar a; (*total*) montar a; (*be same as*) equivaler a, significar; **this ~s to a refusal** isto equivale a uma recusa; **the total ~** (*of money*) o total
amp(ère) ['æmp(ɛəʳ)] N ampère *m*; **a 13 amp plug** um pino de tomada de 13 ampères
ampersand ['æmpəsænd] N "e" *m* comercial
amphibian [æm'fɪbɪən] N anfíbio
amphibious [æm'fɪbɪəs] ADJ anfíbio
amphitheatre ['æmfɪθɪətəʳ] (*US* **amphitheater**) N anfiteatro
ample ['æmpl] ADJ amplo; (*abundant*) abundante; (*enough*) suficiente; **this is ~** isso é mais do que suficiente; **to have ~ time/room** ter tempo/lugar de sobra
amplifier ['æmplɪfaɪəʳ] N amplificador *m*
amplify ['æmplɪfaɪ] VT amplificar
amply ['æmplɪ] ADV amplamente
ampoule ['æmpu:l] (*US* **ampule**) N (*Med*) ampola
amputate ['æmpjuteɪt] VT amputar
Amsterdam ['æmstədæm] N Amsterdã (BR), Amsterdão (PT)
amt ABBR = **amount**
amuck [ə'mʌk] ADV = **amok**
amuse [ə'mju:z] VT divertir; (*distract*) distrair; **to ~ o.s. with sth/by doing sth** divertir-se com algo/em fazer algo; **to be ~d at** achar graça em; **he was not ~d** ele ficou sem graça
amusement [ə'mju:zmənt] N diversão *f*, diversão *f*; (*pleasure*) divertimento; (*pastime*) passatempo; (*laughter*) riso; **much to my ~** para grande diversão minha; **amusement arcade** N fliperama *m*
amusing [ə'mju:zɪŋ] ADJ divertido
an [æn, ən, n] INDEF ART *see* **a**
ANA N ABBR = **American Newspaper Association; American Nurses Association**
anachronism [ə'nækrənɪzəm] N anacronismo
anaemia [ə'ni:mɪə] (*US* **anemia**) N anemia
anaemic [ə'ni:mɪk] (*US* **anemic**) ADJ anêmico

anaesthetic [ænɪs'θɛtɪk] (*US* **anesthetic**) ADJ, N anestésico; **under ~** sob anestesia; **local/general ~** anestesia local/geral
anaesthetist [æ'ni:sθɪtɪst] (*US* **anesthetist**) N anestesista *m/f*
anagram ['ænəgræm] N anagrama *m*
analgesic [ænæl'dʒi:sɪk] ADJ anaalgésica ■ N analgésico
analog(ue) ['ænəlɔg] ADJ (*watch, computer*) analógico
analogy [ə'nælədʒɪ] N analogia; **to draw** *or* **make an ~ between** fazer uma analogia entre
analyse ['ænəlaɪz] (*US* **analyze**) VT analizar
analyses [ə'næləsi:z] NPL *of* **analysis**
analysis [ə'næləsɪs] (*pl* **analyses**) N análise *f*; **in the last** *or* **final ~** em última análise
analyst ['ænəlɪst] N analista *m/f*; (*psychoanalyst*) psicanalista *m/f*
analytic(al) [ænə'lɪtɪk(əl)] ADJ analítico
analyze ['ænəlaɪz] (*US*) VT = **analyse**
anarchic [ə'nɑ:kɪk] ADJ anárquico
anarchist ['ænəkɪst] ADJ, N anarquista *m/f*
anarchy ['ænəkɪ] N anarquia
anathema [ə'næθɪmə] N: **it is ~ to him** ele tem horror disso
anatomical [ænə'tɔmɪkəl] ADJ anatômico
anatomy [ə'nætəmɪ] N anatomia
ANC N ABBR (= *African National Congress*) CNA *m*
ancestor ['ænsɪstəʳ] N antepassado
ancestral [æn'sɛstrəl] ADJ ancestral
ancestry ['ænsɪstrɪ] N ascendência, ancestrais *mpl*
anchor ['æŋkəʳ] N âncora ■ VI (*also*: **to drop anchor**) ancorar, fundear ■ VT (*boat*) ancorar; (*fig*): **to ~ sth to** firmar algo em; **to weigh ~** levantar âncoras; **to drop ~** fundear
anchorage ['æŋkərɪdʒ] N ancoradouro
anchovy ['æntʃəvɪ] N enchova
ancient ['eɪnʃənt] ADJ antigo; (*person, car*) velho; **~ monument** monumento antigo
ancillary [æn'sɪləɪrɪ] ADJ auxiliar
and [ænd] CONJ e; **~ so on** e assim por diante; **try ~ come** tente vir; **he talked ~ talked** ele falou sem parar; **better ~ better** cada vez melhor
Andes ['ændi:z] NPL: **the ~** os Andes
anecdote ['ænɪkdəut] N anedota
anemia *etc* [ə'ni:mɪə] (*US*) N = **anaemia** *etc*
anemic [ə'ni:mɪk] (*US*) ADJ = **anaemic**
anemone [ə'nɛmənɪ] N (*Bot*) anêmona
anesthetic *etc* [ænɪs'θɛtɪk] (*US*) ADJ, N = **anaesthetic** *etc*
anesthetist [æ'ni:sθɪtɪst] (*US*) N = **anaesthetist**
anew [ə'nju:] ADV de novo
angel ['eɪndʒəl] N anjo
anger ['æŋgəʳ] N raiva ■ VT zangar
angina [æn'dʒaɪnə] N angina (de peito)
angle ['æŋgl] N ângulo; **from their ~** do ponto de vista deles; (*viewpoint*) ■ VI: **to ~ for** (*fish, compliments*) pescar
angler ['æŋgləʳ] N pescador(a) *m/f* de vara (BR) *or* à linha (PT)
Anglican ['æŋglɪkən] ADJ, N anglicano(-a)
anglicize ['æŋglɪsaɪz] VT anglicizar
angling ['æŋglɪŋ] N pesca à vara (BR) *or* à linha (PT)
Anglo- ['æŋgləu] PREFIX anglo-
Anglo-Brazilian ADJ anglo-brasileiro
Anglo-Portuguese ADJ anglo-português(-esa)
Anglo-Saxon [-'sæksən] ADJ anglo-saxão(-xôni(c)a) ■ N anglo-saxão(-xôni(c)a) *m/f*; (*Ling*) anglo-saxão *m*
Angola [æŋ'gəulə] N Angola (*no article*)
Angolan [æŋ'gəulən] ADJ, N angolano(-a)
angrily ['æŋgrɪlɪ] ADV com raiva
angry ['æŋgrɪ] ADJ zangado; **to be ~ with sb/at sth** estar zangado com alguém/algo; **to get ~** zangar-se; **to make sb ~** zangar alguém
anguish ['æŋgwɪʃ] N (*physical*) dor *f*, sofrimento; (*mental*) angústia
angular ['æŋgjuləʳ] ADJ (*shape*) angular; (*features*) anguloso
animal ['ænɪməl] N animal *m*, bicho ■ ADJ animal
animate [*vt* 'ænɪmeɪt, *adj* 'ænɪmɪt] ADJ animado ■ VT animar
animated ['ænɪmeɪtɪd] ADJ animado
animation [ænɪ'meɪʃən] N animação *f*
animosity [ænɪ'mɔsɪtɪ] N animosidade *f*
aniseed ['ænɪsi:d] N erva-doce *f*, anis *f*
Ankara ['æŋkərə] N Ancara
ankle ['æŋkl] N tornozelo; **ankle sock** N soquete *f*
annex [*n* 'ænɛks, *vt* æ'nɛks] N (*also*: *Brit*: *annexe*: *building*) anexo ■ VT anexar
annexation [ænɛks'eɪʃən] N anexação *f*
annexe ['ænɛks] (*Brit*) N = **annex**
annihilate [ə'naɪəleɪt] VT aniquilar
anniversary [ænɪ'və:sərɪ] N aniversário
annotate ['ænəuteɪt] VT anotar
announce [ə'nauns] VT anunciar; **he ~d that he wasn't going** ele declarou que não iria
announcement [ə'naunsmənt] N anúncio; (*official*) comunicação *f*; (*in letter etc*) aviso; **to make an ~** anunciar alguma coisa
announcer [ə'naunsəʳ] N (*Radio, TV*) locutor(a) *m/f*
annoy [ə'nɔɪ] VT aborrecer; **to be ~ed (at sth/with sb)** aborrecer-se (com algo/alguém); **don't get ~ed!** não se aborreça!
annoyance [ə'nɔɪəns] N aborrecimento; (*thing*) moléstia
annoying [ə'nɔɪɪŋ] ADJ irritante; (*person*) importuno
annual ['ænjuəl] ADJ anual ■ N (*Bot*) anual *f*; (*book*) anuário; **annual general meeting** (*Brit*) N assembléia geral ordinária
annually ['ænjuəlɪ] ADV anualmente
annual report N relatório anual
annuity [ə'nju:ɪtɪ] N anuidade *f or* renda anual; **life ~** renda vitalícia
annul [ə'nʌl] VT anular; (*law*) revogar
annulment [ə'nʌlmənt] N anulação *f*; (*of law*) revogação *f*

annum ['ænəm] N *see* **per**
Annunciation [ənʌnsɪ'eɪʃən] N Anunciação *f*
anode ['ænəud] N anodo
anoint [ə'nɔɪnt] VT ungir
anomalous [ə'nɔmələs] ADJ anômalo
anomaly [ə'nɔməlɪ] N anomalia
anon [ə'nɔn] ADV daqui a pouco
anon. [ə'nɔn] ABBR = **anonymous**
anonymity [ænə'nɪmɪtɪ] N anonimato
anonymous [ə'nɔnɪməs] ADJ anônimo; **to remain ~** ficar no anonimato
anorak ['ænəræk] N anoraque *m* (BR), anorak *m* (PT)
anorexia [ænə'rɛksɪə] N (*Med*: *also*: **anorexia nervosa**) anorexia
another [ə'nʌðəʳ] ADJ: **~ book** (*one more*) outro livro, mais um livro; (*a different one*) um outro livro, um livro diferente ■ PRON outro; **~ drink?** outra bebida?, mais uma bebida?; **in ~ 5 years** daqui a 5 anos; *see also* **one**
ANSI N ABBR (= *American National Standards Institute*) *instituto de padrões*
answer ['ɑ:nsəʳ] N resposta; (*to problem*) solução *f* ■ VI responder ■ VT (*reply to*) responder a; (*problem*) resolver; **in ~ to your letter** em resposta *or* respondendo à sua carta; **to ~ the phone** atender o telefone; **to ~ the bell** *or* **the door** atender à porta
▶ **answer back** VI replicar, retrucar
▶ **answer for** VT FUS responder por, responsabilizar-se por
▶ **answer to** VT FUS (*description*) corresponder a; (*needs*) satisfazer
answerable ['ɑ:nsərəbl] ADJ: **~ (to sb/for sth)** responsável (perante alguém/por algo); **I am ~ to no-one** não tenho que dar satisfações a ninguém
answering machine ['ɑ:nsərɪŋ-] N secretária eletrônica
ant [ænt] N formiga
ANTA N ABBR = **American National Theater and Academy**
antacid [ænt'æsɪd] ADJ antiácido
antagonism [æn'tægənɪzəm] N antagonismo
antagonist [æn'tægənɪst] N antagonista *m/f*, adversário(-a)
antagonistic [æntægə'nɪstɪk] ADJ antagônico, hostil; (*opposed*) oposto, contrário
antagonize [æn'tægənaɪz] VT contrariar, hostilizar
Antarctic [ænt'ɑ:ktɪk] ADJ antártico ■ N: **the ~** o Antártico
Antarctica [æn'tɑ:ktɪkə] N Antártica
Antarctic Circle N Círculo Polar Antártico
Antarctic Ocean N oceano Antártico
ante ['æntɪ] N: **to up the ~** apostar mais alto
ante... ['æntɪ] PREFIX ante..., pré...
anteater ['ænti:təʳ] N tamanduá *m*
antecedent [æntɪ'si:dənt] N antecedente *m*
antechamber ['æntɪtʃeɪmbəʳ] N antecâmara
antelope ['æntɪləup] N antílope *m*
antenatal ['æntɪ'neɪtl] ADJ pré-natal; **antenatal clinic** N clínica pré-natal
antenna [æn'tɛnə] (*pl* **antennae**) N antena
antennae [æn'tɛni:] NPL *of* **antenna**
anthem ['ænθəm] N motete *m*; **national ~** hino nacional
ant hill N formigueiro
anthology [æn'θɔlədʒɪ] N antologia
anthropologist [ænθrə'pɔlədʒɪst] N antropologista *m/f*, antropólogo(-a)
anthropology [ænθrə'pɔlədʒɪ] N antropologia
anti... [æntɪ] PREFIX anti...
anti-aircraft ADJ antiaéreo; **anti-aircraft defence** N defesa antiaérea
anti-ballistic missile ['æntɪbə'lɪstɪk-] N míssil *m* antimíssil
antibiotic [æntɪbaɪ'ɔtɪk] ADJ, N antibiótico
antibody ['æntɪbɔdɪ] N anticorpo
anticipate [æn'tɪsɪpeɪt] VT (*foresee*) prever; (*expect*) esperar; (*forestall*) antecipar; (*look forward to*) aguardar, esperar; **this is worse than I ~d** isso é pior do que eu esperava; **as ~d** como previsto
anticipation [æntɪsɪ'peɪʃən] N (*expectation*) expectativa; (*eagerness*) entusiasmo; **thanking you in ~** antecipadamente grato(s), agradeço (*or* agradecemos) antecipadamente a atenção de V.Sª
anticlimax [æntɪ'klaɪmæks] N desapontamento
anticlockwise [æntɪ'klɔkwaɪz] (*Brit*) ADV em sentido anti-horário
antics ['æntɪks] NPL bobices *fpl*; (*of child*) travessuras *fpl*
anticyclone [æntɪ'saɪkləun] N anticiclone *m*
antidote ['æntɪdəut] N antídoto
antifreeze ['æntɪfri:z] N anticongelante *m*
antiglobalization N, MOD antiglobalização *m*; **~ protesters** manifestantes antiglobalização
antihistamine [æntɪ'hɪstəmi:n] N anti-histamínico
Antilles [æn'tɪli:z] NPL: **the ~** as Antilhas
antipathy [æn'tɪpəθɪ] N antipatia
Antipodean [æntɪpə'di:ən] ADJ australiano e neozelandês
Antipodes [æn'tɪpədi:z] NPL: **the ~** a Austrália e a Nova Zelândia
antiquarian [æntɪ'kwɛərɪən] ADJ: **~ bookshop** livraria de livros usados, sebo (BR) ■ N antiquário(-a)
antiquated ['æntɪkweɪtɪd] ADJ antiquado
antique [æn'ti:k] N antiguidade *f* ■ ADJ antigo; **antique dealer** N antiquário(-a); **antique shop** N loja de antiguidades
antiquity [æn'tɪkwɪtɪ] N antiguidade *f*
anti-Semitic [-sɪ'mɪtɪk] ADJ (*person*) anti-semita; (*views, publications etc*) anti-semítico
anti-Semitism [-'sɛmɪtɪzəm] N anti-semitismo
antiseptic [æntɪ'sɛptɪk] ADJ, N anti-séptico
antisocial [æntɪ'səuʃəl] ADJ insociável; (*against society*) anti-social
antitank ['æntɪ'tæŋk] ADJ antitanque *inv*
antitheses [æn'tɪθɪsi:z] NPL *of* **antithesis**

antithesis [æn'tɪθɪsɪs] (*pl* **antitheses**) N antítese *f*
antitrust legislation ['æntɪ'trʌst-] N legislação *f* antitruste
antlers ['æntləz] NPL esgalhos *mpl*, chifres *mpl*
antivirus ['æntɪvaɪərəs] ADJ antivirus *inv*; **~ software** programa (de) antivírus
Antwerp ['æntwə:p] N Antuérpia
anus ['eɪnəs] N ânus *m*
anvil ['ænvɪl] N bigorna
anxiety [æŋ'zaɪətɪ] N (*worry*) inquietude *f*; (*eagerness*) ânsia; (*Med*) ansiedade *f*; **~ to do** ânsia de fazer
anxious ['æŋkʃəs] ADJ (*worried*) preocupado, apreensivo; (*worrying*) angustiante; (*keen*) ansioso; **~ to do/for sth** ansioso para fazer/por algo; **to be ~ that** desejar que; **I'm very ~ about you** estou muito preocupado com você
anxiously ['æŋkʃəslɪ] ADV ansiosamente

KEYWORD

any ['ɛnɪ] ADJ **1** (*in questions etc*) algum(a); **have you any butter/children?** você tem manteiga/filhos?; **if there are any tickets left** se houver alguns bilhetes sobrando
2 (*with negative*) nenhum(a); **I haven't any money/books** não tenho dinheiro/livros
3 (*no matter which*) qualquer; **choose any book you like** escolha qualquer livro que quiser
4 (*in phrases*): **in any case** em todo o caso; **any day now** qualquer dia desses; **at any moment** a qualquer momento; **at any rate** de qualquer modo; **any time** a qualquer momento; (*whenever*) quando quer que seja
■ PRON **1** (*in questions etc*) algum(a); **have you got any?** tem algum?; **can any of you sing?** algum de vocês sabe cantar?
2 (*with negative*) nenhum(a); **I haven't any (of them)** não tenho nenhum (deles)
3 (*no matter which one(s)*): **take any of those books (you like)** leve qualquer um desses livros (que você quiser)
■ ADV **1** (*in questions etc*) algo; **do you want any more soup/sandwiches?** quer mais sopa/sanduíches?; **are you feeling any better?** você está se sentindo melhor?
2 (*with negative*) nada; **I can't hear him any more** não consigo mais ouvi-lo

anybody ['ɛnɪbɔdɪ] PRON qualquer um, qualquer pessoa; (*in interrogative sentences*) alguém; (*in negative sentences*): **I don't see ~** não vejo ninguém
anyhow ['ɛnɪhau] ADV **1** (*at any rate*) de qualquer modo, de qualquer maneira; **I shall go ~** eu irei de qualquer jeito **2** (*haphazard*) de qualquer jeito; **do it ~ you like** de qualquer jeito; **do it ~ you like** faça do jeito que você quiser; **she leaves things just ~** ela deixa as coisas de qualquer maneira
anyone ['ɛnɪwʌn] PRON **1** (*in questions etc*) alguém; **can you see ~?** você pode ver alguém?; **if ~ should phone ...** se alguém telefonar
2 (*with negative*) ninguém; **I can't see ~** não vejo ninguém **3** (*no matter who*) quem quer que seja; **~ could do it** qualquer um(a) podeira fazer isso; **I could teach ~ to do it** eu podeira ensimar qualquer um(a) a fazer isso
anyplace ['ɛnɪpleɪs] (*US*) ADV em qualquer parte; (*negative sense*) em parte nenhuma; (*everywhere*) em *or* por toda a parte
anything ['ɛnɪθɪŋ] PRON **1** (*in questions etc*) alguma coisa; **can you see ~?** você pode ver alguma coisa?; **if ~ happens to me ...** se alguma coisa me acontecer ... **2** (*with negative*) nada; **I can't see ~** naõ posso ver nada **3** (*no matter what*) qualquer coisa; **you can say ~ you like** você pode dizer o que quiser; **~ will do** qualquer coisa serve
anytime ['ɛnɪtaɪm] ADV (*at any moment*) a qualquer momento; (*whenever*) não importa quando
anyway ['ɛnɪweɪ] ADV **1** (*at any rate*) de qualquer modo; **I shall go ~** eu irei de qualquer jeito
2 (*besides*) além disso; **~, I couldn't come even if I wanted to** além disso, mesmo se eu quisesse, não poderia vir
anywhere ['ɛnɪwɛəʳ] ADV (*in questions etc*) em algum lugar; **can you see him ~?** vocî pode vê-lo em algum lugar? **2** (*with negative*) em parte nenhuma; **I can't see him ~** não o vejo em parte nenhuma **3** (*no matter where*) não importa onde/onde quer que seja; **~ in the world** em qualquer lugar do mundo; **put the books down ~** colegue os livros em qualquer lugar
Anzac ['ænzæk] N ABBR (= *Australia-New Zealand Army Corps*) *soldado da tropa ANZAC*
apart [ə'pɑ:t] ADV à parte, à distância; (*separately*) separado; **10 miles ~** separados por 10 milhas; **to take ~** desmembrar; **they are living ~** estão separados; **~ from** além de, à parte de
apartheid [ə'pɑ:teɪt] N apartheid *m*
apartment [ə'pɑ:tmənt] (*US*) N apartamento; **apartment building** (*US*) N prédio *or* edifício (de apartamentos)
apathetic [æpə'θɛtɪk] ADJ apático
apathy ['æpəθɪ] N apatia, indiferença
APB (*US*) N ABBR (= *all points bulletin*) *expressão usada pela polícia significando "descubram e prendam o suspeito"*
ape [eɪp] N macaco ■ VT macaquear, imitar
Apennines ['æpənaɪnz] NPL: **the ~** os Apeninos
aperitif [ə'pɛrɪtɪv] N aperitivo
aperture ['æpətʃjuəʳ] N orifício; (*Phot*) abertura
APEX ['eɪpɛks] N (*Brit*: = *Association of Professional, Executive, Clerical and Computer Staff*) *sindicato de funcionários comerciais*; (*Aviat*: = *advance passenger excursion*) APEX *f*
apex ['eɪpɛks] N ápice *m*
aphid ['eɪfɪd] N pulgão *m*
aphrodisiac [æfrəu'dɪzɪæk] ADJ afrodisíaco ■ N afrodisíaco

API N ABBR = **American Press Institute**
apiece [ə'piːs] ADV (*for each person*) cada um, por cabeça; (*for each item*) cada
aplomb [ə'plɔm] N desenvoltura
APO (*US*) N ABBR (= *Army Post Office*) *serviço postal do exército*
apocalypse [ə'pɔkəlɪps] N apocalipse *m*
apolitical [eɪpə'lɪtɪkl] ADJ apolítico
apologetic [əpɔlə'dʒɛtɪk] ADJ cheio de desculpas
apologetically [əpɔlə'dʒɛtɪklɪ] ADV (*say*) desculpando-se; (*smile*) como quem pede desculpas
apologize [ə'pɔlədʒaɪz] VI: **to ~ (for sth to sb)** desculpar-se *or* pedir desculpas (por *or* de algo a alguém)
apology [ə'pɔlədʒɪ] N desculpas *fpl*; **please accept my apologies for ...** peço desculpas por ...; **to send one's apologies** apresentar desculpas
apoplectic [æpə'plɛktɪk] ADJ (*Med*) apoplético; (*inf*): **~ with rage** enraivecido
apoplexy ['æpəplɛksɪ] N (*Med*) apoplexia
apostle [ə'pɔsl] N apóstolo
apostrophe [ə'pɔstrəfɪ] N apóstrofo
appal [ə'pɔːl] VT horrorizar
Appalachian Mountains [æpə'leɪʃən-] NPL: **the ~** os montes Apalaches
appalling [ə'pɔːlɪŋ] ADJ (*shocking*) chocante; (*awful*) terrível; **she's an ~ cook** ela é uma péssima cozinheira
apparatus [æpə'reɪtəs] N aparelho; (*in gym*) aparelhos *mpl*; (*organization*) aparato
apparel [ə'pærl] (*US*) N vestuário, roupa
apparent [ə'pærənt] ADJ aparente; (*obvious*) claro, patente; **it is ~ that ...** é claro *or* evidente que ...
apparently [ə'pærəntlɪ] ADV aparentemente, pelo(s) visto(s)
apparition [æpə'rɪʃən] N aparição *f*; (*ghost*) fantasma *m*
appeal [ə'piːl] VI (*Law*) apelar, recorrer ■ N (*Law*) recurso, apelação *f*; (*request*) pedido; (*plea*) súplica; (*charm*) atração *f*; **to ~ (to sb) for** suplicar (a alguém); **to ~ to** (*subj: person*) suplicar a; (*be attractive to*) atrair; **to ~ to sb for mercy** pedir misericórdia a alguém; **it doesn't ~ to me** não me atrai; **right of ~** direito a recorrer *or* apelar
appealing [ə'piːlɪŋ] ADJ (*attractive*) atraente; (*touching*) comovedor(a), comovente
appear [ə'pɪəʳ] VI (*come into view*) aparecer; (*be present*) comparecer; (*Law*) apresentar-se, comparecer; (*publication*) ser publicado; (*seem*) parecer; **it would ~ that ...** pareceria que ...; **to ~ in "Hamlet"** trabalhar em "Hamlet"; **to ~ on TV** (*person, news item*) sair na televisão; (*programme*) passar na televisão
appearance [ə'pɪərəns] N (*coming into view*) aparecimento; (*presence*) comparecimento; (*look, aspect*) aparência; **to put in** *or* **make an ~** comparecer; **in order of ~** (*Theatre*) por ordem de entrar em cena; **to keep up ~s** manter as aparências; **to all ~s** ao que tudo indica
appease [ə'piːz] VT (*pacify*) apaziguar; (*satisfy*) satisfazer
appeasement [ə'piːzmənt] N apaziguamento
append [ə'pɛnd] VT anexar
appendage [ə'pɛndɪdʒ] N apêndice *m*
appendices [ə'pɛndɪsiːz] NPL *of* **appendix**
appendicitis [əpɛndɪ'saɪtɪs] N apendicite *f*
appendix [ə'pɛndɪks] (*pl* **appendices**) N apêndice *m*; **to have one's ~ out** tirar o apêndice
appetite ['æpɪtaɪt] N apetite *m*; (*fig*) desejo; **that walk has given me an ~** essa caminhada me abriu o apetite
appetizer ['æpɪtaɪzəʳ] N (*food*) tira-gosto; (*drink*) aperitivo
appetizing ['æpɪtaɪzɪŋ] ADJ apetitoso
applaud [ə'plɔːd] VI aplaudir ■ VT aplaudir; (*praise*) admirar
applause [ə'plɔːz] N aplausos *mpl*
apple ['æpl] N maçã *f*; (*also*: **apple tree**) macieira; **she's the ~ of his eye** ela é a menina dos olhos dele; **apple tree** N macieira; **apple turnover** N pastel *m* de maçã
appliance [ə'plaɪəns] N (*Tech*) aparelho; **electrical** *or* **domestic ~s** eletrodomésticos *mpl*
applicable [ə'plɪkəbl] ADJ aplicável; (*relevant*) apropriado; **the law is ~ from January** a lei entrará em vigor a partir de janeiro; **to be ~ to** valer para
applicant ['æplɪkənt] N: **~ (for)** (*for post*) candidato(-a) (a); (*Admin: for benefit etc*) requerente *m/f* (de)
application [æplɪ'keɪʃən] N aplicação *f*; (*for a job, a grant etc*) candidatura, requerimento; **on ~** a pedido; **application form** N (formulário de) requerimento; (*hard work*) esforço; **application program** N (*Comput*) aplicativo
applications package N (*Comput*) pacote *m* de aplicações
applied [ə'plaɪd] ADJ aplicado
apply [ə'plaɪ] VT (*paint etc*) usar; (*law etc*) pôr em prática ■ VI: **to ~ to** apresentar-se a; (*be suitable for*) ser aplicável a; (*be relevant to*) dizer respeito a; (*ask*) pedir; **to ~ for** (*permit, grant, job*) solicitar, pedir; **to ~ the brakes** frear (BR), travar (PT); **to ~ o.s. to** aplicar-se a, dedicar-se a
appoint [ə'pɔɪnt] VT (*to post*) nomear; (*date, place*) marcar
appointed [ə'pɔɪntɪd] ADJ: **at the ~ time** à hora marcada
appointee [əpɔɪn'tiː] N nomeado(-a)
appointment [ə'pɔɪntmənt] N (*engagement*) encontro, marcado, compromisso; (*at doctors etc*) hora marcada; (*act*) nomeação *f*; (*post*) cargo; **to make an ~ (with) sb** marcar um encontro (com) alguém; (*with doctor, hairdresser etc*) marcar hora (com); **"~s (vacant)"** (*Press*) "ofertas de emprego"; **by ~** com hora marcada
apportion [ə'pɔːʃən] VT repartir, distribuir; (*blame*) pôr; **to ~ sth to sb** atribuir algo a

alguém

appraisal [ə'preɪzl] N avaliação *f*

appraise [ə'preɪz] VT avaliar

appreciable [ə'pri:ʃəbl] ADJ apreciável, notável

appreciate [ə'pri:ʃɪeɪt] VT (*like*) apreciar, estimar; (*be grateful for*) agradecer; (*understand*) compreender ■ VI (*Comm*) valorizar-se; **I ~ your help** agradeço-lhe a *or* pela sua ajuda

appreciation [əpri:ʃɪ'eɪʃən] N apreciação *f*, estima; (*understanding*) compreensão *f*; (*gratitude*) agradecimento; (*Comm*) valorização *f*

appreciative [ə'pri:ʃɪətɪv] ADJ (*person*) agradecido; (*comment*) elogioso

apprehend [æprɪ'hɛnd] VT (*understand*) perceber, compreender; (*arrest*) prender

apprehension [æprɪ'hɛnʃən] N apreensão *f*

apprehensive [æprɪ'hɛnsɪv] ADJ apreensivo, receoso

apprentice [ə'prɛntɪs] N aprendiz *m/f* ■ VT: **to be ~d to** ser aprendiz de

apprenticeship [ə'prɛntɪsʃɪp] N aprendizado, aprendizagem *f*; **to serve one's ~** fazer seu aprendizado

appro. ['æprəu] (*Brit*: *inf*) ABBR (*Comm*) = **approval**

approach [ə'prəutʃ] VI aproximar-se ■ VT aproximar-se de; (*be approximate*) aproximar-se a; (*ask, apply to*) dirigir-se a; (*subject, passer-by*) abordar ■ N aproximação *f*; (*access*) acesso; (*proposal*) proposição *f*; (*to problem, situation*) enfoque *m*; **to ~ sb about sth** falar com alguém sobre algo

approachable [ə'prəutʃəbl] ADJ (*person*) tratável; (*place*) acessível

approach road N via de acesso

approbation [æprə'beɪʃən] N aprovação *f*

appropriate [*vt* ə'prəuprɪeɪt, *adj* ə'prəuprɪɪt] ADJ (*apt*) apropriado; (*relevant*) adequado ■ VT (*take*) apropriar-se de; (*allot*): **to ~ sth for** destinar algo a; **it would not be ~ for me to comment** não seria conveniente eu comentar

appropriately [ə'prəuprɪɪtlɪ] ADV adequadamente

appropriation [əprəuprɪ'eɪʃən] N (*confiscation*) apropriação *f*; (*of funds for sth*) dotação *f*

approval [ə'pru:vəl] N aprovação *f*; (*permission*) consentimento; **on ~** (*Comm*) a contento; **to meet with sb's ~** (*proposal etc*) ser aprovado por alguém, obter a aprovação de alguém

approve [ə'pru:v] VT (*publication, product*) autorizar; (*motion, decision*) aprovar
▸ **approve of** VT FUS aprovar

approved school [ə'pru:vd-] (*Brit*) N reformatório

approvingly [ə'pru:vɪŋlɪ] ADV com aprovação

approx. ABBR = **approximately**

approximate [*adj* ə'prɔksɪmɪt, *vt* ə'prɔksɪmeɪt] ADJ aproximado ■ VT aproximar

approximately [ə'prɔksɪmɪtlɪ] ADV aproximadamente

approximation [əprɔksɪ'meɪʃən] N aproximação *f*

apr N ABBR (= *annual percentage rate*) *taxa de juros anual*

Apr. ABBR = **April**

apricot ['eɪprɪkɔt] N damasco

April ['eɪprəl] N abril *m*; *see also* **July**; **April Fool's Day** N Primeiro-de-abril *m*

apron ['eɪprən] N avental *m*; (*Aviat*) pátio de estacionamento

apse [æps] N (*Archit*) abside *f*

APT (*Brit*) N ABBR = **advanced passenger train**

apt [æpt] ADJ (*suitable*) adequado; (*appropriate*) a propósito, apropriado; (*likely*): **~ to do** sujeito a fazer

Apt. ABBR (= *apartment*) ap., apto

aptitude ['æptɪtju:d] N aptidão *f*, talento; **aptitude test** N teste *m* de aptidão

aptly ['æptlɪ] ADV (*express*) acertadamente; **~ named** apropriadamente chamado

aqualung ['ækwəlʌŋ] N aparelho respiratório autônomo

aquarium [ə'kwɛərɪəm] N aquário

Aquarius [ə'kwɛərɪəs] N Aquário

aquatic [ə'kwætɪk] ADJ aquático

aqueduct ['ækwɪdʌkt] N aqueduto

AR (*US*) ABBR (*Post*) = **Arkansas**

ARA (*Brit*) N ABBR = **Associate of the Royal Academy**

Arab ['ærəb] ADJ, N árabe *m/f*

Arabia [ə'reɪbɪə] N Arábia

Arabian [ə'reɪbɪən] ADJ árabe; **Arabian Desert** N deserto da Arábia; **Arabian Sea** N mar *m* Arábico

Arabic ['ærəbɪk] ADJ árabe ■ N (*Ling*) árabe *m*; (*numerals*) arábico; **Arabic numerals** NPL algarismos *mpl* arábicos

arable ['ærəbl] ADJ cultivável

ARAM (*Brit*) N ABBR = **Associate of the Royal Academy of Music**

arbiter ['ɑ:bɪtəʳ] N árbitro

arbitrary ['ɑ:bɪtrərɪ] ADJ arbitrário

arbitrate ['ɑ:bɪtreɪt] VI arbitrar

arbitration [ɑ:bɪ'treɪʃən] N arbitragem *f*; **the dispute went to ~** o litígio foi submetido a arbitragem

arbitrator ['ɑ:bɪtreɪtəʳ] N árbitro

ARC N ABBR = **American Red Cross**

arc [ɑ:k] N arco

arcade [ɑ:'keɪd] N arcada; (*round a square*) arcos *mpl*; (*passage with shops*) galeria

arch [ɑ:tʃ] N arco; (*of foot*) curvatura ■ VT arquear, curvar ■ ADJ malicioso ■ PREFIX: **~(-)** arce..., arqui...; **pointed ~** ogiva

archaeological [ɑ:kɪə'lɔdʒɪkl] (*US* **archeological**) ADJ arqueológico

archaeologist [ɑ:kɪ'ɔlədʒɪst] (*US* **archeologist**) N arqueólogo(-a)

archaeology [ɑ:kɪ'ɔlədʒɪ] (*US* **archeology**) N arqueologia

archaic [ɑ:'keɪɪk] ADJ arcaico

archangel ['ɑ:keɪndʒəl] N arcanjo

archbishop [ɑ:tʃ'bɪʃəp] N arcebispo

arch-enemy N arquiinimigo(-a)

archeology *etc* [ɑ:kɪ'ɔlədʒɪ] (*US*) = **archaeology** *etc*
archer ['ɑ:tʃəʳ] N arqueiro(-a)
archery ['ɑ:tʃərɪ] N tiro de arco
archetypal ['ɑ:kɪtaɪpəl] ADJ arquetípico
archetype ['ɑ:kɪtaɪp] N arquétipo
archipelago [ɑ:kɪ'pɛlɪgəu] N arquipélago
architect ['ɑ:kɪtɛkt] N arquiteto(-a)
architectural [ɑ:kɪ'tɛktʃərəl] ADJ arquitetônico
architecture ['ɑ:kɪtɛktʃəʳ] N arquitetura
archives ['ɑ:kaɪvz] NPL arquivo
archivist ['ɑ:kɪvɪst] N arquivista *m/f*
archway ['ɑ:tʃweɪ] N arco
ARCM (*Brit*) N ABBR = **Associate of the Royal College of Music**
Arctic ['ɑ:ktɪk] ADJ ártico ■ N: **the ~** o Ártico; **Arctic Circle** N Círculo Polar Ártico; **Arctic Ocean** N oceano Ártico
ARD (*US*) N ABBR (*Med*) = **acute respiratory disease**
ardent ['ɑ:dənt] ADJ (*admirer*) ardente; (*discussion*) acalorado; (*fervent*) fervoroso
ardour ['ɑ:dəʳ] (*US* **ardor**) N (*passion*) ardor *m*; (*fervour*) fervor *m*
arduous ['ɑ:djuəs] ADJ árduo
are [ɑ:ʳ] VB *see* **be**
area ['ɛərɪə] N (*zone*) zona, região *f*; (*part of place*) região; (*in room, of knowledge, experience*) área; (*Mat*) superfície *f*, extensão *f*; **dining ~** área de jantar; **the London ~** a região de Londres; **area code** (*US*) N (*Tel*) código DDD *or* de área
arena [ə'ri:nə] N arena; (*of circus*) picadeiro (BR), pista (PT); (*for bullfight*) arena (BR), praça (PT)
aren't [ɑ:nt] = **are not**
Argentina [ɑ:dʒən'ti:nə] N Argentina
Argentinian [ɑ:dʒən'tɪnɪən] ADJ, N argentino(-a)
arguable ['ɑ:gjuəbl] ADJ discutível
arguably ['ɑ:gjuəblɪ] ADV possivelmente
argue ['ɑ:gju:] VI (*quarrel*) discutir; (*reason*) argumentar; **to ~ about sth (with sb)** discutir sobre algo (com alguém); **to ~ that** sustentar que
argument ['ɑ:gjumənt] N (*reasons*) argumento; (*quarrel*) briga, discussão *f*; (*debate*) debate *m*; **~ for/against** argumento a favor de/contra
argumentative [ɑ:gju'mɛntətɪv] ADJ (*person*) que gosta de discutir
aria ['ɑ:rɪə] N (*Mus*) ária
ARIBA (*Brit*) N ABBR = **Associate of the Royal Institute of British Architects**
arid ['ærɪd] ADJ árido
aridity [ə'rɪdɪtɪ] N aridez *f*
Aries ['ɛərɪz] N Áries *m*
arise [ə'raɪz] (*pt* **arose**, *pp* **arisen**) VI (*rise up*) levantar-se, erguer-se; (*emerge*) surgir; **to ~ from** resultar de; **should the need ~** se for necessário
arisen [ə'rɪzn] *of* **arise**
aristocracy [ærɪs'tɔkrəsɪ] N aristocracia
aristocrat ['ærɪstəkræt] N aristocrata *m/f*
aristocratic [ærɪstə'krætɪk] ADJ aristocrático
arithmetic [ə'rɪθmətɪk] N aritmética
arithmetical [ærɪθ'mɛtɪkl] ADJ aritmético
ark [ɑ:k] N: **Noah's A~** arca de Noé
arm [ɑ:m] N (*of organization etc*) braço, divisão *f* ■ VT armar; **arms** NPL (*weapons*) armas *fpl*; (*Heraldry*) brasão *m*; **~ in ~** de braços dados
armaments ['ɑ:məmənts] NPL (*weapons*) armamento
armband ['ɑ:mbænd] N faixa de braço, braçadeira; (*for swimming*) bóia de braço
armchair ['ɑ:mtʃɛəʳ] N poltrona
armed [ɑ:md] ADJ armado; **the ~ forces** as forças armadas; **armed robbery** N assalto à mão armada
Armenia [ɑ:'mi:nɪə] N Armênia
Armenian [ɑ:'mi:nɪən] ADJ armênio ■ N armênio(-a); (*Ling*) armênio
armful ['ɑ:mful] N braçada
armistice ['ɑ:mɪstɪs] N armistício
armour ['ɑ:məʳ] (*US* **armor**) N armadura; (*also*: **armour plating**) blindagem *f*
armo(u)red car ['ɑ:məd-] N carro blindado
armo(u)ry ['ɑ:mərɪ] N arsenal *m*
armpit ['ɑ:mpɪt] N sovaco
armrest ['ɑ:mrɛst] N braço (de poltrona)
arms control N controle *m* de armas
arms race N corrida armamentista
army ['ɑ:mɪ] N exército
aroma [ə'rəumə] N aroma
aromatic [ærə'mætɪk] ADJ aromático
arose [ə'rəuz] PT *of* **arise**
around [ə'raund] ADV em volta; (*in the area*) perto ■ PREP em volta de; (*near*) perto de; (*fig*: *about*) cerca de; **is he ~?** ele está por aí?
arouse [ə'rauz] VT despertar; (*anger*) provocar
arrange [ə'reɪndʒ] VT arranjar; (*organize*) organizar; (*put in order*) arrumar ■ VI: **we have ~d for a car to pick you up** providenciamos um carro para buscá-lo; **it was ~d that ...** foi combinado que ...; **to ~ to do sth** combinar em *or* ficar de fazer algo
arrangement [ə'reɪndʒmənt] N (*agreement*) acordo; (*order, lay out*) dispocição *f*; **arrangements** NPL (*plans*) planos *mpl*; (*preparations*) preparativos *mpl*; **to come to an ~ (with sb)** chegar a um acordo (com alguém); **home deliveries by ~** entregas a domicílio por convênio; **I'll make all the necessary ~s** eu vou tomar todas as providências necessárias
array [ə'reɪ] N: **~ of** (*of things, people*) variedade *f* de; (*Math, Comput*) tabela
arrears [ə'rɪəz] NPL atrasos *mpl*; **to be in ~ with one's rent** atrasar o aluguel
arrest [ə'rɛst] VT prender, deter; (*sb's attention*) chamar, prender ■ N detenção *f*, prisão *f*; **under ~** preso
arresting [ə'rɛstɪŋ] ADJ (*fig*: *beauty*) cativante; (: *painting, novel*) impressionante
arrival [ə'raɪvəl] N chegada; **new ~** recém-chegado; (*baby*) recéim-nascido
arrive [ə'raɪv] VI chegar
▸ **arrive at** VT FUS (*fig*) chegar a

arrogance ['ærəgəns] N arrogância
arrogant ['ærəgənt] ADJ arrogante
arrow ['ærəu] N flecha; (*sign*) seta
arse [ɑ:s] (*Brit*: *inf!*) N cu *m* (!)
arsenal ['ɑ:sɪnl] N arsenal *m*
arsenic ['ɑ:snɪk] N arsênico
arson ['ɑ:sn] N incêndio premeditado
art [ɑ:t] N arte *f*; (*craft*) ofício; (*skill*) habilidade *f*, jeito; **Arts** NPL (*Sch*) letras *fpl*; **work of ~** obra de arte
artefact ['ɑ:tɪfækt] N artefato
arterial [ɑ:'tɪərɪəl] ADJ (*Anat*) arterial; **~ road** estrada mestra
artery ['ɑ:tərɪ] N (*Med*) artéria; (*fig*) estrada principal
artful ['ɑ:tful] ADJ ardiloso, esperto
art gallery N museu *m* de belas artes; (*small, private*) galeria de arte
arthritis [ɑ:'θraɪtɪs] N artrite *f*
artichoke ['ɑ:tɪtʃəuk] N (*globe artichoke*) alcachofra; (*also*: **Jerusalem artichoke**) topinambo
article ['ɑ:tɪkl] N artigo; **articles** NPL (*Brit*: *Law*: *training*) contrato de aprendizagem; **~s of clothing** peças *fpl* de vestuário
articles of association NPL (*Comm*) estatutos *mpl* sociais
articulate [*adj* ɑ:'tɪkjulɪt, *vt* ɑ:'tɪkjuleɪt] ADJ (*speech*) bem articulado; (*writing*) bem escrito; (*person*) eloqüente ■ VT expressar
articulated lorry [ɑ:'tɪkjuleɪtɪd-] (*Brit*) N caminhão *m ou* camião *m* (PT) articulado, jamanta
artifice ['ɑ:tɪfɪs] N ardil *m*, artifício
artificial [ɑ:tɪ'fɪʃəl] ADJ artificial; (*limb*) postiço; (*person, manner*) afetado; **artificial insemination** [-ɪnsɛmɪ'neɪʃən] N inseminação *f* artificial; **artificial intelligence** N inteligência artificial; **artificial respiration** N respiração *f* artificial
artillery [ɑ:'tɪlərɪ] N artilharia
artisan ['ɑ:tɪzæn] N artesão(-sã) *m/f*
artist ['ɑ:tɪst] N artista *m/f*; (*Mus*) intérprete *m/f*
artistic [ɑ:'tɪstɪk] ADJ artístico
artistry ['ɑ:tɪstrɪ] N arte *f*, mestria
artless ['ɑ:tlɪs] ADJ (*innocent*) natural, simples; (*clumsy*) desajeitado
art school N ≈ escola de artes
ARV N ABBR (= *American Revised Version*) *tradução norte-americana da Bíblia*
AS (*US*) N ABBR (*Sch*: = *Associate in/of Science*) *título universitário* ■ ABBR (*Post*) = **American Samoa**

KEYWORD

as [æz, əz] CONJ **1** (*referring to time*) quando; **as the years went by** no decorrer dos anos; **he came in as I was leaving** ele chegou quando eu estava saindo; **as from tomorrow** a partir de amanhã
2 (*in comparisons*) tão como, tanto(s) como; **as big as** tão grande como; **twice as big as** duas vezes maior que; **as much/many as** tanto/tantos como; **as much money/many books as** tanto dinheiro quanto/tantos livros quanto; **as soon as** logo que, assim que
3 (*since, because*) como; **as you can't come, I'll go without you** como você não pode vir, eu vou sem você
4 (*referring to manner, way*) como; **do as you wish** faça como quiser; **as she said** como ela disse
5 (*concerning*): **as for** *or* **to that** quanto a isso
6: **as if** *or* **though** como se; **he looked as if he was ill** ele parecia doente
■ PREP (*in the capacity of*): **he works as a driver** ele trabalha como motorista; **he gave it to me as a present** ele me deu isso de presente; *see also* **long; such; well**

ASA N ABBR (= *American Standards Association*) *associação de padronização*
a.s.a.p. ABBR = **as soon as possible**
asbestos [æz'bɛstəs] N asbesto, amianto
ascend [ə'sɛnd] VT subir; (*throne*) ascender
ascendancy [ə'sɛndənsɪ] N predomínio, ascendência
ascendant [ə'sɛndənt] N: **to be in the ~** estar em alta
Ascension [ə'sɛnʃən] N (*Rel*): **the ~** a Ascensão; **Ascension Island** N ilha da Ascensão
ascent [ə'sɛnt] N subida; (*slope*) rampa; (*promotion*) ascensão *f*
ascertain [æsə'teɪn] VT averiguar, verificar
ascetic [ə'sɛtɪk] ADJ ascético
asceticism [ə'sɛtɪsɪzəm] N ascetismo
ASCII ['æski:] N ABBR (= *American Standard Code for Information Interchange*) ASCII *m*
ascribe [ə'skraɪb] VT: **to ~ sth to** atribuir algo a
ASCU (*US*) N ABBR = **Association of State Colleges and Universities**
ASE N ABBR = **American Stock Exchange**
ASH [æʃ] (*Brit*) N ABBR (= *Action on Smoking and Health*) *liga antitabagista*
ash [æʃ] N cinza; (*tree, wood*) freixo
ashamed [ə'ʃeɪmd] ADJ envergonhado; **to be ~ of** ter vergonha de; **to be ~ (of o.s.) for having done** ter vergonha de ter feito
ashen ['æʃn] ADJ cinzento
ashore [ə'ʃɔ:r] ADV em terra; **to go ~** descer à terra, desembarcar
ashtray ['æʃtreɪ] N cinzeiro
Ash Wednesday N quarta-feira de cinzas
Asia ['eɪʃə] N Ásia; **Asia Minor** N Ásia Menor
Asian ['eɪʃən] ADJ, N asiático(-a)
Asiatic [eɪsɪ'ætɪk] ADJ asiático(-a)
aside [ə'saɪd] ADV à parte, de lado ■ N aparte *m*; **~ from** além de
ask [ɑ:sk] VT perguntar; (*invite*) convidar; **to ~ sb sth** perguntar algo a alguém; **to ~ sb for sth** pedir algo a alguém; **to ~ sb to do sth** pedir para alguém fazer algo; **to ~ sb the time** perguntar as horas a alguém; **to ~ sb about sth** perguntar a alguém sobre algo; **to ~ about the price** perguntar pelo preço; **to ~ (sb) a question** fazer uma pergunta (a alguém); **to ~**

sb out to dinner convidar alguém para jantar
▸ **ask after** VT FUS perguntar por
▸ **ask for** VT FUS pedir; **it's just ~ing for it** *or* **trouble** é procurar encrenca

askance [ə'skɑ:ns] ADV: **to look ~ at sb, sth** olhar alguém/algo de soslaio

askew [ə'skju:] ADV torto

asking price ['ɑ:skɪŋ-] N preço pedido

asleep [ə'sli:p] ADJ dormindo; **to fall ~** dormir, adormecer

ASLEF ['æzlɛf] (*Brit*) N ABBR (= *Associated Society of Locomotive Engineers and Firemen*) *sindicato dos ferroviários*

asp [æsp] N áspide *m or f*

asparagus [əs'pærəgəs] N aspargo (BR), espargo (PT); **asparagus tips** NPL aspargos *mpl*

ASPCA N ABBR = **American Society for the Prevention of Cruelty to Animals**

aspect ['æspɛkt] N aspecto; (*direction in which a building etc faces*) direção *f*

aspersions [əs'pə:ʃənz] NPL: **to cast ~ on** difamar, caluniar

asphalt ['æsfælt] N asfalto

asphyxiate [æs'fɪksɪeɪt] VT asfixiar ■ VI asfixiar-se

asphyxiation [æsfɪksɪ'eɪʃən] N asfixia

aspirations [æspə'reɪʃəns] N (*hopes*) esperança; (*ambitions*) aspirações *fpl*

aspire [əs'paɪəʳ] VI: **to ~ to** aspirar a

aspirin ['æspɪrɪn] N aspirina

ass [æs] N jumento, burro; (*inf*) imbecil *m/f*; (*US: inf!*) cu *m* (*!*)

assail [ə'seɪl] VT assaltar, atacar

assailant [ə'seɪlənt] N (*attacker*) assaltante *m/f*, atacante *m/f*; (*aggressor*) agressor(a) *m/f*

assassin [ə'sæsɪn] N assassino(-a)

assassinate [ə'sæsɪneɪt] VT assassinar

assassination [əsæsɪ'neɪʃən] N assassinato, assassínio

assault [ə'sɔ:lt] N assalto; (*Law*): **~ (and battery)** vias *fpl* de fato ■ VT assaltar, atacar; (*sexually*) agredir, violar

assemble [ə'sɛmbl] VT (*people*) reunir; (*objects*) juntar; (*Tech*) montar ■ VI reunir-se

assembly [ə'sɛmblɪ] N (*meeting*) reunião *f*; (*institution*) assembléia; (*people*) congregação *f*; (*construction*) montagem *f*; **assembly language** N (*Comput*) linguagem *f* de montagem; **assembly line** N linha de montagem

assent [ə'sɛnt] N aprovação *f* ■ VI: **to ~ (to sth)** consentir *or* assentir (em algo)

assert [ə'sə:t] VT afirmar; (*claim etc*) fazer valer; **to ~ o.s.** impor-se

assertion [ə'sə:ʃən] N afirmação *f*

assertive [ə'sə:tɪv] ADJ (*vigorous*) enérgico; (*forceful*) agressivo; (*dogmatic*) peremptório

assess [ə'sɛs] VT avaliar; (*tax, damages*) fixar; (*property etc: for tax*) taxar

assessment [ə'sɛsmənt] N avaliação *f*

assessor [ə'sɛsəʳ] N avaliador(a) *m/f*; (*of tax*) avaliador(a) do fisco

asset ['æsɛt] N (*property*) bem *m*; (*quality*) vantagem *f*, trunfo; **assets** NPL (*property, funds*) bens *mpl*; (*Comm*) ativo

asset-stripping [-'strɪpɪŋ] N (*Comm*) venda em parcelas do patrimônio social

assiduous [ə'sɪdjuəs] ADJ assíduo

assign [ə'saɪn] VT (*date*) fixar; **to ~ (to)** (*task*) designar (a); (*resources*) destinar (a); (*cause, meaning*) atribuir (a)

assignment [ə'saɪnmənt] N tarefa

assimilate [ə'sɪmɪleɪt] VT assimilar; (*absorb: immigrants*) integrar

assimilation [əsɪmɪ'leɪʃən] N assimilação *f*

assist [ə'sɪst] VT ajudar; (*progress etc*) auxiliar; (*injured person etc*) socorrer

assistance [ə'sɪstəns] N ajuda, auxílio; (*welfare*) subsídio; (*to injured person*) socorro

assistant [ə'sɪstənt] N assistente *m/f*, auxiliar *m/f*; (*Brit: also*: **shop assistant**) vendedor(a) *m/f*; **assistant manager** N subgerente *m/f*

assizes [ə'saɪzɪz] NPL sessão *f* de tribunal superior

associate [*adj* ə'səuʃɪɪt, *vt, vi* ə'səuʃɪeɪt] ADJ associado; (*professor, director etc*) adjunto ■ N (*colleague*) colega *m/f*; (*at work, member*) sócio(-a); (*in crime*) cúmplice *m/f* ■ VI: **to ~ with sb** associar-se com alguém ■ VT associar; **~ company** companhia ligada; **~ director** diretor(a) *m/f* associado(-a)

associated company [ə'səuʃɪeɪtɪd-] N companhia ligada

association [əsəusɪ'eɪʃən] N associação *f*; (*link*) ligação *f*; (*Comm*) sociedade *f*; **in ~ with** em parceria com

association football (*Brit*) N futebol *m*

assorted [ə'sɔ:tɪd] ADJ sortido; **in ~ sizes** em vários tamanhos

assortment [ə'sɔ:tmənt] N (*of shapes, colours*) sortimento; (*of books, people*) variedade *f*

Asst. ABBR = **assistant**

assuage [ə'sweɪdʒ] VT (*grief, pain*) aliviar, abrandar; (*thirst*) matar

assume [ə'sju:m] VT (*suppose*) supor, presumir; (*responsibilities etc*) assumir; (*attitude, name*) adotar, tomar

assumed name [ə'sju:md-] N nome *m* falso

assumption [ə'sʌmpʃən] N (*supposition*) suposição *f*, presunção *f*; **on the ~ that** na suposição *or* hipótese que; (*on condition that*) com a condição de que

assurance [ə'ʃuərəns] N garantia; (*confidence*) confiança; (*insurance*) seguro

assure [ə'ʃuəʳ] VT assegurar; (*guarantee*) garantir; **to ~ sb that** garantir *or* assegurar a alguém que

AST (*US*) ABBR (= *Atlantic Standard Time*) *hora de inverno de Nova Iorque*

asterisk ['æstərɪsk] N asterisco

astern [ə'stə:n] ADV à popa; (*direction*) à ré

asteroid ['æstərɔɪd] N asteróide *m*

asthma ['æsmə] N asma

asthmatic [æs'mætɪk] ADJ, N asmático(-a)

astigmatism [ə'stɪgmətɪzəm] N astigmatismo

astir [ə'stə:ʳ] ADV em agitação

astonish [ə'stɔnɪʃ] VT assombrar, espantar
astonishing [ə'stɔnɪʃɪŋ] ADJ espantoso, surpreendente
astonishingly [ə'stɔnɪʃɪŋlɪ] ADV surpreendentemente
astonishment [ə'stɔnɪʃmənt] N assombro, espanto; **to my ~** para minha grande surpresa
astound [ə'staund] VT pasmar, estarrecer
astray [ə'streɪ] ADV: **to go ~** (*person*) perder-se; (*letter etc*) extraviar-se; **to go ~ in one's calculations** cometer um erro em seus cálculos; **to lead ~** (*morally*) desencaminhar
astride [ə'straɪd] PREP montado *or* a cavalo sobre
astringent [ə'strɪndʒənt] ADJ adstringente ■ N adstringente *m*
astrologer [əs'trɔlədʒəʳ] N astrólogo(-a)
astrology [əs'trɔlədʒɪ] N astrologia
astronaut ['æstrənɔ:t] N astronauta *m/f*
astronomer [əs'trɔnəməʳ] N astrônomo(-a)
astronomical [æstrə'nɔmɪkəl] ADJ astronômico
astronomy [əs'trɔnəmɪ] N astronomia
astrophysics ['æstrəu'fɪzɪks] N astrofísica
astute [əs'tju:t] ADJ astuto
asunder [ə'sʌndəʳ] ADV: **to put ~** separar; **to tear ~** rasgar
ASV N ABBR (= *American Standard Version*) *tradução da Bíblia*
asylum [ə'saɪləm] N (*refuge*) asilo; (*hospital*) manicômio; *see also* **political asylum**
asymmetric(al) [eɪsɪ'mɛtrɪk(l)] ADJ assimétrico

KEYWORD

at [æt] PREP **1** (*referring to position*) em; (*referring to direction*) a; **at the top** em cima; **at home/school** em casa/ na escola; **at the baker's** na padaria; **to look at sth** olhar para algo
2 (*referring to time*): **at 4 o'clock** às quatro horas; **at night** à noite; **at Christmas** no Natal; **at times** às vezes
3 (*referring to rates, speed etc*): **at £1 a kilo** a uma libra o quilo; **two at a time** de dois em dois
4 (*referring to manner*): **at a stroke** de um golpe; **at peace** em paz
5 (*referring to activity*): **to be at work** estar no trabalho; **to play at cowboys** brincar de mocinho; **to be good at sth** ser bom em algo
6 (*referring to cause*): **to be shocked/surprised/annoyed at sth** ficar chocado/surpreso/chateado com algo; **I went at his suggestion** eu fui por causa da sugestão dele
7 (= *symbol*) arroba

ate [eɪt] PT *of* **eat**
atheism ['eɪθɪɪzəm] N ateísmo
atheist ['eɪθɪɪst] N ateu(-atéia) *m/f*
Athenian [ə'θi:nɪən] ADJ, N ateniense *m/f*
Athens ['æθɪnz] N Atenas
athlete ['æθli:t] N atleta *m/f*
athletic [æθ'lɛtɪk] ADJ atlético
athletics [æθ'lɛtɪks] N atletismo
Atlantic [ət'læntɪk] ADJ atlântico ■ N: **the ~ (Ocean)** o (oceano) Atlântico
atlas ['ætləs] N atlas *m inv*
Atlas Mountains NPL: **the ~** os montes Atlas
A.T.M. ABBR (= *Automatic Telling Machine*) caixa automática *or* eletrônica
atmosphere ['ætməsfɪəʳ] N atmosfera; (*fig*) ambiente *m*
atmospheric [ætməs'fɛrɪk] ADJ atmosférico
atmospherics [ætməs'fɛrɪks] NPL (*Radio*) estática
atoll ['ætɔl] N atol *m*
atom ['ætəm] N átomo
atomic [ə'tɔmɪk] ADJ atômico
atom(ic) bomb N bomba atômica
atomizer ['ætəmaɪzəʳ] N atomizador *m*, pulverizador *m*
atone [ə'təun] VI: **to ~ for** (*sin*) expiar; (*mistake*) reparar
atonement [ə'təunmənt] N expiação *f*
ATP N ABBR (= *Association of Tennis Professionals*) Associação *f* de Tenistas Profissionais
atrocious [ə'trəuʃəs] ADJ atroz; (*very bad*) péssimo
atrocity [ə'trɔsɪtɪ] N atrocidade *f*
atrophy ['ætrəfɪ] N atrofia ■ VT atrofiar ■ VI atrofiar-se
attach [ə'tætʃ] VT (*fasten*) prender; (*document, letter*) juntar, anexar; (*importance etc*) dar; (*employee, troops*) adir; **to be ~ed to sb/sth** (*to like*) ter afeição por alguém/algo; **the ~ed letter** a carta junta *or* anexa
attaché [ə'tæʃeɪ] N adido(-a); **attaché case** N pasta
attachment [ə'tætʃmənt] N (*tool*) acessório; (*love*): **~ (to)** afeição *f* (por); (*to e-mail*) anexo
attack [ə'tæk] VT atacar; (*subj: criminal*) assaltar; (*task etc*) empreender ■ N ataque *m*; (*mugging etc*) assalto; (*on sb's life*) atentado; **heart ~** ataque cardíaco *or* de coração
attacker [ə'tækəʳ] N agressor(a) *m/f*; (*criminal*) assaltante *m/f*
attain [ə'teɪn] VT (*also*: **attain to**: *happiness, results*) alcançar, atingir; (: *knowledge*) obter
attainments [ə'teɪnmənts] NPL feito
attempt [ə'tɛmpt] N tentativa ■ VT tentar; **to make an ~ on sb's life** atentar contra a vida de alguém; **he made no ~ to help** ele não fez nada para ajudar
attempted [ə'ɛmptɪd] ADJ: **~ theft** *etc* (*Law*) tentativa de roubo *etc*
attend [ə'tɛnd] VT (*lectures*) assistir a; (*party*) presenciar; (*school*) cursar; (*church*) ir a; (*course*) fazer; (*patient*) tratar; **to ~ (up)on** acompanhar, servir
▸ **attend to** VT FUS (*matter*) encarregar-se de; (*speech etc*) prestar atenção a; (*needs, customer*) atender a; (*patient*) tratar de
attendance [ə'tɛndəns] N (*being present*) comparecimento; (*people present*) assistência
attendant [ə'tɛndənt] N servidor(a) *m/f*; (*Theatre*) arrumador(a) *m/f* ■ ADJ concomitante

attention [ə'tɛnʃən] N atenção *f*; (*care*) cuidados *mpl* ■ EXCL (*Mil*) sentido!; **at ~** (*Mil*) em posição de sentido; **for the ~ of ...** (*Admin*) atenção ...; **it has come to my ~ that ...** constatei que ...
attentive [ə'tɛntɪv] ADJ atento; (*polite*) cortês
attentively [ə'tɛntɪvlɪ] ADV atentamente
attenuate [ə'tɛnjueɪt] VT atenuar ■ VI atenuar-se
attest [ə'tɛst] VI: **to ~ to** atestar
attic ['ætɪk] N sótão *m*
attire [ə'taɪəʳ] N traje *m*, roupa
attitude ['ætɪtju:d] N atitude *f*; (*view*): **~ (to)** atitude (para com)
attorney [ə'tə:nɪ] N (*US: lawyer*) advogado(-a); (*having proxy*) procurador(a) *m/f*
Attorney General N (*Brit*) procurador(a) *m/f* geral da Justiça; (*US*) Secretário de Justiça
attract [ə'trækt] VT atrair, chamar
attraction [ə'trækʃən] N atração *f*; (*good point*) atrativo; **~ towards sth** atração por algo
attractive [ə'trækɪtɪv] ADJ atraente; (*idea, offer*) interessante
attribute [*n* 'ætrɪbju:t, *vt* ə'trɪbju:t] N atributo ■ VT: **to ~ sth to** atribuir algo a
attrition [ə'trɪʃən] N: **war of ~** guerra de atrição
Atty. Gen. ABBR = **Attorney General**
ATV N ABBR (= *all terrain vehicle*) veículo todo-terreno
aubergine ['əubəʒi:n] N berinjela
auburn ['ɔ:bən] ADJ castanho-avermelhado
auction ['ɔ:kʃən] N (*also*: **sale by auction**) leilão *m* ■ VT leiloar; **to sell by ~** vender em leilão; **to put up for ~** pôr em leilão
auctioneer [ɔ:kʃə'nɪəʳ] N leiloeiro(-a)
auction room N local *m* de leilão
audacious [ɔ:'deɪʃəs] ADJ audaz, atrevido; (*pej*) descarado
audacity [ɔ:'dæsɪtɪ] N audácia, atrevimento; (*pej*) descaramento
audible ['ɔ:dɪbl] ADJ audível
audience ['ɔ:dɪəns] N (*in theatre, concert etc*) platéia; (*of TV, radio programme*) audiência; (*of speech etc*) auditório; (*of writer, magazine*) público; (*interview*) audiência
audio-typist ['ɔ:dɪəu-] N datilógrafo(-a) (*de textos ditados em fita*)
audio-visual [ɔ:dɪəu'-] ADJ audiovisual; **audio-visual aid** ['ɔ:dɪəu-] N recursos *mpl* audiovisuais
audit ['ɔ:dɪt] VT fazer a auditoria de ■ N auditoria
audition [ɔ:'dɪʃən] N audição *f*
auditor ['ɔ:dɪtəʳ] N auditor(a) *m/f*
auditorium [ɔ:dɪ'tɔ:rɪəm] (*pl* **auditoria**) N auditório
Aug. ABBR = **August**
augment [ɔ:g'mɛnt] VT, VI aumentar
augur ['ɔ:gəʳ] VI: **it ~s well** é de bom augúrio ■ VT (*be a sign of*) augurar, pressagiar
August ['ɔ:gəst] N agosto; *see also* **July**
august [ɔ:'gʌst] ADJ augusto, imponente
aunt [ɑ:nt] N tia
auntie ['ɑ:ntɪ] N titia
aunty ['ɑ:ntɪ] N titia
au pair ['əu'pɛəʳ] N (*also*: **au pair girl**) au pair *f*
aura ['ɔ:rə] N (*of person*) ar *m*, aspecto; (*of place*) ambiente *m*
auspices ['ɔ:spɪsɪz] NPL: **under the ~ of** sob os auspícios de
auspicious [ɔ:s'pɪʃəs] ADJ favorável; (*occasion*) propício
austere [ɔs'tɪəʳ] ADJ austero; (*manner*) severo
austerity [ɔ'sterətɪ] N simplicidade *f*; (*Econ*) privação *f*
Australasia [ɔ:strə'leɪzɪə] N Australásia
Australia [ɔs'treɪlɪə] N Austrália
Australian [ɔs'treɪlɪən] ADJ, N australiano(-a)
Austria ['ɔstrɪə] N Áustria
Austrian ['ɔstrɪən] ADJ, N austríaco(-a)
AUT (*Brit*) N ABBR (= *Association of University Teachers*) *sindicato universitário*
authentic [ɔ:'θɛntɪk] ADJ autêntico
authenticate [ɔ:'θɛntɪkeɪt] VT autenticar
authenticity [ɔ:θɛn'tɪsɪtɪ] N autenticidade *f*
author ['ɔ:θəʳ] N autor(a) *m/f*
authoritarian [ɔ:θɔrɪ'tɛərɪən] ADJ autoritário
authoritative [ɔ:'θɔrɪtətɪv] ADJ (*account*) autorizado; (*manner*) autoritário
authority [ɔ:'θɔrɪtɪ] N autoridade *f*; (*government body*) jurisdição *f*; (*permission*) autorização *f*; **the authorities** NPL (*ruling body*) as autoridades; **to have ~ to do sth** ter autorização para fazer algo
authorization [ɔ:θəraɪ'zeɪʃən] N autorização *f*
authorize ['ɔ:θəraɪz] VT autorizar
authorized capital ['ɔ:θəraɪzd-] N (*Comm*) capital *m* autorizado
authorship ['ɔ:θəʃɪp] N autoria
autistic [ɔ:'tɪstɪk] ADJ autista
auto ['ɔ:təu] (*US*) N carro, automóvel *m* ■ CPD (*industry*) automobilístico
autobiographical [ɔ:təbaɪə'græfɪkl] ADJ autobiográfico
autobiography [ɔ:təbaɪ'ɔgrəfɪ] N autobiografia
autocratic [ɔ:tə'krætɪk] ADJ autocrático
autograph ['ɔ:təgrɑ:f] N autógrafo ■ VT (*photo etc*) autografar
automat ['ɔ:təmæt] N (*vending machine*) autômato; (*US: restaurant*) restaurante *m* automático
automata [ɔ:'tɔmətə] NPL *of* **automaton**
automated ['ɔ:təmeɪtɪd] ADJ automatizado
automatic [ɔ:tə'mætɪk] ADJ automático ■ N (*gun*) pistola automática; (*washing machine*) máquina de lavar roupa automática; (*Brit: car*) carro automático
automatically [ɔ:tə'mætɪklɪ] ADV automaticamente
automatic data processing N processamento automático de dados
automation [ɔ:tə'meɪʃən] N automação *f*
automaton [ɔ:'tɔmətən] (*pl* **automata**) N autômato
automobile ['ɔ:təməbi:l] (*US*) N carro, automóvel *m* ■ CPD (*industry, accident*)

automobilístico
autonomous [ɔ:'tɔnəməs] ADJ autônomo
autonomy [ɔ:'tɔnəmɪ] N autonomia
autopsy ['ɔ:tɔpsɪ] N autópsia
autumn ['ɔ:təm] N outono
auxiliary [ɔ:g'zɪlɪərɪ] ADJ, N auxiliar *m/f*
AV ABBR = **audiovisual**
Av. ABBR (= *avenue*) Av., Avda
avail [ə'veɪl] VT: **to ~ o.s. of** aproveitar, valer-se de ■ N: **to no ~** em vão, inutilmente
availability [əveɪlə'bɪlɪtɪ] N disponibilidade *f*
available [ə'veɪləbl] ADJ disponível; (*time*) livre; **every ~ means** todos os recursos à sua (*or* nossa *etc*) disposição; **is the manager ~?** o gerente pode me atender?; (*on phone*) queria falar com o gerente; **to make sth ~ to sb** pôr algo à disposição de alguém
avalanche ['ævəlɑ:nʃ] N avalanche *f*
avant-garde ['ævɑ̃ŋ'gɑ:d] ADJ de vanguarda
avarice ['ævərɪs] N avareza
avaricious [ævə'rɪʃəs] ADJ avarento, avaro
avdp. ABBR = **avoirdupoids**
Ave. ABBR (= *avenue*) Av., Avda
avenge [ə'vɛndʒ] VT vingar
avenue ['ævənju:] N avenida; (*drive*) caminho; (*means*) solução *f*
average ['ævərɪdʒ] N média ■ ADJ (*mean*) médio; (*ordinary*) regular ■ VT alcançar uma média de; (*calculate*) calcular a média de; **on ~** em média; **above/below (the) ~** acima/abaixo da média
▸ **average out** VT calcular a média de ■ VI: **to ~ out at** dar uma média de
averse [ə'və:s] ADJ: **to be ~ to sth/doing sth** ser avesso *or* pouco disposto a algo/a fazer algo; **I wouldn't be ~ to a drink** eu aceitaria uma bebida; **aversion** [ə'və:ʃən] N aversão *f*
avert [ə'və:t] VT prevenir; (*blow, one's eyes*) desviar
aviary ['eɪvɪərɪ] N aviário, viveiro de aves
aviation [eɪvɪ'eɪʃən] N aviação *f*
avid ['ævɪd] ADJ ávido
avidly ['ævɪdlɪ] ADV avidamente
avocado [ævə'kɑ:dəu] N (*also: Brit: avocado pear*) abacate *m*
avoid [ə'vɔɪd] VT evitar
avoidable [ə'vɔɪdəbl] ADJ evitável
avoidance [ə'vɔɪdəns] N evitação *f*
avowed [ə'vaud] ADJ confesso, declarado
AVP (US) N ABBR = **assistant vice-president**
AWACS ['eɪwæks] N ABBR (= *airborne warning and control system*) AWACS *m* (*sistema aerotransportado de alerta e de controle*)
await [ə'weɪt] VT esperar, aguardar; **~ing attention/delivery** (*Comm*) a ser(em) atendido(s)/entregue(s); **long ~ed** longamente esperado
awake [ə'weɪk] (*pt* **awoke**, *pp* **awaked**) ADJ acordado ■ VT, VI despertar, acordar; **~ to** atento a; **to be ~** estar acordado; **he was still ~** ele ainda estava acordado
awakening [ə'weɪkənɪŋ] N despertar *m*
award [ə'wɔ:d] N (*prize*) prêmio, condecoração *f*; (*Law: damages*) sentença; (*act*) concessão *f* ■ VT outorgar, conceder; adjudicar
aware [ə'wɛə^{r}] ADJ: **~ of** (*conscious*) consciente de; (*informed*) informado de *or* sobre; **to become ~ of** reparar em, saber de; **politically/socially ~** conscientizado politicamente/socialmente; **I am fully ~ that ...** eu compreendo perfeitamente que ...
awareness [ə'wɛənɪs] N consciência; (*knowledge*) conhecimento; **to develop people's ~ (of)** conscientizar o público (de)
awash [ə'wɔʃ] ADJ: **~ with** (*also fig*) inundado de
away [ə'weɪ] ADV fora; (*faraway*) muito longe; **two kilometres ~** a dois quilômetros de distância; **two hours ~ by car** a duas horas de carro; **the holiday was two weeks ~** faltavam duas semanas para as férias; **~ from** longe de; **he's ~ for a week** está ausente uma semana; **he's ~ in Miami** ele foi para Miami; **to take ~** levar; **to work/pedal** *etc* **~** trabalhar/pedalar *etc* sem parar; **to fade ~** (*colour*) desvanecer-se; (*enthusiasm, sound*) diminuir; **away game** N (*Sport*) jogo de fora; **away match** N (*Sport*) jogo de fora
awe [ɔ:] N temor *m* respeitoso
awe-inspiring ADJ imponente
awesome ['ɔ:səm] ADJ ≈ awe-inspiring
awestruck ['ɔ:strʌk] ADJ pasmado
awful ['ɔ:fəl] ADJ terrível, horrível; (*quantity*): **an ~ lot of** um monte de
awfully ['ɔ:fəlɪ] ADV (*very*) muito
awhile [ə'waɪl] ADV por algum tempo, um pouco
awkward ['ɔ:kwəd] ADJ (*person, movement*) desajeitado; (*shape*) incômodo; (*problem*) difícil; (*situation*) embaraçoso, delicado
awkwardness ['ɔ:kwədnəs] N (*embarrassment*) embaraço
awl [ɔ:l] N sovela
awning ['ɔ:nɪŋ] N toldo
awoke [ə'wəuk] PT *of* **awake**
awoken [ə'wəukən] PP *of* **awake**
AWOL ['eɪwɔl] ABBR (*Mil*) = **absent without leave**
awry [ə'raɪ] ADV: **to be ~** estar de viés *or* de esguelha; **to go ~** sair mal
axe [æks] (US **ax**) N machado ■ VT (*employee*) despedir; (*project etc*) abandonar; (*jobs*) reduzir; **to have an ~ to grind** (*fig*) ter interesse pessoal, puxar a brasa para a sua sardinha (*inf*)
axes[1] ['æksɪz] NPL *of* **ax(e)**
axes[2] ['æksi:z] NPL *of* **axis**
axiom ['æksɪəm] N axioma *m*
axiomatic [æksɪəu'mætɪk] ADJ axiomático
axis ['æksɪs] (*pl* **axes**) N eixo
axle ['æksl] N (*also*: **axle tree**: *Aut*) eixo
ay(e) [aɪ] EXCL (*yes*) sim ■ N: **the ~s** os votos a favor
AYH N ABBR = **American Youth Hostels**
AZ (US) ABBR (*Post*) = **Arizona**
azalea [ə'zeɪlɪə] N azaléia
Azores [ə'zɔ:z] NPL: **the ~** os Açores
Aztec ['æztɛk] ADJ, N asteca *m/f*

Bb

B, b [bi:] N (*letter*) B, b *m*; (*Mus*): **B** si *m*; **B for Benjamin** (*Brit*) *or* **Baker** (*US*) B de Beatriz; **B road** (*Brit*: *Aut*) via secundária
b. ABBR = **born**
BA N ABBR = **British Academy**; (*Sch*) = **Bachelor of Arts**
babble ['bæbl] VI balbuciar; (*brook*) murmurinhar ■ N balbucio
baboon [bə'bu:n] N babuíno
baby ['beɪbɪ] N neném *m/f*, nenê *m/f*, bebê *m/f*; (*US*: *inf*) querido(-a); **baby carriage** (*US*) N carrinho de bebê; **baby grand** N (*also*: **baby grand piano**) piano de π de cauda
babyhood ['beɪbɪhud] N primeira infância
babyish ['beɪbɪɪʃ] ADJ infantil
baby-minder (*Brit*) N ≈ babá *f*
baby-sit (*irreg*) VI tomar conta da(s) criança(s)
baby-sitter N baby-sitter *m/f*
bachelor ['bætʃələʳ] N solteiro; (*Sch*): **B~ of Arts/Science** ≈ bacharel *m* em Letras/Ciências; **B~ of Arts/Science degree** ≈ bacharelado em Letras/Ciências
bachelorhood ['bætʃələhud] N celibato
bachelor party (*US*) N despedida de solteiro
back [bæk] N (*of person*) costas *fpl*; (*of animal*) lombo; (*of hand*) dorso; (*of car, train*) parte *f* traseira; (*of house*) fundos *mpl*; (*of chair*) encosto; (*of page*) verso; (*of book*) lombada; (*of crowd*) fundo; (*of coin*) reverso; (*Football*) zagueiro (BR), defesa *m* (PT) ■ VT (*financially*) patrocinar; (*candidate*: *also*: **back up**) apoiar; (*horse*: *at races*) apostar em; (*car*) recuar ■ VI (*car etc*: *also*: **back up**) dar marcha-ré (BR), fazer marcha atrás (PT) ■ CPD (*payment*) atrasado; (*Aut*: *seats, wheels*) de trás ■ ADV (*not forward*) para trás; (*returned*) de volta; **he's ~** ele voltou; (*restitution*): **throw the ball ~** devolva a bola; (*again*): **he called ~** chamou de novo; **to have one's ~ to the wall** (*fig*) estar acuado; **to break the ~ of a job** (*Brit*) fazer o mais difícil de um trabalho; **at the ~ of my mind was the thought that ...** no meu íntimo havia a idéia que ...; **~ to front** pelo avesso, às avessas; **~ garden/room** jardim *m* /quarto dos fundos; **to take a ~ seat** (*fig*) colocar-se em segundo plano; **when will you be ~?** quando você estará de volta?; **he ran ~** recuou correndo; **can I have it ~?** pode devolvê-lo?
▸ **back down** VI desistir
▸ **back on to** VT FUS: **the house ~s on to the golf course** a casa dá fundas para o campo de golfe
▸ **back out** VI (*of promise*) voltar atrás, recuar
▸ **back up** VT (*support*) apoiar; (*Comput*) tirar um backup de
backache ['bækeɪk] N dor *f* nas costas
backbencher [bæk'bɛntʃəʳ] (*Brit*) N *membro do parlamento sem pasta*
backbiting ['bækbaɪtɪŋ] N maledicência
backbone ['bækbəun] N coluna vertebral; (*fig*) esteio; **he's the ~ of the organization** ele é o pilar *or* esteio da organização
backchat ['bæktʃæt] (*Brit*: *inf*) N insolências *fpl*
backcloth (*Brit*) N pano de fundo
backcomb ['bækkəum] (*Brit*) VT encrespar
backdate [bæk'deɪt] VT (*letter*) antedatar; **~d pay rise** aumento de vencimento com efeito retroativo
backdrop ['bækdrɔp] N = **backcloth**
backer ['bækəʳ] N (*supporter*) partidário(-a); (*Comm*: *in partnership*) comanditário(-a); (: *financier*) financiador(a) *m/f*
backfire [bæk'faɪəʳ] VI (*Aut*) engasgar; (*plan*) sair pela culatra
backgammon [bæk'gæmən] N gamão *m*
background ['bækgraund] N fundo; (*of events*) antecedentes *mpl*; (*basic knowledge*) bases *fpl*; (*experience*) conhecimentos *mpl*, experiência ■ CPD (*noise, music*) de fundo; **~ reading** leitura de fundo; **family ~** antecedentes *mpl* familiares
backhand ['bækhænd] N (*Tennis*: *also*: **backhand stroke**) revés *m*
backhanded ['bækhændɪd] ADJ (*fig*) ambíguo
backhander ['bækhændəʳ] (*Brit*) N (*bribe*) propina, peita (PT)
backing ['bækɪŋ] N (*fig*) apoio; (*Comm*) patrocínio; (*Mus*) fundo (musical)
backlash ['bæklæʃ] N reação *f*
backlog ['bæklɔg] N: **~ of work** atrasos *mpl*
back number N (*of magazine etc*) número atrasado
backpack ['bækpæk] N mochila
backpacker ['bækpækəʳ] N excursionista *m/f* com mochila
back pay N salário atrasado

backpedal ['bækpɛdl] VI (*fig*) recuar, voltar atrás
backside ['bæk'saɪd] (*inf*) N traseiro
backslash ['bækslæʃ] N contrabarra
backslide ['bækslaɪd] (*irreg*) VI ter uma recaída
backspace ['bækspeɪs] VI (*Typing*) retroceder
backstage [bæk'steɪdʒ] ADV nos bastidores
back-street ADJ (*abortion*) clandestino; **~ abortionist** aborteiro(-a)
backstroke ['bækstrəuk] N nado de costas
backtrack ['bæktræk] VI (*fig*) = **backpedal**
backup ['bækʌp] ADJ (*train, plane*) reserva *inv*; (*Comput*) de backup ■ N (*support*) apoio; (*Comput*: *also*: **backup file**) backup *m*; (*US*: *congestion*) congestionamento
backward ['bækwəd] ADJ (*movement*) para trás; (*person, country*) atrasado; (*shy*) tímido; **~ and forward movement** movimento de vaivém
backwards ['bækwədz] ADV (*move, go*) para trás; (*read a list*) às avessas; (*fall*) de costas; **to know sth ~** (*Brit*) *or* **~ and forwards** (*US*) (*inf*) saber algo de cor e salteado
backwater ['bækwɔːtəʳ] N (*fig*: *backward place*) lugar *m* atrasado; (: *remote place*) fim-do-mundo *m*
backyard [bæk'jɑːd] N quintal *m*
bacon ['beɪkən] N toucinho, bacon *m*
bacteria [bæk'tɪərɪə] NPL bactérias *fpl*
bacteriology [bæktɪərɪ'ɔlədʒɪ] N bacteriologia
bad [bæd] ADJ mau(-má), ruim; (*child*) levado; (*mistake, injury*) grave; (*meat, food*) estragado; **his ~ leg** sua perna machucada; **to go ~** estragar-se; **to have a ~ time of it** passar um mau pedaço; **I feel ~ about it** (*guilty*) eu me sinto culpado (por isso); **in ~ faith** de má fé
bade [bæd] PT *of* **bid**
badge [bædʒ] N (*of school etc*) emblema *m*; (*policeman's*) crachá *m*
badger ['bædʒəʳ] N texugo ■ VT acossar
badly ['bædlɪ] ADV mal; **~ wounded** gravemente ferido; **he needs it ~** faz-lhe grande falta; **things are going ~** as coisas vão mal; **to be ~ off (for money)** estar com pouco dinheiro
bad-mannered [-'mænəd] ADJ mal-educado, sem modas
badminton ['bædmɪntən] N badminton *m*
bad-tempered ADJ mal humorado; (*temporary*) de mau humor
baffle ['bæfl] VT (*puzzle*) deixar perplexo, desconcertar
baffled ['bæfld] ADJ perplexo
baffling ['bæflɪŋ] ADJ desconcertante
bag [bæg] N saco, bolsa; (*handbag*) bolsa; (*satchel, shopping bag*) sacola; (*case*) mala; (*of hunter*) caça ■ VT (*inf*: *take*) pegar; (*game*) matar; (*Tech*) ensacar; **~s of ...** (*inf*: *lots of*) ... de sobra; **to pack one's ~s** fazer as malas; **~s under the eyes** olheiras *fpl*
bagful ['bægful] N saco cheio
baggage ['bægɪdʒ] N bagagem *f*; **baggage checkroom** [-'tʃekruːm] (*US*) N depósito de bagagem; **baggage claim** N (*at airport*) recebimento de bagagem
baggy ['bægɪ] ADJ folgado, largo
Baghdad [bæg'dæd] N Bagdá *f*
bagpipes ['bægpaɪps] NPL gaita de foles
bag-snatcher [-'snætʃəʳ] (*Brit*) N trombadinha *m*
bag-snatching [-'snætʃɪŋ] (*Brit*) N roubo de bolsa
Bahamas [bə'hɑːməz] NPL: **the ~** as Bahamas
Bahrain [bɑː'reɪn] N Barein *m*
bail [beɪl] N (*payment*) fiança; (*release*) liberdade *f* sob fiança ■ VT (*prisoner*: *gen*: *grant bail to*) libertar sob fiança; (*boat*: *also*: **bail out**) baldear a água de; **on ~** sob fiança; **to be released on ~** ser posto em liberdade mediante fiança; *see also* **bale**
▶ **bail out** VT (*prisoner*) afiançar; (*fig*: *help out*) socorrer
bailiff ['beɪlɪf] N (*Law*: *Brit*) oficial *m/f* de justiça (BR) *or* de diligências (PT); (: *US*) *funcionário encarregado de acompanhar presos no tribunal*
bait [beɪt] N isca, engodo; (*for criminal etc*) atrativo, chamariz *m* ■ VT iscar, cevar; (*person*) apoquentar
bake [beɪk] VT cozinhar ao forno; (*Tech*: *clay etc*) cozer ■ VI assar; (*be hot*) fazer um calor terrível
baked beans [beɪkt-] NPL feijão *m* cozido com molho de tomate
baker ['beɪkəʳ] N padeiro(-a)
bakery ['beɪkərɪ] N (*for bread*) padaria; (*for cakes*) confeitaria
baking ['beɪkɪŋ] N (*act*) cozimento; (*batch*) fornada; **baking powder** N fermento em pó; **baking tin** N (*for cake*) fôrma; (*for meat*) assadeira; **baking tray** N tabuleiro
balaclava [bælə'klɑːvə] N (*also*: **balaclava helmet**) capuz *f*
balance ['bæləns] N equilíbrio; (*scales*) balança; (*Comm*) balanço; (*remainder*) resto, saldo ■ VT equilibrar; (*budget*) nivelar; (*account*) fazer o balanço de; (*compensate*) contrabalançar; (*pros and cons*) pesar; **~ of trade/payments** balança comercial/balanço de pagamentos; **~ carried forward** transporte; **~ brought forward** transporte; **to ~ the books** fazer o balanço dos livros
balanced ['bælənst] ADJ (*report*) objetivo; (*personality, diet*) equilibrado
balance sheet N balanço geral
balcony ['bælkənɪ] N (*open*) varanda; (*closed*) galeria; (*in theatre*) balcão *m*
bald [bɔːld] ADJ calvo, careca; (*tyre*) careca
baldness ['bɔːldnɪs] N calvície *f*
bale [beɪl] N (*Agr*) fardo
▶ **bale out** VI (*of a plane*) atirar-se de pára-quedas ■ VT (*Naut*: *water*) baldear; (: *boat*) baldear a água de
Balearic Islands [bælɪ'ærɪk-] NPL: **the ~** as ilhas Baleares
baleful ['beɪlful] ADJ (*look*) triste; (*sinister*) funesto, sinistro
balk [bɔːk] VI: **to ~ (at)** (*subj*: *person*) relutar (contra); (: *horse*) refugar, empacar (diante de);

to ~ at doing relutar em fazer

Balkan ['bɔːlkən] ADJ balcânico ■ N: **the ~s** os Balcãs

ball [bɔːl] N bola; (*of wool, string*) novelo; (*dance*) baile *m*; **to play ~ with sb** jogar bola com alguém; (*fig*) fazer o jogo de alguém; **to be on the ~** (*fig: competent*) ser competente *or* batuta (*inf*); (: *alert*) estar alerta; **to start the ~ rolling** (*fig*) dar começo, dar o pontapé inicial; **the ~ is in their court** (*fig*) é a vez deles de agir

ballad ['bæləd] N balada

ballast ['bæləst] N lastro

ball bearings NPL rolimã *m*

ball cock N torneira com bóia

ballerina [bælə'riːnə] N bailarina

ballet ['bæleɪ] N balé *m*; **ballet dancer** N bailarino(-a)

ballistic [bə'lɪstɪk] ADJ balístico

ballistics [bə'lɪstɪks] N balística

balloon [bə'luːn] N balão *m*; (*hot air balloon*) balão de ar quente ■ VI (*sails etc*) inflar(-se); (*prices*) disparar

balloonist [bə'luːnɪst] N aeróstata *m/f*

ballot ['bælət] N votação *f*; **ballot box** N urna; **ballot paper** N cédula eleitoral

ballpark ['bɔːlpɑːk] (*US*) N estádio de beisebol; **ballpark figure** (*inf*) N número aproximado

ballpoint (pen) ['bɔːlpɔɪnt-] N (caneta) esferográfica

balls [bɔːlz] (*inf!*) NPL colhões *mpl* (*!*), ovos *mpl* (*!*)

balm [bɑːm] N bálsamo

balmy ['bɑːmɪ] ADJ (*breeze, air*) suave, fragrante; (*Brit: inf*) = **barmy**

BALPA ['bælpə] N ABBR (= *British Airline Pilots' Association*) *sindicato dos aeronautas*

balsam ['bɔːlsəm] N bálsamo

balsa (wood) ['bɔːlsə-] N pau-de-balsa *m*

Baltic ['bɔːltɪk] N: **the ~ (Sea)** o (mar) Báltico

balustrade ['bæləstreɪd] N balaustrada

bamboo [bæm'buː] N bambu *m*

bamboozle [bæm'buːzl] (*inf*) VT embromar, trapacear

ban [bæn] N proibição *f*, interdição *f*; (*suspension, exclusion*) exclusão *f* ■ VT proibir, interditar; (*exclude*) excluir; **he was ~ned from driving** (*Brit*) cassaram-lhe a carteira de motorista

banal [bə'nɑːl] ADJ banal

banana [bə'nɑːnə] N banana

band [bænd] N (*group*) bando, banda; (*gang*) quadrilha; (*at a dance*) orquestra; (*Mil*) banda; (*strip*) faixa, cinta

▸ **band together** VI juntar-se, associar-se

bandage ['bændɪdʒ] N atadura (*BR*), ligadura (*PT*) ■ VT enfaixar

Band-Aid® ['bændeɪd] (*US*) N esparadrapo

bandit ['bændɪt] N bandido

bandstand ['bændstænd] N coreto

bandwagon ['bændwægən] N: **to jump on the ~** (*fig*) entrar na roda, ir na onda

bandy ['bændɪ] VT (*jokes, insults*) trocar

▸ **bandy about** VT usar a torto e a direito

bandy-legged ADJ cambaio, de pernas tortas

bane [beɪn] N: **it** (*or* **he** *etc*) **is the ~ of my life** é a maldição da minha vida

bang [bæŋ] N estalo; (*of door*) estrondo; (*of gun, exhaust*) explosão *f*; (*blow*) pancada ■ EXCL bum!, bumba! ■ VT bater com força; (*door*) fechar com violência ■ VI produzir estrondo; (*door*) bater; (*fireworks*) soltar ■ ADV (*Brit: inf*): **to be ~ on time** chegar na hora exata; **to ~ at the door** bater à porta com violência; **to ~ into sth** bater em algo

banger ['bæŋə^{r}] N (*Brit: car: also*: **old banger**) calhambeque *m*, lata-velha; (: *inf: sausage*) salsicha; (*firework*) bomba (de São João)

Bangkok [bæŋ'kɔk] N Bangcoc

Bangladesh [bæŋglə'dɛʃ] N Bangladesh *m* (*no article*)

bangle ['bæŋgl] N bracelete *m*

bangs [bæŋz] (*US*) NPL (*fringe*) franja

banish ['bænɪʃ] VT banir

banister(s) ['bænɪstə(z)] N(PL) corrimão *m*

banjo ['bændʒəu] (*pl* **banjoes** *or* **banjos**) N banjo

bank [bæŋk] N banco; (*of river, lake*) margem *f*; (*of earth*) rampa, ladeira ■ VI (*Aviat*) ladear-se; (*Comm*): **they ~ with Pitt's** eles têm conta no banco Pitt's

▸ **bank on** VT FUS contar com, apostar em

bank: bank account N conta bancária; **bank card** N cartão *m* de garantia de cheques; **bank charges** (*Brit*) NPL encargos *mpl* bancários; **bank draft** N saque *m* bancário

banker ['bæŋkə^{r}] N banqueiro(-a); **~'s card** (*Brit*) cartão *m* de garantia de cheques; **~'s order** (*Brit*) ordem *f* bancária

banker's card (*Brit*) N = **bank card**

bank giro N transferência bancária

Bank holiday (*Brit*) N feriado nacional

banking ['bæŋkɪŋ] N transações *fpl* bancárias; (*job*) profissão *f* de banqueiro; **banking hours** NPL horário de banco

bank loan N empréstimo bancário

bank manager N gerente *m/f* de banco

banknote ['bæŋknəut] N nota (bancária)

bank rate N taxa bancária

bankrupt ['bæŋkrʌpt] N falido(-a), quebrado(-a) ■ ADJ falido, quebrado; **to go ~** falir; **to be ~** estar falido/quebrado

bankruptcy ['bæŋkrʌptsɪ] N falência; (*fraudulent*) bancarrota

bank statement N extrato bancário

banner ['bænə^{r}] N faixa

bannister(s) ['bænɪstə(z)] N(PL) = **banister(s)**

banns [bænz] NPL proclamas *fpl*

banquet ['bæŋkwɪt] N banquete *m*

bantamweight ['bæntəmweɪt] N peso-galo

banter ['bæntə^{r}] N caçoada

baptism ['bæptɪzəm] N batismo

Baptist ['bæptɪst] N batista *m/f*

baptize [bæp'taɪz] VT batizar

bar [bɑː^{r}] N (*gen, of chocolate*) barra; (*rod*) vara; (*of window etc*) grade *f*; (*fig: hindrance*) obstáculo; (*prohibition*) impedimento; (*pub*) bar *m*; (*counter: in pub*) balcão *m* ■ VT (*road*) obstruir; (*window*) trancar; (*person*) excluir; (*activity*) proibir ■ PREP: **~ none** sem exceção; **~ of soap** sabonete *m*; **behind ~s** (*prisoner*) atrás das grades; **the B~** (*Law*: *profession*) a advocacia; (*people*) o corpo de advogados

Barbados [bɑː'beɪdɔs] N Barbados *m* (*no article*)

barbaric [bɑː'bærɪk] ADJ bárbaro

barbarous ['bɑːbərəs] ADJ bárbaro

barbecue ['bɑːbɪkjuː] N churrasco

barbed wire ['bɑːbd-] N arame *m* farpado

barber ['bɑːbəʳ] N barbeiro, cabeleireiro

barbiturate [bɑː'bɪtjurɪt] N barbitúrico

Barcelona [bɑːsə'ləunə] N Barcelona

bar chart N gráfico de barras

bar code N código de barras

bare [bɛəʳ] ADJ despido; (*head*) descoberto; (*trees, vegetation*) sem vegetação; (*minimum*) básico ■ VT (*body, teeth*) mostrar; **the ~ essentials** o imprescindível

bareback ['bɛəbæk] ADV em pêlo, sem arreios

barefaced ['bɛəfeɪst] ADJ descarado

barefoot ['bɛəfut] ADJ, ADV descalço

bareheaded [bɛə'hɛdɪd] ADJ, ADV de cabeça descoberta

barely ['bɛəlɪ] ADV apenas, mal

Barents Sea ['bærənts-] N: **the ~** o mar de Barents

bargain ['bɑːgɪn] N (*deal*) negócio; (*agreement*) acordo; (*good buy*) pechincha ■ VI (*trade*) negociar; (*haggle*) regatear; (*negotiate*): **to ~ (with sb)** pechinchar (com alguém); **into the ~** ainda por cima
▶ **bargain for** (*inf*) VT FUS: **he got more than he ~ed for** ele conseguiu mais do que pediu

bargaining ['bɑːgənɪŋ] N (*haggling*) regateio; (*talks*) negociações *fpl*

barge [bɑːdʒ] N barcaça
▶ **barge in** VI irromper
▶ **barge into** VT FUS (*collide with*) atropelar; (*interrupt*) intrometer-se em

baritone ['bærɪtəun] N barítono

barium meal ['bɛərɪəm-] N contraste *m* de bário

bark [bɑːk] N (*of tree*) casca; (*of dog*) latido ■ VI latir

barley ['bɑːlɪ] N cevada; **barley sugar** N maltose *f*

barmaid ['bɑːmeɪd] N garçonete *f* (BR), empregada (de bar) (PT)

barman ['bɑːmən] (*irreg*) N garçom *m* (BR), empregado (de bar) (PT)

barmy ['bɑːmɪ] (*Brit*: *inf*) ADJ maluco

barn [bɑːn] N celeiro

barnacle ['bɑːnəkl] N craca

barometer [bə'rɔmɪtəʳ] N barômetro

baron ['bærən] N barão *m*; (*of press, industry*) magnata *m*

baroness ['bærənɪs] N baronesa

barracks ['bærəks] NPL quartel *m*, caserna

barrage ['bæraːʒ] N (*Mil*) fogo de barragem; (*dam*) barragem *f*; (*fig*): **a ~ of questions** uma saraivada de perguntas

barrel ['bærəl] N barril *m*; (*of gun*) cano; **barrel organ** N realejo

barren ['bærən] ADJ (*sterile*) estéril; (*land*) árido

barricade [bærɪ'keɪd] N barricada ■ VT barricar; **to ~ o.s. (in)** barricar-se (em)

barrier ['bærɪəʳ] N barreira; (*fig*: *to progress etc*) obstáculo; (*Brit*: *also*: **crash barrier**) cerca entre as pistas; **barrier cream** (*Brit*) N creme *m* protetor

barring ['bɑːrɪŋ] PREP exceto, salvo

barrister ['bærɪstəʳ] (*Brit*) N advogado(-a), causídico(-a)

barrow ['bærəu] N (*wheelbarrow*) carrinho (de mão)

bar stool N tamborete *m* de bar

Bart. (*Brit*) ABBR = **baronet**

bartender ['bɑːtɛndəʳ] (*US*) N garçom *m* (BR), empregado (de bar) (PT)

barter ['bɑːtəʳ] N permuta, troca ■ VT: **to ~ sth for sth** trocar algo por algo

base [beɪs] N base *f* ■ VT (*troops*): **to be ~d at** estar estacionado em; (*opinion, belief*): **to ~ sth on** basear *or* fundamentar algo em ■ ADJ (*thoughts*) sujo, baixo, vil; **coffee-~d** à base de café; **a Rio-~d firm** uma empresa sediada no Rio; **I'm ~d in London** estou sediado em Londres

baseball ['beɪsbɔːl] N beisebol *m*

baseboard ['beɪsbɔːd] (*US*) N rodapé *m*

base camp N base *f* de operações

Basel ['bɑːzl] N = **Basle**

basement ['beɪsmənt] N (*in house*) porão *m*; (*in shop etc*) subsolo

base rate N taxa de base

bases[1] ['beɪsɪz] NPL *of* **base**

bases[2] ['beɪsiːz] NPL *of* **basis**

bash [bæʃ] (*inf*) VT (*with fist*) dar soco *or* murro em; (*with object*) bater em ■ N (*Brit*): **I'll have a ~ (at it)** vou tentar (fazê-lo); **~ed in** amassado
▶ **bash up** (*inf*) VT (*car*) arrebentar; (*Brit*: *person*) dar uma surra em, espancar

bashful ['bæʃful] ADJ tímido, envergonhado

bashing ['bæʃɪŋ] (*inf*) N surra; **Paki-~** *espancamento de asiáticos por motivos racistas*; **queer-~** espancamento de homossexuais

BASIC ['beɪsɪk] N (*Comput*) BASIC *m*

basic ['beɪsɪk] ADJ básico; (*facilities*) mínimo; (*vocabulary, rate*) de base

basically ['beɪsɪkəlɪ] ADV basicamente; (*really*) no fundo

basic rate N (*of tax*) alíquota de base

basics ['beɪsɪs] NPL: **the ~** o essencial

basil ['bæzl] N manjericão *m*

basin ['beɪsn] N (*vessel*) bacia; (*dock, Geo*) bacia; (*also*: **washbasin**) pia

basis ['beɪsɪs] (*pl* **bases**) N base *f*; **on a part-time ~** num esquema de meio-expediente; **on a trial ~** em experiência; **on the ~ of what you've said** com base no que você disse

bask [bɑːsk] VI: **to ~ in the sun** tomar sol

basket ['bɑːskɪt] N cesto; (*with handle*) cesta

basketball ['bɑːskɪtbɔːl] N basquete(bol) *m*; **basketball player** N jogador(a) *m/f* de basquete

basketwork ['bɑ:skɪtwə:k] N obra de verga, trabalho de vime
Basle [bɑ:l] N Basiléia
Basque [bæsk] ADJ, N basco(-a)
bass [beɪs] N (*Mus*) baixo; **bass clef** N clave *f* de fá
bassoon [bə'su:n] N fagote *m*
bastard ['bɑ:stəd] N bastardo(-a); (*inf!*) filho-da-puta *m* (*!*)
baste [beɪst] VT (*Culin*) untar; (*Sewing*) alinhavar
bastion ['bæstɪən] N baluarte *m*
bat [bæt] N (*Zool*) morcego; (*for ball games*) bastão *m*; (*Brit: for table tennis*) raquete *f* ■ VT: **he didn't ~ an eyelid** ele nem pestanejou; **off one's own ~** por iniciativa própria
batch [bætʃ] N (*of bread*) fornada; (*of papers*) monte *m*; (*lot*) remessa, lote *m*; **batch processing** N (*Comput*) processamento batch *or* em lote
bated ['beɪtɪd] ADJ: **with ~ breath** contendo a respiração
bath [bɑ:θ, *pl* bɑ:ðz] N banho; (*bathtub*) banheira ■ VT banhar; **to have a ~** tomar banho (de banheira); *see also* **baths**; **bath chair** N cadeira de rodas
bathe [beɪð] VI banhar-se; (*US: have a bath*) tomar um banho ■ VT banhar; (*wound*) lavar
bather ['beɪðə^r] N banhista *m/f*
bathing ['beɪðɪŋ] N banho; **bathing cap** N touca de banho; **bathing costume** (*US* **bathing suit**) N (*woman's*) maiô *m* (BR), fato de banho (PT)
bath mat N tapete *m* de banheiro
bathrobe ['bɑ:θrəub] N roupão *m* de banho
bathroom ['bɑ:θrum] N banheiro (BR), casa de banho (PT)
baths [bɑ:θs] NPL (*also*: **swimming baths**) banhos *mpl* públicos
bath towel N toalha de banho
bathtub ['bɑ:θtʌb] N banheira
batman ['bætmən] (*Brit: irreg*) N ordenança *m*
baton ['bætən] N (*Mus*) batuta; (*Athletics*) bastão *m*; (*truncheon*) cassetete *m*
battalion [bə'tælɪən] N batalhão *m*
batten ['bætn] N (*Carpentry*) caibro
▸ **batten down** VT (*Naut*): **to ~ down the hatches** correr as escotilhas
batter ['bætə^r] VT espancar; (*subj: wind, rain*) castigar ■ N massa (mole)
battered ['bætəd] ADJ (*hat, pan*) amassado, surrado; **~ wife/child** mulher/criança seviciada
battering ram ['bætərɪŋ] N aríete *m*
battery ['bætərɪ] N bateria; (*of torch*) pilha; **battery charger** N carregador *m* de bateria; **battery farming** N criação *f* intensiva
battle ['bætl] N batalha; (*fig*) luta ■ VI lutar; **that's half the ~** (*fig*) é meio caminho andado; **it's a** *or* **we're fighting a losing ~** estamos lutando em vão; **battle dress** N uniforme *m* de combate
battlefield ['bætlfi:ld] N campo de batalha
battlements ['bætlmənts] NPL ameias *fpl*
battleship ['bætlʃɪp] N couraçado
bauble ['bɔ:bl] N bugiganga
baud [bɔ:d] N (*Comput*) baud *m*; **baud rate** N (*Comput*) índice *m* de baud, taxa de transmissão
baulk [bɔ:lk] VI = **balk**
bauxite ['bɔ:ksaɪt] N bauxita
bawdy ['bɔ:dɪ] ADJ indecente; (*joke*) imoral
bawl [bɔ:l] VI gritar; (*child*) berrar
bay [beɪ] N (*Geo*) baía; (*Bot*) louro; (*Brit: for parking*) área de estacionamento; (: *for loading*) vão *m* de carregamento ■ VI ladrar; **to hold sb at ~** manter alguém a distância; **the B~ of Biscay** o golfo de Biscaia; **bay leaf** (*irreg*) N louro
bayonet ['beɪənɪt] N baioneta
bay tree N loureiro
bay window N janela saliente
bazaar [bə'zɑ:^{r}] N bazar *m*
bazooka [bə'zu:kə] N bazuca
BB (*Brit*) N ABBR (= *Boys' Brigade*) *movimento de meninos*
B & B N ABBR = **bed and breakfast**
BBB (*US*) N ABBR (= *Better Business Bureau*) *organização de defesa ao consumidor*
BBC N ABBR (= *British Broadcasting Corporation*) *companhia britânica de rádio e televisão*
BBE (*US*) N ABBR (= *Benevolent and Protective Order of Elks*) *associação beneficente*
B.C. ADV ABBR (= *before Christ*) a.C ■ ABBR (*Canadian*) = **British Columbia**
BCG N ABBR (= *Bacillus Calmette-Guérin*) BCG *m*
BD N ABBR (= *Bachelor of Divinity*) *título universitário*
B/D ABBR = **bank draft**
BDS N ABBR (= *Bachelor of Dental Surgery*) *título universitário*

KEYWORD

be [bi:] (*pt* **were**, *pp* **been**) AUX VB **1** (*with present participle: forming continuous tense*) estar; **what are you doing?** o que você está fazendo (BR) *or* a fazer (PT)?; **it is raining** está chovendo (BR) *or* a chover (PT); **I've been waiting for you for hours** há horas que eu espero por você
2 (*with pp: forming passives*): **to be killed** ser morto; **the box had been opened** a caixa tinha sido aberta; **the thief was nowhere to be seen** ninguém viu o ladrão
3 (*in tag questions*): **it was fun, wasn't it?** foi divertido, não foi?; **she's back again, is she?** ela voltou novamente, é?
4 (*+to+infin*): **the house is to be sold** a casa está à venda; **you're to be congratulated for all your work** você devia ser cumprimentado pelo seu trabalho; **he's not to open it** ele não pode abrir isso
■ VB + COMPLEMENT **1** (*gen*): **I'm English** sou inglês; **I'm tired** estou cansado; **I'm hot/cold** estou com calor/frio; **he's a doctor** ele é médico; **2 and 2 are 4** dois e dois são quatro; **she's tall/pretty** ela é alta/bonita; **be careful!** tome cuidado!; **be quiet!** fique quieto!, fique calado!; **be good!** seja bonzinho!
2 (*of health*) estar; **how are you?** como está?;

he's very ill ele está muito doente
3 (*of age*): **how old are you?** quantos anos você tem?; **I'm twenty (years old)** tenho vinte anos
4 (*cost*) ser; **how much was the meal?** quanto foi a refeição?; **that'll be £5.75, please** são £5.75, por favor
■ VI **1** (*exist, occur etc*) existir, haver; **the best singer that ever was** o maior cantor de todos os tempos; **is there a God?** Deus existe?; **be that as it may ...** de qualquer forma ...; **so be it** que seja assim
2 (*referring to place*) estar; **I won't be here tomorrow** eu não estarei aqui amanhã; **Edinburgh is in Scotland** Edinburgo é *or* fica na Escócia; **it's on the table** está na mesa
3 (*referring to movement*) ir; **where have you been?** onde você foi?; **I've been to the post office/to China** fui ao correio/à China; **I've been in the garden** estava no quintal
■ IMPERS VB **1** (*referring to time*) ser; **it's 8 o'clock** são 8 horas; **it's the 28th of April** é 28 de abril
2 (*referring to distance*) ficar; **it's 10 km to the village** fica a 10 km do lugarejo
3 (*referring to the weather*) estar; **it's too hot/cold** está quente/frio demais
4 (*emphatic*): **it's only me** sou eu!; **it's only the postman** é apenas o carteiro; **it was Maria who paid the bill** foi Maria quem pagou a conta

B/E ABBR = **bill of exchange**
beach [bi:tʃ] N praia ■ VT puxar para a terra *or* praia, encalhar
beachcomber ['bi:tʃkəumə^r] N vagabundo(-a) de praia
beachwear ['bi:tʃwɛə^r] N roupa de praia
beacon ['bi:kən] N (*lighthouse*) farol *m*; (*marker*) baliza; (*also*: **radio beacon**) radiofarol *m*
bead [bi:d] N (*of necklace*) conta; (*of sweat*) gota; **beads** NPL (*necklace*) colar *m*
beady ['bi:dɪ] ADJ: **~ eyes** olhinhos vivos
beagle ['bi:gl] N bigle *m*
beak [bi:k] N bico
beaker ['bi:kə^r] N copo com bico
beam [bi:m] N (*Arch*) viga; (*of light*) raio; (*Naut*) través *m*; (*Radio*) feixe *m* direcional ■ VI brilhar; (*smile*) sorrir; **to drive on full** *or* **main ~** (*Brit*), **to drive on high ~** (*US*) transitar com os faróis altos
beaming ['bi:mɪŋ] ADJ (*sun, smile*) radiante
bean [bi:n] N feijão *m*; (*of coffee*) grão *m*; **runner/broad ~** vagem *f*/fava; **bean shoots** NPL brotos *mpl* de feijão; **bean sprouts** NPL brotos *mpl* de feijão
bear [bɛə^r] (*pt* **bore**, *pp* **borne**) N urso; (*Stock Exchange*) baixista *m/f* ■ VT (*carry, support*) arcar com; (*tolerate*) suportar; (*fruit*) dar; (*name, title*) trazer; (*traces, signs*) apresentar, trazer; (*children*) ter, dar à luz; (*Comm: interest*) render ■ VI: **to ~ right/left** virar à direita/à esquerda; **to ~ the responsibility of** assumir a responsabilidade de; **to ~ comparison with** comparar-se a; **I can't ~ him** eu não o agüento; **to bring pressure to ~ on sb** exercer pressão sobre alguém
▶ **bear out** VT (*theory, suspicion*) confirmar, corroborar
▶ **bear up** VI agüentar, resistir
▶ **bear with** VT FUS (*sb's moods, temper*) ter paciência com; **~ with me a minute** só um momentinho, por favor
bearable ['bɛərəbl] ADJ suportável, tolerável
beard [bɪəd] N barba
bearded ['bɪədɪd] ADJ barbado, barbudo
bearer ['bɛərə^r] N portador(a) *m/f*; (*of title*) detentor(a) *m/f*
bearing ['bɛərɪŋ] N porte *m*, comportamento; (*connection*) relação *f*; **bearings** NPL (*also*: **ball bearings**) rolimã *m*; **to take a ~** fazer marcação; **to find one's ~s** orientar-se
beast [bi:st] N bicho; (*inf*) fera
beastly ['bi:stlɪ] ADJ horrível
beat [bi:t] (*pt* **beat**, *pp* **beaten**) N (*of heart*) batida; (*Mus*) ritmo, compasso; (*of policeman*) ronda ■ VT (*hit*) bater em; (*eggs*) bater; (*defeat*) vencer, derrotar; (*better*) superar, ultrapassar; (*drum*) tocar; (*rhythm*) marcar ■ VI (*heart*) bater; **to ~ about the bush** falar com rodeios (BR), fazer rodeios (PT); **to ~ it** (*inf*) cair fora; **off the ~en track** fora de mão; **to ~ time** marcar o compasso; **that ~s everything!** isso é o cúmulo!
▶ **beat down** VT (*door*) arrombar; (*price*) conseguir que seja abatido; (*seller*) conseguir que abata o preço ■ VI (*rain*) cair a cântaros; (*sun*) bater de chapa
▶ **beat off** VT repelir
▶ **beat up** VT (*inf: person*) espancar; (*eggs*) bater
beaten ['bi:tn] PP *of* **beat**
beater ['bi:tə^r] N (*for eggs, cream*) batedeira
beating ['bi:tɪŋ] N batida; (*thrashing*) surra; **to take a ~** levar uma surra
beat-up (*inf*) ADJ (*car*) caindo aos pedaços; (*suitcase etc*) surrado
beautician [bju:'tɪʃən] N esteticista *m/f*
beautiful ['bju:tɪful] ADJ belo, lindo, formoso
beautify ['bju:tɪfaɪ] VT embelezar
beauty ['bju:tɪ] N beleza; (*person*) beldade *f*, beleza; **the ~ of it is that ...** o atrativo disso é que ...; **beauty contest** N concurso de beleza; **beauty queen** N miss *f*, rainha de beleza; **beauty salon** [-sælɔn] N salão *m* de beleza; **beauty spot** N sinal *m* (*de beleza na pele*); (*Brit: Tourism*) lugar *m* de beleza excepcional
beaver ['bi:və^r] N castor *m*
becalmed [bɪ'kɑ:md] ADJ parado devido a calmaria
became [bɪ'keɪm] PT *of* **become**
because [bɪ'kɔz] CONJ porque; **~ of** por causa de
beck [bɛk] N: **to be at sb's ~ and call** estar às ordens de alguém
beckon ['bɛkən] VT (*also*: **beckon to**) chamar com sinais, acenar para
become [bɪ'kʌm] (*irreg: like* **come**) VT (*suit*) favorecer a ■ VI (+ *n*) virar, fazer-se, tornar-se;

(+ *adj*) tornar-se, ficar; **to ~ fat/thin** ficar gordo/magro; **to ~ angry** zangar-se, ficar com raiva; **it became known that** soube-se que; **what has ~ of him?** o que é feito dele?, o que aconteceu a ele?

becoming [bɪ'kʌmɪŋ] ADJ (*behaviour*) decoroso; (*clothes*) favorecedor(a), elegante

BEd N ABBR (= *Bachelor of Education*) *habilitação ao magistério*

bed [bɛd] N cama; (*of flowers*) canteiro; (*of coal, clay*) camada, base *f*; (*of sea, lake*) fundo; (*of river*) leito; **to go to ~** ir dormir, deitar(-se)
▸ **bed down** VI dormir

bed and breakfast N (*place*) pensão *f*; (*terms*) cama e café da manhã (BR) *or* pequeno almoço (PT)

bedbug ['bɛdbʌg] N percevejo

bedclothes ['bɛdkləuðz] NPL roupa de cama

bed cover N colcha

bedding ['bɛdɪŋ] N roupa de cama

bedevil [bɪ'dɛvl] VT (*harass*) acossar; **to be ~led by** ser vítima de

bedfellow ['bɛdfɛləu] N: **they are strange ~s** (*fig*) eles formam uma dupla estranha

bedlam ['bɛdləm] N confusão *f*

bedpan ['bɛdpæn] N comadre *f*

bedpost ['bɛdpəust] N pé *m* de cama

bedraggled [bɪ'drægld] ADJ molhado, ensopado; (*dirty*) enlameado

bedridden ['bɛdrɪdn] ADJ acamado

bedrock ['bɛdrɔk] N (*fig*) fundamento, alicerce *m*; (*Geo*) leito de rocha firme

bedroom ['bɛdrum] N quarto, dormitório

Beds (*Brit*) ABBR = **Bedfordshire**

bedside ['bɛdsaɪd] N: **at sb's ~** à cabeceira de alguém ■ CPD (*book, lamp*) de cabeceira

bedsit(ter) ['bɛdsɪt(ᵊʳ)] (*Brit*) N conjugado

BEDSIT

Um *bedsit* é um quarto mobiliado cujo aluguel inclui uso de cozinha e banheiro comuns. Esse sistema de alojamento é muito comum na Grã-Bretanha entre estudantes, jovens profissionais liberais etc.

bedspread ['bɛdsprɛd] N colcha

bedtime ['bɛdtaɪm] N na hora de ir para cama

bee [bi:] N abelha; **to have a ~ in one's bonnet (about sth)** estar obcecado (por algo)

beech [bi:tʃ] N faia

beef [bi:f] N carne *f* de vaca; **roast ~** rosbife *m*
▸ **beef up** (*inf*) VT (*support*) reforçar; (*essay*) desenvolver mais

beefburger ['bi:fbə:gəʳ] N hambúrguer *m*

beefeater ['bi:fi:təʳ] N *alabardeiro (da guarda da Torre de Londres)*

beehive ['bi:haɪv] N colméia

beeline ['bi:laɪn] N: **to make a ~ for** ir direto a

been [bi:n] PP *of* **be**

beer [bɪəʳ] N cerveja; **beer can** N lata de cerveja

beet [bi:t] (*US*) N beterraba

beetle ['bi:tl] N besouro

beetroot ['bi:tru:t] (*Brit*) N beterraba

befall [bɪ'fɔ:l] (*irreg*: *like* **fall**) VT acontecer a

befit [bɪ'fɪt] VT convir a

before [bɪ'fɔ:ʳ] PREP (*of time*) antes de; (*of space*) diante de ■ CONJ antes que ■ ADV antes, anteriormente; à frente, na dianteira; **~ going** antes de sair; **~ she goes** antes dela sair; **the week ~** a semana anterior; **I've seen it ~** eu já vi isso (antes); **I've never seen it ~** nunca vi isso antes

beforehand [bɪ'fɔ:hænd] ADV antes

befriend [bɪ'frɛnd] VT fazer amizade com

befuddled [bɪ'fʌdld] ADJ atordoado, aturdido

beg [bɛg] VI mendigar, pedir esmola ■ VT (*also*: **beg for**) mendigar; (*favour*) pedir; (*entreat*) suplicar; **to ~ sb to do sth** implorar a alguém para fazer algo; **that ~s the question of ...** isso dá por resolvida a questão de ...; *see also* **pardon**

began [bɪ'gæn] PT *of* **begin**

beggar ['bɛgəʳ] N (*also*: **beggarman; beggarwoman**) mendigo(-a)

begin [bɪ'gɪn] (*pt* **began**, *pp* **begun**) VT, VI começar, iniciar; **to ~ doing** *or* **to do sth** começar a fazer algo; **~ning (from) Monday** a partir de segunda-feira; **I can't ~ to thank you** não sei como agradecer-lhe; **to ~ with** em primeiro lugar

beginner [bɪ'gɪnəʳ] N principiante *m/f*

beginning [bɪ'gɪnɪŋ] N início, começo; **right from the ~** desde o início

begrudge [bɪ'grʌdʒ] VT: **to ~ sb sth** (*envy*) invejar algo de alguém; (*give grudgingly*) dar algo a alguém de má vontade

beguile [bɪ'gaɪl] VT (*enchant*) encantar

beguiling [bɪ'gaɪlɪŋ] ADJ (*charming*) sedutor(a), encantador(a)

begun [bɪ'gʌn] PP *of* **begin**

behalf [bɪ'hɑ:f] N: **on** *or* **in** (*US*) **~ of** (*as representative of*) em nome de; (*for benefit of*) no interesse de; (*in aid of*) em favor de; **on my/his ~** em meu nome/no nome dele

behave [bɪ'heɪv] VI comportar-se; (*well*: *also*: **behave o.s.**) comportar-se (bem)

behaviour [bɪ'heɪvjəʳ] (*US* **behavior**) N comportamento

behead [bɪ'hɛd] VT decapitar, degolar

beheld [bɪ'hɛld] PT, PP *of* **behold**

behind [bɪ'haɪnd] PREP atrás de ■ ADV atrás; (*move*) para trás ■ N traseiro; **~ (time)** atrasado; **to be ~ (schedule) with sth** estar atrasado *or* com atraso em algo; **~ the scenes** nos bastidores; **to leave sth ~** (*forget*) esquecer algo; (*run ahead of*) deixar algo para trás

behold [bɪ'həuld] (*irreg*: *like* **hold**) VT contemplar

beige [beɪʒ] ADJ bege

Beijing [beɪ'ʒɪŋ] M Pequim

being ['bi:ɪŋ] N (*state*) existência; (*entity*) ser *m*; **to come into ~** nascer, aparecer

Beirut [beɪ'ru:t] N Beirute

belated [bɪ'leɪtɪd] ADJ atrasado

belch [bɛltʃ] VI arrotar ■ VT (*also*: **belch out**:

smoke etc) vomitar

beleaguered [bɪ'li:gəd] ADJ (*city, fig*) assediado; (*army*) cercado

Belfast ['bɛlfɑ:st] N Belfast

belfry ['bɛlfrɪ] N campanário

Belgian ['bɛldʒən] ADJ, N belga *m/f*

Belgium ['bɛldʒəm] N Bélgica

Belgrade [bɛl'greɪd] N Belgrado

belie [bɪ'laɪ] VT (*contradict*) contradizer; (*disprove*) desmentir; (*obscure*) ocultar

belief [bɪ'li:f] N (*opinion*) opinião *f*; (*trust, faith*) fé *f*; (*acceptance as true*) crença, convicção *f*; **it's beyond ~** é inacreditável; **in the ~ that** na convicção de que

believe [bɪ'li:v] VT: **to ~ sth/sb** acreditar algo/em alguém ■ VI: **to ~ in** (*God, ghosts*) crer em; (*method, person*) acreditar em; **I ~ (that)...** (*think*) eu acho que ...; **I don't ~ in corporal punishment** não sou partidário de castigos corporais; **he is ~d to be abroad** acredita-se que ele esteja no exterior

believer [bɪ'li:vəʳ] N (*Rel*) crente *m/f*, fiel *m/f*; (*in idea, activity*): **~ in** partidário(-a) de

belittle [bɪ'lɪtl] VT diminuir, depreciar

Belize [bɛ'li:z] N Belize *m* (*no article*)

bell [bɛl] N sino; (*small, doorbell*) campainha; (*animal's, on toy*) guizo, sininho; **that rings a ~** (*fig*) tenho uma vaga lembrança disso; **the name rings a ~** o nome não me é estranho

bell-bottoms NPL calça boca-de-sino

bellboy ['bɛlbɔɪ] (*Brit*) N boy *m* (de hotel) (BR), groom *m* (PT)

bellhop ['bɛlhɔp] (*US*) N = **bellboy**

belligerent [bɪ'lɪdʒərənt] ADJ (*at war*) beligerante; (*fig*) agressivo

bellow ['bɛləu] VI mugir; (*person*) bramar ■ VT (*orders*) gritar, berrar

bellows ['bɛləuz] NPL fole *m*

bell push (*Brit*) N botão *m* de campainha

belly ['bɛlɪ] N barriga, ventre *m*

bellyache ['bɛlɪeɪk] (*inf*) N dor *f* de barriga ■ VI bufar

belly button ['bɛlɪbʌtn] N umbigo

belong [bɪ'lɔŋ] VI: **to ~ to** pertencer a; (*club etc*) ser sócio de; **the book ~s here** o livro fica guardado aqui

belongings [bɪ'lɔŋɪŋz] NPL pertences *mpl*

beloved [bɪ'lʌvɪd] ADJ querido, amado ■ N bem-amado(-a)

below [bɪ'ləu] PREP (*beneath*) embaixo de; (*lower than, less than*) abaixo de; (*covered by*) debaixo de ■ ADV em baixo; **see ~** ver abaixo; **temperatures ~ normal** temperaturas abaixo da normal

belt [bɛlt] N cinto; (*of land*) faixa; (*Tech*) correia ■ VT (*thrash*) surrar ■ VI (*Brit: inf*): **to ~ along** ir a toda, correr; **industrial ~** zona industrial
▸ **belt out** VT (*song*) cantar a plenos pulmões
▸ **belt up** (*Brit: inf*) VI calar a boca

beltway ['bɛltweɪ] (*US*) N via circular

bemoan [bɪ'məun] VT lamentar

bemused [bɪ'mju:zd] ADJ bestificado, estupidificado

bench [bɛntʃ] N banco; (*work bench*) bancada (de carpinteiro); (*Brit: Pol*) assento num Parlamento; **the B~** (*Law*) o tribunal; (*people*) os magistrados, o corpo de magistrados; **bench mark** N referência

bend [bɛnd] (*pt, pp*) VT (*leg, arm*) dobrar; (*pipe*) curvar ■ VI dobrar-se, inclinar-se ■ N curva; (*in pipe*) curvatura; **bends** NPL mal-dos-mergulhadores *m*
▸ **bend down** VI abaixar-se; (*squat*) agachar-se
▸ **bend over** VI debruçar-se

beneath [bɪ'ni:θ] PREP (*position*) abaixo de; (*covered by*) debaixo de; (*unworthy of*) indigno de ■ ADV em baixo

benefactor ['bɛnɪfæktəʳ] N benfeitor(a) *m/f*

benefactress ['bɛnɪfæktrɪs] N benfeitora

beneficial [bɛnɪ'fɪʃəl] ADJ: **~ (to)** benéfico (a)

beneficiary [bɛnɪ'fɪʃərɪ] N (*Law*) beneficiário(-a)

benefit ['bɛnɪfɪt] N benefício, vantagem *f*; (*as part of salary etc*) benefício; (*money*) subsídio, auxílio ■ VT beneficiar ■ VI: **to ~ from sth** beneficiar-se de algo; **benefit (performance)** N apresentação *f* beneficente

Benelux ['bɛnɪlʌks] N Benelux *m*

benevolent [bɪ'nɛvələnt] ADJ benévolo

BEng N ABBR (= *Bachelor of Engineering*) *título universitário*

benign [bɪ'naɪn] ADJ (*person, smile*) afável, bondoso; (*Med*) benigno

bent [bɛnt] PT, PP *of* **bend** ■ N inclinação *f* ■ ADJ (*wire, pipe*) torto; (*inf: dishonest*) corrupto; **to be ~ on** estar empenhado em; **to have a ~ for** ter queda para

bequeath [bɪ'kwi:ð] VT legar

bequest [bɪ'kwɛst] N legado

bereaved [bɪ'ri:vd] NPL: **the ~** os enlutados ■ ADJ enlutado

bereavement [bɪ'ri:vmənt] N luto

beret ['bɛreɪ] N boina

Bering Sea ['bɛrɪŋ-] N: **the ~** o mar de Bering

Berks (*Brit*) ABBR = **Berkshire**

Berlin [bə:'lɪn] N Berlim; **East/West ~** Berlim Oriental/Ocidental

berm [bə:m] (*US*) N acostamento (BR), berma (PT)

Bermuda [bə:'mju:də] N Bermudas *fpl*; **Bermuda shorts** NPL bermuda

Bern [bə:n] N Berna

berry ['bɛrɪ] N baga

berserk [bə'sə:k] ADJ: **to go ~** perder as estribeiras

berth [bə:θ] N (*bed*) beliche *m*; (*cabin*) cabine *f*; (*on train*) leito; (*for ship*) ancoradouro ■ VI (*in harbour*) atracar, encostar-se; (*at anchor*) ancorar; **to give sb a wide ~** (*fig*) evitar alguém

beseech [bɪ'si:tʃ] (*pt, pp* **besought**) VT suplicar, implorar

beset [bɪ'sɛt] (*pt, pp* **beset**) VT (*subj: problems, difficulties*) acossar ■ ADJ: **a policy ~ with dangers** uma política cercada de perigos

besetting [bɪ'sɛtɪŋ] ADJ: **his ~ sin** seu grande

vício

beside [bɪ'saɪd] PREP (*next to*) junto de, ao lado de, ao pé de; (*compared with*) em comparação com; **to be ~ o.s. (with anger)** estar fora de si; **that's ~ the point** isso não tem nada a ver

besides [bɪ'saɪdz] ADV além disso ■ PREP (*as well as*) além de; (*except*) salvo, exceto

besiege [bɪ'si:dʒ] VT (*town*) sitiar, pôr cerco a; (*fig*) assediar

besotted [bɪ'sɔtɪd] (*Brit*) ADJ: **~ with** gamado em, louco por

besought [bɪ'sɔ:t] PT, PP *of* **beseech**

bespectacled [bɪ'spɛktɪkld] ADJ de óculos

bespoke [bɪ'spəuk] (*Brit*) ADJ (*garment*) feito sob medida; **~ software** software *m* sob medida; **~ tailor** alfaiate *m* que confecciona roupa sob medida

best [bɛst] ADJ melhor ■ ADV (o) melhor; **the ~ part of** (*quantity*) a maior parte de; **at ~** na melhor das hipóteses; **to make the ~ of sth** tirar o maior partido possível de algo; **to do one's ~** fazer o possível; **to the ~ of my knowledge** que eu saiba; **to the ~ of my ability** o melhor que eu puder; **he's not exactly patient at the ~ of times** mesmo nos seus melhores momentos ele não é muito paciente; **the ~ thing to do is ...** o melhor é ...; **best man** N padrinho de casamento

bestow [bɪ'stəu] VT (*affection*) dar, oferecer; (*honour, title*): **to ~ sth on sb** outorgar algo a alguém

bestseller ['bɛst'sɛlə^r] N (*book*) best-seller *m*

bet [bɛt] (*pt, pp* **betted**) N aposta ■ VT: **to ~ sb sth** apostar algo con alguém ■ VI: **to ~ (on)** apostar (em); **to ~ money on sth** apostar dinheiro em algo; **it's a safe ~** (*fig*) é coisa segura, é dinheiro ganho

Bethlehem ['bɛθlɪhɛm] N Belém

betray [bɪ'treɪ] VT trair; (*denounce*) delatar

betrayal [bɪ'treɪəl] N traição *f*

better ['bɛtə^r] ADJ, ADV melhor ■ VT melhorar; (*go above*) superar ■ N: **to get the ~ of sb** vencer alguém; **you had ~ do it** é melhor você fazer isso; **he thought ~ of it** pensou melhor, mudou de opinião; **to get ~** melhorar; **that's ~!** isso!

betting ['bɛtɪŋ] N jogo; **betting shop** (*Brit*) N agência de apostas

between [bɪ'twi:n] PREP no meio de, entre ■ ADV no meio; **the road ~ here and London** a estrada daqui a Londres; **we only had 5 ~ us** juntos só tínhamos 5; **~ you and me** cá entre nós

bevel ['bɛvəl] N (*also*: **bevel edge**) bisel *m*

beverage ['bɛvərɪdʒ] N bebida

bevy ['bɛvɪ] N: **a ~ of** um grupo *or* bando de

bewail [bɪ'weɪl] VT lamentar

beware [bɪ'wɛə^r] VT, VI: **to ~ (of)** precaver-se (de), ter cuidado (com); **"~ of the dog"** "cuidado com o cachorro" ■ EXCL cuidado!

bewildered [bɪ'wɪldəd] ADJ atordeado; (*confused*) confuso

bewildering [bɪ'wɪldərɪŋ] ADJ atordoador(a), desnorteante

bewitching [bɪ'wɪtʃɪŋ] ADJ encantador(a), sedutor(a)

beyond [bɪ'jɔnd] PREP (*in space, exceeding*) além de; (*exceeding*) acima de, fora de; (*date*) mais tarde que; (*above*) acima ■ ADV além; (*in time*) mais longe, mais adiante; **~ doubt** fora de qualquer dúvida; **to be ~ repair** no ter conserto

b/f ABBR = **brought forward**

BFPO N ABBR (= *British Forces Post Office*) *serviço postal do exército*

bhp N ABBR (*Aut*: = *brake horsepower*) potência efetiva ao freio

bi... [baɪ] PREFIX bi...

biannual [baɪ'ænjuəl] ADJ semestral

bias ['baɪəs] N (*prejudice*) preconceito; (*preference*) prevenção *f*

bias(s)ed ['baɪəst] ADJ parcial; **to be bias(s)ed against** ter preconceito contra

bib [bɪb] N babadouro, babador *m*

Bible ['baɪbl] N Bíblia

bibliography [bɪblɪ'ɔgrəfɪ] N bibliografia

bicarbonate of soda [baɪ'kɑ:bənɪt-] N bicarbonato de sódio

bicentenary [baɪsɛn'ti:nərɪ] N bicentenário

bicentennial [baɪsɛn'tɛnɪəl] N bicentenário

biceps ['baɪsɛps] N bíceps *m inv*

bicker ['bɪkə^r] VI brigar

bicycle ['baɪsɪkl] N bicicleta; **bicycle path** N ciclovia; **bicycle pump** N bomba de bicicleta; **bicycle track** N ciclovia

bid [bɪd] (*pt* **bid**, *pp* **bid**) N oferta; (*at auction*) lance *m*; (*attempt*) tentativa ■ VI fazer uma oferta; fazer lance; (*Comm*) licitar, fazer uma licitação ■ VT (*price*) oferecer; (*order*) mandar, ordenar; **to ~ sb good day** dar bom dia a alguém

bidder ['bɪdə^r] N (*Comm*) licitante *m*; **the highest ~** quem oferece mais

bidding ['bɪdɪŋ] N (*at auction*) lances *mpl*; (*Comm*) licitação *f*; (*order*) ordem *f*

bide [baɪd] VT: **to ~ one's time** esperar o momento adequado

bidet ['bi:deɪ] N bidê *m*

bidirectional ['baɪdɪ'rɛkʃənl] ADJ bidirecional

biennial [baɪ'ɛnɪəl] ADJ bienal ■ N (*plant*) planta bienal

bier [bɪə^r] N féretro

bifocals [baɪ'fəuklz] NPL óculos *mpl* bifocais

big [bɪg] ADJ grande; (*bulky*) volumoso; **~ brother/sister** irmão(-irmã mais velho/a); **to do things in a ~ way** fazer as coisas em grande escala

bigamy ['bɪgəmɪ] N bigamia

big dipper [-'dɪpə^r] N montanha-russa

big end N (*Aut*) cabeça de biela

bigheaded ['bɪg'hɛdɪd] ADJ convencido

big-hearted ['bɪg'hɑ:tɪd] ADJ magnânimo

bigot ['bɪgət] N fanático, intolerante *m/f*

bigoted ['bɪgətɪd] ADJ fanático, intolerante

bigotry ['bɪgətrɪ] N fanatismo, intolerância

big toe N dedão *m* do pé

big top N tenda de circo

big wheel N (*at fair*) roda gigante
bigwig ['bɪgwɪg] (*inf*) N mandachuva *m*
bike [baɪk] N bicicleta
bikini [bɪ'ki:nɪ] N biquíni *m*
bilateral [baɪ'lætrəl] ADJ bilateral
bile [baɪl] N bílis *f*
bilingual [baɪ'lɪŋgwəl] ADJ bilíngüe
bilious ['bɪlɪəs] ADJ bilioso
bill [bɪl] N conta; (*invoice*) fatura; (*Pol*) projeto de lei; (*US: banknote*) bilhete *m*, nota; (*in restaurant*) conta, notinha; (*notice*) cartaz *m*; (*of bird*) bico ■ VT (*item*) faturar; (*customer*) enviar fatura a; **may I have the ~ please?** a conta *or* a notinha, por favor?; **"stick** *or* **post no ~s"** "é proibido afixar cartazes"; **to fit** *or* **fill the ~** (*fig*) servir; **~ of exchange** letra de câmbio; **~ of lading** conhecimento de carga; **~ of sale** nota de venda; (*formal*) escritura de venda
billboard ['bɪlbɔ:d] N quadro para cartazes
billet ['bɪlɪt] N alojamento ■ VT alojar, quartelar
billfold ['bɪlfəuld] (*US*) N carteira (para notas)
billiards ['bɪlɪədz] N bilhar *m*
billion ['bɪlɪən] N (*Brit: = 1,000,000,000,000*) trilhão *m*; (*US: = 1,000,000,000*) bilhão *m*
billow ['bɪləu] N (*of smoke*) bulcão *m* ■ VI (*smoke*) redemoinhar; (*sail*) enfunar-se
billy goat ['bɪlɪ-] N bode *m*
bin [bɪn] N caixa; (*Brit: also*: **dustbin; litter bin**) lata de lixo; *see also* **breadbin**
binary ['baɪnərɪ] ADJ binário
bind [baɪnd] (*pt, pp*) VT atar, amarrar; (*wound*) enfaixar; (*oblige*) obrigar; (*book*) encadernar ■ N (*inf*) saco
▸ **bind over** VT (*Law*) pôr em liberdade condicional
▸ **bind up** VT (*wound*) enfaixar; **to be bound up with** estar vinculado a
binder ['baɪndə^r] N (*file*) fichário
binding ['baɪndɪŋ] ADJ (*contract*) sujeitante ■ N (*of book*) encadernação *f*
binge [bɪndʒ] (*inf*) N: **to go on a ~** tomar uma bebedeira
bingo ['bɪŋgəu] N bingo
binoculars [bɪ'nɔkjuləz] NPL binóculo
bio ... [baɪəu] PREFIX bio ...
biochemistry [baɪə'kɛmɪstrɪ] N bioquímica
biodegradable ['baɪəudɪ'greɪdəbl] ADJ biodegradável
biographer [baɪ'ɔgrəfə^r] N biógrafo(-a)
biographic(al) [baɪə'græfɪk(l)] ADJ biográfico
biography [baɪ'ɔgrəfɪ] N biografia
biological [baɪə'lɔdʒɪkəl] ADJ biológico
biologist [baɪ'ɔlədʒɪst] N biólogo(-a)
biology [baɪ'ɔlədʒɪ] N biologia
biometric ['baɪəu'mɛtrɪk] ADJ biométrico(-a)
biophysics ['baɪəu'fɪzɪks] N biofísica
biopsy ['baɪɔpsɪ] N biopsia
biotechnology ['baɪəutɛk'nɔlədʒɪ] N biotecnia
birch [bə:tʃ] N bétula; (*cane*) vara de vidoeiro
bird [bə:d] N ave *f*, pássaro; (*Brit: inf: girl*) gatinha
birdcage ['bə:dkeɪdʒ] N gaiola
bird's-eye view N vista aérea; (*overview*) vista geral
bird flu N gripe *f* do frango
bird watcher [-'wɔtʃə^r] N ornitófilo(-a)
Biro® ['baɪərəu] N caneta esferográfica
birth [bə:θ] N nascimento; (*Med*) parto; **to give ~ to** dar à luz, parir; **birth certificate** N certidão *f* de nascimento; **birth control** N controle *m* de natalidade; (*methods*) métodos *mpl* anticoncepcionais
birthday ['bə:θdeɪ] N aniversário (BR), dia *m* de anos (PT) ■ CPD de aniversário; *see also* **happy**
birthmark ['bə:θmɑ:k] N nevo
birthplace ['bə:θpleɪs] N lugar *m* de nascimento
birth rate N índice *m* de natalidade *f*
Biscay ['bɪskeɪ] N: **the Bay of ~** o golfo de Biscaia
biscuit ['bɪskɪt] N (*Brit*) bolacha, biscoito; (*US*) pão *m* doce
bisect [baɪ'sɛkt] VT dividir ao meio
bishop ['bɪʃəp] N bispo; (*Xadrez*) *peça de jogo de xadrez*
bit [bɪt] PT *of* **bite** ■ N pedaço, bocado; (*of tool*) broca; (*of horse*) freio; (*Comput*) bit *m*; **a ~ of** (*a little*) um pouco de; **a ~ mad/dangerous** um pouco doido/perigoso; **~ by ~** pouco a pouco; **to come to ~s** (*break*) cair aos pedaços; **bring all your ~s and pieces** traz todos os teus troços; **to do one's ~** fazer sua parte
bitch [bɪtʃ] N (*dog*) cadela, cachorra; (*inf!: woman*) cadela (!), vagabunda (!)
bite [baɪt] (*pt* **bit**, *pp* **bitten**) VT, VI morder; (*insect etc*) picar ■ N mordida; (*insect bite*) picada; (*mouthful*) bocado; **to ~ one's nails** roer as unhas; **let's have a ~ (to eat)** (*inf*) vamos fazer uma boquinha
biting ['baɪtɪŋ] ADJ (*wind*) penetrante; (*wit*) mordaz
bit part N (*Theatre*) ponta
bitten ['bɪtn] PP *of* **bite**
bitter ['bɪtə^r] ADJ amargo; (*wind, criticism*) cortante, penetrante; (*battle*) encarniçado ■ N (*Brit: beer*) cerveja amarga; **to the ~ end** até o fim
bitterly ['bɪtəlɪ] ADV (*complain, weep*) amargamente; (*criticize*) asperamente; (*oppose*) implacavelmente; (*jealous, disappointed*) extremamente; **it's ~ cold** faz um frio glacial
bitterness ['bɪtənɪs] N amargor *m*; (*anger*) rancor *m*
bittersweet ['bɪtəswi:t] ADJ agridoce
bitty ['bɪtɪ] (*Brit: inf*) ADJ sem nexo
bitumen ['bɪtjumɪn] N betume *m*
bivouac ['bɪvuæk] N bivaque *m*
bizarre [bɪ'zɑ:^{r}] ADJ esquisito
bk ABBR = **bank; book**
BL N ABBR = **Bachelor of Laws**; (= *Bachelor of Letters*) *título universitário*; (*US: = Bachelor of Literature*) *título universitário*
bl ABBR = **bill of lading**
blab [blæb] VI dar *or* bater com a língua nos dentes ■ VT (*also*: **blab out**) revelar, badalar
black [blæk] ADJ preto; (*humour*) negro ■ N

(*colour*) cor *f* preta; (*person*): **B~** negro(-a), preto(-a) ■ VT (*shoes*) lustrar (BR), engraxar (PT); (*Brit: Industry*) boicotar; **to give sb a ~ eye** esmurrar alguém e deixá-lo de olho roxo; **~ and blue** contuso, contundido; **there it is in ~ and white** (*fig*) aí está preto no branco; **to be in the ~** (*in credit*) estar com saldo credor
▸ **black out** VI (*faint*) desmaiar

black belt (*US*) N zona de negros

blackberry ['blækbərɪ] N amora preta (BR), amora silvestre (PT)

blackbird ['blækbə:d] N melro

blackboard ['blækbɔ:d] N quadro(-negro)

black box N (*Aviat*) caixa preta

black coffee N café *m* preto

Black Country (*Brit*) N: **the ~** *zona industrial na região central da Inglaterra*

blackcurrant [blæk'kʌrənt] N groselha negra

black economy (*Brit*) N economia invisível

blacken ['blækən] VT enegrecer; (*fig*) denegrir

Black Forest N: **the ~** a Floresta Negra

blackhead ['blækhɛd] N cravo

black ice N gelo negro

blackjack ['blækdʒæk] N (*Cards*) vinte-e-um *m*; (*US: truncheon*) cassetete *m*

blackleg ['blæklɛg] (*Brit*) N fura-greve *m/f*

blacklist ['blæklɪst] N lista negra ■ VT colocar na lista negra

blackmail ['blækmeɪl] N chantagem *f* ■ VT fazer chantagem a

blackmailer ['blækmeɪlə^r] N chantagista *m/f*

black market N mercado *or* câmbio negro

blackout ['blækaut] N blecaute *m*; (*fainting*) desmaio; (*of radio signal*) desvanecimento

Black Sea N: **the ~** o mar Negro

black sheep N (*fig*) ovelha negra

blacksmith ['blæksmɪθ] N ferreiro

black spot N (*Aut*) lugar *m* perigoso; (*for unemployment etc*) área crítica

bladder ['blædə^r] N bexiga

blade [bleɪd] N folha; (*of knife, sword*) lâmina; (*of oar, rotor*) pá *f*; **a ~ of grass** uma folha de relva

blame [bleɪm] N culpa ■ VT: **to ~ sb for sth** culpar alguém por algo; **to be to ~** ter a culpa

blameless ['bleɪmlɪs] ADJ (*person*) inocente

blanch [blɑ:ntʃ] VI (*person, face*) empalidecer ■ VT (*Culin*) escaldar

bland [blænd] ADJ suave; (*taste*) brando

blank [blæŋk] ADJ em branco; (*shot*) sem bala; (*look*) sem expressão ■ N (*of memory*): **to go ~** dar um branco, on form, espaço em branco; (*cartridge*) bala de festim; **we drew a ~** (*fig*) chegamos a lugar nenhum; **blank cheque** (*US* **blank check**) N cheque *m* em branco; **to give sb a blank cheque to do ...** dar carta branca a alguém para fazer ...

blanket ['blæŋkɪt] N (*for bed*) cobertor *m*; (*for travelling etc*) manta; (*of snow, fog*) camada ■ ADJ (*statement, agreement*) global, geral; **to give ~ cover** (*subj: insurance policy*) dar cobertura geral

blare [blɛə^r] VI (*horn, radio*) clangorar

blasé ['blɑ:zeɪ] ADJ indiferente

blasphemous ['blæsfɪməs] ADJ blasfemo

blasphemy ['blæsfɪmɪ] N blasfêmia

blast [blɑ:st] N (*of wind*) rajada; (*of whistle*) toque *m*; (*of explosive*) explosão *f*; (*shock wave*) sopro; (*of air, steam*) jato ■ VT (*blow up*) fazer voar; (*blow open*) abrir com uma carga explosiva ■ EXCL (*Brit: inf*) droga!; **(at) full ~** (*play music etc*) no volume máximo; (*fig*) a todo vapor
▸ **blast off** VI (*Space*) decolar

blast-off N (*Space*) lançamento

blatant ['bleɪtənt] ADJ descarado

blatantly ['bleɪtəntlɪ] ADV (*lie*) descaradamente; **it's ~ obvious** é de toda a evidência, está na cara

blaze [bleɪz] N (*fire*) fogo; (*in building etc*) incêndio; (*flames*) chamas *fpl*; (*fig: of colour*) esplendor *m*; (: *of glory, publicity*) explosão *f* ■ VI (*fire*) arder; (*guns*) descarregar; (*eyes*) brilhar ■ VT: **to ~ a trail** (*fig*) abrir (um) caminho; **in a ~ of publicity** numa explosão de publicidade

blazer ['bleɪzə^r] N casaco esportivo, blazer *m*

bleach [bli:tʃ] N (*also*: **household bleach**) água sanitária ■ VT (*linen*) branquear

bleached [bli:tʃt] ADJ (*hair*) oxigenado; (*linen*) branqueado, alvejado

bleachers ['bli:tʃəz] (*US*) NPL (*Sport*) arquibancada descoberta

bleak [bli:k] ADJ (*countryside*) desolado; (*prospect*) desanimador(a), sombrio; (*weather*) ruim; (*smile*) sem graça, amarelo

bleary-eyed ['bliərɪ'aɪd] ADJ de olhos injetados

bleat [bli:t] VI balir ■ N balido

bled [blɛd] PT, PP *of* **bleed**

bleed [bli:d] (*pt, pp* **bled**) VT, VI sangrar; **my nose is ~ing** eu estou sangrando do nariz

bleeper ['bli:pə^r] N (*of doctor etc*) bip *m*

blemish ['blɛmɪʃ] N mancha; (*on reputation*) mácula

blend [blɛnd] N mistura ■ VT misturar ■ VI (*colours etc: also*: **blend in**) combinar-se, misturar-se

blender ['blɛndə^r] N (*Culin*) liqüidificador *m*

bless [blɛs] (*pt, pp* **blest**) VT abençoar; **~ you!** (*after sneeze*) saúde!

blessed[1] [blɛst] PT, PP *of* **bless**; **to be ~ with** estar dotado de

blessed[2] ['blɛsɪd] ADJ (*Rel: holy*) bendito, bento; (*happy*) afortunado; **it rains every ~ day** chove cada santo dia

blessing ['blɛsɪŋ] N bênção *f*; (*godsend*) graça, dádiva; (*approval*) aprovação *f*; **to count one's ~s** dar graças a Deus; **it was a ~ in disguise** Deus escreve certo por linhas tortas

blest [blɛst] PT, PP *of* **bless**

blew [blu:] PT *of* **blow**

blight [blaɪt] VT (*hopes etc*) frustrar, gorar ■ N (*of plants*) ferrugem *f*

blimey ['blaɪmɪ] (*Brit: inf*) EXCL nossa!

blind [blaɪnd] ADJ cego ■ N (*for window*) persiana; (: *also*: **Venetian blind**) veneziana ■ VT cegar; (*dazzle*) deslumbrar; **the blind** NPL (*blind people*) os cegos; **to turn a ~ eye (on**

or **to)** fazer vista grossa (a); **blind alley** N beco-sem-saída *m*; **blind corner** (*Brit*) N curva sem visibilidade

blindfold ['blaɪndfəuld] N venda ■ ADJ, ADV com os olhos vendados, às cegas ■ VT vendar os olhos a

blindly ['blaɪndlɪ] ADV às cegas; (*without thinking*) cegamente

blindness ['blaɪndnɪs] N cegueira

blind spot N (*Aut*) local *m* pouco visível; (*fig*) ponto fraco

blink [blɪŋk] VI piscar ■ N (*inf*): **the TV's on the ~** a TV está com defeito

blinkers ['blɪŋkəz] NPL antolhos *mpl*

blinking ['blɪŋkɪŋ] (*Brit*: *inf*) ADJ: **this ~ ...** este danado ...

bliss [blɪs] N felicidade *f*

blissful ['blɪsful] ADJ (*event, day*) maravilhoso; (*sigh, smile*) contente; **in ~ ignorance** numa bendita ignorância

blissfully ['blɪsfulɪ] ADJ (*smile*) ditosamente; (*happy*) maravilhosamente

blister ['blɪstəʳ] N (*on skin*) bolha; (*in paint, rubber*) empola ■ VI (*paint*) empolar-se

blithe [blaɪð] ADJ alegre

blithely ['blaɪðlɪ] ADV (*unconcernedly*) tranqüilamente; (*joyfully*) alegremente

blithering ['blɪðərɪŋ] (*inf*) ADJ: **this ~ idiot** esta besta quadrada

BLit(t) N ABBR (= *Bachelor of Literature*) *título universitário*

blitz [blɪts] N bombardeio aéreo; (*fig*): **to have a ~ on sth** dar um jeito em algo

blizzard ['blɪzəd] N nevasca

BLM (*US*) N ABBR = **Bureau of Land Management**

bloated ['bləutɪd] ADJ (*swollen*) inchado; (*full*) empanturrado

blob [blɔb] N (*drop*) gota; (*stain, spot*) mancha; (*indistinct shape*) ponto

bloc [blɔk] N (*Pol*) bloco

block [blɔk] N (*of wood*) bloco; (*of stone*) laje *f*; (*in pipes*) entupimento; (*toy*) cubo; (*of buildings*) quarteirão *m* ■ VT obstruir, bloquear; (*pipe*) entupir; (*progress*) impedir; (*Comput*) blocar; **~ of flats** (*Brit*) prédio (de apartamentos); **3 ~s from here** a três quarteirões daqui; **mental ~** bloqueio; **~ and tackle** (*Tech*) talha

▸ **block up** VT (*hole*) tampar; (*pipe*) entupir; (*road*) bloquear

blockade [blɔ'keɪd] N bloqueio ■ VT bloquear

blockage ['blɔkɪdʒ] N obstrução *f*

block booking N reserva em bloco

blockbuster ['blɔkbʌstəʳ] N grande sucesso

block capitals NPL letras *fpl* de forma

blockhead ['blɔkhɛd] N imbecil *m/f*

block letters NPL letras *fpl* maiúsculas

block release (*Brit*) N licença para fins de aperfeiçoamento profissional

block vote (*Brit*) N voto em bloco

blog ['blɔg] N (*inf*: *Internet journal*) blog *m*, blogue *f*

blogger ['blɔgəʳ] N (*inf*: *person*) blogueiro(a)

bloke [bləuk] (*Brit*: *inf*) N cara *m* (BR), gajo (PT)

blond(e) [blɔnd] ADJ, N louro(-a)

blood [blʌd] N sangue *m*

bloodcurdling ['blʌdkə:dlɪŋ] ADJ horripilante, de fazer gelar o sangue nas veias

blood donor N doador(a) *m/f* de sangue

blood group N grupo sangüíneo

bloodhound ['blʌdhaund] N sabujo

bloodless ['blʌdlɪs] ADJ (*victory*) incruento; (*pale*) pálido

bloodletting ['blʌdlɛtɪŋ] N (*Med*) sangria; (*fig*) derramamento de sangue

blood poisoning N toxemia

blood pressure N pressão *f* arterial *or* sangüínea

bloodshed ['blʌdʃɛd] N matança, carnificina

bloodshot ['blʌdʃɔt] ADJ (*eyes*) injetado

bloodstained ['blʌdsteɪnd] ADJ manchado de sangue

bloodstream ['blʌdstri:m] N corrente *f* sangüínea

blood test N exame *m* de sangue

bloodthirsty ['blʌdθə:stɪ] ADJ sangüinário

blood transfusion N transfusão *f* de sangue

blood vessel N vaso sangüíneo

bloody ['blʌdɪ] ADJ sangrento; (*nose*) ensangüentado; (*Brit*: *inf!*): **this ~ ...** essa droga de ..., esse maldito ...; **~ strong/good** forte/bom pra burro (*inf*)

bloody-minded ['blʌdɪ'maɪndɪd] (*Brit*: *inf*) ADJ espírito de porco *inv*

bloom [blu:m] N flor *f*; (*fig*) florescimento, viço ■ VI florescer

blooming ['blu:mɪŋ] (*inf*) ADJ: **this ~ ...** esse maldito ..., esse miserável ...

blossom ['blɔsəm] N flor *f* ■ VI florescer; (*fig*) desabrochar-se; **to ~ into** (*fig*) tornar-se

blot [blɔt] N borrão *m*; (*fig*) mancha ■ VT borrar; (*ink*) secar; **a ~ on the landscape** um aleijão na paisagem; **to ~ one's copy book** (*fig*) manchar sua reputação

▸ **blot out** VT (*view*) tapar; (*memory*) apagar

blotchy ['blɔtʃɪ] ADJ (*complexion*) cheio de manchas

blotter ['blɔtəʳ] N mata-borrão *m*

blotting paper ['blɔtɪŋ-] N mata-borrão *m*

blouse [blauz] N blusa

blow [bləu] (*pt* **blew**, *pp* **blown**) N golpe *m*; (*punch*) soco ■ VI soprar ■ VT (*subj*: *wind*) soprar; (*instrument*) tocar; (*fuse*) queimar; (*glass*) soprar; **to ~ one's nose** assoar o nariz; **to come to ~s** chegar às vias de fato

▸ **blow away** VT levar, arrancar ■ VI ser levado pelo vento

▸ **blow down** VT derrubar

▸ **blow off** VT levar ■ VI ser levado

▸ **blow out** VI (*candle*) apagar; (*tyre*) estourar ■ VT (*candle*) apagar

▸ **blow over** VI passar

▸ **blow up** VI explodir; (*fig*) perder a paciência ■ VT explodir; (*tyre*) encher; (*Phot*) ampliar

blow-dry N escova ■ VT fazer escova em

blowlamp ['bləulæmp] (*Brit*) N maçarico
blown [bləun] PP *of* **blow**
blow-out N (*of tyre*) furo; (*inf: big meal*) regabofe *m*
blowtorch ['bləutɔ:tʃ] N = **blowlamp**
blowzy ['blauzɪ] (*Brit*) ADJ balofa
BLS (*US*) N ABBR = **Bureau of Labor Statistics**
blubber ['blʌbəʳ] N óleo de baleia ■ VI (*pej*) choramingar
blue [blu:] ADJ azul; (*depressed*) deprimido; **blues** N (*Mus*): **the ~s** o blues; **to have the ~s** (*inf: feeling*) estar na fossa, estar de baixo astral; **(only) once in a ~ moon** uma vez na vida e outra na morte; **out of the ~** (*fig*) de estalo, inesperadamente; **blue baby** N criança azul; **blue film** N filme picante
bluebell ['blu:bɛl] N campainha
bluebottle ['blu:bɔtl] N varejeira azul
blue cheese N queijo tipo roquefort
blue-chip ADJ: **~ investment** investimento de primeira ordem
blue-collar worker N operário(-a)
blue jeans NPL jeans *m* (BR), jeans *mpl* (PT)
blueprint ['blu:prɪnt] N anteprojeto; (*fig*): **~ (for)** esquema *m* (de)
bluff [blʌf] VI blefar ■ N blefe *m*; (*crag*) penhasco ■ ADJ (*person*) brusco; **to call sb's ~** pagar para ver alguém
blunder ['blʌndəʳ] N gafe *f* ■ VI cometer *or* fazer uma gafe; **to ~ into sb/sth** esbarrar com alguém/algo
blunt [blʌnt] ADJ (*knife*) cego; (*pencil*) rombudo; (*person*) franco, direto ■ VT embotar; **~ instrument** (*Law*) arma imprópria
bluntly ['blʌntlɪ] ADV sem rodeios
bluntness ['blʌntnɪs] N (*of person*) franqueza, rudeza
blur [blə:ʳ] N borrão *m* ■ VT borrar, nublar; (*vision*) embaçar
blurb [blə:b] N (*for book*) dizeres *mpl* de propaganda
blurred [blə:d] ADJ indistinto, borrado
blurt out [blə:t-] VT (*reveal*) deixar escapar; (*say*) balbuciar
blush [blʌʃ] VI corar, ruborizar-se ■ N rubor *m*, vermelhidão *f*
blusher ['blʌʃəʳ] N blusher *m*
bluster ['blʌstəʳ] N fanfarronada, bazófia ■ VI fanfarronar
blustering ['blʌstərɪŋ] ADJ (*person*) fanfarrão(-rona)
blustery ['blʌstərɪ] ADJ (*weather*) borrascoso, tormentoso
Blvd ABBR = **boulevard**
BM N ABBR = **British Museum**; (*Sch*: = *Bachelor of Medicine*) *título universitário*
BMA N ABBR = **British Medical Association**
BMJ N ABBR = **British Medical Journal**
BMus N ABBR (= *Bachelor of Music*) *título universitário*
BO N ABBR (*inf*: = *body odour*) fartum *m*, c.c. *m*; (*US*) = **box office**
boar [bɔ:ʳ] N javali *m*
board [bɔ:d] N (*wooden*) tábua; (*cardboard*) quadro; (*notice board*) quadro de avisos; (*for chess etc*) tabuleiro; (*committee*) junta, conselho; (*in firm*) diretoria, conselho administrativo; (*Naut, Aviat*): **on ~** a bordo ■ VT embarcar em; **full ~** (*Brit*) pensão *f* completa; **half ~** (*Brit*) meia-pensão *f*; **~ and lodging** casa e comida; **above ~** (*fig*) limpo; **across the ~** ADJ geral ■ ADV de uma maneira geral; **to go by the ~** ficar abandonado, dançar (*inf*)
▸ **board up** VT (*door*) entabuar
boarder ['bɔ:dəʳ] N hóspede *m/f*; (*Sch*) interno(-a)
board game N jogo de tabuleiro
boarding card ['bɔ:dɪŋ-] N = **boarding pass**
boarding house ['bɔ:dɪŋ-] N pensão *m*
boarding pass ['bɔ:dɪŋ-] (*Brit*) N (*Aviat, Naut*) cartão *m* de embarque
boarding school ['bɔ:dɪŋ-] N internato
board meeting N reunião *f* da diretoria
board room N sala da diretoria
boardwalk ['bɔ:dwɔ:k] (*US*) N passeio de tábuas
boast [bəust] VI contar vantagem; **to ~ (about** *or* **of)** gabar-se (de), jactar-se (de) ■ VT ostentar ■ N jactância, bazófia
boastful ['bəustful] ADJ vaidoso, jactancioso
boastfulness ['bəustfulnɪs] N bazófia, jactância
boat [bəut] N barco; (*small*) bote *m*; (*big*) navio; **to go by ~** ir de barco; **to be in the same ~** (*fig*) estar no mesmo barco
boater ['bəutəʳ] N (*hat*) chapéu *m* de palha
boating ['bəutɪŋ] N passeio de barco
boatman ['bəutmən] (*irreg*) N barqueiro
boatswain ['bəusn] N contramestre *m*
bob [bɔb] VI (*boat, cork on water*: *also*: **bob up and down**) balouçar-se ■ N (*Brit*: *inf*) = **shilling**
▸ **bob up** VI aparecer, surgir
bobbin ['bɔbɪn] N bobina, carretel *m*
bobby ['bɔbɪ] (*Brit*: *inf*) N policial *m/f* (BR), polícia *m* (PT)
bobsleigh ['bɔbsleɪ] N bob *m*, trenó *m* duplo
bode [bəud] VI: **to ~ well/ill (for)** ser de bom/mau agouro (para)
bodice ['bɔdɪs] N corpete *m*
bodily ['bɔdɪlɪ] ADJ corporal; (*pain*) físico; (*needs*) material ■ ADV (*lift*) em peso
body ['bɔdɪ] N corpo; (*corpse*) cadáver *m*; (*of car*) carroceria; (*of plane*) fuselagem *f*; (*fig*: *group*) grupo; (: *organization*) organização *f*; (*quantity*) conjunto; (*of wine*) corpo; **in a ~** todos juntos
body-building N musculação *f*
bodyguard ['bɔdɪgɑ:d] N guarda-costas *m inv*
body repairs NPL lanternagem *f*
bodywork ['bɔdɪwə:k] N lataria
boffin ['bɔfɪn] (*Brit*) N cientista *m/f*
bog [bɔg] N pântano, atoleiro ■ VT: **to get ~ged down (in)** (*fig*) atolar-se (em)
bogey ['bəugɪ] N (*worry*) espectro; (*Brit*: *inf*: *dried mucus*) meleca
boggle ['bɔgl] VI: **the mind ~s** (*wonder*) não dá para imaginar; (*innuendo*) nem quero pensar
bogie ['bəugɪ] N (*Rail*) truque *m*

Bogotá [bɔgə'tɑ:] N Bogotá
bogus ['bəugəs] ADJ falso; (*workman etc*) farsante
Bohemia [bəu'hi:mɪə] N Boêmia
Bohemian [bəu'hi:mɪən] ADJ, N boêmio(-a)
boil [bɔɪl] VT ferver; (*eggs*) cozinhar ■ VI ferver ■ N (*Med*) furúnculo; **to bring to the** (*Brit*) *or* **a** (*US*) ~ deixar ferver; **to come to the** (*Brit*) *or* **a** (*US*) ~ começar a ferver
▸ **boil down to** VT FUS (*fig*) reduzir-se a
▸ **boil over** VI transbordar
boiled egg [bɔɪld-] N ovo cozido
boiled potatoes [bɔɪld-] NPL batatas *fpl* cozidas
boiler ['bɔɪlə^r] N caldeira; (*for central heating*) boiler *m*; **boiler suit** (*Brit*) N macacão *m* (BR), fato macaco (PT)
boiling ['bɔɪlɪŋ] ADJ: **it's ~** (*weather*) está um calor horrível; **I'm ~ (hot)** (*inf*) estou morrendo de calor; **boiling point** N ponto de ebulição
boisterous ['bɔɪstərəs] ADJ (*noisy*) barulhento; (*excitable*) agitado; (*crowd*) turbulento
bold [bəuld] ADJ corajoso; (*pej*) atrevido, insolente; (*outline, colour*) forte
boldness ['bəuldnɪs] N arrojo, coragem *f*; (*cheek*) audácia, descaramento
bold type N (*Typ*) negrito
Bolivia [bə'lɪvɪə] N Bolívia
Bolivian [bə'lɪvɪən] ADJ, N boliviano(-a)
bollard ['bɔlləd] N (*Brit: Aut*) poste *m* de sinalização; (*Naut*) poste de amarração
bolster ['bəulstə^r] N travesseiro
▸ **bolster up** VT sustentar
bolt [bəult] N (*lock*) trinco, ferrolho; (*with nut*) parafuso, cavilha ■ ADV: **~ upright** direito como um fuso ■ VT (*door*) fechar a ferrolho, trancar; (*food*) engolir às pressas ■ VI fugir; (*horse*) disparar; **to be a ~ from the blue** (*fig*) cair como uma bomba, ser uma bomba
bomb [bɔm] N bomba ■ VT bombardear
bombard [bɔm'bɑ:d] VT bombardear
bombardment [bɔm'bɑ:dmənt] N bombardeio
bombastic [bɔm'bæstɪk] ADJ bombástico
bomb disposal N: **~ expert** perito(-a) em desmontagem de explosivos; **~ unit** unidade *f* de desmontagem de explosivos
bomber ['bɔmə^r] N (*Aviat*) bombardeiro; (*terrorist*) terrorista *m/f*
bombing ['bɔmɪŋ] N bombardeio; (*by terrorists*) atentado a bomba
bombshell ['bɔmʃɛl] N granada de artilharia; (*fig*) bomba
bomb site N zona bombardeada
bona fide ['bəunə'faɪdɪ] ADJ genuíno, autêntico
bonanza [bə'nænzə] N boom *m*
bond [bɔnd] N (*binding promise*) compromisso; (*link*) vínculo, laço; (*Finance*) obrigação *f*; (*Comm*): **in ~** (*goods*) retido sob caução na alfândega
bondage ['bɔndɪdʒ] N escravidão *f*
bonded warehouse ['bɔndɪd-] N depósito da alfândega, entreposto aduaneiro
bone [bəun] N osso; (*of fish*) espinha ■ VT desossar; tirar as espinhas de; **bone china** N porcelana com mistura de cinza de ossos
bone-dry ADJ completamente seco
bone idle ADJ preguiçoso
boner ['bəunə^r] (*US*) N gafe *f*
bonfire ['bɔnfaɪə^r] N fogueira
Bonn [bɔn] N Bonn
bonnet ['bɔnɪt] N toucado; (*Brit: of car*) capô *m*
bonny ['bɔnɪ] (*Scottish*) ADJ bonitinho
bonus ['bəunəs] N (*payment*) bônus *m*; (*fig*) gratificação *f*; (*on salary*) prêmio, gratificação *f*
bony ['bəunɪ] ADJ (*arm, face, Med: tissue*) ossudo; (*meat*) cheio de ossos; (*fish*) cheio de espinhas
boo [bu:] VT vaiar ■ N vaia ■ EXCL ruuh!, bu!
boob [bu:b] (*inf*) N (*breast*) seio; (*Brit: mistake*) besteira, gafe *f*
booby prize ['bu:bɪ-] N prêmio de consolação
booby trap ['bu:bɪ-] N armadilha explosiva
booby-trapped ['bu:bɪtræpt] ADJ que tem armadilha explosiva
book [buk] N livro; (*of stamps, tickets*) talão *m*; (*notebook*) caderno ■ VT reservar; (*driver*) autuar; (*football player*) mostrar o cartão amarelo a; **books** NPL (*Comm*) contas *fpl*, contabilidade *f*; **to keep the ~s** fazer a escrituração *or* contabilidade; **by the ~** de acordo com o regulamento, corretamente; **to throw the ~ at sb** condenar alguém à pena máxima
▸ **book in** (*Brit*) VI (*at hotel*) registrar (BR), registar (PT)
▸ **book up** VT reservar; **all seats are ~ed up** todos os lugares estão tomados; **the hotel is ~ed up** o hotel está lotado
bookable ['bukəbl] ADJ: **seats are ~** lugares podem ser reservados
bookcase ['bukkeɪs] N estante *f* (para livros)
book ends NPL suportes *mpl* de livros
booking ['bukɪŋ] (*Brit*) N reserva; **booking office** (*Brit*) N (*Rail, Theatre*) bilheteria (BR), bilheteira (PT)
book-keeping N escrituração *f*, contabilidade *f*
booklet ['buklɪt] N livrinho, brochura
bookmaker ['bukmeɪkə^r] N book(maker) *m* (BR), agenciador *m* de apostas (PT)
bookseller ['buksɛlə^r] N livreiro(-a)
bookshop ['bukʃɔp] N livraria
bookstall ['bukstɔ:l] N banca de livros
bookstore ['bukstɔ:^{r}] N = **bookshop**
book token N vale *m* para livro
book value N valor *m* contábil
boom [bu:m] N (*noise*) barulho, estrondo; (*in sales etc*) aumento rápido; (*Econ*) boom *m*, fase *f or* aumento de prosperidade ■ VI (*sound*) retumbar; (*business*) tomar surto
boomerang ['bu:məræŋ] N bumerangue *m*
boom town N cidade *f* de rápido crescimento econômico
boon [bu:n] N dádiva, benefício
boorish ['buərɪʃ] ADJ rude
boost [bu:st] N estímulo ■ VT estimular; **to give a ~ to sb's spirits** *or* **to sb** dar uma força a alguém
booster ['bu:stə^r] N (*Med*) revacinação *f*; (*TV*) amplificador *m* (de sinal); (*Elec*) sobrevoltador

m; (*also*: **booster rocket**) foguete *m* auxiliar; **booster seat** N (*Aut*: *for children*) *assento de carro para crianças maiores*

boot [buːt] N bota; (*for football*) chuteira; (*for walking*) bota (para caminhar); (*ankle boot*) botina; (*Brit*: *of car*) porta-malas *m* (BR), mala (BR) (*inf*), porta-bagagem *m* (PT) ■ VT (*kick*) dar pontapé em; (*Comput*) dar carga em; **to ~ ...** (*in addition*) ainda por cima ...; **to give sb the ~** (*inf*) botar alguém na rua

booth [buːð] N (*at fair*) barraca; (*telephone booth, voting booth*) cabine *f*

bootleg ['buːtlɛg] ADJ de contrabando; **~ recording** gravação *f* pirata

booty ['buːtɪ] N despojos *mpl*, pilhagem *f*

booze [buːz] (*inf*) N bebida alcoólica ■ VI embebedar-se

boozer ['buːzəʳ] (*inf*) N (*person*) beberrão(-beberrona) *m/f*; (*Brit*: *pub*) pub *m*

border ['bɔːdəʳ] N margem *f*; (*for flowers*) borda; (*of a country*) fronteira; (*on cloth etc*) debrum *m*, remate *m* ■ VT (*also*: **border on**) limitar-se com ■ CPD (*town, region*) fronteiriço; **the B~s** a região fronteiriça entre a Escócia e a Inglaterra
▸ **border on** VT FUS (*fig*) chegar às raias de

borderline ['bɔːdəlaɪn] N (*fig*) fronteira; **borderline case** N caso-limite *m*

bore [bɔːʳ] PT of **bear** ■ VT (*hole*) abrir; (*well*) cavar; (*person*) aborrecer ■ N (*person*) chato(-a), maçante *m/f*; (*of gun*) calibre *m*; **what a ~!** que chato! (BR), que saco! (BR), que maçada! (PT); **to be ~d to tears** *or* **~d to death** *or* **~d stiff** estar muito entediado

bored [bɔːd] ADJ entediado

boredom ['bɔːdəm] N tédio, aborrecimento

boring ['bɔːrɪŋ] ADJ chato, maçante

born [bɔːn] ADJ: **to be ~** nascer; **I was ~ in 1960** nasci em 1960; **~ blind** cego de nascença; **a ~ leader** um líder nato

borne [bɔːn] PP of **bear**

Borneo ['bɔːnɪəu] N Bornéu

borough ['bʌrə] N município

borrow ['bɔrəu] VT: **to ~ sth (from sb)** pedir algo emprestado a alguém; **may I ~ your car?** você pode me emprestar o seu carro?

borrower ['bɔrəuəʳ] N tomador(a) *m/f* de empréstimo

borrowing ['bɔrəuɪŋ] N empréstimo(s) *m(pl)*

borstal ['bɔːstl] (*Brit*) N reformatório (de menores)

bosom ['buzəm] N peito; **bosom friend** N amigo(-a) íntimo(-a) *or* do peito

boss [bɔs] N chefe *m/f*; (*employer*) patrão(-troa) *m/f*; (*in agriculture, industry etc*) capataz *m* ■ VT (*also*: **boss about; boss around**) mandar em

bossy ['bɔsɪ] ADJ mandão(-dona)

bosun ['bəusn] N contramestre *m*

botanical [bə'tænɪkl] ADJ botânico

botanist ['bɔtənɪst] N botânico(-a)

botany ['bɔtənɪ] N botânica

botch [bɔtʃ] VT (*also*: **botch up**) estropiar, atamancar

both [bəuθ] ADJ, PRON ambos(-as), os dois/as duas ■ ADV: **~ A and B** tanto A como B; **~ of us went, we ~ went** nós dois fomos, ambos fomos

bother ['bɔðəʳ] VT (*worry*) preocupar; (*irritate*) incomodar, molestar; (*disturb*) atrapalhar ■ VI (*also*: **bother o.s.**) preocupar-se ■ N (*trouble*) preocupação *f*; (*nuisance*) amolação *f*, inconveniente *m* ■ EXCL bolas!; **to ~ about** preocupar-se com; **I'm sorry to ~ you** lamento incomodá-lo; **please don't ~** por favor, não se preocupe, não se dê ao trabalho; **don't ~** não vale a pena; **to ~ doing** dar-se ao trabalho de fazer; **it's no ~** não tem problema

Botswana [bɔt'swɑːnə] N Botsuana

bottle ['bɔtl] N garrafa; (*of perfume, medicine*) frasco; (*baby's*) mamadeira (BR), biberão *m* (PT) ■ VT engarrafar
▸ **bottle up** VT conter, refrear

bottleneck ['bɔtlnɛk] N (*traffic*) engarrafamento; (*fig*) obstáculo, problema *m*

bottle-opener N abridor *m* (de garrafas) (BR), abre-garrafas *m inv* (PT)

bottom ['bɔtəm] N (*of container, sea*) fundo; (*buttocks*) traseiro, bunda (*inf*); (*of page, list*) pé *m*; (*of class*) nível *m* mais baixo; (*of mountain, hill*) sopé *m* ■ ADJ (*low*) inferior, mais baixo; (*last*) último; **to get to the ~ of sth** (*fig*) tirar algo a limpo

bottomless ['bɔtəmlɪs] ADJ sem fundo; (*fig*) insondável; (*funds*) ilimitado

bough [bau] N ramo

bought [bɔːt] PT, PP of **buy**

boulder ['bəuldəʳ] N pedregulho, matacão *m*

bounce [bauns] VI (*ball*) saltar, quicar; (*cheque*) ser devolvido (*por insuficiência de fundos*) ■ VT fazer saltar ■ N (*rebound*) salto; **he's got plenty of ~** (*fig*) ele tem pique

bouncer ['baunsəʳ] (*inf*) N leão-de-chácara *m*

bound [baund] PT, PP of **bind** ■ N (*leap*) pulo, salto; (*gen pl*: *limit*) limite *m* ■ VI (*leap*) pular, saltar ■ VT (*border*) demarcar; (*limit*) limitar ■ ADJ: **~ by** (*law, regulation*) limitado por; **to be ~ to do sth** (*obliged*) ter a obrigação de fazer algo; (*likely*) na certa ir fazer algo; **~ for** com destino a; **out of ~s** fora dos limites

boundary ['baundrɪ] N limite *m*, fronteira

boundless ['baundlɪs] ADJ ilimitado

bountiful ['bauntɪful] ADJ (*person*) generoso; (*supply*) farto

bounty ['bauntɪ] N (*generosity*) generosidade *f*; (*wealth*) fartura

bouquet ['bukeɪ] N (*of flowers*) buquê *m*, ramalhete *m*; (*of wine*) buquê *m*, aroma *m*

bourbon ['buəbən] (*US*) N (*also*: **bourbon whiskey**) uísque *m* (BR) *or* whisky *m* (PT) (norte-americano)

bourgeois ['bueʒwɑː] ADJ burguês(-guesa)

bout [baut] N período; (*of malaria etc*) ataque *m*; (*of activity*) explosão *f*; (*Boxing etc*) combate *m*

boutique [buː'tiːk] N butique *f*

bow[1] [bəu] N (*knot*) laço; (*weapon, Mus*) arco

bow[2] [bau] N (*of the body*) reverência; (*of the*

head) inclinação *f*; (*Naut*: *also*: **bows**) proa ■ VI curvar-se, fazer uma reverência; (*yield*): **to ~ to** *or* **before** ceder ante, submeter-se a; **to ~ to the inevitable** curvar-se ao inevitável

bowels ['bauəlz] NPL intestinos *mpl*, tripas *fpl*; (*fig*) entranhas *fpl*

bowl [bəul] N tigela; (*for washing*) bacia; (*ball*) bola; (*of pipe*) fornilho; (*US*: *stadium*) estádio ■ VI (*Cricket*) arremessar a bola

▸ **bowl over** VT (*fig*) impressionar, comover

bow-legged ADJ cambaio, de pernas tortas

bowler ['bəulə^r] N jogador(a) *m/f* de bolas; (*Cricket*) lançador *m* (da bola); (*Brit*: *also*: **bowler hat**) chapéu-coco *m*

bowling ['bəulɪŋ] N (*game*) boliche *m*; **bowling alley** N boliche *m*; **bowling green** N gramado (BR) *or* relvado (PT) para jogo de bolas

bowls [bəulz] N jogo de bolas

bow tie ['bəu-] N gravata-borboleta

box [bɔks] N caixa; (*crate*) caixote *m*; (*for jewels*) estojo; (*for money*) cofre *m*; (*Theatre*) camarote *m* ■ VT encaixotar; (*Sport*) boxear contra ■ VI (*Sport*) boxear

boxer ['bɔksə^r] N (*person*) boxeador *m*, pugilista *m*; (*dog*) boxer *m*; **boxer shorts** NPL cueca samba-canção

boxing ['bɔksɪŋ] N (*Sport*) boxe *m*, pugilismo

Boxing Day (*Brit*) N *Dia de Santo Estevão* (*26 de dezembro*)

boxing gloves NPL luvas *fpl* de boxe

boxing ring N ringue *m* de boxe

box number N (*for advertisements*) caixa postal

box office N bilheteria (BR), bilheteira (PT)

boxroom ['bɔksrum] N quarto pequeno

boy [bɔɪ] N (*young*) menino, garoto; (*older*) moço, rapaz *m*; (*son*) filho; (*servant*) criado

boycott ['bɔɪkɔt] N boicote *m*, boicotagem *f* ■ VT boicotar

boyfriend ['bɔɪfrɛnd] N namorado

boyish ['bɔɪɪʃ] ADJ (*man*) jovial; (*looks*) pueril; (*woman*) como ares de menino

Bp ABBR = **bishop**

BR ABBR = **British Rail**

bra [brɑː] N sutiã *m* (BR), soutien *m* (PT)

brace [breɪs] N reforço, braçadeira; (*on teeth*) aparelho; (*tool*) arco de pua; (*Typ*: *also*: **brace bracket**) chave *f* ■ VT firmar, reforçar; (*knees, shoulders*) retesar; **braces** NPL (*Brit*) suspensórios *mpl*; **to ~ o.s.** (*for weight, fig*) preparar-se

bracelet ['breɪslɪt] N pulseira

bracing ['breɪsɪŋ] ADJ tonificante

bracken ['brækən] N samambaia (BR), feto (PT)

bracket ['brækɪt] N (*Tech*) suporte *m*; (*group*) classe *f*, categoria; (*range*) faixa; (*also*: **brace bracket**) chave *f*; (*also*: **round bracket**) parêntese *m*; (*also*: **square bracket**) colchete *m* ■ VT pôr entre parênteses; (*fig*: *also*: **bracket together**) agrupar; **in ~s** entre parênteses (*or* colchetes)

brackish ['brækɪʃ] ADJ (*water*) salobro

brag [bræg] VI gabar-se, contar vantagem

braid [breɪd] N (*trimming*) galão *m*; (*of hair*) trança

Braille [breɪl] N braile *m*

brain [breɪn] N cérebro; **brains** NPL (*Culin*) miolos *mpl*; (*intelligence*) inteligência, miolos; **he's got ~s** ele é inteligente

brainchild ['breɪntʃaɪld] N idéia original

brainless ['breɪnlɪs] ADJ estúpido, desmiolado

brainstorm ['breɪnstɔːm] N (*fig*) momento de distração; (*US*: *brainwave*) idéia luminosa

brainwash ['breɪnwɔʃ] VT fazer uma lavagem cerebral em

brainwave ['breɪnweɪv] N inspiração *f*, idéia luminosa *or* brilhante

brainy ['breɪnɪ] ADJ inteligente

braise [breɪz] VT assar na panela

brake [breɪk] N freio (BR), travão *m* (PT) ■ VT, VI frear (BR), travar (PT); **brake fluid** N óleo de freio (BR) *or* dos travões (PT); **brake light** N farol *m* do freio (BR), farolim *m* de travagem (PT); **brake pedal** N pedal *m* do freio (BR), travão *m* de pé (PT)

bramble ['bræmbl] N amora-preta

bran [bræn] N farelo

branch [brɑːntʃ] N ramo, galho; (*road*) ramal *m*; (*Comm*) sucursal *f*, filial *f*; (: *bank*) agência ■ VI bifurcar-se

▸ **branch out** VI (*fig*) diversificar suas atividades; **to ~ out into** estender suas atividades a

branch line N (*Rail*) ramal *m*

branch manager N gerente *m/f* de sucursal *or* filial

brand [brænd] N marca; (*fig*: *type*) tipo ■ VT (*cattle*) marcar com ferro quente; (*fig*: *pej*): **to ~ sb a communist** *etc* estigmatizar alguém de comunista *etc*

brandish ['brændɪʃ] VT brandir

brand name N marca de fábrica, griffe *f*

brand-new ADJ novo em folha, novinho

brandy ['brændɪ] N conhaque *m*

brash [bræʃ] ADJ (*rough*) grosseiro; (*forward*) descarado

Brasilia [brə'zɪlɪə] N Brasília

brass [brɑːs] N latão *m*; **the ~** (*Mus*) os metais; **the top ~** as altas patentes; **brass band** N banda de música

brassiere ['bræsɪə^r] N sutiã *m* (BR), soutien *m* (PT)

brass tacks NPL: **to get down to ~** passar ao que interessa, entrar no assunto principal

brat [bræt] (*pej*) N pirralho, fedelho, malcriado

bravado [brə'vɑːdəu] N bravata

brave [breɪv] ADJ valente, corajoso ■ N guerreiro pele-vermelha ■ VT (*face up to*) desafiar; (*resist*) encarar

bravery ['breɪvərɪ] N coragem *f*, bravura

bravo [brɑː'vəu] EXCL bravo!

brawl [brɔːl] N briga, pancadaria ■ VI brigar

brawn [brɔːn] N força; (*meat*) patê *m* de carne

brawny ['brɔːnɪ] ADJ musculoso, carnudo

bray [breɪ] N zurro, ornejo ■ VI zurrar, ornejar

brazen ['breɪzn] ADJ descarado ■ VT: **to ~ it out** defender-se descaradamente

brazier ['breɪzɪəʳ] N braseiro
Brazil [brə'zɪl] N Brasil *m*
Brazilian [brə'zɪljən] ADJ, N brasileiro(-a)
Brazil nut N castanha-do-pará *f*
bread [brɛd] N pão *m*; (*inf*: *money*) grana; **to earn one's daily ~** ganhar o pão *or* a vida; **to know which side one's ~ is buttered (on)** saber o que lhe convém; **bread and butter** N pão *m* com manteiga; (*fig*) ganha-pão *m*
breadbin ['brɛdbɪn] (*Brit*) N caixa de pão
breadboard ['brɛdbɔ:d] N tábua de pão; (*Comput*) breadboard *m*
breadbox ['brɛdbɔks] (*US*) N caixa de pão
breadcrumbs ['brɛdkrʌmz] NPL migalhas *fpl*; (*Culin*) farinha de rosca
breadline ['brɛdlaɪn] N: **to be on the ~** viver na miséria
breadth [brɛtθ] N largura; (*fig*) amplitude *f*
breadwinner ['brɛdwɪnəʳ] N arrimo de família
break [breɪk] (*pt* **broke**, *pp* **broken**) VT quebrar (BR), partir (PT); (*split*) partir; (*promise*) quebrar; (*word*) faltar a; (*fall*) amortecer; (*journey*) interromper; (*law*) violar, transgredir; (*record*) bater; (*news*) revelar ■ VI quebrar-se, partir-se; (*storm*) começar subitamente; (*weather*) mudar; (*dawn*) amanhecer; (*story, news*) revelar ■ N (*gap*) abertura; (*crack*) fenda; (*fracture*) fratura; (*breakdown*) ruptura, rompimento; (*rest*) descanso; (*interval*) intervalo; (*at school*) recreio; (*chance*) oportunidade *f*; **to ~ one's leg** *etc* quebrar a perna *etc*; **to ~ with sb** romper com alguém; **to ~ the news to sb** dar a notícia a alguém; **to ~ even** sair sem ganhar nem perder; **to ~ free** *or* **loose** soltar-se; **to ~ open** (*door etc*) arrombar; **to take a ~** (*few minutes*) descansar um pouco, fazer uma pausa; (*holiday*) tirar férias para descansar; **without a ~** sem parar
▶ **break down** VT (*door etc*) arrombar; (*figures, data*) analisar; (*resistance*) acabar com ■ VI (*go awry*) desarranjar-se; (*machine, Aut*) enguiçar, pifar (*inf*); (*Med*) sofrer uma crise nervosa; (*person*: *cry*) desatar a chorar; (*talks*) fracassar
▶ **break in** VT (*horse etc*) domar; (*US*: *car*) fazer a rodagem de ■ VI (*burglar*) forçar uma entrada; (*interrupt*) interromper
▶ **break into** VT FUS (*house*) arrombar
▶ **break off** VI (*speaker*) parar-se, deter-se; (*branch*) partir ■ VT (*talks*) suspender; (*relations*) cortar; (*engagement*) terminar, acabar com
▶ **break out** VI (*war*) estourar; (*prisoner*) libertar-se; **to ~ out in spots/a rash** aparecer coberto de manchas/brotvejas
▶ **break through** VI: **the sun broke through** o sol apareceu, o tempo abriu ■ VT FUS (*defences, barrier*) transpor; (*crowd*) abrir passagem por
▶ **break up** VI despedaçar-se; (*ship*) partir-se; (*partnership*) acabar; (*marriage*) desmanchar-se; (*friends*) separar-se, brigar, falhar; **you're ~ing up** sua voz está falhando ■ VT (*rocks*) partir; (*biscuit etc*) quebrar; (*journey*) romper; (*fight*) intervir em; (*marriage*) desmanchar
breakable ['breɪkəbl] ADJ quebradiço, frágil ■ N: **~s** artigos *mpl* frágeis
breakage ['breɪkɪdʒ] N quebradura; (*Comm*) quebra; **to pay for ~s** pagar indenização por quebras
breakaway ['breɪkəweɪ] ADJ (*group etc*) dissidente
breakdown ['breɪkdaun] N (*Aut*) enguiço, avaria; (*in communications*) interrupção *f*; (*of marriage*) fracasso, término; (*machine*) enguiço; (*Med*: *also*: **nervous breakdown**) esgotamento nervoso; (*of figures*) discriminação *f*, desdobramento; **breakdown service** (*Brit*) N auto-socorro (BR), pronto socorro (PT); **breakdown van** (*Brit*) N reboque *m* (BR), pronto socorro (PT)
breaker ['breɪkəʳ] N onda grande
breakeven ['breɪk'i:vn] CPD: **~ chart** gráfico do ponto de equilíbrio; **~ point** ponto de equilíbrio
breakfast ['brɛkfəst] N café *m* da manhã (BR), pequeno almoço (PT); **breakfast cereal** N cereais *mpl*
break-in N roubo com arrombamento
breaking point ['breɪkɪŋ-] N limite *m*
breakthrough ['breɪkθru:] N ruptura; (*fig*) avanço, novo progresso
break-up N (*of partnership, marriage*) dissolução *f*; **break-up value** N (*Comm*) valor *m* de liquidação
breakwater ['breɪkwɔ:təʳ] N quebra-mar *m*
breast [brɛst] N (*of woman*) peito, seio; (*chest, meat*) peito
breast-feed (*irreg*: *like* **feed**) VT, VI amamentar
breast pocket N bolso sobre o peito
breast-stroke ['brɛststrəuk] N nado de peito
breath [brɛθ] N fôlego, respiração *f*; **to go out for a ~ of air** sair para tomar fôlego; **out of ~** ofegante, sem fôlego
Breathalyser® ['brɛθəlaɪzəʳ] N bafômetro
breathe [bri:ð] VT, VI respirar; **I won't ~ a word about it** não vou abrir a boca, eu sou um túmulo
▶ **breathe in** VT, VI inspirar
▶ **breathe out** VT, VI expirar
breather ['bri:ðəʳ] N pausa
breathing ['bri:ðɪŋ] N respiração *f*; **breathing space** N (*fig*) descanso, repouso
breathless ['brɛθlɪs] ADJ sem fôlego; (*Med*) ofegante
breathtaking ['brɛθteɪkɪŋ] ADJ comovedor(a), emocionante
bred [brɛd] PT, PP *of* **breed**
-bred [brɛd] SUFFIX: **well/ill~** bem-/mal-educado
breed [bri:d] (*pt, pp* **bred**) VT (*animals*) criar; (*plants*) multiplicar; (*hate, suspicion*) gerar ■ VI criar, reproduzir ■ N raça
breeder ['bri:dəʳ] N (*person*) criador(a) *m/f*; (*Phys*: *also*: **breeder reactor**) reator *m* regenerador
breeding ['bri:dɪŋ] N reprodução *f*; (*raising*) criação *f*; (*upbringing*) educação *f*
breeze [bri:z] N brisa, aragem *f*
breezy ['bri:zɪ] ADJ (*person*) despreocupado, animado; (*weather*) ventoso
Breton ['brɛtən] ADJ bretão(-tã) ■ N bretão(-tã);

(*Ling*) bretão *m*

brevity ['brɛvɪtɪ] N brevidade *f*

brew [bru:] VT (*tea*) fazer; (*beer*) fermentar; (*plot*) armar, tramar ■ VI (*tea*) fazer-se, preparar-se; (*beer*) fermentar; (*storm, fig*) armar-se

brewer ['bru:ʳ] N cervejeiro(-a)

brewery ['bruərɪ] N cervejaria

briar ['braɪəʳ] N (*thorny bush*) urze-branca *f*; (*wild rose*) roseira-brava

bribe [braɪb] N suborno ■ VT subornar; **to ~ sb to do sth** subornar alguém para fazer algo

bribery ['braɪbərɪ] N suborno

bric-a-brac ['brɪkəbræk] N bricabraque *m*

brick [brɪk] N tijolo

bricklayer ['brɪkleɪəʳ] N pedreiro

brickwork ['brɪkwə:k] N alvenaria

brickworks ['brɪkwə:kz] N fábrica de tijolos

bridal ['braɪdl] ADJ nupcial

bride [braɪd] N noiva

bridegroom ['braɪdgrum] N noivo

bridesmaid ['braɪdzmeɪd] N dama de honra

bridge [brɪdʒ] N (*Archit, Dentistry*) ponte *f*; (*Naut*) ponte de comando; (*Cards*) bridge *m*; (*of nose*) cavalete *m* ■ VT (*river*) lançar uma ponte sobre; (*gap*) transpor

bridging loan ['brɪdʒɪŋ-] (*Brit*) N empréstimo a curto prazo

bridle ['braɪdl] N cabeçada, freio ■ VT enfrear; (*fig*) refrear, conter; **bridle path** N senda

brief [bri:f] ADJ breve ■ N (*Law*) causa; (*task*) tarefa ■ VT (*inform*) informar; (*instruct*) instruir; **briefs** NPL (*for men*) cueca (BR), cuecas *fpl* (PT); (*for women*) calcinha (BR), cuecas *fpl* (PT); **in ~ ...** em resumo ...; **to ~ sb about sth** informar alguém sobre algo

briefcase ['bri:fkeɪs] N pasta

briefing ['bri:fɪŋ] N instruções *fpl*; (*Press*) informações *fpl*

briefly ['bri:flɪ] ADV (*glance*) rapidamente; (*say*) em poucas palavras; **to glimpse ~** vislumbrar

briefness ['bri:fnɪs] N brevidade *f*

Brig. ABBR (= *brigadier*) brig

brigade [brɪ'geɪd] N (*Mil*) brigada

brigadier [brɪgə'dɪəʳ] N general *m* de brigada, brigadeiro

bright [braɪt] ADJ claro, brilhante; (*weather*) resplandecente; (*person: clever*) inteligente; (: *lively*) alegre, animado; (*colour*) vivo; (*future*) promissor(a), favorável; **to look on the ~ side** considerar o lado positivo

brighten ['braɪtən] (*also*: **brighten up**) VT (*room*) tornar mais alegre; (*event*) animar, alegrar ■ VI (*weather*) clarear; (*person*) animar-se, alegrar-se; (*face*) iluminar-se; (*prospects*) tornar-se animado *or* favorável

brightly ['braɪtlɪ] ADV brilhantemente

brightness ['braɪtnɪs] N claridade *f*

brilliance ['brɪljəns] N brilho, claridade *f*

brilliant ['brɪljənt] ADJ brilhante; (*clever*) inteligente; (*inf: great*) sensacional

brim [brɪm] N borda; (*of hat*) aba

brimful ['brɪmful] ADJ cheio até as bordas; (*fig*) repleto

brine [braɪn] N (*Culin*) salmoura

bring [brɪŋ] (*pt, pp* **brought**) VT trazer; **to ~ sth to an end** acabar com algo; **I can't ~ myself to fire him** não posso me resolver a despedi-lo

▸ **bring about** VT ocasionar, produzir

▸ **bring back** VT (*restore*) restabelecer; (*return*) devolver

▸ **bring down** VT (*price*) abaixar; (*Mil: plane*) abater, derrubar; (*government, plane*) derrubar

▸ **bring forward** VT adiantar; (*Bookkeeping*) transportar

▸ **bring in** VT (*person*) fazer entrar; (*object*) trazer; (*Pol: legislation*) introduzir; (: *bill*) apresentar; (*Law: verdict*) pronunciar; (*produce: income*) render; (*harvest*) recolher

▸ **bring off** VT (*task, plan*) levar a cabo; (*deal*) fechar

▸ **bring out** VT (*object*) tirar; (*meaning*) salientar; (*new product, book*) lançar

▸ **bring round** VT (*unconscious person*) fazer voltar a si; (*convince*) convencer

▸ **bring to** VT (*unconscious person*) fazer voltar a si

▸ **bring up** VT (*person*) educar, criar; (*carry up*) subir; (*question*) introduzir; (*food*) vomitar

brink [brɪŋk] N beira; **on the ~ of doing** a ponto de fazer, à beira de fazer; **she was on the ~ of tears** ela estava à beira de desatar em prantos

brisk [brɪsk] ADJ vigoroso; (*tone, person*) enérgico; (*speedy*) rápido; (*trade, business*) ativo

bristle ['brɪsl] N (*of animal*) pêlo rijo; (*of beard*) pêlo de barba curta; (*of brush*) cerda ■ VI (*in anger*) encolerizar-se; **to ~ with** estar cheio de

bristly ['brɪslɪ] ADJ (*beard, hair*) eriçado

Brit [brɪt] (*inf*) N ABBR (= *British person*) britânico(-a)

Britain ['brɪtən] N (*also*: **Great Britain**) Grã-Bretanha; **in ~** na Grã-Bretanha

British ['brɪtɪʃ] ADJ britânico ■ NPL: **the ~** os britânicos; **British Isles** NPL: **the British Isles Isles** as ilhas Britânicas; **British Rail** N *companhia ferroviária britânica*

Briton ['brɪtən] N britânico(-a)

Brittany ['brɪtənɪ] N Bretanha

brittle ['brɪtl] ADJ quebradiço, frágil

Br(o). ABBR (*Rel*: = *brother*) Fr

broach [brəutʃ] VT (*subject*) abordar, tocar em

broad [brɔ:d] ADJ (*street, range*) amplo; (*shoulders, smile*) largo; (*distinction, outline*) geral; (*accent*) carregado ■ N (*US: inf*) sujeita; **~ hint** indireta transparente; **in ~ daylight** em pleno luz do dia

broadband ['brɔ:dbænd] N banda larga

broad bean N fava

broadcast ['brɔ:dkɑ:st] (*pt, pp* **broadcast**) N transmissão *f* ■ VT (*Radio, TV*) transmitir ■ VI transmitir

broadcasting ['brɔ:dkɑ:stɪŋ] N radiodifusão *f*, transmissão *f*; **broadcasting station** N emissora

broaden ['brɔ:dən] VT alargar ■ VI alargar-se; **to ~ one's mind** abrir os horizontes

broadly ['brɔ:dlɪ] ADV em geral

broad-minded ADJ tolerante, liberal
broccoli ['brɔkəlɪ] N brócolis *mpl* (BR), brócolos *mpl* (PT)
brochure ['brəuʃjuəʳ] N folheto, brochura
brogue [brəug] N (*accent*) sotaque *m* regional; (*shoe*) chanca
broil [brɔɪl] (*US*) VT grelhar
broke [brəuk] PT *of* **break** ■ ADJ (*inf*) sem um vintém, duro; (: *company*): **to go ~** quebrar
broken ['brəukən] PP *of* **break** ■ ADJ quebrado; (*marriage*) desfeito; **~ leg** perna quebrada; **a ~ home** um lar desfeito; **children from ~ homes** filhos de pais separados; **in ~ English** num inglês mascavado
broken-down ADJ (*car*) enguiçado; (*machine*) com defeito; (*house*) desmoronado, caindo aos pedaços
broken-hearted ADJ com o coração partido
broker ['brəukəʳ] N corretor(a) *m/f*
brokerage ['brəukrɪdʒ] N corretagem *f*
brolly ['brɔlɪ] (*Brit*: *inf*) N guarda-chuva *m*
bronchitis [brɔŋ'kaɪtɪs] N bronquite *f*
bronze [brɔnz] N bronze *m*; (*sculpture*) estátua feita de bronze
bronzed ['brɔnzd] ADJ bronzeado
brooch [brəutʃ] N broche *m*
brood [bru:d] N ninhada; (*children*) filhos *mpl*; (*pej*) prole *f* ■ VI (*hen*) chocar; (*person*) cismar, remoer
broody ['bru:dɪ] ADJ (*fig*) taciturno, melancólico
brook [bruk] N arroio, ribeiro
broom [brum] N vassoura; (*Bot*) giesta-das-vassouras
broomstick ['brumstɪk] N cabo de vassoura
Bros. ABBR (*Comm*: = *brothers*) Irmãos
broth [brɔθ] N caldo
brothel ['brɔθl] N bordel *m*
brother ['brʌðəʳ] N irmão *m*
brotherhood ['brʌðəhud] N (*association, Rel*) confraria
brother-in-law (*pl* **brothers-in-law**) N cunhado
brotherly ['brʌðəlɪ] ADJ fraternal, fraterno
brought [brɔ:t] PT, PP *of* **bring**
brow [brau] N (*forehead*) fronte *f*, testa; (*rare*: *gen*: *eyebrow*) sobrancelha; (*of hill*) cimo, cume *m*
browbeat ['braubi:t] (*irreg*: *like* **beat**) VT intimidar, amedrontar
brown [braun] ADJ marrom (BR), castanho (PT); (*hair*) castanho; (*tanned*) bronzeado, moreno; (*rice, bread, flour*) integral ■ N (*colour*) cor *f* marrom (BR) *or* castanha (PT) ■ VT tostar; (*tan*) bronzear; (*Culin*) dourar; **to go ~** (*person*) bronzear-se, ficar moreno; (*leaves*) secar; **brown bread** N pão *m* integral
Brownie ['brauni] N (*also*: **Brownie Guide**) fadinha de bandeirante
brownie ['brauni] (*US*) N (*cake*) *docinho de chocolate com amêndoas*
brown paper N papel *m* pardo
brown sugar N açúcar *m* mascavo
browse [brauz] VI (*in shop*) dar uma olhada; (*among books*) folhear livros; (*animal*) pastar; **to ~ through a book** folhear um livro
bruise [bru:z] N hematoma *m*, contusão *f* ■ VT machucar; (*fig*) magoar ■ VI (*fruit*) amassar
Brum [brʌm] (*inf*) N ABBR = **Birmingham**
Brummagem ['brʌmədʒəm] (*inf*) N = **Birmingham**
Brummie ['brʌmɪ] (*inf*) N natural *m/f* de Birmingham
brunch [brʌntʃ] N brunch *m*
brunette [bru:'nɛt] N morena
brunt [brʌnt] N: **the ~ of** (*greater part*) a maior parte de
brush [brʌʃ] N escova; (*for painting, shaving etc*) pincel *m*; (*Bot*) mato rasteiro; (*quarrel*) bate-boca *m* ■ VT (*sweep*) varrer; (*groom*) escovar; (*also*: **brush past; brush against**) tocar ao passar, roçar; **to have a ~ with sb** bater boca com alguém; **to have a ~ with the police** ser indiciado pela polícia
▶ **brush aside** VT afastar, não fazer caso de
▶ **brush up** VT (*knowledge*) retocar, revisar
brushed [brʌʃt] ADJ (*Tech*: *steel, chrome etc*) escovado; (*nylon, denim etc*) felpudo
brush-off (*inf*) N: **to give sb the ~** dar o fora em alguém
brushwood ['brʌʃwud] N (*bushes*) mato; (*sticks*) lenha, gravetos *mpl*
brusque [bru:sk] ADJ ríspido; (*apology*) abrupto
Brussels ['brʌslz] N Bruxelas; **Brussels sprout** N couve-de-bruxelas *f*
brutal ['bru:tl] ADJ brutal
brutality [bru:'tælɪtɪ] N brutalidade *f*
brute [bru:t] N bruto; (*person*) animal *m* ■ ADJ: **by ~ force** por força bruta
brutish ['bru:tɪʃ] ADJ grosseiro, bruto
BS (*US*) N ABBR = **Bachelor of Science**
bs ABBR = **bill of sale**
BSA N ABBR = **Boy Scouts of America**
BSc N ABBR = **Bachelor of Science**
BSI N ABBR (= *British Standards Institution*) *instituto britânico de padrões*
BST ABBR (= *British Summer Time*) hora de verão
Bt. (*Brit*) ABBR = **baronet**
btu N ABBR (= *British thermal unit*) BTU *f* (*1054.2 joules*)
bubble ['bʌbl] N bolha (BR), borbulha (PT) ■ VI borbulhar; **bubble bath** N banho de espuma; **bubble gum** N chiclete *m* (de bola) (BR), pastilha elástica (PT)
Bucharest [bu:kə'rɛst] N Bucareste
buck [bʌk] N (*rabbit*) macho; (*deer*) cervo; (*US*: *inf*) dólar *m* ■ VI corcovear; **to pass the ~** fazer o jogo de empurra
▶ **buck up** VI (*cheer up*) animar-se, cobrar ânimo ■ VT: **to ~ one's ideas up** tomar jeito
bucket ['bʌkɪt] N balde *m* ■ VI (*Brit*: *inf*): **the rain is ~ing down** está chovendo a cântaros
buckle ['bʌkl] N fivela ■ VT afivelar ■ VI torcer-se, cambar-se
▶ **buckle down** VI empenhar-se
Bucks [bʌks] (*Brit*) ABBR = **Buckinghamshire**
bud [bʌd] N broto; (*of flower*) botão *m* ■ VI brotar,

desabrochar; (*fig*) florescer

Budapest [bjuːdəˈpɛst] N Budapeste

Buddha [ˈbudə] N Buda *m*

Buddhism [ˈbudɪzəm] N budismo

Buddhist [ˈbudɪst] ADJ (*person*) budista; (*scripture, thought etc*) budístico ■ N budista *m/f*

budding [ˈbʌdɪŋ] ADJ (*flower*) em botão; (*passion etc*) nascente; (*poet etc*) em ascensão

buddy [ˈbʌdɪ] (*US*) N camarada *m*, companheiro

budge [bʌdʒ] VT mover ■ VI mexer-se

budgerigar [ˈbʌdʒərɪgɑːʳ] N periquito

budget [ˈbʌdʒɪt] N orçamento ■ VI: **to ~ for sth** incluir algo no orçamento; **she works out her ~ every month** ela calcula seu orçamento todos es meses; **I'm on a tight ~** estou com o orçamento apertado

budgie [ˈbʌdʒɪ] N = **budgerigar**

Buenos Aires [ˈbwɛnəˈsaɪrɪz] N Buenos Aires

buff [bʌf] ADJ (*colour*) cor de camurça ■ N (*inf: enthusiast*) aficionado(-a)

buffalo [ˈbʌfələu] (*pl* **buffalo** *or* **buffaloes**) N (*Brit*) búfalo; (*US: bison*) bisão *m*

buffer [ˈbʌfəʳ] N pára-choque *m*; (*Comput*) buffer *m*, memória intermediária

buffering [ˈbʌfərɪŋ] N (*Comput*) buffering *m*, armazenamento intermediário

buffer state N estado-tampão *m*

buffet[1] [ˈbufeɪ] (*Brit*) N (*in station*) bar *m*; (*food*) bufê *m*

buffet[2] [ˈbʌfɪt] VT (*subj: wind etc*) fustigar; **buffet car** (*Brit*) N vagão-restaurante *m*; **buffet lunch** N almoço americano

buffoon [bəˈfuːn] N bufão *m*

bug [bʌg] N (*esp US: insect*) bicho; (*fig: germ*) micróbio; (*spy device*) microfone *m* oculto; (*tap*) escuta clandestina; (*Comput: of program*) erro; (: *of equipment*) defeito ■ VT (*inf: annoy*) apoquentar, incomodar; (*room*) colocar microfones em; (*phone*) grampear; **I've got the travel ~** peguei a mania de viajar

bugbear [ˈbʌgbɛəʳ] N pesadelo, fantasma *m*

bugger [ˈbʌgəʳ] (*inf!*) N filho-da-puta *m* (*!*) ■ VT: **~ (it)!** merda! (*!*); **~ all** (*nothing*) chongas (*!*)
▸ **bugger off** (*inf!*) VI: **~ off!** vai a merda! (*!*)

buggy [ˈbʌgɪ] N (*for baby*) carrinho (desdobrável) de bebê

bugle [ˈbjuːgl] N trompa, corneta

build [bɪld] (*pt, pp* **built**) N (*of person*) talhe *m*, estatura ■ VT construir, edificar
▸ **build on** VT FUS (*fig*) explorar, aproveitar
▸ **build up** VT (*Med*) fortalecer; (*stocks*) acumular; (*business*) desenvolver; (*reputation*) estabelecer

builder [ˈbɪldəʳ] N (*contractor*) construtor(a) *m/f*, empreiteiro(-a); (*worker*) pedreiro

building [ˈbɪldɪŋ] N (*act, industry*) construção *f*; (*residential, offices*) edifício, prédio; **building contractor** N empreiteiro(-a) de obras; (*company*) construtora; **building industry** N construção *f*; **building site** N terreno de construção; **building society** (*Brit*) N sociedade *f* de crédito imobiliário, financiadora; **building trade** N construção *f*

build-up N (*of gas etc*) acumulação *f*; (*publicity*): **to give sb/sth a good ~** fazer muita propaganda de alguém/algo

built [bɪlt] PT, PP *of* **build** ■ ADJ: **~-in** (*cupboard*) embutido; (*device*) incorporado, embutido

built-up area N zona urbanizada

bulb [bʌlb] N (*Bot*) bulbo; (*Elec*) lâmpada

bulbous [ˈbʌlbəs] ADJ bojudo

Bulgaria [bʌlˈgɛərɪə] N Bulgária

Bulgarian [bʌlˈgɛərɪən] ADJ búlgaro ■ N búlgaro(-a); (*Ling*) búlgaro

bulge [bʌldʒ] N bojo, saliência; (*in birth rate, sales*) disparo ■ VI inchar-se; (*pocket etc*) fazer bojo; **to be bulging with** estar abarrotado de

bulk [bʌlk] N (*mass*) massa, volume *m*; **in ~** (*Comm*) a granel; **the ~ of** a maior parte de; **bulk buying** [-ˈbaɪɪŋ] N compra a granel

bulkhead [ˈbʌlkhɛd] N anteparo

bulky [ˈbʌlkɪ] ADJ volumoso; (*person*) corpulento

bull [bul] N touro; (*Stock Exchange*) altista *m/f*; (*Rel*) bula

bulldog [ˈbuldɔg] N buldogue *m*

bulldoze [ˈbuldəuz] VT arrasar (com buldôzer); **I was ~d into doing it** (*fig: inf*) fui forçado *or* obrigado a fazê-lo

bulldozer [ˈbuldəuzəʳ] N buldôzer *m*, escavadora

bullet [ˈbulɪt] N bala

bulletin [ˈbulɪtɪn] N noticiário; (*journal*) boletim *m*; **bulletin board** N (*US*) quadro de anúncios; (*Comput*) informativo

bulletproof [ˈbulɪtpruːf] ADJ à prova de balas; **~ vest** colete *m* à prova de balas

bullet wound N ferida de bala

bullfight [ˈbulfaɪt] N tourada

bullfighter [ˈbulfaɪtəʳ] N toureiro

bullfighting [ˈbulfaɪtɪŋ] N (*art*) tauromaquia

bullion [ˈbuljən] N ouro (*or* prata) em barras

bullock [ˈbulək] N boi *m*, novilho

bullring [ˈbulrɪŋ] N praça de touros

bull's-eye N centro do alvo, mosca (do alvo) (*BR*)

bully [ˈbulɪ] N fanfarrão *m*, valentão *m* ■ VT intimidar, tiranizar

bullying [ˈbulɪɪŋ] N provocação *f*, implicância

bum [bʌm] N (*inf: backside*) bum-bum *m*; (*esp US: tramp*) vagabundo(-a), vadio(-a)
▸ **bum around** (*inf*) VI vadiar

bumblebee [ˈbʌmblbiː] N mamangaba

bumf [bʌmf] (*inf*) N (*forms etc*) papelada

bump [bʌmp] N (*blow*) choque *m*, embate *m*, baque *m*; (*in car: minor accident*) batida; (*jolt*) sacudida; (*on head*) galo; (*on road*) elevação *f*; (*sound*) baque ■ VT (*strike*) bater contra, dar encontrão em ■ VI dar sacudidas
▸ **bump along** VI mover-se aos solavancos
▸ **bump into** VT FUS chocar-se com *or* contra, colidir com; (*inf: person*) dar com, topar com

bumper [ˈbʌmpəʳ] N (*Brit*) pára-choque *m* ■ ADJ: **~ crop/harvest** supersafra; **bumper cars** NPL carros *mpl* de trombada

bumph [bʌmf] N = **bumf**

bumptious [ˈbʌmpʃəs] ADJ presunçoso

bumpy ['bʌmpɪ] ADJ (*road*) acidentado, cheio de altos e baixos; (*journey*) cheio de solavancos; (*flight*) turbulento
bun [bʌn] N pão *m* doce (BR), pãozinho (PT); (*in hair*) coque *m*
bunch [bʌntʃ] N (*of flowers*) ramo; (*of keys*) molho; (*of bananas, grapes*) cacho; (*of people*) grupo; **bunches** NPL (*in hair*) cachos *mpl*
bundle ['bʌndl] N trouxa, embrulho; (*of sticks*) feixe *m*; (*of papers*) maço ■ VT (*also*: **bundle up**) embrulhar, atar; (*put*): **to ~ sth/sb into** meter *or* enfiar algo/alguém correndo em
▸ **bundle off** VT (*person*) despachar sem cerimônia
▸ **bundle out** VT expulsar sem cerimônia
bung [bʌŋ] N tampão *m*, batoque *m* ■ VT (*also*: **bung up**: *pipe, hole*) tapar; (*Brit*: *inf*: *throw*) jogar; **my nose is ~ed up** estou com o nariz entupido
bungalow ['bʌŋgələu] N bangalô *m*, chalé *m*
bungle ['bʌŋgl] VT estropear, estragar
bunion ['bʌnjən] N joanete *m*
bunk [bʌŋk] N beliche *m*; **bunk beds** NPL beliche *m*, cama-beliche *f*
bunker ['bʌŋkəʳ] N (*coal store*) carvoeira; (*Mil*) abrigo, casamata; (*Golf*) bunker *m*
bunny ['bʌnɪ] N (*also*: **bunny rabbit**) coelhinho; **bunny girl** (*Brit*) N coelhinha; **bunny hill** (*US*) N (*Ski*) pista para principiantes
bunting ['bʌntɪŋ] N bandeiras *fpl*
buoy [bɔɪ] N bóia
▸ **buoy up** VT fazer boiar; (*fig*) animar
buoyancy ['bɔɪənsɪ] N flutuabilidade *f*
buoyant ['bɔɪənt] ADJ flutuante; (*person*) alegre; (*Comm*: *market*) animado; (: *currency, prices*) firme
burden ['bə:dn] N (*responsibility*) responsabilidade *f*, fardo; (*load*) carga ■ VT carregar; (*oppress*) sobrecarregar; (*trouble*): **to be a ~ to sb** ser um estorvo para alguém; **to be a ~ to sb** ser um fardo para alguém
bureau [bjuə'rəu] (*pl* **bureaux**) N (*Brit*: *desk*) secretária, escrivaninha; (*US*: *chest of drawers*) cômoda; (*office*) escritório, agência
bureaucracy [bjuə'rɔkrəsɪ] N burocracia
bureaucrat ['bjuərəkræt] N burocrata *m/f*
bureaucratic [bjuərə'krætɪk] ADJ burocrático
bureaux [bjuə'rəuz] NPL *of* **bureau**
burgeon ['bə:dʒən] VI florescer
burglar ['bə:gləʳ] N ladrão/ladrona *m/f*; **burglar alarm** N alarma de roubo
burglarize ['bə:gləraɪz] (*US*) VT assaltar, arrombar
burglary ['bə:glərɪ] N roubo
burgle ['bə:gl] VT assaltar, arrombar
Burgundy ['bə:gəndɪ] N (*wine*) borgonha *m*
burial ['bɛrɪəl] N enterro; **burial ground** N cemitério
burly ['bə:lɪ] ADJ robusto, forte
Burma ['bə:mə] N Birmânia
Burmese [bə:'mi:z] ADJ birmanês(-esa) ■ N INV birmanês(-esa) *m/f*; (*Ling*) birmanês *m*
burn [bə:n] (*pt, pp* **burnt**) VT queimar; (*house*) incendiar ■ VI queimar-se, arder; (*sting*) arder, picar ■ N queimadura; **the cigarette ~t a hole in her dress** o cigarro fez um buraco no vestido dela; **I've ~t myself!** eu me queimei!
▸ **burn down** VT incendiar
▸ **burn out** VT (*subj*: *writer etc*): **to ~ o.s. out** desgastar-se
burner ['bə:nəʳ] N (*on cooker, heater*) bico de gás, fogo
burning ['bə:nɪŋ] ADJ ardente; (*hot*: *sand etc*) abrasador(a); (*ambition*) grande
burnish ['bə:nɪʃ] VT polir, lustrar
burnt [bə:nt] PT, PP *of* **burn**; **burnt sugar** (*Brit*) N caramelo
burp [bə:p] (*inf*) N arroto ■ VI arrotar
burrow ['bʌrəu] N toca, lura ■ VI fazer uma toca, cavar; (*rummage*) esquadrinhar
bursar ['bə:səʳ] N tesoureiro(-a); (*Brit*: *student*) bolsista *m/f* (BR), bolseiro(-a) (PT)
bursary ['bə:sərɪ] (*Brit*) N (*Sch*) bolsa
burst [bə:st] (*pt, pp* **burst**) VT (*balloon, pipe*) arrebentar; (*banks etc*) romper ■ VI estourar; (*tyre*) furar; (*bomb*) estourar, explodir ■ N estouro; (*of shots*) rajada; **to ~ into flames** incendiar-se de repente; **to ~ into tears** desatar a chorar; **to ~ out laughing** cair na gargalhada; **to be ~ing with** (*subj*: *room, container*) estar abarrotado de; (: *emotion*) estar tomado de; **to be ~ing with health/energy** estar esbanjando saúde/energia; **the door ~ open** a porta abriu-se de repente; **a ~ of applause** uma salva de palmas; **a ~ of energy/speed/enthusiasm** uma explosão de energia/velocidade/entusiasmo
▸ **burst into** VT FUS (*room etc*) irromper em
▸ **burst out of** VT FUS sair precipitadamente de
bury ['bɛrɪ] VT enterrar; (*at funeral*) sepultar; **to ~ one's head in one's hands** cobrir o rosto com as mãos; **to ~ one's head in the sand** (*fig*) bancar avestruz; **to ~ the hatchet** (*fig*) fazer as pazes
bus [bʌs] N ônibus *m inv* (BR), autocarro (PT)
bush [buʃ] N arbusto, mata; (*scrubland*) sertão *m*; **to beat about the ~** ser evasivo
bushel ['buʃl] N alqueire *m*
bushy ['buʃɪ] ADJ (*thick*) espesso
busily ['bɪzɪlɪ] ADV atarefadamente
business ['bɪznɪs] N (*matter*) negócio; (*trading*) comércio, negócios *mpl*; (*firm*) empresa; (*occupation*) profissão *f*; (*affair*) assunto; **to be away on ~** estar fora a negócios; **he's in the insurance ~** ele trabalha com seguros; **to do ~ with sb** fazer negócios com alguém; **it's my ~ to ...** encarrego-me de ...; **it's none of my ~** eu não tenho nada com isto; **that's my ~** isso é cá comigo; **he means ~** fala a sério; **business address** N endereço profissional; **business card** N cartão *m* de visita
businesslike ['bɪznɪslaɪk] ADJ eficiente, metódico, sério
businessman ['bɪznɪsmən] (*irreg*) N homem *m* de negócios

business trip N viagem *f* de negócios
businesswoman ['bɪznɪswumən] (*irreg*) N mulher *f* de negócios
busker [bʌskəʳ] (*Brit*) N artista *m/f* de rua
bus lane N pista reservada aos ônibus (BR) *or* autocarros (PT)
bus shelter N abrigo
bus station N rodoviária
bus-stop N ponto de ônibus (BR), paragem *f* de autocarro (PT)
bust [bʌst] N (*Anat*) busto ■ ADJ (*inf*: *broken*) quebrado ■ VT (*inf*: *Police*: *arrest*) prender, grampear; **to go ~** falir
bustle ['bʌsl] N animação *f*, movimento ■ VI apressar-se, andar azafamado
bustling ['bʌslɪŋ] ADJ (*town*) animado, movimentado
bust-up (*Brit*: *inf*) N bate-boca *m*
busy ['bɪzɪ] ADJ (*person*) ocupado, atarefado; (*shop, street*) animado, movimentado; (*US*: *Tel*) ocupado (BR), impedido (PT) ■ VT: **to ~ o.s. with** ocupar-se em *or* de
busybody ['bɪzɪbɔdɪ] N intrometido(-a)
busy signal (*US*) N sinal *m* de ocupado (BR) *or* impedido (PT)

KEYWORD

but [bʌt] CONJ **1** (*yet*) mas, porém; **he's not very bright, but he's hard-working** ele não é muito inteligente mas é trabalhador; **he's tired but Paul isn't** ele está cansado mas Paul não; **the trip was enjoyable but tiring** a viagem foi agradável porém cansativa
2 (*however*) mas; **I'd love to come, but I'm busy** eu adoraria vir, mas estou ocupado
3 (*showing disagreement, surprise etc*) mas; **but that's far too expensive!** mas isso é caro demais!
■ PREP (*apart from, except*) exceto, menos; **he was/we've had nothing but trouble** ele só deu problema/nós só tivemos problema; **no-one but him** só ele, ninguém a não ser ele; **who but a lunatic would do such a thing?** quem, exceto um louco, faria tal coisa?; **but for** sem, se não fosse; **but for you** se não fosse você; **(I'll do) anything but that** (eu faria) qualquer coisa menos isso
■ ADV (*just, only*) apenas; **she's but a child** ela é apenas uma criança; **had I but known** se eu soubesse; **I can but try** a única coisa que eu posso fazer é tentar; **all but finished** quase acabado

butane ['bju:teɪn] N butano
butcher ['butʃəʳ] N açougueiro (BR), homem *m* do talho (PT) ■ VT (*prisoners etc*) chacinar, massacrar; (*cattle etc for meat*) abater e carnear
butcher's (shop) N açougue *m* (BR), talho (PT)
butler ['bʌtləʳ] N mordomo
butt [bʌt] N (*cask*) tonel *m*; (*for rain*) barril *m*; (*thick end*) cabo, extremidade *f*; (*of gun*) coronha; (*of cigarette*) toco (BR), ponta (PT); (*Brit*: *fig*: *target*) alvo ■ VT (*subj*: *goat*) marrar; (: *person*) dar uma cabeçada em
▸ **butt in** VI (*interrupt*) interromper
butter ['bʌtəʳ] N manteiga ■ VT untar com manteiga; **butter bean** N fava
buttercup ['bʌtəkʌp] N botão-de-ouro *m*, ranúnculo
butter dish N manteigueira
butterfingers ['bʌtəfɪŋgəz] (*inf*) N mão-furada *m/f*
butterfly ['bʌtəflaɪ] N borboleta; (*Swimming*: *also*: **butterfly stroke**) nado borboleta
buttocks ['bʌtəks] NPL nádegas *fpl*
button ['bʌtn] N botão *m*; (*US*: *badge*) emblema *m* ■ VT (*also*: **button up**) abotoar ■ VI ter botões
buttonhole ['bʌtnhəul] N casa de botão, botoeira; (*flower*) flor *f* na lapela ■ VT obrigar a ouvir
buttress ['bʌtrɪs] N contraforte *m*
buxom ['bʌksəm] ADJ (*baby*) saudável; (*woman*) rechonchudo
buy [baɪ] (*pt, pp* **bought**) VT comprar ■ N compra; **to ~ sb sth/sth from sb** comprar algo para alguém/algo a alguém; **to ~ sb a drink** pagar um drinque para alguém
▸ **buy back** VT comprar de volta; (*Comm*) recomprar
▸ **buy in** (*Brit*) VT (*goods*) comprar, abastecer-se com
▸ **buy into** (*Brit*) VT FUS (*Comm*) comprar ações de
▸ **buy off** VT (*partner*) comprar a parte de; (*business*) comprar o fundo de comércio de
▸ **buy up** VT comprar em grande quantidade
buyer ['baɪəʳ] N comprador(a) *m/f*; **~'s market** mercado de comprador
buzz [bʌz] N zumbido; (*inf*: *phone call*): **to give sb a ~** dar uma ligada para alguém ■ VI zumbir ■ VT (*call on intercom*) chamar no interfone; (*Aviat*: *plane, building*) voar baixo sobre
▸ **buzz off** (*inf*) VI cair fora
buzzard ['bʌzəd] N abutre *m*, urubu *m*
buzzer ['bʌzəʳ] N cigarra, vibrador *m*; (*doorbell*) campainha
buzz word N modismo

KEYWORD

by [baɪ] PREP **1** (*referring to cause, agent*) por, de; **killed by lightning** morto por um raio; **a painting by Picasso** um quadro de Picasso
2 (*referring to method, manner, means*) de, com; **by bus/car/train** de ônibus/carro/trem; **to pay by cheque** pagar com cheque; **by moonlight/candlelight** sob o luar/à luz de vela; **by saving hard, he ...** economizando muito, ele ...
3 (*via, through*) por, via; **we came by Dover** viemos por *ou* via Dover
4 (*close to*) perto de, ao pé de; **the house by**

the river a casa perto do rio; **a holiday by the sea** férias à beira-mar; **she sat by his bed** ela sentou-se ao lado de seu leito
5 (*past*) por; **she rushed by me** ela passou por mim correndo
6 (*not later than*): **by 4 o'clock** antes das quatro; **by this time tomorrow** esta mesma hora amanhã; **by the time I got here it was too late** quando eu cheguei aqui, já era tarde demais
7 (*during*): **by daylight** durante o dia
8 (*amount*) por; **by the kilometre** por quilômetro; **paid by the hour** pago por hora
9 (*Math, measure*) por; **to divide/multiply by 3** dividir/multiplicar por 3; **it's broader by a metre** tem um metro a mais de largura
10 (*according to*) segundo, de acordo com; **it's all right by me** por mim tudo bem
11: **(all) by oneself** *etc* (completamente) só, sozinho; **he did it (all) by himself** ele fêz tudo sozinho
12: **by the way** a propósito; **this wasn't my idea, by the way** a propósito, essa não era a minha idéia
■ ADV **1** *see* **go; pass** *etc*
2: **by and by** logo, mais tarde; **by and large** (*on the whole*) em geral; **Britain has a poor image abroad, by and large** de uma maneira geral, a Grã-Bretanha tem uma imagem ruim no exterior

bye(-bye) ['baɪ('baɪ)] EXCL até logo (BR), tchau (BR), adeus (PT)
by(e)-law N lei *f* de município
by-election (*Brit*) N eleição *f* parlamentar complementar
bygone ['baɪgɔn] ADJ passado, antigo ■ N: **let ~s be ~s** o que passou passou
bypass ['baɪpɑ:s] N via secundária, desvio; (*Med*) ponte *f* de safena ■ VT evitar
by-product N subproduto, produto derivado; (*of situation*) subproduto
byre ['baɪə^{r}] (*Brit*) N estábulo (de vacas)
bystander ['baɪstændə^{r}] N circunstante *m/f*; (*observer*) espectador(a) *m/f*; **a crowd of ~s** um grupo de curiosos
byte [baɪt] N (*Comput*) byte *m*
byway ['baɪweɪ] N caminho secundário
byword ['baɪwə:d] N: **to be a ~ for** ser sinônimo de
by-your-leave N: **without so much as a ~** sem mais aquela

Cc

C, c [siː] N (*letter*) C, c *m*; (*Sch*: *mark*) ≈ 5, 6; (*Mus*): **C** dó *m*; **C for Charlie** C de Carlos

C. ABBR = **Celsius**; (= *centigrade*) C

c ABBR (= *century*) séc.; (= *circa*) ca.; (*US etc*: = *cent*) cent

CA N ABBR = **Central America**; (*Brit*) = **chartered accountant** ■ ABBR (*US*: *Post*) = **California**

ca. ABBR (= *circa*) ca

c/a ABBR = **capital account**; **credit account**; (= *current account*) c/c

CAA N ABBR (*Brit*) = **Civil Aviation Authority**; (*US*: = *Civil Aeronautics Authority*) ≈ DAC *m*

CAB (*Brit*) N ABBR (= *Citizens' Advice Bureau*) *serviço de informação do consumidor*

cab [kæb] N táxi *m*; (*of truck etc*) boléia; (*of train*) cabina de maquinista; (*horse-drawn*) cabriolé *m*

cabaret ['kæbəreɪ] N cabaré *m*

cabbage ['kæbɪdʒ] N repolho (BR), couve *f* (PT)

cabin ['kæbɪn] N cabana; (*on ship*) camarote *m*; (*on plane*) cabina de passageiros; **cabin cruiser** N lancha a motor com cabine

cabinet ['kæbɪnɪt] N (*Pol*) gabinete *m*; (*furniture*) armário; (*also*: **display cabinet**) armário com vitrina; **~ reshuffle** reforma ministerial

cabinet-maker N marceneiro(-a)

cabinet minister N ministro(-a) (*integrante do gabinete*)

cable ['keɪbl] N cabo; (*telegram*) cabograma *m* ■ VT enviar cabograma para

cable-car N bonde *m* (BR), teleférico (PT)

cablegram ['keɪblgræm] N cabograma *m*

cable railway (*Brit*) N funicular *m*

cable television N televisão *f* a cabo

cache [kæʃ] N esconderijo; **a ~ of arms** *etc* um depósito secreto de armas *etc*

cackle ['kækl] VI gargalhar; (*hen*) cacarejar

cacti ['kæktaɪ] NPL *of* **cactus**

cactus ['kæktəs] (*pl* **cacti**) N cacto

CAD N ABBR (= *computer-aided design*) CAD *m*

caddie ['kædɪ] N corregador *m* de tracos

caddy ['kædɪ] N = **caddie**

cadet [kə'dɛt] N (*Mil*) cadete *m*

cadge [kædʒ] (*inf*) VT: **to ~ (from** *or* **off)** filar (de)

cadre ['kɑːdəʳ] N funcionários *mpl* qualificados

Caesarean [siː'zeərɪən] (*US* **Cesarean**) ADJ, N: **~ (section)** cesariana

CAF (*Brit*) ABBR (= *cost and freight*) custo e frete

café ['kæfeɪ] N café *m*

cafeteria [kæfɪ'tɪərɪə] N lanchonete *f*

caffein(e) ['kæfiːn] N cafeína

cage [keɪdʒ] N (*bird cage*) gaiola; (*for large animals*) jaula; (*of lift*) cabina ■ VT engaiolar; enjaular

cagey ['keɪdʒɪ] (*inf*) ADJ cuidadoso, reservado, desconfiado

cagoule [kə'guːl] N casaco de náilon

CAI N ABBR (= *computer-aided instruction*) CAI *m*

Cairo ['kaɪərəu] N o Cairo

cajole [kə'dʒəul] VT lisonjear

cake [keɪk] N (*large*) bolo; (*small*) doce *m*, bolinho; **it's a piece of ~** (*inf*) é moleza *or* sopa; **he wants to have his ~ and eat it (too)** (*fig*) ele quer chupar cana e assoviar ao mesmo tempo; **cake mix** N massa pronta de bolo; **cake of soap** N sabonete *m*

caked [keɪkt] ADJ: **~ with** encrostado de

cake shop N confeitaria

calamitous [kə'læmɪtəs] ADJ calamitoso

calamity [kə'læmɪtɪ] N calamidade *f*

calcium ['kælsɪəm] N cálcio

calculate ['kælkjuleɪt] VT calcular; (*estimate*: *chances*, *effect*) avaliar

▸ **calculate on** VT FUS: **to ~ on sth/on doing sth** contar com algo/em fazer algo

calculated ['kælkjuleɪtɪd] ADJ (*insult*, *action*) intencional; **a ~ risk** um risco calculado

calculating ['kælkjuleɪtɪŋ] ADJ (*scheming*) maquinador(a), calculista; (*clever*) matreiro

calculation [kælkju'leɪʃən] N cálculo

calculator ['kælkjuleɪtəʳ] N calculador *m*

calculus ['kælkjuləs] N cálculo; **integral/differential ~** cálculo integral/diferencial

calendar ['kæləndəʳ] N calendário; **calendar month** N mês *m* civil; **calendar year** N ano civil

calf [kɑːf] (*pl* **calves**) N (*of cow*) bezerro, vitela; (*of other animals*) cria; (*also*: **calfskin**) pele *f or* couro de bezerro; (*Anat*) barriga-da-perna

caliber ['kælɪbəʳ] (*US*) N = **calibre**

calibrate ['kælɪbreɪt] VT calibrar

calibre ['kælɪbəʳ] (*US* **caliber**) N (*of person*) capacidade *f*, compêtencia, calibre *m*

calico ['kælɪkəu] N (*Brit*) morim *m*; (*US*) chita

California [kælɪ'fɔːnɪə] N Califórnia

calipers ['kælɪpəz] (*US*) NPL = **callipers**

call [kɔ:l] VT chamar; (*label*) qualificar, descrever; (*Tel*) telefonar a, ligar para; (*summon: witness*) citar; (*announce: flight*) anunciar; (*meeting, strike*) convocar ■ VI chamar; (*shout*) gritar; (*Tel*) telefonar; (*visit: also*: **call in; call round**) dar um pulo ■ N (*shout, announcement*) chamada; (*also*: **telephone call**) chamada, telefonema *m*; (*of bird*) canto; (*visit*) visita; (*fig: appeal*) chamamento, apelo; **to be ~ed** chamar-se; **she's ~ed Suzanna** ela se chama Suzanna; **to ~ (for)** passar (para buscar); **who is ~ing?** (*Tel*) quem fala?; **London ~ing** (*Radio*) aqui fala Londres; **on ~** (*nurse, doctor etc*) de plantão; **please give me a ~ at 7** acorde-me às 7.00 por favor; **to make a ~** telefonar; **to pay a ~ on sb** visitar alguém, dar um pulo na casa de alguém; **there's not much ~ for these items** não há muita procura para esses artigos
▸ **call at** VT FUS (*subj: ship*) fazer escala em; (*: train*) parar em
▸ **call back** VI (*return*) voltar, passar de novo; (*Tel*) ligar de volta ■ VT (*Tel*) ligar de volta para
▸ **call for** VT FUS (*demand*) requerer, exigir; (*fetch*) ir buscar
▸ **call in** VT (*doctor, expert, police*) chamar
▸ **call off** VT (*cancel*) cancelar
▸ **call on** VT FUS (*visit*) visitar; (*appeal to*) pedir; (*turn to*) recorrer a; **to ~ on sb to do** pedir para alguém fazer
▸ **call out** VI gritar, bradar ■ VT (*doctor, police, troops*) chamar
▸ **call up** VT (*Mil*) chamar às fileiras; (*Tel*) dar uma ligada

call box (*Brit*) N cabine *f* telefônica
caller ['kɔ:lə^r] N visita *m/f*; (*Tel*) chamador(a) *m/f*
call girl N call girl *f*, prostituta
call-in (*US*) N (*Radio*) *programa com participação dos ouvintes*; (*TV*) *programa com participação dos espectadores*
calling ['kɔ:lɪŋ] N vocação *f*; (*trade*) profissão *f*
calling card (*US*) N cartão *m* de visita
callipers ['kælɪpəz] (*US* **calipers**) NPL (*Math*) compasso de calibre; (*Med*) aparelho ortopédico
callous ['kæləs] ADJ cruel, insensível
callousness ['kæləsnɪs] N crueldade *f*, insensibilidade *f*
callow ['kæləʊ] ADJ inexperiente
calm [kɑ:m] ADJ calmo; (*peaceful*) tranqüilo; (*weather*) estável ■ N calma ■ VT acalmar; (*fears, grief*) abrandar
▸ **calm down** VT acalmar, tranqüilizar ■ VI acalmar-se
calmly ['kɑ:mlɪ] ADV tranqüilamente, com calma
calmness ['kɑ:mnɪs] N tranqüilidade *f*
Calor gas® ['kælə^r-] N butano
calorie ['kælərɪ] N caloria
calve [kɑ:v] VI parir
calves [kɑ:vz] NPL *of* **calf**
CAM N ABBR (= *computer-aided manufacture*) CAM *m*
camber ['kæmbə^r] N (*of road*) abaulamento
Cambodia [kæm'bəudjə] N Camboja
Cambodian [kæm'bəudɪən] ADJ, N cambojano(-a)
Cambs (*Brit*) ABBR = **Cambridgeshire**
came [keɪm] PT *of* **come**
camel ['kæməl] N camelo
cameo ['kæmɪəʊ] N camafeu *m*
camera ['kæmərə] N máquina fotográfica; (*Cinema, TV*) câmera; **in ~** (*Law*) em câmara
cameraman ['kæmərəmən] (*irreg*) N cinegrafista *m*
camera phone N celular *m* com câmera
Cameroon [kæmə'ru:n] N Camarões *m*
Cameroun [kæmə'ru:n] N = **Cameroon**
camouflage ['kæməflɑ:ʒ] N camuflagem *f* ■ VT camuflar
camp [kæmp] N campo, acampamento; (*Mil*) acampamento; (*for prisoners*) campo; (*faction*) facção *f* ■ VI acampar ■ ADJ afeminado; **to go ~ing** fazer camping (BR), fazer campismo (PT)
campaign [kæm'peɪn] N (*Mil, Pol etc*) campanha ■ VI fazer campanha
campaigner [kæm'peɪnə^r] N: **~ for** partidário(-a) de; **~ against** oponente *m/f* de
camp-bed (*Brit*) N cama de campanha
camper ['kæmpə^r] N campista *m/f*; (*vehicle*) reboque *m*
camping ['kæmpɪŋ] N camping *m* (BR), campismo (PT); **to go ~** acampar; **camping site** N camping *m* (BR), parque *m* de campismo (PT)
campsite ['kæmpsaɪt] N camping *m* (BR), parque *m* de campismo (PT)
campus ['kæmpəs] N campus *m*, cidade *f* universitária
camshaft ['kæmʃɑ:ft] N eixo de ressaltos
can[1] [kæn] N (*of oil, food*) lata ■ VT enlatar; (*preserve*) conservar em latas; **to carry the ~** (*Brit: inf*) assumir a responsabilidade

KEYWORD

can[2] [kæn] (*negative* **can't, cannot**, *conditional* **could**) AUX VB **1** (*be able to*) poder; **you can do it if you try** se você tentar, você consegue fazê-lo; **I'll help you all I can** ajudarei você em tudo que eu puder; **she couldn't sleep that night** ela não conseguiu dormir aquela noite; **I can't go on any longer** não posso continuar mais; **can you hear me?** você está me ouvindo?; **I can see you tomorrow, if you're free** posso vê-lo amanhã, se você estiver livre
2 (*know how to*) saber; **I can swim** sei nadar; **can you speak Portuguese?** você fala português?
3 (*may*): **can I use your phone?** posso usar o telefone?; **could I have a word with you?** será que eu podia falar com você?; **you can smoke if you like** você pode fumar se quiser; **can I help you with that?** posso ajudá-lo?
4 (*expressing disbelief, puzzlement*): **it CAN'T be true!** não pode ser verdade!; **what CAN he want?** o que é que ele quer?

5 (*expressing possibility, suggestion etc*): **he could be in the library** ele talvez esteja na biblioteca; **they could have forgotten** eles podiam ter esquecido

Canada ['kænədə] N Canadá *m*
Canadian [kə'neɪdɪən] ADJ, N canadense *m/f*
canal [kə'næl] N canal *m*
Canaries [kə'nɛərɪz] NPL = **Canary Islands**
canary [kə'nɛərɪ] N canário
Canary Islands NPL: **the ~** as (ilhas) Canárias
Canberra ['kænbərə] N Canberra
cancel ['kænsəl] VT cancelar; (*contract*) anular; (*cross out*) riscar, invalidar; (*stamp*) contra-selar ▸ **cancel out** VT anular; **they ~ each other out** eles se anulam
cancellation [kænsə'leɪʃən] N cancelamento; (*of contract*) anulação *f*
cancer ['kænsəʳ] N câncer *m* (BR), cancro (PT); **C~** (*Astrology*) Câncer
cancerous ['kænsrəs] ADJ canceroso
cancer patient N canceroso(-a)
cancer research N pesquisa sobre o câncer (BR) *or* cancro (PT)
candid ['kændɪd] ADJ franco, sincero
candidacy ['kændɪdəsɪ] N candidatura
candidate ['kændɪdeɪt] N candidato(-a)
candidature ['kændɪdətʃəʳ] (*Brit*) N = **candidacy**
candied ['kændɪd] ADJ cristalizado; **~ apple** (*US*) maçã *f* do amor
candle ['kændl] N vela; (*in church*) círio; **candle holder** N (*single*) castiçal *m*; (*bigger, more ornate*) candelabro, lustre *m*
candlelight ['kændllaɪt] N: **by ~** à luz de vela; (*dinner*) à luz de velas
candlestick ['kændlstɪk] N (*plain*) castiçal *m*; (*bigger, ornate*) candelabro, lustre *m*
candour ['kændəʳ] (*US* **candor**) N franqueza
candy ['kændɪ] N (*also*: **sugar candy**) açúcar *m* cristalizado; (*US*) bala (BR), rebuçado (PT)
candy-floss [-flɔs] (*Brit*) N algodão-doce *m*
candy store (*US*) N confeitaria
cane [keɪn] N (*Bot*) cana; (*stick*) bengala; (*for chairs etc*) palhinha ■ VT (*Brit*: *Sch*) castigar (com bengala)
canine ['kænaɪn] ADJ canino
canister ['kænɪstəʳ] N lata
cannabis ['kænəbɪs] N (*also*: **cannabis plant**) cânhamo; (*drug*) maconha
canned [kænd] ADJ (*food*) em lata, enlatado; (*inf*: *music*) gravado; (*Brit*: *inf*: *drunk*) bêbado; (*US*: *inf*: *worker*) despedido
cannibal ['kænɪbəl] N canibal *m/f*
cannibalism ['kænɪbəlɪzəm] N canibalismo
cannon ['kænən] (*pl inv or* **cannons**) N canhão *m*
cannonball ['kænənbɔ:l] N bala (de canhão)
cannon fodder N bucha para canhão
cannot ['kænɔt] = **can not**
canny ['kænɪ] ADJ astuto
canoe [kə'nu:] N canoa
canoeing [kə'nu:ɪŋ] N (*Sport*) canoagem *f*
canoeist [kə'nu:ɪst] N canoísta *m/f*
canon ['kænən] N (*clergyman*) cônego; (*standard*) cânone *m*
canonize ['kænənaɪz] VT canonizar
can opener N abridor *m* de latas (BR), abre-latas *m inv* (PT)
canopy ['kænəpɪ] N dossel *m*; (*Arch*) baldaquino
cant [kænt] N jargão *m*
can't [ka:nt] = **can not**
Cantab. (*Brit*) ABBR = **cantabrigiensis; of Cambridge**
cantankerous [kæn'tæŋkərəs] ADJ rabugento, irritável
canteen [kæn'ti:n] N cantina; (*bottle*) cantil *m*; (*Brit*: *of cutlery*) jogo (de talheres)
canter ['kæntəʳ] N meio galope ■ VI ir a meio galope
cantilever ['kæntɪli:vəʳ] N cantiléver *m*
canvas ['kænvəs] N (*material*) lona; (*for painting*) tela; (*Naut*) velas *fpl*; **under ~** (*camping*) em barracas
canvass ['kænvəs] VI (*Pol*): **to ~ for** fazer campanha por ■ VT (*Pol*: *district*) fazer campanha em; (: *person*) angariar; (*investigate*: *opinions*) sondar
canvasser ['kænvəsəʳ] N cabo eleitoral
canvassing ['kænvəsɪŋ] N (*Pol*) angariação *f* de votos; (*Comm*) pesquisa de mercado
canyon ['kænjən] N canhão *m*, garganta, desfiladeiro
CAP N ABBR (= *Common Agricultural Policy*) PAC *f*
cap [kæp] N gorro; (*peaked*) boné *m*; (*of pen, bottle*) tampa; (*contraceptive*: *also*: **Dutch cap**) diafragma *m*; (*for toy gun*) cartucho; (*Brit*: *Football*): **he won his England ~** ele foi escalado para jogar na seleção inglesa ■ VT (*outdo*) superar; **and to ~ it all, he ...** (*Brit*) e para completar *or* culminar, ele ...
capability [keɪpə'bɪlɪtɪ] N capacidade *f*
capable ['keɪpəbl] ADJ (*of sth*) capaz; (*competent*) competente, hábil; **~ of** (*interpretation etc*) susceptível de, passível de
capacious [kə'peɪʃəs] ADJ vasto
capacity [kə'pæsɪtɪ] N capacidade *f*; (*of stadium etc*) lotação *f*; (*role*) condição *f*, posição *f*; **filled to ~** lotado; **in his ~ as** em sua condição de; **this work is beyond my ~** este trabalho está além das minhas limitações; **in an advisory ~** na condição de consultor; **to work at full ~** trabalhar com máximo rendimento
cape [keɪp] N capa; (*Geo*) cabo
Cape of Good Hope N Cabo da Boa Esperança
caper ['keɪpəʳ] N (*Culin*: *gen*: *capers*) alcaparra; (*prank*) travessura
Cape Town N Cidade *f* do Cabo
capita ['kæpɪtə] *see* **per capita**
capital ['kæpɪtl] N (*also*: **capital city**) capital *f*; (*money*) capital *m*; (*also*: **capital letter**) maiúscula; **capital account** N conta de capital; **capital allowance** N desconto para depreciação; **capital assets** NPL bens *mpl* imobilizados, ativo fixo; **capital expenditure** N despesas *fpl or* dispêndio de capital; **capital**

gains tax N imposto sobre ganhos de capital; **capital goods** NPL bens *mpl* de capital
capital-intensive ADJ intensivo de capital
capitalism ['kæpɪtəlɪzəm] N capitalismo
capitalist ['kæpɪtəlɪst] ADJ, N capitalista *m/f*
capitalize ['kæpɪtəlaɪz] VT capitalizar ■ VI: **to ~ on** (*fig*) aproveitar, explorar
capital punishment N pena de morte
capital transfer tax (*Brit*) N imposto sobre transferências de capital
Capitol ['kæpɪtl] N *ver abaixo*

CAPITOL

O Capitólio (*Capitol*) é a sede do Congresso dos Estados Unidos, localizado no monte Capitólio (*Capitol Hill*), em Washington.

capitulate [kə'pɪtjuleɪt] VI capitular
capitulation [kəpɪtju'leɪʃən] N capitulação *f*
capricious [kə'prɪʃəs] ADJ caprichoso
Capricorn ['kæprɪkɔ:n] N Capricórnio
caps [kæps] ABBR = **capital letters**
capsize [kæp'saɪz] VT, VI emborcar, virar
capstan ['kæpstən] N cabrestante *m*
capsule ['kæpsju:l] N cápsula
Capt. ABBR (= *captain*) Cap
captain ['kæptɪn] N capitão *m* ■ VT capitanear, ser o capitão de
caption ['kæpʃən] N (*heading*) título; (*to picture*) legenda
captivate ['kæptɪveɪt] VT cativar
captive ['kæptɪv] ADJ, N cativo(-a)
captivity [kæp'tɪvɪtɪ] N cativeiro
captor ['kæptə^r] N capturador(a) *m/f*
capture ['kæptʃə^r] VT prender, aprisionar; (*person*) capturar; (*place*) tomar; (*attention*) atrair, chamar ■ N captura; (*of place*) tomada; (*thing taken*) presa
car [kɑ:^{r}] N carro, automóvel *m*; (*Rail*) vagão *m*; **by ~** de carro
Caracas [kə'rækəs] N Caracas
carafe [kə'ræf] N garrafa de mesa
caramel ['kærəməl] N (*sweet*) caramelo; (*burnt sugar*) caramelado
carat ['kærət] N quilate *m*; **18 ~ gold** ouro de 18 quilates
caravan ['kærəvæn] N reboque *m* (BR), trailer *m* (BR), rulote *f* (PT); (*in desert*) caravana; **caravan site** (*Brit*) N parque *m* de campismo
caraway ['kærəweɪ] N: **~ seed** sementes *fpl* de alcaravia
carbohydrate [kɑ:bəu'haɪdreɪt] N hidrato de carbono; (*food*) carboidrato
carbolic acid [kɑ:'bɔlɪk-] N ácido carbólico, fenol *m*
carbon ['kɑ:bən] N carbono
carbonated ['kɑ:beneɪtɪd] ADJ (*drink*) gasoso
carbon copy N cópia de papel carbono
carbon dioxide N dióxido de carbono
carbon monoxide N monóxido de carbono
carbon paper N papel *m* carbono
carbon ribbon N fita carbono
carburettor [kɑ:bju'retə^r] (*US* **carburetor**) N carburador *m*
carcass ['kɑ:kəs] N carcaça
carcinogenic [kɑ:sɪnə'dʒenɪk] ADJ carcinogênico
card [kɑ:d] N (*also*: **playing card**) carta; (*visiting card, postcard etc*) cartão *m*; (*membership card etc*) carteira; (*thin cardboard*) cartolina; **to play ~s** jogar cartas
cardamom ['kɑ:dəməm] N cardamomo
cardboard ['kɑ:dbɔ:d] N cartão *m*, papelão *m*; **cardboard box** N caixa de papelão
card-carrying member [-'kærɪɪŋ-] N membro ativo
card game N jogo de cartas
cardiac ['kɑ:dɪæk] ADJ cardíaco
cardigan ['kɑ:dɪgən] N casaco de lã, cardigã *m*
cardinal ['kɑ:dɪnl] ADJ cardeal; (*Math*) cardinal ■ N (*Rel*) cardeal *m*; (*Math*) número cardinal
card index N index *m* fichário
Cards (*Brit*) ABBR = **Cardiganshire**
cardsharp ['kɑ:dʃɑ:p] N batoteiro(-a), trapaceiro(-a)
card vote (*Brit*) N votação *f* de delegados
CARE [keə^r] N ABBR (= *Cooperative for American Relief Everywhere*) *associação beneficente*
care [keə^r] N cuidado; (*worry*) preocupação *f*; (*charge*) encargo, custódia ■ VI: **to ~ about** (*person, animal*) preocupar-se com; (*thing, idea*) ter interesse em; **would you ~ to/for ...?** você quer ...?; **I wouldn't ~ to do it** eu não gostaria de fazê-lo; **~ of** (*on letter*) aos cuidados de; **in sb's ~** a cargo de alguém; **"with ~"** "frágil"; **to take ~ (to do)** cuidar-se *or* ter o cuidado (de fazer); **to take ~ of** (*person*) cuidar de; (*situation*) encarregar-se de; **the child has been taken into ~** a criança foi entregue aos cuidados da Assistência Social; **I don't ~** não me importa; **I couldn't ~ less** não dou a mínima
▶ **care for** VT FUS cuidar de; (*like*) gostar de
careen [kə'ri:n] VI (*ship*) dar de quilha, querenar ■ VT querenar
career [kə'rɪə^r] N carreira ■ VI (*also*: **career along**) correr a toda velocidade; **career girl** N moça disposta a fazer carreira; **careers officer** N orientador(a) *m/f* vocacional; **career woman** (*irreg*) N mulher *f* com profissão liberal
carefree ['keəfri:] ADJ despreocupado
careful ['keəful] ADJ (*thorough*) cuidadoso; (*cautious*) cauteloso; **(be) ~!** tenha cuidado!
carefully ['keəfulɪ] ADV cuidadosamente; cautelosamente
careless ['keəlɪs] ADJ descuidado; (*heedless*) desatento
carelessly ['keəlɪslɪ] ADV sem cuidado; (*without worry*) sem preocupação
carelessness ['keəlɪsnɪs] N descuido, falta de atenção
caress [kə'res] N carícia ■ VT acariciar
caretaker ['keəteɪkə^r] N zelador(a) *m/f*; **caretaker government** (*Brit*) N governo

interino

car-ferry N barca para carros (BR), barco de passagem (PT)

cargo ['kɑ:gəu] (*pl* **cargoes**) N carga; (*freight*) frete *m*; **cargo boat** N cargueiro; **cargo plane** N avião *m* de carga

car hire (*Brit*) N aluguel *m* (BR) *or* aluguer *m* (PT) de carros

Caribbean [kærɪ'bi:ən] ADJ caraíba; **the ~ (Sea)** o Caribe

caricature ['kærɪkətjuəʳ] N caricatura

caring ['kɛərɪŋ] ADJ (*person*) bondoso; (*society*) humanitário

carnage ['kɑ:nɪdʒ] N carnificina, matança

carnal ['kɑ:nl] ADJ carnal

carnation [kɑ:'neɪʃən] N cravo

carnival ['kɑ:nɪvəl] N carnaval *m*; (*US: funfair*) parque *m* de diversões

carnivorous [kɑ:'nɪvərəs] ADJ carnívoro

carol ['kærəl] N: **(Christmas) ~** cântico de Natal

carouse [kə'rauz] VI farrear

carousel [kærə'sɛl] (*US*) N carrossel *m*

carp [kɑ:p] N INV (*fish*) carpa
▸ **carp at** VT FUS criticar

car park (*Brit*) N estacionamento

carpenter ['kɑ:pɪntəʳ] N carpinteiro

carpentry ['kɑ:pɪntrɪ] N carpintaria

carpet ['kɑ:pɪt] N tapete *m* ■ VT atapetar; (*with fitted carpet*) acarpetar; **fitted ~** (*Brit*) carpete *m*; **carpet slippers** NPL chinelos *mpl*; **carpet sweeper** [-'swi:pəʳ] N limpador *m* de tapetes

car rental (*US*) N aluguel *m* (BR) *or* aluguer *m* (PT) de carros

carriage ['kærɪdʒ] N carruagem *f*; (*Brit: Rail*) vagão *m*; (*of goods*) transporte *m*; (: *cost*) porte *m*; (*of typewriter*) carro; (*bearing*) porte *m*; **~ forward** frete a pagar; **~ free** franco de porte; **~ paid** frete *or* porte pago; **carriage return** N retorno do carro

carriageway ['kærɪdʒweɪ] (*Brit*) N (*part of road*) pista

carrier ['kærɪəʳ] N transportador(a) *m/f*; (*company*) empresa de transportes, transportadora; (*Med*) portador(a) *m/f*; (*Naut*) porta-aviões *m inv*; **carrier bag** (*Brit*) N saco, sacola; **carrier pigeon** N pombo-correio

carrion ['kærɪən] N carniça

carrot ['kærət] N cenoura

carry ['kærɪ] VT carregar; (*take*) levar; (*transport*) transportar; (*a motion, bill*) aprovar; (*involve: responsibilities etc*) implicar; (*Math: figure*) levar; (*Comm: interest*) render ■ VI (*sound*) projetar-se; **to get carried away** (*fig*) exagerar
▸ **carry forward** VT transportar
▸ **carry on** VI (*continue*) seguir, continuar; (*inf: complain*) queixar-se, criar caso ■ VT prosseguir, continuar
▸ **carry out** VT (*orders*) cumprir; (*investigation*) levar a cabo, realizar; (*idea, threat*) executar

carrycot ['kærɪkɔt] (*Brit*) N moisés *m inv*

carry-on (*inf*) N alvoroço, rebuliço

cart [kɑ:t] N carroça, carreta; (*US: for luggage*) carrinho ■ VT transportar (em carroça)

carte blanche ['kɑ:t'blɔnʃ] N: **to give sb ~** dar carta branca a alguém

cartel [kɑ:'tɛl] N (*Comm*) cartel *m*

cartilage ['kɑ:tɪlɪdʒ] N cartilagem *f*

cartographer [kɑ:'tɔgrəfəʳ] N cartógrafo(-a)

cartography [kɑ:'tɔgrəfɪ] N cartografia

carton ['kɑ:tən] N (*box*) caixa (de papelão); (*of yogurt*) pote *m*; (*of milk*) caixa; (*packet*) pacote *m*

cartoon [kɑ:'tu:n] N (*drawing*) desenho; (*Press*) charge *f*; (*satirical*) caricatura; (*Brit: comic strip*) história em quadrinhos (BR), banda desenhada (PT); (*film*) desenho animado

cartoonist [kɑ:'tu:nɪst] N caricaturista *m/f*, cartunista *m/f*; (*Press*) chargista *m/f*

cartridge ['kɑ:trɪdʒ] N cartucho; (*of record player*) cápsula

cartwheel ['kɑ:twi:l] N pirueta, cabriola; **to turn a ~** fazer uma pirueta

carve [kɑ:v] VT (*meat*) trinchar; (*wood, stone*) cinzelar, esculpir; (*initials, design*) gravar
▸ **carve up** dividir, repartir

carving ['kɑ:vɪŋ] N (*object*) escultura; (*design*) talha, entalhe *m*

carving knife (*irreg*) N trinchante *m*, faca de trinchar

car wash N lavagem *f* de carros

cascade [kæs'keɪd] N cascata ■ VI cascatear, cair em cascata

case [keɪs] N (*instance, investigation, Med*) caso; (*for spectacles etc*) estojo; (*Law*) causa; (*Brit: also: suitcase*) mala; (*of wine etc*) caixa; (*Typ*): **lower/upper ~** caixa baixa/alta; **to have a good ~** ter bons argumentos; **there's a strong ~ for ...** há bons argumentos para ...; **in ~ (of)** em caso (de); **in any ~** em todo o caso; **just in ~** CONJ se por acaso ■ ADV por via das dúvidas

case history N (*Med*) anamnese *f*

case study N (*Med*) caso clínico; (*Sociology*) estudo sociológico

cash [kæʃ] N dinheiro (em espécie) ■ VT descontar; **to pay (in) ~** pagar em dinheiro; **~ on delivery** pagamento contra entrega; **to be short of ~** estar sem dinheiro
▸ **cash in** VT (*insurance policy etc*) resgatar
▸ **cash in on** VT FUS lucrar com, explorar

cash account N conta de caixa

cash-book N livro-caixa *m*

cash box N cofre *m*

cash card (*Brit*) N cartão *m* de saque

cash desk (*Brit*) N caixa

cash discount N desconto por pagamento à vista

cash dispenser N caixa automática *or* eletrônica

cashew [kæ'ʃu:] N (*also*: **cashew nut**) castanha de caju

cash flow N fluxo de caixa

cashier [kæ'ʃɪəʳ] N caixa *m/f* ■ VT (*Mil*) exonerar

cashmere ['kæʃmɪəʳ] N caxemira, cachemira

cash payment N (*in money*) pagamento em dinheiro; (*in one go*) pagamento à vista

cash price N preço à vista
cash register N caixa registradora
cash sale N venda à vista
casing ['keɪsɪŋ] N invólucro; (*of boiler etc*) revestimento
casino [kə'si:nəu] N casino
cask [kɑ:sk] N barril *m*
casket ['kɑ:skɪt] N cofre *m*, porta-jóias *m inv*; (*US: coffin*) caixão *m*
Caspian Sea ['kæspɪən-] N: **the ~** o mar Cáspio
casserole ['kæsərəul] N panela de ir ao forno; (*food*) ensopado (BR) no forno, guisado (PT) no forno
cassette [kæ'sɛt] N fita-cassete *f*; **cassette deck** N toca-fitas *m inv*; **cassette player** N toca-fitas *m inv*; **cassette recorder** N gravador *m*
cassock ['kæsək] N sotaina, batina
cast [kɑ:st] (*pt, pp* **cast**) VT (*throw*) lançar, atirar; (*skin*) mudar, perder; (*metal*) fundir; (*Theatre*): **to ~ sb as Hamlet** dar a alguém o papel de Hamlet ■ VI (*Fishing*) lançar ■ N (*Theatre*) elenco; (*mould*) forma, molde *m*; (*also*: **plaster cast**) gesso; **to ~ loose** soltar; **to ~ one's vote** votar
▸ **cast aside** VT rejeitar
▸ **cast away** VT desperdiçar
▸ **cast down** VT abater, desalentar
▸ **cast off** VI (*Naut*) soltar o cabo; (*Knitting*) rematar os pontos ■ VT (*Knitting*) rematar
▸ **cast on** VT (*Knitting*) montar ■ VI montar os pontos
castanets [kæstə'nɛts] NPL castanholas *fpl*
castaway ['kɑ:stəwəɪ] N náufrago(-a)
caste [kɑ:st] N casta
caster sugar ['kɑ:stəʳ-] (*Brit*) N acuçar *m* branco refinado
casting vote ['kɑ:stɪŋ-] (*Brit*) N voto decisivo, voto de minerva
cast iron N ferro fundido ■ ADJ: **cast-iron** (*fig: will*) de ferro; (*: *alibi*) forte
castle ['kɑ:sl] N castelo; (*Chess*) torre *f*
castor ['kɑ:stəʳ] N (*wheel*) rodízio; **castor oil** N óleo de rícino; **castor sugar** (*Brit*) N = **caster sugar**
castrate [kæs'treɪt] VT castrar
casual ['kæʒjul] ADJ (*by chance*) fortuito; (*irregular: work etc*) eventual; (*unconcerned*) despreocupado; (*informal: clothes etc*) descontraído, informal; **~ wear** roupas *fpl* esportivas; **casual labour** N mão-de-obra *f* ocasional
casually ['kæʒjulɪ] ADV (*in a relaxed way*) casualmente; (*dress*) informalmente
casualty ['kæʒjultɪ] N (*wounded*) ferido(-a); (*dead*) morto(-a); (*of situation: victim*) vítima; (*Med: department*) pronto-socorro; (*Mil*) baixa; **casualties** NPL perdas *fpl*; **casualty ward** (*Brit*) N setor *m* de emergência, pronto-socorro
cat [kæt] N gato
catacombs ['kætəku:mz] NPL catacumbas *fpl*
Catalan ['kætəlæn] ADJ catalão(-lã) ■ N catalão(-lã) *m/f*; (*Ling*) catalão *m*
catalogue ['kætəlɔg] (*US* **catalog**) N catálogo ■ VT catalogar
Catalonia [kætə'ləunɪə] N Catalunha
catalyst ['kætəlɪst] N catalisador *m*
catapult ['kætəpʌlt] (*Brit*) N catapulta; (*sling*) atiradeira
cataract ['kætərækt] N (*also: Med*) catarata
catarrh [kə'tɑ:ʳ] N catarro
catastrophe [kə'tæstrəfɪ] N catástrofe *f*
catastrophic [kætə'strɔfɪk] ADJ catastrófico
catcall ['kætkɔ:l] N assobio
catch [kætʃ] (*pt, pp* **caught**) VT (*ball, train, illness*) pegar (BR), apanhar (PT); (*fish*) pescar; (*arrest*) prender, deter; (*person: by surprise*) flagrar, surpreender; (*attention*) atrair; (*hear*) ouvir; (*understand*) compreender; (*get entangled*) prender; (*also*: **catch up**) alcançar ■ VI (*fire*) pegar; (*in branches etc*) ficar preso, prender-se ■ N (*fish etc*) pesca; (*act of catching*) captura; (*game*) manha, armadilha; (*of lock*) trinco, lingüeta; **to ~ sb's attention** *or* **eye** chamar a atenção de alguém; **to ~ fire** pegar fogo; (*building*) incendiar-se; **to ~ sight of** avistar
▸ **catch on** VI (*understand*) entender (BR), perceber (PT); (*grow popular*) pegar
▸ **catch out** (*Brit*) VT (*with trick question*) apanhar em erro
▸ **catch up** VI equiparar-se; (*make up for lost time*) recuperar o tempo perdido ■ VT (*also*: **catch up with**) alcançar
catching ['kætʃɪŋ] ADJ (*Med*) contagioso
catchment area ['kætʃmənt-] N (*Brit*) *área atendida por um hospital, uma escola etc*
catch phrase N clichê *m*, slogan *m*
catch-22 [-twentɪ'tu:] N: **it's a ~ situation** é uma situação do tipo se correr, o bicho pega, se ficar, o bicho come
catchy ['kætʃɪ] ADJ (*tune*) que pega fácil, que gruda no ouvido
catechism ['kætɪkɪzəm] N (*Rel*) catecismo
categoric(al) [kætɪ'gɔrɪk(əl)] ADJ categórico, terminante
categorize ['kætɪgəraɪz] VT classificar
category ['kætɪgərɪ] N categoria
cater ['keɪtəʳ] VI preparar comida
▸ **cater for** VT FUS (*needs*) atender a; (*consumers*) satisfazer
caterer ['keɪtərəʳ] N (*service*) serviço de bufê
catering ['keɪtərɪŋ] N serviço de bufê; (*trade*) abastecimento
caterpillar ['kætəpɪləʳ] N lagarta ■ CPD (*vehicle*) de lagartas; **caterpillar track** N lagarta
cathedral [kə'θi:drəl] N catedral *f*
cathode ['kæθəud] N cátodo; **cathode ray tube** N tubo de raios catódicos
catholic ['kæθəlɪk] ADJ eclético
Catholic ['kæθəlɪk] ADJ, N (*Rel*) católico(-a)
cat's-eye (*Brit*) N (*Aut*) catadióptrico
catsup ['kætsəp] (*US*) N ketchup *m*
cattle ['kætl] NPL gado
catty ['kætɪ] ADJ malicioso
Caucasian [kɔ:'keɪʒn] ADJ, N caucasóide *m/f*
Caucasus ['kɔ:kəsəs] N Cáucaso
caucus ['kɔ:kəs] N (*Pol: group*) panelinha (de

políticos); (: *US*) comitê *m* eleitoral (para indicar candidatos)

caught [kɔ:t] PT, PP *of* **catch**

cauliflower ['kɔlɪflauəʳ] N couve-flor *f*

cause [kɔ:z] N causa; (*reason*) motivo, razão *f* ■ VT causar, provocar; **there is no ~ for concern** não há motivo de preocupação; **to ~ sth to be done** fazer com que algo seja feito; **to ~ sb to do sth** fazer com que alguém faça algo

causeway ['kɔ:zweɪ] N (*road*) calçada; (*embankment*) banqueta

caustic ['kɔ:stɪk] ADJ cáustico; (*fig*) mordaz

caution ['kɔ:ʃən] N cautela, prudência; (*warning*) aviso ■ VT acautelar, avisar

cautious ['kɔ:ʃəs] ADJ cauteloso, prudente, precavido

cautiously ['kɔ:ʃəslɪ] ADV com cautela

cautiousness ['kɔ:ʃəsnɪs] N cautela, prudência

cavalier [kævə'lɪəʳ] ADJ arrogante ■ N (*knight*) cavaleiro

cavalry ['kævəlrɪ] N cavalaria

cave [keɪv] N caverna, gruta

▸ **cave in** VI dar de si; (*roof etc*) ceder

caveman ['keɪvmæn] (*irreg*) N troglodita *m*, homem *m* das cavernas

cavern ['kævən] N caverna

caviar(e) ['kævɪɑ:ʳ] N caviar *m*

cavity ['kævɪtɪ] N cavidade *f*; (*in tooth*) cárie *f*

cavort [kə'vɔ:t] VI cabriolar

cayenne [keɪ'ɛn] N (*also*: **cayenne pepper**) pimenta-de-caiena

CB N ABBR = **Citizens' Band (Radio)**; (*Brit*: = *Companion of (the Order of the Bath)*) *título honorífico*

CBC N ABBR = **Canadian Broadcasting Corporation**

CBE N ABBR (= *Companion of (the Order of) the British Empire*) *título honorífico*

CBI N ABBR (= *Confederation of British Industry*) *federação de indústria*

CBS (*US*) N ABBR (= *Columbia Broadcasting System*) *emissora de televisão*

CC (*Brit*) = **County Council**

cc ABBR (= *cubic centimetre*) cc; (*on letter etc*) = **carbon copy**

CCA (*US*) N ABBR (= *Circuit Court of Appeals*) *tribunal de recursos itinerante*

CCU (*US*) N ABBR (= *coronary care unit*) *unidade de cardiologia*

CD N ABBR (= *compact disc*) disco laser; (*Mil*: *Brit*) = **Civil Defence (Corps)**; (*US*) = **Civil Defense** ■ ABBR (*Brit*: = *Corps Diplomatique*) CD

CD burner, CD writer N gravador *m inv* de CD

CDC (*US*) N ABBR = **center for disease control**

CD player N toca-discos *m inv* laser

Cdr. ABBR (= *commander*) Com

CDT (*US*) N ABBR (= *Central Daylight Time*) *hora de verão do centro*

cease [si:s] VT, VI cessar

ceasefire [si:s'faɪəʳ] N cessar-fogo *m*

ceaseless ['si:slɪs] ADJ contínuo, incessante

ceaselessly ['si:slɪslɪ] ADV sem parar, sem cessar

CED (*US*) N ABBR = **Committee for Economic Development**

cedar ['si:dəʳ] N cedro

cede [si:d] VT ceder

cedilla [sɪ'dɪlə] N cedilha

CEEB (*US*) N ABBR (= *College Entry Examination Board*) *comissão de admissão ao ensino superior*

ceiling ['si:lɪŋ] N (*also fig*) teto

celebrate ['sɛlɪbreɪt] VT celebrar ■ VI celebrar; (*birthday, anniversary etc*) festejar; (*Rel*: *mass*) rezar

celebrated ['sɛlɪbreɪtɪd] ADJ célebre

celebration [sɛlɪ'breɪʃən] N (*act*) celebração *f*; (*party*) festa

celebrity [sɪ'lɛbrɪtɪ] N celebridade *f*

celeriac [sə'lɛrɪæk] N aipo-rábano

celery ['sɛlərɪ] N aipo

celestial [sɪ'lɛstɪəl] ADJ (*of sky*) celeste; (*divine*) celestial

celibacy ['sɛlɪbəsɪ] N celibato

cell [sɛl] N cela; (*Bio*) célula; (*Elec*) pilha, elemento

cellar ['sɛləʳ] N porão *m*; (*for wine*) adega

'cellist ['tʃɛlɪst] N violoncelista *m/f*

'cello ['tʃɛləu] N violoncelo

cellophane® ['sɛləfeɪn] N celofane *m*

cellular ['sɛljuləʳ] ADJ celular

cellulose ['sɛljuləus] N celulose *f*

Celsius ['sɛlsɪəs] ADJ Célsius *inv*

Celt [kɛlt] ADJ, N celta *m/f*

Celtic ['kɛltɪk] ADJ celta ■ N (*Ling*) celta *m*

cement [sə'mɛnt] N cimento ■ VT cimentar; (*fig*) cimentar, fortalecer; **cement mixer** N betoneira

cemetery ['sɛmɪtrɪ] N cemitério

cenotaph ['sɛnəta:f] N cenotáfio

censor ['sɛnsəʳ] N (*person*) censor(a) *m/f*; (*concept*): **the ~** a censura ■ VT censurar

censorship ['sɛnsəʃɪp] N censura

censure ['sɛnʃəʳ] VT criticar

census ['sɛnsəs] N censo

cent [sɛnt] N (*US etc*: *coin*) cêntimo; *see also* **per**

centenary [sɛn'ti:nərɪ] N centenário

centennial [sɛn'tɛnɪəl] N centenário

center *etc* ['sɛntəʳ] (*US*) = **centre etc**

centigrade ['sɛntɪgreɪd] ADJ centígrado

centilitre ['sɛntɪli:təʳ] (*US* **centiliter**) N centilitro

centimetre ['sɛntɪmi:təʳ] (*US* **centimeter**) N centímetro

centipede ['sɛntɪpi:d] N centopéia

central ['sɛntrəl] ADJ central

Central African Republic N República Centro-Africana

Central America N América Central

Central American ADJ centro-americano

central heating N aquecimento central

centralize ['sɛntrəlaɪz] VT centralizar

central processing unit N (*Comput*) unidade *f* central de processamento

central reservation (*Brit*) N (*Aut*) canteiro divisor

centre ['sɛntəʳ] (*US* **center**) N centro; (*of room, circle etc*) meio ■ VT centrar ■ VI (*concentrate*): **to**

~ **(on)** concentrar (em)
centrefold ['sɛntəfəuld] (*US* **centerfold**) N poster *m* central
centre-forward N (*Sport*) centro-avante *m*, centro
centre-half N (*Sport*: *centro*) médio
centrepiece ['sɛntəpi:s] (*US* **centerpiece**) N centro de mesa
centre spread (*Brit*) N páginas *fpl* centrais
centrifugal [sɛntrɪ'fju:gl] ADJ centrífugo
centrifuge ['sɛntrɪfju:ʒ] N centrífuga
century ['sɛntjurɪ] N século; **zoth ~** século vinte
CEO (*US*) N ABBR = **chief executive officer**
ceramic [sɪ'ræmɪk] ADJ cerâmico
ceramics [sɪ'ræmɪks] N cerâmica
cereal ['si:rɪəl] N cereal *m*
cerebral ['sɛrɪbrəl] ADJ cerebral; (*intellectual*) intelectual
ceremonial [sɛrɪ'məunɪəl] N cerimonial *m*; (*rite*) rito
ceremony ['sɛrɪmənɪ] N cerimônia; (*ritual*) rito; **to stand on ~** fazer cerimônia
cert [sə:t] (*Brit*: *inf*) N: **it's a dead ~** é barbada, é coisa certa
certain ['sə:tən] ADJ (*sure*) seguro; (*person*): **a ~ Mr Smith** un certo Sr. Smith; (*particular*): **~ days/places** certos dias/lugares; (*some*): **a ~ coldness/pleasure** uma certa frieza/um certo prazer; **to make ~ of** assegurar-se de; **for ~** com certeza
certainly ['sə:tənlɪ] ADV certamente, com certeza
certainty ['sə:təntɪ] N certeza
certificate [sə'tɪfɪkɪt] N certidão *f*, diploma *m*
certified mail ['sə:tɪfaɪd-] (*US*) N correio registrado
certified public accountant ['sə:tɪfaɪd-] (*US*) N perito-contador *m* /perita-contadora *f*
certify ['sə:tɪfaɪ] VT certificar ■ VI: **to ~ to** atestar
cervical ['sə:vɪkl] ADJ: **~ cancer** câncer *m* (*BR*) *or* cancro (*PT*) do colo do útero; **~ smear** exame *m* de lâmina, esfregaço
cervix ['sə:vɪks] N cerviz *f*
Cesarean [sɪ'zɛərɪən] (*US*) ADJ, N = **Caesarean**
cessation [sə'seɪʃən] N cessação *f*, suspensão *f*
cesspit ['sɛspɪt] N fossa séptica
CET ABBR (= *Central European Time*) *hora da Europa Central*
Ceylon [sɪ'lɔn] N (*old*) Ceilão *m*
cf. ABBR (= *compare*) cf
c/f ABBR (*Comm*: = *carry forward*) a transportar
CG (*US*) N ABBR = **coastguard**
cg ABBR (= *centigram*) cg
CH (*Brit*) N ABBR (= *Companion of Honour*) *título honorífico*
ch (*Brit*) ABBR = **central heating**
ch. ABBR (= *chapter*) cap
Chad [tʃæd] N Chad *m*
chafe [tʃeɪf] VT (*rub*) roçar; (*wear*) gastar; (*irritate*) irritar ■ VI (*fig*): **to ~ at sth** irritar-se com algo
chaffinch ['tʃæfɪntʃ] N tentilhão *m*
chagrin ['ʃægrɪn] N desgosto
chain [tʃeɪn] N corrente *f*; (*of islands*) grupo; (*of mountains*) cordilheira; (*of shops*) cadeia; (*of events*) série *f* ■ VT (*also*: **chain up**) acorrentar; **chain reaction** N reação *f* em cadeia
chain-smoke VI fumar um (cigarro) atrás do outro
chain store N magazine *m* (*BR*), grande armazem *f* (*PT*)
chair [tʃɛəʳ] N cadeira; (*armchair*) poltrona; (*of university*) cátedra; (*of meeting*) presidência, mesa ■ VT (*meeting*) presidir; **the ~** (*US*: *electric chair*) a cadeira elétrica
chairlift ['tʃɛəlɪft] N teleférico
chairman ['tʃɛəmən] (*irreg*) N presidente *m*
chairperson ['tʃɛəpə:sn] N presidente *m/f*
chairwoman ['tʃɛəwumən] (*irreg*) N presidenta, presidente *f*
chalet ['ʃæleɪ] N chalé *m*
chalice ['tʃælɪs] N cálice *m*
chalk [tʃɔ:k] N (*Geo*) greda; (*for writing*) giz *m*
▸ **chalk up** VT escrever a giz; (*fig*: *success*) obter
challenge ['tʃælɪndʒ] N desafio ■ VT desafiar; (*statement, right*) disputar, contestar; **to ~ sb to sth/to do sth** desafiar alguém para algo/a fazer algo
challenger ['tʃælɪndʒəʳ] N (*Sport*) competidor(a) *m/f*
challenging ['tʃælɪndʒɪŋ] ADJ desafiante; (*tone*) de desafio; **chamber** ['tʃeɪmbəʳ] N câmara; (*Brit*: *Law*: *gen pl*) sala de audiências
chamber of commerce ■ N câmara de comércio
chambermaid ['tʃeɪmbəmeɪd] N arrumadeira (*BR*), empregada (*PT*)
chamber music N música de câmara
chamberpot ['tʃeɪmbəpɔt] N urinol *m*
chameleon [kə'mi:lɪən] N camaleão *m*
chamois ['ʃæmwɑ:] N camurça; **chamois leather** ['ʃæmɪ-] N camurça
champagne [ʃæm'peɪn] N champanhe *m or f*
champion ['tʃæmpɪən] N campeão(-peã) *m/f*; (*of cause*) defensor(a) *m/f* ■ VT defender, lutar por
championship ['tʃæmpɪənʃɪp] N campeonato
chance [tʃɑ:ns] N (*luck*) acaso, casualidade *f*; (*opportunity*) oportunidade, ocasião *f*; (*likelihood*) chance *f*; (*risk*) risco ■ VT arriscar ■ ADJ fortuito, casual; **there is little ~ of his coming** é pouco provável que ele venha; **to take a ~** arriscar-se; **it's the ~ of a lifetime** é uma chance que só se tem uma vez na vida; **by ~** por acaso; **to ~ it** arriscar-se; **to ~ to do** fazer por acaso
▸ **chance (up)on** VT FUS dar com, encontrar por acaso
chancel ['tʃɑ:nsəl] N coro, capela-mor *f*
chancellor ['tʃɑ:nsələʳ] N chanceler *m*; **C~ of the Exchequer** (*Brit*) Ministro da Economia (Fazenda e Planejamento)
chandelier [ʃændə'lɪəʳ] N lustre *m*
change [tʃeɪndʒ] VT (*alter*) mudar; (*wheel, bulb, money*) trocar; (*replace*) substituir; (*clothes, house*) mudar de, trocar de; (*nappy*) mudar,

trocar; (*transform*): **to ~ sb into** transformar alguém em ■ VI mudar(-se); (*change clothes*) trocar-se; (*trains*) fazer baldeação (BR), mudar (PT); (*be transformed*): **to ~ into** transformar-se em ■ N mudança; (*exchange, money returned*) troca; (*difference*) diferença; (*of clothes*) muda; (*modification*) modificação *f*; (*transformation*) transformação *f*; (*coins*: *also*: **small change**) trocado; **to ~ gear** (*Aut*) trocar de marcha; **to ~ one's mind** mudar de idéia; **for a ~** para variar; **she ~d into an old skirt** ela (trocou de roupa e) vestiu uma saia velha; **a ~ of clothes** uma muda de roupa; **to give sb ~ for** *or* **of £10** trocar £10 para alguém

changeable ['tʃeɪndʒəbl] ADJ (*weather, mood*) instável; (*mood*) instável, inconstante

change machine N *máquina que fornece trocado*

changeover ['tʃeɪndʒəuvəʳ] N (*to new system*) mudança

changing ['tʃeɪndʒɪŋ] ADJ variável; **changing room** (*Brit*) N (*Sport*) vestiário; (*in shop*) cabine *f* de provas

channel ['tʃænl] N (*TV*) canal *m*; (*of river*) leito; (*for boats*) canal; (*of sea*) canal, estreito; (*groove*) ranhura; (*fig*: *medium*) meio, via ■ VT (*money, resources*): **to ~ (into)** canalizar (para); **to go through the usual ~s** seguir os trâmites normais; **green/red ~** (*Customs*) canal verde/vermelho; **the (English) C~** o Canal da Mancha

Channel Islands NPL: **the ~** as ilhas Anglo-Normandas

chant [tʃɑːnt] N (*of crowd*) canto; (*Rel*) cântico ■ VT cantar; (*word, slogan*) entoar

chaos ['keɪɔs] N caos *m*

chaotic [keɪ'ɔtɪk] ADJ caótico

chap [tʃæp] N (*Brit*: *inf*: *man*) sujeito (BR), tipo (PT); (*term of address*): **old ~** meu velho ■ VT (*skin*) rachar

chapel ['tʃæpəl] N capela

chaperon(e) ['ʃæpərəun] N mulher *f* acompanhante ■ VT acompanhar

chaplain ['tʃæplɪn] N capelão *m*

chapped [tʃæpt] ADJ ressecado

chapter ['tʃæptəʳ] N capítulo

char [tʃɑːʳ] VT (*burn*) tostar, queimar ■ VI (*Brit*) trabalhar como diarista ■ N (*Brit*) = **charlady**

character ['kærɪktəʳ] N caráter *m*; (*in novel, film*) personagem *m/f*; (*role*) papel *m*; (*eccentric*): **to be a (real) ~** ser um número; (*letter*) letra; **a person of good ~** uma pessoa de bom caráter; **character code** N (*Comput*) código de caráter

characteristic [kærɪktə'rɪstɪk] ADJ característico ■ N característica

characterize ['kærɪktəraɪz] VT caracterizar

charade [ʃə'rɑːd] N charada

charcoal ['tʃɑːkəul] N carvão *m* de lenha; (*Art*) carvão *m*

charge [tʃɑːdʒ] N (*of gun, electrical, Mil*: *attack*) carga; (*Law*) encargo, acusação *f*; (*fee*) preço, custo; (*responsibility*) encargo; (*task*) incumbência ■ VT (*battery*) carregar; (*Mil*: *enemy*) atacar; (*price*) cobrar; (*customer*) cobrar dinheiro de; (*sb with task*) incumbir, encarregar; (*Law*): **to ~ sb (with)** acusar alguém (de) ■ VI precipitar-se; (*make pay*) cobrar; **charges** NPL: **bank/labour ~s** taxas *fpl* cobradas pelo banco/custos *mpl* de mão-de-obra; **free of ~** grátis; **is there a ~?** se tem que pagar?; **there's no ~** é de graça; **extra ~** sobretaxa; **to reverse the ~s** (*Brit*: *Tel*) ligar a cobrar; **how much do you ~?** quanto você cobra?; **to ~ an expense (up) to sb's account** pôr a despesa na conta de alguém; **to take ~ of** encarregar-se de, tomar conta de; **to be in ~ of** estar a cargo de *or* encarregado de; **they ~d us £10 for the dinner** eles nos cobraram £10 pelo jantar; **to ~ in/out** precipitar-se para dentro/fora; **charge account** N conta de crédito; **charge card** N cartão *m* de crédito (*emitido por uma loja*)

chargé d'affaires ['ʃɑːʒeɪdæ'fɛəʳ] N encarregado(-a) de negócios

chargehand ['tʃɑːdʒhænd] (*Brit*) N capataz *m*

charger ['tʃɑːdʒəʳ] N (*also*: **battery charger**) carregador *m*; (*old*: *warhorse*) cavalo de batalha

charisma [kə'rɪzmə] N carisma *m*

charitable ['tʃærɪtəbl] ADJ caritativo; (*organization*) beneficente

charity ['tʃærɪtɪ] N caridade *f*; (*organization*) obra de caridade; (*kindness*) compaixão *f*; (*money, gifts*) donativo

charlady ['tʃɑːleɪdɪ] (*Brit*) N diarista

charlatan ['tʃɑːlətən] N charlatão *m*

charm [tʃɑːm] N (*quality*) charme *m*; (*attraction*) encanto, atrativo; (*spell*) feitiço; (*talisman*) amuleto; (*on bracelet*) berloque *m* ■ VT encantar, deliciar; **charm bracelet** N pulseira de berloques

charming ['tʃɑːmɪŋ] ADJ encantador(a)

chart [tʃɑːt] N (*table*) quadro; (*graph*) gráfico; (*diagram*) diagrama *m*; (*map*) carta de navegação; (*weather chart*) carta meteorológica *or* de tempo ■ VT fazer um gráfico de; (*course, progress*) traçar; **charts** NPL (*hit parade*) paradas *fpl* (de sucesso); **to be in the ~s** (*record, pop group*) estar nas paradas (de sucesso)

charter ['tʃɑːtəʳ] VT fretar ■ N (*document*) carta, alvará *m*; **on ~** (*plane*) fretado

chartered accountant ['tʃɑːtəd-] (*Brit*) N perito-contador *m* /perita-contadora *f*

charter flight N vôo charter *or* fretado

charwoman ['tʃɑːwumən] (*irreg*) N = **charlady**

chase [tʃeɪs] VT (*pursue*) perseguir; (*hunt*) caçar, dar caça a; (*also*: **chase away**) enxotar ■ VI: **to ~ after** correr atrás de ■ N perseguição *f*, caça
▶ **chase down** (*US*) VT = **chase up**
▶ **chase up** (*Brit*) VT (*person*) ficar atrás de; (*information*) pesquisar

chasm ['kæzəm] N abismo

chassis ['ʃæsɪ] N chassi *m*

chaste [tʃeɪst] ADJ casto

chastened ['tʃeɪsnd] ADJ: **to be ~ by an experience** aprender uma lição com uma experiência

chastening ['tʃeɪsnɪŋ] ADJ: **it was a ~**

experience foi uma lição
chastise [tʃæs'taɪz] VT castigar
chastity ['tʃæstɪtɪ] N castidade *f*
chat [tʃæt] VI (*also*: **have a chat**) conversar, bater papo (BR), cavaquear (PT); (*on the Internet*) bater papo, conversar ■ N conversa, bate-papo *m* (BR), cavaqueira (PT)
▸ **chat up** (*Brit*: *inf*) VT (*girl*) paquerar
chatroom N sala *f* de bate-papo
chat show (*Brit*) N programa *m* de entrevistas
chattel ['tʃætl] N *see* **goods**
chatter ['tʃætəʳ] VI (*person*) tagarelar; (*animal*) emitir sons; (*teeth*) tiritar ■ N tagarelice *f*; emissão *f* de sons; (*of birds*) chilro; (*of people*)
chatterbox ['tʃætəbɔks] N tagarela *m/f*
chatty ['tʃætɪ] ADJ (*style*) informal; (*person*) conversador(a)
chauffeur ['ʃəufəʳ] N chofer *m*, motorista *m/f*
chauvinism ['ʃəuvɪnɪzəm] N (*also*: **male chauvinism**) machismo; (*nationalism*) chauvinismo
chauvinist ['ʃəuvɪnɪst] N (*also*: **male chauvinist**) machista *m*; (*nationalist*) chauvinista *m/f*
ChE ABBR = **chemical engineer**
cheap [tʃi:p] ADJ barato; (*ticket etc*) a preço reduzido; (*poor quality*) barato, de pouca qualidade; (*behaviour*) vulgar; (*joke*) de mau gosto ■ ADV barato; **a ~ trick** uma sujeira, uma sacanagem
cheapen ['tʃi:pən] VT baixar o preço de, rebaixar; **to ~ o.s.** rebaixar-se
cheaply ['tʃi:plɪ] ADV barato, por baixo preço
cheat [tʃi:t] VI trapacear; (*at cards*) roubar (BR), fazer batota (PT); (*in exam*) colar (BR), cabular (PT) ■ VT defraudar, enganar ■ N fraude *f*; (*person*) trapaceiro(-a); **to ~ sb (out of sth)** passar o conto do vigário em alguém; **to ~ on sb** (*inf*: *husband, wife etc*) passar alguém para trás
cheating ['tʃi:tɪŋ] N trapaça
check [tʃɛk] VT (*examine*) controlar; (*facts*) verificar; (*count*) contar; (*halt*) conter, impedir; (*restrain*) parar, refrear ■ VI verificar ■ N (*inspection*) controle *m*, inspeção *f*; (*curb*) freio; (*US*: *bill*) conta; (*Chess*) xeque *m*; (*token*) ficha, talão *m*; (*pattern*: *gen pl*) xadrez *m*; (*US*) = **cheque** ■ ADJ (*also*: **checked**: *pattern, cloth*) xadrez *inv*; **to ~ with sb** perguntar a alguém; **to keep a ~ on sb/sth** controlar alguém/algo
▸ **check in** VI (*in hotel*) registrar-se; (*in airport*) apresentar-se ■ VT (*luggage*) entregar
▸ **check off** VT checar
▸ **check out** VI (*of hotel*) pagar a conta e sair ■ VT (*story*) verificar; (*person*) investigar; **~ it out** (*see for yourself*) confira
▸ **check up** VI: **to ~ up on sth** verificar algo; **to ~ up on sb** investigar alguém
checkbook ['tʃɛkbuk] (*US*) N = **chequebook**
checkered ['tʃɛkəd] (*US*) ADJ = **chequered**
checkers ['tʃɛkəz] (*US*) N (jogo de) damas *fpl*
check guarantee card (*US*) N cartão *m* (de garantia) de cheques
check-in (desk) N (*at airport*) check-in *m*
checking account ['tʃɛkɪŋ-] (*US*) N conta corrente
checklist ['tʃɛklɪst] N lista de conferência
checkmate ['tʃɛkmeɪt] N xeque-mate *m*
checkout ['tʃɛkaut] N caixa
checkpoint ['tʃɛkpɔɪnt] N (ponto de) controle *m*
checkroom ['tʃɛkrum] (*US*) N depósito de bagagem
checkup ['tʃɛkʌp] N (*Med*) check-up *m*; (*of machine*) revisão *f*
cheek [tʃi:k] N bochecha; (*impudence*) folga, descaramento; **what a ~!** que folga!
cheekbone ['tʃi:kbəun] N maçã *f* do rosto
cheeky ['tʃi:kɪ] ADJ insolente, descarado
cheep [tʃi:p] N (*of bird*) pio ■ VI piar
cheer [tʃɪəʳ] VT dar vivas a, aplaudir; (*gladden*) alegrar, animar ■ VI gritar com entusiasmo ■ N (*gen pl*) gritos *mpl* de entusiasmo; **cheers** NPL (*of crowd*) aplausos *mpl*; **~s!** saúde!
▸ **cheer on** VT torcer por
▸ **cheer up** VI animar-se, alegrar-se VT alegrar, animar
cheerful ['tʃɪəful] ADJ alegre
cheerfulness ['tʃɪəfulnɪs] N alegria
cheerio [tʃɪərɪ'əu] (*Brit*) EXCL tchau (BR), adeus (PT)
cheerless ['tʃɪəlɪs] ADJ triste, sombrio
cheese [tʃi:z] N queijo
cheeseboard ['tʃi:zbɔ:d] N (*in restaurant*) sortimento de queijos
cheesecake ['tʃi:zkeɪk] N queijada, torta de queijo
cheetah ['tʃi:tə] N chitá *m*
chef [ʃɛf] N cozinheiro-chefe/cozinheira-chefe *m/f*
chemical ['kɛmɪkəl] ADJ químico ■ N produto químico
chemist ['kɛmɪst] N (*Brit*: *pharmacist*) farmacêutico(-a); (*scientist*) químico(-a)
chemistry ['kɛmɪstrɪ] N química
chemist's shop (*Brit*) N farmácia
cheque [tʃɛk] (*Brit*) N cheque *m*; **to pay by ~** pagar com cheque
chequebook ['tʃɛkbuk] (*Brit*) N talão *m* (BR) *or* livro (PT) de cheques
cheque card (*Brit*) N cartão *m* (de garantia) de cheques
chequered ['tʃɛkəd] (*US* **checkered**) ADJ (*fig*) variado, acidentado
cherish ['tʃɛrɪʃ] VT (*person*) tratar com carinho; (*memory*) lembrar (com prazer); (*love*) apreciar; (*protect*) cuidar; (*hope etc*) acalentar
cheroot [ʃə'ru:t] N charuto
cherry ['tʃɛrɪ] N cereja; (*also*: **cherry tree**) cerejeira
Ches (*Brit*) ABBR = **Cheshire**
chess [tʃɛs] N xadrez *m*
chessboard ['tʃɛsbɔ:d] N tabuleiro de xadrez
chessman ['tʃɛsmæn] (*irreg*) N peça, pedra (de xadrez)
chessplayer ['tʃɛspleɪəʳ] N xadrezista *m/f*
chest [tʃɛst] N (*Anat*) peito; (*box*) caixa, cofre *m*;

to get sth *or* **it off one's ~** (*inf*) desabafar; **chest measurement** N medida de peito; **chest of drawers** N cômoda

chestnut ['tʃesnʌt] N castanha; (*also*: **chestnut tree**) castanheiro; (*colour*) castanho ■ ADJ castanho

chew [tʃu:] VT mastigar

chewing gum ['tʃu:ɪŋ-] N chiclete *m* (BR), pastilha elástica (PT)

chic [ʃɪk] ADJ elegante, chique

chick [tʃɪk] N pinto; (*inf*: *girl*) broto

chicken ['tʃɪkɪn] N galinha; (*food*) galinha, frango; (*inf*: *coward*) covarde *m/f*, galinha ▸ **chicken out** (*inf*) VI agalinhar-se

chicken feed N (*fig*) dinheiro miúdo

chickenpox ['tʃɪkɪnpɔks] N catapora (BR), varicela (PT)

chickpea ['tʃɪkpi:] N grão-de-bico *m*

chicory ['tʃɪkərɪ] N chicória

chide [tʃaɪd] VT repreender, censurar

chief [tʃi:f] N (*of tribe*) cacique *m*, morubixaba *m*; (*of organization*) chefe *m/f* ■ ADJ principal; **C~ of Staff** (*Mil*) chefe *m* do Estado-Maior; **chief constable** (*Brit*) N chefe *m/f* de polícia; **chief executive** (*US* **chief executive officer**) N diretor(a) *m/f* geral

chiefly ['tʃi:flɪ] ADV principalmente

chiffon ['ʃɪfɔn] N gaze *f*

chilblain ['tʃɪlbleɪn] N frieira

child [tʃaɪld] (*pl* **children**) N criança; (*offspring*) filho(-a); **do you have any ~ren?** você tem filhos?

childbirth ['tʃaɪldbə:θ] N parto

childhood ['tʃaɪldhud] N infância

childish ['tʃaɪldɪʃ] ADJ infantil

childless ['tʃaɪldlɪs] ADJ sem filhos

childlike ['tʃaɪldlaɪk] ADJ infantil, ingênuo

child minder (*Brit*) N cuidadora de crianças

children ['tʃɪldrən] NPL *of* **child**

Chile ['tʃɪlɪ] N Chile *m*

Chilean ['tʃɪlɪən] ADJ, N chileno(-a)

chili ['tʃɪlɪ] (*US*) N = **chilli**

chill [tʃɪl] N frio, friagem *f*; (*Med*) resfriamento ■ VT (*Culin*) semi-congelar; (*person*) congelar ■ ADJ frio, glacial; **"serve ~ed"** "servir fresco"

chilli ['tʃɪlɪ] (*US* **chili**) N pimentão *m* picante

chilly ['tʃɪlɪ] ADJ frio; (*person*) friorento; **to feel ~** estar com frio

chime [tʃaɪm] N (*of bell*) repique *m*; (*of clock*) soar *m* ■ VI repicar; soar

chimney ['tʃɪmnɪ] N chaminé *f*; **chimney sweep** N limpador *m* de chaminés

chimpanzee [tʃɪmpæn'zi:] N chimpanzé *m*

chin [tʃɪn] N queixo

China ['tʃaɪnə] N China

china ['tʃaɪnə] N porcelana; (*crockery*) louça fina

Chinese [tʃaɪ'ni:z] ADJ chinês(-esa) ■ N INV chinês(-esa) *m/f*; (*Ling*) chinês *m*

chink [tʃɪŋk] N (*opening*) fenda, fissura; (*noise*) tinir *m*

chip [tʃɪp] N (*gen pl*: *Brit*: *Culin*) batata frita; (: *US*: *also*: **potato chip**) batatinha frita; (*of wood*) lasca; (*of glass, stone*) lasca, pedaço; (*at poker*) ficha; (*Comput*: *also*: **microchip**) chip *m* ■ VT (*cup, plate*) lascar; **when the ~s are down** (*fig*) na hora H ▸ **chip in** (*inf*) VI interromper; (*contribute*) compartilhar as despesas

chipboard ['tʃɪpbɔ:d] N compensado

chipmunk ['tʃɪpmʌŋk] N tâmia *m*

chippings ['tʃɪpɪŋz] NPL: **"loose ~"** "projeção de cascalho"

chiropodist [kɪ'rɔpədɪst] (*Brit*) N pedicuro(-a)

chiropody [kɪ'rɔpədɪ] (*Brit*) N quiropodia

chirp [tʃə:p] VI chilrar, piar; (*cricket*) chilrear ■ N chilro

chirpy ['tʃə:pɪ] ADJ alegre, animado

chisel ['tʃɪzl] N (*for wood*) formão *m*; (*for stone*) cinzel *m*

chit [tʃɪt] N talão *m*

chitchat ['tʃɪttʃæt] N conversa fiada

chivalrous ['ʃɪvəlrəs] ADJ cavalheiresco

chivalry ['ʃɪvəlrɪ] N cavalheirismo

chives [tʃaɪvz] NPL cebolinha

chloride ['klɔ:raɪd] N cloreto

chlorinate ['klɔrɪneɪt] VT clorar

chlorine ['klɔ:ri:n] N cloro

chock [tʃɔk] N cunha

chock-a-block ADJ abarrotado, apinhado

chock-full ADJ = **chock-a-block**

chocolate ['tʃɔklɪt] N chocolate *m*

choice [tʃɔɪs] N (*selection*) seleção *f*; (*option*) escolha; (*preference*) preferência ■ ADJ seleto, escolhido; **by** *or* **from ~** de preferência; **a wide ~** uma grande variedade

choir ['kwaɪəʳ] N coro

choirboy ['kwaɪəbɔɪ] N menino de coro

choke [tʃəuk] VI sufocar-se; (*on food*) engasgar ■ VT estrangular; (*block*) obstruir ■ N (*Aut*) afogador *m* (BR), ar *m* (PT)

choker ['tʃəukəʳ] N (*necklace*) colar *m* curto

cholera ['kɔlərə] N cólera *m*

cholesterol [kə'lɛstərɔl] N colesterol *m*

choose [tʃu:z] (*pt* **chose**, *pp* **chosen**) VT escolher ■ VI: **to ~ between** escolher entre; **to ~ to do** optar por fazer

choosy ['tʃu:zɪ] ADJ exigente

chop [tʃɔp] VT (*wood*) cortar, talhar; (*Culin*: *also*: **chop up**) cortar em pedaços; (*meat*) picar ■ N golpe *m*; (*Culin*) costeleta; **chops** NPL (*inf*: *jaws*) beiços *mpl*; **to get the ~** (*Brit*: *inf*: *project*) ser cancelado; (: *person*: *be sacked*) ser posto na rua ▸ **chop down** VT (*tree*) abater, derrubar

choppy ['tʃɔpɪ] ADJ (*sea*) agitado

chopsticks ['tʃɔpstɪks] NPL pauzinhos *mpl*, palitos *mpl*

choral ['kɔ:rəl] ADJ coral

chord [kɔ:d] N (*Mus*) acorde *m*

chore [tʃɔ:ʳ] N tarefa; (*routine task*) trabalho de rotina; **household ~s** afazeres *mpl* domésticos

choreographer [kɔrɪ'ɔgrəfəʳ] N coreógrafo(-a)

chorister ['kɔrɪstəʳ] N corista *m/f*

chortle ['tʃɔ:tl] VI rir, gargalhar

chorus ['kɔ:rəs] N (*group*) coro; (*song*) coral *m*; (*refrain*) estribilho

chose [tʃəuz] PT *of* **choose**
chosen ['tʃəuzn] PP *of* **choose**
chowder ['tʃaudəʳ] N sopa (de peixe)
Christ [kraɪst] N Cristo
christen ['krɪsn] VT batizar; (*nickname*) apelidar
christening ['krɪsnɪŋ] N batismo
Christian ['krɪstɪən] ADJ, N cristão(-tã) *m/f*
Christianity [krɪstɪ'ænɪtɪ] N cristianismo
Christian name N prenome *m*, nome *m* de batismo
Christmas ['krɪsməs] N Natal *m*; **Happy** *or* **Merry ~!** Feliz Natal!; **Christmas card** N cartão *m* de Natal; **Christmas cracker** N *ver abaixo*; **Christmas Day** N dia *m* de Natal; **Christmas Eve** N véspera de Natal; **Christmas Island** N ilha de Christmas; **Christmas tree** N árvore *f* de Natal

CHRISTMAS CRACKER

Um cilindro de papelão que ao ser aberto faz estourar uma bombinha. Contém um presente surpresa e um chapéu de papel que cada convidado coloca na cabe a durante a ceia de Natal.

chrome [krəum] N = **chromium**
chromium ['krəumɪəm] N cromo
chromosome ['krəuməsəum] N cromossomo
chronic ['krɔnɪk] ADJ crônico; (*fig*: *drunkenness*) inveterado
chronicle ['krɔnɪkl] N crônica
chronological [krɔnə'lɔdʒɪkəl] ADJ cronológico
chrysanthemum [krɪ'sænθəməm] N crisântemo
chubby ['tʃʌbɪ] ADJ roliço, gorducho
chuck [tʃʌk] VT jogar (BR), deitar (PT); (*Brit*: *also*: *chuck up*; *in*: *job*) largar; (: *person*) acabar com
▸ **chuck out** VT (*thing*) jogar (BR) *or* deitar (PT) fora; (*person*) expulsar
chuckle ['tʃʌkl] VI rir
chug [tʃʌg] VI mover-se fazendo ruído de descarga; (*car*, *boat*: *also*: **chug along**) ir indo
chum [tʃʌm] N camarada *m/f*
chump [tʃʌmp] (*inf*) N imbecil *m/f*, boboca *m/f*
chunk [tʃʌŋk] N pedaço, naco
chunky ['tʃʌŋkɪ] ADJ (*furniture*) pesado; (*person*) atarracado; (*knitwear*) grosso
church [tʃə:tʃ] N igreja; **the C~ of England** a Igreja Anglicana
churchyard ['tʃə:tʃjɑ:d] N adro, cemitério
churlish ['tʃə:lɪʃ] ADJ (*silence*) constrangedor(a); (*behaviour*) grosseiro, rude
churn [tʃə:n] N (*for butter*) batedeira; (*also*: **milk churn**) lata, vasilha ■ VT bater, agitar
▸ **churn out** VT produzir em série
chute [ʃu:t] N rampa; (*also*: **rubbish chute**) despejador *m*
chutney ['tʃʌtnɪ] N conserva picante
CIA (*US*) N ABBR (= *Central Intelligence Agency*) CIA *f*
CID (*Brit*) N ABBR = **Criminal Investigation Department**
cider ['saɪdəʳ] N sidra
CIF ABBR (= *cost*, *insurance and freight*) CIF
cigar [sɪ'gɑ:ʳ] N charuto
cigarette [sɪgə'rɛt] N cigarro; **cigarette case** N cigarreira; **cigarette end** N ponta de cigarro, guimba (BR); **cigarette holder** N piteira (BR), boquilha (PT)
C-in-C ABBR = **commander-in-chief**
cinch [sɪntʃ] (*inf*) N: **it's a ~** é sopa, é moleza
Cinderella [sɪndə'rɛlə] N Gata Borralheira
cinders ['sɪndəz] NPL cinzas *fpl*
cine-camera ['sɪnɪ-] (*Brit*) N câmera (cinematográfica)
cine-film ['sɪnɪ-] (*Brit*) N filme *m* cinematográfico
cinema ['sɪnəmə] N cinema *m*
cine-projector ['sɪnɪ-] (*Brit*) N projetor *m* cinematográfico
cinnamon ['sɪnəmən] N canela
cipher ['saɪfəʳ] N cifra; **in ~** cifrado
circa ['sə:kə] PREP cerca de
circle ['sə:kl] N círculo; (*in cinema*) balcão *m* ■ VI dar voltas ■ VT (*surround*) rodear, cercar; (*move round*) dar a volta de
circuit ['sə:kɪt] N circuito; (*tour*, *lap*) volta; (*track*) pista; **circuit board** N placa
circuitous [sə:'kjuɪtəs] ADJ tortuoso
circular ['sə:kjuləʳ] ADJ circular ■ N (carta) circular *f*
circulate ['sə:kjuleɪt] VT, VI circular
circulation [sə:kju'leɪʃən] N circulação *f*; (*of newspaper*, *book etc*) tiragem *f*
circumcise ['sə:kəmsaɪz] VT circuncidar
circumference [sə'kʌmfərəns] N circunferência
circumflex ['sə:kəmflɛks] N (*also*: **circumflex accent**) (acento) circunflexo
circumscribe ['sə:kəmskraɪb] VT circunscrever
circumspect ['sə:kəmspɛkt] ADJ prudente, cauteloso
circumstances ['sə:kəmstənsɪz] NPL circunstâncias *fpl*; (*conditions*) condições *fpl*; (*financial condition*) situação *f* econômica; **in the ~** em tais circunstâncias, assim sendo, neste caso; **under no ~** de modo algum, de jeito nenhum
circumstantial [sə:kəm'stænʃl] ADJ (*report*) circunstanciado; **~ evidence** prova circunstancial
circumvent [sə:kəm'vɛnt] VT (*rule etc*) driblar, burlar
circus ['sə:kəs] N circo; (*also*: **Circus**: *in place names*) praça
cistern ['sɪstən] N tanque *m*; (*in toilet*) caixa d'água
citation [saɪ'teɪʃən] N (*commendation*) menção *f*; (*US*: *Law*) intimação *f*; (*quotation*) citação *f*
cite [saɪt] VT citar; (*Law*) intimar
citizen ['sɪtɪzn] N (*of country*) cidadão(-dã) *m/f*; (*of town*) habitante *m/f*
citizenship ['sɪtɪznʃɪp] N cidadania
citric acid ['sɪtrɪk-] N ácido cítrico

citrus fruit ['sɪtrəs-] N citrino
city ['sɪtɪ] N cidade *f*; **the C~** *centro financeiro de Londres.*; **city centre** N centro (da cidade)
civic ['sɪvɪk] ADJ cívico, municipal; **civic centre** (*Brit*) N sede *f* do município
civil ['sɪvɪl] ADJ civil; (*polite*) delicado, cortês; **civil disobedience** N resistência passiva; **civil engineer** N engenheiro(-a) civil; **civil engineering** N engenharia civil
civilian [sɪ'vɪlɪən] ADJ, N civil *m/f*
civilization [sɪvɪlaɪ'zeɪʃən] N civilização *f*
civilized ['sɪvɪlaɪzd] ADJ civilizado
civil law N direito civil
civil rights NPL direitos *mpl* civis
civil servant N funcionário(-a) público(-a)
Civil Service N administração *f* pública
civil war N guerra civil
cl ABBR (= *centilitre*) cl
clad [klæd] ADJ: **~ (in)** vestido (de)
claim [kleɪm] VT exigir, reclamar; (*rights etc*) reivindicar; (*assert*): **to ~ that** afirmar que ■ VI (*for insurance*) reclamar ■ N reclamação *f*; (*Law*) direito; (*pretension*) pretensão *f*; (*wage claim etc*) reivindicação *f*; **(insurance) ~** reclamação *f*; **to put in a ~ for** (*pay rise etc*) reivindicar
claimant ['kleɪmənt] N (*Admin, Law*) requerente *m/f*
claim form N formulário de requerimento; (*Insurance*) formulário para reclamações
clairvoyant [klɛə'vɔɪənt] N clarividente *m/f*
clam [klæm] N molusco
▸ **clam up** (*inf*) VI ficar calado
clamber ['klæmbəʳ] VI subir; (*up hill etc*) escalar
clammy ['klæmɪ] ADJ (*hands, face*) úmido e pegajoso; (*sticky*) pegajoso
clamour ['klæməʳ] (*US* **clamor**) N clamor *m* ■ VI: **to ~ for** clamar
clamp [klæmp] N grampo ■ VT (*two things together*) grampear
▸ **clamp down on** VT FUS suprimir, proibir
clan [klæn] N clã *m*
clandestine [klæn'dɛstɪn] ADJ clandestino
clang [klæŋ] N retintim *m*, som metálico ■ VI retinir
clansman ['klænzmən] (*irreg*) N membro de um clã escocês
clap [klæp] VI bater palmas, aplaudir ■ VT (*performer*) aplaudir ■ N (*of hands*) palmas *fpl*; **to ~ one's hands** bater palmas; **a ~ of thunder** uma trovoada
clapping ['klæpɪŋ] N aplausos *mpl*, palmas *fpl*
claret ['klærət] N clarete *m*
clarification [klærɪfɪ'keɪʃən] N esclarecimento
clarify ['klærɪfaɪ] VT esclarecer
clarinet [klærɪ'nɛt] N clarinete *m*
clarity ['klærɪtɪ] N clareza
clash [klæʃ] N (*of metal*) estridor *m*; (*with police, fig*) choque *m* ■ VI (*gangs, beliefs*) chocar-se; (*disagree*) entrar em conflito, ter uma desavença; (*colours*) não combinar; (*dates, events*) coincidir; (*weapons, cymbals etc*) bater ruidosamente
clasp [klɑ:sp] N fecho; (*embrace*) abraço ■ VT (*hold*) prender; (*hand*) apertar; (*embrace*) abraçar
class [klɑ:s] N classe *f*; (*lesson*) aula; (*type*) tipo ■ CPD de classe ■ VT classificar
class-conscious ADJ que tem consciência de classe
class consciousness N consciência de classe
classic ['klæsɪk] ADJ clássico ■ N (*author, work, race etc*) clássico; **classics** NPL (*Sch*) línguas *fpl* clássicas
classical ['klæsɪkl] ADJ clássico
classification [klæsɪfɪ'keɪʃən] N classificação *f*
classified ['klæsɪfaɪd] ADJ (*information*) secreto; **classified advertisement** N classificado
classify ['klæsɪfaɪ] VT classificar
classmate ['klæsmeɪt] N colega *m/f* de aula
classroom ['klæsrum] N sala de aula
classy ['klɑ:sɪ] (*inf*) ADJ (*person*) classudo; (*flat, clothes*) chique, incrementado
clatter ['klætəʳ] N ruído, barulho; (*of hooves*) tropel *m* ■ VI fazer barulho *or* ruído
clause [klɔ:z] N cláusula; (*Ling*) oração *f*
claustrophobia [klɔ:strə'fəubɪə] N claustrofobia
claw [klɔ:] N (*of animal*) pata; (*of bird of prey*) garra; (*of lobster*) pinça; (*Tech*) unha ■ VT arranhar
▸ **claw at** VT FUS arranhar; (*tear*) rasgar
clay [kleɪ] N argila
clean [kli:n] ADJ limpo; (*clear*) nítido, bem definido ■ VT limpar; (*hands, face etc*) lavar ■ ADV: **he ~ forgot** ele esqueceu completamente; **to come ~** (*inf: own up*) abrir o jogo; **to ~ one's teeth** (*Brit*) escovar os dentes; **~ driving licence** (*Brit*), **~ record** (*US*) carteira de motorista sem infrações
▸ **clean off** VT tirar
▸ **clean out** VT limpar
▸ **clean up** VT limpar, assear ■ VI (*fig: make profit*): **to ~ up on** faturar com, lucrar com
clean-cut ADJ (*person*) alinhado
cleaner ['kli:nəʳ] N (*person*) faxineiro(-a); (*product*) limpador *m*
cleaner's ['kli:nəz] N (*also*: **dry cleaner's**) tinturaria
cleaning ['kli:nɪŋ] N limpeza; **cleaning lady** N faxineira
cleanliness ['klɛnlɪnɪs] N limpeza
cleanly ['kli:nlɪ] ADV perfeitamente; (*without mess*) limpamente
cleanse [klɛnz] VT limpar; (*purify*) purificar
cleanser ['klɛnzəʳ] N limpador *m*; (*for face*) creme *m* de limpeza
clean-shaven [-'ʃeɪvn] ADJ sem barba, de cara raspada
cleansing department ['klɛnzɪŋ-] (*Brit*) N departamento de limpeza
clean-up N limpeza geral
clear [klɪəʳ] ADJ claro; (*footprint, photograph*) nétido; (*obvious*) evidente; (*glass, water*) transparente; (*road, way*) limpo, livre; (*conscience*) tranqüilo; (*skin*) macio; (*profit*) líquido; (*majority*) absoluto ■ VT (*space*) abrir; (*desk etc*) limpar; (*room*) esvaziar; (*Law: suspect*) absolver; (*fence,

wall) saltar, transpor; (*obstacle*) salvar, passar sobre; (*debt*) liquidar; (*woodland*) desmatar; (*cheque*) compensar; (*Comm: goods*) liquidar ■ VI (*weather*) abrir; (*sky*) clarear; (*fog etc*) dissipar-se ■ ADV: **~ of** a salvo de ■ N: **to be in the ~** (*out of debt*) estar sem dívidas; (*out of suspicion*) estar livre de suspeita; (*out of danger*) estar fora de perigo; **to ~ the table** tirar a mesa; **to ~ one's throat** pigarrear; **to ~ a profit** fazer um lucro líquido; **let me make myself ~** deixe-me explicar melhor; **do I make myself ~?** entendeu?; **to make o.s. ~** fazer-se entender bem; **to make it ~ to sb that ...** deixar bem claro para alguém que; **I have a ~ day tomorrow** (*Brit*) não tenho compromisso amanhã; **to keep ~ of sb/sth** evitar alguém/algo

▸ **clear off** (*inf*) VI (*leave*) cair fora

▸ **clear up** VT limpar; (*mystery*) resolver, esclarecer

clearance ['klɪərəns] N (*of trees, slums*) remoção *f*; (*permission*) permissão *f*; **clearance sale** N (*Comm*) liquidação *f*

clear-cut ADJ bem definido, nítido

clearing ['klɪərɪŋ] N (*in wood*) clareira; (*Brit: Banking*) compensação *f*; **clearing bank** (*Brit*) N câmara de compensação

clearly ['klɪəlɪ] ADV (*distinctly*) distintamente; (*obviously*) claramente; (*coherently*) coerentemente

clearway ['klɪəweɪ] (*Brit*) N *estrada onde não se pode estacionar*

cleavage ['kli:vɪdʒ] N (*of dress*) decote *m*; (*of woman*) colo

cleaver ['kli:və] N cutelo (de açougueiro)

clef [klɛf] N (*Mus*) clave *f*

cleft [klɛft] N (*in rock*) fissura

clemency ['klɛmənsɪ] N clemência

clement ['klɛmənt] ADJ (*weather*) ameno

clench [klɛntʃ] VT apertar, cerrar; (*teeth*) trincar

clergy ['klə:dʒɪ] N clero

clergyman ['klə:dʒɪmən] (*irreg*) N clérigo, pastor *m*

clerical ['klɛrɪkəl] ADJ de escritório; (*Rel*) clerical

clerk [klɑ:k, (*US*) klə:rk] N auxiliar *m/f* de escritório; (*US: sales person*) balconista *m/f*; **C~ of Court** (*Law*) escrivão(-vã) *m/f* (do tribunal)

clever ['klɛvəʳ] ADJ (*mentally*) inteligente; (*deft, crafty*) hábil; (*device, arrangement*) engenhoso

clew [klu:] (*US*) N = **clue**

cliché ['kli:ʃeɪ] N clichê *m*, frase *f* feita

click [klɪk] VT (*tongue*) estalar; (*heels*) bater; (*Comput*) clicar em ■ VI (*make sound*) estalar; (*Comput*) clicar

client ['klaɪənt] N cliente *m/f*

clientele [kli:ɑ:n'tɛl] N clientela

cliff [klɪf] N penhasco

cliffhanger ['klɪfhæŋəʳ] N (*TV, fig*) história de suspense

climactic [klaɪ'mæktɪk] ADJ culminante

climate ['klaɪmɪt] N clima *m*

climax ['klaɪmæks] N clímax *m*, ponto culminante; (*sexual*) clímax

climb [klaɪm] VI subir; (*plant*) trepar; (*plane*) ganhar altitude; (*prices etc*) escalar; (*move with effort*): **to ~ over a wall/into a car** passar por cima de um mura/entrar num carro ■ VT (*stairs*) subir; (*tree*) trepar em; (*hill*) escalar ■ N subida; (*of prices etc*) escalada; **to ~ over a wall** passar por cima de um muro

▸ **climb down** VI descer; (*Brit: fig*) recuar, ceder

climb-down (*Brit*) N retração *f*

climber ['klaɪməʳ] N alpinista *m/f*; (*plant*) trepadeira

climbing ['klaɪmɪŋ] N alpinismo

clinch [klɪntʃ] VT (*deal*) fechar; (*argument*) decidir, resolver

cling [klɪŋ] (*pt, pp* **clung**) VI: **to ~ to** pegar-se a, aderir a; (*hold on to: support, idea*) agarrar-se a; (*clothes*) ajustar-se a

clinic ['klɪnɪk] N clínica; (*consultation*) consulta

clinical ['klɪnɪkl] ADJ clínico; (*fig*) frio, impessoal

clink [klɪŋk] VI tinir

clip [klɪp] N (*for hair*) grampo (BR), gancho (PT); (*also*: **paper clip**) mola, clipe *m*; (*TV, Cinema*) clipe; (*on necklace etc*) fecho; (*Aut: holding hose etc*) braçadeira ■ VT (*cut*) aparar; (*also*: **clip together**: *papers*) grampear

clippers ['klɪpəz] NPL (*for gardening*) podadeira; (*for hair*) máquina; (*also*: **nail clippers**) alicate *m* de unhas

clipping ['klɪpɪŋ] N recorte *m*

clique [kli:k] N panelinha

cloak [kləuk] N capa, manto ■ VT (*fig*) encobrir

cloakroom ['kləukrum] N vestiário; (*Brit: WC*) sanitários *mpl* (BR), lavatórios *mpl* (PT)

clock [klɔk] N relógio; (*in taxi*) taxímetro; **round the ~** (*work etc*) dia e noite, ininterruptamente; **30,000 on the ~** (*Brit: Aut*) 30, 000 km rodados; **to work against the ~** trabalhar contra o tempo

▸ **clock in** (*Brit*) VI assinar o ponto na entrada

▸ **clock off** (*Brit*) VI assinar o ponto na saída

▸ **clock on** (*Brit*) VI ≈ clock in

▸ **clock out** (*Brit*) VI ≈ clock off

▸ **clock up** VT (*miles, hours etc*) fazer

clockwise ['klɔkwaɪz] ADV em sentido horário

clockwork ['klɔkwə:k] N mecanismo de relógio ■ ADJ de corda

clog [klɔg] N tamanco ■ VT entupir ■ VI (*also*: **clog up**) entupir-se

cloister ['klɔɪstəʳ] N claustro

clone [kləun] N clone *m*

close [*adj, adv* kləus, *vb, n* kləuz] ADJ próximo; (*print, weave*) denso, compacto; (*friend*) íntimo; (*connection*) estreito; (*examination*) minucioso; (*weather*) abafado; (*atmosphere*) sufocante; (*room*) mal arejado ■ ADV perto ■ VT (*shut*) fechar; (*end*) acabar, concluir ■ VI (*shop, door etc*) fechar; (*end*) concluir-se, terminar-se ■ N (*end*) fim *m*, conclusão *f*, terminação *f*; **~ by, ~ at hand** perto, pertinho; **how ~ is Edinburgh to Glasgow?** qual é a distância entre Edimburgo e Glasgow?; **to have a ~ shave** (*fig*) livrar-se por um triz; **at ~**

quarters de perto; **to bring sth to a ~** dar fim a algo
▸ **close down** VT, VI fechar definitivamente
▸ **close in** VI (*hunters*) apertar o cerco; (*night, fog*) cair; **the days are closing in** os dias estão ficando mais curtos; **to ~ in on sb** aproximar-se de alguém, cercar alguém
▸ **close off** VT (*area*) isolar
closed [kləuzd] ADJ fechado
closed-circuit ADJ: **~ television** televisão *f* de circuito fechado
closed shop N *estabelecimento industrial que só admite empregados sindicalizados*
close-knit ADJ (*family, community*) muito unido
closely ['kləuslɪ] ADV (*exactly*) fielmente; (*carefully*) rigorosamente; (*watch*) de perto; **we are ~ related** somos parentes próximos; **a ~ guarded secret** um segredo bem guardado
closet ['klɔzɪt] N (*cupboard*) armário; (*walk-in*) closet *m*
close-up [kləus-] N close *m*, close-up *m*
closing ['kləuzɪŋ] ADJ (*stages, remarks*) final; **~ price** (*Stock Exchange*) cotação *f* de fechamento
closing-down sale (*Brit*) N liquidação *f* (por motivo de fechamento)
closure ['kləuʒəʳ] N (*of factory etc*) fechamento
clot [klɔt] N (*gen*: *blood clot*) coágulo; (*inf*: *idiot*) imbecil *m/f* ■ VI (*blood*) coagular-se
cloth [klɔθ] N (*material*) tecido, fazenda; (*rag*) pano; (*also*: **tablecloth**) toalha
clothe [kləuð] VT vestir; (*fig*) revestir
clothes [kləuðz] NPL roupa; **to put one's ~ on** vestir-se; **to take one's ~ off** tirar a roupa; **clothes brush** N escova (para a roupa); **clothes line** N corda (para estender a roupa); **clothes peg** (*US* **clothes pin**) N pregador *m*
clothing ['kləuðɪŋ] N = **clothes**
clotted cream ['klɔtɪd-] (*Brit*) N creme *m* coalhado
cloud [klaud] N nuvem *f* ■ VT (*liquid*) turvar; **to ~ the issue** confundir *or* complicar as coisas; **every ~ has a silver lining** (*proverb*) Deus escreve certo por linhas tortas
▸ **cloud over** VI (*also*: **fig**) fechar
cloudburst ['klaudbə:st] N aguaceiro
cloud-cuckoo-land (*Brit*) N: **to live in ~** viver no mundo da lua
cloudy ['klaudɪ] ADJ nublado; (*liquid*) turvo
clout [klaut] VT dar uma bofetada em ■ N (*blow*) bofetada; (*fig*) influência
clove [kləuv] N cravo; **clove of garlic** N dente *m* de alho
clover ['kləuvəʳ] N trevo
cloverleaf ['kləuvəli:f] (*irreg*) N (*Aut*) trevo rodoviário
clown [klaun] N palhaço ■ VI (*also*: **clown about; clown around**) fazer palhaçadas
cloying ['klɔɪɪŋ] ADJ (*taste, smell*) enjoativo, nauseabundo
club [klʌb] N (*society*) clube *m*; (*weapon*) cacete *m*; (*also*: **golf club**) taco ■ VT esbordoar ■ VI: **to ~ together** cotizar-se; **clubs** NPL (*Cards*) paus *mpl*; **club car** (*US*) N (*Rail*) vagão-restaurante *m*
clubhouse ['klʌbhaus] N sede *f* do clube
cluck [klʌk] VI cacarejar
clue [klu:] N indício, pista; (*in crossword*) definição *f*; **I haven't a ~** não faço idéia
clued up [klu:d-] (*US* **clued in**) (*inf*) ADJ entendido
clueless ['klu:lɪs] (*inf*) ADJ burro
clump [klʌmp] N (*of trees etc*) grupo
clumsy ['klʌmzɪ] ADJ (*person*) desajeitado; (*movement*) deselegante, mal-feito; (*attempt*) inábel
clung [klʌŋ] PT, PP *of* **cling**
cluster ['klʌstəʳ] N grupo; (*of flowers*) ramo ■ VI agrupar-se, apinhar-se
clutch [klʌtʃ] N (*grip, grasp*) garra; (*Aut*) embreagem *f* (BR), embraiagem *f* (PT); (*pedal*) pedal *m* de embreagem (BR) *or* embraiagem (PT) ■ VT empunhar, pegar em ■ VI: **to ~ at** agarrar-se a
clutter ['klʌtəʳ] VT (*also*: **clutter up**) abarrotar, encher desordenadamente ■ N bagunça, desordem *f*
CM (*US*) ABBR (*Post*) = **North Mariana Islands**
cm ABBR (= *centimetre*) cm
CNAA (*Brit*) N ABBR (= *Council for National Academic Awards*) *órgão não universitário que outorga diplomas*
CND N ABBR = **Campaign for Nuclear Disarmament**
CO N ABBR (= *commanding officer*) Com.; (*Brit*) = **Commonwealth Office** ■ ABBR (*US*: *Post*) = **Colorado**
Co. ABBR = **county**; (: = *company*) Cia
c/o ABBR (= *care of*) a/c
coach [kəutʃ] N (*bus*) ônibus *m* (BR), autocarro (PT); (*horse-drawn*) carruagem *f*, coche *m*; (*of train*) vagão *m*; (*Sport*) treinador(a) *m/f*, instrutor(a) *m/f*; (*tutor*) professor(a) *m/f* particular ■ VT (*Sport*) treinar; (*student*) preparar, ensinar; **coach trip** N passeio de ônibus (BR) *or* autocarro (PT)
coagulate [kəu'ægjuleɪt] VI coagular-se ■ VT coagular
coal [kəul] N carvão *m*; **coal face** N frente *f* de carvão
coalfield ['kəulfi:ld] N região *f* carbonífera
coalition [kəuə'lɪʃən] N coalizão *f*, coligação *f*
coalman ['kəulmæn] (*irreg*) N carvoeiro
coal merchant N = **coalman**
coalmine ['kəulmaɪn] N mina de carvão
coal miner N mineiro de carvão
coal mining N mineração *f* de carvão
coarse [kɔ:s] ADJ grosso, áspero; (*vulgar*) grosseiro, ordinário
coast [kəust] N costa, litoral *m* ■ VI (*Aut*) ir em ponto morto
coastal ['kəustəl] ADJ costeiro
coaster ['kəustəʳ] N embarcação *f* costeira, barco de cabotagem; (*for glass*) descanso
coastguard ['kəustgɑ:d] N (*person*) guarda encarregado de policiar a costa
coastline ['kəustlaɪn] N litoral *m*
coat [kəut] N (*jacket*) casaco; (*overcoat*) sobretudo;

(*of animal*) pelo; (*of paint*) demão *f*, camada ■ VT cobrir, revestir; **coat hanger** N cabide *m*
coating ['kəutɪŋ] N camada
coat of arms N brasão *m*
co-author [kəu-] N co-autor(a) *m/f*
coax [kəuks] VT persuadir com meiguice
cob [kɔb] N *see* **corn**
cobbler ['kɔblᵊ] N sapateiro
cobbles ['kɔblz] NPL pedras *fpl* arredondadas
cobblestones ['kɔblstəunz] NPL = **cobbles**
COBOL ['kəubɔl] N COBOL *m*
cobra ['kəubrə] N naja
cobweb ['kɔbwɛb] N teia de aranha
cocaine [kɔ'keɪn] N cocaína
cock [kɔk] N (*rooster*) galo; (*male bird*) macho ■ VT (*gun*) engatilhar; **to ~ one's ears** (*fig*) prestar atenção
cock-a-hoop ADJ exultante, eufórico
cockerel ['kɔkərəl] N frango, galo pequeno
cock-eyed [-aɪd] ADJ (*crooked*) torto; (*fig: idea*) absurdo
cockle ['kɔkl] N berbigão *m*
cockney ['kɔknɪ] N londrino(-a) (*nativo dos bairros populares do leste de Londres*)
cockpit ['kɔkpɪt] N (*in aircraft*) cabina
cockroach ['kɔkrəutʃ] N barata
cocktail ['kɔkteɪl] N coquetel *m* (BR), cocktail *m* (PT); **cocktail cabinet** N móvel-bar *m*; **cocktail party** N coquetel (BR), cocktail (BR); **cocktail shaker** [-ʃeɪkᵊ] N coqueteleira
cocoa ['kəukəu] N cacau *m*; (*drink*) chocolate *m*
coconut ['kəukənʌt] N coco
cocoon [kə'ku:n] N casulo
COD ABBR (*Brit*) = **cash on delivery**; (*US*) = **collect on delivery**
cod [kɔd] N INV bacalhau *m*
code [kəud] N cifra; (*dialling code, post code*) código; **code of practice** N deontologia
codeine ['kəudi:n] N codeína
codicil ['kɔdɪsɪl] N codicilo
codify ['kəudɪfaɪ] VT codificar
cod-liver oil N óleo de fígado de bacalhau
co-driver [kəu-] N (*in race*) co-piloto; (*in lorry*) segundo motorista *m*
co-ed ['kəu'ɛd] ADJ ABBR = **coeducational** ■ N (*US: female student*) *aluna de escola mista*; (*Brit: school*) escola mista
coeducational ['kəuɛdju'keɪʃənl] ADJ misto
coerce [kəu'ə:s] VT coagir
coercion [kəu'ə:ʃən] N coerção *f*
coexistence ['kəuɪg'zɪstəns] N coexistência
C. of C. N ABBR = **chamber of commerce**
C of E ABBR = **Church of England**
coffee ['kɔfɪ] N café *m*; **white ~** (*Brit*) *or* **~ with cream** (*US*) café com leite; **coffee bar** (*Brit*) N café *m*, lanchonete *f*; **coffee bean** N grão *m* de café; **coffee break** N hora do café; **coffee cake** (*US*) N pão *m* doce com passas; **coffee cup** N xícara (BR) *or* chávena (PT) de café; **coffee grounds** NPL borras *fpl* de café; **coffee plant** N pé *m* de café
coffeepot ['kɔfɪpɔt] N cafeteira
coffee table N mesinha de centro
coffin ['kɔfɪn] N caixão *m*
C of I ABBR = **Church of Ireland**
C of S ABBR = **Church of Scotland**
cog [kɔg] N (*tooth*) dente *m*; (*wheel*) roda dentada
cogent ['kəudʒənt] ADJ convincente
cognac ['kɔnjæk] N conhaque *m*
cogwheel ['kɔgwi:l] N roda dentada
cohabit [kəu'hæbɪt] VI (*formal*): **to ~ (with sb)** coabitar (com alguém)
coherent [kəu'hɪərənt] ADJ coerente
cohesion [kəu'hi:ʒən] N coesão *f*
cohesive [kəu'hi:sɪv] ADJ coeso
COI (*Brit*) N ABBR (= *Central Office of Information*) *serviço de informação governamental*
coil [kɔɪl] N rolo; (*rope*) corda enrolada; (*of smoke*) espiral *f*; (*Elec*) bobina; (*contraceptive*) DIU *m* ■ VT enrolar ■ VI enrolar-se, espiralar-se
coin [kɔɪn] N moeda ■ VT (*word*) cunhar, criar
coinage ['kɔɪnɪdʒ] N moeda, sistema *m* monetário
coin box (*Brit*) N telefone *m* público
coincide [kəuɪn'saɪd] VI coincidir
coincidence [kəu'ɪnsɪdəns] N coincidência
coin-operated [-'ɔpəreɪtɪd] ADJ (*machine, laundry*) automático, que funciona com moedas
Coke® [kəuk] N coca
coke [kəuk] N (*coal*) coque *m*
Col. ABBR (= *colonel*) Cel
COLA (*US*) N ABBR (= *cost-of-living adjustment*) ≈ URP *f*
colander ['kɔləndᵊ] N coador *m*, passador *m*
cold [kəuld] ADJ frio ■ N frio; (*Med*) resfriado (BR), constipação *f* (PT); **it's ~** está frio; **to be ~** estar com frio; **to catch ~** resfriar-se (BR), apanhar constipação (PT); **to catch a ~** apanhar um resfriado; **in ~ blood** a sangue frio; **to have ~ feet** (*fig*) estar com medo; **to give sb the ~ shoulder** tratar alguém com frieza, dar uma fria em alguém (*inf*)
cold-blooded [-'blʌdɪd] ADJ (*Zool*) de sangue frio; (*murder*) a sangue frio
cold cream N creme *m* de limpeza
coldly ['kəuldlɪ] ADV friamente
cold-shoulder VT tratar com frieza
cold sore N herpes *m* labial
coleslaw ['kəulslɔ:] N salada de repolho cru
colic ['kɔlɪk] N cólica
collaborate [kə'læbəreɪt] VI colaborar
collaboration [kəlæbə'reɪʃən] N colaboração *f*
collaborator [kə'læbəreɪtəᵊ] N colaborador(a) *m/f*
collage [kɔ'lɑ:ʒ] N colagem *f*
collagen ['kɔlədʒən] N colágeno
collapse [kə'læps] VI cair, tombar; (*roof*) dar de si, desabar; (*building*) desabar; (*Med*) desmaiar ■ N desabamento, desmoronamento; (*of government*) queda; (*Med*) colapso
collapsible [kə'læpsəbl] ADJ dobrável
collar ['kɔlᵊ] N (*of shirt*) colarinho; (*of coat etc*) gola; (*for dog*) coleira; (*Tech*) aro, colar *m* ■ VT (*inf: person*) prender

collarbone ['kɔləbəun] N clavícula
collate [kɔ'leɪt] VT cotejar
collateral [kə'lætrəl] N garantia subsidiária *or* pignoratícia
collation [kə'leɪʃən] N colação *f*
colleague ['kɔli:g] N colega *m/f*
collect [kə'lɛkt] VT reunir; (*as a hobby*) colecionar; (*gather*) recolher; (*wages, debts*) cobrar; (*donations, subscriptions*) colher; (*mail*) coletar; (*Brit: call for*) (ir) buscar ■ VI (*people*) reunir-se; (*dust, dirt*) acumular-se ■ ADV: **to call ~** (*US: Tel*) ligar a cobrar; **to ~ one's thoughts** refletir; **~ on delivery** (*US: Comm*) pagamento na entrega
collected [kə'lɛktɪd] ADJ: **~ works** obra completa
collection [kə'lɛkʃən] N coleção *f*; (*of people*) grupo; (*of donations*) arrecadação *f*; (*of post, for charity*) coleta; (*of writings*) coletânea
collective [kə'lɛktɪv] ADJ coletivo; **collective bargaining** N negociação *f* coletiva
collector [kə'lɛktəʳ] N colecionador(a) *m/f*; (*of taxes etc*) cobrador(a) *m/f*; **~'s item** *or* **piece** peça de coleção
college ['kɔlɪdʒ] N colégio; (*of university*) faculdade *f*; (*of technology, agriculture*) instituto, escola; **to go to ~** fazer faculdade; **college of education** N faculdade *f* de educação

COLLEGE

Além de "universidade", *college* também se refere a um centro de educação superior para jovens que terminaram a educação obrigatória, *secondary school*. Alguns oferecem cursos de especialização em matérias técnicas, artísticas ou comerciais, outros oferecem disciplinas universitárias.

collide [kə'laɪd] VI: **to ~ (with)** colidir (com)
collie ['kɔlɪ] N collie *m*
colliery ['kɔlɪərɪ] (*Brit*) N mina de carvão
collision [kə'lɪʒən] N colisão *m*; **to be on a ~ course** estar em curso de colisão
colloquial [kə'ləukwɪəl] ADJ coloquial
collusion [kə'lu:ʒən] N colusão *f*, conluio; **in ~ with** em conluio com
cologne [kə'ləun] N (*also*: **eau-de-cologne**) (água de) colônia
Colombia [kə'lɔmbɪə] N Colômbia
Colombian [kə'lɔmbɪən] ADJ, N colombiano(-a)
colon ['kəulən] N (*sign*) dois pontos; (*Med*) cólon *m*
colonel ['kə:nl] N coronel *m*
colonial [kə'ləunɪəl] ADJ colonial
colonize ['kɔlənaɪz] VT colonizar
colony ['kɔlənɪ] N colônia
color *etc* ['kʌləʳ] (*US*) = **colour** *etc*
Colorado beetle [kɔlə'rɑ:dəu-] N besouro da batata, dorífora
colossal [kə'lɔsl] ADJ colossal
colour ['kʌləʳ] (*US* **color**) N cor *f* ■ VT colorir; (*with crayons*) colorir, pintar; (*dye*) tingir; (*fig: account*) falsear ■ VI (*blush*) corar; **colours** NPL (*of party, club*) cores *fpl*; **in ~** (*photograph etc*) a cores
colo(u)r bar N discriminação *f* racial
colo(u)r-blind ['kʌləblaɪnd] ADJ daltônico
colo(u)red ['kʌləd] ADJ colorido; (*person*) de cor
colo(u)reds ['kʌlədz] NPL gente *f* de cor
colo(u)r film N filme *m* a cores
colo(u)rful ['kʌləful] ADJ colorido; (*account*) vivido; (*personality*) vivo, animado
colo(u)ring ['kʌlərɪŋ] N colorido; (*complexion*) tez *f*; (*in food*) colorante *m*
colo(u)rless ['kʌləlɪs] ADJ sem cor, pálido
colo(u)r scheme N distribuição *f* de cores
colour supplement (*Brit*) N (*Press*) revista, suplemento a cores
colo(u)r television N televisão *f* a cores
colt [kəult] N potro
column ['kɔləm] N coluna; (*of smoke*) faixa; (*of people*) fila; **the editorial ~** o editorial
columnist ['kɔləmnɪst] N cronista *m/f*
coma ['kəumə] N coma *m*; **to be in a ~** estar em coma
comb [kəum] N pente *m*; (*ornamental*) crista; (*of cock*) crista ■ VT (*hair*) pentear; (*area*) vasculhar
combat ['kɔmbæt] N combate *m* ■ VT combater
combination [kɔmbɪ'neɪʃən] N combinação *f*; (*of safe*) segredo; **combination lock** N fechadura de combinação
combine [*vt, vi* kəm'baɪn, *n* 'kɔmbaɪn] VT combinar; (*qualities*) reunir ■ VI combinar-se ■ N (*Econ*) associação *f*; (*pej*) monopólio; **a ~d effort** um esforço conjunto
combine (harvester) N ceifeira debulhadora
combo ['kɔmbəu] N (*Jazz etc*) conjunto
combustible [kəm'bʌstɪbl] ADJ combustível
combustion [kəm'bʌstʃən] N combustão *f*

KEYWORD

come [kʌm] (*pt* **came**, *pp* **come**) VI **1** (*movement towards*) vir; **come here!** vem aqui!; **I've only come for an hour** eu só vim por uma hora; **come with me** vem comigo; **are you coming to my party?** você vem à minha festa?; **to come running** vir correndo
2 (*arrive*) chegar; **he's just come from Aberdeen** ele acabou de chegar de Aberdeen; **she's come here to work** ela veio aqui para trabalhar; **they came to a river** eles chegaram num rio; **to come home** chegar em casa
3 (*reach*): **to come to** chegar a; **the bill came to £40** a conta deu £40; **her hair came to her waist** o cabelo dela batia na cintura; **to come to power** chegar ao poder; **to come to a decision** chegar a uma decisão
4 (*occur*): **an idea came to me** uma idéia me ocorreu
5 (*be, become*) ficar; **to come loose/undone** soltar-se/desfazer-se; **I've come to like him** passei a gostar dele
▸ **come about** VI suceder, acontecer
▸ **come across** VT FUS (*person*) topar com; (*thing*) encontrar

▶ **come away** VI (*leave*) ir-se embora; (*become detached*) desprender-se, soltar-se
▶ **come back** VI (*return*) voltar
▶ **come by** VT FUS (*acquire*) conseguir
▶ **come down** VI (*price*) baixar; (*tree*) cair; (*building*) desmoronar-se
▶ **come forward** VI (*volunteer*) apresentar-se
▶ **come from** VT FUS (*place, source etc: subj: person*) ser de; (*: thing*) originar-se de
▶ **come in** VI (*visitor*) entrar; (*on deal etc*) participar; (*be involved*) estar envolvido
▶ **come in for** VT FUS (*criticism etc*) merecer
▶ **come into** VT FUS (*money*) herdar; (*fashion*) ser; (*be involved*) estar envolvido em
▶ **come off** VI (*button*) desprender-se, soltar-se; (*attempt*) dar certo
▶ **come on** VI (*pupil, work, project*) avançar; (*lights, electricity*) ser ligado; **come on!** vamos!, vai!
▶ **come out** VI (*fact*) vir à tona; (*book*) ser publicado; (*stain, sun*) sair
▶ **come round** VI (*after faint, operation*) voltar a si
▶ **come to** VI (*regain consciousness*) voltar a si
▶ **come up** VI (*sun*) nascer; (*problem, in conversation*) surgir; (*event*) acontecer
▶ **come up against** VT FUS (*resistance, difficulties*) enfrentar, esbarrar em
▶ **come up with** VT FUS (*idea*) propor, sugerir; (*money*) contribuir
▶ **come upon** VT FUS (*find*) encontrar, achar

comeback ['kʌmbæk] N (*of film star etc*) volta; (*reaction*) reação *f*; (*response*) resposta
comedian [kə'mi:dɪən] N cômico, humorista *m*
comedienne [kəmi:dɪ'ɛn] N cômica, humorista
comedown ['kʌmdaun] (*inf*) N revés *m*, humilhação *f*
comedy ['kɔmɪdɪ] N comédia; (*humour*) humor *m*
comet ['kɔmɪt] N cometa *m*
comeuppance [kʌm'ʌpəns] N: **to get one's ~ (for sth)** pagar (por algo)
comfort ['kʌmfət] N comodidade *f*, conforto; (*well-being*) bem-estar *m*; (*solace*) consolo; (*relief*) alívio ■ VT consolar, confortar; **comforts** NPL (*of home etc*) conforto
comfortable ['kʌmfətəbl] ADJ confortável; (*financially*) tranqüilo; (*walk, climb etc*) fácil; **I don't feel very ~ about it** não estou completamente conformado com isso
comfortably ['kʌmfətəblɪ] ADV confortavelmente
comforter ['kʌmfətəʳ] (*US*) N edredom *m* (BR), edredão *m* (PT)
comfort station (*US*) N banheiro (BR), lavatórios *mpl* (PT)
comic ['kɔmɪk] ADJ (*also*: **comical**) cômico ■ N (*person*) humorista *m/f*; (*Brit: magazine*) revista em quadrinhos (BR), revista de banda desenhada (PT), gibi *m* (BR) (*inf*)
comical ['kɔmɪkl] ADJ engraçado, cômico
comic strip N história em quadrinhos (BR), banda desenhada (PT)
coming ['kʌmɪŋ] N vinda, chegada ■ ADJ que vem, vindouro; **in the ~ weeks** nas próximas semanas
coming(s) and going(s) N(PL) vaivém *m*, azáfama
Comintern ['kɔmɪntə:n] N Comintern *m*
comma ['kɔmə] N vírgula
command [kə'mɑ:nd] N ordem *f*, mandado; (*control*) controle *m*; (*Mil: authority*) comando; (*mastery*) domínio; (*Comput*) comando ■ VT (*troops*) mandar; (*give orders to*) mandar, ordenar; (*dispose of*) dispor de; (*deserve*) merecer; **to ~ sb to do** mandar alguém fazer; **to have/take ~ of** ter/assumir o controle de; **to have at one's ~** (*money, resources etc*) dispor de
commandeer [kɔmən'dɪəʳ] VT requisitar
commander [kə'mɑ:ndəʳ] N (*Mil*) comandante *m/f*
commander-in-chief N (*Mil*) comandante-em-chefe *m/f*, comandante-chefe *m/f*
commanding [kə'mɑ:ndɪŋ] ADJ (*appearance*) imponente; (*voice, tone*) autoritário, imperioso; (*lead, position*) dominante; **commanding officer** N comandante *m/f*
commandment [kə'mɑ:ndmənt] N (*Rel*) mandamento
command module N (*Space*) módulo de comando
commando [kə'mɑ:ndəu] N (*group*) comando; (*soldier*) soldado
commemorate [kə'mɛməreɪt] VT (*with monument*) comemorar; (*with celebration*) celebrar
commemoration [kəmɛmə'reɪʃən] N comemoração *f*
commemorative [kə'mɛmərətɪv] ADJ comemorativo
commence [kə'mɛns] VT, VI começar, iniciar
commend [kə'mɛnd] VT (*praise*) elogiar, louvar; (*entrust*) encomendar; (*recommend*): **to ~ sth to sb** recomendar algo a alguém
commendable [kə'mɛndəbl] ADJ louvável
commendation [kɔmɛn'deɪʃən] N elogio, louvor *m*
commensurate [kə'mɛnʃərɪt] ADJ: **~ with** compatível com
comment ['kɔmɛnt] N comentário ■ VI comentar; **to ~ on sth** comentar algo; **to ~ that** observar que; **"no ~"** "sem comentário"
commentary ['kɔməntərɪ] N comentário
commentator ['kɔmənteɪtəʳ] N comentarista *m/f*
commerce ['kɔmə:s] N comércio
commercial [kə'mə:ʃəl] ADJ comercial ■ N anúncio, comercial *m*; **commercial bank** N banco comercial; **commercial break** N intervalo para os comerciais; **commercial college** N escola de comércio
commercialism [kə'mə:ʃəlɪzəm] N mercantilismo
commercialize [kə'mə:ʃəlaɪz] VT comercializar
commercial radio N rádio *f* comercial
commercial television N televisão *f* comercial

commercial traveller N caixeiro/a-viajante *m/f*
commercial vehicle N veículo utilitário
commiserate [kə'mɪzəreɪt] VI: **to ~ with** comiserar-se de, condoer-se de
commission [kə'mɪʃən] N (*body, fee*) comissão *f*; (*act*) incumbência; (*order for work of art etc*) empreitada, encomenda ■ VT (*Mil*) dar patente oficial a; (*work of art*) encomendar; (*artist*) incumbir; **out of ~** (*Naut*) fora do serviço ativo; (*not working*) com defeito; **to ~ sb to do sth** mandar alguém fazer algo; **to ~ sth from sb** encomendar algo a alguém; **~ of inquiry** (*Brit*) comissão de inquérito
commissionaire [kəmɪʃə'neəʳ] (*Brit*) N porteiro
commissioner [kə'mɪʃənəʳ] N comissário(-a)
commit [kə'mɪt] VT (*act*) cometer; (*money, resources*) alocar; (*to sb's care*) entregar; **to ~ o.s. (to do)** comprometer-se (a fazer); **to ~ suicide** suicidar-se; **to ~ to writing** pôr por escrito, pôr no papel; **to ~ sb for trial** levar alguém a julgamento
commitment [kə'mɪtmənt] N (*obligation*) compromisso; (*political etc*) engajamento; (*undertaking*) promessa
committed [kə'mɪtɪd] ADJ (*writer, politician etc*) engajado
committee [kə'mɪtɪ] N comitê *m*; **to be on a ~** ser membro de um comitê; **committee meeting** N reunião *f* de comitê
commodity [kə'mɔdɪtɪ] N mercadoria; **commodities** NPL (*Comm*) commodities *mpl*; **commodity exchange** N bolsa de mercadorias
common ['kɔmən] ADJ comum; (*vulgar*) vulgar ■ N terrenos baldios *mpl*; **Commons** NPL (*Brit: Pol*): **the (House of) C~s** a Câmara dos Comuns; **to have sth in ~ (with sb)** tel algo em comum (con alguém); **in ~ use** de uso corrente; **it's ~ knowledge that** todos sabem que; **to the ~ good** para o bem comum
commoner ['kɔmənəʳ] N plebeu(-béia) *m/f*
common ground N (*fig*) consenso
common law N lei *f* consuetudinária ■ ADJ: **common-law wife** concubina
commonly ['kɔmənlɪ] ADV geralmente
Common Market N Mercado Comum
commonplace ['kɔmənpleɪs] ADJ vulgar, trivial ■ N lugar-comum *m*
common room N sala comum; (*Sch*) sala dos professores (*or* estudantes)
common sense N bom senso
Commonwealth ['kɔmənwɛlθ] N: **the ~** a Comunidade Britânica
commotion [kə'məuʃən] N tumulto, confusão *f*
communal ['kɔmju:nl] ADJ (*life*) comunal; (*shared*) comun
commune [*n* 'kɔmju:n, *vi* kə'mju:n] N (*group*) comuna ■ VI: **to ~ with** comunicar-se
communicate [kə'mju:nɪkeɪt] VT comunicar ■ VI: **to ~ (with)** comunicar-se (com)
communication [kəmju:nɪ'keɪʃən] N comunicação *f*; (*letter, call*) mensagem *f*; **communication cord** (*Brit*) N sinal *m* de alarme; **communications network** N rede *f* de comunicações; **communications satellite** N satélite *m* de comunicações
communicative [kə'mju:nɪkətɪv] ADJ comunicativo
communion [kə'mju:nɪən] N (*also*: **Holy Communion**) comunhão *f*
communiqué [kə'mju:nɪkeɪ] N comunicado
communism ['kɔmjunɪzəm] N comunismo
communist ['kɔmjunɪst] ADJ, N comunista *m/f*
community [kə'mju:nɪtɪ] N comunidade *f*; (*within larger group*) sociedade *f*; **community centre** N centro social; **community chest** (*US*) N fundo de assistência social; **community health centre** N centro de saúde comunitário; **community service** N serviços *mpl* comunitários; **community spirit** N espírito comunitário
commutation ticket [kɔmju'teɪʃən-] (*US*) N passe *m*, bilhete *m* de assinatura
commute [kə'mju:t] VI viajar diariamente ■ VT comutar
commuter [kə'mju:təʳ] N viajante *m/f* habitual
compact [*adj* kəm'pækt, *n* 'kɔmpækt] ADJ compacto; (*style*) conciso ■ N (*pact*) pacto; (*also*: **powder compact**) estojo; **compact disk** N disco laser
companion [kəm'pænɪən] N companheiro(-a)
companionship [kəm'pænɪənʃɪp] N companhia, companheirismo; (*spirit*) camaradagem *f*
companionway [kəm'pænjənweɪ] N (*Naut*) escada de tombadilho
company ['kʌmpənɪ] N companhia; (*Comm*) sociedade *f*, companhia; **he's good ~** ele é uma boa companhia; **we have ~** temos visita; **to keep sb ~** fazer companhia a alguém; **to part ~ with** separar-se de; **Smith and C~** Smith e Companhia; **company car** N carro da companhia; **company director** N administrador(a) *m/f* de companhia; **company secretary** (*Brit*) N (*Comm*) secretário(-a) geral (*de uma companhia*)
comparable ['kɔmpərəbl] ADJ comparável
comparative [kəm'pærətɪv] ADJ comparativo; (*relative*) relativo
comparatively [kəm'pærətɪvlɪ] ADJ (*relatively*) relativamente
compare [kəm'pɛəʳ] VT: **to ~ sb/sth with/to** comparar alguém(-also com/a); (*contrast*): **to ~ (to/with)** comparar (a/com) ■ VI: **to ~ with** comparar-se com; **how do the prices ~?** qual é a diferença entre os preços?; **~d with** *or* **to** em comparação com
comparison [kəm'pærɪsn] N comparação *f*; **in ~ (with)** em comparação (com), comparado (com)
compartment [kəm'pɑ:tmənt] N (*Rail, of fridge*) compartimento; (*of wallet*) divisão *f*
compass ['kʌmpəs] N bússola; **within the ~ of** no âmbito de
compasses ['kʌmpəsɪz] NPL compasso

compassion [kəm'pæʃən] N compaixão *f*
compassionate [kəm'pæʃənət] ADJ compassivo; **on ~ grounds** por motivos humanitários
compatibility [kɔmpætɪ'bɪlɪtɪ] N compatibilidade *f*
compatible [kəm'pætɪbl] ADJ compatível
compel [kəm'pɛl] VT obrigar
compelling [kəm'pɛlɪŋ] ADJ (*fig: argument*) convincente
compendium [kəm'pɛndɪəm] N compêndio
compensate ['kɔmpənseɪt] VT (*employee, victim*) indenizar ■ VI: **to ~ for** compensar
compensation [kɔmpən'seɪʃən] N compensação *f*; (*damages*) indenização *f*
compère ['kɔmpɛəʳ] N apresentador(a) *m/f*
compete [kəm'pi:t] VI (*take part*) competir; (*vie*): **to ~ (with)** competir (com), fazer competição (com)
competence ['kɔmpɪtəns] N competência, capacidade *f*
competent ['kɔmpɪtənt] ADJ competente
competition [kɔmpɪ'tɪʃən] N (*contest*) concurso; (*Econ*) concorrência; (*rivalry*) competição *f*; **in ~ with** em competição com
competitive [kəm'pɛtɪtɪv] ADJ competitivo; (*person*) competidor(a); **competitive examination** N concurso
competitor [kəm'pɛtɪtəʳ] N (*rival*) competidor(a) *m/f*; (*participant, Econ*) concorrente *m/f*; **our ~s** (*Comm*) a (nossa) concorrência
compile [kəm'paɪl] VT compilar, compor
complacency [kəm'pleɪsnsɪ] N satisfação *f* consigo mesmo
complacent [kəm'pleɪsənt] ADJ relaxado, acomodado
complain [kəm'pleɪn] VI queixar-se; (*in shop etc*) reclamar; **to ~ of** (*pain*) queixar-se de
complaint [kəm'pleɪnt] N (*objection*) objeção *f*; (*criticism*) queixa; (*in shop etc*) reclamação *f*; (*Jur*) querela; (*Med*) achaque *m*, doença
complement ['kɔmplɪmənt] N complemento; (*esp ship's crew*) tripulação *f* ■ VT complementar
complementary [kɔmplɪ'mɛntərɪ] ADJ complementar
complete [kəm'pli:t] ADJ completo; (*finished*) acabado ■ VT (*finish: building, task*) acabar; (: *set, group*) completar; (*a form*) preencher; **a ~ disaster** um desastre total
completely [kəm'pli:tlɪ] ADV completamente
completion [kəm'pli:ʃən] N conclusão *f*, término; (*of contract etc*) realização *f*; **to be nearing ~** estar quase pronto; **on ~ of contract** na assinatura do contrato; (*for house*) na escritura
complex ['kɔmplɛks] ADJ complexo ■ N (*Psych, of ideas etc*) complexo; (*of buildings*) conjunto
complexion [kəm'plɛkʃən] N (*of face*) cor *f*, tez *f*; (*fig*) aspecto
complexity [kəm'plɛksɪtɪ] N complexidade *f*
compliance [kəm'plaɪəns] N (*submission*) submissão *f*; (*agreement*) conformidade *f*; **in ~ with** de acordo com, conforme
compliant [kəm'plaɪənt] ADJ complacente, submisso
complicate ['kɔmplɪkeɪt] VT complicar
complicated ['kɔmplɪkeɪtɪd] ADJ complicado
complication [kɔmplɪ'keɪʃən] N problema *f*; (*Med*) complicação *f*
compliment [*n* 'kɔmplɪmənt, *vt* 'kɔmplɪmɛnt] N (*formal*) cumprimento; (*praise*) elogio ■ VT elogiar; **compliments** NPL cumprimentos *mpl*; **to pay sb a ~** elogiar alguém; **to ~ sb (on sth/on doing sth)** cumprimentar *or* elogiar alguém (por algo/por ter feito algo)
complimentary [kɔmplɪ'mɛntərɪ] ADJ lisonjeiro; (*free*) gratuito; **complimentary ticket** N entrada de favor *or* de cortesia
compliments slip N memorando
comply [kəm'plaɪ] VI: **to ~ with** cumprir com
component [kəm'pəunənt] ADJ componente ■ N (*part*) peça; (*element*) componente *m*
compose [kəm'pəuz] VT compor; **to be ~d of** compor-se de; **to ~ o.s.** tranqüilizar-se
composed [kəm'pəuzd] ADJ calmo
composer [kəm'pəuzəʳ] N (*Mus*) compositor(a) *m/f*
composite ['kɔmpəzɪt] ADJ composto
composition [kɔmpə'zɪʃən] N composição *f*
compost ['kɔmpɔst] N adubo
composure [kəm'pəuʒəʳ] N serenidade *f*, calma
compound [*n, adj* 'kɔmpaund, *vt* kəm'paund] N (*Chem, Ling*) composto; (*enclosure*) recinto ■ ADJ composto; (*fracture*) complicado ■ VT (*fig: problem etc*) agravar; **compound interest** N juro composto
comprehend [kɔmprɪ'hɛnd] VT compreender
comprehension [kɔmprɪ'hɛnʃən] N compreensão *f*
comprehensive [kɔmprɪ'hɛnsɪv] ADJ abrangente; (*Insurance*) total; **comprehensive insurance policy** N apólice *f* de seguro com cobertura total; **comprehensive (school)** (*Brit*) N *escola secundária de amplo programa*

COMPREHENSIVE SCHOOL

Criadas na década de 1960 pelo governo trabalhista da época, as *comprehensive schools* são estabelecimentos de ensino secundário polivalentes concebidos para acolher todos os alunos sem distinção e lhes oferecer oportunidades iguais, em oposição ao sistema seletivo das *grammar schools*. A maioria dos estudantes britânicos freqüenta atualmente uma *comprehensive school*, mas as *grammar schools* não desapareceram de todo.

compress [*vt* kəm'prɛs, *n* 'kɔmprɛs] VT comprimir; (*text, information etc*) reduzir ■ N (*Med*) compressa
compression [kəm'prɛʃən] N compressão *f*
comprise [kəm'praɪz] VT (*also*: **be comprised of**)

compreender, constar de; (*constitute*) constituir
compromise ['kɔmprəmaɪz] N meio-termo ■ VT comprometer ■ VI chegar a um meio-termo ■ CPD (*decision, solution*) de meio-termo
compulsion [kəm'pʌlʃən] N compulsão *f*; (*force*) coação *f*, força; **under ~** sob coação, à forca
compulsive [kəm'pʌlsɪv] ADJ compulsório; **he's a ~ smoker** ele não pode deixar de fumar
compulsory [kəm'pʌlsərɪ] ADJ obrigatório; (*retirement*) compulsório; **compulsory purchase** N compra compulsória
compunction [kəm'pʌŋkʃən] N compunção; **to have no ~ about doing sth** não hesitar em fazer algo
computer [kəm'pju:tə^r] N computador *m*
computerize [kəm'pju:təraɪz] VT informatizar, computadorizar
computer language N linguagem *f* de máquina
computer peripheral N periférico
computer program N programa *m* de computador
computer progra(m)mer N programador(a) *m/f*
computer program(m)ing N programação *f*
computer science N informática, computação *f*
computer scientist N cientista *m/f* da computação
computing [kəm'pju:tɪŋ] N computação *f*; (*science*) informática
comrade ['kɔmrɪd] N camarada *m/f*
comradeship ['kɔmrɪdʃɪp] N camaradagem *f*
comsat ['kɔmsæt] N ABBR = **communications satellite**
con [kɔn] VT enganar; (*cheat*) trapacear ■ N vigarice *f*; **cons** NPL *see* **convenience**; **pro**; **to ~ sb into doing sth** convencer alguém a fazer algo (por artimanhas)
concave [kɔn'keɪv] ADJ côncavo
conceal [kən'si:l] VT ocultar; (*information*) omitir
concede [kən'si:d] VT (*admit*) reconhecer, admitir ■ VI ceder
conceit [kən'si:t] N presunção *f*
conceited [kən'si:tɪd] ADJ vaidoso
conceivable [kən'si:vəbl] ADJ concebível; **it is ~ that** é possível que
conceivably [kən'si:vəblɪ] ADV: **he may ~ be right** é possível que ele tenha razão
conceive [kən'si:v] VT conceber ■ VI conceber, engravidar; **to ~ of sth/of doing sth** conceber algo/fazer idéia de fazer algo
concentrate ['kɔnsəntreɪt] VI concentrar-se ■ VT concentrar
concentration [kɔnsən'treɪʃən] N concentração *f*; **concentration camp** N campo de concentração
concentric [kɔn'sɛntrɪk] ADJ concêntrico
concept ['kɔnsɛpt] N conceito
conception [kən'sɛpʃən] N (*idea*) conceito, idéia; (*Bio*) concepção *f*
concern [kən'sə:n] N (*matter*) assunto; (*Comm*) empresa; (*anxiety*) preocupação *f* ■ VT (*worry*) preocupar; (*involve*) envolver; (*relate to*) dizer respeito a; **to be ~ed (about)** preocupar-se (com); **"to whom it may ~"** "a quem interessar possa"; **as far as I'm ~ed** no que me diz respeito, quanto a mim; **to be ~ed with** (*person: involved with*) ocupar-se de; (*book: be about*) tratar de; **the department ~ed** (*under discussion*) o departamento em questão; (*relevant*) o departamento competente
concerning [kən'sə:nɪŋ] PREP sobre, a respeito de, acerca de
concert ['kɔnsət] N concerto; **in ~** de comum acordo
concerted [kən'sə:tɪd] ADJ (*joint*) conjunto; (*strong*) sério
concert hall N sala de concertos
concertina [kɔnsə'ti:nə] N sanfona ■ VI engavetar-se
concert master (*US*) N primeiro violino de uma orquestra
concerto [kən'tʃə:təu] N concerto
concession [kən'sɛʃən] N concessão *f*; **tax ~** redução no imposto
concessionaire [kənsɛʃə'nɛə^r] N concessionário(-a)
concessionary [kən'sɛʃənrɪ] ADJ (*ticket, fare*) a preço reduzido
conciliation [kənsɪlɪ'eɪʃən] N conciliação *f*
conciliatory [kən'sɪlɪətrɪ] ADJ conciliador(a)
concise [kən'saɪs] ADJ conciso
conclave ['kɔnkleɪv] N conclave *m*
conclude [kən'klu:d] VT (*finish*) acabar, concluir; (*treaty etc*) firmar; (*agreement*) chegar a; (*decide*) decidir; **to ~ that** chegar à conclusão de que ■ VI terminar, acabar
conclusion [kən'klu:ʒən] N conclusão *f*; **to come to the ~ that** chegar à conclusão de que
conclusive [kən'klu:sɪv] ADJ conclusivo, decisivo
concoct [kən'kɔkt] VT (*excuse*) fabricar; (*plot*) tramar; (*meal*) preparar
concoction [kən'kɔkʃən] N (*mixture*) mistura
concord ['kɔŋkɔ:d] N (*harmony*) concórdia; (*treaty*) acordo
concourse ['kɔŋkɔ:s] N (*hall*) saguão *m*; (*crowd*) multidão *f*
concrete ['kɔnkri:t] N concreto (*BR*), betão *m* (*PT*) ■ ADJ concreto; **concrete mixer** N betoneira
concur [kən'kə:^{r}] VI estar de acordo, concordar
concurrently [kən'kʌrntlɪ] ADV ao mesmo tempo, simultaneamente
concussion [kən'kʌʃən] N (*Med*) concussão *f* cerebral
condemn [kən'dɛm] VT (*denounce*) denunciar; (*prisoner, building*) condenar
condemnation [kɔndɛm'neɪʃən] N condenação *f*; (*blame*) censura
condensation [kɔndɛn'seɪʃən] N condensação *f*
condense [kən'dɛns] VI condensar-se ■ VT condensar

condensed milk [kən'dɛnst-] N leite *m* condensado
condescend [kɔndɪ'sɛnd] VI condescender, dignar-se; **to ~ to do sth** condescender a fazer algo
condescending [kɔndɪ'sɛndɪŋ] ADJ condescendente
condition [kən'dɪʃən] N condição *f*; (*health*) estado de saúde; (*Med*: *illness*) doença ■ VT condicionar; **conditions** NPL (*circumstances*) circunstâncias *fpl*; **on ~ that** com a condição (de) que; **in good/poor ~** em bom/mau estado (de conservação); **a heart ~** um problema no coração; **weather ~s** condições *fpl* meteorológicas
conditional [kən'dɪʃənl] ADJ condicional; **to be ~ upon** depender de
conditioner [kən'dɪʃənəʳ] N (*for hair*) condicionador *m*; (*for fabrics*) amaciante *m*
condo ['kɔndəu] (*US*: *inf*) N ABBR = **condominium**
condolences [kən'dəulənsɪz] NPL pêsames *mpl*
condom ['kɔndɔm] N preservativo, camisa-de-Venus *f*
condominium [kɔndə'mɪnɪəm] (*US*) N (*building*) edifício; (*rooms*) apartamento
condone [kən'dəun] VT admitir, aceitar
conducive [kən'dju:sɪv] ADJ: **~ to** conducente para *or* a
conduct [*n* 'kɔndʌkt, *vt*, *vi* kən'dʌkt] N conduta, comportamento ■ VT conduzir; (*manage*) dirigir; (*Mus*) reger ■ VI (*Mus*) reger uma orquestra; **to ~ o.s.** comportar-se
conducted tour [kən'dʌktɪd-] N viagem *f* organizada; (*of building etc*) visita guiada
conductor [kən'dʌktəʳ] N (*of orchestra*) regente *m/f*; (*on bus*) cobrador(a) *m/f*; (*US*: *Rail*) revisor(a) *m/f*; (*Elec*) condutor *m*
conductress [kən'dʌktrɪs] N (*on bus*) cobradora
conduit ['kɔndɪt] N conduto
cone [kəun] N cone *m*; (*Bot*) pinha; (*for ice-cream*) casquinha; **pine ~** pinha
confectioner [kən'fɛkʃənəʳ] N confeiteiro(-a) (BR), pasteleiro(-a) (PT)
confectioner's (shop) N confeitaria (BR), pastelaria (PT); (*sweet shop*) confeitaria
confectionery [kən'fɛkʃnərɪ] N (*cakes*) bolos *mpl*; (*sweets*) doces *mpl*
confederate [kən'fɛdrɪt] ADJ confederado ■ N cúmplice *m/f*; (*US*: *History*) confederado(-a) (sulista)
confederation [kənfɛdə'reɪʃən] N confederação *f*
confer [kən'fə:ʳ] VT: **to ~ on** outorgar a ■ VI conferenciar
conference ['kɔnfərns] N (*meeting*) congresso; **to be in ~** estar em conferência; **conference room** N sala de conferência
confess [kən'fɛs] VT confessar ■ VI (*admit*) admitir
confession [kən'fɛʃən] N admissão *f*; (*Rel*) confissão *f*
confessional [kən'fɛʃənl] N confessionário
confessor [kən'fɛsəʳ] N confessor *m*
confetti [kən'fɛtɪ] N confete *m*
confide [kən'faɪd] VI: **to ~ in** confiar em, fiar-se em
confidence ['kɔnfɪdns] N confiança; (*faith*) fé *f*; (*secret*) confidência; **to have (every) ~ that** ter certeza de que; **motion of no ~** moção de não confiança; **in ~** em confidência; **confidence trick** N conto do vigário
confident ['kɔnfɪdnt] ADJ confiante, convicto; (*positive*) seguro
confidential [kɔnfɪ'dɛnʃəl] ADJ confidencial; (*secretary*) de confiança
confidentiality ['kɔnfɪdɛnʃɪ'ælɪtɪ] N sigilo
configuration [kən'fɪgju'reɪʃən] N (*also*: *Comput*) configuração *f*
confine [kən'faɪn] VT (*shut up*) encarcerar; (*limit*): **to ~ (to)** confinar (a); **to ~ o.s. to (doing) sth** limitar-se a (fazer) algo
confined [kən'faɪnd] ADJ (*space*) reduzido
confinement [kən'faɪnmənt] N (*imprisonment*) prisão *f*; (*enclosure*) reclusão *f*; (*Med*) parto
confines ['kɔnfaɪnz] NPL confins *mpl*
confirm [kən'fə:m] VT confirmar
confirmation [kɔnfə'meɪʃən] N confirmação *f*; (*Rel*) crisma
confirmed [kən'fə:md] ADJ inveterado
confiscate ['kɔnfɪskeɪt] VT confiscar
confiscation [kɔnfɪs'keɪʃən] N confiscação *f*
conflagration [kɔnflə'greɪʃən] N conflagração *f*
conflict [*n* 'kɔnflɪkt, *vi* kən'flɪkt] N (*disagreement*) divergência; (*of interests, loyalties*) conflito; (*fighting*) combate *m* ■ VI estar em conflito; (*opinions*) divergir
conflicting [kən'flɪktɪŋ] ADJ (*reports*) divergente; (*interests*) oposto; (*account*) discrepante
conform [kən'fɔ:m] VI conformar-se; **to ~ to** ajustar-se a, acomodar-se a
conformist [kən'fɔ:mɪst] N conformista *m/f*
confound [kən'faund] VT confundir; (*amaze*) desconcertar
confounded [kən'faundɪd] ADJ maldito
confront [kən'frʌnt] VT (*problems*) enfrentar; (*enemy, danger*) defrontar-se com
confrontation [kɔnfrən'teɪʃən] N confrontação *f*
confuse [kən'fju:z] VT (*perplex*) desconcertar; (*mix up*) confundir, misturar; (*complicate*) complicar
confused [kən'fju:zd] ADJ confuso; (*person*) perplexo, confuso
confusing [kən'fju:zɪŋ] ADJ confuso
confusion [kən'fju:ʒən] N (*mix-up*) mal-entendido; (*perplexity*) perplexidade *f*; (*disorder*) confusão *f*
congeal [kən'dʒi:l] VI (*freeze*) congelar-se; (*coagulate*) coagular-se
congenial [kən'dʒi:nɪəl] ADJ simpático, agradável
congenital [kən'dʒɛnɪtl] ADJ congênito
conger eel ['kɔŋgeʳ-] N congro
congested [kən'dʒɛstɪd] ADJ congestionado

congestion [kən'dʒɛstʃən] N (*Med*) congestão *f*; (*traffic*) congestionamento
conglomerate [kən'glɔmərɪt] N (*Comm*) conglomerado
conglomeration [kənglɔmə'reɪʃən] N conglomeração *f*, aglomeração *f*
Congo ['kɔŋgəu] N (*state*) Congo
congratulate [kən'grætjuleɪt] VT parabenizar; **to ~ sb (on)** felicitar *or* parabenizar alguém (por)
congratulations [kəngrætju'leɪʃənz] NPL: **~ (on)** parabéns *mpl* (por) ■ EXCL parabéns!
congregate ['kɔŋgrɪgeɪt] VI reunir-se
congregation [kɔŋgrɪ'geɪʃən] N (*in church*) fiéis *mpl*; (*assembly*) congregação *f*, reunião *f*
congress ['kɔŋgrɛs] N congresso; (*US*): **C~** Congresso

CONGRESS

O Congresso é o Parlamento dos Estados Unidos. Consiste na *House of Representatives* e no Senado *Senate*. Os representantes e senadores são eleitos por sufrágio universal direto. O Congresso se reúne no *Capitol*, em Washington.

congressman ['kɔŋgrɛsmən] (*US*: *irreg*) N deputado
congresswoman ['kɔŋgrɛswumən] (*US*: *irreg*) N deputada
conical ['kɔnɪkl] ADJ cônico
conifer ['kɔnɪfəʳ] N conífera
coniferous [kə'nɪfərəs] ADJ (*forest*) conífero
conjecture [kən'dʒɛktʃəʳ] N conjetura ■ VT, VI conjeturar
conjugal ['kɔndʒugl] ADJ conjugal
conjugate ['kɔndʒugeɪt] VT conjugar
conjugation [kɔndʒu'geɪʃən] N conjugação *f*
conjunction [kən'dʒʌŋkʃən] N conjunção *f*; **in ~ with** junto com
conjunctivitis [kəndʒʌŋktɪ'vaɪtɪs] N conjuntivite *f*
conjure ['kʌndʒəʳ] VI fazer truques ■ VT fazer aparecer
▸ **conjure up** VT (*ghost, spirit*) fazer aparecer, invocar; (*memories*) evocar
conjurer ['kʌndʒərəʳ] N mágico(-a), prestidigitador(a) *m/f*
conjuring trick ['kʌndʒərɪŋ-] N mágica
conker ['kɔŋkəʳ] (*Brit*) N castanha-da-índia
conk out [kɔŋk-] (*inf*) VI pifar
con man ['kɔn-] (*irreg*) N vigarista *m*
connect [kə'nɛkt] VT (*Elec, Tel*) ligar; (*fig*: *associate*) associar; (*join*): **to ~ sth (to)** juntar *or* unir algo (a) ■ VI: **to ~ with** (*train*) conectar com; **to be ~ed with** estar relacionado com; **I'm trying to ~ you** (*Tel*) estou tentando completar a ligação
connection [kə'nɛkʃən] N ligação *f*; (*Elec, Rail*) conexão *f*; (*Tel*) ligação *f*; (*fig*) relação *f*; **in ~ with** com relação a; **what is the ~ between them?** qual é a relação entre eles?; **business ~s** contatos de trabalho
connexion [kə'nɛkʃən] (*Brit*) N = **connection**
conning tower ['kɔnɪŋ-] N torre *f* de comando
connive [kə'naɪv] VI: **to ~ at** ser conivente em
connoisseur [kɔnɪ'səʳ] N conhecedor(a) *m/f*, apreciador(a) *m/f*
connotation [kɔnə'teɪʃən] N conotação *f*
connubial [kə'nju:bɪəl] ADJ conjugal
conquer ['kɔŋkəʳ] VT conquistar; (*enemy*) vencer; (*feelings*) superar
conqueror ['kɔŋkərəʳ] N conquistador(a) *m/f*
conquest ['kɔŋkwɛst] N conquista
cons [kɔnz] NPL *see* **convenience**
conscience ['kɔnʃəns] N consciência; **in all ~** em sã consciência
conscientious [kɔnʃɪ'ɛnʃəs] ADJ consciencioso; (*objection*) de consciência; **conscientious objector** N *aquele que faz uma objeção de consciência à sua participação nas forças armadas*
conscious ['kɔnʃəs] ADJ: **~ (of)** consciente (de); (*deliberate*: *insult, error*) intencional; **to become ~ of** tornar-se consciente de, conscientizar-se de
consciousness ['kɔnʃəsnɪs] N consciência; **to lose/regain ~** perder/recuperar os sentidos
conscript ['kɔnskrɪpt] N recruta *m/f*
conscription [kən'skrɪpʃən] N serviço militar obrigatório
consecrate ['kɔnsɪkreɪt] VT consagrar
consecutive [kən'sɛkjutɪv] ADJ consecutivo
consensus [kən'sɛnsəs] N consenso; **the ~ (of opinion)** o consenso (de opiniões)
consent [kən'sɛnt] N consentimento ■ VI: **to ~ to** consentir em; **age of ~** maioridade; **by common ~** de comum acordo
consequence ['kɔnsɪkwəns] N conseqüência; (*significance*): **of ~** de importância; **in ~** por conseqüência
consequently ['kɔnsɪkwəntlɪ] ADV por conseguinte
conservation [kɔnsə'veɪʃən] N (*Of the environment*) preservação *f*; (*of energy, paintings etc*) conservação *f*; (*also*: **nature conservation**) proteção *f* do meio ambiente; **energy ~** conservação da energia
conservationist [kɔnsə'veɪʃənɪst] N conservacionista *m/f*
conservative [kən'sə:vətɪv] ADJ conservador(a); (*cautious*) moderado; (*Brit*: *Pol*): **C~** conservador(a) ■ N (*Brit*: *Pol*) conservador(a) *m/f*
conservatory [kən'sə:vətrɪ] N (*Mus*) conservatório; (*greenhouse*) estufa
conserve [kən'sə:v] VT conservar; (*preserve*) preservar; (*supplies, energy*) poupar ■ N conserva
consider [kən'sɪdəʳ] VT (*believe*) acreditar; (*take into account*) levar em consideração; (*study*) estudar, examinar; **to ~ doing sth** pensar em fazer algo; **~ yourself lucky** dê-se por sortudo; **all things ~ed** afinal de contas
considerable [kən'sɪdərəbl] ADJ considerável; (*sum*) importante
considerably [kən'sɪdərəblɪ] ADV

consideravelmente
considerate [kən'sɪdərɪt] ADJ atencioso
consideration [kənsɪdə'reɪʃən] N consideração *f*; (*deliberation*) deliberação *f*; (*factor*) fator *m*; (*reward*) remuneração *f*; **out of ~ for** em consideração a; **to be under ~** estar em apreciação; **my first ~ is my family** minha maior preocupação é a minha família
considering [kən'sɪdərɪŋ] PREP em vista de ■ CONJ: **~ (that)** apesar de que, considerando que
consign [kən'saɪn] VT consignar; **to ~ to** (*to a place*) relegar para; (*to sb's care, to poverty*) confiar a
consignee [kɔnsaɪ'ni:] N consignatário(-a)
consignment [kən'saɪnmənt] N consignação *f*; **consignment note** N (*Comm*) guia de remessa
consignor [kən'saɪnəʳ] N consignador(a) *m/f*
consist [kən'sɪst] VI: **to ~ of** (*comprise*) comprender
consistency [kən'sɪstənsɪ] N (*of policies etc*) coerência; (*thickness*) consistência
consistent [kən'sɪstənt] ADJ (*person*) coerente, estável; (*agrument, idea*) sólido; (*even*) constante; **~ with** compatível com, de acordo com
consolation [kɔnsə'leɪʃən] N conforto
console [*vt* kən'səul, *n* 'kɔnsəul] VT confortar ■ N consolo
consolidate [kən'sɔlɪdeɪt] VT consolidar
consols ['kɔnsɔlz] (*Brit*) NPL (*Stock Exchange*) consolidados *mpl*
consommé [kən'sɔmeɪ] N consomê *m*, caldo
consonant ['kɔnsənənt] N consoante *f*
consort [*n* 'kɔnsɔ:t, *vi* kən'sɔ:t] N consorte *m/f* ■ VI: **to ~ with** ter ligações com, conviver com; **prince ~** príncipe *m* consorte
consortia [kən'sɔ:tɪə] NPL *of* **consortium**
consortium [kən'sɔ:tɪəm] (*pl* **consortiums** *or* **consortia**) N consórcio
conspicuous [kən'spɪkjuəs] ADJ (*noticeable*) conspícuo; (*visible*) visível; (*garish*) berrante; (*outstanding*) notável; **to make o.s. ~** fazer-se notar
conspiracy [kən'spɪrəsɪ] N conspiração *f*, trama
conspiratorial [kən'spɪrə'tɔ:rɪəl] ADJ conspirador(a)
conspire [kən'spaɪəʳ] VI conspirar
constable ['kʌnstəbl] (*Brit*) N policial *m/f* (BR), polícia *m/f* (PT); **chief ~** chefe *m/f* de polícia
constabulary [kən'stæbjulərɪ] N polícia (distrital)
constant ['kɔnstənt] ADJ constante; (*loyal*) leal, fiel
constantly ['kɔnstəntlɪ] ADV constantemente
constellation [kɔnstə'leɪʃən] N constelação *f*
consternation [kɔnstə'neɪʃən] N consternação *f*
constipated ['kɔnstɪpeɪtəd] ADJ com prisão de ventre
constipation [kɔnstɪ'peɪʃən] N prisão *f* de ventre
constituency [kən'stɪtjuənsɪ] N (*Pol*) distrito eleitoral; (*people*) eleitorado; **constituency party** N partido local
constituent [kən'stɪtjuənt] N (*Pol*) eleitor(a) *m/f*; (*component*) componente *m*
constitute ['kɔnstɪtju:t] VT (*represent*) representar; (*make up*) constituir
constitution [kɔnstɪ'tju:ʃən] N constituição *f*; (*health*) compleição *f*
constitutional [kɔnstɪ'tju:ʃənl] ADJ constitucional
constrain [kən'streɪn] VT obrigar
constrained [kən'streɪnd] ADJ: **to feel ~ to ...** sentir-se compelido a ...
constraint [kən'streɪnt] N (*compulsion*) coação *f*, pressão *f*; (*restriction*) limitação *f*; (*shyness*) constrangimento
constrict [kən'strɪkt] VT apertar, constringir
construct [kən'strʌkt] VT construir
construction [kən'strʌkʃən] N construção *f*; (*structure*) estrutura; (*fig: interpretation*) interpretação *f*; **under ~** em construção; **construction industry** N construção *f*
constructive [kən'strʌktɪv] ADJ construtivo
construe [kən'stru:] VT interpretar
consul ['kɔnsl] N cônsul *m/f*
consulate ['kɔnsjulɪt] N consulado
consult [kən'sʌlt] VT, VI consultar
consultancy [kən'sʌltənsɪ] N consultoria; **consultancy fee** N honorário de consultor
consultant [kən'sʌltənt] N (*Med: médico/a*) especialista *m/f*; (*other specialist*) assessor(a) *m/f*, consultor(a) *m/f* ■ CPD: **~ engineer** engenheiro-consultor/engenheira-consultora *m/f*; **~ paediatrician** pediatra *m/f*; **legal/management ~** assessor jurídico/consultor em administração
consultation [kɔnsəl'teɪʃən] N (*Med*) consulta; (*discussion*) discussão *f*; **in ~ with** em consulta com
consulting room [kən'sʌltɪŋ-] (*Brit*) N consultório
consume [kən'sju:m] VT (*eat*) comer; (*drink*) beber; (*fire etc, Comm*) consumir
consumer [kən'sju:məʳ] N consumidor(a) *m/f*; **consumer credit** N crédito ao consumidor; **consumer durables** NPL bens *mpl* de consumo duráveis; **consumer goods** NPL bens *mpl* de consumo
consumerism [kən'sju:mərɪzəm] N (*Econ*) consumismo; (*consumer protection*) proteção *f* ao consumidor
consumer society N sociedade *f* de consumo
consummate ['kɔnsʌmeɪt] VT consumar
consumption [kən'sʌmpʃən] N consumação *f*; (*buying*) consumo; (*Med*) tuberculose *f*; **not fit for human ~** impróprio para consumo
cont. ABBR = **continued**
contact ['kɔntækt] N contato ■ VT entrar *or* pôr-se em contato com; **to be in ~ with sb** estar em contato com alguém; **he has good ~s** tem boas relações; **contact lenses** NPL lentes *fpl* de contato
contagious [kən'teɪdʒəs] ADJ contagioso; (*fig:*

laughter etc) contagiante

contain [kən'teɪn] VT conter; **to ~ o.s.** conter-se

container [kən'teɪnəʳ] N recipiente *m*; (*for shipping etc*) container *m*, cofre *m* de carga

containerize [kən'teɪnəraɪz] VT containerizar

contaminate [kən'tæmɪneɪt] VT contaminar

contamination [kəntæmɪ'neɪʃən] N contaminação *f*

cont'd ABBR = **continued**

contemplate ['kɔntəmpleɪt] VT (*idea*) considerar; (*person, painting etc*) contemplar; (*expect*) contar com; (*intend*) pretender, pensar em

contemplation [kɔntəm'pleɪʃən] N contemplação *f*

contemporary [kən'tɛmpərərɪ] ADJ contemporâneo; (*design etc*) moderno ■ N contemporâneo(-a)

contempt [kən'tɛmpt] N desprezo; **contempt of court** (*Law*) N desacato à autoridade do tribunal

contemptible [kən'tɛmptəbl] ADJ desprezível

contemptuous [kən'tɛmptjuəs] ADJ desdenhoso

contend [kən'tɛnd] VT (*assert*): **to ~ that** afirmar que ■ VI: **to ~ with** (*struggle*) lutar com; (*difficulty*) enfrentar; (*compete*): **to ~ for** competir por; **to have to ~ with** arcar com, lidar com; **he has a lot to ~ with** ele tem muito o que enfrentar

contender [kən'tɛndəʳ] N contendor(a) *m/f*

content [*adj, vt* kən'tɛnt, *n* 'kɔntɛnt] ADJ (*happy*) contente; (*satisfied*) satisfeito ■ VT contentar, satisfazer ■ N conteúdo; (*fat content, moisture content etc*) quantidade *f*; **contents** NPL (*of packet, book*) conteúdo; **(table of) ~s** índice *m* das matérias; **to be ~ with** estar contente *or* satisfeito com; **to ~ o.s. with sth/with doing sth** contentar-se com algo/em fazer algo

contented [kən'tɛntɪd] ADJ contente, satisfeito

contentedly [kən'tɛntɪdlɪ] ADV contentemente

contention [kən'tɛnʃən] N (*assertion*) asserção *f*; (*disagreement*) contenda; **bone of ~** pomo da discórdia

contentious [kən'tɛnʃəs] ADJ controvertido

contentment [kən'tɛntmənt] N contentamento

contest [*n* 'kɔntɛst, *vt* kən'tɛst] N contenda; (*competition*) concurso ■ VT (*dispute*) disputar; (*legal case*) defender; (*Pol*) ser candidato a; (*competition*) disputar; (*statement, decision*) contestar

contestant [kən'tɛstənt] N competidor(a) *m/f*; (*in fight*) adversário(-a)

context ['kɔntɛkst] N contexto; **in/out of ~** em/fora de contexto

continent ['kɔntɪnənt] N continente *m*; **the C~** (*Brit*) o continente europeu; **on the C~** na Europa (continental)

continental [kɔntɪ'nɛntl] ADJ continental ■ N (*Brit*) europeu(-péia) *m/f*; **continental breakfast** N café *m* da manhã (BR), pequeno almoço (PT) (*de pão, geléia e café*); **continental quilt** (*Brit*) N edredom *m* (BR), edredão *m* (PT)

contingency [kən'tɪndʒənsɪ] N contingência; **contingency plan** N plano de contingência

contingent [kən'tɪndʒənt] N contingente *m* ■ ADJ contingente; **to be ~ upon** depender de

continual [kən'tɪnjuəl] ADJ contínuo

continually [kən'tɪnjuəlɪ] ADV constantemente

continuation [kəntɪnju'eɪʃən] N prolongamento; (*after interruption*) continuação *f*, retomada

continue [kən'tɪnju:] VI prosseguir, continuar ■ VT continuar; (*start again*) recomeçar, retomar; **to be ~d** (*story*) segue; **~d on page 10** continua na página 10

continuity [kɔntɪ'njuɪtɪ] N (*also: Cinema, TV*) continuidade *f*; **continuity girl** N (*Cinema*) continuista

continuous [kən'tɪnjuəs] ADJ contínuo; **~ performance** (*Cinema*) sessão *f* contínua; **~ stationery** (*Comput*) formulários *mpl* contínuos

continuously [kən'tɪnjuəslɪ] ADV (*repeatedly*) repetidamente; (*uninterruptedly*) continuamente

contort [kən'tɔ:t] VT contorcer

contortion [kən'tɔ:ʃən] N contorção *f*

contortionist [kən'tɔ:ʃənɪst] N contorcionista *m/f*

contour ['kɔntuəʳ] N (*outline: gen pl*) contorno; (*also*: **contour line**) curva de nível

contraband ['kɔntrəbænd] N contrabando ■ ADJ de contrabando, contrabandeado

contraception [kɔntrə'sɛpʃən] N anticoncepção *f*

contraceptive [kɔntrə'sɛptɪv] ADJ anticoncepcional ■ N anticoncepcional *f*

contract [*n, cpd* 'kɔntrækt, *vt, vi* kən'trækt] N contrato ■ CPD (*price, date*) contratual; (*work*) de empreitada ■ VI (*become smaller*) contrair-se, encolher-se; (*Comm*): **to ~ to do sth** comprometer-se por contrato a fazer algo ■ VT contrair; **~ of employment** *or* **service** contrato de trabalho, ≈ vínculo empregatício

▶ **contract in** VI comprometer-se por contrato

▶ **contract out** VI desobrigar-se por contrato; (*from pension scheme*) optar por não participar

contraction [kən'trækʃən] N contração *f*

contractor [kən'trækt**ə**ʳ] N contratante *m/f*

contractual [kən'trækt**ʃ**uəl] ADJ contratual

contradict [kɔntrə'dɪkt] VT contradizer, desmentir

contradiction [kɔntrə'dɪkʃən] N contradição *f*; **to be in ~ with** contradizer

contradictory [kɔntrə'dɪktərɪ] ADJ contraditório

contralto [kən'trælt**ə**u] N contralto

contraption [kən'træpʃən] (*pej*) N engenhoca, geringonça

contrary[1] ['kɔntrərɪ] ADJ contrário ■ N contrário; **on the ~** muito pelo contrário; **unless you hear to the ~** salvo aviso contrário; **~ to what we thought** ao contrário do que pensamos

contrary² [kən'trɛərɪ] ADJ teimoso
contrast [*n* 'kɔntrɑ:st, *vt* kən'trɑ:st] N contraste *m* ■ VT comparar; **in ~ to** *or* **with** em contraste com, ao contrário de
contrasting [kən'trɑ:stɪŋ] ADJ contrastante
contravene [kɔntrə'vi:n] VT infringir
contravention [kəntrə'vɛnʃən] N contravenção *f*, infração *f*
contribute [kən'trɪbju:t] VT contribuir ■ VI dar; **to ~ to** (*charity*) contribuir para; (*newspaper*) escrever para; (*discussion*) participar de
contribution [kɔntrɪ'bju:ʃən] N (*donation*) doação *f*; (*Brit: for social security*) contribuição *f*; (*to debate*) intervenção *f*; (*to journal*) colaboração *f*
contributor [kən'trɪbju:tə^{r}] N (*to newspaper*) colaborador(a) *m/f*
contributory [kən'trɪbjutərɪ] ADJ: **it was a ~ factor in ...** era um fator que contribuiu para ...; **contributory pension scheme** (*Brit*) N sistema *m* de pensão contributária
contrite ['kɔntraɪt] ADJ arrependido, contrito
contrivance [kən'traɪvəns] N (*scheme*) maquinação *f*; (*device*) aparelho, dispositivo
contrive [kən'traɪv] VT (*invent*) idealizar; (*carry out*) efetuar; (*plot*) tramar ■ VI: **to ~ to do** chegar a fazer
control [kən'trəul] VT controlar; (*traffic etc*) dirigir; (*machinery*) regular; (*temper*) dominar ■ N controle *m*; (*of car*) direção *f* (BR), condução *f* (PT); (*check*) freio, controle; **controls** NPL (*of vehicle*) mando; (*on radio, television etc*) controle; **to take ~ of** assumir o controle de; **to be in ~ of** ter o controle de; (*in charge of*) ser responsável por; **to ~ o.s.** controlar-se; **out of/under ~** fora de/sob controle; **through circumstances beyond our ~** por motivos alheios à nossa vontade; **control key** N (*Comput*) tecla de controle
controller [kən'trəulə^{r}] N controlador(a) *m/f*
controlling interest [kən'trəulɪŋ-] N (*Comm*) controle *m* acionário
control panel N painel *m* de instrumentos
control point N ponto de controle
control room N sala de comando; (*Radio, TV*) sala de controle
control tower N (*Aviat*) torre *f* de controle
control unit N (*Comput*) unidade *f* de controle
controversial [kɔntrə'və:ʃl] ADJ controvertido, polêmico
controversy ['kɔntrəvə:sɪ] N controvérsia, polêmica
conurbation [kɔnə'beɪʃən] N conurbação *f*
convalesce [kɔnvə'lɛs] VI convalescer
convalescence [kɔnvə'lɛsns] N convalescença
convalescent [kɔnvə'lɛsnt] ADJ, N convalescente *m/f*
convector [kən'vɛktə^{r}] N (*heater*) aquecedor *m* de convecção
convene [kən'vi:n] VT convocar ■ VI convocar-se
convener [kən'vi:nə^{r}] N organizador(a) *m/f*
convenience [kən'vi:nɪəns] N (*easiness*) facilidade *f*; (*suitability*) conveniência; (*comfort*) comodidade *f*; (*advantage*) vantagem *f*, conveniência; **at your ~** quando lhe convier; **at your earliest ~** (*Comm*) o mais cedo que lhe for possível; **all modern ~s** (*also: Brit: all mod cons*) com todos os confortos; **convenience foods** NPL alimentos *mpl* semiprontos
convenient [kən'vi:nɪənt] ADJ conveniente; (*useful*) útil; (*place*) acessível; (*time*) oportuno, conveniente; **if it is ~ to you** se isso lhe convier, se isso não lhe for incômodo
conveniently [kən'vi:nɪəntlɪ] ADV convenientemente
convent ['kɔnvənt] N convento
convention [kən'vɛnʃən] N (*custom*) costume *m*; (*agreement*) convenção *f*; (*meeting*) assembléia
conventional [kən'vɛnʃənl] ADJ convencional
convent school N colégio de freiras
converge [kən'və:dʒ] VI convergir; (*people*): **to ~ on** convergir para
conversant [kən'və:snt] ADJ: **to be ~ with** estar familiarizado com
conversation [kɔnvə'seɪʃən] N conversação *f*, conversa
conversational [kɔnvə'seɪʃənl] ADJ de conversa; (*familiar*) familiar; (*talkative*) loquaz; (*Comput*) conversacional, interativo
conversationalist [kɔnvə'seɪʃnəlɪst] N conversador(a) *m/f*; **she's a good ~** ela tem muita conversa
converse [*n* 'kɔnvə:s, *vi* kən'və:s] N inverso ■ VI conversar
conversely [kɔn'və:slɪ] ADV pelo contrário, inversamente
conversion [kən'və:ʃən] N conversão *f*; (*Brit: of house*) transformação *f*; **conversion table** N tabela de conversão
convert [*vt* kən'və:t, *n* 'kɔnvə:t] VT converter ■ N convertido(-a)
convertible [kən'və:təbl] ADJ convertível ■ N conversível *m*
convex [kɔn'vɛks] ADJ convexo
convey [kən'veɪ] VT transportar, levar; (*thanks*) expressar; (*information*) deixar claro
conveyance [kən'veɪəns] N (*of goods*) transporte *m*; (*vehicle*) meio de transporte, veículo
conveyancing [kən'veɪənsɪŋ] N (*Law*) transferência de bens imóveis
conveyor belt [kənveɪə^{r}-] N correia transportadora
convict [*vt* kən'vɪkt, *n* 'kɔnvɪkt] VT condenar; (*sentence*) declarar culpado ■ N presidiário
conviction [kən'vɪkʃən] N condenação *f*; (*belief*) convicção *f*; (*certainty*) certeza
convince [kən'vɪns] VT (*assure*) assegurar; (*persuade*) convencer; **to ~ sb of sth/that** convencer alguém de algo/de que
convinced [kən'vɪnst] ADJ: **~ of/that** convencido de/de que
convincing [kən'vɪnsɪŋ] ADJ convincente
convincingly [kən'vɪnsɪŋlɪ] ADV convincentemente
convivial [kən'vɪvɪəl] ADJ jovial, alegre

convoluted ['kɔnvəlu:tɪd] ADJ (*shape*) curvilíneo; (*argument*) complicado
convoy ['kɔnvɔɪ] N escolta
convulse [kən'vʌls] VT convulsionar; **to be ~d with laughter/pain** morrer de rir/dor
convulsion [kən'vʌlʃən] N convulsão *f*; (*laughter*) ataque *m*, acesso
coo [ku:] VI arrulhar; (*person*) falar suavemente
cook [kuk] VT cozinhar; (*meal*) preparar ■ VI cozinhar ■ N cozinheiro(-a)
▸ **cook up** (*inf*) VT (*excuse, story*) bolar
cookbook ['kukbuk] N livro de receitas
cooker ['kukəʳ] N fogão *m*
cookery ['kukərɪ] N (*dishes*) cozinha; (*art*) culinária; **cookery book** (*Brit*) N = **cookbook**
cookie ['kukɪ] (*US*) N bolacha, biscoito
cooking ['kukɪŋ] N cozinha ■ CPD (*apples, chocolate*) para cozinhar; (*utensils, salt*) de cozinha
cookout ['kukaut] (*US*) N churrasco
cool [ku:l] ADJ fresco; (*not hot*) tépido; (*calm*) calmo; (*unfriendly*) frio ■ VT resfriar ■ VI esfriar; **it's ~** (*weather*) está fresco
▸ **cool down** VI esfriar; (*fig: person, situation*) acalmar-se
cool box (*Brit*) N mala frigorífica
cooler ['ku:ləʳ] (*US*) N mala frigorífica
cooling tower ['ku:lɪŋ-] N torre *f* de esfriamento
coolly ['ku:lɪ] ADV (*calmly*) calmamente; (*audaciously*) descaradamente; (*unenthusiastically*) friamente
coolness ['ku:lnɪs] N frescura; (*hostility*) frieza; (*indifference*) indiferença
coop [ku:p] N (*for poultry*) galinheiro; (*for rabbits*) capoeira
▸ **coop up** VT (*fig*) confinar
co-op ['kəuɔp] N ABBR = **cooperative (society)**
cooperate [kəu'ɔpəreɪt] VI colaborar; (*assist*) ajudar
cooperation [kəuɔpə'reɪʃən] N cooperação *f*, colaboração *f*
cooperative [kəu'ɔpərətɪv] ADJ cooperativo ■ N cooperativa
coopt [kəu'ɔpt] VT: **to ~ sb onto a committee** cooptar alguém para fazer parte de um comitê
coordinate [*vt* kəu'ɔ:dɪneɪt, *n* kəu'ɔdɪnət] VT coordenar ■ N (*Math*) coordenada; **coordinates** NPL (*clothes*) coordenados *mpl*
coordination [kəuɔ:dɪ'neɪʃən] N coordenação *f*
coot [ku:t] N galeirão *m*
co-ownership [kəu-] N co-propriedade *f*, condomínio
cop [kɔp] (*inf*) N policial *m/f* (BR), polícia *m/f* (PT), tira *m* (*inf*)
cope [kəup] VI sair-se, dar-se; **to ~ with** poder com, arcar com; (*problem*) estar à altura de
Copenhagen ['kəupn'heɪgən] N Copenhague
copier ['kɔpɪəʳ] N (*also*: **photocopier**) copiador *m*
co-pilot [kəu-] N co-piloto(-a)
copious ['kəupɪəs] ADJ copioso, abundante
copper ['kɔpəʳ] N (*metal*) cobre *m*; (*inf: policeman/woman*) polícia *m/f*; **coppers** NPL (*coins*) moedas *fpl* de pouco valor
coppice ['kɔpɪs] N bosquete *m*
copse [kɔps] N = **coppice**
copulate ['kɔpjuleɪt] VI copular
copulation [kɔpju'leɪʃən] N cópula
copy ['kɔpɪ] N cópia; (*duplicate*) duplicata; (*of book etc*) exemplar *m*; (*of writing*) originais *mpl* ■ VT copiar; (*imitate*) imitar; **to make good ~** (*Press*) fazer uma boa matéria
▸ **copy out** VT copiar
copycat ['kɔpɪkæt] (*inf*) N macaco
copyright ['kɔpɪraɪt] N direitos *mpl* de autor, direitos autorais, copirraite *m*; **~ reserved** todos os direitos reservados
copy typist N datilógrafo(-a)
copywriter ['kɔpɪraɪtəʳ] N redator(a) *m/f* de material publicitário
coral ['kɔrəl] N coral *m*; **coral reef** N recife *m* de coral
Coral Sea N: **the ~** o mar de Coral
cord [kɔ:d] N corda; (*Elec*) fio, cabo; (*fabric*) veludo cotelê; **cords** NPL (*trousers*) calça (BR) *or* calças *fpl* (PT) de veludo cotelê
cordial ['kɔ:dɪəl] ADJ cordial ■ N cordial *m*
cordless ['kɔ:dlɪs] ADJ sem fio
cordon ['kɔ:dn] N cordão *m*
▸ **cordon off** VT isolar
corduroy ['kɔ:dərɔɪ] N veludo cotelê
CORE [kɔ:ʳ] (*US*) N ABBR = **Congress of Racial Equality**
core [kɔ:ʳ] N centro, núcleo; (*of fruit*) caroço; (*of problem*) âmago ■ VT descaroçar; **rotten to the ~** completamente podre
Corfu [kɔ:'fu:] N Corfu *f* (*no article*)
coriander [kɔrɪ'ændəʳ] N coentro
cork [kɔ:k] N rolha; (*tree*) cortiça
corkage ['kɔ:kɪdʒ] N *taxa cobrada num restaurante pela abertura das garrafas levadas pelo cliente*
corked [kɔ:kt] (*Brit*) ADJ que tem gosto de rolha
corkscrew ['kɔ:kskru:] N saca-rolhas *m inv*
corky ['kɔ:kɪ] (*US*) ADJ que tem gosto de rolha
cormorant ['kɔ:mərnt] N cormorão *m*, corvo marinho
corn [kɔ:n] N (*Brit: wheat*) trigo; (*US: maize*) milho; (*cereals*) grão *m*, cereal *m*; (*on foot*) calo; **~ on the cob** (*Culin*) espiga de milho
cornea ['kɔ:nɪə] N córnea
corned beef ['kɔ:nd-] N carne *f* de boi enlatada
corner ['kɔ:nəʳ] N (*outside*) esquina; (*inside*) canto; (*in road*) curva; (*Football etc: also*: **corner kick**) córner *m* ■ VT (*trap*) encurralar; (*Comm*) açambarcar, monopolizar ■ VI (*in car*) fazer uma curva; **to cut ~s** (*fig*) matar o serviço; **corner flag** N (*Football*) bandeira de escanteio; **corner kick** N (*Football*) córner *m*
cornerstone ['kɔ:nəstəun] N pedra angular; (*fig*) base *f*, fundamento
cornet ['kɔ:nɪt] N (*Mus*) cornetim *m*; (*Brit: of ice-cream*) casquinha
cornflakes ['kɔ:nfleɪks] NPL flocos *mpl* de milho
cornflour ['kɔ:nflauəʳ] (*Brit*) N farinha de milho,

maisena®
cornice ['kɔ:nɪs] N cornija
Cornish ['kɔ:nɪʃ] ADJ de Cornualha ■ N (*Ling*) córnico
corn oil N óleo de milho
cornstarch ['kɔ:nstɑ:tʃ] (*US*) N = **cornflour**
cornucopia [kɔ:nju'kəupɪə] N cornucópia
Cornwall ['kɔ:nwəl] N Cornualha
corny ['kɔ:nɪ] (*inf*) ADJ velho, gasto
corollary [kə'rɔlərɪ] N corolário
coronary ['kɔrənərɪ] N: **~ (thrombosis)** trombose *f* (coronária)
coronation [kɔrə'neɪʃən] N coroação *f*
coroner ['kɔrənəʳ] N *magistrado que investiga mortes suspeitas*
coronet ['kɔrənɪt] N coroa aberta, diadema *m*
Corp. ABBR = **corporation**
corporal ['kɔ:pərl] N cabo ■ ADJ corpóreo; **~ punishment** castigo corporal
corporate ['kɔ:pərɪt] ADJ corporativo; (*action, ownership*) coletivo; (*Comm: of a company*) da empresa; **corporate identity** N imagem *f* da empresa; **corporate image** N imagem *f* da empresa
corporation [kɔ:pə'reɪʃən] N (*of town*) município, junta; (*Comm*) sociedade *f*; **corporation tax** N imposto sobre a renda de sociedades
corps [kɔ:ʳ, *pl* kɔ:z] (*pl* **corps**) N (*Mil*) unidade *f*; (*diplomatic*) corpo; **the press ~** a imprensa
corpse [kɔ:ps] N cadáver *m*
corpuscle ['kɔ:pʌsl] N corpúsculo
corral [kə'rɑ:l] N curral *m*
correct [kə'rɛkt] ADJ exato; (*proper*) correto ■ VT corrigir; **you are ~** você tem razão
correction [kə'rɛkʃən] N correção *f*; (*erasure*) emenda
correlate ['kɔrɪleɪt] VT correlacionar ■ VI: **to ~ with** corresponder a
correlation [kɔrɪ'leɪʃən] N correlação *f*
correspond [kɔrɪs'pɔnd] VI (*write*): **to ~ (with)** corresponder-se (com); (*be equal to*): **to ~ to** corresponder a; (*be in accordance*): **to ~ (with)** corresponder a
correspondence [kɔrɪs'pɔndəns] N correspondência; (*relationship*) relação *f*; **correspondence course** N curso por correspondência
correspondent [kɔrɪs'pɔndənt] N correspondente *m/f*
corresponding [kɔrɪs'pɔndɪŋ] ADJ correspondente
corridor ['kɔrɪdɔ:ʳ] N corredor *m*
corroborate [kə'rɔbəreɪt] VT corroborar
corrode [kə'rəud] VT corroer ■ VI corroer-se
corrosion [kə'rəuʒən] N corrosão *f*
corrosive [kə'rəuzɪv] ADJ corrosivo
corrugated ['kɔrəgeɪtɪd] ADJ corrugado; **corrugated iron** N chapa ondulada *or* corrugada
corrupt [kə'rʌpt] ADJ corrupto ■ VT corromper; (*bribe*) subornar; (*data*) corromper, destruir; **~ practices** corrupção *f*
corruption [kə'rʌpʃən] N corrupção *f*; (*of data*) destruição *f*
corset ['kɔ:sɪt] N espartilho; (*Med*) colete *m*
Corsica ['kɔ:sɪkə] N Córsega
Corsican ['kɔ:sɪkən] ADJ, N córsico(-a)
cortège [kɔ:'tɛ:ʒ] N séquito, cortejo
cortisone ['kɔ:tɪzəun] N cortisona
coruscating ['kɔrəskeɪtɪŋ] ADJ cintilante
c.o.s. ABBR (= *cash on shipment*) pagamento na expedição
cosh [kɔʃ] (*Brit*) N cassetete *m*
cosignatory ['kəu'sɪgnətərɪ] N co-signatário(-a)
cosiness ['kəuzɪnɪs] (*US* **coziness**) N conforto; (*atmosphere*) aconchego, conforto
cos lettuce [kɔs-] N alface *m* (cos)
cosmetic [kɔz'mɛtɪk] N cosmético ■ ADJ (*preparation*) cosmético; (*fig: measure, improvement*) simbólico, superficial; **~ surgery** cirurgia plástica embelezadora
cosmic ['kɔzmɪk] ADJ cósmico
cosmonaut ['kɔzmənɔ:t] N cosmonauta *m/f*
cosmopolitan [kɔzmə'pɔlɪtn] ADJ cosmopolita
cosmos ['kɔzmɔs] N cosmo
cosset ['kɔsɪt] VT paparicar
cost [kɔst] (*pt, pp* **cost**) N (*gen*) custo; (*price*) preço ■ VI custar ■ VT custar; (*determine cost of*) determinar o custo de; **costs** NPL (*Law, Comm*) custas *fpl*; **at the ~ of** à custa de; **how much does it ~?** quanto custa?; **it ~s £5/too much** custa £5/é muito caro; **to ~ sb time/effort** custar tempo/esforço a alguém; **it ~ him his life/job** custou-lhe a vida/o emprego; **the ~ of living** o custo de vida; **at all ~s** custe o que custar; **cost accountant** N contador(a) *m/f* de custos
co-star [kəu-] N co-estrela *m/f*
Costa Rica ['kɔstə'ri:kə] N Costa Rica
Costa Rican ['kɔstə'ri:kən] ADJ, N costarriquenho(-a)
cost centre N centro de custo
cost control N controle *m* dos custos
cost-effective ADJ rentável
cost-effectiveness N rentabilidade *f*
costly ['kɔstlɪ] ADJ (*expensive*) caro, custoso; (*valuable*) suntuoso
cost-of-living ADJ: **~ allowance** ajuda de custo; **~ index** índice *m* de preços ao consumidor
cost price (*Brit*) N preço de custo
costume ['kɔstju:m] N traje *m*; (*Brit: woman's: also*: **swimming costume**) maiô *m* (BR), fato de banho (PT); (*man's*) calção *m* (de banho) (BR), calções *mpl* de banho (PT); **costume jewellery** N bijuteria
cosy ['kəuzɪ] (*US* **cozy**) ADJ cômodo; (*atmosphere*) aconchegante; (*life*) folgado, confortável
cot [kɔt] N (*Brit: child's*) cama (de criança), berço; (*US: campbed*) cama de lona
Cotswolds ['kɔtswəuldz] NPL: **the ~** *região de colinas em Gloucestershire*
cottage ['kɔtɪdʒ] N casa de campo; (*rustic*) cabana; **cottage cheese** N ricota (BR), queijo creme (PT); **cottage industry** N indústria

artesanal; **cottage pie** N *prato de carne picada com batata*

cotton ['kɔtn] N algodão *m*; (*thread*) fio, linha ■ CPD de algodão
▸ **cotton on** (*inf*) VI: **to ~ on (to sth)** sacar (algo)

cotton candy (US) N algodão *m* doce

cotton wool (*Brit*) N algodão *m* (hidrófilo)

couch [kautʃ] N sofá *m*; (*doctor's*) cama; (*psychiatrist's*) divã *m* ■ VT formular

couchette [ku:'ʃɛt] N leito

cough [kɔf] VI tossir ■ N tosse *f*
▸ **cough up** VT expelir; (*inf: money*) desembolsar

cough drop N pastilha para a tosse

cough mixture N xarope *m* (para a tosse)

cough syrup N xarope *m* (para a tosse)

could [kud] PT *of* **can**

couldn't ['kudnt] = **could not**

council ['kaunsl] N conselho; **city** *or* **town ~** câmara municipal; **C~ of Europe** Conselho da Europa; **council estate** (*Brit*) N conjunto habitacional; **council house** (*Brit*) N casa popular

councillor ['kaunsələʳ] N vereador(a) *m/f*

counsel ['kaunsl] N (*advice*) conselho; (*lawyer*) advogado(-a) ■ VT: **to ~ sth/sb to do sth** aconselhar algo/alguém a fazer algo; **~ for the defence/the prosecution** advogado(-a) *m/f* de defesa/promotor(a) *m/f* público(-a)

counsellor ['kaunsələʳ] (US **counselor**) N conselheiro(-a); (US: *Law*) advogado(-a)

count [kaunt] VT contar; (*include*) incluir ■ VI contar ■ N conta; (*of votes etc*) contagem *f*; (*of pollen, alcohol*) nível *m*; (*nobleman*) conde *m*; (*sum*) total *m*, soma; **not ~ing the children** sem contar as crianças; **10 ~ing him** 10 contando com ele; **it ~s for very little** conta muito pouco; **~ yourself lucky** considere-se sortudo; **that doesn't ~!** isso não vale!
▸ **count on** VT FUS contar com; **to ~ on doing sth** contar em fazer algo
▸ **count up** VT contar

countdown ['kauntdaun] N contagem *f* regressiva

countenance ['kauntɪnəns] N expressão *f* ■ VT tolerar

counter ['kauntəʳ] N (*in shop*) balcão *m*; (*in post office etc*) guichê *m*; (*in games*) ficha ■ VT contrariar; (*blow*) parar ■ ADV: **~ to** ao contrário de; **to buy under the ~** (*fig*) comprar por baixo do pano *or* da mesa

counteract [kauntər'ækt] VT neutralizar

counterattack [kauntərətæk] N contra-ataque *m* ■ VI contra-atacar

counterbalance [kauntə'bæləns] N contrapeso

counter-clockwise ADV ao contrário dos ponteiros do relógio

counter-espionage N contra-espionagem *f*

counterfeit ['kauntəfɪt] N falsificação *f* ■ VT falsificar ■ ADJ falso, falsificado

counterfoil ['kauntəfɔɪl] N canhoto (BR), talão *m* (PT)

counterintelligence ['kauntərɪn'tɛlɪdʒəns] N contra-informação *f*

countermand ['kauntəmɑ:nd] VT revogar

countermeasure ['kauntəmɛʒəʳ] N contramedida

counteroffensive ['kauntərə'fɛnsɪv] N contra-ofensiva

counterpane ['kauntəpeɪn] N colcha

counterpart ['kauntəpɑ:t] N contrapartida; (*of person*) sósia *m/f*; (: *opposite number*) homólogo(-a)

counterproductive ['kauntəprə'dʌktɪv] ADJ contraproducente

counterproposal ['kauntəprə'pəuzl] N contraproposta

countersign ['kauntəsaɪn] VT autenticar

countersink ['kauntəsɪŋk] (*irreg: like* **sink**) VT escarear

countess ['kauntɪs] N condessa

countless ['kauntlɪs] ADJ inumerável

countrified ['kʌntrɪfaɪd] ADJ bucólico, rústico

country ['kʌntrɪ] N país *m*; (*nation*) nação *f*; (*native land*) terra; (*as opposed to town*) campo; (*region*) região *f*, terra; **in the ~** no campo; (*esp in Brazil*) no interior; **mountainous ~** região montanhosa; **country and western (music)** N música country; **country dancing** (*Brit*) N dança regional; **country house** (*irreg*) N casa de campo

countryman ['kʌntrɪmən] N (*national*) compatriota *m*; (*rural*) camponês *m*

countryside ['kʌntrɪsaɪd] N campo

country-wide ADJ em todo o país; (*problem*) de escala nacional ■ ADV em todo o país

county ['kauntɪ] N condado; **county town** (*Brit*) N capital *f* do condado

coup [ku:] N golpe *m* de mestre; (*also*: **coup d'état**) golpe (de estado)

coupé ['ku:peɪ] N (*Aut*) cupê *m*

couple ['kʌpl] N (*of things, people*) par *m*; (*married couple, courting couple*) casal *m* ■ VT (*ideas, names*) unir, juntar; (*machinery*) ligar, juntar; **a ~ of** um par de; (*a few*) alguns/algumas

couplet ['kʌplɪt] N dístico

coupling ['kʌplɪŋ] N (*Rail*) engate *m*

coupon ['ku:pɔn] N cupom *m* (BR), cupão *m* (PT); (*pools coupon*) talão *m*; (*voucher*) vale *m*

courage ['kʌrɪdʒ] N coragem *f*

courageous [kə'reɪdʒəs] ADJ corajoso

courgette [kuə'ʒɛt] (*Brit*) N abobrinha

courier ['kurɪəʳ] N correio; (*diplomatic*) mala; (*for tourists*) guia *m/f*, agente *m/f* de turismo

course [kɔ:s] N (*direction*) direção *f*; (*process*) desenvolvimento; (*of river, Sch*) curso; (*of ship*) rumo; (*of bullet*) trajetória; (*fig*) procedimento; (*Golf*) campo; (*part of meal*) prato; **of ~** naturalmente; (*certainly*) certamente; **of ~!** claro!, lógico!; **(no) of ~ not!** claro que não!; **in due ~** oportunamente, no devido tempo; **first ~** entrada; **in the ~ of the next few days** no decorrer dos próximos dias; **the best ~ would be to do ...** o melhor seria fazer ...; **we have no other ~ but to ...** não temos nenhuma outra opção, senão ...; **course of action** N atitude *f*

court [kɔ:t] N (*royal*) corte *f*; (*Law*) tribunal *m*; (*Tennis etc*) quadra ■ VT (*woman*) cortejar, namorar; (*danger etc*) procurar; **out of ~** (*Law: settle*) extrajudicialmente; **to take to ~** demandar, levar a julgamento; **~ of appeal** tribunal de recursos

courteous ['kə:tɪəs] ADJ cortês(-esa)

courtesan [kɔ:tɪ'zæn] N cortesã *f*

courtesy ['kə:təsɪ] N cortesia; **(by) ~ of** com permissão de; **courtesy coach** N ônibus *m* (BR) *or* autocarro (PT) gratuito; **courtesy light** N (*Aut*) luz *f* interior

court-house (*US*) N palácio de justiça

courtier ['kɔ:tɪə^r] N cortesão *m*

court martial (*pl* **courts martial**) N conselho de guerra ■ VT submeter a conselho de guerra

courtroom ['kɔ:trum] N sala de tribunal

court shoe N escarpim *m*

courtyard ['kɔ:tjɑ:d] N pátio

cousin ['kʌzn] N primo(-a) *m/f*; **first ~** primo(-mã) irmão(-a)

cove [kəuv] N angra, enseada

covenant ['kʌvənənt] N convênio ■ VT: **to ~ £2000 per year to a charity** comprometer-se a doar £2000 por ano para uma obra de caridade

Coventry ['kɔvəntrɪ] N: **to send sb to ~** (*fig*) relegar alguém ao ostracismo

cover ['kʌvə^r] VT (*gen, Press, costs*) cobrir; (*with lid*) tapar; (*chairs etc*) revestir; (*distance*) percorrer; (*include*) abranger; (*protect*) abrigar; (*issues*) tratar ■ N (*gen, Press, Comm*) cobertura; (*lid*) tampa; (*for chair etc*) capa; (*for bed*) cobertor *m*; (*envelope*) envelope *m*; (*of book, magazine*) capa; (*shelter*) abrigo; (*Insurance*) cobertura; **to take ~** abrigar-se; **under ~** (*indoors*) abrigado; **under ~ of** sob o abrigo de; (*fig*) sob capa de; **under separate ~** (*Comm*) em separado; **£10 will ~ everything** £10 vão dar para tudo

▸ **cover up** VT (*person, object*): **to ~ up (with)** cobrir (com); (*fig: truth, facts*) abafar, encobrir ■ VI: **to ~ up for sb** (*fig*) cobrir alguém

coverage ['kʌvərɪdʒ] N (*Press, Insurance*) cobertura

cover charge N couvert *m*

covering ['kʌvərɪŋ] N cobertura; (*of snow, dust etc*) comada; **covering letter** (*US* **cover letter**) N carta de cobertura

cover note N (*Insurance*) nota de cobertura

cover price N preço de capa

covert ['kəuvə:t] ADJ (*threat*) velado; (*action*) oculto, secreto

cover-up N encobrimento (dos fatos)

covet ['kʌvɪt] VT cobiçar

cow [kau] N vaca ■ CPD fêmea ■ VT intimidar

coward ['kauəd] N covarde *m/f*

cowardice ['kauədɪs] N covardia

cowardly ['kauədlɪ] ADJ covarde

cowboy ['kaubɔɪ] N vaqueiro

cower ['kauə^r] VI encolher-se (de medo)

cowshed ['kauʃɛd] N estábulo

cowslip ['kauslɪp] N (*Bot*) primavera

cox [kɔks] N ABBR = **coxswain**

coxswain ['kɔksn] N timoneiro(-a)

coy [kɔɪ] ADJ tímido

coyote [kɔɪ'əutɪ] N coiote *m*

coziness ['kəuzɪnɪs] (*US*) N = **cosiness**

cozy ['kəuzɪ] (*US*) ADJ = **cosy**

CP N ABBR (= *Communist Party*) PC *m*

cp. ABBR (= *compare*) cp

c/p (*Brit*) ABBR = **carriage paid**

CPA (*US*) N ABBR = **certified public accountant**

CPI N ABBR (= *Consumer Price Index*) IPC *m*

Cpl. ABBR = **Corporal**

CP/M N ABBR (= *Central Program for Microprocessors*) CP/M *m*

c.p.s. ABBR (= *characters per second*) c.p.s

CPSA (*Brit*) N ABBR (= *Civil and Public Services Association*) sindicato dos funcionários públicos

CPU N ABBR (= *Central Processing Unit*) CPU *f*

cr. ABBR = **credit; creditor**

crab [kræb] N caranguejo; **crab apple** N maçã ácida

crack [kræk] N rachadura; (*gap*) brecha; (*noise*) estalo; (*joke*) piada; (*Drugs*) crack *m*; (*inf: attempt*): **to have a ~ (at sth)** tentar (fazer algo) ■ VT quebrar; (*nut*) partir, descascar; (*wall*) rachar; (*safe*) arrombar; (*whip etc*) estalar; (*knuckles*) estalar, partir; (*joke*) soltar; (*mystery*) resolver; (*code*) decifrar ■ ADJ (*expert*) de primeira classe; **to get ~ing** (*inf*) pôr mãos à obra

▸ **crack down on** VT FUS (*crime*) ser linha dura com; (*spending*) cortar

▸ **crack up** VI (*Psych*) sofrer um colapso nervoso

crackdown ['krækdaun] N: **~ (on)** (*on crime*) endurecimento (em relação a); (*on spending*) arrocho (a)

cracked [krækt] (*inf*) ADJ doido

cracker ['krækə^r] N (*biscuit*) biscoito; (*Christmas cracker*) busca-pé-surpresa *m*; (*firework*) busca-pé *m*; **a ~ of a ...** (*Brit: inf*) um(a) ... sensacional

crackers ['krækəz] (*Brit: inf*) ADJ: **he's ~** ele é maluco

crackle ['krækl] VI crepitar

crackling ['kræklɪŋ] N (*of fire*) crepitação *f*; (*of leaves etc*) estalidos *mpl*; (*of pork*) torresmo

cradle ['kreɪdl] N berço ■ VT (*child*) embalar; (*object*) segurar com cuidado

craft [krɑ:ft] N (*skill*) arte *f*; (*trade*) ofício; (*cunning*) astúcia; (*boat*) barco

craftsman ['krɑ:ftsmən] (*irreg*) N artífice *m*, artesão *m*

craftsmanship ['krɑ:ftsmənʃɪp] N (*quality*) qualidade *f*

craftsmen ['krɑ:ftsmɛn] NPL *of* **craftsman**

crafty ['krɑ:ftɪ] ADJ astuto, malandro, esperto

crag [kræg] N penhasco

cram [kræm] VT (*fill*): **to ~ sth with** encher *or* abarrotar algo de; (*put*): **to ~ sth into** enfiar algo em ■ VI (*for exams*) estudar na última hora

cramming ['kræmɪŋ] N (*for exams*) virada final

cramp [kræmp] N (*Med*) câibra; (*Tech*) grampo ■ VT (*limit*) restringir; (*annoy*) estorvar

cramped [kræmpt] ADJ apertado, confinado

crampon ['kræmpən] N gato de ferro
cranberry ['krænbərɪ] N oxicoco
crane [kreɪn] N (*Tech*) guindaste *m*; (*bird*) grou *m* ■ VT, VI: **to ~ forward, to ~ one's neck** espichar-se, espichar o pescoço
crania ['kreɪnɪə] NPL *of* **cranium**
cranium ['kreɪnɪəm] (*pl* **crania**) N crânio
crank [kræŋk] N manivela; (*person*) excêntrico(-a)
crankshaft ['kræŋkʃɑ:ft] N virabrequim *m*
cranky ['kræŋkɪ] ADJ (*eccentric*) excêntrico; (*bad-tempered*) irritadiço
cranny ['kræni] N *see* **nook**
crap [kræp] (*inf!*) N papo furado; **to have a ~** cagar (!)
crash [kræʃ] N (*noise*) estrondo; (*of cars etc*) batida; (*of plane*) desastre *m* de avião; (*Comm*) falência, quebra; (*Stock Exchange*) craque *m* ■ VT (*car*) colidar; (*plane*) cair, espatifar ■ VI bater; cair, espatifar-se; (*two cars*) colidir, bater; (*Comm*) falir, quebrar; (*fall noisily*) cair (com estrondo); (*fig*) despencar; **to ~ into** bater em; **he ~ed into a wall** ele bateu com o carro num muro; **crash barrier** (*Brit*) N (*Aut*) cerca de proteção; **crash course** N curso intensivo; **crash helmet** N capacete *m*; **crash landing** N aterrissagem *f* forçada (BR), aterragem *f* forçosa (PT)
crass [kræs] ADJ grosseiro
crate [kreɪt] N caixote *m*; (*inf: old car*) lata-velha; (*for bottles*) engradado
crater ['kreɪtəʳ] N cratera
cravat(e) [krə'væt] N gravata
crave [kreɪv] VT, VI: **to ~ for** ansiar por
craving ['kreɪvɪŋ] N (*of pregnant woman*) desejo
crawl [krɔ:l] VI arrastar-se; (*child*) engatinhar; (*vehicle*) arrastar-se a passo de tartaruga ■ N rastejo; (*Swimming*) crawl *m*; **to ~ to sb** (*inf*) puxar o saco de alguém
crayfish ['kreɪfɪʃ] N INV (*freshwater*) camarão *m* d'água doce; (*saltwater*) lagostim *m*
crayon ['kreɪən] N lápis *m* de cera, crayon *m*
craze [kreɪz] N mania; (*fashion*) moda
crazed [kreɪzd] ADJ (*look, person*) enlouquecido; (*pottery, glaze*) craquelê
crazy ['kreɪzɪ] ADJ (*person*) louco, maluco, doido; (*idea*) disparatado; **to go ~** enlouquecer; **to be ~ about sb/sth** (*inf*) ser louco por alguém/algo; **crazy paving** (*Brit*) N pavimento irregular
creak [kri:k] VI chiar, ranger; (*door etc*) ranger
cream [kri:m] N (*of milk*) nata; (*artificial, cosmetic*) creme *m*; (*élite*): **the ~ of** a fina flor de ■ ADJ (*colour*) creme *inv*
▸ **cream off** VT (*fig*) tirar
cream cake N bolo de creme
cream cheese N ricota (BR), queijo creme (PT)
creamery ['kri:mərɪ] N (*shop*) leiteria; (*factory*) fábrica de laticínios
creamy ['kri:mɪ] ADJ (*colour*) cor de creme; (*taste*) cremoso
crease [kri:s] N (*fold*) dobra, vinco; (*in trousers*) vinco; (*wrinkle*) ruga ■ VT (*fold*) dobrar, vincar; (*wrinkle*) amassar, amarrotar ■ VI (*wrinkle up*) amassar-se, amarrotar-se
crease-resistant ADJ: **a ~ fabric** um tecido que não amarrota
create [kri:'eɪt] VT criar; (*produce*) produzir
creation [kri:'eɪʃən] N criação *f*
creative [kri:'eɪtɪv] ADJ criativo; (*inventive*) inventivo
creativity [kri:eɪ'tɪvɪtɪ] N criatividade *f*
creator [kri:'eɪtəʳ] N criador(a) *m/f*; (*inventor*) inventor(a) *m/f*
creature ['kri:tʃəʳ] N (*animal*) animal *m*, bicho; (*living thing*) criatura
crèche [kreʃ] N creche *f*
credence ['kri:dns] N: **to lend** *or* **give ~ to** dar crédito a
credentials [krɪ'dɛnʃlz] NPL credenciais *fpl*
credibility [krɛdɪ'bɪlɪtɪ] N credibilidade *f*
credible ['krɛdɪbl] ADJ acreditável; (*trustworthy*) digno de crédito
credit ['krɛdɪt] N (*gen, Comm*) crédito; (*merit*) mérito ■ VT (*believe: also*: **give credit to**) acreditar; (*Comm*) creditar ■ CPD creditício; **credits** NPL (*Cinema, TV*) crédito; **to ~ sb with sth** (*fig*) atribuir algo a alguém; **to ~ £5 to sb** creditar £5 a alguém; **to be in ~** (*person, bank account*) ter fundos; **on ~** a crédito; **to one's ~** honra lhe seja; **to take the ~ for sth** atribuir-se o mérito de; **it does him ~** é motivo de honra para ele; **he's a ~ to his family** ele é um orgulho para a família
creditable ['krɛdɪtəbl] ADJ louvável
credit account N conta de crédito
credit agency (*Brit*) N agência de crédito
credit balance N saldo credor
credit bureau (*US: irreg*) N = **credit agency**
credit card N cartão *m* de crédito
credit control N controle *m* de crédito
credit facilities NPL crediário
credit limit N limite *m* de crédito
credit note N nota de crédito
creditor ['krɛdɪtəʳ] N credor(a) *m/f*
credit transfer N transferência
creditworthy ['krɛdɪtwə:ðɪ] ADJ merecedor(a) de crédito
credulity [krɪ'dju:lɪtɪ] N credulidade *f*
creed [kri:d] N credo
creek [kri:k] N enseada; (*US*) riacho
creel [kri:l] N cesto de pescador
creep [kri:p] (*pt, pp* **crept**) VI (*animal*) rastejar; (*person*) deslizar(-se); (*plant*) trepar ■ N (*inf*) puxa-saco *m*; **it gives me the ~s** me dá arrepios; **to ~ up on sb** pegar alguém de surpresa
creeper ['kri:pəʳ] N trepadeira; **creepers** NPL (*US: for baby*) macacão *m* (BR), fato macaco (PT)
creepy ['kri:pɪ] ADJ (*frightening*) horripilante
creepy-crawly [-'krɔ:lɪ] (*inf*) N bichinho
cremate [krɪ'meɪt] VT cremar
cremation [krɔ'meɪʃən] N cremação *f*
crematoria [krɛmə'tɔ:rɪə] NPL *of* **crematorium**
crematorium [krɛmə'tɔ:rɪəm] (*pl* **crematoria**) N crematório
creosote ['krɪəsəut] N creosoto

crêpe [kreɪp] N (*fabric*) crepe *m*; (*paper*) papel crepom *m*; **crêpe bandage** (*Brit*) N atadura de crepe; **crêpe paper** N papel *m* crepom; **crêpe sole** N sola de crepe
crept [krɛpt] PT, PP *of* **creep**
crescendo [krɪ'ʃendəu] N crescendo
crescent ['krɛsnt] N meia-lua; (*street*) rua semicircular
cress [krɛs] N agrião *m*
crest [krɛst] N (*of bird*) crista; (*of hill*) cimo, topo; (*of helmet*) cimeira; (*of coat of arms*) timbre *m*
crestfallen ['krɛstfɔ:lən] ADJ abatido, cabisbaixo
Crete [kri:t] N Creta
crevasse [krɪ'væs] N fenda
crevice ['krɛvɪs] N (*crack*) fenda; (*gap*) greta
crew [kru:] N (*of ship etc*) tripulação *f*; (*gang*) bando, quadrilha; (*Mil*) guarnição *f*; (*Cinema*) equipe *f*
crew-cut N corte *m* à escovinha
crew-neck N gola arredondada
crib [krɪb] N manjedoira, presépio; (*US*: *cot*) berço ■ VT (*inf*) colar
cribbage ['krɪbɪdʒ] N *jogo de cartas*
crick [krɪk] N câibra; **~ in the neck** torcicolo
cricket ['krɪkɪt] N (*insect*) grilo; (*game*) criquete *m*, cricket *m*
cricketer ['krɪkɪtəʳ] N jogador(a) *m/f* de criquete
crime [kraɪm] N (*no pl*: *illegal activities*) crime *m*; (*offence*) delito; (*crime in general*) criminalidade *f*; (*fig*) pecado, maldade *f*; **crime wave** N onda de criminalidade
criminal ['krɪmɪnl] N criminoso ■ ADJ criminal; (*law*) penal; (*morally wrong*) imoral; **the C~ Investigation Department** (*Brit*) a Brigada de Investigação Criminal
crimp [krɪmp] VT (*hair*) frisar
crimson ['krɪmzn] ADJ carmesim *inv*
cringe [krɪndʒ] VI encolher-se
crinkle ['krɪŋkl] VT amassar, enrugar
cripple ['krɪpl] N coxo(-a), aleijado(-a) ■ VT aleijar; (*ship, plane*) inutilizar; (*industry, exports*) paralisar
crippling ['krɪplɪŋ] ADJ (*disease*) devastador(a); (*taxation, debts*) excessivo
crises ['kraɪsi:z] NPL *of* **crisis**
crisis ['kraɪsɪs] (*pl* **crises**) N crise *f*
crisp [krɪsp] ADJ (*crunchy*) crocante; (*vegetables, fruit*) fresco; (*bacon etc*) torrado; (*manner*) seco
crisps [krɪsps] (*Brit*) NPL batatinhas *fpl* fritas
criss-cross [krɪs-] ADJ (*design*) entrecruzado; (*pattern*) em xadrez ■ VT entrecruzar; **~ pattern** padrão m em xadrez *m*
criteria [kraɪ'tɪərɪə] NPL *of* **criterion**
criterion [kraɪ'tɪərɪən] (*pl* **criteria**) N critério
critic ['krɪtɪk] N crítico(-a)
critical ['krɪtɪkl] ADJ crítico; (*illness*) grave; **to be ~ of sth/sb** criticar algo/alguém
critically ['krɪtɪkəlɪ] ADV (*examine*) criteriosamente; (*speak*) criticamente; (*ill*) gravemente
criticism ['krɪtɪsɪzm] N crítica
criticize ['krɪtɪsaɪz] VT criticar
critique [krɪ'ti:k] N crítica
croak [krəuk] VI (*frog*) coaxar; (*bird*) crocitar; (*person*) falar lugubremente ■ N grasnido
crochet ['krəuʃeɪ] N crochê *m*
crock [krɔk] N jarro; (*inf*: *also*: **old crock**: *person*) caco velho; (: *car*) calhambeque *m*
crockery ['krɔkərɪ] N louça
crocodile ['krɔkədaɪl] N crocodilo
crocus ['krəukəs] N açafrão-da-primavera *m*
croft [krɔft] (*Brit*) N pequena chácara
crofter ['krɔftəʳ] (*Brit*) N arrendatário
croissant ['krwasã] N croissant *m*
crone [krəun] N velha encarquilhada
crony ['krəunɪ] (*inf*: *pej*) N camarada *m/f*, compadre *m*
crook [kruk] N (*inf*: *criminal*) vigarista *m/f*; (*of shepherd*) cajado; (*of arm*) curva
crooked ['krukɪd] ADJ (*bent*) torto; (*path*) tortuoso; (*dishonest*) desonesto
crop [krɔp] N (*produce*) colheita; (*amount produced*) safra; (*riding crop*) chicotinho; (*of bird*) papo ■ VT cortar
▸ **crop up** VI surgir
cropper ['krɔpəʳ] N: **to come a ~** (*inf*) dar com os burros n'água, entrar pelo cano
crop spraying [-'spreɪɪŋ] N pulverização *f* das culturas
croquet ['krəukeɪ] (*Brit*) N croquet *m*, croquê *m*
croquette [krə'kɛt] N croquete *m*
cross [krɔs] N cruz *f*; (*hybrid*) cruzamento ■ VT cruzar; (*street etc*) atravessar; (*thwart*: *person, plan*) contrariar ■ VI atravessar ■ ADJ zangado, mal-humorado; **to ~ o.s.** persignar-se; **they've got their lines ~ed** eles têm um mal-entendido
▸ **cross out** VT riscar
▸ **cross over** VI atravessar
crossbar ['krɔsbɑ:ʳ] N travessa; (*Sport*) barra transversal
crossbreed ['krɔsbri:d] N raça cruzada
cross-Channel ferry N barca que faz a travessia do Canal da Mancha
cross-check N conferição *f* ■ VT conferir
cross-country (race) N corrida pelo campo
cross-examination N interrogatório; (*Law*) repergunta
cross-examine VT interrogar; (*Law*) reperguntar
cross-eyed [-aɪd] ADJ vesgo
crossfire ['krɔsfaɪəʳ] N fogo cruzado
crossing ['krɔsɪŋ] N (*road*) cruzamento; (*rail*) passagem *f* de nível; (*sea passage*) travessia; (*also*: **pedestrian crossing**) faixa (para pedestres) (BR), passadeira (PT); **crossing guard** (*US*) N guarda *m/f* para pedestres
cross-purposes NPL: **to be at ~ (with sb)** não entender-se (com alguém); **we're (talking) at ~** não falamos da mesma coisa
cross-reference N referência remissiva
crossroads ['krɔsrəudz] N cruzamento
cross section N (*of object*) corte *m* transversal; (*of population*) grupo representativo

crosswalk ['krɔswɔ:k] (*US*) N faixa (para pedestres) (BR), passadeira (PT)
crosswind ['krɔswɪnd] N vento costal
crosswise ['krɔswaɪz] ADV transversalmente
crossword ['krɔswə:d] N palavras *fpl* cruzadas
crotch [krɔtʃ] N (*of garment*) fundilho
crotchet ['krɔtʃɪt] N (*Mus*) semínima
crotchety ['krɔtʃɪtɪ] ADJ (*person*) rabugento
crouch [krautʃ] VI agachar-se
croup [kru:p] N (*Med*) crupe *m*
croupier ['kru:pɪə] N crupiê *m/f*
crouton ['kru:tɔn] N crouton *m*
crow [krəu] N (*bird*) corvo; (*of cock*) canto, cocoricó *m* ■ VI (*cock*) cantar, cocoricar; (*fig*) contar vantagem
crowbar ['krəuba:ʳ] N pé-de-cabra *m*
crowd [kraud] N multidão *f*; (*Sport*) público, galera (*inf*); (*unruly*) tropel *m*; (*common herd*) turba, vulgo ■ VT (*fill*) apinhar ■ VI (*gather*) reunir-se; (*cram*): **to ~ in** encher de; **~s of people** um grande número de pessoas
crowded ['kraudɪd] ADJ (*full*) lotado; (*well-attended*) concorrido; (*densely populated*) densamente populado
crowd scene N (*Cinema, Theatre*) cena de multidão
crown [kraun] N coroa; (*of head, hill*) topo; (*of hat*) copa ■ VT coroar; (*tooth*) pôr uma coroa artificial em; (*fig*) rematar; **crown court** (*Brit*) N Tribunal *m* de Justiça
crowning ['kraunɪŋ] ADJ (*achievement, glory*) supremo
crown jewels NPL jóias *fpl* reais
crown prince N príncipe *m* herdeiro
crow's-feet NPL pés-de-galinha *mpl*
crow's-nest N (*on ship*) cesto de gávea
crucial ['kru:ʃl] ADJ (*decision*) vital; (*vote*) decisivo; **~ to** vital para
crucifix ['kru:sɪfɪks] N crucifixo
crucifixion [kru:sɪ'fɪkʃən] N crucificação *f*
crucify ['kru:sɪfaɪ] VT crucificar
crude [kru:d] ADJ (*materials*) bruto; (*fig: basic*) tosco; (: *vulgar*) grosseiro; **crude (oil)** N petróleo em bruto
cruel ['kruəl] ADJ cruel
cruelty ['kruəltɪ] N crueldade *f*
cruet ['kru:ɪt] N galheta
cruise [kru:z] N cruzeiro ■ VI (*ship*) fazer um cruzeiro; (*aircraft*) voar; (*car*): **to ~ at ... km/h** ir a ... km por hora; **cruise missile** N míssil *m* Cruise
cruiser ['kru:zəʳ] N cruzador *m*
cruising speed ['kru:zɪŋ-] N velocidade *f* de cruzeiro
crumb [krʌm] N (*of bread*) migalha; (*of cake*) farelo
crumble ['krʌmbl] VT esfarelar ■ VI (*building, fig*) desmoronar-se; (*plaster, earth*) esfacelar-se; (*fig*) desintegrar-se
crumbly ['krʌmblɪ] ADJ farelento
crummy ['krʌmɪ] (*inf*) ADJ mixa; (*unwell*) podre
crumpet ['krʌmpɪt] N *bolo leve*
crumple ['krʌmpl] VT (*paper*) amassar; (*material*) amarrotar
crunch [krʌntʃ] VT (*food etc*) mastigar; (*underfoot*) esmagar ■ N (*fig*): **the ~** a momento decisivo
crunchy ['krʌntʃɪ] ADJ crocante
crusade [kru:'seɪd] N cruzada; (*campaign*) campanha ■ VI (*fig*): **to ~ for/against** batalhar por/contra
crusader [kru:'seɪdəʳ] N cruzado; (*fig*): **~ (for)** batalhador(a) *m/f* (por)
crush [krʌʃ] N (*people*) esmagamento; (*crowd*) aglomeração *f*; (*love*): **to have a ~ on sb** ter um rabicho por alguém; (*drink*): **lemon ~** limonada ■ VT (*press*) esmagar; (*squeeze*) espremer; (*paper*) amassar; (*cloth*) enrugar; (*army, opposition*) aniquilar; (*hopes*) destruir; (*person*) arrasar
crushing ['krʌʃɪŋ] ADJ (*burden*) esmagador(a)
crust [krʌst] N côdea; (*of bread, pastry*) casca; (*of snow, ice*) crosta; (*of earth*) camada
crustacean [krʌs'teɪʃən] N crustáceo
crusty ['krʌstɪ] ADJ cascudo
crutch [krʌtʃ] N muleta; (*of garment: also*: **crotch**) fundilho
crux [krʌks] N ponto crucial
cry [kraɪ] VI chorar; (*shout: also*: **cry out**) gritar ■ N grito; **to ~ for help** gritar por socorro; **it's a far ~ from ...** (*fig*) é totalmente diferente de ...
▸ **cry off** VI desistir
crying ['kraɪɪŋ] ADJ (*fig*) flagrante
crypt [krɪpt] N cripta
cryptic ['krɪptɪk] ADJ enigmático
crystal ['krɪstl] N cristal *m*
crystal-clear ADJ cristalino, claro
crystallize ['krɪstəlaɪz] VT cristalizar ■ VI cristalizar-se
CSA N ABBR = **Confederate States of America**
CSC N ABBR (= *Civil Service Commission*) *comissão de recrutamento de funcionários públicos*
CSE (*Brit*) N ABBR = **Certificate of Secondary Education**
CS gas (*Brit*) N gás *m* CS
CST (*US*) N ABBR (= *Central Standard Time*) *fuso horário*
CT (*US*) ABBR (*Post*) = **Connecticut**
ct ABBR = **carat**
cu. ABBR = **cubic**
cub [kʌb] N filhote *m*; (*also*: **cub scout**) lobinho
Cuba ['kju:bə] N Cuba
Cuban ['kju:bən] ADJ, N cubano(-a)
cubbyhole ['kʌbɪhəul] N esconderijo
cube [kju:b] N cubo ■ VT (*Math*) elevar ao cubo; **cube root** N raiz *f* cúbica
cubic ['kju:bɪk] ADJ cúbico; **~ metre** *etc* metro cúbico *etc*
cubicle ['kju:bɪkl] N cubículo; (*shower cubicle*) boxe *m*
cuckoo ['kuku:] N cuco; **cuckoo clock** N relógio de cuco
cucumber ['kju:kʌmbəʳ] N pepino
cud [kʌd] N: **to chew the ~** ruminar
cuddle ['kʌdl] VT abraçar ■ VI abraçar-se
cuddly ['kʌdlɪ] ADJ fofo
cudgel ['kʌdʒəl] N cacete *m* ■ VT: **to ~ one's**

brains quebrar a cabeça
cue [kju:] N (*Snooker*) taco; (*Theatre etc*) deixa
cuff [kʌf] N (*of shirt, coat etc*) punho; (*US: on trousers*) bainha; (*blow*) bofetada ■ VT esbofetear; **off the ~** de improviso; **cuff links** NPL abotoaduras *fpl*
cu. in. ABBR = **cubic inches**
cuisine [kwɪ'zi:n] N cozinha
cul-de-sac ['kʌldəsæk] N beco sem saída
culinary ['kʌlɪnərɪ] ADJ culinário
cull [kʌl] VT (*flowers*) escolher; (*story, idea*) escolher, selecionar; (*kill*) matar seletivamente ■ N (*of animals*) matança seletiva
culminate ['kʌlmɪneɪt] VI: **to ~ in** terminar em; (*lead to*) resultar em
culmination [kʌlmɪ'neɪʃən] N (*of career*) auge *m*; (*of process*) conclusão *f*
culottes [kju:'lɔts] NPL saia-calça
culpable ['kʌlpəbl] ADJ culpável
culprit ['kʌlprɪt] N culpado(-a)
cult [kʌlt] N culto; **cult figure** N ídolo
cultivate ['kʌltɪveɪt] VT (*also fig*) cultivar
cultivation [kʌltɪ'veɪʃən] N cultivo; (*fig*) cultura
cultural ['kʌltʃərəl] ADJ cultural
culture ['kʌltʃə^r] N (*also fig*) cultura
cultured ['kʌltʃəd] ADJ culto
cumbersome ['kʌmbəsəm] ADJ pesado, desajeitado; (*person*) lente, ineficiente
cumin ['kʌmɪn] N cominho
cumulative ['kju:mjulətɪv] ADJ cumulativo
cunning ['kʌnɪŋ] N astúcia ■ ADJ astuto, malandro; (*device, idea*) engenhoso
cup [kʌp] N xícara (BR), chávena (PT); (*prize, of bra*) taça
cupboard ['kʌbəd] N armário; (*for crockery*) guarda-louça
cup final (*Brit*) N final *f*
Cupid ['kju:pɪd] N Cupido
cupidity [kju:'pɪdɪtɪ] N cupidez *f*
cupola ['kju:pələ] N cúpula
cup tie (*Brit*) N jogo eliminatório
curable ['kjuərəbl] ADJ curável
curate ['kjuə:rɪt] N coadjutor *m*
curator [kjuə'reɪtə^r] N diretor(a) *m/f*
curb [kə:b] VT refrear ■ N freio; (*US*) = **kerb**
curdle ['kə:dl] VI coalhar
curds [kə:dz] NPL coalho
cure [kjuə^r] VT curar ■ N tratamento, cura; **to be ~d of sth** sarar(-se) de algo
cure-all N (*fig*) panacéia
curfew ['kə:fju:] N toque *m* de recolher
curio ['kjuərɪəu] N antiguidade *f*
curiosity [kjuərɪ'ɔsɪtɪ] N curiosidade *f*
curious ['kjuərɪəs] ADJ (*interested*) curioso; (*nosy*) abelhudo; (*unusual*) estranho
curiously ['kjuərɪəslɪ] ADV curiosamente; **~ enough, ...** por estranho que pareça, ...
curl [kə:l] N (*of hair*) cacho ■ VT (*hair: loosely*) frisar; (: *tightly*) encrespar; (*paper*) enrolar; (*lip*) torcer ■ VI (*hair*) encaracolar
▸ **curl up** VI frisar-se; (*person*) encaracolar-se
curler ['kə:lə^r] N rolo, bobe *m*
curlew ['kə:lu:] N maçarico
curling ['kə:lɪŋ] N (*Sport*) curling *m*; **curling tongs** (*US* **curling irons**) NPL ferros *mpl* de frisar cabelo
curly ['kə:lɪ] ADJ cacheado, crespo
currant ['kʌrnt] N passa de corinto; (*blackcurrant, redcurrant*) groselha
currency ['kʌrnsɪ] N moeda; **foreign ~** câmbio, divisas; **to gain ~** (*fig*) consagrar-se
current ['kʌrnt] N corrente *f*; (*in river*) correnteza ■ ADJ corrente; (*present*) atual; (*accepted*) corrente; **in ~ usage** de uso corrente; **current account** (*Brit*) N conta corrente; **current affairs** NPL atualidades *fpl*; **current assets** NPL (*Comm*) ativo corrente; **current liabilities** NPL (*Comm*) passivo corrente
currently ['kʌrntlɪ] ADV atualmente
curricula [kə'rɪkjulə] NPL *of* **curriculum**
curriculum [kə'rɪkjuləm] (*pl* **curriculums** *or* **curricula**) N programa *m* de estudos; **curriculum vitae** [-'vi:taɪ] N curriculum vitae *m*, currículo
curry ['kʌrɪ] N caril *m* ■ VT: **to ~ favour with** captar simpatia de; **curry powder** N pós *mpl* de caril, curry *m*
curse [kə:s] VI xingar (BR), praguejar (PT) ■ VT (*swear at*) xingar (BR); (*bemoan*) amaldiçoar ■ N maldição *f*; (*swearword*) palavrão *m* (BR), baixo calão *m* (PT); (*problem*) castigo
cursor ['kə:sə^r] N (*Comput*) cursor *m*
cursory ['kə:sərɪ] ADJ rápido, superficial
curt [kə:t] ADJ seco, brusco
curtail [kə:'teɪl] VT (*freedom, rights*) restringir; (*visit etc*) abreviar, encurtar; (*expenses etc*) reduzir
curtain ['kə:tn] N cortina; (*Theatre*) pano; **curtain call** N (*Theatre*) chamada à ribalta; **curtain ring** N argola
curts(e)y ['kə:tsɪ] N mesura, reverência ■ VI fazer reverência
curvature ['kə:vətʃə^r] N curvatura
curve [kə:v] N curva ■ VT encurvar, torcer ■ VI encurvar-se, torcer-se; (*road*) fazer (uma) curva
curved [kə:vd] ADJ curvado, curvo
cushion ['kuʃən] N almofada; (*Snooker*) tabela ■ VT (*seat*) escorar com almofada; (*shock, fall etc*) amortecer
cushy ['kuʃɪ] (*inf*) ADJ: **a ~ job** uma boca; **to have a ~ time** estar na moleza
custard ['kʌstəd] N (*for pouring*) nata, creme *m*; **custard powder** (*Brit*) N pó *m* para fazer creme
custodian [kʌs'təudɪən] N guarda *m/f*
custody ['kʌstədɪ] N custódia; (*for offenders*) prisão *f* preventiva; **to take into ~** deter
custom ['kʌstəm] N (*tradition*) tradição *f*; (*convention*) costume *m*; (*habit*) hábito; (*Comm*) clientela
customary ['kʌstəmərɪ] ADJ costumeiro; **it is ~ to do it** é costume fazê-lo
custom-built ADJ feito sob encomenda
customer ['kʌstəmə^r] N cliente *m/f*; **he's an awkward ~** (*inf*) ele é um cara difícil
customized ['kʌstəmaɪzd] ADJ (*car etc*) feito sob

encomenda
custom-made ADJ (*car*) feito sob encomenda; (*clothes*) feito sob medida
customs ['kʌstəmz] NPL alfândega
Customs and Excise (*Brit*) N autoridades *fpl* alfandegárias
customs duty N imposto alfandegário
customs officer N inspetor(a) *m/f* da alfândega, aduaneiro(-a)
cut [kʌt] (*pt, pp* **cut**) VT cortar; (*price*) baixar; (*record*) gravar; (*reduce*) reduzir; (*inf: class*) matar ■ VI cortar; (*intersect*) interceptar-se ■ N corte *m*; (*in spending*) redução *f*; (*of garment*) tacho; **cold cuts** NPL (*US*) frios *mpl* sortidos; **to ~ a tooth** estar com um dente nascendo; **to ~ one's finger** cortar o dedo; **to get one's hair ~** cortar o cabelo; **to ~ sth short** abreviar algo; **to ~ sb dead** fingir que não conhece alguém
▸ **cut back** VT (*plants*) podar; (*production, expenditure*) cortar
▸ **cut down** VT (*tree*) derrubar; (*reduce*) reduzir; **to ~ sb down to size** (*fig*) abaixar a crista de alguém, colocar alguém no seu lugar
▸ **cut in** VI: **to ~ in (on)** interromper; (*Aut*) cortar
▸ **cut off** VT (*piece, Tel*) cortar; (*person, village*) isolar; (*supply*) suspender; (*retreat*) impedir; (*troops*) cercar; **we've been ~ off** (*Tel*) fomos cortados
▸ **cut out** VT (*shape*) recortar; (*activity etc*) suprimir; (*remove*) remover
▸ **cut through** VI abrir caminho
▸ **cut up** VT cortar em pedaços
cut-and-dried ADJ (*also*: **cut-and-dry**) todo resolvido
cutaway ['kʌtəweɪ] ADJ, N: **~ (drawing)** vista diagramática
cutback ['kʌtbæk] N redução *f*, corte *m*
cute [kju:t] ADJ bonitinho, gracinha; (*shrewd*) astuto
cut glass N cristal *m* lapidado; **cuticle** ['kju:tɪkl] N cutícula
cuticle remover ■ N produto para tirar as cutículas
cutlery ['kʌtlərɪ] N talheres *mpl*
cutlet ['kʌtlɪt] N costeleta
cutoff ['kʌtɔf] N (*also*: **cutoff point**) ponto de corte; **cutoff switch** N interruptor *m*
cutout ['kʌtaut] N (*shape*) figura para recortar; (*switch*) interruptor *m*
cut-price (*US* **cut-rate**) ADJ a preço reduzido
cut-throat N assassino(-a) ■ ADJ feroz
cutting ['kʌtɪŋ] ADJ cortante; (*remark*) mordaz ■ N (*Brit: from newspaper*) recorte *m*; (: *Rail*) corte *m*; (*Cinema*) corte *m*; (*from plant*) muda
cuttlefish ['kʌtlfɪʃ] N sita
cut-up ADJ arrasado, aflito
CV N ABBR = **curriculum vitae**
C & W N ABBR = **country and western (music)**
cwo ABBR (*Comm*) = **cash with order**
cwt ABBR = **hundredweight**
cyanide ['saɪənaɪd] N cianeto
cybercafé ['saɪbəkæfeɪ] N cibercafé *m*
cybernetics [saɪbə'nɛtɪks] N cibernética
cyberspace ['saɪbəspeɪs] N ciberespaço
cyclamen ['sɪkləmən] N cíclame *m*
cycle ['saɪkl] N ciclo; (*bicycle*) bicicleta ■ VI andar de bicicleta; **cycle lane, cycle path** N ciclovia *f*; **cycle race** N corrida de bicicletas; **cycle rack** N engradado para guardar bicicletas
cycling ['saɪklɪŋ] N ciclismo
cyclist ['saɪklɪst] N ciclista *m/f*
cyclone ['saɪkləun] N ciclone *m*
cygnet ['sɪgnɪt] N cisne *m* novo
cylinder ['sɪlɪndəʳ] N cilindro; (*of gas*) bujão *m*; **cylinder capacity** N capacidade *f* cilíndrica, cilindrada; **cylinder head** N cilíndrico
cylinder-head gasket N culatra
cymbals ['sɪmblz] NPL pratos *mpl*
cynic ['sɪnɪk] N cínico(-a)
cynical ['sɪnɪkl] ADJ cínico, sarcástico
cynicism ['sɪnɪsɪzəm] N cinismo
CYO (*US*) N ABBR = **Catholic Youth Organization**
cypress ['saɪprɪs] N cipreste *m*
Cypriot ['sɪprɪət] ADJ, N cipriota *m/f*
Cyprus ['saɪprəs] N Chipre *f*
cyst [sɪst] N cisto
cystitis [sɪs'taɪtɪs] N cistite *f*
CZ (*US*) N ABBR (= *Canal Zone*) zona do canal do Panamá
czar [zɑ:ʳ] N czar *m*
Czech [tʃɛk] ADJ tcheco ■ N tcheco(-a); (*Ling*) tcheco
Czechoslovak [tʃɛkə'sləuvæk] ADJ, N = **Czechoslovakian**
Czechoslovakia [tʃɛkəslə'vækɪə] N Tchecoslováquia
Czechoslovakian [tʃɛkəslə'vækɪən] ADJ, N tchecoslovaco(-a); **Czech Republic** N: **the Czech Republic** a República Tcheca

Dd

D, d [di:] N (*letter*) D, d *m*; (*Mus*): **D** ré *m*; **D for David** (*Brit*) *or* **Dog** (*US*) D de dado
D (*US*) ABBR (*Pol*) = **democrat(ic)**
d (*Brit*) ABBR (*old*) = **penny**
d. ABBR = **died**
DA (*US*) N ABBR = **district attorney**
dab [dæb] VT (*eyes, wound*) tocar (de leve); (*paint, cream*) aplicar de leve ■ N (*of paint*) pincelada; (*of liquid*) gota; (*amount*) pequena quantidade *f*
dabble ['dæbl] VI: **to ~ in** interessar-se por
dachshund ['dækshund] N bassê *m*
dad [dæd] (*inf*) N papai *m*
daddy ['dædɪ] N = **dad**
daddy-long-legs N INV pernilongo
daffodil ['dæfədɪl] N narciso-dos-prados *m*
daft [dɑ:ft] ADJ bobo, besta; **to be ~ about** ser louco por
dagger ['dægəʳ] N punhal *m*, adaga; **to look ~s at sb** olhar feio para alguém; **to be at ~s drawn with sb** andar às turras com alguém
dahlia ['deɪljə] N dália
daily ['deɪlɪ] ADJ diário ■ N (*paper*) jornal *m*, diário; (*Brit: domestic help*) diarista (BR), mulher *f* a dias (PT) ■ ADV diariamente; **twice ~** duas vezes por dia
dainty ['deɪntɪ] ADJ delicado; (*tasteful*) elegante, gracioso
dairy ['dεərɪ] N leiteria ■ ADJ (*industry*) de laticínios; (*cattle*) leiteiro; **dairy cow** N vaca leiteira; **dairy farm** N fazenda de gado leiteiro; **dairy products** NPL laticínios *mpl*; **dairy store** (*US*) N leiteria
dais ['deɪɪs] N estrado
daisy ['deɪzɪ] N margarida; **daisy wheel** N (*on printer*) margarida
daisy-wheel printer N impressora margarida
Dakar ['dækaʳ] N Dacar
dale [deɪl] (*Brit*) N vale *m*
dally ['dælɪ] VI vadiar
dalmatian [dæl'meɪʃən] N (*dog*) dálmata *m*
dam [dæm] N represa, barragem *f* ■ VT represar
damage ['dæmɪdʒ] N (*physical*) danos *mpl*; (*harm*) prejuízo; (*dents etc*) avaria ■ VT (*spoil, break*) danificar; (*harm*) prejudicar; **damages** NPL (*Law*) indenização *f* por perdas e danos; **to pay £5,000 in ~s** pagar £5,000 de indenização; **~ to property** danos materiais
damaging ['dæmɪdʒɪŋ] ADJ: **~ (to)** prejudicial (a)
Damascus [də'mɑ:skəs] N Damasco
dame [deɪm] N (*title*) *título honorífico dado a uma membra da Ordem do Império Britânico*; *título honorífico dado à esposa de um cavalheiro ou baronete*; (*US: inf*) dona; (*Theatre*) dama
damn [dæm] VT condenar; (*curse*) maldizer ■ N (*inf*): **I don't give a ~** não dou a mínima, estou me lixando ■ ADJ (*inf: also*: **damned**) donado, maldito; **~ (it)!** (*que*) droga!
damnable ['dæmnəbl] (*inf*) ADJ (*behaviour*) condenável; (*weather*) horrível
damnation [dæm'neɪʃən] N (*Rel*) danação *f* ■ EXCL (*inf*) droga!
damning ['dæmɪŋ] ADJ (*evidence*) prejudicial; (*criticism*) condenador(a)
damp [dæmp] ADJ úmido ■ N umidade *f* ■ VT (*also*: **dampen**: *cloth, rag*) umedecer; (: *enthusiasm etc*) jogar água fria em
dampcourse ['dæmpkɔ:s] N impermeabilização *f*
damper ['dæmpəʳ] N (*Mus*) abafador *m*; (*of fire*) registro; **to put a ~ on** (*fig: atmosphere*) criar um mal-estar em; (: *party*) acabar com a animação de; (: *enthusiasm*) cortar
dampness ['dæmpnɪs] N umidade *f*
damson ['dæmzən] N ameixa pequena
dance [dɑ:ns] N dança; (*party etc*) baile *m* ■ VI dançar; **to ~ about** saltitar; **dance hall** N salão *m* de baile
dancer ['dɑ:nsəʳ] N dançarino(-a); (*professional*) bailarino(-a)
dancing ['dɑ:nsɪŋ] N dança
D and C N ABBR (*Med: = dilation and curettage*) dilatação *f* e curetagem *f*
dandelion ['dændɪlaɪən] N dente-de-leão *m*
dandruff ['dændrəf] N caspa
dandy ['dændɪ] N dândi *m* ■ ADJ (*US: inf*) bacana
Dane [deɪn] N dinamarquês(-esa) *m/f*
danger ['deɪndʒəʳ] N perigo; (*risk*) risco; (*possibility*): **there is a ~ of ...** há o risco de ...; **"~!"** (*on sign*) "perigo!"; **to be in ~ of** correr o risco de; **in ~** em perigo; **out of ~** fora de perigo; **danger list** N (*Med*): **on the danger list** na lista dos pacientes graves
dangerous ['deɪndʒərəs] ADJ perigoso
dangerously ['deɪndʒərəslɪ] ADV

perigosamente; **~ ill** gravemente doente

danger zone N zona de perigo

dangle ['dæŋgl] VT balançar ■ VI pender balançando

Danish ['deɪnɪʃ] ADJ dinamarquês(-esa) ■ N (*Ling*) dinamarquês *m*; **Danish pastry** N doce *m* (*de massa com frutas*)

dank [dæŋk] ADJ frio e úmido

Danube ['dænju:b] N: **the ~** o Danúbio

dapper ['dæpəʳ] ADJ garboso; (*appearance*) esmerado

dare [deəʳ] VT: **to ~ sb to do sth** desafiar alguém a fazer algo ■ VI: **to ~ (to) do sth** atrever-se a fazer algo, ousar fazer algo; **I ~ say** (*I suppose*) acho provável que; **I ~n't tell him** (*Brit*) eu não ouso dizê-lo a ele; **I ~ say he'll turn up** acho provável que ele venha

daredevil ['deədevl] N intrépido, atrevido

Dar-es-Salaam ['dɑ:rɛssə'lɑ:m] N Dar-es-Salaam

daring ['deərɪŋ] ADJ (*audacious*) audacioso; (*bold*) ousado ■ N atrevimento, audácia, ousadia; (*courage*) coragem *f*, destemor *m*

dark [dɑ:k] ADJ (*gen, hair*) escuro; (*complexion*) moreno; (*cheerless*) triste, sombrio; (*fig*) sombrio ■ N escuro; **in the ~** no escuro; **in the ~ about** (*fig*) no escuro sobre; **after ~** depois de escurecer; **it is/is getting ~** está escuro/está escurecendo; **dark chocolate** N chocolate *m* amargo

darken ['dɑ:kən] VT escurecer; (*colour*) fazer mais escuro ■ VI escurecer(-se)

dark glasses NPL óculos *mpl* escuros

darkly ['dɑ:klɪ] ADV (*gloomily*) sombriamente; (*in a sinister way*) sinistramente

darkness ['dɑ:knɪs] N escuridão *f*

dark room N câmara escura

darling ['dɑ:lɪŋ] ADJ querido ■ N querido(-a); (*favourite*): **to be the ~ of** ser o queridinho de

darn [dɑ:n] VT cerzir

dart [dɑ:t] N dardo; (*in sewing*) alinhavo ■ VI precipitar-se; **to ~ away/along** ir-se/seguir precipitadamente

dartboard ['dɑ:tbɔ:d] N alvo (para jogo de dardos)

darts N (*game*) jogo de dardos

dash [dæʃ] N (*sign*) hífen *m*; (: *long*) travessão *m*; (*rush*) correria; (*small quantity*) pontinha ■ VT (*throw*) arremessar; (*hopes*) frustrar ■ VI precipitar-se, ir depressa

▸ **dash away** VI sair apressado

▸ **dash off** VT (*letter, essay*) escrever a toda ■ VI = **dash away**

dashboard ['dæʃbɔ:d] N painel *m* de instrumentos

dashing ['dæʃɪŋ] ADJ arrojado

dastardly ['dæstədlɪ] ADJ vil

data ['deɪtə] NPL dados *mpl*

database ['deɪtəbeɪs] N banco de dados

data capture N entrada de dados

data processing N processamento de dados

data transmission N transmissão *f* de dados

date [deɪt] N (*day*) data; (*with friend*) encontro; (*fruit*) tâmara; (*tree*) tamareira ■ VT datar; (*person*) namorar; **what's the ~ today?** que dia é hoje?; **~ of birth** data de nascimento; **closing ~** data de encerramento; **to ~** até agora; **out of ~** desatualizado; **up to ~** (*correspondence etc*) em dia; (*dictionary, phone book etc*) atualizado; (*method, technology*) moderno; **to bring up to ~** (*correspondence, person*) pôr em dia; (*method*) modernizar; **letter ~d 5th July** (*Brit*) *or* **July 5th** (*US*) carta datada de 5 de julho

dated ['deɪtɪd] ADJ antiquado

dateline ['deɪtlaɪn] N meridiano *or* linha de data

date rape N estupro cometido pelo acompanhante da vítima, geralmente após encontro romântico

date stamp N carimbo datador

daub [dɔ:b] VT borrar

daughter ['dɔ:təʳ] N filha

daughter-in-law (*pl* **daughters-in-law**) N nora

daunt [dɔ:nt] VT desalentar, desencorajar

daunting ['dɔ:ntɪŋ] ADJ desanimador(a)

dauntless ['dɔ:ntlɪs] ADJ intrépido, destemido

dawdle ['dɔ:dl] VI (*waste time*) fazer cera; (*go slow*) vadiar

dawn [dɔ:n] N alvorada, amanhecer *m*; (*of period, situation*) surgimento, início ■ VI (*day*) amanhecer; (*fig*): **it ~ed on him that ...** começou a perceber que ...; **at ~** ao amanhecer; **from ~ to dusk** de manhã à noite; **dawn chorus** (*Brit*) N canto dos pássaros na alvorada

day [deɪ] N dia *m*; (*working day*) jornada, dia útil; **the ~ before/after** a véspera/o dia seguinte; **the ~ before yesterday** anteontem; **the ~ after tomorrow** depois de amanhã; **the following ~** o dia seguinte; **(on) the ~ that ...** o dia em que ...; **~ by ~** dia a dia; **by ~** de dia; **paid by the ~** pago por dia; **these ~s, in the present ~** hoje em dia

daybook ['deɪbuk] (*Brit*) N diário

day boy N (*Sch*) externo

daybreak ['deɪbreɪk] N amanhecer *m*

daydream ['deɪdri:m] N devaneio ■ VI devanear

day girl N (*Sch*) externa

daylight ['deɪlaɪt] N luz *f* (do dia)

Daylight Saving Time (*US*) N hora de verão

day release N: **to be on ~** ter licença de um dia por semana para fins de aperfeiçoamento profissional

day return (*Brit*) N (*ticket*) bilhete *m* de ida e volta no mesmo dia

day shift N turno diurno

daytime ['deɪtaɪm] N dia *m* ■ ADJ de dia, diurno

day-to-day ADJ (*life, expenses*) cotidiano; **the ~ routine** o dia-a-dia; **on a ~ basis** dia a dia, diariamente

day trip N excursão *f* (de um dia)

day tripper N excursionista *m/f*

daze [deɪz] VT (*stun*) aturdir ■ N: **in a ~** aturdido

dazzle ['dæzl] VT (*bewitch*) deslumbrar; (*blind*) ofuscar

dazzling ['dæzlɪŋ] ADJ deslumbrante, ofuscante
DC ABBR (*Elec*) = **direct current**; (*US: Post*) = **District of Columbia**
DD N ABBR (= *Doctor of Divinity*) *título universitário*
dd. ABBR (*Comm*: = *delivered*) entregue
D/D ABBR = **direct debit**
D-day ['di:deɪ] N o dia D
DDS (*US*) N ABBR (= *Doctor of Dental Science*; = *Doctor of Dental Surgery*) *títulos universitários*
DDT N ABBR (= *dichlorodiphenyltrichloroethane*) DDT *m*
DE (*US*) ABBR (*Post*) = **Delaware**
DEA (*US*) N ABBR (= *Drug Enforcement Administration*) ≈ Conselho Nacional de Entorpecentes
deacon ['di:kən] N diácono
dead [dɛd] ADJ morto; (*deceased*) falecido; (*numb*) dormente; (*telephone*) cortado; (*Elec*) sem corrente ■ ADV (*very*) totalmente; (*completely*) completamente; (*exactly*) absolutamente ■ NPL: **the ~** os mortos; **to shoot sb ~** matar alguém a tiro; **the line has gone ~** (*Tel*) caiu a ligação; **~ tired** morto de cansado; **to stop ~** estacar; **~ on time** na hora em ponto
deaden ['dɛdn] VT (*blow, sound*) amortecer; (*pain*) anestesiar
dead end N beco sem saída ■ ADJ: **a dead-end job** um emprego sem perspectivas
dead heat N (*Sport*) empate *m*; **to finish in a ~** (*race*) ser empatado
dead-letter office N seção *f* de cartas não reclamadas
deadline ['dɛdlaɪn] N prazo final; **to work to a ~** trabalhar com prazo estabelecido
deadlock ['dɛdlɔk] N impasse *m*
dead loss (*inf*) N: **to be a ~** não ser de nada
deadly ['dɛdlɪ] ADJ mortal, fatal; (*weapon*) mortífero ■ ADV: **~ dull** tediosíssimo, chatíssimo
deadpan [dɛd'pæn] ADJ sem expressão
Dead Sea N: **the ~** o mar Morto
deaf [dɛf] ADJ surdo
deaf-aid (*Brit*) N aparelho para a surdez
deaf-and-dumb ADJ surdo-mudo; **~ alphabet** alfabeto de surdos-mudos
deafen ['dɛfn] VT ensurdecer
deafening ['dɛfnɪŋ] ADJ ensurdecedor(a)
deaf-mute N surdo-mudo/surda-muda
deafness ['dɛfnɪs] N surdez *f*
deal [di:l] (*pt, pp* **dealt**) N (*agreement*) acordo; (*business*) negócio ■ VT (*cards, blows*) dar; **to strike a ~ with sb** fechar um negócio com alguém; **it's a ~!** (*inf*) negócio fechado; **he got a fair/bad ~ from them** ele foi/não foi bem tratado por eles; **a good ~** bastante; **a good** *or* **great ~ (of)** bastante, muito
▸ **deal in** VT FUS (*Comm*) negociar em *or* com
▸ **deal with** VT FUS (*people*) tratar com; (*problem*) ocupar-se de; (*subject*) tratar de; (*Comm*) negociar com; (*punish*) castigar
dealer ['di:lə^r] N negociante *m/f*; (*for cars*) concessionário(-a); (*for products*) revendedor(a) *m/f*; (*Cards*) carteador(a) *m/f*, banqueiro(-a)
dealership ['di:ləʃɪp] N concesionária
dealings ['di:lɪŋz] NPL transações *fpl*
dealt [dɛlt] PT, PP *of* **deal**
dean [di:n] N (*Rel*) decano; (*Sch*: *Brit*) reitor(a) *m/f*; (: *US*) orientador(a) *m/f* de estudos
dear [diə^r] ADJ querido, caro; (*expensive*) caro ■ N: **my ~** meu querido/minha querida ■ EXCL: **~ me!** ai, meu Deus!; **D~ Sir/Madam** (*in letter*) Ilmo. Senhor/Exma. Senhora (BR), Exmo. Senhor/Exma. Senhora (PT); **D~ Mr/Mrs X** Caro Sr./Cara Sra.
dearly ['dɪəlɪ] ADV (*love*) ternamente; (*pay*) caro
dearth [də:θ] N escassez *f*
death [dɛθ] N morte *f*; (*Admin*) óbito
deathbed ['dɛθbɛd] N leito de morte
death certificate N certidão *f* de óbito
death duties NPL (*Brit*) impostos *mpl* sobre inventário
deathly ['dɛθlɪ] ADJ (*colour*) pálido; (*silence*) profundo ■ ADV (*quiet*) completamente
death penalty N pena de morte
death rate N (índice *m* de) mortalidade *f*
death sentence N sentença de morte
death toll N número de mortos (*en acidentes*)
deathtrap ['dɛθtræp] N perigo
deb [dɛb] (*inf*) N ABBR = **debutante**
debacle [deɪ'bɑ:kl] N fracasso
debar [dɪ'bɑ:^{r}] VT (*exclude*) excluir; **to ~ sb from doing sth** proibir a alguém fazer algo *or* que faça algo
debase [dɪ'beɪs] VT degradar; (*value*) desvalorizar; (*quality*) piorar
debatable [dɪ'beɪtəbl] ADJ discutível
debate [dɪ'beɪt] N debate *m* ■ VT debater ■ VI (*consider*): **to ~ whether** perguntar-se se
debauchery [dɪ'bɔ:tʃərɪ] N decadência
debenture [dɪ'bɛntʃə^r] N (*Comm*) debênture *f*
debilitate [dɪ'bɪlɪteɪt] VT debilitar
debit ['dɛbɪt] N débito ■ VT: **to ~ a sum to sb** *or* **to sb's account** lançar uma quantia ao débito de alguém *or* à conta de alguém; *see also* **direct debit**; **debit balance** N saldo devedor; **debit note** N nota de débito
debrief [di:'bri:f] VT interrogar
debriefing [di:'bri:fɪŋ] N interrogatório
debris ['dɛbri:] N escombros *mpl*
debt [dɛt] N (*sum*) dívida; (*state*) endividamento; **to be in ~** ter dívidas, estar endividado; **bad ~** dívida incobrável; **debt collector** N cobrador(a) *m/f* de dívidas
debtor ['dɛtə^r] N devedor(a) *m/f*
debug ['di:'bʌg] VT (*Comput*) depurar
debunk [di:'bʌŋk] VT (*myths, ideas*) desmacarar
début ['deɪbju:] N estréia
debutante ['dɛbjutænt] N debutante *f*
Dec. ABBR (= *December*) dez
decade ['dɛkeɪd] N década
decadence ['dɛkədəns] N decadência
decadent ['dɛkədənt] ADJ decadente
decaf ['di:kæf] (*inf*) N descafeinado *m*
decaffeinated [dɪ'kæfɪneɪtɪd] ADJ descafeinado

decamp [dɪ'kæmp] (*inf*) VI safar-se
decant [dɪ'kænt] VT (*wine*) decantar
decanter [dɪ'kæntəʳ] N garrafa ornamental
decarbonize [di:'kɑ:bənaɪz] VT (*Aut*) descarbonizar
decay [dɪ'keɪ] N decadência; (*of building*) ruína; (*fig*) deterioração *f*; (*rotting*) podridão *f*; (*also*: **tooth decay**) cárie *f* ■ VI (*rot*) apodrecer-se; (*fig*) decair
decease [dɪ'si:s] N falecimento, óbito
deceased [dɪ'si:st] N: **the ~** o falecido (a falecida)
deceit [dɪ'si:t] N engano; (*duplicity*) fraude *f*
deceitful [dɪ'si:tful] ADJ enganador(a)
deceive [dɪ'si:v] VT enganar
decelerate [di:'sɛləreɪt] VT moderar a marcha de, desacelerar ■ VI diminuir a velocidade
December [dɪ'sɛmbəʳ] N dezembro; *see also* **July**
decency ['di:sənsɪ] N decência; (*kindness*) bondade *f*
decent ['di:sənt] ADJ (*proper*) decente; (*kind, honest*) honesto, amável
decently ['di:səntlɪ] ADV (*respectably*) decentemente; (*kindly*) gentilmente
decentralization ['di:sɛntrəlaɪ'zeɪʃən] N descentralização *f*
decentralize [di:'sɛntrəlaɪz] VT descentralizar
deception [dɪ'sɛpʃən] N engano; (*deceitful act*) fraude *f*
deceptive [dɪ'sɛptɪv] ADJ enganador(a)
decibel ['dɛsɪbɛl] N decibel *m*
decide [dɪ'saɪd] VT (*person*) convencer; (*question, argument*) resolver ■ VI decidir; **to ~ to do/that** decidir fazer/que; **to ~ on sth** decidir-se por algo; **to ~ on doing** decidir fazer; **to ~ against doing** decidir não fazer
decided [dɪ'saɪdɪd] ADJ (*resolute*) decidido; (*clear, definite*) claro, definido
decidedly [dɪ'saɪdɪdlɪ] ADV (*distinctly*) claramente; (*emphatically*) decididamente
deciding [dɪ'saɪdɪŋ] ADJ decisivo
deciduous [dɪ'sɪdjuəs] ADJ decíduo
decimal ['dɛsɪməl] ADJ decimal ■ N decimal *m*; **to 3 ~ places** com 3 casas decimais
decimalize ['dɛsɪməlaɪz] (*Brit*) VT decimalizar
decimal point N vírgula de decimais
decimate ['dɛsɪmeɪt] VT dizimar
decipher [dɪ'saɪfəʳ] VT decifrar
decision [dɪ'sɪʒən] N (*choice*) escolha; (*act of choosing*) decisão *f*; (*decisiveness*) resolução *f*; **to make a ~** tomar uma decisão
decisive [dɪ'saɪsɪv] ADJ (*action*) decisivo; (*person*) decidido; (*manner, reply*) categórico
deck [dɛk] N (*Naut*) convés *m*; (*of bus*): **top ~** andar *m* de cima; (*of cards*) baralho; **to go up on ~** subir ao convés; **below ~** abaixo do convés principal; **record/cassette ~** toca-discos *m inv*/toca-fitas *m inv*; **deck chair** N cadeira de lona, espreguiçadeira; **deck hand** N taifeiro(-a)
declaration [dɛklə'reɪʃən] N declaração *f*; (*public announcement*) pronunciamento
declare [dɪ'klɛəʳ] VT (*intention*) revelar; (*result*) divulgar; (*income, at customs*) declarar
declassify [di:'klæsɪfaɪ] VT tornar público
decline [dɪ'klaɪn] N declínio; (*lessening*) diminuição *f*, baixa ■ VT recusar ■ VI diminuir; (*fall*) baixar; **~ in living standards** queda dos padrões de vida; **to ~ to do sth** recusar-se a fazer algo
declutch ['di:'klʌtʃ] (*Brit*) VI debrear
decode [di:'kəud] VT decifrar; (*TV signal etc*) decodificar
decoder [di:'kəudəʳ] N decodificador *m*
decompose [di:kəm'pəuz] VI decompor-se
decomposition [di:kɔmpə'zɪʃən] N decomposição *f*
decompression [di:kəm'prɛʃən] N descompressão *f*; **decompression chamber** N câmara de descompressão
decongestant [di:kən'dʒɛstənt] N descongestionante *m*
decontaminate [di:kən'tæmɪneɪt] VT descontaminar
decontrol [di:kən'trəul] VT (*prices etc*) liberar
décor ['deɪkɔ:ʳ] N decoração *f*; (*Theatre*) cenário
decorate ['dɛkəreɪt] VT (*adorn*): **to ~ (with)** adornar (com); (*give medal to*) condecorar; (*paint*) pintar; (*paper*) decorar com papel
decoration [dɛkə'reɪʃən] N decoração *f*, adorno; (*on tree, dress etc*) enfeite *m*; (*act*) decoração; (*medal*) condecoração *f*
decorative ['dɛkərətɪv] ADJ decorativo
decorator ['dɛkəreɪtəʳ] N (*painter*) pintor(a) *m/f*
decorum [dɪ'kɔ:rəm] N decoro
decoy ['di:kɔɪ] N engodo, chamariz *m*
decrease [*n* 'di:kri:s, *vt, vi* di:'kri:s] N: **~ (in)** diminuição *f* (de) ■ VT reduzir ■ VI diminuir; **to be on the ~** estar diminuindo
decreasing [di:'kri:sɪŋ] ADJ decrescente
decree [dɪ'kri:] N decreto ■ VT: **to ~ (that)** decretar (que); **~ absolute** sentença final de divórcio; **decree nisi** N ordem *f* provisória de divórcio
decrepit [dɪ'krɛpɪt] ADJ decrépito; (*building*) (que está) caindo aos pedaços
decry [dɪ'kraɪ] VT execrar; (*disparage*) denegrir
dedicate ['dɛdɪkeɪt] VT dedicar
dedicated ['dɛdɪkeɪtɪd] ADJ (*person, Comput*) dedicado; **~ word processor** processador *m* de texto dedicado
dedication [dɛdɪ'keɪʃən] N (*devotion*) dedicação *f*; (*in book*) dedicatória; (*on radio*) mensagem *f*
deduce [dɪ'dju:s] VT deduzir
deduct [dɪ'dʌkt] VT deduzir; (*from wage etc*) descontar
deduction [dɪ'dʌkʃən] N (*deducting*) redução *f*; (*amount*) subtração *f*; (*deducing*) dedução *f*; (*from wage etc*) desconto; (*conclusion*) conclusão *f*, dedução *f*; **deed** [di:d] N feito; (*Law*) escritura, título
deed of covenant ■ N escritura de transferência
deem [di:m] VT julgar, estimar; **to ~ it wise to do** julgar prudente fazer
deep [di:p] ADJ profundo; (*in measurements*)

de profundidade; (*voice*) baixo, grave; (*person*) fechado; (*breath*) fundo; (*colour*) forte, carregado ■ ADV: **the spectators stood 20 ~** os espectadores formaram-se em 20 fileiras; **knee-~ in water** com água até os joelhos; **to be 4 metres ~** ter 4 metros de profundidade; **he took a ~ breath** ele respirou fundo

deepen ['di:pən] VT aprofundar ■ VI (*mystery*) aumentar

deep-freeze N congelador *m*, freezer *m* (BR)

deep-fry VT fritar em recipiente fundo

deeply ['di:plɪ] ADV (*breathe*) fundo; (*interested, moved*) profundamente

deep-rooted [-'ru:tɪd] ADJ (*prejudice*) enraizado; (*affection*) profundo

deep-sea diver N escafandrista *m/f*

deep-sea diving N mergulho com escafandro

deep-sea fishing N pesca de alto-mar

deep-seated [-'si:tɪd] ADJ (*beliefs etc*) arraigado

deep-set ADJ (*eyes*) fundo

deer [dɪə^r] N INV veado, cervo

deerskin ['dɪəskɪn] N camurça, pele *f* de cervo

deerstalker ['dɪəstɔ:kə^r] N *tipo de chapéu como o de Sherlock Holmes*

deface [dɪ'feɪs] VT desfigurar

defamation [dɛfə'meɪʃən] N difamação *f*

defamatory [dɪ'fæmətrɪ] ADJ difamatório

default [dɪ'fɔ:lt] VI (*Law*) inadimplir; (*Sport*) não comparecer ■ N (*Comput: also*: **default value**) valor *m* de default; **by ~** (*win*) por desistência; (*Law*) à revelia; (*Sport*) por ausência; **to ~ on a debt** deixar de pagar uma dívida

defaulter [dɪ'fɔ:ltə^r] N (*in debt*) devedor(a) *m/f* inadimplente

default option N (*Comput*) opção *f* de default

defeat [dɪ'fi:t] N derrota; (*failure*) malogro ■ VT derrotar, vencer; (*fig: efforts*) frustrar

defeatism [dɪ'fi:tɪzm] N derrotismo

defeatist [dɪ'fi:tɪst] ADJ, N derrotista *m/f*

defect [*n* 'di:fɛkt, *vi* dɪ'fɛkt] N defeito ■ VI: **to ~ to the enemy** desertar para se juntar ao inimigo; **physical/mental ~** defeito físico/mental

defective [dɪ'fɛktɪv] ADJ defeituoso

defector [dɪ'fɛktə^r] N trânsfuga *m/f*

defence [dɪ'fɛns] (*US* **defense**) N defesa; **in ~ of** em defesa de; **witness for the ~** testemunha de defesa; **the Ministry of D~** (*Brit*), **the Department of Defense** (*US*) o Ministério da Defesa

defenceless [dɪ'fɛnslɪs] ADJ indefeso

defend [dɪ'fɛnd] VT defender; (*Law*) contestar

defendant [dɪ'fɛndənt] N acusado(-a); (*in civil case*) réu(-ré) *m/f*

defender [dɪ'fɛndə^r] N defensor(a) *m/f*

defending champion [dɪ'fɛndɪŋ-] N (*Sport*) atual campeão(-peã) *m/f*

defending counsel [dɪ'fɛndɪŋ-] N (*Law*) advogado(-a) de defesa

defense [dɪ'fɛns] (*US*) N = **defence**

defensive [dɪ'fɛnsɪv] ADJ defensivo ■ N: **on the ~** na defensiva

defer [dɪ'fə:^{r}] VT (*postpone*) adiar ■ VI (*submit*): **to ~ to** submeter-se a

deference ['dɛfərəns] N deferência; **out of** *or* **in ~ to** por *or* em deferência a

defiance [dɪ'faɪəns] N desafio; (*rebellion*) rebeldia; **in ~ of** sem respeito por; (*despite*) a despeito de

defiant [dɪ'faɪənt] ADJ (*insolent*) desafiante, insolente; (*challenging*) desafiador(a)

defiantly [dɪ'faɪəntlɪ] ADV desafiadoramente

deficiency [dɪ'fɪʃənsɪ] N (*lack*) deficiência, falta; (*defect*) defeito; (*Comm*) déficit *m*; **deficiency disease** N doença de carência

deficient [dɪ'fɪʃənt] ADJ (*inadequate*) deficiente; (*incomplete*) incompleto; (*defective*) imperfeito; (*defective*): **~ in** falto de, carente de

deficit ['dɛfɪsɪt] N déficit *m*

defile [*vt, vi* dɪ'faɪl, *n* 'di:faɪl] VT (*memory*) desonrar; (*statue etc*) profanar ■ VI desfilar ■ N desfile *m*

define [dɪ'faɪn] VT definir

definite ['dɛfɪnɪt] ADJ (*fixed*) definitivo; (*clear, obvious*) claro, categórico; (*certain*) certo; (*Ling*) definido; **he was ~ about it** ele foi categórico

definitely ['dɛfɪnɪtlɪ] ADV sem dúvida

definition [dɛfɪ'nɪʃən] N definição *f*

definitive [dɪ'fɪnɪtɪv] ADJ conclusivo

deflate [di:'fleɪt] VT esvaziar; (*person*) fazer perder o rebolado; (*Econ*) deflacionar

deflation [di:'fleɪʃən] N (*Econ*) deflação *f*

deflationary [di:'fleɪʃənrɪ] ADJ (*Econ*) deflacionário

deflect [dɪ'flɛkt] VT desviar

defog ['di:'fɔg] (*US*) VT desembaçar

defogger ['di:'fɔgə^r] (*US*) N (*Aut*) desembaçador *m*

deform [dɪ'fɔ:m] VT distorcer

deformed [dɪ'fɔ:md] ADJ deformado

deformity [dɪ'fɔ:mɪtɪ] N deformidade *f*

defraud [dɪ'frɔ:d] VT: **to ~ sb (of sth)** trapacear alguém (por causa de algo)

defray [dɪ'freɪ] VT (*costs, expenses*) correr com

defrost [di:'frɔst] VT descongelar

deft [dɛft] ADJ (*hands*) destro; (*movement*) hábil

defunct [dɪ'fʌŋkt] ADJ extinto

defuse [di:'fju:z] VT tirar o estopim *or* a espoleta de; (*situation*) neutralizar

defy [dɪ'faɪ] VT desafiar; (*resist*) opor-se a; (*order*) desobedecer

degenerate [*vi* dɪ'dʒɛnəreɪt, *adj* dɪ'dʒɛnərɪt] VI deteriorar ■ ADJ degenerado

degradation [dɛgrə'deɪʃən] N degradação *f*

degrade [dɪ'greɪd] VT degradar

degrading [dɪ'greɪdɪŋ] ADJ degradante

degree [dɪ'gri:] N grau *m*; (*Sch*) diploma *m*, título; **~ in maths** formatura em matemática; **10 ~s below (zero)** 10 graus abaixo de zero; **a considerable ~ of risk** um grau considerável de risco; **by ~s** (*gradually*) pouco a pouco; **to some ~, to a certain ~** até certo ponto

dehydrated [di:haɪ'dreɪtɪd] ADJ desidratado; (*milk*) em pó

dehydration [di:haɪ'dreɪʃən] N desidratação *f*
de-ice VT (*windscreen*) descongelar
de-icer [-'aɪsəʳ] N descongelador *m*
deign [deɪn] VI: **to ~ to do** dignar-se a fazer
deity ['di:ɪtɪ] N divindade *f*, deidade *f*
dejected [dɪ'dʒɛktɪd] ADJ (*depressed*) deprimido; (*face*) triste
dejection [dɪ'dʒɛkʃən] N desânimo
del. ABBR = **delete**
delay [dɪ'leɪ] VT (*decision etc*) retardar, atrasar; (*train, person*) atrasar ■ VI hesitar ■ N demora; (*postponement*) adiamento; **to be ~ed** estar atrasado; **without ~** sem demora *or* atraso
delayed-action [dɪ'leɪd-] ADJ de retardo, de ação retardada
delectable [dɪ'lɛktəbl] ADJ (*person*) gostoso; (*food*) delicioso
delegate [*n* 'dɛlɪgɪt, *vt* 'dɛlɪgeɪt] N delegado(-a) ■ VT (*person*) autorizar, task, delegar; **to ~ sth to sb/sb to do sth** delegar algo a alguém/alguém para fazer algo
delegation [dɛlɪ'geɪʃən] N (*group*) delegação *f*; (*by leader*) autorização *f*
delete [dɪ'li:t] VT eliminar, riscar; (*Comput*) deletar
Delhi ['dɛlɪ] N Délhi
deliberate [*adj* dɪ'lɪbərɪt, *vi* dɪ'lɪbəreɪt] ADJ (*intentional*) intencional; (*slow*) pausado, lento ■ VI deliberar; (*consider*) considerar
deliberately [dɪ'lɪbərɪtlɪ] ADV (*on purpose*) de propósito; (*slowly*) lentamente
deliberation [dɪlɪbə'reɪʃən] N deliberação *f*
delicacy ['dɛlɪkəsɪ] N delicadeza; (*of problem*) dificuldade *f*; (*choice food*) iguaria
delicate ['dɛlɪkɪt] ADJ delicado; (*health*) frágil; (*skilled*) fino
delicately ['dɛlɪkɪtlɪ] ADV delicadamente
delicatessen [dɛlɪkə'tɛsn] N delicatessen *m*
delicious [dɪ'lɪʃəs] ADJ delicioso; (*food*) saboroso
delight [dɪ'laɪt] N (*feeling*) prazer *m*, deleite *m*; (*person*) encanto; (*experience*) delícia ■ VT encantar, deleitar; **to take (a) ~ in** deleitar-se com
delighted [dɪ'laɪtɪd] ADJ: **~ (at *or* with sth)** encantado (com algo); **to be ~ to do sth/that** ter muito prazer em fazer algo/ficar muito contente que; **I'd be ~** eu adoraria
delightful [dɪ'laɪtful] ADJ encantador(a), delicioso
delimit [di:'lɪmɪt] VT delimitar
delineate [dɪ'lɪnɪeɪt] VT delinear; (*fig*: *describe*) descrever, definir
delinquency [dɪ'lɪŋkwənsɪ] N delinqüência
delinquent [dɪ'lɪŋkwənt] ADJ, N delinqüente *m/f*
delirious [dɪ'lɪrɪəs] ADJ delirante; **to be ~** delirar
delirium [dɪ'lɪrɪəm] N delírio
deliver [dɪ'lɪvəʳ] VT (*distribute*) distribuir; (*hand over*) entregar; (*message*) comunicar; (*speech*) proferir; (*free*) livrar; (*Med*) partejar; **to ~ the goods** (*fig*) dar conta do recado
deliverance [dɪ'lɪvrəns] N libertação *f*, livramento
delivery [dɪ'lɪvərɪ] N entrega; (*of mail*) distribuição *f*; (*of speaker*) enunciação *f*; (*Med*) parto; **to take ~ of** receber; **delivery note** N guia *or* nota de entrega; **delivery van** (*US* **delivery truck**) N furgão *m* de entrega
delta ['dɛltə] N delta *m*
delude [dɪ'lu:d] VT iludir, enganar; **to ~ o.s.** iludir-se
deluge ['dɛlju:dʒ] N dilúvio; (*fig*) enxurrada ■ VT (*fig*): **to ~ (with)** inundar (de)
delusion [dɪ'lu:ʒən] N ilusão *f*; **to have ~s of grandeur** ter mania de grandeza
de luxe [də'lʌks] ADJ de luxo
delve [dɛlv] VI: **to ~ into** (*subject*) investigar, pesquisar; (*cupboard etc*) vasculhar
Dem. (*US*) ABBR (*Pol*) = **democrat(ic)**
demagogue ['dɛməgɔg] N demagogo(-a)
demand [dɪ'mɑ:nd] VT exigir; (*rights*) reivindicar, reclamar ■ N exigência; (*claim*) reivindicação *f*; (*Econ*) procura; **to ~ sth (from *or* of sb)** exigir algo (de alguém); **to be in ~** estar en demando; **on ~** à vista
demanding [dɪ'mɑ:ndɪŋ] ADJ (*boss*) exigente; (*work*) absorvente
demarcation [di:mɑ:'keɪʃən] N demarcação *f*; **demarcation dispute** N (*Industry*) dissídio coletivo
demean [dɪ'mi:n] VT: **to ~ o.s.** rebaixar-se
demeanour [dɪ'mi:nəʳ] (*US* **demeanor**) N conduta, comportamento
demented [dɪ'mɛntɪd] ADJ demente, doido
demilitarized zone [di:'mɪlɪtəraɪzd-] N zona desmilitarizada
demise [dɪ'maɪz] N falecimento
demist [di:'mɪst] (*Brit*) VT desembaçar
demister [di:'mɪstəʳ] (*Brit*) N (*Aut*) desembaçador *m* de pára-brisa
demo ['dɛməu] (*inf*) N ABBR (= *demonstration*) passeata
demobilize [di:'məubɪlaɪz] VT desmobilizar
democracy [dɪ'mɔkrəsɪ] N democracia
democrat ['dɛməkræt] N democrata *m/f*
democratic [dɛmə'krætɪk] ADJ democrático
demography [dɪ'mɔgrəəfɪ] N demografia
demolish [dɪ'mɔlɪʃ] VT demolir, derrubar; (*fig*: *argument*) refutar, contestar
demolition [dɛmə'lɪʃən] N demolição *f*; (*of argument*) contestação *f*
demon ['di:mən] N demônio ■ CPD: **a ~ squash player** um(a) craque em squash
demonstrate ['dɛmənstreɪt] VT demonstrar ■ VI: **to ~ (for/against)** manifestar-se (a favor de/contra)
demonstration [dɛmən'streɪʃən] N (*Pol*) manifestação *f*; (: *march*) passeata; (*proof*) demonstração *f*; (*exhibition*) exibição *f*; **to hold a ~** realizar uma passeata
demonstrative [dɪ'mɔnstrətɪv] ADJ demonstrativo
demonstrator ['dɛmənstreɪtəʳ] N (*Pol*) manifestante *m/f*; (*Comm*: *sales person*)

demonstrador(a) *m/f*; (: *car, computer etc*) modelo de demonstração

demoralize [dɪ'mɔrəlaɪz] VT desmoralizar

demote [dɪ'məʊt] VT rebaixar de posto

demotion [dɪ'məʊʃən] N rebaixamento

demur [dɪ'mə:r] VI: **to ~ (at sth)** objetar (a algo), opor-se (a algo) ■ N: **without ~** sem objeção

demure [dɪ'mjʊər] ADJ recatado

demurrage [dɪ'mʌrɪdʒ] N sobreestadia

den [dɛn] N (*of animal*) covil *m*; (*of thieves*) antro, esconderijo; (*room*) aposento privado, cantinho

denationalization ['di:næʃnəlaɪ'zeɪʃən] N desnacionalização *f*, desestatização *f*

denationalize [di:'næʃnəlaɪz] NT desnacionalizar, desestatizar

denial [dɪ'naɪəl] N refutação *f*; (*refusal*) negativa; (*of report etc*) desmentido

denier ['dɛnɪər] N denier *m*; **15 ~ stockings** meias de 15 denieres

denigrate ['dɛnɪgreɪt] VT denegrir

denim ['dɛnɪm] N brim *m*, zuarte *m*; **denims** NPL jeans *m* (BR), jeans *mpl* (PT); **denim jacket** N jaqueta de brim

denizen ['dɛnɪzn] N habitante *m/f*

Denmark ['dɛnmɑ:k] N Dinamarca

denomination [dɪnɔmɪ'neɪʃən] N valor *m*, denominação *f*; (*Rel*) confissão *f*, seita

denominator [dɪ'nɔmɪneɪtər] N denominador *m*

denote [dɪ'nəʊt] VT (*indicate*) denotar, indicar; (*represent*) representar; (*mean*) significar

denounce [dɪ'nauns] VT denunciar

dense [dɛns] ADJ (*crowd*) denso; (*smoke, foliage etc*) denso, espesso; (*inf: stupid*) estúpido, bronco

densely ['dɛnslɪ] ADV: **~ populated** com grande densidade de população; **~ wooded** coberto de florestas densas

density ['dɛnsɪtɪ] N densidade *f*; **single/double ~ disk** (*Comput*) disco de densidade simples/dupla

dent [dɛnt] N amolgadura, depressão *f* ■ VT (*also*: **make a dent in**) amolgar, dentar; **to make a ~ in** (*fig*) reduzir

dental ['dɛntl] ADJ (*treatment*) dentário; (*hygiene*) dental; **dental surgeon** N cirurgião(-giã) *m/f* dentista

dentist ['dɛntɪst] N dentista *m/f*; **~'s surgery** (*Brit*) consultório dentário

dentistry ['dɛntɪstrɪ] N odontologia

dentures ['dɛntʃəz] NPL dentadura

denunciation [dɪnʌnsɪ'eɪʃən] N denúncia

deny [dɪ'naɪ] VT negar; (*report*) desmentir; (*refuse*) recusar; **he denies having said it** ele nega ter dito isso

deodorant [di:'əudərənt] N desodorante *m* (BR), desodorizante *m* (PT)

depart [dɪ'pa:t] VI ir-se, partir; (*train etc*) sair; **to ~ from** (*fig: differ from*) afastar-se de

department [dɪ'pa:tmənt] N (*Sch*) departamento; (*Comm*) seção *f*; (*Pol*) repartição *f*; **that's not my ~** (*fig*) este não é o meu departamento; **D~ of State** (*US*) Departamento de Estado

departmental [di:pa:t'mɛntl] ADJ departamental; **~ manager** chefe *m/f* de serviço

department store N magazine *m* (BR), grande armazém *m* (PT)

departure [dɪ'pa:tʃər] N partida, ida; (*of train etc*) saída; (*of employee*) saída; (*fig*): **~ from** afastamento de; **a new ~** uma nova orientação; **departure lounge** N sala de embarque

departures board (*US* **departure board**) N horário de saídas

depend [dɪ'pɛnd] VI: **to ~ (up)on** depender de; (*rely on*) contar com; **it ~s** depende; **~ing on the result ...** dependendo do resultado ...

dependable [dɪ'pɛndəbl] ADJ (*person*) de confiança, seguro; (*watch, car*) confiável

dependant [dɪ'pɛndənt] N dependente *m/f*

dependence [dɪ'pɛndəns] N dependência

dependent [dɪ'pɛndənt] ADJ: **to be ~ (on)** depender (de), ser dependente (de) ■ N = **dependant.**

depict [dɪ'pɪkt] VT (*in picture*) retratar, representar; (*describe*) descrever

depilatory [dɪ'pɪlətrɪ] N (*also*: **depilatory cream**) depilatório

depleted [dɪ'pli:tɪd] ADJ esgotado

deplorable [dɪ'plɔ:rəbl] ADJ (*disgraceful*) deplorável; (*regrettable*) lamentável

deplore [dɪ'plɔ:r] VT (*condemn*) deplorar; (*regret*) lamentar

deploy [dɪ'plɔɪ] VT dispor; (*missiles*) instalar

depopulate [di:'pɔpjuleɪt] VT despovoar

depopulation ['di:pɔpju'leɪʃən] N despovoamento

deport [dɪ'pɔ:t] VT deportar

deportation [dɪpɔ:'teɪʃən] N deportação *f*; **deportation order** N ordem *f* de deportação

deportment [dɪ'pɔ:tmənt] N comportamento; (*way of walking*) modo de andar

depose [dɪ'pəuz] VT depor

deposit [dɪ'pɔzɪt] N (*Comm, Geo*) depósito; (*Chem*) sedimento; (*of ore, oil*) jazida; (*down payment*) sinal *m*; (*for hired goods etc*) caução *f* ■ VT depositar; (*luggage*) guardar; **to put down a ~ of £50** pagar um sinal de £50; **deposit account** N conta de depósito a prazo

depositor [dɪ'pɔzɪtər] N depositante *m/f*

depository [dɪ'pɔzɪtərɪ] N (*person*) depositário(-a); (*place*) depósito

depot ['dɛpəu] N (*storehouse*) depósito, armazém *m*; (*for vehicles*) garagem *f*, parque *m*; (*US*) estação *f*

depraved [dɪ'preɪvd] ADJ depravado, viciado

depravity [dɪ'prævɪtɪ] N depravação *f*, vício

deprecate ['dɛprɪkeɪt] VT desaprovar

deprecating ['dɛprɪkeɪtɪŋ] ADJ desaprovador(a)

depreciate [dɪ'pri:ʃɪeɪt] VT depreciar ■ VI depreciar-se, desvalorizar-se

depreciation [dɪpri:ʃɪ'eɪʃən] N depreciação *f*

depress [dɪ'prɛs] VT deprimir; (*press down*) apertar

depressant [dɪ'prɛsnt] N (*Med*) depressor *m*

depressed [dɪ'prɛst] ADJ (*person*) deprimido; (*area, market, trade*) em depressão
depressing [dɪ'prɛsɪŋ] ADJ deprimente
depression [dɪ'prɛʃən] N (*also: Econ*) depressão *f*; (*hollow*) achatamento
deprivation [dɛprɪ'veɪʃən] N privação *f*; (*loss*) perda
deprive [dɪ'praɪv] VT: **to ~ sb of** privar alguém de
deprived [dɪ'prəɪvd] ADJ carente
dept. ABBR (= *department*) depto
depth [dɛpθ] N profundidade *f*; (*of feeling*) intensidade *f*; (*of room etc*) comprimento; **in the ~s of despair** no auge do deespero; **at a ~ of 3 metres** a uma profundidade de 3 metros; **to be out of one's ~** (*Brit: swimmer*) estar sem pé; (*fig*) estar voando; **to study sth in ~** estudar algo em profundidade; **depth charge** N carga de profundidade
deputation [dɛpju'teɪʃən] N delegação *f*
deputize ['dɛpjutaɪz] VI: **to ~ for sb** substituir alguém; **deputy** ['dɛpjutɪ] ADJ: **deputy chairman** vice-presidente(-a) *m/f* ■ N (*assistant*) ajunto; (*replacement*) substituto(-a), suplente *m/f*; (*Pol: MP*) deputado(-a); (*second in command*) vice *m/f*
deputy head (*Brit: Sch*) ■ N diretor adjunto/diretora adjunta *m/f*
deputy leader (*Brit: Pol*) ■ N vice-líder *m/f*
derail [dɪ'reɪl] VT descarrilhar; **to be ~ed** descarrilhar
derailment [dɪ'reɪlmənt] N descarrilhamento
deranged [dɪ'reɪndʒd] ADJ (*person*) louco, transtornado
derby ['dəːbɪ] (US) N chapéu-coco
deregulate [dɪ'rɛgjuleɪt] VT liberar
deregulation [dɪ'rɛgju'leɪʃən] N liberação *f*
derelict ['dɛrɪlɪkt] ADJ abandonado
deride [dɪ'raɪd] VT ridicularizar, zombar de
derision [dɪ'rɪʒən] N irrisão *f*, escárnio
derisive [dɪ'raɪsɪv] ADJ zombeteiro
derisory [dɪ'raɪsərɪ] ADJ (*sum*) irrisório; (*person, smile*) zombeteiro
derivation [dɛrɪ'veɪʃən] N derivação *f*
derivative [dɪ'rɪvətɪv] N derivado ■ ADJ derivado; (*work*) pouco original
derive [dɪ'raɪv] VT: **to ~ (from)** obter *or* tirar (de) ■ VI: **to ~ from** derivar-se de
dermatitis [dəːmə'taɪtɪs] N dermatite *f*
dermatology [dəːmə'tɔlədʒɪ] N dermatologia
derogatory [dɪ'rɔgətərɪ] ADJ depreciativo
derrick ['dɛrɪk] N (*crane*) guindaste *m*; (*oil derrick*) torre *f* de perfurar
derv [dəːv] (*Brit*) N gasóleo
DES (*Brit*) N ABBR (= *Department of Education and Science*) *Ministério da Educação e das Ciências*
desalination [diːsælɪ'neɪʃən] N dessalinização *f*
descend [dɪ'sɛnd] VT, VI descer; **to ~ from** descer de; (*to descend to*) descambar em; **in ~ing order** em ordem decrescente
▸ **descend on** VT FUS (*subj: enemy, angry person*) cair sobre; (: *misfortune*) abater-se sobre; (: *gloom, silence*) invadir; **visitors ~ed (up)on us** visitas invadiram nossa casa
descendant [dɪ'sɛndənt] N descendente *m/f*
descent [dɪ'sɛnt] N descida; (*slope*) declive *m*, ladeira; (*origin*) descendência
describe [dɪs'kraɪb] VT descrever
description [dɪs'krɪpʃən] N descrição *f*; (*sort*) classe *f*, espécie *f*; **of every ~** de toda a sorte, de todo o tipo
descriptive [dɪs'krɪptɪv] ADJ descritivo
desecrate ['dɛsɪkreɪt] VT profanar
desert [*n* 'dɛzət, *vt, vi* dɪ'zəːt] N deserto ■ VT (*place*) desertar; (*partner, family*) abandonar ■ VI (*Mil*) desertar
deserter [dɪ'zəːtəʳ] N desertor *m*
desertion [dɪ'zəːʃən] N (*Mil*) deserção *f*; (*Law*) abandono do lar
desert island N ilha deserta
deserts [dɪ'zəːts] NPL: **to get one's just ~** receber o que merece
deserve [dɪ'zəːv] VT merecer
deservedly [dɪ'zəːvɪdlɪ] ADJ merecidamente
deserving [dɪ'zəːvɪŋ] ADJ (*person*) merecedor(a), digno; (*action, cause*) meritório
desiccated ['dɛsɪkeɪtɪd] ADJ dessecado
design [dɪ'zaɪn] N (*sketch*) desenho, esboço; (*layout, shape*) plano, projeto; (*pattern*) desenho, padrão *m*; (*of dress, car etc*) modelo; (*art*) design *m*; (*intention*) propósito, intenção *f* ■ VT desenhar; (*plan*) projetar; **to have ~s on** ter a mira em; **well-~ed** bem projetado; **to be ~ed for sb/sth** (*intended*) ser destinado a alguém/algo
designate [*vt* 'dɛzɪgneɪt, *adj* 'dɛzɪgnɪt] VT (*point to*) apontar; (*appoint*) nomear; (*destine*) designar ■ ADJ designado
designation [dɛzɪg'neɪʃən] N (*appointment*) nomeação *f*; (*name*) designação *f*
designer [dɪ'zaɪnəʳ] N (*Art*) artista *m/f* gráfico(-a); (*Tech*) desenhista *m/f*, projetista *m/f*; (*fashion designer*) estilista *m/f*
desirability [dɪzaɪrə'bɪlɪtɪ] N necessidade *f*
desirable [dɪ'zaɪərəbl] ADJ (*proper*) desejável; (*attractive*) atraente
desire [dɪ'zaɪəʳ] N anseio; (*sexual*) desejo ■ VT querer; (*lust after*) desejar, cobiçar; **to ~ to do sth/that** desejar fazer algo/que
desirous [dɪ'zaɪərəs] ADJ: **~ of** desejoso de
desk [dɛsk] N (*in office*) mesa, secretária; (*for pupil*) carteira *f*; (*at airport*) balcão *m*; (*in hotel*) recepção *f*; (*Brit: in shop, restaurant*) caixa
desk-top publishing N editoração *f* eletrônica, desktop publishing *m*
desolate ['dɛsəlɪt] ADJ (*place*) deserto; (*person*) desolado
desolation [dɛsə'leɪʃən] N (*of place*) desolação *f*; (*of person*) aflição *f*
despair [dɪs'pɛəʳ] N desesperança ■ VI: **to ~ of** desesperar-se de; **to be in ~** estar desesperado
despatch [dɪs'pætʃ] N, VT = **dispatch**
desperate ['dɛspərɪt] ADJ desesperado; (*situation*) desperador(a); **to be ~ for sth/to do** estar louco por algo/para fazer

desperately ['dɛspərɪtlɪ] ADV desesperadamente; (*very: unhappy*) terrívelmente; (: *ill*) gravemente
desperation [dɛspə'reɪʃən] N desespero, desesperança; **in (sheer) ~** desesperado
despicable [dɪs'pɪkəbl] ADJ desprezível
despise [dɪs'paɪz] VT desprezar
despite [dɪs'paɪt] PREP apesar de, a despeito de
despondent [dɪs'pɔndənt] ADJ abatido, desanimado
despot ['dɛspɔt] N déspota *m/f*
dessert [dɪ'zə:t] N sobremesa
dessertspoon [dɪ'zə:tspu:n] N colher *f* de sobremesa
destabilize [di:'steɪbɪlaɪz] VT desestabilizar
destination [dɛstɪ'neɪʃən] N destino
destine ['dɛstɪn] VT destinar
destined ['dɛstɪnd] ADJ: **to be ~ to do sth** estar destinado a fazer algo; **~ for** com destino a
destiny ['dɛstɪnɪ] N destino
destitute ['dɛstɪtju:t] ADJ indigente, necessitado; **~ of** desprovido de
destroy [dɪs'trɔɪ] VT destruir; (*animal*) matar
destroyer [dɪs'trɔɪə^r] N (*Naut*) contratorpedeiro
destruction [dɪs'trʌkʃən] N destruição *f*
destructive [dɪs'trʌktɪv] ADJ (*capacity, criticism*) destrutivo; (*force, child*) destruidor(a)
desultory ['dɛsəltərɪ] ADJ (*reading, conversation*) desconexo; (*contact*) irregular
detach [dɪ'tætʃ] VT separar; (*unstick*) desprender
detachable [dɪ'tætʃəbl] ADJ separável; (*Tech*) desmontável
detached [dɪ'tætʃt] ADJ (*attitude*) imparcial, objetivo; (*house*) independente, isolado
detachment [dɪ'tætʃmənt] N distanciamento; (*Mil*) destacamento; (*fig*) objetividade *f*, imparcialidade *f*
detail ['di:teɪl] N detalhe *m*; (*trifle*) bobagem *f*; (*Mil*) destacamento ■ VT detalhar; (*Mil*): **to ~ sb (for)** destacar alguém (para); **in ~** pormenorizado, em detalhe; **to go into ~(s)** entrar em detalhes
detailed ['di:teɪld] ADJ detalhado
detain [dɪ'teɪn] VT deter; (*in captivity*) prender; (*in hospital*) hospitalizar
detainee [dɪ:teɪ'ni:] N detido(-a)
detect [dɪ'tɛkt] VT perceber; (*Med, Police*) identificar; (*Mil, Radar, Tech*) detectar
detection [dɪ'tɛkʃən] N descoberta; (*Med, Police*) identificação *f*; (*Mil, Radar, Tech*) detecção *f*; **to escape ~** evitar ser descoberto; **crime ~** investigação *f* de crimes
detective [dɪ'tɛktɪv] N detetive *m/f*; **private ~** detetive particular; **detective story** N romance *m* policial
detector [dɪ'tɛktə^r] N detetor *m*
detention [dɪ'tɛnʃən] N detenção *f*, prisão *f*; (*Sch*) castigo
deter [dɪ'tə:^{r}] VT (*discourage*) desanimar; (*dissuade*) dissuadir; (*prevent*) impedir
detergent [dɪ'tə:dʒənt] N detergente *m*
deteriorate [dɪ'tɪərɪəreɪt] VI deteriorar-se
deterioration [dɪtɪərɪə'reɪʃən] N deterioração *f*
determination [dɪtə:mɪ'neɪʃən] N determinação *f*; (*resolve*) resolução *f*
determine [dɪ'tə:mɪn] VT determinar; (*facts*) descobrir; (*limits etc*) demarcar; **to ~ to do** resolver fazer, determinar-se de fazer
determined [dɪ'tə:mɪnd] ADJ (*person*) resoluto; (*quantity*) determinado; (*effort*) grande; **~ to do** decido a fazer
deterrence [dɪ'tɛrəns] N dissuasão *f*
deterrent [dɪ'tɛrənt] N dissuasivo
detest [dɪ'tɛst] VT detestar
detestable [dɪ'tɛstəbl] ADJ detestável
detonate ['dɛtəneɪt] VI explodir, estalar ■ VT detonar
detonator ['dɛtəneɪtə^r] N detonador *m*
detour ['di:tuə^r] N desvio
detract [dɪ'trækt] VI: **to ~ from** (*merits, reputation*) depreciar; (*quality, pleasure*) diminuir
detractor [dɪ'trækt ə^r] N detrator(a) *m/f*
detriment ['dɛtrɪmənt] N: **to the ~ of** em detrimento de; **without ~ to** sem detrimento de
detrimental [dɛtrɪ'mɛntl] ADJ: **~ (to)** prejudicial (a)
deuce [dju:s] N (*Tennis*) empate *m*, iguais
devaluation [dɪvæljʊ'eɪʃən] N desvalorização *f*
devalue [dɪ'vælju:] VT desvalorizar
devastate ['dɛvəsteɪt] VT devastar; (*fig*): **to be ~d by** estar arrasado com; **he was ~d by the news** as notícias deixaram-no desolado
devastating ['dɛvəsteɪtɪŋ] ADJ devastador(a); (*fig*) assolador(a)
devastation [dɛvəs'teɪʃən] N devastação *f*
develop [dɪ'vɛləp] VT desenvolver; (*Phot*) revelar; (*disease*) contrair; (*resources*) explotar; (*engine trouble*) começar a ter ■ VI desenvolver-se; (*advance*) progredir; (*evolve*) evoluir; (*appear*) aparecer
developer [dɪ'vɛləpə^r] N (*Phot*) revelador *m*; (*also*: **property developer**) empresário(-a) de imóveis
developing country [dɪ'vɛləpɪŋ-] N país *m* em desenvolvimento
development [dɪ'vɛləpmənt] N desenvolvimento; (*advance*) progresso; (*of land*) urbanização *f*; **development area** N zona a ser urbanizada
deviate ['di:vɪeɪt] VI desviar-se
deviation [di:vɪ'eɪʃən] N desvio
device [dɪ'vaɪs] N (*scheme*) estratagema *m*, plano; (*apparatus*) aparelho, dispositivo; **explosive ~** dispositivo explosivo
devil ['dɛvl] N diabo
devilish ['dɛvlɪʃ] ADJ diabólico
devil-may-care ADJ despreocupado
devious ['di:vɪəs] ADJ (*means*) intricado, indireto; (*person*) malandro, esperto
devise [dɪ'vaɪz] VT (*plan*) criar; (*machine*) inventar
devoid [dɪ'vɔɪd] ADJ: **~ of** destituído de
devolution [di:və'lu:ʃən] N (*Pol*) descentralização *f*
devolve [dɪ'vɔlv] VI: **to ~ (up)on** passar a ser da

competência de
devote [dɪ'vəʊt] VT: **to ~ sth to** dedicar algo a
devoted [dɪ'vəʊtɪd] ADJ (*loyal: friendship*) leal; (: *partner*) fiel; **to be ~ to** (*love*) estar devotado a; **the book is ~ to politics** o livro trata de política
devotee [dɛvəʊ'ti:] N adepto(-a), entusiasta *m/f*; (*Rel*) devoto
devotion [dɪ'vəʊʃən] N devoção *f*; (*to duty*) dedicação *f*
devour [dɪ'vaʊəʳ] VT devorar
devout [dɪ'vaʊt] ADJ devoto
dew [dju:] N orvalho
dexterity [dɛks'tɛrɪtɪ] N destreza
dext(e)rous ['dɛkstrəs] ADJ destro
dg ABBR (= *decigram*) dg
diabetes [daɪə'bi:ti:z] N diabete *f*
diabetic [da'ə'bɛtɪk] ADJ (*person*) diabético; (*chocolate, jam*) para diabéticos ■ N diabético(-a)
diabolical [daɪə'bɔlɪkl] ADJ diabólico; (*inf: dreadful*) horrível
diagnose [daɪəg'nəʊz] VT diagnosticar
diagnoses [daɪəg'nəsi:z] NPL *of* **diagnosis**
diagnosis [daɪəg'nəʊsɪs] (*pl* **diagnoses**) N diagnóstico
diagonal [daɪ'ægənl] ADJ diagonal ■ N diagonal *f*
diagram ['daɪəgræm] N diagrama *m*, esquema *m*
dial ['daɪəl] N disco ■ VT (*number*) discar (BR), marcar (PT); **to ~ a wrong number** discar (BR) *or* marcar (PT) um número errado; **can I ~ London direct?** é possível discar direto para Londres?
dial. ABBR = **dialect**
dial code (*US*) N = **dialling code**
dialect ['daɪəlɛkt] N dialeto
dialling code ['daɪəlɪŋ-] (*Brit*) N código de discagem
dialling tone ['daɪəlɪŋ-] (*Brit*) N sinal *m* de discagem (BR) *or* de marcar (PT)
dialogue ['daɪəlɔg] (*US* **dialog**) N diálogo; (*conversation*) conversa
dial tone (*US*) N = **dialling tone**
dialysis [daɪ'ælɪsɪs] N diálise *f*
diameter [daɪ'æmɪtəʳ] N diâmetro
diametrically [daɪə'mɛtrɪklɪ] ADV: **~ opposed (to)** diametralmente oposto (a)
diamond ['daɪəmənd] N diamante *m*; (*shape*) losango, rombo; **diamonds** NPL (*Cards*) ouros *mpl*; **diamond ring** N anel *m* de brilhante
diaper ['daɪəpəʳ] (*US*) N fralda
diaphragm ['daɪəfræm] N diafragma *m*
diarrhoea [daɪə'ri:ə] (*US* **diarrhea**) N diarréia
diary ['daɪərɪ] N (*daily account*) diário; (*engagements book*) agenda; **to keep a ~** ter um diário
diatribe ['daɪɔtraɪb] N diatribe *f*
dice [daɪs] NPL *of* **die** ■ N INV dado ■ VT (*Culin*) cortar em cubos
dicey ['daɪsɪ] (*inf*) ADJ: **it's a bit ~** é um pouco arriscado
dichotomy [daɪ'kɔtəmɪ] N dicotomia
Dictaphone® ['dɪktəfəʊn] N ditafone® *m*, máquina de ditar
dictate [dɪk'teɪt] VT ditar ■ VI: **to ~ to** (*person*) dar ordens a; **I won't be ~d to** não vou acatar ordens
dictates ['dɪkteɪts] NPL ditames *mpl*
dictation [dɪk'teɪʃən] N ditado; **at ~ speed** com a velocidade de ditado
dictator [dɪk'teɪtəʳ] N ditador(a) *m/f*
dictatorship [dɪk'teɪtəʃɪp] N ditadura
diction ['dɪkʃən] N dicção *f*
dictionary ['dɪkʃənrɪ] N dicionário
did [dɪd] PT *of* **do**
didactic [daɪ'dæktɪk] ADJ didático
didn't ['dɪdənt] = **did not**
die [daɪ] N (*pl dice*) dado; (*pl dies*) cunho, molde *m* ■ VI morrer; (*fig: fade*) murchar; **to ~ of** *or* **from** morrer de; **to be dying for sth/to do sth** estar louco por algo/para fazer algo
▸ **die away** VI (*sound, light*) extinguir-se lentamente
▸ **die down** VI (*fire*) apagar-se; (*wind*) abrandar; (*excitement*) diminuir
▸ **die out** VI desaparecer; (*animal, bird*) extinguir-se
diehard ['daɪhɑ:d] N reacionário(-a), reaça *m/f* (*inf*)
diesel ['di:zl] N diesel *m*; (*also*: **diesel oil**) óleo diesel; **diesel engine** ['di:zəl-] N motor *m* diesel; **diesel (fuel)** N óleo diesel
diet ['daɪət] N dieta; (*restricted food*) regime *m* ■ VI (*also*: **be on a diet**) estar de dieta, fazer regime; **to live on a ~ of** alimentar-se de
dietician [daɪə'tɪʃən] N dietista *m/f*
differ ['dɪfəʳ] VI (*be different*): **to ~ from sth** ser diferente de algo, diferenciar-se de algo; (*disagree*): **to ~ (about)** discordar (sobre)
difference ['dɪfərəns] N diferença; (*disagreement*) divergência; (*quarrel*) desacordo; **it makes no ~ to me** não faz diferença para mim, para mim dá no mesmo; **to settle one's ~s** resolver as diferenças
different ['dɪfərənt] ADJ diferente
differential [dɪfə'rɛnʃəl] N (*Aut*) diferencial *m*; **wage/price ~s** diferenças de salário/preço
differentiate [dɪfə'rɛnʃɪeɪt] VT diferenciar, distinguir ■ VI: **to ~ (between)** distinguir (entre)
differently ['dɪfərəntlɪ] ADV de outro modo, de forma diferente
difficult ['dɪfɪkəlt] ADJ difícil; **~ to understand** difícil de (se) entender
difficulty ['dɪfɪkəltɪ] N dificuldade *f*; **to have difficulties with** ter problemas com; **to be in ~** estar em dificuldade
diffidence ['dɪfɪdəns] N timidez *f*
diffident ['dɪfɪdənt] ADJ tímido
diffuse [*adj* dɪ'fju:s, *vt* di'fju:z] ADJ difuso ■ VT difundir
dig [dɪg] (*pt, pp* **dug**) VT (*hole, garden*) cavar; (*coal*) escavar; (*nails etc*) cravar ■ N (*prod*) pontada;

(*archaeological*) excavação *f*; (*remark*) alfinetada; **to ~ into one's pockets for sth** enfiar as mãos nos bolsos à procura de algo; **to ~ one's nails into** cravar as unhas em
▶ **dig in** VI (*Mil*) cavar trincheiras; (*inf*: *eat*) atacar ■ VT (*compost*) misturar; (*knife, claw*) cravar; **to ~ in one's heels** (*fig*) bater o pé; **~ in!** vai lá!
▶ **dig into** VT FUS (*savings*) gastar
▶ **dig out** VT escavar
▶ **dig up** VT (*plant*) arrancar; (*information*) trazer à tona

digest [*vt* daɪ'dʒɛst, *n* 'daɪdʒɛst] VT (*food*) digerir; (*facts*) assimilar ■ N sumário

digestible [dɪ'dʒɛstəbl] ADJ digerível

digestion [dɪ'dʒɛstʃən] N digestão *f*

digestive [dɪ'dʒɛstɪv] ADJ digestivo

digit ['dɪdʒɪt] N (*Math*) dígito; (*finger*) dedo

digital ['dɪdʒɪtəl] ADJ digital; **digital camera** N câmara digital; **digital computer** N computador *m* digital; **digital TV** N televisão *f* digital

dignified ['dɪgnɪfaɪd] ADJ digno

dignitary ['dɪgnɪtərɪ] N dignitário(-a)

dignity ['dɪgnɪtɪ] N dignidade *f*

digress [daɪ'grɛs] VI: **to ~ from** afastar-se de

digression [daɪ'grɛʃən] N digressão *f*

digs [dɪgz] (*Brit*: *inf*) NPL pensão *f*, alojamento

dike [daɪk] N = **dyke**

dilapidated [dɪ'læpɪdeɪtɪd] ADJ arruinado

dilate [daɪ'leɪt] VT dilatar ■ VI dilatar-se

dilatory ['dɪlətərɪ] ADJ retardio

dilemma [daɪ'lɛmə] N dilema *m*; **to be in a ~** estar num dilema

diligent ['dɪlɪdʒənt] ADJ (*worker*) diligente; (*research*) cuidadoso

dill [dɪl] N endro, aneto

dilly-dally ['dɪlɪ'dælɪ] VI (*loiter*) vadiar; (*hesitate*) vacilar

dilute [daɪ'luːt] VT diluir ■ ADJ diluído

dim [dɪm] ADJ (*light, eyesight*) fraco; (*outline*) indistinto; (*memory*) vago; (*room*) escuro; (*inf*: *person*) burro ■ VT (*light*) diminuir; (*US*: *Aut*) baixar; **to take a ~ view of sth** desaprovar algo

dime [daɪm] (*US*) N *moeda de dez centavos*.

dimension [dɪ'mɛnʃən] N dimensão *f*; (*measurement*) medida; (*also*: **dimensions**: *scale, size*) famanho

-dimensional [dɪ'mɛnʃənl] SUFFIX: **two~** bidimensional

diminish [dɪ'mɪnɪʃ] VT, VI diminuir

diminished [dɪ'mɪnɪʃt] ADJ: **~ responsibility** (*Law*) responsabilidade *f* reduzida

diminutive [dɪ'mɪnjutɪv] ADJ diminuto ■ N (*Ling*) diminutivo

dimly ['dɪmlɪ] ADV fracamente; (*not clearly*) indistintamente

dimmers ['dɪmər] (*US*) NPL (*Aut*: *headlights*) faróis *mpl* baixos

dimple ['dɪmpl] N covinha

dim-witted [-'wɪtɪd] (*inf*) ADJ burro

din [dɪn] N zoeira ■ VT: **to ~ sth into sb** (*inf*) meter algo na cabeça de alguém, repisar algo a alguém

dine [daɪn] VI jantar

diner ['daɪnəʳ] N (*person*) comensal *m/f*; (*Rail*) vagão-restaurante *m*; (*US*: *eating place*) lanchonete *f*

dinghy ['dɪŋgɪ] N dingue *m*, bote *m*; **rubber ~** bote de borracha; (*also*: **sailing dinghy**) barco a vela

dingy ['dɪndʒɪ] ADJ (*room*) sombrio, lúgubre; (*clothes, curtains etc*) sujo; (*dull*) descolorido

dining car ['daɪnɪŋ-] (*Brit*) N (*Rail*) vagão-restaurante *m*

dining room ['daɪnɪŋ-] N sala de jantar

dinner ['dɪnəʳ] N (*evening meal*) jantar *m*; (*lunch*) almoço; (*banquet*) banquete *m*; **~'s ready!** está na mesa!; **dinner jacket** N smoking *m*; **dinner party** N jantar *m*; **dinner time** N (*midday*) hora de almoçar; (*evening*) hora de jantar

dinosaur ['daɪnəsɔːʳ] N dinossauro

dint [dɪnt] N: **by ~ of** à força de

diocese ['daɪəsɪs] N diocese *f*

dioxide [daɪ'ɔksaɪd] N dióxido

Dip. (*Brit*) ABBR = **diploma**

dip [dɪp] N (*slope*) inclinação *f*; (*in sea*) mergulho; (*Culin*) *pasta para servir com salgadinhos* ■ VT (*in water*) mergulhar; (*ladle etc*) meter; (*Brit*: *Aut*: *lights*) baixar ■ VI (*ground, road*) descer subitamente

diphtheria [dɪf'θɪərɪə] N difteria

diphthong ['dɪfθɔŋ] N ditongo

diploma [dɪ'pləumə] N diploma *m*

diplomacy [dɪ'pləuməsɪ] N diplomacia

diplomat ['dɪpləmæt] (*Brit*) N diplomata *m/f*

diplomatic [dɪplə'mætɪk] ADJ diplomático; **to break off ~ relations (with)** romper relações diplomáticas (com)

dipstick ['dɪpstɪk] N (*Aut*) vareta medidora

dipswitch ['dɪpswɪtʃ] (*Brit*) N (*Aut*) interruptor *m* de luz alta e baixa

dire [daɪəʳ] ADJ terrível; (*very bad*) péssimo

direct [daɪ'rɛkt] ADJ direto; (*route*) reto; (*manner*) franco, sincero ■ VT dirigir; (*order*): **to ~ sb to do sth** ordenar alguém para fazer algo ■ ADV direto; **can you ~ me to ...?** pode me indicar o caminho a ...?; **direct cost** N (*Comm*) custo direto; **direct current** N (*Elec*) corrente *f* contínua; **direct debit** (*Brit*) N (*Banking*) débito direto; **direct dialling** N (*Tel*) discagem *f* direta (BR), marcação *f* directa (PT); **direct hit** N (*Mil*) acerto direto

direction [dɪ'rɛkʃən] N (*way*) indicação *f*; (*TV, Radio, Cinema*) direção *f*; **directions** NPL (*to a place*) indicação *f*; (*instructions*) instruções *fpl*; **~s for use** modo de usar; **to ask for ~s** pedir uma indicação, perguntar o caminho; **sense of ~** senso de direção; **in the ~ of** na direção de

directive [dɪ'rɛktɪv] N diretriz *f*

direct labour N mão-de-obra direta

directly [dɪ'rɛktlɪ] ADV (*in a straight line*) diretamente; (*at once*) imediatamente

direct mail N mala direta

direct mailshot (*Brit*) N mailing *m*
directness [daɪ'rɛktnɪs] N (*of person, speech*) franqueza
director [dɪ'rɛktəʳ] N diretor *m*; **D~ of Public Prosecutions** (*Brit*) ≈ procurador(a) *m/f* de República
directory [dɪ'rɛktərɪ] N (*Tel*) lista (telefônica); (*also*: **street directory**) lista de endereços; (*Comm*) anuário comercial; (*Comput*) diretório; **directory enquiries** (*US* **directory assistance**) N (serviço de) informações *fpl* (BR), serviço informativo (PT)
dirt [dəːt] N sujeira (BR), sujidade (PT); **to treat sb like ~** espezinhar alguém
dirt-cheap ADJ baratíssimo
dirt road N estrada de terra
dirty ['dəːtɪ] ADJ sujo; (*joke*) indecente ■ VT sujar; **dirty trick** N golpe *m* baixo, sujeira
disability [dɪsə'bɪlɪtɪ] N incapacidade *f*; **disability allowance** N pensão *f* de invalidez
disable [dɪs'eɪbl] VT (*subj*: *illness, accident*) incapacitar; (*tank, gun*) inutilizar
disabled [dɪs'eɪbld] ADJ deficiente ■ NPL: **the ~** os deficientes
disadvantage [dɪsəd'vɑːntɪdʒ] N desvantagem *f*; (*prejudice*) inconveniente *m*
disadvantaged [dɪsəd'vɑːntɪdʒd] ADJ (*person*) menos favorecido
disadvantageous [dɪsædvɑːn'teɪdʒəs] ADJ desvantajoso
disaffected [dɪsə'fɛktɪd] ADJ: **~ (to** *or* **towards)** descontente (de)
disaffection [dɪsə'fɛkʃən] N descontentamento
disagree [dɪsə'griː] VI (*differ*) diferir; (*be against, think otherwise*): **to ~ (with)** não concordar (com), discordar (de); **garlic ~s with me** o alho me faz mal, o alho não me convém
disagreeable [dɪsə'griəbl] ADJ desagradável
disagreement [dɪsə'griːmənt] N desacordo; (*quarrel*) desavença
disallow ['dɪsə'lau] VT não admitir; (*Law*) vetar, proibir; (*Brit*: *goal*) anular
disappear [dɪsə'pɪəʳ] VI desaparecer, sumir; (*custom etc*) acabar
disappearance [dɪsə'pɪərəns] N desaparecimento, desaparição *f*
disappoint [dɪsə'pɔɪnt] VT (*cause to regret*) desapontar; (*let down*) decepcionar; (*hopes*) frustrar
disappointed [disə'pɔɪntɪd] ADJ decepcionado; (*with oneself*) desapontado
disappointing [dɪsə'pɔɪntɪŋ] ADJ decepcionante
disappointment [dɪsə'pɔɪntmənt] N decepção *f*; (*cause*) desapontamento
disapproval [dɪsə'pruːvəl] N desaprovação *f*
disapprove [dɪsə'pruːv] VI: **to ~ of** desaprovar
disapproving [dɪsə'pruːvɪŋ] ADJ desaprovativo, de desaprovação
disarm [dɪs'ɑːm] VT desarmar
disarmament [dɪs'ɑːməmənt] N desarmamento
disarming [dɪs'ɑːmɪŋ] ADJ (*smile*) encantador(a)
disarray [dɪsə'reɪ] N desordem *f*; **in ~** (*troops*) desbaratado; (*organization*) desorganizado, caótico; (*thoughts*) confuso; (*clothes*) em desalinho; **to throw into ~** (*troops*) desbaratar; (*government etc*) deixar em polvorosa
disaster [dɪ'zɑːstəʳ] N (*accident*) desastre *m*; (*natural*) catástrofe *f*
disastrous [dɪ'zɑːstrəs] ADJ desastroso
disband [dɪs'bænd] VT dispersar ■ VI dispersar-se, desfazer-se
disbelief [dɪsbə'liːf] N incredulidade *f*; **in ~** com incredulidade, incrédulo
disbelieve ['dɪsbə'liːv] VT não acreditar em
disc [dɪsk] N disco; (*Comput*) = **disk**
disc. ABBR (*Comm*) = **discount**
discard [dɪs'kɑːd] VT (*old things*) desfazer-se de; (*fig*) descartar
disc brake N freio de disco (BR), travão *m* de discos (PT)
discern [dɪ'səːn] VT perceber; (*identify*) identificar
discernible [dɪ'səːnəbl] ADJ perceptível; (*object*) visível
discerning [dɪ'səːnɪŋ] ADJ perspicaz
discharge [*vt* dɪs'tʃɑːdʒ, *n* 'dɪstʃɑːdʒ] VT (*duties*) cumprir, desempenhar; (*settle*: *debt*) saldar, quitar; (*patient*) dar alta a; (*employee*) despedir; (*soldier*) dar baixa em, dispensar; (*defendant*) pôr em liberdade; (*waste etc*) descarregar, despejar ■ N (*Elec*) descarga; (*dismissal*) despedida; (*of duty*) desempenho; (*of debt*) quitação *f*; (*from hospital*) alta; (*from army*) baixa; (*Law*) absolvição *f*; (*Med*) secreção *f*; (*also*: **vaginal discharge**) corrimento; **to ~ one's gun** descarregar a arma, disparar; **~d bankrupt** falido(-a) reabilitado(-a)
disciple [dɪ'saɪpl] N discípulo(-a)
disciplinary ['dɪsɪplɪnərɪ] ADJ disciplinar; **to take ~ action against sb** mover ação disciplinar contra alguém
discipline ['dɪsɪplɪn] N disciplina; (*self-discipline*) auto-disciplina ■ VT disciplinar; (*punish*) punir; **to ~ o.s. to do sth** disciplinar-se para fazer algo
disc jockey N (*on radio*) radialista *m/f*; (*in discothèque*) discotecário(-a)
disclaim [dɪs'kleɪm] VT negar
disclaimer [dɪs'kleɪməʳ] N desmentido; **to issue a ~** publicar um desmentido
disclose [dɪs'kləuz] VT revelar
disclosure [dɪs'kləuʒəʳ] N revelação *f*
disco ['dɪskəu] N ABBR = **discothèque**
discolour [dɪs'kʌləʳ] (*US* **discolor**) VT descolorar; (*fade*: *fabric*) desbotar; (*yellow*: *teeth*) amarelar; (*stain*) manchar ■ VI (*fabric*) desbotar; (*teeth etc*) amarelar
discolo(u)ration [dɪskʌlə'reɪʃən] N (*of fabric*) desbotamento; (*stain*) mancha
discolo(u)red [dɪs'kʌləd] ADJ descolorado; (*teeth etc*) amarelado
discomfort [dɪs'kʌmfət] N (*unease*) inquietação *f*; (*physical*) desconforto

disconcert [dɪskən'sə:t] VT desconcertar
disconnect [dɪskə'nɛkt] VT desligar; (*pipe, tap*) desmembrar; (*gas, water*) cortar
disconnected [dɪskə'nɛktɪd] ADJ (*speech, thoughts*) desconexo, incoerente
disconsolate [dɪs'kɔnsəlɪt] ADJ desconsolado, inconsolável
discontent [dɪskən'tɛnt] N descontentamento
discontented [dɪskən'tɛntɪd] ADJ descontente
discontinue [dɪskən'tɪnju:] VT interromper; (*payments*) suspender; **"~d"** (*Comm*) "fora de linha"
discord ['dɪskɔ:d] N discórdia; (*Mus*) dissonância
discordant [dɪs'kɔ:dənt] ADJ dissonante
discothèque ['dɪskəʊtɛk] N discoteca
discount [*n* 'dɪskaunt, *vt* dɪs'kaunt] N desconto ■ VT descontar; (*idea*) ignorar; **to give sb a ~ on sth** dar *or* conceder um desconto a alguém por algo; **~ for cash** desconto por pagamento à vista; **at a ~** com desconto; **discount house** N (*Finance*) agência corretora de descontos; (*Comm*: *also*: **discount store**) loja de descontos; **discount rate** N taxa de desconto
discourage [dɪs'kʌrɪdʒ] VT (*dishearten*) desanimar; (*dissuade*) dissuadir; (*deter*) desincentivar; (*theft etc*) desencorajar; (*advise against*): **to ~ sth/sb from doing** desaconselhar algo/alguém a fazer
discouragement [dɪs'kʌrɪdʒmənt] N (*depression*) desânimo, desalento; **to act as a ~ to sb** dissuadir alguém
discouraging [dɪs'kʌrɪdʒɪŋ] ADJ desanimador(a)
discourteous [dɪs'kə:tɪəs] ADJ descortês
discover [dɪs'kʌvəʳ] VT descobrir; (*missing person*) encontrar; (*mistake*) achar
discovery [dɪs'kʌvərɪ] N (*act*) descobrimento, descoberta; (*of object etc*) achado; (*thing found*) descoberta
discredit [dɪs'krɛdɪt] VT desacreditar; (*claim*) desmerecer ■ N descrédito
discreet [dɪ'skri:t] ADJ discreto; (*careful*) cauteloso
discreetly [dɪ'skri:tlɪ] ADV discretamente
discrepancy [dɪ'skrɛpənsɪ] N (*difference*) diferença; (*disagreement*) discrepância
discretion [dɪ'skrɛʃən] N discrição *f*; **at the ~ of** ao arbétrio de; **use your ~** aja segundo o seu critério
discretionary [dɪ'skrɛʃənrɪ] ADJ (*powers*) discricionário
discriminate [dɪ'skrɪmɪneɪt] VI: **to ~ between** fazer distinção entre; **to ~ against** discriminar contra
discriminating [dɪ'skrɪmɪneɪtɪŋ] ADJ (*public, audience*) criterioso
discrimination [dɪskrɪmɪ'neɪʃən] N (*discernment*) discernimento; (*bias*) discriminaçaõ *f*; **racial/sexual ~** discriminação racial/sexual
discus ['dɪskəs] N disco; (*event*) arremesso do disco
discuss [dɪ'skʌs] VT discutir; (*analyse*) analiser
discussion [dɪ'skʌʃən] N discussão *f*; (*debate*) debate *m*; **under ~** em discussão
disdain [dɪs'deɪn] N desdém *m* ■ VT desdenhar
disease [dɪ'zi:z] N doença
diseased [dɪ'zi:zd] ADJ doente
disembark [dɪsɪm'bɑ:k] VT, VI desembarcar
disembarkation [dɪsembɑ:'keɪʃən] N desembarque *m*
disembodied ['dɪsɪm'bɔdɪd] ADJ desencarnado
disembowel ['dɪsɪm'bauəl] VT estripar, eviscerar
disenchanted ['dɪsɪn'tʃɑ:ntɪd] ADJ: **~ (with)** desencantado (de)
disenfranchise ['dɪsɪn'frɛntʃaɪz] VT privar do privilégio do voto; (*Comm*) retirar a concessão de
disengage [dɪsɪn'geɪdʒ] VT soltar; (*Tech*) desengrenar; (*Aut*): **to ~ the clutch** desembrear
disentangle [dɪsɪn'tæŋgl] VT (*from wreckage*) desvencilhar; (*wool, wire*) desembaraçar
disfavour [dɪs'feɪvəʳ] (*US* **disfavor**) N desfavor *m*
disfigure [dɪs'fɪgəʳ] VT (*person*) desfigurar; (*object*) estragar, enfear
disgorge [dɪs'gɔ:dʒ] VT descarregar, despejar
disgrace [dɪs'greɪs] N ignomínia; (*downfall*) queda; (*shame*) vergonha, desonra ■ VT (*family*) envergonhar; (*name, country*) desonrar
disgraceful [dɪs'greɪsful] ADJ vergonhoso; (*behaviour*) escandaloso
disgruntled [dɪs'grʌntld] ADJ descontente
disguise [dɪs'gaɪz] N disfarce *m* ■ VT disfarçar; **to ~ o.s. (as)** disfarçar-se (de); **in ~** disfarçado; **there's no disguising the fact that ...** não há como esconder o fato de que ...
disgust [dɪs'gʌst] N repugnância ■ VT repugnar a, dar nojo em
disgusting [dɪs'gʌstɪŋ] ADJ (*revolting*) repugnante; (*unacceptable*) inaceitável
dish [dɪʃ] N prato; (*serving dish*) travessa; **to do** *or* **wash the ~es** lavar os pratos *or* a louça
▶ **dish out** VT repartir
▶ **dish up** VT servir; (*facts, statistics*) apresentar
dishcloth ['dɪʃklɔθ] N pano de prato *or* de louça
dishearten [dɪs'hɑ:tn] VT desanimar
dishevelled [dɪ'ʃɛvəld] (*US* **disheveled**) ADJ (*hair*) despenteado; (*clothes*) desalinhado
dishonest [dɪs'ɔnɪst] ADJ (*person*) desonesto; (*means*) fraudulento
dishonesty [dɪs'ɔnɪstɪ] N desonestidade *f*
dishonour [dɪs'onəʳ] (*US* **dishonor**) N desonra
dishono(u)rable [dɪs'ɔnərəbl] ADJ (*person*) desonesto, vil; (*behaviour*) desonroso
dish soap (*US*) N detergente *m*
dishtowel [dɪʃ'tauəl] (*US*) N pano de prato
dishwasher ['dɪʃwɔʃəʳ] N máquina de lavar louça *or* pratos
disillusion [dɪsɪ'lu:ʒən] VT desiludir ■ N desilusão *f*; **to become ~ed** ficar desiludido, desiludir-se
disillusionment [dɪsɪ'lu:ʒənmənt] N desilusão *f*
disincentive [dɪsɪn'sɛntɪv] N desincentivo; **to be a ~ to sb** desincentivar alguém
disinclined ['dɪsɪn'klaɪnd] ADJ: **to be ~ to do**

estar pouco disposto a fazer
disinfect [dɪsɪn'fɛkt] VT desinfetar
disinfectant [dɪsɪn'fɛktənt] N desinfetante *m*
disinflation [dɪsɪn'fleɪʃən] N desinflação *f*
disinherit [dɪsɪn'hɛrɪt] VT deserdar
disintegrate [dɪs'ɪntɪgreɪt] VI desintegrar-se
disinterested [dɪs'ɪntrəstɪd] ADJ imparcial
disjointed [dɪs'dʒɔɪntɪd] ADJ desconexo
disk [dɪsk] N (*Comput*) disco; **single-/double-sided ~** disquete de face simples/dupla; **disk drive** N unidade *f* de disco
diskette [dɪs'kɛt] (*US*) N = **disk**
disk operating system N sistema *m* operacional residente em disco
dislike [dɪs'laɪk] N desagrado ■ VT antipatizar com, não gostar de; **to take a ~ to sb/sth** tomar antipatia por alguém/algo; **I ~ the idea** não gosto da idéia
dislocate ['dɪsləkeɪt] VT deslocar; **he has ~d his shoulder** ele deslocou o ombro
dislodge [dɪs'lɔdʒ] VT mover, deslocar; (*enemy*) desalojar
disloyal [dɪs'lɔɪəl] ADJ desleal
dismal ['dɪzml] ADJ (*dull*) sombrio, lúgubre; (*depressing*) deprimente; (*very bad*) horrível
dismantle [dɪs'mæntl] VT desmontar, desmantelar
dismay [dɪs'meɪ] N consternação *f* ■ VT consternar; **much to my ~** para minha grande consternação
dismiss [dɪs'mɪs] VT (*worker*) despedir; (*pupils*) dispensar; (*soldiers*) dar baixa a; (*official*) demitir; (*Law, possibility*) rejeitar ■ VI (*Mil*) sair de forma
dismissal [dɪs'mɪsəl] N (*of worker*) despedida; (*of official*) demissão *f*
dismount [dɪs'maunt] VI (*from horse*) desmontar; (*from bicycle*) descer
disobedience [dɪsə'bi:dɪəns] N desobediência
disobedient [dɪsə'bi:dɪənt] ADJ desobediente
disobey [dɪsə'beɪ] VT desobedecer a; (*rules*) transgredir, desrespeitar
disorder [dɪs'ɔ:dəʳ] N desordem *f*; (*rioting*) distúrbios *mpl*, tumulto; (*Med*) distúrbio; **stomach ~** problema estomacal
disorderly [dɪs'ɔ:dəlɪ] ADJ (*untidy*) desarrumado; (*meeting*) tumultuado; (*behaviour*) escandaloso; **disorderly conduct** N (*Law*) perturbação *f* da ordem, ofensa à moral
disorganized [dɪs'ɔ:gənaɪzd] ADJ desorganizado
disorientated [dɪs'ɔ:rɪɛnteɪtəd] ADJ desorientado
disown [dɪs'əun] VT repudiar; (*child*) rejeitar
disparaging [dɪs'pærɪdʒɪŋ] ADJ depreciativo; **to be ~ about sb/sth** fazer pouco de alguém/algo, depreciar alguém/algo
disparate ['dɪspərɪt] ADJ (*groups*) diverso; (*levels*) desigual
disparity [dɪs'pærɪtɪ] N desigualdade *f*
dispassionate [dɪs'pæʃənət] ADJ (*calm*) calmo, controlado; (*impartial*) imparcial
dispatch [dɪs'pætʃ] VT (*person, business*) despachar; (*send: parcel etc*) expedir; (: *messenger*) enviar ■ N (*sending*) remessa; (*speed*) rapidez *f*, urgência; (*Press*) comunicado; (*Mil*) parte *f*; **dispatch department** N (serviço de) expedição *f*; **dispatch rider** N (*Mil*) estafeta *m/f*
dispel [dɪs'pɛl] VT dissipar
dispensary [dɪs'pɛnsərɪ] N dispensário, farmácia
dispense [dɪs'pɛns] VT (*give out*) dispensar; (*medicine*) preparar (e vender); **to ~ sb from** dispensar alguém de
▸ **dispense with** VT FUS prescindir de
dispenser [dɪs'pɛnsəʳ] N (*device*) distribuidor *m* automático
dispensing chemist [dɪs'pɛnsɪŋ-] (*Brit*) N farmácia
dispersal [dɪs'pə:sl] N dispersão *f*
disperse [dɪs'pə:s] VT (*objects*) espalhar; (*crowd*) dispersar ■ VI dispersar-se
dispirited [dɪs'pɪrɪtɪd] ADJ desanimado
displace [dɪs'pleɪs] VT (*shift*) deslocar
displaced person [dɪs'pleɪst-] N (*Pol*) deslocado(-a) de guerra
displacement [dɪs'pleɪsmənt] N deslocamento
display [dɪs'pleɪ] N (*in shop*) mostra; (*exhibition*) exposição *f*; (*Comput: information*) apresentação *f* visual; (: *device*) display *m*; (*Mil*) parada; (*of feeling*) manifestação *f*; (*pej*) ostentação *f*; (*show, spectacle*) espetáculo ■ VT mostrar; (*goods*) expor; (*feelings, tastes*) manifestar; (*ostentatiously*) ostentar; (*results, departure times*) expor; **on ~** (*visible*) à mostra; (*goods, paintings etc*) em exposição; **display advertising** N anúncios *mpl*
displease [dɪs'pli:z] VT desagradar, desgostar; (*Offend*) ofender; (*annoy*) aborrecer
displeased [dɪs'pli:z] ADJ: **~ with** descontente com; (*disappointed*) aborrecido
displeasure [dɪs'plɛʒəʳ] N desgosto
disposable [dɪs'pəuzəbl] ADJ descartável; (*income*) disponível; **disposable nappy** (*Brit*) N fralda descartável
disposal [dɪs'pəuzl] N (*availability, arrangement*) disposição *f*; (*of rubbish*) destruição *f*; (*of property etc: by selling*) venda, traspasse *m*; (: *by giving away*) cessão *f*; **at sb's ~** à disposição de alguém; **to put sth at sb's ~** pôr algo à disposição de alguém
dispose [dɪs'pəuz]: **to ~ of** VT FUS (*time, money*) dispor de; (*unwanted goods*) desfazer-se de; (*throw away*) jogar (*BR*) *or* tirar (*PT*) fora; (*Comm: stock*) vender; (*problem, task*) lidar; (*argument*) derrubar
disposed [dɪs'pəuzd] ADJ: **~ to do** disposto a fazer; **to be well ~ towards sb** estar predisposto a favor de alguém
disposition [dɪspə'zɪʃən] N (*inclination*) disposição *f*; (*temperament*) índole *f*
dispossess ['dɪspəzɛs] VT: **to ~ sb (of)** despojar alguém (de)
disproportion [dɪsprə'pɔ:ʃən] N desproporção *f*
disproportionate [dɪsprə'pɔ:ʃənət] ADJ desproporcionado
disprove [dɪs'pru:v] VT refutar

dispute [dɪs'pju:t] N disputa; (*verbal*) discussão *f*; (*domestic*) briga; (*also*: **industrial dispute**) conflito, disputa ■ VT disputar; (*argue*) discutir; (*question*) questionar; **to be in** *or* **under ~** (*matter*) estar em discussão; (*territory*) estar em disputa, ser disputado

disqualification [dɪskwɔlɪfɪ'keɪʃən] N (*Law*) inabilitação *f*, incapacitação *f*; (*Sport*) desclassificação *f*; **~ (from driving)** (*Brit*) cassação *f* da carteira (de motorista)

disqualify [dɪs'kwɔlɪfaɪ] VT (*Sport*) desclassificar; **to ~ sb for sth/from doing sth** desqualificar alguém para algo/de fazer algo; **to ~ sb (from driving)** (*Brit*) cassar a carteira (de motorista) a alguém

disquiet [dɪs'kwaɪət] N inquietação *f*

disquieting [dɪs'kwaɪətɪŋ] ADJ inquietante, alarmante

disregard [dɪsrɪ'gɑ:d] VT ignorar ■ N (*indifference*): **~ (for)** (*feelings*) desconsideração *f* (por); (*danger*) indiferença (a); (*money*) menosprezo (por)

disrepair [dɪsrɪ'peə^r] N: **to fall into ~** ficar dilapidado

disreputable [dɪs'rɛpjutəbl] ADJ (*person*) de má fama; (*behaviour*) vergonhoso

disrepute ['dɪsrɪ'pju:t] N descrédito, desonra; **to bring into ~** desacreditar, desprestigiar

disrespect [dɪsrɪ'spɛkt] N: **~ (for)** desrespeito (por)

disrespectful [dɪsrɪ'spɛktful] ADJ desrespeitoso

disrupt [dɪs'rʌpt] VT (*plans*) desfazer; (*conversation, proceedings*) perturbar, interromper

disruption [dɪs'rʌpʃən] N (*interruption*) interrupção *f*; (*disturbance*) perturbação *f*

disruptive [dɪs'rʌptɪv] ADJ (*influence*) maléfico; (*strike*) perturbador(a)

dissatisfaction [dɪssætɪs'fækʃən] N descontentamento

dissatisfied [dɪs'sætɪsfaɪd] ADJ: **~ (with)** descontente (com)

dissect [dɪ'sɛkt] VT dissecar

disseminate [dɪ'sɛmɪneɪt] VT divulgar

dissent [dɪ'sɛnt] N dissensão *f*

dissenter [dɪ'sɛntə^r] N (*Rel, Pol etc*) dissidente *m/f*

dissertation [dɪsə'teɪʃən] N (*also*: *Sch*) dissertação *f*, tese *f*

disservice [dɪs'sə:vɪs] N: **to do sb a ~** prejudicar alguém

dissident ['dɪsɪdnt] ADJ, N dissidente *m/f*

dissimilar [dɪ'sɪmɪlə^r] ADJ: **~ (to)** dessemelhante (de), diferente (de)

dissipate ['dɪsɪpeɪt] VT dissipar; (*money, effort*) desperdiçar ■ VI dissipar-se

dissipated ['dɪsɪpeɪtɪd] ADJ (*person*) dissoluto

dissociate [dɪ'səuʃɪeɪt] VT dissociar, separar; **to ~ o.s. from** desassociar-se de, distanciar-se de

dissolute ['dɪsəlu:t] ADJ dissoluto

dissolution [dɪsə'lu:ʃən] N dissolução *f*

dissolve [dɪ'zɔlv] VT dissolver ■ VI dissolver-se; (*fig*: *problem etc*) desaparecer; **to ~ in(to) tears** debulhar-se em lágrimas

dissuade [dɪ'sweɪd] VT: **to ~ sb (from)** dissuadir alguém (de)

distance ['dɪstns] N distância; **in the ~** ao longe; **what's the ~ to London?** qual é a distância daqui a Londres?; **it's within walking ~** pode-se ir a pé, dá para ir a pé (*inf*)

distant ['dɪstnt] ADJ distante; (*manner*) afastado, reservado

distaste [dɪs'teɪst] N repugnância

distasteful [dɪs'teɪstful] ADJ repugnante

Dist. Atty. (*US*) ABBR = **district attorney**

distemper [dɪs'tɛmpə^r] N (*paint*) tinta plástica; (*of dogs*) cinomose *f*

distended [dɪs'tɛndɪd] ADJ inchado

distil [dɪs'tɪl] (*US* **distill**) VT destilar

distillery [dɪs'tɪlərɪ] N destilaria

distinct [dɪs'tɪŋkt] ADJ (*different*) distinto; (*clear*) claro; (*unmistakable*) nítido; **as ~ from** em oposição a

distinction [dɪs'tɪŋkʃən] N (*difference*) diferença; (*honour*) honra; (*in exam*) distinção *f*; **to draw a ~ between** fazer distinção entre; **a writer of ~** um escritor de destaque

distinctive [dɪs'tɪŋktɪv] ADJ distintivo

distinctly [dɪs'tɪŋktlɪ] ADV claramente, nitidamente

distinguish [dɪs'tɪŋgwɪʃ] VT distinguir; (*differentiate*) diferenciar; (*identify*) identificar ■ VI: **to ~ between** (*concepts*) distinguir entre, fazer distinção entre; **to ~ o.s.** distinguir-se

distinguished [dɪs'tɪŋgwɪʃt] ADJ (*eminent*) eminente; (*in appearance*) distinto; (*career*) notável

distinguishing [dɪs'tɪŋgwɪʃɪŋ] ADJ (*feature*) distintivo

distort [dɪs'tɔ:t] VT distorcer

distortion [dɪs'tɔ:ʃən] N detorção *f*; (*of sound*) deturpação *f*

distract [dɪs'trækt] VT distrair; (*attention*) desviar; (*bewilder*) aturdir

distracted [dɪs'trækt ɪd] ADJ distraído; (*anxious*) aturdido

distraction [dɪs'trækʃən] N distração *f*; (*confusion*) aturdimento, perplexidade *f*; (*amusement*) divertimento; **to drive sb to ~** deixar alguém louco

distraught [dɪs'trɔ:t] ADJ desesperado

distress [dɪs'trɛs] N (*anguish*) angústia; (*misfortune*) desgraça; (*want*) miséria; (*pain*) dor *f* ■ VT (*cause anguish*) afligir; **in ~** (*ship*) em perigo; **~ed area** (*Brit*) área de baixo nível socio-econômico

distressing [dɪs'trɛsɪŋ] ADJ angustiante

distress signal N sinal *m* de socorro

distribute [dɪs'trɪbju:t] VT distribuir; (*share out*) repartir, dividir

distribution [dɪstrɪ'bju:ʃən] N distribuição *f*; (*of profits etc*) repartição *f*; **distribution cost** N custo de distribuição

distributor [dɪ'strɪbjutə^r] N (*Aut*) distribuidor *m*; (*Comm*) distribuidor(a) *m/f*; (: *company*) distribuidora

district ['dɪstrɪkt] N (*of country*) região *f*; (*of town*) zona; (*Admin*) distrito; **district attorney** (*US*) N promotor(a) *m/f* público(-a); **district council** (*Brit*) N ≈ município (BR), câmara municipal (PT); **district nurse** (*Brit*) N *enfermeiro/a do Serviço Nacional que visita os pacientes em casa*

distrust [dɪs'trʌst] N desconfiança ■ VT desconfiar de

distrustful [dɪs'trʌstful] ADJ desconfiado

disturb [dɪs'tə:b] VT (*disorganize*) perturbar; (*upset*) incomodar; (*interrupt*) atrapalhar; **sorry to ~ you** desculpe incomodá-lo

disturbance [dɪs'tə:bəns] N perturbação *f*; (*upheaval*) convulsão *f*; (*political, violent*) distúrbio; (*of mind*) transtorno; **to cause a ~** perturbar a ordem

disturbed [dɪs'tə:bd] ADJ perturbado; (*child*) infeliz; **to be mentally/emotionally ~** ter problemas psicológicos/emocionais

disturbing [dɪs'tə:bɪŋ] ADJ perturbador(a)

disuse [dɪs'ju:s] N: **to fall into ~** cair em desuso

disused [dɪs'ju:zd] ADJ abandonado

ditch [dɪtʃ] N fosso; (*irrigation ditch*) rego ■ VT (*inf: partner*) abandonar; (: *car, plan etc*) desfazer-se de

dither ['dɪðə^r] VI vacilar

ditto ['dɪtəu] ADV idem

divan [dɪ'væn] N (*also*: **divan bed**) divã *m*

dive [daɪv] N (*from board*) salto; (*underwater, of submarine*) mergulho; (*Aviat*) picada; (*pej: café, bar etc*) espelunca ■ VI mergulhar; picar; **to ~ into** (*bag, drawer etc*) enfiar a mão; (*shop, car etc*) enfiar-se em

diver ['daɪvə^r] N (*Sport*) saltador(a) *m/f*; (*underwater*) mergulhador(a) *m/f*

diverge [daɪ'və:dʒ] VI divergir

divergent [daɪ'və:dʒənt] ADJ divergente

diverse [daɪ'və:s] ADJ diverso; (*group*) heterogêneo

diversification [daɪvə:sɪfɪ'keɪʃən] N diversificação *f*

diversify [daɪ'və:sɪfaɪ] VT, VI diversificar

diversion [daɪ'və:ʃən] N (*Brit: Aut*) desvio; (*distraction, Mil*) diversão *f*; (*of funds*) desvio

diversity [daɪ'və:sɪtɪ] N diversidade *f*

divert [daɪ'və:t] VT desviar; (*amuse*) divertir

divest [daɪ'vɛst] VT: **to ~ sb of sth** privar alguém de algo

divide [dɪ'vaɪd] VT (*Math*) dividir; (*separate*) separar; (*share out*) repartir ■ VI dividir-se; (*road*) bifurcar-se; **to ~ (between** *or* **among)** dividir *or* repartir (entre); **40 ~d by 5** 40 dividido por 5
▸ **divide out** VT: **to ~ out (between** *or* **among)** distribuir *or* repartir (entre)

divided [dɪ'vaɪdɪd] ADJ (*fig*) dividido; **divided highway** (*US*) N pista dupla; **divided skirt** N saia-calça

dividend ['dɪvɪdɛnd] N dividendo; (*fig*) lucro; **to pay ~s** valer a pena; **dividend cover** N cobertura para pagamento de dividendos

dividers [dɪ'vaɪdəz] NPL compasso de ponta seca; (*between pages*) divisórias *fpl*

divine [dɪ'vaɪn] ADJ (*also fig*) divino ■ VT (*future, truth*) adivinhar; (*water, metal*) descobrir

diving ['daɪvɪŋ] N (*Sport*) salto; (*underwater*) mergulho; **diving board** N trampolim *m*; **diving suit** N escafandro

divinity [dɪ'vɪnɪtɪ] N divindade *f*; (*Sch*) teologia

division [dɪ'vɪʒən] N divisão *f*; (*sharing out*) repartição *f*; (*disagreement*) discórdia; (*Football*) grupo; (*Brit: Pol*) votação *f*; **~ of labour** divisão do trabalho

divisive [dɪ'vaɪsɪv] ADJ que causa divisão

divorce [dɪ'vɔ:s] N divórcio ■ VT divorciar-se de; (*dissociate*) desligar-se

divorced [dɪ'vɔ:st] ADJ divorciado

divorcee [dɪvɔ:'si:] N divorciado(-a)

divulge [daɪ'vʌldʒ] VT (*information*) divulgar; (*secret*) revelar

DIY (*Brit*) ADJ ABBR, N ABBR = **do-it-yourself**

dizziness ['dɪzɪnɪs] N vertigem *f*, tontura

dizzy ['dɪzɪ] ADJ (*person*) tonto; (*height*) vertiginoso; **to feel ~** sentir-se tonto, sentir-se atordoado; **to make sb ~** dar vertigem a alguém

DJ N ABBR = **disc jockey**

Djakarta [dʒə'ka:tə] N Jacarta

DJIA (*US*) N ABBR (*Stock Exchange*) = **Dow Jones Industrial Average**

dl ABBR (= *decilitre*) dl

DLit(t) N ABBR = **Doctor of Literature**; (= *Doctor of Letters*) *títulos universitários*

DLO N ABBR = **dead-letter office**

dm ABBR (= *decimetre*) dm

DMus N ABBR (= *Doctor of Music*) *título universitário*

DMZ N ABBR = **demilitarized zone**

DNA N ABBR (= *deoxyribonucleic acid*) ADN *m*

KEYWORD

do [du:] (*pt* **did**, *pp* **done**) VB AUX **1** (*in negative constructions*): **I don't understand** eu não compreendo
2 (*to form questions*): **didn't you know?** você não sabia?; **what do you think?** o que você acha?
3 (*for emphasis, in polite expressions*): **people do make mistakes sometimes** é impossível não cometer erros de vez em quando; **she does seem rather late** ela está muito atrasada; **do sit down/help yourself** sente-se/sirva-se; **do take care!** tome cuidado!; **oh do shut up!** cale a boca!
4 (*used to avoid repeating vb*): **she swims better than I do** ela nada melhor que eu; **do you agree? — yes, I do/no, I don't** você concorda? — sim, concordo/não, não concordo; **she lives in Glasgow — so do I** ela mora em Glasgow — eu também; **who broke it? — I did** quem quebrou isso? — (fui) eu
5 (*in question tags*): **you like him, don't you?** você gosta dele, não é?; **he laughed, didn't he?** ele riu, não foi?
■ VT **1** (*gen: carry out, perform etc*) fazer; **what are you doing tonight?** o que você vai fazer hoje à noite?; **to do the washing-up/cooking** lavar a louça/cozinhar; **to do one's teeth/**

nails escovar os dentes/fazer as unhas; **to do one's hair** (*comb*) pentear-se; (*style*) fazer um penteado; **we're doing Othello at school** (*studying*) nós estamos estudando Otelo na escola; (*performing*) nós vamos encenar Otelo na escola
2 (*Aut etc*): **the car was doing 100** o carro estava a 100 por hora; **we've done 200 km already** nós já fizemos 200 km; **he can do 100 in that car** ele consegue dar 100 nesse carro
■ VI **1** (*act, behave*) fazer; **do as I do** faça como eu faço
2 (*get on, fare*) ir; **how do you do?** como você está indo?
3 (*suit*) servir; **will it do?** serve?
4 (*be sufficient*) bastar; **will £10 do?** £10 dá?; **that'll do** é suficiente; **that'll do!** (*in annoyance*) basta!, chega!; **to make do (with)** contentar-se(com)
■ N (*inf: party etc*) festa; **we're having a little do on Saturday** nós vamos dar uma festinha no sábado; **it was rather a do** foi uma festança
▸ **do away with** VT FUS (*kill*) matar; (*abolish: law etc*) abolir; (*withdraw*) retirar
▸ **do up** VT (*laces*) atar; (*zip*) fechar; (*dress, skirt*) abotoar; (*renovate: room, house*) arrumar, renovar
▸ **do with** VT FUS (*need*): **I could do with a drink/some help** eu bem que gostaria de tomar alguma coisa/eu bem que precisaria de uma ajuda; (*be connected*) ter a ver com; **what has it got to do with you?** o que é que isso tem a ver com você?
▸ **do without** VI: **if you're late for tea then you'll do without** se você chegar atrasado ficará sem almoço
■ VT FUS passar sem; **I can do without a car** eu posso ficar sem um carro; **we'll have to do without a holiday this year** não poderemos ter férias esse ano

do. ABBR = **ditto**
DOA ABBR (= *dead on arrival*) ≈ já era cadáver
d.o.b. ABBR = **date of birth**
docile ['dəusaɪl] ADJ dócil
dock [dɔk] N (*Naut*) doca; (*wharf*) cais *m*; (*Law*) banco (dos réus) ■ VI (*arrive*) chegar; (*Law: enter dock*) entrar no estaleiro; (*Space*) unir-se no espaço ■ VT (*pay etc*) deduzir; **docks** NPL docas *fpl*; **dock dues** NPL direitos *mpl* portuários
docker ['dɔkəʳ] N portuário, estivador *m*
docket ['dɔkɪt] N (*of delivery etc*) guia
dockyard ['dɔkjɑ:d] N estaleiro
doctor ['dɔktəʳ] N médico(-a); (*PhD etc*) doutor(a) *m/f* ■ VT (*fig*) tratar, falsificar; (*drink etc*) falsificar; (*cat*) castrar; **~'s office** (*US*) consultório
doctorate ['dɔktərɪt] N doutorado
Doctor of Philosophy N (*degree*) doutorado; (*person*) doutor(a) *m/f*
doctrine ['dɔktrɪn] N doutrina
document [*n* 'dɔkjumənt, *vt* 'dɔkjumɛnt] N documento ■ VT documentar
documentary [dɔkju'mɛntərɪ] ADJ documental ■ N documentário
documentation [dɔkjumɛn'teɪʃən] N documentação *f*
DOD (*US*) N ABBR = **Department of Defense**
doddering ['dɔdərɪŋ] ADJ (*senile*) caquético, caduco
Dodecanese (Islands) [dəudɪkə'ni:z-] N(PL) (ilhas *fpl* do) Dodecaneso
dodge [dɔdʒ] N (*of body*) evasiva; (*trick*) trapaça ■ VT esquivar-se de, evitar; (*tax*) sonegar; (*blow*) furtar-se a ■ VI: **to ~ out of the way** esquivar-se; **to ~ the traffic** ziguezaguear por entre os carros
dodgems ['dɔdʒəmz] (*Brit*) NPL carros *mpl* de choque
dodgy ['dɔdʒɪ] ADJ arriscado
DOE N ABBR (*Brit*) = **Department of the Environment**; (*US*) = **Department of Energy**
doe [dəu] N (*deer*) corça; (*rabbit*) coelha
does [dʌz] VB *see* **do**
doesn't ['dʌznt] = **does not**
dog [dɔg] N cachorro, cão *m* ■ VT (*subj: person*) seguir; (: *bad luck*) perseguir; **to go to the ~s** (*nation etc*) degringolar; **dog biscuits** NPL biscoitos *mpl* para cachorro; **dog collar** N coleira de cachorro; (*of priest*) gola de padre
dog-eared [-ɪəd] ADJ surrado
dog food N ração *f* para cachorro
dogged ['dɔgɪd] ADJ tenaz, persistente
dogma ['dɔgmə] N dogma *m*
dogmatic [dɔg'mætɪk] ADJ dogmático
do-gooder [-'gudəʳ] (*pej*) N bom(boa) samaritano(-a)
dogsbody ['dɔgzbɔdɪ] (*Brit: inf*) N faz-tudo *m/f*
doing ['duɪŋ] N: **this is your ~** foi você que fez isso; **doings** NPL (*events*) acontecimentos *mpl*; (*activities*) atividades *fpl*
do-it-yourself N sistema *m* faça-você-mesmo ■ ADJ do tipo faça-você-mesmo
doldrums ['dɔldrəmz] NPL: **to be in the ~** (*person*) estar abatido; (*business*) estar parado *or* estagnado
dole [dəul] (*Brit*) N (*payment*) subsídio de desemprego; **on the ~** desempregado
▸ **dole out** VT distribuir
doleful ['dəulful] ADJ triste, lúgubre
doll [dɔl] N boneca; (*US: inf: woman*) mulher *f* juven e bonita
▸ **doll up** VT: **to ~ o.s. up** embonecar-se (BR), ataviar-se (PT)
dollar ['dɔləʳ] N dólar *m*; **dollar area** N zona do dólar
dolled up [dɔld-] (*inf*) ADJ embonecado
dolphin ['dɔlfɪn] N golfinho
domain [də'meɪn] N domínio; (*fig*) campo
dome [dəum] N (*Arch*) cúpula; (*shape*) abóbada
domestic [də'mɛstɪk] ADJ doméstico; (*national*) nacional; (*home-loving*) caseiro; (*strife*) interno
domesticated [də'mɛstɪkeɪtɪd] ADJ domesticado; (*home-loving*) prendado; **he's very ~** ele é muito prendado (no lar)

domesticity [dɔmɛs'tɪsɪtɪ] N vida caseira
domestic servant N empregado(-a) doméstico(-a)
domicile ['dɔmɪsaɪl] N domicílio
dominant ['dɔmɪnənt] ADJ dominante
dominate ['dɔmɪneɪt] VT dominar
domination [dɔmɪ'neɪʃən] N dominação *f*
domineering [dɔmɪ'nɪərɪŋ] ADJ dominante, mandão(-dona)
Dominican Republic [də'mɪnɪkən-] N República Dominicana
dominion [də'mɪnɪən] N domínio; (*territory*) império
domino ['dɔmɪnəu] (*pl* **dominoes**) N peça de dominó; **dominoes** N (*game*) dominó *m*
don [dɔn] N (*Brit*) professor(a) *m/f* universitário(-a) ■ VT vestir
donate [də'neɪt] VT doar
donation [də'neɪʃən] N doação *f*; (*contribution*) contribuição *f*
done [dʌn] PP *of* **do**
donkey ['dɔŋkɪ] N burro
donkey-work (*Brit*: *inf*) N labuta
donor ['dəunəʳ] N doador(a) *m/f*
don't [dəunt] = **do not**
doodle ['du:dl] N rabisco ■ VI rabiscar
doom [du:m] N (*fate*) destino; (*ruin*) ruína ■ VT: **to be ~ed to failure** estar destinado *or* fadado ao fracasso
doomsday ['du:mzdeɪ] N o Juízo Final
door [dɔ:ʳ] N porta; (*entry*) entrada; **next ~** na casa ao lado; **to go from ~ to ~** ir de porta em porta
doorbell ['dɔ:bɛl] N campainha
door handle N maçaneta (BR), puxador *m* (PT); (*of car*) maçaneta
door knocker N aldrava
doorman ['dɔ:mæn] (*irreg*) N porteiro
doormat ['dɔ:mæt] N capacho
doormen ['dɔ:mɛn] NPL *of* **doorman**
doorpost ['dɔ:pəust] N batente *m* de porta
doorstep ['dɔ:stɛp] N degrau *m* da porta, soleira
door-to-door ADJ: **~ selling** venda de porta em porta
doorway ['dɔ:weɪ] N vão *m* da porta, entrada
dope [dəup] N (*inf*: *person*) imbecil *m/f*; (: *drugs*) malconha; (*information*) dica, macete *m* ■ VT (*horse etc*) dopar
dopey ['dəupɪ] (*inf*) ADJ (*groggy*) zonzo; (*stupid*) imbecil
dormant ['dɔ:mənt] ADJ inativo; (*latent*) latente
dormer ['dɔ:məʳ] N (*also*: **dormer window**) água-furtada, trapeira
dormice ['dɔ:maɪs] NPL *of* **dormouse**
dormitory ['dɔ:mɪtrɪ] N dormitório; (*US*) *prédio numa universidade onde os estudantes moram*
dormouse ['dɔ:maus] (*pl* **dormice**) N rato (de campo)
DOS [dɔs] N ABBR (= *disk operating system*) DOS *m*
dosage ['dəusɪdʒ] N dosagem, posologia; (*on label*) posologia
dose [dəus] N dose *f*; (*Brit*: *bout*) ataque *m* ■ VT: **to ~ o.s.** medicar-se; **a ~ of flu** uma gripe
doss house ['dɔs-] (*Brit*) N pensão *f* barata *or* de malta (PT)
dossier ['dɔsɪeɪ] N dossiê
DOT (*US*) N ABBR = **Department of Transportation**
dot [dɔt] N ponto; (*speck*) marca sequeria ■ VT: **~ted with** salpicado de; **on the ~** em ponto; **dot command** N (*Comput*) comando precedido de um ponto
dote [dəut]: **to ~ on** VT FUS adorar, idolatrar
dot-matrix printer N impressora matricial
dotted line ['dɔtɪd-] N linha pontilhada; **to sign on the ~** (*fig*) firmar o compromisso
dotty ['dɔtɪ] (*inf*) ADJ lelé, doido
double ['dʌbl] ADJ duplo ■ ADV (*twice*): **to cost ~ (sth)** custar o dobro (de algo) ■ N dobro; (*person*) duplo(-a); (*Cinema*) substituto(-a) ■ VT dobrar; (*efforts*) duplicar ■ VI dobrar; (*have two uses*): **to ~ as** servir também de; **~ five two six (5526)** (*Brit*: *Tel*) cinco cinco dois meia; **it's spelt with a ~ "l"** escreve-se com dois ls; **at the ~** (*Brit*), **on the ~** em passo acelerado
▸ **double back** VI (*person*) voltar atrás
▸ **double up** VI (*bend over*) dobrar-se; (*share room*) dividir o quarto
double bass N contrabaixo
double bed N cama de casal
double bend (*Brit*) N curva dupla, curva em "s"
double-breasted [-'brɛstɪd] ADJ trespassado
double-check VT, VI verificar de novo
double-click VI (*Comput*) dar um clique duplo
double-clutch (*US*) VI fazer embreagem dupla
double cream (*Brit*) N creme *m* de leite
double-cross [dʌbl'krɔs] VT (*trick*) enganar; (*betray*) atraiçoar
double-decker [dʌbl'dɛkəʳ] N ônibus *m* (BR) *or* autocarro (PT) de dois andares
double declutch (*Brit*) VI fazer embreagem dupla
double exposure N (*Phot*) dupla exposição *f*
double glazing [-'gleɪzɪŋ] (*Brit*) N (janelas *fpl* de) vidro duplo
double room N quarto de casal
doubles N (*Tennis*) dupla
doubly ['dʌblɪ] ADV duplamente
doubt [daut] N dúvida ■ VT duvidar; (*suspect*) desconfiar de; **without (a) ~** sem dúvida; **beyond ~** ADV sem dúvida alguma ■ ADJ indubitável; **there is no ~ that** não há dúvida que; **to ~ that ...** duvidar que ...; **I ~ it very much** duvido muito
doubtful ['dautful] ADJ duvidoso; **to be ~ about sth** ter dúvidas *or* estar em dúvida sobre algo; **I'm a bit ~** duvido
doubtless ['dautlɪs] ADV sem dúvida
dough [dəu] N massa; (*inf*: *money*) grana
doughnut ['dəunʌt] (*US* **donut**) N sonho (BR), bola de Berlim (PT)
dour [duəʳ] ADJ austero
douse [dauz] VT (*with water*) encharcar; (*flames*) apagar

dove [dʌv] N pomba
dovetail ['dʌvteɪl] VI (*fig*) encaixar-se ■ N: **~ joint** sambladura em cauda de andorinha
dowager ['dauədʒəʳ] N *mulher que herda o título do marido falecido*
dowdy ['daudɪ] ADJ desalinhado; (*inelegant*) deselegante, pouco elegante
Dow-Jones average ['dau'dʒəunz-] (*US*) N índice *m* da bolsa de valores de Nova Iorque
down [daun] N (*fluff*) lanugem *f*; (*feathers*) penugem *f*; (*hill*) colina ■ ADV abaixo; (*downwards*) para baixo; (*on the ground*) por terra ■ PREP por, abaixo ■ VT (*inf*: *drink*) tomar de um gole só; (: *food*) devorar; **Downs** NPL (*Brit*): **the ~** *chapada gredosa do sul da Inglaterra*; **~ there** lá em baixo; **~ here** aqui em baixo; **the price of meat is ~** o preço da carne baixou; **I've got it ~ in my diary** já o anotei na minha agenda; **to pay £2 ~** pagar £2 de entrada; **England are two goals ~** a Inglaterra está perdendo por dois gols; **to ~ tools** (*Brit*) cruzar os braços; **~ with X!** abaixo X!
down-and-out N (*tramp*) vagabundo(-a)
down-at-heel ADJ descuidado, desmazelado; (*appearance*) deselegante
downbeat ['daunbi:t] N (*Mus*) tempo forte ■ ADJ sombrio, negativo
downcast ['daunka:st] ADJ abatido
downer ['daunəʳ] (*inf*) N (*drug*) calmante *m*; **to be on a ~** (*depressed*) estar na fossa, estar de baixo astral
downfall ['daunfɔ:l] N queda, ruína
downgrade ['daungreɪd] VT (*reduce*) reduzir; (*devalue*) desvalorizar, depreciar
downhearted [daun'ha:tɪd] ADJ desanimado
downhill ['daun'hɪl] ADV para baixo ■ N (*Ski*: *also*: **downhill race**) descida; **to go ~** descer, ir morro abaixo; (*fig*: *business*) degringolar
Downing Street ['daunɪŋ-] (*Brit*) N: **10 ~** *residência do primeiro-ministro*

DOWNING STREET

Downing Street é a rua de Westminster (Londres) onde estão localizadas as residências oficiais do Primeiro-ministro (número 10) e do Ministro da Fazenda (número 11). O termo *Downing Street* é freqüentemente utilizado para designar o governo britânico.

download ['daunləud] VT (*Comput*) baixar, fazer o download de
down-market ADJ destinado a consumidores de renda baixa
down payment N entrada, sinal *m*
downplay ['daunpleɪ] (*US*) VT minimizar
downpour ['daunpɔ:ʳ] N aguaceiro
downright ['daunraɪt] ADJ (*lie*) patente; (*refusal*) categórico ■ ADV francamente
downstairs ['daun'stɛəz] ADV (*below*) lá em baixo; (*direction*) para baixo; **to come** *or* **go ~** descer
downstream ['daun'stri:m] ADV água *or* rio abaixo
downtime ['dauntaɪm] N (*of machine, person*) tempo ocioso
down-to-earth ADJ prático, realista
downtown ['daun'taun] ADV no centro da cidade ■ ADJ (*US*): **~ Chicago** o centro comercial de Chicago
downtrodden ['dauntrɔdn] ADJ oprimido
down under ADV na Austrália (*or* Nova Zelândia)
downward ['daunwəd] ADJ, ADV para baixo; **a ~ trend** uma tendência para a baixa
downwards ['daunwədz] ADV = **downward**
dowry ['dauri] N dote *m*
doz. ABBR (= *dozen*) dz
doze [dəuz] VI dormitar
▸ **doze off** VI cochilar
dozen ['dʌzn] N dúzia; **a ~ books** uma dúzia de livros; **80p a ~** 80p a dúzia; **~s of times** milhares de vezes
DPh N ABBR (= *Doctor of Philosophy*) *título universitário*
DPhil N ABBR = **DPh**
DPP (*Brit*) N ABBR = **Director of Public Prosecutions**
DPT N ABBR (*Med*: = *diphtheria, pertussis, tetanus*) *espécie de vacina*
Dr ABBR (= *doctor*) Dr(a)
Dr. ABBR (*in street names*) = **drive**; (= *doctor*) Dr(a)
dr ABBR (*Comm*) = **debtor**
drab [dræb] ADJ sombrio
draft [dra:ft] N (*first copy*) rascunho; (*Pol*: *of bill*) projeto de lei; (*bank draft*) saque *m*, letra; (*US*: *call-up*) recrutamento ■ VT (*plan*) esboçar; (*speech, letter*) rascunhar; *see also* **draught**
draftsman *etc* ['dra:ftsmən] (*US*) N = **draughtsman etc**
drag [dræg] VT arrastar; (*river*) dragar ■ VI arrastar-se ■ N (*inf*) chatice *f* (BR), maçada (PT); (*of cigarette*) tragada; (*Aviat, Naut*) resistência; (*women's clothing*): **in ~** em travesti
▸ **drag away** VT: **to ~ away (from)** desgrudar (de)
▸ **drag on** VI arrastar-se
dragnet ['drægnɛt] N rede *f* de arrasto; (*by police*) diligência policial
dragon ['drægən] N dragão *m*
dragonfly ['drægənflaɪ] N libélula
dragoon [drə'gu:n] N (*cavalryman*) dragão *m* ■ VT: **to ~ sb into doing sth** (*Brit*) forçar alguém a fazer algo
drain [dreɪn] N (*drain pipe*) cano de esgoto; (*underground*) esgoto; (*in street*) bueiro; (*source of loss*) sorvedouro ■ VT (*land, marshes, Med*) drenar; (*reservoir*) esvaziar; (*vegetables*) coar; (*fig*) esgotar ■ VI (*water*) escorrer, escoar-se; **to feel ~ed** sentir-se esgotado *or* estafado
drainage ['dreɪnɪdʒ] N (*act*) drenagem *f*; (*Med, Agr*) dreno; (*system*) esgoto
drainboard ['dreɪnbɔ:d] (*US*) N = **draining board**
draining board ['dreɪnɪŋ-] (*Brit*) N escorredor *m*

drainpipe ['dreɪnpaɪp] N cano de esgoto
drake [dreɪk] N pato (macho)
dram [dræm] N (*drink*) trago
drama ['drɑːmə] N (*art*) teatro; (*play, event*) drama *m*
dramatic [drə'mætɪk] ADJ dramático; (*theatrical*) teatral
dramatically [drə'mætɪklɪ] ADV dramaticamente
dramatist ['dræmətɪst] N dramaturgo(-a)
dramatize ['dræmətaɪz] VT dramatizar
drank [dræŋk] PT *of* **drink**
drape [dreɪp] VT ornar, cobrir ■ VI cair
draper ['dreɪpəʳ] (*Brit*) N fanqueiro(-a)
drapes [dreɪps] (*US*) NPL cortinas *fpl*
drastic ['dræstɪk] ADJ drástico
drastically ['dræstɪklɪ] ADV drasticamente
draught [drɑːft] (*US* **draft**) N (*of air*) corrente *f*; (*drink*) trago; (*Naut*) calado; (*beer*) chope *m*; **on ~** (*beer*) de barril
draughtboard ['drɑːftbɔːd] (*Brit*) N tabuleiro de damas
draughts (*Brit*) N (jogo de) damas *fpl*
draughtsman ['drɑːftsmən] (*US* **draftsman**) (*irreg*) N desenhista *m/f* industrial
draughtsmanship ['drɑːftsmənʃɪp] (*US* **draftsmanship**) N (*art*) desenho industrial; (*technique*) habilidade *f* de desenhista
draughtsmen ['drɑːftsmɛn] (*US* **draftsmen**) NPL *of* **draughtsman**
draw [drɔː] (*pt* **drew**, *pp* **drawn**) VT (*picture*) desenhar; (*cart*) puxar; (*curtain*) fechar; (*gun*) sacar; (*attract*) atrair; (*money*) tirar; (: *from bank*) sacar; (*wages*) receber; (*comparison, distinction*) fazer ■ VI (*Sport*) empatar ■ N (*Sport*) empate *m*; (*lottery*) sorteio; (*attraction*) atração *f*; **to ~ to a close** tender para o fim; **to ~ near** aproximar-se
▸ **draw back** VI (*move back*): **to ~ back (from)** recuar (de)
▸ **draw in** VI (*Brit: car*) encostar; (: *train*) entrar na estação ■ VT (*involve*) envolver
▸ **draw on** VT FUS (*resources*) recorrer a, lançar mão de; (*person, imagination*) recorrer a
▸ **draw out** VI (*car, train*) sair ■ VT (*lengthen*) esticar, alargar; (*money*) sacar; (*confession, truth*) arrancar; (*shy person*) desacanhar, desinibir
▸ **draw up** VI (*stop*) parar(-se) ■ VT (*chair etc*) puxar; (*document*) redigir; (*plans*) esboçar
drawback ['drɔːbæk] N inconveniente *m*, desvantagem *f*
drawbridge ['drɔːbrɪdʒ] N ponte *f* levadiça
drawee [drɔː'iː] N sacado
drawer[1] [drɔːʳ] N gaveta
drawer[2] ['drɔːəʳ] N (*of cheque*) sacador(a) *m/f*, emitente *m/f*
drawing ['drɔːɪŋ] N desenho; **drawing board** N prancheta; **drawing pin** (*Brit*) N tachinha (BR), pionés *m* (PT); **drawing room** N sala de visitas
drawl [drɔːl] N fala arrastada
drawn [drɔːn] PP *of* **draw** ■ ADJ (*haggard*) abatido
drawstring ['drɔːstrɪŋ] N cordão *m*
dread [drɛd] N medo, pavor *m* ■ VT temer, recear, ter medo de
dreadful ['drɛdful] ADJ terrível
dream [driːm] (*pt, pp* **dreamt**) N sonho ■ VT, VI sonhar; **to have a ~ about sb/sth, to ~ about sb/sth** sonhar com alguém/algo; **sweet ~s!** sonha com os anjos!
▸ **dream up** VT inventar, bolar (*inf*)
dreamer ['driːməʳ] N sonhador(a) *m/f*
dreamt [drɛmt] PT, PP *of* **dream**
dreamy ['driːmɪ] ADJ (*expression, person*) sonhador(a), distraído; (*music*) sentimental
dreary ['drɪərɪ] ADJ (*talk, time*) monótono; (*weather*) sombrio
dredge [drɛdʒ] VT dragar
▸ **dredge up** VT tirar do fundo; (*fig: unpleasant facts*) trazer à tona, descobrir
dredger ['drɛdʒəʳ] N (*ship*) draga; (*Brit: also:* **sugar dredger**) polvilhador *m*
dregs [drɛgz] NPL lia; (*of humanity*) escória, ralé *f*
drench [drɛntʃ] VT encharcar; **to get ~ed** encharcar-se
dress [drɛs] N vestido; (*no pl: clothing*) traje *m* ■ VT vestir; (*wound*) fazer curativo em; (*Culin*) preparar, temperar ■ VI vestir-se; **to ~ o.s., to get ~ed** vestir-se; **to ~ a shop window** adornar uma vitrina
▸ **dress up** VI vestir-se com elegância; (*in fancy dress*) fantasiar-se
dress circle (*Brit*) N balcão *m* nobre
dress designer N estilista *m/f*
dresser ['drɛsəʳ] N (*Theatre*) camareiro(-a); (*also:* **window dresser**) vitrinista *m/f*; (*Brit: cupboard*) aparador *m*; (*US: chest of drawers*) cômoda de espelho
dressing ['drɛsɪŋ] N (*Med*) curativo; (*Culin*) molho; **dressing gown** (*Brit*) N roupão *m*; (*woman's*) peignoir *m*; **dressing room** N (*Theatre*) camarim *m*; (*Sport*) vestiário; **dressing table** N penteadeira (BR), toucador *m* (PT)
dressmaker ['drɛsmeɪkəʳ] N costureiro(-a)
dressmaking ['drɛsmeɪkɪŋ] N (*arte f da*) costura
dress rehearsal N ensaio geral
dress shirt N camisa social
dressy ['drɛsɪ] (*inf*) ADJ (*clothes*) chique
drew [druː] PT *of* **draw**
dribble ['drɪbl] VI gotejar, pingar; (*baby*) babar ■ VT (*ball*) driblar
dried [draɪd] ADJ seco; (*eggs, milk*) em pó
drier ['draɪəʳ] N = **dryer**
drift [drɪft] N (*of current etc*) força; (*of snow, sand etc*) monte *m*; (*distance off course*) deriva; (*meaning*) sentido ■ VI (*boat*) derivar; (*sand, snow*) amontoar-se; **to let things ~** deixar o barco correr; **to ~ apart** (*friends, lovers*) afastar-se um do outro; **I get** *or* **catch your ~** eu entendo mais ou menos o que você está dizendo
drifter ['drɪftəʳ] N nômade *m/f*
driftwood ['drɪftwud] N madeira flutuante
drill [drɪl] N furadeira; (*bit, of dentist*) broca; (*for mining etc*) broca, furadeira; (*Mil*) exercícios *mpl* militares ■ VT furar, brocar; (*Mil*) exercitar

■ VI (*for oil*) perfurar

drilling ['drɪlɪŋ] N (*for oil*) perfuração *f*; **drilling rig** N torre *f* de perfurar

drily ['draɪlɪ] ADV = **dryly**

drink [drɪŋk] (*pt* **drank**, *pp* **drunk**) N bebida ■ VT, VI beber; **to have a ~** tomar uma bebida; **a ~ of water** um copo d'água; **would you like something to ~?** você quer beber *or* tomar alguma coisa?; **to ~ to sb/sth** brindar alguém/algo

▶ **drink in** VT embeber-se em

drinkable ['drɪŋkəbl] ADJ (*not dangerous*) potável; (*palatable*) bebível

drinker ['drɪŋkəʳ] N bebedor(a) *m/f*

drinking ['drɪŋkɪŋ] N (*drunkenness*) alcoolismo; **drinking fountain** N bebedouro; **drinking water** N água potável

drip [drɪp] N gotejar *m*; (*one drip*) gota, pingo; (*Med*) gota a gota *m*; (*inf*: *person*) mané *m*, banana *m* ■ VI gotejar, pingar

drip-dry ADJ (*shirt*) de lavar e vestir

drip-feed (*irreg*) VT alimentar intravenosamente

dripping ['drɪpɪŋ] N gordura ■ ADJ: **~ wet** encharcado

drive [draɪv] (*pt* **drove**, *pp* **driven**) N passeio (de automóvel); (*journey*) trajeto, percurso; (*also*: **driveway**) entrada; (*energy*) energia, vigor *m*; (*Psych*) impulso; (*Sport*) drive *m*; (*campaign*) campanha; (*Tech*) propulsão *f*; (*Comput*: *also*: **disk drive**) unidade *f* de disco ■ VT conduzir; (*car*) dirigir (BR), guiar (PT); (*urge*) fazer trabalhar; (*by power*) impelir; (*push*) empurrar; (*Tech*: *motor*) acionar; (*nail*): **to ~ sth into** cravar algo em ■ VI (*Aut*: *at controls*) dirigir (BR), guiar (PT); (: *travel*) ir de carro; **to go for a ~** dar um passeio (de carro); **it's 3 hours' ~ from London** são 3 horas de carro de lá a Londres; **left-/right-hand ~** direção à esquerda/direita; **front-/rear-wheel ~** (*Aut*) tração dianteira/traseira; **to ~ sb to do sth** impelir alguém a fazer algo; **to ~ sb mad** deixar alguém louco

▶ **drive at** VT FUS (*fig*: *intend, mean*) querer dizer; **what are you driving at?** onde é que voce queria chegar?

▶ **drive on** VI seguir adiante ■ VT impelir

drive-in ADJ drive-in ■ N (*cinema*) drive-in *m*; **drive-in window** (*US*) N balcão *m* drive-in

drivel ['drɪvl] (*inf*) N bobagem *f*, besteira

driven ['drɪvn] PP *of* **drive**

driver ['draɪvəʳ] N motorista *m/f*; (*Rail*) maquinista *m*

driver's license (*US*) N carteira de motorista (BR), carta de condução (PT)

driveway ['draɪvweɪ] N entrada

driving ['draɪvɪŋ] N direção *f* (BR), condução *f* (PT) ■ ADJ: **~ rain** chuva torrencial; **driving force** N (*fig*) mola; **driving instructor** N instrutor(a) *m/f* de auto-escola (BR) *or* de condução (PT); **driving lesson** N aula de direção (BR) *or* de condução (PT); **driving licence** (*Brit*) N carteira de motorista (BR), carta de condução (PT); **driving mirror** (*Brit*) N retrovisor *m*; **driving school** N auto-escola *f*; **driving test** N exame *m* de motorista

drizzle ['drɪzl] N chuvisco ■ VI chuviscar

droll [drəul] ADJ engraçado

dromedary ['drɔmədərɪ] N dromedário

drone [drəun] N (*sound*) zumbido; (*male bee*) zangão *m* ■ VI (*bee, engine*) zumbir; (*also*: **drone on**) falar monotonamente

drool [dru:l] VI babar(-se); **to ~ over sth** babar por algo

droop [dru:p] VI pender

drop [drɔp] N (*of water*) gota; (*lessening*) dinimuição *f*; (*fall*: *distance*) declive *m*; (: *in prices*) baixa, queda; (: *in salary*) redução *f*; (*also*: **parachute drop**) salto ■ VT (*allow to fall*) deixar cair; (*voice, eyes, price*) baixar; (*set down from car*) deixar (saltar/descer); (*omit*) omitir ■ VI cair; (*price, temperature*) baixar; (*wind*) parar; **drops** NPL (*Med*) gotas *fpl*; **cough ~s** pastilhas para tosse; **a ~ of 10%** uma queda de 10%; **to ~ sb a line** escrever (umas linhas) para alguém

▶ **drop in** (*inf*) VI (*visit*): **to ~ in (on)** dar um pulo (na casa de)

▶ **drop off** VI (*sleep*) cochilar VT (*passenger*) deixar (saltar)

▶ **drop out** VI (*withdraw*) retirar-se; (*student etc*) largar tudo

droplet ['drɔplɪt] N gotícula

drop-out N *pessoa que abandona o trabalho, os estudos etc*

dropper ['drɔpəʳ] N conta-gotas *m inv*

droppings ['drɔpɪŋz] NPL fezes *fpl* (de animal)

dross [drɔs] N escória

drought [draut] N seca

drove [drəuv] PT *of* **drive** ■ N: **~s of people** uma quantidade de gente

drown [draun] VT afogar; (*also*: **drown out**: *sound*) encobrir ■ VI afogar-se

drowse [drauz] VI dormitar

drowsy ['drauzɪ] ADJ sonolento; **to be ~** estar com sono

drudge [drʌdʒ] N burro-de-carga *m*

drudgery ['drʌdʒərɪ] N trabalho enfadonho

drug [drʌg] N remédio, medicamento; (*narcotic*) droga; (: *Med, Admin*) entorpecente *m* ■ VT drogar; **to be on ~s** (*an addict*) estar viciado em drogas; (*Med*) estar sob medicação; **hard/soft ~s** drogas pesadas/leves; **drug addict** N toxicômano(-a)

druggist ['drʌgɪst] (*US*) N farmacêutico(-a)

drug peddler N traficante *m/f* de drogas

drugstore ['drʌgstɔ:] (*US*) N drogaria

drum [drʌm] N tambor *m*; (*large*) bombo; (*for oil, petrol*) tambor, barril *m* ■ VI (*with fingers*) tamborilar ■ VT: **to ~ sth into sb** incutir algo em alguém; **drums** NPL (*kit*) bateria

▶ **drum up** VT (*enthusiasm, support*) angariar

drummer ['drʌməʳ] N baterista *m/f*

drum roll N rufo de tambor

drumstick ['drʌmstɪk] N (*Mus*) baqueta; (*of chicken*) perna

drunk [drʌŋk] PP *of* **drink** ■ ADJ bêbado ■ N (*also*: **drunkard**) bêbado(-a); **to get ~** ficar bêbado, encher a cara (*inf*)
drunkard ['drʌŋkəd] N beberrão(-beberrona) *m/f*
drunken ['drʌŋkən] ADJ (*laughter*) de bêbado; (*party*) cheic de bêbado; (*person*) bêbado; **~ driving** embriaguez *f* no volante
drunkenness ['drʌŋkənnɪs] N embriaguez *f*
dry [draɪ] ADJ seco; (*day*) sem chuva; (*uninteresting*) insípido; (*humour*) irônico ■ VT secar, enxugar; (*tears*) limpar ■ VI secar; **on ~ land** em terra firme; **to ~ one's hands/hair/eyes** enxugar as maõs o cabelo/as lágrimas ▸ **dry up** VI secar completamente; (*supply*) esgotar-se; (*in speech*) calar-se; (*dishes*) enxugar (a louça)
dry-clean VT lavar a seco
dry-cleaner N tintureiro(-a)
dry-cleaner's N tinturaria, lavanderia
dry-cleaning N lavagem *f* a seco
dry dock N (*Naut*) dique *m* seco
dryer ['draɪəʳ] N secador *m*; (*also*: **spin-dryer**) secadora
dry goods NPL (*Comm*) fazendas *fpl* e artigos *mpl* de armarinho
dry goods store (*US*) N armarinho
dry ice N gelo seco
dryness ['draɪnɪs] N secura
dry rot N putrefação *f* fungosa
dry run N (*fig*) ensaio, prova
dry ski slope N pista de esqui artificial
DSc N ABBR (= *Doctor of Science*) *título universitário*
DSS (*Brit*) N ABBR (= *Department of Social Security*) ≈ INAMPS *m*
DST (*US*) ABBR (= *Daylight Saving Time*) *hora de verão*
DT N ABBR (*Comput*) = **data transmission**
DTI (*Brit*) N = **Department of Trade and Industry**
DTP N ABBR (= *desktop publishing*) DTP *m*
DT's (*inf*) NPL ABBR (= *delirium tremens*) delirium tremens *m*
dual ['djuəl] ADJ dual, duplo; **dual carriageway** (*Brit*) N pista dupla
dual-control ADJ de duplo comando
dual nationality N dupla nacionalidade *f*
dual-purpose ADJ de duplo uso
dubbed [dʌbd] ADJ (*Cinema*) dublado; (*nicknamed*) apelidado
dubious ['dju:bɪəs] ADJ duvidoso; (*reputation, company*) suspeitoso; **I'm very ~ about it** eu tenho muitas dúvidas a respeito
Dublin ['dʌblɪn] N Dublin
Dubliner ['dʌblɪnəʳ] N natural *m/f* de Dublin
duchess ['dʌtʃɪs] N duquesa
duck [dʌk] N pato ■ VI (*also*: **duck down**) abaixar-se repentinamente ■ VT mergulhar
duckling ['dʌklɪŋ] N patinho
duct [dʌkt] N conduto, canal *m*; (*Anat*) ducto
dud [dʌd] N (*shell*) bomba falhada; (*object, tool*): **it's a ~** não presta ■ ADJ (*Brit*: *coin, note*) falso; **~ cheque** cheque *m* sem fundos, cheque *m* voador (*inf*)
due [dju:] ADJ (*proper*) devido; (*expected*) esperado; (*fitting*) conveniente, oportuno ■ N: **to give sb his** (*or* **her**) **~** ser justo com alguém ■ ADV: **~ north** exatamente ao norte; **dues** NPL (*for club, union*) quota; (*in harbour*) direitos *mpl*; **in ~ course** no devido tempo; (*eventually*) no final; **~ to** devido a; **the rent is ~ on the 30th** o aluguel vence no dia 30; **the train is ~ at 8** o trem deve chegar às 8; **I am ~ 6 days' leave** eu tenho direito a 6 dias de folga; **due date** N (*data de*) vencimento
duel ['djuəl] N duelo; (*fig*) batalha
duet [dju:'ɛt] N dueto
duff [dʌf] (*Brit*: *inf*) ADJ de nada
duffel bag ['dʌfl-] N mochila
duffel coat ['dʌfl-] N casaco de baeta
duffer ['dʌfəʳ] (*inf*) N zero (à esquerda)
duffle bag ['dʌfl-] N = **duffelbag**
duffle coat ['dʌfl-] N = **duffelcoat**
dug [dʌg] PT, PP *of* **dig**
duke [dju:k] N duque *m*
dull [dʌl] ADJ (*light*) sombrio; (*intelligence, wit*) lento; (*boring*) enfadonho; (*sound, pain*) surdo; (*weather, day*) nublado, carregado; (*blade*) embotado, cego ■ VT (*pain, grief*) aliviar; (*mind, senses*) entorpecer
duly ['dju:lɪ] ADV devidamente; (*on time*) no devido tempo
dumb [dʌm] ADJ mudo; (*pej*: *stupid*) estúpido; **to be struck ~** (*fig*) ficar pasmo
dumbbell ['dʌmbɛl] N (*Sport*) haltere *m*
dumbfounded [dʌm'faundɪd] ADJ pasmado
dummy ['dʌmɪ] N (*tailor's model*) manequim *m*; (*mock-up*) modelo; (*Brit*: *for baby*) chupeta; (*Cards*) morto ■ ADJ falso; **dummy run** N prova, ensaio
dump [dʌmp] N (*heap*) montão *m*; (*also*: **rubbish dump**) depósito de lixo; (*inf*: *place*) chiqueiro; (*Mil*) depósito; (*Comput*) dump *m*, descarga ■ VT (*put down*) depositar, descarregar; (*get rid of*) desfazer-se de; (*Comm*: *goods*) fazer dumping de; (*Comput*) tirar um dump de; **to be (down) in the ~s** (*inf*) estar na fossa
dumping ['dʌmpɪŋ] N (*Econ*) dumping *m*; (*of rubbish*): **"no ~"** "proibido jogar lixo" (BR), "proibido deitar lixo" (PT)
dumpling ['dʌmplɪŋ] N bolinho cozido
dumpy ['dʌmpɪ] ADJ gorducho
dunce [dʌns] N burro, ignorante *m/f*
dune [dju:n] N duna
dung [dʌŋ] N estrume *m*
dungarees [dʌŋgə'ri:z] NPL macacão *m* (BR), fato macaco (PT)
dungeon ['dʌndʒən] N calabouço
dunk [dʌŋk] VT mergulhar
duo ['dju:əu] N (*gen*) dupla; (*Mus*) duo
duodenal [dju:ə'di:nl] ADJ duodenal
dupe [dju:p] N (*victim*) otário(-a), trouxa *m/f* ■ VT enganar
duplex ['dju:plɛks] (*US*) N (*house*) casa geminada; (*also*: **duplex apartment**) duplex *m*
duplicate [*n* 'dju:plɪkət, *vt* 'dju:plɪkeɪt] N (*of document*) duplicata; (*of key*) cópia ■ VT duplicar; (*photocopy*) multigrafar; (*repeat*) reproduzir; **in ~**

em duplicata; ~ **key** cópia de chave
duplicating machine ['dju:plɪkeɪtɪŋ-] N duplicador *m*
duplicator ['dju:plɪkeɪtəʳ] N duplicador *m*
duplicity [dju:'plɪsɪtɪ] N falsidade *f*
durability [djuərə'bɪlɪtɪ] N durabilidade *f*, solidez *f*
durable ['djuərəbl] ADJ durável; (*clothes, metal*) resistente
duration [djuə'reɪʃən] N duração *f*
duress [djuə'rɛs] N: **under** ~ sob coação
during ['djuərɪŋ] PREP durante
dusk [dʌsk] N crepúsculo, anoitecer *m*
dusky ['dʌskɪ] ADJ (*sky, room*) sombrio; (*person, complexion*) moreno
dust [dʌst] N pó *m*, poeira ■ VT (*furniture*) tirar o pó de; (*cake etc*): **to ~ with** polvilhar com
▸ **dust off** VT (*dirt*) tirar
dustbin ['dʌstbɪn] N (*Brit*) lata de lixo
duster ['dʌstəʳ] N pano de pó
dust jacket N sobrecapa
dustman ['dʌstmən] (*Brit: irreg*) N lixeiro, gari *m* (BR) (*inf*)
dustpan ['dʌstpæn] N pá *f* de lixo
dusty ['dʌstɪ] ADJ empoeirado
Dutch [dʌtʃ] ADJ holandês(-esa) ■ N (*Ling*) holandês *m* ■ ADV: **let's go ~** (*inf*) cada um paga o seu, vamos rachar; **the Dutch** NPL (*people*) os holandeses
Dutch auction N *leilão m em que os ertantes oferecem cada vez menos*
Dutchman ['dʌtʃmən] (*irreg*) N holandês *m*
dutiable ['dju:tɪəbl] ADJ (*taxable*) tributável; (*by customs*) sujeito a impostos alfandegários
dutiful ['dju:tɪful] ADJ (*child*) respeitoso; (*husband, wife*) atencioso; (*employee*) zeloso, consciente
duty ['dju:tɪ] N dever *m*; (*tax*) taxa; (*customs*) taxa alfandegária; **duties** NPL funções *fpl*; **to make it one's ~ to do sth** dar-se a responsabilidade de fazer algo; **to pay ~ on sth** pagar imposto sobre algo; **on ~** de serviço; (*at night etc*) de plantão; **off ~** de folga
duty-free ADJ livre de impostos; ~ **shop** duty-free *f*
duty officer N (*Mil etc*) oficial *m* de serviço
duvet ['du:veɪ] (*Brit*) N edredom *m* (BR), edredão *m* (PT)
DV ABBR (= *Deo volente*) se Deus quiser
DVD N ABBR (= *digital versatile* or *video disc*) DVD *m*; **DVD burner, DVD writer** N gravador *m* de DVD
DVM (*US*) N ABBR (= *Doctor of Veterinary Medicine*) *título universitário*
dwarf [dwɔ:f] (*pl* **dwarves**) N anão(-anã) *m/f* ■ VT ananicar
dwarves [dwɔ:vz] NPL *of* **dwarf**
dwell [dwɛl] (*pt, pp* **dwelt**) VI morar
▸ **dwell on** VT FUS estender-se sobre
dweller ['dwɛləʳ] N habitante *m/f*
dwelling ['dwɛlɪŋ] N residência
dwelt [dwɛlt] PT, PP *of* **dwell**
dwindle ['dwɪndl] VI diminuir
dwindling ['dwɪndlɪŋ] ADJ descrescente, minguante
dye [daɪ] N tintura, tinta ■ VT tingir; **hair ~** tintura para o cabelo
dyestuffs ['daɪstʌfs] NPL corantes *mpl*
dying ['daɪɪŋ] ADJ moribundo, agonizante; (*moments*) final; (*words*) último
dyke [daɪk] (*Brit*) N (*embankment*) dique *m*, represa
dynamic [daɪ'næmɪk] ADJ dinâmico
dynamics [daɪ'næmɪks] N, NPL dinâmica
dynamite ['daɪnəmaɪt] N dinamite *f* ■ VT dinamitar
dynamo ['daɪnəməu] N dínamo
dynasty ['dɪnəstɪ] N dinastia
dysentery ['dɪsntrɪ] N disenteria
dyslexia [dɪs'lɛksɪə] N dislexia
dyslexic [dɪs'lɛksɪk] ADJ, N dislético(-a), disléxico(-a)
dyspepsia [dɪs'pɛpsɪə] N dispepsia
dystrophy ['dɪstrəfɪ] N distrofia; *see also* **muscular dystrophy**

Ee

E, e [i:] N (*letter*) E, e *m*; (*Mus*): **E** mi *m*; **E for Edward** (*Brit*) *or* **Easy** (*US*) E de Eliane
E ABBR (= *east*) E
E111 N ABBR (*also*: **form E111**) formulário E111
ea. ABBR = **each**
E.A. (*US*) N ABBR (= *educational age*) *idade educacional*
each [i:tʃ] ADJ cada *inv* ■ PRON cada um(a); **~ one** cada um; **~ other** um ao outro; **they hate ~ other** (eles) se odeiam; **you are jealous of ~ other** vocês têm ciume um do outro; **~ day** cada dia; **they have 2 books ~** eles têm 2 livros cada um; **they cost £5 ~** custam £5 cada; **~ of us** cada um de nós
eager ['i:gəʳ] ADJ ávido; (*hopeful*) desejoso; (*ambitious*) ambicioso; (*pupil*) empolgado; **to be ~ to do sth** ansiar por fazer algo; **to be ~ for** ansiar por
eagle ['i:gl] N águia
E and OE ABBR (= *errors and omissions excepted*) SEO
ear [ɪəʳ] N (*external*) orelha; (*inner, fig*) ouvido; (*of corn*) espiga; **to play by ~** tocar de ouvido; **up to one's ~s in debt** endividado até o pescoço
earache ['ɪəreɪk] N dor *f* de ouvidos
eardrum ['ɪədrʌm] N tímpano
earl [ə:l] N conde *m*
earlier ['ə:lɪəʳ] ADJ (*date etc*) mais adiantado; (*edition etc*) anterior ■ ADV mais cedo
early ['ə:lɪ] ADV cedo; (*before time*) com antecedência ■ ADJ (*sooner than expected*) prematuro; (*reply*) pronto; (*Christians, settlers*) primeiro; (*man*) primitivo; (*life, work*) juvenil; **have an ~ night/start** vá para cama cedo/saia de manhã cedo; **in the ~** *or* **~ in the spring/19th century** no princípio da primavera/do século dezenove; **as ~ as possible** o mais cedo possível; **you're ~!** você chegou cedo!; **~ in the morning** de manhã cedo; **she's in her ~ forties** ela tem pouco mais de 40 anos; **at your earliest convenience** (*Comm*) o mais cedo que lhe for possível; **early retirement** N aposentadoria antecipada; **early warning system** N sistema *m* de alerta antecipado
earmark ['ɪəmɑ:k] VT: **to ~ sth for** reservar *or* destinar algo para
earn [ə:n] VT ganhar; (*Comm*: *interest*) render; (*praise, reward*) merecer; **to ~ one's living** ganhar a vida
earned income [ə:nd-] N rendimento do trabalho individual
earnest ['ə:nɪst] ADJ (*wish*) intenso; (*manner*) sério ■ N (*also*: **earnest money**) sinal *m* em dinheiro; **in ~** a sério
earnings ['ə:nɪŋz] NPL (*personal*) vencimentos *mpl*, salário, ordenado; (*of company*) lucro
ear nose and throat specialist N otorrinolaringologista *m/f*, otorrino *m/f*
earphones ['ɪəfəunz] NPL fones *mpl* de ouvido
earplugs ['ɪəplʌgz] NPL borrachinhas *fpl* (de ouvido)
earring ['ɪərɪŋ] N brinco
earshot ['ɪəʃɔt] N: **out of/within ~** fora do/ao alcance do ouvido *or* da voz
earth [ə:θ] N terra; (*Brit*: *Elec*) fio terra ■ VT (*Brit*: *Elec*) ligar à terra; **what on ~!** que diabo!
earthenware ['ə:θənwɛəʳ] N louça de barro ■ ADJ de barro
earthly ['ə:θlɪ] ADJ terrestre; **~ paradise** paraíso terrestre; **there is no ~ reason to think ...** não há a mínima razão para se pensar que ...
earthquake ['ə:θkweɪk] N terremoto (BR), terramoto (PT)
earth tremor N tremor *m*, abalo sísmico
earthworks ['ə:θwə:ks] NPL trabalhos *mpl* de terraplenagem
earthworm ['ə:θwə:m] N minhoca
earthy ['ə:θɪ] ADJ (*fig*: *vulgar*) grosseiro; (: *natural*) natural
earwax ['ɪəwæks] N cerume *m*
earwig ['ɪəwɪg] N lacrainha
ease [i:z] N facilidade *f*; (*relaxed state*) sossego ■ VT facilitar; (*relieve*: *pressure*) afrouxar; (*pain, tension*) aliviar; (*help pass*): **to ~ sth in/out** meter/tirar algo com cuidado ■ VI (*situation*) abrandar; **at ~!** (*Mil*) descansar!; **to be at ~** estar à vontade; **with ~** com facilidade
▶ **ease off** VI acalmar-se; (*at work*) deixar de trabalhar tanto; (*wind*) baixar; (*rain*) moderar-se
▶ **ease up** VI = **ease off**
easel ['i:zl] N cavalete *m*
easily ['i:zɪlɪ] ADV facilmente, fácil (*inf*)

easiness ['i:zɪnɪs] N facilidade *f*; (*of manner*) desenvoltura
east [i:st] N leste *m* ■ ADJ (*region*) leste; (*wind*) do leste ■ ADV para o leste; **the E~** o Oriente; (*Pol*) o leste
Easter ['i:stəʳ] N Páscoa ■ ADJ (*holidays*) da Páscoa; (*traditions*) pascal; **Easter egg** N ovo de Páscoa; **Easter Island** N ilha da Páscoa
easterly ['i:stəlɪ] ADJ (*to the east*) para o leste; (*from the east*) do Leste
Easter Monday N Segunda-Feira da Páscoa
eastern ['i:stən] ADJ do leste, oriental; **E~ Europe** a Europa Oriental; **the E~ bloc** (*Pol*) o Bloco Oriental
Easter Sunday N Domingo da Páscoa
East Germany N Alemanha Oriental
eastward(s) ['i:stwəd(z)] ADV ao leste
easy ['i:zɪ] ADJ fácil; (*comfortable*) folgado, cômodo; (*relaxed*) natural, complacente; (*victim, prey*) desprotegido ■ ADV: **to take it** *or* **things ~** (*not worry*) levar as coisas com calma; (*go slowly*) ir devagar; (*rest*) descansar; **payment on ~ terms** (*Comm*) pagamento facilitado; **that's easier said than done** é mais fácil falar do que fazer; **I'm ~** (*inf*) para mim, tanto faz; **easy chair** N poltrona
easy-going ADJ pacato, fácil
eat [i:t] (*pt* **ate**, *pp* **eaten**) VT, VI comer
▸ **eat away** VT corroer
▸ **eat away at** VT FUS corroer
▸ **eat into** VT FUS = **eat away at**
▸ **eat out** VI jantar fora
▸ **eat up** VT (*food*) acabar; **it ~s up electricity** consome eletricidade demais
eatable ['i:təbl] ADJ comestível
eau de Cologne [əudə-] N (água de) Colônia
eaves [i:vz] NPL beira, beiral *m*
eavesdrop ['i:vzdrɔp] VI: **to ~ (on)** escutar às escondidas
ebb [ɛb] N refluxo ■ VI baixar; (*fig: also*: **ebb away**) declinar; **the ~ and flow** o fluxo e refluxo; **to be at a low ~** (*fig: person*) estar de maré baixa; (: *business, relations etc*) ir mal; **ebb tide** N baixa-mar *f*, maré *f* vazante
ebony ['ɛbənɪ] N ébano
ebullient [ɪ'bʌlɪənt] ADJ vivo, enérgico
EC N ABBR (= *European Community*) CE *f*
ECB N ABBR (= *European Central Bank*) BCE *m*, *Banco Central Europeu*
eccentric [ɪk'sɛntrɪk] ADJ, N excêntrico(-a)
ecclesiastic(al) [ɪkli:zɪ'æstɪk(əl)] ADJ eclesiástico
ECG N ABBR (= *electrocardiogram*) eletro
ECGD N ABBR (= *Export Credits Guarantee Department*) *serviço de garantia financeira para exportações*
echo ['ɛkəu] (*pl* **echoes**) N eco ■ VT (*sound*) ecoar, repetir ■ VI ressoar, repetir
éclair [eɪ'klɛəʳ] N (*Culin*) bomba
eclipse [ɪ'klɪps] N eclipse *m* ■ VT eclipsar
ECM (*US*) N ABBR = **European Common Market**
ecologist [ɪ'kɔlədʒɪst] N ecologista *m/f*
ecology [ɪ'kɔlədʒɪ] N ecologia
economic [i:kə'nɔmɪk] ADJ econômico; (*business etc*) rentável
economical [i:kə'nɔmɪkəl] ADJ econômico; (*proposition etc*) rentável
economically [i:kə'nɔmɪklɪ] ADV economicamente
economics [i:kə'nɔmɪks] N economia ■ NPL aspectos *mpl* econômicos
economist [ɪ'kɔnəmɪst] N economista *m/f*
economize [ɪ'kɔnəmaɪz] VI economizar, fazer economias
economy [ɪ'kɔnəmɪ] N economia; **economies of scale** economias de escala; **economy class** N (*Aviat*) classe *f* econômica; **economy size** N tamanho econômico
ECSC N ABBR (= *European Coal and Steel Community*) CECA *f*
ecstasy ['ɛkstəsɪ] N êxtase *m*; **to go into ecstasies over** extasiar-se com
ecstatic [ɛks'tætɪk] ADJ extasiado
ECT N ABBR = **electroconvulsive therapy**
ECU N ABBR (= *European Currency Unit*) ECU *f*
Ecuador ['ɛkwədɔ:ʳ] N Equador *m*
Ecuadorian [ɛkwə'dɔ:rɪən] ADJ, N equatoriano(-a)
ecumenical [i:kju'mɛnɪkl] ADJ ecumênico
eczema ['ɛksɪmə] N eczema *m*
eddy ['ɛdɪ] N rodamoinho
edge [ɛdʒ] N (*of knife etc*) fio; (*of table, chair etc*) borda; (*of lake etc*) margem *f* ■ VT (*trim*) embainhar ■ VI: **to ~ forward** avançar pouco a pouco; **on ~** (*fig*) = **edgy**; **to have the ~ on** (*fig*) levar vantagem sobre; **to ~ away from** afastar-se pouco a pouco de
edgeways ['ɛdʒweɪz] ADV lateralmente; **he couldn't get a word in ~** não pôde entrar na conversa
edging ['ɛdʒɪŋ] N (*Sewing*) debrum *m*; (*of path*) borda
edgy ['ɛdʒɪ] ADJ nervoso, inquieto
edible ['ɛdɪbl] ADJ comestível
edict ['i:dɪkt] N édito
edifice ['ɛdɪfɪs] N edifício
edifying ['ɛdɪfaɪɪŋ] ADJ edificante
Edinburgh ['ɛdɪnbərə] N Edimburgo
edit ['ɛdɪt] VT (*be editor of*) dirigir; (*cut*) cortar, redigir; (*Comput, TV*) editar; (*Cinema*) montar
edition [ɪ'dɪʃən] N (*gen*) edição *f*; (*number printed*) tiragem *f*
editor ['ɛdɪtəʳ] N redator(a) *m/f*; (*of newspaper*) diretor(a) *m/f*; (*of column*): **foreign/political ~** editor(a) *m/f*; (*of book*) organizador(a) *m/f* da edição; (*also*: **film editor**) montador(a) *m/f*
editorial [ɛdɪ'tɔ:rɪəl] ADJ editorial ■ N editorial *m*; **the ~ staff** a redação
EDP N ABBR = **electronic data processing**
EDT (*US*) ABBR (= *Eastern Daylight Time*) *hora de verão de Nova Iorque*
educate ['ɛdjukeɪt] VT educar; **~d at ...** que cursou ...
education [ɛdju'keɪʃən] N educação *f*; (*schooling*)

ensino; (*science*) pedagogia; **primary** (*Brit*) *or* **elementary** (*US*) ~ ensino de 1°/2° grau

educational [ɛdju'keɪʃənl] ADJ (*policy, experience*) educacional; (*teaching*) docente; (*toy etc*) educativo; ~ **technology** tecnologia educacional

Edwardian [ɛd'wɔːdɪən] ADJ da época do rei Eduardo VII, dos anos 1900

EE ABBR = **electrical engineer**

EEC N ABBR (= *European Economic Community*) CEE *f*

EEG N ABBR (= *electroencephalogram*) eletro

eel [iːl] N enguia

EENT (*US*) N ABBR (*Med*) = **eye, ear, nose and throat**

EEOC (*US*) N ABBR = **Equal Employment Opportunity Commission**

eerie ['ɪərɪ] ADJ (*strange*) estranho; (*mysterious*) misterioso

EET N ABBR (= *Eastern European Time*) *hora da Europa Oriental*

effect [ɪ'fɛkt] N efeito ■ VT (*repairs*) fazer; (*savings*) efetuar; **effects** NPL (*Theatre*) efeitos *mpl*; (*property*) bens *mpl* móveis, pertences *mpl*; **to take ~** (*law*) entrar em vigor; (*drug*) fazer efeito; **to put into ~** (*plan*) pôr em ação *or* prática; **to have an ~ on sb/sth** produzir efeito em alguém/algo; **in ~** en vigor; **his letter is to the ~ that ...** a carta dele informa que ...

effective [ɪ'fɛktɪv] ADJ (*successful*) eficaz; (*striking*) impressionante; (*actual*) efetivo; **to become ~** (*Law*) entrar em vigor; **~ date** data de entrada em vigor

effectively [ɪ'fɛktɪvlɪ] ADV (*successfully*) eficazmente; (*in reality*) efetivamente

effectiveness [ɪ'fɛktɪvnɪs] N eficácia

effeminate [ɪ'fɛmɪnɪt] ADJ efeminado

effervescent [ɛfə'vɛsnt] ADJ efervescente

efficacy ['efɪkəsɪ] N eficácia

efficiency [ɪ'fɪʃənsɪ] N eficiência; (*of machine*) rendimento; **efficiency apartment** (*US*) N kitchenette *f*

efficient [ɪ'fɪʃənt] ADJ eficiente; (*machine*) rentável

efficiently [ɪ'fɪʃəntlɪ] ADV eficientemente

effigy ['efɪdʒɪ] N efígie *f*

effluent ['ɛfluənt] N efluente *m*

effort ['ɛfət] N esforço; **to make an ~ to** esforçar-se para

effortless ['ɛfətlɪs] ADJ fácil

effrontery [ɪ'frʌntərɪ] N descaramento

effusive [ɪ'fjuːsɪv] ADJ efusivo; (*welcome*) caloroso

EFL N ABBR (*Sch*) = **English as a foreign language**

EFTA ['ɛftə] N ABBR (= *European Free Trade Association*) AELC *f*

e.g. ADV ABBR (= *exempli gratia*) p. ex.

egalitarian [ɪgælɪ'tɛərɪən] ADJ igualitário

egg [ɛg] N ovo; **hard-boiled/soft-boiled ~** ovo duro/mole

▸ **egg on** VT incitar

eggcup ['ɛgkʌp] N oveiro

eggplant ['ɛgplaːnt] (*esp US*) N beringela

eggshell ['ɛgʃɛl] N casca de ovo

egg white N clara (de ovo)

egg yolk N gema

ego ['iːgəu] N ego

egoism ['iːgəuɪzəm] N egoísmo

egoist ['iːgəuɪst] N egoísta *m/f*

egotism ['ɛgətɪzəm] N egotismo *m*

egotist ['ɛgətɪst] N egotista *m/f*

Egypt ['iːdʒɪpt] N Egito

Egyptian [ɪ'dʒɪpʃən] ADJ, N egípcio(-a)

eiderdown ['aɪdədaun] N edredom *m* (BR), edredão *m* (PT)

eight [eɪt] NUM oito; *see also* **five**

eighteen ['eɪ'tiːn] NUM dezoito; *see also* **five**

eighth [eɪtθ] NUM oitavo; *see also* **fifth**

eighty ['eɪtɪ] NUM oitenta; *see also* **fifty**

Eire ['ɛərə] N (República da) Irlanda

EIS N ABBR (= *Educational Institute of Scotland*) *sindicato dos professores escoceses*

either ['aɪðəʳ] ADJ (*one or other*) um ou outro; (*each*) cada; (*any*) qualquer; (*both*) ambos ■ PRON: **~ (of them)** qualquer (dos dois) ■ ADV: **no, I don't ~** eu também não ■ CONJ: **~ yes or no** ou sim ou não; **on ~ side** de ambos os lados; **I don't like ~** não gosto nem de um nem do outro; **I haven't seen ~ one or the other** eu não vi nem um nem o outro

ejaculation [ɪdʒækju'leɪʃən] N (*Physiology*) ejaculação *f*

eject [ɪ'dʒɛkt] VT expulsar ■ VI (*pilot*) ser ejetado

ejector seat [ɪ'dʒɛktəʳ-] N assento ejetor

eke [iːk]: **to ~ out** VT (*money*) economizar; (*food*) economizar em; (*add to*) complementar

EKG (*US*) N ABBR (= *electrocardiogram*) eletro

el [ɛl] (*US: inf*) N ABBR = **elevated railroad**

elaborate [*adj* ɪ'læbərɪt, *vt, vi* ɪ'læbəreɪt] ADJ complicado; (*decorated*) rebuscado ■ VT elaborar; (*expand*) expandir; (*refine*) aperfeiçoar ■ VI: **to ~ on** acrescentar detalhes a

elapse [ɪ'læps] VI transcorrer

elastic [ɪ'læstɪk] ADJ elástico; (*adaptable*) flexível, adaptável ■ N elástico; **elastic band** (*Brit*) N elástico

elasticity [ɪlæs'tɪsɪtɪ] N elasticidade *f*

elated [ɪ'leɪtɪd] ADJ: **to be ~** rejubilar-se

elation [ɪ'leɪʃən] N exaltação *f*

elbow ['ɛlbəu] N cotovelo ■ VT: **to ~ one's way through the crowd** abrir passagem pela multidão com os cotovelos; **elbow room** N (*fig*) liberdade *f*

elder ['ɛldəʳ] ADJ mais velho ■ N (*tree*) sabugueiro; (*person*) o(-a mais velho/a); (*of tribe*) ancião; (*of church*) presbítero

elderly ['ɛldəlɪ] ADJ idoso, de idade ■ NPL: **the ~** as pessoas de idade, os idosos

eldest ['ɛldɪst] ADJ mais velho ■ N o(-a mais velho/a)

elect [ɪ'lɛkt] VT eleger ■ ADJ: **the president ~** o presidente eleito; **to ~ to do** (*choose*) optar por fazer

election [ɪ'lɛkʃən] N (*voting*) votação *f*; (*installation*) eleição *f*; **to hold an ~** realizar uma eleição; **election campaign** N campanha eleitoral

electioneering [ɪlɛkʃə'nɪərɪŋ] N campanha *or* propaganda eleitoral

elector [ɪ'lɛktəʳ] N eleitor(a) *m/f*

electoral [ɪ'lɛktərəl] ADJ eleitoral; **electoral college** N colégio eleitoral; **electoral roll** (*Brit*) N lista de eleitores

electorate [ɪ'lɛktərɪt] N eleitorado

electric [ɪ'lɛktrɪk] ADJ elétrico

electrical [ɪ'lɛktrɪkəl] ADJ elétrico; **electrical engineer** N engenheiro(-a) eletricista; **electrical failure** N pane *f* elétrica

electric blanket N cobertor *m* elétrico

electric chair (*US*) N cadeira elétrica

electric cooker N fogão *m* elétrico

electric current N corrente *f* elétrica

electric fire (*Brit*) N aquecimento elétrico

electrician [ɪlɛk'trɪʃən] N eletricista *m/f*

electricity [ɪlɛk'trɪsɪtɪ] N eletricidade *f*; **electricity board** (*Brit*) N empresa de energia elétrica

electric light N luz *f* elétrica

electric shock N choque *m* elétrico

electrify [ɪ'lɛktrɪfaɪ] VT (*fence, Rail*) eletrificar; (*audience*) eletrizar

electro... [ɪ'lɛktrəu] PREFIX eletro...

electrocardiogram [ɪ'lɛktrəu'kɑ:dɪəgræm] N eletrocardiograma *m*

electro-convulsive therapy N eletrochoques *mpl*

electrocute [ɪ'lɛktrəkju:t] VT eletrocutar

electrode [ɪ'lɛktrəud] N eletrodo (BR), eléctrodo (PT)

electroencephalogram [ɪ'lɛktrəuɛn'sɛfələgræm] N eletroencefalograma *m*

electrolysis [ɪlɛk'trɔlɪsɪs] N eletrólise *f*

electromagnetic [ɪlɛktrəumæg'nɛtɪk] ADJ eletromagnético

electron [ɪ'lɛktrɔn] N elétron *m* (BR), electrão *m* (PT)

electronic [ɪlɛk'trɔnɪk] ADJ eletrônico; **electronic data processing** N processamento de dados eletrônico; **electronic mail** N correio eletrônico

electronics [ɪlɛk'trɔnɪks] N eletrônica

electron microscope N microscópio eletrônico

electroplated [ɪ'lɛktrəu'pleɪtɪd] ADJ galvanizado

electrotherapy [ɪ'lɛktrəu'θerəpɪ] N eletroterapia

elegance ['ɛlɪgəns] N elegância

elegant ['ɛlɪgənt] ADJ (*person, building*) elegante; (*idea*) refinado

element ['ɛlɪmənt] N elemento; **to brave the ~s** enfrentar intempérie

elementary [ɛlɪ'mɛntərɪ] ADJ (*gen*) elementar; (*primitive*) rudimentar; (*school, education*) primário; **elementary school** (*US*) N *ver abaixo*

ELEMENTARY SCHOOL

Nos Estados Unidos e no Canadá, uma *elementary school* (também chamada de *grade school* ou *grammar school* nos Estados Unidos) é uma escola pública onde os alunos passam de seis a oito dos primeiros anos escolares.

elephant ['ɛlɪfənt] N elefante *m*

elevate ['ɛlɪveɪt] VT elevar; (*in rank*) promover

elevated railroad (*US*) N ferrovia elevada

elevation [ɛlɪ'veɪʃən] N elevação *f*; (*land*) eminência; (*height*) altura

elevator ['ɛlɪveɪtəʳ] (*US*) N elevador *m*

eleven [ɪ'lɛvn] NUM onze; *see also* **five**

elevenses [ɪ'lɛvənzɪz] (*Brit*) NPL *refeição leve da manhã*

eleventh [ɪ'lɛvnθ] NUM décimo-primeiro; **at the ~ hour** (*fig*) no último momento, na hora H; *see also* **fifth**

elf [ɛlf] (*pl* **elves**) N elfo, duende *m*

elicit [ɪ'lɪsɪt] VT: **to ~ (from)** (*information*) extrair (de); (*response, reaction*) provocar (de)

eligible ['ɛlɪdʒəbl] ADJ elegível, apto; **to be ~ for sth** (*job etc*) ter qualificações para algo; (*pension etc*) ter direito a algo

eliminate [ɪ'lɪmɪneɪt] VT (*poverty, smoking*) erradicar; (*candidate, team*) eliminar; (*strike out*) suprimir; (*suspect*) eliminar, excluir

elimination [ɪlɪmɪ'neɪʃən] N eliminação *f*; **by a process of ~** por eliminação

élite [eɪ'li:t] N elite *f*

élitist [eɪ'li:tɪst] (*pej*) ADJ elitista

elixir [ɪ'lɪksəʳ] N elixir *m*

Elizabethan [ɪlɪzə'bi:θən] ADJ elisabetano

ellipse [ɪ'lɪps] N elipse *f*

elliptical [ɪ'lɪptɪkl] ADJ elíptico

elm [ɛlm] N olmo

elocution [ɛlə'kju:ʃən] N elocução *f*

elongated ['i:lɔŋgeɪtɪd] ADJ alongado

elope [ɪ'ləup] VI fugir

elopement [ɪ'ləupmənt] N fuga do lar paterno

eloquence ['ɛləkwəns] N eloqüência

eloquent ['ɛləkwənt] ADJ eloqüente

else [ɛls] ADV outro, mais; **something ~** outra coisa; **somewhere ~** em outro lugar (BR), noutro sítio (PT); **everywhere ~** por todo o lado (menos aqui); **everyone ~** todos os outros; **where ~?** onde mais?; **what ~ can we do?** que mais podemos fazer?; **or ~** senão; **there was little ~ to do** não havia outra coisa a fazer; **nobody ~ spoke** ninguém mais falou

elsewhere [ɛls'wɛəʳ] ADV (*be*) em outro lugar (BR), noutro sítio (PT); (*go*) para outro lugar (BR), a outro sítio (PT)

ELT N ABBR (*Sch*) = **English Language Teaching**

elucidate [ɪ'lu:sɪdeɪt] VT esclarecer, elucidar

elude [ɪ'lu:d] VT (*pursuer*) escapar de, esquivar-se de; (*subj: fact, idea*) evadir

elusive [ɪ'lu:sɪv] ADJ esquivo; (*quality*)

indefinível; (*answer*) evasivo
elves [ɛlvz] NPL *of* **elf**
emaciated [ɪ'meɪsɪeɪtɪd] ADJ emaciado, macilento
e-mail ['iːmeɪl] N e-mail *m*, correio eletrônico ■ VT (*person*) enviar um e-mail a; **e-mail account** N conta de e-mail, conta de correio eletrônico; **e-mail address** N e-mail *m*, endereço eletrônico
emanate ['ɛmənɛɪt] VI: **to ~ from** emanar de
emancipate [ɪ'mænsɪpeɪt] VT libertar; (*women*) emancipar
emancipated [ɪ'mænsɪpeɪtɪd] ADJ emancipado
emancipation [ɪmænsɪ'peɪʃən] N emancipação *f*
emasculate [ɪ'mæskjuleɪt] VT emascular
embalm [ɪm'bɑːm] VT embalsamar
embankment [ɪm'bæŋkmənt] N aterro; (*of river*) dique *m*
embargo [ɪm'bɑːgəu] (*pl* **embargoes**) N (*Naut*) embargo; (*Comm*) proibição *f* ■ VT boicotear; **to put an ~ on sth** proibir algo
embark [ɪm'bɑːk] VI embarcar ■ VT embarcar; **to ~ on** (*fig*) empreender, começar
embarkation [ɛmbɑː'keɪʃən] N (*of people, goods*) embarque *m*; **embarkation card** N cartão *m* de embarque
embarrass [ɪm'bærəs] VT (*politician*) embaraçar; (*emotionally*) constranger
embarrassed [ɪm'bærəst] ADJ (*laugh, silence*) descomfortável; **to be financially ~** estar com dificuldades financeiras
embarrassing [ɪm'bærəsɪŋ] ADJ embaraçoso, constrangedor(a)
embarrassment [ɪm'bærəsmənt] N embaraço, constrangimento; (*financial*) dificuldades *fpl*
embassy ['ɛmbəsɪ] N embaixada
embed [ɪm'bɛd] VT embutir; (*teeth etc*) cravar
embedded [ɪm'bɛdɪd] ADJ encravado
embellish [ɪm'bɛlɪʃ] VT embelezar; (*fig: story*) florear
embers ['ɛmbəz] NPL brasa, borralho, cinzas *fpl*
embezzle [ɪm'bɛzl] VT desviar
embezzlement [ɪm'bɛzlmənt] N desvio (de fundos)
embezzler [ɪm'bɛzlᵉʳ] N malversador(a) *m/f*
embitter [ɪm'bɪtəʳ] VT (*person*) amargurar; (*relations*) azedar
embittered [ɪm'bɪtəd] ADJ amargurado
emblem ['ɛmbləm] N emblema *m*
embodiment [ɪm'bɔdɪmənt] N encarnação *f*
embody [ɪm'bɔdɪ] VT (*features*) incorporar; (*ideas*) expressar
embolden [ɪm'bəuldn] VT encorajar, animar
embolism ['ɛmbəlɪzəm] N embolia
embossed [ɪm'bɔst] ADJ realçado; **~ with** ornado com relevos de
embrace [ɪm'breɪs] VT abraçar, dar um abraço em; (*include*) abarcar, abranger; (*adopt: idea*) adotar ■ VI abraçar-se ■ N abraço
embroider [ɪm'brɔɪdəʳ] VT bordar; (*fig: story*) florear
embroidery [ɪm'brɔɪdərɪ] N bordado
embroil [ɪm'brɔɪl] VT: **to become ~ed (in sth)** ficar envolvido (em algo)
embryo ['ɛmbrɪəu] N (*fig*) embrião *m*
emend [ɪ'mɛnd] VT emendar
emerald ['ɛmərəld] N esmeralda
emerge [ɪ'məːdʒ] VI sair; (*from sleep*) acordar; (*fact, idea*) emergir; **it ~s that ...** (*Brit*) veio à tona que ...
emergence [ɪ'məːdʒəns] N surgimento, aparecimento; (*of a nation*) nascimento
emergency [ɪ'məːdʒənsɪ] N emergência; **in an ~** em caso de urgência; **state of ~** estado de emergência; **emergency cord** (*US*) N sinal *m* de alarme; **emergency exit** N saída de emergência; **emergency landing** N aterrissagem *f* forçada (*BR*), aterragem *f* forçosa (*PT*); **emergency lane** (*US*) N (*Aut*) acostamento (*BR*), berma (*PT*); **emergency meeting** N reunião *f* extraordinária; **emergency road service** (*US*) N auto-socorro (*BR*), pronto socorro (*PT*); **emergency services** NPL serviços *mpl* de emergência; **emergency stop** (*Brit*) N (*Aut*) parada de emergência
emergent [ɪ'məːdʒənt] ADJ (*nation*) em desenvolvimento; (*group*) emergente
emery board ['ɛmərɪ-] N lixa de unhas
emery paper ['ɛmərɪ-] N lixa *or* papel *m* de esmeril
emetic [ɪ'mɛtɪk] N emético
emigrant ['ɛmɪgrənt] N emigrante *m/f*
emigrate ['ɛmɪgreɪt] VI emigrar
emigration [ɛmɪ'greɪʃən] N emigração *f*
émigré ['ɛmɪgreɪ] N emigrado(-a)
eminence ['ɛmɪnəns] N eminência
eminent ['ɛmɪnənt] ADJ eminente
eminently ['ɛmɪnəntlɪ] ADV eminentemente
emirate ['ɛmɪrɪt] N emirado
emission [ɪ'mɪʃən] N emissão *f*
emit [ɪ'mɪt] VT (*gen*) emitir; (*smoke*) soltar; (*smell*) exalar; (*sound*) produzir
emolument [ɪ'mɔljumənt] N (*often pl: formal: fee*) honorário; (*salary*) remuneração *f*
emotion [ɪ'məuʃən] N emoção *f*
emotional [ɪ'məuʃənəl] ADJ (*needs, exhaustion*) emocional; (*person*) sentimental, emotivo; (*scene*) comovente; (*tone*) emocionante
emotionally [ɪ'məuʃənəlɪ] ADV (*disturbed, involved*) emocionalmente; (*behave*) emotivamente; (*speak*) com emoção
emotive [ɪ'məutɪv] ADJ que sensibiliza; **~ power** capacidade *f* de comover
empathy ['ɛmpəθɪ] N empatia; **to feel ~ with sb** ter afinidade com alguém
emperor ['ɛmpərəʳ] N imperador *m*
emphases ['ɛmfəsiːz] NPL *of* **emphasis**
emphasis ['ɛmfəsɪs] (*pl* **emphases**) N ênfase *f*; (*stress*) acentuação *f*; **to lay** *or* **place ~ on sth** dar ênfase a; **the ~ is on reading** a leitura ocupa um lugar de destaque
emphasize ['ɛmfəsaɪz] VT (*word, point*) enfatizar, acentuar; (*feature*) salientar

emphatic [ɛm'fætɪk] ADJ (*statement*) vigoroso, expressivo; (*person*) convincente; (*manner*) enfático
emphatically [ɛm'fætɪkəlɪ] ADV com ênfase; (*certainly*) certamente
empire ['ɛmpaɪəʳ] N império
empirical [ɛm'pɪrɪkl] ADJ empírico
employ [ɪm'plɔɪ] VT empregar; (*tool*) utilizar; **he's ~ed in a bank** ele trabalha num banco
employee [ɪmplɔɪ'i:] N empregado(-a)
employer [ɪm'plɔɪəʳ] N empregador(a) *m/f*, patrão(-troa) *m/f*
employment [ɪm'plɔɪmənt] N (*gen*) emprego; (*work*) trabalho; **to find ~** encontrar um emprego; **without ~** sem emprego, desempregado; **place of ~** local de trabalho; **employment agency** N agência de empregos; **employment exchange** (*Brit*) N bolsa de trabalho
empower [ɪm'pauəʳ] VT: **to ~ sb to do sth** autorizar alguém para fazer algo
empress ['ɛmprɪs] N imperatriz *f*
emptiness ['ɛmptɪnɪs] N vazio, vácuo
empty ['ɛmptɪ] ADJ vazio; (*place*) deserto; (*house*) desocupado; (*threat*) vão(-vã) ■ N (*bottle*) vazio ■ VT esvaziar; (*place*) evacuar ■ VI esvaziar-se; (*place*) ficar deserto; **on an ~ stomach** em jejum, com o estômago vazio; **to ~ into** (*river*) desaguar em
empty-handed [-'hændɪd] ADJ de mãos vazias
empty-headed [-'hɛdɪd] ADJ de cabeça oca
EMS N ABBR (= *European Monetary System*) SME *m*
EMT N ABBR = **emergency medical technician**
emulate ['ɛmjuleɪt] VT (*person*) emular com
emulsion [ɪ'mʌlʃən] N emulsão *f*; (*also*: **emulsion paint**) tinta plástica
enable [ɪ'neɪbl] VT: **to ~ sb to do sth** (*allow*) permitir que alguém faça algo; (*make possible*) tornar possível; (*prepare*) capacitar alguém para fazer algo
enact [ɪn'ækt] VT (*law*) pôr em vigor, promulgar; (*play*) representar; (*role*) fazer
enamel [ɪ'næməl] N esmalte *m*; **enamel paint** N esmalte *m*
enamoured [ɪ'næmənd] ADJ: **to be ~ of** (*person*) estar apaixonado por; (*activity etc*) ser louco por; (*idea*) encantar-se com
encampment [ɪn'kæmpmənt] N acampamento
encased [ɪn'keɪst] ADJ: **~ in** (*enclosed*) encaixado em; (*covered*) revestido de
enchant [ɪn'tʃɑ:nt] VT encantar
enchanted [ɪn'tʃɑ:ntɪd] ADJ encantado
enchanting [ɪn'tʃɑ:ntɪŋ] ADJ encantador(a)
encircle [ɪn'sə:kl] VT cercar, circundar; (*waist*) rodear
enc(l). ABBR (*in letters etc*) = **enclosed**; **enclosure**
enclave ['ɛnkleɪv] N: **an ~ of** um encrave de
enclose [ɪn'kləuz] VT (*land*) cercar; (*with letter etc*) anexar (BR), enviar junto (PT); **please find ~d** segue junto
enclosure [ɪn'kləuʒəʳ] N cercado; (*Comm*) documento anexo
encoder [ɪn'kəudəʳ] N (*Comput*) codificador *m*
encompass [ɪn'kʌmpəs] VT abranger, encerrar
encore [ɔŋ'kɔ:ʳ] EXCL bis!, outra! ■ N bis *m*
encounter [ɪn'kauntəʳ] N encontro ■ VT encontrar, topar com; (*difficulty*) enfrentar
encourage [ɪn'kʌrɪdʒ] VT (*activity*) encorajar; (*growth*) estimular; (*person*): **to ~ sb to do sth** animar alguém a fazer algo
encouragement [ɪn'kʌrɪdʒmənt] N estímulo
encouraging [ɪn'kʌrɪdʒɪŋ] ADJ animador(a)
encroach [ɪn'krəutʃ] VI: **to ~ (up)on** invadir; (*time*) ocupar
encrusted [ɪn'krʌstəd] ADJ: **~ with** incrustado de
encumber [ɪn'kʌmbəʳ] VT: **to be ~ed with** (*carry*) estar carregado de; (*debts*) estar sobrecarregado de
encyclop(a)edia [ɛnsaɪkləu'pi:dɪə] N enciclopédia
end [end] N (*gen, also aim*) fim *m*; (*of table, line, rope etc*) ponta; (*of street, town*) final *m*; (*Sport*) ponta ■ VT acabar, terminar; (*also*: **bring to an end, put an end to**) acabar com, pôr fim a ■ VI terminar, acabar; **from ~ to ~** de ponta a ponta; **to come to an ~** acabar; **to be at an ~** estar no fim, estar terminado; **in the ~** ao fim, por fim, finalmente; **on ~** (*object*) na ponta; **to stand on ~** (*hair*) arrepiar-se; **for hours on ~** por horas a fio; **at the ~ of the day** (*Brit*: *fig*) no final das contas; **to this ~, with this ~ in view** a este fim
▶ **end up** VI: **to ~ up in** terminar em; (*place*) ir parar em
endanger [ɪn'deɪndʒəʳ] VT pôr em perigo; **an ~ed species** uma espécie ameaçada de extinção
endear [ɪn'dɪəʳ] VT: **to ~ o.s. to sb** conquistar a afeição de alguém, cativar alguém
endearing [ɪn'dɪərɪŋ] ADJ simpático, atrativo
endearment [ɪn'dɪəmənt] N: **to whisper ~s** sussurrar palavras carinhosas; **term of ~** palavra carinhosa
endeavour [ɪn'dɛvəʳ] (*US* **endeavor**) N esforço; (*attempt*) tentativa; (*striving*) empenho ■ VI: **to ~ to do** esforçar-se para fazer; (*try*) tentar fazer
endemic [ɛn'dɛmɪk] ADJ endêmico
ending ['ɛndɪŋ] N fim *m*, conclusão *f*; (*of book*) desenlace *m*; (*Ling*) terminação *f*
endive ['ɛndaɪv] N (*curly*) chicória; (*smooth, flat*) endívia
endless ['ɛndlɪs] ADJ interminável; (*possibilities*) infinito
endorse [ɪn'dɔ:s] VT (*cheque*) endossar; (*approve*) aprovar
endorsee [ɪndɔ:'si:] N endossado(-a), endossatário(-a)
endorsement [ɪn'dɔ:smənt] N (*Brit*: *on driving licence*) descrição *f* das multas; (*approval*) aval *m*; (*signature*) endosso
endorser [ɪn'dɔ:səʳ] N endossante *m/f*, endossador(a) *m/f*
endow [ɪn'dau] VT (*provide with money*) dotar; (: *institution*) fundar; **to be ~ed with** ser dotado

de
endowment [ɪn'daumənt] N dotação *f*; **endowment assurance** N seguro dotal
end product N (*Industry*) produto final; (*fig*) resultado
end result N resultado final
endurable [ɪn'djuərəbl] ADJ suportável
endurance [ɪn'djuərəns] N resistência
endurance test N teste *m* de resistência
endure [ɪn'djuəʳ] VT (*bear*) agüentar, suportar ■ VI (*last*) durar; (*resist*) resistir
end user N (*Comput*) usuário(-a) (BR) *or* utente *m/f* (PT) final
enema ['ɛnɪmə] N (*Med*) enema *m*, clister *m*
enemy ['ɛnəmɪ] ADJ, N inimigo(-a); **to make an ~ of sb** fazer de alguém um inimigo
energetic [ɛnə'dʒɛtɪk] ADJ energético
energy ['ɛnədʒɪ] N energia; **Department of E~** Ministério da Energia; **energy crisis** N crise *f* de energia
energy-saving ADJ (*policy*) de economia de energia; (*device*) que economiza energia
enervating ['ɛnəveɪtɪŋ] ADJ enervante
enforce [ɪn'fɔːs] VT (*Law*) fazer cumprir
enforced [ɪn'fɔːst] ADJ forçoso
enfranchise [ɪn'fræntʃaɪz] VT conferir o direito de voto a; (*set free*) emancipar
engage [ɪn'geɪdʒ] VT (*attention*) chamar; (*interest*) atrair; (*lawyer*) contratar; (*clutch*) engrenar ■ VI (*Tech*) engrenar; **to ~ in** dedicar-se a, ocupar-se com; **to ~ sb in conversation** travar conversa com alguém
engaged [ɪn'geɪdʒd] ADJ (*Brit: phone*) ocupado (BR), impedido (PT); (: *toilet*) ocupado; (*betrothed*) noivo; **to get ~** ficar noivo; **he is ~ in research** dedica-se à pesquisa; **engaged tone** (*Brit*) N (*Tel*) sinal *m* de ocupado (BR) *or* de impedido (PT)
engagement [ɪn'geɪdʒmənt] N (*appointment*) encontro; (*booking*) contrato; (*battle*) combate *m*; (*to marry*) noivado; **I have a previous ~** já tenho compromisso; **engagement ring** N aliança de noivado
engaging [ɪn'geɪdʒɪŋ] ADJ atraente, simpático
engender [ɪn'dʒɛndəʳ] VT engendrar, gerar
engine ['ɛndʒɪn] N (*Aut*) motor *m*; (*Rail*) locomotiva; **engine driver** (*Brit*) N maquinista *m/f*
engineer [ɛndʒɪ'nɪəʳ] N engenheiro(-a); (*US: Rail*) maquinista *m/f*; (*Brit: for repairs*) técnico(-a); (: *for domestic appliances*) consertador(a) *m/f* (de aparelhos domésticos)
engineering [ɛndʒɪ'nɪərɪŋ] N engenharia ■ CPD: **~ works** *or* **factory** fábrica de construção de máquinas
engine failure N falha do motor
engine trouble N enguiço
England ['ɪŋgləndˌ] N Inglaterra
English ['ɪŋglɪʃ] ADJ inglês(-esa) ■ N (*Ling*) inglês *m*; **the English** NPL (*people*) os ingleses; **an ~ speaker** uma pessoa de língua inglesa; **English Channel** N: **the English Channel** o Canal da Mancha
Englishman ['ɪŋglɪʃmən] (*irreg*) N inglês *m*
English-speaking ADJ de língua inglesa
Englishwoman ['ɪŋglɪʃwumən] (*irreg*) N inglesa
engrave [ɪn'greɪv] VT gravar
engraving [ɪn'greɪvɪŋ] N gravura
engrossed [ɪn'grəust] ADJ: **~ in** absorto em
engulf [ɪn'gʌlf] VT (*subj: fire, water*) engolfar, tragar; (: *panic, fear*) tomar conta de
enhance [ɪn'hɑːns] VT (*gen*) ressaltar, salientar; (*beauty*) realçar; (*position*) melhorar; (*add to*) aumentar
enigma [ɪ'nɪgmə] N enigma *m*
enigmatic [ɛnɪg'mætɪk] ADJ enigmático
enjoy [ɪn'dʒɔɪ] VT (*like*) gostar de; (*have: health, privilege*) desfrutar de; (*food*) comer com gosto; **to ~ o.s.** divertir-se
enjoyable [ɪn'dʒɔɪəbl] ADJ (*pleasant*) agradável; (*amusing*) divertido
enjoyment [ɪn'dʒɔɪmənt] N (*joy*) prazer *m*; (*use*) gozo
enlarge [ɪn'lɑːdʒ] VT aumentar; (*broaden*) estender, alargar; (*Phot*) ampliar ■ VI: **to ~ on** (*subject*) desenvolver, estender-se sobre
enlarged [ɪn'lɑːdʒd] ADJ (*edition*) ampliado; (*Med: organ, gland*) dilatado, hipertrofiado
enlargement [ɪn'lɑːdʒmənt] N (*Phot*) ampliação *f*
enlighten [ɪn'laɪtn] VT (*inform*) informar, instruir
enlightened [ɪn'laɪtnd] ADJ (*cultured*) culto; (*knowledgeable*) bem informado; (*tolerant*) compreensivo
enlightening [ɪn'laɪtnɪŋ] ADJ esclarecedor(a)
enlightenment [ɪn'laɪtənmənt] N esclarecimento; (*History*): **the E~** o Século das Luzes
enlist [ɪn'lɪst] VT alistar; (*support*) conseguir, aliciar ■ VI alistar-se; **~ed man** (*US: Mil*) praça *m*
enliven [ɪn'laɪvn] VT animar, agitar
enmity ['ɛnmɪtɪ] N inimizade *f*
ennoble [ɪ'nəubl] VT (*with title*) nobilitar
enormity [ɪ'nɔːmɪtɪ] N enormidade *f*
enormous [ɪ'nɔːməs] ADJ enorme
enormously [ɪ'nɔːməslɪ] ADV imensamente
enough [ɪ'nʌf] ADJ: **~ time/books** tempo suficiente/livros suficientes ■ PRON: **have you got ~?** você tem o suficiente? ■ ADV: **big ~** suficientemente grande; **will 5 be ~?** 5 chegam?; **~!** basta!, chega!; **that's ~, thanks** chega, obrigado; **I've had ~!** não agüento mais!; **I've had ~ of him** estou farto dele; **he has not worked ~** não tem trabalhado o suficiente; **it's hot ~ (as it is)!** já está tão quente!; **he was kind ~ to lend me the money** ele teve a gentileza de me emprestar o dinheiro; **which, funnily** *or* **oddly ~ ...** o que, por estranho que pareça ...
enquire [ɪn'kwaɪəʳ] VT, VI = **inquire**
enrage [ɪn'reɪdʒ] VT enfurecer, enraivecer
enrich [ɪn'rɪtʃ] VT enriquecer
enrol [ɪn'rəul] (*US* **enroll**) VT inscrever; (*Sch*) matricular ■ VI inscrever-se; matricular-se

enrol(l)ment [ɪn'rəulmənt] N inscrição *f*; (*Sch*) matrícula
en route [ɔn-] ADV (*on the way*) no caminho; **~ for** *or* **to** a caminho de
ensconced [ɪn'skɔnst] ADJ: **~ in** acomodado em
enshrine [ɪn'ʃraɪn] VT (*fig*) conservar, resguardar
ensign ['ɛnsaɪn] N (*flag*) bandeira; (*Mil*) insígnia; (*US: Naut*) guarda-marinha *m*
enslave [ɪn'sleɪv] VT escravizar
ensue [ɪn'sju:] VI seguir-se; (*result*) resultar; (*happen*) acontecer
ensure [ɪn'ʃuə^r] VT assegurar; **to ~ that** verificar-se que
ENT N ABBR (= *Ear, Nose & Throat*) otorrinolaringologia
entail [ɪn'teɪl] VT (*involve*) implicar; (*result in*) acarretar
entangle [ɪn'tæŋgl] VT enredar, emaranhar; **to get ~d in sth** (*fig*) ficar enrolado em algo
enter ['ɛntə^r] VT (*room*) entrar em; (*club*) ficar *or* fazer-se sócio de; (*army*) alistar-se em; (*competition*) inscrever-se em; (*sb for a competition*) inscrever; (*write down*) completar; (*Comput*) entrar com ■ VI entrar
▶ **enter for** VT FUS inscrever-se em
▶ **enter into** VT FUS (*relations*) estabelecer; (*plans*) fazer parte de; (*debate, negotiations*) entrar em; (*agreement*) chegar a, firmar
▶ **enter up** VT lançar
▶ **enter (up)on** VT FUS (*career*) entrar para
enteritis [ɛntə'raɪtɪs] N enterite *f*
enterprise ['ɛntəpraɪz] N empresa; (*undertaking*) empreendimento; (*initiative*) iniciativa; **free/private ~** livre-empresa/empresa privada
enterprising ['ɛntəpraɪzɪŋ] ADJ empreendedor(a)
entertain [ɛntə'teɪn] VT (*amuse*) divertir, entreter; (*invite: guest*) receber (em casa); (*idea, plan*) estudar
entertainer [ɛntə'teɪnə^r] N artista *m/f*
entertaining [ɛntə'teɪnɪŋ] ADJ divertido ■ N: **to do a lot of ~** receber com freqüência
entertainment [ɛntə'teɪnmənt] N (*amusement*) entretenimento, diversão *f*; (*show*) espetáculo; **entertainment allowance** N verba de representação
enthralled [ɪn'θrɔ:ld] ADJ encantado, cativado
enthralling [ɪn'θrɔ:lɪŋ] ADJ cativante, encantador(a)
enthuse [ɪn'θu:z] VI: **to ~ about** *or* **over** entusiasmar-se com *or* por
enthusiasm [ɪn'θu:zɪæzəm] N entusiasmo
enthusiast [ɪn'θu:zɪæst] N entusiasta *m/f*; **a jazz** *etc* **~** um(-a) aficionado(a) de jazz *etc*
enthusiastic [ɪnθu:zɪ'æstɪk] ADJ entusiasmado; **to be ~ about** entusiasmar-se por
entice [ɪn'taɪs] VT atrair, tentar; (*seduce*) seduzir
enticing [ɪn'taɪsɪŋ] ADJ sedutor(a), tentador(a)
entire [ɪn'taɪə^r] ADJ inteiro
entirely [ɪn'taɪəlɪ] ADV totalmente, completamente
entirety [ɪn'taɪərətɪ] N: **in its ~** na sua totalidade
entitle [ɪn'taɪtl] VT: **to ~ sb to sth** dar a alguém direito a algo; **to ~ sb to do** dar a alguém direito de fazer
entitled [ɪn'taɪtld] ADJ (*book etc*) intitulado; **to be ~ to sth/to do sth** ter direito a algo/de fazer algo
entity ['ɛntɪtɪ] N ente *m*
entourage [ɔntu'rɑ:ʒ] N séquito
entrails ['ɛntreɪlz] NPL entranhas *fpl*
entrance [*n* 'ɛntrəns, *vt* ɪn'trɑ:ns] N entrada; (*arrival*) chegada ■ VT encantar, fascinar; **to gain ~ to** (*university etc*) ser admitido em; **entrance examination** N exame *m* de admissão; **entrance fee** N jóia; (*to museum etc*) (preço da) entrada; **entrance ramp** (*US*) N (*Aut*) entrada (para a rodovia)
entrancing [ɪn'trɑ:nsɪŋ] ADJ encantador(a), fascinante
entrant ['ɛntrənt] N participante *m/f*; (*Brit: in exam*) candidato(-a)
entreat [ɛn'tri:t] VT: **to ~ sb to do** suplicar con alguém para fazer
entreaty [ɛn'tri:tɪ] N rogo, súplica
entrée ['ɔntreɪ] N (*Culin*) entrada
entrenched [ɛn'trɛntʃd] ADJ (*position, power*) fortalecido; (*idea*) arraigado
entrepreneur [ɔntrəprə'nə:] N empresário(-a)
entrepreneurial [ɔntrəprə'nə:rɪəl] ADJ empreendedor(a)
entrust [ɪn'trʌst] VT: **to ~ sth to sb** confiar algo a alguém
entry ['ɛntrɪ] N entrada; (*permission to enter*) acesso; (*in register*) registro, assentamento; (*in account*) lançamento; (*in dictionary*) verbete *m*; **"no ~"** "entrada proibida"; (*Aut*) "contramão" (BR), "entrada proibida" (PT); **single/double ~ book-keeping** escrituração por partidas simples/dobradas; **entry form** N formulário de inscrição; **entry phone** (*Brit*) N interfone *m* (*em apartamento*)
entwine [ɪn'twaɪn] VT entrelaçar
enumerate [ɪ'nju:məreɪt] VT enumerar
enunciate [ɪ'nʌnsɪeɪt] VT pronunciar; (*principle etc*) enunciar
envelop [ɪn'vɛləp] VT envolver
envelope ['ɛnvələup] N envelope *m*
enviable ['ɛnvɪəbl] ADJ invejável
envious ['ɛnvɪəs] ADJ invejoso; (*look*) de inveja
environment [ɪn'vaɪərnmənt] N meio ambiente *m*; **Department of the E~** (*Brit*) Ministério da Habitação, Urbanismo e Meio Ambiente
environmental [ɪnvaɪərn'mɛntl] ADJ ambiental; **~ studies** (*Sch*) ecologia
environmentalist [ɪnvaɪərn'mɛntəlɪst] N ecologista *m/f*
Environmental Protection Agency (*US*) N ≈ Secretaria Especial do Meio Ambiente
envisage [ɪn'vɪzɪdʒ] VT (*foresee*) prever; (*imagine*) conceber, imaginar
envision [ɪn'vɪʒən] (*US*) VT = **envisage**

envoy ['ɛnvɔɪ] N enviado(-a)
envy ['ɛnvɪ] N inveja ■ VT ter inveja de; **to ~ sb sth** invejar alguém por algo, cobiçar algo de alguém
enzyme ['ɛnzaɪm] N enzima
EPA (US) N ABBR (= *Environmental Protection Agency*) ≈ SEMA
ephemeral [ɪ'fɛmərl] ADJ efêmero
epic ['ɛpɪk] N epopéia ■ ADJ épico
epicentre ['ɛpɪsɛntəʳ] (US **epicenter**) N epicentro
epidemic [ɛpɪ'dɛmɪk] N epidemia
epilepsy ['ɛpɪlɛpsɪ] N epilepsia
epileptic [ɛpɪ'lɛptɪk] ADJ, N epilético(-a)
epilogue ['ɛpɪlɔg] N epílogo
episcopal [ɪ'pɪskəpl] ADJ episcopal
episode ['ɛpɪsəud] N episódio; (*instalment*) capítulo
epistle [ɪ'pɪsl] N epístola
epitaph ['ɛpɪtɑːf] N epitáfio
epithet ['ɛpɪθɛt] N epíteto
epitome [ɪ'pɪtəmɪ] N epítome *m*
epitomize [ɪ'pɪtəmaɪz] VT epitomar, resumir
epoch ['iːpɔk] N época
epoch-making ADJ que marca época, marcante
eponymous [ɪ'pɔnɪməs] ADJ epônimo
equable ['ɛkwəbl] ADJ (*climate*) uniforme; (*temper, reply*) equânime; (*character*) tranqüilo, calmo
equal ['iːkwl] ADJ igual; (*treatment*) equitativo, equivalente ■ N igual *m/f* ■ VT ser igual a; **to be ~ to** (*task*) estar à altura de; **~ to doing** capaz de fazer
equality [iː'kwɔlɪtɪ] N igualdade *f*
equalize ['iːkwəlaɪz] VT, VI igualar; (*Sport*) empatar
equalizer ['iːkwəlaɪzəʳ] N gol *m* (BR) *ou* golo (PT) de empate
equally ['iːkwəlɪ] ADV igualmente; (*share etc*) por igual
Equal Opportunities Commission (US **Equal Employment Opportunity Commission**) N comissão para a não-discriminação no trabalho
equal(s) sign N sinal *m* de igualdade
equanimity [ɛkwə'nɪmɪtɪ] N equanimidade *f*
equate [ɪ'kweɪt] VT: **to ~ sth with** equiparar algo com; **to ~ sth to** igualar algo a
equation [ɪ'kweɪʒən] N (*Math*) equação *f*
equator [ɪ'kweɪtəʳ] N equador *m*
equatorial [ɛkwə'tɔːrɪəl] ADJ equatorial
Equatorial Guinea N Guiné *f* Equatorial
equestrian [ɪ'kwɛstrɪən] ADJ eqüestre; (*sport*) hípico ■ N (*man*) ginete *m*; (*woman*) amazona
equilibrium [iːkwɪ'lɪbrɪəm] N equilíbrio
equinox ['iːkwɪnɔks] N equinócio
equip [ɪ'kwɪp] VT equipar; (*person*) prover, munir; **to ~ sb/sth with** equipar alguém/algo com, munir alguém/algo de; **to be well ~ped** estar bem preparado *or* equipado
equipment [ɪ'kwɪpmənt] N equipamento; (*machines etc*) equipamentos *mpl*, aparelhagem *f*
equitable ['ɛkwɪtəbl] ADJ equitativo
equities ['ɛkwɪtɪz] (Brit) NPL (*Comm*) ações *fpl* ordinárias
equity capital N capital *m* próprio
equivalent [ɪ'kwɪvəlnt] ADJ equivalente ■ N equivalente *m*; **to be ~ to** ser equivalente a
equivocal [ɪ'kwɪvəkl] ADJ equívoco; (*open to suspicion*) ambíguo
equivocate [ɪ'kwɪvəkeɪt] VI sofismar
equivocation [ɪkwɪvə'keɪʃən] N sofismas *mpl*
ER (Brit) ABBR (= *Elizabeth Regina*) *a rainha Elisabete*
ERA (US) N ABBR (*Pol*: = *equal rights amendment*) *emenda sobre a igualdade das mulheres*
era ['ɪərə] N era, época
eradicate [ɪ'rædɪkeɪt] VT erradicar, eliminar
erase [ɪ'reɪz] VT apagar
eraser [ɪ'reɪzəʳ] N borracha (de apagar)
erect [ɪ'rɛkt] ADJ (*posture*) ereto; (*tail, ears*) levantado ■ VT erigir, levantar; (*assemble*) montar; (*tent*) armar
erection [ɪ'rɛkʃən] N construção *f*; (*assembly*) montagem *f*; (*structure*) edifício; (*Physio*) ereção *f*
ergonomics [əːgə'nɔmɪks] N ergonomia
ERISA (US) N ABBR (= *Employee Retirement Income Security Act*) *lei referente às aposentadorias*
ermine ['əːmɪn] N arminho
ERNIE ['əːnɪ] (Brit) N ABBR (= *Electronic Random Number Indicator Equipment*) *computador que serve para o sorteio dos "premium bonds"*
erode [ɪ'rəud] VT (*Geo*) causar erosão em; (*confidence*) minar; (*salary*) corroer
erosion [ɪ'rəuʒən] N erosão *f*; (*fig*) corrosão *f*
erotic [ɪ'rɔtɪk] ADJ erótico
eroticism [ɪ'rɔtɪsɪzm] N erotismo
err [əːʳ] VI errar, enganar-se; (*Rel*) pecar
errand ['ɛrnd] N recado, mensagem *f*; **to run ~s** fazer incumbências; **~ of mercy** missão *f* de caridade; **errand boy** N mensageiro
erratic [ɪ'rætɪk] ADJ imprevisível
erroneous [ɪ'rəunɪəs] ADJ errôneo
error ['ɛrəʳ] N erro; **typing/spelling ~** erro de datilografia/ortografia; **in ~** por engano; **~s and omissions excepted** salvo erro ou omissão; **error message** N (*Comput*) mensagem *f* de erro
erstwhile ['əːstwaɪl] ADJ antigo
erudite ['ɛrjudaɪt] ADJ erudito
erupt [ɪ'rʌpt] VI entrar em erupção; (*fig*) explodir, estourar
eruption [ɪ'rʌpʃən] N erupção *f*; (*fig*) explosão *f*
ESA N ABBR (= *European Space Agency*) AEE *f*
escalate ['ɛskəleɪt] VI intensificar-se; (*costs, prices*) disparar
escalation [ɛskə'leɪʃən] N escalada, intensificação *f*; **escalation clause** N cláusula de reajustamento
escalator ['ɛskəleɪtəʳ] N escada rolante
escapade [ɛskə'peɪd] N peripécia
escape [ɪ'skeɪp] N fuga; (*from duties*) escapatória; (*from chase*) fuga, evasão *f*; (*of gas*) escapatória ■ VI escapar; (*flee*) fugir, evadir-se; (*leak*) vazar, escapar ■ VT evitar, fugir de; (*consequences*) fugir de; (*elude*): **his name ~s me** o nome dele me fogo a memória; **to ~ from** (*place*) escapar

de; (*person*) escapulir de; (*clutches*) livrar-se de; **to ~ to** fugir para; **to ~ to safety** salvar-se; **to ~ notice** passar despercebido; **escape artist** N ilusionista *m/f*; **escape clause** N cláusula que permite revogação do contrato; **escape key** N (*Comput*) tecla de saída; **escape route** N (*from fire*) saída de emergência; (*of prisoners*) roteiro da fuga

escapism [ɪ'skeɪpɪzəm] N escapismo, fuga à realidade

escapist [ɪ'skeɪpɪst] ADJ (*person*) que foge da realidade; (*literature*) de evasão

escapologist [ɛskə'pɔlədʒɪst] (*Brit*) N ilusionista *m/f*

escarpment [ɪs'kɑːpmənt] N escarpa

eschew [ɪs'tʃuː] VT evitar

escort [*n* 'ɛskɔːt, *vt* ɪ'skɔːt] N acompanhante *m/f*; (*Mil, Naut*) escolta ■ VT acompanhar; (*Mil, Naut*) escoltar; **escort agency** N agência de escorte

Eskimo ['ɛskɪməu] ADJ esquimó ■ N esquimó *m/f*; (*Ling*) esquimó *m*

ESL N ABBR (*Sch*) = **English as a Second Language**

esophagus [iː'sɔfəgəs] (*US*) N = **oesophagus**

esoteric [ɛsə'tɛrɪk] ADJ esotérico

ESP N ABBR = **extrasensory perception**

esp. ABBR = **especially**

especially [ɪ'spɛʃlɪ] ADV (*gen*) especialmente; (*above all*) sobretudo; (*particularly*) em particular

espionage ['ɛspɪənɑːʒ] N espionagem *f*

esplanade [ɛsplə'neɪd] N (*by sea*) avenida beira-mar, esplanada

espouse [ɪ'spauz] VT (*policy, idea*) adotar; (*cause*) abraçar

Esq. (*Brit*) ABBR (= *Esquire*) Sr

Esquire [ɪ'skwaɪəʳ] (*Brit*) N (*abbr Esq.*): **J. Brown, ~** Sr. J. Brown

essay ['ɛseɪ] N (*Sch, Literature*) ensaio

essence ['ɛsns] N essência; **in ~** em sua essência; **speed is of the ~** a rapidez é fundamental

essential [ɪ'sɛnʃl] ADJ (*necessary*) indispensável; (*basic*) essencial ■ N elemento essencial; **it is ~ that** é indispensável que (+*sub*)

essentially [ɪ'sɛnʃəlɪ] ADV essencialmente

EST (*US*) ABBR (= *Eastern Standard Time*) *hora de inverno de Nova Iorque*

est ABBR = **established; estimate(d)**

establish [ɪ'stæblɪʃ] VT estabelecer; (*facts*) verificar; (*proof*) demonstrar; (*reputation*) firmar

established [ɪ'stæblɪʃt] ADJ consagrado; (*staff*) fixo

establishment [ɪ'stæblɪʃmənt] N estabelecimento; **the E~** a classe dirigente

estate [ɪ'steɪt] N (*land*) fazenda (BR), propriedade *f* (PT); (*property*) propriedade; (*Law*) herança; (*Pol*) estado; (*Brit: also:* **housing estate**) conjunto habitacional; **estate agency** (*Brit*) N imobiliária, corretora de imóveis; **estate agent** (*Brit*) N corretor(a) *m/f* de imóveis (BR), agente *m/f* imobiliário(-a) (PT); **estate car** (*Brit*) N perua (BR), canadiana (PT)

esteem [ɪ'stiːm] N estima ■ VT estimar; **to hold sb in high ~** estimar muito alguém

esthetic [ɪs'θɛtɪk] (*US*) ADJ = **aesthetic**

estimate [*n* 'ɛstɪmət, *vt, vi* 'ɛstɪmeɪt] N (*assessment*) avaliação *f*; (*calculation*) cálculo; (*Comm*) orçamento ■ VT estimar, avaliar, calcular ■ VI (*Brit: Comm*): **to ~ for a job** orçar uma obra; **at a rough ~** numa estimativa aproximada

estimation [ɛstɪ'meɪʃən] N opinião *f*; (*calculation*) cálculo; (*esteem*) apreço; **in my ~** na minha opinião

Estonia [ɛ'stəunɪə] N Estônia

estranged [ɪ'streɪndʒd] ADJ (*couple*) separado; (*husband, wife*) de quem se separou

estrangement [ɪ'streɪndʒmənt] N separação *f*

estrogen ['iːstrəudʒɛn] (*US*) N = **oestrogen**

estuary ['ɛstjuərɪ] N estuário

ET (*US*) ABBR (= *Eastern Time*) *hora de Nova Iorque*

ETA N ABBR = **estimated time of arrival**

et al. ABBR (= *et alii*) e outras pessoas

etc. ABBR (= *et cetera*) etc

etch [ɛtʃ] VT gravar com água-forte

etching ['ɛtʃɪŋ] N água-forte *f*

ETD N ABBR = **estimated time of departure**

eternal [ɪ'təːnl] ADJ eterno; (*unchanging*) absoluto

eternity [ɪ'təːnɪtɪ] N eternidade *f*

ether ['iːθəʳ] N éter *m*

ethereal [ɪ'θɪərɪəl] ADJ etéreo

ethical ['ɛθɪkl] ADJ ético; (*honest*) honrado

ethics ['ɛθɪks] N ética ■ NPL moral *f*

Ethiopia [iːθɪ'əupɪə] N Etiópia

Ethiopian [iːθɪ'əupɪən] ADJ, N etíope *m/f*

ethnic ['ɛθnɪk] ADJ étnico; (*culture*) folclórico; (*food*) exótico

ethnology [ɛθ'nɔlədʒɪ] N etnologia

ethos ['iːθɔs] N sistema *m* de valores

e-ticket ['iːtɪkɪt] N bilhete eletrônico

etiquette ['ɛtɪkɛt] N etiqueta

ETV (*US*) N ABBR (= *Educational Television*) TV *f* educativa

etymology [ɛtɪ'mɔlədʒɪ] N etimologia

EU ABBR (= *European Union*) UE *f*

eucalyptus [juːkə'lɪptəs] N eucalipto

euphemism ['juːfəmɪzm] N eufemismo

euphemistic [juːfə'mɪstɪk] ADJ eufêmico

euphoria [juː'fɔːrɪə] N euforia

Eurasia [juə'reɪʃə] N Eurásia

Eurasian [juə'reɪʃən] ADJ (*person*) eurasiático; (*continent*) eurásio ■ N eurasiático(-a)

Euratom [juə'rætəm] N ABBR (= *European Atomic Energy Community*) EURATOM *f*

euro ['juərəu] N (*currency*) euro *m*

Eurocheque ['juərəutʃɛk] N eurocheque *m*

Eurocrat ['juərəukræt] N eurocrata *m/f*, funcionário(-a) da CEE

Eurodollar ['juərəudɔləʳ] N eurodólar *m*

Europe ['juərəp] N Europa

European [juərə'piːən] ADJ, N europeu(-péia); **European Court of Justice** N Tribunal *m* Europeu de Justiça; **European Union** N: **the**

European Union a União Européia
euthanasia [ju:θə'neɪzɪə] N eutanásia
evacuate [ɪ'vækjueɪt] VT evacuar
evacuation [ɪvækju'eɪʃən] N evacuação *f*
evade [ɪ'veɪd] VT (*person*) evitar; (*question, duties*) esquivar-se de; (*tax*) sonegar
evaluate [ɪ'væljueɪt] VT avaliar; (*evidence*) interpretar
evangelist [ɪ'vændʒəlɪst] N evangelista *m/f*; (*preacher*) evangelizador(a) *m/f*
evangelize [ɪ'vændʒəlaɪz] VT evangelizar
evaporate [ɪ'væpəreɪt] VI evaporar-se ■ VT evaporar
evaporated milk [ɪ'væpəreɪtɪd-] N leite *m* desidratado
evaporation [ɪvæpə'reɪʃən] N evaporação *f*
evasion [ɪ'veɪʒən] N evasão *f*, fuga; (*of tax*) sonegação *f*; (*fig*) evasiva
evasive [ɪ'veɪsɪv] ADJ evasivo
eve [i:v] N: **on the ~ of** na véspera de
even ['i:vn] ADJ (*level*) plano; (*smooth*) liso; (*speed, temperature*) uniforme; (*equal, Sport*) igual; (*number*) par; (*nature*) equilibrado ■ ADV até, mesmo; **~ if** mesmo que; **~ though** mesmo que, embora; **~ more** ainda mais; **~ faster** ainda mais rápido, mais rápido ainda; **~ so** mesmo assim; **never ~** nem sequer; **not ~** nem; **~ he was there** até ele esteve ali; **~ on Sundays** até nos domingos; **to get ~ with sb** ficar quite com alguém; **to break ~** sair sem lucros nem prejuízos
▸ **even out** VI nivelar-se
evening ['i:vnɪŋ] N (*early*) tarde *f*; (*late*) noite *f*; (*before six*) tarde *f*; (*event*) noitada; **in the ~** à noite; **this ~** hoje à noite; **tomorrow/yesterday ~** amanhã/ontem à noite; **evening class** N aula noturna; **evening dress** N (*man's*) traje *m* de rigor (BR) *or* de cerimónia (PT); (*woman's*) vestido de noite
evenly ['i:vnlɪ] ADV uniformemente; (*space*) regularmente; (*divide*) por igual
evensong ['i:vnsɔŋ] N oração *f* da tarde
event [ɪ'vɛnt] N acontecimento; (*Sport*) prova; **in the course of ~s** no decorrer dos acontecimentos; **in the ~ of** no caso de; **in the ~** de fato, na realidade; **at all ~s** (*Brit*), **in any ~** em todo o caso
eventful [ɪ'vɛntful] ADJ cheio de acontecimentos; (*game etc*) cheio de emoção, agitado
eventing [ɪ'vɛntɪŋ] N (*Horseriding*) concurso completo (*hipismo*)
eventual [ɪ'vɛntʃuəl] ADJ (*outcome*) final; (*resulting*) definitivo
eventuality [ɪvɛntʃu'ælɪtɪ] N eventualidade *f*
eventually [ɪ'vɛntʃuəlɪ] ADV (*finally*) finalmente; (*in time*) por fim
ever ['ɛvəʳ] ADV já, alguma vez; (*in negative*) nunca, jamais; (*always*) sempre; (*at any time*) em qualquer moment; (*in question*): **why ~ not?** por que nem sempre?; **the best ~** o melhor que já se viu; **have you ~ seen it?** você alguma vez já viu isto?; **better than ~** melhor que nunca; **for ~** para sempre; **hardly ~** quase nunca; **~ since** ADV desde então ■ CONJ depois que; **~ so pretty** tão bonitinho; **thank you ~ so much** muitíssimo obrigado, obrigadão (*inf*); **yours ~** (*Brit*) (*in letters*) sempre seu/sua
Everest ['ɛvərɪst] N (*also*: **Mount Everest**) o monte Everest
evergreen ['ɛvəgri:n] N sempre-verde *f*
everlasting [ɛvə'lɑ:stɪŋ] ADJ eterno, perpétuo

KEYWORD

every ['ɛvrɪ] ADJ **1** (*each*) cada; **every one of them** cada um deles; **every shop in the town was closed** todas as lojas da cidade estavam fechadas
2 (*all possible*) todo(-a); **I gave you every assistance** eu lhe dei toda assistência; **I have every confidence in her** tenho absoluta confiança nela; **we wish you every success** desejamo-lhe o maior sucesso; **he's every bit as clever as his brother** ele é tão inteligente quanto o irmão
3 (*showing recurrence*) todo(-a); **every day/week** todo dia/toda semana; **every other car had been broken into** cada dois carros foram arrombados; **she visits me every other/third day** ele me visita cada dois/três dias; **every now and then** de vez em quando

everybody ['ɛvrɪbɔdɪ] PRON todos, todo mundo (BR), toda a gente (PT); **~ knows about it** todo o mundo já sabe; **~ else** todos os outros
everyday ['ɛvrɪdeɪ] ADJ (*daily*) diário; (*usual*) corrente; (*common*) comum; (*routine*) rotineiro
everyone ['ɛvrɪwʌn] PRON = **everybody**
everything ['ɛvrɪθɪŋ] PRON tudo; **~ is ready** tudo está pronto; **he did ~ possible** ele fez todo o possível
everywhere ['ɛvrɪwɛəʳ] ADV (*be*) em todo lugar (BR), em toda a parte (PT); (*go*) a todo lugar (BR), a toda a parte (PT); (*wherever*): **~ you go you meet ...** aonde quer que se, encontra-se ...
evict [ɪ'vɪkt] VT despejar
eviction [ɪ'vɪkʃən] N despejo; **eviction notice** N notificação *f* de despejo
evidence ['ɛvɪdəns] N (*proof*) prova(s) *f(pl)*; (*of witness*) testemunho, depoimento; (*indication*) sinal *m*; (*facts*) dados *mpl*, evidência; **to give ~** testemunhar, prestar depoimento; **in ~** (*obvious*) em evidência, evidente
evident ['ɛvɪdənt] ADJ evidente
evidently ['ɛvɪdəntlɪ] ADV evidentemente; (*apparently*) aparentemente
evil ['i:vl] ADJ mau(-má); (*person*) perverso; (*system, influence*) nocivo; (*smell*) horrível ■ N mal *m*, maldade *f*
evildoer ['i:vldu:əʳ] N malfeitor(a) *m/f*
evince [ɪ'vɪns] VT evidenciar
evocative [ɪ'vɔkətɪv] ADJ evocativo, sugestivo
evoke [ɪ'vəuk] VT evocar

evolution [iːvəˈluːʃən] N evolução *f*; (*development*) desenvolvimento
evolve [ɪˈvɔlv] VT desenvolver ■ VI desenvolver-se
ewe [juː] N ovelha
ex- [ɛks] PREFIX (*former*) ex-; (*out of*): **the price ~ works** o preço na porta da fábrica
exacerbate [ɛksˈæsəbeɪt] VT (*pain, illness*) exacerbar; (*fig*) agravar
exact [ɪgˈzækt] ADJ exato; (*person*) meticuloso ■ VT: **to ~ sth (from)** exigir algo (de)
exacting [ɪgˈzæktɪŋ] ADJ exigente; (*conditions*) difícil
exactitude [ɪgˈzæktɪtjuːd] N exatidão *f*
exactly [ɪgˈzæktlɪ] ADV exatamente; (*time*) em ponto; (*indicating agreement*) isso mesmo
exaggerate [ɪgˈzædʒəreɪt] VT, VI exagerar
exaggeration [ɪgzædʒəˈreɪʃən] N exagero
exalted [ɪgˈzɔːltɪd] ADJ exaltado
exam [ɪgˈzæm] N ABBR = **examination**
examination [ɪgzæmɪˈneɪʃən] N (*Sch, Med*) exame *m*; (*Law*) inquirição *f*; (*inquiry*) investigação *f*; **to sit** (*Brit*) *or* **take an ~** submeter-se a um exame; **the matter is under ~** o assunto está sendo examinado
examine [ɪgˈzæmɪn] VT examinar; (*inspect*) inspecionar; (*Law: person*) interrogar; (*at customs: luggage*) revistar; (*passport*) controlar
examiner [ɪgˈzæmɪnəʳ] N examinador(a) *m/f*
example [ɪgˈzɑːmpl] N exemplo; **for ~** por exemplo; **to set a good/bad ~** dar um bom/mau exemplo
exasperate [ɪgˈzɑːspəreɪt] VT exasperar, irritar
exasperating [ɪgˈzɑːspəreɪtɪŋ] ADJ irritante
exasperation [ɪgzɑːspəˈreɪʃən] N exasperação *f*, irritação *f*
excavate [ˈɛkskəveɪt] VT escavar
excavation [ɛkskəˈveɪʃən] N escavação *f*
excavator [ˈɛkskəveɪtəʳ] N (*machine*) escavadeira
exceed [ɪkˈsiːd] VT exceder; (*number*) ser superior a; (*speed limit*) ultrapassar; (*limits*) ir além de; (*powers*) exceder-se em; (*hopes*) superar
exceedingly [ɪkˈsiːdɪŋlɪ] ADV extremamente
excel [ɪkˈsɛl] VI sobressair, distinguir-se ■ VT superar; **to ~ o.s.** (*Brit*) destacar-se
excellence [ˈɛksələns] N excelência
Excellency [ˈɛksələnsɪ] N: **His ~** Sua Excelência
excellent [ˈɛksələnt] ADJ excelente
except [ɪkˈsɛpt] PREP (*also*: **except for, excepting**) exceto, a não ser ■ VT: **to ~ sb from** excluir alguém de; **~ if/when** a menos que, a não ser que; **~ that** exceto que
exception [ɪkˈsɛpʃən] N exceção *f*; **to take ~ to** ressentir-se de; **with the ~ of** à exceção de; **to make an ~** fazer exceção
exceptional [ɪkˈsɛpʃənl] ADJ excepcional
excerpt [ˈɛksəːpt] N trecho
excess [ɪkˈsɛs] N excesso; (*Comm*) excedente *m*; **in ~ of** mais de; **excess baggage** N excesso de bagagem; **excess fare** (*Brit*) N sobretaxa de excesso
excessive [ɪkˈsɛsɪv] ADJ excessivo
excess supply N oferta excedente
exchange [ɪksˈtʃeɪndʒ] N troca; (*of teachers, students*) intercâmbio; (*also*: **telephone exchange**) estação *f* telefônica (BR), central *f* telefónica (PT) ■ VT: **to ~ (for)** trocar (por); **in ~ for** em troca de; **foreign ~** (*Comm*) divisas *fpl*, câmbio; **exchange control** N controle *m* de câmbio; **exchange market** N mercado cambial *or* de câmbio; **exchange rate** N (*taxa de*) câmbio
Exchequer [ɪksˈtʃɛkəʳ] (*Brit*) N: **the ~** ≈ o Tesouro Nacional
excisable [ɪkˈsaɪzəbl] ADJ tributável
excise [*n* ˈɛksaɪz, *vt* ɛkˈsaɪz] N imposto de consumo ■ VT cortar (fora); **excise duties** NPL impostos *mpl* indiretos
excitable [ɪkˈsaɪtəbl] ADJ excitável; (*edgy*) nervoso
excite [ɪkˈsaɪt] VT (*stimulate, arouse*) excitar; (*awaken*) despertar; (*move*) entusiasmar; **to get ~d** entusiasmar-se
excitement [ɪkˈsaɪtmənt] N emoções *fpl*; (*anticipation*) expectativa; (*agitation*) agitação *f*
exciting [ɪkˈsaɪtɪŋ] ADJ emocionante, empolgante
excl. ABBR = **excluding; exclusive (of)**
exclaim [ɪkˈskleɪm] VI exclamar
exclamation [ɛkskləˈmeɪʃən] N exclamação *f*; **exclamation mark** N ponto de exclamação
exclude [ɪkˈskluːd] VT excluir; (*except*) excetuar
excluding [ɪkˈskluːdɪŋ] PREP: **~ tax** imposto excluído
exclusion [ɪkˈskluːʒən] N exclusão *f*; **to the ~ of** a ponto de excluir; **exclusion clause** N cláusula de exclusão
exclusive [ɪkˈskluːsɪv] ADJ exclusivo; (*club, district*) privativo; (*item of news*) com exclusividade; **~ of tax** sem incluir os impostos; **~ of postage** tarifas postais excluídas; **from 1st to 15th March ~** entre o dia 1º e 15 de março; **~ rights** (*Comm*) exclusividade *f*
exclusively [ɪkˈskluːsɪvlɪ] ADV unicamente
excommunicate [ɛkskəˈmjuːnɪkeɪt] VT excomungar
excrement [ˈɛkskrəmənt] N excremento
excrete [ɪkˈskriːt] VI excretar
excruciating [ɪkˈskruːʃɪeɪtɪŋ] ADJ (*pain*) doloroso, martirizante
excursion [ɪkˈskəːʃən] N excursão *f*; **excursion ticket** N passagem *f* de excursão
excusable [ɪkˈskjuːzəbl] ADJ perdoável, excusável
excuse [*n* ɪkˈskjuːs, *vt* ɪkˈskjuːz] N desculpa; (*evasion*) pretexto ■ VT desculpar, perdoar; **to ~ sb from doing sth** dispensar alguém de fazer algo; **~ me!** (*attracting attention, apology*) desculpe!; (*asking permission*) (com) licença; **if you will ~ me ...** com a sua licença ...; **to make ~s for sb** apresentar desculpas por alguém; **to ~ o.s. for sth/for doing sth** desculpar-se de algo/de fazer algo
ex-directory (*Brit*) ADJ: **~ (phone) number** número que não figura na lista telefônica

execute ['ɛksɪkju:t] VT (*plan*) realizar; (*order*) cumprir; (*person, movement*) executar
execution [ɛksɪ'kju:ʃən] N realização *f*; (*killing*) execução *f*
executioner [ɛksɪ'kju:ʃənəʳ] N verdugo, carrasco
executive [ɪg'zɛkjutɪv] N (*Comm, Pol*) executivo ■ ADJ executivo; **executive director** N diretor(a) *m/f* executivo(-a)
executor [ɪg'zɛkjutəʳ] N executor(a) *m/f* testamentário(-a), testamenteiro(-a)
exemplary [ɪg'zɛmplərɪ] ADJ exemplar
exemplify [ɪg'zɛmplɪfaɪ] VT exemplificar; (*illustrate*) ilustrar
exempt [ɪg'zɛmpt] ADJ: **~ from** isento de ■ VT: **to ~ sb from** dispensar *or* isentar alguém de
exemption [ɪg'zɛmpʃən] N (*from taxes etc*) isenção *f*; (*from military service*) dispensa; (*immunity*) imunidade *f*
exercise ['ɛksəsaɪz] N exercício ■ VT exercer; (*right*) valer-se de; (*dog*) levar para passear ■ VI (*also*: **to take exercise**) fazer exercício; **exercise book** N caderno
exert [ɪg'zə:t] VT exercer; **to ~ o.s.** esforçar-se, empenhar-se
exertion [ɪg'zə:ʃən] N esforço
ex gratia [-'greɪʃə] ADJ: **~ payment** gratificação *f*
exhale [ɛks'heɪl] VT, VI expirar
exhaust [ɪg'zɔ:st] N (*Auto*: *also*: **exhaust pipe**) escape *m*, exaustor *m*; (*fumes*) escapamento (de gás) ■ VT esgotar; **to ~ o.s.** esgotar-se; **~ manifold** (*Aut etc*) cano de descarga
exhausted [ɪg'zɔ:stɪd] ADJ esgotado
exhausting [ɪg'zɔ:stɪŋ] ADJ exaustivo, estafante
exhaustion [ɪg'zɔ:stʃən] N exaustão *f*
exhaustive [ɪg'zɔ:stɪv] ADJ exaustivo
exhibit [ɪg'zɪbɪt] N (*Art*) obra exposta; (*Law*) objeto exposto ■ VT (*courage etc*) manifestar, mostrar; (*quality, emotion*) demonstrar; (*film*) apresentar; (*paintings*) expor
exhibition [ɛksɪ'bɪʃən] N exposição *f*
exhibitionist [ɛksɪ'bɪʃənɪst] N exibicionista *m/f*; (*of talent etc*) mostra
exhibitor [ɪg'zɪbɪtəʳ] N expositor(a) *m/f*
exhilarating [ɪg'zɪləreɪtɪŋ] ADJ estimulante, tônico
exhilaration [ɪgzɪlə'reɪʃən] N euforia
exhort [ɪg'zɔ:t] VT exortar
exile ['ɛksaɪl] N exílio; (*person*) exilado(-a) ■ VT desterrar, exilar; **in ~** em exílio, exilado
exist [ɪg'zɪst] VI existir; (*live*) viver
existence [ɪg'zɪstəns] N existência; (*life*) vida; **to be in ~** existir
existentialism [ɛgzɪs'tɛnʃlɪzəm] N existencialismo
existing [ɪg'zɪstɪŋ] ADJ (*laws*) existente; (*system, regime*) atual
exit ['ɛksɪt] N saída ■ VI (*Comput, Theatre*) sair; **exit ramp** (US) N (*Aut*) saída da rodovia; **exit visa** N visto de saída
exodus ['ɛksədəs] N êxodo
ex officio [-ə'fɪʃɪəu] ADJ, ADV ex-officio, por dever do cargo
exonerate [ɪg'zɔnəreɪt] VT: **to ~ from** (*responsibility*) desobrigar; (*guilt*) isentar
exorbitant [ɪg'zɔ:bɪtənt] ADJ exorbitante
exorcize ['ɛksɔ:saɪz] VT exorcizar
exotic [ɪg'zɔtɪk] ADJ exótico
expand [ɪk'spænd] VT (*widen*) ampliar; (*number*) aumentar; (*influence etc*) estender ■ VI (*population, business*) aumentar; (*trade, gas etc*) expandir-se; (*metal*) dilatar-se; **to ~ on** (*notes, story etc*) estender-se sobre
expanse [ɪk'spæns] N extensão *f*
expansion [ɪk'spænʃən] N (*of town*) desenvolvimento; (*of trade*) expansão *f*; (*of population*) aumento; (*of metal*) dilatação *f*
expansionism [ɪk'spænʃənɪzəm] N expansionismo
expansionist [ɪk'spænʃənɪst] ADJ expansionista
expatriate [*n* ɛks'pætrɪət, *vt* ɛks'pætrɪeɪt] N expatriado(-a) ■ VT expatriar
expect [ɪk'spɛkt] VT (*gen*) esperar; (*count on*) contar com; (*suppose*) supor; (*require*) exigir ■ VI: **to be ~ing** estar grávida; **to ~ sb to do** (*anticipate*) esperar que alguém faça; (*demand*) esperar de alguém que faça; **to ~ to do sth** esperar fazer algo; **as ~ed** como previsto; **I ~ so** suponho que sim
expectancy [ɪks'pɛktənsɪ] N expectativa; **life ~** expectativa de vida
expectant [ɪk'spɛktənt] ADJ expectante; **~ mother** gestante *f*
expectantly [ik'spɛktəntlɪ] ADV cheio de expectativa
expectation [ɛkspɛk'teɪʃən] N (*hope*) esperança; (*belief*) expectativa; **in ~ of** na expectativa de; **against** *or* **contrary to all ~(s)** contra todas as expectativas; **to come** *or* **live up to one's ~s** corresponder à expectativa de alguém
expedience [ɛk'spi:dɪəns] N = **expediency**
expediency [ɛk'spi:dɪənsɪ] N conveniência; **for the sake of ~** por ser mais conveniente
expedient [ɛk'spi:dɪənt] ADJ conveniente, oportuno ■ N expediente *m*, recurso
expedite ['ɛkspədaɪt] VT acelerar
expedition [ɛkspə'dɪʃən] N expedição *f*
expeditionary force [ɛkspə'dɪʃənrɪ-] N força expedicionária
expeditious [ɛkspə'dɪʃəs] ADJ eficiente
expel [ɪk'spɛl] VT expelir; (*from place, school*) expulsar
expend [ɪk'spɛnd] VT gastar; (*use up*) consumir
expendable [ɪk'spɛndəbl] ADJ prescindível
expenditure [ɪk'spɛndɪtʃəʳ] N gastos *mpl*; (*of energy*) consumo
expense [ɪk'spɛns] N gasto, despesa; (*high cost*) custo; (*expenditure*) despesas *fpl*; **expenses** NPL (*Comm: costs*) despesas *fpl*; (*: *paid to employee*) ajuda de custo; **at the ~ of** à custa de; **to go to the ~ of** fazer a despesa de; **to meet the ~ of** arcar com a despesa de; **expense account** N relatório de despesas

expensive [ɪk'spɛnsɪv] ADJ caro
experience [ɪk'spɪərɪəns] N experiência ■ VT (*situation*) enfrentar; (*feeling*) sentir; **to learn by ~** aprender com a experiência
experienced [ɪk'spɪərɪənst] ADJ experiente
experiment [ɪk'spɛrɪmənt] N experimento, experiência ■ VI: **to ~ (with/on)** fazer experiências (com/em)
experimental [ɪkspɛrɪ'mɛntl] ADJ experimental
expert ['ɛkspɜ:t] ADJ hábil, perito ■ N perito(-a); (*specialist*) especialista *m/f*; **~ in** *or* **at doing sth** perito em fazer algo; **an ~ on sth** um perito em algo; **expert witness** (*Law*) N perito(-a)
expertise [ɛkspɜ:'ti:z] N perícia
expire [ɪk'spaɪəʳ] VI (*gen*) expirar; (*end*) terminar; (*run out*) vencer
expiry [ɪk'spaɪərɪ] N expiração *f*, vencimento
explain [ɪk'spleɪn] VT explicar; (*clarify*) esclarecer; (*demonstrate*) expor
▸ **explain away** VT justificar
explanation [ɛksplə'neɪʃən] N explicação *f*; **to find an ~ for sth** achar uma explicação para algo
explanatory [ɪk'splænətrɪ] ADJ explicativo
explicit [ɪk'splɪsɪt] ADJ explícito
explode [ɪk'spləud] VI estourar, explodir; (*fig*) explodir ■ VT detonar, fazer explodir; (*fig*: *theory*) derrubar; (: *myth*) destruir
exploit [*n* 'ɛksplɔɪt, *vt* ɪk'splɔɪt] N façanha ■ VT explorar
exploitation [ɛksplɔɪ'teɪʃən] N exploração *f*
exploration [ɛksplə'reɪʃən] N exploração *f*
exploratory [ɪk'splɔrətrɪ] ADJ (*talks*) exploratório, de pesquisa; (*Med*: *operation*) exploratório
explore [ɪk'splɔ:ʳ] VT explorar; (*fig*) examinar, pesquisar
explorer [ɪk'splɔ:rəʳ] N explorador(a) *m/f*
explosion [ɪk'spləuʒən] N explosão *f*
explosive [ɪk'spləusɪv] ADJ explosivo ■ N explosivo
exponent [ɪk'spəunənt] N (*of theory etc*) representante *m/f*, defensor(a) *m/f*; (*of skill*) expoente *m/f*; (*Math*) expoente *m*
export [*vt* ɛk'spɔ:t, *n*, *cpd* 'ɛkspɔ:t] VT exportar ■ N exportação *f* ■ CPD de exportação
exportation [ɛkspɔ:'teɪʃən] N exportação *f*
exporter [ɛk'spɔ:təʳ] N exportador(a) *m/f*
export licence N licença de exportação
expose [ɪk'spəuz] VT expor; (*unmask*) desmascarar
exposed [ɪk'spəuzd] ADJ exposto; (*house etc*) desabrigado; (*wire*) descascado; (*pipes, beams*) aparente
exposition [ɛkspə'zɪʃən] N exposição *f*
exposure [ɪk'spəuʒəʳ] N exposição *f*; (*publicity*) publicidade *f*; (*Phot*) revelação *f*; (: *shot*) fotografia; **to die from ~** (*Med*) morrer de frio; **exposure meter** N fotômetro
expound [ɪk'spaund] VT expor, explicar
express [ɪk'sprɛs] ADJ (*definite*) expresso, explícito; (*Brit*: *letter etc*) urgente ■ N (*train*) rápido ■ ADV (*send*) por via expressa ■ VT exprimir, expressar; (*quantity*) representar; **to ~ o.s.** expressar-se
expression [ɪk'sprɛʃən] N expressão *f*
expressionism [ɪk'sprɛʃənɪzəm] N expressionismo
expressive [ɪk'sprɛsɪv] ADJ expressivo
expressly [ɪk'sprɛslɪ] ADV expressamente
expressway [ɪk'sprɛsweɪ] (*US*) N rodovia (*BR*), auto-estrada (*PT*)
expropriate [ɛks'prəuprɪeɪt] VT expropriar
expulsion [ɪk'spʌlʃən] N expulsão *f*; (*of gas, liquid*) emissão *f*
exquisite [ɛk'skwɪzɪt] ADJ requintado
ex-serviceman (*irreg*) N veterano (de guerra)
ext ABBR (*Tel*: *extension*) r. (*BR*), int. (*PT*)
extemporize [ɪk'stɛmpəraɪz] VI improvisar
extend [ɪk'stɛnd] VT (*visit, street*) prolongar; (*building*) aumentar; (*offer*) fazer; (*hand*) estender; (*Comm*: *credit*) conceder; (: *period of loan*) prorrogar ■ VI (*land*) estender-se
extension [ɪk'stɛnʃən] N (*Elec*) extensão *f*; (*building*) acréscimo, expansão *f*; (*of rights*) ampliação *f*; (*Tel*) ramal *m* (*BR*), extensão *f* (*PT*); (*of deadline, campaign*) prolongamento, prorrogação *f*; **extension cable** N cabo de extensão
extensive [ɪk'stɛnsɪv] ADJ extenso; (*damage*) considerável; (*broad*) vasto, amplo; (*frequent*) geral, comum
extensively [ɪk'stɛnsɪvlɪ] ADV (*altered, damaged etc*) amplamente; **he's travelled ~** ele já viajou bastante
extent [ɪk'stɛnt] N (*breadth*) extensão *f*; (*of damage etc*) dimensão *f*; (*scope*) alcance *m*; **to some** *or* **to a certain ~** até certo ponto; **to the ~ of ...** a ponto de ...; **to a large ~** em grande parte; **to what ~?** até que ponto?; **to such an ~ that ...** a tal ponto que ...; **debts to the ~ of £5,000** dívidas da ordem de £5,000
extenuating [ɪks'tɛnjueɪtɪŋ] ADJ: **~ circumstances** circunstâncias *fpl* atenuantes
exterior [ɛk'stɪərɪəʳ] ADJ externo ■ N exterior *m*; (*appearance*) aspecto
exterminate [ɪk'stə:mɪneɪt] VT exterminar
extermination [ɪkstə:mɪ'neɪʃən] N extermínio
external [ɛk'stə:nl] ADJ externo; (*foreign*) exterior ■ N: **the ~s** as aparências; **for ~ use only** (*Med*) exclusivamente para uso externo
externally [ɛk'stə:nəlɪ] ADV por fora
extinct [ɪk'stɪŋkt] ADJ extinto
extinction [ɪk'stɪŋkʃən] N extinção *f*
extinguish [ɪk'stɪŋgwɪʃ] VT extinguir
extinguisher [ɪk'stɪŋgwɪʃəʳ] N (*also*: **fire extinguisher**) extintor *m*
extol [ɪk'stəul] (*US* **extoll**) VT (*merits*) exaltar; (*person*) elogiar
extort [ɪk'stɔ:t] VT: **to ~ sth (from sb)** extorquir algo (a *or* de alguém)
extortion [ɪk'stɔ:ʃən] N extorsão *f*

extortionate [ɪk'stɔ:ʃnət] ADJ extorsivo, excessivo
extra ['ɛkstrə] ADJ adicional; (*excessive*) de mais, extra; (*bonus: payment*) extraordinário ■ ADV (*in addition*) adicionalmente ■ N (*surcharge*) extra *m*, suplemento; (*Cinema, Theatre*) figurante *m/f*; (*newspaper*) edição *f* extra; **the wine will cost ~** o vinho não está incluído no preço; **~ large sizes** tamanhos extra grandes
extra... [ɛkstrə] PREFIX extra...
extract [*vt* ɪk'strækt, *n* 'ɛkstrækt] VT tirar, extrair; (*tooth*) arrancar; (*mineral*) extrair; (*money*) extorquir; (*promise*) conseguir, obter; (*confession*) arrancar, obter ■ N extrato
extraction [ɪk'strækʃən] N extração *f*; (*of tooth*) arrancamento; (*descent*) descendência
extracurricular ['ɛkstrəkə'rɪkjulᵉ] ADJ (*Sch*) extracurricular
extradite ['ɛkstrədaɪt] VT (*from country*) extraditar; (*to country*) obter a extradição de
extradition [ɛkstrə'dɪʃən] N extradição *f*
extramarital [ɛkstrə'mærɪtl] ADJ extramatrimonial
extramural [ɛkstrə'mjuərl] ADJ (*course*) de extensão universitária
extraneous [ɛk'streɪnɪəs] ADJ: **~ to** alheio a
extraordinary [ɪk'strɔ:dnrɪ] ADJ extraordinário; (*odd*) estranho; **extraordinary general meeting** N assembléia geral extraordinária
extrapolation [ɛkstræpə'leɪʃən] N extrapolação *f*
extrasensory perception ['ɛkstrə'sɛnsərɪ-] N percepção *f* extra-sensorial
extra time N (*Football*) prorrogação *f*
extravagance [ɪk'strævəgəns] N extravagância; (*no pl: spending*) esbanjamento
extravagant [ɪk'strævəgənt] ADJ (*lavish*) extravagante; (*wasteful*) gastador(a), esbanjador(a); (*price*) exorbitante; (*praise*) excessivo; (*odd*) excêntrico, estranho
extreme [ɪk'stri:m] ADJ extremo; (*case*) excessivo ■ N extremo; **the ~ left/right** (*Pol*) a extrema esquerda/direita; **~s of temperature** temperaturas extremas
extremely [ɪk'stri:mlɪ] ADV muito, extremamente
extremist [ɪk'stri:mɪst] ADJ, N extremista *m/f*
extremity [ɪk'strɛmətɪ] N extremidade *f*; (*need*) apuro, necessidade *f*
extricate ['ɛkstrɪkeɪt] VT: **to ~ sb/sth (from)** (*trap*) libertar alguém/algo de; (*situation*) livrar alguém/algo de
extrovert ['ɛkstrəvə:t] N extrovertido(-a)
exuberance [ɪg'zju:bərəns] N exuberância
exuberant [ɪg'zju:bərnt] ADJ (*person*) eufórico; (*style*) exuberante
exude [ɪg'zju:d] VT exsudar; (*confidence*) esbanjar; **the charm** *etc* **he ~s** o charme que emana dele *etc*
exult [ɪg'zʌlt] VI: **to ~ (in)** regozijar-se (em)
exultant [ɪg'zʌltənt] ADJ exultante, triunfante
exultation [ɛgzʌl'teɪʃən] N exultação *f*, regozijo
eye [aɪ] N olho; (*of needle*) buraco ■ VT olhar, observar; **as far as the ~ can see** a perder de vista; **to keep an ~ on** vigiar, ficar de olho em; **to have an ~ for sth** ter faro para algo; **in the public ~** conhecido pelo público; **with an ~ to doing** (*Brit*) com vista a fazer; **there's more to this than meets the ~** a coisa é mais complicada do que parece
eyeball ['aɪbɔ:l] N globo ocular
eyebath ['aɪbɑ:θ] (*Brit*) N copinho (*para lavar o olho*)
eyebrow ['aɪbrau] N sobrancelha; **eyebrow pencil** N lápis *m* de sobrancelha
eye-catching ADJ chamativo, vistoso
eye cup (*US*) N copinho (*para lavar o olho*)
eye drops NPL gotas *fpl* para os olhos
eyeglass ['aɪglɑ:s] N monóculo; **eyeglasses** NPL (*US*) óculos *mpl*
eyelash ['aɪlæʃ] N cílio
eyelet ['aɪlɪt] N ilhós *m*
eye-level ADJ à altura dos olhos
eyelid ['aɪlɪd] N pálpebra
eyeliner ['aɪlaɪnəᵉ] N delineador *m*
eye-opener N revelação *f*, grande surpresa
eye shadow N sombra de olhos
eyesight ['aɪsaɪt] N vista, visão *f*
eyesore ['aɪsɔ:ʳ] N monstruosidade *f*
eyestrain ['aɪstreɪn] N cansaço ocular
eyetooth ['aɪtu:θ] (*irreg*) N dente *m* canino superior; **to give one's eyeteeth for sth/to do sth** (*fig*) dar tudo por algo/para fazer algo
eyewash ['aɪwɔʃ] N colírio; (*fig*) disparates *mpl*, maluquices *fpl*
eye witness N testemunha *f* ocular
eyrie ['ɪərɪ] N ninho de ave de rapina

Ff

F ABBR = **Fahrenheit**
F, f [ɛf] N (*letter*) F, f *m*; (*Mus*): **F** fá *m*; **F for Frederick** (*Brit*) *or* **Fox** (*US*) F de Francisco
FA (*Brit*) N ABBR (= *Football Association*) *confederação de futebol*
FAA (*US*) N ABBR = **Federal Aviation Administration**
fable ['feɪbl] N fábula
fabric ['fæbrɪk] N tecido, pano; (*of building*) estrutura
fabricate ['fæbrɪkeɪt] VT inventar
fabrication [fæbrɪ'keɪʃən] N invencionice *f*
fabric conditioner N amaciante *m* de pano
fabulous ['fæbjuləs] ADJ fabuloso; (*inf*: *super*) sensacional
façade [fə'sɑ:d] N fachada
face [feɪs] N (*Anat*) cara, rosto; (*grimace*) careta; (*of clock*) mostrador *m*; (*side, surface*) superfície *f*; (*of building*) frente *f*, fachada ■ VT (*facts, problem*) enfrentar; (*particular direction*: *building*) dar para; **~ down** (*person*) de bruços; (*card*) virado para baixo; **to lose ~** perder o prestígio; **to save ~** salvar as aparências; **to make** *or* **pull a ~** fazer careta; **in the ~ of** (*difficulties etc*) diante de, à vista de; **on the ~ of it** a julgar pelas aparências, à primeira vista; **~ to ~** face a face; **we are ~d with serious problems** estamos enfrentando sérios problemas, temos sérios problemas pela frente
▸ **face up to** VT FUS enfrentar
face: **face cloth** (*Brit*) N pano de rosto; **face cream** N creme *m* facial; **face lift** N (operação *f*) plástica; (*of façade*) remodelamento; **face powder** N pó *m* de arroz
face-saving ADJ para salvar as aparências
facet ['fæsɪt] N faceta
facetious [fə'si:ʃəs] ADJ jocoso
face-to-face ADV face a face, cara a cara
face value N (*of coin, stamp*) valor *m* nominal; **to take sth at ~** (*fig*) tomar algo em sentido literal
facia ['feɪʃə] N = **fascia**
facial ['feɪʃəl] ADJ facial
facile ['fæsaɪl] ADJ superficial
facilitate [fə'sɪlɪteɪt] VT facilitar
facilities [fə'sɪlɪtɪz] NPL facilidades *fpl*, instalações *fpl*; **credit ~** crediário
facing ['feɪsɪŋ] PREP de frente para ■ N (*of wall etc*) revestimento; (*Sewing*) forro
facsimile [fæk'sɪmɪlɪ] N (*copy, machine, document*) fac-símile *m*
fact [fækt] N fato; **in ~** realmente, na verdade; **to know for a ~ that ...** saber com certeza que ...; **~s and figures** dados e números
fact-finding ADJ: **a ~ tour** *or* **mission** uma missão de pesquisa
faction ['fækʃən] N facção *f*
factor ['fæktəʳ] N fator *m*; (*Comm*) comissário financiador, empresa que compra contas a receber; (: *agent*) corretor(a) *m/f* ■ VI comprar contas a receber; **safety ~** fator de segurança
factory ['fæktərɪ] N fábrica; **factory farming** (*Brit*) N criação *f* intensiva; **factory ship** N navio-fábrica *m*
factual ['fæktjuəl] ADJ real, fatual
faculty ['fækəltɪ] N faculdade *f*; (*US*: *teaching staff*) corpo docente
fad [fæd] (*inf*) N mania, modismo
fade [feɪd] VI (*colour, cloth*) desbotar; (*sound, hope*) desvanecer-se; (*light*) apagar-se; (*flower*) murchar
▸ **fade in** VT (*sound*) subir; (*picture*) clarear
▸ **fade out** VT (*sound*) abaixar; (*picture*) escurecer
faeces ['fi:si:z] (*US* **feces**) NPL fezes *fpl*
fag [fæg] (*inf*) N (*cigarette*) cigarro; (*US*: *homosexual*) bicha; (*chore*): **what a ~!** que saco!; **fag end** (*Brit*: *inf*) N ponta de cigarro, guimba
fagged out [fægd-] (*Brit*: *inf*) ADJ estafado
fail [feɪl] VT (*candidate*) reprovar; (*exam*) não passar em, ser reprovado em; (*subj*: *leader*) fracassar; (: *courage*) carecer; (: *memory*) falhar ■ VI (*candidate, attempt*) fracassar; (*business*) falir; (*supply*) acabar; (*engine, brakes, voice*) falhar; (*patient*) enfraquecer-se; **to ~ to do sth** (*neglect*) deixar de fazer algo; (*be unable*) não conseguir fazer algo; **without ~** sem falta
failing ['feɪlɪŋ] N defeito ■ PREP na *or* à falta de; **~ that** senão
failsafe ['feɪlseɪf] ADJ (*device etc*) de segurança contra falhas; **failure** ['feɪljəʳ] N fracasso; (*in exam*) reprovação *f*; (*of crop*) perda; (*mechanical etc*) falha; **his failure to turn up** o fato dele não ter vindo; **heart failure** parada cardíaca
failure rate ■ N taxa de reprovados
faint [feɪnt] ADJ fraco; (*recollection*) vago; (*mark*)

indistinto; (*smell, trace*) leve; (*dizzy*) tonto ■ N desmaio ■ VI desmaiar; **to feel ~** sentir tonteira

faint-hearted ADJ pusilânime

faintly ['feɪntlɪ] ADV indistintamente, vagamente

faintness ['feɪntnɪs] N fraqueza

fair [fɛəʳ] ADJ justo; (*hair*) louro; (*complexion*) branco; (*weather*) bom; (*good enough*) razoável; (*sizeable*) considerável ■ ADV: **to play ~** fazer jogo limpo ■ N (*also*: **trade fair**) feira; (*Brit*: *funfair*) parque *m* de diversões; **a ~ amount of time** bastante tempo; **it's not ~!** não é justo!; **fair copy** N cópia a limpo

fair-haired ADJ (de cabelo) louro

fairly ['fɛəlɪ] ADV (*justly*) com justiça; (*share*) igualmente; (*quite*) bastante; **I'm ~ sure** tenho quase certeza

fairness ['fɛənɪs] N justiça; (*impartiality*) imparcialidade *f*; **in all ~** com toda a justiça

fair play N jogo limpo

fairy ['fɛərɪ] N fada; **fairy godmother** N fada-madrinha; **fairy lights** (*Brit*) NPL lâmpadas *fpl* coloridas de enfeite; **fairy tale** N conto de fadas

faith [feɪθ] N fé *f*; (*trust*) confiança; (*denomination*) seita; **to have ~ in sb/sth** ter fé *or* confiança em alguém/algo

faithful ['feɪθful] ADJ fiel; (*account*) exato

faithfully ['feɪθfulɪ] ADV fielmente; **yours ~** (*Brit*: *in letters*) atenciosamente

faith healer N curandeiro(-a)

fake [feɪk] N (*painting etc*) falsificação *f*; (*person*) impostor(a) *m/f* ■ ADJ falso ■ VT fingir; (*painting etc*) falsificar; **his illness is a ~** sua doença é fingimento *or* um embuste

falcon ['fɔːlkən] N falcão *m*

Falkland Islands ['fɔːlkland-] NPL: **the ~** as (ilhas) Malvinas *or* Falkland

fall [fɔːl] (*pt* **fell**, *pp* **fallen**) N queda; (*US*: *autumn*) outono ■ VI cair; (*price*) baixar; **falls** NPL (*waterfall*) cascata, queda d'água; **to ~ flat** (*on one's face*) cair de cara no chão; (*plan*) falhar; (*joke*) não agradar; **to ~ short of** (*sb's expectations*) não corresponder a, ficar abaixo de; **a ~ of snow** (*Brit*) uma nevasca

▸ **fall apart** VI cair aos pedaços; (*inf*: *emotionally*) descontrolar-se completamente

▸ **fall back** VI retroceder

▸ **fall back on** VT FUS (*remedy etc*) recorrer a

▸ **fall behind** VI ficar para trás

▸ **fall down** VI (*person*) cair; (*building*) desabar; (*hopes*) cair por terra

▸ **fall for** VT FUS (*trick*) cair em; (*person*) enamorar-se de

▸ **fall in** VI (*roof*) ruir; (*Mil*) alinhar-se

▸ **fall in with** VT FUS (*sb's plans etc*) conformar-se com

▸ **fall off** VI cair; (*diminish*) declinar, diminuir

▸ **fall out** VI (*hair, teeth*) cair; (*friends etc*) brigar; (*Mil*) sair da fila

▸ **fall over** VI cair por terra, tombar

▸ **fall through** VI (*plan, project*) furar

fallacy ['fæləsɪ] N (*error*) erro; (*lie*) mentira, falácia

fallback ['fɔːlbæk] ADJ: **~ position** alternativa

fallen ['fɔːlən] PP *of* **fall**

fallible ['fæləbl] ADJ (*person*) falível; (*memory*) falha

falling-off ['fɔːlɪŋ-] N declínio

fallopian tube [fə'ləupɪən-] N (*Anat*) trompa de Falópio

fallout ['fɔːlaut] N chuva radioativa; **fallout shelter** N refúgio contra chuva radioativa

fallow ['fæləu] ADJ alqueivado, de pousio

false [fɔːls] ADJ falso; (*impression*: *hair, teeth etc*) postiço; (*disloyal*) desleal, traidor(a); **false alarm** N alarme *m* falso; **false pretences** NPL: **under false pretences** sob falsos pretextos

falsehood ['fɔːlshud] N (*lie*) mentira; (*falseness*) falsidade *f*

falsely ['fɔːlslɪ] ADV falsamente

false teeth (*Brit*) NPL dentadura postiça

falsify ['fɔːlsɪfaɪ] VT falsificar

falter ['fɔːltəʳ] VI (*engine*) falhar; (*person*) vacilar

fame [feɪm] N fama

familiar [fə'mɪlɪəʳ] ADJ (*well-known*) conhecido; (*tone*) familiar, íntimo; **to be ~ with** (*subject*) estar familiarizado com; **to make o.s. ~ with sth** familiarizar-se com algo; **to be on ~ terms with sb** ter intimidade com alguém

familiarity [fəmɪlɪ'ærɪtɪ] N familiaridade *f*

familiarize [fə'mɪlɪəraɪz] VT: **to ~ o.s. with** familiarizar-se com

family ['fæmɪlɪ] N família; **family allowance** (*Brit*) N abono-família *m*; **family business** N negócio de família; **family doctor** N médico(-a) da família; **family life** N vida familiar; **family planning** N planejamento familiar; **family planning clinic** clínica de planejamento familiar; **family tree** N árvore *f* genealógica

famine ['fæmɪn] N fome *f*

famished ['fæmɪʃt] ADJ faminto; **I'm ~!** (*inf*) estou morrendo de fome

famous ['feɪməs] ADJ famoso, célebre

famously ['feɪməslɪ] ADV (*get on*) maravilhosamente

fan [fæn] N (*hand-held*) leque *m*; (*Elec*) ventilador *m*; (*person*) fã, fan (*PT*); (*Sport*) torcedor(a) *m/f* (BR), adepto(a) (*PT*) ■ VT abanar; (*fire, quarrel*) atiçar

▸ **fan out** VI espalhar-se

fanatic [fə'nætɪk] N fanático(-a)

fanatical [fə'nætɪkəl] ADJ fanático

fan belt N correia do ventilador (BR) *or* da ventoinha (*PT*)

fancied ['fænsɪd] ADJ imaginário

fanciful ['fænsɪful] ADJ (*notion*) irreal; (*design*) extravagante

fancy ['fænsɪ] N (*whim*) capricho; (*taste*) inclinação *f*, gosto; (*imagination*) imaginação *f*; (*fantasy*) fantasia ■ ADJ (*decorative*) ornamental; (*luxury*) luxuoso; (*as decoration*) como decoração ■ VT (*feel like, want*) desejar, querer; (*imagine*) imaginar; (*think*) acreditar, achar; **to take a ~ to** tomar gosto por; **it took** *or* **caught my ~** gostei disso; **when the ~ takes him** quando lhe dá na veneta; **to ~ that ...** imaginar que ...; **he fancies her** (*inf*) ele está a fim dela; **fancy dress** N fantasia; **fancy-dress ball** N baile *m* à fantasia; **fancy goods** NPL artigos *mpl* de fantasia

fanfare ['fænfeəʳ] N fanfarra

fanfold paper ['fænfəuld-] N formulários *mpl* contínuos

fang [fæŋ] N presa

fan heater (*Brit*) N aquecedor *m* de ventoinha

fanlight ['fænlaɪt] N (*window*) basculante *f*

fantasize ['fæntəsaɪz] VI fantasiar

fantastic [fæn'tæstɪk] ADJ (*enormous*) enorme; (*strange, wonderful*) fantástico

fantasy ['fæntəsɪ] N (*dream*) sonho; (*unreality*) fantasia; (*imagination*) imaginação *f*

FAO N ABBR (= *Food and Agriculture Organization*) FAO *f*

FAQ ABBR (= *free at quay*) posto no cais

far [fɑːʳ] ADJ (*distant*) distante ■ ADV (*also far away, far off*) longe; **the ~ side/end** o lado de lá/a outra ponta; **the ~ left/right** (*Pol*) a extrema esquerda/direita; **is it ~ to London?** Londres é longe daqui?; **it's not ~ (from here)** não é longe (daqui); **~ better** muito melhor; **~ from** longe de; **by ~** de longe; **go as ~ as the farm** vá até a (*BR*) *or* à (*PT*) fazenda; **as ~ as I know** que eu saiba; **as ~ as possible** na medida do possível; **how ~?** até onde?; (*fig*) até que ponto?

faraway ['fɑːrəweɪ] ADJ remoto, distante

farce [fɑːs] N farsa

farcical ['fɑːsɪkəl] ADJ farsante

fare [fɛəʳ] N (*on trains, buses*) preço (da passagem); (*in taxi: cost*) tarifa; (: *passenger*) passageiro(-a); (*food*) comida ■ VI sair-se; **half/full ~** meia/inteira passagem

Far East N: **the ~** o Extremo Oriente

farewell [fɛə'wɛl] EXCL adeus ■ N despedida ■ CPD (*party etc*) de despedida

far-fetched [-fɛtʃt] ADJ inverossímil

farm [fɑːm] N fazenda (BR), quinta (*PT*) ■ VT cultivar

▸ **farm out** VT (*work etc*) dar de empreitada

farmer ['fɑːməʳ] N fazendeiro(-a), agricultor *m*

farmhand ['fɑːmhænd] N lavrador(a) *m/f*, trabalhador(a) *m/f* rural

farmhouse ['fɑːmhaus] (*irreg*) N casa da fazenda (BR) *or* da quinta (*PT*)

farming ['fɑːmɪŋ] N agricultura; (*tilling*) cultura; (*of animals*) criação *f*; **intensive ~** cultura intensiva; **sheep ~** criação de ovelhas, ovinocultura

farm labourer N lavrador(a) *m/f*, trabalhador(a) *m/f* rural

farmland ['fɑːmlænd] N terra de cultivo

farm produce N produtos *mpl* agrícolas

farm worker N = **farmhand**

farmyard ['fɑːmjɑːd] N curral *m*

Faroe Islands ['fɛərəu-] NPL: **the ~** as (ilhas) Faroë

Faroes ['fɛərəuz] NPL = **Faroe Islands**

far-reaching [-'riːtʃɪŋ] ADJ de grande alcance, abrangente

far-sighted ADJ presbita; (*fig*) previdente

fart [fɑːt] (*inf!*) N peido (!) ■ VI soltar um peido (!), peidar (!)

farther ['fɑːðəʳ] ADV mais longe ■ ADJ mais distante, mais afastado

farthest ['fɑːðɪst] SUPERL *of* **far**

FAS (*Brit*) ABBR (= *free alongside ship*) FAS

fascia ['feɪʃə] N (*Aut*) painel *m*

fascinate ['fæsɪneɪt] VT fascinar

fascinating ['fæsɪneɪtɪŋ] ADJ fascinante

fascination [fæsɪ'neɪʃən] N fascinação *f*, fascínio

fascism ['fæʃɪzəm] N fascismo

fascist ['fæʃɪst] ADJ, N fascista *m/f*

fashion ['fæʃən] N moda; (*fashion industry*) indústria da moda; (*manner*) maneira ■ VT modelar, dar feitio a; **in ~** na moda; **out of ~** fora da moda; **in the Greek ~** à grega, à maneira dos gregos; **after a ~** (*finish, manage etc*) até certo ponto

fashionable ['fæʃənəbl] ADJ da moda, elegante; (*writer, café*) da moda

fashion designer N estilista *m/f*

fashion show N desfile *m* de modas

fast [fɑːst] ADJ rápido; (*dye, colour*) firme, permanente; (*Phot: film*) de alta sensibilidade; (*clock*): **to be ~** estar adiantado ■ ADV rápido, rapidamente, depressa; (*stuck, held*) firmemente ■ N jejum *m* ■ VI jejuar; **my watch is 5 minutes ~** meu relógio está 5 minutos adiantado; **~ asleep** dormindo profundamente; **as ~ as I can** o mais rápido possível; **to make a boat ~** (*Brit*) amarrar um barco

fasten ['fɑːsn] VT fixar, prender; (*coat*) fechar; (*belt*) apertar ■ VI prender-se, fixar-se

▸ **fasten (up)on** VT FUS (*idea*) agarrar-se a

fastener ['fɑːsnəʳ] N presilha, fecho; (*of door etc*) fechadura; **zip ~** (*Brit*) fecho ecler (BR) *or* éclair (*PT*)

fastening ['fɑːsnɪŋ] N = **fastener**

fast food N fast food *f*

fastidious [fæs'tɪdɪəs] ADJ (*fussy*) meticuloso; (*demanding*) exigente

fast lane N (*Aut*) pista de velocidade

fat [fæt] ADJ gordo; (*meat*) com muita gordura; (*greasy*) gorduroso; (*book*) grosso; (*wallet*) recheado; (*profit*) grande ■ N (*on person, Chem*) gordura; (*lard*) banha, gordura; **to live off the ~ of the land** viver na abundância

fatal ['feɪtl] ADJ fatal; (*injury*) mortal; (*consequence*) funesto

fatalism ['feɪtəlɪzəm] N fatalismo

fatality [fə'tælɪtɪ] N (*road death etc*) vítima *m/f*

fatally ['feɪtəlɪ] ADV: **~ injured** mortalmente ferido

fate [feɪt] N destino; (*of person*) sorte *f*

fated ['feɪtɪd] ADJ (*person*) condenado; (*project*) fadado ao fracasso

fateful ['feɪtful] ADJ fatídico

father ['fɑːðəʳ] N pai *m*

Father Christmas N Papai *m* Noel

fatherhood ['fɑ:ðəhud] N paternidade *f*
father-in-law (*pl* **fathers-in-law**) N sogro
fatherland ['fɑ:ðəlænd] N pátria
fatherly ['fɑ:ðəlɪ] ADJ paternal
fathom ['fæðəm] N braça ■ VT (*Naut*) sondar; (*unravel*) penetrar, deslindar; (*understand*) compreender
fatigue [fə'ti:g] N fadiga, cansaço; (*Mil*) faxina; **metal ~** fadiga do metal
fatness ['fætnɪs] N gordura
fatten ['fætn] VT, VI engordar; **chocolate is ~ing** o chocolate engorda
fatty ['fætɪ] ADJ (*food*) gorduroso ■ N (*inf*) gorducho(-a)
fatuous ['fætjuəs] ADJ fátuo
faucet ['fɔ:sɪt] (*US*) N torneira
fault [fɔ:lt] N (*error*) defeito, falta; (*blame*) culpa; (*defect*) defeito; (*Geo*) falha; (*Tennis*) falta, bola fora ■ VT criticar; **it's my ~** é minha culpa; **to find ~ with** criticar, queixar-se de; **at ~** culpado; **to a ~** em demasia
faultless ['fɔ:ltlɪs] ADJ (*action*) impecável; (*person*) irrepreensível
faulty ['fɔ:ltɪ] ADJ defeituoso
fauna ['fɔ:nə] N fauna
faux pas ['fəu'pɑ:] N INV gafe *f*
favour ['feɪvəʳ] (*US* **favor**) N favor *m* ■ VT (*proposition*) favorecer, aprovar; (*person etc*) favorecer; (*assist*) auxiliar; **to ask a ~ of** pedir um favor a; **to do sb a ~** fazer favor a alguém; **to be in ~ of sth/of doing sth** estar a favor de algo/de fazer algo; **to find ~ with** cair nas boas graças de; **in ~ of** em favor de
favo(u)rable ['feɪvərəbl] ADJ favorável
favo(u)rably ['feɪvərəblɪ] ADV favoravelmente
favo(u)rite ['feɪvərɪt] ADJ predileto ■ N favorito(-a)
favo(u)ritism ['feɪvərɪtɪzəm] N favoritismo
fawn [fɔ:n] N cervo novo, cervato ■ ADJ (*also*: **fawn-coloured**) castanho-claro *inv* ■ VI: **to ~ (up)on** bajular
fax [fæks] N (*document, machine*) fax *m*, fac-símile *m* ■ VT enviar por fax *or* fac-símile
FBI (*US*) N ABBR (= *Federal Bureau of Investigation*) FBI *m*
FCC (*US*) N ABBR = **Federal Communications Commission**
FCO (*Brit*) N ABBR (= *Foreign and Commonwealth Office*) *ministério das Relações Exteriores*
FD (*US*) N ABBR = **fire department**
FDA (*US*) N ABBR (= *Food and Drug Administration*) *órgão controlador de medicamentos e gêneros alimentícios*
fear [fɪəʳ] N medo; (*misgiving*) temor *m* ■ VT ter medo de, temer ■ VI: **to ~ for** recear *or* temer por; **to ~ that** temer que; **~ of heights** medo das alturas, vertigem *f*; **for ~ of** com medo de
fearful ['fɪəful] ADJ medonho, temível; (*cowardly*) medroso; (*awful*) terrível; **to be ~ of** temer, ter medo de
fearfully ['fɪəfəlɪ] ADV (*timidly*) timidamente; (*inf*: *very*) muito, terrivelmente
fearless ['fɪəlɪs] ADJ sem medo, intrépido; (*bold*) audaz
fearsome ['fɪəsəm] ADJ (*opponent*) medonho, temível; (*sight*) espantoso
feasibility [fi:zə'bɪlɪtɪ] N viabilidade *f*; **feasibility study** N estudo de viabilidade
feasible ['fi:zəbl] ADJ viável
feast [fi:st] N banquete *m*; (*Rel*: *also*: **feast day**) festa ■ VI banquetear-se
feat [fi:t] N façanha, feito
feather ['fɛðəʳ] N pena, pluma ■ VT: **to ~ one's nest** (*fig*) acumular riquezas ■ CPD (*bed etc*) de penas
feather-weight N (*Boxing*) peso-pena *m*
feature ['fi:tʃəʳ] N característica; (*Anat*) feição *f*, traço; (*article*) reportagem *f* ■ VT (*subj*: *film*) apresentar ■ VI figurar; **features** NPL (*of face*) feições *fpl*; **it ~d prominently in ...** ocupou um lugar de destaque em ...; **feature film** N longa-metragem *m*
featureless ['fi:tʃəlɪs] ADJ anônimo
Feb. ABBR (= *February*) fev.
February ['fɛbruərɪ] N fevereiro; *see also* **July**
feces ['fi:si:z] (*US*) NPL = **faeces**
feckless ['fɛklɪs] ADJ displicente
Fed (*US*) ABBR = **federal; federation**
fed [fɛd] PT, PP *of* **feed**
Fed. [fɛd] (*US*: *inf*) N ABBR = **Federal Reserve Board**
federal ['fɛdərəl] ADJ federal
Federal Reserve Board (*US*) N *órgão controlador do banco central dos EUA*
Federal Trade Commission (*US*) N *órgão regulador de práticas comerciais*
federation [fɛdə'reɪʃən] N federação *f*
fed up ADJ: **to be ~** estar (de saco) cheio (*BR*), estar farto (*PT*)
fee [fi:] N taxa (*BR*), propina (*PT*); (*of school*) matrícula; (*of doctor, lawyer*) honorários *mpl*; **entrance ~** (*to club*) jóia; (*to museum etc*) entrada; **membership ~** (*to join*) jóia; (*annual etc*) quota; **for a small ~** em troca de uma pequena taxa
feeble ['fi:bl] ADJ fraco, débil; (*attempt*) ineficaz
feeble-minded ADJ imbecil
feed [fi:d] (*pt, pp* **fed**) N comida; (*of baby*) alimento infantil; (*of animal*) ração *f*; (*on printer*) mecanismo alimentador ■ VT (*gen, machine*) alimentar; (*baby*: *breastfeed*) amamentar; (*animal*) dar de comer a; (*data, information*): **to ~ into** introduzir em
▸ **feed on** VT FUS alimentar-se de
feedback ['fi:dbæk] M (*Elec*) feedback *m*; (*from person*) reação *f*
feeder ['fi:dəʳ] N (*bib*) babador *m*
feeding bottle ['fi:dɪŋ-] (*Brit*) N mamadeira
feel [fi:l] (*pt, pp* **felt**) N (*sensation*) sensação *f*; (*sense of touch*) tato; (*impression*) impressão *f* ■ VT (*touch*) tocar, apalpar; (*anger, pain etc*) sentir; (*think, believe*) achar, acreditar; **to get the ~ of sth** (*fig*) acostumar-se a algo; **to ~ (that)** achar (que); **I ~ that you ought to do it** eu acho que você deveria fazê-lo; **to ~ hungry/cold** estar com

fome/frio (BR), ter fome/frio (PT); **to ~ lonely/better** sentir-se só/melhor; **to ~ sorry for** ter pena de; **I don't ~ well** não estou me sentindo bem; **it ~s soft** é macio; **it ~s colder here** sente-se mais frio aqui; **it ~s like velvet** parece veludo; **to ~ like** (*want*) querer; **to ~ about** *or* **around** apalpar, tatear; **I'm still ~ing my way** (*fig*) ainda estou me ambientando

feeler ['fi:lə^r] N (*of insect*) antena; **to put out ~s** *or* **a ~** (*fig*) sondar opiniões, lançar um balão-de-ensaio

feeling ['fi:lɪŋ] N sensação *f*; (*foreboding*) pressentimento; (*opinion*) opinião *f*; (*emotion*) sentimento; (*impression*) impressão *f*; **to hurt sb's ~s** magoar alguém; **~s ran high about it** os sentimentos se esquentaram a respeito disso; **what are your ~s about the matter?** qual é a sua opinião sobre o assunto?; **my ~ is that ...** eu acho que ...; **I have a ~ that ...** tenho a impressão de que ...

feet [fi:t] NPL *of* **foot**

feign [feɪn] VT fingir

felicitous [fɪ'lɪsɪtəs] ADJ feliz

feline ['fi:laɪn] ADJ felino

fell [fel] PT *of* **fall** ■ VT (*tree*) lançar por terra, derrubar ■ N (*Brit: mountain*) montanha; (*: *moorland*): **the ~s** a charneca ■ ADJ: **with one ~ blow** de um só golpe

fellow ['feləu] N (*gen*) camarada *m/f*; (*inf: man*) cara *m* (BR), tipo (PT); (*of learned society*) membro; (*of university*) membro do conselho universitário ■ CPD: **~ students** colegas *m/fpl* de curso; **his ~ workers** seus colegas de trabalho; **fellow citizen** N concidadão(-dã) *m/f*; **fellow countryman** (*irreg*) N compatriota *m*; **fellow feeling** N simpatia; **fellow men** NPL semelhantes *mpl*

fellowship ['feləuʃɪp] N (*comradeship*) amizade *f*; (*grant*) bolsa de estudo; (*society*) associação *f*

fellow traveller (*US* **fellow traveler**) N companheiro(-a) de viagem; (*Pol*) simpatizante *m/f*

fell-walking (*Brit*) N caminhadas *fpl* nas montanhas

felon ['felən] N (*Law*) criminoso(-a)

felony ['felənɪ] N (*Law*) crime *m*

felt [felt] PT, PP *of* **feel** ■ N feltro

felt-tip pen N caneta pilot® (BR) *or* de feltro (PT)

female ['fi:meɪl] N (*pej: woman*) mulher *f*; (*Zool*) fêmea ■ ADJ (*Bio, Elec*) fêmeo(-a); (*sex, character*) feminino; (*vote etc*) das mulheres; (*child etc*) do sexo feminino; **male and ~ teachers** professores e professoras; **female impersonator** N (*Theatre*) travesti *m*

feminine ['femɪnɪn] ADJ feminino; (*womanly*) feminil ■ N feminino

femininity [femɪ'nɪnɪtɪ] N feminilidade *f*

feminism ['femɪnɪzəm] N feminismo

feminist ['femɪnɪst] N feminista *m/f*

fen [fen] (*Brit*) N: **the F~s** os pântanos de Norfolk

fence [fens] N cerca; (*Sport*) obstáculo; (*inf: person*) receptor(a) *m/f* ■ VT (*also*: **fence in**) cercar ■ VI esgrimir; **to sit on the ~** (*fig*) ficar no muro

fencing ['fensɪŋ] N (*sport*) esgrima

fend [fend] VI: **to ~ for o.s.** defender-se, virar-se

▸ **fend off** VT (*attack, attacker*) defender-se de

fender ['fendə^r] N (*of fireplace*) guarda-fogo *m*; (*on boat*) defesa de embarcação; (*US: Aut*) pára-lama *m*; (: *Rail*) limpa-trilhos *m inv*

fennel ['fenl] N erva-doce *f*, funcho

ferment [*vi* fə'ment, *n* 'fə:ment] VI fermentar ■ N (*fig*) agitação *f*

fermentation [fə:mən'teɪʃən] N fermentação *f*

fern [fə:n] N samambaia (BR), feto (PT)

ferocious [fə'rəuʃəs] ADJ feroz

ferocity [fə'rɔsɪtɪ] N ferocidade *f*

ferret ['ferɪt] N furão *m*

▸ **ferret about** (*Brit*) VI = **ferret around**

▸ **ferret around** VI: **to ~ around in sth** vasculhar algo

▸ **ferret out** VT (*information*) desenterrar, descobrir

ferry ['ferɪ] N (*small*) barco (de travessia); (*large: also*: **ferryboat**) balsa ■ VT transportar; **to ~ sth/sb across** *or* **over** transportar algo/alguém para o outro lado

ferryman ['ferɪmən] (*irreg*) N barqueiro, balseiro

fertile ['fə:taɪl] ADJ fértil; (*Bio*) fecundo

fertility [fə'tɪlɪtɪ] N fertilidade *f*; (*Bio*) fecundidade *f*; **fertility drug** N droga que propicia a fecundação

fertilize ['fə:tɪlaɪz] VT fertilizar; (*Bio*) fecundar

fertilizer ['fə:tɪlaɪzə^r] N adubo, fertilizante *m*

fervent ['fə:vənt] ADJ ardente, apaixonado

fervour ['fə:və^r] (*US* **fervor**) N fervor *m*

fester ['festə^r] VI inflamar-se

festival ['festɪvəl] N (*Rel*) festa; (*Art, Mus*) festival *m*

festive ['festɪv] ADJ festivo; **the ~ season** (*Brit: Christmas*) a época do Natal

festivities [fes'tɪvɪtɪz] NPL festas *fpl*, festividades *fpl*

festoon [fes'tu:n] VT: **to ~ with** engrinaldar de *or* com

fetch [fetʃ] VT ir buscar, trazer; (*Brit: sell for*) alcançar; **how much did it ~?** quanto rendeu?, por quanto foi vendido?

▸ **fetch up** (*US*) VI ir parar

fetching ['fetʃɪŋ] ADJ atraente

fête [feɪt] N festa

fetid ['fetɪd] ADJ fétido

fetish ['fetɪʃ] N fetiche *m*

fetter ['fetə^r] VT restringir, refrear

fetters ['fetəz] NPL grilhões *mpl*

fettle ['fetl] (*Brit*) N: **in fine ~** (*car etc*) em bom estado; (*person*) em forma

fetus ['fi:təs] (*US*) N = **foetus**

feud [fju:d] N (*hostility*) inimizade *f*; (*quarrel*) disputa, rixa ■ VI brigar; **a family ~** uma briga de família

feudal ['fju:dl] ADJ feudal

feudalism ['fju:dəlɪzəm] N feudalismo

fever ['fi:və^r] N febre *f*; **he has a ~** ele está com febre

feverish ['fi:vərɪʃ] ADJ febril; (*activity*) febril
few [fju:] ADJ, PRON poucos(-as); **a ~ ...** alguns(-algumas) ...; **I know a ~** conheço alguns; **quite a ~ ...** vários(-as) ...; **in the next ~ days** nos próximos dias; **in the past ~ days** nos últimos dias; **every ~ days/months** cada dois ou três dias/meses; **a ~ more ...** mais alguns/algumas ...
fewer ['fju:ə^{r}] ADJ, PRON menos
fewest ['fju:ɪst] ADJ o menor número de
FFA N ABBR = **Future Farmers of America**
FH (*Brit*) ABBR = **fire hydrant**
FHA (*US*) N ABBR (= *Federal Housing Administration*) *secretaria federal da habitação*
fiancé [fɪ'ã:ŋseɪ] N noivo
fiancée [fɪ'ã:ŋseɪ] N noiva
fiasco [fɪ'æskəu] N fiasco
fib [fɪb] N lorota
fibre ['faɪbə^{r}] (*US* **fiber**) N fibra
fibreboard ['faɪbəbɔ:d] (*US* **fiberboard**) N madeira compensada, compensado
fibre-glass (*US* **fiber-glass**) N fibra de vidro
fibrositis [faɪbrə'saɪtɪs] N aponeurosite *f*
FICA (*US*) N ABBR = **Federal Insurance Contributions Act**
fickle ['fɪkl] ADJ inconstante; (*weather*) instável
fiction ['fɪkʃən] N ficção *f*; (*invention*) invencão *f*
fictional ['fɪkʃənl] ADJ de ficção
fictionalize ['fɪkʃnəlaɪz] VT romancear
fictitious [fɪk'tɪʃəs] ADJ fictício
fiddle ['fɪdl] N (*Mus*) violino; (*cheating*) fraude *f*, embuste *m*; (*swindle*) trapaça ■ VT (*Brit*: *accounts*) falsificar
▸ **fiddle with** VT FUS brincar com
fiddler ['fɪdlə^{r}] N violinista *m/f*
fiddly ['fɪdlɪ] ADJ (*task*) espinhoso
fidelity [fɪ'dɛlɪtɪ] N fidelidade *f*
fidget ['fɪdʒɪt] VI estar irrequieto, mexer-se
fidgety ['fɪdʒɪtɪ] ADJ inquieto, nervoso
fiduciary [fɪ'dju:ʃɪərɪ] N fiduciário(-a)
field [fi:ld] N campo; (*fig*) área, esfera, especialidade *f*; **to lead the ~** (*Sport*) tomar a dianteira; (*Comm*) liderar; **to have a ~ day** (*fig*) fazer a festa; **field glasses** NPL binóculo; **field marshal** N marechal-de-campo
fieldwork ['fi:ldwə:k] N trabalho de campo
fiend [fi:nd] N demônio
fiendish ['fi:ndɪʃ] ADJ diabólico
fierce [fɪəs] ADJ feroz; (*wind, attack*) violento; (*heat*) intenso; (*fighting, enemy*) feroz, violento
fiery ['faɪərɪ] ADJ (*burning*) ardente; (*temperament*) fogoso
FIFA ['fi:fə] N ABBR (= *Fédération Internationale de Football Association*) FIFA
fifteen [fɪf'ti:n] NUM quinze; *see also* **five**
fifth [fɪfθ] NUM quinto; **I was (the) ~ to arrive** eu fui o quinto a chegar; **he came ~ in the competition** ele tirou o quinto lugar; (*in race*) ele chegou em quinto lugar; **Henry the F~** Henrique Quinto; **the ~ of July, July the ~** dia cinco de julho; **I wrote to him on the ~** eu lhe escrevi no dia cinco
fiftieth ['fɪftɪɪθ] NUM qüinquagésimo; *see also* **fifth**
fifty ['fɪftɪ] NUM cinqüenta; **about ~ people** umas cinqüenta pessoas; **he'll be ~ (years old) next birthday** ele fará cinqüenta anos no seu próximo aniversário; **he's about ~** ele tem uns cinqüenta anos; **the fifties** os anos 50; **to be in one's fifties** estar na casa dos cinqüenta anos; **the temperature was in the fifties** a temperatura estava na faixa dos cinqüenta graus; **to do ~** (*Aut*) ir a 50 (quilômetros por hora)
fifty-fifty ['fɪftɪ'fɪftɪ] ADV: **to share** *or* **go ~ with sb** dividir meio a meio com alguém, rachar com alguém ■ ADJ: **to have a ~ chance** ter 50% de chance
fig [fɪg] N figo
fight [faɪt] (*pt, pp* **fought**) N briga; (*Mil*) combate *m*; (*struggle*: *against illness etc*) luta ■ VT lutar contra; (*cancer, alcoholism*) combater; (*election*) competir; (*Law*: *case*) defender ■ VI brigar, bater-se; (*fig*): **to ~ (for/against)** lutar (por/contra)
▸ **fight back** VI revidar; (*Sport, from illness etc*) reagir ■ VT (*tears*) tentar reter
▸ **fight off** VT (*attack, attacker*) repelir; (*illness, sleep, urge*) lutar contra
▸ **fight out** VT: **to ~ it out** resolver a questão pela briga
fighter ['faɪtə^{r}] N combatente *m/f*; (*fig*) lutador(a) *m/f*; (*plane*) caça *m*; **fighter pilot** N piloto de caça
fighting ['faɪtɪŋ] N (*battle*) batalha; (*brawl*) briga
figment ['fɪgmənt] N: **a ~ of the imagination** um produto da imaginação
figurative ['fɪgjurətɪv] ADJ (*expression*) figurado; (*style*) figurativo
figure ['fɪgə^{r}] N (*Drawing, Math*) figura, desenho; (*numeral*) algarismo; (*number, cipher*) número, cifra; (*outline*) forma; (*of woman*) corpo; (*person*) personagem *m* ■ VT (*esp US*) imaginar ■ VI (*appear*) figurar; (*US*: *make sense*) fazer sentido; **public ~** personalidade *f*
▸ **figure on** (*US*) VT FUS: **to ~ on doing** contar em fazer
▸ **figure out** VT compreender
figurehead ['fɪgəhɛd] N (*Naut*) carranca de proa; (*pej*: *leader*) chefe *m* nominal
figure of speech N figura de linguagem
figure skating N movimentos *mpl* de patinação
Fiji (Islands) ['fi:dʒi:-] N(PL) (ilhas *fpl*) Fiji (*no article*)
filament ['fɪləmənt] N filamento
filch [fɪltʃ] (*inf*) VT surripiar, afanar
file [faɪl] N (*tool*) lixa; (*dossier*) dossiê *m*, pasta; (*folder*) pasta; (: *binder*) fichário; (*Comput*) arquivo; (*row*) fila, coluna ■ VT (*wood, nails*) lixar; (*papers*) arquivar; (*Law*: *claim*) apresentar, dar entrada em; (*store*) arquivar ■ VI: **to ~ in/out** entrar/sair em fila; **to ~ past** desfilar em frente de; **to ~ a suit against sb** (*Law*) abrir processo contra alguém; **file name** N (*Comput*) nome *m* do

arquivo
filibuster ['fɪlɪbʌstəʳ] (*esp US*) N (*Pol*) obstrucionista *m/f* ■ VI obstruir
filing ['faɪlɪŋ] N arquivamento; **filings** NPL (*of iron etc*) limalha; **filing cabinet** N fichário, arquivo; **filing clerk** N arquivista *m/f*
Filipino [fɪlɪ'pi:nəu] N (*person*) filipino(-a); (*Ling*) filipino
fill [fɪl] VT encher; (*vacancy*) preencher; (*order*) atender ■ N: **to eat one's ~** encher-se *or* fartar-se de comer; **~ed with admiration** cheio de admiração
▶ **fill in** VT (*form*) preencher; (*need*) satisfazer; (*hole*) tapar; (*time*) encher; (*details, report*) escrever ■ VI: **to ~ in for sb** substituir alguém; **to ~ sb in on sth** (*inf*) dar as dicas a alguém sobre algo
▶ **fill out** VT preencher
▶ **fill up** VT encher ■ VI (*Aut*) abastecer o carro; **~ it up, please** (*Aut*) pode encher (o tanque), por favor
fillet ['fɪlɪt] N filete *m*, filé *m* ■ VT preparar em filés; **fillet steak** N filé *m*
filling ['fɪlɪŋ] N (*Culin*) recheio; (*for tooth*) obturação *f* (BR), chumbo (PT); **filling station** N posto de gasolina
fillip ['fɪlɪp] N estimulo, incentivo
filly ['fɪlɪ] N potranca
film [fɪlm] N filme *m*; (*of liquid etc*) camada fina, veu *m* ■ VT (*scene*) rodar, filmar ■ VI filmar; **film star** N astro/estrela do cinema; **film strip** N diafilme *m*; **film studio** N estúdio (de cinema)
filter ['fɪltəʳ] N filtro ■ VT filtrar; **filter coffee** N café *m* filtro; **filter lane** (*Brit*) N (*Aut*) pista para se dobrar à esquerda (*or* à direita); **filter tip** N filtro
filter-tipped ADJ filtrado
filth [fɪlθ] N sujeira (BR), sujidade *f* (PT)
filthy ['fɪlθɪ] ADJ sujo; (*language*) indecente, obsceno
fin [fɪn] N barbatana
final ['faɪnl] ADJ final, último; (*definitive*) definitivo ■ N (*Sport*) final *f*; **finals** NPL (*Sch*) exames *mpl* finais; **final demand** N (*on invoice etc*) demanda final
finale [fɪ'nɑ:lɪ] N final *m*
finalist ['faɪnəlɪst] N (*Sport*) finalista *m/f*
finalize ['faɪnəlaɪz] VT concluir, completar
finally ['faɪnəlɪ] ADV (*lastly*) finalmente, por fim; (*eventually*) por fim; (*irrevocably*) definitivamente
finance [faɪ'næns] N (*money*) fundos *mpl*; (*money management*) finanças *fpl* ■ VT financiar; **finances** NPL (*finance finances*) finanças
financial [faɪ'nænʃəl] ADJ financeiro; **~ statement** demonstração financeira
financially [faɪ'nænʃəlɪ] ADV financeiramente
financial year N ano fiscal, exercício
financier [fɪ'nænsɪəʳ] N financista *m/f*; (*backer*) financiador(a) *m/f*
find [faɪnd] (*pt, pp* **found**) VT encontrar, achar; (*discover*) descobrir ■ N achado, descoberta; **to ~ sb guilty** (*Law*) declarar alguém culpado
▶ **find out** VT descobrir; (*person*) desmascarar ■ VI: **to ~ out about** informar-se sobre; (*by chance*) saber de
findings ['faɪndɪŋz] NPL (*Law*) veredito, decisão *f*; (*of report*) constatações *fpl*
fine [faɪn] ADJ fino; (*excellent*) excelente; (*good*) bom/boa; (*beautiful*) bonito ■ ADV (*well*) muito bem ■ N (*Law*) multa ■ VT (*Law*) multar; **to be ~** (*person*) estar bem; (*weather*) estar bom; **you're doing ~** você se dá bem; **to cut it ~** deixar pouca margem; (*arrive just in time*) chegar em cima da hora; **fine arts** NPL belas artes *fpl*
finely ['faɪnlɪ] ADV (*tune*) finamente; **~ chopped** picado
finery ['faɪnərɪ] N enfeites *mpl*
finesse [fɪ'nɛs] N sutileza
fine-tooth comb N: **to go through sth with a ~** (*fig*) passar o pente fino em algo
finger ['fɪŋgəʳ] N dedo ■ VT (*touch*) manusear; (*Mus*) dedilhar; **little/index ~** dedo mínimo/indicador
fingermark ['fɪŋgəmɑ:k] N dedada
fingernail ['fɪŋgəneɪl] N unha
fingerprint ['fɪŋgəprɪnt] N impressão *f* digital ■ VT (*person*) tirar as impressões digitais de
fingerstall ['fɪŋgəstɔ:l] N dedeira
fingertip ['fɪŋgətɪp] N ponta do dedo; **to have sth at one's ~s** ter algo à sua disposição, dispor de algo; (*knowledge*) saber algo na ponta da língua
finicky ['fɪnɪkɪ] ADJ (*fussy*) fresco, cheio de coisas
finish ['fɪnɪʃ] N (*end*) fim *m*; (*Sport*) chegada; (*on wood etc*) acabamento ■ VT, VI terminar, acabar; **to ~ doing sth** terminar de fazer algo; **to ~ with sb** (*end relationship*) acabar com alguém; **to ~ third** chegar no terceiro lugar
▶ **finish off** VT terminar; (*kill*) liquidar
▶ **finish up** VT acabar ■ VI acabar; (*in place*) ir parar
finished product ['fɪnɪʃt-] N produto acabado
finishing line ['fɪnɪʃɪŋ-] N linha de chegada, meta
finishing school ['fɪnɪʃɪŋ-] N escola de aperfeiçoamento (para moças)
finishing touches ['fɪnɪʃɪŋ-] NPL últimos retoques *mpl*
finite ['faɪnaɪt] ADJ finito
Finland ['fɪnlənd] N Finlândia
Finn [fɪn] N finlandês(-esa) *m/f*
Finnish ['fɪnɪʃ] ADJ finlandês(-esa) ■ N (*Ling*) finlandês *m*
fiord [fjɔ:d] N = **fjord**
fir [fə:ʳ] N abeto
fire ['faɪəʳ] N fogo; (*accidental*) incêndio; (*gas fire, electric fire*) aquecedor *m* ■ VT (*gun*) disparar; (*arrow*) atirar; (*interest*) estimular; (*dismiss*) despedir; (*excite*): **to ~ sb with enthusiasm** encher alguém de entusiasmo ■ VI disparar ■ CPD: **~ hazard, ~ risk** perigo *or* risco de incêndio; **on ~** em chamas; **to set ~ to sth, set sth on ~** incendiar algo; **insured against ~** segurado contra fogo; **to come under ~ (from)**

(*fig*) ser atacado (por); **fire alarm** N alarme *m* de incêndio
firearm ['faɪərɑ:m] N arma de fogo
fire brigade N (corpo de) bombeiros *mpl*
fire chief (*US*) N = **fire master**
fire department (*US*) N = **fire brigade**
fire drill N treinamento de incêndio
fire engine N carro de bombeiro
fire escape N escada de incêndio
fire extinguisher N extintor *m* de incêndio
fireguard ['faɪəgɑ:d] (*Brit*) N guarda-fogo *m*
fire insurance N seguro contra fogo
fireman ['faɪəmɛn] (*irreg*) N bombeiro
fire master (*Brit*) N capitão *m* dos bombeiros
firemen ['faɪəmɛn] NPL *of* **fireman**
fireplace ['faɪəpleɪs] N lareira
fireproof ['faɪəpru:f] ADJ à prova de fogo
fire regulations NPL normas *fpl* preventivas contra incêndio
fire screen N guarda-fogo *m*
fireside ['faɪəsaɪd] N lugar *m* junto à lareira
fire station N posto de bombeiros
firewood ['faɪəwud] N lenha
fireworks ['faɪəwə:ks] NPL fogos *mpl* de artifício; (*display*) queima de fugos
firing ['faɪərɪŋ] N (*Mil*) tiros *mpl*, tiroteio; **firing line** N (*Mil*) linha de fogo; **to be in the firing line** (*fig*) estar na linha de frente; **firing squad** N pelotão *m* de fuzilamento
firm [fə:m] ADJ firme ■ N firma; **to be a ~ believer in sth** ser partidário perseverante de algo; **to stand ~** *or* **take a ~ stand on sth** (*fig*) manter-se firme em algo
firmly ['fə:mlɪ] ADV firmemente
firmness ['fə:mnɪs] N firmeza
first [fə:st] ADJ primeiro ■ ADV (*before others*) primeiro; (*when listing reasons etc*) em primeiro lugar ■ N (*person: in race*) primeiro(-a); (*Aut*) primeira; (*Brit: Sch*) menção *f* honrosa; **the ~ of January** primeiro de janeiro (BR), dia um de Janeiro (PT); **at ~** no início; **~ of all** antes de tudo, antes de mais nada; **in the ~ place** em primeiro lugar; **I'll do it ~ thing tomorrow** vou fazê-lo amanhã cedo; **head ~** com a cabeça para a frente; **for the ~ time** pela primeira vez; **from the (very) ~** desde o início; *see also* **fifth**; **first aid** N primeiros socorros *mpl*
first-aid kit N estojo de premeiros socorros
first-aid post N pronto-socorro
first-class ADJ de primeira classe; **first-class mail** N correspondência prioritária
first-hand ADJ de primeira mão
first lady (*US*) N primeira dama
firstly ['fə:stlɪ] ADV primeiramente, em primeiro lugar
first name N primeiro nome *m*
first night N (*Theatre*) estréia
first-rate ADJ de primeira categoria
fir tree N abeto
FIS (*Brit*) N ABBR (= *Family Income Supplement*) abono-família *m*
fiscal ['fɪskəl] ADJ fiscal; **~ year** ano-fiscal
fish [fɪʃ] N INV peixe *m* ■ VT, VI pescar; **to go ~ing** ir pescar
▸ **fish out** VT (*from water*) pescar; (*from box etc*) tirar
fish bone N espinha de peixe
fisherman ['fɪʃəmən] (*irreg*) N pescador *m*
fishery ['fɪʃərɪ] N pescaria
fish factory (*Brit*) N fábrica de processamento de pescados
fish farm N viveiro (de piscicultura)
fish fingers (*Brit*) NPL filezinhos *mpl* de peixe
fish hook N anzol *m*
fishing boat ['fɪʃɪŋ-] N barco de pesca
fishing industry ['fɪʃɪŋ-] N indústria da pesca
fishing line ['fɪʃɪŋ-] N linha de pesca
fishing net ['fɪʃɪŋ-] N rede *f* de pesca
fishing rod ['fɪʃɪŋ-] N vara (de pesca)
fishing tackle ['fɪʃɪŋ-] N apetrechos *mpl* (de pesca)
fish market N mercado de peixe
fishmonger ['fɪʃmʌŋgəʳ] N peixeiro(-a); **~'s (shop)** peixaria
fish sticks (*US*) NPL = **fish fingers**
fishy ['fɪʃɪ] (*inf*) ADJ (*tale*) suspeito
fission ['fɪʃən] N fissão *f*; **nuclear ~** fissão nuclear
fissure ['fɪʃəʳ] N fenda, fissura
fist [fɪst] N punho
fistfight ['fɪstfaɪt] N briga de socos
fit [fɪt] ADJ (*healthy*) em (boa) forma; (*suitable*) adequado, apropriado ■ VT (*subj: clothes*) caber em; (*try on: clothes*) experimentar, provar; (*facts*) enquadrar-se *or* condizer com; (*accommodate*) ajustar, adaptar; (*correspond exactly*) encaixar em; (*put in, attach*) colocar; (*equip*) equipar; (*suit*) assentar bem ■ VI (*clothes*) servir; (*parts*) ajustar; (*in space, gap*) caber; (*correspond*) encaixar-se ■ N (*Med*) ataque *m*; **~ to** bom para; **~ for** adequado para; **a ~ of anger/pride** um acesso de raiva/orgulho; **to have a ~** (*Med*) sofrer *or* ter um ataque; (*fig: inf*) fazer escândalo; **this dress is a good/tight ~** este vestido tem um bom corte/está um pouco justo; **do as you think** *or* **see ~** faça como você achar melhor; **by ~s and starts** espasmodicamente
▸ **fit in** VI encaixar-se; (*fig: person*) dar-se bem (com todos)
▸ **fit out** (*Brit*) VT (*also*: **fit up**) equipar
fitful ['fɪtful] ADJ espasmódico, intermitente
fitment ['fɪtmənt] N móvel *m*
fitness ['fɪtnɪs] N (*Med*) saúde *f*, boa forma; (*of remark*) conveniência
fitted ['fɪtɪd] ADJ (*cupboards*) embutido; (*Brit: kitchen*) com armários embutidos; **~ carpet** carpete *m*
fitter ['fɪtəʳ] N ajustador(a) *m/f*, montador(a) *m/f*; (*also*: **gas fitter**) gasista *m/f*
fitting ['fɪtɪŋ] ADJ apropriado ■ N (*of dress*) prova; **fittings** NPL (*in building*) instalações *fpl*, acessórios *mpl*; **fitting room** N (*in shop*) cabine *f* (para experimentar roupa)
five [faɪv] NUM cinco; **she is ~ (years old)** ela

tem cinco anos; **they live at number ~/at ~ Green Street** eles moram no número cinco/na Green Street número cinco; **there are ~ of us** somos cinco; **all ~ of them came** todos os cinco vieram; **it costs ~ pounds** custa cinco libras; **~ and a quarter/half** cinco e um quarto/e meio; **it's ~ (o'clock)** são cinco horas; **to divide sth into ~** dividir algo em cinco partes; **they are sold in ~s** eles são vendidos em pacotes de cinco

five-day week N semana de cinco dias

fiver ['faɪvəʳ] (*inf*) N (*Brit*) nota de cinco libras; (*US*) nota de cinco dólares

fix [fɪks] VT (*secure*) fixar, colocar; (*arrange*) arranjar; (*mend*) consertar; (*meal, drink*) preparar; (*inf: game etc*) arranjar ■ N: **to be in a ~** estar em apuros; **the fight was a ~** a luta foi uma marmelada; **to ~ sth in one's mind** gravar algo ▸ **fix up** VT (*meeting*) marcar; **to ~ sb up with sth** arranjar algo para alguém

fixation [fɪk'seɪʃən] N fixação *f*

fixative ['fɪksətɪv] N fixador *m*

fixed [fɪkst] ADJ (*prices, smile*) fixo; **how are you ~ for money?** (*inf*) a quantas anda você em matéria de dinheiro?; **fixed assets** NPL ativo fixo

fixture ['fɪkstʃəʳ] N coisa fixa; (*furniture*) móvel *m* fixo; (*Sport*) desafio, encontro

fizz [fɪz] VI efervescer

fizzle ['fɪzl] VI chiar; **fizzle out** VI fracassar; (*interest*) diminuir

fizzy ['fɪzɪ] ADJ (*drink*) com gás, gasoso; (*gen*) efervescente

fjord [fjɔ:d] N fiorde *m*

FL (*US*) ABBR (*Post*) = **Florida**

flabbergasted ['flæbəgɑ:stɪd] ADJ pasmado

flabby ['flæbɪ] ADJ flácido

flag [flæg] N bandeira; (*for signalling*) bandeirola; (*flagstone*) laje *f* ■ VI acabar-se, descair; **~ of convenience** bandeira de conveniência ▸ **flag down** VT: **to ~ sb down** fazer sinais a alguém para que pare

flagon ['flægən] N garrafão *m*

flagpole ['flægpəul] N mastro de bandeira

flagrant ['fleɪgrənt] ADJ flagrante

flagship ['flægʃɪp] N nau *f* capitânia; (*fig*) carro-chefe *m*

flag stop (*US*) N (*for bus*) parada facultativa

flair [fleəʳ] N (*talent*) talento; (*style*) habilidade *f*

flak [flæk] N (*Mil*) fogo antiaéreo; (*inf: criticism*) críticas *fpl*

flake [fleɪk] N (*of rust, paint*) lasca; (*of snow, soap powder*) floco ■ VI (*also*: **flake off**) lascar, descamar-se

flaky ['fleɪkɪ] ADJ (*paintwork*) laminoso; (*skin*) escamoso; (*pastry*) folhado

flamboyant [flæm'bɔɪənt] ADJ (*dress*) espalhafatoso; (*person*) extravagante

flame [fleɪm] N chama; **to burst into ~s** irromper em chamas; **old ~** (*inf*) velha paixão *f*

flamingo [flə'mɪŋgəu] (*pl* **flamingoes**) N flamingo

flammable ['flæməbl] ADJ inflamável

flan [flæn] (*Brit*) N torta

flange [flændʒ] N flange *m*

flank [flæŋk] N flanco; (*of person*) lado ■ VT ladear

flannel ['flænl] N (*Brit: also*: **face flannel**) pano; (*fabric*) flanela; (*Brit: inf*) conversa fiada; **flannels** NPL calça (BR) *or* calças *fpl* (PT) de flanela

flannelette [flænə'let] N baetilha

flap [flæp] N (*of pocket, table*) aba; (*of envelope*) dobra; (*wing movement*) bater *m*; (*Aviat*) flap *m* ■ VT (*arms*) oscilar; (*wings*) bater ■ VI (*sail, flag*) ondular; (*inf: also*: **be in a flap**) estar atarantado

flapjack ['flæpdʒæk] N (*US: pancake*) panqueca; (*Brit: biscuit*) biscoito de aveia

flare [fleəʳ] N fogacho, chama; (*Mil*) sinal *m* luminoso; (*in skirt etc*) folga ▸ **flare up** VI chamejar; (*fig: person*) encolerizar-se; (: *violence*) irromper

flared ['fleəd] ADJ (*trousers*) com roda; (*skirt*) rodado

flash [flæʃ] N (*of lightning*) clarão *m*; (*also*: **news flash**) notícias *fpl* de última hora; (*Phot*) flash *m*; (*of inspiration*) lampejo ■ VT (*light, headlights*) piscar; (*torch*) acender; (*news, message*) transmitir; (*look, smile*) brilhar ■ VI brilhar; (*light on ambulance, eyes etc*) piscar; **in a ~** num instante; **to ~ by** *or* **past** passar como um raio; **to ~ sth about** (*fig: inf*) ostentar *or* exibir algo

flashback ['flæʃbæk] N flashback *m*

flashbulb ['flæʃbʌlb] N lâmpada de flash

flash card N (*Sch*) cartão *m*

flashcube ['flæʃkju:b] N cubo de flash

flasher ['flæʃəʳ] N (*Aut*) pisca-pisca *m*

flashlight ['flæʃlaɪt] N lanterna de bolso

flash point N ponto de centelha

flashy ['flæʃɪ] (*pej*) ADJ espalhafatoso

flask [flɑ:sk] N frasco; (*also*: **vacuum flask**) garrafa térmica (BR), termo (PT)

flat [flæt] ADJ plano; (*smooth*) liso; (*battery*) descarregado; (*tyre*) vazio; (*beer*) choco; (*denial*) categórico; (*Mus*) abemolado; (: *voice*) desafinado; (*rate*) único; (*fee*) fixo ■ N (*Brit: apartment*) apartamento; (*Mus*) bemol *m*; (*Aut*) pneu *m* furado; **~ out** (*work*) a toque de caixa; (*race*) a toda; **~ rate of pay** (*Comm*) salário fixo

flat-footed [-'futɪd] ADJ de pés chatos

flatly ['flætlɪ] ADV terminantemente

flatmate ['flætmeɪt] (*Brit*) N companheiro(-a) de apartamento

flatness ['flætnɪs] N (*of land*) planura, lisura

flatten ['flætən] VT (*also*: **flatten out**) aplanar; (*smooth out*) alisar; (*demolish*) arrasar; (*defeat*) derrubar

flatter ['flætəʳ] VT lisonjear; (*show to advantage*) favorecer

flatterer ['flætərəʳ] N lisonjeador(a) *m/f*

flattering ['flætərɪŋ] ADJ lisonjeiro; (*clothes etc*) favorecedor(a)

flattery ['flætərɪ] N bajulação *f*

flatulence ['flætjuləns] N flatulência

flaunt [flɔ:nt] VT ostentar, pavonear
flavour ['fleɪvəʳ] (*US* **flavor**) N sabor *m* ■ VT condimentar, aromatizar; **strawberry-~ed** com sabor de morango
flavo(u)ring ['fleɪvərɪŋ] N condimento; (*synthetic*) aromatizante *m*
flaw [flɔ:] N (*in cloth, glass*) defeito; (*in character*) falha; (*in argument*) erro
flawless ['flɔ:lɪs] ADJ impecável
flax [flæks] N linho
flaxen ['flæksən] ADJ da cor de linho
flea [fli:] N pulga; **flea market** N feira de quinquilharias
fleck [flɛk] N (*mark*) mancha, sinal *m*; (*of dust*) partícula; (*of mud*) salpico; (*of paint*) pontinho ■ VT salpicar; **brown ~ed with white** marrom salpicado de branco
fled [flɛd] PT, PP *of* **flee**
fledg(e)ling ['flɛdʒlɪŋ] N ave *f* recém-emplumada
flee [fli:] (*pt, pp* **fled**) VT fugir de ■ VI fugir
fleece [fli:s] N velo; (*wool*) lã *f* ■ VT (*inf*) espoliar
fleecy ['fli:sɪ] ADJ (*blanket*) felpudo; (*cloud*) fofo
fleet [fli:t] N (*gen, of lorries etc*) frota; (*of ships*) esquadra
fleeting ['fli:tɪŋ] ADJ fugaz
Flemish ['flɛmɪʃ] ADJ flamengo ■ N (*Ling*) flamengo; **the Flemish** NPL os flamengos
flesh [flɛʃ] N carne *f*; (*of fruit*) polpa; **of ~ and blood** de carne e osso; **flesh wound** N ferimento de superfície
flew [flu:] PT *of* **fly**
flex [flɛks] N fio ■ VT (*muscles*) flexionar
flexibility [flɛksɪ'bɪlɪtɪ] N flexibilidade *f*
flexible ['flɛksɪbl] ADJ flexível
flick [flɪk] N pancada leve; (*with finger*) peteleco, piparote *m*; (*with whip*) chicotada ■ VT dar um peteleo; (*switch*) apertar; **flicks** NPL (*Brit: inf*) cinema *m*
▸ **flick through** VT FUS folhear
flicker ['flɪkəʳ] VI (*light, flame*) tremular; (*eyelids*) tremer ■ N tremulação *f*; **a ~ of light** um fio de luz
flick knife (*Brit: irreg*) N canivete *m* de mola
flier ['flaɪəʳ] N aviador(a) *m/f*
flight [flaɪt] N vôo *m*; (*escape*) fuga; (*of steps*) lance *m*; **to take ~** fugir, pôr-se em fuga; **to put to ~** pôr em fuga; **flight attendant** (*US*) N comissário(-a) de bordo; **flight crew** N tripulação *f*; **flight deck** N (*Aviat*) cabine *f* do piloto; (*Naut*) pista de aterrissagem (BR) *or* aterragem (PT); **flight recorder** N gravador *m* de vôo
flimsy ['flɪmzɪ] ADJ (*thin*) delgado, franzino; (*weak*) débil; (*excuse*) fraco
flinch [flɪntʃ] VI encolher-se; **to ~ from sth/from doing sth** vacilar diante de algo/em fazer algo
fling [flɪŋ] (*pt, pp* **flung**) VT lançar ■ N (*love affair*) caso
flint [flɪnt] N pederneira; (*in lighter*) pedra
flip [flɪp] VT (*turn over*) dar a volta em; (*throw*) jogar; **to ~ a coin** tirar cara ou coroa
▸ **flip through** VT FUS folhear
flippant ['flɪpənt] ADJ petulante, irreverente
flipper ['flɪpəʳ] N (*of animal*) nadadeira; (*for swimmer*) pé-de-pato, nadadeira
flip side N (*of record*) outro lado
flirt [flə:t] VI flertar ■ N namorador(a) *m/f*, paquerador(a) *m/f*
flirtation [flə:'teɪʃən] N flerte *m*, paquera
flit [flɪt] VI esvoaçar
float [fləut] N bóia; (*in procession*) carro alegórico; (*sum of money*) caixa ■ VI flutuar; (*swimmer*) boiar ■ VT fazer flutuar; (*company*) lançar (na Bolsa)
floating ['fləutɪŋ] ADJ flutuante; **~ vote** voto oscilante; **~ voter** indeciso(-a)
flock [flɔk] N (*of sheep, Rel*) rebanho; (*of birds*) bando; (*of people*) multidão *f* ■ VI: **to ~ to** afluir
floe [fləu] N (*also*: **ice floe**) banquisa
flog [flɔg] VT açoitar; (*inf*) vender
flood [flʌd] N enchente *f*, inundação *f*; (*of words, tears etc*) torrente *m* ■ VT inundar, alagar; (*Aut: carburettor*) afogar ■ VI place, alagar; (*people, goods*): **to ~ into** inundar; **to ~ the market** (*Comm*) inundar o mercado; **in ~** transbordante
flooding ['flʌdɪŋ] N inundação *f*
floodlight ['flʌdlaɪt] (*irreg: like* **light**) N refletor *m*, holofote *m* ■ VT iluminar com holofotes
floodlit ['flʌdlɪt] PT, PP *of* **floodlight** ■ ADJ iluminado (por holofotes)
flood tide N maré *f* enchente
floor [flɔ:ʳ] N chão *m*; (*in house*) soalho; (*storey*) andar *m*; (*of sea*) fundo; (*dance floor*) pista de dança ■ VT (*fig: confuse*) confundir, pasmar; **ground ~** (*Brit*) *or* **first ~** (*US*) andar térreo (BR), rés-do-chão (PT); **first ~** (*Brit*) *or* **second ~** (*US*) primeiro andar; **top ~** último andar; **to have the ~** (*speaker*) ter a palavra
floorboard ['flɔ:bɔ:d] N tábua de assoalho
flooring ['flɔ:rɪŋ] N piso
floor lamp (*US*) N abajur *m* de pé
floor show N show *m*
floorwalker ['flɔ:wɔ:kəʳ] (*esp US*) N supervisor(a) *m/f* (numa loja de departamentos)
flop [flɔp] N fracasso ■ VI (*fail*) fracassar; (*into chair etc*) cair pesadamente
floppy ['flɔpɪ] ADJ frouxo, mole; **floppy (disk)** N disquete *m*
flora ['flɔ:rə] N flora
floral ['flɔ:rl] ADJ floral
Florence ['flɔrəns] N Florença
florid ['flɔrɪd] ADJ (*style*) florido; (*complexion*) corado
florist ['flɔrɪst] N florista *m/f*
florist's (shop) N floricultura
flotation [fləu'teɪʃən] N (*of shares*) emissão *f*; (*of company*) lançamento (na Bolsa)
flounce [flauns] N babado, debrum *m*
▸ **flounce out** VI sair indignado
flounder ['flaundəʳ] (*pl* **flounder**) N (*Zool*) linguado ■ VI (*swimmer*) debater-se; (*fig*) atrapalhar-se
flour ['flauəʳ] N farinha

flourish ['flʌrɪʃ] VI florescer ■ VT brandir, menear ■ N floreio; (*bold gesture*): **with a ~** con gestos floreados; (*of trumpets*) fanfarra
flourishing ['flʌrɪʃɪŋ] ADJ próspero
flout [flaut] VT (*law*) desrespeitar; (*offer*) desprezar
flow [fləu] N (*of tide, traffic*) fluxo; (*direction*) curso; (*of river, Elec*) corrente *f*; (*of blood*) circulação *f* ■ VI correr; (*traffic*) fluir; (*blood, Elec*) circular; (*clothes, hair*) andular; **flow chart** N fluxograma *m*; **flow diagram** N fluxograma *m*
flower ['flauəʳ] N flor *f* ■ VI florescer, florir; **in ~** em flor; **flower bed** N canteiro
flowerpot ['flauəpɔt] N vaso
flowery ['flauərɪ] ADJ (*perfume*) a base de flor; (*pattern*) florido; (*speech*) floreado
flown [fləun] PP *of* **fly**
flu [flu:] N gripe *f*
fluctuate ['flʌktjueɪt] VI flutuar; (*temperature*) variar
fluctuation [flʌktju'eɪʃən] N flutuação *f*, oscilação *f*
flue [flu:] N fumeiro
fluency ['flu:ənsɪ] N fluência
fluent ['flu:ənt] ADJ (*speech*) fluente; **he speaks ~ French, he's ~ in French** ele fala francês fluentemente
fluently ['flu:əntlɪ] ADV fluentemente
fluff [flʌf] N felpa, penugem *f*
fluffy ['flʌfɪ] ADJ macio, fofo; **~ toy** brinquedo de pelúcia
fluid ['flu:ɪd] ADJ fluido ■ N fluido; (*in diet*) líquido; **fluid ounce** (*Brit*) N (= *0.028 l*) *0.05 pints*
fluke [flu:k] (*inf*) N sorte *f*
flummox ['flʌməks] VT desconcertar
flung [flʌŋ] PT, PP *of* **fling**
flunky ['flʌŋkɪ] N lacaio
fluorescent [fluə'resnt] ADJ fluorescente
fluoride ['fluəraɪd] N fluoreto ■ CPD: **~ toothpaste** pasta de dentes com flúor
fluorine ['fluəri:n] N flúor *m*
flurry ['flʌrɪ] N (*of snow*) lufada; (*haste*) agitação *f*; **~ of activity/excitement** muita atividade/animação
flush [flʌʃ] N (*on face*) rubor *m*; (*plenty*) abundância ■ VT lavar com água ■ VI ruborizar-se ■ ADJ: **~ with** rente com; **to ~ the toilet** dar descarga; **hot ~es** (*Med*) calores
▸ **flush out** VT leventar
flushed [flʌʃt] ADJ ruborizado, corado
fluster ['flʌstəʳ] N agitação *f* ■ VT atrapalhar, desconcertar
flustered ['flʌstəd] ADJ atrapalhado
flute [flu:t] N flauta
fluted ['flu:tɪd] ADJ acanelado
flutter ['flʌtəʳ] N agitação *f*; (*of wings*) bater *m*; (*inf: bet*) aposta ■ VI esvoaçar
flux [flʌks] N fluxo; **in a state of ~** mudando continuamente
fly [flaɪ] (*pt* **flew**, *pp* **flown**) N (*insect*) mosca; (*on trousers: also:* **flies**) braguilha ■ VT (*plane*) pilotar; (*passengers, cargo*) transportar (de avião); (*flag*) hastear; (*distances*) percorrer; (*kite*) soltar, empinar ■ VI voar; (*passengers*) ir de avião; (*escape*) fugir; (*flag*) hastear-se; **to ~ open** abrir-se bruscamente; **to ~ off the handle** perder as estribeiras
▸ **fly away** VI voar
▸ **fly in** VI chegar
▸ **fly off** VI = **fly away**
▸ **fly out** VI sair (de avião)
fly-fishing N pesca com iscas artificiais
flying ['flaɪɪŋ] N (*activity*) aviação *f* ■ ADJ: **~ visit** visita de médico; **with ~ colours** brilhantemente; **he doesn't like ~** ele não gosta de andar de avião; **flying buttress** N arcobotante *m*; **flying saucer** N disco voador; **flying start** N: **to get off to a flying start** (*in race*) disparar; (*fig*) começar muito bem
fly leaf ['flaɪli:f] (*irreg*) N guarda (*num livro*)
flyover ['flaɪəuvəʳ] (*Brit*) N (*bridge*) viaduto
flypast ['flaɪpɑ:st] N desfile *m* aéreo
fly sheet N (*for tent*) duplo teto
flywheel ['flaɪwi:l] N volante *m*
FM ABBR (*Brit: Mil*) = **field marshal**; (*Radio: = frequency modulation*) FM
FMB (*US*) N ABBR = **Federal Maritime Board**
FMCS (*US*) N ABBR (= *Federal Mediation and Conciliation Service*) ≈ Justiça do Trabalho
FO (*Brit*) N ABBR = **Foreign Office**
foal [fəul] N potro
foam [fəum] N espuma ■ VI espumar; **foam rubber** N espuma de borracha
FOB ABBR (= *free on board*) FOB
fob [fɔb] VT: **to ~ sb off with sth** despachar alguém com algo; **to ~ sth off on sb** impingir algo a alguém
foc (*Brit*) ABBR = **free of charge**
focal ['fəukəl] ADJ focal; **focal point** N foco
focus ['fəukəs] (*pl* **focuses**) N foco ■ VT (*field glasses etc*) enfocar ■ VI: **to ~ on** enfocar, focalizar; **in/out of ~** em foco/fora de foco
fodder ['fɔdəʳ] N forragem *f*
FOE N ABBR (= *Friends of the Earth*) *organizacão ecologista*; (*US:* = *Fraternal Order of Eagles*) *associação beneficente*
foe [fəu] N inimigo
foetus ['fi:təs] (*US* **fetus**) N feto
fog [fɔg] N nevoeiro
fogbound ['fɔgbaund] ADJ imobilizado pelo nevoeiro
foggy ['fɔgɪ] ADJ nevoento
fog lamp (*US* **fog light**) N farol *m* de neblina
foible ['fɔɪbl] N fraqueza, ponto fraco
foil [fɔɪl] VT frustrar ■ N folha metálica; (*also:* **kitchen foil**) folha *or* papel *m* de alumínio; (*complement*) contraste *m*, complemento; (*Fencing*) florete *m*; **to act as a ~ to** (*fig*) dar realce a
foist [fɔɪst] VT: **to ~ sth on sb** impingir algo a alguém
fold [fəuld] N (*bend, crease*) dobra, vinco, prega; (*of skin*) ruga; (*Agr*) redil *m*, curral *m* ■ VT dobrar; **to ~ one's arms** cruzar os braços

▸ **fold up** VI (*map etc*) dobrar; (*business*) abrir falência ■ VT (*map etc*) dobrar

folder ['fəuldə^r] N (*for papers*) pasta; (: *binder*) fichário; (*brochure*) folheto

folding ['fəuldɪŋ] ADJ (*chair, bed*) dobrável

foliage ['fəulɪɪdʒ] N folhagem *f*

folk [fəuk] NPL gente *f* ■ CPD popular, folclórico; **folks** NPL (*family*) família, parentes *mpl*; (*people*) gente *f*

folklore ['fəuklɔ:^{r}] N folclore *m*

folk song N canção *f* popular *or* folclórica

follow ['fɔləu] VT seguir ■ VI seguir; (*result*) resultar; **to ~ sb's advice** seguir o conselho de alguém; **I don't quite ~ you** não consigo acompanhar o seu raciocínio; **to ~ in sb's footsteps** seguir os passos de alguém; **it doesn't ~ that ...** (isso) não quer dizer que ...; **to ~ suit** fazer o mesmo

▸ **follow out** VT (*idea, plan*) levar a cabo, executar

▸ **follow through** VT levar a cabo, executar

▸ **follow up** VT (*letter*) responder a; (*offer*) levar adiante; (*case*) acompanhar

follower ['fɔləuə^r] N seguidor(a) *m/f*; (*Pol*) partidário(-a)

following ['fɔləuɪŋ] ADJ seguinte ■ N adeptos *mpl*

follow-up N continuação *f* ■ CPD: **~ letter** carta suplementar de reforço

folly ['fɔlɪ] N loucura

fond [fɔnd] ADJ (*memory, look*) carinhoso; (*hopes*) absurdo, descabido; **to be ~ of** gostar de

fondle ['fɔndl] VT acariciar

fondly ['fɔndlɪ] ADV (*lovingly*) afetuosamente; (*naïvely*): **he ~ believed that ...** ele acreditava piamente que ...

fondness ['fɔndnɪs] N (*for things*) gosto, afeição *f*; (*for people*) carinho

font [fɔnt] N (*Rel*) pia batismal; (*Typ*) fonte *f*, família

food [fu:d] N comida; **food mixer** N batedeira; **food poisoning** N intoxicação *f* alimentar; **food processor** N multiprocessador *m* de cozinha

foodstuffs ['fu:dstʌfs] NPL gêneros *mpl* alimentícios

fool [fu:l] N tolo(-a); (*History: of king*) bobo; (*Culin*) puré *m* de frutas com creme ■ VT enganar ■ VI (*gen: fool around*) brincar; (*waste time*) fazer bagunça; **to make a ~ of sb** (*ridicule*) ridicularizar alguém; (*trick*) fazer alguém de bobo; **to make a ~ of o.s.** fazer papel de bobo, fazer-se de bobo; **you can't ~ me** você não pode me fazer de bobo

▸ **fool about** (*pej*) VI (*waste time*) fazer bagunça; (*behave foolishly*) fazer-se de bobo

▸ **fool around** (*pej*) VI (*waste time*) fazer bagunça; (*behave foolishly*) fazer-se de bobo

foolhardy ['fu:lhɑ:dɪ] ADJ temerário

foolish ['fu:lɪʃ] ADJ bobo; (*stupid*) burro; (*careless*) imprudente

foolishly ['fu:lɪʃlɪ] ADV imprudentemente

foolishness ['fu:lɪʃnɪs] N tolice *f*

foolproof ['fu:lpru:f] ADJ (*plan etc*) infalível

foolscap ['fu:lskæp] N papel *m* ofício

foot [fut] (*pl* **feet**) N pé *m*; (*of animal*) pata; (*measure*) pé (*304 mm; 12 inches*) ■ VI (*bill*) pagar; **on ~** a pé; **to find one's feet** (*fig*) ambientar-se; **to put one's ~ down** (*Aut*) acelerar; (*say no*) bater o pé

footage ['futɪdʒ] N (*Cinema: length*) ≈ metragem *f*; (: *material*) seqüências *fpl*

foot and mouth (disease) N febre *f* aftosa

football ['futbɔ:l] N bola; (*game: Brit*) futebol *m*; (: *US*) futebol norte-americano

footballer ['futbɔ:lə^r] N futebolista *m*, jogador *m* de futebol

football ground N campo de futebol

football match (*Brit*) N partida de futebol

football player N jogador *m* de futebol

foot brake N freio (*BR*) *or* travão *m* (*PT*) de pé

footbridge ['futbrɪdʒ] N passarela

foothills ['futhɪlz] NPL contraforte *m*

foothold ['futhəuld] N apoio para o pé

footing ['futɪŋ] N (*fig*) posição *f*; **to lose one's ~** escorregar; **on an equal ~** em pé de igualdade

footlights ['futlaɪts] NPL ribalta

footman ['futmən] (*irreg*) N lacaio

footnote ['futnəut] N nota ao pé da página, nota de rodapé

footpath ['futpɑ:θ] N caminho, atalho; (*pavement*) calçada

footprint ['futprɪnt] N pegada

footrest ['futrest] N suporte *m* para os pés

footsore ['futsɔ:^{r}] ADJ com os pés doloridos

footstep ['futstɛp] N passo

footwear ['futwɛə^r] N calçados *mpl*

FOR ABBR (= *free on rail*) franco sobre vagão

KEYWORD

for [fɔ:^{r}] PREP **1** (*indicating destination, direction*) para; **the train for London** o trem para Londres; **he went for the paper** foi pegar o jornal; **is this for me?** é para mim?; **it's time for lunch** é hora de almoçar

2 (*indicating purpose*) para; **what's it for?** para quê serve?; **to pray for peace** orar pela paz

3 (*on behalf of, representing*) por; **the MP for Hove** o MP por Hove; **he works for the government/a local firm** ele trabalha para o governo/uma firma local; **I'll ask him for you** vou pedir a ele por você; **G for George** G de George

4 (*because of*) por; **for this reason** por esta razão; **for fear of being criticised** com medo de ser criticado

5 (*with regard to*) com relação aed s; **it's cold for July** está frio para julho; **for everyone who voted yes, 50 voted no** para cada um que votou sim, cinqüenta votaram não

6 (*in exchange for*) por; **it was sold for £5** foi vendido por £5

7 (*in favour of*) a favor de; **are you for or against us?** você está a favor de ou contra nós?; **I'm all**

for it concordo plenamente, tem todo o meu apoio; **vote for X** vote em X
8 (*referring to distance*): **there are roadworks for 5 km** há obras na estrada por 5 quilômetros; **we walked for miles** andamos quilômetros
9 (*referring to time*): **he was away for 2 years** esteve fora 2 anos; **she will be away for a month** ela ficará fora um mês; **I have known her for years** eu a conheço há anos; **can you do it for tomorrow?** você pode fazer isso para amanhã?
10 (*with infinite clause*): **it is not for me to decide** não cabe a mim decidir; **it would be best for you to leave** seria melhor que você fosse embora; **there is still time for you to do it** ainda há tempo para você fazer isso; **for this to be possible ...** para que isso seja possível ...
11 (*in spite of*) apesar de; **for all his complaints ...** apesar de suas reclamações, ...
■ CONJ (*since, as: rather formal*) pois, porque; **she was very angry, for he was late again** ela estava muito zangada pois ele se atrasou novamente

forage ['fɔrɪdʒ] N forragem *f* ■ VI ir à procura de alimentos; **forage cap** N casquete *m*
foray ['fɔreɪ] N incursão *f*
forbad(e) [fə'bæd] PT *of* **forbid**
forbearing [fɔ:'beərɪŋ] ADJ indulgente
forbid [fə'bɪd] (*pt* **forbad(e)**, *pp* **forbidden**) VT proibir; **to ~ sb to do sth** proibir alguém de fazer algo
forbidden [fə'bɪdn] PP *of* **forbid** ■ ADJ proibido
forbidding [fə'bɪdɪŋ] ADJ (*look, prospect*) sombrio; (*severe*) severo
force [fɔ:s] N força ■ VT (*gen, smile*) forçar; (*confession*) arrancar à força; **the Forces** NPL (*Brit*) as Forças Armadas; **to ~ sb to do** forçar alguém a fazer; **in ~** em vigor; **to come into ~** entrar em vigor; **a ~ 5 wind** um vento força 5; **the sales ~** (*Comm*) a equipe de vendas; **to join ~s** unir forças; **by ~** à força
▸ **force back** VT (*crowd, enemy*) fazer recuar; (*tears*) reprimir
▸ **force down** VT (*food*) forçar-se a comer
forced [fɔ:st] ADJ forçado
force-feed ['fɔ:sfi:d] (*irreg*) VT alimentar à força
forceful ['fɔ:sful] ADJ enérgico, vigoroso
forcemeat ['fɔ:smi:t] (*Brit*) N (*Culin*) recheio
forceps ['fɔ:seps] NPL fórceps *m inv*
forcibly ['fɔ:səblɪ] ADV à força
ford [fɔ:d] N vau *m* ■ VT vadear
fore [fɔ:r] N: **to bring to the ~** pôr em evidência; **to come to the ~** (*person*) salientar-se
forearm ['fɔ:rɑ:m] N antebraço
forebear ['fɔ:bɛər] N antepassado
foreboding [fɔ:'bəudɪŋ] N mau presságio
forecast ['fɔ:kɑ:st] (*irreg: like* **cast**) N prognóstico, previsão *f*; (*also*: **weather forecast**) previsão do tempo ■ VT prognosticar, prever
foreclose [fɔ:'kləuz] VT (*Law: also*: **foreclose on**) executar
foreclosure [fɔ:'kləuʒər] N execução *f* de uma hipoteca
forecourt ['fɔ:kɔ:t] N (*of garage*) área de estacionamento
forefathers ['fɔ:fɑ:ðəz] NPL antepassados *mpl*
forefinger ['fɔ:fɪŋgər] N (dedo) indicador *m*
forefront ['fɔ:frʌnt] N: **in the ~ of** em primeiro plano em
forego (*irreg: like* **go**) VT (*give up*) renunciar a; (*go without*) abster-se de
foregoing ['fɔ:gəuɪŋ] ADJ acima mencionado ■ N: **the ~** o supracitado
foregone ['fɔ:gɔn] PP *of* **forego** ■ ADJ: **it's a ~ conclusion** é uma conclusão inevitável
foreground ['fɔ:graund] N primeiro plano ■ CPD (*Comput*) de primeiro plano
forehand ['fɔ:hænd] N (*Tennis*) golpe *m* de frente
forehead ['fɔrɪd] N testa
foreign ['fɔrɪn] ADJ estrangeiro; (*trade*) exterior; **foreign body** N corpo estranho; **foreign currency** N câmbio, divisas *fpl*
foreigner ['fɔrɪnər] N estrangeiro(-a)
foreign exchange N (*system*) câmbio; (*money*) divisas *fpl*
foreign exchange market N mercado de câmbio
foreign exchange rate N taxa de câmbio
foreign investment N investimento estrangeiro
Foreign Office (*Brit*) N Ministério das Relações Exteriores
foreign secretary (*Brit*) N ministro das Relações Exteriores
foreleg ['fɔ:lɛg] N perna dianteira
foreman ['fɔ:mən] (*irreg*) N capataz *m*; (*in construction*) contramestre *m*; (*Law: of jury*) primeiro jurado
foremost ['fɔ:məust] ADJ principal ■ ADV: **first and ~** antes de mais nada
forename ['fɔ:neɪm] N prenome *m*
forensic [fə'rɛnsɪk] ADJ forense; **~ medicine** medicina legal; **~ expert** perito(-a) criminal
forerunner ['fɔ:rʌnər] N precursor(a) *m/f*
foresee [fɔ:'si:] (*irreg: like* **see**) VT prever
foreseeable [fɔ:'si:əbl] ADJ previsível
foreshadow [fɔ:'fædəu] VT prefigurar
foreshorten [fɔ:'ʃɔ:tn] VT escorçar
foresight ['fɔ:saɪt] N previdência
foreskin ['fɔ:skɪn] N (*Anat*) prepúcio
forest ['fɔrɪst] N floresta
forestall [fɔ:'stɔ:l] VT prevenir
forestry ['fɔrɪstrɪ] N silvicultura
foretaste ['fɔ:teɪst] N antegosto, antegozo; (*sample*) amostra
foretell [fɔ:'tɛl] (*irreg: like* **tell**) VT predizer, profetizar
forethought ['fɔ:θɔ:t] N previdência
foretold [fɔ:'təuld] PT, PP *of* **foretell**
forever [fə'rɛvər] ADV para sempre; (*a long time*) muito tempo, um tempão (*inf*); **he's ~ forgetting my name** ele vive esquecendo o meu nome

forewarn [fɔ:'wɔ:n] VT prevenir
forewent PT *of* **forego**
foreword ['fɔ:wə:d] N prefácio
forfeit ['fɔ:fɪt] N prenda, perda; (*fine*) multa ■ VT perder (direito a); (*one's life, health*) pagar com
forgave [fə'geɪv] PT *of* **forgive**
forge [fɔ:dʒ] N forja; (*smithy*) ferraria ■ VT (*signature, money*) falsificar; (*metal*) forjar
▸ **forge ahead** VI avançar constantemente
forger ['fɔ:dʒəʳ] N falsificador(a) *m/f*
forgery ['fɔ:dʒərɪ] N falsificação *f*
forget [fə'gɛt] (*pt* **forgot**, *pp* **forgotten**) VT, VI esquecer
forgetful [fə'gɛtful] ADJ esquecido
forgetfulness [fə'gɛtfulnɪs] N esquecimento
forget-me-not N miosótis *m*
forgive [fə'gɪv] (*pt* **forgave**, *pp* **forgiven**) VT perdoar; **to ~ sb for sth** perdoar algo a alguém, perdoar alguém de algo
forgiveness [fə'gɪvnɪs] N perdão *m*
forgiving [fə'gɪvɪŋ] ADJ clemente
forgo [fɔ:'gəu] (*irreg*: *like* **go**) VT = **forego**
forgot [fə'gɔt] PT *of* **forget**
forgotten [fə'gɔtn] PP *of* **forget**
fork [fɔ:k] N (*for eating*) garfo; (*for gardening*) forquilha; (*of roads etc*) bifurcação *f* ■ VI (*road*) bifurcar-se
▸ **fork out** (*inf*) VT (*pay*) desembolsar, morrer em ■ VI (*pay*) descolar uma grana
forked [fɔ:kt] ADJ (*lightning*) em ziguezague
fork-lift truck N empilhadeira
forlorn [fə'lɔ:n] ADJ (*person, place*) desolado; (*attempt*) desesperado; (*hope*) último
form [fɔ:m] N forma; (*type*) tipo; (*Sch*) série *f*; (*questionnaire*) formulário ■ VT formar; (*organization*) criar; **in the ~ of** na forma de; **to ~ part of sth** fazer parte de algo; **to ~ a queue** (*Brit*) fazer fila; **to be in good ~** (*Sport, fig*) estar em forma; **in top ~** em plena forma
formal ['fɔ:məl] ADJ (*offer, receipt*) oficial; (*person etc*) cerimonioso; (*occasion, education*) formal; (*dress*) a rigor (BR), de cerimônia (PT); (*garden*) simétrico
formalities [fɔ:'mælɪtɪz] NPL (*procedures*) formalidades *fpl*
formality [fɔ:'mælɪtɪ] N (*of person*) formalismo; (*formal requirement*) formalidade *f*; (*ceremony*) cerimônia
formalize ['fɔ:məlaɪz] VT formalizar
formally ['fɔ:məlɪ] ADV oficialmente, formalmente; (*in a formal way*) formalmente
format ['fɔ:mæt] N formato ■ VT (*Comput*) formatar
formation [fɔ:'meɪʃən] N formação *f*
formative ['fɔ:mətɪv] ADJ (*years*) formativo
former ['fɔ:məʳ] ADJ anterior; (*earlier*) antigo; (*ex*) ex-; **the ~ ... the latter ...** aquele ... este ...; **the ~ president** o ex-presidente
formerly ['fɔ:məlɪ] ADV anteriormente
form feed N (*on printer*) alimentar formulário
formidable ['fɔ:mɪdəbl] ADJ terrível, temível
formula ['fɔ:mjulə] (*pl* **formulas** *or* **formulae**) N fórmula; **F~ One** (*Aut*) Fórmula Um
formulate ['fɔ:mjuleɪt] VT formular
fornicate ['fɔ:nɪkeɪt] VI fornicar
forsake [fə'seɪk] (*pt* **forsook**, *pp* **forsaken**) VT abandonar; (*plan*) renunciar a
forsaken [fə'seɪkən] PP *of* **forsake**
forsook [fə'suk] PT *of* **forsake**
fort [fɔ:t] N forte *m*; **to hold the ~** (*fig*) agüentar a mão
forte ['fɔ:tɪ] N forte *m*
forth [fɔ:θ] ADV para adiante; **back and ~** de cá para lá; **and so ~** e assim por diante
forthcoming ['fɔ:θ'kʌmɪŋ] ADJ próximo, que está para aparecer; (*help*) disponível; (*person*) comunicativo; (*book*) a ser publicado
forthright ['fɔ:θraɪt] ADJ franco
forthwith ['fɔ:θ'wɪθ] ADV em seguida
fortieth ['fɔ:tɪɪθ] NUM quadragésimo; *see also* **fifth**
fortification [fɔ:tɪfɪ'keɪʃən] N fortificação *f*
fortified wine ['fɔ:tɪfaɪd-] N vinho generoso
fortify ['fɔ:tɪfaɪ] VT (*city*) fortificar; (*person*) fortalecer
fortitude ['fɔ:tɪtju:d] N fortaleza
fortnight ['fɔ:tnaɪt] (*Brit*) N quinzena, quinze dias *mpl*
fortnightly ['fɔ:tnaɪtlɪ] ADJ quinzenal ■ ADV quinzenalmente
FORTRAN ['fɔ:træn] N FORTRAN *m*
fortress ['fɔ:trɪs] N fortaleza
fortuitous [fɔ:'tju:ɪtəs] ADJ fortuito
fortunate ['fɔ:tʃənɪt] ADJ (*event*) feliz; (*person*): **to be ~** ter sorte; **it is ~ that ...** é uma sorte que ...
fortunately ['fɔ:tʃənɪtlɪ] ADV felizmente
fortune ['fɔ:tʃən] N sorte *f*; (*wealth*) fortuna; **to make a ~** fazer fortuna
fortune-teller N adivinho(-a)
forty ['fɔ:tɪ] NUM quarenta; *see also* **fifty**
forum ['fɔ:rəm] N foro
forward ['fɔ:wəd] ADJ (*movement*) para a frente; (*position*) avançado; (*front*) dianteiro; (*not shy*) imodesto, presunçoso; (*Comm*: *delivery*) futuro; (: *sales, exchange*) a termo ■ N (*Sport*) atacante *m* ■ ADV para a frente ■ VT (*letter*) remeter; (*goods, parcel*) expedir; (*career*) promover; (*plans*) ativar; **to move ~** avançar; **"please ~"** "por favor remeta a novo endereço"; **~ planning** planejamento para o futuro
forward(s) ['fɔ:wəd(z)] ADV para a frente
forwent [fɔ:'wɛnt] PT *of* **forgo**; **fossil** ['fɔsl] N fóssil *m*
fossil fuel ■ N combustível *m* fóssil
foster ['fɔstəʳ] VT adoptar; (*activity*) promover; **foster brother** N irmão *m* de criação; **foster child** (*irreg*) N filho adotivo; **foster mother** N mãe *f* adotiva
fought [fɔ:t] PT, PP *of* **fight**
foul [faul] ADJ sujo, porco; (*food*) podre; (*weather*) horrível; (*language*) obsceno; (*deed*) infame ■ N (*Sport*) falta ■ VT (*dirty*) sujar; (*block*) entupir; (*football player*) cometer uma falta contra; (*entangle*: *anchor, propeller*) enredar; **foul play** N

(*Sport*) jogada suja; (*Law*) crime *m*

found [faund] PT, PP *of* **find** ■ VT (*establish*) fundar

foundation [faun'deɪʃən] N (*act*) fundação *f*; (*base*) base *f*; (*also*: **foundation cream**) creme *m* base; **foundations** NPL (*of building*) alicerces *mpl*; **to lay the ~s** (*fig*) lançar os alicerces; **foundation stone** N pedra fundamental

founder ['faundəʳ] N fundador(a) *m/f* ■ VI naufragar

founding ['faundɪŋ] N fundação *f* ■ ADJ fundador(a)

foundry ['faundrɪ] N fundição *f*

fount [faunt] N fonte *f*

fountain ['fauntɪn] N chafariz *m*; **fountain pen** N caneta-tinteiro *f*

four [fɔːʳ] NUM quatro; **on all ~s** de quatro; *see also* **five**

four-poster N (*also*: **four-poster bed**) cama com colunas

foursome ['fɔːsəm] N grupo de quatro pessoas

fourteen ['fɔːʳtiːn] NUM catorze; *see also* **five**

fourteenth ['fɔːʳtiːnθ] NUM décimo-quarto; *see also* **fifth**

fourth [fɔːθ] NUM quarto ■ N (*Aut*: *also*: **fourth gear**) quarta; *see also* **fifth**

four-wheel drive N (*Aut*): **with ~** com tração nas quatro rodas

fowl [faul] N ave *f* (doméstica)

fox [fɔks] N raposa ■ VT deixar perplexo; **fox fur** N raposa

foxglove ['fɔksglʌv] N (*Bot*) dedaleira

fox-hunting N caça à raposa

foxtrot ['fɔkstrɔt] N foxtrote *m*

foyer ['fɔɪeɪ] N saguão *m*

FP N ABBR (*Brit*) = **former pupil**; (*US*) = **fireplug**

FPA (*Brit*) N ABBR = **Family Planning Association**

Fr. ABBR (*Rel*: = *father*) P.; (: = *friar*) Fr.

fr. ABBR (= *franc*) fr.

fracas ['frækɑː] N desordem *f*, rixa

fraction ['frækʃən] N fração *f*

fractionally ['frækʃnəlɪ] ADV ligeiramente

fractious ['frækʃəs] ADJ irascível

fracture ['fræktʃəʳ] N fratura ■ VT fraturar

fragile ['frædʒaɪl] ADJ frágil

fragment ['frægmənt] N fragmento

fragmentary ['frægməntərɪ] ADJ fragmentário

fragrance ['freɪgrəns] N fragrância

fragrant ['freɪgrənt] ADJ fragrante, perfumado

frail [freɪl] ADJ (*person*) fraco; (*structure*) frágil; (*weak*) delicado

frame [freɪm] N (*of building*) estrutura; (*body*) corpo; (*Tech*) armação *f*; (*of picture, door*) moldura; (*of spectacles*: *also*: **frames**) armação *f*, aro ■ VT enquadrar, encaixilhar; (*picture*) emoldurar; (*reply*) formular; (*inf*) incriminar; **frame of mind** N estado de espírito

framework ['freɪmwəːk] N armação *f*; (*fig*) sistema *m*, quadro

France [frɑːns] N França

franchise ['frəntʃaɪz] N (*Pol*) direito de voto; (*Comm*) concessão *f*

franchisee [frəntʃaɪ'ziː] N concessionário(-a)

franchiser ['frəntʃaɪzəʳ] N concedente *m/f*

frank [fræŋk] ADJ franco ■ VT (*letter*) franquear

Frankfurt ['fræŋkfəːt] N Frankfurt (BR), Francoforte (PT)

frankfurter ['fræŋkfəːtəʳ] N salsicha de cachorro quente

franking machine ['fræŋkɪŋ-] N máquina de selagem

frankly ['fræŋklɪ] ADV francamente; (*candidly*) abertamente

frankness ['fræŋknɪs] N franqueza

frantic ['frəntɪk] ADJ frenético; (*person*) fora de si

frantically ['frəntɪklɪ] ADV freneticamente

fraternal [frə'təːnl] ADJ fraterno

fraternity [frə'təːnɪtɪ] N (*club*) fraternidade *f*; (*US*) clube *m* de estudantes; (*guild*) confraria

fraternize ['frətənaɪz] VI confraternizar

fraud [frɔːd] N fraude *f*; (*person*) impostor(a) *m/f*

fraudulent ['frɔːdjulənt] ADJ fraudulento

fraught [frɔːt] ADJ tenso; **~ with** repleto de

fray [freɪ] N combate *m*, luta ■ VT esfiapar ■ VI esfiapar-se; **tempers were ~ed** estavam com os nervos em frangalhos

FRB (*US*) N ABBR = **Federal Reserve Board**

FRCM (*Brit*) N ABBR = **Fellow of the Royal College of Music**

FRCO (*Brit*) N ABBR = **Fellow of the Royal College of Organists**

FRCP (*Brit*) N ABBR = **Fellow of the Royal College of Physicians**

FRCS (*Brit*) N ABBR = **Fellow of the Royal College of Surgeons**

freak [friːk] N (*person*) anormal *m/f*; (*event*) anomalia; (*thing*) aberração *f*; (*inf*: *enthusiast*): **health ~** maníaco(-a) com a saúde
▶ **freak out** (*inf*) VI (*on drugs*) baratinar-se; (*get angry*) ficar uma fera

freakish ['friːkɪʃ] ADJ anormal

freckle ['frekl] N sarda

free [friː] ADJ livre; (*seat*) desocupada; (*not fixed*) solto; (*costing nothing*) gratis, gratuito; (*liberal*) generoso ■ VT (*prisoner etc*) pôr em liberdade; (*jammed object*) soltar; **to give sb a ~ hand** dar carta branca a alguém; **~ and easy** informal; **admission ~** entrada livre; **~ (of charge)** (*for free*) grátis, de graça

freebie ['friːbɪ] (*inf*) N brinde *m*; (*trip etc*): **it's a ~** está tudo pago

freedom ['friːdəm] N liberdade *f*; **freedom fighter** N lutador(a) *m/f* pela liberdade

free enterprise N livre iniciativa

free-for-all N quebra-quebra *m*

free gift N brinde *m*

freehold ['friːhəuld] N propriedade *f* livre e alodial

free kick N (tiro) livre *m*

freelance ['friːlaːns] ADJ autônomo

freelancer ['friːlɑːnsəʳ] N free-lance *m/f*

freeloader ['friːləudəʳ] (*pej*) N sanguessuga *m*

freely ['friːlɪ] ADV livremente

freemason ['fri:meɪsən] N maçom *m*
freemasonry ['fri:meɪsnrɪ] N maçonaria
Freepost® ['fri:pəʊst] N porte *m* pago
free-range N (*egg*) caseiro
free sample N amostra grátis
free speech N liberdade *f* de expressão
free trade N livre comércio
freeway ['fri:weɪ] (US) N auto-estrada
freewheel [fri:'wi:l] VI ir em ponto morto
freewheeling [fri:'wi:lɪŋ] ADJ independente, livre
free will N livre arbítrio; **of one's own ~** por sua própria vontade
freeze [fri:z] (*pt* **froze**, *pp* **frozen**) VI gelar(-se), congelar-se ■ VT gelar; (*prices, food, salaries*) congelar ■ N geada; (*on arms, wages*) congelamento
▸ **freeze over** VI (*lake, river*) gelar; (*windscreen*) cobrir-se de gelo
▸ **freeze up** VI gelar
freeze-dried ADJ liofilizado
freezer ['fri:zəʳ] N congelador *m*, freezer *m* (BR)
freezing ['fri:zɪŋ] ADJ: **~ (cold)** (*weather*) glacial; (*water*) gelado; **3 degrees below ~** 3 graus abaixo de zero; **freezing point** N ponto de congelamento
freight [freɪt] N (*goods*) carga; (*money charged*) frete *m*; **~ forward** frete pago na chegada; **~ inward** frete incluído no preço; **freight car** (US) N vagão *m* de carga
freighter ['freɪtəʳ] N cargueiro
freight forwarder [-'fɔ:wədəʳ] N despachante *m/f*
freight train (US) N trem *m* de carga
French [frɛntʃ] ADJ francês(-esa) ■ N (*Ling*) francês *m*; **the French** NPL os franceses; **French bean** (Brit) N feijão *m* comum
French-Canadian ADJ franco-canadense ■ N canadense *m/f* francês(-esa) *or* da parte francesa; (*Ling*) francês *m* do Canadá
French dressing N (*Culin*) molho francês (de salada)
French fried potatoes NPL batatas *fpl* fritas
French fries (US) NPL = **French fried potatoes**
French Guiana [-gaɪ'ænə] N Guiana Francesa
Frenchman ['frɛntʃmən] (*irreg*) N francês *m*
French Riviera N: **the ~** a Costa Azul
French window N porta-janela, janela de batente
Frenchwoman ['frɛntʃwumən] (*irreg*) N francesa
frenetic [frə'nɛtɪk] ADJ frenético
frenzy ['frɛnzɪ] N frenesi *m*
frequency ['fri:kwənsɪ] N freqüência; **frequency modulation** N freqüência modulada
frequent [*adj* 'fri:kwənt, *vt* frɪ'kwɛnt] ADJ freqüente ■ VT freqüentar
frequently ['fri:kwəntlɪ] ADV freqüentemente, a miúdo
fresco ['frɛskəʊ] N fresco
fresh [freʃ] ADJ fresco; (*new*) novo; (*cheeky*) atrevido; **to make a ~ start** começar de novo
freshen ['freʃən] VI (*wind, air*) tornar-se mais forte
▸ **freshen up** VI (*person*) lavar-se, refrescar-se
freshener ['freʃnəʳ] N: **skin ~** refrescante *m* da pele; **air ~** purificador *m* de ar
fresher ['freʃəʳ] (Brit: *inf*) N (*Sch*) calouro(-a)
freshly ['freʃlɪ] ADV (*newly*) novamente; (*recently*) recentemente, há pouco
freshman ['freʃmən] (US: *irreg*) N = **fresher**
freshness ['freʃnɪs] N frescor *m*
freshwater ['freʃwɔ:təʳ] ADJ de água doce
fret [frɛt] VI afligir-se
fretful ['frɛtful] ADJ irritável
Freudian ['frɔɪdɪən] ADJ freudiano; **~ slip** ato falho
FRG N ABBR (= *Federal Republic of Germany*) RFA *f*
Fri. ABBR (= *Friday*) sex
friar ['fraɪəʳ] N frade *m*; (*before name*) frei *m*
friction ['frɪkʃən] N fricção *f*; (*between people*) atrito; **friction feed** N (*on printer*) alimentação *f* por fricção
Friday ['fraɪdɪ] N sexta-feira *f*; *see also* **Tuesday**
fridge [frɪdʒ] N geladeira (BR), frigorífico (PT)
fried [fraɪd] PT, PP *of* **fry** ■ ADJ frito; **~ egg** ovo estrelado *or* frito
friend [frɛnd] N amigo(-a); **to make ~s with sb** fazer amizade com alguém
friendliness ['frɛndlɪnɪs] N simpatia
friendly ['frɛndlɪ] ADJ (*kind*) simpático; (*relations, behaviour*) amigável ■ N (*also*: **friendly match**) amistoso; **to be ~ with** ser amigo de; **to be ~ to** ser simpático com; **friendly society** N sociedade *f* mutuante, mútua
friendship ['frɛndʃɪp] N amizade *f*
frieze [fri:z] N friso
frigate ['frɪgɪt] N fragata
fright [fraɪt] N (*terror*) terror *m*; (*scare*) pavor *m*; **to take ~** assustar-se
frighten ['fraɪtən] VT assustar
▸ **frighten away** VT espantar
▸ **frighten off** VT espantar
frightened ['fraɪtnd] ADJ: **to be ~ of** ter medo de
frightening ['fraɪtnɪŋ] ADJ assustador(a)
frightful ['fraɪtful] ADJ terrível, horrível
frightfully ['fraɪtfulɪ] ADV terrivelmente
frigid ['frɪdʒɪd] ADJ (*Med*) frígido, frio
frigidity [frɪ'dʒɪdɪtɪ] N (*Med*) frigidez *f*
frill [frɪl] N babado; **without ~s** (*fig*: *car*) sem nenhum luxo; (: *dinner*) simples; (: *service*) sem mordomias; (: *holiday*) sem extras
fringe [frɪndʒ] N franja; (*on shawl etc*) beira, orla; (*edge*: *of forest etc*) margem *f*; (*fig*): **on the ~ of** à margem de; **fringe benefits** NPL benefícios *mpl* adicionais; **fringe theatre** N teatro de vanguarda
frisk [frɪsk] VT revistar
frisky ['frɪskɪ] ADJ alegre, animado
fritter ['frɪtəʳ] N bolinho frito
▸ **fritter away** VT desperdiçar
frivolity [frɪ'vɔlɪtɪ] N frivolidade *f*
frivolous ['frɪvələs] ADJ frívolo; (*activity*) fútil

frizzy ['frɪzɪ] ADJ frisado
fro [frəu] ADJ *see* **to**
frock [frɔk] N vestido
frog [frɔg] N rã *f*; **to have a ~ in one's throat** ter pigarro
frogman ['frɔgmən] (*irreg*) N homem-rã *m*
frogmarch ['frɔgmɑ:tʃ] (*Brit*) VT: **to ~ sb in/out** arrastar alguém para dentro/para fora
frolic ['frɔlɪk] VI brincar

KEYWORD

from [frɔm] PREP **1** (*indicating starting place*) de; **where do you come from?** de onde você é?; **we flew from London to Glasgow** fomos de avião de Londres para Glasgow; **to escape from sth/sb** escapar de algo/alguém
2 (*indicating origin etc*) de; **a letter/telephone call from my sister** uma carta/um telefonema da minha irmã; **tell him from me that ...** diga a ele que da minha parte ...; **to drink from the bottle** beber na garrafa
3 (*indicating time*): **from one o'clock to** *or* **until** *or* **till two** da uma hora até às duas; **from January (on)** a partir de janeiro
4 (*indicating distance*) de; **we're still a long way from home** ainda estamos muito longe de casa
5 (*indicating price, number etc*) de; **prices range from £10 to £50** os preços vão de £10 a £50; **the interest rate was increased from 9% to 10%** a taxa de juros foi aumentada de 9% para 10%
6 (*indicating difference*) de; **he can't tell red from green** ele não pode diferenciar vermelho do verde; **to be different from sb/sth** ser diferente de alguém/algo
7 (*because of/on the basis of*): **from what he says** pelo que ele diz; **from what I understand** pelo que eu entendo; **to act from conviction** agir por convicção; **weak from hunger** fraco de fome

frond [frɔnd] N fronde *f*
front [frʌnt] N (*of dress*) frente *f*; (*of vehicle*) parte *f* dianteira; (*of house*) fachada; (*of book*) capa; (*promenade*: *also*: **sea front**) orla marítima; (*Mil, Pol, Meteorology, of dress*) frente *f*; (*fig*: *appearances*) fachada ■ ADJ dianteiro, da frente ■ VI: **to ~ onto sth** dar para algo; **in ~ (of)** em frente (de)
frontage ['frʌntɪdʒ] N fachada
frontal ['frʌntəl] ADJ frontal
front bench (*Brit*) N (*Pol*) *os dirigentes do partido no poder ou da oposição*
front desk (*US*) N (*in hotel, at doctor's*) recepção *f*
front door N porta principal; (*of car*) porta dianteira
frontier ['frʌntɪəʳ] N fronteira
frontispiece ['frʌntɪspi:s] N frontispício
front page N primeira página
front room (*Brit*) N salão *m*, sala de estar
front runner N (*fig*) favorito(-a)
front-wheel drive N tração *f* dianteira
frost [frɔst] N geada; (*also*: **hoarfrost**) gelo
frostbite ['frɔstbaɪt] N ulceração *f* produzida pelo frio
frosted ['frɔstɪd] ADJ (*glass*) fosco; (*esp US*: *cake*) com cobertura
frosting ['frɔstɪŋ] (*esp US*) N (*on cake*) glace *f*
frosty ['frɔstɪ] ADJ (*window*) coberto de geada; (*welcome*) glacial
froth [frɔθ] N espuma
frown [fraun] N olhar *m* carrancudo, cara amarrada ■ VI franzir as sobrancelhas, amarrar a cara
▸ **frown on** VT FUS (*fig*) desaprovar, não ver com bons olhos
froze [frəuz] PT *of* **freeze**
frozen ['frəuzn] PP *of* **freeze** ■ ADJ congelado; **~ foods** congelados *mpl*
FRS N ABBR (*Brit*: = *Fellow of the Royal Society*) *membro de associação promovedora de pesquisa científica*; (*US*: = *Federal Reserve System*) *banco central dos EUA*
frugal ['fru:gəl] ADJ frugal
fruit [fru:t] N INV fruta; (*fig*: *results*) fruto
fruiterer ['fru:tərəʳ] N fruteiro(-a); **~'s (shop)** fruterio (*BR*), frutaria (*PT*)
fruitful ['fru:tful] ADJ proveitoso
fruition [fru:'ɪʃən] N: **to come to ~** realizar-se
fruit juice N suco (*BR*) *or* sumo (*PT*) de frutas
fruitless ['fru:tlɪs] ADJ inútil, vão(-vã)
fruit machine (*Brit*) N caça-níqueis *m inv* (*BR*), máquina de jogo (*PT*)
fruit salad N salada de frutas
frump [frʌmp] N careta (*mulher antiquada*)
frustrate [frʌs'treɪt] VT frustrar
frustrated [frʌs'treɪtɪd] ADJ frustrado
frustrating [frʌs'treɪtɪŋ] ADJ frustrante
frustration [frʌs'treɪʃən] N frustração *f*; (*disappointment*) decepção *f*
fry [fraɪ] (*pt, pp* **fried**) VT fritar; *see also* **small**
frying pan ['fraɪɪŋ-] N frigideira
FT (*Brit*) N ABBR (= *Financial Times*) *jornal financeiro*; **the FT index** o índice da Bolsa de Valores de Londres
ft. ABBR = **foot; feet**
FTC (*US*) N ABBR = **Federal Trade Commission**
fuchsia ['fju:ʃə] N fúcsia
fuck [fʌk] (*inf!*) VI trepar (!) ■ VT trepar com (!); **~ off**! vai tomar no cu! (!)
fuddled ['fʌdld] ADJ (*muddled*) confuso, enrolado
fuddy-duddy ['fʌdɪdʌdɪ] (*pej*) ADJ, N careta *m/f*
fudge [fʌdʒ] N (*Culin*) ≈ doce *m* de leite ■ VT (*issue, problem*) evadir
fuel [fjuəl] N (*gen, for heating*) combustível *m*; (*for propelling*) carburante *m*; **fuel oil** N óleo combustível; **fuel pump** N (*Aut*) bomba de gasolina; **fuel tank** N depósito de combustível
fug [fʌg] (*Brit*) N bafio
fugitive ['fju:dʒɪtɪv] N fugitivo(-a)
fulfil [ful'fɪl] (*US* **fulfill**) VT (*function*) cumprir; (*condition*) satisfazer; (*wish, desire*) realizar
fulfilled [ful'fɪld] ADJ (*person*) realizado
fulfil(l)ment [ful'fɪlmənt] N satisfação *f*; (*of wish,*

desire) realização *f*

full [ful] ADJ cheio; (*fig*) pleno; (*use, volume*) máximo; (*complete*) completo; (*information*) detalhado; (*price*) integral; (*skirt*) folgado ■ ADV: **~ well** perfeitamente; **I'm ~ (up)** estou satisfeito; **~ (up)** (*hotel etc*) lotado; **~ employment** pleno emprego; **~ fare** passagem completa; **a ~ two hours** duas horas completas; **at ~ speed** a toda a velocidade; **in ~** (*reproduce, quote*) integralmente; (*name*) por completo; **~ employment** pleno emprego

fullback ['fulbæk] N zagueiro (BR), defesa *m* (PT)

full-blooded [-'blʌdɪd] ADJ (*vigorous*) vigoroso

full-cream (*Brit*) ADJ: **~ milk** leite *m* integral

full-grown ADJ crescido, adulto

full-length ADJ (*portrait*) de corpo inteiro; (*coat*) longo; **~ (feature) film** longa-metragem *m*

full moon N lua cheia

full-scale ADJ (*model*) em tamanho natural; (*war*) em grande escala

full-sized [-saɪzd] ADJ (*portrait etc*) em tamanho natural

full stop N ponto (final)

full-time ADJ (*work*) de tempo completo *or* integral ■ N: **full time** (*Sport*) final *m*

fully ['fulɪ] ADV completamente; (*at least*): **~ as big as** pelo menos tão grande como

fully-fledged [-flɛdʒd] ADJ (*teacher, barrister*) diplomado; (*citizen, member*) verdadeiro

fulsome ['fulsəm] (*pej*) ADJ extravagante

fumble ['fʌmbl] VI atrapalhar-se ■ VT (*ball*) atrapalhar-se com, apanhar de (*inf*)
▸ **fumble with** VT FUS atrapalhar-se com, apanhar de (*inf*)

fume [fju:m] VI fumegar; (*be angry*) estar com raiva; **fumes** NPL gases *mpl*

fumigate ['fju:mɪgeɪt] VT fumigar; (*against pests etc*) pulverizar

fun [fʌn] N (*amusement*) divertimento; (*joy*) alegria; **to have ~** divertir-se; **for ~** de brincadeira; **it's not much ~** não tem graça; **to make ~ of** fazer troça de, zombar de

function ['fʌŋkʃən] N função *f*; (*reception, dinner*) recepção *f* ■ VI funcionar; **to ~ as** funcionar como

functional ['fʌŋkʃənəl] ADJ funcional; (*practical*) prático

function key N (*Comput*) tecla de função

fund [fʌnd] N fundo; (*source, store*) fonte *f*; **funds** NPL (*money*) fundos *mpl*

fundamental [fʌndə'mɛntl] ADJ fundamental

fundamentalist [fʌndə'mɛntəlɪst] N fundamentalista *m/f*

fundamentally [fʌndə'mɛntəlɪ] ADV fundamentalmente

fundamentals [fʌndə'mɛntlz] NPL fundamentos *mpl*

fund-raising [-'reɪzɪŋ] N angariação *f* de fundos

funeral ['fju:nərəl] N (*burial*) enterro; (*ceremony*) exéquias *fpl*; **funeral director** N agente *m/f* funerário(-a); **funeral parlour** N casa funerária; **funeral service** N missa fúnebre

funereal [fju:'nɪərɪəl] ADJ fúnebre, funéreo

funfair ['fʌnfɛə^r] (*Brit*) N parque *m* de diversões

fungi ['fʌŋgaɪ] NPL *of* **fungus**

fungus ['fʌŋgəs] (*pl* **fungi**) N fungo; (*mould*) bolor *m*, mofo

funicular [fju:'nɪkjulə^r] N (*also*: **funicular railway**) funicular *m*

funnel ['fʌnl] N funil *m*; (*of ship*) chaminé *m*

funnily ['fʌnɪlɪ] ADV: **~ enough** por incrível que pareça

funny ['fʌnɪ] ADJ engraçado, divertido; (*strange*) esquisito, estranho; **funny bone** N *parte sensível do cotovelo*

fur [fə:^{r}] N pele *f*; (*Brit*: *in kettle etc*) depósito, crosta; **fur coat** N casaco de peles

furious ['fjuərɪəs] ADJ furioso; (*effort*) incrível

furiously ['fjuərɪəslɪ] ADV com fúria; (*argue*) com violência

furl [fə:l] VT enrolar; (*Naut*) colher

furlong ['fə:lɔŋ] N = *201.17m*

furlough ['fə:ləu] N licença

furnace ['fə:nɪs] N forno

furnish ['fə:nɪʃ] VT mobiliar (BR), mobilar (PT); (*supply*): **to ~ sb with sth** fornecer algo a alguém; **~ed flat** (*Brit*) *or* **apartment** (*US*) apartamento mobiliado (BR) *or* mobilado (PT)

furnishings ['fə:nɪʃɪŋz] NPL mobília

furniture ['fə:nɪtʃə^r] N mobília, móveis *mpl*; **piece of ~** móvel; **furniture polish** N cera de lustrar móveis

furore [fjuə'rɔ:rɪ] N furor *m*

furrier ['fʌrɪə^r] N peleiro(-a)

furrow ['fʌrəu] N (*in field*) rego; (*in skin*) sulco

furry ['fə:rɪ] ADJ peludo; (*toy*) de pelúcia

further ['fə:ðə^r] ADJ (*new*) novo, adicional ■ ADV mais longe; (*more*) mais; (*moreover*) além disso ■ VT promover; **how much ~ is it?** quanto mais tem que se ir?; **until ~ notice** até novo aviso; **~ to your letter of ...**; **further education** (*Brit*) N educação *f* superior

furthermore [fə:ðə'mɔ:^{r}] ADV além disso

furthermost ['fə:ðəməust] ADJ mais distante

furthest ['fə:ðɪst] SUPERL *of* **far**

furtive ['fə:tɪv] ADJ furtivo

furtively ['fə:tɪvlɪ] ADV furtivamente

fury ['fjuərɪ] N fúria

fuse [fju:z] (*US* **fuze**) N fusível *m*; (*for bomb etc*) espoleta, mecha ■ VT fundir; (*fig*) unir ■ VI (*metal*) fundir-se; unir-se; **to ~ the lights** (*Brit*) (*Elec*) queimar as luzes; **a ~ has blown** queimou um fusível; **fuse box** N caixa de fusíveis

fuselage ['fju:zəla:ʒ] N fuselagem *f*

fuse wire N fio fusível

fusillade [fju:zɪ'leɪd] N fuzilada; (*fig*) saraivada

fusion ['fju:ʒən] N fusão *f*

fuss [fʌs] N (*uproar*) rebuliço; (*excitement*) estardalhaço; (*complaining*) escândalo ■ VI criar caso; **to make a ~** criar caso; **to make a ~ of sb** paparicar alguém
▸ **fuss over** VT FUS (*person*) paparicar

fussy ['fʌsɪ] ADJ (*person*) exigente, complicado,

cheio de coisas (*inf*); (*dress, style*) espalhafatoso; **I'm not ~** (*inf*) para mim, tanto faz

futile ['fju:taɪl] ADJ (*existence*) fútil; (*attempt*) inútil, fútil

futility [fju:'tɪlɪtɪ] N inutilidade *f*

future ['fju:tʃəʳ] ADJ futuro ■ N futuro; (*prospects*) perspectiva; **futures** NPL (*Comm*) operações *fpl* a termo; **in (the) ~** no futuro; **in the near/immediate ~** em futuro próximo/imediato

futuristic [fju:tʃə'rɪstɪk] ADJ futurístico

fuze [fju:z] (*US*) N, VT, VI = **fuse**

fuzzy ['fʌzɪ] ADJ (*Phot*) indistinto; (*hair*) frisado, encrespado

fwd. ABBR = **forward**

fwy (*US*) ABBR = **freeway**

FY ABBR = **fiscal year**

FYI ABBR (= *for your information*) para seu conhecimento

Gg

G, g [dʒiː] N (*letter*) G, g *m*; (: *Mus*): **G** sol *m*; **G for George** G de Gomes
G N ABBR (*Brit*: *Sch*) = **good**; (*US*: *Cinema*: = *general (audience)*) livre
g ABBR (= *gram; gravity*) g
GA (*US*) ABBR (*Post*) = **Georgia**
gab [gæb] (*inf*) N: **to have the gift of the ~** ter lábia, ser bom de bico
gabble ['gæbl] VI tagarelar
gaberdine [gæba'diːn] N gabardina, gabardine *f*
gable ['geɪbl] N cumeeira
Gabon [gə'bɔn] N Gabão *m*
gad about [gæd-] (*inf*) VI badalar
gadget ['gædʒɪt] N aparelho, engenhoca; (*in kitchen*) pequeno utensílio
Gaelic ['geɪlɪk] ADJ gaélico(-a) ■ N (*Ling*) gaélico
gaffe [gæf] N gafe *f*
gag [gæg] N (*on mouth*) mordaça; (*joke*) piada ■ VT amordaçar
gaga ['gɑːgɑː] ADJ: **to go ~** ficar gagá
gaiety ['geɪɪtɪ] N alegria
gaily ['geɪlɪ] ADV alegremente; (*coloured*) vivamente
gain [geɪn] N ganho; (*profit*) lucro ■ VT ganhar ■ VI (*watch*) adiantar-se; (*benefit*): **to ~ from sth** tirar proveito de algo; **to ~ on sb** aproximar-se de alguém; **to ~ 3lbs (in weight)** engordar 3 libras; **to ~ ground** ganhar terreno
gainful ['geɪnful] ADJ lucrativo, proveitoso
gainsay [geɪn'seɪ] (*irreg*: *like* **say**) VT (*contradict*) contradizer; (*deny*) negar
gait [geɪt] N modo de andar
gal. ABBR = **gallon**
gala ['gɑːlə] N festa, gala; **swimming ~** festival de natação
Galapagos (Islands) [gə'læpəgəs-] NPL: **the Galapagos (Islands)** as ilhas Galápagos
galaxy ['gæləksɪ] N galáxia
gale [geɪl] N (*wind*) ventania; **~ force 10** vento de força 10
gall [gɔːl] N (*Anat*) fel *m*, bílis *f*; (*fig*) descaramento ■ VT irritar
gall. ABBR = **gallon**
gallant ['gælənt] ADJ valente; (*polite*) galante
gallantry ['gæləntrɪ] N valentia; (*courtesy*) galanteria
gall bladder [gɔːl-] N vesícula biliar
galleon ['gælɪən] N galeão *m*
gallery ['gælərɪ] N (*in theatre etc*) galeria; (*also*: **art gallery**: *public*) museu *m*; (: *private*) galeria (de arte)
galley ['gælɪ] N (*ship's kitchen*) cozinha; (*ship*) galé *f*; (*also*: **galley proof**) paquê *m*
Gallic ['gælɪk] ADJ francês(-esa)
galling ['gɔːlɪŋ] ADJ irritante
gallon ['gælɪn] N galão *m* (= *8 pints; Brit = 4.5l; US = 3.8l*)
gallop ['gæləp] N galope *m* ■ VI galopar; **~ing inflation** inflação galopante
gallows ['gæləuz] N forca
gallstone ['gɔːlstəun] N cálculo biliar
galore [gə'lɔːʳ] ADV à beça
galvanize ['gælvənaɪz] VT galvanizar; (*person, support*) arrebatar; **to ~ sb into action** galvanizar *or* eletrizar alguém
Gambia ['gæmbɪə] N Gâmbia (*no article*)
gambit ['gæmbɪt] N (*fig*): **(opening) ~** início (de conversa)
gamble ['gæmbl] N (*risk*) risco; (*bet*) aposta ■ VT: **to ~ on** apostar em ■ VI jogar, arriscar; (*Comm*) especular
gambler ['gæmblə^r] N jogador(a) *m/f*
gambling ['gæmblɪŋ] N jogo
gambol ['gæmbl] VI cabriolar
game [geɪm] N jogo; (*match*) partida; (*esp Tennis*) jogada; (*strategy*) plano, esquema *m*; (*Hunting*) caça ■ ADJ valente; (*willing*): **to be ~ for anything** topar qualquer parada; **games** NPL (*Sch*) esporte *m* (BR), desporto (PT); **I'm ~** eu topo; **big ~** caça grossa; **game bird** N ave *f* de caça
gamekeeper ['geɪmkiːpə^r] N guarda-caça *m*
gamely ['geɪmlɪ] ADV valentemente
game reserve N reserva de caça
gamesmanship ['geɪmzmənʃɪp] N tática
gammon ['gæmən] N (*bacon*) toucinho (defumado); (*ham*) presunto
gamut ['gæmət] N gama
gang [gæŋ] N bando, grupo; (*of criminals*) gangue *f*; (*of workmen*) turma ■ VI: **to ~ up on sb** conspirar contra alguém
Ganges ['gændʒiːz] N: **the ~** o Ganges
gangling ['gæŋglɪŋ] ADJ desengonçado
gangplank ['gæŋplæŋk] N prancha (de desembarque)

gangrene ['gæŋgri:n] N gangrena
gangster ['gæŋstəʳ] N gângster *m*, bandido
gangway ['gæŋweɪ] N (*Brit: in cinema, bus*) corredor *m*; (*on ship*) passadiço; (*on dock*) portaló *m*
gantry ['gæntrɪ] N pórtico; (*for rocket*) guindaste *m*
GAO (*US*) N ABBR (= *General Accounting Office*) ≈ Tribunal *m* de Contas da União
gaol [dʒeɪl] (*Brit*) N, VT = **jail**
gap [gæp] N brecha, fenda; (*in trees, traffic*) abertura; (*in time*) intervalo; (*fig*) lacuna; (*difference*): **~ (between)** diferença (entre)
gape [geɪp] VI (*person*) estar *or* ficar boquiaberto; (*hole*) abrir-se
gaping ['geɪpɪŋ] ADJ (*hole*) muito aberto
garage ['gærɑ:ʒ] N garagem *f*; (*for car repairs*) oficina (mecânica)
garb [gɑ:b] N traje *m*
garbage ['gɑ:bɪdʒ] N (*US*) lixo; (*inf: nonsense*) disparates *mpl*; **the book/film is ~** o livro/filme é uma droga; **garbage can** (*US*) N lata de lixo; **garbage disposal (unit)** N triturador *m* de lixo
garbled ['gɑ:bld] ADJ (*account*) deturpado, destorcido
garden ['gɑ:dn] N jardim *m* ■ VI jardinar; **gardens** NPL (*public park*) jardim público, parque *m*; **garden centre** N loja de jardinagem
gardener ['gɑ:dnəʳ] N jardineiro(-a)
gardening ['gɑ:dnɪŋ] N jardinagem *f*
gargle ['gɑ:gl] VI gargarejar ■ N gargarejo
gargoyle ['gɑ:gɔɪl] N gárgula
garish ['gɛərɪʃ] ADJ vistoso, chamativo; (*colour*) berrante; (*light*) brilhante
garland ['gɑ:lənd] N guirlanda
garlic ['gɑ:lɪk] N alho
garment ['gɑ:mənt] N peça de roupa
garner ['gɑ:nəʳ] VT acumular, amontoar
garnish ['gɑ:nɪʃ] VT adornar; (*food*) enfeitar
garret ['gærət] N mansarda
garrison ['gærɪsn] N guarnição *f* ■ VT guarnecer
garrulous ['gærjuləs] ADJ tagarela
garter ['gɑ:təʳ] N liga; **garter belt** (*US*) N cinta-liga
gas [gæs] N gás *m*; (*US: gasoline*) gasolina ■ VT asfixiar com gás; (*Mil*) gasear; **gas cooker** (*Brit*) N fogão *m* a gás; **gas cylinder** N bujão *m* de gás
gaseous ['gæsɪəs] ADJ gasoso
gas fire (*Brit*) N aquecedor *m* a gás
gash [gæʃ] N talho; (*tear*) corte *m* ■ VT talhar; cortar
gasket ['gæskɪt] N (*Aut*) junta, gaxeta
gas mask N máscara antigás
gas meter N medidor *m* de gás
gasoline ['gæsəli:n] (*US*) N gasolina
gasp [gɑ:sp] N arfada ■ VI arfar
▸ **gasp out** VT (*say*) dizer com voz entrecortada
gas ring N boca de gás
gas station (*US*) N posto de gasolina
gas stove N (*cooker*) fogão *m* a gás; (*heater*) aquecedor *m* a gás
gassy ['gæsɪ] ADJ gasoso
gas tank (*US*) N (*Aut*) tanque *m* de gasolina
gas tap N torneira do gás
gastric ['gæstrɪk] ADJ gástrico; **gastric ulcer** N úlcera gástrica
gastroenteritis ['gæstrəuɛntə'raɪtɪs] N gastrenterite *f*
gastronomy [gæs'trɔnəmɪ] N gastronomia
gasworks ['gæswə:ks] N, NPL usina de gás, gasômetro
gate [geɪt] N portão *m*; (*Rail*) barreira; (*of town, castle*) porta; (*at airport*) portão *m*; (*of lock*) comporta
gateau ['gætəu] (*pl* **-x**) N bolo com creme e frutas
gateaux ['gætəuz] NPL *of* **gateau**
gate-crash ['geɪtkræʃ] (*Brit*) VT entrar de penetra em
gateway ['geɪtweɪ] N portão *m*, passagem *f*
gather ['gæðəʳ] VT (*flowers, fruit*) colher; (*assemble*) reunir; (*pick up*) colher; (*Sewing*) franzir; (*understand*) compreender ■ VI (*assemble*) reunir-se; (*dust, clouds*) acumular-se; **to ~ (from/that)** concluir *or* depreender (de/que); **as far as I can ~** ao que eu entendo; **to ~ speed** acelerar(-se)
gathering ['gæðərɪŋ] N reunião *f*, assembléia
GATT [gæt] N (= *General Agreement on Tariffs and Trade*) GATT *m*
gauche [gəuʃ] ADJ desajeitado
gaudy ['gɔ:dɪ] ADJ chamativo; (*pej*) cafona
gauge [geɪdʒ] N (*instrument*) medidor *m*; (*measure, fig*) medida; (*Rail*) bitola ■ VT medir; (*fig: sb's capabilities, character*) avaliar; **to ~ the right moment** calcular o momento azado; **petrol** (*Brit*) *or* **gas** (*US*) ~ medidor de gasolina
gaunt [gɔ:nt] ADJ descarnado; (*bare, stark*) desolado
gauntlet ['gɔ:ntlɪt] N luva; (*fig*): **to run the ~** expôr-se (à crítica); **to throw down the ~** lançar um desafio
gauze [gɔ:z] N gaze *f*
gave [geɪv] PT *of* **give**
gawky ['gɔ:kɪ] ADJ desengonçado
gawp [gɔ:p] VI: **to ~ at** olhar boquiaberto para
gay [geɪ] ADJ (*homosexual*) gay; (*old-fashioned: cheerful*) alegre; (*colour*) vistoso; (*music*) vivo
gaze [geɪz] N olhar *m* fixo ■ VI: **to ~ at sth** fitar algo
gazelle [gə'zɛl] N gazela
gazette [gə'zɛt] N (*newspaper*) jornal *m*; (*official publication*) boletim *m* oficial
gazetteer [gæzə'tɪəʳ] N dicionário geográfico
GB ABBR = **Great Britain**
GBH (*Brit: inf*) N ABBR (*Law*) = **grievous bodily harm**
GC (*Brit*) N ABBR (= *George Cross*) *distinção militar*
GCE (*Brit*) N ABBR = **General Certificate of Education**
GCHQ (*Brit*) N ABBR (= *Government Communications Headquarters*) *centro de intercepção de radiotransmissões estrangeiras*
GCSE (*Brit*) N ABBR = **General Certificate of**

Secondary Education

GDP N ABBR = **gross domestic product**

GDR N ABBR (= *German Democratic Republic*) RDA *f*

gear [gɪə^{r}] N equipamento; (*Tech*) engrenagem *f*; (*Aut*) velocidade *f*, marcha (BR), mudança (PT) ■ VT (*fig*: *adapt*): **to ~ sth to** preparar algo para; **our service is ~ed to meet the needs of the disabled** o nosso serviço está adequado às necessidades dos deficientes físicos; **top** (*Brit*) *or* **high** (*US*)/**low ~** quarta/primeira (marcha); **in ~** engrenado; **out of ~** desengrenado
▸ **gear up** VI: **to ~ up to do** preparar-se para fazer

gearbox ['gɪəbɔks] N caixa de mudança (BR) *or* velocidades (PT)

gear lever (*US* **gear shift**) N alavanca de mudança (BR) *or* mudanças (PT)

GED (*US*) N ABBR (*Sch*) = **general educational development**

geese [gi:s] NPL *of* **goose**

Geiger counter ['gaɪgə-] N contador *m* Geiger

gel [dʒɛl] N gel *m*

gelatin(e) ['dʒɛlətɪ:n] N gelatina

gelignite ['dʒɛlɪgnaɪt] N gelignite *f*

gem [dʒɛm] N jóia, gema

Gemini ['dʒɛmɪnaɪ] N Gêminis *m*, Gêmeos *mpl*

gen [dʒɛn] (*Brit*: *inf*) N: **to give sb the ~ on sth** pôr alguém a par de algo

Gen. ABBR (*Mil*: = *general*) Gen.

gen. ABBR = **general**; (= *generally*) ger.

gender ['dʒɛndə^{r}] N gênero

gene [dʒi:n] N (*Bio*) gene *m*

genealogy [dʒi:nɪ'ælədʒɪ] N genealogia

general ['dʒɛnərl] N general *m* ■ ADJ geral; **in ~** em geral; **the ~ public** o grande público; **~ audit** (*Comm*) exame *m* geral de auditoria; **general anaesthetic** (*US* **general anesthetic**) N anestesia geral; **general delivery** (*US*) N posta-restante *f*; **general election** N eleições *fpl* gerais

generalization [dʒɛnrəlaɪ'zeɪʃən] N generalização *f*

generalize ['dʒɛnrəlaɪz] VI generalizar

generally ['dʒənrəlɪ] ADV geralmente

general manager N diretor(a) *m/f* geral

general practitioner N clínico(-a) geral

general strike N greve *f* geral

generate ['dʒɛnəreɪt] VT gerar; (*fig*) produzir

generation [dʒɛnə'reɪʃən] N geração *f*

generator ['dʒɛnəreɪtə^{r}] N gerador *m*

generic [dʒə'nɛrɪk] ADJ genérico

generosity [dʒɛnə'rɔsɪtɪ] N generosidade *f*

generous ['dʒɛnərəs] ADJ generoso; (*measure etc*) abundante

genesis ['dʒɛnəsɪs] N gênese *f*

genetic [dʒə'nɛtɪk] ADJ genético; **~ engineering** engenharia genética

genetics [dʒɪ'nɛtɪks] N genética

Geneva [dʒɪ'ni:və] N Genebra

genial ['dʒi:nɪəl] ADJ cordial, simpático

genitals ['dʒɛnɪtlz] NPL órgãos *mpl* genitais

genitive ['dʒɛnətɪv] N genitivo

genius ['dʒi:nɪəs] N gênio

genocide ['dʒɛnəusaɪd] N genocídio

gent [dʒɛnt] N ABBR = **gentleman**

genteel [dʒɛn'ti:l] ADJ fino

gentle ['dʒɛntl] ADJ (*sweet*) amável, doce; (*touch, breeze*) leve, suave; (*landscape*) suave; (*animal*) manso

gentleman ['dʒɛntlmən] (*irreg*) N senhor *m*; (*referring to social position*) fidalgo; (*well-bred man*) cavalheiro; **~'s agreement** acordo de cavalheiros

gentlemanly ['dʒɛntlmənlɪ] ADJ cavalheiresco

gentlemen ['dʒɛntlmen] NPL *of* **gentleman**

gentleness ['dʒɛntlnɪs] N doçura, meiguice *f*; (*of touch*) suavidade *f*; (*of animal*) mansidão *f*

gently ['dʒɛntlɪ] ADV suavemente

gentry ['dʒɛntrɪ] N pequena nobreza

gents [dʒɛnts] N banheiro de homens (BR), casa de banho dos homens (PT)

genuine ['dʒɛnjuɪn] ADJ autêntico; (*person*) sincero

genuinely ['dʒɛnjuɪnlɪ] ADJ sinceramente, realmente

geographer [dʒɪ'ɔgrəfə^{r}] N geógrafo(-a)

geographic(al) [dʒɪə'græfɪk(l)] ADJ geográfico

geography [dʒɪ'ɔgrəfɪ] N geografia

geological [dʒɪə'lɔdʒɪkl] ADJ geológico

geologist [dʒɪ'ɔlədʒɪst] N geólogo(-a)

geology [dʒɪ'ɔlədʒɪ] N geologia

geometric(al) [dʒɪə'mɛtrɪk(l)] ADJ geométrico

geometry [dʒɪ'ɔmətrɪ] N geometria

Geordie ['dʒɔ:dɪ] (*Brit*: *inf*) N natural *m/f* da cidade de Newcastle-upon-Tyne

geranium [dʒɪ'reɪnjəm] N gerânio

geriatric [dʒerɪ'ætrɪk] ADJ geriátrico

germ [dʒə:m] N micróbio, bacilo; (*Bio*, *fig*) germe *m*

German ['dʒə:mən] ADJ alemão(-mã) ■ N alemão(-mã) *m/f*; (*Ling*) alemão *m*; **German measles** N rubéola

Germany ['dʒə:mənɪ] N Alemanha

germination [dʒə:mɪ'neɪʃən] N germinação *f*

germ warfare N guerra bacteriológica

gerrymandering ['dʒerɪmændərɪŋ] N *reorganização dos distritos eleitorais para garantir a vitória do próprio partido*

gestation [dʒɛs'teɪʃən] N gestação *f*

gesticulate [dʒɛs'tɪkjuleɪt] VI gesticular

gesture ['dʒɛstjə^{r}] N gesto; **as a ~ of friendship** em sinal de amizade

KEYWORD

get [gɛt] (*pt*, *pp* **got**, *pp* **gotten**) (*US*) VI **1** (*become*, *be*) ficar, tornar-se; **to get old/tired/cold** envelhecer/cansar-se/resfriar-se; **to get annoyed/bored** aborrecer-se/amuar-se; **to get drunk** embebedar-se; **to get dirty** sujar-se; **to get killed/married** ser morto/casar-se; **when do I get paid?** quando eu recebo?, quando eu vou ser pago?; **it's getting late** está ficando tarde

2 (*go*): **to get to/from** ir para/de; **to get home** chegar em casa
3 (*begin*) começar a; **to get to know sb** começar a conhecer alguém; **let's get going** *or* **started** vamos lá!
■ MODAL AUX VB: **you've got to do it** você tem que fazê-lo
■ VT **1**: **to get sth done** (*do*) fazer algo; (*have done*) mandar fazer algo; **to get the washing/dishes done** lavar roupa/a louça; **to get one's hair cut** cortar o cabelo; **to get the car going** *or* **to go** fazer o carro andar; **to get sb to do sth** convencer alguém a fazer algo; **to get sth/sb ready** preparar algo/arrumar alguém; **to get sb drunk/into trouble** embebedar alguém/meter alguém em confusão
2 (*obtain*: *money, permission, results*) ter; (*find*: *job, flat*) achar; (*fetch*: *person, doctor, object*) buscar; **to get sth for sb** arranjar algo para alguém; (*fetch*) ir buscar algo para alguém; **he got a job in London** ele arrumou um emprego em Londres; **get me Mr Harris, please** (*Tel*) pode chamar o Sr Harris, por favor; **can I get you a drink?** você está servido?
3 (*receive*: *present, letter*) receber; (*acquire*: *reputation, prize*) ganhar; **how much did you get for the painting?** quanto você recebeu pela pintura?
4 (*catch*) agarrar; (*hit*: *target etc*) pegar; **to get sb by the arm/throat** agarrar alguém pelo braço/pela garganta; **get him!** pega ele!; **the bullet got him in the leg** a bala pegou na perna dele
5 (*take, move*) levar; **to get sth to sb** levar algo para alguém; **I can't get it in/out/through** não consigo enfiá-lo/tirá-lo/passá-lo; **do you think we'll get it through the door?** você acha que conseguiremos passar isto na porta?; **we must get him to a hospital** temos que levá-lo para um hospital
6 (*plane, bus etc*) pegar, tomar; **where do I get the train to Birmingham?** onde eu pego o trem para Birmingham?
7 (*understand*) entender; (*hear*) ouvir; **I've got it** entendi; **I don't get your meaning** não entendo o que você quer dizer
8 (*have, possess*): **to have got** ter; **how many have you got?** quantos você tem?
▸ **get about** VI (*news*) espalhar-se
▸ **get along** VI (*agree*) entender-se; (*depart*) ir embora; (*manage*) = **get by**
▸ **get around** = **get round**
▸ **get at** VT FUS (*attack, criticize*) atacar; (*reach*) alcançar; **what are you getting at?** o que você está querendo dizer?
▸ **get away** VI (*leave*) partir; (*escape*) escapar
▸ **get away with** VT FUS conseguir fazer impunemente
▸ **get back** VI (*return*) regressar, voltar
■ VT receber de volta, recobrar
▸ **get by** VI (*pass*) passar; (*manage*) virar-se
▸ **get down** VI descer
■ VT FUS abaixar
■ VT (*object*) abaixar, descer; (*depress*: *person*) deprimir
▸ **get down to** VT FUS (*work*) pôr-se a(fazer)
▸ **get in** VI entrar; (*train*) chegar; (*arrive home*) voltar para casa
▸ **get into** VT FUS entrar em; (*vehicle*) subir em; (*clothes*) pôr, vestir, enfiar; **to get into bed/a rage** meter-se na cama/ficar com raiva
▸ **get off** VI (*from train etc*) saltar (BR), descer (PT); (*depart*: *person, car*) sair; (*escape*) escapar
■ VT (*remove*: *clothes, stain*) tirar; (*send off*) mandar
■ VT FUS (*train, bus*) saltar de (BR), sair de (PT)
▸ **get on** VI (*at exam etc*): **how are you getting on?** como vai?; (*agree*): **to get on (with)** entender-se(com)
■ VT FUS (*train etc*) subir em (BR), subir para (PT); (*horse*) montar em
▸ **get out** VI (*of place, vehicle*) sair
■ VT (*take out*) tirar
▸ **get out of** VT FUS (*duty etc*) escapar de
▸ **get over** VT FUS (*illness*) restabelecer-se de
▸ **get round** VT FUS rodear; (*fig*: *person*) convencer
▸ **get through** VI (*Tel*) completar a ligação
▸ **get through to** VT FUS (*Tel*) comunicar-se com
▸ **get together** VI (*people*) reunir-se
■ VT reunir
▸ **get up** VI levantar-se
■ VT FUS levantar
▸ **get up to** VT FUS (*reach*) chegar a; (*Brit*: *prank etc*) fazer

getaway ['gɛtəweɪ] N fuga, escape *m*; **getaway car** N carro de fuga
get-together N reunião *f*
get-up (*inf*) N (*outfit*) roupa
get-well card N cartão *m* com votos de melhoras
geyser ['giːzəʳ] N (*Geo*) gêiser *m*; (*Brit*) aquecedor *m* de água
Ghana ['gɑːnə] N Gana (*no article*)
Ghanaian [gɑː'neɪən] ADJ, N ganense *m/f*
ghastly ['gɑːstlɪ] ADJ horrível; (*building*) medonho; (*appearance*) horripilante; (*pale*) pálido
gherkin ['gəːkɪn] N pepino em vinagre
ghetto ['gɛtəu] N gueto
ghost [gəust] N fantasma *m* ■ VT (*sb else's book*) escrever
ghostly ['gəustlɪ] ADJ fantasmal
ghostwriter ['gəustraɪtəʳ] N escritor(a) *m/f* cujos trabalhos são assinados por outrem
ghoul [guːl] N assombração *f*
ghoulish ['guːlɪʃ] ADJ (*tastes etc*) macabro
GHQ N ABBR (*Mil*) = **general headquarters**
GI (*US*: *inf*) N ABBR (= *government issue*) *soldado do exército americano*
giant ['dʒaɪənt] N gigante *m* ■ ADJ gigantesco, gigante; **~ (size) packet** pacote tamanho gigante
gibber ['dʒɪbəʳ] VI algaraviar
gibberish ['dʒɪbərɪʃ] N algaravia

gibe [dʒaɪb] N deboche *m* ■ VI: **to ~ at** debochar de
giblets ['dʒɪblɪts] NPL miúdos *mpl*
Gibraltar [dʒɪ'brɔːltəʳ] N Gibraltar *m* (*no article*)
giddiness ['gɪdɪnɪs] N vertigem *f*
giddy ['gɪdɪ] ADJ (*dizzy*) tonto; (*speed*) vertiginoso; (*frivolous*) frívolo; **it makes me ~** me dá vertigem; **to be** *or* **feel ~** estar com vertigem
gift [gɪft] N presente *m*, dádiva; (*offering*) oferta; (*ability*) dom *m*, talento; (*Comm*: *also*: **free gift**) brinde *m*; **to have a ~ for sth** ter o dom de algo, ter facilidade para algo
gifted ['gɪftɪd] ADJ bem-dotado
gift token N vale *m* para presente
gift voucher N ≈ gift token
gig [gɪg] (*inf*) N (*of musician*) show *m*
gigantic [dʒaɪ'gæntɪk] ADJ gigantesco
giggle ['gɪgl] VI dar risadinha boba ■ N risadinha boba
GIGO ['gaɪgəu] (*inf*) ABBR (*Comput*: = *garbage in, garbage out*) qualidade de entrada, qualidade de saída
gild [gɪld] VT dourar
gill [dʒɪl] N (*measure*) = *0.25 pints* (*BRIT = 0.148l, US = 0.118l*)
gills [gɪlz] NPL (*of fish*) guelras *fpl*, brânquias *fpl*
gilt [gɪlt] ADJ dourado ■ N dourado
gilt-edged [-'ɛdʒd] ADJ (*stocks, securities*) do Estado, de toda confiança
gimlet ['gɪmlɪt] N verruma
gimmick ['gɪmɪk] N truque *m or* macete *m* (publicitário)
gin [dʒɪn] N gim *m*, genebra
ginger ['dʒɪndʒəʳ] N gengibre *m*
▸ **ginger up** VT animar
ginger ale N cerveja de gengibre
ginger beer N cerveja de gengibre
gingerbread ['dʒɪndʒəbrɛd] N (*cake*) pão *m* de gengibre; (*biscuit*) biscoito de gengibre
ginger-haired ADJ ruivo
gingerly ['dʒɪndʒəlɪ] ADV cuidadosamente
gingham ['gɪŋəm] N riscadinho
gipsy ['dʒɪpsɪ] N cigano ■ CPD (*caravan, camp*) de ciganos
giraffe [dʒɪ'rɑːf] N girafa
girder ['gəːdəʳ] N viga, trave *f*
girdle ['gəːdl] N (*corset*) cinta ■ VT cintar
girl [gəːl] N (*small*) menina (BR), rapariga (PT); (*young woman*) jovem *f*, moça; (*daughter*) filha; **an English ~** uma moça inglesa
girlfriend ['gəːlfrɛnd] N (*of girl*) amiga; (*of boy*) namorada
girlish ['gəːlɪʃ] ADJ ameninado, de menina
Girl Scout (*US*) N escoteira
Giro ['dʒaɪrəu] N: **the National ~** (*Brit*) serviço bancário do correio
giro ['dʒaɪrəu] N (*bank giro*) transferência bancária; (*post office giro*) transferência postal; (*Brit*: *welfare cheque*) *cheque do governo destinado a desempregados*
girth [gəːθ] N circunferência; (*stoutness*) gordura; (*of horse*) cilha
gist [dʒɪst] N essencial *m*

KEYWORD

give [gɪv] (*pt* **gave**, *pp* **given**) VT **1** (*hand over*) dar; **to give sb sth, give sth to sb** dar algo a alguém; **give it to him, give him it** dê isso a ele/dê-lhe isso; **I'll give you £5 for it** dou-lhe £5 por isso
2 (*used with n to replace a vb*): **to give a cry/sigh/push** *etc* dar um grito/suspiro/empurrão *etc*; **to give a groan/shrug/shout** dar um gemido/de ombros/um grito; **to give a speech/a lecture** fazer um discurso/uma palestra; **to give three cheers** dar três vivas
3 (*tell, deliver*: *news, advice, message etc*) dar; **did you give him the message/the news?** você deu a mensagem/notícia a ele?; **to give the right/wrong answer** dar a resposta certa/errada
4 (*supply, provide*: *opportunity, surprise, job etc*) dar; (*bestow*: *title, honour, right*) conceder; **the sun gives warmth and light** o sol fornece calor e luz; **that's given me an idea** isso me deu uma idéia
5 (*dedicate*: *time, one's life/attention*) dedicar; **she gave it all her attention** ela dedicou toda sua atenção a isto
6 (*organize*): **to give a party/dinner** *etc* dar uma festa/jantar *etc*
■ VI **1** (*also*: **give way**: *break, collapse*) dar folga; **his legs gave beneath him** suas pernas bambearam; **the roof/floor gave as I stepped on it** o telhado/chão desabou quando eu pisei nele
2 (*stretch*: *fabric*) dar de si
▸ **give away** VT (*money, opportunity*) dar; (*secret, information*) revelar
▸ **give back** VT devolver
▸ **give in** VI (*yield*) ceder
■ VT (*essay etc*) entregar
▸ **give off** VT (*heat, smoke*) soltar
▸ **give out** VT (*distribute*) distribuir; (*make known*) divulgar
▸ **give up** VI (*surrender*) desistir, dar-se por vencido
■ VT (*job, boyfriend, habit*) renunciar a; (*idea, hope*) abandonar; **to give up smoking** deixar de fumar; **to give o.s. up** entregar-se
▸ **give way** VI (*yield*) ceder; (*break, collapse*: *rope*) arrebentar; (: *ladder*) quebrar; (*Brit*: *Aut*) dar a preferência (BR), dar prioridade (PT)

give-and-take N toma-lá-dá-cá *m*
giveaway ['gɪvəweɪ] CPD: **~ prices** preços de liquidação ■ N (*inf*): **her expression was a ~** a expressão dela a atraiçoava; **the exam was a ~** ! o exame foi sopa!
given ['gɪvn] PP *of* **give** ■ ADJ (*fixed*: *time, amount*) dado, determinado ■ CONJ: **~ the circumstances** ... dadas as circunstâncias ...; **~**

that ... dado que ..., já que ...
glacial ['gleɪsɪəl] ADJ (*Geo*) glaciário; (*wind, weather*) glacial
glacier ['glæsɪəʳ] N glaciar *m*, geleira
glad [glæd] ADJ contente; **to be ~ about sth/that** estar contente com algo/contente que; **I was ~ of his help** eu lhe agradeci (por) sua ajuda
gladden ['glædən] VT alegrar
glade [gleɪd] N clareira
gladioli [glædɪ'əulaɪ] NPL gladíolos *mpl*
gladly ['glædlɪ] ADV com muito prazer
glamorous ['glæmərəs] ADJ encantador(a), glamoroso
glamour ['glæməʳ] N encanto, glamour *m*
glance [glɑ:ns] N relance *m*, vista de olhos ■ VI: **to ~ at** olhar (de relance)
▸ **glance off** VT FUS (*bullet*) ricochetear de
glancing ['glɑ:nsɪŋ] ADJ (*blow*) oblíquo
gland [glænd] N glândula
glandular fever ['glændjuləʳ-] (*Brit*) ADJ mononucleose *f* infecciosa
glare [gleəʳ] N (*of anger*) olhar *m* furioso; (*of light*) luminosidade *f*; (*of publicity*) foco ■ VI brilhar; **to ~ at** olhar furiosamente para
glaring ['gleərɪŋ] ADJ (*mistake*) notório
glass [glɑ:s] N vidro, cristal *m*; (*for drinking*) copo; (: *with stem*) cálice *m*; (*also*: **looking glass**) espelho; **glasses** NPL (*spectacles*) óculos *mpl*
glass-blowing [-bləuɪŋ] N modelagem *f* de vidro a quente
glass fibre N fibra de vidro
glasshouse ['glɑ:shaus] N estufa
glassware ['glɑ:swɛəʳ] N objetos *mpl* de cristal
glassy ['glɑ:sɪ] ADJ (*eyes*) vidrado
Glaswegian [glæs'wi:dʒən] ADJ de Glasgow ■ N natural *m/f* de Glasgow
glaze [gleɪz] VT (*door*) envidraçar; (*pottery*) vitrificar; (*Culin*) glaçar ■ N verniz *m*; (*Culin*) glacê *m*
glazed [gleɪzd] ADJ (*eye*) vidrado; (*pottery*) vitrificado
glazier ['gleɪzɪəʳ] N vidraceiro(-a)
gleam [gli:m] N brilho ■ VI brilhar; **a ~ of hope** um fio de esperança
gleaming ['gli:mɪŋ] ADJ brilhante
glean [gli:n] VT (*information*) colher
glee [gli:] N alegria, regozijo
gleeful ['gli:ful] ADJ alegre
glen [glɛn] N vale *m*
glib [glɪb] ADJ (*answer*) pronto; (*person*) labioso
glide [glaɪd] VI deslizar; (*Aviat, birds*) planar ■ N deslizamento; (*Aviat*) vôo planado
glider ['glaɪdəʳ] N (*Aviat*) planador *m*
gliding ['glaɪdɪŋ] N (*Aviat*) vôo sem motor
glimmer ['glɪməʳ] N luz *f* trêmula; (*of interest, hope*) lampejo ■ VI tremeluzir
glimpse [glɪmps] N vista rápida, vislumbre *m* ■ VT vislumbrar, ver de relance; **to catch a ~ of** vislumbrar
glint [glɪnt] N brilho; (*in the eye*) cintilação *f* ■ VI cintilar
glisten ['glɪsn] VI brilhar
glitter ['glɪtəʳ] VI reluzir, brilhar ■ N brilho
glitz [glɪts] (*inf*) N cafonice *f*
gloat [gləut] VI: **to ~ (over)** exultar (com)
global ['gləubl] ADJ (*worldwide*) mundial; (*overall*) global
globalization ['gləubəlaɪzeɪʃən] N globalização *f*
global warming ADJ aquecimento global
globe [gləub] N globo, esfera
globetrotter ['gləubtrɔtəʳ] N pessoa que corre mundo
globule ['glɔbju:l] N glóbulo
gloom [glu:m] N escuridão *f*; (*sadness*) tristeza
gloomy ['glu:mɪ] ADJ (*dark*) escuro; (*sad*) triste; (*pessimistic*) pessimista; **to feel ~** estar abatido
glorification [glɔ:rɪfɪ'keɪʃən] N glorificação *f*
glorify ['glɔ:rɪfaɪ] VT glorificar; (*praise*) adorar
glorious ['glɔ:rɪəs] ADJ (*weather*) magnífico; (*future*) glorioso; (*splendid*) excelente
glory ['glɔ:rɪ] N glória ■ VI: **to ~ in** gloriar-se de; **glory hole** (*inf*) N zona
Glos (*Brit*) ABBR = **Gloucestershire**
gloss [glɔs] N (*shine*) brilho; (*also*: **gloss paint**) pintura brilhante, esmalte *m*
▸ **gloss over** VT FUS encobrir
glossary ['glɔsərɪ] N glossário
glossy ['glɔsɪ] ADJ lustroso ■ N (*also*: **glossy magazine**) revista de luxo
glove [glʌv] N luva; **glove compartment** N (*Aut*) porta-luvas *m inv*
glow [gləu] VI (*shine*) brilhar; (*fire*) arder ■ N brilho
glower ['glauəʳ] VI: **to ~ at (sb)** olhar (alguém) de modo ameaçador
glowing ['gləuɪŋ] ADJ (*fire*) ardente; (*complexion*) afogueado; (*report, description etc*) entusiástico
glow-worm N pirilampo, vaga-lume *m*
glucose ['glu:kəus] N glicose *f*
glue [glu:] N cola ■ VT colar
glue-sniffing [-'snɪfɪŋ] N cheira-cola *m*
glum [glʌm] ADJ (*mood*) abatido; (*person, tone*) triste
glut [glʌt] N abundância, fartura ■ VT (*market*) saturar
glutinous ['glu:tɪnəs] ADJ glutinoso
glutton ['glʌtn] N glutão(-ona) *m/f*; **a ~ for work/punishment** um(a) trabalhador(a) incansável/um(a) masoquista
gluttonous ['glʌtənəs] ADJ glutão(-ona)
gluttony ['glʌtənɪ] N gula
glycerin(e) ['glɪsəri:n] N glicerina
GM ADJ ABBR (= *genetically modified*) geneticamente modificado
gm ABBR (= *gram*) g
GMAT (*US*) N ABBR (= *Graduate Management Admissions Test*) *exame de admissão aos cursos de pós-graduação*
GMB (*Brit*) N ABBR (= *General Municipal Boilermakers and Allied Trade Union*) *sindicato dos empregados dos municípios*
GMT ABBR (= *Greenwich Mean Time*) GMT *m*

gnarled [nɑːld] ADJ (*tree*) nodoso; (*tree*) retorcido
gnash [næʃ] VT: **to ~ one's teeth** ranger os dentes
gnat [næt] N mosquito
gnaw [nɔː] VT roer
gnome [nəum] N gnomo
GNP N ABBR = **gross national product**

KEYWORD

go [gəu] (*pt* **went**, *pp* **gone**, *pl* **goes**) VI **1** ir; (*travel, move*) viajar; **a car went by** um carro passou; **he has gone to Aberdeen** ele foi para Aberdeen
2 (*depart*) partir, ir-se; **"I must go," she said** "preciso ir" ela disse; **our plane went at 6pm** nosso avião partiu às 6 da tarde; **they came at 8 and went at 9** eles chegaram às 8 e foram às 9
3 (*attend*) ir; **she went to university in Rio** ela fez universidade no Rio; **she goes to her dancing class on Tuesdays** ela vai a aula de dança às terças-feiras; **he goes to the local church** ele freqüenta a igreja local
4 (*take part in an activity*) ir; **to go for a walk** ir passear
5 (*work*) funcionar; **the clock stopped going** o relógio parou de funcionar; **the bell went just then** a campainha acabou de tocar
6 (*become*): **to go pale/mouldy** ficar pálido/mofado
7 (*be sold*): **to go for £10** ser vendido por £10
8 (*fit, suit*): **to go with** acompanhar, combinar com
9 (*be about to, intend to*): **he's going to do it** ele vai fazê-lo; **we're going to leave in an hour** vamos partir dentro de uma hora; **are you going to come?** você vem?
10 (*time*) passar
11 (*event, activity*) ser; **how did it go?** como foi?
12 (*be given*) ir (ser dado); **the job is to go to someone else** o emprego vai ser dado para outra pessoa
13 (*break*) romper-se; **the fuse went** o fusível queimou; **the leg of the chair went** a perna da cadeira quebrou
14 (*be placed*): **where does this cup go?** onde é que põe esta xícara?; **the milk goes in the fridge** pode guardar o leite na geladeira
■ N **1** (*try*): **to have a go (at)** tentar
2 (*turn*) vez *f*; **whose go is it?** de quem é a vez?
3 (*move*): **to be on the go** ter muito para fazer
▶ **go about** VI (*also*: **go around**: *rumour*) espalhar-se
■ VT FUS: **how do I go about this?** como é que eu faço isto?
▶ **go ahead** VI (*make progress*) progredir; (*get going*) ir em frente
▶ **go along** VI ir
■ VT FUS ladear; **to go along with** (*agree with*: *plan, idea, policy*) concordar com
▶ **go away** VI (*leave*) ir-se, ir embora
▶ **go back** VI (*return*) voltar; (*go again*) ir de novo
▶ **go back on** VT FUS (*promise*) faltar com
▶ **go by** VI (*years, time*) passar
■ VT FUS (*book, rule*) guiar-se por
▶ **go down** VI (*descend*) descer, baixar; (*ship*) afundar; (*sun*) pôr-se
■ VT FUS (*stairs, ladder*) descer
▶ **go for** VT FUS (*fetch*) ir buscar; (*like*) gostar de; (*attack*) atacar
▶ **go in** VI (*enter*) entrar
▶ **go in for** VT FUS (*competition*) inscrever-se em; (*like*) gostar de
▶ **go into** VT FUS (*enter*) entrar em; (*investigate*) investigar; (*embark on*) embarcar em
▶ **go off** VI (*leave*) ir-se; (*food*) estragar, apodrecer; (*bomb, gun*) explodir; (*event*) realizar-se
■ VT FUS (*person, place, food etc*) deixar de gostar de
▶ **go on** VI (*continue*) seguir, continuar; (*happen*) acontecer, ocorrer; **to go on doing sth** continuar fazendo *or* a fazer algo
▶ **go out** VI (*leave*: *room, building*) sair; (*for entertainment*): **are you going out tonight?** você vai sair hoje à noite?; (*couple*): **they went out for 3 years** eles namoraram 3 anos; (*fire, light*) apagar-se
▶ **go over** VI (*ship*) soçobrar
■ VT FUS (*check*) revisar
▶ **go round** VI (*news, rumour*) circular
▶ **go through** VT FUS (*town etc*) atravessar; (*search through*: *files, papers*) vasculhar; (*examine*: *list, book, story*) percorrer de cabo a rabo
▶ **go up** VI (*ascend*) subir; (*price, level*) aumentar
▶ **go without** VT FUS (*food, treats*) passar sem

goad [gəud] VT aguilhoar
go-ahead ADJ empreendedor(a) ■ N luz *f* verde
goal [gəul] N meta, alvo; (*Sport*) gol *m* (BR), golo (PT)
goalkeeper ['gəulkiːpəʳ] N goleiro(-a) (BR), guarda-redes *m/f inv* (PT)
goalpost ['gəulpəust] N trave *f*
goat [gəut] N cabra; (*also*: **billy goat**) bode *m*
gobble ['gɔbl] VT (*also*: **gobble down, gobble up**) engolir rapidamente, devorar
go-between N intermediário(-a)
Gobi Desert ['gəubɪ-] N Deserto de Gobi
goblet ['gɔblɪt] N cálice *m*
goblin ['gɔblɪn] N duende *m*
go-cart N kart *m* ■ CPD: **~ racing** kartismo
god [gɔd] N deus *m*; **G~** Deus
godchild ['gɔdtʃaɪld] (*irreg*) N afilhado(-a)
goddaughter ['gɔddɔːtəʳ] N afilhada
goddess ['gɔdɪs] N deusa
godfather ['gɔdfɑːðəʳ] N padrinho
god-forsaken [-fə'seɪkən] ADJ miserável, abandonado
godmother ['gɔdmʌðəʳ] N madrinha
godparents ['gɔdpɛərənts] NPL padrinhos *mpl*

godsend ['gɔdsɛnd] N dádiva do céu
godson ['gɔdsʌn] N afilhado
goes [gəuz] VB *see* **go**
go-getter [-'gɛtəʳ] N pessoa dinâmica, pessoa furona (*inf*)
goggle ['gɔgl] VI: **to ~ at** olhar de olhos esbugalhados
goggles ['gɔglz] NPL óculos *mpl* de proteção
going ['gəuɪŋ] N (*conditions*) estado do terreno ■ ADJ: **the ~ rate** tarifa corrente *or* em vigor; **~ concern** empresa em funcionamento, empresa com fundo de comérico; **it was slow ~** ia devagar
goings-on (*inf*) NPL maquinações *fpl*
go-kart [-kɑ:t] N = **go-cart**
gold [gəuld] N ouro ■ ADJ de ouro
golden ['gəuldən] ADJ (*made of gold*) de ouro; (*gold in colour*) dourado; **golden age** N idade *f* de ouro; **golden handshake** (*Brit*) N bolada; **golden rule** N regra de ouro
goldfish ['gəuldfɪʃ] N INV peixe-dourado *m*
gold leaf N ouro em folha
gold medal N (*Sport*) medalha de ouro
gold mine N mina de ouro
gold-plated [-'pleɪtɪd] ADJ plaquê *inv*
gold-rush N corrida do ouro
goldsmith ['gəuldsmɪθ] N ourives *m/f inv*
gold standard N padrão-ouro *m*
golf [gɔlf] N golfe *m*; **golf ball** N bola de golfe; (*on typewriter*) esfera; **golf club** N clube *m* de golfe; (*stick*) taco; **golf course** N campo de golfe
golfer ['gɔlfəʳ] N jogador(a) *m/f* de golfe, golfista *m/f*
gondola ['gɔndələ] N gôndola
gondolier [gɔndə'lɪəʳ] N gondoleiro
gone [gɔn] PP *of* **go**
gong [gɔŋ] N gongo
good [gud] ADJ bom/boa; (*kind*) bom, bondoso; (*well-behaved*) educado; (*useful*) útil ■ N bem *m*; **goods** NPL (*possessions*) bens *mpl*; (*Comm*) mercadorias *fpl*; **~s and chattels** bens móveis; **~!** bom!; **to be ~ at** ser bom em; **to be ~ for** servir para; **it's ~ for you** faz-lhe bem; **would you be ~ enough to ...?** podia fazer-me o favor de ...?, poderia me fazer a gentileza de ...?; **it's a ~ thing you were there** ainda bem que você estava lá; **she is ~ with children/her hands** ela tem habilidade com crianças/com as mãos; **to feel ~** sentir-se bem, estar bom; **it's ~ to see you** é bom ver você; (*formal*) prazer em vê-lo; **he's up to no ~** ele tem más intenções; **for the common ~** para o bem comum; **that's very ~ of you** é muita bondade sua; **is this any ~?** (*will it do?*) será que isso serve?; (*what's it like?*) será que vale a pena?; **a ~ deal (of)** muito; **a ~ many** muitos; **to make ~** reparar; **it's no ~ complaining** não adianta se queixar; **for ~** (*forever*) para sempre, definitivamente; (*once and for all*) de uma vez por todas; **~ morning/afternoon!** bom dia/boa tarde!; **~ evening!** boa noite!; **~ night!** boa noite!
goodbye [gud'baɪ] EXCL até logo (BR), adeus (PT); **to say ~** despedir-se
good faith N boa fé
good-for-nothing ADJ imprestável
Good Friday N Sexta-Feira Santa
good-humoured [-'hju:məd] ADJ (*person*) alegre; (*remark, joke*) sem malícia
good-looking [-'lukɪŋ] ADJ bonito
good-natured ADJ (*person*) de bom gênio; (*pet*) de boa índole; (*discussion*) cordial
goodness ['gudnɪs] N (*of person*) bondade *f*; **for ~ sake!** pelo amor de Deus!; **~ gracious!** meu Deus do céu!, nossa (senhora)!
goods train (*Brit*) N trem *m* de carga
goodwill [gud'wɪl] N boa vontade *f*; (*Comm*) fundo de comércio, aviamento
goody-goody ['gudɪgudɪ] (*pej*) N puxa-saco *m*
goose [gu:s] (*pl* **geese**) N ganso
gooseberry ['guzbərɪ] N groselha; **to play ~** (*Brit*) ficar de vela, segurar a vela
gooseflesh ['gu:sflɛʃ] N = **goose pimples**
goose pimples NPL pele *f* arrepiada
goose step N (*Mil*) passo de ganso
GOP (*US: inf*) N ABBR (*Pol*: = *Grand Old Party*) partido republicano
gore [gɔ:ʳ] VT escornar ■ N sangue *m*
gorge [gɔ:dʒ] N desfiladeiro ■ VT: **to ~ o.s. (on)** empanturrar-se (de)
gorgeous ['gɔ:dʒəs] ADJ magnífico, maravilhoso; (*person*) lindo
gorilla [gə'rɪlə] N gorila *m*
gormless ['gɔ:mlɪs] (*Brit: inf*) ADJ burro
gorse [gɔ:s] N tojo
gory ['gɔ:rɪ] ADJ sangrento
go-slow (*Brit*) N greve *f* de trabalho lento, operação *f* tartaruga
gospel ['gɔspl] N evangelho
gossamer ['gɔsəməʳ] N (*cobweb*) teia de aranha; (*cloth*) tecido diáfano, gaze *f* fina
gossip ['gɔsɪp] N (*scandal*) fofocas *fpl* (BR), mexericos *mpl* (PT); (*chat*) conversa; (*scandalmonger*) fofoqueiro(-a) (BR), mexeriqueiro(-a) (PT) ■ VI (*spread scandal*) fofocar (BR), mexericar (PT); (*chat*) bater (um) papo (BR), cavaquear (PT); **a piece of ~** uma fofoca (BR), um mexerico (PT); **gossip column** N (*Press*) coluna social
got [gɔt] PT, PP *of* **get**
Gothic ['gɔθɪk] ADJ gótico
gotten ['gɔtn] (*US*) PP *of* **get**
gouge [gaudʒ] VT (*also*: **gouge out**: *hole etc*) abrir; (: *initials*) talhar; **to ~ sb's eyes out** arrancar os olhos de alguém
gourd [guəd] N cabaça, cucúrbita
gourmet ['guəmeɪ] N gourmet *m*, gastrônomo(-a)
gout [gaut] N gota
govern ['gʌvən] VT governar; (*event*) controlar
governess ['gʌvənɪs] N governanta
governing ['gʌvənɪŋ] ADJ (*Pol*) no governo, ao poder; **~ body** conselho de administração
government ['gʌvnmənt] N governo ■ CPD

(*of administration*) governamental; (*of state*) do Estado; **local ~** governo municipal

governmental [gʌvn'mɛntl] ADJ governamental

government housing (*US*) N casas *fpl* populares

government stock N títulos *mpl* do governo

governor ['gʌvənəʳ] N governador(a) *m/f*; (*of school, hospital, jail*) diretor(a) *m/f*

Govt ABBR = **government**

gown [gaun] N vestido; (*of teacher, judge*) toga

GP N ABBR (*Med*) = **general practitioner**

GPO N ABBR (*Brit: old*) = **General Post Office**; (*US*) = **Government Printing Office**

gr. ABBR (*Comm*) = **gross**

grab [græb] VT agarrar ■ VI: **to ~ at** tentar agarrar

grace [greɪs] N (*Rel*) graça; (*gracefulness*) elegância, fineza ■ VT (*honour*) honrar; (*adorn*) adornar; **5 days' ~** um prazo de 5 dias; **to say ~** dar graças (antes de comer); **with a good/bad ~** de bom/mau grado; **his sense of humour is his saving ~** seu único mérito é seu senso de humor

graceful ['greɪsful] ADJ elegante, gracioso

gracious ['greɪʃəs] ADJ gracioso, afável; (*benevolent*) bondoso, complacente; (*formal: God*) misericordioso ■ EXCL: **(good) ~!** meu Deus do céu!, nossa (senhora)!

gradation [grə'deɪʃn] N gradação *f*

grade [greɪd] N (*quality*) classe *f*, qualidade *f*; (*degree*) grau *m*; (*US: Sch*) série f, classe; (: *gradient*) declive *m* ■ VT classificar; **to make the ~** (*fig*) ter sucesso; **grade crossing** (*US*) N passagem *f* de nível; **grade school** (*US*) N escola primária

gradient ['greɪdɪənt] N declive *m*; (*Geom*) gradiente *m*

gradual ['grædjuəl] ADJ gradual, gradativo

gradually ['grædjuəlɪ] ADV gradualmente, gradativamente, pouco a pouco

graduate [*n* 'grædjuɪt, *vi* 'grædjueɪt] N graduado, licenciado; (*US*) diplomado do colégio ■ VI formar-se, licenciar-se

graduated pension ['grædjueɪtɪd-] N *aposentadoria calculada em função dos últimos salários*

graduation [grædju'eɪʃən] N formatura

graffiti [grə'fi:tɪ] N, NPL pichações *fpl*

graft [grɑ:ft] N (*Agr, Med*) enxerto; (*Brit: inf*) trabalho pesado; (*bribery*) suborno ■ VT enxertar; **hard ~** (*inf*) labuta

grain [greɪn] N grão *m*; (*no pl: cereals*) cereais *mpl*; (*US: corn*) trigo; (*in wood*) veio, fibra; **it goes against the ~** é contra a sua (*or* minha *etc*) natureza

gram [græm] N grama *m*

grammar ['græməʳ] N gramática; **grammar school** N (*Brit*) ≈ liceo

grammatical [grə'mætɪkl] ADJ gramatical

gramme [græm] N = **gram**

gramophone ['græməfəun] (*Brit*) N (*old*) gramofone *m*

granary ['grænərɪ] N celeiro

grand [grænd] ADJ esplêndido; (*inf: wonderful*) ótemo, formidável ■ N (*inf: thousand*) mil libras *fpl* (*or* dólares *mpl*)

grandchild ['græntʃaɪld] (*irreg*) N neto(-a)

granddad ['grændæd] N vovô *m*

granddaughter ['grændɔ:təʳ] N neta

grandeur ['grændjəʳ] N grandeza, magnificência; (*of event*) grandiosidade *f*; (*of house, style*) imponência

grandfather ['grænfə:ðəʳ] N avô *m*

grandiose ['grændɪəuz] ADJ grandioso; (*pej*) pomposo; (*house, style*) imponente

grand jury (*US*) N júri *m* de instrução

grandma ['grænmɑ:] N avó *f*, vovó *f*

grandmother ['grænmʌðəʳ] N avó *f*

grandpa ['grænpɑ:] N = **granddad**

grandparents ['grændpɛərənts] NPL avós *mpl*

grand piano N piano de cauda

Grand Prix ['grɑ̃:'pri:] N (*Aut*) Grande Prêmio

grandson ['grænsʌn] N neto

grandstand ['grænstænd] N (*Sport*) tribuna principal

grand total N total *m* geral *or* global

granite ['grænɪt] N granito

granny ['grænɪ] (*inf*) N avó *f*, vovó *f*

grant [grɑ:nt] VT (*concede*) conceder; (*a request etc*) anuir a; (*admit*) admitir ■ N (*Sch*) bolsa; (*Admin*) subvenção *f*, subsídio; **to take sth for ~ed** dar algo por certo; **to ~ that** admitir que

granulated sugar ['grænjuleɪtɪd-] N açúcar *m* granulado

granule ['grænju:l] N grânulo

grape [greɪp] N uva; **sour ~s** (*fig*) inveja; **a bunch of ~s** um cacho de uvas

grapefruit ['greɪpfru:t] (*pl inv or* **grapefruits**) N toranja, grapefruit *m* (*BR*)

grapevine ['greɪpvaɪn] N parreira; **I heard it on** *or* **through the ~** (*fig*) um passarinho me contou

graph [grɑ:f] N gráfico

graphic ['græ:fɪk] ADJ gráfico; **graphic designer** N desenhista *m/f* industrial

graphics ['græfɪks] N (*art*) artes *fpl* gráficas ■ NPL (*drawings*) dessenhos *mpl*; (: *Comput*) gráficos *mpl*

graphite ['græfaɪt] N grafita

graph paper N papel *m* quadriculado

grapple ['græpl] VI: **to ~ with sth** estar às voltas com algo

grappling iron ['græplɪŋ-] N (*Naut*) arpéu *m*

grasp [grɑ:sp] VT agarrar, segurar; (*understand*) compreender, entender ■ N (*grip*) agarramento; (*reach*) alcance *m*; (*understanding*) compreensão *f*; **to have sth within one's ~** ter algo ao seu alcance; **to have a good ~ of sth** (*fig*) ter um bom domínio de algo, dominar algo

▶ **grasp at** VT FUS (*rope etc*) tentar agarrar; (*opportunity*) agarrar

grasping ['grɑ:spɪŋ] ADJ avaro

grass [grɑ:s] N grama (BR), relva (PT); (*uncultivated*) cupim *m*; (*lawn*) gramado (BR), relvado (PT); (*Brit: inf: informer*) dedo-duro *m*
grasshopper ['grɑ:shɔpəʳ] N gafanhoto
grassland ['grɑ:slænd] N pradaria
grass roots NPL (*fig*) raízes *fpl*, base *f* ■ ADJ: **grass-roots** popular
grass snake N serpente *f*
grassy ['grɑ:sɪ] ADJ coberto de grama (BR) *or* de relva (PT)
grate [greɪt] N (*fireplace*) lareira; (*of iron*) grelha ■ VI ranger ■ VT (*Culin*) ralar
grateful ['greɪtful] ADJ agradecido, grato
gratefully ['greɪtfəlɪ] ADV agradecidamente
grater ['greɪtəʳ] N ralador *m*
gratification [grætɪfɪ'keɪʃən] N satisfação *f*
gratify ['grætɪfaɪ] VT gratificar; (*whim*) satisfazer
gratifying ['grætɪfaɪɪŋ] ADJ gratificante
grating ['greɪtɪŋ] N (*iron bars*) grade *f* ■ ADJ (*noise*) áspero
gratitude ['grætɪtju:d] N agradecimento
gratuitous [grə'tju:ɪtəs] ADJ gratuito
gratuity [grə'tju:ɪtɪ] N gratificação *f*, gorjeta
grave [greɪv] N cova, sepultura ■ ADJ sério; (*mistake*) grave; **grave digger** N coveiro
gravel ['grævl] N cascalho
gravely ['greɪvlɪ] ADV gravemente; **~ ill** gravemente doente
gravestone ['greɪvstəun] N lápide *f*
graveyard ['greɪvjɑ:d] N cemitério
gravitate ['grævɪteɪt] VI: **to ~ towards** ser atraído por
gravity ['grævɪtɪ] N (*Phys*) gravidade *f*; (*seriousness*) seriedade *f*, gravidade *f*
gravy ['greɪvɪ] N molho (de carne); **gravy boat** N molheira; **gravy train** (*inf*) N: **to be on** *or* **ride the gravy train** ter achado uma mina
gray [greɪ] (*US*) ADJ = **grey**
graze [greɪz] VI pastar ■ VT (*touch lightly*) roçar; (*scrape*) raspar; (*Med*) esfolar ■ N (*Med*) esfoladura, arranhadura
grazing ['greɪzɪŋ] N (*pasture*) pasto, pastagem *f*
grease [gri:s] N (*fat*) gordura; (*lubricant*) graxa, lubrificante *m* ■ VT (*Culin: dish*) untar; (*Tech: brakes etc*) lubrificar, engraxar; **grease gun** N bomba de graxa
greasepaint [gri:speɪnt] N maquilagem *f* (para o teatro)
greaseproof paper ['gri:spru:f-] (*Brit*) N papel *m* de cera (vegetal)
greasy ['gri:zɪ] ADJ gordurento, gorduroso; (*skin, hair*) oleoso; (*hands, clothes*) engordurado; (*Brit: road, surface*) escorregadio
great [greɪt] ADJ grande; (*inf*) genial; (*pain, heat*) forte; (*important*) importante; **they're ~ friends** eles são grandes amigos; **we had a ~ time** nos divertimos à beça; **it was ~!** foi ótimo, foi um barato (*inf*); **the ~ thing is that ...** o melhor é que ...
Great Barrier Reef N: **the ~** a Grande Barreira
Great Britain N Grã-Bretanha

GREAT BRITAIN

A Grã-Bretanha, *Great Britain* ou *Britain* em inglês, designa a maior das ilhas britânicas e, portanto, engloba a Escócia e o País de Gales. Junto com a Irlanda, a ilha de Man e as ilhas Anglo-normandas, a Grã-Bretanha forma as ilhas Britânicas, ou *British Isles*. Reino Unido, em inglês *United Kingdom* ou *UK*, é o nome oficial da entidade política que compreende a Grã-Bretanha e a Irlanda do Norte.

great-grandchild (*irreg*) N bisneto(-a)
great-grandfather N bisavô *m*
great-grandmother N bisavó *f*
Great Lakes NPL: **the ~** os Grandes Lagos
greatly ['greɪtlɪ] ADV imensamente, muito
greatness ['greɪtnɪs] N grandeza
Grecian ['gri:ʃən] ADJ grego
Greece [gri:s] N Grécia
greed [gri:d] N (*also*: **greediness**) avidez *f*, cobiça; (*for food*) gula
greedily ['gri:dɪlɪ] ADV com avidez; (*eat*) gulosamente
greedy ['gri:dɪ] ADJ avarento; (*for food*) guloso
Greek [gri:k] ADJ grego ■ N grego(-a); (*Ling*) grego; **ancient/modern ~** grego clássico/moderno
green [gri:n] ADJ verde; (*inexperienced*) inexperiente, ingênuo ■ N verde *m*; (*stretch of grass*) gramado (BR), relvado (PT); (*on golf course*) green *m*; (*also*: **village green**) ≈ praça; **greens** NPL (*vegetables*) verduras *fpl*; **to have ~ fingers** (*Brit*) *or* **a ~ thumb** (*US*) ter mão boa (para plantar); **green belt** N (*round town*) cinturão *m* verde; **green card** N (*Brit: Aut*) carta verde; (*US*) autorização *f* de residência
greenery ['gri:nərɪ] N verdura
greenfly ['gri:nflaɪ] (*Brit*) N pulgão *m*
greengage ['gri:ngeɪdʒ] N rainha-cláudia
greengrocer ['gri:ngrəusəʳ] (*Brit*) N verdureiro(-a)
greenhouse ['gri:nhaus] N estufa
greenish ['gri:nɪʃ] ADJ esverdeado
Greenland ['gri:nlənd] N Groenlândia
Greenlander ['gri:nləndəʳ] N groenlandês(-esa) *m/f*
green pepper N pimentão *m* verde
greet [gri:t] VT saudar; (*welcome*) acolher; (*news*) receber
greeting ['gri:tɪŋ] N cumprimento; (*welcome*) acolhimento; **Christmas/birthday ~s** votos de boas festas/feliz aniversário
greeting(s) card N cartão *m* comemorativo
gregarious [grə'gɛərɪəs] ADJ gregário
grenade [grə'neɪd] N (*also*: **hand grenade**) granada
grew [gru:] PT *of* **grow**
grey [greɪ] (*US* **gray**) ADJ cinzento; (*dismal*)

sombrio; **to go ~** (*hair, person*) ficar grisalho
grey-haired ADJ grisalho
greyhound ['greɪhaund] N galgo
grid [grɪd] N grade *f*; (*Elec*) rede *f*; (*US: Aut*) cruzamento
griddle [grɪdl] N (*on cooker*) chapa de assar
gridiron ['grɪdaɪən] N grelha; (*US: Football*) campo
grief [gri:f] N dor *f*, pesar *m*; **to come to ~** fracassar
grievance ['gri:vəns] N motivo de queixa, agravo
grieve [gri:v] VI sofrer ■ VT dar pena a, afligir; **to ~ for** chorar por
grievous ['gri:vəs] ADJ penoso; **~ bodily harm** (*Law*) lesão *f* corporal (grave)
grill [grɪl] N (*on cooker*) grelha; (*also*: **mixed grill**) prato de grelhados ■ VT (*Brit*) grelhar; (*question*) interrogar cerradamente
grille [grɪl] N grade *f*; (*Aut*) grelha
grill(room) ['grɪl(rum)] N grill-room *m*, ≈ churrascaria
grim [grɪm] ADJ sinistro, lúgubre; (*unpleasant*) desagradável; (*unattractive*) feio; (*stern*) severo; (*inf: dreadful*) horrível
grimace [grɪ'meɪs] N careta ■ VI fazer caretas
grime [graɪm] N sujeira (*BR*), sujidade *f* (*PT*)
grimy ['graɪmɪ] ADJ sujo, encardido
grin [grɪn] N sorriso largo ■ VI sorrir abertamente; **to ~ (at)** dar um sorriso largo (para)
grind [graɪnd] (*pt, pp* **ground**) VT (*crush*) triturar; (*coffee, pepper etc*) moer; (*make sharp*) afiar; (*US: meat*) picar; (*polish: gem*) lapidar; (: *lens*) polir ■ VI (*car gears*) ranger ■ N (*work*) trabalho (repetitivo e maçante); **to ~ one's teeth** ranger os dentes; **to ~ to a halt** (*vehicle*) parar com um ranger de freios; (*fig: work, production*) paralisar-se; (: *talks, process*) empacar; **the daily ~** (*inf*) a labuta diária
grinder ['graɪndəʳ] N (*machine: for coffee*) moinho; (: *for waste disposal*) triturador *m*
grindstone ['graɪndstəun] N: **to keep one's nose to the ~** trabalhar sem descanso
grip [grɪp] N (*of hands*) aperto; (*handle*) punho; (*of racquet etc*) cabo; (*of tyre, shoe*) aderência; (*holdall*) valise *f* ■ VT agarrar; (*attention*) prender; **to come** *or* **get to ~s with** arcar com; **to ~ the road** (*Aut*) aderir à estrada; **to lose one's ~** perder a pega; (*fig*) perder a eficiência
gripe [graɪp] N (*Med*) cólicas *fpl*; (*inf: complaint*) queixa ■ VI (*inf*) bufar
gripping ['grɪpɪŋ] ADJ absorvente, emocionante
grisly ['grɪzlɪ] ADJ horrendo, medonho
grist [grɪst] N (*fig*): **it's (all) ~ to his mill** ele se vale de tudo
gristle ['grɪsl] N cartilagem *f*; (*on meat*) nervo
grit [grɪt] N areia, grão *m* de areia; (*courage*) coragem *f* ■ VT (*road*) pôr areia em; **grits** NPL (*US*) canjica; **to ~ one's teeth** cerrar os dentes; **to have a piece of ~ in one's eye** ter uma pedrinha no olho
grizzle ['grɪzl] (*Brit*) VI choramingar
grizzly ['grɪzlɪ] N (*also*: **grizzly bear**) urso pardo
groan [grəun] N gemido ■ VI gemer
grocer ['grəusəʳ] N dono(-a) de mercearia
grocer's (shop) N mercearia
grocery ['grəusərɪ] N mercearia; **groceries** NPL comestíveis *mpl*
grog [grɔg] N grogue *m*
groggy ['grɔgɪ] ADJ grogue
groin [grɔɪn] N virilha
groom [gru:m] N cavalariço; (*also*: **bridegroom**) noivo ■ VT (*horse*) tratar; (*fig*): **to ~ sb for sth** preparar alguém para algo; **well-~ed** bem-posto
groove [gru:v] N ranhura, entalhe *m*
grope [grəup] VI tatear; **to ~ for** procurar às cegas
gross [grəus] ADJ grosso; (*flagrant*) grave; (*vulgar*) vulgar; (: *building*) de mau-gosto; (*Comm*) bruto ■ N INV (*twelve dozen*) grosa ■ VT (*Comm*): **to ~ £500,000** dar uma receita bruta de £500,000; **gross domestic product** N produto interno bruto
grossly ['grəuslɪ] ADV (*greatly*) enormemente, gritantemente
gross national product N produto nacional bruto
grotesque [grə'tɛsk] ADJ grotesco
grotto ['grɔtəu] N gruta
grotty ['grɔtɪ] (*Brit: inf*) ADJ vagabundo; (*room etc*) mixa; **I'm feeling ~** estou me sentindo podre
grouch [grautʃ] (*inf*) VI ralhar ■ N (*person*) pessoa geniosa, rabugento(-a)
ground [graund] PT, PP *of* **grind** ■ N terra, chão *m*; (*Sport*) campo; (*land*) terreno; (*reason: gen pl*) motivo, razão *f*; (*US: also*: **ground wire**) (ligação *f* à) terra, fio-terra *m* ■ VT (*plane*) manter em terra; (*US: Elec*) ligar à terra ■ VI (*ship*) encalhar ■ ADJ (*coffee etc*) moído; (*US: meat*) picado; **grounds** NPL (*of coffee etc*) borra; (*gardens etc*) jardins *mpl*, parque *m*; **on the ~** no chão; **to the ~** por terra; **below ~** embaixo da terra; **to gain/lose ~** ganhar/perder terreno; **common ~** consenso; **he covered a lot of ~ in his lecture** sua palestra cobriu uma área considerável; **ground cloth** (*US*) N = **groundsheet**; **ground control** N (*Aviat, Space*) controle *m* de solo *or* terra; **ground floor** N andar *m* térreo (BR), rés-do-chão *m* (PT)
grounding ['graundɪŋ] N (*Sch*) conhecimentos *mpl* básicos
groundless ['graundlɪs] ADJ infundado
groundnut ['graundnʌt] N amendoim *m*
ground rent (*Brit*) N foro
groundsheet ['graundʃi:t] (*Brit*) N capa impermeável
grounds keeper (*US*) N (*Sport*) zelador *m* de um campo esportivo
groundsman ['graundzmən] (*irreg*) N (*Sport*) zelador *m* de um campo esportivo
ground staff N pessoal *m* de terra
ground swell N (*of opinion*) onda
ground-to-ground missile N míssil *m* terra-

terra

groundwork ['graundwə:k] N base *f*, preparação *f*

group [gru:p] N grupo; (*also*: **pop group**) conjunto ■ VT (*also*: **group together**) agrupar ■ VI (*also*: **group together**) agrupar-se

grouse [graus] N INV (*bird*) tetraz *m*, galo-silvestre *m* ■ VI (*complain*) queixar-se, resmungar

grove [grəuv] N arvoredo

grovel ['grɔvl] VI (*fig*) humilhar-se; **to ~ (before)** abaixar-se (diante de)

grow [grəu] (*pt* **grew**, *pp* **grown**) VI crescer; (*increase*) aumentar; (*develop*): **to ~ (out of/from)** originar-se; (*become*) tornar-se ■ VT plantar, cultivar; (*beard*) deixar crescer; **to ~ rich/weak** enriquecer(-se)/enfraquecer-se

▸ **grow apart** VI (*fig*) afastar-se (um do outro)

▸ **grow away from** VT FUS (*fig*) afastar-se de

▸ **grow on** VT FUS: **that painting is ~ing on me** estou gostando cada vez mais daquele quadro

▸ **grow out of** VT FUS (*clothes*) ficar muito grande para; (*habit*) superar com *or* perder o tempo

▸ **grow up** VI crescer, fazer-se homem/mulher

grower ['grəuəʳ] N cultivador(a) *m/f*, produtor(a) *m/f*

growing ['grəuɪŋ] ADJ crescente; **~ pains** (*Med*) dores *fpl* do crescimento; (*fig*) dificuldades *fpl* iniciais

growl [graul] VI rosnar

grown [grəun] PP *of* **grow** ■ ADJ crescido, adulto

grown-up N adulto(-a), pessoa mais velha

growth [grəuθ] N crescimento; (*what has grown*) crescimento; (*increase*) aumento; (*Med*) abcesso, tumor *m*; **growth rate** N taxa de crescimento

GRSM (*Brit*) N ABBR = **Graduate of the Royal Schools of Music**

grub [grʌb] N larva, lagarta; (*inf*: *food*) comida, rango (BR)

grubby ['grʌbɪ] ADJ encardido

grudge [grʌdʒ] N motivo de rancor ■ VT: **to ~ sb sth** dar algo a alguém de má vontade, invejar algo a alguém; **to bear sb a ~ for sth** guardar rancor de alguém por algo; **he ~s (giving) the money** ele dá dinheiro de má vontade

grudgingly ['grʌdʒɪŋlɪ] ADV de má vontade

gruelling ['gruəlɪŋ] (*US* **grueling**) ADJ duro, árduo

gruesome ['gru:səm] ADJ horrível

gruff [grʌf] ADJ (*voice*) rouco; (*manner*) brusco

grumble ['grʌmbl] VI resmungar, bufar

grumpy ['grʌmpɪ] ADJ rabugento

grunt [grʌnt] VI grunhir ■ N grunhido

G-string N (*garment*) tapa-sexo *m*

GSUSA N ABBR = **Girl Scouts of the United States of America**

GU (*US*) ABBR (*Post*) = **Guam**

guarantee [gærən'ti:] N garantia ■ VT garantir

guarantor [gærən'tɔ:ʳ] N fiador(a) *m/f*

guard [gɑ:d] N guarda; (*one person*) guarda *m*; (*Brit*: *Rail*) guarda-freio; (*on machine*) dispositivo de segurança; (*also*: **fireguard**) guarda-fogo ■ VT guardar; (*protect*): **to ~ (against)** proteger (contra); (*prisoner*) vigiar; **to be on one's ~** estar prevenido

▸ **guard against** VT FUS prevenir-se contra; **to ~ against doing sth** guardar-se de fazer algo

guard dog M cão *m* de guarda

guarded ['gɑ:dɪd] ADJ (*statement*) cauteloso

guardian ['gɑ:dɪən] N protetor(a) *m/f*; (*of minor*) tutor(a) *m/f*

guard's van (*Brit*) N (*Rail*) vagão *m* de freio

Guatemala [gwɔtə'mɑ:lə] N Guatemala

Guernsey ['gə:nzɪ] N Guernsey *f* (*no article*)

guerrilla [gə'rɪlə] N guerrilheiro(-a); **guerrilla warfare** N guerrilha

guess [gɛs] VT, VI (*estimate*) avaliar, conjeturar; (*correct answer*) adivinhar; (*US*: *suppose*) achar, supor ■ N suposição *f*, conjetura; **to take** *or* **have a ~** adivinhar, chutar (*inf*); **to keep sb ~ing** não contar a alguém; **my ~ is that ...** meu palpite é que ...; **to ~ right/wrong** acertar/errar

guesstimate ['gɛstɪmɪt] (*inf*) N estimativa aproximada

guesswork ['gɛswə:k] N conjeturas *fpl*; **I got the answer by ~** obtive a resposta por adivinhação

guest [gɛst] N convidado(-a); (*in hotel*) hóspede *m/f*; **be my ~** fique à vontade

guest-house N pensão *f*

guest room N quarto de hóspedes

guffaw [gʌ'fɔ:] N gargalhada ■ VI dar gargalhadas

guidance ['gaɪdəns] N orientação *f*; (*advice*) conselhos *mpl*; **under the ~ of** sob a direção de, orientado por; **vocational** *or* **careers ~** orientação vocacional; **marriage ~** aconselhamento conjugal

guide [gaɪd] N (*person*) guia *m/f*; (*book*, *fig*) guia *m*; (*Brit*: *also*: **girl guide**) escoteira ■ VT guiar; **to be ~d by sb/sth** orientar-se com alguém/por algo

guidebook ['gaɪdbuk] N guia *m*

guided missile ['gaɪdɪd-] N (*internally controlled*) míssil *m* guiado; (*remote-controlled*) míssil *m* teleguiado

guide dog N cão *m* de guia

guidelines ['gaɪdlaɪnz] NPL (*advice*) orientação *f*; (*fig*) princípios *mpl* gerais, diretrizes *fpl*

guild [gɪld] N grêmio

guildhall ['gɪldhɔ:l] (*Brit*) N sede *f* da prefeitura

guile [gaɪl] N astúcia

guileless ['gaɪllɪs] ADJ ingênuo, cândido

guillotine ['gɪləti:n] N guilhotina

guilt [gɪlt] N culpa

guilty ['gɪltɪ] ADJ culpado; **to plead ~/not ~** declarar-se culpado/inocente

Guinea ['gɪnɪ] N: **Republic of ~** (República da) Guiné *f*

guinea ['gɪnɪ] (*Brit*) N guinéu *m* (= *21 shillings: antiga unidade monetária equivalente a £1.05*); **guinea pig** N porquinho-da-Índia *m*, cobaia; (*fig*) cobaia

guise [gaɪz] N: **in** *or* **under the ~ of** sob a aparência de, sob o pretexto de

guitar [gɪ'tɑːʳ] N violão *m*

guitarist [gɪ'tɑːrɪst] N violonista *m/f*

gulch [gʌltʃ] (*US*) N ravina

gulf [gʌlf] N golfo; (*abyss*: *also fig*) abismo; **the (Persian) G ~** o Golfo Pérsico

Gulf States NPL: **the ~** (*in Middle East*) os países do Golfo Pérsico

Gulf Stream N: **the ~** a corrente do Golfo

gull [gʌl] N gaivota

gullet ['gʌlɪt] N esôfago

gullibility [gʌlə'bɪlɪtɪ] N credulidade *f*

gullible ['gʌlɪbl] ADJ crédulo

gully ['gʌlɪ] N barranco

gulp [gʌlp] VI engolir em seco ■ VT (*also*: **gulp down**) engolir ■ N (*of drink*) gole *m*; **at one ~** de um gole só

gum [gʌm] N (*Anat*) gengiva; (*glue*) goma; (*also*: **gum drop**) bala de goma; (*also*: **chewing-gum**) chiclete *m* (BR), pastilha elástica (PT) ■ VT colar ▸ **gum up** VT: **to ~ up the works** (*inf*) estragar tudo

gumboil ['gʌmbɔɪl] N abscesso gengival, parúlide *f*

gumboots ['gʌmbuːts] (*Brit*) NPL botas *fpl* de borracha, galochas *fpl*

gumption ['gʌmpʃən] N juízo, bom senso

gun [gʌn] N (*gen*) arma (de fogo); (*revolver*) revólver *m*; (*small*) pistola; (*rifle*) espingarda; (*cannon*) canhão *m* ■ VT (*also*: **gun down**) balear; **to stick to one's ~s** (*fig*) não dar o braço a torcer, ser durão (*inf*)

gunboat ['gʌnbəut] N canhoneira

gun dog N cão *m* de caça

gunfire ['gʌnfaɪəʳ] N tiroteio

gunk [gʌŋk] (*inf*) N sujeira (BR), sujidade *f* (PT)

gunman ['gʌnmən] (*irreg*) N pistoleiro

gunner ['gʌnəʳ] N artilheiro

gunpoint ['gʌnpɔɪnt] N: **at ~** sob a ameaça de uma arma

gunpowder ['gʌnpaudəʳ] N pólvora

gunrunner ['gʌnrʌnəʳ] N contrabandista *m/f* de armas

gunrunning ['gʌnrʌnɪŋ] N contrabando de armas

gunshot ['gʌnʃɔt] N tiro (de arma de fogo); **within ~** ao alcance do tiro

gunsmith ['gʌnsmɪθ] N armeiro(-a)

gurgle ['gəːgl] VI (*baby*) balbuciar; (*water*) gorgolejar ■ N gorgolejo

guru ['guruː] N guru *m*

gush [gʌʃ] VI jorrar; (*fig*) alvoroçar-se ■ N jorro

gusset ['gʌsɪt] N nesga; (*of tights, pants*) entreperna

gust [gʌst] N (*of wind*) rajada

gusto ['gʌstəu] N: **with ~** com garra

gut [gʌt] N intestino, tripa; (*Mus etc*) corda de tripa ■ VT (*poultry, fish*) estripar; (*building*) destruir o interior de; **guts** NPL (*Anat*) entranhas *fpl*; (*inf*: *courage*) coragem *f*, raça (*inf*); **to hate sb's ~s** ter alguém atravessado na garganta, não poder ver alguém nem pintado; **gut reaction** N reação *f* instintiva

gutter ['gʌtəʳ] N (*of roof*) calha; (*in street*) sarjeta

guttural ['gʌtərl] ADJ gutural

guy [gaɪ] N (*also*: **guyrope**) corda; (*inf*: *man*) cara *m* (BR), tipo (PT)

Guyana [gaɪ'ænə] N Guiana

Guy Fawkes' Night N *ver abaixo*

GUY FAWKES' NIGHT

A *Guy Fawkes' Night*, também chamada de *bonfire night*, é a ocasião em que se comemora o fracasso da conspiração (a *Gunpowder Plot*) contra James I e o Parlamento, em 5 de novembro de 1605. Um dos conspiradores, Guy Fawkes, foi surpreendido no porão do Parlamento quando estava prestes a atear fogo a explosivos. Todo ano, no dia 5 de novembro, as crianças preparam antecipadamente um boneco de Guy Fawkes e pedem às pessoas que passam na rua *a penny for the Guy* (uma moedinha para o Guy), com o qual compram fogos de artifício.

guzzle ['gʌzl] VI comer *or* beber com gula ■ VT engolir com gula

gym [dʒɪm] N (*also*: **gymnasium**) ginásio; (*also*: **gymnastics**) ginástica

gymkhana [dʒɪm'kɑːnə] N gincana

gymnasium [dʒɪm'neɪzɪəm] N ginásio

gymnast ['dʒɪmnæst] N ginasta *m/f*

gymnastics [dʒɪm'næstɪks] N ginástica

gym shoes NPL tênis *mpl*

gym slip (*Brit*) N uniforme *m* escolar

gynaecologist [gaɪnɪ'kɔlədʒɪst] (*US* **gynecologist**) N ginecologista *m/f*

gynaecology [gaɪnə'kɔlədʒɪ] (*US* **gynecology**) N ginecologia

gypsy ['dʒɪpsɪ] N, CPD = **gipsy**

gyrate [dʒaɪ'reɪt] VI girar

gyroscope ['dʒaɪərəskəup] N giroscópio

Hh

H, h [eɪtʃ] N (*letter*) H, h *m*; **H for Harry** (*Brit*), **H for How** (*US*) H de Henrique
habeas corpus ['heɪbɪəs'kɔːpəs] N (*Law*) habeas-corpus *m*
haberdashery ['hæbə'dæʃərɪ] (*Brit*) N armarinho
habit ['hæbɪt] N hábito, costume *m*; (*addiction*) vício; (*Rel*) hábito; **to get out of/into the ~ of doing sth** perder/criar o hábito de fazer algo
habitable ['hæbɪtəbl] ADJ habitável
habitat ['hæbɪtæt] N habitat *m*
habitation [hæbɪ'teɪʃən] N habitação *f*
habitual [hə'bɪtjuəl] ADJ habitual, costumeiro; (*drinker, liar*) inveterado
habitually [hə'bɪtjuəlɪ] ADV habitualmente
hack [hæk] VT (*cut*) cortar; (*chop*) talhar ■ N corte *m*; (*axe blow*) talho; (*pej: writer*) escrevinhador(a) *m/f*; (*old horse*) metungo
hacker ['hækəʳ] N (*Comput*) pirata (de dados de computador)
hackles ['hæklz] NPL: **to make sb's ~ rise** (*fig*) enfurecer alguém
hackney cab ['hæknɪ-] N fiacre *m*
hackneyed ['hæknɪd] ADJ corriqueiro, batido
had [hæd] PT, PP *of* **have**
haddock ['hædək] (*pl* **haddocks** *or* **haddock**) N hadoque *m* (*BR*), eglefim *m* (*PT*)
hadn't ['hædnt] = **had not**
haematology ['hiːmə'tɔlədʒɪ] (*US* **hematology**) N hematologia
haemoglobin ['hiːmə'gləubɪn] (*US* **hemoglobin**) N hemoglobina
haemophilia ['hiːmə'fɪlɪə] (*US* **hemophilia**) N hemofilia
haemorrhage ['hɛmərɪdʒ] (*US* **hemorrhage**) N hemorragia
haemorrhoids ['hɛmərɔɪdz] (*US* **hemorrhoids**) NPL hemorróidas *fpl*
hag [hæg] N (*ugly*) bruxa; (*nasty*) megera; (*witch*) bruxa
haggard ['hægəd] ADJ emaciado, macilento
haggis ['hægɪs] N *miúdos de carneiro com aveia, cozidos no estômago do animal*
haggle ['hægl] VI (*bargain*) pechinchar, regatear; **to ~ over** discutir sobre
haggling ['hæglɪŋ] N regateio
Hague [heɪg] N: **The ~** Haia
hail [heɪl] N (*weather*) granizo; (*of objects*) chuva; (*of criticism*) torrente *f* ■ VT (*greet*) cumprimentar, saudar; (*call*) chamar ■ VI chover granizo; (*originate*): **he ~s from Scotland** ele é originário da Escócia
hailstone ['heɪlstəun] N pedra de granizo
hailstorm ['heɪlstɔːm] N tempestade *f* de granizo
hair [heəʳ] N (*of human*) cabelo; (*of animal, on legs*) pêlo; (*one hair*) fio de cabelo, pêlo; (*head of hair*) cabeleira; **grey ~** cabelo grisalho; **to do one's ~** pentear-se
hairbrush ['hɛəbrʌʃ] N escova de cabelo
haircut ['hɛəkʌt] N corte *m* de cabelo
hairdo ['heədu:] N penteado
hairdresser ['hɛədrɛsəʳ] N cabeleireiro(-a)
hairdresser's N cabeleireiro
hair dryer N secador *m* de cabelo
-haired [heəd] SUFFIX: **fair/long~** de cabelo louro/comprido
hairgrip ['hɛəgrɪp] N grampo (*BR*), gancho (*PT*)
hairline ['heəlaɪn] N contorno do couro cabeludo; **hairline fracture** N fratura muito fina
hairnet ['hɛənɛt] N rede *f* de cabelo
hair oil N óleo para o cabelo
hairpiece ['hɛəpiːs] N aplique *m*
hairpin ['hɛəpɪn] N grampo (*BR*), gancho (*PT*), pinça; **hairpin bend** (*US* **hairpin curve**) N curva fechada
hair-raising [-'reɪzɪŋ] ADJ horripilante, de arrepiar os cabelos
hair remover N (creme *m*) depilatório
hair spray N laquê *m* (*BR*), laca (*PT*)
hairstyle ['hɛəstaɪl] N penteado
hairy ['heərɪ] ADJ cabeludo, peludo; (*inf: situation*) perigoso
Haiti ['heɪtɪ] N Haiti *m*
hake [heɪk] (*pl* **hakes** *or* **hake**) N abrótea
halcyon ['hælsɪən] ADJ tranqüilo
hale [heɪl] ADJ: **~ and hearty** robusto, em ótima forma
half [hɑːf] (*pl* **halves**) N metade *f*; (*Sport: of match*) tempo; (*of ground*) lado ■ ADJ meio ■ ADV meio, pela metade; **~-an-hour** meia hora; **~ a pound** meia libra; **two and a ~** dois e meio; **~ a dozen** meia-dúzia; **a week and a ~** uma semana e

meia; **~ (of it)** a metade; **~ (of)** a metade de; **~ the amount of** a metade de; **to cut sth in ~** cortar algo ao meio; **~ past three** três e meia; **~ asleep/empty/closed** meio adormecido/vazio/fechado; **to go halves (with sb)** rachar as despesas (com alguém)

half-back N (*Sport*) meio-de-campo

half-baked (*inf*) ADJ (*idea, scheme*) mal planejado

half-breed N mestiço(-a)

half-brother N meio-irmão *m*

half-caste N mestiço(-a)

half-hearted ADJ irresoluto, indiferente

half-hour N meia hora

half-mast; at ~ ADV (*flag*) a meio-pau

halfpenny ['heɪpnɪ] N meio pêni *m*

half-price ADJ pela metade do preço ■ ADV (*also*: **at half-price**) pela metade do preço

half term (*Brit*) N (*Sch*) *dias de folga no meio do semestre*

half-time N meio tempo

halfway [hɑːf'weɪ] ADV a meio caminho; (*in time*) no meio; **to meet sb ~** (*fig*) chegar a um meio-termo com alguém

half-yearly ADV semestralmente ■ ADJ semestral

halibut ['hælɪbət] N INV hipoglosso

halitosis [hælɪ'təʊsɪs] N halitose *f*, mau hálito

hall [hɔːl] N (*for concerts*) sala; (*entrance way*) hall *m*, entrada; (*corridor*) corredor *m*; **town ~** prefeitura (BR), câmara municipal (PT)

hallmark ['hɔːlmɑːk] N (*also fig*) marca

hallo [hə'ləʊ] EXCL = **hello**

hall of residence (*Brit*) (*pl* **halls of residence**) N residência universitária

Hallowe'en ['hæləʊ'iːn] N Dia *m* das Bruxas (*31 de outubro*)

HALLOWE'EN

Segundo a tradição, *Hallowe'en* é a noite dos fantasmas e dos bruxos. Na Escócia e nos Estados Unidos, sobretudo (bem menos na Inglaterra), as crianças, para festejar o *Hallowe'en*, se fantasiam e batem de porta em porta pedindo prendas (chocolates, maçãs etc).

hallucination [həluːsɪ'neɪʃən] N alucinação *f*

hallway ['hɔːlweɪ] N hall *m*, entrada; (*corridor*) corredor *m*

halo ['heɪləʊ] N (*of saint etc*) auréola; (*of sun*) halo

halt [hɔːlt] N (*stop*) parada (BR), paragem *f* (PT); (*Rail*) pequena parada; (*Mil*) alto ■ VI parar; (*Mil*) fazer alto ■ VT deter; (*process*) interromper; **to call a ~ to sth** (*fig*) pôr um fim a algo

halter ['hɔːltəʳ] N (*for horse*) cabresto

halter-neck ['hɔːltənɛk] ADJ (*dress*) frente-única *inv*

halve [hɑːv] VT (*divide*) dividir ao meio; (*reduce by half*) reduzir à metade

halves [hɑːvz] NPL *of* **half**

ham [hæm] N presunto, fiambre *m* (PT); (*inf*: *actor, actress*) canastrão(-trona) *m/f*; (: *also*: **radio ham**) rádio-amador(a) *m/f*

hamburger ['hæmbəːgəʳ] N hambúrguer *m*

ham-fisted [-'fɪstɪd] (*Brit*) ADJ desajeitado

ham-handed [-'hændɪd] (*US*) ADJ desajeitado

hamlet ['hæmlɪt] N aldeola, lugarejo

hammer ['hæməʳ] N martelo ■ VT martelar; (*fig*) dar uma surra em ■ VI (*on door*) bater insistentemente; **to ~ a point home to sb** fincar uma idéia na mente de alguém
▸ **hammer out** VT (*metal*) malhar; (*fig*: *solution*) elaborar

hammock ['hæmək] N rede *f*

hamper ['hæmpəʳ] VT dificultar, atrapalhar ■ N cesto

hamster ['hæmstəʳ] N hamster *m*

hamstring ['hæmstrɪŋ] N (*Anat*) tendão *m* do jarrete

hand [hænd] N mão *f*; (*of clock*) ponteiro; (*writing*) letra; (*applause*) aplauso; (*of cards*) cartas *fpl*; (*worker*) trabalhador *m*; (*measurement*) palmo ■ VT (*give*) dar, passar; (*deliver*) entregar; **to give** *or* **lend sb a ~** dar uma mãozinha a alguém, dar uma ajuda a alguém; **at ~** à mão, disponível; **in ~** livre; (*situation*) sob controle; (*Comm*) em caixa, à disposição; **to be on ~** (*person*) estar disponível; (*emergency services*) estar num estado de prontidão; **to ~** (*information*) à mão; **to force sb's ~** forçar alguém a agir; **to have a free ~** ter carta branca; **to have sth in one's ~** ter algo na mão; **on the one ~ ..., on the other ~ ...** por um lado ..., por outro (lado) ...
▸ **hand down** VT passar; (*tradition, heirloom*) transmitir; (*US*: *sentence, verdict*) proferir
▸ **hand in** VT entregar
▸ **hand out** VT distribuir
▸ **hand over** VT (*deliver*) entregar; (*surrender*) ceder; (*powers etc*) transmitir
▸ **hand round** (*Brit*) VT (*information*) fazer circular; (*chocolates*) oferecer

handbag ['hændbæg] N bolsa

handball ['hændbɔːl] N handebol *m*

hand basin ['hændbeɪsn] N pia (BR), lavatório (PT)

handbook ['hændbuk] N manual *m*

handbrake ['hændbreɪk] N freio (BR) *or* travão *m* (PT) de mão

hand cream N creme *m* para as mãos

handcuffs ['hændkʌfs] NPL algemas *fpl*

handful ['hændful] N punhado; (*of people*) grupo

handicap ['hændɪkæp] N (*Med*) incapacidade *f*; (*disadvantage*) desvantagem *f*; (*Sport*) handicap *m* ■ VT prejudicar; **mentally/physically ~ped** deficiente mental/físico

handicraft ['hændɪkrɑːft] N artesanato, trabalho manual

handiwork ['hændɪwəːk] N obra; **this looks like his ~** (*pej*) isso parece coisa dele

handkerchief ['hæŋkətʃɪf] N lenço

handle ['hændl] N (*of door etc*) maçaneta; (*of*

bag etc) alça; (*of cup etc*) asa; (*of knife etc*) cabo; (*for winding*) manivela; (*inf: name*) título ■ VT manusear; (*deal with*) tratar de; (*treat: people*) lidar com; **"~ with care"** "cuidado — frágil"; **to fly off the ~** perder as estribeiras

handlebar(s) ['hɑːndlbɑː(z)] N(PL) guidom *m* (BR), guidão *m* (PT)

handling charges ['hændlɪŋ-] NPL taxa de manuseio; (*Banking*) comissão *f*

hand-luggage N bagagem *f* de mão

handmade ['hændmeɪd] ADJ feito a mão

handout ['hændaut] N (*money, food*) doação *f*, esmola; (*leaflet*) folheto; (*at lecture*) apostila

hand-picked [-'pɪkt] ADJ (*fruit*) colhido à mão; (*staff*) escolhido a dedo

handrail ['hændreɪl] N (*on staircase*) corrimão *m*

handsfree kit ['hændzfriː-] N viva-voz *m*

handshake ['hændʃeɪk] N aperto de mão; (*Comput*) handshake *m*

handsome ['hænsəm] ADJ bonito; (*woman*) vistoso; (*gift*) generoso; (*building*) imponente, elegante; (*profit*) considerável

handstand ['hændstænd] N: **to do a ~** plantar bananeira

hand-to-mouth ADJ (*existence*) ao deus-dará

handwriting ['hændraɪtɪŋ] N letra, caligrafia

handwritten ['hændrɪtn] ADJ escrito à mão, manuscrito

handy ['hændɪ] ADJ (*close at hand*) à mão; (*useful*) útil; (*skilful*) habilidoso, hábil; **to come in ~** ser útil

handyman ['hændɪmæn] (*irreg*) N faz-tudo *m*; (*in hotel etc*) biscateiro

hang [hæŋ] (*pt, pp* **hung**) VT pendurar; (*on wall etc*) prender; (*head*) baixar; (*criminal*) (*pt, pp* **hanged**) enforcar ■ VI estar pendurado; (*hair, drapery*) cair ■ N (*inf*): **to get the ~ of (doing) sth** pegar o jeito de (fazer) algo

▸ **hang about** VI vadiar, vagabundear; **~ about!** (*inf*) 'pera aí!

▸ **hang around** VI = **hang about**

▸ **hang back** VI (*hesitate*): **to ~ back from (doing) sth** vacilar em (fazer) algo

▸ **hang on** VI (*wait*) esperar ■ VT FUS (*depend on*) depender de; **to ~ on to** (*keep hold of*) não soltar, segurar; (*keep*) ficar com

▸ **hang out** VT (*washing*) estender ■ VI (*be visible*) aparecer; (*inf: spend time*) fazer ponto

▸ **hang together** VI (*argument etc*) ser coerente

▸ **hang up** VT (*coat*) pendurar ■ VI (*Tel*) desligar; **to ~ up on sb** bater o telefone na cara de alguém

hangar ['hæŋəʳ] N hangar *m*

hangdog ['hæŋdɔg] ADJ (*look, expression*) envergonhado

hanger ['hæŋəʳ] N cabide *m*

hanger-on N parasita *m/f*, filão(-lona) *m/f*

hang-gliding N vôo livre

hanging ['hæŋɪŋ] N enforcamento

hangman ['hæŋmən] (*irreg*) N carrasco

hangover ['hæŋəuvəʳ] N (*after drinking*) ressaca; **to have a ~** estar de ressaca

hang-up N grilo

hank [hæŋk] N meada

hanker ['hæŋkəʳ] VI: **to ~ after** (*miss*) sentir saudade de; (*long for*) ansiar por

hankie ['hæŋkɪ] N ABBR = **handkerchief**

hanky ['hæŋkɪ] N ABBR = **handkerchief**

Hants (*Brit*) ABBR = **Hampshire**

haphazard [hæp'hæzəd] ADJ (*random*) fortuito; (*disorganized*) desorganizado

hapless ['hæplɪs] ADJ desafortunado

happen ['hæpən] VI acontecer; **what's ~ing?** o que é que está acontecendo?; **she ~ed to be in London** aconteceu que estava em Londres; **if anything ~ed to him** se lhe acontecesse alguma coisa; **as it ~s ...** acontece que ...

▸ **happen (up)on** VT FUS dar com

happening ['hæpənɪŋ] N acontecimento, ocorrência

happily ['hæpɪlɪ] ADV (*luckily*) felizmente; (*cheerfully*) alegremente

happiness ['hæpɪnɪs] N felicidade *f*; (*joy*) alegria

happy ['hæpɪ] ADJ feliz; (*cheerful*) contente; **to be ~ (with)** estar contente (com); **to be ~** ser feliz; **to be ~ to do** (*willing*) estar disposto a fazer; **yes, I'd be ~ to** sim, com muito prazer; **~ birthday!** feliz aniversário; (*said to somebody*) parabéns!; **~ Christmas/New Year** feliz Natal/Ano Novo

happy-go-lucky ADJ despreocupado

harangue [hə'ræŋ] VT arengar

harass ['hærəs] VT (*bother*) importunar; (*pursue*) acossar

harassed ['hærəst] ADJ chateado

harassment ['hærəsmənt] N perseguição *f*; (*worry*) preocupação *f*

harbour ['hɑːbəʳ] (*US* **harbor**) N porto ■ VT (*hope etc*) abrigar; (*hide*) esconder; **to ~ a grudge against sb** guardar rancor a alguém

harbo(u)r dues NPL direitos *mpl* portuários

harbo(u)r master N capitão *m* do porto

hard [hɑːd] ADJ duro; (*difficult*) difícil; (*work*) árduo; (*person*) severo, cruel; (*facts*) verdadeiro ■ ADV (*work*) muito, diligentemente; (*think, try*) seriamente; **to look ~ at** olhar firme *or* fixamente para; **~ luck!** azar!; **no ~ feelings!** sem ressentimentos!; **to be ~ of hearing** ser surdo; **to be ~ done by** ser tratado injustamente; **to be ~ on sb** ser rigoroso com alguém; **I find it ~ to believe that ...** acho difícil acreditar que ...

hard-and-fast ADJ rígido

hardback ['hɑːdbæk] N livro de capa dura

hardboard ['hɑːdbɔːd] N madeira compensada

hard-boiled egg [-'bɔɪld-] N ovo cozido

hard cash N dinheiro vivo *or* em espécie

hard copy N (*Comput*) cópia impressa

hard-core ADJ (*pornography*) pesado; (*supporters*) ferrenho

hard court N (*Tennis*) quadra de cimento

hard disk N (*Comput*) disco rígido

harden ['hɑːdən] VT endurecer; (*steel*) temperar;

(*fig*) tornar insensível ■ VI endurecer-se
hardened ['hɑːdnd] ADJ (*criminal, drinker*) inveterado; **to be ~ to sth** ser insensível a algo
hardening ['hɑːdnɪŋ] N endurecimento
hard-headed [-'hɛdɪd] ADJ prático
hard-hearted ADJ empedernido, insensível
hard labour N trabalhos *mpl* forçados
hardliner [hɑːd'laɪnəʳ] N intransigente *m/f*
hardly ['hɑːdlɪ] ADV (*scarcely*) apenas; (*no sooner*) mal; **that can ~ be true** dificilmente pode ser verdade; **~ ever** quase nunca; **I can ~ believe it** mal posso acreditar nisso
hardness ['hɑːdnɪs] N dureza
hard sell N venda agressiva
hardship ['hɑːdʃɪp] N (*difficulty*) privação *f*
hard shoulder (*Brit*) N (*Aut*) acostamento (BR), berma (PT)
hard up (*inf*) ADJ duro (BR), liso (PT)
hardware ['hɑːdwɛəʳ] N ferragens *fpl*; (*Comput*) hardware *m*; **hardware shop** N loja de ferragens
hard-wearing [-'wɛərɪŋ] ADJ resistente
hard-working ADJ trabalhador(a); (*student*) aplicado
hardy ['hɑːdɪ] ADJ forte; (*plant*) resistente
hare [hɛəʳ] N lebre *f*
hare-brained [-breɪnd] ADJ maluco, absurdo
harelip ['hɛəlɪp] N (*Med*) lábio leporino
harem [hɑː'riːm] N harém *m*
hark back [hɑːk-] VI: **to ~ back to** (*reminisce*) recordar; (*be reminiscent of*) lembrar
harm [hɑːm] N mal *m*; (*damage*) dano ■ VT (*person*) fazer mal a, prejudicar; (*thing*) danificar; **to mean no ~** ter boas intenções; **there's no ~ in trying** não faz mal tentar; **out of ~'s way** a salvo
harmful ['hɑːmful] ADJ prejudicial, nocivo; (*plant, weed*) daninho
harmless ['hɑːmlɪs] ADJ inofensivo; (*activity*) inofensivo
harmonic [hɑː'mɔnɪk] ADJ harmônico
harmonica [hɑː'mɔnɪkə] N gaita de boca, harmônica
harmonics [hɑː'mɔnɪks] NPL harmônicos *mpl*
harmonious [hɑː'məunɪəs] ADJ harmonioso
harmonium [hɑː'məunɪəm] N harmônio
harmonize ['hɑːmənaɪz] VT, VI harmonizar
harmony ['hɑːmənɪ] N harmonia
harness ['hɑːnɪs] N (*for horse*) arreios *mpl*; (*for child*) correia; (*safety harness*) correia de segurança ■ VT (*horse*) arrear, pôr arreios em; (*resources*) aproveitar
harp [hɑːp] N harpa ■ VI: **to ~ on about** bater sempre na mesma tecla sobre
harpist ['hɑːpɪst] N harpista *m/f*
harpoon [hɑː'puːn] N arpão *m* ■ VT arpoar
harpsichord ['hɑːpsɪkɔːd] N cravo, clavecino
harrow ['hærəu] N (*Agr*) grade *f*, rastelo
harrowing ['hærəuɪŋ] ADJ doloroso, pungente
harry ['hærɪ] VT (*Mil, fig*) assolar
harsh [hɑːʃ] ADJ (*life*) duro; (*judge, criticism*) severo; (*rough: surface, taste*) áspero; (: *sound*) desarmonioso
harshly ['hɑːʃlɪ] ADV severamente
harshness ['hɑːʃnɪs] N dureza, severidade *f*; (*roughness*) aspereza
harvest ['hɑːvɪst] N colheita; (*of grapes*) vindima ■ VT, VI colher
harvester ['hɑːvɪstəʳ] N (*machine*) segadora; (*also*: **combine harvester**) ceifeira-debulhadora; (*person*) segador(a) *m/f*
has [hæz] VB *see* **have**
has-been (*inf*) N (*person*): **he/she's a ~** ele/ela já era
hash [hæʃ] N (*Culin*) picadinho; (*fig: mess*) confusão *f* ■ N ABBR (*inf*) = **hashish**
hashish ['hæʃɪʃ] N haxixe *m*
hasn't ['hæznt] = **has not**
hassle ['hæsl] (*inf*) N (*fuss, problems*) complicação *f* ■ VT molestar, chatear
haste [heɪst] N pressa; **in ~** às pressas
hasten ['heɪsn] VT acelerar ■ VI: **to ~ to do sth** apressar-se em fazer algo
hastily ['heɪstɪlɪ] ADV depressa
hasty ['heɪstɪ] ADJ apressado; (*rash*) precipitado
hat [hæt] N chapéu *m*
hatbox ['hætbɔks] N chapeleira
hatch [hætʃ] N (*Naut: also*: **hatchway**) escotilha; (*also*: **service hatch**) comunicação *f* entre a cozinha e a sala de jantar ■ VI sair do ovo, chocar ■ VT chocar; (*plot*) tramar, arquitetar
hatchback ['hætʃbæk] N (*Aut*) camionete *f*, hatch *m*
hatchet ['hætʃɪt] N machadinha
hate [heɪt] VT odiar, detestar ■ N ódio; **to ~ to do** *or* **doing** odiar *or* detestar fazer; **I ~ to trouble you, but ...** desculpe incomodá-lo, mas ...
hateful ['heɪtful] ADJ odioso
hatred ['heɪtrɪd] N ódio
hat trick (*Brit*) N (*Sport, fig*) três vitórias (*or* gols *etc*) consecutivas
haughty ['hɔːtɪ] ADJ soberbo, arrogante
haul [hɔːl] VT puxar; (*by lorry*) carregar, fretar; (*Naut*) levar à orça ■ N (*of fish*) redada; (*of stolen goods etc*) pilhagem *f*, presa
haulage ['hɔːlɪdʒ] N transporte *m* (rodoviário); (*costs*) gasto com transporte; **haulage contractor** (*Brit*) N (*firm*) transportadora; (*person*) transportador(a) *m/f*
hauler ['hɔːləʳ] (*US*) N = **haulier**
haulier ['hɔːljəʳ] (*Brit*) N (*firm*) transportadora; (*person*) transportador(a) *m/f*
haunch [hɔːntʃ] N anca, quadril *m*; (*of meat*) quarto traseiro
haunt [hɔːnt] VT (*subj: ghost*) assombrar; (: *problem, memory*) perseguir; (*frequent*) freqüentar; (*obsess*) obcecar ■ N lugar *m* freqüentado; (*haunted house*) casa mal-assombrada
haunted ['hɔːntɪd] ADJ (*castle etc*) mal-assombrado
haunting ['hɔːntɪŋ] ADJ (*sight, music*) obcecante

Havana [hə'vænə] N Havana

KEYWORD

have [hæv] (*pt, pp* **had**) AUX VB **1** (*gen*) ter; **to have arrived/gone/eaten/slept** ter chegado/ido/comido/dormido; **he has been kind/promoted** ele foi bondoso/promovido; **having finished** *or* **when he had finished, he left** quando ele terminou, foi embora
2 (*in tag questions*): **you've done it, haven't you?** você fez isto, não foi?; **he hasn't done it, has he?** ele não fez isto, fez?
3 (*in short questions and answers*): **you've made a mistake — no I haven't/so I have** você fez um erro — não, eu não fiz/sim, eu fiz; **I've been there before, have you?** eu já estive lá, e você?
■ MODAL AUX VB (*be obliged*): **to have (got) to do sth** ter que fazer algo; **I haven't got** *or* **I don't have to wear glasses** eu não preciso usar óculos; **this has to be a mistake** isto tem que ser um erro
■ VT **1** (*possess*) ter; **he has (got) blue eyes/dark hair** ele tem olhos azuis/cabelo escuro
2 (*referring to meals etc*): **to have breakfast** tomar café (BR), tomar o pequeno almoço (PT); **to have lunch/dinner** almoçar/jantar; **to have a drink/a cigarette** tomar um drinque/fumar um cigarro
3 (*receive, obtain etc*): **may I have your address?** pode me dar seu endereço?; **you can have it for 5 pounds** você pode levá-lo por 5 libras; **I must have it by tomorrow** preciso ter isto até amanhã; **to have a baby** dar à luz (BR), ter um nenê *or* bebê (PT)
4 (*maintain, allow*): **he will have it that he is right** ele vai insistir que ele está certo; **I won't have it/this nonsense!** não vou agüentar isso/este absurdo!; **we can't have that** não podemos permitir isto
5: **to have sth done** mandar fazer algo; **to have one's hair cut** ir cortar o cabelo; **to have sb do sth** mandar alguém fazer algo; **he soon had them all laughing/working** logo ele tinha feito com que todos rissem/trabalhassem
6 (*experience, suffer*): **to have a cold/flu** estar resfriado (BR) *or* constipado (PT)/com gripe; **she had her bag stolen/her arm broken** ela teve sua bolsa roubada/ela quebrou o braço; **to have an operation** fazer uma operação
7 (+ *n*: *take, hold etc*): **to have a swim/walk/bath/rest** ir nadar/passear/tomar um banho/descansar; **let's have a look** vamos dar uma olhada; **to have a party** fazer uma festa; **to have a meeting** ter um encontro; **let me have a try** deixe-me tentar
8 (*inf: dupe*): **he's been had** ele comprou gato por lebre
▸ **have out** VT: **to have it out with sb** (*settle a problem*) explicar-se com alguém

haven ['heɪvn] N porto; (*fig*) abrigo, refúgio

haven't ['hævnt] = **have not**
haversack ['hævəsæk] N mochila
havoc ['hævək] N destruição *f*; **to play ~ with** (*fig*) estragar
Hawaii [hə'waɪi:] N Havaí *m*
Hawaiian [hə'waɪjən] ADJ, N havaiano(-a)
hawk [hɔ:k] N falcão *m* ■ VT (*goods for sale*) mascatear
hawker ['hɔ:kəʳ] N camelô *m*, mascate *m*
hawthorn ['hɔ:θɔ:n] N pilriteiro, estripeiro
hay [heɪ] N feno; **hay fever** N febre *f* do feno
haystack ['heɪstæk] N palheiro
haywire ['heɪwaɪəʳ] (*inf*) ADJ: **to go ~** (*person*) ficar maluco; (*plan*) desorganizar-se, degringolar
hazard ['hæzəd] N (*danger*) perigo, risco; (*chance*) acaso ■ VT aventurar, arriscar; **to be a health/fire ~** ser um risco para a saúde/de incêndio; **to ~ a guess** arriscar um palpite
hazardous ['hæzədəs] ADJ (*dangerous*) perigoso; (*risky*) arriscado
hazard pay (*US*) N adicional *m* por insalubridade
hazard warning lights NPL (*Aut*) pisca-alerta *m*
haze [heɪz] N névoa
hazel [heɪzl] N (*tree*) aveleira ■ ADJ (*eyes*) castanho-claro *inv*
hazelnut ['heɪzlnʌt] N avelã *f*
hazy ['heɪzɪ] ADJ nublado; (*idea*) confuso
H-bomb N bomba de hidrogênio
h & c (*Brit*) ABBR = **hot and cold (water)**
HE ABBR = **high explosive**; (*Rel, Diplomacy*) = **His (or Her) Excellency**
he [hi:] PRON ele; **he who ...** quem ..., aquele que ...; **he-bear** *etc* N urso macho *etc*
head [hɛd] N cabeça; (*of table*) cabeceira; (*of queue*) frente *f*; (*of organization*) chefe *m/f*; (*of school*) diretor(a) *m/f* ■ VT (*list*) encabeçar; (*group*) liderar; **~s or tails** cara ou coroa; **~ first** de cabeça; **~ over heels** de pernas para o ar; **~ over heels in love** apaixonadíssimo; **to ~ the ball** cabecear a bola; **£10 a** *or* **per ~** £10 por pessoa *or* cabeça; **to sit at the ~ of the table** sentar-se à cabeceira da mesa; **to have a ~ for business** ter tino para negócios; **to have no ~ for heights** não suportar alturas; **to come to a ~** (*fig: situation etc*) chegar a um ponto crítico; **on your ~ be it** você que arque com as conseqüências
▸ **head for** VT FUS dirigir-se a; (*disaster*) estar procurando
▸ **head off** VT (*danger, threat*) desviar
headache ['hɛdeɪk] N dor *f* de cabeça; **to have a ~** estar com dor de cabeça
head cold N resfriado (BR), constipação *f* (PT)
headdress ['hɛddrɛs] N (*of Indian etc*) cocar *m*; (*of bride*) grinalda
header ['hɛdəʳ] N (*Brit: inf: Football*) cabeçada; (*on page*) cabeçalho
headhunter ['hɛdhʌntəʳ] N caçador *m* de cabeças
heading ['hɛdɪŋ] N título, cabeçalho; (*subject title*) rubrica
headlamp ['hɛdlæmp] (*Brit*) N = **headlight**

headland ['hɛdlənd] N promontório
headlight ['hɛdlaɪt] N farol *m*
headline ['hɛdlaɪn] N manchete *f*
headlong ['hɛdlɔŋ] ADV (*fall*) de cabeça; (*rush*) precipitadamente
headmaster [hɛd'mɑ:stəʳ] N diretor *m* (de escola)
headmistress [hɛd'mɪstrɪs] N diretora *f* (de escola)
head office N matriz *f*
head-on ADJ (*collision*) de frente; (*confrontation*) direto
headphones ['hɛdfəunz] NPL fones *mpl* de ouvido
headquarters [hɛd'kwɔ:təz] NPL (*of business etc*) sede *f*; (*Mil*) quartel *m* general
headrest ['hɛdrɛst] N apoio para a cabeça
headroom ['hɛdrum] N (*in car*) espaço (para a cabeça); (*under bridge*) vão *m* livre
headscarf ['hɛdskɑ:f] (*irreg*) N lenço de cabeça
headset ['hɛdsɛt] N fones *mpl* de ouvido
headstone ['hɛdstəun] N lápide *f* de ponta cabeça
headstrong ['hɛdstrɔŋ] ADJ voluntarioso, teimoso
head waiter N maitre *m* (BR), chefe *m* de mesa (PT)
headway ['hɛdweɪ] N progresso; **to make ~** avançar
headwind ['hɛdwɪnd] N vento contrário
heady ['hɛdɪ] ADJ (*exciting*) emocionante; (*intoxicating*) estonteante
heal [hi:l] VT curar ■ VI cicatrizar
health [hɛlθ] N saúde *f*; **good ~!** saúde!; **Department of H~** (US) ≈ Ministério da Saúde; **health centre** (*Brit*) N posto de saúde; **health food(s)** N(PL) alimentos *mpl* naturais; **health food shop** N loja de comida natural; **health hazard** N risco para a saúde
Health Service (*Brit*) N: **the ~** o Serviço Nacional da Saúde, ≈ a Previdência Social
healthy ['hɛlθɪ] ADJ (*person*) saudável; (*air, walk*) sadio; (*economy*) próspero, forte
heap [hi:p] N pilha, montão *m* ■ VT amontoar, empilhar; (*plate*) encher; **~s (of)** (*inf: lots*) um monte (de); **to ~ favours/praise/gifts** *etc* **on sb** cobrir *or* cumular alguém de favores/elogios/presentes *etc*
hear [hiəʳ] (*pt, pp* **heard**) VT ouvir; (*listen to*) escutar; (*news*) saber; (*lecture*) assistir a ■ VI ouvir; **to ~ about** ouvir falar de; **when did you ~ about this?** quando você soube disso?; **to ~ from sb** ter notícias de alguém; **I've never ~d of the book** eu nunca ouvi falar no livro
▸ **hear out** VT ouvir sem interromper
heard [hə:d] PT, PP *of* **hear**
hearing ['hiərɪŋ] N (*sense*) audição *f*; (*Law*) audiência; **to give sb a ~** (*Brit*) ouvir alguém; **hearing aid** N aparelho para a surdez
hearsay ['hɪəseɪ] N boato, ouvir-dizer *m*; **by ~** por ouvir dizer
hearse [hə:s] N carro fúnebre
heart [hɑ:t] N coração *m*; (*of problem, city*) centro; **hearts** NPL (*Cards*) copas *fpl*; **to lose/take ~** perder o ânimo/criar coragem; **at ~** no fundo; **by ~** (*learn, know*) de cor; **to set one's ~ on sth/on doing sth** decidir-se por algo/a fazer algo; **the ~ of the matter** a essência da questão; **heart attack** N ataque *m* de coração
heartbeat ['hɑ:tbi:t] N batida do coração
heartbreak ['hɑ:tbreɪk] N desgosto, dor *f*
heartbreaking ['hɑ:tbreɪkɪŋ] ADJ desolador(a)
heartbroken ['hɑ:tbrəukən] ADJ: **to be ~** estar inconsolável
heartburn ['hɑ:tbə:n] N azia
-hearted ['hɑ:tɪd] SUFFIX: **kind~** bondoso
heartening ['hɑ:tnɪŋ] ADJ animador(a)
heart failure N parada cardíaca
heartfelt ['hɑ:tfɛlt] ADJ (*cordial*) cordial; (*deeply felt*) sincero
hearth [hɑ:θ] N lar *m*; (*fireplace*) lareira
heartily ['hɑ:tɪlɪ] ADV sinceramente, cordialmente; (*laugh*) a gargalhadas, com vontade; (*eat*) apetitosamente; **I ~ agree** concordo completamente; **to be ~ sick of** (*Brit*) estar farto de
heartland ['hɑ:tlænd] N coração *m* (do país)
heartless ['hɑ:tlɪs] ADJ cruel, sem coração
heart-to-heart ADJ (*conversation*) franco, sincero ■ N conversa franca
heart transplant N transplante *m* de coração
heartwarming ['hɑ:twɔ:mɪŋ] ADJ emocionante
hearty ['hɑ:tɪ] ADJ (*person*) energético; (*laugh*) animado; (*appetite*) bom/boa; (*welcome*) sincero; (*dislike*) absoluto
heat [hi:t] N calor *m*; (*excitement*) ardor *m*; (*Sport: also*: **qualifying heat**) (prova) eliminatória; (*Zool*): **in ~, on ~** (*Brit*) no cio ■ VT esquentar; (*room, house*) aquecer; (*fig*) acalorar
▸ **heat up** VI aquecer-se, esquentar ■ VT esquentar
heated ['hi:tɪd] ADJ aquecido; (*fig*) acalorado
heater ['hi:təʳ] N aquecedor *m*
heath [hi:θ] (*Brit*) N charneca
heathen ['hi:ðn] ADJ, N pagão/pagã *m/f*
heather ['hɛðəʳ] N urze *f*
heating ['hi:tɪŋ] N aquecimento, calefação *f*
heat-resistant ADJ resistente ao calor
heatstroke ['hi:tstrəuk] N insolação *f*
heat wave N onda de calor
heave [hi:v] VT (*pull*) puxar; (*push*) empurrar (com esforço); (*lift*) levantar (com esforço) ■ VI (*water*) agitar-se; (*retch*) ter ânsias de vômito ■ N puxão *m*; empurrão *m*; **to ~ a sigh** soltar um suspiro
▸ **heave to** VI (*Naut*) capear
heaven ['hɛvn] N céu *m*, paraíso; **~ forbid!** Deus me livre!; **thank ~!** graças a Deus!; **for ~'s sake!** pelo amor de Deus!
heavenly ['hɛvnlɪ] ADJ celestial; (*Rel*) divino
heavily ['hɛvɪlɪ] ADV pesadamente; (*drink, smoke*) excessivamente; (*sleep, depend*) profundamente
heavy ['hɛvɪ] ADJ pesado; (*work*) duro; (*responsibility*) grande; (*sea*) violento; (*rain, meal*)

forte; (*drinker, smoker*) inveterado; (*weather*) carregado; **it's ~ going** é difícil; **heavy cream** (*US*) N creme *m* de leite

heavy-duty ADJ de serviço pesado

heavy goods vehicle (*Brit*) N caminhão *m* de carga pesada

heavy-handed [-'hændɪd] ADJ (*fig*) desajeitado, sem tato

heavyweight ['hɛvɪweɪt] N (*Sport*) peso-pesado

Hebrew ['hi:bru:] ADJ hebreu/hebréia; (*Ling*) hebraico ■ N (*Ling*) hebraico

Hebrides ['hɛbrɪdi:z] N: **the ~** as (ilhas) Hébridas

heckle ['hɛkl] VT apartear

heckler ['hɛklə^r] N pessoa que aparteia

hectare ['hɛktɛə^r] (*Brit*) N hectare *m*

hectic ['hɛktɪk] ADJ agitado

hector ['hɛktə^r] VT importunar, implicar com

he'd [hi:d] = **he would; he had**

hedge [hɛdʒ] N cerca viva, sebe *f* ■ VI dar evasivas ■ VT: **to ~ one's bets** (*fig*) resguardar-se; **as a ~ against inflation** para precaver-se da inflação
▸ **hedge in** VT cercar com uma sebe

hedgehog ['hɛdʒhɔg] N ouriço

hedgerow ['hɛdʒrəu] N cercas *fpl* vivas, sebes *fpl*

hedonism ['hi:dənɪzm] N hedonismo

heed [hi:d] VT (*also*: **take heed of**: *attend to*) prestar atenção a; (: *bear in mind*) levar em consideração

heedless ['hi:dlɪs] ADJ desatento, negligente

heel [hi:l] N (*of shoe*) salto; (*of foot*) calcanhar *m* ■ VT (*shoe*) pôr salto em; **to take to one's ~s** dar no pé *or* aos calcanhares

hefty ['hɛftɪ] ADJ (*person*) robusto; (*parcel*) pesado; (*piece*) grande; (*profit*) alto

heifer ['hɛfə^r] N novilha, bezerra

height [haɪt] N (*of person*) estatura; (*of building, tree*) altura; (*of plane*) altitude *f*; (*high ground*) monte *m*; (*altitude*) altitude *f*; (*fig*: *of power*) auge *m*; (: *of luxury*) máximo; (: *of stupidity*) cúmulo; **what ~ are you?** quanto você tem de altura?; **of average ~** de estatura mediana; **to be afraid of ~s** ter medo de alturas; **it's the ~ of fashion** é a última palavra *or* moda

heighten ['haɪtən] VT elevar; (*fig*) aumentar

heinous ['hi:nəs] ADJ hediondo, abominável

heir [ɛə^r] N herdeiro; **heir apparent** N herdeiro presuntivo

heiress ['ɛərɪs] N herdeira

heirloom ['ɛəlu:m] N relíquia de família

heist [haɪst] (*US*: *inf*) N (*hold-up*) assalto

held [hɛld] PT, PP *of* **hold**

helicopter ['hɛlɪkɔptə^r] N helicóptero

heliport ['hɛlɪpɔ:t] N (*Aviat*) heliporto

helium ['hi:lɪəm] N hélio

hell [hɛl] N inferno; **a ~ of a ...** (*inf*) um ... danado; **~!** (*inf*) droga!

he'll [hi:l] = **he will; he shall**

hellish ['hɛlɪʃ] ADJ infernal; (*inf*) terrível

hello [hə'ləu] EXCL oi! (*BR*), olá! (*PT*); (*on phone*) alô! (*BR*), está! (*PT*); (*surprise*) ora essa!

helm [hɛlm] N (*Naut*) timão *m*, leme *m*

helmet ['hɛlmɪt] N capacete *m*

helmsman ['hɛlmzmən] (*irreg*) N timoneiro

help [hɛlp] N ajuda; (*charwoman*) faxineira; (*assistant*) auxiliar *m/f* ■ VT ajudar; **~!** socorro!; **~ yourself** sirva-se; **can I ~ you?** (*in shop*) deseja alguma coisa?; **with the ~ of** com a ajuda de; **to be of ~ to sb** ajudar alguém, ser útil a alguém; **to ~ sb (to) do sth** ajudar alguém a fazer algo; **he can't ~ it** não tem culpa

helper ['hɛlpə^r] N ajudante *m/f*

helpful ['hɛlpful] ADJ (*person*) prestativo; (*advice*) útil

helping ['hɛlpɪŋ] N porção *f*

helpless ['hɛlplɪs] ADJ (*incapable*) incapaz; (*defenceless*) indefeso; (*baby*) desamparado

helplessly ['hɛlplɪslɪ] ADV (*watch*) sem poder fazer nada

Helsinki [hɛl'sɪŋkɪ] N Helsinque

helter-skelter ['hɛltə'skɛltə^r] (*Brit*) N (*at amusement park*) tobogã *m*

hem [hɛm] N bainha ■ VT embainhar
▸ **hem in** VT cercar, encurralar; **to feel ~med in** sentir-se acuado

he-man (*irreg*) N macho

hematology ['hi:mə'tɔlədʒɪ] (*US*) N = **haematology**

hemisphere ['hɛmɪsfɪə^r] N hemisfério

hemlock ['hɛmlɔk] N cicuta

hemoglobin ['hi:mə'gləubɪn] (*US*) N = **haemoglobin**

hemophilia ['hi:mə'fɪlɪə] (*US*) N = **haemophilia**

hemorrhage ['hɛmərɪdʒ] (*US*) N = **haemorrhage**

hemorrhoids ['hɛmərɔɪdʒ] (*US*) NPL = **haemorrhoids**

hemp [hɛmp] N cânhamo

hen [hɛn] N galinha; (*female bird*) fêmea

hence [hɛns] ADV (*therefore*) daí, portanto; **2 years ~** daqui a 2 anos

henceforth ['hɛns'fɔ:θ] ADV de agora em diante, doravante

henchman ['hɛntʃmən] (*pej*: *irreg*) N jagunço, capanga *m*

henna ['hɛnə] N hena

hen party (*inf*) N reunião *f* de mulheres

henpecked ['hɛnpɛkt] ADJ dominado pela esposa

hepatitis [hɛpə'taɪtɪs] N hepatite *f*

her [hə:^{r}] PRON (*direct*) a; (*indirect*) lhe; (*stressed, after prep*) ela ■ ADJ seu/sua, dela; **~ name** o nome dela; **I see ~** vejo-a, vejo ela (*BR*) (*inf*); **give ~ a book** dá-lhe um livro, dá um livro a ela; *see also* **me; my**

herald ['hɛrəld] N (*forerunner*) precursor(a) *m/f* ■ VT anunciar

heraldic [hɛ'rældɪk] ADJ heráldico

heraldry ['hɛrəldrɪ] N heráldica

herb [hə:b] N erva

herbaceous [hə:'beɪʃəs] ADJ herbáceo

herbal ['hə:bəl] ADJ herbáceo; **~ tea** tisana

herd [hə:d] N rebanho ■ VT (*drive*: *animals, people*) conduzir; (*gather*) arrebanhar

here [hɪə^{r}] ADV aqui; (*to this place*) para cá; (*at this point*) nesse ponto ■ EXCL toma!; **~!** (*present*) presente!; **~ is/are** aqui está/estão; **~ he/she is!** aqui está ele/ela!; **~ she comes** lá vem ela; **come ~!** vem cá!; **~ and t~** aqui e ali
hereabouts ['hɪərə'bauts] ADV por aqui
hereafter [hɪər'ɑ:ftə^{r}] ADV daqui por diante ■ N: **the ~** a vida de além-túmulo
hereby [hɪə'baɪ] ADV (*in letter*) por este meio
hereditary [hɪ'redɪtrɪ] ADJ hereditário
heredity [hɪ'redɪtɪ] N hereditariedade *f*
heresy ['herəsɪ] N heresia
heretic ['herətɪk] N herege *m/f*
heretical [hɪ'retɪkl] ADJ herético
herewith [hɪə'wɪð] ADV em anexo, junto
heritage ['herɪtɪdʒ] N herança; (*fig*) patrimônio; **our national ~** nosso patrimônio nacional
hermetically [hə:'metɪklɪ] ADV hermeticamente; **~ sealed** hermeticamente fechado
hermit ['hə:mɪt] N eremita *m/f*
hernia ['hə:nɪə] N hérnia
hero ['hɪərəu] (*pl* **heroes**) N herói *m*; (*of book, film*) protagonista *m*
heroic [hɪ'rəuɪk] ADJ heróico
heroin ['herəuɪn] N heroína; **heroin addict** N viciado(-a) em heroína
heroine ['herəuɪn] N heroína; (*of book, film*) protagonista
heroism ['herəuɪzm] N heroísmo
heron ['herən] N garça
hero worship N culto de heróis
herring ['herɪŋ] (*pl* **herrings** *or* **herring**) N arenque *m*
hers [hə:z] PRON (o) seu/(a) sua, (o/a) dela; **a friend of ~** uma amiga dela; **this is ~** isto é dela; *see also* **mine**
herself [hə:'self] PRON (*reflexive*) se; (*emphatic*) ela mesma; (*after prep*) si (mesma); *see also* **oneself**
Herts (*Brit*) ABBR = **Hertfordshire**
he's [hi:z] = **he is**; **he has**
hesitant ['hezɪtənt] ADJ hesitante, indeciso; **to be ~ about doing sth** hesitar em fazer algo
hesitate ['hezɪteɪt] VI hesitar; **to ~ to do** hesitar em fazer; **don't ~ to phone** não deixe de telefonar
hesitation [hezɪ'teɪʃən] N hesitação *f*, indecisão *f*; **I have no ~ in saying (that) ...** não hesito em dizer (que) ...
hessian ['hesɪən] N aniagem *f*
heterogeneous ['hetərə'dʒi:nɪəs] ADJ heterogêneo
heterosexual ['hetərəu'sekʃjuəl] ADJ, N heterossexual *m/f*
het up [het-] (*inf*) ADJ excitado
HEW (*US*) N ABBR (= *Department of Health, Education and Welfare*) *ministério da saúde, da educação e da previdência social*
hew [hju:] (*pp* **hewed**) VT cortar (com machado)
hex [heks] (*US*) N feitiço ■ VT enfeitiçar
hexagon ['heksəgən] N hexágono
hexagonal [hek'sægənl] ADJ hexagonal
hey [heɪ] EXCL eh! ei!
heyday ['heɪdeɪ] N: **the ~ of** o auge *or* apogeu de
HF N ABBR (= *high frequency*) HF *f*
HGV (*Brit*) N ABBR = **heavy goods vehicle**
HI (*US*) ABBR (*Post*) = **Hawaii**
hi [haɪ] EXCL oi!
hiatus [haɪ'eɪtəs] N hiato
hibernate ['haɪbəneɪt] VI hibernar
hibernation [haɪbə'neɪʃən] N hibernação *f*
hiccough ['hɪkʌp] VI soluçar ■ NPL soluço; **to have (the) ~s** estar com soluço
hiccup ['hɪkʌp] VI = **hiccough**
hiccups ['hɪkʌps] NPL = **hiccoughs**
hid [hɪd] PT *of* **hide**
hidden ['hɪdn] PP *of* **hide** ■ ADJ (*costs*) oculto
hide [haɪd] (*pt* **hid**, *pp* **hidden**) N (*skin*) pele *f* ■ VT esconder, ocultar; (*view*) obscurecer ■ VI: **to ~ (from sb)** esconder-se *or* ocultar-se (de alguém)
hide-and-seek N esconde-esconde *m*
hideaway ['haɪdəweɪ] N esconderijo
hideous ['hɪdɪəs] ADJ horrível
hide-out N esconderijo
hiding ['haɪdɪŋ] N (*beating*) surra; **to be in ~** (*concealed*) estar escondido; **hiding place** N esconderijo
hierarchy ['haɪərɑ:kɪ] N hierarquia
hieroglyphic [haɪərə'glɪfɪk] ADJ hieroglífico
hieroglyphics [haɪərə'glɪfɪks] NPL hieroglifos *mpl*
hi-fi ['haɪfaɪ] ABBR = **high fidelity** ■ N alta-fidelidade *f*; (*system*) som *m* ■ ADJ de alta-fidelidade
higgledy-piggledy ['hɪgldɪ'pɪgldɪ] ADV desordenadamente
high [haɪ] ADJ alto; (*number*) grande; (*price*) alto, elevado; (*wind*) forte; (*voice*) agudo; (*opinion*) ótimo; (*principles*) nobre; (*inf: person: on drugs*) alto, baratinado; (*Brit: Culin: meat, game*) faisandé *inv*; (: *spoilt*) estragado ■ ADV alto, a grande altura ■ N: **exports have reached a new ~** as exportações atingiram um novo pico; **it is 20 m ~** tem 20 m de altura; **~ in the air** nas alturas; **to pay a ~ price for sth** pagar caro por algo
highball ['haɪbɔ:l] (*US*) N uísque com soda
highboy ['haɪbɔɪ] (*US*) N comoda alta
highbrow ['haɪbrau] ADJ intelectual, erudito
highchair ['haɪtʃeə^{r}] N cadeira alta (para criança)
high-class ADJ (*neighbourhood*) nobre; (*hotel*) de primeira categoria; (*person*) da classe alta; (*performance etc*) de alto nível
high court N (*Law*) tribunal *m* superior
higher ['haɪə^{r}] ADJ (*form of life, study etc*) superior ■ ADV mais alto; **higher education** N ensino superior
high finance N altas finanças *fpl*
high-flier N estudante *m/f* (*or* empregado(-a)) talentoso(-a) e ambicioso(-a)
high-flying ADJ (*fig*) ambicioso, talentoso
high-handed [-'hændɪd] ADJ despótico
high-heeled [-'hi:ld] ADJ de salto alto
highjack ['haɪdʒæk] N, VT = **hijack**

high jump N (*Sport*) salto em altura
highlands ['haɪləndz] NPL serrania, serra; **the H~** (*in Scotland*) a Alta Escócia
high-level ADJ de alto nível; **~ language** (*Comput*) linguagem *f* de alto nível
highlight ['haɪlaɪt] N (*fig: of event*) ponto alto; (*in hair*) mecha ■ VT realçar, ressaltar; **the ~s of the match** os melhores lances do jogo
highlighter ['haɪlaɪtəʳ] N (*pen*) caneta marca-texto
highly ['haɪlɪ] ADV altamente; (*very*) muito; **~ paid** muito bem pago; **to speak ~ of** falar elogiosamente de; **highly strung** ADJ tenso, irritadiço
High Mass N missa cantada
highness ['haɪnɪs] N altura; **Her** (*or* **His**) **H~** Sua Alteza
high-pitched ADJ agudo
high-powered ADJ (*engine*) muito potente, de alta potência; (*fig: person*) dinâmico; (*: *job, businessman*) muito importante
high-pressure ADJ de alta pressão
high-rise ADJ alto
high-rise block N edifício alto, espigão *m*
high school N (*Brit*) escola secundária; (*US*) científico

HIGH SCHOOL

Uma *high school* é um estabelecimento de ensino secundário. Nos Estados Unidos, existem a *Junior High School*, que equivale aproximadamente aos dois últimos anos do primeiro grau, e a *Senior High School*, que corresponde ao segundo grau. Na Grã-Bretanha, esse termo às vezes é utilizado para as escolas secundárias.

high season (*Brit*) N alta estação *f*
high spirits NPL alegria; **to be in ~** estar alegre
high street (*Brit*) N rua principal
highway ['haɪweɪ] (*US*) N (*between states, towns*) estrada; (*main road*) rodovia
Highway Code (*Brit*) N Código Nacional de Trânsito
highwayman ['haɪweɪmən] (*irreg*) N salteador *m* de estrada
hijack ['haɪdʒæk] VT seqüestrar ■ N (*also*: **hijacking**) seqüestro (de avião)
hijacker ['haɪdʒækəʳ] N seqüestrador(a) *m/f* (de avião)
hike [haɪk] VI (*go walking*) caminhar ■ N caminhada, excursão *f* a pé; (*inf: in prices etc*) aumento ■ VT (*inf*) aumentar
hiker ['haɪkəʳ] N caminhante *m/f*, andarilho(-a)
hiking ['haɪkɪŋ] N excursões *fpl* a pé, caminhar *m*
hilarious [hɪ'leərɪəs] ADJ (*behaviour, event*) hilariante
hilarity [hɪ'lærɪtɪ] N hilaridade *f*
hill [hɪl] N colina; (*high*) montanha; (*slope*) ladeira, rampa
hillbilly ['hɪlbɪlɪ] (*US*) N montanhês(-esa) *m/f*; (*pej*) caipira *m/f*, jeca *m/f*
hillock ['hɪlək] N morro pequeno
hillside ['hɪlsaɪd] N vertente *f*
hill start N (*Aut*) partida em ladeira
hilly ['hɪlɪ] ADJ montanhoso; (*uneven*) acidentado
hilt [hɪlt] N (*of sword*) punho, guarda; **to the ~** (*fig: support*) plenamente
him [hɪm] PRON (*direct*) o; (*indirect*) lhe; (*stressed, after prep*) ele; **I see ~** vejo-o, vejo ele (BR) (*inf*); **give ~ a book** dá-lhe um livro, dá um livro a ele; *see also* **mine**
Himalayas [hɪmə'leɪəz] NPL: **the ~** o Himalaia
himself [hɪm'sɛlf] PRON (*reflexive*) se; (*emphatic*) ele mesmo; (*after prep*) si (mesmo); *see also* **oneself**
hind [haɪnd] ADJ traseiro ■ N corça
hinder ['hɪndəʳ] VT atrapalhar; (*delay*) retardar
hindquarters ['haɪnd'kwɔːtəz] NPL (*Zool*) quartos *mpl* traseiros
hindrance ['hɪndrəns] N (*nuisance*) estorvo; (*interruption*) impedimento
hindsight ['haɪndsaɪt] N: **with (the benefit of) ~** em retrospecto
Hindu ['hɪndu:] ADJ, N hindu *m/f*
hinge [hɪndʒ] N dobradiça ■ VI (*fig*): **to ~ on** depender de
hint [hɪnt] N (*suggestion*) sugestão *f*; (*advice*) palpite *m*, dica; (*sign*) sinal *m* ■ VT: **to ~ that** insinuar que ■ VI dar indiretas; **to ~ at** fazer alusão a; **to drop a ~** dar uma indireta; **give me a ~** (*clue*) me dá uma pista
hip [hɪp] N quadril *m*; **hip flask** N cantil *m*
hippie ['hɪpɪ] N hippie *m/f*
hip pocket N bolso traseiro
hippopotami [hɪpə'pɔtəmaɪ] NPL *of* **hippopotamus**
hippopotamus [hɪpə'pɔtəməs] (*pl* **hippopotamuses** *or* **hippopotami**) N hipopótamo
hippy ['hɪpɪ] N = **hippie**
hire ['haɪəʳ] VT (*Brit: car, equipment*) alugar; (*worker*) contratar ■ N aluguel *m*; (*of person*) contratação *f*; **for ~** aluga-se; (*taxi*) livre; **on ~** alugado
▸ **hire out** VT alugar
hire(d) car ['haɪə(d)-] (*Brit*) N carro alugado
hire purchase (*Brit*) N compra a prazo; **to buy sth on ~** comprar algo a prazo *or* pelo crediário
his [hɪz] PRON (o) seu/(a) sua, (o/a) dele ■ ADJ seu/sua, dele; **~ name** o nome dele; **it's ~** é dele; *see also* **my; mine**
Hispanic [hɪs'pænɪk] ADJ hispânico
hiss [hɪs] VI (*snake, fat*) assoviar; (*gas*) silvar; (*boo*) vaiar ■ N silvo; vaia
histogram ['hɪstəgræm] N histograma *m*
historian [hɪ'stɔːrɪən] N historiador(a) *m/f*
historic(al) [hɪ'stɔrɪk(l)] ADJ histórico
history ['hɪstərɪ] N história; (*of illness etc*) histórico; **medical ~** (*of patient*) histórico médico
histrionics [hɪstrɪ'ɔnɪks] N teatro
hit [hɪt] (*pt, pp* **hit**) VT (*strike: person, thing*) bater

em; (*reach*: *target*) acertar, alcançar; (*collide with*: *car*) bater em, colidir com; (*fig*: *affect*) atingir ■ N (*blow*) golpe *m*; (*success*) sucesso, grande êxito; (*song*) sucesso; (*Internet visit*) visita; **to ~ it off with sb** dar-se bem com alguém; **to ~ the headlines** virar *or* fazer manchete; **to ~ the road** (*inf*) dar o fora, mandar-se
▸ **hit back** VI: **to ~ back at sb** revidar ao ataque (*or* à crítica *etc*) de alguém
▸ **hit out at** VT FUS tentar bater em; (*fig*) criticar veementemente
▸ **hit (up)on** VT FUS (*answer*) descobrir

hit-and-run driver N *motorista que atropela alguém e foge da cena do acidente*

hitch [hɪtʃ] VT (*fasten*) atar, amarrar; (*also*: **hitch up**) levantar ■ N (*difficulty*) dificuldade *f*; **to ~ a lift** pegar carona (BR), arranjar uma boleia (PT); **technical ~** probleminha técnico
▸ **hitch up** VT (*horse, cart*) atrelar; *see also* **hitch**

hitch-hike VI pegar carona (BR), andar à boleia (PT)

hitch-hiker N pessoa que pega carona (BR) *or* anda à boleia (PT)

hi-tech ADJ tecnologicamente avançado ■ N alta tecnologia

hitherto [hɪðə'tu:] ADV até agora

hit-man ['hɪtmæn] (*irreg*) N sicário

hit-or-miss ADJ aleatório; **it's ~ whether ...** não é nada certo que ...

hit parade N parada de sucessos

hive [haɪv] N colméia; **the shop was a ~ of activity** (*fig*) a loja fervilhava de atividade
▸ **hive off** (*inf*) VT transferir

hl ABBR (= *hectolitre*) hl

HM ABBR (= *His* (or *Her*) *Majesty*) SM

HMG (*Brit*) ABBR = **His (*or* Her) Majesty's Government**

HMI (*Brit*) ABBR (*Sch*) = **His (*or* Her) Majesty's Inspector**

HMO (*US*) N ABBR (= *health maintenance organization*) *órgão que garante a manutenção de sáude*

HMS (*Brit*) ABBR = **His (*or* Her) Majesty's Ship**

HMSO (*Brit*) N ABBR (= *His* (or *Her*) *Majesty's Stationery Office*) *imprensa do governo*

HNC (*Brit*) N ABBR = **Higher National Certificate**

HND (*Brit*) N ABBR = **Higher National Diploma**

hoard [hɔ:d] N provisão *f*; (*of money*) tesouro ■ VT acumular

hoarding ['hɔ:dɪŋ] (*Brit*) N tapume *m*, outdoor *m*

hoarfrost ['hɔ:frɔst] N geada

hoarse [hɔ:s] ADJ rouco

hoax [həuks] N trote *m*

hob [hɔb] N *parte de cima do fogão*

hobble ['hɔbl] VI coxear

hobby ['hɔbɪ] N hobby *m*, passatempo predileto

hobby-horse N cavalinho-de-pau; (*fig*) tema *m* favorito

hobnob ['hɔbnɔb] VI: **to ~ with** ter intimidade com

hobo ['həubəu] (*pl* **hobos** *or* **hoboes**) (*US*) N vagabundo

hock [hɔk] N (*Brit*: *wine*) vinho branco do Reno; (*of animal, Culin*) jarrete *m*; (*inf*): **to be in ~** (*person*) estar endividado; (*object*) estar no prego *or* empenhado

hockey ['hɔkɪ] N hóquei *m*

hocus-pocus ['həukəs'pəukəs] N (*trickery*) tapeação *f*; (*words*) embromação *f*

hodgepodge ['hɔdʒpɔdʒ] N = **hotchpotch**

hoe [həu] N enxada ■ VT trabalhar com enxada, capinar

hog [hɔg] N porco; (*person*) glutão(-ona) *m/f* ■ VT (*fig*) monopolizar; **to go the whole ~** ir até o fim

hoist [hɔɪst] N (*lift*) guincho; (*crane*) guindaste *m* ■ VT içar

hold [həuld] (*pt, pp* **held**) VT segurar; (*contain*) conter; (*keep back*) reter; (*believe*) sustentar; (*have*) ter; (*record etc*) deter; (*take weight*) agüentar; (*meeting*) realizar; (*detain*) deter; (*consider*): **to ~ sb responsible (for sth)** responsabilizar alguém (por algo) ■ VI (*withstand pressure*) resistir; (*be valid*) ser válido ■ N (*handle*) apoio (para a mão); (*fig*: *grasp*) influência, domínio; (*of ship*) porão *m*; (*of plane*) compartimento para cargo; **to ~ office** (*Pol*) exercer um cargo; **he ~s the view that ...** ele sustenta que ...; **~ the line!** (*Tel*) não desligue!; **to ~ one's own** (*fig*) virar-se, sair-se bem; **to ~ firm** *or* **fast** agüentar; **to catch** *or* **get (a) ~ of** agarrar, pegar; **to get ~ of** (*fig*) arranjar; **to get ~ of o.s.** controlar-se
▸ **hold back** VT reter; (*secret*) manter, guardar; **to ~ sb back from doing sth** impedir alguém de fazer algo
▸ **hold down** VT (*person*) segurar; (*job*) manter
▸ **hold forth** VI discursar, deitar falação
▸ **hold off** VT (*enemy*) afastar, repelir ■ VI (*rain*): **if the rain ~s off** se não chover
▸ **hold on** VI agarrar-se; (*wait*) esperar; **~ on!** espera aí!; (*Tel*) não desligue!
▸ **hold on to** VT FUS agarrar-se a; (*keep*) guardar, ficar com
▸ **hold out** VT estender ■ VI (*resist*) resistir; **to ~ out (against)** defender-se (contra)
▸ **hold over** VT (*meeting etc*) adiar
▸ **hold up** VT (*raise*) levantar; (*support*) apoiar; (*delay*) atrasar; (*traffic*) reter; (*rob*) assaltar

holdall ['həuldɔ:l] (*Brit*) N bolsa de viagem

holder ['həuldə^r] N (*of ticket*) portador(a) *m/f*; (*of record*) detentor(a) *m/f*; (*of office, title etc*) titular *m/f*

holding ['həuldɪŋ] N (*share*) participação *f*; **holdings** NPL posses *fpl*; **holding company** N holding *f*

hold-up ['həuldʌp] N (*robbery*) assalto; (*delay*) demora; (*Brit*: *in traffic*) engarrafamento

hole [həul] N buraco; (*small*: *in sock etc*) furo ■ VT esburacar; **~ in the heart** (*Med*) defeito na membrana cardíaca; **to pick ~s (in)** (*fig*) botar defeito (em)
▸ **hole up** VI esconder-se

holiday ['hɔlədɪ] N (*Brit*: *vacation*) férias *fpl*; (*day off*) dia *m* de folga; (*public holiday*) feriado; **to be on ~** estar de férias; **tomorrow is a ~** amanhã é feriado; **holiday camp** (*Brit*) N colônia de férias

holiday-maker (*Brit*) N pessoa (que está) de férias
holiday pay N salário de férias
holiday resort N local *m* de férias
holiday season N temporada de férias
holiness ['həulɪnɪs] N santidade *f*
Holland ['hɔlənd] N Holanda
hollow ['hɔləu] ADJ oco, vazio; (*cheeks*) côncavo; (*eyes*) fundo; (*sound*) surdo; (*laugh, claim*) falso ■ N buraco; (*in ground*) cavidade *f*, depressão *f* ■ VT: **to ~ out** escavar
holly ['hɔlɪ] N azevinho
hollyhock ['hɔlɪhɔk] N malva-rosa
holocaust ['hɔləkɔ:st] N holocausto
hologram ['hɔləgræm] N holograma *m*
holster ['həulstəʳ] N coldre *m*
holy ['həulɪ] ADJ sagrado; (*person*) santo; (*water*) bento; **Holy Ghost** N Espírito Santo; **Holy Land** N: **the Holy Land** a Terra Santa; **holy orders** NPL ordens *fpl* sacras; **Holy Spirit** N = **Holy Ghost**
homage ['hɔmɪdʒ] N homenagem *f*; **to pay ~ to** prestar homenagem a, homenagear
home [həum] N casa, lar *m*; (*country*) pátria; (*institution*) asilo ■ CPD (*domestic*) caseiro, doméstico; (*of family*) familiar; (*heating, computer etc*) residencial; (*Econ, Pol*) nacional, interno; (*Sport: team*) de casa; (: *game*) no próprio campo ■ ADV (*direction*) para casa; (*right in: nail etc*) até o fundo; **to go/come ~** ir/vir para casa; **at ~** em casa; **make yourself at ~** fique à vontade; **near my ~** perto da minha casa
▸ **home in on** VT FUS (*missiles*) dirigir-se automaticamente para
home address N endereço residencial
home-brew N (*wine*) vinho feito em casa; (*beer*) cerveja feita em casa
homecoming ['həumkʌmɪŋ] N regresso ao lar
home computer N computador *m* residencial
Home Counties NPL *os condados por volta de Londres*
home economics N economia doméstica
home-grown ADJ (*not foreign*) nacional; (*from garden*) plantado em casa
homeland ['həumlænd] N terra (natal)
homeless ['həumlɪs] ADJ sem casa, desabrigado ■ NPL: **the ~** os desabrigados
home loan N crédito imobiliário, financiamento habitacional
homely ['həumlɪ] ADJ (*domestic*) caseiro; (*simple*) simples *inv*
home-made ADJ caseiro
Home Office (*Brit*) N Ministério do Interior
homeopathy *etc* [həumɪ'ɔpəθɪ] (*US*) = **homoeopathy etc**
home page N (*Comput*) home page *f*, página inicial
home rule N autonomia
Home Secretary (*Brit*) N Ministro do Interior
homesick ['həumsɪk] ADJ: **to be ~** estar com saudades (do lar)
homestead ['həumstɛd] N propriedade *f*; (*farm*) fazenda
home town N cidade *f* natal
homeward ['həumwəd] ADJ (*journey*) para casa, para a terra natal
homeward(s) ['həumwəd(z)] ADV para casa
homework ['həumwə:k] N dever *m* de casa
homicidal [hɔmɪ'saɪdl] ADJ homicida
homicide ['hɔmɪsaɪd] (*US*) N homicídio
homily ['hɔmɪlɪ] N homilia
homing ['həumɪŋ] ADJ (*device, missile*) de correção de rumo; **~ pigeon** pombo- correio
homoeopath ['həumɪəpæθ] (*US* **homeopath**) N homeopata *m/f*
homoeopathic [həumɪə'pæθɪk] (*US* **homeopathic**) ADJ homeopático
homoeopathy [həumɪ'ɔpəθɪ] (*US* **homeopathy**) N homeopatia
homogeneous [hɔməu'dʒi:nɪəs] ADJ homogêneo
homogenize [hə'mɔdʒənaɪz] VT homogeneizar
homosexual [hɔməu'sɛksjuəl] ADJ, N homossexual *m/f*
homosexuality [hɔməsɛksju'ælətɪ] N homossexualismo
Hon. ABBR = **honourable; honorary**
Honduras [hɔn'djuərəs] N Honduras (*no article*)
hone [həun] VT amolar, afiar
honest ['ɔnɪst] ADJ (*truthful*) franco; (*trustworthy*) honesto; (*sincere*) sincero, franco; **to be quite ~ with you ...** para falar a verdade ...
honestly ['ɔnɪstlɪ] ADV honestamente, francamente
honesty ['ɔnɪstɪ] N honestidade *f*, sinceridade *f*
honey ['hʌnɪ] N mel *m*; (*US: inf: darling*) querido(-a)
honeycomb ['hʌnɪkəum] N favo de mel; (*pattern*) em forma de favo ■ VT (*fig*): **to ~ with** crivar de
honeymoon ['hʌnɪmu:n] N lua-de-mel *f*; (*trip*) viagem *f* de lua-de-mel
honeysuckle ['hʌnɪsʌkl] N madressilva
Hong Kong ['hɔŋ'kɔŋ] N Hong Kong (*no article*)
honk [hɔŋk] N buzinada ■ VI (*Aut*) buzinar
Honolulu [hɔnə'lu:lu:] N Honolulu
honor ['ɔnəʳ] (*US*) VT, N = **honour**
honorary ['ɔnərərɪ] ADJ (*unpaid*) não remunerado; (*duty, title*) honorário
honour ['ɔnəʳ] (*US* **honor**) VT honrar ■ N honra; **in ~ of** em honra de
hono(u)rable ['ɔnərəbl] ADJ honrado
hono(u)r-bound ADJ: **to be hono(u)r-bound to do** estar moralmente obrigado a fazer
hono(u)rs degree N (*Sch*) diploma *m* com distinção
Hons. ABBR (*Sch*) = **hono(u)rs degree**
hood [hud] N capuz *m*; (*of cooker*) tampa; (*Brit: Aut*) capota; (*US: Aut*) capô *m*; (*inf: hoodlum*) pinta-brava *m*
hooded ['hudɪd] ADJ encapuzado, mascarado
hoodlum ['hu:dləm] N pinta-brava *m*
hoodwink ['hudwɪŋk] VT tapear
hoof [hu:f] (*pl* **hooves**) N casco, pata

hook [huk] N gancho; (*on dress*) colchete *m*; (*for fishing*) anzol *m* ■ VT (*fasten*) prender com gancho (*or* colchete); (*fish*) fisgar; **~ and eye** colchete *m*; **by ~ or by crook** custe o que custar; **to be ~ed (on)** (*inf*) estar viciado (em); (*person*) estar fissurado (em)
▸ **hook up** VT ligar
hooligan ['hu:lɪgən] N desordeiro(-a), bagunceiro(-a)
hooliganism ['hu:ligənɪzm] N vandalismo
hoop [hu:p] N arco
hooray [hu:'reɪ] EXCL = **hurrah**
hoot [hu:t] VI (*Aut*) buzinar; (*siren*) tocar; (*owl*) piar ■ VT (*jeer at*) vaiar ■ N buzinada; toque *m* de sirena; **to ~ with laughter** morrer de rir
hooter ['hu:tə^r] N (*Brit*: *Aut*) buzina; (*Naut, factory*) sirena
hoover® ['hu:və^r] (*Brit*) aspirador *m* (de pó) VT passar o aspirador em
hooves [hu:vz] NPL *of* **hoof**
hop [hɔp] VI saltar, pular; (*on one foot*) pular num pé só ■ N salto, pulo
hope [həup] VT: **to ~ that/to do** esperar que/fazer ■ VI esperar ■ N esperança; **I ~ so/not** espero que sim/não
hopeful ['həupful] ADJ (*person*) otimista, esperançoso; (*situation*) promissor(a); **I'm ~ that she'll manage to come** acredito que ela conseguirá vir
hopefully ['həupfulɪ] ADV (*with hope*) esperançosamente; (*one hopes*): **~, they'll come back** é de esperar *or* esperamos que voltem
hopeless ['həuplɪs] ADJ desesperado, irremediável; (*useless*) inútil; (*bad*) péssimo
hopelessly ['həupləslɪ] ADV (*confused, involved*) irremediavelmente
hopper ['hɔpə^r] N tremonha
hops [hɔps] NPL (*Bot*) lúpulo
horde [hɔ:d] N multidão *f*
horizon [hə'raɪzn] N horizonte *m*
horizontal [hɔrɪ'zɔntl] ADJ horizontal
hormone ['hɔ:məun] N hormônio
horn [hɔ:n] N corno, chifre *m*; (*material*) chifre; (*Mus*) trompa; (*Aut*) buzina
horned [hɔ:nd] ADJ (*animal*) com chifres, chifrudo
hornet ['hɔ:nɪt] N vespão *m*
horny ['hɔ:nɪ] ADJ (*material*) córneo; (*hands*) calejado; (*inf*: *aroused*) excitado (sexualmente), com tesão (BR) (*inf!*)
horoscope ['hɔrəskəup] N horóscopo
horrendous [hə'rɛndəs] ADJ horrendo
horrible ['hɔrɪbl] ADJ horrível; (*terrifying*) terrível
horrid ['hɔrɪd] ADJ horrível
horrific [hə'rɪfɪk] ADJ horroroso
horrify ['hɔrɪfaɪ] VT horrorizar
horrifying ['hɔrɪfaɪɪŋ] ADJ horripilante
horror ['hɔrə^r] N horror *m*; **horror film** N filme *m* de terror
horror-striken ADJ = **horror-struck**
horror-struck ADJ horrorizado
hors d'œuvre [ɔ:'də:vrə] N entrada
horse [hɔ:s] N cavalo
horseback ['hɔ:sbæk]: **on ~** ADJ, ADV a cavalo
horsebox ['hɔ:sbɔks] N reboque *m* (para transportar cavalos)
horse chestnut N castanha-da-índia
horse-drawn ADJ puxado a cavalo
horsefly ['hɔ:sflaɪ] N mutuca
horseman ['hɔ:smən] (*irreg*) N cavaleiro; (*skilled*) ginete *m*
horsemanship ['hɔ:smənʃɪp] N equitação *f*
horsemen ['hɔ:smən] NPL *of* **horseman**
horseplay ['hɔ:spleɪ] N zona, bagunça (*brincadeiras etc*)
horsepower ['hɔ:spauə^r] N cavalo-vapor *m*
horse-racing N corridas *fpl* de cavalo, turfe *m*
horseradish ['hɔ:srædɪʃ] N rábano-bastardo
horseshoe ['hɔ:sʃu:] N ferradura
horse show N concurso hípico
horse-trading N regateio
horse trials NPL = **horse show**
horsewhip ['hɔ:swɪp] VT chicotear
horsewoman ['hɔ:swumən] (*irreg*) N amazona
horsey ['hɔ:sɪ] ADJ aficionado por cavalos; (*appearance*) com cara de cavalo
horticulture ['hɔ:tɪkʌltʃə^r] N horticultura
hose [həuz] N (*also*: **hosepipe**) mangueira
▸ **hose down** VT lavar com mangueira
hosiery ['həuzɪərɪ] N meias *fpl* e roupa de baixo
hospice ['hɔspɪs] N asilo
hospitable ['hɔspɪtəbl] ADJ hospitaleiro
hospital ['hɔspɪtl] N hospital *m*
hospitality [hɔspɪ'tælɪtɪ] N hospitalidade *f*
hospitalize ['hɔspɪtəlaɪz] VT hospitalizar
host [həust] N anfitrião *m*; (*in hotel etc*) hospedeiro; (*TV, Radio*) apresentador(a) *m/f*; (*Rel*) hóstia; (*large number*): **a ~ of** uma multidão de ■ VT (*TV programme*) apresentar, animar
hostage ['hɔstɪdʒ] N refém *m*
host country N país *m* anfitrião
hostel ['hɔstl] N hospedaria; (*for students*) residência; (*for the homeless*) albergue *m*, abrigo; (*also*: **youth hostel**) albergue da juventude
hostelling ['hɔstlɪŋ] N: **to go (youth) ~** *viajar de férias pernoitando em albergues de juventude*
hostess ['həustɪs] N anfitriã *f*; (*Brit*: *air hostess*) aeromoça (BR), hospedeira de bordo (PT); (*TV, Radio*) apresentadora; (*in nightclub*) taxi-girl *f*
hostile ['hɔstaɪl] ADJ hostil
hostility [hɔ'stɪlɪtɪ] N hostilidade *f*
hot [hɔt] ADJ quente; (*as opposed to only warm*) muito quente; (*spicy*) picante; (*fierce*) ardente; **to be ~** (*person*) estar com calor; (*thing, weather*) estar quente
▸ **hot up** (*Brit*: *inf*) VI (*party, debate*) esquentar ■ VT (*pace*) acelerar; (*engine*) envenenar
hot-air balloon N balão *m* de ar quente
hotbed ['hɔtbɛd] N (*fig*) foco, ninho
hotchpotch ['hɔtʃpɔtʃ] (*Brit*) N mixórdia, salada
hot dog N cachorro-quente *m*
hotel [həu'tɛl] N hotel *m*
hotelier [hɔ'tɛljeɪ] N hoteleiro(-a); (*manager*) gerente *m/f*

hotel industry N indústria hoteleira
hotel room N quarto de hotel
hotfoot ['hɔtfut] ADV a mil, a toda
hot-headed [-'hɛdɪd] ADJ impetuoso
hothouse ['hɔthaus] N estufa
hot line N (*Pol*) telefone *m* vermelho, linha direta
hotly ['hɔtlɪ] ADV ardentemente, apaixonadamente
hotplate ['hɔtpleɪt] N (*on cooker*) chapa elétrica
hotpot ['hɔtpɔt] (*Brit*) N (*Culin*) ragu *m*
hot seat N (*fig*) posição *f* de responsabilidade
hot spot N área de tensão
hot spring N fonte *f* termal
hot-tempered ADJ esquentado, de pavio curto
hot-water bottle N bolsa de água quente
hound [haund] VT acossar, perseguir ■ N cão *m* de caça, sabujo
hour ['auəʳ] N hora; **at 30 miles an ~** ≈ a 50 km por hora; **lunch ~** hora do almoço; **to pay sb by the ~** pagar alguém por hora
hourly ['auəlɪ] ADV de hora em hora ■ ADJ de hora em hora; (*rate*) por hora
house [*n* haus, *pl* hauzɪz, *vt* hauz] N (*gen, firm*) casa; (*Pol*) câmara; (*Theatre*) assistência, lotação *f* ■ VT (*person*) alojar; (*collection*) abrigar; **to/at my ~** para a/na minha casa; **the H ~ (of Commons)** (*Brit*) a Câmara dos Comuns; **the H ~ (of Representatives)** (*US*) a Câmara de Deputados; **on the ~** (*fig*) por conta da casa; **house arrest** N prisão *f* domiciliar
houseboat ['hausbəut] N casa flutuante
housebound ['hausbaund] ADJ preso em casa
housebreaking ['hausbreɪkɪŋ] N arrombamento de domicílio
house-broken (*US*) ADJ = **house-trained**
housecoat ['hauskəut] N roupão *m*
household ['haushəuld] N família; (*house*) casa
householder ['haushəuldəʳ] N (*owner*) dono(-a) de casa; (*head of family*) chefe *m/f* de família
household name N nome *m* conhecido por todos
house-hunting ['haushʌntɪŋ] N: **to go ~** procurar casa para morar
housekeeper ['hauski:pəʳ] N governanta
housekeeping ['hauski:pɪŋ] N (*work*) trabalhos *mpl* domésticos; (*money*) economia doméstica; (*Comput*) gestão *f* dos discos
houseman ['hausmən] (*Brit: irreg*) N (*Med*) interno
house-proud ADJ preocupado com a aparência da casa
house-to-house ADJ (*enquiries*) de porta em porta; (*search*) de casa em casa
house-trained (*Brit*) ADJ (*animal*) domesticado
house-warming (party) [-'wɔ:mɪŋ-] N festa de inauguração de uma casa
housewife ['həuswaɪf] (*irreg*) N dona de casa
housework ['hauswə:k] N trabalhos *mpl* domésticos
housing ['hauzɪŋ] N (*provision*) alojamento; (*houses*) residências *fpl*; (*as issue*) habitação *f* ■ CPD (*problem, shortage*) habitacional; **housing association** N *organização beneficente que vende ou alaga casas*; **housing conditions** NPL condições *fpl* de habitação; **housing development** N conjunto residencial; **housing estate** (*Brit*) N = **housing development**
hovel ['hɔvl] N casebre *m*
hover ['hɔvəʳ] VI pairar; (*person*) rondar
hovercraft ['hɔvəkrɑ:ft] N aerobarco
hoverport ['hɔvəpɔ:t] N porto para aerobarcos

KEYWORD

how [hau] ADV **1** (*in what way*) como; **how was the film?** que tal o filme?; **how are you?** como vai?
2 (*to what degree*) quanto; **how much milk/many people?** quanto de leite/quantas pessoas?; **how long have you been here?** há quanto tempo você está aqui?; **how old are you?** quantos anos você tem?; **how tall is he?** qual é a altura dele?; **how lovely/awful!** que ótimo/terrível!

however [hau'ɛvəʳ] ADV de qualquer modo; (+ *adj*) por mais ... que; (*in questions*) como ■ CONJ no entanto, contudo, todavia
howitzer ['hauɪtsəʳ] N (*Mil*) morteiro, obus *m*
howl [haul] N uivo ■ VI uivar
howler ['haulaʳ] N besteira, erro
H.P. (*Brit*) N ABBR = **hire purchase**
h.p. ABBR (*Aut*: = *horsepower*) CV
HQ N ABBR (= *headquarters*) QG *m*
HR (*US*) N ABBR = **House of Representatives**
HRH ABBR (= *His (or Her) Royal Highness*) SAR
hr(s) ABBR (= *hour(s)*) h(s)
HS (*US*) ABBR = **high school**
HST (*US*) ABBR (= *Hawaiian Standard Time*) *hora do Havaí*
HTML N ABBR (= *Hypertext Mark-up Language*) HTML *f*
hub [hʌb] N (*of wheel*) cubo; (*fig*) centro
hubbub ['hʌbʌb] N algazarra, vozerio
hubcap ['hʌbkæp] N (*Aut*) calota
HUD (*US*) N ABBR (= *Department of Housing and Urban Development*) *ministério do urbanismo e da habitação*
huddle ['hʌdl] VI: **to ~ together** aconchegar-se
hue [hju:] N cor *f*, matiz *m*; **hue and cry** N clamor *m* público
huff [hʌf] N: **in a ~** com raiva; **to take the ~** ficar sem graça
hug [hʌg] VT abraçar; (*thing*) agarrar, prender ■ N abraço; **to give sb a ~** dar um abraço em alguém, abraçar alguém
huge [hju:dʒ] ADJ enorme, imenso
hulk [hʌlk] N (*wreck*) navio velho; (*hull*) casco, carcaça; (*person*) brutamontes *m inv*; (*building*) trambolho
hulking ['hʌlkɪŋ] ADJ pesado, grandão(-ona)
hull [hʌl] N (*of ship*) casco
hullabaloo ['hʌləbə'lu:] (*inf*) N algazarra

hullo [hə'ləu] EXCL = **hello**
hum [hʌm] VT (*tune*) cantarolar ■ VI cantarolar; (*insect, machine etc*) zumbir ■ N zumbido
human ['hju:mən] ADJ humano ■ N (*also*: **human being**) ser *m* humano
humane [hju:'meɪn] ADJ humano
humanism ['hju:mənɪzm] N humanismo
humanitarian [hju:mænɪ'tɛərɪən] ADJ humanitário
humanity [hju:'mænɪtɪ] N humanidade *f*
humanly ['hju:mən'lɪ] ADV humanamente
humanoid ['hju:mənɔɪd] ADJ, N humanóide *m/f*
humble ['hʌmbl] ADJ humilde ■ VT humilhar
humbly ['hʌmblɪ] ADV humildemente
humbug ['hʌmbʌg] N fraude *f*, embuste *m*; (*Brit*: *sweet*) bala de hortelã
humdrum ['hʌmdrʌm] ADJ (*boring*) monótono, enfadonho; (*routine*) rotineiro
humid ['hju:mɪd] ADJ úmido
humidifier [hju:'mɪdɪfaɪəʳ] N umidificador *m*
humidity [hju:'mɪdɪtɪ] N umidade *f*
humiliate [hju:'mɪlɪeɪt] VT humilhar
humiliation [hju:mɪlɪ'eɪʃən] N humilhação *f*
humility [hju:'mɪlɪtɪ] N humildade *f*
humor ['hju:məʳ] (*US*) N, VT = **humour**
humorist ['hju:mərɪst] N humorista *m/f*
humorous ['hju:mərəs] ADJ humorístico; (*person*) engraçado
humour ['hju:məʳ] (*US* **humor**) N humorismo, senso de humor; (*mood*) humor *m* ■ VT (*person*) fazer a vontade de; **sense of ~** senso de humor; **to be in a good/bad ~** estar de bom/mau humor
humo(u)rless ['hju:mələs] ADJ sem senso de humor
hump [hʌmp] N (*in ground*) elevação *f*; (*camel's*) corcova, giba; (*deformity*) corainda
humpback ['hʌmpbæk] N corcunda *m/f*
humpbacked ['hʌmpbækt] ADJ: **~ bridge** *ponte pequena e muito arqueada*
humus ['hju:məs] N húmus *m*, humo
hunch [hʌntʃ] N (*premonition*) pressentimento, palpite *m*
hunchback ['hʌntʃbæk] N corcunda *m/f*
hunched [hʌntʃt] ADJ corcunda
hundred ['hʌndrəd] NUM cem; (*before lower numbers*) cento; (*collective*) centena; **~s of people** centenas de pessoas; **I'm a ~ per cent sure** tenho certeza absoluta
hundredweight ['hʌndrədweɪt] N (*Brit*) *50.8 kg; 112 lb*; (*US*) *= 45.3 kg; 100 lb*
hung [hʌŋ] PT, PP *of* **hang**
Hungarian [hʌŋ'gɛərɪən] ADJ húngaro ■ N húngaro(-a); (*Ling*) húngaro
Hungary ['hʌŋgərɪ] N Hungria
hunger ['hʌŋgəʳ] N fome *f* ■ VI: **to ~ for** ter fome de; (*desire*) desejar ardentemente; **hunger strike** N greve *f* de fome
hungrily ['hʌŋgrəlɪ] ADV (*eat*) vorazmente; (*fig*) avidamente
hungry ['hʌŋgrɪ] ADJ faminto, esfomeado; (*keen*): **~ for** (*fig*) ávido de, ansioso por; **to be ~** estar com fome
hung up (*inf*) ADJ complexado, grilado
hunk [hʌŋk] N naco; (*inf*: *man*) gatão *m*
hunt [hʌnt] VT (*seek*) buscar, perseguir; (*Sport*) caçar ■ VI caçar ■ N caça, caçada
▸ **hunt down** VT acossar
hunter ['hʌntəʳ] N caçador(a) *m/f*; (*Brit*: *horse*) cavalo de caça
hunting ['hʌntɪŋ] N caça
hurdle ['hə:dl] N (*Sport*) barreira; (*fig*) obstáculo
hurl [hə:l] VT arremessar, lançar; (*abuse*) gritar
hurrah [hu'rɑ:] EXCL oba!, viva!
hurray [hu'reɪ] EXCL = **hurrah**
hurricane ['hʌrɪkən] N furacão *m*
hurried ['hʌrɪd] ADJ (*fast*) apressado; (*rushed*) feito às pressas
hurriedly ['hʌrɪdlɪ] ADV depressa, apressadamente
hurry ['hʌrɪ] N pressa ■ VI (*also*: **hurry up**) apressar-se ■ VT (*also*: **hurry up**: *person*) apressar; (: *work*) acelerar; **to be in a ~** estar com pressa; **to do sth in a ~** fazer algo às pressas; **to ~ in/out** entrar/sair correndo; **to ~ home** correr para casa
▸ **hurry along** VI andar às pressas
▸ **hurry away** VI sair correndo
▸ **hurry off** VI sair correndo
▸ **hurry up** VI apressar-se
hurt [hə:t] (*pt, pp* **hurt**) VT machucar; (*injure*) ferir; (*damage*: *business etc*) prejudicar; (*fig*) magoar ■ VI doer ■ ADJ machucado, ferido; **I ~ my arm** machuquei o braço; **where does it ~?** onde é que dói?
hurtful ['hə:tful] ADJ (*remark*) que magoa, ofensivo
hurtle ['hə:tl] VI correr; **to ~ past** passar como um raio; **to ~ down** cair com violência
husband ['hʌzbənd] N marido, esposo
hush [hʌʃ] N silêncio, quietude *f* ■ VT silenciar, fazer calar; **~!** silêncio!, psiu!
▸ **hush up** VT (*fact*) abafar, encobrir
hushed [hʌʃt] ADJ (*tone*) baixo
hush-hush ADJ secreto
husk [hʌsk] N (*of wheat*) casca; (*of maize*) palha
husky ['hʌskɪ] ADJ rouco; (*burly*) robusto ■ N cão *m* esquimó
hustings ['hʌstɪŋz] (*Brit*) NPL (*Pol*) campanha (eleitoral)
hustle ['hʌsl] VT (*push*) empurrar; (*hurry*) apressar ■ N agitação *f*, atividade *f* febril; **~ and bustle** grande movimento
hut [hʌt] N cabana, choupana; (*shed*) alpendre *m*
hutch [hʌtʃ] N coelheira
hyacinth ['haɪəsɪnθ] N jacinto
hybrid ['haɪbrɪd] ADJ, N híbrido; (*mixture*) combinação *f*
hydrant ['haɪdrənt] N (*also*: **fire hydrant**) hidrante *m*
hydraulic [haɪ'drɔ:lɪk] ADJ hidráulico
hydraulics [haɪ'drɔ:lɪks] N hidráulica
hydrochloric acid ['haɪdrəu'klɔrɪk-] N ácido clorídrico

hydroelectric [haɪdrəuɪ'lɛktrɪk] ADJ hidroelétrico
hydrofoil ['haɪdrəfɔɪl] N hidrofoil *m*, aliscafo
hydrogen ['haɪdrədʒən] N hidrogênio; **hydrogen bomb** N bomba de hidrogênio
hydrophobia ['haɪdrə'fəubɪə] N hidrofobia
hydroplane ['haɪdrəpleɪn] N lancha planadora
hyena [haɪ'i:nə] N hiena
hygiene ['haɪdʒi:n] N higiene *f*
hygienic [haɪ'dʒi:nɪk] ADJ higiênico
hymn [hɪm] N hino
hype [haɪp] (*inf*) N tititi *m*, falatório
hyperactive ['haɪpər'æktɪv] ADJ hiperativo
hypermarket ['haɪpəmɑ:kɪt] (*Brit*) N hipermercado
hypertension ['haɪpə'tɛnʃən] N (*Med*) hipertensão *f*
hyphen ['haɪfn] N hífen *m*
hypnosis [hɪp'nəusɪs] N hipnose *f*
hypnotic [hɪp'nɔtɪk] ADJ hipnótico
hypnotism ['hɪpnətɪzm] N hipnotismo
hypnotist ['hɪpnətɪst] N hipnotizador(a) *m/f*
hypnotize ['hɪpnətaɪz] VT hipnotizar
hypoallergenic ['haɪpəuælə'dʒɛnɪk] ADJ hipoalergênico
hypochondriac [haɪpə'kɔndrɪæk] N hipocondríaco(-a)
hypocrisy [hɪ'pɔkrɪsɪ] N hipocrisia
hypocrite ['hɪpəkrɪt] N hipócrita *m/f*
hypocritical [hɪpə'krɪtɪkl] ADJ hipócrita
hypodermic [haɪpə'də:mɪk] ADJ hipodérmico ■ N seringa hipodérmica
hypothermia [haɪpə'θə:mɪa] N hipotermia
hypotheses [haɪ'pɔθɪsi:z] NPL *of* **hypothesis**
hypothesis [haɪ'pɔθɪsɪs] (*pl* **hypotheses**) N hipótese *f*
hypothetic(al) [haɪpəu'θɛtɪk(l)] ADJ hipotético
hysterectomy [hɪstə'rɛktəmɪ] N histerectomia
hysteria [hɪ'stɪərɪə] N histeria
hysterical [hɪ'stɛrɪkl] ADJ histérico; (*funny*) hilariante
hysterics [hɪ'stɛrɪks] NPL (*nervous*) crise *f* histérica; (*laughter*) ataque *m* de riso; **to be in** *or* **have ~** ter uma crise histérica
Hz ABBR (= *hertz*) Hz

Ii

I, i [aɪ] N (*letter*) I, i *m*; **I for Isaac** (*Brit*) *or* **Item** (*US*) I de Irene
I [aɪ] PRON eu ■ ABBR = **island**; (= *isle*) I
IA (*US*) ABBR (*Post*) = **Iowa**
IAEA N ABBR (= *International Atomic Energy Agency*) IAEA *f*
IBA (*Brit*) N (= *Independent Broadcasting Authority*) *órgão que supervisiona as emissoras comerciais de TV*
Iberian [aɪ'bɪərɪən] ADJ ibérico; **Iberian Peninsula** N: **the Iberian Peninsula** a península Ibérica
IBEW (*US*) N ABBR (= *International Brotherhood of Electrical Workers*) *sindicato internacional dos eletricistas*
i/c (*Brit*) ABBR = **in charge**
ICC N ABBR = **International Chamber of Commerce**; (*US*) = **Interstate Commerce Commission**
ice [aɪs] N gelo; (*ice cream*) sorvete *m* ■ VT (*cake*) cobrir com glacê; (*drink*) gelar ■ VI (*also*: **ice over, ice up**) gelar; **to put sth on ~** (*fig*) engavetar algo; **ice age** N era glacial; **ice axe** N picareta para o gelo
iceberg ['aɪsbə:g] N iceberg *m*; **this is just the tip of the ~** isso é só a ponta do iceberg
icebox ['aɪsbɔks] N (*US*) geladeira; (*Brit*: *in fridge*) congelador *m*; (*insulated box*) geladeira portátil
icebreaker ['aɪsbreɪkəʳ] N navio quebra-gelo *m*
ice bucket N balde *m* de gelo
ice-cold ADJ gelado
ice cream N sorvete *m* (BR), gelado (PT)
ice cube N pedra de gelo
iced [aɪst] ADJ (*drink*) gelado; (*cake*) glaçado
ice hockey N hóquei *m* sobre o gelo
Iceland ['aɪslənd] N Islândia
Icelander ['aɪslləndəʳ] N islandês(-esa) *m/f*
Icelandic [aɪs'lændɪk] ADJ islandês(-esa) ■ N (*Ling*) islandês *m*
ice lolly (*Brit*) N picolé *m*
ice pick N furador *m* de gelo
ice rink N pista de gelo, rinque *m*
ice-skate N patim *m* (para o gelo) ■ VI patinar no gelo
ice-skating N patinação *f* no gelo
icicle ['aɪsɪkl] N pingente *m* de gelo
icing ['aɪsɪŋ] N (*Culin*) glacê *m*; (*Aviat etc*) formação *f* de gelo; **icing sugar** (*Brit*) N açúcar *m* glacê
ICJ N ABBR = **International Court of Justice**
icon ['aɪkɔn] N (*gen*, *Comput*) ícone *m*
ICR (*US*) N ABBR = **Institute for Cancer Research**
ICU N ABBR (= *intensive care unit*) UTI *f*
icy ['aɪsɪ] ADJ gelado; (*fig*) glacial, indiferente
ID (*US*) ABBR (*Post*) = **Idaho**
I'd [aɪd] = **I would; I had**
ID card N = **identity card**
IDD (*Brit*) N ABBR (*Tel*: = *international direct dialling*) DDI *f*
idea [aɪ'dɪə] N idéia; **good ~!** boa idéia!; **to have an ~ that ...** ter a impressão de que ...; **I haven't the least ~** não tenho a mínima idéia
ideal [aɪ'dɪəl] N ideal *m* ■ ADJ ideal
idealist [aɪ'dɪəlɪst] N idealista *m/f*
ideally [aɪ'dɪəlɪ] ADV de preferência; **~ the book should have ...** seria ideal que o livro tivesse ...
identical [aɪ'dɛntɪkl] ADJ idêntico
identification [aɪdɛntɪfɪ'keɪʃən] N identificação *f*; **means of ~** documentos pessoais
identify [aɪ'dɛntɪfaɪ] VT identificar ■ VI: **to ~ with** identificar-se com
Identikit® [aɪ'dɛntɪkɪt] N: **Identikit picture** retrato falado
identity [aɪ'dɛntɪtɪ] N identidade *f*; **identity card** N carteira de identidade; **identity parade** (*Brit*) N identificação *f*
ideological [aɪdɪə'lɔdʒɪkəl] ADJ ideológico
ideology [aɪdɪ'ɔlədʒɪ] N ideologia
idiocy ['ɪdɪəsɪ] N idiotice *f*; (*stupid act*) estupidez *f*
idiom ['ɪdɪəm] N expressão *f* idiomática; (*style of speaking*) idioma *m*, linguagem *f*
idiomatic [ɪdɪə'mætɪk] ADJ idiomático
idiosyncrasy [ɪdɪəu'sɪŋkrəsɪ] N idiossincrasia
idiot ['ɪdɪət] N idiota *m/f*
idiotic [ɪdɪ'ɔtɪk] ADJ idiota
idle ['aɪdl] ADJ ocioso; (*lazy*) preguiçoso; (*unemployed*) desempregado; (*pointless*) inútil, vão(-vã) ■ VI (*machine*) funcionar com a transmissão desligada
▸ **idle away** VT: **to ~ away the time** perder *or* desperdiçar tempo
idleness ['aɪdlnɪs] N ociosidade *f*; preguiça; (*pointlessness*) inutilidade *f*
idler ['aɪdləʳ] N preguiçoso(-a)

idle time N (*Comm*) tempo ocioso
idol ['aɪdl] N ídolo
idolize ['aɪdəlaɪz] VT idolatrar
idyllic [ɪ'dɪlɪk] ADJ idílico
i.e. ABBR (= *id est*) i.e., isto é

KEYWORD

if [ɪf] CONJ **1** (*conditional use*) se; **I'll go if you come with me** irei se você vier comigo; **if necessary** se necessário; **if I were you** se eu fôsse você
2 (*whenever*) quando
3 (*although*): **(even) if** mesmo que; **I like it, (even) if you don't** eu gosto disto, mesmo que você não goste
4 (*whether*) se
5: **if so/not** sendo assim/do contrário; **if only** se pelo menos; *see also* **as**

igloo ['ɪglu:] N iglu *m*
ignite [ɪg'naɪt] VT acender; (*set fire to*) incendiar ■ VI acender
ignition [ɪg'nɪʃən] N (*Aut*) ignição *f*; **to switch on/off the ~** ligar/desligar o motor; **ignition key** N (*Aut*) chave *f* de ignição
ignoble [ɪg'nəubl] ADJ ignóbil
ignominious [ɪgnə'mɪnɪəs] ADJ vergonhoso, humilhante
ignoramus [ɪgnə'reɪməs] N ignorante *m/f*
ignorance ['ɪgnərəns] N ignorância; **to keep sb in ~ of sth** deixar alguém na ignorância de algo
ignorant ['ɪgnərənt] ADJ ignorante; **to be ~ of** ignorar
ignore [ɪg'nɔ:ʳ] VT (*person*) não fazer caso de; (*fact*) não levar em consideração, ignorar
ikon ['aɪkɔn] N = **icon**
IL (*US*) ABBR (*Post*) = **Illinois**
ILA (*US*) N ABBR (= *International Longshoremen's Association*) *sindicato internacional dos portuários*
I'll [aɪl] = **I will; I shall**
ill [ɪl] ADJ doente; (*slightly ill*) indisposto; (*bad*) mau(-má); (*harmful: effects*) nocivo ■ N mal *m*; (*fig*) desgraça ■ ADV: **to speak/think ~ of sb** falar/pensar mal de alguém; **to take** *or* **be taken ~** ficar doente
ill-advised [-əd'vaɪzd] ADJ pouco recomendado; (*misled*) mal aconselhado
ill-at-ease ADJ constrangido, pouco à vontade
ill-considered [-kən'sɪdəd] ADJ (*plan*) imponderado
ill-disposed ADJ: **to be ~ towards sb/sth** ser desfavorável a alguém/algo
illegal [ɪ'li:gl] ADJ ilegal
illegally [ɪ'li:gəlɪ] ADV ilegalmente
illegible [ɪ'ledʒɪbl] ADJ ilegível
illegitimate [ɪlɪ'dʒɪtɪmət] ADJ ilegítimo
ill-fated ADJ malfadado
ill-favoured [-'feɪvəd] (*US* **ill-favored**) ADJ desagradável
ill feeling N má vontade *f*, rancor *m*
ill-gotten ADJ (*gains etc*) mal adquirido
illicit [ɪ'lɪsɪt] ADJ ilícito
ill-informed ADJ mal informado
illiterate [ɪ'lɪtərət] ADJ analfabeto
ill-mannered [-'mænəd] ADJ mal-educado, grosseiro
illness ['ɪlnɪs] N doença
illogical [ɪ'lɔdʒɪkl] ADJ ilógico
ill-suited [-'su:tɪd] ADJ (*couple*) desajustado; **he is ~ to the job** ele é inadequado para o cargo
ill-timed [-taɪmd] ADJ inoportuno
ill-treat VT maltratar
ill-treatment N maus tratos *mpl*
illuminate [ɪ'lu:mɪneɪt] VT (*room, street*) iluminar, clarear; (*subject*) esclarecer; **~d sign** anúncio luminoso
illuminating [ɪ'lu:mɪneɪtɪŋ] ADJ esclarecedor
illumination [ɪlu:mɪ'neɪʃən] N iluminação *f*; **illuminations** NPL (*decorative lights*) luminárias *fpl*
illusion [ɪ'lu:ʒən] N ilusão *f*; **to be under the ~ that ...** estar com a ilusão de que ...
illusive [ɪ'lu:sɪv] ADJ ilusório
illusory [ɪ'lu:sərɪ] ADJ ilusório
illustrate ['ɪləstreɪt] VT ilustrar; (*subject*) esclarecer; (*point*) exemplificar
illustration [ɪlə'streɪʃən] N (*art*) ilustração *f*; (*example*) exemplo; (*explanation*) esclarecimento; (*in book*) gravura, ilustração
illustrator ['ɪləstreɪtəʳ] N ilustrador(a) *m/f*
illustrious [ɪ'lʌstrɪəs] ADJ ilustre
ill will N animosidade *f*
ILO N ABBR (= *International Labour Organization*) OIT *f*
ILWU (*US*) N ABBR (= *International Longshoremen's and Warehousemen's Union*) *sindicato dos portuários*
I'm [aɪm] = **I am**
image ['ɪmɪdʒ] N imagem *f*
imagery ['ɪmɪdʒərɪ] N imagens *fpl*
imaginable [ɪ'mædʒɪnəbl] ADJ imaginável, concebível
imaginary [ɪ'mædʒɪnərɪ] ADJ imaginário
imagination [ɪmædʒɪ'neɪʃən] N imaginação *f*; (*inventiveness*) inventividade *f*; (*illusion*) fantasia
imaginative [ɪ'mædʒɪnətɪv] ADJ imaginativo
imagine [ɪ'mædʒɪn] VT imaginar; (*delude o.s.*) fantasiar
imbalance [ɪm'bæləns] N desequilíbrio; (*inequality*) desigualdade *f*
imbecile ['ɪmbəsi:l] N imbecil *m/f*
imbue [ɪm'bju:] VT: **to ~ sth with** imbuir *or* impregnar algo de
IMF N ABBR (= *International Monetary Fund*) FMI *m*
imitate ['ɪmɪteɪt] VT imitar
imitation [ɪmɪ'teɪʃən] N imitação *f*; (*copy*) cópia; (*mimicry*) mímica
imitator ['ɪmɪteɪtəʳ] N imitador(a) *m/f*
immaculate [ɪ'mækjulət] ADJ impecável; (*Rel*) imaculado
immaterial [ɪmə'tɪərɪəl] ADJ irrelevante; **it is ~ whether ...** é indiferente se ...
immature [ɪmə'tjuəʳ] ADJ (*person, organism*)

imaturo; (*fruit*) verde; (*of one's youth*) juvenil
immaturity [ɪmə'tjuərɪtɪ] N imaturidade *f*
immeasurable [ɪ'mɛʒrəbl] ADJ incomensurável, imensurável
immediacy [ɪ'mi:dɪəsɪ] N (*of events etc*) proximidade *f*; (*of needs*) urgência
immediate [ɪ'mi:dɪət] ADJ imediato; (*pressing*) urgente, premente; (*neighbourhood, family*) próximo
immediately [ɪ'mi:dɪətlɪ] ADV (*at once*) imediatamente; **~ next to** bem junto a
immense [ɪ'mɛns] ADJ imenso; (*importance*) enorme
immensity [ɪ'mɛnsətɪ] N imensidade *f*
immerse [ɪ'mə:s] VT (*submerge*) submergir; (*sink*) imergir, mergulhar; **to be ~d in** (*fig*) estar absorto em
immersion heater [ɪ'mə:ʃn-] (*Brit*) N aquecedor *m* de imersão
immigrant ['ɪmɪgrənt] N imigrante *m/f*
immigrate ['ɪmɪgreɪt] VI imigrar
immigration [ɪmɪ'greɪʃən] N imigração *f*; **immigration authorities** NPL fiscais *mpl* de imigração, ≈ polícia federal; **immigration laws** NPL leis *fpl* imigratórias
imminent ['ɪmɪnənt] ADJ iminente
immobile [ɪ'məubaɪl] ADJ imóvel
immobilize [ɪ'məubɪlaɪz] VT imobilizar
immoderate [ɪ'mɔdərət] ADJ imoderado
immodest [ɪ'mɔdɪst] ADJ (*indecent*) indecente, impudico; (*person: boasting*) presumido, arrogante
immoral [ɪ'mɔrl] ADJ imoral
immorality [ɪmə'rælɪtɪ] N imoralidade *f*
immortal [ɪ'mɔ:tl] ADJ imortal
immortalize [ɪ'mɔ:təlaɪz] VT imortalizar
immovable [ɪ'mu:vəbl] ADJ (*object*) imóvel, fixo; (*person*) inflexível
immune [ɪ'mju:n] ADJ: **~ to** imune a, imunizado contra
immunity [ɪ'mju:nɪtɪ] N (*Med*) imunidade *f*; (*Comm*) isenção *f*; **diplomatic ~** imunidade diplomática
immunization [ɪmjunaɪ'zeɪʃən] N imunização *f*
immunize ['ɪmjunaɪz] VT imunizar
imp [ɪmp] N diabinho, criança levada
impact ['ɪmpækt] N impacto (BR), impacte *m* (BR)
impair [ɪm'pɛᵊ] VT prejudicar
impale [ɪm'peɪl] VT perfurar, empalar
impart [ɪm'pɑ:t] VT (*make known*) comunicar; (*bestow*) dar
impartial [ɪm'pɑ:ʃl] ADJ imparcial
impartiality [ɪmpɑ:ʃɪ'ælɪtɪ] N imparcialidade *f*
impassable [ɪm'pɑ:səbl] ADJ (*barrier, river*) intransponível; (*road*) intransitável
impasse [æm'pɑ:s] N (*fig*) impasse *m*
impassioned [ɪm'pæʃənd] ADJ ardente, veemente
impassive [ɪm'pæsɪv] ADJ impassível
impatience [ɪm'peɪʃəns] N impaciência
impatient [ɪm'peɪʃənt] ADJ impaciente; **to get** *or* **grow ~** impacientar-se
impeach [ɪm'pi:tʃ] VT impugnar; (*public official*) levar a juízo
impeachment [ɪm'pi:tʃmənt] N (*Law*) impeachment *m*
impeccable [ɪm'pɛkəbl] ADJ impecável
impecunious [ɪmpə'kju:nɪəs] ADJ impecunioso, sem recursos
impede [ɪm'pi:d] VT impedir, estorvar
impediment [ɪm'pɛdɪmənt] N obstáculo; (*also: speech impediment*) defeito (de fala)
impel [ɪm'pɛl] VT (*force*): **to ~ sb (to do sth)** impelir alguém (a fazer algo)
impending [ɪm'pendɪŋ] ADJ (*near*) iminente, próximo
impenetrable [ɪm'pɛnɪtrəbl] ADJ impenetrável; (*fig*) incompreensível
imperative [ɪm'pɛrətɪv] ADJ (*tone*) imperioso, obrigatório; (*necessary*) indispensável; (*pressing*) premente ■ N (*Ling*) imperativo
imperceptible [ɪmpə'sɛptɪbl] ADJ imperceptível
imperfect [ɪm'pə:fɪkt] ADJ imperfeito; (*goods etc*) defeituoso ■ N (*Ling: also: imperfect tense*) imperfeito
imperfection [ɪmpə'fɛkʃən] N (*blemish*) defeito; (*state*) imperfeição *f*
imperial [ɪm'pɪərɪəl] ADJ imperial
imperialism [ɪm'pɪərɪəlɪzəm] N imperialismo
imperil [ɪm'pɛrɪl] VT pôr em perigo, arriscar
imperious [ɪm'pɪərɪəs] ADJ imperioso
impersonal [ɪm'pə:sənl] ADJ impessoal
impersonate [ɪm'pə:səneɪt] VT fazer-se passar por, personificar; (*Theatre*) imitar
impersonation [ɪmpə:sə'neɪʃən] N (*Law*) impostura; (*Theatre*) imitação *f*
impersonator [ɪm'pə:səneɪtəᵊ] N impostor(a) *m/f*; (*Theatre*) imitador(a) *m/f*
impertinence [ɪm'pə:tɪnəns] N impertinência, insolência
impertinent [ɪm'pə:tɪnənt] ADJ impertinente, insolente
imperturbable [ɪmpə'tə:bəbl] ADJ imperturbável, inabalável
impervious [ɪm'pə:vɪəs] ADJ impenetrável; (*fig*): **~ to** insensível a
impetuous [ɪm'pɛtjuəs] ADJ impetuoso, precipitado
impetus ['ɪmpətəs] N ímpeto; (*fig*) impulso
impinge [ɪm'pɪndʒ]: **to ~ on** VT FUS impressionar, impingir em; (*affect*) afetar
impish ['ɪmpɪʃ] ADJ levado, travesso
implacable [ɪm'plækəbl] ADJ implacável, impiedoso
implant [*vt* ɪm'plɑ:nt, *n* 'ɪmplɑ:nt] VT (*Med*) implantar; (*fig*) inculcar ■ N implante *m*
implausible [ɪm'plɔ:zɪbl] ADJ inverossímil (BR), inverosímil (PT)
implement [*n* 'ɪmplɪmənt, *vt* 'ɪmplɪmɛnt] N instrumento, ferramenta; (*for cooking*) utensílio ■ VT efetivar; (*carry out*) realizar, executar
implicate ['ɪmplɪkeɪt] VT (*compromise*) comprometer; (*involve*) implicar, envolver

implication [ɪmplɪ'keɪʃən] N implicação *f*, conseqüência; (*involvement*) involvimento; **by ~** por conseqüência
implicit [ɪm'plɪsɪt] ADJ implícito; (*complete*) absoluto
implicitly [ɪm'plɪsɪtlɪ] ADV implicitamente; (*completely*) completamente
implore [ɪm'plɔ:ʳ] VT (*person*) implorar, suplicar
imply [ɪm'plaɪ] VT (*involve*) implicar; (*mean*) significar; (*hint*) dar a entender que; **it is implied** se subentende
impolite [ɪmpə'laɪt] ADJ indelicado, mal-educado
imponderable [ɪm'pɔndərəbl] ADJ imponderável
import [*vt* ɪm'pɔ:t, *n, cpd* 'ɪmpɔ:t] VT importar ■ N (*Comm*) importação *f*; (: *article*) mercadoria importada; (*meaning*) significado, sentido ■ CPD (*duty, licence etc*) de importação
importance [ɪm'pɔ:təns] N importância; **to be of great/little ~** ser de grande/pouca importância
important [ɪm'pɔ:tənt] ADJ importante; **it is ~ that ...** é importante *or* importa que ...; **it's not ~** não tem importância, não importa
importantly [ɪm'pɔ:təntlɪ] ADV: **but, more ~ ...** mas, o que é mais importante ...
importation [ɪmpɔ:'teɪʃən] N importação *f*
imported [ɪm'pɔ:tɪd] ADJ importado
importer [ɪm'pɔ:təʳ] N importador(a) *m/f*
impose [ɪm'pəuz] VT impor ■ VI: **to ~ on sb** abusar de alguém
imposing [ɪm'pəuzɪŋ] ADJ imponente
imposition [ɪmpə'zɪʃən] N (*of tax etc*) imposição *f*; **to be an ~ on sb** (*person*) abusar de alguém
impossibility [ɪmpɔsɪ'bɪlɪtɪ] N impossibilidade *f*
impossible [ɪm'pɔsɪbl] ADJ impossível; (*situation*) inviável; (*person*) insuportável; **it's ~ for me to leave** é-me impossível sair, não dá para eu sair (*inf*)
impostor [ɪm'pɔstəʳ] N impostor(a) *m/f*
impotence ['ɪmpətəns] N impotência
impotent ['ɪmpətənt] ADJ impotente
impound [ɪm'paund] VT confiscar
impoverished [ɪm'pɔvərɪʃt] ADJ empobrecido; (*land*) esgotado
impracticable [ɪm'præktɪkəbl] ADJ impraticável, inexeqüível
impractical [ɪm'præktɪkl] ADJ pouco prático
imprecise [ɪmprɪ'saɪs] ADJ impreciso, inexato
impregnable [ɪm'prɛgnəbl] ADJ invulnerável; (*castle*) inexpugnável
impregnate ['ɪmprɛgneɪt] VT (*gen*) impregnar; (*soak*) embeber; (*fertilize*) fecundar
impresario [ɪmprɪ'sɑ:rɪəu] N empresário(-a)
impress [ɪm'prɛs] VT impressionar; (*mark*) imprimir ■ VI causar boa impressão; **to ~ sth on sb** inculcar algo em alguém; **it ~ed itself on me** fiquei com isso gravado (na memória)
impression [ɪm'prɛʃən] N impressão *f*; (*footprint etc*) marca; (*print run*) edição *f*; **to make a good/bad ~ on sb** causar boa/má impressão em alguém; **to be under the ~ that** estar com a impressão de que
impressionable [ɪm'prɛʃənəbl] ADJ impressionável; (*sensitive*) sensível
impressionist [ɪm'prɛʃənɪst] N impressionista *m/f*
impressive [ɪm'prɛsɪv] ADJ impressionante
imprint ['ɪmprɪnt] N impressão *f*, marca; (*Publishing*) nome *m* (da coleção)
imprinted [ɪm'prɪntɪd] ADJ: **~ on** imprimido em; (*fig*) gravado em
imprison [ɪm'prɪzn] VT encarcerar
imprisonment [ɪm'prɪzənmənt] N prisão *f*
improbable [ɪm'prɔbəbl] ADJ improvável; (*story*) inverossímil (BR), inverosímil (PT)
impromptu [ɪm'prɔmptju:] ADJ improvisado ■ ADV de improviso
improper [ɪm'prɔpəʳ] ADJ (*unsuitable*) impróprio; (*dishonest*) desonesto; (*unseemly*) indecoroso; (*indecent*) indecente
impropriety [ɪmprə'praɪətɪ] N falta de decoro, inconveniência; (*indecency*) indecência; (*of language*) impropriedade *f*
improve [ɪm'pru:v] VT melhorar ■ VI melhorar; (*pupils*) progredir
▶ **improve (up)on** VT FUS melhorar
improvement [ɪm'pru:vmənt] N melhora; (*of pupils*) progresso; **to make ~s to** melhorar
improvisation [ɪmprəvaɪ'zeɪʃən] N improvisação *f*
improvise ['ɪmprəvaɪz] VT, VI improvisar
imprudence [ɪm'pru:dns] N imprudência
imprudent [ɪm'pru:dnt] ADJ imprudente
impudent ['ɪmpjudnt] ADJ insolente, impudente
impugn [ɪm'pju:n] VT impugnar, contestar
impulse ['ɪmpʌls] N impulso, ímpeto; (*Elec*) impulso; **to act on ~** agir sem pensar *or* num impulso; **impulse buy** N compra por impulso
impulsive [ɪm'pʌlsɪv] ADJ impulsivo
impunity [ɪm'pju:nɪtɪ] N: **with ~** impunemente
impure [ɪm'pjuəʳ] ADJ (*adulterated*) adulterado; (*not pure*) impuro
impurity [ɪm'pjuərɪtɪ] N impureza
IN (US) ABBR (*Post*) = **Indiana**

KEYWORD

in [ɪn] PREP **1** (*indicating place, position*) em; **in the house/garden** na casa/no jardim; **I have it in my hand** eu estou soft vousegurando isto; **in here/there** aqui dentro/lá dentro
2 (*with place names: of town, country, region*) em; **in London** em Londres; **in England/Japan/Canada/the United States** na Inglaterra/no Japão/no Canadá/nos Estados Unidos; **in Rio** no Rio
3 (*indicating time: during*) em; **in spring/autumn** na primavera/no outono; **in 1988** em 1988; **in May** em maio; **I'll see you in July** até julho; **in the morning** de manhã; **at 4 o'clock in the afternoon** às 4 da tarde

4 (*indicating time: in the space of*) em; **I did it in 3 hours/days** fiz isto em 3 horas/dias; **in 2 weeks** *or* **in 2 weeks' time** daqui a 2 semanas
5 (*indicating manner etc*): **in a loud/soft voice** em voz alta/numa voz suave; **written in pencil/ink** escrito a lápis/à caneta; **in English/Portuguese** em inglês/português; **the boy in the blue shirt** o menino de camisa azul
6 (*indicating circumstances*): **in the sun** ao *or* sob o sol; **in the rain** na chuva; **a rise in prices** um aumento nos preços
7 (*indicating mood, state*): **in tears** aos prantos; **in anger/despair** com raiva/desesperado; **in good condition** em boas condições; **to live in luxury** viver no luxo
8 (*with ratios, numbers*): **1 in 10** 1 em 10, 1 em cada 10; **20 pence in the pound** vinte pênis numa libra; **they lined up in twos** eles se alinharam dois a dois
9 (*referring to people, works*) em; **in (the works of) Dickens** nas obras de Dickens
10 (*indicating profession etc*): **to be in teaching/publishing** ser professor/trabalhar numa editora
11 (*after superl*): **the best pupil in the class** o melhor aluno da classe; **the biggest/smallest in Europe** o maior/menor na Europa
12 (*with present participle*): **in saying this** ao dizer isto
■ ADV: **to be in** (*person: at home*) estar em casa; (: *at work*) estar no trabalho; (*fashion*) estar na moda; (*ship, plane, train*): **it's in** chegou; **is he in?** ele está?; **to ask sb in** convidar alguém para entrar; **to run/limp** *etc* **in** entrar correndo/mancando *etc*
■ N: **the ins and outs** (*of proposal, situation etc*) os cantos e recantos, os pormenores

in. ABBR = **inch(es)**
inability [ɪnə'bɪlɪtɪ] N: **~ (to do)** incapacidade *f* (de fazer); **~ to pay** impossibilidade de pagar
inaccessible [ɪnək'sɛsɪbl] ADJ inacessível
inaccuracy [ɪn'ækjurəsɪ] N inexatidão *f*, imprecisão *f*
inaccurate [ɪn'ækjurət] ADJ inexato, impreciso
inaction [ɪn'ækʃən] N inação *f*
inactivity [ɪnæk'tɪvɪtɪ] N inatividade *f*
inadequacy [ɪn'ædɪkwəsɪ] ADJ (*insufficiency*) insuficiência
inadequate [ɪn'ædɪkwət] ADJ (*insufficient*) insuficiente; (*unsuitable*) inadequado; (*person*) impróprio
inadmissible [ɪnəd'mɪsəbl] ADJ inadmissível
inadvertent [ɪnəd'və:tənt] ADJ (*mistake*) cometido sem querer
inadvertently [ɪnəd'və:tntlɪ] ADV inadvertidamente, sem querer
inadvisable [ɪnəd'vaɪzəbl] ADJ desaconselhável, inoportuno
inane [ɪ'neɪn] ADJ tolo; (*fatuous*) vazio
inanimate [ɪn'ænɪmət] ADJ inanimado
inapplicable [ɪn'æplɪkəbl] ADJ inaplicável
inappropriate [ɪnə'prəupɪɪət] ADJ inadequado; (*word, expression*) impróprio
inapt [ɪn'æpt] ADJ inapto
inaptitude [ɪn'æptɪtju:d] N incapacidade *f*, inaptidão *f*
inarticulate [ɪnɑ:'tɪkjulət] ADJ (*person*) incapaz de expressar-se (bem); (*speech*) inarticulado
inasmuch as [ɪnəz'mʌtʃ-] ADV, CONJ (*given that*) visto que; (*since*) desde que, já que
inattention [ɪnə'tɛnʃən] N inatenção *f*
inattentive [ɪnə'tɛntɪv] ADJ desatento
inaudible [ɪn'ɔ:dɪbl] ADJ inaudível
inaugural [ɪ'nɔ:gjurəl] ADJ (*speech*) inaugural; (: *of president*) de posse
inaugurate [ɪ'nɔ:gjureɪt] VT inaugurar; (*president, official*) empossar
inauguration [ɪnɔ:gju'reɪʃən] N inauguração *f*; (*of president, official*) posse *f*
inauspicious [ɪnɔ:s'pɪʃəs] ADJ infausto
in-between ADJ intermediário
inborn [ɪn'bɔ:n] ADJ (*feeling*) inato; (*defect*) congênito
inbred [ɪn'brɛd] ADJ inato; (*family*) de procriação consangüínea
inbreeding [ɪn'bri:dɪŋ] N endogamia
Inc. ABBR = **incorporated**
Inca ['ɪŋkə] ADJ (*also*: **Incan**) inca, incaico ■ N inca *m/f*
incalculable [ɪn'kælkjuləbl] ADJ incalculável
incapability [ɪnkeɪpə'bɪlɪtɪ] N incapacidade *f*
incapable [ɪn'keɪpəbl] ADJ: **~ (of doing)** incapaz (de fazer)
incapacitate [ɪnkə'pæsɪteɪt] VT incapacitar
incapacitated [ɪnkə'pæsɪteɪtɪd] ADJ (*Law*) incapacitado
incapacity [ɪnkə'pæsɪtɪ] N (*inability*) incapacidade *f*
incarcerate [ɪn'kɑ:səreɪt] VT encarcerar
incarnate [*adj* ɪn'kɑ:nɪt, *vt* 'ɪnkɑ:neɪt] ADJ encarnado, personificado ■ VT encarnar
incarnation [ɪnkɑ:'neɪʃən] N encarnação *f*
incendiary [ɪn'sɛndɪərɪ] ADJ incendiário ■ N (*bomb*) bomba incendiária
incense [*n* 'ɪnsɛns, *vt* ɪn'sɛns] N incenso ■ VT (*anger*) exasperar, enraivecer; **incense burner** N incensório
incentive [ɪn'sɛntɪv] N incentivo, estímulo; **incentive scheme** N plano de incentivos
inception [ɪn'sɛpʃən] N começo, início
incessant [ɪn'sɛsnt] ADJ incessante, contínuo
incessantly [ɪn'sɛsntlɪ] ADV constantemente
incest ['ɪnsɛst] N incesto
inch [ɪntʃ] N polegada (= *25 mm; 12 in a foot*); **to be within an ~ of** estar a um passo de; **he didn't give an ~** ele não cedeu nem um milímetro
▸ **inch forward** VI avançar palmo a palmo
inch tape (*Brit*) N fita métrica
incidence ['ɪnsɪdns] N (*of crime, disease*) incidência
incident ['ɪnsɪdnt] N incidente *m*, evento; (*in book*) episódio
incidental [ɪnsɪ'dɛntl] ADJ acessório, não

essencial; (*unplanned*) acidental, casual; **~ expenses** despesas *fpl* adicionais

incidentally [ɪnsɪ'dɛntəlɪ] ADV (*by the way*) a propósito

incidental music N música de cena *or* de fundo

incinerate [ɪn'sɪnəreɪt] VT incinerar

incinerator [ɪn'sɪnəreɪtᵊ] N incinerador *m*

incipient [ɪn'sɪpɪənt] ADJ incipiente

incision [ɪn'sɪʒən] N incisão *f*

incisive [ɪn'saɪsɪv] ADJ (*mind*) penetrante, perspicaz; (*tone*) mordaz, sarcástico; (*remark etc*) incisivo

incisor [ɪn'saɪzəᵊ] N incisivo

incite [ɪn'saɪt] VT (*rioters*) incitar; (*violence*) provocar

incl. ABBR = **including; inclusive (of)**

inclement [ɪn'klɛmənt] ADJ (*weather*) inclemente

inclination [ɪnklɪ'neɪʃən] N (*tendency*) tendência; (*disposition*) inclinação *f*

incline [*n* 'ɪnklaɪn, *vt, vi* ɪn'klaɪn] N inclinação *f*, ladeira ■ VT (*slope*) inclinar; (*head*) curvar, inclinar ■ VI inclinar-se; **to be ~d to** (*tend*) tender a, ser propenso a; (*be willing*) estar disposto a

include [ɪn'klu:d] VT incluir; **the service is/is not ~d** o serviço está/não está incluído

including [ɪn'klu:dɪŋ] PREP inclusive; **~ tip** gorjeta incluída

inclusion [ɪn'klu:ʒən] N inclusão *f*

inclusive [ɪn'klu:sɪv] ADJ incluído, incluso ■ ADV inclusive; **~ of** incluindo; **£50 ~ of all surcharges** £50, incluídas todas as sobretaxas; **inclusive terms** (*Brit*) NPL preço global

incognito [ɪnkɔg'ni:təu] ADV incógnito

incoherent [ɪnkəu'hɪərənt] ADJ incoerente

income ['ɪŋkʌm] N (*earnings*) renda, rendimentos *mpl*; (*unearned*) renda; (*profit*) lucro; **gross/net ~** renda bruta/líquida; **~ and expenditure account** conta de receitas e despesas; **income bracket** N faixa salarial; **income tax** N imposto de renda (BR), imposto complementar (PT); **income tax inspector** N fiscal *m/f* do imposto de renda; **income tax return** N declaração *f* do imposto de renda

incoming ['ɪnkʌmɪŋ] ADJ (*flight, passenger*) de chegada; (*mail*) de entrada; (*government, tenant*) novo; **~ tide** maré enchente

incommunicado [ɪnkəmjunɪ'kɑ:dəu] ADJ incomunicável

incomparable [ɪn'kɔmpərəbl] ADJ incomparável

incompatible [ɪnkəm'pætɪbl] ADJ incompatível

incompetence [ɪn'kɔmpɪtəns] N incompetência

incompetent [ɪn'kɔmpɪtənt] ADJ incompetente

incomplete [ɪnkəm'pli:t] ADJ incompleto; (*unfinished*) por terminar

incomprehensible [ɪnkɔmprɪ'hɛnsɪbl] ADJ incompreensível

inconceivable [ɪnkən'si:vəbl] ADJ inconcebível

inconclusive [ɪnkən'klu:sɪv] ADJ inconclusivo; (*argument*) pouco convincente

incongruous [ɪn'kɔŋgruəs] ADJ (*foolish*) ridículo, absurdo; (*situation, figure*) incongruente; (*remark, act*) impróprio

inconsequential [ɪnkɔnsɪ'kwɛnʃl] ADJ sem importância

inconsiderable [ɪnkən'sɪdərəbl] ADJ: **not ~** importante

inconsiderate [ɪnkən'sɪdərət] ADJ sem consideração; **how ~ of him!** que falta de consideração (de sua parte)!

inconsistency [ɪnkən'sɪstənsɪ] N inconsistência

inconsistent [ɪnkən'sɪstnt] ADJ inconsistente; **~ with** (*beliefs*) incompatível com

inconsolable [ɪnkən'səuləbl] ADJ inconsolável

inconspicuous [ɪnkən'spɪkjuəs] ADJ modesto, discreto; (*more intensely: modest*) modesto; **to make o.s. ~** não chamar a atenção

inconstant [ɪn'kɔnstnt] ADJ inconstante

incontinence [ɪn'kɔntɪnəns] N incontinência

incontinent [ɪn'kɔntɪnənt] ADJ incontinente

incontrovertible [ɪnkɔntrə'və:təbl] ADJ incontestável

inconvenience [ɪnkən'vi:njəns] N (*quality*) inconveniência; (*problem*) inconveniente *m* ■ VT incomodar; **don't ~ yourself** não se incomode

inconvenient [ɪnkən'vi:njənt] ADJ inconveniente, incômodo; (*time, place*) inoportuno; **that time is very ~ for me** esse horário me é muito inconveniente

incorporate [ɪn'kɔ:pəreɪt] VT incorporar; (*contain*) compreender; (*add*) incluir

incorporated company [ɪn'kɔ:pəreɪtɪd-] (*US*) N ≈ sociedade *f* anônima

incorrect [ɪnkə'rɛkt] ADJ incorreto

incorrigible [ɪn'kɔrɪdʒɪbl] ADJ incorrigível

incorruptible [ɪnkə'rʌptɪbl] ADJ incorruptível; (*not open to bribes*) insubornável

increase [*n* 'ɪnkri:s, *vi, vt* ɪn'kri:s] N aumento ■ VI, VT aumentar; **an ~ of 5%** um aumento de 5%; **to be on the ~** estar em crescimento *or* alta

increasing [ɪn'kri:sɪŋ] ADJ (*number*) crescente, em aumento

increasingly [ɪn'kri:sɪŋlɪ] ADV (*more intensely*) progressivamente; (*more often*) cada vez mais

incredible [ɪn'krɛdɪbl] ADJ inacreditável; (*enormous*) incrível

incredulous [ɪn'krɛdjuləs] ADJ incrédulo

increment ['ɪnkrɪmənt] N aumento, incremento

incriminate [ɪn'krɪmɪneɪt] VT incriminar

incriminating [ɪn'krɪmɪneɪtɪŋ] ADJ incriminador(a)

incubate ['ɪnkjubeɪt] VT, VI incubar

incubation [ɪnkju'beɪʃən] N incubação *f*; **incubation period** N período de incubação

incubator ['ɪnkjubeɪtəᵊ] N incubadora; (*for eggs*) chocadeira

inculcate ['ɪnkʌlkeɪt] VT: **to ~ sth in sb** inculcar algo a alguém

incumbent [ɪn'kʌmbənt] N titular *m/f* ■ ADJ: **it**

is ~ on him to ... cabe a ele ...
incur [ɪn'kə:ʳ] VT incorrer em; (*expenses*) contrair
incurable [ɪn'kjuərəbl] ADJ incurável; (*fig*) irremediável
incursion [ɪn'kə:ʃən] N incursão *f*
indebted [ɪn'dɛtɪd] ADJ: **to be ~ to sb** estar em dívida com alguém, dever obrigação a alguém
indecency [ɪn'di:snsɪ] N indecência
indecent [ɪn'di:snt] ADJ indecente; **indecent assault** (*Brit*) N atentado contra o pudor; **indecent exposure** N exibição *f* obscena, exibicionismo
indecipherable [ɪndɪ'saɪfərəbl] ADJ indecifrável
indecision [ɪndɪ'sɪʒən] N indecisão *f*
indecisive [ɪndɪ'saɪsɪv] ADJ indeciso; (*discussion*) inconcludente, sem resultados
indeed [ɪn'di:d] ADV de fato; (*certainly*) certamente; (*furthermore*) aliás; **yes ~!** claro que sim!
indefatigable [ɪndɪ'fætɪgəbl] ADJ incansável
indefensible [ɪndɪ'fɛnsɪbl] ADJ indefensível
indefinable [ɪndɪ'faɪnəbl] ADJ indefinível
indefinite [ɪn'dɛfɪnɪt] ADJ indefinido; (*uncertain*) impreciso; (*period, number*) indeterminado
indefinitely [ɪn'dɛfɪnɪtlɪ] ADV (*wait*) indefinidamente
indelible [ɪn'dɛlɪbl] ADJ indelével
indelicate [ɪn'dɛlɪkɪt] ADJ (*tactless*) inábil; (*not polite*) indelicado, rude
indemnify [ɪn'dɛmnɪfaɪ] VT indenizar, compensar
indemnity [ɪn'dɛmnɪtɪ] N (*insurance*) garantia, seguro; (*compensation*) indenização *f*
indent [ɪn'dɛnt] VT (*text*) recolher ■ VI: **to ~ for sth** (*Comm*) encomendar algo
indentation [ɪndɛn'teɪʃən] N entalhe *m*, recorte *m*; (*Typ*) parágrafo, recuo
indenture [ɪn'dɛntʃəʳ] N contrato de aprendizagem
independence [ɪndɪ'pɛndns] N independência; **Independence Day** N *ver abaixo*

INDEPENDENCE DAY

Independence Day é a festa nacional dos Estados Unidos. Todo dia 4 de julho os americanos comemoram a adoção, em 1776, da declaração de Independência escrita por Thomas Jefferson que proclamava a separação das 13 colônias americanas da Grã-Bretanha.

independent [ɪndɪ'pɛndnt] ADJ independente; (*business, school*) privado; (*inquiry*) imparcial; **to become ~** tornar-se independente
independently [ɪndɪ'pɛndntlɪ] ADV independentemente
indescribable [ɪndɪ'skraɪbəbl] ADJ indescritível
indestructible [ɪndɪ'strʌktəbl] ADJ indestrutível
indeterminate [ɪndɪ'tə:mɪnɪt] ADJ indeterminado
index ['ɪndɛks] (*pl* **indexes**) N (*in book*) índice *m*; (*in library etc*) catálogo (*pl* **indices**) ['ɪndɪsi:z] (*ratio, sign*) índice *m*, expoente *m*; **index card** N ficha de arquivo
indexed ['ɪndɛkst] (*US*) ADJ = **index-linked**
index finger N dedo indicador
index-linked [-lɪŋkt] (*Brit*) ADJ vinculado ao índice (do custo de vida)
India ['ɪndɪə] N Índia
Indian ['ɪndɪən] ADJ, N (*from India*) indiano(-a); (*American, Brazilian*) índio(-a); **Red ~** índio(-a) pele vermelha; **Indian ink** N tinta nanquim; **Indian Ocean** N: **the Indian Ocean** o oceano Índico; **Indian summer** N (*fig*) veranico
India paper N papel *m* da China
India rubber N borracha
indicate ['ɪndɪkeɪt] VT (*show*) sugerir; (*point to*) indicar; (*mention*) mencionar ■ VI (*Brit: Aut*): **to ~ left/right** indicar para a esquerda/direita
indication [ɪndɪ'keɪʃən] N indício, sinal *m*
indicative [ɪn'dɪkətɪv] ADJ indicativo ■ N (*Ling*) indicativo; **to be ~ of sth** ser sintomático de algo
indicator ['ɪndɪkeɪtəʳ] N indicador *m*; (*Aut*) pisca-pisca *m*
indices ['ɪndɪsi:z] NPL *of* **index**
indict [ɪn'daɪt] VT acusar
indictable [ɪn'daɪtəbl] ADJ (*person*) culpado; **~ offence** crime sujeito às penas da lei
indictment [ɪn'daɪtmənt] N acusação *f*, denúncia
indifference [ɪn'dɪfrəns] N indiferença
indifferent [ɪn'dɪfrənt] ADJ indiferente; (*quality*) medíocre
indigenous [ɪn'dɪdʒɪnəs] ADJ indígena, nativo
indigestible [ɪndɪ'dʒɛstɪbl] ADJ indigesto
indigestion [ɪndɪ'dʒɛstʃən] N indigestão *f*
indignant [ɪn'dɪgnənt] ADJ: **to be ~ about sth/with sb** estar indignado com algo/alguém, indignar-se de algo/alguém
indignation [ɪndɪg'neɪʃən] N indignação *f*
indignity [ɪn'dɪgnɪtɪ] N indignidade *f*; (*insult*) ultraje *m*, afronta
indigo ['ɪndɪgəu] ADJ cor de anil *inv* ■ N anil *m*
indirect [ɪndɪ'rɛkt] ADJ indireto
indirectly [ɪndɪ'rɛktlɪ] ADV indiretamente
indiscreet [ɪndɪ'skri:t] ADJ indiscreto; (*rash*) imprudente
indiscretion [ɪndɪ'skrɛʃən] N indiscrição *f*; imprudência
indiscriminate [ɪndɪ'skrɪmɪnət] ADJ indiscriminado
indispensable [ɪndɪ'spɛnsəbl] ADJ indispensável, imprescindível
indisposed [ɪndɪ'spəuzd] ADJ (*unwell*) indisposto
indisposition [ɪndɪspə'zɪʃən] N (*illness*) mal-estar *m*, indisposição *f*
indisputable [ɪndɪ'spju:təbl] ADJ incontestável
indistinct [ɪndɪ'stɪŋkt] ADJ indistinto; (*memory, noise*) confuso, vago
indistinguishable [ɪndɪ'stɪŋwɪʃəbl] ADJ indistinguível

individual [ɪndɪ'vɪdjuəl] N indivíduo ■ ADJ individual; (*personal*) pessoal; (*characteristic*) particular
individualist [ɪndɪ'vɪdjuəlɪst] N individualista *m/f*
individuality [ɪndɪvɪdju'ælɪtɪ] N individualidade *f*
individually [ɪndɪ'vɪdjuəlɪ] ADV individualmente, particularmente
indivisible [ɪndɪ'vɪzɪbl] ADJ indivisível
Indo-China ['ɪndəu-] N Indochina
indoctrinate [ɪn'dɔktrɪneɪt] VT doutrinar
indoctrination [ɪndɔktrɪ'neɪʃən] N doutrinação *f*
indolent ['ɪndələnt] ADJ indolente, preguiçoso
Indonesia [ɪndə'ni:zɪə] N Indonésia
Indonesian [ɪndə'ni:zɪən] ADJ indonésio ■ N indonésio(-a); (*Ling*) indonésio
indoor ['ɪndɔ:r] ADJ (*inner*) interno, interior; (*inside*) dentro de casa; (*swimming pool*) coberto; (*games, sport*) de salão
indoors [ɪn'dɔ:z] ADV em lugar fechado; (*at home*) em casa
indubitable [ɪn'dju:bɪtəbl] ADJ indubitável
induce [ɪn'dju:s] VT (*Med*) induzir; (*bring about*) causar, produzir; (*provoke*) provocar; **to ~ sb to do sth** induzir alguém a fazer algo
inducement [ɪn'dju:smənt] N (*incentive*) incentivo
induct [ɪn'dʌkt] VT instalar
induction [ɪn'dʌkʃən] N (*Med: of birth*) indução *f*; **induction course** (*Brit*) N curso de indução
indulge [ɪn'dʌldʒ] VT (*desire*) satisfazer; (*whim*) condescender com; (*person*) comprazer; (*child*) fazer a vontade de ■ VI: **to ~ in** entregar-se a, satisfazer-se com
indulgence [ɪn'dʌldʒəns] N (*of desire*) satisfação *f*; (*leniency*) indulgência, tolerância
indulgent [ɪn'dʌldʒənt] ADJ indulgente
industrial [ɪn'dʌstrɪəl] ADJ industrial; (*injury*) de trabalho; (*dispute*) trabalhista; **industrial action** N greve *f*; **industrial design** N desenho industrial; **industrial estate** (*Brit*) N zona industrial
industrialist [ɪn'dʌstrɪəlɪst] N industrial *m/f*
industrialize [ɪn'dʌstrɪəlaɪz] VT industrializar
industrial park (*US*) N = **industrial estate**
industrial relations NPL relações *fpl* industriais
industrial tribunal (*Brit*) N ≈ tribunal *m* do trabalho
industrial unrest (*Brit*) N agitação *f* operária
industrious [ɪn'dʌstrɪəs] ADJ trabalhador(a); (*student*) aplicado
industry ['ɪndəstrɪ] N indústria; (*diligence*) aplicação *f*, diligência
inebriated [ɪ'ni:brɪeɪtɪd] ADJ embriagado, bêbado
inedible [ɪn'edɪbl] ADJ não-comestível
ineffective [ɪnɪ'fektɪv] ADJ ineficaz
ineffectual [ɪnɪ'fektʃuəl] ADJ = **ineffective**
inefficiency [ɪnɪ'fɪʃənsɪ] N ineficiência
inefficient [ɪnɪ'fɪʃənt] ADJ ineficiente
inelegant [ɪn'elɪgənt] ADJ deselegante
ineligible [ɪn'elɪdʒɪbl] ADJ (*candidate*) inelegível; **to be ~ for sth** não estar qualificado para algo
inept [ɪ'nept] ADJ inepto
ineptitude [ɪ'neptɪtju:d] N inépcia, incompetência
inequality [ɪnɪ'kwɔlɪtɪ] N desigualdade *f*
inequitable [ɪn'ekwɪtəbl] ADJ injusto, iníquo
ineradicable [ɪnɪ'rædɪkəbl] ADJ inerradicável
inert [ɪ'nə:t] ADJ inerte; (*immobile*) imóvel
inertia [ɪ'nə:ʃə] N inércia; (*laziness*) lerdeza
inertia-reel seat belt N cinto de segurança retrátil
inescapable [ɪnɪ'skeɪpəbl] ADJ inevitável
inessential [ɪnɪ'senʃl] ADJ desnecessário
inestimable [ɪn'estɪməbl] ADJ inestimável, incalculável
inevitable [ɪn'evɪtəbl] ADJ inevitável; (*necessary*) forçoso, necessário
inevitably [ɪn'evɪtəblɪ] ADV inevitavelmente
inexact [ɪnɪg'zækt] ADJ inexato
inexcusable [ɪnɪks'kju:zəbl] ADJ imperdoável, indesculpável
inexhaustible [ɪnɪg'zɔ:stɪbl] ADJ inesgotável, inexaurível
inexorable [ɪn'eksərəbl] ADJ inexorável
inexpensive [ɪnɪk'spensɪv] ADJ barato, econômico
inexperience [ɪnɪk'spɪərɪəns] N inexperiência, falta de experiência
inexperienced [ɪnɪk'spɪərɪənst] ADJ inexperiente
inexplicable [ɪnɪk'splɪkəbl] ADJ inexplicável
inexpressible [ɪnɪk'spresɪbl] ADJ inexprimível
inextricable [ɪnɪk'strɪkəbl] ADJ inextricável
infallibility [ɪnfælə'bɪlɪtɪ] N infalibilidade *f*
infallible [ɪn'fælɪbl] ADJ infalível
infamous ['ɪnfəməs] ADJ infame, abominável
infamy ['ɪnfəmɪ] N infâmia
infancy ['ɪnfənsɪ] N infância
infant ['ɪnfənt] N (*baby*) bebê *m*; (*young child*) criança
infantile ['ɪnfəntaɪl] ADJ infantil; (*pej*) acriançado
infant mortality N mortalidade *f* infantil
infantry ['ɪnfəntrɪ] N infantaria
infantryman ['ɪnfəntrɪmən] (*irreg*) N soldado de infantaria
infant school (*Brit*) N pré-escola
infatuated [ɪn'fætjueɪtɪd] ADJ: **~ with** apaixonado por
infatuation [ɪnfætju'eɪʃən] N gamação *f*, paixão *f* louca
infect [ɪn'fekt] VT (*wound*) infeccionar, infetar; (*person*) contagiar; (*food*) contaminar; (*fig: pej*) corromper, contaminar; **~ed with** (*illness*) contagiado por; **to become ~ed** (*wound*) infeccionar(-se), infetar(-se)
infection [ɪn'fekʃən] N infecção *f*; (*fig*) contágio
infectious [ɪn'fekʃəs] ADJ contagioso; (*fig*) infeccioso

infer [ɪn'fə:r] VT deduzir, inferir
inference ['ɪnfərəns] N dedução *f*, inferência
inferior [ɪn'fɪərɪəʳ] ADJ inferior; (*goods*) de qualidade inferior ■ N inferior *m/f*; (*in rank*) subalterno(-a); **to feel ~** sentir-se inferior
inferiority [ɪnfɪərɪ'ɔrətɪ] N inferioridade *f*; **inferiority complex** N complexo de inferioridade
infernal [ɪn'fə:nl] ADJ infernal
infernally [ɪn'fə:nəlɪ] ADV (*very*) muito
inferno [ɪn'fə:nəu] N inferno; (*fig*) inferno de chamas
infertile [ɪn'fə:taɪl] ADJ infértil; (*person, animal*) estéril
infertility [ɪnfə'tɪlɪtɪ] N infertilidade *f*; (*of person, animal*) esterilidade *f*
infested [ɪn'fɛstɪd] ADJ: **~ (with)** infestado (de), assolado (por)
infidelity [ɪnfɪ'dɛlɪtɪ] N infidelidade *f*
in-fighting N lutas *fpl* internas, conflitos *mpl* internos
infiltrate ['ɪnfɪltreɪt] VT (*troops etc*) infiltrar-se em ■ VI infiltrar-se
infinite ['ɪnfɪnɪt] ADJ infinito; (*time, money*) ilimitado
infinitely ['ɪnfɪnɪtlɪ] ADV infinitamente
infinitesimal [ɪnfɪnɪ'tɛsɪməl] ADJ infinitésimo
infinitive [ɪn'fɪnɪtɪv] N infinitivo
infinity [ɪn'fɪnɪtɪ] N (*also: Math*) infinito; (*an infinity*) infinidade *f*
infirm [ɪn'fə:m] ADJ enfermo, fraco
infirmary [ɪn'fə:mərɪ] N enfermaria, hospital *m*
infirmity [ɪn'fə:mɪtɪ] N fraqueza; (*illness*) enfermidade *f*, achaque *m*
inflame [ɪn'fleɪm] VT inflamar
inflamed [ɪn'fleɪmd] ADJ inflamado
inflammable [ɪn'flæməbl] (*Brit*) ADJ inflamável
inflammation [ɪnflə'meɪʃən] N inflamação *f*
inflammatory [ɪn'flæmətərɪ] ADJ (*speech*) incendiário
inflatable [ɪn'fleɪtəbl] ADJ inflável
inflate [ɪn'fleɪt] VT (*tyre, balloon*) inflar, encher; (*price*) inflar
inflated [ɪn'fleɪtɪd] ADJ (*style*) empolado, pomposo; (*value*) excessivo
inflation [ɪn'fleɪʃən] N (*Econ*) inflação *f*
inflationary [ɪn'fleɪʃənərɪ] ADJ inflacionário
inflexible [ɪn'flɛksɪbl] ADJ inflexível
inflict [ɪn'flɪkt] VT: **to ~ sth on sb** infligir algo em alguém; (*tax etc*) impor algo a alguém
infliction [ɪn'flɪkʃən] N imposição *f*, inflição *f*
in-flight ADJ (*refuelling*) em vôo; (*movie*) exibido durante o vôo; (*service*) de bordo
inflow ['ɪnfləu] N afluência
influence ['ɪnfluəns] N influência ■ VT influir em, influenciar; (*persuade*) persuadir; **under the ~ of alcohol** sob o efeito do álcool
influential [ɪnflu'ɛnʃl] ADJ influente
influenza [ɪnflu'ɛnzə] N gripe *f*
influx ['ɪnflʌks] N (*of refugees*) afluxo; (*of funds*) influxo
infomercial ['ɪnfəumə:ʃl] (*US*) N (*for product*) infomercial *m*
inform [ɪn'fɔ:m] VT: **to ~ sb of sth** informar alguém de algo; (*warn*) avisar alguém de algo; (*communicate*) comunicar algo a alguém ■ VI: **to ~ on sb** delatar alguém; **to ~ sb about** informar alguém sobre
informal [ɪn'fɔ:ml] ADJ informal; (*visit, discussion*) extra-oficial; (*intimate*) familiar; **"dress ~"** "traje de passeio"
informality [ɪnfɔ:'mælɪtɪ] N falta de cerimônia; (*intimacy*) intimidade *f*; (*familiarity*) familiaridade *f*; (*ease*) informalidade *f*
informally [ɪn'fɔ:məlɪ] ADV sem formalidade; (*unofficially*) não oficialmente
informant [ɪn'fɔ:mənt] N informante *m/f*; (*to police*) delator(a) *m/f*
information [ɪnfə'meɪʃən] N informação *f*, informações *fpl*; (*news*) notícias *fpl*; (*knowledge*) conhecimento; **a piece of ~** uma informação; **for your ~** para a sua informação, para o seu governo; **information bureau** N balcão *m* de informações; **information office** N escritório de informações; **information processing** N processamento de informações; **information retrieval** N recuperação *f* de informações; **information technology** N informática
informative [ɪn'fɔ:mətɪv] ADJ informativo
informed [ɪn'fɔ:md] ADJ informado; **an ~ guess** um palpite baseado em conhecimento dos fatos
informer [ɪn'fɔ:məʳ] N delator(a) *m/f*
infra dig ['ɪnfrə-] (*inf*) ADJ ABBR (= *infra dignitatem*) abaixo da minha (*or* sua *etc*) dignidade
infra-red ['ɪnfrə-] ADJ infravermelho
infrastructure ['ɪnfrəstrʌktʃəʳ] N infra-estrutura
infrequent [ɪn'fri:kwənt] ADJ infreqüente
infringe [ɪn'frɪndʒ] VT infringir, transgredir ■ VI: **to ~ on** violar
infringement [ɪn'frɪndʒmənt] N transgressão *f*; (*of rights*) violação *f*; (*Sport*) infração *f*
infuriate [ɪn'fjuərɪeɪt] VT enfurecer, enraivecer
infuriating [ɪn'fjuərɪeɪtɪŋ] ADJ de dar raiva, enfurecedor(a)
infuse [ɪn'fju:z] VT: **to ~ sb with sth** (*fig*) inspirar *or* infundir algo em alguém
infusion [ɪn'fju:ʒən] N (*tea etc*) infusão *f*
ingenious [ɪn'dʒi:njəs] ADJ engenhoso
ingenuity [ɪndʒɪ'nju:ɪtɪ] N engenho, habilidade *f*
ingenuous [ɪn'dʒɛnjuəs] ADJ ingênuo
ingot ['ɪŋgət] N lingote *m*
ingrained [ɪn'greɪnd] ADJ arraigado, enraizado
ingratiate [ɪn'greɪʃɪeɪt] VT: **to ~ o.s. with** cair nas (boas) graças de
ingratiating [ɪn'greɪʃɪeɪtɪŋ] ADJ insinuante
ingratitude [ɪn'grætɪtju:d] N ingratidão *f*
ingredient [ɪn'gri:dɪənt] N ingrediente *m*; (*of situation*) fator *m*
ingrowing toenail ['ɪngrəuɪŋ-] N unha encravada
ingrown toenail ['ɪngrəun-] N = **ingrowing**

toenail
inhabit [ɪn'hæbɪt] VT habitar; (*occupy*) ocupar
inhabitable [ɪn'hæbɪtəbl] ADJ habitável
inhabitant [ɪn'hæbɪtənt] N habitante *m/f*
inhale [ɪn'heɪl] VT inalar ■ VI (*in smoking*) aspirar
inherent [ɪn'hɪərənt] ADJ: **~ in** *or* **to** inerente a
inherently [ɪn'hɪərəntlɪ] ADV inerentemente, em si
inherit [ɪn'hɛrɪt] VT herdar
inheritance [ɪn'hɛrɪtəns] N herança; (*fig*) patrimônio
inhibit [ɪn'hɪbɪt] VT inibir; **to ~ sb from doing sth** impedir alguém de fazer algo
inhibited [ɪn'hɪbɪtɪd] ADJ inibido
inhibiting [ɪn'hɪbɪtɪŋ] ADJ constrangedor(a)
inhibition [ɪnhɪ'bɪʃən] N inibição *f*
inhospitable [ɪnhɔs'pɪtəbl] ADJ (*person*) inospitaleiro; (*place*) inóspito
inhuman [ɪn'hju:mən] ADJ inumano, desumano
inhumane [ɪnhju:'meɪn] ADJ desumano
inimitable [ɪ'nɪmɪtəbl] ADJ inimitável
iniquity [ɪ'nɪkwɪtɪ] N iniqüidade *f*; (*injustice*) injustiça
initial [ɪ'nɪʃl] ADJ inicial; (*first*) primeiro ■ N inicial *f* ■ VT marcar com iniciais; **initials** NPL (*of name*) iniciais *fpl*; (*abbreviation*) abreviatura, sigla
initialize [ɪ'nɪʃəlaɪz] VT (*Comput*) inicializar
initially [ɪ'nɪʃəlɪ] ADV inicialmente, no início; (*first*) primeiramente
initiate [ɪ'nɪʃɪeɪt] VT (*start*) iniciar, começar; (*person*) iniciar; **to ~ sb into a secret** revelar um segredo a alguém; **to ~ proceedings against sb** (*Law*) abrir um processo contra alguém
initiation [ɪnɪʃɪ'eɪʃən] N (*into secret etc*) iniciação *f*; (*beginning*) começo, início
initiative [ɪ'nɪʃətɪv] N iniciativa; **to take the ~** tomar a iniciativa
inject [ɪn'dʒɛkt] VT (*liquid, fig: money*) injetar; (*person*) dar uma injeção em; (*fig: put in*) introduzir
injection [ɪn'dʒɛkʃən] N injeção *f*; **to have an ~** tomar uma injeção
injudicious [ɪndʒu'dɪʃəs] ADJ imprudente
injunction [ɪn'dʒʌŋkʃən] N injunção *f*, ordem *f*
injure ['ɪndʒəʳ] VT ferir; (*damage: reputation etc*) prejudicar; (*offend*) ofender, magoar; **to ~ o.s.** ferir-se
injured ['ɪndʒəd] ADJ (*person, leg*) ferido; (*feelings*) ofendido, magoado; **~ party** (*Law*) parte *f* lesada
injurious [ɪn'dʒuərɪəs] ADJ: **~ (to)** prejudicial (a)
injury ['ɪndʒərɪ] N ferida; (*wrong*) dano, prejuízo; **to escape without ~** escapar ileso; **injury time** N (*Sport*) desconto
injustice [ɪn'dʒʌstɪs] N injustiça; **to do sb an ~** fazer mau juízo de alguém
ink [ɪŋk] N tinta
ink-jet printer N impressora a tinta
inkling ['ɪŋklɪŋ] N suspeita; (*idea*): **to have an ~ of** ter uma vaga idéia de
ink pad N almofada de tinta
inky ['ɪŋkɪ] ADJ manchado de tinta
inlaid ['ɪnleɪd] ADJ (*with gems*) incrustado; (*table etc*) marchetado
inland [*adj* 'ɪnlənd, *adv* ɪn'lænd] ADJ interior, interno ■ ADV para o interior; **~ waterways** hidrovias *fpl*
Inland Revenue (*Brit*) N ≈ fisco, ≈ receita federal (BR)
in-laws NPL sogros *mpl*
inlet ['ɪnlɛt] N (*Geo*) enseada, angra; (*Tech*) entrada; **inlet pipe** N tubo de admissão
inmate ['ɪnmeɪt] N (*in prison*) presidiário(-a); (*in asylum*) internado(-a)
inmost ['ɪnməust] ADJ mais íntimo
inn [ɪn] N hospedaria, taberna
innards ['ɪnədz] (*inf*) NPL entranhas *fpl*
innate [ɪ'neɪt] ADJ inato
inner ['ɪnəʳ] ADJ (*place*) interno; (*feeling*) interior; **inner city** N aglomeração *f* urbana, metrópole *f*
innermost ['ɪnəməust] ADJ mais íntimo
inner tube N (*of tyre*) câmara de ar
innings ['ɪnɪŋz] N (*Sport*) turno; (*Brit: fig*): **he's had a good ~** ele aproveitou bem a vida
innocence ['ɪnəsns] N inocência
innocent ['ɪnəsnt] ADJ inocente
innocuous [ɪ'nɔkjuəs] ADJ inócuo
innovation [ɪnəu'veɪʃən] N inovação *f*, novidade *f*
innuendo [ɪnju'ɛndəu] (*pl* **innuendoes**) N insinuação *f*, indireta
innumerable [ɪ'nju:mrəbl] ADJ incontável
inoculate [ɪ'nɔkjuleɪt] VT: **to ~ sb with sth** inocular algo em alguém; **to ~ sb against sth** vacinar alguém contra algo
inoculation [ɪnɔkju'leɪʃən] N inoculação *f*, vacinação *f*
inoffensive [ɪnə'fɛnsɪv] ADJ inofensivo
inopportune [ɪn'ɔpətju:n] ADJ inoportuno
inordinate [ɪn'ɔ:dɪnət] ADJ desmesurado, excessivo
inordinately [ɪ'nɔ:dɪnətlɪ] ADV desmedidamente, excessivamente
inorganic [ɪnɔ:'gænɪk] ADJ inorgânico
in-patient N paciente *m/f* interno(-a)
input ['ɪnput] N (*information, Comput*) entrada; (*resources*) investimento ■ VT (*Comput*) entrar com
inquest ['ɪnkwɛst] N inquérito policial; (*coroner's*) inquérito judicial
inquire [ɪn'kwaɪəʳ] VI pedir informação ■ VT (*ask*) perguntar; **to ~ about** pedir informações sobre; **to ~ when/where/whether** perguntar quando/onde/se
▸ **inquire after** VT FUS (*person*) perguntar por
▸ **inquire into** VT FUS investigar, indagar
inquiring [ɪn'kwaɪərɪŋ] ADJ (*mind*) inquiridor(a); (*look*) interrogativo
inquiry [ɪn'kwaɪərɪ] N pergunta; (*Law*) investigação *f*, inquérito; (*commission*) comissão *f* de inquérito; **to hold an ~ into sth** realizar uma investigação sobre algo; **inquiry desk** (*Brit*)

N balcão *m* de informações; **inquiry office** (*Brit*) N seção *f* de informações

inquisition [ɪnkwɪ'zɪʃən] N inquérito; (*Rel*): **the I~** a Inquisição

inquisitive [ɪn'kwɪzɪtɪv] ADJ (*curious*) curioso, perguntador(a); (*prying*) indiscreto, intrometido

inroads ['ɪnrəudz] NPL: **to make ~ into** (*savings, supplies*) consumir parte de

ins. ABBR = **inches**

insane [ɪn'seɪn] ADJ louco, doido; (*Med*) demente, insano

insanitary [ɪn'sænɪtərɪ] ADJ insalubre

insanity [ɪn'sænɪtɪ] N loucura; (*Med*) insanidade *f*, demência

insatiable [ɪn'seɪʃəbl] ADJ insaciável

inscribe [ɪn'skraɪb] VT inscrever; (*book etc*): **to ~ (to sb)** dedicar (a alguém)

inscription [ɪn'skrɪpʃən] N inscrição *f*; (*in book*) dedicatória

inscrutable [ɪn'skru:təbl] ADJ inescrutável, impenetrável

inseam measurement ['ɪnsi:m-] (*US*) N altura de entrepernas

insect ['ɪnsɛkt] N inseto; **insect bite** N picada de inseto

insecticide [ɪn'sɛktɪsaɪd] N inseticida *m*

insect repellent N repelente *m* contra insetos, insetífugo

insecure [ɪnsɪ'kjuə^r] ADJ inseguro

insecurity [ɪnsɪ'kjuərətɪ] N insegurança

insemination [ɪnsɛmɪ'neɪʃən] N: **artificial ~** inseminação *f* artificial

insensible [ɪn'sɛnsɪbl] ADJ impassível, insensível; (*unconscious*) inconsciente

insensitive [ɪn'sɛnsɪtɪv] ADJ insensível

insensitivity [ɪnsɛnsɪ'tɪvɪtɪ] N insensibilidade *f*

inseparable [ɪn'sɛprəbl] ADJ inseparável

insert [*vt* ɪn'sə:t, *n* 'ɪnsə:t] VT (*between things*) intercalar; (*into sth*) introduzir, inserir; (*in paper*) publicar; (: *advert*) pôr ■ N folha solta

insertion [ɪn'sə:ʃən] N inserção *f*; (*publication*) publicação *f*; (*of pages*) matéria inserida

in-service ADJ (*training*) contínuo; (*course*) de aperfeiçoamento, de reciclagem

inshore [ɪn'ʃo:^{r}] ADJ perto da costa, costeiro ■ ADV (*be*) perto da costa; (*move*) em direção à costa

inside ['ɪn'saɪd] N interior *m*; (*lining*) forro; (*of road: in Britain*) lado esquerdo (da estrada); (: *in US, Europe etc*) lado direito (da estrada) ■ ADJ interior, interno; (*secret*) secreto ■ ADV (*be*) dentro; (*go*) para dentro; (*inf: in prison*) na prisão ■ PREP dentro de; (*of time*): **~ 10 minutes** em menos de 10 minutos; **insides** NPL (*inf*) entranhas *fpl*; **the ~ story** a verdade sobre os fatos; **inside forward** N (*Sport*) centro avante; **inside information** N informação *f* privilegiada; **inside lane** N (*Aut: in Britain*) pista da esquerda; (: *in US, Europe etc*) pista da direita; **inside leg measurement** (*Brit*) N altura de entrepernas; **inside out** ADV ás avezzas; (*know*) muito bem; **to turn sth inside out out** virar algo pelo avesso

insider [ɪn'saɪdə^r] N iniciado(-a); **insider dealing** N (*Stock Exchange*) uso de informações privilegiadas

insidious [ɪn'sɪdɪəs] ADJ insidioso; (*underground*) clandestino

insight ['ɪnsaɪt] N (*into situation*) insight *m*; (*quality*) discernimento; **an ~ into sth** uma idéia de algo

insignia [ɪn'sɪgnɪə] N INV insígnias *fpl*

insignificant [ɪnsɪg'nɪfɪknt] ADJ insignificante

insincere [ɪnsɪn'sɪə^r] ADJ insincero

insincerity [ɪnsɪn'sɛrɪtɪ] N insinceridade *f*

insinuate [ɪn'sɪnjueɪt] VT insinuar

insinuation [ɪnsɪnju'eɪʃən] N insinuação *f*; (*hint*) indireta

insipid [ɪn'sɪpɪd] ADJ insípido, insosso; (*person*) sem graça

insist [ɪn'sɪst] VI insistir; **to ~ on doing** insistir em fazer; (*stubbornly*) teimar em fazer; **to ~ that** insistir que; (*claim*) cismar que

insistence [ɪn'sɪstəns] N insistência; (*stubbornness*) teimosia

insistent [ɪn'sɪstənt] ADJ insistente, pertinaz; (*continual*) persistente

insole ['ɪnsəul] N palmilha

insolence ['ɪnsələns] N insolência, atrevimento

insolent ['ɪnsələnt] ADJ insolente, atrevido

insoluble [ɪn'sɔljubl] ADJ insolúvel

insolvency [ɪn'sɔlvənsɪ] N insolvência

insolvent [ɪn'sɔlvənt] ADJ insolvente

insomnia [ɪn'sɔmnɪə] N insônia

insomniac [ɪn'sɔmnɪæk] N insone *m/f*

inspect [ɪn'spɛkt] VT inspecionar; (*building*) vistoriar; (*Brit: tickets*) fiscalizar; (*troops*) passar revista em

inspection [ɪn'spɛkʃən] N inspeção *f*; (*of building*) vistoria; (*Brit: of tickets*) fiscalização *f*

inspector [ɪn'spɛktə^r] N inspetor(a) *m/f*; (*Brit: on buses, trains*) fiscal *m*

inspiration [ɪnspə'reɪʃən] N inspiração *f*

inspire [ɪn'spaɪə^r] VT inspirar

inspired [ɪn'spaɪəd] ADJ (*writer, book etc*) inspirado; **in an ~ moment** num momento de inspiração

inspiring [ɪn'spaɪərɪŋ] ADJ inspirador(a)

inst. (*Brit*) ABBR (*Comm*) = **instant**

instability [ɪnstə'bɪlɪtɪ] N instabilidade *f*

install [ɪn'stɔ:l] VT instalar; (*official*) nomear

installation [ɪnstə'leɪʃən] N instalação *f*

installment [ɪn'stɔ:lmənt] (*US*) N = **instalment**; **installment plan** (*US*) N crediário

instalment [ɪn'stɔ:lmənt] (*Brit*) N (*of money*) prestação *f*; (*of story*) fascículo; (*of TV serial etc*) capítulo; **in ~s** (*pay*) a prestações; (*receive*) em várias vezes

instance ['ɪnstəns] N (*example*) exemplo; (*case*) caso; **for ~** por exemplo; **in many ~s** em muitos casos; **in that ~** naquele caso; **in the first ~** em primeiro lugar

instant ['ɪnstənt] N instante *m*, momento ■ ADJ

imediato; (*coffee*) instantâneo; **of the 10th ~** (*Brit: Comm*) de 10 do corrente
instantaneous [ɪnstən'teɪnɪəs] ADJ instantâneo
instantly ['ɪnstəntlɪ] ADV imediatamente
instant messaging N sistema *m* de mensagens instantâneas
instant replay (*US*) N (*TV*) replay *m*
instead [ɪn'stɛd] ADV em vez disso; **~ of** em vez de, em lugar de
instep ['ɪnstɛp] N peito do pé; (*of shoe*) parte *f* de dentro
instigate ['ɪnstɪgeɪt] VT (*rebellion, strike*) fomentar; (*new ideas*) suscitar
instigation [ɪnstɪ'geɪʃən] N instigação *f*; **at sb's ~** por incitação de alguém
instil [ɪn'stɪl] VT: **to ~ sth (into)** infundir *or* incutir algo (em)
instinct ['ɪnstɪŋkt] N instinto
instinctive [ɪn'stɪŋktɪv] ADJ instintivo
instinctively [ɪn'stɪŋktɪvlɪ] ADV por instinto, instintivamente
institute ['ɪnstɪtju:t] N instituto; (*professional body*) associação *f* ■ VT (*inquiry*) começar, iniciar; (*proceedings*) instituir, estabelecer
institution [ɪnstɪ'tju:ʃən] N instituição *f*; (*beginning*) início; (*organization*) instituto; (*Med: home*) asilo; (*asylum*) manicômio; (*custom*) costume *m*
institutional [ɪnstɪ'tju:ʃənəl] ADJ institucional
instruct [ɪn'strʌkt] VT: **to ~ sb in sth** instruir alguém em *or* sobre algo; **to ~ sb to do sth** dar instruções a alguém para fazer algo
instruction [ɪn'strʌkʃən] N (*teaching*) instrução *f*; **instructions** NPL ordens *fpl*; **~s (for use)** modo de usar; **instruction book** N livro de instruções
instructive [ɪn'strʌktɪv] ADJ instrutivo
instructor [ɪn'strʌktə^{r}] N instrutor(a) *m/f*
instrument ['ɪnstrəmənt] N instrumento
instrumental [ɪnstru'mɛntl] ADJ (*Mus*) instrumental; **to be ~ in** contribuir para
instrumentalist [ɪnstru'mɛntəlɪst] N instrumentalista *m/f*
instrument panel N painel *m* de instrumentos
insubordinate [ɪnsə'bɔ:dənɪt] ADJ insubordinado
insubordination [ɪnsəbɔ:də'neɪʃən] N insubordinação *f*
insufferable [ɪn'sʌfrəbl] ADJ insuportável
insufficient [ɪnsə'fɪʃənt] ADJ insuficiente
insufficiently [ɪnsə'fɪʃəntlɪ] ADV insuficientemente
insular ['ɪnsjulə^{r}] ADJ insular; (*outlook*) estreito; (*person*) de mente limitada
insulate ['ɪnsjuleɪt] VT isolar; (*protect: person, group*) segregar
insulating tape ['ɪnsjuleɪtɪŋ-] N fita isolante
insulation [ɪnsju'leɪʃən] N isolamento
insulin ['ɪnsjulɪn] N insulina
insult [*n* 'ɪnsʌlt, *vt* ɪn'sʌlt] N insulto; (*offence*) ofensa ■ VT insultar, ofender
insulting [ɪn'sʌltɪŋ] ADJ insultante, ofensivo
insuperable [ɪn'sju:prəbl] ADJ insuperável
insurance [ɪn'ʃuərəns] N seguro; **fire/life ~** seguro contra incêndio/de vida; **to take out ~ (against)** segurar-se *or* fazer seguro (contra); **insurance agent** N agente *m/f* de seguros; **insurance broker** N corretor(a) *m/f* de seguros; **insurance company** N seguradora; **insurance policy** N apólice *f* de seguro; **insurance premium** N prêmio de seguro
insure [ɪn'ʃuə^{r}] VT segurar; **to ~ sb/sb's life** segurar alguém/a vida de alguém; **to be ~d for £5000** estar segurado em £5000
insured [ɪn'ʃuəd] N: **the ~** o(-a) segurado/a)
insurer [ɪn'ʃuərə^{r}] N (*person*) segurador(a) *m/f*; (*company*) seguradora
insurgent [ɪn'sə:dʒənt] ADJ, N insurgente *m/f*
insurmountable [ɪnsə'mauntəbl] ADJ insuperável
insurrection [ɪnsə'rɛkʃən] N insurreição *f*
intact [ɪn'tækt] ADJ intacto, íntegro; (*unharmed*) ileso, são e salvo
intake ['ɪnteɪk] N (*Tech*) entrada, tomada; (: *pipe*) tubo de entrada; (*of food*) quantidade *f* ingerida; (*Brit: Sch*): **an ~ of 200 a year** 200 matriculados por ano
intangible [ɪn'tændʒɪbl] ADJ intangível
integral ['ɪntɪgrəl] ADJ (*whole*) integral, total; (*part*) integrante, essencial
integrate ['ɪntɪgreɪt] VT integrar ■ VI integrar-se
integrated circuit ['ɪntɪgreɪtɪd-] N (*Comput*) circuito integrado
integration [ɪntɪ'greɪʃən] N integração *f*; **racial ~** integração racial
integrity [ɪn'tɛgrɪtɪ] N integridade *f*, honestidade *f*, retidão *f*
intellect ['ɪntəlɛkt] N intelecto; (*cleverness*) inteligência
intellectual [ɪntə'lɛktjuəl] ADJ, N intelectual *m/f*
intelligence [ɪn'tɛlɪdʒəns] N inteligência; (*Mil etc*) informações *fpl*; **intelligence quotient** N quociente *m* de inteligência; **intelligence service** N serviço de informações; **intelligence test** N teste *m* de inteligência
intelligent [ɪn'tɛlɪdʒənt] ADJ inteligente
intelligently [ɪn'tɛlɪdʒəntlɪ] ADV inteligentemente
intelligentsia [ɪntɛlɪ'dʒəntsɪə] N: **the ~** a intelligentsia
intelligible [ɪn'tɛlɪdʒɪbl] ADJ inteligível, compreensível
intemperate [ɪn'tɛmpərət] ADJ imoderado; (*with alcohol*) intemperado
intend [ɪn'tɛnd] VT (*gift etc*): **to ~ sth for** destinar algo a; **to ~ to do sth** tencionar *or* pretender fazer algo; (*plan*) planejar fazer algo
intended [ɪn'tɛndɪd] ADJ (*effect*) desejado; (*insult*) intencional ■ N noivo(-a)
intense [ɪn'tɛns] ADJ intenso; (*person*) muito

emotivo
intensely [ɪn'tɛnslɪ] ADV intensamente; (*very*) extremamente
intensify [ɪn'tɛnsɪfaɪ] VT intensificar; (*increase*) aumentar
intensity [ɪn'tɛnsɪtɪ] N intensidade *f*; (*of emotion*) força, veemência
intensive [ɪn'tɛnsɪv] ADJ intensivo; **intensive care** N: **to be in intensive care** estar na UTI; **intensive care unit** N unidade *f* de tratamento intensivo
intent [ɪn'tɛnt] N intenção *f* ■ ADJ (*absorbed*) absorto; (*attentive*) atento; **to all ~s and purposes** para todos os efeitos; **to be ~ on doing sth** estar resolvido a fazer algo
intention [ɪn'tɛnʃən] N intenção *f*, propósito
intentional [ɪn'tɛnʃənl] ADJ intencional, propositado
intentionally [ɪn'tɛnʃənəlɪ] ADV de propósito
intently [ɪn'tɛntlɪ] ADV atentamente
inter [ɪn'tɜːʳ] VT enterrar
interact [ɪntər'ækt] VI interagir
interaction [ɪntər'ækʃən] N interação *f*, ação *f* recíproca
interactive [ɪntər'æktɪv] ADJ interativo
intercede [ɪntə'siːd] VI: **to ~ (with sb/on behalf of sb)** interceder (junto a alguém/em favor de alguém)
intercept [ɪntə'sɛpt] VT interceptar; (*person*) deter
interception [ɪntə'sɛpʃən] N interceptação *f*; (*of person*) detenção *f*
interchange [*n* 'ɪntətʃeɪndʒ, *vt* ɪntə'tʃeɪndʒ] N intercâmbio; (*exchange*) troca, permuta; (*on motorway*) trevo ■ VT intercambiar, trocar
interchangeable [ɪntə'tʃeɪndʒəbl] ADJ permutável
intercity (train) [ɪntə'sɪtɪ-] N expresso
intercom ['ɪntəkɔm] N interfone *m*
interconnect [ɪntəkə'nɛkt] VI interligar
intercontinental [ɪntəkɔntɪ'nɛntl] ADJ intercontinental
intercourse ['ɪntəkɔːs] N (*social*) relacionamento; **sexual ~** relações *fpl* sexuais
interdependent [ɪntədɪ'pɛndənt] ADJ interdependente
interest ['ɪntrɪst] N interesse *m*; (*Comm: sum of money*) juros *mpl*; (: *in company*) participação *f* ■ VT interessar; **to be ~ed in** interessar-se por, estar interessado em; **compound/simple ~** juros compostos/simples; **British ~s in the Middle East** os interesses britânicos no Oriente Médio
interested ['ɪntrɛstɪd] ADJ interessado; **to be ~ in** interessar-se por, estar interessado em
interest-free ADJ sem juros
interesting ['ɪntrɪstɪŋ] ADJ interessante
interest rate N taxa de juros
interface ['ɪntəfeɪs] N (*Comput*) interface *f*
interfere [ɪntə'fɪəʳ] VI: **to ~ in** (*quarrel, other people's business*) interferir *or* intrometer-se em; **to ~ with** (*objects*) mexer em; (*hinder*) impedir; (*plans*) interferir; **don't ~** não se meta
interference [ɪntə'fɪərəns] N intromissão *f*; (*Radio, TV*) interferência
interfering [ɪntə'fɪərɪŋ] ADJ intrometido
interim ['ɪntərɪm] ADJ interino, provisório ■ N: **in the ~** neste ínterim, nesse meio tempo
interior [ɪn'tɪərɪəʳ] N interior *m* ■ ADJ interno; (*ministry*) do interior; **interior decorator** N decorador(a) *m/f*, arquiteto(-a) de interiores; **interior designer** N arquiteto(-a) de interiores
interject [ɪntə'dʒɛkt] VT inserir, interpor
interjection [ɪntə'dʒɛkʃən] N interrupção *f*; (*Ling*) interjeição *f*, exclamação *f*
interlock [ɪntə'lɔk] VI entrelaçar-se; (*wheels etc*) engatar-se, engrenar-se ■ VT engrenar
interloper ['ɪntələupəʳ] N intruso(-a)
interlude ['ɪntəluːd] N interlúdio; (*rest*) descanso; (*Theatre*) intervalo
intermarry [ɪntə'mærɪ] VI ligar-se por casamento
intermediary [ɪntə'miːdɪərɪ] N intermediário(-a)
intermediate [ɪntə'miːdɪət] ADJ intermediário
interminable [ɪn'tɜːmɪnəbl] ADJ interminável
intermission [ɪntə'mɪʃən] N intervalo
intermittent [ɪntə'mɪtnt] ADJ intermitente; (*publication*) periódico
intermittently [ɪntə'mɪtntlɪ] ADV intermitentemente, a intervalos
intern [*vt* ɪn'tɜːn, *n* 'ɪntɜːn] VT internar; (*enclose*) encerrar ■ N (*US*) médico-interno/médica-interna
internal [ɪn'tɜːnl] ADJ interno; **~ injuries** ferimentos *mpl* internos
internally [ɪn'tɜːnəlɪ] ADV interiormente; **"not to be taken ~"** "uso externo"
Internal Revenue (Service) (*US*) N ≈ fisco, ≈ receita federal (*BR*)
international [ɪntə'næʃənl] ADJ internacional ■ N (*Brit: Sport: game*) jogo internacional; (: *player*) jogador(a) *m/f* internacional; **International Atomic Energy Agency** N Agência Internacional de Energia Atômica; **International Court of Justice** N Corte *f* Internacional de Justiça; **international date line** N linha internacional de mudança de data
internationally [ɪntə'næʃnəlɪ] ADV internacionalmente
International Monetary Fund N Fundo Monetário Internacional
internecine [ɪntə'niːsaɪn] ADJ mutuamente destrutivo
internee [ɪntɜː'niː] N internado(-a)
Internet ['ɪntənet] N: **the ~** a Internet; **Internet café** N cibercafé *m*; **Internet Service Provider** N provedor de acesso à Internet
internment [ɪn'tɜːnmənt] N internamento
interplay ['ɪntəpleɪ] N interação *f*
Interpol ['ɪntəpɔl] N Interpol *m*
interpret [ɪn'tɜːprɪt] VT interpretar; (*translate*)

traduzir ■ VI interpretar
interpretation [ɪntə:prɪ'teɪʃən] N interpretação *f*; (*translation*) tradução *f*
interpreter [ɪn'tə:prɪtə^r] N intérprete *m/f*
interpreting [ɪn'tə:prɪtɪŋ] N (*profession*) interpretação *f*
interrelated [ɪntərɪ'leɪtɪd] ADJ interrelacionado
interrogate [ɪn'tɛrəugeɪt] VT interrogar
interrogation [ɪntɛrə'geɪʃən] N interrogatório
interrogative [ɪntə'rɔgətɪv] ADJ interrogativo ■ N (*Ling*) interrogativo
interrogator [ɪn'tɛrəgeɪtə^r] N interrogador(a) *m/f*
interrupt [ɪntə'rʌpt] VT, VI interromper
interruption [ɪntə'rʌpʃən] N interrupção *f*
intersect [ɪntə'sɛkt] VT cruzar ■ VI (*roads*) cruzar-se
intersection [ɪntə'sɛkʃən] N intersecção *f*; (*of roads*) cruzamento
intersperse [ɪntə'spə:s] VT entremear; **to ~ with** entremear com *or* de
intertwine [ɪntə'twaɪn] VT entrelaçar ■ VI entrelaçar-se
interval ['ɪntəvl] N intervalo; (*Brit: Sch*) recreio; (: *Theatre, Sport*) intervalo; **sunny ~s** (*in weather*) períodos de melhoria; **at ~s** a intervalos
intervene [ɪntə'vi:n] VI intervir; (*event*) ocorrer; (*time*) decorrer
intervention [ɪntə'vɛnʃən] N intervenção *f*
interview ['ɪntəvju:] N entrevista ■ VT entrevistar
interviewee [ɪntəvju:'i:] N entrevistado(-a)
interviewer ['ɪntəvju:ə^r] N entrevistador(a) *m/f*
intestate [ɪn'tɛsteɪt] ADJ intestado
intestinal [ɪn'tɛstɪnl] ADJ intestinal
intestine [ɪn'tɛstɪn] N intestino; **large/small ~** intestino grosso/delgado
intimacy ['ɪntɪməsɪ] N intimidade *f*
intimate [*adj* 'ɪntɪmət, *vt* 'ɪntɪmeɪt] ADJ íntimo; (*knowledge*) profundo ■ VT insinuar, sugerir
intimately ['ɪntɪmətlɪ] ADV intimamente
intimation [ɪntɪ'meɪʃən] N insinuação *f*, sugestão *f*
intimidate [ɪn'tɪmɪdeɪt] VT amedrontar
intimidation [ɪntɪmɪ'deɪʃən] N intimidação *f*

KEYWORD

into ['ɪntu] PREP em **1** (*indicating motion or direction*) em; **come into the house/garden** venha para dentro/o jardim; **go into town** ir para a cidade; **he got into the car** ele entrou na carro; **throw it into the fire** jogue isto na fogueira; **research into cancer** pesquisa sobre o câncer; **he worked late into the night** ele trabalhou até altas horas; **the car bumped into the wall** o carro bateu no muro; **she poured tea into the cup** ela botou o chá na xícara
2 (*indicating change of condition, result*): **she burst into tears** ela desatou a chorar; **he was shocked into silence** ele ficou mudo de choque; **into 3 pieces/French** em 3 pedaços/para o francês; **they got into trouble** eles se deram mal

intolerable [ɪn'tɔlərəbl] ADJ intolerável, insuportável
intolerance [ɪn'tɔlərəns] N intolerância
intolerant [ɪn'tɔlərənt] ADJ: **~ (of)** intolerante (com *or* para com)
intonation [ɪntəu'neɪʃən] N entonação *f*, inflexão *f*
intoxicate [ɪn'tɔksɪkeɪt] VT embriagar
intoxicated [ɪn'tɔksɪkeɪtɪd] ADJ embriagado
intoxication [ɪntɔksɪ'keɪʃən] N intoxicação *f*, embriaguez *f*
intractable [ɪn'træktəbl] ADJ (*child, illness*) intratável; (*material*) difícil de trabalhar; (*problem*) espinhoso
intranet ['ɪntrənet] N intranet *f*
intransigent [ɪn'trænsɪdʒənt] ADJ intransigente
intransitive [ɪn'trænsɪtɪv] ADJ intransitivo
intra-uterine device ['ɪntrə'ju:təraɪn-] N dispositivo intra-uterino
intravenous [ɪntrə'vi:nəs] ADJ intravenoso
in-tray N cesta para correspondência de entrada
intrepid [ɪn'trɛpɪd] ADJ intrépido
intricacy ['ɪntrɪkəsɪ] N complexidade *f*
intricate ['ɪntrɪkət] ADJ complexo, complicado
intrigue [ɪn'tri:g] N intriga ■ VT intrigar ■ VI fazer intriga
intriguing [ɪn'tri:gɪŋ] ADJ intrigante
intrinsic [ɪn'trɪnsɪk] ADJ intrínseco
introduce [ɪntrə'dju:s] VT introduzir; **to ~ sb (to sb)** apresentar alguém (a alguém); **to ~ sb to** (*pastime, technique*) iniciar alguém em; **may I ~ ...?** permita-me apresentar ...
introduction [ɪntrə'dʌkʃən] N introdução *f*; (*of person*) apresentação *f*; **a letter of ~** uma carta de recomendação
introductory [ɪntrə'dʌktərɪ] ADJ introdutório; **~ remarks** observações preliminares; **~ offer** oferta de lançamento
introspection [ɪntrəu'spɛkʃən] N introspecção *f*
introspective [ɪntrəu'spɛktɪv] ADJ introspectivo
introvert ['ɪntrəuvə:t] N introvertido(-a) ■ ADJ (*also*: **introverted**) introvertido
intrude [ɪn'tru:d] VI: **to ~ (on** *or* **into)** intrometer-se (em)
intruder [ɪn'tru:də^r] N intruso(-a)
intrusion [ɪn'tru:ʒən] N intromissão *f*
intrusive [ɪn'tru:sɪv] ADJ intruso
intuition [ɪntju:'ɪʃən] N intuição *f*
intuitive [ɪn'tju:ɪtɪv] ADJ intuitivo
inundate ['ɪnʌndeɪt] VT: **to ~ with** inundar de
inure [ɪn'juə^r] VT: **to ~ (to)** habituar (a)
invade [ɪn'veɪd] VT invadir
invader [ɪn'veɪdə^r] N invasor(a) *m/f*
invalid [*n* 'ɪnvəlɪd, *adj* ɪn'vælɪd] N inválido(-a)

■ ADJ (*not valid*) inválido, nulo
invalidate [ɪn'vælɪdeɪt] VT invalidar, anular
invalid chair ['ɪnvəlɪd-] (*Brit*) N cadeira de rodas
invaluable [ɪn'væljuəbl] ADJ valioso, inestimável
invariable [ɪn'veərɪəbl] ADJ invariável
invariably [ɪn'veərɪəblɪ] ADV invariavelmente; **she is ~ late** ela sempre chega atrasada
invasion [ɪn'veɪʒən] N invasão *f*
invective [ɪn'vektɪv] N invectiva
inveigle [ɪn'vi:gl] VT: **to ~ sb into (doing) sth** aliciar alguém para (fazer) algo
invent [ɪn'vent] VT inventar
invention [ɪn'venʃən] N invenção *f*; (*inventiveness*) engenho; (*lie*) ficção *f*, mentira
inventive [ɪn'ventɪv] ADJ engenhoso
inventiveness [ɪn'ventɪvnɪs] N engenhosidade *f*, inventiva
inventor [ɪn'ventəʳ] N inventor(a) *m/f*
inventory ['ɪnvəntrɪ] N inventário, relação *f*; **inventory control** N (*Comm*) controle *m* de estoques
inverse [ɪn'və:s] ADJ, N inverso; **in ~ proportion to** em proporção inversa a
inversely [ɪn'və:slɪ] ADV inversamente
invert [ɪn'və:t] VT inverter
invertebrate [ɪn'və:tɪbrət] N invertebrado
inverted commas [ɪn'və:tɪd-] (*Brit*) NPL aspas *fpl*
invest [ɪn'vest] VT investir; (*endow*): **to ~ sb with sth** conferir algo a alguém, investir alguém de algo ■ VI investir; **to ~ in** investir em; (*acquire*) comprar
investigate [ɪn'vestɪgeɪt] VT investigar; (*study*) estudar, examinar
investigation [ɪnvestɪ'geɪʃən] N investigação *f*
investigative journalism [ɪn'vestɪgətɪv-] N jornalismo de investigação
investigator [ɪn'vestɪgeɪtəʳ] N investigador(a) *m/f*; **private ~** detetive particular
investiture [ɪn'vestɪtʃəʳ] N investidura
investment [ɪn'vestmənt] N investimento; **investment income** N rendimento de investimentos; **investment trust** N fundo mútuo
investor [ɪn'vestəʳ] N investidor(a) *m/f*
inveterate [ɪn'vetərət] ADJ inveterado
invidious [ɪn'vɪdɪəs] ADJ injusto; (*task*) desagradável
invigilate [ɪn'vɪdʒɪleɪt] (*Brit*) VT fiscalizar ■ VI fiscalizar o exame
invigilator [ɪn'vɪdʒɪleɪtəʳ] N fiscal *m/f* (de exame)
invigorating [ɪn'vɪgəreɪtɪŋ] ADJ revigorante
invincible [ɪn'vɪnsɪbl] ADJ invencível
inviolate [ɪn'vaɪələt] ADJ inviolado
invisible [ɪn'vɪzɪbl] ADJ invisível; **invisible assets** (*Brit*) NPL ativo intangível; **invisible ink** N tinta invisível; **invisible mending** N cerzidura
invitation [ɪnvɪ'teɪʃən] N convite *m*; **by ~ only** estritamente mediante convite; **at sb's ~** a convite de alguém
invite [ɪn'vaɪt] VT convidar; (*opinions etc*) solicitar, pedir; (*trouble*) pedir; **to ~ sb to do** convidar alguém para fazer; **to ~ sb to dinner** convidar alguém para jantar
▸ **invite out** VT convidar *or* chamar para sair
▸ **invite over** VT chamar
inviting [ɪn'vaɪtɪŋ] ADJ convidativo
invoice ['ɪnvɔɪs] N fatura ■ VT faturar; **to ~ sb for goods** faturar mercadorias em nome de alguém
invoke [ɪn'vəuk] VT invocar; (*aid*) implorar; (*law*) apelar para
involuntary [ɪn'vɔləntrɪ] ADJ involuntário
involve [ɪn'vɔlv] VT (*entail*) implicar; (*require*) exigir; **to ~ sb (in)** envolver alguém (em)
involved [ɪn'vɔlvd] ADJ envolvido; (*emotionally*) comprometido; (*complex*) complexo; **to be/get ~ in sth** estar/ficar envolvido em algo
involvement [ɪn'vɔlvmənt] N envolvimento; (*obligation*) compromisso
invulnerable [ɪn'vʌlnərəbl] ADJ invulnerável
inward ['ɪnwəd] ADJ (*movement*) interior, interno; (*thought, feeling*) íntimo
inwardly ['ɪnwədlɪ] ADV (*feel, think etc*) para si, para dentro
inward(s) ['ɪnwəd(z)] ADV para dentro
I/O ABBR (*Comput*: = *input/output*) E/S, I/O
IOC N ABBR (= *International Olympic Committee*) COI *m*
iodine ['aɪəudi:n] N iodo
ion ['aɪən] N íon *m*, ião *m* (*PT*)
Ionian Sea [aɪ'əunɪən-] N: **the ~** o mar Iônico
iota [aɪ'əutə] N (*fig*) pouquinho, tiquinho
IOU N ABBR (= *I owe you*) vale *m*
IOW (*Brit*) ABBR = **Isle of Wight**
IPA N ABBR (= *International Phonetic Alphabet*) AFI *m*
IQ N ABBR (= *intelligence quotient*) QI *m*
IRA N ABBR (= *Irish Republican Army*) IRA *m*; (*US*) = **individual retirement account**
Iran [ɪ'rɑ:n] N Irã *m* (*BR*), Irão *m* (*PT*)
Iranian [ɪ'reɪnɪən] ADJ iraniano ■ N iraniano(-a); (*Ling*) iraniano
Iraq [ɪ'rɑ:k] N Iraque *m*
Iraqi [ɪ'rɑ:kɪ] ADJ, N iraquiano(-a)
irascible [ɪ'ræsɪbl] ADJ irascível
irate [aɪ'reɪt] ADJ irado, enfurecido
Ireland ['aɪələnd] N Irlanda; **Republic of ~** República da Irlanda
iris ['aɪrɪs] (*pl* **irises**) N íris *f*
Irish ['aɪrɪʃ] ADJ irlandês(-esa) ■ N (*Ling*) irlandês *m*; **the Irish** NPL os irlandeses
Irishman ['aɪrɪʃmən] (*irreg*) N irlandês *m*
Irish Sea N: **the ~** o mar da Irlanda
Irishwoman ['aɪrɪʃwumən] (*irreg*) N irlandesa
irk [ə:k] VT aborrecer
irksome ['ə:ksəm] ADJ aborrecido
IRN (*Brit*) N ABBR (= *Independent Radio News*) *agência de notícias radiofônicas*
IRO (*US*) N ABBR = **International Refugee Organization**
iron ['aɪən] N ferro; (*for clothes*) ferro de passar

roupa ■ ADJ de ferro ■ VT (*clothes*) passar; **irons** NPL (*chains*) grilhões *mpl*
▶ **iron out** VT (*crease*) tirar; (*fig*: *problem*) resolver
Iron Curtain N: **the ~** a cortina de ferro
iron foundry N fundição *f*
ironic(al) [aɪ'rɒnɪk(l)] ADJ irônico
ironically [aɪ'rɒnɪklɪ] ADV ironicamente
ironing ['aɪənɪŋ] N (*activity*) passar roupa; (*clothes*) roupa passada; (*to be ironed*) roupa a ser passada; **ironing board** N tábua de passar roupa
ironmonger ['aɪənmʌŋgəʳ] (*Brit*) N ferreiro(-a)
ironmonger's (shop) (*Brit*) N loja de ferragens
iron ore N minério de ferro
ironworks ['aɪənwə:ks] N siderúrgica
irony ['aɪrənɪ] N ironia; **the ~ of it is that ...** o irônico é que ...
irrational [ɪ'ræʃənl] ADJ irracional
irreconcilable [ɪrɛkən'saɪləbl] ADJ (*disagreement*) irreconciliável; (*ideas*) incompatível
irredeemable [ɪrɪ'di:məbl] ADJ (*Comm*) irresgatável
irrefutable [ɪrɪ'fju:təbl] ADJ irrefutável
irregular [ɪ'rɛgjuləʳ] ADJ irregular; (*surface*) desigual; (*illegal*) ilegal
irregularity [ɪrɛgju'lærɪtɪ] N irregularidade *f*; (*of surface*) desigualdade *f*
irrelevance [ɪ'rɛləvəns] N irrelevância
irrelevant [ɪ'rɛləvənt] ADJ irrelevante
irreligious [ɪrɪ'lɪdʒəs] ADJ irreligioso
irreparable [ɪ'rɛprəbl] ADJ irreparável
irreplaceable [ɪrɪ'pleɪsəbl] ADJ insubstituível
irrepressible [ɪrɪ'prɛsəbl] ADJ irreprimível, irrefreável
irreproachable [ɪrɪ'prəutʃəbl] ADJ irrepreensível
irresistible [ɪrɪ'zɪstɪbl] ADJ irresistível
irresolute [ɪ'rɛzəlu:t] ADJ irresoluto
irrespective [ɪrɪ'spɛktɪv]: **~ of** PREP independente de, sem considerar
irresponsible [ɪrɪ'spɔnsɪbl] ADJ (*act, person*) irresponsável
irretrievable [ɪrɪ'tri:vəbl] ADJ (*object*) irrecuperável; (*loss, damage*) irreparável
irreverent [ɪ'rɛvərnt] ADJ irreverente, desrespeitoso
irrevocable [ɪ'rɛvəkəbl] ADJ irrevogável
irrigate ['ɪrɪgeɪt] VT irrigar
irrigation [ɪrɪ'geɪʃən] N irrigação *f*
irritable ['ɪrɪtəbl] ADJ irritável; (*mood*) de mal humor, nervoso
irritate ['ɪrɪteɪt] VT irritar
irritating ['ɪrɪteɪtɪŋ] ADJ irritante
irritation [ɪrɪ'teɪʃən] N irritação *f*
IRS (*US*) N ABBR = **Internal Revenue Service**
is [ɪz] VB *see* **be**
ISBN N ABBR (= *International Standard Book Number*) ISBN *m*
ISDN N ABBR (= *Integrated Services Digital Network*) RDSI *f*, ISDN *f*
Islam ['ɪzlɑ:m] N islamismo
Islamic [ɪz'læmɪk] ADJ islâmico(-a)
island ['aɪlənd] N ilha; (*also*: **traffic island**) abrigo
islander ['aɪləndəʳ] N ilhéu/ilhoa *m/f*
isle [aɪl] N ilhota, ilha
isn't ['ɪznt] = **is not**
isolate ['aɪsəleɪt] VT isolar
isolated ['aɪsəleɪtɪd] ADJ isolado
isolation [aɪsə'leɪʃən] N isolamento
isolationism [aɪsə'leɪʃənɪzm] N isolacionismo
isotope ['aɪsəutəup] N isótopo
ISP N ABBR (= *Internet Service Provider*) ISP *m*
Israel ['ɪzreɪl] N Israel
Israeli [ɪz'reɪlɪ] ADJ, N israelense *m/f*
issue ['ɪsju:] N questão *f*, tema *m*; (*outcome*) resultado; (*of book*) edição *f*; (*of stamps*) emissão *f*; (*of newspaper etc*) número; (*offspring*) sucessão *f*, descendência ■ VT (*rations, equipment*) distribuir; (*orders*) dar; (*certificate*) emitir; (*decree*) promulgar; (*book*) publicar; (*cheques, banknotes, stamps*) emitir ■ VI: **to ~ from** (*smell, liquid*) emanar de; **at ~** em debate; **to avoid the ~** contornar o problema; **to take ~ with sb (over sth)** discordar de alguém (sobre algo); **to make an ~ of sth** criar caso com algo; **to confuse** *or* **obscure the ~** complicar as coisas
Istanbul [ɪstæn'bu:l] N Istambul
isthmus ['ɪsməs] N istmo
IT N ABBR = **information technology**

KEYWORD

it [ɪt] PRON **1** (*specific*: *subject*) ele/ela; (: *direct object*) o(-a); (: *indirect object*) lhe; **it's on the table** está em cima da mesa; **I can't find it** não consigo achá-lo; **give it to me** dê-mo; **about/from it** sobre/de isto; **did you go to it?** (*party, concert etc*) você foi?
2 (*impers*) isto, isso; (*after prep*) ele, ela; **it's raining** está chovendo (*BR*) *or* a chover (*PT*); **it's cold today** está frio hoje; **it's Friday tomorrow** amanhã é sexta-feira; **it's six o'clock/the 10th of August** são seis horas/hoje é (dia) 10 de agosto; **who is it? — it's me** quem é? — sou eu

ITA (*Brit*) N ABBR (= *initial teaching alphabet*) *alfabeto modificado utilizado na alfabetização*
Italian [ɪ'tæljən] ADJ italiano ■ N italiano(-a); (*Ling*) italiano
italic [ɪ'tælɪk] ADJ itálico
italics [ɪ'tælɪks] NPL itálico
Italy ['ɪtəlɪ] N Itália
itch [ɪtʃ] N comichão *f*, coceira ■ VI (*person*) estar com *or* sentir comichão *or* coceira; (*part of body*) comichar, coçar; **I'm ~ing to do sth** estou louco para fazer algo
itching ['ɪtʃɪŋ] N comichão *f*, coceira
itchy ['ɪtʃɪ] ADJ que coça; **to be ~**; = **to itch**
it'd ['ɪtd] = **it would; it had**
item ['aɪtəm] N item *m*; (*on agenda*) assunto; (*in programme*) número; (*also*: **news item**) notícia; **~s of clothing** artigos de vestuário
itemize ['aɪtəmaɪz] VT detalhar, especificar

itinerant [ɪ'tɪnərənt] ADJ itinerante
itinerary [aɪ'tɪnərərɪ] N itinerário
it'll ['ɪtl] = **it will; it shall**
ITN (*Brit*) N ABBR (= *Independent Television News*) *agência de notícias televisivas*
its [ɪts] ADJ seu/sua, dele/dela ■ PRON o seu(-a) sua, o dele(-a) dela
it's [ɪts] = **it is; it has**
itself [ɪt'sɛlf] PRON (*reflexive*) si mesmo(-a); (*emphatic*) ele mesmo/ela mesma
ITV (*Brit*) N ABBR (= *Independent Television*) *canal de televisão comercial*
IUD N ABBR (= *intra-uterine device*) DIU *m*
I've [aɪv] = **I have**
ivory ['aɪvərɪ] N marfim *m*; (*colour*) cor *f* de marfim
Ivory Coast N Costa do Marfim
ivory tower N (*fig*) torre *f* de marfim
ivy ['aɪvɪ] N hera
Ivy League (*US*) N *as grandes faculdades* (*Harvard, Yale, Princeton etc*) do nordeste dos EUA

Jj

J, j [dʒeɪ] N (*letter*) J, j *m*; **J for Jack** (*Brit*) *or* **Jig** (*US*) J de José
JA N ABBR = **judge advocate**
J/A ABBR = **joint account**
jab [dʒæb] VT (*elbow*) cutucar; (*punch*) esmurrar, socar ■ N cotovelada, murro; (*Med*: *inf*) injeção *f*; **to ~ sth into sth** cravar algo em algo
jabber ['dʒæbəʳ] VT, VI tagarelar
jack [dʒæk] N (*Aut*) macaco; (*Bowls*) bola branca; (*Cards*) valete *m*
▸ **jack in** (*inf*) VT largar
▸ **jack up** VT (*Aut*) levantar com macaco; (*raise*: *prices*) aumentar
jackal ['dʒækl] N chacal *m*
jackass ['dʒækæs] N (*fig*) burro
jackdaw ['dʒækdɔ:] N gralha
jacket ['dʒækɪt] N jaqueta, casaco curto; (*of boiler etc*) capa, forro; (*of book*) sobrecapa; **potatoes in their ~s** (*Brit*) batatas com casca
jack-in-the-box N caixa de surpresas
jack-knife (*irreg*: *like* **knife**) N canivete *m* ■ VI: **the lorry ~d** o reboque do caminhão deu uma guinada
jack-of-all-trades N pau *m* para toda obra, homem *m* dos sete instrumentos
jack plug N pino
jackpot ['dʒækpɔt] N bolada, sorte *f* grande
Jacuzzi® [dʒə'ku:zɪ] N jacuzzi® *m*, banheira de hidromassagem
jade [dʒeɪd] N (*stone*) jade *m*
jaded ['dʒeɪdɪd] ADJ (*tired*) cansado; (*fed-up*) aborrecido, amolado
jagged ['dʒægɪd] ADJ dentado, denteado
jaguar ['dʒægjuəʳ] N jaguar *m*
jail [dʒeɪl] N prisão *f*, cadeia ■ VT encarcerar
jailbird ['dʒeɪlbə:d] N criminoso inveterado
jailbreak ['dʒeɪlbreɪk] N fuga da prisão
jailer ['dʒeɪləʳ] N carcereiro
jalopy [dʒə'lɔpɪ] (*inf*) N calhambeque *m*
jam [dʒæm] N geléia; (*also*: **traffic jam**) engarrafamento; (*inf*: *difficulty*) apuro ■ VT (*passage etc*) obstruir, atravancar; (*mechanism*) emperrar; (*Radio*) bloquear, interferir ■ VI (*mechanism, drawer etc*) emperrar; **to get sb out of a ~** (*inf*) tirar alguém de uma enrascada; **to ~ sth into sth** forçar algo dentro de algo; **the telephone lines are ~med** as linhas telefônicas estão congestionadas
Jamaica [dʒə'meɪkə] N Jamaica
Jamaican [dʒə'meɪkən] ADJ, N jamaicano(-a) *m/f*
jamb ['dʒæm] N umbral *m*
jam-packed ADJ: **~ (with)** abarrotado (de)
jam session N jam session *m*
Jan. ABBR (= *January*) jan
jangle ['dʒæŋgl] VI soar estridentemente
janitor ['dʒænɪtəʳ] N (*caretaker*) zelador *m*; (*doorman*) porteiro
January ['dʒænjuərɪ] N janeiro; *see also* **July**
Japan [dʒə'pæn] N Japão *m*
Japanese [dʒæpə'ni:z] ADJ japonês(-esa) ■ N INV japonês(-esa) *m/f*; (*Ling*) japonês *m*
jar [dʒɑ:ʳ] N (*container, glass*: *large*) jarro; (*glass*: *small*) pote *m* ■ VI (*sound*) ranger, chiar; (*colours*) destoar ■ VT (*shake*) abalar
jargon ['dʒɑ:gən] N jargão *m*
jarring ['dʒɑ:rɪŋ] ADJ (*sound, colour*) destoante
Jas. ABBR = **James**
jasmin(e) ['dʒæzmɪn] N jasmim *m*
jaundice ['dʒɔ:ndɪs] N icterícia
jaundiced ['dʒɔ:ndɪst] ADJ (*fig*: *unenthusiastic*) desanimado; (: *embittered*) amargurado, despeitado; (: *disillusioned*) desiludido
jaunt [dʒɔ:nt] N excursão *f*
jaunty ['dʒɔ:ntɪ] ADJ alegre, jovial; (*step*) enérgico
Java ['dʒɑ:və] N Java (*no article*)
javelin ['dʒævlɪn] N dardo de arremesso
jaw [dʒɔ:] N mandíbula, maxilar *m*
jawbone ['dʒɔ:bəun] N osso maxilar, maxila
jay [dʒeɪ] N gaio
jaywalker ['dʒeɪwɔ:kəʳ] N pedestre *m/f* imprudente (BR), peão *m* imprudente (PT)
jazz [dʒæz] N jazz *m*
▸ **jazz up** VT (*liven up*) animar, avivar
jazz band N banda de jazz
jazzy ['dʒæzɪ] ADJ (*of jazz*) jazzístico; (*bright*) de cor berrante
JCS (*US*) N ABBR = **Joint Chiefs of Staff**
JD (*US*) N ABBR (= *Doctor of Laws*) *título universitário*; (: = *Justice Department*) *ministério da Justiça*
jealous ['dʒɛləs] ADJ ciumento; (*envious*) invejoso; **to be ~** estar com ciúmes
jealously ['dʒɛləslɪ] ADV (*enviously*) invejosamente; (*guard*) zelosamente

jealousy ['dʒɛləsɪ] N ciúmes *mpl*; (*envy*) inveja
jeans [dʒi:nz] NPL jeans *m* (BR), jeans *mpl* (PT)
Jeep® ['dʒi:p] N jipe® *m*
jeer [dʒɪəʳ] VI: **to ~ (at)** (*boo*) vaiar; (*mock*) zombar (de)
jeering ['dʒɪərɪŋ] ADJ vaiador(a) ■ N vaias *fpl*
jeers ['dʒɪəz] NPL (*boos*) vaias *fpl*; (*mocking*) zombarias *fpl*
jelly ['dʒɛlɪ] N (*jam*) geléia
jellyfish ['dʒɛlɪfɪʃ] N INV água-viva
jeopardize ['dʒɛpədaɪz] VT arriscar, pôr em perigo
jeopardy ['dʒɛpədɪ] N: **to be in ~** estar em perigo, estar correndo risco
jerk [dʒə:k] N (*jolt*) solavanco, sacudida; (*wrench*) puxão *m*; (*inf: idiot*) babaca *m* ■ VT sacudir ■ VI (*vehicle*) dar um solavanco
jerkin ['dʒə:kɪn] N jaqueta
jerky ['dʒə:kɪ] ADJ espasmódico, aos arrancos
jerry-built ['dʒɛrɪ-] ADJ mal construído
jerry can ['dʒɛrɪ-] N lata
Jersey ['dʒə:zɪ] N Jersey (*no article*)
jersey ['dʒə:zɪ] N suéter *m* (BR), camisola (PT); (*fabric*) jérsei *m*, malha; **Jerusalem** [dʒə'ru:sələm] N Jerusalém
Jerusalem artichoke ■ N topinambo
jest [dʒɛst] N gracejo, brincadeira; **in ~** de brincadeira
jester ['dʒɛstəʳ] N (*History*) bobo
Jesus (Christ) ['dʒi:zəskraɪst] N Jesus *m* (Cristo)
jet [dʒɛt] N (*of gas, liquid*) jato; (*Aviat*) (avião *m* a) jato; (*stone*) azeviche *m*
jet-black ADJ da cor do azeviche
jet engine N motor *m* a jato
jet lag N cansaço devido à diferença de fuso horário
jetsam ['dʒɛtsəm] N objetos *mpl* alijados ao mar
jettison ['dʒɛtɪsn] VT alijar
jetty ['dʒɛtɪ] N quebra-mar *m*, cais *m*
Jew [dʒu:] N judeu(-dia) *m/f*
jewel ['dʒu:əl] N jóia; (*in watch*) rubi *m*
jeweller ['dʒu:ələʳ] (*US* **jeweler**) N joalheiro(-a)
jeweller's (shop) N joalheria
jewellery ['dʒu:ərɪ] (*US* **jewelry**) N jóias *fpl*, pedrarias *fpl*
Jewess ['dʒu:ɪs] N (*offensive*) judia
Jewish ['dʒu:ɪʃ] ADJ judeu/judia
JFK (*US*) N ABBR = **John Fitzgerald Kennedy International Airport**
jib [dʒɪb] N (*Naut*) bujarrona; (*of crane*) lança ■ VI (*horse*) empacar; **to ~ at doing sth** relutar em fazer algo
jibe [dʒaɪb] N = **gibe**
jiffy ['dʒɪfɪ] (*inf*) N: **in a ~** num instante
jig [dʒɪg] N jiga
jigsaw ['dʒɪgsɔ:] N (*also*: **jigsaw puzzle**) quebra-cabeça *m*; (*tool*) serra de vaivém
jilt [dʒɪlt] VT dar o fora em
jingle ['dʒɪŋgl] N (*for advert*) música de propaganda ■ VI tilintar, retinir
jingoism ['dʒɪŋgəuɪzm] N jingoísmo
jinx [dʒɪŋks] (*inf*) N caipora, pé *m* frio
jitters ['dʒɪtəz] (*inf*) NPL: **to get the ~** ficar muito nervoso
jittery ['dʒɪtərɪ] (*inf*) ADJ nervoso
jiu-jitsu [dʒu:'dʒɪtsu:] N jiu-jítsu *m*
job [dʒɔb] N trabalho; (*task*) tarefa; (*duty*) dever *m*; (*post*) emprego; (*inf: difficulty*): **you'll have a ~ to do that** não vai ser fácil você fazer isso; **it's not my ~** não faz parte das minhas funções; **a part-time/full-time ~** um trabalho de meio-expediente/de tempo integral; **it's a good ~ that ...** ainda bem que ...; **just the ~!** justo o que queria!
jobber ['dʒɔbəʳ] (*Brit*) N (*Stock Exchange*) operador(a) *m/f* intermediário(-a)
jobbing ['dʒɔbɪŋ] (*Brit*) ADJ (*workman*) tarefeiro, pago por tarefa
job centre ['dʒɔbsɛntəʳ] N agência de emprego
job creation scheme N plano para a criação de empregos
job description N descrição *f* do cargo
jobless ['dʒɔblɪs] ADJ desempregado
job lot N lote *m* (de mercadorias variadas)
job satisfaction N satisfação *f* profissional
job security N estabilidade *f* de emprego
job specification N especificação *f* do cargo
jockey ['dʒɔkɪ] N jóquei *m* ■ VI: **to ~ for position** manobrar para conseguir uma posição; **jockey box** (*US*) N (*Aut*) porta-luvas *m inv*
jocular ['dʒɔkjuləʳ] ADJ (*remark*) jocoso, divertido; (*person*) alegre
jog [dʒɔg] VT empurrar, sacudir ■ VI (*run*) fazer jogging *or* cooper; **to ~ sb's memory** refrescar a memória de alguém
▸ **jog along** VI ir levando
jogger ['dʒɔgəʳ] N corredor(a) *m/f*, praticante *m/f* de jogging
jogging ['dʒɔgɪŋ] N jogging *m*
join [dʒɔɪn] VT (*things*) juntar, unir; (*queue*) entrar; (*become member of*) associar-se a; (*meet*) encontrar-se com; (*accompany*) juntar-se a ■ VI (*roads, rivers*) confluir ■ N junção *f*; **will you ~ us for dinner?** você janta conosco?; **I'll ~ you later** vou me encontrar com você mais tarde; **to ~ forces (with)** associar-se (com)
▸ **join in** VI participar ■ VT FUS participar em
▸ **join up** VI unir-se; (*Mil*) alistar-se
joiner ['dʒɔɪnəʳ] (*Brit*) N marceneiro
joinery ['dʒɔɪnərɪ] N marcenaria
joint [dʒɔɪnt] N (*Tech*) junta, união *f*; (*wood*) encaixe *m*; (*Anat*) articulação *f*; (*Brit: Culin*) quarto; (*inf: place*) espelunca; (: *marijuana cigarette*) baseado ■ ADJ (*common*) comum; (*combined*) conjunto; (*committee*) misto; **by ~ agreement** por comum acordo; **~ responsibility** co-responsabilidade *f*; **joint account** N conta conjunta
jointly ['dʒɔɪntlɪ] ADV em comum; (*collectively*) coletivamente; (*together*) conjuntamente
joint ownership N co-propriedade *f*, condomínio
joint-stock company N sociedade *f* anônima

por ações

joint venture N joint venture *m*

joist [dʒɔɪst] N barrote *m*

joke [dʒəuk] N piada; (*also*: **practical joke**) brincadeira, peça ■ VI brincar; **to play a ~ on** pregar uma peça em

joker ['dʒəukəʳ] N piadista *m/f*, brincalhão(-lhona) *m/f*; (*Cards*) curingão *m*

joking ['dʒəukɪŋ] N brincadeira

jollity ['dʒɔlɪtɪ] N alegria

jolly ['dʒɔlɪ] ADJ (*merry*) alegre; (*enjoyable*) divertido ■ ADV (*Brit*: *inf*) muito, extremamente ■ VT (*Brit*): **to ~ sb along** animar alguém; **~ good!** (*Brit*) excelente!

jolt [dʒəult] N (*shake*) sacudida, solavanco; (*shock*) susto ■ VT sacudir; (*emotionally*) abalar

Jordan ['dʒɔ:dən] N Jordânia; (*river*) Jordão *m*

Jordanian [dʒɔ:'deɪnɪən] ADJ, N jordaniano(-a)

joss stick [dʒɔs-] N palito perfumado

jostle ['dʒɔsl] VT acotovelar, empurrar

jot [dʒɔt] N: **not one ~** nem um pouquinho
▸ **jot down** VT anotar

jotter ['dʒɔtəʳ] (*Brit*) N bloco (de anotações)

journal ['dʒə:nl] N (*paper*) jornal *m*; (*magazine*) revista; (*diary*) diário

journalese [dʒə:nə'li:z] (*pej*) N linguagem *f* jornalística

journalism ['dʒə:nəlɪzəm] N jornalismo

journalist ['dʒə:nəlɪst] N jornalista *m/f*

journey ['dʒə:nɪ] N viagem *f*; (*distance covered*) trajeto ■ VI viajar; **return ~** volta; **a 5-hour ~** 5 horas de viagem

jovial ['dʒəuvɪəl] ADJ jovial, alegre

jowl [dʒaul] N papada

joy [dʒɔɪ] N alegria

joyful ['dʒɔɪful] ADJ alegre

joyous ['dʒɔɪəs] ADJ alegre

joyride ['dʒɔɪraɪd] N passeio de carro; (*illegal*) passeio (*com veículo roubado*)

joystick ['dʒɔɪstɪk] N (*Aviat*) manche *m*, alavanca de controle; (*Comput*) joystick *m*

JP N ABBR = **Justice of the Peace**

Jr ABBR = **junior**

jubilant ['dʒu:bɪlnt] ADJ jubilante

jubilation [dʒu:bɪ'leɪʃən] N júbilo, regozijo

jubilee ['dʒu:bɪli:] N jubileu *m*; **silver ~** jubileu de prata

judge [dʒʌdʒ] N juiz/juíza *m/f*; (*in competition*) árbitro; (*fig*: *expert*) especialista *m/f*, conhecedor(a) *m/f* ■ VT julgar; (*competition*) arbitrar; (*estimate*: *weight, size etc*) avaliar; (*consider*) considerar ■ VI: **judging** *or* **to ~ by ...** a julgar por ...; **as far as I can ~** ao que me parece, no meu entender; **I ~d it necessary to inform him** julguei necessário informá-lo; **judge advocate** N (*Mil*) auditor *m* de guerra

Judge Advocate General N (*Mil*) procurador *m* geral da Justiça Militar

judg(e)ment ['dʒʌdʒmənt] N juízo; (*punishment*) decisão *f*, sentença; (*opinion*) opinião *f*; (*discernment*) discernimento; **in my judg(e)ment** na minha opinião; **to pass judg(e)ment on** (*Law*) julgar, dar sentença sobre

judicial [dʒu:'dɪʃl] ADJ judicial; (*fair*) imparcial

judiciary [dʒu:'dɪʃɪərɪ] N poder *m* judiciário

judicious [dʒu:'dɪʃəs] ADJ judicioso

judo ['dʒu:dəu] N judô *m*

jug [dʒʌg] N jarro

jugged hare [dʒʌgd-] (*Brit*) N guisado de lebre

juggernaut ['dʒʌgənɔ:t] (*Brit*) N (*huge truck*) jamanta

juggle ['dʒʌgl] VI fazer malabarismos

juggler ['dʒʌgləʳ] N malabarista *m/f*

Jugoslav *etc* ['ju:gəuslɑ:v] = **Yugoslav** *etc*

jugular (vein) ['dʒʌgjuləʳ-] N veia jugular

juice [dʒu:s] N suco (BR), sumo (PT); (*inf*: *petrol*): **we've run out of ~** estamos sem gasolina

juicy ['dʒu:sɪ] ADJ suculento

jukebox [dʒu:kbɔks] N juke-box *m*

Jul. ABBR (= *July*) jul

July [dʒu:'laɪ] N julho; **the first of ~** dia primeiro de julho; **(on) the eleventh of ~** (*no*) dia onze de julho; **in the month of ~** no mês de julho; **at the beginning/end of ~** no começo/fim de julho; **in the middle of ~** em meados de julho; **during ~** durante o mês de julho; **in ~ of next year** em julho do ano que vem; **each** *or* **every ~** todo ano em julho; **~ was wet this year** choveu muito em julho deste ano

jumble ['dʒʌmbl] N confusão *f*, mixórdia ■ VT (*also*: **jumble up**: *mix up*) misturar; (: *disarrange*) desorganizar; **jumble sale** (*Brit*) N venda de objetos usados, bazar *m*

JUMBLE SALE

As *jumble sales* têm lugar dentro de igrejas, salões de festa e escolas, onde são vendidos diversos tipos de mercadorias, em geral baratas e sobretudo de segunda mão, a fim de coletar dinheiro para uma obra de caridade, uma escola ou uma igreja.

jumbo (jet) ['dʒʌmbəu-] N avião *m* jumbo

jump [dʒʌmp] VI saltar, pular; (*start*) sobressaltar-se; (*increase*) disparar ■ VT pular, saltar ■ N pulo, salto; (*increase*) alta; (*fence*) obstáculo; **to ~ the queue** (*Brit*) furar a fila (BR), pôr-se à frente (PT); **to ~ for joy** pular de alegria
▸ **jump about** VI saltitar
▸ **jump at** VT FUS (*accept*) aceitar imediatamente; (*chance*) agarrar
▸ **jump down** VI pular para baixo
▸ **jump up** VI levantar-se num ímpeto

jumped-up [dʒʌmpt-] (*Brit*: *pej*) ADJ arrivista

jumper ['dʒʌmpəʳ] N (*Brit*: *pullover*) suéter *m* (BR), camisola (PT); (*US*: *pinafore dress*) avental *m*; (*Sport*) saltador(a) *m/f*; **jumper cables** (*US*) NPL = **jump leads**

jump leads (*US* **jumper cables**) NPL cabos *mpl* para ligar a bateria

jumpy ['dʒʌmpɪ] ADJ nervoso

Jun. ABBR = **June**; **junior**

junction ['dʒʌŋkʃən] (*Brit*) N (*of roads*) cruzamento; (: *on motorway*) trevo; (*Rail*) entroncamento
juncture ['dʒʌŋktʃəʳ] N: **at this ~** neste momento, nesta conjuntura
June [dʒu:n] N junho; *see also* **July**
jungle ['dʒʌŋgl] N selva, mato
junior ['dʒu:nɪəʳ] ADJ (*in age*) mais novo *or* moço; (*competition*) juvenil; (*position*) subalterno ■ N jovem *m/f*; (*Sport*) júnior *m*; **he's ~ to me (by 2 years), he's (2 years) my ~** ele é (dois anos) mais novo do que eu; **he's ~ to me** (*seniority*) tenho mais antiguidade do que ele; **junior executive** N executivo(-a) júnior; **junior high school** (US) N ≈ colégio (*2º e 3º ginasial*); **junior minister** (*Brit*) N ministro(-a) subalterno(-a); **junior partner** N sócio(-a) minoritário(-a); **junior school** (*Brit*) N escola primária; **junior sizes** NPL (*Comm*) tamanhos *mpl* para crianças
juniper ['dʒu:nɪpəʳ] N junípero
junk [dʒʌŋk] N (*cheap goods*) tranqueira, velharias *fpl*; (*lumber*) trastes *mpl*; (*rubbish*) lixo; (*ship*) junco ■ VT (*inf*) jogar no lixo; **junk dealer** N belchior *m*
junket ['dʒʌŋkɪt] N (*Culin*) coalhada; (*Brit*: *inf*): **to go on a ~** viajar à custa do governo ■ VI (*Brit*: *inf*): **to go ~ing**; = **to go on a junket**
junk food N *comida pronta de baixo valor nutritivo*
junkie ['dʒʌŋkɪ] (*inf*) N drogado(-a)
junk room (US) N quarto de despejo
junk shop N loja de objetos usados
Junr ABBR = **junior**
junta ['dʒʌntə] N junta
Jupiter ['dʒu:pɪtəʳ] N Júpiter *m*
jurisdiction [dʒuərɪs'dɪkʃən] N jurisdição *f*; **it falls** *or* **comes within/outside our ~** é/não é da nossa competência
jurisprudence [dʒuərɪs'pru:dəns] N jurisprudência
juror ['dʒuərəʳ] N jurado(-a)
jury ['dʒuərɪ] N júri *m*; **jury box** N banca dos jurados
juryman ['dʒuərɪmən] (*irreg*) N = **juror**
just [dʒʌst] ADJ justo ■ ADV (*exactly*) justamente, exatamente; (*only*) apenas, somente; **he's ~ done it/left** ele acabou (BR) *or* acaba (PT) de fazê-lo/ir; **~ as I expected** exatamente como eu esperava; **~ right** perfeito; **~ two o'clock** duas (horas) em ponto; **she's ~ as clever as you** ela é tão inteligentecomo você; **it's ~ as good** é igualmente bom; **~ as well that ...** ainda bem que ...; **I was ~ about to phone** eu já ia telefonar; **we were ~ leaving** estávamos de saída; **~ as he was leaving** no momento em que ele saía; **~ before/enough** justo antes/o suficiente; **~ here** bem aqui; **it's ~ a mistake** não passa de um erro; **he ~ missed** falhou por pouco; **~ listen** escute aqui!; **~ ask someone the way** é só pedir uma indicação; **not ~ now** não neste momento; **~ a minute!, ~ one moment!** só um minuto!, espera aí!, peraí! (*inf*)
justice ['dʒʌstɪs] N justiça; (*US*: *judge*) juiz/juíza *m/f*; **Lord Chief J~** (*Brit*) presidente do tribunal de recursos; **to do ~ to** (*fig*) apreciar devidamente; **this photo doesn't do you ~** esta foto não te faz justiça
Justice of the Peace N juiz/juíza *m/f* de paz
justifiable [dʒʌstɪ'faɪəbl] ADJ justificável
justifiably [dʒʌstɪ'faɪəblɪ] ADV justificadamente
justification [dʒʌstɪfɪ'keɪʃən] N (*reason*) justificativa; (*action*) justificação *f*
justify ['dʒʌstɪfaɪ] VT justificar; **to be justified in doing sth** ter razão de fazer algo
justly ['dʒʌstlɪ] ADV justamente; (*with reason*) com razão
justness ['dʒʌstnɪs] N justiça
jut [dʒʌt] VI (*also*: **jut out**) sobressair
jute [dʒu:t] N juta
juvenile ['dʒu:vənaɪl] ADJ juvenil; (*court*) de menores; (*books*) para adolescentes ■ N jovem *m/f*; (*Law*) menor *m/f* de idade; **juvenile delinquency** N delinqüência juvenil; **juvenile delinquent** N delinqüente *m/f* juvenil
juxtapose ['dʒʌkstəpəuz] VT justapor
juxtaposition [dʒʌkstəpə'zɪʃən] N justaposição *f*

Kk

K, k [keɪ] N (*letter*) K, k *m*; **K for King** K de Kátia
K ABBR (= *kilobyte*) K; (*Brit*: = *Knight*) *título honorífico* ■ N ABBR (= *one thousand*) mil
kaftan ['kæftæn] N cafetã *m*
Kalahari Desert [kælə'hɑːrɪ-] N deserto de Kalahari
kale [keɪl] N couve *f*
kaleidoscope [kə'laɪdəskəup] N calidoscópio, caleidoscópio
Kampala [kæm'pɑːlə] N Campala
Kampuchea [kæmpu'tʃɪə] N Kampuchea *m*, Camboja *m*
kangaroo [kæŋgə'ruː] N canguru *m*
kaput [kə'put] (*inf*) ADJ pifado
karate [kə'rɑːtɪ] N karatê *m*
Kashmir [kæʃmɪəʳ] N Cachemira
KC (*Brit*) N ABBR (*Law*: = *King's Counsel*) *título dado a certos advogados*
kd ABBR (= *knocked down*) em pedaços
kebab [kə'bæb] N churrasquinho, espetinho
keel [kiːl] N quilha; **on an even ~** (*fig*) em equilíbrio
▸ **keel over** VI (*Naut*) emborcar; (*person*) desmaiar
keen [kiːn] ADJ (*interest, desire*) grande, vivo; (*eye, intelligence*) penetrante; (*competition*) acirrado, intenso; (*edge*) afiado; (*eager*) entusiasmado; **to be ~ to do** *or* **on doing sth** sentir muita vontade de fazer algo; **to be ~ on sth/sb** gostar de algo/alguém; **I'm not ~ on going** não estou a fim de ir
keenly ['kiːnlɪ] ADV (*enthusiastically*) com entusiasmo; (*feel*) profundamente, agudamente
keenness ['kiːnnɪs] N (*eagerness*) entusiasmo, interesse *m*; **~ to do** vontade de fazer
keep [kiːp] (*pt, pp* **kept**) VT (*retain*) ficar com; (*maintain*: *house etc*) cuidar; (*detain*) deter; (*look after*: *shop etc*) tomar conta de; (*preserve*) conservar; (*hold back*) reter; (*accounts, diary*) manter; (*support*: *family etc*) manter; (*promise*) cumprir; (*chickens, bees etc*) criar; (*prevent*): **to ~ sb from doing sth** impedir alguém de fazer algo ■ VI (*food*) conservar-se; (*remain*) ficar ■ N (*of castle*) torre *f* de menagem; (*food etc*): **to earn one's ~** ganhar a vida; (*inf*): **for ~s** para sempre; **to ~ doing sth** continuar fazendo algo; **to ~ sth from happening** impedir que algo aconteça; **to ~ sb happy** manter alguém satisfeito; **to ~ a place tidy** manter um lugar limpo; **to ~ sb waiting** deixar alguém esperando; **to ~ an appointment** manter um compromisso; **to ~ a record of sth** anotar algo; **to ~ sth to o.s.** guardar algo para si mesmo; **to ~ sth (back) from sb** ocultar algo de alguém; **to ~ time** (*clock*) marcar a hora exata
▸ **keep away** VT: **to ~ sth/sb away from sb** manter algo/alguém afastado de alguém ■ VI: **to ~ away (from)** manter-se afastado (de)
▸ **keep back** VT (*crowd, tears*) conter; (*money*) reter ■ VI manter-se afastado
▸ **keep down** VT (*control*: *prices, spending*) limitar, controlar ■ VI não se levantar; **I can't ~ my food down** o que como não pára no estômago
▸ **keep in** VT (*invalid, child*) não deixar sair; (*Sch*) reter ■ VI: **to ~ in with sb** manter boas relações com alguém
▸ **keep off** VI não se aproximar ■ VT afastar; **"~ off the grass"** "não pise na grama"; **~ your hands off!** tira a mão!
▸ **keep on** VI: **to ~ on doing** continuar fazendo
▸ **keep out** VT impedir de entrar ■ VI (*stay out*) permanecer fora; **"~ out"** "entrada proibida"
▸ **keep up** VT manter ■ VI não atrasar-se, acompanhar; **to ~ up with** (*pace*) acompanhar; (*level*) manter-se ao nível de
keeper ['kiːpəʳ] N guarda *m*, guardião(-diã) *m/f*
keep fit N ginástica
keeping ['kiːpɪŋ] N (*care*) cuidado; **in ~ with** de acordo com
keepsake ['kiːpseɪk] N lembrança
keg [kɛg] N barrilete *m*, barril *m* pequeno
kennel ['kɛnl] N casa de cachorro; **kennels** N (*establishment*) canil *m*
Kenya ['kɛnjə] N Quênia *m*
Kenyan ['kɛnjən] ADJ, N queniano(-a) *m/f*
kept [kɛpt] PT, PP *of* **keep**
kerb [kəːb] (*Brit*) N meio-fio (BR), borda do passeio (PT)
kernel ['kəːnl] N amêndoa; (*fig*) cerne *m*
kerosene ['kɛrəsiːn] N querosene *m*
ketchup ['kɛtʃəp] N molho de tomate, catsup *m*
kettle ['kɛtl] N chaleira; **kettle drums** NPL tímpanos *mpl*

key [ki:] N chave *f*; (*Mus*) clave *f*; (*of piano, typewriter*) tecla; (*on map*) legenda ■ CPD (*issue etc*) chave ■ VT (*also*: **key in**) digitar, teclar
keyboard ['ki:bɔ:d] N teclado ■ VT (*text*) teclar, digitar
keyed up [ki:d-] ADJ: **to be (all) ~** estar excitado *or* ligado (*inf*)
keyhole ['ki:həul] N buraco da fechadura
keynote ['ki:nəut] N (*Mus*) tônica; (*fig*) idéia fundamental ■ CPD: **~ speech** discurso programático
keypad ['ki:pæd] N teclado complementar
keyring ['ki:rɪŋ] N chaveiro
keystone ['ki:stəun] N pedra angular
keystroke ['ki:strəuk] N batida de tecla
kg ABBR (= *kilogram*) kg
KGB N ABBR KGB *f*
khaki ['kɑ:kɪ] ADJ cáqui
kibbutz [kɪ'buts] (*pl* **kibbutzim**) N kibutz *m*
kick [kɪk] VT (*person*) dar um pontapé em; (*ball*) chutar; (*inf*: *habit*) conseguir superar ■ VI (*horse*) dar coices ■ N (*from person*) pontapé *m*; (*from animal*) coice *m*, patada; (*to ball*) chute *m*; (*of rifle*) recuo; (*inf*: *thrill*): **he does it for ~s** faz isso para curtir
▸ **kick around** (*inf*) VI ficar por aí
▸ **kick off** VI (*Sport*) dar o pontapé inicial
kick-off N (*Sport*) chute *m* inicial
kick-start N (*also*: **kick-starter**) arranque *m* ■ VT dar partida em
kid [kɪd] N (*inf*: *child*) criança; (*animal*) cabrito; (*leather*) pelica ■ VI (*inf*) brincar
kidnap ['kɪdnæp] VT seqüestrar
kidnapper ['kɪdnæpəʳ] N seqüestrador(a) *m/f*
kidnapping ['kɪdnæpɪŋ] N seqüestro
kidney ['kɪdnɪ] N rim *m*; **kidney bean** N feijão *m* roxo; **kidney machine** N (*Med*) aparelho de hemodiálise
Kilimanjaro [kɪlɪmən'dʒɑ:rəu] N: **Mount ~** Kilimanjaro
kill [kɪl] VT matar; (*murder*) assassinar; (*destroy*) destruir; (*finish off*) acabar com, aniquilar ■ N ato de matar; **to ~ time** matar o tempo
▸ **kill off** VT aniquilar; (*fig*) eliminar
killer ['kɪləʳ] N assassino(-a)
killing ['kɪlɪŋ] N (*one*) assassinato; (*several*) matança; (*instance*) morte *f* ■ ADJ (*funny*) divertido, engraçado; **to make a ~** (*inf*) faturar uma boa nota
killjoy ['kɪldʒɔɪ] N desmancha-prazeres *m inv*
kiln [kɪln] N forno
kilo ['ki:ləu] N quilo
kilobyte ['ki:ləubaɪt] N kilobyte *m*
kilogram(me) ['kɪləugræm] N quilograma *m*
kilometre ['kɪləmi:təʳ] (*US* **kilometer**) N quilômetro
kilowatt ['kɪləuwɔt] N quilowatt *m*
kilt [kɪlt] N saiote *m* escocês
kimono [kɪ'məunəu] N quimono
kin [kɪn] N parentela; *see* **kith, next**
kind [kaɪnd] ADJ (*friendly*) gentil; (*generous*) generoso; (*good*) bom/boa, bondoso, amável ■ N espécie *f*, classe *f*; (*species*) gênero; **in ~** (*Comm*) em espécie; **a ~ of** uma espécie de; **two of a ~** dois da mesma espécie; **would you be ~ enough to ...?, would you be so ~ as to ...?** pode me fazer a gentileza de ...?; **it's very ~ of you (to do)** é muito gentil da sua parte (fazer); **to repay sb in ~** (*fig*) pagar alguém na mesma moeda
kindergarten ['kɪndəgɑ:tn] N jardim *m* de infância
kind-hearted ADJ de bom coração, bondoso
kindle ['kɪndl] VT acender; (*emotion*) despertar
kindling ['kɪndlɪŋ] N gravetos *mpl*
kindly ['kaɪndlɪ] ADJ (*good*) bom/boa, bondoso; (*gentle*) gentil, carinhoso ■ ADV bondosamente, amavelmente; **will you ~ ...** você pode fazer o favor de ...; **he didn't take it ~** não gostou
kindness ['kaɪndnɪs] N bondade *f*, gentileza
kindred ['kɪndrɪd] ADJ aparentado; **~ spirit** pessoa com os mesmos gostos
kinetic [kɪ'nɛtɪk] ADJ cinético
king [kɪŋ] N rei *m*
kingdom ['kɪŋdəm] N reino
kingfisher ['kɪŋfɪʃəʳ] N martim-pescador *m*
kingpin ['kɪŋpɪn] N (*Tech*) pino mestre; (*fig*) mandachuva *m*
king-size(d) [-saɪz(d)] ADJ tamanho grande; (*cigarettes*) king-size
kink [kɪŋk] N (*of rope*) dobra, coca; (*inf*: *fig*) mania
kinky ['kɪŋkɪ] (*pej*) ADJ (*odd*) excêntrico, esquisito; (*sexually*) pervertido
kinship ['kɪnʃɪp] N parentesco
kinsman ['kɪnzmən] (*irreg*) N parente *m*
kinswoman ['kɪnzwumən] (*irreg*) N parenta
kiosk ['ki:ɔsk] N banca (BR), quiosque *m* (PT); (*Brit*: *also*: **telephone kiosk**) cabine *f*
kipper ['kɪpəʳ] N *tipo de arenque defumado*
kiss [kɪs] N beijo ■ VT beijar; **to ~ (each other)** beijar-se; **to ~ sb goodbye** despedir-se de alguém com beijos; **kiss of life** (*Brit*) N respiração *f* boca-a-boca
kit [kɪt] N apetrechos *mpl*; (*clothes*: *for sport etc*) kit *m*; (*equipment*) equipamento; (*set of tools etc*) caixa de ferramentas; (*for assembly*) kit *m* para montar
▸ **kit out** (*Brit*) VT equipar
kitbag ['kɪtbæg] N saco de viagem
kitchen ['kɪtʃɪn] N cozinha; **kitchen garden** N horta; **kitchen sink** N pia (de cozinha); **kitchen unit** (*Brit*) N módulo de cozinha
kitchenware ['kɪtʃɪnwɛəʳ] N bateria de cozinha
kite [kaɪt] N (*toy*) papagaio, pipa; (*Zool*) milhafre *m*
kith [kɪθ] N: **~ and kin** amigos e parentes *mpl*
kitten ['kɪtn] N gatinho
kitty ['kɪtɪ] N (*pool of money*) fundo comum, vaquinha; (*Cards*) bolo
KKK (*US*) N ABBR = **Ku Klux Klan**
Kleenex® ['kli:nɛks] N lenço de papel
kleptomaniac [klɛptəu'meɪnɪæk] N cleptomaníaco(-a)
km ABBR (= *kilometre*) km
km/h ABBR (= *kilometres per hour*) km/h

knack [næk] N: **to have the ~ of doing sth** ter um jeito *or* queda para fazer algo; **there's a ~ (to it)** tem um jeito
knapsack ['næpsæk] N mochila
knave [neɪv] N (*Cards*) valete *m*
knead [ni:d] VT amassar
knee [ni:] N joelho
kneecap ['ni:kæp] N rótula
knee-deep ADJ: **the water was ~** a água batia no joelho
kneel [ni:l] (*pt, pp* **knelt**) VI (*also*: **kneel down**) ajoelhar-se
kneepad ['ni:pæd] N joelheira
knell [nɛl] N dobre *m* de finados
knelt [nɛlt] PT, PP *of* **kneel**
knew [nju:] PT *of* **know**
knickers ['nɪkəz] (*Brit*) NPL calcinha (BR), cuecas *fpl* (PT)
knick-knack ['nɪk-] N bibelô *m*
knife [naɪf] (*pl* **knives**) N faca ■ VT esfaquear; **~, fork and spoon** talher *m*
knight [naɪt] N cavaleiro; (*Chess*) cavalo
knighthood ['naɪthud] (*Brit*) N cavalaria; (*title*): **to get a ~** receber o título de Sir
knit [nɪt] VT tricotar; (*brows*) franzir ■ VI tricotar (BR), fazer malha (PT); (*bones*) consolidar-se; **to ~ together** (*fig*) unir, juntar
knitted ['nɪtɪd] ADJ de malha
knitting ['nɪtɪŋ] N ato de tricotar, trabalho de tricô (BR), malha (PT); **knitting machine** N máquina de tricotar; **knitting needle** N agulha de tricô (BR) *or* de malha (PT); **knitting pattern** N molde *m* para tricotar
knitwear ['nɪtwɛəʳ] N roupa de malha
knives [naɪvz] NPL *of* **knife**
knob [nɔb] N (*of door*) maçaneta; (*of drawer*) puxador *m*; (*of stick*) castão *m*; (*on radio, TV etc*) botão *m*; (*lump*) calombo; **a ~ of butter** (*Brit*) uma porção de manteiga
knobbly ['nɔblɪ] (*Brit*) ADJ (*wood, surface*) nodoso; (*knees*) ossudo
knobby ['nɔbɪ] (*US*) ADJ = **knobbly**
knock [nɔk] VT (*strike*) bater em; (*bump into*) colidir com; (*inf*: *criticize*) criticar, malhar ■ N pancada, golpe *m*; (*on door*) batida ■ VI: **to ~ at** *or* **on the door** bater à porta; **to ~ a hole in sth** abrir um buraco em algo; **to ~ a nail into** pregar um prego em
▸ **knock down** VT derrubar; (*price*) abater; (*pedestrian*) atropelar
▸ **knock off** VI (*inf*: *finish*) terminar ■ VT (*inf*: *steal*) abafar; (*vase*) derrubar; (*from price*): **to ~ off £10** fazer um desconto de £10
▸ **knock out** VT pôr nocaute, nocautear; (*defeat*) eliminar
▸ **knock over** VT (*object*) derrubar; (*pedestrian*) atropelar
knockdown ['nɔkdaun] ADJ (*price*) de liqüidação, de queima (*inf*)
knocker ['nɔkəʳ] N (*on door*) aldrava
knocking ['nɔkɪŋ] N pancadas *fpl*
knock-kneed [-ni:d] ADJ cambaio
knockout ['nɔkaut] N (*Boxing*) nocaute *m* ■ CPD (*competition*) com eliminatórias
knock-up N (*Tennis*) bate-bola *m*
knot [nɔt] N nó *m* ■ VT dar nó em; **to tie a ~** dar *or* fazer um nó
knotty ['nɔtɪ] ADJ (*fig*) cabeludo, espinhoso
know [nəu] (*pt* **knew**, *pp* **known**) VT saber; (*person, author, place*) conhecer; (*recognize*) reconhecer ■ VI: **to ~ about** *or* **of sth** saber de algo; **to ~ that ...** saber que ...; **to ~ how to swim** saber nadar; **to get to ~ sth** (*fact*) saber, descobrir; (*place*) conhecer; **I don't ~ him** não o conheço; **to ~ right from wrong** saber distinguir o bem e o mal; **as far as I ~ ...** que eu saiba ...
know-all (*Brit*: *pej*) N sabichão(-chona) *m/f*
know-how N know-how *m*, experiência
knowing ['nəuɪŋ] ADJ (*look*: *of complicity*) de cumplicidade
knowingly ['nəuɪŋlɪ] ADV (*purposely*) de propósito; (*spitefully*) maliciosamente
know-it-all (*US*) N = **know-all**
knowledge ['nɔlɪdʒ] N conhecimento; (*range of learning*) saber *m*, conhecimentos *mpl*; **to have no ~ of** não ter conhecimento de; **not to my ~** que eu saiba, não; **without my ~** sem eu saber; **to have a working ~ of Portuguese** ter um conhecimento básico do português; **it's common ~ that ...** todos sabem que ...; **it has come to my ~ that ...** chegou ao meu conhecimento que ...
knowledgeable ['nɔlɪdʒəbl] ADJ entendido, versado
known [nəun] PP *of* **know** ■ ADJ (*thief*) famigerado; (*fact*) conhecido
knuckle ['nʌkl] N nó *m*
▸ **knuckle under** (*inf*) VI ceder
knuckleduster ['nʌkldʌstəʳ] N soco inglês
K.O. N ABBR = **knockout** ■ VT nocautear, pôr nocaute
koala [kəu'ɑ:lə] N (*also*: **koala bear**) coala *m*
kook [ku:k] (*US*: *inf*) N maluco(-a), biruta (*inf*)
Koran [kɔ'rɑ:n] N: **the ~** o Alcorão
Korea [kə'rɪə] N Coréia; **North/South ~** Coréia do Norte/Sul
Korean [kə'rɪən] ADJ coreano ■ N coreano(-a); (*Ling*) coreano
kosher ['kəuʃəʳ] ADJ kosher *inv*
kowtow ['kau'tau] VI: **to ~ to sb** bajular alguém
Kremlin ['krɛmlɪn] N: **the ~** o Kremlin
KS (*US*) ABBR (*Post*) = **Kansas**
Kt (*Brit*) ABBR (= *Knight*) *título honorífico*
Kuala Lumpur ['kwɑ:lə'lumpuəʳ] N Cuala Lumpur
kudos ['kju:dɔs] N glória, fama
Kuwait [ku'weɪt] N Kuweit *m*
Kuwaiti [ku'weɪtɪ] ADJ, N kuweitiano(-a)
kW ABBR (= *kilowatt*) kW
KY (*US*) ABBR (*Post*) = **Kentucky**

Ll

L, l [ɛl] N (*letter*) L, l *m*; **L for Lucy** (*Brit*) *or* **Love** (*US*) L de Lúcia
L ABBR (= *lake*) L; (: = *large*) G; (: = *left*) esq; (*Brit*: *Aut*: = *learner*) (condutor(a) *m/f*) aprendiz *m/f*
l ABBR (= *litre*) l
LA (*US*) N ABBR = **Los Angeles** ■ ABBR (*Post*) = **Louisiana**
lab [læb] N ABBR = **laboratory**
label ['leɪbl] N etiqueta, rótulo; (*brand*: *of record*) selo ■ VT etiquetar, rotular; **to ~ sb a ...** rotular alguém de ...
labor *etc* ['leɪbəʳ] (*US*) = **labour etc**
laboratory [lə'bɔrətərɪ] N laboratório
Labor Day (*US*) N Dia *m* do Trabalho
laborious [lə'bɔ:rɪəs] ADJ laborioso
labor union (*US*) N sindicato
labour ['leɪbəʳ] (*US* **labor**) N (*task*) trabalho; (*work force*) mão-de-obra *f*; (*workers*) trabalhadores *mpl*; (*Med*): **to be in ~** estar em trabalho de parto ■ VI: **to ~ (at)** trabalhar (em) ■ VT insistir em; **L~, the L~ Party** (*Brit*) o Partido Trabalhista
labo(u)r camp N campo de trabalhos forçados
labo(u)r cost N custo de mão-de-obra
labo(u)red ['leɪbəd] ADJ (*movement*) forçado; (*style*) elaborado
labo(u)rer ['leɪbərəʳ] N operário; **farm labo(u)rer** trabalhador *m* rural, peão *m*; **day labo(u)rer** diarista *m*
labo(u)r force N mão-de-obra *f*
labo(u)r-intensive ADJ intensivo de mão-de-obra
labo(u)r market N mercado de trabalho
labo(u)r pains NPL dores *fpl* do parto
labo(u)r relations NPL relações *fpl* trabalhistas
labo(u)r-saving ADJ que poupa trabalho
labo(u)r unrest N agitação *f* operária
labyrinth ['læbɪrɪnθ] N labirinto
lace [leɪs] N renda; (*of shoe etc*) cadarço ■ VT (*shoe*) amarrar; (*drink*) misturar aguardente a
lace-making ['leɪsmeɪkɪŋ] N feitura de renda
laceration [læsə'reɪʃən] N laceração *f*
lace-up ADJ (*shoes etc*) de cordões
lack [læk] N falta ■ VT (*money, confidence*) faltar; (*intelligence*) carecer de; **through** *or* **for ~ of** por falta de; **to be ~ing** faltar; **to be ~ing in** carecer de
lackadaisical [lækə'deɪzɪkl] ADJ (*careless*) descuidado; (*indifferent*) apático, indiferente
lackey ['lækɪ] N (*fig*) lacaio
lacklustre ['lækLʌstəʳ] ADJ sem brilho, insosso
laconic [lə'kɔnɪk] ADJ lacônico
lacquer ['lækəʳ] N laca; (*hair*) fixador *m*
lacy ['leɪsɪ] ADJ rendado
lad [læd] N menino, rapaz *m*, moço; (*Brit*: *in stable etc*) empregado
ladder ['lædəʳ] N escada *f* de mão; (*Brit*: *in tights*) defeito (em forma de escada) ■ VT (*Brit*: *tights*) desfiar ■ VI (*Brit*: *tights*) desfiar
laden ['leɪdn] ADJ: **~ (with)** carregado (de); **fully ~** (*truck, ship*) completamente carregado, com a carga máxima
ladle ['leɪdl] N concha (de sopa)
lady ['leɪdɪ] N senhora; (*distinguished, noble*) dama; (*in address*): **ladies and gentlemen, ...** senhoras e senhores, ...; **young ~** senhorita; **L~ Smith** a lady Smith; **"ladies' (toilets)"** "senhoras"; **a ~ doctor** uma médica
ladybird ['leɪdɪbə:d] (*Brit*) N joaninha
ladybug ['leɪdɪbʌg] (*US*) N = **ladybird**
lady-in-waiting N dama de companhia
lady-killer ['leɪdɪkɪləʳ] N mulherengo
ladylike ['leɪdɪlaɪk] ADJ elegante, refinado
ladyship ['leɪdɪʃɪp] N: **your ~** Sua Senhoria
lag [læg] N (*period of time*) atraso, retardamento ■ VI (*also*: **lag behind**) ficar para trás ■ VT (*pipes*) revestir com isolante térmico
lager ['la:gəʳ] N *cerveja leve e clara*
lagging ['lægɪŋ] N revestimento
lagoon [lə'gu:n] N lagoa
Lagos ['leɪgɔs] N Lagos
laid [leɪd] PT, PP *of* **lay**
laid-back (*inf*) ADJ descontraído
laid up ADJ: **to be ~ up with flu** ficar de cama com gripe
lain [leɪn] PP *of* **lie**
lair [leəʳ] N covil *m*, toca
laissez-faire [lɛseɪ'fɛəʳ] N laissez-faire *m*
laity ['leɪətɪ] N leigos *mpl*
lake [leɪk] N lago
Lake District (*Brit*) N: **the ~** a região dos Lagos
lamb [læm] N cordeiro; **lamb chop** N costeleta de cordeiro
lambskin ['læmskɪn] N pele *f* de cordeiro
lambswool ['læmzwul] N lã *f* de cordeiro

lame [leɪm] ADJ coxo, manco; (*excuse, argument*) pouco convincente, fraco; **~ duck** (*fig*) pessoa incapaz
lamely ['leɪmlɪ] ADV (*fig*) sem convicção
lament [lə'mɛnt] N lamento, queixa ■ VT lamentar-se de
lamentable ['læməntəbl] ADJ lamentável
laminated ['læmɪneɪtɪd] ADJ laminado
lamp [læmp] N lâmpada
lamplight ['læmplaɪt] N: **by ~** à luz da lâmpada
lampoon [læm'puːn] VT satirizar
lamppost ['læmppəʊst] (*Brit*) N poste *m*
lampshade ['læmpʃeɪd] N abajur *m*, quebra-luz *m*
lance [lɑːns] N lança ■ VT (*Med*) lancetar; **lance corporal** (*Brit*) N cabo
lancet ['lɑːnsɪt] N (*Med*) bisturi, lanceta
Lancs [læŋks] (*Brit*) ABBR = **Lancashire**
land [lænd] N terra; (*country*) país *m*; (*piece of land*) terreno; (*estate*) terras *fpl*, propriedades *fpl*; (*Agr*) solo ■ VI (*from ship*) desembarcar; (*Aviat*) pousar, aterrissar (BR), aterrar (PT); (*fig: arrive unexpectedly*) cair, terminar ■ VT (*obtain*) conseguir; (*passengers, goods*) desembarcar; **to go/travel by ~** ir/viajar por terra; **to own ~** ter propriedades; **to ~ on one's feet** (*fig*) dar-se bem, cair de pé; **to ~ sb with sth** (*inf*) sobrecarregar alguém com algo
▸ **land up** VI: **to ~ up in/at** ir parar em
landed gentry ['lændɪd-] N proprietários *mpl* de terras
landing ['lændɪŋ] N (*from ship*) desembarque *m*; (*Aviat*) pouso, aterrissagem *f* (BR), aterragem *f* (PT); (*of staircase*) patamar *m*; **landing card** N cartão *m* de desembarque; **landing craft** N navio para desembarque; **landing gear** N trem *m* de aterrissagem (BR) *or* de aterragem (PT); **landing stage** (*Brit*) N cais *m* de desembarque; **landing strip** N pista de aterrissagem (BR) *or* de aterragem (PT)
landlady ['lændleɪdɪ] N (*of rented property*) senhoria; (*of pub*) dona, proprietária
landlocked ['lændlɔkt] ADJ cercado de terra
landlord ['lændlɔːd] N senhorio, locador *m*; (*of pub etc*) dono, proprietário
landlubber ['lændlʌbəʳ] N *pessoa desacostumada ao mar*
landmark ['lændmɑːk] N lugar *m* conhecido; (*fig*) marco
landowner ['lændəʊnəʳ] N latifundiário(-a)
landscape ['lændskeɪp] N paisagem *f*; **landscape architect** N paisagista *m/f*
landscaped ['lændskeɪpt] ADJ projetado paisagisticamente
landscape gardener N paisagista *m/f*
landscape painting N (*Art: genre*) paisagismo; (: *picture*) paisagem *f*
landslide ['lændslaɪd] N (*Geo*) desmoronamento, desabamento; (*fig: Pol*) vitória esmagadora
lane [leɪn] N (*in country*) caminho, estrada estreita; (*in town*) ruela; (*Aut*) pista; (*in race*) raia; (*for air or sea traffic*) rota
language ['læŋgwɪdʒ] N língua; (*way one speaks, Comput, style*) linguagem *f*; **bad ~** palavrões *mpl*; **language laboratory** N laboratório de línguas; **language school** N escola de línguas
languid ['læŋgwɪd] ADJ lânguido
languish ['læŋgwɪʃ] VI elanguescer, debilitar-se
lank [læŋk] ADJ (*hair*) liso
lanky ['læŋkɪ] ADJ magricela
lanolin(e) ['lænəlɪn] N lanolina
lantern ['læntn] N lanterna
Laos [laʊs] N Laos *m*
lap [læp] N (*of track*) volta; (*of person*) colo ■ VT (*also*: **lap up**) lamber ■ VI (*waves*) marulhar
▸ **lap up** VT (*fig: food*) comer sofregamente; (: *compliments etc*) receber com sofreguidão
La Paz [læ'pæz] N La Paz
lapdog ['læpdɔg] N cãozinho de estimação
lapel [lə'pɛl] N lapela
Lapland ['læplænd] N Lapônia
Lapp [læp] ADJ, N lapão(-ona) *m/f*
lapse [læps] N lapso; (*bad behaviour*) deslize *m* ■ VI (*expire*) caducar; (*law*) prescrever; (*morally*) decair; **to ~ into bad habits** adquirir maus hábitos; **~ of time** lapso, intervalo; **a ~ of memory** um lapso de memória
larceny ['lɑːsənɪ] N furto; **petty ~** delito leve
larch [lɑːtʃ] N lariço
lard [lɑːd] N banha de porco
larder ['lɑːdəʳ] N despensa
large [lɑːdʒ] ADJ grande; (*fat*) gordo; **at ~** (*free*) em liberdade; (*generally*) em geral; **to make ~r** ampliar; **a ~ number of people** um grande número de pessoas; **by and ~** de modo geral; **on a ~ scale** em grande escala
largely ['lɑːdʒlɪ] ADV em grande parte; (*introducing reason*) principalmente
large-scale ADJ (*map*) em grande escala; (*fig*) importante, de grande alcance
largesse [lɑː'dʒɛs] N generosidade *f*
lark [lɑːk] N (*bird*) cotovia; (*joke*) brincadeira, peça
▸ **lark about** VI divertir-se, brincar
larva ['lɑːvə] (*pl* **larvae**) N larva
larvae ['lɑːviː] NPL *of* **larva**
laryngitis [lærɪn'dʒaɪtɪs] N laringite *f*
larynx ['lærɪŋks] N laringe *f*
lascivious [lə'sɪvɪəs] ADJ lascivo
laser ['leɪzəʳ] N laser *m*; **laser beam** N raio laser; **laser printer** N impressora a laser
lash [læʃ] N chicote *m*, açoite *m*; (*blow*) chicotada; (*also*: **eyelash**) pestana, cílio ■ VT chicotear, açoitar; (*subj*) rain, wind, castigar; (*tie*) atar
▸ **lash down** VT atar, amarrar ■ VI (*rain*) cair em bátegas
▸ **lash out** VI: **to ~ out (at sb)** atacar (alguém) violentamente; **to ~ out at** *or* **against sb** (*criticize*) atacar alguém verbalmente; **to ~ out (on sth)** (*inf: spend*) esbanjar dinheiro (em algo)
lashings ['læʃɪŋz] (*Brit: inf*) NPL: **~ of** (*cream etc*) montes *mpl* de, um montão de
lass [læs] (*Brit*) N moça
lasso [læ'suː] N laço ■ VT laçar

last [lɑ:st] ADJ último; (*final*) derradeiro ■ ADV em último lugar ■ VI (*endure*) durar; (*continue*) continuar; **~ week** na semana passada; **~ night** ontem à noite; **at ~** finalmente; **at ~!** até que enfim!; **~ but one** penúltimo; **the ~ time** a última vez; **it ~s (for) 2 hours** dura 2 horas
last-ditch ADJ desesperado, derradeiro
lasting ['lɑ:stɪŋ] ADJ duradouro
lastly ['lɑ:stlɪ] ADV (*last of all*) por fim, por último; (*finally*) finalmente
last-minute ADJ de última hora
latch [lætʃ] N trinco, fecho, tranca
▸ **latch on to** VT FUS (*cling to: person*) grudar em; (: *idea*) agarrar-se a
latchkey ['lætʃki:] N chave *f* de trinco
late [leɪt] ADJ (*not on time*) atrasado; (*far on in day etc*) tardio; (*hour*) avançado; (*recent*) recente; (*former*) antigo, ex-, anterior; (*dead*) falecido ■ ADV tarde; (*behind time, schedule*) atrasado; **to be ~** estar atrasado, atrasar; **to be 10 minutes ~** estar atrasado dez minutos; **to work ~** trabalhar até tarde; **~ in life** com idade avançada; **it was too ~** já era tarde; **of ~** recentemente; **in ~ May** no final de maio; **the ~ Mr X** o falecido Sr X
latecomer ['leɪtkʌmə^{r}] N retardatário(-a)
lately ['leɪtlɪ] ADV ultimamente
lateness ['leɪtnɪs] N (*of person*) atraso; (*of event*) hora avançada
latent ['leɪtnt] ADJ latente
later ['leɪtə^{r}] ADJ (*date etc*) posterior; (*version etc*) mais recente ■ ADV mais tarde, depois; **~ on** mais tarde
lateral ['lætərl] ADJ lateral
latest ['leɪtɪst] ADJ último; **the ~ news** as últimas novidades; **at the ~** no mais tardar
latex ['leɪtɛks] N látex *m*
lath [læθ, *pl* læðz] N ripa
lathe [leɪð] N torno
lather ['lɑ:ðə^{r}] N espuma (de sabão) ■ VT ensaboar ■ VI fazer espuma
Latin ['lætɪn] N (*Ling*) latim *m* ■ ADJ latino; **Latin America** N América Latina; **Latin American** ADJ, N latino-americano(-a)
latitude ['lætɪtju:d] N (*also fig*) latitude *f*
latrine [lə'tri:n] N latrina
latter ['lætə^{r}] ADJ último; (*of two*) segundo ■ N: **the ~** o último, este
latterly ['lætəlɪ] ADV ultimamente
lattice ['lætɪs] N treliça; **lattice window** N janela com treliça de chumbo
Latvia ['lætvɪə] N Letônia
laudable ['lɔ:dəbl] ADJ louvável
laudatory ['lɔ:dətrɪ] ADJ laudatório, elogioso
laugh [lɑ:f] N riso, risada; (*loud*) gargalhada ■ VI rir, dar risada (*or* gargalhada); **(to do sth) for a ~** (fazer algo) só de curtição
▸ **laugh at** VT FUS rir de
▸ **laugh off** VT disfarçar sorrindo
laughable ['lɑ:fəbl] ADJ ridículo, absurdo
laughing ['lɑ:fɪŋ] ADJ risonho; **this is no ~ matter** isto não é para rir; **laughing gas** N gás *m* hilariante; **laughing stock** N alvo de riso
laughter ['lɑ:ftə^{r}] N riso, risada; (*people laughing*) risos *mpl*
launch [lɔ:ntʃ] N (*boat*) lancha; (*Comm, of rocket etc*) lançamento ■ VT (*ship, rocket, plan*) lançar
▸ **launch into** VT FUS lançar-se a
▸ **launch out** VI: **to ~ out (into)** lançar-se (a)
launching ['lɔ:ntʃɪŋ] N (*of rocket etc*) lançamento
launch(ing) pad N plataforma de lançamento
launder ['lɔ:ndə^{r}] VT lavar e passar; (*money*) lavar
launderette ® [lɔ:n'drɛt] (*Brit*) N lavanderia automática
laundromat ® ['lɔ:ndrəmæt] (*US*) N lavanderia automática
laundry ['lɔ:ndrɪ] N lavanderia; (*clothes*) roupa para lavar; **to do the ~** lavar a roupa
laureate ['lɔ:rɪət] ADJ *see* **poet**
laurel ['lɔrl] N louro; (*Bot*) loureiro; **to rest on one's ~s** dormir sobre os louros
lava ['lɑ:və] N lava
lavatory ['lævətərɪ] N privada (BR), casa de banho (PT); **lavatories** NPL (*public*) sanitários *mpl* (BR), lavabos *mpl* (PT); **lavatory paper** (*Brit*) N papel *m* higiênico
lavender ['lævəndə^{r}] N lavanda
lavish ['lævɪʃ] ADJ (*amount*) generoso; (*person*): **~ with** pródigo em, generoso com ■ VT: **to ~ sth on sb** encher *or* cobrir alguém de algo
lavishly ['lævɪʃlɪ] ADV (*give, spend*) prodigamente; (*furnished*) luxuosamente
law [lɔ:] N lei *f*; (*rule*) regra; (*Sch*) direito; **against the ~** contra a lei; **to study ~** estudar direito; **to go to ~** (*Brit*) recorrer à justiça
law-abiding [-ə'baɪdɪŋ] ADJ obediente à lei
law and order N a ordem pública
lawbreaker ['lɔ:breɪkə^{r}] N infrator(a) *m/f* (da lei)
law court N tribunal *m* de justiça
lawful ['lɔ:ful] ADJ legal, lícito
lawfully ['lɔ:fulɪ] ADV legalmente
lawless ['lɔ:lɪs] ADJ (*act*) ilegal; (*person*) rebelde; (*country*) sem lei, desordenado
lawmaker ['lɔ:meɪkə^{r}] N legislador(a) *m/f*
lawn [lɔ:n] N gramado (BR), relvado (PT)
lawnmower ['lɔ:nməuə^{r}] N cortador *m* de grama (BR) *or* de relva (PT)
lawn tennis N tênis *m* de gramado (BR) *or* de relvado (PT)
law school (*US*) N faculdade *f* de direito
law student N estudante *m/f* de direito
lawsuit ['lɔ:su:t] N ação *f* judicial, processo; **to bring a ~ against** mover processo contra
lawyer ['lɔ:jə^{r}] N advogado(-a); (*for sales, wills etc*) notário(-a), tabelião(-liã) *m/f*
lax [læks] ADJ (*discipline*) relaxado; (*person*) negligente
laxative ['læksətɪv] N laxante *m*
laxity ['læksɪtɪ] N: **moral ~** falta de escrúpulo *or* caráter
lay [leɪ] (*pt, pp* **laid**) PT *of* **lie** ■ ADJ leigo ■ VT (*place*) colocar; (*eggs, table*) pôr; (*trap*) armar; (*plan*) traçar; **to ~ the table** pôr a mesa; **to ~ the facts/one's proposals before sb** apresentar

os fatos/suas propostas a alguém; **to get laid** (*inf!*) trepar (*!*)
▸ **lay aside** VT pôr de lado
▸ **lay by** VT = **lay aside**
▸ **lay down** VT (*object*) depositar; (*flat*) deitar; (*arms*) depor; (*rules etc*) impor, estabelecer; **to ~ down the law** (*pej*) impor regras; **to ~ down one's life** sacrificar voluntariamenta a vida
▸ **lay in** VT armazenar, abastecer-se de
▸ **lay into** (*inf*) VT FUS (*attack*) surrar, espancar; (*scold*) dar uma bronca em
▸ **lay off** VT (*workers*) demitir
▸ **lay on** VT (*water, gas*) instalar; (*meal, entertainment*) prover; (*paint*) aplicar
▸ **lay out** VT (*spread out*) dispor em ordem; (*design*) planejar; (*display*) expor; (*spend*) esbanjar
▸ **lay up** VT (*store*) estocar; (*ship*) pôr fora de serviço; (*subj: illness*) acometer

layabout ['leɪəbaut] (*inf*) N vadio(-a), preguiçoso(-a)

lay-by (*Brit*) N acostamento

lay days NPL (*Naut*) dias *mpl* de estadia

layer ['leɪəʳ] N camada

layette [leɪ'ɛt] N enxoval *m* de bebê

layman ['leɪmən] (*irreg*) N leigo

lay-off N demissão *f*

layout ['leɪaut] N (*of garden, building*) desenho; (*of piece of writing*) leiaute *m*; (*disposition*) disposição *f*; (*Press*) composição *f*

laze [leɪz] VI descansar; (*also*: **laze about**) vadiar

laziness ['leɪzɪnɪs] N preguiça

lazy ['leɪzɪ] ADJ preguiçoso; (*movement*) lento

lb. ABBR (= *pound* (*0.45 kg*))

lbw ABBR (*Cricket*: = *leg before wicket*) *falta em que o batedor está com a perna em frente da meta*

LC (*US*) N ABBR = **Library of Congress**

LCD N ABBR = **liquid crystal display**

Ld (*Brit*) ABBR (= *lord*) *título honorífico*

LDS N ABBR (= *Licentiate in Dental Surgery*) *diploma universitário*; (: = *Latter-day Saints*) *os Santos dos Últimos Dias*

LEA (*Brit*) N ABBR (= *local education authority*) *departamento de ensino do município*

lead[1] [li:d] (*pt, pp* **led**) N (*front position*) dianteira; (*Sport*) liderança; (*fig*) vantagem *f*; (*clue*) pista; (*Elec*) fio; (*for dog*) correia; (*in play, film*) papel *m* principal ■ VT conduzir; (*guide*) levar; (*induce*) levar, induzir; (*be leader of*) chefiar; (*start, guide: activity*) encabeçar; (*Sport*) liderar; (*orchestra: Brit*) ser a primeira figura de; (: *US*) reger ■ VI encabeçar; **to ~ sb astray** desencaminhar alguém; **to be in the ~** (*Sport: in race*) estar na frente; (: *in match*) estar ganhando; **to take the ~** (*Sport*) disparar na frente; (*fig*) tomar a dianteira; **to ~ the way** assumir a direção; **to ~ sb to believe that ...** levar alguém a acreditar que ...; **to ~ sb to do sth** levar alguém a fazer algo
▸ **lead away** VT levar
▸ **lead back** VT levar de volta
▸ **lead off** VI (*in game etc*) começar
▸ **lead on** VT (*tease*) provocar; **to ~ sb on to** induzir alguém a
▸ **lead to** VT FUS levar a, conduzir a
▸ **lead up to** VT FUS conduzir a

lead[2] [lɛd] N chumbo; (*in pencil*) grafite *f*

leaded ['lɛdɪd] ADJ (*petrol*) com chumbo; **~ window** *janela com pequenas lâminas de vidro presas por tiras de chumbo*

leaden ['lɛdən] ADJ (*sky, sea*) cor de chumbo, cinzento

leader ['li:dəʳ] N líder *m/f*, chefe *m/f*; (*of party, union etc*) líder *m/f*; (*of gang*) cabeça *m/f*; (*of newspaper*) artigo de fundo; **they are ~s in their field** são os líderes na área em que atuam; **the L~ of the House** (*Brit*) o chefe dos ministros na Câmara

leadership ['li:dəʃɪp] N liderança; (*quality*) poder *m* de liderança; **under the ~ of ...** sob a liderança de ...; (*army*) sob o comando de ...; **qualities of ~** qualidades de liderança

lead-free [lɛd-] ADJ sem chumbo

leading ['li:dɪŋ] ADJ (*main*) principal; (*role*) de destaque; (*first, front*) primeiro, dianteiro; **a ~ question** uma pergunta capciosa; **~ role** papel de destaque; **leading lady** N (*Theatre*) primeira atriz *f*; **leading light** N (*person*) figura principal, destaque *m*; **leading man** (*irreg*) N (*Theatre*) ator *m* principal

lead pencil [lɛd-] N lápis *f* de grafite

lead poisoning [lɛd-] N saturnismo

lead singer N (*in pop group*) cantor(a) *m/f*

lead time [li:d-] N (*Comm*) prazo de entrega

lead weight [lɛd-] N peso de chumbo

leaf [li:f] (*pl* **leaves**) N folha; (*of table*) aba ■ VI: **to ~ through** (*book*) folhear; **to turn over a new ~** mudar de vida, partir para outra (*inf*); **to take a ~ out of sb's book** (*fig*) seguir o exemplo de alguém

leaflet ['li:flɪt] N folheto

leafy ['li:fɪ] ADJ folhoso, folhudo

league [li:g] N liga; (*Football: championship*) campeonato; (: *table*) classificação *f*; **to be in ~ with** estar de comum acordo com

leak [li:k] N (*of liquid, gas*) escape *m*, vazamento; (*hole*) buraco, rombo; (*in roof*) goteira; (*fig: of information*) vazamento ■ VI (*ship*) fazer água; (*shoe*) deixar entrar água; (*roof*) gotejar; (*pipe, container, liquid*) vazar; (*gas*) escapar; (*fig: news*) vazar ■ VT (*news*) vazar; **the information was ~ed to the enemy** as informações foram passadas para o inimigo
▸ **leak out** VI vazar

leakage ['li:kɪdʒ] N (*fig*) vazamento

leaky ['li:kɪ] ADJ (*pipe, shoe, boat*) furado; (*roof*) com goteira

lean [li:n] (*pt, pp* **leant**) ADJ magro ■ N (*of meat*) carne *f* magra ■ VT: **to ~ sth on** encostar *or* apoiar algo em ■ VI (*slope*) inclinar-se; **to ~ against** encostar-se *or* apoiar-se contra; **to ~ on** encostar-se *or* apoiar-se em
▸ **lean back** VI (*move body*) inclinar-se para trás; (*against wall, in chair*) recostar-se
▸ **lean forward** VI inclinar-se para frente

▸ **lean out** VI: **to ~ out (of)** inclinar-se para fora (de)
▸ **lean over** VI debruçar-se ■ VT FUS debruçar-se sobre

leaning ['li:nɪŋ] ADJ inclinado ■ N: **~ (towards)** inclinação *f* (para); **the L~ Tower of Pisa** a torre inclinada de Pisa

leant [lɛnt] PT, PP *of* **lean**

lean-to N alpendre *m*

leap [li:p] (*pt, pp* **leaped**) N salto, pulo ■ VI saltar
▸ **leap at** VT FUS: **to ~ at an offer** agarrar uma oferta
▸ **leap up** VI (*person*) levantar-se num ímpeto

leapfrog ['li:pfrɔg] N jogo de pular carniça

leapt [lɛpt] PT, PP *of* **leap**

leap year N ano bissexto

learn [lə:n] (*pt, pp* **learnt**) VT aprender; (*by heart*) decorar ■ VI aprender; **to ~ about sth** (*Sch*) instruir-se sobre algo; (*hear, read*) saber de algo; **we were sorry to ~ that ...** sentimos tomar conhecimento de que ...; **to ~ to do sth** aprender a fazer algo

learned ['lə:nɪd] ADJ erudito

learner ['lə:nəʳ] N principiante *m/f*; (*Brit: also:* **learner driver**) aprendiz *m/f* de motorista

learning ['lə:nɪŋ] N (*process*) aprendizagem *f*; (*quality*) erudição *f*; (*knowledge*) saber *m*

learnt [lə:nt] PT, PP *of* **learn**

lease [li:s] N arrendamento ■ VT arrendar; **on ~** em arrendamento
▸ **lease back** VT vender e alugar do comprador

leaseback ['li:sbæk] N *venda de uma propriedade com a condição do comprador alugá-la ao vendedor*

leasehold ['li:shəuld] N (*contract*) arrendamento ■ ADJ arrendado

leash [li:ʃ] N correia

least [li:st] ADJ: **the ~ + *n*** o(-a) menor; (*smallest amount of*) a menor quantidade de ■ ADV: **the ~ + *n*** o(-a) menos; **the ~ money** o menos dinheiro de todos; **the ~ expensive** o menos caro (a menos cara); **the ~ possible effort** o menor esforço possível; **at ~** pelo menos; **you could at ~ have written** você poderia pelo menos ter escrito; **not in the ~** de maneira nenhuma

leather ['lɛðəʳ] N couro ■ CPD de couro; **~ goods** artigos *mpl* de couro

leave [li:v] (*pt, pp* **left**) VT deixar; (*go away from*) abandonar ■ VI ir-se, sair; (*train*) sair ■ N (*consent*) permissão *f*, licença; (*time off, Mil*) licença; **to ~ sth to sb** (*money etc*) deixar algo para alguém; **to be left** sobrar; **there's some milk left over** sobrou um pouco de leite; **to ~ school** sair da escola; **~ it to me!** deixe comigo!; **on ~** de licença; **to take one's ~ of** despedir-se de
▸ **leave behind** VT (*also fig*) deixar para trás; (*forget*) esquecer
▸ **leave off** VT (*lid, cover*) não colocar; (*heating*) não ligar; (*light*) deixar apagado; (*Brit: inf: stop*): **to ~ off (doing sth)** parar (de fazer algo)
▸ **leave on** VT (*coat etc*) ficar com, não tirar; (*lid*) não tirar; (*light, fire*) deixar aceso; (*radio*) deixar ligado
▸ **leave out** VT omitir

leave of absence N licença excepcional

leaves [li:vz] NPL *of* **leaf**

Lebanese [lɛbə'ni:z] ADJ, N INV libanês(-esa) *m/f*

Lebanon ['lɛbənən] N Líbano

lecherous ['lɛtʃərəs] (*pej*) ADJ lascivo

lectern ['lɛktə:n] N atril *m*

lecture ['lɛktʃəʳ] N conferência, palestra; (*Sch*) aula ■ VI dar aulas, lecionar ■ VT (*scold*) passar um sermão em; **to give a ~ on** dar uma conferência sobre; **lecture hall** N salão *m* de conferências, anfiteatro

lecturer ['lɛktʃərəʳ] N conferencista *m/f* (BR), conferente *m/f* (PT); (*Brit: at university*) professor(a) *m/f*; **assistant ~** (*Brit*) assistente *m/f*; **senior ~** (*Brit*) lente *m/f*

lecture theatre N = **lecture hall**

LED N ABBR (= *light-emitting diode*) LED *m*

led [lɛd] PT, PP *of* **lead**

ledge [lɛdʒ] N (*of window*) peitoril *m*; (*of mountain*) saliência, proeminência

ledger ['lɛdʒəʳ] N livro-razão *m*, razão *m*

lee [li:] N sotavento; **in the ~ of** ao abrigo de

leech [li:tʃ] N sanguessuga

leek [li:k] N alho-poró *m*

leer [liəʳ] VI: **to ~ at sb** olhar maliciosamente para alguém

leeward ['li:wəd] ADJ de sotavento ■ ADV a sotavento ■ N sotavento; **to ~** para sotavento

leeway ['li:weɪ] N (*fig*): **to make up ~** reduzir o atraso; **to have some ~** ter certa liberdade de ação

left [lɛft] PT, PP *of* **leave** ■ ADJ esquerdo ■ N esquerda ■ ADV à esquerda; **on the ~** à esquerda; **to the ~** para a esquerda; **the L~** (*Pol*) a Esquerda

left-hand drive (*Brit*) N direção *f* do lado esquerdo

left-handed [-'hændɪd] ADJ canhoto; (*scissors etc*) para canhotos

left-hand side N lado esquerdo

leftist ['lɛftɪst] ADJ (*Pol*) esquerdista

left-luggage (office) (*Brit*) N depósito de bagagem

leftovers ['lɛftəuvəz] NPL sobras *fpl*

left wing N (*Mil, Sport*) ala esquerda; (*Pol*) esquerda ■ ADJ: **left-wing** (*Pol*) de esquerda, esquerdista

left-winger N (*Pol*) esquerdista *m/f*; (*Sport*) ponta-esquerda *m/f*

leg [lɛg] N perna; (*of animal*) pata; (*of chair*) pé *m*; (*Culin: of meat*) perna; (*of journey*) etapa; **1st/2nd ~** (*Sport*) primeiro/segundo turno; **to pull sb's ~** brincar *or* mexer com alguém; **to stretch one's ~s** esticar as pernas

legacy ['lɛgəsɪ] N legado; (*fig*) herança

legal ['li:gl] ADJ (*lawful, of law*) legal; (*terminology, enquiry etc*) jurídico; **to take ~ proceedings** *or* **action against sb** instaurar processo contra alguém; **legal adviser** N consultor(a) *m/f* jurídico(-a); **legal holiday** (*US*) N feriado

legality [lɪ'gælɪtɪ] N legalidade *f*
legalize ['li:gəlaɪz] VT legalizar
legally ['li:gəlɪ] ADV legalmente; (*in terms of law*) de acordo com a lei
legal tender N moeda corrente
legation [lə'geɪʃən] N legação *f*
legend ['lɛdʒənd] N lenda; (*person*) mito
legendary ['lɛdʒəndərɪ] ADJ legendário
-legged ['lɛgɪd] SUFFIX: **two~** de duas patas (*or* pernas)
leggings ['lɛgɪŋz] NPL (*over-trousers*) perneiras *fpl*; (*women's*) legging *f*
legibility [lɛdʒɪ'bɪlɪtɪ] N legibilidade *f*
legible ['lɛdʒəbl] ADJ legível
legibly ['lɛdʒəblɪ] ADV legivelmente
legion ['li:dʒən] N legião *f*
legionnaire [li:dʒə'nɛə^r] N legionário; **~'s disease** *doença rara parecida à pneumonia*
legislate ['lɛdʒɪsleɪt] VI legislar
legislation [lɛdʒɪs'leɪʃən] N legislação *f*; **a piece of ~** uma lei
legislative ['lɛdʒɪslətɪv] ADJ legislativo
legislator ['lɛdʒɪsleɪtə^r] N legislador(a) *m/f*
legislature ['lɛdʒɪslətʃə^r] N legislatura
legitimacy [lɪ'dʒɪtɪməsɪ] N legitimidade *f*
legitimate [lɪ'dʒɪtɪmət] ADJ legítimo
legitimize [lɪ'dʒɪtɪmaɪz] VT legitimar
leg-room N espaço para as pernas
Leics (*Brit*) ABBR = **Leicestershire**
leisure ['lɛʒə^r] N lazer *m*; **at ~** desocupado, livre; **leisure centre** N centro de lazer
leisurely ['lɛʒəlɪ] ADJ calmo, vagaroso
leisure suit (*Brit*) N jogging *m*
lemon ['lɛmən] N limão(-galego) *m*
lemonade [lɛmə'neɪd] N limonada
lemon cheese N coalho *or* pasta de limão
lemon curd N coalho *or* pasta de limão
lemon juice N suco (BR) *or* sumo (PT) de limão
lemon squeezer [-'skwi:zə^r] N espremedor *m* de limão
lemon tea N chá *m* de limão
lend [lɛnd] (*pt, pp* **lent**) VT: **to ~ sth to sb** emprestar algo a alguém; **to ~ a hand** dar uma ajuda
lender ['lɛndə^r] N emprestador(a) *m/f*
lending library ['lɛndɪŋ] N biblioteca circulante
length [lɛŋθ] N comprimento, extensão *f*; (*of swimming pool*) extensão *f*; (*piece: of wood, string etc*) comprimento; (*section: of road, pipe etc*) trecho; (*amount of time*) duração *f*; **what ~ is it?** de que comprimento é?; **it is 2 metres in ~** tem dois metros de comprimento; **to fall full ~** cair estirado; **at ~** (*at last*) finalmente, afinal; (*lengthily*) por extenso; **to go to any ~(s) to do sth** fazer qualquer coisa para fazer algo
lengthen ['lɛŋθən] VT encompridar, alongar ■ VI encompridar-se
lengthways ['lɛŋθweɪz] ADV longitudinalmente, ao comprido
lengthy ['lɛŋθɪ] ADJ comprido, longo; (*meeting*) prolongado
leniency ['li:nɪənsɪ] N indulgência
lenient ['li:nɪənt] ADJ indulgente
leniently ['li:nɪəntlɪ] ADV com indulgência
lens [lɛnz] N (*of spectacles*) lente *f*; (*of camera*) objetiva
Lent [lɛnt] N Quaresma
lent [lɛnt] PT, PP *of* **lend**
lentil ['lɛntl] N lentilha
Leo ['li:əu] N Leão *m*
leopard ['lɛpəd] N leopardo
leotard ['li:ətɑ:d] N collant *m*
leper ['lɛpə^r] N leproso(-a); **leper colony** N leprosário
leprosy ['lɛprəsɪ] N lepra
lesbian ['lɛzbɪən] ADJ lésbico ■ N lésbica
lesion ['li:ʒən] N (*Med*) lesão *f*
Lesotho [lɪ'su:tu:] N Lesoto
less [lɛs] ADJ, PRON, ADV menos ■ PREP: **~ 10% discount** menos 10% de disconto; **~ than that/you** menos que isso/você; **~ than half** menos da metade; **~ than ever** menos do que nunca; **~ than 1/a kilo/3 metres** menos de um/um quilo/3 metros; **~ and ~** cada vez menos; **the ~ he works ...** quanto menos trabalha ...; **income ~ expenses** renda menos despesas
lessee [lɛ'si:] N arrendatário(-a), locatário(-a)
lessen ['lɛsn] VI diminuir, minguar ■ VT diminuir, reduzir
lesser ['lɛsə^r] ADJ menor; **to a ~ extent** *or* **degree** nem tanto
lesson ['lɛsn] N aula; (*example, warning*) lição *f*; **a maths ~** uma aula *or* uma lição de matemática; **to give ~s in** dar aulas de; **to teach sb a ~** (*fig*) dar uma lição em alguém
lessor ['lɛsə^r] N arrendador(a) *m/f*, locador(a) *m/f*
lest [lɛst] CONJ: **~ it happen** para que não aconteça; **I was afraid ~ he forget** temi que ele esquecesse
let [lɛt] (*pt, pp* **let**) VT (*allow*) deixar; (*Brit: lease*) alugar; **to ~ sb do sth** deixar alguém fazer algo; **to ~ sb know sth** avisar alguém de algo; **he ~ me go** ele me deixou ir; **~ the water boil and ...** deixe ferver a água e ...; **~'s go!** vamos!; **~ him come!** deixa ele vir!; **"to ~"** "aluga-se"
▶ **let down** VT (*lower*) abaixar; (*dress*) encompridar; (*Brit: tyre*) esvaziar; (*hair*) soltar; (*disappoint*) desapontar
▶ **let go** VT, VI soltar
▶ **let in** VT deixar entrar; (*visitor etc*) fazer entrar; **what have you ~ yourself in for?** onde você foi se meter?
▶ **let off** VT (*allow to leave*) deixar ir; (*culprit*) perdoar; (*subj: bus driver*) deixar (saltar); (*firework etc*) soltar; **to ~ off steam** (*fig*) desabafar
▶ **let on** VI revelar ■ VT (*inf*): **to ~ on that ...** dizer por aí que ..., contar que ...
▶ **let out** VT deixar sair; (*dress*) alargar; (*scream*) soltar; (*rent out*) alugar
▶ **let up** VI cessar, afrouxar
let-down N (*disappointment*) decepção *f*
lethal ['li:θl] ADJ letal; (*wound*) mortal
lethargic [lɛ'θɑ:dʒɪk] ADJ letárgico

lethargy ['lɛθədʒɪ] N letargia
letter ['lɛtəʳ] N (*of alphabet*) letra; (*correspondence*) carta; **small/capital ~** minúscula/maiúscula; **letter bomb** N carta-bomba
letterbox ['lɛtəbɔks] (*Brit*) N caixa do correio
letterhead ['lɛtəhɛd] N cabeçalho
lettering ['lɛtərɪŋ] N letras *fpl*
letter opener N corta-papel *m*
letterpress ['lɛtəprɛs] N (*method*) impressão *f* tipográfica
letter quality N qualidade *f* carta
letters patent N carta patente
lettuce ['lɛtɪs] N alface *f*
let-up N diminuição *f*, afrouxamento
leukaemia [luː'kiːmɪə] (*US* **leukemia**) N leucemia
level ['lɛvl] ADJ (*flat*) plano; (*flattened*) nivelado; (*uniform*) uniforme ■ ADV no mesmo nível ■ N nível *m*; (*height*) altura; (*flat place*) plano; (*also*: **spirit level**) nível de bolha ■ VT aplanar; (*gun*) apontar; (*accusation*): **to ~ (against)** dirigir *or* lançar (contra) ■ VI (*inf*): **to ~ with sb** ser franco com alguém; **"A" ~s** NPL (*Brit*) ≈ vestibular *m*; **"O" ~s** NPL (*Brit*) *exames optativos feitos após o término do 10 Grau*; **a ~ spoonful** (*Culin*) uma colherada rasa; **to be ~ with** estar no mesmo nível que; **to draw ~ with** (*team*) empatar com; (*runner, car*) alcançar; **on the ~** em nível; (*fig*: *honest*) sincero
▸ **level off** VI (*prices etc*) estabilizar-se ■ VT (*ground*) nivelar, aplanar
▸ **level out** VI, VT = **level off**
level crossing (*Brit*) N passagem *f* de nível
level-headed [-'hɛdɪd] ADJ sensato
levelling ['lɛvlɪŋ] (*US* **leveling**) ADJ (*process*) de nivelamento; (*effect*) nivelador(a)
lever ['liːvəʳ] N alavanca; (*fig*) estratagema *m* ■ VT: **to ~ up** levantar com alavanca
leverage ['liːvərɪdʒ] N força de uma alavanca; (*fig*: *influence*) influência
levity ['lɛvɪtɪ] N leviandade *f*, frivolidade *f*
levy ['lɛvɪ] N imposto, tributo ■ VT arrecadar, cobrar
lewd [luːd] ADJ obsceno, lascivo
LI (*US*) ABBR = **Long Island**
liability [laɪə'bɪlətɪ] N responsabilidade *f*; (*handicap*) desvantagem *f*; **liabilities** NPL (*Comm*) exigibilidades *fpl*, obrigações *fpl*; (*on balance sheet*) passivo
liable ['laɪəbl] ADJ (*subject*): **~ to** sujeito a; (*responsible*): **~ for** responsável por; (*likely*): **~ to do** capaz de fazer; **to be ~ to a fine** ser passível de *or* sujeito a uma multa
liaise [liː'eɪz] VI: **to ~ (with)** cooperar (com)
liaison [liː'eɪzɔn] N (*coordination*) ligação *f*; (*affair*) relação *f* amorosa
liar ['laɪəʳ] N mentiroso(-a)
libel ['laɪbl] N difamação *f* ■ VT caluniar, difamar
libellous ['laɪbləs] (*US* **libelous**) ADJ difamatório
liberal ['lɪbərl] ADJ liberal; (*generous*) generoso ■ N: **L~** (*Pol*) Liberal *m/f*
liberality [lɪbə'rælɪtɪ] N (*generosity*) generosidade *f*
liberalize ['lɪbərəlaɪz] VT liberalizar
liberal-minded ADJ liberal
liberate ['lɪbəreɪt] VT libertar
liberation [lɪbə'reɪʃən] N liberação *f*, libertação *f*
Liberia [laɪ'bɪərɪə] N Libéria
Liberian [laɪ'bɪərɪən] ADJ, N liberiano(-a)
liberty ['lɪbətɪ] N liberdade *f*; (*criminal*): **to be at ~** estar livre; **to be at ~ to do** ser livre de fazer; **to take the ~ of doing sth** tomar a liberdade de fazer algo
libido [lɪ'biːdəu] N libido *f*
Libra ['liːbrə] N Libra, Balança
librarian [laɪ'brɛərɪən] N bibliotecário(-a)
library ['laɪbrərɪ] N biblioteca; **library book** N livro de biblioteca
libretto [lɪ'brɛtəu] N libreto
Libya ['lɪbɪə] N Líbia
Libyan ['lɪbɪən] ADJ, N líbio(-a)
lice [laɪs] NPL *of* **louse**
licence ['laɪsns] (*US* **license**) N (*gen, Comm*) licença; (*Aut*) carta de motorista (BR), carta de condução (PT); (*excessive freedom*) libertinagem *f*; **produced under ~** fabricado sob licença; **licence number** (*Brit*) N (*Aut*) número da placa
license ['laɪsns] N (*US*) = **licence** ■ VT autorizar, dar licença a; (*car*) licenciar
licensed ['laɪsnst] ADJ (*car*) autorizado oficialmente; (*for alcohol*) autorizado para vender bebidas alcoólicas
licensee [laɪsən'siː] (*Brit*) N (*in a pub*) dono(-a)
license plate (*US*) N (*Aut*) placa (de identificação) (*do carro*)
licentious [laɪ'sɛnʃəs] ADJ licencioso
lichen ['laɪkən] N líquen *m*
lick [lɪk] VT lamber; (*inf*: *defeat*) arrasar, surrar ■ N lambida; **to ~ one's lips** (*also fig*) lamber os beiços; **a ~ of paint** uma mão de pintura
licorice ['lɪkərɪs] (*US*) N = **liquorice**
lid [lɪd] N (*of box, case, pan*) tampa; (*eyelid*) pálpebra; **to take the ~ off sth** (*fig*) desvendar algo
lido ['laɪdəu] N *piscina pública ao ar livre*
lie [laɪ] VI (*pt* **lay**, *pp* **lain**) (*act*) deitar-se; (*state*) estar deitado; (*object*: *be situated*) estar, encontrar-se; (*fig*: *problem, cause*) residir; (*in race, league*) ocupar (*pt, pt* **lied**) (*tell lies*) mentir ■ N mentira; **to ~ low** (*fig*) esconder-se; **to tell ~s** dizer mentiras, mentir
▸ **lie about** VI (*things*) estar espalhado; (*people*) vadiar
▸ **lie around** VI = **lie about**
▸ **lie back** VI recostar-se
▸ **lie down** VI deitar-se
Liechtenstein ['lɪktənstaɪn] N Liechtenstein *m*
lie detector N detector *m* de mentiras
lie-down (*Brit*) N: **to have a ~** descansar
lie-in (*Brit*) N: **to have a ~** dormir até tarde
lieu [luː]: **in ~ of** PREP em vez de
Lieut. ABBR (= *lieutenant*) Ten
lieutenant [lɛf'tɛnənt, (*US*) luː'tɛnənt] N (*Mil*)

tenente *m*

lieutenant-colonel N tenente-coronel *m*

life [laɪf] (*pl* **lives**) N vida ■ CPD (*imprisonment*) perpétuo; (*style*) de vida; **true to ~** fiel à realidade; **to come to ~** (*fig*) animar-se; **to paint from ~** pintar copiando a natureza; **to be sent to prison for ~** ser condenado a prisão perpétua; **country/city ~** vida campestre/urbana; **life annuity** N renda vitalícia; **life assurance** (*Brit*) N = **life insurance**

lifebelt ['laɪfbelt] (*Brit*) N cinto salva-vidas

lifeblood ['laɪfblʌd] N (*fig*) força vital

lifeboat ['laɪfbəut] N barco salva-vidas

lifebuoy ['laɪfbɔɪ] N bóia salva-vidas

life expectancy N expectativa de vida

lifeguard ['laɪfgɑ:d] N (guarda *m*) salva-vidas *m/f*

life imprisonment N prisão *f* perpétua

life insurance N seguro de vida

life jacket N colete *m* salva-vidas

lifeless ['laɪflɪs] ADJ sem vida; (*fig*) sem graça

lifelike ['laɪflaɪk] ADJ natural; (*realistic*) realista

lifeline ['laɪflaɪn] N corda salva-vidas

lifelong ['laɪflɔŋ] ADJ que dura todo a vida

life preserver [-prɪ'zə:vəʳ] (*US*) N = **lifebelt**; **life jacket**

life-raft N balsa salva-vidas

life-saver [-'seɪvəʳ] N (guarda *m*) salva-vidas *m/f*

life sentence N pena de prisão perpétua

life-size(d) [-saɪz(d)] ADJ de tamanho natural

life-span N vida, duração *f*

life style N estilo de vida

life support system N (*Med*) sistema *m* de respiração artificial

lifetime ['laɪftaɪm] N vida; **in his ~** durante a sua vida; **once in a ~** uma vez na vida; **the chance of a ~** uma oportunidade única

lift [lɪft] VT levantar; (*steal*) roubar ■ VI (*fog*) dispersar-se, dissipar-se ■ N (*Brit*: *elevator*) elevador *m*; **to give sb a ~** (*Brit*) dar uma carona para alguém (BR), dar uma boleia a alguém (PT)

▸ **lift off** VI (*rocket, helicopter*) decolar

▸ **lift out** VT tirar; (*troops etc*) evacuar de avião *or* helicóptero

▸ **lift up** VT levantar

lift-off ['lɪftɔf] N decolagem *f*

ligament ['lɪgəmənt] N ligamento

light [laɪt] (*pt, pp* **lit**) N luz *f*; (*lamp*) luz, lâmpada; (*daylight*) (luz do) dia *m*; (*Aut*: *headlight*) farol *m*; (: *rear light*) luz traseira; (*for cigarette etc*): **have you got a ~?** tem fogo? ■ VT (*candle, cigarette, fire*) acender; (*room*) iluminar ■ ADJ (*colour, room*) claro; (*not heavy, also fig*) leve; (*rain, traffic*) fraco; (*movement, action*) delicado ■ ADV (*travel*) com pouca bagagem; **lights** NPL (*Aut*) sinal *m* de trânsito; **to turn the ~ on/off** acender/apagar a luz; **to cast** *or* **shed** *or* **throw ~ on** esclarecer; **to come to ~** vir à tona; **in the ~ of** à luz de; **to make ~ of sth** (*fig*) não levar algo a sério, fazer pouco caso de algo

▸ **light up** VI (*smoke*) acender um cigarro; (*face*) iluminar-se VT (*illuminate*) iluminar; (*cigarette etc*) acender

light bulb N lâmpada

lighten ['laɪtən] VI (*grow light*) clarear ■ VT (*give light to*) iluminar; (*make lighter*) clarear; (*make less heavy*) tornar mais leve

lighter ['laɪtəʳ] N (*also*: **cigarette lighter**) isqueiro, acendedor *m*; (*boat*) chata

light-fingered [-'fɪŋgəd] ADJ gatuno; **to be ~** ter mão leve

light-headed [-'hedɪd] ADJ (*dizzy*) aturdido, tonto; (*excited*) exaltado; (*by nature*) estouvado

light-hearted ADJ alegre, despreocupado

lighthouse ['laɪthaus] N farol *m*

lighting ['laɪtɪŋ] N (*act, system*) iluminação *f*

lighting-up time (*Brit*) N *hora oficial hora oficialdo anoitecer*

lightly ['laɪtlɪ] ADV (*touch*) ligeiramente; (*thoughtlessly*) despreocupadamente; (*slightly*) levemente; (*not seriously*) levianamente; **to get off ~** conseguir se safar, livrar a cara (*inf*)

light meter N (*Phot*) fotômetro

lightness ['laɪtnɪs] N claridade *f*; (*in weight*) leveza

lightning ['laɪtnɪŋ] N relâmpago, raio; **lightning conductor** N pára-raios *m inv*; **lightning rod** (*US*) N = **lightning conductor**; **lightning strike** (*Brit*) N greve *f* relâmpago

light pen N caneta leitora

lightship ['laɪtʃɪp] N navio-farol *m*

lightweight ['laɪtweɪt] ADJ (*suit*) leve; (*Boxing*) peso-leve

light year N ano-luz *m*

like [laɪk] VT gostar de ■ PREP como; (*such as*) tal qual ■ ADJ parecido, semelhante ■ N: **the ~** coisas *fpl* parecidas; **his ~s and dis~s** seus gostos e aversões; **I would ~, I'd ~** (*eu*) (eu) gostaria de; **would you ~ a coffee?** você quer um café?; **to be** *or* **look ~ sb/sth** parecer-se com alguém/algo, parecer alguém/algo; **what does it look/taste/sound ~?** como é que é?/tem gosto de quê?/como é que soa?; **what's the weather ~?** como está o tempo?; **that's just ~ him** é típico dele; **something ~ that** uma coisa dessas; **do it ~ this** faça isso assim; **I feel ~ a drink** estou com vontade de tomar um drinque; **it is nothing ~ ...** não se parece nada com ...

likeable ['laɪkəbl] ADJ simpático, agradável

likelihood ['laɪklɪhud] N probabilidade *f*

likely ['laɪklɪ] ADJ provável; (*excuse*) plausível; **he's ~ to leave** é provável que ele se vá; **not ~!** (*inf*) nem morto!

like-minded ADJ da mesma opinião

liken ['laɪkən] VT: **to ~ sth to sth** comparar algo com algo

likeness ['laɪknɪs] N semelhança; **that's a good ~** tem uma grande semelhança

likewise ['laɪkwaɪz] ADV igualmente; **to do ~** fazer o mesmo

liking ['laɪkɪŋ] N afeição *f*, simpatia; **to take a ~ to sb** simpatizar com alguém; **to be to sb's ~** ser ao gosto de alguém

lilac ['laɪlək] N lilás *m* ■ ADJ (*colour*) de cor lilás
lilt [lɪlt] N cadência
lilting ['lɪltɪŋ] N cadenciado;**lily** ['lɪlɪ] N lírio, açucena
lily of the valley ■ N lírio-do-vale *m*
Lima ['li:mə] N Lima
limb [lɪm] N membro; **to be out on a ~** (*fig*) estar isolado
limber up ['lɪmbəʳ-] VI (*Sport*) fazer aquecimento
limbo ['lɪmbəu] N: **to be in ~** (*fig*) viver na expectativa
lime [laɪm] N (*tree*) limeira; (*fruit*) limão *m*; (*also*: **lime juice**) suco (BR) *or* sumo (PT) de limão; (*Geo*) cal *f*
limelight ['laɪmlaɪt] N: **to be in the ~** (*fig*) ser o centro das atenções
limerick ['lɪmərɪk] N quintilha humorística
limestone ['laɪmstəun] N pedra calcária
limit ['lɪmɪt] N limite *m* ■ VT limitar; **weight/speed ~** limite de peso/de velocidade
limitation [lɪmɪ'teɪʃən] N limitação *f*
limited ['lɪmɪtɪd] ADJ limitado; **to be ~ to** limitar-se a; **~ edition** edição *f* limitada; **limited (liability) company** (*Brit*) N ≈ sociedade *f* anônima
limitless ['lɪmɪtlɪs] ADJ ilimitado
limousine ['lɪməzi:n] N limusine *f*
limp [lɪmp] N: **to have a ~** mancar, ser coxo ■ VI mancar ■ ADJ frouxo
limpet ['lɪmpɪt] N lapa
limpid ['lɪmpɪd] ADJ límpido, cristalino
linchpin ['lɪntʃpɪn] N cavilha; (*fig*) pivô *m*
Lincs [lɪŋks] (*Brit*) ABBR = **Lincolnshire**
line [laɪn] N linha; (*straight line*) reta; (*rope*) corda; (*for fishing*) linha; (*US*: *queue*) fila (BR), bicha (PT); (*wire*) fio; (*row*) fila, fileira; (*of writing*) linha; (*on face*) ruga; (*speciality*) ramo (de negócio); (*Comm*: *type of goods*) linha ■ VT (*road, room*) encarreirar; (*container, clothing*): **to ~ sth (with)** forrar algo (de); **to ~ the streets** ladear as ruas; **in ~** em fila; **to cut in ~** (*US*) furar a fila (BR), pôr-se à frente (PT); **in his ~ of business** no ramo dele; **on the right ~s** no caminho certo; **a new ~ in cosmetics** uma nova linha de cosméticos; **hold the ~ please** (*Brit*: *Tel*) não desligue; **to be in ~ for sth** estar na bica para algo; **in ~ with** de acordo com; **to bring sth into ~ with sth** alinhar algo com algo; **to draw the ~ at doing sth** (*fig*) recusar-se a fazer algo; **to take the ~ that ...** ser de opinião que ...
▸ **line up** VI enfileirar-se ■ VT enfileirar; (*set up, have ready*) preparar, arranjar; **to have sth/sb ~d up** ter algo programado/alguém em vista
linear ['lɪnɪəʳ] ADJ linear
lined [laɪnd] ADJ (*face*) enrugado; (*paper*) pautado; (*clothes*) forrado
line feed N (*Comput*) entrelinha
linen ['lɪnɪn] N *artigos de cama e mesa*; (*cloth*) linho
line printer N impressora de linha
liner ['laɪnəʳ] N navio de linha regular; (*also*: **bin liner**) saco para lata de lixo
linesman ['laɪnzmən] (*irreg*) N (*Sport*) juiz *m* de linha
line-up N formação *f* em linha, alinhamento; (*Sport*) escalação *f*
linger ['lɪŋgəʳ] VI demorar-se, retardar-se; (*smell, tradition*) persistir
lingerie ['lænʒəri:] N lingerie *f*, roupa de baixo (de mulher)
lingering ['lɪŋgərɪŋ] ADJ persistente; (*death*) lento, vagaroso
lingo ['lɪŋgəu] (*inf*) (*pl* **lingoes**) N língua
linguist ['lɪŋgwɪst] N lingüista *m/f*
linguistic [lɪŋ'gwɪstɪk] ADJ lingüístico
linguistics [lɪŋ'gwɪstɪks] N lingüística
lining ['laɪnɪŋ] N forro; (*Anat*) parede *f*; (*Tech*) revestimento; (: *of brakes*) lona
link [lɪŋk] N (*of a chain*) elo; (*connection*) conexão *f*; (*bond*) vínculo, laço ■ VT vincular, unir; (*associate*): **to ~ with** *or* **to** unir a; **links** NPL (*Golf*) campo de golfe; **rail ~** ligação ferroviária
▸ **link up** VT acoplar VI unir-se
link-up N ligação *f*; (*in space*) acoplamento; (*of roads*) junção *f*, confluência; (*Radio, TV*) transmissão *f* em rede
lino ['laɪnəu] N = **linoleum**
linoleum [lɪ'nəulɪəm] N linóleo
linseed oil ['lɪnsi:d-] N óleo de linhaça
lint [lɪnt] N fibra de algodão; (*thread*) fio
lintel ['lɪntl] N verga
lion ['laɪən] N leão *m*;**lion cub** N filhote *m* de leão
lioness ['laɪənɪs] N leoa
lip [lɪp] N lábio; (*of jug*) bico; (*of cup etc*) borda; (*insolence*) insolência
lipread ['lɪpri:d] (*irreg*) VI ler os lábios
lip salve N pomada para os lábios
lip service N: **to pay ~ to sth** devotar-se a *or* elogiar algo falsamente
lipstick ['lɪpstɪk] N batom *m*
liquefy ['lɪkwɪfaɪ] VT liquefazer ■ VI liquefazer-se
liqueur [lɪ'kjuəʳ] N licor *m*
liquid ['lɪkwɪd] ADJ líquido ■ N líquido;**liquid assets** NPL ativo disponível, disponibilidades *fpl*
liquidate ['lɪkwɪdeɪt] VT liquidar
liquidation [lɪkwɪ'deɪʃən] N: **to go into ~** entrar em liquidação
liquidator ['lɪkwɪdeɪtəʳ] N liquidador(a) *m/f*
liquid crystal display N display *m* digital em cristal líquido
liquidity [lɪ'kwɪdətɪ] N (*Comm*) liquidez *f*
liquidize ['lɪkwɪdaɪz] (*Brit*) VT (*Culin*) liqüidificar, passar no liqüidificador
liquidizer ['lɪkwɪdaɪzəʳ] (*Brit*) N (*Culin*) liqüidificador *m*
liquor ['lɪkəʳ] N licor *m*, bebida alcoólica
liquorice ['lɪkərɪs] (*Brit*) N alcaçuz *m*
liquor store (*US*) N loja que vende bebidas alcoólicas
Lisbon ['lɪzbən] N Lisboa
lisp [lɪsp] N ceceio ■ VI cecear, falar com a língua presa

lissom ['lɪsəm] ADJ gracioso, ágil
list [lɪst] N lista; (*of ship*) inclinação *f* ■ VT (*write down*) fazer uma lista *or* relação de; (*enumerate*) enumerar; (*Comput*) listar ■ VI (*ship*) inclinar-se, adernar; **shopping ~** lista de compras
listed building ['lɪstɪd-] (*Brit*) N prédio tombado
listed company ['lɪstɪd-] N ≈ sociedade *f* de capital aberto, sociedade cotada na Bolsa
listen ['lɪsn] VI escutar, ouvir; (*pay attention*) prestar atenção; **to ~ to** escutar
listener ['lɪsnəʳ] N ouvinte *m/f*
listing ['lɪstɪŋ] N (*Comput*) listagem *f*
listless ['lɪstlɪs] ADJ apático, indiferente
listlessly ['lɪstlɪslɪ] ADV apaticamente
list price N preço de tabela
lit [lɪt] PT, PP *of* **light**
litany ['lɪtənɪ] N ladainha, litania
liter ['li:təʳ] (*US*) N = **litre**
literacy ['lɪtərəsɪ] N capacidade *f* de ler e escrever, alfabetização *f*; **literacy campaign** N campanha de alfabetização
literal ['lɪtərl] ADJ literal
literally ['lɪtərəlɪ] ADV literalmente
literary ['lɪtərərɪ] ADJ literário
literate ['lɪtərət] ADJ alfabetizado, instruído; (*educated*) culto, letrado
literature ['lɪtərɪtʃəʳ] N literatura; (*brochures etc*) folhetos *mpl*
lithe [laɪð] ADJ ágil
lithography [lɪ'θɔgrəfɪ] N litografia
Lithuania [lɪθju'eɪnɪə] N Lituânia
litigate ['lɪtɪgeɪt] VT, VI litigar
litigation [lɪtɪ'geɪʃən] N litígio
litmus paper ['lɪtməs-] N papel *m* de tornassol
litre ['li:təʳ] (*US* **liter**) N litro
litter ['lɪtəʳ] N (*rubbish*) lixo; (*paper*) papéis *mpl*; (*young animals*) ninhada; (*stretcher*) maca, padiola ■ VT (*subj: person*) jogar lixo em; (: *papers etc*) estar espalhado por; **~ed with** (*scattered*) semeado de; (*covered*) coberto de; **litter bin** (*Brit*) N lata de lixo
litterbug ['lɪtəbʌg] N sujismundo
litter lout (*Brit*) N = **litterbug**
little ['lɪtl] ADJ (*small*) pequeno; (*not much*) pouco; **~ house** casinha ■ ADV pouco; **a ~** um pouco (de); **~ milk** pouco leite; **a ~ milk** um pouco de leite; **for a ~ while** por um instante; **with ~ difficulty** com pouca dificuldade; **as ~ as possible** o menos possível; **~ by ~** pouco a pouco; **to make ~ of** fazer pouco de; **little finger** N dedo mindinho
liturgy ['lɪtədʒɪ] N liturgia
live [*vi, vt* lɪv, *adj* laɪv] VI viver; (*reside*) morar ■ VT (*a life*) levar; (*experience*) viver ■ ADJ (*animal*) vivo; (*wire*) eletrizado; (*broadcast*) ao vivo; (*shell*) carregado; **to ~ in London** morar em Londres; **to ~ with sb** morar com alguém; **~ ammunition** munição de guerra
▶ **live down** VT redimir
▶ **live in** VI (*maid*) dormir no emprego; (*student, nurse*) ser interno(-a)
▶ **live off** VT FUS (*land, fish etc*) viver de; (*pej: parents etc*) viver às custas de
▶ **live on** VT FUS (*food*) viver de, alimentar-se de ■ VI continuar vivo; **to ~ on £50 a week** viver com £50 por semana
▶ **live out** VI (*Brit: student*) ser externo ■ VT: **to ~ out one's days** *or* **life** viver o resto de seus dias
▶ **live together** VI viver juntos
▶ **live up** (*inf*) VT: **to ~ it up** cair na farra
▶ **live up to** VT FUS (*fulfil*) cumprir; (*justify*) justificar
livelihood ['laɪvlɪhud] N meio de vida, subsistência
liveliness ['laɪvlɪnɛs] N vivacidade *f*
lively ['laɪvlɪ] ADJ vivo; (*talk*) animado; (*pace*) rápido; (*party, tune*) alegre
liven up ['laɪvn-] VT (*room*) dar nova vida a; (*discussion, evening*) animar ■ VI animar-se
liver ['lɪvəʳ] N fígado
liverish ['lɪvərɪʃ] ADJ (*fig*) rabugento, mal-humorado
Liverpudlian [lɪvə'pʌdlɪən] ADJ de Liverpool ■ N natural *m/f* de Liverpool
livery ['lɪvərɪ] N libré *f*
lives [laɪvz] NPL *of* **life**
livestock ['laɪvstɔk] N gado
livid ['lɪvɪd] ADJ lívido; (*inf: furious*) furioso
living ['lɪvɪŋ] ADJ (*alive*) vivo ■ N: **to earn** *or* **make a ~** ganhar a vida; **cost of ~** custo de vida; **within ~ memory** na memória de pessoas ainda vivas; **living conditions** NPL condições *fpl* de vida; **living expenses** NPL despesas *fpl* para sobrevivência quotidiana; **living room** N sala de estar; **living standards** NPL padrão *m or* nível *m* de vida; **living wage** N salário de subsistência
lizard ['lɪzəd] N lagarto
llama ['lɑ:mə] N lhama
LLB N ABBR (= *Bachelor of Laws*) *título universitário*
LLD N ABBR (= *Doctor of Laws*) *título universitário*
LMT (*US*) ABBR (= *Local Mean Time*) *hora local*
load [ləud] N carga; (*weight*) peso ■ VT (*gen, Comput*) carregar; (*fig*) cumular, encher; **a ~ of rubbish** um monte de besteira; **a ~ of, ~s of** (*fig*) um monte de, uma porção de
loaded ['ləudɪd] ADJ (*vehicle*): **to be ~ with** estar carregado de; (*dice*) viciado; (*question, word*) intencionado; (*inf: rich*) cheio da nota; (: *drunk*) de porre
loading bay ['ləudɪŋ-] N vão *m* de carregamento
loaf [ləuf] (*pl* **loaves**) N pão-de-forma *m* ■ VI (*also*: **loaf about, loaf around**) vadiar, vagabundar
loam [ləum] N marga
loan [ləun] N empréstimo ■ VT emprestar; **on ~** emprestado; **to raise a ~** levantar um empréstimo; **loan account** N conta de empréstimo; **loan capital** N capital-obrigações *m*
loath [ləuθ] ADJ: **to be ~ to do sth** estar pouco inclinado a fazer also, relutar em fazer algo
loathe [ləuð] VT detestar, odiar
loathing ['ləuðɪŋ] N ódio; **it fills me with ~** me dá (um) ódio

loathsome ['ləuðsəm] ADJ repugnante, asqueroso
loaves [ləuvz] NPL *of* **loaf**
lob [lɔb] N (*Tennis*) lobe *m* ■ VT: **to ~ the ball** dar um lobe
lobby ['lɔbɪ] N vestíbulo, saguão *m*; (*Pol: pressure group*) grupo de pressão, lobby *m* ■ VT pressionar
lobbyist ['lɔbɪɪst] N membro de um grupo de pressão
lobe [ləub] N lóbulo
lobster ['lɔbstəʳ] N lagostim *m*; (*large*) lagosta; **lobster pot** N armadilha para pegar lagosta
local ['ləukl] ADJ local ■ N (*pub*) bar *m* (local); **the locals** NPL (*local inhabitants*) os moradores locais; **local anaesthetic** (*US* **local anesthetic**) N anestesia local; **local authority** N município; **local call** N (*Tel*) ligação *f* local; **local government** N administração *f* municipal
locality [ləu'kælɪtɪ] N localidade *f*
localize ['ləukəlaɪz] VT localizar
locally ['ləukəlɪ] ADV nos arredores, na vizinhança
locate [ləu'keɪt] VT (*find*) localizar, situar; (*situate*): **to be ~d in** estar localizado em
location [ləu'keɪʃən] N local *m*, posição *f*; **on ~** (*Cinema*) em externas
loch [lɔx] N lago
lock [lɔk] N (*of door, box*) fechadura; (*of canal*) eclusa; (*of hair*) anel *m*, mecha ■ VT (*with key*) trancar; (*immobilize*) travar ■ VI (*door etc*) fechar-se à chave; (*wheels*) travar-se; **~ stock and barrel** (*fig*) com tudo; **on full ~** (*Brit: Aut*) com o volante virado ao máximo
▸ **lock away** VT (*valuables*) guardar a sete chaves; (*person*) encarcerar
▸ **lock in** VT trancar dentro
▸ **lock out** VT trancar do lado de fora; (*on purpose*) deixar na rua; (: *workers*) recusar trabalho a
▸ **lock up** VT (*criminal, mental patient*) prender; (*house*) trancar ■ VI fechar tudo
locker ['lɔkəʳ] N compartimento com chave
locket ['lɔkɪt] N medalhão *m*
lockjaw ['lɔkdʒɔ:] N trismo
lockout ['lɔkaut] N greve *f* de patrões, lockout *m*
locksmith ['lɔksmɪθ] N serralheiro(-a)
lockup ['lɔkʌp] N (*prison*) prisão *f*; (*cell*) cela; (*also: lockup garage*) compartimento seguro
locomotive [ləukə'məutɪv] N locomotiva
locum ['ləukəm] N (*Med*) (médico(-a)) interino(-a)
locust ['ləukəst] N gafanhoto
lodge [lɔdʒ] N casa do guarda, guarita; (*hunting lodge*) pavilhão *m* de caça; (*porter's*) portaria; (*Freemasonry*) loja ■ VI (*person*): **to ~ (with)** alojar-se (na casa de) ■ VT (*complaint*) apresentar; **to ~ (itself) in/between** cravar-se em/entre
lodger ['lɔdʒəʳ] N inquilino(-a), hóspede *m/f*
lodging ['lɔdʒɪŋ] N alojamento; **lodgings** NPL quarto (mobiliado); *see also* **board**; **lodging house** (*Brit*) N casa de hóspedes
loft [lɔft] N sótão *m*
lofty ['lɔftɪ] ADJ alto, elevado; (*haughty*) altivo, arrogante; (*sentiments, aims*) nobre
log [lɔg] N (*of wood*) tora; (*book*) = **logbook** ■ N ABBR (= *logarithm*) log *m* ■ VT registrar
▸ **log in** VI (*Comput*) iniciar o uso, logar
▸ **log off** VI (*Comput*) encerrar o uso, dar logoff
▸ **log on** VI (*Comput*) iniciar o uso, logar
▸ **log out** VI (*Comput*) encerrar o uso, dar logoff
logarithm ['lɔgərɪðəm] N logaritmo
logbook ['lɔgbuk] N (*Naut*) diário de bordo; (*Aviat*) diário de vôo; (*of car*) documentação *f* (do carro)
log cabin N cabana de madeira
log fire N fogueira
loggerheads ['lɔgəhɛdz] NPL: **at ~ (with)** às turras (com)
logic ['lɔdʒɪk] N lógica
logical ['lɔdʒɪkl] ADJ lógico
logically ['lɔdʒɪkəlɪ] ADV logicamente
logistics [lɔ'dʒɪstɪks] N logística
logo ['ləugəu] N logotipo
loin [lɔɪn] N (*Culin*) (carne *f* de) lombo; **loins** NPL lombos *mpl*; **loin cloth** N tanga
loiter ['lɔɪtəʳ] VI perder tempo; (*pej*) vadiar, vagabundar
loll [lɔl] VI (*also*: **loll about**) refestelar-se, reclinar-se
lollipop ['lɔlɪpɔp] N pirulito (BR), chupa-chupa *m* (PT); (*iced*) picolé *m*; **lollipop lady** (*Brit*) N *mulher que ajuda as crianças a atravessarem a rua*; **lollipop man** (*Brit: irreg*) N *homem que ajuda as crianças a atravessarem a rua*

LOLLIPOP LADIES/MEN

Lollipop ladies/men são as pessoas que ajudam as crianças a atravessar a rua nas proximidades das escolas na hora da entrada e da saída. São facilmente localizados graças a suas longas capas brancas e à placa redonda com a qual pedem aos motoristas que parem. São chamados assim por causa da forma circular da placa, que lembra um pirulito (*lollipop*).

lollop ['lɔləp] (*Brit*) VI andar com pachorra
London ['lʌndən] N Londres
Londoner ['lʌndənəʳ] N londrino(-a)
lone [ləun] ADJ (*person*) solitário; (*thing*) único
loneliness ['ləunlɪnɪs] N solidão *f*, isolamento
lonely ['ləunlɪ] ADJ (*person*) só; (*place, childhood*) solitário, isolado; **to feel ~** sentir-se só
loner ['ləunəʳ] N solitário(-a)
lonesome ['ləunsəm] ADJ (*person*) só; (*place, childhood*) solitário
long [lɔŋ] ADJ longo; (*road, hair, table*) comprido ■ ADV muito tempo ■ N: **the ~ and the short of it is that ...** (*fig*) em poucas palavras ... ■ VI: **to ~ for sth** ansiar *or* suspirar por algo; **he had ~ understood that ...** fazia muito tempo que ele entendia ...; **how ~ is the street?** qual

é a extensão da rua?; **how ~ is the lesson?** quanto dura a lição?; **6 metres ~** de 6 metros de extensão, que mede 6 metros; **6 months ~** de 6 meses de duração, que dura 6 meses; **all night ~** a noite inteira; **he no ~er comes** ele não vem mais; **~ before/after** muito antes/depois; **before ~** (+*future*) dentro de pouco; (+*past*) pouco tempo depois; **~ ago** há muito tempo atrás; **don't be ~!** não demore!; **I shan't be ~** não vou demorar; **at ~ last** por fim, no final; **in the ~ run** no final de contas; **so** *or* **as ~ as** contanto que

long-distance ADJ (*travel*) de longa distância; (*call*) interurbano

longevity [lɔn'dʒɛvɪtɪ] N longevidade *f*

long-haired ADJ (*person*) cabeludo; (*animal*) peludo

longhand ['lɔŋhænd] N escrita usual

longing ['lɔŋɪŋ] N desejo, anseio; (*nostalgia*) saudade *f* ■ ADJ saudoso

longingly ['lɔŋɪŋlɪ] ADV ansiosamente; (*nostalgically*) saudosamente

longitude ['lɔŋgɪtju:d] N longitude *f*

long johns [-dʒɔnz] NPL ceroulas *fpl*

long jump N salto em distância

long-life ADJ (*milk, batteries*) longa vida

long-lost ADJ perdido há muito (tempo)

long-playing record [-'pleɪɪŋ-] N elepê *m* (BR), LP *m* (PT)

long-range ADJ de longo alcance; (*forecast*) a longo prazo

longshoreman ['lɔŋʃɔ:mən] (*US: irreg*) N estivador *m*, portuário

long-sighted ADJ presbita; (*fig*) previdente

long-standing ADJ de muito tempo

long-suffering ADJ paciente, resignado

long-term ADJ a longo prazo

long wave N (*Radio*) onda longa

long-winded [-'wɪndɪd] ADJ prolixo, cansativo

loo [lu:] (*Brit: inf*) N banheiro (BR), casa de banho (PT)

loofah ['lu:fə] N tipo de esponja

look [luk] VI olhar; (*seem*) parecer; (*building etc*): **to ~ south/(out) onto the sea** dar para o sul/o mar ■ N olhar *m*; (*glance*) olhada, vista de olhos; (*appearance*) aparência, aspecto; (*style*) visual *m*; **looks** NPL (*good looks*) físico, aparência; **~ (here)!** (*annoyance*) escuta aqui!; **~!** (*surprise*) olha!; **to ~ like sb** parecer-se com alguém; **it ~s like him** parece ele; **it ~s about 4 metres long** parece ter uns 4 metros de comprimento; **it ~s all right to me** para mim está bem; **to have a ~ at sth** dar uma olhada em algo; **to have a ~ for sth** procurar algo; **to ~ ahead** olhar para a frente; (*fig*) pensar no futuro

▸ **look after** VT FUS cuidar de; (*deal with*) lidar com; (*luggage etc: watch over*) ficar de olho em

▸ **look around** VI olhar em torno; (*in shop*) dar uma olhada

▸ **look at** VT FUS olhar (para); (*read quickly*) ler rapidamente; (*consider*) considerar

▸ **look back** VI: **to ~ back at sth/sb** voltar-se para ver algo/alguém; **to ~ back on** (*remember*) recordar, rever

▸ **look down on** VT FUS (*fig*) desdenhar, desprezar

▸ **look for** VT FUS procurar

▸ **look forward to** VT FUS aguardar com prazer, ansiar por; (*in letter*): **we ~ forward to hearing from you** no aguardo de suas notícias; **to ~ forward to doing sth** não ver a hora de fazer algo; **I'm not ~ing forward to it** não estou nada animado com isso

▸ **look in** VI: **to ~ in on sb** dar uma passada na casa de alguém

▸ **look into** VT FUS investigar

▸ **look on** VI assistir

▸ **look out** VI (*beware*): **to ~ out (for)** tomar cuidado (com)

▸ **look out for** VT FUS (*seek*) procurar; (*await*) esperar

▸ **look over** VT (*essay*) dar uma olhada em; (*town, building*) visitar; (*person*) olhar da cabeça aos pés

▸ **look round** VI virar a cabeça, voltar-se; **to ~ round for sth** procurar algo

▸ **look through** VT FUS (*papers, book*) examinar; (: *briefly*) folhear; (*telescope*) olhar através de

▸ **look to** VT FUS cuidar de; (*rely on*) contar com

▸ **look up** VI levantar os olhos; (*improve*) melhorar VT (*word*) procurar; (*friend*) visitar

▸ **look up to** VT FUS admirar, respeitar

lookout ['lukaut] N (*tower etc*) posto de observação, guarita; (*person*) vigia *m*; **to be on the ~ for sth** estar na expectativa de algo

look-up table N (*Comput*) tabela de pesquisa

loom [lu:m] N tear *m* ■ VI (*also*: **loom up**) agigantar-se; (*event*) aproximar-se; (*threaten*) ameaçar

loony ['lu:nɪ] (*inf*) ADJ meio doido ■ N debil *m/f* mental

loop [lu:p] N laço; (*bend*) volta, curva; (*contraceptive*) DIU *m* ■ VT: **to ~ sth round sth** prender algo em torno de algo

loophole ['lu:phəul] N escapatória

loose [lu:s] ADJ (*not fixed*) solto; (*not tight*) frouxo; (*animal, hair*) solto; (*clothes*) folgado; (*morals, discipline*) relaxado; (*sense*) impreciso ■ N: **to be on the ~** estar solto ■ VT (*free*) soltar; (*slacken*) afrouxar; **~ connection** (*Elec*) conexão solta; **to tie up ~ ends (of sth)** (*fig*) amarrar (algo); **loose change** N trocado; **loose chippings** [-'tʃɪpɪŋz] NPL (*on road*) pedrinhas *fpl* soltas; **loose end** N: **to be at a loose end** (*Brit*) *or* **at loose ends** (*US*) (*fig*) não ter o que fazer

loose-fitting ADJ (*clothes*) folgado, largo

loose-leaf ADJ: **~ binder** *or* **folder** pasta de folhas soltas

loose-limbed [-'lɪmd] ADJ ágil

loosely ['lu:slɪ] ADV frouxamente, folgadamente; (*not closely*) aproximativamente

loosen ['lu:sən] VT (*free*) soltar; (*untie*) desatar; (*slacken*) afrouxar

▸ **loosen up** VI (*before game*) aquecer; (*inf: relax*)

descontrair-se

loot [lu:t] N saque *m*, despojo ■ VT saquear, pilhar

looter ['lu:tə^r] N saqueador(a) *m/f*

looting ['lu:tɪŋ] N saque *m*, pilhagem *f*

lop off [lɔp-] VT cortar; (*branches*) podar

lop-sided [lɔp'saɪdɪd] ADJ torto

lord [lɔ:d] N senhor *m*; **L~ Smith** Lord Smith; **the L~** (*Rel*) o Senhor; **good L~!** Deus meu!; **the (House of) L~s** (*Brit*) a Câmara dos Lordes

lordly ['lɔ:dlɪ] ADJ senhorial; (*arrogant*) arrogante

lordship ['lɔ:dʃɪp] (*Brit*) N: **Your L~** Vossa senhoria

lore [lɔ:^{r}] N sabedoria popular, tradições *fpl*

lorry ['lɔrɪ] (*Brit*) N caminhão *m* (BR), camião *m* (PT); **lorry driver** (*Brit*) N caminhoneiro (BR), camionista *m/f* (PT)

lose [lu:z] (*pt, pp* **lost**) VT, VI perder; **to ~ (time)** (*clock*) atrasar-se; **to ~ no time (in doing sth)** não demorar (a fazer algo); **to get lost** (*person*) perder-se; (*thing*) extraviar-se

loser ['lu:zə^r] N perdedor(a) *m/f*; (*inf: failure*) derrotado(-a), fracassado(-a); **to be a good/bad ~** ser bom/mau perdedor

loss [lɔs] N perda; (*Comm*): **to make a ~** sair com prejuízo; **to cut one's ~es** reduzir os prejuízos; **to sell sth at a ~** vender algo com prejuízo; **heavy ~es** (*MIL*) grandes perdas; **to be at a ~** estar perplexo; **to be at a ~ to do** ser incapaz de fazer; **to be a dead ~** ser totalmente inútil; **loss adjuster** N (*Insurance*) árbitro regulador de avarias; **loss leader** N (*Comm*) chamariz *m*

lost [lɔst] PT, PP *of* **lose** ■ ADJ perdido; **~ in thought** perdido em seus pensamentos; **~ and found property** (*US*) (objetos *mpl*) perdidos e achados *mpl*; **~ and found** (*US*) (seção *f* de) perdidos e achados *mpl*; **lost property** (*Brit*) N (objetos *mpl*) perdidos e achados *mpl*; **lost property office** *or* **department** (seção *f* de) perdidos e achados *mpl*

lot [lɔt] N (*set of things*) porção *f*; (*at auctions*) lote *m*; (*destiny*) destino, sorte *f*; **the ~** tudo, todos(-as); **a ~** muito, bastante; **a ~ of, ~s of** muito(s); **I read a ~** leio bastante; **to draw ~s** tirar à sorte; **parking ~** (*US*) estacionamento

lotion ['ləuʃən] N loção *f*

lottery ['lɔtərɪ] N loteria

loud [laud] ADJ (*voice*) alto; (*shout*) forte; (*noise*) barulhento; (*support, condemnation*) veemente; (*gaudy*) berrante ■ ADV alto; **out ~** em voz alta

loud-hailer [-'heɪlə^r] (*Brit*) N megafone *m*

loudly ['laudlɪ] ADV (*noisily*) ruidosamente; (*aloud*) em voz alta

loudspeaker [laud'spi:kə^r] N alto-falante *m*

lounge [laundʒ] N sala de estar *f*; (*of airport*) salão *m*; (*Brit: also:* **lounge bar**) bar *m* social ■ VI recostar-se, espreguiçar-se

▸ **lounge about** VI ficar à-toa

▸ **lounge around** VI = **lounge about**

lounge suit (*Brit*) N terno (BR), fato (PT)

louse [laus] (*pl* **lice**) N piolho

▸ **louse up** (*inf*) VT estragar

lousy ['lauzɪ] (*inf*) ADJ ruim, péssimo; (*ill*): **to feel ~** sentir-se mal

lout [laut] N rústico, grosseiro

louvre ['lu:və^r] (*US* **louver**) ADJ: **~ door** porta de veneziana; **~ window** veneziana

lovable ['lʌvəbl] ADJ adorável, simpático

love [lʌv] N amor *m* ■ VT amar; (*care for*) gostar; (*activity*): **to ~ to do** gostar (muito) de fazer; **~ (from) Anne** (*on letter*) um abraço *or* um beijo, Anne; **I ~ you** eu te amo; **I ~ coffee** adoro o café; **I'd ~ to come** gostaria muito de ir; **"15 ~"** (*Tennis*) "15 a zero"; **to be in ~ with** estar apaixonado por; **to fall in ~ with** apaixonar-se por; **to make ~** fazer amor; **~ at first sight** amor à primeira vista; **for the ~ of** pelo amor de; **to send one's ~ to sb** mandar um abraço para alguém; **love affair** N aventura (amorosa), caso (de amor); **love letter** N carta de amor; **love life** N vida sentimental

lovely ['lʌvlɪ] ADJ (*delightful*) encantador(a), delicioso; (*beautiful*) lindo, belo; (*holiday, surprise*) muito agradável, maravilhoso; **we had a ~ time** foi maravilhoso, nós nos divertimos muito

lover ['lʌvə^r] N amante *m/f*; **a ~ of art/music** um(a) apreciador(a) de *or* um(a) amante de arte/música

lovesick ['lʌvsɪk] ADJ perdido de amor

love song N canção *f* de amor

loving ['lʌvɪŋ] ADJ carinhoso, afetuoso; (*actions*) dedicado

low [ləu] ADJ baixo; (*depressed*) deprimido; (*ill*) doente ■ ADV baixo ■ N (*Meteorology*) área de baixa pressão ■ VI (*cow*) mugir; **to turn (down) ~** baixar, diminuir; **to be ~ on** (*supplies*) ter pouco; **to reach a new** *or* **an all-time ~** cair para o seu nível mais baixo

low-alcohol ADJ de baixo teor alcoólico

lowbrow ['ləubrau] ADJ sem pretensões intelectuais

low-calorie ADJ baixo em calorias, de baixo teor calórico

low-cut ADJ (*dress*) decotado

low-down N (*inf*): **he gave me the ~ on it** me deu a dica sobre isso ■ ADJ (*mean*) vil, desprezível

lower[1] ['ləuə^r] ADJ mais baixo; (*less important*) inferior ■ VT abaixar; (*reduce*) reduzir, diminuir; **to ~ o.s. to** (*fig*) rebaixar-se a

lower[2] ['lauə^r] VI (*sky, clouds*) escurecer; (*person*): **to ~ at sb** olhar para alguém com raiva

low-fat ADJ magro

low-grade ADJ de baixa qualidade

low-key ADJ discreto

lowlands ['ləuləndz] NPL planície *f*

low-level ADJ de baixo nível, baixo; (*flying*) a baixa altura

lowly ['ləulɪ] ADJ humilde

low-lying ADJ de baixo nível

low-paid ADJ (*person*) de renda baixa; (*work*) mal pago

loyal ['lɔɪəl] ADJ leal

loyalist ['lɔɪəlɪst] N legalista *m/f*
loyalty ['lɔɪəltɪ] N lealdade *f*
lozenge ['lɔzɪndʒ] N (*Med*) pastilha; (*Geom*) losango, rombo
LP N ABBR = **long-playing record**
L-plates ['ɛlpleɪts] (*Brit*) NPL placas *fpl* de aprendiz de motorista

L-PLATES

As *L-plates* são placas quadradas com um "L" vermelho que são colocadas na parte de trás do carro para mostrar que a pessoa ao volante ainda não tem carteira de motorista. Até a obtenção da carteira, o motorista aprendiz possui uma permissão provisória e não tem direito de dirigir sem um motorista qualificado ao lado. Os motoristas aprendizes não podem dirigir em rodovias mesmo que estejam acompanhados.

LPN (*US*) N ABBR (= *Licensed Practical Nurse*) enfermeiro(-a) diplomado(-a)
LRAM (*Brit*) N ABBR = **Licentiate of the Royal Academy of Music**
LSAT (*US*) N ABBR = **Law Schools Admissions Test**
LSD N ABBR (= *lysergic acid diethylamide*) LSD *m*; (*Brit*: = *pounds, shillings and pence*) *sistema monetário usado na Grã-Bretanha até 1971*
LSE N ABBR = **London School of Economics**
LT ABBR (*Elec*: = *low tension*) BT
Lt. ABBR (= *lieutenant*) Ten
Ltd (*Brit*) ABBR (= *limited (liability) company*) SA
lubricant ['lu:brɪkənt] N lubrificante *m*
lubricate ['lu:brɪkeɪt] VT lubrificar
lucid ['lu:sɪd] ADJ lúcido
lucidity [lu:'sɪdɪtɪ] N lucidez *f*
luck [lʌk] N sorte *f*; **bad ~** azar *m*; **good ~!** boa sorte!; **to be in ~** ter *or* dar sorte; **to be out of ~** ter azar; **bar** *or* **hard** *or* **tough ~!** que azar!
luckily ['lʌkɪlɪ] ADV por sorte, felizmente
lucky ['lʌkɪ] ADJ (*person*) sortudo; (*coincidence*) feliz; (*situation*) afortunado; (*object*) de sorte
lucrative ['lu:krətɪv] ADJ lucrativo
ludicrous ['lu:dɪkrəs] ADJ ridículo
ludo ['lu:dəu] N ludo
lug [lʌg] (*inf*) VT (*drag*) arrastar; (*pull*) puxar
luggage ['lʌgɪdʒ] N bagagem *f*; **luggage car** (*US*) N (*Rail*) vagão *m* de bagagens; **luggage rack** N (*in train*) rede *f* para bagagem; (*on car*) porta-bagagem *m*, bagageiro; **luggage van** (*Brit*) N (*Rail*) vagão *m* de bagagens
lugubrious [lu'gu:brɪəs] ADJ lúgubre
lukewarm ['lu:kwɔ:m] ADJ morno, tépido; (*fig*) indiferente
lull [lʌl] N pausa, interrupção *f* ■ VT: **to ~ sb to sleep** acalentar alguém; **to be ~ed into a false sense of security** ser acalmado com uma falsa sensação de segurança
lullaby ['lʌləbaɪ] N canção *f* de ninar
lumbago [lʌm'beɪgəu] N lumbago
lumber ['lʌmbə^r] N (*junk*) trastes *mpl* velhos; (*wood*) madeira serrada, tábua ■ VT: **to ~ sb with sth/sb** empurrar algo/alguém para cima de alguém ■ VI (*also*: **lumber about, lumber along**) mover-se pesadamente
lumberjack ['lʌmbədʒæk] N madeireiro, lenhador *m*
lumber room (*Brit*) N quarto de despejo
lumber yard N depósito de madeira
luminous ['lu:mɪnəs] ADJ luminoso
lump [lʌmp] N torrão *m*; (*fragment*) pedaço; (*in sauce*) caroço; (*in throat*) nó *m*; (*on body*) galo, caroço; (*also*: **sugar lump**) cubo de açúcar ■ VT: **to ~ together** amontoar; **a ~ sum** uma quantia global
lumpy ['lʌmpɪ] ADJ (*sauce, bed*) encaroçado
lunacy ['lu:nəsɪ] N loucura
lunar ['lu:nə^r] ADJ lunar
lunatic ['lu:nətɪk] ADJ, N louco(-a); **lunatic asylum** N manicômio, hospício
lunch [lʌntʃ] N almoço ■ VI almoçar; **to invite sb for ~** convidar alguém para almoçar
luncheon ['lʌntʃən] N almoço formal; **luncheon meat** N bolo de carne; **luncheon voucher** (*Brit*) N vale *m* para refeição, ticket *m* restaurante
lunch hour N hora do almoço
lunch time N hora do almoço
lung [lʌŋ] N pulmão *m*; **lung cancer** N câncer *m* (BR) *or* cancro (PT) de pulmão
lunge [lʌndʒ] VI (*also*: **lunge forward**) dar estocada *or* bote; **to ~ at** arremeter-se contra
lupin ['lu:pɪn] N tremoço
lurch [lə:tʃ] VI balançar ■ N solavanco; **to leave sb in the ~** deixar alguém em apuros, deixar alguém na mão (*inf*)
lure [luə^r] N (*bait*) isca; (*decoy*) chamariz *m*, engodo ■ VT atrair, seduzir
lurid ['luərɪd] ADJ (*account*) sensacional; (*detail*) horrível
lurk [lə:k] VI (*hide*) esconder-se; (*wait*) estar à espreita
luscious ['lʌʃəs] ADJ (*person, thing*) atraente; (*food*) delicioso
lush [lʌʃ] ADJ exuberante
lust [lʌst] N luxúria; (*greed*) cobiça
▶ **lust after** VT FUS cobiçar
▶ **lust for** VT FUS = **lust after**
luster ['lʌstə^r] (*US*) N = **lustre**
lustful ['lʌstful] ADJ lascivo, sensual
lustre ['lʌstə^r] (*US* **luster**) N lustre *m*, brilho
lusty ['lʌstɪ] ADJ robusto, forte
lute [lu:t] N alaúde *m*
Luxembourg ['lʌksəmbə:g] N Luxemburgo
luxuriant [lʌg'zjuərɪənt] ADJ luxuriante, exuberante
luxurious [lʌg'zjuərɪəs] ADJ luxuoso
luxury ['lʌkʃərɪ] N luxo ■ CPD de luxo
LV (*Brit*) N ABBR = **luncheon voucher**
LW ABBR (*Radio*: = *long wave*) OL
lying ['laɪɪŋ] N mentira(s) *f(pl)* ■ ADJ mentiroso, falso
lynch [lɪntʃ] VT linchar

lynching ['lɪntʃɪŋ] N linchamento
lynx [lɪŋks] N lince *m*
lyre ['laɪəʳ] N lira
lyric ['lɪrɪk] ADJ lírico
lyrical ['lɪrɪkəl] ADJ lírico
lyricism ['lɪrɪsɪzəm] N lirismo
lyrics ['lɪrɪks] NPL (*of song*) letra

Mm

M, m [em] N (*letter*) M, m *m*; **M for Mary** (*Brit*) *or* **Mike** (*US*) M de Maria
M N ABBR (*Brit*) = **motorway; the M8** ≈ BR 8 *f*; (: = *medium*) M
m ABBR (= *metre*) m; (: = *mile*) mil.; = **million**
M.A. ABBR (*Sch*) = **Master of Arts**; (*US*) = **military academy**; (: *Post*) = **Massachusetts**
mac [mæk] (*Brit*) N capa impermeável
macabre [mə'kɑ:brə] ADJ macabro
Macao [mə'kau] N Macau
macaroni [mækə'rəunɪ] N macarrão *m*
macaroon [mækə'ru:n] N biscoitinho de amêndoas
mace [meɪs] N (*Bot*) macis *m*; (*sceptre*) bastão *m*
machinations [mækɪ'neɪʃənz] NPL maquinações *fpl*, intrigas *fpl*
machine [mə'ʃi:n] N máquina ■ VT (*dress etc*) costurar à máquina; (*Tech*) usinar; **machine code** N (*Comput*) código de máquina; **machine gun** N metralhadora; **machine language** N (*Comput*) linguagem *f* de máquina; **machine readable** ADJ (*Comput*) legível por máquina
machinery [mə'ʃi:nərɪ] N maquinaria; (*fig*) máquina
machine shop N oficina mecânica
machine tool N máquina-ferramenta *f*
machine washable ADJ (*garment*) lavável à máquina
machinist [mə'ʃi:nɪst] N operário(-a) (de máquina); (*Rail*) maquinista *m/f*
macho ['mætʃəu] ADJ machista
mackerel ['mækrl] N INV cavala
mackintosh ['mækɪntɔʃ] (*Brit*) N capa impermeável
macro... ['mækrəu] PREFIX macro...
macro-economics N macroeconomia
mad [mæd] ADJ louco; (*foolish*) tolo; (*angry*) furioso, brabo; (*keen*): **to be ~ about** ser louco por; **to go ~** enlouquecer
madam ['mædəm] N senhora, madame *f*; **yes, ~** sim, senhora; **M~ Chairman** Senhora Presidente; **can I help you, ~?** a senhora já foi atendida?
madden ['mædn] VT exasperar
maddening ['mædnɪŋ] ADJ exasperante
made [meɪd] PT, PP *of* **make**
Madeira [mə'dɪərə] N (*Geo*) Madeira; (*wine*) (vinho) Madeira *m*
Madeiran [mə'dɪərən] ADJ, N madeirense *m/f*
made-to-measure (*Brit*) ADJ feito sob medida
madly ['mædlɪ] ADV loucamente; **~ in love** louco de amor
madman ['mædmən] (*irreg*) N louco
madness ['mædnɪs] N loucura; (*foolishness*) tolice *f*
Madrid [mə'drɪd] N Madri (BR), Madrid (PT)
Mafia ['mæfɪə] N máfia
mag. [mæg] (*Brit: inf*) N ABBR = **magazine**
magazine [mægə'zi:n] N (*Press*) revista; (*Radio, TV*) programa *m* de actualidades; (*Mil: store*) depósito; (*of firearm*) câmara; **magazine rack** N porta-revistas *m inv*
maggot ['mægət] N larva de inseto
magic ['mædʒɪk] N magia, mágica ■ ADJ mágico
magical ['mædʒɪkl] ADJ mágico
magician [mə'dʒɪʃən] N mago(-a); (*entertainer*) mágico(-a)
magistrate ['mædʒɪstreɪt] N magistrado(-a), juiz/juíza *m/f*
magnanimous [mæg'nænɪməs] ADJ magnânimo
magnate ['mægneɪt] N magnata *m*
magnesium [mæg'ni:zɪəm] N magnésio
magnet ['mægnɪt] N ímã *m*, iman *m* (PT)
magnetic [mæg'nɛtɪk] ADJ magnético; **magnetic disk** N (*Comput*) disco magnético; **magnetic tape** N fita magnética
magnetism ['mægnɪtɪzəm] N magnetismo
magnification [mægnɪfɪ'keɪʃən] N aumento
magnificence [mæg'nɪfɪsns] N magnificência
magnificent [mæg'nɪfɪsnt] ADJ magnífico
magnify ['mægnɪfaɪ] VT aumentar
magnifying glass ['mægnɪfaɪɪŋ-] N lupa, lente *f* de aumento
magnitude ['mægnɪtju:d] N magnitude *f*
magnolia [mæg'nəulɪə] N magnólia
magpie ['mægpaɪ] N pega
mahogany [mə'hɔgənɪ] N mogno, acaju *m* ■ CPD de mogno *or* acaju
maid [meɪd] N empregada; **old ~** (*pej*) solteirona
maiden ['meɪdn] N moça, donzela ■ ADJ (*aunt etc*) solteirona; (*speech, voyage*) inaugural; **maiden name** N nome *m* de solteira

mail [meɪl] N correio; (*letters*) cartas *fpl* ■ VT (*post*) pôr no correio; (*send*) mandar pelo correio; **by ~** pelo correio

mailbox ['meɪlbɔks] N (*US: for letters*) caixa do correio; (*Comput*) caixa de entrada

mailing list ['meɪlɪŋ-] N lista de clientes, mailing list *m*

mailman ['meɪlmæn] (*US: irreg*) N carteiro

mail order N pedido por reembolso postal; (*business*) venda por correspondência ■ CPD: **mail-order firm** *or* **house** firma de vendas por correspondência

mailshot ['meɪlʃɔt] (*Brit*) N mailing *m*

mail train N trem-correio, trem *m* postal

mail truck (*US*) N (*Aut*) = **mail van**

mail van (*Brit*) N (*Aut*) furgão *m* do correio; (*Rail*) vagão *m* postal

maim [meɪm] VT mutilar, aleijar

main [meɪn] ADJ principal ■ N (*pipe*) cano *or* esgoto principal; **the mains** NPL (*Elec, gas, water*) a rede; **in the ~** na maior parte; **main course** N (*Culin*) prato principal

mainframe ['meɪnfreɪm] N (*Comput*) mainframe *m*

mainland ['meɪnlənd] N: **the ~** o continente

mainline ['meɪnlaɪn] (*inf*) VT (*heroin*) picar-se com ■ VI picar-se, aplicar-se

main line N (*Rail*) linha-tronco *f* ■ ADJ: **main-line** de linha-tronco

mainly ['meɪnlɪ] ADV principalmente

main road N estrada principal

mainstay ['meɪnsteɪ] N (*fig*) esteio

mainstream ['meɪnstriːm] N corrente *f* principal

maintain [meɪn'teɪn] VT manter; (*keep up*) conservar (em bom estado); (*affirm*) sustentar, afirmar; **to ~ that ...** afirmar que ...

maintenance ['meɪntənəns] N manutenção *f*; (*Law: alimony*) alimentos *mpl*, pensão *f* alimentícia; **maintenance contract** N contrato de assistência técnica; **maintenance order** N (*Law*) ordem *f* de pensão

maisonette [meɪzə'nɛt] (*Brit*) N duplex *m*

maize [meɪz] N milho

Maj. ABBR (*Mil*) = **major**

majestic [mə'dʒɛstɪk] ADJ majestoso

majesty ['mædʒɪstɪ] N majestade *f*; (*title*): **Your M~** Sua Majestade

major ['meɪdʒəʳ] N (*Mil*) major *m* ■ ADJ (*main*) principal; (*considerable*) importante; (*great*) grande; (*Mus*) maior ■ VI (*US: Sch*): **to ~ (in)** especializar-se (em); **a ~ operation** (*Med*) uma operação séria

Majorca [mə'jɔːkə] N Maiorca

major general N (*Mil*) general-de-divisão *m*

majority [mə'dʒɔrɪtɪ] N maioria ■ CPD (*verdict, holding*) majoritário

make [meɪk] (*pt, pp* **made**) VT fazer; (*manufacture*) fabricar, produzir; (*cause to be*): **to ~ sb sad** entristecer alguém, fazer alguém ficar triste; (*force*): **to ~ sb do sth** fazer com que alguém faça algo; (*equal*): **2 and 2 ~ 4** dois e dois são quatro ■ N marca; **to ~ the bed** fazer a cama; **to ~ a fool of sb** fazer alguém de bobo; **to ~ a profit/loss** ter um lucro/uma perda; **to ~ it** (*arrive*) chegar; (*succeed*) ter sucesso; **what time do you ~ it?** que horas você tem?; **to ~ good** (*succeed*) dar-se bem; (*losses*) indenizar; **to ~ do with** contentar-se com

▸ **make for** VT FUS (*place*) dirigir-se a

▸ **make off** VI fugir

▸ **make out** VT (*decipher*) decifrar; (*understand*) compreender; (*see*) divisar, avistar; (*write out: prescription*) escrever; (: *form, cheque*) preencher; (*claim, imply*) afirmar; (*pretend*) fazer de conta; **to ~ out a case for sth** argumentar em favor de algo, defender algo

▸ **make over** VT (*assign*): **to ~ over (to)** transferir (para)

▸ **make up** VT (*constitute*) constituir; (*invent*) inventar; (*parcel*) embrulhar ■ VI reconciliar-se; (*with cosmetics*) maquilar-se (BR), maquilhar-se (PT); **to be made up of** compor-se de, ser composto de; **to ~ up one's mind** decidir-se

▸ **make up for** VT FUS compensar

make-believe ADJ fingido, simulado ■ N: **a world of ~** um mundo de faz-de-conta; **it's just ~** é pura ilusão

maker ['meɪkəʳ] N (*of film, programme*) criador *m*; (*manufacturer*) fabricante *m/f*

makeshift ['meɪkʃɪft] ADJ provisório

make-up ['meɪkʌp] N maquilagem *f* (BR), maquilhagem *f* (PT); **make-up bag** N bolsa de maquilagem (BR), bolsa de maquilhagem (PT); **make-up remover** N removidor *m* de maquilagem

making ['meɪkɪŋ] N (*fig*): **in the ~** em vias de formação; **he has the ~s of an actor** ele tem tudo para ser ator

maladjusted [mælə'dʒʌstɪd] ADJ inadaptado, desajustado

malaise [mæ'leɪz] N mal-estar *m*, indisposição *f*

malaria [mə'leərɪə] N malária

Malawi [mə'lɑːwɪ] N Malavi *m*

Malay [mə'leɪ] ADJ malaio ■ N malaio(-a); (*Ling*) malaio

Malaya [mə'leɪə] N Malaia

Malayan [mə'leɪən] ADJ, N = **Malay**

Malaysia [mə'leɪzɪə] N Malaísia (BR), Malásia (PT)

Malaysian [mə'leɪzɪən] ADJ, N malásio(-a)

Maldives ['mɔːldaɪvz] NPL: **the ~** as ilhas Maldivas

male [meɪl] N (*Bio, Elec*) macho ■ ADJ (*sex, attitude*) masculino; (*animal*) macho; (*child etc*) do sexo masculino; **male chauvinist** N machista *m*; **male nurse** N enfermeiro

malevolence [mə'lɛvələns] N malevolência

malevolent [mə'lɛvələnt] ADJ malévolo

malfunction [mæl'fʌŋkʃən] N funcionamento defeituoso

malice ['mælɪs] N (*ill will*) malícia; (*rancour*) rancor *m*

malicious [mə'lɪʃəs] ADJ malevolente; (*Law*) com

intenção criminosa

malign [mə'laɪn] VT caluniar, difamar

malignant [mə'lɪgnənt] ADJ (*Med*) maligno

malingerer [mə'lɪŋgərᵉ] N doente *m/f* fingido(-a)

mall [mɔ:l] N (*also*: **shopping mall**) shopping *m*

malleable ['mælɪəbl] ADJ maleável

mallet ['mælɪt] N maço, marreta

malnutrition [mælnju:'trɪʃən] N desnutrição *f*

malpractice [mæl'præktɪs] N falta profissional

malt [mɔ:lt] N malte *m*; (*malt whisky*) uísque *m* de malte

Malta ['mɔ:ltə] N Malta

Maltese [mɔ:l'ti:z] ADJ maltês(-esa) ■ N INV maltês(-esa) *m/f*; (*Ling*) maltês *m*

maltreat [mæl'tri:t] VT maltratar

mammal ['mæml] N mamífero

mammoth ['mæməθ] N mamute *m* ■ ADJ gigantesco, imenso

man [mæn] (*pl* **men**) N homem *m*; (*Chess*) peça ■ VT (*Naut*) tripular; (*Mil*) guarnecer; (*operate: machine*) operar; **an old ~** um velho; **a young ~** um jovem; **~ and wife** marido e mulher

manacles ['mænəklz] NPL grilhões *mpl*

manage ['mænɪdʒ] VI arranjar-se, virar-se ■ VT (*be in charge of*) dirigir, administrar; (*business*) gerenciar; (*ship, person*) controlar; (*device*) manusear; (*carry*) carregar; **to ~ to do sth** conseguir fazer algo; **to ~ without sb/sth** passar sem alguém/algo; **can you ~?** você consegue?

manageable ['mænɪdʒəbl] ADJ manejável; (*task etc*) viável

management ['mænɪdʒmənt] N administração *f*, direção *f*, gerência; **"under new ~"** "sob nova direção"; **management accounting** N contabilidade *f* administrativa *or* gerencial; **management consultant** N consultor(a) *m/f* em administração

manager ['mænɪdʒəʳ] N gerente *m/f*; (*Sport*) técnico(-a); (*of project*) superintendente *m/f*; (*of department, unit*) chefe *m/f*, diretor(a) *m/f*; (*of artist*) empresário(-a); **sales ~** gerente de vendas

manageress [mænɪdʒə'rɛs] N gerente *f*

managerial [mænə'dʒɪərɪəl] ADJ administrativo, gerencial

managing director ['mænɪdʒɪŋ-] N diretor(a) *m/f* geral, diretor-gerente/diretora-gerente *m/f*

Mancunian [mæŋ'kju:nɪən] ADJ de Manchester ■ N natural *m/f* de Manchester

mandarin ['mændərɪn] N (*also*: **mandarin orange**) tangerina; (*person*) mandarim *m*

mandate ['mændeɪt] N mandato

mandatory ['mændətərɪ] ADJ obrigatório; (*powers etc*) mandatário

mandolin(e) ['mændəlɪn] N bandolim *m*

mane [meɪn] N (*of horse*) crina; (*of lion*) juba

maneuver *etc* [mə'nu:vəʳ] (*US*) = **manoeuvre etc**

manfully ['mænfəlɪ] ADV valentemente

manganese ['mæŋgəni:z] N manganês *m*

mangle ['mæŋgl] VT mutilar, estropiar ■ N calandra

mango ['mæŋgəu] (*pl* **mangoes**) N manga

mangrove ['mæŋgrəuv] N mangue *m*

mangy ['meɪndʒɪ] ADJ sarnento, esfarrapado

manhandle ['mænhændl] VT (*mistreat*) maltratar; (*move by hand*) manipular

manhole ['mænhəul] N poço de inspeção

manhood ['mænhud] N (*age*) idade *f* adulta; (*masculinity*) virilidade *f*

man-hour N hora-homem *f*

manhunt ['mænhʌnt] N caça ao homem

mania ['meɪnɪə] N mania

maniac ['meɪnɪæk] N maníaco(-a); (*fig*) louco(-a)

manic ['mænɪk] ADJ maníaco

manic-depressive ADJ, N maníaco-depressivo(-a)

manicure ['mænɪkjuəʳ] N manicure *f* (*BR*), manicura (*PT*); **manicure set** N estojo de manicure (*BR*) *or* manicura (*PT*)

manifest ['mænɪfɛst] VT manifestar, mostrar ■ ADJ manifesto, evidente ■ N (*Aviat, Naut*) manifesto

manifestation [mænɪfɛs'teɪʃən] N manifestação *f*

manifesto [mænɪ'fɛstəu] (*pl* **manifestos** *or* **manifestoes**) N manifesto

manifold ['mænɪfəuld] ADJ múltiplo ■ N (*Aut etc*) *see* **exhaust**

Manila [mə'nɪlə] N Manilha

manila [mə'nɪlə] ADJ: **~ paper** papel-manilha *m*

manipulate [mə'nɪpjuleɪt] VT manipular

manipulation [mənɪpju'leɪʃən] N manipulação *f*

mankind [mæn'kaɪnd] N humanidade *f*, raça humana

manliness ['mænlɪnɪs] N virilidade *f*

manly ['mænlɪ] ADJ másculo, viril

man-made ADJ sintético, artificial

manna ['mænə] N maná *m*

mannequin ['mænɪkɪn] N manequim *m*

manner ['mænəʳ] N modo, maneira; (*behaviour*) conduta, comportamento; (*type*): **all ~ of things** todos os tipos de coisa; **manners** NPL (*conduct*) boas maneiras *fpl*, educação *f*; **bad ~s** falta de educação; **all ~ of** todo tipo de

mannerism ['mænərɪzəm] N maneirismo, hábito

mannerly ['mænəlɪ] ADJ polido, educado

man(o)euvrable [mə'nu:vrəbl] (*US* **maneuverable**) ADJ manobrável

manoeuvre [mə'nu:vəʳ] (*US* **maneuver**) VT manobrar; (*manipulate*) manipular ■ VI manobrar ■ N manobra; **to ~ sb into doing sth** induzir alguém a fazer algo

manor ['mænəʳ] N (*also*: **manor house**) casa senhorial, solar *m*

manpower ['mænpauəʳ] N potencial *m* humano, mão-de-obra *f*

manservant ['mænsə:vənt] (*pl* **menservants**) N criado

mansion ['mænʃən] N mansão *f*, palacete *m*

manslaughter ['mænslɔ:təʳ] N homicídio involuntário

mantelpiece ['mæntlpi:s] N consolo da lareira
mantle ['mæntl] N manto; (*fig*) camada
man-to-man ADJ, ADV de homem para homem
manual ['mænjuəl] ADJ manual ■ N manual *m*; (*Mus*) teclado; **manual worker** N trabalhador(a) *m/f* braçal
manufacture [mænju'fæktʃəʳ] VT manufaturar, fabricar ■ N fabricação *f*
manufactured goods [mænju'fæktʃəd-] NPL produtos *mpl* industrializados
manufacturer [mænju'fæktʃərəʳ] N fabricante *m/f*
manufacturing industries [mænju'fæktʃərɪŋ] NPL indústrias *fpl* de transformação
manure [mə'njuəʳ] N estrume *m*, adubo
manuscript ['mænjuskrɪpt] N manuscrito
many ['mɛnɪ] ADJ, PRON muitos(-as); **how ~?** quantos(-as)?; **a great ~** muitíssimos; **twice as ~** ADJ duas vezes mais ■ PRON o dobro; **~ a time** muitas vezes
map [mæp] N mapa *m* ■ VT fazer o mapa de
▸ **map out** VT traçar; (*fig: career, holiday*) planejar
maple ['meɪpl] N bordo
mar [mɑːʳ] VT estragar
Mar. ABBR = **March**
marathon ['mærəθən] N maratona ■ ADJ: **a ~ session** uma sessão exaustiva; **marathon runner** N corredor(a) *m/f* de maratona, maratonista *m/f*
marauder [mə'rɔːdəʳ] N saqueador(a) *m/f*
marble ['mɑːbl] N mármore *m*; (*toy*) bola de gude; **marbles** N (*game*) jogo de gude
March [mɑːtʃ] N março; *see also* **July**
march [mɑːtʃ] VI (*Mil*) marchar; (*demonstrators*) desfilar ■ N marcha; (*demonstration*) passeata; **to ~ out of/into** *etc* sair de/entrar em marchando *etc*
marcher ['mɑːtʃəʳ] N (*demonstrator*) manifestante *m/f*
marching ['mɑːtʃɪŋ] N: **to give sb his ~ orders** (*fig*) dar um bilhete azul a alguém, mandar passear alguém
march-past N desfile *m*
mare [mɛəʳ] N égua
marg. [mɑːdʒ] (*inf*) N ABBR = **margarine**
margarine [mɑːdʒə'riːn] N margarina
margin ['mɑːdʒɪn] N margem *f*
marginal ['mɑːdʒɪnl] ADJ marginal; **~ seat** (*Pol*) cadeira ganha por pequena maioria
marginally ['mɑːdʒɪnəlɪ] ADV ligeiramente
marigold ['mærɪgəuld] N malmequer *m*
marijuana [mærɪ'wɑːnə] N maconha
marina [mə'riːnə] N marina
marinade [*n* mærɪ'neɪd, *vt* 'mærɪneɪd] N escabeche *m* ■ VT = **marinate**
marinate ['mærɪneɪt] VT marinar, pôr em escabeche
marine [mə'riːn] ADJ (*in the sea*) marinho; (*engineer*) naval; (*of seafaring*) marítimo ■ N fuzileiro naval; **marine insurance** N seguro marítimo
marital ['mærɪtl] ADJ matrimonial, marital; **~ status** estado civil
maritime ['mærɪtaɪm] ADJ marítimo; **maritime law** N direito marítimo
marjoram ['mɑːdʒərəm] N manjerona
mark [mɑːk] N marca, sinal *m*; (*imprint*) impressão *f*; (*stain*) mancha; (*Brit: Sch*) nota; (*currency*) marco; (*Brit: Tech*): **M~ 2** 2ª *a* versão ■ VT (*also: Sport: player*) marcar; (*stain*) manchar; (*indicate*) indicar; (*commemorate*) comemorar; (*Brit: Sch: grade*) dar nota em; (: *correct*) corrigir; **to ~ time** marcar passo; **to be quick off the ~ (in doing)** (*fig*) não perder tempo (para fazer); **up to the ~** (*in efficiency*) à altura das exigências
▸ **mark down** VT (*prices, goods*) rebaixar, remarcar para baixo
▸ **mark off** VT (*tick off*) ticar
▸ **mark out** VT (*trace*) traçar; (*designate*) destinar
▸ **mark up** VT (*price*) aumentar, remarcar
marked [mɑːkt] ADJ acentuado
markedly ['mɑːkɪdlɪ] ADV marcadamente
marker ['mɑːkəʳ] N (*sign*) marcador *m*, marca; (*bookmark*) marcador
market ['mɑːkɪt] N mercado ■ VT (*Comm*) comercializar; **to be on the ~** estar à venda; **on the open ~** no mercado livre; **to play the ~** especular na bolsa de valores
marketable ['mɑːkɪtəbl] ADJ comercializável
market analysis N análise *f* de mercado
market day N dia *m* de mercado
market demand N procura de mercado
market forces NPL forças *fpl* do mercado
market garden (*Brit*) N horta
marketing ['mɑːkɪtɪŋ] N marketing *m*
market leader N líder *m* do mercado
marketplace ['mɑːkɪtpleɪs] N mercado
market price N preço de mercado
market research N pesquisa de mercado
market value N valor *m* de mercado
marking ['mɑːkɪŋ] N (*on animal*) marcação *f*; (*on road*) marca
marksman ['mɑːksmən] (*irreg*) N bom atirador *m*
marksmanship ['mɑːksmənʃɪp] N boa pontaria
marksmen ['mɑːksmɛn] NPL *of* **marksman**
mark-up N (*Comm: margin*) margem *f* (de lucro), markup *m*; (: *increase*) remarcação *f*, aumento
marmalade ['mɑːməleɪd] N geléia de laranja
maroon [mə'ruːn] VT: **to be ~ed** ficar abandonado (numa ilha) ■ ADJ de cor castanho-avermelhado, vinho *inv*
marquee [mɑːˈkiː] N toldo, tenda
marquess ['mɑːkwɪs] N marquês *m*
marquis ['mɑːkwɪs] N = **marquess**
marriage ['mærɪdʒ] N casamento; **marriage bureau** (*irreg*) N agência matrimonial; **marriage certificate** N certidão *f* de casamento; **marriage counselling** (*US*) N = **marriage guidance**; **marriage guidance** (*Brit*) N orientação *f* matrimonial
married ['mærɪd] ADJ casado; (*life, love*) conjugal; **to get ~** casar(-se)

marrow ['mærəu] N medula; (*vegetable*) abóbora
marry ['mærɪ] VT casar(-se) com; (*subj*: *father, priest etc*) casar, unir ■ VI (*also*) get married, casar(-se)
Mars [mɑ:z] N (*planet*) Marte *m*
marsh [mɑ:ʃ] N pântano; (*salt marsh*) marisma
marshal ['mɑ:ʃl] N (*Mil*: *also*: **field marshal**) marechal *m*; (*at sports meeting etc*) oficial *m* ■ VT (*thoughts, support*) organizar; (*soldiers*) formar
marshalling yard ['mɑ:ʃlɪŋ-] N (*Rail*) local *m* de manobras
marshmallow [mɑ:ʃ'mæləu] N *espécie de doce de malvavisco*
marshy ['mɑ:ʃɪ] ADJ pantanoso
marsupial [mɑ:'su:pɪəl] ADJ marsupial ■ N marsupial *m*
martial ['mɑ:ʃl] ADJ marcial; **martial arts** NPL artes *fpl* marciais; **martial law** N lei *f* marcial
Martian ['mɑ:ʃən] N marciano(-a)
martin ['mɑ:tɪn] N (*also*: **house martin**) andorinha-de-casa
martyr ['mɑ:tə^r] N mártir *m/f* ■ VT martirizar
martyrdom ['mɑ:tədəm] N martírio
marvel ['mɑ:vl] N maravilha ■ VI: **to ~ (at)** maravilhar-se (de *or* com)
marvellous ['mɑ:vələs] (US **marvelous**) ADJ maravilhoso
Marxism ['mɑ:ksɪzəm] N marxismo
Marxist ['mɑ:ksɪst] ADJ, N marxista *m/f*
marzipan ['mɑ:zɪpæn] N maçapão *m*
mascara [mæs'kɑ:rə] N rímel *m*
mascot ['mæskət] N mascote *f*
masculine ['mæskjulɪn] ADJ, N masculino
masculinity [mæskju'lɪnɪtɪ] N masculinidade *f*
MASH [mæʃ] (US) N ABBR (*Mil*) = **mobile army surgical hospital**
mash [mæʃ] VT (*Culin*) fazer um purê de; (*crush*) amassar
mashed potatoes [mæʃt-] N purê *m* de batatas
mask [mɑ:sk] N máscara ■ VT (*face*) encobrir; (*feelings*) esconder, ocultar
masochism ['mæsəkɪzəm] N masoquismo
masochist ['mæsəkɪst] N masoquista *m/f*
mason ['meɪsn] N (*also*: **stone mason**) pedreiro(-a); (*also*: **freemason**) maçom *m*
masonic [mə'sɔnɪk] ADJ maçônico
masonry ['meɪsənrɪ] N (*also*: **freemasonry**) maçonaria; (*building*) alvenaria
masquerade [mæskə'reɪd] N baile *m* de máscaras; (*fig*) farsa, embuste *m* ■ VI: **to ~ as** disfarçar-se de, fazer-se passar por
mass [mæs] N (*of papers etc*) quantidade *f*; (*people*) multidão *f*; (*Phys*) massa; (*Rel*) missa; (*great quantity*) montão *m* ■ CPD de massa ■ VI reunir-se; (*Mil*) concentrar-se; **the masses** NPL (*ordinary people*) as massas; **~es of** (*inf*) montes de; **to go to ~** ir à missa
massacre ['mæsəkə^r] N massacre *m*, carnificina ■ VT massacrar
massage ['mæsɑ:ʒ] N massagem *f* ■ VT fazer massagem em, massagear
masseur [mæ'sə:^{r}] N massagista *m*
masseuse [mæ'sə:z] N massagista
massive ['mæsɪv] ADJ (*large*) enorme; (*support*) massivo
mass market N mercado de consumo em massa
mass media NPL meios *mpl* de comunicação de massa, mídia
mass meeting N concentração *f* de massa
mass-produce VT produzir em massa, fabricar em série
mass-production N produção *f* em massa, fabricação *f* em série
mast [mɑ:st] N (*Naut*) mastro; (*Radio etc*) antena
master ['mɑ:stə^r] N mestre *m*; (*landowner*) senhor *m*, dono; (*fig*: *of situation*) dono; (*in secondary school*) professor *m*; (*title for boys*): **M~ X** o menino X ■ VT controlar; (*learn*) conhecer a fundo; **~ of ceremonies** mestre de cerimônias; **M~'s degree** mestrado; **master disk** N (*Comput*) disco mestre
masterful ['mɑ:stəful] ADJ autoritário, imperioso
master key N chave *f* mestra
masterly ['mɑ:stəlɪ] ADJ magistral
mastermind ['mɑ:stəmaɪnd] N (*fig*) cabeça ■ VT dirigir, planejar
Master of Arts/Science N detentor(a) *m/f* de mestrado em letras/ciências; (*degree*) mestrado
masterpiece ['mɑ:stəpi:s] N obra-prima
master plan N plano piloto
master stroke N golpe *m* de mestre
mastery ['mɑ:stərɪ] N domínio
mastiff ['mæstɪf] N mastim *m*
masturbate ['mæstəbeɪt] VI masturbar-se
masturbation [mæstə'beɪʃən] N masturbação *f*
mat [mæt] N esteira; (*also*: **doormat**) capacho; (*also*: **table mat**) descanso ■ ADJ = **matt**
match [mætʃ] N fósforo; (*game*) jogo, partida; (*equal*) igual *m/f* ■ VT (*also*: **match up**) casar, emparelhar; (*go well with*) combinar com; (*equal*) igualar; (*correspond to*) corresponder a ■ VI combinar; (*couple*) formar um bom casal ▸ **match up** VT casar, emparelhar
matchbox ['mætʃbɔks] N caixa de fósforos
matching ['mætʃɪŋ] ADJ que combina (com)
matchless ['mætʃlɪs] ADJ sem igual, incomparável
mate [meɪt] N (*inf*) colega *m/f*; (*assistant*) ajudante *m/f*; (*Chess*) mate *m*; (*animal*) macho/fêmea; (*in merchant navy*) imediato ■ VI acasalar-se ■ VT acasalar
material [mə'tɪərɪəl] N (*substance*) matéria; (*equipment*) material *m*; (*cloth*) pano, tecido; (*data*) dados *mpl* ■ ADJ material; (*important*) importante; **materials** NPL (*equipment*) material; **reading ~** (*material de*) leitura
materialistic [mətɪərɪə'lɪstɪk] ADJ materialista
materialize [mə'tɪərɪəlaɪz] VI materializar-se, concretizar-se
materially [mə'tɪərɪəlɪ] ADV materialmente
maternal [mə'tə:nl] ADJ maternal
maternity [mə'tə:nɪtɪ] N maternidade *f* ■ CPD

de maternidade, de gravidez; **maternity benefit** N auxílio-maternidade *m*; **maternity dress** N vestido de gestante; **maternity hospital** N maternidade *f*

matey ['meɪtɪ] (*Brit: inf*) ADJ chapinha

math [mæθ] (*US*) N = **maths**

mathematical [mæθə'mætɪkl] ADJ matemático

mathematician [mæθəmə'tɪʃən] N matemático(-a)

mathematics [mæθə'mætɪks] N matemática

maths [mæθs] (*US* **math**) N matemática

matinée ['mætɪneɪ] N matinê *f*

mating ['meɪtɪŋ] N acasalamento; **mating call** N chamado do macho; **mating season** N época de cio

matriarchal [meɪtrɪ'ɑ:kl] ADJ matriarcal

matrices ['meɪtrɪsi:z] NPL *of* **matrix**

matriculation [mətrɪkju'leɪʃən] N matrícula

matrimonial [mætrɪ'məunɪəl] ADJ matrimonial

matrimony ['mætrɪmənɪ] N matrimônio, casamento

matrix ['meɪtrɪks] (*pl* **matrices**) N matriz *f*

matron ['meɪtrən] N (*in hospital*) enfermeira-chefe *f*; (*in school*) inspetora

matronly ['meɪtrənlɪ] ADJ matronal; (*fig: figure*) corpulento

matt [mæt] ADJ fosco, sem brilho

matted ['mætɪd] ADJ embaraçado

matter ['mætəʳ] N questão *f*, assunto; (*Phys*) matéria; (*substance*) substância; (*content*) conteúdo; (*reading matter etc*) material *m*; (*Med: pus*) pus *m* ■ VI importar; **matters** NPL (*affairs*) questões *fpl*; **it doesn't ~** não importa; (*I don't mind*) tanto faz; **what's the ~?** o que (é que) há?, qual é o problema?; **no ~ what** aconteça o que acontecer; **as a ~ of course** o que é de se esperar; (*routine*) por rotina; **as a ~ of fact** na realidade, de fato; **it's a ~ of habit** é uma questão de hábito; **printed ~** impressos; **reading ~** (*Brit*) (*material de*) leitura

matter-of-fact [mætərə'fækt] ADJ prosaico, prático

matting ['mætɪŋ] N esteira

mattress ['mætrɪs] N colchão *m*

mature [mə'tjuəʳ] ADJ maduro; (*cheese, wine*) amadurecido ■ VI amadurecer

maturity [mə'tjuərɪtɪ] N maturidade *f*

maudlin ['mɔ:dlɪn] ADJ (*film, book*) piegas *inv*; (*person*) chorão(-rona)

maul [mɔ:l] VT machucar, maltratar

Mauritania [mɔ:rɪ'teɪnɪə] N Mauritânia

Mauritius [mə'rɪʃəs] N Maurício *f* (*no article*)

mausoleum [mɔ:sə'lɪəm] N mausoléu *m*

mauve [məuv] ADJ cor de malva *inv*

maverick ['mævrɪk] N (*fig*) dissidente *m/f*

mawkish ['mɔ:kɪʃ] ADJ piegas *inv*

max. ABBR = **maximum**

maxim ['mæksɪm] N máxima

maxima ['mæksɪmə] NPL *of* **maximum**

maximize ['mæksɪmaɪz] VT maximizar

maximum ['mæksɪməm] (*pl* **maxima** *or* **maximums**) ADJ máximo ■ N máximo

May [meɪ] N maio; *see also* **July**

may [meɪ] (*conditional* **might**) AUX VB (*indicating possibility*): **he ~ come** pode ser que ele venha, é capaz de vir; (*be allowed to*): **~ I smoke?** posso fumar?; (*wishes*): **~ God bless you!** que Deus lhe abençoe; **he might be there** ele poderia estar lá, ele é capaz de estar lá; **I might as well go** mais vale que eu vá; **you might like to try** talvez você queira tentar

maybe ['meɪbi:] ADV talvez; **~ he'll come** talvez ele venha; **~ not** talvez não

May Day N dia *m* primeiro de maio

mayday ['meɪdeɪ] N S.O.S. *m* (*chamada de socorro internacional*)

mayhem ['meɪhɛm] N caos *m*

mayonnaise [meɪə'neɪz] N maionese *f*

mayor [mɛəʳ] N prefeito (BR), presidente *m* do município (PT)

mayoress ['mɛərɪs] N prefeita (BR), presidenta do município (PT)

maypole ['meɪpəul] N *mastro erguido no dia primeiro de maio*

maze [meɪz] N labirinto

MB ABBR (*Comput*) = **megabyte**; (*Canadian*) = **Manitoba**

MBA N ABBR (= *Master of Business Administration*) *grau universitário*

MBBS (*Brit*) N ABBR (= *Bachelor of Medicine and Surgery*) *grau universitário*

MBChB (*Brit*) N ABBR (= *Bachelor of Medicine and Surgery*) *grau universitário*

MBE (*Brit*) N ABBR (= *Member of the Order of the British Empire*) *título honorífico*

MC N ABBR = **master of ceremonies**

MCAT (*US*) N ABBR = **Medical College Admissions Test**

MCP (*Brit: inf*) N ABBR (= *male chauvinist pig*) machista *m*

MD N ABBR = **Doctor of Medicine**; (*Comm*) = **managing director** ■ ABBR (*US: Post*) = **Maryland**

MDT (*US*) ABBR (= *Mountain Daylight Time*) *hora de verão nas montanhas Rochosas*

ME (*US*) ABBR (*Post*) = **Maine** ■ N ABBR (*Med*) = **medical examiner**

KEYWORD

me [mi:] PRON **1** (*direct*) me; **can you hear me?** você pode me ouvir?; **he heard me** ele me ouviu; **he heard ME!** (*not anyone else*) ele me ouviu; **it's me** sou eu
2 (*indirect*) me; **he gave me the money, he gave the money to me** ele deu o dinheiro para mim; **give them to me** dê-me-os
3 (*stressed, after prep*) mim; **it's for me** é para mim; **with me** comigo; **without me** sem mim

meadow ['mɛdəu] N prado, campina

meagre ['mi:gəʳ] (*US* **meager**) ADJ escasso

meal [mi:l] N refeição *f*; (*flour*) farinha; **to go**

out for a ~ jantar fora
mealtime ['mi:ltaɪm] N hora da refeição
mealy-mouthed ['mi:limauðd] ADJ insincero
mean [mi:n] (*pt, pp* **meant**) ADJ (*with money*) sovina, avarento, pão-duro *inv* (BR); (*unkind*) mesquinho; (*shabby*) malcuidado, dilapidado; (*of poor quality*) inferior; (*average*) médio ■ VT (*signify*) significar, querer dizer; (*refer to*): **I thought you ~t her** eu pensei que você estivesse se referindo a ela; (*intend*): **to ~ to do sth** pretender *or* tencionar fazer algo ■ N meio, meio termo; **means** NPL (*way, money*) meio; **by ~s of** por meio de, mediante; **by all ~s!** claro que sim!, pois não; **do you ~ it?** você está falando sério?; **what do you ~?** o que você quer dizer?; **to be ~t for** estar destinado a
meander [mɪ'ændəʳ] VI (*river*) serpentear; (*person*) vadiar, perambular
meaning ['mi:nɪŋ] N sentido, significado
meaningful ['mi:nɪŋful] ADJ significativo; (*relationship*) sério
meaningless ['mi:nɪŋlɪs] ADJ sem sentido
meanness ['mi:nnɪs] N (*with money*) avareza, sovinice *f*; (*shabbiness*) pobreza, miséria; (*unkindness*) maldade *f*, mesquinharia
means test N (*Admin*) avaliação *f* de rendimento
meant [mɛnt] PT, PP *of* **mean**
meantime ['mi:ntaɪm] ADV (*also*: **in the meantime**) entretanto, enquanto isso
meanwhile ['mi:nwaɪl] ADV = **meantime**
measles ['mi:zlz] N sarampo
measly ['mi:zlɪ] (*inf*) ADJ miserável
measure ['mɛʒəʳ] VT medir; (*for clothes etc*) tirar as medidas de; (*consider*) avaliar, ponderar ■ VI medir ■ N medida; (*ruler*: *also*: **tape measure**) fita métrica; **a litre ~** um litro; **some ~ of success** certo grau de sucesso; **to take ~s to do sth** tomar medidas *or* providências para fazer algo
▸ **measure up** VI: **to ~ up (to)** corresponder (a)
measured ['mɛʒəd] ADJ medido, calculado; (*tone*) ponderado
measurement ['mɛʒəmənt] N (*act*) medição *f*; (*dimension*) medida; **measurements** NPL (*size*) medidas *fpl*; **to take sb's ~s** tirar as medidas de alguém; **chest/hip ~** medida de peito/quadris
meat [mi:t] N carne *f*; **cold ~s** (*Brit*) frios; **crab ~** caranguejo
meatball ['mi:tbɔ:l] N almôndega
meat pie N bolo de carne
meaty ['mi:tɪ] ADJ carnudo; (*fig*) substancial
Mecca ['mɛkə] N Meca; (*fig*): **a ~ (for)** a meca (de)
mechanic [mɪ'kænɪk] N mecânico
mechanical [mɪ'kænɪkl] ADJ mecânico; **mechanical engineer** N engenheiro(-a) mecânico(-a)
mechanics [mɪ'kænɪks] N mecânica ■ NPL mecanismo
mechanical engineering N (*science*) mecânica; (*industry*) engenharia mecânica
mechanism ['mɛkənɪzəm] N mecanismo
mechanization [mɛkənaɪ'zeɪʃən] N mecanização *f*
MEd N ABBR (= *Master of Education*) *grau universitário*
medal ['mɛdl] N medalha
medalist ['mɛdəlɪst] (*US*) N = **medallist**
medallion [mɪ'dæliən] N medalhão *m*
medallist ['mɛdəlɪst] (*US* **medalist**) N (*Sport*) ganhador(a) *m/f* de medalha
meddle ['mɛdl] VI: **to ~ in** meter-se em, intrometer-se em; **to ~ with sth** mexer em algo
meddlesome ['mɛdlsəm] ADJ intrometido
meddling ['mɛdlɪŋ] ADJ intrometido
media ['mi:dɪə] NPL meios *mpl* de comunicação, mídia
mediaeval [mɛdɪ'i:vl] ADJ = **medieval**
median ['mi:dɪən] (*US*) N (*also*: **median strip**) canteiro divisor
media research N pesquisa de audiência
mediate ['mi:dɪeɪt] VI mediar
mediation [mi:dɪ'eɪʃən] N mediação *f*
mediator ['mi:dɪeɪtəʳ] N mediador(a) *m/f*
Medicaid ['mɛdɪkeɪd] (*US*) N programa de ajuda médica.
medical ['mɛdɪkl] ADJ médico ■ N (*examination*) exame *m* médico; **medical certificate** N atestado médico; **medical student** N estudante *m/f* de medicina
Medicare ['mɛdɪkɛəʳ] (*US*) N *sistema federal de seguro saúde*
medicated ['mɛdɪkeɪtɪd] ADJ medicinal, higienizado
medication [mɛdɪ'keɪʃən] N (*drugs etc*) medicação *f*
medicinal [mɛ'dɪsɪnl] ADJ medicinal
medicine ['mɛdsɪn] N medicina; (*drug*) remédio, medicamento; **medicine chest** N armário de remédios; **medicine man** (*irreg*) N curandeiro *m*, pajé *m*
medieval [mɛdɪ'i:vl] ADJ medieval
mediocre [mi:dɪ'əukəʳ] ADJ medíocre
mediocrity [mi:dɪ'ɔkrɪtɪ] N mediocridade *f*
meditate ['mɛdɪteɪt] VI meditar
meditation [mɛdɪ'teɪʃən] N meditação *f*
Mediterranean [mɛdɪtə'reɪnɪən] ADJ mediterrâneo; **the ~ (Sea)** o (mar) Mediterrâneo
medium ['mi:dɪəm] (*pl* **mediums**) ADJ médio ■ N (*means*) meio (*pl* **mediums**) (*person*) médium *m/f*; **the happy ~** o justo meio
medium-sized [-saɪzd] ADJ de tamanho médio
medium wave N (*Radio*) onda média
medley ['mɛdlɪ] N mistura; (*Mus*) pot-pourri *m*
meek [mi:k] ADJ manso, dócil
meet [mi:t] (*pt, pp* **met**) VT (*gen*) encontrar; (*accidentally*) topar com, dar de cara com; (*by arrangement*) encontrar-se com, ir ao encontro de; (*for the first time*) conhecer; (*go and fetch*) ir buscar; (*opponent, problem*) enfrentar; (*obligations*) cumprir; (*need*) satisfazer ■ VI encontrar-se; (*for talks*) reunir-se; (*join*: *objects*)

unir-se; (*get to know*) conhecer-se ■ N (*Brit: Hunting*) reunião *f* de caçadores; (*US: Sport*) promoção *f*, competição *f*; **pleased to ~ you!** prazer em conhecê-lo/-la
▸ **meet up** VI: **to ~ up with sb** encontrar-se com alguém
▸ **meet with** VT FUS reunir-se com; (*face: difficulty*) encontrar

meeting ['mi:tɪŋ] N encontro; (*session: of club, Comm*) reunião *f*; (*assembly: of people, Pol*) assembléia; (*interview*) entrevista; (*Sport*) corrida; **she's in** *or* **at a ~** ela está em conferência; **to call a ~** convocar uma reunião; **meeting place** N ponto de encontro

megabyte ['mɛgəbaɪt] N (*Comput*) megabyte *m*

megalomaniac [mɛgələu'meɪnɪæk] ADJ, N megalomaníaco(-a)

megaphone ['mɛgəfəun] N megafone *m*

megapixel ['mɛgəpɪksl] N megapixel *m*

melancholy ['mɛlənkəlɪ] N melancolia ■ ADJ melancólico

melee ['mɛleɪ] N briga, refrega

mellow ['mɛləu] ADJ (*sound*) melodioso, suave; (*colour, wine*) suave; (*fruit*) maduro ■ VI (*person*) amadurecer

melodious [mɪ'ləudɪəs] ADJ melodioso

melodrama ['mɛlədrɑ:mə] ADJ melodrama *m*

melodramatic [mɛlədrə'mætɪk] ADJ melodramático

melody ['mɛlədɪ] N melodia

melon ['mɛlən] N melão *m*

melt [mɛlt] VI (*metal*) fundir-se; (*snow*) derreter; (*fig*) desvanecer-se ■ VT derreter
▸ **melt away** VI desaparecer
▸ **melt down** VT fundir

meltdown ['mɛltdaun] N fusão *f*

melting point ['mɛltɪŋ-] N ponto de fusão

melting pot ['mɛltɪŋ-] N (*fig*) mistura

member ['mɛmbə^{r}] N membro(-a); (*of club*) sócio(-a); (*Anat*) membro ■ CPD: **~ state** estado membro; **M~ of Parliament** (*Brit*) deputado(-a); **M~ of the European Parliament** (*Brit*) Membro(-a) do Parlamento Europeu; **M~ of the House of Representatives** (*US*) membro(-a) da Câmara dos representantes

membership ['mɛmbəʃɪp] N (*state*) adesão *f*; (*of club*) associação *f*; (*members*) número de sócios; **to seek ~ of** candidatar-se a sócio de; **membership card** N carteira de sócio

membrane ['mɛmbreɪn] N membrana

memento [mə'mɛntəu] (*pl* **mementos** *or* **mementoes**) N lembrança

memo ['mɛməu] N memorando, nota

memoirs ['mɛmwɑ:z] NPL memórias *fpl*

memo pad N bloco de memorando

memorable ['mɛmərəbl] ADJ memorável

memoranda [mɛmə'rændə] NPL *of* **memorandum**

memorandum [mɛmə'rændəm] (*pl* **memoranda**) N memorando

memorial [mɪ'mɔ:rɪəl] N monumento comemorativo ■ ADJ comemorativo; **Memorial Day** (*US*) N *ver abaixo*

MEMORIAL DAY

Memorial Day é um feriado nos Estados Unidos, a última segunda-feira de maio na maior parte dos estados, em memória aos soldados americanos mortos em combate.

memorize ['mɛməraɪz] VT decorar, aprender de cor

memory ['mɛmərɪ] N memória; (*recollection*) lembrança; (*of dead person*): **in ~ of** em memória de; **to have a good/bad ~** ter memória boa/ruim; **loss of ~** perda de memória; **memory card** N placa de memória

men [mɛn] NPL *of* **man**

menace ['mɛnəs] N ameaça; (*nuisance*) droga ■ VT ameaçar

menacing ['mɛnəsɪŋ] ADJ ameaçador(a)

menagerie [mə'nædʒərɪ] N coleção *f* de animais

mend [mɛnd] VT consertar, reparar; (*darn*) remendar ■ N remendo; **to be on the ~** estar melhorando

mending ['mɛndɪŋ] N conserto, reparo; (*clothes*) roupas *fpl* por consertar

menial ['mi:nɪəl] ADJ (*often pej*) humilde, subalterno

meningitis [mɛnɪn'dʒaɪtɪs] N meningite *f*

menopause ['mɛnəupɔ:z] N menopausa

menservants ['mɛnsə:vənts] NPL *of* **manservant**

menstruate ['mɛnstruɛɪt] VI menstruar

menstruation [mɛnstru'eɪʃən] N menstruação *f*

mental ['mɛntl] ADJ mental; **~ illness** doença mental

mentality [mɛn'tælɪtɪ] N mentalidade *f*

mentally ['mɛntlɪ] ADV: **to be ~ handicapped** ser deficiente mental

menthol ['mɛnθɔl] N mentol *m*

mention ['mɛnʃən] N menção *f* ■ VT mencionar; (*speak of*) falar de; **don't ~ it!** não tem de quê!, de nada!; **I need hardly ~ that ...** não preciso dizer que ...; **not to ~ ..., without ~ing ...** para não falar de ..., sem falar de ...

mentor ['mɛntɔ:^{r}] N mentor *m*

menu ['mɛnju:] N (*set menu, Comput*) menu *m*; (*printed*) cardápio (BR), ementa (PT)

menu-driven ADJ (*Comput*) que se navega através de menus

MEP N ABBR = **Member of the European Parliament**

mercantile ['mə:kəntaɪl] ADJ mercantil; (*law*) comercial

mercenary ['mə:sɪnərɪ] ADJ mercenário ■ N mercenário

merchandise ['mə:tʃəndaɪz] N mercadorias *fpl* ■ VT comercializar

merchandiser ['mə:tʃəndaɪzə^{r}] N comerciante *m/f*

merchant ['mə:tʃənt] N comerciante *m/f*;

timber/wine ~ negociante de madeira/vinhos; **merchant bank** (*Brit*) N banco mercantil
merchantman ['mə:tʃəntmən] (*irreg*) N navio mercante
merchant navy (*US* **merchant marine**) N marinha mercante
merciful ['mə:sɪful] ADJ (*person*) misericordioso, humano; (*release*) afortunado
mercifully ['mə:sɪflɪ] ADV misericordiosamente, generosamente; (*fortunately*) graças a Deus, felizmente
merciless ['mə:sɪlɪs] ADJ desumano, inclemente
mercurial [mə:'kjuərɪəl] ADJ volúvel; (*lively*) vivo
mercury ['mə:kjurɪ] N mercúrio
mercy ['mə:sɪ] N piedade *f*; (*Rel*) misericórdia; **to have ~ on sb** apiedar-se de alguém; **at the ~ of** à mercê de; **mercy killing** N eutanásia
mere [mɪə^{r}] ADJ mero, simples *inv*
merely ['mɪəlɪ] ADV simplesmente, somente, apenas
merge [mə:dʒ] VT (*join*) unir; (*mix*) misturar; (*Comm*) fundir; (*Comput*) intercalar ■ VI unir-se; (*Comm*) fundir-se
merger ['mə:dʒə^{r}] N (*Comm*) fusão *f*
meridian [mə'rɪdɪən] N meridiano
meringue [mə'ræŋ] N suspiro, merengue *m*
merit ['mɛrɪt] N mérito; (*advantage*) vantagem *f* ■ VT merecer
meritocracy [mɛrɪ'tɔkrəsɪ] N sistema *m* social baseado no mérito
mermaid ['mə:meɪd] N sereia
merrily ['mɛrɪlɪ] ADV alegremente, com alegria
merriment ['mɛrɪmənt] N alegria
merry ['mɛrɪ] ADJ alegre; **M~ Christmas!** Feliz Natal!
merry-go-round N carrossel *m*
mesh [mɛʃ] N malha; (*Tech*) engrenagem *f* ■ VI (*gears*) engrenar
mesmerize ['mɛzmərəɪz] VT hipnotizar
mess [mɛs] N (*situation*) confusão *f*; (*of objects*) desordem *f*; (*in room*) bagunça; (*Mil*) rancho; **to be in a ~** (*untidy*) ser uma bagunça, estar numa bagunça; (*fig: marriage, life*) estar bagunçado; **to be/get o.s. in a ~** (*fig*) meter-se numa encrenca
▸ **mess about** (*inf*) VI perder tempo; (*pass the time*) vadiar
▸ **mess about with** (*inf*) VT FUS mexer com
▸ **mess around** (*inf*) VI = **mess about**
▸ **mess around with** (*inf*) VT FUS = **to mess about with**
▸ **mess up** VT (*disarrange*) desarrumar; (*spoil*) estragar; (*dirty*) sujar
message ['mɛsɪdʒ] N recado, mensagem *f*; **to get the ~** (*fig: inf*) sacar, pescar; **message switching** [-'swɪtʃɪŋ] N (*Comput*) troca de mensagens
messenger ['mɛsɪndʒə^{r}] N mensageiro(-a)
Messiah [mɪ'saɪə] N Messias *m*
Messrs ['mɛsəz] ABBR (*on letters: = messieurs*) Srs
messy ['mɛsɪ] ADJ (*dirty*) sujo; (*untidy*) desarrumado; (*confused*) bagunçado
Met [mɛt] (*US*) N ABBR = **Metropolitan Opera**
met [mɛt] PT, PP *of* **meet** ■ ADJ ABBR = **meteorological**
metabolism [mɛ'tæbəlɪzəm] N metabolismo
metal ['mɛtl] N metal *m* ■ VT (*road*) empedrar
metallic [mɛ'tælɪk] ADJ metálico
metallurgy [mɛ'tælədʒɪ] N metalurgia
metalwork ['mɛtlwə:k] N (*craft*) trabalho em metal
metamorphosis [mɛtə'mɔ:fəsɪs] (*pl* **metamorphoses**) N metamorfose *f*
metaphor ['mɛtəfə^{r}] N metáfora
metaphysics [mɛtə'fɪzɪks] N metafísica
meteor ['mi:tɪə^{r}] N meteoro
mete out [mi:t-] VT infligir
meteoric [mi:tɪ'ɔrɪk] ADJ (*fig*) meteórico
meteorite ['mi:tɪəraɪt] N meteorito
meteorological [mi:tɪərə'lɔdʒɪkl] ADJ meteorológico
meteorology [mi:tɪə'rɔlədʒɪ] N meteorologia
meter ['mi:tə^{r}] N (*instrument*) medidor *m*; (*also: parking meter*) parcômetro; (*US: unit*) = **metre**
methane ['mi:θeɪn] N metano
method ['mɛθəd] N método; **~ of payment** modalidade de pagamento
methodical [mɪ'θɔdɪkl] ADJ metódico
Methodist ['mɛθədɪst] ADJ, N metodista *m/f*
methodology [mɛθəd'ɔlədʒɪ] N metodologia
meths [mɛθs] (*Brit*) N = **methylated spirit**
methylated spirit ['mɛθɪleɪtɪd-] (*Brit*) N álcool *m* metílico *or* desnaturado
meticulous [mɛ'tɪkjuləs] ADJ meticuloso
metre ['mi:tə^{r}] (*US* **meter**) N metro
metric ['mɛtrɪk] ADJ métrico; **to go ~** adotar o sistema métrico decimal
metrical ['mɛtrɪkl] ADJ métrico
metrication [mɛtrɪ'keɪʃən] N conversão *f* ao sistema métrico decimal
metric system N sistema *m* métrico decimal
metric ton N tonelada (métrica)
metronome ['mɛtrənəum] N metrônomo
metropolis [mɪ'trɔpəlɪs] N metrópole *f*
metropolitan [mɛtrə'pɔlɪtən] ADJ metropolitano
Metropolitan Police (*Brit*) N: **the ~** a polícia de Londres
mettle ['mɛtl] N (*spirit*) caráter *m*, têmpera; (*courage*) coragem *f*
mew [mju:] VI (*cat*) miar
mews [mju:z] (*Brit*) N: **~ cottage** *pequena casa resultante de reforma de antigos estábulos*
Mexican ['mɛksɪkən] ADJ, N mexicano(-a)
Mexico ['mɛksɪkəu] N México; **Mexico City** N Cidade *f* do México
mezzanine ['mɛtsəni:n] N sobreloja, mezanino
MFA (*US*) N ABBR (= *Master of Fine Arts*) *grau universitário*
mfr ABBR = **manufacture; manufacturer**
mg ABBR (= *milligram*) mg
Mgr ABBR = **Monseigneur; Monsignor**; (: = *manager*) dir
MHR (*US*) N ABBR = **Member of the House of**

Representatives
MHz ABBR (= *megahertz*) MHz
MI (*US*) ABBR (*Post*) = **Michigan**
MI5 (*Brit*) N ABBR (= *Military Intelligence 5*) ≈ SNI *m*
MI6 (*Brit*) N ABBR (= *Military Intelligence 6*) ≈ SNI *m*
MIA ABBR = **missing in action**
miaow [mi:'au] VI miar
mice [maɪs] NPL *of* **mouse**
micro... [maɪkrəu] PREFIX micro
microbe ['maɪkrəub] N micróbio
microbiology [maɪkrəubaɪ'ɔlədʒɪ] N microbiologia
microchip ['maɪkrəutʃɪp] N microchip *m*
micro(computer) ['maɪkrəu(kəm'pju:tə^r)] N micro(computador) *m*
microcosm ['maɪkrəukɔzəm] N microcosmo
microeconomics [maɪkrəui:kə'nɔmɪks] N microeconomia
microfiche ['maɪkrəufi:ʃ] N microficha
microfilm ['maɪkrəufɪlm] N microfilme *m* ■ VT microfilmar
microlight ['maɪkrəulaɪt] N ultraleve *m*
micrometer [maɪ'krɔmɪtə^r] N micrômetro
microphone ['maɪkrəfəun] N microfone *m*
microprocessor [maɪkrəu'prəusɛsə^r] N microprocessador *m*
microscope ['maɪkrəskəup] N microscópio; **under the ~** com microscópio
microscopic [maɪkrə'skɔpɪk] ADJ microscópico
microwave ['maɪkrəuweɪv] N (*also*: **microwave oven**) forno microondas
mid [mɪd] ADJ: **in ~ May** em meados de maio; **in ~ afternoon** no meio da tarde; **in ~ air** em pleno ar; **he's in his ~ thirties** ele tem por volta de trinta e cinco anos
midday ['mɪddeɪ] N meio-dia *m*
middle ['mɪdl] N meio; (*waist*) cintura ■ ADJ meio; (*quantity, size*) médio, mediano; **in the ~ of the night** no meio da noite; **I'm in the ~ of reading it** estou no meio da leitura; **middle age** N meia-idade *f* ■ CPD: **middle-age spread** barriga de meia-idade
middle-aged ADJ de meia-idade
Middle Ages NPL: **the ~** a Idade Média
middle class N: **the ~(es)** a classe média ■ ADJ (*also*: **middle-class**) de classe média
Middle East N: **the ~** o Oriente Médio
middleman ['mɪdlmæn] (*irreg*) N intermediário; (*Comm*) atravessador *m*
middle management N escalão gerencial intermediário
middlemen ['mɪdlmɛn] NPL *of* **middleman**
middle name N segundo nome *m*
middle-of-the-road ADJ (*policy*) de meio-termo; (*music*) romântico
middleweight ['mɪdlweɪt] N (*Boxing*) peso médio
middling ['mɪdlɪŋ] ADJ mediano
midge [mɪdʒ] N mosquito
midget ['mɪdʒɪt] N anão(-anã) *m/f* ■ ADJ minúsculo
Midlands ['mɪdləndz] NPL *região central da Inglaterra*
midnight ['mɪdnaɪt] N meia-noite *f*; **at ~** à meia-noite
midriff ['mɪdrɪf] N barriga
midst [mɪdst] N: **in the ~ of** no meio de, entre
midsummer [mɪd'sʌmə^r] N: **a ~ day** um dia em pleno verão
midway [mɪd'weɪ] ADJ, ADV: **~ (between)** no meio do caminho (entre)
midweek [mɪd'wi:k] ADV no meio da semana
midwife ['mɪdwaɪf] (*pl* **midwives**) N parteira
midwifery ['mɪdwɪfərɪ] N trabalho de parteira, obstetrícia
midwinter [mɪd'wɪntə^r] N: **in ~** em pleno inverno
midwives ['mɪdwaɪvz] NPL *of* **midwife**
might [maɪt] VB *see* **may** ■ N poder *m*, força
mighty ['maɪtɪ] ADJ poderoso, forte ■ ADV (*inf*): **~ ... ...** pra burro
migraine ['mi:greɪn] N enxaqueca
migrant ['maɪgrənt] N (*bird*) ave *f* de arribação; (*person*) emigrante *m/f*; (*fig*) nômade *m/f* ■ ADJ migratório; (*worker*) emigrante
migrate [maɪ'greɪt] VI emigrar; (*birds*) arribar
migration [maɪ'greɪʃən] N emigração *f*; (*of birds*) arribação *f*
mike [maɪk] N ABBR = **microphone**
mild [maɪld] ADJ (*character*) pacífico; (*climate*) temperado; (*slight*) ligeiro; (*taste*) suave; (*illness*) leve, benigno; (*interest*) pequeno ■ N cerveja ligeira
mildew ['mɪldju:] N mofo; (*Bot*) míldio
mildly ['maɪldlɪ] ADV brandamente; (*slightly*) ligeiramente, um tanto; **to put it ~** (*inf*) para não dizer coisa pior
mildness ['maɪldnɪs] N (*softness*) suavidade *f*; (*gentleness*) doçura; (*quiet character*) brandura
mile [maɪl] N milha (*1609 m*); **to do 30 ~s per gallon** ≈ fazer 10.64 quilômetros por litro
mileage ['maɪlɪdʒ] N número de milhas; (*Aut*) ≈ quilometragem *f*; **mileage allowance** N ≈ ajuda de custo com base na quilometragem rodada
mileometer [maɪ'lɔmɪtə^r] (*Brit*) N ≈ conta-quilômetros *m inv*
milestone ['maɪlstəun] N marco miliário; (*event*) marco
milieu ['mi:ljə:] (*pl* **milieus** *or* **milieux**) N meio, meio social
milieux ['mi:ljə:z] NPL *of* **milieu**
militant ['mɪlɪtnt] ADJ, N militante *m/f*
militarism ['mɪlɪtərɪzəm] N militarismo
militaristic [mɪlɪtə'rɪstɪk] ADJ militarista
military ['mɪlɪtərɪ] ADJ militar ■ N: **the ~** as forças armadas, os militares
militate ['mɪlɪteɪt] VI: **to ~ against** militar contra
militia [mɪ'lɪʃə] N milícia
milk [mɪlk] N leite *m* ■ VT (*cow*) ordenhar; (*fig*) explorar, chupar; **milk chocolate** N chocolate *m* de leite; **milk float** (*Brit*) N furgão *m* de leiteiro

milking ['mɪlkɪŋ] N ordenhação *f*, ordenha
milkman ['mɪlkmən] (*irreg*) N leiteiro
milk shake N milk-shake *m*, leite *m* batido com sorvete
milk tooth (*irreg*) N dente *m* de leite
milk truck (*US*) N = **milk float**
milky ['mɪlkɪ] ADJ leitoso
Milky Way N Via Láctea
mill [mɪl] N (*windmill etc*) moinho; (*coffee mill*) moedor *m* de café; (*factory*) moinho, engenho; (*spinning mill*) fábrica de tecelagem, fiação *f* ■ VT moer ■ VI (*also*: **mill about**) aglomerar-se, remoinhar
millennia [mɪ'lɛnɪə] NPL *of* **millennium**
millennium [mɪ'lɛnɪəm] (*pl* **millenniums** *or* **millennia**) N milênio, milenário
miller ['mɪlə^{r}] N moleiro(-a)
millet ['mɪlɪt] N milhete *m*
milli... ['mɪlɪ] PREFIX mili...
milligram(me) ['mɪlɪgræm] N miligrama *m*
millilitre ['mɪlɪli:tə^{r}] (*US* **milliliter**) N mililitro
millimetre ['mɪlɪmi:tə^{r}] (*US* **millimeter**) N milímetro
milliner ['mɪlɪnə^{r}] N chapeleiro(-a) de senhoras
millinery ['mɪlɪnərɪ] N chapelaria de senhoras
million ['mɪljən] N milhão *m*; **a ~ times** um milhão de vezes
millionaire [mɪljə'nɛə^{r}] N milionário(-a)
millipede ['mɪlɪpi:d] N embuá *m*
millstone ['mɪlstəun] N mó *f*, pedra (de moinho)
millwheel ['mɪlwi:l] N roda de azenha
milometer [maɪ'lɔmɪtə^{r}] N = **mileometer**
mime [maɪm] N mimo; (*actor*) mímico(-a), comediante *m/f* ■ VT imitar ■ VI fazer mímica
mimic ['mɪmɪk] N mímico(-a), imitador(a) *m/f* ■ VT imitar, parodiar
mimicry ['mɪmɪkrɪ] N imitação *f*; (*Zool*) mimetismo
Min. (*Brit*) ABBR (*Pol*) = **ministry**
min. ABBR = **minute**; (= *minimum*) min
minaret [mɪnə'rɛt] N minarete *m*
mince [mɪns] VT moer ■ VI (*in walking*) andar com afetação ■ N (*Brit*: *Culin*) carne *f* moída; **he does not ~ (his) words** ele não tem papas na língua
mincemeat ['mɪnsmi:t] N *recheio de sebo e frutas picadas*; (*US*: *meat*) carne *f* moída
mince pie N *pastel com recheio de sebo e frutas picadas*
mincer ['mɪnsə^{r}] N moedor *m* de carne
mincing ['mɪnsɪŋ] ADJ afetado
mind [maɪnd] N mente *f*; (*intellect*) intelecto; (*opinion*): **to my ~** a meu ver; (*sanity*): **to be out of one's ~** estar fora de si ■ VT (*attend to, look after*) tomar conta de, cuidar de; (*be careful of*) ter cuidado com; (*object to*): **I don't ~ the noise** o barulho não me incomoda; **do you ~ if ...?** você se incomoda se ...?; **it is on my ~** não me sai de cabeça; **to keep** *or* **bear sth in ~** levar algo em consideração, não esquecer-se de algo; **to make up one's ~** decidir-se; **I don't ~** (*it doesn't worry me*) eu nem ligo; (*it's all the same to me*) para mim tanto faz; **~ you, ...** se bem que ...; **never ~!** não faz mal, não importa!; (*don't worry*) não se preocupe!; **to change one's ~** mudar de idéia; **to be in two ~s about sth** (*Brit*) estar dividido em relação a algo; **to have sb/sth in ~** ter alguém/algo em mente; **to have in ~ to do** pretender fazer; **it went right out of my ~** saiu-me totalmente da cabeça; **to bring** *or* **call sth to ~** lembrar algo; **"~ the step"** "cuidado com o degrau"
-minded ['maɪndɪd] SUFFIX: **fair~** imparcial, justo; **an industrially~ nation** uma nação de vocação industrial
minder ['maɪndə^{r}] N (*childminder*) pessoa que toma conta de crianças; (*bodyguard*) guarda-costas *m/f inv*
mindful ['maɪndful] ADJ: **~ of** consciente de, atento a
mindless ['maɪndlɪs] ADJ estúpido; (*violence, crime*) insensato; (*job*) monótono

KEYWORD

mine¹ [maɪn] PRON o meu (a minha); **that book is mine** esse livro é meu; **these cases are mine** estas caixas são minhas; **this is mine** este é meu; **yours is red, mine is green** o seu é vermelho, o meu é verde; **a friend of mine** um amigo meu

mine² N mina ■ VT (*coal*) extrair, explorar; (*ship, beach*) minar; **mine detector** N detector *m* de minas
minefield ['maɪnfi:ld] N campo minado; (*fig*) área delicada
miner ['maɪnə^{r}] N mineiro
mineral ['mɪnərəl] ADJ mineral ■ N mineral *m*; **minerals** NPL (*Brit*: *soft drinks*) refrigerantes *mpl*
mineralogy [mɪnə'rælədʒɪ] N mineralogia
mineral water N água mineral
minesweeper ['maɪnswi:pə^{r}] N caça-minas *m inv*
mingle ['mɪŋgl] VT misturar ■ VI: **to ~ with** misturar-se com
mingy ['mɪndʒɪ] (*inf*) ADJ sovina, pão-duro *inv* (BR)
miniature ['mɪnətʃə^{r}] ADJ em miniatura ■ N miniatura
minibus ['mɪnɪbʌs] N microônibus *m*
minicab ['mɪnɪkæb] (*Brit*) N ≈ (táxi *m*) cooperativado
minicomputer ['mɪnɪkəm'pju:tə^{r}] N minicomputador *m*, mini *m*
MiniDisc® ['mɪnɪdɪsk] N MiniDisc® *m*
minim ['mɪnɪm] N (*Mus*) mínima
minima ['mɪnɪmə] NPL *of* **minimum**
minimal ['mɪnɪml] ADJ mínimo
minimize ['mɪnɪmaɪz] VT minimizar
minimum ['mɪnɪməm] (*pl* **minima**) ADJ mínimo ■ N mínimo; **to reduce to a ~** reduzir ao mínimo; **minimum lending rate** N (*Econ*) taxa mínima de empréstimos; **minimum wage** N

salário mínimo

mining ['maɪnɪŋ] N exploração *f* de minas ■ ADJ mineiro

minion ['mɪnjən] (*pej*) N lacaio

miniskirt ['mɪnɪskə:t] N minissaia

minister ['mɪnɪstəʳ] N (*Brit*: *Pol*) ministro(-a); (*Rel*) pastor *m* ■ VI: **to ~ to sb** prestar assistência a alguém; **to ~ to sb's needs** atender às necessidades de alguém

ministerial [mɪnɪs'tɪərɪəl] (*Brit*) ADJ (*Pol*) ministerial

ministry ['mɪnɪstrɪ] N (*Brit*: *Pol*) ministério; (*Rel*): **to go into the ~** ingressar no sacerdócio

mink [mɪŋk] N marta; **mink coat** N casaco de marta

minnow ['mɪnəu] N peixinho (de água doce)

minor ['maɪnəʳ] ADJ menor; (*unimportant*) de pouca importância; (*inferior*) inferior; (*Mus*) menor ■ N (*Law*) menor *m/f* de idade

Minorca [mɪ'nɔ:kə] N Minorca

minority [maɪ'nɔrɪtɪ] N minoria; (*age*) menoridade *f*; **to be in a ~** estar em minoria

minster ['mɪnstəʳ] N catedral *f*

minstrel ['mɪnstrəl] N menestrel *m*

mint [mɪnt] N (*plant*) hortelã *f*; (*sweet*) bala de hortelã ■ VT (*coins*) cunhar; **the (Royal) M~** (*Brit*) *or* **the (US) M~** (*US*) ≈ a Casa da Moeda; **in ~ condition** em perfeito estado; **mint sauce** N molho de hortelã

minuet [mɪnju'ɛt] N minueto

miniscule ['mɪnəskju:l] ADJ minúsculo

minus ['maɪnəs] N (*also*: **minus sign**) sinal *m* de subtração ■ PREP menos; (*without*) sem

minute[1] [maɪ'nju:t] ADJ miúdo, diminuto; (*search*) minucioso; **in ~ detail** por miúdo, em miúdos

minute[2] [*n* 'mɪnɪt] N minuto; (*official record*) ata; **minutes** NPL (*of meeting*) atas *fpl*; **it is 5 ~s past 3** são 3 e 5; **wait a ~!** (espere) minuto *or* minutinho!; **at the last ~** no último momento; **to leave sth till the last ~** deixar algo até em cima da hora; **up to the ~** (*fashion*) último; (*news*) de última hora; **up to the ~ technology** a última tecnologia; **minute book** N livro de atas; **minute hand** N ponteiro dos minutos

minutely [maɪ'nju:tlɪ] ADV (*by a small amount*) ligeiramente; (*in detail*) minuciosamente

miracle ['mɪrəkl] N milagre *m*

miraculous [mɪ'rækjuləs] ADJ milagroso

mirage ['mɪrɑ:ʒ] N miragem *f*

mire ['maɪəʳ] N lamaçal *m*

mirror ['mɪrəʳ] N espelho; (*in car*) retrovisor *m* ■ VT refletir; **mirror image** N imagem *f* de espelho

mirth [mə:θ] N alegria; (*laughter*) risada

misadventure [mɪsəd'vɛntʃəʳ] N desgraça, infortúnio; **death by ~** (*Brit*) morte acidental

misanthropist [mɪ'zænθrəpɪst] N misantropo(-a)

misapply [mɪsə'plaɪ] VT empregar mal

misapprehension [mɪsæprɪ'hɛnʃən] N mal-entendido, equívoco

misappropriate [mɪsə'prəuprɪeɪt] VT desviar

misappropriation [mɪsəprəuprɪ'eɪʃən] N desvio

misbehave [mɪsbɪ'heɪv] VI comportar-se mal

misbehaviour [mɪsbɪ'heɪvjəʳ] (*US* **misbehavior**) N mau comportamento

misc. ABBR = **miscellaneous**

miscalculate [mɪs'kælkjuleɪt] VT calcular mal

miscalculation [mɪskælkju'leɪʃən] N erro de cálculo

miscarriage ['mɪskærɪdʒ] N (*Med*) aborto (espontâneo); (*failure*): **~ of justice** erro judicial

miscarry [mɪs'kærɪ] VI (*Med*) abortar espontaneamente; (*fail*: *plans*) fracassar

miscellaneous [mɪsɪ'leɪnɪəs] ADJ (*items*, *expenses*) diverso; (*selection*) variado

miscellany [mɪ'sɛlənɪ] N coletânea

mischance [mɪs'tʃɑ:ns] N infelicidade *f*, azar *m*

mischief ['mɪstʃɪf] N (*naughtiness*) travessura; (*fun*) diabrura; (*harm*) dano, prejuízo; (*maliciousness*) malícia

mischievous ['mɪstʃɪvəs] ADJ malicioso; (*naughty*) travesso; (*playful*) traquino

misconception [mɪskən'sɛpʃən] N concepção *f* errada, conceito errado

misconduct [mɪs'kɔndʌkt] N comportamento impróprio; **professional ~** má conduta profissional

misconstrue [mɪskən'stru:] VT interpretar mal

miscount [mɪs'kaunt] VT, VI contar mal

misdeed [mɪs'di:d] N delito, ofensa

misdemeanour [mɪsdɪ'mi:nəʳ] (*US* **misdemeanor**) N má ação, contravenção *f*

misdirect [mɪsdɪ'rɛkt] VT (*person*) orientar *or* informar mal; (*letter*) endereçar mal

miser ['maɪzəʳ] N avaro(-a), sovina *m/f*

miserable ['mɪzərəbl] ADJ (*unhappy*) triste; (*wretched*) miserável; (*unpleasant*: *weather*, *person*) deprimente; (*contemptible*: *offer*) desprezível; (: *failure*) humilhante; **to feel ~** estar na fossa, estar de baixo astral

miserably ['mɪzərəblɪ] ADV (*smile*, *answer*) tristemente; (*fail*, *live*, *pay*) miseravelmente

miserly ['maɪzəlɪ] ADJ avarento, mesquinho

misery ['mɪzərɪ] N (*unhappiness*) tristeza; (*wretchedness*) miséria

misfire [mɪs'faɪəʳ] VI falhar

misfit ['mɪsfɪt] N (*person*) inadaptado(-a), deslocado(-a)

misfortune [mɪs'fɔ:tʃən] N desgraça, infortúnio

misgiving(s) [mɪs'gɪvɪŋ(z)] N(PL) (*mistrust*) desconfiança, receio; (*apprehension*) mau pressentimento; **to have misgiving(s)s about sth** ter desconfianças em relação a algo

misguided [mɪs'gaɪdɪd] ADJ enganado

mishandle [mɪs'hændl] VT (*treat roughly*) maltratar; (*mismanage*) manejar mal

mishap ['mɪshæp] N desgraça, contratempo

mishear [mɪs'hɪəʳ] (*irreg*) VT ouvir mal

mishmash ['mɪʃmæʃ] (*inf*) N mixórdia, salada

misinform [mɪsɪn'fɔ:m] VT informar mal

misinterpret [mɪsɪn'tə:prɪt] VT interpretar mal

misinterpretation [mɪsɪntə:prɪ'teɪʃən] N

interpretação *f* errônea
misjudge [mɪs'dʒʌdʒ] VT fazer um juízo errado de, julgar mal
mislay [mɪs'leɪ] (*irreg*) VT extraviar, perder
mislead [mɪs'li:d] (*irreg*: *like* **lead**) VT induzir em erro, enganar
misleading [mɪs'li:dɪŋ] ADJ enganoso, errôneo
misled [mɪs'led] PT, PP *of* **mislead**
mismanage [mɪs'mænɪdʒ] VT administrar mal; (*situation*) tratar de modo ineficiente
mismanagement [mɪs'mænɪdʒmənt] N má administração *f*
misnomer [mɪs'nəumə^r] N termo impróprio *or* errado
misogynist [mɪ'sɔdʒɪnɪst] N misógino
misplace [mɪs'pleɪs] VT (*lose*) extraviar, perder; (*wrongly*) colocar em lugar errado; **to be ~d** (*trust etc*) ser imerecido
misprint ['mɪsprɪnt] N erro tipográfico
mispronounce [mɪsprə'nauns] VT pronunciar mal
misquote [mɪs'kwəut] VT citar incorretamente
misread [mɪs'ri:d] (*irreg*) VT interpretar *or* ler mal
misrepresent [mɪsrɛprɪ'zɛnt] VT desvirtuar, deturpar
Miss [mɪs] N Senhorita (BR), a menina (PT); **Dear ~ Smith** Ilma. Srta. Smith (BR), Exma. Sra. Smith (PT)
miss [mɪs] VT (*train, class, opportunity*) perder; (*fail to hit*) errar, não acertar em; (*fail to see*): **you can't ~ it** e impossível não ver; (*notice loss of*: *money etc*) dar por falta de; (*regret the absence of*): **I ~ him** sinto a falta dele ■ VI falhar ■ N (*shot*) tiro perdido *or* errado; (*fig*): **that was a near ~** (*near accident*) essa foi por pouco; **the bus just ~ed the wall** o ônibus por pouco não bateu no muro; **you're ~ing the point** você não está entendendo
▸ **miss out** (*Brit*) VT omitir
▸ **miss out on** VT FUS perder, ficar por fora de
missal ['mɪsl] N missal *m*
misshapen [mɪs'ʃeɪpən] ADJ disforme
missile ['mɪsaɪl] N (*weapon*: *Mil*) míssil *m*; (: *object thrown*) projétil *m*; **missile base** N base *f* de mísseis; **missile launcher** [-'lɔ:ntʃə^r] N plataforma para lançamento de mísseis
missing ['mɪsɪŋ] ADJ (*pupil*) ausente; (*thing*) perdido; (*removed*) que está faltando; (*Mil*) desaparecido; **to be ~** estar desaparecido; **to go ~** desaparecer; **~ person** pessoa desaparecida
mission ['mɪʃən] N missão *f*; (*official representatives*) delegação *f*; **on a ~ to sb** em missão a alguém
missionary ['mɪʃənərɪ] N missionário(-a)
missive ['mɪsɪv] N missiva
misspell [mɪs'spɛl] VT (*irreg*: *like* **spell**) escrever errado, errar na ortografia de
misspent [mɪs'spɛnt] ADJ: **his ~ youth** sua juventude desperdiçada
mist [mɪst] N (*light*) neblina; (*heavy*) névoa; (*at sea*) bruma ■ VI (*eyes*: *also*: **mist over**) enevoar-se; (*Brit*: *also*: **mist over, mist up**: *windows*) embaçar
mistake [mɪs'teɪk] (*irreg*: *like* **take**) N erro, engano ■ VT entender *or* interpretar mal; **by ~** por engano; **to make a ~** fazer um erro; **to make a ~ about sb/sth** enganar-se a respeito de alguém/algo; **to ~ A for B** confundir A com B
mistaken [mɪs'teɪkən] PP *of* **mistake** ■ ADJ (*idea etc*) errado; (*person*) enganado; **to be ~** enganar-se, equivocar-se; **mistaken identity** N identidade *f* errada
mistakenly [mɪs'teɪkənlɪ] ADV por engano
mister ['mɪstə^r] (*inf*) N senhor *m*; *see* **Mr**
mistletoe ['mɪslتəu] N visco
mistook [mɪs'tuk] PT *of* **mistake**
mistranslation [mɪstrænsˈleɪʃən] N erro de tradução, tradução *f* incorreta
mistreat [mɪs'tri:t] VT maltratar
mistreatment [mɪs'tri:tmənt] N maus tratos *mpl*
mistress ['mɪstrɪs] N (*lover*) amante *f*; (*of house*) dona (da casa); (*Brit*: *in school*) professora, mestra; (*of situation*) dona; *see* **Mrs**
mistrust [mɪs'trʌst] VT desconfiar de ■ N: **~ (of)** desconfiança (em relação a)
mistrustful [mɪs'trʌstful] ADJ: **~ (of)** desconfiado (em relação a)
misty ['mɪstɪ] ADJ enevoado, nebuloso; (*day*) nublado; (*glasses etc*) embaçado
misty-eyed [-aɪd] ADJ (*fig*) sentimental
misunderstand [mɪsʌndə'stænd] (*irreg*) VT, VI entender *or* interpretar mal
misunderstanding [mɪsʌndə'stændɪŋ] N mal-entendido; (*disagreement*) desentendimento
misunderstood [mɪsʌndə'stud] PT, PP *of* **misunderstand**
misuse [*n* mɪs'ju:s, *vt* mɪs'ju:z] N uso impróprio; (*of power*) abuso; (*of funds*) desviar ■ VT (*use wrongly*) empregar mal; abusar de; desviar
MIT (*US*) N ABBR = **Massachusetts Institute of Technology**
mite [maɪt] N (*small quantity*) pingo; (*Brit*: *small child*) criancinha
miter ['maɪtə^r] (*US*) N = **mitre**
mitigate ['mɪtɪgeɪt] VT mitigar, atenuar; **mitigating circumstances** circunstâncias *fpl* atenuantes
mitigation [mɪtɪ'geɪʃən] N abrandamento, mitigação *f*
mitre ['maɪtə^r] (*US* **miter**) N mitra; (*Carpentry*) meia-esquadria
mitt(en) ['mɪt(n)] N mitene *f*
mix [mɪks] VT (*gen*) misturar; (*combine*) combinar ■ VI misturar-se; (*people*) entrosar-se ■ N mistura; (*combination*) combinação *f*; **to ~ sth with sth** misturar algo com algo; **to ~ business with pleasure** misturar trabalho com divertimento
▸ **mix in** VT misturar
▸ **mix up** VT (*confuse*: *things*) misturar; (: *people*) confundir; **to be ~ed up in sth** estar envolvido *or* metido em algo

mixed [mɪkst] ADJ misto; (*assorted*) sortido, variado; **mixed doubles** NPL (*Sport*) duplas *fpl* mistas; **mixed economy** N economia mista; **mixed grill** (*Brit*) N carnes *fpl* grelhadas
mixed-up ADJ (*confused*) confuso
mixer ['mɪksəʳ] N (*for food*) batedeira; (*person*) pessoa sociável
mixture ['mɪkstʃəʳ] N mistura; (*Med*) preparado
mix-up N trapalhada, confusão *f*
Mk (*Brit*) ABBR (*Tech*) = **mark**
mk ABBR = **mark** (*currency*)
mkt ABBR = **market**
MLitt N ABBR = **Master of Literature**; (= *Master of Letters*) *grau universitário*
MLR (*Brit*) N ABBR = **minimum lending rate**
mm ABBR (= *millimetre*) mm
MN ABBR (*Brit*) = **merchant navy**; (*US: Post*) = **Minnesota**
MO N ABBR (*Med*) = **medical officer**; (*US: inf*: = *modus operandi*) método ■ ABBR (*US: Post*) = **Missouri**
M.O. ABBR = **money order**
moan [məun] N gemido ■ VI gemer; (*inf*: *complain*): **to ~ (about)** queixar-se (de), bufar (sobre) (*inf*)
moaning ['məunɪŋ] N gemidos *mpl*; (*inf*: *complaining*) queixas *fpl*
moat [məut] N fosso
mob [mɔb] N multidão *f*; (*pej*): **the ~** (*masses*) o povinho; (*mafia*) a máfia ■ VT cercar
mob. ABBR (= *mobile phone*) cel.
mobile ['məubaɪl] ADJ móvel ■ N móvel *m*; **applicants must be ~** (*Brit*) os candidatos devem estar dispostos a aceitar qualquer deslocamento; **mobile home** N trailer *m*, casa móvel; **mobile shop** (*Brit*) N loja circulante
mobility [məu'bɪlɪtɪ] N mobilidade *f*
mobilize ['məubɪlaɪz] VT mobilizar ■ VI mobilizar-se; (*Mil*) ser mobilizado
moccasin ['mɔkəsɪn] N mocassim *m*
mock [mɔk] VT (*make ridiculous*) ridicularizar; (*laugh at*) zombar de, gozar de ■ ADJ falso, fingido; (*exam, battle*) simulado
mockery ['mɔkərɪ] N zombaria; **to make a ~ of sth** ridicularizar algo
mocking ['mɔkɪŋ] ADJ zombeteiro
mockingbird ['mɔkɪŋbə:d] N tordo-dos-remédios *m*
mock-up N maqueta, modelo
MOD (*Brit*) N ABBR = **Ministry of Defence**
mod cons [mɔd-] (*Brit*) NPL ABBR = **modern conveniences**; *see* **convenience**
mode [məud] N modo; (*of transport*) meio
model ['mɔdl] N modelo; (*Arch*) maqueta; (*person*: *for fashion, Art*) modelo *m/f* ■ ADJ (*car, toy*) de brinquedo; (*child, factory etc*) modelar ■ VT modelar; (*copy*): **to ~ o.s. on** mirar-se em ■ VI servir de modelo; (*in fashion*) trabalhar como modelo; **to ~ clothes** desfilar apresentando modelos; **to ~ sb/sth on** modelar alguém/algo a *or* por
modeller ['mɔdləʳ] (*US* **modeler**) N modelador(a) *m/f*; (*model maker*) maquetista *m/f*
model railway N trenzinho de brinquedo
modem ['məudɛm] N modem *m*
moderate [*adj, n* 'mɔdərət, *vi, vt* 'mɔdəreɪt] ADJ, N moderado(-a) ■ VI moderar-se, acalmar-se ■ VT moderar
moderately ['mɔdərətlɪ] ADV (*act*) com moderação, moderadamente; (*pleased, happy*) razoavelmente; **~ priced** de preço médio *or* razoável
moderation [mɔdə'reɪʃən] N moderação *f*; **in ~** com moderação
modern ['mɔdən] ADJ moderno; **~ languages** línguas *fpl* vivas
modernization [mɔdənaɪ'zeɪʃən] N modernização *f*
modernize ['mɔdənaɪz] VT modernizar, atualizar
modest ['mɔdɪst] ADJ modesto
modesty ['mɔdɪstɪ] N modéstia
modicum ['mɔdɪkəm] N: **a ~ of** um mínimo de
modification [mɔdɪfɪ'keɪʃən] N modificação *f*
modify ['mɔdɪfaɪ] VT modificar
Mods [mɔdz] (*Brit*) N ABBR (= (*Honour*) *Moderations*) *primeiro exame universitário (em Oxford)*
modular ['mɔdjuləʳ] ADJ (*filing, unit*) modular
modulate ['mɔdjuleɪt] VT modular
modulation [mɔdju'leɪʃən] N modulação *f*
module ['mɔdju:l] N módulo
mogul ['məugl] N (*fig*) magnata *m*
MOH (*Brit*) N ABBR = **Medical Officer of Health**
mohair ['məuhɛəʳ] N mohair *m*, angorá *m*
Mohammed [mə'hæmɪd] N Maomé *m*
moist [mɔɪst] ADJ úmido (BR), húmido (PT), molhado
moisten ['mɔɪsn] VT umedecer (BR), humedecer (PT)
moisture ['mɔɪstʃəʳ] N umidade *f* (BR), humidade *f* (PT)
moisturize ['mɔɪstʃəraɪz] VT (*skin*) hidratar
moisturizer ['mɔɪstʃəraɪzəʳ] N creme *m* hidratante
molar ['məuləʳ] N molar *m*
molasses [məu'læsɪz] N melaço, melado
mold [məuld] (*US*) N, VT = **mould**
mole [məul] N (*animal*) toupeira; (*spot*) sinal *m*, lunar *m*; (*fig*) espião(-piã) *m/f*
molecule ['mɔlɪkju:l] N molécula
molehill ['məulhɪl] N montículo (feito por uma toupeira)
molest [məu'lɛst] VT molestar; (*attack sexually*) atacar sexualmente
mollusc ['mɔləsk] N molusco
mollycoddle ['mɔlɪkɔdl] VT mimar
molt [məult] (*US*) VI = **moult**
molten ['məultən] ADJ fundido; (*lava*) liquefeito
mom [mɔm] (*US*) N = **mum**
moment ['məumənt] N momento; (*importance*) importância; **at the ~** neste momento; **for the ~** por enquanto; **in a ~** num instante; **"one ~ please"** (*Tel*) "não desligue"
momentarily ['məuməntrɪlɪ] ADV

momentaneamente; (*US: soon*) daqui a pouco
momentary ['məuməntərɪ] ADJ momentâneo
momentous [məu'mɛntəs] ADJ importantíssimo
momentum [məu'mɛntəm] N momento; (*fig*) ímpeto; **to gather ~** ganhar ímpeto
mommy ['mɔmɪ] (*US*) N = **mummy**
Mon. ABBR (= *Monday*) seg., 2ª *a*
Monaco ['mɔnəkəu] N Mônaco (*no article*)
monarch ['mɔnək] N monarca *m/f*
monarchist ['mɔnəkɪst] N monarquista *m/f*
monarchy ['mɔnəkɪ] N monarquia
monastery ['mɔnəstərɪ] N mosteiro, convento
monastic [mə'næstɪk] ADJ monástico
Monday ['mʌndɪ] N segunda-feira; *see also* **Tuesday**
monetarist ['mʌnɪtərɪst] N monetarista *m/f*
monetary ['mʌnɪtərɪ] ADJ monetário
money ['mʌnɪ] N dinheiro; (*currency*) moeda; **to make ~** ganhar dinheiro; **I've got no ~ left** não tenho mais dinheiro
moneyed ['mʌnɪd] ADJ rico, endinheirado
moneylender ['mʌnɪlɛndəʳ] N agiota *m/f*
moneymaking ['mʌnɪmeɪkɪŋ] ADJ lucrativo, rendoso
money market N mercado financeiro
money order N vale *m* (postal)
money-spinner (*inf*) N mina
money supply N meios *mpl* de pagamento, suprimento monetário
Mongol ['mɔŋgəl] N mongol *m/f*; (*Ling*) mongol *m*
mongol ['mɔŋgəl] ADJ, N (*offensive*) mongolóide *m/f*
Mongolia [mɔŋ'gəulɪə] N Mongólia
Mongolian [mɔŋ'gəulɪən] ADJ mongol ■ N mongol *m/f*; (*Ling*) mongol *m*
mongoose ['mɔŋgu:s] N mangusto
mongrel ['mʌŋgrəl] N (*dog*) vira-lata *m*
monitor ['mɔnɪtəʳ] N (*Sch*) monitor(a) *m/f*; (*TV, Comput*) terminal *m* de vídeo ■ VT (*heartbeat, pulse*) controlar; (*broadcasts, progress*) monitorar
monk [mʌŋk] N monge *m*
monkey ['mʌŋkɪ] N macaco; **monkey business** N trapaça, travessura; **monkey nut** (*Brit*) N amendoim *m*; **monkey wrench** N chave *f* inglesa
mono ['mɔnəu] ADJ mono *inv*
mono... ['mɔnəu] PREFIX mono...
monochrome ['mɔnəkrəum] ADJ monocromático
monocle ['mɔnəkl] N monóculo
monogram ['mɔnəgræm] N monograma *m*
monolith ['mɔnəlɪθ] N monólito
monologue ['mɔnəlɔg] N monólogo
monoplane ['mɔnəpleɪn] N monoplano
monopolize [mə'nɔpəlaɪz] VT monopolizar
monopoly [mə'nɔpəlɪ] N monopólio; **Monopolies and Mergers Commission** (*Brit*) *comissão de inquérito sobre os monopólios*
monorail ['mɔnəureɪl] N monotrilho
monosodium glutamate [mɔnə'səudɪəm 'glu:təmeɪt] N glutamato de monossódio
monosyllabic [mɔnəusɪ'læbɪk] ADJ monossilábico; (*person*) lacônico
monosyllable ['mɔnəsɪləbl] N monossílabo
monotone ['mɔnətəun] N monotonia; **to speak in a ~** falar num tom monótono
monotonous [mə'nɔtənəs] ADJ monótono
monotony [mə'nɔtənɪ] N monotonia
monoxide [mɔ'nɔksaɪd] N *see* **carbon monoxide**
monsoon [mɔn'su:n] N monção *f*
monster ['mɔnstəʳ] N monstro
monstrosity [mɔns'trɔsɪtɪ] N monstruosidade *f*
monstrous ['mɔnstrəs] ADJ (*huge*) descomunal; (*atrocious*) monstruoso
montage [mɔn'tɑ:ʒ] N montagem *f*
Mont Blanc [mɔ̃blɑ̃] N Monte *m* Branco
Montevideo ['mɔnteɪvɪ'deɪəu] N Montevidéu
month [mʌnθ] N mês *m*; **every ~** todo mês; **300 dollars a ~** 300 dólares mensais *or* por mês
monthly ['mʌnθlɪ] ADJ mensal ■ ADV mensalmente ■ N (*magazine*) revista mensal; **twice ~** duas vezes por mês
monument ['mɔnjumənt] N monumento
monumental [mɔnju'mɛntl] ADJ monumental; (*terrific*) terrível; **monumental mason** N marmorista *m/f*
moo [mu:] VI mugir
mood [mu:d] N humor *m*; (*of crowd*) atmosfera; **to be in a good/bad ~** estar de bom/mau humor; **to be in the ~ for** estar a fim *or* com vontade de
moody ['mu:dɪ] ADJ (*variable*) caprichoso, de veneta; (*sullen*) rabugento
moon [mu:n] N lua
moonbeam ['mu:nbi:m] N raio de lua
moon landing N alunissagem *f*
moonlight ['mu:nlaɪt] N luar *m* ■ VI ter dois empregos, ter um bico
moonlighting ['mu:nlaɪtɪŋ] N trabalho adicional, bico
moonlit ['mu:nlɪt] ADJ enluarado; **a ~ night** uma noite de lua
moonshot ['mu:nʃɔt] N (*Space*) lançamento de nave para a lua
moonstruck ['mu:nstrʌk] ADJ lunático, aluado
Moor [muəʳ] N mouro(-a)
moor [muəʳ] N charneca ■ VT (*ship*) amarrar ■ VI fundear, atracar
mooring ['muərɪŋ] N (*place*) ancoradouro; **moorings** NPL (*chains*) amarras *fpl*
Moorish ['muərɪʃ] ADJ mouro; (*architecture*) mourisco
moorland ['muələnd] N charneca
moose [mu:s] N INV alce *m*
moot [mu:t] VT levantar ■ ADJ: **~ point** ponto discutível
mop [mɔp] N esfregão *m*; (*for dishes*) esponja com cabeça; (*of hair*) grenha ■ VT esfregar
▸ **mop up** VT limpar
mope [məup] VI estar *or* andar deprimido *or* desanimado
▸ **mope about** VI andar por aí desanimado

▸ **mope around** VI = **mope about**

moped ['məupɛd] N moto *f* pequena (BR), motorizada (PT)

moral ['mɔrl] ADJ moral ■ N moral *f*; **morals** NPL (*principles*) moralidade *f*, costumes *mpl*

morale [mɔ'rɑ:l] N moral *f*, estado de espírito

morality [mə'rælɪtɪ] N moralidade *f*; (*correctness*) retidão *f*, probidade *f*

moralize ['mɔrəlaɪz] VI: **to ~ (about)** dar lições de moral (sobre)

morally ['mɔrəlɪ] ADV moralmente

morass [mə'ræs] N pântano, brejo

moratorium [mɔrə'tɔ:rɪəm] (*pl* **moratoriums** *or* **moratoria**) N moratória

morbid ['mɔ:bɪd] ADJ mórbido

KEYWORD

more [mɔ:ʳ] ADJ **1** (*greater in number etc*) mais; **more people/work/letters than we expected** mais pessoas/trabalho/cartas do que esperávamos; **I have more wine/money than you** tenho mais vinho/dinheiro do que você
2 (*additional*) mais; **do you want (some) more tea?** você quer mais chá?; **I have no** *or* **I don't have any more money** não tenho mais dinheiro; **it'll take a few more weeks** levará mais algumas semanas
■ PRON **1** (*greater amount*) mais; **more than 10** mais de 10; **it cost more than we expected** custou mais do que esperávamos
2 (*further or additional amount*) mais; **is there any more?** tem ainda mais?; **there's no more** não tem mais; **many/much more** muitos/muito mais
■ ADV mais; **more dangerous/difficult** *etc* **than** mais perigoso/difícil *etc* do que; **more easily/economically/quickly (than)** mais fácil/econômico/rápido(do que); **more and more** cada vez mais; **more or less** mais ou menos; **more than ever** mais do que nunca; **more beautiful than ever** mais bonito do que nunca

moreover [mɔ:'rəuvəʳ] ADV além do mais, além disso

morgue [mɔ:g] N necrotério

MORI ['mɔrɪ] (*Brit*) N ABBR (= *Market and Opinion Research Institute*) ≈ IBOPE *m*

moribund ['mɔrɪbʌnd] ADJ agonizante

Mormon ['mɔ:mən] N mórmon *m/f*

morning ['mɔ:nɪŋ] N manhã *f*; (*early morning*) madrugada ■ CPD da manhã; **good ~** bom dia; **in the ~** de manhã; **7 o'clock in the ~** (as) 7 da manhã; **3 o'clock in the ~** (as) 3 da madrugada; **tomorrow ~** amanhã de manhã; **this ~** hoje de manhã; **morning sickness** N náusea matinal

Moroccan [mə'rɔkən] ADJ, N marroquino(-a)

Morocco [mə'rɔkəu] N Marrocos *m*

moron ['mɔ:rɔn] (*inf*) N débil mental *m/f*, idiota *m/f*

moronic [mə'rɔnɪk] ADJ imbecil, idiota

morose [mə'rəus] ADJ taciturno, rabugento

morphine ['mɔ:fi:n] N morfina

Morse [mɔ:s] N (*also*: **Morse code**) código Morse

morsel ['mɔ:sl] N (*of food*) bocado

mortal ['mɔ:tl] ADJ, N mortal *m/f*

mortality [mɔ:'tælɪtɪ] N mortalidade *f*; **mortality rate** N (taxa de) mortalidade *f*

mortar ['mɔ:təʳ] N (*cannon*) morteiro; (*Constr*) argamassa; (*dish*) pilão *m*, almofariz *m*

mortgage ['mɔ:gɪdʒ] N hipoteca; (*for house*) financiamento ■ VT hipotecar; **to take out a ~** fazer um crédito imobiliário; **mortgage company** (*US*) N sociedade *f* de crédito imobiliário

mortgagee [mɔ:gə'dʒi:] N credor(a) *m/f* hipotecário(-a)

mortgagor ['mɔ:gədʒəʳ] N devedor(a) *m/f* hipotecário(-a)

mortician [mɔ:'tɪʃən] (*US*) N agente *m/f* funerário(-a)

mortified ['mɔ:tɪfaɪd] ADJ morto de vergonha

mortify ['mɔ:tɪfaɪ] VT motrificar

mortise lock ['mɔ:tɪs-] N fechadura embutida

mortuary ['mɔ:tjuərɪ] N necrotério

mosaic [məu'zeɪɪk] N mosaico

Moscow ['mɔskəu] N Moscou (BR), Moscovo (PT)

Moslem ['mɔzləm] ADJ, N = **Muslim**

mosque [mɔsk] N mesquita

mosquito [mɔs'ki:təu] (*pl* **mosquitoes**) N mosquito; **mosquito net** N mosquiteiro

moss [mɔs] N musgo

mossy ['mɔsɪ] ADJ musgoso, musguento

KEYWORD

most [məust] ADJ **1** (*almost all*: *people, things etc*) a maior parte de, a maioria de; **most people** a maioria das pessoas
2 (*largest, greatest*: *interest*) máximo; (*money*): **who has (the) most money?** quem é que tem mais dinheiro?; **he derived the most pleasure from her visit** ele teve o maior prazer em recebê-la
■ PRON (*greatest quantity, number*) a maior parte, a maioria; **most of it/them** a maioria dele/deles; **most of the money** a maior parte do dinheiro; **most of her friends** a maioria dos seus amigos; **do the most you can** faça o máximo que você puder; **I saw the most** vi mais; **to make the most of sth** aproveitar algo ao máximo; **at the (very) most** quando muito, no máximo
■ ADV (+*vb*) o mais; (+*adj*): **the most intelligent/expensive** *etc* o mais inteligente/caro *etc*; (+*adv*: *carefully, easily etc*) o mais; (*very*: *polite, interesting etc*) muito; **a most interesting book** um livro interessantíssimo

mostly ['məustlɪ] ADV principalmente, na maior parte

MOT (*Brit*) N ABBR = **Ministry of Transport**; **the ~ (test)** *vistoria anual dos veículos automotores*

motel [məu'tɛl] N motel *m*
moth [mɔθ] N mariposa; (*clothes moth*) traça
mothball ['mɔθbɔ:l] N bola de naftalina
moth-eaten ADJ roído pelas traças
mother ['mʌðəʳ] N mãe *f* ■ ADJ materno ■ VT (*care for*) cuidar de (como uma mãe); **mother board** N (*Comput*) placa-base *f*
motherhood ['mʌðəhud] N maternidade *f*
mother-in-law (*pl* **mothers-in-law**) N sogra
motherly ['mʌðəlɪ] ADJ maternal
mother-of-pearl N madrepérola
mother-to-be (*pl* **mothers-to-be**) N futura mamãe *f*
mother tongue N língua materna
mothproof ['mɔθpru:f] ADJ à prova de traças
motif [məu'ti:f] N motivo
motion ['məuʃən] N movimento; (*gesture*) gesto, sinal *m*; (*at meeting*) moção *f*; (*Brit: of bowels*) fezes *fpl* ■ VT, VI: **to ~ (to) sb to do sth** fazer sinal a alguém para que faça algo; **to be in ~** (*vehicle*) estar em movimento; **to set in ~** pôr em movimento; **to go through the ~s of doing sth** (*fig*) fazer algo automaticamente *or* sem convicção
motionless ['məuʃənlɪs] ADJ imóvel
motion picture N filme *m* (cinematográfico)
motivate ['məutɪveɪt] VT motivar
motivated ['məutɪveɪtɪd] ADJ: **~ (by)** motivado (por)
motivation [məutɪ'veɪʃən] N motivação *f*
motive ['məutɪv] N motivo ■ ADJ motor/motriz; **from the best (of) ~s** com as melhores intenções
motley ['mɔtlɪ] ADJ variado, heterogêneo
motor ['məutəʳ] N motor *m*; (*Brit: inf: vehicle*) carro, automóvel *m* ■ CPD (*industry*) de automóvel ■ ADJ motor/motriz
motorbike ['məutəbaɪk] N moto(cicleta) *f*, motoca (*inf*)
motorboat ['məutəbəut] N barco a motor
motorcar ['məutəkɑ:] (*Brit*) N carro, automóvel *m*
motorcoach ['məutəkəutʃ] N ônibus *m* turístico
motorcycle ['məutəsaɪkl] N motocicleta; **motorcycle racing** N corrida de motocicleta
motorcyclist ['məutəsaɪklɪst] N motociclista *m/f*
motoring ['məutərɪŋ] (*Brit*) N automobilismo ■ ADJ (*accident, offence*) de trânsito; **~ holiday** passeio de carro
motorist ['məutərɪst] N motorista *m/f*
motorize ['məutəraɪz] VT motorizar
motor oil N óleo de motor
motor racing (*Brit*) N corrida de carros, automobilismo
motor scooter N lambreta (BR), motoreta (PT)
motor vehicle N automóvel *m*, veículo automotor
motorway ['məutəweɪ] (*Brit*) N rodovia (BR), autoestrada (PT)
mottled ['mɔtld] ADJ mosqueado, em furta-cores
motto ['mɔtəu] (*pl* **mottoes**) N lema *m*
mould [məuld] (*US* **mold**) N molde *m*; (*mildew*) mofo, bolor *m* ■ VT moldar; (*fig*) moldar
mo(u)lder ['məuldəʳ] VI (*decay*) desfazer-se
mo(u)lding ['məuldɪŋ] N moldura
mo(u)ldy ['məuldɪ] ADJ mofado
moult [məult] (*US* **molt**) VI mudar (de penas *etc*)
mound [maund] N (*of earth*) monte *m*; (*of blankets, leaves etc*) pilha, montanha
mount [maunt] N monte *m*; (*horse*) montaria; (*for jewel etc*) engaste *m*; (*for picture*) moldura ■ VT (*horse etc*) montar em, subir a; (*stairs*) subir; (*exhibition*) montar; (*attack*) montar, desfechar; (*picture*) emoldurar ■ VI (*increase*) aumentar ▸ **mount up** VI aumentar
mountain ['mauntɪn] N montanha ■ CPD de montanha; **to make a ~ out of a molehill** (*fig*) fazer um bicho de sete cabeças *or* um cavalo de batalha (de algo)
mountaineer [mauntɪ'nɪəʳ] N alpinista *m/f*, montanhista *m/f*
mountaineering [mauntɪ'nɪərɪŋ] N alpinismo; **to go ~** praticar o alpinismo
mountainous ['mauntɪnəs] ADJ montanhoso
mountain rescue team N equipe *m* de socorro para alpinistas
mountainside ['mauntɪnsaɪd] N lado da montanha
mounted ['mauntɪd] ADJ montado
Mount Everest N monte *m* Everest
mourn [mɔ:n] VT chorar, lamentar ■ VI: **to ~ for** chorar *or* lamentar a morte de
mourner ['mɔ:nəʳ] N parente(-a) *m/f or* amigo(-a) do defunto
mournful ['mɔ:nful] ADJ desolado, triste
mourning ['mɔ:nɪŋ] N luto ■ CPD (*dress*) de luto; **(to be) in ~** (estar) de luto
mouse [maus] (*pl* **mice**) N camundongo (BR), rato (PT); (*Comput*) mouse *m*; **mouse mat, mouse pad** N (*Comput*) mouse pad *m*
mousetrap ['maustræp] N ratoeira
mousse [mu:s] N musse *f*
moustache [məs'tɑ:ʃ] (*US* **mustache**) N bigode *m*
mousy ['mausɪ] ADJ (*person*) tímido; (*hair*) pardacento
mouth [mauθ, *pl* mauðz] N boca; (*of cave, hole*) entrada; (*of river*) desembocadura
mouthful ['mauθful] N bocado
mouth organ N gaita
mouthpiece ['mauθpi:s] N (*of musical instrument*) bocal *m*; (*representative*) porta-voz *m/f*
mouth-to-mouth ADJ: **~ resuscitation** respiração *f* boca-a-boca
mouthwash ['mauθwɔʃ] N colutório
mouth-watering ADJ de dar água na boca
movable ['mu:vəbl] ADJ móvel
move [mu:v] N (*movement*) movimento; (*in game*) lance *m*, jogada; (: *turn to play*) turno, vez *f*; (*change: of house, job*) mudança ■ VT (*change position of*) mudar; (: *in game*) jogar; (*hand etc*) mexer, mover; (*from one place to another*) deslocar;

(*emotionally*) comover; (*Pol*: *resolution etc*) propor ■ VI mexer-se, mover-se; (*traffic*) circular; (*also*: **move house**) mudar-se; (*develop*: *situation*) desenvolver; **to ~ sb to do sth** convencer alguém a fazer algo; **to get a ~ on** apressar-se; **to be ~d** (*emotionally*) ficar comovido

▸ **move about** VI (*fidget*) mexer-se; (*travel*) deslocar-se

▸ **move along** VI avançar

▸ **move around** VI = **move about**

▸ **move away** VI afastar-se

▸ **move back** VI (*step back*) recuar; (*return*) voltar

▸ **move down** VT abaixar; (*demote*) rebaixar

▸ **move forward** VI avançar ■ VT adiantar

▸ **move in** VI (*to a house*) instalar-se (numa casa)

▸ **move off** VI partir

▸ **move on** VI ir andando ■ VT (*onlookers*) afastar

▸ **move out** VI (*of house*) sair (de uma casa)

▸ **move over** VI afastar-se; **~ over!** (*towards speaker*) chega mais para cá!; (*away from speaker*) chega mais para lá!

▸ **move up** VI subir; (*employee*) ser promovido; (*move aside*) chegar mais para lá *or* cá

moveable ['mu:vəbl] ADJ = **movable**

movement ['mu:vmənt] N movimento; (*gesture*) gesto; (*of goods*) transporte *m*; (*in attitude, policy*) mudança; (*Tech*) mecanismo; (*Med*: *also*: **bowel movement**) defecação *f*

mover ['mu:vəʳ] N autor(a) *m/f* de proposta

movie ['mu:vɪ] N filme *m*; **to go to the ~s** ir ao cinema; **movie camera** N câmara cinematográfica

moviegoer ['mu:vɪgəuəʳ] (*US*) N freqüentador(a) *m/f* de cinema

moving ['mu:vɪŋ] ADJ (*emotional*) comovente; (*that moves*) móvel; (*in motion*) em movimento ■ N (*US*) mudança

mow [məu] (*pt* **mowed**, *pp* **mown**) VT (*grass*) cortar; (*corn*) ceifar

▸ **mow down** VT ceifar; (*massacre*) chacinar

mower ['məuəʳ] N ceifeira; (*also*: **lawnmower**) cortador *m* de grama (BR) *or* de relva (PT)

mown [məun] PP *of* **mow**

Mozambique [məuzəm'bi:k] N Moçambique *m* (*no article*)

MP N ABBR (= *Military Police*) PM *f*; (*Brit*) = **Member of Parliament**; (*Canadian*) = **Mounted Police**

MP3 player N tocador *m* MP3

mpg N ABBR = **miles per gallon** (*30 mpg = 10.64 km/l*)

mph ABBR = **miles per hour** (*60 mph = 96 km/h*)

MPhil N ABBR (= *Master of Philosophy*) *grau universitário*

MPS (*Brit*) N ABBR = **Member of the Pharmaceutical Society**

Mr ['mɪstəʳ] (*US* **Mr.**) N: **Mr Smith** (o) Sr. Smith

MRC (*Brit*) N ABBR = **Medical Research Council**

MRCP (*Brit*) N ABBR = **Member of the Royal College of Physicians**

MRCS (*Brit*) N ABBR = **Member of the Royal College of Surgeons**

MRCVS (*Brit*) N ABBR = **Member of the Royal College of Veterinary Surgeons**

Mrs ['mɪsɪz] (*US* **Mrs.**) N: **~ Smith** (a) Sra. Smith

MS N ABBR (= *manuscript*) ms; = **multiple sclerosis**; (*US*: = *Master of Science*) *grau universitário* ■ ABBR (*US*: *Post*) = **Mississippi**

Ms [mɪz] (*US* **Ms.**) N (= *Miss or Mrs*): **Ms X** (a) Sa X

Ms

Ms é um título utilizado em lugar de *Mrs* (senhora) ou de *Miss* (senhorita) para evitar a distinção tradicional entre mulheres casadas e solteiras. É aceito, portanto, como o equivalente de *Mr* (senhor) para os homens. Muitas vezes reprovado por ter surgido como manifestação de um feminismo exacerbado, é uma forma de tratamento muito comum hoje em dia.

MSA (*US*) N ABBR (= *Master of Science in Agriculture*) *grau universitário*

MSc N ABBR = **Master of Science**

MSG N ABBR = **monosodium glutamate**

MST (*US*) ABBR (= *Mountain Standard Time*) *hora de inverno das montanhas Rochosas*

MSW (*US*) N ABBR (= *Master of Social Work*) *grau universitário*

MT N ABBR = **machine translation** ■ ABBR (*US*: *Post*) = **Montana**

Mt ABBR (*Geo*: = *mount*) Mt

KEYWORD

much [mʌtʃ] ADJ (*time, money, effort*) muito; **how much money/time do you need?** quanto dinheiro/tempo você precisa?; **he's done so much work for the charity** ele trabalhou muito para a obra de caridade; **as much as** tanto como

■ PRON muito; **there isn't much to do** não há muito o que fazer; **much has been gained from our discussions** nossas discussões foram muito proveitosas; **how much does it cost? — too much** quanto custa isso? — caro demais; **how much is it?** quanto é?, quanto custa?

■ ADV **1** (*greatly, a great deal*) muito; **thank you very much** muito obrigado(-a); **we are very much looking forward to your visit** estamos aguardando a sua visita com muito ansiedade; **he is very much the gentleman/politician** ele é muito cavalheiro/político; **as much as** tanto como; **I read as much as possible/as I can/as ever** leio o máximo possível/que eu posso/como nunca; **he is as much part of the community as you** ele faz parte da comunidade tanto quanto você

2 (*by far*) de longe; **I'm much better now** estou bem melhor agora

3 (*almost*) quase; **the view is much as it was 10**

years ago a vista é quase a mesma que há dez anos; **how are you feeling? — much the same** como você está (se sentindo)? — do mesmo jeito

muck [mʌk] N (*dirt*) sujeira (BR), sujidade *f* (PT); (*manure*) estrume *m*; (*fig*) porcaria
▸ **muck about** (*inf*) VI (*fool about*) fazer besteiras; (*waste time*) fazer cera; (*tinker*) mexer
▸ **muck around** VI = **muck about**
▸ **muck in** (*Brit*: *inf*) VI dar uma ajuda
▸ **muck out** VT (*stable*) limpar
▸ **muck up** (*inf*) VT (*ruin*) estragar; (*dirty*) sujar
muckraking ['mʌkreɪkɪŋ] (*inf*) N (*Press*) sensacionalismo
mucky ['mʌkɪ] ADJ (*dirty*) sujo
mucus ['mju:kəs] N muco
mud [mʌd] N lama
muddle ['mʌdl] N confusão *f*, bagunça; (*mix-up*) trapalhada ■ VT (*also*: **muddle up**: *person, story*) confundir; (: *things*) misturar; **to be in a ~** (*person*) estar confuso; **to get in a ~** (*while explaining etc*) enrolar-se
▸ **muddle along** VI viver sem rumo
▸ **muddle through** VI virar-se
muddle-headed [-'hɛdɪd] ADJ (*person*) confuso
muddy ['mʌdɪ] ADJ (*road*) lamacento; (*person, clothes*) enlameado
mud flats NPL extensão *f* de terra lamacenta
mudguard ['mʌdgɑ:d] N pára-lama *m*
mudpack ['mʌdpæk] N máscara (de beleza)
mud-slinging [-slɪŋɪŋ] N difamação *f*, injúria
muesli ['mju:zlɪ] N muesli *m*
muff [mʌf] N regalo ■ VT (*chance*) desperdiçar, perder; (*lines*) estropiar
muffin ['mʌfɪn] N *bolinho redondo e chato*
muffle ['mʌfl] VT (*sound*) abafar; (*against cold*) agasalhar
muffled ['mʌfld] ADJ abafado, surdo
muffler ['mʌflə^r] N (*scarf*) cachecol *m*; (*US*: *Aut*) silencioso (BR), panela de escape (PT)
mufti ['mʌftɪ] N: **in ~** vestido à paisana
mug [mʌg] N (*cup*) caneca; (: *for beer*) caneco, canecão; (*inf*: *face*) careta; (: *fool*) bobo(-a) ■ VT (*assault*) assaltar
▸ **mug up** (*Brit*: *inf*) VT (*also*: **mug up on**) decorar
mugger ['mʌgə^r] N assaltante *m/f*
mugging ['mʌgɪŋ] N assalto
muggy ['mʌgɪ] ADJ abafado
mulatto [mju:'lætəu] (*pl* **mulattoes**) N mulato(-a)
mulberry ['mʌlbrɪ] N (*fruit*) amora; (*tree*) amoreira
mule [mju:l] N mula
mulled [mʌld] ADJ: **~ wine** quentão *m*
mull over [mʌl-] VT meditar sobre
multi... [mʌltɪ] PREFIX multi...
multi-access ADJ (*Comput*) de múltiplo acesso
multicoloured ['mʌltɪkʌləd] (*US* **multicolored**) ADJ multicolor
multifarious [mʌltɪ'fɛərɪəs] ADJ diverso, variado
multilateral [mʌltɪ'lætrəl] ADJ (*Pol*) multilateral
multi-level (*US*) ADJ = **multistorey**
multimedia [mʌltɪ'mi:dɪə] ADJ multimídia
multimillionaire [mʌltɪmɪljə'nɛə^r] N multimilionário(-a)
multinational [mʌltɪ'næʃənl] N multinacional *f* ■ ADJ multinacional
multiple ['mʌltɪpl] ADJ múltiplo ■ N múltiplo; **multiple choice** N múltipla escolha; **multiple crash** N engavetamento; **multiple sclerosis** N esclerose *f* múltipla
multiplication [mʌltɪplɪ'keɪʃən] N multiplicação *f*; **multiplication table** N tabela de multiplicação
multiplicity [mʌltɪ'plɪsɪtɪ] N multiplicidade *f*
multiply ['mʌltɪplaɪ] VT multiplicar ■ VI multiplicar-se
multiracial [mʌltɪ'reɪʃl] ADJ multirracial
multistorey ['mʌltɪ'stɔ:rɪ] (*Brit*) ADJ de vários andares
multitude ['mʌltɪtju:d] N multidão *f*; (*large number*): **a ~ of** um grande número de
mum [mʌm] N (*Brit*: *inf*) mamãe *f* ■ ADJ: **to keep ~** ficar calado; **~'s the word!** bico calado!
mumble ['mʌmbl] VT, VI resmungar, murmurar
mummify ['mʌmɪfaɪ] VT mumificar
mummy ['mʌmɪ] N (*Brit*: *mother*) mamãe *f*; (*embalmed*) múmia
mumps [mʌmps] N caxumba
munch [mʌntʃ] VT, VI mascar
mundane [mʌn'deɪn] ADJ banal, mundano
municipal [mju:'nɪsɪpl] ADJ municipal
municipality [mju:nɪsɪ'pælɪtɪ] N municipalidade *f*; (*area*) município
munitions [mju:'nɪʃənz] NPL munições *fpl*
mural ['mjuərl] N mural *m*
murder ['mə:də^r] N assassinato; (*Law*) homicídio ■ VT assassinar; (*spoil*) estragar; **to commit ~** cometer um assassinato
murderer ['mə:dərə^r] N assassino
murderess ['mə:dərɪs] N assassina
murderous ['mə:dərəs] ADJ homicida
murk [mə:k] N escuridão *f*
murky ['mə:kɪ] ADJ escuro; (*water*) turvo; (*fig*) sombrio
murmur ['mə:mə^r] N murmúrio ■ VT, VI murmurar; **heart ~** (*Med*) sopro cardíaco *or* no coração
MusB(ac) N ABBR (= *Bachelor of Music*) *grau universitário*
muscle ['mʌsl] N músculo; (*fig*: *strength*) força (muscular)
▸ **muscle in** VI imiscuir-se, impor-se
muscular ['mʌskjulə^r] ADJ muscular; (*person*) musculoso; **muscular dystrophy** N distrofia muscular
MusD(oc) N ABBR (= *Doctor of Music*) *grau universitário*
muse [mju:z] VI meditar ■ N musa
museum [mju:'zɪəm] N museu *m*

mush [mʌʃ] N pasta, papa; (*fig*) pieguice *f*
mushroom ['mʌʃrum] N cogumelo ■ VI (*fig*) crescer da noite para o dia, pipocar
mushy ['mʌʃɪ] ADJ mole; (*pej*) piegas *inv*
music ['mju:zɪk] N música; **music box** N caixinha de música
musical ['mju:zɪkl] ADJ (*of music, person*) musical; (*harmonious*) melodioso ■ N (*show*) musical *m*; **musical instrument** N instrumento musical
music hall N teatro de variedades
musician [mju:'zɪʃən] N músico(-a)
music stand N atril *m*, estante *f* de música
musk [mʌsk] N almíscar *m*
musket ['mʌskɪt] N mosquete *m*
muskrat ['mʌskræt] N rato almiscarado
musk rose N (*Bot*) rosa-moscada
Muslim ['mʌzlɪm] ADJ, N muçulmano(-a)
muslin ['mʌzlɪn] N musselina
musquash ['mʌskwɔʃ] N rato almiscarado; (*fur*) pele *f* de rato almiscarado
mussel ['mʌsl] N mexilhão *m*
must [mʌst] AUX VB (*obligation*): **I ~ do it** tenho que *or* devo fazer isso; (*probability*): **he ~ be there by now** ele já deve estar lá; (*suggestion, invitation*): **you ~ come and see me soon** você tem que vir me ver em breve; (*indicating sth unwelcome*): **why ~ he behave so badly?** por que ele tem que se comportar tão mal? ■ N (*necessity*) necessidade *f*; **it's a ~** é imprescindível; **I ~ have made a mistake** eu devo ter feito um erro
mustache ['mʌstæʃ] (*US*) N = **moustache**
mustard ['mʌstəd] N mostarda; **mustard gas** N gás *m* de mostarda
muster ['mʌstəʳ] VT (*support*) reunir; (*energy*) juntar; (*Mil*) formar; (*also*: **muster up**: *strength, courage*) criar, juntar
mustiness ['mʌstɪnɪs] N mofo
mustn't ['mʌsnt] = **must not**
musty ['mʌstɪ] ADJ mofado, com cheiro de bolor
mutant ['mju:tənt] ADJ, N mutante *m/f*
mutate [mju:'teɪt] VI sofrer mutação genética
mutation [mju:'teɪʃən] N mutação *f*
mute [mju:t] ADJ, N mudo(-a)
muted ['mju:tɪd] ADJ (*colour*) suave; (*reaction*) moderado; (*noise, Mus*) abafado; (*criticism*) velado
mutilate ['mju:tɪleɪt] VT mutilar
mutilation [mju:tɪ'leɪʃən] N mutilação *f*
mutinous ['mju:tɪnəs] ADJ (*troops*) amotinado; (*attitude*) rebelde
mutiny ['mju:tɪnɪ] N motim *m*, rebelião *f* ■ VI amotinar-se
mutter ['mʌtəʳ] VT, VI resmungar, murmurar
mutton ['mʌtn] N carne *f* de carneiro
mutual ['mju:tʃuəl] ADJ mútuo; (*shared*) comum
mutually ['mju:tʃuəlɪ] ADV mutuamente, reciprocamente
muzzle ['mʌzl] N (*of animal*) focinho; (*guard: for dog*) focinheira; (*of gun*) boca ■ VT (*press etc*) amordaçar; (*dog*) pôr focinheira em
MVP (*US*) N ABBR (*Sport*) = **most valuable player**
MW ABBR (= *medium wave*) OM

KEYWORD

my [maɪ] ADJ meu/minha; **this is my house/car/brother** esta é a minha casa/meu carro/meu irmão; **I've washed my hair/cut my finger** lavei meu cabelo/cortei meu dedo; **is this my pen or yours?** esta caneta é minha ou sua?

myopic [maɪ'ɔpɪk] ADJ míope
myriad ['mɪrɪəd] N miríade *f*
myself [maɪ'sɛlf] PRON (*reflexive*) me; (*emphatic*) eu mesmo; (*after prep*) mim mesmo; *see also* **oneself**
mysterious [mɪs'tɪərɪəs] ADJ misterioso
mystery ['mɪstərɪ] N mistério; **mystery story** N romance *m* policial
mystic ['mɪstɪk] ADJ, N místico(-a)
mystical ['mɪstɪkl] ADJ místico
mystify ['mɪstɪfaɪ] VT (*perplex*) mistificar, confundir; (*disconcert*) desconcertar
mystique [mɪs'ti:k] N mística
myth [mɪθ] N mito
mythical ['mɪθɪkəl] ADJ mítico
mythological [mɪθə'lɔdʒɪkl] ADJ mitológico
mythology [mɪ'θɔlədʒɪ] N mitologia

Nn

N, n [ɛn] N (*letter*) N, n *m*; **N for Nellie** (*Brit*) *or* **Nan** (*US*) N de Nair
N ABBR (= *north*) N
NA (*US*) N ABBR (= *Narcotics Anonymous*) *associação de assistência aos toxicômanos*; = **National Academy**
n/a ABBR = **not applicable**; (*Comm etc*) = **no account**
NAACP (*US*) N ABBR = **National Association for the Advancement of Colored People**
NAAFI ['næfɪ] (*Brit*) N ABBR (= *Navy, Army & Air Force Institute*) *órgão responsável pelas lojas e cantinas do exército*
nab [næb] (*inf*) VT pegar, prender
NACU (*US*) N ABBR = **National Association of Colleges and Universities**
nadir ['neɪdɪəʳ] N (*Astronomy, fig*) nadir *m*
nag [næg] N (*pej*: *horse*) rocim *m* ■ VT ralhar, apoquentar
nagging ['nægɪŋ] ADJ (*doubt*) persistente; (*pain*) contínuo ■ N queixas *fpl*, censuras *fpl*, apoquentação *f*
nail [neɪl] N (*human*) unha; (*metal*) prego ■ VT pregar; **to ~ sb down to a date/price** conseguir que alguém se defina sobre a data/o preço; **to pay cash on the ~** (*Brit*) pagar na bucha
nailbrush ['neɪlbrʌʃ] N escova de unhas
nailfile ['neɪlfaɪl] N lixa de unhas
nail polish N esmalte *m* (BR) *or* verniz *m* (PT) de unhas
nail polish remover N removedor *m* de esmalte (BR) *or* verniz (PT)
nail scissors NPL tesourinha de unhas
nail varnish (*Brit*) N = **nail polish**
Nairobi [naɪ'rəubɪ] N Nairóbi
naïve [naɪ'i:v] ADJ ingênuo
naïveté [naɪ'i:vteɪ] N = **naivety**
naïvety [naɪ'i:vətɪ] N ingenuidade *f*
naked ['neɪkɪd] ADJ nu(a); **with the ~ eye** a olho nu
nakedness ['neɪkɪdnɪs] N nudez *f*
NAM (*US*) N ABBR = **National Association of Manufacturers**
name [neɪm] N nome *m*; (*surname*) sobrenome *m*; (*reputation*) reputação *f*, fama ■ VT (*child*) pôr nome em; (*criminal*) apontar; (*appoint*) nomear; (*price*) fixar; (*date*) marcar; **what's your ~?** qual é o seu nome?, como (você) se chama?; **my ~ is Peter** eu me chamo Peter; **by ~** de nome; **in the ~ of** em nome de; **to give one's ~ and address** (*to police etc*) dar o seu nome e endereço; **to make a ~ for o.s.** fazer nome; **to get (o.s.) a bad ~** fazer má reputação; **to call sb ~s** xingar alguém
name-dropping [-'drɔpɪŋ] N: **she loves ~** ela adora esnobar conhecimento de gente importante
nameless ['neɪmlɪs] ADJ (*unknown*) sem nome; (*anonymous*) anônimo
namely ['neɪmlɪ] ADV a saber, isto é
nameplate ['neɪmpleɪt] N (*on door etc*) placa
namesake ['neɪmseɪk] N xará *m/f* (BR), homónimo(-a) (PT)
nanny ['nænɪ] N babá *f*; **nanny goat** N cabra
nap [næp] N (*sleep*) soneca; (*of cloth*) felpa ■ VI: **to be caught ~ping** ser pego de surpresa
NAPA (*US*) N ABBR (= *National Association of Performing Artists*) *sindicato dos artistas de teatro e de cinema*
napalm ['neɪpɑ:m] N napalm *m*
nape [neɪp] N: **~ of the neck** nuca
napkin ['næpkɪn] N (*also*: **table napkin**) guardanapo
nappy ['næpɪ] (*Brit*) N fralda; **nappy liner** (*Brit*) N gaze *f*; **nappy rash** (*Brit*) N assadura
narcissi [nɑ:'sɪsaɪ] NPL *of* **narcissus**
narcissistic [nɑ:sɪ'sɪstɪk] ADJ narcisista
narcissus [nɑ:'sɪsəs] (*pl* **narcissi**) N narciso
narcotic [nɑ:'kɔtɪk] ADJ narcótico ■ N narcótico; **narcotics** NPL (*drugs*) entorpecentes *mpl*
nark [nɑ:k] (*Brit*: *inf*) VT encher o saco de
narrate [nə'reɪt] VT narrar, contar
narration [nə'reɪʃən] N narração *f*
narrative ['nærətɪv] N narrativa ■ ADJ narrativo
narrator [nə'reɪtəʳ] N narrador(a) *m/f*
narrow ['nærəu] ADJ estreito; (*shoe*) apertado; (*fig*: *majority*) pequeno; (: *ideas*) tacanho ■ VI (*road*) estreitar-se; (*difference*) diminuir; **to have a ~ escape** escapar por um triz; **to ~ sth down to** restringir *or* reduzir algo a; **narrow gauge** ADJ (*Rail*) de bitola estreita
narrowly ['nærəulɪ] ADV (*miss*) por pouco; **he**

~ **missed injury/the tree** por pouco não se machucou/não bateu na árvore

narrow-minded [-'maɪndɪd] ADJ de visão limitada, bitolado

NAS (*US*) N ABBR = **National Academy of Sciences**

NASA ['næsə] (*US*) N ABBR (= *National Aeronautics and Space Administration*) NASA *f*

nasal ['neɪzl] ADJ nasal

Nassau ['næsɔ:] N (*in Bahamas*) Nassau

nastily ['nɑ:stɪlɪ] ADV (*say, act*) maldosamente

nastiness ['nɑ:stɪnɪs] N (*malice*) maldade *f*; (*rudeness*) grosseria

nasturtium [nəs'tə:ʃəm] N chagas *fpl*, capuchinha

nasty ['nɑ:stɪ] ADJ (*unpleasant*: *remark*) desagradável; (: *person*) mau, ruim; (*malicious*) maldoso; (*rude*) grosseiro, obsceno; (*revolting*: *taste, smell*) repugnante, asqueroso; (*wound, disease etc*) grave, sério; **to turn ~** (*situation, weather*) ficar feio; (*person*) engrossar

NAS/UWT (*Brit*) N ABBR (= *National Association of Schoolmasters/Union of Women Teachers*) *sindicato dos professores*

nation ['neɪʃən] N nação *f*

national ['næʃənl] ADJ, N nacional *m/f*; **national anthem** N hino nacional; **national debt** N dívida pública; **national dress** N traje *m* nacional

National Guard (*US*) N guarda nacional

National Health Service (*Brit*) N *serviço nacional de saúde*

National Insurance (*Brit*) N previdência social

nationalism ['næʃənəlɪzəm] N nacionalismo

nationalist ['næʃənəlɪst] ADJ, N nacionalista *m/f*

nationality [næʃə'nælɪtɪ] N nacionalidade *f*

nationalization [næʃənəlaɪ'zeɪʃən] N nacionalização *f*

nationalize ['næʃənəlaɪz] VT nacionalizar

nationally ['næʃənəlɪ] ADV (*nationwide*) de âmbito nacional; (*as a nation*) nacionalmente, como nação

national park N parque *m* nacional

national press N imprensa nacional

National Security Council (*US*) N conselho nacional de segurança

national service N (*Mil*) serviço militar

National Trust (*Brit*) N *ver abaixo*

NATIONAL TRUST

O *National Trust* é uma instituição independente, sem fins lucrativos, cuja missão é proteger e valorizar os monumentos e a paisagem da Grã-Bretanha devido a seu interesse histórico ou beleza natural.

nationwide ['neɪʃənwaɪd] ADJ de âmbito *or* a nível nacional ■ ADV em todo o país

native ['neɪtɪv] N (*local inhabitant*) natural *m/f*, nativo(-a); (*in colonies*) indígena *m/f*, nativo(-a) ■ ADJ (*indigenous*) indígena; (*of one's birth*) natal; (*language*) materno; (*innate*) inato, natural; **a ~ of Russia** um natural da Rússia; **a ~ speaker of Portuguese** uma pessoa de língua (materna) portuguesa

Nativity [nə'tɪvɪtɪ] N (*Rel*): **the ~** a Natividade

NATO ['neɪtəu] N ABBR (= *North Atlantic Treaty Organization*) OTAN *f*

natter ['nætᵊ] (*Brit*) VI conversar fiado

natural ['nætʃrəl] ADJ natural; **death from ~ causes** morte *f* natural; **natural childbirth** N parto natural; **natural gas** N gás *m* natural

naturalist ['nætʃrəlɪst] N naturalista *m/f*

naturalization [nætʃrəlaɪ'zeɪʃən] N naturalização *f*

naturalize ['nætʃrəlaɪz] VT: **to become ~d** (*person*) naturalizar-se

naturally ['nætʃrəlɪ] ADV naturalmente; (*of course*) claro, evidentemente; (*instinctively*) por instinto, espontaneamente

naturalness ['nætʃrəlnɪs] N naturalidade *f*

natural resources NPL recursos *mpl* naturais

natural wastage N (*Industry*) afastamentos *mpl* naturais e voluntários

nature ['neɪtʃᵊ] N natureza; (*character*) caráter *m*, índole *f*; **by ~** por natureza; **documents of a confidential ~** documentos de caráter confidencial

-natured ['neɪtʃəd] SUFFIX: **ill~** de mau caráter

nature reserve (*Brit*) N reserva natural

nature trail N *trilha de descoberta da natureza*

naturist ['neɪtʃərɪst] N naturista *m/f*

naught [nɔ:t] N = **nought**

naughtiness ['nɔ:tɪnɪs] N (*of child*) travessura, mau comportamento; (*of story etc*) picante *m*

naughty ['nɔ:tɪ] ADJ (*child*) travesso, levado; (*story, film*) picante

nausea ['nɔ:sɪə] N náusea

nauseate ['nɔ:sɪeɪt] VT dar náuseas a; (*fig*) repugnar

nauseating ['nɔ:sɪeɪtɪŋ] ADJ nauseabundo, enjoativo; (*fig*) nojento, repugnante

nauseous ['nɔ:sɪəs] ADJ (*nauseating*) nauseabundo, enjoativo; (*feeling sick*): **to be ~** estar enjoado

nautical ['nɔ:tɪkl] ADJ náutico; **nautical mile** N milha marítima (*1853 m*)

naval ['neɪvl] ADJ naval; **naval officer** N oficial *m* de marinha

nave [neɪv] N nave *f*

navel ['neɪvl] N umbigo

navigable ['nævɪgəbl] ADJ navegável

navigate ['nævɪgeɪt] VT (*ship*) pilotar; (*sea*) navegar ■ VI navegar; (*Aut*) ler o mapa

navigation [nævɪ'geɪʃən] N (*action*) navegação *f*; (*science*) náutica

navigator ['nævɪgeɪtᵊ] N navegador(a) *m/f*

navvy ['nævɪ] (*Brit*) N trabalhador *m* braçal, cavouqueiro

navy ['neɪvɪ] N marinha (de guerra); (*ships*) armada, frota; **Department of the N~** (*US*) ministério da Marinha

navy(-blue) ADJ azul-marinho *inv*
Nazareth ['næzərəθ] N Nazaré
Nazi ['nɑ:tsɪ] ADJ, N nazista *m/f*
Nazism ['nɑ:tsɪzəm] N nazismo
NB ABBR (= *nota bene*) NB; (*Canada*) = **New Brunswick**
NBA (*US*) N ABBR = **National Basketball Association; National Boxing Association**
NBC (*US*) N ABBR (= *National Broadcasting Company*) *rede de televisão*
NBS (*US*) N ABBR (= *National Bureau of Standards*) *órgão de padronização*
NC ABBR (*Comm etc*) = **no charge**; (*US: Post*) = **North Carolina**
NCC N ABBR (*Brit*: = *Nature Conservancy Council*) *órgão de proteção à natureza*; (*US*) = **National Council of Churches**
NCCL (*Brit*) N ABBR (= *National Council for Civil Liberties*) *associação de defesa das liberdades civis*
NCO N ABBR = **non-commissioned officer**
ND (*US*) ABBR (*Post*) = **North Dakota**
NE (*US*) ABBR (*Post*) = **Nebraska; New England**
NEA (*US*) N ABBR = **National Education Association**
neap tide [ni:p-] N maré *f* morta
near [nɪəʳ] ADJ (*place*) vizinho; (*time*) próximo; (*relation*) íntimo ■ ADV perto ■ PREP (*also*: **near to**: *space*) perto de; (: *time*) perto de, quase ■ VT aproximar-se de; **~ here/there** aqui/ali perto; **£25,000 or ~est offer** (*Brit*) £25,000 ou melhor oferta; **in the ~ future** no próximo futuro; **the building is ~ing completion** o edifício está quase pronto; **to come ~** aproximar-se
nearby [nɪə'baɪ] ADJ próximo, vizinho ■ ADV à mão, perto
Near East N: **the ~** o Oriente Próximo
nearer ['nɪərəʳ] ADJ que fica mais perto ■ ADV mais perto
nearly ['nɪəlɪ] ADV quase; **I ~ fell** quase que caí; **it's not ~ big enough** é pequeno demais
near miss N (*of planes*) quase-colisão *f*; (*shot*) tiro que passou de raspão
nearness ['nɪənɪs] N proximidade *f*; (*relationship*) intimidade *f*
nearside ['nɪəsaɪd] N (*Aut*: *right-hand drive*) lado esquerdo; (: *left-hand drive*) lado direito ■ ADJ esquerdo; direito
near-sighted [-'saɪtɪd] ADJ míope
neat [ni:t] ADJ (*place*) arrumado, em ordem; (*person*) asseado, arrumado; (*work*) hábil; (*plan*) engenhoso, bem bolado; (*spirits*) puro
neatly ['ni:tlɪ] ADV caprichosamente, com capricho; (*skilfully*) habilmente
neatness ['ni:tnɪs] N (*tidiness*) asseio; (*skilfulness*) habilidade *f*
nebulous ['nɛbjuləs] ADJ nebuloso; (*fig*) vago, confuso
necessarily ['nɛsɪsrɪlɪ] ADV necessariamente; **not ~** não necessariamente
necessary ['nɛsɪsrɪ] ADJ necessário; **he did all that was ~** fez tudo o que foi necessário; **if ~** se necessário for
necessitate [nɪ'sɛsɪteɪt] VT exigir, tornar necessário
necessity [nɪ'sɛsɪtɪ] N (*thing needed*) necessidade *f*, requisito; (*compelling circumstances*) necessidade; **necessities** NPL (*essentials*) artigos *mpl* de primeira necessidade; **in case of ~** em caso de necessidade
neck [nɛk] N (*Anat*) pescoço; (*of garment*) gola; (*of bottle*) gargalo ■ VI (*inf*) ficar de agarramento; **~ and ~** emparelhados; **to stick one's ~ out** (*inf*) arriscar-se
necklace ['nɛklɪs] N colar *m*
neckline ['nɛklaɪn] N decote *m*
necktie ['nɛktaɪ] (*esp US*) N gravata
nectar ['nɛktəʳ] N néctar *m*
nectarine ['nɛktərɪn] N nectarina
NEDC (*Brit*) N ABBR = **National Economic Development Council**
née [neɪ] ADJ: **~ Scott** em solteira Scott
need [ni:d] N (*lack*) falta, carência; (*necessity*) necessidade *f*; (*thing needed*) requisito, necessidade ■ VT (*require*) precisar de; **I ~ to do it** preciso fazê-lo; **you don't ~ to go** você não precisa ir; **a signature is ~ed** é necessária uma assinatura; **to be in ~ of** *or* **have ~ of** estar precisando de; **£10 will meet my immediate ~s** £10 atenderão minhas necessidades mais prementes; **in case of ~** em caso de necessidade; **there's no ~ to do ...** não é preciso fazer ...; **there's no ~ for that** isso não é necessário
needle ['ni:dl] N agulha ■ VT (*inf*) provocar, alfinetar
needlecord ['ni:dlkɔ:d] (*Brit*) N veludo cotelê
needless ['ni:dlɪs] ADJ inútil, desnecessário; **~ to say ...** desnecessário dizer que ...
needlessly ['ni:dlɪslɪ] ADV desnecessariamente, à toa
needlework ['ni:dlwə:k] N trabalho de agulha, costura
needn't ['ni:dnt] = **need not**
needy ['ni:dɪ] ADJ necessitado, carente
negation [nɪ'geɪʃən] N negação *f*
negative ['nɛgətɪv] ADJ negativo ■ N (*Phot*) negativo; (*Ling*) negativa; **to answer in the ~** responder negativamente
neglect [nɪ'glɛkt] VT (*one's duty*) negligenciar, não cumprir com; (*child*) descuidar, esquecer-se de ■ N (*of child*) descuido, desatenção *f*; (*personal*) desleixo; (*of house etc*) abondono; (*of duty*) negligência; **to ~ to do sth** omitir de fazer algo
neglected [nɪ'glɛktɪd] ADJ abandonado
neglectful [nɪ'glɛktful] ADJ negligente; **to be ~ of sb/sth** descuidar de alguém/algo
negligee ['nɛglɪʒeɪ] N négligé *m*
negligence ['nɛglɪdʒəns] N negligência, descuido
negligent ['nɛglɪdʒənt] ADJ negligente
negligently ['nɛglɪdʒəntlɪ] ADV por negligência; (*offhandedly*) negligentemente
negligible ['nɛglɪdʒɪbl] ADJ insignificante, desprezível, ínfimo

negotiable [nɪ'gəuʃɪəbl] ADJ (*cheque*) negociável; (*road*) transitável
negotiate [nɪ'gəuʃɪeɪt] VI negociar ■ VT (*treaty, transaction*) negociar; (*obstacle*) contornar; (*bend in road*) fazer; **to ~ with sb for sth** negociar com alguém para obter algo
negotiation [nɪgəuʃɪ'eɪʃən] N negociação *f*; **to enter into ~s with sb** entrar em negociações com alguém
negotiator [nɪ'gəuʃɪeɪtəʳ] N negociador(a) *m/f*
Negress ['ni:grɪs] N negra
Negro ['ni:grəu] (*pl* **Negroes**) ADJ, N negro(-a)
neigh [neɪ] N relincho ■ VI relinchar
neighbour ['neɪbəʳ] (*US* **neighbor**) N vizinho(-a)
neighbo(u)rhood ['neɪbəhud] N (*place*) vizinhança, bairro; (*people*) vizinhos *mpl*
neighbo(u)ring ['neɪbərɪŋ] ADJ vizinho
neighbo(u)rly ['neɪbəlɪ] ADJ amistoso, prestativo
neither ['naɪðəʳ] CONJ: **I didn't move and ~ did he** não me movi nem ele ■ ADJ, PRON nenhum (dos dois), nem um nem outro ■ ADV: **~ good nor bad** nem bom nem mau; **~ story is true** nenhuma das estórias é verdade
neo... [ni:əu] PREFIX neo-
neolithic [ni:əu'lɪθɪk] ADJ neolítico
neologism [nɪ'ɔlədʒɪzəm] N neologismo
neon ['ni:ɔn] N neônio, néon *m*; **neon light** N luz *f* de neônio; **neon sign** N anúncio luminoso a neônio
Nepal [nɪ'pɔ:l] N Nepal *m*
nephew ['nɛvju:] N sobrinho
nepotism ['nɛpətɪzm] N nepotismo
nerve [nə:v] N (*Anat*) nervo; (*courage*) coragem *f*; (*impudence*) descaramento, atrevimento; **he gets on my ~s** ele me irrita, ele me dá nos nervos; **to have a fit of ~s** ter uma crise nervosa; **to lose one's ~** (*self-confidence*) perder o sangue frio; **nerve centre** (*US* **nerve center**) N (*Anat*) centro nervoso; (*fig*) centro de operações; **nerve gas** N gás *m* tóxico
nerve-racking [-'rækɪŋ] ADJ angustiante
nervous ['nə:vəs] ADJ (*Anat*) nervoso; (*anxious*) apreensivo; (*timid*) tímido, acanhado; **~ exhaustion** esgotamento nervoso; **nervous breakdown** N esgotamento nervoso
nervously ['nə:vəslɪ] ADV nervosamente; (*timidly*) timidamente
nervousness ['nə:vəsnɪs] N nervosismo; (*timidity*) timidez *f*
nest [nɛst] VI aninhar-se ■ N (*of bird*) ninho; (*of wasp*) vespeiro; **nest egg** N (*fig*) pé-de-meia *m*
nestle ['nɛsl] VI: **to ~ up to sb** aconchegar-se a alguém
nestling ['nɛstlɪŋ] N filhote *m* (de passarinho)
net [nɛt] N rede *f*; (*fabric*) filó *m* ■ ADJ (*Comm*) líquido ■ VT pegar na rede; (*money: subj: person*) faturar; (: *deal, sale*) render; **~ of tax** isento de impostos; **he earns £10,000 ~ per year** ele ganha £10,000 líquidas por ano; **the N~** (*Internet*) a Rede
netball ['nɛtbɔ:l] N *espécie de basquetebol*
net curtains NPL cortinas *fpl* de voile
Netherlands ['nɛðələndz] NPL: **the ~** os Países Baixos
net profit N lucro líquido
nett [nɛt] ADJ = **net**
netting ['nɛtɪŋ] N rede *f*, redes *fpl*; (*fabric*) voile *m*
nettle ['nɛtl] N urtiga
network ['nɛtwə:k] N rede *f*; **there's no ~ coverage here** (*Tel*) aqui não tem cobertura ■ VT (*Radio, TV*) transmitir em rede; (*computers*) interligar
neuralgia [njuə'rældʒə] N neuralgia
neuroses [njuə'rəusi:z] NPL *of* **neurosis**
neurosis [njuə'rəusɪs] (*pl* **neuroses**) N neurose *f*
neurotic [njuə'rɔtɪk] ADJ, N neurótico(-a)
neuter ['nju:təʳ] ADJ neutro ■ N neutro ■ VT (*cat etc*) castrar, capar
neutral ['nju:trəl] ADJ neutro ■ N (*Aut*) ponto morto
neutrality [nju:'trælɪtɪ] N neutralidade *f*
neutralize ['nju:trəlaɪz] VT neutralizar; **neutron bomb** N bomba de nêutrons (*BR*) *ou* neutrões (*PT*)
never ['nɛvəʳ] ADV nunca; **I ~ went** nunca fui; **~ again** nunca mais; **~ in my life** nunca na minha vida; *see also* **mind**
never-ending [-'ɛndɪŋ] ADJ sem fim, interminável
nevertheless [nɛvəðə'lɛs] ADV todavia, contudo
new [nju:] ADJ novo; **as good as ~** tal como novo
newborn ['nju:bɔ:n] ADJ recém-nascido
newcomer ['nju:kʌməʳ] N recém-chegado(-a), novato(-a)
new-fangled [-'fæŋgld] (*pej*) ADJ ultramoderno
new-found ADJ (*friend*) novo; (*enthusiasm*) recente
Newfoundland ['nju:fənlənd] N Terra Nova
New Guinea N Nova Guiné *f*
newly ['nju:lɪ] ADV recém, novamente
newly-weds NPL recém-casados *mpl*
new moon N lua nova
newness ['nju:nɪs] N novidade *f*
news [nju:z] N notícias *fpl*; (*Radio, TV*) noticiário; **a piece of ~** uma notícia; **good/bad ~** boa/má notícia; **financial ~** noticiário financeiro; **news agency** N agência de notícias
newsagent ['nju:zeɪdʒənt] (*Brit*) N jornaleiro(-a)
news bulletin N (*Radio, TV*) noticiário
newscaster ['nju:zkɑ:stəʳ] N locutor(a) *m/f*
newsdealer ['nju:zdi:ləʳ] (*US*) N = **newsagent**
news flash N notícia de última hora
newsletter ['nju:zlɛtəʳ] N boletim *m* informativo
newspaper ['nju:zpeɪpəʳ] N jornal *m*; (*material*) papel *m* de jornal; **daily ~** diário; **weekly ~** semanário
newsprint ['nju:zprɪnt] N papel *m* de jornal
newsreader ['nju:zri:dəʳ] N = **newscaster**
newsreel ['nju:zri:l] N jornal *m* cinematográfico, atualidades *fpl*

newsroom ['nju:zru:m] N (*Press*) sala da redação; (*TV*) estúdio
news stand N banca de jornais
newt [nju:t] N tritão *m*
New Year N ano novo; **Happy ~!** Feliz Ano Novo!; **to wish sb a happy ~** desejar feliz ano novo a alguém
New Year's Day N dia *m* de ano novo
New Year's Eve N véspera de ano novo
New York [-jɔ:k] N Nova Iorque
New Zealand [-'zi:lənd] N Nova Zelândia ■ CPD neozelandês(-esa)
New Zealander [-'zi:ləndəʳ] N neozelandês(-esa) *m/f*
next [nɛkst] ADJ (*in space*) próximo, vizinho; (*in time*) seguinte, próximo ■ ADV depois; depois, logo; **the ~ day** o dia seguinte; **~ time** na próxima vez; **~ year** o ano que vem; **"turn to the ~ page"** "vire para a página seguinte"; **the week after ~** sem ser a semana que vem, a outra; **~ to** ao lado de; **~ to nothing** quase nada; **who's ~?** quem é o próximo?; **~ please!** próximo, por favor!; **when do we meet ~?** quando é que nós nos reencontramos?; **next door** ADV na casa do lado ■ ADJ vizinho
next-of-kin N parentes *mpl* mais próximos
NF N ABBR (*Brit: Pol:* = *National Front*) *partido político da extrema direita* ■ ABBR (*Canada*) = **Newfoundland**
NFL (*US*) N ABBR = **National Football League**
NG (*US*) ABBR = **National Guard**
NGO (*US*) N ABBR = **non-governmental organization**
NH (*US*) ABBR (*Post*) = **New Hampshire**
NHL (*US*) N ABBR = **National Hockey League**
NHS (*Brit*) N ABBR = **National Health Service**
NI ABBR = **Northern Ireland**; (*Brit*) = **National Insurance**
Niagara Falls [naɪ'ægrə-] NPL: **the ~** as cataratas do Niagara
nib [nɪb] N ponta *or* bico da pena
nibble ['nɪbl] VT mordiscar, beliscar; (*Zool*) roer
Nicaragua [nɪkə'rægjuə] N Nicarágua
Nicaraguan [nɪkə'rægjuən] ADJ, N nicaragüense *m/f*
nice [naɪs] ADJ (*likeable*) simpático; (*kind*) amável, atencioso; (*pleasant*) agradável; (*attractive*) bonito; (*subtle*) sutil, fino
nice-looking [-'lukɪŋ] ADJ bonito
nicely ['naɪslɪ] ADV agradavelmente, bem; **that will do ~** isso será perfeito
niceties ['naɪsɪtɪz] NPL sutilezas *fpl*
niche [ni:ʃ] N nicho
nick [nɪk] N (*wound*) corte *m*; (*cut, indentation*) entalhe *m*, incisão *f*; (*Brit: inf*): **in good ~** em bom estado ■ VT (*cut*) entalhar; (*inf: steal*) furtar; (: *Brit: arrest*) prender, arrochar; **in the ~ of time** na hora H, no momento exato; **to ~ o.s.** cortar-se
nickel ['nɪkl] N níquel *m*; (*US*) moeda de 5 centavos
nickname ['nɪkneɪm] N apelido (*BR*), alcunha (*PT*) ■ VT apelidar de (*BR*), alcunhar de (*PT*)
Nicosia [nɪkə'si:ə] N Nicósia
nicotine ['nɪkəti:n] N nicotina
niece [ni:s] N sobrinha
nifty ['nɪftɪ] (*inf*) ADJ (*car, jacket*) chique; (*gadget, tool*) jeitoso
Niger ['naɪdʒəʳ] N (*country, river*) Níger *m*
Nigeria [naɪ'dʒɪərɪə] N Nigéria
Nigerian [naɪ'dʒɪərɪən] ADJ, N nigeriano(-a)
niggardly ['nɪgədlɪ] ADJ (*person*) avarento, sovina; (*amount*) miserável
nigger ['nɪgəʳ] (*inf!*) N (*highly offensive*) crioulo(-a), baiano(-a)
niggle ['nɪgl] VI (*find fault*) botar defeito; (*fuss*) fazer histórias ■ VT irritar
niggling ['nɪglɪŋ] ADJ (*trifling*) insignificante, mesquinho; (*annoying*) irritante; (*pain, doubt*) persistente
night [naɪt] N noite *f*; **at** *or* **by ~** à *or* de noite; **in** *or* **during the ~** durante a noite; **last ~** ontem à noite; **the ~ before last** anteontem à noite; **good ~!** boa noite!
night-bird N (*Zool*) ave *f* noturna; (*fig*) noctívago(-a)
nightcap ['naɪtkæp] N *bebida tomada antes de dormir*
nightclub ['naɪtklʌb] N boate *f*
nightdress ['naɪtdrɛs] N camisola (*BR*), camisa de noite (*PT*)
nightfall ['naɪtfɔ:l] N anoitecer *m*
nightgown ['naɪtgaun] N = **nightdress**
nightie ['naɪtɪ] N = **nightdress**
nightingale ['naɪtɪŋgeɪl] N rouxinol *m*
nightlife ['naɪtlaɪf] N vida noturna
nightly ['naɪtlɪ] ADJ noturno, de noite ■ ADV todas as noites, cada noite
nightmare ['naɪtmɛəʳ] N pesadelo
night porter N porteiro da noite
night safe N cofre *m* noturno
night school N escola noturna
nightshade ['naɪtʃeɪd] N: **deadly ~** (*Bot*) beladona
night shift N turno da noite
night-time N noite *f*
night watchman (*irreg*) N vigia *m*, guarda-noturno *m*
nihilism ['naɪɪlɪzm] N niilismo
nil [nɪl] N nada; (*Brit: Sport*) zero
Nile [naɪl] N: **the ~** o Nilo
nimble ['nɪmbl] ADJ (*agile*) ágil, ligeiro; (*skilful*) hábil, esperto
nine [naɪn] NUM nove; *see also* **five**
nineteen [naɪn'ti:n] NUM dezenove (*BR*), dezanove (*PT*); *see also* **five**
ninety ['naɪntɪ] NUM noventa; *see also* **fifty**
ninth [naɪnθ] NUM nono; *see also* **fifth**
nip [nɪp] VT (*pinch*) beliscar; (*bite*) morder ■ VI (*Brit: inf*): **to ~ out/down/up** dar uma saidinha/descida/subida ■ N (*drink*) gole *m*, trago; **to ~ into a shop** dar um pulo numa loja
nipple ['nɪpl] N (*Anat*) bico do seio, mamilo; (*of bottle*) bocal *m*, bico; (*Tech*) bocal (roscado)

nippy ['nɪpɪ] (*Brit*) ADJ (*person*) rápido, ágil; (*cold*) friozinho
nit [nɪt] N (*in hair*) lêndea, ovo de piolho; (*inf: idiot*) imbecil *m/f*, idiota *m/f*
nit-pick (*inf*) VI ser implicante
nitrate ['naɪtreɪt] N nitrato
nitrogen ['naɪtrədʒən] N nitrogênio
nitroglycerin(e) [naɪtrəu'glɪsəri:n] N nitroglicerina
nitty-gritty ['nɪtɪ'grɪtɪ] (*inf*) N: **to get down to the ~** chegar ao âmago
nitwit ['nɪtwɪt] (*inf*) N pateta *m/f*, bobalhão(-ona) *m/f*
NJ (*US*) ABBR (*Post*) = **New Jersey**
NLF N ABBR = **National Liberation Front**
NLQ ABBR (= *near letter quality*) qualidade *f* carta
NLRB (*US*) N ABBR (= *National Labor Relations Board*) *órgão de proteção aos trabalhadores*
NM (*US*) ABBR (*Post*) = **New Mexico**

KEYWORD

no [nəu] (*pl* **noes**) ADV (*opposite of "yes"*) não; **are you coming? — no (I'm not)** você vem? — não(eu não); **no thank you** não obrigado ■ ADJ (*not any*) nenhum(a), não ... algum(a); **I have no more money/time/books** não tenho mais dinheiro/tempo/livros; **no other man would have done it** nenhum outro homem teria feito isto; **"no entry"** "entrada proibida"; **"no smoking"** "é proibido fumar" ■ N não *m*, negativa; **there were 20 noes and one "don't know"** houve 20 nãos e um "não sei"

no. ABBR (= *number*) nº
nobble ['nɔbl] (*Brit: inf*) VT (*bribe*) subornar; (*person: speak to*) agarrar; (*Racing: horse*) incapacitar (*com drogas*)
Nobel prize [nəu'bɛl-] N prêmio Nobel
nobility [nəu'bɪlɪtɪ] N nobreza
noble ['nəubl] ADJ (*person*) nobre; (*title*) de nobreza
nobleman ['nəublmən] (*irreg*) N nobre *m*, fidalgo
nobly ['nəublɪ] ADV nobremente
nobody ['nəubədɪ] PRON ninguém
no-claims bonus N bonificação *f* (*por não ter reclamado indenização*)
nocturnal [nɔk'tə:nəl] ADJ noturno
nod [nɔd] VI (*greeting*) cumprimentar com a cabeça; (*in agreement*) acenar (que sim) com a cabeça; (*doze*) cochilar, dormitar ■ VT: **to ~ one's head** inclinar a cabeça ■ N inclinação *f* da cabeça; **they ~ded their agreement** inclinaram a cabeça afirmando seu acordo
▸ **nod off** VI cochilar; **noise** [nɔɪz] N barulho
noise abatement ■ N luta contra a poluição sonora
noiseless ['nɔɪzlɪs] ADJ silencioso
noisily ['nɔɪzɪlɪ] ADV ruidosamente, com muito barulho
noisy ['nɔɪzɪ] ADJ barulhento
nomad ['nəumæd] N nômade *m/f*
nomadic [nəu'mædɪk] ADJ nômade
no man's land N terra de ninguém
nominal ['nɔmɪnl] ADJ nominal
nominate ['nɔmɪneɪt] VT (*propose*) propor; (*appoint*) nomear
nomination [nɔmɪ'neɪʃən] N (*proposal*) proposta; (*appointment*) nomeação *f*
nominee [nɔmɪ'ni:] N pessoa nomeada, candidato(-a)
non... [nɔn] PREFIX não-, des..., in..., anti-...
non-alcoholic ADJ não-alcoólico
non-breakable ADJ inquebrável
nonce word ['nɔns-] N palavra criada para a ocasião
nonchalant ['nɔnʃələnt] ADJ despreocupado
non-commissioned [-kə'mɪʃənd] ADJ: **~ officer** oficial *m* subalterno
non-committal [-kə'mɪtl] ADJ evasivo
nonconformist [nɔnkən'fɔ:mɪst] ADJ não-conformista, dissidente ■ N não-conformista *m/f*
non-contributory ADJ: **~ pension scheme** (*Brit*) *or* **plan** (*US*) caixa de aposentadoria não-contributária
non-cooperation N não-cooperação *f*
nondescript ['nɔndɪskrɪpt] ADJ qualquer; (*pej*) medíocre
none [nʌn] PRON (*person*) ninguém; (*thing*) nenhum(a), nada; **~ of you** nenhum de vocês; **I have ~** não tenho; **I've ~ left** não tenho mais; **~ at all** (*not one*) nem um só; **how much milk? — ~ at all** quanto leite? — nada; **he's ~ the worse for it** isso não o afetou
nonentity [nɔ'nɛntɪtɪ] N nulidade *f*, zero à esquerda *m*
non-essential ADJ não essencial, dispensável ■ NPL: **~s** desnecessários *mpl*
nonetheless [nʌnðə'lɛs] ADV no entanto, apesar disso, contudo
non-executive ADJ: **~ director** administrador(a) *m/f*, conselheiro(-a)
non-existent [-ɪg'zɪstənt] ADJ inexistente
non-fiction N literatura de não-ficção
non-flammable ADJ não inflamável
non-intervention N não-intervenção *f*
non obst. ABBR = **non obstante**; (= *notwithstanding*) não obstante
non-payment N falta de pagamento
nonplussed [nɔn'plʌst] ADJ perplexo, pasmado
non-profit-making ADJ sem fins lucrativos
nonsense ['nɔnsəns] N disparate *m*, besteira, absurdo; **~!** bobagem!, que nada!; **it's ~ to say ...** é um absurdo dizer que ...
non-shrink (*Brit*) ADJ que não encolhe
non-skid ADJ antiderrapante
non-smoker N não-fumante *m/f*
non-stick ADJ tefal®, não-aderente
non-stop ADJ ininterrupto; (*Rail*) direto; (*Aviat*) sem escala ■ ADV sem parar
non-taxable income N renda não-tributável

non-U (*Brit*: *inf*) ADJ ABBR (= *non-upper class*) que não se diz (*or* se faz)
non-volatile memory N (*Comput*) memória não volátil
non-voting shares NPL ações *fpl* sem direito de voto
non-white ADJ, N não-branco(-a)
noodles ['nu:dlz] NPL talharim *m*
nook [nuk] N canto, recanto; **~s and crannies** esconderijos *mpl*
noon [nu:n] N meio-dia *m*
no-one PRON = **nobody**
noose [nu:s] N laço corrediço; (*hangman's*) corda da forca
nor [nɔ:ʳ] CONJ = **neither** ■ ADV *see* **neither**
norm [nɔ:m] N (*convention*) norma; (*requirement*) regra
normal ['nɔ:ml] ADJ normal ■ N: **to return to ~** normalizar-se
normality [nɔ:'mælɪtɪ] N normalidade *f*
normally ['nɔ:məlɪ] ADV normalmente
Normandy ['nɔ:məndɪ] N Normandia
north [nɔ:θ] N norte *m* ■ ADJ do norte, setentrional ■ ADV ao *or* para o norte
North Africa N África do Norte
North African ADJ, N norte-africano(-a)
North America N América do Norte
North American ADJ, N norte-americano(-a)
Northants [nɔ:'θænts] (*Brit*) ABBR = **Northamptonshire**
northbound ['nɔ:θbaund] ADJ em direção norte
north-east N nordeste *m*
northerly ['nɔ:ðəlɪ] ADJ (*wind, course*) norte
northern ['nɔ:ðən] ADJ do norte, setentrional
Northern Ireland N Irlanda do Norte
North Pole N: **the ~** o Pólo Norte
North Sea N: **the ~** o Mar do Norte
North Sea oil N petróleo do Mar do Norte
northward(s) ['nɔ:θwəd(z)] ADV em direção norte
north-west N noroeste *m*
Norway ['nɔ:weɪ] N Noruega
Norwegian [nɔ:'wi:dʒən] ADJ norueguês(-esa) ■ N norueguês(-esa) *m/f*; (*Ling*) norueguês *m*
nos. ABBR (= *numbers*) nº
nose [nəuz] N (*Anat*) nariz *m*; (*Zool*) focinho; (*sense of smell*: *of person*) olfato; (: *of animal*) faro ■ VI (*also*: **nose one's way**) avançar cautelosamente; **to turn up one's ~ at** desdenhar; **to pay through the ~ (for sth)** (*inf*) pagar os olhos da cara por algo
▸ **nose about** VI bisbilhotar
▸ **nose around** VI = **nose about**
nosebleed ['nəuzbli:d] N hemorragia nasal
nose-dive N (*deliberate*) vôo picado; (*involuntary*) parafuso
nose drops NPL gotas *fpl* para o nariz
nosey ['nəuzɪ] (*inf*) ADJ = **nosy**
nostalgia [nɔs'tældʒɪə] N nostalgia
nostalgic [nɔs'tældʒɪk] ADJ nostálgico
nostril ['nɔstrɪl] N narina
nosy ['nəuzɪ] (*inf*) ADJ intrometido, abelhudo

KEYWORD

not [nɔt] ADV não; **he is not** *or* **isn't here** ele não está aqui; **you must not** *or* **mustn't do that** você não deve fazer isso; **it's too late, isn't it?** é muito tarde, não?; **he asked me not to do it** ele me pediu para não fazer isto; **not that (I don't like him/he isn't interesting)** não é que(eu não goste dele/ele não seja interessante); **not yet/now** ainda/agora não; *see also* **all; only**

notable ['nəutəbl] ADJ notável
notably ['nəutəblɪ] ADV (*particularly*) particularmente; (*markedly*) notavelmente
notary ['nəutərɪ] N (*also*: **notary public**) tabelião/tabelioa *m/f*, notário(-a)
notation [nəu'teɪʃən] N notação *f*
notch [nɔtʃ] N (*in wood*) entalhe *m*; (*in blade*) corte *m*
▸ **notch up** VT (*score*) marcar; (*victory*) registrar
note [nəut] N (*Mus, banknote*) nota; (*letter*) nota, bilhete *m*; (*record*) nota, anotação *f*; (*tone*) tom *m* ■ VT (*observe*) observar, reparar em; (*also*: **note down**) anotar, tomar nota de; **just a quick ~ to let you know ...** apenas um bilhete rápido para avisá-lo ...; **to take ~s** tomar notas; **to compare ~s** (*fig*) trocar impressões; **to take ~ of** fazer caso de; **a person of ~** uma pessoa eminente
notebook ['nəutbuk] N caderno
note-case (*Brit*) N carteira
noted ['nəutɪd] ADJ célebre, conhecido
notepad ['nəutpæd] N bloco de anotações
notepaper ['nəutpeɪpəʳ] N papel *m* de carta
noteworthy ['nəutwə:ðɪ] ADJ notável
nothing ['nʌθɪŋ] N nada; (*zero*) zero; **he does ~** ele não faz nada; **~ new/much** nada de novo; **for ~** (*free*) de graça, grátis; (*in vain*) em vão, por nada; **~ at all** absolutamente nada, coisa nenhuma
notice ['nəutɪs] N (*sign*) aviso, anúncio; (*warning*) aviso; (*of leaving*) aviso prévio; (*Brit*: *review*: *of play etc*) resenha ■ VT (*observe*) reparar em, notar; **without ~** sem aviso prévio; **advance ~** aviso prévio, preaviso; **to give sb ~ of sth** dar aviso a alguém de algo; **at short ~** de repente, em cima da hora; **until further ~** até nova ordem; **to hand in** *or* **give one's ~** (*subj*: *employee*) demitir, pedir a demissão; **to take ~ of** prestar atenção a, fazer caso de; **to bring sth to sb's ~** levar algo ao conhecimento de alguém; **it has come to my ~ that ...** tornei-me ciente que ...; **to escape** *or* **avoid ~** passar desapercebido
noticeable ['nəutɪsəbl] ADJ evidente, visível
notice board (*Brit*) N quadro de avisos
notification [nəutɪfɪ'keɪʃən] N aviso, notificação *f*
notify ['nəutɪfaɪ] VT avisar, notificar; **to ~ sth to sb** notificar algo a alguém; **to ~ sb of sth** avisar alguém de algo

notion ['nəuʃən] N noção *f*, idéia; **notions** NPL (*US*) miudezas *fpl*
notoriety [nəutə'raɪətɪ] N notoriedade *f*, má fama
notorious [nəu'tɔ:rɪəs] ADJ notório
notoriously [nəu'tɔ:rɪəslɪ] ADV notoriamente
Notts [nɔts] (*Brit*) ABBR = **Nottinghamshire**
notwithstanding [nɔtwɪθ'stændɪŋ] ADV no entanto, não obstante ■ PREP: **~ this** apesar disto
nougat ['nu:gɑ:] N torrone *m*, nugá *m*
nought [nɔ:t] N zero
noun [naun] N substantivo
nourish ['nʌrɪʃ] VT nutrir, alimentar; (*fig*) fomentar, alentar
nourishing ['nʌrɪʃɪŋ] ADJ nutritivo, alimentício
nourishment ['nʌrɪʃmənt] N alimento, nutrimento
Nov. ABBR (= *November*) nov
Nova Scotia ['nəuvə'skəuʃə] N Nova Escócia
novel ['nɔvl] N romance *m*; (*short*) novela ■ ADJ (*new*) novo, recente; (*unexpected*) insólito
novelist ['nɔvəlɪst] N romancista *m/f*
novelty ['nɔvəltɪ] N novidade *f*
November [nəu'vɛmbəʳ] N novembro; *see also* **July**
novice ['nɔvɪs] N principiante *m/f*, novato(-a); (*Rel*) noviço(-a)
NOW [nau] (*US*) N ABBR = **National Organization for Women**
now [nau] ADV (*at the present time*) agora; (*these days*) atualmente, hoje em dia ■ CONJ: **~ (that)** agora que; **right ~** agora mesmo; **by ~** já; **just ~, that's the fashion just ~** é a moda atualmente; **I saw her just ~** eu a vi agora, acabei de vê-la; **~ and then, ~ and again** de vez em quando; **from ~ on** de agora em diante; **in 3 days from ~** daqui a 3 dias; **between ~ and Monday** até segunda-feira; **that's all for ~** por agora é tudo
nowadays ['nauədeɪz] ADV hoje em dia
nowhere ['nəuwɛəʳ] ADV (*go*) a lugar nenhum; (*be*) em nenhum lugar; **~ else** em nenhum outro lugar
noxious ['nɔkʃəs] ADJ nocivo
nozzle ['nɔzl] N bico, bocal *m*; (*Tech*) tubeira; (: *hose*) agulheta
NP N ABBR = **notary public**
NS (*Canada*) ABBR = **Nova Scotia**
NSC (*US*) N ABBR = **National Security Council**
NSF (*US*) N ABBR = **National Science Foundation**
NSPCC (*Brit*) N ABBR = **National Society for the Prevention of Cruelty to Children**
NSW (*Australia*) ABBR = **New South Wales**
NT N ABBR (= *New Testament*) NT
nth [ɛnθ] ADJ: **for the ~ time** pela enésima vez
NUAAW (*Brit*) N ABBR (= *National Union of Agricultural and Allied Workers*) *sindicato da agropecuária*
nuance ['nju:ã:ns] N nuança, matiz *m*
NUBE (*Brit*) N ABBR (= *National Union of Bank Employees*) *sindicato dos bancários*
nubile ['nju:baɪl] ADJ (*woman*) jovem e bela
nuclear ['nju:kliəʳ] ADJ nuclear; **nuclear disarmament** N desarmamento nuclear
nuclei ['nju:klɪaɪ] NPL *of* **nucleus**
nucleus ['nju:klɪəs] (*pl* **nuclei**) N núcleo
nude [nju:d] ADJ nu(a) ■ N (*Art*) nu *m*; **in the ~** nu, pelado
nudge [nʌdʒ] VT acotovelar, cutucar (BR)
nudist ['nju:dɪst] N nudista *m/f*; **nudist colony** N colonia nudista
nudity ['nju:dɪtɪ] N nudez *f*
nugget ['nʌgɪt] N pepita
nuisance ['nju:sns] N amolação *f*, aborrecimento; (*person*) chato; **what a ~!** que saco! (BR), que chatice! (PT)
NUJ (*Brit*) N ABBR (= *National Union of Journalists*) *sindicato dos jornalistas*
nuke [nju:k] (*inf*) N usina nuclear
null [nʌl] ADJ: **~ and void** írrito e nulo
nullify ['nʌlɪfaɪ] VT anular, invalidar
NUM (*Brit*) N ABBR (= *National Union of Mineworkers*) *sindicato dos mineiros*
numb [nʌm] ADJ dormente, entorpecido; (*fig*) estupefato ■ VT adormecer, entorpecer; **~ with cold** tolhido de frio; **~ with fear** paralisado de medo
number ['nʌmbəʳ] N número; (*numeral*) algarismo ■ VT (*pages etc*) numerar; (*amount to*) montar a; **a ~ of** vários, muitos; **to be ~ed among** figurar entre; **they were ten in ~** eram em número de dez; **wrong ~** (*Tel*) engano
numbered account ['nʌmbəd-] N (*in bank*) conta numerada
number plate (*Brit*) N placa (do carro)
Number Ten (*Brit*) N (= *10 Downing Street*) *residência do primeiro-ministro*
numbness ['nʌmnɪs] N torpor *m*, dormência; (*fig*) insensibilidade *f*
numeral ['nju:mərəl] N algarismo
numerate ['nju:mərɪt] (*Brit*) ADJ: **to be ~** ter uma noção básica da aritmética
numerical [nju:'mɛrɪkl] ADJ numérico
numerous ['nju:mərəs] ADJ numeroso
nun [nʌn] N freira
nuptial ['nʌpʃəl] ADJ nupcial
nurse [nə:s] N enfermeiro(-a); (*also*: **nursemaid**) ama-seca, babá *f* ■ VT (*patient*) cuidar de, tratar de; (*baby*: *feed*) criar, amamentar; (: *Brit*: *rock*) embalar; (*fig*) alimentar; **wet ~** ama de leite
nursery ['nə:sərɪ] N (*institution*) creche *f*; (*room*) quarto das crianças; (*for plants*) viveiro; **nursery rhyme** N poesia infantil; **nursery school** N escola maternal; **nursery slope** (*Brit*) N (*Ski*) rampa para principiantes
nursing ['nə:sɪŋ] N (*profession*) enfermagem *f*; (*care*) cuidado, assistência; **nursing home** N sanatório, clínica de repouso; **nursing mother** N lactante *f*
nurture ['nə:tʃəʳ] VT alimentar
NUS (*Brit*) N ABBR (= *National Union of Seamen*) *sindicato dos marinheiros*; (: = *National Union of Students*) *sindicato dos estudantes*

NUT (*Brit*) N ABBR (= *National Union of Teachers*) *sindicato dos professores*
nut [nʌt] N (*Tech*) porca; (*Bot*) noz *f* ■ CPD (*chocolate etc*) de nozes
nutcase ['nʌtkeɪs] (*inf*) N doido(-a), biruta *m/f*
nutcrackers ['nʌtkrækəz] NPL quebra-nozes *m inv*
nutmeg ['nʌtmɛg] N noz-moscada
nutrient ['nju:trɪənt] N nutrimento ■ ADJ nutritivo
nutrition [nju:'trɪʃən] N (*diet*) alimentação *f*; (*nourishment*) nutrição *f*
nutritionist [nju:'trɪʃənɪst] N nutricionista *m/f*
nutritious [nju:'trɪʃəs] ADJ nutritivo
nuts [nʌts] (*inf*) ADJ: **he's ~** ele é doido
nutshell ['nʌtʃɛl] N casca de noz; **in a ~** (*fig*) em poucas palavras
nuzzle ['nʌzl] VI: **to ~ up to** aconchegar-se com
NV (*US*) ABBR (*Post*) = **Nevada**
NWT (*Canada*) ABBR = **Northwest Territories**
NY (*US*) ABBR (*Post*) = **New York**
NYC (*US*) ABBR (*Post*) = **New York City**
nylon ['naɪlɔn] N náilon *m* (*BR*), nylon *m* (*PT*) ■ ADJ de náilon; **nylons** NPL (*stockings*) meias *fpl* (de náilon)
nymph [nɪmf] N ninfa
nymphomaniac [nɪmfəu'meɪnɪæk] N ninfômana
NYSE (*US*) N ABBR = **New York Stock Exchange**
NZ ABBR = **New Zealand**

Oo

O, o [əu] N (*letter*) O, o *m*; (*US: Sch*) = **outstanding**; **O for Olive** (*Brit*) *or* **oboe** (*US*) O de Osvaldo
oaf [əuf] N imbecil *m/f*
oak [əuk] N carvalho ■ ADJ de carvalho
OAP (*Brit*) N *abbr* = **old-age pensioner**
oar [ɔːʳ] N remo; **to put** *or* **shove one's ~ in** (*fig: inf*) meter o bedelho *or* a colher
oarsman ['ɔːzmən] (*irreg*) N remador *m*
oarswoman ['ɔːzwumən] (*irreg*) N remadora
OAS N ABBR (= *Organization of American States*) OEA *f*
oases [əu'eɪsiːz] NPL *of* **oasis**
oasis [əu'eɪsɪs] (*pl* **oases**) N óasis *m inv*
oath [əuθ] N juramento; (*swear word*) palavrão *m*; (*curse*) praga; **on** (*Brit*) *or* **under ~** sob juramento; **to take an ~** prestar juramento
oatmeal ['əutmiːl] N farinha *or* mingau *m* de aveia
oats [əuts] N aveia
OAU N ABBR (= *Organization of African Unity*) OUA *f*
obdurate ['ɔbdjurɪt] ADJ (*obstinate*) teimoso; (*sinner*) empedernido; (*unyielding*) inflexível
obedience [ə'biːdɪəns] N obediência; **in ~ to** em conformidade com
obedient [ə'biːdɪənt] ADJ obediente; **to be ~ to sb/sth** obedecer a alguém/algo
obelisk ['ɔbɪlɪsk] N obelisco
obese [əu'biːs] ADJ obeso
obesity [əu'biːsɪtɪ] N obesidade *f*
obey [ə'beɪ] VT obedecer a; (*instructions, regulations*) cumprir ■ VI obedecer
obituary [ə'bɪtjuərɪ] N necrológio
object [*n* 'ɔbdʒɪkt, *vi* əb'dʒɛkt] N (*gen, Ling*) objeto; (*purpose*) objetivo ■ VI: **to ~ to** (*attitude*) desaprovar, objetar a; (*proposal*) opor-se a; **I ~!** protesto!; **he ~ed that ...** ele objetou que ...; **do you ~ to my smoking?** você se incomoda que eu fume?; **what's the ~ of doing that?** qual o objetivo de fazer isso?; **expense is no ~** o preço não é problema
objection [əb'dʒɛkʃən] N objeção *f*; (*drawback*) inconveniente *m*; **I have no ~ to ...** não tenho nada contra ...; **to make** *or* **raise an ~** fazer *or* levantar uma objeção
objectionable [əb'dʒɛkʃənəbl] ADJ desagradável; (*conduct*) censurável
objective [əb'dʒɛktɪv] ADJ objetivo ■ N objetivo
objectivity [ɔbdʒɪk'tɪvɪtɪ] N objetividade *f*
object lesson N (*fig*): **~ (in)** demonstração *f* (de)
objector [əb'dʒɛktaʳ] N opositor(a) *m/f*
obligation [ɔblɪ'geɪʃən] N obrigação *f*; (*debt*) dívida (de gratidão); **without ~** sem compromisso; **to be under an ~ to do sth** ser obrigado a fazer algo
obligatory [ə'blɪgətərɪ] ADJ obrigatório
oblige [ə'blaɪdʒ] VT (*do a favour for*) obsequiar, fazer um favor a; (*force*): **to ~ sb to do sth** obrigar *or* forçar alguém a fazer algo; **to be ~d to sb for doing sth** ficar agradecido por alguém fazer algo; **anything to ~!** (*inf*) estou à sua disposição!
obliging [ə'blaɪdʒɪŋ] ADJ prestativo
oblique [ə'bliːk] ADJ oblíquo; (*allusion*) indireto
obliterate [ə'blɪtəreɪt] VT (*erase*) apagar; (*destroy*) destruir
oblivion [ə'blɪvɪən] N esquecimento
oblivious [ə'blɪvɪəs] ADJ: **~ of** inconsciente de, esquecido de
oblong ['ɔblɔŋ] ADJ oblongo, retangular ■ N retângulo
obnoxious [əb'nɔkʃəs] ADJ odioso, detestável; (*smell*) enjoativo
o.b.o (*US*) ABBR (= *or best offer*) ou melhor oferta
oboe ['əubəu] N oboé *m*
obscene [əb'siːn] ADJ obsceno
obscenity [əb'sɛnɪtɪ] N obscenidade *f*
obscure [əb'skjuəʳ] ADJ obscuro, desconhecido; (*difficult to understand*) pouco claro ■ VT ocultar, escurecer; (*hide: sun etc*) esconder
obscurity [əb'skjuərɪtɪ] N obscuridade *f*; (*darkness*) escuridão *f*
obsequious [əb'siːkwɪəs] ADJ obsequioso, servil
observable [əb'zəːvəbl] ADJ observável; (*appreciable*) perceptível
observance [əb'zəːvns] N observância, cumprimento; (*ritual*) prática, hábito; **religious ~s** observância religiosa
observant [əb'zəːvnt] ADJ observador(a)

observation [ɔbzə'veɪʃən] N observação *f*; (*by police etc*) vigilância; (*Med*) exame *m*; **observation post** N (*Mil*) posto de observação
observatory [əb'zə:vətrɪ] N observatório
observe [əb'zə:v] VT observar; (*rule*) cumprir
observer [əb'zə:vəʳ] N observador(a) *m/f*
obsess [əb'sɛs] VT obsedar, obcecar; **to be ~ed by** *or* **with sb/sth** estar obcecado por *or* com alguém/algo
obsession [əb'sɛʃən] N obsessão *f*, idéia fixa
obsessive [əb'sɛsɪv] ADJ obsessivo
obsolescence [ɔbsə'lɛsns] N obsolescência; **built-in** *or* **planned ~** (*Comm*) obsolescência pré-incorporada
obsolescent [ɔbsə'lɛsnt] ADJ obsolescente, antiquado
obsolete ['ɔbsəli:t] ADJ obsoleto; **to become ~** cair em desuso
obstacle ['ɔbstəkl] N obstáculo; (*hindrance*) estorvo, impedimento; **obstacle race** N corrida de obstáculos
obstetrician [ɔbstə'trɪʃən] N obstetra *m/f*
obstetrics [ɔb'stɛtrɪks] N obstetrícia
obstinacy ['ɔbstɪnəsɪ] N teimosia, obstinação *f*
obstinate ['ɔbstɪnɪt] ADJ obstinado
obstreperous [əb'strɛpərəs] ADJ turbulento
obstruct [əb'strʌkt] VT obstruir; (*block: pipe*) entupir; (*hinder*) estorvar
obstruction [əb'strʌkʃən] N obstrução *f*; (*object*) obstáculo
obstructive [əb'strʌktɪv] ADJ obstrutor(a)
obtain [əb'teɪn] VT (*get*) obter; (*achieve*) conseguir ■ VI prevalecer
obtainable [əb'teɪnəbl] ADJ disponível
obtrusive [əb'tru:sɪv] ADJ (*person*) intrometido, intruso; (*building etc*) que dá muito na vista
obtuse [əb'tju:s] ADJ obtuso
obverse ['ɔbvə:s] N (*of medal, coin*) obverso; (*fig*) contrapartida
obviate ['ɔbvɪeɪt] VT obviar a, prevenir
obvious ['ɔbvɪəs] ADJ (*clear*) óbvio, evidente; (*unsubtle*) nada sutil
obviously ['ɔbvɪəslɪ] ADV evidentemente; **~, he was not drunk** *or* **he was ~ not drunk** certamente ele não estava bêbado; **he was not ~ drunk** ele não aparentava estar bêbado; **~!** claro!, lógico!; **~ not!** (*é*) claro que não!
OCAS N ABBR (= *Organization of Central American States*) ODECA *f*
occasion [ə'keɪʒən] N ocasião *f*; (*event*) acontecimento ■ VT ocasionar, causar; **on that ~** naquela ocasião; **to rise to the ~** mostrar-se à altura da situação
occasional [ə'keɪʒənl] ADJ de vez em quando
occasionally [ə'keɪʒənəlɪ] ADV de vez em quando; **very ~** raramente
occasional table N mesinha
occult [ɔ'kʌlt] ADJ oculto ■ N: **the ~** as ciências ocultas
occupancy ['ɔkjupənsɪ] N ocupação *f*, posse *f*
occupant ['ɔkjupənt] N (*of house*) inquilino(-a); (*of car*) ocupante *m/f*
occupation [ɔkju'peɪʃən] N ocupação *f*; (*job*) profissão *f*; **unfit for ~** (*house*) inabitável
occupational [ɔkju'peɪʃənl] ADJ (*accident*) de trabalho; (*disease*) profissional; **occupational guidance** (*Brit*) N orientação *f* vocacional; **occupational hazard** N risco profissional; **occupational pension** N pensão *f* profissional; **occupational therapy** N terapia ocupacional
occupier ['ɔkjupaɪəʳ] N inquilino(-a)
occupy ['ɔkjupaɪ] VT ocupar; (*house*) morar em; **to ~ o.s. in doing** (*as job*) dedicar-se a fazer; (*be busy with*) ocupar-se de fazer; **to be occupied with sth** ocupar-se de algo
occur [ə'kə:ʳ] VI (*event*) ocorrer; (*phenomenon*) acontecer; (*difficulty, opportunity*) surgir; **to ~ to sb** ocorrer a alguém; **it ~s to me that ...** ocorre-me que ...
occurrence [ə'kʌrəns] N (*event*) ocorrência, acontecimento; (*existence*) existência
ocean ['əuʃən] N oceano; **~s of** (*inf*) um monte de; **ocean bed** N fundo do oceano
ocean-going [-'gəuɪŋ] ADJ de longo curso
Oceania [əuʃɪ'eɪnɪə] N Oceania
ocean liner N transatlântico
ochre ['əukəʳ] (*US* **ocher**) ADJ cor de ocre *inv*
o'clock [ə'klɔk] ADV: **it is 5 o'clock** são cinco horas
OCR N ABBR = **optical character reader**; **optical character recognition**
Oct. ABBR (= *October*) out
octagonal [ɔk'tægənl] ADJ octogonal
octane ['ɔkteɪn] N octano; **high-~ petrol** (*Brit*) *or* **gas** (*US*) gasolina de alto índice de octana
octave ['ɔktɪv] N oitava
October [ɔk'təubəʳ] N outubro; *see also* **July**
octogenarian [ɔktəudʒɪ'nɛərɪən] N octogenário(-a)
octopus ['ɔktəpəs] N polvo
odd [ɔd] ADJ (*strange*) estranho, esquisito; (*number*) ímpar; (*sock etc*) desemparelhado; (*left over*) avulso, de sobra; **60-~** 60 e tantos; **at ~ times** às vezes, de vez em quando; **to be the ~ one out** ficar sobrando, ser a exceção
oddball ['ɔdbɔ:l] (*inf*) N excêntrico(-a), esquisitão(-ona) *m/f*
oddity ['ɔdɪtɪ] N coisa estranha, esquisitice *f*; (*person*) excêntrico(-a)
odd-job man (*irreg*) N faz-tudo *m*
odd jobs NPL biscates *mpl*, bicos *mpl*
oddly ['ɔdlɪ] ADV curiosamente; *see also* **enough**
oddments ['ɔdmənts] (*Brit*) NPL (*Comm*) retalhos *mpl*
odds [ɔdz] NPL (*in betting*) pontos *mpl* de vantagem; **the ~ are against his coming** é pouco provável que ele venha; **it makes no ~** dá no mesmo; **to succeed against all the ~** conseguir contra todas as expectativas; **at ~** brigados(-as), de mal; **odds and ends** NPL miudezas *fpl*

ode [əud] N ode *f*
odious ['əudɪəs] ADJ odioso
odometer [əu'dɔmɪtəʳ] N conta-quilômetros *m inv*
odour ['əudəʳ] (*US* **odor**) N odor *m*, cheiro; (*unpleasant*) fedor *m*
odo(u)rless ['əudəlɪs] ADJ inodoro
OECD N ABBR (= *Organization for Economic Cooperation and Development*) OCDE *f*
oesophagus [iː'sɔfəgəs] (*US* **esophagus**) N esôfago
oestrogen ['iːstrəudʒən] (*US* **estrogen**) N estrogênio

KEYWORD

of [ɔv, əv] PREP **1** (*gen*) de; **the history of France** a história da França; **a friend of ours** um amigo nosso; **a boy of 10** um menino de 10 anos; **that was very kind of you** foi muito gentil da sua parte; **the city of New York** a cidade de Nova Iorque
2 (*expressing quantity, amount, dates etc*) de; **a kilo of flour** um quilo de farinha; **how much of this do you need?** de quanto você precisa?; **3 of them** 3 deles; **3 of us went** 3 de nós foram; **a cup of tea/vase of flowers** uma xícara de chá/um vaso de flores; **the 5th of July** dia 5 de julho
3 (*from, out of*) de; **a statue of marble** uma estátua de mármore; **made of wood** feito de madeira

KEYWORD

off [ɔf] ADV **1** (*referring to distance, time*): **it's a long way off** fica bem longe; **the game is 3 days off** o jogo é daqui a 3 dias
2 (*departure*): **I'm off** estou de partida; **to go off to Paris/Italy** ir para Paris/a Itália; **I must be off** devo ir-me
3 (*removal*): **to take off one's hat/coat/clothes** tirar o chapéu/o casaco/a roupa; **the button came off** o botão caiu; **10% off** (*Comm*) 10% de abatimento *or* desconto
4 (*not at work: on holiday*): **to have a day off** tirar um dia de folga; (: *sick*): **to be off sick** estar ausente por motivo de saúde; **I'm off on Fridays** estou de folga às sextas-feiras
■ ADJ **1** (*not turned on: machine, water, gas*) desligado; (: *light*) apagado; (: *tap*) fechado
2 (*cancelled: meeting, match, agreement*) cancelado
3 (*Brit: not fresh: food*) passado; (: *milk*) talhado, anulado
4: **on the off chance** (*just in case*) ao acaso; **today I had an off day** (*not as good as usual*) hoje não foi o meu dia
■ PREP **1** (*indicating motion, removal, etc*) de; **the button came off my coat** o botão do meu casaco caiu
2 (*distant from*) de; **5 km off (the road)** a 5 km(da estrada); **off the coast** em frente à costa
3: **to be off meat** (*no longer eat it*) não comer mais carne; (*no longer like it*) enjoar de carne

offal ['ɔfl] N (*Culin*) sobras *fpl*, restos *mpl*
offbeat ['ɔfbiːt] ADJ excêntrico
off-centre (*US* **off-center**) ADJ descentrado, excêntrico
off-colour (*Brit*) ADJ (*ill*) indisposto
offence [ə'fɛns] (*US* **offense**) N (*crime*) delito; (*insult*) insulto, ofensa; **to give ~ to** ofender; **to take ~ at** ofender-se com, melindrar-se com; **to commit an ~** cometer uma infração
offend [ə'fɛnd] VT (*person*) ofender ■ VI: **to ~ against** (*law, rule*) pecar contra, transgredir
offender [ə'fɛndəʳ] N delinqüente *m/f*; (*against regulations*) infrator(a) *m/f*
offense [ə'fɛns] (*US*) N = **offence**
offensive [ə'fɛnsɪv] ADJ (*weapon, remark*) ofensivo; (*smell etc*) repugnante ■ N (*Mil*) ofensiva
offer ['ɔfəʳ] N oferta; (*proposal*) proposta ■ VT oferecer; (*opportunity*) proporcionar; **to make an ~ for sth** fazer uma oferta por algo; **to ~ sth to sb, ~ sb sth** oferecer algo a alguém; **to ~ to do sth** oferecer-se para fazer algo; **"on ~"** (*Comm*) "em oferta"
offering ['ɔfərɪŋ] N oferenda
offertory ['ɔfətərɪ] N (*Rel*) ofertório
off-hand [ɔf'hænd] ADJ informal ■ ADV de improviso; **I can't tell you ~** não posso te dizer assim de improviso
office ['ɔfɪs] N (*place*) escritório; (*room*) gabinete *m*; (*position*) cargo, função *f*; **to take ~** tomar posse; **doctor's ~** (*US*) consultório; **through his good ~s** (*fig*) graças aos grandes préstimos dele; **O~ of Fair Trading** (*Brit*) *órgão de proteção ao consumidor*; **office automation** N automação *f* de escritórios; **office bearer** N (*of club etc*) detentor(a) *m/f* de um cargo; **office block** (*US* **office building**) N conjunto de escritórios; **office boy** N contínuo, bói *m*; **office building** (*US*) N conjunto de escritórios; **office hours** NPL (horas *fpl* de) expediente *m*; (*US: Med*) horas *fpl* de consulta; **office manager** N gerente *m/f* de escritório
officer ['ɔfɪsəʳ] N (*Mil etc*) oficial *m/f*; (*of organization*) diretor(a) *m/f*; (*also*: **police officer**) agente *m/f* policial *or* de polícia
office work N trabalho de escritório
office worker N empregado(-a) *or* funcionário(-a) de escritório
official [ə'fɪʃl] ADJ oficial ■ N oficial *m/f*; (*civil servant*) funcionário(-a) (público(-a))
officialdom [ə'fɪʃldəm] (*pej*) N burocracia
officially [ə'fɪʃəlɪ] ADV oficialmente
official receiver N síndico(-a) de massa falida
officiate [ə'fɪʃɪeɪt] VI (*Rel*) oficiar; **to ~ as Mayor** exercer as funções de prefeito; **to ~ at a marriage** celebrar um casamento
officious [ə'fɪʃəs] ADJ intrometido
offing ['ɔfɪŋ] N: **in the ~** (*fig*) em perspectiva

off-key ADJ, ADV desafinado
off-licence (*Brit*) N (*shop*) *loja de bebidas alcoólicas*

OFF-LICENCE

Uma loja *off-licence* vende bebidas alcóolicas (para viagem) nos horários em que os pubs estão fechados. Nesses estabelecimentos também se pode comprar bebidas não-alcoólicas, cigarros, batatas fritas, balas, chocolates etc.

off-limits (*esp US*) ADJ proibido
off line ADJ (*Comput*) fora de linha; (: *switched off*) desligado
off-load VT: **to ~ sth (onto)** (*goods*) descarregar algo (sobre); (*job*) descarregar algo (em)
off-peak ADJ (*heating etc*) de período de pouco consumo; (*ticket, train*) de período de pouco movimento
off-putting [-'putɪŋ] (*Brit*) ADJ desconcertante
off-season ADJ, ADV fora de estação *or* temporada
offset ['ɔfsɛt] (*irreg*: *like* **set**) VT (*counteract*) compensar, contrabalançar ■ N (*also*: **offset printing**) ofsete *m*
offshoot ['ɔfʃuːt] (*fig*) N desdobramento
offshore [ɔf'ʃɔːʳ] ADV a pouca distância da costa, ao largo ■ ADJ (*breeze*) de terra; (*island*) perto do litoral; (*fishing*) costeiro; **~ oilfield** campo petrolífero ao largo
offside ['ɔf'saɪd] N (*Aut*) lado do motorista ■ ADJ (*Sport*) impedido; (*Aut*) do lado do motorista
offspring ['ɔfsprɪŋ] N descendência, prole *f*
offstage ['ɔf'steɪdʒ] ADV nos bastidores
off-the-cuff ADJ improvisado ■ ADV de improviso
off-the-job training N treinamento fora do local de trabalho
off-the-peg (*US* **off-the-rack**) ADJ pronto
off-white ADJ quase branco
often ['ɔfn] ADV muitas vezes, freqüentemente; **how ~ do you go?** quantas vezes *or* com que freqüência você vai?; **as ~ as not** quase sempre; **very ~** com muita freqüência
ogle ['əugl] VT comer com os olhos
ogre ['əugəʳ] N ogre *m*
OH (*US*) ABBR (*Post*) = **Ohio**
oh [əu] EXCL oh!, ô!, ah!
OHMS (*Brit*) ABBR = **On His (*or* Her) Majesty's Service**
oil [ɔɪl] N (*Culin*) azeite *m*; (*petroleum*) petróleo; (*for heating*) óleo ■ VT (*machine*) lubrificar
oilcan ['ɔɪlkæn] N almotolia; (*for storing*) lata
oil change N mudança de óleo
oilfield ['ɔɪlfiːld] N campo petrolífero
oil filter N (*Aut*) filtro de óleo
oil-fired [-'faɪəd] ADJ que usa óleo combustível
oil gauge N indicador *m* do nível de óleo
oil industry N indústria petroleira
oil level N nível *m* de óleo
oil painting N pintura a óleo
oil refinery N refinaria de petróleo
oil rig N torre *f* de perfuração
oilskins ['ɔɪlskɪnz] NPL capa de oleado
oil slick N mancha de óleo
oil tanker N (*ship*) petroleiro; (*truck*) carro-tanque *m* de petróleo
oil well N poço petrolífero
oily ['ɔɪlɪ] ADJ oleoso; (*food*) gorduroso
ointment ['ɔɪntmənt] N pomada
OK (*US*) ABBR (*Post*) = **Oklahoma**
O.K. ['əu'keɪ] EXCL está bem, está bom, tá (bem *or* bom) (*inf*) ■ ADJ bom; (*correct*) certo ■ VT aprovar ■ N: **to give sth the O.K.** dar luz verde a algo; **is it O.K.?** tá bom?; **are you O.K.?** você está bem?; **are you O.K. for money?** você está bem de dinheiro?; **it's O.K. with** *or* **by me** para mim tudo bem
okay ['əu'keɪ] = **O.K.**
old [əuld] ADJ velho; (*former*) antigo, anterior; **how ~ are you?** quantos anos você tem?; **he's 10 years ~** ele tem 10 anos; **~er brother** irmão mais velho; **any ~ thing will do** qualquer coisa serve; **old age** N velhice *f*
old-age pensioner (*Brit*) N aposentado(-a) (BR), reformado(-a) (PT)
old-fashioned [-'fæʃnd] ADJ fora de moda; (*person*) antiquado; (*values*) absoleto, retrógrado
old maid N solteirona
old people's home N asilo de velhos
old-time ADJ antigo, do tempo antigo
old-timer N veterano
old wives' tale N conto da carochinha
olive ['ɔlɪv] N (*fruit*) azeitona; (*tree*) oliveira ■ ADJ (*also*: **olive-green**) verde-oliva *inv*; **olive oil** N azeite *m* de oliva
Olympic [əu'lɪmpɪk] ADJ olímpico; **the ~ Games, the ~s** os Jogos Olímpicos, as Olimpíadas
OM (*Brit*) N ABBR (= *Order of Merit*) *título honorífico*
Oman [əu'mɑːn] N Omã *m* (BR), Oman *m* (PT)
OMB (*US*) N ABBR (= *Office of Management and Budget*) *serviço que assessora o presidente em assuntos orçamentários*
omelet(te) ['ɔmlɪt] N omelete *f* (BR), omeleta (PT)
omen ['əumən] N presságio, agouro
ominous ['ɔmɪnəs] ADJ (*menacing*) preocupante; (*event*) de mau agouro
omission [əu'mɪʃən] N omissão *f*; (*error*) descuido, negligência
omit [əu'mɪt] VT omitir; (*by mistake*) esquecer; **to ~ to do sth** deixar de fazer algo
omnivorous [ɔm'nɪvərəs] ADJ onívoro
ON (*Canada*) ABBR = **Ontario**

KEYWORD

on [ɔn] PREP **1** (*indicating position*) sobre, em(cima de); **on the wall** na parede; **on the left** à esquerda; **the house is on the main road** a casa fica na rua principal
2 (*indicating means, method, condition etc*): **on foot** a pé; **on the train/plane** no trem/no avião;

on the telephone/radio no telefone/rádio; **on television** na televisão; **to be on drugs** (*addicted*) ser viciado em drogas; (*Med*) estar sob medicação; **to be on holiday/business** estar de férias/a negócio
3 (*referring to time*): **on Friday** na sexta-feira; **a week on Friday** sem ser esta sexta-feira, a outra; **on arrival** ao chegar; **on seeing this** ao ver isto
4 (*about, concerning*) sobre
■ ADV **1** (*referring to dress*): **to have one's coat on** estar de casaco; **what's she got on?** o que ela está usando?; **she put her boots on** ela calçou as botas; **he put his gloves/hat on** ele colocou as luvas/o chapéu
2 (*referring to covering*): **screw the lid on tightly** atarraxar bem a tampa
3 (*further, continuously*): **to walk/drive on** continuar andando/dirigindo; **to go on** continuar(em frente); **to read on** continuar a ler
■ ADJ **1** (*functioning, in operation: machine*) em funcionamento; (*light*) aceso; (*radio*) ligado; (*tap*) aberto; (*brakes: of car etc*): **to be on** estar freado; (*meeting*): **is the meeting still on?** (*in progress*) a reunião ainda está sendo realizada?; (*not cancelled*) ainda vai haver reunião?; **there's a good film on at the cinema** tem um bom filme passando no cinema
2: **that's not on!** (*inf: of behaviour*) isso não se faz!

ONC (*Brit*) N ABBR = **Ordinary National Certificate**

once [wʌns] ADV uma vez; (*formerly*) outrora
■ CONJ depois que; **~ he had left/it was done** depois que ele saiu/foi feito; **at ~** imediatamente; (*simultaneously*) de uma vez, ao mesmo tempo; **all at ~** de repente; **~ a week** uma vez por semana; **~ more** mais uma vez; **I knew him ~** eu o conheci antigamente; **~ and for all** uma vez por todas, definitivamente; **~ upon a time** era uma vez

oncoming ['ɔnkʌmɪŋ] ADJ (*traffic*) que vem de frente

OND (*Brit*) N ABBR = **Ordinary National Diploma**

KEYWORD

one [wʌn] NUM um(a); **one hundred and fifty** cento e cinqüenta; **one by one** um por um
■ ADJ **1** (*sole*) único; **the one book which ...** o único livro que ...
2 (*same*) mesmo; **they came in the one car** eles vieram no mesmo carro
■ PRON **1** um(a); **this one** este/esta; **that one** esse/essa, aquele/aquela; **I've already got one/a red one** eu já tenho um/um vermelho
2: **one another** um ao outro; **do you two ever see one another?** vocês dois se vêem de vez em quando?; **the boys didn't dare look at one another** os meninos não ousaram olhar um para o outro
3 (*impers*): **one never knows** nunca se sabe; **to cut one's finger** cortar o dedo; **one needs to eat** é preciso comer

one-armed bandit N caça-níqueis *m inv*

one-day excursion (US) N bilhete *m* de ida e volta

one-man ADJ (*business*) individual; **one-man band** N homem-orquestra *m*

one-off (*Brit: inf*) N exemplar *m* único ■ ADJ único

one-piece ADJ: **~ bathing suit** maiô inteiro

onerous ['əunərəs] ADJ (*task, duty*) incômodo; (*responsibility*) pesado

KEYWORD

oneself [wʌn'sɛlf] PRON (*reflexive*) se; (*after prep, emphatic*) si(mesmo/a); **by oneself** sozinho(-a); **to hurt oneself** ferir-se; **to keep sth for oneself** guardar algo para si mesmo; **to talk to oneself** falar consigo mesmo

one-sided [-'saɪdɪd] ADJ (*decision*) unilateral; (*judgement, account*) parcial; (*contest*) desigual

one-time ADJ antigo

one-to-one ADJ (*relationship*) individual

one-upmanship [-'ʌpmənʃɪp] N: **the art of ~** a arte de aparentar ser melhor do que os outros

one-way ADJ (*street, traffic*) de mão única (BR), de sentido único (PT)

ongoing ['ɔngəuɪŋ] ADJ (*project*) em andamento; (*situation*) existente

onion ['ʌnjən] N cebola

on line ADJ (*Comput*) on-line, em linha; (: *switched on*) ligado

onlooker ['ɔnlukəʳ] N espectador(a) *m/f*

only ['əunlɪ] ADV somente, apenas ■ ADJ único, só ■ CONJ só que, porém; **an ~ child** um filho único; **not ~ ... but also ...** não só ... mas também ...; **I ~ ate one** eu comi só um; **I saw her ~ yesterday** apenas ontem eu a vi; **I'd be ~ too pleased to help** eu teria muitíssimo prazer em ajudar; **I would come, ~ I'm very busy** eu iria, porém estou muito ocupado

ono ABBR (= *or nearest offer*) ou melhor oferta

onset ['ɔnsɛt] N (*beginning*) começo; (*attack*) ataque *m*

onshore ['ɔnʃɔːʳ] ADJ (*wind*) do mar

onslaught ['ɔnslɔːt] N investida, arremetida

on-the-job training N treinamento no serviço

onto ['ɔntu] PREP = **on to**

onus ['əunəs] N responsabilidade *f*; **the ~ is upon him to prove it** cabe a ele comprová-lo

onward(s) ['ɔnwəd(z)] ADV (*move*) para diante, para a frente; **from this time onward(s)** de (ag)ora em diante

onyx ['ɔnɪks] N ônix *m*

ooze [uːz] VI ressumar, filtrar-se; **to ~ a feeling** mostrar um sentimento exagerado

opacity [əu'pæsɪtɪ] N opacidade *f*

opal ['əupl] N opala

opaque [əu'peɪk] ADJ opaco, fosco
OPEC ['əupɛk] N ABBR (= *Organization of Petroleum-Exporting Countries*) OPEP *f*
open ['əupn] ADJ aberto; (*car*) descoberto; (*road*) livre; (*fig: frank*) aberto; (*meeting*) aberto, sem restrições; (*admiration*) declarado; (*question*) discutível; (*enemy*) assumido ■ VT abrir ■ VI (*gen*) abrir(-se); (*shop*) abrir; (*book etc: commence*) começar; **in the ~ (air)** ao ar livre; **the ~ sea** o largo; **~ ground** (*among trees*) clareira, abertura; (*waste ground*) terreno baldio; **to have an ~ mind (on sth)** ter uma cabeçaaberta (a respeito de algo)
▸ **open on to** VT FUS (*subj: room, door*) dar para
▸ **open out** VT abrir ■ VI abrir-se
▸ **open up** VT abrir; (*blocked road*) desobstruir ■ VI (*Comm*) abrir
open-air ADJ a céu aberto
open-and-shut ADJ: **~ case** caso evidente
open day (*Brit*) N dia *m* de visita
open-ended [-'ɛndɪd] ADJ (*fig*) não limitado
opener ['əupnəʳ] N (*also*: **can opener, tin opener**) abridor *m* de latas (BR), abre-latas *m inv* (PT)
open-heart surgery N cirurgia de coração aberto
opening ['əupnɪŋ] ADJ de abertura ■ N abertura; (*start*) início; (*opportunity*) oportunidade *f*; (*job*) vaga; **opening night** N (*Theatre*) estréia
openly ['əupənlɪ] ADV abertamente
open-minded [-'maɪndɪd] ADJ aberto, imparcial
open-necked [-nɛkt] ADJ aberto no colo
openness ['əupnnɪs] N abertura, sinceridade *f*
open-plan ADJ sem paredes divisórias
open sandwich N canapê *m*
open shop N *empresa que admite trabalhadores não sindicalizados*
Open University (*Brit*) N *universidade que oferece curso universitário por correspondência*

OPEN UNIVERSITY

Fundada em 1969, a *Open University* oferece um tipo de ensino que compreende cursos (alguns blocos da programação da TV e do rádio são reservados para esse fim), deveres que são enviados pelo aluno ao diretor ou diretora de estudos e uma estada obrigatória em uma universidade de verão. É preciso cumprir um certo número de unidades ao longo de um período determinado e obter a média em um certo número delas para receber o diploma almejado.

opera ['ɔpərə] N ópera; **opera glasses** NPL binóculo de teatro; **opera house** N teatro lírico *or* de ópera; **opera singer** N cantor(a) *m/f* de ópera
operate ['ɔpəreɪt] VT (*machine*) fazer funcionar, pôr em funcionamento; (*company*) dirigir ■ VI funcionar; (*drug*) fazer efeito; (*Med*): **to ~ on sb** operar alguém
operatic [ɔpə'rætɪk] ADJ lírico, operístico
operating ['ɔpəreɪtɪŋ] ADJ (*Comm: costs, profit*) operacional; **operating system** N (*Comput*) sistema *m* operacional; **operating table** N mesa de operações; **operating theatre** N sala de operações
operation [ɔpə'reɪʃən] N operação *f*; (*of machine*) funcionamento; **to have an ~** fazer uma operação; **to be in ~** (*system*) estar em vigor; (*machine*) estar funcionando
operational [ɔpə'reɪʃənl] ADJ operacional; **when the service is fully ~** quando o serviço estiver com toda a sua eficácia
operative ['ɔpərətɪv] ADJ (*measure*) em vigor ■ N (*in factory*) operário(-a); **the ~ word** a palavra mais importante *or* atuante
operator ['ɔpəreɪtəʳ] N (*of machine*) operador(a) *m/f*, manipulador(a) *m/f*; (*Tel*) telefonista *m/f*
operetta [ɔpə'rɛtə] N opereta
ophthalmic [ɔf'θælmɪk] ADJ oftálmico
ophthalmologist [ɔfθæl'mɔlədʒɪst] N oftalmologista *m/f*, oftalmólogo(-a)
opinion [ə'pɪnɪən] N opinião *f*; **in my ~** na minha opinião, a meu ver; **to seek a second ~** procurar uma segunda opinião
opinionated [ə'pɪnɪəneɪtɪd] ADJ opinioso
opinion poll N pesquisa, levantamento
opium ['əupɪəm] N ópio
opponent [ə'pəunənt] N oponente *m/f*; (*Mil, Sport*) adversário(-a)
opportune ['ɔpətju:n] ADJ oportuno
opportunism [ɔpə'tju:nɪzəm] N oportunismo
opportunist [ɔpə'tju:nɪst] N (*pej*) oportunista *m/f*
opportunity [ɔpə'tju:nɪtɪ] N oportunidade *f*; **to take the ~ of doing** aproveitar a oportunidade para fazer
oppose [ə'pəuz] VT opor-se a; **to be ~d to sth** opor-se a algo, estar contra algo; **as ~d to** em oposição a
opposing [ə'pəuzɪŋ] ADJ (*side*) oposto, contrário
opposite ['ɔpəzɪt] ADJ oposto; (*house etc*) em frente ■ ADV (lá) em frente ■ PREP em frente de, defronte de ■ N oposto, contrário; **the ~ sex** o sexo oposto; **opposite number** (*Brit*) N homólogo(-a)
opposition [ɔpə'zɪʃən] N oposição *f*
oppress [ə'prɛs] VT oprimir
oppression [ə'prɛʃən] N opressão *f*
oppressive [ə'prɛsɪv] ADJ opressivo
opprobrium [ə'prəubrɪəm] N (*formal*) opróbrio
opt [ɔpt] VI: **to ~ for** optar por; **to ~ to do** optar por fazer
▸ **opt out**; **to ~ out of doing sth** optar por não fazer algo
optical ['ɔptɪkl] ADJ ótico; **optical character reader** N leitora de caracteres óticos; **optical character recognition** N reconhecimento de caracteres óticos; **optical fibre** N fibra ótica; **optical illusion** N ilusão *f* ótica
optician [ɔp'tɪʃən] N oculista *m/f*
optics ['ɔptɪks] N ótica

optimism ['ɔptɪmɪzəm] N otimismo
optimist ['ɔptɪmɪst] N otimista *m/f*
optimistic [ɔptɪ'mɪstɪk] ADJ otimista
optimum ['ɔptɪməm] ADJ ótimo
option ['ɔpʃən] N opção *f*; **to keep one's ~s open** (*fig*) manter as opções em aberto; **I have no ~** não tenho opção *or* escolha
optional ['ɔpʃənəl] ADJ opcional, facultativo; **~ extras** acessórios *mpl* opcionais
opulence ['ɔpjuləns] N opulência
opulent ['ɔpjulənt] ADJ opulento
OR (*US*) ABBR (*Post*) = **Oregon**
or [ɔːʳ] CONJ ou; (*with negative*): **he hasn't seen or heard anything** ele não viu nem ouviu nada; **or else** senão; **either ..., or else** ou ..., ou (então)
oracle ['ɔrəkl] N oráculo
oral ['ɔːrəl] ADJ oral ■ N exame *m* oral
orange ['ɔrɪndʒ] N (*fruit*) laranja ■ ADJ cor de laranja *inv*, alaranjado
orangeade [ɔrɪndʒ'eɪd] N laranjada
oration [ɔː'reɪʃən] N oração *f*
orator ['ɔrətəʳ] N orador(a) *m/f*
oratorio [ɔrə'tɔːrɪəu] N oratório
orb [ɔːb] N orbe *m*
orbit ['ɔːbɪt] N órbita ■ VT, VI orbitar; **to be/go into ~ (around)** estar/entrar em órbita (em torno de)
orchard ['ɔːtʃəd] N pomar *m*; **apple ~** pomar de macieiras
orchestra ['ɔːkɪstrə] N orquestra; (*US: seating*) platéia
orchestral [ɔː'kɛstrəl] ADJ orquestral; (*concert*) sinfônico
orchestrate ['ɔːkɪstreɪt] VT (*Mus, fig*) orquestrar
orchid ['ɔːkɪd] N orquídea
ordain [ɔː'deɪn] VT ordenar, decretar; (*decide*) decidir, mandar
ordeal [ɔː'diːl] N experiência penosa, provação *f*
order ['ɔːdəʳ] N (*gen*) ordem *f*; (*Comm*) encomenda; **good ~** bom estado ■ VT (*also*: **put in order**) pôr em ordem, arrumar; (*in restaurant*) pedir; (*Comm*) encomendar; (*command*) mandar, ordenar; **in ~** em ordem; **in (working) ~** em bom estado; **in ~ of preference** por ordem de preferência; **in ~ to do/that** para fazer/que (+ *sub*); **on ~** (*Comm*) encomendado; **out of ~** com defeito, enguiçado; **to ~ sb to do sth** mandar alguém fazer algo; **to place an ~ for sth with sb** fazer uma encomenda a alguém para algo, encomendar algo a alguém; **made to ~** feito sob encomenda; **to be under ~s to do sth** ter ordens para fazer algo; **a point of ~** uma questão de ordem; **to the ~ of** (*Banking*) à ordem de; **order book** N livro de encomendas; **order form** N impresso para encomendas
orderly ['ɔːdəlɪ] N (*Mil*) ordenança *m*; (*Med*) servente *m/f* ■ ADJ (*room*) arrumado, ordenado; (*person*) metódico
order number N número de encomenda
ordinal ['ɔːdɪnl] ADJ (*number*) ordinal
ordinary ['ɔːdnrɪ] ADJ comum, usual; (*pej*) ordinário, medíocre; **out of the ~** fora do comum, extraordinário; **ordinary seaman** (*Brit: irreg*) N marinheiro de segunda classe; **ordinary shares** NPL ações *fpl* ordinárias
ordination [ɔːdɪ'neɪʃən] N ordenação *f*
ordnance ['ɔːdnəns] N (*Mil: unit*) artilharia
Ordnance Survey (*Brit*) N *serviço oficial de topografia e cartografia*
ore [ɔːʳ] N minério
organ ['ɔːgən] N (*gen*) órgão *m*
organic [ɔː'gænɪk] ADJ orgânico
organism ['ɔːgənɪzəm] N organismo
organist ['ɔːgənɪst] N organista *m/f*
organization [ɔːgənaɪ'zeɪʃən] N organização *f*; **organization chart** N organograma *m*
organize ['ɔːgənaɪz] VT organizar; **to get ~d** organizar-se
organized labour ['ɔːgənaɪzd-] N mão-de-obra *f* sindicalizada
organizer ['ɔːgənaɪzəʳ] N organizador(a) *m/f*
orgasm ['ɔːgæzəm] N orgasmo
orgy ['ɔːdʒɪ] N orgia
Orient ['ɔːrɪənt] N: **the ~** o Oriente
oriental [ɔːrɪ'ɛntl] ADJ, N oriental *m/f*
orientate ['ɔːrɪəntɛɪt] VT: **to ~ o.s.** orientar-se
orifice ['ɔrɪfɪs] N orifício
origin ['ɔrɪdʒɪn] N origem *f*; (*point of departure*) procedência; **country of ~** país de origem
original [ə'rɪdʒɪnl] ADJ original ■ N original *m*
originality [ərɪdʒɪ'nælɪtɪ] N originalidade *f*
originally [ə'rɪdʒɪnəlɪ] ADV (*at first*) originalmente; (*with originality*) com originalidade
originate [ə'rɪdʒɪneɪt] VI: **to ~ from** originar-se de, surgir de; **to ~ in** ter origem em
originator [ə'rɪdʒɪneɪtəʳ] N iniciador(a) *m/f*
Orkneys ['ɔːknɪz] NPL: **the ~** (*also*: **the Orkney Islands**) as ilhas Órcadas
ornament ['ɔːnəmənt] N ornamento; (*trinket*) quinquilharia; (*on dress*) enfeite *m*
ornamental [ɔːnə'mɛntl] ADJ decorativo, ornamental
ornamentation [ɔːnəmɛn'teɪʃən] N ornamentação *f*
ornate [ɔː'neɪt] ADJ enfeitado, requintado
ornithologist [ɔːnɪ'θɔlədʒɪst] N ornitólogo(-a)
ornithology [ɔːnɪ'θɔlədʒɪ] N ornitologia
orphan ['ɔːfn] N órfão/órfã *m/f* ■ VT: **to be ~ed** ficar orfão
orphanage ['ɔːfənɪdʒ] N orfanato
orthodox ['ɔːθədɔks] ADJ ortodoxo
orthopaedic [ɔːθə'piːdɪk] (*US* **orthopedic**) ADJ ortopédico
OS (*Brit*) ABBR = **Ordnance Survey**; (*Naut*) = **ordinary seaman**; (*Dress*) = **outsize**
O/S ABBR = **out of stock**
oscillate ['ɔsɪleɪt] VI oscilar; (*person*) vacilar, hesitar
OSHA (*US*) N ABBR (= *Occupational Safety and Health Administration*) *órgão que supervisiona a higiene e a segurança do trabalho*
Oslo ['ɔzləu] N Oslo

ostensible [ɔs'tɛnsɪbl] ADJ aparente
ostensibly [ɔs'tɛnsɪblɪ] ADV aparentemente
ostentation [ɔstɛn'teɪʃən] N ostentação *f*
ostentatious [ɔstɛn'teɪʃəs] ADJ pomposo, espalhafatoso; (*person*) ostentoso
osteopath ['ɔstɪəpæθ] N osteopata *m/f*
ostracize ['ɔstrəsaɪz] VT condenar ao ostracismo
ostrich ['ɔstrɪtʃ] N avestruz *m/f*
OT N ABBR (= *Old Testament*) AT *m*
OTB (*US*) N ABBR (= *off-track betting*) *apostas tomadas fora da pista de corridas*
other ['ʌðəʳ] ADJ outro ■ PRON: **the ~ (one)** o outro(-a) outra ■ ADV (*usually in negatives*): **~ than** (*apart from*) além de; (*anything but*) exceto; **~s** (*other people*) outros; **some ~ people have still to arrive** outras pessoas ainda não chegaram; **the ~ day** outro dia; **some actor or ~** um certo ator; **somebody or ~** não sei quem, alguém; **the car was none ~ than John's** o carro não era nenhum outro senão o de João
otherwise ['ʌðəwaɪz] ADV de outra maneira ■ CONJ (*if not*) senão; **an ~ good piece of work** sob outros aspectos, um trabalho bem feito
OTT (*inf*) ABBR = **over the top**; *see* **top**
otter ['ɔtəʳ] N lontra
OU (*Brit*) N ABBR = **Open University**
ouch [autʃ] EXCL ai!
ought [ɔ:t] (*pt* **ought**) AUX VB: **I ~ to do it** eu deveria fazê-lo; **this ~ to have been corrected** isto deveria ter sido corrigido; **he ~ to win** (*probability*) ele deve ganhar; **you ~ to go and see it** você deveria ir vê-lo
ounce [auns] N onça (= *28.35g*)
our ['auəʳ] ADJ nosso; *see also* **my**
ours ['auəz] PRON (o) nosso/(a) nossa *etc*; *see also* **mine**
ourselves [auə'sɛlvz] PRON PL (*reflexive, after prep*) nós; (*emphatic*) nós mesmos(-as); **we did it (all) by ~** nós fizemos isso sozinhos; *see also* **oneself**
oust [aust] VT expulsar

KEYWORD

out [aut] ADV **1** (*not in*) fora; **(to stand) out in the rain/snow** (estar em pé) na chuva/neve; **it's cold out here/out in the desert** está frio aqui fora/faz frio lá no deserto; **out here/there** aqui/lá fora; **to go/come** *etc* **out** sair/vir *etc* para fora; **out loud** em voz alta
2 (*not at home, absent*) fora(de casa); **Mr Green is out at the moment** Sr. Green não está no momento; **to have a day/night out** passar o dia fora/sair à noite
3 (*indicating distance*): **the boat was 10 km out** o barco estava a 10 km da costa; **3 days out from Plymouth** 3 dias fora de Plymouth
4 (*Sport*): **the ball is/has gone out** a bola caiu fora; **out!** (*Tennis etc*) fora!
■ ADJ **1**: **to be out** (*unconscious*) estar inconsciente; (*out of game*) estar fora; (*out of fashion*) estar fora de moda
2 (*have appeared: news, secret*) do conhecimento público; (: *flowers*): **the flowers are out** as flores desabrochatam
3 (*extinguished: light, fire*) apagado; **before the week was out** (*finished*) antes da semana acabar
4: **to be out to do sth** (*intend*) pretender fazer algo; **to be out in one's calculations** (*wrong*) enganar-se nos cálculos
■ PREP: **out of 1** (*outside, beyond*): **out of** fora de; **to go out of the house** sair da casa; **to look out of the window** olhar pela janela
2 (*cause, motive*) por; **out of curiosity/fear/greed** por curiosidade/medo/ganância
3 (*origin*): **to drink sth out of a cup** beber algo na xícara; **to copy sth out of a book** copiar algo de um livro
4 (*from among*): **1 out of every 3 smokers** 1 entre 3 fumantes; **out of 100 cars sold, only one had any faults** dos 100 carros vendidos, só um tinha defeito
5 (*without*) sem; **to be out of milk/sugar/petrol** *etc* não ter leite/açúcar/gasolina *etc*

outage ['autɪdʒ] (*esp US*) N (*power failure*) blecaute *m*
out-and-out ADJ (*liar etc*) completo, rematado
outback ['autbæk] N (*in Australia*): **the ~** o interior
outbid [aut'bɪd] (*pt, pp* **outbidded**) VT sobrepujar
outboard ['autbɔ:d] N (*also*: **outboard motor**) motor *m* de popa
outbreak ['autbreɪk] N (*of war*) deflagração *f*; (*of disease*) surto; (*of violence etc*) explosão *f*
outbuilding ['autbɪldɪŋ] N dependência
outburst ['autbə:st] N explosão *f*
outcast ['autkɑ:st] N pária *m/f*
outclass [aut'klɑ:s] VT ultrapassar, superar
outcome ['autkʌm] N resultado
outcrop ['autkrɔp] N afloramento
outcry ['autkraɪ] N clamor *m* (de protesto)
outdated [aut'deɪtɪd] ADJ antiquado, fora de moda
outdistance [aut'dɪstəns] VT deixar para trás
outdo [aut'du:] (*irreg*) VT ultrapassar, exceder
outdoor [aut'dɔ:ʳ] ADJ ao ar livre; (*clothes*) de sair
outdoors [aut'dɔ:z] ADV ao ar livre
outer ['autəʳ] ADJ exterior, externo; **outer space** N espaço (exterior)
outfit ['autfɪt] N equipamento; (*clothes*) roupa, traje *m*; (*inf: Comm*) firma
outfitter's ['autfɪtəz] (*Brit*) N fornecedor *m* de roupas
outgoing ['autgəuɪŋ] ADJ (*president, tenant*) de saída; (*character*) extrovertido, sociável
outgoings ['autgəuɪŋz] (*Brit*) NPL despesas *fpl*
outgrow [aut'grəu] (*irreg*) VT: **he has ~n his clothes** a roupa ficou pequena para ele
outhouse ['authaus] N anexo
outing ['autɪŋ] N (*going out*) saída; (*excursion*) excursão *f*
outlandish [aut'lændɪʃ] ADJ estranho, bizarro
outlast [aut'lɑ:st] VT sobreviver a

outlaw ['autlɔ:] N fora-da-lei *m/f*, VT; (*person*) declarar fora da lei; (*practice*) declarar ilegal
outlay ['autleɪ] N despesas *fpl*
outlet ['autlɛt] N saída, escape *m*; (*of pipe*) desagüe *m*, escoadouro; (*US: Elec*) tomada; (*also*: **retail outlet**) posto de venda
outline ['autlaɪn] N (*shape*) contorno, perfil *m*; (*of plan*) traçado; (*sketch*) esboço, linhas *fpl* gerais ■ VT (*theory, plan*) traçar, delinear
outlive [aut'lɪv] VT sobreviver a
outlook ['autluk] N (*attitude*) ponto de vista; (*fig: prospects*) perspectiva; (: *for weather*) previsão *f*
outlying ['autlaɪɪŋ] ADJ afastado, remoto
outmanoeuvre [autmə'nu:vəʳ] (*US* **outmaneuver**) VT (*rival etc*) passar a perna em
outmoded [aut'məudɪd] ADJ antiquado, fora de moda, obsoleto
outnumber [aut'nʌmbəʳ] VT exceder em número
out-of-date ADJ (*passport, ticket*) sem validade; (*theory, idea*) antiquado, superado; (*custom*) antiquado; (*clothes*) fora de moda
out-of-the-way ADJ remoto, afastado; (*fig*) insólito
outpatient ['autpeɪʃənt] N paciente *m/f* externo(-a) *or* de ambulatório
outpost ['autpəust] N posto avançado
output ['autput] N (volume *m* de) produção *f*; (*Tech*) rendimento; (*Comput*) saída ■ VT (*Comput*) liberar
outrage ['autreɪdʒ] N (*scandal*) escândalo; (*atrocity*) atrocidade *f* ■ VT ultrajar
outrageous [aut'reɪdʒəs] ADJ ultrajante, escandaloso
outrider ['autraɪdəʳ] N (*on motorcycle*) batedor(a) *m/f*
outright [*adv* aut'raɪt, *adj* 'autraɪt] ADV (*kill, win*) completamente; (*ask, refuse*) abertamente ■ ADJ completo; franco
outrun [aut'rʌn] (*irreg*) VT ultrapassar
outset ['autsɛt] N início, princípio
outshine [aut'ʃaɪn] (*irreg*) VT (*fig*) eclipsar
outside [aut'saɪd] N exterior *m* ■ ADJ exterior, externo; (*contractor etc*) de fora ■ ADV (lá) fora ■ PREP fora de; (*beyond*) além (dos limites) de; **at the ~** (*fig*) no máximo; **an ~ chance** uma possibilidade remota; **outside broadcast** N (*Radio, TV*) transmissão *f* de exteriores; **outside lane** N (*Aut: in Britain*) pista da direita; (: *in US, Europe*) pista da esquerda; **outside left** N (*Football*) extremo-esquerdo; **outside line** N (*Tel*) linha de saída
outsider [aut'saɪdəʳ] N (*stranger*) estranho(-a), forasteiro(-a); (*in race etc*) outsider *m*
outsize ['autsaɪz] ADJ enorme; (*clothes*) de tamanho extra-grande *or* especial
outskirts ['autskə:ts] NPL arredores *mpl*, subúrbios *mpl*
outsmart [aut'smɑ:t] VT passar a perna em
outspoken [aut'spəukən] ADJ franco, sem rodeios
outspread [aut'sprɛd] ADJ estendido
outstanding [aut'stændɪŋ] ADJ excepcional; (*work, debt*) pendente; **your account is still ~** a sua conta ainda não está liquidada
outstay [aut'steɪ] VT: **to ~ one's welcome** abusar da hospitalidade (demorando mais tempo)
outstretched [aut'strɛtʃt] ADJ (*hand*) estendido; (*body*) esticado
outstrip [aut'strɪp] VT (*competitors, demand*) ultrapassar
out tray N cesta de saída
outvote [aut'vəut] VT: **to ~ sb (by ...)** vencer alguém (por ... votos); **to ~ sth (by ...)** rejeitar algo (por ... votos)
outward ['autwəd] ADJ (*sign, appearances*) externo; (*journey*) de ida
outwardly ['autwədlɪ] ADV para fora
outweigh [aut'weɪ] VT ter mais valor do que
outwit [aut'wɪt] VT passar a perna em
oval ['əuvl] ADJ ovalado ■ N oval *m*; **Oval Office** N *ver abaixo*

OVAL OFFICE

O Salão Oval (*Oval Office*) é o escritório particular do presidente dos Estados Unidos na Casa Branca, assim chamado devido a sua forma oval. Por extensão, o termo se refere à presidência em si.

ovary ['əuvərɪ] N ovário
ovation [əu'veɪʃən] N ovação *f*
oven ['ʌvn] N forno
ovenproof ['ʌvnpru:f] ADJ refratário
oven-ready ADJ pronto para o forno
ovenware ['ʌvnwɛəʳ] N louça refratária

KEYWORD

over ['əuvəʳ] ADV **1** (*across: walk, jump, fly etc*) por cima; **to cross over to the other side of the road** atravessar para o outro lado da rua; **over here** por aqui, cá; **over there** por ali, lá; **to ask sb over** (*to one's home*) convidar alguém
2: **to fall over** cair; **to knock over** derrubar; **to turn over** virar; **to bend over** curvar-se, debruçar-se
3 (*finished*): **to be over** estar acabado
4 (*excessively: clever, rich, fat etc*) muito, demais; **she's not over intelligent** ela não é superdotada
5 (*remaining: money, food etc*): **there are 3 over** tem 3 sobrando/sobraram 3; **is there any cake left over?** sobrou algum bolo?
6: **all over** (*everywhere*) por todos os lados; **over and over (again)** repetidamente
■ PREP **1** (*on top of*) sobre; (*above*) acima de
2 (*on the other side of*) no outro lado de; **he jumped over the wall** ele pulou o muro
3 (*more than*) mais de; **over and above** além de; **this order is over and above what we have already ordered** esta encomenda está acima

do que já havíamos pedido
4 (*during*) durante; **let's discuss it over dinner** vamos discutir isto durante o jantar

over... [əuvəʳ] PREFIX sobre..., super...
overabundant [əuvərə'bʌndənt] ADJ superabundante
overact [əuvər'ækt] VI (*Theatre*) exagerar
overall N, ADJ [*n* 'əuvərɔ:l, *adv* əuvər'ɔ:l] ■ ADJ (*length*) total; (*study*) global ■ ADV (*view*) globalmente; (*measure, paint*) totalmente; **overalls** NPL macacão *m* (BR), (fato) macaco (PT)
overanxious [əuvər'æŋkʃəs] ADJ muito ansioso
overawe [əuvər'ɔ:] VT intimidar
overbalance [əuvə'bæləns] VI perder o equilíbrio, desequilibrar-se
overbearing [əuvə'beərɪŋ] ADJ autoritário, dominador(a); (*arrogant*) arrogante
overboard ['əuvəbɔ:d] ADV (*Naut*) ao mar; **man ~!** homem ao mar!; **to go ~ for sth** (*fig*) empolgar-se com algo
overbook [əuvə'buk] VI reservar em excesso
overcapitalize [əuvə'kæpɪtəlaɪz] VT sobrecapitalizar
overcast ['əuvəkɑ:st] ADJ nublado, fechado
overcharge [əuvə'tʃɑ:dʒ] VT: **to ~ sb** cobrar em excesso a alguém
overcoat ['əuvəkəut] N sobretudo
overcome [əuvə'kʌm] (*irreg*) VT vencer, dominar; (*difficulty*) superar ■ ADJ (*emotionally*) assolado; **~ with grief** tomado pelador
overconfident [əuvə'kɔnfɪdənt] ADJ confiante em excesso
overcrowded [əuvə'kraudɪd] ADJ superlotado; (*country*) superpovoado
overcrowding [əuvə'kraudɪŋ] N superlotação *f*; (*in country*) superpovoamento
overdo [əuvə'du:] (*irreg*) VT exagerar; (*overcook*) cozinhar demais; **to ~ it, to ~ things** (*work too hard*) exceder-se; (*go too far*) exagerar
overdose ['əuvədəus] N overdose *f*, dose *f* excessiva
overdraft ['əuvədrɑ:ft] N saldo negativo
overdrawn [əuvə'drɔ:n] ADJ (*account*) sem fundos, a descoberto
overdue [əuvə'dju:] ADJ atrasado; (*Comm*) vencido; (*change*) tardio; **that change was long ~** essa mudança foi muito protelada
overestimate [əuvər'estɪmeɪt] VT sobrestimar
overexcited [əuvərɪk'saɪtɪd] ADJ superexcitado
over-exertion [əuvərɪg'zə:ʃən] N estafa
overexpose [əuvərɪk'spəuz] VT (*Phot*) expor demais (à luz)
overflow [*vi* əuvə'fləu, *n* 'əuvəfləu] VI transbordar ■ N (*excess*) excesso; (*also*: **overflow pipe**) tubo de descarga, ladrão *m*
overfly [əuvə'flaɪ] (*irreg*) VT sobrevoar
overgenerous [əuvə'dʒenərəs] ADJ pródigo; (*offer*) excessivo
overgrown [əuvə'grəun] ADJ (*garden*) coberto de vegetação; **he's just an ~ schoolboy** (*fig*) ele é apenas um garotão de escola
overhang [*vt, vi* əuvə'hæŋ, *n* 'əuvəhæŋ] (*irreg*) VT sobrepairar ■ VI sobressair ■ N saliência, ressalto
overhaul [*vt* əuvə'hɔ:l, *n* 'əuvəhɔ:l] VT revisar ■ N revisão *f*
overhead [*adv* əuvə'hed, *adj, n* 'əuvəhed] ADV por cima, em cima; (*in the sky*) no céu ■ ADJ aéreo, elevado; (*railway*) suspenso ■ N (*US*) = **overheads**; **overheads** NPL (*expenses*) despesas *fpl* gerais
overhear [əuvə'hɪəʳ] (*irreg*) VT ouvir por acaso
overheat [əuvə'hi:t] VI ficar superaquecido; (*engine*) aquecer demais
overjoyed [əuvə'dʒɔɪd] ADJ: **to be ~ (a)** estar muito alegre (com)
overkill ['əuvəkɪl] N (*fig*): **it would be ~** seria exagero, seria matar mosquito com tiro de canhão
overland ['əuvəlænd] ADJ, ADV por terra
overlap [*vi* əuvə'læp, *n* 'əuvəlæp] VI (*edges*) sobrepor-se em parte; (*fig*) coincidir ■ N sobreposição *f*
overleaf [əuvə'li:f] ADV no verso
overload [əuvə'ləud] VT sobrecarregar
overlook [əuvə'luk] VT (*have view on*) dar para; (*miss*) omitir; (*forgive*) fazer vista grossa a
overlord ['əuvəlɔ:d] N suserano
overmanning [əuvə'mænɪŋ] N excesso de pessoal
overnight [*adv* əuvə'naɪt, *adj* 'əuvənaɪt] ADV durante a noite; (*fig: suddenly*) da noite para o dia ■ ADJ de uma (*or* de) noite; (*decision*) tomada da noite para o dia; **to stay ~** passar a noite, pernoitar; **if you travel ~ ...** se você viajar de noite ...; **he'll be away ~** ele não voltará hoje
overpaid [əuvə'peɪd] PT, PP *of* **overpay**
overpass ['əuvəpɑ:s] N (*road*) viaduto; (*esp US*) passagem *f* superior
overpay [əuvə'peɪ] (*irreg*) VT: **to ~ sb by £50** pagar £50 em excesso a alguém
overpower [əuvə'pauəʳ] VT dominar, subjugar; (*fig*) assolar
overpowering [əuvə'pauərɪŋ] ADJ (*heat, stench*) sufocante
overproduction [əuvəprə'dʌkʃən] N superprodução *f*
overrate [əuvə'reɪt] VT sobrestimar, supervalorizar
overreach [əuvə'ri:tʃ] VT: **to ~ o.s.** exceder-se
overreact [əuvəri:'ækt] VI reagir com exagero
override [əuvə'raɪd] (*irreg*) VT (*order, objection*) não fazer caso de, ignorar; (*decision*) anular
overriding [əuvə'raɪdɪŋ] ADJ primordial
overrule [əuvə'ru:l] VT (*decision*) anular; (*claim*) indeferir
overrun [əuvə'rʌn] (*irreg*) VT (*country etc*) invadir; (*time limit*) ultrapassar, exceder ■ VI ultrapassar o devido tempo; **the town is ~ with tourists** a cidade está infestada de turistas
overseas [əuvə'si:z] ADV ultra-mar; (*abroad*) no estrangeiro, no exterior ■ ADJ (*trade*) exterior;

(*visitor*) estrangeiro
overseer ['əuvəsiəʳ] N (*in factory*) superintendente *m/f*; (*foreman*) capataz *m*
overshadow [əuvə'ʃædəu] VT ofuscar
overshoot [əuvə'ʃu:t] (*irreg*) VT passar
oversight ['əuvəsaɪt] N descuido; **due to an ~** devido a um descuido *or* uma inadvertência
oversimplify [əuvə'sɪmplɪfaɪ] VT simplificar demais
oversleep [əuvə'sli:p] (*irreg*) VI dormir além da hora
overspend [əuvə'spɛnd] (*irreg*) VI gastar demais; **we have overspent by $5000** gastamos $5000 além dos nossos recursos
overspill ['əuvəspɪl] N excesso (de população)
overstaffed [əuvə'stɑ:ft] ADJ: **to be ~** ter um excesso de pessoal
overstate [əuvə'steɪt] VT exagerar
overstatement [əuvə'steɪtmənt] N exagero
overstep [əuvə'stɛp] VT: **to ~ the mark** ultrapassar o limite
overstock [əuvə'stɔk] VT estocar em excesso
overstrike [*n* 'əuvəstraɪk, *vt* əuvə'straɪk] (*irreg*: *like* **strike**) N (*on printer*) batida múltipla ■ VT sobreimprimir
overt [əu'və:t] ADJ aberto, indissimulado
overtake [əuvə'teɪk] (*irreg*) VT ultrapassar
overtaking [əuvə'teɪkɪŋ] N (*Aut*) ultrapassagem *f*
overtax [əuvə'tæks] VT (*Econ*) sobrecarregar de impostos; (*fig*: *strength, patience*) abusar de; (: *person*) exigir demais de; **to ~ o.s.** exceder-se
overthrow [əuvə'θrəu] (*irreg*) VT (*government*) derrubar
overtime ['əuvətaɪm] N horas *fpl* extras; **to do** *or* **work ~** fazer horas extras; **overtime ban** N recusa de fazer horas extras
overtone ['əuvətəun] N (*fig*: *also*: **overtones**) implicação *f*, tom *m*
overture ['əuvətʃuəʳ] N (*Mus*) abertura; (*fig*) proposta, oferta
overturn [əuvə'tə:n] VT virar; (*system*) derrubar; (*decision*) anular ■ VI virar; (*car*) capotar
overweight [əuvə'weɪt] ADJ gordo demais, com excesso de peso; (*luggage*) com excesso de peso
overwhelm [əuvə'wɛlm] VT (*defeat*) esmagar, assolar; (*affect deeply*) esmagar, sufocar
overwhelming [əuvə'wɛlmɪŋ] ADJ (*victory, defeat*) esmagador(a); (*heat*) sufocante; (*desire*) irresistível; **one's ~ impression is of heat** a impressão mais forte é de calor
overwhelmingly [əuvə'wɛlmɪŋlɪ] ADV (*vote*) em massa; (*win*) esmagadoramente
overwork [əuvə'wə:k] N excesso de trabalho ■ VT sobrecarregar de trabalho ■ VI trabalhar demais
overwrite [əuvə'raɪt] (*irreg*) VT (*Comput*) gravar em cima de
overwrought [əuvə'rɔ:t] ADJ extenuado, superexcitado
ovulation [ɔvju'leɪʃən] N ovulação *f*
owe [əu] VT dever; **to ~ sb sth, to ~ sth to sb** dever algo a alguém
owing to ['əuɪŋ-] PREP devido a, por causa de
owl [aul] N coruja
own [əun] ADJ próprio ■ VI (*Brit*): **to ~ to (having done) sth** confessar (ter feito) algo ■ VT possuir, ter; **a room of my ~** meu próprio quarto; **can I have it for my (very) ~?** posso ficar com isso para mim?; **to get one's ~ back** ir à forra; **on one's ~** sozinho; **to come into one's ~** revelar-se
▸ **own up** VI: **to ~ up to sth** confessar algo; **to ~ up to having done sth** confessar ter feito algo
own brand N (*Comm*) marca de distribuidora
owner ['əunəʳ] N dono(-a), proprietário(-a)
owner-occupier N proprietário(-a) com posse e uso
ownership ['əunəʃɪp] N posse *f*; **it's under new ~** (*shop etc*) está sob novo proprietário
ox [ɔks] (*pl* **oxen**) N boi *m*
oxen ['ɔksn] NPL *of* **ox**
Oxfam ['ɔksfæm] (*Brit*) N ABBR (= *Oxford Committee for Famine Relief*) *associação de assistência*
oxide ['ɔksaɪd] N óxido
Oxon. ['ɔksn] (*Brit*) ABBR = **Oxoniensis; of Oxford**
oxtail ['ɔksteɪl] N: **~ soup** sopa de rabada
oxyacetylene [ɔksɪə'sɛtɪli:n] N oxiacetileno ■ CPD: **~ burner, ~ torch** maçarico oxiacetilênico
oxygen ['ɔksɪdʒən] N oxigênio; **oxygen mask** N máscara de oxigênio; **oxygen tent** N tenda de oxigênio
oyster ['ɔɪstəʳ] N ostra
oz. ABBR = **ounce(s)**
ozone ['əuzəun] N ozônio; **ozone layer** N camada de ozônio

Pp

P, p [piː] N (*letter*) P, p *m*; **P for Peter** P de Pedro
P ABBR = **president; prince**
p [piː] ABBR (= *page*) p; (*Brit*) = **penny; pence**
PA N ABBR = **personal assistant; public address system** ■ ABBR (*US: Post*) = **Pennsylvania**
pa [pɑː] (*inf*) N papai *m*
p.a. ABBR = **per annum**
PAC (*US*) N ABBR = **political action committee**
pace [peɪs] N (*step*) passo; (*speed*) velocidade *f*; (*rhythm*) ritmo ■ VI: **to ~ up and down** andar de um lado para o outro; **to keep ~ with** acompanhar o passo de; (*events*) manter-se inteirado de *or* atualizado com; **to set the ~** (*running*) regular a marcha; (*fig*) dar o tom; **to put sb through his ~s** (*fig*) pôr alguém à prova
pacemaker ['peɪsmeɪkəʳ] N (*Med*) marcapasso *m*
pacific [pə'sɪfɪk] ADJ pacífico ■ N: **the P~ (Ocean)** o (Oceano) Pacífico
pacification [pæsɪfɪ'keɪʃən] N pacificação *f*
pacifier ['pæsɪfaɪəʳ] (*US*) N chupeta
pacifist ['pæsɪfɪst] N pacifista *m/f*
pacify ['pæsɪfaɪ] VT (*soothe*) acalmar, serenar; (*country*) pacificar
pack [pæk] N pacote *m*, embrulho; (*US: packet*) pacote *m*; (: *of cigarettes*) maço; (*of hounds*) matilha; (*of thieves etc*) bando, quadrilha; (*of cards*) baralho; (*bundle*) trouxa; (*backpack*) mochila ■ VT (*wrap*) empacotar, embrulhar; (*fill*) encher; (*in suitcase etc*) arrumar (na mala); (*cram*): **to ~ into** entupir de, entulhar com; (*fig: room etc*) lotar; (*Comput*) compactar ■ VI: **to ~ (one's bags)** fazer as malas; **to ~ into** (*room, stadium*) apinhar-se em; **to send sb ~ing** (*inf*) dar o fora em alguém
▸ **pack in** (*Brit: inf*) VI (*machine*) pifar ■ VT (*boyfriend*) dar o fora em; **~ it in!** pára com isso!
▸ **pack off** VT (*person*) despedir
▸ **pack up** VI (*Brit: inf: machine*) pifar; (: *person*) desistir, parar ■ VT (*belongings*) arrumar; (*goods, presents*) empacotar, embrulhar
package ['pækɪdʒ] N pacote *m*; (*bulky*) embrulho, fardo; (*also*: **package deal**) acordo global, pacote; (*Comput*) pacote ■ VT (*goods*) empacotar, acondicionar; **package holiday** (*Brit*) N pacote *m* (de férias); **package tour** (*Brit*) N excursão *f* organizada
packaging ['pækɪdʒɪŋ] N embalagem *f*
packed [pækt] ADJ (*crowded*) lotado, apinhado; **packed lunch** (*Brit*) N merenda
packer ['pækəʳ] N (*person*) empacotador(a) *m/f*
packet ['pækɪt] N pacote *m*; (*of cigarettes*) maço; (*of washing powder etc*) caixa; (*Naut*) paquete *m*; **packet switching** [-'swɪtʃɪŋ] N (*Comput*) chaveamento de pacote
pack ice N gelo flutuante
packing ['pækɪŋ] N embalagem *f*; (*internal*) enchimento; (*act*) empacotamento; **packing case** N caixa de embalagem
pact [pækt] N pacto; (*Comm*) convênio
pad [pæd] N (*of paper*) bloco; (*for inking*) almofada; (*launch pad*) plataforma (de lançamento); (*to prevent friction*) acolchoado; (*inf: home*) casa ■ VT acolchoar, enchumaçar ■ VI: **to ~ in/about** *etc* entrar/andar *etc* sem ruído
padding ['pædɪŋ] N enchimento; (*fig*) palavreado inútil
paddle ['pædl] N (*oar*) remo curto; (*US: for table tennis*) raquete *f* ■ VT remar ■ VI (*with feet*) patinhar; **paddle steamer** N vapor *m* movido a rodas
paddling pool ['pædlɪŋ-] (*Brit*) N lago de recreação
paddock ['pædək] N cercado; (*at race course*) paddock *m*
paddy field ['pædɪ-] N arrozal *m*
padlock ['pædlɔk] N cadeado ■ VT fechar com cadeado
padre ['pɑːdrɪ] N capelão *m*, padre *m*
paediatrics [piːdɪ'ætrɪks] (*US* **pediatrics**) N pediatria
pagan ['peɪgən] ADJ, N pagão/pagã *m/f*
page [peɪdʒ] N página; (*also*: **page boy**) mensageiro; (*at wedding*) pajem *m* ■ VT (*in hotel etc*) mandar chamar
pageant ['pædʒənt] N (*procession*) cortejo suntuoso; (*show*) desfile *m* alegórico
pageantry ['pædʒəntrɪ] N pompa, fausto
page break N quebra de página
pager ['peɪdʒəʳ] N bip *m*
paginate ['pædʒɪneɪt] VT paginar
pagination [pædʒɪ'neɪʃən] N paginação *f*
pagoda [pə'gəudə] N pagode *m*
paid [peɪd] PT, PP *of* **pay** ■ ADJ (*work*) remunerado; (*holiday*) pago; (*official*) assalariado;

to put ~ to (*Brit*) acabar com
paid-up (*US* **paid-in**) ADJ (*member*) efetivo; (*shares*) integralizado; **~ capital** capital *m* realizado
pail [peɪl] N balde *m*
pain [peɪn] N dor *f*; **to be in ~** sofrer *or* sentir dor; **to have a ~ in** estar com uma dor em; **on ~ of death** sob pena de morte; **to take ~s to do sth** dar-se ao trabalho de fazer algo
pained [peɪnd] ADJ (*expression*) magoado, aflito
painful ['peɪnful] ADJ doloroso; (*laborious*) penoso; (*unpleasant*) desagradável
painfully ['peɪnfulɪ] ADV (*fig: very*) terrivelmente
painkiller ['peɪnkɪlə^{r}] N analgésico
painless ['peɪnlɪs] ADJ sem dor, indolor
painstaking ['peɪnzteɪkɪŋ] ADJ (*work*) esmerado; (*person*) meticuloso
paint [peɪnt] N pintura ■ VT pintar; **to ~ the door blue** pintar a porta de azul; **to ~ the town red** (*fig*) cair na farra
paintbox ['peɪntbɔks] N estojo de tintas
paintbrush ['peɪntbrʌʃ] N (*artist's*) pincel *m*; (*decorator's*) broxa
painter ['peɪntə^{r}] N pintor(a) *m/f*; (*decorator*) pintor(a) de paredes
painting ['peɪntɪŋ] N pintura; (*picture*) tela, quadro
paint-stripper N removedor *m* de tinta
paintwork ['peɪntwə:k] N pintura
pair [pɛə^{r}] N (*of shoes, gloves etc*) par *m*; (*of people*) casal *m*; (*twosome*) dupla; **a ~ of scissors** uma tesoura; **a ~ of trousers** uma calça (BR), umas calças (PT)
▸ **pair off** VI formar pares
pajamas [pɪ'dʒɑ:məz] (US) NPL pijama *m*
Pakistan [pɑ:kɪ'stɑ:n] N Paquistão *m*
Pakistani [pɑ:kɪ'stɑ:nɪ] ADJ, N paquistanês(-esa) *m/f*
PAL [pæl] N ABBR (TV: *phase alternation line*) PAL *m*
pal [pæl] (*inf*) N camarada *m/f*, colega *m/f*
palace ['pæləs] N palácio
palatable ['pælɪtəbl] ADJ saboroso, apetitoso; (*acceptable*) aceitável
palate ['pælɪt] N paladar *m*
palatial [pə'leɪʃəl] ADJ suntuoso, magnífico
palaver [pə'lɑ:və^{r}] (*inf*) N (*fuss*) confusão *f*; (*hindrances*) complicação *f*
pale [peɪl] ADJ (*face*) pálido; (*colour*) claro; (*light*) fraco ■ VI empalidecer ■ N: **to be beyond the ~** passar dos limites; **to grow** *or* **turn ~** empalidecer; **~ blue** azul claro *inv*; **to ~ into insignificance (beside)** perder a importância (diante de)
paleness ['peɪlnɪs] N palidez *f*
Palestine ['pælɪstaɪn] N Palestina
Palestinian [pælɪs'tɪnɪən] ADJ, N palestino(-a)
palette ['pælɪt] N palheta
paling ['peɪlɪŋ] N (*stake*) estaca; **palings** NPL (*fence*) cerca
palisade [pælɪ'seɪd] N paliçada
pall [pɔ:l] N (*of smoke*) manto ■ VI perder a graça
pallet ['pælɪt] N (*for goods*) paleta
pallid ['pælɪd] ADJ pálido, descorado
pallor ['pælə^{r}] N palidez *f*
pally ['pælɪ] (*inf*) ADJ chapinha
palm [pɑ:m] N (*hand, leaf*) palma; (*also*: **palm tree**) palmeira ■ VT: **to ~ sth off on sb** (*inf*) impingir algo a alguém
palmist ['pɑ:mɪst] N quiromante *m/f*
Palm Sunday N Domingo de Ramos
palpable ['pælpəbl] ADJ palpável
palpitations [pælpɪ'teɪʃənz] NPL palpitações *fpl*; **to have ~** sentir palpitações
paltry ['pɔ:ltrɪ] ADJ irrisório
pamper ['pæmpə^{r}] VT paparicar, mimar
pamphlet ['pæmflət] N panfleto
pan [pæn] N (*also*: **saucepan**) panela (BR), caçarola (PT); (*also*: **frying pan**) frigideira; (*of lavatory*) vaso ■ VI (*Cinema*) tomar uma panorâmica ■ VT (*inf: book, film*) arrasar com; **to ~ for gold** batear à procura de ouro
panacea [pænə'sɪə] N panacéia
panache [pə'næʃ] N desenvoltura
Panama ['pænəmɑ:] N Panamá *m*; **Panama Canal** N canal *m* do Panamá
pancake ['pænkeɪk] N panqueca
Pancake Day (*Brit*) N terça-feira de Carnaval
pancreas ['pæŋkrɪəs] N pâncreas *m inv*
panda ['pændə] N panda *m/f*; **panda car** (*Brit*) N patrulhinha, carro policial
pandemonium [pændɪ'məunɪəm] N (*noise*) pandemônio; (*mess*) caos *m*
pander ['pændə^{r}] VI: **to ~ to** favorecer
pane [peɪn] N vidraça, vidro
panel ['pænl] N (*of wood, Radio, TV*) painel *m*; (*of cloth*) pano; **panel game** (*Brit*) N jogo em painel
panelling ['pænəlɪŋ] (*US* **paneling**) N painéis *mpl*
panellist ['pænəlɪst] (*US* **panelist**) N convidado(-a), integrante *m/f* do painel
pang [pæŋ] N: **a ~ of regret** uma sensação de pesar; **~s of hunger** fome aguda
panic ['pænɪk] N pânico ■ VI entrar em pânico
panicky ['pænɪkɪ] ADJ (*person*) assustadiço, apavorado
panic-stricken [-'strɪkən] ADJ tomado de pânico
pannier ['pænɪə^{r}] N (*on bicycle*) cesta; (*on mule etc*) cesto, alcofa
panorama [pænə'rɑ:mə] N panorama *m*
panoramic [pænə'ræmɪk] ADJ panorâmico
pansy ['pænzɪ] N (*Bot*) amor-perfeito; (*inf: pej*) bicha (BR), maricas *m* (PT)
pant [pænt] VI arquejar, ofegar
pantechnicon [pæn'tɛknɪkən] (*Brit*) N caminhão *m* de mudanças
panther ['pænθə^{r}] N pantera
panties ['pæntɪz] NPL calcinha (BR), cuecas *fpl* (PT)
pantihose ['pæntɪhəuz] (*US*) N meia-calça (BR), collants *mpl* (PT)
pantomime ['pæntəmaɪm] (*Brit*) N pantomima, *revista musical montada na época de*

Natal, baseada em contos de fada

PANTOMIME

Uma *pantomime*, também chamada simplesmente de *panto*, é um gênero de comédia em que o personagem principal em geral é um rapaz e na qual há sempre uma *dame*, isto é, uma mulher idosa representada por um homem, e um vilão. Na maior parte das vezes, a história é baseada em um conto de fadas, como "A gata borralheira" ou "O gato de botas", e a platéia é encorajada a participar prevenindo os heróis dos perigos que estão por vir. Esse tipo de espetáculo, voltado sobretudo para as crianças, visa também ao público adulto por meio de diversas brincadeiras que fazem alusão aos fatos atuais.

pantry ['pæntrɪ] N despensa
pants [pænts] NPL (*Brit: underwear: woman's*) calcinha (*BR*), cuecas *fpl* (*PT*); (*: man's*) cueca (*BR*), cuecas (*PT*); (*US: trousers*) calça (*BR*), calças *fpl* (*PT*)
pantsuit ['pæntsu:t] (*US*) N terninho (de mulher)
papacy ['peɪpəsɪ] N papado
papal ['peɪpəl] ADJ papal
paper ['peɪpəʳ] N papel *m*; (*also*: **newspaper**) jornal *m*; (*also*: **wallpaper**) papel de parede; (*study, article*) artigo, dissertação *f*; (*exam*) exame *m*, prova ■ ADJ de papel ■ VT (*room*) revestir (com papel de parede); **papers** NPL (*also*: **identity papers**) documentos *mpl*; **a piece of ~** um papel; **to put sth down on ~** pôr algo por escrito; **paper advance** N (*on printer*) avançar formulário
paperback ['peɪpəbæk] N livro de capa mole ■ ADJ: **~ edition** edição *f* brochada
paper bag N saco de papel
paperboy ['peɪpəbɔɪ] N jornaleiro
paper clip N clipe *m*
paper hankie N lenço de papel
paper mill N fábrica de papel
paper money N papel-moeda *m*
paper profit N lucro fictício
paperweight ['peɪpəweɪt] N pesa-papéis *m inv*
paperwork ['peɪpəwə:k] N trabalho burocrático; (*pej*) papelada
papier-mâché ['pæpɪeɪ'mæʃeɪ] N papel *m* machê
paprika ['pæprɪkə] N páprica, pimentão-doce *m*
Pap smear [pæp-] N (*Med*) esfregaço
Pap test [pæp-] N (*Med*) esfregaço
par [pɑ:ʳ] N par *m*; (*equality of value*) paridade *f*, igualdade *f*; (*Golf*) média *f*; **to be on a ~ with** estar em pé de igualdade com; **at ~** ao par; **above/below ~** acima/abaixo do par; **to feel below** *or* **under** *or* **not up to ~** estar aquém das suas possibilidades
parable ['pærəbl] N parábola
parabola [pə'ræbələ] N parábola
parachute ['pærəʃu:t] N pára-quedas *m inv* ■ VI saltar de pára-quedas; **parachute jump** N salto de pára-quedas
parachutist ['pærəʃu:tɪst] N pára-quedista *m/f*
parade [pə'reɪd] N desfile *m* ■ VT desfilar; (*show off*) exibir ■ VI desfilar; (*Mil*) passar revista; **parade ground** N praça de armas
paradise ['pærədaɪs] N paraíso
paradox ['pærədɔks] N paradoxo
paradoxical [pærə'dɔksɪkl] ADJ paradoxal
paradoxically [pærə'dɔksɪklɪ] ADV paradoxalmente
paraffin ['pærəfɪn] (*Brit*) N: **~ (oil)** querosene *m*; **liquid ~** óleo de parafina; **paraffin heater** (*Brit*) N aquecedor *m* a parafina; **paraffin lamp** (*Brit*) N lâmpada de parafina
paragon ['pærəgən] N modelo
paragraph ['pærəgrɑ:f] N parágrafo
Paraguay ['pærəgwaɪ] N Paraguai *m*
Paraguayan [pærə'gwaɪən] ADJ, N paraguaio(-a)
parallel ['pærəlɛl] ADJ: **~ (with** *or* **to)** (*lines etc*) paralelo (a); (*fig*) correspondente (a) ■ N paralela; correspondência
paralyse ['pærəlaɪz] (*Brit*) VT paralisar
paralyses [pə'rælɪsi:z] NPL *of* **paralysis**
paralysis [pə'rælɪsɪs] (*pl* **paralyses**) N paralisia
paralytic [pærə'lɪtɪk] ADJ paralítico; (*Brit: inf: drunk*) de cara cheia
paralyze ['pærəlaɪz] (*US*) VT = **paralyse**
parameter [pə'ræmɪtəʳ] N parâmetro
paramilitary [pærə'mɪlɪtərɪ] ADJ paramilitar
paramount ['pærəmaunt] ADJ primordial; **of ~ importance** de suma importância
paranoia [pærə'nɔɪə] N paranóia
paranoid ['pærənɔɪd] ADJ paranóico
paranormal [pærə'nɔ:məl] ADJ paranormal
parapet ['pærəpɪt] N parapeito, balaustrada
paraphernalia [pærəfə'neɪlɪə] N (*gear*) acessórios *mpl*, parafernália, equipamento
paraphrase ['pærəfreɪz] VT parafrasear
paraplegic [pærə'pli:dʒɪk] N paraplégico(-a)
parapsychology [pærəsaɪ'kɔlədʒɪ] N parapsicologia
parasite ['pærəsaɪt] N parasito(-a)
parasol ['pærəsɔl] N guarda-sol *m*, sombrinha
paratrooper ['pærətru:pəʳ] N pára-quedista *m/f*
parcel ['pɑ:sl] N pacote *m* ■ VT (*also*: **parcel up**) embrulhar, empacotar
▸ **parcel out** VT repartir, distribuir
parcel bomb (*Brit*) N pacote-bomba *m*
parcel post N serviço de encomenda postal
parch [pɑ:tʃ] VT secar, ressecar
parched [pɑ:tʃt] ADJ (*person*) morto de sede
parchment ['pɑ:tʃmənt] N pergaminho
pardon ['pɑ:dn] N perdão *m*; (*Law*) indulto ■ VT perdoar; (*Law*) indultar; **~!** desculpe!; **~ me!, I beg your ~** (*apologizing*) desculpe(-me); **(I beg your) ~?** (*Brit*), **~ me?** (*US*) (*not hearing*) como?, como disse?
pare [pɛəʳ] VT (*Brit: nails*) aparar; (*fruit etc*)

descascar; (*fig: costs etc*) reduzir, cortar
parent ['pɛərənt] N (*father*) pai *m*; (*mother*) mãe *f*; **parents** NPL (*mother and father*) pais *mpl*
parentage ['pɛərəntɪdʒ] N ascendência; **of unknown** ~ de pais desconhecidos
parental [pə'rɛntl] ADJ paternal (*or* maternal), dos pais
parent company N (empresa) matriz *f*
parentheses [pə'rɛnθɪsiːz] NPL *of* **parenthesis**
parenthesis [pə'rɛnθɪsɪs] (*pl* **parentheses**) N parêntese *m*; **in parentheses** entre parênteses
parenthood ['pɛərənthud] N paternidade *f* (*or* maternidade *f*)
parenting ['pɛərəntɪŋ] N trabalho de ser pai (*or* mãe)
Paris ['pærɪs] N Paris
parish ['pærɪʃ] N paróquia, freguesia ■ ADJ paroquial; **parish council** (*Brit*) N ≈ junta da freguesia
parishioner [pə'rɪʃənəʳ] N paroquiano(-a)
Parisian [pə'rɪzɪən] ADJ, N parisiense *m/f*
parity ['pærɪtɪ] N paridade *f*, igualdade *f*
park [pɑːk] N parque *m* ■ VT, VI estacionar
parka ['pɑːkə] N parka *m*
parking ['pɑːkɪŋ] N estacionamento; **"no ~"** "estacionamento proibido"; **parking lights** NPL luzes *fpl* de estacionamento; **parking lot** (*US*) N (parque *m* de) estacionamento; **parking meter** N parquímetro; **parking offence** (*Brit*) N = **parking offence**; **parking place** N vaga; **parking ticket** N multa por estacionamento proibido; **parking violation** (*US*) N infração *f* por estacionamento não permitido
parkway ['pɑːkweɪ] (*US*) N rodovia arborizada
parlance ['pɑːləns] N: **in common/modern ~** na linguagem cotidiana *or* corrente/moderna
parliament ['pɑːləmənt] (*Brit*) N parlamento
parliamentary [pɑːlə'mɛntərɪ] ADJ parlamentar
parlour ['pɑːləʳ] (*US* **parlor**) N sala de visitas, salão *m*, saleta
parlous ['pɑːləs] ADJ (*formal*) precário
Parmesan [pɑːmɪ'zæn] N (*also*: **Parmesan cheese**) parmesão *m*
parochial [pə'rəukɪəl] ADJ paroquial; (*pej*) provinciano
parody ['pærədɪ] N paródia ■ VT parodiar
parole [pə'rəul] N: **on ~** em liberdade condicional, sob promessa
paroxysm ['pærəksɪzəm] N paroxismo; (*of anger, coughing*) acesso
parquet ['pɑːkeɪ] N: **~ floor(ing)** parquete *m*, assoalho de tacos
parrot ['pærət] N papagaio; **parrot fashion** ADV mecanicamente, feito papagaio
parry ['pærɪ] VT aparar, desviar
parsimonious [pɑːsɪ'məunɪəs] ADJ sovina, parsimonioso
parsley ['pɑːslɪ] N salsa
parsnip ['pɑːsnɪp] N cherivia, pastinaga
parson ['pɑːsn] N padre *m*, clérigo; (*in Church of England*) pastor *m*
parsonage ['pɑːsnɪdʒ] N presbitério
part [pɑːt] N (*gen, Mus*) parte *f*; (*of machine*) peça; (*Theatre etc*) papel *m*; (*of serial*) capítulo; (*US: in hair*) risca, repartido ■ ADJ parcial ■ ADV = **partly** ■ VT dividir; (*break*) partir; (*hair*) repartir ■ VI (*people*) separar-se; (*roads*) bifurcar-se; (*crowd*) dispersar-se; (*break*) partir-se; **to take ~ in** participar de, tomar parte em; **to take sb's ~** defender alguém; **on his ~** da sua parte; **for my ~** pela minha parte; **for the most ~** na maior parte; **for the better ~ of the day** durante a maior parte do dia; **to be ~ and parcel of** fazer parte de; **to take sth in good ~** não se ofender com algo; **~ of speech** (*Ling*) categoria gramatical
▸ **part with** VT FUS ceder, entregar; (*money*) pagar
partake [pɑː'teɪk] (*irreg*) VI (*formal*): **to ~ of sth** participar de algo
part exchange (*Brit*) N: **in ~** como parte do pagamento
partial ['pɑːʃl] ADJ parcial; **to be ~ to** gostar de, ser apreciador(a) de
partially ['pɑːʃəlɪ] ADV parcialmente
participant [pɑː'tɪsɪpənt] N participante *m/f*
participate [pɑː'tɪsɪpeɪt] VI: **to ~ in** participar de
participation [pɑːtɪsɪ'peɪʃən] N participação *f*
participle ['pɑːtɪsɪpl] N particípio
particle ['pɑːtɪkl] N partícula; (*of dust*) grão *m*
particular [pə'tɪkjuləʳ] ADJ (*special*) especial; (*specific*) específico; (*given*) determinado; (*fussy*) exigente, minucioso; **in ~** em particular; **I'm not ~** para mim tanto faz
particularly [pə'tɪkjuləlɪ] ADV em particular, especialmente
particulars [pə'tɪkjuləz] NPL detalhes *mpl*; (*personal details*) dados *mpl* pessoais
parting ['pɑːtɪŋ] N (*act*) separação *f*; (*farewell*) despedida; (*Brit: in hair*) risca, repartido ■ ADJ de despedida; **~ shot** (*fig*) flecha de parto
partisan [pɑːtɪ'zæn] ADJ partidário ■ N partidário(-a); (*in war*) guerrilheiro(-a)
partition [pɑː'tɪʃən] N (*Pol*) divisão *f*; (*wall*) tabique *m*, divisória ■ VT separar com tabique; (*fig*) dividir
partly ['pɑːtlɪ] ADV em parte
partner ['pɑːtnəʳ] N (*Comm*) sócio(-a); (*Sport*) parceiro(-a); (*at dance*) par *m*; (*spouse*) cônjuge *m/f*; (*friend etc*) companheiro(-a) ■ VT acompanhar
partnership ['pɑːtnəʃɪp] N associação *f*, parceria; (*Comm*) sociedade *f*; **to go into** *or* **form a ~ (with)** associar-se (com), formar sociedade (com)
part payment N parcela, prestação *f*
partridge ['pɑːtrɪdʒ] N perdiz *f*
part-time ADJ, ADV de meio expediente
part-timer N (*also*: **part-time worker**) trabalhador(a) *m/f* de meio expediente
party ['pɑːtɪ] N (*Pol*) partido; (*celebration*) festa; (*group*) grupo; (*Law*) parte *f* interessada, litigante *m/f* ■ CPD (*Pol*) do partido, partidário; **dinner ~** jantar *m*; **to give** *or* **have** *or* **throw**

a ~ dar uma festa; **to be a ~ to a crime** ser cúmplice num crime; **party dress** N vestido de gala; **party line** N (*Pol*) linha partidária; (*Tel*) linha compartilhada

par value N (*of share, bond*) valor *m* nominal

pass [pɑːs] VT (*time, object*) passar; (*exam*) passar em; (*place*) passar por; (*overtake, surpass*) ultrapassar; (*approve*) aprovar; (*candidate*) aprovar ■ VI passar; (*Sch*) ser aprovado, passar ■ N (*permit*) passe *m*; (*membership card*) carteira; (*in mountains*) desfiladeiro; (*Sport*) passe *m*; (*Sch: also*: **pass mark**): **to get a ~ in** ser aprovado em; **to ~ sth through sth** passar algo por algo; **things have come to a pretty ~** (*Brit*) as coisas ficaram pretas; **to make a ~ at sb** tomar liberdade com alguém

▸ **pass away** VI falecer

▸ **pass by** VI passar ■ VT (*ignore*) passar por cima de

▸ **pass down** VT (*customs, inheritance*) passar

▸ **pass for** VT FUS passar por

▸ **pass on** VI (*die*) falecer ■ VT (*hand on: news, illness*) transmitir; (*object*) passar para; (*price rises*) repassar

▸ **pass out** VI desmaiar; (*Brit: Mil*) sair (*de uma escola militar*)

▸ **pass over** VT (*ignore*) passar por cima de

▸ **pass up** VT deixar passar

passable ['pɑːsəbl] ADJ (*road*) transitável; (*work*) aceitável

passage ['pæsɪdʒ] N (*also*: **passageway**: *indoors*) corredor *m*; (: *outdoors*) passagem *f*; (*Anat*) via; (*act of passing*) trânsito; (*in book*) passagem *f*, trecho; (*fare*) passagem (BR), bilhete *m* (PT); (*by boat*) travessia; (*Mechanics,Med*) conduto

passbook ['pɑːsbuk] N caderneta

passenger ['pæsɪndʒəʳ] N passageiro(-a)

passer-by ['pɑːsəʳ-] (*pl* **passers-by**) N transeunte *m/f*

passing ['pɑːsɪŋ] ADJ (*fleeting*) passageiro, fugaz; **in ~** de passagem; **passing place** N trecho de ultrapassagem

passion ['pæʃən] N paixão *f*; **to have a ~ for sth** ser aficionado(-a) de algo

passionate ['pæʃənɪt] ADJ apaixonado

passive ['pæsɪv] ADJ (*also*: *Ling*) passivo

passkey ['pɑːskiː] N chave *f* mestra

Passover ['pɑːsəuvəʳ] N Páscoa (dos judeus)

passport ['pɑːspɔːt] N passaporte *m*; **passport control** N controle *m* dos passaportes

password ['pɑːswəːd] N senha, contra-senha

past [pɑːst] PREP (*drive, walk etc: in front of*) por; (: *beyond*: *further than*) mais além de; (*later than*) depois de ■ ADJ passado; (*president etc*) ex-, anterior ■ N passado; **he's ~ forty** ele tem mais de quarenta anos; **ten/quarter ~ four** quatro e dez/quinze; **for the ~ few/3 days** nos últimos/3 dias; **to run ~** passar correndo (por); **it's ~ midnight** é mais de meia-noite; **in the ~** no passado; **I'm ~ caring** já não ligo mais; **he's ~ it** (*Brit: inf: person*) ele já passou da idade

pasta ['pæstə] N massa

paste [peɪst] N pasta; (*glue*) grude *m*, cola; (*jewellery*) vidro ■ VT (*stick*) grudar; (*glue*) colar; **tomato ~** massa de tomate

pastel ['pæstl] ADJ pastel; (*painting*) a pastel

pasteurized ['pæstəraɪzd] ADJ pasteurizado

pastille ['pæstl] N pastilha

pastime ['pɑːstaɪm] N passatempo

past master (*Brit*) N: **to be a ~ at** ser perito em

pastor ['pɑːstəʳ] N pastor(a) *m/f*

pastoral ['pɑːstərl] ADJ pastoral

pastry ['peɪstrɪ] N massa; (*cake*) bolo

pasture ['pɑːstʃəʳ] N (*grass*) pasto; (*land*) pastagem *f*, pasto

pasty [n 'pæstɪ, *adj* 'peɪstɪ] N empadão *m* de carne ■ ADJ pastoso; (*complexion*) pálido

pat [pæt] VT dar palmadinhas em; (*dog etc*) fazer festa em ■ N (*of butter*) porção *f* ■ ADV: **he knows it off ~** (*Brit*), **he has it down ~** (*US*) ele sabe isso de cor; **to give sb a ~ on the back** (*fig*) animar alguém

patch [pætʃ] N (*of material*) retalho; (*eye patch*) tapa-olho *m*; (*area*) aréa pequena; (*spot*) mancha; (*mend*) remendo; (*of land*) lote *m*, terreno ■ VT (*clothes*) remendar; **(to go through) a bad ~** (passar por) um mau pedaço

▸ **patch up** VT (*mend temporarily*) consertar provisoriamente; (*quarrel*) resolver

patchwork ['pætʃwəːk] N colcha de retalhos ■ ADJ (feito) de retalhos

patchy ['pætʃɪ] ADJ (*colour*) desigual; (*information*) incompleto

pate [peɪt] N: **a bald ~** uma calva, uma careca

pâté ['pæteɪ] N patê *m*

patent ['peɪtnt] N patente *f* ■ VT patentear ■ ADJ patente, evidente; **patent leather** N verniz *m*

patently ['peɪtntlɪ] ADV claramente

patent medicine N medicamento registrado

patent office N escritório de registro de patentes

paternal [pə'təːnl] ADJ paternal; (*relation*) paterno

paternity [pə'təːnɪtɪ] N paternidade *f*; **paternity suit** N (*Law*) processo de paternidade

path [pɑːθ] N caminho; (*trail, track*) trilha, senda; (*trajectory*) trajetória; (*of planet*) órbita

pathetic [pə'θɛtɪk] ADJ (*pitiful*) patético, digno de pena; (*very bad*) péssimo; (*moving*) comovente

pathological [pæθə'lɔdʒɪkl] ADJ patológico

pathologist [pə'θɔlədʒɪst] N patologista *m/f*

pathology [pə'θɔlədʒɪ] N patologia

pathos ['peɪθɔs] N patos *m*, patético

pathway ['pɑːθweɪ] N caminho, trilha

patience ['peɪʃns] N paciência; **to lose one's ~** perder a paciência

patient ['peɪʃnt] ADJ, N paciente *m/f*

patiently ['peɪʃntlɪ] ADV pacientemente

patio ['pætɪəu] N pátio

patriot ['peɪtrɪət] N patriota *m/f*

patriotic [pætrɪ'ɔtɪk] ADJ patriótico

patriotism ['pætrɪətɪzəm] N patriotismo

patrol [pə'trəul] N patrulha ■ VT patrulhar;

to be on ~ fazer ronda, patrulhar; **patrol boat** N barco de patrulha; **patrol car** N carro de patrulha

patrolman [pə'trəulmən] (*US*) N (*irreg*) guarda *m*, policial *m* (BR), polícia *m* (PT)

patron ['peɪtrən] N (*customer*) cliente *m/f*, freguês(-esa) *m/f*; (*of charity*) benfeitor(a) *m/f*; **~ of the arts** mecenas *m*

patronage ['pætrənɪdʒ] N patrocínio *m*

patronize ['pætrənaɪz] VT (*pej: look down on*) tratar com ar de superioridade; (*shop*) ser cliente de; (*business, artist*) patrocinar

patronizing ['pætrənaɪzɪŋ] ADJ condescendente

patron saint N (santo(-a)) padroeiro(-a)

patter ['pætᵊr] N (*of rain*) tamborilada; (*of feet*) passos miúdos *mpl*; (*sales talk*) jargão *m* profissional ■ VI correr dando passinhos; (*rain*) tamborilar

pattern ['pætən] N modelo, padrão *m*; (*Sewing*) molde *m*; (*design*) desenho; (*sample*) amostra; **behaviour ~** modo de comportamento

patterned ['pætənd] ADJ padronizado

paucity ['pɔ:sɪtɪ] N penúria, escassez *f*

paunch [pɔ:ntʃ] N pança, barriga

pauper ['pɔ:pᵊr] N pobre *m/f*; **~'s grave** vala comum

pause [pɔ:z] N pausa; (*interval*) intervalo ■ VI fazer uma pausa; **to ~ for breath** tomar fôlego; (*fig*) fazer uma pausa

pave [peɪv] VT pavimentar; **to ~ the way for** preparar o terreno para

pavement ['peɪvmənt] N (*Brit*) calçada (BR), passeio (PT); (*US*) pavimento

pavilion [pə'vɪlɪən] N pavilhão *m*; (*for band etc*) coreto; (*Sport*) barraca

paving ['peɪvɪŋ] N pavimento, calçamento; **paving stone** N laje *f*, paralelepípedo

paw [pɔ:] N pata; (*of cat*) garra ■ VT passar a pata em; (*touch*) manusear; (*amorously*) apalpar

pawn [pɔ:n] N (*Chess*) peão *m*; (*fig*) títere *m* ■ VT empenhar

pawnbroker ['pɔ:nbrəukᵊr] N agiota *m/f*

pawnshop ['pɔ:nʃɔp] N loja de penhores

pay [peɪ] (*pt, pp* **paid**) N salário; (*of manual worker*) paga ■ VT pagar; (*debt*) liquidar, saldar; (*visit*) fazer ■ VI pagar; (*be profitable*) valer a pena, render; **how much did you ~ for it?** quanto você pagou por isso?; **I paid £5 for that record** paguei *or* dei £5 por esse disco; **to ~ one's way** pagar sua parte; (*company*) render; **to ~ dividends** (*fig*) trazer vantagens *or* benefícios; **it won't ~ you to do that** não vale a pena você fazer isso; **to ~ attention (to)** prestar atenção (a); **to ~ one's respects to sb** fazer uma visita de cortesia a alguém

▸ **pay back** VT (*money*) devolver; (*person*) pagar; (*debt*) saldar

▸ **pay for** VT FUS pagar a; (*fig*) recompensar

▸ **pay in** VT depositar

▸ **pay off** VT (*debts*) saldar, liquidar; (*mortgage*) resgatar; (*creditor*) pagar, reembolsar; (*worker*) despedir ■ VI (*plan, patience*) valer a pena; **to ~ sth off in instalments** pagar algo a prazo

▸ **pay out** VT (*money*) pagar, desembolsar; (*rope*) dar

▸ **pay up** VT (*debts*) pagar, liquidar; (*amount*) pagar

payable ['peɪəbl] ADJ pagável; (*cheque*): **~ to** em favor de, nominal

pay day N dia *m* do pagamento

PAYE (*Brit*) N ABBR (= *pay as you earn*) *tributação na fonte*

payee [peɪ'i:] N beneficiário(-a)

pay envelope (*US*) N = **pay packet**

paying ['peɪɪŋ] ADJ pagador(a); (*business*) rendoso; **~ guest** pensionista *m/f*

payload ['peɪləud] N carga paga

payment ['peɪmənt] N pagamento; **advance ~** (*part sum*) entrada; (*total sum*) pagamento adiantado; **deferred ~, ~ by instalments** pagamento a prazo; **monthly ~** pagamento mensual; **in ~ for** *or* **of** em pagamento por; **on ~ of £5** contra pagamento de £5

pay packet (*Brit*) N envelope *m* de pagamento

pay phone ['peɪfəun] N telefone *m* público

payroll ['peɪrəul] N folha de pagamento; **to be on a firm's ~** fazer parte do quadro de pessoal assalariado de uma firma

pay slip (*Brit*) N contracheque *m*

pay station (*US*) N cabine *f* telefônica, orelhão *m* (BR)

pay television N televisão *f* por assinatura

PBS (*US*) N ABBR = **Public Broadcasting Service**

PC N ABBR (= *personal computer*) PC *m*; (*Brit*) = **police constable** ■ ABBR (*Brit*) = **Privy Councillor**

pc ABBR = **per cent; postcard**

p/c ABBR = **petty cash**

PCB N ABBR = **printed circuit board**

PD (*US*) N ABBR = **police department**

pd ABBR = **paid**

PDA N ABBR (= *personal digital assistant*) PDA *m* (= *assistente digital pessoal*)

PDSA (*Brit*) N ABBR = **People's Dispensary for Sick Animals**

PDT (*US*) ABBR (= *Pacific Daylight Time*) *hora de verão do Pacífico*

PE N ABBR = **physical education** ■ ABBR (*Canada*) = **Prince Edward Island**

pea [pi:] N ervilha

peace [pi:s] N paz *f*; (*calm*) tranqüilidade *f*, quietude *f*; **to be at ~ with sb/sth** estar em paz com alguém/algo; **to keep the ~** (*subj: policeman*) manter a ordem; (: *citizen*) não perturbar a ordem pública

peaceable ['pi:səbl] ADJ pacato

peaceful ['pi:sful] ADJ (*person*) tranqüilo, pacífico; (*place, time*) tranqüilo, sossegado

peace-keeping [-'ki:pɪŋ] N pacificação *f*

peace offering N proposta de paz

peach [pi:tʃ] N pêssego

peacock ['pi:kɔk] N pavão *m*

peak [pi:k] N (*of mountain: top*) cume *m*; (: *point*) pico; (*of cap*) pala, viseira; (*fig: of career, fame*) apogeu *m*; (: *highest level*) máximo

peak-hour ADJ (*traffic etc*) no horário de maior movimento, na hora de pique
peak hours NPL horário de maior movimento
peak period N período de pique
peaky ['pi:kɪ] (*Brit: inf*) ADJ adoentado
peal [pi:l] N (*of bells*) repique *m*, toque *m*; **~ of laughter** gargalhada
peanut ['pi:nʌt] N amendoim *m*; **peanut butter** N manteiga de amendoim
pear [pɛəʳ] N pêra
pearl [pə:l] N pérola
pear tree N pereira
peasant ['pɛznt] N camponês(-esa) *m/f*
peat [pi:t] N turfa
pebble ['pɛbl] N seixo, calhau *m*
peck [pɛk] VT (*also*: **peck at**) bicar, dar bicadas em; (*food*) beliscar ■ N bicada; (*kiss*) beijoca
pecking order ['pɛkɪŋ-] N ordem *f* de hierarquia
peckish ['pɛkɪʃ] (*Brit: inf*) ADJ: **I feel ~** estou a fim de comer alguma coisa
peculiar [pɪ'kju:lɪəʳ] ADJ (*odd*) estranho, esquisito; (*marked*) especial; (*belonging to*): **~ to** próprio de
peculiarity [pɪkju:lɪ'ærɪtɪ] N (*distinctive feature*) peculiaridade *f*; (*oddity*) excentricidade *f*
pecuniary [pɪ'kju:nɪərɪ] ADJ pecuniário
pedal ['pɛdl] N pedal *m* ■ VI pedalar; **pedal bin** (*Brit*) N lata de lixo com pedal
pedantic [pɪ'dæntɪk] ADJ pedante
peddle ['pɛdl] VT vender nas ruas, mascatear; (*drugs*) traficar, fazer tráfico de
peddler ['pɛdləʳ] N (*also*: **drugs peddler**) mascate *m/f*, camelô *m*
pedestal ['pɛdəstl] N pedestal *m*
pedestrian [pɪ'dɛstrɪən] N pedestre *m/f* (BR), peão *m* (PT) ■ ADJ pedestre (BR), para peões (PT); (*fig*) prosaico; **pedestrian crossing** (*Brit*) N passagem *f* para pedestres (BR), passadeira (PT)
pediatrics [pi:dɪ'ætrɪks] (*US*) N = **paediatrics**
pedigree ['pɛdɪgri:] N (*of animal*) raça; (*fig*) genealogia ■ CPD (*animal*) de raça
pedlar ['pɛdləʳ] N = **peddler**
pee [pi:] (*inf*) VI fazer xixi, mijar
peek [pi:k] VI: **to ~ at** espiar, espreitar; **to ~ over/into** espiar por cima de/dentro, espreitar por cima de/dentro
peel [pi:l] N casca ■ VT descascar ■ VI (*paint, skin*) descascar; (*wallpaper*) desprender-se
▸ **peel back** VT descascar
peeler ['pi:ləʳ] N (*potato etc peeler*) descascador *m*
peelings ['pi:lɪŋz] NPL cascas *fpl*
peep [pi:p] N (*Brit: look*) espiadela; (*sound*) pio ■ VI (*Brit: look*) espreitar; (*sound*) piar
▸ **peep out** (*Brit*) VI mostrar-se, surgir
peephole ['pi:phəul] N vigia, olho mágico
peer [pɪəʳ] VI: **to ~ at** perscrutar, fitar ■ N (*noble*) par *m/f*; (*equal*) igual *m/f*; (*contemporary*) contemporâneo(-a)
peerage ['pɪərɪdʒ] N pariato
peerless ['pɪəlɪs] ADJ sem igual
peeved [pi:vd] ADJ irritado
peevish ['pi:vɪʃ] ADJ rabugento
peg [pɛg] N cavilha; (*for coat etc*) cabide *m*; (*Brit: also*: **clothes peg**) pregador *m*; (*tent peg*) estaca ■ VT (*clothes*) prender; (*Brit: groundsheet*) segurar com estacas; (*fig: prices, wages*) fixar, tabelar
pejorative [pɪ'dʒɔrətɪv] ADJ pejorativo
Pekin [pi:'kɪn] N Pequim
Peking [pi:'kɪŋ] N = **Pekin**
Pekin(g)ese [pi:kɪ'ni:z] N pequinês *m*
pelican ['pɛlɪkən] N pelicano; **pelican crossing** (*Brit*) N (*Aut*) passagem *f* sinalizada para pedestres (BR), passadeira para peões (PT)
pellet ['pɛlɪt] N bolinha; (*for shotgun*) pelota de chumbo
pell-mell ['pɛl'mɛl] ADV a esmo
pelmet ['pɛlmɪt] N sanefa
pelt [pɛlt] VT: **to ~ sb with sth** atirar algo em alguém ■ VI (*rain: also*: **pelt down**) chover a cântaros; (*inf: run*) correr ■ N pele *f* (não curtida)
pelvis ['pɛlvɪs] N pelvis *f*, bacia
pen [pɛn] N caneta; (*for sheep etc*) redil *m*, cercado; (*US: inf: prison*) cadeia; **to put ~ to paper** escrever
▸ **pen in** VT encurralar
penal ['pi:nl] ADJ penal
penalize ['pi:nəlaɪz] VT impor penalidade a; (*Sport*) penalizar; (*fig*) prejudicar
penal servitude [-'sə:vɪtju:d] N pena de trabalhos forçados
penalty ['pɛnltɪ] N pena, penalidade *f*; (*fine*) multa; (*Sport*) punição *f*; (*Football*) pênalti *m*; **to take a ~** cobrar um pênalti; **penalty area** (*Brit*) N área de pênalti; **penalty clause** N cláusula penal; **penalty kick** N (*Rugby*) chute *m* de pênalti; (*Football*) cobrança de pênalti
penance ['pɛnəns] N penitência
pence [pɛns] (*Brit*) NPL *of* **penny**
penchant ['pɑ̃:ɪʃɑ̃:ŋ] N pendor *m*, queda
pencil ['pɛnsl] N lápis *m* ■ VT: **to ~ sth in** anotar algo a lápis; **pencil case** N lapiseira, porta-lápis *m inv*; **pencil sharpener** N apontador *m* (de lápis) (BR), apara-lápis *m inv* (PT)
pendant ['pɛndnt] N pingente *m*
pending ['pɛndɪŋ] PREP (*during*) durante; (*until*) até ■ ADJ pendente
pendulum ['pɛndjuləm] N pêndulo
penetrate ['pɛnɪtreɪt] VT penetrar
penetrating ['pɛnɪtreɪtɪŋ] ADJ penetrante
penetration [pɛnɪ'treɪʃən] N penetração *f*
penfriend ['pɛnfrɛnd] (*Brit*) N amigo(-a) por correspondência, correspondente *m/f*
penguin ['pɛŋgwɪn] N pingüim *m*
penicillin [pɛnɪ'sɪlɪn] N penicilina
peninsula [pə'nɪnsjulə] N península
penis ['pi:nɪs] N pênis *m*
penitence ['pɛnɪtns] N penitência
penitent ['pɛnɪtnt] ADJ arrependido; (*Rel*) penitente
penitentiary [pɛnɪ'tɛnʃərɪ] (*US*) N penitenciária, presídio
penknife ['pɛnnaɪf] (*irreg*) N canivete *m*
pen name N pseudônimo
pennant ['pɛnənt] N flâmula

penniless ['pɛnɪlɪs] ADJ sem dinheiro, sem um tostão
Pennines ['pɛnaɪnz] NPL: **the ~** as Pennines
penny ['pɛnɪ] (*pl* (*Brit*) **pence**) N pêni *m*; (*US*) cêntimo
penpal ['pɛnpæl] N amigo(-a) por correspondência, correspondente *m/f*
pension ['pɛnʃən] N pensão *f*; (*old-age pension*) aposentadoria, pensão de governo; (*Mil*) reserva ▸ **pension off** VT aposentar
pensionable ['pɛnʃnəbl] ADJ (*person*) com direito a uma pensão; (*age*) de aposentadoria
pensioner ['pɛnʃənəʳ] (*Brit*) N aposentado(-a) (BR), reformado(-a) (PT)
pension fund N fundo da aposentadoria
pensive ['pɛnsɪv] ADJ pensativo; (*withdrawn*) absorto
pentagon ['pɛntəgən] N: **the P~** (*US*) o Pentágono

PENTAGON

O Pentágono *Pentagon* é o nome dado aos escritórios do Ministério da Defesa americano, localizados em Arlington, no estado da Virgínia, por causa da forma pentagonal do edifício onde se encontram. Por extensão, o termo é utilizado também para se referir ao ministério.

Pentecost ['pɛntɪkɔst] N Pentecostes *m*
penthouse ['pɛnthaus] (*irreg*) N cobertura
pent-up [pɛnt-] ADJ (*feelings*) reprimido
penultimate [pɛ'nʌltɪmət] ADJ penúltimo
penury ['pɛnjurɪ] N pobreza, miséria
people ['pi:pl] NPL gente *f*, pessoas *fpl*; (*inhabitants*) habitantes *m/fpl*; (*citizens*) povo; (*Pol*): **the ~** o povo ■ N (*nation, race*) povo ■ VT povoar; **several ~ came** vieram várias pessoas; **I know ~ who ...** conheço gente que ...; **~ say that ...** dizem que ...; **old ~** os idosos; **young ~** os jovens; **a man of the ~** um homem do povo
pep [pɛp] (*inf*) N pique *m*, energia, dinamismo ▸ **pep up** VT animar
pepper ['pɛpəʳ] N pimenta; (*vegetable*) pimentão *m* ■ VT apimentar; (*fig*): **to ~ with** salpicar de
peppermint ['pɛpəmɪnt] N hortelã-pimenta; (*sweet*) bala de hortelã
pepper pot N pimenteiro
pep talk ['pɛptɔ:k] (*inf*) N conversa para levantar o espírito
per [pə:ʳ] PREP por; **~ day/~son** por dia/pessoa; **~ annum** por ano; **as ~ your instructions** conforme suas instruções; **per capita** ADJ, ADV per capita, por pessoa
perceive [pə'si:v] VT perceber; (*notice*) notar; (*realize*) compreender
per cent N, ADV por cento; **a 20 ~ discount** um desconto de 20 por cento
percentage [pə'sɛntɪdʒ] N porcentagem *f*, percentagem *f*; **on a ~ basis** na base de percentagem
perceptible [pə'sɛptɪbl] ADJ perceptível, sensível
perception [pə'sɛpʃən] N percepção *f*; (*insight*) perspicácia
perceptive [pə'sɛptɪv] ADJ perceptivo
perch [pə:tʃ] (*pl* **perches**) N (*for bird*) poleiro; (*fish*) perca ■ VI: **to ~ (on)** (*bird*) empoleirar-se (em); (*person*) encarapitar-se (em)
percolate ['pə:kəleɪt] VT, VI passar
percolator ['pə:kəleɪtəʳ] N (*also*: **coffee percolator**) cafeteira de filtro
percussion [pə'kʌʃən] N percussão *f*
peremptory [pə'rɛmptərɪ] ADJ peremptório; (*person*: *imperious*) autoritário
perennial [pə'rɛnɪəl] ADJ perene; (*fig*) constante ■ N planta perene
perfect [*adj, n* 'pə:fɪkt, *vt* pə'fɛkt] ADJ perfeito; (*utter*) completo ■ N (*also*: **perfect tense**) perfeito ■ VT aperfeiçoar; **a ~ stranger** uma pessoa completamente desconhecida
perfection [pə'fɛkʃən] N perfeição *f*
perfectionist [pə'fɛkʃənɪst] N perfeccionista *m/f*
perfectly ['pə:fɪktlɪ] ADV perfeitamente; **I'm ~ happy with the situation** estou completamente satisfeito com a situação; **you know ~ well** você sabe muito bem
perforate ['pə:fəreɪt] VT perfurar
perforated ['pə:fəreɪtɪd] ADJ (*stamp*) picotado; **perforated ulcer** N (*Med*) úlcera perfurada
perforation [pə:fə'reɪʃən] N perfuração *f*; (*line of holes*) picote *m*
perform [pə'fɔ:m] VT (*carry out*) realizar, fazer; (*concert etc*) executar; (*piece of music*) interpretar ■ VI (*well, badly*) interpretar; (*animal*) fazer truques de amestramento; (*Theatre*) representar; (*Tech*) funcionar
performance [pə'fɔ:məns] N (*of task*) cumprimento, realização *f*; (*of play, by artist*) atuação *f*; (*of engine, athlete, economy*) desempenho; (*of car*) performance *f*
performer [pə'fɔ:məʳ] N (*actor*) artista *m/f*, ator/atriz *m/f*; (*Mus*) intérprete *m/f*
performing [pə'fɔ:mɪŋ] ADJ (*animal*) amestrado, adestrado
perfume ['pə:fju:m] N perfume *m* ■ VT perfumar
perfunctory [pə'fʌŋktərɪ] ADJ superficial, negligente
perhaps [pə'hæps] ADV talvez; **~ he'll come** talvez ele venha; **~ so/not** talvez seja assim/talvez não
peril ['pɛrɪl] N perigo, risco
perilous ['pɛrɪləs] ADJ perigoso
perilously ['pɛrɪləslɪ] ADV: **they came ~ close to being caught** não foram presos por um triz
perimeter [pə'rɪmɪtəʳ] N perímetro; **perimeter wall** N muro periférico
period ['pɪərɪəd] N período; (*History*) época; (*time limit*) prazo; (*Sch*) aula; (*full stop*) ponto final; (*Med*) menstruação *f*, regra ■ ADJ (*costume, furniture*) da época; **for a ~ of three weeks** por um período de três semanas; **the holiday ~**

(*Brit*) o período de férias
periodic(al) [pɪərɪ'ɔdɪk(l)] ADJ periódico
periodical [pɪərɪ'ɔdɪkl] N periódico
periodically [pɪərɪ'ɔdɪklɪ] ADV periodicamente, de vez em quando
period pains (*Brit*) NPL cólicas *fpl* menstruais
peripatetic [pɛrɪpə'tɛtɪk] ADJ (*salesman*) viajante; (*teacher*) que trabalha em vários lugares
peripheral [pə'rɪfərəl] ADJ periférico ■ N (*Comput*) periférico
periphery [pə'rɪfərɪ] N periferia
periscope ['pɛrɪskəup] N periscópio
perish ['pɛrɪʃ] VI perecer; (*decay*) deteriorar-se
perishable ['pɛrɪʃəbl] ADJ perecível, deteriorável
perishables ['pɛrɪʃəblz] NPL perecíveis *mpl*
perishing ['pɛrɪʃɪŋ] (*Brit*: *inf*) ADJ (*cold*) gelado, glacial
peritonitis [pɛrɪtə'naɪtɪs] N peritonite *f*
perjure ['pə:dʒə^{r}] VT: **to ~ o.s.** prestar falso testemunho
perjury ['pə:dʒərɪ] N (*Law*) perjúrio, falso testemunho
perk [pə:k] (*inf*) N mordomia, regalia
▶ **perk up** VI (*cheer up*) animar-se; (*in health*) recuperar-se
perky ['pə:kɪ] ADJ (*cheerful*) animado, alegre
perm [pə:m] N permanente *f* ■ VT: **to have one's hair ~ed** fazer permanente (no cabelo)
permanence ['pə:mənəns] N permanência, continuidade *f*
permanent ['pə:mənənt] ADJ permanente; **I'm not ~ here** não estou aqui em caráter permanente
permanently ['pə:mənəntlɪ] ADV permanentemente
permeable ['pə:mɪəbl] ADJ permeável
permeate ['pə:mɪeɪt] VI difundir-se ■ VT penetrar; (*subj*: *idea*) difundir
permissible [pə'mɪsɪbl] ADJ permissível, lícito
permission [pə'mɪʃən] N permissão *f*; (*authorization*) autorização *f*; **to give sb ~ to do sth** dar permissão a alguém para fazer algo
permissive [pə'mɪsɪv] ADJ permissivo
permit [*n* 'pə:mɪt, *vt* pə'mɪt] N permissão *f*; (*for fishing, export etc*) licença; (*to enter*) passe *m* ■ VT permitir; (*authorize*) autorizar; **to ~ sb to do sth** permitir a alguém fazer *or* que faça algo; **weather ~ting** se o tempo permitir
permutation [pə:mju'teɪʃən] N permutação *f*
pernicious [pə:'nɪʃəs] ADJ nocivo; (*Med*) pernicioso, maligno
pernickety [pə'nɪkɪtɪ] (*inf*) ADJ cheio de nove-horas *or* luxo; (*task*) minucioso
perpendicular [pə:pən'dɪkjulə^{r}] ADJ perpendicular ■ N perpendicular *f*
perpetrate ['pə:pɪtreɪt] VT cometer
perpetual [pə'pɛtjuəl] ADJ perpétuo
perpetuate [pə'pɛtjueɪt] VT perpetuar
perpetuity [pə:pɪ'tju:ɪtɪ] N: **in ~** para sempre
perplex [pə'plɛks] VT deixar perplexo
perplexing [pə:'plɛksɪŋ] ADJ desconcertante
perquisites ['pə:kwɪzɪts] NPL (*also*: **perks**) mordomias *fpl*, regalias *fpl*
persecute ['pə:sɪkju:t] VT importunar; (*pursue*) perseguir
persecution [pə:sɪ'kju:ʃən] N perseguição *f*
perseverance [pə:sɪ'vɪərəns] N perseverança
persevere [pə:sɪ'vɪə^{r}] VI perseverar
Persia ['pə:ʃə] N Pérsia
Persian ['pə:ʃən] ADJ persa ■ N (*Ling*) persa *m*; **the (~) Gulf** o golfo Pérsico
persist [pə'sɪst] VI: **to ~ (in doing sth)** persistir (em fazer algo)
persistence [pə'sɪstəns] N persistência; (*of disease*) insistência; (*obstinacy*) teimosia
persistent [pə'sɪstənt] ADJ persistente; (*determined*) teimoso; (*disease*) insistente, persistente; **~ offender** (*Law*) infrator(a) *m/f* contumaz
persnickety [pə'snɪkɪtɪ] (*US*: *inf*) ADJ = **pernickety**
person ['pə:sn] N pessoa; **in ~** em pessoa; **on** *or* **about one's ~** consigo; **~ to ~ call** (*Tel*) chamada pessoal
personable ['pə:sənəbl] ADJ atraente, bem apessoado
personal ['pə:sənəl] ADJ pessoal; (*private*) particular; (*visit*) em pessoa, pessoal; **~ belongings** *or* **effects** pertences *mpl* particulares; **~ hygiene** higiene *f* íntima; **a ~ interview** uma entrevista particular; **personal allowance** N (*Tax*) abatimento da renda de pessoa física; **personal assistant** N secretário(-a) particular; **personal call** N (*Tel*) chamada pessoal; **personal column** N anúncios *mpl* pessoais; **personal computer** N computador *m* pessoal; **personal details** NPL (*on form etc*) dados *mpl* pessoais; **personal identification number** N (*Comput, Banking*) senha, número de identificação individual
personality [pə:sə'nælɪtɪ] N personalidade *f*
personally ['pə:sənəlɪ] ADV pessoalmente; **to take sth ~** ofender-se
personal organizer N agenda
personal property N bens *mpl* móveis
personal stereo N Walkman® *m*
personify [pə:'sɔnɪfaɪ] VT personificar
personnel [pə:sə'nɛl] N pessoal *m*; **personnel department** N departamento de pessoal; **personnel manager** N gerente *m/f* de pessoal
perspective [pə'spɛktɪv] N perspectiva; **to get sth into ~** colocar algo em perspectiva
Perspex® ['pə:spɛks] (*Brit*) N Blindex® *m*
perspicacity [pə:spɪ'kæsɪtɪ] N perspicácia
perspiration [pə:spɪ'reɪʃən] N transpiração *f*
perspire [pə'spaɪə^{r}] VI transpirar
persuade [pə'sweɪd] VT persuadir; **to ~ sb to do sth** persuadir alguém a fazer algo; **to ~ sb that/of sth** persuadir alguém que/de algo
persuasion [pə'sweɪʒən] N persuasão *f*; (*persuasiveness*) poder *m* de persuasão; (*creed*) convicção *f*, crença
persuasive [pə'sweɪsɪv] ADJ persuasivo

pert [pə:t] ADJ atrevido, descarado
pertaining [pə:'teɪnɪŋ] PREP: **~ to** relativo a
pertinent ['pə:tɪnənt] ADJ pertinente, a propósito
perturb [pə'tə:b] VT inquietar
perturbing [pə'tə:bɪŋ] ADJ inquietante
Peru [pə'ru:] N Peru *m*
perusal [pə'ru:zl] N leitura
peruse [pə'ru:z] VT ler com atenção, examinar
Peruvian [pə'ru:vjən] ADJ, N peruano(-a)
pervade [pə'veɪd] VT impregnar, penetrar em
pervasive [pə'veɪsɪv] ADJ (*smell*) penetrante; (*influence, ideas, gloom*) difundido
perverse [pə'və:s] ADJ perverso; (*stubborn*) teimoso; (*wayward*) caprichoso
perversion [pə'və:ʃən] N perversão *f*; (*of truth*) currupção *f*
perversity [pə'və:sɪtɪ] N perversidade *f*
pervert [*n* 'pə:və:t, *vt* pə'və:t] N pervertido(-a) ■ VT perverter, corromper; (*truth*) distorcer
pessary ['pɛsərɪ] N pessário
pessimism ['pɛsɪmɪzəm] N pessimismo
pessimist ['pɛsɪmɪst] N pessimista *m/f*
pessimistic [pɛsɪ'mɪstɪk] ADJ pessimista
pest [pɛst] N peste *f*, praga; (*insect*) inseto nocivo; (*fig*) peste *f*; **pest control** N dedetização *f*; (*for mice*) desratização *f*
pester ['pɛstəʳ] VT incomodar
pesticide ['pɛstɪsaɪd] N pesticida *m*
pestilent ['pɛstɪlənt] (*inf*) ADJ (*exasperating*) chato
pestle ['pɛsl] N mão *f* (de almofariz)
pet [pɛt] N animal *m* de estimação ■ CPD predileto ■ VT acariciar ■ VI (*inf*) acariciar-se; **teacher's ~** (*favourite*) preferido(-a) do professor; **~ lion** *etc* leão *etc* de estimação; **my ~ hate** a coisa que eu mais odeio
petal ['pɛtl] N pétala
peter out ['pi:təʳ-] VI (*conversation*) esgotar-se; (*road etc*) acabar-se
petite [pə'ti:t] ADJ delicado, mignon
petition [pə'tɪʃən] N petição *f*; (*list of signatures*) abaixo-assinado ■ VT apresentar uma petição a ■ VI: **to ~ for divorce** requerer divórcio
pet name (*Brit*) N apelido carinhoso
petrified ['pɛtrɪfaɪd] ADJ (*fig*) petrificado, paralisado
petrify ['pɛtrɪfaɪ] VT paralisar; (*frighten*) petrificar
petrochemical [pɛtrə'kɛmɪkl] ADJ petroquímico
petrodollars ['pɛtrəudɔləz] NPL petrodólares *mpl*
petrol ['pɛtrəl] (*Brit*) N gasolina; **two/four star ~** gasolina de duas/quatro estrelas; **petrol can** (*Brit*) N lata de gasolina; **petrol engine** (*Brit*) N motor *m* a gasolina
petroleum [pə'trəulɪəm] N petróleo; **petroleum jelly** N vaselina®
petrol pump (*Brit*) N (*in car, at garage*) bomba de gasolina
petrol station (*Brit*) N posto (BR) *or* bomba (PT) de gasolina
petrol tank (*Brit*) N tanque *m* de gasolina
petticoat ['pɛtɪkəut] N anágua; (*slip*) combinação *f*
pettifogging ['pɛtɪfɔgɪŋ] ADJ chicaneiro
pettiness ['pɛtɪnɪs] N mesquinharia *f*
petty ['pɛtɪ] ADJ (*mean*) mesquinho; (*unimportant*) insignificante; **petty cash** N fundo para despesas miúdas, caixa pequena, fundo de caixa; **petty officer** N suboficial *m* da marinha
petulant ['pɛtjulənt] ADJ irascível
pew [pju:] N banco (de igreja)
pewter ['pju:təʳ] N peltre *m*
Pfc (*US*) ABBR (*Mil*) = **private first class**
PG N ABBR (*Cinema*: = *parental guidance*) *aviso dos pais recomendado*
PGA N ABBR = **Professional Golfers' Association**
PH (*US*) N ABBR (*Mil*: = *Purple Heart*) *condecoração para feridos em combate*
p & h (*US*) ABBR = **postage and handling**
PHA (*US*) N ABBR (= *Public Housing Administration*) *órgão que supervisiona a construção*
phallic ['fælɪk] ADJ fálico
phantom ['fæntəm] N fantasma *m*
Pharaoh ['fɛərəu] N faraó *m*
pharmaceutical [fɑ:mə'sju:tɪkl] ADJ farmacêutico
pharmaceuticals [fɑ:mə'sju:tɪklz] NPL farmacêuticos *mpl*
pharmacist ['fɑ:məsɪst] N farmacêutico(-a)
pharmacy ['fɑ:məsɪ] N farmácia
phase [feɪz] N fase *f* ■ VT: **to ~ sth in/out** introduzir/retirar algo por etapas
PhD N ABBR = **Doctor of Philosophy** ■ N ≈ doutorado
pheasant ['fɛznt] N faisão *m*
phenomena [fə'nɔmɪnə] NPL *of* **phenomenon**
phenomenal [fə'nɔmɪnəl] ADJ fenomenal
phenomenon [fə'nɔmɪnən] (*pl* **phenomena**) N fenômeno
phew [fju:] EXCL ufa!
phial ['faɪəl] N frasco
philanderer [fɪ'lændərəʳ] N mulherengo
philanthropic [fɪlən'θrɔpɪk] ADJ filantrópico
philanthropist [fɪ'lænθrəpɪst] N filantropo(-a)
philatelist [fɪ'lætəlɪst] N filatelista *m/f*
philately [fɪ'lætəlɪ] N filatelia
Philippines ['fɪlɪpi:nz] NPL (*also*: **Philippine Islands**): **the ~** as Filipinas
philosopher [fɪ'lɔsəfəʳ] N filósofo(-a)
philosophical [fɪlə'sɔfɪkl] ADJ filosófico; (*fig*) calmo, sereno
philosophy [fɪ'lɔsəfɪ] N filosofia
phishing [fɪʃɪŋ] N phishing, golpe *m* de phishing
phlegm [flɛm] N fleuma
phlegmatic [flɛg'mætɪk] ADJ fleumático
phobia ['fəubjə] N fobia
phone [fəun] N telefone *m* ■ VT telefonar para, ligar para ■ VI telefonar, ligar; **to be on the ~** ter telefone; (*be calling*) estar no telefone
▸ **phone back** VT, VI ligar de volta
▸ **phone up** VT telefonar para ■ VI telefonar

phone: **phone book** N lista telefônica; **phone booth** N cabine *f* telefônica; **phone box** (*Brit*) N cabine *f* telefônica; **phone call** N telefonema *m*, ligada

phone-in (*Brit*) N (*Radio*) *programa com participação dos ouvintes*; (*TV*) *programa com participação dos espectadores*

phone number N número de telefone

phonetics [fə'nɛtɪks] N fonética

phoney ['fəunɪ] ADJ falso; (*person*) fingido ■ N (*person*) impostor(a) *m/f*

phonograph ['fəunəgrɑ:f] (*US*) N vitrola

phony ['fəunɪ] ADJ, N = **phoney**

phosphate ['fɔsfeɪt] N fosfato

phosphorus ['fɔsfərəs] N fósforo

photo ['fəutəu] N foto *f*

photo... ['fəutəu] PREFIX foto...

photocopier ['fəutəukɔpɪəʳ] N fotocopiadora *f*

photocopy ['fəutəukɔpɪ] N fotocópia, xerox® *m* ■ VT fotocopiar, xerocar

photoelectric [fəutəuɪ'lɛktrɪk] ADJ fotoelétrico; **~ cell** célula fotoelétrica

photogenic [fəutəu'dʒɛnɪk] ADJ fotogênico

photograph ['fəutəgrɑ:f] N fotografia ■ VT fotografar; **to take a ~ of sb** bater *or* tirar uma foto de alguém

photographer [fə'tɔgrəfəʳ] N fotógrafo(-a)

photographic [fəutə'græfɪk] ADJ fotográfico

photography [fə'tɔgrəfɪ] N fotografia

Photostat® ['fəutəustæt] N cópia fotostática

photosynthesis [fəutəu'sɪnθəsɪs] N fotos síntese *f*

phrase [freɪz] N frase *f* ■ VT expressar; (*letter*) redigir; **phrase book** N livro de expressões idiomáticas (para turistas)

physical ['fɪzɪkl] ADJ físico; **~ examination** exame *m* físico; **~ exercise** exercício físico, movimento; **physical education** N educação *f* física

physically ['fɪzɪklɪ] ADV fisicamente

physician [fɪ'zɪʃən] N médico(-a)

physicist ['fɪzɪsɪst] N físico(-a)

physics ['fɪzɪks] N física

physiological [fɪzɪə'lɔdʒɪkl] ADJ fisiológico

physiology [fɪzɪ'ɔlədʒɪ] N fisiologia

physiotherapist [fɪzɪəu'θerəpɪst] N fisioterapeuta *m/f*

physiotherapy [fɪzɪəu'θerəpɪ] N fisioterapia

physique [fɪ'zi:k] N físico

pianist ['pi:ənɪst] N pianista *m/f*

piano [pɪ'ænəu] N piano; **piano accordion** (*Brit*) N acordeão *m*, sanfona

piccolo ['pɪkələu] N flautim *m*

pick [pɪk] N (*tool*: *also*: **pickaxe**) picareta ■ VT (*select*) escolher, selecionar; (*gather*) colher; (*remove*) tirar; (*lock*) forçar; **take your ~** escolha o que quiser; **the ~ of** o melhor de; **to ~ a bone** roer um osso; **to ~ one's nose** colocar o dedo no nariz; **to ~ one's teeth** palitar os dentes; **to ~ sb's brains** aproveitar os conhecimentos de alguém; **to ~ pockets** roubar *or* bater carteira; **to ~ a quarrel** *or* **a fight with sb** comprar uma briga com alguém; **to ~ and choose** ser exigente

▶ **pick at** VT FUS (*food*) beliscar

▶ **pick off** VT (*kill*) matar de um tiro

▶ **pick on** VT FUS (*person*: *criticize*) criticar; (: *treat badly*) azucrinar, aporrinhar

▶ **pick out** VT escolher; (*distinguish*) distinguir

▶ **pick up** VI (*improve*) melhorar ■ VT (*from floor, Aut*) apanhar; (*Police*) prender; (*telephone*) atender, tirar do gancho; (*collect*) buscar; (*for sexual encounter*) paquerer; (*learn*) aprender; (*Radio, TV, Tel*) pegar; **to ~ up speed** acelerar; **to ~ o.s. up** levantar-se; **to ~ up where one left off** continuar do ponto onde se parou

pickaxe ['pɪkæks] (*US* **pickax**) N picareta

picket ['pɪkɪt] N (*in strike*) piquete *m*; (*person*) piqueteiro(-a) ■ VT formar piquete em frente de; **picket line** N piquete *m*

pickings ['pɪkɪŋz] NPL: **there are rich ~ to be had for investors in gold** os investidores em ouro vão se dar bem

pickle ['pɪkl] N (*also*: **pickles**: *as condiment*) picles *mpl*; (*fig*: *mess*) apuro ■ VT (*in vinegar*) conservar em vinagre; (*in salt*) conservar em sale água

pick-me-up N estimulante *m*

pickpocket ['pɪkpɔkɪt] N batedor(a) *m/f* de carteira (BR), carteirista *m/f* (PT)

pickup ['pɪkʌp] N (*on record player*) pick-up *m*; (*small truck*: *also*: **pickup truck, pickup van**) camioneta, pick-up *m*

picnic ['pɪknɪk] N piquenique *m* ■ VI fazer um piquenique

picnicker ['pɪknɪkəʳ] N pessoa que faz piquenique

pictorial [pɪk'tɔ:rɪəl] ADJ pictórico; (*magazine etc*) ilustrado

picture ['pɪktʃəʳ] N quadro; (*painting*) pintura; (*drawing*) desenho; (*etching*) água-forte *f*; (*photograph*) foto(grafia) *f*; (TV) imagem *f*; (*film*) filme *m*; (*fig*: *description*) descrição *f*; (: *situation*) conjuntura ■ VT imaginar-se; (*describe*) retratar; **the pictures** NPL (*Brit*: *inf*) o cinema; **to take a ~ of sb/sth** tirar uma foto de alguém/algo; **the overall ~** o quadro geral; **to put sb in the ~** pôr alguém a par da situação; **picture book** N livro de figuras

picturesque [pɪktʃə'rɛsk] ADJ pitoresco

picture window N janela panorâmica

piddling ['pɪdlɪŋ] (*inf*) ADJ irrisório

pidgin ['pɪdʒɪn] ADJ: **~ English** *forma achinesada do inglês usada entre comerciantes*

pie [paɪ] N (*vegetable*) pastelão *m*; (*fruit*) torta; (*meat*) empadão *m*

piebald ['paɪbɔ:ld] ADJ malhado

piece [pi:s] N pedaço; (*portion*) fatia; (*of land*) lote *m*, parcela; (*Chess etc*) peça; (*item*): **a ~ of clothing/furniture/advice** uma roupa/um móvel/um conselho ■ VT: **to ~ together** juntar; (*Tech*) montar; **in ~s** (*broken*) em pedaços; (*not yet assembled*) desmontado; **to fall to ~s** cair aos pedaços; **to take to ~s** desmontar; **in one ~** (*object*) inteiro; (*person*) ileso; **a 10p ~** (*Brit*) uma moeda de 10p; **~ by ~** pedaço por pedaço; **a six-~ band** um sexteto; **to say one's ~** vender o seu peixe

piecemeal ['pi:smi:l] ADV pouco a pouco

piece rate N salário por peça

piecework ['pi:swə:k] N trabalho por empreitada *or* peça

pie chart N gráfico de setores

pier [pɪəʳ] N cais *m*; (*jetty*) embarcadouro, molhe *m*; (*of bridge etc*) pilar *m*, pilastra

pierce [pɪəs] VT furar, perfurar; **to have one's ears ~d** furar as orelhas

piercing ['pɪəsɪŋ] ADJ (*cry*) penetrante, agudo; (*stare*) penetrante; (*wind*) cortante

piety ['paɪətɪ] N piedade *f*

piffling ['pɪflɪŋ] ADJ irrisório

pig [pɪg] N porco; (*fig*) porcalhão(-lhona) *m/f*; (*pej*: *unkind person*) grosseiro(-a); (: *greedy person*) ganancioso(-a)

pigeon ['pɪdʒən] N pombo

pigeonhole ['pɪdʒənhəul] N escaninho

pigeon-toed [-təud] ADJ com pé de pombo

piggy bank ['pɪgɪ-] N *cofre em forma de porquinho*

pig-headed [-'hɛdɪd] (*pej*) ADJ teimoso, cabeçudo

piglet ['pɪglɪt] N porquinho, leitão *m*

pigment ['pɪgmənt] N pigmento

pigmentation [pɪgmən'teɪʃən] N pigmentação *f*

pigmy ['pɪgmɪ] N = **pygmy**

pigskin ['pɪgskɪn] N couro de porco

pigsty ['pɪgstaɪ] N chiqueiro

pigtail ['pɪgteɪl] N (*girl's*) rabo-de-cavalo, trança; (*Chinese*) rabicho

pike [paɪk] (*pl* **pikes**) N (*spear*) lança, pique *m*; (*fish*) lúcio

pilchard ['pɪltʃəd] N sardinha

pile [paɪl] N (*of books*) pilha; (*heap*) monte *m*; (*of carpet*) pêlo; (*of cloth*) lado felpudo; (*support*: *in building*) estaca ■ VT (*also*: **pile up**) empilhar; (*heap*) amontoar; (*fig*) acumular ■ VI (*also*: **pile up**: *objects*) empilhar-se; (: *problems, work*) acumular-se; **in a ~** numa pilha

▸ **pile into** VT FUS (*car*) apinhar-se

▸ **pile on** VT: **to ~ it on** (*inf*) exagerar

piles [paɪlz] NPL (*Med*) hemorróidas *fpl*

pile-up N (*Aut*) engavetamento

pilfer ['pɪlfəʳ] VT, VI furtar, afanar, surripiar

pilfering ['pɪlfərɪŋ] N furto

pilgrim ['pɪlgrɪm] N peregrino(-a)

pilgrimage ['pɪlgrɪmɪdʒ] N peregrinação *f*, romaria

pill [pɪl] N pílula; **the ~** a pílula; **to be on the ~** usar *or* tomar a pílula

pillage ['pɪlɪdʒ] N pilhagem *f* ■ VT saquear, pilhar

pillar ['pɪləʳ] N pilar *m*; (*concrete*) coluna; **pillar box** (*Brit*) N caixa coletora (do correio) (BR), marco do correio (PT)

pillion ['pɪljən] N (*of motor cycle*) garupa; **to ride ~** andar na garupa

pillory ['pɪlərɪ] N pelourinho ■ VT expor ao ridículo

pillow ['pɪləu] N travesseiro (BR), almofada (PT)

pillowcase ['pɪləukeɪs] N fronha

pillowslip ['pɪləuslɪp] N fronha

pilot ['paɪlət] N piloto(-a) ■ CPD (*scheme etc*) piloto *inv* ■ VT pilotar; (*fig*) guiar; **pilot boat** N barco-piloto; **pilot light** N piloto

pimento [pɪ'mɛntəu] N pimentão-doce *m*

pimp [pɪmp] N cafetão *m* (BR), cáften *m* (PT)

pimple ['pɪmpl] N espinha

pimply ['pɪmplɪ] ADJ espinhento

PIN N ABBR = **personal identification number**

pin [pɪn] N alfinete *m*; (*Tech*) cavilha; (*wooden*, *Brit*: *Elec*: *of plug*) pino ■ VT alfinetar; **~s and needles** comichão *f*, sensação *f* de formigamento; **to ~ sb against** *or* **to** apertar alguém contra; **to ~ sth on sb** (*fig*) culpar alguém de algo

▸ **pin down** VT (*fig*): **to ~ sb down** conseguir que alguém se defina *or* tome atitude; **there's something strange here but I can't quite ~ it down** há alguma coisa estranha aqui, mas não consigo precisar o quê

pinafore ['pɪnəfɔːʳ] N (*also*: **pinafore dress**) avental *m*

pinball ['pɪnbɔːl] N fliper *m*, fliperama *m*

pincers ['pɪnsəz] NPL pinça, tenaz *f*

pinch [pɪntʃ] N beliscão *m*; (*of salt etc*) pitada ■ VT beliscar; (*inf*: *steal*) afanar ■ VI (*shoe*) apertar; **at a ~** em último caso; **to feel the ~** (*fig*) apertar o cinto, passar por um aperto

pinched [pɪntʃt] ADJ (*drawn*) abatido; **~ with cold** transido de frio; **~ for money** desprovido de dinheiro; **to be ~ for space** não dispor de muito espaço

pincushion ['pɪnkuʃən] N alfineteira

pine [paɪn] N (*also*: **pine tree**) pinho; (*wood*) madeira de pinho ■ VI: **to ~ for** ansiar por

▸ **pine away** VI consumir-se, definhar

pineapple ['paɪnæpl] N abacaxi *m* (BR), ananás *m* (PT)

ping [pɪŋ] N (*noise*) silvo, sibilo

ping-pong® N pingue-pongue *m*

pink [pɪŋk] ADJ cor de rosa *inv* ■ N (*colour*) cor *f* de rosa; (*Bot*) cravo, cravina

pinking scissors ['pɪŋkɪŋ-] NPL tesoura para picotar

pinking shears ['pɪŋkɪŋ-] NPL tesoura para picotar

pin money (*Brit*) N dinheiro extra

pinnacle ['pɪnəkl] N cume *m*; (*fig*) auge *m*

pinpoint ['pɪnpɔɪnt] VT (*discover*) descobrir; (*explain*) identificar; (*locate*) localizar com precisão

pinstripe ['pɪnstraɪp] N tecido listrado ■ ADJ listrado

pint [paɪnt] N quartilho (*Brit*: = *568cc*; *US*: = *473cc*); **to go for a ~** (*Brit*: *inf*) ir tomar uma cerveja

pin-up N pin-up *f*, *retrato de mulher atraente*

pioneer [paɪə'nɪəʳ] N pioneiro(-a) ■ VT ser pioneiro de

pious ['paɪəs] ADJ pio, devoto

pip [pɪp] N (*seed*) caroço, semente *f*; **the pip**

NPL (*Brit: time signal on radio*) ≈ o toque de seis segundos

pipe [paɪp] N cano; (*for smoking*) cachimbo; (*Mus*) flauta ■ VT canalizar, encanar; **pipes** NPL (*also*: **bagpipes**) gaita de foles

▸ **pipe down** (*inf*) VI calar o bico, meter a viola no saco

pipe cleaner N limpa-cachimbo

piped music [paɪpt-] N música enlatada

pipe dream N sonho impossível, castelo no ar

pipeline ['paɪplaɪn] N (*for oil*) oleoduto; (*for gas*) gaseoduto; **it's in the ~** (*fig*) está na bica (*inf*)

piper ['paɪpəʳ] N (*gen*) flautista *m/f*; (*of bagpipes*) gaiteiro(-a)

pipe tobacco N fumo (BR) *or* tabaco (PT) para cachimbo

piping ['paɪpɪŋ] ADV: **~ hot** chiando de quente

piquant ['pi:kənt] ADJ picante

pique [pi:k] N ressentimento, melindre *m*

piracy ['paɪrəsɪ] N pirataria

pirate ['paɪərət] N pirata *m* ■ VT (*record, video, book*) piratear; **pirate radio** (*Brit*) N rádio pirata

pirouette [pɪru'et] N pirueta ■ VI fazer pirueta(s)

Pisces ['paɪsi:z] N Pisces *m*, Peixes *mpl*

piss [pɪs] (*inf!*) VI mijar; **~ off!** vai à merda (!)

pissed [pɪst] (*inf!*) ADJ (*drunk*) bêbado, de porre

pistol ['pɪstl] N pistola

piston ['pɪstən] N pistão *m*, êmbolo

pit [pɪt] N cova, fossa; (*quarry, hole in surface of sth*) buraco; (*also*: **coal pit**) mina de carvão; (*also*: **orchestra pit**) fosso ■ VT: **to ~ one's wits against sb** competir em conhecimento *or* inteligência contra alguém; **pits** NPL (*Aut*) box *m*; **to ~ A against B** opor A a B; **to ~ o.s. against** opor-se a

pitapat ['pɪtə'pæt] (*Brit*) ADV: **to go ~** (*heart*) disparar; (*rain*) tiquetaquear

pitch [pɪtʃ] N (*throw*) arremesso, lance *m*; (*Mus*) tom *m*; (*of voice*) altura; (*fig: degree*) intensidade *f*; (*also*: **sales pitch**) papo (de vendedor); (*Brit: Sport*) campo; (*tar*) piche *m*, breu *m*; (*Naut*) arfada; (*in market etc*) barraca ■ VT (*throw*) arremessar, lançar; (*tent*) armar; (*set: price, message*) adaptar ■ VI (*fall forwards*) tombar (para frente), cair; (*Naut*) jogar, arfar; **to be ~ed forward** ser jogado para frente; **at this ~** neste pique *or* ritmo; **to ~ one's aspirations too high** colocar as aspirações alto demais

▸ **pitch in** VI contribuir

pitch-black ADJ escuro como o breu

pitched battle [pɪtʃt-] N batalha campal

pitcher ['pɪtʃəʳ] N jarro, cântaro; (*US: Baseball*) arremessador *m*

pitchfork ['pɪtʃfɔ:k] N forcado

piteous ['pɪtɪəs] ADJ lastimável

pitfall ['pɪtfɔ:l] N perigo (imprevisto), armadilha

pith [pɪθ] N (*of orange*) casca interna e branca; (*fig*) essência, parte *f* essencial

pithead ['pɪthɛd] (*Brit*) N boca do poço

pithy ['pɪθɪ] ADJ substancial

pitiable ['pɪtɪəbl] ADJ deplorável

pitiful ['pɪtɪful] ADJ (*touching*) comovente, tocante; (*contemptible*) desprezível, lamentável

pitifully ['pɪtɪfəlɪ] ADV lamentavelmente, deploravelmente

pitiless ['pɪtɪlɪs] ADJ impiedoso

pittance ['pɪtns] N ninharia, miséria

pitted ['pɪtɪd] ADJ: **~ with** (*chickenpox*) marcado com; (*rust*) picado de; **~ with potholes** esburacado

pity ['pɪtɪ] N (*compassion*) compaixão *f*, piedade *f*; (*shame*) pena ■ VT ter pena de, compadecer-se de; **what a ~!** que pena!; **it's a ~ (that) you can't come** é uma pena que você não possa vir; **to have** *or* **take ~ on sb** ter pena de alguém

pitying ['pɪtɪɪŋ] ADJ compassivo, compadecido

pivot ['pɪvət] N pino, eixo; (*fig*) pivô *m* ■ VI: **to ~ on** girar sobre; (*fig*) depender de

pixel ['pɪksl] N (*Comput*) píxel *m*

pixie ['pɪksɪ] N duende *m*

pizza ['pi:tsə] N pizza

P&L ABBR = **profit and loss**

placard ['plækɑ:d] N placar *m*; (*in march etc*) cartaz *m*

placate [plə'keɪt] VT apaziguar, aplacar

placatory [plə'keɪtərɪ] ADJ apaziguador(a), aplacador(a)

place [pleɪs] N lugar *m*; (*rank, position*) posição *f*; (*post*) posto; (*role*) papel *m*; (*home*): **at/to his ~** na/para a casa dele ■ VT (*object*) pôr, colocar; (*identify*) identificar, situar; (*find a post for*) colocar; **to take ~** realizar-se; (*occur*) ocorrer; **from ~ to ~** de lugar em lugar; **all over the ~** em tudo quanto é lugar; **out of ~** (*not suitable*) fora de lugar, deslocado; **I feel out of ~ here** eu me sinto deslocado aqui; **in the first ~** em primeiro lugar; **to change ~s with sb** trocar de lugar com alguém; **to put sb in his ~** (*fig*) pôr alguém no seu lugar; **he's going ~s** (*fig*) ele vai se dar bem; **it's not my ~ to do it** não me compete fazê-lo; **to ~ an order with sb for sth** (*Comm*) encomendar algo a alguém; **to be ~d** (*in race, exam*) classificar-se; **how are you ~d next week?** você tem tempo na semana que vem?

placebo [plə'si:bəu] N placebo

place mat N descanso

placement ['pleɪsmənt] N (*placing*) colocação *f*; (*job*) cargo

place name N topônimo

placenta [plə'sɛntə] N placenta

place of birth N local *m* de nascimento

placid ['plæsɪd] ADJ plácido, sereno

placidity [plə'sɪdɪtɪ] N placidez *f*

plagiarism ['pleɪdʒjərɪzm] N plágio

plagiarist ['pleɪdʒjərɪst] N plagiário(-a)

plagiarize ['pleɪdʒjəraɪz] VT plagiar

plague [pleɪg] N (*Med*) peste *f*; (*fig*) praga ■ VT (*fig*) atormentar, importunar; **to ~ sb with questions** importunar alguém com perguntas

plaice [pleɪs] N INV solha

plaid [plæd] N (*material*) tecido de xadrez; (*pattern*) xadrez *m* escocês

plain [pleɪn] ADJ (*unpatterned*) liso; (*clear*) claro, evidente; (*simple*) simples *inv*, despretensioso; (*frank*) franco, sem rodeios; (*not handsome*) sem atrativos; (*pure*) puro, natural ■ ADV claramente, com franqueza ■ N planície *f*, campina; **to make sth ~ to sb** dar claramente a entender algo a alguém; **plain chocolate** N chocolate *m* amargo

plain-clothes ADJ (*police officer*) à paisana

plainly ['pleɪnlɪ] ADV claramente, obviamente; (*hear, see*) facilmente; (*state*) francamente

plainness ['pleɪnnɪs] N clareza; (*simplicity*) simplicidade *f*; (*frankness*) franqueza

plaintiff ['pleɪntɪf] N querelante *m/f*, queixoso(-a)

plaintive ['pleɪntɪv] ADJ (*voice, tone*) queixoso; (*song*) lamentoso; (*look*) tristonho

plait [plæt] N trança, dobra ■ VT trançar

plan [plæn] N plano; (*scheme*) projeto; (*schedule*) programa *m* ■ VT planejar (BR), planear (PT) ■ VI fazer planos; **to ~ to do** pretender fazer; **how long do you ~ to stay?** quanto tempo você pretende ficar?

plane [pleɪn] N (*Aviat*) avião *m*; (*also*: **plane tree**) plátano; (*fig*: *level*) nível *m*; (*tool*) plaina; (*Art, Math*) plano ■ ADJ plano ■ VT (*with tool*) aplainar

planet ['plænɪt] N planeta *m*

planetarium [plænɪ'teərɪəm] N planetário

plank [plæŋk] N tábua; (*Pol*) item *m* da plataforma política

plankton ['plæŋktən] N plâncton *m*

planner ['plænəʳ] N planejador(a) *m/f* (BR), planeador(a) *m/f* (PT); (*chart*) agenda (*quadro*); (*town planner*) urbanista *m/f*; (*of TV programme, project*) programador(a) *m/f*

planning ['plænɪŋ] N planejamento (BR), planeamento (PT); **family ~** planejamento *or* planeamento familiar; **planning permission** (*Brit*) N autorização *f* para construir

plant [plɑ:nt] N planta; (*machinery*) maquinaria; (*factory*) usina, fábrica ■ VT plantar; (*field*) semear; (*bomb*) colocar, pôr; (*inf*) pôr às escondidas; (*incriminating evidence*) incriminar

plantation [plæn'teɪʃən] N plantação *f*; (*estate*) fazenda; (*area of trees*) bosque *m*

plant hire N locação *f* de equipamentos

plant pot (*Brit*) N vaso para planta

plaque [plæk] N placa, insígnia; (*also*: **dental plaque**) placa dental

plasma ['plæzmə] N plasma *m*

plaster ['plɑ:stəʳ] N (*for walls*) reboco; (*also*: **plaster of Paris**) gesso; (*Brit*: *also*: **sticking plaster**) esparadrapo, band-aid *m* ■ VT rebocar; (*cover*): **to ~ with** encher *or* cobrir de; **in ~** (*Brit*: *leg etc*) engessado; **~ of Paris** gesso; **plaster cast** N (*Med*) aparelho de gesso; (*Art*) molde *m* de gesso

plastered ['plɑ:stəd] (*inf*) ADJ bêbado, de porre

plasterer ['plɑ:stərəʳ] N rebocador(a) *m/f*, caiador(a) *m/f*

plastic ['plæstɪk] N plástico ■ ADJ de plástico; (*flexible*) plástico; (*art*) plástico; **plastic bag** N sacola de plástico

Plasticine® ['plæstɪsi:n] N plasticina®

plastic surgery N cirurgia plástica

plate [pleɪt] N prato, chapa; (*Phot, on door, dental*) chapa; (*Typ*) clichê *m*; (*in book*) gravura; (*Aut*: *number plate*) placa; **gold/silver ~** placa de ouro/prata

plateau ['plætəu] (*pl* **plateaux**) N planalto

plateaux ['plætəuz] NPL *of* **plateau**

plateful ['pleɪtful] N pratada

plate glass N vidro laminado

platen ['plætən] N (*on typewriter, printer*) rolo

plate rack N escorredor *m* de pratos

platform ['plætfɔ:m] N (*Rail*) plataforma (BR), cais *m* (PT); (*stage*) estrado; (*at meeting*) tribuna; (*raised structure*: *for landing etc*) plataforma; (*Brit*: *of bus*) plataforma; (*Pol*) programa *m* partidário; **platform ticket** (*Brit*) N bilhete *m* de plataforma (BR) *or* cais (PT)

platinum ['plætɪnəm] N platina

platitude ['plætɪtju:d] N lugar *m* comum, chavão *m*

platonic [plə'tɔnɪk] ADJ platônico

platoon [plə'tu:n] N pelotão *m*

platter ['plætəʳ] N travessa

plaudits ['plɔ:dɪts] NPL aclamações *fpl*, aplausos *mpl*

plausible ['plɔ:zɪbl] ADJ plausível; (*person*) convincente

play [pleɪ] N jogo; (*Theatre*) obra, peça ■ VT jogar; (*team, opponent*) jogar contra; (*instrument, music, record*) tocar; (*Theatre*) representar; (: *role*) fazer o papel de; (*fig*) desempenhar ■ VI (*sport, game*) jogar; (*music*) tocar; (*frolic*) brincar; **to bring** *or* **call into ~** (*plan*) acionar; (*emotions*) detonar; **~ on words** jogo de palavras, trocadilho; **to ~ a trick on sb** pregar uma peça em alguém; **they're ~ing at soldiers** eles estão brincando de soldados; **to ~ for time** (*fig*) tentar ganhar tempo, protelar; **to ~ into sb's hands** (*fig*) fazer o jogo de alguém; **to ~ the fool/innocent** bancar o tolo/inocente; **to ~ safe** não se arriscar, não correr riscos

▶ **play about** VI brincar

▶ **play along** VI (*fig*): **to ~ along with sb** fazer o jogo de alguém ■ VT (*fig*): **to ~ sb along** fazer alguém de criança

▶ **play around** VI brincar

▶ **play back** VT repetir

▶ **play down** VT minimizar

▶ **play on** VT FUS (*sb's feelings, credulity*) tirar proveito de, usar

▶ **play up** VI (*person*) dar trabalho; (*TV, car*) estar com defeito

playact ['pleɪækt] VI fazer fita

playboy ['pleɪbɔɪ] N playboy *m*

played-out [pleɪd-] ADJ gasto

player ['pleɪəʳ] N jogador(a) *m/f*; (*Theatre*) ator/atriz *m/f*; (*Mus*) músico(-a)

playful ['pleɪful] ADJ brincalhão(-lhona)

playgoer ['pleɪgəuəʳ] N freqüentador(a) *m/f* de teatro

playground ['pleɪgraund] N (*in park*) playground *m*; (*in school*) pátio de recreio
playgroup ['pleɪgru:p] N *espécie de jardim de infância*
playing card ['pleɪɪŋ-] N carta de baralho
playing field ['pleɪɪŋ-] N campo de esportes (BR) *or* jogos (PT)
playmate ['pleɪmeɪt] N colega *m/f*, camarada *m/f*
play-off N (*Sport*) partida de desempate
playpen ['pleɪpɛn] N cercado para crianças
playroom ['pleɪru:m] N sala de jogos
plaything ['pleɪθɪŋ] N brinquedo; (*fig*) joguete *m*
playtime ['pleɪtaɪm] N (*Sch*) recreio
playwright ['pleɪraɪt] N dramaturgo(-a)
plc ABBR = **public limited company**
plea [pli:] N (*request*) apelo, petição *f*; (*excuse*) justificativa; (*Law: defence*) defesa
plead [pli:d] VT (*Law*) defender, advogar; (*give as excuse*) alegar ■ VI (*Law*) declarar-se; (*beg*): **to ~ with sb (for sth)** suplicar *or* rogar (algo) a alguém; **to ~ guilty/not guilty** declarar-se culpado/inocente
pleasant ['plɛznt] ADJ agradável; (*person*) simpático
pleasantly ['plɛzntlɪ] ADV agradavelmente
pleasantness ['plɛzntnɪs] N (*of person*) amabilidade *f*, simpatia; (*of place*) encanto
pleasantry ['plɛzntrɪ] N (*joke*) brincadeira; **pleasantries** NPL (*polite remarks*) amenidades *fpl* (na conversa)
please [pli:z] EXCL por favor ■ VT (*give pleasure to*) agradar a, dar prazer a ■ VI (*think fit*): **do as you ~** faça o que *or* como quiser; **~ yourself!** (*inf*) como você quiser!, você que sabe!
pleased [pli:zd] ADJ (*happy*) satisfeito, contente; **~ (with)** satisfeito (com); **~ to meet you** prazer (em conhecê-lo); **we are ~ to inform you that ...** temos a satisfação de informá-lo de que ...
pleasing ['pli:zɪŋ] ADJ agradável
pleasurable ['plɛʒərəbl] ADJ agradável
pleasure ['plɛʒəʳ] N prazer *m*; **"it's a ~"** "não tem de quê"; **with ~** com muito prazer; **is this trip for business or ~?** esta viagem é de negócios ou de recreio?; **pleasure boat** N barco de recreio; **pleasure steamer** N vapor *m* de recreio
pleat [pli:t] N prega
plebiscite ['plɛbɪsɪt] N plebiscito
plebs [plɛbz] (*pej*) NPL plebe *f*
plectrum ['plɛktrəm] N plectro
pledge [plɛdʒ] N (*object*) penhor *m*; (*promise*) promessa ■ VT (*invest*) empenhar; (*promise*) prometer; **to ~ support for sb** empenhar-se a apoiar alguém; **to ~ sb to secrecy** comprometer alguém a guardar sigilo
plenary ['pli:nərɪ] ADJ: **in ~ session** no plenário
plentiful ['plɛntɪful] ADJ abundante
plenty ['plɛntɪ] N abundância; **~ of** (*food, money*) bastante; (*jobs, people*) muitos(-as); **we've got ~ of time** temos tempo de sobra
pleurisy ['pluərɪsɪ] N pleurisia
Plexiglas® ['plɛksɪgla:s] (*US*) N Blindex® *m*
pliable ['plaɪəbl] ADJ flexível; (*fig: person*) adaptável, moldável
pliant ['plaɪənt] ADJ = **pliable**
pliers ['plaɪəz] NPL alicate *m*
plight [plaɪt] N situação *f* difícil, apuro
plimsolls ['plɪmsəlz] (*Brit*) NPL tênis *mpl*
plinth [plɪnθ] N peinto
PLO N ABBR (= *Palestine Liberation Organization*) OLP *f*
plod [plɔd] VI caminhar pesadamente; (*fig*) trabalhar laboriosamente
plodder ['plɔdəʳ] N burro-de-carga *m*
plodding ['plɔdɪŋ] ADJ mourejador(a)
plonk [plɔŋk] (*inf*) N (*Brit: wine*) zurrapa ■ VT: **to ~ sth down** deixar cair algo (pesadamente)
plot [plɔt] N (*scheme*) conspiração *f*, complô *m*; (*of story, play*) enredo, trama; (*of land*) lote *m* ■ VT (*mark out*) traçar; (*conspire*) tramar, planejar (BR), planear (PT); (*Aviat, Naut, Math*) plotar ■ VI conspirar; **a vegetable ~** (*Brit*) uma horta
plotter ['plɔtəʳ] N conspirador(a) *m/f*; (*instrument*) plotadora; (*Comput*) plotter *f*, plotadora
plough [plau] (*US* **plow**) N arado ■ VT (*earth*) arar; **to ~ money into** investir dinheiro em
▸ **plough back** VT (*Comm*) reinvestir
▸ **plough through** VT FUS (*crowd*) abrir caminho por; (*snow*) avançar penosamente por
ploughing ['plauɪŋ] (*US* **plowing**) N aradura
ploughman ['plaumən] (*US* **plowman**) (*irreg*) N lavrador *m*
ploughman's lunch (*Brit*) N lanche de pão, queijo e picles
plow *etc* [plau] (*US*) = **plough** *etc*
ploy [plɔɪ] N estratagema *m*
pluck [plʌk] VT (*fruit*) colher; (*musical instrument*) dedilhar; (*bird*) depenar ■ N coragem *f*, puxão *m*; **to ~ one's eyebrows** fazer as sobrancelhas; **to ~ up courage** criar coragem
plucky ['plʌkɪ] ADJ corajoso, valente
plug [plʌg] N tampão *m*; (*Elec*) tomada (BR), ficha (PT); (*in sink*) tampa; (*Aut: also*: **spark(ing) plug**) vela (de ignição) ■ VT (*hole*) tapar; (*inf: advertise*) fazer propaganda de; **to give sb/sth a ~** (*inf*) fazer propaganda de alguém/algo
▸ **plug in** VT (*Elec*) ligar
plughole ['plʌghəul] (*Brit*) N (*in sink*) escoadouro
plum [plʌm] N (*fruit*) ameixa ■ CPD (*inf*): **a ~ job** um emprego jóia
plumage ['plu:mɪdʒ] N plumagem *f*
plumb [plʌm] ADJ vertical ■ N prumo ■ ADV (*exactly*) exatamente ■ VT sondar; **to ~ the depths** (*fig*) chegar ao extremo
▸ **plumb in** VT (*washing machine*) instalar
plumber ['plʌməʳ] N bombeiro(-a) (BR), encanador(a) *m/f* (BR), canalizador(a) *m/f* (PT)
plumbing ['plʌmɪŋ] N (*trade*) ofício de encanador; (*piping*) encanamento
plumb line ['plʌmlaɪn] N fio de prumo
plume [plu:m] N pluma; (*on helmet*) penacho
plummet ['plʌmɪt] VI: **to ~ (down)** (*bird, aircraft*) cair rapidamente; (*price*) baixar rapidamente
plump [plʌmp] ADJ roliço, rechonchudo ■ VT:

to ~ sth (down) on deixar cair algo em ■ VI: **to ~ for** (*inf*: *choose*) escolher, optar por
▸ **plump up** VT (*cushion*) afofar

plunder ['plʌndəʳ] N pilhagem *f*; (*loot*) despojo ■ VT pilhar, espoliar

plunge [plʌndʒ] N (*dive*) salto; (*submersion*) mergulho; (*fig*) queda ■ VT (*hand, knife*) enfiar, meter ■ VI (*fall, fig*) cair; (*dive*) mergulhar; **to take the ~** topar a parada; **to ~ a room into darkness** mergulhar um aposento na escuridão

plunger ['plʌndʒəʳ] N êmbolo; (*for blocked sink*) desentupidor *m*

plunging ['plʌndʒɪŋ] ADJ (*neckline*) decotado

pluperfect [plu:'pə:fɪkt] N mais-que-perfeito

plural ['pluərl] ADJ plural ■ N plural *m*

plus [plʌs] N (*also*: **plus sign**) sinal *m* de adição ■ PREP mais; **ten/twenty ~** dez/vinte e tantos; **it's a ~** é uma vantagem; **plus fours** NPL calça (BR) *or* calças *fpl* (PT) de golfe

plush [plʌʃ] ADJ de pelúcia; (*car, hotel etc*) suntuoso ■ N pelúcia

plutonium [plu:'təunɪəm] N plutônio

ply [plaɪ] N (*of wool*) fio; (*of wood*) espessura ■ VT (*a trade*) exercer ■ VI (*ship*) ir e vir; **three ~** (*wool*) de três fios; **to ~ sb with drink/questions** bombardear alguém com bebidas/perguntas

plywood ['plaɪwud] N madeira compensada

PM (*Brit*) N ABBR = **Prime Minister**

p.m. ADV ABBR (= *post meridiem*) da tarde, da noite

PMT N ABBR (= *premenstrual tension*) TPM *f*, tensão *f* pré-menstrual

pneumatic [nju:'mætɪk] ADJ pneumático; **pneumatic drill** N perfuratriz *f*

pneumonia [nju:'məunɪə] N pneumonia

PO N ABBR = **Post Office**; (*Mil*) = **petty officer**

po ABBR = **postal order**

POA (*Brit*) N ABBR = **Prison Officers' Association**

poach [pəutʃ] VT (*cook*: *fish*) escaldar; (: *eggs*) fazer pochê (BR), escalfar (PT); (*steal*) furtar ■ VI caçar (*or* pescar) em propriedade alheia

poached [pəutʃt] ADJ (*egg*) pochê (BR), escalfado (PT)

poacher ['pəutʃəʳ] N caçador *m* (*or* pescador *m*) furtivo

poaching ['pəutʃɪŋ] N caça (*or* pesca) furtiva

PO Box N ABBR = **Post Office Box**

pocket ['pɔkɪt] N bolso; (*fig*: *small area*) pedaço; (*Billiards*) caçapa, ventanilha ■ VT meter no bolso; (*steal*) embolsar; (*Billiards*) encaçapar; **to be out of ~** (*Brit*) perder, ter prejuízo; **~ of resistance** foco de resistência

pocketbook ['pɔkɪtbuk] (*US*) N carteira

pocket calculator N calculadora de bolsa

pocket knife (*irreg*) N canivete *m*

pocket money N dinheiro para despesas miúdas; (*for child*) mesada

pockmarked ['pɔkmɑ:kt] ADJ (*face*) com marcas de varíola

pod [pɔd] N vagem *f* ■ VT descascar

podcast [pɔdka:st] N podcast *m*

podcasting [pɔdka:stɪŋ] N podcasting *m*

podgy ['pɔdʒɪ] (*inf*) ADJ gorducho, rechanchudo

podiatrist [pɔ'di:ətrɪst] (*US*) N pedicuro(-a)

podiatry [pɔ'di:ətrɪ] (*US*) N podiatria

podium ['pəudɪəm] N pódio

POE N ABBR = **port of embarkation**; **port of entry**

poem ['pəuɪm] N poema *m*

poet ['pəuɪt] N poeta/poetisa *m/f*

poetess ['pəuɪtɪs] N poetisa

poetic [pəu'ɛtɪk] ADJ poético

poet laureate [-'lɔ:rɪət] N poeta *m* laureado

poetry ['pəuɪtrɪ] N poesia

poignant ['pɔɪnjənt] ADJ comovente; (*sharp*) agudo

point [pɔɪnt] N (*gen*) ponto; (*of needle, knife etc*) ponta; (*purpose*) finalidade *f*; (*significant part*) ponto principal; (*position, place*) lugar *m*, posição *f*; (*moment*) momento; (*stage in development*) estágio; (*Brit*: *Elec*: *also*: **power point**) tomada; (*also*: **decimal point**): **2 ~ 3 (2.3)** dois vírgula três ■ VT (*show, mark*) mostrar; (*window, wall*) tomar com argamassa; (*gun etc*): **to ~ sth at sb** apontar algo para alguém ■ VI apontar; **points** NPL (*Aut*) platinado, contato; (*Rail*) agulhas *fpl*; **to ~ at** apontar para; **good ~s** qualidades; **to be on the ~ of doing sth** estar prestes a *or* a ponto de fazer algo; **to make a ~** fazer uma observação; **to make a ~ of** fazer questão de, insistir em; **to make one's ~** dar sua opinião; **you've made your ~** você já disse o que queria, você já falou (*inf*); **to get the ~** perceber; **to miss the ~** compreender mal; **to come to the ~** ir ao assunto; **when it comes to the ~** na hora; **there's no ~ (in doing)** não há razão (para fazer); **that's the whole ~!** aí é que está a questão!, aí é que 'tá! (*inf*); **to be beside the ~** estar fora do assunto; **you've got a ~ there!** você tem razão!; **in ~ of fact** na verdade, na realidade; **~ of departure** ponto de partida; **~ of sale** (*Comm*) ponto de venda; **~ of view** ponto de vista
▸ **point out** VT (*indicate*) indicar; (*in debate etc*) ressaltar
▸ **point to** VT FUS apontar para; (*fig*) indicar

point-blank ADV categoricamente; (*also*: **at point-blank range**) à queima-roupa ■ ADJ (*fig*) categórico

point duty (*Brit*) N: **to be on ~** estar de serviço no controle do trânsito

pointed ['pɔɪntɪd] ADJ (*stick etc*) pontudo; (*remark*) mordaz

pointedly ['pɔɪntɪdlɪ] ADV sugestivamente

pointer ['pɔɪntəʳ] N (*on chart*) indicador *m*; (*on machine*) ponteiro; (*needle*) agulha; (*dog*) pointer *m*; (*fig*) dica

pointless ['pɔɪntlɪs] ADJ (*useless*) inútil; (*senseless*) sem sentido; (*motiveless*) sem razão

poise [pɔɪz] N (*composure*) elegância; (*balance*) equilíbrio; (*of head, body*) porte *m*; (*calmness*) serenidade *f* ■ VT pôr em equilíbrio; **to be ~d for** (*fig*) estar pronto para

poison ['pɔɪzn] N veneno ■ VT envenenar

poisoning ['pɔɪznɪŋ] N envenenamento
poisonous ['pɔɪzənəs] ADJ venenoso; (*fumes etc*) tóxico; (*fig*) pernicioso
poke [pəuk] VT (*fire*) atiçar; (*jab with finger, stick etc*) cutucar; (*put*): **to ~ sth in(to)** enfiar *or* meter algo em ■ N (*to fire*) remexida; (*jab*) cutucada; (*with elbow*) cotovelada; **to ~ one's nose into** meter o nariz em; **to ~ one's head out of the window** meter a cabeça para fora da janela; **to ~ fun at sb** ridicularizar *or* fazer troça de alguém
▸ **poke about** VI escarafunchar, espionar
poker ['pəukə^{r}] N atiçador *m* (de brasas); (*Cards*) pôquer *m*
poker-faced [-feɪst] ADJ com rosto impassível
poky ['pəukɪ] (*pej*) ADJ apertado
Poland ['pəulənd] N Polônia
polar ['pəulə^{r}] ADJ polar; **polar bear** N urso polar
polarize ['pəuləraɪz] VT polarizar
Pole [pəul] N polonês(-esa) *m/f*
pole [pəul] N vara; (*Geo*) pólo; (*telegraph pole*) poste *m*; (*flagpole*) mastro; (*tent pole*) estaca; **pole bean** (*US*) N feijão-trepador *m*
polecat ['pəulkæt] N furão-bravo
Pol. Econ. ['pɔlɪkɔn] N ABBR = **political economy**
polemic [pɔ'lɛmɪk] N polêmica
pole star N estrela Polar
pole vault N salto com vara
police [pə'li:s] N polícia ■ VT policiar; **police car** N rádio-patrulha *f*; **police constable** (*Brit*) N policial *m/f* (BR), polícia *m/f* (PT); **police department** (*US*) N polícia; **police force** N polícia
policeman [pə'li:smən] (*irreg*) N policial *m* (BR), polícia *m* (PT)
police officer N policial *m/f* (BR), polícia *m/f* (PT)
police record N ficha na polícia
police state N estado policial
police station N delegacia (de polícia) (BR), esquadra (PT)
policewoman [pə'li:swumən] (*irreg*) N policial *f* (feminina) (BR), mulher *f* polícia (PT)
policy ['pɔlɪsɪ] N política; (*also*: **insurance policy**) apólice *f*; (*of newspaper, company*) orientação *f*; **to take out a ~** (*Insurance*) fazer uma apólice *or* um contrato de seguro; **policy holder** N segurado(-a)
polio ['pəulɪəu] N poliomielite *f*, polio *f*
Polish ['pəulɪʃ] ADJ polonês(-esa) ■ N (*Ling*) polonês *m*
polish ['pɔlɪʃ] N (*for shoes*) graxa; (*for floor*) cera (para encerar); (*for nails*) esmalte *m*; (*shine*) brilho; (*fig*: *refinement*) refinamento, requinte *m* ■ VT (*shoes*) engraxar; (*make shiny*) lustrar, dar brilho a; (*fig*: *improve*) refinar, polir
▸ **polish off** VT (*work*) dar os arremates a; (*food*) raspar
polished ['pɔlɪʃt] ADJ (*fig*: *person*) culto; (: *manners*) refinado
polite [pə'laɪt] ADJ educado; (*formal*) cortês; (*company, society*) refinado; **it's not ~ to do that** é falta de educação fazer isso
politely [pə'laɪtlɪ] ADV educadamente
politeness [pə'laɪtnɪs] N gentileza, cortesia
politic ['pɔlɪtɪk] ADJ prudente
political [pə'lɪtɪkl] ADJ político; **political asylum** N asilo político; **to seek political asylum** pedir asilo político
politically [pə'lɪtɪklɪ] ADV politicamente
politician [pɔlɪ'tɪʃən] N político
politics ['pɔlɪtɪks] N, NPL política
polka ['pɔlkə] N polca; **polka dot** N bolinha
poll [pəul] N (*votes*) votação *f*; (*also*: **opinion poll**) pesquisa, sondagem *f* ■ VT (*votes*) receber, obter; **to go to the ~s** (*voters*) ir às urnas; (*government*) convocar eleições
pollen ['pɔlən] N pólen *m*; **pollen count** N contagem *f* de pólen
pollination [pɔlɪ'neɪʃən] N polinização *f*
polling ['pəulɪŋ] N (*Brit*: *Pol*) votação *f*; (*Tel*) apuração *f*; **polling booth** (*Brit*) N cabine *f* de votar; **polling day** (*Brit*) N dia *m* de eleição; **polling station** (*Brit*) N centro eleitoral
pollute [pə'lu:t] VT poluir
pollution [pə'lu:ʃən] N poluição *f*
polo ['pəuləu] N (*sport*) pólo; **polo neck** N gola rulê ■ ADJ: **polo-neck** de gola rulê
polo-necked [-nɛkt] ADJ de gola rulê
poltergeist ['pɔltɛgaɪst] N espírito pertubador (*espécie de fantasma*)
poly ['pɔlɪ] (*Brit*) N ABBR = **polytechnic**
polyester [pɔlɪ'ɛstə^{r}] N poliéster *m*
polyethylene [pɔlɪ'ɛθɪli:n] (*US*) N polietileno
polygamy [pə'lɪgəmɪ] N poligamia
Polynesia [pɔlɪ'ni:zɪə] N Polinésia
Polynesian [pɔlɪ'ni:zɪən] ADJ, N polinésio(-a)
polyp ['pɔlɪp] N (*Med*) pólipo
polystyrene [pɔlɪ'staɪri:n] N isopor® *m*
polytechnic [pɔlɪ'tɛknɪk] N politécnico, escola politécnica
polythene ['pɔlɪθi:n] N politeno; **polythene bag** N bolsa de plástico
polyurethane [pɔlɪ'ju:rəθeɪn] N poliuretano
pomegranate ['pɔmɪgrænɪt] N romã *f*
pommel ['pɔml] N botão *m*; (*saddle*) maçaneta ■ VT = **pummel**
pomp [pɔmp] N pompa, fausto
pompom ['pɔmpɔm] N pompom *m*
pompon ['pɔmpɔn] N = **pompom**
pompous ['pɔmpəs] (*pej*) ADJ pomposo
pond [pɔnd] N (*natural*) lago pequeno; (*artificial*) tanque *m*
ponder ['pɔndə^{r}] VT, VI ponderar, meditar (sobre)
ponderous ['pɔndərəs] ADJ pesado
pong [pɔŋ] (*Brit*: *inf*) N fedor *m*, fartum *m* (*inf*), catinga (*inf*) ■ VI feder
pontiff ['pɔntɪf] N pontífice *m*
pontificate [pɔn'tɪfɪkeɪt] VI (*fig*): **to ~ (about)** pontificar (sobre)
pontoon [pɔn'tu:n] N pontão *m*; (*Brit*: *card game*) vinte-e-um *m*
pony ['pəunɪ] N pônei *m*

ponytail ['pəunɪteɪl] N rabo-de-cavalo
pony trekking [-'trɛkɪŋ] (*Brit*) N excursão *f* em pônei
poodle ['pu:dl] N cão-d'água *m*
pooh-pooh [pu:'pu:] VT desprezar
pool [pu:l] N (*puddle*) poça, charco; (*pond*) lago; (*also*: **swimming pool**) piscina; (*fig*: *of light*) feixe *m*; (: *of liquid*) poça; (*Sport*) sinuca; (*sth shared*) fundo comum; (*money at cards*) bolo; (*Comm*: *consortium*) consórcio, pool *m*; (*US*: *monopoly trust*) truste *m* ■ VT juntar; **(football) pools** NPL (*football pools*) loteria esportiva (BR), totobola (PT); **typing** (*Brit*) *or* **secretary** (*US*) ~ seção *f* de datilografia
poor [puəʳ] ADJ pobre; (*bad*) inferior, mau ■ NPL: **the ~** os pobres; **~ in** (*resources etc*) deficiente em
poorly ['puəlɪ] ADJ adoentado, indisposto ■ ADV mal
pop [pɔp] N (*sound*) estalo, estouro; (*Mus*) pop *m*; (*US*: *inf*: *father*) papai *m*; (*inf*: *fizzy drink*) bebida gasosa ■ VT: **to ~ sth into/onto** *etc* (*put*) pôr em/sobre *etc* ■ VI estourar; (*cork*) saltar; **she ~ped her head out of the window** ela meteu a cabeça fora da janela
▸ **pop in** VI dar um pulo
▸ **pop out** VI dar uma saída
▸ **pop up** VI surgir, aparecer inesperadamente
pop concert N concerto pop
popcorn ['pɔpkɔ:n] N pipoca
pope [pəup] N papa *m*
poplar ['pɔpləʳ] N álamo, choupo
poplin ['pɔplɪn] N popeline *f*
popper ['pɔpəʳ] (*Brit*) N presilha
poppy ['pɔpɪ] N papoula
poppycock ['pɔpɪkɔk] (*inf*) N conversa fiada, papo furado
Popsicle ® ['pɔpsɪkl] (*US*) N picolé *m*
pop star N pop star *m/f*
populace ['pɔpjuləs] N povo
popular ['pɔpjuləʳ] ADJ popular; (*person*) querido; (*fashionable*) badalado; **to be ~ (with)** (*person*) fazer sucesso (com); (*decision*) ser aplaudido (por)
popularity [pɔpju'lærɪtɪ] N popularidade *f*
popularize ['pɔpjuləraɪz] VT popularizar; (*science*) vulgarizar
populate ['pɔpjuleɪt] VT povoar
population [pɔpju'leɪʃən] N população *f*; **population explosion** N explosão *f* demográfica
populous ['pɔpjuləs] ADJ populoso
porcelain ['pɔ:slɪn] N porcelana
porch [pɔ:tʃ] N pórtico; (*US*: *verandah*) varanda
porcupine ['pɔ:kjupaɪn] N porco-espinho
pore [pɔ:ʳ] N poro ■ VI: **to ~ over** examinar minuciosamente
pork [pɔ:k] N carne *f* de porco; **pork chop** N costeleta de porco
pornographic [pɔ:nə'græfɪk] ADJ pornográfico
pornography [pɔ:'nɔgrəfɪ] N pornografia
porous ['pɔ:rəs] ADJ poroso
porpoise ['pɔ:pəs] N golfinho, boto
porridge ['pɔrɪdʒ] N mingau *m* (de aveia)
port [pɔ:t] N (*harbour*) porto; (*Naut*: *left side*) bombordo; (*wine*) vinho do Porto; (*Comput*) porta, port *m* ■ CPD portuário; **to ~** (*Naut*) a bombordo; **~ of call** porto de escala
portable ['pɔ:təbl] ADJ portátil
portal ['pɔ:tl] N portal *m*
portcullis [pɔ:t'kʌlɪs] N grade *f* levadiça
portend [pɔ:'tɛnd] VT pressagiar
portent ['pɔ:tɛnt] N presságio, portento
porter ['pɔ:təʳ] N (*for luggage*) carregador *m*; (*doorkeeper*) porteiro
portfolio [pɔ:t'fəulɪəu] N (*case*) pasta; (*Pol*) pasta ministerial; (*Finance*) carteira de ações ou títulos; (*of artist*) pasta, portfolió
porthole ['pɔ:thəul] N vigia
portico ['pɔ:tɪkəu] N pórtico
portion ['pɔ:ʃən] N porção *f*, quinhão *m*; (*of food*) ração *f*
portly ['pɔ:tlɪ] ADJ corpulento
portrait ['pɔ:treɪt] N retrato
portray [pɔ:'treɪ] VT retratar; (*act*) interpretar; (*in writing*) descrever
portrayal [pɔ:'treɪəl] N retrato; (*actor's*) interpretação *f*; (*in book, film*) representação *f*
Portugal ['pɔ:tjugl] N Portugal *m* (*no article*)
Portuguese [pɔ:tju'gi:z] ADJ português(-esa) ■ N INV português(-esa) *m/f*; (*Ling*) português *m*; **Portuguese man-of-war** (*irreg*: *like* **man**) N (*jellyfish*) urtiga-do-mar *f*, caravela
pose [pəuz] N postura, pose *f*; (*pej*) pose, afetação *f* ■ VI posar; (*pretend*): **to ~ as** fazer-se passar por ■ VT (*question*) fazer; (*problem*) causar; **to strike a ~** fazer pose; **to ~ for** (*painting*) posar para
poser ['pəuzəʳ] N problema *m*, abacaxi *m* (BR) (*inf*); (*person*) = **poseur**
poseur [pəu'zə:ʳ] (*pej*) N posudo(-a), pessoa afetada
posh [pɔʃ] (*inf*) ADJ fino, chique; (*upper-class*) de classe alta; **to talk ~** falar com sotaque fino
position [pə'zɪʃən] N posição *f*; (*job*) cargo; (*situation*) situação *f* ■ VT colocar, situar; **to be in a ~ to do sth** estar em posição de fazer algo
positive ['pɔzɪtɪv] ADJ positivo; (*certain*) certo; (*definite*) definitivo; **I'm ~** tenho certeza absoluta
posse ['pɔsɪ] (*US*) N pelotão *m* de civis armados
possess [pə'zɛs] VT possuir; **like one ~ed** como um possuído do demônio; **whatever can have ~ed you?** o que é que te deu?
possession [pə'zɛʃən] N posse *f*, possessão *f*; (*object*) bem *m*, posse; **possessions** NPL (*belongings*) pertences *mpl*; **to take ~ of sth** tomar posse de algo
possessive [pə'zɛsɪv] ADJ possessivo
possessively [pə'zɛsɪvlɪ] ADV possessivamente
possessor [pə'zɛsəʳ] N possuidor(a) *m/f*
possibility [pɔsɪ'bɪlɪtɪ] N possibilidade *f*; (*of sth happening*) probabilidade *f*
possible ['pɔsɪbl] ADJ possível; **it is ~ to do it** é possível fazê-lo; **as far as ~** tanto quanto

possível, na medida do possível; **if ~** se for possível; **as big as ~** o maior possível

possibly ['pɔsɪblɪ] ADV (*perhaps*) pode ser, talvez; **if you ~ can** se lhe for possível; **could you ~ come over?** será qué você podia vir para ca?; **I cannot ~ come** estou impossibilitado de vir

post [pəust] N (*Brit: mail*) correio; (*job, situation*) cargo, posto; (*pole*) poste *m*; (*Mil*) nomeação *f*; (*trading post*) entreposto comercial ■ VT (*Brit: send by post*) pôr no correio; (: *Mil*) nomear; (*bills*) afixar, pregar; (*Brit: appoint*): **to ~ to** destinar a; **by ~** (*Brit*) pelo correio; **by return of ~** (*Brit*) na volta do correio; **to keep sb ~ed** manter alguém informado

post- [pəust] PREFIX pós...; **~1990** depois de 1990

postage ['pəustɪdʒ] N porte *m*, franquia; **~ paid** porte pago; **~ prepaid** (*US*) franquia de porte; **postage stamp** N selo postal

postal ['pəustəl] ADJ postal; **postal order** N vale *m* postal

postbag ['pəustbæg] (*Brit*) N mala de correio; (*postman's*) sacola

postbox ['pəustbɔks] (*Brit*) N caixa de correio

postcard ['pəustkɑ:d] N cartão *m* postal

postcode ['pəustkəud] (*Brit*) N código postal, ≈ CEP *m* (BR)

postdate [pəust'deɪt] VT (*cheque*) pós-datar

poster ['pəustəʳ] N cartaz *m*; (*as decoration*) pôster *m*

poste restante [pəust'rɛstɑ̃:nt] (*Brit*) N posta-restante *f*

posterior [pɔs'tɪərɪəʳ] (*inf*) N traseiro, nádegas *fpl*

posterity [pɔs'tɛrɪtɪ] N posteridade *f*

poster paint N guache *m*

post exchange (*US*) N (*Mil*) loja do exército

post-free (*Brit*) ADJ franco de porte

postgraduate [pəust'grædjuət] N pós-graduado(-a)

posthumous ['pɔstjuməs] ADJ póstumo

posthumously ['pɔstjuməslɪ] ADV postumamente

posting ['pəustɪŋ] (*Brit*) N nomeação *f*

postman ['pəustmən] (*irreg*) N carteiro

postmark ['pəustmɑ:k] N carimbo do correio

postmaster ['pəustmɑ:stəʳ] N agente *m* (BR) *or* chefe *m* (PT) do correio

Postmaster General N ≈ Superintendente *m* Geral dos Correios

postmen ['pəustmɛn] NPL *of* **postman**

postmistress ['pəustmɪstrɪs] N agente *f* (BR) *or* chefe *f* (PT) do correio

postmortem [pəust'mɔ:təm] N autópsia

postnatal [pəust'neɪtl] ADJ pós-natal

post office N (*building*) agência do correio, correio; (*organization*) ≈ Empresa Nacional dos Correios e Telégrafos (BR), ≈ Correios, Telégrafos e Telefones (PT)

post office box N caixa postal

post-paid (*Brit*) ADJ porte pago

postpone [pəs'pəun] VT adiar

postponement [pəs'pəunmənt] N adiamento

postscript ['pəustskrɪpt] N pós-escrito

postulate ['pɔstjuleɪt] VT postular

posture ['pɔstʃəʳ] N postura; (*fig*) atitude *f* ■ VI posar

postwar [pəust'wɔ:ʳ] ADJ de após-guerra

posy ['pəuzɪ] N ramalhete *m*

pot [pɔt] N (*for cooking*) panela; (*for flowers*) vaso; (*container, teapot, coffee pot*) pote *m*; (*inf: marijuana*) maconha ■ VT (*plant*) plantar em vaso; (*conserve*) pôr em conserva; **to go to ~** (*inf: country, economy*) arruinar-se, degringolar; **the town has gone to ~** a cidade mixou; **~s of ...** (*Brit: inf*) ... aos potes

potash ['pɔtæʃ] N potassa

potassium [pə'tæsɪəm] N potássio

potato [pə'teɪtəu] (*pl* **potatoes**) N batata; **potato crisps** (*US* **potato chips**) NPL batatinhas *fpl* fritas; **potato flour** N fécula (de batata); **potato peeler** N descascador *m* de batatas

potbellied ['pɔtbɛlɪd] ADJ barrigudo

potency ['pəutənsɪ] N potência; (*of drink*) teor *m* alcoólico

potent ['pəutnt] ADJ weapon, argument, poderoso; (*drink*) forte; (*man*) potente

potentate ['pəutnteɪt] N potentado

potential [pə'tɛnʃl] ADJ potencial ■ N potencial *m*; **to have ~** ser promissor

potentially [pə'tɛnʃəlɪ] ADV potencialmente

pothole ['pɔthəul] N (*in road*) buraco; (*Brit: underground*) caldeirão *m*, cova

potholer ['pɔthəuləʳ] (*Brit*) N espeleologista *m/f*

potholing ['pɔthəulɪŋ] (*Brit*) N: **to go ~** dedicar-se à espeleologia

potion ['pəuʃən] N poção *f*

potluck [pɔt'lʌk] N: **to take ~** contentar-se com o que houver

potpourri [pəu'puri:] N potpourri *m* (*de pétalas e folhas secas para perfumar o ambiente*)

pot roast N carne *f* assada

potshot ['pɔtʃɔt] N: **to take a ~ at sth** atirar em algo a esmo

potted ['pɔtɪd] ADJ (*food*) em conserva; (*plant*) de vaso; (*fig: shortened*) resumido

potter ['pɔtəʳ] N (*artistic*) ceramista *m/f*; (*artisan*) oleiro(-a) ■ VI (*Brit*): **to ~ around, ~ about** ocupar-se com pequenos trabalhos; **~'s wheel** roda *or* torno de oleiro

pottery ['pɔtərɪ] N cerâmica; (*factory*) olaria; **a piece of ~** uma cerâmica

potty ['pɔtɪ] ADJ (*inf: mad*) maluco, doido ■ N penico

potty-training N treino (da criança) para o uso do urinol

pouch [pautʃ] N (*Zool*) bolsa; (*for tobacco*) tabaqueira

pouf(fe) [pu:f] N pufe *m*

poultice ['pəultɪs] N cataplasma

poultry ['pəultrɪ] N aves *fpl* domésticas; (*meat*) carne *f* de aves domésticas; **poultry farm** N granja avícola; **poultry farmer** N avicultor(a) *m/f*

pounce [pauns] VI: **to ~ on** lançar-se sobre;

(*person*) agarrar em; (*fig: mistake etc*) apontar ■ N salto, arremetida

pound [paund] N libra (*weight = 453g, 16 ounces; money = 100 pence*); (*for dogs*) canil *m*; (*for cars*) depósito ■ VT (*beat*) socar, esmurrar; (*crush*) triturar ■ VI (*heart*) bater; **half a ~ (of)** meia libra (de); **a five-~ note** uma nota de cinco libras

pounding ['paundɪŋ] N: **to take a ~** (*fig*) levar uma surra

pound sterling N libra esterlina

pour [pɔːʳ] VT despejar; (*tea*) servir ■ VI correr, jorrar; (*rain*) chover a cântaros; **to ~ sb a drink** servir uma bebida a alguém

▸ **pour away** VT esvaziar, decantar

▸ **pour in** VI (*people*) entrar numa enxurrada; (*information*) chegar numa enxurrada

▸ **pour off** VT esvaziar, decantar

▸ **pour out** VI (*people*) sair aos borbotões ■ VT (*drink*) servir; (*water etc*) esvaziar; (*fig*) extravasar

pouring ['pɔːrɪŋ] ADJ: **~ rain** chuva tor rencial

pout [paut] VI fazer beicinho *or* biquinho

poverty ['pɔvətɪ] N pobreza, miséria

poverty-stricken ADJ muito pobre, carente

poverty trap (*Brit*) N armadilha da pobreza

POW N ABBR = **prisoner of war**

powder ['paudəʳ] N pó *m*; (*face powder*) pó-de-arroz *m*; (*gunpowder*) pólvora ■ VT pulverizar; (*face*) empoar, passar pó em; **to ~ one's nose** empoar-se; (*euphemism*) ir ao banheiro; **powder compact** N estojo (de pó-de-arroz)

powdered milk ['paudəd-] N leite *m* em pó

powder puff N esponja de pó-de-arroz

powder room N toucador *m*, banheiro de senhoras

powdery ['paudərɪ] ADJ poeirento

power ['pauəʳ] N poder *m*; (*of explosion, engine*) força, potência; (*nation*) potência; (*ability, Pol: of party, leader*) poder, poderio; (*of speech, thought*) faculdade *f*; (*Math, Tech*) potência; (*electricity, strength*) força ■ VT (*Elec*) alimentar; (*engine, machine*) acionar; (*car, plane*) propulsionar; **to do all in one's ~ to help sb** fazer tudo que tiver ao seu alcance para ajudar alguém; **the world ~s** as grandes potências; **to be in ~** estar no poder; **~ of attorney** procuração *f*

powerboat ['pauəbəut] (*Brit*) N barco a motor

power cut (*Brit*) N corte *m* de energia, blecaute *m* (BR)

power-driven ADJ movido a motor; (*Elec*) elétrico

powered ['pauəd] ADJ: **~ by** movido a; **nuclear-~ submarine** submarino nuclear

power failure N corte *m* de energia

powerful ['pauəful] ADJ poderoso; (*engine*) potente; (*body*) vigoroso; (*blow*) violento; (*argument*) convincente; (*emotion*) intenso

powerhouse ['pauəhaus] N (*fig: person*) poço de energia; **a ~ of ideas** um poço de idéias

powerless ['pauəlɪs] ADJ impotente

power line N fio de alta tensão

power point (*Brit*) N tomada

power station N central *f* elétrica

power steering N direção *f* hidráulica

powwow ['pauwau] N reunião *f*

pox [pɔks] (*inf*) N sífilis *f*; *see also* **chickenpox; smallpox**

pp ABBR (= *per procurationem*) p.p.; = **pages**

p&p (*Brit*) ABBR (= *postage and packing*) porte e embalagem

PPE (*Brit*) N ABBR (*Sch*) = **philosophy; politics and economics**

PPS N ABBR (= *post postscriptum*) PPS; (*Brit: = parliamentary private secretary*) *parlamentário no serviço de um ministro*

PQ (*Canada*) ABBR = **Province of Quebec**

PR N ABBR = **proportional representation; public relations** ■ ABBR (*US: Post*) = **Puerto Rico**

Pr. ABBR (= *prince*) Princ

practicability [prækɪkə'bɪlɪtɪ] N viabilidade *f*

practicable ['prækɪkəbl] ADJ (*scheme*) viável

practical ['prækɪkl] ADJ prático

practicality [prækɪ'kælɪtɪ] N (*of plan*) viabilidade *f*; (*of person*) índole *f* prática; **practicalities** NPL (*of situation*) aspectos *mpl* práticos

practical joke N brincadeira, peça

practically ['prækɪkəlɪ] ADV (*almost*) praticamente

practice ['prækɪs] N (*habit, Rel*) costume *m*, hábito; (*exercise*) prática; (*of profession*) exercício; (*training*) treinamento; (*Med*) consultório; (*Law*) escritório ■ VT, VI (*US*) = **practise; in ~** (*in reality*) na prática; **out of ~** destreinado; **it's common ~** é comum; **to put sth into ~** pôr algo em prática; **to set up in ~** abrir consultório; **practice match** N jogo de treinamento

practise ['prækɪs] (*US* **practice**) VT praticar; (*profession*) exercer; (*sport*) treinar ■ VI (*doctor*) ter consultório; (*lawyer*) ter escritório; (*train*) treinar, praticar

practised ['prækɪst] (*Brit*) ADJ (*person*) experiente, experimentado; (*performance*) competente; (*liar*) contumaz; **with a ~ eye** com olhar de entendedor

practising ['prækɪsɪŋ] ADJ (*Christian etc*) praticante; (*lawyer*) que exerce; (*homosexual*) assumido

practitioner [præk'tɪʃənəʳ] N praticante *m/f*; (*Med*) médico(-a)

pragmatic [præg'mætɪk] ADJ pragmático

Prague [prɑːg] N Praga

prairie ['prɛərɪ] N campina, pradaria

praise [preɪz] N (*approval*) louvor *m*; (*admiration*) elogio ■ VT elogiar, louvar

praiseworthy ['preɪzwəːðɪ] ADJ louvável, digno de elogio

pram [præm] (*Brit*) N carrinho de bebê

prance [prɑːns] VI: **to ~ about/up and down** *etc* (*horse*) curvetear, fazer cabriolas; (*person*) andar espalhafatosamente

prank [præŋk] N travessura, peça

prattle ['prætl] VI tagarelar; (*child*) balbuciar

prawn [prɔːn] N pitu *m*; (*small*) camarão *m*

pray [preɪ] VI: **to ~ for/that** rezar por/para que
prayer [preəʳ] N (*activity*) reza; (*words*) oração *f*, prece *f*; (*entreaty*) súplica, rogo; **prayer book** N missal *m*, livro de orações
pre- ['pri:] PREFIX pré-; **~1970** antes de 1970
preach [pri:tʃ] VT pregar ■ VI pregar; (*pej: moralize*) catequizar; **to ~ at sb** fazer sermões a alguém
preacher ['pri:tʃəʳ] N pregador(a) *m/f*; (*US: clergyman*) pastor *m*
preamble [prɪ'æmbl] N preâmbulo
prearranged [pri:ə'reɪndʒd] ADJ combinado de antemão
precarious [prɪ'keərɪəs] ADJ precário
precaution [prɪ'kɔ:ʃən] N precaução *f*
precautionary [prɪ'kɔ:ʃənrɪ] ADJ (*measure*) de precaução
precede [prɪ'si:d] VT, VI preceder
precedence ['presɪdəns] N precedência; (*priority*) prioridade *f*
precedent ['presɪdənt] N precedente *m*; **to establish** *or* **set a ~** estabelecer *or* abrir precedente
preceding [prɪ'si:dɪŋ] ADJ anterior
precept ['pri:sɛpt] N preceito
precinct ['pri:sɪŋkt] N (*round church*) recinto; (*US: district*) distrito policial; **precincts** NPL (*of large building*) arredores *mpl*; **pedestrian ~** (*Brit*) zona para pedestres (BR) *or* peões (PT); **shopping ~** (*Brit*) zona comercial
precious ['preʃəs] ADJ precioso; (*stylized*) afetado ■ ADV (*inf*): **~ little** muito pouco, pouquíssimo; **your ~ dog** (*ironic*) seu adorado cãozinho
precipice ['presɪpɪs] N precipício
precipitate [*adj* prɪ'sɪpɪtɪt, *vt* prɪ'sɪpɪteɪt] ADJ (*hasty*) precipitado, apressado ■ VT (*hasten*) precipitar, acelerar; (*bring about*) causar
precipitation [prɪsɪpɪ'teɪʃən] N precipitação *f*
precipitous [prɪ'sɪpɪtəs] ADJ (*steep*) íngreme, escarpado
précis ['preɪsi:] N INV resumo, sumário
precise [prɪ'saɪs] ADJ exato, preciso; (*plans*) detalhado; (*person*) escrupuloso, meticuloso
precisely [prɪ'saɪslɪ] ADV precisamente; (*exactly*) exatamente
precision [prɪ'sɪʒən] N precisão *f*
preclude [prɪ'klu:d] VT excluir; **to ~ sb from doing** impedir que alguém faça
precocious [prɪ'kəuʃəs] ADJ precoce
preconceived [pri:kən'si:vd] ADJ (*idea*) preconcebido
preconception [pri:kən'sɛpʃən] N preconceito
precondition [pri:kən'dɪʃən] N condição *f* prévia
precursor [pri:'kə:səʳ] N precursor(a) *m/f*
predate ['pri:deɪt] VT (*precede*) preceder
predator ['prɛdətəʳ] N predador *m*
predatory ['prɛdətərɪ] ADJ predatório, rapace
predecessor ['pri:dɪsɛsəʳ] N predecessor(a) *m/f*, antepassado(-a)
predestination [pri:dɛstɪ'neɪʃən] N predestinação *f*, destino
predetermine [pri:dɪ'tə:mɪn] VT predeterminar, predispor
predicament [prɪ'dɪkəmənt] N situação *f* difícil, apuro
predicate ['prɛdɪkɪt] N (*Ling*) predicado
predict [prɪ'dɪkt] VT prever, predizer, prognosticar
predictable [prɪ'dɪktəbl] ADJ previsível
predictably [prɪ'dɪktəblɪ] ADV (*behave, react*) de maneira previsível; **~ she didn't come** como era de se esperar, ela não veio
prediction [prɪ'dɪkʃən] N previsão *f*, prognóstico
predispose [pri:dɪs'pəuz] VT predispor
predominance [prɪ'dɔmɪnəns] N predominância, preponderância
predominant [prɪ'dɔmɪnənt] ADJ predominante, preponderante
predominantly [prɪ'dɔmɪnəntlɪ] ADV predominantemente; (*for the most part*) na maioria; (*above all*) sobretudo
predominate [prɪ'dɔmɪneɪt] VI predominar
pre-eminent ADJ preeminente
pre-empt [-ɛmt] (*Brit*) VT (*obtain*) adquirir por preempção *or* de antemão; (*fig*): **to ~ sb/sth** antecipar-se a alguém/antecipar algo
pre-emptive [-ɛmtɪv] ADJ: **~ strike** ataque *m* preventivo
preen [pri:n] VT: **to ~ itself** (*bird*) limpar e alisar as penas (com o bico); **to ~ o.s.** enfeitar-se, envaidecer-se
prefab ['pri:fæb] N casa pré-fabricada
prefabricated [pri:'fæbrɪkeɪtɪd] ADJ pré-fabricado
preface ['prɛfəs] N prefácio
prefect ['pri:fɛkt] N (*Brit: Sch*) monitor(a) *m/f*, tutor(a) *m/f*; (*in Brazil*) prefeito(-a)
prefer [prɪ'fə:ʳ] VT preferir; (*Law*): **to ~ charges** intentar uma ação judicial; **to ~ coffee to tea** preferir café a chá
preferable ['prɛfrəbl] ADJ preferível
preferably ['prɛfrəblɪ] ADV de preferência
preference ['prɛfrəns] N preferência; **in ~ to sth** de preferência a algo; **preference shares** (*Brit*) NPL ações *fpl* preferenciais
preferential [prɛfə'rɛnʃəl] ADJ preferencial; **~ treatment** preferência
preferred stock [prɪ'fə:d-] (*US*) NPL ações *fpl* preferenciais
prefix ['pri:fɪks] N prefixo
pregnancy ['prɛgnənsɪ] N gravidez *f*; (*animal*) prenhez *f*
pregnant ['prɛgnənt] ADJ grávida; (*animal*) prenha; **3 months ~** grávida de 3 meses; **~ with** rico de, cheio de
prehistoric [pri:hɪs'tɔrɪk] ADJ pré-histórico
prehistory [pri:'hɪstərɪ] N pré-história
prejudge [pri:'dʒʌdʒ] VT fazer um juízo antecipado de, prejulgar
prejudice ['prɛdʒudɪs] N (*bias*) preconceito; (*harm*) prejuízo ■ VT (*predispose*) predispor; (*harm*) prejudicar; **to ~ sb in favour of/against**

predispor alguém a favor de/contra
prejudiced ['prɛdʒudɪst] ADJ (*person*) cheio de preconceitos; (*view*) parcial, preconcebido; **to be ~ against sb/sth** estar com prevenção contra alguém/algo
prelate ['prɛlət] N prelado
preliminaries [prɪ'lɪmɪnərɪz] NPL preliminares *fpl*
preliminary [prɪ'lɪmɪnərɪ] ADJ preliminar, prévio
prelude ['prɛlju:d] N prelúdio
premarital [pri:'mærɪtl] ADJ pré-nupcial
premature ['prɛmətʃuəʳ] ADJ prematuro; **to be ~ (in doing sth)** precipitar-se (em fazer algo)
premeditated [pri:'mɛdɪteɪtɪd] ADJ premeditado
premeditation [pri:mɛdɪ'teɪʃən] N premeditação *f*
premenstrual [pri:'mɛnstruəl] ADJ pré-menstrual; **premenstrual tension** N tensão *f* pré-menstrual
premier ['prɛmɪəʳ] ADJ primeiro, principal ■ N (*Pol*) primeiro-ministro/primeira-ministra
première ['prɛmɪɛəʳ] N estréia
premise ['prɛmɪs] N premissa; **premises** NPL (*of business, institution*) local *m*; (*house*) casa; (*shop*) loja; **on the ~s** no local; **business ~s** local utilizado para fins comerciais
premium ['pri:mɪəm] N prêmio; **to be at a ~** ser caro; **to sell at a ~** (*shares*) vender acima do par; **premium bond** (*Brit*) N *obrigação qué dá direito a prêmio mediante sorteio*; **premium deal** N (*Comm*) oferta especial; **premium gasoline** (*US*) N gasolina azul *or* super
premonition [prɛmə'nɪʃən] N presságio, pressentimento
preoccupation [pri:ɔkju'peɪʃən] N preocupação *f*
preoccupied [pri:'ɔkjupaɪd] ADJ (*worried*) preocupado, apreensivo; (*absorbed*) absorto
prep [prɛp] ADJ ABBR: **~ school**; = **preparatory school** ■ N (*Sch*: = *study*) deveres *mpl*
prepackaged [pri:'pækɪdʒd] ADJ embalado para venda ao consumidor
prepaid [pri:'peɪd] ADJ com porte pago
preparation [prɛpə'reɪʃən] N preparação *f*; **preparations** NPL (*arrangements*) preparativos *mpl*; **in ~ for** em preparação para
preparatory [prɪ'pærətərɪ] ADJ preparatório; **~ to** antes de; **preparatory school** N *escola particular para crianças até 11 ou 13 anod de idade*
prepare [prɪ'pɛəʳ] VT preparar ■ VI: **to ~ for** preparar-se *or* aprontar-se para; (*make preparations*) fazer preparativos para; **~d to** disposto a; **~d for** pronto para
preponderance [prɪ'pɔndərns] N predomínio
preposition [prɛpə'zɪʃən] N preposição *f*
prepossessing [pri:pə'zɛsɪŋ] ADJ atraente
preposterous [prɪ'pɔstərəs] ADJ absurdo, disparatado
prep school N = **preparatory school**
prerecorded ['pri:rɪ'kɔ:dɪd] ADJ pré-gravado
prerequisite [pri:'rɛkwɪzɪt] N pré-requisito, condição *f* prévia
prerogative [prɪ'rɔgətɪv] N prerrogativa
presbyterian [prɛzbɪ'tɪərɪən] ADJ, N presbiteriano(-a)
presbytery ['prɛzbɪtərɪ] N presbitério
preschool ['pri:'sku:l] ADJ (*education, age*) pré-escolar; (*child*) de idade pré-escolar
prescribe [prɪ'skraɪb] VT prescrever; (*Med*) receitar; **~d books** (*Brit*: *Sch*) livros *mpl* requisitados
prescription [prɪ'skrɪpʃən] N prescrição *f*, ordem *f*; (*Med*) receita; **to make up** (*Brit*) *or* **fill** (*US*) **a ~** aviar uma receita; **"only available on ~"** "venda exclusivamente mediante receita médica"; **prescription charges** (*Brit*) NPL participação *f* no preço das receitas médicas
prescriptive [prɪ'skrɪptɪv] ADJ prescritivo
presence ['prɛzns] N presença; (*spirit*) espectro; **presence of mind** N presença de espírito
present [*adj, n* 'prɛznt, *vt* prɪ'zɛnt] ADJ (*in attendance*) presente; (*current*) atual ■ N (*gift*) presente *m*; (*actuality*): **the ~** o presente ■ VT (*give*): **to ~ sth to sb, to ~ sb with sth** (*as gift*) presentear alguém com algo; (*as prize*) entregar algo a alguém; (*expound*) expor; (*information, programme, person, difficulty, threat*) apresentar; (*describe*) descrever; (*Theatre*) representar; **at ~** no momento, agora; **for the ~** por enquanto; **to be ~ at** estar presente a, presenciar; **to give sb a ~** presentear alguém
presentable [prɪ'zɛntəbl] ADJ apresentável
presentation [prɛzn'teɪʃən] N apresentação *f*; (*gift*) presente *m*; (*ceremony*) entrega; (*of plan etc*) exposição *f*; (*Theatre*) representação *f*; **on ~ of** mediante apresentação de
present-day ADJ atual, de hoje
presenter [prɪ'zɛntəʳ] N (*Radio, TV*) apresentador(a) *m/f*
presently ['prɛzntlɪ] ADV (*soon after*) logo após; (*soon*) logo, em breve; (*now*) atualmente
preservation [prɛzə'veɪʃən] N conservação *f*, preservação *f*
preservative [prɪ'zə:vətɪv] N preservativo
preserve [prɪ'zə:v] VT (*situation*) conservar, manter; (*building, manuscript*) preservar; (*food*) pôr em conserva; (*in salt*) conservar em sal, salgar ■ N (*for game*) reserva de caça, coutada; (*often pl*: *jam*) geléia; (: *fruit*) compota, conserva
preshrunk ['pri:'ʃrʌŋk] ADJ pré-encolhido
preside [prɪ'zaɪd] VI: **to ~ (over)** presidir
presidency ['prɛzɪdənsɪ] N presidência
president ['prɛzɪdənt] N presidente(-a) *m/f*
presidential [prɛzɪ'dɛnʃl] ADJ presidencial
press [prɛs] N (*tool, machine*) prensa; (*printer's*) imprensa, prelo; (*newspapers*) imprensa; (*of switch*) pressão *f*; (*crowd*) turba, apinhamento; (*of hand*) apertão *m* ■ VT apertar; (*squeeze*: *fruit etc*) espremer; (*clothes*: *iron*) passar; (*put pressure on*: *person*) assediar; (*Tech*) prensar; (*harry*) assediar; (*insist*): **to ~ sth on sb** insistir para que alguém aceite algo; (*urge*): **to ~ sb to do** *or*

into doing sth impelir *or* pressionar alguém a fazer algo ■ VI (*squeeze*) apertar; (*pressurize*): **to ~ for** pressionar por; **we are ~ed for time/money** estamos com pouco tempo/dinheiro; **to ~ for sth** pressionar por algo; **to ~ sb for an answer** pressionar alguém por uma resposta; **to ~ charges against sb** (*Law*) intentar ação judicial contra alguém; **to go to ~** (*newspaper*) ir para o prelo; **to be in the ~** estar no prelo; **to appear in the ~** sair no jornal
▸ **press on** VI continuar

press: press agency N agência de informações; **press clipping** N recorte *m* de jornal; **press conference** N entrevista coletiva (para a imprensa); **press cutting** N recorte *m* de jornal

press-gang N *pelotão de recrutamento da marinha* ■ VT: **to be ~ed into doing** ser impelido a fazer

pressing ['prɛsɪŋ] ADJ urgente ■ N ação *f* (*or* serviço *m*) de passar roupa *etc*

pressman ['prɛsmæn] (*irreg*) N jornalista *m*

press release N release *m or* comunicado à imprensa

press stud (*Brit*) N botão *m* de pressão

press-up (*Brit*) N flexão *f*

pressure ['prɛʃəʳ] N pressão *f* ■ VT = **to put pressure on; to put ~ on sb (to do sth)** pressionar alguém (a fazer algo); **pressure cooker** N panela de pressão; **pressure gauge** N manômetro; **pressure group** N grupo de pressão

pressurize ['prɛʃəraɪz] VT pressurizar; (*Brit: fig*): **to ~ sb (into doing sth)** pressionar alguém (a fazer algo)

pressurized ['prɛʃəraɪzd] ADJ pressurizado

prestige [prɛs'ti:ʒ] N prestígio

prestigious [prɛs'tɪdʒəs] ADJ prestigioso

presumably [prɪ'zju:məblɪ] ADV presumivelmente, provavelmente; **~ he did it** é de se presumir que ele o fez

presume [prɪ'zju:m] VT: **to ~ (that)** supor (que); **to ~ to do** (*dare*) ousar fazer, atrever-se a fazer; (*set out to*) pretender fazer

presumption [prɪ'zʌmpʃən] N suposição *f*; (*pretension*) presunção *f*; (*boldness*) atrevimento, audácia

presumptuous [prɪ'zʌmpʃəs] ADJ presunçoso

presuppose [pri:sə'pəuz] VT pressupor

pre-tax ADJ antes de impostos

pretence [prɪ'tɛns] (*US* **pretense**) N (*claim*) pretensão *f*; (*display*) ostentação *f*; (*pretext*) pretexto; (*make-believe*) fingimento; **under false ~s** sob o pretexto de; **on the ~ of** sob o máscara de; **to make a ~ of doing** fingir fazer

pretend [prɪ'tɛnd] VT fingir ■ VI (*feign*) fingir; (*claim*): **to ~ to sth** aspirar a *or* pretender a algo; **to ~ to do** fingir fazer

pretense [prɪ'tɛns] (*US*) N = **pretence**

pretension [prɪ'tɛnʃən] N (*presumption*) presunção *f*; (*claim*) pretensão *f*; **to have no ~s to sth/to being sth** não ter pretensão a algo/a ser algo

pretentious [prɪ'tɛnʃəs] ADJ pretensioso, presunçoso

preterite ['prɛtərɪt] N pretérito

pretext ['pri:tɛkst] N pretexto; **on** *or* **under the ~ of doing sth** sob o *or* a pretexto de fazer algo

pretty ['prɪtɪ] ADJ bonito ■ ADV (*quite*) bastante

prevail [prɪ'veɪl] VI (*gain acceptance*) triunfar; (*be current*) imperar; (*be usual*) prevalecer, vigorar; (*persuade*): **to ~ (up)on sb to do sth** persuadir alguém a fazer algo

prevailing [prɪ'veɪlɪŋ] ADJ (*wind*) dominante; (*fashion, attitude*) predominante; (*usual*) corrente

prevalent ['prɛvələnt] ADJ (*common*) predominante; (*usual*) corrente; (*fashionable*) da moda

prevarication [prɪværɪ'keɪʃən] N embromação *f*

prevent [prɪ'vɛnt] VT: **to ~ sb from doing sth** impedir alguém de fazer algo; **to ~ sth from happening** impedir que algo aconteça

preventable [prɪ'vɛntəbl] ADJ evitável

preventative [prɪ'vɛntətɪv] ADJ = **preventive**

prevention [prɪ'vɛnʃən] N prevenção *f*

preventive [prɪ'vɛntɪv] ADJ preventivo

preview ['pri:vju:] N (*of film etc*) pré-estréia; (*fig*) antecipação *f*

previous ['pri:vɪəs] ADJ (*experience, notice*) prévio; (*earlier*) anterior; **I have a ~ engagement** já tenho compromisso; **~ to doing** antes de fazer

previously ['pri:vɪəslɪ] ADV (*before*) previamente; (*in the past*) anteriormente

prewar [pri:'wɔ:ʳ] ADJ anterior à guerra

prey [preɪ] N presa ■ VI: **to ~ on** viver às custas de; (*feed on*) alimentar-se de; (*plunder*) saquear, pilhar; **it was ~ing on his mind** preocupava-o, atormentava-o

price [praɪs] N preço; (*of shares*) cotação *f* ■ VT fixar o preço de; **what is the ~ of ...?** qual é o preço de ...?, quanto é ...?; **to go up** *or* **rise in ~** subir de preço; **to put a ~ on sth** determinar o preço de algo; **to be ~d out of the market** (*article*) não ser competitivo; (*producer, country*) perder freguesia por causa de preços muito altos; **what ~ his promises now?** que valem suas promessas agora?; **he regained his freedom, but at a ~** ele recobrou a liberdade, mas pagou caro; **at any ~** por qualquer preço; **price control** N controle *m* de preços

price-cutting N corte *m* de preços

priceless ['praɪslɪs] ADJ inestimável; (*inf: amusing*) impagável

price list N lista *or* tabela de preços

price range N gama de preços; **it's within my ~** está dentro do meu preço

price tag N etiqueta de preço

price war N guerra de preços

pricey ['praɪsɪ] (*inf*) ADJ salgado

prick [prɪk] N picada; (*with pin*) alfinetada; (*inf!: penis*) pau *m* (!); (*inf!: person*) filho-da-puta *m* (!) ■ VT picar; (*make holes in*) furar; **to ~ up one's ears** aguçar os ouvidos

prickle ['prɪkl] N (*sensation*) comichão *f*,

ardência; (*Bot*) espinho
prickly ['prɪklɪ] ADJ espinhoso; (*fig: person*) irritadiço; **prickly heat** N brotoeja; **prickly pear** N opúncia
pride [praɪd] N orgulho; (*pej*) soberba ■ VT: **to ~ o.s. on** orgulhar-se de; **to take (a) ~ in** orgulhar-se de, sentir orgulho em; **to have ~ of place** (*Brit*) ocupar o lugar de destaque, ter destaque; **her ~ and joy** seu tesouro
priest [pri:st] N (*Christian*) padre *m*; (*non-Christian*) sacerdote *m*
priestess ['pri:stɪs] N sacerdotisa
priesthood ['pri:sthud] N (*practice*) sacerdócio; (*priests*) clero
prig [prɪg] N esnobe *m/f*
prim [prɪm] (*pej*) ADJ (*formal*) empertigado; (*affected*) afetado; (*easily shocked*) pudico
prima facie ['praɪmə'feɪʃɪ] ADJ: **to have a ~ case** (*Law*) ter uma causa convincente
primarily ['praɪmərɪlɪ] ADV (*above all*) principalmente; (*firstly*) em primeiro lugar
primary ['praɪmərɪ] ADJ primário; (*first in importance*) principal ■ N (*US: election*) eleição *f* primária; **primary colour** N cor *f* primária; **primary products** NPL produtos *mpl* básicos; **primary school** (*Brit*) N escola primária

PRIMARY SCHOOL

As *primary schools* da Grã-Bretanha acolhem crianças de 5 a 11 anos. Assinalam o início do ciclo escolar obrigatório e são compostas de duas partes: a pré-escola (*infant school*) e o primário *junior school*).

primate[1] ['praɪmɪt] N (*Rel*) primaz *m*
primate[2] ['praɪmeɪt] N (*Zool*) primata *m*
prime [praɪm] ADJ primeiro, principal; (*basic*) fundamental, primário; (*excellent*) de primeira ■ VT (*wood*) imprimar; (*gun, pump*) escorvar; (*fig*) aprontar, preparar ■ N: **in the ~ of life** na primavera da vida; **~ example** exemplo típico; **prime minister** N primeiro-ministro/primeira-ministra
primer ['praɪmə^{r}] N (*book*) livro de leitura; (*paint*) pintura de base; (*of gun*) escorva
prime time N (*Radio, TV*) horário nobre
primeval [praɪ'mi:vl] ADJ primitivo
primitive ['prɪmɪtɪv] ADJ primitivo; (*crude*) rudimentar; (*uncivilized*) grosseiro, inculto
primrose ['prɪmrəuz] N prímula, primavera
primus (stove)® ['praɪməs-] (*Brit*) N fogão *m* portátil movido à parafina
prince [prɪns] N príncipe *m*
princess [prɪn'sɛs] N princesa
principal ['prɪnsɪpl] ADJ principal ■ N (*of school, college*) diretor(a) *m/f*; (*in play*) papel *m* principal; (*money*) principal *m*
principality [prɪnsɪ'pælɪtɪ] N principado
principally ['prɪnsɪplɪ] ADV principalmente
principle ['prɪnsɪpl] N princípio; **in ~** em princípio; **on ~** por princípio
print [prɪnt] N (*impression*) impressão *f*, marca; (*letters*) letra de forma; (*fabric*) estampado; (*Art*) estampa, gravura; (*Phot*) cópia; (*footprint*) pegada; (*fingerprint*) impressão *f* digital ■ VT imprimir; (*write in capitals*) escrever em letra de imprensa; **out of ~** esgotado
▸ **print out** VT (*Comput*) imprimir
printed circuit board ['prɪntɪd-] N placa de circuito impresso
printed matter ['prɪntɪd-] N impressos *mpl*
printer ['prɪntə^{r}] N (*person*) impressor(a) *m/f*; (*firm*) gráfica; (*machine*) impressora
printhead ['prɪnthɛd] N cabeçote *m* de impressão
printing ['prɪntɪŋ] N (*art*) imprensa; (*act*) impressão *f*; (*quantity*) tiragem *f*; **printing press** N prelo, máquina impressora
printout ['prɪntaut] N (*Comput*) cópia impressa
print wheel N margarida
prior ['praɪə^{r}] ADJ anterior, prévio; (*more important*) prioritário ■ N (*Rel*) prior *m*; **~ to doing** antes de fazer; **without ~ notice** sem aviso prévio; **to have a ~ claim to sth** ter prioridade na reivindicação de algo
priority [praɪ'ɔrɪtɪ] N prioridade *f*; **to have ~ (over)** ter prioridade (sobre)
priory ['praɪərɪ] N priorado
prise [praɪz] VT: **to ~ open** arrombar
prism ['prɪzəm] N prisma *m*
prison ['prɪzn] N prisão *f* ■ CPD carcerário; **prison camp** N campo de prisioneiros
prisoner ['prɪzənə^{r}] N (*in prison*) preso(-a), presidiário(-a); (*under arrest*) detido(-a); (*in dock*) acusado(-a), réu(-ré) *m/f*; **to take sb ~** aprisionar alguém, prender alguém; **prisoner of war** N prisioneiro de guerra
prissy ['prɪsɪ] ADJ fresco, cheio de luxo
pristine ['prɪsti:n] ADJ imaculado
privacy ['prɪvəsɪ] N (*seclusion*) isolamento, solidão *f*; (*intimacy*) intimidade *f*, privacidade *f*
private ['praɪvɪt] ADJ privado; (*personal*) particular; (*confidential*) confidencial, reservado; (*lesson, car*) particular; (*personal: belongings*) pessoal; (: *thoughts, plans*) secreto, íntimo; (*place*) isolado; (*quiet: person*) reservado; (*intimate*) privado, íntimo; (*sitting etc*) a portas fechadas ■ N soldado raso; **"~"** (*on envelope*) "confidencial"; (*on door*) "privativo"; **in ~** em particular; **in (his) ~ life** em (sua) vida particular; **he is a very ~ person** ele é uma pessoa muito reservada; **to be in ~ practice** ter clínica particular; **private enterprise** N iniciativa privada; **private eye** N detetive *m/f* particular
private hearing N (*Law*) audiência em segredo da justiça; **private limited company** (*Brit*) N sociedade *f* anônima fechada
privately ['praɪvɪtlɪ] ADV em particular; (*in oneself*) no fundo
private parts NPL partes *fpl* (pudendas)
private property N propriedade *f* privada
private school N escola particular

privation [praɪ'veɪʃən] N privação *f*
privatize ['praɪvɪtaɪz] VT privatizar
privet ['prɪvɪt] N alfena
privilege ['prɪvɪlɪdʒ] N privilégio
privileged ['prɪvɪlɪdʒd] ADJ privilegiado
privy ['prɪvɪ] ADJ: **to be ~ to** estar inteirado de
Privy Council (*Brit*) N Conselho Privado
prize [praɪz] N prêmio ■ ADJ (*bull, novel*) premiado; (*first class*) de primeira classe; (*example*) perfeito ■ VT valorizar; **prize fight** N luta de boxe profissional
prize-giving [-'gɪvɪŋ] N distribuição *f* dos prêmios
prize money N dinheiro do prêmio
prizewinner ['praɪzwɪnəʳ] N premiado(-a)
prizewinning ['praɪzwɪnɪŋ] ADJ premiado
PRO N ABBR (= *public relations officer*) RP *m/f inv*
pro [prəu] N (*Sport*) profissional *m/f* ■ PREP a favor de; **the ~s and cons** os prós e os contras
pro- [prəu] PREFIX (*in favour of*) pró-
probability [prɔbə'bɪlɪtɪ] N: **~ of/that** probabilidade *f* de/de que; **in all ~** com toda a probabilidade
probable ['prɔbəbl] ADJ provável; (*plausible*) verossímil; **it is ~/hardly ~ that ...** é provável/pouco provável que ...
probably ['prɔbəblɪ] ADV provavelmente
probate ['prəubɪt] N (*Law*) homologação *f*, legitimação *f*
probation [prə'beɪʃən] N (*in employment*) estágio probatório; (*Law*) liberdade *f* condicional; (*Rel*) noviciado; **on ~** (*employee*) em estágio probatório; (*Law*) em liberdade condicional
probationary [prə'beɪʃənrɪ] ADJ (*period*) probatório
probe [prəub] N (*Med, Space*) sonda; (*enquiry*) pesquisa ■ VT investigar, esquadrinhar
probity ['prəubɪtɪ] N probidade *f*
problem ['prɔbləm] N problema *m*; **what's the ~?** qual é o problema?; **I had no ~ in finding her** não foi difícil encontrá-la; **no ~!** não tem problema!
problematic(al) [prɔblə'mætɪk(əl)] ADJ problemático
procedure [prə'si:dʒəʳ] N (*Admin, Law*) procedimento; (*method*) método, processo; **cashing a cheque is a simple ~** descontar um cheque é uma operação simples
proceed [prə'si:d] VI (*do afterwards*): **to ~ to do sth** passar a fazer algo; (*continue*): **to ~ (with)** continuar *or* prosseguir (com); (*activity, event: carry on*) continuar; (*go*) ir em direção a, dirigir-se a; **to ~ to** passar a; **to ~ to do** passar a fazer; **I am not sure how to ~** não sei como proceder; **to ~ against sb** (*Law*) processar alguém, instaurar processo contra alguém
proceeding [prə'si:dɪŋ] N processo; **proceedings** NPL (*organized events*) evento, acontecimento; (*Law*) processo
proceeds ['prəusi:dz] NPL produto, proventos *mpl*
process [*n, vt* 'prəusɛs, *vi* prə'sɛs] N processo ■ VT processar ■ VI (*Brit: formal: go in procession*) desfilar; **in ~** em andamento; **we are in the ~ of moving to Rio** estamos de mudança para o Rio
processed cheese ['prəusɛst-] N ≈ requeijão *m*
processing ['prəusɛsɪŋ] N processamento
procession [prə'sɛʃən] N desfile *m*, procissão *f*; **funeral ~** cortejo fúnebre
proclaim [prə'kleɪm] VT proclamar; (*announce*) anunciar
proclamation [prɔklə'meɪʃən] N proclamação *f*; (*written*) promulgação *f*
proclivity [prə'klɪvɪtɪ] N inclinação *f*
procrastinate [prəu'kræstɪneɪt] VI protelar
procrastination [prəukræstɪ'neɪʃən] N protelação *f*
procreation [prəukrɪ'eɪʃən] N procriação *f*
procure [prə'kjuəʳ] VT obter
procurement [prə'kjuəmənt] N obtenção *f*; (*purchase*) compra
prod [prɔd] VT (*push*) empurrar; (*with elbow*) acotovelar; (*with finger, stick*) cutucar; (*jab*) espetar ■ N empurrão *m*; cotovelada; espetada
prodigal ['prɔdɪgl] ADJ pródigo
prodigious [prə'dɪdʒəs] ADJ colossal, extraordinário
prodigy ['prɔdɪdʒɪ] N prodígio
produce [*n* 'prɔdju:s, *vt* prə'dju:s] N (*Agr*) produtos *mpl* agrícolas ■ VT produzir; (*profit*) render; (*cause*) provocar; (*evidence, argument*) apresentar, monstrar; (*show*) apresentar, exibir; (*Theatre*) pôr em cena *or* em cartaz; (*offspring*) dar à luz
producer [prə'dju:səʳ] N (*Theatre*) diretor(a) *m/f*; (*Agr, Cinema, of record*) produtor(a) *m/f*; (*country*) produtor *m*
product ['prɔdʌkt] N produto
production [prə'dʌkʃən] N produção *f*; (*of electricity*) geração *f*; (*thing*) produto; (*Theatre*) encenação *f*; **to put into ~** (*goods*) passar a fabricar; **production agreement** (*US*) N acordo sobre produtividade; **production control** N controle *m* de produção; **production line** N linha de produção *or* de montagem; **production manager** N gerente *m/f* de produção
productive [prə'dʌktɪv] ADJ produtivo
productivity [prɔdʌk'tɪvɪtɪ] N produtividade *f*; **productivity agreement** (*Brit*) N acordo sobre produtividade; **productivity bonus** N prêmio de produção
Prof. [prɔf] ABBR (= *professor*) Prof
profane [prə'feɪn] ADJ profano; (*language etc*) irreverente, sacrílego
profess [prə'fɛs] VT professar; (*feeling, opinion*) manifestar; **I do not ~ to be an expert** não me tenho na conta de entendido
professed [prə'fɛst] ADJ (*self-declared*) assumido
profession [prə'fɛʃən] N profissão *f*; (*people*) classe *f*; **the professions** NPL as profissões liberais

professional [prə'fɛʃənl] N profissional *m/f* ■ ADJ profissional; (*work*) de profissional; **he's a ~ man** ele exerce uma profissão liberal; **to take ~ advice** consultar um perito
professionalism [prə'fɛʃnəlɪzm] N profissionalismo
professionally [prə'fɛʃnəlɪ] ADV profissionalmente; (*as a job*) de profissão; **I only know him ~** eu só conheço ele pelo trabalho
professor [prə'fɛsəʳ] N (*Brit*) catedrático(-a); (*US, Canada*) professor(a) *m/f*
professorship [prə'fɛsəʃɪp] N cátedra
proffer ['prɔfəʳ] VT (*hand*) estender; (*remark*) fazer; (*apologies*) apresentar
proficiency [prə'fɪʃənsɪ] N competência, proficiência
proficient [prə'fɪʃənt] ADJ competente, proficiente
profile ['prəufaɪl] N perfil *m*; **to keep a high ~** destacar-se; **to keep a low ~** sair de circulação
profit ['prɔfɪt] N (*Comm*) lucro; (*fig*) proveito, vantagem *f* ■ VI: **to ~ by** *or* **from** (*financially*) lucrar com; (*benefit*) aproveitar-se de, tirar proveito de; **~ and loss account** conta de lucros e perdas; **to make a ~** lucrar; **to sell sth at a ~** vender algo com lucro
profitability [prɔfɪtə'bɪlɪtɪ] N rentabilidade *f*
profitable ['prɔfɪtəbl] ADJ (*Econ*) lucrativo, rendoso; (*useful*) proveitoso
profit centre N centro de lucro
profiteering [prɔfɪ'tɪərɪŋ] N mercantilismo, exploração *f*
profit-making ADJ com fins lucrativos
profit margin N margem *f* de lucro
profit-sharing [-'ʃɛərɪŋ] N participação *f* nos lucros
profits tax (*Brit*) N imposto sobre os lucros
profligate ['prɔflɪgɪt] ADJ (*behaviour, person*) devasso; (*extravagant*): **~ (with)** pródigo (de)
pro forma [-'fɔːmə] ADJ: **~ invoice** fatura pro-forma *or* simulada
profound [prə'faund] ADJ profundo
profuse [prə'fjuːs] ADJ abundante
profusely [prə'fjuːslɪ] ADV profusamente
profusion [prə'fjuːʒən] N profusão *f*, abundância
progeny ['prɔdʒɪnɪ] N prole *f*, progênie *f*
prognoses [prɔg'nəusiːz] NPL *of* **prognosis**
prognosis [prɔg'nəusɪs] (*pl* **prognoses**) N prognóstico
programme ['prəugræm] (*US* **program**) N programa *m* ■ VT programar
program(m)er ['prəugræməʳ] N programador(a) *m/f*
program(m)ing ['prəugræmɪŋ] N programação *f*
program(m)ing language N linguagem *f* de programação
progress [*n* 'prəugrɛs, *vi* prə'grɛs] N progresso ■ VI progredir, avançar; **in ~** em andamento; **to make ~** fazer progressos; **as the match ~ed** à medida que o jogo se desenvolvia
progression [prə'grɛʃən] N progressão *f*
progressive [prə'grɛsɪv] ADJ progressivo; (*person*) progressista
progressively [prə'grɛsɪvlɪ] ADV progressivamente
progress report N (*Med*) boletim *m* médico; (*Admin*) relatório sobre o andamento dos trabalhos
prohibit [prə'hɪbɪt] VT proibir; **to ~ sb from doing sth** proibir alguém de fazer algo; **"smoking ~ed"** "proibido fumar"
prohibition [prəuɪ'bɪʃən] N proibição *f*; (*US*): **P~** lei *f* seca
prohibitive [prə'hɪbɪtɪv] ADJ (*price etc*) proibitivo
project [*n* prɔdʒɛkt, *vt, vi* prə'dʒɛkt] N projeto; (*Sch*: *research*) pesquisa ■ VT projetar; (*figure*) estimar ■ VI (*stick out*) ressaltar, sobressair
projectile [prə'dʒɛktaɪl] N projétil *m*
projection [prə'dʒɛkʃən] N projeção *f*; (*overhang*) saliência
projectionist [prə'dʒɛkʃənɪst] N operador(a) *m/f* de projetor
projection room N (*Cinema*) sala de projeção
projector [prə'dʒɛktəʳ] N projetor *m*
proletarian [prəulɪ'tɛərɪən] ADJ, N proletário(-a)
proletariat [prəulɪ'tɛərɪət] N proletariado
proliferate [prə'lɪfəreɪt] VI proliferar
proliferation [prəlɪfə'reɪʃən] N proliferação *f*
prolific [prə'lɪfɪk] ADJ prolífico
prologue ['prəulɔg] (*US* **prolog**) N prólogo
prolong [prə'lɔŋ] VT prolongar
prom [prɔm] N ABBR = **promenade**; **promenade concert**; (*US*: *ball*) baile *m* de estudantes
promenade [prɔmə'nɑːd] N (*by sea*) passeio (à orla marítima); **promenade concert** (*Brit*) N concerto (de música clássica); **promenade deck** N (*Naut*) convés *m* superior

PROMENADE CONCERT

Na Grã-Bretanha, um *promenade concert* (ou *prom*) é um concerto de música clássica, assim chamado porque originalmente o público não ficava sentado, mas de pé ou caminhando. Hoje em dia, uma parte do público permanece de pé, mas há também lugares sentados (mais caros). Os *Proms* mais conhecidos são os londrinos. A última sessão (*the Last Night of the Proms*) é um acontecimento carregado de emoção, quando são executadas árias tradicionais e patrióticas. Nos Estados Unidos e no Canadá o *prom*, ou *promenade*, é um baile organizado pelas escolas secundárias.

prominence ['prɔmɪnəns] N eminência, importância
prominent ['prɔmɪnənt] ADJ (*standing out*) proeminente; (*important*) eminente, notório; **he**

is ~ in the field of ... ele é muito conhecido no campo de ...

prominently ['prɔmɪnəntlɪ] ADV (*display, set*) bem à vista; **he figured ~ in the case** ele teve um papel importante no caso

promiscuity [prɔmɪ'skju:ɪtɪ] N promiscuidade *f*

promiscuous [prə'mɪskjuəs] ADJ promíscuo

promise ['prɔmɪs] N promessa ■ VT: **to ~ sb sth, ~ sth to sb** prometer a alguém algo, prometer algo a alguém ■ VI prometer; **to make sb a ~** fazer uma promessa a alguém; **to ~ (sb) to do sth/that** prometer (a alguém) fazer algo/que; **a young man of ~** um jovem que promete; **to ~ well** prometer

promising ['prɔmɪsɪŋ] ADJ promissor(a), prometedor(a)

promissory note ['prɔmɪsərɪ-] N (*nota*) promissória

promontory ['prɔməntrɪ] N promontório

promote [prə'məut] VT promover; (*new product*) promover, fazer propaganda de; (*event*) patrocinar

promoter [prə'məutəʳ] N (*of sporting event etc*) patrocinador(a) *m/f*; (*of cause etc*) partidário(-a)

promotion [prə'məuʃən] N promoção *f*

prompt [prɔmpt] ADJ pronto, rápido ■ ADV (*exactly*) em ponto, pontualmente ■ N (*Comput*) sinal *m* de orientação, prompt *m* ■ VT (*urge*) incitar, impelir; (*cause*) provocar, ocasionar; (*Theatre*) servir de ponto a; **to ~ sb to do sth** induzir alguém a fazer algo; **he's very ~** (*punctual*) ele é pontual; **at 8 o'clock ~** às 8 horas em ponto; **he was ~ to accept** ele não hesitou em aceitar

prompter ['prɔmptəʳ] N (*Theatre*) ponto

promptly ['prɔmptlɪ] ADV (*immediately*) imediatamente; (*exactly*) pontualmente; (*rapidly*) rapidamente

promptness ['prɔmptnɪs] N (*punctuality*) pontualidade *f*; (*rapidity*) rapidez *f*

promulgate ['prɔməlgeɪt] VT promulgar

prone [prəun] ADJ (*lying*) de bruços; **~ to** propenso a, predisposto a; **she is ~ to burst into tears if ...** ela tende a desatar a chorar se ...

prong [prɔŋ] N ponta; (*of fork*) dente *m*

pronoun ['prəunaun] N pronome *m*

pronounce [prə'nauns] VT pronunciar; (*verdict, opinion*) declarar ■ VI: **to ~ (up)on** pronunciar-se sobre

pronounced [prə'naunst] ADJ (*marked*) pronunciado, marcado

pronouncement [prə'naunsmənt] N pronunciamento

pronunciation [prənʌnsɪ'eɪʃən] N pronúncia

proof [pru:f] N prova; (*of alcohol*) teor *m* alcoólico ■ ADJ: **~ against** à prova de ■ VT (*Brit: tent, anorak*) impermeabilizar; **to be 70° ~** ter 70° de gradação

proofreader ['pru:fri:dəʳ] N revisor(a) *m/f* de provas

Prop. ABBR (*Comm*) = **proprietor**

prop [prɔp] N suporte *m*, escora; (*fig*) amparo, apoio ■ VT (*also*: **prop up**) apoiar, escorar; (*lean*): **to ~ sth against** apoiar algo contra

propaganda [prɔpə'gændə] N propaganda

propagate ['prɔpəgeɪt] VT propagar

propel [prə'pel] VT propelir, propulsionar; (*fig*) impelir

propeller [prə'peləʳ] N hélice *f*

propelling pencil [prə'pelɪŋ-] (*Brit*) N lapiseira

propensity [prə'pensɪtɪ] N: **a ~ for/to/to do** uma propensão para/a/para fazer

proper ['prɔpəʳ] ADJ (*correct*) correto; (*socially acceptable*) respeitável, digno; (*authentic*) genuíno, autêntico; (*referring to place*): **the village ~** a cidadezinha propriamente dita; **physics ~** a física propriamente dita; **to go through the ~ channels** (*Admin*) seguir os trâmites oficiais

properly ['prɔpəlɪ] ADV (*eat, study*) bem; (*behave*) decentemente

proper noun N nome *m* próprio

property ['prɔpətɪ] N (*possessions, quality*) propriedade *f*; (*goods*) posses *fpl*, bens *mpl*; (*buildings*) imóveis *mpl*; (*estate*) propriedade *f*, fazenda; **it's their ~** é deles, pertence a eles; **property developer** (*Brit*) N empresário(-a) de imóveis; **property owner** N proprietário(-a); **property tax** N imposto predial e territorial

prophecy ['prɔfɪsɪ] N profecia

prophesy ['prɔfɪsaɪ] VT profetizar; (*fig*) predizer ■ VI profetizar

prophet ['prɔfɪt] N profeta *m/f*

prophetic [prə'fetɪk] ADJ profético

proportion [prə'pɔ:ʃən] N proporção *f*; (*share*) parte *f*, porção *f* ■ VT proporcionar; **in ~ to** *or* **with sth** em proporção *or* proporcional a algo; **out of ~** desproporcionado; **to see sth in ~** (*fig*) ter a visão adequada de algo

proportional [prə'pɔ:ʃənl] ADJ: **~ (to)** proporcional (a); **proportional representation** N (*Pol*) representação *f* proporcional

proportionate [prə'pɔ:ʃənɪt] ADJ: **~ (to)** proporcionado (a)

proposal [prə'pəuzl] N proposta; (*of marriage*) pedido

propose [prə'pəuz] VT propor; (*toast*) erguer ■ VI propor casamento; **to ~ to do** propor-se fazer

proposer [prə'pəuzəʳ] (*Brit*) N (*of motion etc*) apresentador(a) *m/f*

proposition [prɔpə'zɪʃən] N proposta, proposição *f*; (*offer*) oferta; **to make sb a ~** fazer uma proposta a alguém

propound [prə'paund] VT propor

proprietary [prə'praɪətrɪ] ADJ: **~ brand** marca registrada; **~ product** produto patenteado

proprietor [prə'praɪətəʳ] N proprietário(-a), dono(-a)

propriety [prə'praɪətɪ] N propriedade *f*

propulsion [prə'pʌlʃən] N propulsão *f*

pro rata [-'rɑ:tə] ADV pro rata,

proporcionalmente
prosaic [prəu'zeɪɪk] ADJ prosaico
Pros. Atty. (US) ABBR = **prosecuting attorney**
proscribe [prə'skraɪb] VT proscrever
prose [prəuz] N prosa
prosecute ['prɔsɪkju:t] VT (*Law*) processar
prosecuting attorney ['prɔsɪkju:tɪŋ-] (US) N promotor(a) *m/f* público(-a)
prosecution [prɔsɪ'kju:ʃən] N acusação *f*; (*accusing side*) autor *m* da demanda
prosecutor ['prɔsɪkju:tə^r] N promotor(a) *m/f*; (*also*: **public prosecutor**) promotor(a) *m/f* público(-a)
prospect [*n* 'prɔspɛkt, *vt, vi* prə'spɛkt] N (*chance*) probabilidade *f*; (*outlook, potential*) perspectiva ■ VT explorar ■ VI: **to ~ (for)** prospectar (por); **prospects** NPL (*for work etc*) perspectivas *fpl*; **we are faced with the ~ of ...** nós estamos diante da perspectiva de ...; **there is every ~ of an early victory** há toda probabilidade de uma vitória rápida
prospecting [prə'spɛktɪŋ] N prospecção *f*
prospective [prə'spɛktɪv] ADJ (*possible*) provável; (*future*) futuro
prospector [prə'spɛktə^r] N garimpeiro(-a)
prospectus [prə'spɛktəs] N prospecto, programa *m*
prosper ['prɔspə^r] VI prosperar
prosperity [prɔ'spɛrɪtɪ] N prosperidade *f*
prosperous ['prɔspərəs] ADJ próspero
prostate ['prɔsteɪt] N (*also*: **prostate gland**) próstata
prostitute ['prɔstɪtju:t] N prostituta; **male ~** prostituto
prostitution [prɔstɪ'tju:ʃən] N prostituição *f*
prostrate [*adj* 'prɔstreɪt, *vt* prɔ'streɪt] ADJ prostrado; (*fig*) abatido, aniquilado ■ VT: **to ~ o.s. (before sb)** prostrar-se (diante de alguém)
protagonist [prə'tægənɪst] N protagonista *m/f*; (*leading participant*) líder *m/f*
protect [prə'tɛkt] VT proteger
protection [prə'tɛkʃən] N proteção *f*; **to be under sb's ~** estar sob a proteção de alguém
protectionism [prə'tɛkʃənɪzm] N protecionismo
protection racket N extorsão *f*
protective [prə'tɛktɪv] ADJ protetor(a); **~ custody** (*Law*) prisão *f* preventiva
protector [prə'tɛktə^r] N protetor(a) *m/f*
protégé ['prəutɛʒeɪ] N protegido
protégée ['prəutɛʒeɪ] N protegida
protein ['prəuti:n] N proteína
pro tem [-tɛm] ADV ABBR (= *pro tempore*) provisoriamente
protest [*n* 'prəutɛst, *vi, vt* prə'tɛst] N protesto ■ VI: **to ~ about** *or* **against** *or* **at** protestar contra ■ VT (*insist*): **to ~ (that)** insistir (que)
Protestant ['prɔtɪstənt] ADJ, N protestante *m/f*
protester [prə'tɛstə^r] N manifestante *m/f*
protest march N passeata
protestor [prə'tɛstə^r] N = **protester**
protocol ['prəutəkɔl] N protocolo
prototype ['prəutətaɪp] N protótipo
protracted [prə'trækɪtɪd] ADJ prolongado, demorado
protractor [prə'trækt^r] N (*Geom*) transferidor *m*
protrude [prə'tru:d] VI projetar-se
protuberance [prə'tju:bərəns] N protuberância
proud [praud] ADJ orgulhoso; (*pej*) vaidoso, soberbo; **to be ~ to do sth** sentir-se orgulhoso de fazer algo; **to do sb ~** (*inf*) fazer muita festa a alguém
proudly ['praudlɪ] ADV orgulhosamente
prove [pru:v] VT comprovar ■ VI: **to ~ (to be) correct** *etc* vir a ser correto *etc*; **to ~ o.s.** pôr-se à prova; **to ~ itself (to be) useful** *etc* revelar-se *or* mostrar-se útil *etc*; **he was ~d right in the end** no final deram-lhe razão
proverb ['prɔvə:b] N provérbio
proverbial [prə'və:bɪəl] ADJ proverbial
provide [prə'vaɪd] VT fornecer, proporcionar; **to ~ sb with sth** fornecer alguém de algo, fornecer algo a alguém; **to be ~d with** estar munido de
▶ **provide for** VT FUS (*person*) prover à subsistência de; (*emergency*) prevenir
provided (that) [prə'vaɪdɪd-] CONJ contanto que (+ *sub*), sob condição de (que) (+ *sub*)
Providence ['prɔvɪdəns] N a Divina Providência
providing [prə'vaɪdɪŋ] CONJ: **~ (that)** contanto que (+ *sub*)
province ['prɔvɪns] N província; (*fig*) esfera
provincial [prə'vɪnʃəl] ADJ provincial; (*pej*) provinciano
provision [prə'vɪʒən] N provisão *f*; (*supply*) fornecimento; (*supplying*) abastecimento; (*in contract*) cláusula, condição *f*; **provisions** NPL (*food*) mantimentos *mpl*; **to make ~ for** fazer provisão para; **there's no ~ for this in the contract** não há cláusula nesse sentido no contrato
provisional [prə'vɪʒənəl] ADJ provisório, interino; (*agreement, licence*) provisório ■ N: **P~** (*Ireland: Pol*) *militante do braço armado do IRA*; **provisional licence** (*Brit*) N (*Aut*) licença prévia para aprendizagem
provisionally [prə'vɪʒnəlɪ] ADV provisoriamente
proviso [prə'vaɪzəu] N condição *f*; (*reservation*) ressalva; (*Law*) cláusula; **with the ~ that** com a ressalva que
Provo ['prɔvəu] (*inf*) N ABBR = **Provisional**
provocation [prɔvə'keɪʃən] N provocação *f*
provocative [prə'vɔkətɪv] ADJ provocante; (*sexually*) excitante
provoke [prə'vəuk] VT provocar; (*cause*) causar; **to ~ sb to sth/to do** *or* **into doing sth** provocar alguém a algo/a fazer algo
provoking [prə'vəukɪŋ] ADJ provocante
provost ['prɔvəst] N (*Brit: of university*) reitor(a)

m/f; (*Scotland*) prefeito(-a)
prow [prau] N proa
prowess ['prauɪs] N destreza, perícia
prowl [praul] VI (*also*: **prowl about, prowl around**) rondar, andar à espreita ■ N: **on the ~** de ronda, rondando
prowler ['praulə^r] N tarado(-a)
proximity [prɔk'sɪmɪtɪ] N proximidade *f*
proxy ['prɔksɪ] N procuração *f*; (*person*) procurador(a) *m/f*; **by ~** por procuração
prude [pru:d] N pudico(-a)
prudence ['pru:dns] N prudência
prudent ['pru:dənt] ADJ prudente
prudish ['pru:dɪʃ] ADJ pudico(-a)
prune [pru:n] N ameixa seca ■ VT podar
pry [praɪ] VI: **to ~ (into)** intrometer-se (em)
PS N ABBR (= *postscript*) PS *m*
psalm [sɑ:m] N salmo
PSAT® (*US*) N ABBR = **Preliminary Scholastic Aptitude Test**
PSBR (*Brit*) N ABBR (= *public sector borrowing requirement*) necessidade *f* de empréstimos no setor público
pseud [sju:d] (*Brit*: *inf*) N posudo(-a)
pseudo- [sju:dəu] PREFIX pseudo-
pseudonym ['sju:dənɪm] N pseudônimo
PST (*US*) ABBR (= *Pacific Standard Time*) *hora de inverno do Pacífico*
PSV (*Brit*) N ABBR = **public service vehicle**
psyche ['saɪkɪ] N psiquismo
psychiatric [saɪkɪ'ætrɪk] ADJ psiquiátrico
psychiatrist [saɪ'kaɪətrɪst] N psiquiatra *m/f*
psychiatry [saɪ'kaɪətrɪ] N psiquiatria
psychic ['saɪkɪk] ADJ psíquico; (*also*: **psychical**: *person*) sensível a forças psíquicas ■ N médium *m/f*
psychoanalyse [saɪkəu'ænəlaɪz] VT psicanalisar
psychoanalysis [saɪkəuə'nælɪsɪs] N psicanálise *f*
psychoanalyst [saɪkəu'ænəlɪst] N psicanalista *m/f*
psychological [saɪkə'lɔdʒɪkl] ADJ psicológico
psychologist [saɪ'kɔlədʒɪst] N psicólogo(-a)
psychology [saɪ'kɔlədʒɪ] N psicologia
psychopath ['saɪkəupæθ] N psicopata *m/f*
psychoses [saɪ'kəusi:z] NPL *of* **psychosis**
psychosis [saɪ'kəusɪs] (*pl* **psychoses**) N psicose *f*
psychosomatic [saɪkəusə'mætɪk] ADJ psicossomático
psychotherapy [saɪkəu'θɛrəpɪ] N psicoterapia
psychotic [saɪ'kɔtɪk] ADJ, N psicótico(-a)
PT (*Brit*) N ABBR = **physical training**
Pt. ABBR (*in place names*: = *Point*) Pto
pt ABBR = **pint**; **point**
PTA N ABBR = **Parent-Teacher Association**
Pte. (*Brit*) ABBR (*Mil*) = **private**
PTO ABBR (= *please turn over*) v.v., vire
PTV (*US*) N ABBR = **pay television**; **public television**
pub [pʌb] N ABBR (= *public house*) pub *m*, bar *m*, botequim *m*

PUB

Um *pub* geralmente consiste em duas salas: uma (*the lounge*) é bastante confortável, com poltronas e bancos estofados, enquanto a outra (*"the public bar"*) é simplesmente um bar onde a consumação é em geral mais barata. O (*"public bar"*) é muitas vezes também um salão de jogos, dos quais os mais comuns são os dardos, dominó e bilhar. Atualmente muitos pubs servem refeições, sobretudo na hora do almoço, e essa é a única hora em que a entrada de crianças é permitida, desde que estejam acompanhadas por adultos. Em geral os pubs funcionam das 11 às 23 horas, mas isso pode variar de acordo com sua permissão de funcionamento; alguns pubs fecham à tarde.

puberty ['pju:bətɪ] N puberdade *f*
pubic ['pju:bɪk] ADJ púbico, pubiano
public ['pʌblɪk] ADJ público ■ N público; **in ~** em público; **to make ~** tornar público; **the general ~** o grande público; **to be ~ knowledge** ser de conhecimento público; **to go ~** (*Comm*) tornar-se uma companhia de capital aberto, passar a ser cotado na Bolsa de Valores; **public address system** N sistema *m* (de reforço) de som
publican ['pʌblɪkən] N dono(-a) de pub
publication [pʌblɪ'keɪʃən] N publicação *f*
public company N sociedade *f* anônima aberta
public convenience (*Brit*) N banheiro público
public holiday N feriado
public house (*Brit*) N pub *m*, bar *m*, taberna
publicity [pʌb'lɪsɪtɪ] N publicidade *f*
publicize ['pʌblɪsaɪz] VT divulgar; (*product*) promover
public limited company N sociedade *f* anônima aberta
publicly ['pʌblɪklɪ] ADV publicamente
public opinion N opinião *f* pública
public ownership N: **to be taken into ~** ser estatizado
public relations N relações *fpl* públicas
public relations officer N relações-públicas *m/f inv*
public school N (*Brit*) escola particular; (*US*) escola pública
public sector N setor *m* público
public service vehicle (*Brit*) N veículo para o transporte público
public-spirited [-'spɪrɪtɪd] ADJ zeloso pelo bem-estar público
public transport (*US* **public transportation**) N transporte *m* coletivo
public utility N (serviço de) utilidade *f* pública
public works NPL obras *fpl* públicas
publish ['pʌblɪʃ] VT publicar
publisher ['pʌblɪʃə^r] N editor(a) *m/f*; (*company*)

editora

publishing ['pʌblɪʃɪŋ] N (*industry*) a indústria editorial; **publishing company** N editora

puce [pju:s] ADJ roxo

puck [pʌk] N (*elf*) duende *m*; (*Ice Hockey*) disco

pucker ['pʌkəʳ] VT (*fabric*) amarrotar; (*brow etc*) franzir

pudding ['pudɪŋ] N (*Brit: dessert*) sobremesa; (*cake*) pudim *m*, doce *m*; **black** (*Brit*) *or* **blood** (*US*) ~ morcela; **rice** ~ pudim de arroz

puddle ['pʌdl] N poça

puerile ['pjuəraɪl] ADJ infantil

Puerto Rican ['pwə:tə'ri:kən] ADJ, N porto-riquenho(-a)

Puerto Rico ['pwə:təu'ri:kəu] N Porto Rico (*no article*)

puff [pʌf] N sopro; (*of cigarette*) baforada; (*of air, smoke*) lufada; (*gust*) rajada, lufada; (*sound*) sopro; (*also*: **powder puff**) pompom *m* ■ VT: **to ~ one's pipe** tirar baforadas do cachimbo ■ VI soprar; (*pant*) arquejar

▸ **puff out** VT (*sails*) enfunar; (*cheeks*) encher; **to ~ out smoke** lançar baforadas

▸ **puff up** VT inflar

puffed [pʌft] (*inf*) ADJ (*out of breath*) sem fôlego

puffin ['pʌfɪn] N papagaio-do-mar *m*

puff pastry (*US* **puff paste**) N massa folhada

puffy ['pʌfɪ] ADJ inchado, entumecido

pugnacious [pʌg'neɪʃəs] ADJ pugnaz, brigão(-ona)

pull [pul] N (*of magnet, sea etc*) atração *f*; (*influence*) influência; (*tug*): **to give sth a ~** dar um puxão em algo ■ VT puxar; (*trigger*) apertar; (*curtain, blind*) fechar; (*muscle*) distender ■ VI puxar, dar um puxão; **to ~ a face** fazer careta; **to ~ to pieces** picar em pedacinhos; **to ~ one's punches** não usar toda a força; **to ~ one's weight** fazer a sua parte; **to ~ o.s. together** recompor-se; **to ~ sb's leg** (*fig*) brincar com alguém, sacanear alguém (*inf*); **to ~ strings for sb** mexer os pauzinhos para alguém

▸ **pull about** (*Brit*) VT (*handle roughly*) maltratar

▸ **pull apart** VT separar; (*break*) romper

▸ **pull down** VT abaixar; (*building*) demolir, derrubar; (*tree*) abater, derrubar

▸ **pull in** VI (*Aut: at the kerb*) encostar; (*Rail*) chegar (na plataforma)

▸ **pull off** VT tirar; (*fig: deal etc*) acertar

▸ **pull out** VI arrancar, partir; (*withdraw*) retirar-se; (*Aut: from kerb*) sair; (*Rail*) partir ■ VT tirar, arrancar; **to ~ out in front of sb** (*Aut*) dar uma fechada em alguém

▸ **pull over** VI (*Aut*) encostar

▸ **pull round** VI (*unconscious person*) voltar a si; (*sick person*) recuperar-se

▸ **pull through** VI sair-se bem (de um aperto); (*Med*) sobreviver

▸ **pull up** VI (*stop*) deter-se, parar ■ VT levantar; (*uproot*) desarraigar, arrancar; (*stop*) parar

pulley ['pulɪ] N roldana

pull-out N (*withdrawal*) retirada; (*section: in magazine, newspaper*) encarte *m* ■ CPD (*magazine, pages*) destacável

pullover ['puləuvəʳ] N pulôver *m*

pulp [pʌlp] N (*of fruit*) polpa; (*for paper*) pasta, massa; **to reduce sth to a ~** amassar algo

pulpit ['pulpɪt] N púlpito

pulsate [pʌl'seɪt] VI pulsar, palpitar; (*music*) vibrar; **pulse** [pʌls] N (*Anat*) pulso; (*of music, engine*) cadência; (*Bot*) legume *m*; **to feel** *or* **take sb's pulse** tomar o pulso de alguém

pulse rate ■ N freqüência de pulsos

pulverize ['pʌlvəraɪz] VT pulverizar; (*fig*) esmagar, aniquilar

puma ['pju:mə] N puma, onça-parda

pumice ['pʌmɪs] N (*also*: **pumice stone**) pedra-pomes *f*

pummel ['pʌml] VT esmurrar, socar

pump [pʌmp] N bomba; (*shoe*) sapatilha (de dança) ■ VT bombear; (*fig: inf*) sondar; **to ~ sb for information** tentar extrair informações de alguém

▸ **pump up** VT encher

pumpkin ['pʌmpkɪn] N abóbora

pun [pʌn] N jogo de palavras, trocadilho

punch [pʌntʃ] N (*blow*) soco, murro; (*tool*) punção *m*; (*for tickets*) furador *m*; (*drink*) ponche *m*; (*fig: force*) vigor *m*, força ■ VT (*make a hole in*) perfurar, picotar; (*hit*): **to ~ sb/sth** esmurrar *or* socar alguém/algo

▸ **punch in** (*US*) VI assinar o ponto na entrada

▸ **punch out** (*US*) VI assinar o ponto na saída

punch-drunk (*Brit*) ADJ estupidificado

punch(ed) card [pʌntʃ(t)-] N cartão *m* perfurado

punch line N (*of joke*) remate *m*

punch-up (*Brit: inf*) N briga

punctual ['pʌŋktjuəl] ADJ pontual

punctuality [pʌŋktju'ælɪtɪ] N pontualidade *f*

punctually ['pʌŋktjuəlɪ] ADV pontualmente; **it will start ~ at 6** começará às 6 horas em ponto

punctuate ['pʌŋktjueɪt] VT pontuar

punctuation [pʌŋktju'eɪʃən] N pontuação *f*; **punctuation marks** NPL sinais *mpl* de pontuação

puncture ['pʌŋktʃəʳ] N picada; (*flat tyre*) furo ■ VT picar, furar; (*tyre*) furar; **I have a ~** (*Aut*) estou com um pneu furado

pundit ['pʌndɪt] N entendedor(a) *m/f*

pungent ['pʌndʒənt] ADJ (*smell, taste*) acre; (*fig*) mordaz

punish ['pʌnɪʃ] VT punir, castigar; **to ~ sb for sth/for doing sth** punir alguém por algo/por ter feito algo

punishable ['pʌnɪʃəbl] ADJ punível, castigável

punishing ['pʌnɪʃɪŋ] ADJ (*fig: exhausting*) desgastante ■ N punição *f*

punishment ['pʌnɪʃmənt] N castigo, punição *f*; (*fig: wear*) desgaste *m*

punk [pʌŋk] N (*also*: **punk rocker**) punk *m/f*; (*also*: **punk rock**) punk *m*; (*US: inf: hoodlum*) pinta-brava *m*

punt [pʌnt] N (*boat*) chalana

punter ['pʌntəʳ] N (*Brit*: *gambler*) jogador(a) *m/f*; (*inf*: *client*) cliente *m/f*

puny ['pju:nɪ] ADJ débil, fraco

pup [pʌp] N (*dog*) cachorrinho (BR), cachorro (PT); (*seal etc*) filhote *m*

pupil ['pju:pl] N aluno(-a); (*of eye*) pupila

puppet ['pʌpɪt] N marionete *f*, títere *m*; (*fig*) fantoche *m*; **puppet government** N governo fantoche *or* títere

puppy ['pʌpɪ] N cachorrinho (BR), cachorro (PT)

purchase ['pə:tʃɪs] N compra; (*grip*) ponto de apoio ■ VT comprar; **to get a ~ on** apoiar-se em; **purchase order** N ordem *f* de compra; **purchase price** N preço de compra

purchaser ['pə:tʃɪsəʳ] N comprador(a) *m/f*

purchase tax (*Brit*) N ≈ imposto de circulação de mercadorias

purchasing power ['pə:tʃɪsɪŋ-] N poder *m* aquisitivo

pure [pjuəʳ] ADJ puro; **a ~ wool jumper** um pulôver de pura lã; **~ and simple** puro e simples

purebred ['pjuəbrɛd] ADJ de sangue puro

purée ['pjuəreɪ] N purê *m*

purely ['pjuəlɪ] ADV puramente; (*only*) meramente

purgatory ['pə:gətərɪ] N purgatório; (*fig*) inferno

purge [pə:dʒ] N (*Med*) purgante *m*; (*Pol*) expurgo ■ VT purgar; (*Pol*) expurgar

purification [pjuərɪfɪ'keɪʃən] N purificação *f*, depuração *f*

purify ['pjuərɪfaɪ] VT purificar, depurar

purist ['pjuərɪst] N purista *m/f*

puritan ['pjuərɪtən] N puritano(-a)

puritanical [pjuərɪ'tænɪkl] ADJ puritano

purity ['pjuərɪtɪ] N pureza

purl [pə:l] N ponto reverso ■ VT fazer ponto de tricô

purloin [pə:'lɔɪn] VT surripiar

purple ['pə:pl] ADJ roxo, purpúreo

purport [pə:'pɔ:t] VI: **to ~ to be/do** dar a entender que é/faz

purpose ['pə:pəs] N propósito, objetivo; **on ~** de propósito; **for teaching ~s** para fins pedagógicos; **for the ~s of this meeting** para esta reunião; **to no ~** em vão

purpose-built (*Brit*) ADJ feito sob medida

purposeful ['pə:pəsful] ADJ decidido, resoluto

purposely ['pə:pəslɪ] ADV de propósito

purr [pə:ʳ] N ronrom *m* ■ VI ronronar

purse [pə:s] N (*Brit*) for money, carteira; (*US*: *bag*) bolsa ■ VT enrugar, franzir

purser ['pə:səʳ] N (*Naut*) comissário de bordo

purse snatcher [-'snætʃəʳ] N trombadinha *m/f*

pursue [pə'sju:] VT perseguir; (*fig*: *activity*) exercer; (: *interest, plan*) dedicar-se a; (: *result*) lutar por

pursuer [pə'sju:əʳ] N perseguidor(a) *m/f*

pursuit [pə'sju:t] N (*chase*) caça; (*persecution*) perseguição *f*; (*fig*) busca; (*occupation*) ocupação *f*, atividade *f*; (*pastime*) passatempo; **in (the) ~ of sth** em busca de algo

purveyor [pə'veɪəʳ] N fornecedor(a) *m/f*

pus [pʌs] N pus *m*

push [puʃ] N empurrão *m*; (*of button*) aperto; (*attack*) ataque *m*, arremetida; (*advance*) avanço ■ VT empurrar; (*button*) apertar; (*promote*) promover; (*thrust*): **to ~ sth (into)** enfiar algo (em) ■ VI empurrar; (*press*) apertar; (*fig*): **to ~ for** reivindicar; **to ~ a door open/shut** abrir/fechar uma porta empurrando-a; **"~"** (*on door*) "empurre"; (*on bell*) "aperte"; **to be ~ed for time/money** estar com pouco tempo/dinheiro; **she is ~ing fifty** (*inf*) ela está beirando os 50; **at a ~** (*Brit*: *inf*) em último caso

▶ **push aside** VT afastar com a mão

▶ **push in** VI introduzir-se à força

▶ **push off** (*inf*) VI dar o fora

▶ **push on** VI (*continue*) prosseguir

▶ **push over** VT derrubar

▶ **push through** VI abrir caminho ■ VT (*measure*) forçar a aceitação de

▶ **push up** VT (*total, prices*) forçar a alta de

push-bike (*Brit*) N bicicleta

push-button ADJ por botões de pressão

pushchair ['puʃtʃeəʳ] (*Brit*) N carrinho

pusher ['puʃəʳ] N (*also*: **drug pusher**) traficante *m/f or* passador(a) *m/f* de drogas

pushing ['puʃɪŋ] ADJ empreendedor(a)

pushover ['puʃəuvəʳ] (*inf*) N: **it's a ~** é sopa

push-up (*US*) N flexão *f*

pushy ['puʃɪ] (*pej*) ADJ intrometido, agressivo

puss [pus] (*inf*) N gatinho

pussy(cat) ['pusɪ(kæt)] (*inf*) N gatinho

put [put] (*pt, pp* **put**) VT (*place*) pôr, colocar; (*put into*) meter; (*person*: *in institution etc*) internar; (*say*) dizer, expressar; (*case, view*) expor; (*a question*) fazer; (*person*: *in situation*) colocar; (*estimate*) avaliar, calcular; (*write, type etc*) colocar; **to ~ sb in a good/bad mood** deixar alguém de bom/mau humor; **to ~ sb to bed** pôr alguém para dormir; **to ~ sb to a lot of trouble** incomodar alguém; **how shall I ~ it?** como dizer?; **to ~ a lot of time into sth** investir muito tempo em algo; **to ~ money on a horse** apostar num cavalo; **I ~ it to you that ...** (*Brit*) eu gostaria de colocar que ...; **to stay ~** não se mexer

▶ **put about** VI (*Naut*) mudar de rumo ■ VT (*rumour*) espalhar

▶ **put across** VT (*ideas etc*) comunicar

▶ **put aside** VT deixar de lado

▶ **put away** VT (*store*) guardar

▶ **put back** VT (*replace*) repor; (*postpone*) adiar; (*delay, also*: *watch, clock*) atrasar

▶ **put by** VT (*money etc*) poupar, pôr de lado

▶ **put down** VT pôr em; (*pay*) pagar; (*animal*) sacrificar; (*in writing*) anotar, inscrever; (*revolt etc*) sufocar; (*attribute*: *to put sth down to*) atribuir algo a

▶ **put forward** VT (*ideas*) apresentar, propor;

(*date, clock*) adiantar
▸ **put in** VT (*application, complaint*) apresentar; (*time, effort*) investir, gastar; (*gas, electricity*) instalar
▸ **put in for** VT FUS (*job*) candidatar-se a; (*promotion, pay rise*) solicitar
▸ **put off** VT (*light*) apagar; (*postpone*) adiar, protelar; (*discourage*) desencorajar
▸ **put on** VT (*clothes, make-up, dinner*) pôr; (*light etc*) acender; (*play etc*) encenar; (*food, meal*) preparar; (*weight*) ganhar; (*brake*) aplicar; (*record, video, kettle*) ligar; (*attitude*) fingir, simular; (*accent, manner*) assumir; (*inf: tease*) fazer de criança; (*inform*): **to ~ sb on to sth** indicar algo a alguém
▸ **put out** VT (*take out*) colocar fora; (*fire, cigarette, light*) apagar; (*one's hand*) estender; (*news*) anunciar; (*rumour*) espalhar; (*tongue etc*) mostrar; (*person: inconvenience*) incomodar; (*Brit: dislocate*) deslocar; (*inf: person*): **to be ~ out** estar aborrecido ■ VI (*Naut*): **to ~ out to sea** fazer-se ao mar; **to ~ out from Plymouth** zarpar de Plymouth
▸ **put through** VT (*caller, call*) transferir; (*plan*) ser abrovado; **I'd like to ~ a call through to Brazil** eu gostaria de fazer uma ligação para o Brasil
▸ **put together** VT colocar junto(s); (*assemble*) montar; (*meal*) preparar
▸ **put up** VT (*raise*) levantar, erguer; (*hang*) prender; (*build*) construir, edificar; (*tent*) armar; (*increase*) aumentar; (*accommodate*) hospedar; **to ~ sb up to doing sth** incitar alguém a fazer algo; **to ~ sth up for sale** pôr algo à venda
▸ **put upon** VT FUS: **to be ~ upon** sofrer abusos
▸ **put up with** VT FUS suportar, agüentar

putrid ['pju:trɪd] ADJ pútrido, podre
putt [pʌt] VT (*Golf*) fazer um putt ■ N putt *m*, tacada leve
putter ['pʌtəʳ] N (*Golf*) putter *m*
putting green ['pʌtɪŋ-] N campo de golfe em miniatura
putty ['pʌtɪ] N massa de vidraceiro, betume *m*
put-up ADJ: **~ job** (*Brit*) embuste *m*
puzzle ['pʌzl] N (*riddle*) charada; (*jigsaw*) quebra-cabeça *m*; (*also*: **crossword puzzle**) palavras cruzadas *fpl*; (*mystery*) mistério ■ VT desconcertar, confundir ■ VI: **to ~ over sth** tentar entender algo; **to be ~d about sth** estar perplexo com algo
puzzling ['pʌzlɪŋ] ADJ (*thing, action*) intrigante, confuso; (*mysterious*) enigmático, misterioso; (*unnerving*) desconcertante; (*incomprehensible*) incompreensível
PVC N ABBR (= *polyvinyl chloride*) PVC *m*
Pvt. (*US*) ABBR (*Mil*) = **private**
pw ABBR (= *per week*) por semana
PX (*US*) N ABBR (*Mil*) = **post exchange**
pygmy ['pɪgmɪ] N pigmeu(-méia) *m/f*
pyjamas [pɪ'dʒɑ:məz] (*US* **pajamas**) NPL pijama *m or f*
pylon ['paɪlən] N pilono, poste *m*, torre *f*
pyramid ['pɪrəmɪd] N pirâmide *f*
Pyrenees [pɪrə'ni:z] NPL: **the ~** os Pirineus
Pyrex® ['paɪrɛks] N Pirex® *m* ■ CPD: **a Pyrex dish** um pirex
python ['paɪθən] N pitão *m*

Qq

Q, q [kjuː] N (*letter*) Q, q *m*; **Q for Queen** Q de Quinteta
Qatar [kæˈtɑːʳ] N Catar *m*
QC (*Brit*) N ABBR (= *Queen's Counsel*) *título dado a certos advogados*
QED ABBR (= *quod erat demonstrandum*) QED
QM N ABBR = **quartermaster**
q.t. (*inf*) N ABBR = **quiet**; **on the q.t.** de fininho
qty ABBR (= *quantity*) quant
quack [kwæk] N (*of duck*) grasnido; (*pej*: *doctor*) curandeiro(-a), charlatão(-tã) *m/f* ■ VI grasnar
quad [kwɔd] ABBR = **quadrangle**; **quadruplet**
quadrangle [ˈkwɔdræŋgl] N (*courtyard*) pátio quadrangular
quadruped [ˈkwɔdrupɛd] N quadrúpede *m*
quadruple [kwɔˈdrupl] ADJ quádruplo ■ N quádruplo ■ VT, VI quadruplicar
quadruplets [kwɔːˈdruːplɪts] NPL quadrigêmeos *mpl*, quádruplos *mpl*
quagmire [ˈkwægmaɪəʳ] N lamaçal *m*, atoleiro
quail [kweɪl] N (*bird*) codorniz *f*, codorna (BR) ■ VI acovardar-se
quaint [kweɪnt] ADJ (*ideas*) curioso, esquisito; (*village etc*) pitoresco
quake [kweɪk] VI (*with fear*) tremer ■ N ABBR = **earthquake**
Quaker [ˈkweɪkəʳ] N quacre *m/f*
qualification [kwɔlɪfɪˈkeɪʃən] N (*skill, quality*) qualificação *f*; (*reservation*) restrição *f*, ressalva; (*modification*) modificação *f*; (*often pl*: *degree, training*) título, qualificação; **what are your ~s?** quais são as suas qualificações?
qualified [ˈkwɔlɪfaɪd] ADJ (*trained*) habilitado, qualificado; (*professionally*) diplomado; (*fit*): **~ to** apto para, capaz de; (*limited*) limitado; (*professionally*) diplomado; **~ for/to do** credenciado *or* qualificado para/para fazer
qualify [ˈkwɔlɪfaɪ] VT qualificar; (*modify*) modificar; (*limit*) restringir, limitar ■ VI (*Sport*) classificar-se; **to ~ (as)** VT classificar (como) ■ VI (*pass examination(s)*) formar-se *or* diplomar-se (em); **to ~ (for)** reunir os requisitos (para)
qualifying [ˈkwɔlɪfaɪɪŋ] ADJ: **~ exam** exame *m* de habilitação; **~ round** eliminatórias *fpl*
qualitative [ˈkwɔlɪteɪtɪv] ADJ qualitativo
quality [ˈkwɔlɪtɪ] N qualidade *f* ■ CPD de qualidade; **of good/poor ~** de boa/má qualidade; **quality control** N controle *m* de qualidade; **quality papers** (*Brit*) NPL: **the quality papers** os jornais de categoria

QUALITY (NEWS)PAPERS

Os *quality (news)papers* (ou *quality press*) englobam os jornais "sérios", diários ou semanais, em oposição aos jornais populares (*tabloid press*). Esses jornais visam a um público que procura informações detalhadas sobre uma grande variedade de assuntos e que está disposto a dedicar um bom tempo à leitura. Geralmente os *quality newspapers* são publicados em formato grande.

qualm [kwɑːm] N (*doubt*) dúvida; (*scruple*) escrúpulo; **to have ~s about sth** ter dúvidas sobre a retidão de algo
quandary [ˈkwɔndrɪ] N: **to be in a ~** estar num dilema
quango [ˈkwæŋgəu] (*Brit*) N ABBR (= *quasi-autonomous non-governmental organization*) *comissão nomeada pelo governo*
quantitative [ˈkwɔntɪtətɪv] ADJ quantitativo
quantity [ˈkwɔntɪtɪ] N quantidade *f*; **in ~** em quantidade; **quantity surveyor** N calculista *m/f* de obra
quarantine [ˈkwɔrntiːn] N quarentena
quarrel [ˈkwɔrl] N (*argument*) discussão *f*; (*fight*) briga ■ VI: **to ~ (with)** brigar (com); **to have a ~ with sb** ter uma briga *or* brigar com alguém; **I have no ~ with him** não tenho nada contra ele; **I can't ~ with that** não posso discordar disso
quarrelsome [ˈkwɔrlsəm] ADJ brigão(-gona)
quarry [ˈkwɔrɪ] N (*for stone*) pedreira; (*animal*) presa, caça ■ VT (*marble etc*) extrair
quart [kwɔːt] N quarto de galão (*1.136 l*)
quarter [ˈkwɔːtəʳ] N quarto, quarta parte *f*; (*of year*) trimestre *m*; (*district*) bairro; (*US, Canada*: *25 cents*) (moeda de) 25 centavos *mpl* de dólar ■ VT dividir em quatro; (*Mil*: *lodge*) aquartelar; **quarters** NPL (*Mil*) quartel *m*; (*living quarters*) alojamento; **a ~ of an hour** um quarto de hora; **it's a ~ to** (*Brit*) *or* **of** (*US*) **3** são quinze para as três (BR), são três menos um quarto (PT); **it's a**

~ **past** (*Brit*) *or* **after** (*US*) **3** são três e quinze (BR), são três e um quarto (*PT*); **from all ~s** de toda parte; **at close ~s** de perto

quarter-deck N (*Naut*) tombadilho superior

quarter final N quarta de final

quarterly ['kwɔ:təlɪ] ADJ trimestral ■ ADV trimestralmente ■ N (*Press*) revista trimestral

quartermaster ['kwɔ:təmɑ:stəʳ] N (*Mil*) quartel-mestre *m*; (*Naut*) contramestre *m*

quartet(te) [kwɔ:'tɛt] N quarteto

quarto ['kwɔ:təu] ADJ, N in-quarto *inv*

quartz [kwɔ:ts] N quartzo ■ CPD de quartzo

quash [kwɔʃ] VT (*verdict*) anular

quasi- ['kweɪzaɪ] PREFIX quase-

quaver ['kweɪvəʳ] N (*Brit: Mus*) colcheia ■ VI tremer

quay [ki:] N (*also*: **quayside**) cais *m*

queasy ['kwi:zɪ] ADJ (*sickly*) enjoado

Quebec [kwɪ'bɛk] N Quebec

queen [kwi:n] N rainha; (*also*: **queen bee**) abelha-mestra, rainha; (*Cards etc*) dama; **queen mother** N rainha-mãe *f*

queer [kwɪəʳ] ADJ (*odd*) esquisito, estranho; (*suspect*) suspeito, duvidoso; (*Brit: sick*): **I feel ~** não estou bem ■ N (*inf: homosexual*) bicha *m* (BR), maricas *m* (*PT*)

quell [kwɛl] VT (*opposition*) sufocar; (*fears*) abrandar, sufocar

quench [kwɛntʃ] VT apagar; **to ~ one's thirst** matar a sede

querulous ['kwɛruləs] ADJ lamuriante

query ['kwɪərɪ] N (*question*) pergunta; (*doubt*) dúvida; (*question mark*) ponto de interrogação ■ VT questionar

quest [kwɛst] N busca; (*journey*) expedição *f*

question ['kwɛstʃən] N pergunta; (*doubt*) dúvida; (*issue*) questão *f*; (*in text: problem*) problema *m* ■ VT (*doubt*) duvidar; (*interrogate*) interrogar, inquirir; **to ask sb a ~, to put a ~ to sb** fazer uma pergunta a alguém; **to bring** *or* **call sth into ~** colocar algo em questão, pôr algo em dúvida; **the ~ is ...** a questão é ...; **it is a ~ of** é questão de; **beyond ~** sem dúvida; **out of the ~** fora de cogitação, impossível

questionable ['kwɛstʃənəbl] ADJ discutível; (*doubtful*) duvidoso

questioner ['kwɛstʃənəʳ] N pessoa que faz uma pergunta (*or* que fez a pergunta *etc*)

questioning ['kwɛstʃənɪŋ] ADJ interrogador(a) ■ N interrogatório

question mark N ponto de interrogação

questionnaire [kwɛstʃə'nɛəʳ] N questionário

queue [kju:] (*Brit*) N fila (BR), bicha (*PT*) ■ VI (*also*: **queue up**) fazer fila (BR) *or* bicha (*PT*); **to jump the ~** furar a fila (BR), pôr-se à frente (*PT*)

quibble ['kwɪbl] VI: **to ~ about** *or* **over/with** tergiversar sobre/com

quiche [ki:ʃ] N quiche *m*

quick [kwɪk] ADJ rápido; (*temper*) vivo; (*agile*) ágil; (*mind*) sagaz, despachado ■ ADV rápido ■ N: **to cut sb to the ~** ferir alguém; **be ~!** ande depressa!, vai rápido!; **to be ~ to act** agir com rapidez; **she was ~ to see that ...** ela não tardou a ver que ...

quicken ['kwɪkən] VT apressar ■ VI apressar-se

quicklime ['kwɪklaɪm] N cal *f* viva

quickly ['kwɪklɪ] ADV rapidamente, depressa

quickness ['kwɪknɪs] N rapidez *f*; (*agility*) agilidade *f*; (*liveliness*) vivacidade *f*

quicksand ['kwɪksænd] N areia movediça

quickstep ['kwɪkstɛp] N *dança de ritmo rápido*

quick-tempered ADJ irritadiço, de pavio curto

quick-witted [-'wɪtɪd] ADJ perspicaz, vivo

quid [kwɪd] (*Brit: inf*) N INV libra; **quid pro quo** [-kwəu] N contrapartida

quiet ['kwaɪət] ADJ (*voice, music*) baixo; (*peaceful: place*) tranqüilo; (*person: calm*) calmo; (*not noisy: place*) silencioso; (: *person*) calado; (*silent*) silencioso; (*not busy: day, business*) calmo; (*ceremony, colour*) discreto ■ N (*peacefulness*) sossego; (*silence*) quietude *f* ■ VT, VI (*US*) = **quieten**; **keep ~!** cale-se!, fique quieto!; **on the ~** de fininho

quieten ['kwaɪətən] (*also*: **quieten down**) VI (*grow calm*) acalmar-se; (*grow silent*) calar-se ■ VT tranqüilizar; fazer calar

quietly ['kwaɪətlɪ] ADV tranqüilamente; (*silently*) silenciosamente; (*talk*) baixo

quietness ['kwaɪətnɪs] N (*silence*) quietude *f*; (*calm*) tranqüilidade *f*

quill [kwɪl] N pena (de escrever)

quilt [kwɪlt] N acolchoado, colcha; **(continental) ~** (*Brit*) edredom *m* (BR), edredão *m* (*PT*)

quin [kwɪn] N ABBR = **quintuplet**

quince [kwɪns] N (*fruit*) marmelo; (*tree*) marmeleiro

quinine [kwɪ'ni:n] N quinina

quintet(te) [kwɪn'tɛt] N quinteto

quintuplets [kwɪn'tju:plɪts] NPL quíntuplos *mpl*

quip [kwɪp] N escárnio, dito espirituoso ■ VT: **... he ~ped ...** soltou

quire ['kwaɪəʳ] N mão *f* (*de papel*)

quirk [kwə:k] N peculiaridade *f*; **by some ~ of fate** por uma singularidade do destino, por uma dessas coisas que acontecem

quit [kwɪt] (*pt, pp* **quitted**) VT (*smoking etc*) parar; (*job*) deixar (o emprego); (*premises*) desocupar ■ VI parar; (*give up*) desistir; (*resign*) demitir-se; **to ~ doing** parar *or* deixar de fazer; **~ stalling!** (*US: inf*) chega de evasivas!; **notice to ~** (*Brit*) aviso para desocupar (um imóvel)

quite [kwaɪt] ADV (*rather*) bastante; (*entirely*) completamente, totalmente; (*following a negative: almost*): **that's not ~ big enough** não é suficientemente grande; **~ new** novinho; **she's ~ pretty** ela é bem bonita; **I ~ understand** eu entendo completamente; **~ a few of them** um bom número deles; **that's not ~ right** não é bem assim; **not ~ as many as last time** um pouco menos do que da vez passada; **~ (so)!** exatamente!, isso mesmo!

Quito ['ki:təu] N Quito

quits [kwɪts] ADJ: **~ (with)** quite (com); **let's call**

it ~ ficamos quites
quiver ['kwɪvəʳ] VI estremecer ■ N (*for arrows*) carcás *m*, aljava
quiz [kwɪz] N (*game*) concurso (de cultura geral); (*in magazine etc*) questionário, teste *m* ■ VT interrogar
quizzical ['kwɪzɪkəl] ADJ zombeteiro
quoits [kwɔɪts] NPL jogo de malha
quorum ['kwɔːrəm] N quorum *m*
quota ['kwəutə] N cota, quota
quotation [kwəu'teɪʃən] N citação *f*; (*estimate*) orçamento; (*of shares*) cotação *f*; **quotation marks** NPL aspas *fpl*
quote [kwəut] N citação *f*; (*estimate*) orçamento ■ VT (*sentence*) citar; (*price*) propor; (*figure, example*) citar, dar; (*shares*) cotar ■ VI: **to ~ from** citar; **quotes** NPL (*quotation marks*) aspas *fpl*; **to ~ for a job** propor um preço para um trabalho; **in ~s** entre aspas; **~ ... un~** (*in dictation*) abre aspas ... fecha aspas
quotient ['kwəuʃənt] N quociente *m*
qv ABBR (= *quod vide*) vide
qwerty keyboard ['kwəːtɪ-] N teclado qwerty

Rr

R, r [ɑːʳ] N (*letter*) R, r *m*; **R for Robert** (*Brit*) *or* **Roger** (*US*) R de Roberto
R ABBR (= *right*) dir.; (: = *river*) R.; (: = *Réaumur (scale)*) R; (*US: Cinema*: = *restricted*) *proibido para menores de 17 anos*; (*US: Pol*) = **republican**; (*Brit*) = **Rex; Regina**
RA ABBR = **rear admiral** ■ N ABBR (*Brit*) = **Royal Academy; Royal Academician**
RAAF N ABBR = **Royal Australian Air Force**
Rabat [rə'bɑːt] N Rabat
rabbi ['ræbaɪ] N rabino
rabbit ['ræbɪt] N coelho ■ VI: **to ~ (on)** (*Brit*) tagarelar; **rabbit hole** N toca, lura; **rabbit hutch** N coelheira
rabble ['ræbl] (*pej*) N povinho, ralé *f*
rabid ['ræbɪd] ADJ raivoso
rabies ['reɪbiːz] N raiva
RAC (*Brit*) N ABBR (= *Royal Automobile Club*) ≈ TCB *m* (BR), ≈ ACP *m* (PT)
raccoon [rə'kuːn] N mão-pelada *m*, guaxinim *m*
race [reɪs] N (*competition, rush*) corrida; (*species*) raça ■ VT (*person*) apostar corrida com; (*horse*) fazer correr; (*engine*) acelerar ■ VI (*compete*) competir; (*run*) correr; (*pulse*) bater rapidamente; **the human ~** a raça humana; **to ~ in/out** *etc* entrar/sair correndo *etc*; **race car** (*US*) N = **racing car**; **race car driver** (*US*) N = **racing driver**
racecourse ['reɪskɔːs] N hipódromo
racehorse ['reɪshɔːs] N cavalo de corridas
race relations NPL relações *fpl* entre as raças
racetrack ['reɪstræk] N pista de corridas; (*for cars*) autódromo
racial ['reɪʃl] ADJ racial
racialism ['reɪʃəlɪzəm] N racismo
racialist ['reɪʃəlɪst] ADJ, N racista *m/f*
racing ['reɪsɪŋ] N corrida; **racing car** (*Brit*) N carro de corrida; **racing driver** (*Brit*) N piloto(-a) de corrida
racism ['reɪsɪzəm] N racismo
racist ['reɪsɪst] (*pej*) ADJ, N racista *m/f*
rack [ræk] N (*also*: **luggage rack**) bagageiro; (*shelf*) estante *f*; (*also*: **roof rack**) xalmas *fpl*, porta-bagagem *m*; (*dish rack*) secador *m* de prato; (*clothes rack*) cabide *m* ■ VT (*cause pain to*) atormentar; **~ed by** (*pain, anxiety*) tomado por; **to ~ one's brains** quebrar a cabeça; **to go to ~ and ruin** (*building*) cair aos pedaços; (*business*) falir ▸ **rack up** VT acumular
racket ['rækɪt] N (*for tennis*) raquete *f* (BR), raqueta (PT); (*noise*) barulheira, zoeira; (*swindle*) negócio ilegal, fraude *f*
racketeer [rækɪ'tɪəʳ] (*esp US*) N chantagista *m/f*
racoon [rə'kuːn] N = **raccoon**
racquet ['rækɪt] N raquete *f* (BR), raqueta (PT)
racy ['reɪsɪ] ADJ ousado, picante
RADA ['rɑːdə] (*Brit*) N ABBR = **Royal Academy of Dramatic Art**
radar ['reɪdɑːʳ] N radar *m* ■ CPD de radar; **radar trap** N radar *m* rodoviário
radial ['reɪdɪəl] ADJ (*also*: **radial-ply**) radial
radiance ['reɪdɪəns] N brilho, esplendor *m*
radiant ['reɪdɪənt] ADJ radiante, brilhante; (*Phys*) radiante
radiate ['reɪdɪeɪt] VT (*heat, emotion*) irradiar; (*emit*) emitir ■ VI (*lines*) difundir-se, estender-se
radiation [reɪdɪ'eɪʃən] N radiação *f*; **radiation sickness** N radiointoxicação *f*, intoxicação *f* radioativa
radiator ['reɪdɪeɪtəʳ] N radiador *m*; **radiator cap** N tampa do radiador; **radiator grill** N (*Aut*) grade *f* do radiador
radical ['rædɪkl] ADJ radical
radii ['reɪdɪaɪ] NPL *of* **radius**
radio ['reɪdɪəu] N rádio ■ VI: **to ~ to sb** comunicar com alguém por rádio ■ VT: **to ~ sb** comunicar-se por rádio com alguém; (*information*) transmitir por rádio; (*position*) comunicar por rádio; **on the ~** no rádio
radio... [reɪdɪəu] PREFIX radio...
radioactive [reɪdɪəu'æktɪv] ADJ radioativo
radioactivity [reɪdɪəuæk'tɪvɪtɪ] N radioatividade *f*
radio announcer N locutor(a) *m/f* de rádio
radio-controlled [-kən'trəuld] ADJ controlado por rádio
radiographer [reɪdɪ'ɔgrəfəʳ] N radiógrafo(-a)
radiography [reɪdɪ'ɔgrəfɪ] N radiografia
radiologist [reɪdɪ'ɔlədʒɪst] N radiologista *m/f*
radiology [reɪdɪ'ɔlədʒɪ] N radiologia
radio station N emissora, estação *f* de rádio
radio taxi N rádio-táxi *m*
radiotelephone [reɪdɪəu'tɛlɪfəun] N radiotelefone *m*

radiotherapist [reɪdɪəu'θerəpɪst] N radioterapeuta *m/f*
radiotherapy [reɪdɪəu'θerəpɪ] N radioterapia
radish ['rædɪʃ] N rabanete *m*
radium ['reɪdɪəm] N rádio
radius ['reɪdɪəs] (*pl* **radii**) N raio; (*Anat*) rádio; **within a 50-mile ~** dentro de um raio de 50 milhas
RAF (*Brit*) N ABBR = **Royal Air Force**
raffia ['ræfɪə] N ráfia
raffish ['ræfɪʃ] ADJ reles *inv*, ordinário
raffle ['ræfl] N rifa ■ VT rifar
raft [rɑ:ft] N (*craft; also: life raft*) balsa; (*logs*) flutuante *m* de árvores
rafter ['rɑ:ftəʳ] N viga, caibro
rag [ræg] N (*piece of cloth*) trapo; (*torn cloth*) farrapo; (*pej: newspaper*) jornaleco; (*University: for charity*) *atividades estudantis beneficentes* ■ VT (*Brit*) encarnar em, zombar de; **rags** NPL (*torn clothes*) trapos *mpl*, farrapos *mpl*; **in ~s** em farrapos
rag-and-bone man (*Brit: irreg*) N = **ragman**
ragbag ['rægbæg] N (*fig*) salada
rag doll N boneca de trapo
rage [reɪdʒ] N (*fury*) raiva, furor *m* ■ VI (*person*) estar furioso; (*storm*) assolar; (*debate*) continuar calorosamente; **to fly into a ~** enfurecer-se; **it's all the ~** é a última moda
ragged ['rægɪd] ADJ (*edge*) irregular, desigual; (*clothes*) puído, gasto; (*appearance*) esfarrapado, andrajoso; (*coastline*) acidentado
raging ['reɪdʒɪŋ] ADJ furioso; (*fever, pain*) violento; **~ toothache** dor de dente alucinante; **in a ~ temper** enfurecido
ragman ['rægmæn] (*irreg*) N negociante *m* de trastes
rag trade (*inf*) N: **the ~** a confecção e venda de roupa
raid [reɪd] N (*Mil*) incursão *f*; (*criminal*) assalto; (*attack*) ataque *m*; (*by police*) batida ■ VT invadir, atacar; assaltar; atacar; fazer uma batida em
raider ['reɪdəʳ] N atacante *m/f*; (*criminal*) assaltante *m/f*
rail [reɪl] N (*on stair*) corrimão *m*; (*on bridge, balcony*) parapeito, anteparo; (*of ship*) amurada; **rails** NPL (*for train*) trilhos *mpl*; **by ~** de trem (BR), por caminho de ferro (PT)
railing(s) ['reɪlɪŋ(z)] N(PL) grade *f*
railroad ['reɪlrəud] (*US*) N = **railway**
railway ['reɪlweɪ] N estrada (BR) *or* caminho (PT) de ferro; **railway engine** N locomotiva; **railway line** (*Brit*) N linha de trem (BR) *or* de comboio (PT)
railwayman ['reɪlweɪmən] (*Brit: irreg*) N ferroviário
railway station (*Brit*) N estação *f* ferroviária (BR) *or* de caminho de ferro (PT)
rain [reɪn] N chuva ■ VI chover; **in the ~** na chuva; **it's ~ing** está chovendo (BR), está a chover (PT); **it's ~ing cats and dogs** chove a cântaros
rainbow ['reɪnbəu] N arco-íris *m inv*
raincoat ['reɪnkəut] N impermeável *m*, capa de chuva
raindrop ['reɪndrɔp] N gota de chuva
rainfall ['reɪnfɔ:l] N chuva; (*measurement*) pluviosidade *f*
rainproof ['reɪnpru:f] ADJ impermeável
rainstorm ['reɪnstɔ:m] N chuvada torrencial
rainwater ['reɪnwɔ:təʳ] N água pluvial
rainy ['reɪnɪ] ADJ chuvoso; **a ~ day** um dia de chuva
raise [reɪz] N aumento ■ VT (*lift*) levantar; (*end: siege, embargo*) levantar, terminar; (*build*) erguer, edificar; (*salary, production*) aumentar; (*morale, standards*) melhorar; (*doubts*) suscitar, despertar; (*a question*) fazer, expor; (*cattle, family*) criar; (*crop*) cultivar, plantar; (*army*) recrutar, alistar; (*funds*) angariar; (*loan*) levantar, obter; **to ~ one's voice** levantar a voz; **to ~ one's glass to sb/sth** brindar à saúde de alguém/brindar algo; **to ~ sb's hopes** dar esperanças a alguém; **to ~ a laugh/smile** provocar risada/sorrisos
raisin ['reɪzn] N passa, uva seca
Raj [rɑ:dʒ] N: **the ~** o império (na Índia)
rajah ['rɑ:dʒə] N rajá *m*
rake [reɪk] N (*tool*) ancinho; (*person*) libertino ■ VT (*garden*) revolver *or* limpar com o ancinho; (*fire*) remover as cinzas de; (*with machine gun*) varrer ■ VI: **to ~ through** (*fig: search*) vasculhar
rake-off (*inf*) N comissão *f*
rakish ['reɪkɪʃ] ADJ (*dissolute*) devasso, dissoluto; **at a ~ angle** de banda, inclinado
rally ['rælɪ] N (*Pol etc*) comício; (*Aut*) rally *m*, rali *m*; (*Tennis*) rebatida ■ VT reunir ■ VI reorganizar-se; (*sick person, Stock Exchange*) recuperar-se
▸ **rally round** VI dar apoio ■ VT FUS dar apoio a
rallying point ['rælɪɪŋ-] N (*Pol, Mil*) ponto de encontro
RAM [ræm] N ABBR (*Comput: = random access memory*) RAM *f*
ram [ræm] N carneiro; (*Tech*) êmbolo, aríete *m* ■ VT (*push*) cravar; (*crash into*) colidir com; (*tread down*) pisar, calcar
ramble ['ræmbl] N caminhada, excursão *f* a pé ■ VI cominhar; (*talk: also:* **ramble on**) divagar
rambler ['ræmbləʳ] N caminhante *m/f*; (*Bot*) roseira trepadeira
rambling ['ræmblɪŋ] ADJ (*speech*) desconexo, incoerente; (*house*) cheio de recantos; (*plant*) rastejante ■ N excursionismo
RAMC (*Brit*) N ABBR = **Royal Army Medical Corps**
ramification [ræmɪfɪ'keɪʃən] N ramificação *f*
ramp [ræmp] N (*incline*) rampa; (*in road*) lombada; **on/off ~** (*US: Aut*) entrada (para a rodovia) saída da rodovia
rampage [ræm'peɪdʒ] N: **to be on the ~** alvoroçar-se ■ VI: **they went rampaging through the town** correram feito loucos pela cidade
rampant ['ræmpənt] ADJ (*disease etc*) violento, implacável
rampart ['ræmpɑ:t] N baluarte *m*; (*wall*) muralha
ramshackle ['ræmʃækl] ADJ caindo aos pedaços

RAN N ABBR = **Royal Australian Navy**
ran [ræn] PT *of* **run**
ranch [rɑ:ntʃ] N rancho, fazenda, estância
rancher ['rɑ:ntʃəʳ] N rancheiro(-a), fazendeiro(-a)
rancid ['rænsɪd] ADJ rançoso, râncio
rancour ['ræŋkəʳ] (*US* **rancor**) N rancor *m*
random ['rændəm] ADJ ao acaso, casual, fortuito; (*Comput, Math*) aleatório ■ N: **at ~** a esmo, aleatoriamente; **random access** N (*Comput*) acesso randômico *or* aleatório; **random access memory** N (*Comput*) memória de acesso randômico *or* aleatório
randy ['rændɪ] (*Brit: inf*) ADJ de fogo
rang [ræŋ] PT *of* **ring**
range [reɪndʒ] N (*of mountains*) cadeia, cordilheira; (*of missile*) alcance *m*; (*of voice*) extensão *f*; (*series*) série *f*; (*of products*) gama, sortimento; (*Mil: also*: **shooting range**) estande *m*; (*also*: **kitchen range**) fogão *m* ■ VT (*place*) colocar; (*arrange*) arrumar, ordenar ■ VI: **to ~ over** (*wander*) percorrer; (*extend*) estender-se por; **to ~ from ... to ...** variar de ... a ..., oscilar entre ... e ...; **do you have anything else in this price ~?** você tem outras coisas dentro desta faixa de preço?; **within (firing) ~** ao alcance de tiro; **~d left/right** (*text*) alinhado à esquerda/direita
ranger ['reɪndʒəʳ] N guarda-florestal *m/f*
Rangoon [ræŋ'gu:n] N Rangum
rank [ræŋk] N (*row*) fila, fileira; (*Mil*) posto; (*status*) categoria, posição *f*; (*Brit: also*: **taxi rank**) ponto de táxi ■ VI: **to ~ among** figurar entre ■ VT: **I ~ him sixth** eu o coloco em sexto lugar ■ ADJ (*stinking*) fétido, malcheiroso; (*hypocrisy, injustice*) total; **the ranks** NPL (*Mil*) a tropa; **the ~ and file** (*fig*) a gente comum; **to close ~s** (*Mil, fig*) cerrar fileiras
rankle ['ræŋkl] VI (*insult*) doer, magoar
ransack ['rænsæk] VT (*search*) revistar; (*plunder*) saquear, pilhar
ransom ['rænsəm] N resgate *m*; **to hold sb to ~** (*fig*) encostar alguém contra a parede
rant [rænt] VI arengar
ranting ['ræntɪŋ] N palavreado oco
rap [ræp] N batida breve e seca, tapa ■ VT bater de leve
rape [reɪp] N estupro; (*Bot*) colza ■ VT violentar, estuprar
rape(seed) oil ['reɪp(si:d)-] N óleo de colza
rapid ['ræpɪd] ADJ rápido
rapidity [rə'pɪdɪtɪ] N rapidez *f*
rapidly ['ræpɪdlɪ] ADV rapidamente
rapids ['ræpɪdz] NPL (*Geo*) cachoeira
rapist ['reɪpɪst] N estuprador *m*
rapport [ræ'pɔ:ʳ] N harmonia, afinidade *f*
rapt [ræpt] ADJ absorvido; **to be ~ in contemplation** estar contemplando embevecido
rapture ['ræptʃəʳ] N êxtase *m*, arrebatamento; **to go into ~s over** extasiar-se com
rapturous ['ræptʃərəs] ADJ extático; (*applause*) entusiasta
rare [rɛəʳ] ADJ raro; (*Culin: steak*) mal passado
rarebit ['rɛəbɪt] N *see* **Welsh rarebit**
rarefied ['rɛərɪfaɪd] ADJ (*air, atmosphere*) rarefeito
rarely ['rɛəlɪ] ADV raramente
raring ['rɛərɪŋ] ADJ: **to be ~ to go** (*inf*) estar louco para começar
rarity ['rɛərɪtɪ] N raridade *f*
rascal ['rɑ:skl] N maroto, malandro
rash [ræʃ] ADJ impetuoso, precipitado ■ N (*Med*) exantema *m*, erupção *f* cutânea; (*of events*) série *f*, torrente *f*; **he came out in a ~** apareceu-lhe uma irritação na pele
rasher ['ræʃəʳ] N fatia fina
rashness ['ræʃnɪs] N impetuosidade *f*
rasp [rɑ:sp] N (*tool*) lima, raspadeira ■ VT (*speak: also*: **rasp out**) falar em voz áspera
raspberry ['rɑ:zbərɪ] N framboesa; **raspberry bush** N framboeseira
rasping ['rɑ:spɪŋ] ADJ: **a ~ noise** um ruído áspero *or* irritante
rat [ræt] N rato (BR), ratazana (PT)
ratable ['reɪtəbl] ADJ = **rateable**
ratchet ['rætʃɪt] N (*Tech*) roquete *m*, catraca
rate [reɪt] N (*ratio*) razão *f*; (*percentage*) percentagem *f*, proporção *f*; (*price*) preço, taxa; (: *of hotel*) diária; (*of interest, change*) taxa; (*speed*) velocidade *f* ■ VT (*value*) taxar; (*estimate*) avaliar; **rates** NPL (*Brit*) imposto predial e territorial; (*fees*) pagamento; **to ~ as** ser considerado como; **to ~ sb/sth as** considerar alguém/algo como; **to ~ sth among** considerar algo como um(a) dos/das; **to ~ sb/sth highly** valorizar alguém/algo; **at a ~ of 60 km/h** à velocidade de 60 km/h; **at any ~** de qualquer modo; **~ of exchange** taxa de câmbio; **~ of growth** taxa de crescimento; **~ of return** taxa de retorno
rateable value ['reɪtəbl-] (*Brit*) N valor *m* tributável (*de um imóvel*)
ratepayer ['reɪtpeɪəʳ] (*Brit*) N contribuinte *m/f* de imposto predial
rather ['rɑ:ðəʳ] ADV (*somewhat*) um tanto, meio; (*to some extent*) até certo ponto; (*more accurately*): **or ~** ou melhor; **it's ~ expensive** (*quite*) é meio caro; (*too*) é caro demais; **there's ~ a lot** há bastante *or* muito; **~ than** em vez de; **I would** *or* **I'd ~ go** preferiria *or* preferia ir; **I'd ~ not leave** eu preferiria *or* preferia não sair; **or ~** (*more accurately*) ou melhor; **I ~ think he won't come** eu estou achando que ele não vem
ratification [rætɪfɪ'keɪʃən] N ratificação *f*
ratify ['rætɪfaɪ] VT ratificar
rating ['reɪtɪŋ] N (*assessment*) avaliação *f*; (*score*) classificação *f*; (*value*) valor *m*; (*standing*) posição *f*; (*Naut: category*) posto; (: *Brit: sailor*) marinheiro; **ratings** NPL (*Radio, TV*) índice(s) *m(pl)* de audiência
ratio ['reɪʃɪəu] N razão *f*, proporção *f*; **in the ~ of 100 to 1** na proporção *or* razão de 100 para 1
ration ['ræʃən] N ração *f* ■ VT racionar; **rations** NPL (*Mil*) mantimentos *mpl*, víveres *mpl*
rational ['ræʃənl] ADJ racional; (*solution, reasoning*) lógico; (*person*) sensato, razoável

rationale [ræʃə'nɑ:l] N razão *f* fundamental
rationalization [ræʃnəlaɪ'zeɪʃən] N racionalização *f*
rationalize ['ræʃənəlaɪz] VT racionalizar
rationally ['ræʃənəlɪ] ADV racionalmente; (*logically*) logicamente
rationing ['ræʃnɪŋ] N racionamento
rat poison N raticida *m*
rat race N: **the ~** a competição acirrada na vida moderna
rattan [ræ'tæn] N rotim *m*
rattle ['rætl] N (*of door*) batida; (*of train etc*) chocalhada; (*of coins*) chocalhar *m*; (*of hail*) saraivada; (*object: for baby*) chocalho; (: *of sports fan*) matraca; (*of snake*) guizo ■ VI chocalhar; (*small objects*) tamborilar; (*vehicle*): **to ~ along** mover-se ruidosamente ■ VT sacudir, fazer bater; (*unnerve*) perturbar; (*disconcert*) desconcertar; (*annoy*) encher
rattlesnake ['rætlsneɪk] N cascavel *f*
ratty ['rætɪ] (*inf*) ADJ rabugento
raucous ['rɔ:kəs] ADJ espalhafatoso, banelhento
raucously ['rɔ:kəslɪ] ADV em voz rouca
ravage ['rævɪdʒ] VT devastar, estragar
ravages ['rævɪdʒɪz] NPL estragos *mpl*
rave [reɪv] VI (*in anger*) encolerizar-se; (*Med*) delirar; (*with enthusiasm*): **to ~ about** vibrar com ■ CPD: **~ review** (*inf*) crítica estrondosa
raven ['reɪvən] N corvo
ravenous ['rævənəs] ADJ morto de fome, esfomeado
ravine [rə'vi:n] N ravina, barranco
raving ['reɪvɪŋ] ADJ: **~ lunatic** doido(-a) varrido(-a)
ravings ['reɪvɪŋz] NPL delírios *mpl*
ravioli [rævɪ'əʊlɪ] N raviólі *m*
ravish ['rævɪʃ] VT arrebatar; (*delight*) encantar
ravishing ['rævɪʃɪŋ] ADJ encantador(a)
raw [rɔ:] ADJ (*uncooked*) cru(a); (*not processed*) bruto; (*sore*) vivo; (*inexperienced*) inexperiente, novato; (*weather*) muito frio; **raw deal** (*inf*) N: **to get a raw deal** levar a pior; **raw material** N matéria-prima
ray [reɪ] N raio; **~ of hope** fio de esperança
rayon ['reɪɔn] N raiom *m*
raze [reɪz] VT (*also*: **raze to the ground**) arrasar, aniquilar
razor ['reɪzəʳ] N (*open*) navalha; (*safety razor*) aparelho de barbear; (*electric*) aparelho de barbear elétrico; **razor blade** N gilete *m* (BR), lâmina de barbear (PT)
razzle(-dazzle) ['ræzl-] (*Brit: inf*) N: **to go on the razzle(-dazzle)** cair na farra
razzmatazz ['ræzmə'tæz] (*inf*) N alvoroço
R&B N ABBR = **rhythm and blues**
RC ABBR = **Roman Catholic**
RCAF N ABBR = **Royal Canadian Air Force**
RCMP N ABBR = **Royal Canadian Mounted Police**
RCN N ABBR = **Royal Canadian Navy**
RD (*US*) ABBR (*Post*) = **rural delivery**
Rd ABBR = **road**
R&D N ABBR = **research and development**
RDC (*Brit*) N ABBR = **rural district council**
RE (*Brit*) N ABBR = **religious education**; (*Mil*) = **Royal Engineers**
re [ri:] PREP referente a
reach [ri:tʃ] N alcance *m*; (*Boxing*) campo de ação; (*of river etc*) extensão *f* ■ VT (*be able to touch*) alcançar; (*arrive at: place*) chegar em; (: *agreement, conclusion*) chegar a; (*achieve*) conseguir; (*stretch out*) estender, esticar; (*by telephone*) conseguir falar com ■ VI alcançar; (*stretch out*) esticar-se; **within ~** (*object*) ao alcance (da mão); **out of** *or* **beyond ~** fora de alcance; **within easy ~ of the shops/station** perto das lojas/da estação; **"keep out of the ~ of children"** "manter fora do alcance de crianças"; **to ~ out for sth** estender *or* esticar a mão para pegar (em) algo; **to ~ sb by phone** comunicar-se com alguém por telefone; **can I ~ you at your hotel?** posso entrar em contato com você no seu hotel?
▸ **reach out** VT (*hand*) esticar ■ VI: **to ~ out for sth** estender *or* esticar ã mão para pegar (em) algo
react [ri:'ækt] VI reagir
reaction [ri:'ækʃən] N reação *f*; **reactions** NPL (*reflexes*) reflexos *mpl*
reactionary [ri:'ækʃənrɪ] ADJ, N reacionário(-a)
reactor [ri:'æktəʳ] N (*also*: **nuclear reactor**) reator *m* nuclear
read [ri:d] (*pt, pp* **read**) [rɛd] VI ler ■ VT ler; (*understand*) compreender; (*study*) estudar; **to take sth as ~** (*fig*) considerar algo como garantido; **do you ~ me?** (*Tel*) está me ouvindo?; **to ~ between the lines** ler nas entrelinhas
▸ **read out** VT ler em voz alta
▸ **read over** VT reler
▸ **read through** VT (*quickly*) dar uma lida em; (*thoroughly*) ler até o fim
▸ **read up (on)** VT FUS estudar
readable ['ri:dəbl] ADJ (*writing*) legível; (*book*) que merece ser lido
reader ['ri:dəʳ] N leitor(a) *m/f*; (*book*) livro de leituras; (*Brit: at university*) professor(a) *m/f* adjunto(-a)
readership ['ri:dəʃɪp] N (*of paper: readers*) leitores *mpl*; (: *number of readers*) número de leitores
readily ['rɛdɪlɪ] ADV (*willingly*) de boa vontade; (*easily*) facilmente; (*quickly*) sem demora, prontamente
readiness ['rɛdɪnɪs] N (*willingness*) boa vontade *f*; (*preparedness*) prontidão *f*; **in ~** (*prepared*) preparado, pronto
reading ['ri:dɪŋ] N leitura; (*understanding*) compreensão *f*; (*on instrument*) indicação *f*, registro (BR), registo (PT); **reading lamp** N lâmpada de leitura; **reading room** N sala de leitura
readjust [ri:ə'dʒʌst] VT reajustar ■ VI (*adapt*): **to ~ to** reorientar-se para
ready ['rɛdɪ] ADJ pronto, preparado; (*willing*) disposto; (*available*) disponível ■ ADV: **~-cooked** pronto para comer ■ N: **at the ~** (*Mil*) pronto

para atirar; (*fig*) pronto; **~ for use** pronto para o uso; **to be ~ to do sth** estar pronto *or* preparado para fazer algo; **to get ~** VI preparar-se ■ VT preparar; **ready cash** N dinheiro vivo

ready-made ADJ (já) feito; (*clothes*) pronto

ready-mix N (*for cakes etc*) massa pronta

ready money N dinheiro vivo *or* disponível

ready reckoner [-'rɛkənəʳ] (*Brit*) N tabela de cálculos feitos

ready-to-wear ADJ pronto, prêt à porter *inv*

reaffirm [ri:ə'fɜ:m] VT reafirmar

reagent [ri:'eɪdʒənt] N reagente *m*, reativo

real [rɪəl] ADJ real; (*genuine*) verdadeiro, autêntico; (*proper*) de verdade; (*for emphasis*): **a ~ idiot/miracle** um verdadeiro idiota/milagre ■ ADV (*US*: *inf*: *very*) bem; **in ~ life** na vida real; **in ~ terms** em termos reais; **real estate** N bens *mpl* imobiliários *or* de raiz

realism ['rɪəlɪzəm] N realismo

realist ['rɪəlɪst] N realista *m/f*

realistic [rɪə'lɪstɪk] ADJ realista

reality [ri:'ælɪtɪ] N realidade *f*; **in ~** na verdade, na realidade; **reality TV** N reality TV *f*

realization [rɪəlaɪ'zeɪʃən] N (*fulfilment*) realização *f*; (*understanding*) compreensão *f*; (*Comm*) conversão *f* em dinheiro, realização

realize ['rɪəlaɪz] VT (*understand*) perceber; (*fulfil*, *Comm*) realizar; **I ~ that ...** eu concordo que ...

really ['rɪəlɪ] ADV (*for emphasis*) realmente; (*actually*): **what ~ happened?** o que aconteceu na verdade?; **~?** (*interest*) é mesmo?; (*surprise*) verdade!; **~!** (*annoyance*) realmente!

realm [rɛlm] N reino

real-time ADJ (*Comput*) em tempo real

realtor® ['rɪəltəʳ] (*US*) N corretor(a) *m/f* de imóveis (*BR*), agente *m/f* imobiliário(-a) (*PT*)

ream [ri:m] N resma; **reams** NPL (*fig*: *inf*) páginas *fpl* e páginas

reap [ri:p] VT segar, ceifar; (*fig*) colher

reaper ['ri:pəʳ] N segador(a) *m/f*, ceifeiro(-a); (*machine*) segadora

reappear [ri:ə'pɪəʳ] VI reaparecer

reappearance [ri:ə'pɪərəns] N reaparição *f*

reapply [ri:ə'plaɪ] VI: **to ~ for** requerer de novo; (*job*) candidatar-se de novo a

reappraisal [ri:ə'preɪzl] N reavaliação *f*

rear [rɪəʳ] ADJ traseiro, de trás ■ N traseira; (*inf*: *bottom*) traseiro ■ VT (*cattle*, *family*) criar ■ VI (*also*: **rear up**) empinar-se

rear-engined [-'ɛndʒɪnd] ADJ (*Aut*) com motor traseiro

rearguard ['rɪəgɑ:d] N retaguarda

rearm [ri:'ɑ:m] VT, VI rearmar

rearmament [ri:'ɑ:məmənt] N rearmamento *m*

rearrange [ri:ə'reɪndʒ] VT arrumar de novo, reorganizar

rear-view mirror N (*Aut*) espelho retrovisor

reason ['ri:zn] N (*cause*) razão *f*; (*ability to think*) raciocínio; (*sense*) bom-senso ■ VI: **to ~ with sb** argumentar com alguém, persuadir alguém; **the ~ for/why** a razão de/pela qual; **to have ~ to think** ter motivo para pensar; **it stands to ~ that** é razoável *or* lógico que; **she claims with good ~ that ...** ela afirma com toda a razão que ...; **all the more ~ why you should not sell it** mais uma razão para você não vendê-lo

reasonable ['ri:zənəbl] ADJ (*fair*) razoável; (*sensible*) sensato

reasonably ['ri:zənəblɪ] ADV (*fairly*) razoavelmente; (*sensibly*) sensatamente; **one can ~ assume that ...** tudo indica que ...

reasoned ['ri:zənd] ADJ (*argument*) fundamentado

reasoning ['ri:zənɪŋ] N raciocínio

reassemble [ri:ə'sɛmbl] VT (*people*) reunir; (*machine*) montar de novo ■ VI reunir-se de novo

reassert [ri:ə'sə:t] VT reafirmar

reassurance [ri:ə'ʃuərəns] N garantia; (*comfort*) reconforto

reassure [ri:ə'ʃuəʳ] VT tranqüilizar; **to ~ sb of** reafirmar a confiança de alguém acerca de

reassuring [ri:ə'ʃuərɪŋ] ADJ animador(a), tranqüilizador(a)

reawakening [ri:ə'weɪknɪŋ] N despertar *m*

rebate ['ri:beɪt] N (*on product*) abatimento; (*on tax etc*) devolução *f*; (*refund*) reembolso

rebel [*n* 'rɛbl, *vi* rɪ'bɛl] N rebelde *m/f* ■ VI rebelar-se

rebellion [rɪ'bɛljən] N rebelião *f*, revolta

rebellious [rɪ'bɛljəs] ADJ insurreto; (*behaviour*) rebelde

rebirth [ri:'bə:θ] N renascimento

rebound [*vi* rɪ'baund, *n* 'ri:baund] VI (*ball*) ressaltar ■ N: **on the ~** ressalto; (*person*): **she married him on the ~** ela casou com ele logo após o rompimento do casamento (*or* relationamento) anterior

rebuff [rɪ'bʌf] N repulsa, recusa ■ VT repelir

rebuild [ri:'bɪld] (*irreg*) VT reconstruir; (*economy*, *confidence*) recuperar

rebuke [rɪ'bju:k] N reprimenda, censura ■ VT repreender

rebut [rɪ'bʌt] VT refutar

rebuttal [rɪ'bʌtl] N refutação *f*

recalcitrant [rɪ'kælsɪtrənt] ADJ recalcitrante, teimoso

recall [rɪ'kɔ:l] VT (*remember*) recordar, lembrar; (*parliament*) reunir de volta; (*ambassador etc*) chamar de volta ■ N (*memory*) recordação *f*, lembrança; (*of ambassador etc*) chamada (de volta); **it is beyond ~** caiu no esquecimento

recant [rɪ'kænt] VI retratar-se

recap ['ri:kæp] VT sintetizar ■ VI recapitular ■ N recapitulação *f*

recapitulate [ri:kə'pɪtjuleɪt] VT, VI = **recap**

recapture [ri:'kæptʃəʳ] VT (*town*) retomar, recobrar; (*atmosphere*) recriar

recd. ABBR = **received**

recede [rɪ'si:d] VI (*tide*) baixar; (*lights*) diminuir; (*memory*) enfraquecer; (*hair*) escassear

receding [rɪ'si:dɪŋ] ADJ (*forehead*, *chin*) metido *or* puxado para dentro; (*hair*) que está escasseando nas têmporas; **~ hairline** entradas *fpl* (no cabelo)

receipt [rɪ'si:t] N (*document*) recibo; (*act of receiving*) recebimento (BR), recepção *f* (PT); **receipts** NPL (*Comm*) receitas *fpl*; **on ~ of** ao receber; **to acknowledge ~ of** acusar o recebimento (BR) *or* a recepção (PT) de; **we are in ~ of ...** recebimos ...
receivable [rɪ'si:vəbl] ADJ (*Comm*) a receber
receive [rɪ'si:v] VT receber; (*guest*) acolher; (*wound, criticism*) sofrer; **"~d with thanks"** (*Comm*) "recebido"
receiver [rɪ'si:vəʳ] N (*Tel*) fone *m* (BR), auscultador *m* (PT); (*Radio, TV*) receptor *m*; (*of stolen goods*) receptador(a) *m/f*; (*Comm*) curador(a) *m/f* síndico(-a) de massa falida
recent ['ri:snt] ADJ recente; **in ~ years** nos últimos anos
recently ['ri:sntlɪ] ADV (*a short while ago*) recentemente; (*in recent times*) ultimamente; **as ~ as yesterday** ainda ontem; **until ~** até recentemente
receptacle [rɪ'sɛptɪkl] N receptáculo, recipiente *m*
reception [rɪ'sɛpʃən] N recepção *f*; (*welcome*) acolhida; **reception centre** (*Brit*) N centro de recepção; **reception desk** N (*mesa de*) recepção *f*
receptionist [rɪ'sɛpʃənɪst] N recepcionista *m/f*
receptive [rɪ'sɛptɪv] ADJ receptivo
recess [rɪ'sɛs] N (*in room*) recesso, vão *m*; (*for bed*) nicho; (*secret place*) esconderijo; (*Pol etc: holiday*) férias *fpl*; (*US: Law: short break*) recesso; (*Sch: esp US*) recreio
recession [rɪ'sɛʃən] N recessão *f*
recharge [ri:'tʃɑ:dʒ] VT (*battery*) recarregar
rechargeable [ri:'tʃɑ:dʒəbl] ADJ recarregável
recipe ['rɛsɪpɪ] N receita
recipient [rɪ'sɪpɪənt] N recipiente *m/f*, recebedor(a) *m/f*; (*of letter*) destinatário(-a)
reciprocal [rɪ'sɪprəkl] ADJ recíproco
reciprocate [rɪ'sɪprəkeɪt] VT retribuir ■ VI (*in hospitality etc*) retribuir; (*in aggression etc*) revidar
recital [rɪ'saɪtl] N recital *m*
recite [rɪ'saɪt] VT (*poem*) recitar; (*complaints etc*) enumerar
reckless ['rɛkləs] ADJ (*driver*) imprudente; (*speed*) imprudente, excessivo; (*spending*) irresponsável
recklessly ['rɛkləslɪ] ADV temerariamente, sem prudência; (*spend*) irresponsavelmente
reckon ['rɛkən] VT (*calculate*) calcular, contar; (*consider*) considerar; (*think*): **I ~ that ...** acho que ... ■ VI: **he is somebody to be ~ed with** ele é alguém que não pode ser esquecido; **to ~ without sb/sth** não levar alguém/algo em conta, não contar com alguém/algo
▶ **reckon on** VT FUS contar com
reckoning ['rɛkənɪŋ] N (*calculation*) cálculo; **the day of ~** o dia do Juízo Final
reclaim [rɪ'kleɪm] VT (*get back*) recuperar; (*demand back*) reivindicar; (*land*) desbravar; (: *from sea*) aterrar; (*waste materials*) reaproveitar
reclamation [rɛklə'meɪʃən] N recuperação *f*; (*of land from sea*) aterro
recline [rɪ'klaɪn] VI reclinar-se; (*lean*) apoiar-se, recostar-se
reclining [rɪ'klaɪnɪŋ] ADJ (*seat*) reclinável
recluse [rɪ'klu:s] N recluso(-a)
recognition [rɛkəg'nɪʃən] N reconhecimento; **transformed beyond ~** tão transformado que está irreconhecível; **in ~ of** em reconhecimento de; **to gain ~** ser reconhecido
recognizable ['rɛkəgnaɪzəbl] ADJ: **~ (by)** reconhecível (por)
recognize ['rɛkəgnaɪz] VT reconhecer; (*accept*) aceitar; **to ~ by/as** reconhecer por/como
recoil [*vi* rɪ'kɔɪl, *n* 'ri:kɔɪl] VI recuar; (*person*): **to ~ from doing sth** recusar-se a fazer algo ■ N (*of gun*) coice *m*
recollect [rɛkə'lɛkt] VT lembrar, recordar
recollection [rɛkə'lɛkʃən] N (*memory*) recordação *f*; (*remembering*) lembrança; **to the best of my ~** se não me falha a memória
recommend [rɛkə'mɛnd] VT recomendar; **she has a lot to ~ her** ela tem muito a seu favor
recommendation [rɛkəmɛn'deɪʃən] N recomendação *f*
recommended retail price [rɛkə'mɛndɪd-] (*Brit*) N preço máximo consumidor
recompense ['rɛkəmpɛns] VT recompensar ■ N recompensa
reconcilable [rɛkən'saɪləbl] ADJ (*ideas*) conciliável
reconcile ['rɛkənsaɪl] VT (*two people*) reconciliar; (*two facts*) conciliar, harmonizar; **to ~ o.s. to sth** resignar-se a *or* conformar-se com algo
reconciliation [rɛkənsɪlɪ'eɪʃən] N reconciliação *f*
recondite [rɪ'kɔndaɪt] ADJ obscuro
recondition [ri:kən'dɪʃən] VT recondicionar
reconnaissance [rɪ'kɔnɪsns] N (*Mil*) reconhecimento
reconnoitre [rɛkə'nɔɪtəʳ] (*US* **reconnoiter**) VT (*Mil*) reconhecer ■ VI fazer um reconhecimento
reconsider [ri:kən'sɪdəʳ] VT reconsiderar
reconstitute [ri:'kɔnstɪtju:t] VT reconstituir
reconstruct [ri:kən'strʌkt] VT reconstruir; (*event*) reconstituir
reconstruction [ri:kən'strʌkʃən] N reconstrução *f*
record [*n, adj* 'rɛkɔ:d, *vt* rɪ'kɔ:d] N (*Mus*) disco; (*of meeting etc*) ata, minuta; (*Comput, of attendance*) registro (BR), registo (PT); (*file*) arquivo; (*written*) história; (*also*: **criminal record**) antecedentes *mpl*; (*Sport*) recorde *m* ■ VT (*write down*) anotar; (*temperature, speed*) registrar (BR), registar (PT); (*relate*) relatar, referir; (*Mus: song etc*) gravar ■ ADJ: **in ~ time** num tempo recorde; **public ~s** arquivo público; **to keep a ~ of** anotar; **to put the ~ straight** (*fig*) corrigir um equívoco; **he is on ~ as saying that ...** ele declarou publicamente que ...; **Italy's record ~** o excelente desempenho da Itália; **off the ~** ADJ confidencial ■ ADV confidencialmente; **record card** N (*in file*) ficha
recorded delivery letter [rɪ'kɔ:dɪd-] (*Brit*) N (*Post*) ≈ carta registrada (BR) *or* registada (PT)

recorder [rɪ'kɔ:dəʳ] N (*Mus*) flauta; (*Tech*) indicador *m* mecânico; (*official*) escrivão(-vã) *m/f*
record holder N (*Sport*) detentor(a) *m/f* do recorde
recording [rɪ'kɔ:dɪŋ] N (*Mus*) gravação *f*; **recording studio** N estúdio de gravação
record library N discoteca
record player N toca-discos *m inv* (BR), gira-discos *m inv* (PT)
recount [rɪ'kaunt] VT relatar
re-count [*n* 'ri:kaunt, *vt* ri:'kaunt] N (*Pol*: *of votes*) nova contagem *f*, recontagem *f* ■ VT recontar
recoup [rɪ'ku:p] VT: **to ~ one's losses** recuperar-se dos prejuízos
recourse [rɪ'kɔ:s] N recurso; **to have ~ to** recorrer a
recover [rɪ'kʌvəʳ] VT recuperar; (*rescue*) resgatar ■ VI (*from illness*) recuperar-se; (*from shock*) refazer-se
re-cover VT (*chair etc*) revestir
recovery [rɪ'kʌvərɪ] N recuperação *f*; (*Med*) recuperação, melhora
recreate [ri:krɪ'eɪt] VT recriar
recreation [rɛkrɪ'eɪʃən] N recreação *f*; (*play*) recreio
recreational [rɛkrɪ'eɪʃənl] ADJ recreativo; **recreational vehicle** (*US*) N kombi *m*
recrimination [rɪkrɪmɪ'neɪʃən] N recriminação *f*
recruit [rɪ'kru:t] N recruta *m/f*; (*in company*) novato(-a) ■ VT recrutar
recruiting office [rɪ'kru:tɪŋ-] N centro de recrutamento
recruitment [rɪ'kru:tmənt] N recrutamento
rectangle ['rɛktæŋgl] N retângulo
rectangular [rɛk'tæŋgjuləʳ] ADJ retangular
rectify ['rɛktɪfaɪ] VT retificar
rector ['rɛktəʳ] N (*Rel*) pároco; (*Sch*) reitor(a) *m/f*
rectory ['rɛktərɪ] N residência paroquial
rectum ['rɛktəm] N (*Anat*) reto
recuperate [rɪ'ku:pəreɪt] VI recuperar-se
recur [rɪ'kə:ʳ] VI repetir-se, ocorrer outra vez; (*opportunity*) surgir de novo; (*symptoms*) reaparecer
recurrence [rɪ'kʌrəns] N repetição *f*; (*of symptoms*) reaparição *f*
recurrent [rɪ'kʌrənt] ADJ repetido, periódico
recurring [rɪ'kə:rɪŋ] ADJ (*Math*) periódico
recyclable [rɪ:'saɪklɔbl] ADJ reciclável
red [rɛd] N vermelho; (*Pol*: *pej*) vermelho(-a) ■ ADJ vermelho; (*hair*) ruivo; (*wine*) tinto; **to be in the ~** (*person*) estar no vermelho; (*account*) não ter fundos; **red carpet treatment** N: **she was given the red carpet treatment** ela foi recebida com todas as honras
Red Cross N Cruz *f* Vermelha
redcurrant ['rɛd'kʌrənt] N groselha
redden ['rɛdən] VT avermelhar ■ VI corar, ruborizar-se
reddish ['rɛdɪʃ] ADJ avermelhado; (*hair*) arruivado
redecorate [ri:'dɛkəreɪt] VT decorar de novo, redecorar
redecoration [ri:dɛkə'reɪʃən] N remodelação *f*
redeem [rɪ'di:m] VT (*Rel*) redimir; (*sth in pawn*) tirar do prego; (*loan, fig*: *situation*) salvar
redeemable [rɪ'di:məbl] ADJ resgatável
redeeming [rɪ'di:mɪŋ] ADJ: **~ feature** lado bom *or* que salva
redeploy [ri:dɪ'plɔɪ] VT (*resources, troops*) redistribuir; **redeployment** [ri:dɪ'plɔɪmənt] N redistribuição *f*
redevelop [ri:dɪ'vɛləp] VT renovar
redevelopment [ri:dɪ'vɛləpmənt] N renovação *f*
red-haired ADJ ruivo
red-handed [-'hændɪd] ADJ: **to be caught ~** ser apanhado em flagrante, ser flagrado
redhead ['rɛdhɛd] N ruivo(-a)
red herring N (*fig*) pista falsa
red-hot ADJ incandescente
redid [ri:'dɪd] PT *of* **redo**
redirect [ri:daɪ'rɛkt] VT (*mail*) endereçar de novo
redistribute [ri:dɪ'strɪbju:t] VT redistribuir
red-letter day N dia *m* memorável
red light N: **to go through a ~** (*Aut*) avançar o sinal
red-light district N zona (de meretrício)
redness ['rɛdnɪs] N vermelhidão *f*
redo [ri:'du:] (*irreg*) VT refazer
redolent ['rɛdələnt] ADJ: **~ of** que cheira a; (*fig*) que evoca
redone [ri:'dʌn] PP *of* **redo**
redouble [ri:'dʌbl] VT: **to ~ one's efforts** redobrar os esforços
redraft [ri:'drɑ:ft] VT redigir de novo
redress [rɪ'drɛs] N compensação *f* ■ VT retificar; **to ~ the balance** restituir o equilíbrio
Red Sea N: **the ~** o mar Vermelho
redskin ['rɛdskɪn] N pele-vermelha *m/f*
red tape N (*fig*) papelada, burocracia
reduce [rɪ'dju:s] VT reduzir; (*lower*) rebaixar; **"~ speed now"** (*Aut*) "diminua a velocidade"; **to ~ sth by/to** diminuir algo em/reduzir algo a; **to ~ sb to** (*silence, begging*) levar alguém a; (*tears*) reduzir alguém a; **"greatly ~d prices"** "preços altamente reduzidos"; **at a ~d price** a preço reduzido
reduction [rɪ'dʌkʃən] N redução *f*; (*of price*) abatimento; (*discount*) desconto
redundancy [rɪ'dʌndənsɪ] N redundância; (*Brit*: *dismissal*) demissão *f*; (*unemployment*) desemprego; **compulsory ~** demissão; **voluntary ~** demissão voluntária; **redundancy payment** (*Brit*) N *indenização paga aos empregados dispensados sem justa causa*
redundant [rɪ'dʌndnt] ADJ (*Brit*: *worker*) desempregado; (*detail, object*) redundante, supérfluo; **to be made ~** ficar desempregado *or* sem trabalho
reed [ri:d] N (*Bot*) junco; (*Mus*: *of clarinet etc*) palheta
reedy ['ri:dɪ] ADJ (*voice, instrument*) agudo
reef [ri:f] N (*at sea*) recife *m*
reek [ri:k] VI: **to ~ (of)** cheirar (a), feder (a)

reel [riːl] N carretel *m*, bobina; (*of film*) rolo, filme *m*; (*on fishing-rod*) carretilha; (*dance*) *dança típica da Escócia* ■ VT (*Tech*) bobinar; (*also*: **reel up**) enrolar ■ VI (*sway*) cambalear, oscilar; **my head is ~ing** estou completamente confuso
▸ **reel in** VT puxar enrolando a linha
▸ **reel off** VT (*say*) enumerar, recitar

re-election N reeleição *f*

re-enter VT reentrar em

re-entry N reentrada

re-export [*vt* riːɪksˈpɔːt, *n* riːˈɛkspɔːt] VT reexportar ■ N reexportação *f*

ref [ref] (*inf*) N ABBR = **referee**

ref. ABBR (*Comm*: = *reference*) ref

refectory [rɪˈfɛktərɪ] N refeitório

refer [rɪˈfəʳ] VT (*matter, problem*): **to ~ sth to** submeter algo à apreciação de; (*person, patient*): **to ~ sb to** encaminhar alguém a; (*reader: to text*): **to ~ sb to** remeter alguém a ■ VI: **to ~ to** (*allude to*) referir-se *or* aludir a; (*apply to*) aplicar-se a; (*consult*) recorrer a; **~ring to your letter** (*Comm*) com referência à sua carta

referee [rɛfəˈriː] N árbitro(-a); (*Brit: for job application*) referência ■ VT arbitrar; (*football match*) apitar

reference [ˈrɛfrəns] N referência; (*mention*) menção *f*; **with ~ to** com relação a; (*Comm: in letter*) com referência a; **"please quote this ~"** (*Comm*) "queira citar esta referência"; **reference book** N livro de consulta; **reference number** N número de referência

referenda [rɛfəˈrɛndə] NPL *of* **referendum**

referendum [rɛfəˈrɛndəm] (*pl* **referenda**) N referendum *m*, plebiscito

refill [*vt* riːˈfɪl, *n* ˈriːfɪl] VT reencher; (*lighter etc*) reabastecer ■ N (*for pen*) carga nova; (*Comm*) refill *m*

refine [rɪˈfaɪn] VT refinar

refined [rɪˈfaɪnd] ADJ (*person, taste*) refinado, culto

refinement [rɪˈfaɪnmənt] N (*of person*) cultura, refinamento, requinte *m*; (*of system*) refinamento

refinery [rɪˈfaɪnərɪ] N refinaria

refit [*n* ˈriːfɪt, *vt* riːˈfɪt] N (*Naut*) reequipamento ■ VT reequipar

reflate [riːˈfleɪt] VT (*economy*) reflacionar

reflation [riːˈfleɪʃən] N reflação *f*

reflationary [riːˈfleɪʃənrɪ] ADJ reflacionário

reflect [rɪˈflɛkt] VT refletir ■ VI (*think*) refletir, meditar; **it ~s badly/well on him** isso repercute mal/bem para ele

reflection [rɪˈflɛkʃən] N reflexo; (*thought, act*) reflexão *f*; (*criticism*): **~ on** crítica de; **on ~** pensando bem

reflector [rɪˈflɛktəʳ] N (*Aut, on bicycle, for light*) refletor *m*

reflex [ˈriːflɛks] ADJ, N reflexo

reflexive [rɪˈflɛksɪv] ADJ (*Ling*) reflexivo

reform [rɪˈfɔːm] N reforma ■ VT reformar

reformat [riːˈfɔːmæt] VT (*Comput*) reformatar

Reformation [rɛfəˈmeɪʃən] N: **the ~** a Reforma

reformatory [rɪˈfɔːmətərɪ] (*US*) N reformatório

reformed [rɪˈfɔːmd] ADJ emendado, reformado

reformer [rɪˈfɔːməʳ] N reformador(a) *m/f*

reformist [rɪˈfɔːmɪst] N reformista *m/f*

refrain [rɪˈfreɪn] VI: **to ~ from doing** abster-se de fazer ■ N estribilho, refrão *m*

refresh [rɪˈfrɛʃ] VT refrescar

refresher course [rɪˈfrɛʃəʳ-] (*Brit*) N curso de reciclagem

refreshing [rɪˈfrɛʃɪŋ] ADJ refrescante; (*sleep*) repousante; (*change*) agradável; (*idea, thought*) original

refreshment [rɪˈfrɛʃmənt] N (*eating*): **for some ~** para comer alguma coisa; (*resting etc*): **in need of ~** precisando se refazer, precisando refazer as suas forças; **refreshments** NPL (*food and drink*) bebidas *fpl* (não-alcoólicas) e guloseimas

refrigeration [rɪfrɪdʒəˈreɪʃən] N refrigeração *f*

refrigerator [rɪˈfrɪdʒəreɪtəʳ] N refrigerador *m*, geladeira (BR), frigorífico (PT)

refuel [riːˈfjuəl] VT, VI reabastecer

refuge [ˈrɛfjuːdʒ] N refúgio; **to take ~ in** refugiar-se em

refugee [rɛfjuˈdʒiː] N refugiado(-a); **refugee camp** N campo de refugiados

refund [*n* ˈriːfʌnd, *vt* rɪˈfʌnd] N reembolso ■ VT devolver, reembolsar

refurbish [riːˈfəːbɪʃ] VT renovar

refurnish [riːˈfəːnɪʃ] VT colocar móveis novos em

refusal [rɪˈfjuːzəl] N recusa, negativa; **first ~** primeira opção

refuse¹ [rɪˈfjuːz] VT recusar; (*order*) recusar-se a ■ VI recusar-se, negar-se; (*horse*) recusar-se a pular a cerca; **to ~ to do sth** recusar-se a fazer algo

refuse² [ˈrɛfjuːs] N refugo, lixo; **refuse bin** N lata de lixo; **refuse collection** N remoção *f* de lixo; **refuse collector** N lixeiro(-a), gari *m/f* (BR); **refuse disposal** N destruição *f* de lixo; **refuse tip** N depósito de lixo

refute [rɪˈfjuːt] VT refutar

regain [rɪˈgeɪn] VT recuperar, recobrar

regal [ˈriːgl] ADJ real, régio

regale [rɪˈgeɪl] VT: **to ~ sb with sth** regalar alguém com algo

regalia [rɪˈgeɪlɪə] N, NPL insígnias *fpl* reais

regard [rɪˈgɑːd] N (*gaze*) olhar *m* firme; (*aspect*) respeito; (*attention*) atenção *f*; (*esteem*) estima, consideração *f* ■ VT (*consider*) considerar; **to give one's ~s to** dar lembranças a; **"with kindest ~s"** "cordialmente"; **as ~s, with ~ to** com relação a, com respeito a, quanto a

regarding [rɪˈgɑːdɪŋ] PREP com relação a

regardless [rɪˈgɑːdlɪs] ADV apesar de tudo; **~ of** apesar de

regatta [rɪˈgætə] N regata

regency [ˈriːdʒənsɪ] N regência

regenerate [rɪˈdʒɛnəreɪt] VT regenerar ■ VI regenerar-se

regent [ˈriːdʒənt] N regente *m/f*

régime [reɪˈʒiːm] N regime *m*

regiment [*n* ˈrɛdʒɪmənt, *vt* ˈrɛdʒɪmɛnt] N

regimento ■ VT regulamentar; (*children etc*) subordinar a disciplina rígida

regimental [rɛdʒɪ'mɛntl] ADJ regimental

regimentation [rɛdʒɪmɛn'teɪʃən] N organização *f*

region ['ri:dʒən] N região *f*; **in the ~ of** (*fig*) por volta de, ao redor de

regional ['ri:dʒənl] ADJ regional; **regional development** N desenvolvimento regional

register ['rɛdʒɪstəʳ] N registro (BR), registo (PT); (*Sch*) chamada; (*list*) lista ■ VT registrar (BR), registar (PT); (*subj: instrument*) marcar, indicar ■ VI (*at hotel*) registrar-se (BR), registar-se (PT); (*for work*) candidatar-se; (*as student*) inscrever-se; (*make impression*) causar impressão; **to ~ for a course** matricular-se num curso; **to ~ a protest** registrar (BR) *or* registar (PT) uma queixa

registered ['rɛdʒɪstəd] ADJ (*letter, parcel*) registrado (BR), registado (PT); (*student*) matriculado; (*voter*) inscrito; **registered company** N sociedade *f* registrada (BR) *or* registada (PT); **registered nurse** (*US*) N enfermeiro(-a) formado(-a); **registered office** N sede *f* social; **registered trademark** N marca registrada (BR) *or* registada (PT)

registrar ['rɛdʒɪstrɑ:ʳ] N oficial *m/f* de registro (BR) *or* registo (PT), escrivão(-vã) *m/f*; (*in college*) funcionário(-a) administrativo(-a) sênior; (*in hospital*) médico(-a) sênior

registration [rɛdʒɪs'treɪʃən] N (*act*) registro (BR), registo (PT); (*Aut: also*: **registration number**) número da placa

registry ['rɛdʒɪstrɪ] N registro (BR), registo (PT), cartório; **registry office** (*Brit*) N registro (BR) *or* registo (PT) civil, cartório; **to get married in a registry office** casar-se no civil

regret [rɪ'grɛt] N desgosto, pesar *m*; (*remorse*) remorso ■ VT (*deplore*) lamentar; (*repent of*) arrepender-se de; **to ~ that ...** lamentar que ... (+ *sub*); **we ~ to inform you that ...** lamentamos informá-lo de que ...

regretfully [rɪ'grɛtfulɪ] ADV com pesar, pesarosamente

regrettable [rɪ'grɛtəbl] ADJ deplorável; (*loss*) lamentável

regrettably [rɪ'grɛtəblɪ] ADV lamentavelmente; **~, he was unable ...** infelizmente, ele não pôde ...

regroup [ri:'gru:p] VT reagrupar ■ VI reagrupar-se

regt ABBR = **regiment**

regular ['rɛgjuləʳ] ADJ (*verb, service, shape*) regular; (*frequent*) freqüente; (*usual*) habitual; (*soldier*) de linha; (*listener, reader*) assíduo; (*Comm: size*) médio ■ N (*client etc*) habitual *m/f*

regularity [rɛgju'lærɪtɪ] N regularidade *f*

regularly ['rɛgjuləlɪ] ADV regularmente; (*shaped*) simetricamente; (*often*) freqüentemente

regulate ['rɛgjuleɪt] VT (*speed*) regular; (*spending*) controlar; (*Tech*) regular, ajustar

regulation [rɛgju'leɪʃən] N (*rule*) regra, regulamento; (*adjustment*) ajuste *m* ■ CPD regulamentar

rehabilitation [ri:həbɪlɪ'teɪʃən] N reabilitação *f*

rehash [ri:'hæʃ] (*inf*) VT retocar

rehearsal [rɪ'hə:səl] N ensaio; *see also* **dress**

rehearse [rɪ'hə:s] VT, VI ensaiar

rehouse [ri:'hauz] VT realojar

reign [reɪn] N reinado; (*fig*) domínio ■ VI reinar; imperar

reigning ['reɪnɪŋ] ADJ (*monarch*) reinante; (*champion*) atual

reimburse [ri:ɪm'bə:s] VT reembolsar

reimbursement [ri:ɪm'bə:smənt] N reembolso

rein [reɪn] N (*for horse*) rédea; **to give ~ to** dar rédeas a, dar rédea larga a; **to give sb free ~** (*fig*) dar carta branca a alguém

reincarnation [ri:ɪnkɑ:'neɪʃən] N reencarnação *f*

reindeer ['reɪndɪəʳ] N INV rena

reinforce [ri:ɪn'fɔ:s] VT reforçar

reinforced [ri:ɪn'fɔ:st] ADJ (*concrete*) armado

reinforcement [ri:ɪn'fɔ:smənt] N reforço; **reinforcements** NPL (*Mil*) reforços *mpl*

reinstate [ri:ɪn'steɪt] VT (*worker*) readmitir; (*official*) reempossar; (*tax, law*) reintroduir

reinstatement [ri:ɪn'steɪtmənt] N readmissão *f*

reissue [ri:'ɪʃu:] VT (*book*) reeditar; (*film*) relançar

reiterate [ri:'ɪtəreɪt] VT reiterar, repetir

reject [*n* 'ri:dʒɛkt, *vt* rɪ'dʒɛkt] N (*Comm*) artigo defeituoso ■ VT rejeitar; (*offer of help*) recusar; (*goods*) refugar

rejection [rɪ'dʒɛkʃən] N rejeição *f*; (*of offer of help*) recusa

rejoice [rɪ'dʒɔɪs] VI: **to ~ at** *or* **over** regozijar-se *or* alegrar-se de

rejoinder [rɪ'dʒɔɪndəʳ] N (*retort*) réplica

rejuvenate [rɪ'dʒu:vəneɪt] VT rejuvenescer

rekindle [ri:'kɪndl] VT reacender; (*fig*) despertar, reanimar

relapse [rɪ'læps] N (*Med*) recaída; (*into crime*) reincidência

relate [rɪ'leɪt] VT (*tell*) contar, relatar; (*connect*): **to ~ sth to** relacionar algo com ■ VI: **to ~ to** relacionar-se com; **~d to** ligado a, relacionado a

relating [rɪ'leɪtɪŋ]: **~ to** PREP relativo a, acerca de

relation [rɪ'leɪʃən] N (*person*) parente *m/f*; (*link*) relação *f*; **relations** NPL (*dealings*) relações *fpl*; (*relatives*) parentes *mpl*; **diplomatic/international ~s** relações diplomáticas/internacionais; **in ~ to** em relação a; **to bear no ~ to** não ter relação com

relationship [rɪ'leɪʃənʃɪp] N relacionamento; (*between two things*) relação *f*; (*also*: **family relationship**) parentesco; (*affair*) caso

relative ['rɛlətɪv] N parente *m/f* ■ ADJ relativo; (*respective*) respectivo

relatively ['rɛlətɪvlɪ] ADV relativamente

relax [rɪ'læks] VI (*rest*) descansar; (*unwind*) descontrair-se; (*muscle*) relaxar-se; (*calm down*) acalmar-se ■ VT (*grip*) afrouxar; (*control*) relaxar; (*mind, person*) descansar; **~!** (*calm down*) calma!; **to ~ one's grip** *or* **hold** afrouxar um pouco

relaxation [ri:læk'seɪʃən] N (*rest*) descanso;

(*of muscle, control*) relaxamento; (*of grip*) afrouxamento; (*recreation*) lazer *m*

relaxed [rɪ'lækst] ADJ relaxado; (*tranquil*) descontraído

relaxing [rɪ'læksɪŋ] ADJ relaxante

relay ['ri:leɪ] N (*race*) corrida de) revezamento ■ VT (*message*) retransmitir

release [rɪ'li:s] N (*from prison*) libertação *f*; (*from obligation*) liberação *f*; (*of shot*) disparo; (*of gas*) escape *m*; (*of water*) despejo; (*of film, book etc*) lançamento; (*device*) desengate *m* ■ VT (*prisoner*) pôr em liberdade; (*book, film*) lançar; (*report, news*) publicar; (*gas etc*) soltar; (*free: from wreckage etc*) soltar; (*Tech: catch, spring etc*) desengatar, desapertar; (*let go*) soltar; **to ~ one's grip** *or* **hold** afrouxar; **to ~ the clutch** (*Aut*) desembrear

relegate ['rɛləgeɪt] VT relegar; (*Sport*): **to be ~d** ser rebaixado

relent [rɪ'lɛnt] VI abrandar-se; (*yield*) ceder

relentless [rɪ'lɛntlɪs] ADJ (*unceasing*) contínuo; (*determined*) implacável

relevance ['rɛləvəns] N pertinência; (*of question etc*) importância; **~ of sth to sth** relação de algo com algo

relevant ['rɛləvənt] ADJ (*fact, information*) pertinente; (*apt*) apropriado; (*important*) relevante; **~ to** relacionado com

reliability [rɪlaɪə'bɪlɪtɪ] N (*of person, firm*) confiabilidade *f*, seriedade *f*; (*of method, machine*) segurança; (*of news*) fidedignidade *f*

reliable [rɪ'laɪəbl] ADJ (*person, firm*) digno de confiança, confiável, sério; (*method, machine*) seguro; (*news*) fidedigno

reliably [rɪ'laɪəblɪ] ADV: **to be ~ informed that ...** saber através de fonte segura que ...

reliance [rɪ'laɪəns] N: **~ (on)** (*trust*) confiança (em), esperança (em); (*dependence*) dependência (de)

reliant [rɪ'laɪənt] ADJ: **to be ~ on sth/sb** depender de algo/alguém

relic ['rɛlɪk] N (*Rel*) relíquia; (*of the past*) vestígio

relief [rɪ'li:f] N (*from pain, anxiety*) alívio; (*help, supplies*) ajuda, socorro; (*of guard*) rendição *f*; (*Art, Geo*) relevo; **by way of light ~** como forma de diversão; **relief map** N mapa *m* em relevo; **relief road** (*Brit*) N estrada alternativa

relieve [rɪ'li:v] VT (*pain, fear*) aliviar; (*bring help to*) ajudar, socorrer; (*burden*) abrandar, mitigar; (*take over from: gen*) substituir, revezar; (: *guard*) render; **to ~ sb of sth** (*load*) tirar algo de alguém; (*duties*) destituir alguém de algo; **to ~ sb of his command** exonerar alguém, destituir alguém de sua função; **to ~ o.s.** fazer as necessidades

religion [rɪ'lɪdʒən] N religião *f*

religious [rɪ'lɪdʒəs] ADJ religioso

reline [ri:'laɪn] VT (*brakes*) trocar o forro de

relinquish [rɪ'lɪŋkwɪʃ] VT abandonar; (*plan, habit*) renunciar a

relish ['rɛlɪʃ] N (*Culin*) condimento, tempero; (*enjoyment*) entusiasmo ■ VT (*food etc*) saborear; (*thought*) ver com satisfação; **to ~ doing** gostar de fazer

relive [ri:'lɪv] VT reviver

reload [ri:'ləud] VT recarregar

relocate [ri:ləu'keɪt] VT deslocar ■ VI deslocar-se; **to ~ in** instalar-se em

reluctance [rɪ'lʌktəns] N relutância

reluctant [rɪ'lʌktənt] ADJ relutante; **to be ~ to do sth** relutar em fazer algo

reluctantly [rɪ'lʌktəntlɪ] ADV relutantemente, de má vontade

rely on [rɪ'laɪ-] VT FUS confiar em, contar com; (*be dependent on*) depender de

remain [rɪ'meɪn] VI (*survive*) sobreviver; (*stay*) ficar, permanecer; (*be left*) sobrar; (*continue*) continuar; **to ~ silent** ficar calado; **I ~, yours faithfully** (*Brit: in letters*) subscrevo-me atenciosamente

remainder [rɪ'meɪndəʳ] N resto, restante *m*

remaining [rɪ'meɪnɪŋ] ADJ restante

remains [rɪ'meɪnz] NPL (*of body*) restos *mpl*; (*of meal*) sobras *fpl*; (*of building*) ruínas *fpl*

remand [rɪ'mɑ:nd] N: **on ~** sob prisão preventiva ■ VT: **to be ~ed in custody** continuar sob prisão preventiva, manter sob custódia; **remand home** (*Brit*) N instituição *f* do juizado de menores, reformatório

remark [rɪ'mɑ:k] N observação *f*, comentário ■ VT comentar ■ VI: **to ~ on sth** comentar algo, fazer um comentário sobre algo

remarkable [rɪ'mɑ:kəbl] ADJ notável; (*outstanding*) extraordinário

remarry [ri:'mærɪ] VI casar-se de novo

remedial [rɪ'mi:dɪəl] ADJ (*tuition, classes*) de reforço; (*exercise*) terapêutico

remedy ['rɛmədɪ] N: **~ (for)** remédio (contra *or* a) ■ VT remediar

remember [rɪ'mɛmbəʳ] VT lembrar-se de, lembrar; (*memorize*) guardar; (*bear in mind*) ter em mente; (*send greetings*): **~ me to her** dê lembranças a ela; **I ~ seeing it, I ~ having seen it** eu me lembro de ter visto aquilo; **she ~ed to do it** ela se lembrou de fazer aquilo

remembrance [rɪ'mɛmbrəns] N (*memory*) memória; (*souvenir*) lembrança, recordação *f*; **Remembrance Sunday** N *ver abaixo*

REMEMBRANCE DAY

Remembrance Day ou *Remembrance Sunday* é o domingo mais próximo do dia 11 de novembro, dia em que a Primeira Guerra Mundial terminou oficialmente e no qual se homenageia as vítimas das duas guerras mundiais. Nessa ocasião são observados dois minutos de silêncio às 11 horas, horário da assinatura do armistício com a Alemanha em 1918. Nos dias anteriores, papoulas de papel são vendidas por associações de caridade e a renda é revertida aos ex-combatentes e suas famílias.

remind [rɪ'maɪnd] VT: **to ~ sb to do sth** lembrar

a alguém que tem de fazer algo; **to ~ sb of sth** lembrar algo a alguém, lembrar alguém de algo; **she ~s me of her mother** ela me lembra a mãe dela; **that ~s me, ...** falando nisso, ...

reminder [rɪ'maɪndəʳ] N lembrete *m*; (*souvenir*) lembrança; (*letter*) carta de advertência

reminisce [rɛmɪ'nɪs] VI relembrar velhas histórias; **to ~ about sth** relembrar algo

reminiscences [rɛmɪ'nɪsnsɪz] NPL recordações *fpl*, lembranças *fpl*

reminiscent [rɛmɪ'nɪsənt] ADJ: **to be ~ of sth** lembrar algo

remiss [rɪ'mɪs] ADJ negligente, desleixado; **it was ~ of him** foi um descuido dele

remission [rɪ'mɪʃən] N remissão *f*; (*of sentence*) diminuição *f*

remit [rɪ'mɪt] VT (*send: money*) remeter, enviar, mandar

remittance [rɪ'mɪtəns] N remessa

remnant ['rɛmnənt] N resto; (*of cloth*) retalho; **remnants** NPL (*Comm*) retalhos *mpl*

remonstrate ['rɛmənstreɪt] VI: **to ~ (with sb about sth)** reclamar (a alguém de algo)

remorse [rɪ'mɔ:s] N remorso

remorseful [rɪ'mɔ:sful] ADJ arrependido

remorseless [rɪ'mɔ:slɪs] ADJ (*fig*) implacável

remote [rɪ'məut] ADJ (*distant*) remoto, distante; (*person*) reservado, afastado; (*slight*): **there is a ~ possibility that ...** existe uma possibilidade remota de que ...; **remote control** N controle *m* remoto

remote-controlled [-kən'trəuld] ADJ (*plane*) telecomandado; (*missile*) teleguiado

remotely [rɪ'məutlɪ] ADV remotamente; (*slightly*) levemente

remoteness [rɪ'məutnɪs] N afastamento, isolamento

remould ['ri:məuld] (*Brit*) N (*tyre*) pneu *m* recauchutado

removable [rɪ'mu:vəbl] ADJ (*detachable*) removível

removal [rɪ'mu:vəl] N (*taking away*) remoção *f*; (*Brit: from house*) mudança; (*from office: sacking*) afastamento, demissão *f*; (*Med*) extração *f*; **removal man** (*irreg*) N homem *m* da companhia de mudanças; **removal van** (*Brit*) N caminhão *m* (BR) *or* camião *m* (PT) de mudanças

remove [rɪ'mu:v] VT tirar, retirar; (*clothing*) tirar; (*stain*) remover; (*employee*) afastar, demitir; (*name from list, obstacle*) eliminar, remover; (*doubt, abuse*) afastar; (*Tech*) retirar, separar; (*Med*) extrair, extirpar; **first cousin once ~d** primo(-a) em segundo grau

remover [rɪ'mu:vəʳ] N (*substance*) removedor *m*; **removers** NPL (*Brit: company*) companhia de mudanças

remunerate [rɪ'mju:nəreɪt] VT remunerar

remuneration [rɪmju:nə'reɪʃən] N remuneração *f*

Renaissance [rɪ'neɪsɔns] N: **the ~** a Renascença

rename [ri:'neɪm] VT dar novo nome a

rend [rɛnd] (*pt, pp* **rent**) VT rasgar, despedaçar

render ['rɛndəʳ] VT (*give: thanks*) trazer; (: *service*) prestar; (: *account*) entregar; (*make*) fazer, tornar; (*translate*) traduzir; (*fat: also:* **render down**) clarificar; (*wall*) rebocar

rendering ['rɛndərɪŋ] N (*Mus etc*) interpretação *f*

rendezvous ['rɔndɪvu:] N encontro; (*place*) ponto de encontro ■ VI encontrar-se; **to ~ with sb** encontrar-se com alguém

renegade ['rɛnɪgeɪd] N renegado(-a)

renew [rɪ'nju:] VT renovar; (*resume*) retomar, recomeçar; (*loan etc*) prorrogar; (*negotiations, acquaintance*) reatar

renewable [rɪ'nju:əbl] ADJ renovável

renewal [rɪ'nju:əl] N (*of contract*) renovação *f*; (*resumption*) retomada; (*of loan*) prorrogação *f*

renounce [rɪ'nauns] VT renunciar a; (*disown*) repudiar, rejeitar

renovate ['rɛnəveɪt] VT renovar; (*house, room*) reformar

renovation [rɛnə'veɪʃən] N renovação *f*; (*of house etc*) reforma

renown [rɪ'naun] N renome *m*

renowned [rɪ'naund] ADJ renomado, famoso

rent [rɛnt] PT, PP *of* **rend** ■ N aluguel *m* (BR), aluguer *m* (PT) ■ VT (*also:* **rent out**) alugar

rental ['rɛntəl] N (*for television, car*) aluguel *m* (BR), aluguer *m* (PT)

renunciation [rɪnʌnsɪ'eɪʃən] N renúncia

reopen [ri:'əupən] VT reabrir

reopening [ri:'əupənɪŋ] N reabertura

reorder [ri:'ɔ:dəʳ] VT encomendar novamente; (*rearrange*) reorganizar

reorganize [ri:'ɔ:gənaɪz] VT reorganizar

Rep. (*US*) ABBR (*Pol*) = **representative**; **republican**

rep [rɛp] N ABBR (*Comm*) = **representative**; (*Theatre*) = **repertory**

repaid [ri:'peɪd] PT, PP *of* **repay**

repair [rɪ'pɛəʳ] N reparação *f*, conserto; (*patch*) remendo ■ VT consertar; **beyond ~** irreparável; **in good/bad ~** em bom/mau estado; **under ~** no conserto; **repair kit** N caixa de ferramentas; **repair man** (*irreg*) N consertador *m*; **repair shop** N oficina de reparos

repartee [rɛpɑ:'ti:] N resposta arguta e engenhosa; (*skill*) presteza em replicar

repast [rɪ'pɑ:st] N (*formal*) repasto

repatriate [ri:'pætrɪeɪt] VT repatriar

repay [ri:'peɪ] (*irreg*) VT (*money*) reembolsar, restituir; (*person*) pagar de volta; (*debt*) saldar, liquidar; (*sb's efforts*) corresponder, retribuir; (*favour*) retribuir

repayment [ri:'peɪmənt] N reembolso; (*of debt*) pagamento; (*of mortgage etc*) prestação *f*

repeal [rɪ'pi:l] N (*of law*) revogação *f*; (*of sentence*) anulação *f* ■ VT revogar; anular

repeat [rɪ'pi:t] N (*Radio, TV*) repetição *f* ■ VT repetir; (*Comm: order*) renovar ■ VI repetir-se

repeatedly [rɪ'pi:tɪdlɪ] ADV repetidamente

repel [rɪ'pɛl] VT repelir; (*disgust*) repugnar

repellent [rɪ'pɛlənt] ADJ repugnante ■ N: **insect ~** repelente *m* de insetos

repent [rɪ'pɛnt] VI: **to ~ (of)** arrepender-se (de)
repentance [rɪ'pɛntəns] N arrependimento
repercussions [ri:pə'kʌʃənz] NPL repercussões *fpl*; **to have ~** repercutir
repertoire ['rɛpətwɑ:ʳ] N repertório
repertory ['rɛpətərɪ] N (*also*: **repertory theatre**) teatro de repertório; **repertory company** N companhia teatral
repetition [rɛpɪ'tɪʃən] N repetição *f*
repetitious [rɛpɪ'tɪʃəs] ADJ (*speech*) repetitivo
repetitive [rɪ'pɛtɪtɪv] ADJ repetitivo
replace [rɪ'pleɪs] VT (*put back*) repor, devolver; (*take the place of*) substituir; (*Tel*): **"~ the receiver"** "desligue"
replacement [rɪ'pleɪsmənt] N (*substitution*) substituição *f*; (*putting back*) reposição *f*; (*substitute*) substituto(-a); **replacement part** N peça sobressalente
replay ['ri:pleɪ] N (*of match*) partida decisiva; (TV: *also*: **action replay**) replay *m*
replenish [rɪ'plɛnɪʃ] VT (*glass*) reencher; (*stock etc*) completar, prover; (*with fuel*) reabastecer
replete [rɪ'pli:t] ADJ repleto; (*well-fed*) cheio, empanturrado
replica ['rɛplɪkə] N réplica, cópia, reprodução *f*
reply [rɪ'plaɪ] N resposta ■ VI responder; **in ~ (to)** em resposta (a); **there's no ~** (*Tel*) ninguém atende; **reply coupon** N cartão-resposta *m*
report [rɪ'pɔ:t] N relatório; (*Press etc*) reportagem *f*; (*Brit*: *also*: **school report**) boletim *m* escolar; (*of gun*) estampido, detonação *f* ■ VT informar sobre; (*Press etc*) fazer uma reportagem sobre; (*bring to notice*: *occurrence*) comunicar, anunciar; (: *person*) denunciar ■ VI (*make a report*): **to ~ (on)** apresentar um relatório (sobre); (*for newspaper*) fazer uma reportagem (sobre); (*present o.s.*): **to ~ (to sb)** apresentar-se (a alguém); (*be responsible to*): **to ~ to sb** obedecer as ordens de alguém; **it is ~ed that** dizem que; **it is ~ed from Berlin that** há notícias de Berlim de que; **report card** (*US, Scottish*) N boletim *m* escolar
reportedly [rɪ'pɔ:tɪdlɪ] ADV: **she is ~ living in Spain** dizem que ela mora na Espanha
reported speech [rɪ'pɔ:tɪd-] N (*Ling*) discurso indireto
reporter [rɪ'pɔ:təʳ] N (*Press*) jornalista *m/f*, repórter *m/f*; (*Radio, TV*) repórter
repose [rɪ'pəuz] N: **in ~** em repouso
repossess [ri:pə'zɛs] VT retomar
reprehensible [rɛprɪ'hɛnsɪbl] ADJ repreensível, censurável, condenável
represent [rɛprɪ'zɛnt] VT representar; (*constitute*) constituir; (*Comm*) ser representante de; (*describe*): **to ~ sth as** representar algo como; (*explain*): **to ~ to sb that** explicar a alguém que
representation [rɛprɪzɛn'teɪʃən] N representação *f*; (*picture, statue*) representação, retrato; (*petition*) petição *f*; **representations** NPL (*protest*) reclamação *f*, protesto
representative [rɛprɪ'zɛntətɪv] N representante *m/f*; (*US: Pol*) deputado(-a) ■ ADJ: **~ (of)** representativo (de)
repress [rɪ'prɛs] VT reprimir
repression [rɪ'prɛʃən] N repressão *f*
repressive [rɪ'prɛsɪv] ADJ repressivo
reprieve [rɪ'pri:v] N (*Law*) suspensão *f* temporária; (*fig*) adiamento ■ VT suspender temporariamente; aliviar
reprimand ['rɛprɪmɑ:nd] N reprimenda ■ VT repreender, censurar
reprint [*n* 'ri:prɪnt, *vt* ri:'prɪnt] N reimpressão *f* ■ VT reimprimir
reprisal [rɪ'praɪzl] N represália; **reprisals** NPL (*acts of revenge*) represálias *fpl*; **to take ~s** fazer *or* exercer represálias
reproach [rɪ'prəutʃ] N repreensão *f*, censura ■ VT: **to ~ sb with sth** repreender alguém por algo; **beyond ~** irrepreensível, impecável
reproachful [rɪ'prəutʃful] ADJ repreensivo, acusatório
reproduce [ri:prə'dju:s] VT reproduzir ■ VI reproduzir-se
reproduction [ri:prə'dʌkʃən] N reprodução *f*
reproductive [ri:prə'dʌktɪv] ADJ reprodutivo
reproof [rɪ'pru:f] N reprovação *f*, repreensão *f*
reprove [rɪ'pru:v] VT (*action*) reprovar; **to ~ sb for sth** repreender alguém por algo
reproving [rɪ'pru:vɪŋ] ADJ (*look*) de reprovação; (*tone*) de censura
reptile ['rɛptaɪl] N réptil *m*
Repub. (*US*) ABBR (*Pol*) = **republican**
republic [rɪ'pʌblɪk] N república
republican [rɪ'pʌblɪkən] ADJ, N republicano(-a); (*US: Pol*): **R~** membro(-a) do Partido Republicano
repudiate [rɪ'pju:dɪeɪt] VT (*accusation*) rejeitar, negar; (*violence*) repudiar; (*obligation*) desconhecer
repugnant [rɪ'pʌgnənt] ADJ repugnante, repulsivo
repulse [rɪ'pʌls] VT repelir
repulsion [rɪ'pʌlʃən] N repulsa; (*Phys*) repulsão *f*
repulsive [rɪ'pʌlsɪv] ADJ repulsivo
reputable ['rɛpjutəbl] ADJ (*make etc*) bem conceituado, de confiança; (*person*) honrado, respeitável
reputation [rɛpju'teɪʃən] N reputação *f*; **to have a ~ for** ter fama por; **he has a ~ for being cruel** ele tem fama de ser cruel
repute [rɪ'pju:t] N reputação *f*, renome *m*
reputed [rɪ'pju:tɪd] ADJ suposto, pretenso; **he is ~ to be rich** dizem que ele é rico
reputedly [rɪ'pju:tɪdlɪ] ADV segundo se diz, supostamente
request [rɪ'kwɛst] N pedido; (*formal*) petição *f* ■ VT: **to ~ sth of** *or* **from sb** pedir algo a alguém; (*formally*) solicitar algo a alguém; **on ~** a pedido; **at the ~ of** a pedido de; **"you are ~ed not to smoke"** "pede-se *or* favor não fumar"; **request stop** (*Brit*) N (*for bus*) parada não obrigatória
requiem ['rɛkwɪəm] N réquiem *m*
require [rɪ'kwaɪəʳ] VT (*need*: *subj*: *person*) precisar de, necessitar; (: *thing, situation*) requerer, exigir; (*want*) pedir; (*order*): **to ~ sb to do sth/sth of sb**

exigir que alguém faça algo/algo de alguém; **if ~d** se for necessário; **what qualifications are ~d?** quais são as qualificações necessárias?; **~d by law** exigido por lei

required [rɪ'kwaɪəd] ADJ (*necessary*) necessário; (*desired*) desejado

requirement [rɪ'kwaɪəmənt] N requisito; (*need*) necessidade *f*; (*want*) pedido

requisite ['rɛkwɪzɪt] N requisito ■ ADJ necessário, indispensável; **toilet ~s** artigos de toalete pessoal

requisition [rɛkwɪ'zɪʃən] N: **~ (for)** requerimento (para) ■ VT (*Mil*) requisitar, confiscar

reroute [ri:'ru:t] VT (*train etc*) desviar

resale ['ri:'seɪl] N revenda; **resale price maintenance** N manutenção *f* de preços de revenda

rescind [rɪ'sɪnd] VT (*contract*) rescindir; (*law*) revogar; (*verdict*) anular

rescue ['rɛskju:] N salvamento, resgate *m* ■ VT: **to ~ (from)** (*survivors, wounded etc*) resgatar (de); (*save, fig*) salvar (de); **to come to sb's ~** ir ao socorro de alguém; **rescue party** N grupo *or* expedição *f* de resgate

rescuer ['rɛskjuəʳ] N (*in disaster etc*) resgatador(a) *m/f*; (*fig*) salvador(a) *m/f*

research [rɪ'sə:tʃ] N pesquisa ■ VT pesquisar ■ VI: **to ~ (into sth)** pesquisar (algo), fazer pesquisas (sobre algo); **a piece of ~** uma pesquisa; **~ and development** pesquisa e desenvolvimento

researcher [rɪ'sə:tʃəʳ] N pesquisador(a) *m/f*

research work N trabalho de pesquisa

resell [ri:'sɛl] (*irreg*) VT revender

resemblance [rɪ'zɛmbləns] N semelhança; **to bear a strong ~ to** ser muito parecido com

resemble [rɪ'zɛmbl] VT parecer-se com

resent [rɪ'zɛnt] VT (*attitude*) ressentir-se de; (*person*) estar ressentido com

resentful [rɪ'zɛntful] ADJ ressentido

resentment [rɪ'zɛntmənt] N ressentimento

reservation [rɛzə'veɪʃən] N (*booking, doubt, protected area*) reserva; (*Brit: Aut: also*: **central reservation**) canteiro divisor; **to make a ~** fazer reserva; **with ~s** (*doubts*) com reservas; **reservation desk** (*US*) N (*in hotel*) recepção *f*

reserve [rɪ'zə:v] N reserva; (*Sport*) suplente *m/f*, reserva *m/f* (BR) ■ VT reservar; **reserves** NPL (*Mil*) (tropas *fpl* da) reserva; (*Comm*) reserva; **in ~** de reserva; **reserve currency** N moeda de reserva

reserved [rɪ'zə:vd] ADJ reservado

reserve price (*Brit*) N preço mínimo de venda

reserve team (*Brit*) N time *m* reserva

reservist [rɪ'zə:vɪst] N reservista *m*

reservoir ['rɛzəvwa:ʳ] N (*large*) represa; (*small*) depósito

reset [ri:'sɛt] (*irreg*) VT reajustar; (*Comput*) dar reset em, restabelecer

reshape [ri:'ʃeɪp] VT (*policy*) reformar, remodelar

reshuffle [ri:'ʃʌfl] N: **Cabinet ~** reforma ministerial

reside [rɪ'zaɪd] VI residir

residence ['rɛzɪdəns] N residência; (*formal: home*) domicílio; **to take up ~** instalar-se; **in ~** (*monarch*) em residência; (*doctor*) residente; **residence permit** (*Brit*) N autorização *f* de residência

resident ['rɛzɪdənt] N (*of country, town*) habitante *m/f*; (*of house, area*) morador(a) *m/f*; (*in hotel*) hóspede *m/f* ■ ADJ (*population*) permanente; (*doctor*) interno, residente

residential [rɛzɪ'dɛnʃəl] ADJ residencial

residue ['rɛzɪdju:] N resto; (*Comm*) montante *m* líquido; (*Chem, Phys*) resíduo

resign [rɪ'zaɪn] VT (*one's post*) renunciar a, demitir-se de ■ VI: **to ~ (from)** demitir-se (de); **to ~ o.s. to** (*endure*) resignar-se a

resignation [rɛzɪg'neɪʃən] N demissão *f*; (*state of mind*) resignação *f*; **to tender one's ~** pedir demissão

resigned [rɪ'zaɪnd] ADJ resignado

resilience [rɪ'zɪlɪəns] N (*of material*) elasticidade *f*; (*of person*) resistência

resilient [rɪ'zɪlɪənt] ADJ (*person*) forte; (*material*) resistente

resin ['rɛzɪn] N resina

resist [rɪ'zɪst] VT resistir a

resistance [rɪ'zɪstəns] N resistência

resistant [rɪ'zɪstənt] ADJ: **~ (to)** resistente (a)

resold [ri:'səuld] PT, PP *of* **resell**

resolute ['rɛzəlu:t] ADJ resoluto, firme; (*refusal*) firme

resolution [rɛzə'lu:ʃən] N resolução *f*; (*of problem*) solução *f*; **to make a ~** tomar uma resolução

resolve [rɪ'zɔlv] N resolução *f*; (*purpose*) intenção *f* ■ VT resolver ■ VI: **to ~ to do** resolver-se a fazer

resolved [rɪ'zɔlvd] ADJ decidido

resonance ['rɛzənəns] N ressonância

resonant ['rɛzənənt] ADJ ressonante

resort [rɪ'zɔ:t] N (*town*) local *m* turístico, estação *f* de veraneio; (*recourse*) recurso ■ VI: **to ~ to** recorrer a; **seaside/winter sports ~** balneário/estação de inverno; **in the last ~** em último caso, em última instância

resound [rɪ'zaund] VI ressoar; **the room ~ed with shouts** os gritos ressoaram no quarto

resounding [rɪ'zaundɪŋ] ADJ retumbante

resource [rɪ'sɔ:s] N (*raw material*) recurso natural; **resources** NPL (*coal, money, energy*) recursos *mpl*; **natural ~s** recursos naturais

resourceful [rɪ'sɔ:sful] ADJ engenhoso, habilidoso

resourcefulness [rɪ'sɔ:sfəlnɪs] N desembaraço, engenho

respect [rɪs'pɛkt] N respeito ■ VT respeitar; **respects** NPL (*greetings*) cumprimentos *mpl*; **to pay one's ~s to sb** fazer visita de cortesia a alguém; **to pay one's last ~s to sb** prestar a última homenagem a alguém; **to have** *or* **show ~ for sb/sth** ter *or* mostrar respeito por alguém/algo; **out of ~ for** por respeito a; **with ~ to** com respeito a; **in ~ of** a respeito de; **in this ~** neste respeito; **in some ~s** em alguns pontos; **with all due ~, I ...** com todo respeito, eu ...

respectability [rɪspɛktə'bɪlɪtɪ] N respeitabilidade *f*

respectable [rɪs'pɛktəbl] ADJ respeitável; (*large*) considerável; (*quite good*: *result, player*) razoável

respectful [rɪs'pɛktful] ADJ respeitoso

respective [rɪs'pɛktɪv] ADJ respectivo

respectively [rɪs'pɛktɪvlɪ] ADV respectivamente

respiration [rɛspɪ'reɪʃən] N respiração *f*

respiratory [rɛs'pɪrətərɪ] ADJ respiratório

respite ['rɛspaɪt] N pausa, folga; (*Law*) adiamento, suspensão *f*

resplendent [rɪs'plɛndənt] ADJ resplandecente

respond [rɪs'pɔnd] VI (*answer*) responder; (*react*) reagir

respondent [rɪs'pɔndənt] N (*in survey*) respondedor(a) *m/f*; (*Law*) réu(-ré) *m/f*

response [rɪs'pɔns] N (*answer*) resposta; (*reaction*) reação *f*; **in ~ to** em resposta a

responsibility [rɪspɔnsɪ'bɪlɪtɪ] N responsabilidade *f*; (*duty*) dever *m*; **to take ~ for sth/sb** assumir a responsabilidade por algo/alguém

responsible [rɪs'pɔnsɪbl] ADJ (*character*) sério, responsável; (*job*) de responsabilidade; (*liable*): **~ (for)** responsável (por); **to be ~ to sb (for sth)** ser responsável diante de alguém (por algo); **to hold sb ~ (for sth)** responsabilizar alguém (por algo)

responsibly [rɪs'pɔnsɪblɪ] ADV com responsabilidade

responsive [rɪs'pɔnsɪv] ADJ receptivo

rest [rɛst] N descanso, repouso; (*pause*) pausa, intervalo; (*support*) apoio; (*remainder*) resto; (*Mus*) pausa ■ VI descansar; (*stop*) parar; (*be supported*): **to ~ on** apoiar-se em ■ VT descansar; (*lean*): **to ~ sth on/against** apoiar algo em *or* sobre/contra; **the ~ of them** os outros; **to set sb's mind at ~** tranqüilizar alguém; **it ~s with him to do it** cabe a ele fazê-lo; **~ assured that ...** tenha certeza de que ...

restart [ri:'stɑ:t] VT (*engine*) arrancar de novo; (*work*) reiniciar, recomeçar

restaurant ['rɛstərɔŋ] N restaurante *m*; **restaurant car** (*Brit*) N vagão-restaurante *m*

rest cure N repouso forçado (*para tratamento de saúde*)

restful ['rɛstful] ADJ tranqüilo, repousante

rest home N asilo, casa de repouso

restitution [rɛstɪ'tju:ʃən] N: **to make ~ to sb for sth** indenizar alguém por algo

restive ['rɛstɪv] ADJ inquieto, impaciente; (*horse*) rebelão(-ona), teimoso

restless ['rɛstlɪs] ADJ desassossegado, irrequieto; **to get ~** impacientar-se

restlessly ['rɛstlɪslɪ] ADV inquietamente

restock [ri:'stɔk] VT reabastecer

restoration [rɛstə'reɪʃən] N restauração *f*

restorative [rɪ'stɔrətɪv] ADJ reconstituinte ■ N reconstituinte *m*

restore [rɪ'stɔ:ʳ] VT (*building, order*) restaurar; (*sth stolen*) restituir; (*peace, health*) restabelecer

restorer [rɪ'stɔ:rəʳ] N (*Art etc*) restaurador(a) *m/f*

restrain [rɪs'treɪn] VT (*feeling*) reprimir; (*growth, inflation*) refrear; (*person*): **to ~ (from doing)** impedir (de fazer)

restrained [rɪs'treɪnd] ADJ (*style*) moderado, comedido; (*person*) comedido

restraint [rɪs'treɪnt] N (*restriction*) restrição *f*; (*moderation*) moderação *f*, comedimento; (*of style*) sobriedade *f*; **wage ~** restrição salarial

restrict [rɪs'trɪkt] VT restringir, limitar; (*people, animals*) confinar; (*activities*) limitar

restricted area [rɪ'strɪktɪd-] N (*Aut*) zona com limite de velocidade

restriction [rɪs'trɪkʃən] N restrição *f*, limitação *f*; **~ (on)** restrição (em)

restrictive [rɪs'trɪktɪv] ADJ restritivo; **restrictive practices** NPL (*Industry*) práticas *fpl* restritivas

rest room (*US*) N banheiro (*BR*), lavabo (*PT*)

restructure [ri:'strʌktʃəʳ] VT reestruturar

result [rɪ'zʌlt] N resultado ■ VI: **to ~ (from)** resultar (de); **to ~ in** resultar em; **as a ~ of** como resultado *or* conseqüência de

resultant [rɪ'zʌltənt] ADJ resultante

resume [rɪ'zju:m] VT (*work, journey*) retomar, recomeçar; (*sum up*) resumir ■ VI recomeçar

résumé ['rɛɪzju:meɪ] N (*summary*) resumo; (*US*: *curriculum vitae*) curriculum vitae *m*, currículo

resumption [rɪ'zʌmpʃən] N retomada

resurgence [rɪ'sə:dʒəns] N ressurgimento

resurrection [rɛzə'rɛkʃən] N ressurreição *f*

resuscitate [rɪ'sʌsɪteɪt] VT (*Med*) ressuscitar, reanimar

resuscitation [rɪsʌsɪ'teɪʃən] N ressuscitação *f*

retail ['ri:teɪl] N varejo (*BR*), venda a retalho (*PT*) ■ ADJ a varejo (*BR*), a retalho (*PT*) ■ ADV a varejo (*BR*), a retalho (*PT*) ■ VT vender no varejo (*BR*) *or* a retalho (*PT*) ■ VI: **to ~ at $10** ser vendido no varejo (*BR*) *or* a retalho (*PT*) por $10

retailer ['ri:teɪləʳ] N varejista *m/f* (*BR*), retalhista *m/f* (*PT*)

retail outlet N ponto de venda

retail price N preço no varejo (*BR*) *or* de venda a retalho (*PT*)

retail price index N ≈ índice *m* de preços ao consumidor

retain [rɪ'teɪn] VT (*keep*) reter, conservar; (*employ*) contratar

retainer [rɪ'teɪnəʳ] N (*servant*) empregado; (*fee*) adiantamento

retaliate [rɪ'tælɪeɪt] VI: **to ~ (against)** revidar (contra)

retaliation [rɪtælɪ'eɪʃən] N represálias *fpl*, vingança; **in ~ for** em retaliação por

retaliatory [rɪ'tælɪətərɪ] ADJ retaliativo, retaliatório

retarded [rɪ'tɑ:dɪd] ADJ retardado

retch [rɛtʃ] VI fazer esforço para vomitar

retentive [rɪ'tɛntɪv] ADJ (*memory*) tenaz, de anjo

rethink ['ri:'θɪŋk] (*irreg*) VT reconsiderar,

repensar

reticence ['rɛtɪsns] N reserva

reticent ['rɛtɪsnt] ADJ reservado

retina ['rɛtɪnə] N retina

retinue ['rɛtɪnju:] N séquito, comitiva

retire [rɪ'taɪəʳ] VI (*give up work*) aposentar-se; (*withdraw*) retirar-se; (*go to bed*) deitar-se

retired [rɪ'taɪəd] ADJ (*person*) aposentado (BR), reformado (PT)

retirement [rɪ'taɪəmənt] N (*state, act*) aposentadoria (BR), reforma (PT); **retirement age** N idade *f* de aposentadoria (BR) *or* de reforma (PT)

retiring [rɪ'taɪərɪŋ] ADJ (*leaving*) de saída; (*shy*) acanhado, retraído

retort [rɪ'tɔ:t] N (*reply*) réplica; (*container*) retorta ■ VI replicar, retrucar

retrace [ri:'treɪs] VT: **to ~ one's steps** voltar sobre (os) seus passos, refazer o mesmo caminho

retract [rɪ'trækt] VT (*statement, offer*) retirar, retratar; (*claws*) encolher; (*undercarriage, aerial*) recolher ■ VI retratar-se

retractable [rɪ'trækt̬əbl] ADJ retrátil

retrain [ri:'treɪn] VT reciclar ■ VI ser reciclado

retraining [ri:'treɪnɪŋ] N readaptação *f* profissional, reciclagem *f*

retread [*n* 'ri:trɛd, *vt* ri:'trɛd] N (*tyre*) pneu *m* recauchutado ■ VT recauchutar

retreat [rɪ'tri:t] N (*place*) retiro; (*act*) retirada ■ VI retirar-se; (*flood*) retroceder; **to beat a hasty ~** bater em retirada

retrial [ri:'traɪəl] N revisão *f* do processo

retribution [rɛtrɪ'bju:ʃən] N desforra, revide *m*, vingança

retrieval [rɪ'tri:vəl] N recuperação *f*

retrieve [rɪ'tri:v] VT (*sth lost*) reaver, recuperar; (*situation, honour*) salvar; (*error, loss*) reparar; (*Comput*) recuperar

retriever [rɪ'tri:vəʳ] N cão *m* de busca, perdigueiro

retroactive [rɛtrəu'æktɪv] ADJ retroativo

retrograde ['rɛtrəgreɪd] ADJ retrógrado

retrospect ['rɛtrəspɛkt] N: **in ~** retrospectivamente, em retrospecto

retrospective [rɛtrə'spɛktɪv] ADJ retrospectivo; (*law*) retroativo ■ N (*Art*) retrospectiva

return [rɪ'tə:n] N (*going or coming back*) regresso, volta; (*of sth stolen etc*) devolução *f*; (*recompense*) recompensa; (*Finance: from land, shares*) rendimento; (*report*) relatório ■ CPD (*journey*) de volta; (*Brit: ticket*) de ida e volta; (*match*) de revanche ■ VI (*person etc: come or go back*) voltar, regressar; (*symptoms etc*) voltar; (*regain*): **to ~ to** (*consciousness*) recobrar; (*power*) retornar a ■ VT devolver; (*favour, love etc*) retribuir; (*verdict*) proferir, anunciar; (*Pol: candidate*) eleger; **returns** NPL (*Comm*) receita; (: *returned goods*) mercadorias *fpl* devolvidas; **in ~ (for)** em troca (de); **many happy ~s (of the day)!** parabéns!; **by ~ (of post)** por volta docorreio

returnable [rɪ'tə:nəbl] ADJ (*bottle etc*) restituível

return key N (*Comput*) tecla de retorno

reunion [ri:'ju:nɪən] N (*family*) reunião *f*; (*two people, class*) reencontro

reunite [ri:ju:'naɪt] VT reunir; (*reconcile*) reconciliar

rev [rɛv] N ABBR (*Aut: = revolution*) revolução *f* ■ VT (*also*: **rev up**) aumentar a velocidade de ■ VI acelerar

revaluation [ri:vælju'eɪʃən] N reavaliação *f*

revamp ['ri:'væmp] VT dar um jeito em

rev counter (*Brit*) N tacômetro

Rev(d). ABBR = **reverend**

reveal [rɪ'vi:l] VT revelar; (*make visible*) mostrar

revealing [rɪ'vi:lɪŋ] ADJ revelador(a)

reveille [rɪ'vælɪ] N (*Mil*) toque *m* de alvorada

revel ['rɛvl] VI: **to ~ in sth/in doing sth** deleitar-se com algo/em fazer algo

revelation [rɛvə'leɪʃən] N revelação *f*

reveller ['rɛvləʳ] N farrista *m/f*, folião(-liã) *m/f*

revelry ['rɛvəlrɪ] N festança, folia

revenge [rɪ'vɛndʒ] N vingança, desforra; (*in sport*) revanche *f* ■ VT vingar; **to take ~ on** vingar-se de

revengeful [rɪ'vɛndʒful] ADJ vingativo

revenue ['rɛvənju:] N receita, renda; (*on investment*) rendimento

reverberate [rɪ'və:bəreɪt] VI (*sound*) ressoar, repercutir, ecoar; (*light*) reverberar; (*fig*) repercutir

reverberation [rɪvə:bə'reɪʃən] N repercussão *f*

revere [rɪ'vɪəʳ] VT reverenciar, venerar

reverence ['rɛvərəns] N reverência

reverend ['rɛvrənd] ADJ reverendo; (*in titles*): **the R~ John Smith** o reverendo John Smith

reverent ['rɛvərənt] ADJ reverente

reverie ['rɛvərɪ] N devaneio, sonho

reversal [rɪ'və:sl] N (*of order*) reversão *f*; (*of direction*) mudança em sentido contrário; (*of decision*) revogação *f*; (*of opinion*) reviravolta; (*of roles*) inversão *f*

reverse [rɪ'və:s] N (*opposite*) contrário; (*back: of cloth*) avesso; (: *of coin*) reverso; (: *of paper*) dorso; (*Aut: also*: **reverse gear**) marcha à ré (BR), marcha atrás (PT); (*setback*) revés *m*, derrota ■ ADJ (*order*) inverso, oposto; (*direction*) contrário; (*process*) inverso ■ VT (*turn over*) virar do lado do avesso; (*direction, roles*) inverter; (*position*) mudar; (*process, decision*) revogar; (*car*) dar marcha-re em ■ VI (*Brit: Aut*) dar (marcha à) ré (BR), fazer marcha atrás (PT); **to go into ~** dar ré (BR), fazer marcha atrás (PT); **in ~ order** na ordem inversa; **reverse-charge call** (*Brit*) N (*Tel*) ligação *f* a cobrar; **reverse video** N vídeo reverso

reversible [rɪ'və:səbl] ADJ reversível

reversing lights [rɪ'və:sɪŋ-] (*Brit*) NPL luzes *fpl* de ré (BR), luzes *fpl* de marcha atrás (PT)

reversion [rɪ'və:ʃən] N volta

revert [rɪ'və:t] VI: **to ~ to** voltar a; (*Law*) reverter a

review [rɪ'vju:] N (*magazine, Mil*) revista; (*of book, film*) crítica, resenha; (*examination*) recapitulação *f*, exame *m* ■ VT (*situation*) rever, examinar; (*Mil*) passar em revista; (*book, film*) fazer a crítica *or* resenha de; **to come under ~** ser estudado

reviewer [rɪ'vjuːə^r] N crítico(-a)

revile [rɪ'vaɪl] VT insultar

revise [rɪ'vaɪz] VT (*manuscript*) corrigir; (*opinion, procedure*) alterar; (*price*) revisar; (*study: subject*) recapitular; (*look over*) revisar, rever; **~d edition** edição *f* revista

revision [rɪ'vɪʒən] N correção *f*; (*for exam*) revisão *f*; (*revised version*) revisão *f*

revitalize [riː'vaɪtəlaɪz] VT revitalizar, revivificar

revival [rɪ'vaɪvəl] N (*recovery*) restabelecimento; (*of interest*) renascença, renascimento; (*Theatre*) reestréia; (*of faith*) despertar *m*

revive [rɪ'vaɪv] VT (*person*) reanimar, ressuscitar; (*economy*) recuperar; (*custom*) restabelecer, restaurar; (*hope, courage*) despertar; (*play*) reapresentar ■ VI (*person: from faint*) voltar a si, recuperar os sentidos; (: *from ill-health*) recuperar-se; (*activity, economy*) reativar; (*hope, interest*) renascer

revoke [rɪ'vəuk] VT revogar; (*decision, promise*) voltar atrás com

revolt [rɪ'vəult] N revolta, rebelião *f*, insurreição *f* ■ VI revoltar-se ■ VT causar aversão a, repugnar

revolting [rɪ'vəultɪŋ] ADJ revoltante, repulsivo

revolution [rɛvə'luːʃən] N revolução *f*; (*of wheel, earth*) rotação *f*

revolutionary [rɛvə'luːʃənərɪ] ADJ, N revolucionário(-a)

revolutionize [rɛvə'luːʃənaɪz] VT revolucionar

revolve [rɪ'vɔlv] VI girar; (*life*): **to ~ (a)round** girar em torno de

revolver [rɪ'vɔlvə^r] N revólver *m*

revolving [rɪ'vɔlvɪŋ] ADJ (*chair etc*) giratório; **revolving credit** N crédito rotativo; **revolving door** N porta giratória

revue [rɪ'vjuː] N (*Theatre*) revista

revulsion [rɪ'vʌlʃən] N aversão *f*, repugnância

reward [rɪ'wɔːd] N recompensa ■ VT: **to ~ (for)** recompensar *or* premiar (por)

rewarding [rɪ'wɔːdɪŋ] ADJ (*fig*) gratificante, compensador(a)

rewind [riː'waɪnd] (*irreg*) VT (*watch*) dar corda em; (*tape*) voltar para trás

rewire [riː'waɪə^r] VT (*house*) renovar a instalação elétrica de

reword [riː'wəːd] VT reformular, exprimir em outras palavras

rewound [riː'waund] PT, PP *of* **rewind**

rewrite [riː'raɪt] (*irreg*) VT reescrever, escrever de novo

Reykjavik ['rɛɪkjəviːk] N Reikjavik

RFD (*US*) ABBR (*Post*) = **rural free delivery**

Rh ABBR (= *rhesus*) Rh

rhapsody ['ræpsədɪ] N (*Mus*) rapsódia; (*fig*) elocução *f* exagerada *or* empolada

rhesus factor ['riːsəs-] N (*Med*) fator *m* Rh

rhetoric ['rɛtərɪk] N retórica

rhetorical [rɪ'tɔrɪkl] ADJ retórico

rheumatic [ruː'mætɪk] ADJ reumático

rheumatism ['ruːmətɪzəm] N reumatismo

rheumatoid arthritis ['ruːmətɔɪd-] N artrite *f* reumatóide

Rhine [raɪn] N: **the ~** o (rio) Reno

rhinestone ['raɪnstəun] N diamante *m* postiço

rhinoceros [raɪ'nɔsərəs] N rinoceronte *m*

Rhodes [rəudz] N (ilha de) Rodes

Rhodesia [rəu'diːʒə] N Rodésia

Rhodesian [rəu'diːʒən] ADJ, N rodésio(-a)

rhododendron [rəudə'dɛndrən] N rododendro

Rhone [rəun] N: **the ~** o (rio) Ródano

rhubarb ['ruːbɑːb] N ruibarbo

rhyme [raɪm] N rima; (*verse*) verso(s) *m(pl)* rimado(s), poesia ■ VI: **to ~ (with)** rimar (com); **without ~ or reason** sem pé nem cabeça

rhythm ['rɪðm] N ritmo

rhythmic(al) ['rɪðmɪk(l)] ADJ rítmico, com passado

rhythmically ['rɪðmɪklɪ] ADV ritmicamente

RI N ABBR (*Brit*) = **religious instruction** ■ ABBR (*US: Post*) = **Rhode Island**

rib [rɪb] N (*Anat*) costela ■ VT (*mock*) zombar de, encarnar em

ribald ['rɪbəld] ADJ vulgarmente engraçado, irreverente

ribbed [rɪbd] ADJ (*knitting*) em ponto de meia

ribbon ['rɪbən] N fita; (*strip*) faixa, tira; **in ~s** (*torn*) em tirinhas, esfarrapado

rice [raɪs] N arroz *m*; **rice field** N arrozal *m*; **rice pudding** N arroz *m* doce

rich [rɪtʃ] ADJ rico; (*clothes*) valioso; (*banquet*) suntuoso, opulento; (*soil*) fértil; (*food*) suculento, forte; (: *sweet*) rico; (*colour*) intenso; (*voice*) suave, cheio ■ NPL: **the rich** os ricos; **riches** NPL (*wealth*) riquezas *fpl*; **to be ~ in sth** ser rico em algo

richly ['rɪtʃlɪ] ADV (*decorated*) ricamente; (*rewarded*) generosamente; (*deserved*) bem

richness ['rɪtʃnɪs] N riqueza, opulência; (*of soil etc*) fertilidade *f*

rickets ['rɪkɪts] N raquitismo

rickety ['rɪkɪtɪ] ADJ fraco, sem firmeza

rickshaw ['rɪkʃɔː] N jinriquixá *m*

ricochet ['rɪkəʃeɪ] N ricochete *m* ■ VI ricochetear

rid [rɪd] (*pt, pp* **rid**) VT: **to ~ sb of sth** livrar alguém de algo; **to get ~ of** livrar-se de; (*sth no longer required*) desfazer-se de

riddance ['rɪdns] N: **good ~!** bons ventos o levem!

ridden ['rɪdn] PP *of* **ride**

riddle ['rɪdl] N (*conundrum*) adivinhação *f*; (*mystery*) enigma *m*, charada ■ VT: **to be ~d with** estar cheio de

ride [raɪd] (*pt* **rode**, *pp* **ridden**) N (*gen*) passeio; (*on horse*) passeio a cavalo; (*distance covered*) percurso, trajeto ■ VI (*as sport*) montar; (*go somewhere: on horse, bicycle*) ir (a cavalo, de bicicleta); (*journey: on bicycle, motorcycle, bus*) viajar ■ VT (*a horse*) montar a; (*bicycle, motorcycle*) andar de; (*distance*)

percorrer; **to ~ a bicycle** andar de bicicleta; **can you ~ a bike?** você sabe andar de bicicleta?; **to ~ at anchor** (*Naut*) estar ancorado; **horse/car ~** passeio a cavalo/de carro; **to go for a ~** dar um passeio *or* uma volta (de carro *or* de bicicleta *etc*); **to take sb for a ~** (*fig*) enganar alguém
▸ **ride out** VT: **to ~ out the storm** (*fig*) superar as dificuldades

rider ['raɪdəʳ] N (*on horse*: *male*) cavaleiro; (: *female*) amazona; (*on bicycle*) ciclista *m/f*; (*on motorcycle*) motociclista *m/f*; (*in document*) cláusula adicional

ridge [rɪdʒ] N (*of hill*) cume *m*, topo; (*of roof*) cumeeira; (*wrinkle*) ruga

ridicule ['rɪdɪkju:l] N escárnio, zombaria, mofa ■ VT ridicularizar, zombar de; **to hold sb/sth up to ~** ridicularizar alguém/algo

ridiculous [rɪ'dɪkjuləs] ADJ ridículo

riding ['raɪdɪŋ] N equitação *f*; **riding school** N escola de equitação

rife [raɪf] ADJ: **to be ~** ser comum; **to be ~ with** estar repleto de, abundar em

riffraff ['rɪfræf] N plebe *f*, ralé *f*, povinho

rifle ['raɪfl] N rifle *m*, fuzil *m* ■ VT saquear
▸ **rifle through** VT FUS vasculhar

rifle range N campo de tiro; (*at fair*) tiro ao alvo

rift [rɪft] N (*in ground*) fenda, fratura; (*in clouds*) brecha; (*fig*: *disagreement*: *between friends*) desentendimento; (: *in party*) rompimento, divergência

rig [rɪg] N (*also*: **oil rig**) torre *f* de perfuração ■ VT (*election etc*) adulterar *or* falsificar os resultados de
▸ **rig out** (*Brit*) VT: **to ~ out as/in** ataviar *or* vestir como/com
▸ **rig up** VT instalar, montar, improvisar

rigging ['rɪgɪŋ] N (*Naut*) cordame *m*

right [raɪt] ADJ (*true*, *correct*) certo, correto; (*suitable*) adequado, conveniente; (: *decision*) certo; (*just*) justo; (*morally good*) bom; (*not left*) direito ■ N direito; (*not left*) direita ■ ADV (*correctly*) bem, corretamente; (*fairly*) adequadamente, justamente; (*not on the left*) à direita; (*to the right*) para a direita; (*exactly*): **~ now** agora mesmo ■ VT colocar em pé; (*correct*) corrigir, indireitar ■ EXCL bom!; **all ~!** tudo bem!, está bem!; (*enough*) chega!, basta!; **the ~ time** (*precise*) a hora exata; (*not wrong*) a hora certa; **to be ~** (*person*) ter razão; (: *in guess etc*) acertar; (*answer*, *clock*) estar certo; **to get sth ~** acertar em algo; **let's get it ~ this time!** vamos acertar desta vez; **you did the ~ thing** você fez a coisa certa; **to put a mistake ~** (*Brit*) consertar um erro; **~ before/after** logo antes/depois; **~ against the wall** rente à parede; **to go ~ to the end of sth** ir até o finalzinho de algo; **by ~s** por direito; **on the ~** à direita; **to be in the ~** ter razão; **~ away** imediatamente, logo, já; **~ in the middle** bem no meio; **film ~s** direitos de adaptação para o cinema; **right angle** N ângulo reto

righteous ['raɪtʃəs] ADJ justo, honrado; (*anger*) justificado

righteousness ['raɪtʃəsnɪs] N justiça

rightful ['raɪtful] ADJ (*heir*) legítimo; (*place*) justo, legítimo

rightfully ['raɪtfəlɪ] ADV legitimamente

right-hand ADJ à direita

right-handed [-'hændɪd] ADJ (*person*) destro

right-hand man N braço direito

right-hand side N lado direito

rightly ['raɪtlɪ] ADV corretamente, devidamente; (*with reason*) com razão; **if I remember ~** (*Brit*) se me lembro bem, se não me engano

right-minded ADJ sensato, ajuizado

right of way N prioridade *f* de passagem; (*Aut*) preferência

rights issue N (*Stock Exchange*) emissão *f* de bônus de subscrição

right wing N (*Pol*) direita; (*Sport*) ponta direita; (*Mil*) ala direita ■ ADJ: **right-wing** de direita

right-winger N (*Pol*) direitista *m/f*; (*Sport*) ponta-direita *m*

rigid ['rɪdʒɪd] ADJ rígido; (*principle*) inflexível

rigidity [rɪ'dʒɪdɪtɪ] N rigidez *f*, inflexibilidade *f*

rigidly ['rɪdʒɪdlɪ] ADV rigidamente; (*behave*) inflexivelmente

rigmarole ['rɪgmərəul] N (*process*) processo; (*story*) ladainha

rigor ['rɪgəʳ] (*US*) N = **rigour**; **rigor mortis** [-'mɔ:tɪs] N rigidez *f* cadavérica

rigorous ['rɪgərəs] ADJ rigoroso

rigorously ['rɪgərəslɪ] ADV rigorosamente

rigour ['rɪgəʳ] (*US* **rigor**) N rigor *m*

rig-out (*Brit*: *inf*) N roupa, traje *m*

rile [raɪl] VT irritar, aborrecer

rim [rɪm] N borda, beira; (*of spectacles*, *wheel*) aro

rimless ['rɪmlɪs] ADJ (*spectacles*) sem aro

rind [raɪnd] N (*of bacon*) pele *f*; (*of lemon etc*) casca; (*of cheese*) crosta, casca

ring [rɪŋ] (*pt* **rang**, *pp* **rung**) N (*of metal*) aro; (*on finger*) anel *m*; (*also*: **wedding ring**) aliança; (*of people*, *objects*) círculo, grupo; (*of spies etc*) grupo; (*for boxing*) ringue *m*; (*of circus*) pista, picadeiro; (*bullring*) picadeiro, arena; (*of light*, *smoke*) círculo; (*sound*: *of small bell*) toque *m*; (: *of large bell*) badalada, repique *m*; (*telephone call*) chamada (telefônica), ligada ■ VI (*on telephone*) telefonar; (*bell*) tocar; (*also*: **ring out**: *voice*, *words*) soar; (*ears*) zumbir ■ VT (*Brit*: *Tel*) telefonar a, ligar para; (*bell etc*) badalar; (*doorbell*) tocar; **to give sb a ~** (*Brit*: *Tel*) dar uma ligada *or* ligar para alguém; **that has the ~ of truth about it** isso tem jeito de ser verdade; **the name doesn't ~ a bell (with me)** o nome não me diz nada
▸ **ring back** (*Brit*) VI (*Tel*) telefonar *or* ligar de volta ■ VT telefonar *or* ligar de volta para
▸ **ring off** (*Brit*) VI (*Tel*) desligar
▸ **ring up** (*Brit*) VT (*Tel*) telefonar a, ligar para

ring binder N fichário (*pasta*)

ring finger N dedo anelar

ringing ['rɪŋɪŋ] N (*of telephone*) toque *m*; (*of large bell*) repicar *m*; (*of doorbell*) tocar *m*; (*in ears*) zumbido; **ringing tone** (*Brit*) N (*Tel*) sinal *m* de

chamada
ringleader ['rɪŋli:dəʳ] N (*of gang*) cabeça *m/f*, cérebro
ringlets ['rɪŋlɪts] NPL caracóis *mpl*, anéis *mpl*
ring road (*Brit*) N estrada periférica *or* perimetral
ringtone (*Brit*) N (*on cellphone*) toque *m* (de cellular)
rink [rɪŋk] N (*also*: **ice rink**) pista de patinação, rinque *m*; (*for roller skating*) rinque
rinse [rɪns] N enxaguada ■ VT enxaguar; (*also*: **rinse out**: *mouth*) bochechar
Rio (de Janeiro) ['ri:əu(dədʒə'nɪərəu)] N o Rio (de Janeiro)
riot ['raɪət] N distúrbio, motim *m*, desordem *f*; (*of colour*) festival *m*, profusão *f* ■ VI provocar distúrbios, amotinar-se; **to run ~** desenfrear-se
rioter ['raɪətəʳ] N desordeiro(-a), amotinador(a) *m/f*
riotous ['raɪətəs] ADJ (*crowd*) desordeiro; (*behaviour*) turbulento; (*party*) tumultuado, barulhento; (*uncontrolled*) desenfreado
riotously ['raɪətəslɪ] ADV: **~ funny** hilariante
riot police N polícia anti-motim
RIP ABBR (= *rest in peace*) RIP
rip [rɪp] N rasgão *m*; (*opening*) abertura ■ VT rasgar ■ VI rasgar-se
▸ **rip up** VT rasgar
ripcord ['rɪpkɔ:d] N corda de abertura (de pára-quedas)
ripe [raɪp] ADJ maduro; (*ready*) pronto
ripen ['raɪpən] VT, VI amadurecer
ripeness ['raɪpnɪs] N maturidade *f*, amadurecimento
rip-off (*inf*) N: **this is a ~** isso é roubo
riposte [rɪ'pɔst] N riposta
ripple ['rɪpl] N ondulação *f*, encrespação *f*; (*of laughter etc*) onda; (*sound*) murmúrio ■ VI encrespar-se ■ VT ondular
rise [raɪz] (*pt* **rose**, *pp* **risen**) N (*slope*) elevação *f*, ladeira; (*hill*) colina, rampa; (*increase*: *in wages*: *Brit*) aumento; (: *in prices, temperature*) subida; (*fig*: *to power etc*) ascensão *f* ■ VI (*gen*) levantar-se, erguer-se; (*prices, waters*) subir; (*river*) encher; (*sun*) nascer; (*wind, person*: *from bed etc*) levantar(-se); (*sound, voice*) aumentar, erguer-se; (*also*: **rise up**: *building*) erguer-se; (: *rebel*) sublevar-se; (*in rank*) ascender, subir; **to give ~ to** ocasionar, dar origem a; **to ~ to the occasion** mostrar-se à altura da situação
risen ['rɪzn] PP *of* **rise**
rising ['raɪzɪŋ] ADJ (*increasing*: *prices*) em alta; (: *number*) crescente, cada vez maior; (: *unemployment*) crescente; (*tide*) montante; (*sun, moon*) nascente ■ N (*uprising*) insurreição *f*; **rising damp** N umidade *f* que sobe
risk [rɪsk] N risco, perigo; (*Insurance*) risco ■ VT (*endanger*) pôr em risco; (*chance*) arriscar, aventurar; (*dare*) atrever-se a; **to take** *or* **run the ~ of doing** correr o risco de fazer; **at ~** em perigo; **at one's own ~** por sua própria conta e risco; **a fire/health/security ~** um risco de incêndio/à saúde/à segurança; **I'll ~ it** eu vou me arriscar; **risk capital** N capital *m* de risco
risky ['rɪskɪ] ADJ perigoso
risqué ['ri:skeɪ] ADJ (*joke*) picante
rissole ['rɪsəul] N rissole *m*
rite [raɪt] N rito; **funeral ~s** exéquias, cerimônia fúnebre; **last ~s** últimos sacramentos
ritual ['rɪtjuəl] ADJ ritual ■ N ritual *m*; (*of initiation*) rito
rival ['raɪvl] ADJ, N rival *m/f*; (*in business*) concorrente *m/f* ■ VT competir com; **to ~ sb/sth in** rivalizar com alguém/algo em
rivalry ['raɪvəlrɪ] N rivalidade *f*; (*between companies*) concorrência
river ['rɪvəʳ] N rio ■ CPD (*port, traffic*) fluvial; **up/down ~** rio acima/abaixo
riverbank ['rɪvəbæŋk] N margem *f* (do rio)
riverbed ['rɪvəbɛd] N leito (do rio)
riverside ['rɪvəsaɪd] N beira, orla (do rio)
rivet ['rɪvɪt] N rebite *m*, cravo ■ VT rebitar; (*fig*) fixar
riveting ['rɪvɪtɪŋ] ADJ (*fig*) fascinante
Riviera [rɪvɪ'eərə] N: **the (French) ~** a Costa Azul (francesa), a Riviera francesa; **the Italian ~** a Riviera italiana
Riyadh [rɪ'jɑ:d] N Riad
RN N ABBR (*Brit*) = **Royal Navy**; (*US*) = **registered nurse**
RNA N ABBR (= *ribonucleic acid*) ARN *m*
RNLI (*Brit*) N ABBR (= *Royal National Lifeboat Institution*) ≈ Salvamar
RNZAF N ABBR = **Royal New Zealand Air Force**
RNZN N ABBR = **Royal New Zealand Navy**
road [rəud] N via; (*motorway etc*) estrada (de rodagem); (*in town*) rua; (*fig*) caminho ■ CPD rodoviário; **main ~** estrada principal; **major/minor ~** via preferencial/secundária; **it takes four hours by ~** leva quatro horas de carro; **"~ up"** (*Brit*) "obras"; **road block** N barricada; **road haulage** N transportes *mpl* rodoviários; **road hog** N dono da estrada; **road map** N mapa *m* rodoviário; **road rage** N *conduta agressiva dos motoristas no trânsito*; **road safety** N segurança do trânsito
roadside ['rəudsaɪd] N beira da estrada ■ CPD à beira da estrada; **by the ~** à beira da estrada
road sign N placa de sinalização
road sweeper (*Brit*) N (*person*) gari *m/f* (BR), varredor(a) *m/f* (PT)
road transport N transportes *mpl* rodoviários
road user N usuário(-a) da via pública
roadway ['rəudweɪ] N pista, estrada
road works ['rəudwə:ks] NPL obras *fpl* (na estrada)
roadworthy ['rəudwə:ðɪ] ADJ (*car*) em bom estado de conservação e segurança
roam [rəum] VI vagar, perambular, errar ■ VT vagar *or* vadiar por
roar [rɔ:ʳ] N (*of animal*) rugido, urro; (*of crowd*) bramido; (*of vehicle, storm*) estrondo; (*of laughter*) barulho ■ VI (*animal, engine*) rugir; (*person, crowd*) bradar; **to ~ with laughter** dar gargalhadas

roaring ['rɔ:rɪŋ] ADJ: **a ~ fire** labaredas; **a ~ success** um sucesso estrondoso; **to do a ~ trade** fazer um bom negócio
roast [rəʊst] N carne *f* assada, assado ■ VT assar; (*coffee*) torrar; **roast beef** N rosbife *m*
rob [rɔb] VT roubar; (*bank*) assaltar; **to ~ sb of sth** roubar algo de alguém; (*fig*: *deprive*) despojar alguém de algo
robber ['rɔbəʳ] N ladrão/ladra *m/f*
robbery ['rɔbərɪ] N roubo
robe [rəʊb] N (*for ceremony etc*) toga, beca; (*also*: **bath robe**) roupão *m* (de banho) ■ VT revestir
robin ['rɔbɪn] N pisco-de-peito-ruivo (BR), pintarroxo (PT)
robot ['rəʊbɔt] N robô *m*
robotics [rə'bɔtɪks] N robótica
robust [rəʊ'bʌst] ADJ robusto, forte; (*appetite*) sadio; (*economy*) forte
rock [rɔk] N rocha; (*boulder*) penhasco, rochedo; (*US*: *small stone*) cascalho; (*Brit*: *sweet*) pirulito ■ VT (*swing gently*: *cradle*) balançar, oscilar; (: *child*) embalar, acalentar; (*shake*) sacudir ■ VI (*object*) balançar-se; (*person*) embalar-se; (*shake*) sacudir-se; **on the ~s** (*drink*) com gelo; (*marriage etc*) arruinado, em dificuldades; **to ~ the boat** (*fig*) criar confusão; **rock and roll** N rock-and-roll *m*
rock-bottom ADJ (*fig*) mínimo, ínfimo ■ N: **to hit** *or* **reach ~** (*prices*) chegar ao nível mais baixo; (*person*) chegar ao fundo do poço
rock climber N alpinista *m/f*
rock climbing N alpinismo
rockery ['rɔkərɪ] N *jardim de plantas rasteiras entre pedras*
rocket ['rɔkɪt] N foguete *m* ■ VI (*prices*) disparar; **rocket launcher** [-'lɔ:ntʃəʳ] N dispositivo lança-foguetes
rock face N rochedo a pique
rock fall N queda de pedras
rocking chair ['rɔkɪŋ-] N cadeira de balanço
rocking horse ['rɔkɪŋ-] N cavalo de balanço
rocky ['rɔkɪ] ADJ rochoso; (*unsteady*: *table*) bambo, instável; (*marriage, etc*) instável
Rocky Mountains NPL: **the ~** as Montanhas Rochosas
rod [rɔd] N vara, varinha; (*Tech*) haste *f*; (*also*: **fishing rod**) vara de pescar
rode [rəʊd] PT *of* **ride**
rodent ['rəʊdnt] N roedor *m*
rodeo ['rəʊdɪəʊ] (*US*) N rodeio
roe [rəʊ] N (*also*: **roe deer**) corça, cerva; (*of fish*): **hard/soft ~** ova/esperma *m* de peixe
rogue [rəʊg] N velhaco, maroto
roguish ['rəʊgɪʃ] ADJ travesso, brincalhão(-lhona)
role [rəʊl] N papel *m*
roll [rəʊl] N rolo; (*of banknotes*) maço; (*also*: **bread roll**) pãozinho; (*register*) rol *m*, lista; (*sound*: *of drums etc*) rufar *m*; (*movement*: *of ship*) jogo ■ VT rolar; (*also*: **roll up**: *string*) enrolar; (: *sleeves*) arregaçar; (*cigarette*) enrolar; (*eyes*) virar; (*also*: **roll out**: *pastry*) esticar; (*lawn, road etc*) aplanar ■ VI rolar; (*drum*) rufar; (*in walking*) gingar; (*vehicle*) also; (*roll along*) rodar; (*ship*) balançar, jogar; **cheese ~** sanduíche de queijo (*num pãozinho*)
▶ **roll about** VI ficar rolando
▶ **roll around** VI = **roll about**
▶ **roll by** VI (*time*) passar
▶ **roll in** VI (*mail, cash*) chegar em grande quantidade
▶ **roll over** VI dar uma volta
▶ **roll up** VI (*inf*: *arrive*) pintar, chegar, aparecer ■ VT (*carpet etc*) enrolar; (*sleeves*) arregaçar; **to ~ o.s. up into a ball** enrolar-se
roll call N chamada, toque *m* de chamada
rolled gold [rəʊld-] N plaquê *m*
roller ['rəʊləʳ] N (*in machine*) rolo, cilindro; (*wheel*) roda, roldana; (*for lawn, road*) rolo compressor; (*for hair*) rolo
Rollerblades® ['rəʊləbleɪdz] N patins *mpl* em linha
roller blind (*Brit*) N estore *m*
roller coaster N montanha-russa
roller skates NPL patins *mpl* de roda
rollicking ['rɔlɪkɪŋ] ADJ alegre, brincalhão(-lhona), divertido
rolling ['rəʊlɪŋ] ADJ (*landscape*) ondulado; **rolling mill** N laminador *m*; **rolling pin** N rolo de pastel; **rolling stock** N (*Rail*) material *m* rodante
roll-on-roll-off (*Brit*) ADJ (*ferry*) para veículos
roly-poly ['rəʊlɪ'pəʊlɪ] (*Brit*) N (*Culin*) bolo de rolo
ROM [rɔm] N ABBR (*Comput*: = *read-only memory*) ROM *m*
Roman ['rəʊmən] ADJ, N romano(-a); **Roman Catholic** ADJ, N católico(-a) (romano(-a))
romance [rə'mæns] N (*love affair*) aventura amorosa, romance *m*; (*book etc*) história de amor; (*charm*) romantismo
Romania [ru:'meɪnɪə] N Romênia
Romanian [ru:'meɪnɪən] ADJ romeno ■ N romeno(-a); (*Ling*) romeno
Roman numeral N número romano
romantic [rə'mæntɪk] ADJ romântico
romanticism [rə'mæntɪsɪzəm] N romantismo
Romany ['rəʊmənɪ] ADJ cigano ■ N cigano(-a); (*Ling*) romani *m*
Rome [rəʊm] N Roma
romp [rɔmp] N brincadeira, travessura ■ VI (*also*: **romp about**) brincar ruidosamente; **to ~ home** (*horse*) ganhar fácil
rompers ['rɔmpəz] NPL macacão *m* de bebê
rondo ['rɔndəʊ] N (*Mus*) rondó
roof [ru:f] N (*of house*) telhado; (*of car*) capota, teto; (*of tunnel, cave*) teto ■ VT telhar, cobrir com telhas; **the ~ of the mouth** o céu da boca; **roof garden** N jardim *m* em terraço
roofing ['ru:fɪŋ] N cobertura
roof rack N (*Aut*) bagageiro
rook [ruk] N (*bird*) gralha; (*Chess*) torre *f*
room [ru:m] N (*in house*) quarto, aposento; (*also*: **bedroom**) quarto, dormitório; (*in school etc*) sala; (*space*) espaço, lugar *m*; (*scope*: *for improvement etc*) espaço; **rooms** NPL (*lodging*) alojamento; **"~s**

to let" (*Brit*), **"~s for rent"** (*US*) "alugam-se quartos *or* apartamentos"; **single ~** quarto individual; **double ~** quarto duplo *or* de casal *or* para duas pessoas; **is there ~ for this?** tem lugar para isto aqui?; **to make ~ for sb** dar lugar a alguém; **there is ~ for improvement** isso podia estar melhor

rooming house ['ru:mɪŋ-] (*US*) N casa de cômodos

roommate ['ru:mmeɪt] N companheiro(-a) de quarto

room service N serviço de quarto

room temperature N temperatura ambiente

roomy ['ru:mɪ] ADJ espaçoso; (*garment*) folgado

roost [ru:st] N poleiro ■ VI empoleirar-se, pernoitar

rooster ['ru:stəʳ] N galo

root [ru:t] N raiz *f*; (*fig*: *of problem, belief*) origem *f* ■ VI (*plant, belief*) enraizar, arraigar; **roots** NPL (*family origins*) raízes *fpl*; **to take ~** (*plant*) enraizar; (*idea*) criar raizes

▸ **root about** VI (*fig*): **to ~ about in** (*drawer*) vasculhar; (*house*) esquadrinhar

▸ **root for** VT FUS torcer por

▸ **root out** VT extirpar

rope [rəup] N corda; (*Naut*) cabo ■ VT (*tie*) amarrar; (*horse, cow*) laçar; (*climbers*: *also*: **rope together**) amarrar *or* atar com uma corda; (*area*: *also*: **rope off**) isolar; **to know the ~s** (*fig*) estar por dentro (do assunto)

▸ **rope in** VT (*fig*): **to ~ sb in** persuadir alguém a tomar parte

rope ladder N escada de corda

rose [rəuz] PT *of* **rise** ■ N rosa; (*also*: **rosebush**) roseira; (*on watering can*) crivo ■ ADJ rosado, cor de rosa *inv*

rosé ['rəuzeɪ] N rosado, rosé *m*

rose bed N roseiral *m*

rosebud ['rəuzbʌd] N botão *m* de rosa

rosebush ['rəuzbuʃ] N roseira

rosemary ['rəuzmərɪ] N alecrim *m*

rosette [rəu'zɛt] N roseta

ROSPA ['rɔspə] (*Brit*) N ABBR = **Royal Society for the Prevention of Accidents**

roster ['rɔstəʳ] N: **duty ~** lista de tarefas, escala de serviço

rostrum ['rɔstrəm] N tribuna

rosy ['rəuzɪ] ADJ rosado, rosáceo; (*cheeks*) rosado; (*situation*) cor-de-rosa *inv*; **a ~ future** um futuro promissor

rot [rɔt] N (*decay*) putrefação *f*, podridão *f*; (*fig*: *pej*) besteira ■ VT, VI apodrecer; **to stop the ~** (*Brit*: *fig*) acabar com a onda de fracassos; **dry ~** apodrecimento seco (*de madeira*); **wet ~** putrefação fungosa

rota ['rəutə] N lista de tarefas, escala de serviço; **on a ~ basis** em rodízio

rotary ['rəutərɪ] ADJ rotativo

rotate [rəu'teɪt] VT (*revolve*) fazer girar, dar voltas em; (*change round*: *crops*) alternar; (: *jobs*) alternar, revezar ■ VI (*revolve*) girar, dar voltas

rotating [rəu'teɪtɪŋ] ADJ (*movement*) rotativo

rotation [rəu'teɪʃən] N rotação *f*; **in ~** por turnos

rote [rəut] N: **by ~** de cor

rotor ['rəutəʳ] N (*also*: **rotor blade**) rotor *m*

rotten ['rɔtn] ADJ (*decayed*) podre; (*wood*) carcomido; (*fig*) corrupto; (*inf*: *bad*) péssimo; **to feel ~** (*ill*) sentir-se podre

rotting ['rɔtɪŋ] ADJ podre

rotund [rəu'tʌnd] ADJ rotundo; (*person*) rechonchudo

rouble ['ru:bl] (*US* **ruble**) N rublo

rouge [ru:ʒ] N rouge *m*, blush *m*, carmim *m*

rough [rʌf] ADJ (*skin, surface*) áspero; (*terrain*) acidentado; (*road*) desigual; (*voice*) áspero, rouco; (*person, manner*: *coarse*) grosseiro, grosso; (: *violent*) violento; (: *brusque*) rísido; (*weather*) tempestuoso; (*treatment*) brutal, mau(-má); (*sea*) agitado; (*district*) violento; (*plan*) preliminar; (*work, cloth*) grosseiro; (*guess*) aproximado ■ N (*person*) grosseirão *m*; (*Golf*): **in the ~** na grama crescida; **to have a ~ time (of it)** passar maus bocados; **~ estimate** estimativa aproximada; **to ~ it** passar aperto; **to play ~** jogar bruto; **to sleep ~** (*Brit*) dormir na rua; **to feel ~** (*Brit*) passar mal

▸ **rough out** VT (*draft*) rascunhar

roughage ['rʌfɪdʒ] N fibras *fpl*

rough-and-ready ADJ improvisado, feito às pressas

rough-and-tumble N luta, confusão *f*

roughcast ['rʌfkɑ:st] N reboco

rough copy N rascunho

rough draft N rascunho

roughen ['rʌfən] VT (*surface*) tornar áspero

rough justice N justiça sumária

roughly ['rʌflɪ] ADV (*handle*) bruscamente; (*make*) toscamente; (*speak*) bruscamente; (*approximately*) aproximadamente

roughness ['rʌfnɪs] N aspereza; (*rudeness*) grosseria

roughshod ['rʌfʃɔd] ADV: **to ride ~ over** (*person*) tratar a pontapés; (*objection*) passar por cima de

rough work N (*at school etc*) rascunho

roulette [ru:'lɛt] N roleta

Roumania *etc* [ru:'meɪnɪə] N = **Romania etc**

round [raund] ADJ redondo ■ N círculo; (*Brit*: *of toast*) rodela; (*of drinks*) rodada; (*of policeman*) ronda; (*of milkman*) trajeto; (*of doctor*) visitas *fpl*; (*game*: *of cards, golf, in competition*) partida; (*stage of competition*) rodada, turno; (*of ammunition*) cartucho; (*Boxing*) rounde *m*, assalto; (*of talks*) ciclo ■ VT (*corner*) virar, dobrar; (*bend*) fazer; (*cape*) dobrar ■ PREP (*surrounding*): **~ his neck/ the table** em volta de seu pescoço/ao redor da mesa; (*in a circular movement*): **to move ~ the room/~ the world** mover-se pelo quarto/dar a volta ao mundo; (*in various directions*) to move round a room/house, mover-se por um quarto/uma casa; (*approximately*): **~ about** aproximadamente ■ ADV: **all ~, right ~** por todos os lados; **the long way ~** o caminho mais comprido; **all the year ~** durante todo o ano; **in ~ figures** em números redondos; **it's just ~ the**

corner está logo depois de virar a esquina; (*fig*) está pertinho; **~ the clock** ininterrupto; **to ask sb ~** convidar alguém (para sua casa); **I'll be ~ at 6 o'clock** estarei aí às 6 horas; **to go ~** dar a volta; **to go ~ to sb's (house)** dar um pulinho na casa de alguém; **to go ~ an obstacle** contornar um obstáculo; **to go ~ the back** passar por detrás; **to go ~ a house** visitar uma casa; **enough to go ~** suficiente para todos; **she arrived ~ (about) noon** (*Brit*) ela chegou por volta do meio-dia; **to go the ~s** (*story*) divulgar-se; **the daily ~** (*fig*) o cotidiano; **a ~ of applause** uma salva de palmas; **a ~ of drinks** uma rodada de bebidas; **~ of sandwiches** sanduíche *m* (BR), sandes *f inv* (PT)

▸ **round off** VT (*speech etc*) terminar, completar

▸ **round up** VT (*cattle*) encurralar; (*people*) reunir; (*price, figure*) arredondar

roundabout ['raundəbaut] N (*Brit: Aut*) rotatória; (: *at fair*) carrossel *m* ■ ADJ (*route, means*) indireto

rounded ['raundɪd] ADJ arredondado; (*style*) expressivo

rounders ['raundəz] NPL (*game*) *jogo semelhante ao beisebol*

roundly ['raundlɪ] ADV (*fig*) energicamente, totalmente

round-shouldered [-'ʃəuldəd] ADJ encurvado

roundsman ['raundzmən] (*Brit: irreg*) N entregador *m* a domicílio

round trip N viagem *f* de ida e volta

roundup ['raundʌp] N (*of news*) resumo; (*of animals*) rodeio; (*of criminals*) batida

rouse [rauz] VT (*wake up*) despertar, acordar; (*stir up*) suscitar

rousing ['rauzɪŋ] ADJ emocionante, vibrante

rout [raut] N (*Mil*) derrota; (*flight*) fuga, debandada ■ VT derrotar

route [ru:t] N caminho, rota; (*of bus*) trajeto; (*of shipping*) rumo, rota; (*of procession*) rota; **"all ~s"** (*Aut*) "todas as direções"; **the best ~ to London** o melhor caminho para Londres; **en ~ for** a caminho de; **en ~ from ... to** a caminho de ... para; **route map** (*Brit*) N (*for journey*) mapa *m* rodoviário; (*for trains etc*) mapa da rede

routine [ru:'ti:n] ADJ (*work*) rotineiro; (*procedure*) de rotina ■ N rotina; (*Theatre*) número; **daily ~** cotidiano

rove [rəuv] VT vagar por, perambular por

roving ['rəuvɪŋ] ADJ (*wandering*) errante; **roving reporter** N correspondente *m/f*

row¹ [rəu] N (*line*) fila, fileira; (*in theatre, boat*) fileira; (*Knitting*) carreira, fileira ■ VI, VT remar; **in a ~** (*fig*) a fio, seguido

row² [rau] N (*racket*) barulho, balbúrdia; (*dispute*) discussão *f*, briga; (*fuss*) confusão *f*, bagunça; (*scolding*) repreensão *f* ■ VI brigar; **to have a ~** ter uma briga

rowboat ['rəubəut] (*US*) N barco a remo

rowdiness ['raudɪnɪs] N barulheira; (*fighting*) brigas *fpl*

rowdy ['raudɪ] ADJ (*person: noisy*) barulhento; (: *quarrelsome*) brigão(-ona); (*occasion*) tumultuado ■ N encrenqueiro, criador *m* de caso

rowdyism ['raudɪizəm] N violência

rowing ['rəuɪŋ] N remo; **rowing boat** (*Brit*) N barco a remo

rowlock ['rɔlək] (*Brit*) N toleteira, forqueta

royal ['rɔɪəl] ADJ real; **Royal Academy** (*Brit*) N *ver abaixo*; **Royal Air Force** (*Brit*) N *força aérea britânica*; **royal blue** ADJ azul vivo *inv*

ROYAL ACADEMY

A *Royal Academy*, ou *Royal Academy of Arts*, fundada em 1768 por George III para desenvolver a pintura, a escultura e a arquitetura, situa-se em Burlington House, Piccadilly. A cada verão há uma exposição de obras de artistas contemporâneos. A *Royal Academy* também oferece cursos de pintura, escultura e arquitetura.

royalist ['rɔɪəlɪst] ADJ, N monarquista *m/f* (BR), monárquico(-a) (PT)

Royal Navy (*Brit*) N *marinha de guerra britânica*

royalty ['rɔɪəltɪ] N (*persons*) família real, realeza; (*payment: to author*) direitos *mpl* autorais; (: *to inventor*) direitos *mpl* de exploração de patente

RP (*Brit*) N ABBR (= *received pronunciation*) *norma de pronúncia*

rpm ABBR (= *revolutions per minute*) rpm

RR (*US*) ABBR = **railroad**

R&R (*US*) N ABBR (*Mil*) = **rest and recreation**

RSA (*Brit*) N ABBR = **Royal Society of Arts**; **Royal Scottish Academy**

RSPB (*Brit*) N ABBR = **Royal Society for the Protection of Birds**

RSPCA (*Brit*) N ABBR = **Royal Society for the Prevention of Cruelty to Animals**

RSVP ABBR (= *répondez s'il vous plaît*) ER

Rt Hon. (*Brit*) ABBR (= *Right Honourable*) *título honorífico de conselheiro do estado ou juiz*

Rt Rev. ABBR (= *Right Reverend*) *reverendíssimo*

rub [rʌb] VT (*part of body*) esfregar; (*object: with cloth, substance*) friccionar ■ N esfregadela; (*hard*) fricção *f*; (*touch*) roçar *m*; **to give sth a ~** dar uma esfregada em algo; **to ~ sb up** (*Brit*) *or* **~ sb** (*US*) **the wrong way** irritar alguém

▸ **rub down** VT (*person*) esfregar; (*horse*) almofaçar

▸ **rub in** VT (*ointment*) esfregar

▸ **rub off** VI sair esfregando

▸ **rub off on** VT FUS transmitir-se para, influir sobre

▸ **rub out** VT apagar ■ VI apagar-se

rubber ['rʌbəʳ] N borracha; (*Brit: eraser*) borracha; **rubber band** N elástico, tira elástica; **rubber plant** N (*tree*) seringueira; (*plant*) figueira; **rubber ring** N (*for swimming*) bóia; **rubber stamp** N carimbo ■ VT: **to rubber-stamp** (*fig*) aprovar sem questionar

rubbery ['rʌbərɪ] ADJ elástico; (*food*) sem gosto

rubbish ['rʌbɪʃ] N (*waste*) refugo; (*from household, in street*) lixo; (*junk*) coisas *fpl* sem valor; (*fig: pej: nonsense*) disparates *mpl*, asneiras *fpl* ■ VT (*Brit: inf*) desprezar; **what you've just said is ~** você acabou de dizer uma besteira; **~!** que nada!, nado disso!; **rubbish bin** (*Brit*) N lata de lixo; **rubbish dump** N (*in town*) depósito (de lixo)

rubbishy ['rʌbɪʃɪ] (*Brit: inf*) ADJ micha, chinfrim

rubble ['rʌbl] N (*debris*) entulho; (*Constr*) escombros *mpl*

ruble ['ru:bl] (*US*) N = **rouble**

ruby ['ru:bɪ] N rubi *m*

RUC (*Brit*) N ABBR = **Royal Ulster Constabulary**

rucksack ['rʌksæk] N mochila

ructions ['rʌkʃənz] NPL confusão *f*, tumulto

rudder ['rʌdəʳ] N leme *m*; (*of plane*) leme de direção

ruddy ['rʌdɪ] ADJ (*face*) corado, avermelhado; (*inf: damned*) maldito, desgraçado

rude [ru:d] ADJ (*impolite: person*) grosso, mal-educado; (: *word, manners*) grosseiro; (*sudden*) brusco; (*shocking*) obsceno, chocante; **to be ~ to sb** ser grosso com alguém

rudely ['ru:dlɪ] ADV grosseiramente

rudeness ['ru:dnɪs] N falta de educação

rudiment ['ru:dɪmənt] N rudimento; **rudiments** NPL (*basics*) primeiras noções *fpl*

rudimentary [ru:dɪ'mɛntərɪ] ADJ rudimentar

rue [ru:] VT arrepender-se de

rueful ['ru:ful] ADJ arrependido

ruff [rʌf] N rufo

ruffian ['rʌfɪən] N brigão *m*, desordeiro

ruffle ['rʌfl] VT (*hair*) despentear, desmanchar; (*clothes*) enrugar, amarrotar; (*fig: person*) perturbar, irritar

rug [rʌg] N tapete *m*; (*Brit: for knees*) manta (de viagem)

rugby ['rʌgbɪ] N (*also*: **rugby football**) rúgbi *m* (BR), râguebi *m* (PT)

rugged ['rʌgɪd] ADJ (*landscape*) acidentado, irregular; (*features*) marcado; (*character*) severo, austero; (*determination*) teimoso

rugger ['rʌgəʳ] (*Brit: inf*) N rúgbi *m* (BR), râguebi *m* (PT)

ruin ['ru:ɪn] N (*of building*) ruína; (*destruction: of plans*) destrução *f*; (*downfall*) queda; (*bankruptcy*) bancarrota ■ VT destruir; (*future, person*) arruinar; (*spoil*) estragar; **ruins** NPL (*of building*) ruínas *fpl*; **in ~s** em ruínas

ruination [ru:ɪ'neɪʃən] N ruína

ruinous ['ru:ɪnəs] ADJ desastroso

rule [ru:l] N (*norm*) regra; (*regulation*) regulamento; (*government*) governo, domínio; (*ruler*) régua ■ VT (*country, person*) governar; (*decide*) decidir; (*draw: lines*) traçar ■ VI (*leader*) governar; (*monarch*) reger; (*Law*): **to ~ in favour of/against** decidir oficialmente a favor de/contra; **to ~ that** (*umpire, judge*) decidir que; **under British ~** sob domínio britânico; **it's against the ~s** não é permitido; **by ~ of thumb** empiricamente; **as a ~** por via de regra, geralmente

▶ **rule out** VT excluir

ruled [ru:ld] ADJ (*paper*) pautado

ruler ['ru:ləʳ] N (*sovereign*) soberano(-a); (*for measuring*) régua

ruling ['ru:lɪŋ] ADJ (*party*) dominante; (*class*) dirigente ■ N (*Law*) parecer *m*, decisão *f*

rum [rʌm] N rum *m* ■ ADJ (*Brit: inf*) esquisito

Rumania *etc* [ru:'meɪnɪə] N = **Romania** *etc*

rumble ['rʌmbl] N ruído surdo, barulho; (*of thunder*) estrondo, ribombo ■ VI ribombar, ressoar; (*stomach*) roncar; (*pipe*) fazer barulho; (*thunder*) ribombar

rumbustious [rʌm'bʌstʃəs] (*Brit*) ADJ (*person*) enérgico

rummage ['rʌmɪdʒ] VI vasculhar; **to ~ in** (*drawer*) vasculhar

rumour ['ru:məʳ] (*US* **rumor**) N rumor *m*, boato ■ VT: **it is ~ed that ...** corre o boato de que ...

rump [rʌmp] N (*of animal*) anca, garupa; **rump steak** N alcatra

rumple ['rʌmpl] VT (*hair*) despentear; (*clothes*) amarrotar

rumpus ['rʌmpəs] N barulho, confusão *f*, zorra; (*quarrel*) bate-boca *m*; **to kick up a ~** fazer um escândalo

run [rʌn] (*pt* **ran**, *pp* **run**) N corrida; (*in car*) passeio (de carro); (*distance travelled*) trajeto, percurso; (*journey*) viagem *f*; (*series*) série *f*; (*Theatre*) temporada; (*Ski*) pista; (*in stockings*) fio puxado ■ VT (*race*) correr; (*operate: business*) dirigir; (: *competition, course*) organizar; (: *hotel, house*) administrar; (*water*) deixar correr; (*bath*) encher; (*Press: feature*) publicar; (*Comput: program*) rodar; (*pass: hand, finger*) passar ■ VI correr; (*pass: road etc*) passar; (*work: machine*) funcionar; (*bus, train: operate*) circular; (: *travel*) ir; (*continue: play*) continuar em cartaz; (: *contract*) ser válido; (*slide: drawer*) deslizar; (*flow: river, bath*) fluir, correr; (*colours, washing*) desbotar; (*in election*) candidatar-se; (*nose*) escorrer; **to go for a ~** fazer cooper; (*in car*) dar uma volta (de carro); **to break into a ~** pôr-se a correr; **a ~ of luck** um período de sorte; **to have the ~ of sb's house** ter a casa de alguém à sua disposição; **there was a ~ on** (*meat, tickets*) houve muita procura de; **in the long ~** no final das contas, mais cedo ou mais tarde; **on the ~** em fuga, foragido; **to ~ for the bus** correr até o ônibus; **we'll have to ~ for it** vamos ter que correr atrás; **I'll ~ you to the station** vou te levar à estação; **to ~ a risk** correr um risco; **to ~ errands** fazer recados; **to make a ~ for it** fugir, dar no pé; **the train ~s between Gatwick and Victoria** o trem faz o percurso entre Gatwick e Victoria; **the bus ~s every 20 minutes** o ônibus passa a cada 20 minutos; **it's very cheap to ~** (*car, machine*) é muito econômico; **to ~ on petrol** (*Brit*) *or* **gas** (*US*)**/on diesel/off batteries** funcionar a gasolina/a óleo diesel/a pilhas; **to ~ for president** candidatar-se à presidência, ser presidenciável; **their losses ran into millions** suas perdas se elevaram a milhões; **to be ~ off one's feet**

(*Brit*) não ter descanso, não parar um minuto; **my salary won't ~ to a car** meu salário não é suficiente para comprar um carro
▸ **run about** VI (*children*) correr por todos os lados
▸ **run across** VT FUS (*find*) encontrar por acaso, topar com, dar com
▸ **run around** VI = **run about**
▸ **run away** VI fugir
▸ **run down** VI (*clock*) parar ■ VT (*Aut*) atropelar; (*production*) reduzir; (*factory*) reduzir a produção de; (*criticize*) criticar; **to be ~ down** (*tired*) estar enfraquecido *or* exausto
▸ **run in** (*Brit*) VT (*car*) rodar
▸ **run into** VT FUS (*meet: person*) dar com, topar com; (: *trouble*) esbarrar em; (*collide with*) bater em; **to ~ into debt** endividar-se
▸ **run off** VT (*water*) deixar correr; (*copies*) fotocopiar ■ VI fugir
▸ **run out** VI (*person*) sair correndo; (*liquid*) escorrer, esgotar-se; (*lease, passport*) caducar, vencer; (*money*) acabar
▸ **run out of** VT FUS ficar sem; **I've ~ out of petrol** (*Brit*) *or* **gas** (*US*) estou sem gasolina
▸ **run over** VT (*Aut*) atropelar ■ VT FUS (*revise*) recapitular
▸ **run through** VT FUS (*instructions*) examinar, recapitular; (*rehearse*) recapitular
▸ **run up** VT (*debt*) acumular ■ VI: **to ~ up against** (*difficulties*) esbarrar em
runaway ['rʌnəweɪ] ADJ (*horse*) desembestado; (*truck*) desgovernado; (*person*) fugitivo; (*inflation*) galopante
rundown ['rʌndaun] (*Brit*) N (*of industry etc*) redução *f* progressiva
rung [rʌŋ] PP *of* **ring** ■ N (*of ladder*) degrau *m*
run-in (*inf*) N briga, bate-boca *m*
runner ['rʌnəʳ] N (*in race: person*) corredor(a) *m/f*; (: *horse*) corredor *m*; (*on sledge*) patim *m*, lâmina; (*on curtain*) anel *m*; (*wheel*) roldana, roda; (*for drawer*) corrediça; (*carpet: in hall etc*) passadeira; **runner bean** (*Brit*) N (*Bot*) vagem *f* (BR), feijão *m* verde (PT)
runner-up N segundo(-a) colocado(-a)
running ['rʌnɪŋ] N (*sport, race*) corrida; (*of business*) direção *f*; (*of event*) organização *f*; (*of machine etc*) funcionamento ■ ADJ (*water*) corrente; (*commentary*) contínuo, seguido; **6 days ~** 6 dias seguidos *or* consecutivos; **to be in/out of the ~ for sth** disputar algo/estar fora da disputa por algo; **running costs** NPL (*of business*) despesas *fpl* operacionais; (*of car*) custos *mpl* de manutenção; **running head** N (*Typ, Word Processing*) título corrido; **running mate** (*US*) N (*Pol*) companheiro(-a) de chapa
runny ['rʌnɪ] ADJ (*sauce, paint*) aguado; (*egg*) mole; **to have a ~ nose** estar com coriza, estar com o nariz escorrendo
run-off N (*in contest, election*) segundo turno; (*extra race etc*) corrida decisiva
run-of-the-mill ADJ mediocre, ordinário
runt [rʌnt] N (*animal*) nanico; (*pej: person*) anão(-anã) *m/f*
run-through N ensaio
run-up N: **~ to sth** (*election etc*) período que antecede algo; **during** *or* **in the ~ to** nas vésperas de
runway ['rʌnweɪ] N (*Aviat*) pista (de decolagem *or* de pouso)
rupee [ru:'pi:] N rupia
rupture ['rʌptʃəʳ] N (*Med*) hérnia ■ VT: **to ~ o.s.** provocar-se uma hérnia
rural ['ruərl] ADJ rural
ruse [ru:z] N ardil *m*, manha
rush [rʌʃ] N (*hurry*) pressa; (*Comm*) grande procura *or* demanda; (*Bot*) junco; (*current*) torrente *f*; (*of emotion*) ímpeto ■ VT apressar; (*work*) fazer depressa; (*attack: town etc*) assaltar; (*Brit: inf: charge*) cobrar ■ VI apressar-se, precipitar-se; (*air*) suprar impetuosamente; (*water*) afluir impetuosamente; **don't ~ me!** não me apresse!; **is there any ~ for this?** isso é urgente?; **to ~ sth off** (*do quickly*) fazer algo às pressas; (*send*) enviar depressa; **we've had a ~ of orders** recebemos uma enxurrada de pedidos; **to be in a ~** estar com pressa; **to do sth in a ~** fazer algo às pressas; **to be in a ~ to do sth** ter urgência em fazer algo
▸ **rush through** VT FUS (*work*) fazer às pressas ■ VT (*Comm: order*) executar com toda a urgência
rush: rush hour N rush *m* (BR), hora de ponta (PT); **rush job** N trabalho urgente; **rush matting** N tapete *m* de palha
rusk [rʌsk] N rosca
Russia ['rʌʃə] N Rússia
Russian ['rʌʃən] ADJ russo ■ N russo(-a); (*Ling*) russo
rust [rʌst] N ferrugem *f* ■ VI enferrujar
rustic ['rʌstɪk] ADJ rústico ■ N (*pej*) caipira *m/f*
rustle ['rʌsl] VI sussurrar ■ VT (*paper*) farfalhar; (*US: cattle*) roubar, afanar
rustproof ['rʌstpru:f] ADJ inoxidável, à prova de ferrugem
rustproofing ['rʌstpru:fɪŋ] N tratamento contra ferrugem
rusty ['rʌstɪ] ADJ enferrujado
rut [rʌt] N sulco; (*Zool*) cio; **to be in a ~** ser escravo da rotina
rutabaga [ru:tə'beɪgə] (*US*) N rutabaga
ruthless ['ru:θlɪs] ADJ implacável, sem piedade
ruthlessness ['ru:θlɪsnɪs] N crueldade *f*, desumanidade *f*, insensibilidade *f*
RV ABBR (= *revised version*) *tradução inglesa da Bíblia de 1885* ■ N ABBR (*US*) = **recreational vehicle**
rye [raɪ] N centeio; **rye bread** N pão *m* de centeio

Ss

S, s [ɛs] N (*letter*) S, s *m*; (*US*: *Sch*: = *satisfactory*) satisfatório; **S for Sugar** S de Sandra
S ABBR (= *south*) S; (: = *saint*) S, S^to^, Sta
SA N ABBR = **South Africa**; **South America**
Sabbath ['sæbəθ] N (*Christian*) domingo; (*Jewish*) sábado
sabbatical [sə'bætɪkl] N (*also*: **sabbatical year**) ano sabático *or* de licença
sabotage ['sæbətɑːʒ] N sabotagem *f* ■ VT sabotar
saccharin(e) ['sækərɪn] N sacarina
sachet ['sæʃeɪ] N sachê *m*
sack [sæk] N (*bag*) saco, saca ■ VT (*dismiss*) despedir; (*plunder*) saquear; **to get the ~** ser demitido; **to give sb the ~** pôr alguém no olho da rua, despedir alguém
sackful ['sækful] N: **a ~ of** um saco de
sacking ['sækɪŋ] N (*dismissal*) demissão *f*; (*material*) aniagem *f*
sacrament ['sækrəmənt] N sacramento
sacred ['seɪkrɪd] ADJ sagrado
sacrifice ['sækrɪfaɪs] N sacrifício ■ VT sacrificar; **to make ~s (for sb)** fazer um sacrifício (por alguém)
sacrilege ['sækrɪlɪdʒ] N sacrilégio
sacrosanct ['sækrəusæŋkt] ADJ sacrossanto
sad [sæd] ADJ triste; (*deplorable*) deplorável, triste
sadden ['sædn] VT entristecer
saddle ['sædl] N sela; (*of cycle*) selim *m* ■ VT (*horse*) selar; **to ~ sb with sth** (*inf*: *task, bill*) pôr algo nas costas de alguém; (: *responsibility*) sobrecarregar alguém com algo
saddlebag ['sædlbæg] N alforje *m*
sadism ['seɪdɪzm] N sadismo
sadist ['seɪdɪst] N sádico(-a)
sadistic [sə'dɪstɪk] ADJ sádico
sadly ['sædlɪ] ADV tristemente; (*regrettably*) infelizmente; (*mistaken, neglected*) gravemente; **~ lacking (in)** muito carente (de)
sadness ['sædnɪs] N tristeza
sae ABBR (= *stamped addressed envelope*) *envelope selado e sobrescritado*
safari [sə'fɑːrɪ] N safári *m*; **safari park** N *parque com animais selvagens*
safe [seɪf] ADJ seguro; (*out of danger*) fora de perigo; (*unharmed*) ileso, incólume; (*trustworthy*) digno de confiança ■ N cofre *m*, caixa-forte *f*; **~ from** protegido de; **~ and sound** são e salvo; **(just) to be on the ~ side** por via das dúvidas; **to play ~** não correr riscos; **it is ~ to say that ...** posso afirmar que ...; **~ journey!** boa viagem!
safe-breaker (*Brit*) N arrombador *m* de cofres
safe-conduct N salvo-conduto
safe-cracker N arrombador *m* de cofres
safe-deposit N (*vault*) cofre *m* de segurança; (*box*) caixa-forte *f*
safeguard ['seɪfgɑːd] N salvaguarda, proteção *f* ■ VT proteger, defender
safekeeping [seɪf'kiːpɪŋ] N custódia, proteção *f*
safely ['seɪflɪ] ADV com segurança, a salvo; (*without mishap*) sem perigo; **I can ~ say ...** posso seguramente dizer ...
safety ['seɪftɪ] N segurança; **safety belt** N cinto de segurança; **safety curtain** N cortina de ferro; **safety net** N rede *f* de segurança; **safety pin** N alfinete *m* de segurança; **safety valve** N válvula de segurança
saffron ['sæfrən] N açafrão *m*
sag [sæg] VI (*breasts*) cair; (*roof*) afundar; (*hem*) desmanchar
saga ['sɑːgə] N saga; (*fig*) novela
sage [seɪdʒ] N (*herb*) salva; (*man*) sábio
Sagittarius [sædʒɪ'tɛərɪəs] N Sagitário
sago ['seɪgəu] N sagu *m*
Sahara [sə'hɑːrə] N: **the ~ (Desert)** o Saara
said [sɛd] PT, PP *of* **say**
sail [seɪl] N (*on boat*) vela; (*trip*): **to go for a ~** dar um passeio de barco a vela ■ VT (*boat*) governar ■ VI (*travel*: *ship*) navegar, velejar; (: *passenger*) ir de barco; (*Sport*) velejar; (*set off*) zarpar; **to set ~** zarpar; **they ~ed into Rio de Janeiro** entraram no porto do Rio de Janeiro
▸ **sail through** VT FUS (*fig*) fazer com facilidade ■ VI fazer de letra, fazer com um pé nas costas
sailboat ['seɪlbəut] (*US*) N barco a vela
sailing ['seɪlɪŋ] N (*Sport*) navegação *f* a vela, vela; **to go ~** ir velejar; **sailing boat** N barco a vela; **sailing ship** N veleiro
sailor ['seɪlə^r^] N marinheiro, marujo
saint [seɪnt] N santo(-a); **S~ John** São João
saintly ['seɪntlɪ] ADJ santo; (*life, expression*) de santo
sake [seɪk] N: **for the ~ of** por (causa de), em consideração a; **for sb's/sth's ~** pelo bem de

alguém/algo; **for my ~** por mim; **arguing for arguing's ~** brigar por brigar; **for the ~ of argument** por exemplo; **for heaven's ~!** pelo amor de Deus!

salad ['sælǝd] N salada; **salad bowl** N saladeira; **salad cream** (*Brit*) N maionese *f*; **salad dressing** N tempero *or* molho da salada; **salad oil** N azeite *m* de mesa

salami [sǝ'lɑ:mɪ] N salame *m*

salaried ['sælǝrɪd] ADJ (*staff*) assalariado

salary ['sælǝrɪ] N salário; **salary scale** N escala salarial

sale [seɪl] N venda; (*at reduced prices*) liquidação *f*, saldo; (*auction*) leilão *m*; **sales** NPL (*total amount sold*) vendas *fpl*; **"for ~"** "vende-se"; **on ~** à venda; **on ~ or return** em consignação; **~ and lease back** *venda com cláusula de aluguel ao vendedor do item vendido*

saleroom ['seɪlrum] N sala de vendas

sales assistant (*US* **sales clerk**) N vendedor(a) *m/f*

sales conference N conferência de vendas

sales drive N campanha de vendas

sales force N equipe *m* de vendas

salesman ['seɪlzmǝn] (*irreg*) N vendedor *m*; (*representative*) vendedor *m* viajante

sales manager N gerente *m/f* de vendas

salesmanship ['seɪlzmǝnʃɪp] N arte *f* de vender

salesmen ['seɪlzmɛn] NPL *of* **salesman**

sales tax (*US*) N ≈ ICM *m* (BR), ≈ IVA *m* (PT)

saleswoman ['seɪlzwumǝn] (*irreg*) N vendedora; (*representative*) vendedora viajante

salient ['seɪlɪǝnt] ADJ saliente

saline ['seɪlaɪn] ADJ salino

saliva [sǝ'laɪvǝ] N saliva

sallow ['sæləu] ADJ amarelado

sally forth ['sælɪ-] VI partir, pôr-se em marcha

sally out ['sælɪ-] VI partir, pôr-se em marcha

salmon ['sæmǝn] N INV salmão *m*

salon ['sælɔn] N (*hairdressing salon*) salão *m* (de cabeleireiro); (*beauty salon*) salão (de beleza)

saloon [sǝ'lu:n] N (*US*) bar *m*, botequim *m*; (*Brit*: *Aut*) sedã *m*; (*ship's lounge*) salão *m*

SALT [sɔ:lt] N ABBR (= *Strategic Arms Limitation Talks/Treaty*) SALT *m*

salt [sɔ:lt] N sal *m* ■ VT salgar ■ CPD de sal; (*Culin*) salgado; **an old ~** um lobo-do-mar
▸ **salt away** VT pôr de lado

salt cellar N saleiro

salt-free ADJ sem sal

saltwater ['sɔ:ltwɔ:tǝʳ] ADJ de água salgada

salty ['sɔ:ltɪ] ADJ salgado

salubrious [sǝ'lu:brɪǝs] ADJ salubre, sadio

salutary ['sæljutǝrɪ] ADJ salutar

salute [sǝ'lu:t] N (*greeting*) saudação *f*; (*of guns*) salva; (*Mil*) continência ■ VT saudar; (*guns*) receber com salvas; (*Mil*) fazer continência a

salvage ['sælvɪdʒ] N (*saving*) salvamento, recuperação *f*; (*things saved*) salvados *mpl* ■ VT salvar; **salvage vessel** N navio de salvamento

salvation [sæl'veɪʃǝn] N salvação *f*

Salvation Army N Exército da Salvação

salve [sælv] N (*cream etc*) ungüento, pomada

salver ['sælvǝʳ] N bandeja, salva

salvo ['sælvǝu] (*pl* **salvoes**) N salva

Samaritan [sǝ'mærɪtǝn] N: **the ~s** (*or* **ganization**) os Samaritanos

same [seɪm] ADJ mesmo ■ PRON: **the ~** o mesmo(-a) mesma; **the ~ book as** o mesmo livro que; **at the ~ time** ao mesmo tempo; **on the ~ day** no mesmo dia; **all** *or* **just the ~** apesar de tudo, mesmo assim; **it's all the ~** dá no mesmo, tanto faz; **they're one and the ~** (*people*) são os mesmos; (*things*) são idênticos; **to do the ~ (as sb)** fazer o mesmo (que alguém); **the ~ to you!** igualmente!; **~ here!** eu também!; **the ~ again!** (*in bar etc*) mais um ... por favor!

sample ['sɑ:mpl] N amostra ■ VT (*food, wine*) provar, experimentar; **to take a ~** tirar uma amostra; **free ~** amostra grátis

sanatoria [sænǝ'tɔ:rɪǝ] NPL *of* **sanatorium**

sanatorium [sænǝ'tɔ:rɪǝm] (*pl* **sanatoria**) N sanatório

sanctify ['sæŋktɪfaɪ] VT santificar

sanctimonious [sæŋktɪ'mǝunɪǝs] ADJ carola, beato

sanction ['sæŋkʃǝn] N sanção *f* ■ VT sancionar; **sanctions** NPL (*severe measures*) sanções *fpl*; **to impose economic ~s on** *or* **against** impor sanções econômicas a

sanctity ['sæŋktɪtɪ] N santidade *f*, divindade *f*; (*inviolability*) inviolabilidade *f*

sanctuary ['sæŋktjuǝrɪ] N (*holy place*) santuário; (*refuge*) refúgio, asilo; (*for animals*) reserva

sand [sænd] N areia; (*beach*: *also*: **sands**) praia ■ VT arear, jogar areia em; (*also*: **sand down**: *wood etc*) lixar

sandal ['sændl] N sandália; (*wood*) sândalo

sandbag ['sændbæg] N saco de areia

sandbank ['sændbæŋk] N banco de areia

sandblast ['sændblɑ:st] VT limpar com jato de areia

sandbox ['sændbɔks] (*US*) N (*for children*) caixa de areia

sandcastle ['sændkɑ:sl] N castelo de areia

sand dune N duna (de areia)

sandpaper ['sændpeɪpǝʳ] N lixa

sandpit ['sændpɪt] N (*for children*) caixa de areia

sandstone ['sændstǝun] N arenito, grés *m*

sandstorm ['sændstɔ:m] N tempestade *f* de areia

sandwich ['sændwɪtʃ] N sanduíche *m* (BR), sandes *f inv* (PT) ■ VT (*also*: **sandwich in**) intercalar; **~ed between** encaixado entre; **cheese/ham ~** sanduíche (BR) *or* sandes (PT) de queijo/presunto; **sandwich board** N cartaz *m* ambulante; **sandwich course** (*Brit*) N *curso profissionalizante de teoria e prática alternadas*

sandy ['sændɪ] ADJ arenoso; (*colour*) vermelho amarelado

sane [seɪn] ADJ são(-sã) do juízo; (*sensible*) ajuizado, sensato

sang [sæŋ] PT *of* **sing**

sanguine ['sæŋgwɪn] ADJ otimista

sanitaria [sænɪ'tɛərɪə] (*US*) NPL *of* **sanitarium**
sanitarium [sænɪ'tɛərɪəm] (*US*) (*pl* **sanitaria**) N = **sanatorium**
sanitary ['sænɪtərɪ] ADJ (*system, arrangements*) sanitário; (*clean*) higiênico; **sanitary towel** (*US* **sanitary napkin**) N toalha higiênica *or* absorvente
sanitation [sænɪ'teɪʃən] N (*in house*) instalações *fpl* sanitárias; (*in town*) saneamento; **sanitation department** (*US*) N comissão *f* de limpeza urbana
sanity ['sænɪtɪ] N sanidade *f*, equilíbrio mental; (*common sense*) juízo, sensatez *f*
sank [sæŋk] PT *of* **sink**
San Marino ['sænmə'ri:nəu] N San Marino (*no article*)
Santa Claus [sæntə'klɔ:z] N Papai Noel *m*
Santiago [sæntɪ'a:gəu] N (*also*: **Santiago de Chile**) Santiago (do Chile)
sap [sæp] N (*of plants*) seiva ■ VT (*strength*) esgotar, minar
sapling ['sæplɪŋ] N árvore *f* nova
sapphire ['sæfaɪəʳ] N safira
sarcasm ['sɑ:kæzm] N sarcasmo
sarcastic [sɑ:'kæstɪk] ADJ sarcástico
sarcophagi [sɑ:'kɔfəgaɪ] NPL *of* **sarcophagus**
sarcophagus [sɑ:'kɔfəgəs] (*pl* **sarcophagi**) N sarcófago
sardine [sɑ:'di:n] N sardinha
Sardinia [sɑ:'dɪnɪə] N Sardenha
Sardinian [sɑ:'dɪnɪən] ADJ sardo ■ N sardo(-a); (*Ling*) sardo
sardonic [sɑ:'dɔnɪk] ADJ sardônico
sari ['sɑ:rɪ] N sári *m*
sartorial [sɑ:'tɔ:rɪəl] ADJ indumentário
SAS (*Brit*) N ABBR (*Mil*) = **Special Air Service**
SASE (*US*) N ABBR (= *self-addressed stamped envelope*) *envelope selado e sobrescritado*
sash [sæʃ] N faixa, banda; (*belt*) cinto; **sash window** N janela de guilhotina
SAT (*US*) N ABBR = **Scholastic Aptitude Test**
Sat. ABBR (= *Saturday*) sáb
sat [sæt] PT, PP *of* **sit**
Satan ['seɪtn] N Satanás *m*, Satã *m*
satanic [sə'tænɪk] ADJ satânico, diabólico
satchel ['sætʃl] N sacola
sated ['seɪtɪd] ADJ saciado, farto
satellite ['sætəlaɪt] N satélite *m*; **satellite dish** N antena parabólica
satiate ['seɪʃɪeɪt] VT saciar
satin ['sætɪn] N cetim *m* ■ ADJ acetinado; **with a ~ finish** acetinado
satire ['sætaɪəʳ] N sátira
satirical [sə'tɪrɪkl] ADJ satírico
satirist ['sætɪrɪst] N (*writer*) satirista *m/f*; (*cartoonist*) chargista *m/f*
satirize ['sætɪraɪz] VT satirizar
satisfaction [sætɪs'fækʃən] N satisfação *f*; (*refund, apology etc*) compensação *f*; **has it been done to your ~?** você está satisfeito?
satisfactory [sætɪs'fæktərɪ] ADJ satisfatório
satisfy ['sætɪsfaɪ] VT satisfazer; (*convince*) convencer, persuadir; **to ~ the requirements** satisfazer as exigências; **to ~ sb (that)** convencer alguém (de que); **to ~ o.s. of sth** convencer-se de algo
satisfying ['sætɪsfaɪɪŋ] ADJ satisfatório
saturate ['sætʃəreɪt] VT: **to ~ (with)** saturar *or* embeber (de)
saturation [sætʃə'reɪʃən] N saturação *f*
Saturday ['sætədɪ] N sábado; *see also* **Tuesday**
sauce [sɔ:s] N molho; (*sweet*) calda; (*fig*: *cheek*) atrevimento
saucepan ['sɔ:spən] N panela (BR), caçarola (PT)
saucer ['sɔ:səʳ] N pires *m inv*
saucy ['sɔ:sɪ] ADJ atrevido, descarado; (*flirtatious*) flertivo, provocante
Saudi ['saudɪ]: **~ Arabia** N Arábia Saudita; **Saudi (Arabian)** ['saudɪ-] ADJ, N saudita *m/f*
sauna ['sɔ:nə] N sauna
saunter ['sɔ:ntəʳ] VI: **to ~ over/along/into** andar devagar para/por/entrar devagar em
sausage ['sɔsɪdʒ] N salsicha, lingüiça; (*cold meat*) frios *mpl*; **sausage roll** N folheado de salsicha
sauté ['səuteɪ] ADJ (*Culin*: *potatoes*) sauté; (: *onions*) frito rapidamente ■ VT fritar levemente
savage ['sævɪdʒ] ADJ (*cruel, fierce*) cruel, feroz; (*primitive*) selvagem ■ N selvagem *m/f* ■ VT (*attack*) atacar ferozmente
savagery ['sævɪdʒrɪ] N selvageria, ferocidade *f*
save [seɪv] VT (*rescue, Comput*) salvar; (*money*) poupar, economizar; (*time*) ganhar; (*put by*: *food*) guardar; (*Sport*) impedir; (*avoid*: *trouble*) evitar; (*keep*: *seat*) guardar ■ VI (*also*: **save up**) poupar ■ N (*Sport*) salvamento ■ PREP salvo, exceto; **it will ~ me an hour** vou ganhar uma hora; **to ~ face** salvar as aparências; **God ~ the Queen!** Deus salve a Rainha!
saving ['seɪvɪŋ] N (*on price etc*) economia ■ ADJ: **the ~ grace of** o único mérito de; **savings** NPL (*money*) economias *fpl*; **to make ~s** economizar
savings account N (caderneta de) poupança
savings bank N caixa econômica, caderneta de poupança
saviour ['seɪvjəʳ] (*US* **savior**) N salvador(a) *m/f*
savour ['seɪvəʳ] (*US* **savor**) N sabor *m* ■ VT saborear; (*experience*) apreciar
savo(u)ry ['seɪvərɪ] ADJ saboroso; (*dish*: *not sweet*) salgado
savvy ['sævɪ] (*inf*) N juízo
saw [sɔ:] (*pt* **sawed**, *pp* **sawn**) PT *of* **see** ■ N (*tool*) serra ■ VT serrar; **to ~ sth up** serrar algo em pedaços
sawdust ['sɔ:dʌst] N serragem *f*, pó *m* de serra
sawed-off shotgun [sɔ:d-] (*US*) N = **sawn-off shotgun**
sawmill ['sɔ:mɪl] N serraria
sawn [sɔ:n] PP *of* **saw**
sawn-off shotgun (*Brit*) N espingarda de cano serrado
saxophone ['sæksəfəun] N saxofone *m*
say [seɪ] (*pt, pp* **said**) N: **to have one's ~** exprimir sua opinião, vender seu peixe (*inf*) ■ VT dizer,

falar; **to have a** *or* **some ~ in sth** opinar sobre algo, ter que ver com algo; **~ after me ...** repita comigo ...; **to ~ yes/no** dizer (que) sim/não; **could you ~ that again?** poderia repetir?; **she said (that) I was to give you this** ela disse que eu deveria te dar isso; **my watch ~s 3 o'clock** meu relógio marca 3 horas; **shall we ~ Tuesday?** marcamos para terça?; **I should ~ it's worth about £100** acho que vale mais ou menos £100; **that doesn't ~ much for him** aquilo não o favorece; **when all is said and done** afinal das contas; **there is something** *or* **a lot to be said for it** isto tem muitas vantagens; **that is to ~** ou seja; **to ~ nothing of ...** por não falar em ...; **~ that ...** vamos supor que ...; **that goes without ~ing** é óbvio, nem é preciso dizer

saying ['seɪɪŋ] N ditado, provérbio

SBA (US) N ABBR (= *Small Business Administration*) *órgão de auxílio às pequenas empresas*

SC (US) N ABBR = **supreme court** ■ ABBR (*Post*) = **South Carolina**

s/c ABBR = **self-contained**

scab [skæb] N casca, crosta (de ferida); (*pej*) fura-greve *m/f inv*

scabby ['skæbɪ] ADJ cheio de casca *or* cicatrizes

scaffold ['skæfəuld] N (*for execution*) cadafalso, patíbulo

scaffolding ['skæfəuldɪŋ] N andaime *m*

scald [skɔ:ld] N escaldadura ■ VT escaldar, queimar

scalding ['skɔ:ldɪŋ] ADJ (*also*: **scalding hot**) escaldante

scale [skeɪl] N (*gen, Mus*) escala; (*of fish*) escama; (*of salaries, fees etc*) tabela; (*of map, also size, extent*) escala ■ VT (*mountain*) escalar; (*fish*) escamar; **scales** NPL (*for weighing*) balança; **pay ~** tabela de salários; **on a large ~** em grande escala; **~ of charges** tarifa, lista de preços; **to draw sth to ~** desenhar algo em escala; **small-~ model** modelo reduzido

▸ **scale down** VT reduzir

scale drawing N desenho em escala

scale model N maquete *f* em escala

scallion ['skælɪjən] N cebola

scallop ['skɔləp] N (*Zool*) vieira, venera; (*Sewing*) barra, arremate *m*

scalp [skælp] N couro cabeludo ■ VT escalpar

scalpel ['skælpl] N bisturi *m*

scalper ['skælpəʳ] (US: *inf*) N (*of tickets*) cambista *m/f*

scamp [skæmp] N moleque *m*

scamper ['skæmpəʳ] VI: **to ~ away** *or* **off** sair correndo

scampi ['skæmpɪ] NPL camarões *mpl* fritos

scan [skæn] VT (*examine*) esquadrinhar, perscrutar; (*glance at quickly*) passar uma vista de olhos por; (*TV, Radar*) explorar ■ N (*Med*) exame *m*

scandal ['skændl] N escândalo; (*gossip*) fofocas *fpl*; (*fig: disgrace*) vergonha

scandalize ['skændəlaɪz] VT escandalizar

scandalous ['skændələs] ADJ escandaloso; (*disgraceful*) vergonhoso; (*libellous*) difamatório, calunioso

Scandinavia [skændɪ'neɪvɪə] N Escandinávia

Scandinavian [skændɪ'neɪvɪən] ADJ, N escandinavo(-a)

scanner ['skænəʳ] N (*Radar*) antena; (*Med, Comput*) scanner *m*

scant [skænt] ADJ escasso, insuficiente

scantily ['skæntɪlɪ] ADV: **~ clad** *or* **dressed** precariamente vestido

scanty ['skæntɪ] ADJ (*meal*) insuficiente, pobre; (*underwear*) sumário

scapegoat ['skeɪpgəut] N bode *m* expiatório

scar [skɑ:] N cicatriz *f* ■ VT marcar (com uma cicatriz)

scarce [skɛəs] ADJ escasso, raro; **to make o.s. ~** (*inf*) dar o fora, cair fora

scarcely ['skɛəslɪ] ADV mal, quase não; (*with numbers: barely*) apenas; **~ anybody** quase ninguém; **I can ~ believe it** mal posso acreditar

scarcity ['skɛəsɪtɪ] N escassez *f*; **scarcity value** N valor *m* de escassez

scare [skɛəʳ] N susto; (*panic*) pânico ■ VT assustar; **to ~ sb stiff** deixar alguém morrendo de medo; **bomb ~** alarme de bomba

▸ **scare away** VT espantar

▸ **scare off** VT = **scare away**

scarecrow ['skɛəkrəu] N espantalho

scared [skɛəd] ADJ: **to be ~** estar assustado *or* com medo

scaremonger ['skɛəmʌŋgəʳ] N alarmista *m/f*

scarf [skɑ:f] (*pl* **scarves**) N (*long*) cachecol *m*; (*square*) lenço (de cabeça)

scarlet ['skɑ:lɪt] ADJ escarlate; **scarlet fever** N escarlatina

scarves [skɑ:vz] NPL *of* **scarf**

scary ['skɛərɪ] (*inf*) ADJ assustador(a)

scathing ['skeɪðɪŋ] ADJ mordaz; **to be ~ about sth** fazer uma crítica mordaz sobre algo

scatter ['skætəʳ] VT (*spread*) espalhar; (*put to flight*) dispersar ■ VI espalhar-se

scatterbrained ['skætəbreɪnd] (*inf*) ADJ desmiolado, avoado; (*forgetful*) esquecido

scattered ['skætəd] ADJ espalhado

scatty ['skætɪ] (Brit: *inf*) ADJ maluquinho

scavenge ['skævəndʒ] VI (*person*): **to ~ (for)** filar; **to ~ for food** (*hyenas etc*) procurar comida

scavenger ['skævəndʒəʳ] N (*person*) pessoa que procura comida no lixo; (*Zool*) animal *m* (*or* ave *f*) que se alimenta de carniça

SCE N ABBR = **Scottish Certificate of Education**

scenario [si'nɑ:rɪəu] N (*Theatre, Cinema*) sinopse *f*; (*fig*) quadro

scene [si:n] N (*Theatre, fig*) cena; (*of crime, accident*) cenário; (*sight*) vista, panorama *m*; (*fuss*) escândalo; **behind the ~s** nos bastidores; **to make a ~** (*inf*: *fuss*) fazer um escândalo; **to appear on the ~** entrar em cena; **the political ~** o panorama político

scenery ['si:nərɪ] N (*Theatre*) cenário; (*landscape*) paisagem *f*

scenic ['si:nɪk] ADJ pitoresco
scent [sɛnt] N perfume *m*; (*smell*) aroma; (*track, fig*) pista, rastro; (*sense of smell*) olfato ■ VT perfumar; **to put** *or* **throw sb off the ~** despistar alguém
scepter ['sɛptəʳ] (*US*) N = **sceptre**
sceptic ['skɛptɪk] (*US* **skeptic**) N cético(-a)
sceptical ['skɛptɪkl] (*US* **skeptical**) ADJ cético
scepticism ['skɛptɪsɪzm] (*US* **skepticism**) N ceticismo
sceptre ['sɛptəʳ] (*US* **scepter**) N cetro
schedule ['ʃɛdju:l, (*US*) 'skɛdju:l] N (*of trains*) horário; (*of events*) programa *m*; (*plan*) plano; (*list*) lista ■ VT (*timetable*) planejar; (*visit*) marcar (a hora de); **as ~d** como previsto; **the meeting is ~d for 7.00** a reunião está programada para as 7.00h; **on ~** na hora, sem atraso; **to be ahead of/behind ~** estar adiantado/atrasado; **we are working to a very tight ~** nosso horário está muito apertado; **everything went according to ~** tudo correu como planejado
scheduled ['ʃɛdju:ld, (*US*) 'skɛdju:ld] ADJ (*date, time*) marcado; (*visit, event*) programado; (*train, bus, flight*) de linha
schematic [skɪ'mætɪk] ADJ esquemático
scheme [ski:m] N (*plan, plot*) maquinação *f*; (*method*) método; (*pension scheme etc*) projeto; (*trick*) ardil *m*; (*arrangement*) arranjo ■ VI conspirar
scheming ['ski:mɪŋ] ADJ intrigante ■ N intrigas *fpl*
schism ['skɪzəm] N cisma *m*
schizophrenia [skɪtsəu'fri:nɪə] N esquizofrenia
schizophrenic [skɪtsə'frɛnɪk] ADJ esquizofrênico
scholar ['skɔləʳ] N (*pupil*) aluno(-a), estudante *m/f*; (*learned person*) sábio(-a), erudito(-a)
scholarly ['skɔləlɪ] ADJ erudito
scholarship ['skɔləʃɪp] N erudição *f*; (*grant*) bolsa de estudos
school [sku:l] N escola; (*in university*) faculdade *f*; (*secondary school*) colégio; (*US: university*) universidade *f*; (*of fish*) cardume *m* ■ CPD escolar ■ VT (*animal*) adestrar, treinar; **school age** N idade *f* escolar
schoolbook ['sku:lbuk] N livro escolar
schoolboy ['sku:lbɔɪ] N aluno
schoolchildren ['sku:ltʃɪldrən] NPL alunos *mpl*
schooldays ['sku:ldeɪz] NPL anos *mpl* escolares
schoolgirl ['sku:lgə:l] N aluna
schooling ['sku:lɪŋ] N educação *f*, ensino
school-leaving age [-'li:vɪŋ-] N idade *f* em que se termina a escola
schoolmaster ['sku:lmɑ:stəʳ] N professor *m*
schoolmistress ['sku:lmɪstrɪs] N professora
school report (*Brit*) N boletim *m* escolar
schoolroom ['sku:lrum] N sala de aula
schoolteacher ['sku:lti:tʃəʳ] N professor(a) *m/f*
schooner ['sku:nəʳ] N (*ship*) escuna; (*glass*) caneca, canecão *m*
sciatica [saɪ'ætɪkə] N ciática
science ['saɪəns] N ciência; **science fiction** N ficção *f* científica
scientific [saɪən'tɪfɪk] ADJ científico
scientist ['saɪəntɪst] N cientista *m/f*
sci-fi ['saɪfaɪ] (*inf*) N ABBR = **science fiction**
Scillies ['sɪlɪz] NPL: **the ~** as ilhas Scilly
Scilly Isles ['sɪlɪ'aɪlz] NPL: **the ~** as ilhas Scilly
scintillating ['sɪntɪleɪtɪŋ] ADJ (*wit etc*) brilhante
scissors ['sɪzəz] NPL tesoura; **a pair of ~** uma tesoura
sclerosis [sklɪ'rəusɪs] N esclerose *f*
scoff [skɔf] VT (*Brit: inf: eat*) engolir ■ VI: **to ~ (at)** (*mock*) zombar (de)
scold [skəuld] VT ralhar
scolding ['skəuldɪŋ] N repreensão *f*
scone [skɔn] N *bolinho de trigo*
scoop [sku:p] N colherona; (*for flour etc*) pá *f*; (*Press*) furo (jornalístico)
▸ **scoop out** VT escavar
▸ **scoop up** VT recolher
scooter ['sku:təʳ] N (*also*: **motor scooter**) lambreta; (*toy*) patinete *m*
scope [skəup] N liberdade *f* de ação; (*of plan, undertaking*) âmbito; (*reach*) alcance *m*; (*of person*) competência; (*opportunity*) oportunidade *f*; **within the ~ of** dentro dos limites de; **there is plenty of ~ for improvement** (*Brit*) poderia ser muito melhor
scorch [skɔ:tʃ] VT (*clothes*) chamuscar; (*earth, grass*) secar, queimar
scorched earth policy [skɔ:tʃt-] N tática da terra arrasada
scorcher ['skɔ:tʃəʳ] (*inf*) N (*hot day*) dia *m* muito quente
scorching ['skɔ:tʃɪŋ] ADJ ardente
score [skɔ:ʳ] N (*points etc*) escore *m*, contagem *f*; (*Mus*) partitura; (*reckoning*) conta; (*twenty*) vintena ■ VT (*goal, point*) fazer; (*mark*) marcar, entalhar; (*success*) alcançar ■ VI (*in game*) marcar; (*Football*) marcar *or* fazer um gol; (*keep score*) marcar o escore; **on that ~** a esse respeito, por esse motivo; **to have an old ~ to settle with sb** (*fig*) ter umas contas a ajustar com alguém; **~s of** (*fig*) um monte de; **to keep (the) ~** marcar os pontos; **to ~ 6 out of 10** conseguir um escore de 6 num total de 10
▸ **score out** VT riscar
scoreboard ['skɔ:bɔ:d] N marcador *m*, placar *m*
scorecard ['skɔ:kɑ:d] N (*Sport*) cartão *m* de marcação
scorer ['skɔ:rəʳ] N marcador(a) *m/f*
scorn [skɔ:n] N desprezo ■ VT desprezar, rejeitar
scornful ['skɔ:nful] ADJ desdenhoso, zombador(a)
Scorpio ['skɔ:pɪəu] N Escorpião *m*
scorpion ['skɔ:pɪən] N escorpião *m*
Scot [skɔt] N escocês(-esa) *m/f*
Scotch [skɔtʃ] N uísque *m* (BR) *or* whisky *m* (PT) escocês
scotch [skɔtʃ] VT (*rumour*) desmentir; (*plan*) estragar
Scotch tape® N fita adesiva, durex® *m* (BR)

scot-free ADJ: **to get off ~** (*unpunished*) sair impune; (*unhurt*) sair ileso
Scotland ['skɔtlənd] N Escócia
Scots [skɔts] ADJ escocês(-esa)
Scotsman ['skɔtsmən] (*irreg*) N escocês *m*
Scotswoman ['skɔtswumən] (*irreg*) N escocesa
Scottish ['skɔtɪʃ] ADJ escocês(-esa)
scoundrel ['skaundrəl] N canalha *m/f*, patife *m*
scour ['skauəʳ] VT (*clean*) limpar, esfregar; (*search*) esquadrinhar, procurar em
scourer ['skaurəʳ] N esponja de aço, bombril® *m* (BR)
scourge [skə:dʒ] N flagelo, tormento
scout [skaut] N (*Mil*) explorador *m*, batedor *m*; (*also*: **boy scout**) escoteiro; **girl ~** (US) escoteira
▸ **scout around** VI explorar
scowl [skaul] VI franzir a testa; **to ~ at sb** olhar de cara feia para alguém
scrabble ['skræbl] VI (*claw*): **to ~ at** arranhar ■ N: **S~®** mexe-mexe *m*; **to ~ (around) for sth** (*search*) tatear procurando algo
scraggy ['skrægɪ] ADJ magricela, descarnado
scram [skræm] (*inf*) VI dar o fora, safar-se
scramble ['skræmbl] N (*climb*) escalada (difícil); (*struggle*) luta ■ VI: **to ~ out/through** conseguir sair com dificuldade; **to ~ for** lutar por
scrambled eggs ['skræmbld-] NPL ovos *mpl* mexidos
scrap [skræp] N (*of paper*) pedacinho; (*of material*) fragmento; (*fig*: *of truth*) mínimo; (*fight*) rixa, luta; (*also*: **scrap iron**) ferro velho, sucata ■ VT sucatar, jogar no ferro velho; (*fig*) descartar, abolir ■ VI brigar; **scraps** NPL (*leftovers*) sobras *fpl*, restos *mpl*; **to sell sth for ~** vender algo como sucata
scrapbook ['skræpbuk] N álbum *m* de recortes
scrap dealer N ferro-velho *m*, sucateiro(-a)
scrape [skreɪp] N (*fig*): **to get into a ~** meter-se numa enrascada ■ VT raspar; (*scrape against*: *hand, car*) arranhar, roçar ■ VI: **to ~ through** (*in exam*) passar raspando
▸ **scrape together** VT (*money*) juntar com dificuldade
scraper ['skreɪpəʳ] N raspador *m*
scrap heap N (*fig*): **on the ~** rejeitado, jogado fora
scrap merchant (*Brit*) N sucateiro(-a)
scrap metal N sucata, ferro-velho
scrap paper N papel *m* de rascunho
scrappy ['skræpɪ] ADJ (*piece of work*) desconexo; (*speech*) incoerente, desconexo; (*bitty*) fragmentário
scrap yard N ferro-velho
scratch [skrætʃ] N arranhão *m*; (*from claw*) arranhadura ■ CPD: **~ team** time *m* improvisado, escrete *m* ■ VT (*rub*: *one's nose etc*) coçar; (*with claw, nail*) arranhar, unhar; (*damage*: *paint, car*) arranhar; (*Comput*) apagar ■ VI coçar(-se); **to start from ~** partir do zero; **to be up to ~** estar à altura (das circunstâncias); **scratch pad** (US) N bloco de rascunho
scrawl [skrɔ:l] N garrancho, garatujas *fpl* ■ VI garatujar, rabiscar
scrawny ['skrɔ:nɪ] ADJ magricela
scream [skri:m] N grito ■ VI gritar; **it was a ~** (*inf*) foi engraçadíssimo; **to ~ at sb** gritar com alguém
scree [skri:] N seixos *mpl*
screech [skri:tʃ] VI guinchar ■ N guincho
screen [skri:n] N (*Cinema, TV, Comput*) tela (BR), écran *m* (PT); (*movable*) biombo; (*wall*) tapume *m*; (*also*: **windscreen**) pára-brisa *m*; (*fig*) cortina ■ VT (*conceal*) esconder, tapar; (*from the wind etc*) proteger; (*film*) projetar; (*candidates etc, Med*) examinar; **screen editing** [-ˈɛdɪtɪŋ] N (*Comput*) edição *f* na tela
screening ['skri:nɪŋ] N (*Med*) exame *m* médico; (*of film*) exibição *f*; (*for security*) controle *m*
screen memory N (*Comput*) memória da tela
screenplay ['skri:npleɪ] N roteiro
screensaver ['skri:nseɪvəʳ] N protetor *m* de tela
screen test N teste *m* de cinema
screw [skru:] N parafuso; (*propeller*) hélice *f* ■ VT aparafusar; (*also*: **screw in**) apertar, atarraxar; (*inf!*: *have sex with*) comer (!), trepar com (!); **to ~ sth to the wall** pregar algo na parede; **to have one's head ~ed on** (*fig*) ter juízo
▸ **screw up** VT (*paper etc*) amassar; (*inf*: *ruin*) estragar; **to ~ up one's eyes** franzir os olhos; **to ~ up one's face** contrair as feições
screwdriver ['skru:draɪvəʳ] N chave *f* de fenda *or* de parafuso
screwy ['skru:ɪ] (*inf*) ADJ maluco, estranho
scribble ['skrɪbl] N garrancho ■ VT escrevinhar ■ VI rabiscar; **to ~ sth down** anotar algo apressadamente
scribe [skraɪb] N escriba *m/f*
script [skrɪpt] N (*Cinema etc*) roteiro, script *m*; (*writing*) escrita, caligrafia
scripted ['skrɪptɪd] ADJ (*Radio, TV*) com script
Scripture(s) ['skrɪptʃəʳ(z)] N(PL) Sagrada Escritura
scriptwriter ['skrɪptraɪtəʳ] N roteirista *m/f*
scroll [skrəul] N rolo de pergaminho ■ VT (*Comput*) passar na tela
scrotum ['skrəutəm] N escroto
scrounge [skraundʒ] (*inf*) VT: **to ~ sth off** *or* **from sb** filar algo de alguém ■ VI: **to ~ on sb** viver às custas de alguém ■ N: **on the ~** viver às custas de alguém (*or* dos outros *etc*)
scrounger ['skraundʒəʳ] (*inf*) N filão(-lona) *m/f*
scrub [skrʌb] N (*clean*) esfregação *f*, limpeza; (*land*) mato, cerrado ■ VT esfregar; (*inf*: *reject*) cancelar, eliminar
scrubbing brush ['skrʌbɪŋ-] N escova de esfrega
scruff [skrʌf] N: **by the ~ of the neck** pelo cangote
scruffy ['skrʌfɪ] ADJ desmazelado
scrum(mage) ['skrʌm(ɪdʒ)] N rolo
scruple ['skru:pl] N escrúpulo; **to have no ~s about doing sth** não ter escrúpulos em fazer algo
scrupulous ['skru:pjuləs] ADJ escrupuloso
scrupulously ['skru:pjələslɪ] ADV

escrupulosamente
scrutinize ['skru:tınaız] VT examinar minuciosamente; (*votes*) escrutinar
scrutiny ['skru:tını] N escrutínio, exame *m* cuidadoso; **under the ~ of** vigiado por
scuba ['sku:bə] N equipamento de mergulho; **scuba diving** N mergulho
scuff [skʌf] VT desgastar
scuffle ['skʌfl] N tumulto
scull [skʌl] N ginga
scullery ['skʌlərı] N copa
sculptor ['skʌlptəʳ] N escultor(a) *m/f*
sculpture ['skʌlptʃəʳ] N escultura
scum [skʌm] N (*on liquid*) espuma; (*pej*: *people*) ralé *f*, gentinha; (*fig*) escória
scupper ['skʌpəʳ] (*Brit*) VT (*ship*) afundar; (*inf*: *plans*) estragar
scurrilous ['skʌrıləs] ADJ calunioso
scurry ['skʌrı] VI sair correndo
▸ **scurry off** VI sair correndo, dar no pé
scurvy ['skə:vı] N escorbuto
scuttle ['skʌtl] N (*also*: **coal scuttle**) balde *m* para carvão ■ VT (*ship*) afundar voluntariamente, fazer ir a pique ■ VI (*scamper*): **to ~ away** *or* **off** sair em disparada
scythe [saıð] N segadeira, foice *f* grande
SD (*US*) ABBR (*Post*) = **South Dakota**
SDI N ABBR (= *Strategic Defense Initiative*) IDE *f*
SDLP (*Brit*) N ABBR (*Pol*) = **Social Democratic and Labour Party**
SDP (*Brit*) N ABBR = **Social Democratic Party**
sea [si:] N mar *m* ■ CPD do mar, marino; **on the ~** (*boat*) no mar; (*town*) junto ao mar; **by** *or* **beside the ~** (*holiday*) na praia; (*village*) à beira-mar; **to go by ~** viajar por mar; **out to** *or* **at ~** em alto mar; **heavy** *or* **rough ~(s)** mar agitado; **a ~ of faces** (*fig*) uma grande quantidade de pessoas; **to be all at ~** (*fig*) estar confuso *or* desorientado; **sea anemone** N anêmona-do-mar *f*; **sea bed** N fundo do mar; **sea bird** N ave *f* marinha
seaboard ['si:bo:d] N costa, litoral *m*
sea breeze N brisa marítima, viração *f*
seafarer ['si:fɛərəʳ] N marinheiro, homem *m* do mar
seafaring ['si:fɛərıŋ] ADJ (*life*) de marinheiro; **~ people** povo navegante
seafood ['si:fu:d] N mariscos *mpl*
sea front N orla marítima
seagoing ['si:gəuıŋ] ADJ (*ship*) de longo curso
seagull ['si:gʌl] N gaivota
seal [si:l] N (*animal*) foca; (*stamp*) selo ■ VT (*close*) fechar; (: *with seal*) selar; (*decide*: *sb's fate*) decidir; (: *bargain*) fechar; **~ of approval** aprovação *f*
▸ **seal off** VT (*close*) fechar; (*cordon off*) isolar
sea level N nível *m* do mar
sealing wax ['si:lıŋ-] N lacre *m*
sea lion N leão-marinho *m*
sealskin ['si:lskın] N pele *f* de foca
seam [si:m] N costura; (*where edges meet*) junta; (*of coal*) veio, filão *m*; **the hall was bursting at the ~s** a sala estava apinhada de gente
seaman ['si:mən] (*irreg*) N marinheiro
seamanship ['si:mənʃıp] N náutica
seamen ['si:mɛn] NPL *of* **seaman**
seamless ['si:mlıs] ADJ sem costura
seamstress ['sɛmstrıs] N costureira
seamy ['si:mı] ADJ sórdido
seance ['seıɔns] N sessão *f* espírita
seaplane ['si:pleın] N hidroavião *m*
seaport ['si:pɔ:t] N porto de mar
search [sə:tʃ] N (*for person, thing*) busca, procura; (*Comput*) procura; (*of drawer, pockets*) revista; (*inspection*) exame *m*, investigação *f* ■ VT (*look in*) procurar em; (*examine*) examinar; (*person, place*) revistar ■ VI: **to ~ for** procurar; **in ~ of** à procura de; **"~ and replace"** (*Comput*) "procura e substituição"
▸ **search through** VT FUS dar busca em
search engine N (*on Internet*) ferramenta *f* de busca
searching ['sə:tʃıŋ] ADJ penetrante, perscrutador(a); (*study*) minucioso
searchlight ['sə:tʃlaıt] N holofote *m*
search party N equipe *f* de salvamento
search warrant N mandado de busca
searing ['sıərıŋ] ADJ (*heat*) ardente; (*pain*) agudo
seashore ['si:ʃɔ:ʳ] N praia, beira-mar *f*, litoral *m*; **on the ~** na praia
seasick ['si:sık] ADJ enjoado, mareado; **to be** *or* **get ~** enjoar
seaside ['si:saıd] N praia; **seaside resort** N balneário
season ['si:zn] N (*of year*) estação *f*; (*sporting etc*) temporada; (*of films etc*) série *f* ■ VT (*food*) temperar; **to be in/out of ~** (*fruit*) estar na época/fora de época; **the busy ~** (*shops*) a época de muito movimento; (*hotels*) a temporada de férias; **the open ~** (*Hunting*) a temporada de caça
seasonal ['si:zənəl] ADJ sazonal
seasoned ['si:znd] ADJ (*wood*) tratado; (*fig*: *traveller*) experiente; (: *worker, troops*) calejado; **a ~ campaigner** um combatente experiente
seasoning ['si:zənıŋ] N tempero
season ticket N bilhete *m* de temporada
seat [si:t] N (*in bus, train*: *place*) assento; (*chair*) cadeira; (*Pol*) lugar *m*, cadeira; (*of bicycle*) selim *m*; (*buttocks*) traseiro, nádegas *fpl*; (*of government*) sede *f*; (*of trousers*) fundilhos *mpl* ■ VT sentar; (*have room for*) ter capacidade para; **to be ~ed** estar sentado; **are there any ~s left?** há algum lugar vago?; **to take one's ~** sentar-se; **please be ~ed** sentem-se; **seat belt** N cinto de segurança
seating ['si:tıŋ] N lugares *mpl* sentados ■ CPD: **~ arrangements** distribuição *f* dos lugares sentados; **seating capacity** N lotação *f*
SEATO ['si:təu] N ABBR (= *Southeast Asia Treaty Organization*) OTSA *f*
sea urchin N ouriço-do-mar *m*
sea water N água do mar
seaweed ['si:wi:d] N alga marinha
seaworthy ['si:wə:ðı] ADJ em condições de navegar, resistente

SEC (*US*) N ABBR (= *Securities and Exchange Commission*) *órgão que supervisiona o funcionamento da Bolsa de Valores*
sec. ABBR (= *second*) seg
secateurs [sɛkə'tə:z] NPL tesoura para podar plantas
secede [sɪ'si:d] VI separar-se
secluded [sɪ'klu:dɪd] ADJ (*place*) afastado; (*life*) solitário
seclusion [sɪ'klu:ʒən] N reclusão *f*, isolamento
second¹ [sɪkɔnd] (*Brit*) VT (*employee*) transferir temporariamente
second² ['sɛkənd] ADJ segundo ■ ADV (*in race etc*) em segundo lugar ■ N segundo; (*Aut: also*: **second gear**) segunda; (*Comm*) artigo defeituoso; (*Brit: Sch: degree*) uma qualificação boa mas sem distinção ■ VT (*motion*) apoiar, secundar; **Charles the S~** Carlos II; **just a ~!** um minuto *or* minutinho!; **~ floor** (*Brit*) segundo andar; (*US*) primeiro andar; **to ask for a ~ opinion** (*Med*) querer uma segunda opinião
secondary ['sɛkəndərɪ] ADJ secundário; **secondary school** N escola secundária, colégio

SECONDARY SCHOOL

Uma *secondary school* é um estabelecimento de ensino para alunos de 11 a 18 anos, alguns dos quais interrompem os estudos aos 16 anos. A maior parte dessas escolas é formada por *comprehensive schools* , mas algumas *secondary schools* ainda têm sistemas rigorosos de seleção.

second-best N segunda opção *f*
second-class ADJ de segunda classe ■ ADV em segunda classe; **to send sth ~** remeter algo em segunda classe; **to travel ~** viajar em segunda classe; **~ citizen** cidadão(-dã) da segunda classe
second cousin N primo(-a) em segundo grau
seconder ['sɛkəndəʳ] N pessoa que secunda uma moção
secondhand [sɛkənd'hænd] ADJ de (*BR*) *or* em (*PT*) segunda mão, usado ■ ADV (*buy*) de (*BR*) *or* em (*PT*) segunda mão; **to hear sth ~** ouvir algo de fonte indireta
second hand N (*on clock*) ponteiro de segundos
second-in-command N suplente *m/f*
secondly ['sɛkəndlɪ] ADV em segundo lugar
secondment [sɪ'kɔndmənt] (*Brit*) N substituição *f* temporária
second-rate ADJ de segunda categoria
second thoughts (*US* **second thought**) NPL: **to have ~ (about doing sth)** pensar duas vezes (antes de fazer algo); **on ~** pensando bem
secrecy ['si:krəsɪ] N sigilo; **in ~** sob sigilo, sigilosamente
secret ['si:krɪt] ADJ secreto ■ N segredo; **in ~** em segredo; **to keep sth ~ from sb** esconder algo de alguém; **keep it ~** não diz nada a ninguém; **to make no ~ of sth** não esconder algo de ninguém; **secret agent** N agente *m/f* secreto(-a)
secretarial [sɛkrɪ'tɛərɪəl] ADJ de secretário(-a), secretarial
secretariat [sɛkrɪ'tɛərɪət] N secretaria, secretariado
secretary ['sɛkrətərɪ] N secretário(-a); (*Brit: Pol*): **S~ of State** Ministro(-a) de Estado; **Foreign S~** (*US: Pol*) Ministro(-a) das Relações Exteriores
secrete [sɪ'kri:t] VT (*Anat, Bio, Med*) secretar; (*hide*) esconder
secretion [sɪ'kri:ʃən] N secreção *f*
secretive ['si:krətɪv] ADJ sigiloso, reservado
secretly ['si:krətlɪ] ADV secretamente
sect [sɛkt] N seita
sectarian [sɛk'tɛərɪən] ADJ sectário
section ['sɛkʃən] N seção *f*; (*part*) parte *f*, porção *f*; (*of document*) parágrafo, artigo; (*of opinion*) setor *m*; **cross-~** corte *m* transversal ■ VT secionar; **the business** *etc* **~** (*Press*) a seção de negócios *etc*
sector ['sɛktəʳ] N setor *m*
secular ['sɛkjuləʳ] ADJ (*priest*) secular; (*music, society*) leigo
secure [sɪ'kjuəʳ] ADJ (*safe*) seguro; (*firmly fixed*) firme, rígido; (*in safe place*) a salvo, em segurança ■ VT (*fix*) prender; (*get*) conseguir, obter; (*Comm: loan*) garantir; **to make sth ~** firmar algo, segurar algo; **to ~ sth for sb** arranjar algo para alguém
secured creditor [sɪ'kjuəd-] N credor *m* com garantia
security [sɪ'kjurɪtɪ] N segurança; (*for loan*) fiança, garantia; (: *object*) penhor *m*; **securities** NPL (*Stock Exchange*) títulos *mpl*, valores *mpl*; **to increase** *or* **tighten ~** aumentar a segurança; **security forces** NPL forças *fpl* de segurança; **security guard** N (guarda *m/f* de) segurança *m/f*; **security risk** N risco à segurança
sedan [sɪ'dæn] (*US*) N (*Aut*) sedã *m*
sedate [sɪ'deɪt] ADJ calmo; (*calm*) sossegado, tranqüilo; (*formal*) sério, ponderado ■ VT sedar, tratar com calmantes
sedation [sɪ'deɪʃən] N (*Med*) sedação *f*; **to be under ~** estar sob o efeito de sedativos
sedative ['sɛdɪtɪv] N calmante *m*, sedativo
sedentary ['sɛdntrɪ] ADJ sedentário
sediment ['sɛdɪmənt] N sedimento
sedition [sɪ'dɪʃən] N sedição *f*
seduce [sɪ'dju:s] VT seduzir
seduction [sɪ'dʌkʃən] N sedução *f*
seductive [sɪ'dʌktɪv] ADJ sedutor(a)
see [si:] (*pt* **saw**, *pp* **seen**) VT ver; (*make out*) enxergar; (*understand*) entender; (*accompany*): **to ~ sb to the door** acompanhar *or* levar alguém até a porta ■ VI ver; (*find out*) achar ■ N sé *f*, sede *f*; **to ~ that** (*ensure*) assegurar que; **there was nobody to be ~n** não havia ninguém; **let me ~** deixa eu ver; **to go and ~ sb** ir visitar alguém; **~ for yourself** veja você mesmo, confira; **I don't know what she ~s in him** não sei o que ela vê nele; **as far as I can ~** que eu saiba; **~ you!** até logo! (*BR*), adeus! (*PT*); **~ you soon/later/tomorrow!** até logo/mais tarde/amanhã!

▸ **see about** VT FUS tratar de
▸ **see off** VT despedir-se de
▸ **see through** VT FUS enxergar através de
■ VT levar a cabo
▸ **see to** VT FUS providenciar

seed [si:d] N semente *f*; (*sperm*) esperma *m*; (*fig*: *gem pl*) germe *m*; (*Tennis*) pré-selecionado(-a); **to go to ~** produzir sementes; (*fig*) deteriorar-se

seedless ['si:dlɪs] ADJ sem caroças

seedling ['si:dlɪŋ] N planta brotada da semente, muda

seedy ['si:dɪ] ADJ (*shabby*: *place*) mal-cuidado; (: *person*) maltrapilho

seeing ['si:ɪŋ] CONJ: **~ (that)** visto (que), considerando (que)

seek [si:k] (*pt, pp* **sought**) VT procurar; (*post*) solicitar; **to ~ advice/help from sb** pedir um conselho a alguém/procurar ajuda de alguém
▸ **seek out** VT (*person*) procurar

seem [si:m] VI parecer; **there ~s to be ...** parece que há ...; **what ~s to be the trouble?** qual é o problema?; **I did what ~ed best** fiz o que me pareceu melhor

seemingly ['si:mɪŋlɪ] ADV aparentemente, pelo que aparenta

seen [si:n] PP *of* **see**

seep [si:p] VI filtrar-se, penetrar

seer [sɪəʳ] N vidente *m/f*, profeta *m/f*

seersucker ['sɪəsʌkəʳ] N tecido listrado de algodão

seesaw ['si:sɔ:] N gangorra, balanço

seethe [si:ð] VI ferver; **to ~ with anger** estar danado (da vida)

see-through ADJ transparente

segment ['sɛgmənt] N segmento; (*of orange*) gomo

segregate ['sɛgrɪgeɪt] VT segregar

segregation [sɛgrɪ'geɪʃən] N segregação *f*

Seine [seɪn] N: **the ~** o Sena

seismic ['saɪzmɪk] ADJ sísmico

seize [si:z] VT (*grasp*) agarrar, pegar; (*take possession of*: *power, hostage*) apoderar-se de, confiscar; (: *territory*) tomar posse de; (*opportunity*) aproveitar
▸ **seize up** VI (*Tech*) gripar
▸ **seize (up)on** VT FUS valer-se de

seizure ['si:ʒəʳ] N (*Med*) ataque *m*, acesso; (*Law, of power*) confisco, embargo

seldom ['sɛldəm] ADV raramente

select [sɪ'lɛkt] ADJ seleto, fino ■ VT escolher, selecionar; (*Sport*) selecionar, escalar; **a ~ few** uns poucos escolhidos

selection [sɪ'lɛkʃən] N seleção *f*, escolha; (*Comm*) sortimento; **selection committee** N comissão *f* de seleção

selective [sɪ'lɛktɪv] ADJ seletivo

selector [sɪ'lɛktəʳ] N (*person*) selecionador(a) *m/f*, seletor(a) *m/f*; (*Tech*) selecionador *m*

self [sɛlf] (*pl* **selves**) PRON *see* **herself; himself; itself; myself; oneself; ourselves; themselves; yourself** ■ N: **the ~** o eu

self... [sɛlf] PREFIX auto...

self-addressed [-ə'drɛst] ADJ: **~ envelope** envelope *m* endereçado ao remetente

self-adhesive ADJ auto-adesivo

self-appointed [-ə'pɔɪntɪd] ADJ auto-nomeado

self-assertive ADJ autoritário

self-assurance N autoconfiança

self-assured [-ə'ʃuəd] ADJ seguro de si

self-catering (*Brit*) ADJ (*flat*) com cozinha; (*holiday*) em casa alugada

self-centred [-'sɛntəd] (*US* **self-centered**) ADJ egocêntrico

self-cleaning ADJ de limpeza automática

self-coloured (*US* **self-colored**) ADJ de cor natural; (*of one colour*) de uma só cor

self-confessed [-kən'fɛst] ADJ assumido

self-confidence N autoconfiança, confiança em si

self-conscious ADJ inibido, constrangido

self-contained [-kən'teɪnd] (*Brit*) ADJ (*gen*) independente; (*flat*) completo, autônomo

self-control N autocontrole *m*, autodomínio

self-defeating [-dɪ'fi:tɪŋ] ADJ contraproducente

self-defence (*US* **self-defense**) N legítima defesa, autodefesa; **in ~** en legítima defesa

self-discipline N autodisciplina

self-employed [-ɪm'plɔɪd] ADJ autônomo

self-esteem N amor *m* próprio

self-evident ADJ patente

self-explanatory ADJ que se explica por si mesmo

self-governing [-'gʌvənɪs] ADJ autônomo

self-help N iniciativa própria, esforço pessoal

self-importance N presunção *f*

self-important ADJ presunçoso, que se dá muita importância

self-indulgent ADJ que se permite excessos

self-inflicted [-ɪn'flɪktɪd] ADJ infligido a si mesmo

self-interest N egoísmo

selfish ['sɛlfɪʃ] ADJ egoísta

selfishness ['sɛlfɪʃnɪs] N egoísmo

selfless ['sɛlflɪs] ADJ desinteressado

selflessly ['sɛlflɪslɪ] ADV desinteressadamente

self-made N: **~ man** homem *m* que se fez por conta própria

self-pity N pena de si mesmo

self-portrait N auto-retrato

self-possessed [-pə'zɛst] ADJ calmo, senhor(a) de si

self-preservation N auto-preservação *f*

self-raising [-'reɪzɪŋ] (*Brit*) ADJ: **~ flour** farinha de trigo com fermento acrescentado

self-reliant ADJ seguro de si, independente

self-respect N amor *m* próprio

self-respecting [-rɪs'pɛktɪŋ] ADJ que se respeita

self-righteous ADJ farisaico, santarrão(-rona)

self-rising (*US*) ADJ: **~ flour** farinha de trigo com fermento acrescentado

self-sacrifice N abnegação *f*, altruísmo

self-same ADJ mesmo

self-satisfied [-'sætɪsfaɪd] ADJ satisfeito consigo mesmo

self-sealing ADJ (*envelope*) auto-adesivo
self-service ADJ de auto-serviço ■ N auto-serviço
self-styled [-staɪld] ADJ pretenso
self-sufficient ADJ auto-suficiente
self-supporting [-sə'pɔːtɪŋ] ADJ financeiramente independente
self-tanning ADJ autobronzeador
self-taught ADJ autodidata
self-test N (*Comput*) auto-teste *m*
sell [sɛl] (*pt, pp* **sold**) VT vender; (*fig*): **to ~ sb an idea** convencer alguém de uma idéia ■ VI vender-se; **to ~ at** *or* **for £10** vender a *or* por £10
▸ **sell off** VT liquidar
▸ **sell out** VI vender todo o estoque ■ VT: **the tickets are all sold out** todos os ingressos já foram vendidos; **to ~ out (to)** (*Comm*) vender o negócio (a); (*fig*) vender-se (a)
▸ **sell up** VI vender o negócio
sell-by date N vencimento
seller ['sɛlə^{r}] N vendedor(a) *m/f*; **~'s market** mercado de vendedor
selling price ['sɛlɪŋ-] N preço de venda
Sellotape® ['sɛləʊteɪp] (*Brit*) N fita adesiva, durex® *m* (BR)
sellout ['sɛlaʊt] N traição *f*; (*of tickets*): **it was a ~** foi um sucesso de bilheteria
selves [sɛlvz] PL *of* **self**
semantic [sə'mæntɪk] ADJ semântico
semantics [sə'mæntɪks] N semântica
semaphore ['sɛməfɔː^{r}] N semáforo
semblance ['sɛmbləns] N aparência
semen ['siːmən] N sêmen *m*
semester [sə'mɛstə^{r}] (*esp US*) N semestre *m*
semi ['sɛmɪ] (*Brit: inf*) N (casa) geminada
semi... [sɛmɪ] PREFIX semi..., meio...
semibreve ['sɛmɪbriːv] (*Brit*) N semibreve *f*
semicircle ['sɛmɪsə:kl] N semicírculo
semicircular [sɛmɪ'sə:kjulə^{r}] ADJ semicircular
semicolon [sɛmɪ'kəʊlɔn] N ponto e vírgula
semiconductor [sɛmɪkən'dʌktə^{r}] N semicondutor *m*
semi-conscious ADJ semiconsciente
semidetached (house) [sɛmɪdɪtætʃt-] (*Brit*) N (*casa*) geminada
semifinal [sɛmɪfaɪnl] N semifinal *f*
seminar ['sɛmɪnɑː^{r}] N seminário
seminary ['sɛmɪnərɪ] N (*for priests*) seminário
semiprecious [sɛmɪ'prɛʃəs] ADJ semiprecioso
semiquaver ['sɛmɪkweɪvə^{r}] (*Brit*) N semicolcheia
semiskilled [sɛmɪ'skɪld] ADJ (*work, worker*) semi-especializado
semi-skimmed milk [sɛmɪ'skɪmd-] N leite *m* semidesnatado
semitone ['sɛmɪtəʊn] N (*Mus*) semitom *m*
semolina [sɛmə'liːnə] N sêmola, semolina
SEN (*Brit*) N ABBR = **State Enrolled Nurse**
Sen. ABBR = **Senator; Senior**
sen. ABBR = **senator; senior**
senate ['sɛnɪt] N senado
senator ['sɛnətə^{r}] N senador(a) *m/f*
send [sɛnd] (*pt, pp* **sent**) VT mandar, enviar; (*dispatch*) expedir, remeter; (*transmit*) transmitir; (*telegram*) passar; **to ~ by post** (*Brit*) *or* **mail** (*US*) mandar pelo correio; **to ~ sb for sth** mandar alguém buscar algo; **to ~ word that ...** mandar dizer que ...; **she ~s (you) her love** ela lhe envia lembranças; **to ~ sb to Coventry** (*Brit*) colocar alguém em ostracismo; **to ~ sb to sleep** dar sono a alguém; **to ~ sb into fits of laughter** dar um ataque de riso a alguém; **to ~ sth flying** derrubar algo
▸ **send away** VT (*letter, goods*) expedir, mandar; (*unwelcome visitor*) mandar embora
▸ **send away for** VT FUS encomendar, pedir pelo correio
▸ **send back** VT devolver, mandar de volta
▸ **send for** VT FUS mandar buscar; (*by post*) pedir pelo correio, encomendar
▸ **send in** VT (*report, application*) entregar
▸ **send off** VT (*goods*) despachar, expedir; (*Brit: Sport: player*) expulsar
▸ **send on** VT (*Brit: letter*) remeter; (*luggage etc: in advance*) mandar com antecedência
▸ **send out** VT (*invitation*) distribuir; (*signal*) emitir
▸ **send round** VT (*letter, document*) circular
▸ **send up** VT (*person, price*) fazer subir; (*Brit: parody*) parodiar
sender ['sɛndə^{r}] N remetente *m/f*
send-off N: **a good ~** uma boa despedida
Senegal [sɛnɪ'gɔːl] N Senegal *m*
Senegalese [sɛnɪgə'liːz] ADJ, N INV senegalês(-esa) *m/f*
senile ['siːnaɪl] ADJ senil
senility [sɪ'nɪlɪtɪ] N senilidade *f*
senior ['siːnɪə^{r}] ADJ (*older*) mais velho *or* idoso; (*on staff*) mais antigo; (*of higher rank*) superior ■ N o mais velho (a mais velha); (*on staff*) o mais antigo (a mais antiga); **P. Jones ~** P. Jones Sênior; **senior citizen** N idoso(-a); **senior high school** (*US*) N ≈ colégio
seniority [siːnɪ'ɔrɪtɪ] N antiguidade *f*; (*in service*) status *m*
sensation [sɛn'seɪʃən] N sensação *f*; **to cause a ~** causar sensação
sensational [sɛn'seɪʃənəl] ADJ sensacional; (*headlines, result*) sensacionalista
sensationalism [sɛn'seɪʃənəlɪzəm] N sensacionalismo
sense [sɛns] N sentido; (*feeling*) sensação *f*; (*good sense*) bom senso ■ VT sentir, perceber; **senses** NPL juízo; **it makes ~** faz sentido; **there is no ~ in (doing) that** não há sentido em (fazer) isso; **to come to one's ~s** (*regain consciousness*) recobrar os sentidos; (*become reasonable*) recobrar o juízo; **to take leave of one's ~s** enlouquecer
senseless ['sɛnslɪs] ADJ insensato, estúpido; (*unconscious*) sem sentidos, inconsciente
sense of humour N senso de humor
sensibility [sɛnsɪ'bɪlɪtɪ] N sensibilidade *f*; **sensibilities** NPL suscetibilidade *f*
sensible ['sɛnsɪbl] ADJ sensato, de bom senso;

(*reasonable*: *price*) razoável; (: *advice, decision*) sensato; (*shoes etc*) prático

sensitive ['sɛnsɪtɪv] ADJ sensível; (*fig*: *touchy*) suscetível

sensitivity [sɛnsɪ'tɪvɪtɪ] N sensibilidade *f*; (*touchiness*) suscetibilidade *f*

sensual ['sɛnsjuəl] ADJ sensual

sensuous ['sɛnsjuəs] ADJ sensual

sent [sɛnt] PT, PP *of* **send**

sentence ['sɛntəns] N (*Ling*) frase *f*, oração *f*; (*Law*: *verdict*) sentença; (: *punishment*) pena ■ VT: **to ~ sb to death/to 5 years** condenar alguém à morte/a 5 anos de prisão; **to pass ~ on sb** sentenciar alguém

sentiment ['sɛntɪmənt] N sentimento; (*opinion*: *also pl*) opinião *f*

sentimental [sɛntɪ'mɛntl] ADJ sentimental

sentimentality [sɛntɪmɛn'tælɪtɪ] N sentimentalismo

sentry ['sɛntrɪ] N sentinela *f*; **sentry duty** N: **to be on sentry duty** estar de guarda

Seoul [səul] N Seul

separable ['sɛprəbl] ADJ separável

separate [*adj* 'sɛprɪt, *vt, vi* 'sɛpəreɪt] ADJ separado; (*distinct*) diferente ■ VT separar; (*part*) dividir ■ VI separar-se; **~ from** separado de; **under ~ cover** (*Comm*) em separado; **to ~ into** dividir em

separated ['sɛpəreɪtɪd] ADJ (*from spouse*) separado

separately ['sɛprɪtlɪ] ADV separadamente

separates ['sɛprɪts] NPL (*clothes*) roupas *fpl* que fazem jogo

separation [sɛpə'reɪʃən] N separação *f*

Sept. ABBR (= *September*) set

September [sɛp'tɛmbəʳ] N setembro; *see also* **July**

septic ['sɛptɪk] ADJ sético; (*wound*) infeccionado

septicaemia [sɛptɪ'siːmɪə] (*US* **septicemia**) N septicemia

septic tank N fossa sética

sequel ['siːkwl] N conseqüência, resultado; (*of film, story*) continuação *f*

sequence ['siːkwəns] N série *f*, seqüência; (*Cinema*) série; **in ~** em seqüência

sequential [sɪ'kwɛnʃəl] ADJ: **~ access** (*Comput*) acesso seqüencial

sequin ['siːkwɪn] N lantejoula, paetê *m*

Serbo-Croat ['səːbəu'krəuæt] N (*Ling*) serbo-croata *m*

serenade [sɛrə'neɪd] N serenata ■ VT fazer serenata para

serene [sɪ'riːn] ADJ sereno, tranqüilo

serenity [sə'rɛnɪtɪ] N serenidade *f*, tranqüilidade *f*

sergeant ['saːdʒənt] N sargento; **sergeant major** N sargento-ajudante *m*

serial ['sɪərɪəl] N (*TV, Radio, magazine*) seriado; (*in newspaper*) história em folhetim ■ ADJ (*Comput*: *interface, printer*) serial; (: *access*) seqüencial

serialize ['sɪərɪəlaɪz] VT (*book*) publicar em folhetim; (*TV*) seriar

serial number N número de série

series ['sɪəriːz] N INV série *f*

serious ['sɪərɪəs] ADJ sério; (*matter*) importante; (*illness*) grave; **are you ~ (about it)?** você está falando sério?

seriously ['sɪərɪəslɪ] ADV a sério, com seriedade; (*hurt*) gravemente; **to take sth/sb ~** levar algo/alguém a sério

seriousness ['sɪərɪəsnɪs] N (*of manner*) seriedade *f*; (*importance*) importância; (*gravity*) gravidade *f*

sermon ['səːmən] N sermão *m*

serrated [sɪ'reɪtɪd] ADJ serrado, dentado

serum ['sɪərəm] N soro

servant ['səːvənt] N empregado(-a); (*fig*) servidor(a) *m/f*

serve [səːv] VT servir; (*customer*) atender; (*subj*: *train*) passar por; (*treat*) tratar; (*apprenticeship*) fazer; (*prison term*) cumprir ■ VI (*at table*) servir-se; (*Tennis*) sacar; (*be useful*): **to ~ as/for/to do** servir como/para/para fazer ■ N (*Tennis*) saque *m*; **are you being ~d?** você já foi atendido?; **to ~ on a committee/jury** fazer parte de um comitê/júri; **it ~s him right** é bem feito para ele; **it ~s my purpose** isso me serve

▶ **serve out** VT (*food*) servir

▶ **serve up** VT = **serve out**

service ['səːvɪs] N serviço; (*Rel*) culto; (*Aut*) revisão *f*; (*Tennis*) saque *m*; (*also*: **dinner service**) aparelho de jantar ■ VT (*car, washing machine*) fazer a revisão de, revisar; (: *repair*) consertar; **the Services** NPL (*army, navy etc*) as Forças Armadas; **to be of ~ to sb, to do sb a ~** ser útil a alguém

serviceable ['səːvɪsəbl] ADJ aproveitável, prático, durável

service area N (*on motorway*) *posto de gasolina com bar, restaurante etc*

service charge (*Brit*) N serviço

service industries NPL setor *m* de serviços

serviceman ['səːvɪsmæn] (*irreg*) N militar *m*

service station N posto de gasolina (BR), estação *f* de serviço (PT)

serviette [səːvɪ'ɛt] (*Brit*) N guardanapo

servile ['səːvaɪl] ADJ servil

session ['sɛʃən] N (*period of activity*) sessão *f*; (*Sch*) ano letivo; **to be in ~** estar reunido em sessão

set [sɛt] (*pt, pp* **set**) N (*collection of things*) jogo; (*radio set, TV set*) aparelho; (*of utensils*) bateria de cozinha; (*of cutlery*) talher *m*; (*of books*) coleção *f*; (*group of people*) grupo; (*Tennis*) set *m*; (*Theatre, Cinema*) cenário; (*Hairdressing*) penteado; (*Math*) conjunto ■ ADJ (*fixed*) fixo; (*ready*) pronto; (*resolved*) decidido, estabelecido ■ VT (*place*) pôr, colocar; (*table*) pôr; (*establish*: *price*) fixar; (: *rules etc*) estabelecer, decidir; (*record*) estabelecer; (: *time*) marcar; (*adjust*) ajustar; (*task, exam*) passar; (*Typ*) compor ■ VI (*sun*) pôr-se; (*jam, jelly, concrete*) endurecer, solidificar-se; **to be ~ on doing sth** estar decidido a fazer algo; **to be all ~ to do** estar todo pronto para fazer; **to be (dead) ~ against** estar (completamente) contra; **he's ~ in his ways** ele tem opiniões fixas; **to ~ to music** musicar, pôr música em; **to ~ on fire**

botar fogo em, incendiar; **to ~ free** libertar; **to ~ sth going** pôr algo em movimento; **to ~ sail** zarpar, alçar velas; **~ phrase** frase *f* feita; **a ~ of false teeth** uma dentadura; **a ~ of dining-room furniture** um conjunto de salade jantar; **a film ~ in Rome** um filme ambientado em Roma

▸ **set about** VT FUS (*task*) começar com; **to ~ about doing sth** começar a fazer algo

▸ **set aside** VT deixar de lado

▸ **set back** VT (*cost*): **it ~ me back £5** me deu um prejuízo de £5; (*in time*): **to ~ sb back (by)** atrasar alguém (em); (*place*): **a house ~ back from the road** uma casa afastada da estrada

▸ **set in** VI (*infection*) manifestar-se; (*complications*) surgir; **the rain has ~ in for the day** vai chover o dia inteiro

▸ **set off** VI partir, ir indo ■ VT (*bomb*) fazer explodir; (*alarm*) disparar; (*chain of events*) iniciar; (*show up well*) ressaltar

▸ **set out** VI partir ■ VT (*arrange*) colocar, dispor; (*state*) expor, explicar; **to ~ out to do sth** pretender fazer algo; **to ~ out (from)** sair (de)

▸ **set up** VT (*organization*) fundar, estabelecer; **to ~ up shop** (*fig*) estabelecer-se

setback ['sɛtbæk] N (*hitch*) revés *m*, contratempo; (*in health*) piora

set menu N refeição *f* a preço fixo

set square N esquadro

settee [sɛ'ti:] N sofá *m*

setting ['sɛtɪŋ] N (*background*) cenário; (*position*) posição *f*; (*frame*) moldura; (*placing*) colocação *f*; (*of sun*) pôr(-do-sol) *m*; (*of jewel*) engaste *m*; **setting lotion** N loção *f* fixadora

settle ['sɛtl] VT (*argument, matter*) resolver, esclarecer; (*accounts*) ajustar, liquidar; (*land*) colonizar; (*Med: calm*) acalmar, tranqüilizar ■ VI (*dust etc*) assentar; (*calm down: children*) acalmar-se; (*weather*) firmar, melhorar; (*also: settle down*) instalar-se, estabilizar-se; **to ~ to sth** concentrar-se em algo; **to ~ for sth** concordar em aceitar algo; **to ~ on sth** optar por algo; **that's ~d then** está resolvido então; **to ~ one's stomach** acomodar o estômago

▸ **settle in** VI instalar-se

▸ **settle up** VI: **to ~ up with sb** ajustar as contas com alguém

settlement ['sɛtlmənt] N (*payment*) liquidação *f*; (*agreement*) acordo, convênio; (*village etc*) povoado, povoação *f*; **in ~ of our account** (*Comm*) em liquidação da nossa conta

settler ['sɛtlᵊʳ] N colono(-a), colonizador(a) *m/f*

setup ['sɛtʌp] N (*organization*) organização *f*; (*situation*) situação *f*

seven ['sɛvn] NUM sete; *see also* **five**

seventeen ['sɛvn'ti:n] NUM dezessete; *see also* **five**

seventh ['sɛvnθ] NUM sétimo; *see also* **fifth**

seventy ['sɛvntɪ] NUM setenta; *see also* **fifty**

sever ['sɛvᵊʳ] VT cortar; (*relations*) romper

several ['sɛvərl] ADJ, PRON vários(-as); **~ of us** vários de nós; **~ times** várias vezes

severance ['sɛvərəns] N (*of relations*) rompimento; **severance pay** N indenização *f* pela demissão

severe [sɪ'vɪəʳ] ADJ severo; (*serious*) grave; (*hard*) duro; (*pain*) intenso; (*dress*) austero

severely [sɪ'vɪəlɪ] ADV severamente; (*wounded, ill*) gravemente

severity [sɪ'vɛrɪtɪ] N severidade *f*; (*of pain*) intensidade *f*; (*of dress*) austeridade *f*

sew [səu] (*pt* **sewed**, *pp* **sewn**) VT, VI coser, costurar

▸ **sew up** VT coser, costurar; **it's all ~n up** (*fig*) está no papo

sewage ['su:ɪdʒ] N detritos *mpl*

sewer ['su:əʳ] N (cano do) esgoto, bueiro

sewing ['səuɪŋ] N costura; **sewing machine** N máquina de costura

sewn [səun] PP *of* **sew**

sex [sɛks] N sexo; **to have ~ with sb** fazer sexo com alguém; **sex act** N ato sexual

sexism ['sɛksɪzm] N sexismo

sexist ['sɛksɪst] ADJ sexista

sextet [sɛks'tɛt] N sexteto

sexual ['sɛksjuəl] ADJ sexual; **~ assault** atentado ao pudor; **~ intercourse** relações *fpl* sexuais

sexy ['sɛksɪ] ADJ sexy

Seychelles [seɪ'ʃɛl(z)] NPL: **the ~** Seychelles (*no article*)

SF N ABBR = **science fiction**

SG (*US*) N ABBR = **Surgeon General**

Sgt ABBR (= *sergeant*) sarg

shabbiness ['ʃæbɪnɪs] N (*of clothes*) pobreza; (*of building*) mau estado de conservação

shabby ['ʃæbɪ] ADJ (*person*) esfarrapado, maltrapilho; (*clothes*) usado, surrado; (*behaviour*) indigno

shack [ʃæk] N choupana, barraca

shackles ['ʃæklz] NPL algemas *fpl*, grilhões *mpl*

shade [ʃeɪd] N sombra; (*for lamp*) quebra-luz *m*; (*for eyes*) viseira; (*of colour*) tom *m*, tonalidade *f*; (*US: window shade*) estore *m*; (*small quantity*): **a ~ (more/big)** um pouquinho (mais/grande) ■ VT dar sombra a; (*eyes*) sombrear; **shades** NPL (*US: sunglasses*) óculos *mpl* escuros; **in the ~** à sombra

shadow ['ʃædəu] N sombra ■ VT (*follow*) seguir de perto (sem ser visto); **without** *or* **beyond a ~ of doubt** sem sombra de dúvida; **shadow cabinet** (*Brit*) N (*Pol*) *gabinete paralelo formado pelo partido da oposição*

shadowy ['ʃædəuɪ] ADJ escuro; (*dim*) vago, indistinto

shady ['ʃeɪdɪ] ADJ à sombra; (*fig: dishonest: person*) suspeito, duvidoso; (: *deal*) desonesto

shaft [ʃɑ:ft] N (*of arrow, spear*) haste *f*; (*column*) fuste *m*; (*Aut, Tech*) eixo, manivela; (*of mine, of lift*) poço; (*of light*) raio

shaggy ['ʃægɪ] ADJ desgrenhado

shake [ʃeɪk] (*pt* **shook**, *pp* **shaken**) VT sacudir; (*building, confidence*) abalar; (*surprise*) surpreender ■ VI tremer ■ N (*movement*) sacudidela; (*violent*) safanão *m*; **to ~ hands with sb** apertar a mão

de alguém; **to ~ one's head** (*in refusal etc*) dizer não com a cabeça; (*in dismay*) sacudir a cabeça
▸ **shake off** VT sacudir; (*fig*) livrar-se de
▸ **shake up** VT sacudir; (*fig*) reorganizar
shake-up N reorganização *f*
shakily ['ʃeɪkɪlɪ] ADV (*reply*) de voz trêmula; (*walk*) vacilante; (*write*) de mão trêmula
shaky ['ʃeɪkɪ] ADJ (*hand, voice*) trêmulo; (*table*) instável; (*building*) abalado; (*person: in shock*) abalado; (: *old*) frágil; (*knowledge*) duvidoso
shale [ʃeɪl] N argila xistosa
shall [ʃæl] AUX VB: **I ~ go** irei; **~ I open the door?** posso abrir a porta?; **I'll get some, ~ I?** eu vou pegar algum, está bem?
shallot [ʃə'lɔt] (*Brit*) N cebolinha
shallow ['ʃæləʊ] ADJ raso; (*breathing*) fraco; (*fig*) superficial
sham [ʃæm] N fraude *f*, fingimento ■ ADJ falso, simulado ■ VT fingir, simular
shambles ['ʃæmblz] N confusão *f*; **the economy is (in) a complete ~** a economia está completamente desorganizada
shame [ʃeɪm] N vergonha; (*pity*) pena ■ VT envergonhar; **it is a ~ (that/to do)** é (uma) pena (que/fazer); **what a ~!** que pena!; **to put sb/sth to ~** deixar alguém/algo envergonhado
shamefaced ['ʃeɪmfeɪst] ADJ envergonhado
shameful ['ʃeɪmful] ADJ vergonhoso
shameless ['ʃeɪmlɪs] ADJ sem vergonha, descarado; (*immodest*) cínico, impudico
shampoo [ʃæm'pu:] N xampu *m* (BR), champô *m* (PT) ■ VT lavar o cabelo (com xampu *or* champô); **shampoo and set** N lavagem *f* e penteado
shamrock ['ʃæmrɔk] N trevo
shandy ['ʃændɪ] N *mistura de cerveja com refresco gaseificado*
shan't [ʃɑ:nt] = **shall not**
shanty town ['ʃæntɪ-] N favela
SHAPE [ʃeɪp] N ABBR (= *Supreme Headquarters Allied Powers, Europe*) QG *das forças aliadas na Europa*
shape [ʃeɪp] N forma ■ VT (*form*) moldar; (*clay, stone*) dar forma a; (*sb's ideas*) formar; (*sb's life*) definir, determinar; **to take ~** tomar forma; **in the ~ of a heart** em forma de coração; **I can't bear gardening in any ~ or form** não suporto jardinagem de forma alguma; **to get o.s. into ~** ficar em forma
▸ **shape up** VI (*events*) desenrolar-se; (*person*) tomar jeito
-shaped [ʃeɪpt] SUFFIX: **heart~** em forma de coração
shapeless ['ʃeɪplɪs] ADJ informe, sem forma definida
shapely ['ʃeɪplɪ] ADJ escultural
share [ʃɛə^r] N (*part*) parte *f*; (*contribution*) cota; (*Comm*) ação *f* ■ VT dividir; (*have in common*) compartilhar; **to ~ in** participar de; **to have a ~ in the profits** ter uma participação nos lucros
▸ **share out** VI: **to ~ out (among** *or* **between)** distribuir (entre)
share capital N capital *m* em ações
share certificate N cautela de ação
shareholder ['ʃɛəhəʊldə^r] N acionista *m/f*
share index N índice *m* da Bolsa de Valores
share issue N emissão *f* de ações
shark [ʃɑ:k] N tubarão *m*
sharp [ʃɑ:p] ADJ (*razor, knife*) afiado; (*point, features*) pontiagudo; (*outline*) definido, bem marcado; (*pain, voice*) agudo; (*taste*) acre; (*curve, bend*) fechado; (*Mus*) desafinado; (*contrast*) marcado; (*person: quick-witted*) perspicaz; (*dishonest*) desonesto ■ N (*Mus*) sustenido ■ ADV: **at 2 o'clock ~** às 2 (horas) em ponto; **turn ~ left** vira logo à esquerda; **to be ~ with sb** ser brusco com alguém; **look ~!** rápido!
sharpen ['ʃɑ:pən] VT afiar; (*pencil*) apontar, fazer a ponta de; (*fig*) aguçar
sharpener ['ʃɑ:pnə^r] N (*also*: **pencil sharpener**) apontador *m* (BR), apara-lápis *m inv* (PT)
sharp-eyed [-aɪd] ADJ de vista aguda
sharply ['ʃɑ:plɪ] ADV (*abruptly*) bruscamente; (*clearly*) claramente; (*harshly*) severamente
sharp-tempered ADJ irascível
sharp-witted [-'wɪtɪd] ADJ perspicaz, observador(a)
shatter ['ʃætə^r] VT despedaçar, estilhaçar; (*fig: ruin*) destruir, acabar com; (: *upset*) arrasar ■ VI despedaçar-se, estilhaçar-se
shattered ['ʃætəd] ADJ (*overwhelmed*) arrasado; (*exhausted*) exausto
shatterproof ['ʃætəpru:f] ADJ inestilhaçável
shave [ʃeɪv] VT barbear, fazer a barba de ■ VI fazer a barba, barbear-se ■ N: **to have a ~** fazer a barba
shaven ['ʃeɪvn] ADJ (*head*) raspado
shaver ['ʃeɪvə^r] N barbeador *m*; **electric ~** barbeador elétrico
shaving ['ʃeɪvɪŋ] N (*action*) barbeação *f*; **shavings** NPL (*of wood*) aparas *fpl*; **shaving brush** N pincel *m* de barba; **shaving cream** N creme *m* de barbear; **shaving foam** N espuma de barbear; **shaving soap** N sabão *m* de barba
shawl [ʃɔ:l] N xale *m*
she [ʃi:] PRON ela ■ PREFIX: **~-elephant** *etc* elefante *etc* fêmea; **there ~ is** lá está ela
sheaf [ʃi:f] (*pl* **sheaves**) N (*of corn*) gavela; (*of arrows*) feixe *m*; (*of papers*) maço
shear [ʃɪə^r] (*pt* **sheared**, *pp* **shorn**) VT (*sheep*) tosquiar, tosar
▸ **shear off** VT cercear ■ VI cisalhar
shears [ʃɪəz] NPL (*for hedge*) tesoura de jardim
sheath [ʃi:θ] N bainha; (*contraceptive*) camisa-de-vênus *f*, camisinha
sheathe [ʃi:ð] VT embainhar
sheath knife (*irreg*) N faca com bainha
sheaves [ʃi:vz] NPL *of* **sheaf**
shed [ʃɛd] (*pt, pp* **shed**) N alpendre *m*, galpão *m*; (*Industry, Rail*) galpão *m* ■ VT (*skin*) mudar; (*load, leaves, fur*) perder; (*tears, blood*) derramar; (*workers*) despedir; **to ~ light on** (*problem, mystery*) esclarecer
she'd [ʃi:d] = **she had**; **she would**
sheen [ʃi:n] N brilho

sheep [ʃi:p] N INV ovelha
sheepdog ['ʃi:pdɔg] N cão *m* pastor
sheep farmer N criador(a) *m/f* de ovelhas
sheepish ['ʃi:pɪʃ] ADJ tímido, acanhado
sheepskin [ʃi:pskɪn] N pele *f* de carneiro, pelego; **sheepskin jacket** N casaco de pele de carneiro
sheer [ʃɪaʳ] ADJ (*utter*) puro, completo; (*steep*) íngreme, empinado; (*almost transparent*) fino, translúcido ■ ADV a pique; **by ~ chance** totalmente por acaso
sheet [ʃi:t] N (*on bed*) lençol *m*; (*of paper*) folha; (*of glass, metal*) lâmina, chapa; (*of ice*) camada; **sheet feed** N (*on printer*) alimentação *f* de papel (em folhas soltas); **sheet lightning** N relâmpago difuso; **sheet metal** N metal *m* em chapa; **sheet music** N música
sheik(h) [ʃeɪk] N xeque *m*
shelf [ʃelf] (*pl* **shelves**) N prateleira; **set of shelves** estante *f*; **shelf life** N (*Comm*) validade *f* (de produtos perecíveis)
shell [ʃel] N (*on beach*) concha; (*of egg, nut etc*) casca; (*explosive*) obus *m*; (*of building*) armação *f*, esqueleto ■ VT (*peas*) descascar; (*Mil*) bombardear
▸ **shell out** (*inf*) VI: **to ~ out (for)** pagar
she'll [ʃi:l] = **she will; she shall**
shellfish ['ʃelfɪʃ] N INV crustáceo; (*as food*) frutos *mpl* do mar, mariscos *mpl*
shelter ['ʃeltəʳ] N (*building*) abrigo; (*protection*) refúgio ■ VT (*protect*) proteger; (*give lodging to*) abrigar; (*hide*) esconder ■ VI abrigar-se, refugiar-se; **to take ~ from** abrigar-se de
sheltered ['ʃeltəd] ADJ (*life*) protegido; (*spot*) abrigado, protegido; **~ housing** *acomodação para idosos e defeituosos*
shelve [ʃelv] VT (*fig*) pôr de lado, engavetar
shelves [ʃelvz] NPL *of* **shelf**
shelving ['ʃelvɪŋ] N (*shelves*) prateleiras *fpl*
shepherd ['ʃepəd] N pastor *m* ■ VT (*guide*) guiar, conduzir
shepherdess ['ʃepədɪs] N pastora
shepherd's pie (*Brit*) N empadão *m* de carne e batata
sherbet ['ʃə:bət] N (*Brit: powder*) *pó doce e efervescente*; (*US: water ice*) *sorvete de frutas à base de água*
sheriff ['ʃerɪf] (*US*) N xerife *m*
sherry ['ʃerɪ] N (vinho de) Xerez *m*
she's [ʃi:z] = **she is; she has**
Shetland ['ʃetlənd] N (*also*: **the Shetlands, the Shetland Isles**) as ilhas Shetland
shield [ʃi:ld] N escudo; (*Sport*) escudo, brasão *m*; (*protection*) proteção *f*; (*Tech*) blindagem *f* ■ VT: **to ~ (from)** proteger (contra)
shift [ʃɪft] N (*change*) mudança; (*of place*) transferência; (*of work*) turno; (*of workers*) turma ■ VT transferir; (*remove*) tirar ■ VI mudar; (*change place*) mudar de lugar; **the wind has ~ed to the south** o vento virou para o sul; **a ~ in demand** (*Comm*) um deslocamento de demanda; **shift key** N (*on typewriter*) tecla para maiúsculas
shiftless ['ʃɪftlɪs] ADJ indolente
shift work N trabalho em turnos; **to do ~** trabalhar em turnos
shifty ['ʃɪftɪ] ADJ esperto, trapaceiro; (*eyes*) velhaco, maroto
shilling ['ʃɪlɪŋ] (*Brit*) N xelim *m* (= *12 old pence; 20 in a pound*)
shilly-shally ['ʃɪlɪʃælɪ] VI vacilar
shimmer ['ʃɪməʳ] N reflexo trêmulo ■ VI cintilar, tremeluzir
shin [ʃɪn] N canela (da perna) ■ VI: **to ~ up/down a tree** subir em/descer de um árvore com mãos e pernas
shindig ['ʃɪndɪg] (*inf*) N arrasta-pé *m*
shine [ʃaɪn] (*pt, pp* **shone**) N brilho, lustre *m* ■ VI brilhar ■ VT (*glasses*) polir; (*shoes*) (*pt, pp* **shined**) lustrar; **to ~ a torch on sth** apontar uma lanterna para algo
shingle ['ʃɪŋgl] N (*on beach*) pedrinhas *fpl*, seixinhos *mpl*; (*on roof*) telha
shingles ['ʃɪŋglz] N (*Med*) herpes-zoster *m*
shining ['ʃaɪnɪŋ] ADJ brilhante
shiny ['ʃaɪnɪ] ADJ brilhante, lustroso
ship [ʃɪp] N barco; (*large*) navio ■ VT (*goods*) embarcar; (*send*) transportar *or* mandar (por via marítima); **on board ~** a bordo
shipbuilder ['ʃɪpbɪldəʳ] N construtor *m* naval
shipbuilding ['ʃɪpbɪldɪŋ] N construção *f* naval
ship chandler [-'tʃændləʳ] N fornecedor *m* de provisões para navios
shipment ['ʃɪpmənt] N (*act*) embarque *m*; (*goods*) carregamento
shipowner ['ʃɪpəunəʳ] N armador(a) *m/f*
shipper ['ʃɪpəʳ] N exportador(a) *m/f*, expedidor(a) *m/f*
shipping ['ʃɪpɪŋ] N (*ships*) navios *mpl*; (*cargo*) transporte *m* de mercadorias (por via marítima); (*traffic*) navegação *f*; **shipping agent** N agente *m/f* marítimo(-a); **shipping company** N companhia de navegação; **shipping lane** N rota de navegação; **shipping line** N companhia de navegação
shipshape ['ʃɪpʃeɪp] ADJ em ordem
shipwreck ['ʃɪprek] N (*event*) malogro; (*ship*) naufrágio ■ VT: **to be ~ed** naufragar
shipyard ['ʃɪpjɑ:d] N estaleiro
shire ['ʃaɪəʳ] (*Brit*) N condado
shirk [ʃə:k] VT (*work*) esquivar-se de; (*obligations*) não cumprir, faltar a
shirt [ʃə:t] N (*man's*) camisa; (*woman's*) blusa; **in ~ sleeves** em manga de camisa
shirty ['ʃə:tɪ] (*Brit: inf*) ADJ chateado, sem graça
shit [ʃɪt] (*inf!*) EXCL merda (*!*)
shiver ['ʃɪvəʳ] N tremor *m*, arrepio ■ VI tremer, estremecer, tiritar
shoal [ʃəul] N (*of fish*) cardume *m*; (*fig*: *also*: **shoals**) bando, multidão *f*
shock [ʃɔk] N (*impact*) choque *m*; (*Elec*) descarga; (*emotional*) comoção *f*, abalo; (*start*) susto, sobressalto; (*Med*) trauma *m* ■ VT dar um susto em, chocar; (*offend*) escandalizar; **suffering from ~** (*Med*) traumatizado; **it gave us a ~**

ficamos chocados; **it came as a ~ to hear that ...** ficamos atônitos ao saber que ...; **shock absorber** [-əb'zɔ:bəʳ] N amortecedor *m*

shocking ['ʃɔkɪŋ] ADJ (*awful*) chocante, lamentável; (*outrageous*) revoltante, chocante; (*improper*) escandaloso; (*very bad*) péssimo

shockproof ['ʃɔkpru:f] ADJ à prova de choque

shock therapy N terapia de choque

shock treatment N terapia de choque

shod [ʃɔd] PT, PP *of* **shoe** ■ ADJ calçado

shoddy ['ʃɔdɪ] ADJ de má qualidade

shoe [ʃu:] (*pt, pp* **shod**) N sapato; (*for horse*) ferradura; (*also*: **brake shoe**) sapata ■ VT (*horse*) ferrar; **shoe brush** N escova de sapato

shoehorn ['ʃu:hɔ:n] N calçadeira

shoelace ['ʃu:leɪs] N cadarço, cordão *m* (de sapato)

shoemaker ['ʃu:meɪkəʳ] N sapateiro(-a)

shoe polish N graxa de sapato

shoe rack N porta-sapatos *m inv*

shoeshop ['ʃu:ʃɔp] N sapataria

shoestring ['ʃu:strɪŋ] N (*fig*): **on a ~** com muito pouco dinheiro

shoetree ['ʃu:tri:] N fôrma de sapato

shone [ʃɔn] PT, PP *of* **shine**

shoo [ʃu:] EXCL xô! ■ VT (*also*: **shoo away, shoo off**) enxotar

shook [ʃuk] PT *of* **shake**

shoot [ʃu:t] (*pt, pp* **shot**) N (*on branch, seedling*) broto ■ VT disparar; (*kill*) matar à bala, balear; (*wound*) ferir à bala, balear; (*execute*) fuzilar; (*film*) filmar, rodar ■ VI (*with gun, bow*): **to ~ (at)** atirar (em); (*Football*) chutar; **to ~ past sb** passar disparado por alguém

▸ **shoot down** VT (*plane*) derrubar, abater

▸ **shoot in** VI entrar correndo

▸ **shoot out** VI sair correndo

▸ **shoot up** VI (*fig*) subir vertiginosamente

shooting ['ʃu:tɪŋ] N (*shots*) tiros *mpl*, tiroteio; (*Hunting*) caçada (com espingarda); (*attack*) tiroteio; (: *murder*) assassinato; (*Cinema*) filmagens *fpl*; **shooting range** N estande *m*; **shooting star** N estrela cadente

shop [ʃɔp] N loja; (*workshop*) oficina ■ VI (*also*: **go shopping**) ir fazer compras; **to talk ~** (*fig*) falar de negócios

▸ **shop around** VI comparar preços; (*fig*) estudar todas as possibilidades

shop assistant (*Brit*) N vendedor(a) *m/f*

shop floor (*Brit*) N operários *mpl*

shopkeeper ['ʃɔpki:pəʳ] N lojista *m/f*

shoplift ['ʃɔplɪft] VI furtar (em lojas)

shoplifter ['ʃɔplɪftəʳ] N larápio(-a) de loja

shoplifting ['ʃɔplɪftɪŋ] N furto (em lojas)

shopper ['ʃɔpəʳ] N comprador(a) *f*

shopping ['ʃɔpɪŋ] N (*goods*) compras *fpl*; **shopping bag** N bolsa (de compras); **shopping centre** (*US* **shopping center**) N shopping (center) *m*

shop-soiled ADJ danificado (*pelo tempo ou manuseio*)

shop steward (*Brit*) N (*Industry*) representante *m/f* sindical

shop window N vitrine *f* (*BR*), montra (*PT*)

shore [ʃɔ:ʳ] N (*of sea*) costa, praia; (*of lake*) margem *f* ■ VT: **to ~ (up)** reforçar, escorar; **on ~** em terra; **shore leave** N (*Naut*) licença para desembarcar

shorn [ʃɔ:n] PP *of* **shear**

short [ʃɔ:t] ADJ (*not long*) curto; (*in time*) breve, de curta duração; (*person*) baixo; (*curt*) seco, brusco; (*insufficient*) insuficiente, em falta ■ N (*also*: **short film**) curta-metragem *m*; **to be ~ of sth** estar em falta de algo; **to be in ~ supply** estar em falta; **I'm 3 ~** estão me faltando três; **in ~** em resumo; **~ of doing ...** a não ser fazer ...; **everything ~ of ...** tudo a não ser ...; **a ~ time ago** pouco tempo atrás; **in the ~ term** a curto prazo; **I'm ~ of time** tenho pouco tempo; **it is ~ for** é a abreviatura de; **to cut ~** (*speech, visit*) encurtar; (*person*) interromper; **to fall ~** ser deficiente; **to fall ~ of** não ser à altura de; **to run ~ of sth** ficar sem algo; **to stop ~** parar de repente; **to stop ~ of** chegar quase a

shortage ['ʃɔ:tɪdʒ] N escassez *f*, falta

shortbread ['ʃɔ:tbrɛd] N biscoito amanteigado

short-change VT: **to ~ sb** roubar alguém no troco

short circuit N curto-circuito ■ VT provocar um curto-circuito ■ VI entrar em curto-circuito

shortcoming ['ʃɔ:tkʌmɪŋ] N defeito, imperfeição *f*, falha

short(crust) pastry ['ʃɔ:t(krʌst)-] (*Brit*) N massa amanteigada

shortcut ['ʃɔ:tkʌt] N atalho

shorten ['ʃɔ:tən] VT encurtar; (*visit*) abreviar

shortening ['ʃɔ:tnɪŋ] N (*Culin*) gordura

shortfall ['ʃɔ:tfɔ:l] N déficit *m*

shorthand ['ʃɔ:thænd] (*Brit*) N estenografia; **shorthand notebook** (*Brit*) N bloco para estenografia; **shorthand typist** (*Brit*) N estenodatilógrafo(-a)

short list (*Brit*) N (*for job*) lista dos candidatos escolhidos

short-lived [-lɪvd] ADJ de curta duração

shortly ['ʃɔ:tlɪ] ADV em breve, dentro em pouco

shortness ['ʃɔ:tnɪs] N (*of distance*) curteza; (*of time*) brevidade *f*; (*manner*) maneira brusca, secura

shorts NPL: **(a pair of) ~** um calção (BR), um short (BR), uns calções (PT)

short-sighted (*Brit*) ADJ míope; (*fig*) imprevidente

short-staffed [-stɑ:ft] ADJ com falta de pessoal

short story N conto

short-tempered ADJ irritadiço

short-term ADJ (*effect*) a curto prazo

short time N: **to work ~, to be on ~** trabalhar em regime de semana reduzida

short wave N (*Radio*) onda curta

shot [ʃɔt] PT, PP *of* **shoot** ■ N (*of gun*) tiro; (*pellets*) chumbo; (*person*) atirador(a) *m/f*; (*try, Football*) tentativa; (*injection*) injeção *f*; (*Phot*) fotografia;

to be a good/bad ~ (*person*) ter boa/má pontaria; **to fire a ~ at sb/sth** atirar em alguém/algo; **to have a ~ at (doing) sth** tentar fazer algo; **like a ~** como um relâmpago, de repente; **to get ~ of sb/sth** (*inf*) livrar-se de alguém/algo; **a big ~** (*inf*) um mandachuva, um figurão

shotgun ['ʃɔtgʌn] N espingarda

should [ʃud] AUX VB: **I ~ go now** devo ir embora agora; **he ~ be there now** ele já deve ter chegado; **I ~ go if I were you** se eu fosse você eu iria; **I ~ like to** eu gostaria de; **~ he phone ...** caso ele telefone ...

shoulder ['ʃəuldəʳ] N ombro; (*Brit: of road*): **hard ~** acostamento (BR), berma (PT) ■ VT (*fig*) arcar com; **to look over one's ~** olhar para trás; **to rub ~s with sb** (*fig*) andar com alguém; **to give sb the cold ~** (*fig*) desprezar alguém, dar uma fria em alguém (*inf*); **shoulder bag** N sacola a tiracolo; **shoulder blade** N omoplata *m*; **shoulder strap** N alça

shouldn't ['ʃudnt] = **should not**

shout [ʃaut] N grito ■ VT gritar ■ VI (*also*: **shout out**) gritar, berrar; **to give sb a ~** chamar alguém

▸ **shout down** VT fazer calar com gritos

shouting N gritaria, berreiro

shove [ʃʌv] N empurrão *m* ■ VT empurrar; (*inf: put*): **to ~ sth in** botar algo em; **he ~d me out of the way** ele me empurrou para o lado

▸ **shove off** VI (*Naut*) zarpar, partir; (*inf*) dar o fora

shovel ['ʃʌvl] N pá *f*; (*mechanical*) escavadeira ■ VT cavar com pá

show [ʃəu] (*pt* **showed**, *pp* **shown**) N (*of emotion*) demonstração *f*; (*semblance*) aparência; (*exhibition*) exibição *f*; (*Theatre*) espetáculo, representação *f*; (*Cinema*) sessão *f* ■ VT mostrar; (*courage etc*) demonstrar, dar prova de; (*exhibit*) exibir, expor; (*depict*) ilustrar; (*film*) exibir ■ VI mostrar-se; (*appear*) aparecer; **it doesn't ~** não parece; **I've nothing to ~ for it** não consegui nada; **to ~ sb to his seat/to the door** levar alguém ao seu lugar/até a porta; **to ~ a profit/loss** (*Comm*) apresentar lucros/prejuízo; **it just goes to ~ (that) ...** isso só mostra (que) ...; **to ask for a ~ of hands** pedir uma votação pelo levantamento das mãos; **it's just for ~** isso é só para mostrar; **to be on ~** estar em exposição; **who's running the ~ here?** (*inf*) quem é que manda aqui?

▸ **show in** VT mandar entrar

▸ **show off** VI (*pej*) mostrar-se, exibir-se ■ VT (*display*) exibir, mostrar; (*pej*) fazer ostentação de

▸ **show out** VT levar até a porta

▸ **show up** VI (*stand out*) destacar-se; (*inf: turn up*) aparecer, pintar ■ VT descobrir; (*unmask*) desmascarar

show business N o mundo do espetáculo

showcase ['ʃəukeɪs] N vitrina

showdown ['ʃəudaun] N confrontação *f*

shower ['ʃauəʳ] N (*rain*) pancada de chuva; (*of stones etc*) chuva, enxurrada; (*also*: **shower bath**) chuveiro ■ VI tomar banho (de chuveiro) ■ VT: **to ~ sb with** (*gifts etc*) cumular alguém de; **to have** *or* **take a ~** tomar banho (de chuveiro); **shower cap** N touca de banho

showerproof ['ʃauəpru:f] ADJ impermeável

showery ['ʃauərɪ] ADJ (*weather*) chuvoso

showground ['ʃəugraund] N recinto da feira

showing ['ʃəuɪŋ] N (*of film*) projeção *f*, exibição *f*

show jumping [-'dʒʌmpɪŋ] N hipismo

showman ['ʃəumən] (*irreg*) N artista *mf*; (*fig*) pessoa expansiva

showmanship ['ʃəumənʃɪp] N senso teatral

showmen ['ʃəumɛn] NPL *of* **showman**

shown [ʃəun] PP *of* **show**

show-off (*inf*) N (*person*) exibicionista *m/f*, faroleiro(-a)

showpiece ['ʃəupi:s] N (*of exhibition etc*) obra mais importante; **that hospital is a ~** aquele é um hospital modelo

showroom ['ʃəurum] N sala de exposição

showy ['ʃəuɪ] ADJ vistoso, chamativo

shrank [ʃræŋk] PT *of* **shrink**

shrapnel ['ʃræpnl] N estilhaços *mpl*

shred [ʃrɛd] N (*gen pl*) tira, pedaço ■ VT rasgar em tiras, retalhar; (*Culin*) desfiar, picar; (*documents*) fragmentar; **not a ~ of evidence** prova alguma

shredder ['ʃrɛdəʳ] N (*for vegetables*) ralador *m*; (*for documents*) fragmentadora

shrew [ʃru:] N (*Zool*) musaranho; (*pej: woman*) megera

shrewd [ʃru:d] ADJ perspicaz

shrewdness ['ʃru:dnɪs] N astúcia

shriek [ʃri:k] N grito ■ VT, VI gritar, berrar

shrift [ʃrɪft] N: **to give sb short ~** dar uma resposta a alguém sem maiores explicações

shrill [ʃrɪl] ADJ agudo, estridente

shrimp [ʃrɪmp] N camarão *m*

shrine [ʃraɪn] N santuário

shrink [ʃrɪŋk] (*pt* **shrank**, *pp* **shrunk**) VI encolher; (*be reduced*) reduzir-se; (*also*: **shrink away**) encolher-se ■ VT (*cloth*) fazer encolher ■ N (*inf: pej*) psicanalista *m/f*; **to ~ from doing sth** não se atrever a fazer algo

shrinkage ['ʃrɪŋkɪdʒ] N encolhimento, redução *f*

shrink-wrap VT embalar a vácuo

shrivel ['ʃrɪvl] VT (*also*: **shrivel up**: *dry*) secar; (: *crease*) enrugar ■ VI secar-se; enrugar-se, murchar

shroud [ʃraud] N mortalha ■ VT: **~ed in mystery** envolto em mistério

Shrove Tuesday [ʃrəuv-] N terça-feira gorda

shrub [ʃrʌb] N arbusto

shrubbery ['ʃrʌbərɪ] N arbustos *mpl*

shrug [ʃrʌg] N encolhimento dos ombros ■ VT, VI: **to ~ (one's shoulders)** encolher os ombros, dar de ombros (BR)

▸ **shrug off** VT negar a importância de

shrunk [ʃrʌŋk] PP *of* **shrink**

shrunken ['ʃrʌŋkn] ADJ encolhido

shudder ['ʃʌdəʳ] N estremecimento, tremor *m* ■ VI estremecer, tremer de medo

shuffle ['ʃʌfl] VT (*cards*) embaralhar ■ VI: **to ~ (one's feet)** arrastar os pés
shun [ʃʌn] VT evitar, afastar-se de
shunt [ʃʌnt] VT (*Rail*) manobrar, desviar; (*object*) desviar ■ VI: **to ~ (to and fro)** ir e vir
shunting ['ʃʌntɪŋ] N (*Rail*) manobras *fpl*; **shunting yard** N pátio de manobras
shush [ʃuʃ] EXCL psiu!
shut [ʃʌt] (*pt, pp* **shut**) VT fechar ■ VI fechar(-se)
▸ **shut down** VT fechar; (*machine*) parar ■ VI fechar
▸ **shut off** VT (*supply etc*) cortar, interromper
▸ **shut out** VT (*person, cold*) impedir que entre; (*noise*) abafar; (*memory*) reprimir
▸ **shut up** VI (*inf: keep quiet*) calar-se, calar a boca ■ VT (*close*) fechar; (*silence*) calar
shutdown ['ʃʌtdaun] N paralização *f*
shutter ['ʃʌtəʳ] N veneziana; (*Phot*) obturador *m*
shuttle ['ʃʌtl] N (*in weaving*) lançadeira; (*plane: also*: **shuttle service**) ponte *f* aérea; (*space shuttle*) ônibus *m* espacial ■ VI (*vehicle, person*) ir e vir ■ VT (*passengers*) transportar de ida e volta
shuttlecock ['ʃʌtlkɔk] N peteca
shy [ʃaɪ] ADJ tímido; (*reserved*) reservado ■ VI: **to ~ away from doing sth** (*fig*) não se atrever a fazer algo
shyness ['ʃaɪnɪs] N timidez *f*
Siam [saɪ'æm] N Sião *m*
Siamese [saɪə'mi:z] ADJ: **~ cat** gato siamês; **~ twins** irmãos *mpl* siameses/irmãs *fpl* siamesas
Siberia [saɪ'bɪərɪə] N Sibéria *f*
sibling ['sɪblɪŋ] N irmão/irmã *m/f*
Sicilian [sɪ'sɪlɪən] ADJ, N siciliano(-a)
Sicily ['sɪsɪlɪ] N Sicília
sick [sɪk] ADJ (*ill*) doente; (*nauseated*) enjoado; (*humour*) negro; (*vomiting*): **to be ~** vomitar; **to feel ~** estar enjoado; **to fall ~** ficar doente; **to be (off) ~** estar ausente por motivo de doença; **to be ~ of** (*fig*) estar cheio *or* farto de; **he makes me ~** (*fig: inf*) ele me enche o saco
sickbay ['sɪkbeɪ] N enfermaria
sicken ['sɪkən] VT dar náuseas a; (*disgust*) enojar, repugnar ■ VI: **to be ~ing for sth** (*cold, flu etc*) estar no começo de algo
sickening ['sɪkənɪŋ] ADJ (*fig*) repugnante
sickle ['sɪkl] N foice *f*
sick leave N licença por doença
sickly ['sɪklɪ] ADJ doentio; (*causing nausea*) nauseante
sickness ['sɪknɪs] N doença, indisposição *f*; (*vomiting*) náusea, enjôo; **sickness benefit** N auxílio-enfermidade *m*, auxílio-doença *m*
sick pay N *salário pago em período de doença*
sickroom ['sɪkru:m] N enfermaria
side [saɪd] N (*gen*) lado; (*of body*) flanco; (*of lake*) margem *f*; (*aspect*) aspecto; (*team*) time *m* (BR), equipa (PT); (*of hill*) declive *m*; (*page*) página; (*of meat*) costela ■ CPD (*door, entrance*) lateral ■ VI: **to ~ with sb** tomar o partido de alguém; **by the ~ of** ao lado de; **~ by ~** lado a lado, juntos; **on this/that** *or* **the other ~** do lado de cá/do lado de lá; **they are on our ~** (*in game*) fazem parte do nosso time; (*in discussion*) concordam com nós; **from ~ to ~** para lá e para cá; **from all ~s** de todos os lados; **to take ~s with** pôr-se ao lado de
sideboard ['saɪdbɔ:d] N aparador *m*; **sideboards** NPL (*Brit*) = **sideburns**
sideburns ['saɪdbə:nz] NPL suiças *fpl*, costeletas *fpl*
sidecar ['saɪdkɑ:ʳ] N sidecar *m*
side dish N guarnição *f*
side drum N (*Mus*) caixa clara
side effect N efeito colateral
sidekick ['saɪdkɪk] (*inf*) N camarada *m/f*
sidelight ['saɪdlaɪt] N (*Aut*) luz *f* lateral
sideline ['saɪdlaɪn] N (*Sport*) linha lateral; (*fig*) linha adicional de produtos; (: *job*) emprego suplementar
sidelong ['saɪdlɔŋ] ADJ de soslaio
side plate N pequeno prato
side road N rua lateral
side-saddle ADV de silhão
sideshow ['saɪdʃəu] N (*stall*) barraca
sidestep ['saɪdstɛp] VT evitar ■ VI (*Boxing etc*) dar um passo para o lado
sidetrack ['saɪdtræk] VT (*fig*) desviar (do seu propósito)
sidewalk ['saɪdwɔ:k] (*US*) N calçada
sideways ['saɪdweɪz] ADV de lado
siding ['saɪdɪŋ] N (*Rail*) desvio, ramal *m*
sidle ['saɪdl] VI: **to ~ up (to)** aproximar-se furtivamente (de)
siege [si:dʒ] N sítio, assédio; **to lay ~ to** assediar; **siege economy** N economia de guerra
Sierra Leone [sɪ'ɛrəlɪ'əun] N Serra Leoa (*no article*)
siesta [sɪ'ɛstə] N sesta
sieve [sɪv] N peneira ■ VT peneirar
sift [sɪft] VT peneirar; (*fig: information*) esquadrinhar, analisar minuciosamente ■ VI (*fig*): **to ~ through** examinar minuciosamente
sigh [saɪ] N suspiro ■ VI suspirar
sight [saɪt] N (*faculty*) vista, visão *f*; (*spectacle*) espetáculo; (*on gun*) mira ■ VT avistar; **in ~** à vista; **on ~** (*shoot*) no local; **out of ~** longe dos olhos; **at ~** (*Comm*) à vista; **at first ~** à primeira vista; **I know her by ~** conheço-a de vista; **to catch ~ of sb/sth** avistar alguém/algo; **to lose ~ of sb/sth** perder alguém/algo de vista; **to set one's ~s on sth** visar algo
sighted ['saɪtɪd] ADJ que enxerga; **partially ~** com vista parcial
sightseeing ['saɪtsi:ɪŋ] N turismo; **to go ~** fazer turismo, passear
sightseer ['saɪtsi:əʳ] N turista *m/f*
sign [saɪn] N (*with hand*) sinal *m*, aceno; (*indication*) indício; (*trace*) vestígio; (*notice*) letreiro, tabuleta; (*also*: **road sign**) placa; (*written, of zodiac*) signo ■ VT assinar; **as a ~ of** como sinal de; **it's a good/bad ~** é um bom/mau sinal; **plus/minus ~** sinal de mais/menos; **there's no ~ of a change of mind** não há sinal *or* indícios de uma mudança de atitude; **he was showing ~s of improvement** ele

estava começando a melhorar; **to ~ one's name** assinar; **to ~ sth over to sb** assinar a transferência de algo para alguém
▸ **sign away** VT (*rights etc*) abrir mão de
▸ **sign off** VI (*Radio, TV*) terminar a transmissão
▸ **sign on** VI (*Mil*) alistar-se; (*Brit: as unemployed*) cadastrar-se para receber auxílio-desemprego; (*for course*) inscrever-se ■ VT (*Mil*) alistar; (*employee*) efetivar
▸ **sign out** VI assinar o registro na partida
▸ **sign up** VI (*Mil*) alistar-se; (*for course*) inscrever-se ■ VT recrutar

signal ['sɪgnl] N sinal *m*, aviso; (*US: Tel*) ruído discal ■ VI (*also: Aut*) sinalizar, dar sinal ■ VT (*person*) fazer sinais para; (*message*) transmitir; **to ~ a left/right turn** (*Aut*) dar sinal para esquerda/direita; **to ~ to sb (to do sth)** fazer sinais para alguém (fazer algo); **signal box** N (*Rail*) cabine *f* de sinaleiro

signalman ['sɪgnlmən] (*irreg*) N sinaleiro

signatory ['sɪgnətərɪ] N signatário(-a)

signature ['sɪgnətʃəʳ] N assinatura; **signature tune** N tema *m* (de abertura)

signet ring ['sɪgnət-] N anel *m* com o sinete *or* a chancela

significance [sɪg'nɪfɪkəns] N significado; (*importance*) importância; **that is of no ~** isto não tem importância alguma

significant [sɪg'nɪfɪkənt] ADJ significativo; (*important*) importante

significantly [sɪg'nɪfɪkəntlɪ] ADV (*improve, increase*) significativamente; (*smile*) sugestivamente; **and, ~, ...** e, significativamente, ...

signify ['sɪgnɪfaɪ] VT significar

sign language N mímica, linguagem *f* através de sinais

sign post N indicador *m*; (*traffic*) placa de sinalização

silage ['saɪlɪdʒ] N (*fodder*) silagem *f*; (*method*) ensilagem *f*

silence ['saɪləns] N silêncio ■ VT silenciar, impor silêncio a; (*guns*) silenciar

silencer ['saɪlənsəʳ] N (*on gun*) silenciador *m*; (*Brit: Aut*) silencioso

silent ['saɪlənt] ADJ silencioso; (*not speaking*) calado; (*film*) mudo; **to keep** *or* **remain ~** manter-se em silêncio

silently ['saɪləntlɪ] ADV silenciosamente

silent partner N (*Comm*) sócio(-a) comanditário(-a)

silhouette [sɪlu:'ɛt] N silhueta ■ VT: **~d against** em silhueta contra

silicon ['sɪlɪkən] N silício; **silicon chip** N placa *or* chip *m* de silício

silicone ['sɪlɪkəun] N silicone *m*

silk [sɪlk] N seda ■ ADJ de seda

silky ['sɪlkɪ] ADJ sedoso

sill [sɪl] N (*also:* **window sill**) parapeito, peitoril *m*; (*Aut*) soleira

silly ['sɪlɪ] ADJ (*person*) bobo, idiota, imbecil; (*idea*) absurdo, ridículo; **to do something ~** fazer uma besteira

silo ['saɪləu] N silo

silt [sɪlt] N sedimento, aluvião *m*

silver ['sɪlvəʳ] N prata; (*money*) moedas *fpl*; (*also:* **silverware**) prataria ■ ADJ de prata; **silver foil** N papel *m* de prata; **silver paper** (*Brit*) N papel *m* de prata

silver-plated [-'pleɪtɪd] ADJ prateado, banhado a prata

silversmith ['sɪlvəsmɪθ] N prateiro(-a)

silverware ['sɪlvəwɛəʳ] N prataria

silver wedding (*anniversary*) N bodas *fpl* de prata

silvery ['sɪlvərɪ] ADJ prateado

similar ['sɪmɪləʳ] ADJ: **~ to** parecido com, semelhante a

similarity [sɪmɪ'lærɪtɪ] N semelhança

similarly ['sɪmɪləlɪ] ADV da mesma maneira

simile ['sɪmɪlɪ] N símile *f*

simmer ['sɪməʳ] VI cozer em fogo lento, ferver lentamente
▸ **simmer down** (*inf*) VI (*fig*) acalmar-se

simper ['sɪmpəʳ] VI sorrir afetadamente

simpering ['sɪmpərɪŋ] ADJ idiota

simple ['sɪmpl] ADJ simples *inv*; (*foolish*) ingênuo; **the ~ truth** a pura verdade; **simple interest** N juros *mpl* simples

simple-minded ADJ simplório

simpleton ['sɪmpltən] N simplório(-a), pateta *m/f*

simplicity [sɪm'plɪsɪtɪ] N simplicidade *f*

simplification [sɪmplɪfɪ'keɪʃən] N simplificação *f*

simplify ['sɪmplɪfaɪ] VT simplificar

simply ['sɪmplɪ] ADV de maneira simples; (*merely*) simplesmente

simulate ['sɪmjuleɪt] VT simular

simulated ['sɪmjuleɪtɪd] ADJ simulado

simulation [sɪmju'leɪʃən] N simulação *f*

simultaneous [sɪməl'teɪnɪəs] ADJ simultâneo

simultaneously [sɪməl'teɪnɪəslɪ] ADV simultaneamente

sin [sɪn] N pecado ■ VI pecar

Sinai ['saɪnɪaɪ] N Sinai *m*

since [sɪns] ADV desde então, depois ■ PREP desde ■ CONJ (*time*) desde que; (*because*) porque, visto que, já que; **~ then** desde então; **~ Monday** desde segunda-feira; **(ever) ~ I arrived** desde que eu cheguei

sincere [sɪn'sɪəʳ] ADJ sincero

sincerely [sɪn'sɪəlɪ] ADV sinceramente; **yours ~** (*at end of letter*) atenciosamente

sincerity [sɪn'sɛrɪtɪ] N sinceridade *f*

sine [saɪn] N (*Math*) seno

sinew ['sɪnju:] N tendão *m*

sinful ['sɪnful] ADJ (*thought*) pecaminoso; (*person*) pecador(a)

sing [sɪŋ] (*pt* **sang**, *pp* **sung**) VT, VI cantar

Singapore [sɪŋgə'pɔ:ʳ] N Cingapura (*no article*)

singe [sɪndʒ] VT chamuscar

singer ['sɪŋəʳ] N cantor(a) *m/f*

Singhalese [sɪŋə'li:z] ADJ = **Sinhalese**

singing ['sɪŋɪŋ] N (*gen*) canto; (*songs*) canções *fpl*;

(*in the ears*) zumbido

single ['sɪŋgl] ADJ único, só; (*unmarried*) solteiro; (*not double*) simples *inv* ■ N (*Brit: also*: **single ticket**) passagem *f* de ida; (*record*) compacto; **not a ~ one was left** não sobrou nenhum; **every ~ day** todo santo dia

▸ **single out** VT (*choose*) escolher; (*distinguish*) distinguir

single bed N cama de solteiro

single-breasted [-'brestɪd] ADJ não trespassado

single file N: **in ~** em fila indiana

single-handed [-'hændɪd] ADV sem ajuda, sozinho

single-minded ADJ determinado

single parent N pai *m* solteiro/mãe *f* solteira

single room N quarto individual

singles ['sɪŋglz] N (*Tennis*) partida simples ■ NPL (*US*: *people*) solteiros *mpl*

singlet ['sɪŋglɪt] N camiseta

singly ['sɪŋglɪ] ADV separadamente

singsong ['sɪŋsɔŋ] ADJ (*tone*) cantado ■ N (*songs*): **to have a ~** cantar

singular ['sɪŋgjulə^r] ADJ (*odd*) esquisito; (*outstanding*) extraordinário, excepcional; (*Ling*) singular ■ N (*Ling*) singular *m*; **in the feminine ~** no feminino singular

singularly ['sɪŋgjuləlɪ] ADV particularmente

Sinhalese [sɪnhə'li:z] ADJ cingalês(-esa)

sinister ['sɪnɪstə^r] ADJ sinistro

sink [sɪŋk] (*pt* **sank**, *pp* **sunk**) N pia ■ VT (*ship*) afundar; (*foundations*) escavar ■ VI (*ship, ground*) afundar-se; (*heart*) partir; (*spirits*) ficar deprimido; (*also*: **sink back, sink down**) cair *or* mergulhar gradativamente; (*share prices*) cair; **to ~ sth into** (*teeth etc*) enterrar algo em; **he sank into a chair/the mud** ele afundou na cadeira/na lama; **a ~ing feeling** um vazio no estômago

▸ **sink in** VI (*fig*) penetrar; **it took a long time to ~ in** demorou muito para ser entendido

sinking fund ['sɪŋkɪŋ-] N fundo de amortização

sink unit N pia

sinner ['sɪnə^r] N pecador(a) *m/f*

sinuous ['sɪnjuəs] ADJ sinuoso

sinus ['saɪnəs] N (*Anat*) seio (paranasal)

sinusitis [saɪnə'saɪtəs] N sinusite *f*

sip [sɪp] N gole *m* ■ VT sorver, bebericar

siphon ['saɪfən] N sifão *m*

▸ **siphon off** VT extrair com sifão; (*funds*) desviar

sir [sə^r] N senhor *m*; **S~ John Smith** Sir John Smith; **yes ~** sim, senhor; **Dear S~** (*in letter*) (Prezado) Senhor

siren ['saɪərn] N sirena

sirloin ['sə:lɔɪn] N lombo de vaca; **sirloin steak** N filé *m* de alcatra

sisal ['saɪsəl] N sisal *m*

sissy ['sɪsɪ] (*inf*) N fresco

sister ['sɪstə^r] N irmã *f*; (*Brit*: *nurse*) enfermeira-chefe *f*; (*nun*) freira ■ CPD: **~ organization** organização *f* congênere; **~ ship** navio gêmeo

sister-in-law (*pl* **sisters-in-law**) N cunhada

sit [sɪt] (*pt, pp* **sat**) VI sentar-se; (*be sitting*) estar sentado; (*assembly*) reunir-se; (*for painter*) posar; (*dress*) cair ■ VT (*exam*) prestar; **to ~ on a committee** ser membro de um comitê; **to ~ tight** não se mexer; (*fig*) esperar

▸ **sit about** VI ficar sentado não fazendo nada

▸ **sit around** VI ficar sentado não fazendo nada

▸ **sit back** VI acomodar-se num assento

▸ **sit down** VI sentar-se; **to be ~ting down** estar sentado

▸ **sit in on** VT FUS assistir a

▸ **sit up** VI (*after lying*) levantar-se; (*straight*) endireitar-se; (*not go to bed*) aguardar acordado, velar

sitcom ['sɪtkɔm] N ABBR (= *situation comedy*) comédia de costumes

sit-down ADJ: **~ strike** greve *f* de braços cruzados; **a ~ meal** uma refeição servida à mesa

site [saɪt] N local *m*, sítio; (*also*: **building site**) lote *m* (de terreno) ■ VT situar, localizar

sit-in N (*demonstration*) *ocupação de um local como forma de protesto*, manifestação *f* pacífica

siting ['saɪtɪŋ] N (*location*) localização *f*

sitter ['sɪtə^r] N (*for painter*) modelo; (*also*: **babysitter**) baby-sitter *m/f*

sitting ['sɪtɪŋ] N (*of assembly etc*) sessão *f*; (*in canteen*) turno; **sitting member** N (*Pol*) parlamentar *m/f*; **sitting room** N sala de estar; **sitting tenant** (*Brit*) N inquilino(-a)

situate ['sɪtjueɪt] VT situar

situated ['sɪtjueɪtɪd] ADJ situado

situation [sɪtju'eɪʃən] N situação *f*; (*job*) posição *f*; (*location*) local *m*; **"~s vacant/wanted"** (*Brit*) "empregos oferecem-se/procurados"; **situation comedy** N (*Theatre, TV*) comédia de costumes

six [sɪks] NUM seis; *see also* **five**

sixteen ['sɪks'ti:n] NUM dezesseis; *see also* **five**

sixth [sɪksθ] NUM sexto; **the upper/lower ~** (*Brit*: *Sch*) *os dois últimos anos do colégio*; (:) *see also* **fifth**

sixty ['sɪkstɪ] NUM sessenta; *see also* **fifty**

size [saɪz] N (*gen*) tamanho; (*extent*) extensão *f*; (*of clothing*) tamanho, medida; (*of shoes*) número; (*glue*) goma; **I take ~ 14** (*of dress*) ≈ meu tamanho é 44; **the small/large ~** (*of soap powder etc*) o tamanho pequeno/grande; **what ~ do you take in shoes?** que número você calça?; **it's the ~ of ...** é do tamanho de ...

▸ **size up** VT avaliar, formar uma opinião sobre

sizeable ['saɪzəbl] ADJ considerável, importante

sizzle ['sɪzl] VI chiar

SK (*Canada*) ABBR = **Saskatchewan**

skate [skeɪt] N patim *m*; (*fish*: *pl inv*) arraia ■ VI patinar

▸ **skate around** VT FUS (*problem*) evitar

▸ **skate over** VT FUS = **skate around**

skateboard ['skeɪtbɔ:d] N skate *m*, patim-tábua *m*

skater ['skeɪtə^r] N patinador(a) *m/f*

skating ['skeɪtɪŋ] N patinação *f*; **skating rink** N rinque *m* de patinação

skeleton ['skɛlɪtn] N esqueleto; (*Tech*) armação

f; (*outline*) esquema *m*, esboço; **skeleton key** N chave *f* mestra; **skeleton staff** N pessoal *m* reduzido (ao mínimo)

skeptic *etc* ['skɛptɪk] (*US*) = **sceptic** *etc*

sketch [skɛtʃ] N (*drawing*) desenho; (*outline*) esboço, croqui *m*; (*Theatre*) quadro, esquete *m* ■ VT desenhar, esboçar; (*ideas*: *also*: **sketch out**) esboçar

sketchbook ['skɛtʃbuk] N caderno de rascunho

sketch pad N bloco de desenho

sketchy ['skɛtʃɪ] ADJ incompleto, superficial

skew [skju:] (*Brit*) N: **on the ~** fora de esquadria

skewer ['skju:ə^{r}] N espetinho

ski [ski:] N esqui *m* ■ VI esquiar; **ski boot** N bota de esquiar

skid [skɪd] N derrapagem *f* ■ VI deslizar; (*Aut*) derrapar; **skid mark** N marca de derrapagem

skier ['ski:ə^{r}] N esquiador(a) *m/f*

skiing ['ski:ɪŋ] N esqui *m*; **to go ~** ir esquiar

ski instructor N instrutor(a) *m/f* de esqui

ski jump N pista para saltos de esqui; (*event*) salto de esqui

skilful ['skɪlful] (*US* **skillful**) ADJ habilidoso, jeitoso

skilfully ['skɪlfəlɪ] (*US* **skillfully**) ADV habilmente

ski lift N ski lift *m*

skill [skɪl] N habilidade *f*, perícia; (*for work*) técnica

skilled [skɪld] ADJ hábil, perito; (*worker*) especializado, qualificado

skillet ['skɪlɪt] N frigideira

skillful *etc* ['skɪlful] (*US*) = **skilful** *etc*

skim [skɪm] VT (*milk*) desnatar; (*glide over*) roçar ■ VI: **to ~ through** (*book*) folhear

skimmed milk [skɪmd-] N leite *m* desnatado

skimp [skɪmp] VT (*work*: *also*: **skimp on**) atamancar; (*cloth etc*) economizar, regatear

skimpy ['skɪmpɪ] ADJ (*meagre*) escasso, insuficiente; (*skirt*) sumário

skin [skɪn] N (*gen*) pele *f*; (*of fruit, vegetable*) casca; (*on pudding, paint*) película ■ VT (*fruit etc*) descascar; (*animal*) tirar a pele de; **wet** *or* **soaked to the ~** encharcado, molhado como um pinto

skin-deep ADJ superficial

skin diver N mergulhador(a) *m/f*

skin diving N caça-submarina

skinflint ['skɪnflɪnt] N pão-duro *m*

skin graft N enxerto de pele

skinny ['skɪnɪ] ADJ magro, descarnado

skin test N cutirreação *f*

skintight ['skɪn'taɪt] ADJ (*dress etc*) justo, grudado (no corpo)

skip [skɪp] N salto, pulo; (*Brit*: *container*) balde *m* ■ VI saltar; (*with rope*) pular corda ■ VT (*pass over*) omitir, saltar; (*miss*) deixar de; **to ~ school** (*esp US*) matar aula

ski pants NPL calça (BR) *or* calças *fpl* (PT) de esquiar

ski pole N vara de esqui

skipper ['skɪpə^{r}] N (*Naut, Sport*) capitão *m* ■ VT capitanear

skipping rope ['skɪpɪŋ-] (*Brit*) N corda (de pular)

ski resort N estação *f* de esqui

skirmish ['skə:mɪʃ] N escaramuça

skirt [skə:t] N saia ■ VT (*surround*) rodear; (*go round*) orlar, circundar

skirting board ['skə:tɪŋ-] (*Brit*) N rodapé *m*

ski run N pista de esqui

ski slope N pista de esqui

ski suit N traje *m* de esqui

skit [skɪt] N paródia, sátira

ski tow N ski lift *m*

skittle ['skɪtl] N pau *m*; **skittles** N (*game*) (jogo de) boliche *m* (BR), jogo da bola (PT)

skive [skaɪv] (*Brit*: *inf*) VI evitar trabalhar

skulk [skʌlk] VI esconder-se

skull [skʌl] N caveira; (*Anat*) crânio

skullcap ['skʌlkæp] N solidéu *m*; (*worn by Pope*) barrete *m*

skunk [skʌŋk] N gambá *m*; (*fig*: *person*) cafajeste *m/f*, pessoa vil

sky [skaɪ] N céu *m*; **to praise sb to the skies** pôr alguém nas nuvens

sky-blue ADJ azul-celeste *inv*

sky-high ADV muito alto ■ ADJ: **prices are ~** os preços dispararam

skylark ['skaɪlɑ:k] N (*bird*) cotovia

skylight ['skaɪlaɪt] N clarabóia, escotilha

skyline ['skaɪlaɪn] N (*horizon*) linha do horizonte; (*of city*) silhueta

skyscraper ['skaɪskreɪpə^{r}] N arranha-céu *m*

slab [slæb] N (*stone*) bloco; (*flat*) laje *f*; (*of cake*) fatia grossa

slack [slæk] ADJ (*loose*) frouxo; (*slow*) lerdo; (*careless*) descuidoso, desmazelado; (*Comm*: *market*) inativo, frouxo; (: *demand*) fraco ■ N (*in rope*) brando; **slacks** NPL (*trousers*) calça (BR), calças *fpl* (PT); **business is ~** os negócios vão mal

slacken ['slækən] VI (*also*: **slacken off**) afrouxar-se ■ VT afrouxar; (*speed*) diminuir

slag [slæg] N escória, escombros *mpl*; **slag heap** [slæg-] N monte *m* de escória *or* de escombros; **slag off** [slæg-] (*Brit*: *inf*) VT malhar

slain [sleɪn] PP *of* **slay**

slake [sleɪk] VT (*one's thirst*) matar

slalom ['slɑ:ləm] N slalom *m*

slam [slæm] VT (*door*) bater *or* fechar (com violência); (*throw*) atirar violentamente; (*criticize*) malhar, criticar ■ VI fechar-se (com violência)

slander ['slɑ:ndə^{r}] N calúnia, difamação *f* ■ VT caluniar, difamar

slanderous ['slɑ:ndərəs] ADJ calunioso, difamatório

slang [slæŋ] N gíria; (*jargon*) jargão *m*

slant [slɑ:nt] N declive *m*, inclinação *f*; (*fig*) ponto de vista

slanted ['slɑ:ntɪd] ADJ (*roof*) inclinado; (*eyes*) puxado

slanting ['slɑ:ntɪŋ] ADJ = **slanted**

slap [slæp] N tapa *m or f* ■ VT dar um(a) tapa em; (*paint etc*): **to ~ sth on sth** passar algo em algo descuidadamente ■ ADV (*directly*) diretamente,

exatamente
slapdash ['slæpdæʃ] ADJ impetuoso; (*work*) descuidado
slapstick ['slæpstɪk] N (*comedy*) (comédia-) pastelão *m*
slap-up (*Brit*) ADJ: **a ~ meal** uma refeição suntuosa
slash [slæʃ] VT cortar, talhar; (*fig*: *prices*) cortar
slat [slæt] N (*of wood*) ripa; (*of plastic*) tira
slate [sleɪt] N ardósia ■ VT (*fig*: *criticize*) criticar duramente, arrasar
slaughter ['slɔ:tə^r] N (*of animals*) matança; (*of people*) carnificina ■ VT abater; matar, massacrar
slaughterhouse ['slɔ:təhaus] N matadouro
Slav [slɑ:v] ADJ, N eslavo(-a)
slave [sleɪv] N escravo(-a) ■ VI (*also*: **slave away**) trabalhar como escravo; **to ~ (away) at sth/at doing sth** trabalhar feito condenado em algo/fazendo algo;**slave labour** N trabalho escravo
slaver ['slævə^r] VI (*dribble*) babar
slavery ['sleɪvərɪ] N escravidão *f*
Slavic ['slɑ:vɪk] ADJ eslavo
slavish ['sleɪvɪʃ] ADJ servil; (*copy*) descarado
Slavonic [slə'vɔnɪk] ADJ eslavo
slay [sleɪ] (*pt* **slew**, *pp* **slain**) VT (*literary*) matar
SLD (*Brit*) N ABBR (*Pol*) = **Social and Liberal Democratic Party**
sleazy ['sli:zɪ] ADJ (*place*) sórdido
sled [sled] (*US*) N trenó *m*
sledge [sled3] (*Brit*) N trenó *m*
sledgehammer ['sled3hæmə^r] N marreta, malho
sleek [sli:k] ADJ (*hair, fur*) macio, lustroso; (*car, boat*) aerodinâmico
sleep [sli:p] (*pt, pp* **slept**) N sono ■ VI dormir ■ VT: **we can ~ 4** podemos acomodar 4 pessoas; **to go to ~** dormir, adormecer; **to have a good night's ~** ter uma boa noite de sono; **to put to ~** (*patient*) fazer dormir; (*animal*: *euphemism*: *kill*) sacrificar; **to ~ lightly** ter sono leve; **to ~ with sb** (*euphemism*) dormir com alguém
▶ **sleep around** VI ser promíscuo sexualmente
▶ **sleep in** VI (*oversleep*) dormir demais; (*lie in*) dormir até tarde
sleeper ['sli:pə^r] N (*person*) dorminhoco(-a); (*Rail*: *on track*) dormente *m*; (: *train*) vagão-leitos *m* (BR), carruagem-camas *f* (PT)
sleepily ['sli:pɪlɪ] ADV sonolentamente
sleeping ['sli:pɪŋ] ADJ adormecido, que dorme; **sleeping bag** N saco de dormir;**sleeping car** N vagão-leitos *m* (BR), carruagem-camas *f* (PT);**sleeping partner** (*Brit*) N (*Comm*) sócio comanditário;**sleeping pill** N pílula para dormir
sleepless ['sli:plɪs] ADJ: **a ~ night** uma noite em claro
sleeplessness ['sli:plɪsnɪs] N insônia
sleepwalker ['sli:pwɔ:kə^r] N sonâmbulo
sleepy ['sli:pɪ] ADJ sonolento; (*fig*) morto; **to be** *or* **feel ~** estar com sono
sleet [sli:t] N chuva com neve *or* granizo
sleeve [sli:v] N manga; (*of record*) capa
sleeveless ['sli:vlɪs] ADJ (*garment*) sem manga
sleigh [sleɪ] N trenó *m*
sleight [slaɪt] N: **~ of hand** prestidigitação *f*
slender ['slendə^r] ADJ esbelto, delgado; (*means*) escasso, insuficiente
slept [slept] PT, PP *of* **sleep**
sleuth [slu:θ] (*inf*) N detetive *m*
slew [slu:] PT *of* **slay** ■ VI (*Brit*: *also*: **slew round**) virar
slice [slaɪs] N (*of meat, bread*) fatia; (*of lemon*) rodela; (*of fish*) posta; (*utensil*) pá *f or* espátula de bolo ■ VT cortar em fatias; **~d bread** pão *m* em fatias
slick [slɪk] ADJ (*skilful*) jeitoso, ágil, engenhoso; (*quick*) rápido; (*clever*) esperto, astuto ■ N (*also*: **oil slick**) mancha de óleo
slid [slɪd] PT, PP *of* **slide**
slide [slaɪd] (*pt, pp* **slid**) N (*downward movement*) deslizamento, escorregão *m*; (*in playground*) escorregador *m*; (*Phot*) slide *m*; (*Brit*: *also*: **hair slide**) passador *m*; (*microscope slide*) lâmina; (*in prices*) queda, baixa ■ VT deslizar ■ VI (*slip*) escorregar; (*glide*) deslizar; **to let things ~** (*fig*) deixar tudo ir por água abaixo;**slide projector** N (*Phot*) projetor *m* deslides;**slide rule** N régua de cálculo
sliding ['slaɪdɪŋ] ADJ (*door*) corrediço; **~ roof** (*Aut*) teto deslizante;**sliding scale** N escala móvel
slight [slaɪt] ADJ (*slim*) fraco, franzino; (*frail*) delicado; (*error, pain, increase*) pequeno; (*trivial*) insignificante ■ N desfeita, desconsideração *f* ■ VT (*offend*) desdenhar, menosprezar; **not in the ~est** em absoluto, de maneira alguma; **the ~est** o(-a) menor; **a ~ improvement** uma pequena melhora
slightly ['slaɪtlɪ] ADV ligeiramente, um pouco; **~ built** magrinho
slim [slɪm] ADJ esbelto, delgado; (*chance*) pequeno ■ VI emagrecer
slime [slaɪm] N lodo, limo, lama
slimming ['slɪmɪŋ] N emagrecimento ■ ADJ (*diet, pills*) para emagrecer
slimy ['slaɪmɪ] ADJ pegajoso; (*pond*) lodoso; (*fig*) falso
sling [slɪŋ] (*pt, pp* **slung**) N (*Med*) tipóia; (*for baby*) bebêbag *m*; (*weapon*) estilingue *m*, funda ■ VT atirar, arremessar, lançar; **to have one's arm in a ~** estar com o braço na tipóia
slink [slɪŋk] (*pt, pp* **slunk**) VI: **to ~ away** *or* **off** escapulir
slip [slɪp] N (*slide*) tropeção *m*; (*fall*) escorregão *m*; (*mistake*) erro, lapso; (*underskirt*) combinação *f*; (*of paper*) tira ■ VT deslizar ■ VI (*slide*) deslizar; (*lose balance*) escorregar; (*decline*) decair; (*move smoothly*): **to ~ into/out of** entrar furtivamente em/sair furtivamente de; **to let a chance ~ by** deixar passar uma oportunidade; **to ~ sth on/off** enfiar/tirar algo; **it ~ped from her hand** escorregou da mão dela; **to give sb the ~** esgueirar-se de alguém; **a ~ of the tongue** um lapso da língua; *see also* **Freudian**

▸ **slip away** VI escapulir
▸ **slip in** VT meter ■ VI (*errors*) surgir
▸ **slip out** VI (*go out*) sair (um momento)
▸ **slip up** VI cometer um erro

slip-on ADJ sem fecho ou botões; **~ shoes** mocassins *mpl*

slipped disc [slɪpt-] N disco deslocado

slipper ['slɪpəʳ] N chinelo

slippery ['slɪpərɪ] ADJ escorregadio

slip road (*Brit*) N (*to motorway*) entrada para a rodovia

slipshod ['slɪpʃɔd] ADJ descuidoso, desmazelado

slip-up N (*error*) equívoco, mancada; (*by neglect*) descuido

slipway ['slɪpweɪ] N carreira

slit [slɪt] (*pt, pp* **slit**) N fenda; (*cut*) corte *m* ■ VT (*cut*) rachar, cortar; (*open*) abrir; **to ~ sb's throat** cortar o pescoço de alguém

slither ['slɪðəʳ] VI escorregar, deslizar

sliver ['slɪvəʳ] N (*of glass, wood*) lasca; (*of cheese etc*) fatia fina

slob [slɔb] (*inf*) N (*in manners*) porco(-a); (*in appearance*) maltrapilho(-a)

slog [slɔg] (*Brit*) VI mourejar ■ N: **it was a ~** deu um trabalho louco

slogan ['sləugən] N lema *m*, slogan *m*

slop [slɔp] VI (*also*: **slop over**) transbordar, derramar ■ VT transbordar, entornar

slope [sləup] N ladeira; (*side of mountain*) encosta, vertente *f*; (*ski slope*) pista; (*slant*) inclinação *f*, declive *m* ■ VI: **to ~ down** estar em declive; **to ~ up** inclinar-se

sloping ['sləupɪŋ] ADJ inclinado, em declive; (*handwriting*) torto

sloppy ['slɔpɪ] ADJ (*work*) descuidado; (*appearance*) relaxado; (*film etc*) piegas *inv*

slosh [slɔʃ] (*inf*) VI: **to ~ about** *or* **around** (*children*) patinhar; (*liquid*) esparrinhar

sloshed [slɔʃt] (*inf*) ADJ (*drunk*) com a cara cheia

slot [slɔt] N (*in machine*) fenda; (*opening*) abertura; (*fig*: *in timetable, Radio, TV*) horário ■ VT: **to ~ into** encaixar em ■ VI encaixar-se em

sloth [sləuθ] N (*vice, Zool*) preguiça

slot machine N (*for gambling*) caça-níqueis *m inv*; (*Brit*: *vending machine*) distribuidora automática

slot meter (*Brit*) N contador *m* (*de eletricidade ou gás*) operado por moedas

slouch [slautʃ] VI ter má postura
▸ **slouch about** VI vadiar
▸ **slouch around** VI = **slouch about**

slovenly ['slʌvənlɪ] ADJ (*dirty*) desalinhado, sujo; (*careless*) desmazelado

slow [sləu] ADJ lento; (*not clever*) bronco, de raciocínio lento; (*watch*): **to be ~** atrasar ■ ADV lentamente, devagar ■ VT (*also*: **slow down, slow up**: *vehicle*) ir (mais) devagar; (*business*) estar devagar ■ VI ir (mais) devagar; **"~"** (*road sign*) "devagar"; **at a ~ speed** devagar; **to be ~ to act/decide** ser lento nas ações/decisões, vacilar; **my watch is 20 minutes ~** meu relógio está atrasado vinte minutos; **business is ~** os negócios vão mal; **to go ~** (*driver*) dirigir devagar; (*in industrial dispute*) fazer uma greve tartaruga; **the ~ lane** a faixa da direita; **bake for 2 hours in a ~ oven** asse durante 2 horas em fogo brando

slow-acting ADJ de ação lenta

slowdown (US) N greve *f* de trabalho lento, operação *f* tartaruga

slowly ['sləulɪ] ADV lentamente, devagar

slow motion N: **in ~** em câmara lenta

slowness ['sləunɪs] N lentidão *f*

sludge [slʌdʒ] N lama, lodo

slue [slu:] (US) VI = **slew**

slug [slʌg] N lesma; (*bullet*) bala

sluggish ['slʌgɪʃ] ADJ vagaroso; (*business*) lento

sluice [slu:s] N (*gate*) comporta, eclusa; (*channel*) canal *m* ■ VT: **to ~ down** *or* **out** lavar com jorro d'água

slum [slʌm] N (*area*) favela; (*house*) cortiço, barraco

slumber ['slʌmbəʳ] N sono

slump [slʌmp] N (*economic*) depressão *f*; (*Comm*) baixa, queda ■ VI (*person*) cair; (*prices*) baixar repentinamente; **he was ~ed over the wheel** estava caído sobre a direção

slung [slʌŋ] PT, PP *of* **sling**

slunk [slʌŋk] PT, PP *of* **slink**

slur [slə:ʳ] N calúnia ■ VT difamar, caluniar; (*word*) pronunciar indistintamente; **to cast a ~ on sb** manchar a reputação de alguém

slurred [slə:d] ADJ (*pronunciation*) indistinto, ininteligível

slush [slʌʃ] N neve *f* meio derretida; **slush fund** N verba para suborno

slushy ['slʌʃɪ] ADJ (*snow*) meio derretido; (*street*) lamacento; (*Brit*: *fig*) piegas *inv*

slut [slʌt] (*pej*) N mulher *f* desmazelada; (*whore*) prostituta

sly [slaɪ] ADJ (*person*) astuto; (*smile, remark*) malicioso, velhaco; **on the ~** às escondidas

smack [smæk] N (*slap*) palmada; (*blow*) tabefe *m* ■ VT bater; (*child*) dar uma palmada em; (*on face*) dar um tabefe em ■ VI: **to ~ of** cheirar a, saber a ■ ADV (*inf*): **it fell ~ in the middle** caiu exatamente no meio

smacker ['smækəʳ] (*inf*) N (*kiss*) beijoca; (*Brit*: *pound note*) libra; (US: *dollar bill*) dólar *m*

small [smɔ:l] ADJ pequeno; (*short*) baixo; (*letter*) minúsculo ■ N: **the ~ of the back** os rins; **to get** *or* **grow ~er** diminuir; **to make ~er** diminuir; **a ~ shopkeeper** um pequeno comerciante; **small ads** (*Brit*) NPL classificados *mpl*; **small arms** NPL armas *fpl* leves; **small change** N trocado; **small fry** NPL gente *f* sem importância

smallholder ['smɔ:lhəuldəʳ] (*Brit*) N pequeno(-a) proprietário(-a)

smallholding ['smɔ:lhəuldɪŋ] (*Brit*) N minifúndio

small hours NPL: **in the ~** na madrugada, lá pelas tantas (*inf*)

smallish ['smɔ:lɪʃ] ADJ de pequeno porte

small-minded ADJ mesquinho

smallpox ['smɔ:lpɔks] N varíola
small print N tipo miúdo
small-scale ADJ (*model, map*) reduzido; (*business, farming*) de pequeno porte
small talk N conversa fiada
small-time ADJ (*farmer etc*) pequeno; **a ~ thief** um ladrão de galinha
smart [smɑ:t] ADJ elegante; (*clever*) inteligente, astuto; (*quick*) vivo, esperto ■ VI sofrer; **the ~ set** a alta sociedade; **to look ~** estar elegante; **my eyes are ~ing** meus olhos estão ardendo; **smart card** N smart card *m*, cartão *m* inteligente
smarten up ['smɑ:tən-] VI arrumar-se ■ VT arrumar
smash [smæʃ] N (*also*: **smash-up**) colisão *f*, choque *m*; (*smash hit*) sucesso de bilheteira; (*sound*) estrondo ■ VT (*break*) escangalhar, despedaçar; (*car etc*) bater com; (*Sport*: *record*) quebrar ■ VI despedaçar-se; (*against wall etc*) espatifar-se
▸ **smash up** VT destruir
smash hit N sucesso absoluto
smashing ['smæʃɪŋ] (*inf*) ADJ excelente
smattering ['smætərɪŋ] N: **a ~ of** um conhecimento superficial de
smear [smɪəʳ] N mancha, nódoa; (*Med*) esfregaço; (*insult*) difamação *f* ■ VT untar; (*to make dirty*) lambuzar; (*fig*) caluniar, difamar; **his hands were ~ed with oil/ink** as mãos dele estavam manchadas de óleo/tinta; **smear campaign** N campanha de desmoralização; **smear test** (*Brit*) N (*Med*) esfregaço
smell [smɛl] (*pt, pp* **smelled**) N cheiro; (*sense*) olfato ■ VT cheirar ■ VI (*food etc*) cheirar; (*pej*) cheirar mal; **to ~ of** cheirar a; **it ~s good** cheira bem, tem um bom cheiro
smelly ['smɛlɪ] (*pej*) ADJ fedorento, malcheiroso
smelt [smɛlt] PT, PP *of* **smell** ■ VT (*ore*) fundir
smile [smaɪl] N sorriso ■ VI sorrir
smiling ['smaɪlɪŋ] ADJ sorridente, risonho
smirk [smə:k] (*pej*) N sorriso falso *or* afetado
smith [smɪθ] N ferreiro
smithy ['smɪðɪ] N forja, oficina de ferreiro
smitten ['smɪtn] ADJ: **~ with** (*charmed by*) encantado por; (*grief etc*) tomado por
smock [smɔk] N guarda-pó *m*; (*children's*) avental *m*
smog [smɔg] N nevoeiro com fumaça (BR) *or* fumo (PT)
smoke [sməuk] N fumaça (BR), fumo (PT) ■ VI fumar; (*chimney*) fumegar ■ VT (*cigarettes*) fumar; **to have a ~** fumar; **do you ~?** você fuma?; **to go up in ~** (*house etc*) queimar num incêndio; (*fig*) não dar em nada
smoked [sməukt] ADJ (*bacon*) defumado; (*glass*) fumée
smokeless fuel ['sməuklɪs-] N combustível *m* não poluente
smokeless zone ['sməuklɪs-] (*Brit*) N *zona onde não é permitido o uso de combustíveis poluentes*
smoker ['sməukəʳ] N (*person*) fumante *m/f*; (*Rail*) vagão *m* para fumantes
smokescreen ['sməukskri:n] N cortina de fumaça
smoke shop (*US*) N tabacaria, charutaria (BR)
smoking N: **"no ~"** (*sign*) "proibido fumar"; **he's given up ~** ele deixou de fumar; **smoking compartment** (*US* **smoking car**) N vagão *m* para fumantes
smoky ['sməukɪ] ADJ (*room*) enfumaçado; (*taste*) defumado
smolder ['sməuldəʳ] (*US*) VI = **smoulder**
smooth [smu:ð] ADJ liso, macio; (*sauce*) cremoso; (*sea*) tranqüilo, calmo; (*flat*) plano; (*flavour, movement*) suave; (*person*) culto, refinado; (: *pej*) meloso; (*flight, landing*) tranqüilo; (*cigarette*) suave ■ VT (*also*: **smooth out**) alisar; (: *difficulties*) aplainar
▸ **smooth over** VT: **to ~ things over** (*fig*) arranjar as coisas
smoothly ['smu:ðlɪ] ADV (*easily*) facilmente, sem problemas; **everything went ~** tudo correu muito bem
smother ['smʌðəʳ] VT (*fire*) abafar; (*person*) sufocar; (*emotions*) reprimir
smoulder ['sməuldəʳ] (*US* **smolder**) VI arder sem chamas; (*fig*) estar latente
smoulder ['sməuldəʳ] (*US* **smolder**) VI arder sem chamas; (*fig*) estar latente
SMS N ABBR (= *short message service*) SMS *m*
smug [smʌg] (*pej*) ADJ convencido
smuggle ['smʌgl] VT contrabandear; **to ~ in/out** (*goods etc*) fazer entrar/sair de contrabando
smuggler ['smʌgləʳ] N contrabandista *m/f*
smuggling ['smʌglɪŋ] N contrabando
smut [smʌt] N (*of soot*) marca de fuligem; (*mark*) mancha; (*in conversation etc*) obscenidades *fpl*
smutty ['smʌtɪ] ADJ (*fig*) obsceno, indecente
snack [snæk] N lanche *m* (BR), merenda (PT); **to have a ~** fazer um lanche; **snack bar** N lanchonete *f* (BR), snackbar *m* (PT)
snag [snæg] N dificuldade *f*, obstáculo
snail [sneɪl] N caracol *m*; (*water snail*) caramujo
snake [sneɪk] N cobra
snap [snæp] N (*sound*) estalo; (*of whip*) estalido; (*click*) clique *m*; (*photograph*) foto *f* ■ ADJ repentino ■ VT (*break*) quebrar; (*fingers, whip*) estalar; (*photograph*) tirar uma foto de ■ VI quebrar; (*fig*: *person*) retrucar asperamente; (*sound*) estalar; **to ~ shut** fechar com um estalo; **to ~ one's fingers** estalar os dedos; **a cold ~** uma onda de frio
▸ **snap at** VT FUS (*subj*: *person*) retrucar bruscamente a; (: *dog*) tentar morder
▸ **snap off** VT (*break*) partir
▸ **snap up** VT arrebatar, comprar rapidamente
snap fastener N colchete *m* de mola
snappy ['snæpɪ] (*inf*) ADJ rápido; (*slogan*) vigoroso; **he's a ~ dresser** ele está sempre chique; **make it ~!** faça rápido!
snapshot ['snæpʃɔt] N foto *f* (instantânea)

snare [snɛəʳ] N armadilha, laço ■ VT apanhar no laço *or* na armadilha
snarl [snɑ:l] N grunhido ■ VI grunhir ■ VT: **to get ~ed up** (*wool, plans*) ficar embaralhado; (*traffic*) ficar engarrafado
snatch [snætʃ] N (*fig*) roubo; (*small piece*) trecho ■ VT agarrar; (*fig: look*) roubar ■ VI: **don't ~!** não tome as coisas dos outros!; **to ~ a sandwich** fazer um lanche rapidinho; **to ~ some sleep** dormir um pouco
▸ **snatch up** VT agarrar
sneak [sni:k] VI: **to ~ in/out** entrar/sair furtivamente ■ VT: **to ~ a look at sth** olhar disfarçadamente para algo ■ N (*inf*) dedo-duro; **to ~ up on sb** chegar de mausinho
sneakers ['sni:kəz] NPL tênis *m* (BR), sapatos *mpl* de treino (PT)
sneaking ['sni:kɪŋ] ADJ: **to have a ~ suspicion that ...** ter uma vaga suspeita de que ...
sneaky ['sni:kɪ] ADJ sorrateiro
sneer [snɪəʳ] N sorriso de desprezo ■ VI rir-se com desdém; (*mock*): **to ~ at** zombar de, desprezar
sneeze [sni:z] N espirro ■ VI espirrar
snide [snaɪd] ADJ sarcástico
sniff [snɪf] N fungada; (*of dog*) farejada; (*of person*) fungadela ■ VI fungar ■ VT fungar, farejar; (*glue, drug*) cheirar
▸ **sniff at** VT FUS: **it's not to be ~ed at** isso não deve ser desprezado
snigger ['snɪgəʳ] N riso dissimulado ■ VI rir-se com dissimulação
snip [snɪp] N tesourada; (*piece*) pedaço, retalho; (*Brit: inf: bargain*) pechincha ■ VT cortar com tesoura
sniper ['snaɪpəʳ] N franco-atirador(a) *m/f*
snippet ['snɪpɪt] N fragmento, trecho
snivelling ['snɪvlɪŋ] ADJ (*whimpering*) chorão(-rona), lamuriento
snob [snɔb] N esnobe *m/f*
snobbery ['snɔbərɪ] N esnobismo
snobbish ['snɔbɪʃ] ADJ esnobe
snooker ['snu:kəʳ] N sinuca
snoop [snu:p] VI: **to ~ about** bisbilhotar
snooper ['snu:pəʳ] N bisbilhoteiro(-a), xereta *m/f*
snooty ['snu:tɪ] ADJ arrogante
snooze [snu:z] N soneca ■ VI tirar uma soneca, dormitar
snore [snɔ:ʳ] VI roncar ■ N ronco
snoring ['snɔ:rɪŋ] N roncadura, roncaria
snorkel ['snɔ:kl] N tubo snorkel
snort [snɔ:t] N bufo, bufido ■ VI bufar ■ VT (*drugs*) cheirar
snotty ['snɔtɪ] ADJ ranhoso; (*fig*) altivo, arrogante
snout [snaut] N focinho
snow [snəu] N neve *f* ■ VI nevar ■ VT: **to be ~ed under with work** estar atolado *or* sobrecarregado de trabalho
snowball ['snəubɔ:l] N bola de neve ■ VI acumular-se; (*fig*) aumentar (como bola de neve)
snowbound ['snəubaund] ADJ bloqueado pela neve
snow-capped [-kæpt] ADJ coberto de neve
snowdrift ['snəudrɪft] N monte *m* de neve (formado pelo vento)
snowdrop ['snəudrɔp] N campainha branca
snowfall ['snəufɔ:l] N nevada
snowflake ['snəufleɪk] N floco de neve
snowman ['snəumæn] (*irreg*) N boneco de neve
snowplough ['snəuplau] (*US* **snowplow**) N máquina limpa-neve, removedor *m* de neve
snowshoe ['snəuʃu:] N raquete *f* de neve
snowstorm ['snəustɔ:m] N nevasca, tempestade *f* de neve
snowy ['snəuɪ] ADJ nevoso
SNP (*Brit*) N ABBR (*Pol*) = **Scottish National Party**
snub [snʌb] VT desdenhar, menosprezar ■ N repulsa
snub-nosed [-'nəuzd] ADJ de nariz arrebitado
snuff [snʌf] N rapé *m* ■ VT (*also*: **snuff out**: *candle*) apagar
snug [snʌg] ADJ (*sheltered*) abrigado, protegido; (*fitted*) justo, cômodo
snuggle ['snʌgl] VI: **to ~ up to sb** aconchegar-se *or* aninhar-se a alguém
snugly ['snʌglɪ] ADV (*fit*) perfeitamente
SO ABBR (*Banking*) = **standing order**

KEYWORD

so [səu] ADV **1** (*thus, likewise*) assim, deste modo; **so saying he walked away** falou isto e foi embora; **if so** se for assim, se assim é; **I didn't do it — you did so** não fiz isso — você fez!; **so do I, so am I** *etc* eu também; **so it is!** é verdade!; **I hope/think so** espero/acho que sim; **so far** até aqui; **so far I haven't had any problems** até agora não tive nenhum problema
2 (*in comparisons etc: to such a degree*) tão; **so big/quickly (that)** tão grande/rápido(que); **she's not so clever as her brother** ela não é tão inteligente quanto o irmão
3: **so much**
■ ADJ, ADV tanto; **I've got so much work** tenho tanto trabalho; **so many** tantos(-as); **there are so many people to see** tem tanta gente para ver
4 (*phrases*): **10 or so** 10 mais ou menos; **so long!** (*inf: goodbye*) tchau!
■ CONJ **1** (*expressing purpose*): **so as to do** para fazer; **we hurried so as not to be late** nós nos apressamos para não chegarmos atrasados; **so (that)** para que, a fim de que
2 (*result*) de modo que; **he didn't arrive so I left** como ele não chegou, eu fui embora; **so I was right after all** então eu estava certo no final das contas

soak [səuk] VT (*drench*) embeber, ensopar; (*put*

in water) pôr de molho ■ VI estar de molho, impregnar-se
▸ **soak in** VI infiltrar
▸ **soak up** VT absorver
soaking ['səukɪŋ] ADJ (*also*: **soaking wet**) encharcado
so and so N fulano(-a)
soap [səup] N sabão *m*; **soap flakes** NPL flocos *mpl* de sabão; **soap opera** N novela; **soap powder** N sabão *m* em pó
soapsuds ['səupsʌdz] N água de sabão
soapy ['səupɪ] ADJ ensaboado
soar [sɔːʳ] VI (*on wings*) elevar-se em vôo; (*rocket, temperature*) subir; (*building etc*) levantar-se; (*price, production*) disparar; (*morale, spirits*) renascer
soaring ['sɔːrɪŋ] ADJ (*flight*) a grande altura; (*prices, inflation*) disparado
sob [sɔb] N soluço ■ VI soluçar
s.o.b. (*US: inf!*) N ABBR (= *son of a bitch*) filho da puta (*!*)
sober ['səubəʳ] ADJ (*serious*) sério; (*sensible*) sensato; (*moderate*) moderado; (*not drunk*) sóbrio; (*colour, style*) discreto
▸ **sober up** VI ficar sóbrio
sobriety [sə'braɪətɪ] N sobriedade *f*
Soc. ABBR = **society**
so-called [-kɔːld] ADJ chamado
soccer ['sɔkəʳ] N futebol *m*; **soccer pitch** N campo de futebol; **soccer player** N jogador *m* de futebol
sociable ['səuʃəbl] ADJ sociável
social ['səuʃl] ADJ social; (*sociable*) sociável ■ N reunião *f* social; **social climber** N arrivista *m/f*; **social club** N clube *m*; **Social Democrat** N democrata-social *m/f*; **social insurance** (*US*) N seguro social
socialism ['səuʃəlɪzəm] N socialismo
socialist ['səuʃəlɪst] ADJ, N socialista *m/f*
socialite ['səuʃəlaɪt] N socialite *m/f*, colunável *m/f*
socialize ['səuʃəlaɪz] VI: **to ~ (with)** socializar (com)
socially ['səuʃəlɪ] ADV socialmente
social science N ciências *fpl* sociais
social security (*Brit*) N previdência social; **Department of S~ S~** ≈ Instituto Nacional de Assistência Médica e Previdência Social (BR)
social welfare N bem-estar *m* social
social work N assistência social, serviço social
social worker N assistente *m/f* social
society [sə'saɪətɪ] N sociedade *f*; (*club*) associação *f*; (*also*: **high society**) alta sociedade ■ CPD (*party, column*) da alta sociedade
socio-economic ['səusɪəu-] ADJ sócio-econômico
sociological [səusɪə'lɔdʒɪkl] ADJ sociológico
sociologist [səusɪ'ɔlədʒɪst] N sociólogo(-a)
sociology [səusɪ'ɔlədʒɪ] N sociologia
sock [sɔk] N meia (BR), peúga (PT) ■ VT (*inf*: *hit*) socar, dar um soco em; **to pull one's ~s up** (*fig*) tomar jeito
socket ['sɔkɪt] N bocal *m*, encaixe *m*; (*Brit*: *Elec*) tomada
sod [sɔd] N (*of earth*) gramado, torrão *m*; (*Brit*: *inf!*) imbecil *m/f* ■ VT: **~ it!** (*inf!*) droga!
soda ['səudə] N (*Chem*) soda; (*also*: **soda water**) água com gás; (*US*: *also*: **soda pop**) soda
sodden ['sɔdn] ADJ encharcado
sodium ['səudɪəm] N sódio; **sodium chloride** N cloreto de sódio
sofa ['səufə] N sofá *m*
Sofia ['səufɪə] N Sófia
soft [sɔft] ADJ (*gen*) macio; (*not hard*) mole; (*voice, music, light*) suave; (*kind*) meigo, bondoso; (*weak*) fraco; (*stupid*) idiota; **soft-boiled egg** [-bɔɪld-] N ovo quente; **soft currency** N moeda fraca; **soft drink** N refrigerante *m*; **soft drugs** N drogas *fpl* leves
soften ['sɔfn] VT amolecer, amaciar; (*effect*) abrandar; (*expression*) suavizar ■ VI amolecer-se; (*voice, expression*) suavizar-se
softener ['sɔfnəɪ] N amaciante *m*
soft fruit (*Brit*) N bagas *fpl*
soft furnishings NPL cortinas *fpl* e estofados *mpl*
soft-hearted ADJ bondoso, caridoso
softly ['sɔftlɪ] ADV suavemente; (*gently*) delicadamente
softness ['sɔftnɪs] N maciez *f*; (*gentleness*) suavidade *f*
soft sell N venda de forma não agressiva
soft spot N: **to have a ~ for sb** ter xodó por alguém
soft toy N brinquedo de pelúcia
software ['sɔftwɛəʳ] N software *m*; **software package** N soft *m*, pacote *m*
soggy ['sɔgɪ] ADJ ensopado, encharcado
soil [sɔɪl] N (*earth*) terra, solo; (*territory*) território ■ VT sujar, manchar
soiled [sɔɪld] ADJ sujo
sojourn ['sɔdʒəːn] N (*formal*) estada *f*
solace ['sɔlɪs] N consolo
solar ['səuləʳ] ADJ solar
solaria [sə'lɛərɪə] NPL *of* **solarium**
solarium [sə'lɛərɪəm] (*pl* **solaria**) N solário
solar plexus [-'plɛksəs] N plexo solar
sold [səuld] PT, PP *of* **sell** ■ ADJ: **~ out** (*Comm*) esgotado
solder ['səuldəʳ] VT soldar ■ N solda
soldier ['səuldʒəʳ] N soldado; (*army man*) militar *m*; **toy ~** soldado de chumbo
▸ **soldier on** VI agüentar firme (*inf*), perseverar
sole [səul] N (*of foot, shoe*) sola; (*fish*: *pl inv*) solha, linguado ■ ADJ único; **the ~ reason** a única razão
solely ['səullɪ] ADV somente, unicamente; **I will hold you ~ responsible** vou apontar-lhe como o único responsável
solemn ['sɔləm] ADJ solene
sole trader N (*Comm*) comerciante *m/f* independente
solicit [sə'lɪsɪt] VT (*request*) solicitar ■ VI (*prostitute*) aliciar fregueses

solicitor [sə'lɪsɪtəʳ] (*Brit*) N (*for wills etc*) tabelião(-lioa) *m/f*; (*in court*) ≈ advogado(-a)
solid ['sɔlɪd] ADJ sólido; (*gold etc*) maciço; (*person*) sério; (*line*) contínuo; (*vote*) unânime ■ N sólido; **solids** NPL (*food*) comida sólida (*em contraste ao leite ou sopas*); **we waited 2 ~ hours** esperamos durante 2 horas a fio; **to be on ~ ground** estar em terra firme; (*fig*) ter base
solidarity [sɔlɪ'dærɪtɪ] N solidariedade *f*
solidify [sə'lɪdɪfaɪ] VI solidificar-se
solidity [sə'lɪdɪtɪ] N solidez *f*
solid-state ADJ de estado sólido
soliloquy [sə'lɪləkwɪ] N monólogo
solitaire [sɔlɪ'tɛəʳ] N (*gem*) solitário; (*game*) solitário, jogo de paciência
solitary ['sɔlɪtərɪ] ADJ solitário, só; (*walk*) só; (*isolated*) isolado, retirado; (*single*) único; **solitary confinement** N prisão *f* celular, solitária
solitude ['sɔlɪtjuːd] N solidão *f*
solo ['səuləu] N, ADV solo
soloist ['səuləuɪst] N solista *m/f*
Solomon Islands ['sɔləmən-] NPL: **the ~** as ilhas Salomão
solstice ['sɔlstɪs] N solstício
soluble ['sɔljubl] ADJ solúvel
solution [sə'luːʃən] N solução *f*
solve [sɔlv] VT resolver, solucionar
solvency ['sɔlvənsɪ] N (*Comm*) solvência
solvent ['sɔlvənt] ADJ (*Comm*) solvente ■ N (*Chem*) solvente *m*; **solvent abuse** N abuso de solventes alucinógenos
Somali [sə'mɑːlɪ] ADJ, N somaliano(-a)
Somalia [sə'mɑːlɪə] N Somália
sombre ['sɔmbəʳ] (*US* **somber**) ADJ sombrio, lúgubre

KEYWORD

some [sʌm] ADJ **1** (*a certain number or amount*): **some tea/water/biscuits** um pouco de chá/água/uns biscoitos; **some children came** algumas crianças vieram; **there's some milk in the fridge** há leite na geladeira; **I've got some money, but not much** tenho algum dinheiro, mas não muito
2 (*certain: in contrasts*) algum(a); **some people say that ...** algumas pessoas dizem que ...
3 (*unspecified*) um pouco de; **some woman was asking for you** uma mulher estava perguntando por você; **some day** um dia
■ PRON **1** (*a certain number*) alguns/algumas; **I've got some** (*books etc*) tenho alguns; **some went for a taxi and some walked** alguns foram pegar um táxi e outros foram andando
2 (*a certain amount*) um pouco; **I've got some** (*milk, money etc*) tenho um pouco
■ ADV: **some 10 people** umas 10 pessoas

somebody ['sʌmbədɪ] PRON = **someone**
someday ['sʌmdeɪ] ADV algum dia
somehow ['sʌmhau] ADV de alguma maneira; (*for some reason*) por uma razão ou outra

KEYWORD

someone ['sʌmwʌn] PRON alguém; **there's someone coming** tem alguém vindo/chegando

someplace ['sʌmpleɪs] (*US*) ADV = **somewhere**
somersault ['sʌməsɔːlt] N (*deliberate*) salto mortal; (*accidental*) cambalhota ■ VI dar um salto mortal *or* uma cambalhota

KEYWORD

something ['sʌmθɪŋ] PRON alguma coisa, algo (BR); **something nice** alguma coisa boa; **something to do** alguma coisa para fazer; **there's something wrong** tem alguma coisa errada; **would you like something to eat/drink?** você gostaria de comer/beber alguma coisa?

sometime ['sʌmtaɪm] ADV (*in future*) algum dia, em outra oportunidade; (*in past*): **~ last month** durante o mês passado; **I'll finish it ~** vou terminar uma hora dessas
sometimes ['sʌmtaɪmz] ADV às vezes, de vez em quando
somewhat ['sʌmwɔt] ADV um tanto

KEYWORD

somewhere ['sʌmwɛəʳ] ADV (*be*) em algum lugar; (*go*) para algum lugar; **I must have lost it somewhere** devo ter perdido (isso) em algum lugar; **it's somewhere or other in Scotland** é em algum lugar na Escócia; **somewhere else** (*be*) em outro lugar; (*go*) para outro lugar

son [sʌn] N filho
sonar ['səunɑːʳ] N sonar *m*
sonata [sə'nɑːtə] N sonata
song [sɔŋ] N canção *f*; (*of bird*) canto
songbook ['sɔŋbuk] N cancioneiro
songwriter ['sɔŋraɪtəʳ] N compositor(a) *m/f* de canções
sonic ['sɔnɪk] ADJ (*boom*) sônico
son-in-law ['sʌnɪnlɔː] (*pl* **sons-in-law**) N genro
sonnet ['sɔnɪt] N soneto
sonny ['sʌnɪ] (*inf*) N meu filho
soon [suːn] ADV logo, brevemente; (*a short time after*) logo após; (*early*) cedo; **~ afterwards** pouco depois; **very/quite ~** logo/daqui a pouco; **how ~ can you be ready?** quando você estará pronto?; **it's too ~ to tell** é muito cedo para dizer; **see you ~!** até logo!; *see also* **as**
sooner ['suːnəʳ] ADV (*time*) antes, mais cedo; (*preference*): **I would ~ do that** preferia fazer isso; **~ or later** mais cedo ou mais tarde; **no ~ said than done** dito e feito; **the ~ the better**

quanto mais cedo melhor; **no ~ had we left than he ...** mal partimos, ele ...

soot [sut] N fuligem *f*

soothe [su:ð] VT acalmar, sossegar; (*pain*) aliviar, suavizar

soothing ['su:ðɪŋ] ADJ calmante

SOP N ABBR = **standard operating procedure**

sop [sɔp] N paliativo

sophisticated [sə'fɪstɪkeɪtɪd] ADJ sofisticado

sophistication [səfɪstɪ'keɪʃən] N sofisticação *f*

sophomore ['sɔfəmɔ:ʳ] (*US*) N segundanista *m/f*

soporific [sɔpə'rɪfɪk] ADJ soporífico

sopping ['sɔpɪŋ] ADJ: **~ (wet)** encharcado

soppy ['sɔpɪ] (*pej*) ADJ piegas *inv*

soprano [sə'prɑ:nəu] N soprano *m/f*

sorbet ['sɔ:beɪ] N *sorvete de frutas à base de água*

sorcerer ['sɔ:sərəʳ] N feiticeiro

sordid ['sɔ:dɪd] ADJ (*dirty*) imundo, sórdido; (*wretched*) miserável

sore [sɔ:ʳ] ADJ (*painful*) dolorido; (*offended*) magoado, ofendido ■ N chaga, ferida; **it's a ~ point** é um ponto delicado; **my eyes are ~, I've got ~ eyes** meus olhos estão doloridos

sorely ['sɔ:lɪ] ADV: **I am ~ tempted (to)** estou muito tentado (a)

sore throat N dor *f* de garganta

sorrel ['sɔrəl] N azeda

sorrow ['sɔrəu] N tristeza, mágoa, dor *f*; **sorrows** NPL (*causes of grief*) tristezas *fpl*

sorrowful ['sɔrəuful] ADJ (*day*) triste; (*smile*) aflito, magoado

sorry ['sɔrɪ] ADJ (*regretful*) arrependido; (*condition, excuse*) lamentável; **~!** desculpe!, perdão!, sinto muito!; **to feel ~ for sb** sentir pena de alguém; **I feel ~ for him** estou com pena dele; **I'm ~ to hear that ...** lamento saber que ...; **to be ~ about sth** arrepender-se de algo

sort [sɔ:t] N tipo; (*brand: of coffee etc*) marca ■ VT (*also*: **sort out**: *papers*) classificar; (: *problems*) solucionar, resolver; **what ~ do you want?** que tipo você quer?; **what ~ of car?** que tipo de carro?; **I'll do nothing of the ~!** não farei nada do gênero!; **it's ~ of awkward** (*inf*) é meio difícil

sortie ['sɔ:tɪ] N surtida

sorting office ['sɔ:tɪŋ-] N departamento de distribuição

SOS N ABBR (= *save our souls*) S.O.S. *m*

so-so ADV mais ou menos, regular

soufflé ['su:fleɪ] N suflê *m*

sought [sɔ:t] PT, PP *of* **seek**

sought-after ADJ desejado

soul [səul] N alma; (*person*) criatura; **I didn't see a ~** não vi uma alma; **God rest his ~** que a sua alma descanse em paz; **the poor ~ had nowhere to sleep** o pobre coitado não tinha onde dormir

soul-destroying [-dɪs'trɔɪɪŋ] ADJ desalentador(a)

soulful ['səulful] ADJ emocional, sentimental

soulless ['səullɪs] ADJ desalmado

soul mate N companheiro(-a) ideal

soul-searching N: **after much ~** depois de muita ponderação

sound [saund] ADJ (*healthy*) saudável, sadio; (*safe, not damaged*) sólido, completo; (*secure*) seguro; (*reliable*) confiável; (*sensible*) sensato; (*argument, policy*) válido; (*move*) acertado ■ ADV: **~ asleep** dormindo profundamente ■ N (*noise*) som *m*, ruído, barulho; (*volume: on TV etc*) volume *m*; (*Geo*) estreito, braço (de mar) ■ VT (*alarm*) soar ■ VI soar, tocar; (*fig: seem*) parecer; **to be of ~ mind** estar em juízo perfeito; **I don't like the ~ of it** eu não estou gostando disso; **to ~ like** parecer; **it ~s as if ...** parece que ...

▶ **sound off** (*inf*) VI: **to ~ off (about)** pontificar (sobre)

▶ **sound out** VI sondar

sound: sound barrier N barreira do som; **sound effects** NPL efeitos *mpl* sonoros; **sound engineer** N engenheiro(-a) de som

sounding ['saundɪŋ] N (*Naut etc*) sondagem *f*; **sounding board** N (*Mus*) caixa de ressonância; (*fig*): **to use sb as a sounding board for one's ideas** testar suas idéias em alguém

soundly ['saundlɪ] ADV (*sleep*) profundamente; (*beat*) completamente

soundproof ['saundpru:f] ADJ à prova de som ■ VT insonorizar

soundtrack ['saundtræk] N (*of film*) trilha sonora

sound wave N onda sonora

soup [su:p] N (*thick*) sopa; (*thin*) caldo; **in the ~** (*fig*) numa encrenca; **soup kitchen** N *local onde se distribui comida aos pobres*; **soup plate** N prato fundo (para sopa)

soupspoon ['su:pspu:n] N colher *f* de sopa

sour ['sauəʳ] ADJ azedo, ácido; (*milk*) talhado; (*fig*) mal-humorado, rabugento; **it's ~ grapes!** (*fig*) é despeito!; **to go** *or* **turn ~** (*milk, wine*) azedar; (*fig: relationship, plan*) azedar, dar errado

source [sɔ:s] N fonte *f*; **I have it from a reliable ~ that ...** uma fonte confiável me assegura que ...

south [sauθ] N sul *m* ■ ADJ do sul, meridional ■ ADV ao *or* para o sul; **(to the) ~ of** ao sul de; **the S~ of France** o Sul da França; **to travel ~** viajar para o sul

South Africa N África do Sul

South African ADJ, N sul-africano(-a)

South America N América do Sul

South American ADJ, N sul-americano(-a)

southbound ['sauθbaund] ADJ em direção ao sul

south-east N sudeste *m* ■ ADJ do sudeste

South-East Asia N o Sudeste da Ásia

southerly ['sʌðəlɪ] ADJ para o sul; (*from the south*) do sul

southern ['sʌðən] ADJ (*to the south*) para o sul, em direção do sul; (*from the south*) do sul, sulista; **the ~ hemisphere** o Hemisfério Sul

South Pole N Pólo Sul

South Sea Islands NPL: **the ~** as ilhas dos Mares do Sul

South Seas NPL: **the ~** os Mares do Sul

southward(s) ['sauθwəd(z)] ADV para o sul

south-west N sudoeste *m*
souvenir [su:vəˈnɪəʳ] N lembrança
sovereign [ˈsɔvrɪn] ADJ, N soberano(-a)
sovereignty [ˈsɔvrɪntɪ] N soberania
soviet [ˈsəuvɪət] ADJ soviético; **the S~ Union** a União Soviética
sow¹ [sau] N porca
sow² [səu] (*pt* **sowed**, *pp* **sown**) VT semear; (*fig*: *spread*) disseminar, espalhar
sown [səun] PP *of* **sow²**; **soya** [ˈsɔɪə] (*US* **soy**) N soja
soya bean ■ N semente *f* de soja
soya sauce ■ N molho de soja
spa [spɑ:] N (*town*) estância hidro-mineral; (*US*: *also*: **health spa**) estância balnear
space [speɪs] N (*gen*) espaço; (*room*) lugar *m*; (*cpd*) espacial ■ VT (*also*: **space out**) espaçar; **in a confined ~** num espaço confinado; **in a short ~ of time** num curto espaço de tempo; **(with)in the ~ of an hour** dentro do espaço de uma hora; **to clear a ~ for sth** abrir espaço para algo; **space bar** N tecla de espacejamento
spacecraft [ˈspeɪskrɑ:ft] N nave *f* espacial
spaceman [ˈspeɪsmæn] (*irreg*) N astronauta *m*, cosmonauta *m*
spaceship [ˈspeɪsʃɪp] N = **spacecraft**
space shuttle N ônibus *m* espacial
spacesuit [ˈspeɪssu:t] N traje *m* espacial
spacewoman [ˈspeɪswumən] (*irreg*) N astronauta, cosmonauta
spacing [ˈspeɪsɪŋ] N espacejamento, espaçamento; **single/double ~** espacejamento simples/duplo
spacious [ˈspeɪʃəs] ADJ espaçoso
spam [ˈspæm] N (*junk e-mail*) spam *m*
spade [speɪd] N pá *f*; **spades** NPL (*Cards*) espadas *fpl*
spadework [ˈspeɪdwə:k] N (*fig*) trabalho preliminar
spaghetti [spəˈgɛtɪ] N espaguete *m*
Spain [speɪn] N Espanha
span [spæn] N (*also*: **wingspan**) envergadura; (*of hand*) palma; (*of arch*) vão *m*; (*in time*) lapso, espaço ■ VT estender-se sobre, atravessar; (*fig*) abarcar
Spaniard [ˈspænjəd] N espanhol(a) *m/f*
spaniel [ˈspænjəl] N spaniel *m*; **Spanish** [ˈspænɪʃ] ADJ espanhol(a) ■ N (*Ling*) espanhol *m*, castelhano; **the Spanish** NPL os espanhóis
Spanish omelette ■ N omelete *m* à espanhola
spank [spæŋk] VT bater, dar palmadas em
spanner [ˈspænəʳ] (*Brit*) N chave *f* inglesa
spar [spɑ:ʳ] N mastro, verga ■ VI (*Boxing*) treinar
spare [spɛəʳ] ADJ (*free*) vago, desocupado; (*surplus*) de sobra, a mais; (*available*) disponível, de reserva ■ N = **spare part** ■ VT (*do without*) dispensar, passar sem; (*make available*) dispor de; (*afford to give*) dispor de, ter de sobra; (*refrain from hurting*) perdoar, poupar; (*be grudging with*) dar frugalmente; **to ~** (*surplus*) de sobra; **there are 2 going ~** (*Brit*) há 2 sobrando; **to ~ no expense** não poupar despesas; **can you ~ (me) £10?** pode me ceder £10?; **can you ~ the time?** você tem tempo?; **there is no time to ~** não há tempo a perder; **I've a few minutes to ~** tenho alguns minutos de sobra; **spare part** N peça sobressalente; **spare room** N quarto de hóspedes; **spare time** N tempo livre; **spare tyre** N estepe *m*; **spare wheel** N estepe *m*
sparing [ˈspɛərɪŋ] ADJ: **to be ~ with** ser econômico com
sparingly [ˈspɛərɪŋlɪ] ADV frugalmente, com moderação
spark [spɑ:k] N chispa, faísca; (*fig*) centelha
spark(ing) plug [ˈspɑ:k(ɪŋ)-] N vela (de ignição)
sparkle [ˈspɑ:kl] N cintilação *f*, brilho ■ VI cintilar; (*shine*) brilhar, faiscar
sparkling [ˈspɑ:klɪŋ] ADJ (*wine*) espumante; (*conversation*) animado; (*performance*) brilhante
sparrow [ˈspærəu] N pardal *m*
sparse [spɑ:s] ADJ escasso; (*hair*) ralo
spartan [ˈspɑ:tən] ADJ (*fig*) espartano
spasm [ˈspæzəm] N (*Med*) espasmo; (*fig*) acesso, ataque *m*
spasmodic [spæzˈmɔdɪk] ADJ espasmódico
spastic [ˈspæstɪk] N espástico(-a)
spat [spæt] PT, PP *of* **spit** ■ N (*US*) bate-boca *m*
spate [speɪt] N série *f*; (*fig*): **a ~ of** uma enxurrada de; **in ~** (*river*) em cheia
spatial [ˈspeɪʃəl] ADJ espacial
spatter [ˈspætəʳ] N borrifo ■ VT borrifar, salpicar ■ VI borrifar
spatula [ˈspætjulə] N espátula
spawn [spɔ:n] VI desovar, procriar ■ VT gerar; (*pej*: *create*) gerar, criar ■ N ovas *fpl*
SPCA (*US*) N ABBR = **Society for the Prevention of Cruelty to Animals**
SPCC (*US*) N ABBR = **Society for the Prevention of Cruelty to Children**
speak [spi:k] (*pt* **spoke**, *pp* **spoken**) VT (*language*) falar; (*truth*) dizer ■ VI falar; (*make a speech*) discursar; **to ~ to sb/of** *or* **about sth** falar com alguém/de *or* sobre algo; **~ up!** fale alto!; **~ing!** (*on phone*) é ele/ela mesmo!; **to ~ one's mind** desabafar; **he has no money to ~ of** ele quase não tem dinheiro
▸ **speak for** VT FUS: **to ~ for sb** falar por alguém; **that picture is already spoken for** aquele quadro já está vendido
speaker [ˈspi:kəʳ] N (*in public*) orador(a) *m/f*; (*also*: **loudspeaker**) alto-falante *m*; (*Pol*): **the S~** o Presidente da Câmara; **are you a Welsh ~?** você fala galês?
speaking [ˈspi:kɪŋ] ADJ falante; **Italian-~ people** pessoas de língua italiana
spear [spɪəʳ] N lança; (*for fishing*) arpão *m* ■ VT lancear, arpoar
spearhead [ˈspɪəhɛd] N ponta-de-lança ■ VT (*attack*) encabeçar
spearmint [ˈspɪəmɪnt] N hortelã *f*
spec [spɛk] (*inf*) N: **on ~** por acaso
special [ˈspɛʃl] ADJ especial; (*edition etc*) extra; (*delivery*) rápido ■ N (*train*) trem *m* especial; **take ~ care** tome muito cuidado; **nothing ~** nada

especial; **today's ~** (*at restaurant*) especialidade do dia, prato do dia; **special delivery** N: **by special delivery** por entrega rápida

specialist ['spɛʃəlɪst] N especialista *m/f*; **heart ~** especialista em doenças do coração

speciality [spɛʃɪ'ælɪtɪ] N especialidade *f*

specialize ['spɛʃəlaɪz] VI: **to ~ (in)** especializar-se (em)

specially ['spɛʃəlɪ] ADV especialmente

special offer N oferta especial

specialty ['spɛʃəltɪ] (*esp US*) N = **speciality**

species ['spi:ʃi:z] N INV espécie *f*

specific [spə'sɪfɪk] ADJ específico

specifically [spə'sɪfɪklɪ] ADV especificamente

specification [spɛsɪfɪ'keɪʃən] N especificação *f*; (*requirement*) requinto; **specifications** NPL (*Tech*) ficha técnica; (*of building*) especificações *fpl*

specify ['spɛsɪfaɪ] VT, VI especificar; **unless otherwise specified** salvo indicação em contrário

specimen ['spɛsɪmən] N espécime *m*, amostra; (*for testing, Med*) espécime; (*fig*) exemplar *m*; **specimen copy** N exemplar *m* de amostra; **specimen signature** N modelo de assinatura

speck [spɛk] N mancha, pinta; (*particle*) grão *m*

speckled ['spɛkld] ADJ pintado

specs [spɛks] (*inf*) NPL óculos *mpl*

spectacle ['spɛktəkl] N espetáculo; **spectacles** NPL (*glasses*) óculos *mpl*; **spectacle case** N estojo de óculos

spectacular [spɛk'tækjulə^r] ADJ espetacular ■ N (*Cinema etc*) superprodução *f*

spectator [spɛk'teɪtə^r] N espectador(a) *m/f*

specter ['spɛktə^r] (*US*) N = **spectre**

spectra ['spɛktrə] NPL *of* **spectrum**

spectre ['spɛktə^r] (*US* **specter**) N espectro, aparição *f*

spectrum ['spɛktrəm] (*pl* **spectra**) N espectro

speculate ['spɛkjuleɪt] VI especular; (*try to guess*): **to ~ about** especular sobre

speculation [spɛkju'leɪʃən] N especulação *f*

speculative ['spɛkjulətɪv] ADJ especulativo

speculator ['spɛkjuleɪtə^r] N especulador(a) *m/f*

sped [spɛd] PT, PP *of* **speed**

speech [spi:tʃ] N (*faculty, Theatre*) fala; (*formal talk*) discurso; **speech day** (*Brit*) N (*Sch*) dia *m* de distribuição de prêmios; **speech impediment** N defeito *m* de articulação

speechless ['spi:tʃlɪs] ADJ estupefato, emudecido

speech therapy N ortofonia

speed [spi:d] (*pt, pp* **sped**) N (*fast travel*) velocidade *f*; (*rate*) rapidez *f*; (*haste*) pressa; (*promptness*) prontidão *f*; (*gear*) marcha ■ VI (*in car*) correr; **the years sped by** os anos voaram; **at full** *or* **top ~** a toda a velocidade; **at a ~ of 70 km/h** a uma velocidade de 70 km/h; **shorthand/typing ~** velocidade de estenografia/datilografia; **at ~** em alta velocidade; **a five-~ gearbox** uma caixa de mudanças com cinco marchas

▸ **speed up** (*pt , pp* **speeded up**) VT, VI acelerar

speedboat ['spi:dbəut] N lancha

speedily ['spi:dɪlɪ] ADV depressa, rapidamente

speeding ['spi:dɪŋ] N (*Aut*) excesso de velocidade

speed limit N limite *m* de velocidade, velocidade *f* máxima

speedometer [spɪ'dɔmɪtə^r] N velocímetro

speed trap N *área de fiscalização contra motoristas que dirigem em alta velocidade*

speedway ['spi:dweɪ] N (*Sport*) pista de corrida, rodovia de alta velocidade; (: *also*: **speedway racing**) corrida de motocicleta

speedy ['spi:dɪ] ADJ (*fast*) veloz, rápido; (*prompt*) pronto, imediato

speleologist [spi:lɪ'ɔlədʒɪst] N espeleologista *m/f*

spell [spɛl] (*pt, pp* **spelt**) N (*also*: **magic spell**) encanto, feitiço; (*period of time*) período, temporada ■ VT (*also*: **spell out**) soletrar; (*fig*) pressagiar, ser sinal de; **to cast a ~ on sb** enfeitiçar alguém; **he can't ~** não sabe escrever bem, comete erros de ortografia; **how do you ~ your name?** como você escreve o seu nome?; **can you ~ it for me?** pode soletrar isso para mim?

spellbound ['spɛlbaund] ADJ enfeitiçado, fascinado

spelling ['spɛlɪŋ] N ortografia; **spelling mistake** N erro ortográfico

spelt [spɛlt] PT, PP *of* **spell**

spend [spɛnd] (*pt, pp* **spent**) VT (*money*) gastar; (*time*) passar; **to ~ time/money on sth** gastar tempo/dinheiro em algo

spending ['spɛndɪŋ] N gastos *mpl*; **government ~** gastos públicos; **spending money** N dinheiro para pequenas despesas; **spending power** N poder *m* aquisitivo

spendthrift ['spɛndθrɪft] N esbanjador(a) *m/f*, perdulário(-a)

spent [spɛnt] PT, PP *of* **spend** ■ ADJ gasto

sperm [spə:m] N esperma; **sperm whale** N cachalote *m*

spew [spju:] VT vomitar, lançar

sphere [sfɪə^r] N esfera

spherical ['sfɛrɪkl] ADJ esférico

sphinx [sfɪŋks] N esfinge *f*

spice [spaɪs] N especiaria ■ VT condimentar

spick-and-span [spɪk-] ADJ tudo arrumado

spicy ['spaɪsɪ] ADJ condimentado; (*fig*) picante

spider ['spaɪdə^r] N aranha; **~'s web** teia de aranha

spiel [spi:l] N lengalenga

spike [spaɪk] N (*point*) ponta, espigão *m*; (*Bot*) espiga; **spikes** NPL (*Sport*) ferrões *mpl*; **spike heel** (*US*) N salto alto e fino

spiky ['spaɪkɪ] ADJ espinhoso

spill [spɪl] (*pt, pp* **spilled**) VT entornar, derramar; (*blood*) derramar ■ VI derramar-se; **to ~ the beans** (*inf*) dar com a língua nos dentes

▸ **spill out** VI (*come out*) sair; (*fall out*) cair

▸ **spill over** VI transbordar

spin [spɪn] (*pt, pp* **spun**) N (*revolution of wheel*)

volta, rotação *f*; (*Aviat*) parafuso; (*trip in car*) volta *or* passeio de carro; (*ball*): **to put ~ on** fazer rolar ■ VT (*wool etc*) fiar, tecer; (*wheel*) girar; (*clothes*) torcer ■ VI girar, rodar; (*make thread*) tecer; **the car spun out of control** o carro se desgovernou
▸ **spin out** VT prolongar; (*money*) fazer render

spinach ['spɪnɪtʃ] N espinafre *m*

spinal ['spaɪnl] ADJ espinhal; **spinal column** N coluna vertebral; **spinal cord** N espinha dorsal

spindly ['spɪndlɪ] ADJ longo e espigado

spin-dry VT torcer (na máquina)

spin-dryer (*Brit*) N secadora

spine [spaɪn] N espinha dorsal; (*thorn*) espinho

spine-chilling [-ˈtʃɪlɪŋ] ADJ arrepiante

spineless ['spaɪnlɪs] ADJ (*fig*) fraco, covarde

spinner ['spɪnəʳ] N (*of thread*) fiandeiro(-a)

spinning ['spɪnɪŋ] N fiação *f*; **spinning top** N pião *m*; **spinning wheel** N roca de fiar

spin-off N subproduto

spinster ['spɪnstəʳ] N solteira; (*pej*) solteirona

spiral ['spaɪərl] N espiral *f* ■ ADJ em espiral, helicoidal ■ VI (*prices*) disparar; **the inflationary ~** a espiral inflacionária; **spiral staircase** N escada em caracol

spire ['spaɪəʳ] N flecha, agulha

spirit ['spɪrɪt] N espírito; (*soul*) alma; (*ghost*) fantasma *m*; (*humour*) humor *m*; (*courage*) coragem *f*, ânimo; (*frame of mind*) estado de espírito; (*sense*) sentido; **spirits** NPL (*drink*) álcool *m*; **in good ~s** alegre, de bom humor; **Holy S~** Espírito Santo; **community/public ~** espírito comunitário/público; **spirit duplicator** N duplicador *m* a álcool

spirited ['spɪrɪtɪd] ADJ animado, espirituoso

spirit level N nível *m* de bolha

spiritual ['spɪrɪtjuəl] ADJ espiritual ■ N (*also*: **Negro spiritual**) *canto religioso dos negros*

spiritualism ['spɪrɪtjuəlɪzəm] N espiritualismo

spit [spɪt] (*pt, pp* **spat**) N (*for roasting*) espeto; (*Geog*) restinga; (*spittle*) cuspe *m*, cusparada; (*saliva*) saliva ■ VI cuspir; (*sound*) escarrar; (*rain*) chuviscar

spite [spaɪt] N rancor *m*, ressentimento ■ VT contrariar; **in ~ of** apesar de, a despeito de

spiteful ['spaɪtful] ADJ maldoso, malévolo

spitting ['spɪtɪŋ] N: **"~ prohibited"** "proibido cuspir" ■ ADJ: **to be the ~ image of sb** ser a imagem escarrada de alguém

spittle ['spɪtl] N cuspe *m*

spiv [spɪv] (*Brit*: *inf*) N negocista *m*

splash [splæʃ] N (*sound*) borrifo, respingo; (*of colour*) mancha ■ VT: **to ~ (with)** salpicar (de) ■ VI (*also*: **splash about**) borrifar, respingar ■ EXCL pluft

splashdown ['splæʃdaun] N amerissagem *f*

spleen [spliːn] N (*Anat*) baço

splendid ['splɛndɪd] ADJ esplêndido; (*impressive*) impressionante

splendour ['splɛndəʳ] (*US* **splendor**) N esplendor *m*; (*of achievement*) pompa, glória; **splendours** NPL (*features*) esplendores *mpl*

splice [splaɪs] VT juntar

splint [splɪnt] N tala

splinter ['splɪntəʳ] N (*of wood, glass*) lasca; (*in finger*) farpa ■ VI lascar-se, estilhaçar-se, despedaçar-se; **splinter group** N grupo dissidente

split [splɪt] (*pt, pp* **split**) N fenda, brecha; (*fig*: *division*) rompimento; (: *difference*) diferença; (*Pol*) divisão *f* ■ VT partir, fender; (*party, work*) dividir; (*profits*) repartir ■ VI (*divide*) dividir-se, repartir-se; **the splits** NPL (*Gymnastics*): **to do the ~s** abrir *or* fazer espaguete; **to ~ sth down the middle** partir algo ao meio; (*fig*) dividir algo (pela metade)
▸ **split up** VI (*couple*) separar-se, acabar; (*meeting*) terminar

split-level ADJ em vários níveis

split peas NPL ervilhas secas *fpl*

split personality N dupla personalidade *f*

split second N fração *f* de segundo

splitting ['splɪtɪŋ] ADJ (*headache*) lancinante

splutter ['splʌtəʳ] VI crepitar; (*person*) balbuciar, gaguejar

spoil [spɔɪl] (*pt, pp* **spoiled**) VT (*damage*) danificar; (*mar*) estragar, arruinar; (*child*) mimar; (*ballot paper*) violar ■ VI: **to be ~ing for a fight** estar querendo comprar uma briga

spoils [spɔɪlz] NPL desojo, saque *m*

spoilsport ['spɔɪlspɔːt] (*pej*) N desmancha-prazeres *m/f inv*

spoilt [spɔɪlt] PT, PP *of* **spoil** ■ ADJ (*child*) mimado; (*ballot paper*) violado

spoke [spəuk] PT *of* **speak** ■ N (*of wheel*) raio

spoken ['spəukn] PP *of* **speak**

spokesman ['spəuksmən] (*irreg*) N porta-voz *m*

spokeswoman ['spəukswumən] (*irreg*) N porta-voz *f*

sponge [spʌndʒ] N esponja; (*cake*) pão-de-ló *m* ■ VT lavar com esponja ■ VI: **to ~ on sb** viver às custas de alguém; **sponge bag** (*Brit*) N bolsa de toalete; **sponge cake** N pão-de-ló *m*

sponger ['spʌndʒəʳ] (*pej*) N parasito(-a)

spongy ['spʌndʒɪ] ADJ esponjoso

sponsor ['spɔnsəʳ] N patrocinador(a) *m/f*; (*for membership*) padrinho/madrinha; (*Comm*) fiador(a) *m/f*, financiador(a) *m/f*; (*bill in parliament etc*) responsável *m/f* ■ VT patrocinar; apadrinhar; fiar; (*applicant, proposal*) apoiar, defender; **I ~ed him at 3p a mile** eu o patrocinei à razão de 3p por milha

sponsorship ['spɔnsəʃɪp] N patrocínio

spontaneity [spɔntəˈneɪɪtɪ] N espontaneidade *f*

spontaneous [spɔnˈteɪnɪəs] ADJ espontâneo

spooky ['spuːkɪ] (*inf*) ADJ arrepiante

spool [spuːl] N carretel *m*; (*of film*) rolo; (*for tape*) bobina; (*of sewing machine*) bobina, novelo

spoon [spuːn] N colher *f*

spoon-feed ['spuːnfiːd] (*irreg*) VT dar de comer com colher; (*fig*) dar tudo mastigado a

spoonful ['spuːnful] N colherada

sporadic [spəˈrædɪk] ADJ esporádico

sport [spɔːt] N esporte *m* (BR), desporto (PT);

(*person*) bom perdedor/boa perdedora *m/f* ■ VT (*wear*) exibir; **indoor/outdoor ~s** esportes de salão/ao ar livre; **to say sth in ~** dizer algo de brincadeira

sporting ['spɔ:tɪŋ] ADJ esportivo (BR), desportivo (PT); (*generous*) nobre; **to give sb a ~ chance** dar uma grande chance a alguém

sport jacket (*US*) N = **sports jacket**

sports car N carro esporte (BR), carro de sport (PT)

sports ground N campo de esportes (BR) *or* de desportos (PT)

sports jacket (*Brit*) N casaco esportivo (BR) *or* desportivo (PT)

sportsman ['spɔ:tsmən] (*irreg*) N esportista *m* (BR), desportista *m* (PT)

sportsmanship ['spɔ:tsmənʃɪp] N espírito esportivo (BR) *or* desportivo (PT)

sportsmen ['spɔ:tsmɛn] NPL *of* **sportsman**

sports page N página de esportes

sportswear ['spɔ:tswɛə^{r}] N roupa esportiva (BR) *or* desportiva (PT) *or* esporte

sportswoman ['spɔ:tswumən] (*irreg*) N esportista (BR), desportista (PT)

sporty ['spɔ:tɪ] ADJ esportivo (BR), desportivo (PT)

spot [spɔt] N (*mark*) marca; (*place*) lugar *m*, local *m*; (*dot*: *on pattern*) mancha, ponto; (*on skin*) espinha; (*Radio, TV*) hora; (*small amount*): **a ~ of** um pouquinho de ■ VT (*notice*) notar; **on the ~** (*at once*) na hora; (*there*) ali mesmo; (*in difficulty*) em apuros; **spot check** N fiscalização *f* de surpresa

spotless ['spɔtlɪs] ADJ sem mancha, imaculado

spotlight ['spɔtlaɪt] N holofote *m*, refletor *m*

spot-on (*Brit*: *inf*) ADJ acertado em cheio

spot price N preço à vista

spotted ['spɔtɪd] ADJ (*pattern*) com bolinhas

spotty ['spɔtɪ] ADJ (*face*) cheio de espinhas

spouse [spauz] N cônjuge *m/f*

spout [spaut] N (*of jug*) bico; (*of pipe*) cano ■ VI jorrar

sprain [spreɪn] N distensão *f*, torcedura ■ VT: **to ~ one's ankle/wrist** torcer o tornozelo/a pulseira

sprang [spræŋ] PT *of* **spring**

sprawl [spɔ:l] VI esparramar-se ■ N: **urban ~** crescimento urbano; **to send sb ~ing** jogar alguém no chão

spray [spreɪ] N borrifo; (*container*) spray *m*, atomizador *m*; (*garden spray*) vaporizador *m*; (*of paint*) pistola borrifadora; (*of flowers*) ramalhete *m* ■ VT pulverizar; (*crops*) borrifar, regar ■ CPD (*deodorant etc*) em spray

spread [spred] (*pt, pp* **spread**) N extensão *f*; (*distribution*) expansão *f*, difusão *f*; (*Press, Typ*: *two pages*) chapada; (*Culin*) pasta; (*inf*: *food*) banquete *m* ■ VT espalhar; (*butter*) untar, passar; (*wings, sails*) abrir, desdobrar; (*workload, wealth*) distribuir; (*scatter*) disseminar; (*payments*) espaçar ■ VI (*news, stain*) espalhar-se; (*disease*) alastrar-se

▶ **spread out** VI dispersar-se

spread-eagled [-'i:gld] ADJ: **to be** *or* **lie ~** estar estirado

spreadsheet ['spredʃi:t] N (*Comput*) planilha

spree [spri:] N: **to go on a ~** cair na farra

sprig [sprɪg] N raminho

sprightly ['spraɪtlɪ] ADJ ativo, ágil

spring [sprɪŋ] (*pt* **sprang**, *pp* **sprung**) N (*leap*) salto, pulo; (*coiled metal*) mola; (*bounciness*) elasticidade *f*; (*season*) primavera; (*of water*) fonte *f* ■ VI pular, saltar ■ VT: **to ~ a leak** (*pipe etc*) furar; **he sprang the news on me** ele me pegou de surpresa com a notícia; **in ~, in the ~** na primavera; **to ~ from** provir de; **to ~ into action** partir para ação; **to walk with a ~ in one's step** andar espevitado

▶ **spring up** VI aparecer de repente

springboard ['sprɪŋbɔ:d] N trampolim *m*

spring-cleaning N limpeza total, faxina (geral)

spring onion (*Brit*) N cebolinha

springtime ['sprɪŋtaɪm] N primavera

springy ['sprɪŋɪ] ADJ elástico, flexível

sprinkle ['sprɪŋkl] VT (*liquid*) salpicar; (*salt, sugar*) borrifar; **to ~ water on, ~ with water** salpicar de água; **~d with** (*fig*) salpicado *or* polvilhado de

sprinkler ['sprɪŋklə^{r}] N (*for lawn etc*) regador *m*; (*to put out fire*) sprinkler *m*

sprinkling ['sprɪŋklɪŋ] N (*of water*) borrifo; (*of salt*) pitada; (*of sugar*) bocado

sprint [sprɪnt] N corrida de pequena distância ■ VI correr a toda velocidade

sprinter ['sprɪntə^{r}] N corredor(a) *m/f*

sprite [spraɪt] N duende *m*, elfo

sprocket ['sprɔkɪt] N (*on printer etc*) dente *m* (de roda)

sprout [spraut] VI brotar, germinar

sprouts [sprauts] NPL (*also*: **Brussels sprouts**) couves-de-Bruxelas *fpl*

spruce [spru:s] N INV (*Bot*) abeto ■ ADJ arrumado, limpo, elegante

▶ **spruce up** VT arrumar; **to ~ o.s. up** arrumar-se

sprung [sprʌŋ] PP *of* **spring**

spry [spraɪ] ADJ ativo, ágil

SPUC N ABBR = **Society for the Protection of Unborn Children**

spud [spʌd] (*inf*) N batata

spun [spʌn] PT, PP *of* **spin**

spur [spə:^{r}] N espora; (*fig*) estímulo ■ VT (*also*: **spur on**) incitar, estimular; **on the ~ of the moment** de improviso, de repente

spurious ['spjuərɪəs] ADJ espúrio, falso

spurn [spə:n] VT desdenhar, desprezar

spurt [spə:t] N (*of energy*) acesso; (*of blood etc*) jorro ■ VI jorrar; **to put in** *or* **on a ~** (*runner*) dar uma arrancada; (*fig*: *in work etc*) dar uma virada

sputter ['spʌtə^{r}] VI crepitar; (*person*) balbuciar, gaguejar

spy [spaɪ] N espião/espiã *m/f* ■ VI: **to ~ on** espiar, espionar ■ VT (*see*) enxergar, avistar ■ CPD (*film, story*) de espionagem

spying ['spaɪɪŋ] N espionagem *f*

Sq. ABBR (*in address*) = **square**
sq. ABBR (*Math etc*) = **square**
squabble ['skwɔbl] N briga, bate-boca *m* ■ VI brigar, discutir
squad [skwɔd] N (*Mil, Police*) pelotão *m*, esquadra; (*Football*) seleção *f*; **flying ~** (*Police*) polícia de prontidão; **squad car** (*Brit*) N (*Police*) radiopatrulha
squadron ['skwɔdrən] N (*Mil*) esquadrão *m*; (*Aviat*) esquadrilha; (*Naut*) esquadra
squalid ['skwɔlɪd] ADJ (*conditions*) esquálido; (*story etc*) sórdido
squall [skwɔ:l] N (*storm*) tempestade *f*; (*wind*) pé *m* (de vento), rajada
squalor ['skwɔlə^r] N sordidez *f*
squander ['skwɔndə^r] VT (*money*) esbanjar, dissipar; (*chances*) desperdiçar
square [skwɛə^r] N quadrado; (*in town*) praça; (*Math: instrument*) esquadro; (*inf: person*) quadrado(-a), careta *m/f* ■ ADJ quadrado; (*inf: ideas, tastes*) careta, antiquado ■ VT (*arrange*) ajustar, acertar; (*Math*) elevar ao quadrado; (*reconcile*) conciliar ■ VI (*agree*) ajustar-se; **all ~** igual, quite; **a ~ meal** uma refeição substancial; **2 metres ~** um quadrado de dois metros de lado; **2 ~ metres** 2 metros quadrados; **we're back to ~ one** voltamos à estaca zero
▸ **square up** (*Brit*) VI (*settle*) ajustar; **to ~ up with sb** acertar as contas com alguém
square bracket N (*Typ*) colchete *m*
squarely ['skwɛəlɪ] ADV em forma quadrada; (*directly*) diretamente; (*fully*) em cheio
square root N raiz *f* quadrada
squash [skwɔʃ] N (*Brit: drink*): **lemon/orange ~** limonada/laranjada concentrada; (*Sport*) squash *m*; (*US: vegetable*) abóbora ■ VT esmagar; **to ~ together** apinhar
squat [skwɔt] ADJ atarracado ■ VI (*also*: **squat down**) agachar-se, acocorar-se; (*on property*) ocupar ilegalmente
squatter ['skwɔtə^r] N posseiro(-a)
squawk [skwɔ:k] VI grasnar
squeak [skwi:k] VI grunhir, chiar; (*door*) ranger; (*mouse*) guinchar ■ N grunhido, chiado; rangido; guincho
squeal [skwi:l] VI guinchar, gritar agudamente; (*inf: inform*) delatar
squeamish ['skwi:mɪʃ] ADJ melindroso, delicado
squeeze [skwi:z] N (*gen, of hand*) aperto; (*in bus etc*) apinhamento; (*Econ*) arrocho ■ VT comprimir, socar; (*hand, arm*) apertar ■ VI: **to ~ past/under sth** espremer-se para passar algo/para passar por baixo de algo; **a ~ of lemon** umas gotas de limão
▸ **squeeze out** VT espremer; (*fig*) extorquir
squelch [skwɛltʃ] VI fazer ruído de passos na lama
squib [skwɪb] N busca-pé *m*
squid [skwɪd] (*pl* **squid**) N lula
squiggle ['skwɪgl] N garatuja
squint [skwɪnt] VI olhar *or* ser vesgo ■ N (*Med*) estrabismo; **to ~ at sth** olhar algo de soslaio *or* de esguelha
squire ['skwaɪə^r] (*Brit*) N proprietário rural
squirm [skwə:m] VI retorcer-se
squirrel ['skwɪrəl] N esquilo
squirt [skwə:t] VI, VT jorrar, esguichar
Sr ABBR = **senior**; (*Rel*) = **sister**
SRC (*Brit*) N ABBR = **Students' Representative Council**
Sri Lanka [srɪ'læŋkə] N Sri Lanka *m*
SRN (*Brit*) N ABBR = **State Registered Nurse**
SRO (*US*) ABBR = **standing room only**
SS ABBR = **steamship**
SSA (*US*) ABBR = **Social Security Administration**
SST (*US*) ABBR = **supersonic transport**
ST (*US*) ABBR = **Standard Time**
St ABBR (= *saint*) S.; = **street**
stab [stæb] N (*with knife etc*) punhalada; (*of pain*) pontada; (*inf: try*): **to have a ~ at (doing) sth** tentar (fazer) algo ■ VT apunhalar; **to ~ sb to death** matar alguém a facadas, esfaquear alguém
stabbing ['stæbɪŋ] N: **there's been a ~** houve um esfaqueamento ■ ADJ (*pain*) cortante
stability [stə'bɪlɪtɪ] N estabilidade *f*
stabilization [steɪbəlaɪ'zeɪʃən] N estabilização *f*
stabilize ['steɪbəlaɪz] VT estabilizar ■ VI estabilizar-se
stabilizer ['steɪbəlaɪzə^r] N estabilizador *m*
stable ['steɪbl] ADJ estável ■ N estábulo, cavalariça; **riding ~s** clube *m* de equitação
staccato [stə'kɑ:təu] ADV destacado, staccato ■ ADJ (*Mus*) destacado, staccato; (*noise*) interrupto; (*voice*) quebrado
stack [stæk] N montão *m*, pilha ■ VT amontoar, empilhar; **there's ~s of time** (*Brit: inf*) tem tempo de sobra
stadium ['steɪdɪəm] (*pl* **stadiums**) N estádio
staff [stɑ:f] N (*work force*) pessoal *m*, quadro; (*Brit: Sch: also*: **teaching staff**) corpo docente; (*stick*) cajado, bastão *m* ■ VT prover de pessoal; **the office is ~ed by women** o escritório está composto de mulheres
staffroom ['stɑ:fru:m] N sala dos professores
Staffs (*Brit*) ABBR = **Staffordshire**
stag [stæg] N veado, cervo
stage [steɪdʒ] N (*in theatre*) palco, cena; (*point*) etapa, fase *f*; (*platform*) plataforma, estrado; (*profession*): **the ~** o palco, o teatro ■ VT (*play*) pôr em cena, representar; (*demonstration*) montar, organizar; (*fig: perform: recovery etc*) realizar; **in ~s** por etapas; **to go through a difficult ~** passar por uma fase difícil; **in the early/final ~s** na fase inicial/final
stagecoach ['steɪdʒkəutʃ] N diligência
stage door N entrada dos artistas
stage fright N medo da platéia
stagehand ['steɪdʒhænd] N ajudante *m/f* de teatro
stage-manage VT (*fig*) orquestrar
stage manager N diretor(a) *m/f* de cena
stagger ['stægə^r] VI cambalear ■ VT (*amaze*)

surpreender, chocar; (*hours, holidays*) escalonar
staggering ['stægərɪŋ] ADJ (*amazing*) surpreendente, chocante
stagnant ['stægnənt] ADJ estagnado
stagnate [stæg'neɪt] VI estagnar
stagnation [stæg'neɪʃən] N estagnação *f*
stag party N despedida de solteiro
staid [steɪd] ADJ sério, sóbrio
stain [steɪn] N mancha; (*colouring*) tinta, tintura ■ VT manchar; (*wood*) tingir
stained glass window [steɪnd-] N janela com vitral
stainless ['steɪnlɪs] ADJ (*steel*) inoxidável
stain remover N tira-manchas *m*
stair [steəʳ] N (*step*) degrau *m*; **stairs** NPL (*flight of steps*) escada
staircase ['steəkeɪs] N escadaria, escada
stairway ['steəweɪ] N = **staircase**
stairwell ['steəwɛl] N caixa de escada
stake [steɪk] N estaca, poste *m*; (*Comm: interest*) interesse *m*, participação *f*; (*Betting: gen pl*) aposta ■ VT apostar; (*claim*) reivindicar; **to be at ~** estar em jogo; **to have a ~ in sth** ter interesse em algo; **to ~ a claim to sth** reivindicar algo
stalactite ['stæləktaɪt] N estalactite *f*
stalagmite ['stæləgmaɪt] N estalagmite *f*
stale [steɪl] ADJ (*bread*) dormido; (*food*) estragado; (*air*) viciado; (*smell*) mofado; (*beer*) velho
stalemate ['steɪlmeɪt] N empate *m*; (*fig*) impasse *m*, beco sem saída
stalk [stɔ:k] N talo, haste *f* ■ VT caçar de tocaia; **to ~ in/out** entrar/sair silenciosamente; **to ~ off** andar com arrogância
stall [stɔ:l] N (*Brit: in market*) barraca; (*in stable*) baia ■ VT (*Aut*) fazer morrer; (*fig: delay*) impedir, atrasar ■ VI morrer; esquivar-se, ganhar tempo; **stalls** NPL (*Brit: in cinema, theatre*) platéia; **a newspaper/flower ~** uma banca de jornais/uma barraca de flores
stallholder ['stɔ:lhəuldəʳ] N feirante *m/f*
stallion ['stælɪən] N garanhão *m*
stalwart ['stɔ:lwət] ADJ (*in build*) robusto; (*in spirit*) leal ■ N partidário leal
stamen ['steɪmən] N estame *m*
stamina ['stæmɪnə] N resistência
stammer ['stæməʳ] N gagueira ■ VI gaguejar, balbuciar
stamp [stæmp] N selo; (*rubber stamp*) carimbo, timbre *m*; (*mark, also fig*) marca, impressão *f* ■ VI (*also*: **stamp one's foot**) bater com o pé ■ VT (*letter*) selar; (*mark*) marcar; (*with rubber stamp*) carimbar; **~ed addressed envelope** envelope *m* selado e sobrescritado
▸ **stamp out** VT (*fire*) apagar com os pés; (*crime*) eliminar; (*opposition*) esmagar
stamp: stamp album N álbum *m* de selos; **stamp collecting** [-kə'lɛktɪŋ] N filatelia; **stamp duty** (*Brit*) N imposto de selo
stampede [stæm'pi:d] N debandada, estouro (da boiada)
stamp machine N máquina de selos
stance [stæns] N postura, posição *f*
stand [stænd] (*pt, pp* **stood**) N (*position*) posição *f*, postura; (*for taxis*) ponto; (*also*: **hall stand**) pedestal *m*; (*also*: **music stand**) estante *f*; (*Sport*) tribuna, palanque *m*; (*stall*) barraca; (*also*: **news stand**) banca de jornais ■ VI (*be*) estar, encontrar-se; (*be on foot*) estar em pé; (*rise*) levantar-se; (*remain: decision, offer*) estar de pé; (*in election*) candidatar-se ■ VT (*place*) pôr, colocar; (*tolerate, withstand*) agüentar, suportar; (*cost*) pagar; **to make a ~** resistir; (*fig*) ater-se a um princípio; **to take a ~ on an issue** tomar posição definida sobre um assunto; **to ~ for parliament** (*Brit*) apresentar-se como candidato ao parlamento; **to ~ guard** *or* **watch** (*Mil*) montar guarda; **it ~s to reason** é lógico; **as things ~** como as coisas estão; **to ~ sb a drink/meal** pagar uma bebida/refeição para alguém; **I can't ~ him** não o agüento; **to ~ still** ficar parado
▸ **stand aside** VI pôr-se de lado
▸ **stand by** VI (*be ready*) estar a postos ■ VT FUS (*opinion*) aferrar-se a; (*person*) ficar ao lado de
▸ **stand down** VI (*withdraw*) retirar-se; (*Mil*) deixar o serviço
▸ **stand for** VT FUS (*defend*) apoiar; (*signify*) significar; (*represent*) representar; (*tolerate*) tolerar, permitir
▸ **stand in for** VT FUS substituir
▸ **stand out** VI (*be prominent*) destacar-se
▸ **stand up** VI (*rise*) levantar-se
▸ **stand up for** VT FUS defender
▸ **stand up to** VT FUS enfrentar
stand-alone ADJ (*Comput*) autônomo, stand-alone
standard ['stændəd] N padrão *m*, critério; (*flag*) estandarte *m*; (*level*) nível *m* ■ ADJ (*size etc*) padronizado, regular, normal; **standards** NPL (*morals*) valores *mpl* morais; **to be** *or* **come up to ~** alcançar os padrões exigidos; **to apply a double ~** ter dois pesos e duas medidas; **the gold ~** (*Comm*) o padrão ouro
standardization [stændədaɪ'zeɪʃən] N padronização *f*
standardize ['stændədaɪz] VT padronizar
standard lamp (*Brit*) N abajur *m* de pé
standard of living N padrão de vida
standard time N hora legal *or* oficial
stand-by ADJ de reserva ■ N: **to be on ~** estar de sobreaviso *or* de prontidão; **stand-by ticket** N bilhete *m* de stand-by
stand-in N suplente *m/f*; (*Cinema*) dublê *m/f*
standing ['stændɪŋ] ADJ (*upright*) ereto vertical; (*on foot*) em pé; (*permanent*) permanente ■ N posição *f*, reputação *f*; **of 6 months' ~** de 6 meses de duração; **of many years' ~** de muitos anos; **he was given a ~ ovation** ele foi ovacionado; **a man of some ~** um homem de posição; **standing joke** N piada conhecida; **standing order** (*Brit*) N (*at bank*) instrução *f* permanente; **standing orders** NPL (*Mil*) regulamento geral; **standing room** N lugar *m*

em pé
stand-offish [-'ɔfɪʃ] ADJ incomunicativo, reservado
standpat ['stændpæt] (*US*) ADJ inflexível, conservador(a)
standpipe ['stændpaɪp] N tubo de subida
standpoint ['stændpɔɪnt] N ponto de vista
standstill ['stændstɪl] N: **at a ~** paralisado, parado; **to come to a ~** (*car*) parar; (*factory, traffic*) ficar paralisado
stank [stæŋk] PT *of* **stink**
stanza ['stænzə] N estância, estrofe *f*
staple ['steɪpl] N (*for papers*) grampo; (*chief product*) produto básico ■ ADJ (*food etc*) básico ■ VT grampear
stapler ['steɪplᵉʳ] N grampeador *m*
star [stɑːʳ] N estrela; (*celebrity*) astro/estrela ■ VI: **to ~ in** ser a estrela em, estrelar ■ VT (*Cinema*) ser estrelado por; **the stars** NPL (*horoscope*) o horóscopo; **4-~ hotel** hotel 4 estrelas; **2-~ petrol** gasolina simples (BR) *or* normal (PT); **4-~ petrol** (*Brit*) gasolina azul (BR) *or* súper (PT); **star attraction** N atração *f* principal
starboard ['stɑːbəd] N estibordo; **to ~** a estibordo
starch [stɑːtʃ] N (*in food*) amido, fécula; (*for clothes*) goma
starched ['stɑːtʃt] ADJ (*collar*) engomado
starchy ['stɑːtʃɪ] ADJ amiláceo
stardom ['stɑːdəm] N estrelato
stare [stɛəʳ] N olhar *m* fixo ■ VI: **to ~ at** olhar fixamente, fitar
starfish ['stɑːfɪʃ] N INV estrela-do-mar *f*
stark [stɑːk] ADJ (*bleak*) severo, áspero; (*colour*) sóbrio; (*reality, truth, simplicity*) cru; (*contrast*) gritante ■ ADV: **~ naked** completamente nu, em pêlo
starlet ['stɑːlɪt] N (*Cinema*) vedete *f*
starlight ['stɑːlaɪt] N: **by ~** à luz das estrelas
starling ['stɑːlɪŋ] N estorninho
starlit ['stɑːlɪt] ADJ iluminado pelas estrelas
starry ['stɑːrɪ] ADJ estrelado
starry-eyed [-'aɪd] ADJ (*innocent*) deslumbrado
star-studded [-'stʌdɪd] ADJ: **a ~ cast** um elenco cheio de estrelas
start [stɑːt] N (*beginning*) princípio, começo; (*departure*) partida; (*sudden movement*) sobressalto, susto; (*advantage*) vantagem *f* ■ VT começar, iniciar; (*cause*) causar; (*found*) fundar; (*engine*) ligar; (*fire*) provocar ■ VI começar, iniciar; (*with fright*) sobressaltar-se, assustar-se; (*train etc*) sair; **to ~ doing** *or* **to do sth** começar a fazer algo; **at the ~** no início; **for a ~** para início de conversa; **to make an early ~** sair *or* começar cedo; **to ~ (off) with ...** (*firstly*) para começar ...; (*at the beginning*) no início ...; **to give sb a ~** dar um susto em alguém
▸ **start off** VI começar, principiar; (*leave*) sair, pôr-se a caminho
▸ **start over** (*US*) VI começar de novo
▸ **start up** VI começar; (*car*) pegar, pôr-se em marcha ■ VT começar; (*car*) ligar
starter ['stɑːtəʳ] N (*Aut*) arranque *m*; (*Sport: official*) juiz/juíza *m/f* da partida; (: *runner*) corredor(a) *m/f*; (*Brit: Culin*) entrada
starting handle ['stɑːtɪŋ-] (*Brit*) N manivela de arranque
starting point ['stɑːtɪŋ-] N ponto de partida
starting price ['stɑːtɪŋ-] N preço inicial
startle ['stɑːtl] VT assustar, aterrar
startling ['stɑːtlɪŋ] ADJ surpreendente
star turn (*Brit*) N rei *m* /rainha *f* do show
starvation [stɑː'veɪʃən] N fome *f*; (*Med*) inanição *f*
starve ['stɑːv] VI passar fome; (*to death*) morrer de fome ■ VT fazer passar fome; (*fig*): **to ~ (of)** privar (de); **I'm starving** estou morrendo de fome
starving ['stɑːvɪŋ] ADJ faminto, esfomeado
state [steɪt] N estado; (*pomp*): **in ~** com grande pompa ■ VT (*say, declare*) afirmar, declarar; (*a case*) expor, apresentar; **the States** NPL (*Geo*) os Estados Unidos; **to be in a ~** estar agitado; **~ of emergency** estado de emergência; **~ of mind** estado de espírito; **the ~ of the art** a última palavra; **to lie in ~** estar exposto em câmara ardente
State Department (*US*) N Departamento de Estado, ≈ Ministério das Relações Exteriores
state education (*Brit*) N educação *f* pública
stateless ['steɪtlɪs] ADJ desnacionalizado
stately ['steɪtlɪ] ADJ majestoso, imponente
statement ['steɪtmənt] N declaração *f*; (*Law*) depoimento; (*Econ*) balanço; **official ~** comunicado oficial; **~ of account** extrato de conta, extrato bancário
state-owned [-əund] ADJ estatal
state secret N segredo de estado
statesman ['steɪtsmən] (*irreg*) N estadista *m*
statesmanship ['steɪtsmənʃɪp] N arte *f* de governar
statesmen ['steɪtsmɛn] NPL *of* **statesman**
static ['stætɪk] N (*Radio, TV*) interferência ■ ADJ estático; **static electricity** N (eletricidade *f*) estática
station ['steɪʃən] N estação *f*; (*place*) posto, lugar *m*; (*Police*) delegacia; (*Radio*) emissora; (*rank*) posição *f* social ■ VT colocar; **to be ~ed in** (*Mil*) estar estacionado em
stationary ['steɪʃnərɪ] ADJ estacionário
stationer ['steɪʃənəʳ] N dono de papelaria
stationer's (shop) N papelaria
stationery ['steɪʃnərɪ] N artigos *mpl* de papelaria; (*writing paper*) papel *m* de carta
station master N (*Rail*) chefe *m* da estação
station wagon (*US*) N perua (BR), canadiana (PT)
statistic [stə'tɪstɪk] N estatística
statistical [stə'tɪstɪkl] ADJ estatístico
statistics [stə'tɪstɪks] N (*science*) estatística
statue ['stætjuː] N estátua
statuesque [stætju'ɛsk] ADJ escultural
statuette [stætju'ɛt] N estatueta
stature ['stætʃəʳ] N estatura, altura; (*fig*)

estatura, envergadura
status ['stɛɪtəs] N posição *f*; (*official classification*) categoria; (*importance*) status *m*; (*Admin*: *also*: **marital status**) estado civil; **status quo** [-kwəu] N: **the status quo** o status quo; **status symbol** N símbolo de prestígio
statute ['stætju:t] N estatuto, lei *f*; **statutes** NPL (*of club etc*) estatuto; **statute book** N ≈ Código
statutory ['stætjutərɪ] ADJ (*according to statutes*) estatutário; (*holiday etc*) regulamentar
staunch [stɔ:ntʃ] ADJ fiel ■ VT estancar
stave [steɪv] N (*Mus*) pauta
▸ **stave off** VT (*attack*) repelir; (*threat*) evitar, protelar
stay [steɪ] N (*period of time*) estadia, estada; (*Law*): **~ of execution** adiamento de execução ■ VI (*remain*) ficar; (*as guest*) hospedar-se; (*spend some time*) demorar-se; **to ~ put** não se mexer; **to ~ the night** pernoitar
▸ **stay behind** VI ficar atrás
▸ **stay in** VI (*at home*) ficar em casa
▸ **stay on** VI ficar
▸ **stay out** VI (*of house*) ficar fora de casa; (*strikers*) continuar em greve
▸ **stay up** VI (*at night*) velar, ficar acordado
staying power ['steɪɪŋ-] N resistência, raça
STD N ABBR (*Brit*: = *subscriber trunk dialling*) DDD *f*; (: = *sexually transmitted disease*) DST *f*
stead [stɛd] N: **in sb's ~** em lugar de alguém; **to stand sb in good ~** prestar bons serviços a alguém
steadfast ['stɛdfɑ:st] ADJ firme, estável, resoluto
steadily ['stɛdɪlɪ] ADV (*firmly*) firmemente; (*unceasingly*) sem parar, constantemente; (*walk*) regularmente; (*drive*) a uma velocidade constante
steady ['stɛdɪ] ADJ (*job, boyfriend*) constante; (*speed*) fixo; (*unswerving*) firme; (*regular*) regular; (*person, character*) sensato, equilibrado; (*diligent*) diligente; (*calm*) calmo, sereno ■ VT (*hold*) manter firme; (*stabilize*) estabilizar; (*nerves*) acalmar; **to ~ o.s. on** *or* **against sth** firmar-se em algo
steak [steɪk] N filé *m*; (*beef*) bife *m*
steakhouse ['steɪkhaus] N ≈ churrascaria
steal [sti:l] (*pt* **stole**, *pp* **stolen**) VT roubar ■ VI (*move secretly*) mover-se furtivamente
▸ **steal away** VI sair às escondidas
▸ **steal off** VI = **steal away**
stealth [stɛlθ] N: **by ~** furtivamente, às escondidas
stealthy ['stɛlθɪ] ADJ furtivo
steam [sti:m] N vapor *m* ■ VT (*Culin*) cozinhar no vapor ■ VI fumegar; (*ship*): **to ~ along** avançar *or* mover-se (a vapor); **under one's own ~** (*fig*) por esforço próprio; **to run out of ~** (*fig*: *person*) perder o pique; **to let off ~** (*fig*: *inf*) desabafar
▸ **steam up** VI (*window*) embaçar; **to get ~ed up about sth** irritar-se com algo
steam engine N máquina a vapor
steamer ['sti:mə^r] N vapor *m*, navio (a vapor)
steam iron N ferro a vapor
steamroller ['sti:mrəulə^r] N rolo compressor (a vapor)
steamy ['sti:mɪ] ADJ vaporoso; (*room*) cheio de vapor, úmido (BR), húmido (PT); (*heat, atmosphere*) vaporoso
steed [sti:d] N (*literary*) corcel *m*
steel [sti:l] N aço ■ ADJ de aço; **steel band** N *banda de percussão do Caribe*; **steel industry** N indústria siderúrgica; **steel mill** N (usina) siderúrgica
steelworks ['sti:lwə:ks] N (usina) siderúrgica
steely ['sti:li] ADJ (*determination*) inflexível; (*gaze, eyes*) duro, frio; **~-grey** cor de aço *inv*
steep [sti:p] ADJ íngreme; (*increase*) acentuada; (*price*) exorbitante ■ VT (*food*) colocar de molho; (*cloth*) ensopar, encharcar
steeple ['sti:pl] N campanário, torre *f*
steeplechase ['sti:pltʃeɪs] N corrida de obstáculos
steeplejack ['sti:pldʒæk] N consertador *m* de torres *or* de chaminés altas
steeply ['sti:plɪ] ADV escarpadamente, a pique
steer [stɪə^r] N boi *m* ■ VT (*person*) guiar; (*vehicle*) dirigir ■ VI conduzir; **to ~ clear of sb/sth** (*fig*) evitar alguém/algo
steering ['stɪərɪŋ] N (*Aut*) direção *f*; **steering column** N (*Aut*) coluna da direção; **steering committee** N comitê *m* dirigente; **steering wheel** N volante *m*
stellar ['stɛlə^r] ADJ estelar
stem [stɛm] N (*of plant*) caule *m*, haste *f*; (*of glass*) pé *m*; (*of pipe*) tubo ■ VT deter, reter; (*blood*) estancar
▸ **stem from** VT FUS originar-se de
stem cell N célula-tronco *m*
stench [stɛntʃ] (*pej*) N fedor *m*
stencil ['stɛnsl] N (*pattern, design*) estêncil *m*; (*lettering*) gabarito de letra ■ VT imprimir com estêncil
stenographer [stɛ'nɔgrəfə^r] (*US*) N estenógrafo(-a)
stenography [stɛ'nɔgrəfɪ] (*US*) N estenografia
step [stɛp] N passo; (*stair*) degrau *m*; (*action*) medida, providência ■ VI: **to ~ forward** dar um passo a frente/atrás; **steps** NPL (*Brit*) = **stepladder**; **~ by ~** passo a passo; **to be in ~ (with)** (*fig*) manter a paridade (com); **to be out of ~ (with)** (*fig*) estar em disparidade (com); **to take ~s** tomar providências
▸ **step down** VI (*fig*) renunciar
▸ **step in** VI (*fig*) intervir
▸ **step off** VT FUS descer de
▸ **step on** VT FUS pisar
▸ **step over** VT FUS passar por cima de
▸ **step up** VT (*increase*) aumentar; (*intensify*) intensificar
stepbrother ['stɛpbrʌðə^r] N meio-irmão *m*
stepchild ['stɛptʃaɪld] (*irreg*) N enteado(-a)
stepdaughter ['stɛpdɔ:tə^r] N enteada

stepfather ['stɛpfɑːðəʳ] N padrasto
stepladder ['stɛplædəʳ] (*Brit*) N escada portátil *or* de abrir
stepmother ['stɛpmʌðəʳ] N madrasta
stepping stone ['stɛpɪŋ-] N pedra utilizada em passarelas; (*fig*) trampolim *m*
stepsister ['stɛpsɪstəʳ] N meia-irmã *f*
stepson ['stɛpsʌn] N enteado
stereo ['stɛrɪəu] N estéreo; (*record player*) (aparelho de) som *m* ■ ADJ (*also*: **stereophonic**) estereofônico; **in ~** em estéreo
stereotype ['stɪərɪətaɪp] N estereótipo ■ VT estereotipar
sterile ['stɛraɪl] ADJ (*free from germs*) esterelizado; (*barren*) estéril
sterility [stɛ'rɪlɪtɪ] N esterilidade *f*
sterilization [stɛrɪlaɪ'zeɪʃən] N esterilização *f*
sterilize ['stɛrɪlaɪz] VT esterilizar
sterling ['stəːlɪŋ] ADJ esterlino; (*silver*) de lei; (*fig*) genuíno, puro ■ N (*currency*) libra esterlina; **one pound ~** uma libra esterlina; **sterling area** N zona esterlina
stern [stəːn] ADJ severo, austero ■ N (*Naut*) popa, ré *f*
sternum ['stəːnəm] N esterno
steroid ['stɪərɔɪd] N esteróide *m*
stethoscope ['stɛθəskəup] N estetoscópio
stevedore ['stiːvədɔːʳ] N estivador *m*
stew [stjuː] N guisado, ensopado ■ VT, VI guisar, ensopar; (*fruit*) cozinhar; **~ed tea** chá muito forte; **~ed fruit** compota de frutas
steward ['stjuːəd] N (*Aviat*) comissário de bordo; (*also*: **shop steward**) delegado(-a) sindical
stewardess ['stjuːədɪs] N aeromoça (BR), hospedeira de bordo (PT)
stewing steak ['stjuːɪŋ-] (*US* **stew meat**) N carne *f* para ensopado
St. Ex. ABBR = **stock exchange**
stg ABBR = **sterling**
stick [stɪk] (*pt, pp* **stuck**) N pau *m*; (*as weapon*) cacete *m*; (*walking stick*) bengala, cajado ■ VT (*glue*) colar; (*thrust*): **to ~ sth into** cravar *or* enfiar algo em; (*inf*: *put*) meter; (: *tolerate*) agüentar, suportar ■ VI (*become attached*) colar-se, aderir-se; (*be unmoveable*) emperrar; (*in mind etc*) gravar-se; **to get hold of the wrong end of the ~** (*Brit*: *fig*) confundir-se; **to ~ to** (*promise, principles*) manter
▸ **stick around** (*inf*) VI ficar
▸ **stick out** VI estar saliente, projetar-se ■ VT: **to ~ it out** (*inf*) agüentar firme
▸ **stick up** VI estar saliente, projetar-se
▸ **stick up for** VT FUS defender
sticker ['stɪkəʳ] N adesivo
sticking plaster ['stɪkɪŋ-] N esparadrapo
stickleback ['stɪklbæk] N espinhela
stickler ['stɪkləʳ] N: **to be a ~ for** insistir em, exigir
stick-on ADJ adesivo
stick-up (*inf*) N assalto a mão armada
sticky ['stɪkɪ] ADJ pegajoso; (*label*) adesivo; (*fig*) delicado
stiff [stɪf] ADJ (*strong*) forte; (*hard*) duro; (*difficult*) difícil; (*moving with difficulty*: *person*) teso; (: *door, zip*) empenado; (*formal*) formal ■ ADV (*bored, worried*) extremamente; **to be** *or* **feel ~** (*person*) ter dores musculares; **~ upper lip** (*Brit*: *fig*) fleuma britânica
stiffen ['stɪfən] VT endurecer; (*limb*) entumecer ■ VI enrijecer-se; (*grow stronger*) fortalecer-se
stiff neck N torcicolo
stiffness ['stɪfnɪs] N rigidez *f*
stifle ['staɪfl] VT sufocar, abafar; (*opposition*) sufocar
stifling ['staɪflɪŋ] ADJ (*heat*) sufocante, abafado
stigma ['stɪgmə] (*pl* **stigmata**) N (*Bot, Med, Rel*) estigma *m* (*pl* **stigmas**) (*fig*) estigma *m*
stigmata [stɪg'mɑːtə] NPL *of* **stigma**
stile [staɪl] N *degraus para passar por uma cerca ou muro*
stiletto [stɪ'lɛtəu] (*Brit*) N (*also*: **stiletto heel**) salto alto e fino
still [stɪl] ADJ parado; (*motionless*) imóvel; (*calm*) quieto; (*Brit*: *orange drink etc*) sem gás ■ ADV (*up to this time*) ainda; (*even, yet*) ainda; (*nonetheless*) entretanto, contudo ■ N (*Cinema*) still *m*; **to stand ~** ficar parado; **keep ~!** não se mexa!; **he ~ hasn't arrived** ele ainda não chegou
stillborn ['stɪlbɔːn] ADJ nascido morto, natimorto
still life N natureza morta
stilt [stɪlt] N perna de pau; (*pile*) estaca, suporte *m*
stilted ['stɪltɪd] ADJ afetado
stimulant ['stɪmjulənt] N estimulante *m*
stimulate ['stɪmjuleɪt] VT estimular
stimulating ['stɪmjuleɪtɪŋ] ADJ estimulante
stimulation [stɪmju'leɪʃən] N estimulação *f*
stimuli ['stɪmjulaɪ] NPL *of* **stimulus**
stimulus ['stɪmjuləs] (*pl* **stimuli**) N estímulo, incentivo
sting [stɪŋ] (*pt, pp* **stung**) N (*wound*) picada; (*pain*) ardência; (*of insect*) ferrão *m*; (*inf*: *confidence trick*) conto-do-vigário ■ VT arguilhar ■ VI (*insect, animal*) picar; (*eyes, ointment*) queimar
stingy ['stɪndʒɪ] (*pej*) ADJ pão-duro, sovina
stink [stɪŋk] (*pt* **stank**, *pp* **stunk**) N fedor *m*, catinga ■ VI feder, cheirar mal
stinker ['stɪŋkəʳ] (*inf*) N (*problem, person*) osso duro de roer
stinking ['stɪŋkɪŋ] ADJ fedorento, fétido; (*inf*: *fig*) maldito; **~ rich** ricaço
stint [stɪnt] N tarefa, parte *f* ■ VI: **to ~ on** ser parco com; **to do one's ~** fazer a sua parte
stipend ['staɪpɛnd] N (*of vicar etc*) estipêndio, remuneração *f*
stipendiary [staɪ'pɛndɪərɪ] ADJ: **~ magistrate** juiz *m* estipendiário, juíza *f* estipendiário
stipulate ['stɪpjuleɪt] VT estipular
stipulation [stɪpju'leɪʃən] N estipulação *f*, cláusula
stir [stəːʳ] N (*fig*: *agitation*) comoção *f*, rebuliço ■ VT (*tea etc*) mexer; (*fig*: *emotions*) comover ■ VI mover-se, remexer-se; **to give sth a ~** mexer

algo; **to cause a ~** causar sensação *or* um rebuliço
▸ **stir up** VT excitar; (*trouble*) provocar
stirring ['stə:rɪŋ] ADJ comovedor(a)
stirrup ['stɪrəp] N estribo
stitch [stɪtʃ] N (*Sewing, Knitting, Med*) ponto; (*pain*) pontada ■ VT costurar; (*Med*) dar pontos em, suturar
stoat [stəut] N arminho
stock [stɔk] N (*supply*) suprimento; (*Comm: reserves*) estoque *m*, provisão *f*; (: *selection*) sortimento; (*Agr*) gado; (*Culin*) caldo; (*lineage*) estirpe *f*, linhagem *f*; (*Finance*) valores *mpl*, títulos *mpl*; (: *shares*) ações *fpl*; (*Rail: also*: **rolling stock**) material *m* circulante ■ ADJ (*fig*: *reply etc*) de sempre, costumeiro; (: *greeting*) habitual ■ VT (*have in stock*) ter em estoque, estocar; (*sell*) vender; **well-~ed** bem sortido; **in ~** em estoque; **out of ~** esgotado; **to take ~ of** (*fig*) fazer um balanço de; **~s and shares** valores e títulos mobiliários; **government ~** títulos do governo, fundos públicos
▸ **stock up** VI: **to ~ up (with)** abastecer-se (de)
stockade [stɔ'keɪd] N estacada
stockbroker ['stɔkbrəukəʳ] N corretor(a) *m/f* de valores *or* da Bolsa
stock control N (*Comm*) controle *m* de estoque
stock cube (*Brit*) N (*Culin*) cubo de caldo
stock exchange N Bolsa de Valores
stockholder ['stɔkhəuldəʳ] (*US*) N acionista *m/f*
Stockholm ['stɔkhəum] N Estocolmo
stocking ['stɔkɪŋ] N meia
stock-in-trade N (*tool*) instrumento de trabalho; (*fig*) arma
stockist ['stɔkɪst] (*Brit*) N estoquista *m/f*
stock market (*Brit*) N Bolsa, mercado de valores
stock phrase N frase *f* feita
stockpile ['stɔkpaɪl] N reservas *fpl*, estocagem *f* ■ VT acumular reservas de, estocar
stockroom ['stɔkru:m] N almoxarifado
stocktaking ['stɔkteɪkɪŋ] (*Brit*) N (*Comm*) inventário
stocky ['stɔkɪ] ADJ (*strong*) robusto; (*short*) atarracado
stodgy ['stɔdʒɪ] ADJ pesado
stoic ['stəuɪk] N estóico(-a)
stoical ['stəuɪkəl] ADJ estóico
stoke [stəuk] VT atiçar, alimentar
stoker ['stəukəʳ] N (*Rail, Naut etc*) foguista *m*
stole [stəul] PT *of* **steal** ■ N estola
stolen ['stəuln] PP *of* **steal**
stolid ['stɔlɪd] ADJ fleumático
stomach ['stʌmək] N (*Anat*) estômago; (*belly*) barriga, ventre *m* ■ VT suportar, tolerar; **stomach ache** N dor *f* de estômago; **stomach pump** N bomba gástrica; **stomach ulcer** N úlcera gástrica
stomp [stɔmp] VI: **to ~ in/out** entrar/sair como um furacão
stone [stəun] N pedra; (*pebble*) pedrinha; (*in fruit*) caroço; (*Med*) pedra, cálculo; (*Brit: weight*) = *6.348kg; 14 pounds* ■ ADJ de pedra ■ VT apedrejar; (*fruit*) tirar o(s) caroço(s) de; **within a ~'s throw of the station** pertinho da estação
Stone Age N: **the ~** a Idade da Pedra
stone-cold ADJ gelado
stoned [stəund] (*inf*) ADJ (*on drugs*) doidão(-dona), baratinado
stone-deaf ADJ surdo como uma porta
stonemason ['stəunmeɪsn] N pedreiro(-a)
stonework ['stəunwə:k] N cantaria
stony ['stəunɪ] ADJ pedregoso; (*fig*) glacial
stood [stud] PT, PP *of* **stand**
stool [stu:l] N tamborete *m*, banco
stoop [stu:p] VI (*also*: **have a stoop**) ser corcunda; (*also*: **stoop down**) debruçar-se, curvar-se; (*fig*): **to ~ to sth/doing sth** rebaixar-se para algo/fazer algo
stop [stɔp] N parada, interrupção *f*; (*for bus etc*) parada (BR), ponto (BR), paragem *f* (PT); (*also*: **full stop**) ponto ■ VT parar, deter; (*break off*) interromper; (*pay, cheque*) sustar, suspender; (*also*: **put a stop to**) impedir ■ VI parar, deter-se; (*watch, noise*) parar; (*end*) acabar; **to ~ doing sth** deixar de fazer algo; **to ~ sb (from) doing sth** impedir alguém de fazer algo; **~ it!** para com isso!
▸ **stop by** VI dar uma passada
▸ **stop dead** VI parar de repente
▸ **stop off** VI dar uma parada
▸ **stop up** VT (*hole*) tapar
stopcock ['stɔpkɔk] N torneira de passagem
stopgap ['stɔpgæp] N (*person*) tapa-buraco *m/f*; (*measure*) paliativo
stoplights ['stɔplaɪts] NPL (*Aut*) luzes *fpl* do freio (BR), faróis *mpl* de stop (PT)
stopover ['stɔpəuvəʳ] N parada rápida; (*Aviat*) escala
stoppage ['stɔpɪdʒ] N (*strike*) greve *f*; (*temporary stop*) paralisação *f*; (*of pay*) suspensão *f*; (*blockage*) obstrução *f*
stopper ['stɔpəʳ] N tampa, rolha
stop press N notícia de última hora
stopwatch ['stɔpwɔtʃ] N cronômetro
storage ['stɔ:rɪdʒ] N armazenagem *f*; **storage heater** (*Brit*) N *tipo de aquecimento que armazena calor durante a noite emitindo-o durante o dia*
store [stɔ:ʳ] N (*stock*) suprimento; (*depot*) armazém *m*; (*reserve*) estoque *m*; (*Brit: large shop*) loja de departamentos; (*US: shop*) loja ■ VT armazenar; (*keep*) guardar; **stores** NPL (*provisions*) víveres *mpl*, provisões *fpl*; **who knows what is in ~ for us?** quem sabe o que nos espera?; **to set great/little ~ by sth** dar grande/pouca importância a algo
▸ **store up** VT acumular
storehouse ['stɔ:haus] N depósito, armazém *m*
storekeeper ['stɔ:ki:pəʳ] (*US*) N lojista *m/f*
storeroom ['stɔ:ru:m] N depósito, almoxarifado
storey ['stɔ:rɪ] (*US* **story**) N andar *m*
stork [stɔ:k] N cegonha
storm [stɔ:m] N tempestade *f*; (*wind*) borrasca, vendaval *m*; (*fig*) tumulto ■ VI (*fig*) enfurecer-se ■ VT tomar de assalto, assaltar; **storm cloud** N

nuvem *f* de tempestade; **storm door** N porta adicional

stormy ['stɔ:mɪ] ADJ tempestuoso

story ['stɔ:rɪ] N história, estória; (*Press*) matéria; (*plot*) enredo; (*lie*) mentira; (*US*) = **storey**

storybook ['stɔ:rɪbuk] N livro de contos

storyteller ['stɔ:rɪtɛlə^r] N contador(a) *m/f* de estórias

stout [staut] ADJ (*strong*) sólido, forte; (*fat*) gordo, corpulento; (*resolute*) decidido, resoluto ■ N cerveja preta

stove [stəuv] N (*for cooking*) fogão *m*; (*for heating*) estufa, fogareiro; **gas/electric ~** (*cooker*) fogão a gás/elétrico

stow [stəu] VT guardar; (*Naut*) estivar

stowaway ['stəuəweɪ] N passageiro(-a) clandestino(-a)

straddle ['strædl] VT cavalgar

strafe [strɑ:f] VT metralhar

straggle ['strægl] VI (*houses*) espalhar-se desordenadamente; (*people*) vagar, perambular; (*lag behind*) ficar para trás

straggler ['stræglə^r] N pessoa que fica para trás

straggling ['stræglɪŋ] ADJ (*hair*) rebelde, emaranhado

straggly ['strægli] ADJ (*hair*) rebelde, emaranhado

straight [streɪt] ADJ reto; (*back*) esticado; (*hair*) liso; (*honest*) honesto; (*frank*) franco, direto; (*simple*) simples *inv*; (*Theatre: part, play*) sério; (*inf: conventional*) quadrado, careta (*inf*); (: *heterosexual*) heterossexual ■ ADV reto; (*drink*) puro ■ N: **the ~** (*Sport*) a reta; **to put** *or* **get sth ~** esclarecer algo; **let's get this ~** (*explaining*) então, vamos fazer assim; (*warning*) eu quero que isso fique bem claro; **10 ~ wins** 10 vitórias consecutivas; **to go ~ home** ir direto para casa; **~ away, ~ off** (*at once*) imediatamente; **~ off, ~ out** sem mais nem menos

straighten ['streɪtən] VT (*skirt, bed*) arrumar; **to ~ things out** arrumar as coisas
▸ **straighten out** VT endireitar; (*fig*) esclarecer

straight-faced [-feɪst] ADJ impassível ■ ADV com cara séria

straightforward [streɪt'fɔ:wəd] ADJ (*simple*) simples *inv*, direto; (*honest*) honesto, franco

strain [streɪn] N tensão *f*; (*Tech*) esforço; (*Med: back strain*) distensão *f*; (: *tension*) luxação *f*; (*breed*) raça, estirpe *f*; (*of virus*) classe *f* ■ VT (*back etc*) forçar, torcer, distender; (*tire*) extenuar; (*stretch*) puxar, estirar; (*Culin*) coar; (*filter*) filtrar ■ VI esforçar-se; **strains** NPL (*Mus*) acordes *mpl*; **he's been under a lot of ~** ele tem estado sob muita tensão

strained [streɪnd] ADJ (*muscle*) distendido; (*laugh*) forçado; (*relations*) tenso

strainer ['streɪnə^r] N (*for tea, coffee*) coador *m*; (*sieve*) peneira

strait [streɪt] N (*Geo*) estreito; **straits** NPL (*fig*): **to be in dire ~s** estar em apuros

straitjacket ['streɪtdʒækɪt] N camisa-de-força

strait-laced [-leɪst] ADJ puritano, austero

strand [strænd] N (*of thread, hair*) fio; (*of rope*) tira ■ VT (*boat*) encalhar

stranded ['strændɪd] ADJ desamparado; (*holidaymakers*) preso

strange [streɪndʒ] ADJ (*not known*) desconhecido; (*odd*) estranho, esquisito

strangely ['streɪndʒlɪ] ADV estranhamente

stranger ['streɪndʒə^r] N desconhecido(-a); (*from another area*) forasteiro(-a)

strangle ['stræŋgl] VT estrangular; (*fig: economy*) sufocar

stranglehold ['stræŋglhəuld] N (*fig*) domínio total

strangulation [stræŋgju'leɪʃən] N estrangulação *f*

strap [stræp] N correia; (*of slip, dress*) alça ■ VT prender com correia

straphanging ['stræphæŋɪŋ] N viajar *etc* em pé (no metrô *m*)

strapless ['stræplɪs] ADJ (*bra, dress*) sem alças

strapping ['stræpɪŋ] ADJ corpulento, robusto, forte

Strasbourg ['stræzbə:g] N Estrasburgo

strata ['strɑ:tə] NPL *of* **stratum**

stratagem ['strætɪdʒəm] N estratagema *m*

strategic [strə'ti:dʒɪk] ADJ estratégico

strategist ['strætɪdʒɪst] N estrategista *m/f*

strategy ['strætɪdʒɪ] N estratégia

stratosphere ['strætəsfɪə^r] N estratosfera

stratum ['strɑ:təm] (*pl* **strata**) N camada

straw [strɔ:] N palha; (*drinking straw*) canudo; **that's the last ~!** essa foi a última gota!

strawberry ['strɔ:bərɪ] N morango; (*plant*) morangueiro

stray [streɪ] ADJ (*animal*) extraviado; (*bullet*) perdido; (*scattered*) espalhado ■ VI perder-se

streak [stri:k] N listra, traço; (*in hair*) mecha; (*fig: of madness etc*) sinal *m* ■ VT listrar ■ VI: **to ~ past** passar como um raio; **to have ~s in one's hair** fazer mechas no cabelo; **a winning/losing ~** uma fase de sorte/azar

streaky ['stri:kɪ] ADJ listrado; **streaky bacon** (*Brit*) N toicinho *or* bacon *m* em fatias (*entremeado com gordura*)

stream [stri:m] N riacho, córrego; (*current*) fluxo, corrente *f*; (*of people, vehicles*) fluxo; (*of smoke*) rastro; (*of questions etc*) torrente *f* ■ VT (*Sch*) classificar ■ VI correr, fluir; **to ~ in/out** (*people*) entrar/sair em massa; **against the ~** contra a corrente; **on ~** (*power plant etc*) em funcionamento

streamer ['stri:mə^r] N serpentina; (*pennant*) flâmula

stream feed N (*on photocopier etc*) alimentação *f* contínua

streamline ['stri:mlaɪn] VT aerodinamizar; (*fig*) agilizar

streamlined ['stri:mlaɪnd] ADJ aerodinâmico

street [stri:t] N rua; **the back ~s** as ruelas; **to be on the ~s** (*homeless*) estar desabrigado; (*as prostitute*) fazer a vida

streetcar ['stri:tkɑ:^{r}] (*US*) N bonde *m* (*BR*),

eléctrico (PT)
street lamp N poste *m* de iluminação
street lighting N iluminação *f* pública
street map N mapa *m*
street market N feira
street plan N mapa *m*
streetwise ['stri:twaɪz] (*inf*) ADJ malandro
strength [strɛŋθ] N força; (*of girder, knot etc*) firmeza, resistência; (*of chemical solution*) concentração *f*; (*of wine*) teor *m* alcoólico; (*fig*) poder *m*; **on the ~ of** com base em; **at full ~** completo; **below ~** desfalcado
strengthen ['strɛŋθən] VT fortificar; (*fig*) fortalecer
strenuous ['strɛnjuəs] ADJ (*tough*) árduo, estrênuo; (*energetic*) enérgico; (*determined*) tenaz
stress [strɛs] N (*force, pressure*) pressão *f*; (*mental strain*) tensão *f*, stress *m*; (*accent*) acento; (*emphasis*) ênfase *f*; (*Tech*) tensão ■ VT realçar, dar ênfase a; (*syllable*) acentuar; **to lay great ~ on sth** dar muita ênfase a algo; **to be under ~** estar com estresse
stressful ['strɛsful] ADJ (*job*) desgastante
stretch [strɛtʃ] N (*of sand etc*) trecho, extensão *f*; (*of time*) período ■ VI espreguiçar-se; (*extend*): **to ~ to** *or* **as far as** estender-se até; (*be enough: money, food*): **to ~ to** dar para ■ VT estirar, esticar; (*fig: subj: job, task*) exigir o máximo de; **at a ~** sem parar; **to ~ one's legs** esticar as pernas
▶ **stretch out** VI esticar-se ■ VT (*arm etc*) esticar; (*spread*) estirar
stretcher ['strɛtʃᵊr] N maca, padiola
stretcher-bearer N padioleiro
stretch marks NPL estrias *fpl*
strewn [stru:n] ADJ: **~ with** coberto *or* cheio de
stricken ['strɪkən] ADJ (*wounded*) ferido; (*devastated*) arrasado; (*ill*) acometido; **~ with** tomado por
strict [strɪkt] ADJ (*person*) severo, rigoroso; (*meaning*) exato, estrito; **in ~ confidence** muito confidencialmente
strictly ['strɪktlɪ] ADV (*severely*) severamente; (*exactly*) estritamente; (*definitively*) rigorosamente; **~ confidential** estritamente confidencial; **~ speaking** a rigor; **~ between ourselves ...** cá entre nós ...
strictness ['strɪktnɪs] N rigor *m*, severidade *f*
stridden ['strɪdn] PP *of* **stride**
stride [straɪd] (*pt* **strode**, *pp* **stridden**) N passo largo ■ VI andar a passos largos; **to take in one's ~** (*fig: changes etc*) não se perturbar com
strident ['straɪdnt] ADJ estridente; (*colour*) berrante
strife [straɪf] N conflito
strike [straɪk] (*pt, pp* **struck**) N greve *f*; (*of oil etc*) descoberta; (*attack*) ataque *m* ■ VT bater em; (*fig*): **the thought** *or* **it ~s me that ...** me ocorre que ...; (*oil etc*) descobrir; (*obstacle*) esbarrar em; (*deal*) fechar, acertar ■ VI estar em greve; (*attack: soldiers, illness*) atacar; (: *disaster*) assolar; (*clock*) bater; **on ~** em greve; **to call a ~** convocar uma greve; **to ~ a match** acender um fósforo; **to ~ a balance** (*fig*) encontrar um equilíbrio; **the clock struck nine** o relógio bateu nove horas
▶ **strike back** VI (*Mil*) contra-atacar; (*fig*) revidar
▶ **strike down** VT derrubar
▶ **strike off** VT (*from list*) tirar, cortar; (*doctor*) suspender
▶ **strike out** VT cancelar, rasurar
▶ **strike up** VT (*Mus*) começar a tocar; (*conversation, friendship*) travar
strikebreaker ['straɪkbreɪkᵊr] N fura-greve *m/f inv*
striker ['straɪkᵊr] N grevista *m/f*; (*Sport*) atacante *m/f*
striking ['straɪkɪŋ] ADJ impressionante; (*colour*) chamativo
string [strɪŋ] (*pt, pp* **strung**) N (*cord*) barbante *m* (BR), cordel *m* (PT); (*of beads*) cordão *m*; (*of onions*) réstia; (*Mus*) corda; (*series*) série *f*; (*of people, cars*) fila (BR), bicha (PT); (*Comput*) string *m* ■ VT: **to ~ out** esticar; **the strings** NPL (*Mus*) os instrumentos de corda; **to ~ together** (*words*) unir; (*ideas*) concatenar; **to get a job by pulling ~s** (*fig*) usar pistolão; **with no ~s attached** (*fig*) sem condições; **string bean** N vagem *f*
string(ed) instrument [strɪŋ(d)-] N (*Mus*) instrumento de corda
stringent ['strɪndʒənt] ADJ rigoroso
string quartet N quarteto de cordas
strip [strɪp] N tira; (*of land*) faixa; (*of metal*) lâmina, tira; (*Sport*) cores *fpl* ■ VT despir; (*fig*): **to ~ sb of sth** despojar alguém de algo; (*also*: **strip down**: *machine*) desmontar ■ VI despir-se; **strip cartoon** N história em quadrinhos (BR), banda desenhada (PT)
stripe [straɪp] N listra; (*Mil*) galão *m*
striped [straɪpt] ADJ listrado, com listras
strip light (*Brit*) N lâmpada fluorescente
strip lighting (*Brit*) N iluminação *f* fluorescente
stripper ['strɪpᵊr] N artista *m/f* de striptease
striptease ['strɪpti:z] N striptease *m*
strive [straɪv] (*pt* **strove**, *pp* **striven**) VI: **to ~ for sth/to do sth** esforçar-se por *or* batalhar para algo/para fazer algo
striven ['strɪvn] PP *of* **strive**
strode [strəud] PT *of* **stride**
stroke [strəuk] N (*blow*) golpe *m*; (*Med*) derrame *m* cerebral; (*caress*) carícia; (*of pen*) traço; (*of paintbrush*) pincelada; (*Swimming: style*) nado; (: *movement*) braçada; (*of piston*) curso ■ VT acariciar, afagar; **at a ~** de repente, de golpe; **on the ~ of five** às cinco em ponto; **a ~ of luck** um golpe de sorte; **a two-~ engine** um motor de dois tempos
stroll [strəul] N volta, passeio ■ VI passear, dar uma volta; **to go for a ~** dar uma volta
stroller ['strəulᵊr] (*US*) N carrinho (de criança)
strong [strɔŋ] ADJ forte; (*imagination*) fértil; (*personality*) forte, dominante; (*nerves*) de aço; (*object, material*) sólido; (*chemical*) concentrado ■ ADV: **to be going ~** (*company*) estar

prosperando; (*person*) estar com boa saúde; **they are 50 ~** são 50

strong-arm ADJ (*tactics, methods*) repressivo, violento

strongbox ['strɔŋbɔks] N cofre-forte *m*

strong drink N bebida alcoólica

stronghold ['strɔŋhəuld] N fortaleza; (*fig*) baluarte *m*

strong language N palavrões *mpl*

strongly ['strɔŋlɪ] ADV (*construct*) firmemente; (*push, defend*) vigorosamente; (*believe*) profundamente; **I feel ~ about it** tenho uma opinião firme sobre isso

strongman ['strɔŋmæn] (*irreg*) N homem *m* forte

strongroom ['strɔŋru:m] N casa-forte *f*

strove [strəuv] PT *of* **strive**

struck [strʌk] PT, PP *of* **strike**

structural ['strʌktʃərəl] ADJ estrutural

structurally ['strʌktʃrəlɪ] ADV estruturalmente

structure ['strʌktʃə^r] N estrutura; (*building*) construção *f*

struggle ['strʌgl] N luta, contenda ■ VI (*fight*) lutar; (*try hard*) batalhar; **to have a ~ to do sth** ter que batalhar para fazer algo

strum [strʌm] VT (*guitar*) dedilhar

strung [strʌŋ] PT, PP *of* **string**

strut [strʌt] N escora, suporte *m* ■ VI pavonear-se, empertigar-se

strychnine ['strɪkni:n] N estricnina

stub [stʌb] N (*of ticket etc*) canhoto; (*of cigarette*) toco, ponta; **to ~ one's toe** dar uma topada ▸ **stub out** VT apagar

stubble ['stʌbl] N restolho; (*on chin*) barba por fazer

stubborn ['stʌbən] ADJ teimoso, cabeçudo, obstinado

stubby ['stʌbɪ] ADJ atarracado

stucco ['stʌkəu] N estuque

stuck [stʌk] PT, PP *of* **stick** ■ ADJ (*jammed*) emperrado; **to get ~** emperrar

stuck-up ADJ convencido, metido, esnobe

stud [stʌd] N (*shirt stud*) botão *m*; (*earring*) tarraxa, rosca; (*of boot*) cravo; (*also*: **stud farm**) fazenda de cavalos; (*also*: **stud horse**) garanhão *m* ■ VT (*fig*): **~ded with** salpicado de

student ['stju:dənt] N estudante *m/f* ■ ADJ estudantil; **law/medical ~** estudante de direito/medicina; **student driver** (*US*) N aprendiz *m/f*

students' union (*Brit*) N (*association*) união *f* dos estudantes; (*building*) centro estudantil

studied ['stʌdɪd] ADJ estudado, calculado

studio ['stju:dɪəu] N estúdio; (*sculptor's*) ateliê *m*; **studio flat** (*US* **studio apartment**) N (apartamento) conjugado

studious ['stju:dɪəs] ADJ estudioso, aplicado; (*careful*) cuidadoso; (*studied*) calculado

studiously ['stju:dɪəslɪ] ADV (*carefully*) com esmero

study ['stʌdɪ] N estudo; (*room*) sala de leitura *or* estudo ■ VT estudar; (*examine*) examinar, investigar ■ VI estudar; **studies** NPL (*subjects*) estudos *mpl*, matérias *fpl*; **to make a ~ of sth** estudar algo; **to ~ for an exam** estudar para um exame

stuff [stʌf] N (*substance*) troço; (*things*) troços *mpl*, coisas *fpl* ■ VT encher; (*Culin*) rechear; (*animals*) empalhar; (*inf*: *push*) enfiar; **my nose is ~ed up** meu nariz está entupido; **get ~ed!** (*inf!*) vai tomar banho!; **~ed toy** brinquedo de pelúcia

stuffing ['stʌfɪŋ] N recheio

stuffy ['stʌfɪ] ADJ (*room*) abafado, mal ventilado; (*person*) rabujento, melindroso

stumble ['stʌmbl] VI tropeçar; **to ~ across** *or* **on** (*fig*) topar com

stumbling block ['stʌmblɪŋ-] N pedra no caminho

stump [stʌmp] N (*of tree*) toco; (*of limb*) coto ■ VT: **to be ~ed** ficar perplexo

stun [stʌn] VT (*subj*: *blow*) aturdir; (: *news*) pasmar

stung [stʌŋ] PT, PP *of* **sting**

stunk [stʌŋk] PP *of* **stink**

stunning ['stʌnɪŋ] ADJ (*fig*: *news*) atordoante; (: *appearance*) maravilhoso

stunt [stʌnt] N façanha sensacional; (*Aviat*) vôo acrobático; (*publicity stunt*) truque *m* publicitário ■ VT tolher

stunted ['stʌntɪd] ADJ atrofiado, retardado

stuntman ['stʌntmæn] (*irreg*) N dublê *m*

stupefaction [stju:pɪ'fækʃən] N estupefação *f*, assombro

stupefy ['stju:pɪfaɪ] VT deixar estupefato

stupendous [stju:'pendəs] ADJ monumental

stupid ['stju:pɪd] ADJ estúpido, idiota

stupidity [stju:'pɪdɪtɪ] N estupidez *f*

stupidly ['stju:pɪdlɪ] ADV estupidamente

stupor ['stju:pə^r] N estupor *m*

sturdy ['stə:dɪ] ADJ (*person*) robusto, firme; (*thing*) sólido

sturgeon ['stə:dʒən] N INV esturjão *m*

stutter ['stʌtə^r] N gagueira, gaguez *f* ■ VI gaguejar

sty [staɪ] N (*for pigs*) chiqueiro

stye [staɪ] N (*Med*) terçol *m*

style [staɪl] N estilo; (*elegance*) elegância; (*allure*) charme *m*; **in the latest ~** na última moda; **hair ~** penteado

styli ['staɪlaɪ] NPL *of* **stylus**

stylish ['staɪlɪʃ] ADJ elegante, chique

stylist ['staɪlɪst] N (*hair stylist*) cabeleireiro(-a); (*literary*) estilista *m/f*

stylized ['staɪlaɪzd] ADJ estilizado

stylus ['staɪləs] (*pl* **styluses**) N (*of record player*) agulha

suave [swɑ:v] ADJ suave, melífluo

sub [sʌb] N ABBR = **submarine**; **subscription**

sub... [sʌb] PREFIX sub...

subcommittee ['sʌbkəmɪtɪ] N subcomissão *f*

subconscious [sʌb'kɔnʃəs] ADJ do subconsciente ■ N subconsciente *m*

subcontinent [sʌb'kɔntɪnənt] N: **the (Indian) ~** o subcontinente (da Índia)

subcontract [*n* sʌb'kɔntrækt, *vt* sʌbkən'trækt] N

subcontrato ■ VT subcontratar
subcontractor [sʌbkən'trækt^{r}] N subempreiteiro(-a)
subdivide [sʌbdɪ'vaɪd] VT subdividir
subdivision [sʌbdɪ'vɪʒən] N subdivisão *f*
subdue [səb'dju:] VT subjugar; (*passions*) dominar
subdued [səb'dju:d] ADJ (*light*) tênue; (*person*) desanimado
subject [*n* 'sʌbdʒɪkt, *vt* səb'dʒɛkt] N (*of king*) súdito(-a); (*theme*) assunto; (*Sch*) matéria; (*Ling*) sujeito ■ VT: **to ~ sb to sth** submeter alguém a algo; **to be ~ to** estar sujeito a; **~ to confirmation in writing** sujeito a confirmação por escrito; **to change the ~** mudar de assunto
subjection [səb'dʒɛkʃən] N submissão *f*, dependência
subjective [səb'dʒɛktɪv] ADJ subjetivo
subject matter N assunto; (*content*) conteúdo
sub judice [-'dju:dɪsɪ] ADJ (*Law*) sob apreciação judicial, sub judice
subjugate ['sʌbdʒugeɪt] VT subjugar, submeter
subjunctive [səb'dʒʌŋktɪv] ADJ, N subjuntivo
sublet [sʌb'lɛt] VT sublocar
sublime [sə'blaɪm] ADJ sublime
subliminal [sʌb'lɪmɪnl] ADJ subliminar
submachine gun ['sʌbmə'ʃi:n-] N metralhadora de mão
submarine ['sʌbməri:n] N submarino
submerge [səb'mə:dʒ] VT submergir; (*flood*) inundar ■ VI submergir-se
submersion [səb'mə:ʃən] N submersão *f*, imersão *f*
submission [səb'mɪʃən] N submissão *f*; (*to committee*) petição *f*; (*of plan*) apresentação *f*, exposição *f*
submissive [səb'mɪsɪv] ADJ submisso
submit [səb'mɪt] VT submeter ■ VI submeter-se
subnormal [sʌb'nɔ:məl] ADJ anormal, subnormal; (*temperature*) abaixo do normal; (*backward*) atrasado
subordinate [sə'bɔ:dɪnət] ADJ, N subordinado(-a)
subpoena [səb'pi:nə] N (*Law*) intimação *f*, citação *f* judicial ■ VT intimar a comparecer judicialmente, citar
subroutine [sʌbru:'ti:n] N (*Comput*) sub-rotina
subscribe [səb'skraɪb] VI subscrever; **to ~ to** (*opinion*) concordar com; (*fund*) contribuir para; (*newspaper*) assinar
subscriber [səb'skraɪbə^{r}] N (*to periodical, telephone*) assinante *m/f*
subscript ['sʌbskrɪpt] N (*Typ*) subscrito
subscription [səb'skrɪpʃən] N subscrição *f*; (*to magazine etc*) assinatura; (*to club*) cota, mensalidade *f*; **to take out a ~ to** fazer uma assinatura de
subsequent ['sʌbsɪkwənt] ADJ subseqüente, posterior; **~ to** posterior a
subsequently ['sʌbsɪkwəntlɪ] ADV posteriormente, depois
subside [səb'saɪd] VI (*feeling, wind*) acalmar-se; (*flood*) baixar
subsidence [səb'saɪdns] N baixa; (*in road etc*) afundamento da superfície
subsidiary [səb'sɪdɪərɪ] ADJ secundário; (*Brit: Sch: subject*) suplementar ■ N (*also*: **subsidiary company**) subsidiária
subsidize ['sʌbsɪdaɪz] VT subsidiar
subsidy ['sʌbsɪdɪ] N subsídio
subsist [səb'sɪst] VI: **to ~ on sth** subsistir de algo
subsistence [səb'sɪstəns] N subsistência; (*allowance*) subsídio, ajuda de custo; **subsistence allowance** N diária; **subsistence level** N nível *m* de subsistência; **subsistence wage** N salário de fome
substance ['sʌbstəns] N substância; (*fig*) essência; **a man of ~** um homem de recursos; **to lack ~** não ter substância
substandard [sʌb'stændəd] ADJ (*goods*) de qualidade inferior; (*housing*) inferior ao padrão
substantial [səb'stænʃl] ADJ (*solid*) sólido; (*reward, meal*) substancial
substantially [səb'stænʃəlɪ] ADV consideravelmente; (*in essence*) substancialmente
substantiate [səb'stænʃɪeɪt] VT comprovar, justificar
substitute ['sʌbstɪtju:t] N substituto(-a); (*person*) suplente *m/f* ■ VT: **to ~ A for B** substituir B por A; **substitute teacher** (*US*) N professor(a) *m/f* suplente
substitution [sʌbstɪ'tju:ʃən] N substituição *f*
subterfuge ['sʌbtəfju:dʒ] N subterfúgio
subterranean [sʌbtə'reɪnɪən] ADJ subterrâneo
subtitle ['sʌbtaɪtl] N (*Cinema*) legenda
subtle ['sʌtl] ADJ sutil
subtlety ['sʌtltɪ] N sutileza
subtly ['sʌtlɪ] ADV sutilmente
subtotal [sʌb'təutl] N total *m* parcial, subtotal *m*
subtract [səb'trækt] VT subtrair, deduzir
subtraction [səb'trækʃən] N subtração *f*
subtropical [sʌb'trɔpɪkl] ADJ subtropical
suburb ['sʌbə:b] N subúrbio
suburban [sə'bə:bən] ADJ suburbano; (*train etc*) de subúrbio
suburbia [sə'bə:bɪə] N os subúrbios
subvention [səb'vɛnʃən] N subvenção *f*, subsídio
subversion [səb'və:ʃən] N subversão *f*
subversive [səb'və:sɪv] ADJ subversivo
subway ['sʌbweɪ] N (*Brit*) passagem *f* subterrânea; (*US*) metrô *m* (BR), metro(-politano) (PT)
sub-zero ADJ abaixo de zero
succeed [sək'si:d] VI (*person*) ser bem sucedido, ter êxito; (*plan*) sair bem ■ VT suceder a; **to ~ in doing** conseguir fazer
succeeding [sək'si:dɪŋ] ADJ (*following*) sucessivo, posterior
success [sək'sɛs] N êxito; (*hit, person*) sucesso; (*gain*) triunfo

successful [sək'sɛsful] ADJ (*venture*) bem sucedido; (*writer*) de sucesso, bem sucedido; **to be ~ (in doing)** conseguir (fazer)
successfully [sək'sɛsfulɪ] ADV com sucesso, com êxito
succession [sək'sɛʃən] N (*series*) sucessão *f*, série *f*; (*to throne*) sucessão; (*descendants*) descendência; **in ~** em sucessão; **3 years in ~** três anos consecutivos
successive [sək'sɛsɪv] ADJ sucessivo; **on 3 ~ days** em 3 dias consecutivos
successor [sək'sɛsəʳ] N sucessor(a) *m/f*
succinct [sək'sɪŋkt] ADJ sucinto
succulent ['sʌkjulənt] ADJ suculento ■ N (*Bot*): **~s** suculentos *mpl*
succumb [sə'kʌm] VI sucumbir
such [sʌtʃ] ADJ tal, semelhante; (*of that kind*: *singular*): **~ a book** um livro parecido, tal livro; (: *plural*): **~ books** tais livros; (*so much*): **~ courage** tanta coragem ■ ADV tão; **~ a long trip** uma viagem tão longa; **~ good books** livros tão bons; **~ a lot of** tanto; **making ~ a noise that** fazendo tanto barulho que; **~ a long time ago** há tanto tempo atrás; **~ as** (*like*) tal como; **a noise ~ as to** um ruído tal que; **~ books as I have** os poucos livros que eu tenho; **I said no ~ thing** eu não disse tal coisa; **as ~** como tal; **until ~ time as** até que
such-and-such ADJ tal e qual
suchlike ['sʌtʃlaɪk] (*inf*) PRON: **and ~** e coisas assim
suck [sʌk] VT chupar; (*breast*) mamar; (*subj*: *pump, machine*) sugar
sucker ['sʌkəʳ] N (*Bot*) rebento; (*Zool*) ventosa; (*inf*) trouxa *m/f*, otário(-a)
suckle ['sʌkl] VT amamentar
sucrose ['su:krəuz] N sucrose *f*
suction ['sʌkʃən] N sucção *f*; **suction pump** N bomba de sucção
Sudan [su'dɑ:n] N Sudão *m*
Sudanese [su:də'ni:z] ADJ, N INV sudanês(-esa) *m/f*
sudden ['sʌdn] ADJ (*rapid*) repentino, súbito; (*unexpected*) imprevisto; **all of a ~** de repente; (*unexpectedly*) inesperadamente
suddenly ['sʌdnlɪ] ADV de repente; (*unexpectedly*) inesperadamente
suds [sʌdz] NPL água de sabão
sue [su:] VT processar ■ VI: **to ~ (for)** processar (por), promover ação (por); **to ~ for divorce** requerer divórcio; **to ~ sb for damages** intentar uma ação de perdas e danos contra alguém
suede [sweɪd] N camurça ■ CPD de camurça
suet ['suɪt] N sebo
Suez ['su:ɪz] N: **the ~ Canal** o Canal de Suez
suffer ['sʌfəʳ] VT sofrer; (*bear*) agüentar, suportar ■ VI sofrer, padecer; **to ~ from** (*illness*) sofrer de, estar com; **to ~ from the effects of alcohol** sofrer os efeitos do álcool
sufferance ['sʌfrəns] N: **he was only there on ~** ele estava lá por tolerância
sufferer ['sʌfərəʳ] N sofredor(a) *m/f*; **a ~ from** (*Med*) uma pessoa que sofre de
suffering ['sʌfərɪŋ] N sofrimento; (*pain*) dor *f*
suffice [sə'faɪs] VI bastar, ser suficiente
sufficient [sə'fɪʃənt] ADJ suficiente, bastante
sufficiently [sə'fɪʃəntlɪ] ADV suficientemente
suffix ['sʌfɪks] N sufixo
suffocate ['sʌfəkeɪt] VT sufocar, asfixiar ■ VI sufocar(-se), asfixiar(-se)
suffocation [sʌfə'keɪʃən] N sufocação *f*; (*Med*) asfixia
suffrage ['sʌfrɪdʒ] N sufrágio; (*vote*) direito de voto
suffused [sə'fju:zd] ADJ: **~ with** (*light etc*) banhado de
sugar ['ʃugəʳ] N açúcar *m* ■ VT pôr açúcar em, açucarar; **sugar beet** N beterraba (sacarina); **sugar bowl** N açucareiro; **sugar cane** N cana-de-açúcar *f*
sugar-coated [-'kəutɪd] ADJ cristalizado
sugar lump N torrão *m* de açúcar
sugar refinery N refinaria de açúcar
sugary ['ʃugərɪ] ADJ açucarado
suggest [sə'dʒɛst] VT sugerir; (*indicate*) indicar; (*advise*) aconselhar; **what do you ~ I do?** o que você sugere que eu faça?
suggestion [sə'dʒɛstʃən] N sugestão *f*; (*indication*) indicação *f*
suggestive [sə'dʒɛstɪv] ADJ sugestivo; (*pej*) indecente
suicidal [su:ɪ'saɪdl] ADJ suicida
suicide ['suɪsaɪd] N suicídio; (*person*) suicida *m/f*; *see also* **commit**; **suicide attack** N ataque *m* suicida, atentado suicida; **suicide attempt** N tentativa de suicídio; **suicide bid** N tentativa de suicídio; **suicide bomber** N bombardeio suicida
suit [su:t] N (*man's*) terno (BR), fato (PT); (*woman's*) conjunto; (*Law*) processo; (*Cards*) naipe *m* ■ VT (*gen*) convir a; (*clothes*) ficar bem a; (*adapt*): **to ~ sth to** adaptar *or* acomodar algo a; **to be ~ed to sth** ser apto para algo; **they are well ~ed** fazem um bom par; **to bring a ~ against sb** mover um processo contra alguém; **to follow ~** (*fig*) seguir o exemplo
suitable ['su:təbl] ADJ conveniente; (*appropriate*) apropriado; **would tomorrow be ~?** amanhã lhe convém?
suitably ['su:təblɪ] ADV (*dressed*) apropriadamente; (*impressed*) bem
suitcase ['su:tkeɪs] N mala
suite [swi:t] N (*of rooms*) conjunto de salas; (*Mus*) suite *f*; (*furniture*): **bedroom/dining room ~** conjunto de quarto/de sala de jantar; **a three-piece ~** um conjunto estofado (sofá e duas poltronas)
suitor ['su:təʳ] N pretendente *m*
sulfate ['sʌlfeɪt] (*US*) N = **sulphate**
sulfur *etc* ['sʌlfəʳ] (*US*) = **sulphur** *etc*
sulk [sʌlk] VI ficar emburrado, fazer beicinho *or* biquinho (*inf*)
sulky ['sʌlkɪ] ADJ emburrado
sullen ['sʌlən] ADJ rabugento; (*silence*) pesado

sulphate ['sʌlfeɪt] (*US* **sulfate**) N sulfato; *see also* **copper sulphate**
sulphur ['sʌlfəʳ] (*US* **sulfur**) N enxofre *m*
sulphuric [sʌl'fjuərɪk] (*US* **sulfuric**) ADJ: **~ acid** ácido sulfúrico
sultan ['sʌltən] N sultão *m*
sultana [sʌl'tɑ:nə] N (*Culin*) passa branca
sultry ['sʌltrɪ] ADJ (*weather*) abafado, mormacento; (*seductive*) sedutor(a)
sum [sʌm] N soma; (*calculation*) cálculo
▸ **sum up** VT sumariar, fazer um resumo de; (*describe*) resumir; (*evaluate*) avaliar ■ VI resumir
Sumatra [su'mɑ:trə] N Sumatra
summarize ['sʌməraɪz] VT resumir
summary ['sʌmərɪ] N resumo ■ ADJ (*justice*) sumário
summer ['sʌməʳ] N verão *m* ■ ADJ de verão; **in (the) ~** no verão; **summer camp** (*US*) N colônia de férias
summerhouse ['sʌməhaus] N (*in garden*) pavilhão *m*
summertime ['sʌmətaɪm] N (*season*) verão *m*
summer time N (*by clock*) horário de verão
summery ['sʌmərɪ] ADJ estival, de verão
summing-up ['sʌmɪŋ-] N resumo, recapitulação *f*
summit ['sʌmɪt] N topo, cume *m*; (*also*: **summit conference**) (conferência de) cúpula
summon ['sʌmən] VT (*person*) mandar chamar; (*meeting*) convocar; (*Law*: *witness*) convocar
▸ **summon up** VT concentrar
summons ['sʌmənz] N (*Jur*) citação *f*, intimação *f*; (*fig*) chamada ■ VT citar, intimar; **to serve a ~ on sb** entregar uma citação a alguém
sump [sʌmp] (*Brit*) N (*Aut*) cárter *m*
sumptuous ['sʌmptjuəs] ADJ suntuoso
Sun. ABBR (= *Sunday*) dom
sun [sʌn] N sol *m*; **in the ~** ao sol; **everything under the ~** cada coisa
sunbathe ['sʌnbeɪð] VI tomar sol
sunbeam ['sʌnbi:m] N raio de sol
sunbed ['sʌnbɛd] N espreguiçadeira; (*with sunlamp*) cama para bronzeamento artificial
sunblock ['sʌnblblɔk] N bloqueador *m* solar
sunburn ['sʌnbə:n] N queimadura do sol
sunburned ['sʌnbə:nd] ADJ = **sunburnt**
sunburnt ['sʌnbə:nt] ADJ bronzeado; (*painfully*) queimado
sun cream N creme *m* solar
sundae ['sʌndeɪ] N sorvete *m* (BR) *or* gelado (PT) com frutas e nozes
Sunday ['sʌndɪ] N domingo; *see also* **Tuesday**; **Sunday school** N escola dominical
sundial ['sʌndaɪəl] N relógio de sol
sundown ['sʌndaun] N pôr *m* do sol
sundries ['sʌndrɪz] NPL gêneros *mpl* diversos
sundry ['sʌndrɪ] ADJ vários, diversos; **all and ~** todos
sunflower ['sʌnflauəʳ] N girassol *m*
sung [sʌŋ] PP *of* **sing**
sunglasses ['sʌnglɑ:sɪz] NPL óculos *mpl* de sol
sunk [sʌŋk] PP *of* **sink**
sunken ['sʌŋkn] ADJ (*ship*) afundado; (*eyes, cheeks*) cavado; (*bath*) enterrado
sunlamp ['sʌnlæmp] N lâmpada ultravioleta
sunlight ['sʌnlaɪt] N (luz *f* do) sol *m*
sunlit ['sʌnlɪt] ADJ ensolarado, iluminado pelo sol
sunny ['sʌnɪ] ADJ cheio de sol; (*day*) ensolarado, de sol; (*fig*) alegre; **it's ~** faz sol
sunrise ['sʌnraɪz] N nascer *m* do sol
sun roof N (*Aut*) teto solar
sunscreen ['sʌnskri:n] N protetor *m* solar
sunset ['sʌnsɛt] N pôr *m* do sol
sunshade ['sʌnʃeɪd] N (*over table*) pára-sol *m*; (*on beach*) barraca
sunshine ['sʌnʃaɪn] N (luz *f* do) sol *m*
sunspot ['sʌnspɔt] N mancha solar
sunstroke ['sʌnstrəuk] N insolação *f*
suntan ['sʌntæn] N bronzeado; **suntan lotion** N loção *f* de bronzear
suntanned ['sʌntænd] ADJ bronzeado, moreno
suntan oil N óleo de bronzear, bronzeador *m*
suntrap ['sʌntræp] N lugar *m* muito ensolarado
super ['su:pəʳ] (*inf*) ADJ bacana (BR), muito giro (PT)
superannuation [su:pərænju'eɪʃən] N pensão *f* de aposentadoria
superb [su:'pə:b] ADJ excelente
supercilious [su:pə'sɪlɪəs] ADJ (*disdainful*) arrogante, desdenhoso; (*haughty*) altivo
superficial [su:pə'fɪʃəl] ADJ superficial
superficially [su:pə'fɪʃəlɪ] ADV superficialmente
superfluous [su'pə:fluəs] ADJ supérfluo, desnecessário
superhuman [su:pə'hju:mən] ADJ sobre-humano
superimpose [su:pərɪm'pəuz] VT: **to ~ (on/with)** sobrepor (a)
superintend [su:pərɪn'tɛnd] VT superintender, dirigir
superintendent [su:pərɪn'tɛndənt] N superintendente *m/f*; (*Police*) chefe *m/f* de polícia
superior [su'pɪərɪəʳ] ADJ superior; (*smug*) desdenhoso ■ N superior *m*; **Mother S~** (*Rel*) Madre Superiora
superiority [supɪərɪ'ɔrɪtɪ] N superioridade *f*
superlative [su'pə:lətɪv] ADJ superlativo ■ N superlativo
superman ['su:pəmæn] (*irreg*) N super-homem *m*
supermarket ['su:pəmɑ:kɪt] N supermercado
supernatural [su:pə'nætʃərəl] ADJ sobrenatural ■ N: **the ~** o sobrenatural
superpower ['su:pəpauəʳ] N (*Pol*) superpotência
supersede [su:pə'si:d] VT suplantar
supersonic [su:pə'sɔnɪk] ADJ supersônico
superstar ['su:pəsta:ʳ] M superstar *m/f*
superstition [su:pə'stɪʃən] N superstição *f*
superstitious [su:pə'stɪʃəs] ADJ supersticioso
superstore ['su:pəstɔ:ʳ] (*Brit*) N hipermercado
supertanker ['su:pətæŋkəʳ] N superpetroleiro
supertax ['su:pətæks] N sobretaxa

supervise ['su:pəvaɪz] VT supervisar, supervisionar
supervision [su:pə'vɪʒən] N supervisão *f*; **under medical ~** a critério médico
supervisor ['su:pəvaɪzəʳ] N supervisor(a) *m/f*; (*academic*) orientador(a) *m/f*
supervisory [su:pə'vaɪzərɪ] ADJ fiscalizador(a)
supine ['su:paɪn] ADJ em supinação
supper ['sʌpəʳ] N jantar *m*; (*late evening*) ceia; **to have ~** jantar
supplant [sə'plɑ:nt] VT suplantar
supple ['sʌpl] ADJ flexível
supplement [*n* 'sʌplɪmənt, *vt* sʌplɪ'mɛnt] N suplemento ■ VT suprir, completar
supplementary [sʌplɪ'mɛntərɪ] ADJ suplementar; **supplementary benefit** (*Brit*) N *auxílio suplementar pago aos de renda baixa*
supplier [sə'plaɪəʳ] N abastecedor(a) *m/f*, fornecedor(a) *m/f*; (*stockist*) distribuidor(a) *m/f*
supply [sə'plaɪ] VT (*provide*): **to ~ sth (to sb)** fornecer algo (por alguém); (*need*) suprir a; (*equip*): **to ~ (with)** suprir (de) ■ N fornecimento, provisão *f*; (*stock*) estoque *m*; (*supplying*) abastecimento ■ ADJ (*teacher etc*) suplente; **supplies** NPL (*food*) víveres *mpl*; (*Mil*) apetrechos *mpl*; **office supplies** material *m* de escritório; **to be in short ~** estar escasso; **the electricity/water/gas ~** o abastecimento de força/água/gás; **~ and demand** oferta e procura; **supply teacher** (*Brit*) N professor(a) *m/f* suplente
support [sə'pɔ:t] N (*moral, financial etc*) apoio; (*Tech*) suporte *m* ■ VT apoiar; (*financially*) manter; (*Tech*: *hold up*) sustentar; (*theory etc*) defender; (*Sport*: *team*) torcer por; **to ~ o.s.** (*financially*) ganhar a vida
supporter [sə'pɔ:təʳ] N (*Pol etc*) partidário(-a); (*Sport*) torcedor(a) *m/f*
supporting [sə'pɔ:tɪŋ] ADJ (*Theatre etc*: *role*) secundário; (: *actor*) coadjuvante
suppose [sə'pəuz] VT supor; (*imagine*) imaginar; (*duty*): **to be ~d to do sth** dever fazer algo ■ VI supor; imaginar; **he's ~d to be an expert** dizem que ele é um perito; **I don't ~ she'll come** eu acho que ela não virá
supposedly [sə'pəuzɪdlɪ] ADV supostamente, pretensamente
supposing [sə'pəuzɪŋ] CONJ caso, supondo-se que; **always ~ he comes** caso ele venha
supposition [sʌpə'zɪʃən] N suposição *f*
suppository [sə'pɔzɪtərɪ] N supositório
suppress [sə'prɛs] VT (*information*) suprimir; (*feelings, revolt*) reprimir; (*yawn*) conter; (*scandal*) abafar, encobrir
suppression [sə'prɛʃən] N (*information*) supressão *f*; (*feelings, revolt*) repressão *f*; (*yawn*) controle *m*; (*scandal*) abafamento
suppressor [sə'prɛsəʳ] N (*Elec etc*) supressor *m*
supremacy [su'prɛməsɪ] N supremacia
supreme [su'pri:m] ADJ supremo
Supreme Court (*US*) N Corte *f* Suprema
Supt. ABBR (*Police*) = **superintendent**
surcharge ['sə:tʃɑ:dʒ] N sobretaxa
sure [ʃuəʳ] ADJ (*gen*) seguro; (*definite*) certo; (*aim*) certeiro ■ ADV (*inf*: *esp US*): **that ~ is pretty** é bonito mesmo; **to make ~ of sth/that** assegurar-se de algo/que; **~!** (*of course*) claro que sim!; **~ enough** efetivamente; **I'm not ~ how/why/when** não tenho certeza como/por que/quando; **to be ~ of sth** ter certeza de alguma coisa; **to be ~ of o.s.** estar seguro de si
sure-footed [-'futɪd] ADJ de andar seguro
surely ['ʃuəlɪ] ADV (*certainly*: *US*: *also*: **sure**) certamente; **~ you don't mean that!** não acredito que você queira dizer isso
surety ['ʃuərətɪ] N garantia, fiança; (*person*) fiador(a) *m/f*; **to go** *or* **stand ~ for sb** afiançar alguém, prestar fiança por alguém
surf [sə:f] N (*foam*) espuma; (*waves*) ondas *fpl*, arrebentação *f* ■ VI fazer surfe, pegar onda (*inf*)
surface ['sə:fɪs] N superfície *f* ■ VT (*road*) revestir ■ VI vir à superfície *or* à tona; (*fig*: *news, feeling*) vir à tona; **on the ~** (*fig*) à primeira vista; **surface area** N área da superfície; **surface mail** N correio comum
surfboard ['sə:fbɔ:d] N prancha de surfe
surfeit ['sə:fɪt] N: **a ~ of** um excesso de
surfer ['sə:fəʳ] N surfista *m/f*; (*on the Internet*) internauta *m/f*
surfing ['sə:fɪŋ] N surfe *m*; **to go ~** fazer surfe, pegar onda (*inf*)
surge [sə:dʒ] N onda; (*Elec*) surto ■ VI (*sea*) encapelar-se; (*people, vehicles*) precipitar-se; (*feeling*) aumentar repentinamente; **to ~ forward** avançar em tropel
surgeon ['sə:dʒən] N cirurgião(-giã) *m/f*
Surgeon General (*US*) N diretor(a) *m/f* nacional de saúde
surgery ['sə:dʒərɪ] N cirurgia; (*Brit*: *room*) consultório; (: *also*: **surgery hours**) horas *fpl* de consulta; **to undergo ~** operar-se
surgical ['sə:dʒɪkl] ADJ cirúrgico; **surgical spirit** (*Brit*) N álcool *m*
surly ['sə:lɪ] ADJ malcriado, rude
surmise [sə'maɪz] VT conjeturar
surmount [sə'maunt] VT superar, sobrepujar, vencer
surname ['sə:neɪm] N sobrenome *m* (BR), apelido (PT)
surpass [sə:'pɑ:s] VT superar
surplus ['sə:pləs] N excedente *m*; (*Comm*) superávit *m* ■ ADJ excedente, de sobra; **~ to my requirements** que me sobram; **~ stock** estoque *m* excedente
surprise [sə'praɪz] N surpresa; (*astonishment*) assombro ■ VT surpreender; **to take by ~** (*person*) pegar de surpresa; (*Mil*: *town, fort*) atacar de surpresa
surprising [sə'praɪzɪŋ] ADJ surpreendente; (*unexpected*) inesperado
surprisingly [sə'praɪzɪŋlɪ] ADV (*easy, helpful*) surpreendentemente; **(somewhat) ~, he agreed** para surpresa de todos, ele concordou
surrealism [sə'rɪəlɪzm] N surrealismo

surrealist [sə'rɪəlɪst] ADJ, N surrealista *m/f*
surrender [sə'rɛndəʳ] N rendição *f*, entrega ■ VI render-se, entregar-se ■ VT (*claim, right*) renunciar a; **surrender value** N valor *m* de resgate
surreptitious [sʌrəp'tɪʃəs] ADJ clandestino, furtivo
surrogate ['sʌrəgɪt] N (*Brit: substitute*) substituto(-a) ■ ADJ substituto; **surrogate mother** N mãe *f* portadora
surround [sə'raund] VT circundar, rodear; (*Mil etc*) cercar
surrounding [sə'raundɪŋ] ADJ circundante, adjacente
surroundings [sə'raundɪŋz] NPL arredores *mpl*, cercanias *fpl*
surtax ['sə:tæks] N sobretaxa
surveillance [sə:'veɪləns] N vigilância
survey [*n* 'sə:veɪ, *vt* sə:'veɪ] N (*inspection*) inspeção *f*, vistoria; (*investigation: of habits etc*) pesquisa, levantamento; (*of house*) inspeção *f*; (*of land*) levantamento ■ VT inspecionar, vistoriar; (*look at*) observar, contemplar; (*land*) fazer um levantamento de; (*make inquiries about*) pesquisar, fazer um levantamento de
surveying [sə:'veɪɪŋ] N agrimensura
surveyor [sə:'veɪəʳ] N (*of land*) agrimensor(a) *m/f*; (*of building*) inspetor(a) *m/f*
survival [sə'vaɪvl] N sobrevivência; (*relic*) remanescente *m* ■ CPD (*course, kit*) de sobrevivência
survive [sə'vaɪv] VI sobreviver; (*custom etc*) perdurar ■ VT sobreviver a
survivor [sə'vaɪvəʳ] N sobrevivente *m/f*
susceptible [sə'sɛptəbl] ADJ: **~ (to)** (*heat, injury*) suscetível *or* sensível (a); (*flattery, pressure*) vulnerável (a)
suspect [*adj, n* 'sʌspɛkt, *vt* səs'pɛkt] ADJ, N suspeito(-a) ■ VT suspeitar, desconfiar
suspend [səs'pɛnd] VT suspender
suspended sentence [səs'pɛndɪd-] N condenação *f* condicional
suspender belt [səs'pɛndəʳ-] N cinta-liga
suspenders [səs'pɛndəz] NPL (*Brit*) ligas *fpl*; (*US*) suspensórios *mpl*
suspense [səs'pɛns] N incerteza, ansiedade *f*; (*in film etc*) suspense *m*; **to keep sb in ~** manter alguém em suspense *or* na expectativa
suspension [səs'pɛnʃən] N (*gen, Aut*) suspensão *f*; (*of driving licence*) cassação *f*; **suspension bridge** N ponte *f* pênsil
suspicion [səs'pɪʃən] N suspeita; (*trace*) traço, vestígio; **to be under ~** estar sob suspeita; **arrested on ~ of murder** preso sob suspeita de homicídio
suspicious [səs'pɪʃəs] ADJ (*suspecting*) suspeitoso; (*causing suspicion*) suspeito; **to be ~ of** *or* **about sb/sth** desconfiar de alguém/algo
suss out [sʌs-] (*Brit: inf*) VT (*discover*) descobrir; (*understand*) sacar
sustain [səs'teɪn] VT sustentar, manter; (*subj: food, drink*) sustenar; (*suffer*) sofrer
sustained [səs'teɪnd] ADJ (*effort*) contínuo
sustenance ['sʌstɪnəns] N sustento
suture ['su:tʃəʳ] N sutura
SUV N ABBR (= *sports utility vehicle*) SUV *m*
SW ABBR (= *short wave*) OC
swab [swɔb] N (*Med*) mecha de algodão ■ VT (*Naut: also*: **swab down**) lambazar
swagger ['swægəʳ] VI andar com ar de superioridade
swallow ['swɔləu] N (*bird*) andorinha; (*of food etc*) bocado; (*of drink*) trago ■ VT engolir, tragar; (*fig: story*) engolir; (*pride*) pôr de lado; (*one's words*) retirar
▸ **swallow up** VT (*savings etc*) consumir
swam [swæm] PT *of* **swim**
swamp [swɔmp] N pântano, brejo ■ VT atolar, inundar; (*fig: person*) assoberbar
swampy ['swɔmpɪ] ADJ pantanoso
swan [swɔn] N cisne *m*
swank [swæŋk] (*inf*) VI esnobar
swan song N (*fig*) canto do cisne
swap [swɔp] N troca, permuta ■ VT: **to ~ (for)** trocar (por); (*replace (with)*) substituir (por)
swarm [swɔ:m] N (*of bees*) enxame *m*; (*of people*) multidão *f* ■ VI enxamear; aglomerar-se; (*place*): **to be ~ing with** estar apinhado de
swarthy ['swɔ:ðɪ] ADJ moreno
swashbuckling ['swɔʃbʌklɪŋ] ADJ (*film*) de capa e espada
swastika ['swɔstɪkə] N suástica
swat [swɔt] VT esmagar ■ N (*Brit: also*: **fly swat**) pá *f* para matar mosca
swathe [sweɪð] VT: **to ~ in** (*bandages, blankets*) enfaixar em, envolver em
swatter ['swɔtəʳ] N (*also*: **fly swatter**) pá *f* para matar mosca
sway [sweɪ] VI balançar-se, oscilar ■ VT (*influence*) influenciar ■ N (*rule, power*) domínio (sobre); **to hold ~ over sb** dominar alguém
Swaziland ['swɑ:zɪlænd] N Suazilândia
swear [swɛəʳ] (*pt* **swore**, *pp* **sworn**) VI (*by oath*) jurar; (*curse*) xingar ■ VT (*promise*) jurar; **to ~ an oath** prestar juramento; **to ~ to sth** afirmar algo sob juramento
▸ **swear in** VT (*witness*) ajuramentar; (*president*) empossar
swearword ['swɛəwə:d] N palavrão *m*
sweat [swɛt] N suor *m* ■ VI suar
sweatband ['swɛtbænd] N (*Sport*) tira elástica (para o cabelo)
sweater ['swɛtəʳ] N suéter *m or f* (BR), camisola (PT)
sweatshirt ['swɛtʃə:t] N suéter *m* de malha de algodão
sweatshop ['swɛtʃɔp] N oficina onde os trabalhadores são explorados
sweaty ['swɛtɪ] ADJ suado
Swede [swi:d] N sueco(-a)
swede [swi:d] N *tipo de nabo*
Sweden ['swi:dən] N Suécia
Swedish ['swi:dɪʃ] ADJ sueco ■ N (*Ling*) sueco
sweep [swi:p] (*pt, pp* **swept**) N (*act*) varredura;

(*of arm*) movimento circular; (*range*) extensão *f*, alcance *m*; (*also*: **chimney sweep**) limpador *m* de chaminés ■ VT varrer; (*with arm*) empurrar; (*subj*: *current*) arrastar; (: *fashion, craze*) espalhar-se por; (: *disease*) arrasar ■ VI varrer; (*person*) passar majestosamente
▸ **sweep away** VT varrer; (*rub out*) apagar
▸ **sweep past** VI passar rapidamente; (*brush by*) roçar
▸ **sweep up** VT, VI varrer

sweeping ['swi:pɪŋ] ADJ (*gesture*) dramático; (*reform*) radical; (*statement*) generalizado

sweepstake ['swi:pstɛɪk] N sweepstake *m*

sweet [swi:t] N (*candy*) bala (BR), rebuçado (PT); (*Brit*: *pudding*) sobremesa ■ ADJ doce; (*sugary*) açucarado; (*fig*: *air*) fresco; (: *water, smell*) doce; (: *sound*) suave; (: *kind*) meigo; (*baby, kitten*) bonitinho ■ ADV: **to smell ~** ter bom cheiro; **to taste ~** estar doce; **~ and sour** agridoce

sweetbread ['swi:tbrɛd] N moleja

sweetcorn ['swi:tkɔ:n] N milho

sweeten ['swi:tən] VT pôr açúcar em; (*temper*) abrandar

sweetener ['swi:tnəʳ] N (*Culin*) adoçante *m*

sweetheart ['swi:thɑ:t] N namorado(-a); (*as address*) amor *m*

sweetly ['swi:tlɪ] ADV docemente; (*gently*) suavemente

sweetness ['swi:tnɪs] N doçura

sweet pea N ervilha-de-cheiro *f*

sweet potato (*irreg*) N batata doce

sweetshop ['swi:tʃɔp] N confeitaria

swell [swɛl] (*pt* **swelled**, *pp* **swelled**) N (*of sea*) vaga, onda ■ ADJ (*US*: *inf*: *excellent*) bacana ■ VT engrossar ■ VI (*increase*) aumentar; (*get stronger*) intensificar-se; (*also*: **swell up**) inchar(-se)

swelling ['swɛlɪŋ] N (*Med*) inchação *f*

sweltering ['swɛltərɪŋ] ADJ (*heat*) sufocante; (*day*) mormacento

swept [swɛpt] PT, PP *of* **sweep**

swerve [swə:v] VI desviar-se

swift [swɪft] N (*bird*) andorinhão *m* ■ ADJ rápido

swiftly ['swɪftlɪ] ADV rapidamente, velozmente

swiftness ['swɪftnɪs] N rapidez *f*, ligeireza

swig [swɪg] (*inf*) N (*drink*) trago, gole *m*

swill [swɪl] N lavagem *f* ■ VT (*also*: **swill out, swill down**) lavar, limpar com água

swim [swɪm] (*pt* **swam**, *pp* **swum**) N: **to go for a ~** ir nadar ■ VI nadar; (*head, room*) rodar; (*fig*): **my head/the room is ~ming** estou com a cabeça zonza/sinto o quarto rodar ■ VT atravessar a nado; (*distance*) percorrer (a nado); **to go ~ming** ir nadar; **to ~ a length** nadar uma volta

swimmer ['swɪməʳ] N nadador(a) *m/f*

swimming ['swɪmɪŋ] N natação *f*; **swimming baths** (*Brit*) NPL piscina; **swimming cap** N touca de natação; **swimming costume** (*Brit*) N (*woman's*) maiô *m* (BR), fato de banho (PT); (*man's*) calção *m* de banho (BR), calções *mpl* de banho (PT); **swimming pool** N piscina; **swimming trunks** NPL sunga (BR), calções *mpl* de banho (PT)

swimsuit ['swɪmsu:t] N maiô *m* (BR), fato de banho (PT)

swindle ['swɪndl] N fraude *f* ■ VT defraudar

swindler ['swɪndləʳ] N vigarista *m/f*

swine [swaɪn] N porcos *mpl*; (*inf!*) canalha *m*, calhorda *m*

swing [swɪŋ] (*pt, pp* **swung**) N (*in playground*) balanço; (*movement*) balanceio, oscilação *f*; (*change*: *in opinion*) mudança; (: *of direction*) virada; (*rhythm*) ritmo ■ VT balançar; (*also*: **swing round**) girar, rodar ■ VI oscilar; (*on swing*) balançar; (*also*: **swing round**) voltar-se bruscamente; **a ~ to the left** (*Pol*) uma guinada para a esquerda; **to be in full ~** estar a todo vapor; **to get into the ~ of things** familiarizar-se com tudo; **the road ~s south** a estrada vira em direção ao sul; **swing bridge** N ponte *f* giratória; **swing door** (*US* **swinging door**) N porta de vaivém

swingeing ['swɪndʒɪŋ] (*Brit*) ADJ esmagador(a); (*cuts*) devastador(a)

swinging ['swɪŋɪŋ] ADJ rítmico; (*person*) badalativo

swipe [swaɪp] N pancada violenta ■ VT (*hit*) bater com violência; (*inf*: *steal*) afanar, roubar

swirl [swə:l] VI redemoinhar ■ N redemoinho

swish [swɪʃ] ADJ (*Brit*: *inf*: *smart*) chique ■ N (*of whip*) silvo; (*of skirt, grass*) ruge-ruge *m* ■ VI (*tail*) abanar; (*clothes*) fazer ruge-ruge

Swiss [swɪs] ADJ, N INV suiço(-a); **Swiss roll** N bolo de rolo, rocambole *m* doce

switch [swɪtʃ] N (*for light, radio etc*) interruptor *m*; (*change*) mudança ■ VT (*change*) trocar
▸ **switch off** VT apagar; (*engine*) desligar; (*Brit*: *gas, water*) fechar
▸ **switch on** VT acender; ligar; abrir

switchback ['swɪtʃbæk] (*Brit*) N montanha-russa

switchblade ['swɪtʃbleɪd] N (*also*: **switchblade knife**) canivete *m* de mola

switchboard ['swɪtʃbɔ:d] N (*Tel*) mesa telefônica; **switchboard operator** N (*Tel*) telefonista *m/f*

Switzerland ['swɪtsələnd] N Suíça

swivel ['swɪvl] VI (*also*: **swivel round**) girar (sobre um eixo), fazer pião

swollen ['swəulən] PP *of* **swell** ■ ADJ inchado

swoon [swu:n] VI desmaiar

swoop [swu:p] N (*by police etc*) batida; (*of bird*) vôo picado ■ VI (*also*: **swoop down**) precipitar-se, cair

swop [swɔp] N, VT = **swap**

sword [sɔ:d] N espada

swordfish ['sɔ:dfɪʃ] N INV peixe-espada *m*

swore [swɔ:ʳ] PT *of* **swear**

sworn [swɔ:n] PP *of* **swear** ■ ADJ (*statement*) sob juramento; (*enemy*) declarado

swot [swɔt] VI queimar as pestanas

swum [swʌm] PP *of* **swim**

swung [swʌŋ] PT, PP *of* **swing**

sycamore ['sɪkəmɔ:ʳ] N sicômoro

sycophant ['sɪkəfænt] N bajulador(a) *m/f*

sycophantic [sɪkə'fæntɪk] ADJ (*person*) bajulador(a); (*behaviour*) bajulatório
Sydney ['sɪdnɪ] N Sydney
syllable ['sɪləbl] N sílaba
syllabus ['sɪləbəs] N programa *m* de estudos; **on the ~** no roteiro
symbol ['sɪmbl] N símbolo
symbolic(al) [sɪm'bɔlɪk(l)] ADJ simbólico
symbolism ['sɪmbəlɪzəm] N simbolismo
symbolize ['sɪmbəlaɪz] VT simbolizar
symmetrical [sɪ'metrɪkl] ADJ simétrico
symmetry ['sɪmɪtrɪ] N simetria
sympathetic [sɪmpə'θetɪk] ADJ (*showing pity*) compassivo; (*understanding*) compreensivo; (*likeable*) agradável; (*supportive*): **~ to(wards)** solidário com
sympathetically [sɪmpə'θetɪklɪ] ADV (*with pity*) com compaixão; (*understandingly*) compreensivamente
sympathize ['sɪmpəθaɪz] VI: **to ~ with** (*person*) compadecer-se de; (*sb's feelings*) compreender; (*cause*) simpatizar com
sympathizer ['sɪmpəθaɪzə^r] N (*Pol*) simpatizante *m/f*
sympathy ['sɪmpəθɪ] N (*pity*) compaixão *f*; **sympathies** NPL (*tendencies*) simpatia; **in ~ with** em acordo com; (*strike*) em solidariedade com; **with our deepest ~** com nossos mais profundos pêsames
symphonic [sɪm'fɔnɪk] ADJ sinfônico
symphony ['sɪmfənɪ] N sinfonia; **symphony orchestra** N orquestra sinfônica
symposium [sɪm'pəuzɪəm] (*pl* **symposia**) N simpósio
symptom ['sɪmptəm] N sintoma *m*; (*sign*) indício
symptomatic [sɪmptə'mætɪk] ADJ sintomático
synagogue ['sɪnəgɔg] N sinagoga
synchromesh ['sɪŋkrəumeʃ] N (*Aut*) engrenagem *f* sincronizada
synchronize ['sɪŋkrənaɪz] VT sincronizar ■ VI: **to ~ with** sincronizar-se com
syncopated ['sɪŋkəpeɪtɪd] ADJ sincopado
syndicate ['sɪndɪkɪt] N sindicato; (*of newspapers*) cadeia
syndrome ['sɪndrəum] N síndrome *f*
synonym ['sɪnənɪm] N sinônimo
synonymous [sɪ'nɔnɪməs] ADJ: **~ (with)** sinônimo (de)
synopses [sɪ'nɔpsi:z] NPL *of* **synopsis**
synopsis [sɪ'nɔpsɪs] (*pl* **synopses**) N sinopse *f*, resumo
syntax ['sɪntæks] N sintaxe *f*
syntheses ['sɪnθəsi:z] NPL *of* **synthesis**
synthesis ['sɪnθəsɪs] (*pl* **syntheses**) N síntese *f*
synthesizer ['sɪnθəsaɪzə^r] N (*Mus*) sintetizador *m*
synthetic [sɪn'θetɪk] ADJ sintético ■ N: **~s** matérias *fpl* sintéticas
syphilis ['sɪfɪlɪs] N sífilis *f*
syphon ['saɪfən] = **siphon**
Syria ['sɪrɪə] N Síria
Syrian ['sɪrɪən] ADJ, N sírio(-a)
syringe [sɪ'rɪndʒ] N seringa
syrup ['sɪrəp] N xarope *m*; (*Brit: also*: **golden syrup**) melaço
syrupy ['sɪrəpɪ] ADJ xaroposo
system ['sɪstəm] N sistema *m*; (*method*) método; (*Anat*) organismo
systematic [sɪstə'mætɪk] ADJ sistemático
system disk N (*Comput*) disco do sistema
systems analyst N analista *m/f* de sistemas

Tt

T, t [tiː] N (*letter*) T, t *m*; **T for Tommy** T de Tereza
TA (*Brit*) N ABBR = **Territorial Army**
ta [tɑː] (*Brit*: *inf*) EXCL obrigado(-a)
tab [tæb] N ABBR = **tabulator** ■ N lingüeta, aba; (*label*) etiqueta; **to keep ~s on** (*fig*) vigiar
tabby ['tæbɪ] N (*also*: **tabby cat**) gato malhado *or* listrado
table ['teɪbl] N mesa; (*of statistics etc*) quadro, tabela ■ VT (*motion etc*) apresentar; **to lay** *or* **set the ~** pôr a mesa; **to clear the ~** tirar a mesa; **league ~** (*Brit*: *Football*) classificação *f* dos times; **~ of contents** índice *m*, sumário
tablecloth ['teɪblklɔθ] N toalha de mesa
table d'hôte [tɑːbl'dəut] N refeição *f* comercial
table lamp N abajur *m* (BR), candeeiro (PT)
tableland ['teɪbllænd] N planalto
table mat N descanso
table salt N sal *m* fino
tablespoon ['teɪblspuːn] N colher *f* de sopa; (*also*: **tablespoonful**: *as measurement*) colherada
tablet ['tæblɪt] N (*Med*) comprimido; (: *for sucking*) pastilha; (*for writing*) bloco; (*of stone*) lápide *f*; **~ of soap** (*Brit*) sabonete *m*
table tennis N pingue-pongue *m*, tênis *m* de mesa
table wine N vinho de mesa
tabloid ['tæblɔɪd] N (*newspaper*) tablóide *m*; **the ~s** os jornais populares; **tabloid press** N *ver abaixo*

TABLOID PRESS

O termo *tabloid press* refere-se aos jornais populares de formato meio jornal que apresentam muitas fotografias e adotam um estilo bastante conciso. O público-alvo desses jornais é composto por leitores que se interessam pelos fatos do dia que contenham um certo toque de escândalo; veja *quality (news)papers*.

taboo [tə'buː] N tabu *m* ■ ADJ tabu
tabulate ['tæbjuleɪt] VT (*data*, *figures*) dispor em forma de tabela
tabulator ['tæbjuleɪtəʳ] N tabulador *m*
tachograph ['tækəgrɑːf] N tacógrafo
tachometer [tæ'kɔmɪtəʳ] N tacômetro
tacit ['tæsɪt] ADJ tácito, implícito
taciturn ['tæsɪtəːn] ADJ taciturno
tack [tæk] N (*nail*) tachinha, percevejo; (*Brit*: *stitch*) alinhavo; (*Naut*) amura ■ VT prender com tachinha; alinhavar ■ VI virar de bordo; **to change ~** virar de bordo; (*fig*) mudar de tática; **to ~ sth on to (the end of) sth** anexar algo a algo
tackle ['tækl] N (*gear*) equipamento; (*also*: **fishing tackle**) apetrechos *mpl*; (*for lifting*) guincho; (*Football*) ato de tirar a bola de adversário ■ VT (*difficulty*) atacar; (*challenge*: *person*) desafiar; (*grapple with*) atracar-se com; (*Football*) tirar a bola de
tacky ['tækɪ] ADJ pegajoso, grudento; (*inf*: *tasteless*) cafona
tact [tækt] N tato, diplomacia
tactful ['tæktful] ADJ diplomático; **to be ~** ser diplomata
tactfully ['tæktfulɪ] ADV discretamente, com tato
tactical ['tæktɪkl] ADJ tático
tactics ['tæktɪks] N, NPL tática
tactless ['tæktlɪs] ADJ sem diplomacia
tactlessly ['tæktlɪslɪ] ADV indiscretamente
tadpole ['tædpəul] N girino
taffy ['tæfɪ] (*US*) N puxa-puxa *m* (BR), caramelo (PT)
tag [tæg] N (*label*) etiqueta; **price/name ~** etiqueta de preço/com o nome
▸ **tag along** VI seguir
Tahiti [tɑː'hiːtɪ] N Taiti (*no article*)
tail [teɪl] N rabo; (*of bird*, *comet*, *plane*) cauda; (*of shirt*, *coat*) aba ■ VT (*follow*) seguir bem de perto; **to turn ~** dar no pé; *see also* **head**
▸ **tail away** VI (*in size*, *quality etc*) diminuir gradualmente
▸ **tail off** VI (*in size*, *quality etc*) diminuir gradualmente
tailback ['teɪlbæk] (*Brit*) N fila (de carros)
tail coat N fraque *m*
tail end N (*of train*) cauda; (*of procession*) parte *f* final

tailgate ['teɪlgeɪt] N (*Aut*) porta traseira
tailor ['teɪlə^r] N alfaiate *m* ■ VT: **to ~ sth (to)** adaptar algo (a); **~'s (shop)** alfaiataria
tailoring ['teɪlərɪŋ] N (*cut*) feitio; (*craft*) oficio de alfaiate
tailor-made ADJ feito sob medida; (*fig*) especial
tailwind ['teɪlwɪnd] N vento de popa *or* de cauda
taint [teɪnt] VT (*meat, food*) estragar; (*fig: reputation*) manchar
tainted ['teɪntɪd] ADJ (*food*) estragado, passado; (*water, air*) poluído; (*fig*) manchado
Taiwan ['taɪ'wɑ:n] N Taiuan (*no article*)
take [teɪk] (*pt* **took**, *pp* **taken**) VT (*gen*) tomar; (*photo, holiday*) tirar; (*grab*) pegar (em); (*gain: prize*) ganhar; (*require: effort, courage*) requerer, exigir; (*tolerate*) agüentar; (*accompany, bring, carry: person*) acompanhar, trazer; (: *thing*) trazer, carregar; (*exam*) fazer; (*hold: passengers etc*): **it ~s 50 people** cabem 50 pessoas ■ VI (*dye, fire*) pegar ■ N (*Cinema*) tomada; **to ~ sth from** (*drawer etc*) tirar algo de; (*person*) pegar algo de; **I ~ it that ...** suponho que ...; **I took him for a doctor** eu o tomei por médico; **to ~ sb's hand** pegar a mão de alguém; **to ~ for a walk** levar a passeio; **to be ~n ill** adoecer, ficar doente; **to ~ it upon o.s. to do sth** assumir a responsabilidade de fazer algo; **~ the first (street) on the left** pega a primeira (rua) à esquerda; **it won't ~ long** não vai demorar muito; **I was quite ~n with it/her** gostei muito daquilo/dela
▸ **take after** VT FUS parecer-se com
▸ **take apart** VT desmontar
▸ **take away** VT (*extract*) tirar; (*carry off*) levar; (*subtract*) subtrair ■ VI: **to ~ away from** diminuir
▸ **take back** VT (*return*) devolver; (*one's words*) retirar
▸ **take down** VT (*building*) demolir; (*dismantle*) desmontar; (*letter etc*) tomar por escrito
▸ **take in** VT (*deceive*) enganar; (*understand*) compreender; (*include*) abranger; (*lodger*) receber; (*orphan, stray dog*) acolher; (*dress etc*) apertar
▸ **take off** VI (*Aviat*) decolar; (*go away*) ir-se ■ VT (*remove*) tirar; (*imitate*) imitar
▸ **take on** VT (*work*) empreender; (*employee*) empregar; (*opponent*) desafiar
▸ **take out** VT tirar; (*extract*) extrair; (*invite*) acompanhar; (*licence*) tirar; **to ~ sth out of** tirar algo de; **don't ~ it out on me!** não descarregue em cima de mim!
▸ **take over** VT (*business*) assumir; (*country*) tomar posse de ■ VI: **to ~ over from sb** suceder a alguém
▸ **take to** VT FUS (*person*) simpatizar com; (*activity*) afeiçoar-se a; **to ~ to doing sth** criar o hábito de fazer algo
▸ **take up** VT (*dress*) encurtar; (*story*) continuar; (*occupy: time, space*) ocupar; (*engage in: hobby etc*) dedicar-se a; (*accept: offer, challenge*) aceitar; (*absorb: liquids*) absorver ■ VI: **to ~ up with sb** fazer amizade com alguém; **to ~ sb up on a suggestion/offer** aceitar a oferta/sugestão de alguém sobre algo
takeaway ['teɪkəweɪ] (*Brit*) ADJ (*food*) para levar
take-home pay N salário líquido
taken ['teɪkən] PP *of* **take**
takeoff ['teɪkɔf] N (*Aviat*) decolagem *f*
takeout ['teɪkaut] (*US*) ADJ (*food*) para levar
takeover ['teɪkəuvə^r] N (*Comm*) aquisição *f* de controle; **takeover bid** N oferta pública de aquisição de controle
takings ['teɪkɪŋz] NPL (*Comm*) receita, renda
talc [tælk] N (*also*: **talcum powder**) talco
tale [teɪl] N (*story*) conto; (*account*) narrativa; **to tell ~s** (*fig: lie*) dizer mentiras; (: *sneak*) dedurar
talent ['tælənt] N talento
talented ['tæləntɪd] ADJ talentoso
talent scout N caçador(a) *m/f* de talentos
talk [tɔ:k] N conversa, fala; (*gossip*) mexerico, fofocas *fpl*; (*conversation*) conversa, conversação *f* ■ VI (*speak*) falar; (*chatter*) bater papo, conversar; **talks** NPL (*Pol etc*) negociações *fpl*; **to give a ~** dar uma palestra; **to ~ about** falar sobre; **~ing of films, have you seen ...?** por falar em filmes, você viu ...?; **to ~ sb into doing sth** convencer alguém a fazer algo; **to ~ sb out of doing sth** dissuadir alguém de fazer algo; **to ~ shop** falar sobre negócios/questões profissionais
▸ **talk over** VT discutir
talkative ['tɔ:kətɪv] ADJ loquaz, tagarela
talker ['tɔ:kə^r] N falador(a) *m/f*
talking point ['tɔ:kɪŋ-] N assunto para discussão
talking-to ['tɔ:kɪŋ-] N: **to give sb a good ~** passar um sabão em alguém
talk show N (*TV, Radio*) programa *m* de entrevistas
tall [tɔ:l] ADJ alto; (*tree*) grande; **to be 6 feet ~** medir 6 pés, ter 6 pés de altura; **how ~ are you?** qual é a sua altura?
tallboy ['tɔ:lbɔɪ] (*Brit*) N cômoda alta
tallness ['tɔ:lnɪs] N altura
tall story N estória inverossímil
tally ['tælɪ] N conta ■ VI: **to ~ (with)** conferir (com); **to keep a ~ of sth** fazer um registro de algo
talon ['tælən] N garra
tambourine [tæmbə'ri:n] N tamborim *m*, pandeiro
tame [teɪm] ADJ (*animal, bird*) domesticado; (*mild*) manso; (*fig: story, style*) sem graça, insípido
tamper ['tæmpə^r] VI: **to ~ with** mexer em
tampon ['tæmpən] N tampão *m* higiénico
tan [tæn] N (*also*: **suntan**) bronzeado ■ VT bronzear ■ VI bronzear-se ■ ADJ (*colour*) bronzeado, marrom claro; **to get a ~** bronzear-se
tandem ['tændəm] N tandem *m*; **in ~** junto
tang [tæŋ] N sabor *m* forte
tangent ['tændʒənt] N (*Math*) tangente *f*; **to go off at a ~** (*fig*) sair pela tangente
tangerine [tændʒə'ri:n] N tangerina, mexerica

tangible ['tændʒəbl] ADJ tangível; **~ assets** ativos *mpl* tangíveis
tangle ['tæŋgl] N emaranhado ■ VT emaranhar; **to get in(to) a ~** meter-se num rolo
tango ['tæŋgəu] N tango
tank [tæŋk] N (*water tank*) depósito, tanque *m*; (*for fish*) aquário; (*Mil*) tanque *m*
tankard ['tæŋkəd] N canecão *m*
tanker ['tæŋkə^{r}] N (*ship*) navio-tanque *m*; (: *for oil*) petroleiro; (*truck*) caminhão-tanque *m*
tanned [tænd] ADJ (*skin*) moreno, bronzeado
tannin ['tænɪn] N tanino
tanning ['tænɪŋ] N (*of leather*) curtimento
tannoy® ['tænɔɪ] (*Brit*) N alto-falante *m*; **over the tannoy** nos alto-falantes
tantalizing ['tæntəlaɪzɪŋ] ADJ tentador(a)
tantamount ['tæntəmaunt] ADJ: **~ to** equivalente a
tantrum ['tæntrəm] N chilique *m*, acesso (de raiva); **to throw a ~** ter um chilique *or* acesso
Tanzania [tænzə'nɪə] N Tanzânia
Tanzanian [tænzə'nɪən] ADJ, N tanzaniano(-a)
tap [tæp] N (*on sink etc*) torneira; (*gentle blow*) palmadinha; (*gas tap*) chave *f* ■ VT dar palmadinha em, bater de leve; (*resources*) utilizar, explorar; (*telephone*) grampear; **on ~** (*beer*) de barril; (*resources*) disponível
tap-dancing N sapateado
tape [teɪp] N fita; (*also*: **magnetic tape**) fita magnética; (*sticky tape*) fita adesiva ■ VT (*record*) gravar (em fita); (*stick with tape*) colar; **on ~** (*song etc*) em fita; **tape deck** N gravador *m*, toca-fitas *m inv*; **tape measure** N fita métrica, trena
taper ['teɪpə^{r}] N círio ■ VI afilar-se, estreitar-se
tape-record VT gravar (em fita)
tape recorder N gravador *m*
tape recording N gravação *f* (em fita)
tapered ['teɪpəd] ADJ afilado
tapering ['teɪpərɪŋ] ADJ afilado
tapestry ['tæpɪstrɪ] N (*object*) tapete *m* de parede; (*art*) tapeçaria
tapeworm ['teɪpwə:m] N solitária
tapioca [tæpɪ'əukə] N tapioca
tappet ['tæpɪt] N (*Aut*) tucho (BR), ponteiro de válvula (PT)
tar [tɑ:] N alcatrão *m*; (*on road*) piche *m*; **low-/middle-~ cigarettes** cigarros com baixo/médio teor de alcatrão
tarantula [tə'ræntjulə] N tarântula
tardy ['tɑ:dɪ] ADJ tardio
target ['tɑ:gɪt] N alvo; (*fig*: *objective*) objetivo; **to be on ~** (*project*) progredir segundo as previsões; **target practice** N exercício de tiro ao alvo
tariff ['tærɪf] N tarifa; **tariff barrier** N barreira alfandegária
tarmac ['tɑ:mæk] N (*Brit*: *on road*) macadame *m*; (*Aviat*) pista ■ VT (*Brit*) asfaltar
tarnish ['tɑ:nɪʃ] VT empanar o brilho de
tarpaulin [tɑ:'pɔ:lɪn] N lona alcatroada
tarragon ['tærəgən] N estragão *m*
tart [tɑ:t] N (*Culin*) torta; (*Brit*: *inf*: *pej*: *woman*) piranha ■ ADJ (*flavour*) ácido, azedo
▶ **tart up** (*inf*) VT arrumar, dar um jeito em; **to ~ o.s. up** arrumar-se; (*pej*) empetecar-se
tartan ['tɑ:tn] N pano escocês axadrezado, tartan *m* ■ ADJ axadrezado
tartar ['tɑ:tə^{r}] N (*on teeth*) tártaro
tartar(e) sauce ['tɑ:tə^{r}-] N molho tártaro
task [tɑ:sk] N tarefa; **to take to ~** repreender; **task force** N (*Mil*, *Police*) força-tarefa
taskmaster ['tɑ:skmɑ:stə^{r}] N: **he's a hard ~** ele é muito exigente
Tasmania [tæz'meɪnɪə] N Tasmânia *f*
tassel ['tæsl] N borla, pendão *m*
taste [teɪst] N gosto; (*also*: **aftertaste**) gosto residual; (*sip*) golinho; (*sample*, *fig*: *glimpse*, *idea*) amostra, idéia ■ VT (*get flavour of*) provar; (*test*) experimentar ■ VI: **to ~ of** *or* **like** (*fish etc*) ter gosto *or* sabor de; **you can ~ the garlic (in it)** sente-se o gosto de alho; **can I have a ~ of this wine?** posso provar o vinho?; **to have a ~ for** sentir predileção por; **in good/bad ~** de bom/mau gosto; **taste bud** N papila gustativa
tasteful ['teɪstful] ADJ de bom gosto
tastefully ['teɪstfulɪ] ADV com bom gosto
tasteless ['teɪstlɪs] ADJ (*food*) insípido, insosso; (*remark*) de mau gosto
tasty ['teɪstɪ] ADJ saboroso, delicioso
tattered ['tætəd] ADJ esfarrapado
tatters ['tætəz] NPL: **in ~** (*clothes*) em farrapos; (*papers etc*) em pedaços
tattoo [tə'tu:] N tatuagem *f*; (*spectacle*) espetáculo militar ■ VT tatuar
tatty ['tætɪ] (*Brit*: *inf*) ADJ (*clothes*) surrado; (*shop*, *area*) mal-cuidado
taught [tɔ:t] PT, PP *of* **teach**
taunt [tɔ:nt] N zombaria, escárnio ■ VT zombar de, mofar de
Taurus ['tɔ:rəs] N Touro
taut [tɔ:t] ADJ esticado
tavern ['tævən] N taverna
tawdry ['tɔ:drɪ] ADJ de mau gosto, espalhafatoso, berrante
tawny ['tɔ:nɪ] ADJ moreno, trigueiro
tax [tæks] N imposto ■ VT tributar; (*fig*: *test*) sobrecarregar; (: *patience*) esgotar; **before/after ~** antes/depois de impostos; **free of ~** isento de impostos
taxable ['tæksəbl] ADJ (*income*) tributável
tax allowance N abatimento da renda
taxation [tæk'seɪʃən] N (*system*) tributação *f*; (*money paid*) imposto; **system of ~** sistema fiscal
tax avoidance N evasão *f* de impostos
tax collector N cobrador(a) *m/f* de impostos
tax disc (*Brit*) N (*Aut*) ≈ plaqueta
tax evasion N sonegação *f* fiscal
tax exemption N isenção *f* de impostos
tax exile N *pessoa que se expatria para evitar impostos excessivos*
tax-free ADJ isento de impostos
tax haven N refúgio fiscal
taxi ['tæksɪ] N táxi *m* ■ VI (*Aviat*) taxiar
taxidermist ['tæksɪdə:mɪst] N taxidermista *m/f*

taxi driver N motorista *m/f* de táxi
taximeter ['tæksɪmi:tə^{r}] N taxímetro
tax inspector (*Brit*) N fiscal *m/f* de imposto de renda
taxi rank (*Brit*) N ponto de táxi
taxi stand N ponto de táxi
tax payer N contribuinte *m/f*
tax rebate N devolução *f* de imposto de renda
tax relief N isenção *f* de imposto
tax return N declaração *f* de rendimentos
tax year N ano fiscal, exercício
TB ABBR *of* **tuberculosis**
TD (*US*) N ABBR = **Treasury Department**; (*Football*) = **touchdown**
tea [ti:] N chá *m*; (*Brit*: *meal*) refeigão *f* à noite; **high ~** (*Brit*) ajantarado; **tea bag** N saquinho (BR) *or* carteira (PT) de chá; **tea break** (*Brit*) N pausa (para o chá)
teacake ['ti:keɪk] (*Brit*) N pãozinho doce
teach [ti:tʃ] (*pt, pp* **taught**) VT: **to ~ sb sth, ~ sth to sb** ensinar algo a alguém; (*in school*) lecionar ■ VI ensinar; (*be a teacher*) lecionar; **it taught him a lesson** (*fig*) isto lhe serviu de lição
teacher ['ti:tʃə^{r}] N professor(a) *m/f*; **teacher training college** N faculdade *f* de formação de professores
teaching ['ti:tʃɪŋ] N ensino; (*as profession*) magistério; **teaching aids** NPL recursos *mpl* de ensino; **teaching hospital** (*Brit*) N hospital *m* escola; **teaching staff** (*Brit*) N corpo docente
tea cosy N coberta do bule, abafador *m*
teacup ['ti:kʌp] N xícara (BR) *or* chávena (PT) de chá
teak [ti:k] N (madeira de) teca ■ CPD de teca
tea leaves NPL folhas *fpl* de chá
team [ti:m] N (*Sport*) time *m* (BR), equipa (PT); (*group*) equipe *f* (BR), equipa (PT); (*of animals*) parelha
▸ **team up** VI: **to ~ up (with)** agrupar-se (com)
team games NPL jogos *mpl* de equipe
teamwork ['ti:mwə:k] N trabalho de equipe
tea party N chá *m* (*reunião*)
teapot ['ti:pɔt] N bule *m* de chá
tear^{1} [tɪə^{r}] N lágrima; **in ~s** chorando, em lágrimas; **to burst into ~s** romper em lágrimas
tear^{2} [tɛə^{r}] (*pt* **tore**, *pp* **torn**) N rasgão *m* ■ VT rasgar ■ VI rasgar-se; **to ~ to pieces** *or* **to bits** *or* **to shreds** despedaçar, estraçalhar; (*fig*) arrasar com
▸ **tear along** VI (*rush*) precipitar-se
▸ **tear apart** VT rasgar; (*fig*) arrasar
▸ **tear away** VT: **to ~ o.s. away (from sth)** desgrudar-se (de algo)
▸ **tear out** VT (*sheet of paper, cheque*) arrancar
▸ **tear up** VT rasgar
tearaway ['tɛərəweɪ] (*inf*) N bagunceiro(-a)
teardrop ['tɪədrɔp] N lágrima
tearful ['tɪəful] ADJ choroso
tear gas N gás *m* lacrimogênio
tearoom ['ti:ru:m] N salão *m* de chá
tease [ti:z] N implicante *m/f* ■ VT implicar com
tea set N aparelho de chá
teashop ['ti:ʃɔp] N salão *m* de chá
teaspoon ['ti:spu:n] N colher *f* de chá; (*also*: **teaspoonful**: *as measurement*) (conteúdo de) colher de chá
tea strainer N coador *m* (de chá)
teat [ti:t] N (*of bottle*) bico (de mamadeira)
teatime ['ti:taɪm] N hora do chá
tea towel (*Brit*) N pano de prato
tea urn N samovar *m*
tech [tɛk] (*inf*) N ABBR = **technology**; **technical college**
technical ['tɛknɪkl] ADJ técnico; **technical college** (*Brit*) N escola técnica
technicality [tɛknɪ'kælɪtɪ] N detalhe *m* técnico
technically ['tɛknɪklɪ] ADV tecnicamente
technician [tɛk'nɪʃn] N técnico(-a)
technique [tɛk'ni:k] N técnica
technocrat ['tɛknəkræt] N tecnocrata *m/f*
technological [tɛknə'lɔdʒɪkl] ADJ tecnológico
technologist [tɛk'nɔlədʒɪst] N tecnólogo(-a)
technology [tɛk'nɔlədʒɪ] N tecnologia
teddy (*bear*) ['tɛdɪ-] N ursinho de pelúcia
tedious ['ti:dɪəs] ADJ maçante, chato
tedium ['ti:dɪəm] N tédio
tee [ti:] N (*Golf*) tee *m*
teem [ti:m] VI abundar, pulular; **to ~ with** abundar em; **it is ~ing (with rain)** está chovendo a cântaros
teenage ['ti:neɪdʒ] ADJ (*fashions etc*) de *or* para adolescentes
teenager ['ti:neɪdʒə^{r}] N adolescente *m/f*, jovem *m/f*
teens [ti:nz] NPL: **to be in one's ~** estar entre os 13 e 19 anos, estar na adolescência
tee-shirt N = **T-shirt**
teeter ['ti:tə^{r}] VI balançar-se
teeth [ti:θ] NPL *of* **tooth**
teethe [ti:ð] VI começar a ter dentes
teething ring ['ti:ðɪŋ-] N mastigador *m* para a dentição
teething troubles ['ti:ðɪŋ-] NPL (*fig*) dificuldades *fpl* iniciais
teetotal ['ti:'təutl] ADJ (*person*) abstêmio
teetotaller ['ti:'təutlə^{r}] (*US* **teetotaler**) N abstêmio(-a)
TEFL ['tɛfl] N ABBR = **Teaching of English as a Foreign Language**
Teheran [tɛə'rɑ:n] N Teerã (BR), Teerão (PT)
tel. ABBR (= *telephone*) tel
Tel Aviv ['tɛlə'vi:v] N Telavive
telecast ['tɛlɪkɑ:st] (*irreg*: *like* **cast**) VT televisionar, transmitir por televisão
telecommunications [tɛlɪkəmju:nɪ'keɪʃənz] N telecomunicações *fpl*
teleconferencing ['telɪkɔnfərənsɪŋ] N teleconferência *f*
telegram ['tɛlɪgræm] N telegrama *m*
telegraph ['tɛlɪgrɑ:f] N telégrafo
telegraphic [tɛlɪ'græfɪk] ADJ telegráfico
telegraph pole N poste *m* telegráfico
telegraph wire N fio telegráfico

telepathic [tɛlɪ'pæθɪk] ADJ telepático
telepathy [tə'lɛpəθɪ] N telepatia
telephone ['tɛlɪfəun] N telefone *m* ■ VT (*person*) telefonar para; (*message*) telefonar; **to be on the ~** (*Brit*), **to have a ~** (*subscriber*) ter telefone; **to be on the ~** (*be speaking*) estar falando no telefone; **telephone booth** (*BRIT* **telephone box**) N cabine *f* telefônica; **telephone call** N telefonema *m*; **telephone directory** N lista telefônica, catálogo (BR); **telephone exchange** N estação *f* telefônica; **telephone kiosk** (*Brit*) N cabine *f* telefônica; **telephone number** N (número de) telefone *m*; **telephone operator** N telefonista *m/f*; **telephone tapping** [-'tæpɪŋ] N escuta telefônica
telephonist [tə'lɛfənɪst] (*Brit*) N telefonista *m/f*
telephoto ['tɛlɪfəutəu] ADJ: **~ lens** teleobjetivo
teleprinter ['tɛlɪprɪntəʳ] N teletipo
Teleprompter® ['tɛlɪprɔmptəʳ] (*US*) N ponto mecânico
telesales ['tɛlɪseɪlz] NPL televendas *fpl*
telescope ['tɛlɪskəup] N telescópio ■ VT, VI abrir (*or* fechar) como um telescópio
telescopic [tɛlɪ'skɔpɪk] ADJ telescópico; (*legs, aerial*) desmontável
Teletext® ['tɛlətɛks] N (*Tel*) videotexto
televiewer ['tɛlɪvju:əʳ] N telespectador(a) *m/f*
televise ['tɛlɪvaɪz] VT televisar, televisionar
television ['tɛlɪvɪʒən] N televisão *f*; **on ~** na televisão; **television licence** (*Brit*) N *licença para utilizar um televisor*; **television programme** N programa *m* de televisão; **television set** N (aparelho de) televisão *f*, televisor *m*
teleworking ['tɛlɪwɜ:kɪŋ] N teletrabalho *m*
telex ['tɛlɛks] N telex *m* ■ VT (*message*) enviar por telex, telexar; (*person*) mandar um telex para ■ VI enviar um telex
tell [tɛl] (*pt, pp* **told**) VT dizer; (*relate: story*) contar; (*distinguish*): **to ~ sth from** distinguir algo de ■ VI (*have effect*) ter efeito; (*talk*): **to ~ (of)** falar (de *or* em); **to ~ sb to do sth** dizer para alguém fazer algo; (*order*) mandar alguém fazer algo; **to ~ sb about sth** falar a alguém de algo; (*what happened*) contar algo a alguém; **to ~ the time** (*know how to*) dizer as horas; (*clock*) marcar as horas; **can you ~ me the time?** pode me dizer a hora?; **(I) ~ you what ...** escuta ...; **I can't ~ them apart** não consigo diferenciar um do outro; **to ~ the difference** sentir a diferença; **how can you ~?** como você sabe?
▸ **tell off** VT repreender
▸ **tell on** VT FUS (*inform against*) delatar, dedurar
teller ['tɛləʳ] N (*in bank*) caixa *m/f*
telling ['tɛlɪŋ] ADJ (*remark, detail*) revelador(a)
telltale ['tɛltɛɪl] ADJ (*sign*) revelador(a)
telly ['tɛlɪ] (*Brit: inf*) N ABBR = **television**
temerity [tə'mɛrɪtɪ] N temeridade *f*
temp [tɛmp] (*Brit: inf*) ABBR = **temporary** ■ N temporário(-a) ■ VI trabalhar como temporário(-a)
temper ['tɛmpəʳ] N (*nature*) temperamento; (*mood*) humor *m*; (*bad temper*) mau gênio; (*fit of anger*) cólera; (*of child*) birra ■ VT (*moderate*) moderar; **to be in a ~** estar de mau humor; **to lose one's ~** perder a paciência *or* a calma, ficar zangado; **to keep one's ~** controlar-se
temperament ['tɛmprəmənt] N (*nature*) temperamento
temperamental [tɛmprə'mɛntl] ADJ temperamental
temperance ['tɛmpərəns] N moderação *f*; (*in drinking*) sobriedade *f*
temperate ['tɛmprət] ADJ moderado; (*climate*) temperado
temperature ['tɛmprətʃəʳ] N temperatura; **to have** *or* **run a ~** ter febre; **temperature chart** N (*Med*) tabela de temperatura
tempered ['tɛmpəd] ADJ (*steel*) temperado
tempest ['tɛmpɪst] N tempestade *f*
tempestuous [tɛm'pɛstjuəs] ADJ (*relationship*) tempestuoso
tempi ['tempi:] NPL *of* **tempo**
template ['tɛmplɪt] N molde *m*
temple ['tɛmpl] N (*building*) templo; (*Anat*) têmpora
templet ['tɛmplɪt] N = **template**
tempo ['tɛmpəu] (*pl* **tempi**) N tempo; (*fig: of life etc*) ritmo
temporal ['tɛmpərəl] ADJ temporal
temporarily ['tɛmpərərɪlɪ] ADV temporariamente; (*closed*) provisoriamente
temporary ['tɛmpərərɪ] ADJ temporário; (*passing*) transitório; **~ secretary** secretária temporária; **~ teacher** professor suplente
temporize ['tɛmpəraɪz] VI temporizar
tempt [tɛmpt] VT tentar; **to ~ sb into doing sth** tentar *or* induzir alguém a fazer algo; **to be ~ed to do sth** ser tentado a fazer algo
temptation [tɛmp'teɪʃən] N tentação *f*
tempting ['tɛmptɪŋ] ADJ tentador(a)
ten [tɛn] NUM dez ■ N: **~s of thousands** milhares *mpl* e milhares; *see also* **five**
tenable ['tɛnəbl] ADJ sustentável
tenacious [tə'neɪʃəs] ADJ tenaz
tenacity [tə'næsɪtɪ] N tenacidade *f*
tenancy ['tɛnənsɪ] N aluguel *m*; (*of house*) locação *f*
tenant ['tɛnənt] N inquilino(-a), locatário(-a)
tend [tɛnd] VT (*sick etc*) cuidar de; (*machine*) vigiar ■ VI: **to ~ to do sth** tender a fazer algo
tendency ['tɛndənsɪ] N tendência
tender ['tɛndəʳ] ADJ (*person, heart, core*) tenro; (*age*) tenro; (*delicate*) delicado; (*sore*) sensível, dolorido; (*meat*) macio ■ N (*Comm: offer*) oferta, proposta; (*money*): **legal ~** moeda corrente *or* legal ■ VT oferecer; **to ~ one's resignation** pedir demissão; **to put in a ~ (for)** apresentar uma proposta (para); **to put work out to ~** (*Brit*) abrir concorrência para uma obra
tenderize ['tɛndəraɪz] VT (*Culin*) amaciar
tenderly ['tɛndəlɪ] ADV afetuosamente
tenderness ['tɛndənɪs] N ternura; (*of meat*) maciez *f*
tendon ['tɛndən] N tendão *m*

tenement ['tɛnəmənt] N conjunto habitacional
Tenerife [tɛnə'ri:f] N Tenerife (*no article*)
tenet ['tɛnət] N princípio
tenner ['tɛnəʳ] (*Brit*: *inf*) N nota de dez libras
tennis ['tɛnɪs] N tênis *m* ■ CPD (*match, racket etc*) de tênis; **tennis ball** N bola de tênis; **tennis court** N quadra de tênis; **tennis elbow** N (*Med*) sinovite *f* do cotovelo; **tennis player** N jogador(a) *m/f* de tênis; **tennis racket** N raquete *f* de tênis; **tennis shoes** NPL tênis *m*
tenor ['tɛnəʳ] N (*Mus*) tenor *m*; (*of speech etc*) teor *m*
tenpin bowling ['tɛnpɪn-] (*Brit*) N boliche *m* com 10 paus
tense [tɛns] ADJ tenso; (*muscle*) rígido, teso ■ N (*Ling*) tempo ■ VT (*tighten*: *muscles*) retesar
tenseness ['tɛnsnɪs] N tensão *f*
tension ['tɛnʃən] N tensão *f*
tent [tɛnt] N tenda, barraca
tentacle ['tɛntəkl] N tentáculo
tentative ['tɛntətɪv] ADJ (*conclusion*) provisório, tentativo; (*person*) hesitante, indeciso
tenterhooks ['tɛntəhuks] NPL: **on ~** em suspense
tenth [tɛnθ] NUM décimo; *see also* **fifth**
tent peg N estaca
tent pole N pau *m*
tenuous ['tɛnjuəs] ADJ tênue
tenure ['tɛnjuəʳ] N (*of property*) posse *f*; (*of job*) estabilidade *f*
tepid ['tɛpɪd] ADJ tépido, morno
term [tə:m] N (*Comm*) prazo; (*word, expression*) termo, expressão *f*; (*period*) período; (*Sch*) trimestre *m*; (*Law*) sessão *f* ■ VT denominar; **terms** NPL (*conditions*) condições *fpl*; (*Comm*) cláusulas *fpl*, termos *mpl*; **in ~s of ...** em função de ...; **~ of imprisonment** pena de prisão; **his ~ of office** seu mandato; **in the short/long ~** a curto/longo prazo; **to be on good ~s with sb** dar-se bem com alguém; **to come to ~s with** (*person*) chegar a um acordo com; (*problem*) aceitar
terminal ['tə:mɪnl] ADJ incurável ■ N (*Elec*) borne *m*; (*Brit*: *also*: **air terminal**) terminal *m*; (*for oil, ore etc, also*: *Comput*) terminal *m*; (*Brit*: *also*: **coach terminal**) estação *f* rodoviária
terminate ['tə:mɪneɪt] VT terminar ■ VI: **to ~ in** acabar em; **to ~ a pregnancy** fazer um aborto
termination [tə:mɪ'neɪʃən] N término; (*of contract*) rescisão *f*; **~ of pregnancy** (*Med*) interrupção da gravidez
termini ['tə:mɪnaɪ] NPL *of* **terminus**
terminology [tə:mɪ'nɔlədʒɪ] N terminologia
terminus ['tə:mɪnəs] (*pl* **termini**) N terminal *m*
termite ['tə:maɪt] N cupim *m*
Ter(r). ABBR = **terrace**
terrace ['tɛrəs] N terraço; (*Brit*: *row of houses*) lance *m* de casas; **the terraces** NPL (*Brit*: *Sport*) a arquibancada (BR), a geral (PT)
terraced ['tɛrəst] ADJ (*house*) ladeado por outras casas; (*garden*) em dois níveis
terracotta ['tɛrə'kɔtə] N terracota
terrain [tɛ'reɪn] N terreno
terrible ['tɛrɪbl] ADJ terrível, horroroso; (*conditions*) precário; (*inf*: *awful*) terrível
terribly ['tɛrɪblɪ] ADV terrivelmente; (*very badly*) pessimamente
terrier ['tɛrɪəʳ] N terrier *m*
terrific [tə'rɪfɪk] ADJ terrível, magnífico; (*wonderful*) maravilhoso, sensacional
terrify ['tɛrɪfaɪ] VT apavorar
territorial [tɛrɪ'tɔ:rɪəl] ADJ territorial; **territorial waters** NPL águas *fpl* territoriais
territory ['tɛrɪtərɪ] N território
terror ['tɛrəʳ] N terror *m*
terrorism ['tɛrərɪzəm] N terrorismo
terrorist ['tɛrərɪst] N terrorista *m/f*
terrorize ['tɛrəraɪz] VT aterrorizar
terse [tə:s] ADJ (*style*) conciso, sucinto; (*reply*) brusco
tertiary ['tə:ʃərɪ] ADJ terciário; **~ education** (*Brit*) ensino superior
Terylene® ['tɛrɪli:n] (*Brit*) N tergal® *m*
TESL ['tɛsl] N ABBR = **Teaching of English as a Second Language**
test [tɛst] N (*trial, check*) prova, ensaio; (: *of goods in factory*) controle *m*; (*of courage etc, Chem*) prova; (*Med*) exame *m*; (*exam*) teste *m*, prova; (*also*: **driving test**) exame de motorista ■ VT testar, pôr à prova; **to put sth to the ~** pôr algo à prova
testament ['tɛstəmənt] N testamento; **the Old/New T~** o Velho/Novo Testamento
test ban N (*also*: **nuclear test ban**) proibição *f* de testes nucleares
test case N (*Law, fig*) caso exemplar
test flight N teste *m* de vôo
testicle ['tɛstɪkl] N testículo
testify ['tɛstɪfaɪ] VI (*Law*) depor, testemunhar; **to ~ to sth** (*Law*) atestar algo; (*gen*) testemunhar algo
testimonial [tɛstɪ'məunɪəl] N (*reference*) carta de recomendação; (*gift*) obséquio, tributo
testimony ['tɛstɪmənɪ] N (*Law*) testemunho, depoimento; **to be (a) ~ to** ser uma prova de
testing ['tɛstɪŋ] ADJ (*situation, period*) difícil; **testing ground** N campo de provas
test match N (*Cricket, Rugby*) jogo internacional
test paper N (*Sch*) prova escrita
test pilot N piloto de prova
test tube N proveta, tubo de ensaio
test-tube baby N bebê *m* de proveta
testy ['tɛstɪ] ADJ rabugento, irritável
tetanus ['tɛtənəs] N tétano
tetchy ['tɛtʃɪ] ADJ irritável
tether ['tɛðəʳ] VT amarrar ■ N: **at the end of one's ~** a ponto de perder a paciência *or* as estribeiras
text [tɛkst] N texto; (*also*: **text message**) mensagem *f* de texto; (*fam*) torpedo
textbook ['tɛkstbuk] N livro didático; (*Sch*) livro escolar
textiles ['tɛkstaɪlz] NPL têxteis *mpl*; (*textile industry*) indústria têxtil

texture ['tɛkstʃəʳ] N textura
TGIF (*inf*) ABBR = **thank God it's Friday**
TGWU (*Brit*) N ABBR (= *Transport and General Workers' Union*) *sindicato dos transportadores*
Thai [taɪ] ADJ tailandês(-esa) ■ N tailandês(-esa) *m/f*; (*Ling*) tailandês *m*
Thailand ['taɪlænd] N Tailândia
thalidomide® [θə'lɪdəmaɪd] N talidomida®
Thames [tɛmz] N: **the ~** o Tâmisa (*BR*), o Tamisa (*PT*)

KEYWORD

than [ðæn, ðən] CONJ (*in comparisons*) do que; **more than 10** mais de 10; **I have more/less than you** tenho mais/menos do que você; **she has more apples than pears** ela tem mais maçãs do que peras; **she is older than you think** ela é mais velha do que você pensa; **than than once** mais de uma vez

thank [θæŋk] VT agradecer; **~ you (very much)** muito obrigado(-a); **~ God** graças a Deus; **~s to** graças a; **to ~ sb for sth** agradecer a alguém (por) algo; **to say ~ you** agradecer
thankful ['θæŋkful] ADJ: **~ (for)** agradecido (por); **~ that** (*relieved*) aliviado que
thankfully ['θæŋkfəlɪ] ADV (*gratefully*) agradecidamente; (*fortunately*) felizmente
thankless ['θæŋklɪs] ADJ ingrato
thanks [θæŋks] NPL agradecimentos *mpl*; (*to God etc*) graças *fpl* ■ EXCL obrigado(-a)!; **~ to** graças a
Thanksgiving (Day) ['θæŋksgɪvɪŋ-] N Dia *m* de Ação de Graças

THANKSGIVING DAY

O feriado de Ação de graças *Thanksgiving Day* nos Estados Unidos, quarta quinta-feira do mês de novembro, é o dia em que se comemora a boa colheita feita pelos peregrinos originários da Grã-Bretanha em 1621; tradicionalmente, é um dia em que se agradece a Deus e se organiza um grande banquete. Uma festa semelhante é celebrada no Canadá na segunda segunda-feira de outubro.

KEYWORD

that [ðæt, ðət] (*pl* **those**) ADJ (*demonstrative*) esse/essa; (*more remote*) aquele/aquela; **that man/woman/book** aquele homem/aquela mulher/aquele livro; **leave these books on the table** deixe aqueles livros na mesa; **that one** esse/essa; **that one over there** aquele lá; **I want this one, not that one** quero este, não esse ■ PRON **1** (*demonstrative*) esse/essa, aquele/aquela; (*neuter*) isso, aquilo; **who's/what's that?** quem é?/o que é isso?; **is that you?** é você?; **I prefer this to that** eu prefiro isto a aquilo; **that's my house** aquela é a minha casa; **that's what he said** foi isso o que ele disse; **that is (to say)** isto é, quer dizer
2 (*relative: direct: thing, person*) que; (: *person*) quem; (*relative: indirect: thing, person*) o(-a) qual *sg*, os/as quais *pl*; (: *person*) quem; **the book (that) I read** o livro que eu li; **the books that are in the library** os livros que estão na biblioteca; **the man (that) I saw** o homem que eu vi; **all (that) I have** tudo o que eu tenho; **the box (that) I put it in** a caixa na qual eu botei-o; **the man (that) I spoke to** o homem com quem *or* o qual falei
3 (*relative: of time*): **on the day that he came** no dia em que ele veio
■ CONJ que; **she suggested that I phone you** ela sugeriu que eu telefonasse para você
■ ADV (*demonstrative*): **I can't work that much** não posso trabalhar tanto; **I didn't realize it was that bad** não pensei que fôsse tão ruim; **that high** dessa altura, até essa altura

thatched [θætʃt] ADJ (*roof*) de sapê; **~ cottage** chalé *m* com telhado de sapê *or* de colmo
thaw [θɔː] N degelo ■ VI (*ice*) derreter-se; (*food*) descongelar-se ■ VT (*food*) descongelar; **it's ~ing** (*weather*) degela

KEYWORD

the [ðiː, ðə] DEF ART **1** (*gen: singular*) o (a); (: *plural*) os (as); **the history of France** a história da França; **the books/children are in the library** os livros/as crianças estão na biblioteca; **she put it on the table** ela colocou-o na mesa; **he took it from the drawer** ele tirou isto da gaveta; **to play the piano/violin** tocar piano/violino; **I'm going to the cinema** vou ao cinema
2 (*+ adj to form n*): **the rich and the poor** os ricos e os pobres; **to attempt the impossible** tentar o impossível
3 (*in titles*): **Richard the Second** Ricardo II; **Peter the Great** Pedro o Grande
4 (*in comparisons: + adv*): **the more he works the more he earns** quanto mais ele trabalha, mais ele ganha

theatre ['θɪətəʳ] (*US* **theater**) N teatro; (*Med: also: operating theatre*) sala de operação
theatre-goer ['θɪətəgəuəʳ] N freqüentador(a) *m/f* de teatro
theatrical [θɪ'ætrɪkl] ADJ teatral; **~ company** companhia de teatro
theft [θɛft] N roubo
their [ðɛəʳ] ADJ seu/sua, deles/delas
theirs [ðɛəz] PRON (o) seu/(a) sua; **a friend of ~** um amigo seu/deles; **it's ~** é deles
them [ðɛm, ðəm] PRON (*direct*) os/as; (*indirect*) lhes; (*stressed, after prep*) a eles(-a) elas; **I see ~** eu os vejo; **give ~ the book** dê o livro a eles; **give me some of ~** me dê alguns deles
theme [θiːm] N tema *m*; **theme song** N tema *m*

musical

themselves [ðəm'sɛlvz] PRON (*subject*) eles mesmos/elas mesmas; (*complement*) se; (*after prep*) si (mesmos/as)

then [ðɛn] ADV (*at that time*) então; (*next*) em seguida; (*later*) logo, depois; (*and also*) além disso ■ CONJ (*therefore*) então, nesse caso, portanto ■ ADJ: **the ~ president** o então presidente; **by ~** (*past*) até então; (*future*) até lá; **from ~ on** a partir de então; **before ~** antes (disso); **until ~** até lá; **and ~ what?** e então?, e daí?; **what do you want me to do ~?** (*afterwards*) o que você quer que eu faça depois?; (*in that case*) então, o que você quer que eu faça?

theologian [θɪə'ləudʒən] N teólogo(-a)

theological [θɪə'lɔdʒɪkl] ADJ teológico

theology [θɪ'ɔlədʒɪ] N teologia

theorem ['θɪərəm] N teorema *m*

theoretical [θɪə'rɛtɪkl] ADJ teórico

theoretically [θɪə'rɛtɪklɪ] ADV teoricamente

theorize ['θɪəraɪz] VI teorizar, elaborar uma teoria

theory ['θɪərɪ] N teoria; **in ~** em teoria, teoricamente

therapeutic(al) [θɛrə'pju:tɪk(l)] ADJ terapêutico

therapist ['θɛrəpɪst] N terapeuta *m/f*

therapy ['θɛrəpɪ] N terapia

KEYWORD

there [ðɛəʳ] ADV **1: there is, there are** há, tem; **there are 3 of them** (*people, things*) há 3 deles; **there is no-one here/no bread left** não tem ninguém aqui/não tem mais pão; **there has been an accident** houve um acidente
2 (*referring to place*) aí, ali, lá; **put it in/on/up/down there** põe isto lá dentro/cima/em cima/embaixo; **I want that book there** quero aquele livro lá; **there he is!** lá está ele!
3: there, there! (*esp to child*) calma!

thereabouts ['ðɛərəbauts] ADV por aí; (*amount*) aproximadamente

thereafter [ðɛər'a:ftəʳ] ADV depois disso

thereby ['ðɛəbaɪ] ADV assim, deste modo

therefore ['ðɛəfɔ:] ADV portanto

there's [ðɛəz] = **there is; there has**

thereupon [ðɛərə'pɔn] ADV (*at that point*) após o que; (*formal: on that subject*) a respeito

thermal ['θə:ml] ADJ térmico; **~ paper/printer** papel térmico/impressora térmica

thermodynamics [θə:mədaɪ'næmɪks] N termodinâmica

thermometer [θə'mɔmɪtəʳ] N termômetro

thermonuclear [θə:məu'nju:klɪəʳ] ADJ termonuclear

Thermos® ['θə:məs] N (*also*: **Thermos flask**) garrafa térmica (BR), termo (PT)

thermostat ['θə:məustæt] N termostato

thesaurus [θɪ'sɔ:rəs] N tesouro, dicionário de sinônimos

these [ði:z] PL ADJ, PRON estes/estas

theses ['θi:si:z] NPL *of* **thesis**

thesis ['θi:sɪs] (*pl* **theses**) N tese *f*

they [ðeɪ] PL PRON eles/elas; **~ say that ...** (*it is said that*) diz-se que ..., dizem que ...

they'd [ðeɪd] = **they had; they would**

they'll [ðeɪl] = **they shall; they will**

they're [ðeəʳ] = **they are**

they've [ðeɪv] = **they have**

thick [θɪk] ADJ (*in shape*) espesso; (*mud, fog, forest*) denso; (*sauce*) grosso; (*dense*) denso, compacto; (*stupid*) burro ■ N: **in the ~ of the battle** em plena batalha; **it's 20 cm ~** tem 20 cm de espessura

thicken ['θɪkən] VI (*fog*) adensar-se; (*plot etc*) complicar-se ■ VT (*sauce etc*) engrossar

thicket ['θɪkɪt] N matagal *m*

thickly ['θɪklɪ] ADV (*spread*) numa camada espessa; (*cut*) em fatias grossas

thickness ['θɪknɪs] N espessura, grossura

thickset [θɪk'sɛt] ADJ troncudo

thick-skinned [-'skɪnd] ADJ (*fig*) insensível, indiferente

thief [θi:f] (*pl* **thieves**) N ladrão/ladra *m/f*

thieves [θi:vz] NPL *of* **thief**

thieving ['θi:vɪŋ] N roubo, furto

thigh [θaɪ] N coxa

thighbone ['θaɪbəun] N fêmur *m*

thimble ['θɪmbl] N dedal *m*

thin [θɪn] ADJ magro; (*slice, line, book*) fino; (*light*) leve; (*hair*) ralo; (*crowd*) pequeno; (*fog*) pouco denso; (*soup, sauce*) aguado ■ VT (*also*: **thin down**: *sauce, paint*) diluir ■ VI (*fog*) rarefazer-se; (*also*: **thin out**: *crowd*) dispersar; **his hair is ~** o cabelo dele está caindo

thing [θɪŋ] N coisa; (*object*) negócio; (*matter*) assunto, negócio; (*mania*) mania; **things** NPL (*belongings*) pertences *mpl*; **to have a ~ about sb/sth** ser vidrado em alguém/algo; **the best ~ would be to ...** o melhor seria ...; **how are ~s?** como vai?, tudo bem?; **first ~ (in the morning)** de manhã, antes de mais nada; **last ~ (at night), he ...** logo antes de dormir, ele ...; **the ~ is ...** é que ..., o negócio é o seguinte ...; **for one ~** primeiro; **she's got a ~ about ...** ela detesta ...; **poor ~!** coitadinho(-a)!

think [θɪŋk] (*pt, pp* **thought**) VI pensar; (*believe*) achar ■ VT pensar, achar; (*imagine*) imaginar; **what did you ~ of them?** o que você achou deles?; **to ~ about sth/sb** pensar em algo/alguém; **I'll ~ about it** vou pensar sobre isso; **to ~ of doing sth** pensar em fazer algo; **I ~ so/not** acho que sim/não; **to ~ well of sb** fazer bom juízo de alguém; **~ again!** pensa bem!; **to ~ aloud** pensar em voz alta
▸ **think out** VT (*plan*) arquitetar; (*solution*) descobrir
▸ **think over** VT refletir sobre, meditar sobre; **I'd like to ~ things over** eu gostaria de pensar sobre isso com cuidado
▸ **think through** VT considerar todos os aspectos de

▸ **think up** VT inventar, bolar
thinking ['θɪŋkɪŋ] N: **to my (way of) ~** na minha opinião
think tank N comissão *f* de peritos
thinly ['θɪnlɪ] ADV (*cut*) em fatias finas; (*spread*) numa camada fina
thinness ['θɪnnɪs] N magreza
third [θə:d] ADJ terceiro ■ N terceiro(-a); (*fraction*) terço; (*Aut*) terceira; (*Sch: degree*) terceira categoria; *see also* **fifth**
third-degree burns NPL queimaduras *fpl* de terceiro grau
thirdly ['θə:dlɪ] ADV em terceiro lugar
third party insurance N seguro contra terceiros
third-rate ADJ medíocre
Third World N: **the ~** o Terceiro Mundo
thirst [θə:st] N sede *f*
thirsty ['θə:stɪ] ADJ (*person*) sedento, com sede; (*work*) que dá sede; **to be ~** estar com sede
thirteen ['θə:'ti:n] NUM treze; *see also* **five**
thirteenth [θə:'ti:nθ] NUM décimo terceiro; *see also* **fifth**
thirtieth ['θə:tɪəθ] NUM trigésimo; *see also* **fifth**
thirty ['θə:tɪ] NUM trinta; *see also* **fifty**

KEYWORD

this [ðɪs] (*pl* **these**) ADJ (*demonstrative*) este/esta; **this man/woman/book** este homem/esta mulher/este livro; **these people/children/records** estas pessoas/crianças/estes discos; **this one** este aqui
■ PRON (*demonstrative*) este/esta; (*neuter*) isto; **who/what is this?** quem é esse?/o que é isso?; **this is where I live** é aqui que eu moro; **this is Mr Brown** (*in photo, introduction*) este é o Sr Brown; (*on phone*) aqui é o Sr Brown
■ ADV (*demonstrative*): **this high** desta altura; **this long** deste comprimento; **we can't stop now we've gone this far** não podemos parar agora que fomos tão longe

thistle ['θɪsl] N cardo
thong [θɔŋ] N correia, tira de couro
thorn [θɔ:n] N espinho
thorny ['θɔ:nɪ] ADJ espinhoso
thorough ['θʌrə] ADJ (*search*) minucioso; (*knowledge, research: person: methodical*) metódico, profundo; (*work*) meticuloso; (*cleaning*) completo
thoroughbred ['θʌrəbrɛd] ADJ (*horse*) de puro sangue
thoroughfare ['θʌrəfɛəʳ] N via, passagem *f*; **"no ~"** "passagem proibida"
thoroughly ['θʌrəlɪ] ADV (*examine, study*) minuciosamente; (*search*) profundamente; (*wash*) completamente; (*very*) muito; **he ~ agreed** concordou completamente
thoroughness ['θʌrənɪs] N (*of person*) meticulosidade *f*; (*of search etc*) minuciosidade *f*
those [ðəuz] PL PRON, ADJ esses/essas; (*more remote*) aqueles/aquelas
though [ðəu] CONJ embora, se bem que ■ ADV no entanto; **even ~** mesmo que; **it's not easy, ~** se bem que não é fácil
thought [θɔ:t] PT, PP *of* **think** ■ N pensamento; (*idea*) idéia; (*opinion*) opinião *f*; (*reflection*) reflexão *f*; (*intention*) intenção *f*; **after much ~** depois de muito pensar; **I've just had a ~** acabei de pensar em alguma coisa; **to give sth some ~** pensar sobre algo
thoughtful ['θɔ:tful] ADJ pensativo; (*serious*) sério; (*considerate*) atencioso
thoughtfully ['θɔ:tfəlɪ] ADV pensativamente; atenciosamente
thoughtless ['θɔ:tlɪs] ADJ (*behaviour*) desatencioso; (*words, person*) inconseqüente
thoughtlessly ['θɔ:tlɪslɪ] ADV desconsideradamente
thousand ['θauzənd] NUM mil; **two ~** dois mil; **~s (of)** milhares *mpl* (de)
thousandth ['θauzənθ] ADJ milésimo
thrash [θræʃ] VT surrar, malhar; (*defeat*) derrotar
▸ **thrash about** VI debater-se
▸ **thrash out** VT discutir exaustivamente
thrashing ['θræʃɪŋ] N: **to give sb a ~** dar uma surra em alguém
thread [θrɛd] N fio, linha; (*of screw*) rosca ■ VT (*needle*) enfiar; **to ~ one's way between** passar por
threadbare ['θrɛdbɛəʳ] ADJ surrado, puído
threat [θrɛt] N ameaça; **to be under ~ of** estar sob ameaça de
threaten ['θrɛtən] VI ameaçar ■ VT: **to ~ sb with sth/to do** ameaçar alguém com algo/de fazer
threatening ['θrɛtnɪŋ] ADJ ameaçador(a)
three [θri:] NUM três; *see also* **five**
three-dimensional ADJ tridimensional, em três dimensões
threefold ['θri:fəuld] ADV: **to increase ~** triplicar
three-piece suit N terno (3 peças) (BR), fato de 3 peças (PT)
three-piece suite N conjunto de sofá e duas poltronas
three-ply ADJ (*wool*) triple, com três fios; (*wood*) com três espessuras
three-quarters NPL três quartos *mpl*; **~ full** cheio até os três quartos
three-wheeler N (*car*) carro de três rodas
thresh [θrɛʃ] VT (*Agr*) debulhar
threshing machine ['θrɛʃɪŋ-] N debulhadora
threshold ['θrɛʃhəuld] N limiar *m*; **to be on the ~ of** (*fig*) estar no limiar de; **threshold agreement** N (*Econ*) acordo sobre a indexação de salários
threw [θru:] PT *of* **throw**
thrift [θrɪft] N economia, poupança
thrifty ['θrɪftɪ] ADJ econômico, frugal
thrill [θrɪl] N (*excitement*) emoção *f*; (*shudder*) estremecimento ■ VI vibrar ■ VT emocionar, vibrar; **to be ~ed** (*with gift etc*) estar emocionado
thriller ['θrɪləʳ] N romance *m* (*or* filme *m*) de

suspense
thrilling ['θrɪlɪŋ] ADJ (*book, play etc*) excitante; (*news, discovery*) emocionante
thrive [θraɪv] (*pt* **throve**, *pp* **thriven**) VI (*grow*) vicejar; (*do well*) prosperar, florescer; **to ~ on sth** realizar-se ao fazer algo
thriven ['θrɪvn] PP *of* **thrive**
thriving ['θraɪvɪŋ] ADJ próspero
throat [θrəut] N garganta; **to have a sore ~** estar com dor de garganta
throb [θrɔb] N (*of heart*) batida; (*of engine*) vibração *f*; (*of pain*) latejo ■ VI (*heart*) bater, palpitar; (*pain*) dar pontadas; (*engine*) vibrar; **my head is ~bing** minha cabeça está latejando
throes [θrəuz] NPL: **in the ~ of** no meio de
thrombosis [θrɔm'bəusɪs] N trombose *f*
throne [θrəun] N trono
throng [θrɔŋ] N multidão *f* ■ VT apinhar, apinhar-se em
throttle ['θrɔtl] N (*Aut*) acelerador *m* ■ VT estrangular
through [θru:] PREP por, através de; (*time*) durante; (*by means of*) por meio de, por intermédio de; (*owing to*) devido a ■ ADJ (*ticket, train*) direto ■ ADV através; **(from) Monday ~ Friday** (*US*) de segunda a sexta; **to let sb ~** deixar alguém passar; **to put sb ~ to sb** (*Tel*) ligar alguém com alguém; **to be ~** (*Tel*) estar na linha; (*have finished*) acabar; **"no ~ traffic"** (*US*) "trânsito proibido"; **"no ~ road"** "rua sem saída"; **I'm halfway ~ the book** estou na metade do livro
throughout [θru:'aut] PREP (*place*) por todo(-a); (*time*) durante todo(-a) ■ ADV por *or* em todas as partes
throughput ['θru:put] N (*of goods, materials*) quantidade *f* tratada; (*Comput*) capacidade *f* de processamento
throve [θrəuv] PT *of* **thrive**
throw [θrəu] (*pt* **threw**, *pp* **thrown**) N arremesso, tiro; (*Sport*) lançamento ■ VT jogar, atirar; (*Sport*) lançar; (*rider*) derrubar; (*fig*) desconcertar; (*pot*) afeiçoar; **to ~ a party** dar uma festa
▸ **throw about** VT (*litter etc*) esparramar
▸ **throw around** VT (*litter etc*) esparramar
▸ **throw away** VT (*dispose of*) jogar fora; (*waste*) desperdiçar
▸ **throw in** VT (*Sport*) pôr em jogo
▸ **throw off** VT desfazer-se de; (*habit, cold*) livrar-se
▸ **throw out** VT (*person*) expulsar; (*rubbish*) jogar fora; (*idea*) rejeitar
▸ **throw together** VT (*clothes, meal etc*) arranjar às pressas
▸ **throw up** VI vomitar, botar para fora
throwaway ['θrəuəweɪ] ADJ descartável; (*line, remark*) gratuito
throwback ['θrəubæk] N: **it's a ~ to** é um retrocesso a
throw-in N (*Sport*) lance *m*
thru [θru:] (*US*) PREP, ADJ, ADV = **through**
thrush [θrʌʃ] N (*Zool*) tordo; (*Med*) monília
thrust [θrʌst] (*pt, pp* **thrust**) N impulso; (*Tech*) empuxo ■ VT empurrar; (*push in*) enfiar, meter
thrusting ['θrʌstɪŋ] ADJ dinâmico
thud [θʌd] N baque *m*, som *m* surdo
thug [θʌg] N (*criminal*) criminoso(-a); (*pej*) facínora *m/f*
thumb [θʌm] N (*Anat*) polegar *m*; (*inf*) dedão *m* ■ VT (*book*) folhear; **to ~ a lift** pegar carona (*BR*), arranjar uma boléia (*PT*); **to give sb/sth the ~s up** (*approve*) dar luz verde a alguém/algo
▸ **thumb through** VT FUS folhear
thumb index N índice *m* de dedo
thumbnail ['θʌmneɪl] N unha do polegar; **thumbnail sketch** N descrição *f* resumida
thumbtack ['θʌmtæk] (*US*) N percevejo, tachinha
thump [θʌmp] N murro, pancada; (*sound*) baque *m* ■ VT dar um murro em ■ VI bater
thunder ['θʌndəʳ] N trovão *m*; (*sudden noise*) trovoada; (*of applause etc*) estrondo ■ VI trovejar; (*train etc*): **to ~ past** passar como um raio
thunderbolt ['θʌndəbəult] N raio
thunderclap ['θʌndəklæp] N estampido do trovão
thunderous ['θʌndərəs] ADJ estrondoso
thunderstorm ['θʌndəstɔ:m] N tempestade *f* com trovoada, temporal *m*
thunderstruck ['θʌndəstrʌk] ADJ estupefato
thundery ['θʌndərɪ] ADJ tempestuoso
Thur(s). ABBR (= *Thursday*) qui, 5ª
Thursday ['θə:zdɪ] N quinta-feira; *see also* **Tuesday**
thus [ðʌs] ADV assim, desta maneira; (*consequently*) conseqüentemente
thwart [θwɔ:t] VT frustrar
thyme [taɪm] N tomilho
thyroid ['θaɪrɔɪd] N tireóide *f*
tiara [tɪ'a:rə] N tiara, diadema *m*
Tibet [tɪ'bɛt] N Tibete *m*
Tibetan [tɪ'bɛtən] ADJ tibetano ■ N tibetano(-a); (*Ling*) tibetano
tibia ['tɪbɪə] N tíbia
tic [tɪk] N tique *m*
tick [tɪk] N (*sound: of clock*) tique-taque *m*; (*mark*) tique *m*, marca; (*Zool*) carrapato; (*Brit: inf*): **in a ~** num instante; (*: *credit*): **to buy sth on ~** comprar algo a crédito ■ VI fazer tique-taque ■ VT marcar, ticar; **to put a ~ against sth** marcar *or* ticar algo
▸ **tick off** VT assinalar, ticar; (*person*) dar uma bronca em
▸ **tick over** (*Brit*) VI (*engine*) funcionar em marcha lenta; (*fig*) ir indo
ticker tape ['tɪkəʳ-] N fita de teleimpressor; (*US: in celebrations*) chuva de papel
ticket ['tɪkɪt] N (*for bus, plane*) passagem *f*; (*for theatre, raffle*) bilhete *m*; (*for cinema*) entrada; (*in shop: on goods*) etiqueta; (*: *receipt*) ficha, nota fiscal; (*parking ticket: fine*) multa; (*for library*) cartão *m*; (*US: Pol*) chapa; **to get a (parking) ~** (*Aut*) ganhar uma multa (por estacionamento ilegal); **ticket agency** N agência de ingressos

teatrais;**ticket collector** N revisor(a) *m/f*; **ticket holder** N portador(a) *m/f* de um bilhete *or* ingresso;**ticket inspector** N revisor(a) *m/f*; **ticket office** N bilheteria (BR), bilheteira (PT)

tickle ['tɪkl] N cócegas *fpl* ■ VT fazer cócegas em; (*captivate*) encantar; (*make laugh*) fazer rir ■ VI fazer cócegas

ticklish ['tɪklɪʃ] ADJ (*person*) coceguento; (*problem*) delicado; (*which tickles: blanket etc*) que pica, que faz cócegas; (: *cough*) irritante; **to be ~** (*person*) ter cócegas

tidal ['taɪdl] ADJ de maré;**tidal wave** N macaréu *m*, onda gigantesca

tidbit ['tɪdbɪt] (*esp US*) N = **titbit**

tiddlywinks ['tɪdlɪwɪŋks] N jogo de fichas

tide [taɪd] N maré *f*; (*fig: of events*) curso ■ VT: **to ~ sb over** dar para alguém agüentar; **high/low ~** maré alta/baixa; **the ~ of public opinion** a corrente da opinião pública

▶ **tide over** VT (*help out*) ajudar num período difícil

tidily ['taɪdɪlɪ] ADV com capricho

tidiness ['taɪdɪnɪs] N (*good order*) ordem *f*; (*neatness*) asseio, limpeza

tidy ['taɪdɪ] ADJ (*room*) arrumado; (*dress, work*) limpo; (*person*) bem arrumado; (*mind*) metódico ■ VT (*also*: **tidy up**) pôr em ordem, arrumar; **to ~ o.s. up** arrumar-se

tie [taɪ] N (*string etc*) fita, corda; (*Brit: also*: **necktie**) gravata; (*fig: link*) vínculo, laço; (*Sport: draw*) empate *m*; (*US: Rail*) dormente *m* ■ VT amarrar ■ VI (*Sport*) empatar; **to ~ in a bow** dar um laço em; **to ~ a knot in sth** dar um nó em algo; **family ~s** laços de família; **"black/white ~"** "smoking/traje a rigor"

▶ **tie down** VT amarrar; (*fig: person: restrict*) limitar, restringir; (*to date, price etc*) obrigar

▶ **tie in** VI: **to ~ in (with)** combinar com

▶ **tie on** (*Brit*) VT (*label etc*) prender (com barbante)

▶ **tie up** VT (*parcel*) embrulhar; (*dog*) prender; (*boat, prisoner etc*) amarrar; (*arrangements*) concluir; **to be ~d up** (*busy*) estar ocupado

tie-break(er) N (*Tennis*) tie-break *m*; (*in quiz etc*) decisão *f* de empate

tie-on (*Brit*) ADJ (*label*) para atar

tie-pin (*Brit*) N alfinete *m* de gravata

tier [tɪəʳ] N fileira; (*of cake*) camada

Tierra del Fuego [tɪ'ɛrədɛl'fweɪgəu] N Terra do Fogo

tie tack (*US*) N alfinete *m* de gravata

tie-up (*US*) N engarrafamento

tiff [tɪf] N briga; (*lover's tiff*) arrufo

tiger ['taɪgəʳ] N tigre *m*

tight [taɪt] ADJ (*rope*) esticado, firme; (*money*) escasso; (*clothes, shoes*) justo; (*bend*) fechado; (*budget, programme*) rigoroso; (*control*) rigoroso; (*inf: drunk*) bêbado ■ ADV (*squeeze*) bem forte; (*shut*) hermeticamente; **to be packed ~** (*suitcase*) estar abarrotado; (*people*) estar apinhado; **everybody hold ~!** segurem firme!

tighten ['taɪtən] VT (*rope*) esticar; (*screw, grip*) apertar; (*security*) aumentar ■ VI esticar-se; apertar-se

tight-fisted [-'fɪstɪd] ADJ pão-duro

tightly ['taɪtlɪ] ADV (*grasp*) firmemente

tight-rope N corda (bamba);**tight-rope walker** N funâmbulo(-a)

tights [taɪts] (*Brit*) NPL collant *m*

tigress ['taɪgrɪs] N tigre fêmea

tilde ['tɪldə] N til *m*

tile [taɪl] N (*on roof*) telha; (*on floor*) ladrilho; (*on wall*) azulejo, ladrilho ■ VT (*floor*) ladrilhar; (*wall, bathroom*) azulejar

tiled [taɪld] ADJ ladrilhado; (*roof*) de telhas

till [tɪl] N caixa (registradora) ■ VT (*land*) cultivar ■ PREP, CONJ = **until**

tiller ['tɪləʳ] N (*Naut*) cana do leme

tilt [tɪlt] VT inclinar ■ VI inclinar-se ■ N (*slope*) inclinação *f*; **(at) full ~** a toda velocidade

timber ['tɪmbəʳ] N (*material*) madeira; (*trees*) mata, floresta

time [taɪm] N tempo; (*epoch: often pl*) época; (*by clock*) hora; (*moment*) momento; (*occasion*) vez *f*; (*Mus*) compasso ■ VT calcular *or* medir o tempo de; (*fix moment for: visit etc*) escolher o momento para; (*remark etc*): **to ~ sth well/badly** ser oportuno/não ser oportuno; **a long ~** muito tempo; **4 at a ~** quatro de uma vez; **for the ~ being** por enquanto; **from ~ to ~** de vez em quando; **at ~s** às vezes; **~ after ~, ~ and again** repetidamente; **in ~** (*soon enough*) a tempo; (*after some time*) com o tempo; (*Mus*) no compasso; **in a week's ~** dentro de uma semana; **in no ~** num abrir e fechar de olhos; **any ~** a qualquer hora; **on ~** na hora; **to be 30 minutes behind/ahead of ~** estar atrasado/adiantado de 30 minutos; **by the ~ he arrived** até ele chegar; **5 ~s 5 is 25** 5 vezes 5 são 25; **what ~ is it?** que horas são?; **what ~ do you make it?** que horas você tem?; **to have a good ~** divertir-se; **we had a hard ~** foi difícil para nós; **he'll do it in his own (good) ~** (*without being hurried*) ele vai fazer isso quando tiver tempo; **he'll do it in** (*Brit*) *or* **on** (*US*) **his own ~** (*out of working hours*) ele vai fazer isso fora do expediente; **to be behind the ~s** estar antiquado;**time-and-motion study** N estudo de tempos e movimentos;**time bomb** N bomba-relógio *f*;**time clock** N relógio de ponto; **time-consuming** [-kən'sju:mɪŋ] ADJ que exige muito tempo;**time difference** N fuso horário; **time-honoured** [-'ɔnəd] (*US* **time-honored**) ADJ consagrado pelo tempo

timekeeper ['taɪmki:pəʳ] N (*Sport*) cronometrista *m/f*

time lag (*Brit*) N defasagem *f*; (*in travel*) fuso horário

timeless ['taɪmlɪs] ADJ eterno

time limit N limite *m* de tempo; (*Comm*) prazo

timely ['taɪmlɪ] ADJ oportuno

time off N tempo livre

timer ['taɪməʳ] N (*in kitchen*) cronômetro; (*switch*) timer *m*

time-saving ADJ que economiza tempo

time scale N prazos *mpl*
time-sharing [-'ʃeərɪŋ] N (*Comput*) tempo compartilhado
time sheet N folha de ponto
time signal N tope *m*, sinal *m* horário
time switch (*Brit*) N interruptor *m* horário
timetable ['taɪmteɪbl] N horário; (*of project*) cronograma *m*
time zone N fuso horário
timid ['tɪmɪd] ADJ tímido
timidity [tɪ'mɪdɪtɪ] N timidez *f*
timing ['taɪmɪŋ] N escolha do momento; (*Sport*) cronometragem *f*; **the ~ of his resignation** o momento que escolheu para se demitir; **timing device** N (*on bomb*) dispositivo de retardamento
Timor ['ti:mɔːʳ] N Timor (*no article*)
timpani ['tɪmpənɪ] NPL tímbales *mpl*
tin [tɪn] N estanho; (*also*: **tin plate**) folha-de-flandres *f*; (*Brit*: *can*) lata; (: *for baking*) fôrma; **tin foil** N papel *m* de estanho
tinge [tɪndʒ] N (*of colour*) matiz *m*; (*of feeling*) toque *m* ■ VT: **~d with** tingido de
tingle ['tɪŋgl] N comichão *f* ■ VI formigar
tinker ['tɪŋkəʳ] N funileiro(-a); (*gipsy*) cigano(-a) ▸ **tinker with** VT mexer com
tinkle ['tɪŋkl] VI tilintar, tinir ■ N (*inf*): **to give sb a ~** dar uma ligada para alguém
tin mine N mina de estanho
tinned [tɪnd] (*Brit*) ADJ (*food*) em lata, em conserva
tinny ['tɪnɪ] ADJ metálico
tin opener (*Brit*) N abridor *m* de latas (BR), abre-latas *m inv* (PT)
tinsel ['tɪnsl] N ouropel *m*
tint [tɪnt] N matiz *m*; (*for hair*) tintura, tinta ■ VT (*hair*) pintar
tinted ['tɪntɪd] ADJ (*hair*) pintado; (*spectacles, glass*) fumê *inv*
tiny ['taɪnɪ] ADJ pequenininho, minúsculo
tip [tɪp] N (*end*) ponta; (*gratuity*) gorjeta; (*Brit*: *for rubbish*) depósito; (*advice*) dica ■ VT (*waiter*) dar uma gorjeta a; (*tilt*) inclinar; (*winner*) apostar em; (*overturn*: *also*: **tip over**) virar, emborcar; (*empty*: *also*: **tip out**) esvaziar, entornar; **he ~ped out the contents of the box** esvaziou a caixa ▸ **tip off** VT avisar
tip-off N (*hint*) aviso, dica
tipped [tɪpt] ADJ (*Brit*: *cigarette*) com filtro; **steel-~** com ponta de aço
Tipp-Ex® ['tɪpeks] (*Brit*) N líquido corretor
tipple ['tɪpl] (*Brit*) VT bebericar ■ N: **to have a ~** beber um gole
tipsy ['tɪpsɪ] ADJ embriagado, tocado, alto, alegre
tiptoe ['tɪptəu] N: **on ~** na ponta dos pés
tiptop ['tɪp'tɔp] ADJ: **in ~ condition** em perfeitas condições
tire ['taɪəʳ] N (*US*) = **tyre** ■ VT cansar ■ VI cansar-se; (*become bored*) chatear-se ▸ **tire out** VT esgotar, exaurir
tired ['taɪəd] ADJ cansado; **to be ~ of sth** estar farto *or* cheio de algo
tiredness ['taɪədnɪs] N cansaço
tireless ['taɪəlɪs] ADJ incansável
tiresome ['taɪəsəm] ADJ enfadonho, chato
tiring ['taɪərɪŋ] ADJ cansativo
tissue ['tɪʃu:] N tecido; (*paper handkerchief*) lenço de papel; **tissue paper** N papel *m* de seda
tit [tɪt] N (*bird*) passarinho; (*inf*: *breast*) teta; **to give ~ for tat** pagar na mesma moeda
titanium [tɪ'teɪnɪəm] N titânio
titbit ['tɪtbɪt] N (*food*) guloseima; (*news*) boato, rumor *m*
titillate ['tɪtɪleɪt] VT titilar, excitar
titivate ['tɪtɪveɪt] VT arrumar
title ['taɪtl] N título; (*Law*: *right*): **~ (to)** direito (a); **title deed** N (*Law*) título de propriedade; **title page** N página de rosto; **title role** N papel *m* principal
titter ['tɪtəʳ] VI rir-se com riso sufocado
tittle-tattle ['tɪtltætl] N fofocas *fpl* (BR), mexericos *mpl* (PT)
titular ['tɪtjuləʳ] ADJ (*in name only*) nominal, titular
tizzy ['tɪzɪ] N: **to be in a ~** estar muito nervoso
T-junction N bifurcação *f* em T
TM N ABBR = **trademark**; **transcendental meditation**
TN (*US*) ABBR (*Post*) = **Tennessee**
TNT N ABBR (= *trinitrotoluene*) Tnt *m*, trotil *m*

KEYWORD

to [tu:, tə] PREP **1** (*direction*) a, para; (*towards*) para; **to go to France/London/school/the station** ir à França/a Londres/ao colégio/à estação; **to go to Lígia's/the doctor's** ir à casa da Lígia/ao médico; **the road to Edinburgh** a estrada para Edinburgo; **to the left/right** à esquerda/direita
2 (*as far as*) até; **to count to 10** contar até 10; **from 40 to 50 people** de 40 a 50 pessoas
3 (*with expressions of time*): **a quarter to 5** quinze para as 5 (BR), 5 menos um quarto (PT)
4 (*for, or*) de, para; **the key to the front door** a chave da porta da frente; **a letter to his wife** uma carta para a sua mulher
5 (*expressing indirect object*): **to give sth to sb** dar algo a alguém; **to talk to sb** falar com alguém; **I sold it to a friend** vendi isto para um amigo; **to cause damage to sth** causar danos em algo; **to be a danger to sb/sth** ser um perigo para alguém/algo; **to carry out repairs to sth** fazer consertos em algo; **you've done something to your hair** você fêz algo no seu cabelo
6 (*in relation to*) para; **A is to B as C is to D** A está para B assim como C está para D; **3 goals to 2** 3 a 2; **8 apples to the kilo** 8 maçãs por quilo
7 (*purpose, result*) para; **to come to sb's aid** prestar ajuda a alguém; **to sentence sb to death** condenar alguém à morte; **to my surprise** para minha surpresa
■ WITH VB **1** (*simple infin*): **to go/eat** ir/comer
2 (*following another vb*): **to want/try to do** querer/

tentar fazer; **to start to do** começar a fazer
3 (*with vb omitted*): **I don't want to** eu não quero; **you ought to** você deve
4 (*purpose, result*) para; **he did it to help you** ele fez isso para ajudar você
5 (*equivalent to relative clause*) para, a; **I have things to do** eu tenho coisas para fazer; **he has a lot to lose** ele tem muito a perder; **the main thing is to try** o principal é tentar
6 (*after adj etc*) para; **ready to go** pronto para ir; **too old/young to ...** muito velho/jovem para ...
■ ADV: **pull/push the door to** puxar/empurrar a porta

toad [təud] N sapo
toadstool ['təudstu:l] N chapéu-de-cobra *m*, cogumelo venenoso
toady ['təudɪ] VI ser bajulador(a), puxar saco (*inf*)
toast [təust] N (*Culin*) torradas *fpl*; (*drink, speech*) brinde *m* ■ VT (*Culin*) torrar; (*drink to*) brindar; **a piece** *or* **slice of ~** uma torrada
toaster ['təustəʳ] N torradeira
toastmaster ['təustmɑ:stəʳ] N mestre *m* de cerimônias
toast rack N porta-torradas *m inv*
tobacco [tə'bækəu] N tabaco, fumo (BR)
tobacconist [tə'bækənɪst] N vendedor(a) *m/f* de tabaco; **~'s (shop)** tabacaria, charutaria (BR)
Tobago [tə'beɪgəu] N *see* **Trinidad**
toboggan [tə'bɔgən] N tobogã *m*
today [tə'deɪ] ADV, N (*fig*) hoje *m*; **what day is it ~?** que dia é hoje?; **what date is it ~?** qual é a data de hoje?; **~ is the 4th of March** hoje é dia 4 de março; **a week ago ~** há uma semana atrás; **a fortnight ~** daqui a quinze dias; **~'s paper** o jornal de hoje
toddler ['tɔdləʳ] N *criança que começa a andar*
toddy ['tɔdɪ] N ponche *m* quente
to-do N (*fuss*) rebuliço, alvoroço
toe [təu] N dedo do pé; (*of shoe*) bico ■ VT: **to ~ the line** (*fig*) conformar-se, cumprir as obrigações; **big ~** dedão *m* do pé; **little ~** dedo mindinho do pé
toehold ['təuhəuld] N apoio
toenail ['təuneɪl] N unha do pé
toffee ['tɔfɪ] N puxa-puxa *m* (BR), caramelo (PT); **toffee apple** (*Brit*) N maçã *f* do amor
toga ['təugə] N toga
together [tə'gɛðəʳ] ADV juntos; (*at same time*) ao mesmo tempo; **~ with** junto com
togetherness [tə'gɛðənɪs] N companheirismo, camaradagem *f*
toggle switch ['tɔgl-] N (*Comput: interruptor m*) teimoso
Togo ['təugəu] N Togo
togs [tɔgz] (*inf*) NPL (*clothes*) roupa
toil [tɔɪl] N faina, labuta ■ VI labutar, trabalhar arduamente
toilet ['tɔɪlət] N (*apparatus*) privada, vaso sanitário; (*Brit: lavatory*) banheiro (BR), casa de banho (PT) ■ CPD (*bag, soap etc*) de toalete; **to go to the ~** ir ao banheiro; **toilet bag** (*Brit*) N bolsa de toucador; **toilet bowl** N vaso sanitário; **toilet paper** N papel *m* higiênico
toiletries ['tɔɪlɪtrɪz] NPL artigos *mpl* de toalete; (*make-up etc*) artigos de toucador
toilet roll N rolo de papel higiênico
toilet water N água de colônia
to-ing and fro-ing ['tu:ɪŋən'frəuɪŋ] (*Brit*) N vaivém *m*
token ['təukən] N (*sign*) sinal *m*, símbolo, prova; (*souvenir*) lembrança; (*substitute coin*) ficha; (*voucher*) cupom *m*, vale *m* ■ CPD (*fee, strike*) simbólico; **by the same ~** (*fig*) pela mesma razão; **book/record ~** (*Brit*) vale para comprar livros/discos
Tokyo ['təukjəu] N Tóquio
told [təuld] PT, PP *of* **tell**
tolerable ['tɔlərəbl] ADJ (*bearable*) suportável; (*fairly good*) passável
tolerably ['tɔlərəblɪ] ADV: **~ good** razoável
tolerance ['tɔlərəns] N (*also: Tech*) tolerância
tolerant ['tɔlərənt] ADJ: **~ of** tolerante com
tolerate ['tɔləreɪt] VT suportar; (*Med, Tech*) tolerar
toleration [tɔlə'reɪʃən] N tolerância
toll [təul] N (*of casualties*) número de baixas; (*tax, charge*) pedágio (BR), portagem *f* (PT) ■ VI (*bell*) dobrar, tanger
tollbridge ['təulbrɪdʒ] N ponte *f* de pedágio (BR) *or* de portagem (PT)
tomato [tə'mɑ:təu] (*pl* **tomatoes**) N tomate *m*
tomb [tu:m] N tumba
tombola [tɔm'bəulə] N tômbola
tomboy ['tɔmbɔɪ] N menina moleque
tombstone ['tu:mstəun] N lápide *f*
tomcat ['tɔmkæt] N gato
tomorrow [tə'mɔrəu] ADV, N amanhã *m*; **the day after ~** depois de amanhã; **~ morning** amanhã de manhã
ton [tʌn] N (*Brit*) tonelada; (*Naut: also*: **register ton**) tonelagem *f* de registro; **~s of** (*inf*) um monte de
tonal ['təunl] ADJ tonal
tone [təun] N tom *m*; (*Brit: Tel*) sinal *m* ■ VI harmonizar
▶ **tone down** VT (*colour, criticism*) suavizar; (*sound*) baixar; (*Mus*) entoar
▶ **tone up** VT (*muscles*) tonificar
tone-deaf ADJ que não tem ouvido
toner ['təunəʳ] N (*for photocopier*) tinta
Tonga ['tɔŋgə] N Tonga (*no article*)
tongs [tɔŋz] NPL (*for coal*) tenaz *f*; (*for hair*) ferros *mpl* de frisar cabelo
tongue [tʌŋ] N língua; **~ in cheek** ironicamente
tongue-tied [-taɪd] ADJ (*fig*) calado
tongue-twister [-'twɪstəʳ] N trava-língua *m*
tonic ['tɔnɪk] N (*Med*) tônico; (*Mus*) tônica; (*also*: **tonic water**) (água) tônica
tonight [tə'naɪt] ADV, N esta noite, hoje à noite; **(I'll) see you ~!** até a noite!
tonnage ['tʌnɪdʒ] N (*Naut*) tonelagem *f*

tonne [tʌn] (*Brit*) N (*metric ton*) tonelada
tonsil ['tɔnsəl] N amígdala; **to have one's ~s out** tirar as amígdalas
tonsillitis [tɔnsɪ'laɪtɪs] N amigdalite *f*; **to have ~** estar com uma amigdalite
too [tu:] ADV (*excessively*) demais; (*very*) muito; (*also*) também; **~ much** ADV demais ■ ADJ demasiado; **~ many** ADJ muitos(-as), demasiados(-as); **~ sweet** doce demais; **I went ~** eu fui também
took [tuk] PT *of* **take**
tool [tu:l] N ferramenta; (*fig: person*) joguete *m* ■ VT trabalhar; **tool box** N caixa de ferramentas; **tool kit** N jogo de ferramentas
toot [tu:t] N (*of horn*) buzinada; (*of whistle*) apito ■ VI (*with car horn*) buzinar; (*whistle*) apitar
tooth [tu:θ] (*pl* **teeth**) N (*Anat, Tech*) dente *m*; (*molar*) molar *m*; **to have a ~ out** (*Brit*) *or* **pulled** (*US*) arrancar um dente; **to brush one's teeth** escovar os dentes; **by the skin of one's teeth** (*fig*) por um triz
toothache ['tu:θeɪk] N dor *f* de dente; **to have ~** estar com dor de dente
toothbrush ['tu:θbrʌʃ] N escova de dentes
toothpaste ['tu:θpeɪst] N pasta de dentes, creme *m* dental
toothpick ['tu:θpɪk] N palito
tooth powder N pó *m* dentifrício
top [tɔp] N (*of mountain*) cume *m*, cimo; (*of tree*) topo; (*of head*) cocuruto; (*of cupboard, table*) superfície *f*, topo; (*of box, jar, bottle*) tampa; (*of ladder, page*) topo; (*of list etc*) cabeça *m*; (*toy*) pião *m*; (*Dress: blouse etc*) top *m*, blusa; (: *of pyjamas*) paletó *m* ■ ADJ (*highest: shelf, step*) mais alto; (: *marks*) máximo; (*in rank*) principal, superior; (*best*) melhor ■ VT (*exceed*) exceder; (*be first in*) estar à cabeça de; **the ~ of the milk** (*Brit*) a nata do leite; **at the ~ of the stairs/page/street** no alto da escada/no alto da página/no começo da rua; **on ~ of** (*above*) sobre, em cima de; (*in addition to*) além de; **from ~ to toe** (*Brit*) da cabeça aos pés; **from ~ to bottom** de cima abaixo; **at the ~ of the list** à cabeça da lista; **at the ~ of one's voice** aos gritos; **at ~ speed** a toda velocidade; **a ~ surgeon** um dos melhores cirurgiões; **over the ~** (*inf: behaviour etc*) extravagante
▸ **top up** (*US top off*) VT completar; (*mobile phone*) recarregar
topaz ['təupæz] N topázio
topcoat ['tɔpkəut] N sobretudo
topflight ['tɔpflaɪt] ADJ de primeira categoria
top floor N último andar *m*
top hat N cartola
top-heavy ADJ (*object*) desequilibrado
topic ['tɔpɪk] N tópico, assunto
topical ['tɔpɪkl] ADJ atual
topless ['tɔplɪs] ADJ (*bather etc*) topless *inv*, *sem a parte superior do biquíni*
top-level ADJ (*talks*) de alto nível
topmost ['tɔpməust] ADJ o mais alto
topography [tə'pɔgrəfɪ] N topografia
topping ['tɔpɪŋ] N (*Culin*) cobertura
topple ['tɔpl] VT derrubar ■ VI cair para frente
top-ranking [-'ræŋkɪŋ] ADJ de alto escalão
top-secret ADJ ultra-secreto, supersecreto
top-security (*Brit*) ADJ de alta segurança
topsy-turvy ['tɔpsɪ'tə:vɪ] ADJ, ADV de pernas para o ar, confuso, às avessas
top-up N: **would you like a ~?** você quer mais?; (*for mobile phone*) recarga; **top-up card** N cartão de recarga (para celular)
torch [tɔ:tʃ] N tocha, archote *m*; (*Brit: electric torch*) lanterna
tore [tɔ:ʳ] PT *of* **tear**
torment [*n* 'tɔ:mɛnt, *vt* tɔ:'mɛnt] N tormento, suplício ■ VT atormentar; (*fig: annoy*) chatear, aborrecer
torn [tɔ:n] PP *of* **tear** ■ ADJ: **~ between** (*fig*) dividido entre
tornado [tɔ:'neɪdəu] (*pl* **tornadoes**) N tornado
torpedo [tɔ:'pi:dəu] (*pl* **torpedoes**) N torpedo ■ VT torpedear; **torpedo boat** N torpedeiro
torpor ['tɔ:pəʳ] N torpor *m*
torque [tɔ:k] N momento de torção
torrent ['tɔrənt] N torrente *f*
torrential [tɔ'rɛnʃl] ADJ torrencial
torrid ['tɔrɪd] ADJ tórrido; (*fig*) abrasador(a)
torso ['tɔ:səu] N torso
tortoise ['tɔ:təs] N tartaruga
tortoiseshell ['tɔ:təʃɛl] CPD de tartaruga
tortuous ['tɔ:tjuəs] ADJ tortuoso; (*argument, mind*) confuso
torture ['tɔ:tʃəʳ] N tortura ■ VT torturar; (*fig*) atormentar
torturer ['tɔ:tʃərəʳ] N torturador(a) *m/f*
Tory ['tɔ:rɪ] (*Brit*) ADJ, N (*Pol*) conservador(a) *m/f*
toss [tɔs] VT atirar, arremessar; (*head*) lançar para trás ■ N (*of head*) meneio; (*of coin*) lançamento ■ VI: **to ~ and turn in bed** virar de um lado para o outro na cama; **to ~ a coin** tirar cara ou coroa; **to ~ up for sth** (*Brit*) jogar cara ou coroa por algo; **to win/lose the ~** ganhar/perder no cara ou coroa; (*Sport*) ganhar/perder o sorteio
tot [tɔt] N (*Brit: drink*) copinho, golinho; (*child*) criancinha
▸ **tot up** (*Brit*) VT (*figures*) somar, adicionar
total ['təutl] ADJ total ■ N total *m*, soma ■ VT (*add up*) somar; (*amount to*) montar a; **in ~** em total
totalitarian [təutælɪ'tɛərɪən] ADJ totalitário
totality [təu'tælɪtɪ] N totalidade *f*
totally ['təutəlɪ] ADV totalmente
tote bag [təut-] N sacola
totem pole ['təutəm-] N mastro totêmico
totter ['tɔtəʳ] VI cambalear; (*object, government*) vacilar
touch [tʌtʃ] N (*sense: also skill: of pianist etc*) toque *m*; (*contact*) contato; (*Football*): **in ~** fora do campo ■ VT tocar (em); (*tamper with*) mexer com; (*make contact with*) fazer contato com; (*emotionally*) comover; **the personal ~** o toque pessoal; **to put the finishing ~es to sth** dar os últimos retoques em algo; **a ~ of** (*fig*) um traço

de; **to get in ~ with sb** entrar em contato com alguém; **to lose ~** (*friends*) perder o contato; **to be out of ~ with events** não estar a par dos acontecimentos; **no artist in the country can ~ him** nenhum artista no país se compara a ele
▸ **touch on** VT FUS (*topic*) tocar em, fazer menção de
▸ **touch up** VT (*paint*) retocar

touch-and-go ADJ arriscado; **it was ~ whether we did it** por pouco fizemos aquilo

touchdown ['tʌtʃdaun] N aterrissagem *f* (BR), aterragem *f* (PT); (*on sea*) amerissagem *f* (BR), amaragem *f* (PT); (*US: Football*) touchdown *m* (*colocação da bola no chão atrás da linha de gol*)

touched [tʌtʃt] ADJ comovido; (*inf*) tocado, muito louco

touching ['tʌtʃɪŋ] ADJ comovedor(a)

touchline ['tʌtʃlaɪn] N (*Sport*) linha de fundo

touch-type VI datilografar sem olhar para as teclas

touchy ['tʌtʃɪ] ADJ (*person*) suscetível, sensível

tough [tʌf] ADJ duro; (*difficult*) difícil; (*resistant*) resistente; (*person: physically*) forte; (: *mentally*) tenaz; (*exam, experience*) brabo; (*firm*) firme, inflexível ■ N (*gangster etc*) bandido, capanga *m*; **~ luck!** azar!; **they got ~ with the workers** começaram a falar grosso com os trabalhadores

toughen ['tʌfən] VT (*sb's character*) fortalecer; (*glass etc*) tornar mais resistente

toughness ['tʌfnɪs] N dureza; (*difficulty*) dificuldade *f*; (*resistance*) resistência; (*of person*) tenacidade *f*

toupee ['tu:peɪ] N peruca

tour ['tuəʳ] N viagem *f*, excursão *f*; (*also*: **package tour**) excursão organizada; (*of town, museum*) visita; (*by artist*) turnê *f* ■ VT (*country, city*) excursionar por; (*factory*) visitar; **to go on a ~ of** (*museum, region*) visitar; **to go on ~** fazer turnê

touring ['tuərɪŋ] N viagens *fpl* turísticas, turismo

tourism ['tuərɪzm] N turismo

tourist ['tuərɪst] N turista *m/f* ■ CPD turístico; **the ~ trade** o turismo; **tourist office** N (*in country*) escritório de turismo; (*in embassy etc*) departamento de turismo

tournament ['tuənəmənt] N torneio

tourniquet ['tuənɪkeɪ] N (*Med*) torniquete *m*

tour operator (*Brit*) N empresa de viagens

tousled ['tauzld] ADJ (*hair*) despenteado

tout [taut] VI: **to ~ for** angariar clientes para ■ VT (*Brit*): **to ~ sth (around)** tentar vender algo ■ N (*Brit: ticket tout*) cambista *m/f*

tow [təu] N: **to give sb a ~** (*Aut*) rebocar alguém ■ VT rebocar; **"on ~"** (*Brit*), **"in ~"** (*US*) (*Aut*) "rebocado"; **with her husband in ~** com o marido a tiracolo

toward(s) [tə'wɔ:d(z)] PREP em direção a; (*of attitude*) para com; (*of purpose*) para; **toward(s) noon/the end of the year** perto do meio-dia/do fim do ano; **to feel friendly toward(s) sb** sentir amizade em relação a alguém

towel ['tauəl] N toalha; (*also*: **tea towel**) pano; **to throw in the ~** (*fig*) dar-se por vencido

towelling ['tauəlɪŋ] N (*fabric*) tecido para toalhas

towel rail (*US* **towel rack**) N toalheiro

tower ['tauəʳ] N torre *f* ■ VI (*building, mountain*) elevar-se; **to ~ above** *or* **over sb/sth** dominar alguém/algo; **tower block** (*Brit*) N prédio alto, espigão *m*, cortiço (BR)

towering ['tauərɪŋ] ADJ elevado; (*figure*) eminente

towline ['təulaɪn] N cabo de reboque

town [taun] N cidade *f*; **to go to ~** ir à cidade; (*fig*) fazer com entusiasmo, mandar brasa (BR); **in the ~** na cidade; **to be out of ~** (*person*) estar fora da cidade; **town centre** N centro (da cidade); **town clerk** N administrador(a) *m/f* municipal; **town council** N câmara municipal; **town hall** N prefeitura (BR), concelho (PT); **town plan** N mapa *m* da cidade; **town planner** N urbanista *m/f*; **town planning** N urbanismo

townspeople ['taunzpi:pl] NPL habitantes *mpl* da cidade

towpath ['təupɑ:θ] N caminho de sirga

towrope ['təurəup] N cabo de reboque

tow truck (*US*) N reboque *m* (BR), pronto socorro (PT)

toxic ['tɔksɪk] ADJ tóxico

toxin ['tɔksɪn] N toxina

toy [tɔɪ] N brinquedo ■ CPD de brinquedo
▸ **toy with** VT FUS (*object, food*) brincar com; (*idea*) contemplar

toy shop N loja de brinquedos

trace [treɪs] N (*sign*) sinal *m*; (*small amount*) traço ■ VT (*through paper*) decalcar; (*draw*) traçar, esboçar; (*follow*) seguir a pista de; (*locate*) encontrar; **without ~** (*disappear*) sem deixar vestígios; **there was no ~ of it** não havia nenhum vestígio disso; **trace element** N elemento traço

trachea [trə'kɪə] N (*Anat*) traquéia

tracing paper ['treɪsɪŋ-] N papel *m* de decalque

track [træk] N (*mark*) pegada, vestígio; (*path: gen*) caminho, vereda; (: *of bullet etc*) trajetória; (: *of suspect, animal*) pista, rasto; (*Rail*) trilhos (BR), carris *mpl* (PT); (*on tape*) trilha; (*Sport*) pista; (*on record*) faixa ■ VT seguir a pista de; **to keep ~ of** não perder de vista; (*fig*) manter-se informado sobre; **to be on the right ~** (*fig*) estar no caminho certo
▸ **track down** VT (*prey*) seguir a pista de; (*sth lost*) procurar e encontrar

tracked [trækt] ADJ com lagarta

tracker dog ['trækə-] (*Brit*) N cão *m* policial

track events NPL (*Sport*) corridas *fpl*

tracking station ['trækɪŋ-] N (*Space*) estação *f* de rastreamento

track record N: **to have a good ~** (*fig*) ter uma boa folha de serviço

track suit N roupa de jogging

tract [trækt] N (*Geo*) região *f*; (*pamphlet*) folheto; **respiratory ~** (*Anat*) aparelho respiratório

traction ['trækʃən] N tração *f*; (*Med*): **in ~** em tração
tractor ['trækt$ə^r$] N trator *m*; **tractor feed** N (*on printer*) alimentação *f* a trator
trade [treɪd] N comércio; (*skill, job*) ofício ■ VI negociar, comerciar ■ VT: **to ~ sth (for sth)** trocar algo (por algo); **to ~ with/in** comerciar com/em; **foreign ~** comércio exterior; **Department of T~ and Industry** (*Brit*) Ministério de Indústria e Comércio
▸ **trade in** VT dar como parte do pagamento
trade: trade barrier N barreira comercial; **trade deficit** N déficit *m* na balança comercial; **Trade Descriptions Act** (*Brit*) N *lei contra a publicidade mentirosa*; **trade discount** N desconto de revendedor; **trade fair** N feira industrial
trade-in N venda; **trade-in price** N *valor de um objeto usado que se desconta do preço do outro novo*
trademark ['treɪdmɑ:k] N marca registrada
trade mission N missão *f* comercial
trade name N (*of product*) marca *or* nome comercial de um produto; (*of company*) razão *f* social
trader ['treɪd$ə^r$] N comerciante *m/f*
trade secret N segredo do ofício
tradesman ['treɪdzmən] (*irreg*) N (*shopkeeper*) lojista *m*
trade union N sindicato
trade unionism [-'ju:njənɪzəm] N sindicalismo
trade unionist [-'ju:njənɪst] N sindicalista *m/f*
trade wind N vento alísio
trading ['treɪdɪŋ] N comércio; **trading estate** (*Brit*) N parque *m* industrial; **trading stamp** N selo de bonificação
tradition [trə'dɪʃən] N tradição *f*
traditional [trə'dɪʃənl] ADJ tradicional
traffic ['træfɪk] N trânsito; (*air traffic etc*) tráfego; (*illegal*) tráfico ■ VI: **to ~ in** (*pej: liquor, drugs*) traficar com, fazer tráfico com; **traffic circle** (*US*) N rotatória; **traffic island** N refúgio de segurança (para pedestres); **traffic jam** N engarrafamento, congestionamento; **traffic lights** NPL sinal *m* luminoso
trafficker ['træfɪk$ə^r$] N traficante *m/f*
traffic offence (*Brit*) N infração *f* de trânsito
traffic sign N placa de sinalização
traffic violation (*US*) N infração *f*
traffic warden N guarda *m/f* de trânsito
tragedy ['trædʒədɪ] N tragédia
tragic ['trædʒɪk] ADJ trágico
trail [treɪl] N (*tracks*) rasto, pista; (*path*) caminho, trilha; (*wake*) esteira; (*of smoke, dust*) rasto, rastro ■ VT (*drag*) arrastar; (*follow*) seguir a pista de; (*follow closely*) vigiar ■ VI arrastar-se; (*hang loosely*) pender; (*in game, contest*) ficar para trás; **to be on sb's ~** estar no encalço de alguém
▸ **trail away** VI (*sound, voice*) ir-se perdendo; (*interest*) diminuir
▸ **trail behind** VI atrasar-se
▸ **trail off** VI (*sound, voice*) ir-se perdendo; (*interest*) diminuir
trailer ['treɪl$ə^r$] N (*Aut*) reboque *m*; (*US: caravan*) trailer *m* (BR), rulote *f* (PT); (*Cinema*) trailer; **trailer truck** (*US*) N caminhão-reboque *m*
train [treɪn] N trem *m* (BR), comboio (PT); (*of dress*) cauda; (*series*) seqüência, série *f*; (*followers*) séqüito, comitiva ■ VT (*professionals etc*) formar; (*teach skills to*) instruir; (*Sport*) treinar; (*dog*) adestrar, amestrar; (*point: gun etc*): **to ~ on** apontar para ■ VI (*learn a skill*) instruir; (*Sport*) treinar; (*be educated*) ser treinado; **to lose one's ~ of thought** perder o fio; **to go by ~** ir de trem; **to ~ sb to do sth** treinar alguém para fazer algo; **train attendant** (*US*) N revisor(a) *m/f*
trained [treɪnd] ADJ (*worker*) especializado; (*teacher*) formado; (*animal*) adestrado
trainee [treɪ'ni:] N estagiário(-a); (*in trade*) aprendiz *m/f*
trainer ['treɪnə^r] N (*Sport*) treinador(a) *m/f*; (*of animals*) adestrador(a) *m/f*; **trainers** NPL (*shoes*) tênis *m*
training ['treɪnɪŋ] N instrução *f*; (*Sport, for occupation*) treinamento; (*professional*) formação; **in ~** en treinamento; **training college** N (*for teachers*) Escola Normal; **training course** N curso de formação profissional; **training shoes** NPL tênis *m*
traipse [treɪps] VI perambular
trait [treɪt] N traço
traitor ['treɪtə^r] N traidor(a) *m/f*
trajectory [trə'dʒɛktərɪ] N trajetória
tram [træm] (*Brit*) N (*also*: **tramcar**) bonde *m* (BR), eléctrico (PT)
tramline ['træmlaɪn] N trilho para bondes
tramp [træmp] N (*person*) vagabundo(-a); (*inf: pej: woman*) piranha ■ VI caminhar pesadamente ■ VT (*walk through: town, streets*) percorrer, andar por
trample ['træmpl] VT: **to ~ (underfoot)** calcar aos pés
trampoline ['træmpəli:n] N trampolim *m*
trance [trɑ:ns] N estupor *m*; (*Med*) transe *m* hipnótico; **to go into a ~** cair em transe
tranquil ['trænkwɪl] ADJ tranqüilo
tranquillity [træŋ'kwɪlɪtɪ] N tranqüilidade *f*
tranquillizer ['trænkwɪlaɪz$ə^r$] N (*Med*) tranqüilizante *m*
transact [trən'zækt] VT (*business*) negociar
transaction [trən'zækʃən] N transação *f*, negócio; **transactions** NPL (*minutes*) ata; **cash ~** transação à vista
transatlantic [trænzət'læntɪk] ADJ transatlântico
transcend [trən'sɛnd] VT transcender, exceder; (*excel over*) ultrapassar
transcendental [trænsɛn'dɛntl] ADJ: **~ meditation** meditação *f* transcendental
transcribe [trən'skraɪb] VT transcrever
transcript ['trænskrɪpt] N cópia, traslado
transcription [trən'skrɪpʃən] N transcrição *f*
transept ['trænsɛpt] N transepto
transfer [*n* 'trænsfə^r, *vt* træns'fə:^{r}] N transferência; (*picture, design*) decalcomania ■ VT transferir; **to ~ the charges** (*Brit: Tel*) ligar

a cobrar; **by bank ~** por transferência bancária
transferable [trænsˈfɜːrəbl] ADJ transferível; **not ~** intransferível
transfix [trænsˈfɪks] VT trespassar; (*fig*): **~ed with fear** paralisado de medo
transform [trænsˈfɔːm] VT transformar
transformation [trænsfəˈmeɪʃən] N transformação *f*
transformer [trænsˈfɔːmər] N (*Elec*) transformador *m*
transfusion [trænsˈfjuːʒən] N (*also*: **blood transfusion**) transfusão *f* (de sangue)
transgress [trænsˈɡrɛs] VT transgredir
transient [ˈtrænzɪənt] ADJ transitório
transistor [trænˈzɪstər] N (*Elec*: *also*: **transistor radio**) transistor *m*
transit [ˈtrænzɪt] N: **in ~** em trânsito, de passagem; **transit camp** N campo de trânsito
transition [trænˈzɪʃən] N transição *f*
transitional [trænˈzɪʃənl] ADJ de transição, transicional
transitive [ˈtrænzɪtɪv] ADJ (*Ling*) transitivo
transit lounge N salão *m* de trânsito
transitory [ˈtrænzɪtərɪ] ADJ transitório
translate [trænzˈleɪt] VT: **to ~ (from/into)** traduzir (do/para o)
translation [trænzˈleɪʃən] N tradução *f*
translator [trænzˈleɪtər] N tradutor(a) *m/f*
translucent [trænzˈluːsnt] ADJ translúcido
transmission [trænzˈmɪʃən] N transmissão *f*
transmit [trænzˈmɪt] VT transmitir
transmitter [trænzˈmɪtər] N transmissor *m*; (*station*) emissora
transparency [trænsˈpɛərnsɪ] N (*of glass etc*) transparência; (*Brit*: *Phot*) diapositivo
transparent [trænsˈpærnt] ADJ transparente
transpire [trænsˈpaɪər] VI (*turn out*) tornar sabido; (*happen*) ocorrer, acontecer; (*become known*): **it finally ~d that ...** no final soube-se que ...
transplant [*vt* trænsˈplɑːnt, *n* ˈtrænsplɑːnt] VT transplantar ■ N (*Med*) transplante *m*; **to have a heart ~** ter um transplante de coração
transport [*n* ˈtrænspɔːt, *vt* trænsˈpɔːt] N transporte *m* ■ VT transportar; (*carry*) acarretar; **public ~** transportes coletivos; **Department of T~** (*Brit*) ministérioda dos Transportes
transportation [trænspɔːˈteɪʃən] N transporte *m*; **Department of T~** (*US*) ministério da Infra-estrutura
transport café (*Brit*) N lanchonete *f* de estrada
transpose [trænsˈpəuz] VT transpor
transverse [ˈtrænzvəːs] ADJ transversal
transvestite [trænzˈvɛstaɪt] N travesti *m/f*
trap [træp] N (*snare*) armadilha, cilada; (*trick*) cilada; (*carriage*) aranha, charrete *f* ■ VT pegar em armadilha; (*person*: *trick*) armar; (: *in bad marriage, fire*) estar preso(-a); (*immobilize*) bloquear; (*jam*) emperrar; **to set** *or* **lay a ~ (for sb)** montar uma armadilha (para alguém); **to shut one's ~** (*inf*) calar a boca; **to ~ one's finger in the door** prender o dedo na porta; **trap door** N alçapão *m*
trapeze [trəˈpiːz] N trapézio
trapper [ˈtræpər] N caçador *m* de peles
trappings [ˈtræpɪŋz] NPL adornos *mpl*, enfeites *mpl*
trash [træʃ] N (*pej*: *goods*) refugo, escória; (: *nonsense*) besteiras *fpl*; (*US*: *rubbish*) lixo; **trash can** (*US*) N lata de lixo
trauma [ˈtrɔːmə] N trauma *m*
traumatic [trɔːˈmætɪk] ADJ traumático
travel [ˈtrævl] N viagem *f* ■ VI viajar; (*sound*) propagar-se; (*news*) levar; (*wine*): **this wine ~s well** este vinho não sofre alteração ao ser transportado; (*move*) deslocar-se ■ VT (*distance*) percorrer; **travels** NPL (*journeys*) viagens *fpl*; **travel agency** N agência de viagens; **travel agent** N agente *m/f* de viagens; **travel brochure** N prospecto turístico
traveller [ˈtrævələr] (*US* **traveler**) N viajante *m/f*; (*Comm*) caixeiro(-a) viajante
traveller's cheque (*US* **traveler's check**) N cheque *m* de viagem
travelling [ˈtrævəlɪŋ] (*US* **traveling**) N as viagens, viajar *m* ■ ADJ (*circus, exhibition*) itinerante; (*salesman*) viajante ■ CPD (*bag, clock, expenses*) de viagem
travel(l)ing salesman (*irreg*) N caixeiro viajante
travelogue [ˈtrævəlɔɡ] N (*book*) livro de viagem; (*film*) documentário de viagem
travel sickness N enjôo
traverse [ˈtrævəs] VT atravessar
travesty [ˈtrævəstɪ] N paródia
trawler [ˈtrɔːlər] N traineira
tray [treɪ] N bandeja; (*on desk*) cesta
treacherous [ˈtrɛtʃərəs] ADJ traiçoeiro; (*ground, tide*) perigoso; **road conditions are ~** as estradas estão perigosas
treachery [ˈtrɛtʃərɪ] N traição *f*
treacle [ˈtriːkl] N melado
tread [trɛd] (*pt* **trod**, *pp* **trodden**) N (*step*) passo, pisada; (*sound*) passada; (*of stair*) piso; (*of tyre*) banda de rodagem ■ VI pisar
▶ **tread on** VT FUS pisar (em)
treadle [ˈtrɛdl] N pedal *m*
treas. ABBR = **treasurer**
treason [ˈtriːzn] N traição *f*
treasure [ˈtrɛʒər] N tesouro; (*person*) jóia ■ VT (*value*) apreciar, estimar; **treasures** NPL (*art treasures etc*) preciosidades *fpl*; **treasure hunt** N caça ao tesouro
treasurer [ˈtrɛʒərər] N tesoureiro(-a)
treasury [ˈtrɛʒərɪ] N tesouraria; (*Pol*): **the T~** (*Brit*) *or* **T~ Department** (*US*); = **o Tesouro Nacional**; **treasury bill** N letra do Tesouro (Nacional)
treat [triːt] N (*present*) regalo, deleite *m*; (*pleasure*) prazer *m* ■ VT tratar; **to ~ sb to sth** convidar alguém para algo; **to give sb a ~** dar um prazer a alguém; **to ~ sth as a joke** não levar algo a sério
treatise [ˈtriːtɪz] N tratado

treatment ['tri:tmənt] N tratamento; **to have ~ for sth** (*Med*) fazer tratamento para algo
treaty ['tri:tɪ] N tratado, acordo
treble ['trebl] ADJ tríplice ■ N (*Mus*) soprano ■ VT triplicar ■ VI triplicar(-se); **treble clef** N clave *f* de sol
tree [tri:] N árvore *f*
tree-lined ADJ ladeado de árvores
treetop ['tri:tɔp] N copa (de árvore)
tree trunk N tronco de árvore
trek [trek] N (*long journey*) jornada; (*walk*) caminhada; (*as holiday*) excursão *f* (a pé) ■ VI (*as holiday*) caminhar
trellis ['trelɪs] N grade *f* de ripas, latada
tremble ['trembl] VI tremer
trembling ['tremblɪŋ] N tremor *m* ■ ADJ trêmulo, trepidante
tremendous [trɪ'mendəs] ADJ tremendo; (*enormous*) enorme; (*excellent*) sensacional, fantástico
tremendously [trɪ'mendəslɪ] ADV (*well, clever etc*) extraordinariamente; (*very much*) muitíssimo; (*very well*) muito bem
tremor ['tremə^{r}] N tremor *m*; (*also*: **earth tremor**) tremor de terra
trench [trentʃ] N trincheira; **trench coat** N capa (de chuva); **trench warfare** N guerra de trincheiras
trend [trend] N (*tendency*) tendência; (*of events*) curso; (*fashion*) modismo, tendência; **~ towards/away from doing** tendência a/contra fazer; **to set the ~** dar o tom; **to set a ~** lançar uma moda
trendy ['trendɪ] ADJ (*idea*) de acordo com a tendência atual; (*clothes*) da última moda
trepidation [trepɪ'deɪʃən] N trepidação *f*; (*fear*) apreensão *f*
trespass ['tresپəs] VI: **to ~ on** invadir; **"no ~ing"** "entrada proibida"
trespasser ['tresپəsə^{r}] N intruso(-a); **"~s will be prosecuted"** "aqueles que invadirem esta área serão punidos"
tress [tres] N trança
trestle ['tresl] N cavalete *m*; **trestle table** N mesa de cavaletes
trial ['traɪəl] N (*Law*) processo; (*test*: *of machine etc*) prova, teste *m*; (*hardship*) provação *f*; **trials** NPL (*unpleasant experiences*) dissabores *mpl*; (*Sport*) eliminatórias *fpl*; **horse ~s** provas *fpl* de equitação; **by ~ and error** por tentativas; **~ by jury** julgamento por júri; **to be sent for ~** ser levado a julgamento; **to be on ~** ser julgado; **trial balance** N (*Comm*) balancete *m*; **trial basis** N: **on a trial basis** em experiência; **trial period** N período de experiência; **trial run** N ensaio
triangle ['traɪæŋgl] N (*Math, Mus*) triângulo
triangular [traɪ'æŋgjulə^{r}] ADJ triangular
tribal ['traɪbəl] ADJ tribal
tribe [traɪb] N tribo *f*
tribesman ['traɪbzmən] (*irreg*) N membro da tribo
tribulation [trɪbju'leɪʃən] N tribulação *f*, aflição *f*
tribunal [traɪ'bju:nl] N tribunal *m*
tributary ['trɪbju:tərɪ] N (*river*) afluente *m*
tribute ['trɪbju:t] N homenagem *f*; (*payment*) tributo; **to pay ~ to** prestar homenagem a, homenagear
trice [traɪs] N: **in a ~** num instante
trick [trɪk] N truque *m*; (*deceit*) fraude *f*, trapaça; (*joke*) peça, brincadeira; (*skill, knack*) habilidade *f*; (*Cards*) vaza ■ VT enganar; **to play a ~ on sb** pregar uma peça em alguém; **to ~ sb into doing sth** induzir alguém a fazer algo pela astúcia; **to ~ sb out of sth** obter algo de alguém pela astúcia; **it's a ~ of the light** é uma ilusão de ótica; **that should do the ~** (*inf*) isso deveria dar resultado
trickery ['trɪkərɪ] N trapaça, astúcia
trickle ['trɪkl] N (*of water etc*) fio (de água) ■ VI gotejar, pingar; **to ~ in/out** (*people*) ir entrando/saindo aos poucos
trick question N pergunta capciosa
trickster ['trɪkstə^{r}] N vigarista *m/f*
tricky ['trɪkɪ] ADJ difícil, complicado
tricycle ['traɪsɪkl] N triciclo
trifle ['traɪfl] N (*small detail*) bobagem *f*, besteira; (*Culin*) *tipo de bolo com fruta e creme* ■ ADV: **a ~ long** um pouquinho longo ■ VI: **to ~ with** brincar com
trifling ['traɪflɪŋ] ADJ insignificante
trigger ['trɪgə^{r}] N (*of gun*) gatilho
▸ **trigger off** VT desencadear
trigonometry [trɪgə'nɔmətrɪ] N trigonometria
trilby ['trɪlbɪ] (*Brit*) N (*also*: **trilby hat**) chapéu *m* de feltro
trill [trɪl] N (*of bird, Mus*) trinado, trilo
trilogy ['trɪlədʒɪ] N trilogia
trim [trɪm] ADJ (*figure*) elegante; (*house*) arrumado; (*garden*) bem cuidado ■ N (*haircut etc*) aparada; (*on car*) estofamento; (*embellishment*) acabamento, remate *m* ■ VT (*cut*) aparar, cortar; (*decorate*): **to ~ (with)** enfeitar (com); (*Naut*: *sail*) ajustar; **to keep in (good) ~** manter em bom estado
trimmings ['trɪmɪŋz] NPL decoração *f*; (*extras*: *gen Culin*) acompanhamentos *mpl*
Trinidad and Tobago ['trɪnɪdæd-] N Trinidad e Tobago (*no article*)
Trinity ['trɪnɪtɪ] N: **the ~** a Trindade
trinket ['trɪŋkɪt] N bugiganga; (*piece of jewellery*) berloque *m*, bijuteria
trio ['tri:əu] N trio
trip [trɪp] N viagem *f*; (*outing*) excursão *f*; (*stumble*) tropeção *m* ■ VI (*also*: **trip up**) tropeçar; (*go lightly*) andar com passos ligeiros ■ VT fazer tropeçar; **on a ~** de viagem
▸ **trip up** VI tropeçar ■ VT passar uma rasteira em
tripartite [traɪ'pɑ:taɪt] ADJ (*in three parts*) tripartido; (*Pol*) tripartidário
tripe [traɪp] N (*Culin*) bucho, tripa; (*pej*: *rubbish*) bobagem *f*
triple ['trɪpl] ADJ triplo, tríplice ■ ADV: **~ the distance/the speed** três vezes a distância/a

velocidade

triplets ['trɪplɪts] NPL trigêmeos(-as) *m/fpl*

triplicate ['trɪplɪkət] N: **in ~** em triplicata, em três vias

tripod ['traɪpɔd] N tripé *m*

Tripoli ['trɪpəlɪ] N Trípoli

tripper ['trɪpə^{r}] (*Brit*) N excursionista *m/f*

tripwire ['trɪpwaɪə^{r}] N fio de disparo

trite [traɪt] ADJ gasto, banal

triumph ['traɪʌmf] N (*satisfaction*) satisfação *f*; (*great achievement*) triunfo ■ VI: **to ~ (over)** triunfar (sobre)

triumphal [traɪ'ʌmfl] ADJ triunfal

triumphant [traɪ'ʌmfənt] ADJ triunfante

trivia ['trɪvɪə] NPL trivialidades *fpl*

trivial ['trɪvɪəl] ADJ insignificante; (*commonplace*) trivial

triviality [trɪvɪ'ælɪtɪ] N trivialidade *f*

trivialize ['trɪvɪəlaɪz] VT banalizar, trivializar

trod [trɔd] PT *of* **tread**

trodden ['trɔdn] PP *of* **tread**

trolley ['trɔlɪ] N carrinho; (*table on wheels*) mesa volante;**trolley bus** N ônibus *m* elétrico (BR), trólei *m* (PT)

trollop ['trɔləp] N rameira

trombone [trɔm'bəun] N trombone *m*

troop [tru:p] N bando, grupo ■ VI: **to ~ in/out** entrar/sair em bando; **troops** NPL (*Mil*) tropas *fpl*; (: *men*) homens *mpl*; **~ing the colour** (*Brit*: *ceremony*) a saudação da bandeira;**troop carrier** N (*plane*) avião *m* de transporte de tropas; (*Naut*: *also*: **troopship**) navio-transporte *m*

trooper ['tru:pə^{r}] N (*Mil*) soldado de cavalaria; (*US*: *policeman*) ≈ policial *m* militar, PM *m*

troopship ['tru:pʃɪp] N navio-transporte *m*

trophy ['trəufɪ] N troféu *m*

tropic ['trɔpɪk] N trópico; **in the ~s** nos trópicos; **T~ of Cancer/Capricorn** Trópico de Câncer/Capricórnio

tropical ['trɔpɪkl] ADJ tropical

trot [trɔt] N trote *m*; (*fast pace*) passo rápido ■ VI trotar; (*person*) andar rapidamente; **on the ~** (*fig*: *inf*) a fio

▸ **trot out** VT (*excuse, reason*) apresentar, dar; (*names, facts*) recitar

trouble ['trʌbl] N problema(s) *m(pl)*, dificuldade(s) *f(pl)*; (*worry*) preocupação *f*; (*bother, effort*) incômodo, trabalho; (*Pol*) distúrbios *mpl*; (*Med*): **stomach ~** *etc* problemas *mpl* gástricos *etc* ■ VT perturbar; (*worry*) preocupar, incomodar ■ VI: **to ~ to do sth** incomodar-se *or* preocupar-se de fazer algo; **troubles** NPL (*Pol etc*) distúrbios *mpl*; **to be in ~** (*in difficulty*) estar num aperto; (*for doing sth wrong*) estar numa encrenca; (*ship, climber etc*) estar em dificuldade; **to go to the ~ of doing sth** dar-se ao trabalho de fazer algo; **to have ~ doing sth** ter dificuldade em fazer algo; **it's no ~!** não tem problema!; **please don't ~ yourself** por favor, não se dê trabalho!; **the ~ is ...** o problema é ...; **what's the ~?** qual é o problema?

troubled ['trʌbld] ADJ (*person*) preocupado; (*epoch, life*) agitado

trouble-free ADJ sem problemas

troublemaker ['trʌblmeɪkə^{r}] N criador(a)-de-casos *m/f*; (*child*) encrenqueiro(-a)

troubleshooter ['trʌblʃu:tə^{r}] N (*in conflict*) conciliador(a) *m/f*; (*solver of problems*) solucionador(a) *m/f* de problemas

troublesome ['trʌblsəm] ADJ importuno; (*child*: *cough*) incômodo

trouble spot N área de conflito

trough [trɔf] N (*also*: **drinking trough**) bebedouro, cocho; (*also*: **feeding trough**) gamela; (*depression*) depressão *f*; (*channel*) canal *m*; **~ of low pressure** (*Meteorology*) cavado de baixa pressão

trounce [trauns] VT (*defeat*) dar uma surra *or* um banho em

troupe [tru:p] N companhia teatral

trouser press N passadeira de calças

trousers ['trauzəz] NPL calça (BR), calças *fpl* (PT)

trouser suit (*Brit*) N terninho (BR), conjunto de calças casaco (PT)

trousseau ['tru:səu] (*pl* **trousseaus**) N enxoval *m*

trousseaux ['tru:səuz] NPL *of* **trousseau**

trout [traut] N INV truta

trowel ['trauəl] N (*garden tool*) colher *f* de jardineiro; (*builder's tool*) colher *f* de pedreiro

truancy ['truənsɪ] N evasão *f* escolar

truant ['truənt] (*Brit*) N: **to play ~** matar aula (BR), fazer gazeta (PT)

truce [tru:s] N trégua, armistício

truck [trʌk] N caminhão *m* (BR), camião *m* (PT); (*Rail*) vagão *m*;**truck driver** N caminhoneiro(-a) (BR), camionista *m/f* (PT)

trucker ['trʌkə^{r}] (*esp US*) N caminhoneiro (BR), camionista *m/f* (PT)

truck farm (*US*) N horta

trucking ['trʌkɪŋ] (*esp US*) N transporte *m* rodoviário;**trucking company** (*US*) N transportadora

truck stop (*US*) N bar *m* de estrada

truculent ['trʌkjulənt] ADJ agressivo

trudge [trʌdʒ] VI andar com dificuldade, arrastar-se

true [tru:] ADJ verdadeiro; (*accurate*) exato; (*genuine*) autêntico; (*faithful*) fiel, leal; (*wall*) aprumado; (*beam*) nivelado; (*wheel*) alinhado; **to come ~** realizar-se, tornar-se realidade; **~ to life** realista, fiel à realidade; **it's ~** é verdade

truffle ['trʌfl] N trufa; (*sweet*) docinho de chocolate *or* rum

truly ['tru:lɪ] ADV (*really*) realmente; (*truthfully*) verdadeiramente; (*faithfully*) fielmente; **yours ~** (*in letter*) atenciosamente

trump [trʌmp] N trunfo; **to turn** *or* **come up ~s** (*fig*) salvar a pátria;**trump card** N (*also*: **fig**) trunfo

trumped-up [trʌmpt-] ADJ inventado, forjado

trumpet ['trʌmpɪt] N trombeta

truncated [trʌŋ'keɪtɪd] ADJ truncado

truncheon ['trʌntʃən] N cassetete *m*

trundle ['trʌndl] VT (*push slowly*: *trolley etc*)

empurrar lentamente ■ VI: **to ~ along** rolar *or* rodar fazendo ruído

trunk [trʌŋk] N (*of tree, person*) tronco; (*of elephant*) tromba; (*case*) baú *m*; (*US: Aut*) mala (BR), porta-bagagens *m* (PT); **trunks** NPL (*also*: **swimming trunks**) sunga (BR), calções *mpl* de banho (PT); **trunk call** (*Brit*) N (*Tel*) ligação *f* interurbana; **trunk road** (*Brit*) N ≈ rodovia nacional

truss [trʌs] N (*Med*) funda ■ VT: **to ~ (up)** atar, amarrar

trust [trʌst] N confiança; (*responsibility*) responsibilidade *f*; (*Comm*) truste *m*; (*Law*) fideicomisso ■ VT (*rely on*) confiar em; (*entrust*): **to ~ sth to sb** confiar algo a alguém; (*hope*): **to ~ (that)** esperar que; **to take sth on ~** aceitar algo sem verificação prévia; **in ~** (*Law*) em fideicomisso; **trust company** N companhia fiduciária

trusted ['trʌstɪd] ADJ de confiança

trustee [trʌs'ti:] N (*Law*) fideicomissário(-a), depositário(-a); (*of school etc*) administrador(a) *m/f*

trustful ['trʌstful] ADJ confiante

trust fund N fundo de fideicomisso

trusting ['trʌstɪŋ] ADJ confiante

trustworthy ['trʌstwə:ðɪ] ADJ digno de confiança

trusty ['trʌstɪ] ADJ fidedigno, fiel

truth [tru:θ, *pl* tru:ðz] N verdade *f*

truthful ['tru:θful] ADJ (*person*) sincero, honesto; (*account*) verídico

truthfully ['tru:θfulɪ] ADV sinceramente

truthfulness ['tru:θfulnɪs] N veracidade *f*

try [traɪ] N tentativa; (*Rugby*) ensaio ■ VT (*Law*) julgar; (*test*: *sth new*) provar, pôr à prova; (*attempt*) tentar; (*food etc*) experimentar; (*strain*) cansar ■ VI tentar; **to have a ~** fazer uma tentativa; **to ~ to do sth** tentar fazer algo; **to ~ one's (very) best** *or* **one's (very) hardest** fazer (todo) o possível; **to give sth a ~** tentar algo

▸ **try on** VT (*clothes*) experimentar, provar; **to ~ it on with sb** (*fig*: *test sb's patience*) testar a paciência de alguém; (: *try to trick*) tentar engambelar alguém

▸ **try out** VT experimentar, provar

trying ['traɪɪŋ] ADJ (*person, experience*) exasperante

tsar [za:r] N czar *m*

T-shirt N camiseta (BR), T-shirt *f* (PT)

T-square N régua em T

TT ADJ ABBR (*Brit*: *inf*) = **teetotal** ■ ABBR (*US*: *Post*) = **Trust Territory**

tub [tʌb] N tina; (*bath*) banheira

tuba ['tju:bə] N tuba

tubby ['tʌbɪ] ADJ gorducho

tube [tju:b] N tubo; (*pipe*) cano; (*Brit*: *underground*) metrô *m* (BR), metro(-politano) (PT); (*for tyre*) câmara-de-ar *f*

tubeless ['tju:blɪs] ADJ sem câmara

tuber ['tju:bər] N (*Bot*) tubérculo

tuberculosis [tjubə:kju'ləusɪs] N tuberculose *f*

tube station (*Brit*) N estação *f* de metrô

tubing ['tju:bɪŋ] N tubulação *f*, encanamento; **a piece of ~** um pedaço de tubo

tubular ['tju:bjulər] ADJ tubular; (*furniture*) tubiforme

TUC (*Brit*) N ABBR (= *Trades Union Congress*) ≈ CUT *f*

tuck [tʌk] N (*Sewing*) prega, dobra ■ VT (*put*) enfiar, meter

▸ **tuck away** VT esconder; **to be ~ed away** estar escondido

▸ **tuck in** VT enfiar para dentro; (*child*) aconchegar ■ VI (*eat*) comer com apetite

▸ **tuck up** VT (*child*) aconchegar

tuck shop N loja de balas

Tue(s). ABBR (= *Tuesday*) ter, 3ª

Tuesday ['tju:zdɪ] N terça-feira; (**the date**) **today is ~ 23rd March** hoje é terça-feira, 23 de março; **on ~** na terça(-feira); **on ~s** nas terças(-feiras); **every ~** todas as terças(-feiras); **every other ~** terça-feira sim, terça-feira não; **last/next ~** na terça-feira passada/na terça-feira que vem; **~ next** na terça-feira que vem; **the following ~** na terça-feira seguinte; **a week on ~** sem ser essa terça, a outra; **the ~ before last** na terça-feira retrasada; **the ~ after next** sem ser essa terça, a outra; **~ morning/lunchtime/afternoon/evening** na terça-feira de manhã/ao meio-dia/à tarde/à noite; **~ night** na terça-feira à noite; **~'s newspaper** o jornal de terça-feira

tuft [tʌft] N penacho; (*of grass etc*) tufo

tug [tʌg] N (*ship*) rebocador *m* ■ VT puxar

tug-of-war N cabo-de-guerra *m*; (*fig*) disputa

tuition [tju:'ɪʃən] N ensino; (*private tuition*) aulas *fpl* particulares; (*US*: *fees*) taxas *fpl* escolares

tulip ['tju:lɪp] N tulipa

tumble ['tʌmbl] N (*fall*) queda ■ VI cair, tombar ■ VT derrubar; **to ~ to sth** (*inf*) sacar algo

tumbledown ['tʌmbldaun] ADJ em ruínas

tumble dryer (*Brit*) N máquina de secar roupa

tumbler ['tʌmblər] N copo

tummy ['tʌmɪ] (*inf*) N (*belly*) barriga; (*stomach*) estômago

tumour ['tju:mər] (*US* **tumor**) N tumor *m*

tumult ['tju:mʌlt] N tumulto

tumultuous [tju:'mʌltjuəs] ADJ tumultuado

tuna ['tju:nə] N INV (*also*: **tuna fish**) atum *m*

tune [tju:n] N melodia ■ VT (*Mus*) afinar; (*Radio, TV*) sintonizar; (*Aut*) regular; **to be in/out of ~** (*instrument*) estar afinado/desafinado; (*singer*) cantar afinado/desafinar; **to be in/out of ~ with** (*fig*) harmonizar-se com/destoar de; **she was robbed to the ~ of £10,000** ela foi roubada em mais de £10,000

▸ **tune in** VI (*Radio, TV*): **to ~ in (to)** sintonizar (com)

▸ **tune up** VI (*musician*) afinar (seu instrumento)

tuneful ['tju:nful] ADJ melodioso

tuner ['tju:nər] N (*radio set*) sintonizador *m*; **piano ~** afinador(a) *m/f* de pianos; **tuner amplifier** N sintonizador *m* amplificador

tungsten ['tʌŋstən] N tungstênio

tunic ['tju:nɪk] N túnica
tuning ['tju:nɪŋ] N (*of radio*) sintonia; (*Mus*) afinação *f*; (*of car*) regulagem *f*; **tuning fork** N diapasão *m*
Tunis ['tju:nɪs] N Túnis
Tunisia [tju:'nɪzɪə] N Tunísia
Tunisian [tju:'nɪzɪən] ADJ, N tunisiano(-a)
tunnel ['tʌnl] N túnel *m*; (*in mine*) galeria ■ VI abrir um túnel (*or* uma galeria)
tunny ['tʌnɪ] N atum *m*
turban ['tə:bən] N turbante *m*
turbid ['tə:bɪd] ADJ turvo
turbine ['tə:baɪn] N turbina
turbojet [tə:bəu'dʒɛt] N turbojato (BR), turbojacto (PT)
turboprop [tə:bəu'prɔp] N (*engine*) turboélice *m*
turbot ['tə:bət] N INV rodovalho
turbulence ['tə:bjuləns] N (*Aviat*) turbulência
turbulent ['tə:bjulənt] ADJ turbulento
tureen [tə'ri:n] N terrina
turf [tə:f] N torrão *m* ■ VT relvar, gramar; **the T~** o turfe
▸ **turf out** (*inf*) VT (*thing*) jogar fora; (*person*) pôr no olho da rua
turf accountant (*Brit*) N corretor *m* de apostas
turgid ['tə:dʒɪd] ADJ (*speech*) pomposo
Turk [tə:k] N turco(-a)
Turkey ['tə:kɪ] N Turquia
turkey ['tə:kɪ] N peru(a) *m/f*
Turkish ['tə:kɪʃ] ADJ turco(-a) ■ N (*Ling*) turco; **Turkish bath** N banho turco; **Turkish delight** N lokum *m*
turmeric ['tə:mərɪk] N açafrão-da-terra *m*
turmoil ['tə:mɔɪl] N tumulto, distúrbio, agitação *f*; **in ~** agitado, tumultuado
turn [tə:n] N volta, turno; (*in road*) curva; (*go*) vez *f*, turno; (*tendency: of mind, events*) propensão *f*, tendência; (*Theatre*) número; (*Med*) choque *m* ■ VT dar volta a, fazer girar; (*collar*) virar; (*steak*) virar; (*milk*) azedar; (*shape: wood*) tornear; (*change*): **to ~ sth into** converter algo em ■ VI virar; (*person: look back*) voltar-se; (*reverse direction*) mudar de direção; (*milk*) azedar; (*change*) mudar; (*become*) tornar-se, virar; **to ~ nasty** engrossar; **to ~ forty** fazer quarenta anos; **to ~ into** converter-se em; **a good ~** um favor; **it gave me quite a ~** me deu um susto enorme; **"no left ~"** (*Aut*) "proibido virar à esquerda"; **it's your ~** é a sua vez; **in ~** por sua vez; **to take ~s (at)** revezar (em); **at the ~ of the year/century** no final do ano/século; **to take a ~ for the worse** (*situation, patient*) piorar; **to ~ left** (*Aut*) virar à esquerda; **she has no one to ~ to** ela não tem a quem recorrer
▸ **turn about** VI dar meia-volta
▸ **turn away** VI virar a cabeça ■ VT (*reject: person*) rejeitar; (: *business, applicants*) recusar
▸ **turn back** VI voltar atrás ■ VT voltar para trás; (*clock*) atrasar
▸ **turn down** VT (*refuse*) recusar; (*reduce*) baixar; (*fold*) dobrar, virar para baixo
▸ **turn in** VI (*inf: go to bed*) ir dormir ■ VT (*fold*) dobrar para dentro
▸ **turn off** VI (*from road*) virar, sair do caminho ■ VT (*light, radio etc*) apagar; (*engine*) desligar
▸ **turn on** VT (*light*) acender; (*engine, radio*) ligar; (*tap*) abrir
▸ **turn out** VT (*light, gas*) apagar; (*produce*) produzir ■ VI (*troops*) ser mobilizado; **to ~ out to be ...** revelar-se (ser) ..., resultar (ser) ..., vir a ser ...
▸ **turn over** VI (*person*) virar-se ■ VT (*object*) virar
▸ **turn round** VI voltar-se, virar-se ■ VT girar
▸ **turn up** VI (*person*) aparecer, pintar; (*lost object*) aparecer ■ VT (*collar*) subir; (*volume, radio etc*) aumentar
turnabout ['tə:nəbaut] N reviravolta
turnaround ['tə:nəraund] N reviravolta
turncoat ['tə:nkəut] N vira-casaca *m/f*
turned-up [tə:nd-] ADJ (*nose*) arrebitado
turning ['tə:nɪŋ] N (*in road*) via lateral; **the first ~ on the right** a primeira à direita; **turning circle** (*Brit*) N raio de viragem; **turning point** N (*fig*) momento decisivo, virada; **turning radius** (*US*) N raio de viragem
turnip ['tə:nɪp] N nabo
turnout ['tə:naut] N assistência; (*in election*) comparecimento às urnas
turnover ['tə:nəuvəʳ] N (*Comm: amount of money*) volume *m* de negócios; (: *of goods*) movimento; (*of staff*) rotatividade *f*; (*Culin*) *espécie de pastel*
turnpike ['tə:npaɪk] (*US*) N estrada *or* rodovia com pedágio (BR) *or* portagem (PT)
turnstile ['tə:nstaɪl] N borboleta (BR), torniquete *m* (PT)
turntable ['tə:nteɪbl] N (*on record player*) prato
turn-up (*Brit*) N (*on trousers*) volta, dobra
turpentine ['tə:pəntaɪn] N (*also*: **turps**) aguarrás *f*
turquoise ['tə:kwɔɪz] N (*stone*) turquesa ■ ADJ azul-turquesa *inv*
turret ['tʌrɪt] N torrinha
turtle ['tə:tl] N tartaruga, cágado
turtleneck (sweater) ['tə:tlnɛk-] N pulôver *m* (BR) *or* camisola (PT) de gola alta
tusk [tʌsk] N defesa (de elefante)
tussle ['tʌsl] N (*fight*) luta; (*scuffle*) contenda, rixa
tutor ['tju:təʳ] N professor(a) *m/f*; (*private tutor*) professor(a) *m/f* particular
tutorial [tju:'tɔ:rɪəl] N (*Sch*) seminário
tuxedo [tʌk'si:dəu] (*US*) N smoking *m*
TV N ABBR (= *television*) TV *f*
twaddle ['twɔdl] N bobagens *fpl*, disparates *mpl*
twang [twæŋ] N (*of instrument*) dedilhado; (*of voice*) timbre *m* nasal *or* fanhoso ■ VI vibrar ■ VT (*guitar*) dedilhar
tweak [twi:k] VT (*nose, ear*) beliscar; (*hair*) puxar
tweed [twi:d] N tweed *m*, *pano grosso de lã*
tweezers ['twi:zəz] NPL pinça (pequena)
twelfth [twɛlfθ] NUM décimo segundo; *see also* **fifth**
Twelfth Night N noite *f* de Reis, Epifania
twelve [twɛlv] NUM doze; **at ~ (o'clock)** (*midday*)

ao meio-dia; (*midnight*) à meia-noite; *see also* **five**

twentieth ['twɛntɪɪθ] NUM vigésimo; *see also* **fifth**

twenty ['twɛntɪ] NUM vinte; *see also* **five**

twerp [twə:p] (*inf*) N imbecil *m/f*

twice [twaɪs] ADV duas vezes; **~ as much** duas vezes mais; **~ a week** duas vezes por semana; **she is ~ your age** ela tem duas vezes a sua idade

twiddle ['twɪdl] VT, VI: **to ~ (with) sth** mexer em algo; **to ~ one's thumbs** (*fig*) chupar o dedo

twig [twɪg] N graveto, varinha ■ VT, VI (*inf*) sacar

twilight ['twaɪlaɪt] N crepúsculo, meia-luz *f*; **in the ~** na penumbra

twill [twɪl] N sarja

twin [twɪn] ADJ (*sister, brother, towers*) gêmeo(-a); (*beds*) separado ■ N gêmeo(-a) ■ VT irmanar; **twin(-bedded) room** [-'bɛdɪd-] N quarto com duas camas; **twin beds** NPL camas *fpl* separadas

twin-carburettor ADJ de dois carburadores

twine [twaɪn] N barbante *m* (BR), cordel *m* (PT) ■ VI (*plant*) enroscar-se, enrolar-se

twin-engined [-'ɛndʒɪnd] ADJ bimotor; **~ aircraft** (avião *m*) bimotor *m*

twinge [twɪndʒ] N (*of pain*) pontada; (*of conscience*) remorso

twinkle ['twɪŋkl] N cintilação *f* ■ VI cintilar; (*eyes*) pestanejar

twin town N cidade *f* irmã

twirl [twə:l] N giro, volta ■ VT fazer girar ■ VI girar rapidamente

twist [twɪst] N (*action*) torção *f*; (*in road, coil*) curva; (*in wire, flex*) virada; (*in story*) mudança imprevista ■ VT torcer, retorcer; (*ankle*) torcer; (*weave*) entrelaçar; (*roll around*) enrolar; (*fig*) deturpar ■ VI serpentear; **to ~ one's ankle/wrist** torcer o tornozelo/pulso

twisted ['twɪstɪd] ADJ (*wire, rope, ankle*) torcido; (*fig*: *mind, logic*) deturpado

twit [twɪt] (*inf*) N idiota *m/f*, bobo(-a)

twitch [twɪtʃ] N puxão *m*; (*nervous*) tique *m* nervoso ■ VI contrair-se

two [tu:] NUM dois; **~ by ~, in ~s** de dois em dois; **to put ~ and ~ together** (*fig*) tirar conclusões; *see also* **five**

two-door ADJ (*Aut*) de duas portas

two-faced [-feɪst] (*pej*) ADJ (*person*) falso

twofold ['tu:fəuld] ADV: **to increase ~** duplicar ■ ADJ (*increase*) em cem por cento; (*reply*) duplo

two-piece N (*also*: **two-piece suit**) traje *m* de duas peças; (*also*: **two-piece swimsuit**) maiô *m* de duas peças, biquíni *m*

two-seater [-'si:tə^r] N (*plane*) avião *m* de dois lugares; (*car*) carro de dois lugares

twosome ['tu:səm] N (*people*) casal *m*

two-stroke N (*also*: **two-stroke engine**) motor *m* de dois tempos ■ ADJ de dois tempos

two-tone ADJ em dois tons

two-way ADJ: **~ radio** rádio emissor-receptor; **~ traffic** trânsito em mão dupla

TX (*US*) ABBR (*Post*) = **Texas**

tycoon [taɪ'ku:n] N: **(business) ~** magnata *m*

type [taɪp] N (*category*) tipo, espécie *f*; (*model*) modelo; (*Typ*) tipo, letra ■ VT (*letter etc*) datilografar, bater (à máquina); **what ~ do you want?** que tipo você quer?; **in bold/italic ~** em negrito/itálico

typecast ['taɪpkɑ:st] ADJ que representa sempre o mesmo papel

typeface ['taɪpfeɪs] N tipo, letra

typescript ['taɪpskrɪpt] N texto datilografado

typeset ['taɪpsɛt] (*irreg*) VT compor (*para imprimir*)

typesetter ['taɪpsɛtə^r] N compositor(a) *m/f*

typewriter ['taɪpraɪtə^r] N máquina de escrever

typewritten ['taɪprɪtn] ADJ datilografado

typhoid ['taɪfɔɪd] N febre *f* tifóide

typhoon [taɪ'fu:n] N tufão *m*

typhus ['taɪfəs] N tifo

typical ['tɪpɪkl] ADJ típico

typify ['tɪpɪfaɪ] VT tipificar, simbolizar

typing ['taɪpɪŋ] N datilografia; **typing error** N erro de datilografia; **typing pool** N seção *f* de datilografia

typist ['taɪpɪst] N datilógrafo(-a) *m/f*

typo ['taɪpəu] (*inf*) N ABBR (= *typographical error*) erro tipográfico

typography [taɪ'pɔgrəfɪ] N tipografia

tyranny ['tɪrənɪ] N tirania

tyrant ['taɪərənt] N tirano(-a)

tyre ['taɪə^r] (*US* **tire**) N pneu *m*; **tyre pressure** N pressão *f* dos pneus

Tyrrhenian Sea [tɪ'ri:nɪən-] N: **the ~** o mar Tirreno

tzar [zɑ:^{r}] N = **tsar**

Uu

U, u [ju:] N (*letter*) U, u *m*; **U for Uncle** U de Úrsula
U (*Brit*) N ABBR (*Cinema*: = *universal*) ≈ livre
UAW (*US*) N ABBR (= *United Automobile Workers*) *sindicato dos trabalhadores na indústria automobilística*
UB40 (*Brit*) N ABBR (= *unemployment benefit form 40*) *carteira que comprova que o portador recebe o auxílio-desemprego*
U-bend N (*in pipe*) curva em U
ubiquitous [ju:'bɪkwɪtəs] ADJ ubíquo, onipresente
UDA (*Brit*) N ABBR = **Ulster Defence Association**
UDC (*Brit*) N ABBR = **Urban District Council**
udder ['ʌdəʳ] N ubre *f*
UDI (*Brit*) N ABBR (*Pol*) = **unilateral declaration of independence**
UDR (*Brit*) N ABBR = **Ulster Defence Regiment**
UEFA [ju:'eɪfə] N ABBR (= *Union of European Football Associations*) UEFA *f*
UFO ['ju:fəu] N ABBR (= *unidentified flying object*) óvni *m*
Uganda [ju:'gændə] N Uganda (*no article*)
Ugandan [ju:'gændən] ADJ, N ugandense *m/f*
ugh [ə:h] EXCL uh!
ugliness ['ʌglɪnɪs] N feiúra
ugly ['ʌglɪ] ADJ feio; (*dangerous*) perigoso
UHF ABBR (= *ultra-high frequency*) UHF, freqüência ultra-alta
UHT ADJ ABBR = **ultra-heat treated**; **~ milk** leite *m* longa-vida
UK N ABBR = **United Kingdom**
ulcer ['ʌlsəʳ] N úlcera; **mouth ~** afta
Ulster ['ʌlstəʳ] N Ulster *m*, Irlanda do Norte
ulterior [ʌl'tɪərɪəʳ] ADJ ulterior; **~ motive** segundas intenções *fpl*
ultimata [ʌltɪ'meɪtə] NPL *of* **ultimatum**
ultimate ['ʌltɪmət] ADJ último, final; (*authority*) máximo ■ N: **the ~ in luxury** o máximo em luxo
ultimately ['ʌltɪmətlɪ] ADV (*in the end*) no final, por último; (*fundamentally*) no fundo
ultimatum [ʌltɪ'meɪtəm] (*pl* **ultimata**) N ultimato
ultrasonic [ʌltrə'sɔnɪk] ADJ ultra-sônico
ultrasound ['ʌltrəsaund] N (*Med*) ultra-som *m*
ultraviolet [ʌltrə'vaɪəlɪt] ADJ ultravioleta
umbilical cord [ʌmbɪ'laɪkl-] N cordão *m* umbilical
umbrage ['ʌmbrɪdʒ] N: **to take ~** ofender-se
umbrella [ʌm'brɛlə] N guarda-chuva *m*; (*for sun*) guarda-sol *m*, barraca (da praia); (*fig*): **under the ~ of** sob a égide de
umpire ['ʌmpaɪəʳ] N árbitro ■ VT arbitrar
umpteen [ʌmp'ti:n] ADJ inúmeros(-as)
umpteenth [ʌmp'ti:nθ] ADJ: **for the ~ time** pela enésima vez
UMW N ABBR (= *United Mineworkers of America*) *sindicato dos mineiros*
UN N ABBR (= *United Nations*) ONU *f*
unabashed [ʌnə'bæʃt] ADJ imperturbado
unabated [ʌnə'beɪtɪd] ADJ sem diminuir
unable [ʌn'eɪbl] ADJ: **to be ~ to do sth** não poder fazer algo; (*be incapable*) ser incapaz de fazer algo
unabridged [ʌnə'brɪdʒd] ADJ integral
unacceptable [ʌnək'sɛptəbl] ADJ (*behaviour*) insuportável; (*price, proposal*) inaceitável
unaccompanied [ʌnə'kʌmpənɪd] ADJ desacompanhado; (*singing, song*) sem acompanhamento
unaccountably [ʌnə'kauntəblɪ] ADV inexplicavelmente
unaccounted [ʌnə'kauntɪd] ADJ: **two passengers are ~ for** dois passageiros estão desaparecidos
unaccustomed [ʌnə'kʌstəmd] ADJ desacostumado; **to be ~ to** não estar acostumado a
unacquainted [ʌnə'kweɪntɪd] ADJ: **to be ~ with** (*person*) não conhecer; (*facts etc*) não estar familiarizado com
unadulterated [ʌnə'dʌltəreɪtɪd] ADJ puro, natural
unaffected [ʌnə'fɛktɪd] ADJ (*person, behaviour*) natural, simples *inv*; (*emotionally*): **to be ~ by** não se comover com
unafraid [ʌnə'freɪd] ADJ: **to be ~** não ter medo
unaided [ʌn'eɪdɪd] ADJ sem ajuda, por si só
unanimity [ju:nə'nɪmɪtɪ] N unanimidade *f*
unanimous [ju:'nænɪməs] ADJ unânime
unanimously [ju:'nænɪməslɪ] ADV unanimemente
unanswered [ʌn'ɑ:nsəd] ADJ sem resposta
unappetizing [ʌn'æpɪtaɪzɪŋ] ADJ pouco apetitoso

unappreciative [ʌnə'priːʃɪətɪv] ADJ (*ungrateful*) ingrato
unarmed [ʌn'ɑːmd] ADJ (*without a weapon*) desarmado; (*defenceless*) indefeso
unashamed [ʌnə'ʃeɪmd] ADJ (*open*) desembaraçado; (*pleasure, greed*) descarado; (*impudent*) descarado
unassisted [ʌnə'sɪstɪd] ADJ, ADV sem ajuda
unassuming [ʌnə'sjuːmɪŋ] ADJ modesto, despretencioso
unattached [ʌnə'tætʃt] ADJ (*person*) livre; (*part etc*) solto, separado
unattended [ʌnə'tɛndɪd] ADJ (*car, luggage*) abandonado
unattractive [ʌnə'trɛktɪv] ADJ sem atrativos; (*building, appearance, idea*) pouco atraente
unauthorized [ʌn'ɔːθəraɪzd] ADJ não autorizado, sem autorização
unavailable [ʌnə'veɪləbl] ADJ (*article, room, book*) indisponível; (*person*) não disponível
unavoidable [ʌnə'vɔɪdəbl] ADJ inevitável
unavoidably [ʌnə'vɔɪdəblɪ] ADV inevitavelmente
unaware [ʌnə'wɛəʳ] ADJ: **to be ~ of** ignorar, não perceber
unawares [ʌnə'wɛəz] ADV improvisadamente, de surpresa
unbalanced [ʌn'bælənst] ADJ desequilibrado
unbearable [ʌn'bɛərəbl] ADJ insuportável
unbeatable [ʌn'biːtəbl] ADJ (*team*) invencível; (*price*) sem igual
unbeaten [ʌn'biːtn] ADJ invicto; (*record*) não batido
unbecoming [ʌnbɪ'kʌmɪŋ] ADJ (*unseemly: language, behaviour*) inconveniente; (*unflattering: garment*) que não fica bem
unbeknown(st) [ʌnbɪ'nəun(st)] ADV: **unbeknown(st) to me** sem eu saber
unbelief [ʌnbɪ'liːf] N incredulidade *f*
unbelievable [ʌnbɪ'liːvəbl] ADJ inacreditável; (*amazing*) incrível
unbelievingly [ʌnbɪ'liːvɪŋlɪ] ADV incredulamente
unbend [ʌn'bɛnd] (*irreg*) VI relaxar-se ■ VT (*wire*) desentortar
unbending [ʌn'bɛndɪŋ] ADJ inflexível
unbent [ʌn'bɛnt] PT, PP *of* **unbend**
unbiased [ʌn'baɪəst] ADJ imparcial
unblemished [ʌn'blɛmɪʃt] ADJ imaculado
unblock [ʌn'blɔk] VT (*pipe*) desentupir
unborn [ʌn'bɔːn] ADJ por nascer
unbounded [ʌn'baundɪd] ADJ ilimitado, infinito, imenso
unbreakable [ʌn'breɪkəbl] ADJ inquebrável
unbridled [ʌn'braɪdld] ADJ (*fig*) desenfreado
unbroken [ʌn'brəukən] ADJ (*seal*) intacto; (*line*) contínuo; (*silence, series*) ininterrupto; (*record*) mantido; (*spirit*) indômito
unbuckle [ʌn'bʌkl] VT desafivelar
unburden [ʌn'bəːdn] VT: **to ~ o.s.** desabafar
unbutton [ʌn'bʌtn] VT desabotoar
uncalled-for [ʌn'kɔːld-] ADJ desnecessário, gratuito
uncanny [ʌn'kænɪ] ADJ (*silence, resemblance*) estranho; (*knack*) excepcional
unceasing [ʌn'siːsɪŋ] ADJ contínuo
unceremonious [ʌnsɛrɪ'məunɪəs] ADJ (*abrupt*) incerimonioso; (*rude*) rude
uncertain [ʌn'səːtn] ADJ incerto; (*character*) indeciso; (*unsure*): **~ about** inseguro sobre; **we were ~ whether ...** não tínhamos certeza se ...; **in no ~ terms** em termos precisos
uncertainty [ʌn'səːntɪ] N incerteza; (*also pl: doubts*) dúvidas *fpl*
unchallenged [ʌn'tʃælənd3d] ADJ incontestado; **to go ~** não ser contestado
unchanged [ʌn'tʃeɪnd3d] ADJ inalterado
uncharitable [ʌn'tʃærɪtəbl] ADJ sem caridade
uncharted [ʌn'tʃaːtɪd] ADJ inexplorado
unchecked [ʌn'tʃɛkt] ADV sem controle, descontrolado
uncivilized [ʌn'sɪvəlaɪzd] ADJ (*country, people*) primitivo; (*fig: behaviour*) incivilizado; (: *hour*) de manhã bem cedo
uncle ['ʌŋkl] N tio
unclear [ʌn'klɪəʳ] ADJ (*not obvious*) pouco evidente; (*confused*) confuso; (*indistinct*) indistinto; **I'm still ~ about what I'm supposed to do** ainda não sei exatamente o que devo fazer
uncoil [ʌn'kɔɪl] VT desenrolar ■ VI desenrolar-se
uncomfortable [ʌn'kʌmfətəbl] ADJ incômodo; (*uneasy*) pouco à vontade; (*situation*) desagradável
uncomfortably [ʌn'kʌmftəblɪ] ADV desconfortavelmente; (*uneasily*) sem graça; (*unpleasantly*) desagradavelmente
uncommitted [ʌnkə'mɪtɪd] ADJ não comprometido
uncommon [ʌn'kɔmən] ADJ raro, incomum, excepcional
uncommunicative [ʌnkə'mjuːnɪkətɪv] ADJ reservado
uncomplicated [ʌn'kɔmplɪkeɪtɪd] ADJ descomplicado, simples *inv*
uncompromising [ʌn'kɔmprəmaɪzɪŋ] ADJ intransigente, inflexível
unconcerned [ʌnkən'səːnd] ADJ indiferente, despreocupado; **to be ~ (about)** não estar preocupado (com)
unconditional [ʌnkən'dɪʃənl] ADJ incondicional
uncongenial [ʌnkən'd3iːnɪəl] ADJ desagradável
unconnected [ʌnkə'nɛktɪd] ADJ não relacionado
unconscious [ʌn'kɔnʃəs] ADJ sem sentidos, desacordado; (*unaware*): **~ of** inconsciente de ■ N: **the ~** o inconsciente; **to knock sb ~** pôr alguém nocaute, nocautear alguém
unconsciously [ʌn'kɔnʃəslɪ] ADV inconscientemente
unconstitutional [ʌnkɔnstɪ'tjuːʃənl] ADJ inconstitucional

uncontested [ʌnkən'tɛstɪd] ADJ incontestado
uncontrollable [ʌnkən'trəuləbl] ADJ (*temper*) ingovernável; (*child, animal, laughter*) incontrolável
uncontrolled [ʌnkən'trəuld] ADJ descontrolado
unconventional [ʌnkən'vɛnʃənl] ADJ (*person*) inconvencional; (*approach*) heterodoxo
unconvinced [ʌnkən'vɪnst] ADJ: **to be ~** não estar convencido
unconvincing [ʌnkən'vɪnsɪŋ] ADJ pouco convincente
uncork [ʌn'kɔ:k] VT desarrolhar
uncorroborated [ʌnkə'rɔbəreɪtɪd] ADJ não confirmado
uncouth [ʌn'ku:θ] ADJ rude, grosseiro
uncover [ʌn'kʌvəʳ] VT descobrir; (*take lid off*) destapar, destampar
unctuous ['ʌŋktjuəs] ADJ untuoso, pegajoso
undamaged [ʌn'dæmɪdʒd] ADJ (*goods*) intacto; (*fig: reputation*) incólume
undaunted [ʌn'dɔ:ntɪd] ADJ impávido, inabalável
undecided [ʌndɪ'saɪdɪd] ADJ (*character*) indeciso; (*question*) não respondido, pendente
undelivered [ʌndɪ'lɪvəd] ADJ não entregue
undeniable [ʌndɪ'naɪəbl] ADJ inegável
under ['ʌndəʳ] PREP embaixo de (BR), debaixo de (PT); (*fig*) sob; (*in age, price: less than*) menos de; (*according to*) segundo, de acordo com ■ ADV embaixo; (*movement*) por baixo; **from ~ sth** de embaixo de algo; **~ there** ali embaixo; **in ~ 2 hours** em menos de 2 horas; **~ anaesthetic** sob anestesia; **~ discussion** em discussão; **~ the circumstances** nas circunstâncias; **~ repair** em conserto
under... [ʌndəʳ] PREFIX sub-
under-age ADJ menor de idade; **~ drinking** consumo de bebidas alcoólicas por menores de idade
underarm ['ʌndərɑ:m] ADV com a mão por baixo ■ ADJ (*throw*) com a mão por baixo; (*deodorant*) para as axilas
undercapitalized [ʌndə'kæpɪtəlaɪzd] ADJ subcapitalizado
undercarriage ['ʌndəkærɪdʒ] (*Brit*) N (*Aviat*) trem *m* de aterrissagem
undercharge [ʌndə'tʃɑ:dʒ] VT não cobrar o suficiente
underclothes ['ʌndəkləuðz] NPL roupa de baixo, roupa íntima
undercoat ['ʌndəkəut] N (*paint*) primeira mão *f*
undercover ['ʌndəkʌvəʳ] ADJ secreto, clandestino
undercurrent ['ʌndəkʌrənt] N (*fig*) tendência
undercut [ʌndə'kʌt] (*irreg*) VT (*person*) prejudicar; (*prices*) vender por menos que
underdeveloped [ʌndədɪ'vɛləpt] ADJ subdesenvolvido
underdog ['ʌndədɔg] N o mais fraco
underdone [ʌndə'dʌn] ADJ (*Culin*) mal passado
under-employment N subemprego
underestimate [ʌndərʳ'ɛstɪmeɪt] VT subestimar
underexposed [ʌndərɪk'spəuzd] ADJ (*Phot*) sem exposição suficiente
underfed [ʌndə'fɛd] ADJ subnutrido
underfoot [ʌndə'fut] ADV sob os pés
undergo [ʌndə'gəu] (*irreg*) VT sofrer; (*test*) passar por; (*operation, treatment*) ser submetido a; **the car is ~ing repairs** o carro está sendo consertado
undergraduate [ʌndə'grædjuət] N universitário(-a) ■ CPD: **~ courses** profissões *fpl* universitárias
underground ['ʌndəgraund] N (*Brit*) metrô *m* (BR), metro(-politano) (PT); (*Pol*) organização *f* clandestina ■ ADJ subterrâneo; (*fig*) clandestino ■ ADV (*work*) embaixo da terra; (*fig*) na clandestinidade
undergrowth ['ʌndəgrəuθ] N vegetação *f* rasteira
underhand(ed) [ʌndə'hænd(ɪd)] ADJ (*fig*) secreto e desonesto
underinsured [ʌndərɪn'ʃuəd] ADJ segurado abaixo do valor corrente
underlie [ʌndə'laɪ] (*irreg*) VT (*fig*) ser a base de
underline [ʌndə'laɪn] VT sublinhar
underling ['ʌndəlɪŋ] (*pej*) N subalterno(-a)
underlying [ʌndə'laɪɪŋ] ADJ: **the ~ cause** a causa subjacente
undermentioned [ʌndə'mɛnʃənd] ADJ abaixo mencionado
undermine [ʌndə'maɪn] VT minar, solapar
underneath [ʌndə'ni:θ] ADV embaixo, debaixo, por baixo ■ PREP embaixo de (BR), debaixo de (PT)
undernourished [ʌndə'nʌrɪʃt] ADJ subnutrido
underpaid [ʌndə'peɪd] ADJ mal pago
underpants ['ʌndəpænts] (*Brit*) NPL cueca (BR), cuecas *fpl* (PT)
underpass ['ʌndəpɑ:s] (*Brit*) N passagem *f* inferior
underpin [ʌndə'pɪn] VT (*argument, case*) sustentar
underplay [ʌndə'pleɪ] (*Brit*) VT minimizar
underpopulated [ʌndə'pɔpjuleɪtɪd] ADJ de população reduzida
underprice [ʌndə'praɪs] VT vender abaixo do preço
underprivileged [ʌndə'prɪvɪlɪdʒd] ADJ menos favorecido
underrate [ʌndə'reɪt] VT depreciar, subestimar
underscore [ʌndə'skɔ:ʳ] VT sublinhar
underseal [ʌndə'si:l] (*Brit*) VT fazer bronzina em
undersecretary [ʌndə'sɛkrətərɪ] N subsecretário(-a)
undersell [ʌndə'sɛl] (*irreg*) VT (*competitors*) vender por preço mais baixo que
undershirt ['ʌndəʃə:t] (*US*) N camiseta
undershorts ['ʌndəʃɔ:ts] (*US*) NPL cueca (BR), cuecas *fpl* (PT)
underside ['ʌndəsaɪd] N parte *f* inferior
undersigned ['ʌndəsaɪnd] ADJ, N abaixo assinado(-a)
underskirt ['ʌndəskə:t] (*Brit*) N anágua

understaffed [ʌndə'stɑ:ft] ADJ com falta de pessoal

understand [ʌndə'stænd] (*irreg*) VT entender, compreender ■ VI (*believe*): **to ~ that** acreditar que; **I ~ that ...** (*I hear*) ouço dizer que ...; (*I sympathize*) eu compreendo que ...; **to make o.s. understood** fazer-se entender

understandable [ʌndə'stændəbl] ADJ compreensível

understanding [ʌndə'stændɪŋ] ADJ compreensivo ■ N (*in relationship*) compreensão *f*; (*knowledge*) entendimento; (*agreement*) acordo; **to come to an ~** chegar a um acordo; **on the ~ that ...** sob condição que ..., contanto que ...

understate [ʌndə'steɪt] VT minimizar

understatement [ʌndə'steɪtmənt] N (*quality*) subestimação *f*; (*euphemism*) eufemismo; **it's an ~ to say that ...** é uma subestimação dizer que ...

understood [ʌndə'stud] PT, PP *of* **understand** ■ ADJ entendido; (*implied*) subentendido, implícito

understudy ['ʌndəstʌdɪ] N ator *m* substituto/atriz *f* substituta

undertake [ʌndə'teɪk] (*irreg*: *like* **take**) VT (*job, project*) empreender; (*task, duty*) incumbir-se de, encarregar-se de; **to ~ to do sth** comprometer-se a fazer algo

undertaker ['ʌndəteɪkəʳ] N agente *m/f* funerário(-a)

undertaking ['ʌndəteɪkɪŋ] N empreendimento; (*promise*) promessa

undertone ['ʌndətəun] N (*of criticism etc*) sugestão *f*; (*low voice*): **in an ~** em meia voz

undertook [ʌndə'tuk] PT *of* **undertake**

undervalue [ʌndə'vælju:] VT subestimar

underwater [ʌndə'wɔ:təʳ] ADV sob a água ■ ADJ subaquático

underwear ['ʌndəwɛəʳ] N roupa de baixo

underweight [ʌndə'weɪt] ADJ de peso inferior ao normal; (*person*) magro

underwent [ʌndə'wɛnt] PT *of* **undergo**

underworld ['ʌndəwə:ld] N (*of crime*) submundo

underwrite [ʌndə'raɪt] (*irreg*) VT (*Comm*) subscrever

underwriter ['ʌndəraɪtəʳ] N (*Insurance*) subscritor(a) *m/f* (que faz resseguro)

underwritten [ʌndə'rɪtn] PP *of* **underwrite**

underwrote [ʌndə'rəut] PT *of* **underwrite**

undeserving [ʌndɪ'zə:vɪŋ] ADJ: **to be ~ of** não merecer

undesirable [ʌndɪ'zaɪərəbl] ADJ indesejável

undeveloped [ʌndɪ'vɛləpt] ADJ (*land, resources*) não desenvolvido

undid [ʌn'dɪd] PT *of* **undo**

undies ['ʌndɪz] (*inf*) NPL roupa de baixo, roupa íntima

undignified [ʌn'dɪgnɪfaɪd] ADJ sem dignidade, indecoroso

undiluted [ʌndaɪ'lu:tɪd] ADJ não diluído, puro; (*pleasure*) puro

undiplomatic [ʌndɪplə'mætɪk] ADJ pouco diplomático, inábil

undischarged [ʌndɪs'tʃɑ:dʒd] ADJ: **~ bankrupt** falido(-a) não reabilitado(-a)

undisciplined [ʌn'dɪsɪplɪnd] ADJ indisciplinado

undisguised [ʌndɪs'gaɪzd] ADJ (*dislike etc*) patente

undisputed [ʌndɪ'spju:tɪd] ADJ incontestável

undistinguished [ʌndɪs'tɪŋgwɪʃt] ADJ medíocre, regular

undisturbed [ʌndɪs'tə:bd] ADJ (*sleep*) tranqüilo; **to leave sth ~** não mexer em algo

undivided [ʌndɪ'vaɪdɪd] ADJ: **can I have your ~ attention?** quero a sua total atenção

undo [ʌn'du:] (*irreg*: *like* **do**) VT (*unfasten*) desatar; (*spoil*) desmanchar

undoing [ʌn'du:ɪŋ] N ruína, desgraça

undone [ʌn'dʌn] PP *of* **undo** ■ ADJ: **to come ~** desfazer-se

undoubted [ʌn'dautɪd] ADJ indubitável

undoubtedly [ʌn'dautɪdlɪ] ADV sem dúvida, indubitavelmente

undress [ʌn'drɛs] VI despir-se, tirar a roupa ■ VT despir, tirar a roupa de

undrinkable [ʌn'drɪŋkəbl] ADJ (*unpalatable*) intragável; (*poisonous*) impotável

undue [ʌn'dju:] ADJ excessivo

undulating ['ʌndjuleɪtɪŋ] ADJ ondulante

unduly [ʌn'dju:lɪ] ADV excessivamente

undying [ʌn'daɪɪŋ] ADJ eterno

unearned [ʌn'ə:nd] ADJ (*praise, respect*) imerecido; **~ income** rendimento não ganho com o trabalho individual

unearth [ʌn'ə:θ] VT desenterrar; (*fig*) revelar

unearthly [ʌn'ə:θlɪ] ADJ sobrenatural; **at an ~ hour of the night** na calada da noite

uneasy [ʌn'i:zɪ] ADJ (*person*) preocupado; (*feeling*) incômodo; (*peace, truce*) desconfortável; **to feel ~ about doing sth** estar apreensivo quanto a fazer algo

uneconomic(al) [ʌni:kə'nɔmɪk(l)] ADJ antieconômico; (*unprofitable*) não rentável

uneducated [ʌn'ɛdjukeɪtɪd] ADJ inculto, sem instrução, não escolarizado

unemployed [ʌnɪm'plɔɪd] ADJ desempregado ■ NPL: **the ~** os desempregados

unemployment [ʌnɪm'plɔɪmənt] N desemprego; **unemployment benefit** (*US* **unemployment compensation**) N auxílio-desemprego

unending [ʌn'ɛndɪŋ] ADJ interminável

unenthusiastic [ʌnɪnθu:zɪ'æstɪk] ADJ sem entusiasmo

unenviable [ʌn'ɛnvɪəbl] ADJ nada invejável

unequal [ʌn'i:kwəl] ADJ desigual

unequalled [ʌn'i:kwəld] (*US* **unequaled**) ADJ inigualável, sem igual

unequivocal [ʌnə'kwɪvəkl] ADJ (*answer*) inequívoco; (*person*) categórico

unerring [ʌn'ə:rɪŋ] ADJ infalível

UNESCO [ju:'nɛskəu] N ABBR (= *United Nations Educational, Scientific and Cultural Organization*) UNESCO *f*

unethical [ʌn'ɛθɪkl] ADJ (*methods*) imoral;

(*professional behaviour*) contrário à ética
uneven [ʌn'i:vn] ADJ desigual; (*road etc*) irregular, acidentado
uneventful [ʌnɪ'vɛntful] ADJ tranqüilo, rotineiro
unexceptional [ʌnɪk'sɛpʃənl] ADJ regular, corriqueiro
unexciting [ʌnɪk'saɪtɪŋ] ADJ monótono
unexpected [ʌnɪk'spɛktɪd] ADJ inesperado
unexpectedly [ʌnɪk'spɛktɪdlɪ] ADV inesperadamente
unexplained [ʌnɪk'spleɪnd] ADJ inexplicado
unexploded [ʌnɪk'spləudɪd] ADJ não explodido
unfailing [ʌn'feɪlɪŋ] ADJ inexaurível
unfair [ʌn'fɛəʳ] ADJ: **~ (to)** injusto (com); **it's ~ that ...** não é justo que ...; **unfair dismissal** N demissão *f* injusta *or* infundada
unfairly [ʌn'fɛəlɪ] ADV injustamente
unfaithful [ʌn'feɪθful] ADJ infiel
unfamiliar [ʌnfə'mɪlɪəʳ] ADJ pouco familiar, desconhecido; **to be ~ with sth** não estar familiarizado com algo
unfashionable [ʌn'fæʃnəbl] ADJ fora da moda
unfasten [ʌn'fɑ:sn] VT desatar; (*open*) abrir
unfathomable [ʌn'fæðəməbl] ADJ insondável
unfavourable [ʌn'feɪvərəbl] (*US* **unfavorable**) ADJ desfavorável
unfavo(u)rably [ʌn'feɪvrəblɪ] ADV: **to look unfavo(u)rably upon** não ser favorável a
unfeeling [ʌn'fi:lɪŋ] ADJ insensível
unfinished [ʌn'fɪnɪʃt] ADJ incompleto, inacabado
unfit [ʌn'fɪt] ADJ (*physically*) sem preparo físico; (*incompetent*) incompetente, incapaz; **~ for work** inapto para trabalhar
unflagging [ʌn'flægɪŋ] ADJ incansável
unflappable [ʌn'flæpəbl] ADJ imperturbável, sereno
unflattering [ʌn'flætərɪŋ] ADJ (*dress, hairstyle*) que não fica bem; (*remark*) pouco elogioso
unflinching [ʌn'flɪntʃɪŋ] ADJ destemido, intrépido
unfold [ʌn'fəuld] VT desdobrar; (*fig*) revelar ■ VI (*story, situation*) desdobrar-se
unforeseeable [ʌnfɔ:'si:əbl] ADJ imprevisível
unforeseen [ʌnfɔ:'si:n] ADJ imprevisto
unforgettable [ʌnfə'gɛtəbl] ADJ inesquecível
unforgivable [ʌnfə'gɪvəbl] ADJ imperdoável
unformatted [ʌn'fɔ:mætɪd] ADJ (*disk, text*) não formatado
unfortunate [ʌn'fɔ:tʃənət] ADJ infeliz; (*event, remark*) inoportuno
unfortunately [ʌn'fɔ:tʃənətlɪ] ADV infelizmente
unfounded [ʌn'faundɪd] ADJ infundado
unfriendly [ʌn'frɛndlɪ] ADJ antipático
unfulfilled [ʌnful'fɪld] ADJ (*ambition, prophecy*) não realizado; (*desire*) não satisfeito; (*promise, terms of contract*) não cumprido; (*person*) que não se realizou
unfurl [ʌn'fə:l] VT desfraldar
unfurnished [ʌn'fə:nɪʃt] ADJ desmobiliado, sem mobília
ungainly [ʌn'geɪnlɪ] ADJ desalinhado
ungodly [ʌn'gɔdlɪ] ADJ ímpio; **at an ~ hour** às altas horas da madrugada
ungrateful [ʌn'greɪtful] ADJ mal-agradecido, ingrato
unguarded [ʌn'gɑ:dɪd] ADJ: **~ moment** momento de inatenção
unhappily [ʌn'hæpəlɪ] ADV tristemente; (*unfortunately*) infelizmente
unhappiness [ʌn'hæpɪnɪs] N infelicidade *f*
unhappy [ʌn'hæpɪ] ADJ (*sad*) triste; (*unfortunate*) desventurado; (*childhood*) infeliz; (*dissatisfied*): **~ with** (*arrangements etc*) descontente com, insatisfeito com
unharmed [ʌn'hɑ:md] ADJ ileso
unhealthy [ʌn'hɛlθɪ] ADJ insalubre; (*person*) doentio; (*fig*) anormal
unheard-of [ʌn'hə:d-] ADJ insólito; (*unknown*) desconhecido
unhelpful [ʌn'hɛlpful] ADJ (*person*) imprestável; (*advice*) inútil
unhesitating [ʌn'hɛzɪteɪtɪŋ] ADJ (*loyalty*) firme; (*reply*) imediato
unhook [ʌn'huk] VT desenganchar; (*from wall*) despendurar; (*dress*) abrir, soltar
unhurt [ʌn'hə:t] ADJ ileso
unhygienic [ʌnhaɪ'dʒi:nɪk] ADJ anti-higiênico
UNICEF ['ju:nɪsɛf] N ABBR (= *United Nations International Children's Emergency Fund*) Unicef *m*
unicorn ['ju:nɪkɔ:n] N licorne *m*, unicórnio
unidentified [ʌnaɪ'dɛntɪfaɪd] ADJ não-identificado; *see also* **UFO**
uniform ['ju:nɪfɔ:m] N uniforme *m* ■ ADJ uniforme
uniformity [ju:nɪ'fɔ:mɪtɪ] N uniformidade *f*
unify ['ju:nɪfaɪ] VT unificar, unir
unilateral [ju:nɪ'lætərəl] ADJ unilateral
unimaginable [ʌnɪ'mædʒɪnəbl] ADJ inimaginável, inconcebível
unimaginative [ʌnɪ'mædʒɪnətɪv] ADJ sem imaginação
unimpaired [ʌnɪm'pɛəd] ADJ inalterado
unimportant [ʌnɪm'pɔ:tənt] ADJ sem importância
unimpressed [ʌnɪm'prɛst] ADJ indiferente
uninhabited [ʌnɪn'hæbɪtɪd] ADJ inabitado
uninhibited [ʌnɪn'hɪbɪtɪd] ADJ sem inibições
uninjured [ʌn'ɪndʒəd] ADJ ileso
uninspired [ʌnɪn'spaɪəd] ADJ insípido
unintelligent [ʌnɪn'tɛlɪdʒənt] ADJ ininteligente
unintentional [ʌnɪn'tɛnʃənəl] ADJ involuntário, não intencional
unintentionally [ʌnɪn'tɛnʃənəlɪ] ADV sem querer
uninvited [ʌnɪn'vaɪtɪd] ADJ (*guest*) não convidado
uninviting [ʌnɪn'vaɪtɪŋ] ADJ (*place*) pouco convidativo; (*food*) pouco apetitoso
union ['ju:njən] N união *f*; (*also*: **trade union**) sindicato (de trabalhadores) ■ CPD sindical

unionize ['ju:njənaɪz] VT sindicalizar
Union Jack N bandeira britânica
Union of Soviet Socialist Republics N União *f* das Repúblicas Socialistas Soviéticas
union shop N *empresa onde todos os trabalhadores têm que filiar-se ao sindicato*
unique [ju:'ni:k] ADJ único, sem igual
unisex ['ju:nɪsɛks] ADJ unissex *inv*
unison ['ju:nɪsn] N: **in ~** em harmonia, em uníssono
unit ['ju:nɪt] N unidade *f*; (*of furniture etc*) segão *f*; (*team, squad*) equipe *f*; **kitchen ~** armário de cozinha; **sink ~** pia de cozinha; **production ~** unidade de produção; **unit cost** N custo unitário
unite [ju:'naɪt] VT unir ■ VI unir-se
united [ju:'naɪtɪd] ADJ unido; (*effort*) conjunto
United Arab Emirates NPL Emirados *mpl* Árabes Unidos
United Kingdom N Reino Unido
United Nations (Organization) N (Organização *f* das) Nações *fpl* Unidas
United States (of America) N Estados Unidos *mpl* (da América)
unit price N preço unitário
unit trust (*Brit*) N (*Comm*) fundo de investimento
unity ['ju:nɪtɪ] N unidade *f*
Univ. ABBR = **university**
universal [ju:nɪ'və:sl] ADJ universal
universe ['ju:nɪvə:s] N universo
university [ju:nɪ'və:sɪtɪ] N universidade *f*, faculdade *f* ■ CPD universitário
unjust [ʌn'dʒʌst] ADJ injusto
unjustifiable [ʌndʒʌstɪ'faɪəbl] ADJ injustificável
unjustified [ʌn'dʒʌstɪfaɪd] ADJ injustificado; (*text*) não alinhado
unkempt [ʌn'kɛmpt] ADJ desleixado, descuidado; (*hair*) despenteado; (*beard*) mal tratado
unkind [ʌn'kaɪnd] ADJ maldoso; (*comment etc*) cruel
unkindly [ʌn'kaɪndlɪ] ADV (*treat, speak*) maldosamente
unknown [ʌn'nəun] ADJ desconhecido; **~ to me** sem eu saber; **~ quantity** (*Math, fig*) incógnita
unladen [ʌn'leɪdn] ADJ (*ship, weight*) sem carga
unlawful [ʌn'lɔ:ful] ADJ ilegal
unleash [ʌn'li:ʃ] VT (*fig*) desencadear
unleavened [ʌn'lɛvənd] ADJ sem fermento
unless [ʌn'lɛs] CONJ a menos que, a não ser que; **~ he comes** a menos que ele venha; **~ otherwise stated** salvo indicação contrária; **~ I am mistaken** se não me engano
unlicensed [ʌn'laɪsnst] (*Brit*) ADJ sem licença para a venda de bebidas alcoólicas
unlike [ʌn'laɪk] ADJ diferente ■ PREP diferentemente de, ao contrário de
unlikelihood [ʌn'laɪklɪhud] N improbabilidade *f*
unlikely [ʌn'laɪklɪ] ADJ (*not likely*) improvável; (*unexpected*) inesperado
unlimited [ʌn'lɪmɪtɪd] ADJ ilimitado
unlisted [ʌn'lɪstɪd] ADJ (*Stock Exchange*) não cotado na Bolsa de Valores; (*US: Tel*): **an ~ number** um número que não consta na lista telefônica
unlit [ʌn'lɪt] ADJ (*room*) sem luz
unload [ʌn'ləud] VT descarregar
unlock [ʌn'lɔk] VT destrancar
unlucky [ʌn'lʌkɪ] ADJ infeliz; (*object, number*) de mau agouro; **to be ~** ser azarado, ter azar
unmanageable [ʌn'mænɪdʒəbl] ADJ (*unwieldy: tool*) de difícil manuseio, difícil de manejar; (: *situation*) difícil de controlar
unmanned [ʌn'mænd] ADJ não tripulado, sem tripulação
unmarked [ʌn'mɑ:kt] ADJ (*unstained*) sem marca; **~ police car** carro policial sem identificação
unmarried [ʌn'mærɪd] ADJ solteiro
unmask [ʌn'mɑ:sk] VT desmascarar
unmatched [ʌn'mætʃt] ADJ sem igual, inigualável
unmentionable [ʌn'mɛnʃnəbl] ADJ (*topic*) que não se deve mencionar; (*word*) que não se diz
unmerciful [ʌn'mə:sɪful] ADJ impiedoso
unmistak(e)able [ʌnmɪs'teɪkəbl] ADJ inconfundível
unmitigated [ʌn'mɪtɪgeɪtɪd] ADJ não mitigado, absoluto
unnamed [ʌn'neɪmd] ADJ (*nameless*) sem nome; (*anonymous*) anônimo
unnatural [ʌn'nætʃrəl] ADJ antinatural, artificial; (*manner*) afetado; (*habit*) depravado
unnecessary [ʌn'nɛsəsərɪ] ADJ desnecessário, inútil
unnerve [ʌn'nə:v] VT amedrontar
unnoticed [ʌn'nəutɪst] ADJ: **(to go** *or* **pass) ~** (passar) despercebido
UNO ['ju:nəu] N ABBR (= *United Nations Organization*) ONU *f*
unobservant [ʌnəb'zə:vənt] N desatento
unobtainable [ʌnəb'teɪnəbl] ADJ inaccessível; (*Tel*) ocupado
unobtrusive [ʌnəb'tru:sɪv] ADJ discreto
unoccupied [ʌn'ɔkjupaɪd] ADJ (*seat etc*) desocupado, livre; (*house*) desocupado, vazio
unofficial [ʌnə'fɪʃl] ADJ não-oficial, informal; (*strike*) desautorizado
unopened [ʌn'əupənd] ADJ por abrir
unopposed [ʌnə'pəuzd] ADJ incontestado, sem oposição
unorthodox [ʌn'ɔ:θədɔks] ADJ pouco ortodoxo, heterodoxo
unpack [ʌn'pæk] VI desembrulhar ■ VT desfazer
unpaid [ʌn'peɪd] ADJ (*bill*) a pagar, não pago; (*holiday*) não pago, sem salário; (*work, worker*) não remunerado
unpalatable [ʌn'pælətəbl] ADJ desagradável
unparalleled [ʌn'pærəlɛld] ADJ (*unequalled*) sem paralelo; (*unique*) único, incomparável

unpatriotic [ʌnpætrɪ'ɔtɪk] ADJ (*person*) antipatriota; (*speech, attitude*) antipatriótico
unplanned [ʌn'plænd] ADJ (*visit*) imprevisto; (*baby*) não previsto
unpleasant [ʌn'plɛznt] ADJ (*disagreeable*) desagradável; (*person, manner*) antipático
unplug [ʌn'plʌg] VT desligar
unpolluted [ʌnpə'lu:tɪd] ADJ impoluído
unpopular [ʌn'pɔpjulə^{r}] ADJ impopular
unprecedented [ʌn'prɛsɪdəntɪd] ADJ sem precedentes
unpredictable [ʌnprɪ'dɪktəbl] ADJ imprevisível
unprejudiced [ʌn'prɛdʒudɪst] ADJ (*not biased*) imparcial; (*having no prejudices*) sem preconceitos
unprepared [ʌnprɪ'pɛəd] ADJ (*person*) despreparado; (*speech*) improvisado
unprepossessing [ʌnpri:pə'zɛsɪŋ] ADJ pouco atraente
unpretentious [ʌnprɪ'tɛnʃəs] ADJ despretensioso
unprincipled [ʌn'prɪnsɪpld] ADJ sem princípios
unproductive [ʌnprə'dʌktɪv] ADJ improdutivo
unprofessional [ʌnprə'fɛʃənl] ADJ (*conduct*) pouco profissional
unprofitable [ʌn'prɔfɪtəbl] ADJ não lucrativo
unprovoked [ʌnprə'vəukt] ADJ sem provocação
unpunished [ʌn'pʌnɪʃt] ADJ ímpune
unqualified [ʌn'kwɔlɪfaɪd] ADJ (*teacher*) não qualificado, inabilitado; (*success*) irrestrito, absoluto
unquestionably [ʌn'kwɛstʃənəblɪ] ADV indubitavelmente
unquestioning [ʌn'kwɛstʃənɪŋ] ADJ (*obedience, acceptance*) incondicional, total
unravel [ʌn'rævl] VT desemaranhar; (*mystery*) desvendar
unreal [ʌn'rɪəl] ADJ irreal, ilusório; (*extraordinary*) extraordinário
unrealistic [ʌnrɪə'lɪstɪk] ADJ pouco realista
unreasonable [ʌn'ri:znəbl] ADJ insensato; (*demand*) absurdo
unrecognizable [ʌnrɛkəg'naɪzəbl] ADJ irreconhecível
unrecognized [ʌn'rɛkəgnaɪzd] ADJ (*talent, genius*) não reconhecido
unrecorded [ʌnrə'kɔ:dɪd] ADJ não registrado
unrefined [ʌnrə'faɪnd] ADJ (*sugar, petroleum*) não refinado
unrehearsed [ʌnrɪ'hə:st] ADJ improvisado
unrelated [ʌnrɪ'leɪtɪd] ADJ sem relação; (*family*) sem parentesco
unrelenting [ʌnrɪ'lɛntɪŋ] ADJ implacável
unreliable [ʌnrɪ'laɪəbl] ADJ (*person*) indigno de confiança; (*machine*) incerto, perigoso
unrelieved [ʌnrɪ'li:vd] ADJ (*monotony*) invariável
unremitting [ʌnrɪ'mɪtɪŋ] ADJ constante, incessante
unrepeatable [ʌnrɪ'pi:təbl] ADJ (*offer*) irrepetível
unrepentant [ʌnrɪ'pɛntənt] ADJ convicto, impenitente
unrepresentative [ʌnrɛprɪ'zɛntətɪv] ADJ pouco representativo *or* característico
unreserved [ʌnrɪ'zə:vd] ADJ (*seat*) não reservado; (*approval, admiration*) total, integral
unreservedly [ʌnrɪ'zə:vɪdlɪ] ADV sem reserva, francamente
unresponsive [ʌnrɪs'pɔnsɪv] ADJ indiferente, impassível
unrest [ʌn'rɛst] N inquietação *f*, desassossego; (*Pol*) distúrbios *mpl*
unrestricted [ʌnrɪ'strɪktɪd] ADJ irrestrito, ilimitado
unrewarded [ʌnrɪ'wɔ:dɪd] ADJ sem sucesso
unripe [ʌn'raɪp] ADJ verde, imaturo
unrivalled [ʌn'raɪvəld] (*US* **unrivaled**) ADJ sem igual, incomparável
unroll [ʌn'rəul] VT desenrolar
unruffled [ʌn'rʌfld] ADJ (*person*) sereno, imperturbável; (*hair*) liso
unruly [ʌn'ru:lɪ] ADJ indisciplinado; (*hair*) desalinhado
unsafe [ʌn'seɪf] ADJ perigoso; **~ to eat/drink** não comestível/potável
unsaid [ʌn'sɛd] ADJ: **to leave sth ~** deixar algo por dizer
unsaleable [ʌn'seɪləbl] (*US* **unsalable**) ADJ invendável, invendível
unsatisfactory [ʌnsætɪs'fæktərɪ] ADJ insatisfatório
unsatisfied [ʌn'sætɪsfaɪd] ADJ descontente
unsavoury [ʌn'seɪvərɪ] (*US* **unsavory**) ADJ (*fig*) repugnante, vil
unscathed [ʌn'skeɪðd] ADJ ileso
unscientific [ʌnsaɪən'tɪfɪk] ADJ não científico
unscrew [ʌn'skru:] VT desparafusar
unscrupulous [ʌn'skru:pjuləs] ADJ inescrupuloso, imoral
unsecured [ʌnsə'kjuəd] ADJ: **~ creditor** credor(a) *m/f* quirografário(-a)
unseemly [ʌn'si:mlɪ] ADJ inconveniente
unseen [ʌn'si:n] ADJ (*person*) despercebido; (*danger*) escondido
unselfish [ʌn'sɛlfɪʃ] ADJ desinteressado
unsettled [ʌn'sɛtld] ADJ (*uncertain*) incerto, duvidoso; (*weather*) instável; (*person*) inquieto
unsettling [ʌn'setlɪŋ] ADJ inquietador(a), inquietante
unshak(e)able [ʌn'ʃeɪkəbl] ADJ inabalável
unshaven [ʌn'ʃeɪvn] ADJ com a barba por fazer
unsightly [ʌn'saɪtlɪ] ADJ feio, disforme
unskilled [ʌn'skɪld] ADJ não-especializado
unsociable [ʌn'səuʃəbl] ADJ anti-social
unsocial [ʌn'səuʃl] ADJ (*hours*) fora do horário normal
unsold [ʌn'səuld] ADJ não vendido
unsolicited [ʌnsə'lɪsɪtɪd] ADJ não solicitado, espontâneo
unsophisticated [ʌnsə'fɪstɪkeɪtɪd] ADJ simples *inv*, natural
unsound [ʌn'saund] ADJ (*health*) mau; (*floor, foundations*) em mau estado; (*policy, advice*) infundado

unspeakable [ʌn'spi:kəbl] ADJ indescritível; (*awful*) inqualificável
unspoken [ʌn'spəukən] ADJ (*agreement, approval*) tácito
unstable [ʌn'stɪbl] ADJ (*piece of furniture*) em falso; (*government, mentally*) instável; (*step, voice, hance*) trêmulo; (*ladder*) em falso
unsteady [ʌn'stɛdɪ] ADJ instável
unstinting [ʌn'stɪntɪŋ] ADJ (*support*) irrestrito, total; (*generosity*) ilimitado
unstuck [ʌn'stʌk] ADJ: **to come ~** despregar-se; (*fig*) fracassar
unsubstantiated [ʌnsəb'stænʃɪeɪtɪd] ADJ (*rumour*) que não foi confirmado; (*accusation*) sem provas
unsuccessful [ʌnsək'sɛsful] ADJ (*attempt*) frustrado, vão(-vã); (*writer, proposal*) sem êxito; **to be ~** (*in attempting sth*) ser mal sucedido, não conseguir; (*application*) ser recusado
unsuccessfully [ʌnsək'sɛsfulɪ] ADV em vão, debalde
unsuitable [ʌn'su:təbl] ADJ (*clothes, person*) inadequado; (*time, moment*) inconveniente
unsuited [ʌn'su:tɪd] ADJ: **to be ~ for** *or* **to** ser inadequado *or* impróprio para
unsupported [ʌnsə'pɔ:tɪd] ADJ (*claim*) não verificado; (*theory*) não sustentado
unsure [ʌn'ʃuəʳ] ADJ inseguro, incerto; **to be ~ of o.s.** não ser seguro de si
unsuspecting [ʌnsə'spɛktɪŋ] ADJ confiante, insuspeitado
unsweetened [ʌn'swi:tənd] ADJ não adoçado, sem açúcar
unswerving [ʌn'swə:vɪŋ] ADJ inabalável, firme, resoluto
unsympathetic [ʌnsɪmpə'θɛtɪk] ADJ insensível; (*unlikeable*) antipático; **~ to** indiferente a
untangle [ʌn'tæŋgl] VT desemaranhar, desenredar
untapped [ʌn'tæpt] ADJ (*resources*) inexplorado
untaxed [ʌn'tækst] ADJ (*goods*) isento de impostos; (*income*) não tributado
unthinkable [ʌn'θɪŋkəbl] ADJ impensável, inconcebível, incalculável
untidy [ʌn'taɪdɪ] ADJ (*room*) desarrumado, desleixado; (*appearance*) desmazelado, desalinhado
untie [ʌn'taɪ] VT desatar, desfazer; (*dog, prisoner*) soltar
until [ən'tɪl] PREP até ■ CONJ até que; **~ he comes** até que ele venha; **~ now** até agora; **~ then** até então; **from morning ~ night** de manhã à noite
untimely [ʌn'taɪmlɪ] ADJ inoportuno, intempestivo; (*death*) prematuro
untold [ʌn'təuld] ADJ (*story*) inédito; (*suffering*) incalculável; (*joy, wealth*) inestimável
untouched [ʌn'tʌtʃt] ADJ (*not used*) intacto; (*safe: person*) ileso; **~ by** indiferente a
untoward [ʌntə'wɔ:d] ADJ desfavorável, inconveniente
untrammelled [ʌn'træmld] ADJ sem entraves
untranslatable [ʌntræns'leɪtəbl] ADJ impossível de traduzir, intraduzível
untrue [ʌn'tru:] ADJ falso
untrustworthy [ʌn'trʌstwə:ðɪ] ADJ indigno de confiança
unusable [ʌn'ju:zəbl] ADJ inutilizável, imprestável
unused[1] [ʌn'ju:zd] ADJ novo, sem uso
unused[2] [ʌn'ju:st] ADJ: **to be ~ to sth/to doing sth** não estar acostumado com algo/a fazer algo
unusual [ʌn'ju:ʒuəl] ADJ (*strange*) estranho; (*rare*) incomum; (*exceptional*) extraordinário
unusually [ʌn'ju:ʒəlɪ] ADV extraordinariamente
unveil [ʌn'veɪl] VT (*statue*) desvelar, descobrir
unwanted [ʌn'wɔntɪd] ADJ não desejado, indesejável
unwarranted [ʌn'wɔrəntɪd] ADJ injustificado
unwary [ʌn'wɛərɪ] ADJ imprudente
unwavering [ʌn'weɪvərɪŋ] ADJ firme
unwelcome [ʌn'wɛlkəm] ADJ (*guest*) inoportuno; (*news*) desagradável; **to feel ~** não se sentir à vontade
unwell [ʌn'wɛl] ADJ: **to be ~** estar doente; **to feel ~** estar indisposto
unwieldy [ʌn'wi:ldɪ] ADJ difícil de manejar, pesado
unwilling [ʌn'wɪlɪŋ] ADJ: **to be ~ to do sth** relutar em fazer algo, não querer fazer algo
unwillingly [ʌn'wɪlɪŋlɪ] ADV de má vontade
unwind [ʌn'waɪnd] (*irreg*) VT desenrolar ■ VI (*relax*) relaxar-se
unwise [ʌn'waɪz] ADJ imprudente
unwitting [ʌn'wɪtɪŋ] ADJ inconsciente, involuntário
unworkable [ʌn'wə:kəbl] ADJ (*plan etc*) inviável, inexequível
unworthy [ʌn'wə:ðɪ] ADJ indigno
unwound [ʌn'waund] PT, PP *of* **unwind**
unwrap [ʌn'ræp] VT desembrulhar
unwritten [ʌn'rɪtən] ADJ (*agreement*) tácito
unzip [ʌn'zɪp] VT abrir (o fecho ecler de)

KEYWORD

up [ʌp] PREP: **to go/be up sth** subir algo/estar em cima de algo; **we climbed/walked up the hill** nós subimos/andamos até em cima da colina; **they live further up the street** eles moram mais adiante nesta rua; **go up that road and turn left** vá por aquela rua e vire à esquerda

■ ADV **1** (*upwards, higher*) em cima, para cima; **up in the sky/the mountains** lá no céu/nas montanhas; **up there** lá em cima; **up above** em cima; **there's a village and up above, on the hill, a monastery** há uma aldeia e, mais acima na colina, um monastério

2: **to be up** (*out of bed*) estar de pé; (*prices, level*) estar elevado; (*building, tent*) estar erguido

3: **up to** (*as far as*) até; **the water came up to his knees** a água subiu até os seus joelhos; **up to now** até agora
4: **to be up to** (*depending on*): **it is up to you** você é quem sabe, você decide; **it's not up to me to decide** não sou eu quem decide
5: **to be up to** (*equal to*) estar à altura de; **he's not up to it** (*job, task etc*) ele não é capaz de fazê-lo; **his work is not up to the required standard** seu trabalho não atende aos padrões exigidos
6: **to be up to** (*inf*: *be doing*) estar fazendo (BR) *or* a fazer (PT); **what is he up to?** (*showing disapproval, suspicion*) o que ele está querendo?, o que ele está tramando?
■ N: **ups and downs** (*in life, career*) altos *mpl* e baixos; **we all have our ups and downs** todos nós temos nossos altos e baixos

up-and-coming ADJ prometedor(a)
upbeat ['ʌpbiːt] ADJ (*Mus*) movimentado; (*optimistic*) otimista
upbraid [ʌp'breɪd] VT repreender, censurar
upbringing ['ʌpbrɪŋɪŋ] N educação *f*, criação *f*
update [ʌp'deɪt] VT atualizar, pôr em dia; (*contract etc*) atualizar
upend [ʌp'ɛnd] VT colocar em pé
upgrade [ʌp'greɪd] VT (*person*) promover; (*job*) melhorar; (*house*) reformar; (*Comput*) fazer um upgrade de
upheaval [ʌp'hiːvl] N transtorno; (*unrest*) convulsão *f*
upheld [ʌp'hɛld] PT, PP *of* **uphold**
uphill [ʌp'hɪl] ADJ ladeira acima; (*fig*: *task*) trabalhoso, árduo ■ ADV: **to go ~** ir morro acima
uphold [ʌp'həuld] (*irreg*: *like* **hold**) VT defender, preservar
upholstery [ʌp'həulstərɪ] N estofamento
upkeep ['ʌpkiːp] N manutenção *f*
up-market ADJ (*product*) requintado
upon [ə'pɔn] PREP sobre
upper ['ʌpəʳ] ADJ superior, de cima ■ N (*of shoe*) gáspea, parte *f* superior; **upper class** N: **the upper class** a classe alta ■ ADJ: **upper-class** de classe alta; **upper hand** N: **to have the upper hand** ter controle *or* domínio
uppermost ['ʌpəməust] ADJ mais elevado; **what was ~ in my mind** o que me preocupava mais
Upper Volta [-'vɔltə] N Alto Volta *m*
upright ['ʌpraɪt] ADJ vertical; (*straight*) reto; (*fig*) honesto ■ N viga vertical
uprising ['ʌpraɪzɪŋ] N revolta, rebelião *f*, sublevação *f*
uproar ['ʌprɔːʳ] N tumulto, algazarra
uproot [ʌp'ruːt] VT (*tree*) arrancar; (*fig*) desarraigar
upset (*n* 'ʌpsɛt, *vt, adj* ʌp'sɛt) (*irreg*: *like* **set**) N (*to plan etc*) revés *m*, reviravolta; (*stomach upset*) indisposição *f* ■ VT (*glass etc*) virar; (*spill*) derramar; (*plan*) perturbar; (*person*: *annoy*) aborrecer; (: *sadden*) afligir ■ ADJ aborrecido, contrariado; (*sad*) aflito; (*stomach*) indisposto; **upset price** (*US, Scottish*) N preço mínimo
upsetting [ʌp'sɛtɪŋ] ADJ desconcertante
upshot ['ʌpʃɔt] N resultado, conclusão *f*
upside down ['ʌpsaɪd-] ADV de cabeça para baixo; **to turn a place ~** (*fig*) deixar um lugar de cabeça para baixo
upstairs [ʌp'stɛəz] ADV (*be*) em cima; (*go*) lá em cima ■ ADJ (*room*) de cima ■ N andar *m* de cima
upstart ['ʌpstɑːt] (*pej*) N novo-rico, pessoa sem classe
upstream [ʌp'striːm] ADV rio acima
upsurge ['ʌpsəːdʒ] N (*of enthusiasm etc*) explosão *f*
uptake ['ʌpteɪk] N: **he is quick on the ~** ele vê longe; **he is slow on the ~** ele tem raciocínio lento
uptight [ʌp'taɪt] (*inf*) ADJ nervoso
up-to-date ADJ (*person*) moderno, atualizado; (*information*) atualizado; **to be ~ with the facts** estar a par dos fatos
upturn ['ʌptəːn] N (*in luck*) virada; (*in economy*) retomada
upturned ['ʌptəːnd] ADJ (*nose*) arrebitado
upward ['ʌpwəd] ADJ ascendente, para cima
upward(s) ['ʌpwəd(z)] ADV para cima; (*more than*): **upward(s) of** para cima de
URA (*US*) N ABBR = **Urban Renewal Administration**
Ural Mountains ['juərəl-] NPL: **the ~** (*also*: **the Urals**) as montanhas Urais, os Urais
uranium [juə'reɪnɪəm] N urânio
Uranus [juə'reɪnəs] N Urano
urban ['əːbən] ADJ urbano, da cidade
urbane [əː'beɪn] ADJ gentil, urbano
urbanization [əːbənaɪ'zeɪʃən] N urbanização *f*
urchin ['əːtʃɪn] (*pej*) N moleque *m*, criança maltrapilha
urge [əːdʒ] N (*force*) impulso; (*desire*) desejo ■ VT: **to ~ sb to do sth** incitar alguém a fazer algo
▶ **urge on** VT animar, encorajar
urgency ['əːdʒənsɪ] N urgência; (*of tone*) insistência
urgent ['əːdʒənt] ADJ urgente; (*tone, plea*) insistente
urgently ['əːdʒəntlɪ] ADV urgentemente
urinal ['juərɪnl] (*Brit*) N (*vessel*) urinol *m*; (*building*) mictório
urinate ['juərɪneɪt] VI urinar, mijar
urine ['juərɪn] N urina
URL ABBR (= *uniform resource locator*) URL *m*
urn [əːn] N urna; (*also*: **tea urn**) samovar *m*
Uruguay ['juərəgwaɪ] N Uruguai *m*
Uruguayan [juərə'gwaɪən] ADJ, N uruguaio(-a)
US N ABBR (= *United States*) EUA *mpl*
us [ʌs] PRON nos; (*after prep*) nós; *see also* **me**
USA N ABBR (= *United States (of America)*) EUA *mpl*; (*Mil*) = **United States Army**
usable ['juːzəbl] ADJ usável, utilizável

USAF N ABBR = **United States Air Force**
usage ['ju:zɪdʒ] N uso
USCG N ABBR = **United States Coast Guard**
USDA N ABBR = **United States Department of Agriculture**
USDAW ['ʌzdɔ:] (*Brit*) N ABBR (= *Union of Shop,Distributive and Allied Workers*) *sindicato dos varejistas e distribuidores*
USDI N ABBR = **United States Department of the Interior**
use [*n* ju:s, *vt* ju:z] N uso, emprego; (*usefulness*) utilidade *f* ■ VT usar, utilizar; (*phrase*) empregar; **in ~** em uso; **out of ~** fora de uso; **ready for ~** pronto para ser usado; **to be of ~** ser útil; **it's no ~** (*pointless*) é inútil; (*not useful*) não serve; **to have ~ of** ter uso de; **to make ~ of** fazer uso de; **to be ~d to** estar acostumado a; **she ~d to do it** ela costumava fazê-lo
▶ **use up** VT esgotar, consumir; (*money*) gostar
used [ju:zd] ADJ usado
useful ['ju:sful] ADJ útil; **to come in ~** serútil
usefulness ['ju:sfəlnɪs] N utilidade *f*
useless ['ju:slɪs] ADJ inútil; (*person*) incapaz
user ['ju:zəʳ] N usuário(-a) (BR), utente *m/f* (PT)
user-friendly ADJ de fácil utilização
USES N ABBR = **United States Employment Service**
usher ['ʌʃəʳ] N (*in cinema*) lanterninha *m* (BR), arrumador *m* (PT); (*at wedding*) oficial *m* de justiça ■ VT: **to ~ sb in** fazer alguém entrar
usherette [ʌʃə'rɛt] N (*in cinema*) lanterninha (BR), arrumadora (PT)
USIA N ABBR = **United States Information Agency**
USM N ABBR = **United States Mail; United States Mint**
USN N ABBR = **United States Navy**
USPHS N ABBR = **United States Public Health Service**
USPO N ABBR = **United States Post Office**
USS N ABBR = **United States Ship; United States Steamer**
USSR N ABBR (= *Union of Soviet Socialist Republics*) URSS *f*
usual ['ju:ʒuəl] ADJ usual, habitual; **as ~** como de hábito, como sempre
usually ['ju:ʒuəlɪ] ADV normalmente
usurer ['ju:ʒərəʳ] N usurário(-a)
usurp [ju:'zə:p] VT usurpar
UT (*US*) ABBR (*Post*) = **Utah**
utensil [ju:'tɛnsl] N utensílio; **kitchen ~s** utensílios de cozinha
uterus ['ju:tərəs] N útero
utilitarian [ju:tɪlɪ'tɛərɪən] ADJ utilitário
utility [ju:'tɪlɪtɪ] N utilidade *f*; (*public utility*) utilidade *f* pública; **utility room** N área de serviço
utilization [ju:tɪlaɪ'zeɪʃən] N utilização *f*
utilize ['ju:tɪlaɪz] VT utilizar
utmost ['ʌtməust] ADJ maior ■ N: **to do one's ~** fazer todo o possível; **of the ~ importance** da maior importância
utter ['ʌtəʳ] ADJ total ■ VT (*sounds*) emitir; (*words*) proferir, pronunciar
utterance ['ʌtərəns] N declaração *f*
utterly ['ʌtəlɪ] ADV completamente, totalmente
U-turn N retorno; (*fig*) reviravolta

Vv

V, v [vi:] N (*letter*) V, v *m*; **V for Victor** V de Vera
v ABBR = **verse**; (= *vide: see*) vide; (= *versus*) v; (= *volt*) V
VA (*US*) ABBR (*Post*) = **Virginia**
vac [væk] (*Brit: inf*) N ABBR = **vacation**
vacancy ['veɪkənsɪ] N (*Brit: job*) vaga; (*room*) quarto livre; **"no vacancies"** "cheio"
vacant ['veɪkənt] ADJ (*house*) vazio; (*post*) vago; (*seat etc*) desocupado, livre; (*expression*) distraído; **vacant lot** N terreno vago; (*uncultivated*) terreno baldio
vacate [və'keɪt] VT (*house*) desocupar; (*job*) deixar; (*throne*) renunciar a
vacation [və'keɪʃən] (*esp US*) N férias *fpl*; **to take a ~** tirar férias; **on ~** de férias; **vacation course** N curso de férias
vacationer [və'keɪʃənəʳ] (*US*) N veranista *m/f*
vaccinate ['væksɪneɪt] VT: **to ~ sb (against sth)** vacinar alguém (contra algo)
vaccination [væksɪ'neɪʃən] N vacinação *f*
vaccine ['væksi:n] N vacina
vacuum ['vækjum] N vácuo *m*; **vacuum bottle** (*US*) N garrafa térmica (*BR*), termo (*PT*); **vacuum cleaner** N aspirador *m* de pó; **vacuum flask** (*Brit*) N garrafa térmica (*BR*), termo (*PT*)
vacuum-packed ADJ embalado a vácuo
vagabond ['vægəbɔnd] N vagabundo(-a)
vagary ['veɪgərɪ] N extravagância, capricho
vagina [və'dʒaɪnə] N vagina
vagrancy ['veɪgrənsɪ] N vadiagem *f*
vagrant ['veɪgrənt] N vagabundo(-a), vadio(-a)
vague [veɪg] ADJ vago; (*blurred: memory*) fraco; **I haven't the ~st idea** não tenho a mínima idéia
vaguely ['veɪglɪ] ADV vagamente
vain [veɪn] ADJ (*conceited*) vaidoso; (*useless*) vão(-vã), inútil; **in ~** em vão
valance ['væləns] N sanefa
vale [veɪl] N vale *m*
valedictory [vælɪ'dɪktərɪ] ADJ de despedida
valentine ['vælənta ɪn] N (*also*: **valentine card**) cartão *m* do Dia dos Namorados; (*person*) namorado; **V~'s Day** Dia *m* dos Namorados
valet ['vælɪt] N (*of lord*) criado pessoal; (*in hotel*) camareiro; **valet parking** N estacionamento por manobrista; **valet service** N (*for clothes*) lavagem *f* a seco; (*for car*) limpeza completa
valiant ['vælɪənt] ADJ carajoso
valid ['vælɪd] ADJ válido
validate ['vælɪdeɪt] VT (*contract, document*) validar, legitimar; (*argument, claim*) confirmar, corroborar
validity [və'lɪdɪtɪ] N validade *f*
valise [və'li:z] N maleta
valley ['vælɪ] N vale *m*
valour ['væləʳ] (*US* **valor**) N valor *m*, valentia
valuable ['vælju:əbl] ADJ (*jewel*) de valor; (*time*) valioso; (*help*) precioso
valuables ['vælju:əblz] NPL objetos *mpl* de valor
valuation [vælju'eɪʃən] N avaliação *f*; (*of quality*) apreciação *f*
value ['vælju:] N valor *m*; (*importance*) importância ■ VT (*fix price of*) avaliar; (*appreciate*) valorizar, estimar; (*cherish*) apreciar; **values** NPL (*principles*) valores *mpl*; **you get good ~ (for money) in that shop** o seu dinheiro rende mais naquela loja; **to lose (in) ~** desvalorizar-se; **to gain (in) ~** valorizar-se; **to be of great ~ to sb** (*fig*) ser de grande utilidade para alguém; **to be ~d at $8** ser avaliado em $8; **value added tax** [-'ædɪd-] (*Brit*) N imposto sobre a circulação de mercadorias (*BR*), imposto sobre valor acrescentado (*PT*)
valued ['vælju:d] ADJ (*appreciated*) valorizado
valuer ['vælju:əʳ] N avaliador(a) *m/f*
valve [vælv] N válvula; (*in radio*) lâmpada
vampire ['væmpaɪəʳ] N vampiro(-a)
van [væn] N (*Aut*) camionete *f* (*BR*), camioneta (*PT*)
V and A (*Brit*) N ABBR = **Victoria and Albert Museum**
vandal ['vændl] N vândalo(-a)
vandalism ['vændəlɪzəm] N vandalismo
vandalize ['vændəlaɪz] VT destruir, depredar
vanguard ['vænga:d] N: **in the ~ of** na vanguarda de
vanilla [və'nɪlə] N baunilha ■ CPD (*ice cream*) de baunilha
vanish ['vænɪʃ] VI desaparecer, sumir
vanity ['vænɪtɪ] N vaidade *f*; **vanity case** N bolsa de maquilagem
vantage point ['va:ntɪdʒ-] N posição *f* estratégica
vapor *etc* ['veɪpəʳ] (*US*) N = **vapour etc**
vaporize ['veɪpəraɪz] VT vaporizar ■ VI

vaporizar-se
vapour ['veɪpəʳ] (*US* **vapor**) N vapor *m*
variable ['vɛərɪəbl] ADJ variável ■ N variável *f*
variance ['vɛərɪəns] N: **to be at ~ (with)** estar em desacordo (com)
variant ['vɛərɪənt] N variante *f*
variation [vɛərɪ'eɪʃən] N variação *f*; (*variant*) variante *f*; (*in opinion*) mudança
varicose ['værɪkəus] ADJ: **~ veins** varizes *fpl*
varied ['vɛərɪd] ADJ variado
variety [və'raɪətɪ] N variedade *f*, diversidade *f*; (*type, quantity*) variedade; **for a ~ of reasons** por várias *or* diversas razões; **variety show** N espetáculo de variedades
various ['vɛərɪəs] ADJ vários(-as), diversos(-as); (*several*) vários(-as); **at ~ times** (*different*) em horas variadas; (*several*) várias vezes
varnish ['vɑ:nɪʃ] N verniz *m*; (*nail varnish*) esmalte *m* ■ VT envernizar; (*nails*) pintar (com esmalte)
vary ['vɛərɪ] VT variar; (*change*) mudar ■ VI variar; (*deviate*) desviar-se; (*become different*): **to ~ with** *or* **according to** variar de acordo com
varying ['vɛərɪɪŋ] ADJ variado
vase [vɑ:z] N vaso
vasectomy [və'sɛktəmɪ] N vasectomia
Vaseline® ['væsɪli:n] N vaselina®
vast [vɑ:st] ADJ enorme
vastly ['vɑ:stlɪ] ADV (*underestimate etc*) enormemente; (*different*) completamente
vastness ['vɑ:stnɪs] N imensidão *f*
VAT [væt] (*Brit*) N ABBR (= *value added tax*) ≈ ICM *m* (BR), IVA *m* (PT)
vat [væt] N tina, cuba
Vatican ['vætɪkən] N: **the ~** o Vaticano
vault [vɔ:lt] N (*of roof*) abóbada; (*tomb*) sepulcro; (*in bank*) caixa-forte *f*; (*jump*) salto ■ VT (*also*: **vault over**) saltar (por cima de)
vaunted ['vɔ:ntɪd] ADJ: **much-~** tão alardeado
VC N ABBR = **vice-chairman**; (*Brit*: = *Victoria Cross*) *distinção militar*
VCR N ABBR = **video cassette recorder**
VD N ABBR = **venereal disease**
VDU N ABBR = **visual display unit**
veal [vi:l] N carne *f* de vitela
veer [vɪəʳ] VI virar
veg. [vɛdʒ] (*Brit*: *inf*) N ABBR = **vegetable(s)**
vegan ['vi:gən] N vegetalista *m/f*
vegetable ['vɛdʒtəbl] N (*Bot*) vegetal *m*; (*edible plant*) legume *m*, hortaliça ■ ADJ vegetal; **vegetables** NPL (*cooked*) verduras *fpl*; **vegetable garden** N horta
vegetarian [vɛdʒɪ'tɛərɪən] ADJ, N vegetariano(-a)
vegetate ['vɛdʒɪteɪt] VI vegetar
vegetation [vɛdʒɪ'teɪʃən] N vegetação *f*
vehemence ['vi:ɪməns] N veemência, violência
vehement ['vi:ɪmənt] ADJ veemente; (*impassioned*) apaixonado; (*attack*) violento
vehicle ['vi:ɪkl] N veículo
vehicular [vɪ'hɪkjuləʳ] ADJ: **"no ~ traffic"** "proibido trânsito de veículos automotores"
veil [veɪl] N véu *m* ■ VT velar; **under a ~ of secrecy** (*fig*) sob um manto de sigilo
veiled [veɪld] ADJ velado
vein [veɪn] N veia; (*of ore etc*) filão *m*; (*on leaf*) nervura; (*fig*: *mood*) tom *m*
vellum ['vɛləm] N papel *m* velino
velocity [vɪ'lɔsɪtɪ] N velocidade *f*
velvet ['vɛlvɪt] N veludo ■ ADJ aveludado
vendetta [vɛn'dɛtə] N vendeta
vending machine ['vɛndɪŋ-] N vendedor *m* automático
vendor ['vɛndəʳ] N vendedor(a) *m/f*; **street ~** camelô *m*
veneer [və'nɪəʳ] N capa exterior, folheado; (*wood*) compensado; (*fig*) aparência
venerable ['vɛnərəbl] ADJ venerável
venereal [vɪ'nɪərɪəl] ADJ: **~ disease** doença venérea
Venetian blind [vɪ'ni:ʃən-] N persiana
Venezuela [vɛnɛ'zweɪlə] N Venezuela
Venezuelan [vɛnɛ'zweɪlən] ADJ, N venezuelano(-a)
vengeance ['vɛndʒəns] N vingança; **with a ~** (*fig*) para valer
vengeful ['vɛndʒful] ADJ vingativo
Venice ['vɛnɪs] N Veneza
venison ['vɛnɪsn] N carne *f* de veado
venom ['vɛnəm] N veneno; (*bitterness*) malevolência
venomous ['vɛnəməs] ADJ venenoso; (*look, stare*) malévolo
vent [vɛnt] N (*opening, in jacket*) abertura; (*also*: **air vent**) respiradouro; (*in wall*) abertura para ventilação ■ VT (*fig*: *feelings*) desabafar, descarregar
ventilate ['vɛntɪleɪt] VT ventilar
ventilation [vɛntɪ'leɪʃən] N ventilação *f*; **ventilation shaft** N poço de ventilação
ventilator ['vɛntɪleɪtəʳ] N ventilador *m*
ventriloquist [vɛn'trɪləkwɪst] N ventríloquo
venture ['vɛntʃəʳ] N empreendimento ■ VT aventurar; (*opinion*) arriscar ■ VI arriscar-se; **business ~** empreendimento comercial; **to ~ to do sth** aventurar-se *or* arriscar-se a fazer algo; **venture capital** N capital *m* de especulação
venue ['vɛnju:] N local *m*; (*meeting place*) ponto de encontro; (*theatre etc*) espaço
Venus ['vi:nəs] N (*planet*) Vênus *f*
veracity [və'ræsɪtɪ] N veracidade *f*
veranda(h) [və'rændə] N varanda
verb [və:b] N verbo
verbal ['və:bəl] ADJ verbal
verbally ['və:bəlɪ] ADV verbalmente
verbatim [və:'beɪtɪm] ADJ, ADV palavra por palavra
verbose [və:'bəus] ADJ prolixo
verdict ['və:dɪkt] N veredicto, decisão *f*; (*fig*) opinião *f*, parecer *m*; **~ of guilty/not guilty** veredicto de culpado/não culpado
verge [və:dʒ] N beira, margem *f*; (*on road*) acostamento (BR), berma (PT); **"soft ~s"** (*Brit*: *Aut*) "acostamento mole"; **to be on the ~ of doing sth** estar a ponto *or* à beira de fazer algo

▸ **verge on** VT FUS beirar em
verger ['vəːdʒəʳ] N (*Rel*) sacristão *m*
verification [vɛrɪfɪ'keɪʃən] N verificação *f*
verify ['vɛrɪfaɪ] VT verificar
veritable ['vɛrɪtəbl] ADJ verdadeiro
vermin ['vəːmɪn] NPL (*animals*) bichos *mpl*; (*insects, fig*) insetos *mpl* nocivos
vermouth ['vəːməθ] N vermute *m*
vernacular [və'nækjuləʳ] N vernáculo; **in the ~** na língua corrente
versatile ['vəːsətaɪl] ADJ (*person*) versátil; (*machine, tool etc*) polivalente; (*mind*) ágil, flexível
verse [vəːs] N verso, poesia; (*stanza*) estrofe *f*; (*in bible*) versículo; **in ~** em verso
versed [vəːst] ADJ: **(well-)~ in** versado em
version ['vəːʃən] N versão *f*
versus ['vəːsəs] PREP contra, versus
vertebra ['vəːtɪbrə] (*pl* **vertebrae**) N vértebra
vertebrae ['vəːtɪbriː] NPL *of* **vertebra**
vertebrate ['vəːtɪbrɪt] N vertebrado
vertical ['vəːtɪkl] ADJ vertical ■ N vertical *f*
vertically ['vəːtɪklɪ] ADV verticalmente
vertigo ['vəːtɪgəu] N vertigem *f*; **to suffer from ~** ter vertigens
verve [vəːv] N garra, pique *m*
very ['vɛrɪ] ADV muito ■ ADJ: **the ~ book which** o mesmo livro que; **the ~ thought (of it) ...** só de pensar (nisso) ...; **at the ~ end** bem no final; **the ~ last** o último (de todos), bem o último; **at the ~ least** no mínimo; **~ much** muitíssimo; **~ little** muito pouco, pouquíssimo
vespers ['vɛspəz] NPL vésperas *fpl*
vessel ['vɛsl] N (*Anat*) vaso; (*Naut*) navio, barco; (*container*) vaso, vasilha
vest [vɛst] N (*Brit*) camiseta (BR), camisola interior (PT); (*US: waistcoat*) colete *m* ■ VT: **to ~ sb with sth, to ~ sth in sb** investir alguém de algo, conferir algo a alguém
vested interest ['vɛstɪd-] N: **to have a ~ in doing** ter um interesse em fazer; **vested interests** NPL (*Comm*) direitos *mpl* adquiridos
vestibule ['vɛstɪbjuːl] N vestíbulo
vestige ['vɛstɪdʒ] N vestígio
vestry ['vɛstrɪ] N sacristia
Vesuvius [vɪ'suːvɪəs] N Vesúvio
vet [vɛt] N ABBR (= *veterinary surgeon*) veterinário(-a) ■ VT examinar
veteran ['vɛtərn] N veterano(-a); (*also*: **war veteran**) veterano de guerra ■ ADJ: **she's a ~ campaigner for ...** ela é uma veterana nas campanhas de ...; **veteran car** N carro antigo
veterinarian [vɛtrɪ'nɛərɪən] (*US*) N veterinário(-a)
veterinary ['vɛtrɪnərɪ] ADJ veterinário; **veterinary surgeon** (*Brit*) N veterinário(-a)
veto ['viːtəu] (*pl* **vetoes**) N veto ■ VT vetar; **to put a ~ on** opor seu veto a
vex [vɛks] VT (*irritate*) irritar, apoquentar; (*make impatient*) impacientar
vexed [vɛkst] ADJ (*question*) controvertido, discutido
VFD (*US*) N ABBR = **voluntary fire department**
VG (*Brit*) N ABBR (*Sch*) = **very good**
VHF ABBR (= *very high frequency*) VHF, freqüência muito alta
VI (*US*) ABBR (*Post*) = **Virgin Islands**
via ['vaɪə] PREP por, via
viability [vaɪə'bɪlɪtɪ] N viabilidade *f*
viable ['vaɪəbl] ADJ viável
viaduct ['vaɪədʌkt] N viaduto
vibrant ['vaɪbrənt] ADJ (*lively*) entusiasmado; (*colour*) vibrante; (*voice*) ressonante
vibrate [vaɪ'breɪt] VI vibrar
vibration [vaɪ'breɪʃən] N vibração *f*
vicar ['vɪkəʳ] N vigário
vicarage ['vɪkərɪdʒ] N vicariato
vicarious [vɪ'kɛərɪəs] ADJ (*pleasure, existence*) indireto
vice [vaɪs] N (*evil*) vício; (*Tech*) torno mecânico
vice- [vaɪs] PREFIX vice-
vice-chairman (*irreg*) N vice-presidente *m/f*
vice-chancellor (*Brit*) N reitor(a) *m/f*
vice-president N vice-presidente *m/f*
vice squad N delegacia de costumes
vice versa ['vaɪsɪ'vəːsə] ADV vice-versa
vicinity [vɪ'sɪnɪtɪ] N (*area: nearness*) proximidade *f*
vicious ['vɪʃəs] ADJ (*violent*) violento; (*depraved*) depravado, vicioso; (*cruel*) cruel; (*bitter*) rancoroso; **vicious circle** N círculo vicioso
viciousness ['vɪʃəsnɪs] N violência; depravação *f*; crueldade *f*; rancor *m*
vicissitudes [vɪ'sɪsɪtjuːdz] NPL vicissitudes *fpl*
victim ['vɪktɪm] N vítima *f*
victimization [vɪktɪmaɪ'zeɪʃən] N perseguição *f*; (*in strike*) represálias *fpl*
victimize ['vɪktɪmaɪz] VT (*strikers etc*) fazer represália contra
victor ['vɪktəʳ] N vencedor(a) *m/f*
Victorian [vɪk'tɔːrɪən] ADJ vitoriano
victorious [vɪk'tɔːrɪəs] ADJ vitorioso
victory ['vɪktərɪ] N vitória; **to win a ~ over sb** conseguir uma vitória sobre alguém
video ['vɪdɪəu] N (*video film*) vídeo; (*pop video*) videoclipe *m*; (*also*: **video cassette**) videocassete *m*; (*also*: **video cassette recorder**) videocassete *m* ■ CPD de vídeo; **video cassette** N videocassete *m*; **video cassette recorder** N videocassete *m*; **video recording** N gravação *f* em vídeo; **video tape** N videoteipe *m*; (*cassette*) videocassete *m*
vie [vaɪ] VI: **to ~ (with sb) (for sth)** competir (com alguém) (por algo)
Vienna [vɪ'ɛnə] N Viena
Viet Nam ['vjɛt'næm] N = **Vietnam**
Vietnam ['vjɛt'næm] N Vietnã *m* (BR), Vietname *m* (PT)
Vietnamese [vjɛtnə'miːz] ADJ vietnamita ■ N INV vietnamita *m/f*; (*Ling*) vietnamita *m*
view [vjuː] N vista; (*outlook*) perspectiva; (*landscape*) paisagem *f*; (*opinion*) opinião *f*, parecer *m* ■ VT (*look at, fig*) olhar; (*examine*) examinar; **on ~** (*in museum etc*) em exposição; **in full ~ (of)** à plena vista (de); **an overall ~ of the situation** uma visão geral da situação; **in my ~** na minha

opinião; **in ~ of the weather/the fact that** em vista do tempo/do fato de que; **with a ~ to doing sth** com a intenção de fazer algo

view-data ['vju:deɪtə] (*Brit*) N teletexto, videotexto

viewer ['vju:əʳ] N (*small projector*) visor *m*; (*person*) telespectador(a) *m/f*

viewfinder ['vju:faɪndəʳ] N visor *m*

viewpoint ['vju:pɔɪnt] N ponto de vista; (*place*) lugar *m*

vigil ['vɪdʒɪl] N vigília; **to keep ~** velar

vigilance ['vɪdʒɪləns] N vigilância

vigilant ['vɪdʒɪlənt] ADJ vigilante

vigor ['vɪgəʳ] (*US*) N = **vigour**

vigorous ['vɪgərəs] ADJ vigoroso; (*plant*) vigoso

vigour ['vɪgəʳ] (*US* **vigor**) N energia, vigor *m*

vile [vaɪl] ADJ (*action*) vil, infame; (*smell*) repugnante, repulsivo; (*temper*) violento

vilify ['vɪlɪfaɪ] VT vilipendiar

villa ['vɪlə] N (*country house*) casa de campo; (*suburban house*) vila, quinta

village ['vɪlɪdʒ] N aldeia, povoado

villager ['vɪlɪdʒəʳ] N aldeão/aldeã *m/f*

villain ['vɪlən] N (*scoundrel*) patife *m*; (*Brit*: *in novel etc*) vilão *m*; (*criminal*) marginal *m/f*

VIN (*US*) N ABBR = **vehicle identification number**

vindicate ['vɪndɪkeɪt] VT vingar; (*justify*) justificar

vindication [vɪndɪ'keɪʃən] N: **in ~ of** em defesa de

vindictive [vɪn'dɪktɪv] ADJ vingativo

vine [vaɪn] N vinha, videira; (*climbing plant*) planta trepadeira

vinegar ['vɪnɪgəʳ] N vinagre *m*

vine grower N vinhateiro(-a), viticultor(a) *m/f*

vine-growing ADJ vitícola ■ N viticultura

vineyard ['vɪnjɑ:d] N vinha, vinhedo

vintage ['vɪntɪdʒ] N vindima; (*year*) safra, colheita ■ CPD (*comedy*) de época; (*performance*) clássico; **the 1970 ~** a safra de 1970; **vintage car** N carro antigo; **vintage wine** N vinho velho

vinyl ['vaɪnl] N vinil *m*

viola [vɪ'əulə] N viola

violate ['vaɪəleɪt] VT violar

violation [vaɪə'leɪʃən] N violação *f*; **in ~ of** (*rule, law*) em violação de

violence ['vaɪələns] N violência; (*strength*) força

violent ['vaɪələnt] ADJ violento; (*intense*) intenso; **a ~ dislike of sb/sth** uma forte aversão a alguém/algo

violently ['vaɪələntlɪ] ADV violentemente; (*ill, angry*) extremamente

violet ['vaɪələt] ADJ violeta ■ N (*colour, plant*) violeta

violin [vaɪə'lɪn] N violino

violinist [vaɪə'lɪnɪst] N violinista *m/f*

VIP N ABBR (= *very important person*) VIP *m/f*

viper ['vaɪpəʳ] N víbora

virgin ['və:dʒɪn] N virgem *m/f* ■ ADJ virgem; **the Blessed V~** a Virgem Santíssima

virginity [və:'dʒɪnɪtɪ] N virgindade *f*

Virgo ['və:gəu] N Virgem *f*

virile ['vɪraɪl] ADJ viril

virility [vɪ'rɪlɪtɪ] N virilidade *f*

virtual ['və:tjuəl] ADJ (*Comput, Phys*) virtual; (*in effect*): **it's a ~ impossibility** é praticamente impossível; **the ~ leader** o líder na prática

virtually ['və:tjuəlɪ] ADV (*almost*) praticamente

virtue ['və:tju:] N virtude *f*; (*advantage*) vantagem *f*; **by ~ of** em virtude de

virtuoso [və:tju'əuzəu] (*pl* **virtuosi**) N virtuoso(-a)

virtuous ['və:tjuəs] ADJ virtuoso

virulent ['vɪrulənt] ADJ virulento

virus ['vaɪərəs] N vírus *m*

visa ['vi:zə] N visto

vis-à-vis [vi:zə'vi:] PREP com relação a

viscose ['vɪskəuz] N viscose *f*

viscount ['vaɪkaunt] N visconde *m*

viscous ['vɪskəs] ADJ viscoso

vise [vaɪs] (*US*) N (*Tech*) = **vice**

visibility [vɪzɪ'bɪlɪtɪ] N visibilidade *f*

visible ['vɪzəbl] ADJ visível; **~ exports/imports** exportações *fpl* /importações *fpl* visíveis

visibly ['vɪzəblɪ] ADV visivelmente

vision ['vɪʒən] N (*sight*) vista, visão *f*; (*foresight, in dream*) visão *f*

visionary ['vɪʒənərɪ] N visionário(-a)

visit ['vɪzɪt] N visita ■ VT (*person*: *US*: *also*: **visit with**) visitar, fazer uma visita a; (*place*) ir a, ir conhecer; **on a private/official ~** em visita particular/oficial

visiting ['vɪzɪtɪŋ] ADJ (*speaker, team*) visitante; **visiting card** N cartão *m* de visita; **visiting hours** NPL horário de visita; **visiting professor** N professor(a) *m/f* de outra faculdade

visitor ['vɪzɪtəʳ] N visitante *m/f*; (*to one's house*) visita; (*tourist*) turista *m/f*; (*tripper*) excursionista *m/f*

visitors' book N livro de visitas

visor ['vaɪzəʳ] N viseira

VISTA ['vɪstə] N ABBR (= *Volunteers in Service to America*) *programa de assistência às regiões pobres*

vista ['vɪstə] N vista

visual ['vɪzjuəl] ADJ visual; **visual aid** N recurso visual; **visual display unit** N terminal *m* de vídeo

visualize ['vɪzjuəlaɪz] VT visualizar; (*foresee*) prever

visually ['vɪzjuəlɪ] ADV visualmente; **~ handicapped** deficiente visual

vital ['vaɪtl] ADJ (*essential*) essencial, indispensável; (*important*) de importância vital; (*crucial*) crucial; (*person*) vivo; (*of life*) vital; **of ~ importance** de importância vital

vitality [vaɪ'tælɪtɪ] N energia, vitalidade *f*

vitally ['vaɪtəlɪ] ADV: **~ important** de importância vital

vital statistics NPL (*of population*) estatística demográfica; (*fig*) medidas *fpl*

vitamin ['vɪtəmɪn] N vitamina

vitiate ['vɪʃɪeɪt] VT viciar

vitreous ['vɪtrɪəs] ADJ vítreo

vitriolic [vɪtrɪ'ɔlɪk] ADJ (*fig*) mordaz

viva ['vaɪvə] N (*also*: **viva voce**) exame *m* oral
vivacious [vɪ'veɪʃəs] ADJ vivaz, animado
vivacity [vɪ'væsɪtɪ] N vivacidade *f*
vivid ['vɪvɪd] ADJ (*account*) vívido; (*light*) claro, brilhante; (*imagination, colour*) vivo
vividly ['vɪvɪdlɪ] ADV (*describe*) vividamente; (*remember*) distintamente
vivisection [vɪvɪ'sɛkʃən] N vivissecção *f*
vixen ['vɪksn] N raposa; (*pej: woman*) megera
viz ABBR (= *videlicet*) a saber
VLF ABBR = **very low frequency**
V-neck N (*also*: **V-neck jumper, V-neck pullover**) suéter *f* com decote em V
VOA N ABBR (= *Voice of America*) voz *f* da América, *emissora que transmite para o estrangeiro*
vocabulary [vəu'kæbjuləɪrɪ] N vocabulário
vocal ['vəukl] ADJ vocal; (*noisy*) clamoroso; (*articulate*) claro, eloqüente; **vocal cords** NPL cordas *fpl* vocais
vocalist ['vəukəlɪst] N vocalista *m/f*, cantor(a) *m/f*
vocals ['vəuklz] NPL vozes *fpl*
vocation [vəu'keɪʃən] N vocação *f*
vocational [vəu'keɪʃənl] ADJ vocacional; **~ guidance/training** orientação *f* vocacional/ensino profissionalizante
vociferous [və'sɪfərəs] ADJ vociferante
vodka ['vɔdkə] N vodca
vogue [vəug] N voga, moda; **to be in ~** estar na moda
voice [vɔɪs] N voz *f* ■ VT (*opinion*) expressar; **in a low/loud ~** em voz baixa/alta; **to give ~ to** dar voz a; **voice mail** N (*Tel*) correio *m* de voz
void [vɔɪd] N vazio; (*hole*) oco ■ ADJ (*null*) nulo; (*empty*): **~ of** destituido de
voile [vɔɪl] N voile *m*
vol. ABBR (= *volume*) vol
volatile ['vɔlətaɪl] ADJ volátil; (*situation, person*) imprevisível
volcanic [vɔl'kænɪk] ADJ vulcânico
volcano [vɔl'keɪnəu] (*pl* **volcanoes**) N vulcão *m*
volition [və'lɪʃən] N: **of one's own ~** de livre vontade
volley ['vɔlɪ] N (*of gunfire*) descarga, salva; (*of stones etc*) chuva; (*of questions etc*) enxurrada, chuva; (*Tennis etc*) voleio
volleyball ['vɔlɪbɔ:l] N voleibol *m*, vôlei *m* (BR)
volt [vəult] N volt *m*
voltage ['vəultɪdʒ] N voltagem *f*; **high/low ~** alta/baixa tensão
voluble ['vɔljubl] ADJ (*person*) tagarela; (*speech*) loquaz
volume ['vɔlju:m] N volume *m*; (*of tank*) capacidade *f*; **~ one/two** tomo um/dois; **his expression spoke ~s** sua expressão disse tudo; **volume control** N (*Radio, TV*) controle *m* de volume; **volume discount** N (*Comm*) desconto de volume
voluminous [və'lu:mɪnəs] ADJ volumoso
voluntarily ['vɔləntrɪlɪ] ADV livremente, voluntariamente
voluntary ['vɔləntərɪ] ADJ voluntário; (*unpaid*) (a título) gratuito; **voluntary liquidation** N (*Comm*) liquidação *f* requerida pela empresa; **voluntary redundancy** (*Brit*) N demissão *f* voluntária
volunteer [vɔlən'tɪə^r] N voluntário(-a) ■ VT oferecer voluntariamente ■ VI (*Mil*) alistar-se voluntariamente; **to ~ to do** oferecer-se voluntariamente para fazer
voluptuous [və'lʌptjuəs] ADJ voluptuoso
vomit ['vɔmɪt] N vômito ■ VT, VI vomitar
vote [vəut] N voto; (*votes cast*) votação *f*; (*right to vote*) direito de votar; (*franchise*) título de eleitor ■ VT: **to be ~d chairman etc** ser eleito presidente etc; (*propose*): **to ~ that** propor que; (*in election*) votar ■ VI votar; **to put sth to the ~, to take a ~ on sth** votar algo, submeter algo à votação; **to ~ for sb** votar em alguém; **to ~ for/against a proposal** votar a favor de/contra uma proposta; **to ~ to do sth** votar a favor de fazer algo; **~ of censure** voto de censura; **~ of confidence** voto de confiança; **vote of thanks** N agradecimento
voter ['vəutə^r] N votante *m/f*, eleitor(a) *m/f*
voting ['vəutɪŋ] N votação *f*; **voting paper** (*Brit*) N cédula eleitoral; **voting right** N direito de voto
voucher ['vautʃə^r] N (*also*: **luncheon voucher**) vale-refeição *m*; (*with petrol etc*) vale *m*; (*gift voucher*) vale *m* para presente; (*receipt*) comprovante *m*
vouch for [vautʃ-] VT FUS garantir, responder por
vow [vau] N voto ■ VT: **to ~ to do/that** prometer solenemente fazer/que ■ VI fazer votos; **to take** *or* **make a ~ to do sth** fazer voto de fazer algo
vowel ['vauəl] N vogal *f*
voyage ['vɔɪɪdʒ] N (*journey*) viagem *f*; (*crossing*) travessia
VP N ABBR = **vice-president**
vs ABBR (= *versus*) x
V-sign (*Brit*) N *gesto grosseiro*; **to give a ~ to sb** ≈ dar uma banana para alguém
VSO (*Brit*) N ABBR = **Voluntary Service Overseas**
VT (*US*) ABBR (*Post*) = **Vermont**
vulgar ['vʌlgə^r] ADJ (*rude*) grosseiro, ordinário; (*in bad taste*) vulgar, baixo
vulgarity [vʌl'gærɪtɪ] N grosseria; (*bad taste*) vulgaridade *f*
vulnerability [vʌlnərə'bɪlɪtɪ] N vulnerabilidade *f*
vulnerable ['vʌlnərəbl] ADJ vulnerável
vulture ['vʌltʃə^r] N abutre *m*, urubu *m*

Ww

W, w ['dʌblju:] N (*letter*) W, w *m*; **W for William** W de William
W ABBR (= *west*) o; (*Elec*: = *watt*) W
WA (*US*) ABBR (*Post*) = **Washington**
wad [wɔd] N (*of cotton wool*) chumaço; (*of paper*) bola; (*of banknotes etc*) maço
wadding ['wɔdɪŋ] N enchimento
waddle ['wɔdl] VI andar gingando *or* bamboleando
wade [weɪd] VI: **to ~ through** andar em; (*fig*: *a book*) ler com dificuldade ■ VT vadear, atravessar (a vau)
wafer ['weɪfəʳ] N (*biscuit*) bolacha; (*Rel*) hóstia; (*Comput*) pastilha
wafer-thin ADJ fininho, finíssimo
waffle ['wɔfl] N (*Culin*) waffle *m*; (*empty talk*) lengalenga ■ VI encher linguiça; **waffle iron** N fôrma para fazer waffles
waft [wɔft] VT levar ■ VI flutuar
wag [wæg] VT (*tail*) sacudir; (*finger*) menear ■ VI acenar, abanar; **the dog ~ged its tail** o cachorro abanou o rabo
wage [weɪdʒ] N (*also*: **wages**) salário, ordenado ■ VT: **to ~ war** empreender *or* fazer guerra; **a day's ~s** uma diária; **wage claim** N reivindicação *f* salarial; **wage differential** N desnível *m* salarial, diferença de salário; **wage earner** ['weɪdʒ'ə:nəʳ] N assalariado(-a); **wage freeze** N congelamento de salários; **wage packet** (*Brit*) N envelope *m* de pagamento
wager ['weɪdʒəʳ] N aposta, parada ■ VT apostar
waggle ['wægl] VT mover
wag(g)on ['wægən] N (*horse-drawn*) carroça; (*Brit*: *Rail*) vagão *m*
wail [weɪl] N lamento, gemido ■ VI lamentar-se, gemer; (*siren*) tocar
waist [weɪst] N cintura
waistcoat ['weɪskəut] (*Brit*) N colete *m*
waistline ['weɪstlaɪn] N cintura
wait [weɪt] N espera ■ VI esperar; **to lie in ~ for** aguardar em emboscada; **I can't ~ to** (*fig*) estou morrendo de vontade de; **to ~ for sb/sth** esperar por alguém/algo; **to keep sb ~ing** deixar alguém esperando; **~ a minute!** espera aí!; **"repairs while you ~"** "conserta-se na hora"
▸ **wait behind** VI ficar para trás
▸ **wait on** VT FUS servir
▸ **wait up** VI esperar, não ir dormir; **don't ~ up for me** vá dormir, não espere por mim
waiter ['weɪtəʳ] N garçom *m* (BR), empregado (PT)
waiting ['weɪtɪŋ] N: **"no ~"** (*Brit*: *Aut*) "proibido estacionar"; **waiting list** ['weɪtɪŋ-] N lista de espera; **waiting room** N sala de espera
waitress ['weɪtrɪs] N garçonete *f* (BR), empregada (PT)
waive [weɪv] VT abrir mão de
waiver ['weɪvəʳ] N desistência
wake [weɪk] (*pt* **woke**, *pp* **woken**) VT (*also*: **wake up**) acordar ■ VI acordar ■ N (*for dead person*) velório; (*Naut*) esteira; **to ~ up to sth** (*fig*) abrir os olhos *or* acordar para algo; **in the ~ of** (*fig*) na esteira de; **to follow in sb's ~** (*fig*) seguir a esteira *or* o exemplo de alguém
waken ['weɪkən] VT, VI = **wake**
Wales [weɪlz] N País *m* de Gales; **the Prince of ~** o Príncipe de Gales
walk [wɔ:k] N passeio; (*hike*) excursão *f* a pé, caminhada; (*gait*) passo, modo de andar; (*in park etc*) alameda, passeio ■ VI andar; (*for pleasure, exercise*) passear ■ VT (*distance*) percorrer a pé, andar; (*dog*) levar para passear; **it's 10 minutes' ~ from here** daqui são 10 minutos a pé; **to go for a ~** (*ir*) dar uma volta; **I'll ~ you home** vou andar com você até a sua casa; **people from all ~s of life** pessoas de todos os níveis
▸ **walk out** VI (*go out*) sair; (*audience*) retirar-se; (*strike*) entrar em greve
▸ **walk out on** VT FUS (*family etc*) abandonar
walker ['wɔ:kəʳ] N (*person*) caminhante *m/f*
walkie-talkie ['wɔ:kɪ'tɔ:kɪ] N transmissor-receptor *m* portátil, walkie-talkie *m*
walking ['wɔ:kɪŋ] N o andar; **it's within ~ distance** dá para ir a pé; **walking holiday** N férias *fpl* fazendo excursões a pé; **walking shoes** NPL sapatos *mpl* para andar; **walking stick** N bengala
Walkman® N Walkman® *m*
walk-on ADJ (*Theatre*: *part*) de figurante
walkout ['wɔ:kaut] N (*of workers*) greve *f* branca
walkover ['wɔ:kəuvəʳ] (*inf*) N barbada
walkway ['wɔ:kweɪ] N passeio, passadiço
wall [wɔ:l] N parede *f*; (*exterior*) muro; (*city wall*

etc) muralha; **to go to the ~** (*fig*: *firm etc*) falir, quebrar
▸ **wall in** VT (*garden etc*) cercar com muros
wall cupboard N armário de parede
walled [wɔːld] ADJ (*city*) cercado por muralhas; (*garden*) murado, cercado
wallet ['wɔlɪt] N carteira
wallflower ['wɔːlflauəʳ] N goivo-amarelo; **to be a ~** (*fig*) tomar chá de cadeira
wall hanging N tapete *m*
wallop ['wɔləp] (*Brit*: *inf*) VT surrar, espancar
wallow ['wɔləu] VI (*in mud*) chafurdar; (*in water*) rolar; (*person*: *in guilt*) regozijar-se; **to ~ in one's own grief** regozijar-se na própria dor
wallpaper ['wɔːlpeɪpəʳ] N papel *m* de parede ■ VT colocar papel de parede em
wall-to-wall ADJ: **~ carpeting** carpete *m*
walnut ['wɔːlnʌt] N noz *f*; (*tree*, *wood*) nogueira
walrus ['wɔːlrəs] (*pl* **walruses**) N morsa, vaca marinha
waltz [wɔːlts] N valsa ■ VI valsar
wan [wɔn] ADJ pálido; (*smile*) amarelo
wand [wɔnd] N (*also*: **magic wand**) varinha de condão
wander ['wɔndəʳ] VI (*person*) vagar, perambular; (*thoughts*) divagar; (*get lost*) extraviar-se ■ VT perambular
wanderer ['wɔndərəʳ] N vagabundo(-a)
wandering ['wɔndərɪŋ] ADJ errante; (*thoughts*) distraído; (*tribe*) nômade; (*minstrel*, *actor*) itinerante
wane [weɪn] VI diminuir; (*moon*) minguar
wangle ['wæŋgl] (*Brit*: *inf*) VT: **to ~ sth** conseguir algo através de pistolão
want [wɔnt] VT (*wish for*) querer; (*demand*) exigir; (*need*) precisar de, necessitar; (*lack*) carecer de ■ N (*poverty*) pobreza, miséria; **wants** NPL (*needs*) necessidades *fpl*; **for ~ of** por falta de; **to ~ to do** querer fazer; **to ~ sb to do sth** querer que alguém faça algo; **"cook ~ed"** "precisa-se cozinheiro"; **want ads** (*US*) NPL classificados *mpl*
wanted ['wɔntɪd] ADJ (*criminal etc*) procurado (pela polícia); **"cook ~"** (*in advertisement*) "precisa-se cozinheiro"; **you're ~ on the phone** estão querendo falar com você no telefone
wanting ['wɔntɪŋ] ADJ falto, deficiente; **to be found ~** não estar à altura da situação; **to be ~ in** carecer de
wanton ['wɔntən] ADJ (*destruction*) gratuito, irresponsável; (*licentious*) libertino, lascivo
war [wɔːʳ] N guerra; **to make ~ (on)** fazer guerra (em); **to go to ~** entrar na guerra; **~ of attrition** guerra de atrição
warble ['wɔːbl] N gorjeio ■ VI gorjear
war cry N grito de guerra
ward [wɔːd] N (*in hospital*) ala; (*Pol*) distrito eleitoral; (*Law*: *child*) tutelado(-a), pupilo(-a)
▸ **ward off** VT desviar, aparar; (*attack*) repelir
warden ['wɔːdn] N (*Brit*: *of institution*) diretor(a) *m/f*; (*of park*, *game reserve*) administrador(a) *m/f*; (*Brit*: *also*: **traffic warden**) guarda *m/f*
warder ['wɔːdəʳ] (*Brit*) N carcereiro(-a)
wardrobe ['wɔːdrəub] N (*cupboard*) armário; (*clothes*) guarda-roupa *m*
warehouse ['weəhaus] N armazém *m*, depósito
wares [weəz] NPL mercadorias *fpl*
warfare ['wɔːfɛəʳ] N guerra, combate *m*
war game N jogo de estratégia militar
warhead ['wɔːhɛd] N ogiva
warily ['wɛərɪlɪ] ADV cautelosamente, com precaução
warlike ['wɔːlaɪk] ADJ guerreiro, bélico
warm [wɔːm] ADJ quente; (*thanks*, *welcome*) caloroso, cordial; (*supporter*) entusiasmado; **it's ~** está quente; **I'm ~** estou com calor; **to keep sth ~** manter algo aquecido
▸ **warm up** VI (*person*, *room*) esquentar; (*athlete*) fazer aquecimento; (*discussion*) esquentar-se ■ VT esquentar
warm-blooded [-'blʌdɪd] ADJ de sangue quente
war memorial N monumento aos mortos
warm-hearted [-'hɑːtɪd] ADJ afetuoso
warmly ['wɔːmlɪ] ADV calorosamente, afetuosamente
warmonger ['wɔːmʌŋgəʳ] N belicista *m/f*
warmongering ['wɔːmʌŋgərɪŋ] N belicismo
warmth [wɔːmθ] N calor *m*
warm-up N (*Sport*) aquecimento
warn [wɔːn] VT prevenir, avisar; **to ~ sb against sth** prevenir alguém contra algo; **to ~ sb that/of/(not) not to do** prevenir alguém de que/de/para (não) fazer
warning ['wɔːnɪŋ] N advertência; (*in writing*) aviso; (*signal*) sinal *m*; **without (any) ~** (*suddenly*) de improviso, inopinadamente; (*without notice*) sem aviso prévio, sem avisar; **gale ~** (*Meteorology*) aviso de vendaval; **warning light** N luz *f* de advertência; **warning triangle** N (*Aut*) triângulo de advertência
warp [wɔːp] N (*Textiles*) urdidura ■ VT deformar ■ VI empenar, deformar-se
warpath ['wɔːpɑːθ] N: **to be on the ~** (*fig*) estar disposto a brigar
warped [wɔːpt] ADJ (*wood*) empenado; (*fig*: *sense of humour*) pervertido, deformado
warrant ['wɔrnt] N (*guarantee*) garantia; (*voucher*) comprovante *m*; (*Law*: *to arrest*) mandado de prisão; (: *to search*) mandado de busca ■ VT (*justify*) justificar; **warrant officer** N (*Mil*) subtenente *m*; (*Naut*) suboficial *m*
warranty ['wɔrəntɪ] N garantia; **under ~** (*Comm*) sob garantia
warren ['wɔrən] N (*of rabbits*) lura; (*house*) coelheira; (*fig*) labirinto
warring ['wɔːrɪŋ] ADJ (*nations*) em guerra; (*interests etc*) antagônico
warrior ['wɔrɪəʳ] N guerreiro(-a)
Warsaw ['wɔːsɔː] N Varsóvia
warship ['wɔːʃɪp] N navio de guerra
wart [wɔːt] N verruga
wartime ['wɔːtaɪm] N: **in ~** em tempo de guerra
wary ['wɛərɪ] ADJ cauteloso, precavido; **to be ~ about** *or* **of doing sth** hesitar em fazer algo

was [wɔz] PT *of* **be**
wash [wɔʃ] VT lavar; (*sweep, carry*: *sea etc*) levar, arrastar; (: *ashore*) lançar ■ VI lavar-se; (*sea etc*): **to ~ over/against sth** bater/chocar-se contra algo ■ N (*clothes etc*) lavagem *f*; (*of ship*) esteira; **to have a ~** lavar-se; **to give sth a ~** lavar algo; **he was ~ed overboard** foi arrastado do navio pelas águas
▶ **wash away** VT (*stain*) tirar ao lavar; (*subj*: *river etc*) levar, arrastar
▶ **wash down** VT lavar; (*food*) regar
▶ **wash off** VT tirar lavando ■ VI sair ao lavar
▶ **wash up** VI (*Brit*) lavar a louça; (*US*) lavar-se
washable ['wɔʃəbl] ADJ lavável
washbasin ['wɔʃbeɪsn] N pia (BR), lavatório (PT)
washbowl ['wɔʃbəul] (*US*) N = **washbasin**
washcloth ['wɔʃklɔθ] (*US*) N taolhinha para lavar o rosto
washer ['wɔʃəʳ] N (*Tech*) arruela, anilha
wash-hand basin (*Brit*) N pia (BR), lavatório (PT)
washing ['wɔʃɪŋ] (*Brit*) N (*dirty*) roupa suja; (*clean*) roupa lavada; **washing line** (*Brit*) N corda de estender roupa, varal *m*; **washing machine** N máquina de lavar roupa, lavadora; **washing powder** (*Brit*) N sabão *m* em pó
Washington ['wɔʃɪŋtən] N (*city, state*) Washington
washing-up N: **to do the ~** lavar a louça; **washing-up liquid** (*Brit*) N detergente *m*
wash-out (*inf*) N fracasso, fiasco
washroom ['wɔʃru:m] (*US*) N banheiro (BR), casa de banho (PT)
wasn't ['wɔznt] = **was not**
WASP [wɔsp] (*US* **Wasp**) (*inf*) N ABBR (= *White Anglo-Saxon Protestant*) *apelido, muitas vezes pejorativo, dado aos membros da classe dominante nos EUA*
wasp [wɔsp] N vespa
waspish ['wɔspɪʃ] ADJ irritadiço
wastage ['weɪstɪdʒ] N desgaste *m*, desperdício; (*loss*) perda; **natural ~** desgaste natural
waste [weɪst] N desperdício, esbanjamento; (*wastage*) desperdício; (*of time*) perda; (*food*) sobras *fpl*; (*also*: **household waste**) detritos *mpl* domésticos; (*rubbish*) lixo ■ ADJ (*material*) de refugo; (*left over*) de sobra; (*land*) baldio ■ VT (*squander*) esbanjar, desperdiçar; (*time, opportunity*) perder; **wastes** NPL ermos *mpl*; **it's a ~ of money** é jogar dinheiro fora; **to go to ~** ser desperdiçado; **to lay ~** (*destroy*) devastar
▶ **waste away** VI definhar
waste bin (*Brit*) N lata de lixo
waste disposal (unit) (*Brit*) N triturador *m* de lixo
wasteful ['weɪstful] ADJ esbanjador(a); (*process*) anti-econômico
waste ground (*Brit*) N terreno baldio
wasteland ['weɪstlənd] N terra inculta; (*in town*) terreno baldio
wastepaper basket ['weɪstpeɪpəʳ-] N cesta de papéis
waste pipe N cano de esgoto
waste products N (*Industry*) resíduos *mpl*
watch [wɔtʃ] N (*clock*) relógio; (*also*: **wrist watch**) relógio de pulso; (*act of watching*) vigia; (*guard*: *Mil*) sentinela; (*Naut*: *spell of duty*) quarto ■ VT (*look at*) observar, olhar; (*programme, match*) assistir a; (*television*) ver; (*spy on, guard*) vigiar; (*be careful of*) tomar cuidado com ■ VI ver, olhar; (*keep guard*) montar guarda; **to keep a close ~ on sb/sth** vigiar alguém/algo, ficar de olho em alguém/algo; **~ what you're doing** presta atenção no que você está fazendo
▶ **watch out** VI ter cuidado
watchband ['wɔtʃbænd] (*US*) N pulseira de relógio
watchdog ['wɔtʃdɔg] N cão *m* de guarda; (*fig*) vigia *m/f*
watchful ['wɔtʃful] ADJ vigilante, atento
watchmaker ['wɔtʃmeɪkəʳ] N relojoeiro(-a)
watchman ['wɔtʃmən] (*irreg*) N vigia *m*; (*also*: **night watchman**) guarda *m* noturno; (: *in factory*) vigia *m* noturno
watch stem (*US*) N botão *m* de corda
watchstrap ['wɔtʃstræp] N pulseira de relógio
watchword ['wɔtʃwə:d] N lema *m*, divisa
water ['wɔ:təʳ] N água ■ VT (*plant*) regar ■ VI (*eyes*) lacrimejar; (*mouth*) salivar; **a drink of ~** um copo d'água; **in British ~s** nas águas territoriais britânicas; **to pass ~** urinar; **to make sb's mouth ~** dar água na boca de alguém
▶ **water down** VT (*milk*) aguar; (*fig*) diluir
water cannon N *tanque de espirrar água para dispersar multidões*
water closet (*Brit*) N privada
watercolour ['wɔ:təkʌləʳ] (*US* **watercolor**) N aquarela
water-cooled [-ku:ld] ADJ refrigerado a água
watercress ['wɔ:təkrɛs] N agrião *m*
waterfall ['wɔ:təfɔ:l] N cascata, cachoeira
waterfront ['wɔ:təfrʌnt] N (*seafront*) orla marítima; (*docks*) zona portuária
water heater N aquecedor *m* de água, boiler *m*
water hole N bebedouro, poço
water ice (*Brit*) N *sorvete de frutas à base de água*
watering can ['wɔ:tərɪŋ-] N regador *m*
water level N nível *m* d'água
water lily N nenúfar *m*
waterline ['wɔ:təlaɪn] N (*Naut*) linha d'água
waterlogged ['wɔ:təlɔgd] ADJ alagado
water main N adutora
watermark ['wɔ:təmɑ:k] N (*on paper*) filigrana
watermelon ['wɔ:təmɛlən] N melancia
water polo N pólo aquático
waterproof ['wɔ:təpru:f] ADJ impermeável; (*watch*) à prova d'água
water-repellent ADJ hidrófugo
watershed ['wɔ:təʃɛd] N (*Geo*) linha divisória das águas; (*fig*) momento crítico
water-skiing N esqui *m* aquático
water softener N abrandador *m* de água
water tank N depósito d'água

watertight ['wɔ:tətaɪt] ADJ hermético, à prova d'água
water vapour N vapor *m* de água
waterway ['wɔ:təweɪ] N hidrovia
waterworks ['wɔ:təwə:ks] NPL usina hidráulica
watery ['wɔ:tərɪ] ADJ (*colour*) pálido; (*coffee*) aguado; (*eyes*) húmido
watt [wɔt] N watt *m*
wattage ['wɔtɪdʒ] N wattagem *f*
wattle ['wɔtl] N caniçada
wave [weɪv] N (*on water, Radio, fig*) onda; (*of hand*) aceno, sinal *m*; (*in hair*) onda, ondulação *f* ■ VI acenar com a mão; (*flag, grass, branches*) tremular ■ VT (*hand*) acenar; (*handkerchief*) acenar com; (*weapon*) brandir; (*hair*) ondular; **to ~ goodbye to sb** despedir-se de alguém com um aceno; **short/medium/long ~** (*Radio*) ondas curtas/médias/longas; **the new ~** (*Cinema, Mus*) a nova onda
▸ **wave aside** VT (*fig: suggestion, objection*) rejeitar; (: *doubts*) pôr de lado; (*person*): **to ~ sb aside** fazer sinal para alguém pôr-se de lado
▸ **wave away** VT (*fig: suggestion, objection*) rejeitar; (: *doubts*) pôr de lado; (*person*): **to ~ sb away** fazer sinal para alguém pôr-se de lado
waveband ['weɪvbænd] N faixa de onda
wavelength ['weɪvlɛŋθ] N comprimento de onda; **to be on the same ~ as** ter os mesmos gostos e atitudes que
waver ['weɪvəʳ] VI vacilar; (*voice, eyes, love*) hesitar
wavy ['weɪvɪ] ADJ (*hair*) ondulado; (*line*) ondulante
wax [wæks] N cera ■ VT encerar; (*car*) polir ■ VI (*moon*) crescer
waxworks ['wækswə:ks] N museu *m* de cera ■ NPL (*models*) figuras *fpl* de cera
way [weɪ] N caminho; (*distance*) percurso; (*direction*) direção *f*, sentido; (*manner*) maneira, modo; (*habit*) costume *m*; (*condition*) estado; **which ~? — this ~** por onde? — por aqui; **to crawl one's ~ to ...** arrastar-se até ...; **to lie one's ~ out of it** mentir para livrar-se de apuros; **on the ~ (to)** a caminho (de); **to be on one's ~** estar a caminho; **to be in the ~** atrapalhar; **to keep out of sb's ~** evitar alguém; **it's a long ~ a~** é muito longe; **the village is rather out of the ~** o lugarejo é um pouco fora de mão; **to go out of one's ~ to do sth** (*fig*) dar-se ao trabalho de fazer algo; **to lose one's ~** perder-se; **to be under ~** (*work, project*) estar em andamento; **to make ~ (for sb/sth)** abrir caminho (para alguém/algo); **to get one's own ~** conseguir o que quer; **to put sth the right ~ up** (*Brit*) colocar algo na posição certa; **to be the wrong ~ round** estar às avessas; **he's in a bad ~** ele vai muito mal; **in a ~** de certo modo, até certo ponto; **in some ~s** a certos respeitos; **by the ~** a propósito; **"~ in"** (*Brit*) "entrada"; **"~ out"** (*Brit*) "saída"; **the ~ back** o caminho de volta; **"give ~"** (*Brit: Aut*) "dê a preferência"; **in the ~ of** em matéria de; **by ~ of** (*through*) por, via; (*as a sort of*) à guisa de; **no ~!** (*inf*) de jeito nenhum!
waybill ['weɪbɪl] N (*Comm*) conhecimento
waylay [weɪ'leɪ] (*irreg*) VT armar uma cilada para; (*fig*): **I got waylaid** alguém me deteve
wayside ['weɪsaɪd] N beira da estrada; **to fall by the ~** (*fig*) desistir; (*morally*) corromper-se
way station (*US*) N (*Rail*) apeadeiro; (*fig*) etapa
wayward ['weɪwəd] ADJ (*behaviour, child*) caprichoso, voluntarioso
WC ['dʌblju'si:] (*Brit*) N ABBR = **water closet**
WCC N ABBR = **World Council of Churches**
we [wi:] PL PRON nós
weak [wi:k] ADJ fraco, débil; (*morally, currency*) fraco; (*excuse*) pouco convincente; (*tea*) aguado, ralo; **to grow ~(er)** enfraquecer, ficar cada vez mais fraco
weaken ['wi:kən] VI enfraquecer(-se); (*give way*) ceder; (*influence, power*) diminuir ■ VT enfraquecer; (*lessen*) diminuir
weak-kneed [-ni:d] ADJ (*fig*) covarde
weakling ['wi:klɪŋ] N pessoa fraca *or* delicada; (*morally*) pessoa de personalidade fraca
weakly ['wi:klɪ] ADJ fraco ■ ADV fracamente
weakness ['wi:knɪs] N fraqueza; (*fault*) ponto fraco; **to have a ~ for** ter uma queda por
wealth [wɛlθ] N (*money, resources*) riqueza; (*of details*) abundância; **wealth tax** N imposto sobre fortunas
wealthy ['wɛlθɪ] ADJ (*person, family*) rico, abastado; (*country*) rico
wean [wi:n] VT desmamar
weapon ['wɛpən] N arma; **~s of mass destruction** armas de destruição em massa
wear [wɛəʳ] (*pt* **wore**, *pp* **worn**) N (*use*) uso; (*deterioration through use*) desgaste *m*; (*clothing*): **baby/sports ~** roupa infantil/de esporte ■ VT (*clothes*) usar; (*shoes*) usar, calçar; (*put on*) vestir; (*damage: through use*) desgastar; (*beard etc*) ter ■ VI (*last*) durar; (*rub through etc*) gastar-se; **town/evening ~** traje *m* de passeio/de moite; **to ~ a hole in sth** fazer um buraco em algo pelo uso
▸ **wear away** VT gastar ■ VI desgastar-se
▸ **wear down** VT gastar; (*strength*) esgotar
▸ **wear off** VI (*pain etc*) passar
▸ **wear on** VI alongar-se
▸ **wear out** VT desgastar; (*person, strength*) esgotar
wearable ['wɛərəbl] ADJ que se pode usar
wear and tear N desgaste *m*
wearily ['wɪərɪlɪ] ADV de maneira cansada
weariness ['wɪərɪnɪs] N cansaço, fadiga; (*boredom*) aborrecimento
wearisome ['wɪərɪsəm] ADJ (*tiring*) cansativo; (*boring*) fastidioso
weary ['wɪərɪ] ADJ (*tired*) cansado; (*dispirited*) deprimido ■ VT aborrecer ■ VI: **to ~ of** cansar-se de
weasel ['wi:zl] N (*Zool*) doninha
weather ['wɛðəʳ] N tempo ■ VT (*storm, crisis*) resistir a; **what's the ~ like?** como está o tempo?; **under the ~** (*fig: ill*) doente

weather-beaten ADJ curtido; (*building, stone*) castigado, erodido
weathercock ['wɛðəkɔk] N cata-vento
weather forecast N previsão *f* do tempo
weatherman ['wɛðəmæn] (*irreg: inf*) N meteorologista *m*
weatherproof ['wɛðəpru:f] ADJ (*garment*) impermeável; (*building*) à prova de intempérie
weather report N boletim *m* meteorológico
weather vane [-veɪn] N = **weathercock**
weave [wi:v] (*pt, pp* **woven**) VT (*cloth*) tecer; (*fig*) compor, criar ■ VI (*fig*) (*pt, pp* **weaved**) (*move in and out*) ziguezaguear
weaver ['wi:vəʳ] N tecelão(-loa) *m/f*
weaving ['wi:vɪŋ] N tecelagem *f*
web [wɛb] N (*of spider*) teia; (*on foot*) membrana; (*network*) rede *f*; **the (World Wide) W~** a (World Wide) Web
webbed [wɛbd] ADJ (*foot*) palmípede
webbing ['wɛbɪŋ] N (*on chair*) tira de tecido forte
weblog ['wɛblɔg] N weblog *m*
webcam ['wɛbkæm] N webcam *f*
web page N página (da) web
website ['wɛbsaɪt] N site *m*, website *m*
wed [wɛd] (*pt, pp* **wedded**) VT casar ■ VI casar-se ■ N: **the newly-~s** os recém-casados
Wed. ABBR (= *Wednesday*) qua., 4ª *a*
we'd [wi:d] = **we had**; **we would**
wedded ['wɛdɪd] PT, PP *of* **wed**
wedding ['wɛdɪŋ] N casamento, núpcias *fpl*; **wedding anniversary** N aniversário de casamento; **silver/golden wedding anniversary** bodas *fpl* de prata/de ouro; **wedding day** N dia *m* de casamento; **wedding dress** N vestido de noiva; **wedding night** N noite *f* de núpcias; **wedding present** N presente *m* de casamento; **wedding ring** N anel *m or* aliança de casamento
wedge [wɛdʒ] N (*of wood etc*) cunha, calço; (*of cake*) fatia ■ VT (*pack tightly*) apinhar; (*door*) pôr calço em
wedge-heeled shoes [-hi:ld-] NPL sapatos *mpl* tipo Annabella
wedlock ['wɛdlɔk] N matrimônio, casamento
Wednesday ['wɛnzdɪ] N quarta-feira; *see also* **Tuesday**
wee [wi:] (*Scottish*) ADJ pequeno, pequenino
weed [wi:d] N erva daninha ■ VT capinar
weedkiller ['wi:dkɪləʳ] N herbicida *m*
weedy ['wi:dɪ] ADJ (*man*) fraquinho
week [wi:k] N semana; **once/twice a ~** uma vez/duas vezes por semana; **in two ~s' time** daqui a duas semanas; **a ~ today** daqui a uma semana; **Tuesday ~, a ~ on Tuesday** sem ser essa terça-feira, a próxima; **every other ~** uma semana sim, uma semana não
weekday ['wi:kdeɪ] N dia *m* de semana; (*Comm*) dia útil; **on ~s** durante a semana
weekend ['wi:kɛnd] N fim *m* de semana; **weekend case** N maleta
weekly ['wi:klɪ] ADV semanalmente ■ ADJ semanal ■ N semanário
weep [wi:p] (*pt, pp* **wept**) VI (*person*) chorar; (*Med: wound*) supurar
weeping willow ['wi:pɪŋ-] N salgueiro chorão
weft [wɛft] N (*Textiles*) trama
weigh [weɪ] VT, VI pesar; **to ~ anchor** levantar ferro; **to ~ the pros and cons** pesar os prós e contras
▸ **weigh down** VT sobrecarregar; (*fig: with worry*) deprimir, acabrunhar
▸ **weigh out** VT (*goods*) pesar
▸ **weigh up** VT ponderar, avaliar
weighbridge ['weɪbrɪdʒ] N báscula automática
weighing machine ['weɪɪŋ-] N balança
weight [weɪt] N peso ■ VT carregar com peso; (*fig: statistic*) ponderar; **to lose/put on ~** emagrecer/engordar; **sold by ~** vendido por peso; **~s and measures** pesos e medidas
weighting ['weɪtɪŋ] N (*allowance*) indenização *f* de residência
weightlessness ['weɪtlɪsnɪs] N ausência de peso
weightlifter ['weɪtlɪftəʳ] N levantador *m* de pesos
weighty ['weɪtɪ] ADJ pesado; (*matters*) importante
weir [wɪəʳ] N represa, açude *m*
weird [wɪəd] ADJ esquisito, estranho
welcome ['wɛlkəm] ADJ bem-vindo ■ N acolhimento, recepção *f* ■ VT dar as boas-vindas a; (*be glad of*) saudar; **you're ~** (*after thanks*) de nada; **to make sb ~** dar bom acolhimento a alguém; **you're ~ to try** pode tentar se quiser
welcoming ['wɛlkəmɪŋ] ADJ acolhedor(a); (*speech*) de boas-vindas
weld [wɛld] N solda ■ VT soldar, unir
welder ['wɛldəʳ] N (*person*) soldador(a) *m/f*
welding ['wɛldɪŋ] N soldagem *f*, solda
welfare ['wɛlfɛəʳ] N bem-estar *m*; (*social aid*) assistência social; **welfare state** N *país auto-financiador da sua assistência social*; **welfare work** N trabalho social
well [wɛl] N poço; (*pool*) nascente *f* ■ ADV bem ■ ADJ: **to be ~** estar bem (de saúde) ■ EXCL bem!, então!; **as ~** também; **as ~ as** assim como; **~ done!** muito bem!; **get ~ soon!** melhoras!; **to do ~** ir *or* sair-se bem; (*business*) ir bem; **to think ~ of sb** ter um bom conceito a respeito de alguém; **I don't feel ~** não estou me sentindo bem; **you might as ~ tell me** é melhor você me contar logo; **~, as I was saying ...** bem, como eu estava dizendo ...
▸ **well up** VI brotar
we'll [wi:l] = **we will**; **we shall**
well-behaved [-bɪ'heɪvd] ADJ bem comportado
well-being N bem-estar *m*
well-bred ADJ bem educado
well-built ADJ (*person*) robusto; (*house*) bem construído
well-chosen ADJ bem escolhido
well-deserved [-dɪ'zə:vd] ADJ bem merecido
well-developed [-dɪ'vɛləpt] ADJ bem desenvolvido

well-disposed ADJ: **~ to(wards)** favorável a
well-dressed [-drɛst] ADJ bem vestido
well-earned ADJ (*rest*) bem merecido
well-groomed [-gru:md] ADJ bem tratado
well-heeled [-hi:ld] (*inf*) ADJ (*wealthy*) rico
well-informed ADJ bem informado, versado
wellingtons ['wɛlɪŋtənz] N (*also*: **wellington boots**) *botas de borracha até os joelhos*
well-kept ADJ (*house, hands etc*) bem tratado; (*secret*) bem guardado
well-known ADJ conhecido; **it's a ~ fact that ...** é sabido que ...
well-mannered [-'mænəd] ADJ bem educado
well-meaning ADJ bem intencionado
well-nigh [-naɪ] ADV: **~ impossible** praticamente impossível
well-off ADJ próspero, rico
well-read ADJ lido, versado
well-spoken ADJ (*person*) bem-falante
well-stocked [-stɔkt] ADJ bem abastecido
well-timed [-taɪmd] ADJ oportuno
well-to-do ADJ abastado
well-wisher [-'wɪʃəʳ] N simpatizante *m/f*; (*admirer*) admirador(a) *m/f*
Welsh [wɛlʃ] ADJ galês/galesa ■ N (*Ling*) galês *m*; **the Welsh** NPL (*people*) os galeses
Welshman ['wɛlʃmən] (*irreg*) N galês *m*
Welsh rarebit N *torradas com queijo derretido*
Welshwoman ['wɛlʃwumən] (*irreg*) N galesa
welter ['wɛltəʳ] N tumulto
went [wɛnt] PT *of* **go**
wept [wɛpt] PT, PP *of* **weep**
were [wəːʳ] PT *of* **be**
we're [wɪəʳ] = **we are**
weren't [wəːnt] = **were not**
werewolf ['wɪəwulf] (*irreg*) N lobisomem *m*
west [wɛst] N oeste *m* ■ ADJ ocidental, do oeste ■ ADV para o oeste *or* ao oeste; **the W~** (*Pol*) o Oeste, o Ocidente
westbound ['wɛstbaund] ADJ em direção ao oeste
West Country (*Brit*) N: **the ~** o sudoeste da Inglaterra
westerly ['wɛstəlɪ] ADJ (*situation*) ocidental; (*wind*) oeste
western ['wɛstən] ADJ ocidental ■ N (*Cinema*) western *m*, bangue-bangue (BR) (*inf*)
westernized ['wɛstənaɪzd] ADJ ocidentalizado
West German ADJ, N alemão(-ã) *m/f* ocidental
West Germany N Alemanha Ocidental
West Indian ADJ, N antilhano(-a)
West Indies [-'ɪndɪz] NPL Antilhas *fpl*
westward(s) ['wɛstwəd(z)] ADV para o oeste
wet [wɛt] (*pt, pp* **wetted**) ADJ molhado; (*damp*) úmido; (*wet through*) encharcado; (*rainy*) chuvoso ■ N (*Brit: Pol*) político de tendência moderada ■ VT molhar; **to ~ one's pants** *or* **o.s.** fazer xixi na calça; **to get ~** molhar-se; **"~ paint"** "tinta fresca"; **wet blanket** (*pej*) N (*fig*) desmancha-prazeres *m/f inv*
wetness ['wɛtnɪs] N umidade *f*
wetsuit ['wɛtsu:t] N roupa de mergulho
we've [wi:v] = **we have**
whack [wæk] VT bater
whacked [wækt] (*inf*) ADJ morto, esgotado
whale [weɪl] N (*Zool*) baleia
whaler ['weɪləʳ] N baleeiro
wharf [wɔːf] (*pl* **wharves**) N cais *m inv*
wharves [wɔːvz] NPL *of* **wharf**

KEYWORD

what [wɔt] ADJ **1** (*in direct/indirect questions*) que, qual; **what size is it?** que tamanho é este?; **what colour/shape is it?** qual é a cor/o formato?; **what books do you need?** que livros você precisa?; **he asked me what books I needed** ele me perguntou de quais os livros eu precisava
2 (*in exclamations*) quê!, como!; **what a mess!** que bagunça!
■ PRON **1** (*interrogative*) que, o que; **what are you doing?** o que é que você está fazendo?; **what's happened?** o que aconteceu?; **what's in there?** o que é que tem lá dentro?; **what are you talking about?** sobre o que você está falando?; **what is it called?** como se chama?; **what about me?** e eu?; **what about doing ...?** que tal fazer ...?
2 (*relative*) o que; **I saw what you did/was on the table** eu vi o que você fez/estava na mesa; **he asked me what she had said** ele me perguntou o que ela tinha dito
■ EXCL (*disbelieving*): **what, no coffee!** o que, não tem café!; **I've crashed the car — what!** bati com o carro puxa!

whatever [wɔt'ɛvəʳ] ADJ: **~ book you choose** qualquer livro que você escolha ■ PRON: **do ~ is necessary/you want** faça tudo o que for preciso/o que você quiser; **~ happens** aconteça o que acontecer; **no reason ~** *or* **whatsoever** nenhuma razão seja qual for *or* em absoluto; **nothing ~** nada em absoluto
whatsoever [wɔt'səuɛvəʳ] ADJ = **whatever**
wheat [wi:t] N trigo
wheatgerm ['wi:tdʒə:m] N germe *m* de trigo
wheatmeal ['wi:tmi:l] N farinha de trigo
wheedle ['wi:dl] VT: **to ~ sb into doing sth** persuadir alguém a fazer algo; **to ~ sth out of sb** conseguir algo de alguém por meio de agrados
wheel [wi:l] N roda; (*also*: **steering wheel**) volante *m*; (*Naut*) roda do leme ■ VT (*pram etc*) empurrar ■ VI (*birds*) dar voltas; (*also*: **wheel round**) girar, dar voltas, virar-se
wheelbarrow ['wi:lbærəu] N carrinho de mão
wheelbase ['wi:lbeɪs] N distância entre os eixos
wheelchair ['wi:ltʃɛəʳ] N cadeira de rodas
wheel clamp N (*Aut*) *grampo com que se imobiliza carros estacionados ilegalmente*
wheeler-dealer ['wi:ləʳ-] N negocista *m/f*
wheelhouse ['wi:lhaus] N casa do leme

wheeling ['wi:lɪŋ] N: **~ and dealing** negociatas *fpl*

wheeze [wi:z] N respiração *f* difícil, chiado ■ VI respirar ruidosamente

KEYWORD

when [wɛn] ADV quando; **when are you going to Brazil?** quando você vai para o Brasil?
■ CONJ **1** (*at, during, after the time that*) quando; **she was reading when I came in** ela estava lendo quando eu entrei; **when you've read it, tell me what you think** depois que você tiver lido isto, diga-me o que acha; **that was when I needed you** foi quando eu precisei de você
2 (*on, at which*) quando, em que; **on the day when I met him** no dia em que o conheci; **one day when it was raining** um dia quando estava chovendo
3 (*whereas*) ao passo que; **you said I was wrong when in fact I was right** você disse que eu estava errado quando, na verdade, eu estava certo; **why did you buy it when you can't afford it?** por que você comprou isto se não tinha condições (de fazê-lo)

whenever [wɛn'ɛvəʳ] CONJ quando, quando quer que; (*every time that*) sempre que ■ ADV quando você quiser

where [wɛəʳ] ADV onde ■ CONJ onde, aonde; **this is ~ ...** aqui é onde ...; **~ are you from?** de onde você é?

whereabouts ['wɛərəbauts] ADV (por) onde ■ N: **nobody knows his ~** ninguém sabe o seu paradeiro

whereas [wɛər'æz] CONJ uma vez que, ao passo que

whereby [wɛə'baɪ] ADV (*formal*) pelo qual (*or* pela qual *etc*)

whereupon [wɛərə'pɔn] ADV depois do que

wherever [wɛər'ɛvəʳ] CONJ onde quer que ■ ADV (*interrogative*) onde?; **sit ~ you like** sente-se onde quiser

wherewithal ['wɛəwɪðɔ:l] N recursos *mpl*, meios *mpl*

whet [wɛt] VT afiar; (*appetite*) abrir

whether ['wɛðəʳ] CONJ se; **I don't know ~ to accept or not** não sei se aceito ou não; **~ you go or not** quer você vá quer não; **it's doubtful ~ ...** não é certo que ...

whey [weɪ] N soro (de leite)

KEYWORD

which [wɪtʃ] ADJ **1** (*interrogative: direct, indirect*) que, qual; **which picture do you want?** que quadro você quer?; **which books are yours?** quais são os seus livros?; **which one?** qual?
2: in which case em cujo caso; **the train may be late, in which case don't wait up** o trem talvez esteja atrasado e, neste caso, não espere; **by which time** momento em que; **we got there at 8pm, by which time the cinema was full** quando chegamos lá às 8 da noite, o cinema estava lotado
■ PRON **1** (*interrogative*) qual; **which (of these) are yours?** quais (destes) são seus?; **I don't mind which** não me importa qual
2 (*relative*) que, o que, o qual *etc*; **the apple which you ate** a maçã que você comeu; **the apple which is on the table** a maçã que está sobre a mesa; **the meeting (which) we attended** a reunião da qual participamos; **the chair on which you are sitting** a cadeira na qual você está sentado; **the book of which you spoke** o livro do qual você falou; **he said he knew, which is true** ele disse que sabia, o que é verdade; **after which** depois do que

whichever [wɪtʃ'ɛvəʳ] ADJ: **take ~ book you prefer** pegue o livro que preferir; **~ book you take** qualquer livro que você pegue

whiff [wɪf] N cheiro; **to catch a ~ of sth** tomar o cheiro de algo

while [waɪl] N tempo, momento ■ CONJ enquanto, ao mesmo tempo que; (*as long as*) contanto que; (*although*) embora; **for a ~** durante algum tempo; **in a ~** daqui a pouco; **all the ~** todo o tempo; **we'll make it worth your ~** faremos com que valha a pena para você
▸ **while away** VT (*time*) encher

whilst [waɪlst] CONJ = **while**

whim [wɪm] N capricho, veneta

whimper ['wɪmpəʳ] N (*weeping*) choradeira; (*moan*) lamúria ■ VI choramingar, soluçar

whimsical ['wɪmzɪkl] ADJ (*person*) caprichoso, de veneta; (*look*) excêntrico

whine [waɪn] N (*of pain*) gemido; (*of engine, siren*) zunido ■ VI (*person, animal*) gemer; zunir; (*fig*) lamuriar-se; (*dog*) ganir

whip [wɪp] N açoite *m*; (*for riding*) chicote *m*; (*Pol*) líder *m/f* da bancada ■ VT chicotear; (*snatch*) apanhar de repente; (*cream, eggs*) bater; (*move quickly*): **to ~ sth out/off/away** *etc* arrancar algo
▸ **whip up** VT (*cream*) bater; (*inf: meal*) arrumar; (*stir up: feeling*) atiçar; (: *support*) angariar

whiplash ['wɪplæʃ] N (*Med: also*: **whiplash injury**) golpe *m* de chicote, chicotinho

whipped cream [wɪpt-] N (*creme m*) chantilly *m*

whipping boy ['wɪpɪŋ-] N (*fig*) bode *m* expiatório

whip-round (*Brit*) N coleta, vaquinha

whirl [wə:l] N remoinho ■ VT fazer girar ■ VI (*dancers*) rodopiar; (*leaves, water etc*) redemoinhar

whirlpool ['wə:lpu:l] N remoinho

whirlwind ['wə:lwɪnd] N furacão *m*, remoinho

whirr [wə:ʳ] VI zumbir

whisk [wɪsk] N (*Culin*) batedeira ■ VT bater; **to ~ sth away from sb** arrebatar algo de alguém; **to ~ sb away** *or* **off** levar alguém rapidamente

whiskers ['wɪskəz] NPL (*of animal*) bigodes *mpl*; (*of man*) suíças *fpl*

whisky ['wɪskɪ] (*US, Ireland* **whiskey**) N uísque *m* (BR), whisky *m* (PT)

whisper ['wɪspəʳ] N sussurro, murmúrio;

(*rumour*) rumor *m* ■ VT, VI sussurrar; **to ~ sth to sb** sussurrar algo para alguém

whispering ['wɪspərɪŋ] N sussurros *mpl*

whist [wɪst] (*Brit*) N uíste *m* (BR), whist *m* (PT)

whistle ['wɪsl] N (*sound*) assobio; (*object*) apito ■ VT, VI assobiar

whistle-stop ADJ: **to make a ~ tour** (*Pol*) fazer uma viagem eleitoral

Whit [wɪt] N Pentecostes *m*

white [waɪt] ADJ branco; (*pale*) pálido ■ N branco; (*of egg*) clara; **the whites** NPL (*washing*) a roupa branca; **tennis ~s** traje *m* de tênis; **to turn** *or* **go ~** (*person*) ficar branco *or* pálido; (*hair*) ficar grisalho

whitebait ['waɪtbeɪt] N filhote *m* de arenque

white coffee (*Brit*) N café *m* com leite

white-collar worker N empregado(-a) de escritório

white elephant N (*fig*) elefante *m* branco

white goods N eletrodomésticos *mpl*

white-hot ADJ (*metal*) incandescente

White House N *ver abaixo*

WHITE HOUSE

A *White House* é um grande edifício branco situado em Washington D.C. onde reside o presidente dos Estados Unidos. Por extensão, o termo se refere também ao poder executivo americano.

white lie N mentira inofensiva *or* social

whiteness ['waɪtnɪs] N brancura

white noise N ruído branco

whiteout ['waɪtaut] N resplendor *m* branco

White Paper N (*Pol*) *relatório oficial sobre determinado assunto*

whitewash ['waɪtwɔʃ] N (*paint*) cal *f* ■ VT caiar; (*fig*) encobrir

whiting ['waɪtɪŋ] N INV pescada-marlonga

Whit Monday N segunda-feira de Pentecostes

Whitsun ['wɪtsn] N Pentecostes *m*

whittle ['wɪtl] VT aparar; **to ~ away, ~ down** reduzir gradualmente, corroer

whizz [wɪz] VI zunir; **to ~ past** *or* **by** passar a toda velocidade; **whizz kid** (*inf*) N prodígio

WHO N ABBR (= *World Health Organization*) OMS *f*

KEYWORD

who [hu:] PRON **1** (*interrogative*) quem?; **who is it?** quem é?; **who's there?** quem está aí?; **who are you looking for?** quem você está procurando?
2 (*relative*) que, o qual *etc*, quem; **my cousin, who lives in New York** meu primo que mora em Nova Iorque; **the man/woman who spoke to me** o homem/a mulher que falou comigo; **those who can swim** aqueles que sabem nadar

whodunit [hu:'dʌnɪt] (*inf*) N romance *m* (*or* filme *m*) policial

whoever [hu:'ɛvəʳ] PRON: **~ finds it** quem quer que *or* seja quem for que o encontre; **ask ~ you like** pergunte a quem quiser; **~ he marries** não importa com quem se case; **~ told you that?** quem te disse isso pelo amor de Deus?

whole [həul] ADJ (*complete*) todo, inteiro; (*not broken*) intacto ■ N (*all*): **the ~ of the time** o tempo todo; (*entire unit*) conjunto; (*total*) total *m*; **the ~ lot (of it)** tudo; **the ~ lot (of them)** todos(-as); **the ~ of the town** toda a cidade, a cidade inteira; **~ villages were destroyed** lugarejos inteiros foram destruídos; **on the ~, as a ~** como um todo, no conjunto

wholefood(s) [həul'fu:d(z)] N comida integral

wholehearted [həul'hɑ:tɪd] ADJ total

wholemeal ['həulmi:l] (*Brit*) ADJ (*flour, bread*) integral

whole note (*US*) N semibreve *f*

wholesale ['həulseɪl] N venda por atacado ■ ADJ por atacado; (*destruction*) em grande escala ■ ADV por atacado

wholesaler ['həulseɪləʳ] N atacadista *m/f*

wholesome ['həulsəm] ADJ saudável, sadio

wholewheat ['həulwi:t] ADJ = **wholemeal**

wholly ['həulɪ] ADV totalmente, completamente

KEYWORD

whom [hu:m] PRON **1** (*interrogative*) quem?; **whom did you see?** quem você viu?; **to whom did you give it?** para quem você deu isto?
2 (*relative*) que, quem; **the man whom I saw/to whom I spoke** o homem que eu vi/com quem eu falei

whooping cough ['hu:pɪŋ-] N coqueluche *f*

whoosh [wuʃ] N chio

whopper ['wɔpəʳ] (*inf*) N (*lie*) lorota; (*large thing*): **it was a ~** era enorme

whopping ['wɔpɪŋ] (*inf*) ADJ (*big*) imenso

whore [hɔ:ʳ] (*inf: pej*) N puta

KEYWORD

whose [hu:z] ADJ **1** (*possessive: interrogative*): **whose book is this?, whose is this book?** de quem é este livro?; **I don't know whose it is** eu não sei de quem é isto
2 (*possessive: relative*): **the man whose son you rescued** o homem cujo filho você salvou; **the girl whose sister you were speaking to** a menina com cuja irmã você estava falando; **the woman whose car was stolen** a mulher de quem o carro foi roubado
■ PRON de quem; **whose is this?** de quem é isto?; **I know whose it is** eu seu de quem é; **whose are these?** de quem são estes?

Who's Who N Quem é quem

(*registro de notabilidades*)

KEYWORD

why [waɪ] ADV por que (BR), porque (PT); (*at end of sentence*) por quê (BR), porquê (PT); **why is he always late?** por que ele está sempre atrasado?; **I'm not coming — why not?** eu não vou — por que não?
■ CONJ por que; **I wonder why he said that** eu me pergunto por que ele disse isso; **that's not why I'm here** não é por isso que estou aqui; **the reason why** a razão por que
■ EXCL (*expressing surprise, shock, annoyance*) ora essa!; (*explaining*) bem!; **why, it's you!** ora, é você!

whyever [waɪ'ɛvəʳ] ADV mas por que
WI N ABBR (*Brit*: = *Women's Institute*) *associação de mulheres* ■ ABBR (*Geo*) = **West Indies**; (*US*: *Post*) = **Wisconsin**
wick [wɪk] N mecha, pavio
wicked ['wɪkɪd] ADJ (*crime, man, witch*) perverso; (*smile*) malicioso; (*inf*: *terrible*: *prices, waste*) terrível
wicker ['wɪkəʳ] N (*also*: **wickerwork**) (trabalho de) vime *m* ■ ADJ de vime
wicket ['wɪkɪt] N (*Cricket*) arco; **wicket keeper** N (*Cricket*) guarda-meta *m* (no críquete)
wide [waɪd] ADJ largo; (*broad*) extenso, amplo; (*area, publicity, knowledge*) amplo ■ ADV: **to open ~** abrir totalmente; **to shoot ~** atirar longe do alvo; **it is 4 metres ~** tem 4 metros de largura
wide-angle lens N lente *f* grande angular
wide-awake ADJ bem acordado; (*fig*) vivo, esperto
wide-eyed [-aɪd] ADJ de olhos arregalados; (*fig*) ingênuo
widely ['waɪdlɪ] ADV (*different*) extremamente; (*travelled, spaced*) muito; (*believed, known*) ampliamente; **it is ~ believed that ...** há uma convicção generalizada de que ...; **to be ~ read** ser muito lido
widen ['waɪdən] VT (*road, river*) alargar; (*one's experience*) aumentar ■ VI alargar-se
wideness ['waɪdnɪs] N largura; (*breadth*) extensão *f*
wide open ADJ (*eyes*) arregalado; (*door*) escancarado
wide-ranging [-'reɪndʒɪŋ] ADJ (*survey, report*) abrangente; (*interests*) diversos
widespread ['waɪdsprɛd] ADJ (*belief etc*) difundido, comum
widow ['wɪdəu] N viúva
widowed ['wɪdəud] ADJ viúvo
widower ['wɪdəuəʳ] N viúvo
width [wɪdθ] N largura; **it's 7 metres in ~** tem 7 metros de largura
widthways ['wɪdθweɪz] ADV transversalmente
wield [wi:ld] VT (*sword*) brandir, empunhar; (*power*) exercer
wife [waɪf] (*pl* **wives**) N mulher *f*, esposa
wig [wɪg] N peruca
wigging ['wɪgɪŋ] (*Brit*: *inf*) N sabão *m*, descompostura
wiggle ['wɪgl] VT menear, agitar ■ VI menear, agitar-se
wiggly ['wɪglɪ] ADJ (*line*) ondulado
wild [waɪld] ADJ (*animal*) selvagem; (*plant*) silvestre; (*rough*) violento, furioso; (*idea*) disparatado, extravagante; (*person*) insensato; (*enthusiastic*): **to be ~ about** ser louco por ■ N: **the ~** a natureza; **wilds** NPL (*remote area*) regiões *fpl* selvagens, terras *fpl* virgens; **wild card** N (*Comput*) carácter *m* de substituição
wildcat ['waɪldkæt] N gato selvagem; (*US*: *lynx*) lince *m*; **wildcat strike** N *greve espontánea e não autorizada pelo sindicato*
wilderness ['wɪldənɪs] N ermo; (*in Brazil*) sertão *m*
wildfire ['waɪldfaɪəʳ] N: **to spread like ~** espalhar-se rapidamente
wild-goose chase N (*fig*) busca inútil
wildlife ['waɪldlaɪf] N animais *mpl* (e plantas *fpl*) selvagens
wildly ['waɪldlɪ] ADV (*behave*) freneticamente; (*hit, guess*) irrefletidamente; (*happy*) extremamente
wiles [waɪlz] NPL artimanhas *fpl*, estratagemas *mpl*
wilful ['wɪlful] (*US* **willful**) ADJ (*person*) teimoso, voluntarioso; (*action*) deliberado, intencional; (*crime*) premeditado

KEYWORD

will [wɪl] (*vt*) (*pt, pp* **willed**) AUX VB **1** (*forming future tense*): **I will finish it tomorrow** vou acabar isto amanhã; **I will have finished it by tomorrow** até amanhã eu terei terminado isto; **will you do it? — yes I will/no I won't** você vai fazer isto? — sim, vou/não eu não vou
2 (*in conjectures, predictions*): **he will come** ele virá; **he will** *or* **he'll be there by now** nesta altura ele está lá; **that will be the postman** deve ser o carteiro; **this medicine will/won't help you** este remédio vai/não vai fazer efeito em você
3 (*in commands, requests, offers*): **will you be quiet!** fique quieto, por favor!; **will you come?** você vem?; **will you help me?** você pode me ajudar?; **will you have a cup of tea?** você vai querer uma xícara de chá *or* um chá?; **I won't put up with it** eu não vou tolerar isto
■ VT: **to will sb to do sth** desejar que alguém faça algo; **he willed himself to go on** reuniu grande força de vontade para continuar
■ N (*volition*) vontade *f*; (*testament*) testamento

willful ['wɪlful] (*US*) ADJ = **wilful**
willing ['wɪlɪŋ] ADJ (*with goodwill*) disposto, pronto; (*enthusiastic*) entusiasmado; (*submissive*) complacente ■ N: **to show ~** mostrar boa vontade; **he's ~ to do it** ele é disposto a fazê-lo
willingly ['wɪlɪŋlɪ] ADV de bom grado, de boa

vontade
willingness ['wɪlɪŋnɪs] N boa vontade *f*, disposição *f*
will-o'-the-wisp N fogo-fátuo; (*fig*) quimera
willow ['wɪləu] N salgueiro
willpower ['wɪlpauə^r] N força de vontade
willy-nilly ['wɪlɪ'nɪlɪ] ADV quer queira ou não
wilt [wɪlt] VI (*flower*) murchar; (*plant*) morrer
Wilts [wɪlts] (*Brit*) ABBR = **Wiltshire**
wily ['waɪlɪ] ADJ esperto, astuto
wimp [wɪmp] (*inf*) N banana *m*
win [wɪn] (*pt, pp* **won**) N (*in sports etc*) vitória ■ VT ganhar, vencer; (*obtain*) conseguir, obter; (*support*) alcançar ■ VI ganhar
▸ **win over** VT conquistar
▸ **win round** (*Brit*) VT = **win over**
wince [wɪns] VI encolher-se, estremecer ■ N estremecimento
winch [wɪntʃ] N guincho
Winchester disk ['wɪntʃestə-] N (*Comput*) (disco) Winchester *m*
wind[1] [wɪnd] N vento; (*Med*) gases *mpl*, flatulência; (*breath*) fôlego ■ VT (*take breath away from*) deixar sem fôlego; **the ~(s)** (*Mus*) instrumentos *mpl* de sopro; **into** *or* **against the ~** contra o vento; **to get ~ of sth** (*fig*) ter notícia de algo, tomar conhecimento de algo; **to break ~** soltar gases intestinais
wind[2] [waɪnd] (*pt, pp* **wound**) VT enrolar, bobinar; (*wrap*) envolver; (*clock, toy*) dar corda a ■ VI (*road, river*) serpentear
▸ **wind down** VT (*car window*) abaixar, abrir; (*fig*: *production, business*) diminuirgradativamente
▸ **wind up** VT (*clock*) dar corda em; (*debate*) rematar, concluir
windbreak ['wɪndbreɪk] N quebra-ventos *m*
windbreaker ['wɪndbreɪkə^r] (*US*) N anoraque *m*
windcheater ['wɪndtʃi:tə^r] (*Brit*) N anoraque *m*
winder ['waɪndə^r] (*Brit*) N (*on watch*) botão *m* de corda
windfall ['wɪndfɔ:l] N golpe *m* de sorte
winding ['waɪndɪŋ] ADJ (*road*) sinuoso, tortuoso; (*staircase*) de caracol, em espiral
wind instrument N (*Mus*) instrumento de sopro
windmill ['wɪndmɪl] N moinho de vento
window ['wɪndəu] N janela; (*in shop etc*) vitrine *f* (BR), montra (PT); **window box** N jardineira (no peitoril da janela); **window cleaner** N (*person*) limpador(a) *m/f* de janelas; **window dressing** N decoração *f* de vitrines; **window envelope** N envelope *m* de janela; **window frame** N caixilho da janela; **window ledge** N peitoril *m* da janela; **window pane** N vidraça, vidro
window-shopping N: **to go ~** ir ver vitrines
windowsill ['wɪndəusɪl] N (*inside*) peitoril *m*; (*outside*) soleira
windpipe ['wɪndpaɪp] N traquéia
windscreen ['wɪndskri:n] (*Brit*) N pára-brisa *m*; **windscreen washer** (*Brit*) N lavador *m* de pára-brisa; **windscreen wiper** [-'waɪpə^r] (*Brit*) N limpador *m* de pára-brisa
windshield *etc* ['wɪndʃi:ld] (*US*) N = **windscreen** *etc*
windswept ['wɪndswɛpt] ADJ varrido pelo vento
wind tunnel N túnel *m* aerodinâmico
windy ['wɪndɪ] ADJ com muito vento, batido pelo vento; **it's ~** está ventando (BR), faz vento (PT)
wine [waɪn] N vinho ■ VT: **to ~ and dine sb** levar alguém para jantar; **wine bar** N bar *m* para degustação de vinhos; **wine cellar** N adega; **wine glass** N cálice *m* (de vinho); **wine list** N lista de vinhos; **wine merchant** N negociante *m/f* de vinhos; **wine tasting** [-'teɪstɪŋ] N degustação *f* de vinhos; **wine waiter** N garção *m* dos vinhos
wing [wɪŋ] N asa; (*of building*) ala; (*Aut*) aleta, pára-lamas *m inv*; **wings** NPL (*Theatre*) bastidores *mpl*
winger ['wɪŋə^r] N (*Sport*) ponta, extremo
wing mirror (*Brit*) N espelho lateral
wing nut N porca borboleta
wingspan ['wɪŋspæn] N envergadura
wingspread ['wɪŋsprɛd] N envergadura
wink [wɪŋk] N piscadela ■ VI piscar o olho; (*light etc*) piscar
winkle ['wɪŋkl] N búzio
winner ['wɪnə^r] N vencedor(a) *m/f*
winning ['wɪnɪŋ] ADJ (*team*) vencedor(a); (*goal*) decisivo; (*smile*) sedutor(a); **winning post** N meta de chegada
winnings ['wɪnɪŋz] NPL ganhos *mpl*
winsome ['wɪnsəm] ADJ encantador(a), cativante
winter ['wɪntə^r] N inverno ■ VI hibernar; **winter sports** NPL esportes *mpl* (BR) *or* desportos *mpl* (PT) de inverno
wintry ['wɪntrɪ] ADJ glacial, invernal
wipe [waɪp] N: **to give sth a ~** limpar algo com um pano; (*rub*) esfregar; (*erase*: *tape*) apagar ■ VT limpar; **to ~ one's nose** limpar o nariz
▸ **wipe off** VT remover esfregando
▸ **wipe out** VT (*debt*) liquidar; (*memory*) apagar; (*destroy*) exterminar
▸ **wipe up** VT (*mess*) limpar; (*dishes*) enxugar
wire ['waɪə^r] N arame *m*; (*Elec*) fio (elétrico); (*telegram*) telegrama *m* ■ VT (*house*) instalar a rede elétrica em; (*also*: **wire up**) conectar; (*telegram*) telegrafar para; **wire brush** N escova de aço; **wire cutters** [-'kʌtəz] NPL alicate *m* corta-arame
wireless ['waɪəlɪs] (*Brit*) N rádio
wire netting N rede *f* de arame
wire-tapping [-'tæpɪŋ] N escuta telefônica
wiring ['waɪərɪŋ] N instalação *f* elétrica
wiry ['waɪərɪ] ADJ nervoso; (*hair*) grosso
wisdom ['wɪzdəm] N (*of person*) prudência; (*of action, remark*) bom-senso, sabedoria; **wisdom tooth** (*irreg*) N dente *m* do siso
wise [waɪz] ADJ (*person*) prudente; (*action, remark*) sensato; **I'm none the ~r** eu não entendi nada

▸ **wise up** (*inf*) VI: **to ~ up to** abrir os olhos para

...wise [waɪz] SUFFIX: **time..wise** *etc* com relação ao tempo *etc*

wisecrack ['waɪzkræk] N piada

wish [wɪʃ] N desejo ■ VT desejar; (*want*) querer; **best ~es** (*on birthday etc*) parabéns *mpl*, felicidades *fpl*; **with best ~es** (*in letter*) cumprimentos; **give her my best ~es** dá um abraço para ela; **to ~ sb goodbye** despedir-se de alguém; **he ~ed me well** me desejou boa sorte; **to ~ to do/sb to do sth** querer fazer/que alguém faça algo; **to ~ for** desejar; **to ~ sth on sb** desejar algo a alguém

wishful ['wɪʃful] ADJ: **it's ~ thinking** é doce ilusão

wishy-washy ['wɪʃɪ'wɔʃɪ] (*inf*) ADJ (*colour*) indefinido; (*person*) sem caráter; (*ideas*) aguado

wisp [wɪsp] N mecha, tufo; (*of smoke*) fio

wistful ['wɪstful] ADJ melancólico

wit [wɪt] N (*wittiness*) presença de espírito, engenho; (*intelligence*: *also*: **wits**) entendimento; (*person*) espirituoso(-a); **to be at one's ~s' end** (*fig*) não saber para onde se virar; **to have one's ~s about one** ter uma presença de espírito; **to ~** a saber

witch [wɪtʃ] N bruxa

witchcraft ['wɪtʃkrɑ:ft] N bruxaria

witch doctor N médico feiticeiro, pajé *m* (BR)

witch-hunt N caça às bruxas

KEYWORD

with [wɪð, wɪθ] PREP **1** (*accompanying, in the company of*) com; **I was with him** eu estava com ele; **to stay overnight with friends** dormir na casa de amigos; **we'll take the children with us** vamos levar as crianças conosco; **I'll be with you in a minute** vou vê-lo num minuto; **I'm with you** (*I understand*) compreendo; **to be with it** (*inf*) estar por dentro; (*aware*) estar a par da situação; (: *up-to-date*) estar atualizado com
2 (*descriptive*) com, de; **a room with a view** um quarto com vista; **the man with the grey hat/blue eyes** o homem do chapéu cinza/de olhos azuis
3 (*indicating manner, means, cause*) com, de; **with tears in her eyes** com os olhos cheios de lágrimas; **to walk with a stick** andar com uma bengala; **to tremble with fear** tremer de medo; **to fill sth with water** encher algo de água

withdraw [wɪð'drɔ:] (*irreg*) VT tirar, remover; (*offer*) retirar ■ VI retirar-se; (*go back on promise*) voltar atrás; **to ~ money (from the bank)** retirar dinheiro (do banco); **to ~ into o.s.** introverter-se

withdrawal [wɪð'drɔ:əl] N retirada; **withdrawal symptoms** NPL síndrome *f* de abstinência; **to have withdrawal symptoms** ter uma reação

withdrawn [wɪð'drɔ:n] PP *of* **withdraw** ■ ADJ (*person*) reservado, introvertido

wither ['wɪðəʳ] VI murchar

withered ['wɪðəd] ADJ murcho

withhold [wɪð'həuld] (*irreg*: *like* **hold**) VT (*money*) reter; (*decision*) adiar; (*permission*) negar; (*information*) esconder

within [wɪð'ɪn] PREP dentro de ■ ADV dentro; **~ reach** ao alcance da mão; **~ sight** à vista; **~ the week** antes do fim da semana; **~ a mile of** a uma milha de; **~ an hour from now** daqui a uma hora; **to be ~ the law** estar dentro da lei

without [wɪð'aut] PREP sem; **~ anybody knowing** sem ninguém saber; **to go** *or* **do ~ sth** passar sem algo

withstand [wɪð'stænd] (*irreg*: *like* **stand**) VT resistir a

witness ['wɪtnɪs] N (*person*) testemunha; (*evidence*) testemunho ■ VT (*event*) testemunhar, presenciar; (*document*) legalizar; **to bear ~ to sth** (*fig*) testemunhar algo; **~ for the prosecution/defence** testemunha para acusação/defesa; **to ~ to sth/having seen sth** testemunhar algo/ter visto algo; **witness box** (*US* **witness stand**) N banco das testemunhas

witticism ['wɪtɪsɪzm] N observação *f* espirituosa, chiste *m*

witty ['wɪtɪ] ADJ espirituoso

wives [waɪvz] NPL *of* **wife**

wizard ['wɪzəd] N feiticeiro, mago

wizened ['wɪznd] ADJ encarquilhado

wk ABBR = **week**

Wm. ABBR = **William**

WO N ABBR = **warrant officer**

wobble ['wɔbl] VI oscilar; (*chair*) balançar

wobbly ['wɔblɪ] ADJ (*table*) balançante, bambo

woe [wəu] N dor *f*, mágoa

woke [wəuk] PT *of* **wake**

woken ['wəukən] PP *of* **wake**

wolf [wulf] (*pl* **wolves**) N lobo

wolves [wulvz] NPL *of* **wolf**

woman ['wumən] (*pl* **women**) N mulher *f*; **~ doctor** médica; **~ teacher** professora; **young ~** mulher jovem; **women's page** (*Press*) página da mulher

womanize ['wumənaɪz] VI paquerar as mulheres

womanly ['wumənlɪ] ADJ feminino

womb [wu:m] N (*Anat*) matriz *f*, útero

women ['wɪmɪn] NPL *of* **woman**

women's lib [-lɪb] (*inf*) N = **women's liberation movement**

women's liberation movement N movimento pela libertação da mulher

won [wʌn] PT, PP *of* **win**

wonder ['wʌndəʳ] N maravilha, prodígio; (*feeling*) espanto ■ VI: **to ~ whether/why** perguntar-se a si mesmo se/por quê; **to ~ at** admirar-se de; **to ~ about** pensar sobre *or* em; **it's no ~ that** não é de admirar que

wonderful ['wʌndəful] ADJ maravilhoso; (*miraculous*) impressionante

wonderfully ['wʌndəfulɪ] ADV maravilhosamente

wonky ['wɔŋkɪ] (*Brit*) ADJ errado, torto
won't [wəunt] = **will not**
woo [wu:] VT (*woman*) namorar, cortejar; (*audience*) atrair
wood [wud] N (*timber*) madeira; (*forest*) floresta, bosque *m*; (*firewood*) lenha ■ CPD de madeira; **wood carving** N (*act*) escultura em madeira; (*object*) entalhe *m*
wooded ['wudɪd] ADJ arborizado
wooden ['wudən] ADJ de madeira; (*fig*) inexpressivo
woodland ['wudlənd] N floresta, bosque *m*
woodpecker ['wudpɛkəʳ] N pica-pau *m*
wood pigeon N pombo torcaz
woodwind ['wudwɪnd] N (*Mus*) instrumentos *mpl* de sopro de madeira
woodwork ['wudwə:k] N carpintaria
woodworm ['wudwə:m] N carcoma, caruncho
woof [wuf] N (*of dog*) latido ■ VI latir; **~, ~!** au-au!
wool [wul] N lã *f*; **to pull the ~ over sb's eyes** (*fig*) enganar alguém, vender a alguém gato por lebre
woollen ['wulən] ADJ de lã
woollens ['wulənz] NPL artigos *mpl* de lã
woolly ['wulɪ] (*US* **wooly**) ADJ de lã; (*fig*: *ideas*) confuso
word [wə:d] N palavra; (*news*) notícia; (*message*) aviso ■ VT (*express*) expressar; (*document*) redigir; **in other ~s** em outras palavras, ou seja; **to break/keep one's ~** faltar à palavra/cumprir a promessa; **~ for ~** ao pé da letra; **what's the ~ for "pen" in Portuguese?** como se fala "pen" em português?; **to put sth into ~s** expressar algo; **to have a ~ with sb** falar com alguém; **to have ~s with sb** discutir com alguém; **I'll take your ~ for it** acredito em você; **to send ~ that ...** mandar dizer que ...; **to leave ~ that ...** deixar recado dizendo que ...
wording ['wə:dɪŋ] N fraseado
word-perfect ADJ: **he was ~ in his speech** *etc* ele sabia o discurso *etc* de cor
word processing N processamento de textos
word processor [-'prəusɛsəʳ] N processador *m* de textos
wordwrap ['wə:dræp] N (*Comput*) marginação *f* automática
wordy ['wə:dɪ] ADJ prolixo, verboso
wore [wɔ:ʳ] PT *of* **wear**
work [wə:k] N trabalho; (*job*) emprego, trabalho; (*Art, Literature*) obra ■ VI trabalhar; (*mechanism*) funcionar; (*medicine etc*) surtir efeito, ser eficaz; (*plan*) dar certo ■ VT (*clay*) moldar; (*wood etc*) talhar; (*mine etc*) explorar; (*machine*) fazer trabalhar, manejar; (*effect, miracle*) causar; **road ~s** obras *fpl* (na estrada); **to go to ~** ir trabalhar; **to set to ~, to start ~** começar a trabalhar; **to be at ~ (on sth)** estar trabalhando (em algo); **to be out of ~** estar desempregado; **to ~ hard** trabalhar muito; **to ~ loose** (*part*) soltar-se; (*knot*) afrouxar-se
▸ **work on** VT FUS trabalhar em, dedicar-se a; (*principle*) basear-se em
▸ **work out** VI (*plans etc*) dar certo, surtir efeito ■ VT (*problem*) resolver; (*plan*) elaborar, formular; **it ~s out at £100** monta *or* soma a £100
workable ['wə:kəbl] ADJ (*solution*) viável
workaholic [wə:kə'hɔlɪk] N burro de carga
workbench ['wə:kbɛntʃ] N banco, bancada
worked up [wə:kt-] ADJ: **to get ~** ficar exaltado
worker ['wə:kəʳ] N trabalhador(a) *m/f*, operário(-a); **office ~** empregado(-a) de escritório
work force N força de trabalho
work-in (*Brit*) N ocupação *f* de fábrica *etc* (*sem paralisação da produção*)
working ['wə:kɪŋ] ADJ (*day, tools etc, conditions*) de trabalho; (*wife*) que trabalha; (*population, partner*) ativo; **a ~ knowledge of English** um conhecimento prático do inglês; **working capital** N (*Comm*) capital *m* de giro; **working class** N proletariado, classe *f* operária ■ ADJ: **working-class** do proletariado, da classe operária; **working man** (*irreg*) N trabalhador *m*; **working model** N modelo articulado; **working order** N: **in working order** em perfeito estado; **working party** (*Brit*) N grupo de trabalho; **working week** N semana de trabalho
work-in-progress N (*Comm*) produção *f* em curso
workload ['wə:kləud] N carga de trabalho
workman ['wə:kmən] (*irreg*) N operário, trabalhador *m*
workmanship ['wə:kmənʃɪp] N (*art*) acabamento; (*skill*) habilidade *f*
workmate ['wə:kmeɪt] N colega *m/f* de trabalho
workout ['wə:kaut] N treinamento, treino
work permit N permissão *f* de trabalho
works N (*Brit*: *factory*) fábrica, usina; (*of clock, machine*) mecanismo; **works council** N comissão *f* de operários
worksheet ['wə:kʃi:t] N registro das horas de trabalho; (*Comput*) folha de trabalho
workshop ['wə:kʃɔp] N oficina; (*practical session*) aula prática
work station N estação *f* de trabalho
work study N estudo de trabalho
work-to-rule (*Brit*) N paralisação *f* de trabalho extraordinário (*forma de protesto*)
world [wə:ld] N mundo ■ CPD mundial; **to think the ~ of sb** (*fig*) ter alguém em alto conceito; **all over the ~** no mundo inteiro; **what in the ~ is he doing?** o que é que ele está fazendo, pelo amor de Deus?; **to do sb a ~ of good** fazer muito bem a alguém; **W~ War One/Two** Primeira/Segunda Guerra Mundial; **out of this ~** sensacional
World Cup N: **the ~** (*Football*) a Copa do Mundo
world-famous ADJ de fama mundial
worldly ['wə:ldlɪ] ADJ mundano; (*knowledgeable*) experiente
worldwide ['wə:ldwaɪd] ADJ mundial, universal ■ ADV no mundo inteiro
worm [wə:m] N verme *m*; (*also*: **earthworm**)

minhoca, lombriga

worn[wɔ:n] PP *of* **wear** ■ ADJ gasto

worn-out ADJ (*object*) gasto; (*person*) esgotado, exausto

worried['wʌrɪd] ADJ preocupado; **to be ~ about sth** estar preocupado com algo

worrier['wʌrɪəʳ] N: **he's a ~** ele se preocupa com tudo

worry['wʌrɪ] N preocupação *f* ■ VT preocupar, inquietar ■ VI preocupar-se, afligir-se; **to ~ about** *or* **over sth/sb** preocupar-se com algo/alguém

worrying['wʌrɪɪŋ] ADJ inquietante, preocupante

worse[wə:s] ADJ, ADV pior ■ N o pior; **a change for the ~** uma mudança para pior, uma piora; **to get ~** piorar; **he's none the ~ for it** não lhe fez mal; **so much the ~ for you!** pior para você!

worsen['wə:sən] VT, VI piorar

worse off ADJ com menos dinheiro; (*fig*): **you'll be ~ this way** assim você ficará pior que nunca

worship['wə:ʃɪp] N culto; (*act*) adoração *f* ■ VT (*god*) adorar, venerar; (*person, thing*) adorar; **Your W~** (*Brit: to mayor*) vossa Excelência; (: *to judge*) senhor Juiz

worshipper['wə:ʃɪpəʳ] N devoto(-a), venerador(a) *m/f*

worst[wə:st] ADJ (o/a) pior ■ ADV pior ■ N o pior; **at ~** na pior das hipóteses; **if the ~ comes to the ~** se o pior acontecer

worsted['wə:stɪd] N: **(wool) ~** lã *f* penteada

worth[wə:θ] N valor *m*, mérito ■ ADJ: **to be ~** valer; **it's ~ it** vale a pena; **to be ~ one's while (to do)** valer a pena (fazer); **how much is it ~?** quanto vale?; **50 pence ~ of apples** maçãs no valor de 50 pence

worthless['wə:θlɪs] ADJ sem valor; (*person*) imprestável; (*thing*) inútil

worthwhile[wə:θ'waɪl] ADJ (*activity*) que vale a pena; (*cause*) de mérito, louvável; **a ~ book** um livro que vale a pena ler

worthy['wə:ðɪ] ADJ (*person*) merecedor(a), respeitável; (*motive*) justo; **~ of** digno de

KEYWORD

would[wud] AUX VB **1** (*conditional tense*): **if you asked him, he would do it** se você pedisse, ele faria isto; **if you had asked him, he would have done it** se você tivesse pedido, ele teria feito isto

2 (*in offers, invitations, requests*): **would you like a biscuit?** você quer um biscoito?; **would you ask him to come in?** pode pedir a ele para entrar?; **would you close the door, please?** quer fechar a porta por favor?

3 (*in indirect speech*): **I said I would do it** eu disse que eu faria isto; **he asked me if I would go with him** ele me perguntou se eu iria com ele

4 (*emphatic*): **it WOULD have to snow today!** tinha que nevar logo hoje!; **you WOULD say that, wouldn't you?** é lógico que você vai dizer isso

5 (*insistence*): **she wouldn't behave** não houve jeito dela se comportar

6 (*conjecture*): **it would have been midnight** devia ser meia-noite; **it would seem so** parece que sim

7 (*indicating habit*): **he would go on Mondays** ele costumava ir às segundas-feiras

would-be ADJ aspirante, que pretende ser

wouldn't['wudnt] = **would not**

wound[1]['waund] PT, PP *of* **wind**

wound[2][wu:nd] N ferida ■ VT ferir

wove[wəuv] PT *of* **weave**

woven['wəuvən] PP *of* **weave**

WP N ABBR = **word processing; word processor** ■ ABBR (*Brit: inf*) = **weather permitting**

WPC(*Brit*) N ABBR = **woman police constable**

wpm ABBR (= *words per minute*) palavras por minuto

WRAC(*Brit*) N ABBR = **Women's Royal Army Corps**

WRAF(*Brit*) N ABBR = **Women's Royal Air Force**

wrangle['rængl] N briga ■ VI brigar

wrap[ræp] N (*stole*) xale *m*; (*cape*) capa ■ VT (*cover*) envolver; (*also*: **wrap up**) embrulhar; **under ~s** (*fig: plan, scheme*) em sigilo

wrapper['ræpəʳ] N (*on chocolate*) invólucro; (*Brit: of book*) capa

wrapping paper['ræpɪŋ-] N papel *m* de embrulho; (*fancy*) papel de presente

wrath[rɔθ] N cólera, ira

wreak[ri:k] VT (*destruction*) causar; **to ~ havoc (on)** causar estragos (em); **to ~ vengeance on** vingar-se em, tirar vingança de

wreath[ri:θ, *pl* ri:ðz] N (*funeral wreath*) coroa; (*of flowers*) grinalda

wreathe[ri:ð] VT trançar, cingir

wreck[rɛk] N (*vehicle*) calhambeque *m*, lata-velha; (*ship*) restos *mpl* do naufrágio; (*pej: person*) ruína, caco ■ VT destruir, danificar; (*fig*) arruinar, arrasar

wreckage['rɛkɪdʒ] N (*of car, plane*) destroços *mpl*; (*of ship*) restos *mpl*; (*of building*) escombros *mpl*

wrecker['rɛkəʳ] (*US*) N (*breakdown van*) reboque *m* (*BR*), pronto socorro (*PT*)

WREN[rɛn] (*Brit*) N ABBR *membro do WRNS*

wren[rɛn] N (*Zool*) carriça

wrench[rɛntʃ] N (*Tech*) chave *f* inglesa; (*tug*) puxão *m*; (*fig*) separação *f* penosa ■ VT torcer com força; **to ~ sth from sb** arrancar algo de alguém

wrest[rɛst] VT: **to ~ sth from sb** extorquir algo de *or* a alguém

wrestle['rɛsl] VI: **to ~ (with sb)** lutar (com *or* contra alguém); **to ~ with** (*fig*) lutar com

wrestler['rɛsləʳ] N lutador *m*

wrestling['rɛslɪŋ] N luta (livre); **wrestling match** N partida de luta romana

wretch[rɛtʃ] N desgraçado(-a); **little ~!** (*often humorous*) seu desgraçado!

wretched['rɛtʃɪd] ADJ desventurado, infeliz;

(*inf*) maldito

wriggle ['rɪgl] N contorção *f* ■ VI (*also*: **wriggle about**) retorcer-se, contorcer-se

wring [rɪŋ] (*pt, pp* **wrung**) VT (*clothes, neck*) torcer; (*hands*) apertar; (*fig*): **to ~ sth out of sb** arrancar algo de alguém

wringer ['rɪŋəʳ] N máquina de espremer roupa

wringing ['rɪŋɪŋ] ADJ (*also*: **wringing wet**) encharcado, ensopado

wrinkle ['rɪŋkl] N (*on skin*) ruga; (*on paper*) prega ■ VT franzir ■ VI enrugar-se; (*cloth etc*) franzir-se

wrinkled ['rɪŋkld] ADJ (*fabric, paper*) franzido, pregueado; (*surface, skin*) enrugado

wrinkly ['rɪŋklɪ] ADJ (*fabric, paper*) franzido, pregueado; (*surface, skin*) enrugado

wrist [rɪst] N pulso

wristband ['rɪstbænd] (*Brit*) N (*of shirt*) punho; (*of watch*) pulseira

wristwatch ['rɪstwɔtʃ] N relógio *m* de pulso

writ [rɪt] N mandado judicial; **to issue a ~ against sb, serve a ~ on sb** demandar judicialmente alguém

write [raɪt] (*pt* **wrote**, *pp* **written**) VT letter; (*cheque, prescription*) passar ■ VI escrever; **to ~ to sb** escrever para alguém

▸ **write away** VI: **to ~ away for** (*information*) escrever pedindo; (*goods*) encomendar pelo correio

▸ **write down** VT escrever; (*note*) anotar; (*put on paper*) pôr no papel

▸ **write off** VT (*debt, plan*) cancelar; (*capital*) reduzir; (*smash up: car*) destroçar

▸ **write out** VT escrever por extenso; (*cheque etc*) passar; (*fair copy*) passar a limpo

▸ **write up** VT redigir

write-off N perda total; **the car is a ~** o carro virou sucata *or* está destroçado

write-protect VT (*Comput*) proteger de escrita *or* contra gravação

writer ['raɪtəʳ] N escritor(a) *m/f*

write-up N crítica

writhe [raɪð] VI contorcer-se

writing ['raɪtɪŋ] N escrita; (*handwriting*) caligrafia, letra; (*of author*) obra; **in ~** por escrito; **to put sth in ~** pôr algo no papel; **in my own ~** do próprio punho; **writing case** N pasta com material de escrita; **writing desk** N escrivaninha; **writing paper** N papel *m* para escrever

written ['rɪtn] PP *of* **write**

WRNS (*Brit*) N ABBR = **Women's Royal Naval Service**

wrong [rɔŋ] ADJ (*bad*) errado, mau; (*unfair*) injusto; (*incorrect*) errado, equivocado; (*inappropriate*) impróprio ■ ADV mal, errado ■ N mal *m*; (*injustice*) injustiça ■ VT ser injusto com; (*hurt*) ofender; **to be ~** estar errado; **you are ~ to do it** você se engana ao fazê-lo; **it's ~ to steal, stealing is ~** é errado roubar; **you are ~ about that, you've got it ~** você está enganado sobre isso; **to be in the ~** não ter razão; **what's ~?** o que é que há?; **there's nothing ~** não há nada de errado, não tem problema; **what's ~ with the car?** qual é o problema com o carro?; **to go ~** (*person*) desencaminhar-se; (*plan*) dar errado; (*machine*) sofrer uma avaria

wrongful ['rɔŋful] ADJ injusto; **~ dismissal** demissão *f* injusta

wrongly ['rɔŋlɪ] ADV (*treat*) injustamente; (*incorrectly*) errado

wrong number N (*Tel*): **you have the ~** o número está errado

wrong side N (*of cloth*) avesso

wrote [rəut] PT *of* **write**

wrought [rɔːt] ADJ: **~ iron** ferro forjado

wrung [rʌŋ] PT, PP *of* **wring**

WRVS (*Brit*) N ABBR (= *Women's Royal Voluntary Service*) *instituição de caridade*

wry [raɪ] ADJ (*humour, expression*) irônico; **to make a ~ face** fazer uma careta

wt. ABBR = **weight**

WV (*US*) ABBR (*Post*) = **West Virginia**

WWW N ABBR = **World Wide Web**; **the ~** a WWW

WY (*US*) ABBR (*Post*) = **Wyoming**

WYSIWYG ['wɪzɪwɪg] ABBR (*Comput*: = *what you see is what you get*) *o documento sairá na impressora exatamente como aparece na tela*

Xx

X, x[ɛks] N (*letter*) X, x *m*; (*Brit*: *Cinema*: *old*) (proibido para menores de) 18 anos; **X for Xmas** X de Xavier; **if you have ~ dollars a year ...** se você tem x dólares por ano ...

Xerox® ['zɪərɔks] N (*also*: **Xerox machine**) xerox® *m*; (*photocopy*) xerox® *m* ■ VT xerocar, tirar um xerox de

XL ABBR = **extra large**

Xmas['ɛksməs] N ABBR = **Christmas**

X-rated[-'reɪtɪd] (*US*) ADJ (*film*) proibido para menores de 18 anos

X-ray[ɛks'reɪ] N radiografia ■ VT radiografar, tirar uma chapa de; **X-rays** NPL raios *mpl* X; **to have an ~** tirar *or* bater um raio x

xylophone['zaɪləfəun] N xilofone *m*

Yy

Y, y [waɪ] N (*letter*) Y, y *m*; **Y for Yellow** (*Brit*) *or* **Yoke** (*US*) Y de Yolanda
yacht [jɔt] N iate *m*; (*smaller*) veleiro
yachting ['jɔtɪŋ] N (*sport*) iatismo
yachtsman ['jɔtsmən] (*irreg*) N iatista *m*
yam [jæm] N inhame *m*
Yank [jæŋk] (*pej*) N ianque *m/f*
yank [jæŋk] VT arrancar
Yankee ['jæŋkɪ] N = **Yank**
yap [jæp] VI (*dog*) ganir
yard [jɑ:d] N pátio, quintal *m*; (*US*: *garden*) jardim *m*; (*measure*) jarda (*914 mm; 3 feet*); **builder's ~** depósito de material de construção
yardstick ['jɑ:dstɪk] N (*fig*) critério, padrão *m*
yarn [jɑ:n] N fio; (*tale*) história inverossímil
yawn [jɔ:n] N bocejo ■ VI bocejar
yawning ['jɔ:nɪŋ] ADJ (*gap*) enorme
yd ABBR = **yard(s)**
yeah [jɛə] (*inf*) ADV é
year [jɪə^r] N ano; **to be 8 ~s old** ter 8 anos; **every ~** todos os anos, todo ano; **this ~** este ano; **a** *or* **per ~** por ano; **~ in, ~ out** entra ano, sai ano; **an eight-~-old child** uma criança de oito anos (de idade)
yearbook ['jɪəbuk] N anuário, almanaque *m*
yearly ['jɪəlɪ] ADJ anual ■ ADV anualmente; **twice ~** duas vezes por ano
yearn [jə:n] VI: **to ~ to do/for sth** ansiar fazer/por algo
yearning ['jə:nɪŋ] N ânsia, desejo ardente
yeast [ji:st] N levedura, fermento
yell [jɛl] N grito, berro ■ VI gritar, berrar
yellow ['jɛləu] ADJ amarelo ■ N amarelo; **yellow fever** N febre *f* amarela
yellowish ['jɛləuɪʃ] ADJ amarelado
Yellow Sea N: **the ~** o mar Amarelo
yelp [jɛlp] N latido ■ VI latir
Yemen ['jɛmən] N Iêmen *m* (BR), Iémene *m* (PT)
yen [jɛn] N (*currency*) iene *m*; (*craving*): **~ for/to do** desejo de/de fazer
yeoman ['jəumən] (*irreg*) N: **Y~ of the Guard** membro da guarda real
yes [jɛs] ADV, N sim *m*; **do you speak English? — ~ I do** você fala inglês? — falo (sim); **does the plane leave at six? — ~** o avião sai às seis? — é; **to say ~ to sth/sb** (*approve*) dar o sim a algo/alguém
yesterday ['jɛstədɪ] ADV, N ontem *m*; **the day before ~** anteontem; **~ morning/evening** ontem de manhã/à noite; **all day ~** ontem o dia inteiro
yet [jɛt] ADV ainda ■ CONJ porém, no entanto; **it is not finished ~** ainda não está acabado; **must you go just ~?** você já tem que ir?; **the best ~** o melhor até agora; **as ~** até agora, ainda; **a few days ~** mais alguns dias; **~ again** mais uma vez
yew [ju:] N teixo
YHA (*Brit*) N ABBR = **Youth Hostels Association**
Yiddish ['jɪdɪʃ] N (*i*) ídiche *m*
yield [ji:ld] N produção *f*; (*Agr*) colheita; (*Comm*) rendimento ■ VT (*gen*) produzir; (*profit*) render; (*surrender*) ceder ■ VI (*give way*) render-se, ceder; (*US*: *Aut*) ceder; **a ~ of 5%** um rendimento de 5%
YMCA N ABBR (= *Young Men's Christian Association*) ≈ ACM *f*
yob(bo) ['jɔb(əu)] (*Brit*: *inf*) N bagunçeiro
yodel ['jəudl] VI cantar tirolesa
yoga ['jəugə] N ioga
yog(h)ourt ['jəugət] N iogurte *m*
yog(h)urt ['jəugət] N = **yog(h)ourt**
yoke [jəuk] N canga, cangalha; (*of oxen*) junta; (*on shoulders*) balancim *m*; (*fig*) jugo ■ VT (*also*: **yoke together**) unir, ligar
yolk [jəuk] N gema (do ovo)
yonder ['jɔndə^r] ADV além, acolá
Yorks [jɔ:ks] (*Brit*) ABBR = **Yorkshire**

KEYWORD

you [ju:] PRON **1** (*subj*: *singular*) tu, você; (: *plural*) vós, vocês; **you French enjoy your food** vocês franceses gostam de comer; **you and I will go** nós iremos
2 (*direct object*: *singular*) te, o(-a); (: *plural*) vos, os/as; (*indirect object*: *singular*) te, lhe; (: *plural*) vos, lhes; **I know you** eu lhe conheço; **I gave it to you** dei isto para você
3 (*stressed*) você; **I told YOU to do it** eu disse para você fazer isto
4 (*after prep, in comparisons*: *singular*) ti, você; (: *plural*) vós, vocês; (*polite form*: *singular*) o senhor (a senhora); (: *plural*) os senhores (as senhoras); **it's for you** é para você; **can I come with you?**

posso ir com você?; **with you** contigo, com você; convosco, com vocês; com o senhor *etc*; **she's younger than you** ela é mais jovem do que você
5 (*impers*: *one*): **you never know** nunca se sabe; **apples do you good** as maçãs fazem bem à saúde; **you can't do that!** não se pode fazer isto!

you'd[ju:d] = **you had**; **you would**
you'll[ju:l] = **you will**; **you shall**
young[jʌŋ] ADJ jovem ■ NPL (*of animal*) filhotes *mpl*, crias *fpl*; (*people*): **the ~** a juventude, os jovens; **a ~ man** um jovem; **a ~ lady** (*unmarried*) uma jovem, uma moça; (*married*) uma jovem senhora; **my ~er brother** o meu irmão mais novo
younger['jʌŋər] ADJ (*brother etc*) mais novo; **the ~ generation** a geração mais jovem
youngish['jʌŋɪʃ] ADJ bem novo
youngster['jʌŋstəʳ] N jovem *m/f*, moço(-a)
your[jɔ:ʳ] ADJ teu/tua, seu/sua; (*plural*) vosso, seu/sua; (*formal*) do senhor/da senhora; *see also* **my**
you're[juəʳ] = **you are**
yours[jɔ:z] PRON teu/tua, seu/sua; (*plural*) vosso, seu/sua; (*formal*) do senhor/da senhora; **~ is blue** o teu(-a) tua *etc* é azul; **is it ~?** é teu *etc*?; **~ sincerely** *or* **faithfully** atenciosamente; **a friend of ~** um amigo seu *etc*; *see also* **mine**
yourself[jɔ:'sɛlf] PRON (*emphatic*) tu mesmo, você mesmo; (*object, reflexive*) te, se; (*after prep*) ti mesmo, si mesmo; (*formal*) o senhor mesmo(-a) senhora mesma; **you ~ told me** você mesmo me falou; **(all) by ~** sozinho(-a); *see also* **oneself**
yourselves[jɔ:'sɛlvz] PRON (*emphatic*) vós mesmos, vocês mesmos; (*object, reflexive*) vos, se; (*after prep*) vós mesmos, vôces mesmos; (*formal*) os senhores mesmos/as senhoras mesmas; *see also* **oneself**
youth[ju:θ, *pl* ju:ðz] N mocidade *f*, juventude *f*; (*young man*) jovem *m*; **in my ~** na minha juventude; **youth club** N associação *f* de juventude
youthful['ju:θful] ADJ juvenil
youthfulness['ju:θfəlnəs] N juventude *f*
youth hostel N albergue *m* da juventude
you've[ju:v] = **you have**
yowl[jaul] N uivo ■ VI uivar
Yugoslav['ju:gəuslɑ:v] ADJ, N iugoslavo(-a)
Yugoslavia[ju:gəu'slɑ:vɪə] N Iugoslávia
Yugoslavian[ju:gəu'slɑ:vɪən] ADJ iugoslavo
Yule[ju:l] N: **~ log** acha de Natal
Yuletide['ju:ltaɪd] N época natalina *or* do Natal
yuppie['jʌpɪ] (*inf*) ADJ, N yuppie *m/f*
YWCA N ABBR (= *Young Women's Christian Association*) ≈ ACM *f*

Zz

Z, z [zɛd, (*US*) ziː] N (*letter*) Z, z *m*; **Z for Zebra** Z de Zebra
Zaire [zɑːˈiːəʳ] N Zaire *m*
Zambia [ˈzæmbɪə] N Zâmbia
Zambian [ˈzæmbɪən] ADJ, N zambiano(-a)
zany [ˈzeɪnɪ] ADJ tolo, bobo
zap [zæp] VT (*Comput*) apagar
zeal [ziːl] N entusiasmo; (*religious*) fervor *m*
zealot [ˈzɛlət] N fanático(-a)
zealous [ˈzɛləs] ADJ zeloso, entusiasta
zebra [ˈziːbrə] N zebra; **zebra crossing** (*Brit*) N faixa (para pedestres) (*BR*), passadeira (*PT*)
zenith [ˈzɛnɪθ] N (*Astronomy*) zênite *m*; (*fig*) apogeu *m*
zero [ˈzɪərəu] N zero ■ VI: **to ~ in on** fazer mira em; **5° *o* below ~** 5 graus abaixo de zero; **zero hour** N hora zero
zero-rated [-ˈreɪtɪd] (*Brit*) ADJ isento de IVA
zest [zɛst] N vivacidade *f*, entusiasmo; (*of lemon etc*) zesto
zigzag [ˈzɪgzæg] N ziguezague *m* ■ VI ziguezaguear
Zimbabwe [zɪmˈbɑːbwɪ] N Zimbábue *m* (*BR*), Zimbabwe *m* (*PT*)
Zimbabwean [zɪmˈbɑːbwɪən] ADJ, N zimbabuano(-a) (*BR*), zimbabweano(-a) (*PT*)
zinc [zɪŋk] N zinco
Zionism [ˈzaɪənɪzm] N sionismo
Zionist [ˈzaɪənɪst] ADJ, N sionista *m/f*
zip [zɪp] N (*also*: **zip fastener**) fecho ecler (*BR*) *or* éclair (*PT*); (*energy*) vigor *m* ■ VT (*also*: **zip up**) fechar o fecho ecler de, subir o fecho ecler de; **zip code** (*US*) N código postal; **zip file** N (*Comput*) arquivo zipado
zipper [ˈzɪpəʳ] (*US*) N = **zip**
zither [ˈzɪðəʳ] N citara
zodiac [ˈzəudɪæk] N zodíaco
zombie [ˈzɔmbɪ] N (*fig*): **like a ~** como um zumbi
zone [zəun] N zona
zoo [zuː] N (jardim *m*) zoológico
zoological [zuəˈlɔdʒɪkl] ADJ zoológico
zoologist [zuːˈɔlədʒɪst] N zoólogo(-a)
zoology [zuːˈɔlədʒɪ] N zoologia
zoom [zuːm] VI: **to ~ past** passar zunindo; **to ~ in (on sb/sth)** (*Phot, Cinema*) fechar a câmera (em alguém/algo); **zoom lens** N zoom *m*, zum *m*
zucchini [zuːˈkiːnɪ] (*US*) N(PL) abobrinha
Zulu [ˈzuːluː] ADJ, N zulu *m/f*
Zurich [ˈzjuərɪk] N Zurique

Aa

A, a [a] (*pl* **as**) M A, a; **A de Antônio** A for Andrew (*Brit*) *ou* Able (*US*)

PALAVRA CHAVE

a [a] (*a + o(s) = ao(s); a + a(s) = à(s); a + aquele/a(s) = àquele/a(s)*) ART DEF the; *v tb* **o**
■ PRON (*ela*) her; (*você*) you; (*coisa*) it; *v tb* **o**
■ PREP **1** (*direção*) to; **à direita/esquerda** to *ou* on the right/left
2 (*distância*): **está a 15 km daqui** it's 15 km from here
3 (*posição*): **ao lado de** beside, at the side of
4 (*tempo*) at; **a que horas?** at what time?; **às 5 horas** at 5 o'clock; **à noite** at night; **aos 15 anos** at 15 years of age
5 (*maneira*): **à francesa** in the French way; **a cavalo/pé** on horseback/foot
6 (*meio, instrumento*): **à força** by force; **a mão** by hand; **a lápis** in pencil; **fogão a gás** gas stove
7 (*razão*): **a R$300 o quilo** at R$300 a kilo; **a mais de 100 km/h** at over 100 km/h
8 (*depois de certos verbos*): **começou a nevar** it started snowing *ou* to snow; **passar a fazer** to become
9 (*+ infin*): **ao vê-lo, o reconheci imediatamente** when I saw him, I recognized him immediately; **ele ficou muito nervoso ao falar com o professor** he became very nervous while he was talking to the teacher
10 (*PT: + infin: gerúndio*): **a correr** running; **estou a trabalhar** I'm working

à [a] = **a + a**
(a) ABR (= *assinado*) signed
AAB ABR F (= *Aliança Anticomunista Brasileira*) *terrorist group*
aba ['aba] F (*de chapéu*) brim; (*de casaco*) tail; (*de montanha*) foot
abacate [aba'katʃi] M avocado (pear)
abacaxi [abaka'ʃi] (BR) M pineapple; (*col: problema*) pain
abade, ssa [a'badʒi, aba'desa] M/F abbot/abbess
Abadi [aba'dʒi] ABR F = **Associação Brasileira das Administradoras de Imóveis**
abadia [aba'dʒia] F abbey
abafadiço, -a [abafa'dʒisu, a] ADJ stifling; (*ar*) stuffy
abafado, -a [aba'fadu, a] ADJ (*ar*) stuffy; (*tempo*) humid, close; (*ocupado*) (extremely) busy; (*angustiado*) anxious
abafamento [abafa'mẽtu] M fug; (*sufocação*) suffocation
abafar [aba'fa^{r}] VT to suffocate; (*ocultar*) to suppress; (*som*) to muffle; (*encobrir*) to cover up; (*col*) to pinch ■ VI (*col: fazer sucesso*) to steal the show
abagunçado, -a [abagũ'sadu, a] ADJ messy
abagunçar [abagũ'sa^{r}] VT to make a mess of, mess up
abaixar [abaj'ʃa^{r}] VT to lower; (*luz, som*) to turn down; **abaixar-se** VR to stoop
abaixo [a'bajʃu] ADV down ■ PREP: **~ de** below; **~ o governo!** down with the government!; **morro ~** downhill; **rio ~** downstream; **mais ~** further down; **~ e acima** up and down; **~ assinado** undersigned; **abaixo-assinado** [-asi'nadu] (*pl* **abaixo-assinados**) M (*documento*) petition
abajur [aba'ʒu^{r}] (BR) M (*cúpula*) lampshade; (*luminária*) table lamp
abalado, -a [aba'ladu, a] ADJ unstable, unsteady; (*fig*) shaken
abalar [aba'la^{r}] VT to shake; (*fig: comover*) to affect ■ VI to shake; **abalar-se** VR to be moved
abalizado, -a [abali'zadu, a] ADJ eminent, distinguished; (*opinião*) reliable
abalo [a'balu] M (*comoção*) shock; (*ação*) shaking; **~ sísmico** earth tremor
abalroar [abawro'a^{r}] VT: **o carri foi abalroado pelo caminhão** the car was hit by the lorry
abanar [aba'na^{r}] VT to shake; (*rabo*) to wag; (*com leque*) to fan
abandalhar [abãda'ʎa^{r}] VT to debase
abandonar [abãdo'na^{r}] VT (*deixar*) to leave; (*idéia*) to reject; (*estudos*) to abandon; (*esperança*) to give up; (*descuidar*) to neglect; **abandonar-se** VR: **abandonar-se a** to abandon o.s. to

NB: *European Portuguese adds the following consonants to certain words*: **b** (sú(b)dito, su(b)til); **c** (a(c)ção, a(c)cionista, a(c)to); **m** (inde(m)ne); **p** (ado(p)çã, ado(p)tar); *for further details see p. xiii.*

abandono [abã'donu] M (*ato*) desertion; (*estado*) neglect
abarcar [abax'kaʳ] VT (*abranger*) to comprise; (*conter*) to enclose
abarrotado, -a [abaxo'tadu, a] ADJ (*gaveta*) crammed full; (*lugar*) packed
abarrotar [abaxo'taʳ] VT: **~ de** to cram with
abastado, -a [abaʃ'tadu, a] ADJ wealthy
abastança [abaʃ'tãsa] F abundance, surfeit
abastardar [abaʃtax'daʳ] VT to corrupt
abastecer [abaʃte'seʳ] VT to supply; (*motor*) to fuel; (*Auto*) to fill up; (*Aer*) to refuel; **abastecer-se** VR: **abastecer-se de** to stock up with
abastecimento [abaʃtesi'mẽtu] M supply; (*comestíveis*) provisions *pl*; (*ato*) supplying; (*de avião*) refuelling (*Brit*), refueling (*US*); **abastecimentos** MPL (*suprimentos*) supplies
abater [aba'teʳ] VT (*gado*) to slaughter; (*preço*) to reduce, lower; (*debilitar*) to weaken; (*desalentar*) to upset; **abatido, -a** [aba'tʃidu, a] ADJ depressed, downcast; (*fisionomia*) haggard; **abatimento** [abatʃi'mẽtu] M (*fraqueza*) weakness; (*de preço*) reduction; (*prostração*) depression; **fazer um abatimento em** to give a discount on
abaulado, -a [abaw'ladu, a] ADJ convex; (*estrada*) cambered
abaular-se [abaw'laxsi] VR to bulge
ABBC ABR F = **Associação Brasileira dos Bancos Comerciais**
ABBR ABR F (= *Associação Brasileira Beneficente de Reabilitação*) *charity for the disabled*
abcesso [ab'sɛsu] M = **abcesso**
abdicação [abdʒika'sãw] (*pl* **-ões**) F abdication
abdicar [abdʒi'kaʳ] VT, VI to abdicate
abdômen [ab'domẽ] M abdomen
á-bê-cê [abe'se] M alphabet; (*fig*) rudiments *pl*
abecedário [abese'darju] M alphabet, ABC
Abeenras ABR F = **Associação Brasileira das Empresas de Engenharia, Reparos e Atividades Subaquáticas**
abeirar [abej'raʳ] VT to bring near; **abeirar-se** VR: **abeirar-se de** to draw near to
abelha [a'beʎa] F bee
abelha-mestra (*pl* **abelhas-mestras**) F queen bee
abelhudo, -a [abe'ʎudu, a] ADJ nosy
abençoar [abẽ'swaʳ] VT to bless
abendiçoar [abẽdʒi'swaʳ] VT to bless
aberração [abexa'sãw] (*pl* **-ões**) F aberration
aberta [a'bɛxta] F opening; (*clareira*) clearing; (*intervalo*) break
aberto, -a [a'bɛxtu, a] PP *de* **abrir** ■ ADJ open; (*céu*) clear; (*sinal*) green; (*torneira*) on; (*desprotegido*) exposed; (*liberal*) open-minded
abertura [abex'tura] F opening; (*Foto*) aperture; (*ranhura*) gap, crevice; (*Pol*) liberalization
abestalhado, -a [abeʃta'ʎadu, a] ADJ stupid
ABH ABR F = **Associação Brasileira da Indústria de Hóteis**
ABI ABR F = **Associação Brasileira de Imprensa**
Abifarma ABR F = **Associação Brasileira da Industria Farmacêutica**
abilolado, -a [abilo'ladu, a] ADJ crazy
abismado, -a [abiʒ'madu, a] ADJ astonished
abismo [a'biʒmu] M abyss, chasm; (*fig*) depths *pl*
abjeção [abʒe'sãw] (*PT* **-cç-**) F baseness
abjeto, -a [ab'ʒɛtu, a] (*PT* **-ct-**) ADJ abject, contemptible
abjudicar [abʒudʒi'kaʳ] VT to seize
ABL ABR F = **Academia Brasileira de Letras**
ABMU ABR F = **Associação Brasileira de Mulheres Universitárias**
abnegação [abnega'sãw] F self-denial
abnegado, -a [abne'gadu, a] ADJ self-sacrificing
abnegar [abne'gaʳ] VT to renounce
abóbada [a'bɔbada] F vault; (*telhado*) arched roof
abobalhado, -a [aboba'ʎadu, a] ADJ (*criança*) simple
abóbora [a'bɔbora] F pumpkin
abobrinha [abo'brinja] F courgette (*Brit*), zucchini (*US*)
abocanhar [aboka'ɲaʳ] VT (*apanhar com a boca*) to seize with the mouth; (*morder*) to bite
abolição [aboli'sãw] F abolition
abolir [abo'liʳ] VT to abolish
abominação [abomina'sãw] (*pl* **-ões**) F abomination
abominar [abomi'naʳ] VT to loathe, detest
abominável [abomi'navew] (*pl* **-eis**) ADJ abominable
abonar [abo'naʳ] VT to guarantee
abono [a'bɔnu] M guarantee; (*Jur*) bail; (*louvor*) praise; **~ de família** child benefit
abordagem [abox'daʒẽ] (*pl* **-ns**) F approach
abordar [abox'daʳ] VT (*Náut*) to board; (*pessoa*) to approach; (*assunto*) to broach, tackle
aborígene [abo'riʒeni] ADJ aboriginal ■ M/F aborigine
aborrecer [aboxe'seʳ] VT (*chatear*) to annoy; (*maçar*) to bore; **aborrecer-se** VR to get upset; to get bored; **aborrecido, -a** [aboxe'sidu, a] ADJ boring; (*chateado*) annoyed; **aborrecimento** [aboxesi'mẽtu] M boredom; (*chateação*) annoyance
abortar [abox'taʳ] VI (*Med*) to have a miscarriage; (: *de propósito*) to have an abortion ■ VT to abort; **aborto** [a'boxtu] M (*Med*) miscarriage; (*forçado*) abortion; **fazer/ter um aborto** to have an abortion/ a miscarriage
abotoadura [abotwa'dura] F cufflink
abotoar [abo'twaʳ] VT to button up ■ VI (*Bot*) to bud
abr. ABR (= *abril*) Apr
abraçar [abra'saʳ] VT to hug; (*causa*) to embrace; **abraçar-se** VR to embrace; **ele abraçou-se a mim** he embraced me; **abraço** [a'brasu] M embrace, hug; **com um abraço** (*em carta*) with best wishes
abrandar [abrã'daʳ] VT to reduce; (*suavizar*) to soften ■ VI to diminish; (*acalmar*) to calm down
abranger [abrã'ʒeʳ] VT (*assunto*) to cover; (*alcançar*) to reach

abranjo *etc* [a'brãʒu] VB *v* **abranger**
abrasar [abra'zaʳ] VT to burn; (*desbastar*) to erode ■ VI to be on fire
abrasileirado, -a [abrazilej'radu, a] ADJ Brazilianized
ABRATES ABR F = **Associação Brasileira de Tradutores**
ABRATT ABR F = **Associação Brasileira dos Transportadores Exclusivos de Turismo**
abre-garrafas ['abri-] (PT) M INV bottle-opener
abre-latas ['abri-] (PT) M INV tin (*Brit*) *ou* can opener
abreugrafia [abrewgra'fia] F X-ray
abreviação [abrevja'sãw] (*pl* **-ões**) F abbreviation; (*de texto*) abridgement
abreviar [abre'vjaʳ] VT to abbreviate; (*encurtar*) to shorten; (*texto*) to abridge; **abreviatura** [abrevja'tura] F abbreviation
abridor [abri'doʳ] (BR) M opener; **~ (de lata)** tin (*Brit*) *ou* can opener; **~ de garrafa** bottle-opener
abrigar [abri'gaʳ] VT to shelter; (*proteger*) to protect; **abrigar-se** VR to take shelter
abrigo [a'brigu] M shelter, cover; **~ anti-aéreo** air-raid shelter; **~ anti-nuclear** fall-out shelter
abril [a'briw] (PT **Abril**) M April; *v tb* **julho**; **25 de Abril** (PT) *see below*

25 DE ABRIL

On 25 April 1974 in Portugal, the MAF (Armed Forces Movement) instigated the bloodless revolution that was to topple the 48-year-old dictatorship presided over until 1968 by António de Oliveira Salazar. The red carnation has come to symbolize the coup, as it is said that the Armed Forces took to the streets with carnations in the barrels of their rifles. 25 April is now a public holiday in Portugal.

abrilhantar [abriʎã'taʳ] VT to enhance
abrir [a'briʳ] VT to open; (*fechadura*) to unlock; (*vestuário*) to unfasten; (*torneira*) to turn on; (*buraco, exceção*) to make; (*processo*) to start ■ VI to open; (*sinal*) to go green; (*tempo*) to clear up; **abrir-se** VR: **~-se com alguém** to confide in sb, open up to sb
ab-rogação [abxoga'sãw] (*pl* **-ões**) F repeal, annulment
ab-rogar [abxo'gaʳ] VT to repeal, annul
abrolho [a'broʎu] M thorn
abrupto, -a [a'bruptu, a] ADJ abrupt; (*repentino*) sudden
abrutalhado, -a [abruta'ʎadu, a] ADJ (*pessoa*) coarse; (*sapatos*) heavy
abscesso [ab'sɛsu] M abscess
absenteísta [absẽte'iʃta] M/F absentee
absentismo [absẽ'tʃiʒmu] M absenteeism
abside [ab'sidʒi] F apse; (*relicário*) shrine
absolutamente [absoluta'mẽtʃi] ADV absolutely; (*em resposta*) absolutely not, not at all
absolutismo [absolu'tʃiʒmu] M absolutism
absolutista [absolu'tʃiʃta] ADJ, M/F absolutist
absoluto, -a [abso'lutu, a] ADJ absolute; **em ~** absolutely not, not at all
absolver [absow've^{r}] VT to absolve; (*Jur*) to acquit
absolvição [absowvi'sãw] (*pl* **-ões**) F absolution; (*Jur*) acquittal
absorção [absox'sãw] F absorption
absorto, -a [ab'soxtu, a] PP *de* **absorver** ■ ADJ absorbed, engrossed
absorvente [absox'vẽtʃi] ADJ (*papel etc*) absorbent; (*livro etc*) absorbing
absorver [absox've^{r}] VT to absorb; **absorver-se** VR: **absorver-se em** to concentrate on
abstêmio, -a [abʃ'temju, a] ADJ abstemious; (*álcool*) teetotal ■ M/F abstainer; teetotaller (*Brit*), teetotaler (*US*)
abstenção [abʃtẽ'sãw] (*pl* **-ões**) F abstention
abstencionista [abʃtẽsjo'niʃta] ADJ abstaining ■ M/F abstainer
abstenções [abʃtẽ'sõjʃ] FPL *de* **abstenção**
abster-se [ab'ʃtexsi] (*irreg*) VR: **~ de** to abstain *ou* refrain from
abstinência [abʃtʃi'nẽsja] F abstinence; (*jejum*) fasting
abstinha *etc* [abʃ'tʃiɲa] VB *v* **abster-se**
abstive *etc* [abʃ'tiʃvi] VB *v* **abster-se**
abstração [abʃtra'sãw] (PT **-cç-**) F abstraction; (*concentração*) concentration
abstracto, -a [abʃ'tratu, a] (PT) ADJ = **abstrato**
abstrair [abʃtra'iʳ] VT to abstract; (*omitir*) to omit; (*separar*) to separate
abstrato, -a [abʃ'tratu, a] ADJ abstract
absurdo, -a [abi'suxdu, a] ADJ absurd ■ M nonsense
abulia [abu'lia] F apathy
abundância [abũ'dãsja] F abundance
abundante [abũ'dãtʃi] ADJ abundant; **abundar** [abũ'daʳ] VI to abound
aburguesado, -a [abuxge'zadu, a] ADJ middle-class, bourgeois
abusar [abu'zaʳ] VI (*exceder-se*) to go too far; **~ de** to abuse
abuso [a'buzu] M abuse; (*Jur*) indecent assault; **~ de confiança** breach of trust
abutre [a'butri] M vulture
AC ABR = **Acre**
a.C. ABR (= *antes de Cristo*) B.C
a/c ABR (= *aos cuidados de*) c/o
acabado, -a [aka'badu, a] ADJ finished; (*esgotado*) worn out; (*envelhecido*) aged
acabamento [akaba'mẽtu] M finish
acabar [aka'baʳ] VT (*terminar*) to finish, complete; (*levar a cabo*) to accomplish; (*aperfeiçoar*) to complete; (*consumir*) to use up;

NB: *European Portuguese adds the following consonants to certain words:* **b** (sú(b)dito, su(b)til); **c** (a(c)ção, a(c)cionista, a(c)to); **m** (inde(m)ne); **p** (ado(p)çã, ado(p)tar); *for further details see p. xiii.*

(*rematar*) to finish off ■ VI to finish, end, come to an end; **acabar-se** VR (*terminar*) to be over; (*prazo*) to expire; (*esgotar-se*) to run out; **~ com** to put an end to; (*destruir*) to do away with; (*namorado*) to finish with; **~ de chegar** to have just arrived; **~ por fazer** to end up (by) doing; **acabou-se!** it's all over!; (*basta!*) that's enough!; **ele acabou cedendo** he eventually gave in, he ended up giving in; **... que não acaba mais** no end of ...; **quando acaba** (*no final*) in the end

acabrunhado, -a [akabru'ɲadu, a] ADJ (*abatido*) depressed; (*envergonhado*) embarrassed

acabrunhar [akabru'ɲa^{r}] VT (*entristecer*) to distress; (*envergonhar*) to embarrass

acácia [a'kasja] F acacia

academia [akade'mia] F academy; **~ (de ginástica)** gym; **Academia Brasileira de Letras**; *see below*; **acadêmico, -a** [aka'demiku, a] ADJ, M/F academic

ACADEMIA BRASILEIRA DE LETRAS

Founded in 1896 in Rio de Janeiro, on the initiative of the author Machado de Assis, the *Academia Brasileira de Letras*, or ABL, aims to preserve and develop the Portuguese language and Brazilian literature. Machado de Assis was its president until 1908. It is made up of forty life members known as the *imortais*. The Academia's activities include publication of reference books, promotion of literary prizes, and running a library, museum and archive.

açafrão [asa'frãw] M saffron

acalcanhar [akawka'ɲa^{r}] VT (*sapato*) to put out of shape

acalentar [akalẽ'ta^{r}] VT to rock to sleep; (*esperanças*) to cherish

acalmar [akaw'ma^{r}] VT to calm ■ VI (*vento etc*) to abate; **acalmar-se** VR to calm down

acalorado, -a [akalo'radu, a] ADJ heated

acalorar [akalo'ra^{r}] VT to heat; (*fig*) to inflame; **acalorar-se** VR (*fig*) to get heated

acamado, -a [aka'madu, a] ADJ bedridden

açambarcar [asãbax'ka^{r}] VT to monopolize; (*mercado*) to corner

acampamento [akãpa'mẽtu] M camping; (*Mil*) camp, encampment; **levantar ~** to raise camp

acampar [akã'pa^{r}] VI to camp

acanhado, -a [aka'ɲadu, a] ADJ shy

acanhamento [akaɲa'mẽtu] M shyness

acanhar-se [aka'ɲaxsi] VR to be shy

ação [a'sãw] (*pl* **-ões**) F action; (*ato*) act, deed; (*Mil*) battle; (*enredo*) plot; (*Jur*) lawsuit; (*Com*) share; **~ bonificada** (*Com*) bonus share; **~ de graças** thanksgiving; **~ integralizada/diferida** (*Com*) fully paid-in/deferred share; **~ ordinária/preferencial** (*Com*) ordinary/preference share

acarajé [akara'ʒɛ] M (*Culin*) *beans fried in palm oil*

acareação [akarja'sãw] (*pl* **-ões**) F confrontation

acarear [aka'rja^{r}] VT to confront

acariciar [akari'sja^{r}] VT to caress; (*fig*) to cherish

acarinhar [akari'ɲa^{r}] VT to caress; (*fig*) to treat with tenderness

acarretar [akaxe'ta^{r}] VT to result in, bring about

acasalamento [akazala'mẽtu] M mating

acasalar [akaza'la^{r}] VT to mate; **acasalar-se** VR to mate

acaso [a'kazu] M chance; **ao ~** at random; **por ~** by chance

acastanhado, -a [akaʃta'ɲadu, a] ADJ brownish; (*cabelo*) auburn

acatamento [akata'mẽtu] M respect, deference; (*de lei*) observance

acatar [aka'ta^{r}] VT (*respeitar*) to respect; (*honrar*) to honour (*Brit*), honor (*US*); (*lei*) to obey

acautelar [akawte'la^{r}] VT to warn; **acautelar-se** VR to be cautious; **~-se contra** to guard against

ACC ABR M = **adiantamento de contratos de câmbio**

acção [a'sãw] (PT) F = **ação**

accionar *etc* [asjo'na^{r}] (PT) = **acionar** *etc*

acebolado, -a [asebo'ladu, a] ADJ (*Culin*) flavoured (*Brit*) *ou* flavored (*US*) with onion

aceder [ase'de^{r}] VI: **~ a** to agree to, accede to

aceitação [asejta'sãw] F acceptance; (*aprovação*) approval

aceitar [asej'ta^{r}] VT to accept; (*aprovar*) to approve; **você aceita uma bebida?** would you like a drink?; **aceitável** [asej'tavew] (*pl* **-eis**) ADJ acceptable

aceite [a'sejtʃi] (PT) PP *de* **aceitar** ■ ADJ accepted ■ M acceptance

aceito, -a [a'sejtu, a] PP *de* **aceitar** ■ ADJ accepted

aceleração [aselera'sãw] F acceleration; (*pressa*) haste

acelerado, -a [asele'radu, a] ADJ (*rápido*) quick; (*apressado*) hasty

acelerador [aselera'do^{r}] M accelerator

acelerar [asele'ra^{r}] VT, VI to accelerate; **~ o passo** to go faster

acenar [ase'na^{r}] VI (*com a mão*) to wave; (*com a cabeça*) to nod; **~ com** (*oferecer*) to offer, promise

acendedor [asẽde'do^{r}] M lighter

acender [asẽ'de^{r}] VT (*cigarro, fogo*) to light; (*luz*) to switch on; (*fig*) to excite, inflame

aceno [a'sɛnu] M sign, gesture; (*com a mão*) wave; (*com a cabeça*) nod

acento [a'sẽtu] M accent; (*de intensidade*) stress; **~ agudo/circunflexo** acute/circumflex accent

acentuação [asẽtwa'sãw] F accentuation; (*ênfase*) stress

acentuado, -a [asẽ'twadu, a] ADJ (*sílaba*) stressed; (*saliente*) conspicuous

acentuar [asẽ'twa^{r}] VT (*marcar com acento*) to accent; (*salientar*) to stress, emphasize; (*realçar*) to enhance

acepção [asep'sãw] (*pl* **-ões**) F (*de uma palavra*)

sense
acepipe [ase'pipi] M titbit (*Brit*), tidbit (*US*), delicacy; **acepipes** MPL (*PT*) hors dœuvres
acerca [a'sexka]: **~ de** PREP about, concerning
acercar-se [asex'kaxsi] VR: **~ de** to approach, draw near to
acérrimo, -a [a'seximu, a] ADJ SUPERL *de* **acre**; (*acre*) (very) bitter; (*defensor*) staunch
acertado, -a [asex'tadu, a] ADJ (*certo*) right, correct; (*sensato*) sensible
acertar [asex'ta^{r}] VT (*ajustar*) to put right; (*relógio*) to set; (*alvo*) to hit; (*acordo*) to reach; (*pergunta*) to get right ■ VI to get it right, be right; **~ o caminho** to find the right way; **~ com** to hit upon
acervo [a'sexvu] M heap; (*Jur*) estate; (*de museu etc*) collection; **um ~ de** vast quantities of
aceso, -a [a'sezu, a] PP *de* **acender** ■ ADJ (*luz, gás, TV*) on; (*fogo*) alight; (*excitado*) excited; (*furioso*) furious
acessar [ase'sa^{r}] VT (*Comput*) to access
acessível [ase'sivew] (*pl* **-eis**) ADJ accessible; (*pessoa*) approachable; (*preço*) reasonable, affordable
acesso [a'sɛsu] M access; (*Med*) fit, attack; **um ~ de cólera** a fit of anger; **de fácil ~** easy to get to; **múltiplo ~** (*Comput*) multiple access; **tempo de ~** (*Comput*) access time
acessório, -a [ase'sɔrju, a] ADJ accessory ■ M accessory
ACET (*BR*) ABR F = **Agência Central dos Teatros**
acetona [ase'tɔna] F nail varnish remover; (*Quím*) acetone
achacar [aʃa'ka^{r}] (*col*) VT (*dinheiro*) to extort
achado, -a [a'ʃadu, a] ADJ: **não se dar por ~** to play dumb ■ M find, discovery; (*pechincha*) bargain; (*sorte*) godsend
achaque [a'ʃaki] M ailment
achar [a'ʃa^{r}] VT (*descobrir*) to find; (*pensar*) to think; **achar-se** VR (*considerar-se*) to think (that) one is; (*encontrar-se*) to be; **~ de fazer** (*resolver*) to decide to do; **o que é que você acha disso?** what do you think of it?; **acho que ...** I think (that) ...; **acho que sim** I think so; **~ algo bom/estranho** *etc* to find sth good/strange *etc*; **~ ruim** to be cross
achatar [aʃa'ta^{r}] VT to squash, flatten; (*fig*) to talk round, convince
achegar-se [aʃe'gaxsi] VR: **~ a** *ou* **de** to approach, get closer to
acidentado, -a [asidẽ'tadu, a] ADJ (*terreno*) rough; (*estrada*) bumpy; (*viagem*) eventful; (*vida*) difficult ■ M/F injured person
acidental [asidẽ'taw] (*pl* **-ais**) ADJ accidental
acidente [asi'dẽtʃi] M accident; (*acaso*) chance; **por ~** by accident
acidez [asi'dez] F acidity
ácido, -a ['asidu, a] ADJ acid; (*azedo*) sour ■ M acid
acima [a'sima] ADV above; (*para cima*) up ■ PREP: **~ de** above; (*além de*) beyond; **mais ~** higher up; **rio ~** up river; **passar rua ~** to go up the street; **~ de 1000** more than 1000
acinte [a'sĩtʃi] M provocation ■ ADV deliberately, on purpose
acintosamente [asĩtoza'mẽtʃi] ADV on purpose
acinzentado, -a [asĩzẽ'tadu, a] ADJ greyish (*Brit*), grayish (*US*)
acionado, -a [asjo'nadu, a] M/F (*Jur*) defendant
acionar [asjo'na^{r}] VT to set in motion; (*máquina*) to operate; (*Jur*) to sue
acionista [asjo'niʃta] M/F shareholder; **~ majoritário/minoritário** majority/minority shareholder
acirrado, -a [asi'xadu, a] ADJ (*luta, competição*) tough
acirrar [asi'xa^{r}] VT to incite, stir up
aclamação [aklama'sãw] F acclamation; (*ovação*) applause
aclamar [akla'ma^{r}] VT to acclaim; (*aplaudir*) to applaud
aclarado, -a [akla'radu, a] ADJ clear
aclarar [akla'ra^{r}] VT to explain, clarify ■ VI to clear up; **aclarar-se** VR to become clear
aclimatação [aklimata'sãw] F acclimatization
aclimatar [aklima'ta^{r}] VT to acclimatize (*Brit*), acclimate (*US*); **aclimatar-se** VR to become acclimatized *ou* acclimated
aclive [a'klivi] M slope, incline
ACM ABR F (= *Associação Cristã de Moços*) YMCA
aço ['asu] M (*metal*) steel; **~ inox** stainless steel
acocorar-se [akoko'raxsi] VR to squat, crouch
acode *etc* [a'kɔdʒi] VB *v* **acudir**
ações [a'sõjʃ] FPL *de* **ação**
acoitar [akoj'ta^{r}] VT to shelter, give refuge to
açoitar [asoj'ta^{r}] VT to whip, lash
açoite [a'sojtʃi] M whip, lash
acolá [ako'la] ADV over there
acolchoado, -a [akow'ʃwadu, a] ADJ quilted ■ M quilt
acolchoar [akow'ʃwa^{r}] VT (*costurar*) to quilt; (*forrar*) to pad; (*estofar*) to upholster
acolhedor, a [akoʎe'do^{r}(a)] ADJ welcoming; (*hospitaleiro*) hospitable
acolher [ako'ʎe^{r}] VT to welcome; (*abrigar*) to shelter; (*aceitar*) to accept; **acolher-se** VR to shelter; **acolhida** [ako'ʎida] F (*recepção*) reception, welcome; (*refúgio*) refuge; **acolhimento** [akoʎi'mẽtu] M (*recepção*) reception, welcome; (*refúgio*) refuge
acometer [akome'te^{r}] VT (*atacar*) to attack; (*suj: doença*) to take hold of
acomodação [akomoda'sãw] (*pl* **-ões**) F accommodation; (*arranjo*) arrangement; (*adaptação*) adaptation
acomodar [akomo'da^{r}] VT (*alojar*) to accommodate; (*arrumar*) to arrange; (*tornar cômodo*) to make comfortable; (*adaptar*) to adapt

NB: *European Portuguese adds the following consonants to certain words*: **b** (sú(b)dito, su(b)til); **c** (a(c)ção, a(c)cionista, a(c)to); **m** (inde(m)ne); **p** (ado(p)çã, ado(p)tar); *for further details see p. xiii.*

acompanhamento [akõpaɲa'mẽtu] M attendance; (*cortejo*) procession; (*Mús*) accompaniment; (*Culin*) side dish
acompanhante [akõpa'ɲãtʃi] M/F companion; (*Mús*) accompanist
acompanhar [akõpa'ɲaʳ] VT to accompany, go along with; (*Mús*) to accompany; (*assistir*) to watch; (*eventos*) to keep up with; **~ alguém até a porta** to show sb to the door
aconchegado, -a [akõʃe'gadu, a] ADJ snug, cosy (*Brit*), cozy (*US*)
aconchegante [akõʃe'gãtʃi] ADJ cosy (*Brit*), cozy (*US*)
aconchegar [akõʃe'gaʳ] VT to bring near; **aconchegar-se** VR (*acomodar-se*) to make o.s comfortable; **~-se com** to snuggle up to
aconchego [akõ'ʃegu] M cuddle
acondicionamento [akõdʒisjona'mẽtu] M packaging
acondicionar [akõdʒisjo'naʳ] VT to condition; (*empacotar*) to pack, wrap (up)
aconselhar [akõse'ʎaʳ] VT to advise; (*recomendar*) to recommend; **aconselhar-se** VR: **aconselhar-se com** to consult; **~ alguém a fazer** to advise sb to do
aconselhável [akõse'ʎavew] (*pl* **-eis**) ADJ advisable
acontecer [akõte'seʳ] VI to happen; **acontecimento** [akõtesi'mẽtu] M event
acoplador [akopla'doʳ] M: **~ acústico** (*Comput*) acoustic coupler
acordar [akox'daʳ] VT (*despertar*) to wake (up); (*concordar*) to agree (on) ■ VI (*despertar*) to wake up
acorde [a'kɔrdʒi] M chord
acordeão [akox'dʒjãw] (*pl* **-ões**) M accordion
acordeonista [akoxdʒjo'niʃta] M/F accordionist
acordo [a'koxdu] M agreement; **"de ~!"** agreed; **de ~ com** (*pessoa*) in agreement with; (*conforme*) in accordance with; **estar de ~** to agree; **~ de cavalheiros** gentlemen's agreement
Açores [a'soriʃ] MPL: **os ~** the Azores; **açoriano, -a** [aso'rjanu, a] ADJ, M/F Azorean
acorrentar [akoxẽ'taʳ] VT to chain (up)
acorrer [ako'xeʳ] VI: **~ a alguém** to come to sb's aid
acossar [ako'saʳ] VT (*perseguir*) to pursue; (*atormentar*) to harass
acostamento [akoʃta'mẽtu] M hard shoulder (*Brit*), berm (*US*)
acostar [akoʃ'taʳ] VT to lean against; (*Náut*) to bring alongside; **acostar-se** VR to lean back
acostumado, -a [akoʃtu'madu, a] ADJ (*habitual*) usual, customary; **estar ~** to be used to it; **estar ~ a algo** to be used to sth
acostumar [akoʃtu'maʳ] VT to accustom; **acostumar-se** VR: **acostumar-se a** to get used to
acotovelar [akotove'laʳ] VT to jostle; **acotovelar-se** VR to jostle
açougue [a'sogi] M butcher's (shop); **açougueiro** [aso'gejru] M butcher
acovardado, -a [akovax'dadu, a] ADJ intimidated
acovardar-se [akovax'daxsi] VR (*desanimar*) to lose courage; (*amedrontar-se*) to flinch, cower
acre ['akri] ADJ (*gosto*) bitter; (*cheiro*) acrid; (*fig*) harsh
acreano, -a [a'krjanu, a] ADJ from Acre ■ M/F native of Acre
acreditado, -a [akredʒi'tadu, a] ADJ accredited
acreditar [akredʒi'taʳ] VT to believe; (*Com*) to credit; (*afiançar*) to guarantee ■ VI: **~ em** to believe in; (*ter confiança em*) to have faith in; **"acredite na sinalização"** "follow traffic signs"
acreditável [akredʒi'tavew] (*pl* **-eis**) ADJ credible
acre-doce ADJ (*Culin*) sweet and sour
acrescentar [akresẽ'taʳ] VT to add
acrescer [akre'seʳ] VT (*aumentar*) to increase; (*juntar*) to add ■ VI to increase; **acresce que ...** add to that the fact that ....
acréscimo [a'krɛsimu] M addition; (*aumento*) increase; (*elevação*) rise
acrianças, -a [akrjã'sadu, a] ADJ childish
acrílico [a'kriliku] M acrylic
acrimônia [akri'monja] F acrimony
acrobacia [akroba'sia] F acrobatics *pl*; **acrobacias** FPL: **acrobacias aéreas** aerobatics *pl*
acrobata [akro'bata] M/F acrobat
activo [a'tivu] (*PT*) = **ativo** *etc*
acto ['atu] (*PT*) M = **ato**
actor [a'toʳ] (*PT*) M = **ator**
actriz [a'triʒ] (*PT*) F = **atriz**
actual *etc* [a'twaw] (*PT*) = **atual** *etc*
actuar *etc* [a'twaʳ] (*PT*) = **atuar** *etc*
acuar [a'kwaʳ] VT to corner
açúcar [a'sukaʳ] M sugar
açucarado, -a [asuka'radu, a] ADJ sugary
açucarar [asuka'raʳ] VT to sugar; (*adoçar*) to sweeten
açucareiro [asuka'rejru] M sugar bowl
açude [a'sudʒi] M dam
acudir [aku'dʒiʳ] VT (*ir em socorro*) to help, assist ■ VI (*responder*) to reply, respond; **~ a** to come to the aid of
acuidade [akwi'dadʒi] F perceptiveness
açular [asu'laʳ] VT (*incitar*) to incite; **~ um cachorro contra alguém** to set a dog on sb
acumulação [akumula'sãw] (*pl* **-ões**) F accumulation
acumulado, -a [akumu'ladu, a] ADJ (*Com*: *juros, despesas*) accrued
acumular [akumu'laʳ] VT to accumulate; (*reunir*) to collect; (*amontoar*) to pile up; (*funções*) to combine
acúmulo [a'kumulu] M accumulation
acusação [akuza'sãw] (*pl* **-ões**) F accusation, charge; (*ato*) accusation; (*Jur*) prosecution
acusado, -a [aku'zadu, a] M/F accused
acusar [aku'zaʳ] VT to accuse; (*revelar*) to reveal; (*culpar*) to blame; **~ o recebimento de** to acknowledge receipt of
acústica [a'kuʃtʃika] F (*ciência*) acoustics *sg*; (*de*

uma sala) acoustics *pl*
acústico, -a[a'kuʃtʃiku, a] ADJ acoustic
adaga[a'daga] F dagger
adágio[a'daʒu] M adage; (*Mús*) adagio
adaptabilidade[adaptabili'dadʒi] F adaptability
adaptação[adapta'sãw] (*pl* **-ões**) F adaptation
adaptado, -a[adap'tadu, a] ADJ (*criança*) well-adjusted
adaptar[adap'ta^{r}] VT (*modificar*) to adapt; (*acomodar*) to fit; **adaptar-se** VR: **~-se a** to adapt to
ADECIF(BR) ABR F = **Associação de Diretores de Empresas de Créditos, Investimentos e Financiamento**
adega[a'dɛga] F cellar
adelgaçado, -a[adewga'sadu, a] ADJ thin; (*aguçado*) pointed
ademais[adʒi'majʃ] ADV (*além disso*) besides, moreover
ADEMI(BR) ABR F = **Associação de Dirigentes de Empresa do Mercado Imobiliário**
adentro[a'dẽtru] ADV inside, in; **mata ~** into the woods
adepto, -a[a'dɛptu, a] M/F follower; (*de time*) supporter
adequado, -a[ade'kwadu, a] ADJ appropriate
adequar[ade'kwa^{r}] VT to adapt, make suitable
adereçar[adere'sa^{r}] VT to adorn, decorate; **adereçar-se** VR to dress up
adereço[ade'resu] M adornment; **adereços** MPL (*Teatro*) stage props
aderência[ade'rẽsja] F adherence
aderente[ade'rẽtʃi] ADJ adhesive, sticky ■ M/F (*partidário*) supporter
aderir[ade'ri^{r}] VI to adhere; (*colar*) to stick; (*a uma moda etc*) to join in
adesão[ade'zãw] F adhesion; (*patrocínio*) support
adesivo, -a[ade'zivu, a] ADJ adhesive, sticky ■ M adhesive tape; (*Med*) sticking plaster
adestrado, -a[adeʃ'tradu, a] ADJ skilful (*Brit*), skillful (*US*), skilled
adestrador, a[adeʃtra'do^{r}(a)] M/F trainer
adestramento[adeʃtra'mẽtu] M training
adestrar[adeʃ'tra^{r}] VT to train, instruct; (*cavalo*) to break in
adeus[a'dewʃ] EXCL goodbye!; **dizer ~** to say goodbye, bid farewell
adiamento[adʒja'mẽtu] M postponement; (*de uma sessão*) adjournment
adiantado, -a[adʒjã'tadu, a] ADJ advanced; (*relógio*) fast; **chegar ~** to arrive ahead of time; **pagar ~** to pay in advance
adiantamento[adʒjãta'mẽtu] M progress; (*dinheiro*) advance (payment)
adiantar[adʒjã'ta^{r}] VT (*dinheiro, salário*) to advance, pay in advance; (*relógio*) to put forward; (*trabalho*) to advance; (*dizer*) to say in advance ■ VI (*relógio*) to be fast; (*conselho, violência etc*) to be of use; **adiantar-se** VR to advance, get ahead; **não adianta reclamar/insistir** there's no point *ou* it's no use complaining/insisting; **~-se a alguém** to get ahead of sb; **~-se para** to go/come up to
adiante[a'dʒjãtʃi] ADV (*na frente*) in front; (*para a frente*) forward; **mais ~** further on; (*no futuro*) later on
adiar[a'dʒja^{r}] VT to postpone, put off; (*sessão*) to adjourn
adição[adʒi'sãw] (*pl* **-ões**) F addition; (*Mat*) sum; **adicionar**[adʒisjo'na^{r}] VT to add
adições[adʒi'sõjʃ] FPL *de* **adição**
adido, -a[a'dʒidu, a] M/F attaché
adiro*etc* [a'diru] VB *v* **aderir**
Adis-Abeba[adʒiza'bɛba] N Addis Ababa
adivinhação[adʒiviɲa'sãw] F (*destino*) fortune-telling; (*conjectura*) guessing, guesswork
adivinhar[adʒivi'ɲa^{r}] VT to guess; (*ler a sorte*) to foretell ■ VI to guess; **~ o pensamento de alguém** to read sb's mind; **adivinho, -a**[adʒi'viɲu, a] M/F fortune-teller
adjacente[adʒa'sẽtʃi] ADJ adjacent
adjetivo[adʒe'tʃivu] M adjective
adjudicação[adʒudʒika'sãw] (*pl* **-ões**) F grant; (*de contratos*) award; (*Jur*) decision
adjudicar[adʒudʒi'ka^{r}] VT to award, grant
adjunto, -a[ad'ʒũtu, a] ADJ joined, attached ■ M/F assistant
administração[adʒiminiʃtra'sãw] (*pl* **-ões**) F administration; (*direção*) management; (*comissão*) board; **~ de empresas** business administration, management; **~ fiduciária** trusteeship
administrador, a[adʒiminiʃtra'do^{r}(a)] M/F administrator; (*diretor*) director; (*gerente*) manager
administrar[adʒiminiʃ'tra^{r}] VT to administer, manage; (*governar*) to govern; (*remédio*) to administer
admiração[adʒimira'sãw] F (*assombro*) wonder; (*estima*) admiration; **ponto de ~** (PT) exclamation mark
admirado, -a[adʒimi'radu, a] ADJ astonished, surprised
admirador, a[adʒimira'do^{r}(a)] ADJ admiring
admirar[adʒimi'ra^{r}] VT to admire; **admirar-se** VR: **admirar-se de** to be astonished *ou* surprised at; **não me admiro!** I'm not surprised; **não é de se ~** it's not surprising; **admirável**[adʒimi'ravew] (*pl* **-eis**) ADJ (*assombroso*) amazing
admissão[adʒimi'sãw] (*pl* **-ões**) F admission; (*consentimento para entrar*) admittance; (*de escola*) intake
admitir[adʒimi'tʃi^{r}] VT (*aceitar*) to admit; (*permitir*) to allow; (*funcionário*) to take on
admoestação[admweʃta'sãw] (*pl* **-ões**) F

admonition; (*repreensão*) reprimand
admoestar [admweʃ'ta^{r}] VT to admonish
adoção [ado'sãw] F adoption
adoçar [ado'sa^{r}] VT to sweeten
adocicado, -a [adosi'kadu, a] ADJ slightly sweet
adoecer [adoe'se^{r}] VI to fall ill ■ VT to make ill; **~ de** *ou* **com** to fall ill with
adoidado, -a [adoj'dadu, a] ADJ crazy ■ ADV (*col*) like mad *ou* crazy
adolescente [adole'sẽtʃi] ADJ, M/F adolescent
adoptar *etc* [ado'ta^{r}] (PT) = **adotar** *etc*
adoração [adora'sãw] F adoration; (*veneração*) worship
adorar [ado'ra^{r}] VT to adore; (*venerar*) to worship; (*col*: *gostar muito de*) to love
adorável [ado'ravew] (*pl* **-eis**) ADJ adorable
adormecer [adoxme'se^{r}] VI to fall asleep; (*entorpecer-se*) to go numb; **adormecido, -a** [adoxme'sidu, a] ADJ sleeping ■ M/F sleeper
adornar [adox'na^{r}] VT to adorn, decorate
adorno [a'doxnu] M adornment
adotar [ado'ta^{r}] VT to adopt; **adotivo, -a** [ado'tʃivu, a] ADJ (*filho*) adopted
adquirir [adʒiki'ri^{r}] VT to acquire; (*obter*) to obtain
adrede [a'dredʒi] ADV on purpose, deliberately
Adriático, -a [a'drjatʃiku, a] ADJ: **o (mar) ~** the Adriatic (Sea)
adro ['adru] M (church) forecourt; (*em volta da igreja*) churchyard
aduana [a'dwana] F customs *pl*, customs house
aduaneiro, -a [adwa'nejru, a] ADJ customs *atr* ■ M customs officer
adubação [aduba'sãw] F fertilizing
adubar [adu'ba^{r}] VT to manure; (*fertilizar*) to fertilize
adubo [a'dubu] M (*fertilizante*) fertilizer
adulação [adula'sãw] F flattery
adulador, a [adula'do^{r}(a)] ADJ flattering ■ M/F flatterer
adular [adu'la^{r}] VT to flatter
adulteração [aduwtera'sãw] F adulteration; (*de contas*) falsification
adulterador, a [aduwtera'do^{r}(a)] M/F adulterator
adulterar [aduwte'ra^{r}] VT (*vinho*) to adulterate; (*contas*) to falsify ■ VI to commit adultery
adultério [aduw'tɛrju] M adultery
adúltero, -a [a'duwteru, a] M/F adulterer/adulteress
adulto, -a [a'duwtu, a] ADJ, M/F adult
adunco, -a [a'dũku, a] ADJ (*nariz*) hook
adveio *etc* [ad'veju] VB *v* **advir**
adventício, -a [advẽ'tʃisju, a] ADJ (*casual*) accidental; (*estrangeiro*) foreign ■ M/F foreigner
advento [ad'vẽtu] M advent; **o A~** Advent
advérbio [ad'vɛxbju] M adverb
adversário [adʒivex'sarju] M adversary, opponent, enemy
adversidade [adʒivexsi'dadʒi] F adversity, misfortune
adverso, -a [adʒi'vɛxsu, a] ADJ adverse, unfavourable (*Brit*), unfavorable (*US*); (*oposto*): **~ a** opposed to
advertência [adʒivex'tẽsja] F warning; (*repreensão*) (gentle) reprimand
advertido, -a [adʒivex'tʃidu, a] ADJ prudent; (*informado*) well-advised
advertir [adʒivex'tʃi^{r}] VT to warn; (*repreender*) to reprimand; (*chamar a atenção a*) to draw attention to
advier *etc* [ad'vje^{r}] VB *v* **advir**
advindo, -a [ad'vĩdu, a] ADJ: **~ de** resulting from
advir [ad'vi^{r}] (*irreg*) VI: **~ de** to result from
advocacia [adʒivoka'sia] F legal profession, law
advogado, -a [adʒivo'gadu, a] M/F lawyer
advogar [adʒivo'ga^{r}] VT (*promover*) to advocate; (*Jur*) to plead ■ VI to practise (*Brit*) *ou* practice (*US*) law
aéreo, -a [a'erju, a] ADJ air *atr*; (*pessoa*) vague
aerobarco [aero'baxku] M hovercraft
aeroclube [aero'klubi] M flying club
aerodinâmica [aerodʒi'namika] F aerodynamics *sg*
aerodinâmico, -a [aerodʒi'namiku, a] ADJ aerodynamic
aeródromo [aero'drɔmu] M airfield
aeroespacial [aeroiʃpa'sjaw] (*pl* **-ais**) ADJ aerospace *atr*
aerofagia [aerofa'ʒia] F (*Med*) hyperventilation
aerofoto [aero'fɔtu] F aerial photograph
aeromoço, -a [aero'mosu, a] (BR) M/F steward/air hostess
aeromodelismo [aeromode'liʒmu] M aeromodelling
aeronauta [aero'nawta] M/F airman/woman
aeronáutica [aero'nawtʃika] F air force; (*ciência*) aeronautics *sg*; **Departamento de A~ Civil** ≈ Civil Aviation Authority
aeronave [aero'navi] F aircraft
aeroporto [aero'poxtu] M airport
aerossol [aero'sɔw] (*pl* **-óis**) M aerosol
afã [a'fã] M (*entusiasmo*) enthusiasm; (*diligência*) diligence; (*ânsia*) eagerness; (*esforço*) effort; (*faina*) task, job; **no seu ~ de agradar** in his eagerness to please
afabilidade [afabili'dadʒi] F friendliness, kindness
afaço *etc* [a'fasu] VB *v* **afazer**
afagar [afa'ga^{r}] VT (*acariciar*) to caress; (*cabelo*) to stroke
afamado, -a [afa'madu, a] ADJ renowned
afanar [afa'na^{r}] (*col*) VT to nick, pinch
afanoso, -a [afa'nozu, ɔza] ADJ laborious; (*meticuloso*) painstaking
afasia [afa'zia] F aphasia
afastado, -a [afaʃ'tadu, a] ADJ (*distante*) remote; (*isolado*) secluded; (*pernas*) apart; (*amigo*) distant; **manter-se ~** to keep to o.s
afastamento [afaʃta'mẽtu] M removal; (*distância*) distance; (*de emprego solicitado*) rejection; (*de pessoal*) lay-off, sacking
afastar [afaʃ'ta^{r}] VT to remove; (*amigo*) to distance; (*separar*) to separate; (*idéia*) to put out

of one's mind; (*pessoal*) to lay off; **afastar-se** VR (*ir-se embora*) to move away, go away; (*de amigo*) to distance o.s; (*de cargo*) to step down; **~ os olhos de** to take one's eyes off; **~-se do assunto** to stray from the subject

afável [a'favew] (*pl* **-eis**) ADJ friendly, genial

afazer [afa'ze^{r}] (*irreg*) VT to accustom; **afazer-se** VR: **afazer-se a** to get used to

afazeres [afa'zeriʃ] MPL business *sg*; (*dever*) duties, tasks; **~ domésticos** household chores

afectar *etc* [afek'ta^{r}] (PT) = **afetar** *etc*

afegã [afe'] F *de* **afegão**

Afeganistão [afeganiʃ'tãw] M: **o ~** Afghanistan

afegão, -gã [afe'gãw, 'gã] (*pl* **-ões/-s**) ADJ, M/F Afghan

afeição [afej'sãw] F (*amor*) affection, fondness; (*dedicação*) devotion; **afeiçoado, -a** [afej'swadu, a] ADJ: **afeiçoado a** (*amoroso*) fond of; (*devotado*) devoted to ■ M/F friend

afeiçoar-se [afej'swaxsi] VR: **~ a** (*tomar gosto por*) to take a liking to

afeito, -a [a'fejtu, a] PP *de* **afazer** ■ ADJ: **afeito a** accustomed to, used to

afeminado, -a [afemi'nadu, a] ADJ effeminate

aferidor [aferi'do^{r}] M (*de pesos e medidas*) inspector; (*verificador*) checker; (*instrumento*) gauge (*Brit*), gage (*US*)

aferir [afe'ri^{r}] VT (*verificar*) to check, inspect; (*comparar*) to compare; (*conhecimentos, resultados*) to assess

aferrado, -a [afe'xadu, a] ADJ obstinate, stubborn

aferrar [afe'xa^{r}] VT (*prender*) to secure; (*Náut*) to anchor; (*agarrar*) to grasp; **aferrar-se** VR: **aferrar-se a** to cling to

aferrolhar [afexo'ʎa^{r}] VT to bolt; (*pessoa*) to imprison; (*coisas*) to hoard

aferventar [afexvẽ'ta^{r}] VT to bring to the (*Brit*) *ou* a (*US*) boil

afetação [afeta'sãw] F affectation

afetado, -a [afe'tadu, a] ADJ pretentious, affected

afetar [afe'ta^{r}] VT to affect; (*fingir*) to feign

afetividade [afetʃivi'dadʒi] F affection

afetivo, -a [afe'tʃivu, a] ADJ affectionate; (*problema*) emotional

afeto [a'fɛtu] M affection; **afetuoso, -a** [afe'twozu, ɔza] ADJ affectionate

afez *etc* [a'feʒ] VB *v* **afazer**

AFI ABR M (= *Alfabeto Fonético Internacional*) IPA

afiado, -a [a'fjadu, a] ADJ sharp; (*pessoa*) well-trained

afiançar [afjã'sa^{r}] VT (*Jur*) to stand bail for; (*garantir*) to guarantee

afiar [a'fja^{r}] VT to sharpen

aficionado, -a [afisjo'nadu, a] M/F enthusiast

afigurar-se [afigu'raxsi] VR to seem, appear; **afigura-se-me que ...** it seems to me that ...

afilado, -a [afi'ladu, a] ADJ (*nariz*) thin

afilhado, -a [afi'ʎadu, a] M/F godson/goddaughter

afiliação [afilja'sãw] (*pl* **-ões**) F affiliation

afiliada [afi'ljada] F affiliate, affiliated company

afiliado, -a [afi'ljadu, a] ADJ affiliated

afiliar [afi'lja^{r}] VT to affiliate; **afiliar-se** VR: **afiliar-se a** to join

afim [a'fĩ] (*pl* **-ns**) ADJ (*semelhante*) similar; (*consangüíneo*) related ■ M/F relative, relation; **estar ~ de (fazer) algo/alguém**; *v* **fim**

afinação [afina'sãw] F (*Mús*) tuning

afinado, -a [afi'nadu, a] ADJ in tune

afinal [afi'naw] ADV at last, finally; **~ (de contas)** after all

afinar [afi'na^{r}] VT (*Mús*) to tune ■ VI (*adelgaçar*) to taper

afinco [a'fĩku] M tenacity, persistence; **com ~** tenaciously

afinidade [afini'dadʒi] F affinity

afins [a'fĩʃ] PL *de* **afim**

afirmação [afixma'sãw] (*pl* **-ões**) F affirmation; (*declaração*) statement

afirmar [afix'ma^{r}] VT, VI to affirm, assert; (*declarar*) to declare

afirmativo, -a [afixma'tʃivu, a] ADJ affirmative

afiro *etc* [a'firu] VB *v* **aferir**

afivelar [afive'la^{r}] VT to buckle

afixar [afik'sa^{r}] VT (*cartazes*) to stick, post

afiz *etc* [a'fiʒ] VB *v* **afazer**

afizer *etc* [afi'ze^{r}] VB *v* **afazer**

aflição [afli'sãw] F (*sofrimento*) affliction; (*ansiedade*) anxiety; (*angústia*) anguish

afligir [afli'ʒi^{r}] VT to distress; (*atormentar*) to torment; (*inquietar*) to worry; **afligir-se** VR: **afligir-se com** to worry about

aflijo *etc* [a'fliʒu] VB *v* **afligir**

aflito, -a [a'flitu, a] PP *de* **afligir** ■ ADJ distressed, anxious

aflorar [aflo'ra^{r}] VI to emerge, appear

afluência [a'flwẽsja] F affluence; (*corrente copiosa*) flow; (*de pessoas*) stream; **afluente** [a'flwẽtʃi] ADJ copious; (*rico*) affluent ■ M tributary

afluir [a'flwi^{r}] VI to flow; (*pessoas*) to congregate

afobação [afoba'sãw] F fluster; (*ansiedade*) panic

afobado, -a [afo'badu, a] ADJ flustered; (*ansioso*) panicky, nervous

afobamento [afoba'mẽtu] M fluster; (*ansiedade*) panic

afobar [afo'ba^{r}] VT to fluster; (*deixar ansioso*) to make nervous *ou* panicky ■ VI to get flustered; to panic, get nervous; **afobar-se** VR to get flustered

afofar [afo'fa^{r}] VT to fluff

afogado, -a [afo'gadu, a] ADJ drowned

afogador [afoga'do^{r}] (BR) M (*Auto*) choke

afogar [afo'ga^{r}] VT to drown ■ VI (*Auto*) to flood; **afogar-se** VR to drown, be drowned

NB: *European Portuguese adds the following consonants to certain words*: **b** (sú(b)dito, su(b)til); **c** (a(c)ção, a(c)cionista, a(c)to); **m** (inde(m)ne); **p** (ado(p)çã, ado(p)tar); *for further details see p. xiii.*

afoito, -a [a'fojtu, a] ADJ bold, daring
afonia [afo'nia] F voice loss
afônico, -a [a'foniku, a] ADJ: **estou ~** I've lost my voice
afora [a'fɔra] PREP except for, apart from ■ ADV: **rua ~** down the street; **pelo mundo ~** throughout the world; **porta ~** out into the street
aforismo [afo'riʒmu] M aphorism
aforrar [afo'xaʳ] VT (*roupa*) to line; (*poupar*) to save; (*liberar*) to free
afortunado, -a [afoxtu'nadu, a] ADJ fortunate, lucky
afrescalhado, -a [afreʃka'ʎadu, a] (*col*) ADJ effeminate, camp
afresco [a'freʃku] M fresco
África ['afrika] F: **a ~** Africa; **a ~ do Sul** South Africa; **africano, -a** [afri'kanu, a] ADJ, M/F African
AFRMM (BR) ABR M (= *Adicional ao Frete para Renovação da Marinha Mercante*) *tax on goods imported by sea*
afro-brasileiro, -a ['afru-] (*pl* **-s**) ADJ Afro-Brazilian
afrodisíaco [afrodʒi'ziaku] M aphrodisiac
afronta [a'frõta] F insult, affront
afrontado, -a [afrõ'tadu, a] ADJ (*ofendido*) offended; (*com má digestão*) too full
afrontar [afrõ'taʳ] VT to insult; (*ofender*) to offend
afrouxar [afro'ʃaʳ] VT (*desapertar*) to slacken; (*soltar*) to loosen ■ VI (*soltar-se*) to come loose
afta ['afta] F (mouth) ulcer
afugentar [afuʒẽ'taʳ] VT to drive away, put to flight
afundar [afũ'daʳ] VT (*submergir*) to sink; (*cavidade*) to deepen; **afundar-se** VR to sink; (*col*: *num exame*) to do badly
agá [a'ga] M aitch, h
agachar-se [aga'ʃaxsi] VR (*acaçapar-se*) to crouch, squat; (*curvar-se*) to stoop; (*fig*) to cringe
agarração [agaxa'sãw] (*col*) F necking
agarrado, -a [aga'xadu, a] ADJ: **~ a** (*preso*) stuck to; (*a uma pessoa*) very attached to
agarramento [agaxa'mẽtu] M (*a uma pessoa*) close attachment; (*col*: *agarração*) necking
agarrar [aga'xaʳ] VT to seize, grasp; **agarrar-se** VR: **~-se a** to cling to, hold on to
agasalhado, -a [agaza'ʎadu, a] ADJ warmly dressed, wrapped up
agasalhar [agaza'ʎaʳ] VT to dress warmly, wrap up; **agasalhar-se** VR to wrap o.s. up
agasalho [aga'zaʎu] M (*casaco*) coat; (*suéter*) sweater
ágeis ['aʒejʃ] PL *de* **ágil**
agência [a'ʒẽsja] F agency; (*escritório*) office; (*de banco etc*) branch; **~ de correio** (BR) post office; **~ de viagens** travel agency; **~ publicitária** advertising agency
agenciar [aʒẽ'sjaʳ] VT (*negociar*) to negotiate; (*obter*) to procure; (*ser agente de*) to act as an agent for
agenda [a'ʒẽda] F diary; **~ eletrônica** personal organizer
agente [a'ʒẽtʃi] M/F agent; (*de polícia*) policeman/woman; **~ de seguros** (insurance) underwriter
agigantado, -a [aʒigã'tadu, a] ADJ gigantic
ágil ['aʒiw] (*pl* **-eis**) ADJ agile
agilidade [aʒili'dadʒi] F agility
agilizar [aʒili'zaʳ] VT: **~ algo** (*dar andamento a*) to get sth moving; (*acelerar*) to speed sth up
ágio ['aʒju] M premium
agiota [a'ʒjɔta] M/F moneylender
agir [a'ʒiʳ] VI to act; **~ bem/mal** to do right/wrong
agitação [aʒita'sãw] (*pl* **-ões**) F agitation; (*perturbação*) disturbance; (*inquietação*) restlessness
agitado, -a [aʒi'tadu, a] ADJ agitated, disturbed; (*inquieto*) restless
agitar [aʒi'taʳ] VT to agitate, disturb; (*sacudir*) to shake; (*cauda*) to wag; (*mexer*) to stir; (*os braços*) to swing, wave; **agitar-se** VR to get upset; (*mar*) to get rough
aglomeração [aglomera'sãw] (*pl* **-ões**) F gathering; (*multidão*) crowd
aglomerado [aglome'radu] M: **~ urbano** city
aglomerar [aglome'raʳ] VT to heap up, pile up; **aglomerar-se** VR (*multidão*) to crowd together
AGO ABR F (= *assembléia geral ordinária*) AGM
ago. ABR (= *agosto*) Aug
agonia [ago'nia] F agony, anguish; (*ânsia da morte*) death throes *pl*; (*indecisão*) indecision
agoniado, -a [ago'njadu, a] ADJ anguished
agonizante [agoni'zãtʃi] ADJ dying ■ M/F dying person
agonizar [agoni'zaʳ] VI to be dying; (*afligir-se*) to agonize
agora [a'gɔra] ADV now; (*hoje em dia*) now, nowadays; **e ~?** now what?; **~ mesmo** right now; (*há pouco*) a moment ago; **a partir de ~**, **de ~ em diante** from now on; **até ~** so far, up to now; **por ~** for now; **~ que** now that; **eu lhe disse ontem** I told him yesterday; **~, se ele esquecer ...** but if he forgets ...
agorinha [ago'riɲa] ADV just now
agosto [a'goʃtu] (*PT* **Agosto**) M August; *v tb* **julho**
agourar [ago'raʳ] VT to predict, foretell ■ VI to augur ill
agouro [a'goru] M omen; (*mau agouro*) bad omen
agraciar [agra'sjaʳ] VT (*condecorar*) to decorate
agradabilíssimo, -a [agradabi'lisimu, a] ADJ SUPERL *de* **agradável**
agradar [agra'daʳ] VT (*deleitar*) to please; (*fazer agrados a*) to be nice to ■ VI (*ser agradável*) to be pleasing; (*satisfazer*: *show, piada etc*) to go down well
agradável [agra'davew] (*pl* **-eis**) ADJ pleasant
agradecer [agrade'seʳ] VT: **~ algo a alguém**, **~ a alguém por algo** to thank sb for sth; **agradecido, -a** [agrade'sidu, a] ADJ grateful; **mal agradecido** ungrateful
agradecimento [agradesi'mẽtu] M gratitude; **agradecimentos** MPL (*gratidão*) thanks

agrado [a'gradu] M: **fazer um ~ a alguém** (*afagar*) to be affectionate with sb; (*ser agradável*) to be nice to sb
agrário, -a [a'grarju, a] ADJ agrarian; **reforma agrária** land reform
agravação [agrava'sãw] (PT) F aggravation; (*piora*) worsening
agravamento [agrava'mẽtu] (BR) M aggravation
agravante [agra'vãtʃi] ADJ aggravating ■ F aggravating circumstance
agravar [agra'vaʳ] VT to aggravate, make worse; **agravar-se** VR (*piorar*) to get worse
agravo [a'gravu] M (*Jur*) appeal
agredir [agre'dʒiʳ] VT to attack; (*insultar*) to insult
agregado, -a [agre'gadu, a] M/F (*lavrador*) tenant farmer; (BR) lodger ■ M aggregate, sum total
agregar [agre'gaʳ] VT (*juntar*) to collect; (*acrescentar*) to add
agressão [agre'sãw] (*pl* **-ões**) F aggression; (*ataque*) attack; (*assalto*) assault
agressividade [agresivi'dadʒi] F aggressiveness
agressivo, -a [agre'sivu, a] ADJ aggressive
agressões [agre'sõjʃ] FPL *de* **agressão**
agressor, a [agre'soʳ(a)] M/F aggressor
agreste [a'greʃtʃi] ADJ rural, rustic; (*terreno*) wild, uncultivated
agrião [a'grjãw] M watercress
agrícola [a'grikola] ADJ agricultural
agricultável [agrikuw'tavew] (*pl* **-eis**) ADJ arable
agricultor [agrikuw'toʳ] M farmer
agricultura [agrikuw'tura] F agriculture, farming
agrido *etc* [a'gridu] VB *v* **agredir**
agridoce [agri'dosi] ADJ bittersweet
agronegócio [agrone'gɔsju] M agribusiness
agronomia [agrono'mia] F agronomy
agrônomo, -a [a'gronomu, a] M/F agronomist
agropecuária [agrope'kwarja] F farming, agriculture
agropecuário, -a [agrope'kwarju, a] ADJ farming *atr*, agricultural
agrotóxico [agro'tɔksiku] M pesticide
agrupamento [agrupa'mẽtu] M grouping
agrupar [agru'paʳ] VT to group; **agrupar-se** VR to group together
agrura [a'grura] F bitterness
água ['agwa] F water; **águas** FPL (*mar*) waters; (*chuvas*) rain *sg*; (*maré*) tides; **~ abaixo/acima** downstream/upstream; **até debaixo da ~** (*fig*) one thousand per cent; **dar ~ na boca** (*comida*) to be mouthwatering; **estar na ~** (*bêbado*) to be drunk; **fazer ~** (*Náut*) to leak; **ir nas ~s de alguém** (*fig*) to follow in sb's footsteps; **~ benta** holy water; **~ corrente** running water; **~ doce** fresh water; **~ dura/leve** hard/soft water; **~ mineral** mineral water; **~ oxigenada** peroxide; **~ salgada** salt water; **~ sanitária** household bleach; **jogar ~ na fervura** (*fig*) to put a damper on things; **mudar como da ~ para o vinho** to change radically; **desta ~ não beberei!** that won't happen to me!; **~s passadas não movem moinhos** it's all water under the bridge
aguaceiro [agwa'sejru] M (*chuva*) (heavy) shower, downpour; (*com vento*) squall
água-com-açúcar ADJ INV schmaltzy, mushy
água-de-coco F coconut milk
água-de-colônia (*pl* **águas-de-colônia**) F eau-de-cologne
aguado, -a [a'gwadu, a] ADJ watery
água-furtada [-fux'tada] (*pl* **águas-furtadas**) F garret, attic
água-marinha (*pl* **águas-marinhas**) F aquamarine
aguar [a'gwaʳ] VT to water ■ VI: **~ por** (*salivar*) to drool over
aguardar [agwax'daʳ] VT to wait for, await; (*contar com*) to expect ■ VI to wait
aguardente [agwax'dẽtʃi] M spirit
aguarrás [agwa'xajʃ] F turpentine
água-viva (*pl* **águas-vivas**) F jellyfish
aguçado, -a [agu'sadu, a] ADJ pointed; (*espírito, sentidos*) acute
aguçar [agu'saʳ] VT (*afiar*) to sharpen; (*estimular*) to excite; **~ a vista** to keep one's eyes peeled
agudeza [agu'deza] F sharpness; (*perspicácia*) perspicacity; (*de som*) shrillness
agudo, -a [a'gudu, a] ADJ sharp; (*som*) shrill; (*intenso*) acute
agüentar [agwẽ'taʳ] VT (*muro etc*) to hold up; (*dor, injustiças*) to stand, put up with; (*peso*) to withstand; (*resistir a*) to stand up to ■ VI to last, hold out; (*resistir a peso*) to hold; **agüentar-se** VR (*manter-se*) to remain, hold on; **~ com** to hold, withstand; **~ fazer algo** to manage to do sth; **não ~ de** not to be able to stand; **~ firme** to hold out
aguerrido, -a [age'xidu, a] ADJ warlike, bellicose; (*corajoso*) courageous
águia ['agja] F eagle; (*fig*) genius
agulha [a'guʎa] F (*de coser, tricô*) needle; (*Náut*) compass; (*Ferro*) points *pl* (*Brit*), switch (*US*); **trabalho de ~** needlework
agulheta [agu'ʎeta] F (*bico*) nozzle
ah [a] EXCL oh!
AI ABR F = **Anistia Internacional** ■ ABR M (BR) = **Ato Institucional; AI-5** *measure passed in 1968 suspending congress and banning opposition politicians*
ai [aj] EXCL (*suspiro*) oh!; (*de dor*) ouch! ■ M (*suspiro*) sigh; (*gemido*) groan; **ai de mim** poor me!
aí [a'i] ADV there; (*então*) then; **por aí** (*em lugar indeterminado*) somewhere over there, thereabouts; **espera aí!** wait!, hang on a minute!; **está aí!** (*col*) right!; **aí é que 'tá!** (*col*)

NB: *European Portuguese adds the following consonants to certain words:* **b** (sú(b)dito, su(b)til); **c** (a(c)ção, a(c)cionista, a(c)to); **m** (inde(m)ne); **p** (ado(p)çã, ado(p)tar); *for further details see p. xiii.*

that's just the point; **e por aí afora** *ou* **vai** and so on; **já não está aí quem falou** (*col*) I stand corrected; **e aí?** and then what?; **e aí (como vai)?** (*col*) how are things with you?

aiatolá [ajato'la] M ayatollah

aidético, -a [aj'dɛtʃiku, a] ADJ suffering from AIDS ■ M/F person with AIDS

AIDS ['ajdʒs] F AIDS

ainda [a'ĩda] ADV still; (*mesmo*) even; **~ agora** just now; **~ assim** even so, nevertheless; **~ bem** just as well; **~ por cima** on top of all that, in addition; **~ não** not yet; **~ que** even if; **maior ~** even bigger

aipim [aj'pĩ] M cassava

aipo ['ajpu] M celery

airado, -a [aj'radu, a] ADJ (*frívolo*) frivolous; (*leviano*) dissolute

airoso, -a [aj'rozu, ɔza] ADJ graceful, elegant

ajantarado [aʒãta'radu] M *lunch and dinner combined*

ajardinar [aʒaxdʒi'naʳ] VT to make into a garden

ajeitar [aʒej'taʳ] VT (*adaptar*) to fit, adjust; (*arranjar*) to arrange, fix; **ajeitar-se** VR to adapt; **aos poucos as coisas se ajeitam** things will gradually sort themselves out

ajo *etc* ['aʒu] VB *v* **agir**

ajoelhado, -a [aʒwe'ʎadu, a] ADJ kneeling

ajoelhar [aʒwe'ʎaʳ] VI to kneel (down); **ajoelhar-se** VR to kneel down

ajuda [a'ʒuda] F help, aid; (*subsídio*) grant, subsidy; **sem ~** unaided; **dar ~ a alguém** to lend *ou* give sb a hand; **~ de custo** allowance; **ajudante** [aʒu'dãtʃi] M/F assistant, helper; (*Mil*) adjutant

ajudar [aʒu'daʳ] VT to help

ajuizado, -a [aʒwi'zadu, a] ADJ (*sensato*) sensible; (*sábio*) wise; (*prudente*) discreet

ajuizar [aʒwi'zaʳ] VT to judge; (*calcular*) to calculate

ajuntamento [aʒũta'mẽtu] M gathering

ajuntar [aʒũ'taʳ] VT (*unir*) to join; (*documentos*) to attach; (*reunir*) to gather

ajustagem [aʒuʃ'taʒẽ] (BR) (*pl* **-ns**) F (*Tec*) adjustment

ajustagens [aʒuʃ'taʒẽʃ] FPL *de* **ajustagem**

ajustamento [aʒuʃta'mẽtu] M adjustment; (*de contas*) settlement

ajustar [aʒuʃ'taʳ] VT (*regular*) to adjust; (*conta, disputa*) to settle; (*acomodar*) to fit; (*roupa*) to take in; (*contratar*) to contract; (*estipular*) to stipulate; (*preço*) to agree on; **ajustar-se** VR: **ajustar-se a** to conform to; (*adaptar-se*) to adapt to

ajustável [aʒuʃ'tavew] (*pl* **-eis**) ADJ adjustable; (*aplicável*) applicable

ajuste [a'ʒuʃtʃi] M (*acordo*) agreement; (*de contas*) settlement; (*adaptação*) adjustment; **~ final** (*Com*) settlement of account

AL ABR = **Alagoas** ■ ABR F (BR: = *Aliança Liberal*) *former political party*

al. ABR = **Alameda**

ala ['ala] F (*fileira*) row; (*passagem*) aisle; (*de edifício, exército, ave*) wing

Alá [a'la] M Allah

ALADI ABR F = **Associação Latino-Americana de Desenvolvimento e Intercâmbio**

alagação [alaga'sãw] F flooding

alagadiço, -a [alaga'dʒisu, a] ADJ swampy, marshy ■ M swamp, marsh

alagamento [alaga'mẽtu] M flooding; (*arrasamento*) destruction

alagar [ala'gaʳ] VT, VI to flood

alagoano, -a [ala'gwanu, a] ADJ from Alagoas ■ M/F native *ou* inhabitant of Alagoas

alambique [alã'biki] M still

alameda [ala'meda] F (*avenida*) avenue; (*arvoredo*) grove

álamo ['alamu] M poplar

alanhar [ala'ɲaʳ] VT to slash; (*peixe*) to gut

alar [a'laʳ] VT to haul, heave

alaranjado, -a [alarã'ʒadu, a] ADJ orangy

alarde [a'laxdʒi] M (*ostentação*) ostentation; (*jactância*) boasting; **fazer ~ de** to boast about; **alardear** [alax'dʒjaʳ] VT to show off; (*gabar-se de*) to boast of ■ VI to boast; **alardear-se** VR to boast; **alardear fazer** to boast of doing; **alardear(-se) de valente** to boast of being strong

alargamento [alaxga'mẽtu] M enlargement

alargar [alax'gaʳ] VT (*ampliar*) to extend; (*fazer mais largo*) to widen, broaden; (*afrouxar*) to loosen, slacken

alarido [ala'ridu] M (*clamor*) outcry; (*tumulto*) uproar

alarma [a'laxma] F alarm; (*susto*) panic; (*tumulto*) tumult; (*vozearia*) outcry; **dar o sinal de ~** to raise the alarm; **~ de roubo** burglar alarm; **alarmante** [alax'mãtʃi] ADJ alarming; **alarmar** [alax'maʳ] VT to alarm; **alarmar-se** VR to be alarmed

alarme [a'laxmi] M = **alarma**

alarmista [alax'miʃta] ADJ, M/F alarmist

Alasca [a'laʃka] M: **o ~** Alaska

alastrado, -a [alaʃ'tradu, a] ADJ: **~ de** strewn with

alastrar [alaʃ'traʳ] VT (*espalhar*) to scatter; (*disseminar*) to spread; (*lastrar*) to ballast; **alastrar-se** VR (*epidemia, rumor*) to spread

alavanca [ala'vãka] F lever; (*pé-de-cabra*) crowbar; **~ de mudanças** gear lever

albanês, -esa [awba'neʃ, eza] ADJ, M/F Albanian ■ M (*Ling*) Albanian

Albânia [aw'banja] F: **a ~** Albania

albergar [awbex'gaʳ] VT (*hospedar*) to provide lodging for; (*abrigar*) to shelter

albergue [aw'bɛxgi] M (*estalagem*) inn; (*refúgio*) hospice, shelter; **~ noturno** hotel; **~ para jovens** youth hostel

albino, -a [aw'binu, a] ADJ, M/F albino

albufeira [awbu'fejra] F lagoon

álbum ['awbũ] (*pl* **-ns**) M album; **~ de recortes** scrapbook

alça ['awsa] F strap; (*asa*) handle; (*de fusil*) sight

alcácer [aw'kaseʳ] M fortress

alcachofra [awka'ʃofra] F artichoke
alcaçuz [awka'suʒ] M liquorice
alçada [aw'sada] F (*jurisdição*) jurisdiction; (*competência*) competence; **isso não é da minha** ~ that is beyond my control
alcagüete [awka'gwetʃi] M/F informer
álcali ['awkali] M alkali
alcalino, -a [awka'linu, a] ADJ alkaline
alcançar [awkã'sa^{r}] VT to reach; (*estender*) to hand, pass; (*obter*) to obtain, get; (*atingir*) to attain; (*compreender*) to understand; (*desfalcar*): ~ **uma firma em $1 milhão** to embezzle $1 million from a firm ■ VI to reach; **alcançar-se** VR (*fazer um desfalque*) to embezzle funds
alcançável [awkã'savew] (*pl* **-eis**) ADJ (*acessível*) reachable; (*atingível*) attainable
alcance [aw'kãsi] M reach; (*competência*) power, competence; (*compreensão*) understanding; (*de tiro, visão*) range; (*desfalque*) embezzlement; **ao ~ de** within reach *ou* range of; **ao ~ da voz** within earshot; **de grande ~** far-reaching; **fora do ~ da mão** out of reach; **fora do ~ de alguém** beyond sb's grasp
alcantilado, -a [awkãtʃi'ladu, a] ADJ (*íngreme*) steep; (*penhascoso*) craggy
alçapão [awsa'pãw] (*pl* **-ões**) M trapdoor; (*arapuca*) trap
alcaparra [awka'paxa] F caper
alçapões [awsa'põjʃ] MPL *de* **alçapão**
alçaprema [awsa'prɛma] F (*alavanca*) crowbar
alçar [aw'sa^{r}] VT to lift (up); (*voz*) to raise; ~ **vôo** to take off
alcaravia [awkara'via] F: **sementes de ~** caraway seeds
alcatéia [awka'tɛja] F (*de lobos*) pack; (*de ladrões*) gang
alcatra [aw'katra] F rump (steak)
alcatrão [awka'trãw] M tar
álcool ['awkɔw] M alcohol; **alcoólatra** [aw'kɔlatra] M/F alcoholic; **alcoólico, -a** [aw'kɔliku, a] ADJ, M/F alcoholic
alcoolismo [awko'liʒmu] M alcoholism
Alcorão [awko'rãw] M Koran
alcova [aw'kova] F bedroom
alcoviteiro, -a [awkovi'tejru, a] M/F pimp/procuress
alcunha [aw'kuɲa] F nickname
aldeão, -deã [aw'dʒjãw, jã] (*pl* **-ões/-s**) M/F villager
aldeia [aw'deja] F village
aldeões [aw'dʒjõjʃ] MPL *de* **aldeão**
aldraba [aw'draba] F (PT: *tranqueta*) latch; (*de bater*) door knocker
aleatório, -a [alea'tɔrju, a] ADJ random
alecrim [ale'krĩ] M rosemary
alegação [alega'sãw] (*pl* **-ões**) F allegation
alegado [ale'gadu] M (*Jur*) plea
alegar [ale'ga^{r}] VT to allege; (*Jur*) to plead
alegoria [alego'ria] F allegory
alegórico, -a [ale'gɔriku, a] ADJ allegorical; **carro ~** float
alegrar [ale'gra^{r}] VT (*tornar feliz*) to cheer (up), gladden; (*ambiente*) to brighten up; (*animar*) to liven (up); **alegrar-se** VR to cheer up
alegre [a'lɛgri] ADJ (*jovial*) cheerful; (*contente*) happy, glad; (*cores*) bright; (*embriagado*) merry, tight; **alegria** [ale'gria] F joy, happiness
aleguei *etc* [ale'gej] VB *v* **alegar**
aléia [a'lɛja] F (tree-lined) avenue; (*passagem*) alley
aleijado, -a [alej'ʒadu, a] ADJ crippled ■ M/F cripple
aleijão [alej'ʒãw] (*pl* **-ões**) M deformity
aleijar [alej'ʒa^{r}] VT (*mutilar*) to maim
aleijões [alej'ʒõjʃ] MPL *de* **aleijão**
aleitamento [alejta'mẽtu] M breast feeding
aleitar [alej'ta^{r}] VT, VI to breast-feed
além [a'lẽj] ADV (*lá ao longe*) over there; (*mais adiante*) further on ■ M: **o ~** the hereafter ■ PREP: **~ de** beyond; (*no outro lado de*) on the other side of; (*para mais de*) over; (*ademais de*) apart from, besides; **~ disso** moreover; **mais ~** further
alemã [ale'mã] F *de* **alemão**
alemães [ale'mãjʃ] MPL *de* **alemão**
Alemanha [ale'mãɲa] F: **a ~** Germany; **a ~ Ocidental/Oriental** West/East Germany
alemão, -mã [ale'mãw, 'mã] (*pl* **-ães/-s**) ADJ, M/F German ■ M (*Ling*) German
alentado, -a [alẽ'tadu, a] ADJ (*valente*) valiant; (*grande*) great; (*volumoso*) substantial
alentador, a [alẽta'do^{r}(a)] ADJ encouraging
alentar [alẽ'ta^{r}] VT to encourage; **alentar-se** VR to cheer up
alentejano, -a [alẽte'ʒanu, a] ADJ from Alentejo ■ M/F native *ou* inhabitant of Alentejo
alento [a'lẽtu] M (*fôlego*) breath; (*ânimo*) courage; **dar ~** to encourage; **tomar ~** to draw breath
alergia [alex'ʒia] F: **~ (a)** allergy (to); (*fig*) aversion (to); **alérgico, -a** [a'lɛxʒiku, a] ADJ: **alérgico (a)** allergic (to)
alerta [a'lɛxta] ADJ alert ■ ADV on the alert ■ M alert
alertar [alex'ta^{r}] VT to alert; **alertar-se** VR to be alerted
Alf. ABR = **Alferes**
alfabético, -a [awfa'bɛtʃiku, a] ADJ alphabetical
alfabetização [awfabetʃiza'sãw] F literacy
alfabetizado, -a [awfabetʃi'zadu, a] ADJ literate
alfabetizar [awfabetʃi'za^{r}] VT to teach to read and write; **alfabetizar-se** VR to learn to read and write
alfabeto [awfa'bɛtu] M alphabet
alface [aw'fasi] F lettuce
alfaia [aw'faja] F (*móveis*) furniture; (*utensílio*) utensil; (*enfeite*) ornament
alfaiataria [awfajata'ria] F tailor's shop
alfaiate [awfa'jatʃi] M tailor

NB: *European Portuguese adds the following consonants to certain words:* **b** (sú(b)dito, su(b)til); **c** (a(c)ção, a(c)cionista, a(c)to); **m** (inde(m)ne); **p** (ado(p)çã, ado(p)tar); *for further details see p. xiii.*

alfândega [aw'fãdʒiga] F customs *pl*, customs house; **alfandegário, -a** [awfãde'garju, a] ADJ customs *atr* ■ M/F customs officer
alfanumérico, -a [awfanu'mɛriku, a] ADJ alphanumeric
alfavaca [awfa'vaka] F basil
alfazema [awfa'zɛma] F lavender
alfena [aw'fɛna] F privet
alfinetada [awfine'tada] F prick; (*dor aguda*) stabbing pain; (*fig*) dig
alfinetar [awfine'ta^{r}] VT to prick (with a pin); (*costura*) to pin; (*fig*) to needle
alfinete [awfi'netʃi] M pin; **~ de chapéu** hat pin; **~ de fralda** nappy (*Brit*) *ou* diaper (*US*) pin; **~ de segurança** safety pin
alfineteira [awfine'tejra] F pin cushion; (*caixa*) pin box
alga ['awga] F seaweed; (*Bot*) alga
algarismo [awga'riʒmu] M numeral, digit; **~ arábico/romano** Arabic/Roman numeral
Algarve [aw'gaxvi] M: **o ~** the Algarve
algarvio, -a [awgax'viu, a] ADJ from the Algarve ■ M/F native *ou* inhabitant of the Algarve
algazarra [awga'zaxa] F uproar, racket
álgebra ['awʒebra] F algebra
algemar [awʒe'ma^{r}] VT to handcuff
algemas [aw'ʒɛmaʃ] FPL handcuffs
algibeira [awʒi'bejra] F pocket
algo ['awgu] ADV somewhat, rather ■ PRON something; (*qualquer coisa*) anything
algodão [awgo'dãw] M cotton; **~(-doce)** candy floss; **~ (hidrófilo)** cotton wool (*Brit*), absorbent cotton (*US*)
algodoeiro, -a [awgo'dwejru, a] ADJ (*indústria*) cotton *atr* ■ M cotton plant
algoritmo [awgo'xitʃimu] M algorithm
algoz [aw'goʒ] M beast, cruel person
alguém [aw'gẽj] PRON someone, somebody; (*em frases interrogativas ou negativas*) anyone, anybody; **ser ~ na vida** to be somebody in life
algum, a [aw'gũ, 'guma] ADJ some; (*em frases interrogativas ou negativas*) any ■ PRON one; (*no plural*) some; (*negativa*): **de modo ~** in no way; **coisa ~a** nothing; **~ dia** one day; **~ tempo** for a while; **~a coisa** something; **~a vez** sometime
algures [aw'guriʃ] ADV somewhere
alheio, -a [a'ʎeju, a] ADJ (*de outrem*) someone else's; (*estranho*) alien; (*estrangeiro*) foreign; (*impróprio*) inappropriate; **~ a** foreign to; (*desatento*) unaware of; **~ de** (*afastado*) removed from, far from; (*ignorante*) unaware of
alho ['aʎu] M garlic; **confundir ~s com bugalhos** to get things mixed up
alho-poró [-po'rɔ] (*pl* **alhos-porós**) M leek
ali [a'li] ADV there; **até ~** up to there; **por ~** around there, somewhere there; (*direção*) that way; **~ por** (*tempo*) round about; **de ~ por diante** from then on; **~ dentro** in there
aliado, -a [a'ljadu, a] ADJ allied ■ M/F ally
aliança [a'ljãsa] F alliance; (*anel*) wedding ring
aliar [a'lja^{r}] VT to ally; **aliar-se** VR to form an alliance
aliás [a'ljajʃ] ADV (*a propósito*) as a matter of fact; (*ou seja*) rather, that is; (*contudo*) nevertheless; (*diga-se de passagem*) incidentally
álibi ['alibi] M alibi
alicate [ali'katʃi] M pliers *pl*; **~ de unhas** nail clippers *pl*
alicerçar [alisex'sa^{r}] VT (*argumento etc*) to base; (*consolidar*) to consolidate
alicerce [ali'sɛxsi] M (*de edifício*) foundation; (*fig: base*) basis
aliciar [ali'sja^{r}] VT (*seduzir*) to entice; (*atrair*) to attract
alienação [aljena'sãw] F alienation; (*de bens*) transfer (of property); **~ mental** insanity
alienado, -a [alje'nadu, a] ADJ alienated; (*demente*) insane; (*bens*) transferred ■ M/F lunatic
alienar [alje'na^{r}] VT (*bens*) to transfer; (*afastar*) to alienate; **alienar-se** VR to become alienated
alienígena [alje'niʒena] ADJ, M/F alien
alijar [ali'ʒa^{r}] VT to jettison; (*livrar-se de*): **to get rid of**; **alijar-se** VR: **alijar-se de** to free o.s. of
alimentação [alimẽta'sãw] F (*alimentos*) food; (*ação*) feeding; (*nutrição*) nourishment; (*Elet*) supply
alimentar [alimẽ'ta^{r}] VT to feed; (*fig*) to nurture ■ ADJ (*produto*) food *atr*; (*hábitos*) eating *atr*; **alimentar-se** VR: **alimentar-se de** to feed on
alimentício, -a [alimẽ'tʃisju, a] ADJ nourishing; **gêneros ~s** foodstuffs
alimento [ali'mẽtu] M food; (*nutrição*) nourishment
alínea [a'linja] F opening line of a paragraph; (*subdivisão de artigo*) sub-heading
alinhado, -a [ali'ɲadu, a] ADJ (*elegante*) elegant; (*texto*) aligned; **~ à esquerda/direita** (*texto*) ranged left/right
alinhamento [aliɲa'mẽtu] M alignment; **~ da margem** justification
alinhar [ali'ɲa^{r}] VT to align; **alinhar-se** VR (*enfileirar-se*) to form a line
alinhavar [aliɲa'va^{r}] VT (*Costura*) to tack
alinhavo [ali'ɲavu] M tacking
alinho [a'liɲu] M (*alinhamento*) alignment; (*elegância*) neatness
alíquota [a'likwota] F bracket, percentage
alisar [ali'za^{r}] VT (*tornar liso*) to smooth; (*cabelo*) to straighten; (*cariciar*) to stroke
alistamento [aliʃta'mẽtu] M enlistment
alistar [aliʃ'ta^{r}] VT (*Mil*) to recruit; **alistar-se** VR to enlist
aliteração [alitera'sãw] F alliteration
aliviado, -a [ali'vj'adu, a] ADJ (*pessoa, dor*) relieved; (*folgado*) free; (*carga*) lightened
aliviar [ali'vja^{r}] VT to relieve; (*carga etc*) to lighten ■ VI (*diminuir*) to diminish; (*acalmar*) to give relief; **aliviar-se** VR: **aliviar -se de** (*libertar-se*) to unburden o.s. of
alívio [a'livju] M relief
Alm. ABR = **Almirante**
alma ['awma] F soul; (*entusiasmo*) enthusiasm; (*caráter*) character; **eu daria a ~ para fazer** I

would give anything to do; **sua ~, sua palma** don't say I didn't warn you
almanaque [awma'naki] M almanac; **cultura de ~** superficial knowledge
almejar [awme'ʒa^{r}] VT to long for, yearn for
almirantado [awmirã'tadu] M admiralty
almirante [awmi'rãtʃi] M admiral
almoçado, -a [awmo'sadu, a] ADJ: **ele está ~** he's had lunch
almoçar [awmo'sa^{r}] VI to have lunch ■ VT: **~ peixe** to have fish for lunch
almoço [aw'mosu] M lunch; **pequeno ~** (*PT*) breakfast
almofada [awmo'fada] F cushion; (*PT: travesseiro*) pillow
almofadado, -a [awmofa'dadu, a] ADJ cushioned
almofadinha [awmofa'dʒiɲa] F pin cushion
almôndega [aw'mõdega] F meat ball
almotolia [awmoto'lia] F oilcan
almoxarifado [awmoʃari'fadu] M storeroom
almoxarife [awmoʃa'rifi] M storekeeper
ALN (*BR*) ABR F (= *Ação Libertadora Nacional*) *former group opposed to junta*
alô [a'lo] (*BR*) EXCL (*Tel*) hullo
alocação [aloka'sãw] (*pl* **-ões**) F allocation
alocar [alo'ka^{r}] VT to allocate
aloirado, -a [aloj'radu, a] ADJ = **alourado**
alojamento [aloʒa'mẽtu] M accommodation (*Brit*), accommodations *pl* (*US*); (*habitação*) housing; (*Mil*) billet
alojar [alo'ʒa^{r}] VT to lodge; (*Mil*) to billet; **alojar-se** VR to stay
alongamento [alõga'mẽtu] M lengthening; (*prazo*) extension; (*ginástica*) stretching
alongar [alõ'ga^{r}] VT (*fazer longo*) to lengthen; (*prazo*) to extend; (*prolongar*) to prolong; (*braço*) to stretch out; **alongar-se** VR (*sobre um assunto*) to dwell
aloprado, -a [alo'pradu, a] (*col*) ADJ nutty
alourado, -a [alo'radu, a] ADJ blondish
alpaca [aw'paka] F alpaca
alpendre [aw'pẽdri] M (*telheiro*) shed; (*pórtico*) porch
alpercata [awpex'kata] F sandal
Alpes ['awpiʃ] MPL: **os ~** the Alps
alpinismo [awpi'niʒmu] M mountaineering, climbing; **alpinista** [awpi'niʃta] M/F mountaineer, climber
alq. ABR = **alqueires**
alquebrar [awke'bra^{r}] VT to bend; (*enfraquecer*) to weaken ■ VI (*curvar*) to stoop, be bent double
alqueire [aw'kejri] M ≈ 4.84 hectares (*in São Paulo = 2.42 hectares*)
alqueive [aw'kejvi] M fallow land
alquimia [awki'mia] F alchemy
alquimista [awki'miʃta] M/F alchemist
Alsácia [aw'sasja] F: **a ~** Alsace
alta ['awta] F (*de preços*) rise; (*de hospital*) discharge; (*Bolsa*) high; **estar em ~** to be on the up; **pessoa da ~** high-class *ou* high-society person
alta-fidelidade F hi-fi, high fidelity
altaneiro, -a [awta'nejru, a] ADJ (*soberbo*) proud
altar [aw'ta^{r}] M altar
altar-mor [-mɔ^{r}] (*pl* **altares-mores**) M high altar
alta-roda F high society
alta-tensão F high tension
altear [aw'tʃja^{r}] VT to raise; (*reputação*) to enhance ■ VI to spread out; **altear-se** VR to be enhanced
alteração [awtera'sãw] (*pl* **-ões**) F alteration; (*desordem*) disturbance; (*falsificação*) falsification
alterado, -a [awte'radu, a] ADJ (*de mau humor*) bad-tempered, irritated
alterar [awte'ra^{r}] VT (*mudar*) to alter; (*falsificar*) to falsify; **alterar-se** VR (*mudar-se*) to become altered; (*enfurecer-se*) to get angry, lose one's temper
altercar [awtex'ka^{r}] VI to have an altercation ■ VT to argue for, advocate
alter ego [awter-] M alter ego
alternado, -a [awtex'nadu, a] ADJ alternate
alternância [awtex'nãsja] F (*Agr*) crop rotation
alternar [awtex'na^{r}] VT, VI to alternate; **alternar-se** VR to alternate; (*por turnos*) to take turns
alternativa [awtexna'tʃiva] F alternative
alternativo, -a [awtexna'tʃivu, a] ADJ alternative; (*Elet*) alternating
alteroso, -a [awte'rozu, ɔza] ADJ towering; (*majestoso*) majestic
alteza [aw'teza] F highness
altissonante [awtʃiso'nãtʃi] ADJ high-sounding
altista [aw'tʃiʃta] M/F (*Bolsa*) bull ■ ADJ (*tendência*) bullish; **mercado ~** bull market
altitude [awtʃi'tudʒi] F altitude
altivez [awtʃi'veʒ] F (*arrogância*) haughtiness; (*nobreza*) loftiness
altivo, -a [aw'tʃivu, a] ADJ (*arrogante*) haughty; (*elevado*) lofty
alto, -a ['awtu, a] ADJ high; (*pessoa*) tall; (*som*) high, sharp; (*importância, luxo*) great; (*Geo*) upper ■ ADV (*falar*) loudly, loud; (*voar*) high ■ EXCL halt! ■ M (*topo*) top, summit; **~ lá!** just a minute!; **do ~** from above; **por ~** superficially; **estar ~** (*bêbado*) to be tipsy; **alta fidelidade** high fidelity, hi-fi; **alta noite** dead of night; **~s e baixos** ups and downs
alto-astral (*col*) M good vibes *pl*; **estar de ~** to be on good form
alto-falante (*pl* **-s**) M loudspeaker
altruísmo [awtru'iʒmu] M altruism
altruísta [awtru'iʃta] ADJ altruistic
altruístico, -a [awtru'iʃtʃiku, a] ADJ altruistic
altura [aw'tura] F height; (*momento*) point, juncture; (*altitude*) altitude; (*de um som*) pitch; (*lugar*) whereabouts; **em que ~ da Rio Branco**

NB: *European Portuguese adds the following consonants to certain words:* **b** (sú(b)dito, su(b)til); **c** (a(c)ção, a(c)cionista, a(c)to); **m** (inde(m)ne); **p** (ado(p)çã, ado(p)tar); *for further details see p. xiii.*

fica a livraria? whereabouts in Rio Branco is the bookshop?; **na ~ do banco** near the bank; **nesta ~** at this juncture; **estar à ~ de** (*ser capaz de*) to be up to; **pôr alguém nas ~s** (*fig*) to praise sb to the skies; **ter 1.80 metros de ~** to be 1.80 metres (*Brit*) *ou* meters (*US*) tall

alucinação [alusina'sãw] (*pl* **-ões**) F hallucination

alucinado, -a [alusi'nadu, a] ADJ (*maluco*) crazy; **~ por** crazy about

alucinante [alusi'nãtʃi] ADJ crazy; **o tráfego no Rio é ~** the traffic in Rio drives you crazy

aludir [alu'dʒiʳ] VI: **~ a** to allude to, hint at

alugar [alu'gaʳ] VT (*tomar de aluguel*) to rent, hire; (*dar de aluguel*) to let, rent out; **alugar-se** VR to let; **aluguel** [alu'gɛw] (*pl* **-éis**) (BR) M rent; (*ação*) renting; **aluguel de carro** car hire (*Brit*) *ou* rental (*US*)

aluguer [alu'gɛʳ] (*PT*) M = **aluguel**

aluir [a'lwiʳ] VT (*abalar*) to shake; (*derrubar*) to demolish; (*arruinar*) to ruin ■ VI to collapse; (*ameaçar ruína*) to crumble

alumiar [alu'mjaʳ] VT to light (up) ■ VI to give light

alumínio [alu'minju] M aluminium (*Brit*), aluminum (*US*)

alunissagem [aluni'saʒẽ] (*pl* **-ns**) F moon landing

alunissar [aluni'saʳ] VI to land on the moon

aluno, -a [a'lunu, a] M/F pupil, student; **~ excepcional** pupil with learning difficulties

alusão [alu'zãw] (*pl* **-ões**) F allusion, reference

alusivo, -a [alu'zivu, a] ADJ allusive

alusões [alu'zõjʃ] FPL *de* **alusão**

alvará [awva'ra] M permit

alvejante [awve'ʒãtʃi] M bleach

alvejar [awve'ʒaʳ] VT (*tomar como alvo*) to aim at; (*branquear*) to whiten, bleach ■ VI to whiten

alvenaria [awvena'ria] F masonry, brickwork; **de ~** brick *atr*, brick-built

alvéolo [aw'vɛolu] M cavity; (*de dentes*) socket

alvitrar [awvi'traʳ] VT to propose, suggest

alvitre [aw'vitri] M opinion

alvo, -a ['awvu, a] ADJ white ■ M target; **acertar no** *ou* **atingir o ~** to hit the mark; **ser ~ de críticas** *etc* to be the object of criticism *etc*

alvorada [awvo'rada] F dawn

alvorecer [awvore'seʳ] VI to dawn

alvoroçar [awvoro'saʳ] VT (*agitar*) to stir up; (*entusiasmar*) to excite; **alvoroçar-se** VR to get agitated

alvoroço [awvo'rosu] M (*agitação*) commotion; (*entusiasmo*) enthusiasm

alvura [aw'vura] F (*brancura*) whiteness; (*pureza*) purity

AM ABR = **Amazonas**; (*Rádio*: = *amplitude modulada*) AM

Amã [a'mã] N Amman

amabilidade [amabili'dadʒi] F kindness; (*simpatia*) friendliness

amabilíssimo, -a [amabi'lisimu, a] ADJ SUPERL *de* **amável**

amaciante [ama'sjatʃi] M: **~ (de roupa)** (*fabric*) conditioner

amaciar [ama'sjaʳ] VT (*tornar macio*) to soften; (*carro*) to run in

ama-de-leite ['ama-] (*pl* **amas-de-leite**) F wet-nurse

amado, -a [a'madu, a] M/F beloved, sweetheart

amador, a [ama'doʳ(a)] ADJ, M/F amateur

amadorismo [amado'riʒmu] M amateur status

amadorístico, -a [amado'riʃtʃiku, a] ADJ amateurish

amadurecer [amadure'seʳ] VT, VI (*frutos*) to ripen; (*fig*) to mature

âmago ['amagu] M (*centro*) heart, core; (*medula*) pith; (*essência*) essence

amainar [amaj'naʳ] VI (*tempestade*) to abate; (*cólera*) to calm down

amaldiçoar [amawdʒi'swaʳ] VT to curse, swear at

amálgama [a'mawgama] F amalgam

amalgamar [amawga'maʳ] VT to amalgamate; (*combinar*) to fuse (*Brit*), fuze (*US*), blend

amalucado, -a [amalu'kadu, a] ADJ crazy, whacky

amamentação [amamẽta'sãw] F breast-feeding

amamentar [amamẽ'taʳ] VT, VI to breast-feed

AMAN (*BR*) ABR F = **Academia Militar das Agulhas Negras**

amanhã [ama'ɲã] ADV, M tomorrow; **~ de manhã** tomorrow morning; **~ de tarde** tomorrow afternoon; **~ à noite** tomorrow night; **depois de ~** the day after tomorrow

amanhecer [amaɲe'seʳ] VI (*alvorecer*) to dawn; (*encontrar-se pela manhã*): **amanhecemos em Paris** we were in Paris at daybreak ■ M dawn; **ao ~** at daybreak

amansar [amã'saʳ] VT (*animais*) to tame; (*cavalos*) to break in; (*aplacar*) to placate ■ VI to grow tame

amante [a'mãtʃi] M/F lover

amanteigado, -a [amãtej'gadu, a] ADJ: **biscoito ~** shortbread

amapaense [amapa'ẽsi] ADJ from Amapá ■ M/F native *ou* inhabitant of Amapá

amar [a'maʳ] VT to love; **eu te amo** I love you

amarelado, -a [amare'ladu, a] ADJ yellowish; (*pele*) sallow

amarelar [amare'laʳ] VT, VI to yellow

amarelinha [amare'liɲa] F (*jogo*) hopscotch

amarelo, -a [ama'rɛlu, a] ADJ yellow ■ M yellow

amarfanhar [amaxfa'ɲaʳ] VT to screw up

amargar [amax'gaʳ] VT to make bitter; (*fig*) to embitter; (*sofrer*) to suffer; **ser de ~** to be murder

amargo, -a [a'maxgu, a] ADJ bitter; **amargura** [amax'gura] F bitterness; (*fig*: *sofrimento*) sadness, suffering

amargurado, -a [amaxgu'radu, a] ADJ sad

amargurar [amaxgu'raʳ] VT to embitter, sadden; (*sofrer*) to endure

amarração [amaxa'sãw] F: **ser uma ~** (*col*) to

be great
amarrado, -a [ama'xadu, a] ADJ (*cara*) scowling, angry; (*col*: *casado etc*) spoken for
amarrar [ama'xa^{r}] VT to tie (up); (*Náut*) to moor; **amarrar-se** VR: **amarrar se em** to like very much; **~ a cara** to frown, scowl
amarronzado, -a [amaxõ'zadu, a] ADJ brownish
amarrotar [amaxo'ta^{r}] VT to crease
ama-seca ['ama-] (*pl* **amas-secas**) F nanny
amassado, -a [ama'sadu, a] ADJ (*roupa*) creased; (*papel*) screwed up; (*carro*) smashed in
amassar [ama'sa^{r}] VT (*pão*) to knead; (*misturar*) to mix; (*papel*) to screw up; (*roupa*) to crease; (*carro*) to dent
amável [a'mavew] (*pl* **-eis**) ADJ (*afável*) kind
amazona [ama'zɔna] F horsewoman
Amazonas [ama'zɔnaʃ] M: **o ~** the Amazon
amazonense [amazo'nēsi] ADJ from Amazonas ■ M/F native *ou* inhabitant of Amazonas
Amazônia [ama'zonja] F: **a ~** the Amazon region

AMAZÔNIA

Amazônia is the region formed by the basin of the river Amazon (the river with the largest volume of water in the world) and its tributaries. With a total area of almost 7 million square kilometres, it stretches from the Atlantic to the Andes. Most of *Amazônia* is in Brazilian territory, although it also extends into Peru, Colombia, Venezuela and Bolivia, It contains the richest biodiversity and largest area of tropical rainforest in the world.

amazônico, -a [ama'zoniku, a] ADJ Amazonian
âmbar ['ãba^{r}] M amber
ambição [ambi'sãw] (*pl* **-ões**) F ambition; **ambicionar** [ãbisjo'na^{r}] VT (*ter ambição de*) to aspire to; (*desejar*) to crave for; **ambicioso, -a** [ãbi'sjozu, ɔza] ADJ ambitious
ambições [ãbi'sõjʃ] FPL *de* **ambição**
ambidestro, -a [ãbi'deʃtru, a] ADJ ambidextrous
ambiental [ãbjẽ'taw] (*pl* **-ais**) ADJ environmental
ambientalista [ãbjẽta'liʃta] M/F environmentalist
ambientar [ãbjẽ'ta^{r}] VT (*filme etc*) to set; (*adaptar*) to fit in; **ambientar-se** VR to fit in
ambiente [ã'bjẽtʃi] M atmosphere; (*meio, Comput*) environment; (*de uma casa*) ambience ■ ADJ surrounding; **meio ~** environment; **temperatura ~** room temperature
ambigüidade [ambigwi'dadʃi] F ambiguity
ambíguo, -a [ã'bigwu, a] ADJ ambiguous
âmbito ['ãbitu] M (*extensão*) extent; (*campo de ação*) scope, range; **no ~ nacional/internacional** at (the) national/international level
ambivalência [ãbiva'lēsja] F ambivalence
ambivalente [ãbiva'lẽtʃi] ADJ ambivalent
ambos, -as ['ãbuʃ, aʃ] ADJ PL both; **~ nós** both of us; **~ os lados** both sides
ambrosia [ãbro'zia] F egg custard
ambulância [ãbu'lãsja] F ambulance
ambulante [ãbu'lãtʃi] ADJ walking; (*errante*) wandering; (*biblioteca*) mobile
ambulatório [ãbula'tɔrju] M outpatient department
ameaça [ame'asa] F threat
ameaçador, a [ameasa'do^{r}(a)] ADJ threatening, menacing
ameaçar [amea'sa^{r}] VT to threaten
ameba [a'mɛba] F amoeba (*Brit*), ameba (*US*)
amedrontador, a [amedrõta'do^{r}(a)] ADJ intimidating, frightening
amedrontar [amedrõ'ta^{r}] VT to scare, intimidate; **amedrontar-se** VR to be frightened
ameia [a'meja] F battlement
ameixa [a'mejʃa] F plum; (*passa*) prune
amélia [a'mɛlja] (*col*) F long-suffering wife (*ou* girlfriend)
amém [a'mẽj] EXCL amen; **dizer ~ a** (*fig*) to agree to
amêndoa [a'mẽdwa] F almond
amendoado, -a [amẽ'dwadu, a] ADJ (*olhos*) almond-shaped
amendoeira [amẽ'dwejra] F almond tree
amendoim [amẽdo'ĩ] (*pl* **-ns**) M peanut
amenidade [ameni'dadʒi] F wellbeing; **amenidades** FPL (*assuntos superficiais*) small talk *sg*
amenizar [ameni'za^{r}] VT (*abrandar*) to soften; (*tornar agradável*) to make pleasant; (*facilitar*) to ease; (*briga*) to settle
ameno, -a [a'mɛnu, a] ADJ (*agradável*) pleasant; (*clima*) mild, gentle
América [a'mɛrika] F: **a ~** America; **a ~ do Norte/do Sul** North/South America; **a ~ Central/Latina** Central/Latin America
americanizado, -a [amerikani'zadu, a] ADJ Americanized
americano, -a [ameri'kanu, a] ADJ, M/F American
amesquinhar [ameʃki'ɲa^{r}] VT to belittle; **amesquinhar-se** VR to belittle o.s.; (*tornar-se avarento*) to become stingy
amestrar [ameʃtra^{r}] VT to train
ametista [ame'tʃiʃta] F amethyst
amianto [a'mjãtu] M asbestos
amicíssimo, -a [ami'sisimu, a] ADJ SUPERL *de* **amigo**
amido [a'midu] M starch
amigar-se [ami'gaxsi] VR: **~ (com)** to become friends (with)

NB: *European Portuguese adds the following consonants to certain words*: **b** (sú(b)dito, su(b)til); **c** (a(c)ção, a(c)cionista, a(c)to); **m** (inde(m)ne); **p** (ado(p)çã, ado(p)tar); *for further details see p. xiii.*

amigável [ami'gavew] (*pl* **-eis**) ADJ amicable
amígdala [a'migdala] F tonsil; **amigdalite** [amigda'litʃi] F tonsillitis
amigo, -a [a'migu, a] ADJ friendly ■ M/F friend; **ser ~ de** to be friends with; **~ do peito** bosom friend
amigo, -a-da-onça (*pl* **-s/as-da-onça**) M/F false friend
amistoso, -a [amiʃ'tozu, ɔza] ADJ friendly, cordial ■ M (*jogo*) friendly
AMIU (BR) ABR F (= *Assistência Médica Infantil de Urgencia*) *emergency paediatric service*
amiudar [amju'dar] VT, VI to repeat; **~ as visitas** to make frequent visits
amiúde [a'mjudʒi] ADV often, frequently
amizade [ami'zadʒi] F (*relação*) friendship; (*simpatia*) friendliness; **fazer ~s** to make friends; **~ colorida** casual relationship
amnésia [am'nɛzja] F amnesia
amnistia [amniʃ'tia] (PT) F = **anistia**
amofinar [amofi'nar] VT to trouble; **amofinar-se (com)** VR to fret (over)
amolação [amola'sãw] (*pl* **-ões**) F bother, annoyance; (*desgosto*) upset
amolador, a [amola'dor(a)] M/F knife sharpener
amolante [amo'lãtʃi] (BR) ADJ bothersome
amolar [amo'lar] VT (*afiar*) to sharpen; (*aborrecer*) to annoy, bother ■ VI to be annoying; **amolar-se** VR (*aborrecer-se*) to get annoyed
amoldar [amow'dar] VT to mould (*Brit*), mold (*US*); **amoldar-se** VR: **amoldar-se a** (*conformar-se*) to conform to; (*acostumar-se*) to get used to
amolecer [amole'ser] VT to soften ■ VI to soften; (*abrandar-se*) to relent
amolecimento [amolesi'mẽtu] M softening
amônia [a'monja] F ammonia
amoníaco [amo'niaku] M ammonia
amontoado [amõ'twadu] M mass; (*de coisas*) pile
amontoar [amõ'twar] VT to pile up, accumulate; **~ riquezas** to amass a fortune
amor [a'mor] M love; **por ~ de** for the sake of; **fazer ~** to make love; **ela é um ~ (de pessoa)** she's a lovely person; **~ próprio** self-esteem; (*orgulho*) conceit
amora [a'mɔra] F mulberry; **~ silvestre** blackberry
amoral [amo'raw] (*pl* **-ais**) ADJ amoral
amora-preta (*pl* **amoras-pretas**) F blackberry
amordaçar [amoxda'sar] VT to gag
amoreco [amo'rɛku] M: **ela é um ~** she's a lovely person
amorenado, -a [amore'nadu, a] ADJ darkish
amorfo, -a [a'mɔxfu, a] ADJ (*objeto*) amorphous; (*pessoa*) dull
amornar [amox'nar] VT to warm
amoroso, -a [amo'rozu, ɔza] ADJ loving, affectionate
amor-perfeito (*pl* **amores-perfeitos**) M pansy
amortecedor [amoxtese'dor] M shock absorber
amortecer [amoxte'ser] VT to deaden ■ VI to weaken, fade
amortecido, -a [amoxte'sidu, a] ADJ deadened; (*enfraquecido*) weak
amortização [amoxtʃiza'sãw] F payment in instalments (*Brit*) *ou* installments (*US*); (*Com*) amortization
amortizar [amoxtʃi'zar] VT to pay in instalments (*Brit*) *ou* installments (*US*)
amostra [a'mɔʃtra] F sample
amostragem [amoʃ'traʒẽ] F sampling
amotinado, -a [amotʃi'nadu, a] ADJ mutinous, rebellious
amotinar [amotʃi'nar] VI to rebel, mutiny; **amotinar-se** VR to rebel, mutiny
amparar [ãpa'ra] VT to support; (*ajudar*) to assist; **amparar-se** VR: **amparar-se em/contra** (*apoiar-se*) to lean on/against
amparo [ã'paru] M (*apoio*) support; (*auxílio*) help, assistance
ampère [ã'pɛri] (BR) M ampere, amp
ampliação [amplja'sãw] (*pl* **-ões**) F (*aumento*) enlargement; (*extensão*) extension
ampliar [ã'plja] VT to enlarge; (*conhecimento*) to broaden
amplidão [ãpli'dãw] F vastness
amplificação [amplifika'sãw] (*pl* **-ões**) F (*aumento*) enlargement; (*de som*) amplification
amplificador [ãplifika'dor] M amplifier
amplificar [ãplifi'kar] VT to amplify
amplitude [ãpli'tudʒi] F (*Tec*) amplitude; (*espaço*) spaciousness; (*fig: extensão*) extent
amplo, -a ['ãplu, a] ADJ (*sala*) spacious; (*conhecimento, sentido*) broad; (*possibilidade*) ample
ampola [ã'pola] F ampoule (*Brit*), ampule (*US*)
amputação [ãputa'sãw] (*pl* **-ões**) F amputation
amputar [ãpu'tar] VT to amputate
Amsterdã [amiʃtex'dã] (BR) N Amsterdam
Amsterdão [amiʃtex'dãw] (PT) N = **Amsterdã**
amuado, -a [a'mwadu, a] ADJ sulky
amuar [a'mwar] VI to sulk
amuleto [amu'letu] M charm
amuo [a'muu] M sulkiness
anã [a'nã] F *de* **anão**
anacrônico, -a [ana'kroniku, a] ADJ anachronistic
anacronismo [anakro'niʒmu] M anachronism
anagrama [ana'grama] M anagram
anágua [a'nagwa] F petticoat
ANAI ABR F = **Associação Nacional de Apoio ao Índio**
anais [a'najʃ] MPL annals
analfabetismo [anawfabe'tʃiʒmu] M illiteracy
analfabeto, -a [anawfa'bɛtu, a] ADJ, M/F illiterate
analgésico, -a [anaw'ʒɛziku, a] ADJ analgesic ■ M painkiller, analgesic
analisar [anali'zar] VT to analyse; **análise** [a'nalizi] F analysis; **analista** [ana'liʃta] M/F analyst; **analista de sistemas** systems analyst
analítico, -a [ana'litʃiku, a] ADJ analytical
analogia [analo'ʒia] F analogy
análogo, -a [a'nalogu, a] ADJ analogous
ananás [ana'naʃ] (*pl* **ananases**) M (BR) *variety of*

pineapple; (*PT*) pineapple
anão, anã [a'nãw, a'nã] (*pl* **-ões/-s**) M/F dwarf
anarquia [anax'kia] F anarchy; (*fig*) chaos
anárquico, -a [a'naxkiku, a] ADJ anarchic
anarquista [anax'kiʃta] M/F anarchist
anarquizar [anaxki'zaʳ] VT (*povo*) to incite to anarchy; (*desordenar*) to mess up; (*ridicularizar*) to ridicule
anátema [a'natema] M anathema
anatomia [anato'mia] F anatomy
anatômico, -a [ana'tomiku, a] ADJ anatomical
anavalhar [anava'ʎaʳ] VT to slash
Anbid (BR) ABR F = **Associação Nacional de Bancos de Investimentos e Desenvolvimento**
anca ['ãka] F (*de pessoa*) hip; (*de animal*) rump
Ancara [ã'kara] N Ankara
ancestrais [ãseʃ'trajʃ] MPL ancestors
anchova [ã'ʃova] F anchovy
ancião, anciã [ã'sjãw, ã'sjã] (*pl* **-ões/-s**) ADJ old ■ M/F old man/woman; (*de uma tribo*) elder
ancinho [ã'siɲu] M rake
anciões [a'sjõjʃ] MPL *de* **ancião**
âncora ['ãkora] F anchor
ancoradouro [ãkora'doru] M anchorage
ancorar [ãko'raʳ] VT, VI to anchor
andada [ã'dada] F walk; **dar uma ~** to go for a walk
andaime [ã'dajmi] M (*Arq*) scaffolding
Andaluzia [ãdalu'zia] F: **a ~** Andalucia
andamento [ãda'mẽtu] M (*progresso*) progress; (*rumo*) course; (*Mús*) tempo; **em ~** in progress; **dar ~ a algo** to set sth in motion
andanças [ã'dãsaʃ] FPL wanderings
andar [ã'daʳ] VI (*ir a pé*) to walk; (*máquina*) to work; (*progredir*) to go, to progress; (*estar*): **ela anda triste** she's been sad lately ■ M (*modo de caminhar*) gait; (*pavimento*) floor, storey (*Brit*), story (*US*); **anda!** hurry up!; **~ com alguém** to have an affair with sb; **~ a cavalo** to ride; **~ de trem/avião/bicicleta** to travel by train/fly/ride a bike
andarilho, -a [ãda'riʎu, a] M/F good walker
ANDC (BR) ABR F = **Associação Nacional de Defesa do Consumidor**
Andes ['ãdʒiʃ] MPL: **os ~** the Andes
Andima (BR) ABR F = **Associação Nacional das Instituições de Mercado Aberto**
andorinha [ãdo'riɲa] F (*pássaro*) swallow
Andorra [ã'dɔxa] F Andorra
andrógino, -a [ã'drɔʒinu, a] ADJ androgynous
anedota [ane'dɔta] F anecdote
anedótico, -a [ane'dɔtʃiku, a] ADJ anecdotal
anel [a'nɛw] (*pl* **-éis**) M ring; (*elo*) link; (*de cabelo*) curl; **~ de casamento** wedding ring
anelado, -a [ane'ladu, a] ADJ curly
anemia [ane'mia] F anaemia (*Brit*), anemia (*US*)
anêmico, -a [a'nemiku, a] ADJ anaemic (*Brit*), anemic (*US*)
anestesia [aneʃte'zia] F anaesthesia (*Brit*), anesthesia (*US*); (*anestésico*) anaesthetic (*Brit*), anesthetic (*US*)
anestesiar [aneʃte'zjaʳ] VT to anaesthetize (*Brit*), anesthetize (*US*)
anestésico [aneʃ'tɛziku] M (*Med*) anaesthetic (*Brit*), anesthetic (*US*)
anestesista [aneʃte'ziʃta] M/F anaesthetist (*Brit*), anesthetist (*US*)
anexação [aneksa'sãw] (*pl* **-ões**) F annexation; (*de documento*) enclosure
anexar [anek'saʳ] VT to annex; (*juntar*) to attach; (*documento*) to enclose; **anexo, -a** [a'nɛksu, a] ADJ attached ■ M annexe; (*de igreja*) hall; (*em carta*) enclosure; (*em e-mail*) attachment; **segue em anexo** please find enclosed
Anfavea (BR) ABR F = **Associação Nacional dos Fabricantes de Veículos Automotores**
anfetamina [ãfeta'mina] F amphetamine
anfíbio, -a [ã'fibju, a] ADJ amphibious ■ M amphibian
anfiteatro [ãfi'tʃjatru] M amphitheatre (*Brit*), amphitheater (*US*); (*no teatro*) dress circle
anfitrião, -triã [ãfi'trjãw, 'trjã] (*pl* **-ões/-s**) M/F host/hostess
angariar [ãga'rjaʳ] VT (*fundos, donativos*) to raise; (*adeptos*) to attract; (*reputação, simpatia*) to gain; **~ votos** to canvass (for votes)
angelical [ãʒeli'kaw] (*pl* **-ais**) ADJ angelic
angina [ã'ʒina] F: **~ do peito** angina (pectoris)
anglicano, -a [ãgli'kanu, a] ADJ, M/F Anglican
anglicismo [ãgli'siʒmu] M Anglicism
anglo-saxão, -saxôni(c)a [ãglosak'sãw, sak'soni(k)a] (*pl* **-ões/-s**) M/F Anglo-Saxon
anglo-saxônico, -a [ãglosak'soniku, a] ADJ Anglo-Saxon
Angola [ã'gɔla] F Angola
angolano, -a [ãgo'lanu, a] ADJ, M/F Angolan
angolense [ãgo'lẽsi] ADJ, M/F Angolan
angorá [ãgo'ra] ADJ angora
angra ['ãgra] F inlet, cove
angu [ã'gu] M corn-meal purée
angular [ãgu'laʳ] ADJ angular
ângulo ['ãgulu] M angle; (*canto*) corner; (*fig*) angle, point of view
angústia [ã'guʃtʃja] F anguish, distress
angustiado, -a [ãguʃ'tʃjadu, a] ADJ distressed
angustiante [ãguʃ'tʃjãtʃi] ADJ distressing; (*momentos*) anxious, nerve-racking
angustiar [ãguʃ'tʃjaʳ] VT to distress
anil [a'niw] M (*cor*) indigo
animação [anima'sãw] F (*vivacidade*) liveliness; (*movimento*) bustle; (*entusiasmo*) enthusiasm
animado, -a [ani'madu, a] ADJ (*vivo*) lively; (*alegre*) cheerful; **~ com** enthusiastic about
animador, a [anima'doʳ(a)] ADJ encouraging ■ M/F (BR: *TV*) presenter
animal [ani'maw] (*pl* **-ais**) ADJ, M animal; **~ de estimação** pet (animal)
animalesco, -a [anima'leʃku, a] ADJ bestial,

brutish

animar [ani'mar] VT (*dar vida*) to liven up; (*encorajar*) to encourage; **animar-se** VR (*alegrar-se*) to cheer up; (*festa etc*) to liven up; **~-se a** to bring o.s. to

ânimo ['animu] M (*coragem*) courage; **~!** cheer up!; **perder o ~** to lose heart; **recobrar o ~** to pluck up courage; (*alegrar-se*) to cheer up

animosidade [animozi'dadʒi] F animosity

aninhar [ani'ɲar] VT to nestle; **aninhar-se** VR to nestle

aniquilação [anikila'sãw] F annihilation

aniquilar [aniki'lar] VT to annihilate; (*destruir*) to destroy; (*prostrar*) to shatter; **aniquilar-se** VR to be annihilated; (*moralmente*) to be shattered

anis [a'niʃ] M aniseed

anistia [aniʃ'tʃia] F amnesty

aniversariante [anivexsa'rjãtʃi] M/F birthday boy/girl

aniversário [anivex'sarju] M anniversary; (*de nascimento*) birthday; (: *festa*) birthday party; **~ de casamento** wedding anniversary

anjo ['ãʒu] M angel; **~ da guarda** guardian angel

ANL (BR) ABR F (= *Aliança Nacional Libertadora*) *1930's left-wing movement*

ano ['anu] M year; **Feliz A~ Novo!** Happy New Year!; **o ~ passado** last year; **o ~ que vem** next year; **por ~** per annum; **fazer ~s** to have a birthday; **ele faz ~s hoje** it's his birthday today; **ter dez ~s** to be ten (years old); **dia de ~s** (PT) birthday; **~ civil** calendar year; **~ corrente** current year; **~ financeiro** financial year; **~ letivo** academic year; (*da escola*) school year

ano-bom M New Year

anões [a'nõjʃ] MPL *de* **anão**

anoitecer [anojte'ser] VI to grow dark ■ M nightfall; **ao ~** at nightfall

anomalia [anoma'lia] F anomaly

anômalo, -a [a'nomalu, a] ADJ anomalous

anonimato [anoni'matu] M anonymity

anônimo, -a [a'nonimu, a] ADJ anonymous; (*Com*): **sociedade anônima** limited company (*Brit*), stock company (*US*)

anoraque [ano'raki] M anorak

anorexia [ano'rɛksja] F anorexia

anoréxico, -a [ano'rɛksiku, a] ADJ anorexic

anormal [anox'maw] (*pl* **-ais**) ADJ abnormal; (*incomum*) unusual; (*excepcional*) handicapped; **anormalidade** [anoxmali'dadʒi] F abnormality

anotação [anota'sãw] (*pl* **-ões**) F (*comentário*) annotation; (*nota*) note

anotar [ano'tar] VT (*tomar nota*) to note down; (*esclarecer*) to annotate

anseio *etc* [ã'seju] VB *v* **ansiar**

ânsia ['ãsja] F (*ansiedade*) anxiety; (*desejo*): **~ (de)** longing (for); **ter ~s (de vômito)** to feel sick

ansiado, -a [ã'sjadu, a] ADJ longed for

ansiar [ã'sjar] VI: **~ por** (*desejar*) to yearn for; **~ por fazer** to long to do

ansiedade [ãsje'dadʒi] F anxiety; (*desejo*) eagerness

ansioso, -a [ã'sjozu, ɔza] ADJ anxious; (*desejoso*) eager

antagônico, -a [ãta'goniku, a] ADJ antagonistic; (*rival*) opposing

antagonismo [ãtago'niʒmu] M (*hostilidade*) antagonism; (*oposição*) opposition

antagonista [ãtago'niʃta] M/F antagonist; (*adversário*) opponent

antártico, -a [ã'taxtʃiku, a] ADJ antarctic ■ M: **o A~** the Antarctic

ante ['ãtʃi] PREP (*na presença de*) before; (*em vista de*) in view of, faced with

antebraço [ãtʃi'brasu] M forearm

antecedência [ãtese'dẽsja] F: **com ~** in advance; **3 dias de ~** three days' notice

antecedente [ãtese'dẽtʃi] ADJ (*anterior*) preceding ■ M antecedent; **antecedentes** MPL (*registro*) record *sg*; (*passado*) background *sg*; **~s criminais** criminal record *sg ou* past *sg*

anteceder [ãtese'der] VT to precede

antecessor, a [ãtese'sor(a)] M/F predecessor

antecipação [ãtesipa'sãw] F anticipation; **com um mês de ~** a month in advance; **~ de pagamento** advance (payment)

antecipadamente [ãtesipada'mẽtʃi] ADV in advance, beforehand; **pagar ~** to pay in advance

antecipado, -a [ãtesi'padu, a] ADJ (*pagamento*) (in) advance

antecipar [ãtesi'par] VT to anticipate, forestall; (*adiantar*) to bring forward; **antecipar-se** VR (*adiantar-se*) to be previous

antegozar [ãtego'zar] VT to anticipate

antemão [ante'mãw]: **de ~** ADV beforehand

antena [ã'tɛna] F (*Bio*) antenna, feeler; (*Radio, TV*) aerial; **~ direcional** directional aerial; **~ parabólica** satellite dish

anteontem [ãtʃi'õtẽ] ADV the day before yesterday

anteparo [ãte'paru] M (*proteção*) screen

antepassado [ãtʃipa'sadu] M ancestor

antepor [ãte'por] (*irreg*) VT (*pôr antes*) to put before; **antepor-se** VR to anticipate

anteprojeto [ãtepro'ʒɛtu] (PT **-ect-**) M outline, draft; **~ de lei** draft bill

antepunha *etc* [ãte'puɲa] VB *v* **antepor**

antepus *etc* [ãte'puʃ] VB *v* **antepor**

antepuser *etc* [ãtepu'zer] VB *v* **antepor**

anterior [ãte'rjor] ADJ (*prévio*) previous; (*antigo*) former; (*de posição*) front

antes ['ãtʃiʃ] ADV before; (*antigamente*) formerly; (*ao contrário*) rather ■ PREP: **~ de** before; **o quanto ~** as soon as possible; **~ de partir** before leaving; **~ do tempo** ahead of time; **~ de tudo** above all; **~ que** before

ante-sala F ante-room

antever [ãte'ver] (*irreg*) VT to anticipate, foresee

antevisto, -a [ãte'viʃtu, a] PP *de* **antever**

anti- [ãtʃi] PREFIXO anti-

antiácido, -a [ã'tʃjasidu, a] ADJ antacid ■ M antacid

antiaéreo, -a [ãtʃja'ɛrju, a] ADJ anti-aircraft

antiamericano, -a [ãtʃjameri'kanu, a] ADJ anti-American

antibiótico, -a [ãtʃi'bjɔtʃiku, a] ADJ antibiotic ■ M antibiotic
anticaspa [ãtʃi'kaʃpa] ADJ INV anti-dandruff
anticiclone [ãtʃisi'klɔni] M anticyclone
anticlímax [ãtʃi'klimaks] M anticlimax
anticoncepcional [ãtʃikõsepsjo'naw] (*pl* **-ais**) ADJ, M contraceptive
anticongelante [ãtʃikõʒe'lãtʃi] M antifreeze
anticonstitucional [ãtʃikõʃtʃitusjo'naw] (*pl* **-ais**) ADJ unconstitutional
anticorpo [ãtʃi'koxpu] M antibody
antidemocrático, -a [ãtʃidemo'kratʃiku, a] ADJ undemocratic
antidepressivo, -a [ãtʃidepre'sivu, a] ADJ antidepressant ■ M anti-depressant
antiderrapante [ãtʃidexa'pãtʃi] ADJ (*pneu*) non-skid
antídoto [ã'tʃidotu] M antidote
antiestético, -a [ãtʃjeʃ'tɛtʃiku, a] ADJ tasteless
antiético, -a [ã'tʃjɛtʃiku, a] ADJ unethical
antigamente [ãtʃiga'mẽtʃi] ADV formerly; (*no passado*) in the past
antiglobalização [ãtʃiglobaliza'sãw] F antiglobalization
antigo, -a [ã'tʃigu, a] ADJ old; (*histórico*) ancient; (*de estilo*) antique; (*chefe etc*) former; **ele é muito ~ na firma** he's been with the firm for many years; **os ~s** (*gregos etc*) the ancients
Antígua [ã'tʃigwa] F Antigua
antiguidade [ãtʃigi'dadʒi] F antiquity, ancient times *pl*; (*de emprego*) seniority; **antiguidades** FPL (*monumentos*) ancient monuments; (*artigos*) antiques
anti-higiênico, -a ADJ unhygienic
anti-histamínico, -a [-iʃta'miniku, a] ADJ antihistamine ■ M antihistamine
anti-horário, -a ADJ anticlockwise
antilhano, -a [ãtʃi'ʎanu, a] ADJ, M/F West Indian
Antilhas [ã'tʃiʎaʃ] FPL: **as ~** the West Indies
antílope [ã'tʃilopi] M antelope
antipatia [ãtʃipa'tʃia] F antipathy, dislike; **antipático, -a** [ãtʃi'patʃiku, a] ADJ unpleasant, unfriendly
antipatizar [ãtʃipatʃi'zaʳ] VI: **~ com alguém** to dislike sb
antipatriótico, -a [ãtʃipa'trjɔtʃiku, a] ADJ unpatriotic
antipoluente [ãtʃipo'lwẽtʃi] ADJ non-pollutant
antiquado, -a [ãtʃi'kwadu, a] ADJ antiquated; (*fora de moda*) out of date, old-fashioned
antiquário, -a [ãtʃi'kwarju, a] M/F antique dealer ■ M (*loja*) antique shop
antiquíssimo, -a [ãtʃi'kisimu, a] ADJ SUPERL *de* **antigo**
anti-semita ADJ anti-Semitic
anti-semitismo [-semi'tʃiʒmu] M anti-Semitism
anti-séptico, -a ADJ antiseptic ■ M antiseptic
anti-social (*pl* **-ais**) ADJ antisocial
antítese [ã'tʃitezi] F antithesis
antitruste [ãtʃi'truʃtʃi] ADJ: **legislação ~** (*Com*) antitrust legislation
antivírus [[ˆ]tʃi'viruʃ] M INV (*Comput*) antivirus
antolhos [ã'tɔʎuʃ] MPL (*pala*) eye-shade *sg*; (*de cavalo*) blinkers
antologia [ãtolo'ʒia] F anthology
antônimo [ã'tonimu] M antonym
antro ['ãtru] M cave, cavern; (*de animal*) lair; (*de ladrões*) den
antropofagia [ãtropofa'ʒia] F cannibalism
antropófago, -a [ãtro'pɔfagu, a] M/F cannibal
antropologia [ãtropolo'ʒia] F anthropology
antropólogo, -a [ãtro'pɔlogu, a] M/F anthropologist
ANTTUR (BR) ABR F = **Associação Nacional de Transportadores de Turismo e Agências de Viagens**
anual [a'nwaw] (*pl* **-ais**) ADJ annual, yearly
anuário [a'nwarju] M yearbook
anuidade [anwi'dadʒi] F annuity
anuir [a'nwiʳ] VI: **~ a** to agree to; **~ com** to comply with
anulação [anula'sãw] (*pl* **-ões**) F cancellation; (*de contrato, casamento*) annulment
anular [anu'laʳ] VT to cancel; (*contrato, casamento*) to annul; (*efeito*) to cancel out ■ M ring finger
anunciante [anũ'sjãtʃi] M (*Com*) advertiser
anunciar [anũ'sjaʳ] VT to announce; (*Com: produto*) to advertise
anúncio [a'nũsju] M announcement; (*Com*) advertisement, advert; (*cartaz*) notice; **~ luminoso** neon sign; **~s classificados** small *ou* classified ads
ânus ['anuʃ] M INV anus
anverso [ã'vɛxsu] M (*de moeda*) obverse
anzol [ã'zɔw] (*pl* **-óis**) M fish-hook
ao [aw] = **a + o**; *v* **a**
aonde [a'õdʃi] ADV where; **~ quer que** wherever
aos [awʃ] = **a + os**; *v* **a**
AP ABR = **Amapá**
Ap. ABR = **apartamento**
apadrinhar [apadri'ɲaʳ] VT (*ser padrinho*) to act as godfather to; (: *de noivo*) to be best man to; (*proteger*) to protect; (*patrocinar*) to support
apagado, -a [apa'gadu, a] ADJ (*fogo*) out; (*luz elétrica*) off; (*indistinto*) faint; (*pessoa*) dull
apagar [apa'gaʳ] VT (*fogo*) to put out; (*luz elétrica*) to switch off; (*vela*) to blow out; (*com borracha*) to rub out, erase; (*quadro-negro*) to clean; (*Comput*) to delete, erase; **apagar-se** VR to go out; (*desmaiar*) to pass out; (*col: dormir*) to nod off
apaguei *etc* [apa'gej] VB *v* **apagar**
apaixonante [apajʃo'nãtʃi] ADJ captivating
apaixonado, -a [apajʃo'nadu, a] ADJ (*pessoa*) in love; (*discurso*) impassioned; (*pessoa*): **ele está ~ por ela** he is in love with her; **ele é ~ por tênis** he's mad about tennis

NB: *European Portuguese adds the following consonants to certain words*: **b** (sú(b)dito, su(b)til); **c** (a(c)ção, a(c)cionista, a(c)to); **m** (inde(m)ne); **p** (ado(p)çã, ado(p)tar); *for further details see p. xiii.*

apaixonar-se [apajʃo'naxsi] VR: **~ por** to fall in love with
Apalaches [apa'laʃiʃ] MPL: **os ~** the Appalachians
apalermado, -a [apalex'madu, a] ADJ silly
apalpadela [apawpa'dɛla] F touch
apalpar [apaw'paʳ] VT to touch, feel; (*Med*) to examine
apanhado [apa'ɲadu] M (*de flores*) bunch; (*resumo*) summary; (*pregas*) gathering
apanhar [apa'ɲaʳ] VT to catch; (*algo à mão, do chão*) to pick up; (*ir buscar, surra, táxi*) to get; (*flores, frutas*) to pick; (*agarrar*) to grab ■ VI (*ser espancado*) to get a beating; (*em jogo*) to take a beating; **~ sol/chuva** to sunbathe/get soaked
apaniguado, -a [apani'gwadu, a] M/F (*protegido*) protégé(e)
apapagaiado, -a [apapaga'jadu, a] ADJ loud, garish
apara [a'para] F (*de madeira*) shaving; (*de papel*) clipping
aparador [apara'doʳ] M sideboard
aparafusar [aparafu'zaʳ] VT to screw
apara-lápis [apara'lapiʃ] (PT) M pencil sharpener
aparar [apa'raʳ] VT (*cabelo*) to trim; (*lápis*) to sharpen; (*algo arremessado*) to catch; (*pancada*) to parry; (*madeira*) to plane
aparato [apa'ratu] M pomp; (*coleção*) array
aparatoso, -a [apara'tozu, ɔza] ADJ grand
aparecer [apare'seʳ] VI to appear; (*apresentar-se*) to turn up; (*ser publicado*) to be published; **~ em casa de alguém** to call on sb; **aparecimento** [aparesi'mẽtu] M appearance; (*publicação*) publication
aparelhado, -a [apare'ʎadu, a] ADJ (*preparado*) ready, prepared; (*madeira*) planed
aparelhagem [apare'ʎaʒẽ] F equipment; (*carpintaria*) finishing; (*Náut*) rigging
aparelhar [apare'ʎaʳ] VT (*preparar*) to prepare, get ready; (*Náut*) to rig; **aparelhar-se** VR to get ready
aparelho [apa'reʎu] M apparatus; (*equipamento*) equipment; (*Pesca*) tackle, gear; (*máquina*) machine; (*BR: fone*) telephone; (*Pol*) hide-out; **~ de barbear** electric shaver; **~ de chá** tea set; **~ de rádio/TV** radio/TV set; **~ digestivo** digestive system; **~ doméstico** domestic appliance; **~ sanitário** bathroom suite
aparência [apa'rẽsja] F appearance; (*aspecto*) aspect; **na ~** apparently; **sob a ~ de** under the guise of; **manter as ~s** to keep up appearances; **salvar as ~s** to save face; **as ~s enganam** appearances are deceptive
aparentado, -a [aparẽ'tadu, a] ADJ related; **bem ~** well connected
aparentar [aparẽ'taʳ] VT (*fingir*) to feign; (*parecer*) to give the appearance of
aparente [apa'rẽtʃi] ADJ apparent; (*concreto, madeira*) exposed
aparição [apari'sãw] (*pl* **-ões**) F (*visão*) apparition; (*fantasma*) ghost
aparo [a'paru] (PT) M (*de caneta*) (pen) nib
apartamento [apaxta'mẽtu] M apartment, flat (*Brit*)
apartar [apax'taʳ] VT to separate; **apartar-se** VR to separate
aparte [a'paxtʃi] M (*Teatro*) aside
apartheid [apax'tajdʒi] M apartheid
aparvalhado, -a [apaxva'ʎadu, a] ADJ idiotic
apatetado, -a [apate'tadu, a] ADJ sluggish
apatia [apa'tʃia] F apathy
apático, -a [a'patʃiku, a] ADJ apathetic
apátrida [a'patrida] M/F stateless person
apavorado, -a [apavo'radu, a] ADJ terrified
apavoramento [apavora'mẽtu] M terror
apavorante [apavo'rãtʃi] ADJ terrifying
apavorar [apavo'raʳ] VT to terrify ■ VI to be terrifying; **apavorar-se** VR to be terrified
apaziguar [apazi'gwaʳ] VT to appease; **apaziguar-se** VR to calm down
apear-se [a'pjaxsi] VR: **~ de** (*cavalo*) to dismount from
apedrejar [apedre'ʒaʳ] VT to stone
apegado, -a [ape'gadu, a] ADJ: **ser ~ a** (*gostar de*) to be attached to, attached
apegar-se [ape'gaxsi] VR: **~ a** (*afeiçoar-se*) to become attached to
apego [a'pegu] M (*afeição*) attachment
apeguei *etc* [ape'gej] VB *v* **apegar**
apelação [apela'sãw] (*pl* **-ões**) F appeal
apelante [ape'lãtʃi] M/F appellant
apelar [ape'laʳ] VI to appeal; **~ da sentença** (*Jur*) to appeal against the sentence; **~ para** to appeal to; **~ para a ignorância/violência** to resort to abuse/violence
apelidar [apeli'daʳ] VT (*BR*) to nickname; (*PT*) to give a surname to; **apelidar-se** VR: **~-se de** to go by the name of; **Eduardo, apelidado de Dudu** Eduardo, nicknamed Dudu
apelido [ape'lidu] M (*PT: nome de família*) surname; (*BR: alcunha*) nickname; **feio é ~!** (*col*) ugly is not the word for it!
apelo [a'pelu] M appeal
apenas [a'pɛnaʃ] ADV only
apêndice [a'pẽdʒisi] M appendix; (*anexo*) supplement
apendicite [apẽdʒi'sitʃi] F appendicitis
Apeninos [ape'ninuʃ] MPL: **os ~** the Apennines
apenso, -a [a'pẽsu, a] ADJ (*documento*) attached
apequenar [apeke'naʳ] VT to belittle
aperceber-se [apexse'bexsi] VR: **~ de** to notice, see
aperfeiçoamento [apexfejswa'mẽtu] M (*perfeição*) perfection; (*melhoramento*) improvement
aperfeiçoar [apexfej'swaʳ] VT to perfect; (*melhorar*) to improve; **aperfeiçoar-se** VR to improve o.s
aperitivo [aperi'tʃivu] M aperitif
aperreação [apexja'sãw] F annoyance
aperreado, -a [ape'xjadu, a] ADJ fed up
aperrear [ape'xjaʳ] VT to annoy
apertado, -a [apex'tadu, a] ADJ tight; (*estreito*)

narrow; (*sem dinheiro*) hard-up; (*vida*) hard
apertar [apex'ta^{r}] VT (*agarrar*) to hold tight; (*roupa*) to take in; (*cinto*) to tighten; (*esponja*) to squeeze; (*botão*) to press; (*despesas*) to limit; (*vigilância*) to step up; (*coração*) to break; (*fig: pessoa*) to put pressure on ■ VI (*sapatos*) to pinch; (*chuva, frio*) to get worse; (*estrada*) to narrow; **apertar-se** VR (*com roupa*) to corset o.s; (*reduzir despesas*) to cut down (on expenses); (*ter problemas financeiros*) to feel the pinch; **~ em** (*insistir*) to insist on, press; **~ a mão de alguém** (*cumprimentar*) to shake hands with sb
aperto [a'pextu] M (*pressão*) pressure; (*situação difícil*) spot of bother, jam; **um ~ de mãos** a handshake
apesar [ape'za^{r}] PREP: **~ de** in spite of, despite; **~ disso** nevertheless; **~ de que** in spite of the fact that, even though
apetecer [apete'se^{r}] VI (*comida*) to be appetizing; **esse prato não me apetece** I don't fancy that dish
apetecível [apete'sivew] (*pl* **-eis**) ADJ tempting
apetite [ape'tʃitʃi] M appetite; (*desejo*) desire; (*fig: ânimo*) go; **abrir o ~** to get up an appetite; **bom ~!** enjoy your meal!
apetitoso, -a [apeti'tozu, ɔza] ADJ appetizing
apetrechar [apetre'ʃa^{r}] VT to fit out, equip
apetrechos [ape'treʃuʃ] MPL gear *sg*; (*Pesca*) tackle *sg*
ápice ['apisi] M (*cume*) summit, top; (*vértice*) apex; **num ~** (PT) in a trice
apicultura [apikuw'tura] F beekeeping, apiculture
apiedar-se [apje'daxsi] VR: **~ de** (*ter piedade*) to pity; (*compadecer-se*) to take pity on
apimentado, -a [apimẽ'tadu, a] ADJ peppery
apimentar [apimẽ'ta^{r}] VT to pepper
apinhado, -a [api'ɲadu, a] ADJ crowded
apinhar [api'ɲa^{r}] VT to crowd, pack; **apinhar-se** VR (*aglomerar-se*) to crowd together; **~-se de** (*gente*) to be filled *ou* packed with
apitar [api'ta^{r}] VI to whistle; (*col*): **ele não apita em nada em casa** he doesn't have a say in anything at home ■ VT (*jogo*) to referee; **apito** [a'pitu] M whistle
aplacar [apla'ka^{r}] VT to placate ■ VI to calm down; **aplacar-se** VR to calm down
aplainar [aplaj'na^{r}] VT (*madeira*) to plane; (*nivelar*) to level out
aplanar [apla'na^{r}] VT (*alisar*) to smooth; (*nivelar*) to level; (*dificuldades*) to smooth over
aplaudir [aplaw'dʒi^{r}] VT to applaud
aplauso [a'plawzu] M applause; (*apoio*) support; (*elogio*) praise; (*aprovação*) approval; **~s** applause *sg*
aplicação [aplika'sãw] (*pl* **-ões**) F application; (*esforço*) effort; (*Costura*) appliqué; (*da lei*) enforcement; (*de dinheiro*) investment; (*de aluno*) diligence; **pacote de aplicações** (*Comput*) applications package
aplicado, -a [apli'kadu, a] ADJ hard-working
aplicar [apli'ka^{r}] VT to apply; (*lei*) to enforce; (*dinheiro*) to invest; **aplicar-se** VR: **~-se a** to devote o.s. to, apply o.s. to
aplicativo, -a [aplika'tʃivu, a] ADJ: **pacote/software ~** applications package/software ■ M (*Comput*) applications program
aplicável [apli'kavew] (*pl* **-eis**) ADJ applicable
aplique [a'pliki] M (*luz*) wall light; (*peruca*) hairpiece
apliquei *etc* [apli'kej] VB *v* **aplicar**
apocalipse [apoka'lipsi] F apocalypse
apócrifo, -a [a'pɔkrifu, a] ADJ apocryphal
apoderar-se [apode'raxsi] VR: **~ de** to seize, take possession of
apodrecer [apodre'se^{r}] VT to rot; (*dente*) to decay ■ VI to rot, decay
apodrecimento [apodresi'mẽtu] M rottenness, decay; (*de dentes*) decay
apogeu [apo'ʒew] M (*Astronomia*) apogee; (*fig*) height, peak
apoiar [apo'ja^{r}] VT to support; (*basear*) to base; (*moção*) to second; **apoiar-se** VR: **~-se em** to rest on
apoio [a'poju] M support; (*financeiro*) backing; **~ moral** moral support
apólice [a'pɔlisi] F (*certificado*) policy, certificate; (*ação*) share, bond; **~ de seguro** insurance policy
apologia [apolo'ʒia] F (*elogio*) eulogy; (*defesa*) defence (*Brit*), defense (*US*)
apologista [apolo'ʒiʃta] M/F apologist
apontador [apõta'do^{r}] M pencil sharpener
apontamento [apõta'mẽtu] M (*nota*) note
apontar [apõ'ta^{r}] VT (*fusil*) to aim; (*erro*) to point out; (*com o dedo*) to point at *ou* to; (*razão*) to put forward; (*nomes*) to name ■ VI (*aparecer*) to begin to appear; (*brotar*) to sprout; (*com o dedo*) to point; **~!** take aim!; **~ para** to point to; (*com arma*) to aim at
apoplético, -a [apo'plɛtʃiku, a] ADJ apoplectic
apoquentar [apokẽ'ta^{r}] VT to annoy, pester; **apoquentar-se** VR to get annoyed
aporrinhação [apoxiɲa'sãw] F annoyance
aporrinhar [apoxi'ɲa^{r}] VT to pester, annoy
aportar [apox'ta^{r}] VI to dock
aportuguesado, -a [apoxtuge'zadu, a] ADJ made Portuguese
após [a'pɔjʃ] PREP after
aposentado, -a [apozẽ'tadu, a] ADJ retired ■ M/F retired person, pensioner; **ser ~** to be retired; **aposentadoria** [apozẽtado'ria] F retirement; (*dinheiro*) pension
aposentar [apozẽ'ta^{r}] VT to retire; **aposentar-se** VR to retire
aposento [apo'zẽtu] M room
após-guerra M post-war period; **a Alemanha do ~** post-war Germany

NB: *European Portuguese adds the following consonants to certain words:* **b** (sú(b)dito, su(b)til); **c** (a(c)ção, a(c)cionista, a(c)to); **m** (inde(m)ne); **p** (ado(p)çã, ado(p)tar); *for further details see p. xiii.*

apossar-se [apo'saxsi] VR: **~ de** to take possession of, seize
aposta [a'pɔʃta] F bet
apostar [apoʃ'ta^{r}] VT to bet ■ VI: **~ em** to bet on
a posteriori [apoʃte'rjɔri] ADV afterwards
apostila [apoʃ'tʃila] F students' notes *pl*, study aid
apóstolo [a'pɔʃtolu] M apostle
apóstrofo [a'pɔʃtrofu] M apostrophe
apoteose [apote'ɔzi] F apotheosis
aprazar [apra'za^{r}] VT to allow
aprazer [apra'ze^{r}] VI to be pleasing; **~ a alguém** to please sb; **ele faz o que lhe apraz** he does as he pleases; **aprazia-lhe escrever cartas** he liked to write letters
aprazível [apra'zivew] (*pl* **-eis**) ADJ pleasant
apreçar [apre'sa^{r}] VT to value, price
apreciação [apresja'sãw] F appreciation
apreciar [apre'sja^{r}] VT to appreciate; (*gostar de*) to enjoy
apreciativo, -a [apresja'tʃivu, a] ADJ appreciative
apreciável [apre'sjavew] (*pl* **-eis**) ADJ appreciable
apreço [a'presu] M (*estima*) esteem, regard; (*consideração*) consideration; **em ~** in question
apreender [aprjẽ'de^{r}] VT to apprehend; (*tomar*) to seize; (*entender*) to grasp
apreensão [aprjẽ'sãw] (*pl* **-ões**) F (*percepção*) perception; (*tomada*) seizure, arrest; (*receio*) apprehension
apreensivo, -a [aprjẽ'sivu, a] ADJ apprehensive
apreensões [aprjẽ'sõjʃ] FPL *de* **apreensão**
apregoar [apre'gwa^{r}] VT to proclaim, announce; (*mercadorias*) to cry
aprender [aprẽ'de^{r}] VT, VI to learn; **~ a ler** to learn to read; **~ de cor** to learn by heart
aprendiz [aprẽ'dʒiʒ] M apprentice; (*condutor*) learner
aprendizado [aprendʒi'zadu] M (*num ofício*) apprenticeship; (*numa profissão*) training; (*escolar*) learning
aprendizagem [aprẽdʒi'zaʒẽ] F (*num ofício*) apprenticeship; (*numa profissão*) training; (*escolar*) learning
apresentação [aprezẽta'sãw] (*pl* **-ões**) F presentation; (*de peça, filme*) performance; (*de pessoas*) introduction; (*porte pessoal*) appearance; **~ de contas** (*Com*) rendering of accounts
apresentador, a [aprezẽta'do^{r}(a)] M/F presenter
apresentar [aprezẽ'ta^{r}] VT to present; (*pessoas*) to introduce; (*entregar*) to hand; (*trabalho, documento*) to submit; (*queixa*) to lodge; **apresentar-se** VR (*identificar-se*) to introduce o.s.; (*problema*) to present itself; (*à polícia etc*) to report; **quero ~-lhe** may I introduce you to
apresentável [aprezẽ'tavew] (*pl* **-eis**) ADJ presentable
apressado, -a [apre'sadu, a] ADJ hurried, hasty; **estar ~** to be in a hurry
apressar [apre'sa^{r}] VT to hurry, hasten; **apressar-se** VR to hurry (up)
aprestar [apreʃ'ta^{r}] VT (*aparelhar*) to equip, fit out; (*aprontar*) to get ready; **aprestar-se** VR to get ready
aprestos [a'prɛʃtuʃ] MPL (*preparativos*) preparations
aprimorado, -a [aprimo'radu, a] ADJ (*trabalho*) polished; (*pessoa*) elegant
aprimorar [aprimo'ra^{r}] VT to improve; **aprimorar-se** VR (*no vestir*) to make o.s. look nice
a priori [a'prjɔri] ADV beforehand
aprisionamento [aprizjona'mẽtu] M imprisonment
aprisionar [aprizjo'na^{r}] VT (*cativar*) to capture; (*encarcerar*) to imprison
aprofundar [aprofũ'da^{r}] VT to deepen, make deeper; **aprofundar-se** VR: **~ -se em** to go deeper into
aprontar [aprõ'ta^{r}] VT to get ready, prepare; (*briga*) to pick ■ VI (*col*) to play up; **aprontar-se** VR to get ready; **~ alguma** (*col*) to be up to something
apropriação [aproprja'sãw] (*pl* **-ões**) F appropriation; (*tomada*) seizure; **~ de custos** (*Com*) cost appropriation
apropriado, -a [apro'prjadu, a] ADJ appropriate, suitable
apropriar [apro'prja^{r}] VT to appropriate; **apropriar-se** VR: **~-se de** to seize, take possession of
aprovação [aprova'sãw] F approval; (*louvor*) praise; (*num exame*) pass
aprovado, -a [apro'vadu, a] ADJ approved; **ser ~ num exame** to pass an exam; **o índice de ~s** the pass rate
aprovar [apro'va^{r}] VT to approve of; (*exame*) to pass ■ VI to make the grade, come up to scratch
aproveitador, a [aprovejta'do^{r}(a)] M/F opportunist
aproveitamento [aprovejta'mẽtu] M use, utilization; (*nos estudos*) progress
aproveitar [aprovej'ta^{r}] VT (*tirar proveito de*) to take advantage of; (*utilizar*) to use; (*não desperdiçar*) to make the most of; (*oportunidade*) to take; (*fazer bom uso de*) to make good use of ■ VI to make the most of it; (PT) to be of use; **não aproveita** it's no use; **aproveite!** enjoy yourself!, have a good time!
aproveitável [aprovej'tavew] (*pl* **-eis**) ADJ usable
aprovisionamento [aprovizjona'mẽtu] M supply, provision
aprovisionar [aprovizjo'na^{r}] VT to supply; (*estocar*) to stock
aproximação [aprosima'sãw] (*pl* **-ões**) F (*estimativa*) approximation; (*chegada*) approach; (*proximidade*) nearness, closeness
aproximado, -a [aprosi'madu, a] ADJ (*cálculo*) approximate; (*perto*) nearby
aproximar [aprosi'ma^{r}] VT to bring near; (*aliar*) to bring together; **aproximar-se** VR: **~-se de** (*acercar-se*) to approach

aprumado, -a [apru'madu, a] ADJ vertical; (*altivo*) upright; (*elegante*) well-dressed
aprumo [a'prumu] M vertical position; (*elegância*) elegance; (*altivez*) haughtiness
aptidão [aptʃi'dãw] F aptitude, ability; (*jeito*) knack; **~ física** physical fitness
aptitude [aptʃi'tudʒi] F aptitude, ability; (*jeito*) knack
apto, -a ['aptu, a] ADJ apt; (*capaz*) capable
apto. ABR = **apartamento**
APU (PT) ABR F (= *Aliança Povo Unido*) *political party*
apunhalar [apuɲa'la^{r}] VT to stab
apuração [apura'sãw] F (*de votos*) counting; (*descoberta*) ascertainment; (*averiguação*) investigation; **~ de contas** (*Com*) settlement of accounts; **~ de custos** (*Com*) costing
apurado, -a [apu'radu, a] ADJ refined
apurar [apu'ra^{r}] VT (*aperfeiçoar*) to perfect; (*descobrir*) to find out; (*averiguar*) to investigate; (*dinheiro*) to raise, get; (*votos*) to count; **apurar-se** VR (*no trajar*) to dress up
apuro [a'puru] M (*elegância*) refinement, elegance; (*dificuldade*) difficulty; **estar em ~s** to be in trouble
aquarela [akwa'rɛla] F watercolour (*Brit*), watercolor (*US*)
aquário [a'kwarju] M aquarium; **A~** (*Astrologia*) Aquarius
aquartelar [akwaxte'la^{r}] VT (*Mil*) to billet, quarter
aquático, -a [a'kwatʃiku, a] ADJ aquatic, water *atr*
aquecedor, a [akese'do^{r}(a)] ADJ warming ■ M heater
aquecer [ake'se^{r}] VT to heat ■ VI to heat up; **aquecer-se** VR to heat up; **aquecido, -a** [ake'sidu, a] ADJ heated; **aquecimento** [akesi'mẽtu] M heating; (*da economia*) acceleration; **aquecimento central** central heating; **aquecimento global** global warming
aqueduto [ake'dutu] M aqueduct
aquele, -ela [a'keli, ɛla] ADJ (*sg*) that; (*pl*) those ■ PRON (*sg*) that one; (*pl*) those; **sem mais aquela** (*inesperadamente*) all of a sudden; (*sem cerimônia*) without so much as a "by your leave"; **foi aquela confusão** it was a real mess
àquele, -ela [a'keli, ɛla] = **a + aquele**
aquém [a'kẽj] ADV on this side; **~ de** on this side of
aqui [a'ki] ADV here; **eis ~** here is/are; **~ mesmo** right here; **até ~** up to here; **por ~** hereabouts; (*nesta direção*) this way; **por ~ e por ali** here and there; **estou por ~!** (*col*) I've had it up to here!; *v tb* **daqui**
aquiescência [akje'sẽsja] F consent
aquiescer [akje'se^{r}] VI: **~ (a)** to consent (to)
aquietar [akje'ta^{r}] VT to calm, quieten; **aquietar-se** VR to calm down
aquilatar [akila'ta^{r}] VT (*metais*) to value; (*avaliar*) to evaluate
aquilo [a'kilu] PRON that; **~ que** what
àquilo [a'kilu] = **a + aquilo**
aquisição [akizi'sãw] (*pl* **-ões**) F acquisition
aquisitivo, -a [akizi'tʃivu, a] ADJ: **poder ~** purchasing power
ar [a^{r}] M air; (*aspecto*) look; (*brisa*) breeze; (*PT: Auto*) choke; **ares** MPL (*atitude*) airs; (*clima*) climate *sg*; **ao ar livre** in the open air; **ir ao/sair do ar** (*TV, Rádio*) to go on/off the air; **no ar** (*TV, Rádio*) on air; (*fig: planos*) up in the air; **dar-se ares** to put on airs; **ir pelos ares** (*explodir*) to blow up; **tomar ar** to get some air; **ar condicionado** (*aparelho*) air conditioner; (*sistema*) air conditioning
árabe ['arabi] ADJ, M/F Arab ■ M (*Ling*) Arabic
Arábia [a'rabja] F: **a ~ Saudita** Saudi Arabia
arado [a'radu] M plough (*Brit*), plow (*US*)
aragem [a'raʒẽ] (*pl* **-ns**) F breeze
arame [a'rami] M wire; **~ farpado** barbed wire
aranha [a'raɲa] F spider
aranha-caranguejeira [-karãge'ʒejra] (*pl* **aranhas-caranguejeiras**) F bird-eating spider
arapuca [ara'puka] F trap; (*truque*) trick
arar [a'ra^{r}] VT to plough (*Brit*), plow (*US*)
araque [a'raki] M: **de ~** (*col*) phony, bogus
arara [a'rara] F macaw; **estar/ficar uma ~** (*fig*) to be/get angry
arbitragem [axbi'traʒẽ] F arbitration; (*Esporte*) refereeing
arbitrar [axbi'tra^{r}] VT to arbitrate; (*Esporte*) to referee; (*adjudicar*) to award
arbitrariedade [axbitrarje'dadʒi] F arbitrariness; (*ato*) arbitrary act
arbitrário, -a [axbi'trarju, a] ADJ arbitrary
arbítrio [ax'bitrju] M decision; **ao ~ de** at the discretion of
árbitro ['axbitru] M (*juiz*) arbiter; (*Jur*) arbitrator; (*Futebol*) referee; (*Tênis*) umpire
arborizado, -a [axbori'zadu, a] ADJ green, wooded; (*rua*) tree-lined
arborizar [axbori'za^{r}] VT to plant with trees
arbusto [ax'buʃtu] M shrub, bush
arca ['axka] F chest, trunk; **~ de Noé** Noah's Ark
arcabouço [axka'bosu] M outline(s)
arcada [ax'kada] F (*série de arcos*) arcade; (*arco*) arch, span; **~ dentária** dental ridge
arcaico, -a [ax'kajku, a] ADJ archaic; (*antiquado*) antiquated
arcanjo [ax'kãʒu] M archangel
arcar [ax'ka^{r}] VT: **~ com** (*responsabilidades*) to shoulder; (*despesas*) to handle; (*conseqüencias*) to take
arcebispo [arse'biʃpu] M archbishop
arco ['axku] M (*Arq*) arch; (*Mil, Mús*) bow; (*Elet, Mat*) arc; (*de barril*) hoop
arco-da-velha M: **coisa/história do ~** amazing thing/story
arco-íris M INV rainbow

NB: *European Portuguese adds the following consonants to certain words:* **b** (sú(b)dito, su(b)til); **c** (a(c)ção, a(c)cionista, a(c)to); **m** (inde(m)ne); **p** (ado(p)çã, ado(p)tar); *for further details see p. xiii.*

ardente [ax'dẽtʃi] ADJ burning; (*intenso*) fervent; (*apaixonado*) ardent
arder [ax'de^{r}] VI to burn; (*pele, olhos*) to sting; **~ de febre** to burn up with fever; **~ de raiva** to seethe (with rage)
ardido, -a [ax'dʒidu, a] ADJ (*picante*) hot
ardil [ax'dʒiw] (*pl* **-is**) M trick, ruse
ardiloso, -a [axdʒi'lozu, ɔza] ADJ cunning
ardis [ax'dʒiʃ] MPL *de* **ardil**
ardor [ax'do^{r}] M (*paixão*) ardour (*Brit*), ardor (*US*), passion; **ardoroso, -a** [axdo'rozu, ɔza] ADJ ardent
ardósia [ax'dɔzja] F slate
árduo, -a ['axdwu, a] ADJ arduous; (*difícil*) hard, difficult
área ['arja] F area; (*Esporte*) penalty area; (*fig*) field; **~ (de serviço)** balcony (*for hanging washing etc*)
arear [a'rja^{r}] VT to polish
areia [a'reja] F sand; **~ movediça** quicksand
arejado, -a [are'ʒadu, a] ADJ aired, ventilated
arejar [are'ʒa^{r}] VT to air ■ VI to get some air; (*descansar*) to have a breather; **arejar-se** VR to get some air; to have a break
ARENA (*BR*) ABR F (= *Aliança Renovadora Nacional*) *former political party*
arena [a'ɾena] F arena; (*de circo*) ring
arenito [are'nitu] M sandstone
arenoso, -a [are'nozu, ɔza] ADJ sandy
arenque [a'rẽki] M herring
aresta [a'rɛʃta] F edge
arfar [ax'fa^{r}] VI (*ofegar*) to pant, gasp for breath; (*Náut*) to pitch
argamassa [axga'masa] F mortar
argamassar [axgama'sa^{r}] VT to cement
Argel [ax'ʒɛw] N Algiers
Argélia [ax'ʒɛlja] F: **a ~** Algeria
argelino, -a [axʒe'linu, a] ADJ, M/F Algerian
Argentina [axʒẽ'tʃina] F: **a ~** Argentina
argentino, -a [axʒẽ'tʃinu, a] ADJ, M/F Argentinian
argila [ax'ʒila] F clay
argiloso, -a [axʒi'lozu, ɔza] ADJ (*terreno*) clay
argola [ax'gɔla] F ring; **argolas** FPL (*brincos*) hooped earrings; **~ (de porta)** door-knocker
argúcia [ax'gusja] F (*sutileza*) subtlety; (*agudeza*) astuteness
argüição [axgwi'sãw] (*pl* **-ões**) F oral test
argüir [ax'gwi^{r}] VT (*examinar*) to test, examine
argumentação [axgumẽta'sãw] F line of argument
argumentador, a [axgumẽta'do^{r}(a)] ADJ argumentative ■ M/F arguer
argumentar [axgumẽ'ta^{r}] VT, VI to argue
argumento [axgu'mẽtu] M argument; (*de obra*) theme
arguto, -a [ax'gutu, a] ADJ (*sutil*) subtle; (*astuto*) shrewd
ária ['arja] F aria
ariano, -a [a'rjanu, a] ADJ, M/F Aryan; (*Astrologia*) Arian
aridez [ari'deʒ] F (*secura*) dryness; (*esterilidade*) barrenness; (*falta de interesse*) dullness
árido, -a ['aridu, a] ADJ (*seco*) arid, dry; (*estéril*) barren; (*maçante*) dull, boring
Áries ['ariʃ] F Aries
arisco, -a [a'riʃku, a] ADJ unsociable
aristocracia [ariʃtokra'sia] F aristocracy
aristocrata [ariʃto'krata] M/F aristocrat
aristocrático, -a [ariʃto'kratʃiku, a] ADJ aristocratic
aritmética [aritʃ'mɛtʃika] F arithmetic
aritmético, -a [aritʃ'mɛtʃiku, a] ADJ arithmetical
arma ['axma] F weapon; **armas** FPL (*nucleares etc*) arms; (*brasão*) coat *sg* of arms; **de ~s e bagagem** with all one's belongings; **depor as ~s** to lay down arms; **passar pelas ~s** to shoot, execute; **~ branca** cold steel; **~ convencional/nuclear** conventional/nuclear weapon; **~s de destrui** firearm; **~s de destruição em massa** weapons of mass destruction; **~ de fogo** firearm
armação [axma'sãw] (*pl* **-ões**) F (*armadura*) frame; (*Pesca*) tackle; (*Náut*) rigging; (*de óculos*) frames *pl*
armada [ax'mada] F navy
armadilha [axma'dʒiʎa] F trap
armado, -a [ax'madu, a] ADJ armed; **~ até os dentes** armed to the teeth
armador [axma'do^{r}] M (*Náut*) shipowner
armadura [axma'dura] F armour (*Brit*), armor (*US*); (*Elet*) armature; (*Constr*) framework
armamento [axma'mẽtu] M (*armas*) armaments *pl*, weapons *pl*; (*Náut*) equipment; (*ato*) arming
armar [ax'ma^{r}] VT to arm; (*montar*) to assemble; (*barraca*) to pitch; (*um aparelho*) to set up; (*armadilha*) to set; (*maquinar*) to hatch; (*Náut*) to fit out; **armar-se** VR to arm o.s.; **~ uma briga com** to pick a quarrel with; **~ uma confusão** to cause chaos
armarinho [axma'riɲu] M haberdashery (*Brit*), notions *pl* (*US*)
armário [ax'marju] M cupboard; (*de roupa*) wardrobe
armazém [axma'zẽj] (*pl* **-ns**) M (*depósito*) warehouse; (*loja*) grocery store
armazenagem [axmaze'naʒẽ] F storage
armazenamento [axmazena'mẽtu] M storage
armazenar [axmaze'na^{r}] VT to store; (*provisões*) to stock; (*Comput*) to store
armazéns [axma'zẽʃ] MPL *de* **armazém**
armeiro [ax'mejru] M gunsmith
Armênia [ax'menja] F: **a ~** Armenia
arminho [ax'miɲu] M ermine
armistício [axmiʃ'tʃisju] M armistice
aro ['aru] M (*argola*) ring; (*de óculos, roda*) rim; (*de porta*) frame
aroma [a'rɔma] F (*de comida, café*) aroma; (*de perfume*) fragrance; **aromático, -a** [aro'matʃiku, a] ADJ (*comida*) aromatic; (*perfume*) fragrant
arpão [ax'pãw] (*pl* **-ões**) M harpoon
arpejo [ax'peʒu] M arpeggio

arpoar [ax'pwa^{r}] VT to harpoon
arpões [ax'põjʃ] MPL *de* **arpão**
arqueado, -a [ax'kjadu, a] ADJ arched
arquear [ax'kja^{r}] VT to arch; **arquear-se** VR to bend, arch; (*entortar-se*) to warp
arquei *etc* [ax'kej] VB *v* **arcar**
arqueiro, -a [ax'kejru, a] M/F archer; (*goleiro*) goalkeeper
arquejar [axke'ʒa^{r}] VI to pant, wheeze
arquejo [ax'keʒu] M panting, gasping
arqueologia [axkjolo'ʒia] F archaeology (*Brit*), archeology (*US*)
arqueológico, -a [axkjo'lɔʒiku, a] ADJ archaeological (*Brit*), archeological (*US*)
arqueólogo, -a [ax'kjɔlogu, a] M/F archaeologist (*Brit*), archeologist (*US*)
arquétipo [ax'kɛtʃipu] M archetype
arquibancada [axkibã'kada] F terrace
arquipélago [axki'pɛlagu] M archipelago
arquitetar [axkite'ta^{r}] (*PT* **-ect-**) VT to think up
arquiteto, -a [axki'tɛtu, a] (*PT* **-ect-**) M/F architect
arquitetónico, -a [axkite'toniku, a] (*PT* **-ect-**) ADJ architectural
arquitetura [axkite'tura] (*PT* **-ect-**) F architecture
arquivamento [axkiva'mẽtu] M filing; (*de projeto*) shelving
arquivar [axki'va^{r}] VT to file; (*projeto*) to shelve
arquivista [axki'viʃta] M/F archivist
arquivo [ax'kivu] M (*ger, Comput*) file; (*lugar*) archive; (*de empresa*) files *pl*; (*móvel*) filing cabinet; (*Comput*) file; **abrir/fechar um ~** (*Comput*) to open/close a file; **nome do ~** (*Comput*) file name; **~ ativo** (*Comput*) active file; **~ zipado** (*Comput*) zip file
arrabaldes [axa'bawdʒiʃ] MPL suburbs
arraia [a'xaja] F (*peixe*) ray
arraial [axa'jaw] (*pl* **-ais**) M (*povoação*) village; (*PT: festa*) fair
arraia-miúda F masses *pl*
arraigado, -a [axaj'gadu, a] ADJ deep-rooted; (*fig*) ingrained
arraigar [axaj'ga^{r}] VI to root; **arraigar-se** VR (*enraizar-se*) to take root; (*estabelecer-se*) to settle
arrancada [axã'kada] F (*puxão*) pull, jerk; (*partida*) start; (*investida*) charge; (*de atleta*) burst of speed
arrancar [axã'ka^{r}] VT to pull out; (*botão etc*) to pull off; (*arrebatar*) to snatch (away); (*fig: confissão*) to extract; (: *aplausos*) to get ■ VI to start (off); **arrancar-se** VR (*partir*) to leave; (*fugir*) to run off
arranco [a'xãku] M (*puxão*) pull, jerk; (*partida*) sudden start
arranha-céu [a'xaɲa-] (*pl* **-s**) M skyscraper
arranhadura [axaɲa'dura] F scratch
arranhão [axa'ɲãw] (*pl* **-ões**) M scratch
arranhar [axa'ɲa^{r}] VT to scratch; **~ (n)uma língua** to know a smattering of a language
arranhões [axa'ɲõjʃ] MPL *de* **arranhão**
arranjador, a [axãʒa'do^{r}(a)] M/F (*Mús*) arranger
arranjar [axã'ʒa^{r}] VT to arrange; (*emprego etc*) to get, find; (*doença*) to get, catch; (*namorado*) to find; (*questão*) to settle; **arranjar-se** VR (*virar-se*) to manage; (*conseguir emprego*) to get a job; **~-se sem** to do without
arranjo [a'xãʒu] M arrangement; (*negociata*) shady deal; (*col: caso*) affair
arranque [a'xãki] M *v* **motor**
arranquei *etc* [axã'kej] VB *v* **arrancar**
arrasador, a [axaza'do^{r}(a)] ADJ devastating
arrasar [axa'za^{r}] VT to devastate; (*demolir*) to demolish; (*estragar*) to ruin; (*verbalmente*) to lambast; **arrasar-se** VR to be devastated; (*destruir-se*) to destroy o.s; (*arruinar-se*) to lose everything; (*nos exames*) to do terribly
arrastado, -a [axaʃ'tadu, a] ADJ (*rasteiro*) crawling; (*demorado*) dragging; (*voz*) drawling
arrastão [axaʃ'tãw] (*pl* **-ões**) M tug, jerk; (*rede*) dragnet
arrasta-pé [a'xaʃta-] (*pl* **-s**) (*col*) M knees-up, shindig
arrastar [axaʃ'ta^{r}] VT to drag; (*atrair*) to draw ■ VI to trail; **arrastar-se** VR (*rastejar*) to crawl; (*andar a custo*) to drag o.s; (*tempo*) to drag; (*processo*) to drag on
arrasto [a'xaʃtu] M (*ação*) dragging; (*rede*) trawl-net; (*Tec*) drag
arrazoado, -a [axa'zwadu, a] ADJ (*argumento*) reasoned ■ M (*Jur*) defence (*Brit*), defense (*US*)
arrazoar [axa'zwa^{r}] VI (*discutir*) to argue
arrear [a'xja^{r}] VT (*cavalo etc*) to bridle
arrebanhar [axeba'ɲa^{r}] VT (*gado*) to herd; (*juntar*) to gather
arrebatado, -a [axeba'tadu, a] ADJ (*impetuoso*) rash, impetuous; (*enlevado*) entranced
arrebatador, a [axebata'do^{r}(a)] ADJ enchanting
arrebatamento [axebata'mẽtu] M (*impetuosidade*) impetuosity; (*enlevo*) ecstasy
arrebatar [axeba'ta^{r}] VT (*arrancar*) to snatch (away); (*levar*) to carry off; (*enlevar*) to entrance; (*enfurecer*) to enrage; **arrebatar-se** VR (*entusiasmar-se*) to be entranced
arrebentação [axebẽta'sãw] F (*na praia*) surf
arrebentado, -a [axebẽ'tadu, a] ADJ (*quebrado*) broken; (*vaso etc*) smashed; (*estafado*) worn out
arrebentar [axebẽ'ta^{r}] VT to break; (*porta*) to break down; (*corda*) to snap, break ■ VI to break; to snap, break; (*guerra*) to break out; (*bomba*) to explode; (*ondas*) to break
arrebitado, -a [axebi'tadu, a] ADJ turned-up; (*nariz*) snub
arrebitar [axebi'ta^{r}] VT to turn up
arrecadação [axekada'sãw] F (*de impostos etc*) collection; (*impostos arrecadados*) tax revenue, taxes *pl*
arrecadar [axeka'da^{r}] VT (*impostos etc*) to collect

NB: *European Portuguese adds the following consonants to certain words*: **b** (sú(b)dito, su(b)til); **c** (a(c)ção, a(c)cionista, a(c)to); **m** (inde(m)ne); **p** (ado(p)çã, ado(p)tar); *for further details see p. xiii.*

arrecife [axe'sifi] M reef
arredar [axe'da^{r}] VT to move away, move back; **arredar-se** VR to move away; **não ~ pé** not to budge, to stand one's ground
arredio, -a [axe'dʒiu, a] ADJ (*pessoa*) withdrawn
arredondado, -a [axedõ'dadu, a] ADJ round, rounded
arredondar [axedõ'da^{r}] VT to round (off); (*conta*) to round up
arredores [axe'dɔriʃ] MPL suburbs; (*cercanias*) outskirts
arrefecer [axefe'se^{r}] VT to cool; (*febre*) to lower; (*desanimar*) to discourage ■ VI to cool (off); to get discouraged
arrefecimento [axefesi'mẽtu] M cooling
ar-refrigerado (*pl* **ares-refrigerados**) M (*aparelho*) air conditioner; (*sistema*) air conditioning
arregaçar [axega'sa^{r}] VT to roll up
arregalado, -a [axega'ladu, a] ADJ (*olhos*) wide; **com os olhos ~s** pop-eyed
arregalar [axega'la^{r}] VT: **~ os olhos** to stare in amazement
arreganhar [axega'ɲa^{r}] VT (*dentes*) to bare; (*lábios*) to draw back
arreios [a'xejuʃ] MPL harness *sg*
arrematar [axema'ta^{r}] VT (*dizer concluindo*) to conclude; (*comprar*) to buy by auction; (*vender*) to sell by auction; (*Costura*) to finish off
arremate [axe'matʃi] M (*Costura*) finishing off; (*conclusão*) conclusion; (*Futebol*) finishing
arremedar [axeme'da^{r}] VT to mimic
arremedo [axe'medu] M mimicry
arremessar [axeme'sa^{r}] VT to throw, hurl; **arremessar-se** VR to hurl o.s; **arremesso** [axe'mesu] M (*lançamento*) throw; **arremesso de peso** shot-put
arremeter [axeme'te^{r}] VI to lunge; **~ contra** (*acometer*) to attack, assail
arremetida [axeme'tʃida] F attack, onslaught
arrendador, a [axẽda'do^{r}(a)] M/F landlord/landlady
arrendamento [axẽda'mẽtu] M (*ação*) leasing; (*contrato*) lease
arrendar [axẽ'da^{r}] VT to lease
arrendatário, -a [axẽda'tarju, a] M/F tenant
arrepender-se [axepẽ'dexsi] VR to repent; (*mudar de opinião*) to change one's mind; **~ de** to regret, be sorry for; **arrependido, -a** [axepẽ'dʒidu, a] ADJ (*pessoa*) sorry; **arrependimento** [axepẽdʒi'mẽtu] M regret; (*Rel, de crime*) repentance
arrepiado, -a [axe'pjadu, a] ADJ (*cabelo*) standing on end; (*pele, pessoa*) goose-pimply; (*horrorizado*) horrified
arrepiar [axe'pja^{r}] VT (*amedrontar*) to horrify; (*cabelo*) to cause to stand on end; **arrepiar-se** VR (*sentir calafrios*) to shiver; (*cabelo*) to stand on end; **isso me arrepia** it gives me goose flesh; **(ser) de ~ os cabelos** (to be) hair-raising
arrepio [axe'piu] M shiver; (*de frio*) chill; **isso me dá ~s** it gives me the creeps
arresto [a'xɛʃtu] M (*Jur*) seizure, confiscation
arrevesado, -a [axeve'zadu, a] ADJ (*obscuro*) obscure; (*intricado*) intricate
arrevesar [axeve'za^{r}] VT (*complicar*) to complicate
arriado, -a [a'xjadu, a] ADJ (*exausto*) exhausted; (*por doença*) very weak
arriar [a'xja^{r}] VT (*baixar*) to lower; (*depor*) to lay down ■ VI (*cair*) to drop; (*vergar*) to sag; (*desistir*) to give up; (*fig*) to collapse; (*Auto: bateria*) to go flat
arribação [axiba'sãw] (BR) (*pl* **-ões**) F (*de aves*) migration
arribar [axi'ba^{r}] VI (*recuperar-se*) to recuperate
arrimo [a'ximu] M support; **~ de família** breadwinner
arriscado, -a [axiʃ'kadu, a] ADJ risky; (*audacioso*) daring
arriscar [axiʃ'ka^{r}] VT to risk; (*pôr em perigo*) to endanger, jeopardize; **arriscar-se** VR to take a risk; **~-se a fazer** to risk doing
arrisquei *etc* [axiʃ'kej] VB *v* **arriscar**
arrivista [axi'viʃta] M/F upstart; (*oportunista*) opportunist
arroba [a'xoba] (*peso*) F = 15 *kg*; (*Comput*) @ ('*at*' *symbol*)
arrochado, -a [axo'ʃadu, a] ADJ (*vestido*) skin-tight; (*fig*) tough
arrochar [axo'ʃa^{r}] VT (*apertar*) to tighten up ■ VI (*ser exigente*) to be demanding
arrocho [a'xoʃu] M squeeze; (*fig*) predicament; **~ salarial/ao crédito** wage/credit squeeze
arrogância [axo'gãsja] F arrogance, haughtiness
arrogante [axo'gãtʃi] ADJ arrogant, haughty
arrogar-se [axo'gaxsi] VR (*direitos, privilégios*) to claim
arroio [a'xɔju] M stream
arrojado, -a [axo'ʒadu, a] ADJ (*design*) bold; (*temerário*) rash; (*ousado*) daring
arrojar [axo'ʒa^{r}] VT (*lançar*) to hurl
arrojo [a'xoʒu] M (*ousadia*) boldness
arrolamento [axola'mẽtu] M list
arrolar [axo'la^{r}] VT to list
arrolhar [axo'ʎa^{r}] VT to cork
arromba [a'xõba] F: **de ~** great
arrombar [axõ'ba^{r}] VT (*porta*) to break down; (*cofre*) to crack
arrotar [axo'ta^{r}] VI to belch ■ VT (*alardear*) to boast of
arroto [a'xotu] M burp
arroubo [a'xobu] M ecstasy, rapture
arroz [a'xoʒ] M rice; **~ doce** rice pudding
arrozal [axo'zaw] (*pl* **-ais**) M rice field
arruaça [a'xwasa] F street riot
arruaceiro, -a [axwa'sejru, a] M/F rioter
arruela [a'xwɛla] F (*Tec*) washer
arruinar [axwi'na^{r}] VT to ruin; (*destruir*) to destroy; **arruinar-se** VR to be ruined; (*perder a saúde*) to ruin one's health
arrulhar [axu'ʎa^{r}] VI (*pombos*) to coo
arrulho [a'xuʎu] M cooing

arrumação [axuma'sãw] F (*arranjo*) arrangement; (*de um quarto etc*) tidying up; (*de malas*) packing
arrumadeira [axuma'dejra] F cleaning lady; (*num hotel*) chambermaid
arrumar [axu'ma^{r}] VT (*pôr em ordem*) to put in order, arrange; (*quarto etc*) to tidy up; (*malas*) to pack; (*emprego*) to get; (*vestir*) to dress up; (*desculpa*) to make up, find; (*vida*) to sort out; **arrumar-se** VR (*aprontar-se*) to get dressed, get ready; (*na vida*) to sort o.s out; (*virar-se*) to manage
arsenal [axse'naw] (*pl* **-ais**) M (*Mil*) arsenal; **~ de Marinha** naval dockyard
arsênio [ax'senju] M arsenic
arte ['axtʃi] F art; (*habilidade*) skill; (*ofício*) trade, craft; **fazer ~** (*fig*) to get up to mischief
artefato [axtʃi'fatu] (PT **-act-**) M (manufactured) article; **~s de couro** leather goods, leatherware *sg*
arteiro, -a [ax'tejru, a] ADJ (*criança*) mischievous
artéria [ax'tɛrja] F (*Anat*) artery
arterial [axte'rjaw] (*pl* **-ais**) ADJ: **pressão ~** blood pressure
arteriosclerose [axterjoʃkle'rɔzi] F hardening of the arteries, arteriosclerosis
artesã [axte'zã] F *de* **artesão**
artesanal [axteza'naw] (*pl* **-ais**) ADJ craft *atr*
artesanato [axteza'natu] M craftwork; **artigos de ~** craft items
artesão, -sã [axte'zãw] (*pl* **-s/-s**) M/F artisan, craftsman/woman
ártico, -a ['axtʃiku, a] ADJ Arctic ■ M: **o A~** the Arctic
articulação [axtʃikula'sãw] (*pl* **-ões**) F articulation; (*Med*) joint
articulado, -a [axtʃiku'ladu, a] ADJ articulated, jointed
articular [axtʃiku'la^{r}] VT (*pronunciar*) to articulate; (*ligar*) to join together
artífice [ax'tʃifisi] M/F craftsman/woman; (*inventor*) inventor
artificial [axtʃifi'sjaw] (*pl* **-ais**) ADJ artificial; (*pessoa*) affected
artifício [axtʃi'fisju] M stratagem, trick
artificioso, -a [axtʃifi'sjozu, ɔza] ADJ (*hábil*) skilful (*Brit*), skillful (*US*); (*astucioso*) artful
artigo [ax'tʃigu] M article; (*Com*) item; **artigos** MPL (*produtos*) goods; **~ definido/indefinido** (*Ling*) definite/indefinite article; **~ de fundo** leading article, editorial; **~s de toucador** toiletries
artilharia [axtʃiʎa'ria] F artillery
artilheiro [axtʃi'ʎejru] M gunner, artilleryman; (*Futebol*) striker
artimanha [axtʃi'maɲa] F (*ardil*) stratagem; (*astúcia*) cunning
artista [ax'tʃiʃta] M/F artist; **artístico, -a** [ax'tʃiʃtʃiku, a] ADJ artistic
artrite [ax'tritʃi] F (*Med*) arthritis
arvorar [axvo'ra^{r}] VT (*bandeira*) to hoist; (*elevar*): **~ alguém em** to promote *ou* elevate sb to; **arvorar-se** VR: **arvorar-se em** to set o.s. up as
árvore ['axvori] F tree; (*Tec*) shaft; **~ de Natal** Christmas tree
arvoredo [axvo'redu] M grove
as [aʃ] ART DEF *v* **a**
ás [ajʃ] M ace
às [ajʃ] = **a + as**
asa ['aza] F wing; (*de xícara etc*) handle; **dar ~s à imaginação** to give free rein to one's imagination
asa-delta F hang-glider
asbesto [aʒ'bɛʃtu] M asbestos
ascendência [asẽ'dẽsja] F (*antepassados*) ancestry; (*domínio*) ascendancy, sway; **ascendente** [asẽ'dẽtʃi] ADJ rising, upward
ascender [asẽ'de^{r}] VI (*subir*) to rise, ascend
ascensão [asẽ'sãw] (*pl* **-ões**) F ascent; (*fig*) rise; (*Rel*): **dia da A~** Ascension Day
ascensor [asẽ'so^{r}] M lift (*Brit*), elevator (*US*)
ascensorista [asẽso'riʃta] M/F lift operator
asceta [a'sɛta] M/F ascetic
asco ['aʃku] M loathing, revulsion; **dar ~ a** to revolt, disgust
asfaltar [aʃfaw'ta^{r}] VT to asphalt
asfalto [aʃ'fawtu] M asphalt
asfixia [aʃfik'sia] F asphyxia, suffocation
asfixiar [aʃfik'sja^{r}] VT to asphyxiate, suffocate
Ásia ['azja] F: **a ~** Asia
asiático, -a [a'zjatʃiku, a] ADJ, M/F Asian
asilar [azi'la^{r}] VT to give refuge to; **asilar-se** VR to take refuge
asilo [a'zilu] M (*refúgio*) refuge; (*estabelecimento*) home; **~ político** political asylum
asma ['aʒma] F asthma
asmático, -a [aʒ'matʃiku, a] ADJ, M/F asthmatic
asneira [aʒ'nejra] F (*tolice*) stupidity; (*ato, dito*) stupid thing
asno ['aʒnu] M donkey; (*fig*) ass
aspargo [aʃ'paxgu] M asparagus
aspas ['aʃpaʃ] FPL inverted commas; **entre ~** in inverted commas
aspecto [aʃ'pɛktu] M (*de uma questão*) aspect; (*aparência*) look, appearance; (*característica*) feature; (*ponto de vista*) point of view; **ter bom ~** to look good; **tomar um ~** to take on an aspect
aspereza [aʃpe'reza] F roughness; (*severidade*) harshness; (*rudeza*) rudeness
aspergir [aʃpex'ʒi^{r}] VT to sprinkle
áspero, -a ['aʃperu, a] ADJ rough; (*severo*) harsh; (*rude*) rude
asperso, -a [aʃ'pɛxsu, a] PP *de* **aspergir** ■ ADJ scattered
aspiração [aʃpira'sãw] (*pl* **-ões**) F aspiration; (*inalação*) inhalation
aspirador [aʃpira'do^{r}] M: **~ (de pó)** vacuum cleaner; **passar o ~ (em)** to vacuum

NB: *European Portuguese adds the following consonants to certain words*: **b** (sú(b)dito, su(b)til); **c** (a(c)ção, a(c)cionista, a(c)to); **m** (inde(m)ne); **p** (ado(p)çã, ado(p)tar); *for further details see p. xiii.*

aspirante [aʃpi'rãtʃi] ADJ aspiring ■ M/F candidate; (*Mil*) cadet; (*Náut*) midshipman
aspirar [aʃpi'ra^{r}] VT to breathe in; (*bombear*) to suck up; (*Ling*) to aspirate ■ VI to breathe; (*soprar*) to blow; (*desejar*): **~ a algo** to aspire to sth
aspirina [aʃpi'rina] F aspirin
aspirjo *etc* [aʃ'pixʒu] VB *v* **aspergir**
asqueroso, -a [aʃke'rozu, ɔza] ADJ disgusting, revolting
assadeira [asa'dejra] F roasting tin
assado, -a [a'sadu, a] ADJ roasted; (*Culin*) roast ■ M roast; **carne assada** roast beef
assadura [asa'dura] F rash; (*em bebê*) nappy rash
assalariado, -a [asala'rjadu, a] ADJ salaried ■ M/F wage-earner
assaltante [asaw'tãtʃi] M/F assailant; (*de banco*) robber; (*de casa*) burglar; (*na rua*) mugger
assaltar [asaw'ta^{r}] VT (*atacar*) to attack; (*casa*) to break into; (*banco*) to rob; (*pessoa na rua*) to mug; **assalto** [a'sawtu] M (*ataque*) attack, raid; (*a um banco etc*) raid, robbery; (*a uma casa*) burglary, break-in; (*a uma pessoa na rua*) mugging; (*Boxe*) round
assanhado, -a [asa'ɲadu, a] ADJ excited; (*criança*) excitable; (*desavergonhado*) brazen; (*namorador*) amorous
assanhar [asa'ɲa^{r}] VT to excite; **assanhar-se** VR to get excited
assar [a'sa^{r}] VT to roast; (*na grelha*) to grill
assassinar [asasi'na^{r}] VT to murder, kill; (*Pol*) to assassinate; **assassinato** [asasi'natu] M murder, killing; (*Pol*) assassination
assassínio [asa'sinju] M murder, killing; (*Pol*) assassination
assassino, -a [asa'sinu, a] M/F murderer; (*Pol*) assassin
assaz [a'saʒ] ADV (*suficientemente*) sufficiently; (*muito*) rather
asseado, -a [a'sjadu, a] ADJ clean
assediar [ase'dʒja^{r}] VT (*sitiar*) to besiege; (*importunar*) to pester; **assédio** [a'sɛdʒu] M siege; (*insistência*) insistence
assegurar [asegu'ra^{r}] VT (*tornar seguro*) to secure; (*garantir*) to ensure; (*afirmar*) to assure; **assegurar-se** VR: **~-se de** to make sure of
asseio [a'seju] M cleanliness
assembléia [asẽ'blɛja] F assembly; (*reunião*) meeting; **~ geral (ordinária)** annual general meeting; **~ geral extraordinária** extraordinary general meeting
assemelhar [aseme'ʎa^{r}] VT to liken; **assemelhar-se** VR (*ser parecido*) to be alike; **~-se a** to resemble, look like
assenhorear-se [aseɲo'rjaxsi] VR: **~ de** to take possession of
assentado, -a [asẽ'tadu, a] ADJ (*firme*) fixed, secure; (*combinado*) agreed; (*ajuizado*) sensible
assentamento [asẽta'mẽtu] M registration; (*nota*) entry, record
assentar [asẽ'ta^{r}] VT (*fazer sentar*) to seat; (*colocar*) to place; (*tijolos*) to lay; (*estabelecer*) to establish; (*decidir*) to decide upon; (*determinar*) to fix, settle; (*soco*) to land ■ VI (*pó etc*) to settle; **assentar-se** VR to sit down; **~ com** to go with; **~ em** *ou* **a** (*roupa*) to suit
assente [a'sẽtʃi] PP *de* **assentar** ■ ADJ agreed, decided
assentimento [asẽtʃi'mẽtu] M assent, agreement
assentir [asẽ'tʃi^{r}] VI to agree; **~ (em)** to consent *ou* agree (to); **~ (a)** to accede (to)
assento [a'sẽtu] M seat; (*base*) base; **tomar ~** (*sentar*) to take a seat; (*pó*) to settle
assertiva [asex'tʃiva] F assertion
assessor, a [ase'so^{r}(a)] M/F adviser; (*Pol*) aide; (*assistente*) assistant
assessoramento [asesora'mẽtu] M assistance
assessorar [aseso'ra^{r}] VT to advise
assessoria [aseso'ria] F advisory body
assestar [aseʃ'ta^{r}] VT to aim, point
asseveração [asevera'sãw] (*pl* **-ões**) F assertion
asseverar [aseve'ra^{r}] VT to affirm, assert
assexuado, -a [asek'swadu, a] ADJ asexual
assiduidade [asidwi'dadʒi] F (*às aulas etc*) regular attendance; (*diligência*) assiduity
assíduo, -a [a'sidwu, a] ADJ (*aluno*) who attends regularly; (*diligente*) assiduous; (*constante*) constant; **ser ~ num lugar** to be a regular visitor to a place
assim [a'sĩ] ADV (*deste modo*) like this, in this way, thus; (*portanto*) therefore; (*igualmente*) likewise; **~ ~** so-so; **~ mesmo** in any case; **e ~ por diante** and so on; **~ como** as well as; **como ~?** how do you mean?; **~ que** (*logo que*) as soon as; **nem tanto ~** not as much as that
assimétrico, -a [asi'mɛtriku, a] ADJ asymmetrical
assimilação [asimila'sãw] F assimilation
assimilar [asimi'la^{r}] VT to assimilate; (*apreender*) to take in; (*assemelhar*) to compare
assinalado, -a [asina'ladu, a] ADJ (*marcado*) marked; (*notável*) notable; (*célebre*) eminent
assin. ABR = **assinatura**
assinalar [asina'la^{r}] VT (*marcar*) to mark; (*distinguir*) to distinguish; (*especificar*) to point out
assinante [asi'nãtʃi] M/F (*de jornal etc*) subscriber
assinar [asi'na^{r}] VT to sign
assinatura [asina'tura] F (*nome*) signature; (*de jornal etc*) subscription; (*Teatro*) season ticket; **fazer a ~ de** (*revista etc*) to take out a subscription to
assinto *etc* [a'sĩtu] VB *v* **assentir**
assistência [asiʃ'tẽsja] F (*presença*) presence; (*público*) audience; (*auxílio*) aid, assistance; **~ médica** medical aid; **~ social** social work; (*serviços*) social services *pl*; **~ técnica** technical back-up
assistente [asiʃ'tẽtʃi] ADJ assistant ■ M/F (*pessoa presente*) spectator, onlooker; (*ajudante*) assistant; **~ social** social worker
assistir [asiʃ'tʃi^{r}] VT, VI: **~ (a)** (*Med*) to attend (to); **~ a** (*auxiliar*) to assist; (*TV, filme, jogo*) to watch; (*reunião*) to attend; (*caber*) to fall to

assoalho [aso'aʎu] M (wooden) floor
assoar [aso'aʳ] VT: **~ o nariz** to blow one's nose; **assoar-se** VR (PT) to blow one's nose
assoberbado, -a [asobex'badu, a] ADJ (*pessoa: de serviço*) snowed under with work
assoberbar [asobex'baʳ] VT (*de serviço*) to overload
assobiar [aso'bjaʳ] VI to whistle
assobio [aso'biu] M whistle; (*instrumento*) whistle; (*de vapor*) hiss
associação [asosja'sãw] (*pl* **-ões**) F association; (*organização*) society; (*parceria*) partnership; **~ de moradores** residents' association
associado, -a [aso'sjadu, a] ADJ associate ■ M/F associate, member; (*Com*) associate; (*sócio*) partner
associar [aso'sjaʳ] VT to associate; **associar-se** VR (*Com*) to form a partnership; **~-se a** to associate with
assolador, a [asola'doʳ(a)] ADJ devastating
assolar [aso'laʳ] VT to devastate
assomar [aso'maʳ] VI (*aparecer*) to appear; **~ a** (*subir*) to climb to the top of
assombração [asõbra'sãw] (*pl* **-ões**) F (*fantasma*) ghost
assombrado, -a [asõ'bradu, a] ADJ astonished, amazed
assombrar [asõ'braʳ] VT to astonish, amaze; **assombrar-se** VR to be amazed
assombro [a'sõbru] M amazement, astonishment; (*maravilha*) marvel; **assombroso, -a** [asõ'brozu, ɔza] ADJ (*espantoso*) astonishing, amazing
assoprar [aso'praʳ] VI to blow ■ VT to blow; (*velas*) to blow out
assoviar [aso'vjaʳ] VT = **assobiar**
assovio [aso'viu] M = **assobio**
assumir [asu'miʳ] VT to assume, take on; (*reconhecer*) to accept, admit ■ VI to take office
Assunção [asũ'sãw] N (*no Paraguai*) Asunción
assuntar [asũ'taʳ] VT (*prestar atenção*) to pay attention to; (*verificar*) to find out ■ VI (*meditar*) to cogitate
assunto [a'sũtu] M (*tema*) subject, matter; (*enredo*) plot
assustadiço, -a [asuʃta'dʒisu, a] ADJ timorous
assustador, a [asuʃta'doʳ(a)] ADJ (*alarmante*) startling; (*amedrontador*) frightening
assustar [asuʃ'taʳ] VT to frighten, scare, startle; **assustar-se** VR to be frightened
asteca [aʃ'tɛka] ADJ, M/F Aztec
asterisco [aʃte'riʃku] M asterisk
astigmatismo [aʃtʃigma'tʃiʒmu] M astigmatism
astral [aʃ'traw] (*pl* **-ais**) M state of mind
astro ['aʃtru] M star
astrologia [aʃtrolo'ʒia] F astrology
astrólogo, -a [aʃ'trɔlogu, a] M/F astrologer
astronauta [aʃtro'nawta] M/F astronaut
astronave [aʃtro'navi] F spaceship
astronomia [aʃtrono'mia] F astronomy
astronômico, -a [aʃtro'nomiku, a] ADJ (*preço*) astronomical
astrônomo, -a [aʃ'tronomu, a] M/F astronomer
astúcia [aʃ'tusja] F cunning
astuto, -a [aʃ'tutu, a] ADJ astute; (*esperto*) cunning
ata ['ata] F (*de reunião*) minutes *pl*
atacadista [ataka'dʒiʃta] ADJ wholesale ■ M/F wholesaler
atacado, -a [ata'kadu, a] ADJ (*col: pessoa*) in a bad mood ■ M: **por ~** wholesale
atacante [ata'kãtʃi] ADJ attacking ■ M/F attacker, assailant ■ M (*Futebol*) forward
atacar [ata'kaʳ] VT to attack; (*problema etc*) to tackle
atado, -a [a'tadu, a] ADJ (*desajeitado*) clumsy, awkward; (*perplexo*) puzzled
atadura [ata'dura] F bandage
atalaia [ata'laja] F lookout post
atalhar [ata'ʎaʳ] VT (*impedir*) to prevent; (*abreviar*) to shorten ■ VI (*tomar um atalho*) to take a short cut
atalho [a'taʎu] M (*caminho*) short cut
atapetar [atape'taʳ] VT to carpet
ataque [a'taki] M attack; **ter um ~ (de raiva)** to have a fit; **ter um ~ de riso** to burst out laughing; **~ aéreo** air raid; **~ suicida** suicide attack
ataquei *etc* [ata'kej] VB *v* **atacar**
atar [a'taʳ] VT to tie (up), fasten; **não ~ nem desatar** (*pessoa*) to waver; (*negócio*) to be in the air
atarantado, -a [atarã'tadu, a] ADJ (*pessoa*) flustered, in a flap
atarantar [atarã'taʳ] VT to fluster
atarefado, -a [atare'fadu, a] ADJ busy
atarracado, -a [ataxa'kadu, a] ADJ stocky
atarraxar [ataxa'ʃaʳ] VT to screw
ataúde [ata'udʒi] M coffin
ataviar [ata'vjaʳ] VT to adorn, decorate; **ataviar-se** VR to get dressed up
atavio [ata'viu] M adornment
atazanar [ataza'naʳ] VT to pester
até [a'tɛ] PREP (*PT: + a: lugar*) up to, as far as; (*tempo etc*) until, till ■ ADV (*tb*: **até mesmo**) even; **~ agora** up to now; **~ certo ponto** to a certain extent; **~ em cima** to the top; **~ já** see you soon; **~ logo** bye!; **~ onde** as far as; **~ que** until; **~ que enfim!** at last!
atear [ate'aʳ] VT (*fogo*) to kindle; (*fig*) to incite, inflame; **atear-se** VR (*fogo*) to blaze; (*paixões*) to flare up; **~ fogo a** to set light to
atéia [a'tɛja] F *de* **ateu**
ateísmo [ate'iʒmu] M atheism
ateliê [ate'lje] M studio
atemorizador, a [atemoriza'doʳ(a)] ADJ frightening

NB: *European Portuguese adds the following consonants to certain words*: **b** (sú(b)dito, su(b)til); **c** (a(c)ção, a(c)cionista, a(c)to); **m** (inde(m)ne); **p** (ado(p)çã, ado(p)tar); *for further details see p. xiii.*

atemorizar [atemori'zaʳ] VT to frighten; (*intimidar*) to intimidate
Atenas [a'tenaʃ] N Athens
atenção [atẽ'sãw] (*pl* **-ões**) F attention; (*cortesia*) courtesy; (*bondade*) kindness; **~!** be careful!; **chamar a ~** to attract attention; **chamar a ~ de alguém** to tell sb off; **atencioso, -a** [atẽ'sjozu, ɔza] ADJ considerate
atenções [atẽ'sõjʃ] FPL *de* **atenção**
atender [atẽ'deʳ] VT: **~ (a)** to attend to; (*receber*) to receive; (*em loja*) to serve; (*deferir*) to grant; (*telefone etc*) to answer; (*paciente*) to see ■ VI (*ao telefone, porta*) to answer; (*dar atenção*) to pay attention; **atendimento** [atẽdʒi'mẽtu] M service; (*recepção*) reception; **horário de atender** opening hours; (*em consultório*) surgery (*Brit*) *ou* office (*US*) hours
atenho *etc* [a'teɲu] VB *v* **ater-se**
atentado [atẽ'tadu] M (*ataque*) attack; (*crime*) crime; (*contra a vida de alguém*) attempt on sb's life; **~ ao pudor** indecent exposure; **~ suicida** suicide attack
atentar [atẽ'taʳ] VT (*empreender*) to undertake ■ VI to make an attempt; **~ a** *ou* **em** *ou* **para** to pay attention to; **~ contra a vida de alguém** to make an attempt on sb's life; **~ contra a moral** to offend against morality
atento, -a [a'tẽtu, a] ADJ attentive; (*exame*) careful; **estar ~ a** to be aware *ou* mindful of
atenuação [atenwa'sãw] (*pl* **-ões**) F reduction, lessening
atenuante [ate'nwãtʃi] ADJ extenuating ■ M extenuating circumstance
atenuar [ate'nwaʳ] VT (*diminuir*) to reduce, lessen
aterrador, a [atexa'doʳ(a)] ADJ terrifying
aterragem [ate'xaʒẽj] (PT) (*pl* **-ns**) F (*Aer*) landing
aterrar [ate'xaʳ] VT (*cobrir com terra*) to cover with earth; (*praia*) to reclaim; (PT) ■ VI (*Aer*) to land
aterrissagem [atexi'saʒẽ] (BR) (*pl* **-ns**) F (*Aer*) landing
aterrissar [atexi'saʳ] (BR) VI (*Aer*) to land
aterrizar [atexi'zaʳ] VI = **aterrissar**
aterro [a'texu] M landfill
aterrorizado, -a [atexori'zadu, a] ADJ terrified
aterrorizador, a [atexoriza'doʳ(a)] ADJ terrifying
aterrorizante [atexori'zãtʃi] ADJ terrifying
aterrorizar [atexori'zaʳ] VT to terrorize
ater-se [a'texsi] (*irreg*) VR: **~ a** (*prender-se*) to get caught up in; (*limitar-se*) to restrict o.s. to
atestado, -a [ateʃ'tadu, a] ADJ certified ■ M certificate; (*prova*) proof; (*Jur*) testimony
atestar [ateʃ'taʳ] VT (*certificar*) to certify; (*testemunhar*) to bear witness to; (*provar*) to prove
ateu, atéia [a'tew, a'tɛja] ADJ, M/F atheist
ateve *etc* [a'tevi] VB *v* **ater-se**
atiçador [atʃisa'doʳ] M (*utensílio*) poker
atiçar [atʃi'saʳ] VT (*fogo*) to poke; (*incitar*) to incite; (*provocar*) to provoke; (*sentimento*) to induce
atilado, -a [atʃi'ladu, a] ADJ (*esperto*) clever
atinado, -a [atʃi'nadu, a] ADJ (*sensato*) wise, sensible
atinar [atʃi'naʳ] VT (*acertar*) to guess correctly ■ VI: **~ com** (*solução*) to find; **~ em** to notice; **~ a fazer algo** to succeed in doing sth
atingir [atʃi'ʒiʳ] VT to reach; (*acertar*) to hit; (*afetar*) to affect; (*objetivo*) to achieve; (*compreender*) to grasp
atingível [atʃi'ʒivew] (*pl* **-eis**) ADJ attainable
atinha *etc* [a'tʃiɲa] VB *v* **ater-se**
atinjo *etc* [a'tʃĩʒu] VB *v* **atingir**
atípico, -a [a'tʃipiku, a] ADJ atypical, untypical
atirador, a [atʃira'doʳ(a)] M/F marksman/woman; **~ de tocaia** sniper
atirar [atʃi'raʳ] VT (*lançar*) to throw, fling, hurl ■ VI (*arma*) to shoot; **atirar-se** VR: **~-se a** (*lançar-se a*) to hurl o.s. at; **~ (em)** to shoot (at)
atitude [atʃi'tudʒi] F attitude; (*postura*) posture; **tomar uma ~** (*reagir*) to do something about it
ativa [a'tʃiva] F (*Mil*) active service
ativar [atʃi'vaʳ] VT to activate; (*apressar*) to hasten
ative *etc* [a'tʃivi] VB *v* **ater-se**
atividade [atʃivi'dadʒi] F activity
ativo, -a [a'tʃivu, a] ADJ active ■ M (*Com*) assets *pl*
atlântico, -a [at'lãtʃiku, a] ADJ Atlantic ■ M: **o (Oceano) A~** the Atlantic (Ocean)
atlas ['atlaʃ] M INV atlas
atleta [at'lɛta] M/F athlete; **atlético, -a** [at'lɛtʃiku, a] ADJ athletic; **atletismo** [atle'tʃiʒmu] M athletics *sg*
atmosfera [atmoʃ'fɛra] F atmosphere
ato ['atu] M act; (*ação*) action; (*cerimônia*) ceremony; (*Teatro*) act; **em ~ contínuo** straight after; **no ~** on the spot; **no mesmo ~** at the same time; **~ falho** Freudian slip; **~ público** public ceremony
à-toa ADJ (*insignificante*) insignificant; (*simples*) simple, easy ■ ADV *v tb* **toa**
atoalhado, -a [atoa'ʎadu, a] ADJ: **(tecido) ~** towelling
atolado, -a [ato'ladu, a] ADJ (*tb fig*) bogged down
atolar [ato'laʳ] VT to bog down; **atolar-se** VR to get bogged down
atoleiro [ato'lejru] M bog, quagmire; (*fig*) quandary, fix
atômico, -a [a'tomiku, a] ADJ atomic
atomizador [atomiza'doʳ] M atomizer
átomo ['atomu] M atom
atônito, -a [a'tonitu, a] ADJ astonished, amazed
ator [a'toʳ] M actor
atordoado, -a [atox'dwadu, a] ADJ dazed
atordoador, a [atoxdwa'doʳ(a)] ADJ stunning
atordoamento [atoxdwa'mẽtu] M daze
atordoar [atox'dwaʳ] VT to daze, stun
atormentar [atoxmẽ'taʳ] VT to torment; (*importunar*) to plague
atracação [atraka'sãw] (*pl* **-ões**) F (*Náut*) mooring; (*briga*) fight; (*col: agarração*) necking
atração [atra'sãw] (*pl* **-ões**) F attraction
atracar [atra'kaʳ] VT, VI (*Náut*) to moor; **atracar-**

se VR to grapple; (*col: abraçar-se*) to neck
atrações [atra'sõjʃ] FPL *de* **atração**
atractivo, -a [atra'tivu, a] (PT) ADJ = **atrativo**
atraente [atra'ẽtʃi] ADJ attractive
atraiçoar [atraj'swa^{r}] VT to betray
atrair [atra'i^{r}] VT to attract; (*fascinar*) to fascinate
atrapalhação [atrapaʎa'sãw] F (*confusão*) confusion
atrapalhar [atrapa'ʎa^{r}] VT (*confundir*) to confuse; (*perturbar*) to disturb; (*dificultar*) to hinder ■ VI to be a nuisance; to be a hindrance; **atrapalhar-se** VR to get confused
atrás [a'trajʃ] ADV behind; (*no fundo*) at the back ■ PREP: **~ de** behind; (*no tempo*) after; (*em busca de*) after; **um ~ de outro** one after the other; **dois meses ~** two months ago; **não ficar ~** (*fig*) not to be far behind
atrasado, -a [atra'zadu, a] ADJ late; (*país etc*) backward; (*relógio etc*) slow; (*pagamento*) overdue; (*costumes, pessoa*) antiquated; (*número de revista*) back; **estar ~ nos pagamentos** to be in arrears; **atrasados** [atra'zaduʃ] MPL (*Com*) arrears
atrasar [atra'za^{r}] VT to delay; (*progresso, desenvolvimento*) to hold back; (*relógio*) to put back; (*pagamento*) to be late with ■ VI (*relógio etc*) to be slow; (*avião, pessoa*) to be late; **atrasar-se** VR (*chegar tarde*) to be late; (*num trabalho*) to fall behind; (*num pagamento*) to get into arrears
atraso [a'trazu] M delay; (*de país etc*) backwardness; **atrasos** MPL (*Com*) arrears; **chegar com ~** to arrive late; **com 20 minutos de ~** 20 minutes late; **com um ~ de 6 meses** (*Com: pagamento*) six months in arrears; **um ~ de vida** a hindrance
atrativo, -a [atra'tʃivu, a] ADJ attractive ■ M attraction, appeal; (*incentivo*) incentive; **atrativos** MPL (*encantos*) charms
atravancar [atravã'ka^{r}] VT to block, obstruct; (*encher*) to fill up
através [atra'vɛʃ] ADV across; **~ de** (*de lado a lado*) across; (*pelo centro de*) through; (*por meio de*) through
atravessado, -a [atrave'sadu, a] ADJ (*na garganta*) stuck; **estar com alguém ~ na garganta** to be peeved with sb
atravessar [atrave'sa^{r}] VT (*cruzar*) to cross; (*pôr ao través*) to put *ou* lay across; (*traspassar*) to pass through; (*crise etc*) to go through
atrelar [atre'la^{r}] VT (*cão*) to put on a leash; (*cavalo*) to harness; (*duas viaturas*) to couple up
atrever-se [atre'vexsi] VR: **~ a** to dare to; **atrevido, -a** [atre'vidu, a] ADJ (*petulante*) cheeky, impudent; (*corajoso*) bold; **atrevimento** [atrevi'mẽtu] M (*ousadia*) boldness; (*insolência*) cheek, insolence
atribuição [atribwi'sãw] (*pl* **-ões**) F attribution; **atribuições** FPL (*direitos*) rights; (*poderes*) powers
atribuir [atri'bwi^{r}] VT: **~ algo a** to attribute sth to; (*prêmios, regalias*) to confer sth on
atribulação [atribula'sãw] (*pl* **-ões**) F tribulation
atribular [atribu'la^{r}] VT to trouble, distress; **atribular-se** VR to be distressed
atributo [atri'butu] M attribute
átrio ['atrju] M hall; (*pátio*) courtyard
atrito [a'tritu] M (*fricção*) friction; (*desentendimento*) disagreement
atriz [a'tri3] F actress
atrocidade [atrosi'dad3i] F atrocity
atrofia [atro'fia] F atrophy
atrofiar [atro'fja^{r}] VT to atrophy; **atrofiar-se** VR to atrophy
atropeladamente [atropelada'mẽtʃi] ADV haphazardly
atropelamento [atropela'mẽtu] M (*de pedestre*) running over
atropelar [atrope'la^{r}] VT to knock down, run over; (*empurrar*) to jostle
atropelo [atro'pelu] M bustle, scramble; (*confusão*) confusion
atroz [a'tro3] ADJ (*cruel*) merciless; (*crime*) heinous; (*dor, lembrança, feiúra*) terrible, awful
attaché [ata'ʃe] M attaché
atuação [atwa'sãw] (*pl* **-ões**) F acting; (*de ator etc*) performance
atuado, -a [a'twadu, a] ADJ (*pessoa*) in a bad mood
atual [a'twaw] (*pl* **-ais**) ADJ current; (*pessoa, carro*) modern; **atualidade** [atwali'dad3i] F present (time); **atualidades** FPL (*notícias*) news *sg*
atualização [atwaliza'sãw] (*pl* **-ões**) F updating
atualizado, -a [atwali'zadu, a] ADJ up-to-date
atualizar [atwali'za^{r}] VT to update; **atualizar-se** VR to bring o.s. up to date
atualmente [atwaw'mẽtʃi] ADV at present, currently; (*hoje em dia*) nowadays
atuante [a'twãtʃi] ADJ active
atuar [a'twa^{r}] VI to act; **~ para** to contribute to; **~ sobre** to influence
atulhar [atu'ʎa^{r}] VT (*encher*) to cram full; (*meter*) to stuff, cram
atum [a'tũ] (*pl* **-ns**) M tuna (fish)
aturar [atu'ra^{r}] VT (*suportar*) to endure, put up with
aturdido, -a [atux'd3idu, a] ADJ stunned; (*com barulho*) deafened; (*com confusão, movimento*) bewildered
aturdimento [atuxd3i'mẽtu] M bewilderment
aturdir [atux'd3i^{r}] VT to stun; (*suj: barulho*) to deafen; (: *confusão, movimento*) to bewilder
atxim [a'tʃĩ] EXCL achoo!
audácia [aw'dasja] F boldness; (*insolência*) insolence; **que ~!** what a cheek!; **audacioso, -a** [awda'sjozu, ɔza] ADJ daring; (*insolente*) insolent
audaz [aw'da3] ADJ daring; (*insolente*) insolent
audição [awd3i'sãw] (*pl* **-ões**) F audition;

(*concerto*) recital
audiência[aw'dʒjẽsja] F audience; (*de tribunal*) session, hearing
audiovisual[awdʒjovi'zwaw] (*pl* **-ais**) ADJ audiovisual
auditar[awdʒi'ta^{r}] VT (*Com*) to audit
auditivo, -a[awdʒi'tʃivu, a] ADJ hearing *atr*, auditory
auditor, a[awdʒi'to^{r}(a)] M/F (*Com*) auditor; (*juiz*) judge; (*ouvinte*) listener
auditoria[awdʒito'ria] F auditing; **fazer a ~ de** to audit
auditório[awdʒi'tɔrju] M (*ouvintes*) audience; (*recinto*) auditorium; **programa de ~** program(me) recorded before a live audience
audível[aw'dʒivew] (*pl* **-eis**) ADJ audible
auferir[awfe'ri^{r}] VT (*lucro*) to derive
auge['awʒi] M height, peak
augurar[awgu'ra^{r}] VT to augur; (*felicidades*) to wish
augúrio[aw'gurju] M omen
aula['awla] F (*PT*: *sala*) classroom; (*lição*) lesson, class; **dar ~** to teach
aumentar[awmẽ'ta^{r}] VT to increase; (*salários, preços*) to raise; (*sala, casa*) to expand, extend; (*suj*: *lente*) to magnify; (*acrescentar*) to add ■ VI to increase; (*preço, salário*) to rise, go up; **~ de peso** (*pessoa*) to put on weight
aumento[aw'mẽtu] M increase; (*de preços*) rise; (*ampliação*) enlargement; (*crescimento*) growth
áureo, -a['awrju, a] ADJ golden
auréola[aw'rɛola] F halo
aurora[aw'rɔra] F dawn
auscultar[awʃkuw'ta^{r}] VT (*opinião pública*) to sound out; (*paciente*): **~ alguém** to sound sb's chest
ausência[aw'zẽsja] F absence
ausentar-se[awzẽ'taxsi] VR (*ir-se*) to go away; (*afastar-se*) to stay away
ausente[aw'zẽtʃi] ADJ absent ■ M/F missing person
auspiciar[awʃpi'sja^{r}] VT to augur
auspício[aw'ʃpisju] M: **sob os ~s de** under the auspices of
auspicioso, -a[awʃpi'sjozu, ɔza] ADJ auspicious
austeridade[awʃteri'dadʒi] F austerity
austero, -a[awʃ'tɛru, a] ADJ austere
austral[awʃ'traw] (*pl* **-ais**) ADJ southern
Austrália[awʃ'tralja] F: **a ~** Australia; **australiano, -a**[awʃtra'ljanu, a] ADJ, M/F Australian
Áustria['awʃtrja] F: **a ~** Austria; **austríaco, -a** [awʃ'triaku, a] ADJ, M/F Austrian
autarquia[awtax'kia] F non-governmental organization, ≈ quango (*Brit*)
autárquico, -a[aw'taxkiku, a] ADJ non-governmental
autenticar[awtẽtʃi'ka^{r}] VT to authenticate; (*Com, Jur*) to certify
autenticidade[awtẽtʃisi'dadʒi] F authenticity
autêntico, -a[aw'tẽtʃiku, a] ADJ authentic; (*pessoa*) genuine; (*verdadeiro*) true, real
autismo[aw'tʃiʒmu] M autism
autista[aw'tʃiʃta] ADJ autistic ■ M/F autistic person
auto['awtu] M (*automóvel*) car; **autos** MPL (*Jur*: *processo*) legal proceedings; (*documentos*) legal papers
auto-adesivo, -a ADJ self-adhesive
auto-afirmação F self-assertion
autobiografia[awtobjogra'fia] F autobiography
autobiográfico, -a[awtobjo'grafiku, a] ADJ autobiographical
autocarro[awto'kaxu] (*PT*) M bus
autocontrole[awtokõ'troli] M self-control
autocrata[awto'krata] ADJ autocratic
autóctone[aw'tɔktoni] ADJ indigenous ■ M/F native
autodefesa[awtode'feza] F self-defence (*Brit*), self-defense (*US*)
autodestruição[awtodeʃ'trwisãw] F self-destruction
autodeterminação[awtodetexmina'sãw] F self-determination
autodidata[awtodʒi'data] ADJ self-taught ■ M/F autodidact
autodisciplina[awtodʒisi'plina] F self-discipline
autodomínio[awtodo'minju] M self-control
autódromo[aw'tɔdromu] M race track
auto-escola F driving school
auto-estrada F motorway (*Brit*), expressway (*US*)
autografar[awtogra'fa^{r}] VT to autograph
autógrafo[aw'tɔgrafu] M autograph
automação[awtoma'sãw] F automation; **~ de escritórios** office automation
automático, -a[awto'matʃiku, a] ADJ automatic
automatização[awtomatʃiza'sãw] F = **automação**
automatizar[awtomatʃi'za^{r}] VT to automate
autômato[aw'tomatu] M automaton
automedicar-se[awtomedʒi'kaxsi] VR to treat o.s.
automobilismo[awtomobi'liʒmu] M motoring; (*Esporte*) motor car racing
automóvel[awto'mɔvew] (*pl* **-eis**) M motor car (*Brit*), automobile (*US*)
autonomia[awtono'mia] F autonomy
autônomo, -a[aw'tonomu, a] ADJ autonomous; (*trabalhador*) self-employed ■ M/F self-employed person
autopeça[awto'pɛsa] F car spare
autópsia[aw'tɔpsja] F post-mortem, autopsy
autor, a[aw'to^{r}(a)] M/F author; (*de um crime*) perpetrator; (*Jur*) plaintiff
autoral[awto'raw] (*pl* **-ais**) ADJ: **direitos autorais** copyright *sg*
auto-retrato M self-portrait
autoridade[awtori'dadʒi] F authority
autoritário, -a[awtori'tarju, a] ADJ authoritarian

autoritarismo [awtorita'riʒmu] M authoritarianism
autorização [awtoriza'sãw] (*pl* **-ões**) F permission, authorization; **dar ~ a alguém para** to give sb permission to, authorize sb to
autorizar [awtori'zaʳ] VT to authorize
auto-serviço M self-service
auto-suficiente ADJ self-sufficient
auto-sugestão F autosuggestion
autuar [aw'twaʳ] VT to sue
auxiliar [awsi'ljaʳ] ADJ auxiliary ■ M/F assistant ■ VT to help, assist; **auxílio** [aw'silju] M help, assistance, aid
auxílio-doença (*pl* **auxílios-doença**) M sickness benefit, sick pay
Av ABR (= *avenida*) Ave
avacalhado, -a [avaka'ʎadu, a] ADJ sloppy
avacalhar [avaka'ʎaʳ] (*col*) VT to screw up
aval [a'vaw] (*pl* **-ais**) M guarantee; (*Com*) surety
avalancha [ava'lãʃa] F avalanche
avalanche [ava'lãʃi] F = **avalancha**
avaliação [avalja'sãw] (*pl* **-ões**) F valuation; (*apreciação*) assessment, evaluation
avaliador, a [avalja'doʳ(a)] M/F: **~ de danos** loss adjuster
avaliar [ava'ljaʳ] VT to value; to assess, evaluate; (*imaginar*) to imagine; **~ algo em $100** to value sth at $100
avalista [ava'liʃta] M/F guarantor
avalizar [avali'zaʳ] VT to guarantee
avançada [avã'sada] F advance
avançado, -a [avã'sadu, a] ADJ advanced; (*idéias, pessoa*) progressive
avançar [avã'saʳ] VT to move forward ■ VI to advance; **avanço** [a'vãsu] M advancement; (*progresso*) progress; (*melhora*) improvement, advance
avantajado, -a [avãta'ʒadu, a] ADJ (*corpulento*) stout
avante [a'vãtʃi] ADV forward
avarento, -a [ava'rẽtu, a] ADJ mean ■ M/F miser
avareza [ava'reza] F meanness
avaria [ava'ria] F damage; (*Tec*) breakdown; **avariado, -a** [ava'rjadu, a] ADJ damaged; (*máquina*) out of order; (*carro*) broken down; **avariar** [ava'rjaʳ] VT to damage ■ VI to suffer damage; (*Tec*) to break down
avaro, -a [a'varu, a] ADJ mean ■ M/F miser
ave ['avi] F bird
aveia [a'veja] F oats *pl*
aveio *etc* [a'veju] VB *v* **avir-se**
avelã [ave'lã] F hazelnut
aveludado, -a [avelu'dadu, a] ADJ velvety; (*voz*) smooth
avenho *etc* [a'veɲu] VB *v* **avir-se**
avenida [ave'nida] F avenue
avental [avẽ'taw] (*pl* **-ais**) M apron; (*vestido*) pinafore dress (*Brit*), jumper (*US*)
aventar [avẽ'taʳ] VT (*idéia etc*) to put forward
aventura [avẽ'tura] F adventure; (*proeza*) exploit
aventurar [avẽtu'raʳ] VT (*ousar*) to risk, venture; **aventurar-se** VR: **aventurar-se a** to dare to
aventureiro, -a [avẽtu'rejru, a] ADJ adventurous ■ M/F adventurer
averiguação [averigwa'sãw] (*pl* **-ões**) F investigation, inquiry; (*verificação*) verification
averiguar [averi'gwaʳ] VT (*inquirir*) to investigate; (*verificar*) to verify
avermelhado, -a [avexme'ʎadu, a] ADJ reddish
aversão [avex'sãw] (*pl* **-ões**) F aversion
averso, -a [a'vɛxsu, a] ADJ: **~ a** averse to
aversões [avex'sõjʃ] FPL *de* **aversão**
avesso, -a [a'vesu, a] ADJ (*lado*) opposite, reverse ■ M wrong side, reverse; **ao ~** inside out; **às avessas** (*inverso*) upside down; (*oposto*) the wrong way round; **virar pelo ~** to turn inside out
avestruz [aveʃ'truʒ] M ostrich
aviação [avja'sãw] F aviation, flying
aviado, -a [a'vjadu, a] ADJ (*executado*) ready; (*apressado*) hurried
aviador, a [avja'doʳ(a)] M/F aviator, airman/woman
aviamento [avja'mẽtu] M (*Costura*) haberdashery (*Brit*), notions *pl* (*US*); (*de receita médica*) filling; (*Com*) goodwill
avião [a'vjãw] (*pl* **-ões**) M aeroplane; **~ a jato** jet
aviar [a'vjaʳ] VT (*receita médica*) to make up
avicultor, a [avikuw'toʳ(a)] M/F poultry farmer
avicultura [avikuw'tura] F poultry farming
avidez [avi'deʒ] F (*cobiça*) greed; (*desejo*) eagerness
ávido, -a ['avidu, a] ADJ (*cobiçoso*) greedy; (*desejoso*) eager
aviltamento [aviwta'mẽtu] M debasement
aviltar [aviw'taʳ] VT to debase; **aviltar-se** VR to demean o.s
avim *etc* [a'vĩ] VB *v* **avir-se**
avinagrado, -a [avina'gradu, a] ADJ sour, acid
aviões [a'vjõjʃ] MPL *de* **avião**
avir-se [a'vixsi] (*irreg*) VR (*conciliar-se*) to reach an understanding
avisar [avi'zaʳ] VT (*advertir*) to warn; (*informar*) to tell, let know; **ele avisou que chega amanhã** he said he's arriving tomorrow; **aviso** [a'vizu] M (*comunicação*) notice; (*advertência*) warning; **aviso prévio** notice
avistar [aviʃ'taʳ] VT to catch sight of; **avistar-se** VR: **~-se com** (*ter entrevista*) to have an interview with
avitaminose [avitami'nɔzi] F vitamin deficiency
avivar [avi'vaʳ] VT (*intensificar*) to intensify, heighten; (*memória*) to bring back
avizinhar-se [avizi'ɲaxsi] VR (*aproximar-se*) to approach, come near
avo ['avu] M: **um doze ~s** one twelfth

NB: *European Portuguese adds the following consonants to certain words*: **b** (sú(b)dito, su(b)til); **c** (a(c)ção, a(c)cionista, a(c)to); **m** (inde(m)ne); **p** (ado(p)çã, ado(p)tar); *for further details see p. xiii.*

avô, avó[a'vo, a'vɔ] M/F grandfather/mother; **avós** MPL grandparents
avoado, -a[avo'adu, a] ADJ (*pessoa*) absent-minded
avolumar[avolu'ma^{r}] VT (*aumentar: em volume*) to swell; (: *em número*) to accumulate; (*ocupar espaço*) to fill; **avolumar-se** VR to increase; to swell
avulso, -a[a'vuwsu, a] ADJ separate, detached ■ M single copy
avultado, -a[avuw'tadu, a] ADJ large, bulky
avultar[avuw'ta^{r}] VT to enlarge, expand ■ VI (*sobressair*) to stand out; (*aumentar*) to increase
axila[ak'sila] F armpit
axioma[a'sjɔma] M axiom
azáfama[a'zafama] F bustle; (*pressa*) hurry
azaléia[aza'lɛja] F azalea
azar[a'za^{r}] M bad luck; **~!** too bad, bad luck!; **estar com ~** to be unlucky; **ter ~** to be unlucky
azarado, -a[aza'radu, a] ADJ (*desafortunado*) unlucky
azarento, -a[aza'rẽtu, a] ADJ (*que dá azar*) unlucky
azedar[aze'da^{r}] VT to turn sour; (*pessoa*) to put in a bad mood ■ VI to turn sour; (*leite*) to go off; **azedo, -a**[a'zedu, a] ADJ (*sabor*) sour; (*leite*) off; (*fig*) grumpy, bad-tempered
azedume[aze'dumi] M (*sabor*) sourness; (*fig*) grumpiness
azeitar[azej'ta^{r}] VT (*untar*) to grease; (*lubrificar*) to oil
azeite[a'zejtʃi] M oil; (*de oliva*) olive oil
azeitona[azej'tɔna] F olive
Azerbaijão[azexbaj'ʒãw] M: **o ~** Azerbaijan
azeviche[aze'viʃi] M (*cor*) jet black
azevinho[aze'viɲu] M holly
azia[a'zia] F heartburn
aziago, -a[a'zjagu, a] ADJ (*de mau agouro*) ominous
azinhaga[azi'ɲaga] F (country) lane
azinhavre[azi'ɲavri] M verdigris
azo['azu] M (*oportunidade*) opportunity; (*pretexto*) pretext; **dar ~ a** to give occasion to
azougue[a'zogi] M quicksilver; (*Quím*) mercury; (*fig: pessoa: inquieta*) livewire; (: *esperta*) sharp person
azucrinar[azukri'na^{r}] VT to bother, pester
azul[a'zuw] (*pl* **-uis**) ADJ blue; **tudo ~** (*fig*) everything's rosy
azular[azu'la^{r}] VI to flee
azulejar[azule'ʒa^{r}] VT to tile
azulejo[azu'leʒu] M (glazed) tile
azul-marinho ADJ INV navy blue
azul-turquesa ADJ INV turquoise

Bb

B, b [be] (*pl* **bs**) M B, b; **B de Beatriz** B for Benjamin (*Brit*) *ou* Baker (*US*)
baba ['baba] F dribble
babá [ba'ba] F nanny
babaca [ba'baka] (*col*) ADJ stupid ■ M/F idiot
baba-de-moça (*pl* **babas-de-moça**) F *sweet made with sugar, coconut milk and eggs*
babado [ba'badu] M frill; (*col*) piece of gossip
babador [baba'dor] M bib
babaquice [baba'kisi] F stupidity; (*ato, dito*) stupid thing
babar [ba'bar] VT to dribble on ■ VI to dribble; **babar-se** VR to dribble; **~(-se) por** to drool over
babeiro [ba'bejru] (*PT*) M bib
babel [ba'bɛw] (*pl* **-éis**) F (*fig*) muddle
baby-sitter ['bejbisiter] (*pl* **-s**) M/F baby-sitter
bacalhau [baka'ʎaw] M (dried) cod
bacalhoada [bakaʎo'ada] F salt cod stew
bacana [ba'kana] (*col*) ADJ great
bacanal [baka'naw] (*pl* **-ais**) M orgy
bacharel [baʃa'rɛw] (*pl* **-éis**) M graduate
bacharelado [baʃare'ladu] M bachelor's degree
bacharelar-se [baʃare'laxsi] VR to graduate
bacia [ba'sia] F basin; (*sanitária*) bowl; (*Anat*) pelvis
background [bɛk'grãwdʒi] (*pl* **-s**) M background
backup [ba'kapi] (*pl* **-s**) M (*Comput*) back-up; **tirar um ~ de** to back up
baço, -a ['basu, a] ADJ dull; (*metal*) tarnished ■ M (*Anat*) spleen
bacon ['bejkõ] M bacon
bactéria [bak'tɛrja] F germ, bacterium; **bactérias** MPL (*germes*) bacteria *pl*
badalado, -a [bada'ladu, a] (*col*) ADJ talked about, famous
badalar [bada'lar] VT, VI (*sino*) to ring ■ VI to ring; (*col*) to go out and about
badalativo, -a [badala'tʃivu, a] (*col*) ADJ fun-loving
badalo [ba'dalu] M clapper
badejo [ba'deʒu] M sea bass
baderna [ba'dɛxna] F commotion
badulaque [badu'laki] M trinket; **badulaques** MPL (*coisas sem valor*) junk *sg*
bafafá [bafa'fa] (*col*) M kerfuffle
bafejar [bafe'ʒar] VT (*aquecer com o bafo*) to blow; (*fortuna*) to smile upon
bafejo [ba'feʒu] M (*sopro*) whiff; **~ da sorte** stroke of luck
bafio [ba'fiu] M musty smell
bafo ['bafu] M (*hálito*) (bad) breath; **isso é ~ dele** (*col*) he's just making it up
bafômetro [ba'fometru] M Breathalyser®
baforada [bafo'rada] F (*fumaça*) puff
bagaço [ba'gasu] M (*de frutos*) pulp; (*PT: cachaça*) brandy; **estar/ficar um ~** (*fig: pessoa*) to be/get run down
bagageiro [baga'ʒejru] M (*Auto*) roof rack; (*PT*) porter
bagagem [ba'gaʒẽ] F luggage; (*fig*) baggage, luggage; **recebimento de ~** (*Aer*) baggage reclaim
bagatela [baga'tɛla] F trinket; (*fig*) trifle
Bagdá [bagi'da] N Baghdad
bago ['bagu] M (*fruto*) berry; (*uva*) grape; (*de chumbo*) pellet; (*col!*) ball (*!*)
bagulho [ba'guʎu] M (*objeto*) piece of junk; (*pessoa*): **ser um ~** to be as ugly as sin
bagunça [ba'gũsa] F (*confusão*) mess, shambles *sg*; **bagunçado, -a** [bagũ'sadu, a] ADJ in a mess; **bagunçar** [bagũ'sar] VT to mess up; **bagunceiro, -a** [bagũ'sejru, a] ADJ messy
Bahamas [ba'amaʃ] FPL: **as ~** the Bahamas
baia ['baja] F bail
baía [ba'ia] F bay
baiano, -a [ba'janu, a] ADJ, M/F Bahian
baila ['bajla] F: **trazer/vir à ~** to bring/come up
bailado [baj'ladu] M dance; (*balé*) ballet
bailar [baj'lar] VT, VI to dance
bailarino, -a [bajla'rinu, a] M/F ballet dancer
baile ['bajli] M dance; (*formal*) ball; **dar um ~ em alguém** to pull sb's leg; **~ à fantasia** fancy-dress ball
bainha [ba'iɲa] F (*de arma*) sheath; (*de costura*) hem
baioneta [bajo'neta] F bayonet; **~ calada** fixed bayonet
bairrista [baj'xiʃta] ADJ loyal to one's

NB: *European Portuguese adds the following consonants to certain words*: **b** (sú(b)dito, su(b)til); **c** (a(c)ção, a(c)cionista, a(c)to); **m** (inde(m)ne); **p** (ado(p)çã, ado(p)tar); *for further details see p. xiii.*

neighbo(u)rhood ■ M/F proud local
bairro['bajxu] M district
baita['bajta] ADJ huge; (*gripe*) bad
baixa['bajʃa] F (*abaixamento*) decrease; (*de preço*) reduction, fall; (*diminuição*) drop; (*Bolsa*) low; (*em combate*) casualty; (*do serviço*) discharge; **dar** *ou* **ter ~** to be discharged
baixada[baj'ʃada] F lowland
baixa-mar F low tide
baixar[baj'ʃa^{r}] VT to lower; (*bandeira*) to take down; (*ordem*) to issue; (*lei*) to pass; (*Comput*) to download ■ VI to go (*ou* come) down; (*temperatura, preço*) to drop, fall; (*col: aparecer*) to show up; **~ ao hospital** to go into hospital
baixaria[bajʃa'ria] F vulgarity; (*ação*) cheap trick
baixela[baj'ʃɛla] F serving set
baixeza[baj'ʃeza] F meanness, baseness
baixinho[baj'ʃiɲu] ADV (*falar*) softly, quietly; (*em segredo*) secretly
baixio[baj'ʃiu] M sandbank, sandbar
baixista[baj'ʃiʃta] M/F (*Bolsa*) bear ■ ADJ bear *atr*
baixo, -a['bajʃu, a] ADJ low; (*pessoa*) short, small; (*rio*) shallow; (*linguagem*) common; (*olhos*) lowered; (*atitude*) mean, base; (*metal*) base ■ ADV low; (*em posição baixa*) low down; (*falar*) softly ■ M (*Mús*) bass; **em ~** below; (*em casa*) downstairs; **em voz baixa** in a quiet voice; **para ~** down, downwards; (*em casa*) downstairs; **por ~ de** under, underneath; **altos e ~s** ups and downs; **estar por ~** to be down on one's luck; **baixo-astral** (*col*) M bad vibes *pl*; **estar num baixo-astral** to be at a low ebb
baixote, -a[baj'ʃɔtʃi, ta] ADJ shortish
bajulador, a[baʒula'do^{r}(a)] ADJ obsequious
bajular[baʒu'la^{r}] VT to fawn over
bala['bala] F bullet; (*BR: doce*) sweet; **estar em ponto de ~** (*fig*) to be in tip-top condition; **estar/ficar uma ~** (*fig*) to be/get furious
balada[ba'lada] F ballad
balaio[ba'laju] M straw basket
balança[ba'lãsa] F scales *pl*; **B~** (*Astrologia*) Libra; **~ comercial** balance of trade; **~ de pagamentos** balance of payments
balançar[balã'sa^{r}] VT (*fazer oscilar*) to swing; (*pesar*) to weigh (up) ■ VI to swing; (*carro, avião*) to shake; (*navio*) to roll; (*em cadeira*) to rock; **balançar-se** VR to swing
balancear[balã'sja^{r}] VT to balance
balancete[balã'setʃi] M (*Com*) trial balance
balanço[ba'lãsu] M (*movimento*) swinging; (*brinquedo*) swing; (*de navio*) rolling; (*de carro, avião*) shaking; (*Com: registro*) balance (sheet); (: *verificação*) audit; **fazer um ~ de** (*fig*) to take stock of
balangandã[balãgã'dã] M bauble
balão[ba'lãw] (*pl* **-ões**) M balloon; (*em história em quadrinhos*) speech bubble; (*Auto*) turning area; **~ de oxigênio** oxygen tank
balão-de-ensaio (*pl* **balões-de-ensaio**) M: **soltar um ~** (*fig*) to put out feelers
balar[ba'la^{r}] VI to bleat
balaustrada[balawʃ'trada] F balustrade
balaústre[bala'uʃtri] M ban(n)ister
balbuciar[bawbu'sja^{r}] VT, VI to babble
balbucio[bawbu'siu] M babbling
balbúrdia[baw'buxdʒja] F uproar, bedlam
balcão[baw'kãw] (*pl* **-ões**) M balcony; (*de loja*) counter; (*Teatro*) circle; **balconista**[bawko'niʃta] M/F shop assistant
baldado, -a[baw'dadu, a] ADJ unsuccessful, fruitless
baldar[baw'da^{r}] VT to frustrate, foil
balde['bawdʒi] M bucket, pail
baldeação[bawdʒja'sãw] (*pl* **-ões**) F transfer; **fazer ~** to change
baldio, -a[baw'dʒiu, a] ADJ fallow, uncultivated; **(terreno) ~** (piece of) waste ground
balé[ba'lɛ] M ballet
baleeira[bale'ejra] F whaler
baleia[ba'leja] F whale
baleiro, -a[ba'lejru, a] M/F confectioner
balido[ba'lidu] M bleating; (*um só*) bleat
balística[ba'liʃtʃika] F ballistics *sg*
balístico, -a[ba'liʃtʃiku, a] ADJ ballistic
baliza[ba'liza] F (*estaca*) post; (*bóia*) buoy; (*luminosa*) beacon; (*Esporte*) goal
balizar[bali'za^{r}] VT to mark out
balneário[baw'njarju] M bathing resort
balões[ba'lõjʃ] MPL *de* **balão**
balofo, -a[ba'lofu, a] ADJ (*fofo*) fluffy; (*gordo*) plump, tubby
baloiço[ba'lojsu] (*PT*) M (*de criança*) swing; (*ação*) swinging
balouçar[balo'sa^{r}] (*PT*) VT, VI to swing
balouço[ba'losu] (*PT*) M = **baloiço**
balsa['bawsa] F raft; (*barca*) ferry
bálsamo['bawsamu] M balm
báltico, -a['bawtʃiku, a] ADJ Baltic ■ M: **o B~** the Baltic
baluarte[ba'lwaxtʃi] M rampart, bulwark; (*fig*) supporter
balzaquiana[bawza'kjana] F woman in her thirties
bamba['bãba] ADJ, M/F expert
bambear[bã'bja^{r}] VT to loosen ■ VI to work loose; (*pessoa*) to grow weak
bambo, -a['bãbu, a] ADJ slack, loose; (*pernas*) limp, wobbly
bambolê[bãbo'le] M hula hoop
bamboleante[bãbo'ljãtʃi] ADJ swaying; (*sem firmeza*) wobbly
bambolear[bãbo'lja^{r}] VT to swing ■ VI (*pessoa*) to sway; (*coisa*) to wobble
bambu[bã'bu] M bamboo
banal[ba'naw] (*pl* **-ais**) ADJ banal
banalidade[banali'dadʒi] F banality
banana[ba'nana] F banana ■ M/F (*col*) wimp; **dar uma ~** ≈ to stick two fingers up
bananada[bana'nada] F banana paste
bananeira[bana'nejra] F banana tree
bananosa[bana'nɔza] (*col*) F: **estar numa ~** to be in a fix

banca ['bãka] F (*de trabalho*) bench; (*escritório*) office; (*em jogo*) bank; **~ (de jornais)** newsstand; **botar ~** (*col*) to show off; **botar ~ em** *ou* **para cima de** (*col*) to lay down the law to; **~ examinadora** examining body, examination board; **bancada** [bã'kada] F (*banco, Pol*) bench; (*de cozinha*) worktop

bancar [bã'kaʳ] VT (*financiar*) to finance ■ VI (*fingir*): **~ que** to pretend that; **~ o idiota** *etc* to play the fool *etc*; **~ que** to pretend that; **bancário, -a** [bã'karju, a] ADJ bank *atr* ■ M/F bank employee

bancarrota [bãka'xota] F bankruptcy; **ir à ~** to go bankrupt

banco ['bãku] M (*assento*) bench; (*Com*) bank; (*de cozinha*) stool; **~ de areia** sandbank; **~ de dados** (*Comput*) database

banda ['bãda] F band; (*lado*) side; (*cinto*) sash; **de ~** sideways; **pôr de ~** to put aside; **nestas ~s** in these parts; **~ de percussão** steel band; **~ desenhada** (*PT*) cartoon; **~ larga** (*Tel*) broadband

bandear-se [bãde'axsi] VR: **~ para** *ou* **a** to go over to

bandeira [bã'dejra] F flag; (*estandarte, fig*) banner; (*de porta*) fanlight; **~ a meio pau** flag at half mast; **dar uma ~ em alguém** (*col*) to give sb the brush-off; **levar uma ~** to get the brush-off; **dar ~** (*col*) to give o.s. away

bandeirante [bãdej'rãtʃi] M pioneer ■ F girl guide

bandeirinha [bãdej'riɲa] M (*Esporte*) linesman

bandeja [bã'deʒa] F tray; **dar algo de ~ a alguém** (*col*) to give sb sth on a plate

bandido [bã'dʒidu, a] M bandit ■ M/F (*fig*) rascal

bando ['bãdu] M band; (*grupo*) group; (*de malfeitores*) gang; (*de ovelhas*) flock; (*de gado*) herd; (*de livros etc*) pile

bandô [bã'do] M pelmet

bandoleiro [bãdo'lejru] M bandit

bandolim [bãdo'lĩ] (*pl* **-ns**) M mandolin

bangalô [bãga'lo] M bungalow

Bangcoc [bãŋ'kɔki] N Bangkok

Bangladesh [bãgla'dɛʃ] M Bangladesh

bangue-bangue [bãgi'bãgi] M: **(filme de) ~** western

banguela [bã'gɛla] ADJ toothless

banha ['baɲa] F fat; (*de porco*) lard

banhar [ba'ɲaʳ] VT (*molhar*) to wet; (*mergulhar*) to dip; (*lavar*) to wash, bathe; **banhar-se** VR (*no mar*) to bathe

banheira [ba'ɲejra] F bath

banheiro [ba'ɲejru] M bathroom; (*PT*) lifeguard

banhista [ba'ɲiʃta] M/F bather; (*salva-vidas*) lifeguard

banho ['baɲu] M (*Tec, na banheira*) bath; (*mergulho*) dip; **dar um ~ de cerveja** *etc* **em alguém** to spill beer *etc* all over sb; **tomar ~** to have a bath; (*de chuveiro*) to have a shower; **tomar um ~ de** (*fig*) to have a heavy dose of; **vai tomar ~!** (*col*) get lost!; **~ de chuveiro** shower; **~ de espuma** bubble bath; **tomar ~ de mar** to have a swim (in the sea); **~ de sol** sunbathing

banho-maria (*pl* **banhos-marias**) M (*Culin*) bain-marie

banimento [bani'mẽtu] M banishment

banir [ba'niʳ] VT to banish

banjo ['bãʒu] M banjo

banquei *etc* [bã'kej] VB *v* **bancar**

banqueiro, -a [bã'kejru, a] M/F banker

banqueta [bã'keta] F stool

banquete [bã'ketʃi] M banquet; (*fig*) feast

banquetear [bãke'tʃjaʳ] VT to feast; **banquetear-se** VR: **banquetear-se com** to feast on

banqueteiro, -a [bãke'tejru, a] M/F caterer

banzé [bã'zɛ] (*col*) M kerfuffle

baptismo *etc* [ba'tiʒmu] (*PT*) = **batismo** *etc*

baque ['baki] M thud, thump; (*contratempo*) setback; (*queda*) fall; **levar um ~** to be hard hit

baquear [ba'kjaʳ] VI to topple over

bar [baʳ] M bar

barafunda [bara'fũda] F confusion; (*de coisas*) hotch-potch

barafustar [barafuʃ'taʳ] VI: **~ por** to burst through

baralhada [bara'ʎada] F muddle

baralhar [bara'ʎaʳ] VT (*fig*) to mix up, confuse

baralho [ba'raʎu] M pack of cards

barão [ba'rãw] (*pl* **-ões**) M baron

barata [ba'rata] F cockroach; **entregue às ~s** (*pessoa*) gone to the dogs; (*plano*) gone out the window

baratear [bara'tʃjaʳ] VT to cut the price of; (*menosprezar*) to belittle

barateiro, -a [bara'tejru, a] ADJ cheap

baratinado, -a [baratʃi'nadu, a] (*col*) ADJ in a flap; (*transtornado*) shaken up

baratinar [baratʃi'naʳ] (*col*) VT to drive crazy; (*transtornar*) to shake up

barato, -a [ba'ratu, a] ADJ cheap ■ ADV cheaply ■ M (*col*): **a festa foi um ~** the party was great

barba ['baxba] F beard; **barbas** FPL whiskers; **nas ~s de** (*fig*) under the nose of; **fazer a ~** to shave; **pôr as ~s de molho** to take precautions

barbada [bax'bada] (*col*) F cinch, piece of cake; (*Turfe*) favourite

barbado, -a [bax'badu, a] ADJ bearded

Barbados [bax'baduʃ] M Barbados

barbante [bax'bãtʃi] (*BR*) M string

barbaramente [baxbara'mẽtʃi] ADV (*muito*) a lot

barbaridade [baxbari'dadʒi] F barbarity, cruelty; (*disparate*) nonsense; **que ~!** good heavens!

barbárie [bax'barie] F barbarism

barbarismo [baxba'riʒmu] M barbarism

bárbaro, -a ['baxbaru, a] ADJ barbaric; (*dor, calor*) terrible; (*maravilhoso*) great

NB: *European Portuguese adds the following consonants to certain words*: **b** (sú(b)dito, su(b)til); **c** (a(c)ção, a(c)cionista, a(c)to); **m** (inde(m)ne); **p** (ado(p)çã, ado(p)tar); *for further details see p. xiii.*

barbatana [baxba'tana] F fin
barbeador [baxbja'do^{r}] M razor; (*tb*: **barbeador elétrico**) shaver
barbear [bax'bja^{r}] VT to shave; **barbear-se** VR to shave; **barbearia** [baxbja'ria] F barber's (shop)
barbeiragem [baxbej'raʒẽ] F bad driving; **fazer uma ~** to drive badly; (*fig*) to bungle it
barbeiro [bax'bejru] M barber; (*loja*) barber's; (*motorista*) bad driver, Sunday driver
barbitúrico [baxbi'turiku] M barbiturate
barbudo, -a [bax'budu, a] ADJ bearded
barca ['baxka] F barge; (*de travessia*) ferry
barcaça [bax'kasa] F barge
barco ['baxku] M boat; **estar no mesmo ~** (*fig*) to be in the same boat; **deixar o ~ correr** (*fig*) to let things take their course; **tocar o ~ para a frente** (*fig*) to struggle on; **~ a motor** motorboat; **~ a remo** rowing boat; **~ a vela** sailing boat
Barein [ba'rẽj] M: **o ~** Bahrain
barganha [bax'gaɲa] F bargain; **barganhar** [baxga'ɲa^{r}] VT, VI to negotiate
barítono [ba'ritonu] M baritone
barlavento [baxla'vẽtu] M (*Náut*) windward; **a ~** to windward
barman [bax'mã] (*pl* **-men**) M barman
barnabé [baxna'bɛ] (*col*) M petty civil servant
barões [ba'rõjʃ] MPL *de* **barão**
barômetro [ba'rometru] M barometer
baronesa [baro'neza] F baroness
barqueiro [bax'kejru] M boatman
barra ['baxa] F bar; (*faixa*) strip; (*traço*) stroke; (*alavanca*) lever; (*col*: *situação*) scene; **agüentar** *ou* **segurar a ~** to hold out; **forçar a ~** (*col*) to force the issue; **ser uma ~** (*pessoa, entrevista*) to be tough; **~ de direção** steering column; **~ fixa** high bar; **~s paralelas** parallel bars
barraca [ba'xaka] F (*tenda*) tent; (*de feira*) stall; (*de madeira*) hut; (*de praia*) sunshade; **barracão** [baxa'kãw] (*pl* **-ões**) M (*de madeira*) shed; **barraco** [ba'xaku] M shack, shanty
barracões [baxa'kõjʃ] MPL *de* **barracão**
barragem [ba'xaʒẽ] (*pl* **-ns**) F (*represa*) dam; (*impedimento*) barrier
barranco [ba'xãku] M ravine, gully; (*de rio*) bank
barra-pesada (*pl* **barras-pesadas**) M/F shady character ■ ADJ INV (*lugar*) rough; (*pessoa*) shady; (*difícil*) difficult
barrar [ba'xa^{r}] VT to bar
barreira [ba'xejra] F barrier; (*cerca*) fence; (*Esporte*) hurdle; **pôr ~s a** to put obstacles in the way of; **~ do som** sound barrier
barrento, -a [ba'xẽtu, a] ADJ muddy
barrete [ba'xetʃi] (*PT*) M cap
barricada [baxi'kada] F barricade
barriga [ba'xiga] F belly; **estar de ~** to be pregnant; **falar** *ou* **chorar de ~ cheia** to complain for no reason; **fazer ~** to bulge; **~ da perna** calf; **barrigudo, -a** [baxi'gudu, a] ADJ paunchy, pot-bellied
barril [ba'xiw] (*pl* **-is**) M barrel, cask
barro ['baxu] M clay; (*lama*) mud
barroco, -a [ba'xoku, a] ADJ baroque; (*ornamentado*) extravagant
barrote [ba'xɔtʃi] M beam
barulhada [baru'ʎada] F racket, din
barulhento, -a [baru'ʎẽtu, a] ADJ noisy
barulho [ba'ruʎu] M (*ruído*) noise; (*tumulto*) din
base ['bazi] F base; (*fig*) basis; **sem ~** groundless; **com ~ em** based on; **na ~ de** (*por meio de*) by means of
baseado, -a [ba'zjadu, a] ADJ well-founded ■ M (*col*) joint
basear [ba'zja^{r}] VT to base; **basear-se** VR: **basear-se em** to be based on
básico, -a ['baziku, a] ADJ basic
basquete [baʃ'kɛtʃi] M = **basquetebol**
basquetebol [baʃkete'bɔw] M basketball
basta ['baʃta] M: **dar um ~ em** to call a halt to
bastante [baʃ'tãtʃi] ADJ (*suficiente*) enough; (*muito*) quite a lot (of) ■ ADV enough, a lot
bastão [baʃ'tãw] (*pl* **-ões**) M stick
bastar [baʃ'ta^{r}] VI to be enough, be sufficient; **bastar-se** VR to be self-sufficient; **basta!** (that's) enough!; **~ para** to be enough to
bastardo, -a [baʃ'taxdu, a] ADJ, M/F bastard
bastidor [baʃtʃi'do^{r}] M frame; **bastidores** MPL (*Teatro*) wings; **nos ~es** (*fig*) behind the scenes
basto, -a ['baʃtu, a] ADJ (*espesso*) thick; (*denso*) dense
bastões [baʃ'tõjʃ] MPL *de* **bastão**
bata ['bata] F (*de mulher*) smock; (*de médico*) overall
batalha [ba'taʎa] F battle; **batalhador, a** [bataʎa'do^{r}(a)] ADJ struggling ■ M/F fighter
batalhão [bata'ʎãw] (*pl* **-ões**) M battalion
batalhar [bata'ʎa^{r}] VI to battle, fight; (*esforçar-se*) to make an effort, try hard ■ VT (*emprego*) to go after
batalhões [bata'ʎõjʃ] MPL *de* **batalhão**
batata [ba'tata] F potato; **~ doce** sweet potato; **~ frita** chips *pl* (*Brit*), French fries *pl*; (*de pacote*) crisps *pl* (*Brit*), (potato) chips *pl* (*US*)
bate-boca ['batʃi-] (*pl* **-s**) M row, quarrel
bate-bola ['batʃi-] (*pl* **-s**) M kick around
batedeira [bate'dejra] F beater; (*de manteiga*) churn; **~ elétrica** mixer
batedor [bate'do^{r}] M beater; (*polícia*) escort; (*Criquete*) batsman; **~ de carteiras** pickpocket
bátega ['batega] F downpour
batelada [bate'lada] F: **uma ~ de** a whole bunch of
batente [ba'tẽtʃi] M doorpost; (*col*) job; **no ~** at work
bate-papo ['batʃi-] (*pl* **-s**) (*BR*) M chat
bater [ba'te^{r}] VT to beat; (*golpear*) to strike; (*horas*) to strike; (*pé*) to stamp; (*foto*) to take; (*datilografar*) to type; (*porta*) to slam; (*asas*) to flap; (*recorde*) to break; (*roupa*: *usar muito*) to wear all the time ■ VI (*porta*) to slam; (*sino*) to ring; (*janela*) to bang; (*coração*) to beat; (*sol*) to beat down; **bater-se** VR: **bater-se para fazer/por** to fight to do/for; **~ (à porta)** to knock (at the door); **~ à**

maquina to type; **~ em** to hit; (*lugar*) to arrive in; (*assunto*) to harp on; **~ com o carro** to crash one's car; **~ com a cabeça** to bang one's head; **~ com o pé (em)** to kick; **ele não bate bem** (*col*) he is a bit crazy; **~ a carteira de alguém** (*col*) to nick sb's wallet

bateria [bate'ria] F battery; (*Mús*) drums *pl*; **~ de cozinha** kitchen utensils *pl*; **baterista** [bate'riʃta] M/F drummer

batida [ba'tʃida] F beat; (*da porta*) slam; (*à porta*) knock; (*da polícia*) raid; (*Auto*) crash; (*bebida*) *cocktail of cachaça, fruit and sugar*; **dar uma ~ em** (*polícia*) to raid; (*colidir com*) to bump into; **dar uma ~ com o carro** to crash one's car; **dar uma ~ no carro de alguém** to crash into sb's car

batido, -a [ba'tʃidu, a] ADJ beaten; (*roupa*) worn; (*assunto*) hackneyed ■ M: **~ de leite** (PT) milkshake

batina [ba'tʃina] F (*Rel*) cassock

batismal [batʃiʒ'maw] (*pl* **-ais**) ADJ *v* **pia**

batismo [ba'tʃiʒmu] M baptism, christening

batizado [batʃi'zadu] M christening

batizar [batʃi'zaʳ] VT to baptize, christen; (*vinho*) to dilute

batom [ba'tõ] (*pl* **-ns**) M lipstick

batucada [batu'kada] F dance percussion group

batucar [batu'kaʳ] VT, VI to drum

batuque [ba'tuki] M drumming

batuta [ba'tuta] F baton ■ ADJ (*col*) clever

baú [ba'u] M trunk

baunilha [baw'niʎa] F vanilla

bazar [ba'zaʳ] M bazaar; (*loja*) shop

bazófia [ba'zɔfja] F boasting, bragging

BB ABR M = **Banco do Brasil**

BBF ABR F = **Bolsa Brasileira de Futuros**

BC ABR M = **Banco Central do Brasil**

BCG ABR M (= *Bacilo Calmet-Guerin*) BCG

bê-á-bá [bea'ba] M ABC

beatitude [beatʃi'tudʒi] F bliss

beato, -a [be'atu, a] ADJ blessed; (*devoto*) overpious

bêbado, -a ['bebadu, a] ADJ, M/F drunk

bebê [be'be] M baby

bebedeira [bebe'dejra] F drunkenness; **tomar uma ~** to get drunk

bêbedo, -a ['bebedu, a] ADJ, M/F = **bêbado**

bebedor, a [bebe'doʳ(a)] M/F drinker; (*ébrio*) drunkard

bebedouro [bebe'douru] M drinking fountain

beber [be'beʳ] VT to drink; (*absorver*) to drink up, soak up ■ VI to drink

bebericar [beberi'kaʳ] VT, VI to sip

bebida [be'bida] F drink

beca ['bɛka] F gown

beça ['bɛsa] (*col*) F: **à ~** (*com vb*) a lot; (*com n*) a lot of; (*com adj*) really

beco ['beku] M alley, lane; **~ sem saída** cul-de-sac; (*fig*) dead end

bedelho [be'deʎu] M kid; **meter o ~ em** to poke one's nose into

bege ['bɛʒi] ADJ INV beige

beicinho [bej'sinu] M: **fazer ~** to sulk

beiço ['bejsu] M lip; **fazer ~** to pout

beiçudo, -a [bej'sudu, a] ADJ thick-lipped

beija-flor [beja-] (*pl* **-es**) M hummingbird

beijar [bej'ʒaʳ] VT to kiss; **beijar-se** VR to kiss (one another); **beijo** ['bejʒu] M kiss; **dar beijos em alguém** to kiss sb

beijoca [bej'ʒɔka] F kiss

beijocar [bejʒo'kaʳ] VT to kiss

beira ['bejra] F (*borda*) edge; (*de rio*) bank; (*orla*) border; **à ~ de** on the edge of; (*ao lado de*) beside, by; (*fig*) on the verge of; **~ do telhado** eaves *pl*

beirada [bej'rada] F edge

beira-mar F seaside

beirar [bej'raʳ] VT (*ficar à beira de*) to be at the edge of; (*caminhar à beira de*) to skirt; (*desespero*) to be on the verge of; (*idade*) to approach, near ■ VI: **~ com** to border on; **~ por** (*idade*) to approach

Beirute [bej'rutʃi] N Beirut

beisebol [bejsi'bɔw] M baseball

belas-artes FPL fine arts

beldade [bew'dadʒi] F beauty

beleléu [bele'lɛw] (*col*) M: **ir para o ~** to go wrong

belenense [bele'nēsi] ADJ from Belém ■ M/F native *ou* inhabitant of Belém

beleza [be'leza] F beauty; **que ~!** how lovely!; **ser uma ~** to be lovely; **concurso de ~** beauty contest

belga ['bɛwga] ADJ, M/F Belgian

Bélgica ['bɛwʒika] F: **a ~** Belgium

Belgrado [bew'gradu] N Belgrade

beliche [be'liʃi] M bunk

bélico, -a ['bɛliku, a] ADJ war *atr*

belicoso, -a [beli'kozu, ɔza] ADJ warlike

beligerante [beliʒe'rãtʃi] ADJ belligerent

beliscão [beliʃ'kãw] (*pl* **-ões**) M pinch; **beliscar** [beliʃ'kaʳ] VT to pinch, nip; (*comida*) to nibble

beliscões [beliʃ'kõjʃ] MPL *de* **beliscão**

Belize [be'lizi] M Belize

belo, -a ['bɛlu, a] ADJ beautiful

belo-horizontino, -a [-orizõ'tʃinu, a] ADJ from Belo Horizonte ■ M/F person from Belo Horizonte

bel-prazer [bɛw-] M: **a seu ~** at one's own convenience

beltrano [bew'tranu] M so-and-so

belvedere [bewve'deri] M lookout point

PALAVRA CHAVE

bem [bẽj] ADV **1** (*de maneira satisfatória, correta etc*) well; **trabalha/come bem** she works/eats well; **respondeu bem** he answered correctly; **me sinto/não me sinto bem** I feel fine/I don't feel very well; **tudo bem? — tudo bem** how's it going? — fine

2 (*valor intensivo*) very; **um quarto bem quente** a nice warm room; **bem se vê que ...** it's clear that ...
3 (*bastante*) quite, fairly; **a casa é bem grande** the house is quite big
4 (*exatamente*): **bem ali** right there; **não é bem assim** it's not quite like that
5 (*estar bem*): **estou muito bem aqui** I feel very happy here; **está bem! vou fazê-lo** oh all right, I'll do it!
6 (*de bom grado*): **eu bem que iria mas ...** I'd gladly go but ...
7 (*cheirar*) good, nice
■ M **1** (*bem-estar*) good; **estou dizendo isso para o seu bem** I'm telling you for your own good; **o bem e o mal** good and evil
2 (*posses*): **bens** goods, property *sg*; **bens de consumo** consumer goods; **bens de família** family possessions; **bens móveis/imóveis** moveable property *sg*/real estate *sg*
■ EXCL **1** aprovação; **bem!** OK!; **muito bem!** well done!
2 (*desaprovação*): **bem feito!** it serves you right!
■ ADJ INV (*tom depreciativo*): **gente bem** posh people
■ CONJ **1**: **nem bem** as soon as, no sooner than; **nem bem ela chegou começou a dar ordens** as soon as she arrived she started to give orders, no sooner had she arrived than she started to give orders
2: **se bem que** though; **gostaria de ir se bem que não tenho dinheiro** I'd like to go even though I've got no money
3: **bem como** as well as; **o livro bem como a peça foram escritos por ele** the book as well as the play was written by him

bem-agradecido, -a ADJ grateful
bem-apessoado, -a [-ape'swadu, a] ADJ smart, well-groomed
bem-arrumado, -a [-axu'madu, a] ADJ well-dressed
bem-casado, -a [-ka'zadu, a] ADJ happily married
bem-comportado, -a [-kõpox'tadu, a] ADJ well-behaved
bem-conceituado, -a ADJ highly regarded
bem-disposto, -a ADJ well, in good form
bem-educado, -a ADJ well-mannered
bem-estar M well-being
bem-humorado, -a [-umo'radu, a] ADJ good-tempered
bem-intencionado, -a ADJ well-intentioned
bem-me-quer (*pl* **-es**) M daisy
bem-passado, -a ADJ (*Culin*) well-done
bem-sucedido, -a ADJ successful
bem-vindo, -a ADJ welcome
bem-visto, -a ADJ well thought of
bênção ['bẽsãw] (*pl* **-s**) F blessing
bendigo *etc* [bẽ'dʒigu] VB *v* **bendizer**
bendisse *etc* [bẽ'dʒisi] VB *v* **bendizer**
bendito, -a [bẽ'dʒitu, a] PP *de* **bendizer** ■ ADJ blessed
bendizer [bẽdʒi'zeʳ] (*irreg*) VT (*louvar*) to praise; (*abençoar*) to bless
beneficência [benefi'sẽsja] F (*bondade*) kindness; (*caridade*) charity; **obra de ~** charity
beneficente [benefi'sẽtʃi] ADJ (*organização*) charitable; (*feira*) charity *atr*
beneficiado, -a [benefi'sjadu, a] M/F beneficiary
beneficiar [benefi'sjaʳ] VT (*favorecer*) to benefit; (*melhorar*) to improve; **beneficiar-se** VR to benefit
benefício [bene'fisju] M (*proveito*) benefit, profit; (*favor*) favour (*Brit*), favor (*US*); **em ~ de** in aid of; **em ~ próprio** for one's own benefit; **benéfico, -a** [be'nɛfiku, a] ADJ (*benigno*) beneficial; (*generoso*) generous
Benelux [bene'luks] M Benelux
benemérito, -a [bene'mɛritu, a] ADJ (*digno*) worthy
beneplácito [bene'plasitu] M consent, approval
benevolência [benevo'lẽsja] F benevolence, kindness
benévolo, -a [be'nɛvolu, a] ADJ benevolent, kind
Benfam [bẽ'fami] ABR F = **Sociedade Brasileira de Bem-Estar da Família**
benfazejo, -a [bẽfa'zeʒu, a] ADJ benevolent
benfeitor, a [bẽfej'toʳ(a)] M/F benefactor/benefactress
benfeitoria [bẽfejto'ria] F improvement
bengala [bẽ'gala] F walking stick
benigno, -a [be'nignu, a] ADJ (*bondoso*) kind; (*agradável*) pleasant; (*Med*) benign
Benin [be'nĩ] M: **o ~** Benin
benquisto, -a [bẽ'kiʃtu, a] ADJ well-loved, well-liked
bens [bẽjʃ] MPL *de* **bem**
bento, -a ['bẽtu, a] PP *de* **benzer** ■ ADJ blessed; (*água*) holy
benzedeiro, -a [bẽze'dejru, a] M/F sorcerer/sorceress
benzer [bẽ'zeʳ] VT to bless; **benzer-se** VR to cross o.s.
berçário [bex'sarju] M nursery
berço ['bexsu] M (*com balanço*) cradle; (*cama*) cot; (*origem*) birthplace; **nascer em ~ de ouro** (*fig*) to be born with a silver spoon in one's mouth; **ter ~** to be from a good family
berimbau [berĩ'baw] M *percussion instrument*
berinjela [berĩ'ʒɛla] F aubergine (*Brit*), eggplant (*US*)
Berlim [bex'lĩ] N Berlin
berlinda [bex'lĩda] F: **estar na ~** to be in the firing-line
berma ['bɛxma] (*PT*) F hard shoulder (*Brit*), berm (*US*)
bermuda [bex'muda] F Bermuda shorts *pl*
Bermudas [bex'mudaʃ] FPL: **as ~** Bermuda *sg*
Berna ['bɛxna] N Berne
berrante [be'xãtʃi] ADJ flashy, gaudy
berrar [be'xaʳ] VI to bellow; (*criança*) to bawl;

berreiro [be'xejru] M: **abrir o berreiro** to burst out crying
berro ['bɛxu] M yell
besouro [be'zoru] M beetle
besta ['beʃta] ADJ (*tolo*) stupid; (*convencido*) full of oneself; (*pretensioso*) pretentious ■ F (*animal*) beast; (*pessoa*) fool; **~ de carga** beast of burden; **ficar ~** (*col: surpreso*) to be amazed; **fazer alguém de ~** (*col*) to make a fool of sb
bestar [beʃ'ta^{r}] VI to laze around
besteira [beʃ'tejra] F (*tolice*) foolishness; (*insignificância*) small thing; **dizer ~s** to talk nonsense; **fazer uma ~** to do something silly
bestial [beʃ'tʃjaw] (*pl* **-ais**) ADJ bestial; (*repugnante*) repulsive
bestialidade [beʃtʃjali'dadʒi] F bestiality
bestificar [beʃtʃifi'ka^{r}] VT to astonish, dumbfound
best-seller ['bɛst'sɛle^{r}] (*pl* **-s**) M best seller
besuntar [bezũ'ta^{r}] VT to smear, daub
betão [be'tãw] (PT) M concrete
beterraba [bete'xaba] F beetroot
betoneira [beto'nejra] F cement mixer
betume [be'tumi] M asphalt
bexiga [be'ʃiga] F (*órgão*) bladder
bezerro, -a [be'zexu, a] M/F calf
BI ABR M *see below*

BI

All Portuguese citizens are required to carry an identity card, known as the *BI* or *bilhete de identidade*. The photocard, which gives the holder's name, date of birth, marital status, height and a fingerprint, can be used instead of a passport for travel within the European Union. Failure to produce a valid identity card when stopped by the police can result in a fine.

bianual [bja'nwaw] (*pl* **-ais**) ADJ biannual, twice yearly
bibelô [bibe'lo] M ornament
Bíblia ['biblja] F Bible
bíblico, -a ['bibliku, a] ADJ biblical
bibliografia [bibljogra'fia] F bibliography
biblioteca [bibljo'tɛka] F library; (*estante*) bookcase; **bibliotecário, -a** [bibljote'karju, a] M/F librarian
biblioteconomia [bibljotekono'mia] F librarianship
bica ['bika] F tap; (PT) black coffee, expresso; **suar em ~s** to drip with sweat
bicada [bi'kada] F peck
bicama [bi'kama] F pull-out bed
bicar [bi'ka^{r}] VT to peck
bicarbonato [bikaxbo'natu] M bicarbonate
bíceps ['biseps] M INV biceps
bicha ['biʃa] F (*lombriga*) worm; (PT: *fila*) queue; (BR: *col, pej: homossexual*) queer
bichado, -a [bi'ʃadu, a] ADJ eaten away
bicheiro [bi'ʃejru] M (illegal) bookie
bicho ['biʃu] M animal; (*inseto*) insect, bug; (*col: pessoa: intratável*) pain (in the neck); (: *feio*): **ela é um ~ (feio)** she's as ugly as sin; **virar ~** (*col*) to get mad; **ver que ~ dá** (*col*) to see what happens; **que ~ te mordeu?** what's got into you?
bicho-da-seda (*pl* **bichos-da-seda**) M silk worm
bicho-de-sete-cabeças M: **fazer um ~** to make a mountain out of a molehill
bicho-do-mato (*pl* **bichos-do-mato**) M extremely shy person
bicho-papão [-pa'pãw] (*pl* **bichos-papões**) M bogeyman
bicicleta [bisi'klɛta] F bicycle; (*col*) bike; **andar de ~** to cycle
bico ['biku] M (*de ave*) beak; (*ponta*) point; (*de chaleira*) spout; (*boca*) mouth; (*de pena*) nib; (*do peito*) nipple; (*de gás*) jet; (*col: emprego*) casual job; (*chupeta*) dummy; **calar o ~** to shut up; **não abrir o ~** not to say a word; **fazer ~** to sulk
bicudo, -a [bi'kudu, a] ADJ pointed; (*difícil*) tricky
BID ABR M = **Banco Interamericano de Desenvolvimento**
bidê [bi'de] M bidet
bidimensional [bidʒimẽsjo'naw] (*pl* **-ais**) ADJ two-dimensional
bidirecional [bidʒiresjo'naw] (*pl* **-ais**) ADJ bidirectional
biela ['bjɛla] F con(necting) rod
bienal [bje'naw] (*pl* **-ais**) ADJ biennial ■ F (biennial) art exhibition
bife ['bifi] M (*beef*) steak; **~ a cavalo** steak with fried eggs; **~ à milanesa** beef escalope; **~ de panela** beef stew
bifocal [bifo'kaw] (*pl* **-ais**) ADJ bifocal; **óculos bifocais** bifocals
bifurcação [bifuxka'sãw] (*pl* **-ões**) F fork
bifurcar-se [bifux'kaxsi] VR to fork, divide
bigamia [biga'mia] F bigamy
bígamo, -a ['bigamu, a] ADJ bigamous ■ M/F bigamist
bigode [bi'gɔdʒi] M moustache
bigodudo, -a [bigo'dudu, a] ADJ with a big moustache
bigorna [bi'gɔxna] F anvil
bijuteria [biʒute'ria] F (costume) jewellery (*Brit*) *ou* jewelry (*US*)
bilateral [bilate'raw] (*pl* **-ais**) ADJ bilateral
bilhão [bi'ʎãw] (*pl* **-ões**) M billion
bilhar [bi'ʎa^{r}] M (*jogo*) billiards *sg*
bilhete [bi'ʎetʃi] M (*entrada, loteria*) ticket; (*cartinha*) note; **~ eletrônico** e-ticket; **~ de ida** single (*Brit*) *ou* one-way ticket; **~ de ida e volta** return (*Brit*) *ou* round-trip (*US*) ticket; **o ~ azul** (*fig*) the sack; **bilheteira** [biʎe'tejra] (PT) F ticket office; (*Teatro*) box office; **bilheteiro, -a** [biʎe'tejru, a] M/F ticket seller; **bilheteria**

[biʎete'ria] F ticket office; box office; **sucesso de bilheteria** box-office success
bilhões [bi'ʎõjʃ] MPL *de* **bilhão**
bilíngüe [bi'lĩgwi] ADJ bilingual
bilionário, -a [biljo'narju, a] ADJ, M/F billionaire
bilioso, -a [bi'ljozu, ɔza] ADJ bilious; (*fig*) bad-tempered
bílis ['bilij] M bile
bimensal [bimẽ'saw] (*pl* **-ais**) ADJ twice-monthly
bimestral [bimeʃ'traw] (*pl* **-ais**) ADJ two-monthly
bimotor [bimo'tor] ADJ twin-engined
binário, -a [bi'narju, a] ADJ binary
bingo ['bĩgu] M bingo
binóculo [bi'nɔkulu] M binoculars *pl*; (*para teatro*) opera glasses *pl*
biodegradável [bjodegra'davew] (*pl* **-eis**) ADJ biodegradable
biografia [bjogra'fia] F biography
biográfico, -a [bjo'grafiku, a] ADJ biographical
biógrafo, -a ['bjɔgrafu, a] M/F biographer
biologia [bjolo'ʒia] F biology
biológico, -a [bjo'lɔʒiku, a] ADJ biological
biólogo, -a ['bjɔlogu, a] M/F biologist
biombo ['bjõbu] M (*tapume*) screen
biônico, -a ['bjoniku, a] ADJ bionic; (*Pol*: *senador*) non-elected
biópsia ['bjɔpsja] F biopsy
bioquímica [bjo'kimika] F biochemistry
bioterrorismo [bjotexo'riʒmu] M bioterrorism
bipartidário, -a [bipaxtʃi'darju, a] ADJ two-party *atr*, bipartite
bipartidarismo [bipaxtʃida'riʒmu] M two-party system
biquíni [bi'kini] M bikini
BIRD ABR M = **Banco Internacional de Reconstrução e Desenvolvimento**
birita [bi'rita] (*col*) F drink
birmanês, -esa [bixma'neʃ, eza] ADJ, M/F Burmese ■ M (*Ling*) Burmese
Birmânia [bix'manja] F: **a ~** Burma
birô [bi'ro] M (*Comput*) bureau
birosca [bi'roʃka] F (small) shop
birra ['bixa] F (*teima*) wilfulness (*Brit*), willfulness (*US*), obstinacy; (*aversão*) aversion; **fazer ~** to have a tantrum; **ter ~ com** to dislike
birrento, -a [bi'xẽtu, a] ADJ stubborn, obstinate
biruta [bi'ruta] ADJ crazy ■ F windsock
bis [biʃ] EXCL encore!
bisar [bi'zar] VT (*suj*: *público*) to ask for an encore of; (: *artista*) to do an encore of
bisavô, -ó [biza'vo, ɔ] M/F great-grandfather/great-grandmother; **bisavós** [biza'vɔʃ] MPL great-grandparents
bisbilhotar [biʒbiʎo'tar] VT to pry into ■ VI to snoop
bisbilhoteiro, -a [biʒbiʎo'tejru, a] ADJ prying ■ M/F snoop
bisbilhotice [biʒbiʎo'tʃisi] F prying
Biscaia [biʃ'kaja] F: **o golfo de ~** the Bay of Biscay
biscate [biʃ'katʃi] M odd job
biscateiro, -a [biʃka'tejru, a] M/F odd-job person
biscoito [biʃ'kojtu] M biscuit (*Brit*), cookie (*US*)
bisnaga [biʒ'naga] F (*tubo*) tube; (*pão*) French stick
bisneto, -a [biʒ'nɛtu, a] M/F great-grandson/great-granddaughter; **bisnetos** MPL (*filhos de neto*) great-grandchildren
bisonho, -a [bi'zɔɲu, a] ADJ inexperienced ■ M/F newcomer
bispado [biʃ'padu] M bishopric
bispo ['biʃpu] M bishop
bissemanal [bisema'naw] (*pl* **-ais**) ADJ twice-weekly
bissexto, -a [bi'seʃtu, a] ADJ: **ano ~** leap year
bissexual [bisek'swaw] (*pl* **-ais**) ADJ, M/F bisexual
bisturi [biʃtu'ri] M scalpel
bit ['bitʃi] M (*Comput*) bit
bitola [bi'tɔla] F gauge (*Brit*), gage (*US*); (*padrão*) pattern; (*estalão*) standard
bitolado, -a [bito'ladu, a] ADJ narrow-minded
bizarro, -a [bi'zaxu, a] ADJ bizarre
blablablá [blabla'bla] (*col*) M chitchat
black-tie ['blɛktaj] M evening dress
blasé [bla'zɛ] ADJ blasé
blasfemar [blaʃfe'mar] VT to curse ■ VI to blaspheme; **blasfêmia** [blaʃ'femja] F blasphemy; (*ultraje*) swearing
blasfemo, -a [blaʃ'femu, a] ADJ blasphemous ■ M/F blasphemer
blazer ['blejzer] (*pl* **-s**) M blazer
blecaute [ble'kawtʃi] M power cut
blefar [ble'far] VI to bluff
blefe ['blɛfi] M bluff
blindado, -a [blĩ'dadu, a] ADJ armoured (*Brit*), armored (*US*)
blindagem [blĩ'daʒẽ] F armour(-plating) (*Brit*), armor(-plating) (*US*)
blitz [blits] F police raid; (*na estrada*) police spot-check
bloco ['blɔku] M block; (*Pol*) bloc; (*de escrever*) writing pad; **voto em ~** block vote; **~ de carnaval** carnival troupe; **~ de cilindros** cylinder block
blog, blogue ['bl gi] (*pl* **-s**) (*col*) M blog
blogueiro, -a [blo'gejru, a] (*col*) M/F blogger
bloquear [blo'kjar] VT to blockade; (*obstruir*) to block; **bloqueio** [blo'keju] M (*Mil*) blockade; (*obstrução*) blockage; (*Psico*) mental block
blusa ['bluza] F (*de mulher*) blouse; (*de homem*) shirt; **~ de lã** jumper; **blusão** [blu'zãw] (*pl* **-ões**) M jacket
BMeF (*BR*) ABR F = **Bolsa Mercantil e de Futuros**
BMSP ABR F = **Bolsa de Mercadorias de São Paulo**
BNDES ABR M (= *Banco Nacional de Desenvolvimento Econômico e Social*) Brazilian development bank
BNH (*BR*) ABR M (= *Banco Nacional da Habitação*) home-funding bank
boa ['boa] ADJ F *de* **bom** ■ F boa constrictor

boa-gente ADJ INV nice
boa-pinta (*pl* **boas-pintas**) ADJ handsome
boa-praça (*pl* **boas-praças**) ADJ nice
boate ['bwatʃi] F nightclub
boateiro, -a [bwa'tejru, a] ADJ gossipy ■ M/F gossip
boato ['bwatu] M rumour (*Brit*), rumor (*US*)
boa-vida (*pl* **boas-vidas**) M/F loafer
bobagem [bo'baʒẽ] (*pl* **-ns**) F silliness, nonsense; (*dito, ato*) silly thing; **deixe de bobagens!** stop being silly!
bobeada [bo'bjada] F slip-up
bobear [bo'bjaʳ] VI to miss out
bobice [bo'bisi] F silliness, nonsense; (*dito, ato*) silly thing
bobina [bo'bina] F reel, bobbin; (*Elet*) coil; (*Foto*) spool; (*de papel*) roll
bobo, -a ['bobu, a] ADJ silly, daft ■ M/F fool ■ M (*de corte*) jester; **fazer-se de ~** to act the fool
bobó [bo'bɔ] M *beans, palm oil and manioc*
boboca [bo'bɔka] ADJ silly ■ M/F fool
boca ['boka] F mouth; (*entrada*) entrance; (*de fogão*) ring; **de ~** orally; **de ~ aberta** open-mouthed, amazed; **bater ~** to argue; **botar a ~ no mundo** (*berrar*) to scream; (*revelar*) to spill the beans; **falar da ~ para fora** to say one thing and mean another; **ser boa ~** to eat anything; **vira essa ~ para lá!** don't tempt providence!; **~ da noite** nightfall
boca-de-fumo (*pl* **bocas-de-fumo**) F drug den
boca-de-sino ADJ INV bell-bottomed
bocadinho [boka'dʒinu] M: **um ~** (*pouco tempo*) a little while; (*pouquinho*) a little bit
bocado [bo'kadu] M (*quantidade na boca*) mouthful, bite; (*pedaço*) piece, bit; **um ~ de tempo** quite some time
bocal [bo'kaw] (*pl* **-ais**) M (*de vaso*) mouth; (*Mús, de aparelho*) mouthpiece; (*de cano*) nozzle
boçal [bo'saw] (*pl* **-ais**) ADJ ignorant; (*grosseiro*) uncouth
boçalidade [bosali'dadʒi] F coarseness; (*ignorância*) ignorance
boca-livre (*pl* **bocas-livres**) F free meal
bocejar [bose'ʒaʳ] VI to yawn; **bocejo** [bo'seʒu] M yawn
bochecha [bo'ʃeʃa] F cheek
bochechar [boʃe'ʃaʳ] VI to rinse one's mouth
bochecho [bo'ʃeʃu] M mouthwash
bochechudo, -a [boʃe'ʃudu, a] ADJ puffy-cheeked
boda ['boda] F wedding; **bodas** FPL (*aniversário de casamento*) wedding anniversary *sg*; **~s de prata/ouro** silver/golden wedding *sg*
bode ['bɔdʒi] M goat; **~ expiatório** scapegoat; **vai dar ~** (*col*) there'll be trouble
bodega [bo'dɛga] F piece of rubbish
bodum [bo'dũ] M stink
boêmio, -a [bo'emju, a] ADJ, M/F Bohemian
bofetada [bofe'tada] F slap
bofetão [bofe'tãw] (*pl* **-ões**) M punch
Bogotá [bogo'ta] N Bogota
boi [boj] M ox; **pegar o ~ pelos chifres** (*fig*) to take the bull by the horns
bói [bɔj] M office boy
bóia ['bɔja] F buoy; (*col*) grub; (*de braço*) armband, water wing
boiada [bo'jada] F herd of cattle
bóia-fria (*pl* **bóias-frias**) M/F (itinerant) farm labourer (*Brit*) *ou* laborer (*US*)
boiar [bo'jaʳ] VT to float ■ VI to float; (*col*) to be lost; **~ em** (*inglês etc*) to be hopeless at
boi-bumbá [-bũ'ba] N *see below*

BOI-BUMBÁ

The *boi-bumbá*, or *bumba-meu-boi*, is a traditional folk dance from north-eastern Brazil, which brings together human, animal and mythological characters in a theatrical performance. The ox, which the dance is named after, is played by a dancer wearing an iron frame covered in pieces of colourful fabric. Eventually the beast is "killed" and its meat is symbolically shared out before it comes back to life in the finale.

boicotar [bojko'taʳ] VT to boycott; **boicote** [boj'kɔtʃi] M boycott
boiler ['bɔjlaʳ] (*pl* **-s**) M boiler
boina ['bojna] F beret
bojo ['boʒu] M (*saliência*) bulge
bojudo, -a [bo'ʒudu, a] ADJ bulging; (*arredondado*) rounded
bola ['bɔla] F ball; (*confusão*) confusion; **dar ~ (para)** (*col*) to care (about); (*dar atenção*) to pay attention (to); **dar ~ para** (*flertar*) to flirt with; **não dar ~ para alguém** to ignore sb; **ela não dá a menor ~ (para isso)** she couldn't care less (about it); **pisar na ~** (*fig*) to make a mistake; **ser bom de ~** to be good at football; **não ser certo da ~** (*col*) not to be right in the head; **ser uma ~** (*pessoa: gordo*) to be fat; (: *engraçado*) to be a real character; **~ de futebol** football; **~ de gude** marble; **~ de neve** snowball
bolacha [bo'laʃa] F biscuit (*Brit*), cookie (*US*); (*col: bofetada*) wallop; (*para chope*) beer mat
bolada [bo'lada] F (*dinheiro*) lump sum
bolar [bo'laʳ] VT to think up; **bem bolado** clever
bole *etc* ['bɔli] VB *v* **bulir**
boleia [bo'leja] F driver's seat; **dar uma ~** (*PT*) to give a lift
boletim [bole'tʃĩ] (*pl* **-ns**) M report; (*publicação*) newsletter; (*Educ*) report; **~ meteorológico** weather forecast
bolha ['boʎa] F (*na pele*) blister; (*de ar, sabão*) bubble ■ M/F (*col*) fool
boliche [bo'liʃi] M (*jogo*) bowling, skittles *sg*
bolinar [boli'naʳ] VT: **~ alguém** (*col*) to feel sb up

NB: *European Portuguese adds the following consonants to certain words*: **b** (sú(b)dito, su(b)til); **c** (a(c)ção, a(c)cionista, a(c)to); **m** (inde(m)ne); **p** (ado(p)çã, ado(p)tar); *for further details see p. xiii.*

bolinho [bo'lijnu] M: **~ de carne** meat ball; **~ de arroz/bacalhau** rice/dry cod cake
Bolívia [bo'livja] F: **a ~** Bolivia
boliviano, -a [boli'vjanu, a] ADJ, M/F Bolivian
bolo ['bolu] M cake; (*monte*: *de gente*) bunch; (: *de papéis*) bundle; **dar o ~ em alguém** to stand sb up; **vai dar ~** (*col*) there's going to be trouble
bolor [bo'lor] M mould (*Brit*), mold (*US*); (*nas plantas*) mildew; (*bafio*) mustiness
bolorento, -a [bolo'rẽtu, a] ADJ mouldy (*Brit*), moldy (*US*)
bolota [bo'lɔta] F acorn
bolsa ['bowsa] F bag; (*Com*: *tb*: **bolsa de valores**) stock exchange; **~ (de estudos)** scholarship; **~ de mercadorias** commodities market; **~ de valores** stock exchange
bolsista [bow'siʃta] M/F scholarship holder
bolso ['bowsu] M pocket; **de ~** pocket *atr*; **dicionário de ~** pocket dictionary

PALAVRA CHAVE

bom, boa [bõ, 'boa] (*pl* **bons/boas**) ADJ **1** (*ótimo*) good; **é um livro bom** *ou* **um bom livro** it's a good book; **a comida está boa** the food is delicious; **o tempo está bom** the weather's fine; **ele foi muito bom comigo** he was very nice *ou* kind to me
2 (*apropriado*): **ser bom para** to be good for; **acho bom você não ir** I think it's better if you don't go
3 (*irônico*): **um bom quarto de hora** a good quarter of an hour; **que bom motorista você é!** a fine *ou* some driver you are!; **seria bom que ...!** a fine thing it would be if ...!; **essa é boa!** what a cheek!
4 (*saudação*): **bom dia!** good morning!; **boa tarde!** good afternoon!; **boa noite!** good evening!; (*ao deitar-se*) good night!; **tudo bom?** how's it going?
5 (*outras frases*): **está bom?** OK?
■ EXCL: **bom!** all right!; **bom, ...** right, ...

bomba ['bõba] F (*Mil*) bomb; (*Tec*) pump; (*Culin*) éclair; (*fig*) bombshell; **~ atômica/relógio/de fumaça** atomic/time/smoke bomb; **~ de gasolina** petrol (*Brit*) *ou* gas (*US*) pump; **~ de incêndio** fire extinguisher; **levar ~** (*em exame*) to fail
bombada [bõ'bada] F (*prejuízo*) loss
Bombaim [bõba'ĩ] N Bombay
bombardear [bõbax'dʒjar] VT to bomb, bombard; (*fig*) to bombard; **bombardeio** [bõbax'deju] M bombing, bombardment ■ M: **bombardeio suicida** suicide bombing
bomba-relógio (*pl* **bombas-relógio**) F time bomb
bombástico, -a [bõ'baʃtʃiku, a] ADJ pompous
bombear [bõ'bjar] VT to pump
bombeiro [bõ'bejru] M fireman; (BR: *encanador*) plumber; **o corpo de ~s** fire brigade
bombom [bõ'bõ] (*pl* **-ns**) M chocolate
bombordo [bõ'bɔxdu] M (*Náut*) port
bonachão, -chona [bona'ʃãw, 'ʃɔna] (*pl* **-ões/-s**) ADJ simple and kind-hearted
bonança [bo'nãsa] F (*no mar*) fair weather; (*fig*) calm
bondade [bõ'dadʒi] F goodness, kindness; **tenha a ~ de vir** would you please come
bonde ['bõdʒi] (BR) M tram
bondoso, -a [bõ'dozu, ɔza] ADJ kind, good
boné [bo'nɛ] M cap
boneca [bo'nɛka] F doll
boneco [bo'neku] M dummy
bonificação [bonifika'sãw] (*pl* **-ões**) F bonus
bonina [bo'nina] (PT) F daisy
boníssimo, -a [bo'nisimu, a] ADJ SUPERL *de* **bom/boa**
bonitão, -tona [boni'tãw, 'tɔna] (*pl* **-ões/-s**) ADJ very attractive
bonito, -a [bo'nitu, a] ADJ (*belo*) pretty; (*gesto, dia*) nice ■ M (*peixe*) tuna (fish), tunny; **fazer um ~** to do a good deed
bonitões [boni'tõjʃ] MPL *de* **bonitão**
bonitona [boni'tɔna] F *de* **bonitão**
bônus ['bonuʃ] M INV bonus
boquiaberto, -a [bokja'bɛxtu, a] ADJ dumbfounded, astonished
borboleta [boxbo'leta] F butterfly; (BR: *roleta*) turnstile
borboletear [boxbole'tʃjar] VI to flutter, flit
borbotão [boxbo'tãw] (*pl* **-ões**) M gush, spurt; **sair aos borbotões** to gush out
borbulhante [boxbu'ʎãtʃi] ADJ bubbling
borbulhar [boxbu'ʎar] VI to bubble; (*jorrar*) to gush out
borco ['boxku] M: **de ~** (*coisa*) upside down; (*pessoa*) face down
borda ['bɔxda] F edge; (*do rio*) bank; **à ~ de** on the edge of
bordado [box'dadu] M embroidery
bordão [box'dãw] (*pl* **-ões**) M staff; (*Mús*) bass string; (*arrimo*) support; (*frase*) catch phrase
bordar [box'dar] VT to embroider
bordéis [box'd] MPL *de* **bordel**
bordejar [boxde'ʒar] VI (*Náut*) to tack
bordel [box'dɛw] (*pl* **-éis**) M brothel
bordo ['bɔxdu] M (*ao bordejar*) tack; (*de navio*) side; **a ~** on board
bordoada [box'dwada] F blow
bordões [box'dõjʃ] MPL *de* **bordão**
borla ['bɔxla] F tassel
borocoxô [boroko'ʃo] ADJ dispirited
borra ['boxa] F dregs *pl*
borracha [bo'xaʃa] F rubber; **borracheiro** [boxa'ʃejru] M tyre (*Brit*) *ou* tire (*US*) specialist
borracho, -a [bo'xaʃu, a] ADJ drunk ■ M/F drunk(ard)
borrador [boxa'dor] M (*Com*) day book
borrão [bo'xãw] (*pl* **-ões**) M (*rascunho*) rough draft; (*mancha*) blot
borrar [bo'xar] VT to blot; (*riscar*) to cross out; (*pintar*) to daub; (*sujar*) to dirty
borrasca [bo'xaʃka] F storm; (*no mar*) squall

borrifar [boxi'fa^{r}] VT to sprinkle; **borrifo** [bo'xifu] M spray
borrões [bo'xõjʃ] MPL *de* **borrão**
bosque ['bɔʃki] M wood, forest
bossa ['bɔsa] F (*charme*) charm; (*inchaço*) swelling; (*no crânio*) bump; (*corcova*) hump; **ter ~ para** to have an aptitude for; **Bossa nova** (*Mús*) *see below*

BOSSA NOVA

Bossa nova is a type of music invented by young, middle-class inhabitants of Rio de Janeiro at the end of the 1950s. It has an obvious jazz influence, an unusual, rhythmic beat and lyrics praising beauty and love. *Bossa nova* became known around the world through the work of the conductor and composer Antônio Carlos Jobim whose compositions, working with the poet Vinícius de Morais, include the famous song "The Girl from Ipanema".

bosta ['bɔʃta] F dung; (*de humanos*) excrement
bota ['bɔta] F boot; **~s de borracha** wellingtons; **bater as ~s** (*col*) to kick the bucket
bota-fora (*pl* **-s**) F (*despedida*) send-off
botânica [bo'tanika] F botany; *v tb* **botânico**
botânico, -a [bo'taniku, a] ADJ botanical ■ M/F botanist
botão [bo'tãw] (*pl* **-ões**) M button; (*flor*) bud; **dizer com os seus botões** (*fig*) to say to o.s.
botar [bo'ta^{r}] VT to put; (*PT: lançar*) to throw; (*roupa, sapatos*) to put on; (*mesa*) to set; (*defeito*) to find; (*ovos*) to lay; **~ para quebrar** (*col*) to go for broke, go all out; **~ em dia** to get up to date
bote ['bɔtʃi] M (*barco*) boat; (*com arma*) thrust; (*salto*) spring; (*de cobra*) strike
boteco [bo'tɛku] (*col*) M bar
botequim [botʃi'kĩ] (*pl* **-ns**) M bar
boticário, -a [botʃi'karju, a] M/F pharmacist, chemist (*Brit*)
botija [bo'tʃiʒa] F (earthenware) jug
botina [bo'tʃina] F ankle boot
botoeira [bo'twejra] F buttonhole
botões [bo'tõjʃ] MPL *de* **botão**
Botsuana [bot'swana] F: **a ~** Botswana
Bovespa [bo'vɛʃpa] ABR F = **Bolsa de Valores do Estado de São Paulo**
bovino, -a [bo'vinu, a] ADJ bovine
boxe ['bɔksi] M boxing
boxeador [boksja'do^{r}] M boxer
boy [bɔj] M = **bói**
brabo, -a ['brabu, a] ADJ (*feroz*) fierce; (*zangado*) angry; (*ruim*) bad; (*calor*) unbearable; (*gripe*) bad
braça ['brasa] F (*Náut*) fathom
braçada [bra'sada] F armful; (*Natação*) stroke
braçadeira [brasa'dejra] F armband; (*de cortina*) tie-back; (*metálica*) bracket; (*Esporte*) sweatband
braçal [bra'saw] (*pl* **-ais**) ADJ manual
bracejar [brase'ʒa^{r}] VI to wave one's arms about
bracelete [brase'letʃi] M bracelet
braço ['brasu] M arm; (*trabalhador*) hand; **~ direito** (*fig*) right-hand man; **a ~s com** struggling with; **de ~s cruzados** with arms folded; (*fig*) without lifting a finger; **de ~ dado** arm-in-arm; **cruzar os ~s** (*fig*) to down tools; **não dar o ~ a torcer** (*fig*) not to give in; **meter o ~ em** (*col*) to clobber; **receber de ~s abertos** (*fig*) to welcome with open arms
bradar [bra'da^{r}] VT, VI to shout, yell; **brado** ['bradu] M shout, yell
braguilha [bra'giʎa] F flies *pl*
braile ['brajli] M braille
bramido [bra'midu] M roar
bramir [bra'mi^{r}] VI to roar
branco, -a ['brãku, a] ADJ white ■ M/F white man/woman ■ M (*espaço*) blank; **em ~** blank; **noite em ~** sleepless night; **deu um ~ nele** he drew a blank; **brancura** [brã'kura] F whiteness
brandir [brã'dʒi^{r}] VT to brandish
brando, -a ['brãdu, a] ADJ gentle; (*mole*) soft
brandura [brã'dura] F gentleness; (*moleza*) softness
branquear [brã'kja^{r}] VT to whiten; (*alvejar*) to bleach ■ VI to turn white
brasa ['braza] F hot coal; **em ~** red-hot; **pisar em ~** to be on tenterhooks; **mandar ~** (*col*) to go for it; **puxar a ~ para a sua sardinha** (*col*) to look out for o.s.
brasão [bra'zãw] (*pl* **-ões**) M coat of arms
braseiro [bra'zejru] M brazier
Brasil [bra'ziw] M: **o ~** Brazil
brasileirismo [brazilej'riʒmu] M Brazilianism
brasileiro, -a [brazi'lejru, a] ADJ, M/F Brazilian
Brasília [bra'zilja] N Brasília
brasilianista [brazilja'niʃta] M/F Brazilianist
brasiliense [brazi'ljẽsi] ADJ from Brasília ■ M/F person from Brasília
brasões [bra'zõjʃ] MPL *de* **brasão**
bravata [bra'vata] F bravado, boasting
bravatear [brava'tʃja^{r}] VI to boast, brag
bravio, -a [bra'viu, a] ADJ (*selvagem*) wild, untamed; (*feroz*) ferocious
bravo, -a ['bravu, a] ADJ (*corajoso*) brave; (*furioso*) angry; (*mar*) rough, stormy ■ M brave man; **~!** bravo!; **bravura** [bra'vura] F courage, bravery
breca ['brɛka] F: **ser levado da ~** to be very naughty
brecar [bre'ka^{r}] VT (*carro*) to stop; (*reprimir*) to curb ■ VI to brake
brecha ['brɛʃa] F breach; (*abertura*) opening; (*dano*) damage; (*meio de escapar*) loophole; (*col*) chance
brega ['brɛga] (*col*) ADJ tacky
brejeiro, -a [bre'ʒejru, a] ADJ impish
brejo ['brɛʒu] M marsh, swamp; **ir para o ~** (*fig*)

NB: *European Portuguese adds the following consonants to certain words:* **b** (sú(b)dito, su(b)til); **c** (a(c)ção, a(c)cionista, a(c)to); **m** (inde(m)ne); **p** (ado(p)çã, ado(p)tar); *for further details see p. xiii.*

to go down the drain
brenha ['brɛɲa] F (*mata*) dense wood
breque ['brɛki] M (*freio*) brake
breu [brew] M tar, pitch; **escuro como ~** pitch black
breve ['brɛvi] ADJ short; (*conciso, rápido*) brief ■ ADV soon; **em ~** soon, shortly; **até ~** see you soon
brevê [bre've] M pilot's licence (*Brit*) *ou* license (*US*)
brevidade [brevi'dadʒi] F brevity, shortness
bridge ['bridʒi] M bridge
briga ['briga] F (*luta*) fight; (*verbal*) quarrel
brigada [bri'gada] F brigade
brigadeiro [briga'dejru] M brigadier; (*doce*) chocolate truffle
brigão, -gona [bri'gãw, ɔna] (*pl* **-ões/-s**) ADJ quarrelsome ■ M/F troublemaker
brigar [bri'gaʳ] VI (*lutar*) to fight; (*altercar*) to quarrel
brigões [bri'gõjʃ] MPL *de* **brigão**
brigona [bri'gɔna] F *de* **brigão**
briguei *etc* [bri'gej] VB *v* **brigar**
brilhante [bri'ʎãtʃi] ADJ brilliant ■ M diamond
brilhar [bri'ʎaʳ] VI to shine
brilho ['briʎu] M (*luz viva*) brilliance; (*esplendor*) splendour (*Brit*), splendor (*US*); (*nos sapatos*) shine; (*de metais, olhos*) gleam
brincadeira [brĩka'dejra] F (*divertimento*) fun; (*gracejo*) joke; (*de criança*) game; **deixe de ~s!** stop fooling!; **de ~** for fun; **fora de ~** joking apart; **não é ~** it's no joke
brincalhão, -lhona [brĩka'ʎãw, ɔna] (*pl* **-ões/-s**) ADJ playful ■ M/F joker, teaser
brincar [brĩ'kaʳ] VI to play; (*gracejar*) to joke; **estou brincando** I'm only kidding; **~ de soldados** to play (at) soldiers; **~ com alguém** (*mexer com*) to tease sb
brinco ['brĩku] M (*jóia*) earring; **estar um ~** to be spotless
brindar [brĩ'daʳ] VT (*beber*) to drink to; (*presentear*) to give a present to; **brinde** ['brĩdʒi] M (*saudação*) toast; (*presente*) free gift
brinquedo [brĩ'kedu] M toy
brinquei *etc* [brĩ'kej] VB *v* **brincar**
brio ['briu] M self-respect, dignity
brioso, -a ['brjozu, ɔza] ADJ self-respecting
brisa ['briza] F breeze
britânico, -a [bri'taniku, a] ADJ British ■ M/F Briton
broca ['brɔka] F drill
broche ['brɔʃi] M brooch
brochura [bro'ʃura] F (*livro*) paperback; (*folheto*) brochure, pamphlet
brócolis ['brɔkoliʃ] MPL broccoli *sg*
brócolos ['brɔkoluʃ] (PT) MPL = **brócolis**
bronca ['brõka] (*col*) F telling off; **dar uma ~ em** to tell off; **levar uma ~** to get told off
bronco, -a ['brõku, a] ADJ (*rude*) coarse; (*burro*) thick
bronquear [brõ'kjaʳ] (*col*) VI to get angry; **~ com** to tell off
bronquite [brõ'kitʃi] F bronchitis
bronze ['brõzi] M bronze
bronzeado, -a [brõ'zjadu, a] ADJ (*da cor do bronze*) bronze *atr*; (*pelo sol*) suntanned ■ M suntan
bronzear [brõ'zjaʳ] VT to tan; **bronzear-se** VR to get a tan
brotar [bro'taʳ] VT to produce ■ VI (*manar*) to flow; (*Bot*) to sprout; (*nascer*) to spring up
brotinho, -a [bro'tʃiɲu, a] M/F teenager
broto ['brotu] M bud; (*fig*) youngster
broxa ['brɔʃa] F (large) paint brush
bruços ['brusuʃ]: **de ~** ADV face down
bruma ['bruma] F mist, haze
brumoso, -a [bru'mozu, ɔza] ADJ misty, hazy
brunido, -a [bru'nidu, a] ADJ polished
brunir [bru'niʳ] VT to polish
brusco, -a ['bruʃku, a] ADJ brusque; (*súbito*) sudden
brutal [bru'taw] (*pl* **-ais**) ADJ brutal
brutalidade [brutali'dadʒi] F brutality
brutamontes [bruta'mõtʃiʃ] M INV (*corpulento*) hulk; (*bruto*) brute
bruto, -a ['brutu, a] ADJ brutish; (*grosseiro*) coarse; (*móvel*) heavy; (*diamante*) uncut; (*petróleo*) crude; (*peso, Com*) gross; (*aggressivo*) aggressive ■ M brute; **em ~** raw, unworked; **um ~ resfriado** an awful cold
bruxa ['bruʃa] F witch; (*velha feia*) hag; **bruxaria** [bruʃa'ria] F witchcraft
Bruxelas [bru'ʃelaʃ] N Brussels
bruxo ['bruʃu] M wizard
bruxulear [bruʃu'ljaʳ] VI to flicker
BTN (BR) ABR M (= *Bônus do Tesouro Nacional*) *government bond used to quote prices*
Bucareste [buka'rɛʃtʃi] N Bucharest
bucha ['buʃa] F (*para parafuso*) Rawlplug®; (*para buracos*) bung; **acertar na ~** (*fig*) to hit the nail on the head
bucho ['buʃu] (*col*) M gut; **ela é um ~ (feio)** she's as ugly as sin
buço ['busu] M down
Budapest [buda'pɛʃtʃi] N Budapest
budismo [bu'dʒiʒmu] M Buddhism
budista [bu'dʒiʃta] ADJ, M/F Buddhist
bueiro [bu'ejru] M storm drain
Buenos Aires ['bwɛnuz'ajriʃ] N Buenos Aires
búfalo ['bufalu] M buffalo
bufante [bu'fãtʃi] ADJ (*manga etc*) puffed, full
bufar [bu'faʳ] VI to puff, pant; (*com raiva*) to snort; (*reclamar*) to moan, grumble
bufê [bu'fe] M (*móvel*) sideboard; (*comida*) buffet; (*serviço*) catering service
buffer ['bafeʳ] (*pl* **-s**) M (*Comput*) buffer
bugiganga [buʒi'gãga] F trinket; **bugigangas** FPL (*coisas sem valor*) knicknacks
bujão [bu'ʒãw] (*pl* **-ões**) M (*Tec*) cap; **~ de gás** gas cylinder
bula ['bula] F (*Rel*) papal bull; (*Med*) directions *pl* for use
bulbo ['buwbu] M bulb

buldôzer [buw'doze^{r}] (*pl* **-es**) M bulldozer
bule ['buli] M (*de chá*) tea pot; (*de café*) coffeepot
Bulgária [buw'garja] F: **a ~** Bulgaria; **búlgaro, -a** ['buwgaru, a] ADJ, M/F Bulgarian ■ M (*Ling*) Bulgarian
bulha ['buʎa] F row
bulhufas [bu'ʎufaʃ] (*col*) PRON nothing
bulício [bu'lisju] M (*agitação*) bustle; (*sussurro*) rustling
buliçoso, -a [buli'sozu, ɔza] ADJ (*vivo*) lively; (*agitado*) restless
bulir [bu'li^{r}] VT to move ■ VI to move, stir; **~ com** to tease; **~ em** to touch, meddle with
bumbum [bũ'bũ] (*pl* **-ns**) (*col*) M bottom
bunda ['bũda] (*col*) F bottom, backside
buquê [bu'ke] M bouquet
buraco [bu'raku] M hole; (*de agulha*) eye; (*jogo*) rummy; **ser um ~** (*difícil*) to be tough; **~ da fechadura** keyhole
burburinho [buxbu'rinju] M hubbub; (*murmúrio*) murmur
burguês, -guesa [bux'geʃ, 'geza] ADJ middle-class, bourgeois; **burguesia** [buxge'zia] F middle class, bourgeoisie
buril [bu'riw] (*pl* **-is**) M chisel
burilar [buri'la^{r}] VT to chisel
buris [bu'riʃ] MPL *de* **buril**
Burkina [bux'kina] M: **o ~** Burkina Faso
burla ['buxla] F trick, fraud; (*zombaria*) mockery
burlar [bux'la^{r}] VT (*enganar*) to cheat; (*defraudar*) to swindle; (*a lei, impostos*) to evade
burlesco, -a [bux'leʃku, a] ADJ burlesque
burocracia [burokra'sia] F bureaucracy; (*excessiva*) red tape
burocrata [buro'krata] M/F bureaucrat
burocrático, -a [buro'kratʃiku, a] ADJ bureaucratic
burrice [bu'xisi] F stupidity
burro, -a ['buxu, a] ADJ stupid; (*pouco inteligente*) dim, thick ■ M/F (*Zool*) donkey; (*pessoa*) fool, idiot; **pra ~** (*col*) a lot; (*com adj*) really; **dar com os ~s n'água** (*fig*) to come a cropper; **~ de carga** (*fig*) hard worker
Burundi [burũ'dʒi] M: **o ~** Burundi
busca ['buʃka] F search; **em ~ de** in search of; **dar ~ a** to search for
busca-pé [buʃka'pɛ] (*pl* **-s**) M banger
buscar [buʃ'ka^{r}] VT to fetch; (*procurar*) to look *ou* search for; **ir ~** to fetch, go for; **mandar ~** to send for
busquei *etc* [buʃ'kej] VB *v* **buscar**
bússola ['busola] F compass
bustiê [buʃtʃi'e^{r}] M boob tube
busto ['buʃtu] M bust
butique [bu'tʃiki] M boutique
buzina [bu'zina] F horn
buzinada [buzi'nada] F toot, hoot
buzinar [buzi'na^{r}] VI to sound one's horn, toot the horn ■ VT to hoot; **~ nos ouvidos de alguém** (*fig*) to hassle sb; **~ algo nos ouvidos de alguém** (*fig*) to drum sth into sb
búzio ['buzju] M (*concha*) conch
BVRJ ABR F = **Bolsa de Valores do Rio de Janeiro**

NB: *European Portuguese adds the following consonants to certain words*: **b** (sú(b)dito, su(b)til); **c** (a(c)ção, a(c)cionista, a(c)to); **m** (inde(m)ne); **p** (ado(p)çã, ado(p)tar); *for further details see p. xiii.*

Cc

C, c [se] (*pl* **cs**) M C, c; **C de Carlos** C for Charlie
c/ ABR = **com**
Ca ABR (= *companhia*) Co
cá [ka] ADV here; **de cá** on this side; **para cá** here, over here; **para lá e para cá** back and forth; **de lá para cá** since then; **de um ano para cá** in the last year; **cá entre nós** just between us
caatinga [ka'tʃĩga] (BR) F scrub(-land)
cabal [ka'baw] (*pl* **-ais**) ADJ (*completo*) complete; (*exato*) exact
cabala [ka'bala] F (*maquinação*) conspiracy, intrigue
cabalar [kaba'la^{r}] VT (*votos etc*) to canvass (for) ■ VI to canvass
cabana [ka'bana] F hut
cabaré [kaba'rɛ] M (*boate*) night club
cabeça [ka'besa] F head; (*inteligência*) brain; (*de uma lista*) top ■ M/F (*de uma revolta*) leader; (*de uma organização*) brains *sg*; **cinqüenta ~s de gado** fifty head of cattle; **de ~** off the top of one's head; (*calcular*) in one's head; **de ~ para baixo** upside down; **por ~** per person, per head; **deu-lhe na ~ de** he took it into his head to; **esquentar a ~** (*col*) to lose one's cool; **não estar com a ~ para fazer** not to feel like doing; **fazer a ~ de alguém** (*col*) to talk sb into it; **levar na ~** (*col*) to come a cropper; **meter na ~** to get into one's head; **tirar algo da ~** to put sth out of one's mind; **perder a ~** to lose one's head; **quebrar a ~** to rack one's brains; **subir à ~** (*sucesso etc*) to go to sb's head; **com a ~ no ar** absent-minded; **~ fria** cool-headedness;
cabeçada [kabe'sada] F (*pancada com cabeça*) butt; (*Futebol*) header; (*asneira*) blunder; **dar uma cabeçada (em)** to bang one's head (on); **dar uma cabeçada** (*fazer asneira*) to make a blunder; **dar uma cabeçada na bola** (*Futebol*) to head the ball
cabeça-de-casal (*pl* **cabeças-de-casal**) M dominant partner
cabeça-de-porco (*pl* **cabeças-de-porco**) (*col*) F tenement building
cabeça-de-vento (*pl* **cabeças-de-vento**) M/F scatterbrain
cabeçalho [kabe'saʎu] M (*de livro*) title page; (*de página, capítulo*) heading
cabecear [kabe'sja^{r}] VT (*Futebol*) to head ■ VI to nod; to head the ball
cabeceira [kabe'sejra] F (*de cama*) head; (*de mesa*) end; **leitura de ~** bedtime reading
cabeçudo, -a [kabe'sudu, a] ADJ big-headed; (*teimoso*) pigheaded
cabedal [kabe'daw] (*pl* **-ais**) M wealth
cabeleira [kabe'lejra] F head of hair; (*postiça*) wig; **cabeleireiro, -a** [kabelej'rejru, a] M/F hairdresser
cabelo [ka'belu] M hair; **cortar/fazer o ~** to have one's hair cut/done; **ter ~ na venta** to be short-tempered; **cabeludo, -a** [kabe'ludu, a] ADJ hairy; (*difícil*) complicated; (*obsceno*) obscene
caber [ka'be^{r}] VI: **~ (em)** (*poder entrar*) to fit, go; (*roupa*) to fit; (*ser compatível*) to be appropriate (in); **~ a** (*em partilha*) to fall to; **cabe a alguém fazer** it is up to sb to do; **~ por** to fit through; **não cabe aqui fazer comentários** this is not the time or place to comment; **acho que cabe exigir um explicação** I think it is reasonable to demand an explanation; **são fatos que cabe apurar** they are facts which should be investigated; **tua dúvida cabe perfeitamente** your doubt is perfectly in order; **não ~ em si de** to be beside o.s. with
cabide [ka'bidʒi] M (coat) hanger; (*móvel*) hat stand; (*fixo à parede*) coat rack; **~ de empregos** person who has several jobs
cabideiro [kabi'dejru] M hat stand; (*na parede*) coat rack; (*para sapatos*) rack
cabimento [kabi'mẽtu] M suitability; **ter ~** to be fitting *ou* appropriate; **não ter ~** to be inconceivable
cabine [ka'bini] F cabin; (*em loja*) fitting room; **~ do piloto** (*Aer*) cockpit; **~ telefônica** telephone box (*Brit*) *ou* booth
cabisbaixo, -a [kabiʒ'bajʃu, a] ADJ (*deprimido*) dispirited, crestfallen; (*com a cabeça para baixo*) head down
cabível [ka'bivew] (*pl* **-eis**) ADJ conceivable
cabo ['kabu] M (*extremidade*) end; (*de faca, vassoura etc*) handle; (*corda*) rope; (*elétrico etc*) cable; (*Geo*) cape; (*Mil*) corporal; **ao ~ de** at the end of; **de ~ a rabo** from beginning to end; **levar a ~** to carry out; **dar ~ de** to do away with; **~ eleitoral** canvasser

caboclo, -a [ka'boklu, a] (BR) ADJ copper-coloured (*Brit*), copper-colored (*US*) ■ M/F mestizo
cabotino, -a [kabo'tʃinu, a] ADJ ostentatious ■ M/F show-off
Cabo Verde M Cape Verde
cabo-verdiano, -a [-vex'dʒjanu, a] ADJ, M/F Cape Verdean
cabra ['kabra] F goat ■ M (BR: *sujeito*) guy; (: *capanga*) hired gun
cabra-cega F blind man's buff
cabra-macho (*pl* **cabras-machos**) M tough guy
cabreiro, -a [ka'brejru, a] (*col*) ADJ suspicious
cabresto [kab'reʃtu] M (*de cavalos*) halter
cabrito [ka'britu] M kid
cabrocha [ka'brɔʃa] F mulatto girl
caça ['kasa] F hunting; (*busca*) hunt; (*animal*) quarry, game ■ M (*Aer*) fighter (plane); **à ~ de** in pursuit of
caçada [ka'sada] F (*jornada de caçadores*) hunting trip
caçador, a [kasa'dor(a)] M/F hunter
caçamba [ka'sãba] F (*balde*) bucket
caça-minas M INV minesweeper
caça-níqueis M INV slot machine
cação [ka'sãw] (*pl* **-ões**) M shark
caçapa [ka'sapa] F pocket
caçar [ka'sar] VT to hunt; (*com espingarda*) to shoot; (*procurar*) to seek ■ VI to hunt, go hunting
cacareco [kaka'rɛku] M piece of junk; **cacarecos** MPL (*coisas sem valor*) junk *sg*
cacarejar [kakare'ʒar] VI (*galinhas etc*) to cluck
cacarejo [kaka'reʒu] M clucking
caçarola [kasa'rɔla] F (sauce)pan
cacau [ka'kaw] M cocoa; (*Bot*) cacao
cacaueiro [kaka'wejru] M cocoa tree
cacetada [kase'tada] F blow (with a stick)
cacete [ka'setʃi] ADJ tiresome, boring ■ M/F bore ■ M club, stick; **está quente pra ~** (*col!*) it's bloody hot (*!*)
caceteação [kasetʃja'sãw] F annoyance
cacetear [kase'tʃjar] VT to annoy
Cacex [ka'sɛks] ABR F (= *Carteira do Comércio Exterior*) *part of Banco do Brasil which helps to finance foreign trade*
cachaça [ka'ʃasa] F (white) rum
cachaceiro, -a [kaʃa'sejru, a] ADJ drunk ■ M/F drunkard
cachaço [ka'ʃasu] M neck
cachê [ka'ʃe] M fee
cachecol [kaʃe'kɔw] (*pl* **-óis**) M scarf
cachepô [kaʃe'po] M plant pot
cachimbo [ka'ʃĩbu] M pipe
cacho ['kaʃu] M bunch; (*de cabelo*) curl, lock; (*longo*) ringlet; (*col*: *caso*) affair
cachoeira [kaʃ'wejra] F waterfall
cachorra [ka'ʃoxa] F bitch, (female) puppy; **estar com a ~** (*col*) to be in a foul mood
cachorrada [kaʃo'xada] F pack of dogs; (*sujeira*) dirty trick
cachorrinho, -a [kaʃo'xiɲu, a] M/F puppy ■ M (*nado*) doggy paddle
cachorro [ka'ʃoxu] M dog, puppy; (*filhote de animal*) cub; (*patife*) rascal; **soltar os ~s em cima de alguém** (*fig*) to lash out at sb; **estar matando ~ a grito** (*col*) to be scraping the barrel; **cachorro-quente** (*pl* **cachorros-quentes**) M hot dog
cacilda [ka'siwda] EXCL wow!, crikey!
cacique [ka'siki] M (Indian) chief; (*mandachuva*) local boss
caco ['kaku] M bit, fragment; (*pessoa velha*) old relic; **chegamos ~s humanos** we arrived dead on our feet
caçoada [ka'swada] F jibe
caçoar [ka'swar] VT to mock, make fun of ■ VI to mock
cações [ka'sõjʃ] MPL *de* **cação**
cacoete [ka'kwetʃi] M twitch, tic
cacto ['kaktu] M cactus
caçula [ka'sula] M/F youngest child
cada ['kada] ADJ INV each; (*todo*) every; **$10 ~** $10 each; **~ um** each one; **~ semana** each week; **a ~ 3 horas** every 3 hours; **em ~ 3 crianças, uma já teve sarampo** out of every 3 children, one has already had measles; **~ vez mais** more and more; **~ vez mais barato** cheaper and cheaper; **tem ~ museu em Londres!** there are so many different museums in London; **tem ~ um!** it takes all sorts!
cadafalso [kada'fawsu] M (*forca*) gallows *sg*
cadarço [ka'daxsu] M shoelace
cadastrar [kadaʃ'trar] VT (*Comput*: *banco de dados*) to set up
cadastro [ka'daʃtru] M (*registro*) register; (*ato*) registration; (*de criminosos*) criminal record; (*de banco etc*) client records *pl*; (*de imóveis*) land registry; **~ bancário** (*de pessoa*) credit rating
cadáver [ka'dave r] M corpse, (dead) body; **só passando por cima do meu ~** over my dead body; **ao chegar ao hospital, o motorista já era ~** the driver was dead on arrival at hospital
cadavérico, -a [kada'vɛriku, a] ADJ (*exame*) post-mortem; (*pessoa*) emaciated
CADE (BR) ABR M = **Conselho Administrativo de Defesa Econômica**
cadê [ka'de] (*col*) ADV: **~ ...?** where's/where are ...?, what's happened to ...?
cadeado [ka'dʒjadu] M padlock
cadeia [ka'deja] F chain; (*prisão*) prison; (*rede*) network
cadeira [ka'dejra] F (*móvel*) chair; (*disciplina*) subject; (*Teatro*) stall; (*função*) post; **cadeiras** FPL (*Anat*) hips; **~ cativa** private seat; **~ de balanço** rocking chair; **~ de rodas** wheelchair; **falar de ~** (*fig*) to speak with authority
cadeirudo, -a [kadej'rudu, a] ADJ big-hipped

NB: *European Portuguese adds the following consonants to certain words:* **b** (sú(b)dito, su(b)til); **c** (a(c)ção, a(c)cionista, a(c)to); **m** (inde(m)ne); **p** (ado(p)çã, ado(p)tar); *for further details see p. xiii.*

cadela [ka'dɛla] F (*cão*) bitch
cadência [ka'dēsja] F cadence; (*ritmo*) rhythm
cadenciado, -a [kadẽ'sjadu, a] ADJ rhythmic; (*pausado*) slow
cadente [ka'dẽtʃi] ADJ (*estrela*) falling
caderneta [kadex'neta] F notebook; **~ de poupança** savings account
caderno [ka'dɛxnu] M exercise book; (*de notas*) notebook; (*de jornal*) section
cadete [ka'detʃi] M cadet
cadinho [ka'dʒiɲu] M crucible; (*fig*) melting pot
caducar [kadu'kaʳ] VI (*documentos*) to lapse, expire; (*pessoa*) to become senile; **caduco, -a** [ka'duku, a] ADJ (*nulo*) invalid, expired; (*senil*) senile; (*Bot*) deciduous
caduquice [kadu'kisi] F senility
cães [kãjʃ] MPL *de* **cão**
cafajeste [kafa'ʒɛʃtʃi] (*col*) ADJ roguish; (*vulgar*) vulgar, coarse ■ M/F rogue; rough customer
café [ka'fɛ] M coffee; (*estabelecimento*) café; **~ com leite** white coffee (*Brit*), coffee with cream (*US*); **~ preto** black coffee; **~ da manhã** (*BR*) breakfast; **é ~ pequeno** it's child's play
café-com-leite ADJ INV coffee-coloured (*Brit*), coffee-colored (*US*)
cafeeiro, -a [kafe'ejru, a] ADJ coffee *atr* ■ M coffee plant
cafeicultor [kafejkuw'toʳ] M coffee-grower
cafeicultura [kafejkuw'tura] F coffee-growing
cafeína [kafe'ina] F caffein(e)
cafetã [kafe'tã] M caftan
cafetão [kafe'tãw] (*pl* **-ões**) M pimp
cafeteira [kafe'tejra] F (*vaso*) coffee pot; (*máquina*) percolator
cafetina [kafe'tʃina] F madam
cafetões [kafe'tõjʃ] MPL *de* **cafetão**
cafezal [kafe'zaw] (*pl* **-ais**) M coffee plantation
cafezinho [kafe'ziɲu] M *small black coffee*
cafona [ka'fɔna] ADJ tacky ■ M/F tacky person
cafonice [kafo'nisi] F tackiness; (*coisa*) tacky thing
cafundó-do-judas [kafũ'dɔ-] M: **no ~** out in the sticks
cafuné [kafu'nɛ] M: **fazer ~ em alguém** to stroke sb's hair
cagaço [ka'gasu] (*col!*) M shits *pl* (*!*)
cagada [ka'gada] (*col!*) F shit (*!*); (*coisa malfeita*) cock-up (*!*)
cágado ['kagadu] M turtle; **a passos de ~** (*fig*) at a snail's pace
caganeira [kaga'nejra] (*col*) F runs *pl*
cagão, -gona [ka'gãw, 'gɔna] (*pl* **-ões/-s**) (*col*) M/F: **ser ~** to be a chicken
cagar [ka'gaʳ] (*col!*) VI to (have a) shit (*!*) ■ VT: **~ regras** to tell others what to do; **cagar-se** VR: **~-se de medo** to be shit scared (*!*); **~ (para)** not to give a shit (about) (*!*)
cagões [ka'gõjʃ] MPL *de* **cagão**
cagona [ka'gɔna] F *de* **cagão**
cagüetar [kagwe'taʳ] VT to inform on; **cagüete** [ka'gwetʃi] M informer
caiaque [ka'jaki] M kayak
caiar [kaj'aʳ] VT to whitewash
caiba *etc* ['kajba] VB *v* **caber**
cãibra ['kãjbra] F (*Med*) cramp
caibro ['kajbru] M joist
caída [ka'ida] F = **queda**
caído, -a [ka'idu, a] ADJ (*deprimido*) dejected; (*derrubado*) fallen; (*pendente*) droopy; **~ por** (*apaixonado*) in love with
câimbra ['kãjbra] F = **cãibra**
caimento [kaj'mẽtu] M hang, fall
caipira [kaj'pira] ADJ countrified; (*sem traquejo social*) provincial ■ M/F yokel
caipirinha [kajpi'riɲa] F *cocktail of cachaça, lemon and sugar*
cair [ka'iʳ] VI to fall; (*ser vítima de logro*) to be taken in; **~ bem/mal** (*roupa*) to fit well/badly; (*col*: *pessoa*) to look good/bad; **~ em si** to come to one's senses; **~ de quatro** to land on all fours; **estou caindo de sono** I'm really sleepy; **~ para trás** (*fig*) to be taken aback; **ao ~ da noite** at nightfall; **o Natal caiu num domingo** Christmas fell on a Sunday; **essa comida me caiu mal** that food did not agree with me
Cairo ['kajru] M: **o ~** Cairo
cais [kajʃ] M (*Náut*) quay; (*PT*: *Ferro*) platform
caixa ['kajʃa] F box; (*cofre*) safe; (*de uma loja*) cashdesk ■ M/F (*pessoa*) cashier; **de alta/baixa ~** (*col*) well-off/poor; **fazer a ~** (*Com*) to cash up; **pequena ~** petty cash; **~ acústica** loudspeaker; **~ de correio** letter box; **~ de mudanças** (*BR*) *ou* **de velocidades** gear box; **~ econômica** savings bank; **~ postal** P.O. box; **~ registradora** cash register
caixa-alta (*pl* **caixas-altas**) (*col*) ADJ rich ■ M/F fat cat
caixa-d'água (*pl* **caixas-d'água**) F water tank
caixa-forte (*pl* **caixas-fortes**) F vault
caixão [kaj'ʃãw] (*pl* **-ões**) M (*ataúde*) coffin; (*caixa grande*) large box
caixa-preta (*pl* **caixas-pretas**) F (*Aer*) black box
caixeiro, -a [kaj'ʃejru] M/F shop assistant; (*entregador*) delivery man/woman
caixeiro, -a-viajante (*pl* **-s/as-viajantes**) M/F commercial traveller (*Brit*) *ou* traveler (*US*)
caixilho [kaj'ʃiʎu] M (*moldura*) frame
caixões [kaj'ʃõjʃ] MPL *de* **caixão**
caixote [kaj'ʃɔtʃi] M packing case; **~ do lixo** (*PT*) dustbin (*Brit*), garbage can (*US*)
caju [ka'ʒu] M cashew fruit
cajueiro [ka'ʒwejru] M cashew tree
cal [kaw] F lime; (*na água*) chalk; (*para caiar*) whitewash
calabouço [kala'bosu] M dungeon
calada [ka'lada] F: **na ~ da noite** at dead of night
calado, -a [ka'ladu, a] ADJ quiet
calafetar [kalafe'taʳ] VT to stop up
calafrio [kala'friu] M shiver; **ter ~s** to shiver
calamar [kala'maʳ] M squid
calamidade [kalami'dadʒi] F calamity, disaster
calamitoso, -a [kalami'tozu, ɔza] ADJ disastrous

calão [ka'lãw] M: **(baixo)** ~ (BR) bad language; (PT) slang
calar [ka'laʳ] VT (*não dizer*) to keep quiet about; (*impor silêncio a*) to silence ■ VI to go quiet; (*manter-se calado*) to keep quiet; **calar-se** VR to go quiet; to keep quiet; ~ **em** (*penetrar*) to mark; **cala a boca!** shut up!
calça ['kawsa] F (*tb*: **calças**) trousers *pl* (*Brit*), pants *pl* (*US*)
calçada [kaw'sada] F (PT: *rua*) roadway; (BR: *passeio*) pavement (*Brit*), sidewalk (*US*)
calçadão [kawsa'dãw] (*pl* **-ões**) M pedestrian precinct (*Brit*)
calçadeira [kawsa'dejra] F shoe-horn
calçado, -a [kaw'sadu, a] ADJ (*rua*) paved ■ M shoe; **calçados** MPL (*para os pés*) footwear *sg*
calçadões [kawsa'dõjʃ] MPL *de* **calçadão**
calçamento [kawsa'mẽtu] M paving
calcanhar [kawka'ɲaʳ] M (*Anat*) heel
calcanhar-de-aquiles [-dʒia'kiliʃ] M Achilles' heel
calção [kaw'sãw] (*pl* **-ões**) M shorts *pl*; ~ **de banho** swimming trunks *pl*
calcar [kaw'kaʳ] VT (*pisar em*) to tread on; (*espezinhar*) to trample (on); (*comprimir*) to press; (*reprimir*) to repress
calçar [kaw'saʳ] VT (*sapatos, luvas*) to put on; (*pavimentar*) to pave; (*pôr calço*) to wedge; **calçar-se** VR to put on one's shoes; **o sapato calça bem?** does the shoe fit?; **ela calça (número) 28** she takes size 28 (in shoes)
calcário, -a [kaw'karju, a] ADJ (*água*) hard ■ M limestone
calceiro, -a [kaw'sejru, a] M/F shoe-maker
calcinha [kaw'siɲa] F panties *pl*
cálcio ['kawsju] M calcium
calço ['kawsu] M (*cunha*) wedge
calções [kaw'sõjʃ] MPL *de* **calção**
calculadora [kawkula'dora] F calculator
calcular [kawku'laʳ] VT to calculate; (*imaginar*) to imagine ■ VI to make calculations; ~ **que** to reckon that
calculável [kawku'lavew] (*pl* **-eis**) ADJ calculable
calculista [kawku'liʃta] ADJ calculating ■ M/F opportunist
cálculo ['kawkulu] M calculation; (*Mat*) calculus; (*Med*) stone
calda ['kawda] F (*de doce*) syrup; **caldas** FPL (*águas termais*) hot springs
caldeira [kaw'dejra] F (*Tec*) boiler
caldeirada [kawdej'rada] (PT) F (*guisado*) fish stew
caldeirão [kawdej'rãw] (*pl* **-ões**) M cauldron
caldo ['kawdu] M (*sopa*) broth; (*de fruta*) juice; ~ **de carne/galinha** beef/chicken stock; ~ **verde** potato and cabbage broth
calefação [kalefa'sãw] F heating
caleidoscópio [kalejdo'ʃkɔpju] M kaleidoscope
calejado, -a [kale'ʒadu, a] ADJ calloused; (*fig*: *experiente*) experienced; (: *endurecido*) callous
calejar [kale'ʒaʳ] VT (*mãos*) to callous; (*pessoa*) to harden; **calejar-se** VR (*mãos*) to get calluses; (*insensibilizar-se*) to become callous; (*tornar-se experiente*) to get experience
calendário [kalẽ'darju] M calendar
calha ['kaʎa] F (*sulco*) channel; (*para água*) gutter
calhamaço [kaʎa'masu] M tome
calhambeque [kaʎã'bɛki] (*col*) M old banger
calhar [ka'ʎaʳ] VI: **calhou viajarmos no mesmo avião** we happened to travel on the same plane; **calhou que** it so happened that; **ele calhou de chegar** he happened to arrive; ~ **a** (*cair bem*) to suit; **vir a** ~ to come at the right time; **se** ~ (PT) perhaps, maybe
calhau [ka'ʎaw] M stone, pebble
calibrado, -a [kali'bradu, a] ADJ (*meio bêbado*) tipsy
calibrar [kali'braʳ] VT to gauge (*Brit*), gage (*US*), calibrate
calibre [ka'libri] M (*de cano*) bore, calibre (*Brit*), caliber (*US*); (*fig*) calibre
cálice ['kalisi] M (*copinho*) wine glass; (*Rel*) chalice
calidez [kali'deʒ] F warmth
cálido, -a ['kalidu, a] ADJ warm
caligrafia [kaligra'fia] F (*arte*) calligraphy; (*letra*) handwriting
calista [ka'liʃta] M/F chiropodist (*Brit*), podiatrist (*US*)
calma ['kawma] F calm; **conservar/perder a** ~ to keep/lose one's temper; ~**!** take it easy!
calmante [kaw'mãtʃi] ADJ soothing ■ M (*Med*) tranquillizer
calmo, -a ['kawmu, a] ADJ calm, tranquil
calo ['kalu] M callus; (*no pé*) corn; **pisar nos ~s de alguém** (*fig*) to hit a (raw) nerve
calombo [ka'lõbu] M lump; (*na estrada*) bump
calor [ka'loʳ] M heat; (*agradável*) warmth; (*fig*) warmth; **está** *ou* **faz** ~ it is hot; **estar com** ~ to be hot
calorento, -a [kalo'rẽtu, a] ADJ (*pessoa*) sensitive to heat; (*lugar*) hot
caloria [calo'ria] F calorie
caloroso, -a [kalo'rozu, ɔza] ADJ warm; (*entusiástico*) enthusiastic; (*protesto*) fervent
calota [ka'lɔta] F (*Auto*) hubcap
calote [ka'lɔtʃi] (*col*) M (*dívida*) bad debt; **dar o** ~ to welsh (on one's debts)
caloteiro, -a [kalo'tejru, a] (*col*) ADJ unreliable ■ M/F bad payer
calouro, -a [ka'loru, a] M/F (*Educ*) fresher (*Brit*), freshman (*US*); (*noviço*) novice
calúnia [ka'lunja] F slander
caluniador, a [kalunja'doʳ(a)] ADJ slanderous ■ M/F slanderer
caluniar [kalu'njaʳ] VT to slander
calunioso, -a [kalu'njozu, ɔza] ADJ slanderous

NB: *European Portuguese adds the following consonants to certain words*: **b** (sú(b)dito, su(b)til); **c** (a(c)ção, a(c)cionista, a(c)to); **m** (inde(m)ne); **p** (ado(p)çã, ado(p)tar); *for further details see p. xiii.*

calvície [kaw'visi] F baldness
calvo, -a ['kawvu, a] ADJ bald
cama ['kama] F bed; **~ de casal** double bed; **~ de solteiro** single bed; **de ~** (*doente*) ill (in bed); **ficar de ~** to take to one's bed
cama-beliche (*pl* **camas-beliches**) F bunk bed
camada [ka'mada] F layer; (*de tinta*) coat
camafeu [kama'few] M cameo
câmara ['kamara] F chamber; (*Foto*) camera; **~ digital** digital camera; **~ municipal** (BR) town council; (PT) town hall; **em ~ lenta** in slow motion
câmara-ardente F: **estar exposto em ~** to lie in state
camarada [kama'rada] ADJ friendly, nice; (*preço*) good ■ M/F comrade; (*sujeito*) guy/woman
camaradagem [kamara'daʒẽ] F comradeship, camaraderie; **por ~** out of friendliness
câmara-de-ar (*pl* **câmaras-de-ar**) F inner tube
camarão [kama'rãw] (*pl* **-ões**) M shrimp; (*graúdo*) prawn
camareiro, -a [kama'rejru, a] M/F cleaner/chambermaid
camarilha [kama'riʎa] F clique
camarim [kama'rĩ] (*pl* **-ns**) M (*Teatro*) dressing room
Camarões [kama'rõjʃ] M: **o ~** Cameroon
camarões [kama'rõjʃ] MPL *de* **camarão**
camarote [kama'rɔtʃi] M (*Náut*) cabin; (*Teatro*) box
cambada [kã'bada] F bunch, gang
cambaio, -a [kã'baju, a] ADJ (*mesa*) wobbly, rickety
cambalacho [kãba'laʃu] M scam
cambaleante [kãba'ljãtʃi] ADJ unsteady (on one's feet)
cambalear [kãba'lja^{r}] VI to stagger, reel
cambalhota [kãba'ʎɔta] F somersault
cambar [kã'ba^{r}] VI: **~ para** to lean on
cambial [kã'bjaw] (*pl* **-ais**) ADJ exchange *atr*
cambiante [kã'bjãtʃi] ADJ changing, variable ■ M (*cor*) shade
cambiar [kã'bja^{r}] VT to change; (*trocar*) to exchange
câmbio ['kãbju] M (*dinheiro etc*) exchange; (*preço de câmbio*) rate of exchange; **~ livre** free trade; **~ negro** black market; **~ oficial/paralelo** official/black market
cambista [kã'biʃta] M (*de dinheiro*) money changer; (BR: *de ingressos*) (ticket-)tout
Camboja [kã'bɔja] M: **o ~** Cambodia
cambojano, -a [kãbo'ʒanu, a] ADJ, M/F Cambodian
camburão [kãbu'rãw] (*pl* **-ões**) M police van
camélia [ka'mɛlja] F camelia
camelo [ka'melu] M camel; (*fig*) dunce
camelô [kame'lo] M street pedlar
camião [ka'mjãw] (*pl* **-ões**) (PT) M lorry (*Brit*), truck (*US*)
caminhada [kami'ɲada] F walk
caminhante [kami'ɲãtʃi] M/F walker
caminhão [kami'ɲãw] (*pl* **-ões**) (BR) M lorry (*Brit*), truck (*US*)
caminhar [kami'ɲa^{r}] VI (*ir a pé*) to walk; (*processo*) to get under way; (*negócios*) to go, progress
caminho [ka'miɲu] M way; (*vereda*) road, path; **~ de ferro** (PT) railway (*Brit*), railroad (*US*); **a meio ~** halfway (there); **ser meio ~ andado** (*fig*) to be halfway there; **a ~** on the way, en route; **cortar ~** to take a short cut; **ir pelo mesmo ~** to go the same way; **pôr-se a ~** to set off
caminhões [kami'ɲõjʃ] MPL *de* **caminhão**
caminhoneiro, -a [kamiɲo'nejru, a] M/F lorry driver (*Brit*), truck driver (*US*)
caminhonete [kamiɲo'nɛtʃi] M (*Auto*) van
camiões [ka'mjõjʃ] MPL *de* **camião**
camioneta [kamjo'neta] (PT) F (*para passageiros*) coach; (*comercial*) van
camionista [kamjo'niʃta] (PT) M/F lorry driver (*Brit*), truck driver (*US*)
camisa [ka'miza] F shirt; **~ de dormir** nightshirt; **~ esporte/pólo/social** sports/polo/dress shirt; **mudar de ~** (*Esporte*) to change sides; **camisa-de-força** (*pl* **camisas-de-força**) F straitjacket
camisa-de-vênus (*pl* **camisas-de-vênus**) F condom
camiseta [kami'zɛta] (BR) F T-shirt; (*interior*) vest
camisinha [kami'ziɲa] (*col*) F condom
camisola [kami'zɔla] F (BR) nightdress; (PT: *pulôver*) sweater; **~ interior** (PT) vest
camomila [kamo'mila] F camomile
campa ['kãpa] F (*de sepultura*) gravestone
campainha [kampa'iɲa] F bell
campal [kã'paw] (*pl* **-ais**) ADJ: **batalha ~** pitched battle; **missa ~** open-air mass
campanário [kãpa'narju] M (*torre*) church tower, steeple
campanha [kã'paɲa] F (*Mil etc*) campaign; (*planície*) plain
campeão, -peã [kã'pjãw, 'pjã] (*pl* **-ões/-s**) M/F champion; **campeonato** [kãpjo'natu] M championship
campestre [kã'pɛʃtri] ADJ rural, rustic
campina [kã'pina] F prairie, grassland
camping ['kãpĩŋ] (BR) (*pl* **-s**) M camping; (*lugar*) campsite
campismo [kã'piʒmu] M camping; **parque de ~** campsite
campista [kã'piʃta] M/F camper
campo [kãpu] M field; (*fora da cidade*) countryside; (*Esporte*) ground; (*acampamento*) camp; (*âmbito*) field; (*Tênis*) court
camponês, -esa [kãpo'neʃ, eza] M/F countryman/woman; (*agricultor*) farmer
campus ['kãpuʃ] M INV campus
camuflagem [kamu'flaʒẽ] F camouflage
camuflar [kamu'fla^{r}] VT to camouflage
camundongo [kamũ'dõgu] (BR) M mouse
camurça [ka'muxsa] F suede

CAN (BR) ABR M = **Correio Aéreo Nacional**
cana ['kana] F cane; (*col*: *cadeia*) nick; (*de açúcar*) sugar cane; **ir em ~** to be put behind bars
Canadá [kana'da] M: **o ~** Canada; **canadense** [kana'dẽsi] ADJ, M/F Canadian
canal [ka'naw] (*pl* **-ais**) M channel; (*de navegação*) canal; (*Anat*) duct
canalha [ka'naʎa] F rabble, mob ■ M/F wretch, scoundrel
canalização [kanaliza'sãw] F (*de água*) plumbing; (*de gás*) piping
canalizador, a [kanaliza'do^{r}(a)] (PT) M/F plumber
canalizar [kanali'za^{r}] VT (*água, esforços*) to channel; (*colocar canos*) to lay pipes in
canapé [kana'pɛ] M sofa
canapê [kana'pe] M (*Culin*) canapé
canário [ka'narju] M canary
canastra [ka'naʃtra] F (big) basket; (*jogo*) canasta
canastrão, -trona [kanaʃ'trãw, 'trɔna] (*pl* **-ões/-s**) M/F ham actor/actress
canavial [kana'vjaw] (*pl* **-ais**) M cane field
canavieiro, -a [kana'vjejru, a] ADJ sugar cane *atr*
canção [kã'sãw] (*pl* **-ões**) F song; **~ de ninar** lullaby
cancela [kã'sɛla] F gate
cancelamento [kãsela'mẽtu] M cancellation
cancelar [kãse'la^{r}] VT to cancel; (*invalidar*) to annul; (*riscar*) to cross out
câncer ['kãse^{r}] M cancer; **C~** (*Astrologia*) Cancer
canceriano, -a [kãse'rjanu, a] ADJ, M/F Cancerian
cancerígeno, -a [kãse'riʒenu, a] ADJ carcinogenic
cancerologista [kãserolo'ʒiʃta] M/F cancer specialist, oncologist
canceroso, -a [kãse'rozu, ɔza] ADJ (*célula*) cancerous ■ M/F cancer sufferer
canções [kã'sõjʃ] FPL *de* **canção**
cancro ['kãkru] (PT) M cancer
candango, -a [kã'dãgu, a] M/F person from Brasília
candeeiro [kãdʒi'ejru] M (BR: *a óleo*) oil-lamp; (*a gás*) gas-lamp; (PT) lamp
candelabro [kãde'labru] M (*castiçal*) candlestick; (*lustre*) chandelier
candente [kã'dẽtʃi] ADJ white hot; (*fig*) inflamed
candidatar-se [kãdʒida'taxsi] VR: **~ a** (*vaga*) to apply for; (*presidência*) to stand for
candidato, -a [kãdʒi'datu, a] M/F candidate; (*a cargo*) applicant
candidatura [kãdʒida'tura] F candidature; (*a cargo*) application
cândido, -a ['kãdʒidu, a] ADJ (*ingênuo*) naive; (*inocente*) innocent
candomblé [kãdõ'blɛ] M candomblé (*Afro-Brazilian religion*); (*local*) candomblé shrine

CANDOMBLÉ

Candomblé is Brazil's most influential Afro-Brazilian religion. Practised mainly in Bahia, it mixes catholicism and Yoruba tradition. According to *candomblé*, believers become possessed by spirits and thus become an instrument of communication between divine and mortal forces. *Candomblé* ceremonies are great spectacles of African rhythm and dance and are held in *terreiros*.

candura [kã'dura] F (*simplicidade*) simplicity; (*inocência*) innocence
caneca [ka'nɛka] F mug
caneco [ka'nɛku] M tankard; **pintar os ~s** (*col*) to play up
canela [ka'nɛla] F (*especiaria*) cinnamon; (*Anat*) shin
canelada [kane'lada] F kick in the shins; **dei uma ~ na mesa** I hit my shins on the table
caneta [ka'neta] F pen; **~ esferográfica** ballpoint pen; **~ pilot** felt-tip pen; **~ seletora** (*Comput*) light pen
caneta-tinteiro (*pl* **canetas-tinteiro**) F fountain pen
canga ['kãga] F beach wrap
cangaceiro [kãga'sejru] (BR) M bandit
cangote [kã'gotʃi] M (back of the) neck
canguru [kãgu'ru] M kangaroo
cânhamo ['kaɲamu] M hemp
canhão [ka'ɲãw] (*pl* **-ões**) M (*Mil*) cannon; (*Geo*) canyon
canhestro, -a [ka'ɲeʃtru, a] ADJ awkward
canhões [ka'ɲõjʃ] MPL *de* **canhão**
canhoto, -a [ka'ɲotu, a] ADJ left-handed ■ M/F left-handed person ■ M (*de cheque*) stub
canibal [kani'baw] (*pl* **-ais**) M/F cannibal
canibalismo [kaniba'liʒmu] M cannibalism
caniço, -a [ka'nisu, a] ADJ (*col*) skinny ■ M reed
canícula [ka'nikula] F searing heat
canil [ka'niw] (*pl* **-is**) M kennel
caninha [ka'niɲa] (*col*) F rum
canino, -a [ka'ninu, a] ADJ canine; (*fome*) terrible ■ M canine
canis [ka'nijʃ] MPL *de* **canil**
canivete [kani'vɛtʃi] M penknife; **nem que chovam ~s** whatever happens, come what may
canja ['kãʒa] F (*sopa*) chicken broth; (*col*) cinch, pushover
canjica [kã'ʒika] F maize porridge
cano ['kanu] M pipe; (*tubo*) tube; (*de arma de fogo*) barrel; (*de bota*) top; **~ de esgoto** sewer; **entrar pelo ~** (*col*) to come off badly
canoa [ka'noa] F canoe
canoagem [ka'nwaʒẽ] F canoeing
canoeiro, -a [ka'nwejru, a] M/F canoeist

NB: *European Portuguese adds the following consonants to certain words*: **b** (sú(b)dito, su(b)til); **c** (a(c)ção, a(c)cionista, a(c)to); **m** (inde(m)ne); **p** (ado(p)çã, ado(p)tar); *for further details see p. xiii.*

canoísta [kano'iʃta] M/F canoeist
canonizar [kanoni'zar] VT to canonize
cansaço [kã'sasu] M tiredness
cansado, -a [kã'sadu, a] ADJ tired
cansar [kã'sar] VT (*fatigar*) to tire; (*entediar*) to bore ■ VI (*ficar cansado*) to get tired; **cansar-se** VR to get tired; **cansativo, -a** [kãsa'tʃivu, a] ADJ tiring; (*tedioso*) tedious
canseira [kã'sejra] F (*cansaço*) weariness; (*trabalho árduo*) toil; **dar ~ em alguém** to wear sb out
cantada [kã'tada] (*col*) F sweet talk; **dar uma ~ em** to sweet-talk
cantado, -a [kã'tadu, a] ADJ (*missa*) sung; (*sotaque*) sing-song
cantar [kã'tar] VT to sing; (*respostas etc*) to sing out; (*col: seduzir*) to sweet-talk ■ VI to sing ■ M song
cantarolar [kãtaro'lar] VT to hum
canteiro [kã'tejru] M stonemason; (*de flores*) flower bed; (*de obra*) site office
cantiga [kã'tʃiga] F ballad; **~ de ninar** lullaby
cantil [kã'tʃiw] (*pl* **-is**) M canteen, flask
cantina [kã'tʃina] F canteen
cantis [kã'tʃiʃ] MPL *de* **cantil**
canto ['kãtu] M corner; (*lugar*) place; (*canção*) song
cantor, a [kã'tor(a)] M/F singer
cantoria [kãto'ria] F singing
canudo [ka'nudu] M tube; (*para beber*) straw
cão [kãw] (*pl* **cães**) M dog; (*pessoa*) rascal; **ser** *ou* **estar um ~ de ruim** (*col*) to be awful
caolho, -a [ka'oʎu, a] ADJ cross-eyed
caos ['kaoʃ] M chaos
caótico, -a [ka'ɔtʃiku, a] ADJ chaotic
capa ['kapa] F (*roupa*) cape; (*cobertura*) cover; **livro de ~ dura/mole** hardback/paperback (book)
capacete [kapa'setʃi] M helmet
capacho [ka'paʃu] M door mat; (*fig*) toady
capacidade [kapasi'dadʒi] F capacity; (*aptidão*) ability, competence; **ser uma ~** (*pessoa*) to be brilliant; **~ ociosa** (*Com*) idle capacity
capacíssimo, -a [kapa'sisimu, a] ADJ SUPERL *de* **capaz**
capacitar [kapasi'tar] VT: **~ alguém a fazer/para algo** to prepare sb to do/for sth; **capacitar-se** VR: **capacitar-se de/de que** to convince o.s. of/that
capar [ka'par] VT to castrate, geld
capataz [kapa'taʒ] M foreman
capaz [ka'paʒ] ADJ able, capable; **ser ~ de** to be able to (*ou* capable of); **sou ~ de ...** (*talvez*) I might ...; **é ~ de chover hoje** it might rain today
capcioso, -a [kap'sjozu, ɔza] ADJ (*pergunta*) trick; (*pessoa*) tricky
capela [ka'pɛla] F chapel
capelão [kape'lãw] (*pl* **-ães**) M (*Rel*) chaplain
Capemi [kape'mi] (BR) ABR F (= *Caixa de Pecúlios, Pensões e Montepios dos Militares*) *military pension fund*
capenga [ka'pẽga] ADJ lame ■ M/F cripple
capengar [kapẽ'gar] VI to limp
Capes (BR) ABR F (*Educ*: = *Coordenação de Aperfeiçoamento de Pessoal de Nível Superior*) *grant-awarding body*
capeta [ka'peta] M devil; **ele é um ~** he's a little devil
capilar [kapi'lar] ADJ hair *atr*
capim [ka'pĩ] M grass
capinar [kapi'nar] VT to weed ■ VI to weed; (*col*) to clear off
capitães [kapi'tãjʃ] MPL *de* **capitão**
capital [kapi'taw] (*pl* **-ais**) ADJ, M capital ■ F (*cidade*) capital; **~ circulante** (*Com*) circulating capital; **~ de giro** (*Com*) working capital; **~ investido** (*Com*) investment capital; **~ (em) ações** (*Com*) share capital; **~ imobilizado** *ou* **fixo** (*Com*) fixed capital; **~ integralizado** (*Com*) paid-up capital; **~ próprio** *ou* **social** (*Com*) equity capital; **~ de risco** (*Com*) venture capital
capitalismo [kapita'liʒmu] M capitalism; **capitalista** [kapita'liʃta] M/F capitalist
capitalizar [kapitali'zar] VT (*tirar proveito de*) to capitalize on; (*Com*) to capitalize
capitanear [kapita'njar] VT to command, head
capitania [kapita'nia] F: **~ do porto** port authority
capitão [kapi'tãw] (*pl* **-ães**) M captain
capitulação [kapitula'sãw] F capitulation, surrender
capitular [kapitu'lar] VT (*falhas, causas*) to list; (*descrever*) to characterize; (*rendição*) to fix the terms of ■ VI to capitulate; **~ alguém de algo** to brand sb (as) sth
capítulo [ka'pitulu] M chapter; (*de novela*) episode
capô [ka'po] M (*Auto*) bonnet (*Brit*), hood (*US*)
capoeira [ka'pwejra] F (*PT*) hencoop; (*mata*) brushwood; (*jogo*) capoeira (*foot-fighting dance*)

CAPOEIRA

Capoeira is a fusion of martial arts and dance which originated among African slaves in colonial Brazil. It is danced in a circle to the sound of the *berimbau*, a percussion instrument of African origin. Opposed by the Brazilian authorities until the beginning of the twentieth century, today *capoeira* is regarded as a national sport.

capota [ka'pɔta] F (*Auto*) hood, top
capotar [kapo'tar] VI to overturn
capote [ka'pɔtʃi] M overcoat
caprichar [kapri'ʃar] VI: **~ em** to take trouble over
capricho [ka'priʃu] M whim, caprice; (*teimosia*) obstinacy; (*apuro*) care; **caprichoso, -a** [kapri'ʃozu, ɔza] ADJ capricious; (*com apuro*) meticulous
capricorniano, -a [kaprikox'njanu, a] ADJ, M/F Capricorn
Capricórnio [kapri'kɔxnju] M Capricorn
cápsula ['kapsula] F capsule
captar [kap'tar] VT (*atrair*) to win; (*Rádio*) to pick

up; (*águas*) to collect, dam up; (*compreender*) to catch

captura [kap'tura] F capture; **capturar** [kaptu'ra^{r}] VT to capture, seize

capuz [ka'puʒ] M hood

caquético, -a [ka'kɛtʃiku, a] ADJ doddery

caqui [ka'ki] M persimmon

cáqui ['kaki] ADJ khaki

cara ['kara] F (*de pessoa*) face; (*aspecto*) appearance ■ M (*col*) guy; (*coragem*) courage, heart; **~ ou coroa?** heads or tails?; **de ~** straightaway; **está na ~** it's obvious; **dar de ~ com** to bump into; **estar com boa ~** to look well; (*comida*) to look good; **não vou com a ~ dele** (*col*) I'm not very keen on him; **meter a ~** (*col*) to put one's back into it; **ser a ~ de** (*col*) to be the spitting image of; **ter ~ de** to look (like)

carabina [kara'bina] F rifle

Caracas [ka'rakaʃ] N Caracas

caracol [kara'kɔw] (*pl* **-óis**) M snail; (*de cabelo*) curl; **escada em ~** spiral staircase

caracteres [karak'tɛriʃ] MPL *de* **caráter**

característica [karakte'riʃtʃika] F characteristic, feature

característico, -a [karakte'riʃtʃiku, a] ADJ characteristic

caracterização [karakteriza'sãw] F characterization; (*de ator*) make-up

caracterizar [karakteri'za^{r}] VT to characterize, typify; (*ator*) to make up; **caracterizar-se** VR to be characterized; (*ator*) to get into character

cara-de-pau (*pl* **caras-de-pau**) ADJ brazen ■ M/F: **ele é ~** he's very forward

caraíba [kara'iba] ADJ Caribbean

caramanchão [karamã'ʃãw] (*pl* **-ões**) M summerhouse

caramba [ka'rãba] EXCL blimey (*Brit*), gee (*US*); **quente pra ~** (*col*) really hot

carambola [karã'bɔla] F carambole (*fruit*)

caramelo [kara'mɛlu] M caramel; (*bala*) toffee

cara-metade (*pl* **caras-metades**) F better half

caranguejo [karã'geʒu] M crab

carão [ka'rãw] (*pl* **-ões**) M telling-off; **passar/levar um ~** to give/get a telling-off

carapuça [kara'pusa] F cap; **enfiar a ~** to take the hint personally

caras-pintadas FPL *see below*

CARAS-PINTADAS

In 1992, during popular demonstrations calling for the impeachment of the then president Fernando Collor de Mello, students known as *caras-pintadas*, because they had the Brazilian flag painted on their faces, went through the streets shouting "Collor, out!" and similar slogans.

caratê [kara'te] M karate

caráter [ka'rate^{r}] (*pl* **caracteres**) M character; **de ~ social** of a social nature; **a ~** in character; **uma pessoa de ~** a person of hono(u)r

caravana [kara'vana] F caravan

carboidrato [kaxboi'dratu] M carbohydrate

carbônico, -a [kax'boniku, a] ADJ carbon *atr*

carbonizar [kaxboni'za^{r}] VT to carbonize; (*queimar*) to char

carbono [kax'bɔnu] M carbon

carburador [kaxbura'do^{r}] M carburettor (*Brit*), carburetor (*US*)

carcaça [kax'kasa] F (*esqueleto*) carcass; (*armação*) frame; (*de navio*) hull

carcamano, -a [kaxka'manu, a] M/F Italian-Brazilian

cárcere ['kaxseri] M prison

carcereiro, -a [kaxse'rejru, a] M/F jailer, warder

carcomido, -a [kaxko'midu, a] ADJ worm-eaten; (*rosto*) pock-marked, pitted

cardápio [kax'dapju] (*BR*) M menu

cardeal [kax'dʒjaw] (*pl* **-ais**) ADJ, M cardinal

cardíaco, -a [kax'dʒiaku, a] ADJ cardiac ■ M/F person with a heart condition; **ataque ~** heart attack; **parada cardíaca** cardiac arrest

cardigã [kaxdʒi'gã] M cardigan

cardinal [kaxdʒi'naw] (*pl* **-ais**) ADJ cardinal

cardiológico, -a [kaxdʒjo'lɔʒiku, a] ADJ heart *atr*

cardiologista [kaxdʒjolo'ʒiʃta] M/F heart specialist, cardiologist

cardume [kax'dumi] M (*peixes*) shoal

careca [ka'rɛka] ADJ bald ■ F baldness; **estar ~ de fazer/saber** (*col*) to be used to doing/know full well

carecer [kare'se^{r}] VI: **~ de** (*ter falta*) to lack; (*precisar*) to need

careiro, -a [ka'rejru, a] ADJ expensive

carência [ka'rẽsja] F (*falta*) lack, shortage; (*necessidade*) need; (*privação*) deprivation; **carente** [ka'rẽtʃi] ADJ wanting; (*pessoa*) needy, deprived; (*de carinho*) in need of affection

carestia [kareʃ'tʃia] F high cost; (*preços altos*) high prices *pl*; (*escassez*) scarcity

careta [ka'reta] ADJ (*col*) straight, square ■ F grimace; **fazer uma ~** to pull a face

carga ['kaxga] F load; (*de navio, avião*) cargo; (*ato de carregar*) loading; (*Elet*) charge; (*fig: peso*) burden; (*Mil*) attack, charge; **dar ~ em** (*Comput*) to boot (up); **voltar à ~** to insist; **~ d'água** heavy downpour; **~ horária** workload; **~ aérea** air cargo

cargo ['kaxgu] M (*responsabilidade*) responsibility; (*função*) post; **a ~ de** in charge of; **ter a ~** to be in charge of; **tomar a ~** to take charge of; **~ honorífico** honorary post; **~ de confiança** position of trust; **~ público** public office

cargueiro [kax'gejru] M cargo ship

cariar [ka'rja^{r}] VT, VI to decay

Caribe [ka'ribi] M: **o ~** the Caribbean (Sea)

caricatura [karika'tura] F caricature

NB: *European Portuguese adds the following consonants to certain words*: **b** (sú(b)dito, su(b)til); **c** (a(c)ção, a(c)cionista, a(c)to); **m** (inde(m)ne); **p** (ado(p)çã, ado(p)tar); *for further details see p. xiii.*

caricatural [karikatu'raw] (*pl* **-ais**) ADJ (*fig*) grotesque
caricaturar [karikatu'raʳ] VT to caricature
caricaturista [karikatu'riʃta] M/F caricaturist
carícia [ka'risja] F caress
caridade [kari'dadʒi] F charity; **obra de ~** charity
caridoso, -a [kari'dozu, ɔza] ADJ charitable
cárie ['kari] F tooth decay; (*Med*) caries *sg*
carimbar [karĩ'baʳ] VT to stamp; (*no correio*) to postmark
carimbo [ka'rĩbu] M stamp; (*postal*) postmark
carinho [ka'riɲu] M affection, fondness; (*carícia*) caress; **fazer ~** to caress; **com ~** affectionately; (*com cuidado*) with care; **carinhoso, -a** [kari'ɲozu, ɔza] ADJ affectionate
carioca [ka'rjɔka] ADJ of Rio de Janeiro ■ M/F native of Rio de Janeiro ■ M (*PT: café*) *type of weak coffee*
carisma [ka'riʒma] M charisma
carismático, -a [kariʒ'matʃiku, a] ADJ charismatic
caritativo, -a [karita'tʃivu, a] ADJ charitable
carnal [kax'naw] (*pl* **-ais**) ADJ carnal; **primo ~** first cousin
carnaval [kaxna'vaw] (*pl* **-ais**) M carnival; (*fig*) mess; **conhecer alguém de outros carnavais** (*col*) to know sb from way back

CARNAVAL

In Brazil, *Carnaval* is the popular festival held each year in the four days before Lent. It is celebrated in very different ways in different parts of the country. In Rio de Janeiro, for example, the big attraction is the parades of the *escolas de samba*, in Salvador the *trios elétricos*, in Recife the *frevo* and, in Olinda, the giant figures, such as the *Homem da meia-noite* and *Mulher do meio-dia*. In Portugal, *Carnaval* is celebrated on Shrove Tuesday, with street parties and processions taking place throughout the country.

carnavalesco, -a [kaxnava'leʃku, a] ADJ (*festa*) carnival *atr*; (*pessoa*) keen on carnival; (*fig*) grotesque ■ M/F carnival organizer
carne ['kaxni] F flesh; (*Culin*) meat; **em ~ e osso** in the flesh; **ser de ~ e osso** to be human; **~ assada** roast beef
carnê [kax'ne] M (*para compras*) payment book
carneiro [kax'nejru] M sheep; (*macho*) ram; **perna/costeleta de ~** leg of lamb/lamb chop
carniça [kax'nisa] F carrion; **pular ~** to play leapfrog
carnificina [kaxnifi'sina] F slaughter
carnívoro, -a [kax'nivoru, a] ADJ carnivorous ■ M carnivore
carnudo, -a [kax'nudu, a] ADJ plump, fleshy; (*col*) beefy; (*lábios*) thick; (*fruta*) fleshy
caro, -a ['karu, a] ADJ dear, expensive; (*estimado*) dear; **sair ~** to work out expensive; **cobrar/pagar ~** to charge a lot/pay dearly
carochinha [karo'ʃiɲa] F: **conto da ~** fairy tale
caroço [ka'rosu] M (*de frutos*) stone; (*endurecimento*) lump
carões [ka'rõjʃ] MPL *de* **carão**
carola [ka'rɔla] (*col*) M/F pious person
carona [ka'rɔna] F lift; **viajar de ~** to hitchhike; **pegar uma ~** to get a lift
carpete [kax'pɛtʃi] M (fitted) carpet
carpintaria [kaxpĩta'ria] F carpentry
carpinteiro [kaxpĩ'tejru] M carpenter; (*Teatro*) stagehand
carranca [ka'xãka] F frown, scowl
carrancudo, -a [kaxã'kudu, a] ADJ (*soturno*) sullen; (*semblante*) scowling
carrapato [kaxa'patu] M (*inseto*) tick; (*pessoa*) hanger-on
carrapicho [kaxa'piʃu] M (*do cabelo*) bun
carrasco [ka'xaʃku] M executioner; (*fig*) tyrant
carrear [ka'xjaʳ] VT (*transportar*) to transport; (*arrastar*) to carry; (*acarretar*) to bring on
carreata [kaxe'ata] F motorcade
carregado, -a [kaxe'gadu, a] ADJ loaded, laden; (*semblante*) sullen; (*céu*) dark; (*ambiente*) tense
carregador [kaxega'doʳ] M porter
carregamento [kaxega'mẽtu] M (*ação*) loading; (*carga*) load, cargo
carregar [kaxe'gaʳ] VT to load; (*levar*) to carry; (*bateria*) to charge; (*PT: apertar*) to press; (*levar para longe*) to take away ■ VI: **~ em** (*pôr em demasia*) to overdo, put too much; (*pôr ênfase*) to bring out
carreira [ka'xejra] F (*ação de correr*) run, running; (*profissão*) career; (*Turfe*) race; (*Náut*) slipway; (*fileira*) row; **às ~s** in a hurry; **dar uma ~** to go quickly; **fazer ~** to make a career; **arrepiar ~** to abandon one's career
carreirista [kaxej'riʃta] ADJ, M/F careerist
carreta [ka'xeta] F cart
carreteiro [kaxe'tejru] M cart driver
carretel [kaxe'tɛw] (*pl* **-éis**) M spool, reel
carreto [ka'xetu] M freight
carril [ka'xiw] (*pl* **-is**) (*PT*) M (*Ferro*) rail
carrilhão [kaxi'ʎãw] (*pl* **-ões**) M chime
carrinho [ka'xiɲu] M (*para bagagem, compras*) trolley; (*brinquedo*) toy car; **~ (de criança)** pram; **~ de mão** wheelbarrow; **~ de chá** tea trolley
carris [ka'xiʃ] MPL *de* **carril**
carro ['kaxo] M (*automóvel*) car; (*de bois*) cart; (*de mão*) handcart, barrow; (*de máquina de escrever*) carriage; **pôr o ~ adiante dos bois** (*fig*) to put the cart before the horse; **~ de corrida** racing car; **~ de passeio** saloon car; **~ de praça** cab; **~ de bombeiro** fire engine; **~ esporte** sports car
carroça [ka'xɔsa] F cart, waggon
carroçeria [kaxose'ria] F (*Auto*) bodywork
carro-chefe (*pl* **carros-chefes**) M (*de desfile*) main float; (*fig*) flagship, centrepiece (*Brit*), centerpiece (*US*)
carrocinha [kaxo'siɲa] F wagon
carro-forte (*pl* **carros-fortes**) M security van
carrossel [kaxo'sɛw] (*pl* **-éis**) M merry-go-round
carruagem [ka'xwaʒẽ] (*pl* **-ns**) F carriage, coach

carta ['kaxta] F letter; (*de jogar*) card; (*mapa*) chart; **~ aberta** open letter; **~ aérea** airmail letter; **~ registrada** registered letter; **~ de apresentação** letter of introduction; **~ de crédito/intenção** letter of credit/intent; **~ de condução** (*PT*) driving licence (*Brit*), driver's license (*US*); **dar as ~s** to deal; **dar/ter ~ branca** to give/have carte blanche; **pôr as ~s na mesa** (*fig*) to put one's cards on the table; **~ magna** charter; **~ patente** patent

carta-bomba (*pl* **cartas-bomba**) F letter bomb

cartada [kax'tada] F (*fig*) move

cartão [kax'tãw] (*pl* **-ões**) M card; (*PT*: *material*) cardboard; **~ de visita** (calling) card; **~ de crédito** credit card; **~ comercial** business card; **~ de recarga** (*para celular*) top-up card; **cartão-postal** (*pl* **cartões-postais**) M postcard

cartaz [kax'taʒ] M poster, bill (*US*); **ter ~** (*ser famoso*) to be well-known; (*ter popularidade*) to be popular; **(estar) em ~** (*Teatro, Cinema*) (to be) showing

cartear [kax'tʃaʳ] VI to play cards ■ VT to play

carteira [kax'tejra] F (*móvel*) desk; (*para dinheiro*) wallet; (*de ações*) portfolio; **~ de identidade** identity card; **~ de motorista** driving licence (*Brit*), driver's license (*US*)

carteiro [kax'tejru] M postman (*Brit*), mailman (*US*)

cartel [kax'tɛw] (*pl* **-éis**) M cartel

cartilagem [kaxtʃi'laʒẽ] (*pl* **-ns**) F (*Anat*) cartilage

cartões [kax'tõjʃ] MPL *de* **cartão**

cartografia [kaxtogra'fia] F cartography

cartola [kax'tɔla] F top hat

cartolina [kaxto'lina] F card

cartomante [kaxto'mãtʃi] M/F fortune-teller

cartório [kax'tɔrju] M registry office

cartucho [kax'tuʃu] M cartridge; (*saco de papel*) packet

cartum [kax'tũ] (*pl* **-ns**) M cartoon

cartunista [kaxtu'niʃta] M/F cartoonist

cartuns [kax'tũʃ] MPL *de* **cartum**

caruncho [ka'rũʃu] M (*inseto*) woodworm

carvalho [kax'vaʎu] M oak

carvão [kax'vãw] (*pl* **-ões**) M coal; (*de madeira*) charcoal

carvoeiro [kaxvo'ejru] M *coal merchant*

carvões [kax'võjʃ] MPL *de* **carvão**

casa ['kaza] F house; (*lar*) home; (*Com*) firm; (*Mat*: *decimal*) place; **em/para ~** (at) home/home; **~ de botão** buttonhole; **~ de câmbio** bureau de change; **~ de saúde** hospital; **~ da moeda** mint; **~ de banho** (*PT*) bathroom; **~ e comida** board and lodging; **ser de ~** to be like one of the family; **ter dez anos de ~** (*numa firma*) to have ten years' service behind one; **~ de campo** country house; **~ de cômodos** tenement; **~ de máquinas** engine room; **~ popular** ≈ council house

casaca [ka'zaka] F tails *pl*; **virar a ~** to become a turncoat

casacão [kaza'kãw] (*pl* **-ões**) M overcoat

casaco [ka'zaku] M coat; (*paletó*) jacket; **~ de peles** fur coat

casacões [kaza'kõjʃ] MPL *de* **casacão**

casa-forte (*pl* **casas-fortes**) F vault

casa-grande (*pl* **casas-grandes**) F plantation owner's house

casal [ka'zaw] (*pl* **-ais**) M couple

casamenteiro, -a [kazamẽ'tejru, a] ADJ wedding *atr*

casamento [kaza'mẽtu] M marriage; (*boda*) wedding; (*fig*) combination

casar [ka'zaʳ] VT to marry; (*combinar*) to match (up); **casar-se** VR to get married; (*harmonizar-se*) to combine well

casarão [kaza'rãw] (*pl* **-ões**) M mansion

casca ['kaʃka] F (*de árvore*) bark; (*de banana*) skin; (*de ferida*) scab; (*de laranja*) peel; (*de nozes, ovos*) shell; (*de milho etc*) husk; (*de pão*) crust

casca-grossa (*pl* **cascas-grossas**) ADJ coarse, uneducated

cascalho [kaʃ'kaʎu] M gravel; (*na praia*) shingle

cascão [kaʃ'kãw] M crust; (*sujeira*) grime

cascata [kaʃ'kata] F waterfall; (*col*: *mentira*) tall story

cascateiro, -a [kaʃka'tejru, a] (*col*) ADJ big-mouthed ■ M/F storyteller

cascavel [kaʃka'vɛw] (*pl* **-éis**) M (*serpente*) rattlesnake

casco ['kaʃku] M (*crânio*) skull; (*de animal*) hoof; (*de navio*) hull; (*para bebidas*) empty bottle; (*de tartaruga*) shell

cascudo [kaʃ'kudu] M rap on the head

casebre [ka'zɛbri] M hovel, shack

caseiro, -a [ka'zejru, a] ADJ (*produtos*) home-made; (*pessoa, vida*) domestic ■ M/F housekeeper

caserna [ka'zɛxna] F barracks *pl*

casmurro, -a [kaʒ'muxu, a] ADJ introverted

caso ['kazu] M case; (*tb*: **caso amoroso**) affair; (*estória*) story ■ CONJ in case, if; **de ~ pensado** deliberately; **no ~ de** in case (of); **em todo ~** in any case; **neste ~** in that case; **~ necessário** if necessary; **criar ~** to cause trouble; **fazer pouco ~ de** to belittle; **não fazer ~ de** to ignore; **vir ao ~** to be relevant; **~ de emergência** emergency

casório [ka'zɔrju] (*col*) M wedding

caspa ['kaʃpa] F dandruff

casquinha [kaʃ'kijna] F (*de sorvete*) cone; (*pele*) skin

cassação [kasa'sãw] F withholding; (*de políticos*) banning

cassar [ka'saʳ] VT (*direitos, licença*) to cancel, withhold; (*políticos*) to ban

cassete [ka'sɛtʃi] M cassette

cassetete [kase'tɛtʃi] M truncheon (*Brit*),

NB: *European Portuguese adds the following consonants to certain words*: **b** (sú(b)dito, su(b)til); **c** (a(c)ção, a(c)cionista, a(c)to); **m** (inde(m)ne); **p** (ado(p)çã, ado(p)tar); *for further details see p. xiii.*

nightstick (*US*)
cassino [ka'sinu] M casino
casta ['kaʃta] F caste; (*estirpe*) lineage
castanha [kaʃ'taɲa] F chestnut; **~ de caju** cashew nut; **castanha-do-pará** [-pa'ra] (*pl* **castanhas-do-pará**) F Brazil nut
castanheiro [kaʃta'ɲejru] M chestnut tree
castanho, -a [kaʃ'taɲu, a] ADJ brown
castanholas [kaʃta'ɲɔlaʃ] FPL castanets
castelo [kaʃ'tɛlu] M castle; **fazer ~s no ar** (*fig*) to build castles in the air
castiçal [kaʃtʃi'saw] (*pl* **-ais**) M candlestick
castiço, -a [kaʃ'tʃisu, a] ADJ pure; (*de boa casta*) of good stock, pedigree *atr*
castidade [kaʃtʃi'dadʒi] F chastity
castigar [kaʃtʃi'gaʳ] VT to punish; (*aperfeiçoar*) to perfect; (*col: tocar*) to play; **castigo** [kaʃ'tʃigu] M punishment; (*fig: mortificação*) pain; **estar/ficar de castigo** (*criança*) to be getting punished/be punished
casto, -a ['kaʃtu, a] ADJ chaste
castor [kaʃ'toʳ] M beaver
castrar [kaʃ'traʳ] VT to castrate
casual [ka'zwaw] (*pl* **-ais**) ADJ chance *atr*, accidental; (*fortuito*) fortuitous; **casualidade** [kazwali'dadʒi] F chance; (*acidente*) accident; **por casual** by chance, accidentally
casulo [ka'zulu] M (*de sementes*) pod; (*de insetos*) cocoon
cata ['kata] F: **à ~ de** in search of
cataclismo [kata'kliʒmu] M cataclysm
catacumbas [kata'kũbaʃ] FPL catacombs
catalizador, a [kataliza'doʳ(a)] ADJ catalytic ■ M catalyst
catalogar [katalo'gaʳ] VT to catalogue (*Brit*), catalog (*US*)
catálogo [ka'talogu] M catalogue (*Brit*), catalog (*US*); **~ (telefônico)** telephone directory
Catalunha [kata'luɲa] F: **a ~** Catalonia
catapora [kata'pɔra] (*BR*) F chickenpox
Catar [ka'taʳ] M: **o ~** Qatar
catar [ka'taʳ] VT to pick (up); (*procurar*) to look for, search for; (*arroz*) to clean; (*recolher*) to collect, gather
catarata [kata'rata] F waterfall; (*Med*) cataract
catarro [ka'taxu] M catarrh
catártico, -a [ka'taxtʃiku, a] ADJ cathartic
catástrofe [ka'taʃtrofi] F catastrophe
catastrófico, -a [kataʃ'trɔfiku, a] ADJ catastrophic
catatau [kata'tau] M: **um ~ de** a lot of
cata-vento M weathercock
catecismo [kate'siʒmu] M catechism
cátedra ['katedra] F chair
catedral [kate'draw] (*pl* **-ais**) F cathedral
catedrático, -a [kate'dratʃiku, a] M/F professor
categoria [katego'ria] F category; (*social*) rank; (*qualidade*) quality; **de alta ~** first-rate
categórico, -a [kate'gɔriku, a] ADJ categorical
categorizar [kategori'zaʳ] VT to categorize
catequizar [kateki'zaʳ] VT to talk round; (*Rel*) to catechize
catinga [ka'tʃĩga] F stench, stink
catinguento, -a [katʃĩ'gẽtu, a] ADJ smelly
catiripapo [katʃiri'papu] M punch
cativante [katʃi'vãtʃi] ADJ captivating; (*atraente*) charming
cativar [katʃi'vaʳ] VT (*escravizar*) to enslave; (*fascinar*) to captivate; (*atrair*) to charm
cativeiro [katʃi'vejru] M captivity; (*escravidão*) slavery; (*cadeia*) prison
cativo, -a [ka'tʃivu, a] M/F (*escravo*) slave; (*prisioneiro*) prisoner
catolicismo [katoli'siʒmu] M catholicism
católico, -a [ka'tɔliku, a] ADJ, M/F catholic
catorze [ka'toxzi] NUM fourteen; *v tb* **cinco**
catucar [katu'kaʳ] VT = **cutucar**
caturrice [katu'xisi] F obstinacy
caução [kaw'sãw] (*pl* **-ões**) F security, guarantee; (*Jur*) bail; **prestar ~** to give bail; **sob ~** on bail
caucionante [kawsjo'nãtʃi] M/F guarantor
caucionar [kawsjo'naʳ] VT to guarantee, stand surety for; (*Jur*) to stand bail for
cauções [kaw'sõjʃ] FPL *de* **caução**
cauda ['kawda] F tail; (*de vestido*) train
caudal [kaw'daw] (*pl* **-ais**) M torrent
caudaloso, -a [kawda'lozu, ɔza] ADJ torrential
caudilho [kaw'dʒiʎu] M leader, chief
caule ['kauli] M stalk, stem
causa ['kawza] F cause; (*motivo*) motive, reason; (*Jur*) lawsuit, case; **por ~ de** because of; **em ~** in question; **causador, a** [kawza'doʳ(a)] ADJ which caused ■ M cause
causar [kaw'zaʳ] VT to cause, bring about
cáustico, -a ['kawʃtʃiku, a] ADJ caustic
cautela [kaw'tɛla] F caution; (*senha*) ticket; (*título*) share certificate; **~ (de penhor)** pawn ticket
cautelar [kawte'laʳ] ADJ precautionary
cauteloso, -a [kawte'lozu, ɔza] ADJ cautious, wary
cauterizar [kawteri'zaʳ] VT to cauterize
cava ['kava] F (*de manga*) armhole
cavação [kava'sãw] (*col*) F wheeling and dealing
cavaco [ka'vaku] M: **~s do ofício** occupational hazards
cavado, -a [ka'vadu, a] ADJ (*olhos*) sunken; (*roupa*) low-cut
cavador, a [kava'doʳ(a)] ADJ go-getting ■ M/F go-getter
cavala [ka'vala] F mackerel
cavalar [kava'laʳ] ADJ (*descomunal*) enormous, huge
cavalaria [kavala'ria] F (*Mil*) cavalry; (*instituição medieval*) chivalry
cavalariça [kavala'risa] F stable
cavaleiro [kava'lejru] M rider, horseman; (*medieval*) knight
cavalete [kava'letʃi] M stand; (*Foto*) tripod; (*de pintor*) easel; (*de mesa*) trestle; (*do violino*) bridge
cavalgar [kavaw'gaʳ] VT to ride ■ VI: **~ em** to ride on; **~ (sobre)** to jump over

cavalheiresco, -a [kavaʎej'reʃku, a] ADJ courteous, gallant, gentlemanly
cavalheiro, -a [kava'ʎejru, a] ADJ courteous, gallant ■ M gentleman; (*Dança*) partner
cavalinho-de-pau [kava'liɲu-] (*pl* **cavalinhos-de-pau**) M rocking horse
cavalo [ka'valu] M horse; (*Xadrez*) knight; (*pessoa*): **ser um ~** to be rude; **a ~** on horseback; **50 ~s(-vapor)** *ou* **(de força)** 50 horsepower; **quantos ~s tem esse carro?** how many horsepower is that car?; **fazer de algo um ~ de batalha** to make a mountain out of a molehill about sth; **tirar o ~ da chuva** (*fig*) to drop the idea; **~ de corrida** racehorse
cavalo-marinho (*pl* **cavalos-marinhos**) M seahorse
cavanhaque [kava'ɲaki] M goatee (beard)
cavaquinho [kava'kiɲu] M small guitar
cavar [ka'vaʳ] VT to dig; (*decote*) to lower; (*esforçar-se para obter*) to try to get ■ VI to dig; (*fig*) to delve; (*animal*) to burrow; (*esforçar-se*) to try hard; **~ a vida** to earn one's living
cave ['kavi] (PT) F wine-cellar
caveira [ka'vejra] F skull; **fazer a ~ de alguém** (*col*) to blacken sb's name
caverna [ka'vɛxna] F cavern
cavernoso, -a [kavex'nozu, ɔza] ADJ (*voz*) booming; (*pessoa*) horrible
caviar [ka'vjaʳ] M caviar
cavidade [kavi'dadʒi] F cavity
cavilha [ka'viʎa] F (*de madeira*) peg, dowel; (*de metal*) bolt
cavo, -a ['kavu, a] ADJ (*côncavo*) concave
caxias [ka'ʃiaʃ] ADJ INV overdisciplined ■ M/F INV stickler for discipline
caxumba [ka'ʃũba] F mumps *sg*
CBA ABR F = **Confederação Brasileira de Automobilismo**
CBAt ABR F = **Confederação Brasileira de Atletismo**
CBD ABR F = **Confederação Brasileira de Desportos**
CBF ABR F = **Confederação Brasileira de Futebol**
CBT ABR M = **Código Brasileiro de Telecomunicações**
CBTU ABR F = **Companhia Brasileira de Trens Urbanos**
c/c ABR (= *conta corrente*) c/a
CCT (BR) ABR M = **Conselho Científico e Tecnológico**
CDB ABR M = **Certificado de Depósito Bancário**
CDC (BR) ABR M = **Conselho de Desenvolvimento Comercial**
CDDPH (BR) ABR M = **Conselho de Defesa dos Direitos da Pessoa Humana**
CDI (BR) ABR M = **Certificado de Depósito Interbancário**; = **Conselho de Desenvolvimento Industrial**
cê [se] (*col*) PRON = **você**
cear [sjaʳ] VT to have for supper ■ VI to dine
cearense [sea'rẽsi] ADJ from Ceará ■ M/F person from Ceará
cebola [se'bola] F onion; **cebolinha** [sebo'liɲa] F spring onion
Cebrae (BR) ABR F = **Centro de Apoio à Pequena e Média Empres**
Cebrap ABR M = **Centro Brasileiro de Análise e Planejamento**
cecear [se'sjaʳ] VI to lisp
cê-cedilha (*pl* **cês-cedilhas**) M c cedilla
ceceio [se'seju] M lisp
cê-dê-efe [-'efi] (*col*) (*pl* **-s**) M/F swot
ceder [se'deʳ] VT to give up; (*dar*) to hand over; (*emprestar*) to lend ■ VI to give in, yield; (*porta etc*) to give (way); **~ a** to give in to
cedilha [se'dʒiʎa] F cedilla
cedo ['sedu] ADV early; (*em breve*) soon; **mais ~ ou mais tarde** sooner or later; **o mais ~ possível** as soon as possible
cedro ['sɛdru] M cedar
cédula ['sɛdula] F (*moeda-papel*) banknote; (*eleitoral*) ballot paper
CEE ABR F (= *Comunidade Econômica Européia*) EEC
CEF (BR) ABR F (= *Caixa Econômica Federal*) federal bank
cegar [se'gaʳ] VT to blind; (*ofuscar*) to dazzle; (*tesoura*) to blunt ■ VI (*ofuscar*) to be dazzling
cego, -a ['sɛgu, a] ADJ blind; (*total*) complete, total; (*tesoura*) blunt ■ M/F blind man/woman; **às cegas** blindly; **ser ~ por alguém** to be mad about sb
cegonha [se'gɔɲa] F stork
cegueira [se'gejra] F blindness
CEI (BR) ABR F (= *Comissão Especial de Inquérito*) *commission of inquiry*
ceia ['seja] F supper
ceifa ['sejfa] F harvest; (*fig*) destruction
ceifar [sej'faʳ] VT to reap, harvest; (*vidas*) to destroy
cela ['sɛla] F cell
celebração [selebra'sãw] (*pl* **-ões**) F celebration
celebrar [sele'braʳ] VT to celebrate; (*exaltar*) to praise; (*acordo*) to seal
célebre ['sɛlebri] ADJ famous, well-known
celebridade [selebri'dadʒi] F celebrity
celebrizar [selebri'zaʳ] VT to make famous; **celebrizar-se** VR to become famous
celeiro [se'lejru] M granary; (*depósito*) barn
célere ['sɛleri] ADJ swift, quick
celeste [se'lɛʃtʃi] ADJ celestial, heavenly
celeuma [se'lewma] F pandemonium, uproar
celibatário, -a [seliba'tarju, a] ADJ unmarried, single ■ M/F bachelor/spinster
celibato [seli'batu] M celibacy
celofane [selo'fani] M cellophane; **papel ~** cling film
celta ['sɛwta] ADJ Celtic ■ M/F Celt
célula ['sɛlula] F (*Bio, Elet*) cell; **celular** [selu'laʳ]

NB: *European Portuguese adds the following consonants to certain words*: **b** (sú(b)dito, su(b)til); **c** (a(c)ção, a(c)cionista, a(c)to); **m** (inde(m)ne); **p** (ado(p)çã, ado(p)tar); *for further details see p. xiii.*

ADJ cellular ■ N: **(telefone) celular** mobile (phone), cellphone (*US*); **celular com câmera** camera phone; **célula-tronco** ['sɛlula-'trõku] F stem cell

celulite [selu'litʃi] F cellulite

celulose [selu'lɔzi] F cellulose

cem [sẽ] NUM hundred; **ser ~ por cento** (*fig*) to be great; *v tb* **cinqüenta**

cemitério [semi'tɛrju] M cemetery, graveyard

cena ['sɛna] F scene; (*palco*) stage; **em ~** on the stage; **levar à ~** to stage; **fazer uma ~** to make a scene

cenário [se'narju] M (*Teatro*) scenery; (*Cinema*) scenario; (*de um acontecimento*) scene, setting; (*panorama*) view

cenho ['sɛɲu] M face

cênico, -a ['seniku, a] ADJ (*Teatro*) stage *atr*; (*Cinema*) set *atr*

cenografia [senogra'fia] F set design

cenógrafo, -a [se'nɔgrafu, a] M/F (*Teatro*) set designer

cenoura [se'nora] F carrot

censo ['sẽsu] M census

censor, a [sẽ'sorʳ(a)] M/F censor

censura [sẽ'sura] F (*Pol etc*) censorship; (*reprovação*) censure, criticism; (*repreensão*) reprimand; **censurar** [sẽsu'raʳ] VT (*reprovar*) to censure; (*filme, livro etc*) to censor

censurável [sẽsu'ravew] (*pl* **-eis**) ADJ reprehensible

centavo [sẽ'tavu] M cent; **estar sem um ~** to be penniless

centeio [sẽ'teju] M rye

centelha [sẽ'teʎa] F spark; (*fig*) flash

centena [sẽ'tɛna] F hundred; **às ~s** in hundreds

centenário, -a [sẽte'narju, a] ADJ centenary ■ M/F centenarian ■ M centenary, centennial

centésimo, -a [sẽ'tɛzimu, a] ADJ hundredth ■ M hundredth (part)

centígrado [sẽ'tʃigradu] M centigrade

centilitro [sẽtʃi'litru] M centilitre (*Brit*), centiliter (*US*)

centímetro [sẽ'tʃimetru] M centimetre (*Brit*), centimeter (*US*)

cento ['sẽtu] M: **~ e um** one hundred and one; **por ~** per cent

centopeia [sẽto'peja] F centipede

central [sẽ'traw] (*pl* **-ais**) ADJ central ■ F (*de polícia etc*) head office; **~ elétrica** (electric) power station; **~ telefônica** telephone exchange

centralização [sẽtraliza'sãw] F centralization

centralizar [sẽtrali'zaʳ] VT to centralize; **centralizar-se** VR to be centralized

centrar [sẽ'traʳ] VT to centre (*Brit*), center (*US*)

centro ['sẽtru] M centre (*Brit*), center (*US*); (*de uma cidade*) town centre; **~ das atenções** centre of attention; **~ de custo/lucro** (*Com*) cost/profit centre; **~ de mesa** centrepiece (*Brit*), centerpiece (*US*); **centroavante** [sẽtroa'vãtʃi] M (*Futebol*) centre forward

CEP ['sɛpi] (BR) ABR M (= *Código de Endereçamento Postal*) postcode (*Brit*), zip code (*US*)

cepo ['sepu] M (*toco*) stump; (*toro*) log

céptico, -ca ['septiku] (PT) = **cético** *etc*

ceptro ['sɛtru] (PT) M = **cetro**

cera ['sera] F wax; **fazer ~** (*fig*) to dawdle, waste time

cerâmica [se'ramika] F pottery; (*arte*) ceramics *sg*

cerâmico, -a [se'ramiku, a] ADJ ceramic

ceramista [sera'miʃta] M/F potter

cerca ['sexka] F (*de madeira, arame*) fence ■ PREP: **~ de** (*aproximadamente*) around, about; **~ viva** hedge

cercado, -a [sex'kadu, a] ADJ surrounded; (*com cerca*) fenced in ■ M enclosure; (*para animais*) pen; (*para crianças*) playpen

cercanias [sexka'niaʃ] FPL (*arredores*) outskirts; (*vizinhança*) neighbourhood *sg* (*Brit*), neighborhood *sg* (*US*)

cercar [sex'kaʳ] VT to enclose; (*pôr cerca em*) to fence in; (*rodear*) to surround; (*assediar*) to besiege

cercear [sex'sjaʳ] VT (*liberdade*) to curtail, restrict

cerco ['sexku] M encirclement; (*Mil*) siege; **pôr ~ a** to besiege

cereal [se'rjaw] (*pl* **-ais**) M cereal

cerebral [sere'braw] (*pl* **-ais**) ADJ cerebral, brain *atr*

cérebro ['sɛrebru] M brain; (*fig*) intelligence, brains *pl*

cereja [se'reʒa] F cherry

cerejeira [sere'ʒejra] F cherry tree

cerimônia [seri'monja] F ceremony; **de ~** formal; **sem ~** informal; **fazer ~** to stand on ceremony; **~ de posse** swearing-in ceremony, investiture

cerimonial [serimo'njaw] (*pl* **-ais**) ADJ, M ceremonial

cerimonioso, -a [serimo'njozu, ɔza] ADJ ceremonious

cerne ['sɛxni] M kernel

ceroulas [se'rolaʃ] FPL long johns

cerração [sexa'sãw] F (*nevoeiro*) fog

cerrado, -a [se'xadu, a] ADJ shut, closed; (*punho*) clenched; (*denso*) dense, thick ■ M (*vegetação*) scrub(land)

cerrar [se'xaʳ] VT to close, shut; **cerrar-se** VR to close, shut

certame [sex'tami] M (*concurso*) contest, competition

certeiro, -a [sex'tejru, a] ADJ (*tiro*) accurate, well-aimed; (*acertado*) correct

certeza [sex'teza] F certainty; **com ~** certainly, surely; (*provavelmente*) probably; **ter ~ de** to be certain *ou* sure of; **ter ~ de que** to be sure that; **tem ~?** are you sure?

certidão [sextʃi'dãw] (*pl* **-ões**) F certificate

certificado [sextʃifi'kadu] M (*garantia*) certificate

certificar [sextʃifi'kaʳ] VT to certify; (*assegurar*) to assure; **certificar-se** VR: **certificar-se de** to make sure of

certo, -a ['sɛxtu, a] ADJ certain, sure; (*exato, direito*) right; (*um, algum*) a certain ■ ADV correctly; **na certa** certainly; **ao ~** for certain; **dar ~** to work; **está ~** okay, all right
cerveja [sex'veʒa] F beer; **cervejaria** [sexveʒa'ria] F (*fábrica*) brewery; (*bar*) bar, public house
cervical [sexvi'kaw] (*pl* **-ais**) ADJ cervical
cérvice ['sɛxvisi] F cervix
cervo ['sɛxvu] M deer
cerzir [sex'ziʳ] VT to darn
cesariana [seza'rjana] F Caesarian (*Brit*), Cesarian (*US*)comin
cessação [sesa'sãw] F halting, ceasing
cessão [se'sãw] (*pl* **-ões**) F (*cedência*) surrender; (*transferência*) transfer
cessar [se'saʳ] VI to cease, stop; **sem ~** continually; **cessar-fogo** M INV cease-fire
cessões [se'sõjʃ] FPL *de* **cessão**
cesta ['seʃta] F basket
cesto ['seʃtu] M basket; (*com tampa*) hamper
ceticismo [setʃi'siʒmu] M scepticism (*Brit*), skepticism (*US*)
cético, -a ['sɛtʃiku, a] ADJ sceptical (*Brit*), skeptical (*US*) ■ M/F sceptic (*Brit*), skeptic (*US*)
cetim [se'tʃĩ] M satin
cetro ['sɛtru] M sceptre (*Brit*), scepter (*US*)
céu [sɛw] M sky; (*Rel*) heaven; (*da boca*) roof; **cair do ~** (*fig*) to come at the right time; **mover ~s e terra** (*fig*) to move heaven and earth
cevada [se'vada] F barley
cevar [se'vaʳ] VT (*engordar*) to fatten; (*alimentar*) to feed; (*engodar*) to bait
CGC (BR) ABR M (= *Cadastro Geral de Contribuintes*) *roll of tax payers*
CGT (BR) ABR F (= *Central Geral dos Trabalhadores*) *trade union*
chá [ʃa] M tea; (*reunião*) tea party; **dar um ~ de sumiço** (*col*) to disappear; **tomar ~ de cadeira** (*fig*) to be a wallflower
chacal [ʃa'kaw] (*pl* **-ais**) M jackal
chácara ['ʃakara] F (*granja*) farm; (*casa de campo*) country house
chacina [ʃa'sina] F slaughter; **chacinar** [ʃasi'naʳ] VT (*matar*) to slaughter
chacoalhar [ʃakwa'ʎaʳ] VT to shake; (*col: amolar*) to bug ■ VI to shake about; to be annoying
chacota [ʃa'kɔta] F (*zombaria*) mockery
chacrinha [ʃa'kriɲa] (*col*) F get-together
Chade ['ʃadʒi] M: **o ~** Chad
chã-de-dentro [ʃã-] (*pl* **chãs-de-dentro**) F round of beef
chá-de-panela M ≈ hen night, ≈ wedding shower (*US*)
chafariz [ʃafa'riʒ] M fountain
chafurdar [ʃafux'daʳ] VI: **~ em** to wallow in; **chafurdar-se** VR: **~-se em** to wallow in
chaga ['ʃaga] F (*Med*) wound; (*fig*) disease
chalé [ʃa'lɛ] M chalet
chaleira [ʃa'lejra] F kettle; (*bajulador*) crawler, toady
chaleirar [ʃalej'raʳ] VT to crawl to
chama ['ʃama] F flame; **em ~s** on fire
chamada [ʃa'mada] F call; (*Mil*) roll call; (*Educ*) register; (*no jornal*) headline; **dar uma ~ em alguém** (*repreender*) to tell sb off
chamar [ʃa'maʳ] VT to call; (*convidar*) to invite; (*atenção*) to attract ■ VI to call; (*telefone*) to ring; **chamar-se** VR to be called; **chamo-me João** my name is John; **~ alguém de idiota/Dudu** to call sb an idiot/Dudu; **mandar ~** to summon, send for
chamariz [ʃama'riʒ] M decoy; (*fig*) lure
chamativo, -a [ʃama'tʃivu, a] ADJ showy, flashy
chamego [ʃa'megu] M cuddle
chaminé [ʃami'nɛ] F chimney; (*de navio*) funnel
champanha [ʃã'paɲa] M OU F champagne
champanhe [ʃã'paɲi] M OU F = **champanha**
champu [ʃã'pu] (PT) M shampoo
chamuscar [ʃamuʃ'kaʳ] VT to scorch, singe; **chamuscar-se** VR to scorch o.s.
chance ['ʃãsi] F chance
chancela [ʃã'sɛla] F seal, official stamp
chancelaria [ʃãsela'ria] F chancellery
chanceler [ʃãse'leʳ] M chancellor
chanchada [ʃã'ʃada] F second-rate film (*ou* play)
chantagear [ʃãta'ʒjaʳ] VT to blackmail
chantagem [ʃã'taʒẽ] F blackmail
chantagista [ʃãta'ʒiʃta] M/F blackmailer
chão [ʃãw] (*pl* **-s**) M ground; (*terra*) soil; (*piso*) floor
chapa ['ʃapa] F (*placa*) plate; (*eleitoral*) list ■ M/F (*col*) mate, friend; **~ de matrícula** (*PT: Auto*) number (*Brit*) *ou* license (*US*) plate; **bife na ~** grilled steak; **oi, meu ~!** hi, mate!
chapa-branca (*pl* **chapas-brancas**) M civil service car
chapelaria [ʃapela'ria] F (*loja*) hat shop
chapeleira [ʃape'lejra] F hat box; *v tb* **chapeleiro**
chapeleiro, -a [ʃape'lejru, a] M/F milliner
chapéu [ʃa'pɛw] M hat
chapéu-coco (*pl* **chapéus-cocos**) M bowler (hat) (*Brit*), derby (*US*)
chapinha [ʃa'piɲa] F: **~ (de garrafa)** (bottle) top
chapinhar [ʃapi'naʳ] VI to splash
charada [ʃa'rada] F (*quebra-cabeça*) puzzle
charco ['ʃaxku] M marsh, bog
charge ['ʃaxʒi] F (political) cartoon
chargista [ʃax'ʒiʃta] M/F (political) cartoonist
charlatão [ʃaxla'tãw] (*pl* **-ães**) M charlatan; (*curandeiro*) quack
charme ['ʃaxmi] M charm; **fazer ~** to be nice, use one's charm; **charmoso, -a** [ʃax'mozu, ɔza] ADJ charming
charneca [ʃax'nɛka] F moor, heath
charrete [ʃa'xɛtʃi] F cart
charter ['tʃaxteʳ] ADJ INV charter ■ M (*pl* **-s**) charter flight
charuto [ʃa'rutu] M cigar

NB: *European Portuguese adds the following consonants to certain words:* **b** (sú(b)dito, su(b)til); **c** (a(c)ção, a(c)cionista, a(c)to); **m** (inde(m)ne); **p** (ado(p)çã, ado(p)tar); *for further details see p. xiii.*

chassis [ʃa'si] M (*Auto, Elet*) chassis
chata ['ʃata] F (*embarcação*) barge; *v tb* **chato**
chateação [ʃatʃja'sãw] (*pl* **-ões**) F bother, upset; (*maçada*) bore
chatear [ʃa'tʃjaʳ] VT (*aborrecer*) to bother, upset; (*importunar*) to pester; (*entediar*) to bore; (*irritar*) to annoy ■ VI to be upsetting; to be boring; to be annoying; **chatear-se** VR to get upset; to get bored; to get annoyed
chatice [ʃa'tʃisi] F nuisance
chato, -a ['ʃatu, a] ADJ (*plano*) flat, level; (*pé*) flat; (*tedioso*) boring; (*irritante*) annoying; (*que fica mal*) bad, rude ■ M/F bore; (*quem irrita*) pain
chatura [ʃa'tura] (*col*) F pain (in the neck)
chauvinismo [ʃawvi'niʒmu] M chauvinism
chauvinista [ʃawvi'niʃta] ADJ chauvinistic ■ M/F chauvinist
chavão [ʃa'vãw] (*pl* **-ões**) M cliché
chave ['ʃavi] F key; (*Elet*) switch; (*Tip*) curly bracket; **~ de porcas** spanner; **~ inglesa** (monkey) wrench; **~ de fenda** screwdriver
-chave SUFIXO key *atr*
chaveiro [ʃa'vejru] M (*utensílio*) key ring; (*pessoa*) locksmith
chávena ['ʃavena] (PT) F cup
checar [ʃe'kaʳ] VT to check
check-up [tʃe'kapi] (*pl* **-s**) M check-up
chefatura [ʃefa'tura] F: **~ de polícia** police headquarters *sg*
chefe ['ʃɛfi] M/F head, chief; (*patrão*) boss; **~ de turma** foreman; **~ de estação** stationmaster; **chefia** [ʃe'fia] F (*liderança*) leadership; (*direção*) management; (*repartição*) headquarters *sg*; **estar com a chefia de** to be in charge of
chefiar [ʃe'fjaʳ] VT to lead
chega ['ʃega] (*col*) M: **dar um ~ em alguém** to tell sb off ■ PREP even
chegada [ʃe'gada] F arrival; **dar uma ~** to drop by
chegado, -a [ʃe'gadu, a] ADJ (*próximo*) near; (*íntimo*) close; **ser ~ a** (*bebidas, comidas*) to be keen on
chegar [ʃe'gaʳ] VT (*aproximar*) to bring near ■ VI to arrive; (*ser suficiente*) to be enough; **chegar-se** VR: **~-se a** to approach; **chega!** that's enough!; **~ a** (*atingir*) to reach; (*conseguir*) to manage to; **~ algo para cá/para lá** to bring sth closer/move sth over; **chega (mais) para cá/para lá!** come closer!/move over!; **vou chegando** I'm leaving
cheia ['ʃeja] F flood
cheio, -a ['ʃeju, a] ADJ full; (*repleto*) full up; (*col: farto*) fed up; **~ de si** self-important; **~ de dedos** all fingers and thumbs; (*inibido*) awkward; **~ de frescura** (*col*) fussy; **~ da nota** (*col*) rich, loaded; **acertar em ~** to be exactly right, hit the nail on the head; **estar ~ de algo** (*col*) to be fed up with sth
cheirar [ʃej'raʳ] VT, VI to smell; **~ a** to smell of; **isto não me cheira bem** there's something fishy about this; **cheiro** ['ʃejru] M smell; **ter cheiro de** to smell of
cheiroso, -a [ʃej'rozu, ɔza] ADJ: **ser** *ou* **estar ~** to smell nice
cheiro-verde M bunch of parsley and spring onion
cheque ['ʃɛki] M cheque (*Brit*), check (*US*); (*Xadrez*) check; **~ cruzado** crossed cheque; **~ de viagem** traveller's cheque (*Brit*), traveler's check (*US*); **~ em branco** blank cheque; **~ sem fundos** uncovered cheque, rubber cheque (*col*); **~ voador** rubber cheque
chequei *etc* [ʃɛ'kej] VB *v* **checar**
cheque-mate M checkmate
cherne ['ʃɛxni] M grouper
chiado ['ʃjadu] M squeak(ing); (*de vapor*) hiss(ing)
chiar [ʃjaʳ] VI to squeak; (*porta*) to creak; (*vapor*) to hiss; (*fritura*) to sizzle; (*col: reclamar*) to grumble
chibata [ʃi'bata] F (*vara*) cane
chiclete [ʃi'klɛtʃi] M chewing gum; **~ de bola** bubble gum
chicória [ʃi'kɔrja] F chicory
chicote [ʃi'kɔtʃi] M whip
chicotear [ʃiko'tʃjaʳ] VT to whip, lash
chifrada [ʃi'frada] F (*golpe*) butt
chifrar [ʃi'fraʳ] VT to two-time
chifre ['ʃifri] M (*corno*) horn; **pôr ~ em alguém** (*col*) to be unfaithful to sb, cheat on sb
chifrudo, -a [ʃi'frudu, a] (*col*) ADJ cuckolded
Chile ['ʃili] M: **o ~** Chile
chileno, -a [ʃi'lɛnu, a] ADJ, M/F Chilean
chilique [ʃi'liki] (*col*) M fit
chilrear [ʃiw'xjaʳ] VI to chirp, twitter
chilreio [ʃiw'xeju] M chirping
chimarrão [ʃima'xãw] (*pl* **-ões**) M *maté tea without sugar taken from a pipe-like cup*
chimpanzé [ʃĩpã'zɛ] M chimpanzee
China ['ʃina] F: **a ~** China
chinelo [ʃi'nɛlu] M slipper; **botar no ~** (*fig*) to put to shame
chinês, -esa [ʃi'neʃ, eza] ADJ, M/F Chinese ■ M (*Ling*) Chinese
chinfrim [ʃĩ'frĩ] (*pl* **-ns**) ADJ cheap and cheerful
chino, -a ['ʃinu, a] M/F Chinese
chio ['ʃiu] M squeak; (*de rodas*) screech
chip ['ʃipi] M (*Comput*) chip
Chipre ['ʃipri] F Cyprus
chique ['ʃiki] ADJ stylish, chic
chiqueiro [ʃi'kejru] M pigsty
chispa ['ʃiʃpa] F spark
chispada [ʃiʃ'pada] (BR) F dash
chispar [ʃiʃ'paʳ] VI (*correr*) to dash
chita ['ʃita] F printed cotton, calico
choça ['ʃosa] F shack, hut
chocalhar [ʃoka'ʎaʳ] VT, VI to rattle
chocalho [ʃo'kaʎu] M (*Mús, brinquedo*) rattle; (*para animais*) bell
chocante [ʃo'kãtʃi] ADJ shocking; (*col*) amazing
chocar [ʃo'kaʳ] VT (*incubar*) to hatch, incubate; (*ofender*) to shock, offend ■ VI to shock; **chocar-se** VR to crash, collide; to be shocked
chocho, -a ['ʃoʃu, a] ADJ hollow, empty; (*fraco*) weak; (*sem graça*) dull
chocolate [ʃoko'latʃi] M chocolate

chofer [ʃo'fe^{r}] M driver
chofre ['ʃofri] M: **de ~** all of a sudden
chongas ['ʃõgaʃ] (*col*) PRON zilch, bugger all (*!*)
chopada [ʃo'pada] F drinking session
chope ['ʃopi] M draught beer
choque ['ʃɔki] M (*abalo*) shock; (*colisão*) collision; (*Med, Elet*) shock; (*impacto*) impact; (*conflito*) clash, conflict; **~ cultural** culture shock
choque *etc* [ʃɔ'kej] VB *v* **chocar**
choradeira [ʃora'dejra] F fit of crying
chorado, -a [ʃo'radu, a] ADJ (*canto*) sad; (*gol*) hard-won
choramingar [ʃoramĩ'ga^{r}] VI to whine, whimper
choramingas [ʃora'mĩgaʃ] M/F INV crybaby
choramingo [ʃora'mĩgu] M whine, whimper
chorão, -rona [ʃo'rãw, rɔ] (*pl* **-ões/-s**) ADJ tearful ■ M/F crybaby ■ M (*Bot*) weeping willow
chorar [ʃo'ra^{r}] VT, VI to weep, cry
chorinho [ʃo'riɲu] M *type of Brazilian music*
choro ['ʃoru] M crying; (*Mús*) *type of Brazilian music*
choroso, -a [ʃo'rozu, ɔza] ADJ tearful
choupana [ʃo'pana] F shack, hut
chouriço [ʃo'risu] M (*BR*) black pudding; (*PT*) spicy sausage
chove-não-molha [ʃɔvinãw'mɔʎa] (*col*) M shilly-shallying
chover [ʃo've^{r}] VI to rain; **~ a cântaros** to rain cats and dogs; **~am cartas** letters poured in
chuchu [ʃu'ʃu] M chayote (*vegetable*); **ele fala/está quente pra ~** (*col*) he talks a lot/it's really hot
chucrute [ʃu'krutʃi] M sauerkraut
chué [ʃu'ɛ] (*col*) ADJ lousy
chulé [ʃu'lɛ] M foot odour (*Brit*) *ou* odor (*US*)
chulear [ʃu'lja^{r}] VT to hem
chulo, -a ['ʃulu, a] ADJ vulgar
chumaço [ʃu'masu] M (*de papel, notas*) wad; (*material*) wadding
chumbado, -a [ʃũ'badu, a] (*col*) ADJ (*cansado*) dog-tired; (*doente*) laid out
chumbar [ʃũ'ba^{r}] VT to fill with lead; (*soldar*) to solder; (*atirar em*) to fire at ■ VI (*PT: reprovar*) to fail
chumbo ['ʃũbu] M lead; (*de caça*) gunshot; (*PT: de dente*) filling; **esta mala está um ~** this case weighs a ton
chupado, -a [ʃu'padu, a] (*col*) ADJ (*cara, pessoa*) drawn
chupar [ʃu'pa^{r}] VT to suck; (*absorver*) to absorb
chupeta [ʃu'peta] F (*para criança*) dummy (*Brit*), pacifier (*US*)
churrascaria [ʃuxaʃka'ria] F barbecue restaurant
churrasco [ʃu'xaʃku] M barbecue
churrasqueira [ʃuxaʃ'kejra] F barbecue
churrasquinho [ʃuxaʃ'kiɲu] M kebab
chutar [ʃu'ta^{r}] VT to kick; (*col: adivinhar*) to guess at; (: *dar o fora em*) to dump ■ VI to kick; to guess; (: *mentir*) to lie
chute ['ʃutʃi] M kick; (*para o gol*) shot; (*col: mentira*) lie; **dar o ~ em alguém** (*col*) to give sb the boot
chuteira [ʃu'tejra] F football boot; **pendurar as ~s** (*col*) to retire
chuva ['ʃuva] F rain; **tomar ~** to get caught in the rain; **estar na ~** (*fig*) to be drunk; **~ de pedra** hailstorm
chuvarada [ʃuva'rada] F torrential rain
chuveirada [ʃuvej'rada] F shower
chuveiro [ʃu'vejru] M shower
chuviscar [ʃuviʃ'ka^{r}] VI to drizzle; **chuvisco** [ʃu'viʃku] M drizzle
chuvoso, -a [ʃu'vozu, ɔza] ADJ rainy
CIA ABR F (= *Central Intelligence Agency*) CIA
Cia. ABR (= *companhia*) Co.
cibercafé [sibexka'fɛ] M cybercafé
ciberespaço [sibexiʃ'pasu] M cyberspace
cibernética [sibex'nɛtʃika] F cybernetics *sg*
CIC (*BR*) ABR M = **Cartão de Identificação do Contribuinte**
cica ['sika] F sharpness
cicatriz [sika'triʒ] F scar
cicatrização [sikatriza'sãw] F scarring
cicatrizar [sikatri'za^{r}] VT (*rosto*) to scar; (*ferida*) to heal; (*fig*) to cure, heal ■ VI to heal; to scar
cicerone [sise'rɔni] M tourist guide
ciciar [si'sja^{r}] VI to whisper; (*rumorejar*) to murmur
cíclico, -a ['sikliku, a] ADJ cyclical
ciclismo [si'kliʒmu] M cycling
ciclista [si'kliʃta] M/F cyclist
ciclo ['siklu] M cycle; **~ básico** foundation year
ciclone [si'klɔni] M cyclone
ciclovia [siklo'via] F cycle path
cidadã [sida'dã] F *de* **cidadão**
cidadania [sidada'nia] F citizenship
cidadão, cidadã [sida'dãw] (*pl* **-s/-s**) M/F citizen
cidade [si'dadʒi] F town; (*grande*) city
cidadela [sida'dɛla] F citadel
cidra ['sidra] F citron
CIE (*BR*) ABR M = **Centro de Informações do Exército**
ciência ['sjẽsja] F science; (*erudição*) knowledge; **~s humanas/sociais** business studies/social sciences
ciente ['sjẽtʃi] ADJ aware
científico, -a [sjẽ'tʃifiku, a] ADJ scientific
cientista [sjẽ'tʃiʃta] M/F scientist
CIEP (*BR*) ABR M (= *Centro Integrado de Educação Popular*) *combined school and community centre*
cifra ['sifra] F (*escrita secreta*) cipher; (*algarismo*) number, figure; (*total*) sum
cifrão [si'frãw] (*pl* **-ões**) M money sign
cifrar [si'fra^{r}] VT to write in code
cifrões [si'frõjʃ] MPL *de* **cifrão**
cigano, -a [si'ganu, a] ADJ, M/F gypsy
cigarra [si'gaxa] F cicada; (*Elet*) buzzer
cigarreira [siga'xejra] F (*estojo*) cigarette case

NB: *European Portuguese adds the following consonants to certain words*: **b** (sú(b)dito, su(b)til); **c** (a(c)ção, a(c)cionista, a(c)to); **m** (inde(m)ne); **p** (ado(p)çã, ado(p)tar); *for further details see p. xiii.*

cigarrilha [siga'xiʎa] F cheroot
cigarro [si'gaxu] M cigarette
cilada [si'lada] F (*emboscada*) ambush; (*armadilha*) trap; (*embuste*) trick
cilíndrico, -a [si'lĩdriku, a] ADJ cylindrical
cilindro [si'lĩdru] M cylinder; (*rolo*) roller
cílio ['silju] M eyelash
cima ['sima] F: **de ~ para baixo** from top to bottom; **para ~** up; **em ~ de** on, on top of; **por ~ de** over; **de ~** from above; **lá em ~** up there; (*em casa*) upstairs; **ainda por ~** on top of that; **estar por ~** to be better off; **dar em ~ de alguém** (*col*) to be after sb; **tudo em ~?** (*col*) how's it going?
cimeira [si'mejra] (*PT*) F summit
cimentar [simẽ'taʳ] VT to cement
cimento [si'mẽtu] M cement; (*chão*) concrete floor; (*fig*) foundation; **~ armado** reinforced concrete
cimo ['simu] M top, summit
cinco ['sĩku] NUM five; **somos ~** there are five of us; **ela tem ~ anos** she is five (years old); **aos ~ anos (de idade)** at the age of five; **são ~ horas** it's five o'clock; **às ~ (horas)** at five (o'clock); **hoje é dia ~ de julho** today is the fifth of July; **no dia ~ de julho** on the fifth of July, on July the fifth; **eles moram no número ~/na Barata Ribeiro número ~** they live at number five/number five Barata Ribeiro Street; **~ e um quarto/meio** five and a quarter/a half
Cindacta [sĩ'dakta] (*BR*) ABR M = **Centro Integrado de Defesa Aérea e Controle de Tráfego Aéreo**
cindir [sĩ'dʒiʳ] VT to split; (*cortar*) to cut
cineasta [sine'aʃta] M/F film maker
cinegrafista [sinegra'fiʃta] M/F cameraman/woman
cinema [si'nɛma] F cinema
cinematográfico, -a [sinemato'grafiku, a] ADJ cinematographic
Cingapura [sĩga'pura] F Singapore
cingir [sin'ʒiʳ] VT (*pôr à cintura*) to fasten round one's waist; (*prender em volta*) to tie round; (*cercar*) to encircle, ring; (*coroa, espada*) to put on; **cingir-se** VR: **cingir-se a** (*restringir-se*) to restrict o.s. to
cínico, -a ['siniku, a] ADJ cynical ■ M/F cynic
cinismo [si'niʒmu] M cynicism
cinjo *etc* ['sĩʒu] VB *v* **cingir**
cinqüenta [sĩ'kwẽta] NUM fifty; **umas ~ pessoas** about fifty people; **ele tem uns ~ anos** he's about fifty; **ele está na casa dos ~ anos** he's in his fifties; **nos anos ~** in the fifties; **ir a ~** (*Auto*) to do fifty (km/h)
cinqüentão, -tona [sĩkwẽ'tãw, 'tɔna] (*pl* **-tões/-s**) M/F person in his/her fifties ■ ADJ in his/her fifties
cinta ['sĩta] F (*faixa*) sash; (*de mulher*) girdle
cintado, -a [sĩ'tadu, a] ADJ gathered at the waist
cintilante [sĩtʃi'lãtʃi] ADJ sparkling
cintilar [sĩtʃi'laʳ] VI to sparkle, glitter
cinto ['sĩtu] M belt; **~ de segurança** safety belt; (*Auto*) seatbelt
cintura [sĩ'tura] F waist; (*linha*) waistline
cinturão [sĩtu'ʳãw] (*pl* **-ões**) M belt; **~ verde** green belt
cinza ['sĩza] ADJ INV grey (*Brit*), gray (*US*) ■ F ash, ashes *pl*
cinzeiro [sĩ'zejru] M ashtray
cinzel [sĩ'zɛw] (*pl* **-éis**) M chisel
cinzelar [sĩze'laʳ] VT to chisel; (*gravar*) to carve, engrave
cinzento, -a [sĩ'zẽtu, a] ADJ grey (*Brit*), gray (*US*)
cio [siu] M mating season; **no ~** on heat, in season
cioso, -a ['sjozu, ɔza] ADJ conscientious
CIP (*BR*) ABR M = **Conselho Interministerial de Preços**
cipreste [si'prɛʃtʃi] M cypress (tree)
cipriota [si'prjɔta] ADJ, M/F Cypriot
circense [six'sẽsi] ADJ circus *atr*
circo ['sixku] M circus
circuito [six'kwitu] M circuit
circulação [sixkula'sãw] F circulation
circular [sixku'laʳ] ADJ circular, round ■ F (*carta*) circular ■ VI to circulate; (*girar, andar*) to go round ■ VT to circulate; (*estar em volta de*) to surround; (*percorrer em roda*) to go round
círculo ['sixkulu] M circle
circunavegar [sixkunave'gaʳ] VT to circumnavigate, sail round
circuncidar [sixkũsi'daʳ] VT to circumcise
circuncisão [sixkũsi'zãw] F circumcision
circundante [sixkũ'dãtʃi] ADJ surrounding
circundar [sixkũ'daʳ] VT to surround
circunferência [sixkũfe'rẽsja] F circumference
circunflexo, -a [sixkũ'flɛksu, a] ADJ circumflex ■ M circumflex (accent)
circunlóquio [sixkũ'lɔkju] M circumlocution
circunscrever [sixkũʃkre'veʳ] VT to circumscribe, limit; (*epidemia*) to contain; (*abranger*) to cover; **circunscrever-se** VR to be limited
circunscrição [sixkũʃkri'sãw] (*pl* **-ões**) F district; **~ eleitoral** constituency
circunscrito, -a [sixkũʃ'kritu, a] PP *de* **circunscrever**
circunspecção [sixkũʃpe'sãw] F seriousness
circunspeto, -a [sixkũ'ʃpɛtu, a] ADJ serious
circunstância [sixkũ'ʃtãsja] F circumstance; **~s atenuantes** mitigating circumstances
circunstanciado, -a [sixkũʃtã'sjadu, a] ADJ detailed
circunstancial [sixkũʃtã'sjaw] (*pl* **-ais**) ADJ circumstantial
circunstante [sixkũ'ʃtãtʃi] M/F onlooker, bystander; **circunstantes** MPL (*audiência*) audience *sg*
cirrose [si'xozi] F cirrhosis
cirurgia [sirux'ʒia] F surgery; **~ plástica/estética** plastic/cosmetic surgery
cirurgião, -giã [sirux'ʒjãw, 'ʒjã] (*pl* **-ões/-s**) M/F surgeon
cirúrgico, -a [si'ruxʒiku, a] ADJ surgical
cirurgiões [sirux'ʒjõjʃ] MPL *de* **cirurgião**
cirzo *etc* ['sixzu] VB *v* **cerzir**

cisão [si'zãw] (*pl* **-ões**) F (*divisão*) split, division; (*desacordo*) disagreement
cisco ['siʃku] M speck
cisma ['siʒma] M schism ■ F (*mania*) silly idea; (*suspeita*) suspicion; (*antipatia*) dislike; (*devaneio*) dream
cismado, -a [siʒ'madu, a] ADJ with fixed ideas
cismar [siʒ'ma^{r}] VI (*pensar*): **~ em** to brood over; (*antipatizar*): **~ com** to take a dislike to ■ VT: **~ que** to be convinced that; **~ de** *ou* **em fazer** (*meter na cabeça*) to get into one's head to do; (*insistir*) to insist on doing
cisne ['siʒni] M swan
cisões [si'zõjʃ] FPL *de* **cisão**
cisterna [siʃ'tɛxna] F cistern, tank
cistite [siʃ'tʃitʃi] F cystitis
citação [sita'sãw] (*pl* **-ões**) F quotation; (*Jur*) summons *sg*
citadino, -a [sita'dʒinu, a] ADJ town *atr*
citar [si'ta^{r}] VT to quote; (*Jur*) to summon
cítrico, -a ['sitriku, a] ADJ (*fruta*) citrus; (*ácido*) citric
ciumada [sju'mada] F fit of jealousy
ciúme ['sjumi] M jealousy; **ter ~s de** to be jealous of
ciumeira [sju'mejra] (*col*) F = **ciumada**
ciumento, -a [sju'mẽtu, a] ADJ jealous
cívico, -a ['siviku, a] ADJ civic
civil [si'viw] (*pl* **-is**) ADJ civil ■ M/F civilian; **civilidade** [sivili'dadʒi] F politeness
civilização [siviliza'sãw] (*pl* **-ões**) F civilization
civilizador, a [siviliza'do^{r}(a)] ADJ civilizing
civilizar [sivili'za^{r}] VT to civilize
civis [si'viʃ] PL *de* **civil**
civismo [si'viʒmu] M public spirit
clamar [kla'ma^{r}] VT to clamour (*Brit*) *ou* clamor (*US*) for ■ VI to cry out, clamo(u)r
clamor [kla'mo^{r}] M outcry, uproar
clamoroso, -a [klamo'rozu, ɔza] ADJ noisy
clandestino, -a [klãdeʃ'tʃinu, a] ADJ clandestine; (*ilegal*) underground
clara ['klara] F egg white
clarabóia [klara'bɔja] F skylight
clarão [kla'rãw] (*pl* **-ões**) M (*cintilação*) flash; (*claridade*) gleam
clarear [kla'rja^{r}] VI (*dia*) to dawn; (*tempo*) to clear up, brighten up ■ VT to clarify
clareira [kla'rejra] F (*na mata*) clearing
clareza [kla'reza] F clarity
claridade [klari'dadʒi] F (*luz*) brightness
clarim [kla'rĩ] (*pl* **-ns**) M bugle
clarinete [klari'netʃi] M clarinet
clarinetista [klarine'tʃiʃta] M/F clarinet player
clarins [kla'rĩʃ] MPL *de* **clarim**
clarividente [klarivi'dẽtʃi] ADJ (*prudente*) far-sighted, prudent
claro, -a ['klaru, a] ADJ clear; (*luminoso*) bright; (*cor*) light; (*evidente*) clear, evident ■ M (*na escrita*) space; (*clareira*) clearing ■ ADV clearly; **~!** of course!; **~ que sim!/não!** of course!/of course not!; **às claras** openly; (*publicamente*) publicly; **dia ~** daylight; **passar a noite em ~** not to sleep a wink all night; **~ como água** crystal clear
clarões [kla'rõjʃ] MPL *de* **clarão**
classe ['klasi] F class; **~ média/operária** middle/working class
clássico, -a ['klasiku, a] ADJ classical; (*fig*) classic; (*habitual*) usual ■ M classic
classificação [klasifika'sãw] (*pl* **-ões**) F classification; (*Esporte*) place, placing
classificado, -a [klasifi'kadu, a] ADJ (*em exame*) successful; (*anúncio*) classified; (*Esporte*) placed, qualified ■ M (*anúncio*) classified ad
classificar [klasifi'ka^{r}] VT to classify; **classificar-se** VR: **classificar-se de algo** to call o.s. sth, describe o.s. as sth
classificatório, -a [klasifika'tɔrju, a] ADJ qualifying
classudo, -a [kla'sudu, a] (*col*) ADJ classy
claudicar [klawdʒi'ka^{r}] VI (*mancar*) to limp; (*errar*) to err
claustro ['klawʃtru] M cloister
claustrofobia [klawʃtrofo'bia] F claustrophobia
claustrofóbico, -a [klawʃtro'fɔbiku, a] ADJ claustrophobic
cláusula ['klawzula] F clause
clausura [klaw'zura] F (*recinto*) enclosure; (*vida*) cloistered existence
clave ['klavi] F (*Mús*) clef
clavícula [kla'vikula] F collar bone
clemência [kle'mẽsja] F mercy
clemente [kle'mẽtʃi] ADJ merciful
cleptomaníaco, -a [kleptoma'niaku, a] M/F kleptomaniac
clérigo ['klɛrigu] M clergyman
clero ['klɛru] M clergy
clicar [kli'ka^{r}] VI (*Comput*) to click
clichê [kli'ʃe] M (*Foto*) plate; (*chavão*) cliché
cliente ['kljẽtʃi] M client; (*de loja*) customer; (*de médico*) patient; **clientela** [kljẽ'tɛla] F clientele; (*de loja*) customers *pl*; (*de médico*) patients *pl*
clima ['klima] M climate
climático, -a [kli'matʃiku, a] ADJ climatic
clímax ['klimaks] M INV climax
clínica ['klinika] F clinic; **~ geral** general practice; *v tb* **clínico**
clinicar [klini'ka^{r}] VI to have a practice
clínico, -a ['kliniku, a] ADJ clinical ■ M/F doctor; **~ geral** general practitioner, GP
clipe ['klipi] M clip; (*para papéis*) paper clip
clique ['kliki] M (*Comput*) click; **dar um ~ duplo em** to double-click on
clitóris [kli'tɔriʃ] M INV clitoris
clone ['klɔni] M clone
clorar [klo'ra^{r}] VT to chlorinate
cloro ['klɔru] M chlorine
clorofórmio [kloro'fɔxmju] M chloroform
close ['klozi] M close-up

NB: *European Portuguese adds the following consonants to certain words*: **b** (sú(b)dito, su(b)til); **c** (a(c)ção, a(c)cionista, a(c)to); **m** (inde(m)ne); **p** (ado(p)çã, ado(p)tar); *for further details see p. xiii.*

clube ['klubi] M club
CMB ABR F (= *Casa da Moeda do Brasil*) Brazilian National Mint
CMN (BR) ABR M = **Conselho Monetário Nacional**
CNA ABR M (= *Congresso Nacional Africano*) ANC; (BR) = **Conselho Nacional do Álcool**
CNB (BR) ABR M = **Conselho Nacional da Borracha**
CNBB ABR F = **Confederação Nacional dos Bispos do Brasil**
CNBV (BR) ABR F = **Comissão Nacional da Bolsa de Valores**
CND (BR) ABR M = **Conselho Nacional de Desportos**
CNDC (BR) ABR M = **Conselho Nacional de Defesa ao Consumidor**
CNDM (BR) ABR M = **Conselho Nacional dos Direitos da Mulher**
CNDU (BR) ABR M = **Conselho Nacional de Desenvolvimento Urbano**
CNEN (BR) ABR F (= *Comissão Nacional de Energia Nuclear*) ≈ AEA (*Brit*), ≈ AEC (*US*)
CNPq (BR) ABR M (= *Conselho Nacional de Desenvolvimento Científico*) *organization supporting higher education*
CNS (BR) ABR M = **Conselho Nacional de Saúde**
CNT (BR) ABR M = **Conselho Nacional de Transportes**
CNV (BR) ABR M = **Cadastro Nacional de Veículos**
coabitar [koabi'ta^{r}] VI to live together, cohabit
coação [koa'sãw] (PT **-cç-**) F coercion
coadjuvante [koadʒu'vãtʃi] ADJ supporting ■ M/F (*num crime*) accomplice; (*Teatro, Cinema*) co-star
coadjuvar [koadʒu'va^{r}] VT to aid; (*Teatro, Cinema*) to support
coador [koa'do^{r}] M strainer; (*de café*) filter bag; (*para legumes*) colander
coadunar [koadu'na^{r}] VT to combine; **coadunar-se** VR to combine
coagir [koa'ʒi^{r}] VT to coerce, compel
coagular [koagu'la^{r}] VT, VI to coagulate; (*sangue*) to clot; **coagular-se** VR to congeal
coágulo [ko'agulu] M clot
coajo *etc* [ko'aʒu] VB *v* **coagir**
coalhada [koa'ʎada] F curd
coalhado, -a [koa'ʎadu, a] ADJ curdled; **~ de gente** packed
coalhar [koa'ʎa^{r}] VT, VI (*leite*) to curdle; **coalhar-se** VR to curdle
coalizão [koali'zãw] (*pl* **-ões**) F coalition
coar [ko'a^{r}] VT (*líquido*) to strain
co-autor, a [ko-] M/F (*de livro*) co-author; (*de crime*) accomplice
coaxar [koa'ʃa^{r}] VI to croak ■ M croaking
COB ABR M = **Comité Olímpico Brasileiro**
cobaia [ko'baja] F guinea pig
cobalto [ko'bawtu] M cobalt
coberta [ko'bɛxta] F cover, covering; (*Náut*) deck
coberto, -a [ko'bɛxtu, a] PP *de* **cobrir** ■ ADJ covered
cobertor [kobex'to^{r}] M blanket
cobertura [kobex'tura] F covering; (*telhado*) roof; (*apartamento*) penthouse; (*TV, Rádio, Jornalismo*) coverage; (*Seguros*) cover; (*Tel*) network coverage; **aqui não tem ~** there's no network coverage here
cobiça [ko'bisa] F greed
cobiçar [kobi'sa^{r}] VT to covet
cobiçoso, -a [kobi'sozu, ɔza] ADJ covetous
cobra ['kɔbra] F snake ■ M/F (*col*) expert ■ ADJ (*col*) expert; **dizer ~s e lagartos de alguém** to say bad things about sb
cobrador, a [kobra'do^{r}(a)] M/F collector; (*em transporte*) conductor; **~ de impostos** tax collector
cobrança [ko'brãsa] F collection; (*ato de cobrar*) charging; **~ de pênalti/falta** penalty/free kick
cobrar [ko'bra^{r}] VT to collect; (*preço*) to charge; (*pênalti*) to take; **~ o prometido** to remind sb of what they promised; **~ uma falta** (*Futebol*) to take a free kick
cobre ['kɔbri] M copper; **cobres** MPL (*dinheiro*) money *sg*
cobrir [ko'bri^{r}] VT to cover; **cobrir-se** VR to cover o.s.
coca ['kɔka] F (*arbusto*) coca bush
coça ['kɔsa] (*col*) F wallop
cocada [ko'kada] F coconut sweet
cocaína [koka'ina] F cocaine
coçar [ko'sa^{r}] VT to scratch ■ VI (*comichar*) to itch; **coçar-se** VR to scratch o.s.; **não ter tempo nem para se ~** to have no time to breathe
cócegas ['kɔsegaʃ] FPL: **fazer ~ em** to tickle; **tenho ~ nos pés** my feet tickle; **sentir ~** to be ticklish; **estar em ~ para fazer** to be itching to do
coceira [ko'sejra] F itch; (*qualidade*) itchiness
cocheira [ko'ʃejra] F stable
cochichar [koʃi'ʃa^{r}] VI to whisper; **cochicho** [ko'ʃiʃu] M whispering
cochilada [koʃi'lada] F snooze; **dar uma ~** to have a snooze
cochilar [koʃi'la^{r}] VI to snooze, doze; **cochilo** [ko'ʃilu] M nap
coco ['koku] M coconut
cocô [ko'ko] (*col*) M pooh
cócoras ['kɔkoraʃ] FPL: **de ~** squatting; **ficar de ~** to squat (down)
cocoricar [kokori'ka^{r}] VI to crow
cocuruto [koku'rutu] M top
côdea ['kodʒja] F crust
codeína [kode'ina] F codeine
Codici [kodʒi'si] (BR) ABR F = **Comissão de Defesa dos Direitos do Cidadão**
codificador [kodʒifika'do^{r}] M (*Comput*) encoder
codificar [kodʒifi'ka^{r}] VT (*leis*) to codify; (*mensagem*) to encode, code
código ['kɔdʒigu] M code; **~ de barras** bar code; **~ de ética profissional** code of practice
codinome [kodʒi'nɔmi] M code name

codorna [ko'dɔxna] F quail
co-editar [ko-] VT to co-publish
coeficiente [koefi'sjẽtʃi] M (*Mat*) coefficient; (*fig*) factor
coelho [ko'eʎu] M rabbit; **matar dois ~s de uma cajadada só** (*fig*) to kill two birds with one stone
coentro [ko'ẽtru] M coriander
coerção [koex'sãw] F coercion
coerência [koe'rẽsja] F coherence; (*conseqüência*) consistency
coerente [koe'rẽtʃi] ADJ coherent; (*conseqüente*) consistent
coesão [koe'zãw] F cohesion
coeso, -a ['kwɛzu, a] ADJ cohesive
coexistência [koeziʃ'tẽsja] F coexistence
coexistir [koeziʃ'tʃiʳ] VI to coexist
Cofie (*BR*) ABR F = **Comissão de Fusão e Incorporação de Empresas**
cofre ['kɔfri] M safe; (*caixa*) strongbox; **os ~s públicos** public funds
cogitação [koʒita'sãw] F contemplation; **estar fora de ~** to be out of the question
cogitar [koʒi'taʳ] VT, VI to contemplate
cognominar [kognomi'naʳ] VT to nickname
cogumelo [kogu'mɛlu] M mushroom; **~ venenoso** toadstool
COHAB (*BR*) ABR F = **Companhia de Habitação Popular**
coibição [koibi'sãw] (*pl* **-ões**) F restraint, restriction
coibir [koi'biʳ] VT to restrain; **coibir-se** VR: **coibir-se de** to abstain from; **~ de** to restrain from
coice ['kojsi] M kick; (*de arma*) recoil; **dar ~s em** to kick; (*fig*) to be aggressive with
coincidência [koĩsi'dẽsja] F coincidence
coincidir [koĩsi'dʒiʳ] VI to coincide; (*concordar*) to agree
coisa ['kojza] F thing; (*assunto*) matter; **coisas** FPL (*objetos*) things; (*col*: *órgãos genitais*) privates; **~ de** about; **ser uma ~** (*col*) to be really something; (*ruim*) to be terrible; **que ~!** gosh!; **não dizer ~ com ~** not to make any sense; **deu uma ~ nele** something strange got into him
coisíssima [koj'zisima] F: **~ nenhuma** (*nada*) nothing; (*de modo algum*) not at all
coitado, -a [koj'tadu, a] ADJ poor, wretched; **~!** poor thing!; **~ do João** poor John
coito ['kojtu] M intercourse, coitus
cola ['kɔla] F glue; (*BR*: *cópia*) crib
colaboração [kolabora'sãw] (*pl* **-ões**) F collaboration; (*num jornal etc*) contribution
colaborador, a [kolabora'doʳ(a)] M/F collaborator; (*em jornal*) contributor
colaborar [kolabo'raʳ] VI to collaborate; (*ajudar*) to help; (*escrever artigos etc*) to contribute
colagem [ko'laʒẽ] F collage
colante [ko'lãtʃi] ADJ (*roupa*) skin-tight
colapso [ko'lapsu] M collapse; **~ cardíaco** heart failure
colar [ko'laʳ] VT to stick, glue; (*BR*: *copiar*) to crib ■ VI to stick; to cheat; (*col*: *ser acreditado*) to stand up, stick ■ M necklace; **~ grau** to graduate
colarinho [kola'riɲu] M collar; (*col*: *na cerveja*) head
colarinho-branco (*pl* **colarinhos-brancos**) M white-collar worker
colateral [kolate'raw] (*pl* **-ais**) ADJ: **efeito ~** side effect
colcha ['kowʃa] F bedspread
colchão [kow'ʃãw] (*pl* **-ões**) M mattress
colcheia [kow'ʃeja] F (*Mús*) quaver
colchete [kow'ʃetʃi] M clasp, fastening; (*parêntese*) square bracket; **~ de gancho** hook and eye; **~ de pressão** press stud, popper
colchões [kow'ʃõjʃ] MPL *de* **colchão**
colchonete [kowʃo'nɛtʃi] M (portable) mattress
coleção [kole'sãw] (*PT* **-cç-**, *pl* **-ões**) F collection; **colecionador, a** [kolesjona'doʳ(a)] (*PT* **-cc-**) M/F collector; **colecionar** [kolesjo'naʳ] (*PT* **-cc-**) VT to collect
coleções [kole'sõjʃ] FPL *de* **coleção**
colectar *etc* [kolek'taʳ] (*PT*) = **coletar** *etc*
colega [ko'lɛga] M/F (*de trabalho*) colleague; (*de escola*) classmate; (*amigo*) friend
colegial [kole'ʒjaw] (*pl* **-ais**) ADJ school *atr* ■ M/F schoolboy/girl
colégio [ko'lɛʒu] M school; **~ eleitoral** electoral college
coleguismo [kole'giʒmu] M loyalty to one's colleagues
coleira [ko'lejra] F collar
cólera ['kɔlera] F (*ira*) anger; (*fúria*) rage ■ M OU F (*Med*) cholera
colérico, -a [ko'lɛriku, a] ADJ (*irado*) angry; (*furioso*) furious ■ M/F (*Med*) cholera patient
colesterol [koleʃte'rɔw] M cholesterol
coleta [ko'lɛta] F collection; (*imposto*) levy
coletânea [kole'tanja] F collection
coletar [kole'taʳ] VT to tax; (*arrecadar*) to collect
colete [ko'letʃi] M waistcoat (*Brit*), vest (*US*); **~ salva-vidas** life jacket (*Brit*), life preserver (*US*)
coletividade [koletʃivi'dadʒi] F community
coletivo, -a [kole'tʃivu, a] ADJ collective; (*transportes*) public ■ M bus
coletor, a [kole'toʳ(a)] M/F collector
coletoria [koleto'ria] F tax office
colheita [ko'ʎejta] F harvest; (*produto*) crop
colher [ko'ʎeʳ] VT (*recolher*) to gather, pick; (*dados*) to gather ■ F spoon; **~ de chá/sopa** teaspoon/tablespoon; **dar uma ~ de chá a alguém** (*fig*) to do sb a favo(u)r; **de ~** (*col*) on a silver platter
colherada [koʎe'rada] F spoonful
colibri [koli'bri] M hummingbird
cólica ['kɔlika] F colic
colidir [koli'dʒiʳ] VI: **~ com** to collide with, crash into

NB: *European Portuguese adds the following consonants to certain words*: **b** (sú(b)dito, su(b)til); **c** (a(c)ção, a(c)cionista, a(c)to); **m** (inde(m)ne); **p** (ado(p)çã, ado(p)tar); *for further details see p. xiii.*

coligação [koliga'sãw] (*pl* **-ões**) F coalition
coligar [koli'gaʳ] VT to bring together, unite; **coligar-se** VR to join forces
coligir [koli'ʒiʳ] VT to collect
colina [ko'lina] F hill
colírio [ko'lirju] M eyewash
colisão [koli'zãw] (*pl* **-ões**) F collision
colis postaux [ko'li pos'to] MPL small packets
colite [ko'litʃi] F colitis
collant [ko'lã] (*pl* **-s**) M tights *pl* (*Brit*), pantihose (*US*); (*blusa*) leotard
colmeia [kow'meja] F beehive
colo ['kɔlu] M neck; (*regaço*) lap; **no ~** on one's lap, in one's arms
colocação [koloka'sãw] (*pl* **-ões**) F placing; (*emprego*) job, position; (*de pneus, tapete etc*) fitting; (*de uma questão, idéia*) positing; (*opinião*) position
colocar [kolo'kaʳ] VT to put, place; (*empregar*) to find a job for, place; (*Com*) to market; (*pneus, tapetes*) to fit; (*questão, idéia*) to put forward, state; **colocar-se** VR to place o.s.; **coloque-se no meu lugar** put yourself in my position
Colômbia [ko'lõbja] F: **a ~** Colombia
colombiano, -a [kolõ'bjanu, a] ADJ, M/F Colombian
cólon ['kɔlõ] M colon
colônia [ko'lonja] F colony; (*perfume*) cologne; **colonial** [kolo'njaw] (*pl* **-ais**) ADJ colonial
colonialismo [kolonja'liʒmu] M colonialism
colonização [koloniza'sãw] F colonization
colonizador, a [koloniza'doʳ(a)] ADJ colonizing ■ M/F colonist, settler
colonizar [koloni'zaʳ] VT to colonize
colono, -a [ko'lɔnu, a] M/F settler; (*cultivador*) tenant farmer
coloquei *etc* [kolo'kej] VB *v* **colocar**
coloquial [kolo'kjaw] (*pl* **-ais**) ADJ colloquial
colóquio [ko'lɔkju] M conversation; (*congresso*) conference
coloração [kolora'sãw] F colouration (*Brit*), coloration (*US*)
colorido, -a [kolo'ridu, a] ADJ colourful (*Brit*), colorful (*US*) ■ M colouring (*Brit*), coloring (*US*)
colorir [kolo'riʳ] VT to colour (*Brit*), color (*US*)
colossal [kolo'saw] (*pl* **-ais**) ADJ colossal
colosso [ko'losu] M (*pessoa*) giant; (*coisa*) extraordinary thing
coluna [ko'luna] F column; (*pilar*) pillar; **~ dorsal** *ou* **vertebral** spine; **colunável** [kolu'navew] (*pl* **-eis**) ADJ famous ■ M/F celebrity
colunista [kolu'niʃta] M/F columnist
com [kõ] PREP with; **estar ~ fome** to be hungry; **~ cuidado** carefully; **estar ~ dinheiro/câncer** to have some money on one/have cancer; **"não ultrapasse ~ faixa contínua"** "do not overtake when centre line is unbroken"
coma ['kɔma] F coma
comadre [ko'madri] F (*urinol*) bedpan; **minha ~** the godmother of my child (*ou* the mother of my godchild)
comandante [komã'dãtʃi] M commander; (*Mil*) commandant; (*Náut*) captain
comandar [komã'daʳ] VT to command
comando [ko'mãdu] M command
combate [kõ'batʃi] M combat, fight; (*fig*) battle
combatente [kõba'tẽtʃi] M/F combatant
combater [kõba'teʳ] VT to fight, combat; (*opor-se a*) to oppose ■ VI to fight; **combater-se** VR to fight
combinação [kõbina'sãw] (*pl* **-ões**) F combination; (*Quím*) compound; (*acordo*) arrangement; (*plano*) scheme; (*roupa*) slip
combinar [kõbi'naʳ] VT to combine; (*jantar etc*) to arrange; (*fuga etc*) to plan ■ VI (*roupas etc*) to go together; **combinar-se** VR to combine; (*pessoas*) to get on well together; (*temperamentos*) to go well together; **~ com** (*harmonizar-se*) to go with; **~ de fazer** to arrange to do; **combinado!** agreed!
comboio [kõ'boju] M (*PT*) train; (*de navios, carros*) convoy
combustão [kõbuʃ'tãw] (*pl* **-ões**) F combustion
combustível [kõbuʃ'tʃivew] M fuel
combustões [kõbuʃ'tõjʃ] FPL *de* **combustão**
começar [kome'saʳ] VT, VI to begin, start; **~ a fazer** to begin *ou* start to do
começo [ko'mesu] M beginning, start
começo *etc* VB *v* **comedir-se**
comédia [ko'mɛdʒja] F comedy
comediante [kome'dʒjãtʃi] M/F (comic) actor/actress
comedido, -a [kome'dʒidu, a] ADJ moderate; (*prudente*) prudent
comedir-se [kome'dʒixsi] VR to control o.s.
comedorias [komedo'riaʃ] FPL food *sg*
comemoração [komemora'sãw] (*pl* **-ões**) F commemoration
comemorar [komemo'raʳ] VT to commemorate; (*celebrar: sucesso etc*) to celebrate
comemorativo, -a [komemora'tʃivu, a] ADJ commemorative
comensal [komẽ'saw] (*pl* **-ais**) M/F diner
comentar [komẽ'taʳ] VT to comment on; (*maliciosamente*) to make comments about
comentário [komẽ'tarju] M comment, remark; (*análise*) commentary; **sem ~** no comment
comentarista [komẽta'riʃta] M/F commentator
comer [ko'meʳ] VT to eat; (*Damas, Xadrez*) to take, capture; (*dinheiro*) to eat up; (*corroer*) to eat away ■ VI to eat; **comer-se** VR: **~-se (de)** to be consumed (with); **dar de ~ a** to feed; **~ por quatro** (*fig*) to eat like a horse; **~ fogo** (*col*) to go through hell
comercial [komex'sjaw] (*pl* **-ais**) ADJ commercial; (*relativo ao negócio*) business *atr* ■ M commercial
comercialização [komexsjaliza'sãw] F marketing
comercializar [komexsjali'zaʳ] VT to market
comercializável [komexsjali'zavew] (*pl* **-eis**) ADJ marketable
comerciante [komex'sjãtʃi] M/F trader
comerciar [komex'sjaʳ] VI to trade, do business

comerciário, -a [komex'sjarju, a] M/F employee in business
comércio [ko'mɛxsju] M commerce; (*tráfico*) trade; (*negócio*) business; (*lojas*) shops *pl*; **de fechar o ~** (*col*) really stunning; **~ eletrônico** e-commerce
comes ['kɔmiʃ] MPL: **~ e bebes** food and drink
comestíveis [komeʃ'tʃiveis] MPL foodstuffs, food *sg*
comestível [komeʃ'tʃivew] (*pl* **-eis**) ADJ edible
cometa [ko'meta] M comet
cometer [kome'teʳ] VT to commit
cometimento [kometʃi'mẽtu] M undertaking, commitment
comichão [komi'ʃãw] F itch, itching
comichar [komi'ʃaʳ] VT, VI to itch
comicidade [komisi'dadʒi] F comic quality
comício [ko'misju] M (*Pol*) rally, meeting; (*assembléia*) assembly
cômico, -a ['komiku, a] ADJ comic(al) ■ M comedian; (*de teatro*) actor
comida [ko'mida] F (*alimento*) food; (*refeição*) meal; **~ caseira** home cooking
comigo [ko'migu] PRON with me; (*reflexivo*) with myself
comilança [komi'lãsa] F overeating
comilão, -lona [komi'lãw] (*pl* **-ões/-s**) ADJ greedy ■ M/F glutton
cominho [ko'miɲu] M cumin
comiserar [komize'raʳ] VT to move to pity; **comiserar-se** VR: **comiserar-se (de)** to sympathize (with)
comissão [komi'sãw] (*pl* **-ões**) F commission; (*comitê*) committee
comissário [komi'sarju] M commissioner; (*Com*) agent; **~ de bordo** (*Aer*) steward; (*Náut*) purser
comissionar [komisjo'naʳ] VT to commission
comissões [komi'sõjʃ] FPL *de* **comissão**
comitê [komi'te] M committee
comitiva [komi'tʃiva] F entourage

PALAVRA CHAVE

como ['kɔmu] ADV **1** (*modo*) as; **ela fez como eu pedi** she did as I asked; **como se** as if; **como quiser** as you wish; **seja como for** be that as it may
2 (*assim como*) like; **ela tem olhos azuis como o pai** she has blue eyes like her father's; **ela trabalha numa loja, como a mãe** she works in a shop, as does her mother
3 (*de que maneira*) how; **como?** pardon?; **como!** what!; **como assim?** what do you mean?; **como não!** of course!
■ CONJ (*porque*) as, since; **como estava tarde ele dormiu aqui** since it was late he slept here

comoção [komo'sãw] (*pl* **-ões**) F (*abalo*) distress; (*revolta*) commotion
cômoda ['komoda] F chest of drawers (*Brit*), bureau (*US*)
comodidade [komodʒi'dadʒi] F (*conforto*) comfort; (*conveniência*) convenience
comodismo [komo'dʒiʒmu] M complacency
comodista [komo'dʒiʃta] ADJ complacent
cômodo, -a ['komodu, a] ADJ (*confortável*) comfortable; (*conveniente*) convenient ■ M (*aposento*) room
comovedor, a [komove'doʳ(a)] ADJ moving, touching
comovente [komo'vẽtʃi] ADJ moving, touching
comover [komo'veʳ] VT to move ■ VI to be moving; **comover-se** VR to be moved
comovido, -a [komo'vidu, a] ADJ moved
compacto, -a [kõ'paktu, a] ADJ (*pequeno*) compact; (*espesso*) thick; (*sólido*) solid ■ M (*disco*) single
compadecer-se [kõpade'sexsi] VR: **~-se de** to be sorry for, pity
compadecido, -a [kõpade'sidu, a] ADJ sympathetic
compadecimento [kõpadesi'mẽtu] M sympathy; (*piedade*) pity
compadre [kõ'padri] M (*col*: *companheiro*) buddy, pal, crony; **meu ~** the godfather of my child (*ou* the father of my godchild)
compaixão [kõpaj'ʃãw] M (*piedade*) compassion, pity; (*misericórdia*) mercy
companheirão, -rona [kõpaɲej'rãw, 'rɔna] (*pl* **-ões/-s**) M/F good friend
companheirismo [kõpaɲej'riʒmu] M companionship
companheiro, -a [kõpa'ɲejru, a] M/F companion; (*colega*) friend; (*col*) buddy, mate; **~ de viagem** fellow traveller (*Brit*) *ou* traveler (*US*), travelling (*Brit*) *ou* traveling (*US*) companion
companheirões [kõpaɲej'rõjʃ] MPL *de* **companheirão**
companheirona [kõpaɲej'rɔna] F *de* **companheirão**
companhia [kõpa'ɲia] F (*Com*) company, firm; (*convivência*) company; **fazer ~ a alguém** to keep sb company; **em ~ de** accompanied by; **dama de ~** companion
comparação [kõpara'sãw] (*pl* **-ões**) F comparison
comparar [kõpa'raʳ] VT to compare; **comparar-se** VR: **comparar-se com** to bear comparison with; **~ a** to liken to; **~ com** to compare with
comparativo, -a [kõpara'tʃivu, a] ADJ comparative
comparável [kõpa'ravew] (*pl* **-eis**) ADJ comparable
comparecer [kõpare'seʳ] VI to appear, make an appearance; **~ a uma reunião** to attend a meeting
comparecimento [kõparesi'mẽtu] M (*presença*)

NB: *European Portuguese adds the following consonants to certain words*: **b** (sú(b)dito, su(b)til); **c** (a(c)ção, a(c)cionista, a(c)to); **m** (inde(m)ne); **p** (ado(p)çã, ado(p)tar); *for further details see p. xiii.*

attendance
comparsa [kõ'paxsa] M/F (*Teatro*) extra; (*cúmplice*) accomplice
compartilhar [kõpaxtʃi'ʎaʳ] VT (*partilhar*) to share ■ VI: **~ de** (*participar de*) to share in, participate in; **~ com alguém** to share with sb
compartimentar [kõpaxtʃimẽ'taʳ] VT to compartmentalize
compartimento [kõpaxtʃi'mẽtu] M compartment; (*aposento*) room
compartir [kõpax'tʃiʳ] VT (*dividir*) to share out ■ VI: **~ de** to share in
compassado, -a [kõpa'sadu, a] ADJ (*medido*) measured; (*moderado*) moderate; (*cadenciado*) regular; (*pausado*) slow
compassivo, -a [kõpa'sivu, a] ADJ compassionate
compasso [kõ'pasu] M (*instrumento*) a pair of compasses; (*Mús*) time; (*ritmo*) beat; **dentro do ~** in time with the music; **fora do ~** out of time
compatibilidade [kõpatʃibili'dadʒi] F compatibility
compatível [kõpa'tʃivew] (*pl* **-eis**) ADJ compatible; **~ com o IBM-PC** IBM compatible
compatriota [kõpa'trjɔta] M/F fellow countryman/woman, compatriot
compelir [kõpe'liʳ] VT to force, compel
compêndio [kõ'pẽdʒju] M (*sumário*) compendium; (*livro de texto*) textbook
compenetração [kõpenetra'sãw] (*pl* **-ões**) F conviction
compenetrar [kõpene'traʳ] VT to convince; **compenetrar-se** VR to be convinced
compensação [kõpẽsa'sãw] (*pl* **-ões**) F compensation; (*de cheques*) clearance; **em ~** on the other hand
compensado [kõpẽ'sadu] M hardboard
compensador, a [kõpẽsa'doʳ(a)] ADJ compensatory
compensar [kõpẽ'saʳ] VT (*reparar o dano*) to make up for, compensate for; (*equilibrar*) to offset, counterbalance; (*cheque*) to clear
competência [kõpe'tẽsja] F competence, ability; (*responsabilidade*) responsibility; **isto é de minha ~** this is my responsibility; **competente** [kõpe'tẽtʃi] ADJ (*capaz*) competent, able; (*apropriado*) appropriate; (*responsável*) responsible
competição [kõpetʃi'sãw] (*pl* **-ões**) F competition
competidor, a [kõpetʃi'doʳ(a)] M/F competitor
competir [kõpe'tʃiʳ] VI to compete; **~ a alguém** (*ser da competência de*) to be sb's responsibility; (*caber*) to be up to sb; **~ com** to compete with
competitividade [kõpetʃitʃivi'dadʒi] F competitiveness
competitivo, -a [kõpetʃi'tʃivu, a] ADJ competitive
compilação [kõpila'sãw] (*pl* **-ões**) F compilation
compilar [kõpi'laʳ] VT to compile
compilo *etc* [kõ'pilu] VB *v* **compelir**
compito *etc* [kõ'pitu] VB *v* **competir**
complacência [kõpla'sẽsja] F complaisance
complacente [kõpla'sẽtʃi] ADJ obliging
compleição [kõplej'sãw] (*pl* **-ões**) F build
complementar [kõplemẽ'taʳ] ADJ complementary ■ VT to supplement
complemento [kõple'mẽtu] M complement
completamente [kõpleta'mẽtʃi] ADV completely, quite
completar [kõple'taʳ] VT to complete; (*água, gasolina*) to fill up, top up; **~ dez anos** to be ten
completo, -a [kõ'plɛtu, a] ADJ complete; (*cheio*) full (up); **por ~** completely
complexado, -a [kõplek'sadu, a] ADJ hung-up; **estar/ficar ~** to have/get a complex
complexidade [kõpleksi'dadʒi] F complexity
complexo, -a [kõ'plɛksu, a] ADJ complex ■ M complex; **~ de Édipo** Oedipus complex
complicação [kõplika'sãw] (*pl* **-ões**) F complication
complicado, -a [kõpli'kadu, a] ADJ complicated
complicar [kõpli'kaʳ] VT to complicate; **complicar-se** VR to become complicated; (*enredo*) to thicken
complô [kõ'plo] M plot, conspiracy
compõe *etc* [kõ'põj] VB *v* **compor**
compomos *etc* [kõ'pomoʃ] VB *v* **compor**
componente [kõpo'nẽtʃi] ADJ, M component
componho *etc* [kõ'poɲu] VB *v* **compor**
compor [kõ'poʳ] (*irreg*) VT to compose; (*discurso, livro*) to write; (*arranjar*) to arrange; (*Tip*) to set ■ VI to compose; **compor-se** VR (*controlar-se*) to compose o.s.; **~-se de** to consist of
comporta [kõ'pɔxta] F floodgate; (*de canal*) lock
comportamento [kõpoxta'mẽtu] M behaviour (*Brit*), behavior (*US*); (*conduta*) conduct; **mau ~** misbehavio(u)r
comportar [kõpox'taʳ] VT (*suportar*) to put up with, bear; (*conter*) to hold; **comportar-se** VR (*portar-se*) to behave; **~-se mal** to misbehave, behave badly
compôs [kõ'poʃ] VB *v* **compor**
composição [kõpozi'sãw] (*pl* **-ões**) F composition; (*Tip*) typesetting; (*conciliação*) compromise
compositor, a [kõpozi'toʳ(a)] M/F composer; (*Tip*) typesetter
composto, -a [kõ'poʃtu, 'pɔʃta] PP *de* **compor** ■ ADJ (*sério*) serious; (*de muitos elementos*) composite, compound; **~ de** made up of, composed of ■ M compound
compostura [kõpoʃ'tura] F composure
compota [kõ'pɔta] F fruit in syrup; **~ de laranja** oranges in syrup
compra ['kõpra] F purchase; **fazer ~s** to go shopping; **comprador, a** [kõpra'doʳ(a)] M/F buyer, purchaser
comprar [kõ'praʳ] VT to buy; (*subornar*) to bribe; **~ briga** to look for trouble; **~ a briga de alguém** to fight sb's battle for him
comprazer-se [kõpra'zexsi] VR: **~ com/em fazer** to take pleasure in/in doing
compreender [kõprjen'deʳ] VT (*entender*) to

understand; (*constar de*) to be comprised of, consist of; (*abranger*) to cover
compreensão [kõprjẽ'sãw] F understanding, comprehension
compreensível [kõprjẽ'sivew] (*pl* **-eis**) ADJ understandable, comprehensible
compreensivo, -a [kõprjẽ'sivu, a] ADJ understanding
compressa [kõ'prɛsa] F compress
compressão [kõpre'sãw] (*pl* **-ões**) F compression
compressor, a [kõpre'so^{r}(a)] ADJ *v* **rolo**
comprido, -a [kõ'pridu, a] ADJ long; (*alto*) tall; **ao ~** lengthways
comprimento [kõpri'mẽtu] M length
comprimido, -a [kõpri'midu, a] ADJ compressed ■ M (*pílula*) pill; (*pastilha*) tablet
comprimir [kõpri'mi^{r}] VT to compress; (*apertar*) to squeeze
comprometedor, a [kõpromete'do^{r}(a)] ADJ compromising
comprometer [kõprome'te^{r}] VT to compromise; (*envolver*) to involve; (*arriscar*) to jeopardize; (*empenhar*) to pledge; **comprometer-se** VR to commit o.s.; **~-se a** to undertake to, promise to; **~-se com alguém** to make a commitment to sb
comprometido, -a [kõprome'tʃidu, a] ADJ (*ocupado*) busy; (*noivo etc*) spoken for
compromisso [kõpro'misu] M (*promessa*) promise; (*obrigação*) commitment; (*hora marcada*) appointment, engagement; (*acordo*) agreement; **sem ~** without obligation
comprovação [kõprova'sãw] (*pl* **-ões**) F proof, evidence; (*Admin*) receipts *pl*
comprovante [kõpro'vãtʃi] ADJ of proof ■ M receipt
comprovar [kõpro'va^{r}] VT to prove; (*confirmar*) to confirm
compulsão [kõpuw'sãw] (*pl* **-ões**) F compulsion
compulsivo, -a [kõpuw'sivu, a] ADJ compulsive
compulsões [kõpuw'sõjʃ] FPL *de* **compulsão**
compulsório, -a [kõpuw'sɔrju, a] ADJ compulsory
compunção [kõpũ'sãw] F compunction
compungir [kõpũ'ʒi^{r}] VT to pain ■ VI to be painful
compunha *etc* [kõ'puɲa] VB *v* **compor**
compus *etc* [kõ'puʃ] VB *v* **compor**
compuser *etc* [kõpu'ze^{r}] VB *v* **compor**
computação [kõputa'sãw] F computation; (*ciência, curso*) computer science, computing
computador [kõputa'do^{r}] M computer
computadorizar [kõputadori'za^{r}] VT to computerize
computar [kõpu'ta^{r}] VT to compute; (*calcular*) to calculate; (*contar*) to count
cômputo ['kõputu] M computation
comum [ko'mũ] (*pl* **-ns**) ADJ (*pessoa*) ordinary, common; (*habitual*) usual ■ M the usual thing; **em ~** in common; **o ~ é partirmos às 8** we usually set off at 8; **fora do ~** unusual
comuna [ko'muna] (*col*) M/F communist
comungar [komũ'ga^{r}] VI to take communion
comunhão [komu'ɲãw] (*pl* **-ões**) F communion; (*Rel*) Holy Communion; **~ de bens** joint ownership
comunicação [komunika'sãw] (*pl* **-ões**) F communication; (*mensagem*) message; (*curso*) media studies *sg*; (*acesso*) access
comunicado [komuni'kadu] M notice; (*oficial*) communiqué
comunicar [komuni'ka^{r}] VT to communicate; (*unir*) to join ■ VI to communicate; **comunicar-se** VR to communicate; **~ algo a alguém** to inform sb of sth; **~-se com** (*entrar em contato*) to get in touch with
comunicativo, -a [comunika'tʃivu, a] ADJ communicative; (*riso*) infectious
comunidade [komuni'dadʒi] F community; **C~ Econômica Européia** European (Economic) Community
comunismo [komu'niʒmu] M communism; **comunista** [komu'niʃta] ADJ, M/F communist
comunitário, -a [komuni'tarju, a] ADJ community *atr*
comuns [ko'mũʃ] PL *de* **comum**
comutador [komuta'do^{r}] M switch
comutar [komu'ta^{r}] VT (*Jur*) to commute; (*trocar*) to exchange
concatenar [kõkate'na^{r}] VT (*idéias*) to string together
côncavo, -a ['kõkavu, a] ADJ concave; (*cavado*) hollow ■ M hollow
conceber [kõse'be^{r}] VT to conceive; (*imaginar*) to conceive of, imagine; (*entender*) to understand ■ VI to conceive, become pregnant
concebível [kõse'bivew] (*pl* **-eis**) ADJ conceivable
conceder [kõse'de^{r}] VT (*permitir*) to allow; (*outorgar*) to grant, accord; (*admitir*) to concede; (*dar*) to give ■ VI: **~ em** to agree to
conceito [kõ'sejtu] M (*idéia*) concept, idea; (*fama*) reputation; (*opinião*) opinion; **conceituado, -a** [kõsej'twadu, a] ADJ well thought of, highly regarded
conceituar [kõsej'twa^{r}] VT to conceptualize
concentração [kõsẽtra'sãw] (*pl* **-ões**) F concentration; (*Esporte*) training camp
concentrado, -a [kõsẽ'tradu, a] ADJ concentrated ■ M concentrate
concentrar [kõsẽ'tra^{r}] VT to concentrate; (*atenção*) to focus; (*reunir*) to bring together; (*molho*) to thicken; **concentrar-se** VR to concentrate; **~-se em** to concentrate on
concepção [kõsep'sãw] (*pl* **-ões**) F (*geração*) conception; (*noção*) idea, concept; (*opinião*) opinion
concernente [kõsex'nẽtʃi] ADJ: **~ a** concerning
concernir [kõsex'ni^{r}] VI: **~ a** to concern

NB: *European Portuguese adds the following consonants to certain words*: **b** (sú(b)dito, su(b)til); **c** (a(c)ção, a(c)cionista, a(c)to); **m** (inde(m)ne); **p** (ado(p)çã, ado(p)tar); *for further details see p. xiii.*

concertar [kõsex'ta^{r}] VT (*endireitar*) to adjust; (*conciliar*) to reconcile
concerto [kõ'sextu] M concert
concessão [kõse'sãw] (*pl* **-ões**) F concession; (*permissão*) permission
concessionária [kõsesjo'narja] F dealer, dealership
concessionário [kõsesjo'narju] M concessionaire
concessões [kõse'sõjʃ] FPL *de* **concessão**
concha ['kõʃa] F (*moluscos*) shell; (*para líquidos*) ladle
conchavo [kõ'ʃavu] M conspiracy
conciliação [kõsilja'sãw] (*pl* **-ões**) F reconciliation
conciliador, a [kõsilja'do^{r}(a)] ADJ conciliatory ■ M/F conciliator
conciliar [kõsi'lja^{r}] VT to reconcile; **~ o sono** to get to sleep
conciliatório, -a [kõsilja'tɔrju, a] ADJ conciliatory
conciliável [kõsi'ljavew] (*pl* **-eis**) ADJ reconcilable
concílio [kõ'silju] M (*Rel*) council
concisão [kõsi'zãw] F concision, conciseness
conciso, -a [kõ'sizu, a] ADJ brief, concise
concitar [kõsi'ta^{r}] VT (*estimular*) to stir up, arouse; (*incitar*) to incite
conclamar [kõkla'ma^{r}] VT to shout; (*aclamar*) to acclaim; (*convocar*) to call together
Conclat [kõ'klatʃi] (BR) ABR F (= *Conferência Nacional da Classe Trabalhadora*) *trade union*
conclave [kõ'klavi] M conclave
concludente [kõklu'dẽtʃi] ADJ conclusive
concluir [kõ'klwi^{r}] VT (*terminar*) to end, conclude ■ VI (*deduzir*) to conclude
conclusão [kõklu'zãw] (*pl* **-ões**) F (*término*) end; (*dedução*) conclusion; **chegar a uma ~** to come to a conclusion; **~, ele não veio** (*col*) the upshot is, he didn't come
conclusivo, -a [kõklu'zivu, a] ADJ conclusive
conclusões [kõklu'zõjʃ] FPL *de* **conclusão**
concomitante [kõkomi'tãtʃi] ADJ concomitant
concordância [kõkox'dãsja] F agreement
concordante [kõkox'dãtʃi] ADJ (*fatos*) concordant
concordar [kõkox'da^{r}] VI, VT to agree; **não concordo!** I disagree!; **~ com** to agree with; **~ em** to agree to
concordata [kõkox'data] F liquidation agreement
concórdia [kõ'kɔxdʒja] F (*acordo*) agreement; (*paz*) peace
concorrência [kõko'xẽsja] F competition; (*a um cargo*) application
concorrente [kõko'xẽtʃi] M/F (*competidor*) contestant; (*candidato*) candidate
concorrer [kõko'xe^{r}] VI (*competir*) to compete; **~ a** (*candidatar-se*) to apply for; **~ para** (*contribuir*) to contribute to
concorrido, -a [kõko'xidu, a] ADJ popular
concretização [kõkretʃiza'sãw] F realization
concretizar [kõkretʃi'za^{r}] VT to make real; **concretizar-se** VR (*sonho*) to come true; (*ambições*) to be realized
concreto, -a [kõ'krɛtu, a] ADJ concrete; (*verdadeiro*) real; (*sólido*) solid ■ M concrete; **~ armado** reinforced concrete
concupiscência [kõkupi'sẽsja] F greed; (*lascívia*) lust
concurso [kõ'kuxsu] M contest; (*exame*) competition; **~ público** open competition
concussão [kõku'sãw] F concussion; (*desfalque*) embezzlement
condado [kõ'dadu] M county
condão [kõ'dãw] M *v* **varinha**
conde ['kõdʒi] M count
condecoração [kõdekora'sãw] (*pl* **-ões**) F decoration
condecorar [kõdeko'ra^{r}] VT to decorate
condenação [kõdena'sãw] (*pl* **-ões**) F condemnation; (*Jur*) conviction
condenar [kõde'na^{r}] VT to condemn; (*Jur: sentenciar*) to sentence; (: *declarar culpado*) to convict
condenável [kõde'navew] (*pl* **-eis**) ADJ reprehensible
condensação [kõdẽsa'sãw] F condensation
condensar [kõdẽ'sa^{r}] VT to condense; **condensar-se** VR to condense
condescendência [kõdesẽ'dẽsja] F acquiescence
condescendente [kõdesẽ'dẽtʃi] ADJ condescending
condescender [kõdesẽ'de^{r}] VI to acquiesce; **~ a** *ou* **em** to condescend to, deign to
condessa [kõ'desa] F countess
condição [kõdʒi'sãw] (*pl* **-ões**) F condition; (*social*) status; (*qualidade*) capacity; **com a ~ de que** on condition that, provided that; **ter ~** *ou* **condições para fazer** to be able to do; **em condições de fazer** (*pessoa*) able to do; (*carro etc*) in condition to do; **em sua ~ de líder** in his capacity as leader
condicionado, -a [kõdʒisjo'nadu, a] ADJ conditioned; *v tb* **ar**
condicional [kõdʒisjo'naw] (*pl* **-ais**) ADJ conditional
condicionamento [kõdʒisjona'mẽtu] M conditioning
condições [kõdʒi'sõjʃ] FPL *de* **condição**
condigno, -a [kõ'dʒignu, a] ADJ (*apropriado*) fitting; (*merecido*) deserved
condigo *etc* [kõ'dʒigu] VB *v* **condizer**
condimentar [kõdʒimẽ'ta^{r}] VT to season
condimento [kõdʒi'mẽtu] M seasoning
condisse *etc* [kõ'dʒisi] VB *v* **condizer**
condito [kõ'dʒitu] PP *de* **condizer**
condizente [kõdʒi'zẽtʃi] ADJ: **~ com** in keeping with
condizer [kõdʒi'ze^{r}] (*irreg*) VI: **~ com** to match
condoer-se [kõdo'exsi] VR: **~ de** to pity
condolência [kõdo'lẽsja] F condolence
condomínio [kõdo'minju] M condominium;

(*contribuição*) service charge
condução [kõdu'sãw] F (*ato de conduzir*) driving; (*transporte*) transport; (*ônibus*) bus; (*Fís*) conduction
conducente [kõdu'sẽtʃi] ADJ: **~ a** conducive to
conduta [kõ'duta] F conduct, behaviour (*Brit*), behavior (*US*); **má ~** misconduct
conduto [kõ'dutu] M (*tubo*) tube; (*cano*) pipe; (*canal*) channel
condutor, a [kõdu'toʳ(a)] M/F (*de veículo*) driver ■ M (*Elet*) conductor
conduzir [kõdu'ziʳ] VT (*PT: veículo*) to drive; (*levar*) to lead; (*negócio*) to manage; (*Fís*) to conduct ■ VI (*PT*) to drive; **conduzir-se** VR to behave; **~ a** to lead to
cone ['kɔni] M cone
conectar [konek'taʳ] VT to connect
cônego ['konegu] M (*Rel*) canon
conexão [konek'sãw] (*pl* **-ões**) F connection
conexo, -a [ko'nɛksu, a] ADJ connected
conexões [konek'sõjʃ] FPL *de* **conexão**
confabular [kõfabu'laʳ] VI to talk; **~ com** to talk to
confecção [kõfek'sãw] (*pl* **-ões**) F (*feitura*) making; (*de um boletim*) production; (*roupa*) ready-to-wear clothes *pl*; (*negócio*) *business selling ready-to-wear clothes*
confeccionar [kõfeksjo'naʳ] VT (*fazer*) to make; (*fabricar*) to manufacture
confeccionista [kõfeksjo'niʃta] M/F *maker of ready-to-wear clothes*
confecções [kõfek'sõjʃ] FPL *de* **confecção**
confederação [kõfedera'sãw] (*pl* **-ões**) F confederation; (*liga*) league
confederar [kõfede'raʳ] VT to unite; **confederar-se** VR to form an alliance
confeitar [kõfej'taʳ] VT (*bolo*) to ice
confeitaria [kõfejta'ria] F patisserie
confeiteiro, -a [kõfej'tejru, a] M/F confectioner
conferência [kõfe'rẽsja] F conference; (*discurso*) lecture; **fazer uma ~** to give a lecture
conferencista [kõferẽ'siʃta] M/F (*que fala*) speaker
conferente [kõfe'rẽtʃi] M/F (*verificador*) checker
conferir [kõfe'riʳ] VT (*verificar*) to check; (*comparar*) to compare; (*outorgar*) to grant; (*título*) to confer ■ VI (*estar certo*) to tally; **confira!** see for yourself, check it out (*col*)
confessar [kõfe'saʳ] VT, VI to confess; **confessar-se** VR to confess; **~ alguém** (*Rel*) to hear sb's confession; **~-se culpado** (*Jur*) to plead guilty
confessionário [kõfesjo'narju] M confessional
confessor [kõfe'soʳ] M confessor
confete [kõ'fɛtʃi] M confetti; **jogar ~** (*col*) to be flattering
confiabilidade [kõfjabili'dadʒi] F reliability
confiado, -a [kõ'fjadu, a] (*col*) ADJ cheeky
confiança [kõ'fjãsa] F confidence; (*fé*) trust; (*familiaridade*) familiarity; **de ~** reliable; **digno de ~** trustworthy; **ter ~ em alguém** to trust sb; **dar ~ a alguém** (*no tratamento*) to be on informal terms with sb
confiante [kõ'fjãtʃi] ADJ confident; **~ em** confident of
confiar [kõ'fjaʳ] VT to entrust; (*segredo*) to confide ■ VI: **~ em** to trust; (*ter fé*) to have faith in
confiável [kõ'fjavew] (*pl* **-eis**) ADJ reliable
confidência [kõfi'dẽsja] F secret; **em ~** in confidence; **confidencial** [kõfidẽ'sjaw] (*pl* **-ais**) ADJ confidential
confidenciar [kõfidẽ'sjaʳ] VT to tell in confidence
confidente [kõfi'dẽtʃi] M/F confidant(e)
configuração [kõfigura'sãw] (*pl* **-ões**) F configuration; (*forma*) shape, form
configurar [kõfigu'raʳ] VT to shape, form; (*representar*) to represent; (*Comput*) to configure
confinamento [kõfina'mẽtu] M confinement
confinar [kõfi'naʳ] VT (*limitar*) to limit; (*enclausurar*) to confine ■ VI: **~ com** to border on; **confinar-se** VR: **~-se a** to confine o.s. to
confins [kõ'fĩʃ] MPL limits, boundaries; **nos ~ de judas** (*col*) out in the sticks
confirmação [kõfixma'sãw] (*pl* **-ões**) F confirmation
confirmar [kõfix'maʳ] VT to confirm; **confirmar-se** VR (*Rel*) to be confirmed; (*realizar-se*) to come true
confiro *etc* [kõ'firu] VB *v* **conferir**
confiscar [kõfiʃ'kaʳ] VT to confiscate, seize
confisco [kõ'fiʃku] M confiscation
confissão [kõfi'sãw] (*pl* **-ões**) F confession
conflagração [kõflagra'sãw] (*pl* **-ões**) F conflagration
conflagrar [kõfla'graʳ] VT to inflame, set alight; (*fig*) to plunge into turmoil
conflitante [kõfli'tãtʃi] ADJ conflicting
conflito [kõ'flitu] M conflict; **entrar em ~ (com)** to clash (with)
confluente [kõ'flwẽtʃi] M tributary
conformação [kõfoxma'sãw] (*pl* **-ões**) F (*resignação*) resignation; (*forma*) form
conformado, -a [kõfox'madu, a] ADJ resigned
conformar [kõfox'maʳ] VT (*formar*) to form ■ VI: **~ com** to conform to; **conformar-se** VR: **conformar-se com** to resign o.s. to; (*acomodar-se*) to conform to
conforme [kõ'fɔxmi] PREP according to; (*dependendo de*) depending on ■ CONJ (*logo que*) as soon as; (*como*) as, according to what; (*à medida que*) as; (*dependendo de*) depending on; **você vai?** -- **~** are you going? -- it depends
conformidade [kõfoxmi'dadʒi] F agreement; **em ~ com** in accordance with
conformismo [kõfox'miʒmu] M conformity
conformista [kõfox'miʃta] M/F conformist
confortante [kõfox'tãtʃi] ADJ comforting

confortar [kõfox'ta^{r}] VT (*consolar*) to comfort, console
confortável [kõfox'tavew] (*pl* **-eis**) ADJ comfortable
conforto [kõ'foxtu] M comfort
confraria [kõfra'ria] F fraternity
confraternizar [kõfratexni'za^{r}] VI to fraternize
confrontação [kõfrõta'sãw] (*pl* **-ões**) F (*acareação*) confrontation; (*comparação*) comparison
confrontar [kõfrõ'ta^{r}] VT (*acarear*) to confront; (*comparar*) to compare; **confrontar-se** VR to face each other
confronto [kõ'frõtu] M confrontation; (*comparação*) comparison
confundir [kõfũ'dʒi^{r}] VT to confuse; **confundir-se** VR to get mixed up, get confused
confusão [kõfu'zãw] (*pl* **-ões**) F confusion; (*tumulto*) uproar; (*problemas*) trouble; (*barafunda*) chaos; **isso vai dar tanta ~** this will cause so much trouble; **fazer ~** (*confundir-se*) to get mixed up *ou* confused
confuso, -a [kõ'fuzu, a] ADJ confused; (*problema*) confusing; **está tudo muito ~ aqui hoje** it's all very chaotic in here today
confusões [kõfu'zõjʃ] FPL *de* **confusão**
congelado, -a [kõʒe'ladu, a] ADJ frozen
congelador [kõʒela'do^{r}] M freezer, deep freeze
congelamento [kõʒela'mẽtu] M freezing; (*Econ*) freeze
congelar [kõʒe'la^{r}] VT to freeze; **congelar-se** VR to freeze
congênere [kõ'ʒeneri] ADJ similar
congênito, -a [kõ'ʒenitu, a] ADJ congenital
congestão [kõʒeʃ'tãw] F congestion; **congestionado, -a** [kõʒeʃtʃjo'nadu, a] ADJ (*trânsito*) congested; (*olhos*) bloodshot; (*rosto*) flushed; **congestionamento** [kõʒeʃtʃjona'mẽtu] M congestion; **um congestionamento (de tráfego)** a traffic jam
congestionar [kõʒeʃtʃjo'na^{r}] VT to congest; **congestionar-se** VR (*rosto*) to go red
conglomeração [kõglomera'sãw] (*pl* **-ões**) F conglomeration
conglomerado [kõglome'radu] M conglomerate
conglomerar [kõglome'ra^{r}] VT to heap together; **conglomerar-se** VR (*unir-se*) to join together, group together
Congo ['kõgu] M: **o ~** the Congo
congratular [kõgratu'la^{r}] VT: **~ alguém por** to congratulate sb on
congregação [kõgrega'sãw] (*pl* **-ões**) F (*Rel*) congregation; (*reunião*) gathering
congregar [kõgre'ga^{r}] VT to bring together; **congregar-se** VR to congregate
congressista [kõgre'siʃta] M/F congressman/woman
congresso [kõ'grɛsu] M congress, conference
conhaque [ko'ɲaki] M cognac, brandy
conhecedor, a [koɲese'do^{r}(a)] ADJ knowing ■ M/F connoisseur, expert
conhecer [koɲe'se^{r}] VT to know; (*travar conhecimento com*) to meet; (*descobrir*) to discover; **conhecer-se** VR (*travar conhecimento*) to meet; (*ter conhecimento*) to know each other; **~ alguém de nome/vista** to know sb by name/sight; **quero ~ sua casa** I'd like to see your house; **você conhece Paris?** have you ever been to Paris?
conhecido, -a [koɲe'sidu, a] ADJ known; (*célebre*) well-known ■ M/F acquaintance
conhecimento [koɲesi'mẽtu] M knowledge; (*idéia*) idea; (*conhecido*) acquaintance; (*Com*) bill of lading; **conhecimentos** MPL (*informações*) knowledge *sg*; **levar ao ~ de alguém** to bring to sb's notice; **ter ~ de** to know; **tomar ~ de** to learn about; **não tomar ~ de** (*não dar atenção a*) to take no notice of; **é de ~ geral** it is common knowledge; **~ aéreo** air waybill
cônico, -a ['koniku, a] ADJ conical
conivência [koni'vẽsja] F connivance
conivente [koni'vẽtʃi] ADJ conniving; **ser ~ em** to connive in
conjetura [kõʒe'tura] (*PT* **-ct-**) F conjecture, supposition; **fazer ~ (sobre)** to guess (at)
conjeturar [kõʒetu'ra^{r}] (*PT* **-ct-**) VT to guess at ■ VI to conjecture
conjugação [kõʒuga'sãw] (*pl* **-ões**) F conjugation
conjugado [kõʒu'gadu] M studio
conjugal [kõʒu'gaw] (*pl* **-ais**) ADJ conjugal; **vida ~** married life
conjugar [kõʒu'ga^{r}] VT (*verbo*) to conjugate; (*unir*) to join; **conjugar-se** VR to join together
cônjuge ['kõʒuʒi] M spouse
conjunção [kõʒũ'sãw] (*pl* **-ões**) F (*união*) union; (*Ling*) conjunction
conjuntivite [kõʒũtʃi'vitʃi] F conjunctivitis
conjuntivo [kõʒũ'tʃivu] (*PT*) M (*Ling*) subjunctive
conjunto, -a [kõ'ʒũtu, a] ADJ joint ■ M (*totalidade*) whole; (*coleção*) collection; (*músicos*) group; (*roupa*) outfit; **em ~** together
conjuntura [kõʒũ'tura] F situation
conluio [kõ'luju] M collusion
conosco [ko'noʃku] PRON with us
conotação [konota'sãw] (*pl* **-ões**) F connotation
conotar [kono'ta^{r}] VT to connote
conquanto [kõ'kwantu] CONJ although, though
conquista [kõ'kiʃta] F conquest; (*da ciência*) achievement; **conquistador, a** [kõkiʃta'do^{r}(a)] ADJ conquering ■ M conqueror; (*namorador*) ladies' man
conquistar [kõkiʃ'ta^{r}] VT (*subjugar*) to conquer; (*alcançar*) to achieve; (*ganhar*) to win, gain; (*pessoa*) to win over
consagração [kõsagra'sãw] (*pl* **-ões**) F (*Rel*) consecration; (*aclamação*) acclaim; (*exaltação*) praise; (*dedicação*) dedication; (*de uma expressão*) establishment
consagrado, -a [kõsa'gradu, a] ADJ (*estabelecido*) established

consagrar [kõsa'gra^{r}] VT (*Rel*) to consecrate; (*aclamar*) to acclaim; (*dedicar*) to dedicate; (*tempo*) to devote; (*expressão*) to establish; (*exaltar*) to glorify; **consagrar-se** VR: **consagrar-se a** to devote o.s. to

consangüíneo, -a [kõsã'gwinju, a] ADJ related by blood ■ M/F blood relation

consciência [kõ'sjẽsja] F (*moral*) conscience; (*percepção*) awareness; (*senso de responsabilidade*) conscientiousness; **estar com a ~ limpa/pesada** to have a clear/guilty conscience; **ter ~ de** to be conscious of

consciencioso, -a [kõsjẽ'sjozu, ɔza] ADJ conscientious

consciente [kõ'sjẽtʃi] ADJ conscious

conscientizar [kõsjẽtʃi'za^{r}] VT: **~ alguém** (*politicamente*) to raise sb's awareness; **conscientizar-se** VR to become more aware; **~-se de** to be aware of; **~ alguém de algo** to make sb aware of sth

cônscio, -a ['kõsju, a] ADJ aware

conscrição [kõʃkri'sãw] F conscription

consecução [kõseku'sãw] F attainment

consecutivo, -a [kõseku'tʃivu, a] ADJ consecutive

conseguinte [kõse'gĩtʃi] ADJ: **por ~** consequently

conseguir [kõse'gi^{r}] VT (*obter*) to get, obtain; **~ fazer** to manage to do, succeed in doing; **não consigo abrir a porta** I can't open the door

conselheiro, -a [kõse'ʎejru, a] M/F (*que aconselha*) counsellor (*Brit*), counselor (*US*), adviser; (*Pol*) councillor

conselho [kõ'seʎu] M piece of advice; (*corporação*) council; **conselhos** MPL (*advertência*) advice *sg*; **~ de guerra** court martial; **C~ de ministros** (*Pol*) Cabinet; **C~ de Diretoria** board of directors

consenso [kõ'sẽsu] M consensus, agreement

consensual [kõsẽ'swaw] (*pl* **-ais**) ADJ agreed

consentimento [kõsẽtʃi'mẽtu] M consent, permission

consentir [kõsẽ'tʃi^{r}] VT (*admitir*) to allow, permit; (*aprovar*) to agree to ■ VI: **~ em** to agree to

conseqüência [kõse'kwẽsja] F consequence; **por ~** consequently; **em ~ de** as a consequence of

conseqüente [kõse'kwẽtʃi] ADJ consequent; (*coerente*) consistent

consertar [kõsex'ta^{r}] VT to mend, repair; (*remediar*) to put right; **conserto** [kõ'sextu] M repair

conserva [kõ'sexva] F pickle; **em ~** pickled; **fábrica de ~s** cannery

conservação [kõsexva'sãw] F conservation; (*de vida, alimentos*) preservation

conservacionista [kõsexvasjo'niʃta] ADJ, M/F conservationist

conservado, -a [kõsex'vadu, a] ADJ (*pessoa*) well-preserved

conservador, a [kõsexva'do^{r}(a)] ADJ conservative ■ M/F (*Pol*) conservative

conservadorismo [kõsexvado'riʒmu] M conservatism

conservante [kõsex'vãtʃi] M preservative

conservar [kõsex'va^{r}] VT (*preservar*) to preserve, maintain; (*reter, manter*) to keep, retain; **conservar-se** VR to keep; **"conserve-se à direita"** "keep right"

conservatório [kõsexva'tɔrju] M conservatory

consideração [kõsidera'sãw] (*pl* **-ões**) F consideration; (*estima*) respect, esteem; (*reflexão*) thought; **levar em ~** to take into account

considerado, -a [kõside'radu, a] ADJ respected, well thought of

considerar [kõside'ra^{r}] VT to consider; (*prezar*) to respect ■ VI to consider; **considerar-se** VR to consider o.s.

considerável [kõside'ravew] (*pl* **-eis**) ADJ considerable

consignação [kõsigna'sãw] (*pl* **-ões**) F consignment; (*registro*) recording; (*de verbas*) assignment

consignar [kõsig'na^{r}] VT (*mercadorias*) to send, dispatch; (*registrar*) to record; (*verba etc*) to assign

consigo [kõ'sigu] PRON (*m*) with him; (*f*) with her; (*pl*) with them; (*com você*) with you

consigo *etc* VB *v* **conseguir**

consinto *etc* [kõ'sĩtu] VB *v* **consentir**

consistência [kõsiʃ'tẽsja] F consistency

consistente [kõsiʃ'tẽtʃi] ADJ (*sólido*) solid; (*espesso*) thick

consistir [kõsiʃ'tʃi^{r}] VI: **~ em** to be made up of, consist of

consoante [kõso'ãtʃi] F consonant ■ PREP according to ■ CONJ as; **~ prometera** as he had promised

consolação [kõsola'sãw] (*pl* **-ões**) F consolation

consolador, a [kõsola'do^{r}(a)] ADJ consoling

consolar [kõso'la^{r}] VT to console; **consolar-se** VR to console o.s.

console [kõ'sɔli] F (*Comput*) console

consolidar [kõsoli'da^{r}] VT to consolidate; (*fratura*) to knit ■ VI to become solid; to knit together

consolo [kõ'solu] M consolation

consome *etc* [kõ'somi] VB *v* **consumir**

consomê [kõso'me] M consommé

consonância [kõso'nãsja] F (*harmonia*) harmony; (*concordância*) agreement

consorciar [kõsox'sja^{r}] VT to join; (*combinar*) to combine ■ VI: **~ a** to unite with

consórcio [kõ'sɔxsju] M (*união*) partnership; (*Com*) consortium

consorte [kõ'sɔxtʃi] M/F consort

conspícuo, -a [kõ'ʃpikwu, a] ADJ conspicuous

conspiração [kõʃpira'sãw] (*pl* **-ões**) F plot, conspiracy

conspirador, a [kõʃpira'do^{r}(a)] M/F plotter,

NB: *European Portuguese adds the following consonants to certain words*: **b** (sú(b)dito, su(b)til); **c** (a(c)ção, a(c)cionista, a(c)to); **m** (inde(m)ne); **p** (ado(p)çã, ado(p)tar); *for further details see p. xiii.*

conspirator
conspirar [kõʃpi'ra^{r}] VT to plot ■ VI to plot, conspire
constância [kõʃ'tãsja] F constancy; (*estabilidade*) steadiness
constante [kõʃ'tãtʃi] ADJ constant; (*estável*) steady ■ F constant
constar [kõʃ'ta^{r}] VI to be in; **consta que** it says that; **~ de** to consist of; **não me constava que ...** I was not aware that ...; **ao que me consta** as far as I know
constatação [kõʃtata'sãw] (*pl* **-ões**) F observation
constatar [kõʃta'ta^{r}] VT (*estabelecer*) to establish; (*notar*) to notice; (*evidenciar*) to show up; (*óbito*) to certify; **pudemos ~ que** we could see that
constelação [kõʃtela'sãw] (*pl* **-ões**) F constellation; (*grupo*) cluster
constelado, -a [kõʃte'ladu, a] ADJ (*estrelado*) starry
consternação [kõʃtexna'sãw] F (*desalento*) depression; (*desolação*) distress
consternado, -a [kõʃtex'nadu, a] ADJ (*desalentado*) depressed; (*desolado*) distressed
consternar [kõʃtex'na^{r}] VT (*desolar*) to distress; (*desalentar*) to depress; **consternar-se** VR to be distressed; to be depressed
constipação [kõʃtʃipa'sãw] (*pl* **-ões**) F constipation; (*PT*) cold
constipado, -a [kõʃtʃi'padu, a] ADJ: **estar ~** to be constipated; (*PT*) to have a cold
constipar-se [kõʃtʃi'paxsi] (*PT*) VR to catch a cold
constitucional [kõʃtʃitusjo'naw] (*pl* **-ais**) ADJ constitutional
constituição [kõʃtʃitwi'sãw] (*pl* **-ões**) F constitution
constituinte [kõʃtʃi'twĩtʃi] ADJ constituent ■ M/F (*deputado*) member ■ F: **a C~** the Constituent Assembly
constituir [kõʃtʃi'twi^{r}] VT (*representar*) to constitute; (*formar*) to form; (*estabelecer*) to establish, set up; (*nomear*) to appoint; **constituir-se** VR: **constituir-se em** to set o.s. up as; (*representar*) to constitute
constrangedor, a [kõʃtrãʒe'do^{r}(a)] ADJ restricting; (*que acanha*) embarrassing
constranger [kõʃtrã'ʒe^{r}] VT to constrain; (*acanhar*) to embarrass; **constranger-se** VR (*acanhar-se*) to feel embarrassed
constrangimento [kõʃtrãʒi'mẽtu] M constraint; (*acanhamento*) embarrassment
constranjo *etc* [kõʃ'trãʒu] VB *v* **constranger**
construção [kõʃtru'sãw] (*pl* **-ões**) F building, construction
construir [kõʃ'trwi^{r}] VT to build, construct
construtivo, -a [kõʃtru'tʃivu, a] ADJ constructive
construtor, a [kõʃtru'to^{r}(a)] ADJ building *atr*, construction *atr* ■ M/F builder ■ F building contractor
cônsul ['kõsuw] (*pl* **-es**) M consul; **consulado** [kõsu'ladu] M consulate
consulesa [kõsu'leza] F (woman) consul; (*esposa*) consul's wife
consulta [kõ'suwta] F consultation; **livro de ~** reference book; **horário de ~** surgery hours *pl* (*Brit*), office hours *pl* (*US*); **consultar** [kõsuw'ta^{r}] VT to consult; **consultar alguém sobre** to ask sb's opinion about
consultivo, -a [kõsuw'tʃivu, a] ADJ advisory
consultor, a [kõsuw'to^{r}(a)] M/F adviser, consultant
consultoria [kõsuwto'ria] F consultancy
consultório [kõsuw'tɔrju] M surgery
consumação [kõsuma'sãw] (*pl* **-ões**) F consummation; (*em restaurante etc*) minimum order
consumado, -a [kõsu'madu, a] ADJ consummate; *v tb* **fato**
consumar [kõsu'ma^{r}] VT to consummate; **consumar-se** VR to be consummated
consumidor, a [kõsumi'do^{r}(a)] ADJ consumer *atr* ■ M/F consumer
consumir [kõsu'mi^{r}] VT to consume; (*devorar*) to eat away; (*gastar*) to use up; **consumir-se** VR to waste away
consumismo [kõsu'miʒmu] M consumerism
consumista [kõsu'miʃta] ADJ, M/F consumerist
consumo [kõ'sumu] M consumption; **artigos de ~** consumer goods
conta ['kõta] F (*cálculo*) count; (*em restaurante*) bill; (*fatura*) invoice; (*bancária*) account; (*de colar*) bead; (*responsabilidade*) responsibility; **contas** FPL (*Com*) accounts; **à ~ de** to the account of; **ajustar ~s com** (*fig*) to settle an account with; **fazer de ~ que** to pretend that; **levar** *ou* **ter em ~** to take into account; **por ~ própria** of one's own accord; **trabalhar por ~ própria** to work for oneself; **prestar ~s de** to account for; **não é da sua ~** it's none of your business; **tomar ~ de** (*criança etc*) to look after; (*encarregar-se de*) to take care of; (*dominar*) to take hold of; **afinal de ~s** after all; **dar-se ~ de** to realize; (*notar*) to notice; **isso fica por sua ~** this is for you to deal with; **dar ~ de** (*notar*) to notice; (*prestar contas de*) to account for; (*de tarefa*) to handle, cope with; **ficar por ~** (*furioso*) to get mad; **ser a ~** to be just enough; **dar ~ do recado** (*col*) to deliver the goods; **~ bancária** bank account; **~ conjunta** joint account; **~ corrente** current account; **~ de e-mail** *ou* **de correio eletrônico** e-mail account
contábil [kõ'tabiw] (*pl* **-eis**) ADJ accounting *atr*
contabilidade [kõtabili'dadʒi] F book-keeping, accountancy; (*departamento*) accounts department; **~ de custos** cost accounting
contabilista [kõtabi'liʃta] (*PT*) M/F accountant
contabilizar [kõtabili'za^{r}] VT to write up, book; **valor contabilizado** (*Com*) book value
contacto *etc* [kõ'tatu] (*PT*) = **contato** *etc*
contado, -a [kõ'tadu, a] ADJ: **dinheiro de ~** (*PT*) cash payment; **estamos com dinheiro ~ para só três meses** we've got just enough money

for three months
contador, a [kõta'do^{r}(a)] M/F (*Com*) accountant ■ M (*Tec*: *medidor*) meter; **~ de estórias** story-teller
contadoria [kõtado'ria] F audit department
contagem [kõ'taʒẽ] (*pl* **-ns**) F (*de números*) counting; (*escore*) score; **abrir a ~** (*Futebol*) to open the scoring
contagiante [kõta'ʒjãtʃi] ADJ (*alegria*) contagious
contagiar [kõta'ʒja^{r}] VT to infect; **contagiar-se** VR to become infected
contágio [kõ'taʒju] M infection
contagioso, -a [kõta'ʒjozu, ɔza] ADJ (*doença*) contagious
conta-gotas M INV dropper
contaminação [kõtamina'sãw] F contamination
contaminar [kõtami'na^{r}] VT to contaminate
contanto que [kõ'tãtu ki] CONJ provided that
conta-quilómetros (PT) M INV speedometer
contar [kõ'ta^{r}] VT to count; (*narrar*) to tell; (*pretender*) to intend; (*imaginar*) to think ■ VI to count; **~ com** to count on; (*esperar*) to expect; **ela contava que a fossem ajudar** she expected them to help her; **~ em fazer** to count on doing, expect to do
contatar [kõta'ta^{r}] VT to contact; **contato** [kõ'tatu] M contact; **entrar em contato com** to get in touch with, contact
contêiner [kõ'tejne^{r}] M container
contemplação [kõtẽpla'sãw] F contemplation
contemplar [kõtẽ'pla^{r}] VT to contemplate; (*olhar*) to gaze at ■ VI to meditate; **contemplar-se** VR to look at o.s.
contemplativo, -a [kõtẽpla'tʃivu, a] ADJ (*pessoa*) thoughtful; (*vida, literatura*) contemplative
contemporâneo, -a [kõtẽpo'ranju, a] ADJ, M/F contemporary
contemporizar [kõtẽpori'za^{r}] VT (*situação*) to ease ■ VI to ease the situation
contenção [kõtẽ'sãw] (*pl* **-ões**) F restriction, containment; **~ de despesas** cutbacks *pl*
contencioso, -a [kõtẽ'sjozu, ɔza] ADJ contentious
contenções [kõtẽ'sõjʃ] FPL *de* **contenção**
contenda [kõ'tẽda] F quarrel, dispute
contenho *etc* [kõ'teɲu] VB *v* **conter**
contentamento [kõtẽta'mẽtu] M (*felicidade*) happiness; (*satisfação*) contentment
contentar [kõtẽ'ta^{r}] VT (*dar prazer*) to please; (*dar satisfação*) to satisfy; **contentar-se** VR to be satisfied
contente [kõ'tẽtʃi] ADJ (*alegre*) happy; (*satisfeito*) pleased, satisfied
contento [kõ'tẽtu] M: **a ~** satisfactorily
conter [kõ'te^{r}] (*irreg*) VT (*encerrar*) to contain, hold; (*refrear*) to restrain, hold back; (*gastos*) to curb; **conter-se** VR to restrain o.s.
conterrâneo, -a [kõte'xanju, a] ADJ fellow ■ M/F compatriot, fellow countryman/woman
contestação [kõteʃta'sãw] (*pl* **-ões**) F challenge; (*negação*) denial
contestar [kõteʃ'ta^{r}] VT (*contrariar*) to dispute, contest, question; (*impugnar*) to challenge
contestável [kõteʃ'tavew] (*pl* **-eis**) ADJ questionable
conteúdo [kõte'udu] M contents *pl*; (*de um texto*) content
conteve *etc* [kõ'tevi] VB *v* **conter**
contexto [kõ'teʃtu] M context
contido, -a [kõ'tʃidu, a] PP *de* **conter** ■ ADJ contained; (*raiva*) repressed
contigo [kõ'tʃigu] PRON with you
contigüidade [kõtʃigwi'dadʒi] F proximity
contíguo, -a [kõ'tʃigwu, a] ADJ: **~ a** next to
continência [kõtʃi'nẽsja] F (*militar*) salute; **fazer ~ a** to salute
continental [kõtʃinẽ'taw] (*pl* **-ais**) ADJ continental
continente [kõtʃi'nẽtʃi] M continent
contingência [kõtʃĩ'ʒẽsja] F contingency
contingente [kõtʃĩ'ʒẽtʃi] ADJ uncertain ■ M (*Mil*) contingent; (*Com*) contingency, reserve
continuação [kõtʃinwa'sãw] F continuation
continuar [kõtʃi'nwa^{r}] VT to continue ■ VI to continue, go on; **~ falando** *ou* **a falar** to go on talking, continue talking *ou* to talk; **continue!** carry on!; **ela continua doente** she is still sick
continuidade [kõtʃinwi'dadʒi] F continuity
contínuo, -a [kõ'tʃinwu, a] ADJ (*persistente*) continual; (*sem interrupção*) continuous ■ M office boy
contista [kõ'tʃiʃta] M/F story writer
contive *etc* [kõ'tʃivi] VB *v* **conter**
contiver *etc* [kõtʃi've^{r}] VB *v* **conter**
conto ['kõtu] M story, tale; (PT: *dinheiro*) 1000 escudos; **de fadas** fairy tale
conto-do-vigário (*pl* **contos-do-vigário**) M confidence trick
contorção [kõtox'sãw] (*pl* **-ões**) F contortion; (*dos músculos*) twitch
contorcer [kõtox'se^{r}] VT to twist; **contorcer-se** VR to writhe
contorções [kõtox'sõjʃ] FPL *de* **contorção**
contornar [kõtox'na^{r}] VT (*rodear*) to go round; (*ladear*) to skirt; (*fig*: *problema*) to get round
contornável [kõtox'navew] (*pl* **-eis**) ADJ avoidable
contorno [kõ'toxnu] M outline; (*da terra*) contour; (*do rosto*) profile
contra ['kõtra] PREP against ■ M: **os prós e os ~s** the pros and cons; **dar o ~ (a)** to be opposed (to); **ser do ~** to be against it
contra-almirante M rear-admiral
contra-argumento M counter-argument
contra-atacar VT to counterattack
contra-ataque M counterattack

contrabaixo [kõtra'bajʃu] M double bass
contrabalançar [kõtrabalã'sa^{r}] VT to counterbalance; (*compensar*) to compensate
contrabandear [kõtrabã'dʒja^{r}] VT, VI to smuggle; **contrabandista** [kõtrabã'dʒiʃta] M/F smuggler; **contrabando** [kõtra'bãdu] M smuggling; (*artigos*) contraband
contrabarra [kõtra'baxa] F (*Comput*) backslash
contração [kõtra'sãw] (*pl* **-ões**) F contraction
contracapa [kõtra'kapa] F inside cover
contracenar [kõtrase'na^{r}] VI: **~ com** to act alongside, star with
contraceptivo, -a [kõtrasep'tʃivu, a] ADJ contraceptive ■ M contraceptive
contracheque [kõtra'ʃɛki] M pay slip (*Brit*), check stub (*US*)
contrações [kõtra'sõjʃ] FPL *de* **contração**
contradição [kõtradʒi'sãw] (*pl* **-ões**) F contradiction
contradigo *etc* [kõtra'dʒigu] VB *v* **contradizer**
contradisse *etc* [kõtra'dʒisi] VB *v* **contradizer**
contradito [kõtra'dʒitu] PP *de* **contradizer**
contraditório, -a [kõtradʒi'tɔrju, a] ADJ contradictory
contradizer [kõtradʒi'ze^{r}] (*irreg*) VT to contradict; **contradizer-se** VR (*pessoa*) to contradict o.s.; (*atitudes*) to be contradictory
contrafazer [kõtrafa'ze^{r}] (*irreg*) VT to forge, counterfeit; (*pessoa*) to imitate, take off
contrafeito, -a [kõtra'fejtu, a] PP *de* **contrafazer** ■ ADJ constrained
contrafez *etc* [kõtra'feʒ] VB *v* **contrafazer**
contrafilé [kõtrafi'lɛ] M rump steak
contrafiz *etc* [kõtra'fiʒ] VB *v* **contrafazer**
contrafizer *etc* [kõtrafi'ze^{r}] VB *v* **contrafazer**
contragosto [kõtra'goʃtu] M: **a ~** against one's will, unwillingly
contraído, -a [kõtra'idu, a] ADJ (*tímido*) timid, shy
contra-indicação (*pl* **-ões**) F contra-indication
contra-indicado, -a ADJ contra-indicated
contrair [kõtra'i^{r}] VT to contract; (*doença*) to contract, catch; (*hábito*) to form; **contrair-se** VR to contract; **~ matrimônio** to get married
contralto [kõ'trawtu] M contralto
contramão [kõtra'mãw] ADJ one-way ■ F: **na ~** the wrong way down a one-way street
contramestre, -tra [kõtra'mɛʃtri] M/F (*em fábrica*) supervisor ■ M (*Náut*) boatswain
Contran [kõ'trã] (BR) ABR M = **Conselho Nacional de Trânsito**
contra-ofensiva F counteroffensive
contra-oferta F counteroffer
contraparente, -a [kõtrapa'rẽtʃi, ta] M/F distant relative; (*afim*) in-law
contrapartida [kõtrapax'tʃida] F (*Com*) counterentry; (*fig*) compensation; **em ~ a** in the face of
contrapesar [kõtrape'za^{r}] VT to counterbalance; (*fig*) to offset
contrapeso [kõtra'pezu] M counterbalance; (*Tec*) counterweight; (*Com*) makeweight
contrapor [kõtra'po^{r}] (*irreg*) VT (*comparar*) to compare; **contrapor-se** VR: **contrapor-se a** to be in opposition to; (*atitude*) to go against; **~ algo a algo** to set sth against sth
contraproducente [kõtraprodu'sẽtʃi] ADJ counterproductive, self-defeating
contrapunha *etc* [kõtra'puɲa] VB *v* **contrapor**
contrapus *etc* [kõtra'puʃ] VB *v* **contrapor**
contrapuser *etc* [kõtrapu'ze^{r}] VB *v* **contrapor**
contra-regra (*pl* **-s**) M/F stage manager
contra-revolução (*pl* **-ões**) F counter-revolution
contrariar [kõtra'rja^{r}] VT (*contradizer*) to contradict; (*aborrecer*) to annoy
contrariedade [kõtrarje'dadʒi] F (*aborrecimento*) annoyance, vexation
contrário, -a [kõ'trarju, a] ADJ (*oposto*) opposite; (*pessoa*) opposed; (*desfavorável*) unfavourable (*Brit*), unfavorable (*US*), adverse ■ M opposite; **do ~** otherwise; **pelo** *ou* **ao ~** on the contrary; **ao ~** (*do outro lado*) the other way round; **muito pelo ~** on the contrary, quite the opposite
contra-senso M nonsense
contrastante [kõtraʃ'tãtʃi] ADJ contrasting
contrastar [kõtraʃta^{r}] VT to contrast; **contraste** [kõ'traʃtʃi] M contrast
contratação [kõtrata'sãw] F (*de pessoal*) employment
contratante [kõtra'tãtʃi] ADJ contracting ■ M/F contractor
contratar [kõtra'ta^{r}] VT (*serviços*) to contract; (*pessoal*) to employ, take on
contratempo [kõtra'tẽpu] M (*imprevisto*) setback; (*aborrecimento*) upset; (*dificuldade*) difficulty
contrato [kõ'tratu] M contract; (*acordo*) agreement
contratual [kõtra'twaw] (*pl* **-ais**) ADJ contractual
contravapor [kõtrava'po^{r}] (*col*) M rebuff
contravenção [kõtravẽ'sãw] (*pl* **-ões**) F contravention, violation
contraventor, a [kõtravẽ'to^{r}(a)] M/F offender
contribuição [kõtribwi'sãw] (*pl* **-ões**) F contribution; (*imposto*) tax
contribuinte [kõtri'bwĩtʃi] M/F contributor; (*que paga impostos*) taxpayer
contribuir [kõtri'bwi^{r}] VT to contribute ■ VI to contribute; (*pagar impostos*) to pay taxes
contrição [kõtri'sãw] F contrition
contrito, -a [kõ'tritu, a] ADJ contrite
controlar [kõtro'la^{r}] VT to control; **controlar-se** VR to control o.s.
controlável [kõtro'lavew] (*pl* **-eis**) ADJ controllable
controle [kõ'troli] M control; **~ remoto** remote control; **~ de crédito** (*Com*) credit control; **~ de qualidade** (*Com*) quality control
controvérsia [kõtro'vɛxsja] F controversy; (*discussão*) debate; **controverso, -a** [kõtro'vɛxsu, a] ADJ controversial
contudo [kõ'tudu] CONJ nevertheless, however

contumácia [kõtu'masja] F obstinacy; (*Jur*) contempt of court
contumaz [kõtu'majʒ] ADJ obstinate, stubborn ■ M/F (*Jur*) defaulter
contundente [kõtũ'dẽtʃi] ADJ bruising; (*argumento*) cutting; **instrumento ~** blunt instrument
contundir [kõtũ'dʒiʳ] VT to bruise; **contundir-se** VR to bruise o.s.
conturbação [kõtuxba'sãw] (*pl* **-ões**) F disturbance, unrest; (*motim*) riot
conturbado, -a [kõtux'badu, a] ADJ disturbed
conturbar [kõtux'baʳ] VT to disturb; (*amotinar*) to stir up
contusão [kõtu'zãw] (*pl* **-ões**) F bruise
contuso, -a [kõ'tuzu, a] ADJ bruised
contusões [kõtu'zõjʃ] FPL *de* **contusão**
convalescença [kõvale'sẽsa] F convalescence
convalescer [kõvale'seʳ] VI to convalesce
conveio *etc* [kõ'veju] VB *v* **convir**
convenção [kõvẽ'sãw] (*pl* **-ões**) F convention; (*acordo*) agreement
convencer [kõvẽ'seʳ] VT to convince; (*persuadir*) to persuade; **convencer-se** VR: **convencer-se de** to be convinced about; **convencido, -a** [kõvẽ'sidu, a] ADJ (*convicto*) convinced; (*col*: *imodesto*) conceited, smug
convencimento [kõvẽsi'mẽtu] M (*convicção*) conviction; (*col*: *imodéstia*) conceit, smugness
convencional [kõvẽsjo'naw] (*pl* **-ais**) ADJ conventional
convenções [kõvẽ'sõjʃ] FPL *de* **convenção**
convenha *etc* [kõ'veɲa] VB *v* **convir**
convencionar [kõvẽsjo'naʳ] VT to agree on; **convencionar-se** VR: **convencionar-se em** to agree to
conveniência [kõve'njẽsja] F convenience
conveniente [kõve'njẽtʃi] ADJ convenient, suitable; (*vantajoso*) advantageous
convênio [kõ'venju] M (*reunião*) convention; (*acordo*) agreement
convento [kõ'vẽtu] M convent
convergir [kõvex'ʒiʳ] VI to converge
conversa [kõ'vɛxsa] F conversation; **~-fiada** idle chat; (*promessa falsa*) hot air; **ir na ~ de alguém** (*col*) to be taken in by sb; **~ vai, ~ vem** in the course of conversation; **ele não tem muita ~** he hasn't got a lot to say for himself
conversação [kõvexsa'sãw] (*pl* **-ões**) F (*ato*) conversation
conversadeira [kõvexsa'dejra] F *de* **conversador**
conversado, -a [kõvex'sadu, a] ADJ (*assunto*) talked about; (*pessoa*) talkative, chatty; **estamos ~s** we've said all we had to say
conversador, -deira [kõvexsa'doʳ, 'dejra] ADJ talkative, chatty
conversa-fiada (*pl* **conversas-fiadas**) M/F: **ser um ~** to be all talk
conversão [kõvex'sãw] (*pl* **-ões**) F conversion
conversar [kõvex'saʳ] VI to talk, to chat; (*Internet*) to chat
conversibilidade [kõvexsibili'dadʒi] F convertibility
conversível [kõvex'sivew] (*pl* **-eis**) ADJ convertible ■ M (*Auto*) convertible
conversões [kõvex'sõjʃ] FPL *de* **conversão**
converter [kõvex'teʳ] VT to convert; **converter-se** VR to be converted
convertido, -a [kõvex'tʃidu, a] ADJ converted ■ M/F convert
convés [kõ'vɛʃ] (*pl* **-eses**) M (*Náut*) deck
convexo, -a [kõ'vɛksu, a] ADJ convex
convicção [kõvik'sãw] (*pl* **-ões**) F conviction; (*certeza*) certainty
convicto, -a [kõ'viktu, a] ADJ (*convencido*) convinced; (*réu*) convicted; (*patriota etc*) staunch
convidado, -a [kõvi'dadu, a] ADJ invited ■ M/F guest
convidar [kõvi'daʳ] VT to invite; **convidar-se** VR to invite o.s.
convidativo, -a [kõvida'tʃivu, a] ADJ inviting
convier *etc* [kõ'vjeʳ] VB *v* **convir**
convincente [kõvĩ'sẽtʃi] ADJ convincing
convir [kõ'viʳ] (*irreg*) VI (*ser conveniente*) to suit, be convenient; (*ficar bem*) to be appropriate; (*concordar*) to agree; **convém fazer isso o mais rápido possível** we must do this as soon as possible; **você há de ~ que ...** you must agree that ....
convirjo *etc* [kõ'vixʒu] VB *v* **convergir**
convite [kõ'vitʃi] M invitation
conviva [kõ'viva] M/F guest
convivência [kõvi'vẽsja] F living together; (*familiaridade*) familiarity, intimacy
conviver [kõvi'veʳ] VI: **~ com** (*viver em comum*) to live with; (*ter familiaridade*) to get on with; **convívio** [kõ'vivju] M (*viver em comum*) living together; (*familiaridade*) familiarity
convocar [kõvo'kaʳ] VT to summon, call upon; (*reunião, eleições*) to call; (*para o serviço militar*) to call up
convosco [kõ'voʃku] ADV with you
convulsão [kõvuw'sãw] (*pl* **-ões**) F convulsion; (*fig*) upheaval
convulsionar [kõvuwsjo'naʳ] VT (*abalar*) to shake; (*excitar*) to stir up
convulsivo, -a [kõvuw'sivu, a] ADJ convulsive
convulsões [kõvuw'sõjʃ] FPL *de* **convulsão**
cooper ['kupeʳ] M jogging, running; **fazer ~** to go jogging *ou* running
cooperação [koopera'sãw] F cooperation
cooperante [koope'rãtʃi] ADJ cooperative, helpful
cooperar [koope'raʳ] VI to cooperate
cooperativa [koopera'tʃiva] F (*Com*) cooperative
cooperativo, -a [koopera'tʃivu, a] ADJ cooperative

NB: *European Portuguese adds the following consonants to certain words*: **b** (sú(b)dito, su(b)til); **c** (a(c)ção, a(c)cionista, a(c)to); **m** (inde(m)ne); **p** (ado(p)çã, ado(p)tar); *for further details see p. xiii.*

coordenação [kooxdena'sãw] F co-ordination
coordenada [kooxde'nada] F coordinate
coordenar [kooxde'na^{r}] VT to co-ordinate
copa ['kɔpa] F (*de árvore*) top; (*dum chapéu*) crown; (*compartimento*) pantry; (*torneio*) cup; **copas** FPL (*Cartas*) hearts
copeira [ko'pejra] F kitchen maid
Copenhague [kope'ɲagi] N Copenhagen
cópia ['kɔpja] F copy; **tirar ~ de** to copy; **copiadora** [kopja'dora] F (*máquina*) duplicating machine
copiar [ko'pja^{r}] VT to copy
copidesque [kopi'deʃki] M copy editing ■ M/F copy editor
co-piloto [kopi'lotu] M co-pilot
copioso, -a [ko'pjozu, ɔza] ADJ abundant, numerous; (*refeição*) large; (*provas*) ample
copirraite [kopi'xajtʃi] M copyright
copo ['kɔpu] M glass; **ser um bom ~** (*col*) to be a good drinker
copyright [kopi'xajtʃi] M = **copirraite**
coque ['kɔki] M (*penteado*) bun
coqueiro [ko'kejru] M (*Bot*) coconut palm
coqueluche [koke'luʃi] F (*Med*) whooping cough; (*mania*) rage
coquete [ko'kɛtʃi] ADJ coquettish
coquetel [koke'tɛw] (*pl* **-éis**) M cocktail; (*festa*) cocktail party
cor[1] [kɔ^{r}] M: **de ~** by heart
cor[2] [ko^{r}] F colour (*Brit*), color (*US*); **de ~** colo(u)red
coração [kora'sãw] (*pl* **-ões**) M heart; **de bom ~** kind-hearted; **de todo o ~** wholeheartedly
corado, -a [ko'radu, a] ADJ ruddy
coragem [ko'raʒẽ] F courage; (*atrevimento*) nerve
corais [ko'rajʃ] MPL *de* **coral**
corajoso, -a [kora'ʒozu, ɔza] ADJ courageous
coral [ko'raw] (*pl* **-ais**) ADJ choral ■ M (*Mús*) choir; (*Zool*) coral
corante [ko'rãtʃi] ADJ, M colouring (*Brit*), coloring (*US*)
corar [ko'ra^{r}] VT (*pintar*) to paint; (*roupa*) to bleach (in the sun) ■ VI (*ruborizar-se*) to blush; (*tornar-se branco*) to bleach
corbelha [kox'bɛʎa] F basket
corcova [kox'kɔva] F hump
corcunda [kox'kũda] ADJ hunchbacked ■ F hump ■ M/F (*pessoa*) hunchback
corda ['kɔxda] F (*cabo*) rope, line; (*Mús*) string; (*varal*) clothes line; (*de relógio*) spring; **dar ~ em** to wind up; **roer a ~** to go back on one's word; **~s vocais** vocal chords; **estar com toda a ~** (*pessoa*) to be really wound up; **dar ~ a alguém** (*deixar falar*) to set sb off; (*flertar*) to flirt with sb
cordão [kox'dãw] (*pl* **-ões**) M string, twine; (*jóia*) chain; (*no carnaval*) group; (*Elet*) lead; (*fileira*) row; **~ de sapato** shoestring
cordeiro [kox'dejru] M lamb; (*fig*) sheep
cordel [kox'dɛw] (*pl* **-éis**) M string; **literatura de ~** pamphlet literature
cor-de-rosa ADJ INV pink
cordial [kox'dʒjaw] (*pl* **-ais**) ADJ cordial ■ M (*bebida*) cordial
cordialidade [koxdʒjali'dadʒi] F warmth, cordiality
cordilheira [koxdʒi'ʎejra] F mountain range
cordões [kox'dõjʃ] MPL *de* **cordão**
coreano, -a [ko'rjanu, a] ADJ Korean ■ M/F Korean ■ M (*Ling*) Korean
Coréia [ko'rɛja] F: **a ~** Korea
coreografia [korjogra'fia] F choreography
coreógrafo, -a [ko'rjɔgrafu, a] M/F choreographer
coreto [ko'retu] M bandstand; **bagunçar o ~ (de alguém)** (*col*) to spoil things (for sb)
corisco [ko'riʃku] M (*faísca*) flash
corista [ko'riʃta] M/F chorister ■ F (*Teatro*) chorus girl
coriza [ko'riza] F runny nose
corja ['kɔxʒa] F (*PT: canalha*) rabble; (*bando*) gang
córnea ['kɔxnja] F cornea
córner ['kɔxne^{r}] M (*Futebol*) corner
corneta [kox'neta] F cornet; (*Mil*) bugle
corneteiro [koxne'tejru] M bugler
cornetim [koxne'tʃĩ] (*pl* **-ns**) M (*Mús*) French horn
coro ['koru] M chorus; (*conjunto de cantores*) choir; **em ~** in chorus
coroa [ko'roa] F crown; (*de flores*) garland ■ M/F (*BR: col*) old timer
coroação [korwa'sãw] (*pl* **-ões**) F coronation
coroar [koro'a^{r}] VT to crown; (*premiar*) to reward
coronel [koro'nɛw] (*pl* **-éis**) M colonel; (*político*) local political boss
coronha [ko'rɔɲa] F (*de um fuzil*) butt; (*de um revólver*) handle
corpete [kox'petʃi] M bodice
corpo ['koxpu] M body; (*aparência física*) figure; (: *de homem*) build; (*de vestido*) bodice; (*Mil*) corps *sg*; **de ~ e alma** (*fig*) wholeheartedly; **lutar ~ a ~** to fight hand to hand; **fazer ~ mole** to get out of it; **tirar o ~ fora** (*col*) to duck out; **~ diplomático** diplomatic corps *sg*; **~ docente** teaching staff (*Brit*), faculty (*US*); **~ estranho** (*Med*) foreign body
corporal [koxpo'raw] (*pl* **-ais**) ADJ physical
corpulência [koxpu'lẽsja] F stoutness
corpulento, -a [koxpu'lẽtu, a] ADJ stout
correção [koxe'sãw] (*PT* **-cç-**, *pl* **-ões**) F correction; (*exatidão*) correctness; **casa de ~** reformatory; **~ salarial/monetária** wage/monetary correction
corre-corre [kɔxi'kɔxi] (*pl* **-s**) M rush
correcto, -ta [ko'xektu] (*PT*) = **correto** *etc*
corrediço, -a [koxe'dʒisu, a] ADJ sliding
corredor, a [koxe'do^{r}(a)] M/F runner ■ M (*passagem*) corridor, passageway; (*em avião etc*) aisle; (*cavalo*) racehorse
córrego ['kɔxegu] M stream, brook
correia [ko'xeja] F strap; (*de máquina*) belt; (*para cachorro*) leash
correio [ko'xeju] M mail, post; (*local*) post office; (*carteiro*) postman (*Brit*), mailman (*US*); **~ aéreo** air mail; **pôr no ~** to post; **pelo ~** by post; **~**

eletrônico e-mail; **~ de voz** voice mail
correlação [koxela'sãw] (*pl* **-ões**) F correlation
correlacionar [koxelasjo'na^{r}] VT to correlate
correlações [koxela'sõjʃ] FPL *de* **correlação**
correligionário, -a [koxeliʒjo'narju, a] M/F (*Pol*) fellow party member
corrente [ko'xẽtʃi] ADJ (*atual*) current; (*águas*) running; (*fluente*) flowing; (*comum*) usual, common ■ F current; (*cadeia, jóia*) chain; **~ de ar** draught (*Brit*), draft (*US*); **correnteza** [koxẽ'teza] F (*de ar*) draught (*Brit*), draft (*US*); (*de rio*) current
correr [ko'xe^{r}] VT to run; (*viajar por*) to travel across; (*cortina*) to draw; (*expulsar*) to drive out ■ VI to run; (*em carro*) to drive fast, speed; (*líquido*) to flow, run; (*o tempo*) to elapse; (*boato*) to go round; (*atuar com rapidez*) to rush; **está tudo correndo bem** everything is going well; **as despesas ~ão por minha conta** I will handle the expenses; **correria** [koxe'ria] F rush
correspondência [koxeʃpõ'dẽsja] F correspondence; **correspondente** [koxeʃpõ'dẽtʃi] ADJ corresponding ■ M correspondent
corresponder [koxeʃpõ'de^{r}] VI: **~ a** to correspond to; (*ser igual*) to match (up to); (*retribuir*) to reciprocate; **corresponder-se** VR: **corresponder-se com** to correspond with
corretagem [koxe'taʒẽ] F brokerage
corretivo, -a [koxe'tʃivu, a] ADJ corrective ■ M punishment
correto, -a [ko'xɛtu, a] ADJ correct; (*conduta*) right; (*pessoa*) straight, honest
corretor, a [koxe'to^{r}(a)] M/F broker ■ M (*para datilografia*) correction strip; **~ de fundos** *ou* **de bolsa** stockbroker; **~ de imóveis** estate agent (*Brit*), realtor (*US*)
corrida [ko'xida] F (*ato de correr*) running; (*certame*) race; (*de taxi*) fare; **~ de cavalos** horse race; **~ armamentista** arms race
corrido, -a [ko'xidu, a] ADJ (*rápido*) quick; (*expulso*) driven out ■ ADV quickly
corrigir [koxi'ʒi^{r}] VT to correct; (*defeito, injustiça*) to put right
corrimão [koxi'mãw] (*pl* **-s**) M handrail
corriqueiro, -a [koxi'kejru, a] ADJ common; (*problema*) trivial
corroa *etc* [ko'xoa] VB *v* **corroer**
corroboração [koxobora'sãw] (*pl* **-ões**) F confirmation
corroborar [koxobo'ra^{r}] VT to corroborate, confirm
corroer [koxo'e^{r}] VT (*metais*) to corrode; (*fig*) to eat away; **corroer-se** VR to corrode; to be eaten away
corromper [koxõ'pe^{r}] VT to corrupt; (*subornar*) to bribe; **corromper-se** VR to be corrupted
corrosão [koxo'zãw] F (*de metais*) corrosion; (*fig*) erosion
corrosivo, -a [koxo'zivu, a] ADJ corrosive
corrupção [koxup'sãw] F corruption
corrupto, -a [ko'xuptu, a] ADJ corrupt
Córsega ['kɔxsega] F: **a ~** Corsica
cortada [kox'tada] F (*Esporte*) smash; **dar uma ~ em alguém** (*fig*) to cut sb short
cortado [kox'tadu] M (*aperto*) tight spot; **trazer alguém num ~** to keep sb under one's thumb
cortadura [koxta'dura] F (*corte*) cut; (*entre montes*) gap
cortante [kox'tãtʃi] ADJ cutting
cortar [kox'ta^{r}] VT to cut; (*eliminar*) to cut out; (*água, telefone etc*) to cut off; (*efeito*) to stop; (*Auto*) to cut up ■ VI to cut; (*encurtar caminho*) to take a short cut; **cortar-se** VR to cut o.s.; **~ o cabelo** (*no cabeleireiro*) to have one's hair cut; **~ a palavra de alguém** to interrupt sb
corte[1] ['kɔxtʃi] M cut; (*gume*) cutting edge; (*de luz*) power cut; **sem ~** (*tesoura etc*) blunt; **~ de cabelo** haircut
corte[2] ['koxtʃi] F (*de um monarca*) court; (*de uma pessoa*) retinue; **cortes** FPL (*PT*) parliament *sg*
cortejar [koxte'ʒa^{r}] VT to court
cortejo [kox'teʒu] M (*procissão*) procession
cortês [kox'teʃ] (*pl* **-eses**) ADJ polite
cortesão, -tesã [koxte'zãw, te'zã] (*pl* **-s/-s**) ADJ courtly ■ M/F courtier ■ F courtesan
cortesia [koxte'zia] F politeness; (*de empresa*) free offer
cortiça [kox'tʃisa] F (*matéria*) cork
cortiço [kox'tʃisu] M (*habitação*) slum tenement
cortina [kox'tʃina] F curtain; **~ de rolo** roller blind; **~ de voile** net curtain
cortisona [koxtʃi'zɔna] F cortisone
coruja [ko'ruʒa] ADJ: **pai/mãe ~** proud father/mother ■ F owl; **sessão ~** late show
coruscar [koruʃ'ka^{r}] VI to sparkle, glitter
corvo ['koxvu] M crow
cós [kɔʃ] M INV waistband; (*cintura*) waist
cosca ['kɔʃka] F: **fazer ~** to tickle
coser [ko'ze^{r}] VT, VI to sew, stitch
cosmético, -a [koʒ'mɛtʃiku, a] ADJ cosmetic ■ M cosmetic
cósmico, -a ['kɔʒmiku, a] ADJ cosmic
cosmo ['kɔʒmu] M cosmos
cosmonauta [koʒmo'nawta] M/F cosmonaut
cosmopolita [koʒmopo'lita] ADJ cosmopolitan
cospe *etc* ['kɔʃpi] VB *v* **cuspir**
costa ['kɔʃta] F coast; **costas** FPL (*dorso*) back *sg*; **dar as ~s a** to turn one's back on; **ter ~s largas** (*fig*) to be thick-skinned; **ter ~s quentes** (*fig*) to have powerful backing, have friends in high places
costado [koʃ'tadu] M back; **de quatro ~s** through and through
Costa do Marfim F: **a ~** the Ivory Coast
Costa Rica F: **a ~** Costa Rica
costarriquenho, -a [koʃtaxi'kɛɲu, a] ADJ, M/F Costa Rican
costear [koʃ'tʃja^{r}] VT (*rodear*) to go round; (*gado*)

to round up; (*Náut*) to follow ■ VI to follow the coast

costela [koʃ'tɛla] F rib

costeleta [koʃte'leta] F chop, cutlet; **costeletas** FPL (*suíças*) side-whiskers

costumar [koʃtu'ma^{r}] VT (*habituar*) to accustom ■ VI: **ele costuma chegar às 6.00** he usually arrives at 6.00; **costumava dizer ...** he used to say ...

costume [koʃ'tumi] M custom, habit; (*traje*) costume; **costumes** MPL (*comportamento*) behaviour *sg* (*Brit*), behavior *sg* (*US*); (*conduta*) conduct *sg*; (*de um povo*) customs; **de ~** usual; **como de ~** as usual; **ter o ~ de fazer** to have a habit of doing

costumeiro, -a [koʃtu'mejru, a] ADJ usual, habitual

costura [koʃ'tura] F sewing, needlework; (*sutura*) seam; **sem ~** seamless; **costurar** [koʃtu'ra^{r}] VT, VI to sew

costureira [koʃtu'rejra] F dressmaker; (*móvel*) sewing box

cota ['kɔta] F (*quinhão*) quota, share; (*Geo*) height

cotação [kota'sãw] (*pl* **-ões**) F (*de preços*) list, quotation; (*Bolsa*) price; (*consideração*) esteem; **~ bancária** bank rate

cotado, -a [ko'tadu, a] ADJ (*Com: ação*) quoted; (*bem-conceituado*) well thought of; (*num concurso*) fancied

cotar [ko'ta^{r}] VT (*ações*) to quote; **~ algo em** to value sth at

cotejar [kote'ʒa^{r}] VT to compare

cotejo [ko'teʒu] M comparison

cotidiano, -a [kotʃi'dʒjanu, a] ADJ daily, everyday ■ M: **o ~** daily life

cotoco [ko'toku] M (*do corpo*) stump; (*de uma vela etc*) stub

cotonete [koto'nɛtʃi] M cotton bud

cotovelada [kotove'lada] F (*pancada*) shove; (*cutucada*) nudge

cotovelo [koto'velu] M (*Anat*) elbow; (*curva*) bend; **falar pelos ~s** to talk non-stop

coube *etc* ['kobi] VB *v* **caber**

couraça [ko'rasa] F (*para o peito*) breastplate; (*de navio etc*) armour-plate (*Brit*), armor-plate (*US*); (*de animal*) shell

couraçado [kora'sadu] (*PT*) M battleship

couro ['koru] M leather; (*de um animal*) hide; **~ cabeludo** scalp

couve ['kovi] F spring greens *pl*

couve-de-bruxelas (*pl* **couves-de-bruxelas**) F Brussels sprout

couve-flor (*pl* **couves-flores**) F cauliflower

couvert [ku'vɛx] M cover charge

cova ['kɔva] F (*escavação*) pit; (*caverna*) cavern; (*sepultura*) grave

covarde [ko'vaxdʒi] ADJ cowardly ■ M/F coward; **covardia** [kovax'dʒia] F cowardice

coveiro [ko'vejru] M gravedigger

covil [ko'viw] (*pl* **-is**) M den, lair

covinha [ko'viɲa] F dimple

covis [ko'viʃ] MPL *de* **covil**

coxa ['koʃa] F thigh

coxear [ko'ʃja^{r}] VI to limp, hobble

coxia [ko'ʃia] F (*passagem*) aisle, gangway

coxo, -a ['koʃu, a] ADJ lame

cozer [ko'ze^{r}] VT, VI to cook

cozido [ko'zidu] M stew

cozinha [ko'ziɲa] F (*compartimento*) kitchen; (*arte*) cookery; (*modo de cozinhar*) cuisine

cozinhar [kozi'ɲa^{r}] VT to cook; (*remanchar*) to put off ■ VI to cook

cozinheiro, -a [kozi'ɲejru, a] M/F cook

CP ABR = **Caminhos de Ferro Portugueses** ■ ABR M (BR: = *certificado de privatização*) share in state company

CPF (BR) ABR M (= *Cadastro de Pessoa Física*) identification number

CPI (BR) ABR F = **Comissão Parlamentar de Inquérito**

CPJ (BR) ABR M (= *Cadastro de Pessoa Jurídica*) register of companies

CPLP ABR F *see below*

CPLP

The *CPLP* or *Comunidade de Países de Língua Portuguesa* was set up in 1996 to establish economic and diplomatic links between all countries where the official language is Portuguese. The members are Brazil, Portugal, Angola, Mozambique, Guinea-Bissau, Cape Verde and São Tomé e Príncipe. Portuguese is spoken by around 170 million people around the world today.

crachá [kra'ʃa] M badge

crânio ['kranju] M skull; **ser um ~** (*col*) to be a whizz kid

craque ['kraki] M/F ace, expert ■ M (*jogador de futebol*) soccer star

crasso, -a ['krasu, a] ADJ crass

cratera [kra'tɛra] F crater

cravar [kra'va^{r}] VT (*prego etc*) to drive (in); (*pedras*) to set; (*com os olhos*) to stare at; **cravar-se** VR to penetrate

cravejar [krave'ʒa^{r}] VT (*com cravos*) to nail; (*pedras*) to set; **~ alguém de balas** to spray sb with bullets

cravo ['kravu] M (*flor*) carnation; (*Mús*) harpsichord; (*especiaria*) clove; (*na pele*) blackhead; (*prego*) nail

creche ['krɛʃi] F crèche

Creci [krɛ'si] (BR) ABR M (= *Conselho Regional dos Corretores de Imóveis*) regulatory body of estate agents

credenciais [kredẽ'sjajʃ] FPL credentials

credenciar [kredẽ'sja^{r}] VT to accredit; (*habilitar*) to qualify

crediário [kre'dʒjarju] M credit plan

credibilidade [kredʒibili'dadʒi] F credibility

creditar [kredʒi'ta^{r}] VT to guarantee; (*Com*) to credit; **~ algo a alguém** (*quantia*) to credit sb with sth; (*garantir*) to assure sb of sth; **~ alguém em** to credit sb with; **~ uma quantia numa**

conta to deposit an amount into an account
crédito ['krɛdʒitu] M credit; **a ~** on credit; **digno de ~** reliable
credo ['krɛdu] M creed; **~!** heavens!
credor, a [kre'doʳ(a)] ADJ worthy, deserving; (*Com*: *saldo*) credit *atr* ■ M/F creditor
credulidade [kreduli'dadʒi] F credulity
crédulo, -a ['krɛdulu, a] ADJ credulous
creio *etc* ['kreju] VB *v* **crer**
cremação [krema'sãw] (*pl* **-ões**) F cremation
cremalheira [krema'ʎejra] F ratchet
cremar [kre'maʳ] VT to cremate
crematório [krema'tɔrju] M crematorium
creme ['krɛmi] ADJ INV cream ■ M cream; (*Culin*: *doce*) custard; **~ dental** toothpaste; **~ de leite** single cream; **cremoso, -a** [kre'mozu, ɔza] ADJ creamy
crença ['krẽsa] F belief
crendice [krẽ'dʒisi] F superstition
crente ['krẽtʃi] ADJ believing ■ M/F believer; (*protestante*) Protestant; **estar ~ que** to think (that)
creosoto [kreo'zotu] M creosote
crepitação [krepita'sãw] F crackling
crepitante [krepi'tãtʃi] ADJ crackling
crepitar [krepi'taʳ] VI to crackle
crepom [kre'põ] ADJ: **papel ~** crêpe paper
crepuscular [krepuʃku'laʳ] ADJ twilight *atr*
crepúsculo [kre'puʃkulu] M dusk, twilight
crer [kreʳ] VT, VI to believe; **crer-se** VR to believe o.s. to be; **~ em** to believe in; **~ que** to think (that); **creio que sim** I think so
crescendo [kre'sẽdu] M crescendo
crescente [kre'sẽtʃi] ADJ growing; (*forma*) crescent ■ M crescent
crescer [kre'seʳ] VI to grow; (*Culin*: *massa*) to rise
crescido, -a [kre'sidu, a] ADJ (*pessoa*) grown up
crescimento [kresi'mẽtu] M growth
crespo, -a ['kreʃpu, a] ADJ (*cabelo*) curly
cretinice [kretʃi'nisi] F stupidity; (*ato, dito*) stupid thing
cretino [kre'tʃinu] M cretin, imbecile
cria ['kria] F (*animal*: *sg*) baby animal; (: *pl*) young *pl*
criação [krja'sãw] (*pl* **-ões**) F creation; (*de animais*) raising, breeding; (*educação*) upbringing; (*animais domésticos*) livestock *pl*; **filho de ~** adopted child
criado, -a ['krjadu, a] M/F servant
criado-mudo (*pl* **criados-mudos**) M bedside table
criador, a [krja'doʳ(a)] M/F creator; **~ de gado** cattle breeder
criança ['krjãsa] ADJ childish ■ F child; **ela é muito ~ para entender certas coisas** she's too young to understand certain things; **criançada** [krjã'sada] F: **a criançada** the kids
criancice [krjã'sisi] F (*ato, dito*) childish thing; (*qualidade*) childishness
criar [krjaʳ] VT to create; (*crianças*) to bring up; (*animais*) to raise, breed; (*amamentar*) to suckle, nurse; (*planta*) to grow; **criar-se** VR: **~-se (com)** to grow up (with); **~ fama/coragem** to achieve notoriety/pluck up courage; **~ caso** to make trouble
criatividade [kriatʃivi'dadʒi] F creativity
criativo, -a [kria'tʃivu, a] ADJ creative
criatura [kria'tura] F creature; (*indivíduo*) individual
crime ['krimi] M crime; **criminal** [krimi'naw] (*pl* **-ais**) ADJ criminal; **criminalidade** [kriminali'dadʒi] F crime; **criminoso, -a** [krimi'nozu, ɔza] ADJ, M/F criminal
crina ['krina] F mane
crioulo, -a ['krjolu, a] ADJ creole ■ M/F creole; (*BR*: *negro*) Black (person)
críquete ['kriketʃi] M cricket
crisálida [kri'zalida] F chrysalis
crisântemo [kri'zãtemu] M chrysanthemum
crise ['krizi] F crisis; (*escassez*) shortage; (*Med*) attack, fit; **~ de choro** fit of hysterical crying
crisma ['kriʒma] F (*Rel*) confirmation
crismar [kriʒ'maʳ] VT (*Rel*) to confirm; **crismar-se** VR to be confirmed
crista ['kriʃta] F (*de serra, onda*) crest; (*de galo*) cock's comb; **estar na ~ da onda** (*fig*) to enjoy a prominent position
cristal [kriʃ'taw] (*pl* **-ais**) M crystal; (*vidro*) glass; **cristais** MPL (*copos*) glassware *sg*; **cristalino, -a** [kriʃta'linu, a] ADJ crystal-clear
cristalizar [kriʃtali'zaʳ] VI to crystallize
cristandade [kriʃtã'dadʒi] F Christianity
cristão, -tã [kriʃ'tãw, 'tã] (*pl* **-s/-s**) ADJ, M/F Christian
cristianismo [kriʃtʃja'niʒmu] M Christianity
Cristo ['kriʃtu] M Christ
critério [kri'tɛrju] M (*norma*) criterion; (*juízo*) discretion, judgement; **deixo isso a seu ~** I'll leave that to your discretion; **criterioso, -a** [krite'rjozu, ɔza] ADJ thoughtful, careful
crítica ['kritʃika] F criticism; (*artigo*) critique; (*conjunto de críticos*) critics *pl*; *v tb* **crítico**
criticar [kritʃi'kaʳ] VT to criticize; (*um livro*) to review
crítico, -a ['kritʃiku, a] ADJ critical ■ M/F critic
critiquei *etc* [kritʃi'kej] VB *v* **criticar**
crivar [kri'vaʳ] VT (*com balas etc*) to riddle; (*de perguntas, de insultos*) to bombard
crível ['krivew] (*pl* **-eis**) ADJ credible
crivo ['krivu] M sieve; (*fig*) scrutiny
crocante [kro'kãtʃi] ADJ crunchy
crochê [kro'ʃe] M crochet
crocodilo [kroko'dʒilu] M crocodile
cromo ['krɔmu] M chrome
cromossomo [kromo'sɔmu] M chromosome
crônica ['kronika] F chronicle; (*coluna de jornal*) newspaper column; (*texto jornalístico*) feature; (*conto*) short story

NB: *European Portuguese adds the following consonants to certain words*: **b** (sú(b)dito, su(b)til); **c** (a(c)ção, a(c)cionista, a(c)to); **m** (inde(m)ne); **p** (ado(p)çã, ado(p)tar); *for further details see p. xiii.*

crônico, -a ['kroniku, a] ADJ chronic
cronista [kro'niʃta] M/F (*de jornal*) columnist; (*historiógrafo*) chronicler; (*contista*) short story writer
cronologia [kronolo'ʒia] F chronology
cronológico, -a [krono'lɔʒiku, a] ADJ chronological
cronometrar [kronome'tra^{r}] VT to time
cronômetro [kro'nometru] M stopwatch
croquete [kro'kɛtʃi] M croquette
croqui [kro'ki] M sketch
crosta ['kroʃta] F crust; (*Med*) scab
cru, a [kru, 'krua] ADJ raw; (*não refinado*) crude; (*ignorante*) not very good; (*realidade*) harsh, stark
crucial [kru'sjaw] (*pl* **-ais**) ADJ crucial
crucificação [krusifika'sãw] (*pl* **-ões**) F crucifixion
crucificar [krusifi'ka^{r}] VT to crucify
crucifixo [krusi'fiksu] M crucifix
crudelíssimo, -a [krude'lisimu, a] ADJ SUPERL *de* **cruel**
cruel [kru'ɛw] (*pl* **-éis**) ADJ cruel; **crueldade** [kruew'dadʒi] F cruelty
cruento, -a [kru'ẽtu, a] ADJ bloody
crupe ['krupi] M (*Med*) croup
crustáceos [kruʃ'tasjuʃ] MPL crustaceans
cruz [kruʒ] F cross; (*infortúnio*) undoing; **~ gamada** swastika; **C~ Vermelha** Red Cross; **estar entre a ~ e a caldeirinha** (*fig*) to be between the devil and the deep (*Brit*), be between a rock and a hard place (*US*)
cruzada [kru'zada] F crusade
cruzado, -a [kru'zadu, a] ADJ crossed ■ M crusader; (*moeda*) cruzado
cruzador [kruza'do^{r}] M (*navio*) cruiser
cruzamento [kruza'mẽtu] M (*de estradas*) crossroads; (*mestiçagem*) cross
cruzar [kru'za^{r}] VT to cross ■ VI (*Náut*) to cruise; (*pessoas*) to pass each other by; **~ com** to meet
cruzeiro [kru'zejru] M (*cruz*) (monumental) cross; (*moeda*) cruzeiro; (*viagem de navio*) cruise
CSN (*BR*) ABR M = **Conselho de Segurança Nacional**
CTB ABR F = **Companhia Telefônica Brasileira**
cu [ku] (*col!*) M arse (*!*); **vai tomar no cu** fuck off (*!*)
Cuba ['kuba] F Cuba
cubano, -a [ku'banu, a] ADJ, M/F Cuban
cúbico, -a ['kubiku, a] ADJ cubic
cubículo [ku'bikulu] M cubicle
cubismo [ku'biʒmu] M cubism
cubo ['kubu] M cube; (*de roda*) hub
cubro *etc* ['kubru] VB *v* **cobrir**
cuca ['kuka] (*col*) F head; **fundir a ~** (*quebrar a cabeça*) to rack one's brain; (*baratinar*) to boggle the mind; (*perturbar*) to drive crazy
cuca-fresca (*pl* **cucas-frescas**) (*col*) M/F cool guy/girl
cuco ['kuku] M cuckoo
cucuia [ku'kuja] F: **ir para a ~** (*col*) to go down the drain
cu-de-ferro (*pl* **cus-de-ferro**) (*col*) M/F swot
cueca ['kwɛka] (*BR*) F underpants *pl*; **~s** (*para homens*) underpants *pl*; (: *para mulheres*) panties *pl*
cueiro [ku'ejru] M wrap
cuíca ['kwika] F *kind of musical instrument*
cuidado [kwi'dadu] M care; **aos ~s de** in the care of; **ter ~** to be careful; **~!** watch out!, be careful!; **tomar ~ (de)** to be careful (of); **~ para não se cortar** be careful you don't cut yourself; **cuidadoso, -a** [kwida'dozu, ɔza] ADJ careful
cuidar [kwi'da^{r}] VI: **~ de** to take care of, look after; **cuidar-se** VR to look after o.s.
cujo, -a ['kuʒu, a] PRON (*de quem*) whose; (*de que*) of which
culatra [ku'latra] F (*de arma*) breech
culinária [kuli'narja] F cookery
culinário, -a [kuli'narju, a] ADJ culinary
culminância [kuwmi'nãsja] F culmination
culminante [kuwmi'nãtʃi] ADJ: **ponto ~** highest point; (*fig*) peak
culminar [kuwmi'na^{r}] VI: **~ (com)** to culminate (in)
culote [ku'lɔtʃi] M (*calça*) jodhpurs *pl*; (*gordura*) flab on the thighs
culpa ['kuwpa] F fault; (*Jur*) guilt; **ter ~ de** to be to blame for; **por ~ de** because of; **pôr a ~ em** to put the blame on; **sentimento de ~** guilty conscience
culpabilidade [kuwpabili'dadʒi] F guilt
culpado, -a [kuw'padu, a] ADJ guilty ■ M/F culprit
culpar [kuw'pa^{r}] VT to blame; (*acusar*) to accuse; **culpar-se** VR to take the blame
culpável [kuw'pavew] (*pl* **-eis**) ADJ guilty
cultivar [kuwtʃi'va^{r}] VT to cultivate; (*plantas*) to grow
cultivável [kuwtʃi'vavew] (*pl* **-eis**) ADJ cultivable
cultivo [kuw'tʃivu] M cultivation
culto, -a ['kuwtu, a] ADJ cultured ■ M (*homenagem*) worship; (*religião*) cult
cultura [kuw'tura] F culture; (*da terra*) cultivation; **cultural** [kuwtu'raw] (*pl* **-ais**) ADJ cultural
cumbuca [kũ'buka] F pot
cume ['kumi] M top, summit; (*fig*) climax
cúmplice ['kũplisi] M/F accomplice
cumplicidade [kũplisi'dadʒi] F complicity
cumpridor, a [kũpri'do^{r}(a)] ADJ punctilious, responsible
cumprimentar [kũprimẽ'ta^{r}] VT (*saudar*) to greet; (*dar parabéns*) to congratulate; **cumprimentar-se** VR to greet one another
cumprimento [kũpri'mẽtu] M (*realização*) fulfilment; (*saudação*) greeting; (*elogio*) compliment; **cumprimentos** MPL (*sudações*) best wishes; **~ de uma lei/ordem** compliance with a law/an order
cumprir [kũ'pri^{r}] VT (*desempenhar*) to carry out; (*promessa*) to keep; (*lei*) to obey; (*pena*) to serve ■ VI (*convir*) to be necessary; **cumprir-se** VR to be fulfilled; **~ a palavra** to keep one's word; **fazer ~** to enforce
cumulativo, -a [kumula'tʃivu, a] ADJ

cumulative
cúmulo ['kumulu] M height; **é o ~!** that's the limit!
cunha ['kuɲa] F wedge
cunhado, -a [ku'ɲadu, a] M/F brother-in-law/sister-in-law
cunhar [ku'ɲaʳ] VT (*moedas*) to mint; (*palavras*) to coin
cunho ['kuɲu] M (*marca*) hallmark; (*caráter*) nature
cupê [ku'pe] M coupé
cupim [ku'pĩ] (*pl* **-ns**) M termite
cupincha [ku'pĩʃa] M/F mate, pal
cupins [ku'pĩʃ] MPL *de* **cupim**
cupom [ku'põ] (*pl* **-ns**) M coupon
cúpula ['kupula] F (*Arq*) dome; (*de abajur*) shade; (*de partido etc*) leadership; **(reunião de) ~** summit (meeting)
cura ['kura] F (*ato de curar*) cure; (*tratamento*) treatment; (*de carnes etc*) curing, preservation ■ M priest
curador, a [kura'doʳ(a)] M/F (*de menores, órfãos*) guardian; (*de instituição*) trustee
curandeiro [kurã'dejru] M (*feiticeiro*) healer, medicine man; (*charlatão*) quack
curar [ku'raʳ] VT (*doença*) to cure; (*ferida*) to treat; (*carne etc*) to cure, preserve; **curar-se** VR to get well
curativo [kura'tʃivu] M dressing
curável [ku'ravew] (*pl* **-eis**) ADJ curable
curetagem [kure'taʒẽ] F curettage
curinga [ku'rĩga] M wild card
curingão [kurĩ'gãw] (*pl* **-ões**) M joker
curiosidade [kurjozi'dadʒi] F curiosity; (*objeto raro*) curio
curioso, -a [ku'rjozu, ɔza] ADJ curious ■ M/F snooper, inquisitive person; **curiosos** MPL (*espectadores*) onlookers; **o ~ é ...** the strange thing is ....
curitibano, -a [kuritʃi'banu, a] ADJ from Curitiba ■ M/F person from Curitiba
curral [ku'xaw] (*pl* **-ais**) M pen, enclosure
currar [ku'xaʳ] (*col*) VT to rape
currículo [ku'xikulu] M curriculum; (*curriculum*) curriculum vitae, CV
curriculum vitae [ku'xikulũ 'vite] M curriculum vitae
cursar [kux'saʳ] VT (*aulas, escola*) to attend; (*cursos*) to follow; **ele está cursando História** he's studying *ou* doing history
cursivo [kux'sivu] M (*Tip*) script
curso ['kuxsu] M course; (*direção*) direction; **em ~** (*ano etc*) current; (*processo*) in progress; (*dinheiro*) in circulation; **~ primário/secundário/superior** primary school/secondary school/degree course; **~ normal** teacher-training course
cursor [kux'soʳ] M (*Comput*) cursor
curta ['kuxta] M (*Cinema*) short
curta-metragem (*pl* **curtas-metragens**) M short film
curtição [kuxtʃi'sãw] F (*col*) fun; (*de couro*) tanning
curtido, -a [kux'tʃidu, a] ADJ (*fig*) hardened
curtir [kux'tʃiʳ] VT (*couro*) to tan; (*tornar rijo*) to toughen up; (*padecer*) to suffer, endure; (*col*) to enjoy
curto, -a ['kuxtu, a] ADJ short; (*inteligência*) limited ■ M (*Elet*) short (circuit); **curto-circuito** (*pl* **curtos-circuitos**) M short circuit
curva ['kuxva] F curve; (*de estrada, rio*) bend; **~ fechada** hairpin bend
curvar [kux'vaʳ] VT to bend, curve; (*submeter*) to put down; **curvar-se** VR (*abaixar-se*) to stoop; **~-se a** (*submeter-se*) to submit to
curvatura [kuxva'tura] F curvature
curvo, -a ['kuxvu, a] ADJ curved; (*estrada*) winding
cuscuz [kuʃ'kuʒ] M couscous
cusparada [kuʃpa'rada] F spit; **dar uma ~** to spit
cuspe ['kuʃpi] M spit, spittle
cuspido, -a [kuʃ'pidu, a] ADJ covered in spittle; **ele é o pai ~ e escarrado** (*col*) he's the spitting image of his father
cuspir [kuʃ'piʳ] VT, VI to spit; **~ no prato em que se come** to bite the hand that feeds one
custa ['kuʃta] F: **à ~ de** at the expense of; **custas** FPL (*Jur*) costs
custar [kuʃ'taʳ] VI to cost; (*ser difícil*) to be difficult; (*demorar*) to take a long time; **~ caro** to be expensive; **~ a fazer** (*ter dificuldade*) to have trouble doing; (*demorar*) to take a long time to do; **não custa nada perguntar** there's no harm in asking
custear [kuʃ'tʃjaʳ] VT to bear the cost of
custeio [kuʃ'teju] M funding; (*relação de custos*) costing
custo ['kuʃtu] M cost; **a ~** with difficulty; **a todo ~** at all costs
custódia [kuʃ'tɔdʒja] F custody
CUT (BR) ABR F (= *Central Única de Trabalhadores*) *trade union*
cutelaria [kutela'ria] F knife-making
cutelo [ku'tɛlu] M cleaver
cutícula [ku'tʃikula] F cuticle
cútis ['kutʃiʃ] F INV (*pele*) skin; (*tez*) complexion
cutucada [kutu'kada] F nudge; (*com o dedo*) prod
cutucar [kutu'kaʳ] VT (*com o dedo*) to prod, poke; (*com o cotovelo*) to nudge
CVV (BR) ABR M (= *Centro de Valorização da Vida*) *Samaritan organization*
Cz$ ABR = **cruzado**
czar [kzaʳ] M czar

NB: *European Portuguese adds the following consonants to certain words*: **b** (sú(b)dito, su(b)til); **c** (a(c)ção, a(c)cionista, a(c)to); **m** (inde(m)ne); **p** (ado(p)çã, ado(p)tar); *for further details see p. xiii.*

Dd

D, d [de] (*pl* **ds**) D, d ABR = **Dom; Dona;** (= *direito*) r; (= *deve*) d; **D de dado** D for David (*Brit*) *ou* dog (*US*)
d/ ABR = **dia**
da [da] = **de + a**
dá [da] VB *v* **dar**
DAC (BR) ABR M = **Departamento de Aviação Civil**
dactilografar *etc* [datilogra'fa^{r}] (PT) = **datilografar** *etc*
dadaísmo [dada'iʒmu] M Dadaism
dádiva ['dadʒiva] F (*donativo*) donation; (*oferta*) gift
dadivoso, -a [dadʒi'vozu, ɔza] ADJ generous
dado, -a ['dadu, a] ADJ given; (*sociável*) sociable
■ M (*em jogo*) die; (*fato*) fact; (*Comput*) piece of data; **dados** MPL (*em jogo*) dice; (*fatos, Comput*) data *sg*; **ser ~ a algo** to be prone *ou* given to sth; **em ~ momento** at a given moment; **~ que** (*suposto que*) supposing that; (*uma vez que*) given that
daí [da'ji] ADV = **de + aí**; (*desse lugar*) from there; (*desse momento*) from then; (*col*: *num relato*) then; **~ a um mês** a month later; **~ por** *ou* **em diante** from then on; **e ~?** (*col*) so what?
dali [da'li] ADV = **de + ali** from there
dália ['dalja] F dahlia
daltônico, -a [daw'toniku, a] ADJ colour-blind (*Brit*), color-blind (*US*)
daltonismo [dawto'niʒmu] M colour (*Brit*) *ou* color (*US*) blindness
dama ['dama] F lady; (*Xadrez, Cartas*) queen; **damas** FPL (*jogo*) draughts (*Brit*), checkers (*US*); **~ de honra** bridesmaid
Damasco [da'maʃku] N Damascus
damasco [da'maʃku] M (*fruta*) apricot; (*tecido*) damask
danação [dana'sãw] F damnation; (*travessura*) mischief, naughtiness
danado, -a [da'nadu, a] ADJ (*condenado*) damned; (*zangado*) furious, angry; (*menino*) mischievous, naughty; **cão ~** mad dog; **ela está com uma fome/dor danada** she's really hungry/got a terrible pain; **uma gripe danada/um susto ~** a really bad case of flu/a hell of a fright; **ele é ~ de bom** (*col*) he's really good; **ser ~ em algo** to be really good at sth
danar-se [dã'naxsi] VR (*enfurecer-se*) to get furious; **dane-se!** (*col*) damn it!; **danou-se!** (*col*) oh, gosh!
dança ['dãsa] F dance; **entrar na ~** to get involved; **dançar** [dã'sa^{r}] VI to dance; (*col*: *pessoa*: *sair-se mal*) to lose out; (: *em exame*) to fail; (: *coisa*) to go by the board
dançarino, -a [dãsa'rinu, a] M/F dancer
danceteria [dãsete'ria] F disco(theque)
dancing ['dãsĩŋ] M dance hall
danificar [danifi'ka^{r}] VT (*objeto*) to damage
daninho, -a [da'niɲu, a] ADJ harmful; (*gênio*) nasty
dano ['danu] M (*tb*: **danos**) damage; (*moral*) harm; (*a uma pessoa*) injury
danoso, -a [da'nozu, ɔza] ADJ (*a uma pessoa*) harmful; (*a uma coisa*) damaging
dantes ['dãtʃiʃ] ADV before, formerly
Danúbio [da'nubju] M: **o ~** the Danube
daquele, -a [da'kɛli, a] = **de + aquele**; *v* **aquele**
daqui [da'ki] ADV = **de + aqui**; (*deste lugar*) from here; **~ a pouco** soon, in a little while; **~ a uma semana** a week from now, in a week's time; **~ em diante** from now on
daquilo [da'kilu] = **de + aquilo**

PALAVRA CHAVE

dar [da^{r}] VT **1** (*ger*) to give; (*festa*) to hold; (*problemas*) to cause; **dar algo a alguém** to give sb sth, give sth to sb; **dar de beber a alguém** to give sb a drink; **dar aula de francês** to teach French
2 (*produzir*: *fruta etc*) to produce
3 (*notícias no jornal*) to publish
4 (*cartas*) to deal
5 (*+ n*: *perífrase de vb*): **me dá medo/pena** it frightens/upsets me
■ VI **1**: **dar com** (*coisa*) to find; (*pessoa*) to meet
2: **dar em** (*bater*) to hit; (*resultar*) to lead to; (*lugar*) to come to
3: **dá no mesmo** it's all the same
4: **dar de si** (*sapatos etc*) to stretch, give
5: **dar para** (*impess*: *ser possível*): **dá para trocar dinheiro aqui?** can I change money here?; **vai dar para eu ir amanhã** I'll be able to go tomorrow; **dá para você vir amanhã — não,**

amanhã não vai dar can you come tomorrow? — no, I can't
6: **dar para** (*ser suficiente*): **dar para/para fazer** to be enough for/to do; **dá para todo mundo?** is there enough for everyone?
dar-se VR **1** (*sair-se*): **dar-se bem/mal** to do well/badly
2: **dar-se (com alguém)** to be acquainted (with sb); **dar-se bem (com alguém)** to get on well (with sb)
3: **dar-se por vencido** to give up

Dardanelos [daxda'nɛluʃ] MPL: **os ~** the Dardanelles
dardo ['daxdu] M dart; (*grande*) spear
das [daʃ] = **de + as**
data ['data] F date; (*época*) time; **de longa ~** of long standing
datação [data'sãw] F dating
datar [da'ta^{r}] VT to date ■ VI: **~ de** to date from
datilografar [datʃilogra'fa^{r}] VT to type; **datilografia** [datʃilogra'fia] F typing; **datilógrafo, -a** [datʃi'lɔgrafu, a] M/F typist (*Brit*), stenographer (*US*)
dativo, -a [da'tʃivu, a] ADJ dative ■ M dative
d.C. ABR (= *depois de Cristo*) A.D.
DDD ABR F (= *discagem direta a distância*) STD (*Brit*), ≈ direct dialling
DDI ABR F (= *discagem direta internacional*) IDD

PALAVRA CHAVE

de [dʒi] (*de + o(s)/a(s) = do(s)/da(s); + ele(s)/a(s) = dele(s)/a(s); + esse(s)/a(s) = desse(s)/a(s); + isso = disso; + este(s)/a(s) = deste(s)/a(s); + isto = disto; + aquele(s)/a(s) = daquele(s)/a(s); + aquilo = daquilo*) PREP **1** (*posse*) of; **a casa de João/da irmã** João's/my sister's house; **é dele** it's his; **um romance de** a novel by
2 (*origem, distância, com números*) from; **sou de São Paulo** I'm from São Paulo; **de 8 a 20** from 8 to 20; **sair do cinema** to leave the cinema; **de dois em dois** two by two, two at a time
3 (*valor descritivo*): **um copo de vinho** a glass of wine; **um homem de cabelo comprido** a man with long hair; **o infeliz do homem** (*col*) the poor man; **um bilhete de avião** an air ticket; **uma criança de três anos** a three-year-old (child); **uma máquina de costurar** a sewing machine; **aulas de inglês** English lessons; **feito de madeira** made of wood; **vestido de branco** dressed in white
4 (*modo*): **de trem/avião** by train/plane; **de lado** sideways
5 (*hora, tempo*): **às 8 da manhã** at 8 o'clock in the morning; **de dia/noite** by day/night; **de hoje a oito dias** a week from now; **de dois em dois dias** every other day
6 (*comparações*): **mais/menos de cem pessoas** more/less than a hundred people; **é o mais caro da loja** it's the most expensive in the shop; **ela é mais bonita do que sua irmã** she's prettier than her sister; **gastei mais do que pretendia** I spent more than I intended
7 (*causa*): **estou morto de calor** I'm boiling hot; **ela morreu de câncer** she died of cancer
8 (*adj + de + infin*): **fácil de entender** easy to understand

dê *etc* [de] VB *v* **dar**
deão [dʒi'ãw] (*pl* **-s**) M dean
debaixo [de'bajʃu] ADV below, underneath ■ PREP: **~ de** under, beneath
debalde [de'bawdʒi] ADV in vain
debandada [debã'dada] F stampede; **em ~** in confusion
debandar [debã'da^{r}] VT to put to flight ■ VI to disperse
debate [de'batʃi] M (*discussão*) discussion, debate; (*disputa*) argument; **debater** [deba'te^{r}] VT to debate; (*discutir*) to discuss; **debater-se** VR to struggle
débeis ['debejʃ] PL *de* **débil**
debelar [debe'la^{r}] VT to put down, suppress; (*crise*) to overcome; (*doença*) to cure
debênture [de'bẽturi] F (*Com*) debenture
debicar [debi'ka^{r}] VT (*caçoar*) to make fun of
débil ['debiw] (*pl* **-eis**) ADJ (*pessoa*) weak, feeble; (*Psico*) retarded ■ M: **~ mental** mentally handicapped person; (*col*: *ofensivo*) moron; **debilidade** [debili'dadʒi] F weakness; **debilidade mental** mental handicap
debilitação [debilita'sãw] F weakening
debilitante [debili'tãtʃi] ADJ debilitating
debilitar [debili'ta^{r}] VT to weaken; **debilitar-se** VR to become weak, weaken
debilóide [debi'lɔjdʒi] (*col*) ADJ idiotic ■ M/F idiot
debique [de'biki] M mockery, ridicule
debitar [debi'ta^{r}] VT to debit; **~ a conta de alguém em $40** to debit sb's account by $40; **~ $40 à** *ou* **na conta de alguém** to debit $40 to sb's account; **débito** ['dɛbitu] M debit
debochado, -a [debo'ʃadu, a] ADJ (*pessoa*) sardonic; (*jeito, tom*) mocking ■ M/F sardonic person
debochar [debo'ʃa^{r}] VT to mock ■ VI: **~ de** to mock
deboche [de'bɔʃi] M gibe
debruar [de'brwa^{r}] VT (*roupa*) to edge; (*desenho*) to adorn
debruçar [debru'sa^{r}] VT to bend over; **debruçar-se** VR to bend over; (*inclinar-se*) to lean over; **~-se na janela** to lean out of the window
debrum [de'brũ] M edging
debulha [de'buʎa] F (*de trigo*) threshing
debulhar [debu'ʎa^{r}] VT (*grão*) to thresh; (*descascar*) to shell; **debulhar-se** VR: **debulhar-**

NB: *European Portuguese adds the following consonants to certain words*: **b** (sú(b)dito, su(b)til); **c** (a(c)ção, a(c)cionista, a(c)to); **m** (inde(m)ne); **p** (ado(p)çã, ado(p)tar); *for further details see p. xiii.*

se em lágrimas to burst into tears
debutante [debu'tãtʃi] F débutante
debutar [debu'ta^{r}] VI to appear for the first time, make one's début
década ['dɛkada] F decade
decadência [deka'dẽsja] F decadence
decadente [deka'dẽtʃi] ADJ decadent
decair [deka'i^{r}] VI to decline; (*restaurante etc*) to go downhill; (*pressão, velocidade*) to drop; (*planta*) to wilt
decalcar [dekaw'ka^{r}] VT to trace; (*fig*) to copy
decalque [de'kawki] M tracing
decano [de'kanu] M oldest member
decantar [dekã'ta^{r}] VT (*líquido*) to decant; (*purificar*) to purify
decapitar [dekapi'ta^{r}] VT to behead, decapitate
decatlo [de'katlu] M decathlon
decência [de'sẽsja] F decency
decênio [de'senju] M decade
decente [de'sẽtʃi] ADJ decent; (*apropriado*) proper; (*honrado*) honourable (*Brit*), honorable (*US*); (*trabalho*) neat, presentable; **decentemente** [desẽtʃi'mẽtʃi] ADV (*com decoro*) decently; (*apropriadamente*) properly; (*honradamente*) honourably (*Brit*), honorably (*US*)
decepar [dese'pa^{r}] VT to cut off, chop off
decepção [desep'sãw] (*pl* **-ões**) F disappointment; (*desilusão*) disillusionment; **decepcionar** [desepsjo'na^{r}] VT to disappoint, let down; (*desiludir*) to disillusion; **decepcionar-se** VR to be disappointed; to be disillusioned; **o filme decepcionou** the film was disappointing
decepções [desep'sõjʃ] FPL *de* **decepção**
decerto [dʒi'sɛxtu] ADV certainly
decidido, -a [desi'dʒidu, a] ADJ (*pessoa*) determined; (*questão*) resolved
decidir [desi'dʒi^{r}] VT (*determinar*) to decide; (*solucionar*) to resolve; **decidir-se** VR: **decidir-se a** to make up one's mind to; **~-se por** to decide on, go for
decíduo, -a [de'sidwu, a] ADJ (*Bot*) deciduous
decifrar [desi'fra^{r}] VT to decipher; (*futuro*) to foretell; (*compreender*) to understand
decifrável (*pl* **-eis**) ADJ decipherable
decimal [desi'maw] (*pl* **-ais**) ADJ decimal ■ M (*número*) decimal
décimo, -a ['dɛsimu, a] ADJ tenth ■ M tenth; *v tb* **quinto**
decisão [desi'zãw] (*pl* **-ões**) F decision; (*capacidade de decidir*) decisiveness, resolution; **decisivo, -a** [desi'zivu, a] ADJ (*fator*) decisive; (*jogo*) deciding
decisões [desi'zõjʃ] FPL *de* **decisão**
declamação [deklama'sãw] F (*de poema*) recitation; (*pej*) ranting
declamar [dekla'ma^{r}] VT (*poemas*) to recite ■ VI (*pej*) to rant
declaração [deklara'sãw] (*pl* **-ões**) F declaration; (*depoimento*) statement; (*revelação*) revelation; **~ de amor** proposal; **~ de imposto de renda** income tax return; **~ juramentada** affidavit
declarado, -a [dekla'radu, a] ADJ (*intenção*) declared; (*opinião*) professed; (*inimigo*) sworn; (*alcoólatra*) self-confessed; (*cristão etc*) avowed
declarante [dekla'rãtʃi] M/F (*Jur*) witness
declarar [dekla'ra^{r}] VT to declare; (*confessar*) to confess
Dec-lei [dek-] ABR M = **decreto-lei**
declinação [deklina'sãw] (*pl* **-ões**) F (*Ling*) declension
declinar [dekli'na^{r}] VT (*recusar*) to decline, refuse; (*nomes*) to give; (*Ling*) to decline ■ VI (*sol*) to go down; (*terreno*) to slope down; **declínio** [de'klinju] M decline
declive [de'klivi] M slope, incline
decô [de'ko] ADJ INV Art-Deco
decodificador [dekodʒifika'do^{r}] M (*Comput*) decoder
decodificar [dekodʒifi'ka^{r}] VT to decode
decolagem [deko'laʒẽ] (*pl* **-ns**) F (*Aer*) take-off
decolar [deko'la^{r}] VI (*Aer*) to take off
decompor [dekõ'po^{r}] (*irreg*) VT (*analisar*) to analyse; (*apodrecer*) to rot; (*rosto*) to contort; **decompor-se** VR to rot, decompose
decomposição [dekõpozi'sãw] (*pl* **-ões**) F (*apodrecimento*) decomposition; (*análise*) dissection; (*do rosto*) contortion
decomposto, -a [dekõ'poʃtu, a] PP *de* **decompor**
decompunha *etc* [dekõ'puɲa] VB *v* **decompor**
decompus *etc* [dekõ'puʃ] VB *v* **decompor**
decompuser *etc* [dekõpu'ze^{r}] VB *v* **decompor**
decoração [dekora'sãw] F decoration; (*Teatro*) scenery
decorar [deko'ra^{r}] VT to decorate; (*aprender*) to learn by heart; **decorativo, -a** [dekora'tʃivu, a] ADJ decorative
decoro [de'koru] M (*decência*) decency; (*dignidade*) decorum
decoroso, -a [deko'rozu, ɔza] ADJ decent, respectable
decorrência [deko'xẽsja] F consequence, result; **em ~ de** as a result of
decorrente [deko'xẽtʃi] ADJ: **~ de** resulting from
decorrer [deko'xe^{r}] VI (*tempo*) to pass; (*acontecer*) to take place, happen ■ M: **no ~ de** in the course of; **~ de** to result from
decotado, -a [deko'tadu, a] ADJ (*roupa*) low-cut
decote [de'kɔtʃi] M (*de vestido*) low neckline
decrépito, -a [de'krɛpitu, a] ADJ decrepit
decrescente [dekre'sẽtʃi] ADJ decreasing, diminishing
decrescer [dekre'se^{r}] VI to decrease, diminish
decréscimo [de'krɛsimu] M decrease, decline
decretação [dekreta'sãw] (*pl* **-ões**) F announcement; (*de estado de sítio*) declaration
decretar [dekre'ta^{r}] VT to decree, order; (*estado de sítio*) to declare; (*anunciar*) to announce; (*determinar*) to determine; **decreto** [de'krɛtu] M decree, order; **nem por decreto** not for love nor money
decreto-lei (*pl* **decretos-leis**) M act, law
decúbito [de'kubitu] M: **em ~** recumbent
decurso [de'kuxsu] M (*tempo*) course; **no ~ de** in

the course of, during

dedal [de'daw] (*pl* **-ais**) M thimble

dedão [de'dãw] (*pl* **-ões**) M thumb; (*do pé*) big toe

dedetização [dedetʃiza'sãw] F spraying with insecticide

dedetizar [dedetʃi'zaʳ] VT to spray with insecticide

dedicação [dedʒika'sãw] F dedication; (*devotamento*) devotion

dedicado, -a [dedʒi'kadu, a] ADJ (*tb: Comput*) dedicated

dedicar [dedʒi'kaʳ] VT (*poema*) to dedicate; (*tempo, atenção*) to devote; **dedicar-se** VR: **dedicar-se a** to devote o.s. to; **dedicatória** [dedʒika'tɔrja] F (*de obra*) dedication

dedilhar [dedʒi'ʎaʳ] VT (*Mús: no braço*) to finger; (: *nas cordas*) to pluck

dedo ['dedu] M finger; (*do pé*) toe; **dois ~s (de)** a little bit (of); **escolher a ~** to handpick; **~ anular** ring finger; **~ indicador** index finger; **~ mínimo** *ou* **mindinho** little finger; **~ polegar** thumb

dedo-duro (*pl* **dedos-duros**) (*col*) M (*criminoso*) grass; (*criança*) sneak, tell-tale

dedões [de'dõjʃ] MPL *de* **dedão**

dedução [dedu'sãw] (*pl* **-ões**) F deduction

dedurar [dedu'raʳ] (*col*) VT: **~ alguém** (*criminoso*) to grass on sb; (*colega etc*) to drop sb in it

dedutivo, -a [dedu'tʃivu, a] ADJ deductive

deduzir [dedu'ziʳ] VT to deduct; (*concluir*): **~ (de)** to deduce, infer (from) ■ VI (*concluir*) to deduce, infer

defasado, -a [defa'zadu, a] ADJ: **~ (de)** out of step (with)

defasagem [defa'zaʒẽ] (*pl* **-ns**) F discrepancy

defecar [defe'kaʳ] VI to defecate

defecção [defek'sãw] (*pl* **-ões**) F defection; (*deserção*) desertion

defectivo, -a [defek'tʃivu, a] ADJ faulty, defective; (*Ling*) defective

defeito [de'fejtu] M defect, flaw; **pôr ~s em** to find fault with; **com ~** broken, out of order; **para ninguém botar ~** (*col*) perfect; **defeituoso, -a** [defej'twozu, ɔza] ADJ defective, faulty

defender [defẽ'derʳ] VT (*ger, Jur*) to defend; (*proteger*) to protect; **defender-se** VR to stand up for o.s.; (*numa língua*) to get by; **~-se de** (*de ataque*) to defend o.s. against; (*do frio etc*) to protect o.s. against

defensável [defẽ'savew] (*pl* **-eis**) ADJ defensible

defensiva [defẽ'siva] F defensive; **estar** *ou* **ficar na ~** to be on the defensive

defensor, a [defẽ'sorʳ(a)] M/F defender; (*Jur*) defending counsel

deferência [defe'rẽsja] F (*condescendência*) deference; (*respeito*) respect

deferente [defe'rẽtʃi] ADJ deferential

deferimento [deferi'mẽtu] M (*de dinheiro, pedido, petição*) granting; (*de prêmio, condecoração*) awarding; (*aceitação*) acceptance

deferir [defe'riʳ] VT (*pedido, petição*) to grant; (*prêmio, condecoração*) to award ■ VI: **~ a** (*pedido, petição*) to concede to; (*sugestão*) to accept

defesa [de'feza] F defence (*Brit*), defense (*US*); (*Jur*) counsel for the defence ■ M (*Futebol*) back

deficiência [defi'sjẽsja] F deficiency

deficiente [defi'sjẽtʃi] ADJ (*imperfeito*) defective; (*carente*): **~ (em)** deficient (in)

déficit ['dɛfisitʃi] (*pl* **-s**) M deficit

deficitário, -a [defisi'tarju, a] ADJ in deficit

definhar [defi'naʳ] VT to debilitate ■ VI (*consumir-se*) to waste away; (*Bot*) to wither

definição [defini'sãw] (*pl* **-ões**) F definition

definir [defi'niʳ] VT to define; **definir-se** VR (*decidir-se*) to make a decision; (*explicar-se*) to make one's position clear; **~-se a favor de/contra algo** to come out in favo(u)r of/against sth; **~-se como** to describe o.s. as

definitivamente [definitʃiva'mẽtʃi] ADV (*finalmente*) definitively; (*permanentemente*) for good; (*sem dúvida*) definitely

definitivo, -a [defini'tʃivu, a] ADJ (*final*) final, definitive; (*permanente*) permanent; (*resposta, data*) definite

definível (*pl* **-eis**) ADJ definable

defiro *etc* [de'firu] VB *v* **deferir**

deflação [defla'sãw] F deflation

deflacionar [deflasjo'naʳ] VT to deflate

deflacionário, -a [deflasjo'narju, a] ADJ deflationary

deflagração [deflagra'sãw] (*pl* **-ões**) F explosion; (*fig*) outbreak

deflagrar [defla'graʳ] VI to explode; (*fig*) to break out ■ VT to set off; (*fig*) to trigger

deflorar [deflo'raʳ] VT to deflower

deformação [defoxma'sãw] (*pl* **-ões**) F loss of shape; (*de corpo*) deformation; (*de imagem, pensamento*) distortion

deformar [defox'maʳ] VT to put out of shape; (*corpo*) to deform; (*imagem, pensamento*) to distort; **deformar-se** VR to lose shape; to be deformed; to become distorted

deformidade [defoxmi'dadʒi] F deformity

defraudação [defrawda'sãw] (*pl* **-ões**) F fraud; (*de dinheiro*) embezzlement

defraudar [defraw'daʳ] VT (*dinheiro*) to embezzle; (*uma pessoa*) to defraud; **~ alguém de algo** to cheat sb of sth

defrontar [defrõ'taʳ] VT to face ■ VI: **~ com** to face; (*dar com*) to come face to face with; **defrontar-se** VR to face each other

defronte [de'frõtʃi] ADV opposite ■ PREP: **~ de** opposite

defumado, -a [defu'madu, a] ADJ smoked

defumar [defu'maʳ] VT (*presunto*) to smoke; (*perfumar*) to perfume

defunto, -a [de'fũtu, a] ADJ dead ■ M/F dead person

NB: *European Portuguese adds the following consonants to certain words:* **b** (sú(b)dito, su(b)til); **c** (a(c)ção, a(c)cionista, a(c)to); **m** (inde(m)ne); **p** (ado(p)çã, ado(p)tar); *for further details see p. xiii.*

degelar [deʒe'lar] VT to thaw; (*geladeira*) to defrost ■ VI to thaw out; to defrost
degelo [de'ʒelu] M thaw
degeneração [deʒenera'sãw] F (*processo*) degeneration; (*estado*) degeneracy
degenerar [deʒene'rar] VI: **~ (em)** to degenerate (into); **degenerar-se** VR to become degenerate
deglutir [deglu'tʃir] VT, VI to swallow
degolação [degola'sãw] (*pl* **-ões**) F beheading, decapitation
degolar [dego'lar] VT to decapitate
degradação [degrada'sãw] F degradation
degradante [degra'dãtʃi] ADJ degrading
degradar [degra'dar] VT to degrade, debase; **degradar-se** VR to demean o.s.
dégradé [degra'de] ADJ INV (*cor*) shaded off
degrau [de'graw] M step; (*de escada de mão*) rung
degredar [degre'dar] VT to exile
degredo [de'gredu] M exile
degringolar [degrĩgo'lar] VI (*cair*) to tumble down; (*fig*) to collapse; (: *deteriorar-se*) to deteriorate; (*desorganizar-se*) to get messed up
degustação [deguʃta'sãw] (*pl* **-ões**) F tasting, sampling; (*saborear*) savouring (*Brit*), savoring (*US*)
degustar [deguʃ'tar] VT (*provar*) to taste; (*saborear*) to savour (*Brit*), savor (*US*)
dei *etc* [dej] VB *v* **dar**
deificar [dejfi'kar] VT to deify
deitada [dej'tada] (*col*) F: **dar uma ~** to have a lie-down
deitado, -a [dej'tadu, a] ADJ (*estendido*) lying down; (*na cama*) in bed
deitar [dej'tar] VT to lay down; (*na cama*) to put to bed; (*colocar*) to put, place; (*lançar*) to cast; (*PT: líquido*) to pour; **deitar-se** VR to lie down; to go to bed; **~ sangue** (*PT*) to bleed; **~ abaixo** to knock down, flatten; **~ a fazer algo** to start doing sth; **~ uma carta** (*PT*) to post a letter; **~ fora** (*PT*) to throw away *ou* out; **~ e rolar** (*col*) to do as one likes
deixa ['dejʃa] F clue, hint; (*Teatro*) cue; (*chance*) chance
deixar [dej'ʃar] VT to leave; (*abandonar*) to abandon; (*permitir*) to let, allow ■ VI: **~ de** (*parar*) to stop; (*não fazer*) to fail to; **não posso ~ de ir** I must go; **não posso ~ de rir** I can't help laughing; **~ cair** to drop; **~ alguém louco** to drive sb crazy *ou* mad; **~ alguém cansado/nervoso** *etc* to make sb tired/nervous *etc*; **~ a desejar** to leave something to be desired; **deixa disso!** (*col*) come off it!; **deixa para lá!** (*col*) forget it!
dela ['dɛla] = **de + ela**
delação [dela'sãw] (*pl* **-ões**) F (*de pessoa: denúncia*) accusation; (: *traição*) betrayal; (*de abusos*) disclosure
delatar [dela'tar] VT (*pessoa*) to inform on; (*abusos*) to reveal; (*à polícia*) to report; **delator, a** [dela'tor(a)] M/F informer
délavé [dela've] ADJ INV (*jeans*) faded
dele ['deli] = **de + ele**
delegação [delega'sãw] (*pl* **-ões**) F delegation
delegacia [delega'sia] F office; **~ de polícia** police station
delegado, -a [dele'gadu, a] M/F delegate, representative; **~ de polícia** police chief
delegar [dele'gar] VT to delegate
deleitar [delej'tar] VT to delight; **deleitar-se** VR: **deleitar-se com** to delight in
deleite [de'lejtʃi] M delight
deleitoso, -a [delej'tozu, ɔza] ADJ delightful
deletar [dele'tar] VT (*Comput*) to delete
deletério, -a [dele'tɛrju, a] ADJ harmful
delével [de'lɛvew] (*pl* **-eis**) ADJ erasable
delgado, -a [dew'gadu, a] ADJ thin; (*esbelto*) slim, slender; (*fino*) fine
Délhi ['dɛli] N: **(Nova) ~** (New) Delhi
deliberação [delibera'sãw] (*pl* **-ões**) F deliberation; (*decisão*) decision
deliberar [delibe'rar] VT to decide, resolve ■ VI to deliberate
deliberativo, -a [delibera'tʃivu, a] ADJ (*conselho*) deliberative
delicadeza [delika'deza] F delicacy; (*cortesia*) kindness
delicado, -a [deli'kadu, a] ADJ delicate; (*frágil*) fragile; (*cortês*) polite; (*sensível*) sensitive
delícia [de'lisja] F delight; (*prazer*) pleasure; **esse bolo é uma ~** this cake is delicious; **que ~!** how lovely!; **deliciar** [deli'sjar] VT to delight; **deliciar-se** VR: **deliciar-se com algo** to take delight in sth
delicioso, -a [deli'sjozu, ɔza] ADJ lovely; (*comida, bebida*) delicious
delimitação [delimita'sãw] F delimitation
delimitar [delimi'tar] VT to delimit
delineador [delinja'dor] M (*de olhos*) eyeliner
delinear [deli'njar] VT to outline
delinqüência [delĩ'kwẽsja] F delinquency
delinqüente [delĩ'kwẽtʃi] ADJ, M/F delinquent, criminal
delinqüir [delĩ'kwir] VI to commit an offence (*Brit*) *ou* offense (*US*)
delir [de'lir] VT to erase
delirante [deli'rãtʃi] ADJ delirious; (*show, atuação*) thrilling
delirar [deli'rar] VI (*com febre*) to be delirious; (*de ódio, prazer*) to go mad, go wild
delírio [de'lirju] M (*Med*) delirium; (*êxtase*) ecstasy; (*excitação*) excitement
delirium tremens [de'liriũ 'trɛmẽs] M delirium tremens
delito [de'litu] M (*crime*) crime; (*falta*) offence (*Brit*), offense (*US*)
delonga [de'lõga] F delay; **sem mais ~s** without more ado
delongar [delõ'gar] VT to delay; **delongar-se** VR (*conversa*) to wear on; **~-se em** to dwell on
delta ['dɛwta] F delta
demagogia [demago'ʒia] F demagogy
demagógico, -a [dema'gɔʒiku, a] ADJ demagogic
demagogo [dema'gogu] M demagogue

demais [dʒi'majʃ] ADV (*em demasia*) too much; (*muitíssimo*) a lot, very much ■ PRON: **os/as ~** the rest (of them); **já é ~!** this is too much!; **é bom ~** it's really good; **foi ~** (*col*: *bacana*) it was great
demanda [de'mãda] F (*Jur*) lawsuit; (*disputa*) claim; (*requisição*) request; (*Econ*) demand; **em ~ de** in search of; **demandar** [demã'dar] VT (*Jur*) to sue; (*exigir, reclamar*) to demand; (*porto*) to head for
demão [de'mãw] (*pl* **-s**) F (*de tinta*) coat, layer
demarcação [demaxka'sãw] F demarcation
demarcar [demax'kar] VT (*delimitar*) to demarcate; (*fixar*) to mark out
demarcatório, -a [demaxka'tɔrju, a] ADJ: **linha demarcatória** demarcation line
demasia [dema'zia] F excess, surplus; (*imoderação*) lack of moderation; **em ~** (*dinheiro, comida etc*) too much; (*cartas, problemas etc*) too many
demasiadamente [demazjada'mẽtʃi] ADV too much; (*com adj*) too
demasiado, -a [dema'zjadu, a] ADJ too much; (*pl*) too many ■ ADV too much; (*com adj*) too
demência [de'mẽsja] F dementia
demente [de'mẽtʃi] ADJ insane, demented
demérito, -a [de'mɛritu, a] ADJ unworthy ■ M demerit
demissão [demi'sãw] (*pl* **-ões**) F dismissal; **pedido de ~** resignation; **pedir ~** to resign
demissionário, -a [demisjo'narju, a] ADJ resigning, outgoing
demissões [demi'sõjʃ] FPL *de* **demissão**
demitir [demi'tʃir] VT to dismiss; (*col*) to sack, fire; **demitir-se** VR to resign
democracia [demokra'sia] F democracy
democrata [demo'krata] M/F democrat
democrático, -a [demo'kratʃiku, a] ADJ democratic
democratização [demokratʃiza'sãw] F democratization
democratizar [demokratʃi'zar] VT to democratize
démodé [demo'de] ADJ INV old-fashioned
demografia [demogra'fia] F demography
demográfico, -a [demo'grafiku, a] ADJ demographic
demolição [demoli'sãw] (*pl* **-ões**) F demolition
demolir [demo'lir] VT to demolish, knock down; (*fig*) to destroy
demoníaco, -a [demo'niaku, a] ADJ devilish
demônio [de'monju] M devil, demon; (*col*: *criança*) brat
demonstração [demõʃtra'sãw] (*pl* **-ões**) F (*lição prática*) demonstration; (*de amizade*) show, display; (*prova*) proof; **~ de contas** (*Com*) statement of account; **~ de lucros e perdas** (*Com*) profit and loss statement
demonstrar [demõʃ'trar] VT (*mostrar*) to demonstrate; (*provar*) to prove; (*amizade etc*) to show
demonstrativo, -a [demõʃtra'tʃivu, a] ADJ demonstrative
demonstrável [demõ'ʃtravew] (*pl* **-eis**) ADJ demonstrable
demora [de'mɔra] F delay; (*parada*) stop; **sem ~** at once, without delay; **qual é a ~ disso?** how long will this take?; **demorado, -a** [demo'radu, a] ADJ slow; **demorar** [demo'rar] VT to delay, slow down ■ VI (*permanecer*) to stay; (*tardar a vir*) to be late; (*conserto*) to take (a long) time; **demorar-se** VR to stay for a long time, linger; **demorar a chegar** to be a long time coming; **vai demorar muito?** will it take long?; **não vou demorar** I won't be long
demover [demo'ver] VT: **~ alguém de algo** to talk sb out of sth; **demover-se** VR: **demover-se de algo** to be talked out of sth
Denatran [dena'trã] (BR) ABR M (= *Departamento Nacional de Trânsito*) ≈ Ministry of Transport
dendê [dẽ'de] M (*Culin*: *óleo*) palm oil; (*Bot*) oil palm
denegrir [dene'grir] VT to blacken; (*difamar*) to denigrate
dengo [dẽgu] M coyness; (*choro*) whimpering
dengoso, -a [dẽ'gozu, ɔza] ADJ coy; (*criança*: *choraminguento*): **ser ~** to be a crybaby
dengue ['dẽgi] M (*Med*) dengue
denigro *etc* [de'nigru] VB *v* **denegrir**
denodado, -a [deno'dadu, a] ADJ brave, daring
denominação [denomina'sãw] (*pl* **-ões**) F (*Rel*) denomination; (*título*) name; (*ato*) naming
denominador [denomina'dor] M: **~ comum** (*Mat, fig*) common denominator
denominar [denomi'nar] VT: **~ algo/alguém ...** to call sth/sb ...; **denominar-se** VR to be called; (*a si mesmo*) to call o.s.
denotar [deno'tar] VT (*indicar*) to show, indicate; (*significar*) to signify
densidade [dẽsi'dadʒi] F density; **disco de alta ~** (*Comput*) high-density disk; **disco de ~ simples/dupla** (*Comput*) single-/double-density disk
denso, -a [dẽsu, a] ADJ (*cerrado*) dense; (*espesso*) thick; (*compacto*) compact
dentada [dẽ'tada] F bite
dentado, -a [dẽ'tadu, a] ADJ serrated
dentadura [dẽta'dura] F teeth *pl*, set of teeth; (*artificial*) dentures *pl*
dental [dẽ'taw] (*pl* **-ais**) ADJ dental
dentário, -a [dẽ'tarju, a] ADJ dental
dente ['dẽtʃi] M tooth; (*de animal*) fang; (*de elefante*) tusk; (*de alho*) clove; **falar entre os ~s** to mutter, mumble; **~ de leite/do siso** milk/wisdom tooth; **~s postiços** false teeth
dente-de-leão (*pl* **dentes-de-leão**) M dandelion
Dentel [dẽ'tɛw] (BR) ABR M = **Departamento Nacional de Telecomunicações**
dentição [dẽtʃi'sãw] F (*formação dos dentes*)

NB: *European Portuguese adds the following consonants to certain words*: **b** (sú(b)dito, su(b)til); **c** (a(c)ção, a(c)cionista, a(c)to); **m** (inde(m)ne); **p** (ado(p)çã, ado(p)tar); *for further details see p. xiii.*

teething; (*dentes*) teeth *pl*; **primeira ~** milk teeth; **segunda ~** second teeth
dentifrício [dẽtʃi'frisju] M toothpaste
dentina [dẽ'tʃina] F dentine
dentista [dẽ'tʃiʃta] M/F dentist
dentre ['dẽtri] PREP (from) among
dentro ['dẽtru] ADV inside ■ PREP: **~ de** inside; (*tempo*) (with)in; **~ pouco** *ou* **em breve** soon, before long; **de ~ para fora** inside out; **dar uma ~** (*col*) to get it right; **aí ~** in there; **por ~** on the inside; **estar por ~** (*col*: *fig*) to be in the know; **estar por ~ de algo** (*col*: *fig*) to know the ins and outs of sth
dentuça [dẽ'tusa] F buck teeth *pl*; *v tb* **dentuço**
dentuço, -a [dẽ'tusu, a] ADJ buck-toothed ■ M/F buck-toothed person; **ser ~** to have buck teeth
denúncia [de'nũsja] F denunciation; (*acusação*) accusation; (*de roubo*) report; **denunciar** [denũ'sjaʳ] VT (*acusar*) to denounce; (*delatar*) to inform on; (*revelar*) to reveal
deparar [depa'raʳ] VT (*revelar*) to reveal; (*fazer aparecer*) to present ■ VI: **~ com** to come across, meet; **deparar-se** VR: **deparar-se com** to come across, meet
departamental [depaxtamẽ'taw] (*pl* **-ais**) ADJ departmental
departamento [depaxta'mẽtu] M department; **D~ de Marcas e Patentes** Patent Office
depauperar [depawpe'raʳ] VT: **~ algo/alguém** to bleed sth/sb dry
depenar [depe'naʳ] VT to pluck; (*col*: *roubar*) to clean out
dependência [depẽ'dẽsja] F dependence; (*edificação*) annexe (*Brit*), annex (*US*); (*colonial*) dependency; (*cômodo*) room
dependente [depẽ'dẽtʃi] M/F dependant
depender [depẽ'deʳ] VI: **~ de** to depend on
dependurar [depẽdu'raʳ] VI to hang
depilação [depila'sãw] (*pl* **-ões**) F depilation
depilador, a [depila'doʳ(a)] M/F beauty therapist
depilar [depi'laʳ] VT to wax; **~ as pernas** (*mandar fazer*) to have one's legs done; (*fazer sozinho*) to do one's legs; **depilatório** [depila'tɔrju] M hair-remover
deplorar [deplo'raʳ] VT (*lamentar*) to regret; (*morte, perda*) to lament
deplorável [deplo'ravew] (*pl* **-eis**) ADJ deplorable; (*lamentável*) regrettable
depoente [de'pwẽtʃi] M/F witness
depoimento [depoj'mẽtu] M testimony, evidence; (*na polícia*) statement
depois [de'pojʃ] ADV afterwards ■ PREP: **~ de** after; **~ de comer** after eating; **~ que** after
depor [de'poʳ] (*irreg*) VT (*pôr*) to place; (*indicar*) to indicate; (*rei*) to depose; (*governo*) to overthrow ■ VI (*Jur*) to testify, give evidence; (*na polícia*) to give a statement; **esses fatos depõem contra/a favor dele** these facts speak against him/in his favo(u)r
deportação [depoxta'sãw] (*pl* **-ões**) F deportation
deportar [depox'taʳ] VT to deport
deposição [depozi'sãw] (*pl* **-ões**) F deposition; (*governo*) overthrow
depositante [depozi'tãtʃi] M/F depositor ■ ADJ depositing
depositar [depozi'taʳ] VT to deposit; (*voto*) to cast; (*colocar*) to place; **depositar-se** VR (*líquido*) to form a deposit; **~ confiança em** to place one's confidence in
depositário, -a [depozi'tarju, a] M/F trustee; (*fig*) confidant(e)
depósito [de'pɔzitu] M deposit; (*armazém*) warehouse, depot; (*de lixo*) dump; (*reservatório*) tank; **~ a prazo fixo** fixed-term deposit; **~ de bagagens** left-luggage office (*Brit*), checkroom (*US*)
depravação [deprava'sãw] F depravity, corruption
depravado, -a [depra'vadu, a] ADJ depraved ■ M/F degenerate
depravar [depra'vaʳ] VT to deprave, corrupt; (*estragar*) to ruin; **depravar-se** VR to become depraved
deprecar [depre'kaʳ] VT to beg for, pray for ■ VI to plead
depreciação [depresja'sãw] F depreciation
depreciador, a [depresja'doʳ(a)] ADJ deprecatory
depreciar [depre'sjaʳ] VT (*desvalorizar*) to devalue; (*Com*) to write down; (*menosprezar*) to belittle; **depreciar-se** VR to depreciate, lose value; (*menosprezar-se*) to belittle o.s.
depredação [depreda'sãw] F depredation
depredador, a [depreda'doʳ(a)] ADJ destructive ■ M/F vandal
depredar [depre'daʳ] VT to wreck
depreender [deprjẽ'deʳ] VT: **~ algo/que ... (de algo)** to gather sth/that ... (from sth)
depressa [dʒi'prɛsa] ADV fast, quickly; **vamos ~** let's get a move on!
depressão [depre'sãw] (*pl* **-ões**) F depression
depressivo, -a [depre'sivu, a] ADJ depressive
depressões [depre'sõjʃ] FPL *de* **depressão**
deprimente [depri'mẽtʃi] ADJ depressing
deprimido, -a [depri'midu, a] ADJ depressed
deprimir [depri'miʳ] VT to depress; **deprimir-se** VR to get depressed
depuração [depura'sãw] F purification
depurar [depu'raʳ] VT to purify; (*Comput*: *programa*) to debug
deputado, -a [depu'tadu, a] M/F deputy; (*agente*) agent; (*Pol*) ≈ Member of Parliament (*Brit*), ≈ Representative (*US*)
deputar [depu'taʳ] VT to delegate
deque ['dɛki] M deck
DER (BR) ABR M (= *Departamento de Estradas de Rodagem*) *state highways department*
der *etc* [deʳ] VB *v* **dar**
deriva [de'riva] F drift; **ir à ~** to drift; **ficar à ~** to be adrift
derivação [deriva'sãw] (*pl* **-ões**) F derivation
derivar [deri'vaʳ] VT (*desviar*) to divert; (*Ling*) to

derive ■ VI (*ir à deriva*) to drift; **derivar-se** VR (*palavra*) to be derived; (*ir à deriva*) to drift; (*provir*): **derivar(-se) (de)** to derive *ou* be derived (from)

dermatologia[dexmatolo'ʒia] F dermatology

dermatologista[dexmatolo'ʒiʃta] M/F dermatologist

dernier cri[dex'nje 'kri] M last word

derradeiro, -a[dexa'dejru, a] ADJ last, final

derramamento[dexama'mẽtu] M spilling; (*de sangue, lágrimas*) shedding

derramar[dexa'ma^{r}] VT (*sem querer*) to spill; (*entornar*) to pour; (*sangue, lágrimas*) to shed; **derramar-se** VR to pour out

derrame[de'xami] M haemorrhage (*Brit*), hemorrhage (*US*)

derrapagem[dexa'paʒẽ] (*pl* **-ns**) F skid; (*ação*) skidding

derrapar[dexa'pa^{r}] VI to skid

derredor[dexe'do^{r}] ADV, PREP: **em ~ (de)** around

derreter[dexe'te^{r}] VT to melt; **derreter-se** VR to melt; (*coisa congelada*) to thaw; (*enternecer-se*) to be touched; **~ alguém** to win sb's heart; **~-se por alguém** to fall for sb

derretido, -a[dexe'tʃidu, a] ADJ melted; (*enternecido*) touched; (*apaixonado*) smitten; **estar ~ por alguém** to be crazy about sb

derrocada[dexo'kada] F downfall; (*ruína*) collapse

derrogação[dexoga'sãw] (*pl* **-ões**) F amendment

derrota[de'xɔta] F defeat, rout; (*Náut*) route; **derrotar**[dexo'ta^{r}] VT (*vencer*) to defeat; (*em jogo*) to beat

derrubar[dexu'ba^{r}] VT to knock down; (*governo*) to bring down; (*suj: doença*) to lay low; (*col: prejudicar*) to put down

desabafar[dʒizaba'fa^{r}] VT (*sentimentos*) to give vent to ■ VI: **~ (com)** to unburden o.s. (to); **desabafar-se** VR: **desabafar-se (com)** to unburden o.s. (to); **desabafo**[dʒiza'bafu] M confession

desabalado, -a[dʒizaba'ladu, a] ADJ: **correr/sair ~** to run headlong/rush out

desabamento[dʒizaba'mẽtu] M collapse

desabar[dʒiza'ba^{r}] VI (*edifício, ponte*) to collapse; (*chuva*) to pour down; (*tempestade*) to break

desabilitar[dʒizabili'ta^{r}] VT: **~ alguém a** *ou* **para (fazer) algo** to bar sb from (doing) sth

desabitado, -a[dʒizabi'tadu, a] ADJ uninhabited

desabituar[dʒizabi'twa^{r}] VT: **~ alguém de (fazer) algo** to get sb out of the habit of (doing) sth; **desabituar-se** VR: **desabituar-se de (fazer) algo** to get out of the habit of (doing) sth

desabonar[dʒizabo'na^{r}] VT to discredit; **desabonar-se** VR to be discredited

desabotoar[dʒizabo'twa^{r}] VT to unbutton

desabrido, -a[dʒiza'bridu, a] ADJ rude, brusque

desabrigado, -a[dʒizabri'gadu, a] ADJ (*sem casa*) homeless; (*exposto*) exposed

desabrigar[dʒizabri'ga^{r}] VT to make homeless

desabrochar[dʒizabro'ʃa^{r}] VI (*flores, fig*) to blossom ■ M blossoming

desabusado, -a[dʒizabu'zadu, a] ADJ (*sem preconceitos*) unprejudiced; (*atrevido*) impudent

desacatar[dʒizaka'ta^{r}] VT (*desrespeitar*) to have *ou* show no respect for; (*afrontar*) to defy; (*desprezar*) to scorn ■ VI (*col*) to be amazing; **desacato**[dʒiza'katu] M (*falta de respeito*) disrespect; (*desprezo*) disregard; (*col*): **ele é um desacato** he's amazing

desaceleração[dʒizaselera'sãw] F (*tb: Econ*) slowing down

desacelerar[dʒizasele'ra^{r}] VT to slow down

desacerto[dʒiza'sextu] M mistake, blunder

desacomodar[dʒizakomo'da^{r}] VT to move out

desacompanhado, -a[dʒizakõpa'ɲadu, a] ADJ on one's own, alone

desaconselhar[dʒizakõse'ʎa^{r}] VT: **~ algo (a alguém)** to advise (sb) against sth

desaconselhável[dʒizakõse'ʎavew] (*pl* **-eis**) ADJ inadvisable

desacordado, -a[dʒizakox'dadu, a] ADJ unconscious

desacordo[dʒiza'koxdu] M (*falta de acordo*) disagreement; (*desarmonia*) discord

desacostumado, -a[dʒizakoʃtumadu, a] ADJ unaccustomed

desacostumar[dʒizakoʃtu'ma^{r}] VT: **~ alguém de algo** to get sb out of the habit of sth; **desacostumar-se** VR: **desacostumar-se de algo** to give sth up

desacreditado, -a[dʒizakredʒi'tadu, a] ADJ discredited

desacreditar[dʒizakredʒi'ta^{r}] VT to discredit; **desacreditar-se** VR to lose one's reputation

desafeto[dʒiza'fɛtu] M coldness

desafiador, a[dʒizafja'do^{r}(a)] ADJ challenging; (*pessoa*) defiant ■ M/F challenger

desafiar[dʒiza'fja^{r}] VT (*propor combate a*) to challenge; (*afrontar*) to defy

desafinação[dʒizafina'sãw] F dissonance

desafinado, -a[dʒizafi'nadu, a] ADJ out of tune

desafinar[dʒizafi'na^{r}] VT to put out of tune ■ VI to play out of tune; (*cantor*) to sing out of tune

desafio[dʒiza'fiu] M challenge; (*PT: Esporte*) match, game

desafivelar[dʒizafive'la^{r}] VT to unbuckle

desafogado, -a[dʒizafo'gadu, a] ADJ (*desimpedido*) clear; (*desembaraçado*) free

desafogar[dʒizafo'ga^{r}] VT (*libertar*) to free; (*desapertar*) to relieve; (*desabafar*) to give vent to; **desafogar-se** VR to free o.s.; (*desabafar-se*) to unburden o.s.

desafogo[dʒiza'fogu] M (*alívio*) relief; (*folga*) leisure

desaforado, -a[dʒizafo'radu, a] ADJ rude,

insolent
desaforo [dʒiza'foru] M insolence, abuse
desafortunado, -a [dʒizafoxtu'nadu, a] ADJ unfortunate, unlucky
desafronta [dʒiza'frõta] F (*satisfação*) redress; (*vingança*) revenge
desagasalhado, -a [dʒizagaza'ʎadu, a] ADJ scantily clad
desagradar [dʒizagra'da^{r}] VT to displease ■ VI: **~ a alguém** to displease sb; **desagradável** [dʒizagra'davew] (*pl* **-eis**) ADJ unpleasant; **desagrado** [dʒiza'gradu] M displeasure
desagravar [dʒizagra'va^{r}] VT (*insulta*) to make amends for; (*pessoa*) to make amends to; **desagravar-se** VR to avenge o.s.
desagravo [dʒiza'gravu] M amends *pl*
desagregação [dʒizagrega'sãw] F (*separação*) separation; (*dissolução*) disintegration
desagregar [dʒizagre'ga^{r}] VT (*desunir*) to break up, split; (*separar*) to separate; **desagregar-se** VR to break up, split; to separate
desaguar [dʒiza'gwa^{r}] VT to drain ■ VI: **~ (em)** to flow *ou* empty (into)
desairoso, -a [dʒizaj'rozu, ɔza] ADJ inelegant
desajeitado, -a [dʒizaʒej'tadu, a] ADJ clumsy, awkward
desajuizado, -a [dʒizaʒwi'zadu, a] ADJ foolish, unwise
desajustado, -a [dʒizaʒuʃ'tadu, a] ADJ (*Psico*) maladjusted; (*peças*) in need of adjustment ■ M/F maladjusted person
desajustamento [dʒizaʒuʃta'mẽtu] M (*Psico*) maladjustment
desajustar [dʒizaʒuʃ'ta^{r}] VT (*peças*) to mess up
desajuste [dʒiza'ʒuʃtʃi] M (*Psico*) maladjustment; (*mecânico*) problem
desalentado, -a [dʒizalẽ'tadu, a] ADJ disheartened
desalentar [dʒizalẽ'ta^{r}] VT to discourage; (*deprimir*) to depress; **desalento** [dʒiza'lẽtu] M discouragement
desalinhado, -a [dʒizali'ɲadu, a] ADJ untidy
desalinho [dʒiza'liɲu] M untidiness
desalmado, -a [dʒizaw'madu, a] ADJ cruel, inhuman
desalojar [dʒizalo'ʒa^{r}] VT (*expulsar*) to oust; **desalojar-se** VR to move out
desamarrar [dʒizama'xa^{r}] VT to untie ■ VI (*Náut*) to cast off
desamarrotar [dʒizamaxo'ta^{r}] VT to smooth out
desamassar [dʒizama'sa^{r}] VT (*papel*) to smooth out; (*chapéu etc*) to straighten out; (*carro*) to beat out
desambientado, -a [dʒizãbjẽ'tadu, a] ADJ unsettled
desamor [dʒiza'mo^{r}] M dislike
desamparado, -a [dʒizãpa'radu, a] ADJ (*abandonado*) abandoned; (*sem apoio*) helpless
desamparar [dʒizãpa'ra^{r}] VT to abandon
desamparo [dʒizã'paru] M helplessness
desandar [dʒizã'da^{r}] VI (*maionese, clara*) to separate; **~ a fazer** to begin to do; **~ a correr** to break into a run; **~ a chorar** to burst into tears
desanimação [dʒizanima'sãw] F dejection
desanimado, -a [dʒizani'madu, a] ADJ (*pessoa*) fed up, dispirited; (*festa*) dull; **ser ~** (*pessoa*) to be apathetic
desanimar [dʒizani'ma^{r}] VT (*abater*) to dishearten; (*desencorajar*): **~ (de fazer)** to discourage (from doing) ■ VI to lose heart; (*ser desanimado*) to be discouraging; **~ de fazer algo** to lose the will to do sth; (*desistir*) to give up doing sth
desânimo [dʒi'zanimu] M dejection
desanuviado, -a [dʒizanu'vjadu, a] ADJ cloudless, clear
desanuviar [dʒizanu'vja^{r}] VT (*céu*) to clear; **desanuviar-se** VR to clear; (*fig*) to stop; **~ alguém** to put sb's mind at rest
desapaixonado, -a [dʒizapajʃo'nadu, a] ADJ dispassionate
desaparafusar [dʒizaparafu'za^{r}] VT to unscrew
desaparecer [dʒizapare'se^{r}] VI to disappear, vanish; **desaparecido, -a** [dʒizapare'sidu, a] ADJ lost, missing ■ M/F missing person
desaparecimento [dʒizaparesi'mẽtu] M disappearance; (*falecimento*) death
desapegado, -a [dʒizape'gadu, a] ADJ indifferent, detached
desapegar [dʒizape'ga^{r}] VT to detach; **desapegar-se** VR: **desapegar-se de** to go off
desapego [dʒiza'pegu] M indifference, detachment
desapercebido, -a [dʒizapexse'bidu, a] ADJ unnoticed
desapertar [dʒizapex'ta^{r}] VT (*afrouxar*) to loosen; (*livrar*) to free
desapiedado, -a [dʒizapje'dadu, a] ADJ pitiless, ruthless
desapontador, a [dʒizapõta'do^{r}(a)] ADJ disappointing
desapontamento [dʒizapõta'mẽtu] M disappointment
desapontar [dʒizapõ'ta^{r}] VT to disappoint
desapossar [dʒizapo'sa^{r}] VT: **~ alguém de algo** to take sth away from sb; **desapossar-se** VR: **desapossar-se de algo** to give sth up
desaprender [dʒizaprẽ'de^{r}] VT to forget ■ VI: **~ a fazer** to forget how to do
desapropriação [dʒizaproprja'sãw] F (*de bens*) expropriation; (*de pessoa*) dispossession
desapropriar [dʒizapro'prja^{r}] VT (*bens*) to expropriate; (*pessoa*) to dispossess
desaprovação [dʒizaprova'sãw] F disapproval
desaprovar [dʒizapro'va^{r}] VT (*reprovar*) to disapprove of; (*censurar*) to object to
desaproveitado, -a [dʒizaprovej'tadu, a] ADJ wasted; (*terras*) undeveloped
desaquecimento [dʒizakesi'mẽtu] M (*Econ*) cooling
desarmamento [dʒizaxma'mẽtu] M

disarmament
desarmar [dʒizax'mar] VT to disarm; (*desmontar*) to dismantle; (*bomba*) to defuse
desarmonia [dʒizaxmo'nia] F discord
desarraigar [dʒizaxaj'gar] VT to uproot
desarranjado, -a [dʒizaxã'ʒadu, a] ADJ (*intestino*) upset; (*Tec*) out of order; **estar ~** (*pessoa*) to have diarrhoea (*Brit*) *ou* diarrhea (*US*)
desarranjar [dʒizaxã'ʒar] VT (*transtornar*) to upset, disturb; (*desordenar*) to mess up
desarranjo [dʒiza'xãʒu] M (*desordem*) disorder; (*enguiço*) breakdown; (*diarréia*) diarrhoea (*Brit*), diarrhea (*US*)
desarregaçar [dʒizaxega'sar] VT (*mangas*) to roll down
desarrumado, -a [dʒizaxu'madu, a] ADJ untidy, messy
desarrumar [dʒizaxu'mar] VT to mess up; (*mala*) to unpack
desarticulado, -a [dʒizaxtʃiku'ladu, a] ADJ dislocated
desarticular [dʒizaxtʃiku'lar] VT (*osso*) to dislocate
desarvorado, -a [dʒizaxvo'radu, a] ADJ (*desorientado*) disoriented
desassociar [dʒizaso'sjar] VT to disassociate; **desassociar-se** VR: **desassociar-se de algo** to disassociate o.s. from sth
desassossego [dʒizaso'segu] M (*inquietação*) disquiet; (*perturbação*) restlessness
desastrado, -a [dʒizaʃ'tradu, a] ADJ clumsy
desastre [dʒi'zaʃtri] M disaster; (*acidente*) accident; (*de avião*) crash
desastroso, -a [dʒizaʃ'trozu, ɔza] ADJ disastrous
desatar [dʒiza'tar] VT (*nó*) to undo, untie ■ VI: **~ a fazer** to begin to do; **~ a chorar** to burst into tears; **~ a rir** to burst out laughing
desatarraxar [dʒizataxa'ʃar] VT to unscrew
desatencioso, -a [dʒizatẽ'sjozu, ɔza] ADJ inattentive; (*descortês*) impolite
desatender [dʒizatẽ'der] VT (*não fazer caso de*) to pay no attention to, ignore ■ VI: **~ a** to ignore
desatento, -a [dʒiza'tẽtu, a] ADJ inattentive
desatinado, -a [dʒizatʃi'nadu, a] ADJ crazy, wild ■ M/F lunatic
desatinar [dʒizatʃi'nar] VI to behave foolishly
desatino [dʒiza'tʃinu] M (*loucura*) madness; (*ato*) folly
desativar [dʒizatʃi'var] VT (*firma, usina*) to shut down; (*veículos*) to withdraw from service; (*bomba*) to deactivate, defuse
desatracar [dʒizatra'kar] VT (*navio*) to unmoor; (*brigões*) to separate ■ VI (*navio*) to cast off
desatravancar [dʒizatravã'kar] VT to clear
desatrelar [dʒizatre'lar] VT to unhitch
desatualizado, -a [dʒizatwali'zadu, a] ADJ out of date; (*pessoa*) out of touch
desautorizar [dʒizawtori'zar] VT (*prática*) to disallow; (*desacreditar*) to discredit; **~ alguém** (*tirar a autoridade de*) to undermine sb's authority
desavença [dʒiza'vẽsa] F (*briga*) quarrel; (*discórdia*) disagreement; **em ~** at loggerheads
desavergonhado, -a [dʒizavexgo'ɲadu, a] ADJ insolent, impudent, shameless
desavir-se [dʒiza'vixsi] (*irreg*) VR: **~ (com alguém em algo)** to quarrel *ou* disagree (with sb about sth)
desavisado, -a [dʒizavi'zadu, a] ADJ careless
desbancar [dʒiʒbã'kar] VT: **~ alguém (em algo)** to outdo sb (in sth)
desbaratar [dʒiʒbara'tar] VT to ruin; (*desperdiçar*) to waste, squander; (*vencer*) to crush; (*pôr em desordem*) to mess up
desbarrigado, -a [dʒiʒbaxi'gadu, a] ADJ flat-bellied
desbastar [dʒiʒbaʃ'tar] VT (*cabelo, plantas*) to thin (out); (*vegetação*) to trim
desbocado, -a [dʒiʒbo'kadu, a] ADJ (*pessoa*) foul-mouthed, crude
desbotar [dʒiʒbo'tar] VT to discolour (*Brit*), discolor (*US*) ■ VI to fade
desbragadamente [dʒiʒbragada'mẽtʃi] ADV (*beber*) to excess; (*mentir*) blatantly
desbravador, a [dʒiʒbrava'dor(a)] M/F explorer
desbravar [dʒiʒbra'var] VT (*terras desconhecidas*) to explore
desbundante [dʒiʒbũ'dãtʃi] (*col*) ADJ fantastic
desbundar [dʒiʒbũ'dar] (*col*) VT to knock out ■ VI to flip, freak out
desbunde [dʒiʒ'bũdʒi] (*col*) M knockout
desburocratizar [dʒiʒburokratʃi'zar] VT: **~ algo** to remove the bureaucracy from sth
descabelar [dʒiʃkabe'lar] VT: **~ alguém** to mess up sb's hair; **descabelar-se** VR to get one's hair messed up
descabido, -a [dʒiʃka'bidu, a] ADJ (*impróprio*) improper; (*inoportuno*) inappropriate
descadeirado, -a [dʒiʃkadej'radu, a] ADJ (*cansado*) weary; **ficar ~** (*com dor*) to get backache
descalabro [dʒiʃka'labru] M disaster
descalçar [dʒiʃkaw'sar] VT (*sapatos*) to take off; **descalçar-se** VR to take off one's shoes
descalço, -a [dʒiʃ'kawsu, a] ADJ barefoot
descambar [dʒiʃkã'bar] VI: **~ (de algo) para algo** to sink *ou* deteriorate (from sth) to sth; **~ para** *ou* **em** to degenerate into
descampado [dʒiʃkã'padu] M open country
descansado, -a [dʒiʃkã'sadu, a] ADJ (*tranqüilo*) calm, quiet; (*vagaroso*) slow; **fique ~** don't worry; **pode ficar ~ que ...** you can rest assured that ..
descansar [dʒiʃkã'sar] VT to rest; (*apoiar*) to lean ■ VI to rest; to lean; **descanso** [dʒiʃ'kãsu] M (*repouso*) rest; (*folga*) break; (*para prato*) mat; **sem descanso** without a break
descapitalização [dʒiʃkapitaliza'sãw] F (*Com*)

NB: *European Portuguese adds the following consonants to certain words*: **b** (sú(b)dito, su(b)til); **c** (a(c)ção, a(c)cionista, a(c)to); **m** (inde(m)ne); **p** (ado(p)çã, ado(p)tar); *for further details see p. xiii.*

decapitalization
descarado, -a [dʒiʃka'radu, a] ADJ cheeky, impudent
descaramento [dʒiʃkara'mẽtu] M cheek, impudence
descarga [dʒiʃ'kaxga] F unloading; (*Mil*) volley; (*Elet*) discharge; (*de vaso sanitário*): **dar a ~** to flush the toilet
descarnado, -a [dʒiʃkax'nadu, a] ADJ scrawny, skinny
descaroçar [dʒiʃkaro'sa^{r}] VT (*semente*) to seed; (*fruto*) to stone, core; (*algodão*) to gin
descarregadouro [dʒiʃkaxega'doru] M wharf
descarregamento [dʒiʃkaxega'mẽtu] M (*de carga*) unloading; (*Elet*) discharge
descarregar [dʒiʃkaxe'ga^{r}] VT (*carga*) to unload; (*Elet*) to discharge; (*aliviar*) to relieve; (*raiva*) to vent, give vent to; (*arma*) to fire ■ VI to unload; (*bateria*) to run out; **~ a raiva em alguém** to take it out on sb
descarrilhamento [dʒiʃkaxiʎa'mẽtu] M derailment
descarrilhar [dʒiʃkaxi'ʎa^{r}] VT to derail ■ VI to run off the rails; (*fig*) to go off the rails
descartar [dʒiʃkax'ta^{r}] VT to discard; **descartar-se** VR: **descartar-se de** to get rid of
descartável [dʒiʃkax'tavew] (*pl* **-eis**) disposable
descascador [dʒiʃkaʃka'do^{r}] M peeler
descascar [dʒiʃkaʃ'ka^{r}] VT (*fruta*) to peel; (*ervilhas*) to shell ■ VI (*depois do sol*) to peel; (*cobra*) to shed its skin; **o feijão descascou** the skin came off the beans
descaso [dʒiʃ'kazu] M disregard
descendência [desẽ'dẽsja] F descendants *pl*, offspring *pl*
descendente [desẽ'dẽtʃi] ADJ descending, going down ■ M/F descendant
descender [desẽ'de^{r}] VI: **~ de** to descend from
descentralização [dʒisẽtraliza'sãw] F decentralization
descentralizar [dʒisẽtrali'za^{r}] VT to decentralize
descer [de'se^{r}] VT (*escada*) to go (*ou* come) down; (*bagagem*) to take down ■ VI (*saltar*) to get off; (*baixar*) to go (*ou* come) down; **~ a pormenores** to get down to details; **descida** [de'sida] F descent; (*declive*) slope; (*abaixamento*) fall, drop
desclassificação [dʒiʃklasifika'sãw] F disqualification
desclassificar [dʒiʃklasifi'ka^{r}] VT (*eliminar*) to disqualify; (*desacreditar*) to discredit
descoberta [dʒiʃko'bɛxta] F discovery; (*invenção*) invention
descoberto, -a [dʒiʃko'bɛxtu, a] PP *de* **descobrir** ■ ADJ (*nu*) bare, naked; (*exposto*) exposed ■ M overdraft; **a ~** openly; **conta a ~** overdrawn account; **pôr** *ou* **sacar a ~** (*conta*) to overdraw
descobridor, a [dʒiʃkobri'do^{r}(a)] M/F discoverer; (*explorador*) explorer
descobrimento [dʒiʃkobri'mẽtu] M discovery; **Descobrimentos** MPL *see below*

DESCOBRIMENTOS

Portugal enjoyed a period of unrivalled overseas expansion during the 15th century, mainly due to the seafaring expertise of Henry the Navigator. He organized and financed several voyages to Africa, which eventually led to the rounding of the Cape of Good Hope in 1488 by Bartolomeu Dias. In 1497, Vasco da Gama became the first European to travel by sea to India, where he established a lucrative spice trade, and a few years later, in 1500, Pedro Álvares Cabral reached Brazil, which he claimed for Portugal. Brazil remained under Portuguese rule until 1822.

descobrir [dʒiʃko'bri^{r}] VT to discover; (*tirar a cobertura de*) to uncover; (*panela*) to take the lid off; (*averiguar*) to find out; (*enigma*) to solve
descolar [dʒiʃko'la^{r}] VT to unstick; (*col: arranjar*) to get hold of; (: *dar*) to give ■ VI: **a criança não descola da mãe** the child won't leave its mother's side
descoloração [dʒiʃkolora'sãw] F discolouration (*Brit*), discoloration (*US*)
descolorante [dʒiʃkolo'rãtʃi] ADJ bleaching ■ M bleach
descolorar [dʒiʃkolo'ra^{r}] VT, VI = **descorar**
descolorir [dʒiʃkolo'ri^{r}] VT to discolour (*Brit*), discolor (*US*); (*cabelo*) to bleach ■ VI to fade
descomedimento [dʒiʃkomedʒi'mẽtu] M lack of moderation
descompassado, -a [dʒiʃkõpa'sadu, a] ADJ (*exagerado*) out of all proportion; (*ritmo*) out of step
descompor (*irreg*) VT to disarrange; (*insultar*) to abuse; (*repreender*) to scold, tell off; (*fisionomia*) to distort, twist; **descompor-se** VR (*desordinar-se*) to fall into disarray; (*fisionomia*) to be twisted; (*desarrumar-se*) to expose o.s.
descomposto, -a [dʒiʃkõ'poʃtu, 'pɔʃta] PP *de* **descompor** ■ ADJ (*desalinhado*) dishevelled; (*fisionomia*) twisted
descompostura [dʒiʃkõpoʃ'tura] F (*repreensão*) dressing-down; (*insulto*) abuse; **passar uma ~ em alguém** to give sb a dressing-down; to hurl abuse at sb
descompressão [dʒiʃkõpre'sãw] F decompression
descomprometido, -a [dʒiʃkõprome'tʃidu, a] ADJ (*sem namorado*) unattached
descomunal [dʒiʃkomu'naw] (*pl* **-ais**) ADJ (*fora do comum*) extraordinary; (*colossal*) huge, enormous
desconcentrar [dʒiʃkõsẽ'tra^{r}] VT to distract; **desconcentrar-se** VR to lose one's concentration
desconcertado, -a [dʒiʃkõsex'tadu, a] ADJ disconcerted

desconcertante [dʒiʃkõsex'tãtʃi] ADJ disconcerting
desconcertar [dʒiʃkõsex'ta^{r}] VT (*atrapalhar*) to confuse, baffle; **desconcertar-se** VR to get upset
desconexo, -a [dʒiʃko'nɛksu, a] ADJ (*desunido*) disconnected, unrelated; (*incoerente*) incoherent
desconfiado, -a [dʒiʃkõ'fjadu, a] ADJ suspicious, distrustful ■ M/F suspicious person
desconfiança [dʒiʃkõ'fjãsa] F suspicion, distrust
desconfiar [dʒiʃkõ'fja^{r}] VI to be suspicious; **~ de alguém** (*não ter confiança em*) to distrust sb; (*suspeitar*) to suspect sb; **~ que ...** to have the feeling that ....
desconforme [dʒiʃkõ'fɔxmi] ADJ disagreeing, at variance
desconfortável [dʒiʃkõfox'tavew] (*pl* **-eis**) ADJ uncomfortable
desconforto [dʒiʃkõ'foxtu] M discomfort
descongelar [dʒiʃkõʒe'la^{r}] VT (*degelar*) to thaw out; **descongelar-se** VR (*derreter-se*) to melt
descongestionante [dʒiʃkõʒeʃtʃjo'nãtʃi] ADJ, M decongestant
descongestionar [dʒiʃkõʃeʃtʃjo'na^{r}] VT (*cabeça, trânsito*) to clear; (*rua, cidade*) to relieve congestion in
desconhecer [dʒiʃkoɲe'se^{r}] VT (*ignorar*) not to know; (*não reconhecer*) not to recognize; (*um benefício*) not to acknowledge; (*não admitir*) not to accept; **desconhecido, -a** [dʒiʃkoɲe'sidu, a] ADJ unknown ■ M/F stranger
desconhecimento [dʒiʃkoɲesi'mẽtu] M ignorance
desconjuntado, -a [dʒiʃkõʒũ'tadu, a] ADJ disjointed; (*ossos*) dislocated
desconjuntar [dʒiʃkõʒũ'ta^{r}] VT (*ossos*) to dislocate; **desconjuntar-se** VR to come apart
desconsideração [dʒiʃkõsidera'sãw] F: **~ (de algo)** disregard (for sth)
desconsiderar [dʒiʃkõside'ra^{r}] VT: **~ alguém** to show a lack of consideration for sb; **~ algo** to fail to take sth into consideration
desconsolado, -a [dʒiʃkõso'ladu, a] ADJ miserable, disconsolate
desconsolador, a [dʒiʃkõsola'do^{r}(a)] ADJ distressing
desconsolar [dʒiʃkõso'la^{r}] VT to sadden, depress; **desconsolar-se** VR to despair
descontar [dʒiʃkõ'ta^{r}] VT (*abater*) to deduct; (*não levar em conta*) to discount; (*não fazer caso de*) to make light of
descontentamento [dʒiʃkõtẽta'mẽtu] M discontent; (*desprazer*) displeasure
descontentar [dʒiʃkõtẽ'ta^{r}] VT to displease
descontente [dʒiʃkõ'tẽtʃi] ADJ discontented, dissatisfied
descontínuo, -a [dʒiʃkõ'tʃinwu, a] ADJ broken
desconto [dʒiʃ'kõtu] M discount; **com ~** at a discount; **dar um ~ (para)** (*fig*) to make allowances (for)
descontração [dʒiʃkõtra'sãw] F casualness
descontraído, -a [dʒiʃkõtra'idu, a] ADJ casual, relaxed
descontrair [dʒiʃkõtra'i^{r}] VT to relax; **descontrair-se** VR to relax
descontrolar-se [dʒiʃkõtro'laxsi] VR (*situação*) to get out of control; (*pessoa*) to lose one's self-control
descontrole [dʒiʃkõ'troli] M lack of control
desconversar [dʒiʃkõvex'sa^{r}] VI to change the subject
descorar [dʒiʃko'ra^{r}] VT to discolour (*Brit*), discolor (*US*) ■ VI to pale, fade
descortês, -esa [dʒiʃkox'teʃ, teza] ADJ rude, impolite
descortesia [dʒiʃkoxte'zia] F rudeness, impoliteness
descortinar [dʒiʃkoxtʃi'na^{r}] VT (*retrato*) to unveil; (*avistar*) to catch sight of; (*notar*) to notice
descoser [dʒiʃko'ze^{r}] VT (*descosturar*) to unstitch; (*rasgar*) to rip apart; **descoser-se** VR to come apart at the seams
descosturar [dʒiʃkoʃtu'ra^{r}] (*BR*) VT = **descoser**
descrédito [dʒiʃ'krɛdʒitu] M discredit
descrença [dʒiʃ'krẽsa] F disbelief, incredulity
descrente [dʒiʃ'krẽtʃi] ADJ sceptical (*Brit*), skeptical (*US*) ■ M/F sceptic (*Brit*), skeptic (*US*)
descrer [dʒiʃ'kre^{r}] (*irreg*) VT to disbelieve ■ VI: **~ de** not to believe in
descrever [dʒiʃkre've^{r}] VT to describe
descrição [dʒiʃkri'sãw] (*pl* **-ões**) F description; **descritivo, -a** [dʒiʃkri'tʃivu, a] ADJ descriptive
descrito, -a [dʒiʃ'kritu, a] PP *de* **descrever**
descubro *etc* [dʒiʃ'kubru] VB *v* **descobrir**
descuidado, -a [dʒiʃkwi'dadu, a] ADJ careless
descuidar [dʒiʃkwi'da^{r}] VT to neglect ■ VI: **~ de** to neglect, disregard; **descuido** [dʒiʃ'kwidu] M (*falta de cuidado*) carelessness; (*negligência*) neglect; (*erro*) oversight, slip; **por descuido** inadvertently
desculpa [dʒiʃ'kuwpa] F (*pretexto, escusa*) excuse; (*perdão*) pardon; **pedir ~s a alguém por** *ou* **de algo** to apologise to sb for sth; **desculpar** [dʒiʃkuw'pa^{r}] VT (*justificar*) to excuse; (*perdoar*) to pardon, forgive; **desculpar-se** VR to apologize; **desculpar algo a alguém** to forgive sb for sth; **desculpe!** (I'm) sorry, I beg your pardon
desculpável [dʒiʃkuw'pavew] (*pl* **-eis**) ADJ forgivable

PALAVRA CHAVE

desde ['deʒdʒi] PREP **1** (*lugar*): **desde ... até ...** from ... to ...; **andamos desde a praia até o restaurante** we walked from the beach to the restaurant
2 (*tempo: + adv, n*): **desde então** from then on,

NB: *European Portuguese adds the following consonants to certain words:* **b** (sú(b)dito, su(b)til); **c** (a(c)ção, a(c)cionista, a(c)to); **m** (inde(m)ne); **p** (ado(p)çã, ado(p)tar); *for further details see p. xiii.*

ever since; **desde já** (*de agora*) from now on; (*imediatamente*) at once, right now; **desde o casamento** since the wedding
3 (*tempo: +vb*) since; for; **conhecemo-nos desde 1978/há 20 anos** we've known each other since 1978/for 20 years; **não o vejo desde 1983** I haven't seen him since 1983
4 (*variedade*): **desde os mais baratos até os mais luxuosos** from the cheapest to the most luxurious
■ CONJ: **desde que** since; **desde que comecei a trabalhar não o vi mais** I haven't seen him since I started work; **não saiu de casa desde que chegou** he hasn't been out since he arrived

desdém [deʒ'dẽ] M scorn, disdain
desdenhar [deʒde'ɲa^{r}] VT to scorn, disdain
desdenhoso, -a [deʒdeɲozu, ɔza] ADJ disdainful, scornful
desdentado, -a [dʒiʒdẽ'tadu, a] ADJ toothless
desdigo *etc* [dʒiʒ'dʒigu] VB *v* **desdizer**
desdisse *etc* [dʒiʒ'dʒisi] VB *v* **desdizer**
desdita [dʒiʒ'dʒita] F (*desventura*) misfortune; (*infelicidade*) unhappiness
desdizer [dʒiʒdʒi'ze^{r}] (*irreg*) VT to contradict; **desdizer-se** VR to go back on one's word
desdobramento [dʒiʒdobra'mẽtu] M (*de aventura, crise*) ramification; (*de obra etc*) spin-off; (*Com: de conta*) breakdown
desdobrar [dʒiʒdo'bra^{r}] VT (*abrir*) to unfold; (*esforços*) to increase, redouble; (*tropas*) to deploy; (*Com: conta*) to break down; (*bandeira*) to unfurl; (*dividir em grupos*) to split up; **desdobrar-se** VR to unfold; (*empenhar-se*) to work hard, make a big effort
deseducar [dʒizedu'ka^{r}] VT: **~ alguém** to neglect sb's education
desejar [dese'ʒa^{r}] VT to want, desire; **~ ardentemente** to long for; **que deseja?** what would you like?; **~ algo a alguém** to wish sb sth
desejável [dese'ʒavew] (*pl* **-eis**) ADJ desirable
desejo [de'zeʒu] M wish, desire; **desejoso, -a** [deze'ʒozu, ɔza] ADJ: **desejoso de algo** wishing for sth; **desejoso de fazer** keen to do
deselegância [dʒizele'gãsja] F lack of elegance
deselegante [dʒizele'gãtʃi] ADJ inelegant
desemaranhar [dʒizimara'ɲa^{r}] VT to disentangle
desembainhar [dʒizẽbaj'ɲa^{r}] VT (*espada*) to draw
desembalar [dʒizẽba'la^{r}] VT to unwrap
desembaraçado, -a [dʒizẽbara'sadu, a] ADJ (*livre*) free, clear; (*desinibido*) uninhibited, free and easy; (*expedito*) efficient; (*cabelo*) untangled
desembaraçar [dʒizẽbara'sa^{r}] VT (*livrar*) to free; (*Com: navio, remessa*) to clear; (*cabelo*) to untangle; **desembaraçar-se** VR (*desinibir-se*) to lose one's inhibitions; (*tornar-se expedito*) to show initiative; **~-se de** to get rid of
desembaraço [dʒizẽba'rasu] M liveliness; (*facilidade*) ease; (*confiança*) self-assurance; **~ alfandegário** customs clearance
desembarcar [dʒizẽbax'ka^{r}] VT (*carga*) to unload; (*passageiros*) to let off ■ VI to disembark
desembargador, a [dʒizẽbaxga'do^{r}(a)] M/F High Court judge
desembarque [dʒizẽ'baxki] M landing, disembarkation; **"~"** (*no aeroporto*) "arrivals"
desembestado, -a [dʒizẽbeʃ'tadu, a] ADJ: **sair ~** to rush off *ou* out
desembocadura [dʒizẽboka'dura] F mouth
desembocar [dʒizẽbo'ka^{r}] VI: **~ em** (*rio*) to flow into; (*rua*) to lead into
desembolsar [dʒizẽbow'sa^{r}] VT to spend
desembolso [dʒizẽ'bowsu] M expenditure
desembrulhar [dʒizẽbru'ʎa^{r}] VT to unwrap
desembuchar [dʒizẽbu'ʃa^{r}] (*col*) VT to get off one's chest ■ VI to get things off one's chest
desempacotar [dʒizẽpako'ta^{r}] VT to unpack
desempatar [dʒizẽpa'ta^{r}] VT to decide ■ VI to decide the match (*ou* race *etc*); **desempate** [dʒizẽ'patʃi] M: **partida de desempate** (*jogo*) play-off, decider
desempenar [dʒizẽpe'na^{r}] VT (*endireitar*) to straighten; **desempenar-se** VR to stand up straight
desempenhar [dʒizẽpe'ɲa^{r}] VT (*cumprir*) to carry out, fulfil (*Brit*), fulfill (*US*); (*papel*) to play; **desempenho** [dʒizẽ'pɛɲu] M performance; (*de obrigações etc*) fulfilment (*Brit*), fulfillment (*US*)
desemperrar [dʒizẽpe'xa^{r}] VT, VI to loosen
desempregado, -a [dʒizẽpre'gadu, a] ADJ unemployed ■ M/F unemployed person
desempregar-se [dʒizẽpre'gaxsi] VR to lose one's job
desemprego [dʒizẽ'pregu] M unemployment
desencadear [dʒizẽka'dʒja^{r}] VT to unleash; (*despertar*) to provoke, trigger off ■ VI (*chuva*) to pour; **desencadear-se** VR to break loose; (*tempestade*) to break
desencaixado, -a [dʒizẽkaj'ʃadu, a] ADJ misplaced
desencaixar [dʒizẽkaj'ʃa^{r}] VT to put out of joint; (*deslocar*) to dislodge; **desencaixar-se** VR to become dislodged
desencaixotar [dʒizẽkajʃo'ta^{r}] VT to unpack
desencalhar [dʒizẽka'ʎa^{r}] VT (*navio*) to refloat ■ VI to be refloated; (*col: moça*) to find a husband
desencaminhar [dʒizẽkami'ɲa^{r}] VT to lead astray; (*dinheiro*) to embezzle; **desencaminhar-se** VR to go astray
desencantar [dʒizẽkã'ta^{r}] VT to disenchant; (*desiludir*) to disillusion
desencardir [dʒizẽkax'dʒi^{r}] VT to clean
desencargo [dʒizẽ'kaxgu] M fulfilment (*Brit*), fulfillment (*US*); **para ~ de consciência** to clear one's conscience
desencarregar-se [dʒizẽkaxe'gaxsi] VR (*de obrigação*) to discharge o.s.
desencavar [dʒizẽka'va^{r}] VT to unearth
desencontrar [dʒizẽkõ'tra^{r}] VT to keep apart; **desencontrar-se** VR (*não se encontrar*) to miss each other; (*perder-se um do outro*) to lose each

other; **~-se de** to miss; to get separated from
desencontro [dʒizẽ'kõtru] M failure to meet
desencorajar [dʒizẽkora'ʒa^{r}] VT to discourage
desencostar [dʒizẽkoʃ'ta^{r}] VT to move away; **desencostar-se** VR: **desencostar-se de** to move away from
desenfastiar [dʒizẽfaʃ'tʃja^{r}] VT to amuse; **desenfastiar-se** VR to amuse o.s.
desenferrujar [dʒizẽfexu'za^{r}] VT (*metal*) to clean the rust off; (*pernas*) to stretch; (*língua*) to brush up
desenfreado, -a [dʒizẽ'frjadu, a] ADJ wild
desenganado, -a [dʒizẽga'nadu, a] ADJ (*sem cura*) incurable; (*desiludido*) disillusioned
desenganar [dʒizẽga'na^{r}] VT: **~ alguém** to disillusion sb; (*de falsas crenças*) to open sb's eyes; (*doente*) to give up hope of curing; **desenganar-se** VR to become disillusioned; (*sair de erro*) to realize the truth; **desengano** [dʒizẽ'ganu] M disillusionment; (*desapontamento*) disappointment
desengarrafar [dʒizẽgaxa'fa^{r}] VT (*trânsito*) to unblock; (*vinho*) to pour out
desengatar [dʒizẽga'ta^{r}] VT to unhitch; (*Ferro*) to uncouple
desengonçado, -a [dʒizẽgõ'sadu, a] ADJ (*mal-seguro*) rickety; (*pessoa*) ungainly
desengrenado, -a [dʒizẽgre'nadu, a] ADJ (*Auto*) out of gear, in neutral
desengrenar [dʒizẽgre'na^{r}] VT to disengage; (*carro*) to put in neutral
desengrossar [dʒizẽgro'sa^{r}] VT to thin
desenhar [deze'ɲa^{r}] VT to draw; (*Tec*) to design; **desenhar-se** VR (*destacar-se*) to stand out; (*figurar-se*) to take shape; **desenhista** [deze'ɲiʃta] M/F (*Tec*) designer
desenho [de'zɛɲu] M drawing; (*modelo*) design; (*esboço*) sketch; (*plano*) plan; **~ animado** cartoon; **~ industrial** industrial design
desenlace [dʒizẽ'lasi] M outcome
desenredar [dʒizẽxe'da^{r}] VT to disentangle; (*mistério*) to unravel; (*questão*) to sort out, resolve; (*dúvida*) to clear up; (*explicação*) to clarify; **desenredar-se** VR: **desenredar-se de algo** to extricate o.s. from sth; **~ alguém de algo** to extricate sb from sth
desenrolar [dʒizẽxo'la^{r}] VT to unroll; (*narrativa*) to develop; **desenrolar-se** VR to unfold
desentender [dʒizẽtẽ'de^{r}] VT (*não entender*) to misunderstand; **desentender-se** VR: **desentender-se com** to have a disagreement with; **desentendido, -a** [dʒizẽtẽ'dʒidu, a] ADJ: **fazer-se de desentendido** to pretend not to understand
desentendimento [dʒizẽtẽdʒi'mẽtu] M misunderstanding
desenterrar [dʒizẽte'xa^{r}] VT (*cadáver*) to exhume; (*tesouro*) to dig up; (*descobrir*) to bring to light
desentoado, -a [dʒizẽ'twadu, a] ADJ (*desafinado*) out of tune
desentranhar [dʒizẽtra'ɲa^{r}] VT to disembowel; (*raiz*) to draw out; (*lembranças*) to dredge up; (*mistério*) to fathom
desentrosado, -a [dʒizẽtro'zadu, a] ADJ unintegrated
desentupir [dʒizẽtu'pi^{r}] VT to unblock
desenvolto, -a [dʒizẽ'vowtu, a] ADJ (*desembaraçado*) self-assured, confident; (*desinibido*) uninhibited
desenvoltura [dʒizẽvow'tura] F (*desembaraço*) self-confidence
desenvolver [dʒizẽvow've^{r}] VT to develop; **desenvolver-se** VR to develop
desenvolvido, -a [dʒizẽvow'vidu, a] ADJ developed
desenvolvimento [dʒizẽvowvi'mẽtu] M development; (*crescimento*) growth; **país em ~** developing country
desenxabido, -a [dʒizẽʃa'bidu, a] ADJ dull
desequilibrado, -a [dʒizekili'bradu, a] ADJ unbalanced
desequilibrar [dʒizekili'bra^{r}] VT (*pessoa*) to throw off balance; (*objeto*) to tip over; (*fig*) to unbalance; **desequilibrar-se** VR to lose one's balance; to tip over
desequilíbrio [dʒizeki'librju] M imbalance
deserção [dezex'sãw] F desertion
desertar [desex'ta^{r}] VT to desert, abandon ■ VI to desert; **deserto, -a** [de'zɛxtu, a] ADJ deserted ■ M desert
desertor, a [dezex'to^{r}(a)] M/F deserter
desesperado, -a [dʒizeʃpe'radu, a] ADJ desperate; (*furioso*) furious
desesperador, a [dʒizeʃpera'do^{r}(a)] ADJ desperate; (*enfurecedor*) maddening
desesperança [dʒizeʃpe'rãsa] F despair
desesperançar [dʒizeʃperã'sa^{r}] VT: **~ alguém** to make sb despair
desesperar [dʒizeʃpe'ra^{r}] VT to drive to despair; (*enfurecer*) to infuriate; **desesperar-se** VR to despair; (*enfurecer-se*) to become infuriated; **desespero** [dʒizeʃ'peru] M despair, desperation; (*raiva*) fury; **levar ao desespero** to drive to despair
desestabilizar [dʒizeʃtabili'za^{r}] VT to destabilize
desestimulador, a [dʒizeʃtʃimula'do^{r}(a)] ADJ discouraging
desestimular [dʒizeʃtʃimu'la^{r}] VT to discourage
desfaçatez [dʒiʃfasa'teʒ] F impudence, cheek
desfalcar [dʒiʃfaw'ka^{r}] VT (*dinheiro*) to embezzle; (*reduzir*): **~ (de)** to reduce (by); **~ uma firma em $400** to embezzle $400 from a firm; **o jogo está desfalcado** the game is incomplete
desfalecer [dʒiʃfale'se^{r}] VT (*enfraquecer*) to weaken ■ VI (*enfraquecer*) to weaken; (*desmaiar*) to faint

NB: *European Portuguese adds the following consonants to certain words*: **b** (sú(b)dito, su(b)til); **c** (a(c)ção, a(c)cionista, a(c)to); **m** (inde(m)ne); **p** (ado(p)çã, ado(p)tar); *for further details see p. xiii.*

desfalecimento [dʒiʃfalesi'mẽtu] M (*enfraquecimento*) weakening; (*desmaio*) faint
desfalque [dʒiʃ'fawki] M (*de dinheiro*) embezzlement; (*diminuição*) reduction
desfavor [dʒiʃfa'vo^{r}] M disfavour (*Brit*), disfavor (*US*)
desfavorável [dʒiʃfavo'ravew] (*pl* **-eis**) ADJ unfavourable (*Brit*), unfavorable (*US*)
desfavorecer [dʒiʃfavore'se^{r}] VT to discriminate against
desfazer [dʒiʃfa'ze^{r}] (*irreg*) VT (*costura*) to undo; (*dúvidas*) to dispel; (*agravo*) to redress; (*grupo*) to break up; (*contrato*) to dissolve; (*noivado*) to break off ■ VI: **~ de alguém** to belittle sb; **desfazer-se** VR (*desaparecer*) to vanish; (*tecido*) to come to pieces; (*grupo*) to break up; (*vaso*) to break; **~-se de** (*livrar-se*) to get rid of; **~-se em lágrimas/gentilezas** to burst into tears/go out of one's way to please
desfechar [dʒiʃfe'ʃa^{r}] VT (*disparar*) to fire; (*setas*) to shoot; (*golpe*) to deal; (*insultos*) to hurl
desfecho [dʒiʃ'feʃu] M ending, outcome
desfeita [dʒiʃ'fejta] F affront, insult
desfeito, -a [dʒiʃ'fejtu, a] PP *de* **desfazer** ■ ADJ (*desmanchado*) undone; (*cama*) unmade; (*contrato*) broken
desferir [dʒiʃfe'ri^{r}] VT (*golpe*) to strike; (*sons*) to emit; (*lançar*) to throw
desfiar [dʒiʃ'fja^{r}] VT (*tecido*) to unravel; (*Culin*: *galinha*) to tear into thin shreds; **desfiar-se** VR to become frayed; **~ o rosário** to say one's rosary
desfiguração [dʒiʃfigura'sãw] F distortion
desfigurar [dʒiʃfigu'ra^{r}] VT (*pessoa, cidade*) to disfigure; (*texto*) to mutilate; **desfigurar-se** VR to be disfigured
desfiladeiro [dʒiʃfila'dejru] M (*de montanha*) pass
desfilar [dʒiʃfi'la^{r}] VI to parade; **desfile** [dʒiʃ'fili] M parade, procession
desflorestamento [dʒiʃfloreʃta'mẽtu] M deforestation
desflorestar [dʒiʃfloreʃ'ta^{r}] VT to clear of forest
desforra [dʒiʃ'fɔxa] F (*vingança*) revenge; (*reparação*) redress; **tirar ~** to get even
desfraldar [dʒiʃfraw'da^{r}] VT to unfurl
desfranzir [dʒiʃfrã'zi^{r}] VT to smooth out
desfrutar [dʒiʃfru'ta^{r}] VT to enjoy ■ VI: **~ de** to enjoy; **~ de bom conceito** to have a good reputation, be well thought of
desfrute [dʒiʃ'frutʃi] M (*deleite*) enjoyment; (*desplante*): **ter o ~ de fazer algo** to have the nerve to do sth
desgarrado, -a [dʒiʒga'xadu, a] ADJ stray; (*navio*) off course
desgarrar-se [dʒiʒga'xaxsi] VR: **~ de** to stray from
desgastante [dʒiʒgaʃ'tãtʃi] ADJ (*fig*) stressful
desgastar [dʒiʒgaʃ'ta^{r}] VT to wear away, erode; (*pessoa*) to wear out, get down; **desgastar-se** VR to be worn away; (*pessoa*) to get worn out
desgaste [dʒiʒ'gaʃtʃi] M wear and tear; (*mental*) stress
desgostar [dʒiʒgoʃ'ta^{r}] VT to upset ■ VI: **~ de** to dislike; **desgostar-se** VR: **desgostar-se de** to go off; **~-se com** to take offence at
desgosto [dʒiʒ'goʃtu] M (*desprazer*) displeasure; (*pesar*) sorrow, unhappiness
desgostoso, -a [dʒiʒgoʃ'tozu, ɔza] ADJ sad, sorrowful
desgraça [dʒiʒ'grasa] F (*desventura*) misfortune; (*miséria*) misery; (*desfavor*) disgrace
desgraçado, -a [dʒiʒgra'sadu, a] ADJ poor; (*col*: *admirável*) amazing ■ M/F wretch; **estou com uma gripe desgraçada** (*col*) I've got a hell of a cold
desgraçar [dʒiʒgra'sa^{r}] VT to disgrace
desgraceira [dʒiʒgra'sejra] F series of misfortunes
desgravar [dʒiʒgra'va^{r}] VT (*música*) to wipe, rub off
desgrenhado, -a [dʒiʒgre'ɲadu, a] ADJ dishevelled, tousled
desgrenhar [dʒiʒgre'ɲa^{r}] VT to tousle; **desgrenhar-se** VR to get tousled
desgrudar [dʒiʒgru'da^{r}] VT to unstick ■ VI: **~ de** to tear o.s. away from; **~ algo de algo** to take sth off sth
desguarnecer [dʒiʒgwaxne'se^{r}] VT to strip
desidratação [dʒizidrata'sãw] F dehydration
desidratante [dʒizidra'tãtʃi] ADJ dehydrating
desidratar [dʒizidra'ta^{r}] VT to dehydrate
design [dʒi'zãjn] M design
designação [dezigna'sãw] (*pl* **-ões**) F designation; (*nomeação*) appointment
designar [dezig'na^{r}] VT to designate; (*nomear*) to name, appoint; (*dia, data*) to fix
designer [dʒi'zajne^{r}] (*pl* **-s**) M/F designer
desígnio [de'zignju] M (*propósito*) purpose; (*intenção*) intention
desigual [dezi'gwaw] (*pl* **-ais**) ADJ unequal; (*terreno*) uneven; **desigualdade** [dʒizigwaw'dadʒi] F inequality
desiludir [dʒizilu'dʒi^{r}] VT (*desenganar*) to disillusion; (*causar decepção a*) to disappoint; **desiludir-se** VR to lose one's illusions
desilusão [dʒizilu'zãw] F disillusionment, disenchantment
desimpedido, -a [dʒizĩpe'dʒidu, a] ADJ free
desimpedir [dʒizĩpe'dʒi^{r}] VT (*desobstruir*) to unblock; (*trânsito*) to ease
desinchar [dʒizin'ʃa^{r}] VT (*Med*) to get rid of the swelling on ■ VI: **meu pé desinchou** the swelling in my foot went down
desincumbir-se [dʒizĩkũ'bixsi] VR: **~ de algo** to carry sth out
desinfeccionar [dʒizĩfeksjo'na^{r}] VT to disinfect
desinfetante [dʒizĩfe'tãtʃi] (*PT* **-ct-**) ADJ, M disinfectant
desinfetar [dʒizĩfe'ta^{r}] (*PT* **-ct-**) VT to disinfect
desinflamar [dʒizĩfla'ma^{r}] VT to remove *ou* get rid of the inflammation on; **desinflamar-se** VR to become less inflamed
desinibido, -a [dʒizini'bidu, a] ADJ uninhibited
desinibir [dʒizini'bi^{r}] VT to make less inhibited;

desinibir-se VR to lose one's inhibitions
desintegração [dʒizintegra'sãw] F disintegration, break-up
desintegrar [dʒizĩte'gra^{r}] VT to separate; **desintegrar-se** VR to disintegrate, fall to pieces
desinteressado, -a [dʒizĩtere'sadu, a] ADJ disinterested
desinteressar [dʒizĩtere'sa^{r}] VT: **~ alguém de algo** to make sb lose interest in sth; **desinteressar-se** VR to lose interest
desinteresse [dʒizĩte'resi] M (*falta de interesse*) lack of interest
desintoxicar [dʒizĩtoksi'ka^{r}] VT to detoxify
desistência [deziʃ'tẽsja] F giving up; (*cancelamento*) cancellation
desistir [deziʃ'tʃi^{r}] VI to give up; **~ de fumar** to stop smoking; **ele ia, mas no final desistiu** he was going, but in the end he gave up the idea *ou* he decided not to
desjejum [dʒiʒe'ʒũ] M breakfast
deslanchar [dʒiʒlã'ʃa^{r}] VI (*carro*) to move off; (*projeto*) to get off the ground, take off
deslavado, -a [dʒiʒla'vadu, a] ADJ (*pessoa, atitude*) shameless; (*mentira*) blatant
desleal [dʒiʒle'aw] (*pl* **-ais**) ADJ disloyal
deslealdade [dʒiʒleaw'dadʒi] F disloyalty
desleixado, -a [dʒiʒlej'ʃadu, a] ADJ sloppy
desleixo [dʒiʒ'lejʃu] M sloppiness
desligado, -a [dʒiʒli'gadu, a] ADJ (*eletricidade*) off; (*pessoa*) absent-minded; **estar ~** to be miles away
desligar [dʒiʒli'ga^{r}] VT (*Tec*) to disconnect; (*luz, TV, motor*) to switch off; (*telefone*) to hang up; **desligar-se** VR: **desligar-se de algo** (*afastar-se*) to leave sth; (*problemas etc*) to turn one's back on sth; **não desligue** (*Tel*) hold the line
deslizante [dʒiʒli'zãtʃi] ADJ slippery
deslizar [dʒiʒli'za^{r}] VI to slide; (*por acidente*) to slip; (*passar de leve*) to glide; **deslize** [dʒiʒ'lizi] M (*lapso*) lapse; (*escorregadela*) slip
deslocado, -a [dʒiʒlo'kadu, a] ADJ (*membro*) dislocated; (*desambientado*) out of place
deslocamento [dʒiʒloka'mẽtu] M moving; (*de membro*) dislocation; (*de funcionário*) transfer
deslocar [dʒiʒlo'ka^{r}] VT (*mover*) to move; (*articulação*) to dislocate; (*funcionário*) to transfer; **deslocar-se** VR to move; to be dislocated; **eu me desloquei até lá à toa** I went all the way there for nothing
deslumbrado, -a [dʒiʒlũ'bradu, a] ADJ (*ofuscado*) dazzled; (*maravilhado*) amazed ■ M/F impressionable person
deslumbramento [dʒiʒlũbra'mẽtu] M dazzle; (*fascinação*) fascination
deslumbrante [dʒiʒlũ'brãtʃi] ADJ (*ofuscante*) dazzling; (*casa, festa*) amazing
deslumbrar [dʒiʒlũ'bra^{r}] VT (*ofuscar*) to dazzle; (*maravilhar*) to amaze; (*fascinar*) to fascinate ■ VI to be dazzling; to be amazing; **deslumbrar-se** VR: **deslumbrar-se com** to be fascinated by
deslustrar [dʒiʒluʃ'tra^{r}] VT to tarnish
desmaiado, -a [dʒiʒma'jadu, a] ADJ (*sem sentidos*) unconscious; (*cor*) pale
desmaiar [dʒiʒma'ja^{r}] VI to faint; **desmaio** [dʒiʒ'maju] M faint
desmamar [dʒiʒma'ma^{r}] VT to wean
desmancha-prazeres [dʒiʒ'manʃa-] M/F INV kill-joy, spoilsport
desmanchar [dʒiʒman'ʃa^{r}] VT (*costura*) to undo; (*contrato*) to break; (*noivado*) to break off; (*penteado*) to mess up; **desmanchar-se** VR (*costura*) to come undone
desmantelar [dʒiʒmãte'la^{r}] VT (*demolir*) to demolish; (*desmontar*) to dismantle, take apart
desmarcar [dʒiʒmax'ka^{r}] VT (*compromisso*) to cancel
desmascarar [dʒiʒmaʃka'ra^{r}] VT to unmask
desmatamento [dʒiʒmata'mẽtu] M deforestation
desmatar [dʒiʒma'ta^{r}] VT to clear the forest from
desmazelado, -a [dʒiʒmaze'ladu, a] ADJ slovenly, untidy
desmazelar-se [dʒiʒmaze'laxsi] VR to get untidy
desmedido, -a [dʒiʒme'dʒidu, a] ADJ excessive
desmembramento [dʒiʒmẽbra'mẽtu] M dismemberment
desmembrar [dʒiʒmẽ'bra^{r}] VT to dismember
desmemoriado, -a [dʒiʒmemo'rjadu, a] ADJ forgetful
desmentido [dʒiʒmẽ'tʃidu] M (*negação*) denial; (*contradição*) contradiction
desmentir [dʒiʒmẽ'tʃi^{r}] VT (*contradizer*) to contradict; (*negar*) to deny
desmerecer [dʒiʒmere'se^{r}] VT (*não merecer*) not to deserve; (*desfazer de*) to belittle
desmesurado, -a [dʒiʒmezu'radu, a] ADJ immense, enormous
desmilingüido, -a [dʒiʒmilĩ'gwidu, a] (*col*) ADJ spent
desmiolado, -a [dʒiʒmjo'ladu, a] ADJ brainless; (*esquecido*) forgetful
desmistificar [dʒiʒmiʃtʃifi'ka^{r}] VT to demystify; **~ alguém** to remove the mystery surrounding sb
desmitificar [dʒiʒmitʃifi'ka^{r}] VT: **~ algo/alguém** to dispel the myth(s) surrounding sth/sb
desmontar [dʒiʒmõ'ta^{r}] VT (*máquina*) to take to pieces ■ VI (*do cavalo*) to dismount, get off
desmoralização [dʒiʒmoraliza'sãw] F demoralization
desmoralizante [dʒiʒmorali'zãtʃi] ADJ demoralizing
desmoralizar [dʒiʒmorali'za^{r}] VT to demoralize
desmoronamento [dʒiʒmorona'mẽtu] M collapse

NB: *European Portuguese adds the following consonants to certain words*: **b** (sú(b)dito, su(b)til); **c** (a(c)ção, a(c)cionista, a(c)to); **m** (inde(m)ne); **p** (ado(p)çã, ado(p)tar); *for further details see p. xiii.*

desmoronar [dʒiʒmoro'naʳ] VT to knock down ■ VI to collapse
desmotivado, -a [dʒiʒmotʃi'vadu, a] ADJ despondent
desmunhecar [dʒiʒmuɲe'kaʳ] (*col*) VI (*declarar-se homossexual*) to come out; (*fazer gestos efeminados*) to be camp
desnatado, -a [dʒiʒna'tadu, a] ADJ (*leite*) skimmed
desnaturado, -a [dʒiʒnatu'radu, a] ADJ inhumane ■ M/F monster
desnecessário, -a [dʒiʒnese'sarju, a] ADJ unnecessary
desnível [dʒiʒ'nivew] M unevenness; (*fig*) difference
desnorteado, -a [dʒiʒnox'tʃjadu, a] ADJ (*perturbado*) bewildered, confused; (*desorientado*) off course
desnortear [dʒiʒnox'tʃjaʳ] VT (*desorientar*) to throw off course; (*perturbar*) to bewilder; **desnortear-se** VR to lose one's way; (*perturbar-se*) to become confused
desnudar [dʒiʒnu'daʳ] VT to strip; (*revelar*) to expose; **desnudar-se** VR to undress
desnutrição [dʒiʒnutri'sãw] F malnutrition
desnutrido, -a [dʒiʒnu'tridu, a] ADJ malnourished
desobedecer [dʒizobede'seʳ] VT to disobey; **desobediência** [dʒizobe'dʒjẽsja] F disobedience; **desobediente** [dʒizobe'dʒjẽtʃi] ADJ disobedient
desobrigar [dʒizobri'gaʳ] VT: **~ (de)** to free (from); **~ de fazer algo** to free from doing sth
desobstruir [dʒizobiʃ'trwiʳ] VT to unblock
desocupação [dʒizokupa'sãw] F (*de casa*) vacating; (*falta de ocupação*) leisure; (*desemprego*) unemployment
desocupado, -a [dʒizoku'padu, a] ADJ (*casa*) empty, vacant; (*disponível*) free; (*sem trabalho*) unemployed
desocupar [dʒizoku'paʳ] VT (*casa*) to vacate; (*liberar*) to free
desodorante [dʒizodo'rãtʃi] (PT **-dorizante**) M deodorant
desodorizar [dʒizodori'zaʳ] VT to deodorize
desolação [dezola'sãw] F (*consternação*) grief; (*de um lugar*) desolation; **desolado, -a** [dezo'ladu, a] ADJ (*consternado*) distressed; (*lugar*) desolate
desolar [dezo'laʳ] VT (*consternar*) to distress; (*lugar*) to devastate
desonestidade [dezoneʃtʃi'dadʒi] F dishonesty
desonesto, -a [dezo'nɛʃtu, a] ADJ dishonest
desonra [dʒi'zõxa] F dishonour (*Brit*), dishonor (*US*); (*descrédito*) disgrace
desonrar [dʒizõ'xaʳ] VT (*infamar*) to disgrace; (*mulher*) to seduce; **desonrar-se** VR to disgrace o.s.
desonroso, -a [dʒizõ'xozu, ɔza] ADJ dishonourable (*Brit*), dishonorable (*US*)
desopilar [dʒizopi'laʳ] VT (*Med*) to flush out; (*mente*) to clear
desoprimir [dʒizopri'miʳ] VT to relieve; **desoprimir-se** VR to be relieved
desordeiro, -a [dʒizox'dejru, a] ADJ troublemaking ■ M/F troublemaker, hooligan
desordem [dʒi'zoxdẽ] F disorder, confusion; **em ~** (*casa*) untidy
desordenar [dʒizoxde'naʳ] VT (*tirar da ordem*) to put out of order; (*desarrumar*) to mess up
desorganização [dʒizoxganiza'sãw] F disorganization
desorganizar [dʒizoxgani'zaʳ] VT to disorganize; (*dissolver*) to break up; **desorganizar-se** VR to become disorganized; to break up
desorientação [dʒizorjẽta'sãw] F bewilderment, confusion
desorientar [dʒizorjẽ'taʳ] VT (*desnortear*) to throw off course; (*perturbar*) to confuse; (*desvairar*) to unhinge; **desorientar-se** VR (*perder-se*) to lose one's way; to get confused; to go mad
desossar [dʒizo'saʳ] VT (*galinha*) to bone
desovar [dʒizo'vaʳ] VT to lay; (*peixe*) to spawn
despachado, -a [dʒiʃpa'ʃadu, a] ADJ (*pessoa*) efficient
despachante [dʒiʃpa'ʃãtʃi] M/F (*de mercadorias*) forwarding agent; (*de documentos*) agent (*who handles official bureaucracy*)
despachar [dʒiʃpa'ʃaʳ] VT (*expedir*) to dispatch, send off; (*atender, resolver*) to deal with; (*despedir*) to sack ■ VI (*funcionário*) to work; **despachar-se** VR to hurry (up); **despacho** [dʒiʃ'paʃu] M dispatch; (*de negócios*) handling; (*nota em requerimento*) ruling; (*reunião*) consultation; (*macumba*) witchcraft
desparafusar [dʒiʃparafu'saʳ] VT to unscrew
despeço *etc* [dʒiʃ'pesu] VB *v* **despedir**
despedaçar [dʒiʃpeda'saʳ] VT (*quebrar*) to smash; (*rasgar*) to tear apart; **despedaçar-se** VR to smash; to tear
despedida [dʒiʃpe'dʒida] F (*adeus*) farewell; (*de trabalhador*) dismissal
despedir [dʒiʃpe'dʒiʳ] VT (*de emprego*) to dismiss, sack; **despedir-se** VR: **despedir-se (de)** to say goodbye (to)
despeitado, -a [dʒiʃpej'tadu, a] ADJ spiteful; (*ressentido*) resentful
despeito [dʒiʃ'pejtu] M spite; **a ~ de** in spite of, despite
despejar [dʒiʃpe'ʒaʳ] VT (*água*) to pour; (*esvaziar*) to empty; (*inquilino*) to evict; **despejo** [dʒiʃ'peʒu] M (*de casa*) eviction; **quarto de despejo** junk room
despencar [dʒiʃpẽ'kaʳ] VI to fall down, tumble down
despender [dʒiʃpẽ'deʳ] VT (*dinheiro*) to spend; (*energia*) to expend
despenhadeiro [dʒiʃpeɲa'dejro] M cliff, precipice
despensa [dʒiʃ'pẽsa] F larder
despentear [dʒiʃpẽ'tʃjaʳ] VT (*cabelo: sem querer*) to mess up; (: *de propósito*) to let down; **despentear-se** VR to mess one's hair up; to let one's hair

down

despercebido, -a [dʒiʃpexse'bidu, a] ADJ unnoticed

desperdiçar [dʒiʃpexdʒi'sa^{r}] VT to waste; (*dinheiro*) to squander; **desperdício** [dʒiʃpex'dʒisju] M waste

despersonalizar [dʒiʃpexsonali'za^{r}] VT to depersonalize

despersuadir [dʒiʃpexswa'dʒi^{r}] VT: **~ alguém de fazer algo** to dissuade sb from doing sth

despertador [dʒiʃpexta'do^{r}] M (*tb*: **relogio despertador**) alarm clock

despertar [dʒiʃpex'ta^{r}] VT (*pessoa*) to wake; (*suspeitas, interesse*) to arouse; (*reminiscências*) to revive; (*apetite*) to whet ■ VI to wake up, awake ■ M awakening; **desperto, -a** [dʒiʃ'pɛxtu, a] ADJ awake

despesa [dʒiʃ'peza] F expense; **despesas** FPL (*de uma empresa*) expenses, costs; **~s antecipadas** prepayments; **~s gerais** (*Com*) overheads; **~s mercantis** sales and marketing expenses; **~s não-operacionais** non-operating expenses *ou* costs; **~s operacionais** operating expenses *ou* costs; **~s tributárias** (*de uma empresa*) corporation tax *sg*

despido, -a [dʒiʃ'pidu, a] ADJ (*nu*) naked, bare; (*livre*) free

despir [dʒiʃ'pi^{r}] VT (*roupa*) to take off; (*pessoa*) to undress; (*despojar*) to strip; **despir-se** VR to undress

despistar [dʒiʃpiʃ'ta^{r}] VT to throw off the scent

desplante [dʒiʃ'plãtʃi] M (*fig*) nerve

despojado, -a [dʒiʃpo'ʒadu, a] ADJ (*pessoa*) unambitious; (*lugar*) spartan, basic

despojar [dʒiʃpo'ʒa^{r}] VT (*casas*) to loot, sack; (*pessoas*) to rob; **~ alguém de algo** to strip sb of sth

despojo [dʒiʃ'poʒu] M loot, booty; **despojos** MPL: **despojo s mortais** (*restos*) mortal remains

despoluir [dʒiʃpo'lwi^{r}] VT to clean up

despontar [dʒiʃpõ'ta^{r}] VI to emerge; (*sol*) to come out; (: *ao amanhecer*) to come up; **ao ~ do dia** at daybreak

desporto [dʒiʃ'poxtu] M sport

déspota ['dɛʃpota] M/F despot

despotismo [deʃpo'tʃiʒmu] M despotism

despovoado, -a [dʒiʃpo'vwadu, a] ADJ uninhabited ■ M wilderness

despovoar [dʒiʃpo'vwa^{r}] VT to depopulate

desprazer [dʒiʃpra'ze^{r}] M displeasure

desprecavido, -a [dʒiʃpreka'vidu, a] ADJ unprepared, careless

despregar [dʒiʃpre'ga^{r}] VT to take off, detach; **despregar-se** VR to come off; **~ os olhos de algo** to take one's eyes off sth

desprender [dʒiʃprẽ'de^{r}] VT (*soltar*) to loosen; (*desatar*) to unfasten; (*emitir*) to emit; **desprender-se** VR (*botão*) to come off; (*cheiro*) to be given off; **~-se dos braços de alguém** to extricate o.s. from sb's arms

desprendido, -a [dʒiʃprẽ'dʒidu, a] ADJ (*abnegado*) disinterested

despreocupado, -a [dʒiʃpreoku'pado, a] ADJ carefree, unconcerned; **com a notícia ele ficou mais ~** after hearing the news he was less concerned *ou* worried

despreocupar [dʒiʃpreoku'pa^{r}] VT: **~ alguém (de algo)** to set sb's mind at rest (about sth); **despreocupar-se** VR: **despreocupar-se (de algo)** to stop worrying (about sth)

despreparado, -a [dʒiʃprepa'radu, a] ADJ unprepared

despretensioso, -a [dʒiʃpretẽ'sjozu, ɔza] ADJ unpretentious, modest

desprestigiar [dʒiʃpreʃtʃi'ʒja^{r}] VT to discredit; **desprestigiar-se** VR to lose prestige

desprevenido, -a [dʒiʃpreve'nidu, a] ADJ unprepared, unready; **apanhar ~** to catch unawares

desprezar [dʒiʃpre'za^{r}] VT (*desdenhar*) to despise, disdain; (*não dar importância a*) to disregard, ignore; **desprezível** [dʒiʃpre'zivew] (*pl* **-eis**) ADJ despicable; **desprezo** [dʒiʃ'prezu] M scorn, contempt; **dar ao desprezo** to ignore

desproporção [dʒiʃpropox'sãw] F disproportion

desproporcionado, -a [dʒiʃpropoxsjo'nadu, a] ADJ disproportionate; (*desigual*) unequal

desproporcional [dʒiʃpropoxsjo'naw] ADJ disproportionate

despropositado, -a [dʒiʃpropozi'tadu, a] ADJ (*absurdo*) preposterous

despropósito [dʒiʃpro'pɔzitu] M nonsense

desproteger [dʒiʃprote'ʒe^{r}] VT to leave unprotected

desprover [dʒiʃpro've^{r}] VT: **~ alguém (de algo)** to deprive sb (of sth)

desprovido, -a [dʒiʃpro'vidu, a] ADJ deprived; **~ de** without

despudorado, -a [dʒiʃpudo'radu, a] ADJ shameless

desqualificar [dʒiʃkwalifi'ka^{r}] VT (*Esporte etc*) to disqualify; (*tornar indiguo*) to disgrace, lower

desquitar-se [dʒiʃki'taxsi] VR to get a legal separation

desquite [dʒiʃ'kitʃi] M legal separation

desregrado, -a [dʒiʒxe'gradu, a] ADJ (*desordenado*) disorderly, unruly; (*devasso*) immoderate

desregrar-se [dʒiʒxe'graxsi] VR to run riot

desregular [dʒiʒxegu'la^{r}] VT (*mercado*) to deregulate

desrespeitar [dʒiʒxeʃpej'ta^{r}] VT to have no respect for

desrespeito [dʒiʒxe'ʃpejtu] M disrespect

desrespeitoso, -a [dʒiʒxeʃpej'tozu, ɔza] ADJ disrespectful

desse *etc* ['desi] = **de + esse**

desse *etc* VB *v* **dar**

NB: *European Portuguese adds the following consonants to certain words*: **b** (sú(b)dito, su(b)til); **c** (a(c)ção, a(c)cionista, a(c)to); **m** (inde(m)ne); **p** (ado(p)çã, ado(p)tar); *for further details see p. xiii.*

destacado, -a [dʒiʃta'kadu, a] ADJ outstanding; (*separado*) detached
destacamento [dʒiʃtaka'mẽtu] M (*Mil*) detachment
destacar [dʒiʃta'kaʳ] VT (*Mil*) to detail; (*separar*) to detach; (*fazer sobressair*) to highlight; (*enfatizar*) to emphasize ■ VI to stand out; **destacar-se** VR to stand out; (*pessoa*) to be outstanding
destampar [dʒiʃtã'paʳ] VT to take the lid off
destapar [dʒiʃta'paʳ] VT to uncover
destaque [dʒiʃ'taki] M distinction; (*pessoa, coisa*) highlight; (*do noticiário*) main point; **pessoa de ~** distinguished person
deste *etc* ['deʃtʃi] = **de + este**; *v* **este**
destemido, -a [deʃte'midu, a] ADJ fearless, intrepid
destemperar [dʒiʃtẽpe'raʳ] VT (*diluir*) to dilute, weaken ■ VI (*perder a cabeça*) to go mad
desterrar [dʒiʃte'xaʳ] VT (*exilar*) to exile; (*fig*) to banish
desterro [dʒiʃ'texu] M exile
destilação [deʃtʃila'sãw] F distillation
destilar [deʃtʃi'laʳ] VT to distil (*Brit*), distill (*US*)
destilaria [deʃtʃila'ria] F distillery
destinação [deʃtʃina'sãw] (*pl* **-ões**) F destination
destinar [deʃ'tʃinaʳ] VT to destine; (*dinheiro*): **~ (para)** (*dinheiro*) to set aside (for); **destinar-se** VR: **destinar-se a** to be intended for, be addressed to
destinatário, -a [deʃtʃina'tarju, a] M/F addressee
destino [deʃ'tʃinu] M destiny, fate; (*lugar*) destination; **com ~ a** bound for; **sem ~** ADJ aimless ■ ADV aimlessly
destituição [deʃtʃitwi'sãw] (*pl* **-ões**) F (*demissão*) dismissal
destituir [deʃtʃi'twiʳ] VT (*demitir*) to dismiss; **~ de** (*privar de*) to deprive of; (*demitir de*) to dismiss from
destoante [dʒiʃto'ãtʃi] ADJ (*som*) discordant; (*opiniões*) diverging
destoar [dʒiʃto'aʳ] VI (*som*) to jar; **~ (de)** (*não condizer*) to be out of keeping (with); (*traje, cor*) to clash (with); (*pessoa: discordar*) to disagree (with)
destorcer [dʒiʃtox'seʳ] VT to straighten out
destrambelhado, -a [dʒiʃtrãbe'ʎadu, a] ADJ scatterbrained
destrancar [dʒiʃtrã'kaʳ] VT to unlock
destratar [dʒiʃtra'taʳ] VT to abuse, insult
destravar [dʒiʃtra'vaʳ] VT (*veículo*) to take the brake off; (*fechadura*) to unlatch
destreza [deʃ'treza] F (*habilidade*) skill; (*agilidade*) dexterity
destrinchar [dʒiʃtrĩ'ʃaʳ] VT (*desenredar*) to unravel; (*esmiuçar*) to treat in detail; (*problema*) to solve, resolve
destro, -a ['deʃtru, a] ADJ (*hábil*) skilful (*Brit*), skillful (*US*); (*ágil*) agile; (*não canhoto*) right-handed
destrocar [dʒiʃtro'kaʳ] VT to give back, return
destroçar [dʒiʃtro'saʳ] VT (*destruir*) to destroy; (*quebrar*) to smash, break; (*devastar*) to ruin, wreck; **destroços** [dʒiʃ'trɔsuʃ] MPL wreckage *sg*
destróier [dʒiʃ'trɔjeʳ] M destroyer
destronar [dʒiʃtro'naʳ] VT to depose
destroncar [dʒiʃtrõ'kaʳ] VT to dislocate
destruição [dʒiʃtrwi'sãw] F destruction
destruidor, a [dʒiʃtrwi'doʳ(a)] ADJ destructive
destruir [dʒiʃ'trwiʳ] VT to destroy
desumano, -a [dʒizu'manu, a] ADJ inhuman; (*bárbaro*) cruel
desunião [dʒizun'jãw] F disunity; (*separação*) separation
desunir [dʒizu'niʳ] VT (*separar*) to separate; (*Tec*) to disconnect; (*fig: desavir*) to cause a rift between
desusado, -a [dʒizu'zadu, a] ADJ (*não usado*) disused; (*incomum*) unusual
desuso [dʒi'zuzu] M disuse; **em ~** outdated
desvairado, -a [dʒiʒvaj'radu, a] ADJ (*louco*) crazy, demented; (*desorientado*) bewildered
desvairar [dʒiʒvaj'raʳ] VT to drive mad
desvalido, -a [dʒiʒva'lidu, a] ADJ (*desamparado*) helpless; (*miserável*) destitute
desvalorização [dʒiʒvaloriza'sãw] (*pl* **-ões**) F devaluation
desvalorizar [dʒiʒvalori'zaʳ] VT to devalue; **desvalorizar-se** VR (*pessoa*) to undervalue o.s.; (*carro*) to depreciate; (*moeda*) to lose value
desvanecer [dʒiʒvane'seʳ] VT (*envaidecer*) to make proud; (*sentimentos*) to dispel; **desvanecer-se** VR (*envaidecer-se*) to feel proud; (*sentimentos*) to vanish
desvanecido, -a [dʒiʒvane'sidu, a] ADJ proud
desvantagem [dʒiʒvã'taʒẽ] (*pl* **-ns**) F disadvantage
desvantajoso, -a [dʒiʒvãta'ʒozu, ɔza] ADJ disadvantageous
desvão [dʒiʒ'vãw] (*pl* **-s**) M loft
desvario [dʒiʒva'riu] M madness, folly
desvelar [dʒiʒve'laʳ] VT (*noiva, estátua*) to unveil; (*corpo, trama*) to uncover; (*segredo*) to reveal; (*problema*) to clarify; **desvelar-se** VR: **desvelar-se em fazer algo** to go to a lot of trouble to do sth
desvelo [dʒiʒ'velu] M (*cuidado*) care; (*dedicação*) devotion
desvencilhar [dʒiʒvẽsi'ʎaʳ] VT to free, extricate; **desvencilhar-se** VR to free o.s., extricate o.s.
desvendar [dʒiʒvẽ'daʳ] VT (*tirar a venda*) to remove the blindfold from; (*revelar*) to disclose; (*mistério*) to solve
desventura [dʒiʒvẽ'tura] F (*infortúnio*) misfortune; (*infelicidade*) unhappiness
desventurado, -a [dʒiʒvẽtu'radu, a] ADJ (*desafortunado*) unfortunate; (*infeliz*) unhappy ■ M/F wretch
desviar [dʒiʒ'vjaʳ] VT to divert; (*golpe*) to deflect; (*dinheiro*) to embezzle; **desviar-se** VR (*afastar-se*) to turn away; **~-se de** (*evitar*) to avoid; **~-se do assunto** to digress; **~ os olhos** to look away; **desviei o carro para a direita** I pulled the car over to the right; **tentei desviá-lo do assunto** I tried to get *ou* steer him off the subject

desvincular [dʒiʒvĩku'la^{r}] VT: **~ algo de algo** to divest sth of sth; **desvincular-se** VR: **desvincular-se de algo** to disassociate o.s. from sth

desvio [dʒiʒ'viu] M diversion, detour; (*curva*) bend; (*fig*) deviation; (*de dinheiro*) embezzlement; (*de mercadorias*) misappropriation; (*Ferro*) siding; (*da coluna vertebral*) dislocation

desvirar [dʒiʒvi'ra^{r}] VT to turn back

desvirginar [dʒiʒvixʒi'na^{r}] VT to deflower

desvirtuar [dʒiʒvix'twa^{r}] VT (*fatos*) to misrepresent

detalhadamente [detaʎada'mẽtʃi] ADV in detail

detalhado, -a [deta'ʎadu, a] ADJ detailed

detalhar [deta'ʎa^{r}] VT to (give in) detail

detalhe [de'taʎi] M detail; **entrar em ~** to go into detail

detalhista [deta'ʎiʃta] ADJ painstaking, meticulous

detectar [detek'ta^{r}] VT to detect

detective [detek'tivə] (PT) M = **detetive**

detector [detek'to^{r}] M detector

detenção [detẽ'sãw] (*pl* **-ões**) F detention

détente [de'tãtʃi] F détente

detento, -a [de'tẽtu, a] M/F detainee

detentor, a [detẽ'to^{r}(a)] M/F (*de título, recorde*) holder

deter [de'te^{r}] (*irreg*) VT (*fazer parar*) to stop; (*prender*) to arrest, detain; (*reter*) to keep; (*conter: riso*) to contain; **deter-se** VR (*parar*) to stop; (*ficar*) to stay; (*conter-se*) to restrain o.s.; **~-se em minúcias** *etc* to get bogged down in details *etc*

detergente [detex'ʒẽtʃi] M detergent

deterioração [deterjora'sãw] F deterioration

deteriorar [deterjo'ra^{r}] VT to spoil, damage; **deteriorar-se** VR to deteriorate; (*relações*) to worsen

determinação [detexmina'sãw] F (*firmeza*) determination; (*decisão*) decision; (*ordem*) order; **por ~ de** by order of

determinado, -a [detexmi'nadu, a] ADJ (*resoluto*) determined; (*certo*) certain, given

determinar [detexmi'na^{r}] VT (*fixar, precisar*) to determine; (*decretar*) to order; (*resolver*) to decide (on); (*causar*) to cause; (*fronteiras*) to mark out

detestar [detes'ta^{r}] VT to hate, detest; **detestável** [detes'tavew] (*pl* **-eis**) ADJ horrible, hateful

detetive [dete'tʃivi] M detective

detidamente [detʃida'mẽtʃi] ADV carefully, thoroughly

detido, -a [de'tʃidu, a] ADJ (*preso*) under arrest; (*minucioso*) thorough ■ M/F person under arrest, prisoner

detonação [detona'sãw] (*pl* **-ões**) F explosion

detonar [deto'na^{r}] VI to detonate, go off ■ VT to detonate

Detran [de'trã] (BR) ABR M (= *Departamento de Trânsito*) *state traffic department*

detrás [de'trajʃ] ADV behind ■ PREP: **~ de** behind; **por ~** (from) behind

detrimento [detri'mẽtu] M: **em ~ de** to the detriment of

detrito [de'tritu] M debris *sg*; (*de comida*) remains *pl*; (*resíduo*) dregs *pl*

deturpação [detuxpa'sãw] F corruption; (*de palavras*) distortion

deturpar [detux'pa^{r}] VT to corrupt; (*desfigurar*) to disfigure; (*palavras*) to twist; **você deturpou minhas palavras** you twisted my words

deu [dew] VB *v* **dar**

deus, a [dewʃ(sa)] M/F god/goddess; **D~ me livre!** God forbid!; **graças a D~** thank goodness; **se D~ quiser** God willing; **meu D~!** good Lord!; **D~ e o mundo** everybody

deus-dará [-da'ra] ADV: **viver ao ~** to live from hand to mouth; **estar ao ~** (*casa*) to be unattended

deus-nos-acuda [-a'kuda] M commotion

devagar [dʒiva'ga^{r}] ADV slowly ■ ADJ INV (*col*): **ele é um cara tão ~** he's such an old fogey

devagarinho [dʒivaga'riɲu] ADV nice and slowly

devanear [deva'nja^{r}] VT to imagine, dream of ■ VI to daydream; (*divagar*) to wander, digress

devaneio [deva'neju] M daydream

devassa [de'vasa] F investigation, inquiry

devassado, -a [deva'sadu, a] ADJ (*casa*) exposed

devassidão [devasi'dãw] F debauchery

devasso, -a [de'vasu, a] ADJ dissolute

devastar [devaʃ'ta^{r}] VT (*destruir*) to devastate; (*arruinar*) to ruin

deve ['dɛvi] M (*débito*) debit; (*coluna*) debit column

devedor, a [deve'do^{r}(a)] ADJ (*pessoa*) in debt ■ M/F debtor; **saldo ~** debit balance

dever [de've^{r}] M duty ■ VT to owe ■ VI (*suposição*): **deve (de) estar doente** he must be ill; (*obrigação*): **devo partir às oito** I must go at eight; **você devia ir ao médico** you should go to the doctor; **ele devia ter vindo** he should have come; **que devo fazer?** what shall I do?

deveras [dʒi'vɛraʃ] ADV really, truly

devidamente [devida'mẽtʃi] ADV properly; (*preencher formulário etc*) duly

devido, -a [de'vidu, a] ADJ (*maneira*) proper; (*respeito*) due; **~ a** due to, owing to; **no ~ tempo** in due course

devoção [devo'sãw] F devotion

devolução [devolu'sãw] F devolution; (*restituição*) return; (*reembolso*) refund; **~ de impostos** tax rebate

devolver [devow've^{r}] VT to give back, return; (*Com*) to refund

devorar [devo'ra^{r}] VT to devour; (*destruir*) to destroy

devotar [devo'ta^{r}] VT to devote; **devotar-se** VR:

NB: *European Portuguese adds the following consonants to certain words:* **b** (sú(b)dito, su(b)til); **c** (a(c)ção, a(c)cionista, a(c)to); **m** (inde(m)ne); **p** (ado(p)çã, ado(p)tar); *for further details see p. xiii.*

devotar-se a to devote o.s. to
devoto, -a [de'vɔtu, a] ADJ devout ■ M/F devotee
dez [dɛʒ] NUM ten; *v tb* **cinco**
dez. ABR (= *dezembro*) Dec
dezanove [deza'nɔvə] (PT) NUM = **dezenove**
dezasseis [deza'sejʃ] (PT) NUM = **dezesseis**
dezassete [deza'setə] (PT) NUM = **dezessete**
dezembro [de'zẽbru] (PT **D-**) M December; *v tb* **julho**
dezena [de'zena] F: **uma ~** ten
dezenove [deze'nɔvi] NUM nineteen; *v tb* **cinco**
dezesseis [deze'sejʃ] NUM sixteen; *v tb* **cinco**
dezessete [dezi'setʃi] NUM seventeen; *v tb* **cinco**
dezoito [dʒi'zojtu] NUM eighteen; *v tb* **cinco**
DF (BR) ABR = **Distrito Federal**
dia ['dʒia] M day; (*claridade*) daylight; **~ a ~** day by day; **~ de folga** day off; **~ santo** holy day; **~ útil** weekday; **estar** *ou* **andar em ~** (*com*) to be up to date (with); **de ~** in the daytime, by day; **mais ~ menos ~** sooner or later; **todo ~, todos os ~s** every day; **o ~ inteiro** all day (long); **~ sim, ~ não** every other day; **de dois em dois ~s** every two days; **no ~ seguinte** the next day; **~ após ~** day after day; **do ~ para a noite** (*fig*) overnight; **bom ~** good morning; **um ~ desses** one of these days; **~s a fio** days on end; **~ cheio/morto** busy/quiet *ou* slow day; **todo santo ~** (*col*) every single day, day after day; **recebo por ~** I'm paid by the day; **um bebê de ~s** a newborn baby; **ele está com os ~s contados** his days are numbered; **dia-a-dia** M daily life, everyday life
diabete, diabetes [dʒja'bɛtʃi(ʃ)] F diabetes *sg*; **diabético, -a** [dʒja'bɛtʃiku, a] ADJ, M/F diabetic
diabo ['dʒjabu] M devil; **que ~!** (*col*) damn it!; **por que ~ ...?** why on earth ...?; **o ~ é que ...** (*col*) the darnedest thing is that ...; **o ~ do eletricista não apareceu** (*col*) the damned electricity man didn't turn up; **está um calor do ~** (*col*) it's damned *ou* bloody (!) hot; **deu um trabalho dos ~s** (*col*) it was a hell of a job; **quente pra ~** (*col*) damned hot; **dizer o ~ de alguém** (*col*) to slag sb off
diabólico, -a [dʒja'bɔliku, a] ADJ diabolical
diabrete [dʒja'bretʃi] M imp
diabrura [dʒja'brura] F prank; **diabruras** FPL (*travessura*) mischief *sg*
diacho ['dʒjaʃu] (*col*) EXCL hell!
diadema [dʒja'dema] M diadem; (*jóia*) tiara
diáfano, -a ['dʒjafanu, a] ADJ (*tecido*) diaphanous; (*águas*) clear
diafragma [dʒja'fragma] M diaphragm; (*anticoncepcional*) diaphragm, cap
diagnosticar [dʒjagnoʃtʃi'ka^{r}] VT to diagnose
diagnóstico [dʒjag'nɔʃtʃiku] M diagnosis
diagonal [dʒjago'naw] (*pl* **-ais**) ADJ, F diagonal
diagrama [dʒja'grama] M diagram
diagramador, a [dʒjagrama'do^{r}(a)] M/F designer
diagramar [dʒjagra'ma^{r}] VT to design
dialecto [dja'lɛktu] (PT) M = **dialeto**
dialética [dʒja'lɛtʃika] F dialectics *sg*
dialeto [dʒja'lɛtu] M dialect
dialogar [dʒjalo'ga^{r}] VI: **~ (com alguém)** to talk (to sb); (*Pol*) to have *ou* hold talks (with sb)
diálogo ['dʒjalogu] M dialogue; (*conversa*) talk, conversation
diamante [dʒja'mãtʃi] M diamond
diâmetro ['dʒjametru] M diameter
diante ['dʒjãtʃi] PREP: **~ de** before; (*na frente de*) in front of; (*problemas etc*) in the face of; **e assim por ~** and so on; **para ~** forward
dianteira [dʒjã'tejra] F front, vanguard; **tomar a ~** to get ahead
dianteiro, -a [dʒjã'tejru, a] ADJ front
diapasão [dʒjapa'zãw] (*pl* **-ões**) M (*afinador*) tuning fork; (*tom*) pitch; (*extensão de voz ou instrumento*) range
diapositivo [dʒjapozi'tʃivu] M (*Foto*) slide
diária ['dʒjarja] F (*de hotel*) daily rate
diário, -a ['dʒjarju, a] ADJ daily ■ M diary; (*jornal*) (daily) newspaper; (*Com*) daybook; **~ de bordo** (*Aer*) logbook
diarista [dʒja'riʃta] M/F casual worker, worker paid by the day; (*em casa*) cleaner
diarréia [dʒja'xɛja] F diarrhoea (*Brit*), diarrhea (*US*)
dica ['dʒika] (*col*) F hint
dicção [dʒik'sãw] F diction
dicionário [dʒisjo'narju] M dictionary
dicionarista [dʒisjona'riʃta] M/F lexicographer
dicotomia [dʒikoto'mia] F dichotomy
didata [dʒi'data] (PT **-ct-**) M/F teacher
didática [dʒi'datʃika] (PT **-ct-**) F education, teaching
didático, -a [dʒi'datʃiku, a] (PT **-ct-**) ADJ (*livro*) educational; (*método*) teaching *atr*; (*modo*) didactic
diesel ['dʒizew] M: **motor a ~** diesel engine
dieta ['dʒjɛta] F diet; **fazer ~** to go on a diet
dietético, -a [dʒje'tetʃiku, a] ADJ dietetic
dietista [dʒje'tʃiʃta] M/F dietician
difamação [dʒifama'sãw] F (*falada*) slander; (*escrita*) libel
difamador, a [dʒifama'do^{r}(a)] ADJ defamatory ■ M/F slanderer
difamar [dʒifa'ma^{r}] VT to slander; (*por escrito*) to libel
difamatório, -a [dʒifama'tɔrju, a] ADJ defamatory
diferença [dʒife'rẽsa] F difference; **ela tem uma ~ comigo** she's got something against me
diferenciação [dʒiferẽsja'sãw] F (*tb: Mat*) differentiation
diferenciar [dʒiferẽ'sja^{r}] VT to differentiate
diferente [dʒife'rẽtʃi] ADJ different; **estar ~ com alguém** to be at odds with sb
diferimento [dʒiferi'mẽtu] M deferment
diferir [dʒife'ri^{r}] VI: **~ (de)** to differ (from) ■ VT (*adiar*) to defer
difícil [dʒi'fisiw] (*pl* **-eis**) ADJ (*trabalho, vida*) difficult, hard; (*problema, situação*) difficult; (*pessoa: intratável*) difficult; (: *exigente*) hard to please; (*improvável*) unlikely; **o ~ é ...** the

difficult thing is ...; **acho ~ ela aceitar nossa proposta** I think it's unlikely she will accept our proposal; **falar ~** to use big words; **bancar o ~** to play hard to get

dificílimo, -a [dʒifi'silimu, a] ADJ SUPERL *de* **difícil**

dificilmente [dʒifisiw'mẽtʃi] ADV with difficulty; (*mal*) hardly; (*raramente*) hardly ever; **~ ele poderá ...** it won't be easy for him to ....

dificuldade [dʒifikuw'dadʒi] F difficulty; (*aperto*) trouble; **em ~s** in trouble

dificultar [dʒifikuw'ta^{r}] VT to make difficult; (*complicar*) to complicate

difteria [dʒifte'ria] F diphtheria

difundir [dʒifũ'dʒi^{r}] VT (*luz*) to diffuse; (*boato, rumor*) to spread; (*notícia*) to spread, circulate; (*idéias*) to disseminate

difusão [dʒifu'zãw] F (*de luz*) diffusion; (*espalhamento*) spreading; (*de notícias*) circulation; (*de idéias*) dissemination

difuso, -a [dʒi'fuzu, a] ADJ diffuse

digerir [dʒiʒe'ri^{r}] VT, VI to digest

digestão [dʒiʒeʃ'tãw] F digestion

digital [dʒiʒi'taw] (*pl* **-ais**) ADJ digital; **impressão ~** fingerprint

digitar [dʒiʒi'ta^{r}] VT (*Comput: dados*) to key (in)

dígito ['dʒiʒitu] M digit

digladiar [dʒigla'dʒja^{r}] VI to fight, fence; **digladiar-se** VR: **digladiar (com alguém)** to do battle (with sb)

dignar-se [dʒig'naxsi] VR: **~ de** to deign to, condescend to

dignidade [dʒigni'dadʒi] F dignity

dignificar [dʒignifi'ka^{r}] VT to dignify

digno, -a ['dʒignu, a] ADJ (*merecedor*) worthy; (*nobre*) dignified

digo *etc* ['dʒigu] VB *v* **dizer**

digressão [dʒigre'sãw] (*pl* **-ões**) F digression

dilaceração [dʒilasera'sãw] (*pl* **-ões**) F laceration

dilacerante [dʒilase'rãtʃi] ADJ (*dor*) excruciating; (*cruel*) cruel

dilacerar [dʒilase'ra^{r}] VT to tear to pieces, lacerate; **dilacerar-se** VR to tear one another to pieces

dilapidação [dʒilapida'sãw] F (*de casas etc*) demolition; (*de dinheiro*) squandering

dilapidar [dʒilapi'da^{r}] VT (*fortuna*) to squander; (*casa*) to demolish

dilatação [dʒilata'sãw] F dilation

dilatar [dʒila'ta^{r}] VT to dilate, expand; (*prolongar*) to prolong; (*retardar*) to delay

dilatório, -a [dʒila'tɔrju, a] ADJ dilatory

dilema [dʒi'lema] M dilemma

diletante [dʒile'tãtʃi] ADJ, M/F amateur; (*pej*) dilettante

diletantismo [dʒiletã'tʃiʒmu] M amateurism; (*pej*) dilettantism

diligência [dʒili'ʒẽsja] F diligence; (*pesquisa*) inquiry; (*veículo*) stagecoach

diligenciar [dʒiliʒẽ'sja^{r}] VT to strive for; **~ (por) fazer** to strive to do

diligente [dʒili'ʒẽtʃi] ADJ hardworking, industrious

diluição [dʒilwi'sãw] F dilution

diluir [dʒi'lwi^{r}] VT to dilute

dilúvio [dʒi'luvju] M flood

dimensão [dʒimẽ'sãw] (*pl* **-ões**) F dimension; **dimensões** FPL (*medidas*) measurements

dimensionar [dʒimẽsjo'na^{r}] VT: **~ algo** to calculate the size of sth; (*fig*) to assess the extent of sth

diminuição [dʒiminwi'sãw] F reduction

diminuir [dʒimi'nwi^{r}] VT to reduce; (*som*) to turn down; (*interesse*) to lessen ■ VI to lessen, diminish; (*preço*) to go down; (*dor*) to wear off; (*barulho*) to die down

diminutivo, -a [dʒiminu'tʃivu, a] ADJ diminutive ■ M (*Ling*) diminutive

diminuto, -a [dʒimi'nutu, a] ADJ minute, tiny

Dinamarca [dʒina'maxka] F Denmark; **dinamarquês, -quesa** [dʒinamax'keʃ, 'keza] ADJ Danish ■ M/F Dane ■ M (*Ling*) Danish

dinâmico, -a [dʒi'namiku, a] ADJ dynamic

dinamismo [dʒina'miʒmu] M (*fig*) energy, drive

dinamitar [dʒinami'ta^{r}] VT to blow up

dinamite [dʒina'mitʃi] F dynamite

dínamo ['dʒinamu] M dynamo

dinastia [dʒinaʃ'tʃia] F dynasty

dinda ['dʒĩda] (*col*) F godmother

dinheirão [dʒiɲej'rãw] M: **um ~** loads *pl* of money

dinheiro [dʒi'ɲejru] M money; **~ à vista** cash for paying in cash; **sem ~** penniless; **em ~** in cash; **~ em caixa** money in the till; **~ em espécie** cash; **~ vivo** hard cash

dinossauro [dʒino'sawru] M dinosaur

diocese [dʒjo'sezi] F diocese

dióxido ['dʒjɔksidu] M dioxide; **~ de carbono** carbon dioxide

DIP (BR) ABR M = **Departamento de Imprensa e Propaganda**

diploma [dʒip'lɔma] M diploma

diplomacia [dʒiploma'sia] F diplomacy; (*fig*) tact

diplomando, -a [dʒiplo'mãdu, a] M/F diploma candidate

diplomar [dʒiplo'ma^{r}] VT to give a diploma (*ou* degree) to; **diplomar-se** VR: **diplomar-se (em algo)** to get one's diploma (in sth)

diplomata [dʒiplo'mata] M/F diplomat; **diplomático, -a** [dʒiplo'matʃiku, a] ADJ diplomatic; (*discreto*) tactful

dique ['dʒiki] M dam; (*Geo*) dyke

direção [dʒire'sãw] (*PT* **-cç-**, *pl* **-ões**) F direction; (*endereço*) address; (*Auto*) steering; (*administração*) management; (*comando*) leadership; (*diretoria*) board of directors; **em ~ a** towards

NB: *European Portuguese adds the following consonants to certain words:* **b** (sú(b)dito, su(b)til); **c** (a(c)ção, a(c)cionista, a(c)to); **m** (inde(m)ne); **p** (ado(p)çã, ado(p)tar); *for further details see p. xiii.*

directo, -a [di'rɛktu, a] (PT) = **direto** *etc*
direi *etc* [dʒi'rej] VB *v* **dizer**
direita [dʒi'rejta] F (*mão*) right hand; (*lado*) right-hand side; (*Pol*) right wing; **à ~** on the right; **"mantenha-se à ~"** "keep right"
direitinho [dʒirej'tʃinu] ADV properly, just right; (*diretamente*) directly
direitista [dʒirej'tʃiʃta] ADJ right-wing ■ M/F right-winger
direito, -a [dʒi'rejtu, a] ADJ (*lado*) right-hand; (*mão*) right; (*honesto*) honest; (*devido*) proper; (*justo*) right, just ■ M (*prerrogativa*) right; (*Jur*) law; (*de tecido*) right side ■ ADV (*em linha reta*) straight; (*bem*) right; (*de maneira certa*) properly; **direitos** MPL (*humanos*) rights; (*alfandegários*) duty *sg*; **~ civil** civil law; **~s civis** civil rights; **~s de importação** import duty; **~s humanos** human rights; **livre de ~s** duty-free; **ter ~ a** to have a right to, be entitled to; **minha roupa está direita?/meu cabelo está ~?** are my clothes/is my hair all right?
diretas [dʒi'rɛtaʃ] FPL (*Pol*) direct elections
direto, -a [dʒi'rɛtu, a] ADJ direct ■ ADV straight; **transmissão direta** (*TV*) live broadcast; **ir ~ ao assunto** to get straight to the point
diretor, a [dʒire'tor(a)] ADJ directing, guiding ■ M/F (*Com, de cinema*) director; (*de jornal*) editor; (*de escola*) head teacher
diretor, a (*pl* **directores/as-gerentes**) M/F managing director; **diretoria** [dʒireto'ria] F (*cargo*) directorship; (: *em escola*) headship; (*direção*: *Com*) management; (*sala*) boardroom
diretório [dʒire'tɔrju] M directorate; (*Comput*) directory; **~ acadêmico** students' union
diretriz [dʒire'triʒ] F directive
dirigente [dʒiri'ʒẽtʃi] ADJ (*classe*) ruling ■ M/F (*de país, partido*) leader; (*diretor*) director; (*gerente*) manager
dirigir [dʒiri'ʒir] VT to direct; (*Com*) to manage, run; (*veículo*) to drive; (*atenção*) to turn ■ VI to drive; **dirigir-se** VR: **dirigir-se a** (*falar com*) to speak to, address; (*ir, recorrer*) to go to; (*esforços*) to be directed towards
dirimir [dʒiri'mir] VT (*dúvida, contenda*) to settle, clear up
discagem [dʒiʃ'kaʒẽ] F (*Tel*) dialling; **~ direta** direct dialling
discar [dʒiʃ'kar] VT to dial
discente [dʒi'sẽtʃi] ADJ: **corpo ~** student body
discernimento [dʒisexni'mẽtu] M discernment
discernir [dʒisex'nir] VT (*perceber*) to discern, perceive; (*diferenciar*) to discriminate, distinguish
discernível [dʒisex'nivew] (*pl* **-eis**) ADJ discernible
disciplina [dʒisi'plina] F discipline
disciplinador, a [dʒisiplina'dor(a)] ADJ disciplinary
disciplinar [dʒisipli'nar] VT to discipline; **disciplinar-se** VR to discipline o.s.
discípulo, -a [dʒi'sipulu, a] M/F disciple; (*aluno*) pupil
disc-jóquei [dʒiʃk-] M/F disc jockey, DJ
disco ['dʒiʃku] M disc; (*Comput*) disk; (*Mús*) record; (*de telefone*) dial; **~ laser** (*máquina*) compact disc player, CD player; (*disco*) compact disc, CD; **~ flexível/rígido** (*Comput*) floppy/hard disk; **~ mestre** (*Comput*) master disk; **~ do sistema** system disk; **~ voador** flying saucer; **mudar o ~** (*col*) to change the subject
discordância [dʒiʃkox'dasja] F disagreement; (*de opiniões*) difference
discordante [dʒiʃkox'dãtʃi] ADJ divergent, conflicting
discordar [dʒiʃkox'dar] VI: **~ de alguém em algo** to disagree with sb on sth
discórdia [dʒiʃ'kɔxdʒja] F discord, strife
discorrer [dʒiʃko'xer] VI: **~ (sobre)** (*falar*) to talk (about)
discoteca [dʒiʃko'tɛka] F (*boate*) discotheque, disco (*col*); (*coleção de discos*) record library
discotecário, -a [dʒiʃkote'karju, a] M/F disc jockey, DJ
discrepância [dʒiʃkre'pãsja] F discrepancy; (*desacordo*) disagreement; **discrepante** [dʒiʃkre'pãtʃi] ADJ conflicting
discrepar [dʒiʃkre'par] VI: **~ de** to differ from
discreto, -a [dʒiʃ'krɛtu, a] ADJ discreet; (*modesto*) modest; (*prudente*) shrewd; (*roupa*) plain, sober; **discrição** [dʒiʃkri'sãw] F discretion, good sense
discricionário, -a [dʒiʃkrisjo'narju, a] ADJ discretionary
discriminação [dʒiʃkrimina'sãw] F discrimination; (*especificação*) differentiation; **~ racial** racial discrimination
discriminar [dʒiʃkrimi'nar] VT to distinguish ■ VI: **~ entre** to discriminate between
discriminatório, -a [dʒiʃkrimina'tɔrju, a] ADJ discriminatory
discursar [dʒiʃkux'sar] VI (*em público*) to make a speech; (*falar*) to speak
discurso [dʒiʃ'kuxsu] M speech; (*Ling*) discourse
discussão [dʒiʃku'sãw] (*pl* **-ões**) F (*debate*) discussion, debate; (*contenda*) argument
discutir [dʒiʃku'tʃir] VT to discuss ■ VI: **~ (sobre algo)** (*debater*) to talk (about sth); (*contender*) to argue (about sth)
discutível [dʒiʃku'tʃivew] (*pl* **-eis**) ADJ debatable
disenteria [dʒizẽte'ria] F dysentery
disfarçar [dʒiʃfax'sar] VT to disguise ■ VI to pretend; **disfarçar-se** VR: **disfarçar-se em** *ou* **de algo** to disguise o.s. as sth; **disfarce** [dʒiʃ'faxsi] M disguise; (*máscara*) mask
disfasia [dʒiʃfa'zia] F (*Med*) speech defect
disforme [dʒiʃ'fɔxmi] ADJ deformed; (*monstruoso*) hideous
disfunção [dʒiʃfũ'sãw] (*pl* **-ões**) F (*Med*) dysfunction
dislético, -a [dʒiʒ'lɛtʃiku, a] ADJ, M/F dyslexic
dislexia [dʒiʒlek'sia] F dyslexia
disléxico, -a [dʒiʒ'lɛksiku, a] ADJ, M/F dyslexic
díspar ['dʒiʃpar] ADJ dissimilar
disparada [dʒiʃpa'rada] F: **dar uma ~** to surge ahead; **em ~** at full tilt

disparado, -a [dʒiʃpa'radu, a] ADJ very fast ■ ADV by a long way
disparar [dʒiʃpa'ra^r] VT to shoot, fire ■ VI to fire; (*arma*) to go off; (*correr*) to shoot off, bolt
disparatado, -a [dʒiʃpara'tadu, a] ADJ silly, absurd
disparate [dʒiʃpa'ratʃi] M nonsense, rubbish; (*ação*) blunder
disparidade [dʒiʃpari'dadʒi] F disparity
dispêndio [dʒiʃ'pẽdʒu] M expenditure
dispendioso, -a [dʒiʃpẽ'dʒjozu, ɔza] ADJ costly, expensive
dispensa [dʒiʃ'pẽsa] F exemption; (*Rel*) dispensation
dispensar [dʒiʃpẽ'sa^r] VT (*desobrigar*) to excuse; (*prescindir de*) to do without; (*conferir*) to grant
dispensário [dʒiʃpẽ'sarju] M dispensary
dispensável [dʒiʃpẽ'savew] (*pl* **-eis**) ADJ expendable
dispepsia [dʒiʃpep'sia] F dyspepsia
dispersão [dʒiʃpex'sãw] F dispersal
dispersar [dʒiʃpex'sa^r] VT, VI to disperse
dispersivo, -a [dʒiʃpex'sivu, a] ADJ (*pessoa*) scatterbrained
disperso, -a [dʒiʃ'pɛxsu, a] ADJ scattered
displicência [dʒiʃpli'sensja] (BR) F (*descuido*) negligence, carelessness; **displicente** [dʒiʃpli'sẽtʃi] ADJ careless
dispo *etc* ['dʒiʃpu] VB *v* **despir**
disponibilidade [dʒiʃponibili'dadʒi] F availability; (*finanças*) liquid *ou* available assets *pl*; **~ de caixa** cash in hand
disponível [dʒiʃpo'nivew] (*pl* **-eis**) ADJ available
dispor [dʒiʃ'po^r] (*irreg*) VT (*arranjar*) to arrange; (*colocar em ordem*) to put in order ■ VI: **~ de** (*usar*) to have the use of; (*ter*) to have, own; (*pessoas*) to have at one's disposal; **dispor-se** VR: **dispor-se a** (*estar pronto a*) to be prepared to, be willing to; (*decidir*) to decide to; **~ sobre** to talk about; **não disponho de tempo para ...** I can't afford the time to ...; **disponha!** feel free!
disposição [dʒiʃpozi'sãw] (*pl* **-ões**) F arrangement; (*humor*) disposition; (*inclinação*) inclination; **à sua ~** at your disposal
dispositivo [dʒiʃpozi'tʃivu] M (*mecanismo*) gadget, device; (*determinação de lei*) provision; (*conjunto de meios*): **~ de segurança** security operation; **~ intra-uterino** intra-uterine device
disposto, -a [dʒiʃ'poftu, 'pɔʃta] PP *de* **dispor** ■ ADJ (*arranjado*) arranged; **estar ~ a** to be willing to; **estar bem ~** to look well; **sentir-se ~ a fazer algo** to feel like doing sth
disputa [dʒiʃ'puta] F (*contenda*) dispute, argument; (*competição*) contest; **disputar** [dʒiʃpu'ta^r] VT to dispute; (*concorrer a*) to compete for; (*lutar por*) to fight over ■ VI (*discutir*) to quarrel, argue; to compete; **disputar uma corrida** to run a race
disquete [dʒiʃ'ketʃi] M (*Comput*) floppy disk, diskette
dissabor [dʒisa'bo^r] M (*desgosto*) sorrow; (*aborrecimento*) annoyance
disse *etc* ['dʒisi] VB *v* **dizer**
dissecar [dʒise'ka^r] VT to dissect
disseminação [dʒisemina'sãw] F (*de pólen etc*) spread(ing); (*de idéias*) dissemination
disseminar [dʒisemi'na^r] VT to disseminate; (*espalhar*) to spread
dissensão [dʒisẽ'sãw] F dissension, discord
dissentir [dʒisẽ'tʃi^r] VI: **~ de alguém (em algo)** to be in disagreement with sb (over sth); **~ de algo** (*não combinar*) to be at variance with sth
disse-que-disse M gossip, tittle-tattle
dissertação [dʒisexta'sãw] (*pl* **-ões**) F dissertation; (*discurso*) lecture
dissertar [dʒisex'ta^r] VI to speak
dissidência [dʒisi'dẽsja] F (*divergência*) dissension; (*dissidentes*) dissidents *pl*; (*cisão*) difference of opinion
dissidente [dʒisi'dẽtʃi] ADJ, M/F dissident
dissídio [dʒi'sidʒu] M (*Jur*): **~ coletivo/individual** collective/individual dispute
dissimilar [dʒisimi'la^r] ADJ dissimilar
dissimulação [dʒisimula'sãw] F (*fingimento*) pretence (*Brit*), pretense (*US*); (*disfarce*) disguise
dissimular [dʒisimu'la^r] VT (*ocultar*) to hide; (*fingir*) to feign ■ VI to dissemble
dissinto *etc* [dʒi'sĩtu] VB *v* **dissentir**
dissipação [dʒisipa'sãw] F waste, squandering
dissipar [dʒisi'pa^r] VT (*dispersar*) to disperse, dispel; (*malgastar*) to squander, waste; **dissipar-se** VR to vanish
disso ['dʒisu] = **de + isso**
dissociar [dʒiso'sja^r] VT: **~ algo (de/em algo)** to separate sth (from sth)/break sth up (into sth); **dissociar-se** VR: **dissociar-se de algo** to dissociate o.s. from sth
dissolução [dʒisolu'sãw] F (*dissolvência*) dissolving; (*libertinagem*) debauchery; (*de casamento*) dissolution
dissoluto, -a [dʒiso'lutu, a] ADJ dissolute, debauched
dissolver [dʒisow've^r] VT to dissolve; (*dispersar*) to disperse; (*motim*) to break up
dissonância [dʒiso'nãsja] F dissonance; (*discordância*) discord
dissonante [dʒiso'nãtʃi] ADJ (*som*) dissonant, discordant; (*fig*) discordant
dissuadir [dʒiswa'dʒi^r] VT to dissuade; **~ alguém de fazer algo** to talk sb out of doing sth, dissuade sb from doing sth
dissuasão [dʒiswa'zãw] F dissuasion
dissuasivo, -a [dʒiswa'zivu, a] ADJ dissuasive
distância [dʒiʃ'tãsja] F distance; **a grande ~** far away; **a 3 quilômetros de ~** 3 kilometres (*Brit*) *ou* kilometers (*US*) away
distanciamento [dʒiʃtãsja'mẽtu] M distancing

NB: *European Portuguese adds the following consonants to certain words*: **b** (sú(b)dito, su(b)til); **c** (a(c)ção, a(c)cionista, a(c)to); **m** (inde(m)ne); **p** (ado(p)çã, ado(p)tar); *for further details see p. xiii.*

distanciar [dʒiʃtã'sjaʳ] VT (*afastar*) to distance, set apart; (*colocar por intervalos*) to space out; **distanciar-se** VR to move away; (*fig*) to distance o.s.
distante [dʒiʃ'tãtʃi] ADJ distant, far-off; (*fig*) aloof
distar [dʒiʃ'taʳ] VI to be far away; **o aeroporto dista 10 quilômetros da cidade** the airport is 10 km away from the city
distender [dʒiʃtẽ'deʳ] VT (*estender*) to expand; (*estirar*) to stretch; (*dilatar*) to distend; (*músculo*) to pull; **distender-se** VR to expand; to distend
distinção [dʒiʃtʃĩ'sãw] (*pl* **-ões**) F distinction; **fazer ~** to make a distinction
distinguir [dʒiʃtʃĩ'giʳ] VT (*diferenciar*) to distinguish, differentiate; (*avistar, ouvir*) to make out; (*enobrecer*) to distinguish; **distinguir-se** VR to stand out; **~ algo de algo/entre** to distinguish sth from sth/between
distintivo, -a [dʒiʃtʃĩ'tʃivu, a] ADJ distinctive ■ M (*insígnia*) badge; (*emblema*) emblem
distinto, -a [dʒiʃ'tʃĩtu, a] ADJ (*diferente*) different; (*eminente*) distinguished; (*claro*) distinct; (*refinado*) refined
disto ['dʒiʃtu] = **de + isto**
distorção [dʒiʃtox'sãw] (*pl* **-ões**) F distortion
distorcer [dʒiʃtox'seʳ] VT to distort
distorções [dʒiʃtox'sõjʃ] FPL *de* **distorção**
distração [dʒiʃtra'sãw] (PT **-cç-**, *pl* **-ões**) F (*alheamento*) absent-mindedness; (*divertimento*) pastime; (*descuido*) oversight
distraído, -a [dʒiʃtra'idu, a] ADJ absent-minded; (*não atento*) inattentive
distrair [dʒiʃtra'iʳ] VT (*tornar desatento*) to distract; (*divertir*) to amuse; **distrair-se** VR to amuse o.s.
distribuição [dʒiʃtribwi'sãw] F distribution; (*de cartas*) delivery
distribuidor, a [dʒiʃtribwi'doʳ(a)] M/F distributor ■ M (*Auto*) distributor ■ F (*Com*) distribution company, distributor
distribuir [dʒiʃtri'bwiʳ] VT to distribute; (*repartir*) to share out; (*cartas*) to deliver
distrito [dʒiʃ'tritu] M district; (*delegacia*) police station; **~ eleitoral** constituency; **~ federal** federal area
distúrbio [dʒiʃ'tuxbju] M disturbance; **distúrbios** MPL (*Pol*) riots
ditado [dʒi'tadu] M dictation; (*provérbio*) saying
ditador [dʒita'doʳ] M dictator; **ditadura** [dʒita'dura] F dictatorship
ditame [dʒi'tami] M (*da consciência*) dictate; (*regra*) rule
ditar [dʒi'taʳ] VT to dictate; (*impor*) to impose
ditatorial [dʒitato'rjaw] (*pl* **-ais**) ADJ dictatorial
dito, -a ['dʒitu, a] PP *de* **dizer** ■ M: **~ espirituoso** witticism; **~ e feito** no sooner said than done
dito-cujo (*pl* **ditos-cujos**) (*col*) M said person
ditongo [dʒi'tõgu] M diphthong
ditoso, -a [dʒi'tozu, ɔza] ADJ (*feliz*) happy; (*venturoso*) lucky
DIU ABR M (= *dispositivo intra-uterino*) IUD
diurético, -a [dʒju'rɛtʃiku, a] ADJ diuretic ■ M diuretic
diurno, -a ['dʒjuxnu, a] ADJ daytime *atr*
divã [dʒi'vã] M couch, divan
divagação [dʒivaga'sãw] (*pl* **-ões**) F (*andança*) wandering; (*digressão*) digression; (*devaneio*) rambling
divagar [dʒiva'gaʳ] VI (*vaguear*) to wander; (*falar sem nexo*) to ramble (on); **~ do assunto** to wander off the subject, digress
divergência [dʒivex'ʒẽsja] F divergence; (*desacordo*) disagreement
divergente [dʒivex'ʒẽtʃi] ADJ divergent
divergir [dʒivex'ʒiʳ] VI to diverge; (*discordar*): **~ (de alguém)** to disagree (with sb)
diversão [dʒivex'sãw] (*pl* **-ões**) F (*divertimento*) amusement; (*passatempo*) pastime
diversidade [dʒivexsi'dadʒi] F diversity
diversificação [dʒivexsifika'sãw] F diversification
diversificar [dʒivexsifi'kaʳ] VT to diversify ■ VI to vary
diverso, -a [dʒi'vɛxsu, a] ADJ (*diferente*) different; (*pl*) various
diversões [divex'sõjʃ] FPL *de* **diversão**
diversos, -as [dʒi'vɛxsuʃ] ADJ several ■ MPL (*na contabilidade*) sundries
divertido, -a [dʒivex'tʃidu, a] ADJ amusing, funny
divertimento [dʒivextʃi'mẽtu] M amusement, entertainment
divertir [dʒivex'tʃiʳ] VT to amuse, entertain; **divertir-se** VR to enjoy o.s., have a good time
dívida ['dʒivida] F debt; (*obrigação*) indebtedness; **contrair ~s** to run into debt; **~ externa** foreign debt
dividendo [dʒivi'dẽdu] M dividend
dividido, -a [dʒivi'dʒidu, a] ADJ divided; **sentir-se ~ entre duas coisas** to feel torn between two things
dividir [dʒivi'dʒiʳ] VT to divide; (*despesas, lucro, comida etc*) to share; (*separar*) to separate ■ VI (*Mat*) to divide; **dividir-se** VR to divide, split up; **as opiniões se dividem** opinions are divided; **ele tem que se ~ entre a família e o trabalho** he has to divide his time between the family and work; **~ 21 por 7** to divide 21 by 7; **~ algo em 3 partes** to divide sth into 3 parts; **~ algo pela metade** to divide sth in half *ou* in two
divindade [dʒivĩ'dadʒi] F divinity
divino, -a [dʒi'vinu, a] ADJ divine; (*col*) gorgeous ■ M Holy Ghost
divirjo *etc* [dʒi'vixʒu] VB *v* **divergir**
divisa [dʒi'viza] F (*emblema*) emblem; (*frase*) slogan; (*fronteira*) border; (*Mil*) stripe; **divisas** FPL (*câmbio*) foreign exchange *sg*, foreign currency *sg*
divisão [dʒivi'zãw] (*pl* **-ões**) F division; (*discórdia*) split; (*partilha*) sharing
divisar [dʒivi'zaʳ] VT (*avistar*) to see, make out
divisível [dʒivi'zivew] (*pl* **-eis**) ADJ divisible

divisões [dʒivi'zõjʃ] FPL *de* **divisão**
divisória [dʒivi'zɔrja] F partition
divisório, -a [dʒivi'zɔrju, a] ADJ (*linha*) dividing
divorciado, -a [dʒivox'sjadu, a] ADJ divorced ■ M/F divorcé(e)
divorciar [dʒivox'sjaʳ] VT to divorce; **divorciar-se** VR to get divorced; **divórcio** [dʒi'vɔxsju] M divorce
divulgação [dʒivuwga'sãw] F (*de notícias*) spread; (*de segredo*) divulging; (*de produto*) marketing
divulgar [dʒivuw'gaʳ] VT (*notícias*) to spread; (*segredo*) to divulge; (*produto*) to market; (*livro*) to publish; **divulgar-se** VR to leak out
dizer [dʒi'zeʳ] VT to say ■ M saying; **dizer-se** VR to claim to be; **diz-se** *ou* **dizem que ...** it is said that ...; **diga-se de passagem** by the way; **~ algo a alguém** (*informar, avisar*) to tell sb sth; (*falar*) to say sth to sb; **~ a alguém que ...** to tell sb that ...; **o que você diz da minha sugestão?** what do you think of my suggestion?; **~ para alguém fazer** to tell sb to do; **o filme não me disse nada** (*não interessou*) the film left me cold; **o nome não me diz nada** (*não significa*) the name means nothing to me; **~ bem com** to go well with; **querer ~** to mean; **quer ~** that is to say; **nem é preciso ~** that goes without saying; **não ~ coisa com coisa** to make no sense; **digo** (*ou seja*) I mean; **diga!** what is it?; **não diga!** you don't say!; **digamos** let's say; **bem que eu te disse, eu não disse?** I told you so; **ele tem dificuldade em acordar às sete, que dirá às cinco** he finds it difficult to wake at seven, let alone *ou* never mind five; **por assim ~** so to speak; **até ~ chega** as much as possible
dizimar [dʒizi'maʳ] VT to decimate; (*herança*) to fritter away
Djibuti [dʒibu'tʃi] M: **o ~** Djibouti
DNER (BR) ABR M (= *Departamento Nacional de Estradas de Rodagem*) *national highways department*
DNOCS (BR) ABR M = **Departamento Nacional de Obras contra as Secas**
DNPM (BR) ABR M = **Departamento Nacional de Produção Mineral**
do [du] = **de + o**
dó [dɔ] M (*lástima*) pity; (*Mús*) do; **ter dó de** to feel sorry for
doação [doa'sãw] (*pl* **-ões**) F donation, gift
doador, a [doa'doʳ(a)] M/F donor
doar [do'aʳ] VT to donate, give
dobra ['dɔbra] F fold; (*prega*) pleat; (*de calças*) turn-up
dobradiça [dobra'dʒisa] F hinge
dobradiço, -a [dobra'dʒisu, a] ADJ flexible
dobradinha [dobra'dʒiɲa] F (*Culin*) tripe stew; (*col: dupla*) pair, partnership
dobrar [do'braʳ] VT (*duplicar*) to double; (*papel*) to fold; (*joelho*) to bend; (*esquina*) to turn, go round; (*fazer ceder*): **~ alguém** to talk sb round ■ VI to double; (*sino*) to toll; (*vergar*) to bend; **dobrar-se** VR to double (up)
dobro ['dobru] M double
DOC (BR) ABR F = **Diretoria de Obras de Cooperação**
doca ['dɔka] F (*Náut*) dock
doce ['dosi] ADJ sweet; (*terno*) gentle ■ M sweet; **ele é um ~** he's a sweetie; **fazer ~** (*col*) to play hard to get
doce-de-coco (*pl* **doces-de-coco**) M (*pessoa*) sweetie
doceiro, -a [do'sejru, a] M/F sweet-seller
dóceis ['dɔsejʃ] ADJ PL *de* **dócil**
docemente [dose'mẽtʃi] ADV gently
docência [do'sẽsja] F teaching *atr*
docente [do'sẽtʃi] ADJ teaching *atr*; **o corpo ~** teaching staff
dócil ['dɔsiw] (*pl* **-eis**) ADJ docile
documentação [dokumẽta'sãw] F documentation; (*documentos*) papers *pl*
documentar [dokumẽ'taʳ] VT to document
documentário, -a [dokumẽ'tarju, a] ADJ documentary ■ M documentary
documento [doku'mẽtu] M document; **não é ~** (*col*) it doesn't mean a thing
doçura [do'sura] F sweetness; (*brandura*) gentleness
Dodecaneso [dodeka'nɛzu] M: **o ~** the Dodecanese
dodói [do'dɔj] (*col*) M: **você tem ~?** does it hurt? ■ ADJ INV ill, under the weather
doença [do'ẽsa] F illness
doente [do'ẽtʃi] ADJ ill, sick ■ M/F sick person; (*cliente*) patient
doentio, -a [doẽ'tʃiu, a] ADJ (*pessoa*) sickly; (*clima*) unhealthy; (*curiosidade*) morbid
doer [do'eʳ] VI to hurt, ache; **~ a alguém** (*pesar*) to grieve sb; **dói ver tanta pobreza** it's sad to see so much poverty
dogma ['dɔgma] M dogma
dogmático, -a [dog'matʃiku, a] ADJ dogmatic
DOI (BR) ABR M (= *Destacamento de Operações Internas*) *military secret police*
Doi-Codi ['dɔi-'kɔdʒi] (BR) ABR M (= *Departamento de Operações e Informações -- Centro de Operação e Defesa Interna*) *secret police HQ during the military dictatorship*
doidão, -dona [doj'dãw, 'dɔna] (*pl* **-ões/-s**) ADJ: **(ser) ~** (*to be*) completely crazy; **(estar) ~** (to be) high
doideira [doj'dejra] F madness, foolishness
doidice [doj'dʒisi] F madness, foolishness
doidivanas [dojdʒi'vanaʃ] M/F INV hothead
doido, -a ['dojdu, a] ADJ mad, crazy ■ M/F madman/woman; **~ por** mad *ou* crazy about; **~ varrido** *ou* **de pedras** (*col*) raving loony
doído, -a [do'idu, a] ADJ sore, painful; (*moralmente*) hurt; (*que causa dor*) painful
doidões [doj'dõjʃ] MPL *de* **doidão**

NB: *European Portuguese adds the following consonants to certain words*: **b** (sú(b)dito, su(b)til); **c** (a(c)ção, a(c)cionista, a(c)to); **m** (inde(m)ne); **p** (ado(p)çã, ado(p)tar); *for further details see p. xiii.*

doidona [doj'dɔna] F *de* **doidão**
doirar [doj'ra^{r}] VT = **dourar**
dois [dojʃ] NUM two; **conversa a ~** tête-à-tête; *v tb* **cinco**
dólar ['dɔla^{r}] M dollar; **~ oficial/paralelo** dollar at the official/black-market rate; **~-turismo** dollar at the special tourist rate; **doleiro, -a** [do'lejru, a] M/F (black market) dollar dealer
dolo ['dɔlu] M fraud
dolorido, -a [dolo'ridu, a] ADJ painful, sore; (*fig*) sorrowful
dolorosa [dolo'rɔza] F bill
doloroso, -a [dolo'rozu, ɔza] ADJ painful
dom [dõ] M gift; (*aptidão*) knack; **o ~ da palavra** the gift of the gab
dom. ABR (= *domingo*) Sun
domador, a [domado^{r}(a)] M/F tamer
domar [do'ma^{r}] VT to tame
doméstica [do'mɛʃtʃika] F maid
domesticado, -a [domeʃtʃi'kadu, a] ADJ domesticated; (*manso*) tame
domesticar [domeʃtʃi'ka^{r}] VT to domesticate; (*povo*) to tame
doméstico, -a [do'mɛʃtʃiku, a] ADJ domestic; (*vida*) home *atr*
domiciliar [domisi'lja^{r}] ADJ home *atr*
domicílio [domi'silju] M home, residence; **vendas/entrega a ~** home sales/delivery; **"entregamos a ~"** "we deliver"
dominação [domina'sãw] F domination
dominador, a [domina'do^{r}(a)] ADJ (*pessoa*) domineering; (*olhar*) imposing ■ M/F ruler
dominante [domi'nãtʃi] ADJ dominant; (*predominante*) predominant
dominar [domi'na^{r}] VT to dominate; (*reprimir*) to overcome ■ VI to dominate, prevail; **dominar-se** VR to control o.s.
domingo [do'mĩgu] M Sunday; *v tb* **terça-feira**
domingueiro, -a [domĩ'gejru, a] ADJ Sunday *atr*; **traje ~** Sunday best
Dominica [domi'nika] F Dominica
dominicano, -a [domini'kanu, a] ADJ, M/F Dominican; **República Dominicana** Dominican Republic
domínio [do'minju] M (*poder*) power; (*dominação*) control; (*território*) domain; (*esfera*) sphere; **~ próprio** self-control
dom-juan [-'jwã] M ladies' man, Don Juan
domo ['dɔmu] M dome
dona ['dɔna] F (*proprietária*) owner; (*col*: *mulher*) lady; **~ de casa** housewife; **D~ Lígia** Lígia; **D~ Luísa Souza** Mrs Luísa Souza
donatário, -a [dona'tarju, a] M/F recipient
donde ['dõdə] (PT) ADV from where; (*daí*) thus; **~ vem?** where do you come from?
dondoca [dõ'dɔka] (*col*) F society lady, lady of leisure
dono ['donu] M (*proprietário*) owner
donzela [dõ'zɛla] F (*mulher*) maiden
dopar [do'pa^{r}] VT (*cavalo*) to dope; **dopar-se** VR (*atleta*) to take drugs
DOPS (BR) ABR M (= *Departamento de Ordem Política e Social*) *internal security agency*
dor [do^{r}] F ache; (*aguda*) pain; (*fig*) grief, sorrow; **~ de cabeça** headache; **~ de dentes** toothache; **~ de estômago** stomach ache
doravante [dora'vãtʃi] ADV henceforth
dor-de-cotovelo (*col*) M jealousy; **estar com ~** to be jealous
dormência [dox'mẽsja] F numbness
dormente [dox'mẽtʃi] ADJ numb ■ M (*Ferro*) sleeper
dormida [dox'mida] F sleep; (*lugar*) place to sleep; **dar uma ~** to have a sleep
dormideira [doxmi'dejra] F drowsiness
dorminhoco, -a [doxmi'ɲoku, a] ADJ dozy ■ M/F sleepyhead
dormir [dox'mi^{r}] VI to sleep; **~ como uma pedra** *ou* **a sono solto** to sleep like a log *ou* soundly; **hora de ~** bedtime; **~ no ponto** (*fig*) to miss the boat; **~ fora** to spend the night away
dormitar [doxmi'ta^{r}] VI to doze
dormitório [doxmi'tɔrju] M bedroom; (*coletivo*) dormitory
dorsal [dox'saw] (*pl* **-ais**) ADJ: **coluna ~** spine
dorso ['doxsu] M back
dos [duʃ] = **de + os**
dosagem [do'zaʒẽ] M dosage
dosar [do'za^{r}] VT (*medicamento*) to judge the correct dosage of; (*graduar*) to give in small doses; **você tem que ~ bem o que diz para ele** you have to be careful what you say to him
dose ['dɔzi] F dose; **~ cavalar** huge dose; **~ excessiva** overdose; **é ~ para leão** *ou* **cavalo** (*col*) it's too much
dossiê [do'sje] M dossier, file
dotação [dota'sãw] (*pl* **-ões**) F endowment, allocation
dotado, -a [do'tadu, a] ADJ gifted; **~ de** endowed with
dotar [do'ta^{r}] VT to endow; (*filha*) to give a dowry to; **~ alguém de algo** to endow sb with sth
dote ['dɔtʃi] M dowry; (*fig*) gift
DOU ABR M (= *Diário Oficial da União*) *official journal of Brazilian government*
dou [do] VB *v* **dar**
dourado, -a [do'radu, a] ADJ golden; (*com camada de ouro*) gilt, gilded ■ M gilt; (*cor*) golden colour (*Brit*) *ou* color (*US*)
dourar [do'ra^{r}] VT to gild
douto, -a ['dotu, a] ADJ learned
doutor, a [do'to^{r}(a)] M/F doctor; **D~** (*forma de tratamento*) Sir; **D~ Eduardo Souza** Mr Eduardo Souza
doutorado [doto'radu] M doctorate
doutrina [do'trina] F doctrine
doze ['dozi] NUM twelve; *v tb* **cinco**
DP (BR) ABR F = **delegacia policial**
DPF (BR) ABR M = **Departamento de Polícia Federal**
DPNRE (BR) ABR M = **Departamento de Parques Nacionais e Reservas Equivalentes**
Dr(a). ABR (= *Doutor(a)*) Dr
dracma ['drakma] F drachma

draga ['draga] F dredger
dragagem [dra'gaʒẽ] F dredging
dragão [dra'gãw] (*pl* **-ões**) M dragon; (*Mil*) dragoon
dragar [dra'gaʳ] VT to dredge
drágea ['draʒja] F tablet
dragões [dra'gõjʃ] MPL *de* **dragão**
drama ['drama] M (*teatro*) drama; (*peça*) play; **fazer ~** (*col*) to make a scene; **ser um ~** (*col*) to be an ordeal
dramalhão [drama'ʎãw] (*pl* **-ões**) M melodrama
dramático, -a [dra'matʃiku, a] ADJ dramatic
dramatização [dramatʃiza'sãw] (*pl* **-ões**) F dramatization
dramatizar [dramatʃi'zaʳ] VT, VI to dramatize
dramaturgo, -a [drama'tuxgu, a] M/F playwright, dramatist
drapeado, -a [dra'pjadu, a] ADJ draped ■ M hang
drástico, -a ['draʃtʃiku, a] ADJ drastic
drenagem [dre'naʒẽ] F drainage
drenar [dre'naʳ] VT to drain
dreno ['drɛnu] M drain
driblar [dri'blaʳ] VT (*Futebol*) to dribble; (*fig*) to get round ■ VI to dribble
drinque ['drĩki] M drink
drive ['drajvi] M (*Comput*) (disk) drive
droga ['drɔga] F drug; (*fig*) rubbish ■ EXCL: **~!** damn!, blast!; **ser uma ~** (*col*: *filme, caneta etc*) to be a dead loss; (*obrigação, atividade*) to be a drag; **drogado, -a** [dro'gadu, a] M/F drug addict; **drogar** [dro'gaʳ] VT to drug; **drogar-se** VR to take drugs
drogaria [droga'ria] F chemist's shop (*Brit*), drugstore (*US*)
dromedário [drome'darju] M dromedary
duas ['duaʃ] F *de* **dois**
duas-peças M INV two-piece
dúbio, -a ['dubju, a] ADJ dubious; (*vago*) uncertain
dublagem [du'blaʒẽ] F (*de filme*) dubbing
dublar [du'blaʳ] VT to dub
dublê [du'ble] M/F double
ducentésimo, -a [dusẽ'tɛzimu, a] NUM two-hundredth
ducha ['duʃa] F shower; (*Med*) douche
ducto ['duktu] M duct
duelo ['dwɛlu] M duel
duende ['dwẽdʒi] M elf
dueto ['dwetu] M duet
dulcíssimo, -a [duw'sisimu, a] ADJ SUPERL *de* **doce**
dumping ['dãpĩŋ] M (*Econ*) dumping
duna ['duna] F dune
duodécimo, -a [dwo'dɛsimu, a] NUM twelfth
duodeno [dwo'dɛnu] M duodenum
dupla ['dupla] F pair; (*Esporte*): **~ masculina/feminina/mista** men's/women's/mixed doubles
dúplex ['dupleks] ADJ INV two-storey (*Brit*), two-story (*US*) ■ M INV luxury maisonette, duplex
duplicação [duplika'sãw] F (*repetição*) duplication; (*aumento*) doubling
duplicar [dupli'kaʳ] VT (*repetir*) to duplicate ■ VI (*dobrar*) to double; **duplicata** [dupli'kata] F (*cópia*) duplicate; (*título*) trade note, bill
duplicidade [duplisi'dadʒi] F (*fig*) duplicity
duplo, -a ['duplu, a] ADJ double ■ M double
duque ['duki] M duke
duquesa [du'keza] F duchess
durabilidade [durabili'dadʒi] F durability
duração [dura'sãw] F duration; **de pouca ~** short-lived
duradouro, -a [dura'doru, a] ADJ lasting
durante [du'rãtʃi] PREP during; **~ uma hora** for an hour
durão, -rona [du'rãw, 'rɔna] (*col*) (*pl* **-ões/-s**) ADJ strict, tough
durar [du'raʳ] VI to last
durável [du'ravew] (*pl* **-eis**) ADJ lasting
durex® [du'rɛks] ADJ: **fita durex** adhesive tape, Sellotape® (*Brit*), Scotchtape® (*US*)
dureza [du'reza] F hardness; (*severidade*) harshness; (*col*: *falta de dinheiro*) lack of funds
durmo *etc* ['duxmu] VB *v* **dormir**
duro, -a ['duru, a] ADJ hard; (*severo*) harsh; (*resistente, fig*) tough; (*sentença, palavras*) harsh, tough; (*inverno*) hard, harsh; (*fig*: *difícil*) hard, tough; **ser ~ com alguém** to be hard on sb; **estar ~** (*col*) to be broke; **dar um ~** (*col*: *trabalhar*) to work hard; **dar um ~ em alguém** (*col*) to come down hard on sb; **~ de roer** (*fig*) hard to take; **no ~** (*col*) really; **a praia estava dura de gente** the beach was packed
durões [du'rõjʃ] MPL *de* **durão**
durona [du'rɔna] F *de* **durão**
DUT (BR) ABR M (= *documento único de trânsito*) *vehicle licensing document*
dúvida ['duvida] F doubt; **sem ~** undoubtedly, without a doubt; **duvidar** [duvi'daʳ] VT to doubt ■ VI to have one's doubts; **duvidar de alguém/algo** to doubt sb/sth; **duvidar que ...** to doubt that ...; **duvido!** I doubt it!; **duvido que você consiga correr a maratona** I bet you don't manage to run the marathon
duvidoso, -a [duvi'dozu, ɔza] ADJ (*incerto*) doubtful; (*suspeito*) dubious
duzentos, -tas [du'zẽtuʃ] NUM two hundred
dúzia ['duzja] F dozen; **meia ~** half a dozen
DVD ABR M (= *disco digital versátil*) DVD
dz. ABR = **dúzia**

NB: *European Portuguese adds the following consonants to certain words*: **b** (sú(b)dito, su(b)til); **c** (a(c)ção, a(c)cionista, a(c)to); **m** (inde(m)ne); **p** (ado(p)çã, ado(p)tar); *for further details see p. xiii.*

Ee

E, e [ɛ] M (*pl* **es**) E, e ■ ABR (= *esquerda*) L.; (= *este*) E; (= *editor*) Ed.; **E de Eliane** E for Edward (*Brit*) *ou* easy (*US*)
e [i] CONJ and; **e a bagagem?** what about the luggage?
é [ɛ] VB *v* **ser**
EAPAC (BR) ABR F (= *Escola de Aperfeiçoamento e Preparação Civil*) *civil service training school*
ébano ['ɛbanu] M ebony
EBN ABR F = **Empresa Brasileira de Notícias**
ébrio, -a ['ɛbrju, a] ADJ drunk ■ M/F drunkard
EBTU ABR F = **Empresa Brasileira de Transportes Urbanos**
ebulição [ebuli'sãw] F boiling; (*fig*) ferment
ebuliente [ebu'ljẽtʃi] ADJ boiling
ECEME (BR) ABR F (= *Escola de Comando e Estado-Maior do Exército*) *officer training school*
eclesiástico, -a [ekle'zjastʃiku, a] ADJ ecclesiastical, church *atr* ■ M clergyman
eclético, -a [e'klɛtʃiku, a] ADJ eclectic
eclipsar [eklip'sa^{r}] VT (*tb fig*) to eclipse
eclipse [e'klipsi] M eclipse
eclodir [eklo'dʒi^{r}] VI (*aparecer*) to emerge; (*revolução*) to break out; (*flor*) to open
eclusa [e'kluza] F (*de canal*) lock; (*comporta*) floodgate
eco ['ɛku] M echo; **ter ~** to catch on; **ecoar** [e'kwa^{r}] VT to echo ■ VI (*ressoar*) to echo; (*fig: repercutir*) to have repercussions
ecologia [ekolo'ʒia] F ecology
ecológico, -a [eko'lɔʒiku, a] ADJ ecological
ecologista [ekolo'ʒiʃta] M/F ecologist
economia [ekono'mia] F economy; (*ciência*) economics *sg*; **economias** FPL (*poupanças*) savings; **fazer ~ (de)** to economize (with)
econômico, -a [eko'nomiku, a] ADJ (*barato*) cheap; (*que consome pouco*) economical; (*pessoa*) thrifty; (*Com*) economic
economista [ekono'miʃta] M/F economist
economizar [ekonomi'za^{r}] VT (*gastar com economia*) to economize on; (*poupar*) to save (up) ■ VI to economize; to save up
écran ['ɛkrã] (PT) M screen
ECT ABR F = **Empresa Brasileira de Correios e Telégrafos**
ecumênico, -a [eku'meniku, a] ADJ ecumenical
eczema [eg'zema] M eczema
Ed. ABR = **edifício**
ed. ABR = **edição**
éden ['ɛdẽ] M paradise
edição [ɛdʒi'sãw] (*pl* **-ões**) F (*publicação*) publication; (*conjunto de exemplares*) edition; (*TV, Cinema*) editing; **~ atualizada/revista** updated/revised edition; **~ extra** special edition; **~ de imagem** video editing
edicto [e'ditu] (PT) M = **edito**
edificação [edʒifika'sãw] F construction, building; (*fig: moral*) edification
edificante [edʒifi'kãtʃi] ADJ edifying
edificar [edʒifi'ka^{r}] VT (*construir*) to build; (*fig*) to edify ■ VI to be edifying
edifício [edʒi'fisju] M building; **~ garagem** multistorey car park (*Brit*), multistory parking lot (*US*)
Edimburgo [edʒĩ'buxgu] N Edinburgh
Édipo ['ɛdʒipu] M *v* **complexo**
edital [edʒi'taw] (*pl* **-ais**) M announcement
editar [edʒi'ta^{r}] VT to publish; (*Comput etc*) to edit
edito [e'dʒitu] M edict, decree
editor, a [edʒi'to^{r}(a)] ADJ publishing *atr* ■ M/F publisher; (*redator*) editor ■ F publishing company; **casa ~a** publishing house; **~ de imagem** video editor; **~ de texto** (*Comput*) text editor
editoração [edʒitora'sãw] F: **~ eletrônica** desktop publishing
editoria [edʒito'ria] F section; **~ de esportes** (*em jornal*) sports desk
editorial [edʒitor'jaw] (*pl* **-ais**) ADJ publishing *atr* ■ M editorial
edredão [ədrə'dãw] (*pl* **-ões**) (PT) M = **edredom**
edredom [edre'dõ] (*pl* **-ns**) M eiderdown
educação [eduka'sãw] F (*ensino*) education; (*criação*) upbringing; (*de animais*) training; (*maneiras*) good manners *pl*; **é falta de ~ falar com a boca cheia** it's rude to talk with your mouth full; **educacional** [edukasjo'naw] (*pl* **-ais**) ADJ education *atr*
educado, -a [edu'kadu, a] ADJ (*bem-educado*) polite
educador, a [eduka'do^{r}(a)] M/F educator
educandário [edukã'darju] M educational establishment
educar [edu'ka^{r}] VT (*instruir*) to educate; (*criar*) to

bring up; (*animal*) to train
educativo, -a [eduka'tʃivu, a] ADJ educational
efectivo, -va [efek'tivu] (*PT*) ADJ = **efetivo** *etc*
efectuar [efek'twaʳ] (*PT*) VT = **efetuar**
efeito [e'fejtu] M effect; **fazer ~** to work; **levar a ~** to put into effect; **com ~** indeed; **para todos os ~s** to all intents and purposes; **~ estufa** greenhouse effect
efêmero, -a [e'femeru, a] ADJ ephemeral, short-lived
efeminado [efemi'nadu] ADJ effeminate ■ M effeminate man
efervescência [efexve'sēsja] F effervescence; (*fig*) ferment
efervescente [efexve'sētʃi] ADJ fizzy
efervescer [efexve'seʳ] VI to fizz; (*fig*) to hum
efetivamente [efetʃiva'mētʃi] ADV effectively; (*realmente*) really, in fact
efetivar [efetʃi'vaʳ] VT (*mudanças, cortes*) to carry out; (*professor, estagiário*) to take on permanently
efetividade [efetʃivi'dadʒi] F effectiveness; (*realidade*) reality
efetivo, -a [efe'tʃivu, a] ADJ effective; (*real*) actual, real; (*cargo, funcionário*) permanent ■ M (*Com*) liquid assets *pl*
efetuar [efe'twaʳ] VT to carry out; (*soma*) to do, perform
eficácia [efi'kasja] F (*de pessoa*) efficiency; (*de tratamento*) effectiveness
eficacíssimo, -a [efika'sisimu, a] ADJ SUPERL *de* **eficaz**
eficaz [efi'kaʒ] ADJ (*pessoa*) efficient; (*tratamento*) effective
eficiência [efi'sjēsja] F efficiency; **eficiente** [efi'sjētʃi] ADJ efficient, competent
efígie [e'fiʒi] F effigy
efusão [efu'zãw] (*pl* **-ões**) F effusion
efusivo, -a [efu'zivu, a] ADJ effusive; (*sentimentos*) warmest
efusões [efu'zõjʃ] FPL *de* **efusão**
Egeu [e'ʒew] M: **o (mar) ~** the Aegean (Sea)
EGF (BR) ABR M = **empréstimo do governo federal**
égide ['ɛʒidʒi] F: **sob a ~ de** under the aegis (*Brit*) *ou* egis (*US*) of
egípcio, -a [e'ʒipsju, a] ADJ, M/F Egyptian
Egito [e'ʒitu] (*PT* **-pt-**) M: **o ~** Egypt
ego ['ɛgu] M ego
egocêntrico, -a [ego'sētriku, a] ADJ self-centred (*Brit*), self-centered (*US*), egocentric
egoísmo [ego'iʒmu] M selfishness, egoism; **egoísta** [ego'iʃta] ADJ selfish, egoistic ■ M/F egoist ■ M earplug
egolatria [egola'tria] F self-admiration
egotismo [ego'tʃiʒmu] M egotism
egotista [ego'tʃiʃta] M/F egotist ■ ADJ egotistical
egrégio, -a [e'greʒju, a] ADJ distinguished
egresso [e'grɛsu] M (*preso*) ex-prisoner; (*frade*) former monk; (*universidade*) graduate
égua ['ɛgwa] F mare
ei [ej] EXCL hey!
ei-lo *etc* = **eis + o**; *v* **eis**
eira ['ejra] (*PT*) F threshing floor; **sem ~ nem beira** down and out
eis [ejʃ] ADV (*sg*) here is; (*pl*) here are; **~ aí** there is; there are
eivado, -a [ej'vadu, a] ADJ (*fig*) full
eixo ['ejʃu] M (*de rodas*) axle; (*Mat*) axis; (*de máquina*) shaft; **~ de transmissão** drive shaft; **entrar nos ~s** (*pessoa*) to get back on the straight and narrow; (*situação*) to get back to normal; **pôr algo/alguém nos ~s** to set sth/sb straight; **sair dos ~s** to step out of line; **o ~ Rio-São Paulo** the Rio-São Paulo area
ejacular [eʒaku'laʳ] VT (*sêmen*) to ejaculate; (*líquido*) to spurt ■ VI to ejaculate
ejetar [eʒe'taʳ] VT to eject
ela ['ɛla] PRON (*pessoa*) she; (*coisa*) it; (*com prep*) her; it; **elas** FPL they; (*com prep*) them; **~s por ~s** (*col*) tit for tat; **aí é que são ~s** (*col*) that's just the point
elã [e'lã] M enthusiasm, drive
elaboração [elabora'sãw] (*pl* **-ões**) F (*de uma teoria*) working out; (*preparo*) preparation
elaborador, a [elabora'doʳ(a)] M/F maker
elaborar [elabo'raʳ] VT (*preparar*) to prepare; (*fazer*) to make
elasticidade [elaʃtʃisi'dadʒi] F elasticity; (*flexibilidade*) suppleness
elástico, -a [e'laʃtʃiku, a] ADJ elastic; (*flexível*) flexible; (*colchão*) springy ■ M elastic band
ele ['eli] PRON he; (*coisa*) it; (*com prep*) him; it; **eles** MPL they; (*com prep*) them
electri... *etc* [elektri] (*PT*) = **eletri...** *etc*
eléctrico, -a [e'lɛktriku, a] (*PT*) ADJ = **elétrico** ■ M tram (*Brit*), streetcar (*US*)
electro... *etc* [elektru] (*PT*) = **eletro...** *etc*
eléctrodo [e'lɛktrodu] (*PT*) M = **eletrodo**
elefante, -ta [ele'fãtʃi] M/F elephant; (*col*: *pessoa gorda*) fatso, fatty; **~ branco** (*fig*) white elephant
elefantino, -a [elefã'tʃinu, a] ADJ elephantine
elegância [ele'gãsja] F elegance
elegante [ele'gãtʃi] ADJ elegant; (*da moda*) fashionable
eleger [ele'ʒeʳ] VT (*por votação*) to elect; (*escolher*) to choose
elegia [ele'ʒia] F elegy
elegibilidade [eleʒibili'dadʒi] F eligibility
elegível [ele'ʒivɛw] (*pl* **-eis**) ADJ eligible
eleição [elej'sãw] (*pl* **-ões**) F (*por votação*) election; (*escolha*) choice
eleito, -a [e'lejtu, a] PP *de* **eleger** ■ ADJ (*por votação*) elected; (*escolhido*) chosen
eleitor, a [elej'toʳ(a)] M/F voter
eleitorado [elejto'radu] M electorate; **conhecer o seu ~** (*fig*: *col*) to know what one is up against
eleitoral [elejto'raw] (*pl* **-ais**) ADJ electoral

NB: *European Portuguese adds the following consonants to certain words*: **b** (sú(b)dito, su(b)til); **c** (a(c)ção, a(c)cionista, a(c)to); **m** (inde(m)ne); **p** (ado(p)çã, ado(p)tar); *for further details see p. xiii.*

elejo *etc* [ele'ʒu] VB *v* **eleger**
elementar [elemẽ'tar] ADJ (*simples*) elementary; (*fundamental*) basic, fundamental
elemento [ele'mẽtu] M element; (*parte*) component; (*recurso*) means; (*informação*) grounds *pl*; **elementos** MPL (*rudimentos*) rudiments; **ele é mau ~** he's a bad lot
elenco [e'lẽku] M list; (*de atores*) cast
elepê [eli'pe] M LP, album
eletivo, -a [ele'tʃivu, a] ADJ elective
eletricidade [eletrisi'dadʒi] F electricity
eletricista [eletri'siʃta] M/F electrician
elétrico, -a [e'lɛtriku, a] ADJ electric; (*fig: agitado*) worked up
eletrificar [eletrifi'kar] VT to electrify
eletrizar [eletri'zar] VT to electrify; (*fig*) to thrill
eletro [e'lɛtru] M (*Med*) ECG
eletro... [eletru] PREFIXO electro...
Eletrobrás [eletro'braʃ] ABR F *Brazilian state electricity company*
eletrocutar [eletroku'tar] VT to electrocute
eletrodo [ele'trodu] M electrode
eletrodomésticos [eletrodo'mʃtʃikuʃ] (BR) MPL (electrical) household appliances
eletrônica [ele'tronika] F electronics *sg*
eletrônico, -a [ele'troniku, a] ADJ electronic
elevação [eleva'sãw] (*pl* **-ões**) F (*Arq*) elevation; (*aumento*) rise; (*ato*) raising; (*altura*) height; (*promoção*) elevation, promotion; (*ponto elevado*) bump
elevado, -a [ele'vadu, a] ADJ high; (*pensamento, estilo*) elevated ■ M (*via*) elevated road
elevador [eleva'dor] M lift (*Brit*), elevator (*US*); **~ de serviço** service lift
elevar [ele'var] VT (*levantar*) to lift up; (*voz, preço*) to raise; (*exaltar*) to exalt; (*promover*) to elevate, promote; **elevar-se** VR to rise
eliminação [elimina'sãw] F elimination
eliminar [elimi'nar] VT to remove, eliminate; (*suprimir*) to delete; (*possibilidade*) to rule out; (*Med, banir*) to expel; (*Esporte*) to eliminate; **eliminatória** [elimina'tɔrja] F (*Esporte*) heat, preliminary round; (*exame*) test
eliminatório, -a [elimina'tɔrju, a] ADJ eliminatory
elipse [e'lipsi] F ellipse; (*Ling*) ellipsis
elite [e'litʃi] F elite
elitismo [eli'tʃiʒmu] M elitism
elitista [eli'tʃiʃta] ADJ, M/F elitist
elitizar [elitʃi'zar] VT (*arte, ensino*) to make elitist
elixir [elik'sir] M elixir
elo ['ɛlu] M link
elocução [eloku'sãw] F elocution
elogiar [elo'ʒjar] VT to praise; **~ alguém por algo** to compliment sb on sth; **elogio** [elo'ʒiu] M praise; (*cumprimento*) compliment
elogioso, -a [elo'ʒozu, ɔza] ADJ complimentary
eloqüência [elo'kwẽsja] F eloquence
eloqüente [elo'kwẽtʃi] ADJ eloquent; (*persuasivo*) persuasive
El Salvador [ew-] N El Salvador
elucidação [elusida'sãw] F elucidation
elucidar [elusi'dar] VT to elucidate, clarify
elucidativo, -a [elusida'tʃivu, a] ADJ elucidatory
elucubração [elukubra'sãw] (*pl* **-ões**) F cogitation, musing

PALAVRA CHAVE

em [ẽ] (*em + o(s)/a(s) = no(s)/na(s); + ele(s)/a(s) = nele(s)/a(s); + esse(s)/a(s) = nesse(s)/a(s); + isso = nisso; + este(s)/a(s) = neste(s)/a(s); + isto = nisto; + aquele(s)/a(s) = naquele(s)/a(s); + aquilo = naquilo*) PREP **1** (*posição*) in; (: *sobre*) on; **está na gaveta/no bolso** it's in the drawer/pocket; **está na mesa/no chão** it's on the table/floor
2 (*lugar*) in; (: *casa, escritório etc*) at; (: *andar, meio de transporte*) on; **no Brasil/em São Paulo** in Brazil/São Paulo; **em casa/no dentista** at home/the dentist; **no avião** on the plane; **no quinto andar** on the fifth floor
3 (*ação*) into; **ela entrou na sala de aula** she went into the classroom; **colocar algo na bolso** to put sth into one's bag
4 (*tempo*) in; on; **em 1962/3 semanas** in 1962/3 weeks; **no inverno** in the winter; **em janeiro, no mês de janeiro** in January; **nessa ocasião/altura** on that occasion/at that time; **em breve** soon
5 (*diferença*): **reduzir/aumentar em um 20%** to reduce/increase by 20%
6 (*modo*): **escrito em inglês** written in English
7 (*após vb que indica gastar etc*) on; **a metade do seu salário vai em comida** he spends half his salary on food
8 (*tema, ocupação*): **especialista no assunto** expert on the subject; **ele trabalha na construção civil** he works in the building industry

emaecer [iʒmaje'ser] VI to fade
Emaer [ema'er] (BR) ABR M = **Estado-Maior da Aeronáutica**
emagrecer [imagre'ser] VT to make thin ■ VI to grow thin; (*mediante regime*) to slim; **emagrecimento** [imagresi'mẽtu] M (*mediante regime*) slimming
e-mail [i'mew] M e-mail; **mandar um ~ para** to e-mail; **mandar por ~** to e-mail
emanar [ema'nar] VI: **~ de** to come from, emanate from
emancipação [imãsipa'sãw] (*pl* **-ões**) F emancipation; (*atingir a maioridade*) coming of age
emancipar [imãsi'par] VT to emancipate; **emancipar-se** VR (*atingir a maioridade*) to come of age
emaranhado, -a [imara'ɲadu, a] ADJ tangled ■ M tangle
emaranhar [imara'ɲar] VT to tangle; (*complicar*) to complicate; **emaranhar-se** VR to get entangled; (*fig*) to get mixed up
emassar [ema'sar] VT (*parede*) to plaster; (*janela*) to putty

Emater [ema'te^{r}] (BR) ABR F (= *Empresa de Assistência Técnica e Extensão Rural*) *company giving aid to farmers*
embaçado, -a [ẽba'sadu, a] ADJ (*vidro*) steamed up
embaçar [ẽba'sa^{r}] VT to steam up
embaciado, -a [ẽba'sjadu, a] ADJ dull; (*vidro*) misted; (*janela*) steamed up; (*olhos*) misty
embaciar [ẽba'sja^{r}] VT (*vidro*) to steam up; (*olhos*) to cloud ■ VI to steam up; (*olhos*) to grow misty
embainhar [ẽbaj'na^{r}] VT (*espada*) to put away, sheathe; (*calça etc*) to hem
embaixada [ẽbaj'ʃada] F embassy
embaixador, a [ẽbajʃa'do^{r}(a)] M/F ambassador
embaixatriz [ẽbajʃa'triʒ] F ambassador; (*mulher de embaixador*) ambassador's wife
embaixo [ẽ'bajʃu] ADV below, underneath ■ PREP: **~ de** under, underneath; **(lá) ~** (*em andar inferior*) downstairs
embalado, -a [ẽba'ladu, a] ADJ (*acelerado*) fast; (*drogado*) high; **ir ~** to race (along)
embalagem [ẽba'laʒẽ] F packing; (*de produto: caixa etc*) packaging
embalar [ẽba'la^{r}] VT to pack; (*balançar*) to rock
embalo [ẽ'balu] M (*balanço*) rocking; (*impulso*) rush; (*col: com drogas*) high; **aproveitar o ~** to take the opportunity
embalsamar [ẽbawsa'ma^{r}] VT (*perfumar*) to perfume; (*cadáver*) to embalm
embananado, -a [ẽbana'nadu, a] (*col*) ADJ (*confuso*) muddled; (*em dificuldades*) in trouble
embananamento [ẽbanana'mẽtu] (*col*) M muddle; (*bananosa*) jam
embananar [ẽbana'na^{r}] (*col*) VT (*tornar confuso*) to muddle up; (*complicar*) to complicate; (*meter em dificuldades*) to get into trouble; **embananar-se** VR to get tied up in knots
embaraçar [ẽbara'sa^{r}] VT (*impedir*) to hinder; (*complicar*) to complicate; (*encabular*) to embarrass; (*confundir*) to confuse; (*obstruir*) to block; **embaraçar-se** VR to become embarrassed
embaraço [ẽba'rasu] M (*estorvo*) hindrance; (*cábula*) embarrassment; **embaraçoso, -a** [ẽbara'sozu, ɔza] ADJ embarrassing
embarafustar [ẽbarafuʃta^{r}] VI: **~ por** to burst *ou* barge into
embaralhar [ẽbara'ʎa^{r}] VT (*confundir*) to muddle up; (*cartas*) to shuffle; **embaralhar-se** VR to get mixed up
embarcação [ẽbaxka'sãw] (*pl* **-ões**) F vessel
embarcadiço [ẽbaxka'dʒisu] M seafarer
embarcadouro [ẽbaxka'doru] M wharf
embarcar [ẽbax'ka^{r}] VT to embark, put on board; (*mercadorias*) to ship, stow ■ VI to go on board, embark; **~ em algo** (*fig: col*) to fall for sth
embargar [ẽbax'ga^{r}] VT (*Jur*) to seize; (*pôr obstáculos a*) to hinder; (*reprimir: voz*) to keep down; (*impedir*) to forbid
embargo [ẽ'baxgu] M (*de navio*) embargo; (*Jur*) seizure; (*impedimento*) impediment; **sem ~** nevertheless
embarque [ẽ'baxki] M (*de pessoas*) boarding, embarkation; (*de mercadorias*) shipment
embasamento [ẽbaza'mẽtu] M (*Arq*) foundation; (*de coluna*) base; (*fig*) basis
embasbacado, -a [ẽbaʒba'kadu, a] ADJ gaping, open-mouthed
embasbacar [ẽbaʒba'ka^{r}] VT to leave open-mouthed; **embasbacar-se** VR to be taken aback, be dumbfounded
embate [ẽ'batʃi] M clash; (*choque*) shock
embatucar [ẽbatu'ka^{r}] VT to dumbfound ■ VI to be speechless
embebedar [ẽbebe'da^{r}] VT to make drunk ■ VI: **o vinho embebeda** wine makes you drunk; **embebedar-se** VR to get drunk
embeber [ẽbe'be^{r}] VT to soak up, absorb; **embeber-se** VR: **embeber-se em** to become absorbed in
embelezador, a [ẽbeleza'do^{r}(a)] ADJ cosmetic
embelezar [ẽbele'za^{r}] VT to make beautiful; (*casa*) to brighten up; **embelezar-se** VR to make o.s. beautiful
embevecer [ẽbeve'se^{r}] VT to captivate; **embevecer-se** VR to be captivated
embicar [ẽbi'ka^{r}] VI (*Náut*) to enter port, dock; (*fig*): **~ para** to head for; **~ com alguém** to quarrel with sb
embirrar [ẽbi'xa^{r}] VI to sulk; **~ em** to insist on; **~ com** to dislike
emblema [ẽ'blɛma] M emblem; (*na roupa*) badge
embocadura [ẽboka'dura] F (*de rio*) mouth; (*Mús*) mouthpiece; (*de freio*) bit
emboço [ẽ'bosu] M roughcast, render
embolar [ẽbo'la^{r}] VT (*confundir*) to confuse ■ VI: **~ com** to grapple with; **embolar-se** VR: **embolar-se (com)** to grapple (with)
êmbolo ['ẽbolu] M piston
embolorar [ẽbolo'ra^{r}] VI to go musty
embolsar [ẽbow'sa^{r}] VT to pocket; (*herança etc*) to come by; (*indenizar*) to refund
embonecar [ẽbone'ka^{r}] VT to doll up; **embonecar-se** VR to doll o.s. up, get dolled up
embora [ẽ'bɔra] CONJ though, although ■ EXCL even so, what of it?; **ir(-se) ~** to go away
emborcar [ẽbox'ka^{r}] VT to turn upside down
emboscada [ẽboʃ'kada] F ambush
embotar [ẽbo'ta^{r}] VT (*lâmina*) to blunt; (*fig*) to deaden, dull
embrabecer [ẽbrabe'se^{r}] VI = **embravecer**
Embraer [ẽbrãe^{r}] ABR F (= *Empresa Brasileira de Aeronáutica SA*) *aerospace company*
embranquecer [ẽbrãke'se^{r}] VT, VI to turn white
Embratur [ẽbra'tu^{r}] ABR F (= *Empresa Brasileira de Turismo*) *state tourist board*
embravecer [ẽbrave'se^{r}] VR to get furious; **embravecer-se** VR to get furious

NB: *European Portuguese adds the following consonants to certain words*: **b** (sú(b)dito, su(b)til); **c** (a(c)ção, a(c)cionista, a(c)to); **m** (inde(m)ne); **p** (ado(p)çã, ado(p)tar); *for further details see p. xiii.*

embreagem [ẽb'rjaʒẽ] (*pl* **-ns**) F (*Auto*) clutch
embrear [ẽ'brjaʳ] VT (*Auto*) to disengage ■ VI to let in the clutch
embrenhar [ẽbre'ɲaʳ] VT to penetrate; **embrenhar-se** VR: **embrenhar-se (em/por)** to make one's way (into/through)
embriagante [ẽbrja'gãtʃi] ADJ intoxicating
embriagar [ẽbrja'gaʳ] VT to make drunk, intoxicate; **embriagar-se** VR to get drunk; **embriaguez** [ẽbrja'geʒ] F drunkenness; (*fig*) rapture; **embriaguez no volante** drunk(en) driving
embrião [e'brjãw] (*pl* **-ões**) M embryo
embrionário, -a [ẽbrjo'narju, a] ADJ (*tb fig*) embryonic
embromação [ẽbroma'sãw] (*pl* **-ões**) F stalling; (*trapaça*) con
embromador, a [ẽbroma'doʳ(a)] ADJ (*remanchador*) slow; (*trapaçeiro*) dishonest, bent ■ M/F (*remanchador*) staller; (*trapaçeiro*) con merchant
embromar [ẽbro'maʳ] VT (*adiar*) to put off; (*enganar*) to con, cheat ■ VI (*prometer e não cumprir*) to make empty promises, be all talk (and no action); (*protelar*) to stall; (*falar em rodeios*) to beat about the bush
embrulhada [ẽbru'ʎada] F muddle, mess
embrulhar [ẽbru'ʎaʳ] VT (*pacote*) to wrap; (*enrolar*) to roll up; (*confundir*) to muddle up; (*enganar*) to cheat; (*estômago*) to upset; **embrulhar-se** VR to get into a muddle; **ao contar a estória, ele embrulhou tudo** when he told the story he got everything mixed up
embrulho [ẽ'bruʎu] M (*pacote*) package, parcel; (*confusão*) mix-up
embrutecer [ẽbrute'seʳ] VT, VI to brutalize; **embrutecer-se** VR to be brutalized
emburrar [ẽbu'xaʳ] VI to sulk
embuste [ẽ'buʃtʃi] M (*engano*) deception; (*ardil*) trick
embusteiro, -a [ẽbuʃ'tejru, a] ADJ deceitful ■ M/F cheat; (*mentiroso*) liar; (*impostor*) impostor
embutido, -a [ẽbu'tʃidu, a] ADJ (*armário*) built-in, fitted
embutir [ẽbu'tʃiʳ] VT to build in; (*marfim etc*) to inlay
emenda [e'mẽda] F correction; (*Jur*) amendment; (*de uma pessoa*) improvement; (*ligação*) join; (*sambladura*) joint; (*Costura*) seam
emendar [emẽ'daʳ] VT (*corrigir*) to correct; (*reparar*) to mend; (*injustiças*) to make amends for; (*Jur*) to amend; (*ajuntar*) to put together; **emendar-se** VR to mend one's ways
ementa [e'mẽta] (PT) F menu
emergência [imex'ʒẽsja] F (*nascimento*) emergence; (*crise*) emergency
emergente [imex'ʒẽtʒi] ADJ emerging
emergir [imex'ʒiʳ] VI to emerge, appear; (*submarino*) to surface
EMFA (BR) ABR M = **Estado-maior das Forças Armadas**
emigração [emigra'sãw] (*pl* **-ões**) F emigration; (*de aves*) migration
emigrado, -a [emi'gradu, a] ADJ emigrant
emigrante [emi'grãtʃi] M/F emigrant
emigrar [emi'graʳ] VI to emigrate; (*aves*) to migrate
eminência [emi'nẽsja] F eminence; (*altura*) height; **eminente** [emi'nẽtʃi] ADJ eminent, distinguished; (*Geo*) high
Emirados Árabes Unidos [emi'raduʃ-] MPL: **os ~** the United Arab Emirates
emirjo *etc* [e'mixʒu] VB *v* **emergir**
emissão [emi'sãw] (*pl* **-ões**) F emission; (*Rádio*) broadcast; (*de moeda, ações*) issue
emissário, -a [emi'sarju, a] M/F emissary ■ M outlet
emissões [emi'sõjʃ] FPL *de* **emissão**
emissor, a [emi'soʳ(a)] ADJ (*de moeda-papel*) issuing ■ M (*Rádio*) transmitter ■ F (*estação*) broadcasting station; (*empresa*) broadcasting company
emitente [emi'tẽtʃi] ADJ (*Com*) issuing ■ M/F issuer
emitir [emi'tʃiʳ] VT (*som*) to give out; (*cheiro*) to give off; (*moeda, ações*) to issue; (*Rádio*) to broadcast; (*opinião*) to express ■ VI (*emitir moeda*) to print money
emoção [emo'sãw] (*pl* **-ões**) F emotion; (*excitação*) excitement; **emocional** [imosjo'naw] (*pl* **-ais**) ADJ emotional; **emocionante** [imosjo'nãtʃi] ADJ (*comovente*) moving; (*excitante*) exciting; **emocionar** [imosjo'naʳ] VT (*comover*) to move; (*perturbar*) to upset; (*excitar*) to excite, thrill ■ VI to be exciting; (*comover*) to be moving; **emocionar-se** VR to get emotional
emoções [emo'sõjʃ] FPL *de* **emoção**
emoldurar [emowdu'raʳ] VT to frame
emotividade [emotʃivi'dadʒi] F emotions *pl*
emotivo, -a [emo'tʃivu, a] ADJ emotional
empacar [ẽpa'kaʳ] VI (*cavalo*) to baulk; (*fig*: *negócios etc*) to grind to a halt; (*orador*) to dry up; **~ numa palavra** to get stuck on a word
empachado, -a [ẽpa'ʃadu, a] ADJ full up
empacotar [ẽpako'taʳ] VT to pack, wrap up ■ VI (*col*: *morrer*) to pop one's clogs
empada [ẽ'pada] F pie
empadão [ẽpa'dãw] (*pl* **-ões**) M pie
empalhar [ẽpa'ʎaʳ] VT (*animal*) to stuff; (*louça, fruta*) to pack with straw
empalidecer [ẽpalide'seʳ] VT, VI to turn pale
empanar [ẽpa'naʳ] VT (*fig*) to tarnish; (*Culin*) to batter
empanturrar [ẽpãtu'xaʳ] VT: **~ alguém de algo** to stuff sb full of sth; **empanturrar-se** VR to gorge o.s., stuff o.s. (*col*)
empanzinado, -a [ẽpãzi'nadu, a] ADJ full
empapar [ẽpa'paʳ] VT to soak; **empapar-se** VR to get soaked
empapuçado, -a [ẽpapu'sadu, a] ADJ (*olhos*) puffy; (*blusa*) full
emparedar [ẽpare'daʳ] VT to wall in; (*pessoa*) to shut up
emparelhar [ẽpare'ʎaʳ] VT to pair; (*equiparar*) to

match ■ VI: **~ com** to be equal to
empastado, -a [ẽpaʃ'tadu, a] ADJ (*cabelo*) plastered down
empastar [ẽpaʃ'ta^{r}] VT: **~ algo de algo** to plaster sth with sth
empatar [ẽpa'ta^{r}] VT (*embaraçar*) to hinder; (*dinheiro*) to tie up; (*no jogo*) to draw; (*corredores*) to tie; (*tempo*) to take up ■ VI (*no jogo*): **~ (com)** to draw (with); **empate** [ẽ'patʃi] M (*no jogo*) draw; (*numa corrida etc*) tie; (*Xadrez*) stalemate; (*em negociações*) deadlock
empatia [ẽpa'tʃia] F empathy
empavonar-se [ẽpavo'naxsi] VR to strut
empecilho [ẽpe'siʎu] M obstacle; (*col*) snag
empedernido, -a [ẽpedex'nidu, a] ADJ hard-hearted
empedrar [ẽpe'dra^{r}] VT to pave
empenar [ẽpe'na^{r}] VT, VI (*curvar*) to warp
empenhar [ẽpe'ɲa^{r}] VT (*objeto*) to pawn; (*palavra*) to pledge; (*empregar*) to exert; (*compelir*) to oblige; **empenhar-se** VR: **empenhar-se em fazer** to strive to do, do one's utmost to do; **empenho** [ẽ'peɲu] M (*de um objeto*) pawning; (*palavra*) pledge; (*insistência*): **empenho (em)** commitment (to); **ele pôs todo seu empenho neste projeto** he committed himself wholeheartedly to this project
emperiquitar-se [ẽperiki'taxsi] VR to get done up to the nines
emperrar [ẽpe'xa^{r}] VT (*máquina*) to jam; (*porta, junta*) to make stiff; (*fazer calar*) to cut short ■ VI to jam; (*gaveta, porta*) to stick; (*junta*) to go stiff; (*calar*) to go quiet
empertigado, -a [ẽpextʃi'gadu, a] ADJ upright
empertigar-se [ẽpextʃi'gaxsi] VR to stand up straight
empestar [ẽpeʃ'ta^{r}] VT (*infetar*) to infect; (*tornar desagradável*) to pollute, stink out (*col*)
empetecar [ẽpete'ka^{r}] VT to doll up; **empetecar-se** VR to doll o.s. up
empilhar [ẽpi'ʎa^{r}] VT to pile up
empinado, -a [ẽpi'nadu, a] ADJ (*direito*) upright; (*cavalo*) rearing; (*colina*) steep
empinar [ẽpi'na^{r}] VT to raise, uplift; (*ressaltar*) to thrust out; (*papagaio*) to fly; (*copo*) to empty
empipocar [ẽpipo'ka^{r}] VI to come out in spots
empírico, -a [ẽ'piriku, a] ADJ empirical
empistolado, -a [ẽpiʃto'ladu, a] ADJ well-connected
emplacar [ẽpla'ka^{r}] VT (*col*: *anos, sucessos*) to notch up; (*carro*) to put number (*Brit*) *ou* license (*US*) plates on; **~ o ano 2000** to make it to the year 2000
emplastrar [ẽplaʃ'tra^{r}] VT to put in plaster
emplastro [ẽ'plaʃstru] M (*Med*) plaster
empobrecer [ẽpobre'se^{r}] VT to impoverish ■ VI to become poor; **empobrecimento** [ẽpobresi'mẽtu] M impoverishment
empoeirar [ẽpoej'ra^{r}] VT to cover in dust
empola [ẽ'pola] F (*na pele*) blister; (*de água*) bubble
empolado, -a [ẽpo'ladu, a] ADJ covered with blisters; (*estilo*) pompous, bombastic
empolgação [ẽpowga'sãw] F excitement; (*entusiasmo*) enthusiasm
empolgante [ẽpow'gãtʃi] ADJ exciting
empolgar [ẽpow'ga^{r}] VT to stimulate, fill with enthusiasm; (*prender a atenção de*): **~ alguém** to keep sb riveted
emporcalhar [ẽpoxka'ʎa^{r}] VT to dirty; **emporcalhar-se** VR to get dirty
empório [ẽ'pɔrju] M (*mercado*) market; (*armazém*) department store
empossar [ẽpo'sa^{r}] VT to appoint
empreendedor, a [ẽprjẽde'do^{r}(a)] ADJ enterprising ■ M/F entrepreneur
empreender [ẽprjẽ'de^{r}] VT to undertake; **empreendimento** [ẽprjẽdʒi'mẽtu] M undertaking
empregada [ẽpre'gada] F (*BR*: *doméstica*) maid; (*PT*: *de restaurante*) waitress; *v tb* **empregado**
empregado, -a [ẽpre'gadu, a] M/F employee; (*em escritório*) clerk ■ M (*PT*: *de restaurante*) waiter
empregador, a [ẽprega'do^{r}(a)] M/F employer
empregar [ẽpre'ga^{r}] VT (*pessoa*) to employ; (*coisa*) to use; **empregar-se** VR to get a job
empregatício, -a [ẽprega'tʃisju, a] ADJ *v* **vínculo**
emprego [ẽ'pregu] M (*ocupação*) job; (*uso*) use
empreguismo [ẽpre'giʒmu] M patronage, nepotism
empreitada [ẽprej'tada] F (*Com*) contract job; (*tarefa*) enterprise, venture
empreiteira [ẽprej'tejra] F (*firma*) contractor
empreiteiro [ẽprej'tejru] M contractor
empresa [ẽ'preza] F undertaking; (*Com*) enterprise, firm; **~ pontocom** dotcom
empresariado [ẽpreza'rjadu] M business community
empresarial [ẽpreza'rjaw] (*pl* **-ais**) ADJ business *atr*
empresário, -a [ẽpre'zarju, a] M/F businessman/woman; (*de cantor, boxeador etc*) manager; **~ teatral** impresario
emprestado, -a [ẽpreʃ'tadu, a] ADJ on loan; **pedir ~** to borrow; **tomar algo ~** to borrow sth
emprestar [ẽpreʃ'ta^{r}] VT to lend; **empréstimo** [ẽ'prɛʃtʃimu] M loan
emproado, -a [ẽpro'adu, a] ADJ arrogant
empulhação [ẽpuʎa'sãw] (*pl* **-ões**) F (*ato*) trickery; (*embuste*) con
empulhar [ẽpu'ʎa^{r}] VT to trick, con
empunhar [ẽpu'ɲa^{r}] VT to grasp, seize
empurrão [ẽpu'xãw] (*pl* **-ões**) M push, shove; **aos empurrões** jostling
empurrar [ẽpu'xa^{r}] VT to push
empurrões [ẽpu'xõjʃ] MPL *de* **empurrão**
emudecer [emude'se^{r}] VT to silence ■ VI to fall silent, go quiet
emular [emu'la^{r}] VT to emulate

NB: *European Portuguese adds the following consonants to certain words*: **b** (sú(b)dito, su(b)til); **c** (a(c)ção, a(c)cionista, a(c)to); **m** (inde(m)ne); **p** (ado(p)çã, ado(p)tar); *for further details see p. xiii.*

enaltecer [enawte'ser] VT (*fig*) to elevate
enamorado, -a [enamo'radu, a] ADJ (*encantado*) enchanted; (*apaixonado*) in love
ENAP (BR) ABR F (= *Escola Nacional de Administração Pública*) *civil service training school*
encabeçar [ēkabe'sar] VT to head
encabulação [ēkabula'sãw] F (*vergonha*) embarrassment; (*acanhamento*) shyness
encabulado, -a [ēkabu'ladu, a] ADJ shy
encabular [ēkabu'lar] VT to embarrass ■ VI (*fato, situação*) to be embarrassing; (*pessoa*) to get embarrassed; **não se encabule!** don't be shy!
encaçapar [ēkasa'par] VT (*bola*) to sink; (*col: surrar*) to bash
encadeamento [ēkadʒja'mētu] M (*série*) chain; (*conexão*) link
encadear [ēka'dʒjar] VT to chain together, link together
encadernação [ēkadexna'sãw] (*pl* **-ões**) F (*de livro*) binding
encadernado, -a [ēkadex'nadu, a] ADJ bound; (*de capa dura*) hardback
encadernador, a [ēkadexna'dor(a)] M/F bookbinder
encadernar [ēkadex'nar] VT to bind
encafuar [ēka'fwar] VT to hide; **encafuar-se** VR to hide
encaixar [ēkaj'ʃar] VT (*colocar*) to fit in; (*inserir*) to insert ■ VI to fit; **encaixe** [ē'kajʃi] M (*ato*) fitting; (*ranhura*) groove; (*buraco*) socket
encaixotar [ēkajʃo'tar] VT to pack into boxes
encalacrar [ēkala'krar] VT: **~ alguém** to get sb into trouble; **encalacrar-se** VR to get into debt
encalço [ē'kawsu] M pursuit; **ir no ~ de** to pursue
encalhado, -a [ēka'ʎadu, a] ADJ stranded; (*mercadoria*) unsaleable; (*col: solteiro*) unmarried
encalhar [ēka'ʎar] VI (*embarcação*) to run aground; (*fig: processo*) to grind to a halt; (: *mercadoria*) to be returned, not to sell; (*col: ficar solteiro*) to be left on the shelf
encalorado, -a [ēkalo'radu, a] ADJ hot
encaminhar [ēkami'nar] VT (*dirigir*) to direct; (*no bom caminho*) to put on the right path; (*processo*) to set in motion; **encaminhar-se** VR: **encaminhar-se para/a** to set out for/to; **eu encaminhei-os para a seção devida** I referred them to the appropriate department; **~ uma petição a alguém** to refer an application to sb; **foi minha mãe quem me encaminhou para as letras** it was my mother who steered me towards literature; **as coisas se encaminham bem no momento** things are going well at the moment
encampar [ēkã'par] VT (*empresa*) to expropriate; (*opinião, medida*) to adopt
encanador [ēkana'dor] (BR) M plumber
encanamento [ēkana'mētu] (BR) M plumbing
encanar [ēka'nar] VT to channel; (BR: *col: prender*) to throw in jail
encanecido, -a [ēkane'sidu, a] ADJ grey (*Brit*), gray (*US*); (*cabelo*) white
encantado, -a [ēkã'tadu, a] ADJ (*contente*) delighted; (*castelo etc*) enchanted; (*fascinado*): **~ (por alguém/algo)** to be smitten (with sb/sth)
encantador, a [ēkãta'dor(a)] ADJ delightful, charming ■ M/F enchanter/enchantress
encantamento [ēkãta'mētu] M (*magia*) spell; (*fascinação*) charm
encantar [ēkã'tar] VT (*enfeitiçar*) to bewitch; (*cativar*) to charm; (*deliciar*) to delight
encanto [ē'kãtu] M (*delícia*) delight; (*fascinação*) charm
encapar [ēka'par] VT (*livro, sofá*) to cover; (*envolver*) to wrap
encapelar [ēkape'lar] VT (*mar*) to swell ■ VI (*mar*) to turn rough
encapetado, -a [ēkape'tadu, a] ADJ (*criança*) mischievous
encapotar [ēkapo'tar] VT to wrap up; **encapotar-se** VR to wrap o.s. up
encaracolar [ēkarako'lar] VT, VI to curl; **encaracolar-se** VR to curl up
encarangar [ēkarã'gar] VT to cripple ■ VI (*pessoa*) to be crippled; (*reumatismo*) to be crippling
encarapinhado, -a [ēkarapi'ɲadu, a] ADJ (*cabelo*) frizzy
encarapitar [ēkarapi'tar] VT to perch; **encarapitar-se** VR: **encarapitar-se em algo** to climb on top of sth; (*num cargo etc*) to get o.s. fixed up in sth
encarar [ēka'rar] VT to face; (*olhar*) to look at; (*considerar*) to consider
encarcerar [ēkaxse'rar] VT to imprison
encardido, -a [ēkax'dʒidu, a] ADJ (*roupa, casa*) grimy; (*pele*) sallow
encardir [ēkax'dʒir] VT to make grimy ■ VI to get grimy
encarecer [ēkare'ser] VT (*subir o preço*) to raise the price of; (*louvar*) to praise; (*exagerar*) to exaggerate ■ VI to go up in price, get dearer
encarecidamente [ēkaresida'mētʃi] ADV insistently
encarecimento [ēkaresi'mētu] M (*preço*) increase
encargo [ē'kaxgu] M (*responsabilidade*) responsibility; (*ocupação*) job, assignment; (*oneroso*) burden; **dar a alguém o ~ de fazer algo** to give sb the job of doing sth
encarnação [ēkaxna'sãw] (*pl* **-ões**) F incarnation
encarnado, -a [ēkax'nadu, a] ADJ red, scarlet
encarnar [ēkax'nar] VT to embody, personify; (*Teatro*) to play ■ VI to be embodied; **encarnar-se** VR to be embodied; **~ em alguém** (*col*) to pick on sb
encarneirado, -a [ēkaxnej'radu, a] ADJ (*mar*) choppy
encaroçar [ēkaro'sar] VI (*molho*) to go lumpy; (*pele*) to come up in bumps
encarquilhado, -a [ēkaxki'ʎadu, a] ADJ (*fruta*) wizened; (*rosto*) wrinkled
encarregado, -a [ēkaxe'gadu, a] ADJ: **~ de** in charge of ■ M/F person in charge ■ M (*de*

operários) foreman; **~ de negócios** chargé d'affaires

encarregar [ẽkaxe'gaʳ] VT: **~ alguém de algo** to put sb in charge of sth; **encarregar-se** VR: **encarregar-se de fazer** to undertake to do

encarreirar [ẽkaxej'raʳ] VT to guide; (*negócios*) to run; (*moralmente*): **~ alguém** to put sb on the right track

encarrilhar [ẽkaxi'ʎaʳ] VT to put back on the rails; (*fig*) to put on the right track

encartar [ẽkax'taʳ] VT to insert

encarte [ẽ'kaxtʃi] M insert

encasacar-se [ẽkaza'kaxsi] VR to put on one's coat

encasquetar [ẽkaʃke'taʳ] VT: **~ uma idéia** to get an idea into one's head

encatarrado, -a [ẽkata'xadu, a] ADJ congested

encenação [ẽsena'sãw] (*pl* **-ões**) F (*de peça*) staging, putting on; (*produção*) production; (*fingimento*) play-acting; (*atitude fingida*) put-on, put-up job (*col*); **fazer ~** (*col*) to put it on

encenador, a [ẽsena'doʳ(a)] M/F (*Teatro*) director

encenar [ẽse'naʳ] VT (*Teatro*: *pôr em cena*) to stage, put on; (: *produzir*) to produce; (*fingir*) to put on

enceradeira [ẽsera'dejra] F floor-polisher

encerar [ẽse'raʳ] VT to wax

encerramento [ẽsexa'mẽtu] M (*término*) close, end

encerrar [ẽse'xaʳ] VT (*confinar*) to shut in, lock up; (*conter*) to contain; (*concluir*) to close

encestar [ẽseʃ'taʳ] VT (*Basquete*) to put in the basket ■ VI to score a basket

encetar [ẽse'taʳ] VT to start, begin

encharcar [ẽʃax'kaʳ] VT (*alagar*) to flood; (*ensopar*) to soak, drench; **encharcar-se** VR to get soaked *ou* drenched; **~-se de algo** (*beber muito*) to drink gallons of sth

encheção [ẽʃe'sãw] (*col*) F annoyance

enchente [ẽ'ʃẽtʃi] F flood

encher [ẽ'ʃeʳ] VT to fill (up); (*balão*) to blow up; (*tempo*) to fill, take up ■ VI (*col*) to be annoying; **encher-se** VR to fill up; **~-se (de)** (*col*) to get fed up (with); **~ de** *ou* **com** to fill up with; **~ o saco de alguém** (*col*) to bug sb, piss sb off (*!*); **ela enche o filho de presentes** she showers her son with presents; **enchimento** [ẽʃi'mẽtu] M filling

enchova [ẽ'ʃova] F anchovy

enciclopédia [ẽsiklo'pɛdʒja] F encyclopedia, encyclopaedia (*Brit*)

enciumar [ẽsju'maʳ] VT to make jealous; **enciumar-se** VR to get jealous

enclausurar [ẽklawzu'raʳ] VT to shut away; **enclausurar-se** VR to shut o.s. away

encoberto, -a [ẽko'bɛxtu, a] PP *de* **encobrir** ■ ADJ (*escondido*) concealed; (*tempo*) overcast

encobrir [ẽko'briʳ] VT to conceal, hide

encolerizar [ẽkoleri'zaʳ] VT to irritate, annoy; **encolerizar-se** VR to get angry

encolher [ẽko'ʎeʳ] VT (*pernas*) to draw up; (*os ombros*) to shrug; (*roupa*) to shrink ■ VI to shrink; **encolher-se** VR (*de frio*) to huddle; (*para dar lugar*) to hunch up

encomenda [ẽko'mẽda] F order; **feito de ~** made to order, custom-made; **vir de ~** (*fig*) to come just at the right time; **encomendar** [ẽkomẽ'daʳ] VT: **encomendarr algo a alguém** to order sth from sb

encompridar [ẽkõpri'daʳ] VT to lengthen

encontrão [ẽkõ'trãw] (*pl* **-ões**) M (*esbarrão*) collision, impact; (*empurrão*) shove; **dar um ~ em** to bump into; **ir aos encontrões pela multidão** to jostle one's way through the crowd

encontrar [ẽkõ'traʳ] VT (*achar*) to find; (*inesperadamente*) to come across, meet; (*dar com*) to bump into ■ VI: **~ com** to bump into; **encontrar-se** VR (*achar-se*) to be; (*ter encontro*): **encontrar-se (com alguém)** to meet (sb)

encontro [ẽ'kõtru] M (*de pessoas*) meeting; (*Mil*) encounter; **~ marcado** appointment; **ir/vir ao ~ de** to go/come and meet; **ir** *ou* **vir ao ~ de** (*aspirações*) to meet, fulfil (*Brit*), fulfill (*US*); **ir de ~ a** to go against, run contrary to; **meu carro foi de ~ ao muro** my car ran into the wall

encontrões [ẽkõ'trõjʃ] MPL *de* **encontrão**

encorajamento [ẽkoraʒa'mẽtu] M encouragement

encorajar [ẽkora'ʒaʳ] VT to encourage

encorpado, -a [ẽkox'padu, a] ADJ stout; (*vinho*) full-bodied; (*tecido*) closely-woven; (*papel*) thick

encorpar [ẽkox'paʳ] VT (*ampliar*) to expand ■ VI (*criança*) to fill out

encosta [ẽ'kɔʃta] F slope

encostar [ẽkoʃ'taʳ] VT (*cabeça*) to put down; (*carro*) to park; (*pôr de lado*) to put to one side; (*pôr junto*) to put side by side; (*porta*) to leave ajar ■ VI to pull in; **encostar-se** VR: **encostar-se em** to lean against; (*deitar-se*) to lie down on; **~ em** to lean against; **~ a mão em** (*bater*) to hit; **ele está sempre se encostando nos outros** he's always depending on others

encosto [ẽ'koʃtu] M (*arrimo*) support; (*de cadeira*) back

encouraçado, -a [ẽkora'sadu, a] ADJ armoured (*Brit*), armored (*US*) ■ M (*Náut*) battleship

encravado, -a [ẽkra'vadu, a] ADJ (*unha*) ingrowing

encravar [ẽkra'vaʳ] VT: **~ algo em algo** to stick sth into sth; (*diamante num anel*) to mount sth in sth

encrenca [ẽ'krẽka] (*col*) F (*problema*) fix, jam; (*briga*) fight; **meter-se numa ~** to get into trouble

encrencar [ẽkrẽ'kaʳ] (*col*) VT (*situação*) to complicate; (*pessoa*) to get into trouble ■ VI (*complicar-se*) to get complicated; (*carro*) to break down; **encrencarse** VR to get complicated; to get into trouble; **~ (com alguém)** to fall out

NB: *European Portuguese adds the following consonants to certain words*: **b** (sú(b)dito, su(b)til); **c** (a(c)ção, a(c)cionista, a(c)to); **m** (inde(m)ne); **p** (ado(p)çã, ado(p)tar); *for further details see p. xiii.*

(with sb)

encrenqueiro, -a [ẽkrẽ'kejru, a] (*col*) M/F troublemaker ■ ADJ troublemaking

encrespado, -a [ẽkreʃ'padu, a] ADJ (*cabelo*) curly; (*mar*) choppy; (*água*) rippling

encrespar [ẽkreʃ'pa^{r}] VT (*o cabelo*) to curl; **encrespar-se** VR (*o cabelo*) to curl; (*água*) to ripple; (*o mar*) to get choppy

encruar [ẽkru'a^{r}] VI (*negócio*) to grind to a halt

encruzilhada [ẽkruzi'ʎada] F crossroads *sg*

encucação [ẽkuka'sãw] (*pl* **-ões**) F fixation

encucado, -a [ẽku'kadu, a] (*col*) ADJ: **~ (com)** hung up (about)

encucar [ẽku'ka^{r}] (*col*) VT: **~ alguém** to give sb a hang-up ■ VI: **~ com** *ou* **em algo/alguém** to be hung up about sth/sb

encurralar [ẽkura'la^{r}] VT (*gado, pessoas*) to herd; (*cercar*) to corner

encurtar [ẽkux'ta^{r}] VT to shorten

endêmico, -a [ẽ'demiku, a] ADJ endemic

endemoninhado, -a [ẽdemoni'ɲadu, a] ADJ (*pessoa*) possessed; (*espírito*) demoniac; (*fig: criança*) naughty

endentar [ẽdẽ'ta^{r}] VT to engage

endereçamento [ẽderesa'mẽtu] M (*tb: Comput*) addressing; (*endereço*) address

endereçar [ẽdere'sa^{r}] VT (*carta*) to address; (*encaminhar*) to direct

endereço [ẽde'resu] M address; **~ absoluto/relativo** (*Comput*) absolute/relative address; **~ eletrônico** *ou* **de e-email** e-mail address; **~ de site** web address

endeusar [ẽdew'za^{r}] VT to deify; (*amado*) to worship

endiabrado, -a [ẽdʒja'bradu, a] ADJ devilish; (*travesso*) mischievous

endinheirado, -a [ẽdʒiɲej'radu, a] ADJ rich, wealthy, well-off

endireitar [ẽdʒirej'ta^{r}] VT (*objeto*) to straighten; (*retificar*) to put right; (*fig*) to straighten out; **endireitar-se** VR to straighten up

endividado, -a [ẽdʒivi'dadu, a] ADJ in debt

endividamento [ẽdʒivida'mẽtu] M debt

endividar [ẽdʒivi'da^{r}] VT to put into debt; **endividar-se** VR to run into debt

endócrino, -a [ẽ'dɔkrinu, a] ADJ: **glândula endócrina** endocrine gland

endoidecer [ẽdojde'se^{r}] VT to madden ■ VI to go mad

endoscopia [ẽdoʃko'pia] F (*Med*) endoscopy

endossante [ẽdo'sãtʃi] M/F endorser

endossar [ẽdo'sa^{r}] VT to endorse

endossável [ẽdo'savew] (*pl* **-eis**) ADJ endorsable

endosso [ẽ'dosu] M endorsement

endurecer [ẽdure'se^{r}] VT, VI to harden

endurecido, -a [ẽdure'sidu, a] ADJ hardened

endurecimento [ẽduresi'mẽtu] M hardening

ENE ABR (= *és-nordeste*) ENE

enegrecer [enegre'se^{r}] VT to darken; (*fig: nome*) to blacken ■ VI to darken

enema [e'nema] M enema

energético, -a [enex'ʒɛtʃiku, a] ADJ energy *atr* ■ M energy source

energia [enɛx'ʒia] F (*vigor*) energy, drive; (*Tec*) power, energy; **enérgico, -a** [e'nɛxʒiku, a] ADJ energetic, vigorous; **ele é enérgico com os filhos** he is hard on his children

enervação [enexva'sãw] F annoyance, irritation

enervante [enex'vãtʃi] ADJ annoying

enervar [enex'va^{r}] VT to annoy, irritate ■ VI to be irritating; **enervar-se** VR to get annoyed

enevoado, -a [ene'vwadu, a] ADJ misty, hazy

enfadar [ẽfa'da^{r}] VT (*entediar*) to bore; (*incomodar*) to annoy; **enfadar-se** VR: **enfadar-se de** to get tired of; **~-se com** (*aborrecer-se*) to get fed up with

enfado [ẽ'fadu] M annoyance

enfadonho, -a [ẽfa'doɲu, a] ADJ (*cansativo*) tiresome; (*aborrecido*) boring

enfaixar [ẽfaj'ʃa^{r}] VT (*perna*) to bandage, bind; (*bebê*) to wrap up

enfarte [ẽ'faxtʃi] M (*Med*) coronary

ênfase ['ẽfazi] F emphasis, stress

enfastiado, -a [ẽfaʃ'tʃjadu, a] ADJ bored

enfastiar [ẽfaʃ'tʃja^{r}] VT (*cansar*) to weary; (*aborrecer*) to bore; **enfastiar-se** VR: **enfastiar-se de** *ou* **com** to get tired of; to get bored with

enfático, -a [ẽ'fatʃiku, a] ADJ emphatic

enfatizar [ẽfatʃi'za^{r}] VT to emphasize

enfear [ẽfe'a^{r}] VT (*pessoa etc*) to make ugly; (*deturpar*) to distort ■ VI to become ugly

enfeitar [ẽfej'ta^{r}] VT to decorate; **enfeitar-se** VR to dress up; **enfeite** [ẽ'fejtʃi] M decoration

enfeitiçante [ẽfejtʃi'sãtʃi] ADJ enchanting, charming

enfeitiçar [ẽfejtʃi'sa^{r}] VT to bewitch, cast a spell on

enfermagem [ẽfex'maʒẽ] F nursing

enfermaria [ẽfexma'ria] F ward

enfermeiro, -a [ẽfex'mejru, a] M/F nurse

enfermidade [ẽfexmi'dadʒi] F illness

enfermo, -a [ẽ'fexmu, a] ADJ ill, sick ■ M/F sick person, patient

enferrujar [ẽfexu'ʒa^{r}] VT to rust, corrode ■ VI to go rusty

enfezado, -a [ẽfe'zadu, a] ADJ (*irritadiço*) irritable; (*irritado*) angry, mad

enfezar [ẽfe'za^{r}] VT (*irritar*) to make angry; **enfezar-se** VR to become angry

enfiada [ẽ'fjada] F (*de pérolas*) string; (*fila*) row

enfiar [ẽ'fja^{r}] VT (*meter*) to put; (*agulha*) to thread; (*pérolas*) to string together; (*vestir*) to slip on; **enfiar-se** VR: **enfiar-se em** to slip into

enfileirar [ẽfilej'ra^{r}] VT to line up

enfim [ẽ'fĩ] ADV finally, at last; (*em suma*) in short; **até que ~!** at last!

enfocar [ẽfo'ka^{r}] VT (*assunto*) to tackle

enfoque [ẽ'fɔki] M approach

enforcamento [ẽfoxka'mẽtu] M hanging

enforcar [ẽfox'ka^{r}] VT to hang; (*trabalho, aulas*) to skip; **enforcar-se** VR to hang o.s.; **~ a sexta-feira** to take the Friday off

enfraquecer [ẽfrake'se^{r}] VT to weaken ■ VI to

grow weak
enfraquecimento [ẽfrakesi'mẽtu] M weakening
enfrentar [ẽfrẽ'ta^{r}] VT (*encarar*) to face; (*confrontar*) to confront; (*problemas*) to face up to
enfronhado, -a [ẽfro'ɲadu, a] ADJ: **estar bem ~num assunto** to be well versed in a subject
enfronhar [ẽfro'ɲa^{r}] VI: **~ alguém em algo** to instruct sb in sth; **enfronhar-se** VR: **enfronhar-se em algo** to learn about sth, become well versed in sth
enfumaçado, -a [ẽfuma'sadu, a] ADJ full of smoke, smoky
enfumaçar [ẽfuma'sa^{r}] VT to fill with smoke
enfurecer [ẽfure'se^{r}] VT to infuriate; **enfurecer-se** VR to get furious
enfurnar [ẽfux'na^{r}] VT to hide away; (*meter*) to stow away; **enfurnar-se** VR to hide (o.s.) away
eng^{a} ABR (= *engenheira*) Eng.
eng° ABR (= *engenheiro*) Eng.
engaiolar [ẽgajo'la^{r}] (*col*) VT to jail
engajamento [ẽgaʒa'mẽtu] M (*empenho, Pol*) commitment; (*de trabalhadores*) hiring; (*Mil*) enlistment
engajar [ẽga'ʒa^{r}] VT (*trabalhadores*) to take on, hire; **engajar-se** VR to take up employment; (*Mil*) to enlist; **~-se em algo** to get involved in sth; (*Pol*) to be committed to sth
engalfinhar-se [ẽgawfĩ'ɲaxsi] VR (*atacar-se*) to fight; (*discutir*) to argue
engambelar [ẽgãbe'la^{r}] VT to con, trick
enganado, -a [ẽga'nadu, a] ADJ (*errado*) mistaken; (*traído*) deceived
enganador, a [ẽgana'do^{r}(a)] ADJ (*mentiroso*) deceitful; (*artificioso*) fake; (*conselho*) misleading; (*aspecto*) deceptive
enganar [ẽga'na^{r}] VT to deceive; (*desonrar*) to seduce; (*cônjuge*) to be unfaithful to; (*fome*) to stave off; **enganar-se** VR (*cair em erro*) to be wrong, be mistaken; (*iludir-se*) to deceive o.s.; **as aparências enganam** appearances are deceptive
enganchar [ẽgã'ʃa^{r}] VT: **~ algo (em algo)** to hook sth up (to sth)
engano [ẽ'gãnu] M (*error*) mistake; (*ilusão*) deception; (*logro*) trick; **é ~** (*Tel*) I've (*ou* you've) got the wrong number
engarrafado, -a [ẽgaxa'fadu, a] ADJ bottled; (*trânsito*) blocked
engarrafamento [ẽgaxafa'mẽtu] M bottling; (*de trânsito*) traffic jam
engarrafar [ẽgaxa'fa^{r}] VT to bottle; (*trânsito*) to block
engasgar [ẽga3'ga^{r}] VT to choke ■ VI to choke; (*máquina*) to splutter; **engasgar-se** VR to choke
engasgo [ẽ'ga3gu] M choking
engastar [ẽgaʃ'ta^{r}] VT (*jóias*) to set, mount
engaste [ẽ'gaʃtʃi] M meeting, mounting
engatar [ẽga'ta^{r}] VT (*vagões*) to couple, hitch up; (*Auto*) to put into gear
engatilhar [ẽgatʃi'ʎa^{r}] VT (*revólver*) to cock; (*fig: resposta etc*) to prepare
engatinhar [ẽgatʃi'ɲa^{r}] VI to crawl; (*fig*) to be feeling one's way
engavetamento [ẽgaveta'mẽtu] M (*de carros*) pile-up
engavetar [ẽgave'ta^{r}] VT (*fig: projeto*) to shelve; **engavetar-se** VR to crash into one another; **~-se em algo** to crash into (the back of) sth
engelhar [ẽʒe'ʎa^{r}] VT, VI (*pele*) to wrinkle
engendrar [ẽʒẽ'dra^{r}] VT to dream up
engenharia [ẽʒeɲa'ria] F engineering; **engenheiro, -a** [ẽʒe'ɲejru, a] M/F engineer
engenho [ẽ'ʒeɲu] M (*talento*) talent; (*destreza*) skill; (*máquina*) machine; (*moenda*) mill; (*fazenda*) sugar plantation
engenhoso, -a [ẽʃe'ɲozu, ɔza] ADJ clever, ingenious
engessar [ẽʒe'sa^{r}] VT (*perna*) to put in plaster; (*parede*) to plaster
englobar [ẽglo'ba^{r}] VT to include
engodar [ẽgo'da^{r}] VT to lure, entice
engodo [ẽ'godu] M (*para peixe*) bait; (*para pessoas*) lure, enticement
engolir [ẽgo'li^{r}] VT to swallow; **até hoje não engoli o que ele me fez** I still haven't forgiven him for what he did to me
engomar [ẽgo'ma^{r}] VT to starch; (*passar*) to iron
engonço [ẽ'gõsu] M hinge
engordar [ẽgox'da^{r}] VT to fatten ■ VI to put on weight; **o açúcar engorda** sugar is fattening
engordurado, -a [ẽgoxdu'radu, a] ADJ (*comida*) fatty; (*mãos*) greasy
engordurar [ẽgoxdu'ra^{r}] VT to cover with grease
engraçado, -a [ẽgra'sadu, a] ADJ funny, amusing
engraçar-se [ẽgra'saxsi] (*col*) VR: **~ com alguém** to take advantage of sb
engradado [ẽgra'dadu] M crate
engrandecer [ẽgrãde'se^{r}] VT to elevate ■ VI to grow; **engrandecer-se** VR to become great
engravatar-se [ẽgrava'taxsi] VR to put on a tie; (*vestir-se bem*) to dress smartly
engravidar [ẽgravi'da^{r}] VT: **~ alguém** to get sb pregnant; (*Med*) to impregnate sb ■ VI to get pregnant
engraxador [ẽgraʃa'do^{r}] (*PT*) M shoe shiner
engraxar [ẽgra'ʃa^{r}] VT to polish
engraxate [ẽgra'ʃatʃi] M shoe shiner
engrenagem [ẽgre'naʒẽ] (*pl* **-ns**) F (*Auto*) gear
engrenar [ẽgre'na^{r}] VT (*Auto*) to put into gear; (*fig: conversa*) to strike up ■ VI: **~ com alguém** to get on with sb
engrolado, -a [ẽgro'ladu, a] ADJ (*voz*) slurred
engrossar [ẽgro'sa^{r}] VT (*sopa*) to thicken; (*aumentar*) to swell; (*voz*) to raise ■ VI to thicken; to swell; to rise; (*col: pessoa, conversa*) to turn nasty

NB: *European Portuguese adds the following consonants to certain words*: **b** (sú(b)dito, su(b)til); **c** (a(c)ção, a(c)cionista, a(c)to); **m** (inde(m)ne); **p** (ado(p)çã, ado(p)tar); *for further details see p. xiii.*

engrupir [ẽgru'pi^{r}] (*col*) VT to con, trick
enguia [ẽ'gia] F eel
enguiçar [ẽgi'sa^{r}] VI (*máquina*) to break down ■ VT to cause to break down; **enguiço** [ẽ'gisu] M (*empecilho*) snag; (*desarranjo*) breakdown
engulho [ẽ'guʎu] M nausea
enigma [e'nigima] M enigma; (*mistério*) mystery
enigmático, -a [enigi'matʃiku, a] ADJ enigmatic
enjaular [ẽʒaw'la^{r}] VT (*fera*) to cage, cage up; (*prender: pessoa*) to imprison
enjeitado, -a [ẽʒej'tadu, a] M/F foundling, waif
enjeitar [ẽʒej'ta^{r}] VT (*rejeitar*) to reject; (*abandonar*) to abandon; (*condenar*) to condemn
enjoado, -a [ẽ'ʒwadu, a] ADJ sick; (*enfastiado*) bored; (*enfadonho*) boring; (*mal-humorado*) in a bad mood
enjoar [ẽ'ʒwa^{r}] VT to make sick; (*enfastiar*) to bore ■ VI (*pessoa*) to be sick; (*remédio, comida*) to cause nausea; **enjoar-se** VR: **enjoarse de** to get sick of; **eu enjôo com o cheiro de fritura** the smell of frying makes me sick; **eu enjoei de ir ao cinema** I'm sick of going to the cinema
enjoativo, -a [ẽʒwa'tʃivu, a] ADJ (*comida*) revolting; (*tedioso*) boring
enjôo [ẽ'ʒou] M sickness; (*em carro*) travel sickness; (*em navio*) seasickness; (*aborrecimento*) boredom; **que ~!** what a bore!
enlaçar [ẽla'sa^{r}] VT (*atar*) to tie, bind; (*abraçar*) to hug; (*unir*) to link, join; (*bois*) to hitch; (*cingir*) to wind around; **enlaçar-se** VR to be linked
enlace [ẽ'lasi] M link, connection; (*casamento*) marriage, union
enlamear [ẽla'mja^{r}] VT to cover in mud; (*reputação*) to besmirch
enlatado, -a [ẽla'tadu, a] ADJ tinned (*Brit*), canned ■ M (*pej: filme*) foreign import; **enlatados** MPL (*comida*) tinned (*Brit*) *ou* canned foods
enlatar [ẽla'ta^{r}] VT (*comida*) to can
enlevar [ẽle'va^{r}] VT (*extasiar*) to enrapture; (*absorver*) to absorb
enlevo [ẽ'levu] M (*êxtase*) rapture; (*deleite*) delight
enlouquecer [ẽloke'se^{r}] VT to drive mad ■ VI to go mad
enluarado, -a [ẽlua'rado, a] ADJ moonlit
enlutado, -a [ẽlu'tadu, a] ADJ in mourning
enlutar-se [ẽlu'taxsi] VR to go into mourning
enobrecer [enobre'se^{r}] VT to ennoble ■ VI to be ennobling
enojar [eno'ja^{r}] VT to disgust, sicken
enorme [e'nɔxmi] ADJ enormous, huge; **enormidade** [enoxmi'dadʒi] F enormity; **uma enormidade (de)** (*col*) a hell of a lot (of)
enovelar [enove'la^{r}] VT to wind into a ball; (*enrolar*) to roll up
enquadrar [ẽkwa'dra^{r}] VT to fit; (*gravura*) to frame ■ VI: **~ com** (*condizer*) to fit *ou* tie in with
enquanto [ẽ'kwãtu] CONJ while; (*considerado como*) as; **~ isso** meanwhile; **por ~** for the time being; **~ ele não vem** until he comes; **~ que** whereas
enquête [ã'kɛtʒi] F survey
enrabichar-se [ẽxabi'ʃaxsi] VR: **~ por alguém** to fall for sb
enraivecer [ẽxajve'se^{r}] VT to enrage
enraizar [ẽxaj'za^{r}] VI to take root; **enraizar-se** VR (*pessoa*) to settle down
enrascada [ẽxaʃ'kada] F tight spot, predicament; **meter-se numa ~** to get into a spot of bother
enrascar [ẽxaʃ'ka^{r}] VT to embroil; **enrascar-se** VR to get embroiled
enredar [ẽxe'da^{r}] VT (*emaranhar*) to entangle; (*complicar*) to complicate; **enredar-se** VR to get entangled
enredo [ẽ'xedu] M (*de uma obra*) plot; (*intriga*) intrigue; **ele faz tanto ~** (*fig*) he makes such a fuss
enregelado, -a [ẽxeʒe'ladu, a] ADJ (*pessoa, mão*) frozen; (*muito frio*) freezing
enrijecer [ẽxiʒe'se^{r}] VT to stiffen; **enrijecer-se** VR to stiffen; (*fortalecer*) to get stronger
enriquecer [ẽxike'se^{r}] VT to make rich; (*fig*) to enrich ■ VI to get rich; **enriquecer-se** VR to get rich
enriquecimento [ẽxikesi'mẽtu] M enrichment
enrolado, -a [ẽxo'ladu, a] (*col*) ADJ complicated
enrolar [ẽxo'la^{r}] VT to roll up; (*agasalhar*) to wrap up; (*col: enganar*) to con ■ VI (*col*) to waffle; **enrolar-se** VR to roll up; to wrap up; (*col: confundir-se*) to get mixed *ou* muddled up
enroscar [ẽxoʃ'ka^{r}] VT (*torcer*) to twist, wind (round); **enroscar-se** VR to coil up
enrouquecer [ẽxoke'se^{r}] VT to make hoarse ■ VI to go hoarse
enrubescer [ẽxube'se^{r}] VT to redden, colour (*Brit*), color (*US*) ■ VI (*por vergonha*) to blush, go red
enrugar [ẽxu'ga^{r}] VT (*pele*) to wrinkle; (*testa*) to furrow; (*tecido*) to crease ■ VI (*pele, mãos*) to go wrinkly; (*pessoa*) to get wrinkles
enrustido, -a [ẽxuʃ'tʃido, a] (*col*) ADJ withdrawn
ensaboar [ẽsa'bwa^{r}] VT to wash with soap; **ensaboar-se** VR to soap o.s.
ensaiar [ẽsa'ja^{r}] VT (*provar*) to test, try out; (*treinar*) to practise (*Brit*), practice (*US*); (*Teatro*) to rehearse
ensaio [ẽ'saju] M (*prova*) test; (*tentativa*) attempt; (*treino*) practice; (*Teatro*) rehearsal; (*literário*) essay
ensaísta [ẽsaj'iʃta] M/F essayist
ensangüentado, -a [ẽsãgwẽ'tadu, a] ADJ bloody
ensangüentar [ẽsãgwẽ'ta^{r}] VT to stain with blood
enseada [ẽ'sjada] F inlet, cove; (*baía*) bay
ensebado, -a [ẽse'badu, a] ADJ greasy; (*sujo*) soiled
ensejar [ẽse'ʒa^{r}] VT: **~ algo (a alguém)** to provide (sb with) an opportunity for sth
ensejo [ẽ'seʒu] M chance, opportunity
ensimesmado, -a [ẽsimeʒ'madu, a] ADJ lost in

thought
ensimesmar-se [ẽsimeʒ'maxsi] VR to be lost in thought; **~ em** to be lost in
ensinamento [ẽsina'mẽtu] M teaching; (*exemplo*) lesson
ensinar [ẽsi'na^{r}] VT, VI to teach; **~ alguém a patinar** to teach sb to skate; **~ algo a alguém** to teach sb sth; **~ o caminho a alguém** to show sb the way; **você quer ~ o padre a rezar missa?** are you trying to teach your grandmother to suck eggs?
ensino [ẽ'sinu] M teaching, tuition; (*educação*) education
ensolarado, -a [ẽsola'radu, a] ADJ sunny
ensombrecido, -a [ẽsõbre'sidu, a] ADJ darkened
ensopado, -a [ẽso'padu, a] ADJ soaked ■ M stew
ensopar [ẽso'pa^{r}] VT to soak, drench
ensurdecedor, a [ẽsuxdese'do^{r}(a)] ADJ deafening
ensurdecer [ẽsuxde'se^{r}] VT to deafen ■ VI to go deaf
entabular [ẽtabu'la^{r}] VT (*negociação*) to start, open; (*empreender*) to undertake; (*assunto*) to broach; (*conversa*) to strike up
entalado, -a [ẽta'ladu, a] ADJ (*apertado*) wedged, jammed; (*enrascado*) embroiled, involved; (*engasgado*) choking
entalar [ẽta'la^{r}] VT (*encravar*) to wedge, jam; (*fig*) to put in a fix; (*encher*): **ela me entalou de comida** she stuffed me full of food
entalhador, a [ẽtaʎa'do^{r}(a)] M/F woodcarver
entalhar [ẽta'ʎa^{r}] VT to carve; **entalhe** [ẽ'taʎi] M groove, notch
entalho [ẽ'taʎu] M woodcarving
entanto [ẽ'tãtu]: **no ~** ADV yet, however
então [ẽ'tãw] ADV then; **até ~** up to that time; **desde ~** ever since; **e ~?** well then?; **para ~** so that; **pois ~** in that case; **~, você vai ou não?** so, are you going or not?
entardecer [ẽtaxde'se^{r}] VI to get late ■ M sunset
ente ['ẽtʃi] M being
enteado, -a [ẽ'tʃadu, a] M/F stepson/stepdaughter
entediante [ẽte'dʒjãtʃi] ADJ boring, tedious
entediar [ẽte'dʒja^{r}] VT to bore; **entediar-se** VR to get bored
entendedor, a [ẽtẽde'do^{r}(a)] ADJ knowledgeable ■ M: **a bom ~ meia palavra basta** a word to the wise is enough
entender [ẽtẽ'de^{r}] VT (*compreender*) to understand; (*pensar*) to think; (*ouvir*) to hear; **entender-se** VR (*compreender-se*) to understand one another; **dar a ~** to imply; **no meu ~** in my opinion; **~ de música** to know about music; **~ de fazer** to decide to do; **~-se por** to be meant by; **~-se com alguém** to get along with sb; (*dialogar*) to sort things out with sb
entendido, -a [ẽtẽ'dʒidu, a] ADJ (*col*) gay; (*conhecedor*): **~ em** good at ■ M expert; (*col*) homosexual, gay; **bem ~** that is
entendimento [ẽtẽdʒi'mẽtu] M (*compreensão*) understanding; (*opinião*) opinion; (*combinação*) agreement
enternecedor, a [ẽtexnese'do^{r}(a)] ADJ touching
enternecer [ẽtexne'se^{r}] VT to move, touch; **enternecer-se** VR to be moved
enterrar [ẽte'xa^{r}] VT to bury; (*faca*) to plunge; (*lever à ruina*) to ruin; (*assunto*) to close; **~ o chapéu na cabeça** to put one's hat on
enterro [ẽ'texu] M burial; (*funeral*) funeral
entidade [ẽtʃi'dadʒi] F (*ser*) being; (*corporação*) body; (*coisa que existe*) entity
entoação [ẽtoa'sãw] F singing
entoar [ẽ'twa^{r}] VT (*cantar*) to chant
entonação [ẽtona'sãw] (*pl* **-ões**) F intonation
entontecer [ẽtõte'se^{r}] VT to make dizzy; (*enlouquecer*) to drive mad ■ VI to become *ou* get dizzy; to go mad; **o vinho entontece** wine makes you dizzy
entornar [ẽtox'na^{r}] VT to spill; (*fig*: *copo*) to drink ■ VI to drink a lot
entorpecente [ẽtoxpe'sẽtʃi] M narcotic
entorpecer [ẽtoxpe'se^{r}] VT (*paralisar*) to numb, stupefy; (*retardar*) to slow down
entorpecimento [ẽtoxpesi'mẽtu] M numbness; (*torpor*) lethargy
entorse [ẽ'tɔxsi] F sprain
entortar [ẽtox'ta^{r}] VT (*curvar*) to bend; (*empenar*) to warp; **~ os olhos** to squint
entourage [ãtu'raʒi] M entourage
entrada [ẽ'trada] F (*ato*) entry; (*lugar*) entrance; (*Tec*) inlet; (*de casa*) doorway; (*começo*) beginning; (*bilhete*) ticket; (*Culin*) starter, entrée; (*Comput*) input; (*pagamento inicial*) down payment; (*corredor de casa*) hall; (*no cabelo*) receding hairline; **~ gratuita** admission free; **"~ proibida"** "no entry", "no admittance"; **meia ~** half-price ticket; **dar ~ a** (*requerimento*) to submit; (*processo*) to institute; **dar uma ~** to go in; **~ de serviço** service entrance
entrado, -a [ẽ'tradu, a] ADJ: **~ em anos** (*PT*) elderly
entra-e-sai ['ẽtrai'saj] M comings and goings *pl*
entranhado, -a [ẽtra'ɲadu, a] ADJ deep-rooted
entranhar-se [ẽtra'ɲaxsi] VR to penetrate
entranhas [ẽ'traɲaʃ] FPL bowels, entrails; (*sentimentos*) feelings; (*centro*) heart *sg*
entrar [ẽ'tra^{r}] VI to go (*ou* come) in, enter; (*conseguir entrar*) to get in; **deixar ~** to let in; **~ com** (*Comput*: *dados etc*) to enter; **eu entrei com £10** I contributed £10; **~ de férias/licença** to start one's holiday (*Brit*) *ou* vacation (*US*) / leave; **~ em** (*casa etc*) to go (*ou* come) into, enter; (*assunto*) to get onto; (*comida, bebida*) to start in on; (*universidade*) to enter; **~ em detalhes** to go

NB: *European Portuguese adds the following consonants to certain words:* **b** (sú(b)dito, su(b)til); **c** (a(c)ção, a(c)cionista, a(c)to); **m** (inde(m)ne); **p** (ado(p)çã, ado(p)tar); *for further details see p. xiii.*

into details; **~ em vigor** to come into force; **ele entra às 9 no trabalho** he starts work at 9.00; **o que entra nesta receita?** what goes into this recipe?; **~ para um clube** to join a club; **quando a primavera entra** when spring comes; **~ bem** (*col*) to get into trouble

entravar [ẽtra'vaʳ] VT to obstruct, impede

entrave [ẽ'travi] M (*fig*) impediment

entre ['ẽtri] PREP (*dois*) between; (*mais de dois*) among(st); **~ si** amongst themselves

entreaberto, -a [ẽtrja'bɛxtu, a] PP *de* **entreabrir** ■ ADJ half-open; (*porta*) ajar

entreabrir [ẽtrja'briʳ] VT to half open; **entreabrir-se** VR (*flores*) to open up

entrechocar-se [ẽtriʃo'kaxsi] VR to collide, crash; (*fig*) to clash

entrecortado, -a [ẽtrikox'tadu, a] ADJ intermittent; **região entrecortada de estradas** region intersected by roads

entrecosto [ẽtri'koʃtu] M (*Culin*) entrecôte

entrega [ẽ'trɛga] F (*de mercadorias*) delivery; (*a alguém*) handing over; (*rendição*) surrender; **caminhão/serviço de ~** delivery van/service; **pronta ~** speedy delivery; **~ rápida** special delivery; **~ a domicílio** home delivery

entregar [ẽtre'gaʳ] VT (*dar*) to hand over; (*mercadorias*) to deliver; (*denunciar*) to hand over; (*confiar*) to entrust; (*devolver*) to return; **entregar-se** VR (*render-se*) to give o.s. up; (*dedicar-se*) to devote o.s.; **~ os pontos** to give up, throw in the towel; **~-se à dor/bebida** to be overcome by grief/take to drink; **~-se a um homem** to sleep with a man

entregue [ẽ'trɛgi] PP *de* **entregar**

entrelaçar [ẽtrila'saʳ] VT to entwine

entrelinha [ẽtre'liɲa] F line spacing; **ler nas ~s** to read between the lines

entremear [ẽtri'mjaʳ] VT to intermingle

entremostrar [ẽtrimoʃ'traʳ] VT to give a glimpse of

entreolhar-se [ẽtrio'ʎaxsi] VR to exchange glances

entrepernas [ẽtri'pɛxnaʃ] ADV between one's legs

entrepor [ẽtripoʳ] (*irreg*) VT to insert; **entrepor-se** VR: **entrepor-se entre** to come between

entressafra [ẽtri'safra] F time between harvests; (*fig*): **as ~s de algo** the periods without sth

entretanto [ẽtri'tãtu] CONJ however

entretela [ẽtri'tɛla] F (*Costura*) interlining, buckram

entretenimento [ẽtriteni'mẽtu] M entertainment; (*distração*) pastime

entreter [ẽtri'teʳ] (*irreg*) VT (*divertir*) to entertain, amuse; (*ocupar*) to occupy; (*manter*) to keep up; (*esperanças*) to cherish; **entreter-se** VR to amuse o.s.; to occupy o.s.

entrevar [ẽtre'vaʳ] VT to paralyse, cripple

entrever [ẽtri'veʳ] (*irreg*) VT to glimpse, catch a glimpse of

entrevista [ẽtre'viʃta] F interview; **~ coletiva (à imprensa)** press conference

entrevistador, a [ẽtreviʃta'doʳ(a)] M/F interviewer

entrevistar [ẽtreviʃ'taʳ] VT to interview; **entrevistar-se** VR to have an interview

entrevisto, -a [ẽtre'viʃtu, a] PP *de* **entrever**

entristecedor, a [ẽtriʃtese'doʳ(a)] ADJ saddening, sad

entristecer [ẽtriʃte'seʳ] VT to sadden, grieve ■ VI to feel sad; **entristecer-se** VR to feel sad

entroncamento [ẽtrõka'mẽtu] M junction

entrosado, -a [ẽtro'zadu, a] ADJ (*fig*) integrated

entrosamento [ẽtroza'mẽtu] M (*fig*) integration

entrosar [ẽtro'zaʳ] VT (*rodas*) to mesh; (*peças*) to fit; (*fig*) to integrate ■ VI to mesh; to fit; **~ com** (*fig*) to fit in with; **~ em** (*adaptar-se*) to settle into

entrudo [ẽ'trudu] (PT) M carnival; (*Rel*) Shrovetide

entulhar [ẽtu'ʎaʳ] VT to cram full; (*suj: multidão*) to pack

entulho [ẽ'tuʎu] M rubble, debris *sg*

entupido, -a [ẽtu'pidu, a] ADJ blocked; **estar ~** (*col: congestionado*) to have a blocked-up nose; (*de comida*) to be fit to burst, be full up

entupimento [ẽtupi'mẽtu] M blockage

entupir [ẽtu'piʳ] VT to block, clog; **entupir-se** VR to become blocked; (*de comida*) to stuff o.s.

entupitivo, -a [ẽtupi'tʃivu, a] ADJ filling

enturmar-se [ẽtux'maxsi] VR: **~ (com)** to make friends (with)

entusiasmar [ẽtuzjaʒ'maʳ] VT to fill with enthusiasm; (*animar*) to excite; **entusiasmar-se** VR to get excited

entusiasmo [ẽtu'zjaʒmu] M enthusiasm; (*júbilo*) excitement

entusiasta [ẽtu'zjaʃta] ADJ enthusiastic ■ M/F enthusiast

entusiástico, -a [ẽtu'zjaʃtʃiku, a] ADJ enthusiastic

enumeração [enumera'sãw] (*pl* **-ões**) F enumeration; (*numeração*) numbering

enumerar [enume'raʳ] VT to enumerate; (*com números*) to number

enunciar [enũ'sjaʳ] VT to express, state

envaidecer [ẽvajde'seʳ] VT to make conceited; **envaidecer-se** VR to become conceited

envelhecer [ẽveʎe'seʳ] VT to age ■ VI to grow old, age

envelhecimento [ẽveʎesi'mẽtu] M aging

envelope [ẽve'lɔpi] M envelope

envenenado, -a [ẽvene'nadu, a] ADJ poisoned; (*col: festa, roupa*) wild, great; (: *carro*) souped-up

envenenamento [ẽvenena'mẽtu] M poisoning; **~ do sangue** blood poisoning

envenenar [ẽvene'naʳ] VT to poison; (*fig*) to corrupt; (: *declaração, palavras*) to distort, twist; (*tornar amargo*) to sour; (*col: carro*) to soup up ■ VI to be poisonous; **envenenar-se** VR to poison o.s.

enverdecer [ẽvexde'seʳ] VT to turn green

enveredar [ẽvere'daʳ] VI: **~ por um caminho** to

follow a road; **~ para** to head for
envergadura [ẽvexga'dura] F (*asas, velas*) spread; (*de avião*) wingspan; (*fig*) scope; **de grande ~** large-scale
envergar [ẽvex'ga^{r}] VT (*arquear*) to bend; (*vestir*) to wear
envergonhado, -a [ẽvexgo'ɲadu, a] ADJ ashamed; (*tímido*) shy
envergonhar [ẽvexgo'ɲa^{r}] VT to shame; (*degradar*) to disgrace; **envergonhar-se** VR to be ashamed
envernizar [ẽvexni'za^{r}] VT to varnish
enviado, -a [ẽ'vjadu, a] M/F envoy, messenger
enviar [ẽ'vja^{r}] VT to send
envidar [ẽvi'da^{r}] VT: **~ esforços (para fazer algo)** to endeavour (*Brit*) *ou* endeavor (*US*) (to do sth)
envidraçado, -a [ẽvidra'sadu, a] ADJ: **varanda envidraçada** conservatory
envidraçar [ẽvidra'sa^{r}] VT to glaze
enviesado, -a [ẽvje'zadu, a] ADJ slanting
envilecer [ẽvile'se^{r}] VT to debase, degrade
envio [ẽ'viu] M sending; (*expedição*) dispatch; (*remessa*) remittance; (*de mercadorias*) consignment
enviuvar [ẽvju'va^{r}] VI to be widowed
envolto, -a [ẽ'vowtu, a] PP *de* **envolver**
envoltório [ẽvow'tɔrju] M cover
envolvente [ẽvow'vẽtʃi] ADJ compelling
envolver [ẽvow've^{r}] VT (*embrulhar*) to wrap (up); (*cobrir*) to cover; (*comprometer, acarretar*) to involve; (*nos braços*) to embrace; **envolver-se** VR (*intrometer-se*) to become involved; (*cobrir-se*) to wrap o.s. up; **envolvimento** [ẽvowvi'mẽtu] M involvement
enxada [ẽ'ʃada] F hoe
enxadrista [ẽʃa'driʃta] M/F chess player
enxaguada [ẽʃa'gwada] F rinse
enxaguar [ẽʃa'gwa^{r}] VT to rinse
enxame [ẽ'ʃami] M swarm
enxaqueca [ẽʃa'keka] F migraine
enxergão [ẽʃex'gãw] (*pl* **-ões**) M (straw) mattress
enxergar [ẽʃex'ga^{r}] VT (*avistar*) to catch sight of; (*divisar*) to make out; (*notar*) to observe, see; **enxergar-se** VR: **ele não se enxerga** he doesn't know his place
enxergões [ẽʃex'gõjʃ] MPL *de* **enxergão**
enxerido, -a [ẽʃe'ridu, a] ADJ nosy, interfering
enxertar [ẽʃex'ta^{r}] VT to graft; (*fig*) to incorporate
enxerto [ẽ'ʃextu] M graft
enxó [ẽ'ʃɔ] M adze
enxofre [ẽ'ʃofri] M sulphur (*Brit*), sulfur (*US*)
enxota-moscas [ẽ'ʃota-] (*PT*) M fly swatter
enxotar [ẽʃo'ta^{r}] VT (*expulsar*) to drive out
enxoval [ẽʃo'vaw] (*pl* **-ais**) M (*de noiva*) trousseau; (*de recém-nascido*) layette
enxovalhar [ẽʃova'ʎa^{r}] VT (*sujar*) to soil; (*amarrotar*) to crumple; (*reputação*) to blacken; (*insultar*) to insult; **enxovalhar-se** VR to disgrace o.s.
enxugador [ẽʃuga'do^{r}] M clothes drier
enxugar [ẽʃu'ga^{r}] VT to dry; (*fig*: *texto*) to tidy up; **~ as lágrimas** to dry one's eyes
enxurrada [ẽʃu'xada] F (*de água*) torrent; (*fig*) spate
enxuto, -a [ẽ'ʃutu, a] ADJ dry; (*corpo*) shapely; (*bonito*) good-looking
enzima [ẽ'zima] F enzyme
epicentro [epi'sẽtru] M epicentre (*Brit*), epicenter (*US*)
épico, -a ['ɛpiku, a] ADJ epic ■ M epic poet
epidemia [epide'mia] F epidemic
epidêmico, -a [epi'demiku, a] ADJ epidemic
Epifania [epifa'nia] F Epiphany
epilepsia [epile'psia] F epilepsy
epiléptico, -a [epi'lɛptʃiku, a] ADJ, M/F epileptic
epílogo [e'pilogu] M epilogue
episcopado [epiʃko'padu] M bishopric
episódio [epi'zɔdʒu] M episode
epístola [e'piʃtola] F epistle; (*carta*) letter
epitáfio [epi'tafju] M epitaph
epítome [e'pitomi] M summary; (*fig*) epitome
época ['ɛpoka] F time, period; (*da história*) age, epoch; **~ da colheita** harvest time; **naquela ~** at that time; **fazer ~** to be epoch-making; **fazer segunda ~** to resit one's exams
epopéia [epo'pɛja] F epic
equação [ekwa'sãw] (*pl* **-ões**) F equation
equacionar [ekwasjo'na^{r}] VT to set out
equações [ekwa'sõjʃ] FPL *de* **equação**
Equador [ekwa'do^{r}] M: **o ~** Ecuador
equador [ekwa'do^{r}] M equator
equânime [e'kwanimi] ADJ fair; (*caráter*) unbiassed, neutral
equatorial [ekwato'rjaw] (*pl* **-ais**) ADJ equatorial
equatoriano, -a [ekwato'rjanu, a] ADJ, M/F Ecuadorian
eqüestre [e'kwɛʃtri] ADJ equestrian
eqüidade [ekwi'dadʒi] F equity
eqüidistante [ekwidʒiʃ'tãtʃi] ADJ equidistant
eqüilátero, -a [ekwi'lateru, a] ADJ equilateral
equilibrado, -a [ekili'bradu, a] ADJ balanced; (*pessoa*) level-headed
equilibrar [ekili'bra^{r}] VT to balance; **equilibrar-se** VR to balance; **equilíbrio** [eki'librju] M balance; **perder o equilíbrio** to lose one's balance
eqüino, -a [e'kwinu, a] ADJ equine
equipa [e'kipa] (*PT*) F team
equipamento [ekipa'mẽtu] M equipment, kit
equipar [eki'pa^{r}] VT (*navio*) to fit out; (*prover*) to equip
equiparação [ekipara'sãw] (*pl* **-ões**) F comparison
equiparar [ekipara^{r}] VT (*comparar*) to equate; **equiparar-se** VR: **equiparar-se a** to equal

NB: *European Portuguese adds the following consonants to certain words*: **b** (sú(b)dito, su(b)til); **c** (a(c)ção, a(c)cionista, a(c)to); **m** (inde(m)ne); **p** (ado(p)çã, ado(p)tar); *for further details see p. xiii.*

equiparável [ekipa'ɾavew] (*pl* **-eis**) ADJ comparable, equitable
equipe [e'kipi] (BR) F team
equitação [ekita'sãw] F (*ato*) riding; (*arte*) horsemanship
eqüitativo, -a [ekwita'tʃivu, a] ADJ fair, equitable
equivalência [ekiva'lẽsja] F equivalence
equivalente [ekiva'lẽtʃi] ADJ, M equivalent
equivaler [ekiva'leʳ] VI: **~ a** to be the same as, equal
equivocado, -a [ekivo'kadu, a] ADJ mistaken, wrong
equivocar-se [ekivo'kaxsi] VR to make a mistake, be wrong
equívoco, -a [e'kivoku, a] ADJ ambiguous ■ M (*engano*) mistake
ER ABR (= *espera resposta*) RSVP
era ['ɛɾa] F era, age
era *etc* VB *v* **ser**
erário [e'ɾaɾju] M exchequer
ereção [ere'sãw] (PT **-cç-**, *pl* **-ões**) (*tb*: *Fisiol*) erection
erecto, -a [e'ɾɛktu, a] (PT) ADJ = **ereto**
eremita [ere'mita] M/F hermit
eremitério [eremi'tɛɾju] M hermitage
ereto, -a [e'ɾɛtu, a] ADJ upright, erect
erguer [ex'geʳ] VT (*levantar*) to raise, lift; (*edificar*) to build, erect; **erguer-se** VR to rise; (*pessoa*) to stand up
eriçado, -a [eri'sadu, a] ADJ bristling; (*cabelos*) (standing) on end
eriçar [eri'saʳ] VT: **~ o cabelo de alguém** to make sb's hair stand on end; **eriçar-se** VR to bristle; (*cabelos*) to stand on end
erigir [eri'ʒiʳ] VT to erect
ermo, -a ['exmu, a] ADJ (*solitário*) lonely; (*desabitado*) uninhabited ■ M wilderness
erógeno, -a [e'ɾɔʒenu, a] ADJ erogenous
erosão [ero'zãw] F erosion
erótico, -a [e'ɾɔtʃiku, a] ADJ erotic
erotismo [ero'tʃiʒmu] M eroticism
erradicar [exadʒi'kaʳ] VT to eradicate
errado, -a [e'xadu, a] ADJ wrong; **dar ~** to go wrong
errante [e'xãtʃi] ADJ wandering
errar [e'xaʳ] VT (*o alvo*) to miss; (*a conta*) to get wrong ■ VI (*vaguear*) to wander, roam; (*enganar-se*) to be wrong, make a mistake; **~ o caminho** to lose one's way
errata [e'xata] F errata
erro ['exu] M mistake; **salvo ~** unless I am mistaken; **~ de imprensa** misprint; **~ de programa** (*Comput*) bug; **~ de pronúncia** mispronunciation
errôneo, -a [e'xonju, a] ADJ wrong, mistaken; (*falso*) false, untrue
erudição [erudʒi'sãw] F erudition, learning
erudito, -a [eru'dʒitu, a] ADJ learned, scholarly ■ M scholar
erupção [erup'sãw] (*pl* **-ões**) F eruption; (*na pele*) rash; (*fig*) outbreak
erva ['ɛxva] F herb; **~ daninha** weed; (*col*: *dinheiro*) dosh; (: *maconha*) dope
erva-cidreira [-si'dɾejɾa] (*pl* **ervas-cidreiras**) F lemon verbena
erva-doce (*pl* **ervas-doces**) F fennel
erva-mate (*pl* **ervas-mates**) mate
ervilha [ex'viʎa] F pea
ES (BR) ABR = **Espírito Santo**
ESAO [e'saw] (BR) ABR F (= *Escola Superior de Aperfeiçoamento de Oficiais*) *officer training school*
esbaforido, -a [iʒbafo'ɾidu, a] ADJ breathless, panting
esbaldar-se [iʒbaw'daxsi] VR to have a great time, really enjoy o.s.
esbandalhado, -a [iʒbãda'ʎadu, a] ADJ (*pessoa*) scruffy; (*casa, jardim*) untidy
esbanjador, a [iʒbãʒa'doʳ(a)] ADJ extravagant, spendthrift ■ M/F spendthrift
esbanjamento [iʒbãʒa'mẽtu] M (*ato*) squandering; (*qualidade*) extravagance
esbanjar [iʒbã'ʒaʳ] VT to squander, waste; **estar esbanjando saúde** to be bursting with health
esbarrão [iʒba'xãw] (*pl* **-ões**) M collision
esbarrar [iʒba'xaʳ] VI: **~ em** to bump into; (*obstáculo, problema*) to come up against
esbarrões [iʒba'xõjʃ] MPL *de* **esbarrão**
esbeltez [iʒbew'teʒ] F slenderness
esbelto, -a [iʒ'bɛwtu, a] ADJ slim, slender
esboçar [iʒbo'saʳ] VT to sketch; (*delinear*) to outline; (*plano*) to draw up; **~ um sorriso** to give a little smile; **esboço** [iʒ'bosu] M sketch; (*primeira versão*) draft; (*fig*: *resumo*) outline
esbodegado, -a [iʒbode'gadu, a] ADJ tatty; (*cansado*) worn out
esbodegar [iʒbode'gaʳ] (*col*) VT to ruin
esbofar [iʒbo'faʳ] VT to tire out; **esbofar-se** VR to be worn out
esbofetear [iʒbofe'tʃjaʳ] VT to slap, hit
esbórnia [iʒ'bɔxnja] F orgy
esborrachar [iʒboxa'ʃaʳ] VT to squash; (*esbofetear*) to hit; **esborrachar-se** VR to go sprawling
esbranquiçado, -a [iʒbrãki'sadu, a] ADJ whitish; (*lábios*) pale
esbravejar [iʒbrave'ʒaʳ] VT, VI to shout
esbregue [iʒ'bɾegi] (*col*) M (*descompostura*) telling-off, dressing-down (*Brit*); (*rolo*) punch-up, brawl
esbugalhado, -a [iʒbuga'ʎadu, a] ADJ: **olhos ~s** goggle eyes
esbugalhar-se [iʒbuga'ʎaxsi] VR to goggle, boggle
esburacado, -a [iʒbura'kadu, a] ADJ full of holes, holey; (*rua*) full of potholes
esburacar [iʒbura'kaʳ] VT to make holes (*ou* a hole) in
esc (PT) ABR = **escudo**
escabeche [iʃka'bɛʃi] M (*Culin*) marinade, *sauce of spiced vinegar and onion*
escabroso, -a [iʃka'brozu, ɔza] ADJ (*difícil*) tough; (*indecoroso*) indecent
escada [iʃ'kada] F (*dentro da casa*) staircase, stairs *pl*; (*fora da casa*) steps *pl*; (*de mão*) ladder; **~**

de incêndio fire escape; **~ rolante** escalator; **escadaria** [iʃkada'ria] F staircase
escafandrista [iʃkafã'driʃta] M/F deep-sea diver
escafandro [iʃka'fãdru] M diving suit
escafeder-se [iʃkafe'dexsi] (*col*) VI to sneak off
escala [iʃ'kala] F scale; (*Náut*) port of call; (*parada*) stop; **fazer ~ em** to call at; **sem ~** non-stop; **~ móvel** sliding scale
escalação [iʃkala'sãw] F climbing; (*designação*) selection
escalada [iʃka'lada] F (*de guerra*) escalation
escalafobético, -a [iʃkalafo'bɛtʃiku, a] (*col*) ADJ weird, strange
escalão [eʃka'lãw] (*pl* **-ões**) M step; (*Mil*) echelon; **o primeiro ~ do governo** the highest level of government
escalar [iʃka'la^{r}] VT (*montanha*) to climb; (*muro*) to scale; (*designar*) to select
escalavrar [iʃkala'vra^{r}] VT (*pele*) to graze; (*parede*) to damage
escaldado, -a [iʃkaw'dadu, a] ADJ (*fig*) cautious, wary
escaldar [iʃkaw'da^{r}] VT to scald; (*Culin*) to blanch; **escaldar-se** VR to scald o.s.
escaler [iʃka'lɛ^{r}] M launch
escalfar [iʃkaw'fa^{r}] (*PT*) VT (*ovos*) to poach
escalões [eʃka'lõjʃ] MPL *de* **escalão**
escalonamento [iʃkalona'mẽtu] M (*Com*: *de dívida*) scheduling
escalonar [iʃkalo'na^{r}] VT (*argumentos, opiniões*) to set out; (*dívida*) to spread, schedule
escalope [iʃka'lɔpi] M escalope (*Brit*), cutlet (*US*)
escama [iʃ'kama] F (*de peixe*) scale; (*de pele*) flake
escamar [iʃka'ma^{r}] VT to scale
escamotear [iʃkamo'tʃja^{r}] VT (*furtar*) to pilfer, pinch (*Brit*); (*empalmar*) to make disappear (by sleight of hand)
escancarado, -a [iʃkãka'radu, a] ADJ wide open
escancarar [iʃkãka'ra^{r}] VT to open wide
escandalizar [iʃkãdali'za^{r}] VT to shock; **escandalizar-se** VR to be shocked; (*ofender-se*) to be offended
escândalo [iʃ'kãdalu] M scandal; (*indignação*) outrage; **fazer** *ou* **dar um ~** to make a scene; **escandaloso, -a** [iʃkãdalozu, ɔza] ADJ shocking, scandalous
Escandinávia [iʃkãdʒi'navja] F: **a ~** Scandinavia; **escandinavo, -a** [iʃkãdʒi'navu, a] ADJ, M/F Scandinavian
escangalhar [iʃkãga'ʎa^{r}] VT to break, smash (up); (*a saúde*) to ruin; **escangalhar-se** VR: **escangalhar-se de rir** to split one's sides laughing
escaninho [iʃka'ninu] M (*na secretária*) pigeonhole
escanteio [iʃkã'teju] M (*Futebol*) corner
escapada [iʃka'pada] F escape; (*ato leviano*) escapade
escapar [iʃka'pa^{r}] VI: **~ a** *ou* **de** to escape from; (*fugir*) to run away from; **escapar-se** VR to run away, flee; **deixar ~** (*uma oportunidade*) to miss; (*palavras*) to blurt out; **~ da morte/de uma incumbência** to escape death/get out of a task; **ele escapou de ser atropelado** he escaped being run over; **o vaso escapou-lhe das mãos** the vase slipped out of his hands; **nada lhe escapa** (*passar desapercebido*) nothing escapes him, he doesn't miss a thing; **o nome me escapa no momento** the name escapes me for the moment; **não está bom, mas escapa** it's not good, but it'll do; **~ de boa** (*col*) to have a close shave
escapatória [iʃkapa'tɔrja] F (*saída*) way out; (*desculpa*) excuse
escape [iʃ'kapi] M (*de gás*) leak; (*Auto*) exhaust
escapismo [iʃka'piʒmu] M escapism
escapulida [iʃkapu'lida] F escape
escapulir [iʃkapu'li^{r}] VI: **~ (de)** to get away (from); (*suj*: *coisa*) to slip (from)
escarafunchar [iʃkarafũ'ʃa^{r}] VT: **~ algo** (*remexer em*) to rummage in sth; (*com as unhas*) to scratch at sth; (*investigar*) to pore over sth
escaramuça [iʃkara'musa] F skirmish
escaravelho [iʃkara'veʎu] M beetle
escarcéu [iʃkax'sew] M (*fig*): **fazer um ~** to make a scene
escarlate [iʃkax'latʃi] ADJ scarlet
escarlatina [iʃkaxla'tʃina] F scarlet fever
escarnecer [iʃkaxne'se^{r}] VT to mock, make fun of ■ VI: **~ de** to mock, make fun of
escárnio [iʃ'kaxnju] M mockery; (*desprezo*) derision
escarpa [iʃ'kaxpa] F steep slope
escarpado, -a [iʃkax'padu, a] ADJ steep
escarrado, -a [iʃka'xadu, a] ADJ (*fig*): **ela é o pai ~** she's the spitting image of her father
escarrapachar-se [iʃkaxapa'ʃaxsi] VR to sprawl
escarrar [iʃka'xa^{r}] VT to spit, cough up ■ VI to spit
escarro [iʃ'kaxu] M phlegm, spit
escasseamento [iʃkasja'mẽtu] M (*Com*) shortage
escassear [iʃka'sja^{r}] VT to skimp on ■ VI to become scarce
escassez [iʃka'seʒ] F (*falta*) shortage
escasso, -a [iʃ'kasu, a] ADJ scarce
escavação [iʃkava'sãw] (*pl* **-ões**) F digging, excavation
escavadeira [iʃkava'dejra] F digger
escavar [iʃka'va^{r}] VT to excavate
esclarecedor, a [iʃklarese'do^{r}(a)] ADJ explanatory; (*que alarga o conhecimento*) informative
esclarecer [iʃklare'se^{r}] VT (*situação*) to explain; (*mistério*) to clear up, explain; **esclarecer-se** VR: **esclarecer-se (sobre algo)** to find out (about sth); **~ alguém sobre algo** to explain to sb about sth

NB: *European Portuguese adds the following consonants to certain words*: **b** (sú(b)dito, su(b)til); **c** (a(c)ção, a(c)cionista, a(c)to); **m** (inde(m)ne); **p** (ado(p)çã, ado(p)tar); *for further details see p. xiii.*

esclarecido, -a [iʃklare'sidu, a] ADJ (*pessoa*) enlightened
esclarecimento [iʃklaresi'mẽtu] M explanation; (*informação*) information
esclerosado, -a [iʃklero'zadu, a] (*col*) ADJ (*pessoa*) batty, nutty
esclerótica [iʃkle'rɔtʃika] F white of the eye
escoadouro [iʃkoa'doru] M drain; (*cano*) drainpipe
escoar [iʃko'aʳ] VT to drain off ■ VI to drain away; **escoar-se** VR to seep out
escocês, -esa [iʃko'seʃ, seza] ADJ Scottish, Scots ■ M/F Scot, Scotsman/woman
Escócia [iʃ'kɔsja] F Scotland
escoicear [iʃkoj'sjaʳ] VT to kick; (*fig*) to ill-treat ■ VI to kick
escol [iʃ'kɔw] M best; **de ~** of excellence
escola [iʃ'kɔla] F school; **~ de línguas** language school; **~ naval** naval college; **~ primária/secundária** primary (*Brit*) *ou* elementary (*US*) /secondary (*Brit*) *ou* high (*US*) school; **~ particular/pública** private/state (*Brit*) *ou* public (*US*) school; **~ superior** college; **fazer ~** to win converts; **Escola de samba** *see below*

ESCOLAS DE SAMBA

Escolas de samba are musical and recreational associations made up, among others, of samba dancers, percussionists and carnival dancers. Although they exist throughout Brazil, the most famous schools are in Rio de Janeiro. The schools in Rio rehearse all year long for the *carnaval*, where they appear for two days in the *Sambódromo*, the samba parade, and compete for the samba school championship. Characterised by their extravagance, the biggest schools have up to 4,000 members and are one of Brazil's major tourist attractions.

escolado, -a [iʃko'ladu, a] ADJ (*esperto*) shrewd; (*experiente*) experienced
escolar [iʃko'laʳ] ADJ school *atr* ■ M/F schoolboy/girl; **escolares** MPL (*alunos*) schoolchildren
escolaridade [iʃkolari'dadʒi] F schooling
escolarização [iʃkolariza'sãw] F education, schooling
escolarizar [iʃkolari'zaʳ] VT to educate (in school)
escolha [iʃ'koʎa] F choice
escolher [iʃko'ʎeʳ] VT to choose, select
escolho [iʃ'koʎu] M (*recife*) reef; (*rocha*) rock
escolta [iʃ'kɔwta] F escort; **escoltar** [iʃkow'taʳ] VT to escort
escombros [iʃ'kõbruʃ] MPL ruins, debris *sg*
esconde-esconde [iʃkõdʃiʃ'kõdʒi] M hide-and-seek
esconder [iʃkõ'deʳ] VT to hide, conceal; **esconder-se** VR to hide; **brincar de ~** to play hide-and-seek
esconderijo [iʃkõde'riʒu] M hiding place; (*de bandidos*) hideout
escondidas [iʃkõ'dʒidaʃ] FPL: **às ~** secretly
esconjurar [iʃkõʒu'raʳ] VT (*o Demônio*) to exorcize; (*afastar*) to keep off; (*amaldiçoar*) to curse; **esconjurar-se** VR (*lamentar-se*) to complain
escopo [iʃ'kopu] M aim, purpose
escora [iʃ'kɔra] F prop, support; (*cilada*) ambush
escorar [iʃko'raʳ] VT to prop (up); (*amparar*) to support; (*esperar de espreita*) to lie in wait for ■ VI to lie in wait; **escorar-se** VR: **escorar-se em** (*fundamentar-se*) to go by; (*amparar-se*) to live off
escorbuto [iʃkox'butu] M scurvy
escore [iʃ'kɔri] M score
escória [iʃ'kɔrja] F (*de metal*) dross; **a ~ da humanidade** the scum of the earth
escoriação [iʃkorja'sãw] (*pl* **-ões**) F abrasion, scratch
escorpiano, -a [iʃkox'pjanu, a] ADJ, M/F (*Astrologia*) Scorpio
escorpião [iʃkoxpi'ãw] (*pl* **-ões**) M scorpion; **E~** (*Astrologia*) Scorpio
escorraçar [iʃkoxa'saʳ] VT (*tratar mal*) to ill-treat; (*expulsar*) to throw out; **~ alguém de casa** *ou* **para fora de casa** to throw sb out of the house
escorrega [iʃko'xɛga] F slide; **escorregadela** [iʃkoxega'dɛla] F slip
escorregadio, -a [iʃkoxega'dʒi(s)u, a] ADJ slippery
escorregador [iʃkoxega'doʳ] M slide
escorregão [iʃkoxe'gãw] (*pl* **-ões**) M slip; (*fig*) slip(-up)
escorregar [iʃkoxe'gaʳ] VI to slip; (*errar*) to slip up
escorregões [iʃkoxe'gõjʃ] MPL *de* **escorregão**
escorrer [iʃko'xeʳ] VT (*fazer correr*) to drain (off); (*verter*) to pour out ■ VI (*pingar*) to drip; (*correr em fio*) to trickle
escoteiro [iʃko'tejru] M scout
escotilha [iʃko'tʃiʎa] F hatch, hatchway
escova [iʃ'kova] F brush; (*penteado*) blow-dry; **~ de dentes** toothbrush; **fazer ~ no cabelo** to blow-dry one's hair; (*por outra pessoa*) to have a blow-dry; **escovar** [iʃko'vaʳ] VT to brush
escovinha [iʃko'viɲa] F *v* **cabelo**; **cabelo à ~** crew cut
escrachado, -a [iʃkra'ʃadu, a] (*col*) ADJ (*desleixado*) scruffy; **estar** *ou* **ser ~** (*ter ficha na polícia*) to have a criminal record
escravatura [iʃkrava'tura] F (*tráfico*) slave trade; (*escravidão*) slavery
escravidão [iʃkravi'dãw] F slavery
escravização [iʃkraviza'sãw] F enslavement
escravizar [iʃkravi'zaʳ] VT to enslave; (*cativar*) to captivate
escravo, -a [iʃ'kravu, a] ADJ captive ■ M/F slave; **ele é um ~ do amigo/trabalho** he's a slave to his friend/work
escrete [iʃ'krɛtʃi] M team
escrevente [iʃkre'vẽtʃi] M/F clerk
escrever [iʃkre'veʳ] VT, VI to write; **escrever-se** VR to write to each other; **~ à máquina** to type
escrevinhador, a [iʃkreviɲa'doʳ(a)] (*col*) M/F

hack (writer)
escrevinhar [iʃkrevi'ɲa^{r}] VT to scribble
escrita [eʃ'krita] F writing; (*pessoal*) handwriting; **pôr a ~ em dia** to bring one's correspondence up to date
escrito, -a [eʃ'kritu, a] PP *de* **escrever** ■ ADJ written ■ M piece of writing; **~ à mão** handwritten; **dar por ~** to put in writing; **ela é o pai ~** she's the spitting image of her father
escritor, a [iʃkri'to^{r}(a)] M/F writer; (*autor*) author
escritório [iʃkri'tɔrju] M office; (*em casa*) study
escritura [iʃkri'tura] F (*Jur*) deed; (*ato na compra de imóveis*) ≈ exchange of contracts; **as Sagradas E~s** the Scriptures
escrituração [iʃkritura'sãw] F book-keeping; (*de transações, quantias*) entering, recording; **~ por partidas simples/dobradas** (*Com*) single-entry/double-entry book-keeping
escriturar [iʃkritu'ra^{r}] VT (*contas*) to register, enter up; (*documento*) to draw up
escriturário, -a [iʃkritu'rarju, a] M/F clerk
escrivã [iʃkri'vã] F *de* **escrivão**
escrivaninha [iʃkriva'niɲa] F writing desk
escrivão, -vã [iʃkri'vãw, vã] (*pl* **-ões/-s**) M/F registrar, recorder
escroque [iʃ'krɔki] M swindler, con man
escroto, -a [iʃ'krotu, a] M scrotum ■ ADJ (*col!*: *pessoa*) vile, gross; (: *filme etc*) crappy (*!*), shitty (*!*)
escrúpulo [iʃ'krupulu] M scruple; (*cuidado*) care; **sem ~** unscrupulous
escrupuloso, -a [iʃkrupu'lozu, ɔza] ADJ scrupulous; (*cuidadoso*) careful
escrutinar [iʃkrutʃina^{r}] VI to act as a scrutineer
escrutínio [iʃkru'tʃinju] M (*votação*) poll; (*apuração de votos*) counting; (*exame atento*) scrutiny; **~ secreto** secret ballot
escudar [iʃku'da^{r}] VT to shield; **escudar-se** VR to shield o.s.; (*apoiar-se*): **escudar-se em algo** to rely on sth
escudeiro [iʃku'dejru] M squire
escudo [iʃ'kudu] M shield; (*moeda*) escudo
esculachado, -a [iʃkula'ʃadu, a] (*col*) ADJ sloppy
esculachar [iʃkula'ʃa^{r}] (*col*) VT (*bagunçar*) to mess up; (*espancar*) to beat up; (*criticar*) to get at; (*repreender*) to tick off
esculacho [iʃku'laʃu] (*col*) M mess; (*repreensão*) telling-off
esculhambação [iʃkuʎãba'sãw] (*pl* **-ões**) (*col!*) F mess; (*repreensão*) telling-off, bollocking (*!*)
esculhambado, -a [iʃkuʎã'badu, a] (*col!*) ADJ (*descuidado*) shabby, slovenly; (*estragado*) messed up, knackered
esculhambar [iʃkuʎã'ba^{r}] (*col!*) VT to mess up, fuck up (*!*); **~ alguém** (*criticar*) to give sb stick; (*descompor*) to give sb a bollocking (*!*)
esculpir [iʃkuw'pi^{r}] VT to carve, sculpt; (*gravar*) to engrave
escultor, a [iʃkuw'to^{r}(a)] M/F sculptor
escultura [iʃkuw'tura] F sculpture
escultural [iʃkuwtu'raw] (*pl* **-ais**) ADJ sculptural; (*corpo*) statuesque
escuma [iʃ'kuma] (PT) F foam; (*em cerveja*) froth
escumadeira [iʃkuma'dejra] F skimmer
escuna [iʃ'kuna] F (*Náut*) schooner
escuras [iʃ'kuraʃ] FPL: **às ~** in the dark
escurecer [iʃkure'se^{r}] VT to darken ■ VI to get dark; **ao ~** at dusk
escurecimento [iʃkuresi'mẽtu] M darkening
escuridão [iʃkuri'dãw] F (*trevas*) dark
escuro, -a [iʃ'kuru, a] ADJ (*sombrio*) dark; (*dia*) overcast; (*pessoa*) swarthy; (*negócios*) shady ■ M darkness
escusa [iʃ'kuza] F excuse
escusado, -a [iʃku'zadu, a] ADJ unnecessary; **é ~ fazer isso** there's no need to do that
escusar [iʃku'za^{r}] VT (*desculpar*) to excuse, forgive; (*justificar*) to vindicate; (*dispensar*) to exempt; (*não precisar de*) not to need; **escusar-se** VR (*desculpar-se*) to apologise; **~-se de fazer** to refuse to do; **escuso-me de dar maiores explicações** I need not explain further
escuta [iʃ'kuta] F listening; **à ~** listening out; **ficar na ~** to stand by; **~ eletrônica/telefônica** bugging/phone tapping
escutar [iʃku'ta^{r}] VT to listen to; (*sem prestar atenção*) to hear ■ VI to listen; to hear; **escuta!** listen!; **ele não escuta bem** he is hard of hearing; **o médico escutou o paciente** the doctor listened to the patient's chest
esdrúxulo, -a [iʒ'druʃulu, a] ADJ weird, odd
esfacelar [iʃfase'la^{r}] VT (*destruir*) to destroy
esfaimado, -a [iʃfaj'madu, a] ADJ famished, ravenous
esfalfar [iʃfaw'fa^{r}] VT to tire out, exhaust; **esfalfar-se** VR to tire o.s. out
esfaquear [iʃfaki'a^{r}] VT to stab
esfarelar [iʃfare'la^{r}] VT to crumble; **esfarelar-se** VR to crumble
esfarrapado, -a [iʃfaxa'padu, a] ADJ ragged, in tatters
esfarrapar [iʃfaxa'pa^{r}] VT to tear to pieces
esfera [iʃ'fɛra] F sphere; (*globo*) globe; (*Tip, Comput*) golf ball
esférico, -a [iʃ'fɛriku, a] ADJ spherical
esferográfico, -a [iʃfero'grafiku, a] ADJ: **caneta esferográfica** ballpoint pen
esfiapar [iʃfja'pa^{r}] VT to fray; **esfiapar-se** VR to fray
esfinge [iʃ'fĩʒi] F sphinx
esfogueado, -a [iʃfo'gjadu, a] ADJ impatient
esfolar [iʃfo'la^{r}] VT to skin; (*arranhar*) to graze; (*cobrar demais a*) to overcharge, fleece
esfomeado, -a [iʃfo'mjadu, a] ADJ famished, starving
esforçado, -a [iʃfox'sadu, a] ADJ committed, dedicated
esforçar-se [iʃfox'saxsi] VR: **~ para** to try hard to, strive to

NB: *European Portuguese adds the following consonants to certain words*: **b** (sú(b)dito, su(b)til); **c** (a(c)ção, a(c)cionista, a(c)to); **m** (inde(m)ne); **p** (ado(p)çã, ado(p)tar); *for further details see p. xiii.*

esforço [iʃ'foxsu] M effort; **fazer ~** to try hard, make an effort
esfregação [iʃfrega'sãw] F rubbing; (*col*) necking, petting
esfregaço [iʃfre'gasu] M smear
esfregar [iʃfre'gaʳ] VT to rub; (*com água*) to scrub
esfriamento [iʃfrja'mẽtu] M cooling
esfriar [iʃ'frjaʳ] VT to cool, chill ■ VI to get cold; (*fig*) to cool off
esfumaçar [iʃfuma'saʳ] VT to fill with smoke
esfumar [iʃfu'maʳ] VT to disperse; **esfumar-se** VR to fade away
esfuziante [iʃfu'zjãtʃi] ADJ (*pessoa*) bubbly; (*alegria*) irrepressible
ESG (BR) ABR F (= *Escola Superior de Guerra*) *military training school*
esganado, -a [iʒga'nadu, a] ADJ (*sufocado*) choked; (*voraz*) greedy; (*avaro*) grasping
esganar [iʃga'naʳ] VT to strangle, choke
esganiçado, -a [iʒgani'sadu, a] ADJ (*voz*) shrill
esgaravatar [iʃgarava'taʳ] VT (*fig*) to delve into
esgarçar [iʃgax'saʳ] VT, VI to tear; (*com o uso*) to wear into a hole
esgazeado, -a [iʃga'zjadu, a] ADJ (*olhos, olhar*) crazed
esgoelar [iʒgoe'laʳ] VT to yell; (*estrangular*) to choke; **esgoelar-se** VR to yell, scream
esgotado, -a [iʃgo'tadu, a] ADJ (*exausto*) exhausted; (*consumido*) used up; (*livros*) out of print; **os ingressos estão ~s** the tickets are sold out
esgotamento [iʒgota'mẽtu] M exhaustion
esgotar [iʒgo'taʳ] VT (*vazar*) to drain, empty; (*recursos*) to use up; (*pessoa, assunto*) to exhaust; **esgotar-se** VR (*cansar-se*) to become exhausted; (*mercadorias, edição*) to be sold out; (*recursos*) to run out
esgoto [iʒ'gotu] M drain; (*público*) sewer
esgrima [iʒ'grima] F (*Esporte*) fencing
esgrimir [iʒgri'miʳ] VI to fence
esgrouvinhado, -a [iʒgrovi'ɲadu, a] ADJ dishevelled
esgueirar-se [iʒgej'raxsi] VR to slip away, sneak off
esguelha [iʒ'geʎa] F slant; **olhar alguém de ~** to look at sb out of the corner of one's eye
esguichar [iʒgi'ʃaʳ] VT to squirt ■ VI to squirt out
esguicho [iʃ'giʃu] M (*jacto*) jet; (*de mangueira etc*) spout
esguio, -a [eʒ'giu, a] ADJ slender
eslavo, -a [iʃ'lavu, a] ADJ Slavic ■ M/F Slav
esmagador, a [iʒmagadoʳ(a)] ADJ crushing; (*provas*) irrefutable; (*maioria*) overwhelming
esmagar [iʒma'gaʳ] VT to crush
esmaltado, -a [iʒmaw'tadu, a] ADJ enamelled (*Brit*), enameled (*US*)
esmalte [iʒ'mawtʃi] M enamel; (*de unhas*) nail polish
esmerado, -a [iʒme'radu, a] ADJ careful, neat; (*bem acabado*) polished
esmeralda [iʒme'rawda] F emerald
esmerar-se [iʒme'raxsi] VR: **~ em** to take great care to
esmero [iʒ'mɛru] M (great) care
esmigalhar [iʒmiga'ʎaʳ] VT to crumble; (*despedaçar*) to shatter; (*esmagar*) to crush; **esmigalhar-se** VR (*pão etc*) to crumble; (*vaso*) to smash, shatter
esmirrado, -a [iʒmi'xadu, a] ADJ (*roupa*) skimpy, tight
esmiuçar [iʒmju'saʳ] VT (*pão*) to crumble; (*examinar*) to examine in detail
esmo ['eʒmu] M: **a ~** at random; **andar a ~** to walk aimlessly; **falar a ~** to prattle
esmola [iʒ'mɔla] F alms *pl*; (*col*: *surra*) thrashing; **pedir ~s** to beg
esmolar [iʒmo'laʳ] VT, VI: **~ (algo a alguém)** to beg (sth from sb)
esmorecer [iʒmore'seʳ] VT to discourage ■ VI (*desanimar-se*) to lose heart
esmorecimento [iʒmoresi'mẽtu] M dismay, discouragement; (*enfraquecimento*) weakening
esmurrar [iʒmu'xaʳ] VT to punch
Esni [eʒ'ni] (BR) ABR F (= *Escola Nacional de Informações*) *training school for intelligence services*
esnobação [iʒnoba'sãw] F snobbishness
esnobar [iʒno'baʳ] VI to be snobbish ■ VT: **~ alguém** to give sb the cold shoulder
esnobe [iʒ'nɔbi] ADJ snobbish; (*col*) stuck-up ■ M/F snob
esnobismo [iʒno'biʒmu] M snobbery
esôfago [e'zofagu] M oesophagus (*Brit*), esophagus (*US*)
esotérico, -a [ezo'tɛriku, a] ADJ esoteric
espaçado, -a [iʃpa'sadu, a] ADJ spaced out
espaçar [iʃpa'saʳ] VT to space out; **~ visitas/saídas** *etc* to visit/go out *etc* less often
espacejamento [iʃpaseʃa'mẽtu] M (*Tip*) spacing; **~ proporcional** proportional spacing
espacial [iʃpa'sjaw] (*pl* **-ais**) ADJ spatial, space *atr*; **nave ~** spaceship
espaço [iʃ'pasu] M space; (*tempo*) period; **~ para 3 pessoas** room for 3 people; **a ~s** from time to time; **sujeito a ~** (*em avião*) stand-by; **espaçoso, -a** [iʃpa'sozu, ɔza] ADJ spacious, roomy
espada [iʃ'pada] F sword; **espadas** FPL (*Cartas*) spades; **estar entre a ~ e a parede** to be between the devil and the deep blue sea
espadachim [iʃpada'ʃĩ] (*pl* **-ns**) M swordsman
espadarte [iʃpa'daxtʃi] M swordfish
espádua [iʃ'padwa] F shoulder blade
espairecer [iʃpajre'seʳ] VT to amuse, entertain ■ VI to relax; **espairecer-se** VR to relax
espairecimento [iʃpajresi'mẽtu] M recreation
espaldar [iʃpaw'daʳ] M (chair) back
espalha-brasas [iʃpaʎa'-] M/F INV troublemaker
espalhafato [iʃpaʎa'fatu] M din, commotion
espalhafatoso, -a [iʃpaʎafa'tozu, ɔza] ADJ (*pessoa*) loud, rowdy; (*roupa*) loud, garish
espalhar [iʃpa'ʎaʳ] VT to scatter; (*boato, medo*) to spread; (*luz*) to shed; **espalhar-se** VR (*fogo, boato*) to spread; (*refestelar-se*) to lounge

espanador [iʃpana'doʳ] M duster
espanar [iʃpa'naʳ] VT to dust
espancamento [iʃpãka'mẽtu] M beating
espancar [iʃpã'kaʳ] VT to beat up
espandongado, -a [iʃpãdõ'gadu, a] ADJ (*no vestir*) scruffy; (*estragado*) tatty
Espanha [iʃ'paɲa] F: **a ~** Spain; **espanhol, a** [iʃpa'ɲow, ola] (*pl* **-óis/espanhols**) ADJ Spanish ■ M/F Spaniard ■ M (*Ling*) Spanish; **os espanhóis** MPL the Spanish
espantado, -a [iʃpã'tadu, a] ADJ astonished; (*cor*) loud, garish
espantalho [iʃpã'taʎu] M scarecrow
espantar [iʃpã'taʳ] VT (*causar medo a*) to frighten; (*admirar*) to amaze, astonish; (*afugentar*) to frighten away ■ VI to be amazing; **espantar-se** VR to be amazed; (*assustar-se*) to be frightened
espanto [iʃ'pãtu] M (*medo*) fright, fear; (*admiração*) amazement; **espantoso, -a** [iʃpã'tozu, ɔza] ADJ amazing
esparadrapo [iʃpara'drapu] M (sticking) plaster (*Brit*), bandaid® (*US*)
espargir [iʃpax'ʒiʳ] VT (*líquido*) to sprinkle; (*flores*) to scatter; (*luz*) to shed
esparramar [iʃpaxa'maʳ] VT (*líquido*) to splash; (*espalhar*) to scatter
esparso, -a [iʃ'paxsu, a] ADJ scattered; (*solto*) loose
espartano, -a [iʃpax'tanu, a] ADJ (*fig*) spartan
espartilho [iʃpax'tʃiʎu] M corset
espasmo [iʃ'paʒmu] M spasm, convulsion
espasmódico, -a [iʃpaʒ'mɔdʒiku, a] ADJ spasmodic
espatifar [iʃpatʃi'faʳ] VT to smash; **espatifar-se** VR to smash; (*avião*) to crash
espavorir [iʃpavo'riʳ] VT to terrify
EsPCEx (BR) ABR F = **Escola Preparatória de Cadetes do Exército**
especial [iʃpe'sjaw] (*pl* **-ais**) ADJ special; **em ~** especially; **especialidade** [iʃpesjali'dadʒi] F speciality (*Brit*), specialty (*US*); (*ramo de atividades*) specialization; **especialista** [iʃpesja'liʃta] M/F specialist; (*perito*) expert
especialização [iʃpesjaliza'sãw] (*pl* **-ões**) F specialization
especializado, -a [iʃpesjali'zadu, a] ADJ specialized; (*operário, mão de obra*) skilled
especializar-se [iʃpesjali'zaxsi] VR: **~ (em)** to specialize (in)
especiaria [iʃpesja'ria] F spice
espécie [iʃ'pesi] F (*Bio*) species; (*tipo*) sort, kind; **causar ~** to be surprising; **pagar em ~** to pay in cash
especificação [iʃpesifika'sãw] (*pl* **-ões**) F specification
especificar [iʃpesifi'kaʳ] VT to specify; **específico, -a** [iʃpe'sifiku, a] ADJ specific
espécime [iʃ'pɛsimi] M specimen
espécimen [iʃ'pɛsimẽ] (*pl* **-s**) M = **espécime**
espectáculo *etc* [iʃpek'takulu] (PT) M = **espetáculo** *etc*
espectador, a [iʃpekta'doʳ(a)] M/F (*testemunha*) onlooker; (*TV*) viewer; (*Esporte*) spectator; (*Teatro*) member of the audience; **espectadores** MPL audience *sg*
espectro [iʃ'pɛktru] M spectre (*Brit*), specter (*US*); (*Fís*) spectrum; (*pessoa*) gaunt figure
especulação [iʃpekula'sãw] (*pl* **-ões**) F speculation
especulador, a [iʃpekula'doʳ(a)] ADJ speculating ■ M/F (*na Bolsa etc*) speculator; (*explorador*) opportunist
especular [iʃpeku'laʳ] VI: **~ (sobre)** to speculate (on)
especulativo, -a [iʃpekula'tʃivu, a] ADJ speculative
espelhar [iʃpe'ʎaʳ] VT to mirror; **espelhar-se** VR to be mirrored; **seus olhos espelham malícia, espelha-se malícia nos seus olhos** there is malice in his eyes
espelho [iʃ'peʎu] M mirror; (*fig*) model; **~ retrovisor** (*Auto*) rear-view mirror
espelunca [iʃpe'lũka] (*col*) F (*bar*) dive; (*casa*) dump, hole
espera [iʃ'pɛra] F (*demora*) wait; (*expectativa*) expectation; **à ~ de** waiting for; **à minha ~** waiting for me
espera-marido (*pl* **-s**) M (*Culin*) *sweet made with burnt sugar and eggs*
esperança [iʃpe'rãsa] F (*confiança*) hope; (*expectativa*) expectation; **dar ~s a alguém** to get sb's hopes up; **que ~!** (*col*) no chance!
esperançar [iʃperã'saʳ] VT: **~ alguém** to give sb hope
esperançoso, -a [iʃperã'sozu, ɔza] ADJ hopeful
esperar [iʃpe'raʳ] VT (*aguardar*) to wait for; (*desejar*) to hope for; (*contar com, bebê*) to expect ■ VI to wait; to hope; to expect; **espero que sim/não** I hope so/not; **fazer alguém ~** to keep sb waiting; **espera aí!** hold on!; (*col*: *não vem*) come off it!
esperável [iʃpe'ravew] (*pl* **-eis**) ADJ expected, probable
esperma [iʃ'pɛxma] F sperm
espernear [iʃpex'njaʳ] VI to kick out; (*protestar*) to protest
espertalhão, -lhona [iʃpexta'ʎãw, ʎɔna] (*pl* **-ões/-s**) ADJ crafty, shrewd ■ M/F shrewd operator
esperteza [iʃpex'teza] F cleverness; (*astúcia*) cunning
esperto, -a [iʃ'pɛxtu, a] ADJ clever; (*espertalhão*) crafty; (*col*: *bacana*) great
espesso, -a [iʃ'pesu, a] ADJ thick
espessura [iʃpe'sura] F thickness
espetacular [iʃpetaku'laʳ] ADJ spectacular
espetáculo [iʃpe'takulu] M (*Teatro*) show; (*vista*)

NB: *European Portuguese adds the following consonants to certain words*: **b** (sú(b)dito, su(b)til); **c** (a(c)ção, a(c)cionista, a(c)to); **m** (inde(m)ne); **p** (ado(p)çã, ado(p)tar); *for further details see p. xiii.*

sight; (*cena ridícula*) spectacle; **dar ~** to make a spectacle of o.s.; **ela/a casa é um ~** (*col*) she/the house is fabulous

espetada [iʃpe'tada] F prick

espetar [iʃpe'ta^{r}] VT (*carne*) to put on a spit; (*cravar*) to stick; **espetar-se** VR to prick o.s.; **~ algo em algo** to pin sth to sth

espetinho [iʃpe'tʃiɲu] M skewer

espeto [iʃ'petu] M spit; (*pau*) pointed stick; (*fig*: *pessoa magra*) beanpole; **ser um ~** (*ser difícil*) to be awkward

espevitado, -a [iʃpevi'tadu, a] ADJ (*fig*: *vivo*) lively

espezinhar [iʃpezi'ɲa^{r}] VT to trample (on); (*humilhar*) to treat like dirt

espia [iʃ'pia] M/F spy

espiã [iʃ'pjã] F *de* **espião**

espiada [iʃ'pjada] F: **dar uma ~** to have a look

espião, -piã [iʃ'pjãw, 'pjã] (*pl* **-ões/-s**) M/F spy

espiar [iʃ'pja^{r}] VT (*espionar*) to spy on; (*uma ocasião*) to watch out for; (*olhar*) to watch ■ VI to spy; (*olhar*) to peer

espicaçar [iʃpika'sa^{r}] VT to trouble, torment

espichar [iʃpi'ʃa^{r}] VT (*couro*) to stretch out; (*pescoço, pernas*) to stretch ■ VI (*col*: *crescer*) to shoot up; **espichar-se** VR to stretch out

espiga [iʃ'piga] F (*de milho*) ear

espigado, -a [iʃpigadu, a] ADJ (*milho*) fully-grown; (*ereto*) upright

espigueiro [iʃpi'gejru] M granary

espinafração [iʃpinafra'sãw] (*pl* **-ões**) (*col*) F telling-off

espinafrar [iʃpina'fra^{r}] (*col*) VT: **~ alguém** (*repreender*) to give sb a telling-off; (*criticar*) to get at sb; (*ridicularizar*) to jeer at sb

espinafre [iʃpi'nafri] M spinach

espingarda [iʃpĩ'gaxda] F shotgun, rifle; **~ de ar comprimido** air rifle

espinha [iʃ'piɲa] F (*de peixe*) bone; (*na pele*) spot, pimple; (*coluna vertebral*) spine

espinhar [iʃpi'ɲa^{r}] VT (*picar*) to prick; (*irritar*) to irritate, annoy

espinheiro [iʃpi'ɲejro] M bramble bush

espinhento, -a [iʃpi'ɲẽtu, a] ADJ spotty, pimply

espinho [iʃ'piɲu] M thorn; (*de animal*) spine; (*fig*: *dificuldade*) snag; **espinhoso, -a** [iʃpi'ɲozu, ɔza] ADJ (*planta*) prickly, thorny; (*fig*: *difícil*) difficult; (: *problema*) thorny

espinotear [iʃpino'tʃja^{r}] VI (*cavalo*) to buck; (*pessoa*) to leap about

espiões [iʃ'pjõjʃ] MPL *de* **espião**

espionagem [iʃpio'naʒẽ] F spying, espionage

espionar [iʃpjo'na^{r}] VT to spy on ■ VI to spy, snoop

espiral [iʃpi'raw] (*pl* **-ais**) ADJ, F spiral

espírita [iʃ'pirita] ADJ, M/F spiritualist

espiritismo [iʃpiri'tʃiʒmu] M spiritualism

espírito [iʃ'piritu] M spirit; (*pensamento*) mind; **~ de porco** wet blanket; **~ esportivo** sense of humo(u)r; **~ forte/fraco** (*fig*: *pessoa*) freethinker/sheep; **E~ Santo** Holy Spirit

espiritual [iʃpiri'twaw] (*pl* **-ais**) ADJ spiritual

espirituoso, -a [iʃpiri'twozu, ɔza] ADJ witty

espirrar [iʃpi'xa^{r}] VI to sneeze; (*jorrar*) to spurt out ■ VT (*água*) to spurt; **espirro** [iʃ'pixu] M sneeze

esplanada [iʃpla'nada] F esplanade

esplêndido, -a [iʃ'plẽdʒidu, a] ADJ splendid

esplendor [iʃplẽ'do^{r}] M splendour (*Brit*), splendor (*US*)

espocar [iʃpo'ka^{r}] VI to explode

espoleta [iʃpo'leta] F (*de arma*) fuse

espoliar [iʃpo'lja^{r}] VT to plunder

espólio [iʃ'pɔlju] M (*herança*) estate, property; (*roubado*) booty, spoils *pl*

esponja [iʃ'põʒa] F sponge; (*de pó de arroz*) powder puff; (*parasita*) sponger; (*col*: *ébrio*) boozer

esponjoso, -a [iʃpõ'ʒozu, ɔza] ADJ spongy

espontaneidade [iʃpõtanei'dadʒi] F spontaneity

espontâneo, -a [iʃpõ'tanju, a] ADJ spontaneous; (*pessoa*: *natural*) straightforward

espora [iʃ'pɔra] F spur

esporádico, -a [iʃpo'radʒiku, a] ADJ sporadic

esporão [iʃpo'rãw] (*pl* **-ões**) M (*de galo*) spur

esporear [iʃpo'rja^{r}] VT (*picar*) to spur on; (*fig*) to incite

esporões [iʃpo'rõjʃ] MPL *de* **esporão**

esporte [iʃ'pɔxtʃi] (BR) M sport; **esportista** [iʃpox'tʃiʃta] ADJ sporting ■ M/F sportsman/woman

esportiva [iʃpox'tʃiva] F sense of humour (*Brit*) *ou* humor (*US*); **perder a ~** to lose one's sense of humo(u)r

esportivo, -a [iʃpox'tʃivu, a] ADJ sporting

esposa [iʃ'poza] F wife

esposar [iʃpo'za^{r}] VT to marry; (*causa*) to defend

esposo [iʃ'pozu] M husband

espoucar [iʃpo'ka^{r}] VT = **espocar**

espraiar [iʃpra'ja^{r}] VT, VI to spread; (*dilatar*) to expand; **espraiar-se** VR (*mar*) to wash across the beach; (*rio*) to spread out; (*fig*: *epidemia*) to spread

espreguiçadeira [iʃpregisa'dejra] F deck chair; (*com lugar para as pernas*) lounger

espreguiçar-se [iʃpregi'saxsi] VR to stretch

espreita [iʃ'prejta] F: **ficar à ~** to keep watch

espreitar [iʃprej'ta^{r}] VT (*espiar*) to spy on; (*observar*) to observe, watch

espremedor [iʃpreme'do^{r}] M squeezer

espremer [iʃpre'me^{r}] VT (*fruta*) to squeeze; (*roupa molhada*) to wring out; (*pessoas*) to squash; **espremer-se** VR (*multidão*) to be squashed together; (*uma pessoa*) to squash up

espuma [iʃ'puma] F foam; (*de cerveja*) froth, head; (*de sabão*) lather; (*de ondas*) surf; **colchão de ~** foam mattress; **~ de borracha** foam rubber; **espumante** [iʃpu'mãtʃi] ADJ frothy, foamy; (*vinho*) sparkling

espumar [iʃpu'ma^{r}] VI to foam; (*fera, cachorro*) to foam at the mouth

espúrio, -a [iʃ'purju, a] ADJ spurious, bogus

sputinique [iʃputʃi'niki] M satellite, sputnik

esq. ABR (= *esquerdo*) l.; = **esquina**

esq° ABR = **esquerdo**
esquadra [iʃ'kwadra] F (*Náut*) fleet; (*PT*: *da polícia*) police station
esquadrão [iʃkwa'drãw] (*pl* **-ões**) M squadron
esquadrilha [iʃkwa'driʎa] F squadron
esquadrinhar [iʃkwadri'ɲa^{r}] VT (*casa, área*) to search, scour; (*fatos*) to scrutinize
esquadro [iʃ'kwadru] M set square
esquadrões [iʃkwa'drõjʃ] MPL *de* **esquadrão**
esqualidez [iʃkwali'deʃ] F squalor
esquálido, -a [iʃ'kwalidu, a] ADJ squalid, filthy
esquartejar [iʃkwaxte'ʒa^{r}] VT to quarter
esquecer [iʃke'se^{r}] VT, VI to forget; **esquecer-se** VR: **esquecer-se de** to forget; ~-**se de fazer algo** to forget to do sth; ~-**se (de) que ...** to forget that ..; **esquecido, -a** [iʃke'sidu, a] ADJ forgotten; (*pessoa*) forgetful
esquecimento [iʃkesi'mẽtu] M (*falta de memória*) forgetfulness; (*olvido*) oblivion; **cair no ~** to fall into oblivion
esquelético, -a [iʃke'lɛtʃiku, a] ADJ (*Anat*) skeletal; (*pessoa*) scrawny
esqueleto [iʃke'letu] M skeleton; (*arcabouço*) framework; **ser um ~** (*fig*: *pessoa*) to be just skin and bone
esquema [iʃ'kɛma] M (*resumo*) outline; (*plano*) scheme; (*diagrama*) diagram, plan; **~ de segurança** security operation
esquemático, -a [iʃke'matʃiku, a] ADJ schematic
esquematizar [iʃkematʃi'za^{r}] VT to represent schematically; (*planejar*) to plan
esquentado, -a [iʃkẽ'tadu, a] ADJ (*fig*: *irritado*) annoyed; (: *irritadiço*) irritable
esquentar [iʃkẽ'ta^{r}] VT to heat (up), warm (up); (*fig*: *irritar*) to annoy ■ VI to warm up; (*casaco*) to be warm; **esquentar-se** VR to get annoyed; **~ a cabeça** (*col*) to get worked up; **não esquenta!** don't worry!
esquerda [iʃ'kexda] F (*tb*: *Pol*) left; **à ~** on the left; **dobrar à ~** to turn left; **políticos de ~** left-wing politicians; **a ~ festiva** the trendy left
esquerdista [iʃkex'dʃiʃta] ADJ left-wing ■ M/F left-winger
esquerdo, -a [iʃ'kexdu, a] ADJ left
esquete [iʃ'kɛtʃi] M (*Teatro, TV*) sketch
esqui [iʃ'ki] M (*patim*) ski; (*esporte*) skiing; **~ aquático** water skiing; **fazer ~** to go skiing
esquiador, a [iʃkja'do^{r}(a)] M/F skier
esquiar [iʃ'kja^{r}] VI to ski
esquilo [iʃ'kilu] M squirrel
esquina [iʃ'kina] F corner; **fazer ~ com** to join
esquisitão, -ona [iʃkizi'tãw, ɔna] (*pl* **-ões/-s**) ADJ odd, peculiar
esquisitice [iʃkizi'tʃisi] F oddity, peculiarity; (*ato, dito*) strange thing
esquisito, -a [iʃki'zitu, a] ADJ strange, odd
esquisitões [iʃkizi'tõjʃ] MPL *de* **esquisitão**
esquisitona [iʃkizi'tɔna] F *de* **esquisitão**
esquiva [iʃ'kiva] F dodge
esquivar-se [iʃki'vaxsi] VR: **~ de** to escape from, get away from; (*deveres*) to get out of
esquivo, -a [iʃ'kivu, a] ADJ aloof, standoffish
esquizofrenia [iʃkizofre'nia] F schizophrenia
esquizofrênico, -a [iʃkizo'freniku, a] ADJ, M/F schizophrenic
essa ['esa] PRON: **~ é/foi boa** that is/was a good one; **~ não, sem ~** come off it!; **vamos nessa** let's go!; **ainda mais ~!** that's all I need!; **corta ~!** cut it out!; **gostei dessa** I like that; **estou nessa** count me in, I'm game; **por ~s e outras** for these and other reasons; **~ de fazer ...** this business of doing ..
esse ['esi] ADJ (*sg*) that; (*pl*) those; (*BR*: *este*: *sg*) this; (: *pl*) these ■ PRON (*sg*) that one; (*pl*) those; (*BR*: *este*: *sg*) this one; (: *pl*) these
essência [e'sẽsja] F essence; **essencial** [esẽ'sjaw] (*pl* **-ais**) ADJ essential; (*principal*) main ■ M: **o essencial** the main thing
Est. ABR (= *Estação*) Stn.; (= *Estrada*) ≈ Rd.
esta ['ɛʃta] F *de* **este**
estabanado, -a [iʃtaba'nadu, a] ADJ clumsy
estabelecer [iʃtabele'se^{r}] VT to establish; (*fundar*) to set up; **estabelecer-se** VR to establish o.s., set o.s. up; **estabeleceu-se que ...** it was established that ...; **o governo estabeleceu que ...** the government decided that ...
estabelecimento [iʃtabelesi'mẽtu] M establishment; (*casa comercial*) business
estabilidade [iʃtabili'dadʒi] F stability
estabilização [iʃtabiliza'sãw] F stabilization
estabilizar [iʃtabili'za^{r}] VT to stabilize; **estabilizar-se** VR to stabilize
estábulo [iʃ'tabulu] M cow-shed
estaca [iʃ'taka] F post, stake; (*de barraca*) peg; **voltar à ~ zero** to go back to square one
estacada [iʃta'kada] F (*defensiva*) stockade; (*fileira de estacas*) fencing
estação [iʃta'sãw] (*pl* **-ões**) F station; (*do ano*) season; **~ de águas** spa; **~ balneária** seaside resort; **~ emissora** broadcasting station
estacar [iʃta'ka^{r}] VT to prop up ■ VI to stop short, halt
estacionamento [iʃtasjona'mẽtu] M (*ato*) parking; (*lugar*) car park (*Brit*), parking lot (*US*)
estacionar [iʃtasjo'na^{r}] VT to park ■ VI to park; (*não mover*) to remain stationary
estacionário, -a [iʃtasjo'narju, a] ADJ (*veículo*) stationary; (*Com*) slack
estações [iʃta'sõjʃ] FPL *de* **estação**
estada [iʃ'tada] F stay
estadia [iʃta'dʒia] F = **estada**
estádio [iʃ'tadʒu] M stadium
estadista [iʃta'dʒiʃta] M/F statesman/woman
estado [i'ʃtadu] M state; **E~s Unidos (da América)** United States (of America), USA; **~ civil** marital status; **~ de espírito** state of

NB: *European Portuguese adds the following consonants to certain words*: **b** (sú(b)dito, su(b)til); **c** (a(c)ção, a(c)cionista, a(c)to); **m** (inde(m)ne); **p** (ado(p)çã, ado(p)tar); *for further details see p. xiii.*

mind; **~ de saúde** condition; **~ maior** staff; **em bom ~** in good condition; **estar em ~ interessante** to be expecting; **estar em ~ de fazer** to be in a position to do; **estadual** [iʃta'dwaw] (*pl* **-ais**) ADJ state *atr*

estadunidense [iʃtaduni'dẽsi] ADJ (North) American, US *atr*

estafa [iʃ'tafa] F fatigue; (*esgotamento*) nervous exhaustion

estafante [iʃta'fãtʃi] ADJ exhausting

estafar [iʃta'fa^{r}] VT to tire out, fatigue; **estafar-se** VR to tire o.s. out

estafermo [iʃta'fexmu] (PT) M scarecrow; (*col*) nincompoop

estagiar [iʃta'ʒja^{r}] VI to work as a trainee, do a traineeship

estagiário, -a [iʃta'ʒjarju, a] M/F probationer, trainee; (*professor*) student teacher; (*médico*) junior doctor

estágio [iʃ'taʒu] M (*aprendizado*) traineeship; (*fase*) stage

estagnação [iʃtagna'sãw] F stagnation

estagnado, -a [iʃtag'nadu, a] ADJ stagnant

estagnar [iʃtag'na^{r}] VT to make stagnant; (*país*) to bring to a standstill ■ VI to stagnate; **estagnar-se** VR to stagnate

estalagem [iʃta'laʒẽ] (*pl* **-ns**) F inn

estalar [iʃta'la^{r}] VT (*quebrar*) to break; (*os dedos*) to snap ■ VI (*fender-se*) to split, crack; (*crepitar*) to crackle; **estou estalando de dor de cabeça** I've got a splitting headache

estaleiro [iʃta'lejru] M shipyard

estalido [iʃta'lidu] M pop

estalo [iʃ'talu] M (*do chicote*) crack; (*dos dedos*) snap; (*dos lábios*) smack; (*de foguete*) bang; **~ de trovão** thunderclap; **de ~** suddenly; **me deu um ~** it clicked, the penny dropped

estampa [iʃ'tãpa] F (*figura impressa*) print; (*ilustração*) picture; **ter uma bela ~** (*fig*) to be beautiful

estampado, -a [iʃtã'padu, a] ADJ printed ■ M (*tecido*) print; (*num tecido*) pattern; **sua angústia estava estampada no rosto** his anxiety was written on his face

estampar [iʃtã'pa^{r}] VT (*imprimir*) to print; (*marcar*) to stamp

estamparia [iʃtãpa'ria] F (*oficina*) print shop; (*tecido, figura*) print

estampido [iʃtã'pidu] M bang

estancar [iʃtã'ka^{r}] VT (*sangue, água*) to staunch; (*fazer cessar*) to stop; **estancar-se** VR (*parar*) to stop

estância [iʃ'tãsja] F (*fazenda*) ranch, farm; (*versos*) stanza; **~ hidromineral** spa resort

estandardizar [iʃtãdaxdʒi'za^{r}] VT to standardize

estandarte [iʃtã'daxtʃi] M standard, banner

estande [iʃ'tãdʒi] M stand

estanho [iʃ'taɲu] M (*metal*) tin

estanque [iʃ'tãki] ADJ watertight

estante [iʃ'tãtʃi] F (*armário*) bookcase; (*suporte*) stand

estapafúrdio, -a [iʃtapa'fuxdʒu, a] ADJ outlandish, odd

PALAVRA CHAVE

estar [iʃ'ta^{r}] VI **1** (*lugar*) to be; (*em casa*) to be in; (*no telefone*): **a Lúcia está? — não, ela não está** is Lúcia there? — no, she's not here
2 (*estado*) to be; **estar doente** to be ill; **estar bem** (*de saúde*) to be well; (*financeiramente*) to be well off; **estar calor/frio** to be hot/cold; **estar com fome/sede/medo** to be hungry/thirsty/afraid
3 (*ação contínua*): **estar fazendo** (BR) *ou* **a fazer** (PT) to be doing
4 (+ *pp*: = *adj*): **estar sentado/cansado** to be sitting down/tired
5 (+ *pp*: *uso passivo*): **está condenado à morte** he's been condemned to death; **o livro está emprestado** the book's been borrowed
6: **estar de, estar de férias/licença** to be on holiday (*Brit*) *ou* vacation (*US*)/leave; **ela estava de chapéu** she had a hat on, she was wearing a hat
7: **estar para, estar para fazer** to be about to do; **ele está para chegar a qualquer momento** he'll be here any minute; **não estar para conversas** not to be in the mood for talking
8: **estar por fazer** to be still to be done
9: **estar sem, estar sem dinheiro** to have no money; **estar sem dormir** not to have slept; **estou sem dormir há três dias** I haven't slept for three days; **está sem terminar** it isn't finished yet
10 (*frases*): **está bem, tá (bem)** (*col*) OK; **estar bem com** to be on good terms with

estardalhaço [iʃtaxda'ʎasu] M fuss; (*ostentação*) ostentation

estarrecer [iʃtaxe'se^{r}] VT to petrify ■ VI to be petrified

estas ['ɛʃtaʃ] FPL *de* **este**

estatal [iʃta'taw] (*pl* **-ais**) ADJ nationalized, state-owned ■ F state-owned company

estatelado, -a [iʃtate'ladu, a] ADJ (*cair*) sprawling

estatelar [iʃtate'la^{r}] VT to send sprawling; (*estarrecer*) to stun; **estatelar-se** VR (*cair*) to go sprawling

estática [iʃ'tatʃika] F (*Tec*) static

estático, -a [iʃ'tatʃiku, a] ADJ static

estatística [iʃta'tʃiʃtʃika] F statistic; (*ciência*) statistics *sg*

estatístico, -a [iʃta'tʃiʃtʃiku, a] ADJ statistical

estatização [iʃtatʃiza'sãw] (*pl* **-ões**) F nationalization

estatizar [iʃtatʃi'za^{r}] VT to nationalize

estátua [iʃ'tatwa] F statue

estatueta [iʃta'tweta] F statuette

estatura [iʃta'tura] F stature

estatuto [iʃta'tutu] M (*Jur*) statute; (*de cidade*)

bye-law; (*de associação*) rule; **~s sociais** *ou* **da empresa** (*Com*) articles of association
estável [iʃ'tavew] (*pl* **-eis**) ADJ stable
este ['ɛʃtʃi] M east ■ ADJ INV (*região*) eastern; (*vento, direção*) easterly
este, -ta ['ɛʃtʃi, 'ɛʃta] ADJ (*sg*) this; (*pl*) these ■ PRON this one; (*pl*) these; (*a quem/que se referiu por último*) the latter; **esta noite** (*noite passada*) last night; (*noite de hoje*) tonight
esteio [iʃ'teju] M prop, support; (*Náut*) stay
esteira [iʃ'tejra] F mat; (*de navio*) wake; (*rumo*) path
esteja *etc* [iʃ'teʒa] VB *v* **estar**
estelionato [iʃteljo'natu] M fraud
estêncil [iʃ'tẽsiw] (*pl* **-eis**) M stencil
estender [iʃtẽ'de^{r}] VT to extend; (*mapa*) to spread out; (*pernas*) to stretch; (*massa*) to roll out; (*conversa*) to draw out; (*corda*) to pull tight; (*roupa molhada*) to hang out; **estender-se** VR (*no chão*) to lie down; (*fila, terreno*) to stretch, extend; **~-se sobre algo** to dwell on sth, expand on sth; **esta lei estende-se a todos** this law applies to all; **o conferencista estendeu-se demais** the speaker went on too long; **~ a mão** to hold out one's hand; **~ uma cadeira para alguém** to offer sb a chair; **~ uma crítica a todos** to extend a criticism to everyone
estenodatilógrafo, -a [iʃtenodatʃi'lɔgrafu, a] M/F shorthand typist (*Brit*), stenographer (*US*)
estenografar [iʃtenogra'fa^{r}] VT to write in shorthand
estenografia [iʃtenogra'fia] F shorthand
estepe [iʃ'tɛpi] M spare wheel
esterco [iʃ'texku] M manure, dung
estéreis [iʃ'tɛrejʃ] ADJ PL *de* **estéril**
estereo... [iʃterju] PREFIXO stereo...; **estereofônico, -a** [iʃterjo'foniku, a] ADJ stereo(phonic)
estereotipado, -a [iʃterjotʃi'padu, a] ADJ stereotypical
estereotipar [iʃterjotʃi'pa^{r}] VT to stereotype
estereótipo [iʃte'rjɔtʃipu] M stereotype
estéril [iʃ'tɛriw] (*pl* **-eis**) ADJ sterile; (*terra*) infertile; (*fig*) futile
esterilidade [iʃterili'dadʒi] F sterility; (*de terra*) infertility; (*escassez*) dearth
esterilização [iʃteriliza'sãw] F sterilization
esterilizar [iʃterili'za^{r}] VT to sterilize
esterlino, -a [iʃtex'linu, a] ADJ sterling ■ M sterling; **libra esterlina** pound sterling
esteróide [iʃte'rɔjdʒi] M steroid
esteta [iʃ'tɛta] M/F aesthete (*Brit*), esthete (*US*)
estética [iʃ'tɛtʃika] F aesthetics *sg* (*Brit*), esthetics *sg* (*US*)
esteticista [iʃtetʃi'siʃta] M/F beautician
estético, -a [iʃ'tɛtʃiku, a] ADJ aesthetic (*Brit*), esthetic (*US*)
estetoscópio [iʃteto'skɔpju] M stethoscope
esteve [iʃ'tevi] VB *v* **estar**
estiagem [iʃ'tʃjaʒẽ] (*pl* **-ns**) F (*depois da chuva*) calm after the storm; (*falta de chuva*) dry spell
estiar [iʃ'tʃja^{r}] VI (*não chover*) to stop raining; (*o tempo*) to clear up
estibordo [iʃtʃi'bɔxdu] M starboard
esticada [iʃtʃi'kada] F: **dar uma ~** (*esticar-se*) to stretch, have a stretch; **dar uma ~ numa boate** (*col*) to go on to a nightclub
esticar [iʃtʃi'ka^{r}] VT (*uma corda*) to stretch, tighten; (*a perna*) to stretch; **esticar-se** VR to stretch out; **~ as canelas** (*col*) to pop one's clogs, kick the bucket; **depois da festa esticamos numa boate** (*col*) after the party we went on to a nightclub
estigma [iʃ'tʃigima] M (*marca*) mark, scar; (*fig*) stigma
estigmatizar [iʃtʃigimatʃi'za^{r}] VT to brand; **~ alguém de algo** to brand sb (as) sth
estilhaçar [iʃtʃiʎa'sa^{r}] VT to splinter; (*despedaçar*) to shatter; **estilhaçar-se** VR to shatter; **estilhaço** [iʃtʃi'ʎasu] M fragment; (*de pedra*) chip; (*de madeira, metal*) splinter
estilista [iʃtʃi'liʃta] M/F stylist; (*de moda*) designer
estilística [iʃtʃi'liʃtʃika] F stylistics *sg*
estilístico, -a [iʃtʃi'liʃtʃiku, a] ADJ stylistic
estilizar [iʃtʃili'za^{r}] VT to stylize
estilo [iʃ'tʃilu] M style; (*Tec*) stylus; **~ de vida** way of life; **móveis de ~** stylish furniture; **o vestido não é do meu ~** *ou* **não faz o meu ~** the dress isn't my style
estima [iʃ'tʃima] F esteem; (*afeto*) affection
estimação [iʃtʃima'sãw] F: **... de ~** favourite (*Brit*) ..., favorite (*US*) ....
estimado, -a [iʃtʃi'madu, a] ADJ respected; (*em cartas*): **E~ Senhor** Dear Sir
estimar [iʃtʃi'ma^{r}] VT (*apreciar*) to appreciate; (*avaliar*) to value; (*ter estima a*) to have a high regard for; (*calcular aproximadamente*) to estimate; **estimar-se** VR: **eles se estimam muito** they have a high regard for one another; **estima-se o número de ouvintes em 3 milhões** the number of listeners is estimated to be 3 million; **~ em** (*avaliar*) to value at; (*população*) to estimate to be; **estimo que você tenha exito** I wish you success
estimativa [iʃtʃima'tʃiva] F estimate; **fazer uma ~ de algo** to estimate sth; **~ de custo** estimate, costing
estimável [iʃtʃi'mavew] (*pl* **-eis**) ADJ (*digno de estima*) decent; **prejuízo ~ em 3 milhões** loss estimated at 3 million
estimulação [iʃtʃimula'sãw] F stimulation
estimulante [iʃtʃimu'lãtʃi] ADJ stimulating ■ M stimulant
estimular [iʃtʃimu'la^{r}] VT to stimulate; (*incentivar*) to encourage; **~ alguém a fazer algo** to encourage sb to do sth; **estímulo** [iʃ'tʃimulu] M stimulus; (*ânimo*) encouragement; **falta**

de estímulo lack of incentive; **ele não tem estímulo para nada no momento** he has got no incentive to do anything at the moment

estio [iʃ'tʃiu] M summer

estipêndio [iʃtʃi'pẽdʒu] M pay

estipulação [iʃtʃipula'sãw] (*pl* **-ões**) F stipulation, condition

estipular [iʃtʃipu'la^{r}] VT to stipulate

estirar [iʃtʃi'ra^{r}] VT to stretch (out); **estirar-se** VR to stretch

estirpe [iʃ'tʃixpi] F stock, lineage

estivador, a [iʃtʃiva'do^{r}(a)] M/F docker

estive *etc* [iʃ'tʃivi] VB *v* **estar**

estocada [iʃto'kada] F stab, thrust

estocado, -a [iʃto'kadu, a] ADJ (*Com*) in stock

estocagem [iʃto'kaʒẽ] F (*estocar*) stockpiling; (*estoque*) stock

estocar [iʃto'ka^{r}] VT to stock

Estocolmo [iʃto'kɔwmu] N Stockholm

estofador, a [iʃtofa'do^{r}(a)] M/F upholsterer

estofar [iʃto'fa^{r}] VT to upholster; (*acolchoar*) to pad, stuff

estofo [iʃ'tofu] M (*tecido*) material; (*para acolchoar*) padding, stuffing

estóico, -a [iʃ'tɔjku, a] ADJ stoic(al) ■ M/F stoic

estojo [iʃ'toʒu] M case; **~ de ferramentas** tool kit; **~ de óculos** glasses case; **~ de tintas** paintbox; **~ de unhas** manicure set

estola [iʃ'tɔla] F stole

estólido, -a [iʃ'tɔlidu, a] ADJ stupid

estômago [iʃ'tomagu] M stomach; **ter ~ para (fazer) algo** to be up to (doing) sth; **estar com o ~ embrulhado** to have an upset stomach; **forrar o ~** to have a little bite to eat

Estônia [iʃ'tonja] F: **a ~** Estonia

estoniano, -a [iʃto'njanu, a] ADJ, M/F Estonian

estonteante [iʃtõ'tʃjãtʃi] ADJ stunning

estontear [iʃtõ'tʃja^{r}] VT to stun, daze

estoque [iʃ'tɔki] M (*Com*) stock; **em ~** in stock

estore [iʃ'tɔri] M blind

estória [iʃ'tɔrja] F story

estorninho [iʃtox'niɲu] M starling

estorricar [iʃtoxi'ka^{r}] VT, VI = **esturricar**

estorvar [iʃtox'va^{r}] VT to hinder, obstruct; (*fig*: *importunar*) to bother, disturb; **~ alguém de fazer** to prevent sb from doing

estorvo [iʃ'toxvu] M hindrance, obstacle; (*amolação*) bother, nuisance

estourado, -a [iʃto'radu, a] ADJ (*temperamental*) explosive; (*col*: *cansado*) knackered, worn out

estoura-peito [iʃtora'-] (*col*: *pl estoura-peitos*) M strong cigarette

estourar [iʃto'ra^{r}] VI to explode; (*pneu*) to burst; (*escândalo*) to blow up; (*guerra*) to break out; (BR: *chegar*) to turn up, arrive; **~ (com alguém)** (*zangar-se*) to blow up (at sb); **estou estourando de dor de cabeça** I've got a splitting headache; **eu devo chegar às 9.00, estourando, 9 e meia** I should get there at 9 o'clock, or 9.30 at the latest

estouro [iʃ'toru] M explosion; **ser um ~** (*col*) to be great; **dar o ~** (*fig*: *zangar-se*) to blow up, blow one's top

estouvado, -a [iʃto'vadu, a] ADJ rash, foolhardy

estrábico, -a [iʃ'trabiku, a] ADJ cross-eyed

estrabismo [iʃtra'biʒmu] M squint

estraçalhar [iʃtrasa'ʎa^{r}] VT (*livro, objeto*) to pull to pieces; (*pessoa*) to tear to pieces; **estraçalhar-se** VR to mutilate one another

estrada [iʃ'trada] F road; **~ de contorno** ring road (*Brit*), beltway (*US*); **~ de ferro** (BR) railway (*Brit*), railroad (*US*); **~ de terra** dirt road; **~ principal** main road (*Brit*), state highway (*US*); **~ secundária** minor road

estrado [iʃ'tradu] M (*tablado*) platform; (*de cama*) base

estragado, -a [iʃtra'gadu, a] ADJ ruined, wrecked; (*saúde*) ruined; (*fruta*) rotten; (*muito mimado*) spoiled, spoilt (*Brit*)

estragão [iʃtra'gãw] M tarragon

estraga-prazeres [iʃtraga-] M/F INV spoilsport

estragar [iʃtra'ga^{r}] VT to spoil; (*arruinar*) to ruin, wreck; (*desperdiçar*) to waste; (*saúde*) to damage; (*mimar*) to spoil; **estrago** [iʃ'tragu] M (*destruição*) destruction; (*desperdício*) waste; (*dano*) damage; **os estragos da guerra** the ravages of war

estrangeiro, -a [iʃtrã'ʒejru, a] ADJ foreign ■ M/F foreigner; **no ~** abroad

estrangulação [iʃtrãgula'sãw] F strangulation

estrangulador [iʃtrãgula'do^{r}] M strangler

estrangular [iʃtrãgu'la^{r}] VT to strangle; **esta suéter está me estrangulando** this sweater is too tight for me

estranhar [iʃtra'ɲa^{r}] VT (*surpreender-se de*) to be surprised at; (*achar estranho*): **~ algo** to find sth strange; **estranhei o clima** the climate did not agree with me; **minha filha estranhou a visita/a cama nova** my daughter was shy with the visitor/found it hard to get used to the new bed; **não é de se ~** it's not surprising; **você não quer um chocolate? — estou te estranhando** you don't want a chocolate? — that's not like you

estranho, -a [iʃ'traɲu, a] ADJ strange, odd; (*influências*) outside ■ M/F (*desconhecido*) stranger; (*de fora*) outsider; **o nome não me é ~** the name rings a bell

Estrasburgo [iʃtraʒ'buxgu] N Strasbourg

estratagema [iʃtrata'ʒɛma] M (*Mil*) stratagem; (*ardil*) trick

estratégia [iʃtra'tɛʒa] F strategy

estratégico, -a [iʃtra'tɛʒiku, a] ADJ strategic

estratificar-se [iʃtratʃifi'kaxsi] VR (*fig*: *idéias, opiniões*) to become entrenched

estrato [iʃ'tratu] M layer, stratum

estratosfera [iʃtratoʃ'fɛra] F stratosphere

estreante [iʃ'trjãtʃi] ADJ new ■ M/F newcomer

estrear [iʃ'trja^{r}] VT (*vestido*) to wear for the first time; (*peça de teatro*) to perform for the first time; (*veículo*) to use for the first time; (*filme*) to show for the first time, première; (*iniciar*): **~ uma carreira** to embark on *ou* begin a career ■ VI (*ator, jogador*) to make one's first appearance; (*filme, peça*) to open

estrebaria [iʃtreba'ria] F stable
estrebuchar [iʃtrebu'ʃaʳ] VI to struggle; (*ao morrer*) to shake (in death throes)
estréia [iʃ'treja] F (*de artista*) debut; (*de uma peça*) first night; (*de um filme*) première, opening; **é a ~ do meu carro** it's the first time I've used my car
estreitamento [iʃtrejta'mẽtu] M (*diminuição*) narrowing; (*aperto*) tightening; (*de relações*) strengthening
estreitar [iʃtrej'taʳ] VT (*reduzir*) to narrow; (*roupa*) to take in; (*abraçar*) to hug; (*laços de amizade*) to strengthen ■ VI (*estrada*) to narrow; **estreitar-se** VR (*laços de amizade*) to deepen
estreiteza [iʃtrej'teza] F narrowness; (*de regulamento*) strictness; **~ de pontos de vista** narrow-mindedness
estreito, -a [iʃ'trejtu, a] ADJ narrow; (*saia*) straight; (*vínculo, relação*) close; (*medida*) strict ■ M strait; **ter convivência estreita com alguém** to live at close quarters with sb
estrela [iʃ'trela] F star; **~ cadente** falling star; **~ de cinema** film (*Brit*) *ou* movie (*US*) star; **ter boa ~** to be lucky; **estrelado, -a** [iʃtre'ladu, a] ADJ (*céu*) starry; (*ovo*) fried; **um filme estrelado por Marilyn Monroe** a film starring Marilyn Monroe
estrela-do-mar (*pl* **estrelas-do-mar**) F starfish
estrelar [iʃtre'laʳ] VT (*PT: ovos*) to fry; (*filme, peça*) to star in; **estrelar-se** VR (*céu*) to fill with stars
estrelato [iʃtre'latu] M: **o ~** stardom
estrelinha [iʃtre'liɲa] F (*fogo de artifício*) sparkler
estrelismo [iʃtre'liʒmu] M star quality
estremadura [iʃtrema'dura] F frontier
estremecer [iʃtreme'seʳ] VT (*sacudir*) to shake; (*amizade*) to strain; (*fazer tremer*): **~ alguém** to make sb shudder ■ VI (*vibrar*) to shake; (*tremer*) to tremble; (*horrorizar-se*) to shudder; (*amizade*) to be strained; **ela estremeceu de susto, o susto estremeceu-a** the fright made her jump
estremecido, -a [iʃtreme'sidu, a] ADJ (*sacudido*) shaken; (*sobressaltado*) startled; (*amizade*) strained
estremecimento [iʃtremesi'mẽtu] M (*sacudida*) shaking, trembling; (*tremor*) tremor; (*abalo numa amizade*) tension
estremunhado, -a [iʃtremu'ɲadu, a] ADJ half-asleep
estrepar-se [iʃtre'paxsi] VR (*fig*) to come unstuck
estrepe [iʃ'trɛpi] (*col*) M (*mulher*) dog
estrépito [iʃ'trɛpitu] M din, racket; **com ~** with a lot of noise, noisily; **fazer ~** to make a din
estrepitoso, -a [iʃtrepitozu, ɔza] ADJ noisy, rowdy; (*fig*) sensational
estressante [iʃtre'sãtʃi] ADJ stressful
estressar [iʃtre'saʳ] VT to stress
estresse [iʃ'trɛsi] M stress
estria [iʃ'tria] F groove; (*na pele*) stretch mark
estribar [iʃtri'baʳ] VT to base; **estribar-se** VR: **estribar-se em** to be based on
estribeira [iʃtri'bejra] F: **perder as ~s** (*col*) to fly off the handle, lose one's temper
estribilho [iʃtri'biʎu] M (*Mús*) chorus
estribo [iʃ'tribu] M (*de cavalo*) stirrup; (*degrau*) step; (*fig: apoio*) support
estricnina [iʃtrik'nina] F strychnine
estridente [iʃtri'dẽtʃi] ADJ shrill, piercing
estrilar [iʃtri'laʳ] (*col*) VI (*zangar-se*) to get mad; (*reclamar*) to moan
estrilo [iʃ'trilu] M: **dar um ~** to blow one's top
estripulia [iʃtripu'lia] F prank
estrito, -a [iʃ'tritu, a] ADJ (*rigoroso*) strict; (*restrito*) restricted; **no sentido ~ da palavra** in the strict sense of the word
estrofe [iʃ'trofi] F stanza
estrogonofe [iʃtrogo'nɔfi] M (*Culin*) stroganoff
estrompado, -a [iʃtrõ'padu, a] ADJ worn out; (*pessoa*) exhausted
estrondar [iʃtrõ'daʳ] VI to boom; (*fig*) to resound
estrondo [iʃ'trõdu] M (*de trovão*) rumble; (*de armas*) din; **~ sônico** sonic boom
estrondoso, -a [iʃtrõ'dozu, ɔza] ADJ (*ovação*) tumultuous, thunderous; (*sucesso*) resounding; (*notícia*) sensational
estropiar [iʃtro'pjaʳ] VT (*aleijar*) to maim, cripple; (*fatigar*) to wear out, exhaust; (*texto*) to mutilate; (*pronunciar mal*) to mispronounce
estrumar [iʃtru'maʳ] VT to spread manure on
estrume [iʃ'trumi] M manure
estrutura [iʃtru'tura] F structure; (*armação*) framework; (*de edifício*) fabric
estrutural [iʃtrutu'raw] (*pl* **-ais**) ADJ structural
estruturalismo [iʃtrutura'liʒmu] M structuralism
estruturar [iʃtrutu'raʳ] VT to structure
estuário [iʃtu'arju] M estuary
estudado, -a [iʃtu'dadu, a] ADJ (*fig*) studied, affected
estudantada [iʃtudã'tada] F students *pl*
estudante [iʃtu'dãtʃi] M/F student; **estudantil** [iʃtudã'tʃiw] (*pl* **-is**) ADJ student *atr*
estudar [iʃtu'daʳ] VT, VI to study
estúdio [iʃ'tudʒu] M studio
estudioso, -a [iʃtudʒozu, ɔza] ADJ studious ■ M/F student
estudo [iʃ'tudu] M study; **~ de caso** case study; **~ de viabilidade** feasibility study
estufa [iʃ'tufa] F (*fogão*) stove; (*de plantas*) greenhouse; (*de fogão*) plate warmer; **este quarto é uma ~** this room is like an oven
estufado [iʃtu'fadu] (*PT*) M stew
estufar [iʃtu'faʳ] VT (*peito*) to puff up; (*almofada*) to stuff
estulto, -a [iʃ'tuwtu, a] ADJ foolish, silly
estupefação [iʃtupefa'sãw] (*PT* **-cç-**) F amazement, astonishment
estupefato, -a [iʃtupe'fatu, a] (*PT* **-ct-**) ADJ

NB: *European Portuguese adds the following consonants to certain words:* **b** (sú(b)dito, su(b)til); **c** (a(c)ção, a(c)cionista, a(c)to); **m** (inde(m)ne); **p** (ado(p)çã, ado(p)tar); *for further details see p. xiii.*

dumbfounded; **ele me olhou ~** he looked at me in astonishment

estupendo, -a [iʃtu'pẽdu, a] ADJ wonderful; (*col*) fantastic, terrific

estupidamente [iʃtupida'mẽtʃi] ADV stupidly; **uma cerveja ~ gelada** (*col*) an ice-cold beer

estupidez [iʃtupi'dez] F stupidity; (*ato, dito*) stupid thing; (*grosseria*) rudeness; **que ~!** what a stupid thing to do! (*ou* to say!)

estúpido, -a [iʃ'tupidu, a] ADJ stupid; (*grosseiro*) rude, churlish ■ M/F idiot; (*grosseiro*) oaf; **calor ~** incredible heat

estupor [iʃtu'por] M stupor; (*fig: pessoa de mau caráter*) bad lot; (: *pessoa feia*) fright

estuporado, -a [iʃtupo'radu, a] ADJ (*estragado*) ruined; (*cansado*) tired out; (*ferido*) seriously injured

estuporar-se [iʃtupo'raxsi] (*col*) VR (*num acidente*) to be seriously injured

estuprador [iʃtupra'dor] M rapist

estuprar [iʃtu'prar] VT to rape; **estupro** [iʃ'tupru] M rape

estuque [iʃ'tuki] M stucco; (*massa*) plaster

esturricado, -a [iʃtuxi'kadu, a] ADJ (*seco*) shrivelled, dried out; (*roupa*) skimpy, tight

esturricar [iʃtuxi'kar] VT, VI to shrivel, dry out

esvaecer-se [iʒvaje'sexsi] VR to fade away, vanish

esvair-se [iʒva'jixsi] VR to vanish, disappear; **~ em sangue** to lose a lot of blood

esvaziamento [iʒvazja'mẽtu] M emptying

esvaziar [iʒva'zjar] VT to empty; **esvaziar-se** VR to empty

esverdeado, -a [iʒvex'dʒjado, a] ADJ greenish

esvoaçante [iʒvwa'sãtʃi] ADJ billowing

esvoaçar [iʒvoa'sar] VI to flutter

ETA ['ɛta] ABR M: **Euskadi Ta Askatasuna** ETA

eta ['eta] (*col*) EXCL: **~ fílme chato!** what a boring film!; **~ ferro!** gosh!

etapa [e'tapa] F (*fase*) stage; **por ~s** in stages

etário, -a [e'tarju, a] ADJ age *atr*

etc. ABR (= *et cetera*) etc

éter ['ɛter] M ether

eternidade [etexni'dadʒi] F eternity

eternizar [etexni'zar] VT (*fazer eterno*) to make eternal; (*nome, pessoa*) to immortalize; (*discussão, processo*) to drag out; **eternizar-se** VR to be immortalized; to drag on

eterno, -a [e'texnu, a] ADJ eternal

ética ['ɛtʃika] F ethics *pl*

ético, -a ['ɛtʃiku, a] ADJ ethical

etimologia [etʃimolo'ʒia] F etymology

etíope [e'tʃiopi] ADJ, M/F Ethiopian

Etiópia [e'tʃjɔpja] F: **a ~** Ethiopia

etiqueta [etʃi'keta] F (*maneiras*) etiquette; (*rótulo, em roupa*) label; (*que se amarra*) tag; **~ adesiva** adhesive *ou* stick-on label

etiquetar [etʃike'tar] VT to label

étnico, -a ['ɛtʃniku, a] ADJ ethnic

etnocêntrico, -a [etʃno'sẽtriku, a] ADJ ethnocentric

etnografia [etʃnogra'fia] F ethnography

etnologia [etʃnolo'ʒia] F ethnology

etos ['ɛtuʃ] M INV ethos

eu [ew] PRON I ■ M self; **sou eu** it's me; **eu mesmo** I myself; **eu, hein?** I don't know ... (how strange!)

EUA ABR MPL (= *Estados Unidos da América*) USA; **nos ~** in the USA

eucalipto [ewka'liptu] M eucalyptus

eucaristia [ewkariʃ'tʃia] F Holy Communion

eufemismo [ewfe'miʒmu] M euphemism

eufonia [ewfo'nia] F euphony

euforia [ewfo'ria] F euphoria

eunuco [ew'nuku] M eunuch

euro ['ewru] M (*moeda*) euro

Europa [ew'rɔpa] F: **a ~** Europe

européia [euro'pɛja] F *de* **europeu**

europeizar [ewropeji'zar] VT to Europeanize; **europeizar-se** VR to become Europeanized

europeu, -péia [ewro'peu, 'pɛ] ADJ, M/F European

eutanásia [ewta'nazja] F euthanasia

evacuação [evakwa'sãw] (*pl* **-ões**) F evacuation

evacuar [eva'kwar] VT to evacuate; (*sair de*) to leave; (*Med*) to discharge ■ VI to defecate

evadir [eva'dʒir] VT to evade; (*col*) to dodge; **evadir-se** VR to escape

evanescente [evane'sẽtʃi] ADJ fading, vanishing

evangelho [evã'ʒeʎu] M gospel

evangélico, -a [evã'ʒɛliku, a] ADJ evangelical

evaporação [evapora'sãw] F evaporation

evaporar [evapo'rar] VT, VI to evaporate; **evaporar-se** VR to evaporate; (*desaparecer*) to vanish

evasão [eva'zãw] (*pl* **-ões**) F escape, flight; (*fig*) evasion; **~ de impostos** tax avoidance

evasê [eva'ze] ADJ (*saia*) flared

evasiva [eva'ziva] F excuse

evasivo, -a [eva'zivu, a] ADJ evasive

evasões [eva'zõjʃ] FPL *de* **evasão**

evento [e'vẽtu] M (*acontecimento*) event; (*eventualidade*) eventuality

eventual [evẽ'tuaw] (*pl* **-ais**) ADJ fortuitous, accidental; **eventualidade** [evẽtwali'dadʒi] F eventuality

evicção [evik'sãw] (*pl* **-ões**) F (*Jur*) eviction

evidência [evi'dẽsja] F evidence, proof; **evidenciar** [evidẽ'sjar] VT (*comprovar*) to prove; (*mostrar*) to show; **evidenciar-se** VR to be evident, be obvious

evidente [evi'dẽtʃi] ADJ obvious, evident

evitar [evi'tar] VT to avoid; **~ de fazer algo** to avoid doing sth

evitável [evi'tavew] (*pl* **-eis**) ADJ avoidable

evocação [evoka'sãw] (*pl* **-ões**) F evocation; (*de espíritos*) invocation

evocar [evo'kar] VT to evoke; (*espíritos*) to invoke

evolução [evolu'sãw] (*pl* **-ões**) F (*desenvolvimento*) development; (*Mil*) manoeuvre (*Brit*), maneuver (*US*); (*movimento*) movement; (*Bio*) evolution

evoluído, -a [evo'lwidu, a] ADJ advanced; (*pessoa*) broad-minded

evoluir[evo'lwir] VI to evolve; **~ para** to evolve into; **ela não evolviu com os tempos** she hasn't moved with the times
ex-[eʃ-, eʒ-] PREFIXO ex-, former
Ex.ª ABR = **Excelência**
exacerbação[ezasexba'sãw] F worsening; (*exasperação*) irritation
exacerbante[ezasex'bãtʃi] ADJ exacerbating
exacerbar[ezasex'bar] VT (*irritar*) to irritate, annoy; (*agravar*) to aggravate, worsen; (*revolta, indignação*) to deepen
exacto, -cta[e'zatu, a] (PT) = **exato** *etc*
exagerado, -a[ezaʒe'radu, a] ADJ (*relato*) exaggerated; (*maquilagem etc*) overdone; (*pessoa*): **ele é ~** (*na maneira de falar*) he exaggerates; (*nos gestos*) he overdoes it *ou* things
exagerar[ezaʒe'rar] VT to exaggerate ■ VI to exaggerate; (*agir com exagero*) to overdo it; **exagero**[eza'ʒeru] M exaggeration
exalações[ezala'zõjʃ] FPL fumes
exalar[eza'lar] VT (*odor*) to give off
exaltação[ezawta'sãw] F (*de virtudes etc*) exaltation; (*excitamento*) excitement; (*irritação*) annoyance
exaltado, -a[ezaw'tadu, a] ADJ (*fanático*) fanatical; (*apaixonado*) overexcited
exaltar[ezaw'tar] VT (*elevar: pessoa, virtude*) to exalt; (*louvar*) to praise; (*excitar*) to excite; (*irritar*) to annoy; **exaltar-se** VR (*irritar-se*) to get worked up; (*arrebatar-se*) to get carried away
exame[e'zami] M (*Educ*) examination, exam; (*Med etc*) examination; **fazer um ~** (*Educ*) to take an exam; (*Med*) to have an examination; **~ de direção** driving test; **~ de sangue** blood test; **~ médico** medical (examination); **(~) vestibular** university entrance exam
examinador, a[ezamina'dor(a)] M/F examiner ■ ADJ examining
examinando, -a[ezami'nãdu, a] M/F (exam) candidate
examinar[ezami'nar] VT to examine
exangue[e'zãgi] ADJ (*sem sangue*) bloodless
exasperação[ezaʃpera'sãw] F exasperation
exasperador, a[ezaʃpera'dor(a)] ADJ exasperating
exasperante[ezaʃpe'rãtʃi] ADJ exasperating
exasperar[ezaʃpe'rar] VT to exasperate; **exasperar-se** VR to get exasperated
exatidão[ezatʃi'dãw] F (*precisão*) accuracy; (*perfeição*) correctness
exato, -a[e'zatu, a] ADJ (*certo*) right, correct; (*preciso*) exact; **~!** exactly!
exaurir[ezaw'rir] VT to exhaust, drain; **exaurir-se** VR to become exhausted
exaustão[ezaw'ʃtãw] F exhaustion
exaustar[ezaw'ʃtar] VT to exhaust, drain; **exaustar-se** VR to become exhausted
exaustivo, -a[ezaw'ʃtʃivu, a] ADJ (*tratado*) exhaustive; (*trabalho*) exhausting
exausto, -a[e'zawʃtu, a] PP *de* **exaurir** ■ ADJ exhausted
exaustor[ezaw'ʃtor] M extractor fan
exceção[ese'sãw] (*pl* **-ões**) F exception; **com ~ de** with the exception of; **abrir ~** to make an exception
excedente[ese'dẽtʃi] ADJ excess; (*Com*) surplus ■ M (*Com*) surplus; **(aluno)** *~ pupil who cannot be given a place because the school is full*
exceder[ese'der] VT to exceed; (*superar*) to surpass; **exceder-se** VR (*cometer excessos*) to go too far; (*cansar-se*) to overdo things; **~ em peso/brilho** to outweigh/outshine
excelência[ese'lẽsja] F excellence; **por ~** par excellence; **Vossa E~** Your Excellency; **excelente**[ese'lẽtʃi] ADJ excellent
excelentíssimo, -a[eselẽ'tʃisimu, a] ADJ SUPERL *de* **excelente**; (*tratamento*) honourable (*Brit*), honorable (*US*)
excelso, -a[e'sɛwsu, a] ADJ (*sublime*) sublime; (*excelente*) excellent
excentricidade[esẽtrisi'dadʒi] F eccentricity
excêntrico, -a[e'sẽtriku, a] ADJ, M/F eccentric
excepção[ese'sãw] (PT) F = **exceção**
excepcional[esepsjo'naw] (*pl* **-ais**) ADJ (*extraordinário*) exceptional; (*especial*) special; (*Med*) handicapped
excepcionalidade[esepsjonali'dadʒi] F exceptional nature
excepto *etc* [e'sɛtu] (PT) = **exceto** *etc*
excerto[e'sɛxtu] M fragment, excerpt
excessivo, -a[ese'sivu, a] ADJ excessive
excesso[e'sɛsu] M excess; (*Com*) surplus; **em ~** in excess; **~ de peso** excess weight; **~ de velocidade** excessive speed
exceto[e'sɛtu] PREP except (for), apart from
excetuar[ese'twar] VT to except, make an exception of; **todos, excetuando você** everyone except you
excitação[esita'sãw] F excitement
excitado, -a[esi'tadu, a] ADJ excited; (*estimulado*) aroused
excitante[esi'tãtʃi] ADJ exciting
excitar[esi'tar] VT to excite; (*estimular*) to arouse; **excitar-se** VR to get excited
excitável[esi'tavew] (*pl* **-eis**) ADJ excitable
exclamação[iʃklama'sãw] (*pl* **-ões**) F exclamation
exclamar[iʃkla'mar] VI to exclaim
exclamativo, -a[iʃklama'tʃivu, a] ADJ exclamatory; *v tb* **ponto**
excluir[iʃ'klwir] VT to exclude, leave out; (*eliminar*) to rule out; (*ser incompatível com*) to preclude; **exclusão**[iʃklu'zãw] F exclusion
exclusividade[iʃkluzivi'dadʒi] F exclusiveness; (*Com*) exclusive rights *pl*; **com ~ no "Globo"** only in the "Globo"
exclusivo, -a[iʃklu'zivu, a] ADJ exclusive; **para uso ~ de** for the sole use of

NB: *European Portuguese adds the following consonants to certain words*: **b** (sú(b)dito, su(b)til); **c** (a(c)ção, a(c)cionista, a(c)to); **m** (inde(m)ne); **p** (ado(p)çã, ado(p)tar); *for further details see p. xiii.*

excluso, -a [iʃ'kluzu, a] ADJ excluded
excomungar [iʃkomũ'gaʳ] VT to excommunicate
excremento [iʃkre'mẽtu] M excrement
excruciante [iʃkru'sjãtʃi] ADJ excruciating
excursão [iʃkux'sãw] (*pl* **-ões**) F trip, outing; (*em grupo*) excursion; **~ a pé** hike
excursionar [iʃkuxsjo'naʳ] VI to go on a trip; **~ pela Europa** *etc* to tour Europe *etc*
excursionista [iʃkuxsjo'niʃta] M/F tourist; (*para o dia*) day-tripper; (*a pé*) hiker
excursões [iʃkux'sõjʃ] FPL *de* **excursão**
execrável [eze'kravew] (*pl* **-eis**) ADJ execrable, deplorable
execução [ezeku'sãw] (*pl* **-ões**) F execution; (*de música*) performance; **~ de hipoteca** (*Com*) foreclosure
executante [ezeku'tãtʃi] M/F player, performer
executar [ezeku'taʳ] VT to execute; (*Mús*) to perform; (*plano*) to carry out; (*papel teatral*) to play; **~ uma hipoteca** (*Com*) to foreclose on a mortgage
executivo, -a [ezeku'tʃivu, a] ADJ, M/F executive
executor, a [ezeku'toʳ(a)] M/F executioner
exemplar [ezẽ'plaʳ] ADJ exemplary ■ M model, example; (*Bio*) specimen; (*livro*) copy; (*peça*) piece
exemplificar [ezẽplifi'kaʳ] VT to exemplify
exemplo [e'zẽplu] M example; **por ~** for example; **dar o ~** to set an example; **servir de ~ a alguém** to be an example to sb; **a ~ de** just like; **a ~ do que** just as; **ela é um ~ de bondade** she's a model of kindness
exéquias [e'zɛkjaʃ] FPL funeral rites
exeqüível [eze'kwivew] (*pl* **-eis**) ADJ feasible
exercer [ezex'seʳ] VT to exercise; (*influência, pressão*) to exert; (*função*) to perform; (*profissão*) to practise (*Brit*), practice (*US*); (*obrigações*) to carry out
exercício [ezex'sisju] M (*ginástica, Educ*) exercise; (*de medicina*) practice; (*de direitos*) exercising; (*Mil*) drill; (*Com*) financial year; **em ~** (*funcionário*) in office; (*professor etc*) in service; **em pleno ~ de suas faculdades mentais** in full command of one's mental faculties; **~ anterior/corrente** (*Com*) previous/current (financial) year
exercitar [ezexsi'taʳ] VT (*profissão*) to practise (*Brit*), practice (*US*); (*direitos, músculos*) to exercise; (*adestrar*) to train
exército [e'zɛxsito] M army
exibição [ezibi'sãw] (*pl* **-ões**) F show, display; (*de filme*) showing
exibicionismo [ezibisjo'niʒmu] M flamboyance; (*Psico*) exhibitionism
exibicionista [ezibisjo'niʃta] ADJ flamboyant; (*Psico*) exhibitionist ■ M/F flamboyant character; exhibitionist
exibições [ezibi'sõjʃ] FPL *de* **exibição**
exibido, -a [ezi'bidu, a] ADJ (*exibicionista*) flamboyant ■ M/F show-off
exibidor, a [ezibi'doʳ(a)] M/F exhibitor; (*Cinema*) cinema owner
exibir [ezi'biʳ] VT to show, display; (*alardear*) to show off; (*filme*) to show, screen; **exibir-se** VR to show off; (*indecentemente*) to expose o.s.
exigência [ezi'ʒẽsja] F demand; (*o necessário*) requirement; **exigente** [ezi'ʒẽtʃi] ADJ demanding; **ser exigente com alguém** to be hard on sb
exigibilidades [eziʒibili'dadʒiʃ] FPL (*Com*) liabilities
exigir [ezi'ʒiʳ] VT to demand; **~ que alguém faça algo** to demand that sb do sth; **o médico exigiu-lhe repouso absoluto** the doctor ordered him to have complete rest
exigível [ezi'ʒivew] (*pl* **-eis**) ADJ (*Com: passivo*): **~ a curto/longo prazo** current/long-term liabilities *pl*
exíguo, -a [e'zigwu, a] ADJ (*diminuto*) small; (*escasso*) scanty
exilado, -a [ezi'ladu, a] ADJ exiled ■ M/F exile
exilar [ezi'laʳ] VT to exile; (*pessoa indesejável*) to deport; **exilar-se** VR to go into exile; **exílio** [e'zilju] M exile; (*forçado*) deportation
exímio, -a [e'zimju, a] ADJ (*eminente*) famous, distinguished; (*excelente*) excellent
eximir [ezi'miʳ] VT: **~ de** to exempt from; (*obrigação*) to free from; (*culpa*) to clear of; **eximir-se** VR: **eximir-se de** to avoid, shun
existência [eziʃ'tẽsja] F existence; (*vida*) life
existencial [eziʃtẽ'sjaw] (*pl* **-ais**) ADJ existential
existencialismo [eziʃtẽsja'liʒmu] M existentialism
existencialista [eziʃtẽsja'liʃta] ADJ, M/F existentialist
existente [eziʃ'tẽtʃi] ADJ extant; (*vivente*) living
existir [eziʃ'tʃiʳ] VI to exist; **existe/existem ...** (*há*) there is/are ...; **ela não existe** (*col*) she's incredible
êxito ['ezitu] M (*resultado*) result; (*sucesso*) success; (*música, filme etc*) hit; **ter ~ (em)** to succeed (in), be successful (in); **não ter ~ (em)** to fail (in), be unsuccessful (in)
Exmo(s), -a(s) ABR (= *Excelentíssimo(s)*) Dear
êxodo ['ezodu] M exodus
exoneração [ezonera'sãw] (*pl* **-ões**) F dismissal
exonerar [ezone'raʳ] VT (*demitir*) to dismiss; **~ de uma obrigação** to free from an obligation
exorbitante [ezoxbi'tãtʃi] ADJ (*preço*) exorbitant; (*pretensões*) extravagant; (*exigências*) excessive
exorcismo [ezox'siʒmu] M exorcism
exorcista [ezox'siʃta] M/F exorcist
exorcizar [ezoxsi'zaʳ] VT to exorcise
exortação [ɛzoxta'sãw] (*pl* **-ões**) F exhortation
exortar [ezox'taʳ] VT: **~ alguém a fazer algo** to urge sb to do sth
exortativo, -a [ezoxta'tʃivu, a] ADJ (*tom*) encouraging
exótico, -a [e'zɔtʃiku, a] ADJ exotic
exotismo [ezo'tʃiʒmu] M exoticism, exotic nature
expandir [iʃpã'dʒiʳ] VT to expand; (*espalhar*) to spread; **expandir-se** VR (*dilatar-se*) to expand; **~-se com alguém** to be frank with sb
expansão [iʃpã'sãw] F expansion, spread; (*de*

alegria) effusiveness
expansividade [iʃpãsivi'dadʒi] F outgoing nature
expansivo, -a [iʃpã'sivu, a] ADJ (*pessoa*) outgoing
expatriação [iʃpatrja'sãw] F expatriation
expatriado, -a [iʃpa'trjadu, a] ADJ, M/F expatriate
expatriar [iʃpa'trjaʳ] VT to expatriate
expeça *etc* [iʃ'pɛsa] VB *v* **expedir**
expectativa [iʃpekta'tʃiva] F (*esperança*) expectation; **na ~ de** in expectation of; **estar na ~** to be expectant; (*em suspense*) to be in suspense; **~ de vida** life expectancy
expectorante [iʃpekto'rãtʃi] ADJ, M expectorant
expectorar [iʃpekto'raʳ] VT to cough up ■ VI to expectorate
expedição [iʃpedʒi'sãw] (*pl* **-ões**) F (*viagem*) expedition; (*de mercadorias*) despatch; (*por navio*) shipment; (*de passaporte etc*) issue
expediência [iʃpe'dʒjẽsja] F (*desembaraço*) efficiency
expediente [iʃpe'dʒjẽtʃi] M means; (*serviço*) working day; (*correspondência*) correspondence ■ ADJ expedient; **~ bancário** banking hours *pl*; **~ do escritório** office hours *pl*; **meio ~** part-time working; **só trabalho meio ~** I only work part-time; **viver de ~s** to live on one's wits; **ser** *ou* **ter ~** (*pessoa*) to be resourceful, have initiative
expedir [iʃpe'dʒiʳ] VT (*enviar*) to send, despatch; (*bilhete, passaporte, decreto*) to issue
expedito, -a [iʃpe'dʒitu, a] ADJ prompt, speedy; (*pessoa*) efficient
expelir [iʃpe'liʳ] VT (*expulsar*) to expel; (*sangue*) to spit
experiência [iʃpe'rjẽsja] F (*prática*) experience; (*prova*) experiment, test; **em ~** on trial
experienciar [iʃperjẽ'sjaʳ] VT to experience
experiente [iʃpe'rjẽtʃi] ADJ experienced
experimentação [iʃperimẽta'sãw] F experimentation
experimentado, -a [iʃperimẽ'tadu, a] ADJ (*experiente*) experienced; (*testado*) tried; (*provado*) tested
experimental [iʃperimẽ'taw] (*pl* **-ais**) ADJ experimental
experimentar [iʃperimẽ'taʳ] VT (*comida*) to taste; (*vestido*) to try on; (*pôr à prova*) to try out, test; (*conhecer pela experiência*) to experience; (*sofrer*) to suffer, undergo; **~ fazer algo** to try doing sth, have a go at doing sth; **experimento** [iʃperi'mẽtu] M (*científico*) experiment
expiar [iʃ'pjaʳ] VT to atone for
expiatório, -a [iʃpja'tɔrju, a] ADJ *v* **bode**
expilo *etc* [iʃ'pilu] VB *v* **expelir**
expiraçao [iʃpira'sãw] (*pl* **-ões**) F (*de ar*) exhalation; (*termo*) expiry
expirar [iʃpi'raʳ] VT (*ar*) to exhale, breathe out ■ VI (*morrer*) to die; (*terminar*) to end
explanação [iʃplana'sãw] (*pl* **-ões**) F explanation
explanar [iʃpla'naʳ] VT to explain
explicação [iʃplika'sãw] (*pl* **-ões**) F explanation; (*PT: lição*) private lesson
explicar [iʃpli'kaʳ] VT, VI to explain; **explicar-se** VR to explain o.s.; **isto não se explica** this does not make sense
explicável [iʃpli'kavew] (*pl* **-eis**) ADJ explicable, explainable
explícito, -a [iʃ'plisitu, a] ADJ explicit, clear
explodir [iʃplo'dʒiʳ] VT (*bomba*) to explode ■ VI to explode, blow up
exploração [iʃplora'sãw] F (*de um país*) exploration; (*abuso*) exploitation; (*de uma mina*) running
explorador, a [iʃplora'doʳ(a)] ADJ exploitative ■ M/F (*descobridor*) explorer; (*de outros*) exploiter
explorar [iʃplo'raʳ] VT (*região*) to explore; (*mina*) to work, run; (*ferida*) to probe; (*trabalhadores etc*) to exploit
explosão [iʃplo'zãw] (*pl* **-ões**) F explosion, blast; (*fig*) outburst; **explosivo, -a** [iʃplo'zivu, a] ADJ explosive; (*pessoa*) hot-headed ■ M explosive
explosões [iʃplo'sõjʃ] FPL *de* **explosão**
Expoagro [eʃpu'agru] ABR F = **Exposição Agropecuária Internacional do Rio de Janeiro**
expor [iʃ'poʳ] (*irreg*) VT to expose; (*a vida*) to risk; (*teoria*) to explain; (*revelar*) to reveal; (*mercadorias*) to display; (*quadros*) to exhibit; **expor-se** VR to expose o.s.; **~(-se) a algo** to expose (o.s.) to sth; **seu rosto expõe sinais de cansaço** his face shows signs of tiredness
exportação [iʃpoxta'sãw] F (*ato*) export(ing); (*mercadorias*) exports *pl*
exportador, a [iʃpoxta'doʳ(a)] ADJ exporting ■ M/F exporter
exportar [iʃpox'taʳ] VT to export
expôs *etc* [iʃ'poʃ] VB *v* **expor**
exposição [iʃposi'sãw] (*pl* **-ões**) F (*exibição*) exhibition; (*explicação*) explanation; (*declaração*) statement; (*narração*) account; (*Foto*) exposure
expositor, a [iʃpozi'toʳ(a)] M/F exhibitor
exposto, -a [iʃ'poʃtu, 'pɔʃta] PP *de* **expor** ■ ADJ (*lugar*) exposed; (*quadro, mercadoria*) on show *ou* display ■ M: **o acima ~** the above; **estar ~ a algo** to be open *ou* exposed to sth
expressão [iʃpre'sãw] (*pl* **-ões**) F expression
expressar [iʃpre'saʳ] VT to express; **expressar-se** VR to express o.s.
expressividade [iʃpresivi'dadʒi] F expressiveness
expressivo, -a [iʃpre'sivu, a] ADJ expressive; (*pessoa*) demonstrative
expresso, -a [iʃ'prɛsu, a] PP *de* **exprimir** ■ ADJ (*manifesto*) definite, clear; (*trem, ordem, carta*) express ■ M express
expressões [iʃpre'sõjʃ] FPL *de* **expressão**
exprimir [iʃpri'miʳ] VT to express; **exprimir-se** VR to express o.s.

NB: *European Portuguese adds the following consonants to certain words*: **b** (sú(b)dito, su(b)til); **c** (a(c)ção, a(c)cionista, a(c)to); **m** (inde(m)ne); **p** (ado(p)çã, ado(p)tar); *for further details see p. xiii.*

expropriar [iʃpro'prjaʳ] VT to expropriate
expugnar [iʃpugi'naʳ] VT to take by storm
expulsado, -a [iʃpuw'sadu, a] PP *de* **expulsar**
expulsão [iʃpul'sãw] (*pl* **-ões**) F expulsion; (*Esporte*) sending off
expulsar [iʃpuw'saʳ] VT to expel; (*de uma festa, clube etc*) to throw out; (*inimigo*) to drive out; (*estrangeiro*) to expel, deport; (*jogador*) to send off
expulso, -a [iʃ'puwsu, a] PP *de* **expulsar**
expulsões [iʃpul'sõjʃ] FPL *de* **expulsão**
expunha *etc* [iʃ'puɲa] VB *v* **expor**
expurgar [iʃpux'gaʳ] VT to expurgate
expus *etc* [iʃ'puʃ] VB *v* **expor**
expuser *etc* [iʃpu'zeʳ] VB *v* **expor**
êxtase ['eʃtazi] M ecstasy; (*transe*) trance; **estar em ~** to be in a trance
extasiado, -a [iʃta'zjadu, a] ADJ entranced
extensão [iʃtẽ'sãw] (*pl* **-ões**) F (*ger, Tel*) extension; (*de uma empresa*) expansion; (*terreno*) expanse; (*tempo*) length, duration; (*de conhecimentos*) extent
extensivo, -a [iʃtẽ'sivu, a] ADJ extensive; **ser ~ a** to extend to
extenso, -a [iʃ'tẽsu, a] ADJ (*amplo*) extensive, wide; (*comprido*) long; (*conhecimentos*) extensive; (*artigo*) full, comprehensive; **por ~** in full
extensões [iʃtẽ'sõjʃ] FPL *de* **extensão**
extenuado, -a [iʃte'nwadu, a] ADJ (*esgotado*) worn out
extenuante [iʃte'nwãtʃi] ADJ exhausting; (*debilitante*) debilitating
extenuar [iʃte'nwaʳ] VT to exhaust; (*debilitar*) to weaken
exterior [iʃte'rjoʳ] ADJ (*de fora*) outside, exterior; (*aparência*) outward; (*comércio*) foreign ■ M (*da casa*) outside; (*aspecto*) outward appearance; **do ~** (*do estrangeiro*) from abroad; **no ~** abroad
exteriorizar [iʃterjori'zaʳ] VT to show, manifest
exteriormente [iʃterjox'mẽtʃi] ADV on the outside
exterminação [iʃtexmina'sãw] F extermination
exterminar [iʃtexmi'naʳ] VT (*inimigo*) to wipe out, exterminate; (*acabar com*) to do away with
extermínio [iʃtex'minju] M extermination, wiping out
externato [iʃtex'natu] M day school
externo, -a [iʃ'tɛxnu, a] ADJ external; (*aparente*) outward; **aluno ~** day pupil; **"para uso ~"** "external use only"
extinção [iʃtʃĩ'sãw] F extinction
extinguir [iʃtʃĩ'giʳ] VT (*fogo*) to put out, extinguish; (*um povo*) to wipe out; **extinguir-se** VR (*fogo, luz*) to go out; (*Bio*) to become extinct
extinto, -a [iʃ'tʃĩtu, a] ADJ (*fogo*) extinguished; (*língua*) dead; (*animal, vulcão*) extinct; (*associação etc*) defunct; (*pessoa*) dead; **extintor** [iʃtĩ'toʳ] M (fire) extinguisher
extirpar [iʃtix'paʳ] VT (*desarraigar*) to uproot; (*corrupção*) to eradicate; (*tumor*) to remove
extorquir [iʃtox'kiʳ] VT to extort
extorsão [iʃtox'sãw] F extortion
extorsivo, -a [iʃtox'sivu, a] ADJ extortionate
extra ['ɛʃtra] ADJ extra ■ M/F extra person; (*Teatro*) extra; *v tb* **hora**
extração [iʃtra'sãw] (*PT* **-cç-**, *pl* **-ões**) F extraction; (*de loteria*) draw
extraconjugal [eʃtrakõʒu'gaw] (*pl* **-ais**) ADJ extramarital
extracto [iʃ'tratu] (*PT*) M = **extrato**
extracurricular [eʃtrakuxiku'laʳ] ADJ extracurricular
extradição [eʃtradʒi'sãw] F extradition
extraditar [eʃtradʒi'taʳ] VT to extradite
extrafino, -a [eʃtra'finu, a] ADJ extra high-quality
extrair [iʃtra'jiʳ] VT to extract, take out
extra-oficial (*pl* **-ciais**) ADJ unofficial
extraordinário, -a [iʃtraoxdʒi'narju, a] ADJ extraordinary; (*despesa*) extra; (*reunião*) special; **nada de ~** nothing out of the ordinary
extrapolar [iʃtrapo'laʳ] VT to extrapolate
extraterrestre [eʃtrate'xɛʃtri] ADJ extraterrestrial
extrato [iʃ'tratu] M extract; (*resumo*) summary; **~ (bancário)** (bank) statement
extravagância [iʃtrava'gãsja] F extravagance; **extravagante** [iʃtrava'gãtʃi] ADJ extravagant; (*roupa*) outlandish; (*conduta*) wild
extravasar [iʃtrava'zaʳ] VI to overflow
extraviado, -a [iʃtra'vjadu, a] ADJ lost, missing
extraviar [iʃtra'vjaʳ] VT (*perder*) to mislay; (*pessoa*) to lead astray; (*dinheiro*) to embezzle; **extraviar-se** VR to get lost; **extravio** [iʃtra'viu] M (*perda*) loss; (*roubo*) embezzlement; (*fig*) deviation
extremado, -a [iʃtre'madu, a] ADJ extreme
extremar-se [iʃtre'maxsi] VR to do one's utmost, make every effort; (*distinguir-se*) to distinguish o.s.; **~ em gentilezas** to show extreme kindness
extrema-unção (*pl* **extrema-unções**) F (*Rel*) extreme unction
extremidade [iʃtremi'dadʒi] F extremity; (*do dedo*) tip; (*ponta*) end; (*beira*) edge
extremo, -a [iʃ'trɛmu, a] ADJ extreme ■ M extreme; **extremos** MPL (*carinho*) doting *sg*; (*descomedimento*) extremes; **ao ~** extremely; **de um ~ a outro** from one extreme to another
extremoso, -a [iʃtre'mozu, ɔza] ADJ doting
extroversão [eʃtrovex'sãw] F extroversion
extroverso, -a [eʃtro'vɛxsu, a] ADJ extrovert
extroverter-se [eʃtrovex'texsi] VR to be outgoing
extrovertido, -a [eʃtrovex'tʃidu, a] ADJ extrovert, outgoing ■ M/F extrovert
exu [e'ʃu] M devil (*in voodoo rituals*)
exuberância [ezube'rãsja] F exuberance
exuberante [ezube'rãtʃi] ADJ exuberant
exultação [ezuwta'sãw] F joy, exultation
exultante [ezuw'tãtʃi] ADJ jubilant, exultant
exultar [ezuw'taʳ] VI to rejoice
exumar [ezu'maʳ] VT (*corpo*) to exhume; (*fig*) to dig up
ex-voto M votive offering

Ff

F, f ['ɛfi] (*pl* **fs**) M F, f; **F de Francisco** F for Frederick (*Brit*) *ou* fox (*US*)
f ABR = **folha**
F-1 ABR = **Fórmula Um**
fá [fa] M (*Mús*) F
fã [fã] (*col*) M/F fan
FAB ['fabi] ABR F = **Força Aérea Brasileira**
fábrica ['fabrika] F factory; **~ de cerveja** brewery; **~ de conservas** cannery; **~ de papel** paper mill; **a preço de ~** wholesale
fabricação [fabrika'sãw] F manufacture; **de ~ caseira/própria** home-made/own-brand; **~ em série** mass production
fabricante [fabri'kãtʃi] M/F manufacturer
fabricar [fabri'ka^{r}] VT to manufacture, make; (*inventar*) to fabricate
fabrico [fa'briku] M production
fabril [fa'briw] (*pl* **-is**) ADJ: **indústria ~** manufacturing industry
fábula ['fabula] F fable; (*conto*) tale; (*BR: grande quantia*) fortune
fabuloso, -a [fabu'lozu, ɔza] ADJ fabulous
faca ['faka] F knife; **é uma ~ de dois gumes** (*fig*) it's a two-edged sword; **entrar na ~** (*col*) to be operated on, to go under the knife; **ter a ~ e o queijo na mão** (*fig*) to have things in hand
facada [fa'kada] F stab, cut; **dar uma facada em alguém** to stab sb; (*fig: col*) to touch sb for money
façanha [fa'saɲa] F exploit, deed
facão [fa'kãw] (*pl* **-ões**) M carving knife; (*para cortar o mato*) machete
facção [fak'sãw] (*pl* **-ões**) F faction
faccioso, -a [fak'ajozu, ɔza] ADJ factious
facções [fak'sõjʃ] FPL *de* **facção**
face ['fasi] F (*rosto, de moeda*) face; (*bochecha*) cheek; **em ~ de** in view of; **fazer ~ a** to face up to; **~ a ~** face to face; **disquete de ~ simples/dupla** (*Comput*) single-/double-sided disk
faceiro, -a [fa'sejru, a] ADJ (*elegante*) smart; (*alegre*) cheerful
fáceis ['fasejʃ] ADJ PL *de* **fácil**
faceta [fa'seta] F facet
fachada [fa'ʃada] F façade, front; (*col: rosto*) face, mug (*col*)
facho ['faʃu] M beam
facial [fa'sjaw] (*pl* **-ais**) ADJ facial
fácil ['fasiw] (*pl* **-eis**) ADJ easy; (*temperamento, pessoa*) easy-going; (*mulher*) easy ■ ADV easily; **facilidade** [fasili'dadʒi] F ease; (*jeito*) facility; **facilidades** FPL (*recursos*) facilities; **ter facilidade para algo** to have a talent *ou* a facility for sth; **com facilidade** easily
facilimo, -a [fa'silimu, a] ADJ SUPERL *de* **fácil**
facilitação [fasilita'sãw] F facilitation; (*fornecimento*) provision
facilitar [fasili'ta^{r}] VT to facilitate, make easy; (*fornecer*): **~ algo a alguém** to provide sb with sth ■ VI (*agir sem cautela*) to be careless
facinora [fa'sinora] M criminal
fã-clube (*pl* **fãs-clubes**) M fan club
faço *etc* ['fasu] VB *v* **fazer**
facões [fa'kõjʃ] FPL *de* **facão**
fac-símile [fak-] (*pl* **-s**) M (*cópia*) facsimile; (*carta*) fax; (*máquina*) fax (machine); **enviar por ~** to fax
factício, -a [fak'tʃisju, a] ADJ unnatural
facto ['faktu] (*PT*) M = **fato**
factor [fak'to^{r}] (*PT*) M = **fator**
factótum [fak'tɔtũ] M factotum
factual [fak'twaw] (*pl* **-ais**) ADJ factual
factura *etc* [fak'tura] (*PT*) = **fatura** *etc*
faculdade [fakuw'dadʒi] F faculty; (*poder*) power; (*BR: escola*) university, college; (*corpo docente*) teaching staff (*Brit*), faculty (*US*); **fazer ~** to go to university *ou* college
facultar [fakuw'ta^{r}] VT (*permitir*) to allow; (*conceder*) to grant
facultativo, -a [fakuwta'tʃivu, a] ADJ optional ■ M/F doctor
fada ['fada] F fairy; **conto de ~s** fairy tale
fadado, -a [fa'dadu, a] ADJ destined
fada-madrinha (*pl* **fadas-madrinhas**) F fairy godmother
fadiga [fa'dʒiga] F fatigue
fadista [fa'dʒiʃta] M/F "fado" singer ■ M (*PT*) ruffian

NB: *European Portuguese adds the following consonants to certain words*: **b** (sú(b)dito, su(b)til); **c** (a(c)ção, a(c)cionista, a(c)to); **m** (inde(m)ne); **p** (ado(p)çã, ado(p)tar); *for further details see p. xiii.*

fado ['fadu] M fate; (*canção*) *traditional song of Portugal*

FADO

The best-known musical form in Portugal is the melancholic *fado*, which is traditionally sung by a soloist (known as a *fadista*) accompanied by the Portuguese *guitarra*. There are two main types of *fado*: Coimbra *fado* is traditionally sung by men, and is considered to be more cerebral than the *fado* from Lisbon, which is sung by both men and women. The theme is nearly always one of deep nostalgia known as *saudade*, and the harsh reality of life.

Faferj [fa'fɛxʒi] ABR F = **Federação das Associaçes das Favelas do Estado do Rio de Janeiro**

fagueiro, -a [fa'gejru, a] ADJ (*contente*) happy; (*agradável*) pleasant

fagulha [fa'guʎa] F spark

fahrenheit [farẽ'ajtʃi] ADJ INV Fahrenheit

faia ['faja] F beech (tree)

faina ['fajna] F toil, work; (*tarefa*) task, job

fair-play ['fɛxplej] M fair play

faisão [faj'zãw] (*pl* **-ães**) M pheasant

faísca [fa'iʃka] F spark; (*brilho*) flash

faiscante [faj'ʃkãtfi] ADJ flashing; (*fogo*) flickering

faiscar [fajʃ'ka^{r}] VI to sparkle; (*brilhar*) to flash

faisões [faj'zõjʃ] MPL *de* **faisão**

faixa ['fajʃa] F (*cinto, Judô*) belt; (*tira*) strip; (*área*) zone; (*Auto: pista*) lane; (BR: *para pedestres*) zebra crossing (*Brit*), crosswalk (*US*); (*Med*) bandage; (*num disco*) track; **~ etária** age group

faixa-título (*pl* **faixas-títulos**) F (*Mús*) title track

fajuto, -a [fa'ʒutu, a] (*col*) ADJ (*pão*) rough; (*falso: nota*) fake

fala ['fala] F speech; **chamar às ~s** to call to account; **sem ~** speechless; **perder a ~** to be struck dumb

falação [fala'sãw] (*pl* **-ões**) F (*ato*) talk; (*discurso*) speech

falácia [fa'lasja] F fallacy

falações [fala'sõjʃ] FPL *de* **falação**

faladeira [fala'dejra] F *de* **falador**

falado, -a [fa'ladu, a] ADJ (*caso etc*) talked about, much discussed; (*famoso*) well-known; (*de má fama*) notorious; (*Cinema*) talking

falador, -deira [fala'do^{r}] ADJ talkative ■ M/F chatterbox

falante [fa'lãtʃi] ADJ talkative

falar [fa'la^{r}] VT (*língua*) to speak; (*besteira etc*) to talk; (*dizer*) to say; (*verdade, mentira*) to tell ■ VI to speak, talk; (*discursar*) to speak; **falar-se** VR to talk to one another; **~ algo a alguém** to tell sb sth; **~ que** to say that; **~ de** *ou* **em algo** to talk about sth; **~ com alguém** to talk to sb; **por ~ em** speaking of; **por ~ nisso** by the way; **sem ~ em** not to mention; **~ alto** to talk loudly; **~ alto com alguém** (*fig*) to give sb a good talking-to; **sua consciência falou mais alto** his conscience got the better of him; **falou!, 'tá falado!** (*col*) OK!; **falando sério ...** but seriously ...; **~ sozinho** to talk to o.s.; **ele está falando da boca para fora** (*col*) he's just saying that, he doesn't mean it; **ele falou por ~** he was just saying that; **dar que ~** to cause a stir; **~ para dentro** to talk into one's beard; **~ pelos cotovelos** to talk one's head off; **eles não se falam** (*estão de mal*) they are not speaking to one another; **nem se fala!** definitely not!

falatório [fala'tɔrju] M (*ruído de vozes*) voices *pl*, talking; (*falar demorado*) diatribe; (*maledicência*) rumour (*Brit*), rumor (*US*)

falaz [fa'laʒ] ADJ deceptive, misleading; (*falso*) false

falcão [faw'kãw] (*pl* **-ões**) M falcon

falcatura [fawka'trua] F fraud

falcões [faw'kõjʃ] MPL *de* **falcão**

falecer [fale'se^{r}] VI to die

falecido, -a [fale'sidu, a] ADJ dead, late ■ M/F deceased

falecimento [falesi'mẽtu] M death

falência [fa'lẽsja] F bankruptcy; **abrir ~** to declare o.s. bankrupt; **ir à ~** to go bankrupt; **levar à ~** to bankrupt

falésia [fa'lɛzja] F cliff

falha ['faʎa] F (*defeito, Geo etc*) fault; (*lacuna*) omission; (*de caráter*) flaw

falhar [fa'ʎa^{r}] VI to fail; (*não acertar*) to miss; (*errar*) to be wrong; **o motor está falhando** the engine is missing; (*ao telefone*) break up; **sua voz está falhando** you're breaking up

falho, -a ['faʎu, a] ADJ faulty; (*deficiente*) wanting

fálico, -a ['faliku, a] ADJ phallic

falido, -a [fa'lidu, a] ADJ, M/F bankrupt

falir [fa'li^{r}] VI to fail; (*Com*) to go bankrupt

falível [fa'livew] (*pl* **-eis**) ADJ fallible

falo ['falu] M phallus

falsário, -a [faw'sarju, a] M/F forger

falsear [faw'sja^{r}] VT (*forjar*) to forge; (*falsificar*) to falsify; (*verdade*) to twist; **~ o pé** to blunder

falseta [faw'seta] (*col*) F dirty trick

falsete [faw'setʃi] M falsetto

falsidade [fawsi'dadʒi] F falsehood; (*fingimento*) pretence (*Brit*), pretense (*US*); (*mentira*) lie

falsificação [fawsifika'sãw] (*pl* **-ões**) F (*ato*) falsification; (*efeito*) forgery; (*falsa interpretação*) misrepresentation

falsificador, a [fawsifika'do^{r}(a)] M/F forger

falsificações [fawsifika'sõjʃ] FPL *de* **falsificação**

falsificar [fawsifi'ka^{r}] VT (*forjar*) to forge; (*falsear*) to falsify; (*adulterar*) to adulterate; (*desvirtuar*) to misrepresent

falso, -a ['fawsu, a] ADJ false; (*fraudulento*) dishonest; (*errôneo*) wrong; (*jóia, moeda, quadro*) fake; (*pessoa: insincero*) two-faced; **pisar em ~** to blunder

falta ['fawta] F (*carência*) lack; (*ausência*) absence; (*defeito, culpa*) fault; (*Futebol*) foul; **por** *ou* **na ~ de** for lack of; **sem ~** without fail; **cometer/**

cobrar uma ~ (*Futebol*) to commit a foul/take a free kick; **estar em ~ com alguém** to feel guilty about sb; **fazer ~** to be lacking, be needed; **ela faz ~** she is missed; **este livro não vai te fazer ~?** won't you need this book?; **sentir ~ de alguém/algo** to miss sb/sth; **ter ~ de** to lack, be in need of; **~ de água** water shortage; **~ de ânimo** lack of enthusiasm; **~ de educação** *ou* **modos** rudeness; **~ de tato** tactlessness

faltar [faw'taʳ] VI (*escassear*) to be lacking, be wanting; (*pessoa*) to be absent; (*falhar*) to fail; **~ ao trabalho** to be absent from work; **~ à palavra** to break one's word; **falta pouco para ...** it won't be long until ...; **falta uma semana para nossas férias** it's only a week until our holidays; **faltam 10 minutos para as 3** it's ten minutes to three; **faltam 3 páginas (para eu acabar)** there are 3 pages to go (before I finish); **faltam chegar duas pessoas** two people are still to come; **falta fazermos mais algumas coisas** there are still a few things for us to do; **só faltava essa!** that's all I (*ou* we *etc*) needed!; **nada me falta** I have all I need

falto, -a ['fawtu, a] ADJ: **~ de** lacking in, deficient in

faltoso, -a [faw'tozu, ɔza] ADJ (*culpado*) at fault; (*que costuma faltar*) frequently absent

fama ['fama] F (*renome*) fame; (*reputação*) reputation; **ter ~ de (ser) generoso** to be said to be generous; **de ~** famous; **de má ~** notorious, of ill repute

Famerj [fa'mɛʀʒi] ABR F = **Federação das Associações de Moradores do Estado do Rio de Janeiro**

famigerado, -a [famiʒe'radu, a] ADJ (*malfeitor*) notorious; (*autor etc*) famous

família [fa'milja] F family; (*Comput*) font ■ ADJ INV (*col*: *pessoa*) decent; (: *festa*) well-behaved; **de boa ~** from a good family; **estar em ~** to be one of the family, be among friends; **isso é de ~** this runs in the family, this is a family trait

familiar [fami'ljaʳ] ADJ (*da família*) family *atr*; (*conhecido*) familiar ■ M/F relation, relative; **familiaridade** [familjari'dadʒi] F familiarity; (*sem-cerimônia*) informality

familiarização [familjariza'sãw] F familiarization

familiarizar [familjari'zaʳ] VT to familiarize; **familiarizar-se** VR: **familiarizar-se com algo** to familiarize o.s. with sth

faminto, -a [fa'mĩtu, a] ADJ hungry; (*fig*): **~ de** eager for

famoso, -a [fa'mozu, ɔza] ADJ famous

fanático, -a [fa'natʃiku, a] ADJ fanatical ■ M/F fanatic

fanatismo [fana'tʃiʒmu] M fanaticism

fanhoso, -a [fa'ɲozu, ɔza] ADJ (*pessoa*) with a nasal voice; (*voz*) nasal; **falar** *ou* **ser ~** to talk through one's nose

faniquito [fani'kitu] (*col*) M attack of nerves

fantasia [fãta'zia] F fantasy; (*imaginação*) imagination; (*capricho*) fancy; (*traje*) fancy dress; **jóia (de) ~** (piece of) costume jewellery (*Brit*) *ou* jewelry (*US*)

fantasiar [fãta'zjaʳ] VT to imagine ■ VI to daydream; **fantasiar-se** VR to dress up (in fancy dress)

fantasioso, -a [fãta'zjozu, ɔza] ADJ imaginative

fantasista [fãta'ziʃta] ADJ imaginative

fantasma [fã'taʒma] M ghost; (*alucinação*) illusion

fantasmagórico, -a [fãtazma'gɔriku, a] ADJ ghostly

fantástico, -a [fã'taʃtʃiku, a] ADJ fantastic; (*ilusório*) imaginary; (*incrível*) unbelievable

fantoche [fã'toʃi] M puppet

fanzoca [fã'zɔka] (*col*) M/F great fan

faqueiro [fa'kejru] M (*jogo de talheres*) set of cutlery; (*pessoa*) cutler

faquir [fa'kiʳ] M fakir

faraó [fara'ɔ] M pharaoh

faraônico, -a [fara'oniku, a] ADJ (*fig*: *obra*) large-scale

farda ['faxda] F uniform

fardar [fax'daʳ] VT to dress in uniform

fardo ['faxdu] M bundle; (*carga*) load; (*fig*) burden

farei *etc* [fa'rej] VB *v* **fazer**

farejar [fare'ʒaʳ] VT to sniff around ■ VI to sniff

farelo [fa'rɛlu] M (*de pão*) crumb; (*de madeira*) sawdust; **~ de trigo** bran

farfalhante [faxfa'ʎãtʃi] ADJ rustling

farfalhar [faxfa'ʎaʳ] VI to rustle

farfalhudo, -a [faxfa'ʎudu, a] ADJ ostentatious

farináceo, -a [fari'nasju, a] ADJ (*alimento*) starchy; (*molho etc*) floury

farináceos [fari'nasjuʃ] MPL (*alimentos*) starchy foods

faringe [fa'rĩʒi] F pharynx

faringite [farĩ'ʒitʃi] F pharyngitis

farinha [fa'riɲa] F: **~ (de mesa)** (manioc) flour; **~ de arroz** rice flour; **~ de osso** bone meal; **~ de rosca** breadcrumbs *pl*; **~ de trigo** plain flour

farmacêutico, -a [faxma'sewtʃiku, a] ADJ pharmaceutical ■ M/F pharmacist, chemist (*Brit*)

farmácia [fax'masja] F pharmacy, chemist's (shop) (*Brit*); (*ciência*) pharmacy

farnel [fax'nɛw] (*pl* **-éis**) M (*provisões*) provisions *pl*; (*saco*) food parcel

faro ['faru] M sense of smell; (*fig*) flair

faroeste [fa'rwɛʃtʃi] M (*filme*) western; (*região*) wild west

farofa [fa'rɔfa] F (*Culin*) *side dish based on manioc flour*

farofeiro, -a [faro'fejru, a] M/F picnicker (*who comes to the beach from far away*)

NB: *European Portuguese adds the following consonants to certain words*: **b** (sú(b)dito, su(b)til); **c** (a(c)ção, a(c)cionista, a(c)to); **m** (inde(m)ne); **p** (ado(p)çã, ado(p)tar); *for further details see p. xiii.*

farol [fa'rɔw] (*pl* **-óis**) M lighthouse; (*Auto*) headlight; (*col*) bragging; **~ alto** (*Auto*) full (*Brit*) *ou* high (*US*) beam; **~ baixo** dipped headlights *pl* (*Brit*), dimmed beam (*US*); **contar ~** (*col*) to brag

faroleiro [faro'lejru] M lighthouse keeper; (*col*) braggart

farolete [faro'letʃi] M (*Auto*: *dianteiro*) sidelight; (*tb*: **farolete traseiro**) tail-light

farpa ['faxpa] F barb; (*estilha*) splinter

farpado, -a [fax'padu, a] ADJ: **arame ~** barbed wire

farra ['faxa] F binge, spree; **cair na ~** to go on the razzle; **só de** *ou* **por ~** just for the fun of it

farrapo [fa'xapu] M rag; **ela parecia um ~** she looked like a tramp; **esta blusa está um ~** this blouse is a sight

farrear [fa'xja^{r}] VI to go on a spree

farripas [fa'xipaʃ] FPL wisps of hair

farrista [fa'xiʃta] ADJ fun-loving ■ M/F party animal (*col*)

farsa ['faxsa] F farce; **farsante** [fax'sãtʃi] M/F joker; (*pessoa sem palavra*) smooth operator

farta ['faxta] F: **comer à ~** to eat one's fill

fartar [fax'ta^{r}] VT (*saciar*) to satiate; (*encher*) to fill up; **fartar-se** VR to gorge o.s.; **~-se de** (*cansar-se*) to get fed up with; **me fartei (de comer)** I'm full up

farto, -a ['faxtu, a] ADJ full, satiated; (*abundante*) plentiful; (*aborrecido*) fed up; **cabeleira farta** full head of hair, shock of hair

fartum [fax'tũ] (*pl* **-ns**) M stench

fartura [fax'tura] F abundance, plenty

fascículo [fa'sikulu] M (*de publicação*) instalment (*Brit*), installment (*US*)

fascinação [fasina'sãw] F fascination; **ter ~ por alguém** to be infatuated with sb

fascinante [fasi'nãtʃi] ADJ fascinating

fascinar [fasi'na^{r}] VT to fascinate; (*encantar*) to charm; **fascínio** [fa'sinju] M fascination

fascismo [fa'siʒmu] M fascism

fascista [fa'siʃta] ADJ, M/F fascist

fase ['fazi] F phase; (*etapa*) stage

fashion ['fɛʃjõ] (*col*) ADJ trendy

fastidioso, -a [faʃtʃi'dʒjozu, ɔza] ADJ tedious; (*enfadonho*) annoying

fastígio [faʃ'tʃiʒju] M (*fig*) height

fastio [faʃ'tʃiu] M lack of appetite; (*tédio*) boredom

fatal [fa'taw] (*pl* **-ais**) ADJ (*mortal*) fatal; (*inevitável*) fateful; **fatalidade** [fatali'dadʒi] F (*destino*) fate; (*desgraça*) disaster

fatalista [fata'liʃta] ADJ fatalistic ■ M/F fatalist

fatalmente [fataw'mẽtʃi] ADV (*de modo fatal*) fatally; (*certamente*) inevitably

fatia [fa'tʃia] F slice

fatídico, -a [fa'tʃidʒiku, a] ADJ fateful

fatigante [fatʃi'gãtʃi] ADJ tiring; (*aborrecido*) tiresome

fatigar [fatʃi'ga^{r}] VT to tire; (*aborrecer*) to bore; **fatigar-se** VR to get tired

Fátima ['fatima] F *see below*

FÁTIMA

Fátima, situated in central Portugal, is known worldwide as a site of pilgrimage for Catholics. It is said that, in 1917, the Virgin Mary appeared six times to three shepherd children (*os três pastorinhos*). Millions of pilgrims visit Fátima every year.

fato ['fatu] M fact; (*acontecimento*) event; (*PT*: *traje*) suit; **~ de banho** (*PT*) swimming costume (*Brit*), bathing suit (*US*); **~ consumado** fait accompli; **de ~** in fact, really; **o ~ é que ...** the fact remains that ...; **chegar às vias de ~** to come to blows

fator [fa'to^{r}] M factor

fatura [fa'tura] F bill, invoice

faturamento [fatura'mẽtu] M (*Com*: *volume de negócios*) turnover; (*faturar*) invoicing

faturar [fatu'ra^{r}] VT to invoice; (*dinheiro*) to make; (*col*: *gol*) to score, notch up ■ VI (*col*: *ganhar dinheiro*): **~ (alto)** to rake it in; **~ algo a alguém** to invoice sb for sth

fauna ['fawna] F fauna

fausto, -a ['fawʃtu, a] ADJ lucky ■ M luxury

fava ['fava] F (broad) bean; **mandar alguém às ~s** to send sb packing

favela [fa'vɛla] F slum, shanty town

favelado, -a [fave'ladu, a] M/F slum-dweller

favo ['favu] M honeycomb

favor [fa'vo^{r}] M favour (*Brit*), favor (*US*); **a ~ de** in favo(u)r of; **em ~ de** on behalf of; **por ~** please; **fazer um ~ para alguém** to do sb a favo(u)r; **faça** *ou* **faz o ~ de ...** would you be so good as to ..., kindly ...; **faça-me o ~!** (*col*) do me a favo(u)r!; **ter a seu ~** to have to one's credit; **favorável** [favo'ravew] (*pl* **-eis**) ADJ: **favorável (a)** favourable (*Brit*) *ou* favorable (*US*) (to)

favorecer [favore'se^{r}] VT to favour (*Brit*), favor (*US*); (*beneficiar*) to benefit; (*suj*: *vestido*) to suit; (: *retrato*) to flatter

favoritismo [favori'tʃizmu] M favouritism (*Brit*), favoritism (*US*)

favorito, -a [favo'ritu, a] ADJ, M/F favourite (*Brit*), favorite (*US*)

faxina [fa'ʃina] F: **fazer ~** to clean up; **faxineiro, -a** [faʃi'nejru, a] M/F (*pessoa*) cleaner

faz-de-conta [faj3-] M: **o ~** make-believe

fazedor, a [faze'do^{r}(a)] M/F maker

fazenda [fa'zẽda] F farm; (*de café*) plantation; (*de gado*) ranch; (*pano*) cloth, fabric; (*Econ*) treasury, exchequer (*Brit*); **fazendeiro** [fazẽ'dejru] M farmer; (*de café*) plantation-owner; (*de gado*) rancher, ranch-owner

PALAVRA CHAVE

fazer [fa'ze^{r}] VT **1** (*fabricar, produzir*) to make; (*construir*) to build; (*pergunta*) to ask; (*poema, música*) to write; **fazer um filme/ruído** to make

a film/noise; **eu fiz o vestido** I made the dress
2 (*executar: trabalho etc*) to do; **o que você está fazendo?** what are you doing?; **fazer a comida** to do the cooking; **fazer o papel de** (*Teatro*) to play
3 (*estudos, alguns esportes*) to do; **fazer medicina/direito** to do *ou* study medicine/law; **fazer ioga/ginástica** to do yoga/keep-fit
4 (*transformar, tornar*): **sair o fará sentir melhor** going out will make him feel better; **sua partida fará o trabalho mais difícil** his departure will make work more difficult
5 (*como sustituto de vb*): **ele bebeu e eu fiz o mesmo** he drank and I did likewise
6: **fazer anos, ele faz anos hoje** it's his birthday today; **fiz 30 anos ontem** I was 30 yesterday
■ VI **1** (*portar-se*) to act, behave; **fazer bem/mal** to do the right/wrong thing; **não fiz por mal** I didn't mean it; **faz como quem não sabe** act as if you don't know anything
2: **fazer com que alguém faça algo** to make sb do sth
■ VB IMPESS **1**: **faz calor/frio** it's hot/cold
2 (*tempo*): **faz um ano** a year ago; **faz dois anos que ele se formou** it's two years since he graduated; **faz três meses que ele está aqui** he's been here for three months
3: **não faz mal** never mind; **tanto faz** it's all the same
fazer-se VR **1**: **fazer-se de desentendido** to pretend not to understand
2: **faz-se com ovos e leite** it's made with eggs and milk; **isso não se faz** that's not done

faz-tudo [faj3-] M/F INV jack-of-all-trades
FBI ABR M (= *Federal Bureau of Investigation*) FBI
FC ABR M (= *Futebol Clube*) FC
FDLP ABR F (= *Frente Democrática para a Libertação da Palestina*) PFLP
fé [fɛ] F faith; (*crença*) belief; (*confiança*) trust; **de boa/má fé** in good/bad faith; **dar fé de** to bear witness to; **fazer fé em** to have faith in; **fé em Deus e pé na tábua** go for it
fealdade [feaw'dad3i] F ugliness
FEB ['fɛbi] ABR F (= *Força Expedicionária Brasileira*) *force sent out in World War II*
FEBEM [fe'bẽ] (BR) ABR F (= *Fundação Estadual do Bem-Estar do Menor*) *reform school*
febrão [fe'brãw] (*pl* **-ões**) M raging fever
febre ['fɛbri] F fever; (*fig*) excitement; **~ amarela** yellow fever; **~ de poder** *etc* hunger for power *etc*; **~ do feno** hay fever; **febril** [fe'briw] (*pl* **-is**) ADJ feverish
febrões [fe'brõjʃ] MPL *de* **febrão**
fecal [fe'kaw] (*pl* **-ais**) ADJ *v* **matéria**
fechada [fe'ʃada] F: **dar uma ~ em alguém** (*Auto*) to cut sb up; **levar uma ~** to be cut up
fechado, -a [fe'ʃadu, a] ADJ shut, closed; (*pessoa*) reserved; (*sinal*) red; (*luz, torneira*) off; (*tempo*) overcast; (*cara*) stern; **noite fechada** well into the night
fechadura [feʃa'dura] F (*de porta*) lock
fechamento [feʃa'mẽtu] M closure
fechar [fe'ʃaʳ] VT to close, shut; (*concluir*) to finish, conclude; (*luz, torneira*) to turn off; (*rua*) to close off; (*ferida*) to close up; (*bar, loja*) to close down; (*negócio*) to make; (*Auto*) to cut up ■ VI to close (up), shut; (*ferida*) to heal; (*sinal*) to turn red; to close down; (*tempo*) to cloud over; **fechar-se** VR to close, shut; (*pessoa*) to withdraw; **~-se no quarto** *etc* to shut o.s. away in one's room *etc*; **~ à chave** to lock; **~ a cara** to look annoyed; **ser de ~ o comércio** (*col*) to be a real show-stopper
fecho ['feʃu] M fastening; (*trinco*) latch; (*término*) close, closing; **~ ecler** zip fastener (*Brit*), zipper (*US*)
fécula ['fɛkula] F starch
fecundação [fekũda'sãw] F fertilization
fecundar [fekũ'daʳ] VT to fertilize, make fertile
fecundidade [fekũd3i'dad3i] F fertility
fecundo, -a [fe'kũdu, a] ADJ fertile; (*produtivo*) fruitful; (*fig*) prolific
fedelho, -a [fe'deʎu, a] M/F kid
feder [fe'deʳ] VI to stink; **não ~ nem cheirar** (*fig*) to be wishy-washy
federação [federa'sãw] (*pl* **-ões**) F federation
federal [fede'raw] (*pl* **-ais**) ADJ federal; (*col: grande*) huge
federativo, -a [federa'tʃivu, a] ADJ federal
fedor [fe'doʳ] M stench
fedorento, -a [fedo'rẽtu, a] ADJ stinking
FEEM (BR) ABR F (= *Fundação Estadual de Educação do Menor*) *children's home*
Feema [fe'ɛma] (BR) ABR F (= *Fundação Estadual de Engenharia do Meio Ambiente*) *environmental protection agency*
feérico, -a [fe'ɛriku, a] ADJ magical
feição [fej'sãw] (*pl* **-ões**) F form, shape; (*caráter*) nature; (*modo*) manner; **feições** FPL (*face*) features; **à ~ de** in the manner of
feijão [fej'3ãw] (*pl* **-ões**) M bean(s) (*pl*); (*preto*) black bean(s) (*pl*)
feijão-fradinho [-fra'd3iɲu] (*pl* **feijões-fradinhos**) M black-eyed bean(s) (*pl*)
feijão-mulatinho [-mula'tʃiɲu] (*pl* **feijões-mulatinhos**) M red kidney bean(s) (*pl*)
feijão-preto (*pl* **feijões-pretos**) M black bean(s) (*pl*)
feijão-soja (*pl* **feijões-sojas**) M soya bean(s) (*pl*) (*US*), soybean(s) (*pl*) (*US*)
feijão-tropeiro [-tro'pejru] (*pl* **feijões-tropeiros**) M (*Culin*) bean stew
feijoada [fej'3wada] F (*Culin*) meat, rice and black beans
feijoeiro [fej'3wejru] M bean plant

NB: *European Portuguese adds the following consonants to certain words*: **b** (sú(b)dito, su(b)til); **c** (a(c)ção, a(c)cionista, a(c)to); **m** (inde(m)ne); **p** (ado(p)çã, ado(p)tar); *for further details see p. xiii.*

feijões [fej'ʒõjʃ] MPL *de* **feijão**
feio, -a ['feju, a] ADJ ugly; (*situação*) grim; (*atitude*) bad; (*tempo*) horrible ■ ADV (*perder*) badly; **olhar ~** to give a filthy look; **fazer ~** to make a bad impression; **ficar ~** (*dar má impressão*) to look bad; (*situação*) to turn nasty; **quem ama o ~, bonito lhe parece** love is blind
feioso, -a [fe'jozu, ɔza] ADJ plain
feira ['fejra] F fair; (*mercado*) market; **fazer a ~** to go to market; **~ livre** market
feirante [fej'rãtʃi] M/F market trader, stallholder
feita ['fejta] F: **certa ~** once, on one occasion; **de uma ~** once and for all
feitiçaria [fejtʃisa'ria] F witchcraft, magic
feiticeira [fejtʃi'sejra] F witch
feiticeiro, -a [fejtʃi'sejru, a] ADJ bewitching, enchanting ■ M wizard
feitiço [fej'tʃisu] M charm, spell; **virou o ~ contra o feiticeiro** (*fig*) the tables were turned
feitio [fej'tʃiu] M shape, pattern; (*caráter*) nature, manner; (*Tec*) workmanship
feito, -a ['fejtu, a] PP *de* **fazer** ■ ADJ (*terminado*) finished, ready ■ M act, deed; (*façanha*) feat ■ CONJ like; **~ a mão** hand-made; **homem ~** grown man; **que é ~ dela?** what has become of her?; **bem ~ (por você)!** (it) serves you right!; **dito e ~** no sooner said than done; **estar ~** (*pessoa: ter dinheiro etc*) to have it made
feitor, a [fej'to^{r}(a)] M/F administrator; (*capataz*) supervisor
feitura [fej'tura] F work
feiúra [fe'jura] F ugliness
feixe ['fejfi] M bundle, bunch; (*Tec*) beam
fel [fɛw] M bile, gall; (*fig*) bitterness; **esse remédio é um ~** that medicine is really bitter
felicidade [felisi'dadʒi] F happiness; (*sorte*) good luck; (*êxito*) success; **felicidades** FPL (*congratulações*) congratulations
felicíssimo, -a [feli'sisimu, a] ADJ SUPERL *de* **feliz**
felicitações [felisita'sõjʃ] FPL congratulations, best wishes
felicitar [felisi'ta^{r}] VT: **~ alguém (por)** to congratulate sb (on)
felino, -a [fe'linu, a] ADJ feline; (*fig: traiçoeiro*) treacherous ■ M feline
feliz [fe'liʒ] ADJ happy; (*afortunado*) lucky; (*idéia, sugestão*) timely; (*próspero*) successful; (*expressão*) fortunate; **~ aniversário/Natal!** happy birthday/Christmas!; **dar-se por ~** to think o.s. lucky
felizardo, -a [feli'zaxdu, a] M/F lucky devil
felizmente [feliʒ'mẽtʃi] ADV fortunately
felonia [felo'nia] F (*traição*) treachery
felpa ['fewpa] F (*de animais*) down; (*de tecido*) nap
felpudo, -a [few'pudu, a] ADJ (*penujento*) fuzzy; (*peludo*) downy
feltro ['fewtru] M felt
fêmea ['femja] F (*Bio, Bot*) female
feminil [femi'niw] (*pl* **-is**) ADJ feminine
feminilidade [feminili'dadʒi] F femininity
feminino, -a [femi'ninu, a] ADJ feminine; (*sexo*) female; (*equipe, roupas*) women's ■ M (*Ling*) feminine
feminis [femi'niʃ] ADJ PL *de* **feminil**
feminismo [femi'niʒmu] M feminism
feminista [femi'niʃta] ADJ, M/F feminist
fêmur ['femu^{r}] M (*Anat*) femur
fenda ['fẽda] F slit, crack; (*Geo*) fissure
fender [fẽ'de^{r}] VT, VI to split, crack
fenecer [fene'se^{r}] VI to die; (*terminar*) to come to an end
feno ['fenu] M hay
fenomenal [fenome'naw] (*pl* **-ais**) ADJ phenomenal; (*espantoso*) amazing; (*pessoa*) brilliant
fenômeno [fe'nomenu] M phenomenon
fera ['fɛra] F wild animal; (*fig: pessoa cruel*) beast; (: *pessoa severa*) hothead; **ser ~ em algo** to be brilliant at sth; **ficar uma ~ (com alguém)** (*fig*) to get mad (with sb)
féretro ['fɛretru] M coffin
feriado [fe'rjadu] M holiday (*Brit*), vacation (*US*); **~ bancário** bank (*Brit*) *ou* public holiday
férias ['fɛrjaʃ] FPL holidays, vacation *sg*; **de ~** on holiday; **tirar ~** to have *ou* take a holiday
ferida [fe'rida] F wound, injury; **tocar na ~** (*fig*) to hit home; *v tb* **ferido**
ferido, -a [fe'ridu, a] ADJ injured; (*em batalha*) wounded; (*magoado*) hurt ■ M/F casualty
ferimento [feri'mẽtu] M injury; (*em batalha*) wound
ferino, -a [fe'rinu, a] ADJ (*cruel*) cruel; (*crítica, ironia*) biting
ferir [fe'ri^{r}] VT to injure; (*tb fig*) to hurt; (*em batalha*) to wound; (*ofender*) to offend
fermentar [fexmẽ'ta^{r}] VT to ferment; (*fig*) to excite ■ VI to ferment
fermento [fex'mẽtu] M yeast; **~ em pó** baking powder
ferocidade [ferosi'dadʒi] F fierceness, ferocity
ferocíssimo, -a [fero'sisimu, a] ADJ SUPERL *de* **feroz**
feroz [fe'roʒ] ADJ fierce, ferocious; (*cruel*) cruel
ferrado, -a [fe'xadu, a] ADJ (*cavalo*) shod; (*col: sem saída*) done for; **~ no sono** sound asleep
ferradura [fexa'dura] F horseshoe
ferragem [fe'xaʒẽ] (*pl* **-ns**) F (*peças*) hardware; (*guarnição*) metalwork; **loja de ferragens** ironmonger's (*Brit*), hardware store
ferramenta [fexa'mẽta] F tool; **~ de busca** (*Comput*) search engine; (*caixa de ferramentas*) tool kit
ferrão [fe'xãw] (*pl* **-ões**) M goad; (*de inseto*) sting
ferrar [fe'xa^{r}] VT to spike; (*cavalo*) to shoe; (*gado*) to brand; **ferrar-se** VR (*col*) to fail
ferreiro [fe'xejru] M blacksmith
ferrenho, -a [fe'xeɲu, a] ADJ (*vontade*) iron; (*marxista etc*) staunch
férreo, -a ['fɛxju, a] ADJ iron *atr*; (*Quím*) ferrous; (*vontade*) iron; (*disciplina*) strict; **via férrea** railway (*Brit*), railroad (*US*)

ferrete [fe'xetʃi] M branding iron; (*fig*) stigma
ferro ['fɛxu] M iron; **ferros** MPL (*algemas*) shackles, chains; **~ batido** wrought iron; **~ de passar** iron; **~ fundido** cast iron; **~ ondulado** corrugated iron; **a ~ e fogo** at all costs; **ninguém é/não sou de ~** (*fig*) we're all/I'm only human
ferrões [fe'xõjʃ] MPL *de* **ferrão**
ferrolho [fe'xoʎu] M (*trinco*) bolt
ferro-velho (*pl* **ferros-velhos**) M (*pessoa*) scrap metal dealer; (*lugar*) scrap metal yard; (*sucata*) scrap metal
ferrovia [fexo'via] F railway (*Brit*), railroad (*US*); **ferroviário, -a** [fexo'vjarju, a] ADJ railway *atr* (*Brit*), railroad *atr* (*US*) ■ M/F railway *ou* railroad worker
ferrugem [fe'xuʒẽ] F rust; (*Bot*) blight
fértil ['fɛxtʃiw] (*pl* **-eis**) ADJ fertile
fertilidade [fextʃili'dadʒi] F fertility; (*abundância*) fruitfulness
fertilizante [fextʃili'zãtʃi] ADJ fertilizing ■ M fertilizer
fertilizar [fextʃili'zaʳ] VT to fertilize
fervente [fex'vẽtʃi] ADJ boiling
ferver [fex'veʳ] VT, VI to boil; **~ de raiva/indignação** to seethe with rage/indignation; **~ em fogo baixo** (*Culin*) to simmer
fervilhar [fexvi'ʎaʳ] VI (*ferver*) to simmer; (*com excitação*) to hum; (*pulular*): **~ de** to swarm with
fervor [fex'voʳ] M fervour (*Brit*), fervor (*US*)
fervoroso, -a [fexvo'rozu, ɔza] ADJ fervent
fervura [fex'vura] F boiling
festa ['fɛʃta] F (*reunião*) party; (*conjunto de ceremônias*) festival; **festas** FPL (*carícia*) embrace; **boas ~s** Merry Christmas and a Happy New Year; **dia de ~** public holiday; **fazer ~ a alguém** to make a fuss of sb; **fazer ~(s) em alguém** to caress sb; **fazer a ~** (*fig*) to have a ball, have a whale of a time; **~ caipira** hoedown; **~ de arromba** (*col*) big party; **~ de embalo** (*col*) wild party
festança [feʃ'tãsa] F big party
festeiro, -a [feʃ'tejru, a] ADJ party-going
festejar [feʃte'ʒaʳ] VT (*celebrar*) to celebrate; (*acolher*) to welcome, greet; **festejo** [feʃ'teʒu] M (*festividade*) festivity; (*ato*) celebration
festim [feʃ'tʃĩ] (*pl* **-ns**) M feast
festival [feʃtʃi'vaw] (*pl* **-ais**) M festival
festividade [feʃtʃivi'dadʒi] F festivity
festivo, -a [feʃ'tʃivu, a] ADJ festive
fetiche [fe'tʃiʃi] M fetish
fetichismo [fetʃi'ʃiʒmu] M fetishism
fetichista [fetʃi'ʃiʃta] ADJ fetishistic ■ M/F fetishist
fétido, -a ['fɛtʃidu, a] ADJ foul
feto ['fɛtu] M (*Med*) foetus (*Brit*), fetus (*US*); (*Bot*) fern
feudal [few'daw] (*pl* **-ais**) ADJ feudal
feudalismo [fewda'liʒmu] M feudalism
fev. ABR = **fevereiro**
fevereiro [feve'rejru] (*PT* **F-**) M February; *v tb* **julho**
fez [feʒ] VB *v* **fazer**
fezes ['fɛziʃ] FPL faeces (*Brit*), feces (*US*)
FGTS (BR) ABR M (= *Fundo de Garantia por Tempo de Serviço*) *pension fund*
FGV (BR) ABR F (= *Fundação Getúlio Vargas*) *economic research agency*
fiação [fja'sãw] (*pl* **-ões**) F spinning; (*fábrica*) textile mill; (*Elet*) wiring; **fazer a ~ da casa** to rewire the house
fiada ['fjada] F (*fileira*) row, line
fiado, -a ['fjadu, a] ADJ (*a crédito*) on credit ■ ADV: **comprar/vender ~** to buy/sell on credit
fiador, a [fja'doʳ(a)] M/F (*Jur*) guarantor; (*Com*) backer
fiambre ['fjãbri] M cold meat; (*presunto*) ham
fiança ['fjãsa] F guarantee; (*Jur*) bail; **prestar ~ por** to stand bail for; **sob ~** on bail
fiapo ['fjapu] M thread
fiar ['fjaʳ] VT (*algodão etc*) to spin; (*confiar*) to entrust; (*vender a crédito*) to sell on credit; **fiar-se** VR: **fiar-se em** to trust
fiasco ['fjaʃku] M fiasco
FIBGE ABR F = **Fundação do Instituto Brasileiro de Geografia e Estatística**
fibra ['fibra] F fibre (*Brit*), fiber (*US*); (*fig*): **pessoa de ~** person of character; **~ ótica** optical fibre *ou* fiber

PALAVRA CHAVE

ficar [fi'kaʳ] VI **1** (*permanecer*) to stay; (*sobrar*) to be left; **ficar perguntando/olhando** *etc* to keep asking/looking *etc*; **ficar por fazer** to have still to be done; **ficar para trás** to be left behind
2 (*tornar-se*) to become; **ficar cego/surdo/louco** to go blind/deaf/mad; **fiquei contente ao saber da notícia** I was happy when I heard the news; **ficar com raiva/medo** to get angry/frightened; **ficar de bem/mal com alguém** (*col*) to make up/fall out with sb
3 (*posição*) to be; **a casa fica ao lado da igreja** the house is next to the church; **ficar sentado/deitado** to be sitting down/lying down
4 (*tempo: durar*): **ele ficou duas horas para resolver** he took two hours to decide; (: *ser adiado*): **a reunião ficou para amanhã** the meeting was postponed until the following day
5: **ficar bem** (*comportamento*): **sua atitude não ficou bem** his (*ou* her *etc*) behaviour was inappropriate; (*cor*): **você fica bem em azul** blue suits you, you look good in blue; (*roupa*): **ficar bem para** to suit
6: **ficar bom** (*de saúde*) to be cured; (*trabalho, foto*

NB: *European Portuguese adds the following consonants to certain words*: **b** (sú(b)dito, su(b)til); **c** (a(c)ção, a(c)cionista, a(c)to); **m** (inde(m)ne); **p** (ado(p)çã, ado(p)tar); *for further details see p. xiii.*

etc) to turn out well
7: ficar de fazer algo (*combinar*) to arrange to do sth; (*prometer*) to promise to do sth
8: ficar de pé to stand up

ficção [fik'sãw] F fiction
ficcionista [fiksjo'niʃta] M/F author, fiction writer
ficha ['fiʃa] F (*tb*: **ficha de telefone**) token; (*tb*: **ficha de jogo**) chip; (*de fichário*) (index) card; (*Polícia*) record; (PT: *Elet*) plug; (*em loja, lanchonete*) ticket; **dar a ~ de alguém** (*fig*: *col*) to give the low-down on sb; **ter ~ na polícia** to have a criminal record; **ter ~ limpa** (*col*) to have a clean record; **~ de identidade** means *sg* of identification, ID
fichar [fi'ʃaʳ] VT to file, index
fichário [fi'ʃarju] M (*móvel*) filing cabinet; (*caixa*) card index; (*caderno*) file
ficheiro [fi'ʃejru] (PT) M = **fichário**
fictício, -a [fik'tʃisju, a] ADJ fictitious
FIDA (BR) ABR M = **Fundo Internacional para o Desenvolvimento Agrícola**
fidalgo [fi'dawgu] M nobleman
fidedigno, -a [fide'dʒignu, a] ADJ trustworthy
fidelidade [fideli'dadʒi] F (*lealdade*) fidelity, loyalty; (*exatidão*) accuracy
fidelíssimo, -a [fide'lisimu, a] ADJ SUPERL *de* **fiel**
fiduciário, -a [fidu'sjarju, a] ADJ (*companhia*) trust *atr* ■ M/F trustee
fiéis [fjɛjʃ] ADJ PL *de* **fiel** ■ MPL: **os ~** the faithful
fiel [fjɛw] (*pl* **-éis**) ADJ (*leal*) faithful, loyal; (*acurado*) accurate; (*que não falha*) reliable
Fiesp [fi'ɛſpi] ABR F = **Federação das Indústrias do Estado de São Paulo**
FIFA ['fifa] ABR F (= *Fédération Internationale de Football Association*) FIFA
figa ['figa] F talisman; **fazer uma ~** to make a *figa*, ≈ cross one's fingers; **de uma ~** (*col*) damned
figada [fi'gada] F fig jelly
fígado ['figadu] M liver; **de maus ~s** (*genioso*) bad-tempered; (*vingativo*) vindictive
figo ['figu] M fig; **figueira** [fi'gejra] F fig tree
figura [fi'gura] F figure; (*forma*) form, shape; (*Ling*) figure of speech; (*aspecto*) appearance; (*Cartas*) face card; (*ilustração*) picture; (*col*: *pessoa*) character; **fazer ~** to cut a figure; **fazer má ~** to make a bad impression; **mudar de ~** to take on a new aspect; **ser uma ~ difícil** (*col*) to be difficult to get hold of; **ele é uma ~** (*col*) he's a real character
figura-chave (*pl* **figuras-chave**) F key figure
figurado, -a [figu'radu, a] ADJ figurative
figurante [figu'rãtʃi] M/F (*Cinema*) extra
figurão [figu'rãw] (*pl* **-ões**) M big shot
figurar [figu'raʳ] VI (*ator*) to appear; (*fazer parte*): **~ (entre/em)** to figure *ou* appear (among/in) ■ VT (*imaginar*) to imagine; **ela figura ter menos de 30 anos** she looks younger than 30
figurinha [figu'riɲa] F sticker; **~ difícil** (*col*) person who is difficult to get hold of
figurinista [figuri'niʃta] M/F fashion designer
figurino [figu'rinu] M model; (*revista*) fashion magazine; (*Cinema, Teatro*) costume design; (*exemplo*) example; **como manda o ~** as it should be
figurões [figu'rõjʃ] MPL *de* **figurão**
Fiji [fi'ʒi] M Fiji
fila ['fila] F row, line; (BR: *fileira de pessoas*) queue (*Brit*), line (*US*); (*num teatro, cinema*) row ■ M (*cão*) Brazilian mastiff; **em ~** in a row; **fazer ~** to form a line, queue; **~ indiana** single file
Filadélfia [fila'dɛwfja] F Philadelphia
filamento [fila'mẽtu] M filament
filante [fi'lãtʃi] M/F sponger ■ ADJ sponging
filantropia [filãtro'pia] F philanthropy
filantrópico, -a [filã'trɔpiku, a] ADJ philanthropic
filantropo [filã'tropu] M philanthropist
filão [fi'lãw] (*pl* **-ões**) M (*Jornalismo*) lead
filar [fi'laʳ] VT (*agarrar*) to seize; (*col*: *pedir/obter gratuitamente*) to scrounge
filarmônica [filax'monika] F philharmonic
filarmônico, -a [filax'moniku, a] ADJ philharmonic
filatelia [filate'lia] F stamp collecting
filé [fi'lɛ] M (*bife*) steak; (*peixe*) fillet; **~ mignon** filet mignon
fileira [fi'lejru] F row, line; **fileiras** FPL (*serviço militar*) military service *sg*
filete [fi'letʃi] M fillet; (*de parafuso*) thread
filharada [fiʎa'rada] F gang of children
filhinho, -a [fi'ʎiɲu, a] M/F little son/daughter; **~ de mamãe** mummy's boy; **~ de papai** rich kid
filho, -a ['fiʎu, a] M/F son/daughter; **filhos** MPL children; (*de animais*) young; **minha filha/meu ~** (*col*) dear, darling; **ter um ~** to have a child; (*fig*: *col*) to have kittens, have a fit; **ele também é ~ de Deus** he is just as good as anyone else; **~ adotivo** adoptive child; **~ da mãe, ~ da puta** (*col!*) wanker (!), bastard (!); **~ de criação** foster child; **~ ilegítimo/natural** illegitimate/natural child; **~ único** only child; **~ único de mãe viúva** (*fig*) one in a million
filhote [fi'ʎɔtʃi] M (*de leão, urso etc*) cub; (*cachorro*) pup(py)
filiação [filja'sãw] (*pl* **-ões**) F affiliation
filial [fi'ljaw] (*pl* **-ais**) F (*sucursal*) branch ■ ADJ filial; **gerente de ~** branch manager
filigrana [fili'grana] F filigree
Filipinas [fili'pinaʃ] FPL: **as ~** the Philippines
filipino, -a [fili'pinu, a] ADJ, M/F Filipino ■ M (*Ling*) Filipino
filmagem [fiw'maʒẽ] F filming
filmar [fiw'maʳ] VT, VI to film
filme ['fiwmi] M film (*Brit*), movie (*US*); **~ (de) bangue-bangue** *ou* **faroeste** western; **~ (de) curta/longa metragem** short/feature film; **~ de época** period film; **~ de capa e espada** swashbuckling film
filmoteca [fiwmo'tɛka] F (*lugar*) film library; (*coleção*) film collection
filó [fi'lɔ] M tulle

filões [fi'lõjʃ] MPL *de* **filão**
filologia [filolo'ʒia] F philology
filólogo, -a [fi'lɔlogu, a] M/F philologist
filosofar [filozo'far] VI to philosophize
filosofia [filozo'fia] F philosophy
filosófico, -a [filo'zɔfiku, a] ADJ philosophical
filósofo, -a [fi'lɔzofu, a] M/F philosopher
filtrar [fiw'trar] VT to filter; **filtrar-se** VR (*líquidos*) to filter; (*infiltrar-se*) to infiltrate
filtro ['fiwtru] M (*Tec*) filter
fim [fĩ] (*pl* **-ns**) M end; (*motivo*) aim, purpose; (*de história, filme*) ending; **a ~ de** in order to; **estar a ~ de (fazer) algo** to feel like (doing) sth, fancy (doing) sth; **estar a ~ de alguém** (*col*) to fancy sb; **no ~ das contas** after all; **por ~** finally; **sem ~** endless; **ter por ~** to aim at; **levar ao ~** to carry through; **pôr** *ou* **dar ~ a** to put an end to; **ter ~** to come to an end; **~ de mundo** (*fig*) hole; **ele mora no ~ do mundo** he lives miles from anywhere; **é o ~ (do mundo** *ou* **da picada)** (*fig*) it's the pits; **~ de semana** weekend
finado, -a [fi'nadu, a] ADJ, M/F deceased

DIA DOS FINADOS

The *dia dos Finados*, 2 November, a holiday throughout Brazil, is dedicated to remembering the dead. On this day, people usually gather in cemeteries to remember their family dead, and also to worship at the graves of popular figures from Brazilian culture and society, such as singers, actors and other personalities. It is popularly believed that these people can work miracles.

final [fi'naw] (*pl* **-ais**) ADJ final, last ■ M end; (*Mús*) finale ■ F (*Esporte*) final; **finalista** [fina'liʃta] M/F finalist
finalização [finaliza'sãw] (*pl* **-ões**) F conclusion
finalizar [finali'zar] VT to finish, conclude ■ VI (*Futebol*) to finish; **finalizar-se** VR to end
Finam [fi'nã] ABR M (= *Fundo de Investimento da Amazônia*) *regional development fund*
Finame [fi'nami] (BR) ABR M = **Agência Especial de Financiamento Industrial**
finanças [fi'nãsaʃ] FPL finance *sg*; **financeiro, -a** [finã'sejru, a] ADJ financial ■ M/F financier
financiamento [finãsja'mẽtu] M financing
financiar [finã'sjar] VT to finance
financista [finã'siʃta] M/F financier
finar-se [fi'naxsi] VR (*consumir-se*) to waste away; (*morrer*) to die
fincar [fĩ'kar] VT (*cravar*) to drive in; (*fixar*) to fix; (*apoiar*) to lean
findar [fĩ'dar] VT, VI to end, finish
findo, -a ['fĩdu, a] ADJ (*ano*) past; (*assunto*) closed
fineza [fi'neza] F fineness; (*gentileza*) kindness
fingido, -a [fĩ'ʒidu, a] ADJ pretend; (*pessoa*) two-faced, insincere ■ M/F hypocrite
fingimento [fĩʒi'mẽtu] M pretence (*Brit*), pretense (*US*)
fingir [fĩ'ʒir] VT (*simular*) to feign ■ VI to pretend; **fingir-se** VR: **fingir-se de** to pretend to be; **~ fazer/que** to pretend to do/that
finito, -a [fi'nitu, a] ADJ finite
finlandês, -esa [fĩlã'deʃ, eza] ADJ Finnish ■ M/F Finn ■ M (*Ling*) Finnish
Finlândia [fĩ'lãdʒja] F: **a ~** Finland
fino, -a ['finu, a] ADJ fine; (*delgado*) slender; (*educado*) polite; (*som, voz*) shrill; (*elegante*) refined ■ ADV: **falar ~** to talk in a high voice; **ser o ~** (*col*) to be the business; **tirar um ~ em alguém** to almost drive into sb
Finor [fi'nor] (BR) ABR M (= *Fundo de Investimento do Nordeste*) *regional development fund*
finório, -a [fi'nɔrju, a] ADJ crafty, sly
fins [fĩʃ] MPL *de* **fim**
Finsocial [fĩso'sjaw] (BR) ABR M = **Fundo de Investimento Social**
finura [fi'nura] F fineness; (*elegância*) finesse
fio ['fiu] M thread; (*Bot*) fibre (*Brit*), fiber (*US*); (*Elet*) wire; (*Tel*) line; (*de líquido*) trickle; (*gume*) edge; (*encadeamento*) series; **horas/dias a ~** hours/days on end; **de ~ a pavio** from beginning to end; **por um ~** (*fig*: *escapar*) by the skin of one's teeth; **bater um ~** (*col*) to make a call; **estar por um ~** to be on one's last legs; **perder o ~ (da meada)** (*fig*) to lose one's thread; **retomar o ~ perdido** (*fig*) to take up the thread again; **~ condutor** (*fig*) connecting thread
fiorde ['fjoxdʒi] M fjord
firewall [fajau'aw] M firewall
Firjan [fix'ʒã] ABR F = **Federação das Indústrias do Rio do Janeiro**
firma ['fixma] F (*assinatura*) signature; (*Com*) firm, company
firmamento [fixma'mẽtu] M firmament
firmar [fix'mar] VT (*tornar firme*) to secure, make firm; (*assinar*) to sign; (*estabelecer*) to establish; (*basear*) to base ■ VI (*tempo*) to settle; **firmar-se** VR: **firmar-se em** (*basear-se*) to rest on, be based on
firme ['fixmi] ADJ firm; (*estável*) stable; (*sólido*) solid; (*tempo*) settled ■ ADV firmly; **agüentar ~** to hang on; **pisar ~** to stride out; **firmeza** [fix'meza] F firmness; (*estabilidade*) stability; (*solidez*) solidity
FISA ['fiza] ABR F (= *Federação Internacional de Automobilismo Esportivo*) FISA
fiscal [fiʃ'kaw] (*pl* **-ais**) M/F supervisor; (*aduaneiro*) customs officer; (*de impostos*) tax inspector
fiscalização [fiʃkaliza'sãw] (*pl* **-ões**) F inspection
fiscalizar [fiʃkali'zar] VT (*supervisionar*) to supervise; (*examinar*) to inspect, check
fisco ['fiʃku] M: **o ~** ≈ the Inland Revenue (*Brit*), ≈ the Internal Revenue Service (*US*)

NB: *European Portuguese adds the following consonants to certain words*: **b** (sú(b)dito, su(b)til); **c** (a(c)ção, a(c)cionista, a(c)to); **m** (inde(m)ne); **p** (ado(p)çã, ado(p)tar); *for further details see p. xiii.*

Fiset [fi'sɛtʃi] (BR) ABR M = **Fundo de Investimentos Setoriais**
fisgada [fiʒ'gada] F stabbing pain
fisgar [fiʒ'gaʳ] VT to catch
física ['fizika] F physics *sg*; **~ nuclear** nuclear physics; *v tb* **físico**
físico, -a ['fiziku, a] ADJ physical ■ M/F (*cientista*) physicist ■ M (*corpo*) physique
fisiologia [fizjolo'ʒia] F physiology
fisionomia [fizjono'mia] F (*rosto*) face; (*ar*) expression, look; (*aspecto de algo*) appearance; (*conjunto de caracteres*) make-up
fisionomista [fizjono'miʃta] M/F person with a good memory for faces
fisioterapeuta [fizjotera'pewta] M/F physiotherapist
fisioterapia [fizjotera'pia] F physiotherapy
fissura [fi'sura] F crack; (*col*: *ansia*) craving
fissurado, -a [fisu'radu, a] ADJ cracked; **estar ~ em** (*col*) to be wild about
fissurar [fisu'raʳ] VT to crack
fita ['fita] F (*tira*) strip, band; (*de seda, algodão*) ribbon, tape; (*filme*) film; (*para máquina de escrever*) ribbon; (*magnética, adesiva*) tape; **~ durex®** adhesive tape, Sellotape® (*Brit*), Scotchtape® (*US*); **~ isolante** insulating tape; **~ métrica** tape measure; **fazer ~** (*col*) to put on an act; **isso é ~ dela** (*col*) it's just an act
fitar [fi'taʳ] VT (*com os olhos*) to stare at, gaze at; **fitar-se** VR to stare at each other
fiteiro, -a [fi'tejru, a] ADJ melodramatic
fito, -a ['fitu, a] ADJ fixed ■ M aim, intention
fivela [fi'vɛla] F buckle
fixação [fiksa'sãw] (*pl* **-ões**) F fixation
fixador [fiksa'doʳ] M hair gel; (: *líquido*) setting lotion
fixar [fik'saʳ] VT to fix; (*colar, prender*) to stick; (*data, prazo, regras*) to set; (*atenção*) to concentrate; **fixar-se** VR: **fixar-se em** (*assunto*) to concentrate on; (*detalhe*) to fix on; (*apegar-se a*) to be attached to; **~ os olhos em** to stare at; **~ residência** to set up house, settle down; **~ algo na memória** to fix sth in one's mind
fixo, -a ['fiksu, a] ADJ fixed; (*firme*) firm; (*permanente*) permanent; (*cor*) fast
fiz *etc* [fiʒ] VB *v* **fazer**
flacidez [flasi'deʒ] F softness, flabbiness
flácido, -a ['flasidu, a] ADJ flabby
Fla-Flu [fla-] M local derby (*football match between rivals Flamengo and Fluminense*)
flagelado, -a [flaʒe'ladu, a] M/F: **os ~s** the afflicted, the victims
flagrante [fla'grãtʃi] ADJ flagrant; **apanhar em ~ (delito)** to catch red-handed *ou* in the act
flagrar [fla'graʳ] VT to catch
flambar [flã'baʳ] VT (*Culin*) to flambé
flamejante [flame'ʒãtʃi] ADJ flaming
flamejar [flame'ʒaʳ] VI to blaze
flamengo, -a [fla'mẽgu, a] ADJ Flemish ■ M (*Ling*) Flemish
flamingo [fla'mĩgu] M flamingo
flâmula ['flamula] F pennant
flanco ['flãku] M flank
Flandres ['flãdriʃ] F Flanders
flanela [fla'nɛla] F flannel
flanquear [flã'kjaʳ] VT to flank; (*Mil*) to outflank
flash [flaʃ] M (*Foto*) flash
flash-back [flaʃ'baki] (*pl* **-s**) M flashback
flatulência [flatu'lẽsja] F flatulence
flauta ['flawta] F flute; **ele leva tudo na ~** (*col*) he doesn't take anything seriously; **~ doce** (*Mús*) recorder
flautista [flaw'tʃiʃta] M/F flautist
flecha ['flɛʃa] F arrow
flechada [fle'ʃada] F (*golpe*) shot; (*ferimento*) arrow wound
flertar [flex'taʳ] VI: **~ (com alguém)** to flirt (with sb)
flerte ['flextʃi] M flirtation
fleuma ['flewma] F phlegm
flexão [flek'sãw] (*pl* **-ões**) F flexing; (*exercício*) press-up; (*Ling*) inflection
flexibilidade [fleksibili'dadʒi] F flexibility
flexionar [fleksjo'naʳ] VT, VI (*Ling*) to inflect
flexível [flek'sivew] (*pl* **-eis**) ADJ flexible
flexões [flek'sõjʃ] FPL *de* **flexão**
fliperama [flipe'rama] M pinball machine
floco ['flɔku] M flake; **~ de milho** cornflake; **~ de neve** snowflake; **sorvete de ~s** chocolate chip ice-cream
flor [floʳ] F flower; (*o melhor*) cream, pick; **em ~** in bloom; **a fina ~** the elite; **a ~ de** on the surface of; **ele não é ~ que se cheire** (*col*) he's a bad lot
flora ['flɔra] F flora
floreado, -a [flo'rjadu, a] ADJ (*jardim*) full of flowers; (*relevo*) ornate; (*estilo*) florid
floreio [flo'reju] M clever turn of phrase
florescente [flore'sẽtʃi] ADJ (*Bot*) in flower; (*próspero*) flourishing
florescer [flore'seʳ] VI (*Bot*) to flower; (*prosperar*) to flourish
floresta [flo'rɛʃta] F forest; **florestal** [floreʃ'taw] (*pl* **-ais**) ADJ forest *atr*
florianopolitano, -a [florjanopoli'tanu, a] ADJ from Florianópolis ■ M/F native of Florianópolis
Flórida ['flɔrida] F: **a ~** Florida
florido, -a [flo'ridu, a] ADJ (*jardim*) in flower; (*mesa*) decorated with flowers
florir [flo'riʳ] VI to flower
flotilha [flo'tʃiʎa] F flotilla
flozô [flo'zo] (*col*) M: **ficar de ~** to lounge around; **viver de ~** to lead a life of leisure
Flu [flu] ABR M = **Fluminense Futebol Clube**
fluência [flu'ẽsja] F fluency
fluente [flu'ẽtʃi] ADJ fluent
fluidez [flui'deʒ] F fluidity
fluido, -a ['flwidu, a] ADJ fluid ■ M fluid
fluir [flwiʳ] VI to flow
fluminense [flumi'nẽsi] ADJ from the state of Rio de Janeiro ■ M/F native *ou* inhabitant of the state of Rio de Janeiro
fluorescente [flwore'sẽtʃi] ADJ fluorescent
flutuação [flutwa'sãw] (*pl* **-ões**) F fluctuation

flutuante [flu'twãtʃi] ADJ floating; (*bandeira*) fluttering; (*fig*: *vacilante*) hesitant, wavering; (*Com*: *câmbio*) floating
flutuar [flu'twaʳ] VI to float; (*bandeira*) to flutter; (*fig*: *vacilar*) to waver
fluvial [flu'vjaw] (*pl* **-ais**) ADJ river *atr*
fluxo ['fluksu] M (*corrente*) flow; (*Elet*) flux; **~ de caixa** (*Com*) cash flow
fluxograma [flukso'grama] M flow chart
FM ABR (*Rádio*: *freqüencia modulada*) FM ■ F (*pl* **fluxogramas**) FM (radio) station
FMI ABR M (= *Fundo Monetário Internacional*) IMF
FMS ABR F = **Federação Mundial dos Sindicatos**
FN (*BR*) ABR M = **Fuzileiro Naval**
FND (*BR*) ABR M = **Fundo Nacional de Desenvolvimento**
fobia [fo'bia] F phobia
foca ['fɔka] F (*animal*) seal ■ M/F (*col*: *jornalista*) cub reporter
focalização [fokaliza'sãw] F focusing
focalizar [fokali'zaʳ] VT to focus (on)
focinho [fo'siɲu] M snout; (*col*: *cara*) face, mug (*col*)
foco ['fɔku] M focus; (*Med*, *fig*) seat, centre (*Brit*), center (*US*); **fora de ~** out of focus
fofo, -a ['fofu, a] ADJ soft; (*col*: *pessoa*) cute
fofoca [fo'fɔka] F piece of gossip; **fofocas** (*mexericos*) gossip *sg*; **fazer ~** to gossip; **fofocar** [fofo'kaʳ] VI to gossip
fofoqueiro, -a [fofo'kejru, a] ADJ gossipy ■ M/F gossip
fofura [fo'fura] (*col*) F cutie
fogão [fo'gãw] (*pl* **-ões**) M stove, cooker
fogareiro [foga'rejru] M stove
foge *etc* ['fɔʒi] VB *v* **fugir**
fogo ['fogu] M fire; (*fig*) ardour (*Brit*), ardor (*US*); **você tem ~?** have you got a light?; **~s de artifício** fireworks; **a ~ lento** on a low flame; **à prova de ~** fireproof; **abrir ~** to open fire; **brincar com ~** (*fig*) to play with fire; **cessar ~** (*Mil*) to cease fire; **estar com ~** (*col*: *pessoa*) to be randy; **estar de ~** (*col*: *bêbado*) to be drunk; **pegar ~** to catch fire; (*estar com febre*) to burn up; **pôr ~ a** to set fire to; **ser bom para o ~** (*fig*) to be useless; **ser ~ (na roupa)** (*col*: *pessoa*) to be a pain; (: *trabalho etc*) to be murder; (: *ser incrível*) to be amazing
fogões [fo'gõjʃ] MPL *de* **fogão**
fogo-fátuo (*pl* **fogos-fátuos**) M will-o'-the-wisp
fogoso, -a [fo'gozu, ɔza] ADJ fiery; (*libidinoso*) lustful
fogueira [fo'gejra] F bonfire
foguete [fo'getʃi] M rocket; (*pessoa*) live wire; **soltar os ~s antes da festa** (*fig*) to jump the gun
foi [foj] VB *v* **ir**; **ser**
foice ['fɔjsi] F scythe
folclore [fowk'lɔri] M folklore
folclórico, -a [fowk'lɔriku, a] ADJ (*música etc*) folk *atr*; (*comida*, *roupa*) ethnic
fole ['fɔli] M bellows *sg*
fôlego ['folegu] M breath; (*folga*) breathing space; **perder o ~** to get out of breath; **tomar ~** to pause for breath
folga ['fɔwga] F (*descanso*) rest, break; (*espaço livre*) clearance; (*ócio*) inactivity; (*col*: *atrevimento*) cheek; **dia de ~** day off; **que ~!** what a cheek!; **folgado, -a** [fow'gadu, a] ADJ (*roupa*) loose; (*vida*) leisurely; (*col*: *atrevido*) cheeky; (: *boa vida*) easy-living ■ M/F (*col*: *atrevido*) cheeky devil; (: *boa vida*) loafer
folgar [fow'gaʳ] VT to loosen, slacken ■ VI (*descansar*) to rest, relax; (*divertir-se*) to have fun, amuse o.s.; **~ em saber que ...** to be pleased to hear that ...
folgazão, -zona [fowga'zãw, 'zɔna] (*pl* **-ões/-s**) ADJ (*pessoa*) fun-loving; (*gênio*) lively
folha ['foʎa] F leaf; (*de papel*, *de metal*) sheet; (*página*) page; (*de faca*) blade; (*jornal*) paper; **novo em ~** brand new; **~ de estanho** tinfoil (*Brit*), aluminum foil (*US*); **~ de exercícios** worksheet; **~ de pagamento** payroll; **~ de rosto** imprint page; **~s soltas** (*Comput*) single sheets, cut sheets
folhagem [fo'ʎaʒẽ] F foliage
folha-seca (*pl* **folhas-secas**) F (*Futebol*) swerving shot
folheado, -a [fo'ʎjadu, a] ADJ veneered; **~ a ouro** gold-plated
folhear [fo'ʎjaʳ] VT to leaf through
folheto [fo'ʎetu] M booklet, pamphlet
folhinha [fo'ʎiɲa] F tear-off calendar
folhudo, -a [fo'ʎudu, a] ADJ leafy
folia [fo'lia] F revelry, merriment
folião, -liona [fo'ʎjãw, 'jɔna] (*pl* **-ões/-s**) M/F reveller (*in carnival*)
folículo [fo'likulu] M follicle
foliões [fo'ʎõjʃ] MPL *de* **folião**
foliona [fo'ʎjɔna] F *de* **folião**
fome ['fɔmi] F hunger; (*escassez*) famine; (*fig*: *avidez*) longing; **passar ~** to go hungry; **estar com** *ou* **ter ~** to be hungry; **varado de ~** starving, ravenous
fomentar [fomẽ'taʳ] VT to instigate, incite; (*discórdia*) to sow, cause
fomento [fo'mẽtu] M (*Med*) fomentation; (*estímulo*) incitement; (*de discórdia*, *ódio etc*) stirring up
fominha [fo'miɲa] (*col*) ADJ stingy ■ M/F skinflint
fonador, a [fona'doʳ(a)] ADJ: **aparelho ~** vocal track
fone ['fɔni] M telephone, phone; (*peça do telefone*) receiver
fonema [fo'nɛma] M (*Ling*) phoneme
fonética [fo'nɛtʃika] F phonetics *sg*
fonético, -a [fo'nɛtʃiku, a] ADJ phonetic
fonfom [fõ'fõ] (*pl* **-ns**) M toot

NB: *European Portuguese adds the following consonants to certain words*: **b** (sú(b)dito, su(b)til); **c** (a(c)ção, a(c)cionista, a(c)to); **m** (inde(m)ne); **p** (ado(p)çã, ado(p)tar); *for further details see p. xiii.*

fonologia [fonolo'ʒia] F phonology
fonte ['fõtʃi] F (*nascente*) spring; (*chafariz*) fountain; (*origem*) source; (*Anat*) temple; **de ~ limpa** from a reliable source; **retido/tributado na ~** (*Com*) deducted/taxed at source
footing ['futʃiŋ] M jogging
for *etc* [fo^{r}] VB *v* **ir**; **ser**
fora ['fɔra] ADV out, outside ■ PREP (*além de*) apart from ■ M: **dar o ~** (*bateria, radio*) to give out; (*pessoa*) to leave, be off; **dar um ~** to slip up; **dar um ~ em alguém** (*namorado*) to chuck sb, dump sb; (*esnobar*) to snub sb; **levar um ~** (*de namorado*) to be given the boot; (*ser esnobado*) to get the brush-off; **~ de** outside; **~ de si** beside o.s.; **estar ~** (*viajando*) to be away; **estar ~ (de casa)** to be out; **lá ~** outside; (*no exterior*) abroad; **jantar ~** to eat out; **com os braços de ~** with bare arms; **ser de ~** to be from out of town; **ficar de ~** not to join in; **lá para ~** outside; **ir para ~** (*viajar*) to go out of town; **com a cabeça para ~ da janela** with one's head sticking out of the window; **costurar/cozinhar para ~** to do sewing/cooking for other people; **por ~** on the outside; **cobrar por ~** to charge extra; **~ de dúvida** beyond doubt; **~ de propósito** irrelevant
fora *etc* VB *v* **ir**; **ser**
fora-de-lei M/F INV outlaw
foragido, -a [fora'ʒidu, a] ADJ, M/F (*fugitivo*) fugitive
foragir-se [fora'ʒixsi] VR to go into hiding
forasteiro, -a [foraʃ'tejru, a] ADJ (*estranho*) alien ■ M/F outsider, stranger; (*de outro país*) foreigner
forca ['foxka] F gallows *sg*
força ['foxsa] F (*energia física*) strength; (*Tec, Elet*) power; (*esforço*) effort; (*coerção*) force; **à ~** by force; **à ~ de** by dint of; **com ~** hard; **por ~** of necessity; **dar (uma) ~ a** to back up, encourage; **fazer ~** to try (hard); **como vai essa ~?** (*col*) how's it going?; **F~ Aérea** Air Force; **~ de trabalho** workforce; **~ maior** (*Com*) act of God
forcado [fox'kadu] M pitchfork
forçado, -a [fox'sadu, a] ADJ forced; (*afetado*) false
forçar [fox'sa^{r}] VT to force; (*olhos, voz*) to strain; **forçar-se** VR: **forçar-se a** to force o.s. to
força-tarefa (*pl* **forças-tarefa**) F task force
forcejar [foxse'ʒa^{r}] VI (*esforçar-se*) to strive; (*lutar*) to struggle
fórceps ['fɔxsipʃ] M INV forceps *pl*
forçoso, -a [fox'sozu, ɔza] ADJ (*necessário*) necessary; (*obrigatório*) obligatory
forja ['fɔxʒa] F forge
forjar [fox'ʒa^{r}] VT to forge; (*pretexto*) to invent
forma ['fɔxma] F form; (*de um objeto*) shape; (*físico*) figure; (*maneira*) way; (*Med*) fitness; **desta ~** in this way; **de (tal) ~ que** in such a way that; **de qualquer ~** anyway; **da mesma ~** likewise; **de outra ~** otherwise; **de ~ alguma** in no way whatsoever; **em ~ de pêra/comprimido** pear-shaped/in tablet form; **estar fora de/em ~** (*pessoa*) to be unfit/fit; **manter a ~** to keep fit; **~ de pagamento** means of payment
fôrma ['foxma] F (*Culin*) cake tin; (*molde*) mould (*Brit*), mold (*US*); (*para sapatos*) last
formação [foxma'sãw] (*pl* **-ões**) F formation; (*antecedentes*) background; (*caráter*) make-up; (*profissional*) training
formado, -a [fox'madu, a] ADJ (*modelado*): **ser ~ de** to consist of ■ M/F graduate; **ser ~ em** to be a graduate in
formal [fox'maw] (*pl* **-ais**) ADJ formal; **formalidade** [foxmali'dadʒi] F formality
formalizar [foxmali'za^{r}] VT to formalize
formando, -a [fox'mãdu, a] M/F graduating student, graduand
formão [fox'mãw] (*pl* **-ões**) M chisel
formar [fox'ma^{r}] VT to form; (*constituir*) to constitute, make up; (*educar*) to train, educate; (*soldados*) to form up ■ VI to form up; **formar-se** VR (*tomar forma*) to form; (*Educ*) to graduate
formatar [foxma'ta^{r}] VT (*Comput*) to format
formato [fox'matu] M format; (*de papel*) size
formatura [foxma'tura] F (*Mil*) formation; (*Educ*) graduation
fórmica® ['fɔxmika] F Formica®
formidável [foxmi'davew] (*pl* **-eis**) ADJ tremendous, great
formiga [fox'miga] F ant
formigar [foxmi'ga^{r}] VI (*ser abundante*) to abound; (*sentir comichão*) to itch; **~ de algo** to swarm with sth
formigueiro [foxmi'gejru] M ants' nest; (*multidão*) throng, swarm
formões [fox'mõjʃ] MPL *de* **formão**
Formosa [fox'mɔza] F Taiwan
formoso, -a [fox'mozu, ɔza] ADJ (*belo*) beautiful; (*esplêndido*) superb
formosura [foxmo'zura] F beauty
fórmula ['fɔxmula] F formula
formulação [foxmula'sãw] (*pl* **-ões**) F formulation
formular [foxmu'la^{r}] VT to formulate; (*queixas*) to voice; **~ votos** to express one's hopes/wishes
formulário [foxmu'larju] M form; **formulários** MPL: **~s contínuos** (*Comput*) continuous stationery *sg*
fornalha [fox'naʎa] F furnace; (*fig: lugar quente*) oven
fornecedor, a [foxnese'do^{r}(a)] M/F supplier ■ F (*empresa*) supplier ■ ADJ supply *atr*
fornecer [foxne'se^{r}] VT to supply, provide; **~ algo a alguém** to supply sb with sth; **fornecimento** [foxnesi'mẽtu] M supply
fornicar [foxni'ka^{r}] VI to fornicate
forno ['foxnu] M (*Culin*) oven; (*Tec*) furnace; (*para cerâmica*) kiln; **alto ~** blast furnace; **cozinheiro/a de ~ e fogão** expert cook
foro ['foru] M forum; (*Jur*) Court of Justice; **foros** MPL (*privilégios*) privileges; **de ~ íntimo** personal, private
forra ['fɔxa] F: **ir à ~** (*col*) to get one's own back
forragem [fo'xaʒẽ] F fodder
forrar [fo'xa^{r}] VT (*cobrir*) to cover; (: *interior*) to

line; (*de papel*) to paper
forro ['foxu] M (*cobertura*) covering; (*interior*) lining; **com ~ de pele** fur-lined
forró [fo'xɔ] (*col*) M dance
fortalecer [foxtale'se^{r}] VT to strengthen
fortalecimento [foxtalesi'mẽtu] M strengthening
fortaleza [foxta'leza] F (*forte*) fortress; (*força*) strength; (*moral*) fortitude; **ser uma ~** to be as strong as an ox
fortalezense [foxtale'zẽsi] ADJ from Fortaleza ■ M/F native *ou* inhabitant of Fortaleza
forte ['fɔxtʃi] ADJ strong; (*pancada*) hard; (*chuva*) heavy; (*som*) loud; (*dor*) sharp, strong; (*filme*) powerful; (*pessoa: musculoso*) muscular ■ ADV strongly; (*som*) loud(ly) ■ M (*fortaleza*) fort; (*talento*) strength; **ser ~ em algo** (*versado*) to be good at sth *ou* strong in sth
fortificação [foxtʃifika'sãw] (*pl* **-ões**) F fortification; (*fortaleza*) fortress
fortificante [foxtʃifi'kãtʃi] ADJ fortifying ■ M fortifier
fortificar [foxtʃifi'ka^{r}] VT to fortify; **fortificar-se** VR to build o.s. up
fortuitamente [foxtwita'mẽtʃi] ADV (*imprevisivelmente*) by chance, unexpectedly; (*ocasionalmente*) casually
fortuito, -a [fox'twitu, a] ADJ accidental
fortuna [fox'tuna] F fortune, (good) luck; (*riqueza*) fortune, wealth; **custar uma ~** to cost a fortune
fosco, -a ['foʃku, a] ADJ (*sem brilho*) dull; (*opaco*) opaque
fosfato [foʃ'fatu] M phosphate
fosforescente [foʃfore'sẽtʃi] ADJ phosphorescent
fósforo ['fɔʃforu] M match; (*Quím*) phosphorus
fossa ['fɔsa] F pit; (*col*) blues *pl*; **estar/ficar na ~** (*col*) to be/get depressed *ou* down in the dumps; **tirar alguém da ~** (*col*) to cheer sb up; **~ séptica** septic tank
fosse *etc* ['fosi] VB *v* **ir**; **ser**
fóssil ['fɔsiw] (*pl* **-eis**) M fossil
fosso ['fosu] M trench, ditch; (*de uma fortaleza*) moat
foto ['fɔtu] F photo
fotocópia [foto'kɔpja] F photocopy; **fotocopiadora** [fotokopja'dora] F photocopier; **fotocopiar** [fotoko'pja^{r}] VT to photocopy
fotogênico, -a [foto'ʒeniku, a] ADJ photogenic
fotografar [fotogra'fa^{r}] VT to photograph
fotografia [fotogra'fia] F photography; (*uma foto*) photograph
fotográfico, -a [foto'grafiku, a] ADJ photographic; *v tb* **máquina**
fotógrafo, -a [fo'tɔgrafu, a] M/F photographer
fotonovela [fotono'vɛla] F photo story
fotossíntese [foto'sĩtezi] F (*Biol*) photosynthesis
foxtrote [foks'trɔtʃi] M foxtrot
foyer [fua'je] M foyer
foz [fɔʒ] F river mouth
FP-25 ABR FPL (= *Forças Populares do 25 de Abril*) *Portuguese terrorist group*
fração [fra'sãw] (*pl* **-ões**) F fraction
fracassar [fraka'sa^{r}] VI to fail; **fracasso** [fra'kasu] M failure
fracção [fra'sãw] (*PT*) F = **fração**
fracionar [frasjo'na^{r}] VT to break up; **fracionar-se** VR to break up, fragment
fraco, -a ['fraku, a] ADJ weak; (*sol, som*) faint ■ M weakness; **estar ~ em algo** to be poor at sth; **ter um ~ por algo** to have a weakness for sth
frações [fra'sõjʃ] FPL *de* **fração**
fractura *etc* [fra'tura] (*PT*) F = **fratura** *etc*
frade ['fradʒi] M (*Rel*) friar; (: *monge*) monk
fraga ['fraga] F crag, rock
fragata [fra'gata] F (*Náut*) frigate
frágil ['fraʒiw] (*pl* **-eis**) ADJ (*débil*) fragile; (*Com*) breakable; (*pessoa*) frail; (*saúde*) delicate, poor
fragilidade [fraʒili'dadʒi] F fragility; (*de uma pessoa*) frailty
fragílimo, -a [fra'ʒilimu, a] ADJ SUPERL *de* **frágil**
fragmentar [fragmẽ'ta^{r}] VT to break up; **fragmentar-se** VR to break up
fragmento [frag'mẽtu] M fragment
fragrância [fra'grãsja] F fragrance, perfume
fragrante [fra'grãtʃi] ADJ fragrant
frajola [fra'ʒɔla] (*col*) ADJ smart
fralda ['frawda] F (*da camisa*) shirt tail; (*para bebê*) nappy (*Brit*), diaper (*US*); (*de montanha*) foot; **mal saído das ~s** (*fig*) still wet behind the ears
framboesa [frã'beza] F raspberry
França ['frãsa] F France
francamente [frãka'mẽtʃi] ADV (*abertamente*) frankly; (*realmente*) really
francês, -esa [frã'seʃ, eza] ADJ French ■ M/F Frenchman/woman ■ M (*Ling*) French
franco, -a ['frãku, a] ADJ (*sincero*) frank; (*isento de pagamento*) free; (*óbvio*) clear ■ M franc; **entrada franca** free admission
frangalho [frã'gaʎu] M (*trapo*) rag, tatter; (*pessoa*) wreck; **em ~s** in tatters
frango ['frãgu] M chicken; (*Futebol*) easy goal
franja ['frãʒa] F fringe (*Brit*), bangs *pl* (*US*)
franquear [frã'kja^{r}] VT (*caminho*) to clear; (*isentar de imposto*) to exempt from duties; (*carta*) to frank; **~ algo a alguém** (*facultar*) to make sth available to sb
franqueza [frã'keza] F frankness
franquia [frã'kia] F (*Com*) franchise; (*isenção*) exemption; **~ de bagagem** baggage allowance; **~ diplomática** diplomatic immunity; **~ postal** Freepost®
franzido [frã'zidu] M pleat
franzino, -a [frã'zinu, a] ADJ skinny
franzir [frã'zi^{r}] VT (*preguear*) to pleat; (*enrugar*) to wrinkle, crease; (*lábios*) to curl; **~ as**

NB: *European Portuguese adds the following consonants to certain words*: **b** (sú(b)dito, su(b)til); **c** (a(c)ção, a(c)cionista, a(c)to); **m** (inde(m)ne); **p** (ado(p)çã, ado(p)tar); *for further details see p. xiii.*

sobrancelhas to frown
fraque ['fraki] M morning suit
fraquejar [frake'ʒaʳ] VI to grow weak; (*vontade*) to weaken
fraqueza [fra'keza] F weakness
frasco ['fraʃku] M (*de remédio, perfume*) bottle
frase ['frazi] F sentence; **~ feita** set phrase
fraseado [fra'zjadu] M wording
frasqueira [fraʃ'kejra] F vanity case
fraternal [fratex'naw] (*pl* **-ais**) ADJ fraternal, brotherly
fraternidade [fratexni'dadʒi] F fraternity
fraternizar [fratexni'zaʳ] VT to bring together ■ VI to fraternize
fraterno, -a [fra'tɛxnu, a] ADJ fraternal, brotherly
fratura [fra'tura] F fracture, break; **fraturar** [fratu'raʳ] VT to fracture
fraudar [fraw'daʳ] VT to defraud; (*expectativa, esperanças*) to dash
fraude ['frawdʒi] F fraud
fraudulento, -a [frawdu'lẽtu, a] ADJ fraudulent
freada [fre'ada] (BR) F: **dar uma ~** to slam on the brakes
frear [fre'aʳ] (BR) VT (*conter*) to curb, restrain; (*veículo*) to stop ■ VI (*veículo*) to brake
freelance [fri'lãs] M/F freelancer
freezer ['frizeʳ] M freezer
frege ['freʒi] M mess
freguês, -guesa [fre'geʃ, 'geza] M/F (*cliente*) customer; (PT) parishioner; **freguesia** [frege'zia] F customers *pl*; (PT) parish
frei [frej] M friar, monk; (*título*) Brother
freio ['freju] M (BR: *veículo*) brake; (*de cavalo*) bridle; (*bocado do freio*) bit; (*fig*) check; **~ de mão** handbrake
freira ['frejra] F nun
freixo ['frejʃu] M (*Bot*) ash
Frelimo [fre'limo] ABR F (= *Frente de Libertação de Moçambique*) Frelimo
fremente [fre'mẽtʃi] ADJ (*fig*) rousing
fremir [fre'miʳ] VI (*bramar*) to roar; (*tremer*) to tremble
frêmito ['fremitu] M (*fig: de alegria etc*) wave
frenesi [frene'zi] M frenzy; **frenético, -a** [fre'nɛtʃiku, a] ADJ frantic, frenzied
frente ['frẽtʃi] F (*de objeto, Pol, Mil*) front; (*rosto*) face; (*fachada*) façade; **~ a ~** face to face; **à ~ de** at the front of; **de ~ para** facing; **em ~ de** in front of; (*de fronte a*) opposite; **para a ~** ahead, forward; **de trás para ~** from back to front; **porta da ~** front door; **apartamento de ~** apartment at the front; **seguir em ~** to go straight on; **a casa em ~** the house opposite; **na minha** (*ou* **sua** *etc*) **~** in front of me (*ou* you *etc*); **sair da ~** to get out of the way; **sai da minha ~!** get out of my sight!; **pela ~** ahead; **pra ~** (*col*) fashionable, trendy; **fazer ~ a algo** to face sth; **ir para a ~** (*progredir*) to progress; **levar à ~** to carry through; **~ de combate** (*Mil*) front; **~ de trabalho** area of employment; **~ fria/quente** (*Meteorologia*) cold/warm front
freqüência [fre'kwẽsja] F frequency; **com ~** often, frequently
freqüentador, a [frekwẽta'doʳ(a)] M/F regular visitor; (*de restaurante etc*) regular customer
freqüentar [frekwẽ'taʳ] VT to frequent; **~ a casa de alguém** to go to sb's house a lot; **~ um curso** to attend a course
freqüente [fre'kwẽtʃi] ADJ frequent
fresca ['freʃka] F cool breeze
frescão [freʃ'kãw] (*pl* **-ões**) M air-conditioned coach
fresco, -a ['freʃku, a] ADJ fresh; (*vento, tempo*) cool; (*col: efeminado*) camp; (: *afetado*) pretentious; (: *cheio de luxo*) fussy ■ M (*ar*) fresh air; (*Arte*) fresco
frescobol [freʃko'bɔw] M (kind of) racketball (*played mainly on the beach*)
frescões [freʃ'kõjʃ] MPL *de* **frescão**
frescor [freʃ'koʳ] M freshness
frescura [freʃ'kura] F freshness; (*frialdade*) coolness; (*col: luxo*) fussiness; (: *afetaçao*) pretentiousness; **que ~!** how fussy!; how pretentious!
fresta ['freʃta] F gap, slit
fretar [fre'taʳ] VT (*avião, navio*) to charter; (*caminhão*) to hire
frete ['frɛtʃi] M (*carregamento*) freight, cargo; (*tarifa*) freightage; **a ~** for hire
freudiano, -a [frɔj'dʒjanu, a] ADJ Freudian
frevo ['frevu] M *improvised Carnival dance*
fria ['fria] F: **dar uma ~ em alguém** to give sb the cold shoulder; **estar/entrar numa ~** (*col*) to be in/get into a mess; **levar uma ~ de alguém** to get the cold shoulder from sb
friagem ['frjaʒẽ] F cold weather
frialdade [frjaw'dadʒi] F coldness; (*indiferença*) indifference, coolness
fricção [frik'sãw] F friction; (*ato*) rubbing; (*Med*) massage; **friccionar** [friksjo'naʳ] VT to rub
fricote [fri'kɔtʃi] (*col*) M finickiness
fricoteiro, -a [fiko'tejru, a] (*col*) ADJ finicky ■ M/F fusspot
frieira ['frjejra] F chilblain
frieza ['frjeza] F coldness; (*indiferença*) coolness
frigideira [friʒi'dejra] F frying pan
frigidez [friʒi'deʒ] F frigidity
frígido, -a ['friʒidu, a] ADJ frigid
frigir [fri'ʒiʳ] VT to fry
frigorífico [frigo'rifiku] M refrigerator; (*congelador*) freezer
frincha ['frĩʃa] F chink, slit
frio, -a ['friu, a] ADJ cold; (*col*) forged ■ M coldness; **frios** MPL (*Culin*) cold meats; **estou com ~** I'm cold; **faz** *ou* **está ~** it's cold
friorento, -a [frjo'rẽtu, a] ADJ (*pessoa*) sensitive to the cold; (*lugar*) chilly
frisar [fri'zaʳ] VT (*encrespar*) to curl; (*salientar*) to emphasize
Frísia ['frizja] F: **a ~** Frisia
friso ['frizu] M border; (*na parede*) frieze; (*Arq*) moulding (*Brit*), molding (*US*)
fritada [fri'tada] F fry-up; **dar uma ~ em algo**

to fry sth
fritar [fri'ta^{r}] VT to fry
fritas ['fritas] FPL chips (*Brit*), French fries (*US*)
frito, -a ['fritu, a] ADJ fried; (*col*): **estar ~** to be done for
fritura [fri'tura] F fried food
frivolidade [frivoli'dadʒi] F frivolity
frívolo, -a ['frivolu, a] ADJ frivolous
fronha ['froɲa] F pillowcase
front [frõ] (*pl* **-s**) M (*Mil, fig*) front
fronte ['frõtʃi] F (*Anat*) forehead, brow
fronteira [frõ'tejra] F frontier, border
fronteiriço, -a [frõtej'risu, a] ADJ frontier *atr*
fronteiro, -a [frõ'tejru, a] ADJ front
frontispício [frõtʃiʃ'pisju] M (*de edifício*) main façade; (*de livro*) frontispiece; (*rosto*) face
frota ['frɔta] F fleet
frouxo, -a ['froʃu, a] ADJ loose; (*corda*) slack; (*fraco*) weak; (*indolente*) slack; (*col: condescendente*) soft
frufru [fru'fru] M (*enfeite*) ruff
frugal [fru'gaw] (*pl* **-ais**) ADJ frugal
fruição [frwi'sãw] F enjoyment
fruir ['frwi^{r}] VT to enjoy ■ VI: **~ de algo** to enjoy sth
frustração [fruʃtra'sãw] F frustration
frustrado, -a [fruʃ'tradu, a] ADJ frustrated; (*planos*) thwarted
frustrante [fruʃ'trãtʃi] ADJ frustrating
frustrar [fruʃ'tra^{r}] VT to frustrate
fruta ['fruta] F fruit
fruta-de-conde (*pl* **frutas-de-conde**) F sweetsop
fruta-pão (*pl* **frutas-pães**) F breadfruit
fruteira [fru'tejra] F fruit bowl
frutífero, -a [fru'tʃiferu, a] ADJ (*proveitoso*) fruitful; (*árvore*) fruit-bearing
fruto ['frutu] M (*Bot*) fruit; (*resultado*) result, product; **dar ~** (*fig*) to bear fruit
fubá [fu'ba] M corn meal
fubeca [fu'bɛka] (*col*) F thrashing
fubica [fu'bika] (*col*) F heap, jalopy
fuçar [fu'sa^{r}] VI: **~ em algo** (*remexer*) to rummage in sth; (*meter-se*) to meddle in sth
fuças ['fusaʃ] (*col*) FPL face *sg*, chops
fuga ['fuga] F flight, escape; (*de gás etc*) leak; (*da prisão*) escape; (*de namorados*) elopement; (*Mús*) fugue
fugacíssimo, -a [fuga'sisimu, a] ADJ SUPERL *de* **fugaz**
fugaz [fu'gaʒ] ADJ fleeting
fugida [fu'ʒida] F sortie; **dar uma ~** *ou* **fugidinha** to pop out for a moment
fugir [fu'ʒi^{r}] VI to flee, escape; (*prisioneiro*) to escape; (*criança: de casa*) to run away; (*namorados*) to elope; **~ a algo** to avoid sth
fugitivo, -a [fuʒi'tʃivu, a] ADJ, M/F fugitive
fui [fuj] VB *v* **ir**; **ser**
fulano, -a [fu'lanu, a] M/F so-and-so; **~ de tal** what's-his-name/what's-her-name; **~, beltrano e sicrano** Tom, Dick and Harry
fulcro ['fuwkru] M fulcrum
fuleiro, -a [fu'lejru, a] ADJ tacky
fúlgido, -a ['fuwʒidu, a] ADJ brilliant
fulgir [fuw'ʒi^{r}] VI to shine
fulgor [fuw'go^{r}] M brilliance
fuligem [fu'liʒẽ] F soot
fulminante [fuwmi'nãtʃi] ADJ (*devastador*) devastating; (*palavras*) scathing
fulminar [fuwmi'na^{r}] VT (*ferir, matar*) to strike down; (*petrificar*) to stop dead; (*aniquilar*) to annihilate ■ VI to flash with lightning; **fulminado por um raio** struck by lightning
fulo, -a ['fulu, a] ADJ: **estar** *ou* **ficar ~ de raiva** to be furious
fumaça [fu'masa] (BR) F (*de fogo*) smoke; (*de gás*) fumes *pl*; **500 e lá vai ~** (*col*) 500 and then some
fumador, a [fuma'do^{r}(a)] (PT) M/F smoker
fumante [fu'mãtʃi] M/F smoker
fumar [fu'ma^{r}] VT, VI to smoke
fumê [fu'me] ADJ INV (*vidro*) smoked
fumo ['fumu] M (PT: *de fogo*) smoke; (: *de gás*) fumes *pl*; (BR: *tabaco*) tobacco; (*fumar*) smoking; (BR: *col: maconha*) dope; **~ louro** Virginia tobacco; **puxar ~** (*col*) to smoke dope
FUNABEM [funa'bẽ] (BR) ABR F (= *Fundação Nacional do Bem-Estar do Menor*) *children's home*
Funai [fu'naj] (BR) ABR F = **Fundação Nacional do Índio**
Funarte [fu'naxtʃi] (BR) ABR F = **Fundaçao Nacional de Arte**
função [fũ'sãw] (*pl* **-ões**) F function; (*ofício*) duty; (*papel*) role; (*espetáculo*) performance
Funcep [fũ'sɛpi] (BR) ABR F (= *Fundação Centro de Formação do Servidor Público*) *civil service training centre*
funcho ['fũʃu] M (*Bot*) fennel
funcional [fũsjo'naw] (*pl* **-ais**) ADJ functional
funcionalismo [fũsjona'liʒmu] M: **~ público** civil service
funcionamento [fũsjona'mẽtu] M functioning, working; **pôr em ~** to set going, start
funcionar [fũsjo'na^{r}] VI to function; (*máquina*) to work, run; (*dar bom resultado*) to work
funcionário, -a [fũsjo'narju, a] M/F official; **~ (público)** civil servant
funções [fũ'sõjʃ] FPL *de* **função**
fundação [fũda'sãw] (*pl* **-ões**) F foundation
fundador, a [fũda'do^{r}(a)] M/F founder ■ ADJ founding
fundamental [fũdamẽ'taw] (*pl* **-ais**) ADJ fundamental, basic
fundamentar [fũdamẽ'ta^{r}] VT (*argumento*) to substantiate; (*basear*): **~ (em)** to base (on)
fundamento [fũda'mẽtu] M (*fig*) foundation, basis; (*motivo*) motive; **sem ~** groundless
fundar [fũ'da^{r}] VT to establish, found; (*basear*) to base; **fundar-se** VR: **fundar-se em** to be

NB: *European Portuguese adds the following consonants to certain words*: **b** (sú(b)dito, su(b)til); **c** (a(c)ção, a(c)cionista, a(c)to); **m** (inde(m)ne); **p** (ado(p)çã, ado(p)tar); *for further details see p. xiii.*

based on
fundear [fũ'dʒjaʳ] VI to anchor
fundição [fũdʒi'sãw] (*pl* **-ões**) F fusing; (*fábrica*) foundry
fundilho [fũ'dʒiʎu] M (*da calça*) seat
fundir [fũ'dʒiʳ] VT to fuse; (*metal*) to smelt, melt down; (*Com: empresas*) to merge; (*em molde*) to cast; **fundir-se** VR (*derreter-se*) to melt; (*juntar-se*) to merge, fuse; (*Com*) to merge; **~ a cuca** to crack up
fundo, -a ['fũdu, a] ADJ deep; (*fig*) profound; (*col: ignorante*) ignorant; (: *despreparado*) hopeless ■ M (*do mar, jardim*) bottom; (*profundidade*) depth; (*base*) basis; (*da loja, casa, do papel*) back; (*de quadro*) background; (*de dinheiro*) fund ■ ADV deeply; **fundos** MPL (*Com*) funds; (*da casa etc*) back *sg*; **a ~** thoroughly; **ao ~** in the background; **ir ao ~** (*navio*) to sink, go down; **no ~** (*de caixa etc*) at the bottom; (*de casa etc*) at the back; (*de quadro*) in the background; (*fig*) basically, at bottom; **sem ~** (*poço*) bottomless; **dar ~s para** (*casa etc*) to back on to; **~ de contingência** contingency fund; **~ de investimento** investment fund; **F~ Monetário Internacional** International Monetary Fund
fundura [fũ'dura] F depth; (*col*) ignorance
fúnebre ['funebri] ADJ funeral *atr*, funereal; (*fig: triste*) gloomy, lugubrious
funeral [fune'raw] (*pl* **-ais**) M funeral
funerário, -a [fune'rarju, a] ADJ funeral *atr*; **casa funerária** undertakers *pl*
funesto, -a [fu'nɛʃtu, a] ADJ (*fatal*) fatal; (*infausto*) disastrous; (*notícia*) fateful
fungar [fũ'gaʳ] VT, VI to sniff
fungo ['fũgu] M (*Bot*) fungus
funil [fu'niw] (*pl* **-is**) M funnel
Funrural [fũxu'raw] (BR) ABR M = **Fundo de Assistência e Previdência ao Trabalhador Rural**
Funtevê [fũte've] ABR F = **Fundação Centro-Brasileira de TV Educativa**
fura-bolo ['fura-] (*pl* **-s**) (*col*) M index finger
furacão [fura'kãw] (*pl* **-ões**) M hurricane; **entrar/sair como um ~** to stomp in/out
furado, -a [fu'radu, a] ADJ perforated; (*pneu*) flat; (*orelha*) pierced; (*col: programa*) crummy
furão, -rona [fu'rãw, 'rɔna] (*pl* **-ões/-s**) M ferret ■ M/F (*col*) go-getter ■ ADJ (*col*) hard-working, dynamic
furar [fu'raʳ] VT (*perfurar*) to bore, perforate; (*penetrar*) to penetrate; (*greve*) to break; (*frustrar*) to foil; (*fila*) to jump ■ VI (*col: programa*) to fall through
furdúncio [fux'dũsju] (*col*) M commotion
furgão [fux'gãw] (*pl* **-ões**) M van
furgoneta [fuxgo'neta] (*PT*) F van
fúria ['furja] F fury, rage; **estar uma ~** to be furious
furibundo, -a [furi'bũdu, a] ADJ furious
furioso, -a [fu'rjozu, ɔza] ADJ furious
furo ['furu] M hole; (*num pneu*) puncture; **~ jornalístico** scoop; **dar um ~** (*col*) to make a blunder; **estar muitos ~s acima de algo** (*fig*) to be a cut above sth, be a lot better than sth
furões [fu'rõjʃ] MPL *de* **furão**
furona [fu'rɔna] F *de* **furão**
furor [fu'roʳ] M fury, rage; **causar ~** to cause a furore; **fazer ~** to be all the rage
furta-cor ['fuxta-] (*pl* **-es**) ADJ iridescent ■ M iridescence
furtar [fux'taʳ] VT, VI to steal; **furtar-se** VR: **furtar-se a** to avoid, evade
furtivo, -a [fux'tʃivu, a] ADJ furtive, stealthy
furto ['fuxtu] M theft
furúnculo [fu'rũkulu] M (*Med*) boil
fusão [fu'zãw] (*pl* **-ões**) F fusion; (*Com*) merger; (*derretimento*) melting; (*união*) union
fusca ['fuʃka] (*col*) M (VW) beetle
fusco, -a ['fuʃku, a] ADJ dark, dusky
fuselagem [fuze'laʒẽ] (*pl* **-ns**) F fuselage
fusível [fu'zivew] (*pl* **-eis**) M (*Elet*) fuse
fuso ['fuzu] M (*Tec*) spindle; **~ horário** time zone
fusões [fu'zõjʃ] FPL *de* **fusão**
fustão [fuʃ'tãw] M corduroy
fustigar [fuʃtʃi'gaʳ] VT (*açoitar*) to flog, whip; (*suj: vento*) to lash; (*maltratar*) to lash out at
futebol [futʃi'bɔw] M football; **~ de salão** five-a-side football; **~ totó** table football; **fazer um ~ de algo** (*col*) to get sth all mixed up
Futevôlei [futʃi'volej] M *see below*

FUTEVÔLEI

Futevôlei is a type of volleyball in which the ball is allowed to touch only the feet, legs, trunk and head of the players. It is very popular on the beaches of Rio de Janeiro, where tournaments take place during the summer, in which many famous footballers take part.

fútil ['futʃiw] (*pl* **-eis**) ADJ (*pessoa*) superficial, shallow; (*insignificante*) trivial
futilidade [futʃili'dadʒi] F (*de pessoa*) shallowness; (*insignificância*) triviality; (*coisa fútil*) trivial thing
futurismo [futu'riʒmu] M futurism
futuro, -a [fu'turu, a] ADJ future ■ M future; **no ~** in the future; **num ~ próximo** in the near future
fuxicar [fuʃi'kaʳ] VI to gossip
fuxico [fu'ʃiku] M piece of gossip
fuxiqueiro, -a [fuʃi'kejru, a] M/F gossip ■ ADJ gossipy
fuzil [fu'ziw] (*pl* **-is**) M rifle
fuzilamento [fuzila'mẽtu] M shooting
fuzilante [fuzi'lãtʃi] ADJ (*olhos*) blazing
fuzilar [fuzi'laʳ] VT to shoot ■ VI (*olhos*) to blaze; (*pessoa*) to fume
fuzileiro, -a [fuzi'lejru, a] M/F: **~ naval** (*Mil*) marine
fuzis [fu'ziʃ] MPL *de* **fuzil**
fuzuê [fu'zwe] M commotion

Gg

G, g [ʒe] (*pl* **gs**) M G, g; **G de Gomes** G for George
g. ABR (= *grama*) gr.; (= *grau*) deg
Gabão [ga'bãw] M: **o ~** Gabon
gabar [ga'bar] VT to praise; **gabar-se** VR: **gabar-se de** to boast about
gabardine [gabax'dʒini] F gabardine
gabaritado, -a [gabari'tadu, a] ADJ (*pessoa*) well-qualified
gabarito [gaba'ritu] M (*fig*): **ter ~ para** to have the ability to; **de ~** (of) high calibre *atr* (*Brit*) *ou* caliber *atr* (*US*)
gabinete [gabi'netʃi] M (*Com*) office; (*escritório*) study; (*Pol*) cabinet
gado ['gadu] M livestock; (*bovino*) cattle; **~ leiteiro** dairy cattle; **~ suíno** pigs *pl*
gaélico, -a [ga'ɛliku, a] ADJ Gaelic ■ M (*Ling*) Gaelic
gafanhoto [gafa'ɲotu] M grasshopper
gafe ['gafi] F gaffe, faux pas; **dar** *ou* **cometer uma ~** to make a faux pas
gafieira [ga'fjejra] (*col*) F (*lugar*) dive; (*baile*) knees-up
gagá [ga'ga] ADJ senile
gago, -a ['gagu, a] ADJ stuttering ■ M/F stutterer
gagueira [ga'gejra] F stutter
gaguejar [gage'ʒar] VI to stammer, stutter ■ VT (*resposta*) to stammer
gaiato, -a [ga'jatu, a] ADJ funny
gaiola [ga'jɔla] F (*para pássaro*) cage; (*cadeia*) jail ■ M (*barco*) riverboat
gaita ['gajta] F harmonica; (*col*: *dinheiro*) cash, dough; **cheio/a da ~** (*col*) loaded; **solta a ~!** (*col*) hand over your cash!; **~ de foles** bagpipes *pl*
gaivota [gaj'vɔta] F seagull
gajo ['gaʒu] (*PT*: *col*) M guy, fellow
gala ['gala] F: **traje de ~** full dress; **festa de ~** gala
galã [ga'lã] M (*ator*) leading man; (*fig*) ladies' man
galalau [gala'law] M giant
galante [ga'lãtʃi] ADJ (*gracioso*) graceful; (*gentil*) gallant
galanteador [galãtʃja'dor] M suitor, admirer
galantear [galã'tʃjar] VT to court, woo
galanteio [galã'teju] M wooing
galantina [galã'tʃina] F (*Culin*): **~ de galinha** chicken galantine
galão [ga'lãw] (*pl* **-ões**) M (*Mil*) stripe; (*medida*) gallon; (*PT*: *café*) white coffee; (*passamanaria*) braid
Galápagos [ga'lapaguʃ]: **(as) Ilhas** FPL (the) Galapagos Islands
galardão [galax'dãw] (*pl* **-ões**) M reward
galardoar [galax'dwar] VT: **~ alguém (com algo)** to reward sb (with sth)
galardões [galax'dõjʃ] MPL *de* **galardão**
galáxia [ga'laksja] M galaxy
galé [ga'lɛ] F (*Náut*) galley ■ M galley slave
galego, -a [ga'legu, a] ADJ Galician ■ M/F Galician; (*col*: *pej*) Portuguese ■ M (*Ling*) Galician
galera [ga'lɛra] F (*Náut*) galley; (*col*: *pessoas, público*) crowd
galeria [gale'ria] F gallery; (*Teatro*) circle; (*para águas pluviais*) storm drain
Gales ['galiʃ] M: **País de ~** Wales
galês, -esa [ga'leʃ, eza] ADJ Welsh ■ M/F Welshman/woman ■ M (*Ling*) Welsh; **os galeses** MPL the Welsh
galeto [ga'letu] M spring chicken
galgar [gaw'gar] VT (*saltar*) to leap over; (*subir*) to climb up
galgo ['gawgu] M greyhound
galhardia [gaʎax'dʒia] F (*elegância*) elegance; (*bravura, gentileza*) gallantry; **com ~** gallantly
galhardo, -a [ga'ʎaxdu, a] ADJ (*elegante*) elegant; (*bravo, gentil*) gallant
galheteiro [gaʎe'tejru] M cruet
galho ['gaʎu] M (*de árvore*) branch; (*col*: *bico*) part-time job; (: *problema*): **dar o ~** to cause trouble; **quebrar um** *ou* **o ~** to sort it out
galicismo [gali'siʒmu] M Gallicism
galináceos [gali'nasjuʃ] MPL poultry *sg*
galinha [ga'liɲa] F hen; (*Culin*; *fig*: *covarde*) chicken; (*fig*: *puta*) slut; **a ~ do vizinho é sempre mais gorda** (*fig*) the grass is always greener (on the other side of the fence); **matar**

NB: *European Portuguese adds the following consonants to certain words*: **b** (sú(b)dito, su(b)til); **c** (a(c)ção, a(c)cionista, a(c)to); **m** (inde(m)ne); **p** (ado(p)çã, ado(p)tar); *for further details see p. xiii.*

a ~ dos ovos de ouro (*fig*) to kill the goose that lays the golden egg

galinha-d'angola (*pl* **galinhas-d'angolas**) F guinea fowl

galinha-morta (*pl* **galinhas-mortas**) (*col*) F (*pechincha*) bargain; (*coisa fácil*) piece of cake ■ M/F (*pessoa*) weakling

galinheiro [gali'nejru] M (*lugar*) hen-house

galo ['galu] M cock, rooster; (*inchação*) bump; **missa do ~** midnight mass; **ouvir cantar o ~ e não saber onde** (*fig*) to jump to conclusions; **~ de briga** fighting cock; (*fig: pessoa*) troublemaker

galocha [ga'lɔʃa] F (*bota*) Wellington (boot)

galões [ga'lõjʃ] MPL *de* **galão**

galopante [galo'pãtʃi] ADJ (*fig: inflação*) galloping; (: *doença*) rampant

galopar [galo'paʳ] VI to gallop; **galope** [ga'lɔpi] M gallop

galpão [gaw'pãw] (*pl* **-ões**) M shed

galvanizar [gawvani'zaʳ] VT to galvanize

gama ['gama] F (*Mús*) scale; (*fig*) range; (*Zool*) doe

gamado, -a [ga'madu, a] (*col*) ADJ: **ser** *ou* **estar ~ por** to be crazy about

gamão [ga'mãw] M backgammon

gamar [ga'maʳ] (*col*) VI: **~ (por)** to fall in love (with)

gambá [gã'ba] M (*Zool*) opossum; **bêbado como um ~** (*col*) pissed as a newt

Gâmbia ['gãbja] M: **o ~** (the) Gambia

gambito [gã'bitu] M (*Xadrez* etc) gambit; (*col: perna*) pin

gamo ['gamu] M (fallow) deer

Gana ['gana] M Ghana

gana ['gana] F (*desejo*) craving, desire; (*ódio*) hate; **ter ~s de (fazer) algo** to feel like (doing) sth; **ter ~ de alguém** to hate sb

ganância [ga'nãsja] F greed; **ganancioso, -a** [ganã'sjozu, ɔza] ADJ greedy

gancho ['gãʃu] M hook; (*de calça*) crotch

gandaia [gã'daja] F (*vadiagem*) idling; (*farra*) living it up; **viver na ~** to lead the life of Riley; **cair na ~** to live it up

Ganges ['gãʒiʃ] M: **o ~** the Ganges

gânglio ['gãglju] M (*Med*) ganglion

gangorra [gã'goxa] F seesaw

gangrena [gã'grena] F gangrene

gangrenar [gãgre'naʳ] VI to go gangrenous

gângster ['gãnʃteʳ] M gangster

gangue ['gãgi] (*col*) F gang

ganhador, a [gaɲa'doʳ(a)] ADJ winning ■ M/F winner

ganha-pão ['gaɲa-] (*pl* **-ães**) M living, livelihood

ganhar [ga'ɲaʳ] VT to win; (*salário*) to earn; (*adquirir*) to get; (*lugar*) to reach; (*lucrar*) to gain ■ VI to win; **~ de alguém** (*num jogo*) to beat sb; **~ a alguém em algo** to outdo sb in sth; **~ tempo** to gain time; **~ a vida** to earn a living; **sair ganhando** to come out better off, come off better; **ganhei o dia** (*fig*) it made my day;

ganho, -a ['gaɲu, a] PP *de* **ganhar** ■ M (*lucro*) profit, gain; **ganhos** MPL (*ao jogo*) winnings; **ganho de capital** (*Com*) capital gain

ganido [ga'nidu] M (*de cão*) yelp; (*de pessoa*) squeal

ganir [ga'niʳ] VI (*cão*) to yelp; (*pessoa*) to squeal ■ VT (*gemido, gritos*) to let out

ganso, -a ['gãsu, a] M/F gander/goose

garagem [ga'raʒẽ] (*pl* **-ns**) F garage

garagista [gara'ʒiʃta] M/F garage owner

garanhão [gara'ɲãw] (*pl* **-ões**) M stallion; (*col: homem*) stud

garantia [garã'tʃia] F guarantee; (*de dívida*) surety; **estar na ~** (*compra*) to be under guarantee; **empréstimo sem ~** (*Com*) unsecured loan

garantir [garã'tʃiʳ] VT to guarantee; **garantir-se** VR: **garantir-se contra algo** to defend o.s. against sth; **~ algo (a alguém)** (*prometer*) to promise (sb) sth; **~ que ...** to maintain that ...; **~ a alguém que ...** to assure sb that ...; **~ alguém contra algo** to defend sb against sth

garatujar [garatu'ʒaʳ] VT to scribble, scrawl

garbo ['gaxbu] M (*elegância*) elegance; (*distinção*) distinction

garboso, -a [gax'bozu, ɔza] ADJ (*elegante*) elegant; (*distinto*) distinguished

garça ['gaxsa] F heron

garçom [gax'sõ] (BR) (*pl* **-ns**) M waiter

garçonete [gaxso'netʃi] (BR) F waitress

garçonnière [gaxso'njɛʳ] F love nest

garçons [gax'sõʃ] MPL *de* **garçom**

garfada [gax'fada] F forkful

garfo ['gaxfu] M fork; **ser um bom ~** (*fig*) to enjoy one's food

gargalhada [gaxga'ʎada] F burst of laughter; **rir às ~s** to roar with laughter; **dar** *ou* **soltar uma ~** to burst out laughing; **~ homérica** guffaw

gargalo [gax'galu] M (*tb fig*) bottleneck

garganta [gax'gãta] F (*Anat*) throat; (*Geo*) gorge, ravine ■ M/F (*col*) braggart, loudmouth ■ ADJ (*col*) loudmouth(ed); **limpar a ~** to clear one's throat; **molhar a ~** (*col*) to wet one's whistle; **aquilo não me passou pela ~** (*fig*) that stuck in my craw

gargantilha [gaxgã'tʃiʎa] F choker

gargarejar [gaxgare'ʒaʳ] VI to gargle

gargarejo [gaxga're3u] M (*ato*) gargling; (*líquido*) gargle

gari ['gari] M/F (*na rua*) roadsweeper (*Brit*), streetsweeper (*US*); (*lixeiro*) dustman (*Brit*), garbage man (*US*)

garimpar [garĩ'paʳ] VI to prospect

garimpeiro [garĩ'pejru] M prospector

garoa [ga'roa] F drizzle; **garoar** [ga'rwaʳ] VI to drizzle

garota [ga'rota] (BR: *col*) F (*cerveja*) beer; *v tb* **garoto**

garotada [garo'tada] F: **a ~** the kids *pl*

garota-de-programa (*pl* **garotas-de-programa**) (*col*) F good-time girl

garoto, -a [ga'rotu, a] M/F boy/girl; (*namorado*) boyfriend/girlfriend; (PT: *café*) coffee with milk

garoto, -ta-propaganda (*pl* **-s/as-propaganda**) M/F *boy/girl who advertises products on television*
garoupa [ga'ropa] F (*peixe*) grouper
garra ['gaxa] F claw; (*de ave*) talon; (*fig: entusiasmo*) enthusiasm, drive; **garras** FPL (*fig*) clutches
garrafa [ga'xafa] F bottle
garrafada [gaxa'fada] F: **dar uma ~ em alguém** to hit sb with a bottle
garrafão [gaxa'fãw] (*pl* **-ões**) M flagon
garrancho [ga'xãʃu] M scrawl
garrido, -a [ga'xidu, a] ADJ (*elegante*) smart; (*alegre*) lively; (*vistoso*) showy; (*gracioso*) pretty
garrote [ga'xɔtʃi] M (*Med*) tourniquet; (*tortura*) garrote
garupa [ga'rupa] F (*de cavalo*) hindquarters *pl*; (*de moto*) back seat; **andar na ~** (*de moto*) to ride pillion
gás [gajʃ] M gas; **gases** MPL (*do intestino*) wind *sg*; **~ natural** natural gas
gaseificar [gazejfi'ka^{r}] VT to vapourize (*Brit*), vaporize (*US*); **gaseificar-se** VR to vapo(u)rize
gasoduto [gazo'dutu] M gas pipeline
gasóleo [ga'zɔlju] M diesel oil
gasolina [gazo'lina] F petrol (*Brit*), gas(oline) (*US*)
gasômetro [ga'zometru] M gasometer
gasosa [ga'zɔza] F fizzy drink, soda pop (*US*)
gasoso, -a [ga'zozu, ɔza] ADJ (*Quím*) gaseous; (*água*) sparkling; (*bebida*) fizzy
gáspea ['gaʃpja] F (*de sapato*) upper
gastador, -deira [gaʃta'do^{r}, 'dejra] ADJ, M/F spendthrift
gastar [gaʃ'ta^{r}] VT (*dinheiro, tempo*) to spend; (*gasolina, electricidade*) to use; (*roupa, sapato*) to wear out; (*salto, piso etc*) to wear down; (*saúde*) to damage; (*desperdiçar*) to waste ■ VI to spend; to wear out; to wear down; **gastar-se** VR to wear out; to wear down
gasto, -a ['gaʃtu, a] PP *de* **gastar** ■ ADJ (*dinheiro, tempo, energias*) spent; (*frase*) trite; (*sapato etc, fig: pessoa*) worn out; (*salto, piso*) worn down ■ M (*despesa*) expense; **gastos** MPL (*Com*) expenses, expenditure *sg*; **~s públicos** public spending *sg*; **dar para o ~** (*col*) to do, be OK
gastrenterite [gaʃtrẽte'ritʃi] F (*Med*) gastroenteritis
gástrico, -a ['gaʃtriku, a] ADJ gastric
gastrite [gaʃ'tritʃi] F (*Med*) gastritis
gastronomia [gaʃtrono'mia] F gastronomy
gastronômico, -a [gaʃtro'nomiku, a] ADJ gastronomic
gata ['gata] F (she-)cat; (*col: mulher*) sexy lady; **andar de ~s** (*PT*) to go on all fours; **~ borralheira** Cinderella; (*mulher*) stay-at-home
gatão [ga'tãw] (*col*) (*pl* **-ões**) M (*homem*) hunk
gatilho [ga'tʃiʎu] M trigger
gatinha [ga'tʃiɲa] (*col*) F (*mulher*) sexy lady
gatinhas [ga'tʃiɲaʃ] FPL: **andar de ~** (*BR*) to go on all fours
gato ['gatu] M cat; (*col: homem*) dish, hunk; **ter um ~** (*col*) to have kittens; **~ escaldado tem medo de água fria** once bitten, twice shy; **~ montês** wild cat
gatões [ga'tõjʃ] MPL *de* **gatão**
gato-sapato M: **fazer alguém de ~** to walk all over sb, treat sb as a doormat
gatos-pingados MPL stalwarts
GATT ABR M (= *Acordo Geral sobre Tarifas Aduaneiras e Comércio*) GATT
gatuno, -a [ga'tunu, a] ADJ thieving ■ M/F thief
gaúcho, -a [ga'uʃu, a] ADJ from Rio Grande do Sul ■ M/F native of Rio Grande do Sul
gaveta [ga'veta] F drawer
gavetão [gave'tãw] (*pl* **-ões**) M big drawer
gavião [ga'vjãw] (*pl* **-ões**) M hawk
Gaza ['gaza] F: **a faixa de ~** the Gaza Strip
gaza ['gaza] F = **gaze**
gaze ['gazi] F gauze
gazela [ga'zɛla] F gazelle
gazeta [ga'zeta] F (*jornal*) newspaper, gazette; **fazer ~** to play truant
gazua [ga'zua] F skeleton key
GB ABR (= *Guanabara*) *former state, now Rio de Janeiro*
geada ['ʒjada] F frost
geladeira [ʒela'dejra] (*BR*) F refrigerator, icebox (*US*)
gelado, -a [ʒe'ladu, a] ADJ frozen ■ M (*PT: sorvete*) ice cream
gelar [ʒe'la^{r}] VT to freeze; (*vinho etc*) to chill ■ VI to freeze
gelatina [ʒela'tʃina] F gelatine; (*sobremesa*) jelly (*Brit*), jello (*US*)
gelatinoso, -a [ʒelatʃi'nozu, ɔza] ADJ gooey
geléia [ʒe'lɛja] F jam
geleira [ʒe'lejra] F (*Geo*) glacier
gélido, -a ['ʒɛlidu, a] ADJ chill, icy
gelo ['ʒelu] ADJ INV light grey (*Brit*) *ou* gray (*US*) ■ M ice; (*cor*) light grey (*Brit*) *ou* gray (*US*); **quebrar o ~** (*fig*) to break the ice; **hoje está um ~** it's freezing today; **dar o ~ em alguém** (*col*) to give sb the cold shoulder
gelo-seco M dry ice
gema ['ʒema] F (*de ovo*) yolk; (*pedra preciosa*) gem; **ser da ~** to be genuine; **ela é paulista da ~** she's a real Paulista
gemada [ʒe'mada] F eggnog
gêmeo, -a ['ʒemju, a] ADJ, M/F twin; **Gêmeos** MPL (*Astrologia*) Gemini *sg*
gemer [ʒe'me^{r}] VT (*canção*) to croon ■ VI (*de dor*) to groan, moan; (*lamentar-se*) to wail, howl; (*animal*) to whine; (*vento*) to howl; **gemido** [ʒe'midu] M groan, moan; (*lamento*) wail; (*de animal*) whine
gen. ABR (= *general*) Gen
gene ['ʒɛni] M gene
genealogia [ʒenjalo'ʒia] F genealogy

NB: *European Portuguese adds the following consonants to certain words*: **b** (sú(b)dito, su(b)til); **c** (a(c)ção, a(c)cionista, a(c)to); **m** (inde(m)ne); **p** (ado(p)çã, ado(p)tar); *for further details see p. xiii.*

genealógico, -a [ʒenja'lɔʒiku, a] ADJ genealogical; **árvore genealógica** family tree
Genebra [ʒe'nɛbra] N Geneva
genebra [ʒe'nɛbra] (PT) F gin
general [ʒene'raw] (*pl* **-ais**) M (*Mil*) general
generalidade [ʒenerali'dadʒi] F generality; (*maioria*) majority; **generalidades** FPL (*princípios*) basics, principles
generalização [ʒeneraliza'sãw] (*pl* **-ões**) F generalization
generalizar [ʒenerali'zaʳ] VT (*propagar*) to propagate ■ VI to generalize; **generalizar-se** VR to become general, spread
genérico, -a [ʒe'nɛriku, a] ADJ generic
gênero ['ʒeneru] M (*espécie*) type, kind; (*Literatura*) genre; (*Bio*) genus; (*Ling*) gender; **gêneros** MPL (*produtos*) goods; **~s alimentícios** foodstuffs; **~s de primeira necessidade** essentials; **~ de vida** way of life; **~ humano** humankind, human race; **essa roupa/ele não faz o meu ~** this outfit is not my style/he is not my type
generosidade [ʒenerozi'dadʒi] F generosity
generoso, -a [ʒene'rozu, ɔza] ADJ generous
gênese ['ʒenezi] F origin, beginning; **G~** (*Rel*) Genesis
genética [ʒe'nɛtʃika] F genetics *sg*
genético, -a [ʒe'nɛtʃiku, a] ADJ genetic
gengibre [ʒẽ'ʒibri] M ginger
gengiva [ʒẽ'ʒiva] F (*Anat*) gum
genial [ʒe'njaw] (*pl* **-ais**) ADJ inspired; (*idéia*) brilliant; (*col*) terrific, fantastic
gênio ['ʒenju] M (*temperamento*) nature; (*irascibilidade*) temper; (*talento, pessoa*) genius; **de bom ~** good-natured; **de mau ~** bad-tempered; **um cientista de ~** a scientific genius, a genius at science
genioso, -a [ʒe'njozu, ɔza] ADJ bad-tempered
genital [ʒeni'taw] (*pl* **-ais**) ADJ: **órgãos genitais** genitals *pl*
genitivo [ʒeni'tʃivu] M (*Ling*) genitive
genitora [ʒeni'tora] F mother
genocídio [ʒeno'sidʒju] M genocide
genro ['ʒẽxu] M son-in-law
gentalha [ʒẽ'taʎa] F rabble
gente ['ʒẽtʃi] F (*pessoas*) people *pl*; (*col*) folks *pl*; (*família*) folks *pl*, family; (*col*: *alguém*): **tem ~ batendo à porta** there's somebody knocking at the door; **a ~** (*nós*: *suj*) we; (: *obj*) us; **~!** (*exprime admiração, surpresa*) gosh!; **vai com a ~** come with us; **a casa da ~** our house; **toda a ~** everybody; **ficar ~** to grow up; **ser ~** (*ser alguém*) to be somebody; **também ser ~** (*col*) to be as good as anyone else; **ser ~ boa** *ou* **fina** (*col*) to be a nice person; **a ~ bem** the upper crust; **~ grande** grown-ups *pl*; **oi/tchau, ~!** hi/bye, folks!
gentil [ʒẽ'tʃiw] (*pl* **-is**) ADJ kind; **gentileza** [ʒẽtʃi'leza] F kindness; **por gentileza** if you please; **tenha a gentileza de fazer ...?** would you be so kind as to do ...?
gentinha [ʒẽ'tʃiɲa] F rabble
gentio, -a [ʒẽ'tʃiu, a] ADJ, M/F heathen
gentis [ʒe'tʃiʃ] ADJ PL *de* **gentil**
genuflexão [ʒenuflek'sãw] (*pl* **-ões**) F (*Rel*) genuflection
genuíno, -a [ʒe'nwinu, a] ADJ genuine
geofísica [ʒeo'fizika] F geophysics *sg*
geografia [ʒeogra'fia] F geography
geográfico, -a [ʒeo'grafiku, a] ADJ geographical
geógrafo, -a [ʒe'ɔgrafu, a] M/F geographer
geologia [ʒeolo'ʒia] F geology
geólogo, -a [ʒe'ɔlogu, a] M/F geologist
geometria [ʒeome'tria] F geometry
geométrico, -a [ʒeo'mɛtriku, a] ADJ geometrical
geopolítico, -a [ʒeopo'litʃiku, a] ADJ geopolitical
Geórgia ['ʒɔxʒa] F: **a ~** Georgia
georgiano, -a [ʒox'ʒanu, a] ADJ, M/F Georgian
geração [ʒera'sãw] (*pl* **-ões**) F (*tb*: *Comput*) generation; **linguagem de quarta ~** (*Comput*) fourth-generation language
gerador, a [ʒera'doʳ(a)] ADJ: **~ de algo** causing sth ■ M/F (*produtor*) creator ■ M (*Tec*) generator
geral [ʒe'raw] (*pl* **-ais**) ADJ general ■ F (*Teatro*) gallery; (*revisão*) general overhaul; **dar uma ~ em algo** (*col*) to have a blitz on sth; **em ~** in general, generally; **de um modo ~** on the whole; **geralmente** [ʒeraw'mẽtʃi] ADV generally, usually
gerânio [ʒe'ranju] M geranium
gerar [ʒe'raʳ] VT (*produzir*) to produce; (*filhos*) to beget; (*causar*: *ódios etc*) to engender, cause; (*eletricidade*) to generate
gerativo, -a [ʒera'tʃivu, a] ADJ generative
gerência [ʒe'rẽsja] F management
gerenciador [ʒerẽsja'doʳ] M: **~ de banco de dados** (*Comput*) database manager
gerencial [ʒerẽ'sjaw] (*pl* **-ais**) ADJ management *atr*
gerenciar [ʒerẽ'sjaʳ] VT, VI to manage
gerente [ʒe'rẽtʃi] ADJ managing ■ M/F manager
gergelim [ʒex'ʒelĩ] M (*Bot*) sesame
geriatria [ʒerja'tria] F geriatrics *sg*
geriátrico, -a [ʒe'rjatriku, a] ADJ geriatric
geringonça [ʒerĩ'gõsa] F contraption
gerir [ʒe'riʳ] VT to manage, run
germânico, -a [ʒex'maniku, a] ADJ Germanic
germe ['ʒexmi] M (*embrião*) embryo; (*micróbio*) germ; (*fig*) origin; **o ~ de uma idéia** the germ of an idea
germicida [ʒexmi'sida] ADJ germicidal ■ M germicide
germinação [ʒexmina'sãw] F germination
germinar [ʒexmi'naʳ] VI (*semente*) to germinate; (*fig*) to develop
gerontologia [ʒerõtolo'ʒia] F gerontology
gerúndio [ʒe'rũdʒju] M (*Ling*) gerund
gesso ['ʒesu] M plaster (of Paris)
gestação [ʒeʃta'sãw] F gestation
gestante [ʒeʃ'tãtʃi] F pregnant woman
gestão [ʒeʃ'tãw] F management
gesticular [ʒeʃtʃiku'laʳ] VI to make gestures,

gesture ■ VT: ~ **um adeus** to wave goodbye
gesto ['ʒɛʃtu] M gesture; **fazer ~s** to gesture
gibi [ʒi'bi] (*col*) M comic; **não estar no ~** (*fig*) to be incredible *ou* amazing
Gibraltar [ʒibraw'ta^{r}] F Gibraltar
gigante, -a [ʒi'gãtʃi] ADJ gigantic, huge ■ M giant; **gigantesco, -a** [ʒigã'teʃku, a] ADJ gigantic
gigolô [ʒigo'lo] M gigolo
gilete [ʒi'lɛtʃi] (BR) F (*lâmina*) razor blade; (*col*) bisexual, bi
gim [ʒĩ] (*pl* **-ns**) M gin
ginásio [ʒi'nazju] M (*para ginástica*) gymnasium; (*escola*) secondary (*Brit*) *ou* high (*US*) school
ginasta [ʒi'naʃta] M/F gymnast
ginástica [ʒi'naʃtʃika] F (*competitiva*) gymnastics *sg*; (*para fortalecer o corpo*) keep-fit
ginecologia [ʒinekolo'ʒia] F gynaecology (*Brit*), gynecology (*US*)
ginecologista [ʒinekolo'ʒiʃta] M/F gynaecologist (*Brit*), gynecologist (*US*)
ginete [ʒi'netʃi] M thoroughbred
gingar [ʒĩ'ga^{r}] VI to sway
ginja ['ʒĩʒa] (PT) F morello cherry
ginjinha [ʒĩ'ʒiɲa] (PT) F cherry brandy
gins [ʒĩʃ] MPL *de* **gim**
gira ['ʒira] ADJ crazy
gira-discos (PT) M INV record-player
girafa [ʒi'rafa] F giraffe; (*col*: *pessoa*) giant
girar [ʒi'ra^{r}] VT to turn, rotate; (*como pião*) to spin ■ VI to go round; to spin; (*vaguear*) to wander; **ele não gira bem** (*col*) he's not all there
girassol [ʒira'sɔw] (*pl* **-óis**) M sunflower
giratório, -a [ʒira'tɔrju, a] ADJ revolving; (*cadeira*) swivel *atr*
gíria ['ʒirja] F (*calão*) slang; (*jargão*) jargon
giro ['ʒiru] M turn; **dar um ~** to go for a wander; (*em veículo*) to go for a spin; **que ~!** (PT) terrific!
giro *etc* VB V **gerir**
giz [ʒiʒ] M chalk
glacê [gla'se] M icing
glacial [gla'sjaw] (*pl* **-ais**) ADJ icy
gladiador [gladʒja'do^{r}] M gladiator
glamouroso, -a [glamu'rozu, ɔza] ADJ glamorous
glândula ['glãdula] F gland
glandular [glãdu'la^{r}] ADJ glandular
gleba ['gleba] F field
glicerina [glise'rina] F glycerine
glicose [gli'kɔzi] F glucose
global [glo'baw] (*pl* **-ais**) ADJ (*da terra*) global; (*total*) overall; **quantia ~** lump sum; **globalização** [globaliza'sãw] (*pl* **globalizações**) F globalization
globo ['globu] M globe; **~ ocular** eyeball
globular [globu'la^{r}] ADJ (*forma*) rounded
glóbulo ['glɔbulu] M (*tb*: **glóbulo sanguíneo**) corpuscle
glória ['glorja] F glory
gloriar-se [glo'rjaxsi] VR: **~ de** to boast of
glorificar [glorifi'ka^{r}] VT to glorify
glorioso, -a [glo'rjozu, ɔza] ADJ glorious
glosa ['glɔza] F comment
glosar [glo'za^{r}] VT to comment on; (*conta*) to cancel
glossário [glo'sarju] M glossary
glote ['glɔtʃi] F (*Anat*) glottis
gluglu [glu'glu] M (*de peru*) gobble-gobble; (*de água*) glug-glug
glutão, -tona [glu'tãw] (*pl* **-ões/-s**) ADJ greedy ■ M/F glutton
glúten ['glutẽ] (*pl* **-s**) M gluten
glutões [glu'tõjʃ] MPL *de* **glutão**
glutona [glu'tɔna] F *de* **glutão**
gnomo ['gnomu] M gnome
GO ABR = **Goiás**
Goa ['goa] N Goa
godê [go'de] ADJ (*saia*) flared
goela ['gwɛla] F throat
goela-de-pato (*pl* **goelas-de-pato**) F (*Culin*) pasta strand
gogó [go'gɔ] (*col*) M Adam's apple
goiaba [go'jaba] F guava; **goiabada** [goja'bada] F guava jelly
goiabeira [goja'bejra] F guava tree
goianense [goja'n(j)ẽsi] ADJ from Goiânia ■ M/F native of Goiânia
goiano, -a [go'janu, a] ADJ from Goiás ■ M/F native of Goiás
gol [gow] (*pl* **-s**) M goal; **marcar um ~** to score a goal
gola ['gɔla] F collar
golaço [go'lasu] M (*Futebol*) great goal
Golan [go'lã] M: **as colinas de ~** the Golan heights
gole ['gɔli] M gulp, swallow; (*pequeno*) sip; **de um só ~** at one gulp; **dar um ~** to have a sip
goleada [go'ljada] F (*Futebol*) convincing win
golear [go'lja^{r}] VT to thrash ■ VI to win convincingly
goleiro [go'lejru] (BR) M goalkeeper
golfada [gow'fada] F (*jacto*) spurt
golfar [gow'fa^{r}] VT (*vomitar*) to spit up; (*lançar*) to throw out ■ VI (*sair*) to spurt out; (*bebê*) to bring up some milk
golfe ['gowfi] M golf; **campo de ~** golf course
golfinho [gow'fiɲu] M (*Zool*) dolphin
golfista [gow'fiʃta] M/F golfer
golfo ['gowfu] M gulf
golinho [go'liɲu] M sip; **beber algo aos ~s** to sip sth
golo ['golu] (PT) M = **gol**
golpe ['gɔwpi] M (*tb fig*) blow; (*de mão*) smack; (*de punho*) punch; (*manobra*) ploy; (*de vento*) gust; **de um só ~** at a stroke; **dar um ~ em alguém** (*golpear*) to hit sb; (*fig*: *trapacear*) to trick sb; **o ~ é fazer ...** the clever thing is to do ...; **dar o ~ do baú** (*fig*) to marry for money; **~ baixo** (*fig*, *col*)

NB: *European Portuguese adds the following consonants to certain words*: **b** (sú(b)dito, su(b)til); **c** (a(c)ção, a(c)cionista, a(c)to); **m** (inde(m)ne); **p** (ado(p)çã, ado(p)tar); *for further details see p. xiii.*

dirty trick; **~ (de estado)** coup (d'état); **~ de mestre** masterstroke; **~ de vista** (*olhar*) glance; (*de motorista*) eye for distances; **~ mortal** death blow; **golpear** [gow'pjaʳ] VT to hit; (*com navalha*) to stab; (*com o punho*) to punch

golpista [gow'piʃta] ADJ tricky

golquíper [gow'kipeʳ] M goalkeeper

goma ['gɔma] F (*cola*) gum, glue; (*de roupa*) starch; **~ de mascar** chewing gum

gomo ['gomu] M (*de laranja*) slice

gôndola ['gõdola] F (*Náut*) gondola; (*em supermercado*) basket

gondoleiro [gõdo'lejru] M gondolier

gongo ['gõgu] M gong; (*sineta*) bell

gonorréia [gono'xɛja] F (*Med*) gonorrhea

gonzo ['gõzu] M hinge

gorar [go'raʳ] VT to frustrate, thwart ■ VI (*plano*) to fail, go wrong

gordo, -a ['goxdu, a] ADJ (*pessoa*) fat; (*gordurento*) greasy; (*carne*) fatty; (*fig: quantia*) considerable, ample ■ M/F fat man/woman; **nunca vi mais ~** (*col*) I've never seen him (*ou* her, them *etc*) before in my life

gorducho, -a [gox'duʃu, a] ADJ plump, tubby ■ M/F plump person

gordura [gox'dura] F fat; (*derretida*) grease; (*obesidade*) fatness

gordurento, -a [goxdu'rẽtu, a] ADJ (*ensebado*) greasy; (*gordo*) fatty

gorduroso, -a [goxdu'rozu, ɔza] ADJ (*pele*) greasy; (*comida*) fatty

gorgolejar [goxgole'ʒaʳ] VI to gurgle

gorila [go'rila] M gorilla

gorjear [gox'ʒjaʳ] VI to chirp, twitter

gorjeio [gox'ʒeju] M twittering, chirping

gorjeta [gox'ʒeta] F tip, gratuity

gororoba [goro'rɔba] (*col*) F (*comida*) grub; (*comida ruim*) muck

gorro ['goxu] M cap; (*de lã*) hat

gosma ['gɔʒma] F spittle; (*fig*) slime

gosmento, -a [goʒ'mẽtu, a] ADJ slimy

gostar [goʃ'taʳ] VI: **~ de** to like; (*férias, viagem etc*) to enjoy; **gostar-se** VR to like each other; **~ de fazer algo** to like *ou* enjoy doing sth; **eu ~ia de ir** I would like to go; **gosto de sua companhia** I enjoy your company; **gosto de nadar** I like *ou* enjoy swimming; **gostei muito de falar com você** it was very nice talking to you; **~ mais de ...** to prefer ..., to like ... better

gosto ['goʃtu] M taste; (*prazer*) pleasure; **falta de ~** lack of taste; **a seu ~** to your liking; **com ~** willingly; (*vestir-se*) tastefully; (*comer*) heartily; **de bom/mau ~** in good/bad taste; **para o meu ~** for my liking; **ter ~ de** to taste of; **tenho muito ~ em ...** it gives me a lot of pleasure to ...; **tomar ~ por** to take a liking to

gostosão, -sona [goʃto'zaw, 'zɔna] (*col*) (*pl* **-ões/-s**) M/F stunner

gostoso, -a [goʃ'tozu, ɔza] ADJ (*comida*) tasty; (*agradável*) pleasant; (*cheiro*) lovely; (*risada*) good; (*col: pessoa*) gorgeous ■ M/F (*col*) cracker; **é ~ viajar** it's really nice to travel

gostosões [goʃto'zõjʃ] MPL *de* **gostosão**

gostosona [goʃto'zɔna] F *de* **gostosão**

gostosura [goʃto'zura] F: **ser uma ~** (*comida*) to be delicious; (*bebê, jogo etc*) to be lovely

gota ['gota] F drop; (*de suor*) bead; (*Med*) gout; **~ a ~** drop by drop; **ser a ~ d'água** *ou* **a última ~** (*fig*) to be the last straw; **ser uma ~ d'água no oceano** (*fig*) to be a drop in the ocean

goteira [go'tejra] F (*cano*) gutter; (*buraco*) leak

gotejante [gote'ʒãtʃi] ADJ dripping

gotejar [gote'ʒaʳ] VT to drip ■ VI to drip; (*telhado*) to leak

gótico, -a ['gɔtʃiku, a] ADJ Gothic

gotícula [go'tʃikula] F droplet

gourmet [gux'me] (*pl* **-s**) M/F gourmet

governador, a [govexnadoʳ(a)] M/F governor

governamental [govexnamẽ'taw] (*pl* **-ais**) ADJ government *atr*

governanta [govex'nãta] F (*de casa*) housekeeper; (*de criança*) governess

governante [govex'nãtʃi] ADJ ruling ■ M/F ruler ■ F governess

governar [govex'naʳ] VT (*Pol*) to govern, rule; (*barco*) to steer

governista [govex'niʃta] ADJ pro-government ■ M/F government supporter

governo [go'vexnu] M government; (*controle*) control; (*Náut*) steering; **para o seu ~** (*col*) for the record, for your information

gozação [goza'sãw] (*pl* **-ões**) F (*desfrute*) enjoyment; (*zombaria*) teasing; (*uma gozação*) joke

gozada [go'zada] F: **dar uma ~ em alguém** to pull sb's leg

gozado, -a [go'zadu, a] ADJ funny; (*estranho*) strange, odd

gozador, a [goza'doʳ(a)] ADJ (*caçoador*) comical; (*boa-vida*) happy-go-lucky ■ M/F joker; loafer

gozar [go'zaʳ] VT to enjoy; (*col: rir de*) to make fun of ■ VI to enjoy o.s.; (*ao fazer sexo*) to have an orgasm; **~ de** to enjoy; to make fun of; **gozo** ['gozu] M (*prazer*) pleasure; (*uso*) enjoyment, use; (*orgasmo*) orgasm; **estar em pleno gozo de suas faculdades mentais** to be in full possession of one's faculties; **ser um gozo** (*ser engraçado*) to be a laugh

G/P ABR (*Com*) = **ganhos e perdas**

gr. ABR = **grátis**; (= *grau*) deg.; (= *gross*) gr

Grã-Bretanha [grã-bre'taɲa] F Great Britain

graça ['grasa] F (*Rel*) grace; (*charme*) charm; (*gracejo*) joke; (*Jur*) pardon; **de ~** (*grátis*) for nothing; (*sem motivo*) for no reason; **sem ~** dull, boring; **fazer** *ou* **ter ~** to be funny; **ficar sem ~** to be embarrassed; **~s a** thanks to; **não tem ~ fazer** (*é chato*) it's no fun to do; (*não é certo*) it's not right to do; **deixa de ~** don't be cheeky; **não sei que ~ você vê nele/nisso** I don't know what you see in him/it; **ser uma ~** to be lovely

gracejar [grase'ʒaʳ] VI to joke; **gracejo** [gra'seʒu] M joke

gracinha [gra'siɲa] F: **ser uma ~** to be sweet *ou* cute; **que ~!** how sweet!

gracioso, -a [gra'sjozu, ɔza] ADJ (*pessoa*) charming; (*gestos*) gracious
gradação [grada'sãw] (*pl* **-ões**) F gradation
gradativo, -a [grada'tʃivu, a] ADJ gradual
grade ['gradʒi] F (*no chão*) grating; (*grelha*) grill; (*na janela*) bars *pl*; (*col*: *cadeia*) prison
gradear [gra'dʒja^{r}] VT (*janela*) to put bars up at; (*jardim*) to fence off
grado, -a ['gradu, a] ADJ (*importante*) important ■ M: **de bom/mau ~** willingly/unwillingly
graduação [gradwa'sãw] (*pl* **-ões**) F gradation; (*classificação*) grading; (*Educ*) graduation; (*Mil*) rank; **curso de ~** degree course
graduado, -a [gra'dwadu, a] ADJ (*dividido em graus*) graduated; (*diplomado*) graduate; (*eminente*) highly thought of
gradual [gra'dwaw] (*pl* **-ais**) ADJ gradual
graduando, -a [gra'dwandu, a] M/F graduating student, graduand
graduar [gra'dwa^{r}] VT (*termômetro*) to graduate; (*classificar*) to grade; (*luz, fogo*) to regulate; **graduar-se** VR to graduate; **~ alguém em algo** (*Educ*) to confer a degree in sth on sb; **~ alguém em coronel** *etc* (*Mil*) to make sb a colonel *etc*
graduável [gra'dwavew] (*pl* **-eis**) ADJ adjustable
grafia [gra'fia] F (*escrita*) writing; (*ortografia*) spelling
gráfica ['grafika] F (*arte*) graphics *sg*; (*estabelecimento*) printer's; (*seção*: *de jornal etc*) production department; *v tb* **gráfico**
gráfico, -a ['grafiku, a] ADJ graphic ■ M/F printer ■ M (*Mat*) graph; (*diagrama*) diagram, chart; **gráficos** MPL (*Comput*) graphics; **~ de barras** bar chart
grã-finagem [grãfi'naʒẽ] F: **a ~** the upper crust
grã-finismo [grãfi'niʒmu] M (*qualidade*) poshness; (*ato*) thing which posh people do; **o ~** (*pessoas*) the upper crust
grã-fino, -a [grã-] (*col*) ADJ posh ■ M/F nob, toff
grafite [gra'fitʃi] F (*lápis*) lead; (*pichação*) (piece of) graffiti
grafologia [grafolo'ʒia] F graphology
grama ['grama] M (*peso*) gramme ■ F (BR: *capim*) grass
gramado [gra'madu] (BR) M lawn; (*Futebol*) pitch
gramar [gra'ma^{r}] VT to plant *ou* sow with grass; (PT: *col*) to be fond of ■ VI (PT: *col*) to cry out
gramática [gra'matʃika] F grammar; *v tb* **gramático**
gramatical [gramatʃi'kaw] (*pl* **-ais**) ADJ grammatical
gramático, -a [gra'matʃiku, a] ADJ grammatical ■ M/F grammarian
gramofone [gramo'fɔni] M gramophone
grampeador [grãpja'do^{r}] M stapler
grampear [grã'pja^{r}] VT to staple; (BR: *Tel*) to tap; (*col*: *prender*) to nick
grampo ['grãpu] M staple; (*no cabelo*) hairgrip; (*de carpinteiro*) clamp; (*de chapéu*) hatpin
grana ['grana] (*col*) F cash
Granada [gra'nada] F Grenada
granada [gra'nada] F (*Mil*) shell; (*pedra*) garnet; **~ de mão** hand grenade
grandalhão, -lhona [grãda'ʎãw, 'ʎɔna] (*pl* **-ões/-s**) ADJ enormous
grandão, -dona [grã'dãw, 'dɔna] (*pl* **-ões/-s**) ADJ huge
grande ['grãdʒi] ADJ big, large; (*alto*) tall; (*notável, intenso*) great; (*longo*) long; (*adulto*) grown-up; **mulher ~** big woman; **~ mulher** great woman; **a G~ Londres** Greater London
grandessíssimo, -a [grãdʒi'sisimu, a] ADJ SUPERL *de* **grande**
grandeza [grã'deza] F (*tamanho*) size; (*fig*) greatness; (*ostentação*) grandeur; **ter mania de ~** to have delusions of grandeur
grandiloqüente [grãdʒilo'kwẽtʃi] ADJ grandiloquent
grandiosidade [grãdʒjozi'dadʒi] F grandeur, magnificence
grandioso, -a [grã'dʒjozu, ɔza] ADJ magnificent, grand
grandíssimo, -a [grã'dʒisimu, a] ADJ SUPERL *de* **grande**
grandões [grã'dõjʃ] MPL *de* **grandão**
grandona [grã'dɔna] F *de* **grandão**
granel [gra'nɛw] M: **a ~** (*Com*) in bulk; **compra a ~** bulk buying
granfa ['grãfa] (*col*) ADJ posh ■ M/F nob, toff
granito [gra'nitu] M (*Geo*) granite
granizo [gra'nizu] M hailstone; **chover ~** to hail; **chuva de ~** hailstorm
granja ['grãʒa] F farm; (*de galinhas*) chicken farm
granjear [gra'ʒja^{r}] VT (*simpatia, amigos*) to win, gain; (*bens, fortuna*) to procure; **~ algo a** *ou* **para alguém** to win sb sth
granulado, -a [granu'ladu, a] ADJ grainy; (*açúcar*) granulated
grânulo ['granulu] M granule
grão ['grãw] (*pl* **-s**) M grain; (*semente*) seed; (*de café*) bean; **grão-de-bico** (*pl* **grãos-de-bico**) M chick pea
grapefruit [greip'frutʃi] (*pl* **-s**) M grapefruit
grasnar [graʒ'na^{r}] VI (*corvo*) to caw; (*pato*) to quack; (*rã*) to croak
gratidão [gratʃi'dãw] F gratitude
gratificação [gratʃifika'sãw] (*pl* **-ões**) F (*gorjeta*) gratuity, tip; (*bônus*) bonus; (*recompensa*) reward
gratificado, -a [gratʃifi'kadu, a] ADJ (*grato*) grateful
gratificante [gratʃifi'kãtʃi] ADJ gratifying
gratificar [gratʃifi'ka^{r}] VT (*dar gorjeta a*) to tip; (*dar bônus a*) to give a bonus to; (*recompensar*) to reward
gratinado, -a [gratʃi'nadu, a] ADJ (*Culin*) au gratin ■ M (*prato*) gratin; (*crosta*) crust
grátis ['gratʃiʃ] ADJ free

NB: *European Portuguese adds the following consonants to certain words*: **b** (sú(b)dito, su(b)til); **c** (a(c)ção, a(c)cionista, a(c)to); **m** (inde(m)ne); **p** (ado(p)çã, ado(p)tar); *for further details see p. xiii.*

grato, -a ['gratu, a] ADJ (*agradecido*) grateful; (*agradável*) pleasant; **ficar ~ a alguém por** to be grateful to sb for
gratuidade [gratwi'dadʒi] F gratuity
gratuito, -a [gra'twitu, a] ADJ (*grátis*) free; (*infundado*) gratuitous
grau [graw] M degree; (*nível*) level; (*Educ*) class; **a temperatura é de 38 ~s** the temperature is 38 degrees; **primo/a em segundo ~** second cousin; **em alto ~** to a high degree; **primeiro/segundo ~** (*Educ*) primary/secondary level; **ensino de primeiro/segundo ~** primary (*Brit*) *ou* elementary (*US*) /secondary education; **estar no 1°/2° ~** (*Educ*) to be at primary/secondary (*Brit*) *ou* high (*US*) school
graúdo, -a [gra'udu, a] ADJ (*grande*) big; (*pessoa: influente*) important ■ M/F bigwig
gravação [grava'sãw] F (*em madeira*) carving; (*em disco, fita*) recording
gravador, a [grava'dor(a)] M tape recorder ■ M/F engraver ■ F (*empresa*) record company; **~ de CD/DVD** CD/DVD burner, CD/DVD writer
gravame [gra'vami] M (*imposto*) duty; (*Jur*) lien
gravar [gra'var] VT (*madeira*) to carve; (*metal, pedra*) to engrave; (*na memória*) to fix; (*disco, fita*) to record; **~ algo/alguém com impostos** to mark sth up/burden sb with taxes; **aquele dia ficou gravado na minha mente/memória** that day remained fixed in my mind/memory
gravata [gra'vata] F tie; **dar** *ou* **aplicar uma ~ em alguém** to get sb in a stranglehold; **~ borboleta** bow tie
grave ['gravi] ADJ (*situação, falta*) serious, grave; (*doença*) serious; (*tom*) deep; (*Ling*) grave; **gravemente** [grave'mẽtʃi] ADV (*doente, ferido*) seriously
graveto [gra'vetu] M piece of kindling
grávida ['gravida] ADJ pregnant
gravidade [gravi'dadʒi] F (*Fís*) gravity; (*de doença, situação*) seriousness
gravidez [gravi'deʒ] F pregnancy
gravitação [gravita'sãw] F gravitation
gravura [gra'vura] F (*em madeira*) engraving; (*estampa*) print
graxa ['graʃa] F (*para sapatos*) polish; (*lubrificante*) grease
Grécia ['grɛsja] F: **a ~** Greece
grega ['grega] F (*galão*) braid; *v tb* **grego**
gregário, -a [gre'garju, a] ADJ gregarious
grego, -a ['gregu, a] ADJ, M/F Greek ■ M (*Ling*) Greek
grei [grej] F flock
grelar [gre'lar] VT to stare at
grelha ['grɛʎa] F grill; (*de fornalha*) grate; **bife na ~** grilled steak; **grelhado, -a** [gre'ʎadu, a] ADJ grilled ■ M (*prato*) grill
grelhar [gre'ʎar] VT to grill
grêmio ['gremju] M (*associação*) guild; (*clube*) club
grená [gre'na] ADJ, M dark red
greta ['greta] F crack
gretado, -a [gre'tadu, a] ADJ cracked
greve ['grɛvi] F strike; **fazer ~** to go on strike; **~ de fome** hunger strike; **~ branca** go-slow; **grevista** [gre'viʃta] M/F striker
grifado, -a [gri'fadu, a] ADJ in italics
grifar [gri'far] VT to italicize; (*sublinhar*) to underline; (*fig*) to emphasize
griffe ['grifi] M designer label
grifo ['grifu] M italics *pl*
grilado, -a [gri'ladu, a] (*col*) ADJ full of hang-ups; **estar ~ com algo** to be hung-up about sth
grilar [gri'lar] (*col*) VT: **~ alguém** to get sb worked up; **grilar-se** VR to get worked up
grilhão [gri'ʎãw] (*pl* **-ões**) M chain; **grilhões** MPL (*fig*) fetters
grilo ['grilu] M cricket; (*Auto*) squeak; (*col: de pessoa*) hang-up; **qual é o ~?** what's the matter?; **dar ~** (*col*) to cause problems; **se der ~** (*impess*) if there's a problem; **não tem ~!** (*col*) (there's) no problem!
grimpar [grĩ'par] VI to climb
grinalda [gri'nawda] F garland
gringada [grĩ'gada] F (*grupo*) bunch of foreigners; (*gringos*) foreigners *pl*
gringo, -a ['grĩgu, a] (*col: pej*) M/F foreigner
gripado, -a [gri'padu, a] ADJ: **estar/ficar ~** to have/get a cold
gripar-se [gri'paxsi] VR to catch flu
gripe ['gripi] F flu, influenza
grisalho, -a [gri'zaʎu, a] ADJ (*cabelo*) grey (*Brit*), gray (*US*)
grita ['grita] F uproar
gritante [gri'tãtʃi] ADJ (*hipocrisia*) glaring; (*desigualdade*) gross; (*mentira*) blatant; (*cor*) loud, garish
gritar [gri'tar] VT to shout, yell ■ VI to shout; (*de dor, medo*) to scream; (*protestar*) to speak out; **~ com alguém** to shout at sb; **gritaria** [grita'ria] F shouting, din; **grito** ['gritu] M shout; (*de medo*) scream; (*de dor*) cry; (*de animal*) call; **dar um grito** to cry out; **falar/protestar aos gritos** to shout/shout protests; **no grito** (*col*) by force
Groenlândia [grwẽ'lãdʒja] F: **a ~** Greenland
grogue ['grɔgi] ADJ groggy
groom [grũ] (*pl* **-s**) M groom
grosa ['grɔza] F gross
groselha [gro'zɛʎa] F (red)currant
grosseiro, -a [gro'sejru, a] ADJ (*pessoa, comentário*) rude; (*piada*) crude; (*modos*) coarse; (*tecido*) coarse, rough; (*móvel*) roughly-made; **grosseria** [grose'ria] F rudeness; (*ato*): **fazer uma grosseria** to be rude; (*dito*): **dizer uma grosseria** to be rude, say something rude
grosso, -a ['grosu, 'grɔsa] ADJ (*tamanho, consistência*) thick; (*áspero*) rough; (*voz*) deep; (*col: pessoa, piada*) rude ■ M: **o ~ de** the bulk of ■ ADV: **falar ~** to talk in a deep voice; **falar ~ com alguém** (*fig*) to get tough with sb; **a ~ modo** roughly; **grossura** [gro'sura] F thickness
grotão [gro'tãw] (*pl* **-ões**) M gorge
grotesco, -a [gro'teʃku, a] ADJ grotesque
grotões [gro'tõjʃ] MPL *de* **grotão**
grua ['grua] F (*Constr*) crane
grudado, -a [gru'dadu, a] ADJ (*fig*): **ser ~ com** *ou*

em alguém to be very attached to sb
grudar ['gru'dar] VT to glue, stick ■ VI to stick
grude ['grudʒi] F glue; (*col*: *comida*) grub; (*ligação entre pessoas*): **ficar numa ~** to cling to sb; **grudento, -a** [gru'dẽtu, a] ADJ sticky
gruja ['gruʒa] (*col*) F tip
grunhido [gru'ɲidu] M grunt
grunhir [gru'ɲir] VI (*porco*) to grunt; (*tigre*) to growl; (*resmungar*) to grumble
grupo ['grupu] M group; (*Tec*) unit, set
gruta ['gruta] F grotto
guache ['gwaʃi] M gouache
guapo, -a ['gwapu, a] ADJ beautiful
guaraná [gwara'na] M guarana; (*bebida*) *soft drink flavoured with guarana*
guarani [gwara'ni] ADJ, M/F Guarani ■ M (*Ling*) Guarani; (*moeda*) guarani
guarda ['gwaxda] M/F policeman/woman ■ F (*vigilância*) guarding; (*de objeto*) safekeeping ■ M (*Mil*) guard; **estar de ~** to be on guard; **pôr-se em ~** to be on one's guard; **a velha ~** the old guard; **a G~ Civil** the Civil Guard; **guarda-chuva** (*pl* **guarda-chuvas**) M umbrella
guarda-civil (*pl* **guardas-civis**) M/F civil guard
guarda-costas M INV (*Náut*) coastguard boat; (*capanga*) bodyguard
guardador, a [gwaxda'dor(a)] M/F car attendant
guardados [gwax'daduʃ] MPL keepsakes, valuables
guarda-florestal (*pl* **guardas-florestais**) M/F forest ranger
guarda-fogo (*pl* **-s**) M fireguard
guarda-louça [gwaxda-'losa] (*pl* **-s**) M sideboard
guarda-marinha (*pl* **guardas-marinha(s)**) M naval ensign
guarda-mor [-mɔr] (*pl* **guardas-mores**) M inspector of customs
guardamoria [gwaxdamo'ria] F customs authorities *pl*
guarda-móveis M INV furniture storage warehouse
guardanapo [gwaxda'napu] M napkin
guarda-noturno (*pl* **guardas-noturnos**) M night watchman
guardar [gwax'dar] VT (*pôr em algum lugar*) to put away; (*zelar por*) to guard; (*lembrança, segredo*) to keep; (*vigiar*) to watch over; (*gravar na memória*) to remember; **guardar-se** VR (*defender-se*) to protect o.s.; **~ silêncio** to keep quiet; **~ o lugar para alguém** to keep sb's seat; **vou ~ este resto de bolo para ele** I'll keep this last piece of cake for him; **~-se de** (*acautelar-se*) to guard against
guarda-redes (*PT*) M INV goalkeeper
guarda-roupa (*pl* **-s**) M wardrobe
guarda-sol (*pl* **-óis**) M sunshade, parasol
guardião, -diã [gwax'dʒjãw, 'dʒjã] (*pl* **-ães**) M/F guardian
guarida [gwa'rida] F refuge
guarita [gwa'rita] F (*casinha*) sentry box; (*torre*) watch tower
guarnecer [gwaxne'ser] VT (*Mil*: *fronteira*) to garrison; (*comida*) to garnish; (*Náut*: *tripular*) to crew; **~ alguém (de algo)** to equip sb (with sth); **~ a despensa** *etc* **(de algo)** to stock the pantry *etc* (with sth)
guarnição [gwaxni'sãw] (*pl* **-ões**) F (*Mil*) garrison; (*Náut*) crew; (*Culin*) garnish
Guatemala [gwate'mala] F: **a ~** Guatemala
guatemalteco, -a [gwatemaw'tɛku, a] ADJ, M/F Guatemalan
gude ['gudʒi] M: **bola de ~** marble; (*jogo*) marbles *pl*
gueixa ['gejʃa] F geisha
guelra ['gɛwxa] F (*de peixe*) gill
guerra ['gɛxa] F war; **em ~** at war; **declarar ~ (a alguém)** to declare war (on sb); **estar em pé de ~ (com)** (*países, facções*) to be at war (with); (*vizinhos, casal*) to be at loggerheads (with); **fazer ~** to wage war; **~ atômica** *ou* **nuclear** nuclear war; **~ civil** civil war; **~ de nervos** war of nerves; **~ fria** cold war; **~ mundial** world war; **~ santa** holy war
guerrear [ge'xjar] VI to wage war
guerreiro, -a [ge'xejru, a] ADJ (*espírito*) fighting; (*belicoso*) warlike ■ M warrior
guerrilha [ge'xiʎa] F (*luta*) guerrilla warfare; (*tropa*) guerrilla band
guerrilhar [gexi'ʎar] VI to engage in guerrilla warfare
guerrilheiro, -a [gexi'ʎejru, a] ADJ guerrilla *atr* ■ M/F guerrilla
gueto ['getu] M ghetto
guia ['gia] F (*orientação*) guidance; (*Com*) permit, bill of lading; (*formulário*) advice slip ■ M (*livro*) guide(book) ■ M/F (*pessoa*) guide; **para que lhe sirva de ~** as a guide
Guiana ['gjana] F: **a ~** Guyana; **a ~ Francesa** French Guyana
guiar [gjar] VT (*orientar*) to guide; (*Auto*) to drive; (*cavalos*) to steer ■ VI (*Auto*) to drive; **guiar-se** VR: **guiar-se por** to go by
guichê [gi'ʃe] M ticket window; (*em banco, repartição*) window, counter
guidão [gi'dãw] (*pl* **-ões**) M = **guidom**
guidões [gi'dõjʃ] MPL *de* **guidão**
guidom [gi'dõ] (*pl* **-ns**) M handlebar
guidons [gi'dõʃ] MPL *de* **guidom**
guilder [giw'der] M guilder
guilhotina [giʎo'tʃina] F guillotine
guimba ['gĩba] (*col*) F (cigarette) butt
guinada [gi'nada] F (*Náut*) lurch; (*virada*) swerve; **dar uma ~** (*com o carro*) to swerve; (*fig*: *governo etc*) to do a U-turn
guinchar [gĩ'ʃar] VT (*carro*) to tow
guincho ['gĩʃu] M (*de animal, rodas*) squeal; (*de pessoa*) shriek
guindar [gĩ'dar] VT to hoist, lift; (*fig*): **~ alguém a** to promote sb to

NB: *European Portuguese adds the following consonants to certain words*: **b** (sú(b)dito, su(b)til); **c** (a(c)ção, a(c)cionista, a(c)to); **m** (inde(m)ne); **p** (ado(p)çã, ado(p)tar); *for further details see p. xiii.*

guindaste [gĩ'daʃtʃi] M hoist, crane
Guiné [gi'nɛ] F: **a ~** Guinea
Guiné-Bissau [-bi'saw] F: **a ~** Guinea-Bissau
guisa ['giza] F: **à ~ de** like, by way of
guisado [gi'zadu] M stew
guisar [gi'zaʳ] VT to stew
guitarra [gi'taxa] F (electric) guitar
guitarrista [gita'xiʃta] M/F guitarist; (*col*) forger (*of money*)
guizo ['gizu] M bell
gula ['gula] F gluttony, greed
gulodice [gulo'dʒisi] F greed
guloseima [gulo'zejma] F delicacy, titbit
guloso, -a [gu'lozu, ɔza] ADJ greedy
gume ['gumi] M cutting edge; (*fig*) sharpness
guri, a [gu'ri(a)] M/F kid ■ F (*namorada*) girlfriend
gurizote [guri'zɔtʃi] M lad
guru [gu'ru] M/F guru
gustação [guʃta'sãw] F tasting
gutural [gutu'raw] (*pl* **-ais**) ADJ guttural

Hh

H, h [a'ga] (*pl* **hs**) M H, h; **H de Henrique** H for Harry (*Brit*) *ou* How (*US*)
há [a] VB *v* **haver**
hã [ã] EXCL aha!
habeas-corpus ['abjas-'kɔxpus] M habeas corpus
hábil ['abiw] (*pl* **-eis**) ADJ (*competente*) competent, capable; (*com as mãos*) clever; (*astucioso, esperto*) clever, shrewd; (*sutil*) diplomatic; (*Jur*) qualified; **em tempo ~** in reasonable time; **habilidade** [abili'dadʒi] F (*aptidão, competência*) skill, ability; (*astúcia, esperteza*) shrewdness; (*tato*) discretion; (*Jur*) qualification; **ele não teve a menor habilidade com ela** (*tato*) he wasn't at all tactful with her; **ela não tem a menor habilidade com crianças** (*jeito*) she's hopeless with children; **ter habilidade manual** to be good with one's hands
habilidoso, -a [abili'dozu, ɔza] ADJ skilful (*Brit*), skillful (*US*), clever
habilitação [abilita'sãw] (*pl* **-ões**) F (*aptidão*) competence; (*ato*) qualification; (*Jur*) attestation; **habilitações** FPL (*conhecimentos*) qualifications
habilitado, -a [abili'tadu, a] ADJ qualified; (*manualmente*) skilled
habilitar [abili'ta^{r}] VT (*tornar apto*) to enable; (*dar direito a*) to qualify, entitle; (*preparar*) to prepare; (*Jur*) to qualify
habitação [abita'sãw] (*pl* **-ões**) F dwelling, residence; (*Pol: alojamento*) housing
habitacional [abitasjo'naw] (*pl* **-ais**) ADJ housing *atr*
habitações [abita'sõjʃ] FPL *de* **habitação**
habitante [abi'tãtʃi] M/F inhabitant
habitar [abi'ta^{r}] VT (*viver em*) to live in; (*povoar*) to inhabit ■ VI to live
hábitat ['abitatʃi] M habitat
habitável [abi'tavew] (*pl* **-eis**) ADJ (in)habitable
hábito ['abitu] M habit; (*social*) custom; (*Rel: traje*) habit; **adquirir/perder o ~ de (fazer) algo** to get into/out of the habit of (doing) sth; **ter o ~ de (fazer) algo** to be in the habit of (doing) sth; **por força do ~** by force of habit
habituação [abitwa'sãw] F acclimatization (*Brit*), acclimatation (*US*), adjustment
habituado, -a [abi'twadu, a] ADJ: **~ a (fazer) algo** used to (doing) sth
habitual [abi'twaw] (*pl* **-ais**) ADJ usual
habituar [abi'twa^{r}] VT: **~ alguém a** to get sb used to, accustom sb to; **habituar-se** VR: **habituar-se a** to get used to
habitué [abi'twe] M habitué
hacker ['ake^{r}] (*pl* **-s**) M (*Comput*) hacker
hadoque [a'dɔki] M haddock
Haia ['aja] N the Hague
Haiti [aj'tʃi] M: **o ~** Haiti
haitiano, -a [aj'tʃianu, a] ADJ, M/F Haitian
haja *etc* ['aʒa] VB *v* **haver**
hálito ['alitu] M breath; **mau ~** bad breath
halitose [ali'tɔzi] F halitosis
hall [xɔw] (*pl* **-s**) M hall; (*de teatro, hotel*) foyer; **~ de entrada** entrance hall
halo ['alu] M halo
haltere [aw'tɛri] M dumbbell
halterofilismo [awterofi'liʒmu] M weightlifting
halterofilista [awterofi'liʃta] M/F weightlifter
hambúrguer [ã'buxge^{r}] M hamburger
handicap [ãdʒi'kapi] M handicap
hangar [ã'ga^{r}] M hangar
hão [ãw] VB *v* **haver**
haras ['araʃ] M INV stud
hardware ['xadwe^{r}] M (*Comput*) hardware
harém [a'rẽ] (*pl* **-ns**) M harem
harmonia [axmo'nia] F harmony
harmônica [ax'monika] F concertina
harmonioso, -a [axmo'njozu, ɔza] ADJ harmonious
harmonizar [axmoni'za^{r}] VT (*Mús*) to harmonize; (*conciliar*): **~ algo (com algo)** to reconcile sth with sth; **harmonizar-se** VR: **harmonizar(-se) (com algo)** (*idéias etc*) to coincide (with sth); (*pessoas*) to be in agreement (with sth); (*música*) to fit in (with sth); (*tapete*) to match (sth)
harpa ['axpa] F harp
harpista [ax'piʃta] M/F harpist

NB: *European Portuguese adds the following consonants to certain words*: **b** (sú(b)dito, su(b)til); **c** (a(c)ção, a(c)cionista, a(c)to); **m** (inde(m)ne); **p** (ado(p)çã, ado(p)tar); *for further details see p. xiii.*

hasta ['aʃta] F: **~ pública** auction
haste ['aʃtʃi] F (*de bandeira*) flagpole; (*Tec*) shaft, rod; (*Bot*) stem
hastear [aʃ'tʃjaʳ] VT to raise, hoist
Havaí [avaj'i] M: **o ~** Hawaii
havaiano, -a [avaj'anu, a] ADJ, M/F Hawaiian ■ M (*Ling*) Hawaiian
Havana [a'vana] N Havana
havana [a'vana] ADJ INV light brown ■ M (*charuto*) Havana cigar

PALAVRA CHAVE

haver [a'veʳ] VB AUX **1** (*ter*) to have; **ele havia saído/comido** he had left/eaten
2: **haver de, quem haveria de dizer que ...** who would have thought that ...
■ VB IMPESS **1** (*existência*): **há** (*sg*) there is; (*pl*) there are; **o que é que há?** what's the matter?; **o que é que houve?** what happened?, what was that?; **não há de quê** don't mention it, you're welcome; **haja o que houver** come what may
2 (*tempo*): **há séculos/cinco dias que não o vejo** I haven't seen him for ages/five days; **há um ano que ela chegou** it's a year since she arrived; **há cinco dias (atrás)** five days ago
haver-se VR: **haver-se com alguém** to sort things out with sb
■ M (*Com*) credit
haveres MPL (*pertences*) property *sg*, possessions; (*riqueza*) wealth *sg*

haxixe [a'ʃiʃi] M hashish
hebraico, -a [e'brajku, a] ADJ, M/F Hebrew ■ M (*Ling*) Hebrew
hebreu, -bréia [e'brew, 'brɛja] M/F Hebrew
Hébridas ['ɛbridaʃ] FPL: **as (ilhas) ~** the Hebrides
hecatombe [eka'tõbi] F (*fig*) massacre
hectare [ek'tari] M hectare
hectograma [ekto'grama] M hectogram
hectolitro [ekto'litru] M hectolitre (*Brit*), hectoliter (*US*)
hediondo, -a [e'dʒjõdu, a] ADJ (*repulsivo*) vile, revolting; (*crime*) heinous; (*horrendo*) hideous
hedonista [edo'niʃta] ADJ hedonistic ■ M/F hedonist
hegemonia [eʒemo'nia] F hegemony
hei [ej] VB *v* **haver**
hein [ẽj] EXCL eh?; (*exprimindo indignação*) hmm
hélice ['ɛlisi] F propeller
helicóptero [eli'kɔpteru] M helicopter
hélio ['ɛlju] M helium
heliporto [eli'poxtu] M heliport
Helsinque [ew'sĩki] N Helsinki
hem [ẽj] EXCL = **hein**
hematologia [ematolo'ʒia] F haematology (*Brit*), hematology (*US*)
hematoma [ema'tɔma] M bruise
hemisférico, -a [emiʃ'fɛriku, a] ADJ hemispherical
hemisfério [emiʃ'fɛrju] M hemisphere
hemofilia [emofi'lia] F haemophilia (*Brit*), hemophilia (*US*)
hemofílico, -a [emo'filiku, a] ADJ, M/F haemophiliac (*Brit*), hemophiliac (*US*)
hemoglobina [emoglo'bina] F haemoglobin (*Brit*), hemoglobin (*US*)
hemograma [emo'grama] M blood count
hemorragia [emoxa'ʒia] F haemorrhage (*Brit*), hemorrhage (*US*); **~ nasal** nosebleed
hemorróidas [emo'xɔjdaʃ] FPL haemorrhoids (*Brit*), hemorrhoids (*US*), piles
hena ['ɛna] F henna
henê [e'ne] M = **hena**
hepatite [epa'tʃitʃi] F hepatitis
heptágono [ep'tagonu] M heptagon
hera ['ɛra] F ivy
heráldica [e'rawdʒika] F heraldry
herança [e'rãsa] F inheritance; (*fig*) heritage
herbáceo, -a [ex'basju, a] ADJ herbaceous
herbicida [exbi'sida] M weedkiller, herbicide
herbívoro, -a [ex'bivoru, a] ADJ herbivorous ■ M/F herbivore
herdade [ex'dadʒi] (*PT*) F large farm
herdar [ex'daʳ] VT: **~ algo (de)** to inherit sth (from); **~ a** to bequeath to
herdeiro, -a [ex'dejru, a] M/F heir(ess)
hereditário, -a [ereɖʒi'tarju, a] ADJ hereditary
herege [e'reʒi] M/F heretic
heresia [ere'zia] F heresy
herético, -a [e'rɛtʃiku, a] ADJ heretical
hermafrodita [exmafro'dʒita] M/F hermaphrodite
hermético, -a [ex'mɛtʃiku, a] ADJ airtight; (*fig*) obscure, impenetrable
hérnia ['ɛxnja] F hernia; **~ de hiato** hiatus hernia
herói [e'rɔj] M hero
heróico, -a [e'rɔjku, a] ADJ heroic
heroína [ero'ina] F heroine; (*droga*) heroin
heroismo [ero'iʒmu] M heroism
herpes ['ɛxpiʃ] M INV herpes *sg*
herpes-zoster [-'zɔʃteʳ] M (*Med*) shingles *sg*
hertz ['ɛxtzi] M INV hertz
hesitação [ezita'sãw] F (*pl* **-ões**) hesitation
hesitante [ezi'tãtʃi] ADJ hesitant
hesitar [ezi'taʳ] VI to hesitate; **~ em (fazer) algo** to hesitate in (doing) sth
heterodoxo, -a [etero'dɔksu, a] ADJ unorthodox
heterogêneo, -a [etero'ʒenju, a] ADJ heterogeneous
heterônimo [ete'ronimu] M pen name, nom de plume
heterossexual [eterosek'swaw] (*pl* **-ais**) ADJ, M/F heterosexual
heterossexualidade [eterosekswali'dadʒi] F heterosexuality
hexagonal [eksago'naw] (*pl* **-ais**) ADJ hexagonal
hexágono [ek'sagonu] M hexagon
hiato ['jatu] M hiatus
hibernação [ibexna'sãw] F hibernation
hibernar [ibex'naʳ] VI to hibernate

hibisco [i'biʃku] M (*Bot*) hibiscus
híbrido, -a ['ibridu, a] ADJ hybrid
hidramático, -a [idra'matʃiku, a] ADJ (*mudança*) hydraulic; (*carro*) with hydraulic transmission
hidratante [idra'tãtʃi] ADJ moisturizing ■ M moisturizer
hidratar [idra'ta^{r}] VT to hydrate; (*pele*) to moisturize
hidrato [i'dratu] M: **~ de carbono** carbohydrate
hidráulica [i'drawlika] F hydraulics *sg*
hidráulico, -a [i'drawliku, a] ADJ hydraulic; **força hidráulica** hydraulic power
hidrelétrica [idre'lɛtrika] (*PT* **-ct-**) F (*usina*) hydroelectric power station; (*empresa*) hydroelectric power company
hidreletricidade [idreletrisi'dadʒi] (*PT* **-ct-**) F hydroelectric power
hidrelétrico, -a [idre'lɛtriku, a] (*PT* **-ct-**) ADJ hydroelectric
hidro... [idru] PREFIXO hydro..., water... *atr*
hidroavião [idrua'vjãw] (*pl* **-ões**) M seaplane
hidrocarboneto [idrokaxbo'netu] M hydrocarbon
hidrófilo, -a [i'drɔfilu, a] ADJ absorbent; **algodão ~** cotton wool (*Brit*), absorbent cotton (*US*)
hidrofobia [idrofo'bia] F rabies *sg*
hidrogênio [idro'ʒenju] M hydrogen
hidroterapia [idrotera'pia] F hydrotherapy
hidrovia [idro'via] F waterway
hiena ['jena] F hyena
hierarquia [jerax'kia] F hierarchy
hierárquico, -a [je'raxkiku, a] ADJ hierarchical
hierarquizar [jeraxki'za^{r}] VT to place in a hierarchy
hieroglífico, -a [jero'glifiku, a] ADJ hieroglyphic
hieróglifo [je'rɔglifu] M hieroglyph(ic)
hífen ['ifẽ] (*pl* **-s**) M hyphen
higiene [i'ʒjeni] F hygiene; **~ mental** (mental) rest; **higiênico, -a** [i'ʒjeniku, a] ADJ hygienic; (*pessoa*) clean; **papel higiênico** toilet paper
hilariante [ila'rjãtʃi] ADJ hilarious
Himalaia [ima'laja] M: **o ~** the Himalayas *pl*
hímen ['imẽ] (*pl* **-s**) M (*Anat*) hymen
hindi [ĩ'dʒi] M (*Ling*) Hindi
hindu [ĩ'du] ADJ, M/F Hindu; (*indiano*) Indian
hinduismo [ĩ'dwiʒmu] M Hinduism
hino ['inu] M hymn; **~ nacional** national anthem
hinterlândia [ĩtex'lãdʒja] F hinterland
hiper... [ipe^{r}] PREFIXO hyper...; (*col*) really
hipérbole [i'pɛxboli] F hyperbole
hipermercado [ipexmex'kadu] M hypermarket
hipersensível [ipexsẽ'sivew] (*pl* **-eis**) ADJ hypersensitive
hipertensão [ipextẽ'sãw] F high blood pressure
hípico, -a ['ipiku, a] ADJ riding *atr*; **clube ~** riding club
hipismo [i'piʒmu] M (*turfe*) horse racing; (*equitação*) (horse) riding
hipnose [ip'nɔzi] F hypnosis
hipnótico, -a [ip'nɔtʃiku, a] ADJ hypnotic; (*substância*) sleep-inducing ■ M sleeping drug
hipnotismo [ipno'tʃiʒmu] M hypnotism
hipnotizador, a [ipnotʃizado^{r}(a)] M/F hypnotist
hipnotizar [ipnotʃi'za^{r}] VT to hypnotize
hipocondríaco, -a [ipokõ'driaku, a] ADJ, M/F hypochondriac
hipocrisia [ipokri'sia] F hypocrisy; **hipócrita** [i'pɔkrita] ADJ hypocritical ■ M/F hypocrite
hipodérmico, -a [ipo'dɛxmiku, a] ADJ hypodermic
hipódromo [i'pɔdromu] M racecourse
hipopótamo [ipo'pɔtamu] M hippopotamus
hipoteca [ipo'tɛka] F mortgage; **hipotecar** [ipote'ka^{r}] VT to mortgage
hipotecário, -a [ipote'karju, a] ADJ mortgage *atr*; **credor/devedor ~** mortgagee/mortgager
hipotermia [ipotex'mia] F hypothermia
hipótese [i'pɔtezi] F hypothesis; **na ~ de** in the event of; **em ~ alguma** under no circumstances; **na melhor/pior das ~s** at best/worst
hipotético, -a [ipo'tɛtʃiku, a] ADJ hypothetical
hirsuto, -a [ix'sutu, a] ADJ (*cabeludo*) hairy, hirsute; (*barba*) spiky; (*fig: ríspido*) harsh
hirto, -a ['ixtu, a] ADJ stiff, rigid; **ficar ~** (*pessoa*) to stand stock still
hispânico, -a [iʃ'paniku, a] ADJ Hispanic
hispanista [iʃpa'niʃta] M/F Hispanist
hispano-americano, -a [iʃ'pano-] ADJ Spanish American
histamina [iʃta'mina] F histamine
histerectomia [iʃterekto'mia] F hysterectomy
histeria [iʃte'ria] F hysteria; **~ coletiva** mass hysteria; **histérico, -a** [iʃ'tɛriku, a] ADJ hysterical
histerismo [iʃte'riʒmu] M hysteria
história [iʃ'tɔrja] F (*estudo, ciência*) history; (*conto*) story; **histórias** FPL (*chateação*) bother *sg*, fuss *sg*; **a mesma ~ de sempre** the same old story; **isso é outra ~** that's a different matter; **é tudo ~ dela** she's making it all up; **deixe de ~!** come off it!; **que ~ é essa?** what's going on?; **essa ~ de ...** (*col: troço*) this business of ...; **~ antiga/natural** ancient/natural history; **~ da carochinha** fairy story; **historiador, a** [iʃtorja'do^{r}(a)] M/F historian
historiar [iʃto'rja^{r}] VT to recount
histórico, -a [iʃ'tɔriku, a] ADJ (*personagem, pesquisa etc*) historical; (*fig: notável*) historic ■ M history
historieta [iʃto'rjeta] F anecdote, very short story
histrionismo [iʃtrjo'niʒmu] M histrionics *pl*
hobby ['xɔbi] (*pl* **-bies**) M hobby
hodierno, -a [o'dʒjɛxnu, a] ADJ today's, present

NB: *European Portuguese adds the following consonants to certain words*: **b** (sú(b)dito, su(b)til); **c** (a(c)ção, a(c)cionista, a(c)to); **m** (inde(m)ne); **p** (ado(p)çã, ado(p)tar); *for further details see p. xiii.*

hoje ['oʒi] ADV today; (*atualmente*) now(adays); **~ à noite** tonight; **de ~ a uma semana** in a week's time; **de ~ em diante** from now on; **~ em dia** nowadays; **~ faz uma semana** a week ago today; **ainda ~** (before the end of) today; **de ~ para amanhã** in one day; **por ~ é só** that's all for today

Holanda [o'lãda] F: **a ~** Holland; **holandês, -esa** [olã'deʃ, eza] ADJ Dutch ■ M/F Dutchman/woman ■ M (*Ling*) Dutch

holding ['xowdiŋ] (*pl* **-s**) M holding company

holocausto [olo'kawʃtu] M holocaust

holofote [olo'fɔtʃi] M searchlight; (*em campo de futebol etc*) floodlight

holograma [olo'grama] M hologram

homem ['omẽ] (*pl* **-ns**) M man; (*a humanidade*) mankind; **uma conversa de ~ para ~** a man-to-man talk; **ser o ~ da casa** (*fig*) to wear the trousers; **ser outro ~** (*fig*) to be a changed man; **~ de ação** man of action; **~ de bem** honest man; **~ de empresa** *ou* **negócios** businessman; **~ de estado** statesman; **~ da lei** lawyer; **~ de letras** man of letters; **~ de palavra** man of his word; **~ de peso** influential man; **~ da rua** man in the street; **~ de recursos** man of means; **~ público** public servant; **homem-bomba** (*pl* **homens-bomba**) M suicide bomber; **homem-feito** (*pl* **homens-feitos**) M grown man; **homem-rã** (*pl* **homens-rã(s)**) M frogman; **homem-sanduíche** (*pl* **homens-sanduíche**) M sandwich board man

homenageado, -a [omena'ʒjadu, a] ADJ honoured (*Brit*), honored (*US*) ■ M/F person hono(u)red

homenageante [omena'ʒjãtʃi] ADJ respectful

homenagear [omena'ʒjaʳ] VT (*pessoa*) to pay tribute to, honour (*Brit*), honor (*US*)

homenagem [ome'naʒẽ] F tribute; (*Rel*) homage; **prestar ~ a alguém** to pay tribute to sb; **em ~ a** in honour (*Brit*) *ou* honor (*US*) of

homenzarrão [omẽza'xãw] (*pl* **-ões**) M hulk (of a man)

homens ['omẽʃ] MPL *de* **homem**

homenzinho [omẽ'ziɲu] M little man; (*jovem*) young man

homeopata [omjo'pata] M/F homoeopath(ic) doctor (*Brit*), homeopath(ic doctor) (*US*)

homeopatia [omjopa'tʃia] F homoeopathy (*Brit*), homeopathy

homeopático, -a [omjo'patʃiku, a] ADJ homoeopathic (*Brit*), homeopathic (*US*); (*fig*): **em doses homeopáticas** in tiny quantities

homérico, -a [o'mɛriku, a] ADJ (*fig*) phenomenal

homicida [omi'sida] ADJ (*pessoa*) homicidal ■ M/F murderer; **homicídio** [omi'sidʒju] M murder; **homicídio involuntário** manslaughter

homiziado, -a [omi'zjadu, a] ADJ in hiding ■ M/F fugitive

homiziar [omi'zjaʳ] VT (*esconder*) to hide; **homiziar-se** VR to hide

homogeneidade [omoʒenej'dadʒi] F homogeneity

homogeneizado, -a [omoʒenej'zadu, a] ADJ: **leite ~** homogenized milk

homogêneo, -a [omo'ʒenju, a] ADJ homogeneous; (*Culin*) blended

homologar [omolo'gaʳ] VT to ratify

homólogo, -a [o'mɔlogu, a] ADJ homologous; (*fig*) equivalent ■ M/F opposite number

homônimo [o'monimu] M (*de pessoa*) namesake; (*Ling*) homonym

homossexual [omosek'swal] (*pl* **-ais**) ADJ, M/F homosexual

homossexualismo [omosekswa'liʒmu] M homosexuality

Honduras [õ'duraʃ] F Honduras

hondurenho, -a [õdu'rɛɲu, a] ADJ, M/F Honduran

honestidade [oneʃtʃi'dadʒi] F honesty; (*decência*) decency; (*justeza*) fairness

honesto, -a [o'nɛʃtu, a] ADJ honest; (*decente*) decent; (*justo*) fair, just

Hong Kong [oŋ'koŋ] F Hong Kong

honorário, -a [ono'rarju, a] ADJ honorary; **honorários** [ono'rarjuʃ] MPL fees

honorífico, -a [ono'rifiku, a] ADJ honorific

honra ['õxa] F honour (*Brit*), honor (*US*); **honras** FPL: **honras fúnebres** funeral rites; **convidado de ~** guest of hono(u)r; **em ~ de** in hono(u)r of; **por ~ da firma** (*por obrigação*) out of a sense of duty; (*para salvar as aparências*) to save face; **fazer as ~s da casa** to do the hono(u)rs, attend to the guests

honradez [õxa'deʒ] F honesty; (*de pessoa*) integrity

honrado, -a [õ'xadu, a] ADJ honest; (*respeitado*) honourable (*Brit*), honorable (*US*)

honrar [õ'xaʳ] VT to honour (*Brit*), honor (*US*); **honrar-se** VR: **honrar-se em fazer** to be hono(u)red to do

honraria [õxa'ria] F honour (*Brit*), honor (*US*)

honroso, -a [õ'xozu, ɔza] ADJ honourable (*Brit*), honorable (*US*)

hóquei ['ɔkej] M hockey; **~ sobre gelo** ice hockey

hora ['ɔra] F (*60 minutos*) hour; (*momento*) time; **a que ~s?** (at) what time?; **que ~s são?** what time is it?; **são duas ~s** it's two o'clock; **você tem as ~s?** have you got the time?; **isso são ~s?** what time do you call this?; **dar as ~s** (*relógio*) to strike the hour; **fazer ~** to kill time; **fazer ~ com alguém** (*col*) to tease sb; **marcar ~** to make an appointment; **perder a ~** to be late; **não vejo a ~ de ...** I can't wait to ...; **às altas ~s da noite** *ou* **da madrugada** in the small hours; **de ~ em ~** every hour; **em boa/má ~** at the right/wrong time; **chegar em cima da ~** to arrive just in time *ou* on the dot; **fora de ~** at the wrong moment; **na ~** (*no ato, em seguida*) on the spot; (*em boa hora*) at the right moment; (*na hora H*) at the moment of truth; **na ~ H** (*no momento certo*) in the nick of time; (*na hora crítica*) at the moment of truth, when it comes (*ou* came) to it; **está na ~ de ...** it's time to ...; **bem na ~** just in time; **chegar na ~** to be on time; **de última ~** ADJ last-minute ■ ADV at the last minute; **~ de dormir** bedtime; **meia ~** half an hour; **~ local** local time; **~s extras** overtime *sg*; **trabalhei 2 ~s extras** I worked 2 hours overtime; **você recebe por ~ extra?** do you get paid overtime?; **~s vagas** spare time *sg*; **horário, -a** [o'rarju, a] ADJ: **100 km horários** 100 km an hour ■ M (*tabela*) timetable; (*hora*) time; **horário de expediente** working hours *pl*; (*de um escritório*) office hours *pl*; **horário de verão** summer time; **horário integral** full time; **horário nobre** (*TV*) prime time

horda ['ɔxda] F horde

horista [o'riʃta] ADJ paid by the hour ■ M/F hourly-paid worker

horizontal [orizõ'taw] (*pl* **-ais**) ADJ horizontal ■ F: **estar na ~** (*col*) to be lying down

horizonte [ori'zõtʃi] M horizon

hormonal [oxmo'naw] (*pl* **-ais**) ADJ hormonal

hormônio [ox'monju] M hormone

horóscopo [o'rɔʃkopu] M horoscope

horrendo, -a [o'xẽdu, a] ADJ horrendous, frightful

horripilante [oxipi'lãtʃi] ADJ horrifying, hair-raising

horripilar [oxipi'la^{r}] VT to horrify; **horripilar-se** VR to be horrified

horrível [o'xivew] (*pl* **-eis**) ADJ awful, horrible

horror [o'xo^{r}] M horror; **que ~!** how awful!; **ser um ~** to be awful; **ter ~ a algo** to hate sth; **um ~ de** (*porção*) a lot of; **dizer/fazer ~es** to say/do terrible things; **~es de** (*muitos*) loads of; **ele está faturando ~es** he's raking it in, he's making a fortune; **horrorizar** [oxori'za^{r}] VT to horrify, frighten ■ VI: **cenas de horrorizar** horrifying scenes; **horrorizar-se** VR to be horrified

horroroso, -a [oxo'rozu, ɔza] ADJ horrible, ghastly

horta ['ɔxta] F vegetable garden

hortaliças [oxta'lisaʃ] FPL vegetables

hortelã [oxte'lã] F mint; **~ pimenta** peppermint

hortelão, -loa [oxte'lãw] (*pl* **-s**) (PT) M/F (market) gardener

hortênsia [ox'tẽsja] F hydrangea

horticultor, a [oxtʃikuw'to^{r}(a)] M/F market gardener (*Brit*), truck farmer (*US*)

horticultura [oxtʃikuw'tura] F horticulture

hortifrutigranjeiros [oxtʃifrutʃigrã'ʒejruʃ] MPL fruit and vegetables

hortigranjeiros [oxtʃigrã'ʒejruʃ] MPL garden vegetables

horto ['oxtu] M market garden (*Brit*), truck farm (*US*)

hospedagem [oʃpe'daʒẽ] F guest house

hospedar [oʃpe'da^{r}] VT to put up; **hospedar-se** VR to stay, lodge; **hospedaria** [oʃpeda'ria] F guest house

hóspede ['ɔʃpedʒi] M (*amigo*) guest; (*estranho*) lodger

hospedeira [oʃpe'dejra] F landlady; (*PT*: *de bordo*) stewardess, air hostess (*Brit*)

hospedeiro, -a [oʃpe'dejru, a] ADJ hospitable ■ M (*dono*) landlord

hospício [oʃ'pisju] M mental hospital

hospital [oʃpi'taw] (*pl* **-ais**) M hospital

hospitalar [oʃpita'la^{r}] ADJ hospital *atr*

hospitaleiro, -a [oʃpita'lejru, a] ADJ hospitable

hospitalidade [oʃpitali'dadʒi] F hospitality

hospitalização [oʃpitaliza'sãw] (*pl* **-ões**) F hospitalization

hospitalizar [oʃpitali'za^{r}] VT to hospitalize, admit to hospital

hostess ['ɔʃtes] (*pl* **-es**) F hostess

hóstia ['ɔʃtʃia] F Host, wafer

hostil [oʃ'tʃiw] (*pl* **-is**) ADJ hostile

hostilidade [oʃtʃili'dadʒi] F hostility

hostilizar [oʃtʃili'za^{r}] VT to antagonize; (*Mil*) to wage war on

hostis [oʃ'tʃiʃ] PL *de* **hostil**

hotel [o'tɛw] (*pl* **-éis**) M hotel; **~ de alta rotatividade** *motel for sexual encounters*

hotelaria [otela'ria] F (*curso*) hotel management; (*conjunto de hotéis*) hotels *pl*

hoteleiro, -a [ote'lejru, a] ADJ hotel *atr* ■ M/F hotelier; **rede hoteleira** hotel chain

houve *etc* ['ovi] VB *v* **haver**

h(s). ABR (= *hora(s)*) o'clock

hui [wi] EXCL (*de dor*) ow!; (*de susto, surpresa*) ah!; (*de repugnância*) ugh!

humanidade [umani'dadʒi] F (*os homens*) man(kind); (*compaixão*) humanity; **humanidades** FPL (*Educ*) humanities

hum [ũ] EXCL hmm

humanismo [uma'niʒmu] M humanism

humanista [uma'niʃta] ADJ, M/F humanist

humanitário, -a [umani'tarju, a] ADJ humanitarian; (*benfeitor*) humane ■ M/F humanitarian

humanizar [umani'za^{r}] VT to humanize; **humanizar-se** VR to become more human

humano, -a [u'manu, a] ADJ human; (*bondoso*) humane

humanos [u'manuʃ] MPL humans

húmido, -a (*PT*) ADJ = **úmido**

humildade [umiw'dadʒi] F humility; (*pobreza*) poverty

humilde [u'miwdʒi] ADJ humble; (*pobre*) poor

humildes [u'miwdʒiʃ] M/FPL: **os** (*ou* **as**) **~** the poor

humilhação [umiʎa'sãw] F humiliation

humilhante [umi'ʎãtʃi] ADJ humiliating

humilhar [umi'ʎa^{r}] VT to humiliate ■ VI to be humiliating; **humilhar-se** VR to humble o.s.

humor [u'mo^{r}] M (*disposição*) mood, temper; (*graça*) humour (*Brit*), humor (*US*); **de bom/mau ~** in a good/bad mood

humorismo [umo'riʒmu] M humour (*Brit*),

NB: *European Portuguese adds the following consonants to certain words*: **b** (sú(b)dito, su(b)til); **c** (a(c)ção, a(c)cionista, a(c)to); **m** (inde(m)ne); **p** (ado(p)çã, ado(p)tar); *for further details see p. xiii.*

humor (*US*)
humorista [umo'riʃta] M/F (*escritor*) humorist; (*na TV, no palco*) comedian
humorístico, -a [umo'riʃtʃiku, a] ADJ humorous
húmus ['umuʃ] M INV humus
húngaro, -a ['ũgaru, a] ADJ, M/F Hungarian
Hungria [ũ'gria] F: **a ~** Hungary
hurra ['uxa] M cheer ■ EXCL hurrah!
Hz ABR (= *hertz*) Hz

I i

I, i [i:] (*pl* **is**) M I, i; **I de Irene** I for Isaac (*Brit*) *ou* item (*US*)
ia *etc* ['ia] VB *v* **ir**
IAB ABR M = **Instituto dos Advogados do Brasil; Instituto dos Arquitetos do Brasil**
ialorixá [jalori'ʃa] F macumba priestess
IAPAS (BR) ABR M = **Instituto de Administração da Previdência e Assistência Social**
iate ['jatʃi] M yacht; **~ clube** yacht club
iatismo [ja'tʃiʒmu] M yachting
iatista [ja'tʃiʃta] M/F yachtsman/woman
IBAM ABR M = **Instituto Brasileiro de Administração Municipal**
IBDF ABR M = **Instituto Brasileiro de Desenvolvimento Florestal**
ibérico, -a [i'bɛriku, a] ADJ, M/F Iberian
ibero, -a [i'bɛru, a] ADJ, M/F Iberian
ibero-americano, -a ADJ, M/F Ibero-American
IBGE ABR M = **Instituto Brasileiro de Geografia e Estatística**
IBMC ABR M = **Instituto Brasileiro do Mercado de Capitais**
Ibope [i'bɔpi] ABR M = **Instituto Brasileiro de Opinião Pública e Estatística; dar ibope** (*TV*) to get high ratings; (*fig*) to be popular
IBV ABR M = **Índice da Bolsa de Valores (do Rio de Janeiro)**
içar [i'saʳ] VT to hoist, raise
iceberg [ajs'bɛxgi] (*pl* **-s**) M iceberg
ICM (BR) ABR M (= *Imposto sobre Circulação de Mercadorias*) ≈ VAT
icone ['ikoni] M icon
iconoclasta [ikono'klaʃta] ADJ iconoclastic ■ M/F iconoclast
icterícia [ikte'risja] F jaundice
ida ['ida] F going, departure; **~ e volta** round trip, return; **a (viagem de) ~** the outward journey; **na ~** on the way there; **~s e vindas** comings and goings; **comprei só a ~** I only bought a single *ou* one-way (*US*) (ticket)
idade [i'dadʒi] F age; **ter cinco anos de ~** to be five (years old); **de meia ~** middle-aged; **qual é a ~ dele?** how old is he?; **na minha ~** at my age; **ser menor/maior de ~** to be under/of age; **pessoa de ~** elderly person; **estar na ~ de trabalhar** to be (of) working age; **já não estou mais em ~ de fazer** I'm past doing; **~ atômica** atomic age; **~ da pedra** Stone Age; **I~ Média** Middle Ages *pl*
ideação [idea'sãw] (*pl* **-ões**) F conception
ideal [ide'jaw] (*pl* **-ais**) ADJ, M ideal
idealismo [idea'liʒmu] M idealism
idealista [idea'liʃta] ADJ idealistic ■ M/F idealist
idealização [idealiza'sãw] (*pl* **-ões**) F idealization; (*planejamento*) creation
idealizar [ideali'zaʳ] VT to idealize; (*planejar*) to devise, create
idear [ide'aʳ] VT (*imaginar*) to imagine, think up; (*idealizar*) to create
ideário [i'dɛjarju] M ideas *pl*, thinking
idéia [i'dɛja] F idea; (*mente*) mind; **mudar de ~** to change one's mind; **não ter a mínima ~** to have no idea; **não faço ~** I can't imagine; **estar com ~ de fazer** to plan to do; **fazer uma ~ errada de algo** to get the wrong idea about sth; **~ fixa** obsession; **~ genial** brilliant idea
idem ['idẽ] PRON ditto
idêntico, -a [i'dẽtʃiku, a] ADJ identical
identidade [idẽtʃi'dadʒi] F identity; **carteira de ~** identity (*Brit*) *ou* identification (*US*) card
identificação [idẽtʃifika'sãw] F identification
identificar [idẽtʃifi'kaʳ] VT to identify; **identificar-se** VR: **identificar-se com** to identify with
ideologia [ideolo'ʒia] F ideology
ideológico, -a [ideo'lɔʒiku, a] ADJ ideological
ideólogo, -a [ide'ɔlogu, a] M/F ideologue
ídiche ['idiʃi] M = **iídiche**
idílico, -a [i'dʒiliku, a] ADJ idyllic
idílio [i'dʒiljU] M idyll
idioma [i'dʒɔma] M language
idiomático, -a [idʒo'matʃiku, a] ADJ idiomatic
idiossincrasia [idʒosĩkra'zia] F character
idiota [i'dʒɔta] ADJ idiotic ■ M/F idiot
idiotice [idʒo'tʃisi] F idiocy
ido, -a ['idu, a] ADJ past
idólatra [i'dɔlatra] ADJ idolatrous ■ M/F

NB: *European Portuguese adds the following consonants to certain words*: **b** (sú(b)dito, su(b)til); **c** (a(c)ção, a(c)cionista, a(c)to); **m** (inde(m)ne); **p** (ado(p)çã, ado(p)tar); *for further details see p. xiii.*

idolater/tress
idolatrar [idola'tra^{r}] VT to idolize
idolatria [idola'tria] F idolatry
ídolo ['idolu] M idol
idoneidade [idonej'dadʒi] F suitability; (*competência*) competence; **~ moral** moral probity
idôneo, -a [i'donju, a] ADJ (*adequado*) suitable, fit; (*pessoa*) able, capable
idos ['iduʃ] MPL bygone days
idoso, -a [i'dozu, ɔza] ADJ elderly, old
Iemanjá [jemã'ʒa] F Iemanjá (*Afro-Brazilian sea goddess*)
Iêmen ['jemẽ] M: **o ~** Yemen
iemenita [jeme'nita] ADJ, M/F Yemeni
iene ['jɛni] M yen
IGC (BR) ABR M = **Imposto sobre Ganhos de Capital**
iglu [i'glu] M igloo
ignaro, -a [igi'naru, a] ADJ ignorant
ignição [igni'sãw] (*pl* **-ões**) F ignition
ignóbil [ig'nɔbiw] (*pl* **-eis**) ADJ ignoble
ignomínia [igno'minja] F disgrace, ignominy
ignominioso, -a [ignomi'njozu, ɔza] ADJ ignominious
ignorado, -a [igno'radu, a] ADJ unknown
ignorância [igno'rãsja] F ignorance; **apelar para a ~** (*col*) to lose one's rag; **ignorante** [igno'rãtʃi] ADJ ignorant, uneducated ■ M/F ignoramus
ignorar [igno'ra^{r}] VT not to know; (*não dar atenção a*) to ignore
ignoto, -a [ig'nɔtu, a] ADJ (*formal*) unknown
IGP (BR) ABR M = **Índice Geral de Preços**
igreja [i'greʒa] F church
igual [i'gwaw] (*pl* **-ais**) ADJ equal; (*superfície*) even ■ M/F equal; **em partes iguais** in equal parts; **ser ~** to be the same; **ser ~ a** to be the same as, be like; **~ se ...** as if ...; **por ~** equally; **sem ~** unequalled, without equal; **de ~ para ~** on equal terms; **tratar alguém de ~ para ~** to treat sb as an equal; **nunca vi coisa ~** I've never seen anything like it
igualar [igwa'la^{r}] VT (*ser igual a*) to equal; (*fazer igual*) to make equal; (*nivelar*) to level ■ VI: **~ a** *ou* **com** to be equal to, be the same as; (*ficar no mesmo nível*) to be level with; **igualar-se** VR: **igualar-se a alguém** to be sb's equal; **~ algo com** *ou* **a algo** to equal sth to sth; **~ algo com algo** (*terreno etc*) to level sth with sth
igualdade [igwaw'dadʒi] F (*paridade*) equality; (*uniformidade*) uniformity
igualitário, -a [igwali'tarju, a] ADJ egalitarian
igualmente [igwaw'mẽtʃi] ADV equally; (*também*) likewise, also; **~!** (*saudação*) the same to you!
iguana [i'gwana] M iguana
iguaria [igwa'ria] F (*Culin*) delicacy
ih [i:] EXCL (*de admiração, surpresa*) cor (*Brit*), gee (*US*); (*de perigo próximo*) eek!
iídiche ['jidiʃi] M (*Ling*) Yiddish
ilação [ila'sãw] (*pl* **-ões**) F inference, deduction
I.L. Ano (BR) ABR (*Com*) = **Índice de Lucratividade no Ano**
ilegal [ile'gaw] (*pl* **-ais**) ADJ illegal
ilegalidade [ilegali'dadʒi] F illegality
ilegítimo, -a [ile'ʒitʃimu, a] ADJ illegitimate; (*ilegal*) unlawful
ilegível [ile'ʒivew] (*pl* **-eis**) ADJ illegible
ileso, -a [i'lezu, a] ADJ unhurt; **sair ~** to escape unhurt
iletrado, -a [ile'tradu, a] ADJ, M/F illiterate
ilha ['iʎa] F island
ilhar [i'ʎa^{r}] VT to cut off, isolate
ilharga [i'ʎaxga] F (*Anat*) side
ilhéu, ilhoa [i'ʎɛw, i'ʎoa] M/F islander
ilhós [i'ʎɔʃ] (*pl* **ilhoses**) M eyelet
ilhota [i'ʎɔta] F small island
ilícito, -a [i'lisitu, a] ADJ illicit
ilimitado, -a [ilimi'tadu, a] ADJ unlimited
ilógico, -a [i'lɔʒiku, a] ADJ illogical; (*absurdo*) absurd
iludir [ilu'dʒi^{r}] VT to delude; (*enganar*) to deceive; (*a lei*) to evade; **iludir-se** VR to delude o.s.
iluminação [ilumina'sãw] (*pl* **-ões**) F lighting; (*fig*) enlightenment
iluminado, -a [ilumi'nadu, a] ADJ illuminated, lit; (*estádio*) floodlit; (*fig*) enlightened
iluminante [ilumi'nãtʃi] ADJ bright
iluminar [ilumi'na^{r}] VT to light up; (*estádio etc*) to floodlight; (*fig*) to enlighten
ilusão [ilu'zãw] (*pl* **-ões**) F illusion; (*quimera*) delusion; **~ de ótica** optical illusion; **viver de ilusões** to live in a dream-world
ilusionista [iluzjo'niʃta] M/F conjurer; (*que escapa*) escapologist
ilusões [ilu'zõjʃ] FPL *de* **ilusão**
ilusório, -a [ilu'zɔrju, a] ADJ (*enganoso*) deceptive
ilustração [iluʃtra'sãw] (*pl* **-ões**) F (*figura, exemplo*) illustration; (*saber*) learning
ilustrado, -a [iluʃ'tradu, a] ADJ (*com gravuras*) illustrated; (*instruído*) learned
ilustrador, a [iluʃtra'do^{r}(a)] M/F illustrator
ilustrar [iluʃ'tra^{r}] VT (*com gravuras*) to illustrate; (*instruir*) to instruct; (*exemplificar*) to illustrate; **ilustrar-se** VR (*distinguir-se*) to excel; (*instruir-se*) to inform o.s.
ilustrativo, -a [iluʃtra'tʃivu, a] ADJ illustrative
ilustre [i'luʃtri] ADJ famous, illustrious; **um ~ desconhecido** a complete stranger
ilustríssimo, -a [iluʃ'trisimu, a] ADJ SUPERL *de* **ilustre**; (*tratamento*): **~ senhor** dear Sir
ímã ['imã] M magnet
imaculado, -a [imaku'ladu, a] ADJ immaculate
imagem [i'maʒẽ] (*pl* **-ns**) F image; (*semelhança*) likeness; (TV) picture; **imagens** FPL (*Literatura*) imagery *sg*; **ela é a ~ do pai** she's the image of her father
imaginação [imaʒina'sãw] (*pl* **-ões**) F imagination
imaginar [imaʒi'na^{r}] VT to imagine; (*supor*) to suppose; **imaginar-se** VR to imagine o.s.; **imagine só!** just imagine!; **obrigado -- imagina!** thank you -- don't worry about it!;

imaginário, -a [imaʒi'narju, a] ADJ imaginary
imaginativo, -a [imaʒina'tʃivu, a] ADJ imaginative
imaginável [imaʒi'navew] (*pl* **-eis**) ADJ imaginable
imaginoso, -a [imaʒi'nozu, ɔza] ADJ (*pessoa*) imaginative
íman ['imã] (*PT*) M = **ímã**
imanente [ima'nẽtʃi] ADJ: **~ (a)** inherent (in)
imantar [imã'ta^{r}] VT to magnetize
imaturidade [imaturi'dadʒi] F immaturity
imaturo, -a [ima'turu, a] ADJ immature
imbatível [ĩba'tʃivew] (*pl* **-eis**) ADJ invincible
imbecil [ĩbe'siw] (*pl* **-is**) ADJ stupid ■ M/F imbecile, half-wit; **imbecilidade** [ĩbesili'dadʒi] F stupidity
imbecis [ĩbe'siʃ] PL *de* **imbecil**
imberbe [ĩ'bɛxbi] ADJ (*sem barba*) beardless; (*jovem*) youthful
imbricar [ĩbri'ka^{r}] VT to overlap; **imbricar-se** VR to overlap
imbuir [ĩ'bwi^{r}] VT: **~ alguém de** (*sentimentos*) to imbue sb with
IME (BR) ABR M = **Instituto Militar de Engenharia**
imediações [imedʒa'sõjʃ] FPL vicinity *sg*, neighbourhood *sg* (*Brit*), neighborhood *sg* (*US*)
imediatamente [imedʒata'mẽtʃi] ADV immediately, right away
imediato, -a [ime'dʒatu, a] ADJ immediate; (*seguinte*) next ■ M second-in-command; **~ a** next to; **de ~** straight away
imemorial [imemo'rjaw] (*pl* **-ais**) ADJ immemorial
imensidade [imẽsi'dadʒi] F immensity
imensidão [imẽsi'dãw] F hugeness, enormity
imenso, -a [i'mẽsu, a] ADJ immense, huge; (*ódio, amor*) great
imensurável [imẽsu'ravew] (*pl* **-eis**) ADJ immeasurable
imerecido, -a [imere'sidu, a] ADJ undeserved
imergir [imex'ʒi^{r}] VT to immerse; (*fig*) to plunge ■ VI to be immersed; to plunge
imersão [imex'sãw] (*pl* **-ões**) F immersion
imerso, -a [i'mɛxsu, a] ADJ (*tb fig*) immersed
imersões [imex'sõjʃ] FPL *de* **imersão**
imigração [imigra'sãw] (*pl* **-ões**) F immigration
imigrante [imi'grãtʃi] ADJ, M/F immigrant
imigrar [imi'gra^{r}] VI to immigrate
iminência [imi'nẽsja] F imminence
iminente [imi'nẽtʃi] ADJ imminent
imiscuir-se [imiʃ'kwixsi] VR: **~ em** to meddle (in), interfere (in)
imitação [imita'sãw] (*pl* **-ões**) F imitation, copy; **jóia de ~** imitation jewel
imitador, a [imita'do^{r}(a)] ADJ imitative ■ M/F imitator
imitar [imi'ta^{r}] VT to imitate; (*assinatura*) to copy
imobiliária [imobi'ljarja] F estate agent's (*Brit*), real estate broker's (*US*)
imobiliário, -a [imobi'ljarju, a] ADJ property *atr*, real estate *atr*
imobilidade [imobili'dadʒi] F immobility
imobilizar [imobili'za^{r}] VT to immobilize; (*fig*: *economia, progresso*) to bring to a standstill; (*Com*: *capital*) to tie up
imoderação [imodera'sãw] F lack of moderation
imoderado, -a [imode'radu, a] ADJ immoderate
imodéstia [imo'dɛʃtʃja] F immodesty
imodesto, -a [imo'dɛʃtu, a] ADJ immodest
imódico, -a [i'mɔdʒiku, a] ADJ exorbitant
imolar [imo'la^{r}] VT (*sacrificar*) to sacrifice; (*prejudicar*) to harm
imoral [imo'raw] (*pl* **-ais**) ADJ immoral
imoralidade [imorali'dadʒi] F immorality
imortal [imox'taw] (*pl* **-ais**) ADJ immortal ■ M/F (*membro da ABL*) *member of the Brazilian Academy of Letters*
imortalidade [imoxtali'dadʒi] F immortality
imortalizar [imoxtali'za^{r}] VT to immortalize
imóvel [i'mɔvew] (*pl* **-eis**) ADJ (*parado*) motionless, still; (*não movediço*) immovable ■ M property; (*edifício*) building; **imóveis** MPL (*propriedade*) real estate *sg*, property *sg*
impaciência [ĩpa'sjẽsja] F impatience; **impacientar-se** [ĩpasjẽ'taxsi] VR to lose one's patience; **impaciente** [ĩpa'sjẽtʃi] ADJ impatient; (*inquieto*) anxious
impacto [ĩ'paktu] (*PT* **-cte**) M impact
impagável [ĩpa'gavew] (*pl* **-eis**) ADJ (*fig*) priceless
impaludismo [ĩpalu'dʒiʒmu] M malaria
ímpar ['ĩpa^{r}] ADJ (*número*) odd; (*sem igual*) unique, unequalled
imparcial [ĩpax'sjaw] (*pl* **-ais**) ADJ fair, impartial
imparcialidade [ĩpaxsjali'dadʒi] F impartiality
impasse [ĩ'pasi] M impasse, deadlock
impassível [ĩpa'sivew] (*pl* **-eis**) ADJ impassive
impávido, -a [ĩ'pavidu, a] ADJ (*formal*) fearless, intrepid
impecável [ĩpe'kavew] (*pl* **-eis**) ADJ perfect, impeccable
impeço *etc* [ĩ'pɛsu] VB *v* **impedir**
impedido, -a [ĩpe'dʒidu, a] ADJ (*estrada*) blocked; (*Futebol*) offside; (*PT*: *Tel*) engaged (*Brit*), busy (*US*)
impedimento [ĩpedʒi'mẽtu] M impediment; (*Futebol*) offside; (*Pol*) impeachment
impedir [ĩpe'dʒi^{r}] VT to obstruct; (*estrada, passagem, tráfego*) to block; (*movimento, execução, progresso*) to impede; **~ alguém de fazer** to prevent sb from doing; (*proibir*) to forbid sb from doing; **~ (que aconteça) algo** to prevent sth (happening)
impelir [ĩpe'li^{r}] VT (*tb fig*) to drive (on); (*obrigar*) to force
impenetrável [ĩpene'travew] (*pl* **-eis**) ADJ

NB: *European Portuguese adds the following consonants to certain words*: **b** (sú(b)dito, su(b)til); **c** (a(c)ção, a(c)cionista, a(c)to); **m** (inde(m)ne); **p** (ado(p)çã, ado(p)tar); *for further details see p. xiii.*

impenetrable
impenitência [ĩpeni'tẽsja] F unrepentance
impenitente [ĩpeni'tẽtʃi] ADJ unrepentant
impensado, -a [ĩpẽ'sadu, a] ADJ (*imprevidente*) thoughtless; (*não calculado*) unpremeditated; (*imprevisto*) unforeseen
impensável [ĩpẽ'savew] (*pl* **-eis**) ADJ unthinkable
imperador [ĩpera'do^{r}] M emperor
imperar [ĩpe'ra^{r}] VI to reign; (*fig: prevalecer*) to prevail
imperativo, -a [ĩpera'tʃivu, a] ADJ (*tb: Ling*) imperative ■ M absolute necessity; imperative
imperatriz [ĩpera'triʒ] F empress
imperceptível [ĩpexsep'tʃivew] (*pl* **-eis**) ADJ imperceptible
imperdível [ĩpex'dʒivew] (*pl* **-eis**) ADJ (*eleição*) that cannot be lost; (*filme*) unmissable; (*questão*): **o ordem público é uma questão ~ para o partido** the party's onto a winner with law and order
imperdoável [ĩpex'dwavew] (*pl* **-eis**) ADJ unforgivable, inexcusable
imperecível [ĩpere'sivew] (*pl* **-eis**) ADJ imperishable
imperfeição [ĩmpexfej'sãw] (*pl* **-ões**) F imperfection; (*falha*) flaw
imperfeito, -a [ĩpex'fejtu, a] ADJ imperfect ■ M (*Ling*) imperfect (tense)
imperial [ĩpe'rjaw] (*pl* **-ais**) ADJ imperial
imperialismo [ĩperja'liʒmu] M imperialism
imperialista [ĩperja'liʃta] ADJ, M/F imperialist
imperícia [ĩpe'risja] F (*inabilidade*) inability; (*inexperiência*) inexperience
império [ĩ'pɛrju] M empire
imperioso, -a [ĩpe'rjozu, ɔza] ADJ (*dominador*) domineering; (*necessidade*) pressing, urgent; (*tom, olhar*) imperious
impermeabilidade [ĩpexmjabili'dadʒi] F imperviousness
impermeabilizar [ĩpexmjabili'za^{r}] VT to waterproof
impermeável [ĩpex'mjavew] (*pl* **-eis**) ADJ: **~ a** (*tb fig*) impervious to; (*à água*) waterproof ■ M raincoat
impertinência [ĩpextʃi'nẽsja] F impertinence; (*irrelevância*) irrelevance
impertinente [ĩpextʃi'nẽtʃi] ADJ (*alheio*) irrelevant; (*insolente*) impertinent
imperturbável [ĩpextux'bavew] (*pl* **-eis**) ADJ imperturbable; (*impassível*) impassive
impessoal [ĩpe'swaw] (*pl* **-ais**) ADJ impersonal
impetigo [ĩpe'tʃigo] M impetigo
ímpeto ['ĩpetu] M (*Tec: força*) impetus; (*movimento súbito*) start; (*de cólera*) fit; (*de emoção*) surge; (*de chamas*) fury; **agir com ~** to act on impulse; **levantar-se num ~** to get up with a start; **senti um ~ de sair correndo** I felt an urge to run away
impetrante [ĩpe'trãtʃi] M/F (*Jur*) petitioner
impetrar [ĩpe'tra^{r}] VT (*Jur*): **~ algo** to petition for sth
impetuosidade [ĩpetwozi'dadʒi] F impetuosity
impetuoso, -a [ĩpe'twozu, ɔza] ADJ (*pessoa*) headstrong, impetuous; (*ato*) rash, hasty; (*rio*) fast-moving
impiedade [ĩpje'dadʒi] F irreverence; (*crueldade*) cruelty
impiedoso, -a [ĩpje'dozu, ɔza] ADJ merciless, cruel
impilo *etc* [ĩ'pilu] VB *v* **impelir**
impingir [ĩpĩ'ʒi^{r}] VT: **~ algo a alguém** (*mentiras, mercadorias*) to palm sth off on sb; **~ algo em alguém** (*bofetada, pontapé etc*) to land sth on sb
implacável [ĩpla'kavew] (*pl* **-eis**) ADJ (*pessoa*) unforgiving; (*destino, doença, perseguição*) relentless
implantação [ĩplãta'sãw] (*pl* **-ões**) F introduction; (*Med*) implant
implantar [ĩplã'ta^{r}] VT to introduce; (*Med*) to implant
implante [ĩ'plãtʃi] M (*Med*) implant
implausível [ĩplaw'zivew] (*pl* **-eis**) ADJ implausible
implementação [ĩplemẽta'sãw] (*pl* **-ões**) F implementation
implementar [ĩplemẽ'ta^{r}] VT to implement
implemento [ĩple'mẽtu] M implement
implicação [ĩplika'sãw] (*pl* **-ões**) F implication; (*envolvimento*) involvement
implicância [ĩpli'kãsja] F (*ato de chatear*) teasing; (*antipatia*) nastiness; **estar de ~ com alguém** to pick on sb, have it in for sb
implicante [ĩpli'kãtʃi] ADJ bullying ■ M/F stirrer
implicar [ĩpli'ka^{r}] VT (*envolver*) to implicate; (*pressupor*) to imply ■ VI: **~ com alguém** (*antipatizar*) to be horrible to sb; (*chatear*) to tease sb, pick on sb; **implicar-se** VR (*envolver-se*) to get involved; **~ (em) algo** to involve sth
implícito, -a [ĩ'plisitu, a] ADJ implicit
impliquei *etc* [ĩpli'kej] VB *v* **implicar**
implodir [ĩplo'dʒi^{r}] VI to implode
imploração [ĩplora'sãw] F begging
implorar [ĩplo'ra^{r}] VT: **~ (algo a alguém)** to beg *ou* implore (sb for sth)
impõe *etc* [ĩ'põj] VB *v* **impor**
impoluto, -a [ĩpo'lutu, a] ADJ immaculate; (*pessoa*) beyond reproach
impomos [ĩ'pomoʃ] VB *v* **impor**
imponderado, -a [ĩpõde'radu, a] ADJ rash
imponderável [ĩpõde'ravew] (*pl* **-eis**) ADJ imponderable
imponência [ĩpo'nẽsja] F impressiveness
imponente [ĩpo'nẽtʃi] ADJ impressive, imposing
imponho *etc* [ĩ'poɲu] VB *v* **impor**
impontual [ĩpõ'twaw] (*pl* **-ais**) ADJ unpunctual
impopular [ĩpopu'la^{r}] ADJ unpopular; **impopularidade** [ĩpopulari'dadʒi] F unpopularity
impor [ĩ'po^{r}] (*irreg*) VT to impose; (*respeito*) to command; **impor-se** VR to assert o.s.; **~ algo a alguém** to impose sth on sb

importação [impoxta'sãw] (*pl* **-ões**) F (*ato*) importing; (*mercadoria*) import
importador, a [ĩpoxta'do^{r}(a)] ADJ import *atr* ■ M/F importer ■ F (*empresa*) import company; (*loja*) shop selling imported goods
importância [ĩpox'tãsja] F importance; (*de dinheiro*) sum, amount; **dar ~ a algo/alguém** to attach importance to sth/show consideration for sb; **não dê ~ ao que ele disse** take no notice of what he said; **não tem ~** it doesn't matter, never mind; **ter ~** to be important; **de certa ~** of some importance; **sem ~** unimportant; **importante** [ĩpox'tãtʃi] ADJ important; (*arrogante*) self-important ■ M: **o (mais) importante** the (most) important thing
importar [ĩpox'ta^{r}] VT (*Com*) to import; (*trazer*) to bring in; (*causar: prejuízos etc*) to cause; (*implicar*) to imply, involve ■ VI to matter, be important; **importar-se** VR: **importar-se com algo** to mind sth; **não** *ou* **pouco importa!** it doesn't matter!; **~ em** (*preço*) to add up to, amount to; (*resultar*) to lead to; **não me importo** I don't care; **eu pouco me importo que ela venha ou não** I don't care whether she comes or not
importe [ĩ'pɔxtʃi] M (*soma*) amount; (*custo*) cost
importunação [ĩpoxtuna'sãw] (*pl* **-ões**) annoyance
importunar [ĩpoxtu'na^{r}] VT to bother, annoy
importuno, -a [ĩpox'tunu, a] ADJ (*maçante*) annoying; (*inoportuno*) inopportune ■ M/F nuisance
impôs [ĩ'poʃ] VB *v* **impor**
imposição [ĩpozi'sãw] (*pl* **-ões**) F imposition
impossibilidade [ĩposibili'dadʒi] F impossibility
impossibilitado, -a [ĩposibili'tadu, a] ADJ: **~ de fazer** unable to do
impossibilitar [ĩposibili'ta^{r}] VT: **~ algo** to make sth impossible; **~ alguém de fazer, ~ a alguém fazer** to prevent sb doing; **~ algo a alguém, ~ alguém para algo** to make sth impossible for sb
impossível [ĩpo'sivew] (*pl* **-eis**) ADJ impossible; (*insuportável: pessoa*) insufferable; (*incrível*) incredible
impostação [ĩpoʃta'sãw] F (*da voz*) diction, delivery
impostar [ĩpoʃta^{r}] VT (*voz*) to throw
imposto, -a [ĩ'poʃtu, 'pɔʃta] PP *de* **impor** ■ M tax; **antes/depois de ~s** before/after tax; **~ de renda** (*BR*) income tax; **~ predial** rates *pl*; **~ sobre ganhos de capital** capital transfer tax (*Brit*), inheritance tax (*US*); **~ sobre os lucros** profits tax; **~ sobre transferência de capital** capital transfer tax; **I~ sobre Circulação de Mercadorias (e Serviços)** (BR) , **~ sobre valor agregado** value added tax (*Brit*), sales tax (*US*)
impostor, a [ĩpoʃto^{r}(a)] M/F impostor
impostura [ĩpoʃ'tura] F deception
impotência [ĩpo'tẽʃja] F impotence
impotente [ĩpo'tẽtʃi] ADJ powerless; (*Med*) impotent
impraticabilidade [ĩpratʃikabili'dadʒi] F impracticability
impraticável [ĩpratʃi'kavew] (*pl* **-eis**) ADJ impracticable; (*rua, rio etc*) impassable
imprecisão [ĩpresi'zãw] (*pl* **-ões**) F inaccuracy
impreciso, -a [ĩpre'sizu, a] ADJ vague; (*falto de rigor*) inaccurate
imprecisões [ĩpresi'zõjʃ] FPL *de* **imprecisão**
impregnar [ĩpreg'na^{r}] VT to impregnate; **~ algo de** to impregnate sth with; (*fig: mente etc*) to fill sth with
imprensa [ĩ'prẽsa] F (*a arte*) printing; (*máquina, jornais*) press; **~ marrom** tabloid press, gutter press
imprensar [ĩprẽ'sa^{r}] VT (*no prelo*) to stamp; (*apertar*) to squash; (*fig*): **~ alguém (contra a parede)** to press sb
imprescindível [ĩpresĩ'dʒivew] (*pl* **-eis**) ADJ essential, indispensable
impressão [impre'sãw] (*pl* **-ões**) F impression; (*de livros*) printing; (*marca*) imprint; **causar boa ~** to make a good impression; **ficar com/ter a ~ (de) que** to get/have the impression that; **ter má ~ de algo** to have a bad impression of sth; **~ digital** fingerprint
impressionante [ĩpresjo'nãtʃi] ADJ impressive; (*abalador*) amazing
impressionar [ĩpresjo'na^{r}] VT to impress; (*abalar*) to affect ■ VI to be impressive; (*pessoa*) to make an impression; **impressionar-se** VR: **impressionar-se (com algo)** (*comover-se*) to be moved (by sth)
impressionável [ĩpresjo'navew] (*pl* **-eis**) ADJ impressionable
impressionismo [ĩpresjo'niʒmu] M impressionism
impressionista [ĩpresjo'niʃta] ADJ, M/F impressionist
impresso, -a [ĩ'prɛsu, a] PP *de* **imprimir** ■ ADJ printed ■ M (*para preencher*) form; (*folheto*) leaflet; **impressos** MPL (*formulário*) printed matter *sg*
impressões [impre'sõjʃ] FPL *de* **impressão**
impressor [ĩpre'so^{r}] M printer
impressora [ĩpre'sora] F printing machine; (*Comput*) printer; **~ a laser** laser printer; **~ de linha** line printer; **~ margarida** daisywheel printer; **~ matricial** dot-matrix printer
imprestável [ĩpreʃ'tavew] (*pl* **-eis**) ADJ (*inútil*) useless; (*pessoa*) unhelpful
impreterível [ĩprete'rivew] (*pl* **-eis**) ADJ (*compromisso*) essential; (*prazo*) final
imprevidente [ĩprevi'dẽtʃi] ADJ short-sighted
imprevisão [ĩprevi'zãw] F lack of foresight, short-sightedness

NB: *European Portuguese adds the following consonants to certain words*: **b** (sú(b)dito, su(b)til); **c** (a(c)ção, a(c)cionista, a(c)to); **m** (inde(m)ne); **p** (ado(p)çã, ado(p)tar); *for further details see p. xiii.*

imprevisível [ĩprevi'zivew] (*pl* **-eis**) ADJ unforeseeable
imprevisto, -a [ĩpre'viʃtu, a] ADJ unexpected, unforeseen ■ M: **um ~** something unexpected
imprimir [ĩpri'mi^{r}] VT to print; (*marca*) to stamp; (*infundir*) to instil (*Brit*), instill (*US*); (*Comput*) to print out; **imprimir-se** VR to be stamped, be impressed; **~-se na memória** to impress o.s. on the memory; **~ algo a algo** to stamp sth on sth
improbabilidade [ĩprobabili'dadʒi] F improbability
improcedente [ĩprose'dẽtʃi] ADJ groundless, unjustified
improdutivo, -a [ĩprodu'tʃivu, a] ADJ unproductive
improfícuo, -a [impro'fikwu, a] ADJ useless, futile
impropério [ĩpro'pɛrju] M insult; **dizer ~s** to swear
impropriedade [ĩproprje'dadʒi] F inappropriateness; (*moral*) impropriety
impróprio, -a [ĩ'prɔprju, a] ADJ (*inadequado*) inappropriate; (*indecente*) improper; **filme ~ para menores de 18 anos** X-certificate *ou* X-rated film
improrrogável [ĩproxo'gavew] (*pl* **-eis**) ADJ non-extendible
improvável [ĩpro'vavew] (*pl* **-eis**) ADJ unlikely
improvidência [ĩprovi'dẽsja] F lack of foresight
improvidente [ĩprovi'dẽtʃi] ADJ short-sighted
improvisação [ĩproviza'sãw] (*pl* **-ões**) F improvisation
improvisado, -a [ĩprovi'zadu, a] ADJ improvised, impromptu
improvisar [ĩprovi'za^{r}] VT, VI to improvise; (*Teatro*) to ad-lib
improviso [ĩpro'vizu] M impromptu talk; **de ~** (*de repente*) suddenly; (*sem preparação*) without preparation; **falar de ~** to talk off the cuff
imprudência [ĩpru'dẽsja] F rashness; (*descuido*) carelessness
imprudente [ĩpru'dẽtʃi] ADJ (*irrefletido*) rash; (*motorista*) careless
impudico, -a [ĩpu'dʒiku, a] ADJ shameless
impugnar [ĩpug'na^{r}] VT (*refutar*) to refute; (*opor-se a*) to oppose
impulsionar [ĩpuwsjo'na^{r}] VT (*impelir*) to drive, impel; (*fig: estimular*) to urge
impulsividade [ĩpuwsivi'dadʒi] F impulsiveness
impulsivo, -a [ĩpuw'sivu, a] ADJ impulsive
impulso [ĩ'puwsu] M impulse; (*fig: estímulo*) urge, impulse; **tomar ~** (*fig: empresa, negócio*) to take off; **compra por ~** (*ato*) impulse buying
impune [ĩ'puni] ADJ unpunished
impunemente [ĩpune'mẽtʃi] ADV with impunity
impunha *etc* [ĩ'puɲa] VB *v* **impor**
impunidade [ĩpuni'dadʒi] F impunity
impureza [ĩpu'reza] F impurity
impuro, -a [ĩ'puru, a] ADJ impure
impus *etc* [ĩ'puʃ] VB *v* **impor**
impuser *etc* [ĩpu'ze^{r}] VB *v* **impor**
imputação [imputa'sãw] (*pl* **-ões**) F accusation
imputar [ĩpu'ta^{r}] VT: **~ algo a** (*atribuir*) to attribute sth to; **~ algo a alguém** to blame sb for sth
imputável [ĩpu'tavew] (*pl* **-eis**) ADJ attributable
imundice [imũ'dʒisi] F = **imundície**
imundície [imũ'dʒisji] F filth; **imundo, -a** [i'mũdu, a] ADJ filthy; (*obsceno*) dirty
imune [i'muni] ADJ: **~ a** immune to; **imunidade** [imuni'dadʒi] F immunity
imunizar [imuni'za^{r}] VT: **~ alguém (contra algo)** (*Med*) to immunize sb (against sth); (*fig*) to protect sb (from sth)
imutável [imu'tavew] (*pl* **-eis**) ADJ (*idéia*) fixed; (*decisão: firme*) firm; (: *irreversível*) irreversible; (*pessoa*): **ele tem um comportamento ~** he's very set in his ways
inabalável [inaba'lavew] (*pl* **-eis**) ADJ unshakeable
inábil [i'nabiw] (*pl* **-eis**) ADJ (*incapaz*) incapable; (*desajeitado*) clumsy
inabilidade [inabili'dadʒi] F (*incompetência*) incompetence; (*falta de destreza*) clumsiness
inabilidoso, -a [inabili'dozu, ɔza] ADJ clumsy, awkward
inabilitação [inabilita'sãw] (*pl* **-ões**) F disqualification
inabilitar [inabili'ta^{r}] VT (*incapacitar*) to incapacitate; (*em exame*) to disqualify
inabitado, -a [inabi'tadu, a] ADJ uninhabited
inabitável [inabi'tavew] (*pl* **-eis**) ADJ uninhabitable
inacabado, -a [inaka'badu, a] ADJ unfinished
inacabável [inaka'bavew] (*pl* **-eis**) ADJ interminable, unending
inação [ina'sãw] (PT **-cç-**) F (*inércia*) inactivity; (*irresolução*) indecision
inaceitável [inasej'tavew] (*pl* **-eis**) ADJ unacceptable
Inacen [ina'sẽ] (BR) ABR M = **Instituto Nacional de Artes Cênicas**
inacessível [inase'sivew] (*pl* **-eis**) ADJ inaccessible
inacreditável [inakredʒi'tavew] (*pl* **-eis**) ADJ unbelievable, incredible
inactivo, -va [ina'tivu] (PT) = **inativo** *etc*
inadaptado, -a [inadap'tadu, a] ADJ maladjusted
inadequação [inadekwa'sãw] (*pl* **-ões**) F inadequacy; (*impropriedade*) unsuitability
inadequado, -a [inade'kwadu, a] ADJ inadequate; (*impróprio*) unsuitable
inadiável [ina'dʒjavew] (*pl* **-eis**) ADJ pressing
inadimplência [inadʒĩ'plẽsja] F (*Jur*) breach of contract, default
inadimplente [inadʒĩ'plẽtʃi] ADJ (*Jur*) in breach of contract, at fault
inadimplir [inadʒĩ'pli^{r}] VT, VI: **~ (algo)** to default (on sth)
inadmissível [inadʒimi'sivew] (*pl* **-eis**) ADJ inadmissible

inadquirível [inadʒiki'rivew] (*pl* **-eis**) ADJ unobtainable
inadvertência [inadʒivex'tẽsja] F oversight; **por ~** by mistake
inadvertido, -a [inadʒivex'tʃidu, a] ADJ inadvertent
inalação [inala'sãw] (*pl* **-ões**) F inhalation
inalar [ina'la^{r}] VT to inhale, breathe in
inalcançável [inawkã'savew] (*pl* **-eis**) ADJ out of reach; (*sucesso, ambição*) unattainable
inalterado, -a [inawte'radu, a] ADJ unchanged; (*sereno*) unperturbed
inalterável [inawte'ravew] (*pl* **-eis**) ADJ unchangeable; (*impassível*) imperturbable
Inamps [i'nãps] (BR) ABR M = **Instituto Nacional de Assistência Médica e Previdência Social**
inanição [inani'sãw] (*pl* **-ões**) F starvation
inanimado, -a [inani'madu, a] ADJ inanimate
inapetência [inape'tẽsja] F loss of appetite
inapetente [inape'tẽtʃi] ADJ off one's food
inaplicado, -a [inapli'kadu, a] ADJ (*aluno*) idle, lazy
inaplicável [inapli'kavew] (*pl* **-eis**) ADJ inapplicable
inapreciável [inapre'sjavew] (*pl* **-eis**) ADJ invaluable
inaproveitável [inaprovej'tavew] (*pl* **-eis**) ADJ useless
inaptidão [inaptʃi'dãw] (*pl* **-ões**) F inability
inapto, -a [i'naptu, a] ADJ (*incapaz*) unfit, incapable; (*inadequado*) unsuited
inarticulado, -a [inaxtʃiku'ladu, a] ADJ inarticulate
inatacável [inata'kavew] (*pl* **-eis**) ADJ unassailable
inatenção [inatẽ'sãw] F inattention
inatingido, -a [inatʃĩ'ʒidu, a] ADJ unconquered
inatingível [inatʃĩ'ʒivew] (*pl* **-eis**) ADJ unattainable
inatividade [inatʃivi'dadʒi] F inactivity; (*aposentadoria*) redundancy (*Brit*), dismissal (*US*); (*Mil*: *reforma*) retirement (on health grounds)
inativo, -a [ina'tʃivu, a] ADJ inactive; (*aposentado, reformado*) retired
inato, -a [i'natu, a] ADJ innate, inborn
inaudito, -a [inaw'dʒitu, a] ADJ unheard-of
inaudível [inaw'dʒivew] (*pl* **-eis**) ADJ inaudible
inauguração [inawgura'sãw] (*pl* **-ões**) F inauguration; (*de exposição*) opening; (*de estátua*) unveiling; **inaugural** [inawgu'raw] (*pl* **-ais**) ADJ inaugural; **inaugurar** [inawgu'ra^{r}] VT to inaugurate; (*exposição*) to open; (*estátua*) to unveil
inca ['ĩka] ADJ, M/F Inca
incabível [ĩka'bivew] (*pl* **-eis**) ADJ unacceptable
incalculável [ĩkawku'lavew] (*pl* **-eis**) ADJ incalculable
incandescente [ĩkãde'sẽtʃi] ADJ incandescent
incansável [ĩkã'savew] (*pl* **-eis**) ADJ tireless, untiring
incapacidade [ĩkapasi'dadʒi] F incapacity; (*incompetência*) incompetence; **~ de fazer** inability to do
incapacitado, -a [ĩkapasi'tadu, a] ADJ (*inválido*) disabled, handicapped ■ M/F handicapped person; **estar ~ de fazer** to be unable to do
incapacitar [ĩkapasi'ta^{r}] VT: **~ alguém (para)** to make sb unable (to)
incapaz [ĩka'paj3] ADJ, M/F incompetent; **~ de fazer** incapable of doing; **~ para** unfit for
incauto, -a [in'kawtu, a] ADJ (*imprudente*) rash
incendiar [ĩsẽ'dʒja^{r}] VT to set fire to; (*fig*) to inflame; **incendiar-se** VR to catch fire
incendiário, -a [ĩsẽ'dʒjarju, a] ADJ incendiary; (*fig*) inflammatory ■ M/F arsonist; (*agitador*) agitator
incêndio [ĩ'sẽdʒju] M fire; **~ criminoso** *ou* **premeditado** arson
incenso [ĩ'sẽsu] M incense
incentivador, a [ĩsẽtʃiva'do^{r}(a)] ADJ stimulating, encouraging
incentivar [ĩsẽtʃi'va^{r}] VT to stimulate, encourage
incentivo [ĩsẽ'tʃivu] M incentive; **~ fiscal** tax incentive
incerteza [ĩsex'teza] F uncertainty
incerto, -a [ĩ'sɛxtu, a] ADJ uncertain
incessante [ĩse'sãtʃi] ADJ incessant
incesto [ĩ'sɛʃtu] M incest
incestuoso, -a [ĩseʃ'twozu, ɔza] ADJ incestuous
inchação [ĩʃa'sãw] (*pl* **-ões**) F swelling
inchado, -a [ĩ'ʃadu, a] ADJ swollen; (*fig*) conceited
inchar [ĩ'ʃa^{r}] VT, VI to swell; **inchar-se** VR to swell (up); (*fig*) to become conceited
incidência [ĩsi'dẽsja] F incidence, occurrence
incidente [ĩsi'dẽtʃi] M incident
incidir [ĩsi'dʒi^{r}] VI: **~ em erro** to go wrong; **~ em** *ou* **sobre algo** (*luz*) to fall on sth; (*influir*) to affect sth; (*imposto*) to be payable on sth
incinerar [ĩsine'ra^{r}] VT to burn
incipiente [ĩsi'pjẽtʃi] ADJ incipient
incisão [insi'zãw] (*pl* **-ões**) F cut; (*Med*) incision
incisivo, -a [ĩsi'zivu, a] ADJ cutting, sharp; (*fig*) incisive ■ M incisor
incisões [insi'zõjʃ] FPL *de* **incisão**
incitação [ĩsita'sãw] (*pl* **-ões**) F incitement
incitamento [ĩsita'mẽtu] M incitement
incitar [ĩsi'ta^{r}] VT to incite; (*pessoa, animal*) to drive on; (*instigar*) to rouse; **~ alguém a (fazer) algo** to urge sb on to (do) sth, incite sb to (do) sth
incivil [ĩsi'viw] (*pl* **-is**) ADJ rude, ill-mannered
incivilidade [ĩsivili'dadʒi] F rudeness
incivilizado, -a [ĩsivili'zadu, a] ADJ uncivilized
incivis [ĩsi'viʃ] ADJ PL *de* **incivil**
inclemência [ĩkle'mẽsja] F harshness, rigour (*Brit*), rigor (*US*); (*tempo*) inclemency

NB: *European Portuguese adds the following consonants to certain words*: **b** (sú(b)dito, su(b)til); **c** (a(c)ção, a(c)cionista, a(c)to); **m** (inde(m)ne); **p** (ado(p)çã, ado(p)tar); *for further details see p. xiii.*

inclemente [ĩkle'mẽtʃi] ADJ severe, harsh; (*tempo*) inclement
inclinação [ĩklina'sãw] (*pl* **-ões**) F inclination; (*da terra*) slope; (*simpatia*) liking; **~ da cabeça** nod
inclinado, -a [ĩkli'nadu, a] ADJ (*terreno, estrada*) sloping; (*corpo, torre*) leaning; **estar ~/pouco ~ a** to be inclined/loath to
inclinar [ĩkli'nar] VT (*objeto*) to tilt; (*cabeça*) to nod ■ VI (*terra*) to slope; (*objeto*) to tilt; **inclinar-se** VR (*objeto*) to tilt; (*dobrar o corpo*) to bow, stoop; **~ para** (*propensão*) to lean towards; **~-se sobre algo** (*debruçar-se*) to lean over sth; **~(-se) para trás** to lean back
ínclito, -a [ĩklitu, a] ADJ illustrious, renowned
incluir [ĩ'klwir] VT to include; (*em carta*) to enclose; **incluir-se** VR to be included; **tudo incluído** (*Com*) all in
inclusão [ĩklu'zãw] F inclusion; **inclusive** [ĩklu'zivi] PREP including ■ ADV inclusive; (*até mesmo*) even; **de segunda à sexta inclusive** from Monday to Friday inclusive; **e inclusive falou que ...** and furthermore he said that ....
incluso, -a [ĩ'kluzu, a] ADJ included; (*em carta*) enclosed
incobrável [ĩko'bravew] (*pl* **-eis**) ADJ (*Com*): **dívida ~** bad debt
incoercível [ĩkoex'sivew] (*pl* **-eis**) ADJ uncontrollable
incoerência [ĩkoe'rẽsja] F incoherence; (*contradição*) inconsistency
incoerente [ĩkoe'rẽtʃi] ADJ incoherent; (*contraditório*) inconsistent
incógnita [ĩ'kɔgnita] F (*Mat*) unknown; (*fato incógnito*) mystery; **incógnito, -a** [ĩ'kɔgnitu, a] ADJ unknown ■ ADV incognito
incolor [ĩko'lor] ADJ colourless (*Brit*), colorless (*US*)
incólume [ĩ'kɔlumi] ADJ safe and sound; (*ileso*) unharmed
incomensurável [ĩkomẽsu'ravew] (*pl* **-eis**) ADJ immense
incomodada [ĩkomo'dada] ADJ (*menstruada*) having one's period
incomodar [ĩkomo'dar] VT (*importunar*) to bother, trouble; (*aborrecer*) to annoy ■ VI to be bothersome; **incomodar-se** VR to bother, put o.s. out; **~-se com algo** to be bothered by sth, mind sth; **não se incomode!** don't worry!; **você se incomoda se eu abrir a janela?** do you mind if I open the window?
incômodo, -a [ĩ'komodu, a] ADJ (*desconfortável*) uncomfortable; (*incomodativo*) troublesome; (*inoportuno*) inconvenient ■ M (*menstruação*) period; (*maçada*) nuisance, trouble; (*amolação*) inconvenience
incomparável [ĩkõpa'ravew] (*pl* **-eis**) ADJ incomparable
incompatibilidade [ĩkõpatʃibili'dadʒi] F incompatibility
incompatibilizar [ĩkõpatʃibili'zar] VT: **~ alguém (com alguém)** to alienate sb (from sb); **incompatibilizar-se** VR: **incompatibilizar-se (com alguém)** to alienate o.s. (from sb)
incompatível [ĩkõpa'tʃivew] (*pl* **-eis**) ADJ incompatible
incompetência [ĩkõpe'tẽsja] F incompetence
incompetente [ĩkõpe'tẽtʃi] ADJ, M/F incompetent
incompleto, -a [ĩkõ'plɛtu, a] ADJ incomplete, unfinished
incompreendido, -a [ĩkõprjẽ'dʒidu, a] ADJ misunderstood
incompreensão [ĩkõprjẽ'sãw] F incomprehension
incompreensível [ĩkõprjẽ'sivew] (*pl* **-eis**) ADJ incomprehensible
incompreensivo, -a [ĩkõprjẽ'sivu, a] ADJ uncomprehending
incomum [ĩko'mũ] ADJ uncommon
incomunicável [ĩkomuni'kavew] (*pl* **-eis**) ADJ cut off; (*privado de comunicação, fig*) incommunicado; (*preso*) in solitary confinement
inconcebível [ĩkõse'bivew] (*pl* **-eis**) ADJ inconceivable; (*incrível*) incredible
inconciliável [ĩkõsi'ljavew] (*pl* **-eis**) ADJ irreconcilable
inconcludente [ĩkõklu'dẽtʃi] ADJ inconclusive
inconcluso, -a [ĩkõ'kluzu, a] ADJ unfinished
incondicional [ĩkõdʒisjo'naw] (*pl* **-ais**) ADJ unconditional; (*apoio*) wholehearted; (*partidário*) staunch; (*amizade, fã*) loyal
inconfesso, -a [ĩkõ'fɛsu, a] ADJ closet *atr*
inconfidência [ĩkõfi'dẽsja] F disloyalty; (*Jur*) treason
inconfidente [ĩkõfi'dẽtʃi] ADJ disloyal ■ M conspirator
inconformado, -a [ĩkõfox'madu, a] ADJ bitter; **~ com** unreconciled to
inconfundível [ĩkõfũ'dʒivew] (*pl* **-eis**) ADJ unmistakeable
incongruência [ĩkõ'grwẽsja] F: **ser uma ~** to be incongruous
incongruente [ĩkõ'grwẽtʃi] ADJ incongruous
incôngruo, -a [ĩ'kõgrwu, a] ADJ incongruous
inconsciência [ĩkõ'sjẽsja] F (*Med*) unconsciousness; (*irreflexão*) thoughtlessness
inconsciente [ĩkõ'sjẽtʃi] ADJ (*Med, Psico*) unconscious; (*involuntário*) unwitting; (*irresponsável*) irresponsible ■ M (*Psico*) unconscious ■ M/F (*irresponsável*) irresponsible person
inconseqüência [ĩkõse'kwẽsja] F (*irresponsabilidade*) irresponsibility; (*incoerência*) inconsistency
inconseqüente [ĩkõse'kwẽtʃi] ADJ (*incoerente*) inconsistent; (*contraditório*) illogical; (*irresponsável*) irresponsible
inconsistência [ĩkõsiʃ'tẽsja] F inconsistency; (*falta de solidez*) runny consistency
inconsistente [ĩkõsiʃ'tẽtʃi] ADJ inconsistent; (*sem solidez*) runny
inconsolável [ĩkõso'lavew] (*pl* **-eis**) ADJ inconsolable

inconstância [ĩkõʃ'tãsja] F fickleness; (*do tempo*) changeability
inconstante [ĩkõʃ'tãtʃi] ADJ fickle; (*tempo*) changeable
inconstitucional [ĩkõʃtʃitusjo'naw] (*pl* **-ais**) ADJ unconstitutional
incontável [ĩkõ'tavew] (*pl* **-eis**) ADJ countless
incontestável [ĩkõteʃ'tavew] (*pl* **-eis**) ADJ undeniable
incontinência [ĩkõtʃi'nẽsja] F (*Med*) incontinence; (*sensual*) licentiousness
incontinente [ĩkõtʃi'nẽtʃi] ADJ (*Med*) incontinent; (*sensual*) licentious
incontinenti [ĩkõtʃi'nẽtʃi] ADV immediately
incontrolável [ĩkõtro'lavew] (*pl* **-eis**) ADJ uncontrollable
incontroverso, -a [ĩkõtro'vɛxsu, a] ADJ incontrovertible
inconveniência [ĩkõve'njẽsja] F (*inadequação*) inconvenience; (*impropriedade*) inappropriateness; (*descortesia*) impoliteness; (*ato, dito*) indiscretion
inconveniente [ĩkõve'njẽtʃi] ADJ (*incômodo*) inconvenient; (*inoportuno*) awkward; (*grosseiro*) rude; (*importuno*) annoying ■ M (*desvantagem*) disadvantage; (*obstáculo*) difficulty, problem
Incor [ĩ'ko^{r}] ABR M (= *Instituto do Coração*) *hospital in São Paulo*
incorporação [ĩkoxpora'sãw] (*pl* **-ões**) F (*tb: Com*) incorporation; (*no espiritismo*) embodiment, incorporation
incorporado, -a [ĩkoxpo'radu, a] ADJ (*Tec*) built-in
incorporar [ĩkoxpo'ra^{r}] VT to incorporate; (*juntar*) to add; (*Com*) to merge; **incorporar-se** VR (*espírito*) to be embodied; **~-se a** *ou* **em** to join
incorreção [ĩkoxe'sãw] (PT **-cç-**, *pl* **-ões**) F (*erro*) inaccuracy
incorrecto, -a [ĩko'xɛktu, a] (PT) ADJ = **incorreto**
incorrer [ĩko'xe^{r}] VI: **~ em** to incur
incorreto, -a [ĩko'xɛtu, a] ADJ incorrect; (*desonesto*) dishonest
incorrigível [ĩkoxi'ʒivew] (*pl* **-eis**) ADJ incorrigible
incorruptível [ĩkoxup'tʃivew] (*pl* **-eis**) ADJ incorruptible
incorrupto, -a [ĩko'xuptu, a] ADJ incorrupt
INCRA ['ĩkra] (BR) ABR M = **Instituto Nacional de Colonização e Reforma Agrária**
incredulidade [ĩkreduli'dadʒi] F incredulity; (*ceticismo*) scepticism (*Brit*), skepticism (*US*)
incrédulo, -a [ĩ'krɛdulu, a] ADJ incredulous; (*cético*) sceptical (*Brit*), skeptical (*US*) ■ M/F sceptic (*Brit*), skeptic (*US*)
incrementado, -a [ĩkremẽ'tadu, a] ADJ (*indústria*) well-developed; (*col: festa*) lively; (: *roupa*) trendy; (: *carro*) expensive
incrementar [ĩkremẽ'ta^{r}] VT (*agricultura, economia, turismo*) to develop; (*aumentar*) to increase; (*col: festa, roupa*) to liven up
incremento [ĩkre'mẽtu] M (*desenvolvimento*) growth; (*aumento*) increase
incriminação [ĩkrimina'sãw] F criminalization
incriminar [ĩkrimi'na^{r}] VT to criminalize; **~ alguém de algo** to accuse sb of sth
incrível [ĩ'krivew] (*pl* **-eis**) ADJ incredible
incrustar [ĩkruʃ'ta^{r}] VT to encrust; (*móveis etc*) to inlay
incubadora [ĩkuba'dora] F incubator
incubar [ĩku'ba^{r}] VT (*ovos, doença*) to incubate; (*plano*) to hatch ■ VI (*ovos*) to incubate
inculpar [ĩkuw'pa^{r}] VT: **~ alguém de algo** (*culpar*) to blame sb for sth; (*acusar*) to accuse sb of sth; **inculpar-se** VR: **inculpar-se de algo** to blame o.s. for sth
inculto, -a [ĩ'kuwtu, a] ADJ (*pessoa*) uncultured, uneducated; (*terreno*) uncultivated
incumbência [ĩkũ'bẽsja] F task, duty; **não é da minha ~** it is not part of my duty
incumbir [ĩkũ'bi^{r}] VT: **~ alguém de algo** *ou* **algo a alguém** to put sb in charge of sth ■ VI: **~ a alguém** to be sb's duty; **incumbir-se** VR: **incumbir-se de** to undertake, take charge of
incurável [ĩku'ravew] (*pl* **-eis**) ADJ incurable
incúria [ĩ'kurja] F carelessness
incursão [ĩkux'sãw] (*pl* **-ões**) F (*invasão*) raid, attack; (*penetração*) foray
incursionar [ĩkuxsjo'na^{r}] VI: **~ por algo** to make forays into sth
incursões [ĩkux'sõjʃ] FPL *de* **incursão**
incutir [ĩku'tʃi^{r}] VT: **~ algo (em** *ou* **a alguém)** to instil (*Brit*) *ou* instill (*US*) *ou* inspire sth (in sb)
inda ['ĩda] ADV = **ainda**
indagação [ĩdaga'sãw] (*pl* **-ões**) F (*investigação*) investigation; (*pergunta*) inquiry, question
indagar [ĩda'ga^{r}] VT (*investigar*) to investigate, inquire into ■ VI to inquire; **indagar-se** VR: **indagar-se a si mesmo** to ask o.s.; **~ algo de alguém** to ask sb about sth; **~ (de alguém) sobre** *ou* **de algo** to inquire (of sb) about sth
indébito, -a [ĩ'dɛbitu, a] ADJ undue; (*queixa*) unfounded
indecência [ĩde'sẽsja] F indecency; (*ato, dito*) vulgar thing
indecente [ĩde'sẽtʃi] ADJ indecent, improper; (*obsceno*) rude, vulgar
indecifrável [ĩdesi'fravew] (*pl* **-eis**) ADJ indecipherable; (*pessoa*) inscrutable
indecisão [ĩdesi'zãw] F indecision
indeciso, -a [ĩde'sizu, a] ADJ undecided; (*hesitante*) indecisive; (*indistinto*) vague; (*hesitante*) hesitant, indecisive
indeclinável [ĩdekli'navew] (*pl* **-eis**) ADJ indeclinable
indecoroso, -a [ĩdeko'rozu, ɔza] ADJ indecent, improper
indefensável [ĩdefẽ'savew] (*pl* **-eis**) ADJ indefensible

NB: *European Portuguese adds the following consonants to certain words:* **b** (sú(b)dito, su(b)til); **c** (a(c)ção, a(c)cionista, a(c)to); **m** (inde(m)ne); **p** (ado(p)çã, ado(p)tar); *for further details see p. xiii.*

indeferido, -a [ĩdefe'ridu, a] ADJ refused, rejected
indeferir [ĩdefe'ri^{r}] VT (*desatender*) to reject; (*requerimento*) to turn down
indefeso, -a [ĩde'fezu, a] ADJ undefended; (*população*) defenceless (*Brit*), defenseless (*US*)
indefinição [ĩdefini'sãw] (*pl* **-ões**) F (*de pessoa*) vague stance
indefinido, -a [ĩdefi'nidu, a] ADJ indefinite; (*vago*) vague, undefined; **por tempo ~** indefinitely
indefinível [ĩdefi'nivew] (*pl* **-eis**) ADJ indefinable
indefiro *etc* [ĩde'firu] VB *v* **indeferir**
indelével [ĩde'lɛvew] (*pl* **-eis**) ADJ indelible
indelicadeza [ĩdelika'deza] F impoliteness; (*ação, dito*) rude thing
indelicado, -a [ĩdeli'kadu, a] ADJ impolite, rude
indene [ĩ'dɛni] (*PT* **-mn-**) ADJ (*pessoa*) unharmed; (*objeto*) undamaged
indenização [indeniza'sãw] (*PT* **-mn-**, *pl* **-ões**) F compensation; (*Com*) indemnity; (*de demissão*) redundancy (*Brit*) *ou* severance (*US*) payment
indenizar [ĩdeni'za^{r}] (*PT* **-mn-**) VT: **~ alguém por** *ou* **de algo** (*compensar*) to compensate sb for sth; (*por gastos*) to reimburse sb for sth
independência [ĩdepẽ'dẽsja] F independence; **independente** [ĩdepẽ'dẽtʃi] ADJ independent; (*auto-suficiente*) self-sufficient; **quarto independente** *room with private entrance*
independer [ĩdepẽ'de^{r}] VI: **~ de algo** not to depend on sth
indescritível [ĩdeʃkri'tʃivew] (*pl* **-eis**) ADJ indescribable
indesculpável [ĩdʒiʃkuw'pavew] (*pl* **-eis**) ADJ inexcusable
indesejável [ĩdeze'ʒavew] (*pl* **-eis**) ADJ undesirable
indestrutível [ĩdʒiʃtru'tʃivew] (*pl* **-eis**) ADJ indestructible
indeterminado, -a [ĩdetexmi'nadu, a] ADJ indeterminate
indevassável [ĩdeva'savew] (*pl* **-eis**) ADJ impenetrable
indevido, -a [ĩde'vidu, a] ADJ (*imerecido*) unjust; (*impróprio*) inappropriate
índex ['ĩdeks] (*pl* **índices**) M = **índice**
indexar [ĩdek'sa^{r}] VT to index
Índia ['ĩdʒa] F: **a ~** India; **as ~s Ocidentais** the West Indies; **indiano, -a** [ĩ'dʒjanu, a] ADJ, M/F Indian
indicação [indʒika'sãw] (*pl* **-ões**) F indication; (*de termômetro*) reading; (*para um cargo, prêmio*) nomination; (*recomendação*) recommendation; (*de um caminho*) directions *pl*
indicado, -a [ĩdʒi'kadu, a] ADJ (*apropriado*) appropriate
indicador, a [ĩdʒika'do^{r}(a)] ADJ: **~ de** indicative of ■ M indicator; (*Tec*) gauge; (*dedo*) index finger; (*ponteiro*) pointer; **~ econômico** economic indicator
indicar [ĩdʒi'ka^{r}] VT (*mostrar*) to indicate; (*apontar*) to point to; (*temperatura*) to register; (*recomendar*) to recommend; (*para um cargo*) to nominate; (*determinar*) to determine; **~ o caminho a alguém** to give sb directions; **ao que tudo indica ...** by the looks of things ...
indicativo, -a [ĩdʒika'tʃivu, a] ADJ (*tb: Ling*) indicative ■ M indicative
índice ['indʒisi] M (*de livro*) index; (*dedo*) index finger; (*taxa*) rate; **~ do custo de vida** cost of living index; **~ de audiência** (*TV*) rating
índices ['indʒisiʃ] MPL *de* **índex**
indiciado, -a [ĩdʒi'sjadu, a] M/F defendant
indiciar [ĩdʒi'sja^{r}] VT (*Jur: acusar*) to charge; (*submeter a inquérito*) to investigate
indício [in'dʒisju] M (*sinal*) sign; (*vestígio*) trace; (*Jur*) clue
indiferença [ĩdʒife'rẽsa] F indifference; **indiferente** [ĩdʒife'rẽtʃi] ADJ: **indiferente (a)** indifferent (to); **isso me é indiferente** it's all the same to me
indígena [ĩ'dʒiʒena] ADJ, M/F native; (*índio: da América*) Indian
indigência [ĩdʒi'ʒẽsja] F poverty; (*fig*) lack, need
indigente [ĩdʒi'ʒẽtʃi] ADJ destitute, indigent
indigestão [ĩdʒiʒe'ʃtãw] F indigestion
indigesto, -a [ĩdʒi'ʒeʃtu, a] ADJ indigestible; (*fig: aborrecido*) dull, boring; (: *obscuro*) turgid
indignação [ĩdʒigna'sãw] F indignation; **indignado, -a** [ĩdʒig'nadu, a] ADJ indignant
indignar [ĩdʒig'na^{r}] VT to anger, incense; **indignar-se** VR to get angry; **~-se com** to get indignant about
indignidade [ĩdʒigni'dadʒi] F indignity; (*ultraje*) outrage
indigno, -a [ĩ'dʒignu, a] ADJ (*não merecedor*) unworthy; (*desprezível*) disgraceful, despicable
índio, -a ['ĩdʒju, a] ADJ, M/F (*da América*) Indian; **o Oceano Í~** the Indian Ocean
indiquei *etc* [ĩdʒi'kej] VB *v* **indicar**
indireta [ĩdʒi'rɛta] (*PT* **-ct-**) F insinuation; **dar uma ~** to drop a hint
indireto, -a [ĩdʒi'rɛtu, a] (*PT* **-ct-**) ADJ indirect; (*olhar*) sidelong; (*procedimento*) roundabout
indisciplina [ĩdʒisi'plina] F indiscipline
indisciplinado, -a [ĩdʒisipli'nadu, a] ADJ undisciplined
indiscreto, -a [ĩdʒiʃ'krɛtu, a] ADJ indiscreet
indiscrição [ĩdʒiʃkri'sãw] (*pl* **-ões**) F indiscretion
indiscriminado, -a [ĩdʒiʃkrimi'nadu, a] ADJ indiscriminate
indiscutível [ĩdʒiʃku'tʃivew] (*pl* **-eis**) ADJ indisputable
indispensável [ĩdʒiʃpẽ'savew] (*pl* **-eis**) ADJ essential, vital ■ M: **o ~** the essentials *pl*
indispõe *etc* [ĩdʒiʃ'põj] VB *v* **indispor**
indispomos *etc* [ĩdʒiʃ'pomoʃ] VB *v* **indispor**
indisponho *etc* [ĩdʒiʃ'poɲu] VB *v* **indispor**
indisponível [ĩdʒiʃpo'nivew] (*pl* **-eis**) ADJ unavailable
indispor [ĩdʒiʃ'po^{r}] (*irreg*) VT (*de saúde*) to make ill; (*aborrecer*) to upset; **indispor-se** VR: **indispor-se com alguém** to fall out with sb; **~ alguém**

com *ou* **contra alguém** to turn sb against sb; **~-se com** *ou* **contra alguém** (*governo etc*) to turn against sb

indisposição [ĩdʒiʃpozi'sãw] (*pl* **-ões**) F illness

indisposto, -a [ĩdʒiʃ'poʃtu, 'pɔʃta] PP *de* **indispor** ■ ADJ (*doente*) unwell, poorly

indispunha *etc* [ĩdʒiʃ'puɲa] VB *v* **indispor**

indispus *etc* [ĩdʒiʃ'puʃ] VB *v* **indispor**

indispuser *etc* [ĩdʒiʃpu'zeʳ] VB *v* **indispor**

indisputável [ĩdʒiʃpu'tavew] (*pl* **-eis**) ADJ indisputable

indissolúvel [ĩdʒiso'luvew] (*pl* **-eis**) ADJ (*material*) insoluble; (*contrato*) indissoluble

indistinguível [ĩdʒiʃtʃĩ'givew] (*pl* **-eis**) ADJ indistinguishable

indistinto, -a [ĩdʒiʃ'tʃĩtu, a] ADJ indistinct

individual [ĩdʒivi'dwaw] (*pl* **-ais**) ADJ individual

individualidade [ĩdʒividwali'dadʒi] F individuality

individualismo [ĩdʒividwa'liʒmu] M individualism

individualista [ĩdʒividwa'liʃta] ADJ individualist(ic) ■ M/F individualist

individualizar [ĩdʒividwali'zaʳ] VT to individualize

indivíduo [ĩdʒi'vidwu] M individual; (*col: sujeito*) person

indivisível [ĩdʒivi'zivew] (*pl* **-eis**) ADJ indivisible

indiviso, -a [ĩdʒi'vizu, a] ADJ undivided; (*propriedade*) joint

indizível [ĩdʒi'zivew] (*pl* **-eis**) ADJ unspeakable; (*indescritível*) indescribable

Ind. Lucr. (BR) ABR (*Com*) = **Índice de Lucratividade**

indóceis [ĩ'dɔsejʃ] ADJ PL *de* **indócil**

Indochina [ĩdo'ʃina] F: **a ~** Indochina

indócil [ĩ'dɔsiw] (*pl* **-eis**) ADJ (*rebelde*) unruly, wayward; (*impaciente*) restless

indo-europeu, -péia [ĩdu-] ADJ Indo-European

índole [ĩdoli] F (*temperamento*) nature; (*tipo*) sort, type

indolência [ĩdo'lẽsja] F laziness, indolence; (*apatia*) apathy

indolente [ĩdo'lẽtʃi] ADJ indolent; (*apático*) apathetic

indolor [ĩdo'loʳ] ADJ painless

indomável [ĩdo'mavew] (*pl* **-eis**) ADJ (*animal*) untameable; (*coragem*) indomitable; (*criança*) unmanageable; (*paixão*) consuming

indômito, -a [ĩ'domitu, a] ADJ untamed, wild

Indonésia [ĩdo'nɛzja] F: **a ~** Indonesia

indonésio, -a [ĩdo'nɛzju, a] ADJ, M/F Indonesian

indoor [ĩ'doʳ] ADJ INV (*Esporte*) indoor

indubitável [ĩdubi'tavew] (*pl* **-eis**) ADJ indubitable

indução [ĩdu'sãw] (*pl* **-ões**) F induction; (*persuasão*) inducement

indulgência [ĩduw'ʒẽsja] F indulgence; (*tolerância*) leniency; (*Jur*) clemency

indulgente [ĩduw'ʒẽtʃi] ADJ (*juiz, atitude*) lenient; (*atitude*) indulgent

indultar [ĩduw'taʳ] VT (*Jur*) to reprieve

indulto [ĩ'duwtu] M (*Jur*) reprieve

indumentária [ĩdumẽ'tarja] F costume

indústria [ĩ'duʃtrja] F industry; **"~ brasileira"** "made in Brazil"; **~ automobilística** car industry; **~ de consumo** *ou* **de ponta** *ou* **leve** light industry; **~ de base** key industry; **~ pesada** heavy industry; **~ de transformação** process industry; **industrial** [ĩduʃ'trjaw] (*pl* **-ais**) ADJ industrial ■ M/F industrialist

industrialização [ĩduʃtrjaliza'sãw] F industrialization

industrializado, -a [ĩduʃtrjali'zadu, a] ADJ (*país*) industrialized; (*produto*) manufactured; (*gêneros*) processed; (*pão*) sliced

industrializar [ĩduʃtrjali'zaʳ] VT (*país*) to industrialize; (*aproveitar*) to process; **industrializar-se** VR to become industrialized

industriar [ĩduʃ'trjaʳ] VT (*orientar*) to instruct; (*amestrar*) to train

industrioso, -a [ĩduʃ'trjozu, ɔza] ADJ (*trabalhador*) hard-working, industrious; (*hábil*) clever, skilful (*Brit*), skillful (*US*)

indutivo, -a [ĩdu'tʃivu, a] ADJ inductive

induzir [ĩdu'ziʳ] VT to induce; (*persuadir*): **~ alguém a fazer** to persuade sb to do; **~ alguém em erro** to mislead sb; **~ (algo de algo)** to infer (sth from sth)

inebriante [ine'brjãtʃi] ADJ intoxicating

inebriar [ine'brjaʳ] VT (*fig*) to intoxicate; **inebriar-se** VR to be intoxicated

inédito, -a [i'nɛdʒitu, a] ADJ (*livro*) unpublished; (*incomum*) unheard-of, rare

inefável [ine'favew] (*pl* **-eis**) ADJ indescribable

ineficácia [inefi'kasja] F (*de remédio, medida*) ineffectiveness; (*de empregado, máquina*) inefficiency

ineficaz [inefi'kajʒ] ADJ (*remédio, medida*) ineffective; (*empregado, máquina*) inefficient

ineficiência [inefi'sjẽsja] F inefficiency

ineficiente [inefi'sjẽtʃi] ADJ inefficient

inegável [ine'gavew] (*pl* **-eis**) ADJ undeniable

inelutável [inelu'tavew] (*pl* **-eis**) ADJ inescapable

inépcia [i'nɛpsja] F ineptitude

inepto, -a [i'nɛptu, a] ADJ inept, incompetent

inequívoco, -a [ine'kivoku, a] ADJ (*evidente*) clear; (*inconfundível*) unmistakeable

inércia [i'nɛxsja] F (*torpor*) lassitude, lethargy; (*Fís*) inertia

inerente [ine'rẽtʃi] ADJ: **~ a** inherent in *ou* to

inerme [i'nɛxmi] ADJ (*formal: não armado*) unarmed; (*indefeso*) defenceless (*Brit*), defenseless (*US*)

inerte [i'nɛxtʃi] ADJ lethargic; (*Fís*) inert

INES (BR) ABR M = **Instituto Nacional de Educação dos Surdos**

inescrupuloso, -a [ineʃkrupu'lozu, ɔza] ADJ

NB: *European Portuguese adds the following consonants to certain words:* **b** (sú(b)dito, su(b)til); **c** (a(c)ção, a(c)cionista, a(c)to); **m** (inde(m)ne); **p** (ado(p)çã, ado(p)tar); *for further details see p. xiii.*

unscrupulous
inescrutável [ineʃkru'tavew] (*pl* **-eis**) ADJ inscrutable
inescusável [ineʃku'zavew] (*pl* **-eis**) ADJ (*indesculpável*) inexcusable; (*indispensável*) essential
inesgotável [ineʒgo'tavew] (*pl* **-eis**) ADJ inexhaustible; (*superabundante*) boundless
inesperado, -a [ineʃpe'radu, a] ADJ unexpected, unforeseen ■ M: **o ~** the unexpected
inesquecível [ineʃke'sivew] (*pl* **-eis**) ADJ unforgettable
inestimável [ineʃtʃi'mavew] (*pl* **-eis**) ADJ invaluable
inevitável [inevi'tavew] (*pl* **-eis**) ADJ inevitable
inexatidão [inezatʃi'dãw] (PT **-ct-**, *pl* **-ões**) F inaccuracy
inexato, -a [ine'zatu, a] (PT **-ct-**) ADJ inaccurate
inexaurível [inezaw'rivew] (*pl* **-eis**) ADJ inexhaustible
inexcedível [inese'dʒivew] (*pl* **-eis**) ADJ unsurpassed
inexeqüível [ineze'kwivew] (*pl* **-eis**) ADJ impracticable, unworkable
inexistência [ineziʃ'tẽsja] F lack
inexistente [ineziʃ'tẽtʃi] ADJ non-existent
inexistir [ineziʃ'tʃiʳ] VI not to exist
inexorável [inezo'ravew] (*pl* **-eis**) ADJ implacable
inexperiência [ineʃpe'rjẽsja] F inexperience, lack of experience; **inexperiente** [ineʃpe'rjẽtʃi] ADJ inexperienced; (*ingênuo*) naive
inexplicável [ineʃpli'kavew] (*pl* **-eis**) ADJ inexplicable
inexplorado, -a [ineʃplo'radu, a] ADJ unexplored
inexpressivo, -a [ineʃpre'sivu, a] ADJ expressionless
inexpugnável [ineʃpug'navew] (*pl* **-eis**) ADJ (*fortaleza*) impregnable; (*invencível*) invincible
inextinto, -a [ineʃ'tʃitu, a] ADJ unextinguished
inextricável [ineʃtri'kavew] (*pl* **-eis**) ADJ inextricable
infalível [ĩfa'livew] (*pl* **-eis**) ADJ infallible; (*sucesso*) guaranteed
infame [ĩ'fami] ADJ (*pessoa, procedimento*) mean, nasty; (*comida, trabalho*) awful
infâmia [ĩ'famja] F (*desonra*) disgrace; (*vileza*) vicious behaviour; (*dito*) nasty thing
infância [ĩ'fãsja] F childhood; **primeira ~** infancy, early childhood
infantaria [ĩfãta'ria] F infantry
infante, -a [ĩ'fãtʃi, a] M/F (*filho dos reis*) prince/princess ■ M (*soldado*) foot soldier
infanticídio [ĩfãtʃi'sidʒu] M infanticide
infantil [ĩfã'tʃiw] (*pl* **-is**) ADJ (*ingênuo*) childlike; (*pueril*) childish; (*para crianças*) children's
infantilidade [ĩfãtʃili'dadʒi] F childishness; (*dito, ação*) childish thing
infantis [ĩfã'tʃiʃ] ADJ PL *de* **infantil**
infanto-juvenil [ĩfãto-] (*pl* **-is**) ADJ children's
infarto [ĩ'faxtu] M heart attack
infatigável [ĩfatʃi'gavew] (*pl* **-eis**) ADJ untiring
infausto, -a [ĩ'fawʃtu, a] ADJ unlucky
infecção [ĩfek'sãw] (*pl* **-ões**) F infection; (*contaminação*) contamination; **infeccionar** [ĩfeksjo'naʳ] VT (*ferida*) to infect; (*contaminar*) to contaminate; **infeccioso, -a** [ĩfek'sjozu, ɔza] ADJ infectious
infecções [ĩfek'sõjʃ] FPL *de* **infecção**
infectar [ĩfek'taʳ] (PT) VT = **infetar**
infelicidade [ĩfelisi'dadʒi] F unhappiness; (*desgraça*) misfortune
infelicíssimo, -a [ĩfeli'sisimu, a] ADJ SUPERL *de* **infeliz**
infeliz [ĩfe'liʒ] ADJ (*triste*) unhappy; (*infausto*) unlucky; (*ação, medida*) unfortunate; (*sugestão, idéia*) inappropriate ■ M/F unhappy person; **como um ~** (*col*) like there's no tomorrow; **infelizmente** [ĩfeliʒ'mẽtʃi] ADV unfortunately
infenso, -a [ĩ'fẽsu, a] ADJ adverse
inferior [ĩfe'rjoʳ] ADJ: **~ (a)** (*em valor, qualidade*) inferior (to); (*mais baixo*) lower (than) ■ M/F inferior, subordinate; **inferioridade** [ĩferjori'dadʒi] F inferiority
inferiorizar [ĩferjori'zaʳ] VT to put down; **inferiorizar-se** VR to become inferior
inferir [ĩfe'riʳ] VT to infer, deduce
infernal [ĩfex'naw] (*pl* **-ais**) ADJ infernal; (*col*: *excepcional*) amazing
inferninho [ĩfex'ninju] M club
infernizar [ĩfexni'zaʳ] VT: **~ a vida de alguém** to make sb's life hell
inferno [ĩ'fɛxnu] M hell; **é um ~** (*fig*) it's hell; **vá pro ~!** piss off! (*col*)
infértil [ĩ'fɛxtʃiw] (*pl* **-eis**) ADJ infertile
infertilidade [ĩfextʃili'dadʒi] F infertility
infestar [ĩfeʃ'taʳ] VT to infest
infetar [ĩfe'taʳ] VT to infect; (*contaminar*) to contaminate
infidelidade [ĩfideli'dadʒi] F infidelity, unfaithfulness; (*Rel*) disbelief; **~ conjugal** marital infidelity
infidelíssimo, -a [ĩfide'lisimu, a] ADJ SUPERL *de* **infiel**
infiel [ĩ'fjɛw] (*pl* **-éis**) ADJ (*desleal*) disloyal; (*marido*) unfaithful; (*texto*) inaccurate ■ M/F (*Rel*) non-believer
infiltração [ĩfiwtra'sãw] (*pl* **-ões**) F infiltration
infiltrar [ĩfiw'traʳ] VT to permeate; **infiltrar-se** VR (*água, luz, odor*) to permeate; **~-se em algo** (*pessoas*) to infiltrate sth
ínfimo, -a [ĩfimu, a] ADJ lowest; (*qualidade*) poorest
infindável [ĩfĩ'davew] (*pl* **-eis**) ADJ unending, constant
infinidade [ĩfini'dadʒi] F infinity; **uma ~ de** countless
infinitesimal [ĩfinitezi'maw] (*pl* **-ais**) ADJ infinitesimal
infinitivo, -a [ĩfini'tʃivu, a] ADJ (*Ling*) infinitive ■ M infinitive
infinito, -a [ĩfi'nitu, a] ADJ infinite ■ M infinity

infiro *etc* [ĩ'firu] VB *v* **inferir**
inflação [ĩfla'sãw] F inflation
inflacionar [ĩflasjo'na^{r}] VT (*Econ*) to inflate
inflacionário, -a [ĩflasjo'narju, a] ADJ inflationary
inflacionista [ĩflasjo'niʃta] ADJ, M/F inflationist
inflamação [ĩflama'sãw] (*pl* **-ões**) F (*Med*) inflammation; (*de madeira etc*) combustion; **inflamado, -a** [ĩfla'madu, a] ADJ (*Med*) inflamed; (*discurso*) heated
inflamar [ĩfla'ma^{r}] VT (*madeira, pólvora*) to set fire to; (*Med, fig*) to inflame; **inflamar-se** VR to catch fire; (*fig*) to get worked up; **~-se de algo** to be consumed with sth
inflamatório, -a [ĩflama'tɔrju, a] ADJ inflammatory
inflamável [ĩfla'mavew] (*pl* **-eis**) ADJ inflammable
inflar [ĩ'fla^{r}] VT to inflate, blow up; **inflar-se** VR to swell (up); **~ algo de algo** to inflate sth (*ou* fill sth up) with sth
inflexibilidade [ĩfleksibili'dadʒi] F inflexibility
inflexível [ĩflek'sivew] (*pl* **-eis**) ADJ stiff, rigid; (*fig*) unyielding
infligir [ĩfli'ʒi^{r}] VT: **~ algo (a alguém)** to inflict sth (upon sb)
influência [ĩ'flwẽsja] F influence; **sob a ~ de** under the influence of; **influenciar** [ĩflwẽ'sja^{r}] VT to influence ■ VI: **influenciar em algo** to influence sth, have an influence on sth; **influenciar-se** VR: **influenciar-se por** to be influenced by
influenciável [ĩflwẽ'sjavew] (*pl* **-eis**) ADJ easily influenced
influente [ĩ'flwẽtʃi] ADJ influential
influir [ĩ'flwi^{r}] VI (*importar*) to matter, be important; **~ em** *ou* **sobre** to influence, have an influence on
influxo [ĩ'fluksu] M influx; (*maré-cheia*) high tide
informação [ĩfoxma'sãw] (*pl* **-ões**) F (piece of) information; (*notícia*) news; (*Mil*) intelligence; (*Jur*) inquiry; (*Comput*) piece of data; (*instrução*) instruction; **informações** FPL (*detalhes*) information *sg*; **Informações** (*Tel*) directory enquiries (*Brit*), information (*US*); **pedir informações sobre** to ask about, inquire about; **serviço de ~** intelligence service
informado, -a [ĩfox'madu, a] ADJ informed
informal [ĩfox'maw] (*pl* **-ais**) ADJ informal
informalidade [ĩfoxmali'dadʒi] F informality
informante [ĩfox'mãtʃi] M informant; (*Jur*) informer
informar [ĩfox'ma^{r}] VT: **~ alguém (de/sobre algo)** to inform sb (of/about sth) ■ VI to inform, be informative; **informar-se** VR: **informar-se de** to find out about, inquire about; **~ de** to report on; **~ algo a alguém** to tell sb sth
informática [ĩfox'matʃika] F (*ciência*) computer science; (*ramo*) computing, computers *pl*
informativo, -a [ĩfoxma'tʃivu, a] ADJ informative
informatização [ĩfoxmatʃiza'sãw] F computerization
informatizar [ĩfoxmatʃi'za^{r}] VT to computerize
informe [ĩ'foxmi] M (piece of) information; (*Mil*) briefing; **informes** MPL (*informações*) information *sg*
infortúnio [ĩfox'tunju] M misfortune
infração [ĩfra'sãw] (*PT* **-cç-**, *pl* **-ões**) F breach, infringement; (*Esporte*) foul; **~ de trânsito** traffic offence (*Brit*) *ou* violation (*US*)
infractor, a [ĩfra'to^{r}(a)] (*PT*) M/F = **infrator(a)**
infra-estrutura [ĩfra-] F infrastructure
infrator, a [ĩfra'to^{r}(a)] M/F offender
infravermelho, -a [ĩfravex'meʎu, a] ADJ infrared
infreqüente [ĩfre'kwẽtʃi] ADJ infrequent
infringir [ĩfrĩ'ʒi^{r}] VT to infringe, contravene
infrutífero, -a [ĩfru'tʃiferu, a] ADJ fruitless
infundado, -a [ĩfũ'dadu, a] ADJ groundless, unfounded
infundir [ĩfũ'dʒi^{r}] VT to infuse; (*terror*) to strike; (*incutir*) to instil (*Brit*), instill (*US*)
infusão [ĩfu'zãw] (*pl* **-ões**) F infusion
ingenuidade [ĩʒenwi'dadʒi] F ingenuousness
ingênuo, -a [ĩ'ʒenwu, a] ADJ ingenuous, naïve; (*comentário*) harmless ■ M/F naïve person
ingerência [ĩʒe'rẽsja] F interference
ingerir [ĩʒe'ri^{r}] VT to ingest; (*engolir*) to swallow; **ingerir-se** VR: **ingerir-se em algo** to interfere in sth
Inglaterra [ĩgla'tɛxa] F: **a ~** England;
inglês, -esa [ĩ'gleʃ, eza] ADJ English ■ M/F Englishman/woman ■ M (*Ling*) English; **os ingleses** MPL the English; **(só) para inglês ver** (*col*) (just) for show
inglesar [ĩgle'za^{r}] VT to Anglicize; **inglesar-se** VR to become Anglicized
inglório, -a [ĩ'glɔrju, a] ADJ inglorious
ingovernável [ĩgovex'navew] (*pl* **-eis**) ADJ ungovernable
ingratidão [ĩgratʃi'dãw] F ingratitude
ingrato, -a [ĩ'gratu, a] ADJ ungrateful
ingrediente [ĩgre'dʒjẽtʃi] M ingredient
íngreme ['ĩgremi] ADJ steep
ingressar [ĩgre'sa^{r}] VI: **~ em** to enter, go into; (*um clube*) to join
ingresso [ĩ'grɛsu] M (*entrada*) entry; (*admissão*) admission; (*bilhete*) ticket
inhaca [i'ɲaka] (*col*) F (*fedor*) stink
inhame [i'ɲami] M yam
inibição [inibi'sãw] (*pl* **-ões**) F inhibition
inibido, -a [ini'bidu, a] ADJ inhibited
inibidor, a [inibi'do^{r}(a)] ADJ inhibiting
inibir [ini'bi^{r}] VT: **~ alguém (de fazer)** to inhibit sb (from doing); **inibir-se** VR: **inibir-se (de**

NB: *European Portuguese adds the following consonants to certain words*: **b** (sú(b)dito, su(b)til); **c** (a(c)ção, a(c)cionista, a(c)to); **m** (inde(m)ne); **p** (ado(p)çã, ado(p)tar); *for further details see p. xiii.*

fazer) to be inhibited (from doing)
iniciação [inisja'sãw] (*pl* **-ões**) F initiation
iniciado, -a [ini'sjadu, a] M/F initiate
iniciador, a [inisja'do^{r}(a)] ADJ initiating ■ M/F initiator
inicial [ini'sjaw] (*pl* **-ais**) ADJ initial, first ■ F initial
inicializar [inisjali'za^{r}] VT (*Comput*) to initialize
iniciar [ini'sja^{r}] VT, VI (*começar*) to begin, start; **~ alguém em algo** (*arte, seita*) to initiate sb into sth
iniciativa [inisja'tʃiva] F initiative; **tomar a ~** to take the initiative; **por ~ própria** on one's own initiative, off one's own bat (*Brit*); **a ~ privada** (*Econ*) private enterprise; **não ter ~** to lack initiative
início [i'nisju] M beginning, start; **no ~** at the start
inigualável [inigwa'lavew] (*pl* **-eis**) ADJ unequalled
inimaginável [inimaʒi'navew] (*pl* **-eis**) ADJ unimaginable
inimigo, -a [ini'migu, a] ADJ, M/F enemy
inimizade [inimi'zadʒi] F enmity, hatred
inimizar [inimi'za^{r}] VT: **~ alguém com alguém** to set sb against sb; **inimizar-se** VR: **inimizar-se com** to fall out with
ininteligível [inĩteli'ʒivew] (*pl* **-eis**) ADJ unintelligible
ininterrupto, -a [inĩte'xuptu, a] ADJ continuous; (*esforço*) unstinting; (*vôo*) non-stop; (*serviço*) 24-hour
iniqüidade [inikwi'dadʒi] F iniquity
iníquo, -a [i'nikwu, a] ADJ iniquitous
injeção [inʒe'sãw] (*PT* **-cç-**, *pl* **-ões**) F injection
injetado, -a [ĩʒe'tadu, a] (*PT* **-ct-**) ADJ (*olhos*) bloodshot
injetar [ĩʒe'ta^{r}] (*PT* **-ct-**) VT to inject
injunção [ĩʒũ'sãw] (*pl* **-ões**) F (*ordem*) order; (*pressão*) pressure
injúria [ĩ'ʒurja] F (*insulto*) insult
injuriar [ĩʒu'rja^{r}] VT to insult
injurioso, -a [ĩʒu'rjozu, ɔza] ADJ insulting; (*ofensivo*) offensive
injustiça [ĩʒuʃ'tʃisa] F injustice
injustiçado, -a [ĩʒuʃtʃi'sadu, a] ADJ wronged ■ M/F victim of injustice
injustificável [ĩʒuʃtʃifi'kavew] (*pl* **-eis**) ADJ unjustifiable
injusto, -a [ĩ'ʒuʃtu, a] ADJ unfair, unjust
INM (BR) ABR M = **Instituto Nacional de Meteorologia**
inobservado, -a [inobizex'vadu, a] ADJ unobserved; (*nunca visto*) never witnessed
inobservância [inobizex'vãsja] F non-observance
inobservante [inobizex'vãtʃi] ADJ inobservant
inocência [ino'sẽsja] F innocence
inocentar [inosẽ'ta^{r}] VT: **~ alguém (de algo)** to clear sb (of sth)
inocente [ino'sẽtʃi] ADJ innocent ■ M/F innocent man/woman; **os ~s** the innocent
inoculação [inokula'sãw] (*pl* **-ões**) F inoculation
inocular [inoku'la^{r}] VT to inoculate
inócuo, -a [i'nɔkwu, a] ADJ harmless
inodoro, -a [ino'dɔru, a] ADJ odourless (*Brit*), odorless (*US*)
inofensivo, -a [inofẽ'sivu, a] ADJ harmless, inoffensive
inolvidável [inowvi'davew] (*pl* **-eis**) ADJ unforgettable
inoperante [inope'rãtʃi] ADJ inoperative
inopinado, -a [inopi'nadu, a] ADJ unexpected
inoportuno, -a [inopox'tunu, a] ADJ inconvenient, inopportune
inorgânico, -a [inox'ganiku, a] ADJ inorganic
inóspito, -a [i'nɔʃpitu, a] ADJ inhospitable
inovação [inova'sãw] (*pl* **-ões**) F innovation
inovar [ino'va^{r}] VT to innovate
inoxidável [inoksi'davew] (*pl* **-eis**) ADJ: **aço ~** stainless steel
INPC (BR) ABR M (= *Indice Nacional de Preços ao Consumidor*) RPI
INPS (BR) ABR M (= *Instituto Nacional de Previdência Social*) ≈ DSS (*Brit*), ≈ Welfare Dept (*US*)
inqualificável [ĩkwalifi'kavew] (*pl* **-eis**) ADJ incalculable; (*vil*) unacceptable
inquebrantável [ĩkebrã'tavew] (*pl* **-eis**) ADJ unbreakable; (*fig*) unshakeable
inquérito [ĩ'kɛritu] M inquiry; (*Jur*) inquest
inquestionável [ĩkeʃtʃjo'navew] (*pl* **-eis**) ADJ unquestionable
inquietação [ĩkjeta'sãw] F (*preocupação*) anxiety, uneasiness; (*agitação*) restlessness
inquietador, a [ĩkjeta'do^{r}(a)] ADJ worrying, disturbing
inquietante [ĩkje'tãtʃi] ADJ worrying, disturbing
inquietar [ĩkje'ta^{r}] VT to worry, disturb; **inquietar-se** VR to worry, bother; **inquieto, -a** [ĩ'kjɛtu, a] ADJ (*ansioso*) anxious, worried; (*agitado*) restless
inquietude [ĩkje'tudʒi] F (*preocupação*) anxiety, uneasiness; (*agitação*) restlessness
inquilino, -a [ĩki'linu, a] M/F tenant
inquirição [ĩkiri'sãw] (*pl* **-ões**) F investigation; (*Jur*) cross-examination
inquirir [ĩki'ri^{r}] VT (*investigar*) to investigate; (*perguntar*) to question; (*Jur*) to cross-examine ■ VI to enquire
inquisição [ĩkizi'sãw] (*pl* **-ões**) F: **a I~** the Inquisition
inquisitivo, -a [ĩkizi'tʃivu, a] ADJ inquisitive
insaciável [ĩsa'sjavew] (*pl* **-eis**) ADJ insatiable
insalubre [ĩsa'lubri] ADJ unhealthy
insanidade [ĩsani'dadʒi] F madness, insanity; **insano, -a** [ĩ'sanu, a] ADJ insane; (*fig: trabalho*) exhaustive
insatisfação [ĩsatʃiʃfa'sãw] F dissatisfaction
insatisfatório, -a [ĩsatʃiʃfa'tɔrju, a] ADJ unsatisfactory
insatisfeito, -a [ĩsatʃiʃ'fejtu, a] ADJ dissatisfied, unhappy
inscrever [ĩʃkre've^{r}] VT (*gravar*) to inscribe;

(*aluno*) to enrol (*Brit*), enroll (*US*); (*em registro*) to register; **inscrever-se** VR to enrol(l); to register
inscrição [ĩʃkri'sãw] (*pl* **-ões**) F (*legenda*) inscription; (*Educ*) enrolment (*Brit*), enrollment (*US*); (*em lista etc*) registration
inscrito, -a [ĩ'ʃkritu, a] PP *de* **inscrever**
insecto *etc* [ĩ'sɛktu] (*PT*) = **inseto** *etc*
insegurança [ĩsegu'rãsa] F insecurity; **inseguro, -a** [ĩse'guru, a] ADJ insecure
inseminação [ĩsemina'sãw] F: **~ artificial** artificial insemination
inseminar [ĩsemi'na^{r}] VT to inseminate
insensatez [ĩsẽsa'teʒ] F folly, madness
insensato, -a [ĩsẽ'satu, a] ADJ unreasonable, foolish
insensibilidade [ĩsẽsibili'dadʒi] F insensitivity; (*dormência*) numbness
insensível [ĩsẽ'sivew] (*pl* **-eis**) ADJ insensitive; (*dormente*) numb
inseparável [ĩsepa'ravew] (*pl* **-eis**) ADJ inseparable
inserção [ĩsex'sãw] (*pl* **-ões**) F insertion; (*Comput*) entry
inserir [ĩse'ri^{r}] VT to insert, put in; (*Comput: dados*) to enter; **inserir-se** VR: **inserir-se em** to become part of
inseticida [ĩsetʃi'sida] M insecticide
inseto [ĩ'sɛtu] M insect
insidioso, -a [ĩsi'dʒjozu, ɔza] ADJ insidious
insigne [ĩ'signi] ADJ distinguished, eminent
insígnia [ĩ'signia] F (*sinal distintivo*) badge; (*emblema*) emblem
insignificância [ĩsignifi'kãsja] F insignificance
insignificante [ĩsignifi'kãtʃi] ADJ insignificant
insinceridade [ĩsĩseri'dadʒi] F insincerity
insincero, -a [ĩsĩ'sɛru, a] ADJ insincere
insinuação [ĩsinwa'sãw] (*pl* **-ões**) F insinuation; (*sugestão*) hint
insinuante [ĩsi'nwãtʃi] ADJ ingratiating
insinuar [ĩsi'nwa^{r}] VT to insinuate, imply ■ VI to make insinuations; **insinuar-se** VR: **insinuar-se por** *ou* **entre** to slip through; **~-se na confiança de alguém** to worm one's way into sb's confidence
insípido, -a [ĩ'sipidu, a] ADJ insipid; (*fig*) dull
insiro *etc* [ĩ'siru] VB *v* **inserir**
insistência [ĩsiʃ'tẽsja] F: **~ (em)** insistence (on); (*obstinação*) persistence (in); **insistente** [ĩsiʃ'tẽtʃi] ADJ (*pessoa*) insistent; (*apelo*) urgent
insistir [ĩsiʃ'tʃi^{r}] VI: **~ (em)** (*exigir*) to insist (on); (*perseverar*) to persist (in); **~ por algo** to stand up for sth; **~ sobre algo** to dwell on sth; **~ (para) que alguém faça** to insist that sb do *ou* on sb doing; **~ (em) que** to insist that
insociável [ĩso'sjavew] (*pl* **-eis**) ADJ unsociable, antisocial
insofismável [ĩsofiʒ'mavew] (*pl* **-eis**) ADJ simple
insofrido, -a [ĩso'fridu, a] ADJ impatient, restless
insolação [ĩsola'sãw] F sunstroke; **pegar uma ~** to get sunstroke
insolência [ĩso'lẽsja] F insolence
insolente [ĩso'lẽtʃi] ADJ insolent
insólito, -a [ĩ'sɔlitu, a] ADJ unusual
insolúvel [ĩso'luvew] (*pl* **-eis**) ADJ insoluble
insolvência [ĩsow'vẽsja] F insolvency
insolvente [ĩsow'vẽtʃi] ADJ insolvent
insondável [ĩsõ'davew] (*pl* **-eis**) ADJ unfathomable
insone [ĩ'sɔni] ADJ (*pessoa*) insomniac; (*noite*) sleepless
insônia [ĩ'sonja] F insomnia
insosso, -a [ĩ'sosu, a] ADJ unsalted; (*sem sabor*) tasteless; (*pessoa*) uninteresting, dull
inspeção [ĩʃpe'sãw] (*PT* **-cç-**, *pl* **-ões**) F inspection, check; (*departamento*) inspectorate; **inspecionar** [ĩʃpesjo'na^{r}] (*PT* **-cc-**) VT to inspect
inspeções [ĩʃpe'sõjʃ] FPL *de* **inspeção**
inspetor, a [ĩʃpe'to^{r}(a)] (*PT* **-ct-**) M/F inspector
inspetoria [ĩʃpeto'ria] (*PT* **-ct-**) F inspectorate
inspiração [ĩʃpira'sãw] (*pl* **-ões**) F inspiration; (*nos pulmões*) inhalation
inspirador, a [ĩʃpira'do^{r}(a)] ADJ inspiring
inspirar [ĩʃpi'ra^{r}] VT to inspire; (*Med*) to inhale; **inspirar-se** VR to be inspired; **ele não me inspira confiança** he does not inspire me with confidence
instabilidade [ĩʃtabili'dadʒi] F instability
instalação [ĩʃtala'sãw] (*pl* **-ões**) F installation; **~ elétrica** (*de casa*) wiring; **~ hidráulica** waterworks *sg*
instalar [ĩʃta'la^{r}] VT (*equipamento*) to install; (*estabelecer*) to set up; (*alojar*) to accommodate, put up; (*num cargo*) to place; **instalar-se** VR (*numa cadeira*) to settle down; (*alojar-se*) to settle in; (*num cargo*) to take up office
instância [ĩʃ'tãsja] F (*insistência*) persistence; (*súplica*) entreaty; (*legislativa*) authority; (*Jur*): **tribunal de primeira ~** ≈ magistrate's court (*Brit*), ≈ district court (*US*); **em última ~** as a last resort
instantâneo, -a [ĩʃtã'tanju, a] ADJ instant, instantaneous; (*café*) instant ■ M (*Foto*) snap
instante [ĩʃ'tãtʃi] ADJ urgent ■ M moment; **nesse ~** just a moment ago; **num ~** in an instant, quickly; **a cada ~** (at) any moment; **só um ~!** just a moment!
instar [ĩʃ'ta^{r}] VT to urge ■ VI to insist; **~ com alguém para que faça algo** to urge sb to do sth
instauração [ĩʃtawra'sãw] F setting-up; (*de processo, inquérito*) institution
instaurar [ĩʃtaw'ra^{r}] VT to establish, set up; (*processo, inquérito*) to institute
instável [ĩʃ'tavew] (*pl* **-eis**) ADJ unstable; (*tempo*) unsettled
instigação [ĩʃtʃiga'sãw] F instigation; **por ~ de alguém** at sb's instigation
instigar [ĩʃtʃi'ga^{r}] VT (*incitar*) to urge; (*provocar*)

NB: *European Portuguese adds the following consonants to certain words*: **b** (sú(b)dito, su(b)til); **c** (a(c)ção, a(c)cionista, a(c)to); **m** (inde(m)ne); **p** (ado(p)çã, ado(p)tar); *for further details see p. xiii.*

to provoke; **~ alguém contra alguém** to set sb against sb

instilar [ĩʃtʃi'la^{r}] VT: **~ algo em algo** (*veneno*) to inject sth into sth; **~ algo em alguém** (*fig*: *ódio etc*) to instil (*Brit*) *ou* instill (*US*) sth in sb

instintivo, -a [ĩʃtʃĩ'tʃivu, a] ADJ instinctive

instinto [ĩʃ'tʃĩtu] M instinct; **por ~** instinctively; **~ de conservação** survival instinct

institucional [ĩʃtʃitusjo'naw] (*pl* **-ais**) ADJ institutional

instituição [ĩʃtʃitwi'sãw] (*pl* **-ões**) F institution

instituir [ĩʃtʃi'twi^{r}] VT to institute; (*fundar*) to establish, found; (*prazo*) to set

instituto [ĩʃtʃi'tutu] M (*escola*) institute; (*instituição*) institution; **~ de beleza** beauty salon; **I~ de Pesos e Medidas** ≈ British Standards Institution

instrução [ĩʃtru'sãw] (*PT* **-cç-**, *pl* **-ões**) F education; (*erudição*) learning; (*diretriz*) instruction; (*Mil*) training; **instruções** FPL (*para o uso*) instructions (for use); **manual de instruções** instruction manual

instructor, a [ĩʃtru'to^{r}(a)] (*PT*) M/F = **instrutor(a)**

instruído, -a [ĩʃ'trwidu, a] ADJ educated

instruir [ĩʃ'trwi^{r}] VT to instruct; (*Mil*) to train; (*Jur*: *processo*) to prepare; **instruir-se** VR: **instruir-se em algo** to learn sth; **~ alguém de** *ou* **sobre algo** to inform sb about sth

instrumentação [ĩʃtrumẽta'sãw] F (*Mús*) instrumentation

instrumental [ĩʃtrumẽ'taw] (*pl* **-ais**) ADJ instrumental ■ M instruments *pl*

instrumentar [ĩʃtrumẽ'ta^{r}] VT (*Mús*) to score

instrumentista [ĩʃtrumẽ'tʃiʃta] M/F instrumentalist

instrumento [ĩʃtru'mẽtu] M instrument; (*ferramenta*) implement; (*Jur*) deed, document; **~ de cordas/percussão/sopro** stringed/percussion/wind instrument; **~ de trabalho** tool

instrutivo, -a [ĩʃtru'tʃivu, a] ADJ instructive

instrutor, a [ĩʃtru'to^{r}(a)] M/F instructor; (*Esporte*) coach

insubordinação [ĩsuboxdʒina'sãw] F rebellion; (*Mil*) insubordination

insubordinado, -a [ĩsuboxdʒi'nadu, a] ADJ unruly; (*Mil*) insubordinate

insubordinar-se [ĩsuboxdʒi'naxsi] VR to rebel; (*Náut*) to mutiny

insubstituível [ĩsubiʃtʃi'twivew] (*pl* **-eis**) ADJ irreplaceable

insucesso [ĩsu'sesu] M failure

insuficiência [ĩsufi'sjẽsja] F inadequacy; (*carência*) shortage; (*Med*) deficiency; **~ cardíaca** heart failure; **insuficiente** [ĩsufi'sjẽtʃi] ADJ (*não bastante*) insufficient; (*Educ*: *nota*) ≈ fail; (*pessoa*) incompetent

insuflar [ĩsu'fla^{r}] VT to blow up, inflate; (*ar*) to blow; (*fig*): **~ algo (em** *ou* **a alguém)** to instil (*Brit*) *ou* instill (*US*) sth (in sb)

insular [ĩsu'la^{r}] ADJ insular ■ VT (*Tec*) to insulate

insulina [ĩsu'lina] F insulin

insultar [ĩsuw'ta^{r}] VT to insult; **insulto** [ĩ'suwtu] M insult

insultuoso, -a [ĩsuw'twozu, ɔza] ADJ insulting

insumo [ĩ'sumu] M raw materials *pl*; (*Econ*) input

insuperável [ĩsupe'ravew] (*pl* **-eis**) ADJ (*dificuldade*) insuperable; (*qualidade*) unsurpassable

insuportável [ĩsupox'tavew] (*pl* **-eis**) ADJ unbearable

insurgente [ĩsux'ʒẽtʃi] ADJ rebellious ■ M/F rebel

insurgir-se [ĩsux'ʒixsi] VR to rebel, revolt

insurreição [ĩsuxej'sãw] (*pl* **-ões**) F rebellion, insurrection

insurreto, -a [ĩsu'xɛtu, a] ADJ rebellious ■ M/F insurgent

insuspeito, -a [ĩsuʃ'pejtu, a] ADJ unsuspected; (*imparcial*) impartial

insustentável [ĩsuʃtẽ'tavew] (*pl* **-eis**) ADJ untenable

intacto, -a [ĩ'tatu, a] (*PT*) ADJ = **intato**

intangível [ĩtã'ʒivew] (*pl* **-eis**) ADJ intangible

intato, -a [ĩ'tatu, a] ADJ intact; (*ileso*) unharmed; (*fig*) pure

íntegra [ĩtegra] F: **na ~** in full

integração [ĩtegra'sãw] F integration

integral [ĩte'graw] (*pl* **-ais**) ADJ whole ■ F (*Mat*) integral; **arroz ~** brown rice; **pão ~** wholemeal (*Brit*) *ou* wholewheat (*US*) bread

integralismo [ĩtegra'liʒmu] M *Brazilian fascism*

integralmente [ĩtegraw'mẽtʃi] ADV in full, fully

integrante [ĩte'grãtʃi] ADJ integral ■ M/F member

integrar [ĩte'gra^{r}] VT to unite, combine; (*completar*) to form, make up; (*Mat*, *raças*) to integrate; **integrar-se** VR to become complete; **~-se em** *ou* **a algo** (*juntar-se*) to join sth; (*adaptar-se*) to integrate into sth

integridade [ĩtegri'dadʒi] F (*totalidade*) entirety; (*fig*: *de pessoa*) integrity

íntegro, -a [ĩtegru, a] ADJ entire; (*honesto*) upright, honest

inteiramente [ĩtejra'mẽtʃi] ADV completely

inteirar [ĩtej'ra^{r}] VT (*completar*) to complete; **inteirar-se** VR: **inteirar-se de** to find out about; **~ alguém de** to inform sb of

inteireza [ĩtej'reza] F entirety; (*moral*) integrity

inteiriçado, -a [ĩtejri'sadu, a] ADJ stiff

inteiriço, -a [ĩtej'risu, a] ADJ (*pedaço de pano*) single; (*vestido*) one-piece

inteiro, -a [ĩ'tejru, a] ADJ (*todo*) whole, entire; (*ileso*) unharmed; (*não quebrado*) undamaged; (*completo, ilimitado*) complete; (*vestido*) one-piece; (*fig*: *caráter*) upright

intelecto [ĩte'lɛktu] M intellect; **intelectual** [ĩtelek'twaw] (*pl* **-ais**) ADJ, M/F intellectual

intelectualidade [ĩtelektwali'dadʒi] F (*qualidade*) intellect; (*pessoas*) intellectuals *pl*

inteligência [ĩteli'ʒẽsja] F intelligence; (*interpretação*) interpretation; (*pessoa*) intellect, thinker; **~ artificial** artificial intelligence; **inteligente** [ĩteli'ʒẽtʃi] ADJ (*pessoa*) intelligent, clever; (*decisão, romance, filme etc*) clever
inteligível [ĩteli'ʒivew] (*pl* **-eis**) ADJ intelligible
intempérie [ĩtẽ'pɛri] F bad weather
intempestivo, -a [ĩtẽpeʃ'tʃivu, a] ADJ ill-timed
intenção [ĩtẽ'sãw] (*pl* **-ões**) F intention; **segundas intenções** ulterior motives; **ter a ~ de** to intend to; **com boa ~** with good intent; **com má ~** maliciously; (*Jur*) with malice aforethought; **intencionado, -a** [ĩtẽsjo'nadu, a] ADJ: **bem intencionado** well-meaning; **mal intencionado** spiteful
intencional [ĩtẽsjo'naw] (*pl* **-ais**) ADJ intentional, deliberate
intencionar [ĩtẽsjo'naʳ] VT: **~ fazer** to intend to do
intenções [ĩtẽ'sõjʃ] FPL *de* **intenção**
intendência [ĩtẽ'dẽsja] (PT) F management, administration
intendente [ĩtẽ'dẽtʃi] M/F manager; (*Mil*) quartermaster
intensidade [ĩtẽsi'dadʒi] F intensity
intensificação [ĩtẽsifika'sãw] F intensification
intensificar [ĩtẽsifi'kaʳ] VT to intensify; **intensificar-se** VR to intensify
intensivo, -a [ĩtẽ'sivu, a] ADJ intensive
intenso, -a [ĩ'tẽsu, a] ADJ intense; (*emoção*) deep; (*impressão*) vivid; (*vida social*) full
intentar [ĩtẽ'taʳ] VT (*obra*) to plan; (*assalto*) to commit; (*tentar*) to attempt; **~ fazer** to intend to do; **~ uma ação contra** (*Jur*) to sue
intento [ĩ'tẽtu] M aim, purpose
intentona [ĩtẽ'tɔna] F (*Pol*) plot, conspiracy
interação [ĩtera'sãw] (*PT* **-cç-**) F interaction
interagir [ĩtera'ʒiʳ] VI: **~ (com)** to interact (with)
interamericano, -a [ĩter-] ADJ inter-American
interativo, -a [ĩtera'tʃivu, a] ADJ (*Comput*) interactive
intercalar [ĩtexka'laʳ] VT to insert; (*Comput: arquivos*) to merge
intercâmbio [ĩtex'kãbju] M exchange
interceder [ĩtexse'deʳ] VI: **~ por** to intercede on behalf of
interceptar [ĩtexsep'taʳ] VT to intercept; (*fazer parar*) to stop; (*ligação telefônica*) to cut off; (*ser obstáculo a*) to hinder
intercessão [ĩtexse'sãw] (*pl* **-ões**) F intercession
interconexão [ĩtexkonek'sãw] (*pl* **-ões**) F interconnection
intercontinental [ĩtexkõtʃinẽ'taw] (*pl* **-ais**) ADJ intercontinental
intercostal [ĩtexkoʃ'taw] (*pl* **-ais**) ADJ (*Med*) intercostal
interdependência [ĩtexdepẽ'dẽsja] F interdependence
interdição [ĩtexdʒi'sãw] (*pl* **-ões**) F (*de estrada, porta*) closure; (*Jur*) injunction; **~ de direitos civis** removal of civil rights
interdisciplinar [ĩtexdʒisipli'naʳ] ADJ interdisciplinary
interditado, -a [ĩtexdʒi'tadu, a] ADJ closed, sealed off
interditar [ĩtexdʒi'taʳ] VT (*importação etc*) to ban; (*estrada, praia*) to close off; (*cinema etc*) to close down; (*Jur*) to interdict
interdito, -a [ĩtex'dʒitu, a] ADJ (*Jur*) interdicted ■ M (*Jur: interdição*) injunction
interessado, -a [ĩtere'sadu, a] ADJ interested; (*amizade*) self-seeking ■ M/F interested party
interessante [ĩtere'sãtʃi] ADJ interesting; **estar em estado ~** to be expecting *ou* pregnant
interessar [ĩtere'saʳ] VT to interest, be of interest to ■ VI to be interesting; **interessar-se** VR: **interessar-se em** *ou* **por** to take an interest in, be interested in; **a quem possa ~** to whom it may concern
interesse [ĩte'resi] M interest; (*próprio*) self-interest; (*proveito*) advantage; **no ~ de** for the sake of; **por ~ (próprio)** for one's own ends; **interesseiro, -a** [ĩtere'sejru, a] ADJ self-seeking
interestadual [ĩtereʃta'dwaw] (*pl* **-ais**) ADJ interstate
interface [ĩtex'fasi] F (*Comput*) interface
interferência [ĩtexfe'rẽsja] F interference
interferir [ĩtexfe'riʳ] VI: **~ em** to interfere in; (*rádio*) to jam
interfone [ĩtex'fɔni] M intercom
ínterim [ĩterĩ] M interim; **nesse ~** in the meantime
interino, -a [ĩte'rinu, a] ADJ temporary, interim
interior [ĩte'rjoʳ] ADJ inner, inside; (*vida*) inner; (*Com*) domestic, internal ■ M inside, interior; (*coração*) heart; (*do país*): **no ~** inland; **Ministério do I~** ≈ Home Office (*Brit*), ≈ Department of the Interior (*US*); **Ministro do I~** Home Secretary (*Brit*), Secretary of the Interior (*US*); **na parte ~** inside
interiorizar [ĩterjori'zaʳ] VT to internalize
interjeição [ĩtexʒej'sãw] (*pl* **-ões**) F interjection
interligar [ĩtexli'gaʳ] VT to interconnect; **interligar-se** VR to be interconnected
interlocutor, a [ĩtexloku'toʳ(a)] M/F speaker; **meu ~** the person I was speaking to
interlúdio [ĩtex'ludʒu] M interlude
intermediário, -a [ĩtexme'dʒjarju, a] ADJ intermediary ■ M/F (*Com*) middleman; (*mediador*) intermediary, mediator
intermédio [ĩtex'mɛdʒu] M: **por ~ de** through
interminável [ĩtexmi'navew] (*pl* **-eis**) ADJ endless
interministerial [ĩtexminiʃte'rjaw] (*pl* **-ais**) ADJ interministerial
intermissão [ĩtexmi'sãw] (*pl* **-ões**) F interval
intermitente [ĩtexmi'tẽtʃi] ADJ intermittent
internação [ĩtexna'sãw] (*pl* **-ões**) F (*de doente*)

NB: *European Portuguese adds the following consonants to certain words:* **b** (sú(b)dito, su(b)til); **c** (a(c)ção, a(c)cionista, a(c)to); **m** (inde(m)ne); **p** (ado(p)çã, ado(p)tar); *for further details see p. xiii.*

admission; (*de aluno*) sending to boarding school

internacional [ĩtexnasjo'naw] (*pl* **-ais**) ADJ international

internacionalismo [ĩtexnasjona'liʒmu] M internationalism

internacionalizar [ĩtexnasjonali'zaʳ] VT to internationalize; **internacionalizar-se** VR to become international

internações [ĩtexna'sõjʃ] FPL *de* **internação**

internar [ĩtex'naʳ] VT (*aluno*) to put into boarding school; (*doente*) to take into hospital; (*Mil, Pol*) to intern

internato [ĩtex'natu] M boarding school

internauta [ĩtex'nawta] M/F Internet user, web *ou* net surfer (*col*)

Internet [ĩtex'nɛtʃi] F Internet

interno, -a [ĩ'tɛxnu, a] ADJ internal, interior; (*Pol*) domestic ■ M/F (*tb*: **aluno interno**) boarder; (*Med*: *estudante*) houseman (*Brit*), intern (*US*); **de uso ~** (*Med*) for internal use

interpelação [ĩtexpela'sãw] (*pl* **-ões**) F questioning; (*Jur*) summons *sg*

interpelar [ĩtexpe'laʳ] VT: **~ alguém sobre algo** to question sb about sth; (*pedir explicações*) to challenge sb about sth

interplanetário, -a [ĩtexplane'tarju, a] ADJ interplanetary

interpõe *etc* [ĩtex'põj] VB *v* **interpor**

interpolar [ĩtexpo'laʳ] VT to interpolate

interpor [ĩtex'poʳ] (*irreg*) VT to put in, interpose; **interpor-se** VR to intervene; **~-se a algo** (*contrapor-se*) to militate against sth; **~ A (a B)** (*argumentos etc*) to counter (B) with A

interposto, -a [ĩtex'poʃtu, 'pɔʃta] PP *de* **interpor**

interpretação [ĩtexpreta'sãw] (*pl* **-ões**) F interpretation; (*Teatro*) performance; **má ~** misinterpretation

interpretar [ĩtexpre'taʳ] VT to interpret; (*um papel*) to play; **~ mal** to misinterpret; **intérprete** [ĩ'tɛxpretʃi] M/F (*Ling*) interpreter; (*Teatro*) performer, artist

interpunha *etc* [ĩtex'puɲa] VB *v* **interpor**

interpus *etc* [ĩtex'puʃ] VB *v* **interpor**

interpuser *etc* [ĩtexpu'zeʳ] VB *v* **interpor**

inter-racial [ĩtex-] (*pl* **-ais**) ADJ interracial

interrogação [ĩtexoga'sãw] (*pl* **-ões**) F questioning, interrogation; **ponto de ~** question mark

interrogador, a [ĩtexoga'doʳ(a)] M/F interrogator

interrogar [ĩtexo'gaʳ] VT to question, interrogate; (*Jur*) to cross-examine

interrogativo, -a [ĩtexoga'tʃivu, a] ADJ interrogative

interrogatório [ĩtexoga'tɔrju] M cross-examination

interromper [ĩtexõ'peʳ] VT to interrupt; (*parar*) to stop; (*Elet*) to cut off

interrupção [ĩtexup'sãw] (*pl* **-ões**) F interruption; (*intervalo*) break

interruptor [ĩtexup'toʳ] M (*Elet*) switch

interseção [ĩtexse'sãw] (*PT* **-cç-**, *pl* **-ões**) F intersection

interstício [ĩtexʃ'tʃisju] M gap

interurbano, -a [ĩterux'banu, a] ADJ (*Tel*) long-distance ■ M long-distance *ou* trunk call

intervalado, -a [ĩtexva'ladu, a] ADJ spaced out

intervalo [ĩtex'valu] M interval; (*descanso*) break; **a ~s** every now and then

interveio *etc* [ĩtex'veju] VB *v* **intervir**

intervenção [ĩtexvẽ'sãw] (*pl* **-ões**) F intervention; **~ cirúrgica** (*Med*) operation

interventor, a [ĩtexvẽ'toʳ(a)] M/F inspector ■ M OU F (*Pol*) caretaker governor

intervir [ĩtex'viʳ] (*irreg*) VI to intervene; (*sobrevir*) to come up

intestinal [ĩteʃtʃi'naw] (*pl* **-ais**) ADJ intestinal

intestino [ĩteʃ'tʃinu] M intestine; **~ delgado/grosso** small/large intestine; **~ solto** diarrhoea (*Brit*), diarrhea (*US*)

inti [ĩ'tʃi] M inti (*Peruvian currency*)

intimação [ĩtʃima'sãw] (*pl* **-ões**) F (*ordem*) order; (*Jur*) summons

intimar [ĩtʃi'maʳ] VT (*Jur*) to summon; **~ alguém a fazer** *ou* **a alguém que faça** to order sb to do

intimidação [ĩtʃimida'sãw] F intimidation

intimidade [ĩtʃimi'dadʒi] F intimacy; (*vida privada*) private life; (*familiaridade*) familiarity; **ter ~ com alguém** to be close to sb; **ela é pessoa de minha ~** she's a close friend of mine

intimidar [ĩtʃimi'daʳ] VT to intimidate; **intimidar-se** VR to be intimidated

íntimo, -a [ĩ'tʃimu, a] ADJ intimate; (*sentimentos*) innermost; (*amigo*) close; (*vida*) private ■ M/F close friend; **no ~** at heart; **festa íntima** small gathering

intitular [ĩtʃitu'laʳ] VT (*livro*) to title; **intitular-se** VR to be called; (*livro*) to be entitled; (*a si mesmo*) to call oneself; **~ algo de algo** to call sth sth

intocável [ĩto'kavew] (*pl* **-eis**) ADJ untouchable

intolerância [ĩtole'rãsja] F intolerance

intolerante [ĩtole'rãtʃi] ADJ intolerant

intolerável [ĩtole'ravew] (*pl* **-eis**) ADJ intolerable, unbearable

intoxicação [ĩtoksika'sãw] F poisoning; **~ alimentar** food poisoning

intoxicar [ĩtoksi'kaʳ] VT to poison

intraduzível [ĩtradu'zivew] (*pl* **-eis**) ADJ untranslateable

intragável [ĩtra'gavew] (*pl* **-eis**) ADJ unpalatable; (*pessoa*) unbearable

intranet [ĩtra'nɛtʃi] F intranet

intranqüilidade [ĩtrãkwili'dadʒi] F disquiet

intranqüilo, -a [ĩtrã'kwilu, a] ADJ (*aflito*) worried; (*desassossegado*) restless

intransferível [ĩtrãʃfe'rivew] (*pl* **-eis**) ADJ non-transferable

intransigência [ĩtrãsi'ʒẽsja] F intransigence

intransigente [ĩtrãsi'ʒẽtʃi] ADJ uncompromising; (*fig*: *rígido*) strict

intransitável [ĩtrãsi'tavew] (*pl* **-eis**) ADJ impassable

intransitivo, -a [ĩtrãsi'tʃivu, a] ADJ intransitive
intransponível [ĩtrãʃpo'nivew] (*pl* **-eis**) ADJ (*rio*) impossible to cross; (*problema*) insurmountable
intratável [ĩtra'tavew] (*pl* **-eis**) ADJ (*pessoa*) contrary, awkward; (*doença*) untreatable; (*problema*) insurmountable
intra-uterino, -a [ĩtra-] ADJ: **dispositivo ~** intra-uterine device
intravenoso, -a [ĩtrave'nozu, ɔza] ADJ intravenous
intrepidez [ĩtrepi'deʒ] F courage, bravery
intrépido, -a [ĩ'trɛpidu, a] ADJ daring, intrepid
intriga [ĩ'triga] F intrigue; (*enredo*) plot; (*fofoca*) piece of gossip; **intrigas** (*fofocas*) gossip *sg*; **~ amorosa** (PT) love affair; **intrigante** [ĩtri'gãtʃi] M/F troublemaker ■ ADJ intriguing
intrigar [ĩtri'gaʳ] VT to intrigue ■ VI to be intriguing
intrincado, -a [ĩtrĩ'kadu, a] ADJ intricate
intrínseco, -a [ĩ'trĩseku, a] ADJ intrinsic
introdução [ĩtrodu'sãw] (*pl* **-ões**) F introduction
introdutório, -a [ĩtrodu'tɔrju, a] ADJ introductory
introduzir [ĩtrodu'ziʳ] VT to introduce; (*prego*) to insert
intróito [ĩ'trɔjtu] M beginning; (*Rel*) introit
intrometer-se [ĩtrome'texsi] VR to interfere, meddle; **intrometido, -a** [ĩtrome'tʃidu, a] ADJ interfering; (*col*) nosey ■ M/F busybody
intromissão [ĩtromi'sãw] (*pl* **-ões**) F interference, meddling
introspecção [ĩtroʃpek'sãw] F introspection
introspectivo, -a [ĩtroʃpek'tʃivu, a] ADJ introspective
introversão [ĩtrovex'sãw] F introversion
introvertido, -a [ĩtrovex'tʃidu, a] ADJ introverted ■ M/F introvert
intrujão, -jona [ĩtru'ʒãw, 'ʒɔna] (*pl* **-ões/-s**) M/F swindler
intrujar [ĩtru'ʒaʳ] VT to trick, swindle
intrujões [ĩtru'ʒõjʃ] MPL *de* **intrujão**
intrujona [ĩtru'ʒɔna] F *de* **intrujão**
intruso, -a [ĩ'truzu, a] M/F intruder
intuição [ĩtwi'sãw] (*pl* **-ões**) F intuition; (*pressentimento*) feeling; **por ~** by intuition, intuitively
intuir [ĩ'twiʳ] VT, VI to intuit
intuitivo, -a [ĩtwi'tʃivu, a] ADJ intuitive
intuito [ĩ'tuito] M (*intento*) intention, aim
intumescência [ĩtume'sẽsja] F swelling
intumescer-se [ĩtume'sexsi] VR to swell (up)
intumescido, -a [ĩtume'sidu, a] ADJ swollen
inumano, -a [inu'manu, a] ADJ inhuman
inumerável [inume'ravew] (*pl* **-eis**) ADJ countless, innumerable
inúmero, -a [i'numeru, a] ADJ countless, innumerable
inundação [inũda'sãw] (*pl* **-ões**) F (*enchente*) flood; (*ato*) flooding
inundar [inũ'daʳ] VT to flood; (*fig*) to inundate ■ VI (*rio*) to flood
inusitado, -a [inuzi'tadu, a] ADJ unusual
inútil [i'nutʃiw] (*pl* **-eis**) ADJ useless; (*esforço*) futile; (*desnecessário*) pointless ■ M/F good-for-nothing; **ser ~** to be of no use, be no good
inutilidade [inutʃili'dadʒi] F uselessness
inutilizar [inutʃili'zaʳ] VT to make useless, render useless; (*incapacitar*) to put out of action; (*danificar*) to ruin; (*esforços*) to thwart; **inutilizar-se** VR (*pessoa*) to become incapacitated
inutilizável [inutʃili'zavew] (*pl* **-eis**) ADJ unusable
inutilmente [inutʃiw'mẽtʃi] ADV in vain
invadir [ĩva'dʒiʳ] VT to invade; (*suj: água*) to overrun; (: *sentimento*) to overcome
invalidação [ĩvalida'sãw] F invalidation
invalidar [ĩvali'daʳ] VT to invalidate; (*pessoa*) to make an invalid
invalidez [ĩvali'deʒ] F disability
inválido, -a [ĩ'validu, a] ADJ, M/F invalid; **~ de guerra** wounded war veteran
invariável [ĩva'rjavew] (*pl* **-eis**) ADJ invariable
invasão [ĩva'zãw] (*pl* **-ões**) F invasion
invasor, a [ĩva'zoʳ(a)] ADJ invading ■ M/F invader
inveja [ĩ'vɛʒa] F envy; **invejar** [ĩve'ʒaʳ] VT to envy; (*cobiçar: bens*) to covet ■ VI to be envious
invejável [ĩve'ʒavew] (*pl* **-eis**) ADJ enviable
invejoso, -a [ĩve'ʒozu, ɔza] ADJ envious ■ M/F envious person
invenção [ĩvẽ'sãw] (*pl* **-ões**) F invention
invencível [ĩvẽ'sivew] (*pl* **-eis**) ADJ invincible
invenções [ĩvẽ'sõjʃ] FPL *de* **invenção**
inventar [ĩvẽ'taʳ] VT to invent; (*história, desculpa*) to make up; (*nome*) to think up ■ VI to make things up; **~ de fazer** to take it into one's head to do
inventariação [ĩvẽtarja'sãw] (*pl* **-ões**) F (*Com*) stocktaking
inventariar [ĩvẽta'rjaʳ] VT: **~ algo** to make an inventory of sth
inventário [ĩvẽ'tarju] M inventory
inventiva [ĩvẽ'tʃiva] F inventiveness
inventivo, -a [ĩvẽ'tʃivu, a] ADJ inventive
inventor, a [ĩvẽ'toʳ(a)] M/F inventor
inverdade [ĩvex'dadʒi] F untruth
inverificável [ĩverifi'kavew] (*pl* **-eis**) ADJ impossible to verify
invernada [ĩvex'nada] F winter pasture
invernar [ĩvex'naʳ] VI to spend the winter
inverno [ĩ'vɛxnu] M winter
inverossímil [ĩvero'simiw] (PT **-osí-**, *pl* **-eis**) ADJ (*improvável*) unlikely, improbable; (*inacreditável*) implausible
inversão [ĩvex'sãw] (*pl* **-ões**) F reversal, inversion
inverso, -a [ĩ'vɛxsu, a] ADJ inverse; (*oposto*) opposite; (*ordem*) reverse ■ M opposite, reverse;

NB: *European Portuguese adds the following consonants to certain words*: **b** (sú(b)dito, su(b)til); **c** (a(c)ção, a(c)cionista, a(c)to); **m** (inde(m)ne); **p** (ado(p)çã, ado(p)tar); *for further details see p. xiii.*

ao ~ de contrary to
inversões [ĩvex'sõjʃ] FPL *de* **inversão**
invertebrado, -a [ĩvexte'bradu, a] ADJ invertebrate ■ M invertebrate
inverter [ĩvex'te^{r}] VT (*mudar*) to alter; (*ordem*) to invert, reverse; (*colocar às avessas*) to turn upside down, invert
invés [ĩ'vɛʃ] M: **ao ~ de** instead of
investida [ĩveʃ'tʃida] F attack; (*tentativa*) attempt
investidura [ĩveʃtʃi'dura] F investiture
investigação [ĩveʃtʃiga'sãw] (*pl* **-ões**) F investigation; (*pesquisa*) research
investigar [ĩveʃtʃi'ga^{r}] VT to investigate; (*examinar*) to examine; (*pesquisar*) to research into
investimento [ĩveʃtʃi'mẽtu] M investment
investir [ĩveʃ'tʃi^{r}] VT (*dinheiro*) to invest ■ VI to invest; **~ contra** *ou* **para alguém** (*atacar*) to attack sb; **~ alguém no cargo de presidente** to install sb in the presidency; **~ para algo** (*atirar-se*) to rush towards sth
inveterado, -a [ĩvete'radu, a] ADJ (*mentiroso*) inveterate; (*criminoso*) hardened; (*hábito*) deep-rooted
inviabilidade [ĩvjabili'dadʒi] F impracticality
inviabilizar [ĩvjabili'za^{r}] VT: **~ algo** to make sth impracticable
inviável [ĩ'vjavew] (*pl* **-eis**) ADJ impracticable
invicto, -a [ĩ'viktu, a] ADJ unconquered; (*invencível*) unbeatable
inviolabilidade [ĩvjolabili'dadʒi] F inviolability; (*Jur*) immunity
inviolável [ĩvjo'lavew] (*pl* **-eis**) ADJ inviolable; (*Jur*) immune
invisível [ĩvi'zivew] (*pl* **-eis**) ADJ invisible
invisto *etc* [ĩ'viʃtu] VB *v* **investir**
invocado, -a [ĩvo'kadu, a] ADJ: **estar/ficar ~ com alguém** to dislike/take a dislike to sb
invocar [ĩvo'ka^{r}] VT to invoke; (*col*: *irritar*) to provoke; (: *impressionar*) to have a profound effect on ■ VI: **~ com alguém** (*col*: *antipatizar*) to take a dislike to sb
invólucro [ĩ'vɔlukru] M (*cobertura*) covering; (*envoltório*) wrapping; (*caixa*) box
involuntário, -a [ĩvolũ'tarju, a] ADJ (*movimento*) involuntary; (*ofensa*) unintentional
invulnerável [ĩvuwne'ravew] (*pl* **-eis**) ADJ invulnerable
iodo ['jodu] M iodine
IOF (BR) ABR M = **Imposto sobre Operações Financeiras**
ioga ['jɔga] F yoga
iogurte [jo'guxtʃi] M yogurt
ioiô [jo'jo] M yoyo
íon ['iõ] (*pl* **-s**) M ion
iônico, -a ['joniku, a] ADJ ionic
IPC (BR) ABR M (= *Índice de Preços ao Consumidor*) RPI
IPEA (BR) ABR M = **Instituto de Planejamento Econômico Social**
ipecacuanha [ipeka'kwaɲa] F ipecac
IPI (BR) ABR M = **Imposto sobre Produtos Industrializados**
IPM (BR) ABR M = **Inquérito Policial-Militar**
IPT (BR) ABR M = **Instituto de Pesquisas Tecnológicas**
IPTU (BR) ABR M (= *Imposto Predial e Territorial Urbano*) ≈ rates *pl* (*Brit*), ≈ property tax (*US*)
IPVA (BR) ABR M (= *Imposto Sobre Veículos Automóveis*) road (*Brit*) *ou* motor-vehicle (*US*) tax
IR (BR) ABR M = **Imposto de Renda**

PALAVRA CHAVE

ir [i^{r}] VI **1** to go; (*a pé*) to walk; (*a cavalo*) to ride; (*viajar*) to travel; **ir caminhando** to walk; **fui de trem** I went *ou* travelled by train; **vamos!, vamos nessa!** (*col*): **vamos embora!** let's go!; **já vou!** I'm coming!; **ir atrás de alguém** (*seguir*) to follow sb; (*confiar*) to take sb's word for it
2 (*progredir*: *pessoa, coisa*) to go; **o trabalho vai muito bem** work is going very well; **como vão as coisas?** how are things going?; **vou muito bem** I'm very well; (*na escola etc*) I'm getting on very well
■ VB AUX **1** (+*infin*): **vou fazer** I will do, I am going to do
2 (+*gerúndio*): **ir fazendo** to keep on doing
ir-se VR to go away, leave

IRA ABR M (= *Irish Republican Army*) IRA
ira ['ira] F anger, rage
Irã [i'rã] M: **o ~** Iran
irado, -a [i'radu, a] ADJ angry, irate
iraniano, -a [ira'njanu, a] ADJ, M/F Iranian
Irão [i'rãw] (*PT*) M = **Irã**
Iraque [i'raki] M: **o ~** Iraq; **iraquiano, -a** [ira'kjanu, a] ADJ, M/F Iraqi
irascibilidade [irasibili'dadʒi] F irritability
irascível [ira'sivew] (*pl* **-eis**) ADJ irritable, short-tempered
ir-e-vir (*pl* **ires-e-vires**) M comings and goings *pl*
íris ['iriʃ] F INV iris
Irlanda [ix'lãda] F: **a ~** Ireland; **a ~ do Norte** Northern Ireland; **irlandês, -esa** [ixlã'deʃ, eza] ADJ Irish ■ M/F Irishman/woman ■ M (*Ling*) Irish
irmã [ix'mã] F sister ■ ADJ (*empresa etc*) sister; **almas ~s** kindred souls; **~ Paula** (*fig*) good Samaritan; **~ gêmea** twin sister; **~ de criação** half sister
irmanar [ixma'na^{r}] VT to join together, unite
irmandade [ixmã'dadʒi] F (*associação*) brotherhood; (*confraternidade*) fraternity
irmão [ix'mãw] (*pl* **-s**) M brother; (*fig*: *similar*) twin; (*col*: *companheiro*) mate; **~ de criação** half-brother; **~ gêmeo** twin brother; **~s siameses** Siamese twins
ironia [iro'nia] F irony; (*sarcasmo*) sarcasm; **com ~** ironically; (*com sarcasmo*) sarcastically; **por ~ do destino** by a quirk of fate
irônico, -a [i'roniku, a] ADJ ironic(al); (*sarcástico*) sarcastic
ironizar [ironi'za^{r}] VT to be ironic about ■ VI to be ironic

IRPF (BR) ABR M (= *Imposto de Renda Pessoa Física*) personal income tax
IRPJ (BR) ABR M (= *Imposto de Renda Pessoa Jurídica*) corporation tax
irra! ['ixa] (PT) EXCL damn!
irracional [ixasjo'naw] (*pl* **-ais**) ADJ irrational
irracionalidade [ixasjonali'dadʒi] F irrationality
irradiação [ixadʒja'sãw] (*pl* **-ões**) F (*de luz*) radiation; (*espalhamento*) spread; (*Rádio*) broadcasting; (*Med*) radiation treatment
irradiar [ixa'dʒjaʳ] VT (*luz*) to radiate; (*espalhar*) to spread; (*Rádio*) to broadcast, transmit; (*simpatia*) to radiate, exude ■ VI to radiate; (*Rádio*) to be on the air; **irradiar-se** VR to spread; to be transmitted
irreais [ixe'ajʃ] ADJ PL *de* **irreal**
irreajustável [ixeɜʒuʃ'tavew] (*pl* **-eis**) ADJ fixed
irreal [ixe'aw] (*pl* **-ais**) ADJ unreal
irrealizado, -a [ixeali'zadu, a] ADJ (*pessoa*) unfulfilled; (*sonhos*) unrealized
irrealizável [ixeali'zavew] (*pl* **-eis**) ADJ unrealizable
irreconciliável [ixekõsi'ljavew] (*pl* **-eis**) ADJ irreconcilable
irreconhecível [ixekõɲe'sivew] (*pl* **-eis**) ADJ unrecognizable
irrecorrível [ixeko'xivew] (*pl* **-eis**) ADJ (*Jur*) unappealable
irrecuperável [ixekupe'ravew] (*pl* **-eis**) ADJ irretrievable
irrecusável [ixeku'zavew] (*pl* **-eis**) ADJ (*incontestável*) irrefutable; (*convite*) which cannot be turned down
irrefletido, -a [ixefle'tʃidu, a] ADJ rash; **de maneira irrefletida** rashly
irrefreável [ixe'frjavew] (*pl* **-eis**) ADJ uncontrollable
irrefutável [ixefu'tavew] (*pl* **-eis**) ADJ irrefutable
irregular [ixegu'laʳ] ADJ irregular; (*vida*) unconventional; (*feições*) unusual; (*aluno, gênio*) erratic
irregularidade [ixegulari'dadʒi] F irregularity
irrelevância [ixele'vãsja] F irrelevance
irrelevante [ixele'vãtʃi] ADJ irrelevant
irremediável [ixeme'dʒjavew] (*pl* **-eis**) ADJ irremediable; (*sem remédio*) incurable
irreparável [ixepa'ravew] (*pl* **-eis**) ADJ irreparable
irrepreensível [ixeprjẽ'sivew] (*pl* **-eis**) ADJ irreproachable, impeccable
irreprimível [ixepri'mivew] (*pl* **-eis**) ADJ irrepressible
irrequietação [ixekjeta'sãw] F restlessness
irrequieto, -a [ixe'kjɛtu, a] ADJ restless
irresgatável [ixeɜga'tavew] (*pl* **-eis**) ADJ (*Com*) irredeemable
irresistível [ixeziʃ'tʃivew] (*pl* **-eis**) ADJ irresistible; (*desejo*) overwhelming
irrevogável [ixevo'gavew] (*pl* **-eis**) ADJ irrevocable
irresoluto, -a [ixezo'lutu, a] ADJ (*pessoa*) irresolute, indecisive; (*problema*) unresolved
irresponsabilidade [ixeʃpõsabili'dadʒi] F irresponsibility
irresponsável [ixeʃpõ'savew] (*pl* **-eis**) ADJ irresponsible
irrestrito, -a [ixeʃ'tritu, a] ADJ unrestricted
irreverente [ixeve'rẽtʃi] ADJ irreverent
irreversível [ixevex'sivew] (*pl* **-eis**) ADJ irreversible
irrigação [ixiga'sãw] F irrigation
irrigar [ixi'gaʳ] VT to irrigate
irrisório, -a [ixi'zɔrju, a] ADJ derisory, ludicrous; (*quantia*) derisory, paltry
irritabilidade [ixitabili'dadʒi] F irritability
irritação [ixita'sãw] (*pl* **-ões**) F irritation
irritadiço, -a [ixita'dʒisu, a] ADJ irritable
irritante [ixi'tãtʃi] ADJ irritating, annoying
irritar [ixi'taʳ] VT to irritate, annoy; (*Med*) to irritate; **irritar-se** VR to get angry, get annoyed
irritável [ixi'tavew] (*pl* **-eis**) ADJ irritable
irromper [ixõ'peʳ] VI (*epidemia*) to break out; (*surgir*) to emerge; (*lágrimas*) to well; (*voz*) to be heard; (*entrar subitamente*): **~ (em)** to burst in(to)
irrupção [ixup'sãw] (*pl* **-ões**) F invasion; (*de idéias*) emergence; (*de doença*) outbreak
isca ['iʃka] F (*Pesca*) bait; (*fig*) lure, bait
iscambau [iʃkã'baw] (*col*) M: **e o ~** and what not
isenção [izẽ'sãw] (*pl* **-ões**) F exemption; **~ de impostos** tax exemption
isentar [izẽ'taʳ] VT (*dispensar*) to exempt; (*livrar*) to free
isento, -a [i'zẽtu, a] ADJ (*dispensado*) exempt; (*livre*) free; **~ de taxas** duty-free; **~ de impostos** tax-free
Islã [iʒ'lã] M Islam
islâmico, -a [iʒ'lamiku, a] ADJ Islamic
islamismo [iʒla'miʒmu] M Islam
islamita [iʒla'mita] ADJ, M/F Muslim
islandês, -esa [iʒlã'deʃ, eza] ADJ Icelandic ■ M/F Icelander ■ M (*Ling*) Icelandic
Islândia [iʒ'lãdʒa] F: **a ~** Iceland
isolado, -a [izo'ladu, a] ADJ (*separado*) isolated; (*solitário*) lonely; (*Elet*) insulated
isolamento [izola'mẽtu] M isolation; (*Med*) isolation ward; (*Elet*) insulation; **~ acústico** soundproofing
isolante [izo'lãtʃi] ADJ (*Elet*) insulating
isolar [izo'laʳ] VT to isolate; (*Elet*) to insulate ■ VI (*afastar mau agouro*) to touch wood (*Brit*), knock on wood (*US*); **isolar-se** VR to isolate o.s., cut o.s. off
isonomia [izono'mia] F equality
isopor® [izo'poʳ] M polystyrene
isqueiro [iʃ'kejru] M (cigarette) lighter

NB: *European Portuguese adds the following consonants to certain words*: **b** (sú(b)dito, su(b)til); **c** (a(c)ção, a(c)cionista, a(c)to); **m** (inde(m)ne); **p** (ado(p)çã, ado(p)tar); *for further details see p. xiii.*

Israel [iʒxa'ɛw] M Israel; **israelense** [iʒxae'lẽsi] ADJ, M/F Israeli
israelita [iʒxae'lita] ADJ, M/F Israelite
ISS (BR) ABR M = **Imposto Sobre Serviços**
isso ['isu] PRON that; (*col*: *isto*) this; **~ mesmo** exactly; **por ~** therefore, so; **por ~ mesmo** for that very reason; **só ~?** is that all?; **~!** that's it!; **é ~, é ~ aí** (*col*: *você tem razão*) that's right; (*é tudo*) that's it, that's all; **é ~ mesmo** exactly, that's right; **não seja por ~** that's no big deal; **eu não tenho nada com ~** it's got nothing to do with me; **que é ~?** (*exprime indignação*) what's going on?, what's all this?; **~ de fazer ...** this business of doing ....
Istambul [iʃtã'buw] N Istanbul
istmo ['iʃtʃimu] M isthmus
isto ['iʃtu] PRON this; **~ é** that is, namely
ITA (BR) ABR M = **Instituto Tecnológico da Aeronáutica**
Itália [i'talja] F: **a ~** Italy; **italiano, -a** [ita'ljanu, a] ADJ, M/F Italian ■ M (*Ling*) Italian
itálico [i'taliku] M italics *pl*
Itamarati [itamara'tʃi] M: **o ~** the Brazilian Foreign Ministry

ITAMARATI

The Palace of Itamarati was built in 1855 in Rio de Janeiro. It became the seat of government when Brazil became a republic in 1889, and was later the Foreign Ministry. It ceased to be this when the Brazilian capital was transferred to Brasília, but *Itamarati* is still used to refer to the Foreign Ministry.

item ['itẽ] (*pl* **-ns**) M item
iterar [ite'ra^{r}] VT to repeat
itinerante [itʃine'rãtʃi] ADJ, M/F itinerant
itinerário [itʃine'rarju] M (*plano*) itinerary; (*caminho*) route
Iugoslávia [jugoʒ'lavja] F: **a ~** Yugoslavia
iugoslavo, -a [jugoʒ'lavu, a] ADJ, M/F Yugoslav(ian)

Jj

J, j ['ʒɔta] (*pl* **js**) M J, j; **J de José** J for Jack (*Brit*) *ou* jig (*US*)
já [ʒa] ADV already; (*em perguntas*) yet; (*agora*) now; (*imediatamente*) right now; (*agora mesmo*) right away ■ CONJ on the other hand; **até já** bye; **desde já** from now on; **desde já lhe agradeço** thanking you in anticipation; **é para já** it won't be a minute; **já esteve na Inglaterra?** have you ever been to England?; **já não** no longer; **ele já não vem mais aqui** he doesn't come here any more; **já que** as, since; **já se vê** of course; **já vou** I'm coming; **já até** even; **já, já** right away; **já era** (*col*) it's been and gone; **você já viu o filme? — já** have you seen the film? — yes
jabaculê [ʒabaku'le] (*col*) M backhander
jabota [ʒa'bɔta] F giant tortoise
jabuti [ʒabu'tʃi] M giant tortoise
jabuticaba [ʒabutʃi'kaba] F jaboticaba (*type of berry*)
jaca ['ʒaka] F jack fruit
jacarandá [ʒakarã'da] M jacaranda
jacaré [ʒaka'rɛ] (BR) M alligator; **fazer** *ou* **pegar ~** to body-surf
Jacarta [ʒa'kaxta] N Jakarta
jacente [ʒa'sẽtʃi] ADJ lying; (*herança*) unclaimed
jacinto [ʒa'sĩtu] M hyacinth
jactância [ʒak'tãsja] F boasting
jactar-se [ʒak'taxsi] VR: **~ de** to boast about
jacto ['ʒaktu] (PT) M = **jato**
jade ['ʒadʒi] M jade
jaez [ʒa'eʒ] M harness; (*fig: categoria*) sort
jaguar [ʒa'gwa^{r}] M jaguar
jaguatirica [ʒagwatʃi'rika] F leopard cat
jagunço [ʒa'gũsu] M hired gun(man)
jaleco [ʒa'lɛku] M jacket
Jamaica [ʒa'majka] F: **a ~** Jamaica
jamais [ʒa'majʃ] ADV never; (*com palavra negativa*) ever; **ninguém ~ o tratou assim** nobody ever treated him like that
jamaicano, -a [ʒamaj'kanu, a] ADJ, M/F Jamaican
jamanta [ʒa'mãta] F juggernaut (*Brit*), truck-trailer (*US*)
jamegão [ʒame'gãw] (*pl* **-ões**) (*col*) M signature
jan. ABR = **janeiro**
janeiro [ʒa'nejru] (PT **J-**) M January; *v tb* **julho**
janela [ʒa'nɛla] F window; **(~) basculante** louvre (*Brit*) *ou* louver (*US*) window
janelão [ʒane'lãw] (*pl* **-ões**) M picture window
jangada [ʒã'gada] F raft
jangadeiro [ʒãga'dejru] M *jangada* fisherman
janota [ʒa'nɔta] ADJ foppish ■ M dandy
janta ['ʒãta] (*col*) F dinner
jantar [ʒã'ta^{r}] M dinner ■ VT to have for dinner ■ VI to have dinner; **~ americano** buffet dinner; **~ dançante** dinner dance
jantarado [ʒãta'radu] M tea
Japão [ʒa'pãw] M: **o ~** Japan
japona [ʒa'pɔna] F (*casaco*) three-quarter length coat ■ M/F (*col*) Japanese
japonês, -esa [ʒapo'neʃ, eza] ADJ, M/F Japanese ■ M (*Ling*) Japanese
jaqueira [ʒa'kejra] F jack tree
jaqueta [ʒa'keta] F jacket
jaquetão [ʒake'tãw] (*pl* **-ões**) M double-breasted coat
jararaca [ʒara'raka] F (*cobra*) jararaca (*snake*); (*fig: mulher*) shrew
jarda ['ʒaxda] F yard
jardim [ʒax'dʒĩ] (*pl* **-ns**) M garden; **~ zoológico** zoo; **jardim-de-infância** (*pl* **jardins-de-infância**) M kindergarten
jardim-de-inverno (*pl* **jardins-de-inverno**) M conservatory
jardinagem [ʒaxdʒi'naʒẽ] F gardening
jardinar [ʒaxdʒi'na^{r}] VT to cultivate ■ VI to garden
jardineira [ʒaxdʒi'nejra] F (*móvel*) plant-stand; (*caixa*) trough; (*ônibus*) open bus; (*calça*) dungarees *pl*; (*vestido*) pinafore dress (*Brit*), jumper (*US*); *v tb* **jardineiro**
jardineiro, -a [ʒaxdʒi'nejru, a] M/F gardener
jardins [ʒax'dʒĩʃ] MPL *de* **jardim**
jargão [ʒax'gãw] M jargon
jarra ['ʒaxa] F pot
jarro ['ʒaxu] M jug
jasmim [ʒaʒ'mĩ] M jasmine

NB: *European Portuguese adds the following consonants to certain words*: **b** (sú(b)dito, su(b)til); **c** (a(c)ção, a(c)cionista, a(c)to); **m** (inde(m)ne); **p** (ado(p)çã, ado(p)tar); *for further details see p. xiii.*

jato ['ʒatu] M jet; (*de luz*) flash; (*de ar*) blast; **a ~** at top speed
jaula ['ʒawla] F cage
Java ['ʒava] F Java
javali [ʒava'li] M wild boar
jazer [ʒa'zeʳ] VI to lie
jazida [ʒa'zida] F deposit
jazigo [ʒa'zigu] M grave; (*monumento*) tomb; **~ de família** family tomb
jazz [dʒɛz] M jazz
jazzista [dʒa'ziʃta] M/F (*músico*) jazz artist; (*fã*) jazz fan
jazzístico, -a [dʒa'ziʃtʃiku, a] ADJ jazzy
JB ABR M = **Jornal do Brasil**
JEC (BR) ABR F = **Juventude Estudantil Católica**
jeca ['ʒɛka] ADJ rustic; (*cafona*) tacky ■ M/F *Brazilian hillbilly*
jeca-tatu (*pl* **jecas-tatus**) M/F *Brazilian hillbilly*
jeitão [ʒej'tãw] (*col*) (*pl* **-ões**) M (*aspecto*) look; (*modo de ser*) style, way
jeitinho [ʒej'tʃiɲu] M knack
jeito ['ʒejtu] M (*maneira*) way; (*aspecto*) appearance; (*aptidão, habilidade*) skill, knack; (*modos pessoais*) manner; **falta de ~** clumsiness; **ter ~ de** to look like; **ter** *ou* **levar ~ para** to have a gift for, be good at; **não ter ~** (*pessoa*) to be awkward; (*situação*) to be hopeless; **dar um ~ em algo** (*pé*) to twist sth; (*quarto, casa, papéis*) to tidy sth up; (*consertar*) to fix sth; **dar um ~ em alguém** to sort sb out; **dar um ~** to find a way; **tomar ~** to pull one's socks up; **o ~ é ...** the thing to do is ...; **é o ~** it's the best way; **ao ~ de** in the style of; **com ~** tactfully; **daquele ~** (in) that way; (*col*: *em desordem, mal*) anyhow; **de qualquer ~** anyway; **de ~ nenhum!** no way!; **ficar sem ~** to feel awkward
jeitões [ʒej'tõjʃ] MPL *de* **jeitão**
jeitoso, -a [ʒej'tozu, ɔza] ADJ (*hábil*) skilful (*Brit*), skillful (*US*); (*elegante*) handsome; (*apropriado*) suitable
jejuar [ʒe'ʒwaʳ] VI to fast
jejum [ʒe'ʒũ] (*pl* **-ns**) M fast; **em ~** fasting
Jeová [ʒeo'va] M: **testemunha de ~** Jehovah's witness
jequice [ʒe'kisi] F country ways *pl*; (*cafonice*) tackiness
jerico [ʒe'riku] M donkey; **idéia de ~** stupid idea
jérsei ['ʒɛxsej] M jersey
Jerusalém [ʒeruza'lẽ] N Jerusalem
jesuíta [ʒe'zwita] M Jesuit
Jesus [ʒe'zuʃ] M Jesus ■ EXCL heavens!
jetom [ʒe'tõ] (*pl* **-ns**) M (*ficha*) token; (*remuneração*) fee
jibóia [ʒi'bɔja] F boa (constrictor)
jiboiar [ʒibo'jaʳ] VI to let one's dinner go down
jiló [ʒi'lɔ] M *kind of vegetable*
jingle ['dʒĩgew] M jingle
jipe ['ʒipi] M jeep
jirau [ʒi'raw] M (*na cozinha*) rack; (*palanque*) platform
jiu-jitsu [ʒu'ʒitsu] M jiu-jitsu
joalheiro, -a [ʒoa'ʎejru, a] M/F jeweller (*Brit*), jeweler (*US*)
joalheria [ʒoaʎe'ria] F jeweller's (shop) (*Brit*), jewelry store (*US*)
joanete [ʒwa'netʃi] M bunion
joaninha [ʒwa'niɲa] F ladybird (*Brit*), ladybug (*US*)
joão-ninguém M nonentity
JOC (BR) ABR F = **Juventude Operária Católica**
joça ['ʒɔsa] (*col*) F thing, contraption
jocoso, -a [ʒo'kozu, ɔza] ADJ jocular, humorous
joelhada [ʒoe'ʎada] F: **dar uma ~ em alguém** to knee sb
joelheira [ʒoe'ʎejra] F (*Esporte*) kneepad
joelho [ʒo'eʎu] M knee; **de ~s** kneeling; **ficar de ~s** to kneel down
jogada [ʒo'gada] F (*num jogo*) move; (*lanço*) throw; (*negócio*) scheme; (*col*: *modo de agir*) move; **a ~ é a seguinte** (*col*) this is the situation; **morar na ~** (*col*) to catch on
jogado, -a [ʒo'gadu, a] ADJ (*prostrado*) flat out; (*abandonado*) abandoned
jogador, a [ʒoga'doʳ(a)] M/F player; (*de jogo de azar*) gambler; **~ de futebol** footballer
jogão [ʒo'gãw] (*pl* **-ões**) M great game
jogar [ʒo'gaʳ] VT to play; (*em jogo de azar*) to gamble; (*atirar*) to throw; (*indiretas*) to drop ■ VI to play; to gamble; (*barco*) to pitch; **jogar-se** VR to throw o.s.; **~ fora** to throw away; **~ na Bolsa** to play the markets; **~ no bicho** to play the numbers game; **~ com** (*combinar*) to match
jogatina [ʒoga'tʃina] F gambling
jogging ['ʒɔgĩŋ] M jogging; (*roupa*) track suit; **fazer ~** to go jogging, jog
jogo ['ʒogu] M game; (*jogar*) play; (*de azar*) gambling; (*conjunto*) set; (*artimanha*) trick; **abrir o ~** (*fig*) to lay one's cards on the table, come clean; **esconder o ~** to play one's cards close to one's chest; **estar em ~** (*fig*) to be at stake; **fazer o ~ de alguém** to play sb's game, go along with sb; **ter ~ de cintura** (*fig*) to be flexible; **~ de armar** construction set; **~ de cartas** card game; **~ de damas** draughts *sg* (*Brit*), checkers *sg* (*US*); **~ de luz** lighting effects *pl*; **~ de salão** indoor game; **~ do bicho** (illegal) numbers game; **J~s Olímpicos** Olympic Games; **~ limpo/sujo** fair play/dirty tricks *pl*; **o ~ político** political manoeuvring (*Brit*) *ou* maneuvering (*US*)
jogo-da-velha M noughts and crosses *sg*
jogões [ʒo'gõjʃ] MPL *de* **jogão**
joguei *etc* [ʒo'gej] VB *v* **jogar**
joguete [ʒo'getʃi] M plaything; **fazer alguém de ~** to toy with sb
jóia ['ʒɔja] F jewel; (*taxa*) entry fee ■ ADJ (*col*) great; **tudo ~?** (*col*) how's things?
jóquei ['ʒɔkej] M (*clube*) jockey club; (*cavaleiro*) jockey
jóquei-clube (*pl* **jóqueis-clubes**) M jockey club
Jordânia [ʒox'danja] F: **a ~** Jordan
jordaniano, -a [ʒoxda'njanu, a] ADJ, M/F Jordanian
Jordão [ʒox'dãw] M: **o (rio) ~** the Jordan (River)
jornada [ʒox'nada] F (*viagem*) journey; (*percurso*

diário) day's journey; **~ de trabalho** working day

jornal [ʒɔx'naw] (*pl* **-ais**) M newspaper; (*TV, Rádio*) news *sg*; **jornaleiro, -a** [ʒɔxna'lejru, a] M/F newsagent (*Brit*), newsdealer (*US*)

jornalismo [ʒɔxna'liʒmu] M journalism; **jornalista** [ʃɔxna'liʃta] M/F journalist

jornalístico, -a [ʒɔxna'liʃtʃiku, a] ADJ journalistic

jorrante [ʒɔ'xãtʃi] ADJ gushing

jorrar [ʒɔ'xa^{r}] VI to gush, spurt out

jorro ['ʒɔxu] M jet; (*de sangue*) spurt; (*fig*) stream, flood

jovem ['ʒɔvẽ] (*pl* **-ns**) ADJ young; (*aspecto*) youthful; (*música*) youth *atr* ■ M/F young person

jovial [ʒɔ'vjaw] (*pl* **-ais**) ADJ jovial, cheerful

jovialidade [ʒɔvjali'dadʒi] F joviality

JPCCC (BR) ABR F = **Justiça de Pequenas Causas Civis e Criminais**

Jr ABR = **Júnior**

JT (BR) ABR M = **Jornal da Tarde**

juba ['ʒuba] F (*de leão*) mane; (*col: cabelo*) mop

jubilação [ʒubila'sãw] F (*aposentadoria*) retirement; (*de estudante*) sending down

jubilar [ʒubi'la^{r}] VT (*aposentar*) to retire, pension off; (*aluno*) to send down

jubileu [ʒubi'lew] M jubilee; **~ de prata** silver jubilee

júbilo ['ʒubilu] M rejoicing; **com ~** jubilantly

jubiloso, -a [ʒubi'lozu, ɔza] ADJ jubilant

JUC (BR) ABR F = **Juventude Universitária Católica**

judaico, -a [ʒu'dajku, a] ADJ Jewish

judaísmo [ʒuda'iʒmu] M Judaism

judas ['ʒudaʃ] M (*fig*) Judas; (*boneco*) effigy; **onde J~ perdeu as botas** (*col*) at the back of beyond

judeu, judia [ʒu'dew, ʒu'dʒia] ADJ Jewish ■ M/F Jew

judiação [ʒudʒja'sãw] F ill-treatment

judiar [ʒu'dʒja^{r}] VI: **~ de alguém/algo** to ill-treat sb/sth

judiaria [ʒudʒja'ria] F ill-treatment; **que ~!** how cruel!

judicatura [ʒudʒika'tura] F (*cargo*) office of judge; (*magistratura*) judicature

judicial [ʒudʒi'sjaw] (*pl* **-ais**) ADJ judicial

judiciário, -a [ʒudʒi'sjarju, a] ADJ judicial; **o (poder) ~** the judiciary

judicioso, -a [ʒudʒi'sjozu, ɔza] ADJ judicious, wise

judô [ʒu'do] M judo

jugo ['ʒugu] M yoke

juiz, -íza [ʒwiʒ, 'iza] M/F judge; (*em jogos*) referee; **~ de menores** juvenile judge; **~ de paz** justice of the peace; **juizado** [ʒwi'zado] M court; **Juizado de Menores** Juvenile Court; **Juizado de Pequenas Causas** small claims court

juízo ['ʒwizu] M judgement; (*parecer*) opinion; (*siso*) common sense; (*foro*) court; **J~ Final** Day of Judgement, doomsday; **perder o ~** to lose one's mind; **não ter ~** to be foolish; **tomar** *ou* **criar ~** to come to one's senses; **chamar/levar a ~** to summon/take to court; **~!** behave yourself!

jujuba [ʒu'ʒuba] F (*Bot*) jujube; (*bala*) jujube sweet

jul. ABR = **julho**

julgador, a [ʒuwga'do^{r}(a)] ADJ judging ■ M/F judge

julgamento [ʒuwga'mẽtu] M judgement; (*audiência*) trial; (*sentença*) sentence

julgar [ʒuw'ga^{r}] VT to judge; (*achar*) to think; (*Jur: sentenciar*) to sentence; **julgar-se** VR: **julgar-se algo** to consider o.s. sth, think of o.s. as sth

julho ['ʒuʎu] (*PT* **J-**) M July; **dia primeiro de ~** the first of July (*Brit*), July first (*US*); **dia dois/onze de ~** the second/eleventh of July (*Brit*), July second/eleventh (*US*); **ele chegou no dia cinco de ~** he arrived on 5th July *ou* July 5th; **em ~** in July; **no começo/fim de ~** at the beginning/end of July; **em meados de ~** in mid July; **todo ano em ~** every July; **em ~ do ano que vem/do ano passado** next/last July

jumento, -a [ʒu'mẽtu, a] M/F donkey

jun. ABR = **junho**

junção [ʒũ'sãw] (*pl* **-ões**) F (*ato*) joining; (*junta*) join

junco ['ʒũku] M reed, rush

junções [ʒũ'sõjʃ] FPL *de* **junção**

junho ['ʒunu] (*PT* **J-**) M June; *v tb* **julho**

junino, -a [ʒu'ninu, a] ADJ June; **festa junina** St John's day party

júnior ['ʒunjo^{r}] (*pl* **juniores**) ADJ younger, junior ■ M/F (*Esporte*) junior; **Eduardo Autran J~** Eduardo Autran Junior

junta ['ʒũta] F (*comissão*) board, committee; (*Pol*) junta; (*articulação, juntura*) joint; **~ comercial** board of trade; **~ médica** medical team

juntar [ʒũ'ta^{r}] VT (*por junto*) to join; (*reunir*) to bring together; (*aglomerar*) to gather together; (*recolher*) to collect up; (*acrescentar*) to add; (*dinheiro*) to save up ■ VI to gather; **juntar-se** VR to gather; (*associar-se*) to join up; **~-se a alguém** to join sb; **~-se com alguém** to (go and) live with sb

junto, -a ['ʒũtu, a] ADJ joined; (*chegado*) near; **ir ~s** to go together; **~ a/de** near/next to; **segue ~** (*Com*) please find enclosed

juntura [ʒũ'tura] F join; (*articulação*) joint

Júpiter ['ʒupite^{r}] M Jupiter

jura ['ʒura] F vow

jurado, -a [ʒu'radu, a] ADJ sworn ■ M/F juror

juramentado, -a [ʒuramẽ'tadu, a] ADJ accredited, legally certified

juramento [ʒura'mẽtu] M oath

jurar [ʒu'ra^{r}] VT, VI to swear; **jura?** really?

júri ['ʒuri] M jury

jurídico, -a [ʒu'ridʒiku, a] ADJ legal

NB: *European Portuguese adds the following consonants to certain words*: **b** (sú(b)dito, su(b)til); **c** (a(c)ção, a(c)cionista, a(c)to); **m** (inde(m)ne); **p** (ado(p)çã, ado(p)tar); *for further details see p. xiii.*

jurisconsulto, -a [ʒuriʃkõ'suwtu, a] M/F legal advisor
jurisdição [ʒuriʃdʒi'sãw] F jurisdiction
jurisprudência [ʒuriʃpru'dẽsja] F jurisprudence
jurista [ʒu'riʃta] M/F jurist
juros ['ʒuruʃ] MPL (*Econ*) interest *sg*; **a/sem ~** at interest/interest-free; **render ~** to yield *ou* bear interest; **~ fixos/variáveis** fixed/variable interest; **~ simples/compostos** simple/compound interest
jururu [ʒuru'ru] ADJ melancholy, wistful
jus [ʒuʃ] M: **fazer ~ a algo** to live up to sth
jusante [ʒu'zãtʃi] F: **a ~ (de)** downstream (from)
justamente [ʒuʃta'mẽtʃi] ADV (*com justiça*) fairly, justly; (*precisamente*) exactly
justapor [ʒuʃta'poʳ] (*irreg*) VT to juxtapose; **justapor-se** VR to be juxtaposed; **~ algo a algo** to juxtapose sth with sth
justaposição [ʒuʃtapozi'sãw] (*pl* **-ões**) F juxtaposition
justaposto [ʒuʃta'poʃtu] PP *de* **justapor**
justapunha *etc* [ʒuʃta'puɲa] VB *v* **justapor**
justapus *etc* [ʒuʃta'puʃ] VB *v* **justapor**
justapuser *etc* [ʒuʃtapu'zeʳ] VB *v* **justapor**
justeza [ʒuʃ'teza] F fairness; (*precisão*) precision
justiça [ʒuʃ'tʃisa] F justice; (*poder judiciário*) judiciary; (*eqüidade*) fairness; (*tribunal*) court; **com ~** justly, fairly; **ir à ~** to go to court; **fazer ~ a** to do justice to; **J~ Eleitoral** Electoral Court; **J~ do Trabalho** ≈ industrial tribunal (*Brit*), ≈ labor relations board (*US*)
justiceiro, -a [ʒuʃtʃi'sejru, a] ADJ righteous; (*inflexível*) inflexible
justificação [ʒuʃtʃifika'sãw] (*pl* **-ões**) F justification
justificar [ʒuʃtʃifi'kaʳ] VT to justify; **justificar-se** VR to justify o.s.
justificativa [ʒuʃtʃifika'tʃiva] F (*Jur*) justification
justificável [ʒuʃtʃifi'kavew] (*pl* **-eis**) ADJ justifiable
justo, -a ['ʒuʃtu, a] ADJ just, fair; (*legítimo*: *queixa*) legitimate, justified; (*exato*) exact; (*apertado*) tight ■ ADV just
juta ['ʒuta] F jute
juvenil [ʒuve'niw] (*pl* **-is**) ADJ (*ar*) youthful; (*roupa*) young; (*livro*) for young people; (*Esporte*: *equipe, campeonato*) youth *atr*, junior ■ M (*Esporte*) junior championship
juventude [ʒuvẽ'tudʒi] F youth; (*jovialidade*) youthfulness; (*jovens*) young people *pl*, youth

Kk

K, k [ka] (*pl* **ks**) M K, k; **K de Kátia** K for king
kanga ['kãga] F beach wrap
karaokê [karao'ke] M karaoke; (*lugar*) karaoke bar
kart ['kaxtʃi] (*pl* **-s**) M go-kart
ketchup [ke'tʃupi] M ketchup
kg ABR (= *quilograma*) kg
KGB ABR F KGB
kHz ABR (= *quilohertz*) kHz
kibutz [ki'butz] M INV kibbutz
kilt ['kiwtʃi] (*pl* **-s**) M kilt
kirsch [kixʃ] M kirsch
kit ['kitʃi] (*pl* **-s**) M kit; **~ de sobrevivência** survival kit
kitchenette [kitʃe'netʃi] F studio flat
kitsch [kitʃ] ADJ INV, M kitsch
kl ABR (= *quilolitro*) kl
km ABR (= *quilômetro*) km
km/h ABR (= *quilômetros por hora*) km/h
know-how ['now'haw] M know-how
Kremlin [krẽ'lĩ] M: **o ~** the Kremlin
Kuweit [ku'wejtʃi] M: **o ~** Kuwait
kW ABR (= *quilowatt*) kW
kwh ABR (= *quilowatt-hora*) kwh

NB: *European Portuguese adds the following consonants to certain words*: **b** (sú(b)dito, su(b)til); **c** (a(c)ção, a(c)cionista, a(c)to); **m** (inde(m)ne); **p** (ado(p)çã, ado(p)tar); *for further details see p. xiii.*

Ll

L, L ['eli] (*pl* **ls**) M L, l; **L de Lúcia** L for Lucy (*Brit*) *ou* love (*US*)
L ABR = **Largo**
-la [la] PRON her; (*você*) you; (*coisa*) it
lá [la] ADV there ■ M (*Mús*) A; **lá fora** outside; **lá em baixo** down there; **por lá** (*direção*) that way; (*situação*) over there; **até lá** (*no espaço*) there; (*no tempo*) until then; **lá pelas tantas** in the small hours; **para lá de** (*mais do que*) more than; **diga lá ...** come on and say ...; **sei lá!** don't ask me!; **ela sabe lá** she's got no idea; **ele pode lá pagar um aluguel tão caro** there's no way he can pay such a high rent; **o apartamento não é lá essas coisas** the apartment is nothing special; **estar mais para lá do que para cá** (*de cansaço*) to be dead on one's feet; (*prestes a morrer*) to be at death's door
lã [lã] F wool; **de lã** woollen (*Brit*), woolen (*US*); **de pura lã** pure wool; **lã de camelo** camel hair
labareda [laba'reda] F flame; (*fig*) ardour (*Brit*), ardor (*US*)
labia ['labja] F (*astúcia*) cunning; **ter ~** to have the gift of the gab
labial [la'bjaw] (*pl* **-ais**) ADJ lip *atr*; (*Ling*) labial ■ F (*Ling*) labial
lábio ['labju] M lip
labirinto [labi'rĩtu] M labyrinth, maze
labor [la'bo^{r}] M work, labour (*Brit*), labor (*US*)
laborar [labo'ra^{r}] VI: **~ em erro** to labour (*Brit*) *ou* labor (*US*) under a misconception
laboratório [labora'tɔrju] M laboratory
laborioso, -a [labo'rjozu, ɔza] ADJ (*diligente*) hard-working; (*árduo*) laborious
LABRE ABR F = **Liga de Amadores Brasileiros de Radio Emissão**
labuta [la'buta] F toil, drudgery
labutar [labu'ta^{r}] VI to toil; (*esforçar-se*) to struggle, strive
laca ['laka] F lacquer
laçada [la'sada] F (*nó*) slipknot; (*no tricô*) loop
laçar [la'sa^{r}] VT to bind, tie; (*boi*) to rope
laçarote [lasa'rɔtʃi] M big bow
laço ['lasu] M bow; (*de gravata*) knot; (*armadilha*) snare; (*fig*) bond, tie; **dar um ~** to tie a bow; **~s de família** family ties
lacônico, -a [la'koniku, a] ADJ laconic
lacraia [la'kraja] F centipede
lacrar [la'kra^{r}] VT to seal (with wax); **lacre** ['lakri] M sealing wax
lacrimal [lakri'maw] (*pl* **-ais**) ADJ (*canal*) tear *atr*
lacrimejante [lakrime'ʒãtʃi] ADJ weeping
lacrimejar [lakrime'ʒa^{r}] VI (*olhos*) to water; (*chorar*) to weep
lacrimogêneo, -a [lakrimo'ʒenju, a] ADJ tear-jerking; **gás ~** tear gas
lacrimoso, -a [lakri'mozu, ɔza] ADJ tearful
lactação [lakta'sãw] F lactation; (*amamentação*) breastfeeding
lácteo, -a ['laktju, a] ADJ milk *atr*; **Via Láctea** Milky Way
lacticínio [laktʃi'sinju] M dairy product
lactose [lak'tɔzi] F lactose
lacuna [la'kuna] F gap; (*omissão*) omission; (*espaço em branco*) blank
ladainha [lada'ĩna] F litany; (*fig*) rigmarole
ladear [la'dʒja^{r}] VT to flank; (*problema*) to get round; **o rio ladeia a estrada** the river runs by the side of the road
ladeira [la'dejra] F slope
ladino, -a [la'dʒinu, a] ADJ cunning, crafty
lado ['ladu] M side; (*Mil*) flank; (*rumo*) direction; **ao ~** (*perto*) close by; **a casa ao ~** the house next door; **ao ~ de** beside; **de ~** sideways; **deixar de ~** to set aside; (*fig*) to leave out; **de um ~ para outro** back and forth; **do ~ de dentro/fora** on the inside/outside; **do ~ de cá/lá** on this/that side; **no outro ~ da rua** across the road; **ela foi para aqueles ~s** she went that way; **por um ~ ... por outro ~** on the one hand ... on the other hand; **por todos os ~s** all around; **~ a ~** side by side; **o meu ~** (*col: interesses*) my interests
ladra ['ladra] F thief, robber; (*picareta*) crook
ladrão, -ona [la'drãw, ɔna] (*pl* **-ões/-s**) ADJ thieving ■ M/F thief, robber; (*picareta*) crook ■ M (*tubo*) overflow pipe; **pega ~!** stop thief!
ladrar [la'dra^{r}] VI to bark
ladrilhar [ladri'ʎa^{r}] VT, VI to tile
ladrilheiro, -a [ladri'ʎejru, a] M/F tiler
ladrilho [la'driʎu] M tile; (*chão*) tiled floor, tiles *pl*
ladro ['ladru] M (*latido*) bark; (*ladrão*) thief
ladroagem [la'drwaʒẽ] (*pl* **-ns**) F robbery
ladroeira [la'drwejra] F robbery
ladrões [la'drõjʃ] MPL *de* **ladrão**

ladrona [la'drɔna] F *de* **ladrão**
lagarta [la'gaxta] F caterpillar
lagartixa [lagax'tʃiʃa] F gecko
lagarto [la'gaxtu] M lizard; (*carne*) silverside
lago ['lagu] M lake; (*de jardim*) pond; (*de sangue*) pool
lagoa [la'goa] F pool, pond; (*lago*) lake
lagosta [la'goʃta] F lobster
lagostim [lagoʃ'tʃĩ] (*pl* **-ns**) M crayfish
lágrima ['lagrima] F tear; **~s de crocodilo** crocodile tears; **chorar ~s de sangue** to cry bitterly
laguna [la'guna] F lagoon
laia ['laja] F kind, sort, type
laico, -a ['lajku, a] ADJ (*pessoa*) lay; (*ensino etc*) secular
laivos ['lajvuʃ] MPL hints, traces
laje ['laʒi] F paving stone, flagstone
lajear [la'ʒjaʳ] VT to pave
lajedo [la'ʒedu] M rock
lajota [la'ʒɔta] F paving stone
lama ['lama] F mud; **tirar alguém da ~** (*fig*) to rescue sb from poverty
lamaçal [lama'saw] (*pl* **-ais**) M quagmire; (*pântano*) bog, marsh
lamaceiro [lama'sejru] M = **lamaçal**
lamacento, -a [lama'sẽtu, a] ADJ muddy
lambança [lã'bãsa] F mess
lambão, -bona [lam'bãw, 'bɔna] (*pl* **-ões/-s**) ADJ (*guloso*) greedy; (*no trabalho*) sloppy; (*lambuzado*) messy; (*tolo*) idiotic
lamber [lã'beʳ] VT to lick; **de ~ os beiços** (*comida*) delicious; **lambida** [lã'bida] F lick; **dar uma lambida em algo** to lick sth
lambido, -a [lã'bidu, a] ADJ (*cara*) without make-up; (*cabelo*) plastered down
lambiscar [lãbiʃ'kaʳ] VT, VI to nibble
lambisgóia [lãbiʒ'gɔja] F haggard person
lambões [lã'bõjʃ] MPL *de* **lambão**
lambona [lã'bɔna] F *de* **lambão**
lambreta [lã'breta] F scooter
lambri(s) [lã'bri(ʃ)] M(PL) panelling *sg* (*Brit*), paneling *sg* (*US*)
lambuja [lã'buʒa] F start, advantage
lambujem [lã'buʒẽ] (*pl* **-ns**) F start, advantage
lambuzar [lãbu'zaʳ] VT to smear
lambuzeira [lãbu'zejra] F sticky mess
lamentação [lamẽta'sãw] (*pl* **-ões**) F lamentation
lamentar [lamẽ'taʳ] VT to lament; (*sentir*) to regret; **lamentar-se** VR: **lamentar-se (de algo)** to lament (sth); **~ (que)** to be sorry (that); **lamentável** [lamẽ'tavew] (*pl* **-eis**) ADJ regrettable; (*deplorável*) deplorable
lamentavelmente [lamẽtavew'mẽtʃi] ADV regrettably
lamento [la'mẽtu] M lament; (*gemido*) moan
lamentoso, -a [lamẽ'tozu, ɔza] ADJ (*voz, som*) sorrowful; (*lamentável*) lamentable
lâmina ['lamina] F (*chapa*) sheet; (*placa*) plate; (*de faca*) blade; (*de persiana*) slat
laminado, -a [lami'nadu, a] ADJ laminated ■ M laminate
laminar [lami'naʳ] VT to laminate
lâmpada ['lãpada] F lamp; (*tb*: **lâmpada elétrica**) light bulb; **~ de mesa** table lamp; **~ fluorescente** fluorescent light
lamparina [lãpa'rina] F lamp
lampejante [lãpe'ʒãtʃi] ADJ flashing, glittering
lampejar [lãpe'ʒaʳ] VI to glisten, flash ■ VT to give off
lampejo [lã'peʒu] M flash
lampião [lã'pjãw] (*pl* **-ões**) M lantern; (*de rua*) street lamp
lamúria [la'murja] F whining, lamentation
lamuriante [lamu'rjãtʃi] ADJ whining
lamuriar-se [lamu'rjaxsi] VR: **~ de algo** to moan about sth
lança ['lãsa] F lance, spear
lançadeira [lãsa'dejra] F shuttle
lançador, a [lãsa'dorʳ(a)] M/F (*Esporte*) thrower; (*em leilão*) bidder; (*Com*) *company or person launching a product*
lançamento [lãsa'mẽtu] M throwing; (*Com*: *em livro*) entry; (*Náut, Com*: *de produto, campanha*) launch; (: *de disco, filme*) release; **novo ~** (*livro*) new title; (*filme, disco*) new release; (*produto*) new product; **~ do dardo** (*Esporte*) javelin; **~ do disco** (*Esporte*) discus; **~ do martelo** (*Esporte*) hammer
lança-perfume (*pl* **-s**) M ether spray (*used as a drug in carnival*)
lançar [lã'saʳ] VT to throw; (*Náut, Com*) to launch; (*disco, filme*) to release; (*em livro comercial*) to enter; (*em leilão*) to bid; (*imposto*) to assess; **lançar-se** VR to throw o.s.; **~ ações no mercado** to float shares on the market; **~ mão de algo** to make use of sth
lance ['lãsi] M (*arremesso*) throw; (*incidente*) incident; (*história*) story; (*situação*) position; (*fato*) fact; (*Esporte*: *jogada*) shot; (*em leilão*) bid; (*de escada*) flight; (*de casas*) row; (*episódio*) moment; (*de muro, estrada*) stretch
lancha ['lãʃa] F launch; (*col*: *sapato, pé*) clodhopper; **~ torpedeira** torpedo boat
lanchar [lã'ʃaʳ] VI to have a snack ■ VT to have as a snack; **lanche** ['lãʃi] M snack
lanchonete [lãʃo'netʃi] (BR) F snack bar
lancinante [lãsi'nãtʃi] ADJ (*dor*) stabbing; (*grito*) piercing
langanho [lã'gaɲu] M rake
languidez [lãgi'deʒ] F languor, listlessness
lânguido, -a ['lãgidu, a] ADJ languid, listless
lanhar [la'ɲaʳ] VT to slash, gash; (*peixe*) to gut; **lanhar-se** VR to cut o.s.
lanho ['laɲu] M slash, gash
lanígero, -a [la'niʒeru, a] ADJ (*gado*) wool-producing; (*planta*) downy
lanolina [lano'lina] F lanolin

NB: *European Portuguese adds the following consonants to certain words*: **b** (sú(b)dito, su(b)til); **c** (a(c)ção, a(c)cionista, a(c)to); **m** (inde(m)ne); **p** (ado(p)çã, ado(p)tar); *for further details see p. xiii.*

lantejoula [lãte'ʒola] F sequin
lanterna [lã'tɛxna] F lantern; (*portátil*) torch (*Brit*), flashlight (*US*)
lanternagem [lãtex'naʒẽ] (*pl* **-ns**) F (*Auto*) panel-beating; (*oficina*) body shop
lanterneiro, -a [lãtex'nejru, a] M/F panel-beater
lanterninha [lãtex'niɲa] (BR) M/F usher(ette)
lanugem [la'nuʒẽ] F down, fluff
Laos ['lawʃ] M: **o ~** Laos
lapão, -pona [la'pãw, 'pɔna] (*pl* **-ões/-s**) ADJ, M/F Lapp
lapela [la'pɛla] F lapel
lapidador, a [lapida'doʳ(a)] M/F cutter
lapidar [lapi'daʳ] VT (*jóias*) to cut; (*fig*) to polish, refine ■ ADJ (*fig*) masterful
lápide ['lapidʒi] F (*tumular*) tombstone; (*comemorativa*) memorial stone
lápis ['lapiʃ] M INV pencil; **escrever a ~** to write in pencil; **~ de cor** coloured (*Brit*) *ou* colored (*US*) pencil, crayon; **~ de olho** eyebrow pencil; **lapiseira** [lapi'zejra] F propelling (*Brit*) *ou* mechanical (*US*) pencil; (*caixa*) pencil case
lápis-lazúli [-la'zuli] M lapis-lazuli
lapões [la'põjʃ] MPL *de* **lapão**
lapona [la'pɔna] F *de* **lapão**
Lapônia [la'ponja] F: **a ~** Lappland
lapso ['lapsu] M lapse; (*de tempo*) interval; (*erro*) slip
laquê [la'ke] M lacquer
laquear [la'kjaʳ] VT to lacquer
lar [laʳ] M home
laranja [la'rãʒa] ADJ INV orange ■ F orange ■ M (*cor*) orange; **laranjada** [larã'ʒada] F orangeade
laranjal [larã'ʒaw] (*pl* **-ais**) M orange grove
laranjeira [larã'ʒejra] F orange tree
larápio [la'rapju] M thief
lardo ['laxdu] M bacon
lareira [la'rejra] F hearth, fireside
larga ['laxga] F: **à ~** lavishly; **dar ~s a** to give free rein to; **viver à ~** to lead a lavish life
largada [lax'gada] F start; **dar a ~** to start; (*fig*) to make a start
largado, -a [lax'gadu, a] ADJ spurned; (*no vestir*) scruffy
largar [lax'gaʳ] VT (*soltar*) to let go of, release; (*deixar*) to leave; (*deixar cair*) to drop; (*risada*) to let out; (*velas*) to unfurl; (*piada*) to tell; (*pôr em liberdade*) to let go ■ VI (*Náut*) to set sail; **largar-se** VR (*desprender-se*) to free o.s.; (*ir-se*) to go off; (*pôr-se*) to proceed; **ele não a larga** *ou* **não larga dela um instante** he won't leave her alone for a moment; **me larga!** leave me alone!; **~ a mão em alguém** to wallop sb; **~ de fazer** to stop doing; **largue de besteira** stop being stupid
largo, -a ['laxgu, a] ADJ wide, broad; (*amplo*) extensive; (*roupa*) loose, baggy; (*conversa*) long ■ M (*praça*) square; (*alto-mar*) open sea; **ao ~** at a distance, far off; **fazer-se ao ~** to put out to sea; **passar de ~ sobre um assunto** to gloss over a subject; **passar ao ~ de algo** (*fig*) to sidestep sth
larguei *etc* [lax'gej] VB *v* **largar**
largueza [lax'geza] F largesse
largura [lax'gura] F width, breadth
laringe [la'rĩʒi] F larynx
laringite [larĩ'ʒitʃi] F laryngitis
larva ['laxva] F larva, grub
lasanha [la'zaɲa] F lasagna
lasca ['laʃka] F (*de madeira, metal*) splinter; (*de pedra*) chip; (*fatia*) slice
lascado, -a [laʃ'kadu, a] (*col*) ADJ in a hurry *ou* rush
lascar [laʃ'kaʳ] VT to chip; (*pergunta*) to throw in; (*tapa*) to let go ■ VI to chip; **ser** *ou* **estar de ~** to be horrible
lascívia [la'sivja] F lewdness
lascivo, -a [la'sivu, a] ADJ lewd; (*movimentos*) sensual
laser ['lejzeʳ] M laser; **raio ~** laser beam
lassidão [lasi'dãw] F lassitude, weariness
lassitude [lasi'tudʒi] F lassitude, weariness
lasso, -a ['lasu, a] ADJ lax; (*cansado*) weary
lástima ['laʃtʃima] F pity, compassion; (*infortúnio*) misfortune; **é uma ~ (que)** it's a shame (that); **lastimar** [laʃtʃi'maʳ] VT to lament; **lastimar-se** VR to complain, be sorry for o.s.
lastimável [laʃtʃi'mavew] (*pl* **-eis**) ADJ lamentable
lastimoso, -a [laʃtʃi'mozu, ɔza] ADJ (*lamentável*) pitiful; (*plangente*) mournful
lastro ['laʃtru] M ballast
lata ['lata] F tin, can; (*material*) tin-plate; **~ de lixo** rubbish bin (*Brit*), garbage can (*US*); **~ velha** (*col*: *carro*) old banger (*Brit*) *ou* clunker (*US*)
latada [la'tada] F trellis
latão [la'tãw] M brass
lataria [lata'ria] F (*Auto*) bodywork; (*enlatados*) canned food
látego ['lategu] M whip
latejante [late'ʒãtʃi] ADJ throbbing
latejar [late'ʒaʳ] VI to throb
latejo [la'teʒu] M throbbing, beat
latente [la'tẽtʃi] ADJ latent, hidden
lateral [late'raw] (*pl* **-ais**) ADJ side, lateral ■ F (*Futebol*) sideline ■ M (*Futebol*) throw-in
látex ['lateks] M INV latex
laticínio [latʃi'sinju] M = **lacticínio**
latido [la'tʃidu] M bark(ing), yelp(ing)
latifundiário, -a [latʃifũ'dʒjarju, a] ADJ land-owning ■ M/F landowner
latifúndio [latʃi'fũdʒju] M large estate
latim [la'tʃĩ] M (*Ling*) Latin; **gastar o seu ~** to waste one's breath
latino, -a [la'tʃinu, a] ADJ Latin; **latino-americano, -a** ADJ, M/F Latin-American
latir [la'tʃiʳ] VI to bark, yelp
latitude [latʃi'tudʒi] F latitude; (*largura*) breadth; (*fig*) scope
lato, -a ['latu, a] ADJ broad
latrina [la'trina] F latrine
latrocínio [latro'sinju] M armed robbery
lauda ['lawda] F page
laudatório, -a [lawda'tɔrju, a] ADJ laudatory
laudo ['lawdu] M (*Jur*) decision; (*resultados*)

findings *pl*; (*peça escrita*) report
laureado, -a [law'rjadu, a] ADJ honoured (*Brit*), honored (*US*) ■ M laureate
laurear [law'rja^{r}] VT to honour (*Brit*), honor (*US*)
laurel [law'rɛw] (*pl* **-éis**) M laurel wreath; (*fig*) prize, reward
lauto, -a ['lawtu, a] ADJ sumptuous; (*abundante*) lavish, abundant
lava ['lava] F lava
lavabo [la'vabu] M toilet
lavadeira [lava'dejra] F washerwoman
lavadora [lava'dora] F washing machine
lavadouro [lava'doru] M washing place
lavagem [la'vaʒẽ] F washing; **~ a seco** dry cleaning; **~ cerebral** brainwashing; **dar uma ~ em alguém** (*col*: *Esporte*) to thrash sb
lavanda [la'vãda] F (*Bot*) lavender; (*colônia*) lavender water; (*para lavar os dedos*) finger bowl
lavanderia [lavãde'ria] F laundry; (*aposento*) laundry room
lavar [la'va^{r}] VT to wash; (*culpa*) to wash away; **~ a seco** to dry clean; **~ a égua** (*col*: *Esporte*) to win hands down; **~ as mãos de algo** (*fig*) to wash one's hands of sth
lavatório [lava'tɔrju] M washbasin; (*aposento*) toilet
lavoura [la'vora] F tilling; (*agricultura*) farming; (*terreno*) plantation
lavra ['lavra] F ploughing (*Brit*), plowing (*US*); (*de minerais*) mining; (*mina*) mine; **ser da ~ de** to be the work of
lavradio, -a [lavra'dʒiu, a] ADJ workable, arable ■ M farming
lavrador, a [lavra'do^{r}(a)] M/F farmhand, farm labourer (*Brit*) *ou* laborer (*US*)
lavrar [la'vra^{r}] VT to work; (*esculpir*) to carve; (*redigir*) to draw up
laxante [la'ʃãtʃi] ADJ, M laxative
laxativo, -a [laʃa'tʃivu, a] ADJ laxative ■ M laxative
lazer [la'ze^{r}] M leisure
LBA ABR F (= *Legião Brasileira de Assistência*) *charity*
LBC (*BR*) ABR F = **Letra do Banco Central**
leal [le'aw] (*pl* **-ais**) ADJ loyal; **lealdade** [leaw'dadʒi] F loyalty
leão [le'ãw] (*pl* **-ões**) M lion; **L~** (*Astrologia*) Leo; **o L~** (*BR*: *fisco*) ≈ the Inland Revenue (*Brit*), the IRS (*US*)
leão-de-chácara (*pl* **leões-de-chácara**) M bouncer
lebre ['lɛbri] F hare
lecionar [lesjo'na^{r}] (*PT* **-cc-**) VT, VI to teach
lecitina [lesi'tʃina] F lecithin
lectivo, -a [lek'tivu, a] (*PT*) ADJ = **letivo**
legação [lega'sãw] (*pl* **-ões**) F legation
legado [le'gadu] M envoy, legate; (*herança*) legacy, bequest
legal [le'gaw] (*pl* **-ais**) ADJ legal, lawful; (*col*) fine; (: *pessoa*) nice ■ ADV (*col*) well; **(tá) ~!** OK!;
legalidade [legali'dadʒi] F legality, lawfulness
legalização [legaliza'sãw] F legalization; (*de documento*) authentication
legalizar [legali'za^{r}] VT to legalize; (*documento*) to authenticate
legar [le'ga^{r}] VT to bequeath, leave
legatário, -a [lega'tarju, a] M/F legatee
legenda [le'ʒẽda] F inscription; (*texto explicativo*) caption; (*Cinema*) subtitle; (*Pol*) party
legendário, -a [leʒẽ'darju, a] ADJ legendary
legião [le'ʒjãw] (*pl* **-ões**) F legion; **a L~ Estrangeira** the Foreign Legion
legionário, -a [leʒjo'narju, a] ADJ legionary ■ M legionary
legislação [leʒiʒla'sãw] F legislation
legislador, a [leʒiʒla'do^{r}(a)] M/F legislator
legislar [leʒiʒ'la^{r}] VI to legislate ■ VT to pass
legislativo, -a [leʒiʒla'tʃivu, a] ADJ legislative ■ M legislature
legislatura [leʒiʒla'tura] F legislature; (*período*) term of office
legista [le'ʒiʃta] ADJ: **médico ~** expert in medical law ■ M/F legal expert; (*médico*) expert in medical law
legitimar [leʒitʃi'ma^{r}] VT to legitimize; (*justificar*) to legitimate; (*filho*) to legally adopt
legitimidade [leʒitʃimi'dadʒi] F legitimacy
legítimo, -a [le'ʒitʃimu, a] ADJ legitimate; (*justo*) rightful; (*autêntico*) genuine; **legítima defesa** self-defence (*Brit*), self-defense (*US*)
legível [le'ʒivew] (*pl* **-eis**) ADJ legible, readable; **~ por máquina** machine readable
légua ['lɛgwa] F league
legume [le'gumi] M vegetable
lei [lej] F law; (*regra*) rule; (*metal*) standard; **prata de ~** sterling silver; **ditar a ~** to lay down the law
leiaute [lej'awtʃi] M layout
leigo, -a ['lejgu, a] ADJ (*Rel*) lay, secular ■ M layman; **ser ~ em algo** (*fig*) to be no expert at sth, be unversed in sth
leilão [lej'lãw] (*pl* **-ões**) M auction; **vender em ~** to sell by auction, auction off
leiloamento [lejlwa'mẽtu] M auctioning
leiloar [lej'lwa^{r}] VT to auction
leiloeiro, -a [lej'lwejru, a] M/F auctioneer
leilões [lej'lõjʃ] MPL *de* **leilão**
leio *etc* ['leju] VB *v* **ler**
leitão, -toa [lej'tãw, 'toa] (*pl* **-ões/-s**) M/F sucking (*Brit*) *ou* suckling (*US*) pig
leite ['lejtʃi] M milk; **~ em pó** powdered milk; **~ desnatado** *ou* **magro** skimmed milk; **~ de magnésia** milk of magnesia; **~ condensado/evaporado** condensed/evaporated milk; **~ de vaca** cow's milk
leite-de-onça M *milk with cachaça*
leiteira [lej'tejra] F (*para ferver*) milk pan; (*para servir*) milk jug; *v tb* **leiteiro**
leiteiro, -a [lej'tejru, a] ADJ (*vaca, gado*) dairy;

NB: *European Portuguese adds the following consonants to certain words*: **b** (sú(b)dito, su(b)til); **c** (a(c)ção, a(c)cionista, a(c)to); **m** (inde(m)ne); **p** (ado(p)çã, ado(p)tar); *for further details see p. xiii.*

(*trem*) milk *atr* ■ M/F milkman/woman
leiteria [lejte'ria] F dairy
leito ['lejtu] M bed
leitoa [lej'toa] F *de* **leitão**
leitões [lej'tõjʃ] MPL *de* **leitão**
leitor, a [lej'to^{r}(a)] M/F reader; (*professor*) lector
leitoso, -a [lej'tozu, ɔza] ADJ milky
leitura [lej'tura] F reading; (*livro etc*) reading matter; **pessoa de muita ~** well-read person; **~ dinâmica** speed reading
lelé [le'lɛ] (*col*) ADJ nuts, crazy; **~ da cuca** out of one's mind
lema ['lɛma] M motto; (*Pol*) slogan
lembrança [lẽ'brãsa] F recollection, memory; (*presente*) souvenir; **lembranças** FPL: **~s a sua mãe!** (*recomendações*) regards to your mother!
lembrar [lẽ'bra^{r}] VT, VI to remember; **lembrar-se** VR: **lembrar(-se) de** to remember; **~(-se) (de) que** to remember that; **~ algo a alguém, ~ alguém de algo** to remind sb of sth; **~ alguém de que, ~ a alguém que** to remind sb that; **esta rua lembra a rua onde eu ...** this street reminds me of the street where I ...; **ele lembra meu irmão** he reminds me of my brother, he is like my brother; **lembrete** [lẽ'bretʃi] M reminder
leme ['lɛmi] M rudder; (*Náut*) helm; (*fig*) control
lenço ['lẽsu] M handkerchief; (*de pescoço*) scarf; (*de cabeça*) headscarf; **~ de papel** tissue
lençol [lẽ'sɔw] (*pl* **-óis**) M sheet; **estar em maus lençóis** to be in a fix; **~ de água** water table
lenda ['lẽda] F legend; (*fig*: *mentira*) lie; **lendário, -a** [lẽ'darju, a] ADJ legendary
lengalenga [lẽga'lẽga] F rigmarole
lenha ['lɛɲa] F firewood; **fazer ~** (*de carro*) to have a race; **meter a ~ em alguém** (*col*: *surrar*) to give sb a beating; (: *criticar*) to run sb down; **ser uma ~** (*col*) to be tough; **botar ~ no fogo** (*fig*) to fan the flames, make things worse
lenhador [leɲa'do^{r}] M woodcutter
lenho ['lɛɲu] M (*tora*) log; (*material*) timber
Leningrado [lenĩ'gradu] N Leningrad
leninista [leni'niʃta] ADJ, M/F Leninist
lenitivo, -a [leni'tʃivu, a] ADJ soothing ■ M palliative; (*fig*: *alívio*) relief
lenocínio [leno'sinju] M living off immoral earnings
lente ['lẽtʃi] F lens *sg*; **~ de aumento** magnifying glass; **~s de contato** contact lenses
lentidão [lẽtʃi'dãw] F slowness
lentilha [lẽ'tʃiʎa] F lentil
lento, -a ['lẽtu, a] ADJ slow
leoa [le'oa] F lioness
leões [le'õjʃ] MPL *de* **leão**
leopardo [ljo'paxdu] M leopard
lépido, -a ['lɛpidu, a] ADJ (*alegre*) sprightly, bright; (*ágil*) nimble, agile
leporino, -a [lepo'rinu, a] ADJ: **lábio ~** hare lip
lepra ['lɛpra] F leprosy
leprosário [lepro'zarju] M leprosy hospital
leproso, -a [le'prozu, ɔza] ADJ leprous ■ M/F leper
leque ['lɛki] M fan; (*fig*) array
ler [le^{r}] VT, VI to read; **~ a sorte de alguém** to tell sb's fortune; **~ nas entrelinhas** (*fig*) to read between the lines
lerdeza [lex'deza] F sluggishness
lerdo, -a ['lɛxdu, a] ADJ slow, sluggish
lero-lero [lɛru'lɛru] (*col*) M chit-chat, idle talk
lés [lɛʃ] (*PT*) M: **de ~ a ~** from one end to the other
lesão [le'zãw] (*pl* **-ões**) F harm, injury; (*Jur*) violation; (*Med*) lesion; **~ corporal** (*Jur*) bodily harm
lesar [le'za^{r}] VT to harm, damage; (*direitos*) to violate; **~ alguém** (*financeiramente*) to leave sb short; **~ o fisco** to withhold one's taxes
lesbianismo [leʒbja'niʒmu] M lesbianism
lésbica ['lɛʒbika] F lesbian
lesco-lesco [lɛʃku'lɛʃku] (*col*) M daily grind; **estar no ~** to be on the go *ou* hard at it
leseira [le'zejra] F lethargy
lesionar [lezjo'na^{r}] VT to injure
lesivo, -a [le'zivu, a] ADJ harmful
lesma ['leʒma] F slug; (*fig*: *pessoa*) slowcoach
lesões [le'zõjʃ] FPL *de* **lesão**
Lesoto [le'zotu] M: **o ~** Lesotho
lesse *etc* ['lesi] VB *v* **ler**
leste ['lɛʃtʃi] M east
letal [le'taw] (*pl* **-ais**) ADJ lethal
letargia [letax'ʒia] F lethargy
letárgico, -a [le'taxʒiku, a] ADJ lethargic
letivo, -a [le'tʃivu, a] ADJ school *atr*; **ano ~** academic year
Letônia [le'tonja] F: **a ~** Latvia
letra ['letra] F letter; (*caligrafia*) handwriting; (*de canção*) lyrics *pl*; **Letras** FPL (*curso*) language and literature; **à ~** literally; **seguir à ~** to follow to the letter; **ao pé da ~** literally, word for word; **fazer** *ou* **tirar algo de ~** (*col*) to be able to do sth standing on one's head; **~ de câmbio** (*Com*) bill of exchange; **~ de fôrma** block letter; **~ de imprensa** print; **~ de médico** (*fig*) scrawl; **~ maiúscula/minúscula** capital/small letter; **letrado, -a** [le'tradu, a] ADJ learned, erudite ■ M/F scholar; **ser letrado em algo** to be well-versed in sth
letreiro [le'trejru] M sign, notice; (*inscrição*) inscription; (*Cinema*) subtitle; **~ luminoso** neon sign
leu *etc* [lew] VB *v* **ler**
léu [lɛw] M: **ao ~** (*à toa*) aimlessly; (*à mostra*) uncovered
leucemia [lewse'mia] F leukaemia (*Brit*), leukemia (*US*)
leva ['lɛva] F (*de pessoas*) group
levadiço, -a [leva'dʒisu, a] ADJ: **ponte levadiça** drawbridge
levado, -a [le'vadu, a] ADJ mischievous; (*criança*) naughty; **~ da breca** naughty
leva-e-traz [-'trajʒ] M/F INV gossip, stirrer
levantador, a [levãta'do^{r}(a)] ADJ lifting ■ M/F: **~ de pesos** weightlifter
levantamento [levãta'mẽtu] M lifting, raising; (*revolta*) uprising, rebellion; (*arrolamento*) survey;

~ de pesos weightlifting
levantar [levã'ta^{r}] VT to lift, raise; (*voz, capital*) to raise; (*apanhar*) to pick up; (*suscitar*) to arouse; (*ambiente*) to brighten up ■ VI to stand up; (*da cama*) to get up; (*dar vida*) to brighten; **levantar-se** VR to stand up; (*da cama*) to get up; (*rebelar-se*) to rebel; **~ vôo** to take off; **~ a mão** to raise *ou* put up one's hand
levante [le'vãtʃi] M east; (*revolta*) revolt
levar [le'va^{r}] VT to take; (*portar*) to carry; (*tempo*) to pass, spend; (*roupa*) to wear; (*lidar com*) to handle; (*induzir*) to lead; (*filme*) to show; (*peça teatral*) to do, put on ■ VI to get a beating; **~ a** to lead to; **~ a mal** to take amiss; **~ a cabo** to carry out; **~ adiante** to go ahead with; **~ uma vida feliz** to lead a happy life; **~ a melhor/pior** to get a good/raw deal; **~ pancadas/um susto/uma bronca** to get hit/a fright/told off; **~ a educação a todos** to bring education to all; **deixar-se ~ por** to be carried along by
leve ['lɛvi] ADJ light; (*insignificante*) slight; **de ~** lightly, softly
levedo [le'vedu] M yeast
levedura [leve'dura] F = **levedo**
leveza [le'veza] F lightness
levezinho [leve'zinu] ADJ: **de ~** very lightly
leviandade [levjã'dadʒi] F frivolity
leviano, -a [le'vjanu, a] ADJ frivolous
levitação [levita'sãw] F levitation
levitar [levi'ta^{r}] VI to levitate
lexical [leksi'kaw] (*pl* **-ais**) ADJ lexical
léxico, -a ['lɛksiku, a] ADJ lexical ■ M lexicon
lexicografia [leksikogra'fia] F lexicography
lexicógrafo, -a [leksi'kɔgrafu, a] M/F lexicographer
lezíria [le'zirja] (PT) F marshland
LFT (BR) ABR F = **Letra Financeira do Tesouro**
lhama ['ʎama] M llama
lha(s) [ʎa(ʃ)] = **lhe + a(s)**
lhaneza [ʎa'neza] F amiability
lhano, -a ['ʎanu, a] ADJ amiable
lhe [ʎi] PRON (*a ele*) to him; (*a ela*) to her; (*a você*) to you
lhes [ʎiʃ] PRON PL (*a eles/elas*) to them; (*a vocês*) to you
lho(s) [ʎu(ʃ)] = **lhe + o(s)**
lhufas ['ʎufaʃ] (*col*) PRON nothing, bugger all (*!*)
li *etc* [li] VB *v* **ler**
lia ['lia] F dregs *pl*, sediment
liame ['ljami] M tie, bond
libanês, -esa [liba'neʃ, eza] ADJ Lebanese
Líbano ['libanu] M: **o ~** (*the*) Lebanon
libelo [li'bɛlu] M satire, lampoon; (*Jur*) formal indictment
libélula [li'bɛlula] F dragonfly
liberação [libera'sãw] F liberation
liberal [libe'raw] (*pl* **-ais**) ADJ, M/F liberal
liberalidade [liberali'dadʒi] F liberality
liberalismo [libera'liʒmu] M liberalism
liberalização [liberaliza'sãw] F liberalization
liberalizante [liberali'zãtʃi] ADJ liberalizing
liberalizar [liberali'za^{r}] VT to liberalize
liberar [libe'ra^{r}] VT to release; (*libertar*) to free; (*Comput: dados*) to output
liberdade [libex'dadʒi] F freedom; **liberdades** FPL (*direitos*) liberties; **estar em ~** to be free; **pôr alguém em ~** to set sb free; **tomar a ~ de fazer** to take the liberty of doing; **tomar ~s com alguém** to take liberties with sb; **~ condicional** probation; **~ de cultos** freedom of worship; **~ de expressão** freedom of expression; **~ de imprensa** press freedom; **~ de palavra** freedom of speech; **~ de pensamento** freedom of thought; **~ sob palavra** parole
Libéria [li'bɛrja] F: **a ~** Liberia
líbero ['liberu] M (*Futebol*) sweeper
libérrimo, -a [li'bɛximu, a] ADJ SUPERL *de* **livre**
libertação [libexta'sãw] F release
libertador, a [libexta'do^{r}(a)] M/F liberator
libertar [libex'ta^{r}] VT to free, release
libertinagem [libextʃi'naʒẽ] F licentiousness, loose living
libertino, -a [libex'tʃinu, a] ADJ loose-living ■ M/F libertine
liberto, -a [li'bɛxtu, a] PP *de* **libertar**
Líbia ['libja] F: **a ~** Libya
libidinoso, -a [libidʒi'nozu, ɔza] ADJ lecherous, lustful
libido [li'bidu] F libido
líbio, -a ['libju, a] ADJ, M/F Libyan
libra ['libra] F pound; **L~** (*Astrologia*) Libra; **~ esterlina** pound sterling
librar [li'bra^{r}] VT to support
libreto [li'bretu] M libretto
libriano, -a [li'brjanu, a] ADJ, M/F Libran
lição [li'sãw] (*pl* **-ões**) F lesson; **que isto lhe sirva de ~** let this be a lesson to you
licença [li'sẽsa] F licence (*Brit*), license (*US*); (*permissão*) permission; (*do trabalho, Mil*) leave; **com ~** excuse me; **estar de ~** to be on leave; **sob ~** under licence; **dá ~?** may I?; **tirar ~** to go on leave; **~ poética** poetic licence
licença-prêmio (*pl* **licenças-prêmio**) F long paid leave
licenciado, -a [lisẽ'sjadu, a] M/F graduate
licenciar [lisẽ'sja^{r}] VT to license; **licenciar-se** VR (*Educ*) to graduate; (*ficar de licença*) to take leave; **~ alguém** to give sb leave; **licenciatura** [lisẽsja'tura] F (*título*) degree; (*curso*) degree course
licencioso, -a [lisẽ'sjozu, ɔza] ADJ licentious
liceu [li'sew] (PT) M secondary (*Brit*) *ou* high (*US*) school
licitação [lisita'sãw] (*pl* **-ões**) F auction; (*concorrência*) tender; **abrir ~** to put out to tender
licitante [lisi'tãtʃi] M/F bidder
licitar [lisi'ta^{r}] VT (*pôr em leilão*) to put up for auction ■ VI to bid

NB: *European Portuguese adds the following consonants to certain words*: **b** (sú(b)dito, su(b)til); **c** (a(c)ção, a(c)cionista, a(c)to); **m** (inde(m)ne); **p** (ado(p)çã, ado(p)tar); *for further details see p. xiii.*

lícito, -a ['lisitu, a] ADJ (*Jur*) lawful; (*justo*) fair, just; (*permissível*) permissible
lições [li'sõjʃ] FPL *de* **lição**
licor [li'koʳ] M liqueur
licoroso, -a [liko'rozu, ɔza] ADJ (*vinho*) fortified
lida ['lida] F toil; (*col*: *leitura*): **dar uma ~ em** to have a read of
lidar [li'daʳ] VI: **~ com** (*ocupar-se*) to deal with; (*combater*) to struggle against; **~ em algo** to work in sth
lide ['lidʒi] F (*trabalho*) work, chores *pl*; (*luta*) fight; (*Jur*) case
líder ['lideʳ] M/F leader; **liderança** [lide'rãsa] F leadership; (*Esporte*) lead; **liderar** [lide'raʳ] VT to lead
lido, -a ['lidu, a] PP *de* **ler** ■ ADJ (*pessoa*) well-read
lifting ['liftĩŋ] (*pl* **-s**) M face lift
liga ['liga] F league; (*de meias*) suspender (*Brit*), garter (*US*); (*metal*) alloy
ligação [liga'sãw] (*pl* **-ões**) F connection; (*fig*: *de amizade*) bond; (*Tel*) call; (*relação amorosa*) liaison; **fazer uma ~ para alguém** to call sb; **não consigo completar a ~** (*Tel*) I can't get through; **caiu a ~** (*Tel*) I (*ou* he *etc*) was cut off
ligada [li'gada] F (*Tel*) ring, call; **dar uma ~ para alguém** (*col*) to give sb a ring
ligado, -a [li'gadu, a] ADJ (*Tec*) connected; (*luz, rádio etc*) on; (*metal*) alloy; **estar ~ (em)** (*col*: *absorto*) to be wrapped up (in); (: *em droga*) to be hooked (on); (*afetivamente*) to be attached (to)
ligadura [liga'dura] F bandage; (*Mús*) ligature
ligamento [liga'mẽtu] M ligament
ligar [li'gaʳ] VT to tie, bind; (*unir*) to join, connect; (*luz, TV*) to switch on; (*afetivamente*) to bind together; (*carro*) to start (up) ■ VI (*telefonar*) to ring; **ligar-se** VR to join; **~-se com alguém** to join with sb; **~-se a algo** to be connected with sth; **~ para alguém** to ring sb up; **~ para fora** to ring out; **~ para** *ou* **a algo** (*dar atenção*) to take notice of sth; (*dar importância*) to care about sth; **eu nem ligo** it doesn't bother me; **não ligo a mínima (para)** I couldn't care less (about)
ligeireza [liʒej'reza] F lightness; (*rapidez*) swiftness; (*agilidade*) nimbleness
ligeiro, -a [li'ʒejru, a] ADJ light; (*ferimento*) slight; (*referência*) passing; (*conhecimentos*) scant; (*rápido*) quick, swift; (*ágil*) nimble ■ ADV swiftly, nimbly
liguei *etc* [li'gej] VB *v* **ligar**
lilás [li'laʃ] ADJ, M lilac
lima ['lima] F (*laranja*) type of (very sweet) orange; (*ferramenta*) file; **~ de unhas** nailfile
limão [li'mãw] (*pl* **-ões**) M lime; **limão(-galego)** (*pl* **limões(-galegos)**) M lemon
limar [li'maʳ] VT to file
limbo ['lĩbu] M: **estar no ~** to be in limbo
limeira [li'mejra] F lime tree
limiar [li'mjaʳ] M threshold
liminar [limi'naʳ] F (*Jur*) preliminary verdict
limitação [limita'sãw] (*pl* **-ões**) F limitation, restriction
limitado, -a [limi'tadu, a] ADJ limited; **ele é meio** *ou* **bem ~** he's not very bright
limitar [limi'taʳ] VT to limit, restrict; **limitar-se** VR: **limitar-se a** to limit o.s. to; **~(-se) com** to border on; **ele limitava-se a dizer ...** he did nothing more than say ...; **limite** [li'mitʃi] M (*de terreno etc*) limit, boundary; (*fig*) limit; **passar dos limites** to go too far; **limite de crédito** credit limit; **limite de idade** age limit
limo ['limu] M (*Bot*) water weed; (*lodo*) slime
limoeiro [li'mwejru] M lemon tree
limões [li'mõjʃ] MPL *de* **limão**
limonada [limo'nada] F lemonade (*Brit*), lemon soda (*US*)
limpa ['lĩpa] (*col*) F clean; (*roubo*): **fazer uma ~ em** to clean out
limpação [lĩpa'sãw] F cleaning
limpador [lĩpa'doʳ] M: **~ de pára-brisas** windscreen wiper (*Brit*), windshield wiper (*US*)
limpa-pés M INV shoe scraper
limpar [lĩ'paʳ] VT to clean; (*lágrimas, suor*) to wipe away; (*polir*) to shine, polish; (*fig*) to clean up; (*arroz, peixe*) to clean; (*roubar*) to rob
limpa-trilhos M INV cowcatcher
limpeza [lĩ'peza] F cleanliness; (*esmero*) neatness; (*ato*) cleaning; (*fig*) clean-up; (*roubo*): **fazer uma ~ em** to clean out; **~ de pele** facial; **~ pública** rubbish (*Brit*) *ou* garbage (*US*) collection, sanitation
límpido, -a ['lĩpidu, a] ADJ limpid
limpo, -a ['lĩpu, a] PP *de* **limpar** ■ ADJ clean; (*céu, consciência*) clear; (*Com*) net, clear; (*fig*) pure; (*col*: *pronto*) ready; **passar a ~** to make a fair copy; **tirar a ~** to find out the truth about, clear up; **estar ~ com alguém** (*col*) to be in with sb
limusine [limu'zini] F limousine
lince ['lĩsi] M lynx; **ter olhos de ~** to have eyes like a hawk
linchar [lĩ'ʃaʳ] VT to lynch
lindeza [lĩ'deza] F beauty
lindo, -a ['lĩdu, a] ADJ lovely; **~ de morrer** (*col*) stunning
linear [li'njaʳ] ADJ linear
linfático, -a [lĩ'fatʃiku, a] ADJ lymphatic
lingerie [lĩʒe'ri] M lingerie
lingote [lĩ'gɔtʃi] M ingot
língua ['lĩgwa] F tongue; (*linguagem*) language; **botar a ~ para fora** to stick out one's tongue; **dar com a ~ nos dentes** to let the cat out of the bag; **dobrar a ~** to bite one's tongue; **estar na ponta da ~** to be on the tip of one's tongue; **ficar de ~ de fora** (*exausto*) to be pooped; **pagar pela ~** to live to regret one's words; **saber algo na ponta da ~** to know sth inside out; **ter uma ~ comprida** (*fig*) to have a big mouth; **em ~ da gente** (*col*) ≈ in plain English; **~ franca** lingua franca; **~ materna** mother tongue
linguado [lĩ'gwadu] M (*peixe*) sole
linguagem [lĩ'gwaʒẽ] (*pl* **-ns**) F (*tb*: *Comput*) language; (*falada*) speech; **~ de alto nível** (*Comput*) high-level language; **~ de máquina** (*Comput*) machine language; **~ de montagem** (*Comput*) assembly language; **~**

de programação (*Comput*) programming language
linguajar [lĩgwa'ʒaʳ] M speech, language
linguarudo, -a [lĩgwa'rudu, a] ADJ gossiping ■ M/F gossip
lingüeta [lĩ'gweta] F (*fechadura*) bolt; (*balança*) pointer
lingüiça [lĩ'gwisa] F sausage; **encher ~** (*col*) to waffle on
lingüista [lĩ'gwiʃta] M/F linguist
lingüística [lĩ'gwiʃtʃika] F linguistics *sg*
lingüístico, -a [lĩ'gwiʃtʃiku, a] ADJ linguistic
linha ['liɲa] F line; (*para costura*) thread; (*barbante*) string, cord; (*fila*) row; **linhas** FPL (*carta*) letter *sg*; **as ~s gerais de um projeto** the outlines of a project; **em ~** in line, in a row; (*Comput*) on line; **fora de ~** (*Comput*) off line; **andar na ~** (*fig*) to toe the line; **sair da ~** (*fig*) to step out of line; **comportar-se com muita ~** to behave very correctly; **manter/perder a ~** to keep/lose one's cool; **o telefone não deu ~** the line was dead; **~ aérea** airline; **~ de ataque** (*Futebol*) forward line, forwards *pl*; **~ de conduta** course of action; **~ de crédito** (*Com*) credit line; **~ de fogo** firing line; **~ de mira** sights *pl*; **~ de montagem** assembly line; **~ de partido** party line; **~ de saque** (*Tênis*) baseline; **~ férrea** railway (*Brit*), railroad (*US*)
linhaça [li'ɲasa] F linseed
linha-dura (*pl* **linhas-duras**) M/F hardliner
linhagem [li'ɲaʒẽ] F lineage
linho ['liɲu] M linen; (*planta*) flax
linóleo [li'nɔlju] M linoleum
lipoaspiração [lipuaʃpira'sãw] F liposuction
liquefazer [likefa'zeʳ] (*irreg*) VT to liquefy
líquen ['likẽ] M lichen
liquidação [likida'sãw] (*pl* **-ões**) F liquidation; (*em loja*) (clearance) sale; (*de conta*) settlement; **em ~** on sale; **entrar em ~** to go into liquidation
liquidante [liki'dãtʃi] M/F liquidator
liquidar [liki'daʳ] VT to liquidate; (*conta*) to settle; (*mercadoria*) to sell off; (*assunto*) to lay to rest ■ VI (*loja*) to have a sale; **liquidar-se** VR (*destruir-se*) to be destroyed; **~ (com) alguém** (*fig: arrasar*) to destroy sb; (: *matar*) to do away with sb
liquidez [liki'deʒ] F (*Com*) liquidity
liqüidificador [likwidʒifika'doʳ] M liquidizer
liqüidificar [likwidʒifi'kaʳ] VT to liquidize
líquido, -a ['likidu, a] ADJ liquid, fluid; (*Com*) net ■ M liquid
lira ['lira] F lyre; (*moeda*) lira
lírica ['lirika] F (*Mús*) lyrics *pl*; (*poesia*) lyric poetry
lírico, -a ['liriku, a] ADJ lyric(al)
lírio ['lirju] M lily
lírio-do-vale (*pl* **lírios-do-vale**) M lily of the valley
lirismo [li'riʒmu] M lyricism
Lisboa [liʒ'boa] N Lisbon; **lisboeta** [liʒ'bweta] ADJ Lisbon *atr* ■ M/F inhabitant *ou* native of Lisbon
liso, -a ['lizu, a] ADJ smooth; (*tecido*) plain; (*cabelo*) straight; (*col: sem dinheiro*) broke; **estar ~, leso e louco** (*col*) to be flat broke
lisonja [li'zõʒa] F flattery
lisonjeador, a [lizõʒja'doʳ(a)] ADJ flattering ■ M/F flatterer
lisonjear [lizõ'ʒjaʳ] VT to flatter
lisonjeiro, -a [lizõ'ʒejru, a] ADJ flattering
lista ['liʃta] F list; (*listra*) stripe; (PT: *menu*) menu; **~ civil** civil list; **~ negra** black list; **~ telefônica** telephone directory
listado, -a [li'ʃtadu, a] ADJ = **listrado**
listagem [liʃta'ʒẽ] (*pl* **-ns**) F (*Comput*) listing
listar [liʃta'rʳ] VT (*Comput*) to list
listra ['liʃtra] F stripe; **listrado, -a** [liʃ'tradu, a] ADJ striped
literal [lite'raw] (*pl* **-ais**) ADJ literal
literário, -a [lite'rarju, a] ADJ literary
literato [lite'ratu] M man of letters
literatura [litera'tura] F literature; **Literatura de cordel**; *see below*

LITERATURA DE CORDEL

Literatura de cordel is a type of literature typical of the north-east of Brazil, published in the form of cheaply printed booklets. Their authors hang these booklets from wires attached to walls in the street so that people can look at them. While they do this, the authors sing their stories aloud. *Literatura de cordel* deals both with local events and people, and with everyday public life, almost always in an irreverent manner.

litigante [litʃi'gãtʃi] M/F (*Jur*) litigant
litigar [litʃi'gaʳ] VT to contend ■ VI to go to law
litígio [li'tʃiʒju] M (*Jur*) lawsuit; (*contenda*) dispute
litigioso, -a [litʃi'ʒozu, ɔza] ADJ (*Jur*) disputed
litografia [litogra'fia] F (*processo*) lithography; (*gravura*) lithograph
litogravura [litogra'vura] F lithograph
litoral [lito'raw] (*pl* **-ais**) ADJ coastal ■ M coast, seaboard
litorâneo, -a [lito'ranju, a] ADJ coastal
litro ['litru] M litre (*Brit*), liter (*US*)
Lituânia [li'twanja] F: **a ~** Lithuania
liturgia [litux'ʒia] F liturgy
litúrgico, -a [li'tuxʒiku, a] ADJ liturgical
lívido, -a ['lividu, a] ADJ livid
living ['livĩŋ] (*pl* **-s**) M living room
livramento [livra'mẽtu] M release; **~ condicional** parole
livrar [li'vraʳ] VT to release, liberate; (*salvar*) to

save; **livrar-se** VR to escape; **~-se de** to get rid of; (*compromisso*) to get out of; **Deus me livre!** Heaven forbid!

livraria [livra'ria] F bookshop (*Brit*), bookstore (*US*)

livre ['livri] ADJ free; (*lugar*) unoccupied; (*desimpedido*) clear, open; **~ de impostos** tax-free; **estar ~ de algo** to be free of sth; **de ~ e espontânea vontade** of one's own free will; **livre-arbítrio** M free will

livreiro, -a [liv'rejru, a] M/F bookseller

livresco, -a [li'vreʃku, a] ADJ book *atr*; (*pessoa*) bookish

livrete [li'vretʃi] M booklet

livro ['livru] M book; **~ brochado** paperback; **~ caixa** (*Com*) cash book; **~ de bolso** pocket-sized book; **~ de cabeceira** favo(u)rite book; **~ de cheques** cheque book (*Brit*), check book (*US*); **~ de consulta** reference book; **~ de cozinha** cookery book (*Brit*), cookbook (*US*); **~ de mercadorias** stock book; **~ de registro** catalogue (*Brit*), catalog (*US*); **~ de texto** *ou* **didático** text book; **~ encadernado** *ou* **de capa dura** hardback

lixa ['liʃa] F sandpaper; (*de unhas*) nailfile; (*peixe*) dogfish

lixadeira [liʃa'dejra] F sander

lixar [li'ʃaʳ] VT to sand; **lixar-se** VR (*col*): **estou me lixando com isso** I couldn't care less about it

lixeira [li'ʃejra] F dustbin (*Brit*), garbage can (*US*)

lixeiro [li'ʃejru] M dustman (*Brit*), garbage man (*US*)

lixo ['liʃu] M rubbish, garbage (*US*); **ser um ~** (*col*) to be rubbish; **~ atômico** nuclear waste

Lj. ABR = **loja**

lj. ABR = **loja**

-lo [lu] PRON him; (*você*) you; (*coisa*) it

lobby ['lɔbi] (*pl* **-ies**) M (*Pol*) lobby

lóbi ['lɔbi] M = **lobby**

lobinho [lo'biɲu] M (*Zool*) wolf cub; (*escoteiro*) cub

lobisomem [lobi'somẽ] (*pl* **-ns**) M werewolf

lobista [lo'biʃta] M/F lobbyist

lobo ['lobu] M wolf

lobo-do-mar (*pl* **lobos-do-mar**) M old salt

lobo-marinho (*pl* **lobos-marinhos**) M sea lion

lobrigar [lobri'gaʳ] VT to glimpse

lóbulo ['lɔbulu] M lobe

locação [loka'sãw] (*pl* **-ões**) F lease; (*de vídeo etc*) rental

locador, a [loka'doʳ(a)] M/F (*de casa*) landlord; (*de carro, filme*) rental agent ■ F rental company; **~a de vídeo** video rental shop

local [lo'kaw] (*pl* **-ais**) ADJ local ■ M site, place ■ F (*notícia*) story; **localidade** [lokali'dadʒi] F (*lugar*) locality; (*povoação*) town; **localização** [lokaliza'sãw] (*pl* **-ões**) F location; **localizar** [lokali'zaʳ] VT to locate; (*situar*) to place; **localizar-se** VR (*estabelecer-se*) to be located; (*orientar-se*) to get one's bearings

loção [lo'sãw] (*pl* **-ões**) F lotion; **~ após-barba** aftershave (lotion)

locatário, -a [loka'tarju, a] M/F (*de casa*) tenant; (*de carro, filme*) hirer

locaute [lo'kawtʃi] M lockout

loções [lo'sõjʃ] FPL *de* **loção**

locomoção [lokomo'sãw] (*pl* **-ões**) F locomotion

locomotiva [lokomo'tʃiva] F railway (*Brit*) *ou* railroad (*US*) engine, locomotive

locomover-se [lokomo'vexsi] VR to move around

locução [loku'sãw] (*pl* **-ões**) F (*Ling*) phrase; (*dicção*) diction

locutor, a [loku'toʳ(a)] M/F (*TV, Rádio*) announcer

lodacento, -a [loda'sẽtu, a] ADJ muddy

lodo ['lodu] M (*lama*) mud; (*limo*) slime

lodoso, -a [lo'dozu, ɔza] ADJ (*lamacento*) muddy; (*limoso*) slimy

logaritmo [loga'ritʃimo] M logarithm

lógica ['lɔʒika] F logic; **lógico, -a** ['lɔʒiku, a] ADJ logical; **(é) lógico!** of course!

logística [lo'ʒiʃtʃika] F logistics *sg*

logo ['lɔgu] ADV (*imediatamente*) right away, at once; (*em breve*) soon; (*justamente*) just, right; (*mais tarde*) later; **~, ~** straightaway, without delay; **~ mais** later; **~ no começo** right at the start; **~ que, tão ~** as soon as; **até ~!** bye!; **~ antes/depois** just before/shortly afterwards; **~ de saída** *ou* **de cara** straightaway, right away

logopedia [logope'dʒia] F speech therapy

logopedista [logope'dʒiʃta] M/F speech therapist

logotipo [logo'tʃipu] M logo

logradouro [logra'doru] M public area

lograr [lo'graʳ] VT (*alcançar*) to achieve; (*obter*) to get, obtain; (*enganar*) to cheat; **~ fazer** to manage to do

logro ['logru] M fraud

loiro, -a ['lojru, a] ADJ = **louro**

loja ['lɔʒa] F shop; (*maçônica*) lodge; **~ de antiguidades** antique shop; **~ de brinquedos** toy shop; **~ de departamentos** department store; **~ de produtos naturais** health food shop; **lojista** [lo'ʒiʃta] M/F shopkeeper

lomba ['lõba] F ridge; (*ladeira*) slope

lombada [lõ'bada] F (*de animal*) back; (*de livro*) spine; (*na estrada*) ramp

lombar [lõ'baʳ] ADJ lumbar

lombeira [lõ'bejra] F listlessness

lombinho [lõ'biɲu] M (*carne*) tenderloin

lombo ['lõbu] M back; (*carne*) loin

lombriga [lõ'briga] F ringworm

lona ['lɔna] F canvas; **estar na última ~** (*col*) to be broke

Londres ['lõdriʃ] N London; **londrino, -a** [lõ'drinu, a] ADJ London *atr* ■ M/F Londoner

longa-metragem (*pl* **longas-metragens**) M: **(filme de) ~** feature (film)

longe ['lõʒi] ADV far, far away ■ ADJ distant; **ao ~** in the distance; **de ~** from far away; (*sem dúvida*) by a long way; **~ dos olhos, ~ do coração** out of sight, out of mind; **~ de** a long way *ou* far from; **~ disso** far from it; **ir ~ demais** (*fig*) to go too far; **essa sua mania vem de ~** he's had this habit for a long time; **ver ~** (*fig*) to have vision

longevidade [lõʒevi'dadʒi] F longevity

longínquo, -a [lõ'ʒĩkwu, a] ADJ distant, remote

longíquo, -a [lõ'ʒikwu, a] ADJ = **longínquo**

longitude [lõʒi'tudʒi] F (*Geo*) longitude

longitudinal [lõʒitudʒi'naw] (*pl* **-ais**) ADJ longitudinal

longo, -a ['lõgu, a] ADJ long ■ M (*vestido*) long dress, evening dress; **ao ~ de** along, alongside

lontra ['lõtra] F otter

loquacidade [lokwasi'dadʒi] F loquacity

loquaz [lo'kwaʒ] ADJ talkative

lorde ['lɔxdʒi] M lord

lorota [lo'rɔta] (*col*) F fib

losango [lo'zãgu] M lozenge, diamond

lotação [lota'sãw] F capacity; (*vinho*) blending; (*de funcionários*) complement; (BR: *ônibus*) bus; **~ completa** *ou* **esgotada** (*Teatro*) sold out

lotado, -a [lo'tadu, a] ADJ (*Teatro*) full; (*ônibus*) full up; (*bar, praia*) packed, crowded

lotar [lo'ta^{r}] VT to fill, pack; (*funcionário*) to place ■ VI to fill up

lote ['lɔtʃi] M (*porção*) portion, share; (*em leilão*) lot; (*terreno*) plot; (*de ações*) parcel, batch

loteamento [lotʃja'mẽtu] M division into lots

lotear [lo'tʃja^{r}] VT to divide into lots

loteca [lo'tɛka] (*col*) F pools *pl* (*Brit*), lottery (*US*)

loteria [lote'ria] F lottery; **ganhar na ~** to win the lottery; **~ esportiva** football pools *pl* (*Brit*), lottery (*US*)

loto[1] ['lɔtu] M lotus

loto[2] ['lotu] M bingo

lótus ['lɔtuʃ] M INV lotus

louça ['losa] F china; (*conjunto*) crockery; (*tb*: **louça sanitária**) bathroom suite; **de ~** china *atr*; **~ de barro** earthenware; **~ de jantar** dinner service; **lavar a ~** to do the washing up (*Brit*) *ou* the dishes

louçaria [losa'ria] F china; (*loja*) china shop

louco, -a ['loku, a] ADJ crazy, mad; (*sucesso*) runaway; (*frio*) freezing ■ M/F lunatic; **~ varrido** raving mad; **~ de fome/raiva** ravenous/hopping mad; **~ por** crazy about; **deixar alguém ~** to drive sb crazy; **ser uma coisa de ~** (*col*) to be really something; **estar/ficar ~ da vida (com)** to be/get mad (at); **~ de pedra** (*col*) stark staring mad; **deu uma louca nele e ...** something strange came over him and ...; **cada ~ com sua mania** whatever turns you on; **loucura** [lo'kura] F madness; (*ato*) crazy thing; **ser loucura (fazer)** to be crazy (to do); **ser uma loucura** to be crazy; (*col*: *ser muito bom*) to be fantastic; **ter loucura por** to be crazy about

louquice [lo'kisi] F madness; (*ato, dito*) crazy thing

louro, -a ['loru, a] ADJ blond, fair ■ M laurel; (*Culin*) bay leaf; (*cor*) blondness; (*papagaio*) parrot; **louros** MPL (*fig*) laurels

lousa ['loza] F flagstone; (*tumular*) gravestone; (*quadro-negro*) blackboard

louva-a-deus ['lova-] M INV praying mantis

louvação [lova'sãw] (*pl* **-ões**) F praise

louvar [lo'va^{r}] VT, VI: **~ (a) Deus** to praise God; **louvável** [lo'vavew] (*pl* **-eis**) ADJ praiseworthy

louvor [lo'vo^{r}] M praise

LP ABR M LP

lpm ABR (= *linhas por minuto*) lpm

Ltda. ABR ≈ Limitada, Ltd

lua ['lua] F moon; **estar** *ou* **viver no mundo da ~** to have one's head in the clouds; **estar de ~** (*col*) to be in a mood; **ser de ~** (*col*) to be moody; **~ cheia/nova** full/new moon; **lua-de-mel** F honeymoon

Luanda ['lwãda] N Luanda

luar ['lwa^{r}] M moonlight; **banhado de ~** moonlit

luarento, -a [lwa'rẽtu, a] ADJ moonlit

lubrificação [lubrifika'sãw] (*pl* **-ões**) F lubrication

lubrificante [lubrifi'kãtʃi] M lubricant ■ ADJ lubricating

lubrificar [lubrifi'ka^{r}] VT to lubricate

lucidez [lusi'deʒ] F lucidity, clarity

lúcido, -a ['lusidu, a] ADJ lucid

lúcio ['lusju] M (*peixe*) pike

lucrar [lu'kra^{r}] VT (*tirar proveito*) to profit from *ou* by; (*dinheiro*) to make; (*gozar*) to enjoy ■ VI to make a profit; **~ com** *ou* **em** to profit by

lucratividade [lukratʃivi'dadʒi] F profitability

lucrativo, -a [lukra'tʃivu, a] ADJ lucrative, profitable

lucro ['lukru] M gain; (*Com*) profit; **~ bruto/líquido** (*Com*) gross/net profit; **participação nos ~s** (*Com*) profit-sharing; **~s e perdas** (*Com*) profit and loss

lucubração [lukubra'sãw] (*pl* **-ões**) F meditation, pondering

ludibriar [ludʒi'brja^{r}] VT (*enganar*) to dupe, deceive; (*escarnecer*) to mock, deride

lúdico, -a ['ludʒiku, a] ADJ playful

lufada [lu'fada] F gust (of wind)

lugar [lu'ga^{r}] M place; (*espaço*) space, room; (*para sentar*) seat; (*emprego*) job; (*ocasião*) opportunity; **em ~ de** instead of; **dar ~ a** (*causar*) to give rise to; **~ comum** commonplace; **em primeiro ~** in the first place; **em algum/nenhum/outro/todo ~** somewhere/nowhere/somewhere else *ou* elsewhere/everywhere; **ter ~** (*acontecer*) to take place; **ponha-se em meu ~** put yourself in my position; **ponha-se no seu ~** don't get ideas above your station; **ele foi no meu ~** he went instead of me *ou* in my place; **tirar o primeiro ~** to come first; **conhecer o seu ~** to know one's place; **~ de nascimento** place of birth; **lugarejo** [luga'reʒu] M village

lúgubre ['lugubri] ADJ mournful; (*escuro*) gloomy

lula ['lula] F squid

NB: *European Portuguese adds the following consonants to certain words*: **b** (sú(b)dito, su(b)til); **c** (a(c)ção, a(c)cionista, a(c)to); **m** (inde(m)ne); **p** (ado(p)çã, ado(p)tar); *for further details see p. xiii.*

lumbago [lũ'bagu] M lumbago
lume ['lumi] M fire; (*luz*) light
luminária [lumi'narja] F lamp; **luminárias** FPL (*iluminações*) illuminations
luminosidade [luminozi'dadʒi] F brightness
luminoso, -a [lumi'nozu, ɔza] ADJ luminous; (*fig*: *raciocínio*) clear; (: *idéia, talento*) brilliant; (*letreiro*) illuminated
lunar [lu'na^{r}] ADJ lunar ■ M (*na pele*) mole
lunático, -a [lu'natʃiku, a] ADJ mad
luneta [lu'neta] F eye-glass; (*telescópio*) telescope
lupa ['lupa] F magnifying glass
lúpulo ['lupulu] M (*Bot*) hop
lusco-fusco ['luʃku-] M twilight
lusitano, -a [luzi'tanu, a] ADJ Portuguese, Lusitanian
luso, -a ['luzu, a] ADJ Portuguese; **luso-brasileiro, -a** (*pl* **luso-brasileiros**) ADJ Luso-Brazilian
lustra-móveis ['luʃtra-] M INV furniture polish
lustrar [luʃ'tra^{r}] VT to polish, clean
lustre ['luʃtri] M gloss, sheen; (*fig*) lustre (*Brit*), luster (*US*); (*luminária*) chandelier
lustroso, -a [luʃ'trozu, ɔza] ADJ shiny
luta ['luta] F fight, struggle; **~ armada** armed combat; **~ de boxe** boxing; **~ de classes** class struggle; **~ livre** wrestling; **foi uma ~ convencê-lo** it was a struggle to convince him; **lutador, a** [luta'do^{r}(a)] M/F fighter; (*atleta*) wrestler; **lutar** [lu'ta^{r}] VI to fight, struggle; (*luta livre*) to wrestle ■ VT (*caratê, judô*) to do; **lutar contra/por algo** to fight against/for sth; **lutar para fazer algo** to fight *ou* struggle to do sth; **lutar com** (*dificuldades*) to struggle against; (*competir*) to fight with
luto ['lutu] M mourning; (*tristeza*) grief; **de ~** in mourning; **pôr ~** to go into mourning
luva ['luva] F glove; **luvas** FPL (*pagamento*) payment *sg*; (*ao locador*) fee *sg*; **caber como uma ~** to fit like a glove
luxação [luʃa'sãw] (*pl* **-ões**) F dislocation
luxar [lu'ʃa^{r}] VI to show off
Luxemburgo [luʃẽ'buxgu] M: **o ~** Luxembourg
luxento, -a [lu'ʃẽtu, a] ADJ fussy, finnicky
luxo ['luʃu] M luxury; **de ~** luxury *atr*; **dar-se ao ~ de** to allow o.s. to; **poder dar-se ao ~ de** to be able to afford to; **cheio de ~** (*col*) prissy, finicky; **deixe de ~** (*col*) don't come it; **fazer ~** (*col*) to play hard to get; **com ~** luxurious(ly); (*vestir-se*) fancily
luxuosidade [luʃwozi'dadʒi] F luxuriousness
luxuoso, -a [lu'ʃwozu, ɔza] ADJ luxurious
luxúria [lu'ʃurja] F lust
luxuriante [luʃu'rjãtʃi] ADJ lush
luz [luʒ] F light; (*eletricidade*) electricity; **à ~ de** by the light of; (*fig*) in the light of; **a meia ~** with subdued lighting; **dar à ~ (um filho)** to give birth (to a son); **deu-me uma ~** I had an idea; **~ artificial/natural** artificial/natural light; **~ de vela** candlelight; **pessoa de muita ~** enlightened person
luzidio, -a [luzi'dʒiu, a] ADJ shining, glossy
luzir [lu'zi^{r}] VI to shine, gleam; (*fig*) to be successful
Lx.a ABR = **Lisboa**
Lycra® ['lajkra] F Lycra®

Mm

M, m ['emi] (*pl* **ms**) M M, m; **M de Maria** M for Mike
MA ABR = **Maranhão**
ma [ma] PRON = **me + a**
má [ma] ADJ F *de* **mau**
maca ['maka] F stretcher
maçã [ma'sã] F apple; **~ do rosto** cheekbone
macabro, -a [ma'kabru, a] ADJ macabre
macaca [ma'kaka] F: **estar com a ~** (*col*) to be in a foul mood; *v tb* **macaco**
macacada [maka'kada] F (*turma*): **a ~** (*família, amigos*) the gang
macacão [maka'kãw] (*pl* **-ões**) M (*de trabalhador*) overalls *pl* (*Brit*), coveralls *pl* (*US*); (*da moda*) jump-suit
macaco, -a [ma'kaku, a] M/F monkey ■ M (*Mecânica*) jack; **(fato) ~** (*PT*) overalls *pl* (*Brit*), coveralls *pl* (*US*); (*pessoa feia*) ugly mug; (*tb*: **macaco de imitação**) copycat; **~ velho** (*fig*) old hand; **~s me mordam** (*col*) blow me down
macacões [maka'kõjʃ] MPL *de* **macacão**
maçada [ma'sada] F bore
macadame [maka'dami] M asphalt, tarmac (*Brit*)
maçador, a [masa'do^{r}(a)] (*PT*) ADJ boring
macambúzio, -a [makã'buzju, a] ADJ sullen
maçaneta [masa'neta] F knob
maçante [ma'sãtʃi] (*BR*) ADJ boring
macaquear [maka'kja^{r}] VT to ape
macaquice [maka'kisi] F: **fazer ~s** to clown around
maçar [ma'sa^{r}] VT to bore
maçarico [masa'riku] M (*tubo*) blowpipe; (*ave*) curlew
maçaroca [masa'rɔka] F wad
macarrão [maka'xãw] M pasta; (*em forma de canudo*) spaghetti; **macarronada** [makaxo'nada] F pasta with cheese and tomato sauce
macarrônico, -a [maka'xoniku, a] ADJ (*francês etc*) broken, halting
Macau [ma'kaw] N Macao
maceioense [masej'wẽsi] ADJ from Maceió ■ M/F person from Maceió
macerado, -a [mase'radu, a] ADJ (*rosto*) haggard
macerar [mase'ra^{r}] VT (*amolecer*) to soften; (*fig*: *mortificar*) to mortify; (: *rosto*) to make haggard
macérrimo, -a [ma'sɛximu, a] ADJ SUPERL *de* **magro**
macete [ma'setʃi] M mallet; (*col*) trick; **dar o ~ a alguém** (*col*) to show sb the way
maceteado, -a [mase'tʃadu, a] (*col*) ADJ (*plano*) clever; (*casa*) well-designed
machadada [maʃa'dada] F blow with an axe (*Brit*) *ou* ax (*US*)
machado [ma'ʃadu] M axe (*Brit*), ax (*US*)
machão, -ona [ma'ʃãw, ɔ] (*pl* **-ões/-s**) ADJ tough; (*mulher*) butch ■ M macho man; (*valentão*) tough guy
machê [ma'ʃe] ADJ: **papel ~** papier-mâché
machete [ma'ʃetʃi] M machete
machismo [ma'ʃiʒmu] M male chauvinism, machismo; (*col*) toughness
machista [ma'ʃiʃta] ADJ chauvinistic, macho ■ M male chauvinist
macho ['maʃu] ADJ male; (*fig*) virile, manly; (*valentão*) tough ■ M male; (*Tec*) tap
machões [ma'ʃõjʃ] MPL *de* **machão**
machona [ma'ʃɔna] ADJ F *de* **machão** ■ F butch woman; (*col*: *ofensivo*: *lésbica*) dyke
machucado, -a [maʃu'kadu, a] ADJ hurt; (*pé, braço*) bad ■ M injury; (*área machucada*) sore patch
machucar [maʃu'ka^{r}] VT to hurt; (*produzir contusão*) to bruise ■ VI to hurt; **machucar-se** VR to hurt o.s.; (*col*: *estrepar-se*) to come a cropper
maciço, -a [ma'sisu, a] ADJ solid; (*espesso*) thick; (*quantidade*) massive ■ M (*Geo*) massif; **ouro ~** solid gold; **uma dose maciça** a massive dose
macieira [ma'sjejra] F apple tree
maciez [ma'sjeʒ] F softness
macilento, -a [masi'lẽtu, a] ADJ gaunt, haggard
macio, -a [ma'siu, a] ADJ soft; (*liso*) smooth
maciota [ma'sjɔta] F: **na ~** without problems
maço ['masu] M (*de folhas, notas*) bundle; (*de cigarros*) packet
maçom [ma'sõ] (*pl* **-ns**) M (free)mason
maçonaria [masona'ria] F (free)masonry
maconha [ma'kɔna] F dope; **cigarro de ~** joint

NB: *European Portuguese adds the following consonants to certain words*: **b** (sú(b)dito, su(b)til); **c** (a(c)ção, a(c)cionista, a(c)to); **m** (inde(m)ne); **p** (ado(p)çã, ado(p)tar); *for further details see p. xiii.*

maconhado, -a [mako'ɲadu, a] ADJ stoned
maconheiro, -a [mako'ɲejru, a] (*col*) M/F (*viciado*) dope fiend; (*vendedor*) dope peddler
maçônico, -a [ma'soniku, a] ADJ masonic; **loja maçônica** masonic lodge
maçons [ma'sõʃ] MPL *de* **maçom**
má-criação (*pl* **-ões**) F rudeness; (*ato, dito*) rude thing
macrobiótica [makro'bjɔtʃika] F (*dieta*) macrobiotic diet
macrobiótico, -a [makro'bjɔtʃiku, a] ADJ macrobiotic
macroeconomia [makroekono'mia] F macroeconomics *sg*
mácula ['makula] F stain, blemish
macumba [ma'kũba] F ≈ voodoo; (*despacho*) *macumba* offering; **macumbeiro, -a** [makũ'bejru, a] ADJ ≈ voodoo *atr* ■ M/F follower of *macumba*
madama [ma'dama] F = **madame**
madame [ma'dami] F (*senhora*) lady; (*col*: *dona-de-casa*) lady of the house; (: *esposa*) missus; (: *de bordel*) madame
Madeira [ma'dejra] F: **a ~** Madeira
madeira [ma'dejra] F wood ■ M Madeira (wine); **de ~** wooden; **bater na ~** (*fig*) to touch (*Brit*) *ou* knock on (*US*) wood; **~ compensada** plywood; **~ de lei** hardwood
madeira-branca (*pl* **madeiras-brancas**) F softwood
madeiramento [madejra'mẽtu] M woodwork
madeirense [madej'rẽsi] ADJ, M/F Madeiran
madeiro [ma'dejru] M (*lenho*) log; (*viga*) beam
madeixa [ma'dejʃa] F (*de cabelo*) lock
madona [ma'dɔna] F madonna
madrasta [ma'draʃta] F stepmother; (*fig*) heartless mother
madre ['madri] F (*freira*) nun; (*superiora*) mother superior
madrepérola [madre'pɛrola] F mother of pearl
madressilva [madre'siwva] F honeysuckle
Madri [ma'dri] N Madrid
Madrid [ma'drid] (*PT*) N Madrid
madrinha [ma'driɲa] F godmother; (*fig*: *patrocinadora*) patron
madrugada [madru'gada] F (early) morning; (*alvorada*) dawn, daybreak; **duas horas da ~** two in the morning
madrugador, a [madruga'dor(a)] M/F early riser; (*fig*) early bird ■ ADJ early-rising
madrugar [madru'gar] VI to get up early; (*aparecer cedo*) to be early
madurar [madur'ar] VT, VI (*fruta*) to ripen; (*fig*) to mature
madureza [madu'reza] F (*de pessoa*) maturity
maduro, -a [ma'duro, a] ADJ (*fruta*) ripe; (*fig*) mature; (: *prudente*) prudent
mãe [mãj] F mother; **~ adotiva/de criação** adoptive mother; **~ de família** wife and mother
mãe-benta (*pl* **mães-bentas**) F (*Culin*) coconut cookie
mãe-de-santo (*pl* **mães-de-santo**) F voodoo priestess
MAer (*BR*) ABR M = **Ministério da Aeronáutica**
maestria [majʃ'tria] F mastery; **com ~** in a masterly way
maestro, -trina [ma'ɛʃtru, 'trina] M/F conductor
má-fé F malicious intent
máfia ['mafja] F mafia
mafioso, -a [ma'fjozu, ɔza] ADJ gangsterish ■ M mobster
mafuá [ma'fwa] M fair; (*bagunça*) mess
magarefe [maga'rɛfi] (*PT*) M butcher
magazine [maga'zini] M magazine; (*loja*) department store
magia [ma'ʒia] F magic; **~ negra** black magic
mágica ['maʒika] F magic; (*truque*) magic trick; *v tb* **mágico**
mágico, -a ['maʒiku, a] ADJ magic ■ M/F magician
magistério [maʒiʃ'tɛrju] M (*ensino*) teaching; (*profissão*) teaching profession; (*professorado*) teachers *pl*
magistrado [maʒiʃ'tradu] M magistrate
magistral [maʒiʃ'traw] (*pl* **-ais**) ADJ magisterial; (*fig*) masterly
magistratura [maʒiʃtra'tura] F magistracy
magnanimidade [magnanimi'dadʒi] F magnanimity
magnânimo, -a [mag'nanimu, a] ADJ magnanimous
magnata [mag'nata] M magnate, tycoon
magnésia [mag'nɛzja] F magnesia
magnésio [mag'nɛzju] M magnesium
magnético, -a [mag'nɛtʃiku, a] ADJ magnetic
magnetismo [magne'tʃizmu] M magnetism
magnetizar [magnetʃi'zar] VT to magnetize; (*fascinar*) to mesmerize
magnificência [magnifi'sẽsja] F magnificence, splendour (*Brit*), splendor (*US*)
magnífico, -a [mag'nifiku, a] ADJ splendid, magnificent
magnitude [magni'tudʒi] F magnitude
magno, -a ['magnu, a] ADJ (*grande*) great; (*importante*) important
magnólia [mag'nɔlja] F magnolia
mago ['magu] M magician; **os reis ~s** the Three Wise Men, the Three Kings
mágoa ['magwa] F (*tristeza*) sorrow, grief; (*fig*: *desagrado*) hurt
magoado, -a [ma'gwadu, a] ADJ hurt
magoar [ma'gwar] VT, VI to hurt; **magoar-se** VR: **magoar-se com algo** to be hurt by sth
MAgr (*BR*) ABR M = **Ministério da Agricultura**
magreza [ma'greza] F slimness; (*de carne*) leanness; (*fig*) meagreness (*Brit*), meagerness (*US*)
magricela [magri'sɛla] ADJ skinny
magrinho, -a [ma'griɲu, a] ADJ thin
magro, -a ['magru, a] ADJ (*pessoa*) slim; (*carne*) lean; (*fig*: *parco*) meagre (*Brit*), meager (*US*); (*leite*) skimmed; **ser ~ como um palito** to be like a beanpole

mai. ABR = **maio**
mainframe [mẽj'frejm] M mainframe
maio ['maju] (PT **M-**) M May; *v tb* **julho**
maiô [ma'jo] (BR) M swimsuit
maionese [majo'nezi] F mayonnaise
maior [ma'jɔʳ] ADJ (*compar*: *de tamanho*) bigger; (: *de importância*) greater; (*superl*: *de tamanho*) biggest; (: *de importância*) greatest ■ M/F adult; **tive a ~ discussão com ela** I had a real argument with her; **foi o ~ barato** (*col*) it was really great; **tenho a ~ para te contar, não te conto a ~** the best is yet to come; **~ de idade** of age, adult; **~ de 21 anos** over 21; **ser de ~** (*col*) to be of age *ou* grown up; **ser ~ e vacinado** (*col*) to be one's own master
maioral [majo'raw] (*pl* **-ais**) M boss; **o ~** the greatest
Maiorca [maj'ɔxka] F Majorca
maioria [majo'ria] F majority; **a ~ de** most of; **~ absoluta** absolute majority
maioridade [majori'dadʒi] F adulthood; **atingir a ~** to come of age

PALAVRA CHAVE

mais [majʃ] ADV **1** (*compar*): **mais magro/inteligente (do que)** thinner/more intelligent (than); **ele trabalha mais (do que eu)** he works more (than me)
2 (*superl*): **o mais ...** the most ...; **o mais magro/inteligente** the thinnest/most intelligent
3 (*negativo*): **ele não trabalha mais aqui** he doesn't work here any more; **nunca mais** never again
4 + ADJ (*valor intensivo*): **que livro mais chato!** what a boring book!
5: **por mais que** however much; **por mais que se esforce ...** no matter how hard you try ...; **por mais que eu quisesse ...** much as I should like to ...
6: **a mais, temos um a mais** we've got one extra
7 (*tempo*): **mais cedo ou mais tarde** sooner or later; **a mais tempo** sooner; **logo mais** later on; **no mais tardar** at the latest
8 (*frases*): **mais ou menos** more or less; **mais uma vez** once more; **cada vez mais** more and more; **sem mais nem menos** out of the blue
■ ADJ **1** (*compar*): **mais (do que)** more (than); **ele tem mais dinheiro (do que o irmão)** he's got more money (than his brother)
2 (*superl*): **ele é quem tem mais dinheiro** he's got most money
3 (+ *números*): **ela tem mais de dez bolsas** she's got more than ten bags
4 (*negativo*): **não tenho mais dinheiro** I haven't got any more money
5 (*adicional*) else; **mais alguma coisa?** anything else?; **nada/ninguém mais** nothing/no-one else
■ PREP: **2 mais 2 são 4** 2 and 2 *ou* plus 2 are 4
■ M: **o mais** the rest

maisena [maj'zena] F cornflour
mais-valia (*pl* **-s**) F surplus value
maître ['mɛtrə] M head waiter
maiúscula [ma'juʃkula] F capital letter
majestade [maʒeʃ'tadʒi] F majesty; **Sua/Vossa M~** His (*ou* Her)/Your Majesty; **majestoso, -a** [maʒeʃ'tozu, ɔza] ADJ majestic
major [ma'ʒɔʳ] M (*Mil*) major
majoritário, -a [maʒori'tarju, a] ADJ majority *atr*
mal [maw] (*pl* **-es**) M harm; (*Med*) illness ■ ADV badly; (*quase não*) hardly ■ CONJ hardly; **~ desliguei o fone, a campainha tocou** I had hardly put the phone down when the doorbell rang; **o bem e o ~** good and bad; **o ~ é que ...** the bad thing is that ...; **falar ~ de alguém** to speak ill of sb, run sb down; **desejar ~ a alguém** to wish sb ill; **fazer ~ a alguém** to harm sb; (*deflorar*) to deflower sb; **fazer ~ à saúde de alguém** to damage sb's health; **fazer ~ em fazer** to be wrong to do; **não faz ~** never mind; **não fiz por ~** I meant no harm, I didn't mean it; **levar algo a ~** to take offence (*Brit*) *ou* offense (*US*) at sth; **querer ~ a alguém** to wish sb ill; **estar ~** (*doente*) to be ill; **passar ~** to be sick; **estar ~ da vida** to be in a bad way; **viver ~ com alguém** not to get on with sb; **~ e porcamente** in a slapdash way; **estar de ~ com alguém** not to be speaking to sb; **dos ~es o menor** the lesser of two evils
mal- [mal-] PREFIXO badly
mala ['mala] F suitcase; (*BR*: *Auto*) boot, trunk (*US*); **malas** FPL (*bagagem*) luggage *sg*; **fazer as ~s** to pack; **~ aérea** air courier; **~s de mão** hand luggage *sg*; **~ direta** (*Com*) direct mail; **~ postal** mail bag
malabarismo [malaba'riʒmu] M juggling; (*fig*) shrewd manoeuvre (*Brit*) *ou* maneuver (*US*); **malabarista** [malaba'riʃta] M/F juggler; (*fig*) smooth operator
mal-acabado, -a ADJ badly finished; (*pessoa*) deformed
mal-acostumado, -a ADJ maladjusted
mal-afamado, -a ADJ notorious; (*mal-visto*) of ill repute
malagradecido, -a [malagrade'sidu, a] ADJ ungrateful
malagueta [mala'geta] F chilli pepper
malaio, -a [ma'laju, a] ADJ, M/F Malay ■ M (*Ling*) Malay
Malaísia [mala'izja] F: **a ~** Malaysia
malaísio, -a [mala'izju, a] ADJ, M/F Malaysian
mal-ajambrado, -a [-aʒã'bradu, a] ADJ scruffy
mal-amada ADJ unloved ■ F single woman

NB: *European Portuguese adds the following consonants to certain words*: **b** (sú(b)dito, su(b)til); **c** (a(c)ção, a(c)cionista, a(c)to); **m** (inde(m)ne); **p** (ado(p)çã, ado(p)tar); *for further details see p. xiii.*

malandragem [malã'draʒẽ] F (*patifaria*) double-dealing; (*preguiça*) idleness; (*esperteza*) cunning
malandrear [malã'drjaʳ] VI to loaf about *ou* around
malandrice [malã'drisi] F = **malandragem**
malandro, -a [ma'lãdru, a] ADJ (*patife*) double-dealing; (*preguiçoso*) idle; (*esperto*) wily, cunning ■ M/F crook; idler, layabout; streetwise person
mal-apanhado, -a ADJ unpleasant-looking
mal-apessoado, -a [-ape'swadu, a] ADJ unpleasant-looking
malária [ma'larja] F malaria
mal-arrumado, -a [-axu'madu, a] ADJ untidy
mal-assombrado, -a ADJ haunted
Malavi [mala'vi] M: **o ~** Malawi
mal-avisado, -a [-avi'zadu, a] ADJ rash
malbaratar [mawbara'taʳ] VT (*dinheiro*) to squander, waste
malcasado, -a [mawka'zadu, a] ADJ unhappily married; (*com pessoa inferior*) married to sb below one's class
malcheiroso, -a [mawʃej'rozu, ɔza] ADJ evil-smelling
malcomportado, -a [mawkõpox'tadu, a] ADJ badly behaved
malconceituado, -a [mawkõsej'twadu, a] ADJ badly thought of
malcriado, -a [maw'krjadu, a] ADJ rude ■ M/F slob
maldade [maw'dadʒi] F cruelty; (*malícia*) malice; **é uma ~** it is cruel
maldição [mawdʒi'sãw] (*pl* **-ões**) F curse
maldigo *etc* [maw'dʒigu] VB *v* **maldizer**
maldisposto, -a [mawdʒiʃ'poʃtu, 'pɔʃta] ADJ indisposed
maldisse *etc* [maw'dʒisi] VB *v* **maldizer**
maldito, -a [maw'dʒitu, a] PP *de* **maldizer** ■ ADJ damned
Maldivas [maw'dʒivaʃ] FPL: **as (ilhas) ~** the Maldives
maldiz *etc* [maw'dʒiʒ] VB *v* **maldizer**
maldizente [mawdʒi'zẽtʃi] M/F slanderer
maldizer [mawdʒi'zeʳ] (*irreg*) VT to curse
maldoso, -a [maw'dozu, ɔza] ADJ wicked; (*malicioso*) malicious
maldotado, -a [mawdo'tadu, a] ADJ untalented
maleável [ma'ljavew] (*pl* **-eis**) ADJ malleable
maledicência [maledʒi'sẽsja] F slander
maledicente [maledʒi'sẽtʃi] M/F slanderer
mal-educado, -a ADJ rude ■ M/F slob
malefício [male'fisju] M harm; **maléfico, -a** [ma'lɛfiku, a] ADJ (*pessoa*) malicious; (*prejudicial*) harmful; (*efeito*) injurious
mal-empregado, -a ADJ wasted
mal-encarado, -a [-ẽka'radu, a] ADJ shady, shifty
mal-entendido, -a ADJ misunderstood ■ M misunderstanding
mal-estar M (*indisposição*) indisposition, discomfort; (*embaraço*) uneasiness
maleta [ma'leta] F small suitcase, grip
malevolência [malevo'lẽsja] F malice, spite
malevolente [malevo'lẽtʃi] ADJ malicious, spiteful
malévolo, -a [ma'lɛvolu, a] ADJ malicious, spiteful
malfadado, -a [mawfa'dadu, a] ADJ unlucky; (*viagem*) ill-fated
malfeito, -a [mal'fejtu, a] ADJ (*roupa*) poorly made; (*corpo*) misshapen; (*fig: injusto*) wrong, unjust
malfeitor, -a [mawfej'toʳ(a)] M/F wrong-doer
malgastar [mawgaʃ'taʳ] VT to waste
malgasto, -a [maw'gaʃtu, a] ADJ wasted
malgrado [maw'gradu] PREP despite
malha ['maʎa] F (*de rede*) mesh; (*tecido*) jersey; (*suéter*) sweater; (*de ginástica*) leotard; **fazer ~** (*PT*) to knit; **artigos de ~** knitwear; **~ perdida** ladder (*Brit*), run (*US*); **vestido de ~** jersey dress
mal-habituado, -a ADJ maladjusted
malhado, -a [ma'ʎadu, a] ADJ mottled; (*roque*) heavy
malhar [ma'ʎaʳ] VT (*bater*) to beat; (*cereais*) to thresh; (*col: criticar*) to knock, run down ■ VI (*col: fazer ginástica*) to work out
malharia [maʎa'ria] F (*fábrica*) mill; (*artigos de malha*) knitted goods *pl*
malho ['maʎu] M (*maço*) mallet; (*grande*) sledgehammer
mal-humorado, -a [-umo'radu, a] ADJ grumpy, sullen
Mali [ma'li] M: **o ~** Mali
malícia [ma'lisja] F malice; (*astúcia*) slyness; (*esperteza*) cleverness; **pôr ~ em algo** to give sth a double meaning
maliciar [mali'sjaʳ] VT (*ação*) to see malice in; (*palavras*) to misconstrue
malicioso, -a [mali'sjozu, ɔza] ADJ malicious; (*astuto*) sly; (*esperto*) clever; (*mente suja*) dirty-minded
malignidade [maligni'dadʒi] F malice, spite; (*Med*) malignancy
maligno, -a [ma'lignu, a] ADJ (*maléfico*) evil, malicious; (*danoso*) harmful; (*Med*) malignant
má-língua (*pl* **más-línguas**) F backbiting ■ M/F backbiter
mal-intencionado, -a ADJ malicious
malmequer [mawme'keʳ] M marigold
maloca [ma'lɔka] F (*casa*) communal hut; (*aldeia*) (Indian) village; (*esconderijo*) bolt hole
malocar [malo'kaʳ] (*col*) VT to hide
malogrado, -a [malo'gradu, a] ADJ (*plano*) abortive, frustrated; (*sem êxito*) unsuccessful
malograr [malo'graʳ] VT (*planos*) to spoil, upset; (*frustrar*) to thwart, frustrate ■ VI (*planos*) to fall through; (*fracassar*) to fail; **malograr-se** VR to fall through; to fail
malogro [ma'logru] M failure
malote [ma'lɔtʃi] M pouch; (*serviço*) express courier
mal-passado, -a ADJ underdone; (*bife*) rare
malproporcionado, -a [mawpropoxsjo'nadu, a] ADJ ill-proportioned
malquerença [mawke'rẽsa] F ill will, enmity

malquisto, -a [maw'kiʃtu, a] ADJ disliked
malsão, -sã [maw'sãw, 'sã] (*pl* **-s**) ADJ (*insalubre*) unhealthy; (*nocivo*) harmful
malsucedido, -a [mawsuse'dʒidu, a] ADJ unsuccessful
Malta ['mawta] F Malta
malta ['mawta] (PT) F gang, mob
malte ['mawtʃi] M malt
maltês, -esa [maw'teʃ, eza] ADJ, M/F Maltese
maltrapilho, -a [mawtra'piʎu, a] ADJ in rags, ragged ■ M/F ragamuffin
maltratar [mawtra'ta^{r}] VT to ill-treat; (*com palavras*) to abuse; (*estragar*) to ruin, damage
maluco, -a [ma'luku, a] ADJ crazy, daft ■ M/F madman/woman
maluquice [malu'kisi] F madness; (*ato, dito*) crazy thing
malvadez [mawva'deʒ] F = **malvadeza**
malvadeza [mawva'deza] F wickedness; (*ato*) wicked thing
malvado, -a [maw'vadu, a] ADJ wicked
malversação [mawvexsa'sãw] F (*de dinheiro*) embezzlement; (*má administração*) mismanagement
malversar [mawvex'sa^{r}] VT (*administrar mal*) to mismanage; (*dinheiro*) to embezzle
Malvinas [maw'vinaʃ] FPL: **as (ilhas) ~** the Falklands, the Falkland Islands
MAM (BR) ABR M (= *Museu de Arte Moderna* (*no Rio*))
mama ['mama] F breast
mamada [ma'mada] F breastfeeding
mamadeira [mama'dejra] (BR) F feeding bottle
mamãe [ma'mãj] F mum, mummy
mamão [ma'mãw] (*pl* **-ões**) M papaya
mamar [ma'ma^{r}] VT to suck; (*dinheiro*) to extort, get; (*empresa*) to milk (dry) ■ VI (*bebê*) to be breastfed; **~ numa empresa** to get a rake-off from a company; **dar de ~ a um bebê** to (breast)feed a baby
mamata [ma'mata] F (*negociata*) racket; (*boa vida*) cushy number
mambembe [mã'bẽbi] M/F amateur thespian ■ ADJ shoddy, second-rate
mameluco, -a [mame'luku, a] M/F half-breed (*of Indian and white*)
mamífero [ma'miferu] M mammal
mamilo [ma'milu] M nipple
mamoeiro [ma'mwejru] M papaya tree
mamões [ma'mõjʃ] MPL *de* **mamão**
mana ['mana] F sister
manada [ma'nada] F herd, drove
Manágua [ma'nagwa] N Managua
manancial [manã'sjaw] (*pl* **-ais**) M spring; (*fig: fonte*) source; (: *abundância*) wealth
manar [ma'na^{r}] VT, VI to pour
manauense [manaw'ẽsi] ADJ from Manaus ■ M/F person from Manaus
mancada [mã'kada] F (*erro*) mistake; (*gafe*) blunder; **dar uma ~** to blunder
mancar [mã'ka^{r}] VT to cripple ■ VI to limp; **mancar-se** VR (*col*) to get the message, take the hint
manceba [mã'seba] F young woman; (*concubina*) concubine
mancebo [mã'sebu] M young man, youth
Mancha ['mãʃa] F: **o canal da ~** the English Channel
mancha ['mãʃa] F (*nódoa*) stain; (*na pele*) mark, spot; (*em pintura*) blotch; **sem ~s** (*reputação*) spotless; **manchado, -a** [mã'ʃadu, a] ADJ (*sujo*) soiled; (*malhado*) mottled, spotted; **manchar** [mã'ʃa^{r}] VT to stain, mark; (*reputação*) to soil
manchete [mã'ʃetʃi] F headline; **virar ~** to make *ou* hit (*col*) the headlines
manco, -a ['mãku, a] ADJ crippled, lame ■ M/F cripple
mancomunar [mãkomu'na^{r}] VT to contrive; **mancomunar-se** VR: **mancomunar-se (com)** to conspire (with)
mandachuva [mãda'ʃuva] M (*figurão*) big shot; (*chefe*) boss
mandado [mã'dadu] M (*ordem*) order; (*Jur*) writ; (: *tb*: **mandado de segurança**) injunction; **~ de arresto** repossession order; **~ de prisão/busca** warrant for sb's arrest/search warrant; **~ de segurança** injunction
mandamento [mãda'mẽtu] M order, command; (*Rel*) commandment
mandante [mã'dãtʃi] M/F instigator; (*dirigente*) person in charge; (*Com*) principal
mandão, -dona [mã'dãw, 'dɔna] (*pl* **-ões/-s**) ADJ bossy, domineering ■ M/F bossy person
mandar [mã'da^{r}] VT (*ordenar*) to order; (*enviar*) to send ■ VI to be in charge; **mandar-se** VR (*col: partir*) to make tracks, get going; (*fugir*) to take off; **~ buscar** *ou* **chamar** to send for; **~ dizer** to send word; **~ embora** to send away; **~ fazer um vestido** to have a dress made; **~ que alguém faça, ~ alguém fazer** to tell sb to do; **~ alguém passear** (*fig*) to send sb packing; **~ alguém para o inferno** to tell sb to go to hell; **o que é que você manda?** (*col*) what can I do for you?; **~ em alguém** to boss sb around; **manda!** (*col*) fire away!; **~ ver** (*col*) to go to town; **~ a mão, ~ um soco (em alguém)** to hit (sb); **aqui quem manda sou eu** I give the orders around here
mandarim [mãda'rĩ] (*pl* **-ns**) M (*Ling*) Mandarin; (*fig*) mandarin
mandatário, -a [mãda'tarju, a] M/F (*delegado*) delegate; (*representante*) representative, agent
mandato [mã'datu] M (*autorização*) mandate; (*ordem*) order; (*Pol*) term of office
mandíbula [mã'dʒibula] F jaw
mandinga [mã'dʒĩga] F witchcraft
mandioca [mã'dʒjɔka] F cassava, manioc
mando ['mãdu] M (*comando*) command; (*poder*) power; **a ~ de** by order of
mandões [mã'dõjʃ] MPL *de* **mandão**

NB: *European Portuguese adds the following consonants to certain words*: **b** (sú(b)dito, su(b)til); **c** (a(c)ção, a(c)cionista, a(c)to); **m** (inde(m)ne); **p** (ado(p)çã, ado(p)tar); *for further details see p. xiii.*

mandona [mã'dɔna] F *de* **mandão**
mandrião, -driona [mã'drjãw, 'drjɛna] (*pl* **-ões/-s**) (PT) ADJ lazy ■ M/F idler, lazybones *sg*
mandriar [mã'drjaʳ] VI to idle, loaf about
mandriões [mã'drjõjʃ] MPL *de* **mandrião**
mandriona [mã'drjɔna] F *de* **mandrião**
maneira [ma'nejra] F (*modo*) way; (*estilo*) style, manner; **maneiras** FPL (*modos*) manners; **à ~ de** like; **de ~ que** so that; **de ~ alguma** *ou* **nenhuma** not at all; **desta ~** in this way; **de qualquer ~** anyway; **não houve ~ de convencê-lo** it was impossible to convince him
maneirar [manej'raʳ] (*col*) VT to sort out, fix ■ VI to sort things out; **maneira!** take it easy!
maneiro, -a [ma'nejru, a] ADJ (*ferramenta, roupa*) manageable; (*trabalho*) easy; (*pessoa*) capable; (*col*: *bacana*) great, brilliant
manejar [mane'ʒaʳ] VT (*instrumento*) to handle; (*máquina*) to work
manejável [mane'ʒavew] (*pl* **-eis**) ADJ manageable
manejo [ma'neʒu] M handling
manequim [mane'kĩ] (*pl* **-ns**) M (*boneco*) dummy ■ M/F model
maneta [ma'neta] ADJ one-handed ■ M/F one-handed person
manga ['mãga] F sleeve; (*fruta*) mango; (*filtro*) filter; **em ~s de camisa** in (one's) shirt sleeves
manganês [mãga'neʃ] M manganese
mangue ['mãgi] M mangrove swamp; (*planta*) mangrove; (*col*: *zona*) red-light district
mangueira [mã'gejra] F hose(pipe); (*árvore*) mango tree
manguinha [mã'giɲa] F: **botar as ~s de fora** (*col*) to let one's hair down
manha ['maɲa] F (*malícia*) guile, craftiness; (*destreza*) skill; (*ardil*) trick; (*birra*) tantrum; **fazer ~** to have a tantrum
manhã [ma'ɲã] F morning; **de** *ou* **pela ~** in the morning; **amanhã/hoje de ~** tomorrow/this morning; **de ~ cedo** early in the morning; **4 hs da ~** 4 o'clock in the morning
manhãzinha [maɲã'ziɲa] F: **de ~** early in the morning
manhoso, -a [ma'ɲozu, ɔza] ADJ (*ardiloso*) crafty, sly; (*criança*) whining
mania [ma'nia] F (*Med*) mania; (*obsessão*) craze; **ela é cheia de ~s** she's very compulsive; **estar com ~ de ...** to have a thing about ...; **~ de grandeza** delusions *pl* of grandeur; **~ de perseguição** persecution complex; **maníaco, -a** [ma'niaku, a] ADJ manic ■ M/F maniac
maníaco-depressivo (*pl* **-s**) ADJ, M/F manic depressive
manicômio [mani'komju] M asylum, mental hospital
manicura [mani'kura] F (*tratamento*) manicure; (*pessoa*) manicurist
manicure [mani'kuri] F = **manicura**
manifestação [manifeʃta'sãw] (*pl* **-ões**) F show, display; (*expressão*) expression, declaration; (*política*) demonstration
manifestante [manifeʃ'tãtʃi] M/F demonstrator
manifestar [manifeʃ'taʳ] VT (*revelar*) to show, display; (*declarar*) to express, declare; **manifestar-se** VR to manifest o.s.; (*pronunciar-se*) to express an opinion
manifesto, -a [mani'fɛʃtu, a] ADJ obvious, clear ■ M manifesto
manilha [ma'niʎa] F (ceramic) drainpipe
manipulação [manipula'sãw] F handling; (*fig*) manipulation
manipular [manipu'laʳ] VT to manipulate; (*manejar*) to handle
manivela [mani'vɛla] F (*ferramenta*) crank
manjado, -a [mã'ʒadu, a] (*col*) ADJ well-known
manjar [mã'ʒaʳ] M (*iguaria*) delicacy, titbit (*Brit*), tidbit (*US*) ■ VT (*col*: *conhecer*) to know; (: *entender*) to grasp; (: *observar*) to check out ■ VI (*col*) to catch on; **~ de algo** to know about sth; **manjou?** (*col*) get it?, see?
manjar-branco M blancmange
manjedoura [mãʒe'dora] F manger, crib
manjericão [mãʒeri'kãw] M basil
mano ['manu] M brother
manobra [ma'nɔbra] F (*de carro, barco*) manoeuvre (*Brit*), maneuver (*US*); (*de mecanismo*) operation; (*de trens*) shunting; (*fig*) move; (: *artimanha*) manoeuvre *ou* maneuver, trick; **manobras** FPL (*Mil*) manoeuvres *ou* maneuvers; **manobrar** [mano'braʳ] VT to manoeuvre (*Brit*), maneuver (*US*); (*mecanismo*) to operate, work; (*governar*) to take charge of; (*manipular*) to manipulate ■ VI to manoeuvre *ou* maneuver; (*tomar medidas*) to make moves
manobreiro, -a [mano'brejru, a] M/F operator
manobrista [mano'briʃta] M/F parking attendant
manquejar [mãke'ʒaʳ] VI to limp
mansão [mã'sãw] (*pl* **-ões**) F mansion
mansidão [mãsi'dãw] F gentleness, meekness; (*do mar*) calmness; (*de animal*) tameness
mansinho [mã'siɲu]: **de ~** ADV (*devagar*) slowly; (*de leve*) gently; (*sorrateiramente*): **sair/entrar de ~** to creep out/in
manso, -a ['mãsu, a] ADJ (*brando*) gentle; (*mar*) calm; (*animal*) tame
mansões [ma'sõjʃ] FPL *de* **mansão**
manta ['mãta] F (*cobertor*) blanket; (*xale*) shawl; (*agasalho*) cloak; (*de viajar*) travelling rug
manteiga [mã'tejga] F butter; **~ derretida** (*fig, col*) cry-baby; **~ de cacau** cocoa butter
manteigueira [mãtej'gejra] F butter dish
mantém *etc* [mã'tẽ] VB *v* **manter**
mantenedor, a [mãtene'doʳ(a)] M/F (*da família*) breadwinner; (*de opinião, princípio*) holder; (*de ordem, Esporte*) retainer
manter [mã'teʳ] (*irreg*) VT to maintain; (*num lugar*) to keep; (*uma família*) to support; (*a palavra*) to keep; (*princípios*) to abide by; **manter-se** VR (*sustentar-se*) to support o.s.; (*permanecer*) to remain; **~-se firme** to stand firm
mantilha [mã'tʃiʎa] F mantilla; (*véu*) veil
mantimento [mãtʃi'mẽtu] M maintenance;

mantimentos MPL (*alimentos*) provisions
mantinha *etc* [mã'tʃiɲa] VB *v* **manter**
mantive *etc* [mã'tʃivi] VB *v* **manter**
mantiver *etc* [mãtʃi've^{r}] VB *v* **manter**
manto ['mãtu] M cloak; (*de cerimônia*) robe
mantô [mã'to] M coat
manual [ma'nwaw] (*pl* **-ais**) ADJ manual ■ M handbook, manual; **ter habilidade ~** to be good with one's hands
manufatura [manufa'tura] (*PT* **-ct-**) F manufacture
manufaturados [manufatu'raduʃ] (*PT* **-ct-**) MPL manufactured products
manufaturar [manufatu'ra^{r}] (*PT* **-ct-**) VT to manufacture
manuscrever [manuʃkre've^{r}] VT to write by hand
manuscrito, -a [manuʃ'kritu, a] ADJ handwritten ■ M manuscript
manusear [manu'zja^{r}] VT (*manejar*) to handle; (*livro*) to leaf through
manuseio [manu'zeju] M handling
manutenção [manutẽ'sãw] F maintenance; (*da casa*) upkeep
mão [mãw] (*pl* **-s**) F hand; (*de animal*) paw; (*de pintura*) coat; (*de direção*) flow of traffic; **à ~** by hand; (*perto*) at hand; **feito à ~** handmade; **de ~s dadas** hand in hand; **de** *ou* **em primeira ~** first-hand; **de segunda ~** second-hand; **em ~** by hand; **fora de ~** out of the way; **abrir ~ de algo** (*fig*) to give sth up; **agüentar a ~** (*col*: *suportar*) to hold out; (: *esperar*) to hang on; **dar a ~ à palmatória** to admit one's mistake; **dar a ~ a alguém** to hold sb's hand; (*cumprimentar*) to shake hands with sb; **dar uma ~ a alguém** to give sb a hand, help sb out; **ficar na ~** (*col*) to be stood up; **forçar a ~** to go overboard; **lançar ~ de algo** to have recourse to sth; **largar algo de ~** to give sth up; **uma ~ lava a outra** (*fig*) one good turn deserves another; **meter a ~ em alguém** to hit sb; **meter** *ou* **passar a ~ em algo** (*col*) to nick sth; **passar a ~ pela cabeça de alguém** (*fig*) to let sb off; **pôr a ~ no fogo por alguém** (*fig*) to vouch for sb; **pôr ~s à obra** to set to work; **ser uma ~ na roda** (*fig*) to be a great help; **ter ~ leve** (*bater facilmente*) to be violent; (*ser ladrão*) to be light-fingered; **ter a ~ pesada** to be heavy-handed; **ter uma boa ~ para** to be good at; **vir com as ~s abanando** (*fig*) to come back empty-handed; **~ única/dupla** one-way/two-way traffic; **esta rua dá ~ para o centro** this street goes to the centre (*Brit*) *ou* center (*US*); **rua de duas ~s** two-way street; **~s ao alto!** hands up!; **de ~ beijada** (*fig*) for nothing
mão-aberta (*pl* **mãos-abertas**) ADJ generous ■ M/F generous person
mão-cheia F: **de ~** first-rate
mão-de-obra F (*trabalho*) workmanship; (*trabalhadores*) labour (*Brit*), labor (*US*); (*coisa difícil*) tricky thing; **~ especializada** skilled labo(u)r
maoísta [maw'iʃta] ADJ, M/F Maoist
mão-leve (*pl* **mãos-leves**) M/F pilferer
mãozinha [mãw'ziɲa] F: **dar uma ~ a alguém** to give sb a hand, help sb out
mapa ['mapa] M map; (*gráfico*) chart; **não estar no ~** (*fig, col*) to be extraordinary; **sair do ~** (*col*) to disappear
mapa-múndi [-'mũdʒi] (*pl* **mapas-múndi**) M world map
Maputo [ma'putu] N Maputo
maquete [ma'kɛtʃi] F model
maquiador, a [makja'do^{r}(a)] M/F make-up artist
maquiagem [ma'kjaʒẽ] F = **maquilagem**
maquiar [ma'kja^{r}] VT to make up; (*fig*) to touch up; **maquiar-se** VR to make o.s. up, put on one's make-up
maquiavélico, -a [makja'vɛliku, a] ADJ Machiavellian
maquilagem [maki'laʒẽ] (*PT* **-lha-**) F make-up; (*ato*) making up
maquilar [makila^{r}] (*PT* **-lha-**) VT to make up; **maquilar-se** VR to make o.s. up, put on one's make-up
máquina ['makina] F machine; (*de trem*) engine; (*de relógio*) movement; (*fig*) machinery; **~ a vapor** steam engine; **~s agrícolas** agricultural machinery; **~ de calcular** calculator; **~ de costura** sewing machine; **~ fotográfica** *ou* **de filmar** camera; **~ de escrever** typewriter; **~ de lavar (roupa)** washing machine; **~ de lavar pratos** dishwasher; **~ de tricotar** knitting machine; **costurar/escrever à ~** to machine-sew/type; **escrito à ~** typewritten; **preencher um formulário à ~** to fill in a form on the typewriter
maquinação [makina'sãw] (*pl* **-ões**) F machination, plot
maquinal [maki'naw] (*pl* **-ais**) ADJ mechanical, automatic
maquinar [maki'na^{r}] VT to plot ■ VI to conspire
maquinaria [makina'ria] F machinery
maquinismo [maki'niʒmu] M mechanism; (*máquinas*) machinery; (*Teatro*) stage machinery
maquinista [maki'niʃta] M (*Ferro*) engine driver; (*Náut*) engineer
mar [ma^{r}] M sea; **por ~** by sea; **cair no ~** to fall overboard; **fazer-se ao ~** to set sail; **~ aberto** open sea; **pleno ~, ~ alto** high sea; **um ~ de** (*fig*) a sea of; **~ de rosas** calm sea; (*fig*) bed of roses; **nem tanto ao ~ nem tanto à terra** (*fig*) somewhere in between; **o ~ Cáspio** the Caspian Sea; **o ~ Morto** the Dead Sea; **o ~ Negro** the Black Sea; **o ~ Vermelho** the Red Sea
maraca [ma'raka] F maraca
maracujá [maraku'ʒa] M passion fruit; **pé de ~** passion flower

NB: *European Portuguese adds the following consonants to certain words*: **b** (sú(b)dito, su(b)til); **c** (a(c)ção, a(c)cionista, a(c)to); **m** (inde(m)ne); **p** (ado(p)çã, ado(p)tar); *for further details see p. xiii.*

maracujazeiro [marakuʒa'zejru] M passion-fruit plant
maracutaia [maraku'taja] F dirty trick
marafa [ma'rafa] (*col*) F loose living
marafona [mara'fɔna] (*col*) F whore
marajá [mara'ʒa] M maharaja; (BR: *Pol*) civil service fat-cat
maranhense [mara'ɲẽsi] ADJ from Maranhão ■ M/F person from Maranhão
marasmo [ma'raʒmu] M (*inatividade*) stagnation; (*apatia*) apathy
maratona [mara'tona] F marathon
maratonista [marato'niʃta] M/F marathon runner
maravilha [mara'viʎa] F marvel, wonder; **às mil ~s** wonderfully
maravilhar [maravi'ʎa^{r}] VT to amaze, astonish ■ VI to be amazing; **maravilhar-se** VR: **maravilhar-se de** to be astonished *ou* amazed at
maravilhoso, -a [maravi'ʎozu, ɔza] ADJ marvellous (*Brit*), marvelous (*US*), wonderful
marca ['maxka] F mark; (*Com*) make, brand; (*carimbo*) stamp; (*da prata*) hallmark; (*fig: categoria*) calibre (*Brit*), caliber (*US*); **de ~ maior** (*fig*) of the first order; **~ de fábrica** trademark; **~ registrada** registered trademark
marcação [maxka'sãw] (*pl* **-ões**) F marking; (*em jogo*) scoring; (*de instrumento*) reading; (*Teatro*) action; (*PT: Tel*) dialling; **estar de ~ com alguém** (*col*) to pick on sb constantly
marcador [maxka'do^{r}] M marker; (*de livro*) bookmark; (*Esporte: quadro*) scoreboard; (: *jogador*) scorer
marcante [max'kãtʃi] ADJ outstanding
marcapasso [maxka'pasu] M (*Med*) pacemaker
marcar [max'ka^{r}] VT to mark; (*hora, data*) to fix, set; (*PT: discar*) to dial; (*animal*) to brand; (*delimitar*) to demarcate; (*observar*) to keep an eye on; (*gol, ponto*) to score; (*Futebol: jogador*) to mark; (*produzir impressão em*) to leave one's mark on ■ VI (*impressionar*) to make one's mark; **~ uma consulta, ~ hora** to make an appointment; **~ um encontro com alguém** to arrange to meet sb; **~ uma reunião/um jantar para sexta-feira** to arrange a meeting/a dinner for Friday; **~ época** to make history; **~ o ponto** to punch the clock; **ter hora marcada com alguém** to have an appointment with sb; **~ o tempo de algo** to time sth
marcenaria [maxsena'ria] F joinery; (*oficina*) joiner's
marceneiro [maxse'nejru] M cabinet-maker, joiner
marcha ['maxʃa] F march; (*ato*) marching; (*de acontecimentos*) course; (*passo*) pace; (*Auto*) gear; (*progresso*) progress; **~ à ré** (BR) , **~ atrás** (PT) reverse (gear); **primeira (~)** first (gear); **pôr-se em ~** to set off
marchar [max'ʃa^{r}] VI (*ir*) to go; (*andar a pé*) to walk; (*Mil*) to march
marcha-rancho (*pl* **marchas-rancho**) F carnival march
marchetar [maxʃe'ta^{r}] VT to inlay
marcial [max'sjaw] (*pl* **-ais**) ADJ martial; **corte ~** court martial; **lei ~** martial law
marciano, -a [max'sjanu, a] ADJ, M Martian
marco ['maxku] M landmark; (*de janela*) frame; (*fig*) frontier; (*moeda*) mark
março ['maxsu] (*PT* **M-**) M March; *v tb* **julho**
maré [ma'rɛ] F tide; (*fig: oportunidade*) chance; **~ alta/baixa** high/low tide; **estar de boa ~** *ou* **de ~ alta** to be in a good mood; **remar contra a ~** (*fig*) to swim against the tide
marear [ma'rja^{r}] VT to make seasick; (*oxidar*) to dull, stain ■ VI to be seasick
marechal [mare'ʃaw] (*pl* **-ais**) M marshal
marejar [mare'ʒa^{r}] VT to wet ■ VI to get wet
maremoto [mare'mɔtu] M tidal wave
maresia [mare'zia] F smell of the sea, sea air
marfim [max'fĩ] M ivory
margarida [maxga'rida] F daisy; (*Comput*) daisy wheel
margarina [maxga'rina] F margarine
margear [max'ʒja^{r}] VT to border
margem ['maxʒẽ] (*pl* **-ns**) F (*borda*) edge; (*de rio*) bank; (*litoral*) shore; (*de impresso*) margin; (*fig: tempo*) time; (: *lugar*) space; (: *oportunidade*) chance; **à ~ de** alongside; **dar ~ a alguém** to give sb a chance; **~ de erro** margin of error; **~ de lucro** profit margin
marginal [maxʒi'naw] (*pl* **-ais**) ADJ marginal ■ M/F delinquent
marginalidade [maxʒinali'dadʒi] F delinquency
marginalizar [maxʒinali'za^{r}] VT to marginalize
maria-fumaça [ma'ria-] (*pl* **marias-fumaças**) F steam train
maria-sem-vergonha [ma'ria-] (*pl* **marias-sem-vergonha**) F (*Bot*) busy lizzie
maria-vai-com-as-outras [ma'ria-] M/F INV sheep, follower
maricas [ma'rikaʃ] (*ofensivo*) M INV queer, poof
marido [ma'ridu] M husband
marimbondo [marĩ'bõdu] M hornet
marina [ma'rina] F marina
marinha [ma'riɲa] F (*tb*: **marinha de guerra**) navy; (*pintura*) seascape; **~ mercante** merchant navy; **marinheiro** [mari'ɲejru] M seaman, sailor; **marinheiro de primeira viagem** (*fig*) beginner
marinho, -a [ma'riɲu, a] ADJ sea *atr*, marine
marionete [marjo'netʃi] F puppet
mariposa [mari'poza] F moth
marisco [ma'riʃku] M shellfish
marital [mari'taw] (*pl* **-ais**) ADJ marital
maritalmente [maritaw'mẽtʃi] ADV: **viver ~ (com alguém)** to live (with sb) as man and wife
marítimo, -a [ma'ritʃimu, a] ADJ sea *atr*, maritime; **pesca marítima** sea fishing
marketing ['maxketʃĩŋ] M marketing
marmanjo [max'mãʒu] M grown man
marmelada [maxme'lada] F quince jam; (*col*)

double-dealing
marmelo [max'mɛlu] M quince
marmita [max'mita] F (*vasilha*) pot
mármore ['maxmori] M marble
marmóreo, -a [max'mɔrju, a] ADJ marble *atr*; (*fig*) cold
marola [ma'rɔla] F wave, roller
maroto, -a [ma'rotu, a] M/F rogue, rascal; (*criança*) naughty boy/girl ■ ADJ roguish; naughty
marquei *etc* [max'kej] VB *v* **marcar**
marquês, -quesa [max'keʃ, 'keza] M/F marquis/marchioness
marquise [max'kizi] F awning, canopy
marra ['maxa] F: **na ~** (*à força*) forcibly; (*a qualquer preço*) whatever the cost
marreco [ma'xɛku] M duck
Marrocos [ma'xɔkuʃ] M: **o ~** Morocco
marrom [ma'xõ] (*pl* **-ns**) ADJ, M brown
marroquino, -a [maxo'kinu, a] ADJ, M/F Moroccan
Marte ['maxtʃi] M Mars
martelada [maxte'lada] F (*pancada*) blow (with a hammer); (*ruído*) hammering sound
martelar [maxte'la^{r}] VT to hammer; (*amolar*) to bother ■ VI to hammer; (*insistir*): **~ (em algo)** to keep *ou* harp on (about sth); **martelo** [max'tɛlu] M hammer
martíni® [max'tʃini] M martini®
Martinica [maxtʃi'nika] F: **a ~** Martinique
mártir ['maxtʃi^{r}] M/F martyr; **martírio** [max'tʃirju] M martyrdom; (*fig*) torment
martirizante [maxtʃiri'zãtʃi] ADJ agonizing
martirizar [maxtʃiri'za^{r}] VT to martyr; (*atormentar*) to afflict; **martirizar-se** VR to agonize
marujo [ma'ruʒu] M sailor
marulhar [maru'ʎa^{r}] VI (*mar*) to surge; (*ondas*) to lap; (*produzir ruído*) to roar
marulho [ma'ruʎu] M (*do mar*) surge; (*das ondas*) lapping
marxismo [max'ksiʒmu] M Marxism
marxista [max'ksiʃta] ADJ, M/F Marxist
marzipã [maxzi'pã] M marzipan
mas [ma(j)ʃ] CONJ but ■ PRON = **me + as**
mascar [maʃ'ka^{r}] VT to chew
máscara ['maʃkara] F mask; (*para limpeza de pele*) face-pack; **sob a ~ de** under the guise of; **tirar a ~ de alguém** (*fig*) to unmask sb; **baile de ~s** masked ball; **~ de oxigênio** oxygen mask
mascarado, -a [maʃka'radu, a] ADJ masked; (*convencido*) conceited
mascarar [maʃka'ra^{r}] VT to mask; (*disfarçar*) to disguise; (*encobrir*) to cover up
mascate [maʃ'katʃi] M peddler, hawker (*Brit*)
mascavo, -a [maʃ'kavu, a] ADJ: **açúcar ~** brown sugar
mascote [maʃ'kɔtʃi] F mascot
masculinidade [maʃkulini'dadʒi] F masculinity
masculino, -a [maʃku'linu, a] ADJ masculine; (*Bio*) male ■ M (*Ling*) masculine; **roupa masculina** men's clothes *pl*
másculo, -a ['maʃkulu, a] ADJ masculine; (*viril*) manly
masmorra [maʒ'mɔxa] F dungeon; (*fig*) black hole
masoquismo [mazo'kiʒmu] M masochism
masoquista [mazo'kiʃta] ADJ masochistic ■ M/F masochist
MASP ABR M = **Museu de Arte de São Paulo**
massa ['masa] F (*Fís, fig*) mass; (*de tomate*) paste; (*Culin: de pão*) dough; (: *macarrão etc*) pasta; **as ~s** the masses; **em ~** en masse; **~ de vidraceiro** putty; **estar com as mãos na ~** (*fig*) to be about *ou* at it
massacrante [masa'krãtʃi] ADJ annoying
massacrar [masa'kra^{r}] VT to massacre; (*fig: chatear*) to annoy; (: *torturar*) to tear apart; **massacre** [ma'sakri] F massacre; (*fig*) annoyance
massagear [masa'ʒja^{r}] VT to massage ■ VI to do massage; **massagem** [ma'saʒẽ] (*pl* **-ns**) F massage
massagista [masa'ʒiʃta] M/F masseur/masseuse
massificar [masifi'ka^{r}] VT to influence (through mass communication)
massudo, -a [ma'sudu, a] ADJ bulky; (*espesso*) thick; (*com aspecto de massa*) doughy
mastectomia [maʃtekto'mia] F mastectomy
mastigado, -a [maʃtʃi'gadu, a] ADJ (*fig*) well-planned
mastigar [maʃtʃi'ga^{r}] VT to chew; (*pronunciar mal*) to mumble, mutter; (*fig: refletir*) to mull over
mastim [maʃ'tʃĩ] (*pl* **-ns**) M watchdog
mastodonte [maʃto'dõtʃi] M (*fig: pessoa gorda*) hulk, lump
mastro ['maʃtru] M (*Náut*) mast; (*para bandeira*) flagpole
masturbação [maʃtuxba'sãw] F masturbation
masturbar [maʃtux'ba^{r}] VT to masturbate; **masturbar-se** VR to masturbate
mata ['mata] F forest, wood; **~ virgem** virgin forest
mata-bicho M tot of brandy, snifter
mata-borrão M blotting paper
matacão [mata'kãw] (*pl* **-ões**) M lump; (*pedra*) boulder
matado, -a [ma'tadu, a] ADJ (*trabalho*) badly done
matador, a [mata'do^{r}(a)] M/F killer ■ M (*em tourada*) matador
matadouro [mata'doru] M slaughterhouse
matagal [mata'gaw] (*pl* **-ais**) M bush; (*brenha*) thicket, undergrowth
mata-moscas M INV fly-killer
mata-mosquito (*pl* **-s**) M mosquito

NB: *European Portuguese adds the following consonants to certain words*: **b** (sú(b)dito, su(b)til); **c** (a(c)ção, a(c)cionista, a(c)to); **m** (inde(m)ne); **p** (ado(p)çã, ado(p)tar); *for further details see p. xiii.*

exterminator
matança [ma'tãsa] F massacre; (*de reses*) slaughter(ing)
mata-piolho (*pl* **-s**) (*col*) M thumb
matar [ma'ta^{r}] VT to kill; (*sede*) to quench; (*fome*) to satisfy; (*aula*) to skip; (*trabalho: não aparecer*) to skive off; (: *fazer rápido*) to dash off; (*tempo*) to kill; (*adivinhar*) to guess, get ■ VI to kill; **matar-se** VR to kill o.s.; (*esfalfar-se*) to wear o.s. out; **um calor/uma dor de ~** stifling heat/excruciating pain; **~ saudades** to catch up
mata-rato (*pl* **-s**) M (*veneno*) rat poison; (*cigarro*) throat-scraper
mate ['matʃi] ADJ matt ■ M (*chá*) maté tea; (*xeque-mate*) checkmate
matelassê [matela'se] ADJ quilted ■ M quilting
matemática [mate'matʃika] F mathematics *sg*, maths *sg* (*Brit*), math (*US*); *v tb* **matemático**; **matemático, -a** [mate'matʃiku, a] ADJ mathematical ■ M/F mathematician
matéria [ma'tɛrja] F matter; (*Tec*) material; (*Educ: assunto*) subject; (*tema*) topic; (*jornalística*) story, article; **em ~ de** on the subject of; **~ fecal** faeces *pl* (*Brit*), feces *pl* (*US*); **~ plástica** plastic
material [mate'rjaw] (*pl* **-ais**) ADJ material; (*físico*) physical ■ M material; (*Tec*) equipment; (*col: corpo*) body; **~ humano** manpower; **~ bélico** armaments *pl*; **~ de construção** building materials *pl*; **~ de limpeza** cleaning materials *pl*; **~ escolar** school materials *pl*
materialismo [materja'liʒmu] M materialism
materialista [materja'liʃta] ADJ materialistic ■ M/F materialist
materializar [materjali'za^{r}] VT to materialize; **materializar-se** VR to materialize
matéria-prima (*pl* **matérias-primas**) F raw material
maternal [matex'naw] (*pl* **-ais**) ADJ motherly, maternal; **escola ~** nursery (school); **maternidade** [matexni'dadʒi] F motherhood, maternity; (*hospital*) maternity hospital
materno, -a [ma'tɛxnu, a] ADJ motherly, maternal; (*língua*) native; (*avô*) maternal
matilha [ma'tʃiʎa] F (*cães*) pack; (*fig: corja*) rabble
matina [ma'tʃina] F morning
matinal [matʃi'naw] (*pl* **-ais**) ADJ morning *atr*
matinê [matʃi'ne] F matinée
matiz [ma'tʃiʒ] M (*de cor*) shade; (*fig: de ironia*) tinge; (*cor política*) colouring (*Brit*), coloring (*US*)
matizar [matʃi'za^{r}] VT (*colorir*) to tinge, colour (*Brit*), color (*US*); (*combinar cores*) to blend; **~ algo de algo** (*fig*) to tinge sth with sth
mato ['matu] M scrubland, bush; (*plantas agrestes*) scrub; (*o campo*) country; **ser ~** (*col*) to be there for the taking; **estar num ~ sem cachorro** (*col*) to be up the creek without a paddle
mato-grossano, -a [-gro'sanu, a] ADJ, M/F = **mato-grossense**
mato-grossense [-gro'sẽsi] ADJ from Mato Grosso ■ M/F person from Mato Grosso
matraca [ma'traka] F rattle; (*pessoa*) chatterbox; **falar como uma ~** to talk nineteen to the dozen (*Brit*) *ou* a blue streak (*US*)
matraquear [matra'kja^{r}] VI to rattle, clatter; (*tagarelar*) to chatter, rabbit on
matreiro, -a [ma'trejru, a] ADJ cunning, crafty
matriarca [ma'trjaxka] F matriarch
matriarcal [matrjax'kaw] (*pl* **-ais**) ADJ matriarchal
matrícula [ma'trikula] F (*lista*) register; (*inscrição*) registration; (*pagamento*) enrolment (*Brit*) *ou* enrollment (*US*) fee; (*PT: Auto*) registration number (*Brit*), license number (*US*); **fazer a ~** to enrol (*Brit*), enroll (*US*)
matricular [matriku'la^{r}] VT to enrol (*Brit*), enroll (*US*), register; **matricular-se** VR to enrol(l), register
matrimonial [matrimo'njaw] (*pl* **-ais**) ADJ marriage *atr*, matrimonial
matrimônio [matri'monju] M marriage; **contrair ~ (com alguém)** to be joined in marriage (with sb)
matriz [ma'triʒ] F (*Med*) womb; (*fonte*) source; (*molde*) mould (*Brit*), mold (*US*); (*Com*) head office; (*col*) wife; **igreja ~** mother church
matrona [ma'trɔna] F matron
maturação [matura'sãw] F maturing; (*de fruto*) ripening
maturidade [maturi'dadʒi] F maturity
matusquela [matuʃ'kɛla] (*col*) M/F lunatic
matutar [matu'ta^{r}] VT (*planejar*) to plan ■ VI: **~ em** *ou* **sobre algo** to turn sth over in one's mind
matutino, -a [matu'tʃinu, a] ADJ morning *atr* ■ M morning paper
matuto, -a [ma'tutu, a] ADJ, M/F (*caipira*) rustic; (*provinciano*) provincial
mau, má [maw, ma] ADJ bad; (*malvado*) evil, wicked ■ M bad; (*Rel*) evil; **os ~s** bad people; (*num filme*) the baddies
mau-caráter (*pl* **maus-carateres**) ADJ shady ■ M bad lot
mau-olhado [-o'ʎadu] M evil eye
Maurício [maw'risju] M Mauritius
Mauritânia [mawri'tanja] F: **a ~** Mauritania
mausoléu [mawzo'lɛw] M mausoleum
maus-tratos MPL ill-treatment *sg*
mavioso, -a [ma'vjozu, ɔza] ADJ tender, soft; (*som*) sweet
máx. ABR (= *máximo*) max
máxi ['maksi] ADJ INV (*saia*) maxi
maxidesvalorização [maksidʒiʒvaloriza'sãw] (*pl* **-ões**) F large-scale devaluation
maxila [mak'sila] F jawbone
maxilar [maksi'la^{r}] ADJ jaw *atr* ■ M jawbone
máxima ['masima] F maxim, saying
máxime ['maksimɛ] ADV especially
maximizar [masimi'za^{r}] VT to maximize; (*superestimar*) to play up
máximo, -a ['masimu, a] ADJ (*maior que todos*) greatest; (*o maior possível*) maximum ■ M maximum; (*o cúmulo*) peak; (*temperature*) high; **o ~ cuidado** the greatest of care; **no ~** at most; **ao ~**

to the utmost; **chegar ao ~** (*fig*) to reach a peak; **ele acha-a o ~** (*col*) he thinks she is the greatest

maxixe [ma'ʃiʃi] M gherkin; (BR: *dança*) *19th-century dance*

mazela [ma'zɛla] F (*ferida*) sore spot; (*doença*) illness; (*fig*) blemish

MCE ABR M = **Mercado Comum Europeu**

MCom (BR) ABR M = **Ministério das Comunicações**

MCT (BR) ABR M = **Ministério de Ciência e Tecnologia**

MD (BR) ABR M = **Ministério da Desburocratização**

MDB ABR M (*antes*) = **Movimento Democrático Brasileiro**

me [mi] PRON (*direto*) me; (*indireto*) (to) me; (*reflexivo*) (to) myself

meada ['mjadа] F skein, hank

meado ['mjadu] M middle; **em ~s** *ou* **no(s) ~(s) de julho/do ano** in mid-July/in the middle of the year

meandro ['mjãdru] M meander; **os ~s** (*fig*) the ins and outs

MEC (BR) ABR M = **Ministério de Educação e Cultura**

Meca ['mɛka] N Mecca

mecânica [me'kanika] F (*ciência*) mechanics *sg*; (*mecanismo*) mechanism; *v tb* **mecânico**

mecânico, -a [me'kaniku, a] ADJ mechanical ■ M/F mechanic; **broca mecânica** power drill

mecanismo [meka'niʒmu] M mechanism; **~ de busca** (BR: *Comput*) search engine

mecanização [mekaniza'sãw] F mechanization

mecanizar [mekani'zaʳ] VT to mechanize

mecenas [me'sɛnaʃ] M INV patron

mecha ['meʃa] F (*de vela*) wick; (*cabelo*) tuft; (*no cabelo*) highlight; (*Med*) swab; **fazer ~ no cabelo** to put highlights in one's hair, to highlight one's hair

mechado, -a [me'ʃadu, a] ADJ highlighted

meço *etc* ['mɛsu] VB *v* **medir**

méd. ABR (= *médio*) AV

medalha [me'daʎa] F medal; **medalhão** [meda'ʎãw] (*pl* **-ões**) M medallion; (*fig*: *figurão*) big name; (*jóia*) locket

média ['mɛdʒja] F average; (*café*) coffee with milk; **em ~** on average; **fazer ~** to ingratiate o.s.

mediação [medʒja'sãw] F mediation; **por ~ de** through

mediador, a [medʒja'doʳ(a)] M/F mediator

mediano, -a [me'dʒjanu, a] ADJ medium, average; (*medíocre*) mediocre

mediante [me'dʒjãtʃi] PREP by (means of), through; (*a troco de*) in return for

mediar [me'dʒjaʳ] VT to mediate (for) ■ VI (*ser mediador*) to mediate; **a distância que medeia entre** the distance between

medicação [medʒika'sãw] (*pl* **-ões**) F treatment; (*medicamentos*) medication

medicamento [medʒika'mẽtu] M medicine

medição [medʒi'sãw] (*pl* **-ões**) F measurement

medicar [medʒi'kaʳ] VT to treat ■ VI to practise (*Brit*) *ou* practice (*US*) medicine; **medicar-se** VR to take medicine, doctor o.s. up

medicina [medʒi'sina] F medicine; **~ legal** forensic medicine

medicinal [medʒisi'naw] (*pl* **-ais**) ADJ medicinal

médico, -a ['mɛdʒiku, a] ADJ medical ■ M/F doctor; **receita médica** prescription

médico-cirurgião, médica-cirurgiã (*pl* **médicos-cirurgiões/médicas-cirurgiãs**) M/F surgeon

medições [medʒi'sõjʃ] FPL *de* **medição**

médico-hospitalar (*pl* **-es**) ADJ hospital and medical

médico-legal (*pl* **-ais**) ADJ forensic

médico-legista, -a-legista (*pl* **médicos/as-legistas**) M/F forensic expert (*Brit*), medical examiner (*US*)

medida [me'dʒida] F measure; (*providência*) step; (*medição*) measurement; (*moderação*) prudence; **à ~ que** while, as; **na ~ em que** in so far as; **feito sob ~** made to measure; **software sob ~** bespoke software; **encher as ~s** (*satisfazer*) to fit the bill; **encher as ~s de alguém** (*chatear*) to get on sb's wick; **ir além da ~** to go too far; **tirar as ~s de alguém** to take sb's measurements; **tomar ~s** to take steps; **tomar as ~s de** to measure; **~ de emergência/urgência** emergency/urgent measure

medidor [medʒi'doʳ] M: **~ de pressão** pressure gauge; **~ de gás** gas meter

medieval [medʒje'vaw] (*pl* **-ais**) ADJ medieval

médio, -a ['mɛdʒju, a] ADJ (*dedo, classe*) middle; (*tamanho, estatura*) medium; (*mediano*) average; **a ~ prazo** in the medium term; **ensino ~** secondary education; **o brasileiro ~** the average Brazilian

medíocre [me'dʒiokri] ADJ mediocre

mediocridade [medʒjokri'dadʒi] F mediocrity

mediocrizar [medʒjokri'zaʳ] VT to make mediocre

medir [me'dʒiʳ] VT to measure; (*atos, palavras*) to weigh; (*avaliar*: *conseqüências, distâncias*) to weigh up ■ VI to measure; **medir-se** VR to measure o.s.; **--se (com alguém)** (*comparar-se*) to be on a par (with sb); **quanto você mede?** -- **meço 1.60 m** how tall are you? -- I'm 1.60 m (tall); **a saia mede 80 cm de comprimento** the skirt is 80 cm long; **meça suas palavras!** watch your language!; **~ alguém dos pés à cabeça** (*fig*) to eye sb up; **não ter mãos a ~** (*fig*) to have one's hands full

meditação [medʒita'sãw] (*pl* **-ões**) F meditation

meditar [medʒi'taʳ] VI to meditate; **~ sobre algo** to ponder (on) sth

meditativo, -a [medʒita'tʃivu, a] ADJ

thoughtful, reflective

mediterrâneo, -a [medʒite'xanju, a] ADJ Mediterranean ■ M: **o M~** the Mediterranean

médium ['mɛdʒjũ] (*pl* **-ns**) M (*pessoa*) medium

mediunidade [medʒjuni'dadʒi] F second sight

médiuns ['mɛdʒjũʃ] MPL *de* **médium**

medo ['medu] M fear; **com ~** afraid; **com ~ que** for fear that; **ficar com ~** to get frightened; **meter ~** to be frightening; **meter ~ em alguém** to frighten sb; **ter ~ de** to be afraid of; **ter um ~ que se péla** (*fig*) to be frightened out of one's wits

medonho, -a [me'doɲu, a] ADJ terrible, awful

medrar [me'dra^{r}] VI to thrive, flourish; (*col*: *ter medo*) to get frightened

medroso, -a [me'drozu, ɔza] ADJ (*com medo*) frightened; (*tímido*) timid

medula [me'dula] F marrow

megabyte [mega'bajtʃi] M megabyte

megalomania [megaloma'nia] F megalomania

megalomaníaco, -a [megaloma'niaku, a] ADJ, M/F megalomaniac

megaton [mega'tõ] M megaton

megera [me'ʒɛra] F shrew; (*mãe*) cruel mother

meia ['meja] F stocking; (*curta*) sock; (*meia-entrada*) half-price ticket ■ NUM six; **(ponto de) ~** stocking stitch

meia-calça (*pl* **meias-calças**) F tights *pl* (*Brit*), panty hose (*US*)

meia-direita (*pl* **meias-direitas**) F (*Futebol*) inside right ■ M (*jogador*) inside right

meia-entrada (*pl* **meias-entradas**) F half-price ticket

meia-esquerda (*pl* **meias-esquerdas**) F (*Futebol*) inside left ■ M (*jogador*) inside left

meia-estação F: **roupa de ~** spring *ou* autumn clothing

meia-idade F middle age; **pessoa de ~** middle-aged person

meia-lua F half moon; (*formato*) semicircle

meia-luz F half light

meia-noite F midnight

meia-tigela F: **de ~** two-bit

meia-volta (*pl* **meias-voltas**) F (*tb*: *Mil*) about-turn (*Brit*), about-face (*US*)

meigo, -a ['mejgu, a] ADJ sweet

meiguice [mej'gisi] F sweetness

meio, -a ['meju, a] ADJ half ■ ADV a bit, rather ■ M (*centro*) middle; (*social, profissional*) milieu; (*tb*: **meio ambiente**) environment; (*meios*) means *pl*; (*maneira*) way; **meios** MPL (*recursos*) means *pl*; **~ quilo** half a kilo; **um mês e ~** one and a half months; **cortar ao ~** to cut in half; **deixar algo pelo ~** to leave sth half-finished; **dividir algo ~ a ~** to divide sth in half *ou* fifty-fifty; **o quarto do ~** the middle room, the room in the middle; **em ~ a** amid; **no ~ (de)** in the middle (of); **nos ~s financeiros** in financial circles; **~s de comunicação (de massa)** (mass) media *pl*; **~s de produção** means *pl* of production; **~ de transporte** means *sg* of transport; **por ~ de** through; **por todos os ~s** by all available means; **não há ~ de chover/de ela chegar cedo** there is no way it's going to rain/she will arrive early; **embolar o ~ de campo** (*fig*) to foul things up

meio-de-campo (*pl* **meios-de-campo**) M (*Futebol*) centre (*Brit*) *ou* center (*US*) forward; (: *posição*) midfield

meio-dia M midday, noon

meio-feriado (*pl* **meios-feriados**) M half-day holiday

meio-fio M kerb (*Brit*), curb (*US*)

meio-termo (*pl* **meios-termos**) M (*fig*) compromise

meio-tom (*pl* **meios-tons**) M (*Mús*) semitone; (*nuança*) half-tone

mel [mɛw] M honey

melaço [me'lasu] M treacle (*Brit*), molasses *pl* (*US*)

melado, -a [me'ladu, a] ADJ (*pegajoso*) sticky ■ M (*melaço*) treacle (*Brit*), molasses *pl* (*US*)

melancia [melã'sia] F watermelon

melancieira [melã'sjejra] F watermelon plant

melancolia [melãko'lia] F melancholy, sadness; **melancólico, -a** [melã'kɔliku, a] ADJ melancholy, sad

Melanésia [mela'nɛzja] F: **a ~** Melanesia

melão [me'lãw] (*pl* **-ões**) M melon

melar [me'la^{r}] VT to dirty ■ VI (*gorar*) to flop; **melar-se** VR to get messy

meleca [me'lɛka] (*col*) F snot; (*uma meleca*) bogey; **tirar ~** to pick one's nose; **que ~!** (*col*) what crap!

meleira [me'lejra] F sticky mess

melena [me'lena] F long hair

melhor [me'ʎɔ^{r}] ADJ, ADV (*compar*) better; (*superl*) best; **~ que nunca** better than ever; **quanto mais ~** the more the better; **seria ~ começarmos** we had better begin; **tanto ~** so much the better; **~ ainda** even better; **bem ~** much better; **o ~ é ...** the best thing is ...; **levar a ~** to come off best; **ou ~ ...** (*ou antes*) or rather ...; **fiz o ~ que pude** I did the best I could; **no ~ da festa** (*fig*: *no melhor momento*) when things are (*ou* were) in full swing; (: *inesperadamente*) all of a sudden; **melhora** [me'ʎɔra] F improvement; **melhoras!** get well soon!

melhorada [meʎo'rada] (*col*) F: **dar uma ~** to get better

melhoramento [meʎora'mẽtu] M improvement

melhorar [meʎo'ra^{r}] VT to improve, make better; (*doente*) to cure ■ VI to improve, get better; **~ de vida** to improve one's circumstances; **~ no emprego** to get better at one's job

meliante [me'ljãtʃi] M scoundrel; (*vagabundo*) tramp

melindrar [melĩ'dra^{r}] VT to offend, hurt; **melindrar-se** VR to take offence (*Brit*) *ou* offense (*US*), be hurt

melindre [me'lĩdri] M sensitivity

melindroso, -a [melĩ'drozu, ɔza] ADJ (*sensível*) sensitive, touchy; (*problema, situação*) tricky;

(*operação*) delicate
melodia [melo'dʒia] F melody; (*composição*) tune
melódico, -a [me'lɔdʒiku, a] ADJ melodic
melodrama [melo'drama] M melodrama
melodramático, -a [melodra'matʃiku, a] ADJ melodramatic
meloeiro [me'lwejru] M melon plant
melões [me'lõjʃ] MPL *de* **melão**
meloso, -a [me'lozu, ɔza] ADJ sweet; (*voz*) mellifluous; (*fig*: *pessoa*) sweet-talking
melro ['mɛwxu] M blackbird
membrana [mẽ'brana] F membrane
membro ['mẽbru] M member; (*Anat*: *braço, perna*) limb
membrudo, -a [mẽ'brudu, a] ADJ big; (*fig*) robust
memento [me'mẽtu] M reminder; (*caderneta*) jotter
memorando [memo'rãdu] M (*aviso*) note; (*Com*: *comunicação*) memorandum
memorável [memo'ravew] (*pl* **-eis**) ADJ memorable
memória [me'mɔrja] F memory; **memórias** FPL (*de autor*) memoirs; **de ~** by heart; **em ~ de** in memory of; **~ fraca** bad memory; **falta de ~** loss of memory; **digno de ~** memorable; **vir à ~** to come to mind; **varrer da ~** (*fig*) to wipe sth from one's memory; **~ RAM** RAM memory; **~ não-volátil** non-volatile memory
memorial [memo'rjaw] (*pl* **-ais**) M memorial; (*Jur*) brief
memorizar [memori'zaʳ] VT to memorize
menção [mẽ'sãw] (*pl* **-ões**) F mention, reference; **~ honrosa** honours (*Brit*), honors (*US*), distinction; **fazer ~ de algo** to mention sth; **fazer ~ de sair** to make as if to leave, begin to leave
mencionar [mẽsjo'naʳ] VT to mention; **para não ~ ...** not to mention ...; **sem ~ ...** let alone ....
menções [mẽ'sõjʃ] FPL *de* **menção**
mendicância [mẽdʒi'kãsja] F begging
mendicante [mẽdʒi'kãtʃi] ADJ mendicant ■ M/F beggar
mendigar [mẽdʒi'gaʳ] VT to beg for ■ VI to beg; **mendigo, -a** [mẽ'dʒigu, a] M/F beggar
menear [me'njaʳ] VT (*corpo, cabeça*) to shake; (*quadris*) to swing; **~ a cabeça de modo afirmativo** to nod (one's head)
meneio [me'neju] M (*balanço*) swaying
menina [me'nina] F: **~ do olho** pupil; **ser a ~ dos olhos de alguém** (*fig*) to be the apple of sb's eye; *v tb* **menino**
meninada [meni'nada] F kids *pl*
meningite [menĩ'ʒitʃi] F meningitis
meninice [meni'nisi] F (*infância*) childhood; (*modos de criança*) childishness; (*ato, dito*) childish thing
menino, -a [me'ninu, a] M/F boy/girl; **seu sorriso de ~** his boyish smile
meninote, -a [meni'nɔtʃi, ta] M/F boy/girl
menopausa [meno'pawza] F menopause
menor [me'nɔʳ] ADJ (*mais pequeno*: *compar*) smaller; (: *superl*) smallest; (*mais jovem*: *compar*) younger; (: *superl*) youngest; (*o mínimo*) least, slightest; (*tb*: **menor de idade**) under age ■ M/F juvenile, young person; (*Jur*) minor; **~ abandonado** abandoned child; **proibido para ~es** over 18s only; (*filme*) X-certificate (*Brit*), X-rated (*US*); **um ~ de 10 anos** a child of ten; **não tenho a ~ idéia** I haven't the slightest idea
menoridade [menori'dadʒi] F under-age status

PALAVRA CHAVE

menos ['menuʃ] ADJ **1** (*compar*): **menos (do que)** (*quantidade*) less (than); (*número*) fewer (than); **com menos entusiasmo** with less enthusiasm; **menos gente** fewer people
2 (*superl*) least; **é o que tem menos culpa** he is the least to blame
■ ADV **1** (*compar*): **menos (do que)** less (than); **gostei menos do que do outro** I liked it less than the other one
2 (*superl*): **é o menos inteligente da classe** he is the least bright in his class; **de todas elas é a que menos me agrada** out of all of them she's the one I like least; **pelo menos** at (the very) least
3 (*frases*): **temos sete a menos** we are seven short; **não é para menos** it's no wonder; **isso é o de menos** that's nothing
■ PREP (*exceção*) except; (*números*) minus; **todos menos eu** everyone except (for) me; **5 menos 2** 5 minus 2
■ CONJ: **a menos que** unless; **a menos que ele venha amanhã** unless he comes tomorrow
■ M: **o menos** the least

menosprezar [menuʃpre'zaʳ] VT (*subestimar*) to underrate; (*desprezar*) to despise, scorn
menosprezível [menuʃpre'zivew] (*pl* **-eis**) ADJ despicable
menosprezo [menuʃ'prezu] M contempt, disdain
mensageiro, -a [mẽsa'ʒejru, a] ADJ messenger *atr* ■ M/F messenger
mensagem [mẽ'saʒẽ] (*pl* **-ns**) F message; **~ de erro** (*Comput*) error message; **~ de texto** text (message); **mandar uma ~ de texto para** to text; **eu te mando uma ~ de texto quando voltar** I'll text you when I get back; **~s** (*fpl*) **instantâneas** *ou* **sistema** (*m*) **de ~s instantâneas** instant messaging
mensal [mẽ'saw] (*pl* **-ais**) ADJ monthly; **ele ganha £1000 mensais** he earns £1000 a month; **mensalidade** [mẽsali'dadʒi] F monthly payment; **mensalmente** [mẽsaw'mẽtʃi] ADV monthly

NB: *European Portuguese adds the following consonants to certain words*: **b** (sú(b)dito, su(b)til); **c** (a(c)ção, a(c)cionista, a(c)to); **m** (inde(m)ne); **p** (ado(p)çã, ado(p)tar); *for further details see p. xiii.*

menstruação [mẽʃtrwa'sãw] F period, menstruation
menstruada [mẽʃ'trwada] ADJ having one's period; (*Med*) menstruating
menstrual [mẽʃ'trwaw] (*pl* **-ais**) ADJ menstrual
menstruar [mẽʃ'trwa^{r}] VI to menstruate, have a period
mênstruo ['mẽʃtru] M period, menstruation
menta ['mẽta] F mint
mental [mẽ'taw] (*pl* **-ais**) ADJ mental; **mentalidade** [mẽtali'dadʒi] F mentality
mentalizar [mẽtali'za^{r}] VT (*plano*) to conceive; **~ alguém de algo** to make sb realize sth
mente ['mẽtʃi] F mind; **de boa ~** willingly; **ter em ~** to bear in mind
mentecapto, -a [mẽtʃi'kaptu, a] ADJ mad, crazy ■ M/F fool, idiot
mentir [mẽ'tʃi^{r}] VI to lie; **minto!** (I) tell a lie!
mentira [mẽ'tʃira] F lie; (*ato*) lying; **parece ~ que** it seems incredible that; **de ~** not for real; **~!** (*acusação*) that's a lie!, you're lying; (*de surpresa*) you don't say!, no!; **mentiroso, -a** [mẽtʃi'rozu, ɔza] ADJ lying; (*enganoso*) deceitful; (*falso*) deceptive ■ M/F liar
mentol [mẽ'tɔw] (*pl* **-óis**) M menthol
mentolado, -a [mẽto'ladu, a] ADJ mentholated
mentor [mẽ'to^{r}] M mentor
menu [me'nu] M (*tb: Comput*) menu
mercadinho [mexka'dʒinu] M local market
mercado [mex'kadu] M market; **~ à vista** spot market; **M~ Comum** Common Market; **~ de capitais** capital market; **~ das pulgas** flea market; **~ de trabalho** labo(u)r market; **~ externo/interno** foreign/domestic *ou* home market; **~ negro** *ou* **paralelo** black market
mercadologia [mexkadolo'ʒia] F marketing
mercador [mexka'do^{r}] M merchant, trader
mercadoria [mexkado'ria] F commodity; **mercadorias** (*produtos*) FPL goods
mercante [mex'kãtʃi] ADJ merchant *atr*
mercantil [mexkã'tʃiw] (*pl* **-is**) ADJ mercantile, commercial
mercê [mex'se] F (*favor*) favour (*Brit*), favor (*US*); (*perdão*) mercy; **à ~ de** at the mercy of
mercearia [mexsja'ria] F grocer's (shop) (*Brit*), grocery store
merceeiro [mex'sjejru] M grocer
mercenário, -a [mexse'narju, a] ADJ mercenary ■ M mercenary
mercúrio [mex'kurju] M mercury; **M~** Mercury
merda ['mɛxda] (*col!*) F shit (*!*) ■ M/F (*pessoa*) jerk; **a ~ do carro** the bloody (*Brit*) *ou* goddamn (*US*) car (*!*); **mandar alguém à ~** to tell sb to piss off (*!*); **estar numa ~** to be fucked up (*!*); **~ nenhuma** fuck all (*!*); **ser uma ~** (*viagem, filme*) to be crap (*!*)
merecedor, a [merese'do^{r}(a)] ADJ deserving
merecer [mere'se^{r}] VT to deserve; (*consideração*) to merit; (*valer*) to be worth ■ VI to be worthy; **merecido, -a** [mere'sidu, a] ADJ deserved; (*castigo, prêmio*) just
merecimento [meresi'mẽtu] M desert; (*valor, talento*) merit
merenda [me'rẽda] F packed lunch; **~ escolar** free school meal
merendar [merẽ'da^{r}] VI to have school dinner
merendeira [merẽ'dejra] F (*maleta*) lunch-box; (*funcionária*) dinner-lady
merengue [me'rẽgi] M meringue
meretrício [mere'trisju] M prostitution
meretriz [mere'triʒ] F prostitute
mergulhador, a [mexguʎa'do^{r}(a)] ADJ diving ■ M/F diver
mergulhar [mexgu'ʎa^{r}] VI (*para nadar*) to dive; (*penetrar*) to plunge ■ VT: **~ algo em algo** (*num líquido*) to dip sth into sth; (*na terra etc*) to plunge sth into sth; **~ no trabalho/na floresta** to immerse o.s. in one's work/go deep into the forest; **mergulho** [mex'guʎu] M dip(ping), immersion; (*em natação*) dive; (*vôo*) nose-dive; **dar um mergulho** (*na praia*) to go for a dip
meridiano [meri'dʒjanu] M meridian
meridional [meridʒjo'naw] (*pl* **-ais**) ADJ southern
mérito ['mɛritu] M merit
meritório, -a [meri'tɔrju, a] ADJ meritorious
merluza [mex'luza] F hake
mero, -a ['mɛru, a] ADJ mere
mertiolate® [mextʃjo'latʒi] M antiseptic
mês [meʃ] M month; **pago por ~** paid by the month; **duas vezes por ~** twice a month; **~ corrente** this month
mesa ['meza] F table; (*de trabalho*) desk; (*comitê*) board; (*numa reunião*) panel; **pôr/tirar a ~** to lay/clear the table; **à ~** at the table; **por baixo da ~** (*tb fig*) under the table; **~ de bilhar** billiard table; **~ de centro** coffee table; **~ de cozinha/jantar** kitchen/dining table; **~ de jogo** card table; **~ de toalete** dressing table; **~ telefônica** switchboard
mesada [me'zada] F monthly allowance; (*de criança*) pocket-money
mesa-de-cabeceira (*pl* **mesas-de-cabeceira**) F bedside table
mesa-redonda (*pl* **mesas-redondas**) F discussion panel
mescla ['mɛʃkla] F mixture, blend
mesclar [meʃ'kla^{r}] VT to mix (up); (*cores*) to blend
meseta [me'zeta] F plateau, tableland
mesmice [meʒ'misi] F sameness
mesmo, -a ['meʒmu, a] ADJ same; (*enfático*) very ■ ADV (*exatamente*) right; (*até*) even; (*realmente*) really ■ M/F: **o ~/a mesma** the same (one); **o ~** (*a mesma coisa*) the same (thing); **eu ~** I myself; **este ~ homem** this very man; **ele ~ o fez** he did it himself; **o Rei ~** the King himself; **continuar na mesma** to be just the same; **dá no ~** *ou* **na mesma** it's all the same; **aqui/agora/hoje ~** right here/right now/this very day; **~ que** even if; **é ~** it's true; **é ~?** really?; **(é) isso ~!** exactly!, that's right!; **por isso ~** that's why; **~ assim** even so; **nem ~** not even; **~ quando** even when; **só ~** only; **por si ~** by one's self; **..., e estive com o ~ ontem** (*referindo-se a pessoa já mencionada*)

..., and I was with him yesterday; **ficar na mesma** (*não entender*) to be none the wiser; **isto para mim é o ~** it's all the same to me; **o ~, por favor!** (*num bar etc*) the same again, please

mesquinharia [meʃkiɲa'ria] F meanness; (*ato, dito*) mean thing

mesquinho, -a [meʃ'kiɲu, a] ADJ mean

mesquita [meʃ'kita] F mosque

messias [me'siaʃ] M Messiah

mestiçar-se [meʃtʃi'saxsi] VR: **~ (com)** to interbreed (with)

mestiço, -a [meʃ'tʃisu, a] ADJ half-caste, of mixed race; (*animal*) crossbred ■ M/F half-caste; half-breed

mestrado [meʃ'trado] M master's degree; **fazer/tirar o ~** to do/get one's master's (degree)

mestre, -a ['mɛʃtri, a] ADJ (*chave, viga*) master; (*linha, estrada*) main; (*qualidade*) masterly ■ M/F master/mistress; (*professor*) teacher; **de ~** masterly; **obra mestra** masterpiece; **ele é ~ em mentir** he's an expert liar

mestre-cuca (*pl* **mestres-cucas**) (*col*) M chef

mestre-de-cerimônias (*pl* **mestres-de-cerimônias**) M master of ceremonies, MC

mestre-de-obras (*pl* **mestres-de-obras**) M foreman

mestria [meʃ'tria] F mastery; (*habilidade*) expertise; **com ~** to perfection

mesura [me'zura] F (*cumprimento*) bow; (*cortesia*) courtesy; **cheio de ~s** cap in hand

meta ['mɛta] F (*em corrida*) finishing post; (*regata*) finishing line; (*gol*) goal; (*objetivo*) aim, goal

metabolismo [metabo'liʒmu] M metabolism

metade [me'tadʒi] F half; (*meio*) middle; **~ de uma laranja** half an orange; **pela ~** halfway through

metafísica [meta'fizika] F metaphysics *sg*

metafísico, -a [meta'fiziku, a] ADJ metaphysical

metáfora [me'tafora] F metaphor

metafórico, -a [meta'fɔriku, a] ADJ metaphorical

metal [me'taw] (*pl* **-ais**) M metal; **metais** MPL (*Mús*) brass *sg*; **metálico, -a** [me'taliku, a] ADJ metallic; (*de metal*) metal

metalinguagem [metalī'gwaʒẽ] (*pl* **-ns**) F metalanguage

metalizado, -a [metali'zadu, a] ADJ (*papel etc*) metallic

metalurgia [metalux'ʒia] F metallurgy

metalúrgica [meta'luxʒika] F metal works *sg*; *v tb* **metalúrgico**

metalúrgico, -a [meta'luxʒiku, a] ADJ metallurgical ■ M/F metalworker

metamorfose [metamox'fɔzi] F metamorphosis

metamorfosear [metamoxfo'zjaʳ] VT: **~ alguém em algo** to transform sb into sth

metano [me'tanu] M methane

meteórico, -a [mete'ɔriku, a] ADJ meteoric

meteorito [meteo'ritu] M meteorite

meteoro [me'tjɔru] M meteor

meteorologia [meteorolo'ʒia] F meteorology

meteorológico, -a [meteoro'lɔʒiku, a] ADJ meteorological

meteorologista [meteorolo'ʒiʃta] M/F meteorologist; (*TV, Rádio*) weather forecaster

meter [me'teʳ] VT (*colocar*) to put; (*envolver*) to involve; (*introduzir*) to introduce; **meter-se** VR (*esconder-se*) to hide; (*retirar-se*) to closet o.s.; **~-se a fazer algo** to decide to have a go at sth; **~-se a médico** fraudulently, to act as a doctor; **~-se com** (*provocar*) to pick a quarrel with; (*associar-se*) to get involved with; **meta-se com a sua vida** mind your own business; **~-se em** to get involved in; (*intrometer-se*) to interfere in; **~ na cabeça** to take it into one's head; **~-se na cama** to get into bed; **~-se onde não é chamado** to poke one's nose in(to other people's business)

meticulosidade [metʃikulozi'dadʒi] F meticulousness

meticuloso, -a [metʃiku'lozu, ɔza] ADJ meticulous

metido, -a [me'tʃidu, a] ADJ (*envolvido*) involved; (*intrometido*) meddling; **~ (a besta)** snobbish

metódico, -a [me'tɔdʒiku, a] ADJ methodical

metodismo [meto'dʒiʒmu] M (*Rel*) Methodism

metodista [meto'dʒiʃta] ADJ, M/F Methodist

método ['mɛtodu] M method

metodologia [metodolo'ʒia] F methodology

metragem [me'traʒẽ] F length (in metres (*Brit*) *ou* meters (*US*)); (*Cinema*) footage, length; **filme de longa/curta ~** feature *ou* full-length/short film

metralhadora [metraʎa'dora] F sub-machine gun

metralhar [metra'ʎaʳ] VT (*ferir, matar*) to shoot; (*fazer fogo contra*) to spray with machine-gun fire

métrica ['mɛtrika] F (*em poesia*) metre (*Brit*), meter (*US*)

métrico, -a ['mɛtriku, a] ADJ metric

metro ['mɛtru] M metre (*Brit*), meter (*US*); (*PT: metropolitano*) underground (*Brit*), subway (*US*); **~ quadrado/cúbico** square/cubic metre

metrô [me'tro] (BR) M underground (*Brit*), subway (*US*)

metrópole [me'trɔpoli] F metropolis; (*capital*) capital

metropolitano, -a [metropoli'tanu, a] ADJ metropolitan ■ M (*PT*) underground (*Brit*), subway (*US*)

metroviário, -a [metro'vjarju, a] ADJ underground *atr* (*Brit*), subway *atr* (*US*) ■ M/F underground (*Brit*) *ou* subway (*US*) worker

meu, minha [mew, 'miɲa] ADJ my ■ PRON mine; **os meus** MPL (*minha família*) my family *ou* folks (*col*); **um amigo ~** a friend of mine; **este livro é ~** this book is mine; **estou na minha**

NB: *European Portuguese adds the following consonants to certain words*: **b** (sú(b)dito, su(b)til); **c** (a(c)ção, a(c)cionista, a(c)to); **m** (inde(m)ne); **p** (ado(p)çã, ado(p)tar); *for further details see p. xiii.*

I'm doing my own thing
MEx (BR) ABR M = **Ministério do Exército**
mexer [me'ʃeʳ] VT (*mover*) to move; (*cabeça: dizendo sim*) to nod; (: *dizendo não*) to shake; (*misturar*) to stir; (*ovos*) to scramble ■ VI (*mover*) to move; **mexer-se** VR to move; (*apressar-se*) to get a move on; **~ com algo** (*trabalhar*) to work with sth; (*comerciar*) to deal in sth; **~ com alguém** (*provocar*) to tease sb; (*comover*) to have a profound effect on sb, get to sb (*col*); **~ em algo** to touch sth; **mexa-se!** get going!, move yourself!
mexerica [meʃe'rika] F tangerine
mexericar [meʃeri'kaʳ] VI to gossip
mexerico [meʃe'riku] M piece of gossip; **mexericos** MPL (*fofocas*) gossip *sg*
mexeriqueiro, -a [meʃeri'kejru, a] ADJ gossiping ■ M/F gossip, busybody
mexicano, -a [meʃi'kanu, a] ADJ, M/F Mexican
México ['mɛʃiku] M: **o ~** Mexico; **a Cidade do ~** Mexico City
mexida [me'ʃida] F mess, disorder
mexido, -a [me'ʃidu, a] ADJ (*papéis*) mixed up; (*ovos*) scrambled
mexilhão [meʃi'ʎãw] (*pl* **-ões**) M mussel
mezanino [meza'ninu] M mezzanine (floor)
MF (BR) ABR M = **Ministério da Fazenda**
MG (BR) ABR = **Minas Gerais**
mg ABR (= *miligrama*) mg
mi [mi] M (*Mús*) E
miado ['mjadu] M miaow
miar [mjaʳ] VI to miaow; (*vento*) to whistle
miasma ['mjaʒma] M (*fig*) decay
miau [mjaw] M miaow
MIC (BR) ABR M = **Ministério de Indústria e Comércio**
miçanga [mi'sãga] F beads *pl*
micção [mik'sãw] F urination
mico ['miku] M capuchin monkey
micose [mi'kɔzi] F mycosis
micrão [mi'krãw] (*pl* **-ões**) M (*Comput*) supermicro
micro... [mikru] PREFIXO micro...
micróbio [mi'krɔbju] M germ, microbe
microcirurgia [mikrosirux'ʒia] F microsurgery
microcomputador [mikro(kõputa'doʳ)] M micro(computer)
microcosmo [mikro'kɔʒmu] M microcosm
microempresa [mikroẽ'preza] F small business
micrões [mi'krõjʃ] MPL *de* **micrão**
microfilme [mikro'fiwmi] M microfilm
microfone [mikro'fɔni] M microphone
microinformática [mikroĩfox'matʃika] F microcomputing
Micronésia [mikro'nɛzja] F: **a ~** Micronesia
microonda [mikro'õda] F microwave
microondas [mikro'õdaʃ] M INV (*tb*: **forno de microondas**) microwave (oven)
microônibus [mikro'onibuʃ] M INV minibus
microplaqueta [mikropla'keta] F microchip; **~ de silicone** silicon chip
microprocessador [mikroprosesa'doʳ] M microprocessor
microrganismo [mikroxga'niʒmu] M microorganism
microscópico, -a [mikro'ʃkɔpiku, a] ADJ microscopic
microscópio [mikro'ʃkɔpju] M microscope
mídi ['midʒi] ADJ INV midi
mídia ['midʒja] F media *pl*
migalha [mi'gaʎa] F crumb; **migalhas** FPL (*restos, sobras*) scraps
migração [migra'sãw] (*pl* **-ões**) F migration
migrar [mi'graʳ] VI to migrate
migratório, -a [migra'tɔrju, a] ADJ migratory; **aves migratórias** birds of passage
miguel [mi'gɛw] (*pl* **-eis**) (*col*) M (*banheiro*) loo (*Brit*), john (*US*)
mijada [mi'ʒada] (*col*) F pee; **dar uma ~** to have a pee
mijar [mi'ʒaʳ] (*col*) VI to pee; **mijar-se** VR to wet o.s.
mijo ['miʒu] (*col*) M pee
mil [miw] NUM thousand; **dois ~** two thousand; **estar a ~** (*col*) to be buzzing
milagre [mi'lagri] M miracle; **por ~** miraculously; **milagroso, -a** [mila'grozu, ɔza] ADJ miraculous
milenar [mile'naʳ] ADJ thousand-year-old; (*fig*) ancient
milênio [mi'lenju] M millennium
milésimo, -a [mi'lɛzimu, a] NUM thousandth
mil-folhas F INV (*massa*) millefeuille pastry; (*doce*) cream slice
milha ['miʎa] F mile; (*col*: *mil cruzeiros*): **dez ~s** ten grand; **~ marítima** nautical mile
milhão [mi'ʎãw] (*pl* **-ões**) M million; **um ~ de vezes** hundreds of times; **adorei milhões!** (*col*) I loved it!
milhar [mi'ʎaʳ] M thousand; **turistas aos ~es** tourists in their thousands
milharal [miʎa'raw] (*pl* **-ais**) M maize (*Brit*) *ou* corn (*US*) field
milho ['miʎu] M maize (*Brit*), corn (*US*)
milhões [miʎ'õjs] MPL *de* **milhão**
miliardário, -a [miljax'darju, a] ADJ, M/F billionaire
milícia [mi'lisja] F (*Mil*) militia; (: *vida*) military life; (: *força*) military force
milico [mi'liku] (*col*) M military type
miligrama [mili'grama] M milligram
mililitro [mili'litru] M millilitre (*Brit*), milliliter (*US*)
milímetro [mi'limetru] M millimetre (*Brit*), millimeter (*US*)
milionário, -a [miljo'narju, a] ADJ, M/F millionaire
militância [mili'tãsja] F militancy
militante [mili'tãtʃi] ADJ, M/F militant
militar [mili'taʳ] ADJ military ■ M soldier ■ VI to fight; **~ em** (*Mil*: *regimento*) to serve in; (*Pol*: *partido*) to belong to, be active in; (*profissão*) to work in
militarismo [milita'riʒmu] M militarism

militarista [milita'riʃta] ADJ, M/F militarist
militarizar [militari'zaʳ] VT to militarize
mil-réis M INV *former unit of currency in Brazil and Portugal*
mim [mĩ] PRON me; (*reflexivo*) myself; **de ~ para ~** to myself
mimado, -a [mi'madu, a] ADJ spoiled, spoilt (*Brit*)
mimar [mi'maʳ] VT to pamper, spoil
mimeógrafo [mime'ɔgrafu] M duplicating machine
mimetismo [mime'tʃiʒmu] M (*Bio*) mimicry
mímica ['mimika] F mime; (*jogo*) charades; *v tb* **mímico**
mímico, -a ['mimiku, a] M/F mime artist
mimo ['mimu] M (*presente*) gift; (*pessoa, coisa encantadora*) delight; (*carinho*) tenderness; (*gentileza*) kindness; **cheio de ~s** (*criança*) spoiled, spoilt (*Brit*); **mimoso, -a** [mi'mozu, ɔza] ADJ (*delicado*) delicate; (*carinhoso*) tender, loving; (*encantador*) delightful
MIN (BR) ABR M = **Ministério do Interior**
min. ABR (= *mínimo*) min
mina ['mina] F mine; (*fig: de riquezas*) gold mine; (: *de informações*) mine of information; (*col: garota*) girl; **~ de carvão** coal mine; **~ de ouro** (*tb fig*) gold mine
minar [mi'naʳ] VT to mine; (*fig*) to undermine
minarete [mina'retʃi] M minaret
Minc (BR) ABR M = **Ministério da Cultura**
mindinho [mĩ'dʒiɲu] M (*tb*: **dedo mindinho**) little finger
mineiro, -a [mi'nejru, a] ADJ mining *atr*; (*de Minas Gerais*) from Minas Gerais ■ M/F miner; person from Minas Gerais
mineração [minera'sãw] F mining
mineral [mine'raw] (*pl* **-ais**) ADJ, M mineral
mineralogia [mineralo'ʒia] F mineralogy
minerar [mine'raʳ] VT, VI to mine
minério [mi'nerju] M ore; **~ de ferro** iron ore
mingau [mĩ'gaw] M (*tb*: **mingau de aveia**) porridge; (*fig*) slop
míngua ['mĩgwa] F lack; **à ~ de** for want of; **viver à ~** to live in poverty; **minguado, -a** [mĩ'gwadu, a] ADJ scant; (*criança*) stunted; **minguado de algo** short of sth
minguante [mĩ'gwãtʃi] ADJ waning; **(quarto) ~** (*Astronomia*) last quarter
minguar [mĩ'gwaʳ] VI (*diminuir*) to decrease, dwindle; (*faltar*) to run short
minha ['miɲa] F *de* **meu**
minhoca [mi'ɲɔka] F (earth)worm; (*col: bobagem*) daft idea; **~ da terra** (*fig: caipira*) country person
míni ['mini] ADJ INV mini ■ M minicomputer
mini... [mini] PREFIXO mini...
miniatura [minja'tura] ADJ, F miniature
minicomputador [minikõputa'doʳ] M minicomputer
mínima ['minima] F (*temperatura*) low; (*Mús*) minim
minimalista [minima'liʃta] ADJ (*fig*) stark
minimizar [minimi'zaʳ] VT to minimize; (*subestimar*) to play down
mínimo, -a ['minimu, a] ADJ minimum ■ M minimum; (*tb*: **dedo mínimo**) little finger; **não dou** *ou* **ligo a mínima para isso** I couldn't care less about it; **a mínima importância/idéia** the slightest importance/idea; **o ~ que podem fazer** the least they can do; **no ~** at least; **no ~ às 11 horas** at 11.00 at the earliest
minissaia [mini'saja] F miniskirt
ministerial [miniʃte'rjaw] (*pl* **-ais**) ADJ ministerial
ministeriável [miniʃte'rjavew] (*pl* **-eis**) ADJ eligible to be a minister
ministério [mini'ʃtɛrju] M ministry; **~ da Fazenda** ≈ Treasury (*Brit*), ≈ Treasury Department (*US*); **M~ do Interior** ≈ Home Office (*Brit*), ≈ Department of the Interior (*US*); **M~ da Marinha/Educação/Saúde** ≈ Admiralty/Ministry of Education/Health; **M~ das Relações Exteriores** ≈ Foreign Office (*Brit*), ≈ State Department (*US*); **M~ do Trabalho** ≈ Department of Employment (*Brit*) *ou* Labor (*US*); **~ público** public prosecution service
ministrar [miniʃ'traʳ] VT (*dar*) to supply; (*remédio*) to administer; (*aulas*) to give ■ VI to serve as a minister
ministro, -a [mi'niʃtru, a] M/F minister; **~ da Fazenda** ≈ Chancellor of the Exchequer (*Brit*), ≈ Head of the Treasury Department (*US*); **~ do Interior** ≈ Home Secretary (*Brit*); **~ das Relações Exteriores** ≈ Foreign Secretary (*Brit*), ≈ Head of the State Department (*US*); **~ sem pasta** minister without portfolio
minorar [mino'raʳ] VT to lessen, reduce
Minorca [mi'nɔxka] F Menorca
minoria [mino'ria] F minority
minoritário, -a [minori'tarju, a] ADJ minority *atr*
minto *etc* ['mĩtu] VB *v* **mentir**
minúcia [mi'nusja] F detail
minucioso, -a [minu'sjozu, ɔza] ADJ (*indivíduo, busca*) thorough; (*explicação*) detailed
minúsculo, -a [mi'nuʃkulu, a] ADJ minute, tiny; **letra minúscula** lower case
minuta [mi'nuta] F (*rascunho*) rough draft; (*Culin*) dish cooked to order; **~ de contrato** draft contract
minutar [minu'taʳ] VT to draft
minuto [mi'nutu] M minute
miolo ['mjolu] M inside; (*polpa*) pulp; (*de maçã*) core; **miolos** MPL (*cérebro, inteligência*) brains
míope ['miopi] ADJ short-sighted ■ M/F myopic
miopia [mjo'pia] F short-sightedness, myopia
miosótis [mjo'zɔtʃiʃ] M INV (*Bot*) forget-me-not
mira ['mira] F (*de fuzil*) sight; (*pontaria*) aim; (*fig*)

NB: *European Portuguese adds the following consonants to certain words*: **b** (sú(b)dito, su(b)til); **c** (a(c)ção, a(c)cionista, a(c)to); **m** (inde(m)ne); **p** (ado(p)çã, ado(p)tar); *for further details see p. xiii.*

aim, purpose; **à ~ de** on the lookout for; **ter em ~** to have one's eye on

mirabolante [mirabo'lãtʃi] ADJ (*roupa*) showy, loud; (*plano*) ambitious; (*surpreendente*) amazing

mirada [mi'rada] F look

miradouro [mira'doru] M viewpoint, belvedere

miragem [mi'raʒẽ] (*pl* **-ns**) F mirage

miramar [mira'mar] M sea view

mirante [mi'rãtʃi] M viewpoint, belvedere

mirar [mi'ra^{r}] VT to look at; (*observar*) to watch; (*apontar para*) to aim at ■ VI: **~ em** to aim at; **mirar-se** VR to look at o.s.; **~ para** to look onto

miríade [mi'riadʒi] F myriad

mirim [mi'rĩ] (*pl* **-ns**) ADJ little

mirrado, -a [mi'xadu, a] ADJ (*planta*) withered; (*pessoa*) haggard

mirrar-se [mi'xaxsi] VR (*planta*) to wither, dry up; (*pessoa*) to waste away

misantropo, -a [mizã'trɔpu, a] ADJ misanthropic ■ M/F misanthrope

miscelânea [mise'lanja] F miscellany; (*confusão*) muddle

miscigenação [misiʒena'sãw] F interbreeding

mise-en-plis [mizã'pli] M shampoo and set

miserável [mize'ravew] (*pl* **-eis**) ADJ (*digno de compaixão*) wretched; (*pobre*) impoverished; (*avaro*) stingy, mean; (*insignificante*) paltry; (*lugar*) squalid; (*infame*) despicable ■ M (*indigente*) wretch; (*coitado*) poor thing; (*pessoa infame*) rotter

miserê [mize're] (*col*) M poverty, pennilessness

miséria [mi'zɛrja] F (*estado lastimável*) misery; (*pobreza*) poverty; (*avareza*) stinginess; **chorar ~** to complain that one is hard up; **fazer ~s** (*col*) to do wonders; **ganhar/custar uma ~** to earn/cost a pittance; **ser uma ~** (*col*) to be awful

misericórdia [mizeri'kɔxdʒja] F (*compaixão*) pity, compassion; (*graça*) mercy

misógino, -a [mi'zɔʒinu, a] ADJ misogynistic ■ M misogynist

missa ['misa] F (*Rel*) mass; **não saber da ~ a metade** (*col*) not to know the half of it

missal [mi'saw] (*pl* **-ais**) M missal

missão [mi'sãw] (*pl* **-ões**) F mission; (*dever*) duty; (*incumbência*) job

misse ['misi] F beauty queen

míssil ['misiw] (*pl* **-eis**) M missile; **~ balístico/guiado** ballistic/guided missile; **~ de curto/médio/longo alcance** short-/medium-/long-range missile

missionário, -a [misjo'narju, a] M/F missionary

missiva [mi'siva] F missive

missões [mi'sõjʃ] FPL *de* **missão**

mister [miʃ'te^{r}] M (*ocupação*) occupation; (*trabalho*) job; **ser ~** to be necessary; **ter-se ~ de algo** to need sth; **não há ~ de** there's no need for

mistério [miʃ'tɛrju] M mystery; **fazer ~ de algo** to make a mystery of sth; **não ter ~** to be straightforward; **misterioso, -a** [miʃte'rjozu, ɔza] ADJ mysterious

misticismo [miʃtʃi'siʒmu] M mysticism

místico, -a ['miʃtʃiku, a] ADJ, M/F mystic

mistificar [miʃtʃifi'ka^{r}] VT, VI to fool

misto, -a ['miʃtu, a] ADJ mixed; (*confuso*) mixed up; (*escola*) mixed ■ M mixture; **misto-quente** (*pl* **mistos-quentes**) M toasted cheese and ham sandwich

mistura [miʃ'tura] F mixture; (*ato*) mixing

misturada [miʃtu'rada] F jumble

misturar [miʃtu'ra^{r}] VT to mix; (*confundir*) to mix up; **misturar-se** VR: **misturar-se com** to mix in with, mingle with

mítico, -a ['mitʃiku, a] ADJ mythical

mitificar [mitʃifi'ka^{r}] VT to mythicize; (*mulher, estrela*) to idolize

mitigar [mitʃi'ga^{r}] VT (*raiva*) to temper; (*dor*) to relieve; (*sede*) to lessen

mito ['mitu] M myth

mitologia [mitolo'ʒia] F mythology

mitológico, -a [mito'lɔʒiku, a] ADJ mythological

miudezas [mju'dezaʃ] FPL minutiae; (*bugigangas*) odds and ends; (*objetos pequenos*) trinkets

miúdo, -a ['mjudu, a] ADJ (*pequeno*) tiny, minute ■ M/F (*PT: criança*) youngster, kid; **miúdos** MPL (*dinheiro*) change *sg*; (*de aves*) giblets; **dinheiro ~** small change; **trocar em ~s** (*fig*) to spell it out

mixa ['miʃa] (*col*) ADJ (*insignificante*) measly; (*de má qualidade*) crummy; (*festa*) dull

mixagem [mik'saʒẽ] F mixing

mixar[1] [mi'ʃa^{r}] VT to mess up ■ VI (*gorar*) to go down the drain; (*acabar*) to finish

mixar[2] [mik'sa^{r}] VT (*sons*) to mix

mixaria [miʃa'ria] (*col*) F (*coisa sem valor*) trifle; (*insignificância*) trivial matter

mixórdia [mi'ʃɔxdʒja] F mess, jumble

MJ ABR M = **Ministério da Justiça**

MM ABR M = **Ministério da Marinha**

mm ABR (= *milímetro*) mm

MME (BR) ABR M = **Ministério de Minas e Energia**

mnemônico, -a [mne'moniku, a] ADJ mnemonic

mo [mu] PRON = **me + o**

mó [mɔ] F (*de moinho*) millstone; (*para afiar*) grindstone

moa *etc* ['moa] VB *v* **moer**

moagem ['mwaʒẽ] F grinding

móbil ['mɔbiw] (*pl* **-eis**) ADJ = **móvel**

mobilar [mobi'la^{r}] (*PT*) VT to furnish

móbile ['mɔbili] M mobile

mobília [mo'bilja] F furniture; **mobiliar** [mobi'lja^{r}] (BR) VT to furnish

mobiliária [mobi'ljarja] F furniture shop

mobiliário [mobi'ljarju] M furnishings *pl*

mobilidade [mobili'dadʒi] F mobility; (*fig: de espírito*) changeability

mobilização [mobiliza'sãw] F mobilization

mobilizar [mobili'za^{r}] VT to mobilize; (*movimentar*) to move

Mobral [mo'braw] ABR M = **Movimento Brasileiro de Alfabetização**

moça ['mosa] F girl, young woman

moçada [mo'sada] F (*moços*) boys *pl*; (*moças*) girls *pl*
moçambicano, -a [mosãbi'kanu, a] ADJ, M/F Mozambican
Moçambique [mosã'biki] M Mozambique
moção [mo'sãw] (*pl* **-ões**) F motion
mocassim [moka'sĩ] (*pl* **-ns**) M moccasin; (*sapato esporte*) slip-on
mochila [mo'ʃila] F rucksack
mocidade [mosi'dadʒi] F youth; (*os moços*) young people *pl*
mocinho, -a [mo'sinu, a] M/F little boy/girl ■ M (*herói*) hero, good guy
moço, -a ['mosu, a] ADJ young ■ M young man, lad; **~ de bordo** ordinary seaman; **~ de cavalariça** groom
moções [mo'sõjʃ] FPL *de* **moção**
mocorongo, -a [moko'rõgu, a] (*col*) M/F country bumpkin
moda ['mɔda] F fashion; **estar na ~** to be in fashion, be all the rage; **fora da ~** old-fashioned; **sair da** *ou* **cair de ~** to go out of fashion; **a última ~** the latest fashion; **à ~ brasileira** in the Brazilian way; **ele faz tudo à sua ~** he does everything his own way; **fazer ~** to make up stories
modalidade [modali'dadʒi] F kind; (*Esporte*) event
modelagem [mode'laʒẽ] F modelling; **~ do corpo** bodybuilding
modelar [mode'la^{r}] VT to model; (*assinalar os contornos de*) to shape, highlight; **modelar-se** VR: **modelar(-se) a algo** to model (o.s.) on sth
modelista [mode'liʃta] M/F designer
modelo [mo'delu] M model; (*criação de estilista*) design
moderação [modera'sãw] (*pl* **-ões**) F moderation
moderado, -a [mode'radu, a] ADJ moderate; (*clima*) mild
moderar [mode'ra^{r}] VT to moderate; (*violência*) to control, restrain; (*velocidade*) to reduce; (*voz*) to lower; (*gastos*) to cut down; **moderar-se** VR to control o.s.
modernidade [modexni'dadʒi] F modernity
modernismo [modex'niʒmu] M modernism
modernização [modexniza'sãw] (*pl* **-ões**) F modernization
modernizar [modexni'za^{r}] VT to modernize; **modernizar-se** VR to modernize
moderno, -a [mo'dɛxnu, a] ADJ modern; (*atual*) present-day
modernoso, -a [modex'nozu, ɔza] ADJ newfangled
módess® ['mɔdeʃ] (*col*) M INV sanitary towel (*Brit*) *ou* napkin (*US*)
modéstia [mo'dɛʃtʃja] F modesty
modesto, -a [mo'dɛʃtu, a] ADJ modest; (*simples*) simple, plain; (*vida*) frugal
módico, -a ['mɔdʒiku, a] ADJ moderate; (*preço*) reasonable; (*bens*) scant
modificação [modʒifika'sãw] (*pl* **-ões**) F modification
modificar [modʒifi'ka^{r}] VT to modify, alter
modinha [mo'dʒiɲa] F popular song, tune
modismo [mo'dʒiʒmu] M idiom
modista [mo'dʒiʃta] F dressmaker
modo ['mɔdu] M (*maneira*) way, manner; (*método*) way; (*Ling*) mood; (*Mús*) mode; **modos** MPL (*comportamento*) manners; **~ de pensar** way of thinking; **de (tal) ~ que** so (that); **de ~ nenhum** in no way; **de qualquer ~** anyway, anyhow; **tenha ~s!** behave yourself!; **de ~ geral** in general; **~ de andar** way of walking, walk; **~ de escrever** style of writing; **~ de emprego** instructions *pl* for use; **~ de ser** way (of being), manner; **~ de vida** way of life
modorra [mo'doxa] F (*sonolência*) drowsiness; (*letargia*) lethargy
modulação [modula'sãw] (*pl* **-ões**) F modulation; **~ de freqüência** frequency modulation
modular [modu'la^{r}] VT to modulate ■ ADJ modular
módulo ['mɔdulu] M module; **~ lunar** lunar module
moeda ['mwɛda] F (*uma moeda*) coin; (*dinheiro*) currency; **uma ~ de 10p** a 10p piece; **~ corrente** currency; **pagar na mesma ~** to give tit for tat; **Casa da M~** ≈ the Mint (*Brit*), ≈ the (US) Mint; **~ falsa** forged money; **~ forte** hard currency
moedor [moe'do^{r}] M (*de café*) grinder; (*de carne*) mincer
moenda ['mwẽda] F grinding equipment
moer [mwe^{r}] VT (*café*) to grind; (*cana*) to crush; (*bater*) to beat; (*cansar*) to tire out
mofado, -a [mo'fadu, a] ADJ mouldy (*Brit*), moldy (*US*)
mofar [mo'fa^{r}] VI to go mouldy (*Brit*) *ou* moldy (*US*); (*na prisão*) to rot; (*ficar esperando*) to hang around; (*zombar*) to mock, scoff ■ VT to cover in mo(u)ld
mofo ['mofu] M (*Bot*) mould (*Brit*), mold (*US*); **cheiro de ~** musty smell
mogno ['mɔgnu] M mahogany
mói *etc* [mɔj] VB *v* **moer**
moía *etc* [mo'ia] VB *v* **moer**
moído, -a [mo'idu, a] PP *de* **moer** ■ ADJ (*café*) ground; (*carne*) minced; (*cansado*) tired out; (*corpo*) aching
moinho ['mwiɲu] M mill; (*de café*) grinder; **~ de vento** windmill
moisés [moj'zɛʃ] M INV carry-cot
moita ['mɔjta] F thicket; **~!** mum's the word!; **na ~** (*fig*) on the quiet; **ficar na ~** (*fazer segredo*) to keep quiet, not say a word; (*ficar na expectativa*) to stand by
mola ['mɔla] F (*Tec*) spring; (*fig*) motive,

NB: *European Portuguese adds the following consonants to certain words*: **b** (sú(b)dito, su(b)til); **c** (a(c)ção, a(c)cionista, a(c)to); **m** (inde(m)ne); **p** (ado(p)çã, ado(p)tar); *for further details see p. xiii.*

motivation
molambo [mo'lãbu] M rag
molar [mo'la^{r}] M molar (tooth)
moldar [mow'da^{r}] VT to mould (*Brit*), mold (*US*); (*metal*) to cast; (*fig*) to mo(u)ld, shape
Moldávia [mow'davja] F: **a ~** Moldavia
molde ['mɔwdʒi] M mould (*Brit*), mold (*US*); (*de papel*) pattern; (*fig*) model; **~ de vestido** dress pattern
moldura [mow'dura] F (*de pintura*) frame; (*ornato*) moulding (*Brit*), molding (*US*)
moldurar [mowdu'ra^{r}] VT to frame
mole ['mɔli] ADJ (*macio, fofo*) soft; (*sem energia*) listless; (*carnes*) flabby; (*col: fácil*) easy; (*pessoa: sentimental*) soft; (*lento*) slow; (*preguiçoso*) sluggish ■ ADV (*facilmente*) easily; (*lentamente*) slowly
moleca [mo'lɛka] F urchin; (*menina*) youngster
molecada [mole'kada] F urchins *pl*
molecagem [mole'kaʒẽ] (*pl* **-ns**) F (*de criança*) prank; (*sujeira*) dirty trick; (*brincadeira*) joke
molécula [mo'lɛkula] F molecule
molecular [moleku'la^{r}] ADJ molecular
molejo [mo'leʒu] M (*de carro*) suspension; (*col: de pessoa*) wiggle
moleque [mo'lɛki] M (*de rua*) urchin; (*menino*) youngster; (*pessoa sem palavra*) unreliable person; (*canalha*) scoundrel ■ ADJ (*levado*) mischievous; (*brincalhão*) funny
molestar [moleʃta^{r}] VT (*ofender*) to upset; (*enfadar*) to annoy; (*importunar*) to bother
moléstia [mo'lɛftʃja] F illness
molesto, -a [mo'lɛʃtu, a] ADJ tiresome; (*prejudicial*) unhealthy
moletom [mole'tõ] (*pl* **-ns**) M (*de lã*) fleece; (*de algodão*) sweatshirt material; **blusa de ~** sweatshirt
moleza [mo'leza] F softness; (*falta de energia*) listlessness; (*falta de força*) weakness; **ser (uma) ~** (*col*) to be easy; **na ~** without exerting oneself
molhada [mo'ʎada] F soaking
molhado, -a [mo'ʎadu, a] ADJ wet, damp
molhar [mo'ʎa^{r}] VT to wet; (*de leve*) to moisten, dampen; (*mergulhar*) to dip; **molhar-se** VR to get wet; (*col: urinar*) to wet o.s.
molhe ['moʎi] (*PT*) M jetty; (*cais*) wharf, quay
molheira [mo'ʎejra] F sauce boat; (*para carne*) gravy boat
molho[1] ['mɔʎu] M (*de chaves*) bunch; (*de trigo*) sheaf
molho[2] ['moʎu] M (*Culin*) sauce; (: *de salada*) dressing; (: *de carne*) gravy; **pôr de ~** to soak; **estar/deixar de ~** (*roupa etc*) to be/leave to soak; **estar/ficar de ~** (*fig*) to be/stay in bed; **~ branco** white sauce; **~ inglês** Worcester sauce
molinete [moli'netʃi] M reel; (*caniço*) fishing rod
molóide [mo'lɔjdʒi] (*col*) ADJ slow ■ M/F lazybones
molusco [mo'luʃku] M mollusc (*Brit*), mollusk (*US*)
momentâneo, -a [momẽ'tanju, a] ADJ momentary
momento [mo'mẽtu] M moment; (*Tec*) momentum; **a todo ~** constantly; **de um ~ para outro** suddenly; **no ~ em que** just as; **no/neste ~** at the/this moment; **a qualquer ~** at any moment
Mônaco ['monaku] M Monaco
monarca [mo'naxka] M/F monarch, ruler
monarquia [monax'kia] F monarchy
monarquista [monax'kiʃta] ADJ, M/F monarchist
monastério [monaʃ'tɛrju] M monastery
monástico, -a [mo'naʃtʃiku, a] ADJ monastic
monção [mõ'sãw] (*pl* **-ões**) F monsoon
mondar [mõ'da^{r}] (*PT*) VT (*ervas daninhas*) to pull up; (*árvores*) to prune; (*fig*) to weed out
monetário, -a [mone'tarju, a] ADJ monetary; **correção monetária** currency adjustment
monetarismo [moneta'riʒmu] M monetarism
monetarista [moneta'riʃta] ADJ, M/F monetarist
monge ['mõʒi] M monk
mongol [mõ'gɔw] (*pl* **-óis**) ADJ, M/F Mongol, Mongolian
Mongólia [mõ'gɔlja] F: **a ~** Mongolia
mongolismo [mõgo'liʒmu] M (*Med*) mongolism
mongolóide [mõgo'lɔjdʒi] ADJ, M/F (*ofensivo*) mongol
monitor [moni'to^{r}] M monitor
monitorar [monito'ra^{r}] VT to monitor
monitorizar [monitori'za^{r}] VT = **monitorar**
monja ['mõʒa] F nun
monocromo, -a [mono'krɔmu, a] ADJ monochrome
monóculo [mo'nɔkulu] M monocle
monocultura [monokuw'tura] F monoculture
monogamia [monoga'mia] F monogamy
monógamo, -a [mo'nɔgamu, a] ADJ monogamous
monograma [mono'grama] M monogram
monologar [monolo'ga^{r}] VI to talk to o.s.; (*Teatro*) to speak a monologue ■ VT to say to o.s.
monólogo [mo'nɔlogu] M monologue
monoplano [mono'planu] M monoplane
monopólio [mono'pɔlju] M monopoly; **monopolizar** [monopoli'za^{r}] VT to monopolize
monossilábico, -a [monosi'labiku, a] ADJ monosyllabic
monossílabo [mono'silabu] M monosyllable; **responder por ~s** to reply in monosyllables
monotonia [monoto'nia] F monotony; **monótono, -a** [mo'nɔtonu, a] ADJ monotonous
monotrilho [mono'triʎu] M monorail
monóxido [mo'nɔksidu] M: **~ de carbono** carbon monoxide
monsenhor [mõse'ɲo^{r}] M monsignor
monstro, -a ['mõʃtru, a] ADJ INV giant ■ M (*tb fig*) monster; **~ sagrado** superstar
monstruosidade [mõʃtrwozi'dadʒi] F monstrosity
monstruoso, -a [mõ'ʃtrwozu, ɔza] ADJ monstrous; (*enorme*) gigantic, huge
monta ['mõta] F: **de pouca ~** trivial, of little account

montador, a [mõta'do^{r}(a)] M/F (*Cinema*) editor
montagem [mõ'taʒẽ] (*pl* **-ns**) F assembly; (*Arq*) erection; (*Cinema*) editing; (*Teatro*) production
montanha [mõ'taɲa] F mountain; **montanha-russa** F roller coaster
montanhês, -esa [mõta'ɲeʃ, eza] ADJ mountain *atr* ■ M/F highlander
montanhismo [mõta'ɲiʒmu] M mountaineering
montanhista [mõta'ɲiʃta] M/F mountaineer ■ ADJ mountaineering
montanhoso, -a [mõta'ɲozu, ɔza] ADJ mountainous
montante [mõ'tãtʃi] M amount, sum ■ ADJ (*maré*) rising; **a ~** (*nadar*) upstream
montão [mõ'tãw] (*pl* **-ões**) M heap, pile
montar [mõ'ta^{r}] VT (*cavalo*) to mount, get on; (*colocar em*) to put on; (*cavalgar*) to ride; (*peças*) to assemble, put together; (*loja, máquina*) to set up; (*casa*) to put up; (*peça teatral*) to put on ■ VI to ride; **~ a** *ou* **em** (*animal*) to get on; (*cavalgar*) to ride; (*despesa*) to come to
montaria [mõta'ria] F (*cavalgadura*) mount
monte ['mõtʃi] M hill; (*pilha*) heap, pile; **um ~ de** (*muitos*) a lot of, lots of; **gente aos ~s** loads of people
montepio [mõtʃi'piu] M (*pensão*) pension; (*fundo*) trust fund
montês [mõ'teʃ] ADJ: **cabra ~** mountain goat
Montevidéu [mõtʃivi'dɛw] N Montevideo
montoeira [mõ'twejra] F stack
montões [mõ'tõjʃ] MPL *de* **montão**
montra ['mõtra] (PT) F shop window
monumental [monumẽ'taw] (*pl* **-ais**) ADJ monumental; (*fig*) magnificent, splendid
monumento [monu'mẽtu] M monument
moqueca [mo'kɛka] F *fish or seafood simmered in coconut cream and palm oil*; **~ de camarão** prawn *moqueca*
morada [mo'rada] F home, residence; (PT: *endereço*) address; **moradia** [mora'dʒia] F home, dwelling; **morador, a** [mora'do^{r}(a)] M/F (*de casa, bairro*) resident; (*de casa alugada*) tenant
moral [mo'raw] (*pl* **-ais**) ADJ moral ■ F (*ética*) ethics *pl*; (*conclusão*) moral ■ M (*de pessoa*) sense of morality; (*ânimo*) morale; **levantar o ~** to raise morale; **estar de ~ baixa** to be demoralized; **~ da história** moral of the story; **moralidade** [morali'dadʒi] F morality
moralista [mora'liʃta] ADJ moralistic ■ M/F moralist
moralizar [morali'za^{r}] VI to moralize ■ VT to preach at
morango [mo'rãgu] M strawberry
morangueiro [morã'gejru] M strawberry plant
morar [mo'ra^{r}] VI to live, reside; (*col*: *entender*) to catch on; **~ em algo** (*col*) to grasp sth; **morou?** got it?, see?
moratória [mora'tɔrja] F moratorium
morbidez [moxbi'deʒ] F morbidness
mórbido, -a ['mɔxbidu, a] ADJ morbid
morcego [mox'segu] M (*Bio*) bat
morcela [mox'sɛla] (PT) F black pudding (*Brit*), blood sausage (*US*)
mordaça [mox'dasa] F (*de animal*) muzzle; (*fig*) gag
mordaz [mox'daʒ] ADJ scathing
morder [mox'de^{r}] VT to bite; (*corroer*) to corrode; **morder-se** VR to bite o.s.; **~ a língua** to bite one's tongue; **~-se de inveja** to be green with envy; **mordida** [mox'dʒida] F bite
mordomia [moxdo'mia] F (*de executivos*) perk; (*col*: *regalia*) luxury, comfort
mordomo [mox'dɔmu] M butler
morenaço, -a [more'nasu, a] M/F dark beauty
moreno, -a [mo'renu, a] ADJ dark(-skinned); (*de cabelos*) dark(-haired); (*de tomar sol*) brown ■ M/F dark person; **ela é loura ou morena?** is she a blonde or a brunette?
morfina [mox'fina] F morphine
morfologia [moxfolo'ʒia] F morphology
morgada [mox'gada] (PT) F heiress
morgado [mox'gadu] (PT) M (*herdeiro*) heir; (*filho mais velho*) eldest son; (*propriedade*) entailed estate
moribundo, -a [mori'bũdu, a] ADJ dying
morigerado, -a [moriʒe'radu, a] ADJ upright
moringa [mo'rĩga] F water-cooler
mormacento, -a [moxma'sẽtu, a] ADJ sultry
mormaço [mox'masu] M sultry weather
mormente [mox'mẽtʃi] ADV chiefly, especially
mórmon ['mɔxmõ] M/F Mormon
morno, -a ['moxnu, 'mɔxna] ADJ lukewarm, tepid
morosidade [morozi'dadʒi] F slowness
moroso, -a [mo'rozu, ɔza] ADJ slow, sluggish
morrer [mo'xe^{r}] VI to die; (*luz, cor*) to fade; (*fogo*) to die down; (*Auto*) to stall; **~ de rir** to kill o.s. laughing; **estou morrendo de fome/inveja/medo/saudades** I'm starving/green with envy/scared stiff/really missing you (*ou* him, home *etc*); **~ de amores por alguém** to be mad about sb; **estou morrendo de vontade de fazer** I'm dying to do; **~ atropelado/afogado** to be knocked down and killed/drown; **lindo de ~** (*col*) stunning; **~ em** (*col*: *pagar*) to fork out
morrinha [mo'xiɲa] F (*fedor*) stench ■ M/F (*col*: *chato*) pain (in the neck) ■ ADJ (*col*) boring
morro ['moxu] M hill; (*favela*) shanty town, slum
mortadela [moxta'dɛla] F salami
mortal [mox'taw] (*pl* **-ais**) ADJ mortal; (*letal, insuportável*) deadly ■ M mortal; **restos mortais** mortal remains
mortalha [mox'taʎa] F shroud
mortalidade [moxtali'dadʒi] F mortality; **~ infantil** infant mortality
mortandade [moxtã'dadʒi] F slaughter

NB: *European Portuguese adds the following consonants to certain words*: **b** (sú(b)dito, su(b)til); **c** (a(c)ção, a(c)cionista, a(c)to); **m** (inde(m)ne); **p** (ado(p)çã, ado(p)tar); *for further details see p. xiii.*

morte ['mɔxtʃi] F death; **pena de ~** death penalty; **ser de ~** (*fig*) to be impossible; **estar às portas da ~** to be at death's door; **pensar na ~ da bezerra** (*fig*) to be miles away
morteiro [mox'tejru] M mortar
mortiço, -a [mox'tʃisu, a] ADJ (*olhar*) dull; (*desanimado*) lifeless; (*luz*) dimming
mortífero, -a [mox'tʃiferu, a] ADJ deadly, lethal
mortificar [moxtʃifi'ka^{r}] VT (*torturar*) to torture; (*afligir*) to annoy, torment
morto, -a ['moxtu, 'mɔxta] PP *de* **matar**; **morrer** ■ ADJ (*cor*) dull; (*exausto*) exhausted; (*inexpressivo*) lifeless ■ M/F dead man/woman; **cem/os ~s** a hundred/the dead; **estar ~** to be dead; **ser ~** to be killed; **estar ~ de inveja** to be green with envy; **estar ~ de vontade de** to be dying to; **~ de medo/cansaço** scared stiff/dead tired; **nem ~!** not on your life!, no way!; **~ da silva** (*col*) dead as a doornail
mos [muʃ] PRON = **me + os**
mosaico [mo'zajku] M mosaic
mosca ['moʃka] F fly; **estar às ~s** (*bar etc*) to be deserted
mosca-morta (*pl* **moscas-mortas**) (*col*) M/F (*pessoa*) stiff
Moscou [moʃ'ku] (BR) N Moscow
Moscovo [moʃ'kovu] (PT) N Moscow
mosquitada [moʃki'tada] F load of mosquitos
mosquiteiro [moʃki'tejru] M mosquito net
mosquito [moʃ'kitu] M mosquito
mossa ['mɔsa] F dent; (*fig*) impression
mostarda [moʃ'taxda] F mustard
mosteiro [moʃ'tejru] M monastery; (*de monjas*) convent
mosto ['moʃtu] M (*do vinho*) must
mostra ['mɔʃtra] F (*exibição*) display; (*sinal*) sign, indication; **dar ~s de** to show signs of
mostrador [moʃtra'do^{r}] M (*de relógio*) face, dial
mostrar [moʃ'tra^{r}] VT to show; (*mercadorias*) to display; (*provar*) to demonstrate, prove; **mostrar-se** VR to show o.s. to be; (*exibir-se*) to show off
mostruário [moʃ'trwarju] M display case
mote ['mɔtʃi] M motto
motéis [mo'tɛw] MPL *de* **motel**
motejar [mote'ʒa^{r}] VI: **~ de** (*zombar*) to jeer at, make fun of
motejo [mo'teʒu] M mockery, derision
motel [mo'tɛw] (*pl* **-éis**) M motel
motilidade [motʃili'dadʒi] F mobility
motim [mo'tʃĩ] (*pl* **-ns**) M riot, revolt; (*militar*) mutiny
motivação [motʃiva'sãw] (*pl* **-ões**) F motivation
motivado, -a [motʃi'vadu, a] ADJ (*causado*) caused; (*pessoa*) motivated
motivar [motʃi'va^{r}] VT (*causar*) to cause, bring about; (*estimular*) to motivate; **motivo** [mo'tʃivu] M (*causa*): **motivo (de** *ou* **para)** cause (of), reason (for); (*fim*) motive; (*Arte, Mús*) motif; **ser motivo de riso** *etc* to be a cause of laughter *etc*; **dar motivo de algo a alguém** to give sb cause for sth; **por motivo de** because of, owing to; **sem motivo** for no reason
moto ['mɔtu] F motorbike ■ M (*lema*) motto; **de ~ próprio** of one's own accord
motoca [mo'tɔka] (*col*) F motorbike, bike
motocicleta [motosi'kleta] F motorcycle, motorbike
motociclismo [motosi'kliʒmu] M motorcycling
motociclista [motosi'kliʃta] M/F motorcyclist
motociclo [moto'siklu] (PT) M = **motocicleta**
motoneta [moto'neta] F (motor-)scooter
motoniveladora [motonivela'dora] F bulldozer
motoqueiro, -a [moto'kejru, a] (*col*) M/F biker, motorcyclist
motor, -triz [mo'to^{r}] ADJ (*Tec*) driving; (*Anat*) motor ■ M motor; (*de carro, avião*) engine; **~ de arranque** starter (motor); **~ de explosão** internal combustion engine; **~ de popa** outboard motor; **~ diesel** diesel engine; **com ~** motorized; **~ de pesquisa** (*PT: Comput*) search engine
motorista [moto'riʃta] M/F driver
motorizado, -a [motori'zadu, a] ADJ motorized; (*col: com carro*) motorized, driving
motorizar [motori'za^{r}] VT to motorize; **motorizar-se** VR to get a car
motorneiro, -a [motox'nejru, a] M/F tram (*Brit*) *ou* streetcar (*US*) driver
motoserra [moto'sɛxa] F chain-saw
motriz [mo'triʒ] F *de* **motor**; **força motriz** driving force
mouco, -a ['moku, a] ADJ deaf, hard of hearing; **fazer ouvido ~** to pretend not to hear
movediço, -a [move'dʒisu, a] ADJ easily moved; (*instável*) unsteady; *v tb* **areia**
móvel ['mɔvew] (*pl* **-eis**) ADJ movable ■ M (*peça de mobília*) piece of furniture; **móveis** MPL (*mobília*) furniture *sg*; **bens móveis** personal property; **móveis e utensílios** (*Com*) fixtures and fittings
mover [mo've^{r}] VT to move; (*cabeça*) to shake; (*mecanismo: acionar*) to drive; (*campanha*) to start (up); **mover-se** VR to move; **~ uma ação** to start a lawsuit; **~ alguém a fazer** to move sb to do
movido, -a [mo'vidu, a] ADJ moved; (*impelido*) powered; (*causado*) caused; **~ a álcool** alcohol-powered
movimentação [movimẽta'sãw] (*pl* **-ões**) F movement; (*na rua*) bustle
movimentado, -a [movimẽ'tadu, a] ADJ (*rua, lugar*) busy; (*pessoa*) active; (*show, música*) up-tempo
movimentar [movimẽ'ta^{r}] VT to move; (*animar*) to liven up
movimento [movi'mẽtu] M movement; (*Tec*) motion; (*na rua*) activity, bustle; **de muito ~** (*loja, rua etc*) busy; **pôr algo em ~** to set sth in motion
movível [mo'vivew] (*pl* **-eis**) ADJ movable
MPAS (BR) ABR M = **Ministério da Previdência e Assistência Social**
MPB ABR F = **Música Popular Brasileira**
MPlan (BR) ABR M = **Ministério do Planejamento**

MRE (BR) ABR M = **Ministério das Relações Exteriores**
MS (BR) ABR = **Mato Grosso do Sul** ■ ABR M = **Ministério da Saúde**
MT (BR) ABR = **Mato Grosso** ■ ABR M = **Ministério dos Transportes**
MTb (BR) ABR M = **Ministério do Trabalho**
muamba ['mwãba] (*col*) F (*contrabando*) contraband; (*objetos roubados*) loot
muambeiro, -a [mwã'bejru, a] M/F smuggler; (*de objetos roubados*) fence
muar [mwa^{r}] M/F mule
muco ['muku] M mucus
mucosa [mu'kɔza] F (*Anat*) mucous membrane
muçulmano, -a [musuw'manu, a] ADJ, M/F Moslem
muda ['muda] F (*planta*) seedling; (*vestuário*) outfit; **~ de roupa** change of clothes
mudança [mu'dãsa] F change; (*de casa*) move; (*Auto*) gear
mudar [mu'da^{r}] VT to change; (*deslocar*) to move ■ VI to change; (*ave*) to moult (*Brit*), molt (*US*); **mudar-se** VR (*de casa*) to move (away); **~ de roupa/de assunto** to change clothes/the subject; **~ de casa** to move (house); **~ de idéia** to change one's mind
mudez [mu'deʒ] F muteness; (*silêncio*) silence
mudo, -a ['mudu, a] ADJ dumb; (*calado, Cinema*) silent; (*telefone*) dead ■ M/F mute
mugido [mu'ʒidu] M moo
mugir [mu'ʒi^{r}] VI (*vaca*) to moo, low
mugunzá [mugũ'za] M = **munguzá**

PALAVRA CHAVE

muito, -a ['mwĩtu, a] ADJ (*quantidade*) a lot of; (: *em frase negativa ou interrogativa*) much; (*número*) lots of, a lot of; many; **muito esforço** a lot of effort; **faz muito calor** it's very hot; **muito tempo** a long time; **muitas amigas** lots *ou* a lot of friends; **muitas vezes** often
■ PRON a lot; (*em frase negativa ou interrogativa: sg*) much; (: *pl*) many; **tenho muito que fazer** I've got a lot to do; **muitos dizem que ...** a lot of people say that ...
■ ADV **1** a lot; (+ *adj*) very; (+ *compar*): **muito melhor** much *ou* far *ou* a lot better; **gosto muito disto** I like it a lot; **sinto muito** I'm very sorry; **muito interessante** very interesting
2 (*resposta*) very; **está cansado? — muito** are you tired? — very
3 (*tempo*): **muito depois** long after; **há muito** a long time ago; **não demorou muito** it didn't take long

mula ['mula] F mule
mulato, -a [mu'latu, a] ADJ, M/F mulatto
muleta [mu'leta] F crutch; (*fig*) support
mulher [mu'ʎe^{r}] F woman; (*esposa*) wife; **~ da vida** prostitute
mulheraço [muʎe'rasu] M fantastic woman
mulherão [muʎe'rãw] (*pl* **-ões**) M = **mulheraço**
mulher-bomba (*pl* **mulheres-bomba**) F suicide bomber
mulherengo [muʎe'rẽgu] M womanizer ■ ADJ womanizing
mulherio [muʎe'riu] M women *pl*
multa ['muwta] F fine; **levar uma ~** to be fined; **multar** [muw'ta^{r}] VT to fine; **multar alguém em $1000** to fine sb $1000
multi... [muwtʃi] PREFIXO multi...
multicolor [muwtʃiko'lo^{r}] ADJ multicoloured (*Brit*), multicolored (*US*)
multidão [muwtʃi'dãw] (*pl* **-ões**) F crowd; **uma ~ de** (*muitos*) lots of
multiforme [muwtʃi'fɔxme] ADJ manifold, multifarious
multilateral [muwtʃilate'raw] (*pl* **-ais**) ADJ multilateral
multimídia [muwtʃi'midʒja] ADJ multimedia
multimilionário, -a [muwtʃimiljo'narju, a] ADJ, M/F multimillionaire
multinacional [muwtʃinasjo'naw] (*pl* **-ais**) ADJ, F multinational
multiplicação [muwtʃiplika'sãw] F multiplication
multiplicar [muwtʃipli'ka^{r}] VT (*Mat*) to multiply; (*aumentar*) to increase
multiplicidade [muwtʃiplisi'dadʒi] F multiplicity
múltiplo, -a ['muwtʃiplu, a] ADJ multiple ■ M multiple; **múltipla escolha** multiple choice
multirracial [muwtʃixa'sjaw] (*pl* **-ais**) ADJ multiracial
multiusuário, -a [muwtʃju'zwarju, a] ADJ (*Comput*) multiuser
múmia ['mumja] F mummy; (*fig*) plodder
mundano, -a [mũ'danu, a] ADJ worldly
mundial [mũ'dʒjaw] (*pl* **-ais**) ADJ worldwide; (*guerra, recorde*) world *atr* ■ M (*campeonato*) world championship; **o ~ de futebol** the World Cup
mundo ['mũdu] M world; **todo o ~** everybody; **um ~ de** lots of, a great many; **correr ~** to see the world; **vir ao ~** to come into the world; **como este ~ é pequeno!** (what a) small world!; **desde que o ~ é ~** since time immemorial; **~s e fundos** (*quantia altíssima*) the earth; **prometer ~s e fundos** to promise the earth; **tinha meio ~ no comício** there were loads of people at the rally; **com esta notícia meu ~ veio abaixo** the news shattered my world; **abarcar o ~ com as pernas** (*fig*) to take on too much; **Novo/Velho/Terceiro M~** New/Old/Third World
munguzá [mũgu'za] M corn meal
munheca [mu'ɲeka] F wrist
munição [muni'sãw] (*pl* **-ões**) F (*de armas*) ammunition; (*chumbo*) shot; (*Mil*) munitions *pl*, supplies *pl*

NB: *European Portuguese adds the following consonants to certain words*: **b** (sú(b)dito, su(b)til); **c** (a(c)ção, a(c)cionista, a(c)to); **m** (inde(m)ne); **p** (ado(p)çã, ado(p)tar); *for further details see p. xiii.*

municipal [munisi'paw] (*pl* **-ais**) ADJ municipal
municipalidade [munisipali'dadʒi] F local authority
município [muni'sipju] M local authority; (*cidade*) town; (*condado*) county
munições [muni'sõjʃ] FPL *de* **munição**
munir [mu'ni^{r}] VT: **~ de** to provide with, supply with; **munir-se** VR: **munir-se de** (*provisões*) to equip o.s. with; (*paciência*) to arm o.s. with
mural [mu'raw] (*pl* **-ais**) ADJ, M mural
muralha [mu'raʎa] F (*de fortaleza*) rampart; (*muro*) wall
murchar [mux'ʃa^{r}] VT (*Bot*) to wither; (*sentimentos*) to dull; (*pessoa*) to sadden ■ VI (*Bot*) to wither, wilt; (*fig*) to fade; (: *pessoa*) to grow sad
murcho, -a ['muxʃu, a] ADJ (*planta*) wilting; (*esvaziado*) shrunken; (*fig*) languid, resigned
murmuração [muxmura'sãw] F muttering; (*maledicência*) gossiping
murmurante [muxmu'rãtʃi] ADJ murmuring
murmurar [muxmu'ra^{r}] VI (*segredar*) to murmur, whisper; (*queixar-se*) to mutter, grumble; (*água*) to ripple; (*folhagem*) to rustle ■ VT to murmur
murmurinho [muxmu'rinju] M (*de vozes*) murmuring; (*som confuso*) noise; (*de folhas*) rustling; (*de água*) trickling
murmúrio [mux'murju] M murmuring, whispering; (*queixa*) grumbling; (*de água*) rippling; (*de folhagem*) rustling
muro ['muru] M wall
murro ['muxu] M punch, sock; **dar um ~ em alguém** to punch sb; **levar um ~ de alguém** to be punched by sb; **dar ~ em ponta de faca** (*fig*) to bash one's head against a brick wall
musa ['muza] F muse
musculação [muʃkula'sãw] F body-building
muscular [muʃku'la^{r}] ADJ muscular
musculatura [muʃkula'tura] F musculature
músculo ['muʃkulu] M muscle; **musculoso, -a** [muʃku'lozu, ɔza] ADJ muscular
museu [mu'zew] M museum; (*de pintura*) gallery
musgo ['muʒgu] M moss
musgoso, -a [muʒ'gozu, ɔza] ADJ mossy
música ['muzika] F music; (*canção*) song; **dançar conforme a ~** (*fig*) to play the game; **~ de câmara** chamber music; **~ de fundo** background music; **~ erudita** classical music; *v tb* **músico**
musicado, -a [muzi'kadu, a] ADJ set to music
musical [muzi'kaw] (*pl* **-ais**) ADJ, M musical; **fundo ~** background music
musicalidade [muzikali'dadʒi] F musicality
músico, -a ['muziku, a] ADJ musical ■ M/F musician
musse ['musi] F mousse
musselina [muse'lina] F muslin
mutação [muta'sãw] (*pl* **-ões**) F change, alteration; (*Bio*) mutation
mutável [mu'tavew] (*pl* **-eis**) ADJ changeable
mutilação [mutʃila'sãw] F mutilation; (*de texto*) cutting
mutilado, -a [mutʃi'ladu, a] ADJ mutilated; (*pessoa*) maimed ■ M/F cripple
mutilar [mutʃi'la^{r}] VT to mutilate; (*pessoa*) to maim; (*texto*) to cut; (*árvore*) to strip
mutirão [mutʃi'rãw] (*pl* **-ões**) M collective effort
mútua ['mutwa] F loan company
mutuante [mu'twãtʃi] M/F lender
mutuário, -a [mu'twarju, a] M/F borrower
mútuo, -a ['mutwu, a] ADJ mutual
muxiba [mu'ʃiba] F (*pelancas*) wrinkled flesh; (*carne para cães*) dog meat; (*seios*) drooping breasts *pl*
muxoxo [mu'ʃoʃu] M tutting; **fazer ~** to tut
MVR (*BR*) ABR M = **Maior Valor de Referência**

Nn

N, n ['eni] (*pl* **ns**) M N, n; **N de Nair** N for Nelly (*Brit*) *ou* Nan (*US*)
N ABR (= *norte*) N
n. ABR (= *nascido*) b; (: = *nome*) name
ñ ABR = **não**
na [na] = **em + a**
-na [na] PRON her; (*coisa*) it
nabo ['nabu] M turnip
nac. ABR (= *nacional*) nat
nação [na'sãw] (*pl* **-ões**) F nation; **as Nações Unidas** the United Nations
nácar ['naka^{r}] M mother-of-pearl; (*cor*) pink
nacional [nasjo'naw] (*pl* **-ais**) ADJ national; (*carro, vinho etc*) domestic, home-produced; **nacionalidade** [nasjonali'dadʒi] F nationality; **nacionalismo** [nasjona'liʒmu] M nationalism; **nacionalista** [nasjona'liʃta] ADJ, M/F nationalist
nacionalização [nasjonaliza'sãw] (*pl* **-ões**) F nationalization
nacionalizar [nasjonali'za^{r}] VT to nationalize
naco ['naku] M piece, chunk
nações [na'sõjʃ] FPL *de* **nação**
nada ['nada] PRON nothing ■ M nothingness; (*pessoa*) nonentity ■ ADV at all; **não dizer ~** to say nothing, not to say anything; **antes de mais ~** first of all; **não é ~ difícil** it's not at all hard, it's not hard at all; **~ mais** nothing else; **quase ~** hardly anything; **~ de novo** nothing new; **~ feito** nothing doing; **~ mau** not bad (at all); **obrigado -- de ~** thank you -- not at all *ou* don't mention it; **(que) ~!, ~ disso!** nonsense!, not at all!; **não foi ~** it was nothing; **por ~ nesse mundo** (not) for love nor money; **ele fez o que você pediu? -- fez ~!** did he do as you asked? -- no, he did not!; **não ser de ~** (*col*) to be a dead loss; **é uma coisinha de ~** it's nothing; **de ~** (*à-toa*) trifling; **discutimos por um ~** we argued over nothing
nadada [na'dada] F swim; **dar uma ~** to go for a swim
nadadeira [nada'dejra] F (*de peixe*) fin; (*de golfinho, foca, mergulhador*) flipper
nadador, a [nada'do^{r}(a)] ADJ swimming ■ M/F swimmer
nadar [na'da^{r}] VI to swim; **~ em** to be dripping with; **estar** *ou* **ficar nadando** (*fig*) to be out of it, be out of one's depth; **ele está nadando em dinheiro** he's rolling in money
nádegas ['nadegaʃ] FPL buttocks
nadinha [na'dʒiɲa] PRON absolutely nothing
nado ['nadu] M: **a ~** swimming; **atravessar a ~** to swim across; **~ borboleta** butterfly (stroke); **~ de cachorrinho** doggy paddle; **~ de costas** backstroke; **~ de peito** breastroke; **~ livre** freestyle
naftalina [nafta'lina] F naphthaline
náilon ['najilõ] M nylon
naipe ['najpi] M (*cartas*) suit; (*fig: categoria*) order
Nairobi [naj'rɔbi] N Nairobi
namoradeira [namora'dejra] ADJ flirtatious ■ F flirt
namorado, -a [namo'radu, a] M/F boyfriend/girlfriend
namorador, a [namora'do^{r}(a)] ADJ flirtatious ■ M ladies' man
namorar [namo'ra^{r}] VT (*ser namorado de*) to be going out with; (*cobiçar*) to covet; (*fitar*) to stare longingly at ■ VI (*casal*) to go out together; (*homem, mulher*) to have a boyfriend (*ou* girlfriend)
namoricar [namori'ka^{r}] VT to flirt with ■ VI to flirt
namoro [na'moru] M relationship
nanar [na'na^{r}] (*col*) VI to sleep, kip
nanico, -a [na'niku, a] ADJ tiny
nanquim [nã'kĩ] M Indian ink
não [nãw] ADV not; (*resposta*) no ■ M no; **~ sei** I don't know; **~ muito** not much; **~ só ... mas também** not only ... but also; **agora ~** not now; **~ tem de quê** don't mention it; **~ é?** isn't it?, won't you? (*etc*, segundo o verbo precedente); **eles são brasileiros, ~ é?** they're Brazilian, aren't they?
não- [nãw-] PREFIXO non-
não-agressão F: **pacto de ~** non-aggression treaty
não-alinhado, -a ADJ non-aligned

NB: *European Portuguese adds the following consonants to certain words*: **b** (sú(b)dito, su(b)til); **c** (a(c)ção, a(c)cionista, a(c)to); **m** (inde(m)ne); **p** (ado(p)çã, ado(p)tar); *for further details see p. xiii.*

não-conformista ADJ, M/F non-conformist
não-intervenção F non-intervention
napa ['napa] F napa leather
naquele(s), -la(s) [na'keli(ʃ), na'kɛla(ʃ)] = **em + aquele(s)**
naquilo [na'kilu] = **em + aquilo**
narcisismo [naxsi'ziʒmu] M narcissism
narcisista [naxsi'ziʃta] ADJ narcissistic
narciso [nax'sizu] M (*Bot*) narcissus; **~ dos prados** daffodil
narcótico, -a [nax'kɔtʃiku, a] ADJ narcotic ■ M narcotic
narcotizar [naxkotʃi'zaʳ] VT to drug; (*fig*) to bore
narigudo, -a [nari'gudu, a] ADJ with a big nose; **ser ~** to have a big nose
narina [na'rina] F nostril
nariz [na'riʒ] M nose; **~ adunco/arrebitado** hook/snub nose; **meter o ~ em** to poke one's nose into; **torcer o ~ para** to turn one's nose up at; **ser dono/a do seu ~** to know one's own mind; **dar com o ~ na porta** (*fig*) to find (the) doors closed to one
narração [naxa'sãw] (*pl* **-ões**) F narration; (*relato*) account
narrador, a [naxa'doʳ(a)] M/F narrator
narrar [na'xaʳ] VT to narrate, recount
narrativa [naxa'tʃiva] F narrative; (*história*) story
narrativo, -a [naxa'tʃivu, a] ADJ narrative
nas [naʃ] = **em + as**
-nas [naʃ] PRON them
NASA ['naza] ABR F NASA
nasal [na'zaw] (*pl* **-ais**) ADJ nasal
nasalado, -a [naza'ladu, a] ADJ nasalized, nasal
nasalização [nazaliza'sãw] F nasalization
nascença [na'sẽsa] F birth; **de ~** by birth; **ele é surdo de ~** he was born deaf
nascente [na'sẽtʃi] ADJ nascent ■ M East, Orient ■ F (*fonte*) spring
nascer [na'seʳ] VI to be born; (*plantas*) to sprout; (*o sol*) to rise; (*ave*) to hatch; (*dente*) to come through; (*fig*: *ter origem*) to come into being ■ M: **~ do sol** sunrise; **~ de** (*descender*) to be born of; (*fig*: *originar-se*) to be born out of; **~ de novo** (*fig*) to have a narrow escape, escape with one's life; **não nasci ontem** I wasn't born yesterday; **~ em berço de ouro** to be born with a silver spoon in one's mouth; **ele nasceu para médico** *etc* he's a born doctor *etc*; **não nasci para fazer isto** I wasn't cut out to do this
nascido, -a [na'sidu, a] ADJ born; **bem ~** from a good family
nascimento [nasi'mẽtu] M birth; (*fig*) origin; (*estirpe*) descent
Nassau [na'saw] N Nassau
nata ['nata] F (*Culin*) cream; (*elite*) élite
natação [nata'sãw] F swimming
natais [na'tajʃ] ADJ PL *de* **natal**
Natal [na'taw] M Christmas; **Feliz ~!** Merry Christmas!
natal [na'taw] (*pl* **-ais**) ADJ (*relativo ao nascimento*) natal; (*país*) native; **cidade ~** home town
natalício, -a [nata'lisju, a] ADJ: **aniversário ~** birthday ■ M birthday
natalidade [natali'dadʒi] F: **(índice de) ~** birth rate
natalino, -a [nata'linu, a] ADJ Christmas *atr*
natividade [natʃivi'dadʒi] F nativity
nativo, -a [na'tʃivu, a] ADJ, M/F native
NATO ['natu] ABR F NATO
nato, -a ['natu, a] ADJ born
natural [natu'raw] (*pl* **-ais**) ADJ natural; (*nativo*) native ■ M/F (*nativo*) native; **de tamanho ~** full-scale; **ao ~** (*Culin*) fresh, uncooked; **naturalidade** [naturali'dadʒi] F naturalness; **falar com naturalidade** to talk openly; **agir com a maior naturalidade** to act as if nothing had happened; **de naturalidade paulista** *etc* born in São Paulo *etc*
naturalismo [natura'liʒmu] M naturalism
naturalista [natura'liʃta] ADJ, M/F naturalist
naturalização [naturaliza'sãw] F naturalization
naturalizado, -a [naturali'zadu, a] ADJ naturalized ■ M/F naturalized citizen
naturalizar [naturali'zaʳ] VT to naturalize; **naturalizar-se** VR to become naturalized
naturalmente [naturaw'mẽtʃi] ADV naturally; **~!** of course!
natureza [natu'reza] F nature; (*espécie*) kind, type; **~ morta** still life; **por ~** by nature
naturismo [natu'riʒmu] M naturism
naturista [natu'riʃta] ADJ, M/F naturist
nau [naw] F (*literário*) ship
naufragar [nawfra'gaʳ] VI (*navio*) to be wrecked; (*marinheiro*) to be shipwrecked; (*fig*: *malograr-se*) to fail
naufrágio [naw'fraʒu] M shipwreck; (*fig*) failure
náufrago, -a ['nawfragu, a] M/F castaway
náusea ['nawzea] F nausea; **dar ~s a alguém** to make sb feel sick; **sentir ~s** to feel sick
nauseabundo, -a [nawzja'bũdu, a] ADJ nauseating, sickening
nauseante [naw'zjãtʃi] ADJ nauseating, sickening
nausear [naw'zjaʳ] VT to nauseate, sicken ■ VI to feel sick
náutica ['nawtʃika] F seamanship
náutico, -a ['nawtʃiku, a] ADJ nautical
naval [na'vaw] (*pl* **-ais**) ADJ naval; **construção ~** shipbuilding
navalha [na'vaʎa] F (*de barba*) razor; (*faca*) knife
navalhada [nava'ʎada] F cut (*with a razor*)
navalhar [nava'ʎaʳ] VT to cut *ou* slash with a razor
nave ['navi] F (*de igreja*) nave; **~ espacial** spaceship
navegação [navega'sãw] F navigation, sailing; **~ aérea** air traffic; **~ costeira** coastal shipping; **~ fluvial** river traffic; **companhia de ~** shipping line
navegador, a [navega'doʳ(a)] M/F navigator
navegante [nave'gãtʃi] M seafarer
navegar [nave'gaʳ] VT to navigate; (*mares*) to sail ■ VI to sail; (*dirigir o rumo*) to navigate

navegável [nave'gavew] (*pl* **-eis**) ADJ navigable
navio [na'viu] M ship; **~ aeródromo** aircraft carrier; **~ cargueiro** cargo ship, freighter; **~ de carreira** liner; **~ de guerra** warship; **~ escola** training ship; **~ fábrica** factory ship; **~ mercante** merchant ship; **~ petroleiro** oil tanker; **~ tanque** tanker; **ficar a ver ~s** to be left high and dry
Nazaré [naza'rɛ] N Nazareth
nazi [na'zi] (*PT*) ADJ, M/F = **nazista**
nazismo [na'ziʒmu] M Nazism
nazista [na'ziʃta] (BR) ADJ, M/F Nazi
NB ABR (= *note bem*) NB
n/c ABR (= *nossa carta*) our letter; (: = *nossa conta*) our account; (: = *nossa casa*) our firm
N da R ABR = **nota da redação**
N do A ABR = **nota do autor**
N do E ABR = **nota do editor**
N do T ABR = **nota do tradutor**
NE ABR (= *nordeste*) NE
neblina [ne'blina] F fog, mist
nebulosa [nebu'lɔza] F (*Astronomia*) nebula
nebulosidade [nebulozi'dadʒi] F cloud
nebuloso, -a [nebu'lozu, ɔza] ADJ foggy, misty; (*céu*) cloudy; (*fig*) vague
neca ['nɛka] (*col*) PRON nothing ■ EXCL nope
necessaire [nese'seʳ] M toilet bag
necessário, -a [nese'sarju, a] ADJ necessary ■ M: **o ~** the necessities *pl*; **se for ~** if necessary
necessidade [nesesi'dadʒi] F need, necessity; (*o que se necessita*) need; (*pobreza*) poverty, need; **ter ~ de** to need; **não há ~ de algo/de fazer algo** there is no need for sth/to do sth; **em caso de ~** if need be
necessitado, -a [nesesi'tadu, a] ADJ needy, poor ■ M/F person in need; **os necessitados** MPL the needy *pl*; **~ de** in need of
necessitar [nesesi'taʳ] VT to need, require ■ VI to be in need; **~ de** to need
necrológio [nekro'lɔʒu] M obituary
necrópole [ne'krɔpoli] F cemetery
necrose [ne'krɔzi] F necrosis
necrotério [nekro'tɛrju] M mortuary, morgue (*US*)
néctar ['nɛktaʳ] M nectar
nectarina [nekta'rina] F nectarine
nédio, -a ['nɛdʒu, a] ADJ (*luzidio*) glossy, sleek; (*rechonchudo*) plump
neerlandês, -esa [neexlã'deʃ, eza] ADJ Dutch ■ M/F Dutchman/woman
Neerlândia [neex'lãdʒa] F the Netherlands *pl*
nefando, -a [ne'fãdu, a] ADJ atrocious, heinous
nefasto, -a [ne'faʃtu, a] ADJ (*de mau agouro*) ominous; (*trágico*) tragic
negaça [ne'gasa] F lure, bait; (*engano*) deception; (*recusa*) refusal; (*desmentido*) denial
negação [nega'sãw] (*pl* **-ões**) F negation; (*recusa*) refusal; (*desmentido*) denial; **ele é uma ~ em matéria de cozinha** he's hopeless at cooking
negacear [nega'sjaʳ] VT (*atrair*) to entice; (*enganar*) to deceive; (*recusar*) to refuse ■ VI (*cavalo*) to balk; (*Hipismo*) to refuse
negações [nega'sõjʃ] FPL *de* **negação**
negar [ne'gaʳ] VT (*desmentir, não permitir*) to deny; (*recusar*) to refuse; **negar-se** VR: **negar-se a** to refuse to
negativa [nega'tʃiva] F (*Ling*) negative; (*recusa*) denial
negativo, -a [nega'tʃivu, a] ADJ negative ■ M (*Tec, Foto*) negative ■ EXCL (*col*) nope!
negável [ne'gavew] ADJ (*pl* **-eis**) deniable
negligé [negli'ge] M negligee
negligência [negli'ʒẽsja] F negligence, carelessness
negligenciar [negliʒẽ'sjaʳ] VT to neglect
negligente [negli'ʒẽtʃi] ADJ negligent, careless
nego, -a ['negu, a] (*col*) M/F (*negro*) Black; (*camarada*): **tudo bem, (meu) ~?** how are you, mate?; (*querido*): **tchau, (meu) ~** bye, dear *ou* darling
negociação [negosja'sãw] (*pl* **-ões**) F negotiation; (*transação*) transaction
negociador, a [negosja'doʳ(a)] ADJ negotiating ■ M/F negotiator
negociante [nego'sjãtʃi] M/F businessman/woman; (*comerciante*) merchant
negociar [nego'sjaʳ] VT (*Pol etc*) to negotiate; (*Com*) to trade ■ VI: **~ (com)** to trade *ou* deal (in); to negotiate (with)
negociata [nego'sjata] F crooked deal; **negociatas** MPL (*negócios escusos*) wheeling and dealing *sg*
negociável [nego'sjavew] (*pl* **-eis**) ADJ negotiable
negócio [ne'gɔsju] M (*Com*) business; (*transação*) deal; (*questão*) matter; (*col*: *troço*) thing; (*assunto*) affair, business; **homem de ~s** businessman; **a ~s** on business; **fazer um bom ~** (*pessoa*) to get a good deal; (*loja etc*) to do good business; **fechar um ~** to make a deal; **~ fechado!** it's a deal!; **isso não é ~** it's not worth it; **a casa dela é um ~** (*col*) her house is really something; **tenho um ~ para te contar** I've got something to tell you; **aconteceu um ~ estranho comigo** something strange happened to me; **mas que ~ é esse?** (*col*) what's the big idea?; **meu ~ é outro** (*col*) this isn't my thing; **o ~ é o seguinte ...** (*col*) the thing is ..
negocista [nego'siʃta] ADJ crooked ■ M/F wheeler-dealer
negridão [negri'dãw] F blackness
negrito [ne'gritu] M (*Tip*) bold (face)
negritude [negri'tudʒi] F (*Pol etc*) Black awareness
negro, -a ['negru, a] ADJ black; (*raça*) Black; (*fig*: *lúgubre*) black, gloomy ■ M/F Black man/woman; **a situação está negra** the situation is bad; **humor ~** black humo(u)r; **magia negra**

black magic
negrume [ne'grumi] M black, darkness
negrura [ne'grura] F blackness
neguei *etc* [ne'gej] VB *v* **negar**
nele, -la ['neli, 'nɛla] = **em + ele**
neles, -las ['neliʃ, 'nɛlaʃ] = **em + eles**
nem [nẽj] CONJ nor, neither; **~ (sequer)** not even; **~ que** even if; **~ bem** hardly; **~ um só** not a single one; **~ estuda ~ trabalha** he neither studies nor works; **~ eu** nor me; **sem ~** without even; **~ todos** not all; **~ tanto** not so much; **~ sempre** not always; **~ por isso** nonetheless; **ele fala português que ~ brasileiro** he speaks Portuguese like a Brazilian; **~ vem (que não tem)** (*col*) don't give me that
nenê [ne'ne] M/F baby
neném [ne'nẽj] (*pl* **-ns**) M/F = **nenê**
nenhum, a [ne'ɲũ, 'ɲuma] ADJ no, not any ■ PRON (*nem um só*) none, not one; (*de dois*) neither; **~ professor** no teacher; **não vi professor ~** I didn't see any teachers; **~ dos professores** none of the teachers; **~ dos dois** neither of them; **~ lugar** nowhere; **ele não fez ~ comentário** he didn't make any comments, he made no comments; **não vou a ~ lugar** I'm not going anywhere; **estar a ~** (*col*) to be flat broke
neofascismo [neofa'siʒmu] M neofascism
neolatino, -a [neola'tʃinu, a] ADJ: **línguas neolatinas** Romance languages
neolítico, -a [neo'litʃiku, a] ADJ neolithic
neologismo [neolo'ʒiʒmu] M neologism
néon ['nɛõ] M neon
neônio [ne'onju] M = **néon**
neo-realismo ['neo-] M new realism
neozelandês, -esa [neozelã'deʃ, deza] ADJ New Zealand *atr* ■ M/F New Zealander
Nepal [ne'paw] M: **o ~** Nepal
nepotismo [nepo'tʃiʒmu] M nepotism
nervo ['nexvu] M (*Anat*) nerve; (*fig*) energy, strength; (*em carne*) sinew; **ser** *ou* **estar uma pilha de ~s** to be a bundle of nerves; **nervosismo** [nexvo'ziʒmu] M (*nervosidade*) nervousness; (*irritabilidade*) irritability; **nervoso, -a** [nex'vozu, ɔza] ADJ nervous; (*irritável*) touchy, on edge; (*exaltado*) worked up; **isso/ele me deixa nervoso** he gets on my nerves; **sistema nervoso** nervous system
nervudo, -a [ner'vudu, a] (PT) ADJ (*robusto*) robust
nervura [nex'vura] F rib; (*Bot*) vein
néscio, -a ['nɛsju, a] ADJ (*idiota*) stupid; (*insensato*) foolish
nesga ['neʒga] F (*Costura*) gore; (*porção: de comida*) portion; (: *de mesa, terra*) corner, patch
nesse(s), -ssa(s) ['nesi(ʃ), 'nɛ] = **em + esse(s)**
neste(s), -ta(s) ['neʃtʃi(ʃ), 'nɛʃta(ʃ)] = **em + este(s)**
neto, -a ['nɛtu, a] M/F grandson/daughter; **netos** MPL grandchildren
neuralgia [newraw'ʒia] F neuralgia
neurastênico, -a [newraʃ'teniku, a] ADJ (*Psico*) neurasthenic; (*col: irritadiço*) irritable
neurite [new'ritʃi] F (*Med*) neuritis
neurocirurgião, -giã [newrosiruxʒjãw, ʒjã] (*pl* **-ões/-s**) M/F neurosurgeon
neurologia [newrolo'ʒia] F neurology
neurológico, -a [newro'lɔʒiku, a] ADJ neurological
neurologista [newrolo'ʒiʃta] M/F neurologist
neurose [new'rɔzi] F neurosis; **neurótico, -a** [new'rɔtʃiku, a] ADJ, M/F neurotic
neutralidade [newtrali'dadʒi] F neutrality
neutralização [newtraliza'sãw] F neutralization
neutralizar [newtrali'zaʳ] VT to neutralize; (*anular*) to counteract
neutrão [new'trãw] (*pl*) (*PT*) M = **nêutron**
neutro, -a ['newtru, a] ADJ (*Ling: imparcial*) neutral, neuter
neutrões [new'trõjs] MPL *de* **neutrão**
nêutron ['newtrõ] (*pl* **-s**) M neutron; **bomba de ~s** neutron bomb
nevada [ne'vada] F snowfall
nevado, -a [ne'vadu, a] ADJ snow-covered; (*branco*) snow-white
nevar [ne'vaʳ] VI to snow; **nevasca** [ne'vaʃka] F snowstorm; **neve** ['nɛvi] F snow; **clara em neve** (*Culin*) beaten egg-white
névoa ['nɛvoa] F fog; **nevoeiro** [nevo'ejru] M thick fog
nevralgia [nevraw'ʒia] F neuralgia
nexo ['nɛksu] M connection, link; **sem ~** disconnected, incoherent
nhenhenhém [ɲeɲe'ɲẽj] M (*conversa fiado*) idle talk; (*reclamação*) whingeing
nhoque ['ɲɔki] M (*Culin*) gnocchi
Nicarágua [nika'ragwa] F: **a ~** Nicaragua
nicaragüense [nikara'gwẽsi] ADJ, M/F Nicaraguan
nicho ['niʃu] M niche
Nicósia [ni'kɔzja] N Nicosia
nicotina [niko'tʃina] F nicotine
Níger ['niʒeʳ] M: **o ~** Niger
Nigéria [ni'ʒɛrja] F: **a ~** Nigeria
nigeriano, -a [niʒe'rjanu, a] ADJ, M/F Nigerian
niilista [nii'liʃta] ADJ nihilistic ■ M/F nihilist
Nilo ['nilu] M: **o ~** the Nile
nimbo ['nĩbu] M (*nuvem*) rain cloud; (*Geo*) halo
ninar [ni'naʳ] VT to sing to sleep; **ninar-se** VR: **ninar-se para algo** to ignore sth
ninfeta [nĩ'feta] F nymphette
ninfomaníaca [nĩfoma'niaka] F nymphomaniac
ninguém [nĩ'gẽj] PRON nobody, no-one; **~ o conhece** no-one knows him; **não vi ~** I saw no-one, I didn't see anybody; **~ mais** nobody else
ninhada [ni'ɲada] F brood
ninharia [niɲa'ria] F trifle
ninho ['niɲu] M (*de aves*) nest; (*toca*) lair; (*lar*) home; **~ de rato** (*col*) mess, tip
níquel ['nikew] M nickel; **estar sem um ~** to be penniless
niquelar [nike'laʳ] VT (*Tec*) to nickel-plate
nirvana [nix'vana] F nirvana

nisei [ni'zej] ADJ, M/F second-generation Japanese Brazilian
nisso ['nisu] = **em + isso**
nisto ['niʃtu] = **em + isto**
nitidez [nitʃi'dez] F (*clareza*) clarity; (*brilho*) brightness; (*imagem*) sharpness
nítido, -a ['nitʃidu, a] ADJ clear, distinct; (*brilhante*) bright; (*imagem*) sharp, clear
nitrato [ni'tratu] M nitrate
nítrico, -a ['nitriku, a] ADJ: **ácido ~** nitric acid
nitrogênio [nitro'ʒenju] M nitrogen
nitroglicerina [nitroglise'rina] F nitroglycerine
nível ['nivew] (*pl* **-eis**) M level; (*fig: padrão*) level, standard; (: *ponto*) point, pitch; **~ de vida** standard of living; **~ do mar** sea level; **a ~ de** in terms of; **ao ~ de** level with
nivelamento [nivela'mẽtu] M levelling (*Brit*), leveling (*US*)
nivelar [nive'lar] VT (*terreno etc*) to level ■ VI: **nivelar com** to be level with; **nivelar-se** VR: **nivelar-se com** to be equal to; **a morte nivela os homens** death is the great leveller (*Brit*) *ou* leveler (*US*)
NO ABR (= *nordoeste*) NW
no [nu] = **em + o**
-no [nu] PRON him; (*coisa*) it
n° ABR (= *número*) no
n/o ABR = **nossa ordem**
nó M knot; (*de uma questão*) crux; **nó corredio** slipknot; **nó na garganta** lump in the throat; **nós dos dedos** knuckles; **dar um nó** to tie a knot
nobilíssimo, -a [nobi'lisimu, a] ADJ SUPERL *de* **nobre**
nobilitar [nobili'tar] VT to ennoble
nobre ['nɔbri] ADJ noble; (*bairro etc*) exclusive ■ M/F noble; **horário ~** prime time; **nobreza** [no'breza] F nobility
noção [no'sãw] (*pl* **-ões**) F notion; **noções** FPL (*rudimentos*) rudiments, basics; **~ vaga** inkling; **não ter a menor ~ de algo** not to have the slightest idea about sth
nocaute [no'kawtʃi] M knockout; (*soco*) knockout blow ■ ADV: **pôr alguém ~** to knock sb out
nocautear [nokaw'tʃjar] VT to knock out
nocivo, -a [no'sivu, a] ADJ harmful
noções [no'sõjʃ] FPL *de* **noção**
nocturno, -a [no'tuxnu, a] (PT) ADJ = **noturno**
nódoa ['nɔdwa] F spot; (*mancha*) stain
nódulo ['nɔdulu] M nodule
nogueira [no'gejra] F (*árvore*) walnut tree; (*madeira*) walnut
noitada [noj'tada] F (*noite inteira*) whole night; (*noite de divertimento*) night out
noite ['nojtʃi] F night; (*início da noite*) evening; **à** *ou* **de ~** at night, in the evening; **ontem/hoje/amanhã à ~** last night/tonight/tomorrow night; **boa ~** good evening; (*despedida*) good night; **da ~ para o dia** overnight; **tarde da ~** late at night; **passar a ~ em claro** to have a sleepless night; **a ~ carioca** Rio nightlife; **~ de estréia** opening night
noitinha [noj'tʃiɲa] F: **à ~s** at nightfall
noivado [noj'vadu] M engagement
noivar [noj'var] VI: **~ (com)** (*ficar noivo*) to get engaged (to); (*ser noivo*) to be engaged (to)
noivo, -a ['nojvu, a] M/F (*prometido*) fiancé/fiancée; (*no casamento*) bridegroom/bride; **os noivos** MPL (*prometidos*) the engaged couple; (*no casamento*) the bride and groom; (*recém-casados*) the newly-weds
nojeira [no'ʒejra] F disgusting thing; (*trabalho*) filthy job
nojento, -a [no'ʒẽtu, a] ADJ disgusting
nojo ['noʒu] M (*náusea*) nausea; (*repulsão*) disgust, loathing; **ela é um ~** she's horrible; **este trabalho está um ~** this work is messy
no-la(s) = **nos + a(s)**
no-lo(s) = **nos + o(s)**
nômade ['nomadʒi] ADJ nomadic ■ M/F nomad
nome ['nɔmi] M name; (*fama*) fame; **de ~** by name; **escritor de ~** famous writer; **um restaurante de ~** a restaurant with a good reputation; **em ~ de** in the name of; **dar ~ aos bois** to call a spade a spade; **esse ~ não me é estranho** the name rings a bell; **~ comercial** trade name; **~ completo** full name; **~ de batismo** Christian name; **~ de família** family name; **~ de guerra** nickname; **~ feio** swearword; **~ próprio** (*Ling*) proper name
nomeação [nomja'sãw] (*pl* **-ões**) F nomination; (*para um cargo*) appointment
nomeada [no'mjada] F fame
nomeadamente [nomjada'mẽtʃi] ADV namely
nomear [no'mjar] VT to nominate; (*conferir um cargo*) to appoint; (*dar nome a*) to name
nomenclatura [nomẽkla'tura] F nomenclature
nominal [nomi'naw] (*pl* **-ais**) ADJ nominal
nonagésimo, -a [nona'ʒezimu, a] NUM ninetieth
nono, -a ['nɔnu, a] NUM ninth; *vtb* **quinto**
nora ['nɔra] F daughter-in-law
nordeste [nox'dɛʃtʃi] M, ADJ northeast; **o N~** the Northeast
nordestino, -a [noxdeʃ'tʃinu, a] ADJ north-eastern ■ M/F North-easterner
nórdico, -a ['nɔxdʒiku, a] ADJ, M/F Nordic
norma ['nɔxma] F standard, norm; (*regra*) rule; **como ~** as a rule
normal [nox'maw] (*pl* **-ais**) ADJ normal; (*habitual*) usual; **escola ~** ≈ teacher training college; **curso ~** primary (*Brit*) *ou* elementary (*US*) school teacher training; **está um calor que não é ~** it's incredibly hot
normalidade [noxmali'dadʒi] F normality
normalista [noxma'liʃta] M/F trainee primary (*Brit*) *ou* elementary (*US*) school teacher

NB: *European Portuguese adds the following consonants to certain words:* **b** (sú(b)dito, su(b)til); **c** (a(c)ção, a(c)cionista, a(c)to); **m** (inde(m)ne); **p** (ado(p)çã, ado(p)tar); *for further details see p. xiii.*

normalização [noxmaliza'sãw] F normalization
normalizar [noxmali'zaʳ] VT to bring back to normal; (*Pol*: *relações etc*) to normalize; **normalizar-se** VR to return to normal
normativo, -a [noxma'tʃivu, a] ADJ prescriptive
noroeste [nor'wɛʃtʃi] ADJ northwest, northwestern ■ M northwest
norte ['nɔxtʃi] ADJ northern, north; (*vento, direção*) northerly ■ M north; **ao ~ de** to the north of
norte-africano, -a ADJ, M/F North African
norte-americano, -a ADJ, M/F (North) American
nortear [nox'tʃjaʳ] VT to orientate; **nortear-se** VR to orientate o.s.
norte-coreano, -a ADJ, M/F North Korean
norte-vietnamita ADJ, M/F North Vietnamese
nortista [nox'tʃiʃta] ADJ northern ■ M/F Northerner
Noruega [nor'wega] F Norway; **norueguês, -esa** [norwe'geʃ, geza] ADJ, M/F Norwegian ■ M (*Ling*) Norwegian
nos¹ [nuʃ] = **em + os**
nos² [nuʃ] PRON (*direto*) us; (*indireto*) us, to us, for us; (*reflexivo*) (to) ourselves; (*recíproco*) (to) each other
-nos [nuʃ] PRON them
nós [nɔʃ] PRON we; **~ mesmos** we ourselves; **para ~** for us; **~ dois** we two, both of us; **cá entre ~** between the two (*ou* three *etc*) of us
nossa ['nɔsa] EXCL: **~!** my goodness!
nosso, -a ['nɔsu, a] ADJ our ■ PRON ours; **um amigo ~** a friend of ours; **Nossa Senhora** (*Rel*) Our Lady; **os ~s** (*família*) our family *sg*
nostalgia [noʃtaw'ʒia] F nostalgia; (*saudades da pátria etc*) homesickness; **nostálgico, -a** [noʃ'tawʒiku, a] ADJ nostalgic; (*saudoso*) homesick
nota ['nɔta] F note; (*Educ*) mark; (*conta*) bill; (*cédula*) banknote; **digno de ~** noteworthy; **cheio da ~** (*col*) flush; **custar uma ~ (preta)** (*col*) to cost a bomb; **tomar ~** to make a note; **~ de venda** sales receipt; **~ fiscal** receipt; **(~) promissória** promissory note
notabilidade [notabili'dadʒi] F notability; (*pessoa*) notable
notabilizar [notabili'zaʳ] VT to make known; **notabilizar-se** VR to become known
notação [nota'sãw] (*pl* **-ões**) F notation
notadamente [notada'mẽtʃi] ADV especially
notar [no'taʳ] VT (*reparar em*) to notice, note; **notar-se** VR to be obvious; **é de ~ que** it is to be noted that; **fazer ~** to call attention to; **notável** [no'tavew] (*pl* **-eis**) ADJ notable, remarkable
notícia [no'tʃisja] F (*uma notícia*) piece of news; (*TV etc*) news item; **notícias** FPL (*informações*) news *sg*; **pedir ~s de** to inquire about; **ter ~s de** to hear from
noticiar [notʃi'sjaʳ] VT to announce, report
noticiário [notʃi'sjarju] M (*de jornal*) news section; (*Cinema*) newsreel; (*TV, Rádio*) news bulletin
noticiarista [notʃisja'riʃta] M/F news writer, reporter; (*TV, Rádio*) newsreader, newscaster
noticioso, -a [notʃi'sjozu, ɔza] ADJ news *atr*
notificação [notʃifika'sãw] (*pl* **-ões**) F notification
notificar [notʃifi'kaʳ] VT to notify, inform
notívago, -a [no'tʃivagu, a] ADJ nocturnal ■ M/F sleepwalker; (*pessoa que gosta da noite*) night bird
notoriedade [notorje'dadʒi] F renown, fame
notório, -a [no'tɔrju, a] ADJ well-known
noturno, -a [no'tuxnu, a] ADJ nocturnal, nightly; (*trabalho*) night *atr* ■ M (*trem*) night train
nouveau-riche [nuvo'xiʃi] (*pl* **nouveaux-riches**) M/F nouveau-riche
nov. ABR (= *novembro*) Nov
nova ['nɔva] F piece of news; **novas** FPL (*novidades*) news *sg*
novamente [nova'mẽtʃi] ADV again
novato, -a [no'vatu, a] ADJ inexperienced, raw ■ M/F (*principiante*) beginner, novice; (*Educ*) fresher
nove ['nɔvi] NUM nine; *v tb* **cinco**
novecentos, -tas [nove'sẽtuʃ] NUM nine hundred
novela [no'vɛla] F short novel, novella; (*Rádio, TV*) soap opera
novelista [nove'liʃta] M/F novella writer
novelo [no'velu] M ball of thread
novembro [no'vẽbru] (PT **N-**) M November; *v tb* **julho**
novena [no'vena] F (*Rel*) novena
noventa [no'vẽta] NUM ninety; *v tb* **cinqüenta**
noviciado [novi'sjadu] M (*Rel*) novitiate
noviço, -a [no'visu, a] M/F (*Rel, fig*) novice
novidade [novi'dadʒi] F novelty; (*notícia*) piece of news; **novidades** FPL (*notícias*) news *sg*; **sem ~** without incident
novidadeiro, -a [novida'dejru, a] ADJ chatty ■ M/F gossip
novilho, -a [no'viʎu, a] M/F young bull/heifer
novo, -a ['novu, 'nɔva] ADJ new; (*jovem*) young; (*adicional*) further; **de ~** again; **~ em folha** brand new; **o que há de ~?** what's new?; **~ rico** nouveau riche
noz [nɔʒ] F (*de várias árvores*) nut; (*da nogueira*) walnut; **~ moscada** nutmeg
nu, a [nu, 'nua] ADJ (*corpo, pessoa*) naked; (*braço, arvore, sala, parede*) bare ■ M nude; **a olho nu** with the naked eye; **a verdade nua e crua** the stark truth *ou* reality; **pôr a nu** (*fig*) to expose
nuança [nu'ãsa] F nuance
nubente [nu'bẽtʃi] ADJ, M/F betrothed
nublado, -a [nu'bladu, a] ADJ cloudy, overcast
nublar [nu'blaʳ] VT to darken; **nublar-se** VR to cloud over
nuca ['nuka] F nape (of the neck)
nuclear [nu'kljaʳ] ADJ nuclear; **energia/usina ~** nuclear energy/power station
núcleo ['nuklju] M nucleus *sg*; (*centro*) centre

(*Brit*), center (*US*)
nudez [nu'dez] F nakedness, nudity; (*de paredes etc*) bareness
nudismo [nu'dʒiʒmu] M nudism
nudista [nu'dʒiʃta] ADJ, M/F nudist
nulidade [nuli'dadʒi] F nullity, invalidity; (*pessoa*) nonentity
nulo, -a ['nulu, a] ADJ (*Jur*) null, void; (*nenhum*) non-existent; (*sem valor*) worthless; (*esforço*) vain, useless; **ele é ~ em matemática** he's useless at maths (*Brit*) *ou* math (*US*)
num [nũ] = **em + um** ADV (*col: não*) not
numa(s) ['numa(ʃ)] = **em + uma(s)**
numeração [numera'sãw] F (*ato*) numbering; (*números*) numbers *pl*; (*de sapatos etc*) sizes *pl*
numerado, -a [nume'radu, a] ADJ numbered; (*em ordem numérica*) in numerical order
numeral [nume'raw] (*pl* **-ais**) M numeral ■ ADJ numerical
numerar [nume'ra^{r}] VT to number
numerário [nume'rarju] M cash, money
numérico, -a [nu'meriku, a] ADJ numerical
número ['numeru] M number; (*de jornal*) issue; (*Teatro etc*) act; (*de sapatos, roupa*) size; **sem ~** countless; **um sem ~ de vezes** hundreds *ou* thousands of times; **amigo/escritor ~ um** number one friend/writer; **fazer ~** to make up the numbers; **ele é um ~** (*col*) he's a riot; **~ cardinal/ordinal** cardinal/ordinal number; **~ de matrícula** registration (*Brit*) *ou* license plate (*US*) number; **~ primo** prime number; **numeroso, -a** [nume'rozu, ɔza] ADJ numerous
nunca ['nũka] ADV never; **~ mais** never again; **como ~** as never before; **quase ~** hardly ever; **mais que ~** more than ever
nuns [nũʃ] = **em + uns**
nupcial [nup'sjaw] ADJ (*pl* **-ais**) wedding *atr*
núpcias ['nupsjaʃ] FPL nuptials, wedding *sg*
nutrição [nutri'sãw] F nutrition
nutricionista [nutrisjo'niʃta] M/F nutritionist
nutrido, -a [nu'tridu, a] ADJ (*bem alimentado*) well-nourished; (*robusto*) robust
nutrimento [nutri'mẽtu] M nourishment
nutrir [nu'tri^{r}] VT (*sentimento*) to harbour (*Brit*), harbor (*US*); (*alimentar-se*): **~ (de)** to nourish (with), feed (on); (*fig*) to feed (on) ■ VI to be nourishing
nutritivo, -a [nutri'tʃivu, a] ADJ nourishing; **valor ~** nutritional value
nuvem ['nuvẽj] (*pl* **-ns**) F cloud; (*de insetos*) swarm; **cair das nuvens** (*fig*) to be astounded; **estar nas nuvens** to be daydreaming, be miles away; **pôr nas nuvens** to praise to the skies; **o aniversário passou em brancas nuvens** the birthday went by without any celebration

Oo

O, o [ɔ] (*pl* **os**) M O, o; **O de Osvaldo** O for Oliver (*Brit*) *ou* oboe (*US*)

PALAVRA CHAVE

o, a [u, a] ART DEF **1** the; **o livro/a mesa/os estudantes** the book/table/students
2 (*com n abstrato: não se traduz*): **o amor/a juventude** love/youth
3 (*posse: traduz-se muitos vezes por adj possessivo*): **quebrar o braço** to break one's arm; **ele levantou a mão** he put his hand up; **ela colocou o chapéu** she put her hat on
4 (*valor descritivo*): **ter a boca grande/os olhos azuis** to have a big mouth/blue eyes
■ PRON DEMOSTRATIVO: **meu livro e o seu** my book and yours; **as de Pedro são melhores** Pedro's are better; **não a(s) branca(s) mas a(s) cinza(s)** not the white one(s) but the grey one(s)
■ PRON RELATIVO: **o que** *etc* **1** (*indef*): **o(s) que quiser(em) pode(m) sair** anyone who wants to can leave; **leve o que mais gostar** take the one you like best
2 (*def*): **o que comprei ontem** the one I bought yesterday; **os que sairam** those who left
3: **o que** what; **o que eu acho/mais gosto** what I think/like most
■ PRON PESSOAL **1** (*pessoa: m*) him; (: *f*) her; (: *pl*) them; **não posso vê-lo(s)** I can't see him/them; **vemo-la todas as semanas** we see her every week
2 (*animal, coisa: sg*) it; (: *pl*) them; **não posso vê-lo(s)** I can't see it/them; **acharam-nos na praia** they found us on the beach

ó [ɔ] EXCL oh!; (*olha*) look!; **ó Pedro** hey Pedro
ô [o] EXCL oh!; **ô Pedro** hey Pedro; **ô de casa!** anyone at home?; **ô criança difícil!** oh, what a difficult child!
OAB ABR F = **Ordem dos Advogados do Brasil**
oásis [o'asiʃ] M INV oasis
oba ['oba] EXCL wow!, great!; (*saudação*) hi!
obcecado, -a [obise'kadu, a] ADJ obsessed
obcecar [obise'kaʳ] VT to obsess
obedecer [obede'seʳ] VI: **~ a** to obey; **obedeça!** (*a criança*) do as you're told!; **obediência** [obe'dʒēsja] F obedience; **obediente** [obe'dʒētʃi] ADJ obedient
obelisco [obe'liʃku] M obelisk
obesidade [obezi'dadʒi] F obesity
obeso, -a [o'bɛzu, a] ADJ obese
óbice ['ɔbisi] M obstacle
óbito ['ɔbitu] M death; **atestado de ~** death certificate
obituário [obi'twarju] M obituary
objeção [obʒe'sãw] (*PT* **-cç-**, *pl* **-ões**) F objection; (*obstáculo*) obstacle; **fazer** *ou* **pôr objeções a** to object to
objetar [obʒe'taʳ] (*PT* **-ct-**) VT to object ■ VI: **~ (a algo)** to object (to sth)
objetiva [obʒe'tʃiva] (*PT* **-ct-**) F lens; **sem ~** aimlessly
objetivar [obʒetʃi'vaʳ] (*PT* **-ct-**) VT (*visar*) to aim at; **~ fazer** to aim to do, set out to do
objetividade [obʒetʃivi'dadʒi] (*PT* **-ct-**) F objectivity
objetivo, -a [obʒe'tʃivu, a] (*PT* **-ct-**) ADJ objective ■ M objective, aim
objeto [ob'ʒetu] (*PT* **-ct-**) M object; **~ de uso pessoal** personal effect
oblíqua [o'blikwa] F oblique
oblíquo, -a [o'blikwu, a] ADJ oblique, slanting; (*olhar*) sidelong; (*Ling*) oblique
obliterar [oblite'raʳ] VT to obliterate; (*Med*) to close off
oblongo, -a [ob'lõgu, a] ADJ oblong
oboé [o'bwɛ] M oboe
oboísta [o'bwiʃta] M/F oboe player
obra ['ɔbra] F work; (*Arq*) building, construction; (*Teatro*) play; **em ~s** under repair; **ser ~ de alguém** to be the work of sb; **ser ~ de algo** to be the result of sth; **~ de arte** work of art; **~ de caridade** charity; **~s completas** complete works; **~s públicas** public works
obra-mestra (*pl* **obras-mestras**) F masterpiece
obra-prima (*pl* **obras-primas**) F masterpiece
obreiro, -a [o'brejru, a] ADJ working ■ M/F worker
obrigação [obriga'sãw] (*pl* **-ões**) F obligation, duty; (*Com*) bond; **cumprir (com) suas obrigações** to fulfil(l) one's obligations; **dever obrigações a alguém** to owe sb favo(u)rs; **~ ao portador** bearer bond

obrigado, -a [obri'gadu, a] ADJ (*compelido*) obliged, compelled ■ EXCL thank you; (*recusa*) no, thank you
obrigar [obri'ga^{r}] VT to oblige, compel; **obrigar-se** VR: **obrigar-se a fazer algo** to undertake to do sth
obrigatoriedade [obrigatorje'dadʒi] F compulsory nature
obrigatório, -a [obriga'tɔrju, a] ADJ compulsory, obligatory
obscenidade [obiseni'dadʒi] F obscenity
obsceno, -a [obi'sɛnu, a] ADJ obscene
obscurecer [obiʃkure'se^{r}] VT to darken; (*entendimento, verdade etc*) to obscure; (*prestígio*) to dim ■ VI to get dark
obscuridade [obiʃkuri'dadʒi] F (*falta de luz*) darkness; (*fig*) obscurity
obscuro, -a [obi'ʃkuru, a] ADJ dark; (*fig*) obscure
obsequiar [obse'kja^{r}] VT (*presentear*) to give presents to; (*tratar com agrados*) to treat kindly
obséquio [ob'sɛkju] M favour (*Brit*), favor (*US*), kindness; **faça o ~ de ...** would you be kind enough to ....
obsequioso, -a [obse'kjozu, ɔza] ADJ obliging, courteous
observação [obisexva'sãw] (*pl* **-ões**) F observation; (*comentário*) remark, comment; (*de leis, regras*) observance
observador, a [obisexva'do^{r}(a)] ADJ observant ■ M/F observer
observância [obisex'vãsja] F observance
observar [obisex'va^{r}] VT to observe; (*notar*) to notice; (*replicar*) to remark; **~ algo a alguém** to point sth out to sb
observatório [obsexva'tɔrju] M observatory
obsessão [obise'sãw] (*pl* **-ões**) F obsession; **obsessivo, -a** [obise'sivu, a] ADJ obsessive
obsessões [obise'sõjʃ] FPL *de* **obsessão**
obsoleto, -a [obiso'lɛtu, a] ADJ obsolete
obstáculo [obi'ʃtakulu] M obstacle; (*dificuldade*) hindrance, drawback
obstante [obi'ʃtãtʃi]: **não ~** CONJ nevertheless, however ■ PREP in spite of, notwithstanding
obstar [obi'ʃta^{r}] VI: **~ a** to hinder; (*opor-se*) to oppose
obstetra [obi'ʃtɛtra] M/F obstetrician
obstetrícia [obiʃte'trisja] F obstetrics *sg*
obstétrico, -a [obi'ʃtɛtriku, a] ADJ obstetric
obstinação [obiʃtʃina'sãw] F obstinacy
obstinado, -a [obiʃtʃi'nadu, a] ADJ obstinate, stubborn
obstinar-se [obiʃtʃi'naxsi] VR to be obstinate; **~ em** (*insistir em*) to persist in
obstrução [obiʃtru'sãw] (*pl* **-ões**) F obstruction; **obstruir** [obi'ʃtrwi^{r}] VT to obstruct; (*impedir*) to impede
obtêm *etc* [obi'tẽ] VB *v* **obter**
obtemperar [obitẽpe'ra^{r}] VT to reply respectfully ■ VI: **~ (a algo)** to demur (at sth)
obtenção [obitẽ'sãw] (*pl* **-ões**) F acquisition; (*consecução*) attainment
obtenho *etc* [ob'teɲu] VB *v* **obter**
obtenível [obite'nivew] (*pl* **-eis**) ADJ obtainable
obter [obi'te^{r}] (*irreg*) VT to obtain, get; (*alcançar*) to gain
obturação [obitura'sãw] (*pl* **-ões**) F (*de dente*) filling
obturador [obitura'do^{r}] M (*Foto*) shutter
obturar [obitu'ra^{r}] VT to stop up, plug; (*dente*) to fill
obtuso, -a [obi'tuzu, a] ADJ (*ger*) obtuse; (*fig: pessoa*) thick, slow
obviedade [obvje'dadʒi] F obviousness; (*coisa óbvia*) obvious fact
óbvio, -a ['ɔbvju, a] ADJ obvious; **(é) ~!** of course!; **é o ~ ululante** it's glaringly *ou* screamingly (*col*) obvious
OC ABR (= *onda curta*) SW
ocasião [oka'zjãw] (*pl* **-ões**) F (*oportunidade*) opportunity, chance; (*momento, tempo*) occasion, time
ocasional [okazjo'naw] (*pl* **-ais**) ADJ chance *atr*
ocasionar [okazjo'na^{r}] VT to cause, bring about
ocaso [o'kazu] M (*do sol*) sunset; (*ocidente*) west; (*decadência*) decline
Oceania [osja'nia] F: **a ~** Oceania
oceânico, -a [o'sjaniku, a] ADJ ocean *atr*
oceano [o'sjanu] M ocean; **O~ Atlântico/Pacífico/Índico** Atlantic/Pacific/Indian Ocean
oceanografia [osjanogra'fia] F oceanography
ocidental [osidẽ'taw] (*pl* **-ais**) ADJ western ■ M/F westerner
ocidente [osi'dẽtʃi] M west; **o O~** (*Pol*) the West
ócio ['ɔsju] M (*lazer*) leisure; (*inação*) idleness
ociosidade [osjozi'dadʒi] F idleness
ocioso, -a [o'sjozu, ɔza] ADJ idle; (*vaga*) unfilled
oco, -a ['oku, a] ADJ hollow, empty
ocorrência [oko'xẽsja] F incident, event; (*circunstância*) circumstance
ocorrer [oko'xe^{r}] VI to happen, occur; (*vir ao pensamento*) to come to mind; **~ a alguém** to happen to sb; (*vir ao pensamento*) to occur to sb
ocre ['ɔkri] ADJ, M ochre (*Brit*), ocher (*US*)
octogenário, -a [oktoʒe'narju, a] ADJ eighty-year-old ■ M/F octogenarian
octogonal [oktogo'naw] (*pl* **-ais**) ADJ octagonal
octógono [ok'tɔgonu] M octagon
ocular [oku'la^{r}] ADJ ocular; **testemunha ~** eye witness
oculista [oku'liʃta] M/F optician
óculo ['ɔkulu] M spyglass; **óculos** MPL glasses, spectacles; **~s de proteção** goggles
ocultar [okuw'ta^{r}] VT to hide, conceal
ocultas [o'kuwtaʃ] FPL: **às ~** in secret
oculto, -a [o'kuwtu, a] ADJ hidden; (*desconhecido*) unknown; (*secreto*) secret; (*sobrenatural*) occult
ocupação [okupa'sãw] (*pl* **-ões**) F occupation
ocupacional [okupasjo'naw] (*pl* **-ais**) ADJ

NB: *European Portuguese adds the following consonants to certain words*: **b** (sú(b)dito, su(b)til); **c** (a(c)ção, a(c)cionista, a(c)to); **m** (inde(m)ne); **p** (ado(p)çã, ado(p)tar); *for further details see p. xiii.*

occupational
ocupações [okupa'sõjʃ] FPL *de* **ocupação**
ocupado, -a [oku'padu, a] ADJ (*pessoa*) busy; (*lugar*) taken, occupied; (BR: *telefone*) engaged (*Brit*), busy (*US*); **sinal de ~** (BR: *Tel*) engaged tone (*Brit*), busy signal (*US*)
ocupar [oku'pa^{r}] VT to occupy; (*tempo*) to take up; (*pessoa*) to keep busy; **ocupar-se** VR to keep o.s. occupied; **~-se com** *ou* **de** *ou* **em algo** (*dedicar-se a*) to deal with sth; (*cuidar de*) to look after sth; (*passar seu tempo com*) to occupy o.s. with sth; **posso ~ esta mesa/cadeira?** can I take this table/chair?
ode ['ɔdʒi] F ode
odiar [o'dʒja^{r}] VT to hate
odiento, -a [o'dʒjẽtu, a] ADJ hateful
ódio ['ɔdʒju] M hate, hatred; **que ~!** (*col*) I'm (*ou* was) furious!
odioso, -a [o'dʒjozu, ɔza] ADJ hateful
odontologia [odõtolo'ʒia] F dentistry
odor [o'do^{r}] M smell
OEA ABR F (= *Organização dos Estados Americanos*) OAS
oeste ['wɛʃtʃi] M west ■ ADJ INV (*região*) western; (*direção, vento*) westerly; **ao ~ de** to the west of; **em direção ao ~** westwards
ofegante [ofe'gãtʃi] ADJ breathless, panting
ofegar [ofe'ga^{r}] VI to pant, puff
ofender [ofẽ'de^{r}] VT to offend; **ofender-se** VR to take offence (*Brit*) *ou* offense (*US*)
ofensa [o'fẽsa] F insult; (*à lei, moral*) offence (*Brit*), offense (*US*); **ofensiva** [ofẽ'siva] F (*Mil*) offensive; **tomar a ofensiva** to go on to the offensive
ofensivo, -a [ofẽ'sivu, a] ADJ offensive; (*agressivo*) aggressive; **~ à moral** morally offensive
oferecer [ofere'se^{r}] VT to offer; (*dar*) to give; (*jantar*) to give; (*propor*) to propose; (*dedicar*) to dedicate; **oferecer-se** VR (*pessoa*) to offer o.s., volunteer; (*oportunidade*) to present itself, arise; **~-se para fazer** to offer to do
oferecido, -a [ofere'sidu, a] ADJ (*intrometido*) pushy
oferecimento [oferesi'mẽtu] M offer
oferenda [ofe'rẽda] F (*Rel*) offering
oferta [o'fɛxta] F (*oferecimento*) offer; (*dádiva*) gift; (*Com*) bid; (*em loja*) special offer; **a ~ e a demanda** (*Econ*) supply and demand; **em ~** (*numa loja*) on special offer
ofertar [ofex'ta^{r}] VT to offer
office-boy [ofis'bɔj] (*pl* **-s**) M messenger
oficial [ofi'sjaw] (*pl* **-ais**) ADJ official ■ M/F official; (*Mil*) officer; **~ de justiça** bailiff
oficializar [ofisjali'za^{r}] VT to make official
oficiar [ofi'sja^{r}] VI (*Rel*) to officiate ■ VT: **~ (algo) a alguém** to report (sth) to sb
oficina [ofi'sina] F workshop; **~ mecânica** garage
ofício [o'fisju] M (*profissão*) profession, trade; (*Rel*) service; (*carta*) official letter; (*função*) function; (*encargo*) job, task; **bons ~s** good offices; **~ de notas** notary public
oficioso, -a [ofi'sjozu, ɔza] ADJ (*não oficial*) unofficial
ofsete [of'sɛtʃi] M offset printing
oftálmico, -a [of'tawmiku, a] ADJ ophthalmic
oftalmologia [oftawmolo'ʒia] F ophthalmology
ofuscante [ofuʃ'kãtʃi] ADJ dazzling
ofuscar [ofuʃ'ka^{r}] VT (*obscurecer*) to blot out; (*deslumbrar*) to dazzle; (*entendimento*) to colour (*Brit*), color (*US*); (*suplantar em brilho*) to outshine ■ VI to be dazzling
ogro ['ɔgru] M ogre
ogum [o'gũ] M *Afro-Brazilian god of war*
oh [ɔ] EXCL oh
oi [ɔj] EXCL oh; (*saudação*) hi; (*resposta*) yes?
oitava-de-final (*pl* **oitavas-de-final**) F round before the quarter finals
oitavo, -a [oj'tavu, a] ADJ eighth ■ M eighth; *v tb* **quinto**
oitenta [oj'tẽta] NUM eighty; *v tb* **cinqüenta**
oito ['ojtu] NUM eight; **ou ~ ou oitenta** all or nothing; *v tb* **cinco**
oitocentos, -tas [ojtu'sẽtuʃ] NUM eight hundred; **os O~** the nineteenth century
ojeriza [oʒe'riza] F dislike; **ter ~ a alguém** to dislike sb
o.k. [o'ke] EXCL, ADV OK, okay
olá [o'la] EXCL hello!
olaria [ola'ria] F (*fáa*: *de louças de barro*) pottery; (: *de tijolos*) brickworks *sg*
oleado [o'ljadu] M oilcloth
oleiro, -a [o'lejru, a] M/F potter; (*de tijolos*) brick maker
óleo ['ɔlju] M (*lubricante*) oil; **pintura a ~** oil painting; **tinta a ~** oil paint; **~ combustível** fuel oil; **~ de bronzear** suntan oil; **~ diesel** diesel oil
oleoduto [oljo'dutu] M (oil) pipeline
oleoso, -a [o'ljozu, ɔza] ADJ oily; (*gorduroso*) greasy
olfato [ow'fatu] M sense of smell
olhada [o'ʎada] F glance, look; **dar uma ~** to have a look
olhadela [oʎa'dɛla] F peep
olhar [o'ʎa^{r}] VT to look at; (*observar*) to watch; (*ponderar*) to consider; (*cuidar de*) to look after ■ VI to look ■ M look; **olhar-se** VR to look at o.s.; (*duas pessoas*) to look at each other; **olha!** look!; **~ fixamente** to stare at; **~ para** to look at; **~ por** to look after; **~ alguém de frente** to look sb straight in the eye; **e olha lá** (*col*) and that's pushing it; **olha lá o que você vai me arranjar!** careful you don't make things worse for me!; **~ fixo** stare
olheiras [o'ʎejraʃ] FPL dark rings under the eyes
olho ['oʎu] M (*Anat, de agulha*) eye; (*vista*) eyesight; (*de queijo*) hole; **~ nele!** watch him!; **~ vivo!** keep your eyes open!; **a ~** (*medir, calcular etc*) by eye; **a ~ nu** with the naked eye; **a ~s vistos** visibly; **abrir os ~s de alguém** (*fig*) to open sb's eyes; **andar** *ou* **estar de ~ em algo** to have one's eyes

on sth; **custar/pagar os ~s da cara** to cost/pay the earth; **ficar de ~** to keep an eye out; **ficar de ~ em algo** to keep an eye on sth; **ficar de ~ comprido em algo** to look longingly at sth; **passar os ~s por algo** to scan over sth; **pôr alguém nos ~s da rua** to put sb on the street; (*de emprego*) to fire sb; **não pregar o ~** not to sleep a wink; **ter bom ~ para** to have a good eye for; **ver com bons ~s** to approve of; **~ clínico** sharp *ou* keen eye; **~ de lince** sharp eye; **ter ~ de peixe morto** to be glassy-eyed; **~ grande** (*fig*) envy; **estar de ~ grande em algo** to covet sth; **ter ~ grande** to be envious; **~ mágico** (*na porta*) peephole, magic eye; **~ roxo** black eye; **~ por ~** an eye for an eye; **num abrir e fechar de ~s** in a flash; **longe dos ~s, longe do coração** out of sight, out of mind; **ele tem o ~ maior que a barriga** his eyes are bigger than his belly

oligarquia [oligax'kia] F oligarchy

olimpíada [olĩ'piada] F: **as O~s** the Olympics

olimpicamente [olĩpika'mẽtʃi] ADJ blissfully

olímpico, -a [o'lĩpiku, a] ADJ (*jogos, chama*) Olympic

olival [oli'vaw] (*pl* **-ais**) M olive grove

olivedo [oli'vedu] M = **olival**

oliveira [oli'vejra] F olive tree

olmeiro [ow'mejru] M = **olmo**

olmo ['ɔwmu] M elm

OLP ABR F (= *Organização para a Libertação da Palestina*) PLO

OM ABR (= *onda média*) MW

Omã [o'mã] M: **(o) ~** Oman

ombreira [õ'brejra] F (*de porta*) doorpost; (*de roupa*) shoulder pad

ombro ['õbru] M shoulder; **encolher os ~s** *ou* **dar de ~s** to shrug one's shoulders; **chorar no ~ de alguém** to cry on sb's shoulder

omeleta [ome'leta] (*PT*) F = **omelete**

omelete [ome'letʃi] (*BR*) F omelette (*Brit*), omelet (*US*)

omissão [omi'sãw] (*pl* **-ões**) F omission; (*negligência*) negligence; (*ato de não se manifestar*) failure to appear

omisso, -a [o'misu, a] ADJ omitted; (*negligente*) negligent; (*que não se manifesta*) absent

omissões [omi'sõjʃ] FPL *de* **omissão**

omitir [omi'tʃi^{r}] VT to omit; **omitir-se** VR to fail to appear

OMM ABR F (= *Organização Meteorológica Mundial*) WMO

omnipotente *etc* [omnipo'tẽtə] (*PT*) = **onipotente** *etc*

omnipresente [omnipre'zẽtə] (*PT*) ADJ = **onipresente**

omnisciente [omni'sjẽtə] (*PT*) ADJ = **onisciente**

omnívoro, -a [om'nivoru, a] (*PT*) ADJ = **onívoro**

omoplata [omo'plata] F shoulder blade

OMS ABR F (= *Organização Mundial da Saúde*) WHO

ON ABR (*Com*: *de ações*) = **ordinária nominativa**

onça ['õsa] F (*peso*) ounce; (*animal*) jaguar; **ser do tempo da ~** to be as old as the hills; **ficar uma** *ou* **virar ~** (*col*) to get furious; **estou numa ~ danada** (*col*) I'm flat broke

onça-parda (*pl* **onças-pardas**) F puma

onda ['õda] F wave; (*moda*) fashion; (*confusão*) commotion; **~ sonora/luminosa** sound/light wave; **~ curta/média/longa** short/medium/long wave; **~ de calor** heat wave; **pegar ~** to go surfing; **ir na ~** (*col*) to follow the crowd; **ir na ~ de alguém** (*col*) to be taken in by sb; **estar na ~** to be in fashion; **fazer ~** (*col*) to make a fuss; **deixa de ~!** (*col*) cut the crap!; **isso é ~ dela** (*col*) that's just something she's made up; **tirar uma ~ de algo** to act like sth

onde ['õdʒi] ADV where ■ CONJ where, in which; **de ~ você é?** where are you from?; **por ~** through which; **por ~?** which way?; **~ quer que** wherever; **não ter ~ cair morto** (*fig*) to have nothing to call one's own; **fazer por ~** to work for it

ondeado, -a [õ'dʒjadu, a] ADJ wavy ■ M (*de cabelo*) wave

ondeante [õ'dʒjãtʃi] ADJ waving, undulating

ondear [õ'dʒja^{r}] VT to wave ■ VI to wave; (*água*) to ripple; (*serpear*) to meander, wind

ondulação [õdula'sãw] (*pl* **-ões**) F undulation

ondulado, -a [õdu'ladu, a] ADJ wavy

ondulante [õdu'lãtʃi] ADJ wavy

onerar [one'ra^{r}] VT to burden; (*Com*) to charge

oneroso, -a [one'rozu, ɔza] ADJ onerous; (*dispendioso*) costly

ônibus ['onibuʃ] (*BR*) M INV bus; **ponto de ~** bus-stop

onipotência [onipo'tẽsja] F omnipotence

onipotente [onipo'tẽtʃi] ADJ omnipotent

onipresente [onipre'zẽtʃi] ADJ omnipresent, ever-present

onírico, -a [o'niriku, a] ADJ dreamlike

onisciente [oni'sjẽtʃi] ADJ omniscient

onívoro, -a [o'nivoru, a] ADJ omnivorous

onomástico, -a [ono'maʃtʃiku, a] ADJ: **índice ~** index of proper names; **dia ~** name day

ônix ['oniks] M onyx

onomatopéia [onomato'pɛja] F onomatopoeia

ontem ['õtẽ] ADV yesterday; **~ à noite** last night; **~ à tarde/de manhã** yesterday afternoon/morning

ONU ['onu] ABR F (= *Organização das Nações Unidas*) UNO

ônus ['onuʃ] M INV onus; (*obrigação*) obligation; (*Com*) charge; (*encargo desagradável*) burden; (*imposto*) tax burden

onze ['õzi] NUM eleven; *v tb* **cinco**

OP ABR (*Com*: *ações*) = **ordinária ao portador**

opa ['opa] EXCL (*de admiração*) wow!; (*de espanto*) oops!; (*saudação*) hi!

opacidade [opasi'dadʒi] F opaqueness; (*escuridão*) blackness

opaco, -a [o'paku, a] ADJ opaque; (*obscuro*) dark
opala [o'pala] F opal; (*tecido*) fine muslin
opalino, -a [opa'linu, a] ADJ bluish white
opção [op'sãw] (*pl* **-ões**) F option, choice; (*preferência*) first claim, right
open market ['opẽ('maxkitʃ)] M open market
OPEP [o'pɛpi] ABR F (= *Organização dos Países Exportadores de Petróleo*) OPEC
ópera ['ɔpera] F opera; **~ bufa** comic opera
operação [opera'sãw] (*pl* **-ões**) F operation; (*Com*) transaction
operacional [operasjo'naw] (*pl* **-ais**) ADJ operational; (*sistema, custos*) operating
operações [opera'sõjʃ] FPL *de* **operação**
operado, -a [ope'radu, a] ADJ (*Med*) who has (*ou* have) had an operation ■ M/F person who has had an operation
operador, a [opera'do^{r}(a)] M/F operator; (*cirurgião*) surgeon; (*num cinema*) projectionist
operante [ope'rãtʃi] ADJ effective
operar [ope'ra^{r}] VT to operate; (*produzir*) to effect, bring about; (*Med*) to operate on ■ VI to operate; (*agir*) to act, function; **operar-se** VR (*suceder*) to take place; (*Med*) to have an operation
operariado [opera'rjadu] M: **o ~** the working class
operário, -a [ope'rarju, a] ADJ working ■ M/F worker; **classe operária** working class
opereta [ope'reta] F operetta
opinar [opi'na^{r}] VT (*julgar*) to think ■ VI (*dar o seu parecer*) to give one's opinion
opinião [opi'njãw] (*pl* **-ões**) F opinion; **na minha ~** in my opinion; **ser de** *ou* **da ~ (de) que** to be of the opinion that; **ser da ~ de alguém** to think the same as sb, share sb's view; **mudar de ~** to change one's mind; **~ pública** public opinion
ópio ['ɔpju] M opium
opíparo, -a [o'piparu, a] ADJ (*formal*) splendid, lavish
opõe *etc* [o'põj] VB *v* **opor**
opomos [o'pomoʃ] VB *v* **opor**
oponente [opo'nẽtʃi] ADJ opposing ■ M/F opponent
opor [o'po^{r}] (*irreg*) VT to oppose; (*resistência*) to put up, offer; (*objeção, dificuldade*) to raise; **opor-se** VR: **opor-se a** (*fazer objeção*) to object to; (*resistir*) to oppose; **~ algo a algo** (*colocar em contraste*) to contrast sth with sth
oportunamente [opoxtuna'mẽtʃi] ADV at an opportune moment
oportunidade [opoxtuni'dadʒi] F opportunity; **na primeira ~** at the first opportunity
oportunismo [opoxtu'niʒmu] M opportunism
oportunista [opoxtu'niʃta] ADJ, M/F opportunist
oportuno, -a [opox'tunu, a] ADJ (*momento*) opportune, right; (*oferta de ajuda*) well-timed; (*conveniente*) convenient, suitable
opôs [o'poʃ] VB *v* **opor**
oposição [opozi'sãw] F opposition; **em ~ a** against; **fazer ~ a** to oppose
oposicionista [opozisjo'niʃta] ADJ opposition *atr* ■ M/F member of the opposition
oposto, -a [o'poʃtu, 'pɔʃta] PP *de* **opor** ■ ADJ (*contrário*) opposite; (*em frente*) facing, opposite; (*opiniões*) opposing, opposite ■ M opposite
opressão [opre'sãw] (*pl* **-ões**) F oppression; (*sufocação*) feeling of suffocation, tightness in the chest; **opressivo, -a** [opre'sivu, a] ADJ oppressive
opressões [opre'sõjʃ] FPL *de* **opressão**
opressor, a [opre'so^{r}(a)] M/F oppressor
oprimido, -a [opri'midu, a] ADJ oppressed ■ M: **os ~s** the oppressed
oprimir [opri'mi^{r}] VT to oppress; (*comprimir*) to press ■ VI to be oppressive
opróbrio [o'prɔbrju] M (*infâmia*) ignominy; (*formal*: *desonra*) shame
optar [op'ta^{r}] VI to choose; **~ por** to opt for; **~ por fazer** to opt to do; **~ entre** to choose between
optativo, -a [opta'tʃivu, a] ADJ optional; (*Ling*) optative
óptico, -ta ['ɔtiku, a] (*PT*) = **ótico** *etc*
óptimo, -a ['ɔtimu] (*PT*) ADJ = **ótimo** *etc*
opulência [opu'lẽsja] F opulence
opulento, -a [opu'lẽtu, a] ADJ opulent
opunha *etc* [o'puɲa] VB *v* **opor**
opus *etc* [o'puʃ] VB *v* **opor**
opúsculo [o'puʃkulu] M (*livreto*) booklet; (*pequena obra*) pamphlet
opuser *etc* [opu'ze^{r}] VB *v* **opor**
ora ['ɔra] ADV now ■ CONJ well; **por ~** for the time being; **~ ..., ~ ...** one moment ..., the next ...; **~ sim, ~ não** first yes, then no; **~ essa!** the very idea!, come off it!; **~ bem** now then; **~ viva!** hello there!; **~, que besteira!** well, how stupid!; **~ bolas!** (*col*) for heaven's sake!
oração [ora'sãw] (*pl* **-ões**) F (*reza*) prayer; (*discurso*) speech; (*Ling*) clause
oráculo [o'rakulu] M oracle
orador, a [ora'do^{r}(a)] M/F (*aquele que fala*) speaker
oral [o'raw] (*pl* **-ais**) ADJ oral ■ F oral (exam)
orangotango [orãgu'tãgu] M orang-utan
orar [o'ra^{r}] VI (*Rel*) to pray
oratória [ora'tɔrja] F public speaking, oratory
oratório, -a [ora'tɔrju, a] ADJ oratorical ■ M (*Mús*) oratorio; (*Rel*) oratory
orbe ['ɔxbi] M globe
órbita ['ɔxbita] F orbit; (*do olho*) socket; **entrar/colocar em ~** to go/put into orbit; **estar em ~** to be in orbit
orbital [oxbi'taw] (*pl* **-ais**) ADJ orbital
Órcades ['ɔxkadʒiʃ] FPL: **as ~** the Orkneys
orçamentário, -a [oxsamẽ'tarju, a] ADJ budget *atr*
orçamento [oxsa'mẽtu] M (*do estado etc*) budget; (*avaliação*) estimate; **~ sem compromisso** estimate with no obligation
orçar [ox'sa^{r}] VT to value, estimate ■ VI: **~ em** (*gastos etc*) to be valued at, be put at; **~ a** to reach, go up to; **ele orça por 20 anos** he is around 20; **um projeto orçado em $100** a project valued

at $100
ordeiro, -a [ox'dejru, a] ADJ orderly
ordem ['oxdẽ] (*pl* **-ns**) F order; **às suas ordens** at your service; **um lucro da ~ de $60 milhões** a profit in the order of $60 million; **até nova ~** until further notice; **de primeira ~** first-rate; **estar em ~** to be tidy; **pôr em ~** to arrange, tidy; **tudo em ~?** (*col*) everything OK?; **por ~** in order, in turn; **dar/receber ordens** to give/take orders; **dar uma ~ na casa** to tidy the house; **~ alfabética/cronológica** alphabetical/chronological order; **~ bancária** banker's order; **~ de grandeza** order of magnitude; **~ de pagamento** (*Com*) banker's draft; **~ de prisão** (*Jur*) prison order; **~ do dia** agenda; **O~ dos Advogados** Bar Association; **~ pública** public order, law and order; **~ social** social order
ordenação [oxdena'sãw] (*pl* **-ões**) F (*Rel*) ordination; (*ordem*) order; (*arrumação*) tidiness, orderliness
ordenado, -a [oxde'nadu, a] ADJ (*posto em ordem*) in order; (*metódico*) orderly; (*Rel*) ordained ■ M salary, wages *pl*
ordenança [oxde'nãsa] M (*Mil*) orderly ■ F (*regulamento*) ordinance
ordenar [oxde'na^{r}] VT to arrange, put in order; (*determinar*) to order; (*Rel*) to ordain; **ordenar-se** VR (*Rel*) to be ordained; **~ que alguém faça** to order sb to do; **~ algo a alguém** to order sth from sb
ordenhar [oxde'ɲa^{r}] VT to milk
ordens ['oxdẽʃ] FPL *de* **ordem**
ordinariamente [oxdʒinarja'mẽte] ADV ordinarily, usually
ordinário, -a [oxdʒi'narju, a] ADJ ordinary; (*comum*) usual; (*medíocre*) mediocre; (*grosseiro*) coarse, vulgar; (*de má qualidade*) inferior; (*sem caráter*) rough; **de ~** usually
orégano [o'rɛganu] M oregano
orelha [o'reʎa] F (*Anat*) ear; (*aba*) flap; **de ~s em pé** (*col*) on one's guard; **endividado até as ~s** up to one's ears in debt; **~s de abano** flappy ears
orelhada [ore'ʎada] (*col*) F: **de ~** through the grapevine
orelhão [ore'ʎãw] (*pl* **-ões**) M open telephone booth
órfã ['ɔxfã] F *de* **órfão**
orfanato [oxfa'natu] M orphanage
órfão, -fã ['ɔxfãw] (*pl* **-s**) ADJ, M/F orphan; **~ de pai** with no father; **~ de** (*fig*) starved of
orfeão [ox'fjãw] (*pl* **-ões**) M choral society
orgânico, -a [ox'ganiku, a] ADJ organic
organismo [oxga'niʒmu] M organism; (*entidade*) organization
organista [oxga'niʃta] M/F organist
organização [oxganiza'sãw] (*pl* **-ões**) F organization; **~ de caridade** charity; **~ de fachada** front; **~ sem fins lucrativos** non-profit-making organization
organizador, a [oxganiza'do^{r}(a)] M/F organizer ■ ADJ (*comitê*) organizing
organizar [oxgani'za^{r}] VT to organize
organograma [oxgano'grama] M flow chart
órgão ['ɔxgãw] (*pl* **-s**) M organ; (*governamental etc*) institution, body; **~ de imprensa** news publication
orgasmo [ox'gaʒmu] M orgasm
orgia [ox'ʒia] F orgy
orgulhar [oxgu'ʎa] VT to make proud; **orgulhar-se** VR: **orgulhar-se de** to be proud of
orgulho [ox'guʎu] M pride; (*arrogância*) arrogance; **orgulhoso, -a** [oxgu'ʎozu, ɔza] ADJ proud; (*arrogante*) haughty
orientação [orjẽta'sãw] F (*direção*) direction; (*de tese*) supervision; (*posição*) position; (*tendência*) tendency; **~ educacional** training, guidance; **~ vocacional** careers guidance
orientador, a [orjẽta'do^{r}(a)] M/F advisor; (*de tese*) supervisor ■ ADJ guiding; **~ profissional** careers advisor
oriental [orjẽ'taw] (*pl* **-ais**) ADJ eastern; (*do Extremo Oriente*) oriental ■ M/F oriental
orientar [orjẽ'ta^{r}] VT (*situar*) to orientate; (*indicar o rumo*) to direct; (*aconselhar*) to guide; **orientar-se** VR to get one's bearings; **~-se por algo** to follow sth
oriente [o'rjẽtʃi] M: **o O~** the East; **Extremo O~** Far East; **O~ Médio/Próximo** Middle/Near East
orifício [ori'fisju] M orifice
origem [o'riʒẽ] (*pl* **-ns**) F origin; (*ascendência*) lineage, descent; **lugar de ~** birthplace; **pessoa de ~ brasileira/humilde** person of Brazilian origin/of humble origins; **dar ~ a** to give rise to; **país de ~** country of origin; **ter ~** to originate
original [oriʒi'naw] (*pl* **-ais**) ADJ original; (*estranho*) strange, odd ■ M original; (*na datilografia*) top copy; **originalidade** [oriʒinali'dadʒi] F originality; (*excentricidade*) eccentricity
originar [oriʒi'na^{r}] VT to give rise to, start; **originar-se** VR to arise; **~-se de** to originate from
originário, -a [oriʒi'narju, a] ADJ (*natural*) native; **~ de** (*proveniente*) originating from; **um pássaro ~ do Brasil** a bird native to Brazil
oriundo, -a [o'rjũdu, a] ADJ: **~ de** (*procedente*) arising from; (*natural*) native of
orixá [ori'ʃa] M *Afro-Brazilian deity*
orla ['ɔxla] F (*borda*) edge, border; (*de roupa*) hem; (*faixa*) strip; **~ marítima** seafront
orlar [ox'la^{r}] VT: **~ algo de algo** to edge sth with sth
ornamentação [oxnamẽta'sãw] F ornamentation
ornamental [oxnamẽ'taw] (*pl* **-ais**) ADJ ornamental
ornamentar [oxnamẽ'ta^{r}] VT to decorate, adorn
ornamento [oxna'mẽtu] M adornment,

NB: *European Portuguese adds the following consonants to certain words*: **b** (sú(b)dito, su(b)til); **c** (a(c)ção, a(c)cionista, a(c)to); **m** (inde(m)ne); **p** (ado(p)çã, ado(p)tar); *for further details see p. xiii.*

decoration
ornar [ox'na^{r}] VT to adorn, decorate
ornato [ox'natu] M adornment, decoration
ornitologia [oxnitolo'ʒia] F ornithology
ornitologista [oxnitolo'ʒiʃta] M/F ornithologist
orquestra [ox'kɛʃtra] (*PT* **-esta**) F orchestra; **~sinfônica/de câmara** symphony/chamber orchestra
orquestração [oxkeʃtra'sãw] (*PT* **-esta-**) F (*Mús*) orchestration; (*fig*) harmonization
orquestrar [oxkeʃtra^{r}] (*PT* **-estar**) VT (*Mús*) to orchestrate; (*fig*) to harmonize
orquídea [ox'kidʒja] F orchid
ortodoxia [oxtodok'sia] F orthodoxy
ortodoxo, -a [oxto'dɔksu, a] ADJ orthodox
ortografia [oxtogra'fia] F spelling
ortopedia [oxtope'dʒia] F orthopaedics *sg* (*Brit*), orthopedics *sg* (*US*)
ortopédico, -a [oxto'pɛdʒiku, a] ADJ orthopaedic (*Brit*), orthopedic (*US*)
ortopedista [oxtope'dʒiʃta] M/F orthopaedic (*Brit*) *ou* orthopedic (*US*) specialist
orvalhar [ox'vaʎa^{r}] VT to sprinkle with dew
orvalho [ox'vaʎu] M dew
os [uʃ] ART DEF *V* **o**
Osc. ABR (= *oscilação*) *change in price from previous day*
oscilação [osila'sãw] (*pl* **-ões**) F (*movimento*) oscillation; (*flutuação*) fluctuation; (*hesitação*) hesitation
oscilante [osi'lãtʃi] ADJ oscillating; (*fig*: *hesitante*) hesitant
oscilar [osi'la^{r}] VI to oscillate; (*balançar-se*) to sway, swing; (*variar*) to fluctuate; (*hesitar*) to hesitate
ossatura [osa'tura] F skeleton, frame
ósseo, -a ['ɔsju, a] ADJ bony; (*Anat*: *medula etc*) bone *atr*
osso ['osu] M bone; (*dificuldade*) predicament; **um ~ duro de roer** a hard nut to crack; **~s do ofício** occupational hazards
ossudo, -a [o'sudu, a] ADJ bony
ostensivo, -a [oʃtẽ'sivu, a] ADJ ostensible, apparent; (*com alarde*) ostentatious
ostentação [oʃtẽta'sãw] (*pl* **-ões**) F ostentation; (*exibição*) display, show
ostentar [oʃtẽ'ta^{r}] VT to show; (*alardear*) to show off, flaunt
ostentoso, -a [oʃtẽ'tozu, ɔza] ADJ ostentatious, showy
osteopata [oʃtʃjo'pata] M/F osteopath
ostra ['oʃtra] F oyster
ostracismo [oʃtra'siʒmu] M ostracism
OTAN ['otã] ABR F (= *Organização do Tratado do Atlântico Norte*) NATO
otário [o'tarju] (*col*) M fool, idiot
OTE (BR) ABR F = **Obrigação do Tesouro Estadual**
ótica ['ɔtʃika] F optics *sg*; (*loja*) optician's; (*fig*: *ponto de vista*) viewpoint; *v tb* **ótico**
ótico, -a ['ɔtʃiku, a] ADJ optical ■ M/F optician
otimismo [otʃi'miʒmu] M optimism
otimista [otʃi'miʃta] ADJ optimistic ■ M/F optimist
otimizar [otʃimi'za^{r}] VT to optimize
ótimo, -a ['ɔtʃimu, a] ADJ excellent, splendid ■ EXCL great!, super!
OTN (BR) ABR F = **Obrigação do Tesouro Nacional**
otorrino [oto'xinu] M/F ear, nose and throat specialist
ou [o] CONJ or; **ou este ou aquele** either this one or that one; **ou seja** in other words
OUA ABR F (= *Organização da Unidade Africana*) OAU
ouço *etc* ['osu] VB *V* **ouvir**
ourela [o'rela] F edge, border
ouriçado, -a [ori'sadu, a] (*col*) ADJ excited
ouriçar [ori'sa^{r}] VT (*col*: *animar*) to liven up; (: *excitar*) to excite; **ouriçar-se** VR to bristle; (*col*) to get excited
ouriço [o'risu] M (*europeu*) hedgehog; (*casca*) shell; (*col*: *animação*) riot
ouriço-cacheiro [-ka'ʃejru] (*pl* **ouriços-cacheiros**) M coendou
ouriço-do-mar (*pl* **ouriços-do-mar**) M sea urchin
ourives [o'riviʃ] M/F INV (*fabricante*) goldsmith; (*vendedor*) jeweller (*Brit*), jeweler (*US*)
ourivesaria [oriveza'ria] F (*arte*) goldsmith's art; (*loja*) jeweller's (shop) (*Brit*), jewelry store (*US*)
ouro ['oru] M gold; **ouros** MPL (*Cartas*) diamonds; **de ~** golden; **nadar em ~** to be rolling in money; **valer ~s** to be worth one's weight in gold
ousadia [oza'dʒia] F daring; (*lance ousado*) daring move; **ter a ~ de fazer** to have the cheek to do; **ousado, -a** [o'zadu, a] ADJ daring, bold
ousar [o'za^{r}] VT, VI to dare
out. ABR (= *Outubro*) Oct
outdoor [awt'dɔ^{r}] (*pl* **-s**) M billboard
outeiro [o'tejru] M hill
outonal [oto'naw] (*pl* **-ais**) ADJ autumnal
outono [o'tɔnu] M autumn
outorga [o'tɔxga] F granting, concession
outorgante [otox'gãtʃi] M/F grantor
outorgar [otox'ga^{r}] VT to grant
outrem [o'trẽ] PRON INV (*sg*) somebody else; (*pl*) other people

PALAVRA CHAVE

outro, -a ['otru, a] ADJ **1** (*distinto*: *sg*) another; (: *pl*) other; **outra coisa** something else; **de outro modo, de outra maneira** otherwise; **no outro dia** the next day; **ela está outra** (*mudada*) she's changed
2 (*adicional*): **traga-me outro café, por favor** can I have another coffee please; **outra vez** again
■ PRON **1**: **o outro** the other one; **(os) outros** (the) others; **de outro** somebody else's
2 (*recíproco*): **odeiam-se uns aos outro** they hate one another *ou* each other

3: **outro tanto** the same again; **comer outro tanto** to eat the same *ou* as much again; **ele recebeu uma dezena de telegramas e outras tantas chamadas** he got about ten telegrams and as many calls

outrora [o'trɔra] ADV formerly
outrossim [otro'sĩ] ADV likewise, moreover
outubro [o'tubru] (*PT* **O-**) M October; *v tb* **julho**
ouvido [o'vidu] M (*Anat*) ear; (*sentido*) hearing; **de ~** by ear; **dar ~s a** to listen to; **entrar por um ~ e sair pelo outro** to go in one ear and out the other; **fazer ~s moucos** *ou* **de mercador** to turn a deaf ear, pretend not to hear; **ser todo ~s** to be all ears; **ter bom ~ para música** to have a good ear for music; **se isso chegar aos ~s dele, ...** if he gets to hear about it, ...
ouvinte [o'vĩtʃi] M/F listener; (*estudante*) auditor
ouvir [o'vi^{r}] VT to hear; (*com atenção*) to listen to; (*missa*) to attend ■ VI to hear; to listen; (*levar descompostura*) to catch it; **~ dizer que ...** to hear that ...; **~ falar de** to hear of
ova ['ɔva] F roe; **uma ~!** (*col*) my eye!, no way!
ovação [ova'sãw] (*pl* **-ões**) F ovation, acclaim
ovacionar [ovasjo'na^{r}] VT to acclaim; (*pessoa no palco*) to give a standing ovation to
ovações [ova'sõjʃ] FPL *de* **ovação**
oval [o'vaw] (*pl* **-ais**) ADJ, F oval
ovalado, -a [ova'ladu, a] ADJ oval
ovário [o'varju] M ovary
ovelha [o'veʎa] F sheep; **~ negra** (*fig*) black sheep
over ['ove^{r}] ADJ overnight ■ M overnight market
overnight [ovex'najtʃi] = **over**
óvni ['ɔvni] ABR M (= *objeto voador não identificado*) UFO
ovo ['ovu] M egg; **~s cozidos duros** hard-boiled eggs; **~s escaldados** (*PT*) *ou* **pochê** (*BR*) poached eggs; **~s estrelados** *ou* **fritos** fried eggs; **~s mexidos** scrambled eggs; **~s quentes** soft-boiled eggs; **~s de granja** free-range eggs; **~ de Páscoa** Easter egg; **estar/acordar de ~ virado** (*col*) to be/wake up in a bad mood; **pisar em ~s** (*fig*) to tread carefully; **ser um ~** (*apartamento etc*) to be a shoebox
ovulação [ovula'sãw] F ovulation
óvulo ['ɔvulu] M egg, ovum
oxalá [oʃa'la] EXCL let's hope ...; **~ a situação melhore em breve** let's hope the situation improves soon
oxidação [oksida'sãw] F (*Quím*) oxidation; (*ferrugem*) rusting
oxidado, -a [oksi'dadu, a] ADJ rusty; (*Quím*) oxidized
oxidar [oksi'da^{r}] VT to rust; (*Quím*) to oxidize; **oxidar-se** VR to rust, go rusty; to oxidize
óxido ['ɔksidu] M oxide
oxigenado, -a [oksiʒe'nadu, a] ADJ (*cabelo*) bleached; (*Quím*) oxygenated; **água oxigenada** peroxide; **uma loura oxigenada** a peroxide blonde
oxigenar [oksiʒe'na^{r}] VT to oxygenate; (*cabelo*) to bleach
oxigênio [oksi'ʒenju] M oxygen
oxum [o'ʃũ] M *Afro-Brazilian river god*
ozônio [o'zonju] M ozone; **camada de ~** ozone layer

Pp

P, p [pe] (*pl* **ps**) M P, p; **P de Pedro** P for Peter
P. ABR (= *Praça*) Sq.; = **Padre**
p. ABR (= *página*) p.; (: = *parte*) pt; = **por**; = **próximo**
p/ ABR = **para**
PA ABR = **Pará** ■ ABR (*Com*: *de ações*) = **preferencial, classe A**
p.a. ABR (= *por ano*) p.a
pá [pa] F shovel; (*de remo, hélice*) blade; (*de moinho*) sail ■ M (*PT*) pal, mate; **pá de lixo** dustpan; **pá mecânica** bulldozer; **uma pá de** lots of; **da pá virada** (*col*) wild
paca ['paka] F (*Zool*) paca ■ M/F fool ■ ADJ stupid ■ ADV (*col*): **'tá quente ~** it's bloody hot
pacatez [paka'teʒ] F (*de pessoa*) quietness; (*de lugar, vida*) peacefulness
pacato, -a [pa'katu, a] ADJ (*pessoa*) quiet; (*lugar*) peaceful
pachorra [pa'ʃoxa] F phlegm, impassiveness; **ter a ~ de fazer** to have the gall to do
pachorrento, -a [paʃo'xẽtu, a] ADJ slow, sluggish
paciência [pa'sjẽsja] F patience; (*Cartas*) patience; **ter ~** to be patient; **~!** we'll (*ou* you'll *etc*) just have to put up with it!; **perder a ~** to lose one's patience; **paciente** [pa'sjẽtʃi] ADJ, M/F patient
pacificação [pasifika'sãw] F pacification
pacificador, a [pasifika'doʳ(a)] ADJ calming ■ M/F peacemaker
pacificar [pasifi'kaʳ] VT to pacify, calm (down); **pacificar-se** VR to calm down
pacífico, -a [pa'sifiku, a] ADJ (*pessoa*) peace-loving; (*aceito sem discussão*) undisputed; (*sossegado*) peaceful; **o (Oceano) P~** the Pacific (Ocean); **ponto ~** undisputed point
pacifismo [pasi'fiʒmu] M pacifism
pacifista [pasi'fiʃta] M/F pacifist
paço ['pasu] M palace; (*fig*) court
paçoca [pa'sɔka] F (*doce*) peanut fudge; (*fig*: *misturada*) jumble, hotchpotch; (: *coisa amassada*) crumpled mess
pacote [pa'kɔtʃi] M packet; (*embrulho*) parcel; (*Econ, Comput, Turismo*) package
pacto ['paktu] M pact; (*ajuste*) agreement; **~ de não-agressão** non-aggression treaty; **~ de sangue** blood pact; **P~ de Varsóvia** Warsaw Pact
pactuar [pak'twaʳ] VT to agree on ■ VI: **~ (com)** to make a pact *ou* an agreement with
padaria [pada'ria] F bakery, baker's (shop)
padecer [pade'seʳ] VT to suffer; (*suportar*) to put up with, endure ■ VI: **~ de** to suffer from
padecimento [padesi'mẽtu] M suffering; (*dor*) pain
padeiro [pa'dejru] M baker
padiola [pa'dʒjɔla] F stretcher
padrão [pa'drãw] (*pl* **-ões**) M standard; (*medida*) gauge; (*desenho*) pattern; (*fig*: *modelo*) model; **~ de vida** standard of living
padrasto [pa'draʃtu] M stepfather
padre ['padri] M priest; **O Santo P~** the Holy Father
padrinho [pa'drinju] M (*Rel*) godfather; (*de noivo*) best man; (*patrono*) sponsor; (*paraninfo*) guest of honour
padroeiro, -a [pa'drwejru, a] M/F patron; (*santo*) patron saint
padrões [pa'drõjʃ] MPL *de* **padrão**
padronização [padroniza'sãw] F standardization
padronizado, -a [padroni'zadu, a] ADJ standardized, standard
padronizar [padroni'zaʳ] VT to standardize
pães [pãjʃ] MPL *de* **pão**
paetê [pae'te] M sequin
pág. ABR (= *página*) p
paga ['paga] F payment; (*salário*) pay; **em ~ de** in return for
pagã [pa'gã] F *de* **pagão**
pagador, a [paga'doʳ(a)] ADJ paying ■ M/F (*quem paga*) payer; (*de salário*) pay clerk; (*de banco*) teller
pagadoria [pagado'ria] F payment office
pagamento [paga'mẽtu] M payment; **~ a prazo** *ou* **em prestações** payment in instal(l)ments; **~ à vista** cash payment; **~ contra entrega** (*Com*) COD, cash on delivery
pagão, -gã [pa'gãw] (*pl* **-s/-s**) ADJ, M/F pagan
pagar [pa'gaʳ] VT to pay; (*compras, pecados*) to pay for; (*o que devia*) to pay back; (*retribuir*) to repay ■ VI to pay; **~ por algo** (*tb fig*) to pay for sth; **~ a prestações** to pay in instal(l)ments; **~ à vista** (*BR*), **~ a pronto** to pay on the spot, pay

at the time of purchase; **~ de contado** (PT) to pay cash; **a ~** unpaid; **~ caro** (*fig*) to pay a high price; **~ a pena** to pay the penalty; **~ na mesma moeda** (*fig*) to give tit for tat; **~ para ver** (*fig*) to call sb's bluff, demand proof; **você me paga!** you'll pay for this!

página ['paʒina] F page; **~ de rosto** frontispiece, title page; **~ em branco** blank page; **~ (da) web** web page

paginação [paʒina'sãw] F pagination

paginar [paʒi'naʳ] VT to paginate

pago, -a ['pagu, a] PP *de* **pagar** ■ ADJ paid; (*fig*) even ■ M pay

pagode [pa'gɔdʒi] M pagoda; (*fig*) fun, high jinks *pl*; (*festa*) knees-up

pagto. ABR = **pagamento**

paguei *etc* [pa'gej] VB *v* **pagar**

pai [paj] M father; **pais** MPL parents; **~ adotivo** adoptive father; **~ de família** family man; **um idiota de ~ e mãe** (*col*) a complete idiot

pai-de-santo (*pl* **pais-de-santo**) M *macumba* priest

pai-de-todos (*pl* **pais-de-todos**) (*col*) M middle finger

pai-dos-burros (*pl* **pais-dos-burros**) (*col*) M dictionary

painel [paj'nɛw] (*pl* **-éis**) M (*numa parede*) panel; (*quadro*) picture; (*Auto*) dashboard; (*de avião*) instrument panel; (*reunião de especialistas*) panel (of experts)

paio ['paju] M pork sausage

paiol [pa'jɔw] (*pl* **-óis**) M storeroom; (*celeiro*) barn; (*de pólvora*) powder magazine; **~ de carvão** coal bunker

pairar [paj'raʳ] VI to hover ■ VT (*embarcação*) to lie to

país [pa'jiʃ] M country; (*região*) land; **~ encantado** fairyland; **~ natal** native land

paisagem [paj'zaʒẽ] (*pl* **-ns**) F scenery, landscape; (*pintura*) landscape

paisano, -a [paj'zanu, a] ADJ civilian ■ M/F (*não militar*) civilian; (*compatriota*) fellow countryman; **à paisana** (*soldado*) in civvies; (*policial*) in plain clothes

Países Baixos MPL: **os ~** the Netherlands

paixão [paj'ʃãw] (*pl* **-ões**) F passion

paixonite [pajʃo'nitʃi] (*col*) F: **~ (aguda)** crush, infatuation

pajé [pa'ʒɛ] M medicine man

pajear [pa'ʒjaʳ] VT (*cuidar*) to look after; (*paparicar*) to mollycoddle

pajem ['paʒẽ] (*pl* **-ns**) M (*moço*) page

pala ['pala] F (*de boné*) peak; (*em automóvel*) sun visor; (*de vestido*) yoke; (*de sapato*) strap; (*col: dica*) tip

palacete [pala'setʃi] M small palace

palácio [pa'lasju] M palace; **~ da justiça** courthouse; **~ real** royal palace; **Palácio do Planalto**; *see below*

PALÁCIO DO PLANALTO

Palácio de Planalto is the seat of the Brazilian government, in Brasília. The name comes from the fact that the Brazilian capital is situated on a plateau. It has come to be a byword for central government.

paladar [pala'daʳ] M taste; (*Anat*) palate

paladino [pala'dʒinu] M (*medieval, fig*) champion

palafita [pala'fita] F (*estacaria*) stilts *pl*; (*habitação*) stilt house

palanque [pa'lãki] M (*estrado*) stand

palatável [pala'tavew] (*pl* **-eis**) ADJ palatable

palato [pa'latu] M palate

palavra [pa'lavra] F word; (*fala*) speech; (*promessa*) promise; (*direito de falar*) right to speak; **~!** honestly!; **pessoa de/sem ~** reliable/unreliable person; **em outras ~s** in other words; **em poucas ~s** briefly; **cumprir a/faltar com a ~** to keep/break one's word; **dar a ~ a alguém** to give sb the chance to speak; **não dar uma ~** not to say a word; **dirigir a ~ a** to address; **estar com a ~ na boca** to have the word on the tip of one's tongue; **pedir a ~** to ask permission to speak; **ter ~** (*pessoa*) to be reliable; **tirar a ~ da boca de alguém** to take the words right out of sb's mouth; **tomar a ~** to take the floor; **a última ~** (*tb fig*) the last word; **~ de honra** word of honour; **~ de ordem** watchword, formula; **~s cruzadas** crossword (puzzle) *sg*

palavra-chave (*pl* **palavras-chaves**) F key word

palavrão [pala'vrãw] (*pl* **-ões**) M (*obsceno*) swearword

palavreado [pala'vrjadu] M babble, gibberish; (*loquacidade*) smooth talk

palavrões [pala'vrõjʃ] MPL *de* **palavrão**

palco ['palku] M (*Teatro*) stage; (*fig: local*) scene

paleontologia [paljõtolo'ʒia] F palaeontology (*Brit*), paleontology (*US*)

palerma [pa'lɛxma] ADJ silly, stupid ■ M/F fool

Palestina [paleʃ'tʃina] F: **a ~** Palestine; **palestino, -a** [paleʃ'tʃinu, a] ADJ, M/F Palestinian

palestra [pa'lɛʃtra] F (*conversa*) chat, talk; (*conferência*) lecture, talk

palestrar [paleʃ'traʳ] VI to chat, talk

paleta [pa'leta] F palette

paletó [pale'tɔ] M jacket; **abotoar o ~** (*col*) to kick the bucket

palha ['paʎa] F straw; **chapéu de ~** straw hat; **não mexer** *ou* **levantar uma ~** (*col*) not to lift a finger

palhaçada [paʎa'sada] F (*ato, dito*) joke; (*cena*) farce

palhaço [pa'ʎasu] M clown

palheiro [pa'ʎejru] M hayloft; (*monte de feno*) haystack

NB: *European Portuguese adds the following consonants to certain words*: **b** (sú(b)dito, su(b)til); **c** (a(c)ção, a(c)cionista, a(c)to); **m** (inde(m)ne); **p** (ado(p)çã, ado(p)tar); *for further details see p. xiii.*

palheta [pa'ʎeta] F (*de veneziana*) slat; (*de turbina*) blade; (*de pintor*) palette
palhoça [pa'ʎosa] F thatched hut
paliar [pa'lja^{r}] VT (*disfarçar*) to disguise, gloss over; (*atenuar*) to mitigate, extenuate
paliativo, -a [palja'tʃivu, a] ADJ palliative
paliçada [pali'sada] F fence; (*militar*) stockade; (*para torneio*) enclosure
palidez [pali'deʒ] F paleness
pálido, -a ['palidu, a] ADJ pale
pálio ['palju] M canopy
palitar [pali'ta^{r}] VT to pick ■ VI to pick one's teeth
paliteiro [pali'tejru] M toothpick holder
palito [pa'litu] M stick; (*para os dentes*) toothpick; (*col*: *pessoa*) beanpole; (: *perna*) pin
palma ['pawma] F (*folha*) palm leaf; (*da mão*) palm; **bater ~s** to clap; **conhecer algo como a ~ da mão** to know sth like the back of one's hand; **trazer alguém nas ~s da mão** (*fig*) to pamper sb; **palmada** [paw'mada] F slap
palmatória [pawma'tɔrja] F: **~ do mundo** self-righteous person; *v tb* **mão**
palmeira [paw'mejra] F palm tree
palmilha [paw'miʎa] F inner sole
palmilhar [pawmi'ʎa^{r}] VT, VI to walk
palmito [paw'mitu] M palm heart
palmo ['pawmu] M (hand) span; **~ a ~** inch by inch; **não enxerga um ~ adiante do nariz** he can't see further than the nose on his face
palpável [paw'pavew] (*pl* **-eis**) ADJ tangible; (*fig*) obvious
pálpebra ['pawpebra] F eyelid
palpitação [pawpita'sãw] (*pl* **-ões**) F beating, throbbing; **palpitações** FPL (*batimentos cardíacos*) palpitations
palpitante [pawpi'tãtʃi] ADJ beating, throbbing; (*fig*: *emocionante*) thrilling; (: *de interesse atual*) sensational
palpitar [pawpi'ta^{r}] VI (*coração*) to beat; (*comover-se*) to shiver; (*dar palpite*) to stick one's oar in
palpite [paw'pitʃi] M (*intuição*) hunch; (*Jogo, Turfe*) tip; (*opinião*) opinion; **dar ~** to give one's two cents' worth, stick one's oar in
palpiteiro, -a [pawpi'tejru, a] ADJ meddling ■ M/F meddler
palude [pa'ludʒi] M marsh, swamp
paludismo [palu'dʒiʒmu] M malaria
palustre [pa'luʃtri] ADJ (*terra*) marshy; (*aves*) marsh-dwelling
pamonha [pa'mɔɲa] ADJ idiotic ■ M/F nitwit
pampa ['pãpa] F pampas; **às ~s** (+ *n*: *col*) loads of; (+ *adj, adv*) really
panaca [pa'naka] ADJ stupid ■ M/F fool
panacéia [pana'sɛja] F panacea
Panamá [pana'ma] M: **o ~** Panama; **o canal do ~** the Panama Canal
panamenho, -a [pana'mɛɲu, a] ADJ, M/F Panamanian
pan-americano, -a [pan-] ADJ Pan-American
pança ['pãsa] F belly, paunch
pancada [pã'kada] F (*no corpo*) blow, hit; (*choque*) knock; (*de relógio*) stroke ■ M/F (*col*) loony ■ ADJ crazy; **~ d'água** downpour; **dar uma ~ com a cabeça** to bang one's head; **dar ~ em alguém** to hit sb; **levar uma ~** to get hit; **pancadaria** [pãkada'ria] F (*surra*) beating; (*tumulto*) fight
pâncreas ['pãkrjaʃ] M INV pancreas
pançudo, -a [pã'sudu, a] ADJ fat, potbellied
panda ['pãda] F panda
pandarecos [pãda'rɛkuʃ] MPL: **em ~** in pieces; (*fig*: *exausto*) worn out; (: *moralmente*) devastated
pândega ['pãdega] F merrymaking, good time
pândego, -a ['pãdegu, a] ADJ (*farrista*) merrymaking; (*engraçado*) jolly ■ M/F merrymaker; joker
pandeiro [pã'dejru] M tambourine
pandemônio [pãde'monju] M pandemonium
pane ['pani] F breakdown
panegírico [pane'ʒiriku] M panegyric
panejar [pane'ʒa^{r}] VI to flap
panela [pa'nɛla] F (*de barro*) pot; (*de metal*) pan; (*de cozinhar*) saucepan; (*no dente*) large cavity, hole; **~ de pressão** pressure cooker
panelinha [pane'liɲa] F clique
panfletar [pãfle'ta^{r}] VI to distribute pamphlets
panfleto [pã'fletu] M pamphlet
pangaré [pãga'rɛ] M (*cavalo*) nag
pânico ['paniku] M panic; **em ~** panic-stricken; **entrar em ~** to panic
panificação [panifika'sãw] (*pl* **-ões**) F (*fabricação*) bread-making; (*padaria*) bakery
panificadora [panifika'dora] F baker's
pano ['panu] M cloth; (*Teatro*) curtain; (*largura de tecido*) width; (*vela*) sheet, sail; **~ de chão** floor cloth; **~ de pratos** tea-towel; **~ de pó** duster; **~ de fundo** (*tb fig*) backdrop; **a todo o ~** at full speed; **por baixo do ~** (*fig*) under the counter; **dar ~ para mangas** (*fig*) to give food for thought; **pôr ~s quentes em algo** (*fig*) to dampen sth down
panorama [pano'rama] M (*vista*) view; (*fig*: *observação*) survey
panorâmica [pano'ramika] F (*exposição*) survey
panorâmico, -a [pano'ramiku, a] ADJ panoramic
panqueca [pã'kɛka] F pancake
pantalonas [pãta'lɔnaʃ] FPL baggy trousers
pantanal [pãta'naw] (*pl* **-ais**) M swampland
pântano ['pãtanu] M marsh, swamp
pantanoso, -a [pãta'nozu, ɔza] ADJ marshy, swampy
panteão [pã'tjãw] (*pl* **-ões**) M pantheon
pantera [pã'tɛra] F panther
pantomima [pãto'mima] F pantomime
pantufa [pã'tufa] F slipper
pão [pãw] (*pl* **pães**) M bread; **o P~ de Açúcar** (*no Rio*) Sugarloaf Mountain; **~ de carne** meat loaf; **~ de centeio** rye bread; **~ de fôrma** sliced loaf; **~ caseiro** home-made bread; **~ francês** French bread; **~ integral** wholemeal (*Brit*) *ou* wholewheat (*US*) bread; **~ preto** black bread; **~ torrado** toast; **ganhar o ~** to earn a living; **~ dormido** day-old bread; **dizer ~, ~, queijo,**

queijo (*col*) to call a spade a spade, pull no punches; **comer o ~ que o diabo amassou** (*fig*) to have it tough; **tirar o ~ da boca de alguém** (*fig*) to take the food out of sb's mouth

pão-de-ló [-lɔ] M sponge cake

pão-durismo [-du'riʒmu] (*col*) M meanness, stinginess

pão-duro (*pl* **pães-duros**) (*col*) ADJ mean, stingy ■ M/F miser

pãozinho [pãw'ziɲu] M roll

papa ['papa] M Pope; (*fig*) spiritual leader ■ F mush, pap; (*mingau*) porridge; **não ter ~s na língua** to be outspoken, not to mince one's words

papada [pa'pada] F double chin

papagaiada [papagaj'ada] (*col*) F showing off

papagaio [papa'gaju] M parrot; (*pipa*) kite; (*Com*) accommodation bill; (*Auto*) provisional licence (*Brit*), student driver's license (*US*) ■ EXCL (*col*) heavens!

papai [pa'paj] M dad, daddy; **P~ Noel** Santa Claus, Father Christmas; **o ~ aqui** (*col*) yours truly

papal [pa'paw] (*pl* **-ais**) ADJ papal

papa-moscas F INV (*Bio*) flycatcher

papar [pa'pa^{r}] (*col*) VT (*comer*) to eat; (*extorquir*): **~ algo a alguém** to get sth out of sb ■ VI to eat

paparicar [papari'ka^{r}] VT to pamper

paparicos [papa'rikuʃ] MPL (*mimos*) pampering *sg*

papear [pa'pja^{r}] VI to chat

papel [pa'pɛw] (*pl* **-éis**) M paper; (*Teatro*) part, role; (*função*) role; **fazer o ~ de** to play the part of; **fazer ~ de idiota** *etc* to play the fool *etc*; **~ aéreo** airmail paper; **~ de embrulho** wrapping paper; **~ de escrever/de alumínio** writing paper/tinfoil; **~ higiênico** toilet paper; **~ de parede** wallpaper; **~ de seda/transparente** tissue paper/tracing paper; **~ laminado** *ou* **lustroso** coated paper; **~ ofício** foolscap; **~ pardo** brown paper; **~ timbrado** headed paper; **~ usado** waste paper; **~ yes®** tissue, kleenex®; **ficar no ~** (*fig*) to stay on the drawing board; **pôr no ~** to put down on paper *ou* in writing; **de ~ passado** officially; **papelada** [pape'lada] F pile of papers; (*burocracia*) paperwork, red tape; **papelão** [pape'lãw] M cardboard; (*fig*) fiasco; **fazer um papelão** to make a fool of o.s.

papelaria [papela'ria] F stationer's (shop)

papel-carbono M carbon paper

papeleta [pape'leta] F (*cartaz*) notice; (*papel avulso*) piece of paper; (*Med*) chart

papel-moeda (*pl* **papéis-moeda(s)**) M paper money, banknotes *pl*

papel-pergaminho M parchment

papelzinho [papew'ziɲu] M scrap of paper

papiro [pa'piru] M papyrus

papo ['papu] M (*de ave*) crop; (*col*: *de pessoa*) double chin; (: *conversa*) chat; (: *chute*) hot air; (*numa roupa*) tuck; **ele é um bom ~** (*col*) he's a good talker; **bater** *ou* **levar um ~** (*col*) to have a chat; **ficar de ~ para o ar** (*fig*) to laze around; **~ firme** (*col*: *verdade*) gospel (truth); (: *pessoa*) straight talker

papo-de-anjo (*pl* **papos-de-anjo**) M *sweet made of egg yolks*

papo-firme (*pl* **papos-firmes**) (*col*) ADJ reliable ■ M/F reliable sort

papo-furado (*pl* **papos-furados**) (*col*) ADJ unreliable ■ M/F: **ele é um ~** he never comes up with the goods

papoula [pa'pola] F poppy

páprica ['paprika] F paprika

Papua Nova Guiné [pa'pua-] F Papua New Guinea

papudo, -a [pa'pudu, a] ADJ fat in the face, double-chinned

paqueração [pakera'sãw] (*col*) (*pl* **-ões**) F pick-up

paquerador, a [pakera'do^{r}(a)] (*col*) ADJ flirtatious ■ M/F flirt

paquerar [pake'ra^{r}] (*col*) VI to flirt ■ VT to chat up

paquete [pa'ketʃi] M steamship

paquistanês, -esa [pakiʃta'neʃ, eza] ADJ, M/F Pakistani

Paquistão [pakiʃ'tãw] M: **o ~** Pakistan

par [pa^{r}] ADJ (*igual*) equal; (*número*) even ■ M pair; (*casal*) couple; (*pessoa na dança*) partner; **~ a ~** side by side, level; **ao ~** (*Com*) at par; **sem ~** incomparable; **abaixo de ~** (*Com, Golfe*) below par; **estar/ficar a ~ de algo** to be/get up to date with sth

para ['para] PREP for; (*direção*) to, towards; **bom ~ comer** good to eat; **~ não ser ouvido** so as not to be heard; **~ que** so that, in order that; **~ quê?** what for?, why?; **ir ~ São Paulo** to go to São Paulo; **ir ~ casa** to go home; **~ com** (*atitude*) towards; **de lá ~ cá** since then; **~ a semana** next week; **estar ~** to be about to; **é ~ nós ficarmos aqui?** should we stay here?

parabenizar [parabeni'za^{r}] VT: **~ alguém por algo** to congratulate sb on sth

parabens [para'bẽjʃ] MPL congratulations; (*no aniversário*) happy birthday; **dar ~ a** to congratulate; **você está de ~** you are to be congratulated

parábola [par'rabola] F parable; (*Mat*) parabola

pára-brisa ['para-] (*pl* **-s**) M windscreen (*Brit*), windshield (*US*)

pára-choque ['para-] (*pl* **-s**) M (*Auto*) bumper

parada [pa'rada] F stop; (*Com*) stoppage; (*militar, colegial*) parade; (*col*: *coisa difícil*) ordeal; **ser uma ~** (*col*: *pessoa*: *difícil*) to be awkward; (: *ser bonito*) to be gorgeous; **agüentar a ~** (*col*) to stick it out; **topar a ~** (*col*) to accept the challenge; **topar qualquer ~** (*col*) to be game for anything; **~ cardíaca** heart failure

NB: *European Portuguese adds the following consonants to certain words*: **b** (sú(b)dito, su(b)til); **c** (a(c)ção, a(c)cionista, a(c)to); **m** (inde(m)ne); **p** (ado(p)çã, ado(p)tar); *for further details see p. xiii.*

paradeiro [para'dejru] M whereabouts
paradigma [para'dʒigma] M paradigm
paradisíaco, -a [paradʒi'ʒiaku, a] ADJ (*fig*) idyllic
parado, -a [pa'radu, a] ADJ (*pessoa*: *imóvel*) standing still; (: *sem vida*) lifeless; (*carro*) stationary; (*máquina*) out of action; (*olhar*) fixed; (*trabalhador, fábrica*) idle; **fiquei ~ uma hora no ponto de ônibus** I stood for an hour at the bus stop; **não fique aí ~!** don't just stand there!
paradoxal [paradok'saw] (*pl* **-ais**) ADJ paradoxical
paradoxo [para'dɔksu] M paradox
paraense [para'ẽsi] ADJ from Pará ■ M/F person from Pará
parafernália [parafex'nalja] F (*de uso pessoal*) personal items *pl*; (*equipamento*) equipment; (*tralha*) paraphernalia
parafina [para'fina] F paraffin
paráfrase [pa'rafrazi] F paraphrase
parafrasear [parafra'zjaʳ] VT to paraphrase
parafusar [parafu'zaʳ] VT to screw in ■ VI (*meditar*) to ponder
parafuso [para'fuzu] M screw; **entrar em ~** (*col*) to get into a state; **ter um ~ de menos** (*col*) to have a screw loose
paragem [pa'raʒẽ] (*pl* **-ns**) F stop; **~ de eléctrico** (*PT*) tram (*Brit*) *ou* streetcar (*US*) stop; **paragens** FPL (*lugares*) places, parts
parágrafo [pa'ragrafu] M paragraph
Paraguai [para'gwaj] M: **o ~** Paraguay; **paraguaio, -a** [para'gwaju, a] ADJ, M/F Paraguayan
paraíba [para'iba] (*col*) M (*operário*) labourer (*Brit*), laborer (*US*) ■ F (*mulher macho*) butch woman
paraibano, -a [paraj'banu, a] ADJ from Paraíba ■ M/F person from Paraíba
paraíso [para'izu] M paradise
pára-lama ['para-] (*pl* **-s**) M wing (*Brit*), fender (*US*); (*de bicicleta*) mudguard
paralela [para'lɛla] F parallel line; **paralelas** FPL (*Esporte*) parallel bars
paralelamente [paralela'mẽtʃi] ADV in parallel; (*ao mesmo tempo*) at the same time
paralelepípedo [paralele'pipedu] M paving stone
paralelo, -a [para'lɛlu, a] ADJ (*tb*: *Comput*) parallel ■ M (*Geo, comparação*) parallel
paralisação [paraliza'sãw] (*pl* **-ões**) F (*suspensão*) stoppage
paralisar [parali'zaʳ] VT to paralyse; (*trabalho*) to bring to a standstill; **paralisar-se** VR to become paralysed; (*fig*) to come to a standstill
paralisia [parali'zia] F paralysis
paralítico, -a [para'litʃiku, a] ADJ, M/F paralytic
paramédico, -a [para'mɛdʒiku, a] ADJ paramedical
paramentado, -a [paramẽ'tadu, a] ADJ smart
paramento [para'mẽtu] M (*adorno*) ornament; **paramentos** MPL (*vestes*) vestments; (*de igreja*) hangings
parâmetro [pa'rametru] M parameter
paramilitar [paramili'taʳ] ADJ paramilitary
paranaense [parana'ẽsi] ADJ from Paraná ■ M/F person from Paraná
paraninfo [para'nĩfu] M patron; (*pessoa homenageada*) guest of honour (*Brit*) *ou* honor (*US*)
paranóia [para'nɔja] F paranoia
paranóico, -a [para'nɔjku, a] ADJ, M/F paranoid
paranormal [paranox'maw] (*pl* **-ais**) ADJ paranormal
parapeito [para'pejtu] M (*muro*) wall, parapet; (*da janela*) windowsill
parapente [para'pẽjtʃi] M (*Esporte*) paragliding; (*equipamento*) paraglider
paraplégico, -a [para'plɛʒiku, a] ADJ, M/F paraplegic
pára-quedas ['para-] M INV parachute; **saltar de ~** to parachute
pára-quedismo [parake'dʒiʒmu] M parachuting, sky-diving
pára-quedista [parake'dʒiʃta] M/F parachutist ■ M (*Mil*) paratrooper
parar [pa'raʳ] VI to stop; (*ficar*) to stay ■ VT to stop; **fazer ~** (*deter*) to stop; **~ na cadeia** to end up in jail; **~ de fazer** to stop doing
pára-raios ['para-] M INV lightning conductor
parasita [para'zita] ADJ parasitic ■ M parasite
parasitar [parazi'taʳ] VI to sponge ■ VT: **~ alguém** to sponge off sb
parasito [para'zitu] M parasite
parceiro, -a [pax'sejru, a] ADJ matching ■ M/F partner
parcela [pax'sɛla] F piece, bit; (*de pagamento*) instalment (*Brit*), installment (*US*); (*de terra*) plot; (*do eleitorado etc*) section; (*Mat*) item
parcelado, -a [paxse'ladu, a] ADJ (*pagamento*) in instalments (*Brit*) *ou* installments (*US*)
parcelar [paxse'laʳ] VT (*pagamento, dívida*) to schedule in instalments (*Brit*) *ou* installments (*US*)
parceria [paxse'ria] F partnership
parcial [pax'sjaw] (*pl* **-ais**) ADJ (*incompleto*) partial; (*feito por partes*) in parts; (*pessoa*) biased; (*Pol*) partisan; **parcialidade** [paxsjali'dadʒi] F bias, partiality; (*Pol*) partisans *pl*
parcimonioso, -a [paxsimo'njozu, ɔza] ADJ parsimonious
parco, -a ['paxku, a] ADJ (*escasso*) scanty; (*econômico*) thrifty; (*refeição*) frugal
pardal [pax'daw] (*pl* **-ais**) M sparrow
pardieiro [pax'dʒjejru] M ruin, heap
pardo, -a ['paxdu, a] ADJ (*cinzento*) grey (*Brit*), gray (*US*); (*castanho*) brown; (*mulato*) mulatto
parecença [pare'sẽsa] F resemblance
parecer [pare'seʳ] M (*opinião*) opinion ■ VI (*ter a aparência de*) to look, seem; **parecer-se** VR to look alike, resemble each other; **~ de auditoria** (*Com*) auditors' report; **~ (com)** (*ter semelhança com*) to look (like); **ao que parece** apparently; **parece-me que** I think that, it seems to me that; **que lhe parece?** what do you think?; **parece que** it looks as if; **~-se com alguém** to

look like sb

parecido, -a [pare'sidu, a] ADJ alike, similar; **~ com** like

paredão [pare'dãw] (*pl* **-ões**) M (*de serra*) face

parede [pa'redʒi] F wall; **imprensar** *ou* **pôr alguém contra a ~** to put sb on the spot, buttonhole sb; **~ divisória** partition wall

paredões [pare'dõjʃ] MPL *de* **paredão**

parelha [pa'reʎa] F (*de cavalos*) team; (*par*) pair

parente, -a [pa'rẽtʃi] M/F relative, relation; **ser ~ de alguém** to be related to sb

parentela [parẽ'tɛla] F relations *pl*

parentesco [parẽ'teʃku] M relationship; (*fig*) connection

parêntese [pa'rẽtezi] M parenthesis; (*na escrita*) bracket; (*fig*: *digressão*) digression

páreo ['parju] M race; (*fig*) competition; **ser um ~ duro** to be a hard nut to crack

pareô [pa'rjo] M beach wrap

pária ['parja] M pariah

paridade [pari'dadʒi] F (*igualdade*) equality; (*de câmbio, remuneração*) parity; **abaixo/acima da ~** below/above par

parir [pa'riʳ] VT to give birth to ■ VI to give birth; (*mulher*) to have a baby

Paris [pa'riʃ] N Paris; **parisiense** [pari'zjẽsi] ADJ, M/F Parisian

parlamentar [paxlamẽ'taʳ] ADJ parliamentary ■ M/F member of parliament, MP ■ VI to parley

parlamentarismo [paxlamẽta'riʒmu] M parliamentary democracy

parlamentarista [paxlamẽta'riʃta] ADJ in favo(u)r of parliamentary democracy ■ M/F supporter of the parliamentary system

parlamento [paxla'mẽtu] M parliament

parmesão [paxme'zãw] ADJ: **(queijo) ~** Parmesan (cheese)

pároco ['paroku] M parish priest

paródia [pa'rɔdʃja] F parody

parodiar [paro'dʒjaʳ] VT (*fazer paródia de*) to parody; (*imitar*) to mimic, copy

paróquia [pa'rɔkja] F (*Rel*) parish; (*col*: *localidade*) neighbourhood (*Brit*), neighborhood (*US*)

paroquial [paro'kjaw] (*pl* **-ais**) ADJ parochial

paroquiano, -a [paro'kjanu, a] M/F parishioner

paroxismo [parok'siʒmu] M fit, attack; **paroxismos** MPL (*de moribundo*) death throes

parque ['paxki] M park; **~ industrial** industrial estate; **~ infantil** children's playground; **~ nacional** national park

parqueamento [paxkja'mẽtu] M parking

parquear [pax'kjaʳ] VT to park

parreira [pa'xejra] F trellised vine

parrudo, -a [pa'xudu, a] ADJ muscular, well-built

part. ABR (= *particular*) priv

parte ['paxtʃi] F part; (*quinhão*) share; (*lado*) side; (*ponto*) point; (*Jur*) party; (*papel*) role; **~ interna** inside; **a maior ~ de** most of; **a maior ~ das vezes** most of the time; **à ~** aside; (*separado*) separate; (*separadamente*) separately; (*além de*) apart from; **da ~ de alguém** on sb's part; **de ~ a ~** each other; **em ~** in part, partly; **em grande ~** to a great extent; **em alguma/qualquer ~** somewhere/anywhere; **em ~ alguma** nowhere; **por toda (a) ~** everywhere; **por ~s** in parts; **por ~ da mãe** on one's mother's side; **pôr de ~** to set aside; **tomar ~ em** to take part in; **dar ~ de alguém à polícia** to report sb to the police; **fazer ~ de algo** to be part of sth; **mandar alguém àquela ~** (*col!*) to tell sb to go to hell

parteira [pax'tejra] F midwife

partição [paxtʃi'sãw] F division; (*Pol*) partition

participação [paxtʃisipa'sãw] F participation; (*Com*) stake, share; (*comunicação*) announcement, notification

participante [paxtʃisi'pãtʃi] M/F participant ■ ADJ participating

participar [paxtʃisi'paʳ] VT to announce, notify of ■ VI: **~ de** *ou* **em** (*tomar parte*) to participate in, take part in; (*compartilhar*) to share in

particípio [paxtʃi'sipju] M participle

partícula [pax'tʃikula] F particle

particular [paxtʃiku'laʳ] ADJ (*especial*) particular, special; (*privativo, pessoal*) private ■ M particular; (*indivíduo*) individual; **particulares** MPL (*pormenores*) details; **em ~** in private

particularidade [paxtʃikulari'dadʒi] F peculiarity

particularizar [paxtʃikulari'zaʳ] VT (*especificar*) to specify; (*detalhar*) to give details of; **particularizar-se** VR to distinguish o.s.

particularmente [paxtʃikulax'mẽtʃi] ADV privately; (*especialmente*) particularly

partida [pax'tʃida] F (*saída*) departure; (*Esporte*) game, match; (*Com*: *quantidade*) lot; (: *remessa*) shipment; (*em corrida*) start; **dar ~ em** to start; **perder a ~** to lose

partidário, -a [paxtʃi'darju, a] ADJ supporting ■ M/F supporter, follower

partido, -a [pax'tʃidu, a] ADJ (*dividido*) divided; (*quebrado*) broken ■ M (*Pol*) party; (*em jogo*) handicap; **tirar ~ de** to profit from; **tomar o ~ de** to side with

partilha [pax'tʃiʎa] F share

partilhar [paxtʃi'ʎaʳ] VT to share; (*distribuir*) to share out

partir [pax'tʃiʳ] VT (*quebrar*) to break; (*dividir*) to divide, split ■ VI (*pôr-se a caminho*) to set off, set out; (*ir-se embora*) to leave, depart; **partir-se** VR (*quebrar-se*) to break; **~ de** (*começar, tomar por base*) to start from; (*originar*) to arise from; **a ~ de** (starting) from; **a ~ de agora** from now on, starting from now; **~ ao meio** to split down the middle; **eu parto do princípio que ...** I am working on the principle that ...; **~ para** (*col*: *recorrer a*) to resort to; **~ para outra** (*col*) to

NB: *European Portuguese adds the following consonants to certain words*: **b** (sú(b)dito, su(b)til); **c** (a(c)ção, a(c)cionista, a(c)to); **m** (inde(m)ne); **p** (ado(p)çã, ado(p)tar); *for further details see p. xiii.*

change tack
partitura [paxtʃi'tura] F score
parto ['paxtu] M (child)birth; **estar em trabalho de ~** to be in labour (*Brit*) *ou* labor (*US*); **~ induzido** induced labo(u)r; **~ prematuro** premature birth
parturiente [paxtu'rjẽtʃi] F woman about to give birth
parvo, -a ['paxvu, a] ADJ stupid, silly ■ M/F fool, idiot
parvoíce [pax'vwisi] F silliness, stupidity
Pasart [pa'zaxtʃi] (BR) ABR M = **Partido Socialista Agrário e Renovador Trabalhista**
Páscoa ['paʃkwa] F Easter; (*dos judeus*) Passover; **a ilha da ~** Easter Island
Pasep [pa'zɛpi] (BR) ABR M = **Programa de Formação do Patrimônio do Servidor Público**
pasmaceira [paʒma'sejra] F (*apatia*) indolence
pasmado, -a [paʒ'madu, a] ADJ amazed, astonished
pasmar [paʒ'mar] VT to amaze, astonish; **pasmar-se** VR: **pasmar-se com** to be amazed at
pasmo, -a ['paʒmu, a] ADJ astonished ■ M amazement
paspalhão, -lhona [paʃpa'ʎãw, 'ʎɔna] (*pl* **-ões/-s**) ADJ stupid ■ M/F fool
paspalho [paʃ'paʎu] M simpleton
paspalhões [paʃpa'ʎõjʃ] MPL *de* **paspalhão**
paspalhona [paʃpa'ʎɔna] F *de* **paspalhão**
pasquim [paʃ'kĩ] (*pl* **-ns**) M (*jornal*) satirical newspaper
passa ['pasa] F raisin
passada [pa'sada] F (*passo*) step; **dar uma ~ em** to call in at
passadeira [pasa'dejra] F (*tapete*) stair carpet; (*mulher*) ironing lady; (*PT: para peões*) zebra crossing (*Brit*), crosswalk (*US*)
passadiço, -a [pasa'dʒisu, a] ADJ passing ■ M walkway; (*Náut*) bridge
passado, -a [pa'sadu, a] ADJ (*decorrido*) past; (*antiquado*) old-fashioned; (*fruta*) bad; (*peixe*) off ■ M past; **o ano ~** last year; **bem/mal passada** (*carne*) well done/rare; **ficar ~** (*encabulado*) to be very embarrassed
passageiro, -a [pasa'ʒejru, a] ADJ (*transitório*) passing ■ M/F passenger
passagem [pa'saʒẽ] (*pl* **-ns**) F passage; (*preço de condução*) fare; (*bilhete*) ticket; **~ de ida e volta** return ticket, round trip ticket (*US*); **~ de nível** level (*Brit*) *ou* grade (*US*) crossing; **~ de pedestres** pedestrian crossing (*Brit*), crosswalk (*US*); **~ subterrânea** underpass, subway (*Brit*); **de ~** in passing; **estar de ~** to be passing through
passamanaria [pasamana'ria] F trimming
passamento [pasa'mẽtu] M (*morte*) passing
passaporte [pasa'pɔxtʃi] M passport
passar [pa'sar] VT to pass; (*ponte, rio*) to cross; (*exceder*) to go beyond, exceed; (*coar: farinha*) to sieve; (: *líquido*) to strain; (: *café*) to percolate; (*a ferro*) to iron; (*tarefa*) to set; (*telegrama*) to send; (*o tempo*) to spend; (*bife*) to cook; (*a outra pessoa*) to pass on; (*pomada*) to put on; (*contrabandear*) to smuggle ■ VI to pass; (*na rua*) to go past; (*tempo*) to go by; (*dor*) to wear off; (*terminar*) to be over; (*ser razoável*) to pass, be passable; (*mudar*) to change; **passar-se** VR (*acontecer*) to go on, happen; (*desertar*) to go over; (*tempo*) to go by; **~ bem** (*de saúde*) to be well; **como está passando?** how are you?; **~ a** (*questão*) to move on to; (*suj: propriedade*) to pass to; **~ a fazer** to start to do; **~ a ser** to become; **passava das dez horas** it was past ten o' clock; **ele passa dos 50 anos** he's over 50; **não ~ de** to be only; **~ na frente** to go ahead; **~ alguém para trás** to con sb; (*cônjuge*) to cheat on sb; **~ pela casa de** to call in on; **~ pela cabeça de** to occur to; **~ por algo** (*sofrer*) to go through sth; (*transitar: estrada*) to go along sth; (*ser considerado como*) to be thought of as sth; **~ por cima de algo** to overlook sth; **~ algo por algo** to put *ou* pass sth through sth; **~ sem** to do without
passarela [pasa'rɛla] F footbridge; (*para modelos*) catwalk
pássaro ['pasaru] M bird
passatempo [pasa'tẽpu] M pastime; **como ~** for fun
passável [pa'savew] (*pl* **-eis**) ADJ passable
passe ['pasi] M (*licença*) pass; (*Futebol: ato*) pass; (: *contrato*) contract; **~ de mágica** sleight of hand
passear [pa'sjar] VT to take for a walk ■ VI (*a pé*) to go for a walk; (*sair*) to go out; **~ a cavalo** (*ou* **de carro**) to go for a ride; **não moro aqui, estou passeando** I don't live here, I'm on holiday (*Brit*) *ou* vacation (*US*); **mandar alguém ~** (*col*) to send sb packing; **passeata** [pa'sjata] F (*marcha coletiva*) protest march; (*passeio*) stroll; **passeio** [pa'seju] M walk; (*de carro*) drive, ride; (*excursão*) outing; (*calçada*) pavement (*Brit*), sidewalk (*US*); **dar um passeio** to go for a walk; (*de carro*) to go for a drive *ou* ride; **passeio público** promenade
passional [pasjo'naw] (*pl* **-ais**) ADJ passionate; **crime ~** crime of passion
passista [pa'siʃta] M/F dancer (*in carnival parade*)
passível [pa'sivew] (*pl* **-eis**) ADJ: **~ de** (*dor etc*) susceptible to; (*pena, multa*) subject to
passividade [pasivi'dadʒi] F passivity
passivo, -a [pa'sivu, a] ADJ passive ■ M (*Com*) liabilities *pl*
passo ['pasu] M step; (*medida*) pace; (*modo de andar*) walk; (*ruído dos passos*) footstep; (*sinal de pé*) footprint; **~ a ~** one step at a time; **a cada ~** constantly; **a um ~ de** (*fig*) on the verge of; **a dois ~s de** (*perto de*) a stone's throw away from; **ao ~ que** while; **apertar o ~** to hurry up; **ceder o ~ a** to give way to; **dar um ~** to take a step; **dar um mau ~** to slip up; **marcar ~** (*fig*) to mark time; **seguir os ~s de alguém** (*fig*) to follow in sb's footsteps; **~ de cágado** snail's pace
pasta ['paʃta] F paste; (*de couro*) briefcase; (*de cartolina*) folder; (*de ministro*) portfolio; **~**

dentifrícia *ou* **de dentes** toothpaste; **~ de galinha** chicken pâté

pastagem [paʃ'taʒẽ] (*pl* **-ns**) F pasture

pastar [paʃ'taʳ] VT to graze on ■ VI to graze

pastel [paʃ'tɛw] (*pl* **-éis**) ADJ INV (*cor*) pastel ■ M samosa; (*desenho*) pastel drawing

pastelão [paʃte'lãw] M (*comédia*) slapstick

pastelaria [paʃtela'ria] F (*loja*) cake shop; (*comida*) pastry

pasteurizado, -a [paʃtewri'zadu, a] ADJ pasteurized

pastiche [paʃ'tʃiʃi] M pastiche

pastilha [paʃ'tʃiʎa] F (*Med*) tablet; (*doce*) pastille; (*Comput*) chip

pastio [paʃ'tʃiu] M pasture; (*ato*) grazing

pasto ['paʃtu] M (*erva*) grass; (*terreno*) pasture; **casa de ~** (PT) cheap restaurant, diner

pastor, a [paʃ'toʳ(a)] M/F shepherd(ess) ■ M (*Rel*) clergyman, pastor

pastoral [paʃto'raw] (*pl* **-ais**) ADJ pastoral

pastorear [paʃto'rjaʳ] VT (*gado*) to watch over

pastoril [paʃto'riw] (*pl* **-is**) ADJ pastoral

pastoso, -a [paʃ'tozu, ɔza] ADJ pasty

pata ['pata] F (*pé de animal*) foot, paw; (*ave*) duck; (*col*: *pé*) foot; **meter a ~** to put one's foot in it

pata-choca (*pl* **patas-chocas**) F lump

patada [pa'tada] F kick; **dar uma ~** to kick; (*fig*: *col*) to behave rudely; **levar uma ~** (*fig*) to be treated rudely

Patagônia [pata'gonja] F: **a ~** Patagonia

patamar [pata'maʳ] M (*de escada*) landing; (*fig*) level

patavina [pata'vina] PRON nothing, (not) anything

patê [pa'te] M pâté

patente [pa'tẽtʃi] ADJ obvious, evident ■ F (*Com*) patent; (*Mil*: *título*) commission; **altas ~s** high-ranking officers

patentear [patẽ'tʃjaʳ] VT to show, reveal; (*Com*) to patent; **patentear-se** VR to be shown, be evident

paternal [patex'naw] (*pl* **-ais**) ADJ paternal, fatherly

paternalista [patexna'liʃta] ADJ paternalistic

paternidade [patexni'dadʒi] F paternity

paterno, -a [pa'tɛxnu, a] ADJ paternal, fatherly; **casa paterna** family home

pateta [pa'tɛta] ADJ stupid, daft ■ M/F idiot

patetice [pate'tʃisi] F stupidity; (*ato, dito*) daft thing

patético, -a [pa'tɛtʃiku, a] ADJ pathetic, moving

patíbulo [pa'tʃibulu] M gallows *sg*

patifaria [patʃifa'ria] F roguishness; (*ato*) nasty thing

patife [pa'tʃifi] M scoundrel, rogue

patim [pa'tʃĩ] (*pl* **-ns**) M skate; **~ de rodas** roller skate

patinação [patʃina'sãw] (*pl* **-ões**) F skating; (*lugar*) skating rink

patinador, a [patʃinadoʳ(a)] M/F skater

patinar [patʃi'naʳ] VI to skate; (*Auto*: *derrapar*) to skid

patinete [patʃi'nɛtʃi] F skateboard

patinhar [patʃi'ɲaʳ] VI (*como um pato*) to dabble; (*em lama*) to splash about, slosh

patinho [pa'tʃiɲu] M duckling; (*carne*) leg of beef; (*urinol*) bedpan; **cair como um ~** to be taken in

patins [pa'tʃiʃ] MPL *de* **patim**

pátio ['patʃju] M (*de uma casa*) patio, backyard; (*espaço cercado de edifícios*) courtyard; (*tb*: **pátio de recreio**) playground; (*Mil*) parade ground

pato ['patu] M duck; (*macho*) drake; (*col*: *otário*) sucker; **pagar o ~** (*col*) to carry the can

patologia [patolo'ʒia] F pathology; **patológico, -a** [pato'lɔʒiku, a] ADJ pathological

patologista [patolo'ʒiʃta] M/F pathologist

patota [pa'tɔta] (*col*) F gang

patrão [pa'trãw] (*pl* **-ões**) M (*Com*) boss; (*dono de casa*) master; (*proprietário*) landlord; (*Náut*) skipper; (*col*: *tratamento*) sir

pátria ['patrja] F homeland; **lutar pela ~** to fight for one's country; **salvar a ~** (*fig*) to save the day

patriarca [pa'trjaxka] M patriarch

patriarcal [patrjax'kaw] (*pl* **-ais**) ADJ patriarchal

patrício, -a [pa'trisju, a] ADJ, M/F patrician

patrimonial [patrimo'njaw] (*pl* **-ais**) ADJ (*bens*) family *atr*; (*imposto*) wealth *atr*

patrimônio [patri'monju] M (*herança*) inheritance; (*fig*) heritage; (*bens*) property; **~ líquido** equity

patriota [pa'trjɔta] M/F patriot

patriótico, -a [pa'trjɔtʃiku, a] ADJ patriotic

patriotismo [patrjo'tʃiʒmu] M patriotism

patroa [pa'troa] F (*mulher do patrão*) boss's wife; (*dona de casa*) lady of the house; (*proprietária*) landlady; (*col*: *esposa*) missus, wife; (: *tratamento*) madam

patrocinador, a [patrosina'doʳ(a)] ADJ sponsoring ■ M/F sponsor, backer

patrocinar [patrosi'naʳ] VT to sponsor; (*proteger*) to support; **patrocínio** [patro'sinju] M sponsorship, backing; (*proteção*) support

patrões [pa'trõjʃ] MPL *de* **patrão**

patrono [pa'trɔnu] M patron; (*advogado*) counsel

patrulha [pa'truʎa] F patrol; **patrulhar** [patru'ʎaʳ] VT, VI to patrol

pau [paw] M (*madeira*) wood; (*vara*) stick; (*col*: *briga*) punch-up; (: *cruzeiro*) cruzeiro; (*col!*: *pênis*) cock (*!*); **paus** MPL (*Cartas*) clubs; **~ a ~** neck and neck; **a meio ~** (*bandeira*) at half-mast; **o ~ comeu** (*col*) all hell broke loose; **estar/ficar ~ da vida** (*col*) to be/get mad; **ir ao** *ou* **levar ~** (*em exame*) to fail; **meter o ~ em alguém** (*col*: *espancar*) to beat sb up; (: *criticar*) to run sb down; **mostrar a alguém com quantos ~s se faz uma canoa** (*fig*) to teach sb a lesson; **ser ~** (*col*:

NB: *European Portuguese adds the following consonants to certain words*: **b** (sú(b)dito, su(b)til); **c** (a(c)ção, a(c)cionista, a(c)to); **m** (inde(m)ne); **p** (ado(p)çã, ado(p)tar); *for further details see p. xiii.*

maçante) to be a drag; **ser ~ para toda obra** to be a jack of all trades; **comida a dar com um ~** tons of food; **~ de bandeira** flagpole

pau-a-pique M wattle and daub

pau-d'água (*pl* **paus-d'água**) M drunkard

pau-de-arara (*pl* **paus-de-arara**) M (*tortura*) upside-down torture ■ M/F migrant (*from North-East*); (*pej*) North-Easterner

pau-de-cabeleira (*pl* **paus-de-cabeleira**) M chaperon

paulada [paw'lada] F blow (with a stick)

paulatinamente [pawlatʃina'mẽtʃi] ADV gradually

paulatino, -a [pawla'tʃinu, a] ADJ slow, gradual

Paulicéia [pawli'sɛja] F: **a ~** São Paulo

paulificante [pawlifi'kãtʃi] ADJ annoying

paulificar [pawlifi'ka^{r}] VT to annoy, bother

paulista [paw'liʃta] ADJ from (the state of) São Paulo ■ M/F person from São Paulo

paulistano, -a [pawliʃi'tanu, a] ADJ from (the city of) São Paulo ■ M/F person from São Paulo

pau-mandado (*pl* **paus-mandados**) M yes man

paupérrimo, -a [paw'pɛximu, a] ADJ poverty-stricken

pausa ['pawza] F pause; (*intervalo*) break; (*descanso*) rest

pausado, -a [paw'zadu, a] ADJ (*lento*) slow; (*sem pressa*) leisurely; (*cadenciado*) measured ■ ADV (*falar*) in measured tones

pauta ['pawta] F (*linha*) (guide)line; (*Mús*) stave; (*lista*) list; (*folha*) ruled paper; (*de programa de TV*) running order; (*ordem do dia*) agenda; (*indicações*) guidelines *pl*; **sem ~** (*papel*) plain; **em ~** on the agenda

pautado, -a [paw'tadu, a] ADJ (*papel*) ruled

pautar [paw'ta^{r}] VT (*papel*) to rule; (*assuntos*) to put in order, list; (*conduta*) to regulate

pauzinho [paw'zinu] M: **mexer os ~s** to pull strings

pavão, -voa [pa'vãw, 'voa] (*pl* **-ões/-s**) M/F peacock/peahen

pavê [pa've] M (*Culin*) cream cake

pavilhão [pavi'ʎãw] (*pl* **-ões**) M (*tenda*) tent; (*de madeira*) hut; (*no jardim*) summerhouse; (*em exposição*) pavilion; (*bandeira*) flag; **~ de isolamento** isolation ward

pavimentação [pavimẽta'sãw] F (*da rua*) paving; (*piso*) flooring

pavimentar [pavimẽ'ta^{r}] VT to pave

pavimento [pavi'mẽtu] M (*chão, andar*) floor; (*da rua*) road surface

pavio [pa'viu] M wick

pavoa [pa'voa] F *de* **pavão**

pavões [pa'võjʃ] MPL *de* **pavão**

pavonear [pavo'nja^{r}] VT (*ostentar*) to show off ■ VI (*caminhar*) to strut; **pavonear-se** VR to show off

pavor [pa'vo^{r}] M dread, terror; **ter ~ de** to be terrified of; **pavoroso, -a** [pavo'rozu, ɔza] ADJ dreadful, terrible

paz [pajʒ] F peace; **fazer as ~es** to make up, be friends again; **estar em ~** to be at peace; **deixar alguém em ~** to leave sb alone; **ser de boa ~** to be easy-going

PB ABR F = **Paraíba** ■ ABR (*Com: de ações*) = **preferencial, classe B**

PC ABR M = **Partido Comunista**; = **personal computer**

Pça. ABR (= *Praça*) Sq

PCB ABR M = **Partido Comunista Brasileiro**

PCBR ABR M = **Partido Comunista Brasileiro Revolucionário**

PCC ABR M = **Partido Comunista Chinês**

PC do B ABR M = **Partido Comunista do Brasil**

PCN (BR) ABR M = **Partido Comunitário Nacional**

PCUS ABR M = **Partido Comunista da União Soviética**

PDC (BR) ABR M = **Partido Demócrata-Cristão**

PDI (BR) ABR M = **Partido Democrático Independente**

PDS (BR) ABR M = **Partido Democrático Social**

PDT (BR) ABR M = **Partido Democrático Trabalhista**

PE ABR M = **Pernambuco**

pé [pɛ] M foot; (*da mesa*) leg; (*fig: base*) footing; (*de alface*) head; (*de milho, café*) plant; **ir a pé** to walk, go on foot; **ao pé de** near, by; **ao pé da letra** literally; **ao pé do ouvido** in secret; **pé ante pé** on tip-toe; **com um pé nas costas** (*com facilidade*) standing on one's head; **estar de pé** (*festa etc*) to be on; **estar de pé no chão** to be barefoot; **em** *ou* **de pé** standing (up); **em pé de guerra/igualdade** on a war/an equal footing; **dar no pé** (*col*) to run away, take off; **pôr-se em pé, ficar de pé** to stand up; **arredar pé** to move; **bater o pé** (*fig*) to dig one's heels in; **não chegar aos pés de** (*fig*) to be nowhere near as good as; **a água dá pé** (*Natação*) you can touch the bottom; **ficar com o pé atrás** to be suspicious; **ficar no pé de alguém** to keep on at sb; **larga meu pé!** leave me alone!; **levantar-se** *ou* **acordar com o pé direito/esquerdo** to wake up in a good mood/get out of bed on the wrong side; **meter os pés pelas mãos** to mess up; **perder o pé** (*no mar*) to get out of one's depth; **pôr os pés em** to set foot in; **não ter pé nem cabeça** (*fig*) to make no sense; **ter os pés na terra** (*fig*) to be down-to-earth, have one's feet firmly on the ground

peão [pjãw] (*pl* **-ões**) M (*PT*) pedestrian; (*Mil*) foot soldier; (*Xadrez*) pawn; (*trabalhador*) farm labourer (*Brit*) *ou* laborer (*US*)

peça ['pɛsa] F (*pedaço*) piece; (*Auto*) part; (*aposento*) room; (*Teatro*) play; **(serviço) pago por ~** piecework; **~ de reposição** spare part; **~ de roupa** garment; **pregar uma ~ em alguém** to play a trick on sb

pecado [pe'kadu] M sin; **~ mortal** deadly sin

pecador, a [peka'do^{r}(a)] M/F sinner, wrongdoer

pecaminoso, -a [pekami'nozu, ɔza] ADJ sinful

pecar [pe'ka^{r}] VI to sin; (*cometer falta*) to do wrong; **~ por excesso de zelo** to be over-zealous

pechincha [peˈʃĩʃa] F (*vantagem*) godsend; (*coisa barata*) bargain; **pechinchar** [peʃĩˈʃaʳ] VI to bargain, haggle
pechincheiro, -a [peʃĩˈʃejru, a] M/F bargain hunter
peço *etc* [ˈpɛsu] VB *v* **pedir**
peçonha [peˈsɔɲa] F poison
pectina [pekˈtʃina] F pectin
pecuária [peˈkwarja] F cattle-raising
pecuário, -a [peˈkwarju, a] ADJ cattle *atr*
pecuarista [pekwaˈriʃta] M/F cattle farmer
peculiar [pekuˈljaʳ] ADJ (*especial*) special, peculiar; (*particular*) particular; **peculiaridade** [pekuljariˈdadʒi] F peculiarity
pecúlio [peˈkulju] M (*acumulado*) savings *pl*; (*bens*) wealth
pecuniário, -a [pecuˈnjarju, a] ADJ money *atr*, financial
pedaço [peˈdasu] M piece; (*fig: trecho*) bit; **aos ~s** in pieces; **caindo aos ~s** (*objeto, carro*) tatty, broken-down; (*casa*) tumbledown; (*pessoa*) worn out
pedágio [peˈdaʒju] (BR) M (*pagamento*) toll; (*posto*) tollbooth
pedagogia [pedagoˈʒia] F pedagogy; (*curso*) education
pedagógico, -a [pedaˈgɔʒiku, a] ADJ educational, teaching *atr*
pedagogo, -a [pedaˈgogu, a] M/F educationalist
pé-d'água (*pl* **pés-d'água**) M shower, downpour
pedal [peˈdaw] (*pl* **-ais**) M pedal
pedalada [pedaˈlada] F turn of the pedals; **dar uma ~** to pedal
pedalar [pedaˈlaʳ] VT, VI to pedal
pedalinho [pedaˈlijnu] M pedalo (boat)
pedante [peˈdãtʃi] ADJ pretentious ■ M/F pseud
pedantismo [pedãˈtʃiʒmu] M pretentiousness
pé-de-atleta M athlete's foot
pé-de-galinha (*pl* **pés-de-galinha**) M crow's foot
pé-de-meia (*pl* **pés-de-meia**) M nest egg, savings *pl*
pé-de-moleque (*pl* **pés-de-moleque**) M (*doce*) nut brittle; (*calçamento*) crazy paving
pé-de-pato (*pl* **pés-de-pato**) M flipper
pederneira [pedexˈnejra] F flint
pedestal [pedeʃˈtaw] (*pl* **-ais**) M pedestal
pedestre [peˈdɛʃtri] (BR) M pedestrian
pé-de-vento (*pl* **pés-de-vento**) M gust of wind
pediatra [peˈdʒjatra] M/F paediatrician (*Brit*), pediatrician (*US*)
pediatria [pedʒjaˈtria] F paediatrics *sg* (*Brit*), pediatrics *sg* (*US*)
pedicuro, -a [pedʒiˈkuru, a] M/F chiropodist (*Brit*), podiatrist (*US*)
pedida [peˈdʒida] F: **boa ~** (*col*) good idea
pedido [peˈdʒidu] M (*solicitação*) request; (*Com*) order; **a ~ de alguém** at sb's request; **~ de casamento** proposal (of marriage); **~ de demissão** resignation; **~ de desculpa** apology; **~ de informação** inquiry
pedigree [pedʒiˈgri] M pedigree
pedinte [peˈdʒĩtʃi] ADJ begging ■ M/F beggar
pedir [peˈdʒiʳ] VT to ask for; (*Com, comida*) to order; (*exigir*) to demand ■ VI to ask; (*num restaurante*) to order; **~ algo a alguém** to ask sb for sth; **~ a alguém que faça, ~ para alguém fazer** to ask sb to do; **~ $100 por algo** to ask $100 for sth; **~ alguém em casamento** *ou* **a mão de alguém** to ask for sb's hand in marriage, propose to sb
pedra [ˈpɛdra] F stone; (*rochedo*) rock; (*de granizo*) hailstone; (*de açúcar*) lump; (*quadro-negro*) slate; **~ de amolar** grindstone; **~ de gelo** ice cube; **~ preciosa** precious stone; **~ falsa** (*Med*) stone; **~ de toque** (*fig*) touchstone, benchmark; **doido de ~s** raving mad; **dormir como uma ~** to sleep like a log; **pôr uma ~ em cima de algo** (*fig*) to consider sth dead and buried; **ser de ~** (*fig*) to be hard-hearted; **ser uma ~ no sapato de alguém** (*fig*) to be a thorn in sb's side; **vir** *ou* **responder com quatro ~s na mão** (*fig*) to be aggressive; **uma ~ no caminho** (*fig*) a stumbling block, a hindrance
pedrada [peˈdrada] F blow with a stone; **dar ~s em** to throw stones at
pedra-mármore F polished marble
pedra-pomes [-pɔmiʃ] F pumice stone
pedregal [pedreˈgaw] (*pl* **-ais**) M stony ground
pedregoso, -a [pedreˈgozu, ɔza] ADJ stony, rocky
pedregulho [pedreˈguʎu] M gravel
pedreira [peˈdrejra] F quarry
pedreiro [peˈdrejru] M stonemason
pedúnculo [peˈdũkulu] M stalk
pê-eme [peˈɛmi] (*pl* **-s**) F military police ■ M/F military policeman/woman
pé-frio (*pl* **pés-frios**) (*col*) M jinx
pega¹ [ˈpɛga] M (*briga*) quarrel
pega² [ˈpega] F magpie; (*PT: col: moça*) bird; (: *meretriz*) tart
pegada [peˈgada] F (*de pé*) footprint; (*Futebol*) save; **ir nas ~s de alguém** (*fig*) to follow in sb's footsteps
pegado, -a [peˈgadu, a] ADJ (*colado*) stuck; (*unido*) together; **a casa pegada** the house next door
pega-gelo (*pl* **-s**) M ice tongs *pl*
pegajoso, -a [pegaˈʒozu, ɔza] ADJ sticky
pega-pra-capar (*col*) M INV scuffle
pegar [peˈgaʳ] VT to catch; (*selos*) to stick (on); (*segurar*) to take hold of; (*hábito, mania*) to get into; (*compreender*) to take in; (*trabalho*) to take on; (*estação de rádio*) to pick up, get ■ VI (*aderir*) to stick; (*planta*) to take; (*moda*) to catch on; (*doença*) to be catching; (*motor*) to start; (*vacina*) to take; (*mentira*) to stand up, stick; (*fogueira*) to catch; **pegar-se** VR (*brigar*) to have a fight, quarrel; **~ com** (*casa*) to be next door to; **~ a fazer** to start to do; **~ em** (*começar*) to start on; (*segurar*) to

NB: *European Portuguese adds the following consonants to certain words:* **b** (sú(b)dito, su(b)til); **c** (a(c)ção, a(c)cionista, a(c)to); **m** (inde(m)ne); **p** (ado(p)çã, ado(p)tar); *for further details see p. xiii.*

grab, pick up; **ir ~** (*buscar*) to go and get; **~ um emprego** to get a job; **~ uma rua** to take a street; **~ fogo a algo** to set fire to sth; **~ 3 anos de cadeia** to get 3 years in prison; **~ alguém fazendo** to catch sb doing; **pega, ladrão!** stop thief!; **~ no sono** to fall asleep; **ele pegou e disse ...** he upped and said ...; **pegue e pague** cash and carry; **~ bem/mal** (*col*) to go down well/badly

pega-rapaz (*pl* **-es**) M kiss curl

pego, -a ['pɛgu, a] PP *de* **pegar**

peguei *etc* [pe'gej] VB *v* **pegar**

peidar [pej'da^{r}] (*col!*) VI to fart (!)

peido ['pejdu] (*col!*) M fart (!)

peitilho [pej'tʃiʎu] M shirt front

peito ['pejtu] M (*Anat*) chest; (*de ave, mulher*) breast; (*fig*) courage; **dar o ~ a um bebê** to breastfeed a baby; **largar o ~** to be weaned; **meter os ~s** (*col*) to put one's heart into it; **no ~ (e na raça)** (*col*) whatever it takes; **~ do pé** instep; **amigo do ~** bosom pal, close friend

peitoril [pejto'riw] (*pl* **-is**) M windowsill

peitudo, -a [pej'tudu, a] ADJ big-chested; (*valente*) feisty

peixada [pej'ʃada] F *fish cooked in a seafood sauce*

peixaria [pejʃa'ria] F fish shop, fishmonger's (*Brit*)

peixe ['pejʃi] M fish; **Peixes** MPL (*Astrologia*) Pisces *sg*; **como ~ fora d'água** like a fish out of water; **filho de ~, peixinho é** like father, like son; **não ter nada com o ~** (*fig*) to have nothing to do with the matter; **vender seu ~** (*ver seus interesses*) to feather one's nest; (*falar*) to say one's piece, have one's say

peixeira [pej'ʃejra] F fishwife; (*faca*) fish knife

peixeiro [pej'ʃejru] M fishmonger

pejar-se [pe'ʒaxsi] VR to be ashamed

pejo ['peʒu] M shame; **ter ~** to be ashamed

pejorativo, -a [peʒora'tʃivu, a] ADJ pejorative

pela ['pɛla] = **por + a**

pelada [pe'lada] F football game

PELADA

Pelada is an improvised, generally short, game of football, which in the past was played with a ball made out of socks, or an inflatable rubber ball. It is still played today on any piece of open land, or even in the street.

pelado, -a [pe'ladu, a] ADJ (*sem pele*) skinned; (*sem pêlo, cabelo*) shorn; (*nu*) naked, in the nude; (*sem dinheiro*) broke

pelanca [pe'lãka] F fold of skin; (*de carne*) lump

pelancudo, -a [pelã'kudu, a] ADJ (*pessoa*) flabby

pelar [pe'la^{r}] VT (*tirar a pele*) to skin; (*tirar o pêlo*) to shear; (*col*) to fleece; **pelar-se** VR: **pelar-se por** to be crazy about, adore; **~-se de medo** to be scared stiff

pelas ['pɛlaʃ] = **por + as**

pele ['pɛli] F (*de pessoa, fruto*) skin; (*couro*) leather; (*como agasalho*) fur (coat); (*de animal*) hide; **cair na ~ de alguém** (*col*) to pester sb; **arriscar/salvar a ~** (*col*) to risk one's neck/save one's skin; **sentir algo na ~** (*fig*) to feel sth at first hand; **estar na ~ de alguém** (*fig*) to be in sb's shoes; **ser** *ou* **estar ~ e osso** to be all skin and bone

peleja [pe'leʒa] F (*luta*) fight; (*briga*) quarrel

pelejar [pele'ʒa^{r}] VI (*lutar*) to fight; (*discutir*) to quarrel; **~ pela paz** to fight for peace; **~ para fazer/para que alguém faça** to fight to do/to fight to get sb to do

pelerine [pele'rini] F cape

peleteiro, -a [pele'tejru, a] M/F furrier

peleteria [pelete'ria] F furrier's

pele-vermelha (*pl* **peles-vermelhas**) M/F redskin

pelica [pe'lika] F kid (leather)

pelicano [peli'kanu] M pelican

película [pe'likula] F film; (*de pele*) film of skin

pelintra [pe'lĩtra] (*PT*) ADJ shabby; (*pobre*) penniless

pelo ['pɛlu] = **por + o**

pêlo ['pelu] M hair; (*de animal*) fur, coat; **nu em ~** stark naked; **montar em ~** to ride bareback

Peloponeso [pelopo'nɛzu] M: **o ~** the Peloponnese

pelos ['pɛluʃ] = **por + os**

pelota [pe'lɔta] F ball; (*num molho*) lump; (*na pele*) bump; **dar ~ para** (*col*) to pay attention to

pelotão [pelo'tãw] (*pl* **-ões**) M platoon

pelúcia [pe'lusja] F plush

peludo, -a [pe'ludu, a] ADJ hairy; (*animal*) furry

pélvico, -a ['pɛwviku, a] ADJ pelvic

pélvis ['pɛwviʃ] F INV pelvis

pena ['pena] F (*pluma*) feather; (*de caneta*) nib; (*escrita*) writing; (*Jur*) penalty, punishment; (*sofrimento*) suffering; (*piedade*) pity; **que ~!** what a shame!; **a duras ~s** with great difficulty; **sob ~ de** under penalty of; **cumprir ~** to serve a term in jail; **dar ~** to be upsetting; **é uma ~ que ...** it is a pity that ...; **ter ~ de** to feel sorry for; **valer a ~** to be worthwhile; **não vale a ~** it's not worth it; **~ capital** capital punishment

penacho [pe'naʃu] M plume; (*crista*) crest

penal [pe'naw] (*pl* **-ais**) ADJ penal

penalidade [penali'dadʒi] F (*Jur*) penalty; (*castigo*) punishment; **impor uma ~ a** to penalize

penalizar [penali'za^{r}] VT (*causar pena a*) to trouble; (*castigar*) to penalize

pênalti ['penawtʃi] M (*Futebol*) penalty (kick); **cobrar um ~** to take a penalty

penar [pe'na^{r}] VT to grieve ■ VI to suffer

penca ['pẽka] F bunch; **gente em ~** lots of people

pence ['pẽsi] F dart

pendão [pẽ'dãw] (*pl* **-ões**) M pennant; (*fig*) banner; (*do milho*) blossom

pendência [pẽ'dẽsja] F dispute, quarrel

pendente [pẽ'dẽtʃi] ADJ (*pendurado*) hanging; (*por decidir*) pending; (*inclinado*) sloping; (*dependent*): **~**

de dependent on ■ M pendant

pender [pẽ'de^{r}] VT to hang ■ VI to hang; (*estar para cair*) to sag, droop; **~ de** (*depender de*) to depend on, hang on; (*estar pendurado*) to hang from; **~ para** (*inclinar*) to lean towards; (*ter tendência para*) to tend towards; **~ a** (*estar disposto a*) to be inclined to

pendões [pẽ'dõjʃ] MPL *de* **pendão**

pendor [pẽ'do^{r}] M inclination, tendency

pêndulo ['pẽdulu] M pendulum

pendura [pẽ'dura] F: **estar na ~** (*col*) to be broke

pendurado, -a [pẽdu'radu, a] ADJ hanging; (*col: compra*) on tick

pendurar [pẽdu'ra^{r}] VT to hang; (*col: conta*) to put on tick ■ VI: **~ de** to hang from; **não estou com dinheiro hoje, posso ~?** (*col*) I haven't got any money today, can I pay you later?

penduricalho [pẽduri'kaʎu] M pendant

pendurucalho [pẽduru'kaʎu] M = **penduricalho**

penedo [pe'nedu] M rock, boulder

peneira [pe'nejra] F (*da cozinha*) sieve; **peneirar** [penej'ra^{r}] VT to sift, sieve ■ VI (*chover*) to drizzle

penetra [pe'nɛtra] (*col*) M/F gatecrasher; **entrar de ~** to gatecrash

penetração [penetra'sãw] F penetration; (*perspicácia*) insight, sharpness

penetrante [pene'trãtʃi] ADJ (*olhar*) searching; (*ferida*) deep; (*frio*) biting; (*som, análise*) penetrating, piercing; (*dor, arma*) sharp; (*inteligência, idéias*) incisive

penetrar [pene'tra^{r}] VT to get into, penetrate; (*em segredo*) to steal into; (*compreender*) to understand ■ VI: **~ em** *ou* **por** *ou* **entre** to penetrate

penha ['peɲa] F (*rocha*) rock; (*penhasco*) cliff

penhasco [pe'ɲaʃku] M cliff, crag

penhoar [pe'ɲwa^{r}] M dressing gown

penhor [pe'ɲo^{r}] M pledge; **casa de ~es** pawnshop; **dar em ~** to pawn

penhora [pe'ɲɔra] F (*Jur*) seizure

penhoradamente [peɲorada'mẽtʃi] ADV gratefully

penhorado, -a [peɲo'radu, a] ADJ pawned

penhorar [peɲo'ra^{r}] VT (*dar em penhor*) to pledge, pawn; (*apreender*) to confiscate; (*fig*) to put under an obligation; **a ajuda do amigo penhorou-a bastante** she was very grateful for her friend's help

pêni ['peni] M penny

penicilina [penisi'lina] F penicillin

penico [pe'niku] M (*col*) potty; **pedir ~** (*col*) to chicken out

Peninos [pe'ninuʃ] MPL: **os ~** the Pennines

península [pe'nĩsula] F peninsula

peninsular [penĩsu'la^{r}] ADJ peninsular

pênis ['penijʃ] M INV penis

penitência [peni'tẽsja] F (*contrição*) penitence; (*expiação*) penance

penitenciar [penitẽ'sja^{r}] VT to impose penance on; (*crime etc*) to pay for; **penitenciar-se** VR to castigate o.s.

penitenciária [penitẽ'sjarja] F prison; *v tb* **penitenciário**

penitenciário, -a [penitẽ'sjarju, a] ADJ prison *atr* ■ M/F prisoner, inmate

penitente [peni'tẽtʃi] ADJ repentant ■ M/F penitent

penosa [pe'noza] (*col*) F chicken

penoso, -a [pe'nozu, ɔza] ADJ (*assunto, tratamento*) painful; (*trabalho*) hard

pensado, -a [pẽ'sadu, a] ADJ deliberate, intentional

pensador, a [pẽsa'do^{r}(a)] M/F thinker

pensamento [pẽsa'mẽtu] M thought; (*ato*) thinking; (*mente*) mind; (*opinião*) way of thinking; (*idéia*) idea

pensante [pẽ'sãtʃi] ADJ thinking

pensão [pẽ'sãw] (*pl* **-ões**) F (*pequeno hotel: tb*: **casa de pensão**) boarding house; (*comida*) board; **~ completa** full board; **~ de aposentadoria** (retirement) pension; **~ alimentícia** alimony, maintenance; **~ de invalidez** disability allowance

pensar [pẽ'sa^{r}] VI to think; (*imaginar*) to imagine ■ VT to think about; (*ferimento*) to dress; **~ em** to think of *ou* about; **~ fazer** (*ter intenção*) to intend to do, be thinking of doing; **~ sobre** (*meditar*) to ponder over; **pensando bem** on second thoughts; **~ alto** to think out loud; **~ melhor** to think better of it; **pensativo, -a** [pẽsa'tʃivu, a] ADJ thoughtful, pensive

Pensilvânia [pẽsiw'vanja] F: **a ~** Pennsylvania

pensionato [pẽsjo'natu] M boarding school

pensionista [pẽsjo'niʃta] M/F pensioner; (*que mora em pensão*) boarder

penso, -a ['pẽsu, a] ADJ leaning ■ M (*curativo*) dressing

pensões [pẽ'sõjʃ] FPL *de* **pensão**

pentágono [pẽ'tagonu] M pentagon; **o P~** the Pentagon

pentatlo [pẽ'tatlu] M pentathlon

pente ['pẽtʃi] M comb

penteadeira [pẽtʃja'dejra] F dressing table

penteado, -a [pẽ'tʃjadu, a] ADJ (*cabelo*) in place; (*pessoa*) smart ■ M hairdo, hairstyle

pentear [pẽ'tʃja^{r}] VT to comb; (*arranjar o cabelo*) to do, style; **pentear-se** VR to comb one's hair; to do one's hair

Pentecostes [pẽtʃi'kɔʃtʃiʃ] M Whitsun

pente-fino [pẽtʃi'fĩnu] (*pl* **pentes-finos**) M fine-tooth comb

penugem [pe'nuʒẽ] F (*de ave*) down; (*pêlo*) fluff

penúltimo, -a [pe'nuwtʃimu, a] ADJ last but one, penultimate

penumbra [pe'nũbra] F (*ao cair da tarde*) twilight, dusk; (*sombra*) shadow; (*meia-luz*) half-light

penúria [pe'nurja] F poverty

NB: *European Portuguese adds the following consonants to certain words*: **b** (sú(b)dito, su(b)til); **c** (a(c)ção, a(c)cionista, a(c)to); **m** (inde(m)ne); **p** (ado(p)çã, ado(p)tar); *for further details see p. xiii.*

peões [pjõjʃ] MPL *de* **peão**
pepino [pe'pinu] M cucumber
pepita [pe'pita] F (*de ouro*) nugget
pequena [pe'kena] F girl; (*namorada*) girlfriend
pequenez [peke'neʒ] F smallness; (*fig: mesquinhez*) meanness; **~ de sentimentos** pettiness
pequenininho, -a [pekeni'niɲu, a] ADJ tiny
pequenino, -a [peke'ninu, a] ADJ little
pequeninos [peke'ninuʃ] MPL: **os ~** the little children
pequeno, -a [pe'kenu, a] ADJ small; (*mesquinho*) petty ■ M boy; **em ~ eu fazia ...** when I was small I used to do ....
pequeno-burguês, -esa (*pl* **-eses/-s**) ADJ petty bourgeois
pequerrucho, -a [peke'xuʃu, a] ADJ tiny ■ M thimble
Pequim [pe'kĩ] N Peking
pequinês [peki'neʃ] M (*cão*) Pekinese
pêra ['pera] F pear
peralta [pe'rawta] ADJ naughty ■ M/F (*menino*) naughty child
perambular [perãbu'la^{r}] VI to wander
perante [pe'rãtʃi] PREP before, in the presence of
pé-rapado [-xa'padu] (*pl* **pés-rapados**) M nobody
percalço [pex'kawsu] M (*de uma tarefa*) difficulty; (*de profissão, matrimônio etc*) pitfall
per capita [pɛx'kapita] ADV, ADJ per capita
perceber [pexse'be^{r}] VT (*notar*) to realize; (*por meio dos sentidos*) to perceive; (*compreender*) to understand; (*ver*) to see; (*ouvir*) to hear; (*ver ao longe*) to make out; (*dinheiro: receber*) to receive
percentagem [pexsẽ'taʒẽ] F percentage
percentual [pexsẽ'twaw] (*pl* **-ais**) ADJ percentage *atr* ■ M percentage
percepção [pexsep'sãw] F perception; (*compreensão*) understanding; **perceptível** [pexsep'tʃivew] (*pl* **-eis**) ADJ perceptible, noticeable; (*som*) audible
perceptividade [pexseptʃivi'dadʒi] F perceptiveness, perception
perceptivo, -a [pexsep'tʃivu, a] ADJ perceptive
percevejo [pexse'veʒu] M (*inseto*) bug; (*prego*) drawing pin (*Brit*), thumbtack (*US*)
perco *etc* ['pexku] VB *v* **perder**
percorrer [pexko'xe^{r}] VT (*viajar por*) to travel (across *ou* over); (*passar por*) to go through, traverse; (*investigar*) to search through
percurso [pex'kuxsu] M (*espaço percorrido*) distance (covered); (*trajeto*) route; (*viagem*) journey; **fazer o ~ entre** to travel between
percussão [pexku'sãw] F (*Mús*) percussion
percussionista [pexkusjo'niʃta] M/F percussionist, percussion player
percutir [pexku'tʃi^{r}] VT to strike ■ VI to reverberate
perda ['pexda] F loss; (*desperdício*) waste; **~ de tempo** waste of time; **~s e danos** damages, losses
perdão [pex'dãw] M pardon, forgiveness; **~!** sorry!, I beg your pardon!; **pedir ~ a alguém** to ask sb for forgiveness; **~ da dívida** cancellation of the debt; **~ da pena** (*Jur*) pardon
perder [pex'de^{r}] VT to lose; (*tempo*) to waste; (*trem, show, oportunidade*) to miss ■ VI to lose; **perder-se** VR (*extraviar-se*) to get lost; (*arruinar-se*) to be ruined; (*desaparecer*) to disappear; (*em reflexões*) to be lost; (*num discurso*) to lose one's thread; **~-se de alguém** to lose sb; **~ algo de vista** to lose sight of sth; **a ~ de vista** (*fig*) as far as the eye can see; **pôr tudo a ~** to risk losing everything; **saber ~** to be a good loser
perdição [pexdʒi'sãw] F perdition, ruin; (*desonra*) depravity; **ser uma ~** (*col*) to be irresistible
perdido, -a [pex'dʒidu, a] ADJ lost; (*pervertido*) depraved; **~ por** (*apaixonado*) desperately in love with; **~s e achados** lost and found, lost property
perdigão [pexdʒi'gãw] (*pl* **-ões**) M (*macho*) partridge
perdigueiro [pexdʒi'gejru] M (*cachorro*) gundog
perdiz [pex'dʒiʒ] F partridge
perdoar [pex'dwa^{r}] VT (*desculpar*) to forgive; (*pena*) to lift; (*dívida*) to cancel; **~ (algo) a alguém** to forgive sb (for sth)
perdoável [pex'dwavew] (*pl* **-eis**) ADJ forgivable
perdulário, -a [pexdu'larju, a] ADJ wasteful ■ M/F spendthrift
perdurar [pexdu'ra^{r}] VI (*durar muito*) to last a long time; (*continuar a existir*) to still exist
pereba [pe'rɛba] F (*ferida pequena*) scratch
perecer [pere'se^{r}] VI to perish; (*morrer*) to die; (*acabar*) to come to nothing
perecível [pere'sivew] (*pl* **-eis**) ADJ perishable
peregrinação [peregrina'sãw] (*pl* **-ões**) F (*viagem*) travels *pl*; (*Rel*) pilgrimage
peregrinar [peregri'na^{r}] VI (*viajar*) to travel; (*Rel*) to go on a pilgrimage
peregrino, -a [pere'grinu, a] ADJ (*beleza*) rare ■ M/F pilgrim
pereira [pe'rejra] F pear tree
peremptório, -a [perẽp'tɔrju, a] ADJ (*final*) final; (*decisivo*) decisive
perene [pe'rɛni] ADJ (*perpétuo*) everlasting; (*Bot*) perennial
perereca [pere'rɛka] F tree frog
perfazer [pexfa'ze^{r}] (*irreg*) VT (*completar o número de*) to make up; (*concluir*) to complete
perfeccionismo [pexfeksjo'niʒmu] M perfectionism
perfeccionista [pexfeksjo'niʃta] ADJ, M/F perfectionist
perfeição [pexfej'sãw] F perfection; **à ~** to perfection
perfeitamente [pexfejta'mẽtʃi] ADV perfectly ■ EXCL exactly!
perfeito, -a [pex'fejtu, a] ADJ perfect; (*carro etc*) in perfect condition ■ M (*Ling*) perfect
perfez [pex'feʒ] VB *v* **perfazer**
perfídia [pex'fidʒja] F treachery

pérfido, -a ['pɛxfidu, a] ADJ treacherous
perfil [pex'fiw] (*pl* **-is**) M (*do rosto, fig*) profile; (*silhueta*) silhouette, outline; (*Arq*) (cross) section; **de ~** in profile
perfilar [perfi'la^{r}] VT (*soldados*) to line up; (*aprumar*) to straighten up; **perfilar-se** VR to stand to attention
perfilhar [pexfi'ʎa^{r}] VT (*Jur*) to legally adopt; (*princípio, teoria*) to adopt
perfis [pex'fiʃ] MPL *de* **perfil**
perfiz [pex'fiʒ] VB *v* **perfazer**
perfizer *etc* [pexfi'ze^{r}] VB *v* **perfazer**
performance [pex'fɔxmãs] F performance
perfumado, -a [pexfu'madu, a] ADJ sweet-smelling; (*pessoa*) wearing perfume
perfumar [pexfu'ma^{r}] VT to perfume; **perfumar-se** VR to put perfume on
perfumaria [pexfuma'ria] F perfumery; (*col*) idle talk
perfume [pex'fumi] M perfume; (*cheiro*) scent
perfunctório, -a [pexfũk'tɔrju, a] ADJ perfunctory
perfurado, -a [pexfu'radu, a] ADJ (*cartão*) punched
perfurador [pexfura'do^{r}] M punch
perfurar [pexfu'ra^{r}] VT (*o chão*) to drill a hole in; (*papel*) to punch (a hole in)
perfuratriz [pexfura'triʒ] F drill
pergaminho [pexga'miɲu] M parchment; (*diploma*) diploma
pérgula ['pɛxgula] F arbour (*Brit*), arbor (*US*)
pergunta [pex'gũta] F question; **fazer uma ~ a alguém** to ask sb a question
perguntador, a [pexgũta'do^{r}(a)] ADJ inquiring, inquisitive ■ M/F questioner
perguntar [pexgũ'ta^{r}] VT to ask; (*interrogar*) to question ■ VI: **~ por alguém** to ask after sb; **perguntar-se** VR to wonder; **~ algo a alguém** to ask sb sth
perícia [pe'risja] F (*conhecimento*) expertise; (*destreza*) skill; (*exame*) investigation; **~ (criminal)** criminal investigation; (*os peritos criminais*) criminal investigators *pl*
pericial [peri'sjaw] (*pl* **-ais**) ADJ expert
periclitante [perikli'tãtʃi] ADJ (*situação*) perilous; (*saúde*) shaky
periclitar [perikli'ta^{r}] VI to be in danger; (*negócio etc*) to be at risk
periculosidade [perikulozi'dadʒi] F dangerousness; (*Jur*) risk factor
peridural [peridu'raw] (*pl* **-ais**) F (*Med*) epidural
periferia [perife'ria] F periphery; (*da cidade*) outskirts *pl*
periférico, -a [peri'fɛriku, a] ADJ peripheral ■ M (*Comput*) peripheral; **estrada periférica** ring road
perífrase [pe'rifrazi] F circumlocution
perigar [peri'ga^{r}] VI to be at risk; **~ ser ...** to risk being ..., be in danger of being ....
perigo [pe'rigu] M danger; **correr ~** to be in danger; **fora de ~** safe, out of danger; **pôr em ~** to endanger; **o carro dele é um ~** his car is a deathtrap; **ser um ~** (*col: pessoa*) to be a tease; **estar a ~** (*col: sem dinheiro*) to be broke; (*: em situação difícil*) to be in a bad way; **perigoso, -a** [peri'gozu, ɔza] ADJ dangerous; (*arriscado*) risky
perímetro [pe'rimetru] M perimeter; **~ urbano** city limits *pl*
periódico, -a [pe'rjɔdʒiku, a] ADJ periodic; (*chuvas*) occasional; (*doença*) recurrent ■ M (*revista*) magazine, periodical; (*jornal*) (news)paper
período [pe'riodu] M period; (*estação*) season; **~ letivo** term (time)
peripécia [peri'pɛsja] F (*aventura*) adventure; (*incidente*) turn of events
periquito [peri'kitu] M parakeet
periscópio [periʃ'kɔpju] M periscope
perito, -a [pe'ritu, a] ADJ expert ■ M/F expert; (*quem faz perícia*) investigator; **~ em** (*atividade*) expert at, clever at; (*matéria*) highly knowledgeable in; **~ em matéria de** expert in
peritonite [perito'nitʃi] F peritonitis
perjurar [pexʒu'ra^{r}] VI to commit perjury
perjúrio [pex'ʒurju] M perjury
perjuro, -a [pex'ʒuru, a] M/F perjurer
permanecer [pexmane'se^{r}] VI to remain; (*num lugar*) to stay; (*continuar a ser*) to remain, keep; **~ parado** to keep still
permanência [pexma'nẽsja] F permanence; (*estada*) stay; **permanente** [pexma'nẽtʃi] ADJ (*dor*) constant; (*cor*) fast; (*residência, pregas*) permanent ■ M (*cartão*) pass ■ F perm; **fazer uma permanente** to have a perm
permeável [pex'mjavew] (*pl* **-eis**) ADJ permeable
permeio [pex'meju]: **de ~** ADV in between
permissão [pexmi'sãw] F permission, consent
permissível [pexmi'sivew] (*pl* **-eis**) ADJ permissible
permissivo, -a [pexmi'sivu, a] ADJ permissive
permitir [pexmi'tʃi^{r}] VT to allow, permit; (*conceder*) to grant; **~ a alguém fazer** to let sb do, allow sb to do
permuta [pex'muta] F exchange; (*Com*) barter
permutação [pexmuta'sãw] (*pl* **-ões**) F (*Mat*) permutation; (*troca*) exchange
permutar [pexmu'ta^{r}] VT to exchange; (*Com*) to barter
perna ['pɛxna] F leg; **de ~(s) para o ar** upside down, topsy turvy; **em cima da ~** (*col*) sloppily, in a slapdash way; **bater ~s** (*col*) to wander; **passar a ~ em alguém** (*col*) to put one over on sb; **trocar as ~s** (*col*) to stagger; **~ de pau** wooden leg; **~ mecânica** artificial leg; **~s tortas** bow legs
perna-de-pau (*pl* **pernas-de-pau**) M/F pegleg; (*Futebol*) bad player
pernambucano, -a [pexnãbu'kanu, a] ADJ from

NB: *European Portuguese adds the following consonants to certain words*: **b** (sú(b)dito, su(b)til); **c** (a(c)ção, a(c)cionista, a(c)to); **m** (inde(m)ne); **p** (ado(p)çã, ado(p)tar); *for further details see p. xiii.*

Pernambuco ■ M/F person from Pernambuco
perneira [pex'nejra] F (*de dançarina etc*) legwarmer
perneta [pex'neta] M/F one-legged person
pernicioso, -a [pexni'sjozu, ɔza] ADJ pernicious; (*Med*) malignant
pernil [pex'niw] (*pl* **-is**) M (*de animal*) haunch; (*Culin*) leg
pernilongo [pexni'lõgu] M mosquito
pernis [pex'niʃ] MPL *de* **pernil**
pernoitar [pexnoj'ta^{r}] VI to spend the night
pernóstico, -a [pex'nɔʃtʃiku, a] ADJ pedantic ■ M/F pedant
pérola ['pɛrola] F pearl
perpassar [pexpa'sa^{r}] VI (*tempo*) to go by; **~ (por)** to pass (by); **~ a mão em/por** to run one's hand through/over
perpendicular [pexpẽdʒiku'la^{r}] ADJ, F perpendicular; **ser ~ a** to be at right angles to
perpetração [pexpetra'sãw] F perpetration
perpetrar [pexpe'tra^{r}] VT to perpetrate, commit
perpetuar [pexpe'twa^{r}] VT to perpetuate
perpetuidade [pexpetwi'dadʒi] F eternity
perpétuo, -a [pex'pɛtwu, a] ADJ perpetual; (*eterno*) eternal; **prisão perpétua** life imprisonment
perplexidade [pexpleksi'dadʒi] F confusion, bewilderment
perplexo, -a [pex'plɛksu, a] ADJ (*confuso*) bewildered, puzzled; (*indeciso*) uncertain; **ficar ~** (*atônito*) to be taken aback
perquirir [pexki'ri^{r}] VT to probe, investigate
persa ['pɛxsa] ADJ, M/F Persian
perscrutar [pexʃkru'ta^{r}] VT to scrutinize, examine
perseguição [pexsegi'sãw] F pursuit; (*Rel, Pol*) persecution
perseguidor, a [pexsegi'do^{r}(a)] M/F pursuer; (*Rel, Pol*) persecutor
perseguir [pexse'gi^{r}] VT (*seguir*) to pursue; (*correr atrás*) to chase (after); (*Rel, Pol*) to persecute; (*importunar*) to harass, pester
perseverança [pexseve'rãsa] F (*insistência*) persistence; (*constância*) perseverance
perseverante [pexseve'rãtʃi] ADJ persistent
perseverar [pexseve'ra^{r}] VI to persevere; **~ em** (*conservar-se firme*) to persevere in, persist in; **~ corajoso** to keep one's courage up; **~ em erro** to persist in doing wrong
Pérsia ['pɛxsja] F: **a ~** Persia
persiana [pex'sjana] F blind
Pérsico, -a ['pɛxsiku, a] ADJ: **o golfo ~** the Persian Gulf
persignar-se [pexsig'naxsi] VR to cross o.s.
persigo *etc* [pex'sigu] VB *v* **perseguir**
persistência [pexsiʃ'tẽsja] F persistence
persistente [pexsiʃ'tẽtʃi] ADJ persistent
persistir [pexsiʃ'tʃi^{r}] VI to persist; **~ em** to persist in; **~ calado** to keep quiet
personagem [pexso'naʒẽ] (*pl* **-ns**) M/F famous person, celebrity; (*num livro, filme*) character
personalidade [pexsonali'dadʒi] F personality; **~ dupla** dual personality
personalizado, -a [pexsonali'zadu, a] ADJ personalized; (*móveis etc*) custom-made
personalizar [pexsonali'za^{r}] VT to personalize; (*personificar*) to personify; (*nomear*) to name
personificação [pexsonifika'sãw] F personification
personificar [pexsonifi'ka^{r}] VT to personify
perspectiva [pexʃpek'tʃiva] F (*na pintura*) perspective; (*panorama*) view; (*probabilidade*) prospect; (*ponto de vista*) point of view; **em ~** in prospect
perspicácia [pexʃpi'kasja] F insight, perceptiveness; **perspicaz** [pexʃpi'kajʒ] ADJ (*que observa*) observant; (*sagaz*) shrewd
persuadir [pexswa'dʒi^{r}] VT to persuade; **persuadir-se** VR to convince o.s.; **~ alguém de que/alguém a fazer** to persuade sb that/sb to do; **persuasão** [pexswa'zãw] F persuasion; (*convicção*) conviction; **persuasivo, -a** [pexswa'zivu, a] ADJ persuasive
pertencente [pextẽ'sẽtʃi] ADJ belonging; **~ a** (*pertinente*) pertaining to
pertencer [pextẽ'se^{r}] VI: **~ a** to belong to; (*referir-se*) to concern
pertences [pex'tẽsiʃ] MPL (*de uma pessoa*) belongings
pertinácia [pextʃi'nasja] F (*persistência*) persistence; (*obstinação*) obstinacy
pertinaz [pextʃi'najʒ] ADJ (*persistente*) persistent; (*obstinado*) obstinate
pertinência [pextʃi'nẽsja] F relevance; **pertinente** [pextʃi'nẽtʃi] ADJ relevant; (*apropriado*) appropriate
perto, -a ['pɛxtu, a] ADJ nearby ■ ADV near; **~ de** near to; (*em comparação com*) next to; **~ da casa** near *ou* close to the house; **~ de 100 cruzeiros** about 100 cruzeiros; **estar ~ de fazer** (*a ponto de*) to be close to doing; **de ~** closely; (*ver*) close up; (*conhecer*) very well
perturbação [pextuxba'sãw] (*pl* **-ões**) F disturbance; (*desorientação*) perturbation; (*Med*) trouble; (*Pol*) disturbance; **~ da ordem** breach of the peace
perturbado, -a [pextux'badu, a] ADJ perturbed; (*desvairado*) unbalanced
perturbador, a [pextuxba'do^{r}(a)] ADJ (*pessoa*) disruptive; (*notícia*) perturbing, disturbing
perturbar [pextux'ba^{r}] VT to disturb; (*abalar*) to upset, trouble; (*atrapalhar*) to put off; (*andamento, trânsito*) to disrupt; (*envergonhar*) to embarrass; (*alterar*) to affect; **não perturba!** do not disturb!; **~ a ordem** to cause a breach of the peace
Peru [pe'ru] M: **o ~** Peru
peru, a [pe'ru(a)] M/F turkey ■ M (*col!: pênis*) cock (!)
perua [pe'rua] F (*carro*) estate (car) (*Brit*), station wagon (*US*)
peruada [pe'rwada] (*col*) F (*palpite*) tip
peruano, -a [pe'rwanu, a] ADJ, M/F Peruvian
peruar [pe'rwa^{r}] VT (*jogo*) to watch ■ VI to hang around

peruca [pe'ruka] F wig
perversão [pexvex'sãw] (*pl* **-ões**) F perversion
perversidade [pexvexsi'dadʒi] F perversity
perverso, -a [pex'vɛxsu, a] ADJ perverse; (*malvado*) wicked
perversões [pexvex'sõjʃ] FPL *de* **perversão**
perverter [pexvex'teʳ] VT (*corromper*) to corrupt, pervert; **perverter-se** VR to become corrupt; **pervertido, -a** [pexvex'tʃidu, a] ADJ perverted ■ M/F pervert
pesada [pe'zada] F weighing
pesadelo [peza'delu] M nightmare
pesado, -a [pe'zadu, a] ADJ heavy; (*ambiente*) tense; (*trabalho*) hard; (*estilo*) dull, boring; (*andar*) slow; (*piada*) coarse; (*comida*) stodgy; (*tempo*) sultry ■ ADV heavily; **pegar no ~** (*col*) to work hard; **da pesada** (*col*: *legal*) great; (: *barra-pesada*) rough, violent
pesagem [pe'zaʒẽ] F weighing
pêsames ['pesamiʃ] MPL condolences, sympathy *sg*
pesar [pe'zaʳ] VT to weigh; (*fig*) to weigh up ■ VI to weigh; (*ser pesado*) to be heavy; (*influir*) to carry weight; (*causar mágoa*): **~ a** to hurt, grieve ■ M grief; **~ sobre** (*recair*) to fall upon; **em que pese a** despite; **apesar dos ~es** despite everything
pesaroso, -a [peza'rozu, ɔza] ADJ (*triste*) sorrowful, sad; (*arrependido*) regretful, sorry
pesca ['pɛʃka] F (*ato*) fishing; (*os peixes*) catch; **ir à ~** to go fishing; **~ submarina** skin diving
pescada [peʃ'kada] F whiting
pescado [peʃ'kadu] M fish
pescador, a [peʃka'doʳ(a)] M/F fisherman/woman; **~ à linha** angler
pescar [peʃ'kaʳ] VT (*peixe*) to catch; (*tentar apanhar*) to fish for; (*retirar da água*) to fish out; (*um marido*) to catch, get ■ VI to fish; (BR: *col*) to understand; **~ de algo** (*col*) to know about sth; **pescou?** got it?, see?
pescoção [peʃko'sãw] (*pl* **-ões**) M slap
pescoço [peʃ'kosu] M neck; **até o ~** (*endividado*) up to one's neck
pescoções [peʃko'sõjʃ] MPL *de* **pescoção**
pescoçudo, -a [peʃko'sudu, a] ADJ bull-necked
peso ['pezu] M weight; (*fig*: *ônus*) burden; (*importância*) importance; **pessoa/argumento de ~** important person/weighty argument; **de pouco ~** lightweight; **em ~** in full force; **~ atômico** atomic weight; **~ bruto/líquido** gross/net weight; **~ morto** dead weight; **ter dois ~s e duas medidas** (*fig*) to have double standards
pespontar [peʃpõ'taʳ] VT to backstitch
pesponto [peʃ'põtu] M backstitch
pesquei *etc* [peʃ'kej] VB *v* **pescar**
pesqueiro, -a [peʃ'kejru, a] ADJ fishing *atr*
pesquisa [peʃ'kiza] F inquiry, investigation; (*científica*) research; **~ de campo** field work; **~ de mercado** market research; **~ e desenvolvimento** research and development
pesquisador, a [peʃkiza'doʳ(a)] M/F investigator; (*científico, de mercado*) researcher; **~ no Google®** to google
pesquisar [peʃki'zaʳ] VT, VI to investigate; (*nas ciências etc*) to research
pêssego ['pesegu] M peach
pessegueiro [pese'gejru] M peach tree
pessimismo [pesi'miʒmu] M pessimism
pessimista [pesi'miʃta] ADJ pessimistic ■ M/F pessimist
péssimo, -a ['pɛsimu, a] ADJ very bad, awful; **estar ~** (*pessoa*) to be in a bad way
pessoa [pe'soa] F person; **pessoas** FPL people; **em ~** personally; **~ de bem** honest person; **~ física/jurídica** (*Jur*) individual/legal entity; **pessoal** [pe'swaw] (*pl* **-ais**) ADJ personal ■ M personnel *pl*, staff *pl*; (*col*) people *pl*, folks *pl*; **oi, pessoal!** (*col*) hi, everyone!, hi, folks!
pestana [peʃ'tana] F eyelash; **tirar uma ~** (*col*) to have a nap
pestanejar [peʃtane'ʒaʳ] VI to blink; **sem ~** (*fig*) without batting an eyelid
peste ['pɛʃtʃi] F (*epidemia*) epidemic; (*bubônica*) plague; (*fig*) pest, nuisance
pesticida [peʃtʃi'sida] M pesticide
pestífero, -a [peʃ'tʃiferu, a] ADJ (*fig*) pernicious
pestilência [peʃtʃi'lẽsja] F plague; (*epidemia*) epidemic; (*fedor*) stench
pestilento, -a [peʃtʃi'lẽtu, a] ADJ pestilential, plague *atr*; (*malcheiroso*) putrid
pétala ['pɛtala] F petal
peteca [pe'tɛka] F (kind of) shuttlecock; **fazer alguém de ~** to make a fool of sb; **não deixar a ~ cair** (*col*) to keep the ball rolling
peteleco [pete'lɛku] M flick; **dar um ~ em algo** to flick sth
petição [petʃi'sãw] (*pl* **-ões**) F (*rogo*) request; (*documento*) petition; **em ~ de miséria** in a terrible state
peticionário, -a [petʃisjo'narju, a] M/F petitioner; (*Jur*) plaintiff
petições [petʃi'sõjʃ] FPL *de* **petição**
petiscar [petʃiʃ'kaʳ] VT to nibble at, peck at ■ VI to have a nibble
petisco [pe'tʃiʃku] M savoury (*Brit*), savory (*US*), titbit (*Brit*), tidbit (*US*)
petit-pois [petʃi'pwa] M INV pea
petiz [pe'tʃiʒ] (*PT*) M boy
petrechos [pe'treʃuʃ] MPL equipment *sg*; (*Mil*) stores, equipment *sg*; (*de cozinha*) utensils
petrificar [petrifi'kaʳ] VT to petrify; (*empedernir*) to harden; (*assombrar*) to stun; **petrificar-se** VR to be petrified; to be stunned; to become hard
Petrobrás [petro'brajʃ] ABR F *Brazilian state oil company*
petrodólar [petro'dɔlaʳ] M petrodollar
petroleiro, -a [petro'lejru, a] ADJ oil *atr*, petroleum *atr* ■ M (*navio*) oil tanker

NB: *European Portuguese adds the following consonants to certain words*: **b** (sú(b)dito, su(b)til); **c** (a(c)ção, a(c)cionista, a(c)to); **m** (inde(m)ne); **p** (ado(p)çã, ado(p)tar); *for further details see p. xiii.*

petróleo [pe'trɔlju] M oil, petroleum; **~ bruto** crude oil
petrolífero, -a [petro'liferu, a] ADJ oil-producing
petroquímica [petro'kimika] F petrochemicals *pl*; (*ciência*) petrochemistry
petroquímico, -a [petro'kimiku, a] ADJ petrochemical
petulância [petu'lãsja] F impudence
petulante [petu'lãtʃi] ADJ impudent
petúnia [pe'tunja] F petunia
peúga ['pjuga] (*PT*) F sock
pevide [pe'vidʒi] (*PT*) F (*de melão*) seed; (*de maçã*) pip
p. ex. ABR (= *por exemplo*) e.g
pexote [pe'ʃɔtʃi] M/F (*criança*) little kid; (*novato*) beginner, novice
PF (*BR*) ABR F = **Polícia Federal**
PFL (*BR*) ABR M = **Partido da Frente Liberal**
PH (*BR*) ABR M = **Partido Humanitário**
PI ABR = **Piauí**
pia ['pia] F wash basin; (*da cozinha*) sink; **~ batismal** font
piada ['pjada] F joke
piadista [pja'dʒiʃta] M/F joker
pianista [pja'niʃta] M/F pianist
piano ['pjanu] M piano; **~ de cauda** grand piano
pião [pjãw] (*pl* **-ões**) M (*brinquedo*) top
piar [pja^{r}] VI (*pinto*) to cheep; (*coruja*) to hoot; **não ~** not to say a word
piauiense [pjaw'jẽsi] ADJ from Piauí ■ M/F person from Piauí
PIB ABR M (= *Produto Interno Bruto*) GNP
picada [pi'kada] F (*de agulha etc*) prick; (*de abelha*) sting; (*de mosquito, cobra*) bite; (*de avião*) dive; (*de navalha*) stab; (*atalho*) path, trail; (*de droga*) shot
picadeiro [pika'dejru] M (*circo*) ring
picadinho [pika'dʒinju] M stew
picado, -a [pi'kadu, a] ADJ (*por agulha*) pricked; (*por abelha*) stung; (*por cobra, mosquito*) bitten; (*papel*) shredded; (*carne*) minced; (*legumes*) chopped
picante [pi'kãtʃi] ADJ (*tempero*) hot; (*piada*) risqué, blue; (*comentário*) saucy
pica-pau ['pika-] (*pl* **-s**) M woodpecker
picar [pi'ka^{r}] VT (*com agulha*) to prick; (*suj: abelha*) to sting; (: *mosquito*) to bite; (: *pássaro*) to peck; (*um animal*) to goad; (*carne*) to mince; (*papel*) to shred; (*fruta*) to chop up; (*comichar*) to prickle ■ VI (*a isca*) to take the bait; (*comichar*) to prickle; (*avião*) to dive; **picar-se** VR to prick o.s.
picardia [pikax'dʒia] F (*implicância*) spitefulness; (*esperteza*) craftiness
picaresco, -a [pika'reʃku, a] ADJ comic, ridiculous
picareta [pika'reta] F pickaxe (*Brit*), pickax (*US*) ■ M/F crook
picaretagem [pikare'taʒẽ] (*pl* **-ns**) F con
pícaro, -a ['pikaru, a] ADJ crafty, cunning
pichação [piʃa'sãw] (*pl* **-ões**) F (*ato*) spraying; (*grafite*) piece of graffiti
pichar [pi'ʃa^{r}] VT (*dizeres, muro*) to spray; (*aplicar piche em*) to cover with pitch; (*col: espinafrar*) to run down ■ VI (*col*) to criticize
piche ['piʃi] M pitch
piclés ['piklij] MPL pickles
pico ['piku] M (*cume*) peak; (*ponta aguda*) sharp point; (*PT: um pouco*) a bit; **mil e ~** just over a thousand; **meio-dia e ~** just after midday
picolé [piko'lɛ] M lolly
picotar [piko'ta^{r}] VT to perforate; (*bilhete*) to punch
picote [pi'kɔtʃi] M perforation
pictórico, -a [pik'tɔriku, a] ADJ pictorial
picuinha [pi'kwiɲa] F: **estar de ~ com alguém** to have it in for sb
piedade [pje'dadʒi] F (*devoção*) piety; (*compaixão*) pity; **ter ~ de** to have pity on; **piedoso, -a** [pje'dozu, ɔza] ADJ (*Rel*) pious; (*compassivo*) merciful
piegas ['pjɛgaʃ] ADJ INV sentimental; (*col*) soppy ■ M/F INV softy
pieguice [pje'gisi] F sentimentality
píer ['pie^{r}] M pier
piercing ['pixs[~i]] (*pl* **~s**) M piercing
pifa ['pifa] (*col*) M booze-up; **tomar um ~** to get smashed
pifado, -a [pi'fadu, a] (*col*) ADJ (*carro*) broken down; (*TV etc*) broken
pifar [pi'fa^{r}] (*col*) VI (*carro*) to break down; (*rádio etc*) to go wrong; (*plano, programa*) to fall through
pigarrear [piga'xja^{r}] VI to clear one's throat
pigarro [pi'gaxu] (*col*) M frog in the throat
pigméia [pig'mɛja] F *de* **pigmeu**
pigmentação [pigmẽta'sãw] F pigmentation, colouring (*Brit*), coloring (*US*)
pigmento [pig'mẽtu] M pigment
pigmeu, -méia [pig'mew, 'mɛ] ADJ, M/F pigmy
pijama [pi'ʒama] M pyjamas *pl*
pilantra [pi'lãtra] (*col*) M/F crook
pilantragem [pilã'traʒẽ] (*pl* **-ns**) (*col*) F rip-off
pilão [pi'lãw] (*pl* **-ões**) M mortar
pilar [pi'la^{r}] VT to pound, crush ■ M pillar
pilastra [pi'laʃtra] F pilaster
pileque [pi'lɛki] (*col*) M booze-up; **tomar um ~** to get smashed *ou* plastered; **estar de ~** to be smashed *ou* plastered
pilha ['piʎa] F (*Elet*) battery; (*monte*) pile, heap; (*Comput*) stack; **às ~s** in vast quantities; **estar uma ~ (de nervos)** to be a bundle of nerves
pilhagem [pi'ʎaʒẽ] F (*ato*) pillage; (*objetos*) plunder, booty
pilhar [pi'ʎa] VT (*saquear*) to plunder, pillage; (*roubar*) to rob; (*surpreender*) to catch
pilhéria [pi'ʎɛrja] F joke
pilheriar [piʎe'rja^{r}] VI to joke, jest
pilões [pi'lõjʃ] MPL *de* **pilão**
pilotagem [pilo'taʒẽ] F flying; **escola de ~** flying school
pilotar [pilo'ta^{r}] VT (*avião*) to fly; (*carro de corrida*) to drive ■ VI to fly
pilotis [pilo'tʃiʃ] MPL stilts
piloto [pi'lotu] M (*de avião*) pilot; (*de navio*) first mate; (*motorista*) (racing) driver; (*bico de gás*) pilot

light ■ ADJ INV (*usina, plano*) pilot; (*peça*) sample *atr*; **~ automático** automatic pilot; **~ de prova** test pilot

pílula ['pilula] F pill; **a ~ (anticoncepcional)** the pill

pimba ['pĩba] EXCL wham!

pimenta [pi'mẽta] F (*Culin*) pepper; **~ de Caiena** cayenne pepper; **pimenta-do-reino** F black pepper; **pimenta-malagueta** (*pl* **pimentas-malagueta**) F chilli (*Brit*) *ou* chili (*US*) pepper; **pimentão** [pimẽ'tãw] (*pl* **-ões**) M (*Bot*) pepper; **pimentão verde** green pepper

pimenteira [pimẽ'tejra] F (*Bot*) pepper plant; (*à mesa*) pepper pot; (: *moedor*) pepper mill

pimpão, -pona [pĩ'pãw, 'pɔna] (PT) (*pl* **-ões/-s**) ADJ smart, flashy ■ M/F show-off

pimpolho [pĩ'poʎu] M (*criança*) youngster

pimpona [pĩ'pɔna] F *de* **pimpão**

PIN (BR) ABR M = **Plano de Integração Nacional**

pinacoteca [pinako'tɛka] F art gallery; (*coleção de quadros*) art collection

pináculo [pi'nakulu] M (*tb fig*) pinnacle

pinça ['pĩsa] F (*de sobrancelhas*) tweezers *pl*; (*de casa*) tongs *pl*; (*Med*) callipers *pl* (*Brit*), calipers *pl* (*US*)

pinçar [pĩ'sa^{r}] VT to pick up; (*sobrancelhas*) to pluck; (*fig*: *exemplos, defeitos*) to pick out

píncaro ['pĩkaru] M summit, peak

pincel [pĩ'sɛw] (*pl* **-éis**) M brush; (*para pintar*) paintbrush; **~ de barba** shaving brush

pincelada [pĩse'lada] F (brush) stroke

pincelar [pĩse'la^{r}] VT to paint

pincenê [pĩse'ne] M pince-nez

pindaíba [pĩda'iba] F: **estar na ~** (*col*) to be broke

pinel [pi'nɛw] (*pl* **-éis**) (*col*) M/F: **ser/ficar ~** to be/go crazy

pinga ['pĩga] F (*cachaça*) rum; (*PT*: *trago*) drink

pingado, -a [pĩ'gadu, a] ADJ: **~ de** covered in drops of

pingar [pĩ'ga^{r}] VI to drip; (*começar a chover*) to start to rain

pingente [pĩ'ʒẽtʃi] M pendant

pingo ['pĩgu] M (*gota*) drop; (*pingo do i*) dot; **~ de gente** (*col*) slip of a child; **um ~ de** (*comida etc*) a spot of; (*educação etc*) a scrap of

pingue-pongue® [pĩgi-'põgi] M Ping-Pong®

pingüim [pĩ'gwĩ] (*pl* **-ns**) M penguin

pinguinho [pĩ'giɲu] M little drop; (*pouquinho*): **um ~** a tiny bit

pingüins [pĩ'gwĩʃ] MPL *de* **pingüim**

pinha ['piɲa] F pine cone

pinheiral [piɲej'raw] (*pl* **-ais**) M pine wood

pinheiro [pi'ɲejru] M pine (tree)

pinho ['piɲu] M pine

pinicada [pini'kada] F (*beliscão*) pinch; (*cutucada*) poke; (*de pássaro*) peck

pinicar [pini'ka^{r}] VT (*pele*) to prickle; (*com o bico*) to peck; (*beliscar*) to pinch; (*cutucar*) to poke

pinimba [pi'nĩba] (*col*) F: **estar de ~ com alguém** to have it in for sb

pino ['pinu] M (*peça*) pin; (*Auto*: *na porta*) lock; **a ~** upright; **sol a ~** noon-day sun; **bater ~** (*Auto*) to knock; (*col*) to be in a bad way

pinóia [pi'nɔja] (*col*) F piece of trash; **que ~!** what a drag!

pinote [pi'nɔtʃi] M buck

pinotear [pino'tʃja^{r}] VI to buck

pinta ['pĩta] F (*mancha*) spot; (*col*: *aparência*) appearance, looks *pl*; (: *sujeito*) guy; **dar na ~** (*col*) to give o.s. away; **ela tem ~ de (ser) inglesa** she looks English; **está com ~ de chover** it looks like rain

pinta-braba [pĩta'braba] (*pl* **pintas-brabas**) M/F hoodlum, shady character

pintado, -a [pĩ'tadu, a] ADJ painted; (*cabelo*) dyed; (*olhos, lábios*) made up; **é o avô ~** he's the image of his grandfather; **não querer ver alguém nem ~** (*col*) to hate the sight of sb

pintar [pĩ'ta^{r}] VT to paint; (*cabelo*) to dye; (*rosto*) to make up; (*descrever*) to describe; (*imaginar*) to picture ■ VI to paint; (*col*: *aparecer*) to appear, turn up; (: *problemas, oportunidade*) to crop up; **pintar-se** VR to make o.s. up; **~ (o sete)** to paint the town red

pintarroxo [pĩta'xoʃu] M linnet, robin

pinto ['pĩtu] M chick; (*col!*) prick (*!*); **como um ~ (molhado)** like a drowned rat; **ser ~** to be a piece of cake

pintor, a [pĩ'to^{r}(a)] M/F painter

pintura [pĩ'tura] F painting; (*maquiagem*) make-up; **~ a óleo** oil painting

pio, -a ['piu, a] ADJ (*devoto*) pious; (*caridoso*) charitable ■ M cheep, chirp; **não dar um ~** not to make a sound

piões [pjõjʃ] MPL *de* **pião**

piolho ['pjoʎu] M louse

pioneiro, -a [pjo'nejru, a] ADJ pioneering ■ M pioneer

piopio [pju'pju] (*col*) M birdie, dicky bird

pior ['pjo^{r}] ADJ, ADV (*comparativo*) worse; (*superlativo*) worst ■ M: **o ~** worst of all ■ F: **estar na ~** (*col*) to be in a jam

piora ['pjɔra] F worsening

piorar [pjo'ra^{r}] VT to make worse, worsen ■ VI to get worse

pipa ['pipa] F barrel, cask; (*de papel*) kite

piparote [pipa'rɔtʃi] M (*com o dedo*) flick

pipi [pi'pi] (*col*) M (*urina*) pee; **fazer ~** to have a pee, pee

pipilar [pipi'la^{r}] VI to chirp

pipoca [pi'pɔka] F popcorn; (*col*: *na pele*) blister; **~s!** blast!

pipocar [pipo'ka^{r}] VI to go pop, pop; (*aparecer*) to spring up

pipoqueiro, -a [pipo'kejru, a] M/F popcorn seller

pique ['piki] M (*corte*) nick; (*auge*) peak; (*grande disposição*) keenness, enthusiasm; **a ~** vertically,

NB: *European Portuguese adds the following consonants to certain words*: **b** (sú(b)dito, su(b)til); **c** (a(c)ção, a(c)cionista, a(c)to); **m** (inde(m)ne); **p** (ado(p)çã, ado(p)tar); *for further details see p. xiii.*

steeply; **a ~ de** on the verge of; **ir/pôr a ~** to sink; **perder o ~** to lose one's momentum; **estou no maior ~ no momento** I'm really in the mood *ou* keen at the moment

piquei *etc* [pi'kej] VB *v* **picar**

piquenique [piki'niki] M picnic; **fazer ~** to have a picnic

piquete [pi'ketʃi] M (*Mil*) squad; (*em greve*) picket

pira ['pira] (*col*) F: **dar o ~** to take off

pirado, -a [pi'radu, a] (*col*) ADJ crazy

pirâmide [pi'ramidʒi] F pyramid

piranha [pi'raɲa] F piranha (fish); (*col*: *mulher*) tart

pirão [pi'rãw] M manioc meal

pirar [pi'ra^{r}] (*col*) VI to go mad; (*com drogas*) to get high; (*ir embora*) to take off

pirata [pi'rata] M pirate; (*namorador*) lady-killer; (*vigarista*) crook ■ ADJ pirate

pirataria [pirata'ria] F piracy; (*patifaria*) crime

pires ['pirif] M INV saucer

pirilampo [piri'lãpu] M glow worm

Pirineus [piri'newʃ] MPL: **os ~** the Pyrenees

piriri [piri'ri] (*col*) M (*diarréia*) the runs *pl*

pirotecnia [pirotek'nia] F pyrotechnics *sg*, art of making fireworks

pirraça [pi'xasa] F spiteful thing; **fazer ~** to be spiteful

pirracento, -a [pixa'sẽtu, a] ADJ (*vingativo*) spiteful; (*perverso*) bloody-minded

pirralho, -a [pi'xaʎu, a] M/F child

pirueta [pi'rweta] F pirouette

pirulito [piru'litu] (BR) M lollipop

PISA (BR) ABR F = **Papel de Imprensa SA**

pisada [pi'zada] F (*passo*) footstep; (*rastro*) footprint

pisar [pi'za^{r}] VT (*andar por cima de*) to tread on; (*uvas*) to tread, press; (*esmagar, subjugar*) to crush; (*café*) to grind; (*assunto*) to harp on ■ VI (*andar*) to step, tread; (*acelerar*) to put one's foot down; **~ em** (*grama, pé*) to step *ou* tread on; (*casa de alguém, pátria*) to set foot in; **"não pise na grama"** "do not walk on the grass"; **~ forte** to stomp; **pisa mais leve!** don't stamp your feet!

piscadela [piʃka'dɛla] F (*involuntária*) blink; (*sinal*) wink

pisca-pisca [piʃka-'piʃka] (*pl* **-s**) M (*Auto*) indicator

piscar [piʃ'ka^{r}] VT to blink; (*dar sinal*) to wink; (*estrelas*) to twinkle ■ M: **num ~ de olhos** in a flash

piscicultor, a [pisikuw'to^{r}(a)] M/F fish farmer

piscicultura [pisikuw'tura] F fish farming

piscina [pi'sina] F swimming pool; (*para peixes*) fish pond

piscoso, -a [piʃ'kozu, ɔza] ADJ rich in fish

piso ['pizu] M floor; **~ salarial** wage floor, lowest wage

pisotear [pizo'tʃja^{r}] VT to trample (on); (*fig*) to ride roughshod over

pisquei *etc* [piʃ'kej] VB *v* **piscar**

píssico, -a ['pisiku, a] ADJ crazy, mad

pista ['piʃta] F (*vestígio*) trace; (*indicação*) clue; (*de corridas*) track; (*Aviat*) runway; (*de equitação*) ring; (*de estrada*) lane; (*de dança*) (dance) floor

pistache [piʃ'taʃi] M pistachio (nut)

pistacho [piʃ'taʃu] M = **pistache**

pistão [piʃ'tãw] (*pl* **-ões**) M = **pistom**

pistola [piʃ'tɔla] F (*arma*) pistol; (*para tinta*) spray gun

pistolão [piʃto'lãw] (*pl* **-ões**) M contact

pistoleiro [piʃto'lejru] M gunman

pistolões [piʃto'lõjʃ] MPL *de* **pistolão**

pistom [piʃ'tõ] (*pl* **-ns**) M piston

pitada [pi'tada] F (*porção*) pinch

pitanga [pi'tãga] F Surinam cherry

pitar [pi'ta^{r}] VT, VI to smoke

piteira [pi'tejra] F cigarette-holder

pito ['pitu] M (*cachimbo*) pipe; (*col*: *repreensão*) telling-off; **sossegar o ~** to calm down

pitonisa [pito'niza] F fortune-teller

pitoresco, -a [pito'reʃku, a] ADJ picturesque

pituitário, -a [pitwi'tarju, a] ADJ (*glândula*) pituitary

pivete [pi'vɛtʃi] M child thief

pivô [pi'vo] M (*Tec*) pivot; (*fig*) central figure, prime mover

pixaim [piʃa'ĩ] ADJ (*cabelo*) frizzy ■ M frizzy hair

pixote [pi'ʃotʃi] M/F = **pexote**

pizza ['pitsa] F pizza

pizzaria [pitsa'ria] F pizzeria

PJ (BR) ABR M = **Partido da Juventude**

PL (BR) ABR M = **Partido Liberal**

plá [pla] (*col*) M (*dica*) tip; (*papo*) chat

placa ['plaka] F plate; (*Auto*) number plate (*Brit*), license plate (*US*); (*comemorativa*) plaque; (*Comput*) board; (*na pele*) blotch ■ F: **~ de memória** (*Comput*) memory card; **~ de sinalização** roadsign; **~ fria** false number *ou* license plate

placar [pla'ka^{r}] M scoreboard; **abrir o ~** to open the scoring

placebo [pla'sɛbu] M placebo

placenta [pla'sẽta] F placenta

placidez [plasi'deʒ] F peacefulness, serenity

plácido, -a ['plasidu, a] ADJ (*sereno*) calm; (*manso*) placid

plagiador, a [plaʒja'do^{r}(a)] M/F = **plagiário**

plagiar [pla'ʒja^{r}] VT to plagiarize

plagiário, -a [pla'ʒjarju, a] M/F plagiarist

plágio ['plaʒu] M plagiarism

plaina ['plajna] F (*instrumento*) plane

plana ['plana] F: **de primeira ~** first-class

planador [plana'do^{r}] M glider

planalto [pla'nawtu] M tableland, plateau

planar [pla'na^{r}] VI to glide

planear [pla'nja^{r}] (PT) VT = **planejar**

planejador, a [planeʒa'do^{r}(a)] M/F planner

planejamento [planeʒa'mẽtu] M planning; (*Arq*) design; **~ familiar** family planning

planejar [plane'ʒa^{r}] (BR) VT to plan; (*edifício*) to design

planeta [pla'neta] M planet

planetário, -a [plane'tarju, a] ADJ planetary ■ M planetarium

plangente [plã'ʒẽtʃi] ADJ plaintive, mournful
planície [pla'nisi] F plain
planificar [planifi'ka^{r}] VT (*programar*) to plan out; (*uma região*) to make a plan of
planilha [pla'niʎa] F (*Comput*) spreadsheet
plano, -a ['planu, a] ADJ (*terreno*) flat, level; (*liso*) smooth ■ M plan; (*Mat*) plane; **~ diretor** master plan; **em primeiro/em último ~** in the foreground/background; **Plano Real**; *see below*

PLANO REAL

The *Plano Real*, launched in 1994, was a plan for the economic stabilization of Brazil. In an attempt to contain inflation without resorting to measures such as a price and wage freeze, the government changed the Brazilian currency from the *cruzeiro* to the *real*. In addition, it speeded up the privatization of state-owned companies, reduced public spending and raised interest rates to rein in consumer demand.

planta ['plãta] F (*Bio*) plant; (*de pé*) sole; (*Arq*) plan
plantação [plãta'sãw] F (*ato*) planting; (*terreno*) planted land; (*safra*) crops *pl*
plantado, -a [plã'tadu, a] ADJ: **deixar alguém/ficar ~ em algum lugar** (*col*) to leave sb/be left standing somewhere
plantão [plã'tãw] (*pl* **-ões**) M duty; (*noturno*) night duty; (*plantonista*) person on duty; (*Mil: serviço*) sentry duty; (: *pessoa*) sentry; **estar de ~** to be on duty; **médico/farmácia de ~** duty doctor/pharmacy *ou* chemist's (*Brit*)
plantar [plã'ta^{r}] VT to plant; (*semear*) to sow; (*estaca*) to drive in; (*estabelecer*) to set up; **plantar-se** VR to plant o.s.
plantio [plã'tʃiu] M planting; (*terreno*) planted land
plantões [plã'tõjʃ] MPL *de* **plantão**
plantonista [plãto'niʃta] M/F person on duty
planura [pla'nura] F plain
plaquê [pla'ke] (*PT*) M gold plate
plaqueta [pla'keta] F plaque; (*Auto*) licensing badge (*attached to number plate*); (*Comput*) chip
plasma ['plaʒma] M plasma
plasmar [plaʒ'ma^{r}] VT to mould (*Brit*), mold (*US*), shape
plástica ['plaʃtʃika] F (*cirurgia*) piece of plastic surgery; (*do corpo*) build; **fazer uma ~** to have plastic surgery
plástico, -a ['plaʃtʃiku, a] ADJ plastic ■ M plastic
plastificado, -a [plaʃtʃifi'kadu, a] ADJ plastic-coated
plataforma [plata'fɔxma] F platform; **~ de exploração de petróleo** oil rig; **~ de lançamento** launch pad
plátano ['platanu] M plane tree
platéia [pla'tɛja] F (*Teatro etc*) stalls *pl* (*Brit*), orchestra (*US*); (*espectadores*) audience
platina [pla'tʃina] F platinum
platinado, -a [platʃi'nadu, a] ADJ platinum *atr*; **loura platinada** platinum blonde
platinados [platʃi'naduʃ] MPL (*Auto*) points
platinar [platʃi'na^{r}] VT (*cabelo*) to dye platinum blonde
platô [pla'to] M plateau
platônico, -a [pla'toniku, a] ADJ platonic
plausibilidade [plawzibili'dadʒi] F plausibility
plausível [plaw'zivew] (*pl* **-eis**) ADJ credible, plausible
playboy [plej'bɔi] (*pl* **-s**) M playboy
playground [plej'grãwdʒi] (*pl* **-s**) M children's playground
PLB ABR M = **Partido Liberal Brasileiro**
plebe ['plɛbi] F common people *pl*, populace
plebeu, -béia [ple'bew, 'bɛja] ADJ plebeian ■ M/F pleb
plebiscito [plebi'situ] M referendum, plebiscite
plectro ['plɛktru] M (*Mús*) plectrum
pleitear [plej'tʃja^{r}] VT (*Jur: causa*) to plead; (*contestar*) to contest; (*tentar conseguir*) to go after; (*concorrer a*) to compete for
pleito ['plejtu] M lawsuit, case; (*fig*) dispute; **~ (eleitoral)** election
plenamente [plena'mẽtʃi] ADV fully, completely
plenário, -a [ple'narju, a] ADJ plenary ■ M plenary session; (*local*) chamber
plenipotência [plenipo'tẽsja] F full powers *pl*
plenipotenciário, -a [plenipotẽ'sjarju, a] ADJ, M/F plenipotentiary
plenitude [pleni'tudʒi] F plenitude, fullness
pleno, -a ['plenu, a] ADJ full; (*completo*) complete; **em ~ dia** in broad daylight; **em plena rua/Londres** in the middle of the street/London; **em ~ inverno** in the middle *ou* depths of winter; **em ~ mar** out at sea; **ter plena certeza** to be completely sure; **~s poderes** full powers
pleonasmo [pljo'naʒmu] M pleonasm
pletora [ple'tɔra] F plethora
pleurisia [plewri'zia] F pleurisy
plinto ['plĩtu] M plinth
plissado, -a [pli'sadu, a] ADJ pleated
pluma ['pluma] F feather
plumagem [plu'maʒẽ] F plumage
plural [plu'raw] (*pl* **-ais**) ADJ, M plural
pluralismo [plura'liʒmu] M pluralism
pluralista [plura'liʃta] ADJ, M/F pluralist
Plutão [plu'tãw] M Pluto
plutocrata [pluto'krata] M/F plutocrat
plutônio [plu'tonju] M plutonium
pluvial [plu'vjaw] (*pl* **-ais**) ADJ pluvial, rain *atr*
PM (*BR*) ABR F, M = **Polícia Militar**
PMB ABR M = **Partido Municipalista Brasileiro**
PMC (*BR*) ABR M = **Partido Municipalista Comunitário**

NB: *European Portuguese adds the following consonants to certain words*: **b** (sú(b)dito, su(b)til); **c** (a(c)ção, a(c)cionista, a(c)to); **m** (inde(m)ne); **p** (ado(p)çã, ado(p)tar); *for further details see p. xiii.*

PMDB ABR M = **Partido do Movimento Democrático Brasileiro**
PMN (BR) ABR M = **Partido da Mobilização Nacional**
PN ABR M (BR) = **Partido Nacionalista** ■ ABR F (*Com: de ações*) = **preferencial nominativa**
PNA (BR) ABR M = **Plano Nacional de Álcool**
PNB ABR M (= *Produto Nacional Bruto*) GNP
PNC (BR) ABR M = **Partido Nacionalista Comunitário**
PND (BR) ABR M = **Plano Nacional de Desenvolvimento**; = **Partido Nacionalista Democrático**
pneu ['pnew] M tyre (*Brit*), tire (*US*)
pneumático, -a [pnew'matʃiku, a] ADJ pneumatic ■ M tyre (*Brit*), tire (*US*)
pneumonia [pnewmo'nia] F pneumonia
PNR (BR) ABR M = **Partido da Nova República**
pó [pɔ] M (*partículas*) powder; (*sujeira*) dust; (*col: cocaína*) coke; **pó de arroz** face powder; **ouro/sabão em pó** gold dust/soap powder; **tirar o pó (de algo)** to dust (sth)
pô [po] (*col*) EXCL (*dando ênfase*) blimey; (*mostrando desagrado*) damn it!
pobre ['pɔbri] ADJ poor ■ M/F poor person; **os ~s** the poor; **~ de espírito** simple, dull; **um Sinatra dos ~s** a poor man's Sinatra
pobre-diabo (*pl* **pobres-diabos**) M poor devil
pobretão, -tona [pobre'tãw, 'tɔna] (*pl* **-ões/-s**) M/F pauper
pobreza [po'breza] F poverty; **~ de espírito** simplicity
poça ['posa] F puddle, pool; **~ de sangue** pool of blood
poção [po'sãw] (*pl* **-ões**) F potion
pocilga [po'siwga] F pigsty
poço ['posu] M well; (*de mina, elevador*) shaft; **ser um ~ de ciência/bondade** (*fig*) to be a fount of knowledge/kindness; **~ de petróleo** oil well
poções [po'sõjʃ] FPL *de* **poção**
poda ['pɔda] F pruning
podadeira [poda'dejra] F pruning knife
podar [po'daʳ] VT to prune
pôde *etc* ['podʒi] VB *v* **poder**
pó-de-arroz M face powder

PALAVRA CHAVE

poder [po'deʳ] VI **1** (*capacidade*) can, be able to; **não posso fazê-lo** I can't do it, I'm unable to do it
2 (*ter o direito de*) can, may, be allowed to; **posso fumar aqui?** can I smoke here?; **pode entrar?** (*posso?*) can I come in?
3 (*possibilidade*) may, might, could; **pode ser** maybe; **pode ser que** it may be that; **ele poderá vir amanhã** he might come tomorrow
4: **não poder com, não posso com ele** I cannot cope with him
5 (*col: indignação*): **pudera!** no wonder!; **como é que pode?** you're joking!
■ M power; (*autoridade*) authority; **poder aquisitivo** purchasing power; **estar no poder** to be in power; **em poder de alguém** in sb's hands

poderio [pode'riu] M might, power
poderoso, -a [pode'rozu, ɔza] ADJ mighty, powerful; (*Comput*) powerful
pódio ['pɔdʒju] M podium
podre ['podri] ADJ rotten, putrid; (*fig*) rotten, corrupt; **sentir-se ~** (*col: mal*) to feel grotty; **~ de rico/cansaço** filthy rich/dog tired
podres ['podriʃ] MPL faults
podridão [podri'dãw] F decay, rottenness; (*fig*) corruption
põe *etc* [põj] VB *v* **pôr**
poeira ['pwejra] F dust; **~ radioativa** fall-out
poeirada [pwej'rada] F pile of dust
poeirento, -a [pwej'rẽtu, a] ADJ dusty
poema ['pwɛma] M poem
poente ['pwẽtʃi] M west; (*do sol*) setting
poesia [poe'zia] F poetry; (*poema*) poem
poeta ['pwɛta] M poet
poética ['pwetʃika] F poetics *sg*
poético, -a ['pwetʃiku, a] ADJ poetic
poetisa [pwe'tʃiza] F (woman) poet
poetizar [pwetʃi'zaʳ] VT to set to poetry ■ VI to write poetry
pogrom [po'grõ] (*pl* **-s**) M pogrom
pois [pojʃ] ADV (*portanto*) so; (*PT: assentimento*) yes ■ CONJ as, since, because; (*mas*) but; **~ bem** well then; **~ é** that's right; **~ não!** (BR) of course!; **~ não?** (*numa loja*) what can I do for you?, isn't it?, aren't you?, didn't they? *etc*; **~ sim!** certainly not!; **~ (então)** then
polaco, -a [po'laku, a] ADJ Polish ■ M/F Pole ■ M (*Ling*) Polish
polainas [po'lajnaʃ] FPL gaiters
polar [po'laʳ] ADJ polar
polaridade [polari'dadʒi] F polarity
polarizar [polari'zaʳ] VT to polarize
polca ['pɔwka] F polka
poldro, -a ['powdru, a] M/F colt/filly
polegada [pole'gada] F inch
polegar [pole'gaʳ] M (*tb*: **dedo polegar**) thumb
poleiro [po'lejru] M perch
polêmica [po'lemika] F controversy; **polêmico, -a** [po'lemiku, a] ADJ controversial
polemista [pole'miʃta] ADJ argumentative ■ M/F debater
polemizar [polemi'zaʳ] VI to debate, argue
pólen ['pɔlẽ] M pollen
polia [po'lia] F pulley
poliamida [polja'mida] F polyamide
polichinelo [polifi'nɛlu] M Mr Punch
polícia [po'lisja] F police, police force ■ M/F policeman/woman; **agente de ~** police officer; **~ aduaneira** border police; **~ militar** military police; **~ rodoviária** traffic police; **policial** [poli'sjaw] (*pl* **-ais**) ADJ police *atr* ■ M/F (BR) policeman/woman; **novela** *ou* **romance policial** detective novel

policial-militar (*pl* **policiais-militares**) ADJ military police *atr*
policiamento [polisja'mẽtu] M policing
policiar [poli'sjaʳ] VT to police; (*instintos, modos*) to control, keep in check; **policiar-se** VR to control o.s.
policlínica [poli'klinika] F general hospital
policultura [polikuw'tura] F mixed farming
polidez [poli'deʒ] F good manners *pl*, politeness
polido, -a [po'lidu, a] ADJ (*lustrado*) polished, shiny; (*cortês*) well-mannered, polite
poliéster [po'ljɛʃteʳ] M polyester
poliestireno [poljeʃtʃi'rɛnu] M polystyrene
polietileno [poljetʃi'lɛnu] M polythene (*Brit*), polyethylene (*US*)
poligamia [poliga'mia] F polygamy
polígamo, -a [po'ligamu, a] ADJ polygamous
poliglota [poli'glɔta] ADJ, M/F polyglot
polígono [po'ligonu] M polygon
polimento [poli'mẽtu] M (*lustração*) polishing; (*finura*) refinement
Polinésia [poli'nɛzja] F: **a ~** Polynesia
polinésio, -a [poli'nɛzju, a] ADJ, M/F Polynesian
polinização [poliniza'sãw] F pollination
polinizar [polini'zaʳ] VT, VI to pollinate
pólio ['pɔlju] F polio
poliomielite [poljomje'litʃi] F poliomyelitis
pólipo ['pɔlipu] M polyp
polir [po'liʳ] VT to polish
polissílabo, -a [poli'silabu, a] ADJ polysyllabic ■ M polysyllable
politécnica [poli'tɛknika] F (*Educ*) polytechnic
política [po'litʃika] F politics *sg*; (*programa*) policy; (*diplomacia*) tact; (*astúcia*) cunning; *v tb* **político**
politicagem [politʃi'kaʒẽ] F politicking
politicar [politʃi'kaʳ] VI to be involved in politics; (*discorrer*) to talk politics
político, -a [po'litʃiku, a] ADJ political; (*astuto*) crafty ■ M/F politician
politiqueiro, -a [politʃi'kejru, a] M/F political wheeler-dealer ■ ADJ politicking
politizar [politʃi'zaʳ] VT to politicize; (*trabalhadores*) to mobilize politically; **politizar-se** VR to become politically aware
pólo ['pɔlu] M pole; (*Esporte*) polo; **~ aquático** water polo; **~ petroquímico** petrochemical complex; **P~ Norte/Sul** North/South Pole
polonês, -esa [polo'neʃ, eza] ADJ Polish ■ M/F Pole ■ M (*Ling*) Polish
Polônia [po'lonja] F: **a ~** Poland
polpa ['powpa] F pulp
polpudo, -a [pow'pudu, a] ADJ (*fruta*) fleshy; (*negócio*) profitable, lucrative; (*quantia*) sizeable, considerable
poltrão, -trona [pow'trãw, 'trɔna] (*pl* **-ões/-s**) ADJ cowardly ■ M/F coward
poltrona [pow'trɔna] F armchair; (*em teatro, cinema*) upholstered seat; *v tb* **poltrão**
poluente [po'lwẽtʃi] ADJ, M pollutant
poluição [polwi'sãw] F pollution
poluidor, a [polwi'doʳ(a)] ADJ pollutant
poluir [po'lwiʳ] VT to pollute
polvilhar [powvi'ʎaʳ] VT to sprinkle, powder
polvilho [pow'viʎu] M powder; (*farinha*) manioc flour
polvo ['powvu] M octopus
pólvora ['pɔwvora] F gunpowder
polvorosa [powvo'rɔza] (*col*) F uproar; **em ~** (*apressado*) in a flap; (*desarrumado*) in a mess
pomada [po'mada] F ointment
pomar [po'maʳ] M orchard
pomba ['põba] F dove; **~(s)!** for heaven's sake!
pombal [põ'baw] (*pl* **-ais**) M dovecote
pombo ['põbu] M pigeon
pombo-correio (*pl* **pombos-correios**) M carrier pigeon
pomo ['pomu] M: **~ de discórdia** bone of contention
pomo-de-Adão [-a'dãw] (BR) M Adam's apple
pomos ['pomoʃ] VB *v* **pôr**
pompa ['põpa] F pomp
Pompéia [põ'peja] N Pompeii
pompom [põ'põ] (*pl* **-ns**) M pompom
pomposo, -a [põ'pozu, ɔza] ADJ ostentatious, pompous
ponche ['põʃi] M punch
poncheira [põ'ʃejra] F punchbowl
poncho ['põʃu] M poncho
ponderação [põdera'sãw] F consideration, meditation; (*prudência*) prudence
ponderado, -a [põde'radu, a] ADJ prudent
ponderar [põde'raʳ] VT to consider, weigh up ■ VI to meditate, muse; **~ que** (*alegar*) to point out that
pônei ['ponej] M pony
ponho *etc* ['poɲu] VB *v* **pôr**
ponta ['põta] F tip; (*de faca*) point; (*de sapato*) toe; (*extremidade*) end; (*Teatro, Cinema*) walk-on part; (*Futebol: posição*) wing; (: *jogador*) winger; **uma ~ de** (*um pouco*) a touch of; **~ de cigarro** cigarette end; **~ do dedo** fingertip; **na ~ da língua** on the tip of one's tongue; **na(s) ~(s) dos pés** on tiptoe; **de ~ a ~** from one end to the other; (*do princípio ao fim*) from beginning to end; **~ de terra** point; **estar de ~ com alguém** to be at odds with sb; **agüentar as ~s** (*col*) to hold on
ponta-cabeça F: **de ~** upside down; (*cair*) head first
pontada [põ'tada] F (*dor*) twinge
ponta-de-lança (*pl* **pontas-de-lança**) M/F (*fig*) spearhead
ponta-direita (*pl* **pontas-direitas**) M (*Futebol*) right winger
ponta-esquerda (*pl* **pontas-esquerdas**) M (*Futebol*) left winger
pontal [põ'taw] (*pl* **-ais**) M (*de terra*) point, promontory

NB: *European Portuguese adds the following consonants to certain words*: **b** (sú(b)dito, su(b)til); **c** (a(c)ção, a(c)cionista, a(c)to); **m** (inde(m)ne); **p** (ado(p)çã, ado(p)tar); *for further details see p. xiii.*

pontão [põ'tãw] M pontoon
pontapé [põta'pɛ] M kick; **dar ~s em alguém** to kick sb
pontaria [põta'ria] F aim; **fazer ~** to take aim
ponte ['põtʃi] F bridge; **~ aérea** air shuttle, airlift; **~ de safena** (heart) bypass operation; **~ móvel** swing bridge; **~ suspensa** *ou* **pênsil** suspension bridge
ponteado, -a [põ'tʃjadu, a] ADJ stippled, dotted ■ M stipple
pontear [po'tʃja^{r}] VT (*pontilhar*) to dot, stipple; (*dar pontos*) to sew, stitch
ponteira [põ'tejra] F ferrule, tip
ponteiro [põ'tejru] M (*indicador*) pointer; (*de relógio*) hand; (*Mús*: *plectro*) plectrum
pontiagudo, -a [põtʃja'gudu, a] ADJ sharp, pointed
pontificado [põtʃifi'kadu] M pontificate
pontificar [põtʃifi'ka^{r}] VI to pontificate
pontífice [põ'tʃifisi] M pontiff, Pope
pontilhado, -a [põtʃi'ʎadu, a] ADJ dotted ■ M dotted area
pontilhar [põtʃi'ʎa^{r}] VT to dot, stipple
pontinha [põ'tʃiɲa] F: **uma ~ de** a bit *ou* touch of
ponto ['põtu] M point; (*Med, Costura, Tricô*) stitch; (*pequeno sinal, do i*) dot; (*na pontuação*) full stop (*Brit*), period (*US*); (*na pele*) spot; (*Teatro*) prompter; (*de ônibus*) stop; (*de táxi*) rank (*Brit*), stand (*US*); (*tb*: **ponto cantado**) *macumba* chant; (*matéria escolar*) subject; (*boca-de-fumo*) drug den; **estar a ~ de fazer** to be on the point of doing; **ao ~** (*bife*) medium; **até certo ~** to a certain extent; **às cinco em ~** at five o'clock on the dot; **em ~ de bala** (*col*) all set; **assinar o ~** to sign in; (*fig*) to put in an appearance; **dar ~s** (*Med*) to put in stitches; **não dar ~ sem nó** (*fig*) to look out for one's own interests; **entregar os ~s** (*fig*) to give up; **fazer ~ em** to hang out at; **pôr um ~ em algo** (*fig*) to put a stop to sth; **dois ~s** colon *sg*; **~ cardeal** cardinal point; **~ de admiração** (*PT*) exclamation mark; **~ de equilíbrio** (*Com*) break-even point; **~ de exclamação/interrogação** exclamation/question mark; **~ de meia/de tricô** stocking/plain stitch; **~ de mira** bead; **~ de partida** starting point; **~ de referência** point of reference; **~ de vista** point of view, viewpoint; **~ facultativo** optional day off; **~ final** (*fig*) end; (*de ônibus*) terminus; **~ fraco** weak point
ponto-de-venda (*pl* **pontos-de-venda**) M (*Com*) point of sale, outlet
ponto-e-vírgula (*pl* **-s**) M semicolon
pontuação [põtwa'sãw] F punctuation
pontual [põ'twaw] (*pl* **-ais**) ADJ punctual
pontualidade [põtwali'dadʒi] F punctuality
pontuar [põ'twa^{r}] VT to punctuate
pontudo, -a [põ'tudu, a] ADJ pointed
poodle ['pudw] M poodle
pool [puw] M pool
popa ['popa] F stern, poop; **à ~** astern, aft
popelina [pope'lina] F poplin
população [popula'sãw] (*pl* **-ões**) F population
populacional [populasjo'naw] (*pl* **-ais**) ADJ population *atr*
populações [popula'sõjʃ] FPL *de* **população**
popular [popu'la^{r}] ADJ popular; **popularidade** [populari'dadʒi] F popularity
popularizar [populari'za^{r}] VT to popularize, make popular; **popularizar-se** VR to become popular
populista [popu'liʃta] ADJ populist
populoso, -a [popu'lozu, ɔza] ADJ populous
pôquer ['poke^{r}] M poker

PALAVRA CHAVE

por [po^{r}] (*por + o(s)/a(s) = pelo(s)/a(s)*) PREP
1 (*objetivo*) for; **lutar pela pátria** to fight for one's country
2 (*+ infin*): **está por acontecer** it is about to happen, it is yet to happen; **está por fazer** it is still to be done
3 (*causa*) out of, because of; **por falta de fundos** through lack of funds; **por hábito/natureza** out of habit/by nature; **faço isso por ela** I do it for her; **por isso** therefore; **a razão pela qual ...** the reason why ...; **pelo amor de Deus!** for Heaven's sake!
4 (*tempo*): **pela manhã** in the morning; **por volta das duas horas** at about two o'clock; **ele vai ficar por uma semana** he's staying for a week
5 (*lugar*): **por aqui** this way; **viemos pelo parque** we came through the park; **passar por São Paulo** to pass through São Paulo; **por fora/dentro** outside/inside
6 (*troca, preço*) for; **trocar o velho pelo novo** to change old for new; **comprei o livro por dez libras** I bought the book for ten pounds
7 (*valor proporcional*): **por cento** per cent; **por hora/dia/semana/mês/ano** hourly/daily/weekly/monthly/yearly; **por cabeça** a *ou* per head; **por mais difícil** *etc* **que seja** however difficult *etc* it is
8 (*modo, meio*) by; **por correio/avião** by post/air; **por sí** by o.s.; **por escrito** in writing; **entrar pela entrada principal** to go in through the main entrance
9: **por que** (*BR*: *por causa*) because; (*PT*) why; **por quê?** (*BR*) why?
10: **por mim tudo bem** as far as I'm concerned that's OK

PALAVRA CHAVE

pôr [po^{r}] VT **1** (*colocar*) to put; (*roupas*) to put on; (*objeções, dúvidas*) to raise; (*ovos, mesa*) to lay; (*defeito*) to find; **põe mais forte** turn it up; **você põe açúcar?** do you take sugar?; **pôr de lado** to set aside
2 (*+ adj*) to make; **você está me pondo nervoso** you're making me nervous; **pôr-se** VR **1** (*sol*) to set
2 (*colocar-se*): **pôr-se de pé** to stand up; **ponha-**

se no meu lugar put yourself in my position **3: pôr-se a** to start to; **ela pôs-se a chorar** she started crying M: **o pôr do sol** sunset

porão [po'rãw] (*pl* **-ões**) M (*Náut*) hold; (*de casa*) basement; (: *armazém*) cellar
porca ['pɔxka] F (*animal*) sow; (*Tec*) nut
porcalhão, -lhona [poxka'ʎãw, 'ʎɔna] (*pl* **-ões/-s**) ADJ filthy ■ M/F pig
porção [pox'sãw] (*pl* **-ões**) F portion, piece; **uma ~ de** a lot of
porcaria [poxka'ria] F filth; (*dito sujo*) obscenity; (*coisa ruim*) piece of junk ■ EXCL damn!; **o filme era uma ~** the film was a load of rubbish
porcelana [poxse'lana] F porcelain, china
porcentagem [poxsẽ'taʒẽ] (*pl* **-ns**) F percentage
porco, -a ['poxku, 'pɔxka] ADJ filthy ■ M (*animal*) pig, hog (*US*); (*carne*) pork; **~ chauvinista** male chauvinist pig
porções [pox'sõjʃ] FPL *de* **porção**
porco-espinho (*pl* **porcos-espinhos**) M porcupine
porco-montês [-mõ'teʃ] (*pl* **porcos-monteses**) M wild boar
porejar [pore'ʒa^{r}] VT to exude ■ VI to be exuded
porém [po'rẽ] CONJ however
porfia [pox'fia] F (*altercação*) dispute, wrangle; (*rivalidade*) rivalry
pormenor [poxme'no^{r}] M detail
pormenorizar [poxmenori'za^{r}] VT to detail
pornô [pox'no] (*col*) ADJ INV porn ■ M (*filme*) porn film
pornochanchada [poxnoʃã'ʃada] F (*filme*) soft porn movie
pornografia [poxnogra'fia] F pornography
pornográfico, -a [poxno'grafiku, a] ADJ pornographic
poro ['pɔru] M pore
porões [po'rõjs] MPL *de* **porão**
pororoca [poro'rɔka] F bore
poroso, -a [po'rozu, ɔza] ADJ porous
porquanto [pox'kwãtu] CONJ since, seeing that
porque ['poxke] CONJ because; (*interrogativo: PT*) why
porquê [pox'ke] ADV why ■ M reason, motive; **~?** (*PT*) why?
porquinho-da-índia [pox'kiɲu-] (*pl* **porquinhos-da-índia**) M guinea pig
porra ['poxa] (*col!*) F come (*!*), spunk (*!*) ■ EXCL fuck (*!*), fucking hell (*!*); **para quê ~?** what the fuck for? (*!*)
porrada [po'xada] F (*col: pancada*) beating; **uma ~ de** (*col!*) fucking loads of (*!*)
porra-louca (*pl* **porras-loucas**) (*col!*) M/F fucking maniac (*!*) ■ ADJ fucking crazy (*!*)
porre ['pɔxi] (*col*) M booze-up; **tomar um ~** to get plastered; **estar de ~** to be plastered; **ser um ~** (*ser chato*) to be boring, be a drag
porretada [poxe'tada] F clubbing
porrete [po'xetʃi] M club
porta ['pɔxta] F door; (*vão da porta*) doorway; (*de um jardim*) gate; (*Comput*) port; **a ~s fechadas** behind closed doors; **de ~ em ~** from door to door; **~ corrediça** sliding door; **~ da rua/da frente/dos fundos** street/front/back door; **~ de entrada** entrance door; **~ de vaivém** swing door; **~ giratória** revolving door; **~ sanfonada** folding door
porta-aviões M INV aircraft carrier
porta-bandeira (*pl* **-s**) M/F standard-bearer
porta-chaves M INV keyring
portador, a [poxta'do^{r}(a)] M/F bearer; **ao ~** (*Com*) payable to the bearer
porta-espada (*pl* **-s**) M sheath
porta-estandarte (*pl* **-s**) M/F standard-bearer
porta-fólio [-'fɔlju] (*pl* **-s**) M portfolio
portagem [pox'taʒẽ] (*PT*) (*pl* **-ns**) F toll
porta-jóias M INV jewellery (*Brit*) *ou* jewelry (*US*) box
portal [pox'taw] (*pl* **-ais**) M doorway
porta-lápis M INV pencil box
portaló [poxta'lɔ] M (*Náut*) gangway
porta-luvas M INV (*Auto*) glove compartment
porta-malas M INV (*Auto*) boot (*Brit*), trunk (*US*)
porta-moedas (*PT*) M purse
porta-níqueis M INV purse
portanto [pox'tãtu] CONJ so, therefore
portão [pox'tãw] (*pl* **-ões**) M gate
porta-partitura (*pl* **-s**) M music stand
portar [pox'ta^{r}] VT to carry; **portar-se** VR to behave
porta-retratos M INV photo frame
porta-revistas M INV magazine rack
portaria [poxta'ria] F (*de um edifício*) entrance hall; (*recepção*) reception desk; (*do governo*) edict, decree; **baixar uma ~** to issue a decree
porta-seios M INV bra, brassiere
portátil [pox'tatʃiw] (*pl* **-eis**) ADJ portable
porta-toalhas M INV towel rail
porta-voz (*pl* **-es**) M/F (*pessoa*) spokesman/woman
porte ['pɔxtʃi] M (*transporte*) transport; (*custo*) freight charge, carriage; (*Náut*) tonnage, capacity; (*atitude*) bearing; **~ pago** post paid; **de grande ~** far-reaching, important; **empresa de ~ medio** medium-sized enterprise; **um autor do ~ de ...** an author of the calibre (*Brit*) *ou* caliber (*US*) of ....
porteiro, -a [pox'tejru, a] M/F caretaker; **~ eletrônico** entry phone
portenho, -a [pox'tɛɲu, a] ADJ from Buenos Aires ■ M/F person from Buenos Aires
portento [pox'tẽtu] M wonder, marvel
portentoso, -a [poxtẽ'tozu, ɔza] ADJ amazing, marvellous (*Brit*), marvelous (*US*)
pórtico ['pɔxtʃiku] M porch, portico
portinhola [poxtʃi'ɲɔla] F small door; (*de carruagem*) door

porto ['poxtu] M (*do mar*) port, harbour (*Brit*), harbor (*US*); (*vinho*) port; **o P~** Oporto; **~ de escala** port of call; **~ franco** freeport
porto-alegrense [-ale'grẽsi] ADJ from Porto Alegre ■ M/F person from Porto Alegre
portões [pox'tõjʃ] MPL *de* **portão**
Porto Rico M Puerto Rico
porto-riquenho, -a [poxtuxi'kɛɲu, a] ADJ, M/F Puertorican
portuense [pox'twẽsi] ADJ from Oporto ■ M/F person from Oporto
portuga [pox'tuga] (*pej*) M/F Portuguese
Portugal [poxtu'gaw] M Portugal; **português, -guesa** [portu'geʃ, 'geza] ADJ Portuguese ■ M/F Portuguese ■ M (*Ling*) Portuguese; **português de Portugal/do Brasil** European/Brazilian Portuguese
portunhol [poxtu'ɲɔw] M *mixture of Spanish and Portuguese*
porventura [poxvẽ'tura] ADJ by chance; **se ~ você ...** if you happen to ....
porvir [pox'vi^{r}] M future
pôs [poʃ] VB *v* **pôr**
pós- [pɔjʃ-] PREFIXO post-
posar [po'za^{r}] VI (*Foto*) to pose
pós-datado, -a [-da'tadu, a] ADJ post-dated
pós-datar VT to postdate
pose ['pozi] F pose
pós-escrito M postscript
pós-graduação F postgraduation; **curso de ~** postgraduate course
pós-graduado, -a ADJ, M/F postgraduate
pós-guerra M post-war period; **o Brasil do ~** post-war Brazil
posição [pozi'sãw] (*pl* **-ões**) F position; (*social*) standing, status; (*de esportista no mundo*) ranking; **tomar uma ~** to take a stand; **posicionar** [pozisjo'na^{r}] VT to position; **posicionar-se** VR to position o.s.; (*tomar atitude*) to take a position
positivo, -a [pozi'tʃivu, a] ADJ positive ■ M positive ■ EXCL (*col*) yeah! sure!
posologia [pozolo'ʒia] F dosage
pós-operatório, -a [-opera'tɔrju, a] ADJ post-operative
pospor [poʃ'po^{r}] (*irreg*) VT to put after; (*adiar*) to postpone
possante [po'sãtʃi] ADJ powerful, strong; (*carro*) flashy
posse ['pɔsi] F possession, ownership; (*investidura*) swearing in; **posses** FPL (*pertences*) possessions, belongings; **tomar ~** to take office; **tomar ~ de** to take possession of; **cerimônia de ~** swearing in ceremony; **pessoa de ~s** person of means; **viver de acordo com suas ~s** to live according to one's means
posseiro, -a [po'sejru, a] ADJ leaseholding ■ M/F leaseholder
possessão [pose'sãw] F possession; **possessivo, -a** [pose'sivu, a] ADJ possessive
possesso, -a [po'sɛsu, a] ADJ possessed; (*furioso*) furious
possibilidade [posibili'dadʒi] F possibility; (*oportunidade*) chance; **possibilidades** FPL (*recursos*) means
possibilitar [posibili'ta^{r}] VT to make possible, permit
possível [po'sivew] (*pl* **-eis**) ADJ possible; **fazer todo o ~** to do one's best; **não é ~!** (*col*) you're joking!
posso *etc* ['posu] VB *v* **poder**
possuidor, a [poswi'do^{r}(a)] M/F (*de casa, livro etc*) owner; (*de dinheiro, talento etc*) possessor; **ser ~ de** to be the owner/possessor of
possuir [po'swi^{r}] VT (*casa, livro etc*) to own; (*dinheiro, talento*) to possess; (*dominar*) to possess, grip; (*sexualmente*) to take, have
posta ['pɔʃta] F (*pedaço*) piece, slice
postal [poʃ'taw] (*pl* **-ais**) ADJ postal ■ M postcard
postar [poʃ'ta^{r}] VT to place, post; **postar-se** VR to position o.s.
posta-restante (*pl* **postas-restantes**) F poste-restante (*Brit*), general delivery (*US*)
poste ['pɔʃtʃi] M pole, post
pôster ['poʃte^{r}] M poster
postergar [poʃtex'ga^{r}] VT (*adiar*) to postpone; (*amigos*) to pass over; (*interesse pessoal*) to set *ou* put aside; (*lei, norma*) to disregard
posteridade [poʃteri'dadʒi] F posterity
posterior [poʃte'rjo^{r}] ADJ (*mais tarde*) subsequent, later; (*traseiro*) rear, back ■ M (*col*) posterior, bottom; **posteriormente** [poʃterjox'mẽtʃi] ADV later, subsequently
postiço, -a [poʃ'tʃisu, a] ADJ false, artificial
postigo [poʃ'tʃigu] M (*em porta*) peephole
posto, -a ['poʃtu, 'pɔʃta] PP *de* **pôr** ■ M post, position; (*emprego*) job; (*de diplomata: local*) posting; **~ de comando** command post; **~ de gasolina** service *ou* petrol station; **~ que** although; **a ~s** at action stations; **~ do corpo de bombeiros** fire station; **~ de saúde** health centre *ou* center
posto-chave (*pl* **postos-chaves**) M key position *ou* post
postulado [poʃtu'ladu] M postulate, assumption
postulante [poʃtu'lãtʃi] M/F petitioner; (*candidato*) candidate
postular [poʃtu'la^{r}] VT (*pedir*) to request; (*teoria*) to postulate
póstumo, -a ['pɔʃtumu, a] ADJ posthumous
postura [poʃ'tura] F (*posição*) posture, position; (*aspecto físico*) appearance; (*fig*) posture
posudo, -a [po'zudu, a] ADJ poseurish
potassa [po'tasa] F potash
potássio [po'tasju] M potassium
potável [po'tavew] (*pl* **-eis**) ADJ drinkable; **água ~** drinking water
pote ['pɔtʃi] M jug, pitcher; (*de geléia*) jar; (*de creme*) pot; **chover a ~s** (*PT*) to rain cats and dogs; **dinheiro aos ~s** (*fig*) pots of money
potência [po'tẽsja] F power; (*força*) strength; (*nação*) power; (*virilidade*) potency
potencial [potẽ'sjaw] (*pl* **-ais**) ADJ potential, latent ■ M potential; **riquezas** *etc* **em ~**

potential wealth *etc*
potentado [potẽ'tadu] M potentate
potente [po'tẽtʃi] ADJ powerful, potent
pot-pourri [popu'xi] M (*Mús*) medley; (*fig*) pot-pourri
potro, -a ['potru, a] M/F (*cavalo*) colt/filly, foal
pouca-vergonha (*pl* **poucas-vergonhas**) F (*ato*) shameful act, disgrace; (*falta de vergonha*) shamelessness

PALAVRA CHAVE

pouco, -a ['poku, a] ADJ **1** (*sg*) little, not much; **pouco tempo** little *ou* not much time; **de pouco interesse** of little interest, not very interesting; **pouca coisa** not much
2 (*pl*) few, not many; **uns poucos** a few, some; **poucas vezes** rarely; **poucas crianças comem o que devem** few children eat what they should
■ ADV **1** little, not much; **custa pouco/a** it doesn't cost much; **dentro em pouco, daqui a pouco** shortly; **pouco antes** shortly before
2 (+ *adj*: = *negativo*): **ela é pouco inteligente/simpática** she's not very bright/friendly
3: **por pouco eu não morri** I almost died
4: **pouco a pouco** little by little
5: **aos poucos** gradually
■ M: **um pouco** a little, a bit; **nem um pouco** not at all

pouco-caso M scorn
poupador, a [popa'do^{r}(a)] ADJ thrifty
poupança [po'pãsa] F thrift; (*economias*) savings *pl*; (*tb*: **caderneta de poupança**) savings bank
poupar [po'pa^{r}] VT to save; (*vida*) to spare; **~ alguém** (*de sofrimentos*) to spare sb; **~ algo a alguém, ~ alguém de algo** (*trabalho etc*) to save sb sth; (*aborrecimentos*) to spare sb sth
pouquinho [po'kinu] M: **um ~ (de)** a little
pouquíssimo, -a [po'kisimu, a] ADJ, ADV SUPERL *de* **pouco**
pousada [po'zada] F (*hospedagem*) lodging; (*hospedaria*) inn
pousar [po'za^{r}] VT to place; (*mão*) to rest, place ■ VI (*avião, pássaro*) to land; (*pernoitar*) to spend the night
pouso ['pozu] M landing; (*lugar*) resting place
povão [po'vãw] M ordinary people *pl*
povaréu [pova'rɛw] M crowd of people
povo ['povu] M people; (*raça*) people *pl*, race; (*plebe*) common people *pl*; (*multidão*) crowd
povoação [povwa'sãw] (*pl* **-ões**) F (*aldeia*) village, settlement; (*habitantes*) population; (*ato de povoar*) settlement, colonization
povoado, -a [po'vwadu, a] ADJ populated ■ M village
povoamento [povwa'mẽtu] M settlement
povoar [po'vwa^{r}] VT (*de habitantes*) to people, populate; (*de animais etc*) to stock
poxa ['poʃa] EXCL gosh!
PP ABR (*Com*: *de ações*) = **preferencial ao portador**
PPB ABR M = **Partido do Povo Brasileiro**
PR (BR) ABR = **Paraná** ■ ABR F = **Polícia Rodoviária**
pra [pra] (*col*) PREP = **para; para a**
praça ['prasa] F (*largo*) square; (*mercado*) marketplace; (*soldado*) soldier; (*cidade*) town ■ M (*Mil*) private; (*polícia*) constable; **sentar ~** to enlist; **~ de touros** bullring; **~ forte** stronghold
praça-d'armas (*pl* **praças-d'armas**) M officers' mess
pracinha [pra'sinɐ] M GI
prado ['pradu] M meadow, grassland; (BR: *hipódromo*) racecourse
pra-frente (*col*) ADJ INV trendy
prafrentex [prafrẽ'tɛks] (*col*) ADJ INV trendy
Praga ['praga] N Prague
praga ['praga] F (*maldição*) curse; (*coisa, pessoa importuna*) nuisance; (*desgraça*) misfortune; (*erva daninha*) weed; **rogar ~ a alguém** to curse sb
pragmático, -a [prag'matʃiku, a] ADJ (*prático*) pragmatic
pragmatismo [pragma'tʃiʒmu] M pragmatism
pragmatista [pragma'tʃiʃta] ADJ, M/F pragmatist
praguejar [prage'ʒa^{r}] VT, VI to curse
praia ['praja] F beach, seashore
pralina [pra'lina] F praline
prancha ['prãʃa] F plank; (*Náut*) gangplank; (*de surfe*) board
prancheta [prã'ʃeta] F (*mesa*) drawing board
prantear [prã'tʃja^{r}] VT to mourn ■ VI to weep
pranto ['prãtu] M weeping; **debulhar-se em ~** to weep bitterly
Prata ['prata] F: **o rio da ~** the River Plate
prata ['prata] F silver; (*col*: *cruzeiro*) ≈ quid (*Brit*), ≈ buck (*US*); **de ~** silver *atr*; **~ de lei** sterling silver
prataria [prata'ria] F silverware; (*pratos*) crockery
pratarrão [prata'xãw] (*pl* **-ões**) M large plate
prateado, -a [pra'tʃjadu, a] ADJ silver-plated; (*brilhante*) silvery; (*cor*) silver ■ M (*cor*) silver; (*de um objeto*) silver-plating; **papel ~** silver paper
pratear [pra'tʃja^{r}] VT to silver-plate; (*fig*) to turn silver
prateleira [prate'lejra] F shelf
prática ['pratʃika] F (*ato de praticar*) practice; (*experiência*) experience, know-how; (*costume*) habit, custom; **na ~** in practice; **pôr em ~** to put into practice; **aprender com a ~** to learn with practice; *v tb* **prático**
praticagem [pratʃi'kaʒẽ] F (*Náut*) pilotage
praticante [pratʃi'kãtʃi] ADJ practising (*Brit*), practicing (*US*) ■ M/F apprentice; (*de esporte*) practitioner
praticar [pratʃi'ka^{r}] VT to practise (*Brit*), practice (*US*); (*profissão, medicina*) to practise *ou* practice;

(*roubo, operação*) to carry out

praticável [pratʃi'kavew] (*pl* **-eis**) ADJ practical, feasible

prático, -a ['pratʃiku, a] ADJ practical ■ M/F expert ■ M (*Náut*) pilot

prato ['pratu] M (*louça*) plate; (*comida*) dish; (*de uma refeição*) course; (*de toca-discos*) turntable; **pratos** MPL (*Mús*) cymbals; **~ raso/fundo/de sobremesa** dinner/soup/dessert plate; **~ do dia** dish of the day; **cuspir no ~ em que comeu** (*fig*) to bite the hand that feeds one; **pôr algo em ~s limpos** to get to the bottom of sth; **~ de resistência** pièce de résistance

praxe ['praksi] F custom, usage; **de ~** usually; **ser de ~** to be the norm

PRAXE

Student life in Portugal follows the traditions set out in a written set of rules known as the 'código da praxe'. It begins in freshers' week, where freshers are jeered at by their seniors, and are subjected to a number of humiliating practical jokes, such as having their hair cut against their will and being made to walk around town in fancy dress.

prazenteiro, -a [prazẽ'tejru, a] ADJ cheerful, pleasant

prazer [pra'zeʳ] M pleasure ■ VI: **~ a alguém** to please sb; **muito ~ em conhecê-lo** pleased to meet you

prazeroso, -a [praze'rozu, ɔza] ADJ (*pessoa*) pleased; (*viagem*) pleasurable

prazo ['prazu] M term, period; (*vencimento*) expiry date, time limit; **a curto/médio/longo ~** in the short/medium/long term; **comprar a ~** to buy on hire purchase (*Brit*) *ou* on the installment plan (*US*); **último ~** *ou* **~ final** deadline

pre- [pri-] PREFIXO pre-

pré- [prɛ-] PREFIXO pre-

preamar [prea'maʳ] (*BR*) F high tide water

preâmbulo [pre'ãbulu] M preamble, introduction; **sem mais ~s** without further ado

preaquecer [prjake'seʳ] VT to preheat

pré-aviso M (prior) notice

precário, -a [pre'karju, a] ADJ precarious, insecure; (*escasso*) failing; (*estado de saúde*) delicate

precatado, -a [preka'tadu, a] ADJ cautious

precatar-se [preka'taxsi] VR to take precautions; **~-se contra** to be wary of; **precate-se para o pior** prepare yourself for the worst

precatória [preka'tɔrja] F (*Jur*) writ, prerogative order

precaução [prekaw'sãw] (*pl* **-ões**) F precaution

precaver-se [preka'vexsi] VR: **~ (contra** *ou* **de)** to be on one's guard (against); **~ para algo/fazer algo** to prepare o.s. for sth/be prepared to do sth; **precavido, -a** [preka'vidu, a] ADJ cautious

prece ['prɛsi] F prayer; (*súplica*) entreaty

precedência [prese'dẽsja] F precedence; **ter ~ sobre** to take precedence over

precedente [prese'dẽtʃi] ADJ preceding ■ M precedent; **sem ~(s)** unprecedented

preceder [prese'deʳ] VT, VI to precede; **~ a algo** to precede sth; (*ter primazia*) to take precedence over sth

preceito [pre'sejtu] M precept, ruling

preceituar [presej'twaʳ] VT to set down, prescribe

preceptor [presep'toʳ] M mentor

preciosidade [presjozi'dadʒi] F (*qualidade*) preciousness; (*coisa*) treasure

preciosismo [presjo'ziʒmu] M preciosity

precioso, -a [pre'sjozu, ɔza] ADJ precious; (*de grande importância*) invaluable

precipício [presi'pisju] M precipice; (*fig*) abyss

precipitação [presipita'sãw] F haste; (*imprudência*) rashness

precipitado, -a [presipi'tadu, a] ADJ hasty; (*imprudente*) rash

precipitar [presipi'taʳ] VT (*atirar*) to hurl; (*acontecimentos*) to precipitate ■ VI (*Quím*) to precipitate; **precipitar-se** VR (*atirar-se*) to hurl o.s.; (*contra, para*) to rush; (*agir com precipitação*) to be rash, act rashly; **~ alguém/~-se em** (*situação*) to plunge sb/be plunged into; (*aventuras, perigos*) to sweep sb/be swept into

precisado, -a [presi'zadu, a] ADJ needy, in need

precisamente [presiza'mẽtʃi] ADV precisely

precisão [presi'zãw] F (*exatidão*) precision, accuracy; **ter ~ de** to need

precisar [presi'zaʳ] VT to need; (*especificar*) to specify ■ VI to be in need; **precisar-se** VR: **"precisa-se"** "needed"; **~ de** to need; (*uso impess*): **não precisa você se preocupar** you needn't worry; **precisa de um passaporte** a passport is necessary *ou* needed; **preciso ir** I have to go; **~ que alguém faça** to need sb to do

preciso, -a [pre'sizu, a] ADJ (*exato*) precise, accurate; (*necessário*) necessary; (*claro*) concise; **é ~ você ir** you must go

preclaro, -a [pre'klaru, a] ADJ famous, illustrious

preço ['presu] M price; (*custo*) cost; (*valor*) value; **por qualquer ~** at any price; **a ~ de banana** (*BR*) *ou* **de chuva** (*PT*) dirt cheap; **não ter ~** (*fig*) to be priceless; **~ por atacado/a varejo** wholesale/retail price; **~ de custo** cost price; **~ de venda** sale price; **~ de fábrica/de revendedor** factory/trade price; **~ à vista** cash price; (*de commodities*) spot price; **~ pedido** asking price

precoce [pre'kɔsi] ADJ precocious; (*antecipado*) early; (*calvície*) premature

precocidade [prekosi'dadʒi] F precociousness

preconcebido, -a [prekõse'bidu, a] ADJ preconceived

preconceito [prekõ'sejtu] M prejudice

preconizar [prekoni'zaʳ] VT to extol; (*aconselhar*) to advocate

precursor, a [prekux'so^{r}(a)] M/F (*predecessor*) precursor, forerunner; (*mensageiro*) herald
predador [preda'do^{r}] M predator
pré-datado, -a [-da'tadu, a] ADJ predated
pré-datar VT to predate
predatório, -a [preda'tɔrju, a] ADJ predatory
predecessor [predese'so^{r}] M predecessor
predestinado, -a [predeʃtʃi'nadu, a] ADJ predestined
predestinar [predeʃtʃi'na^{r}] VT to predestine
predeterminado, -a [predetexmi'nadu, a] ADJ predetermined
predeterminar [predetexmi'na^{r}] VT to predetermine
predial [pre'dʒjaw] (*pl* **-ais**) ADJ property *atr*, real-estate *atr*; **imposto ~** domestic rates
prédica ['prɛdʒika] F sermon
predicado [predʒi'kadu] M predicate
predição [predʒi'sãw] (*pl* **-ões**) F prediction, forecast
predigo *etc* [pre'dʒigu] VB *v* **predizer**
predileção [predʒile'sãw] (*PT* **-cç-**, *pl* **-ões**) F preference, predilection
predileto, -a [predʒi'letu, a] (*PT* **-ct-**) ADJ favourite (*Brit*), favorite (*US*)
prédio ['prɛdʒju] M building; **~ de apartamentos** block of flats (*Brit*), apartment house (*US*)
predispor [predʒiʃpo^{r}] (*irreg*) VT: **~ alguém contra** to prejudice sb against; **predispor-se** VR: **predispor-se a/para** to get o.s. in the mood to/for; **a natação me predispõe para o trabalho** swimming puts me in the mood for work; **a notícia os predispôs para futuros problemas** the news prepared them for future problems
predisposição [predʒiʃpozi'sãw] F predisposition
predisposto, -a [predʒiʃpoʃtu, 'pɔʃta] PP *de* **predispor** ■ ADJ predisposed
predispunha *etc* [predʒiʃpuɲa] VB *v* **predispor**
predispus *etc* [predʒiʃpuʃ] VB *v* **predispor**
predispuser *etc* [predʒiʃpu'ze^{r}] VB *v* **predispor**
predizer [predʒi'ze^{r}] (*irreg*) VT to predict, forecast
predominância [predomi'nãsja] F predominance, prevalence
predominante [predomi'nãtʃi] ADJ predominant
predominar [predomi'na^{r}] VI to predominate, prevail
predomínio [predo'minju] M predominance, supremacy
pré-eleitoral (*pl* **-ais**) ADJ pre-election
preeminência [preemi'nẽsja] F pre-eminence, superiority
preeminente [preemi'nẽtʃi] ADJ pre-eminent, superior
preencher [preẽ'ʃe^{r}] VT (*formulário*) to fill in (*Brit*) *ou* out, complete; (*requisitos*) to fulfil (*Brit*), fulfill (*US*), meet; (*espaço, vaga, tempo, cargo*) to fill; **~ à máquina** (*formulário*) to complete on a typewriter
preenchimento [preẽʃi'mẽtu] M completion; (*de requisitos*) meeting; (*de vaga*) filling
pré-escolar ADJ pre-school
preestabelecer [preeʃtabele'se^{r}] VT to prearrange
pré-estréia F preview
preexistir [preeziʃ'tʃi^{r}] VI to preexist; **~ a algo** to exist before sth
pré-fabricado, -a [-fabri'kadu, a] ADJ prefabricated
prefaciar [prefa'sja^{r}] VT to preface
prefácio [pre'fasju] M preface
prefeito, -a [pre'fejtu, a] M/F mayor; **prefeitura** [prefej'tura] F town hall
preferência [prefe'rẽsja] F preference; (*Auto*) priority; **de ~** preferably; **ter ~ por** to have a preference for
preferencial [preferẽ'sjaw] (*pl* **-ais**) ADJ (*rua*) main; (*ação*) preference *atr* ■ F main road (*with priority*)
preferido, -a [prefe'ridu, a] ADJ favourite (*Brit*), favorite (*US*)
preferir [prefe'ri^{r}] VT to prefer; **~ algo a algo** to prefer sth to sth
preferível [prefe'rivew] (*pl* **-eis**) ADJ: **~ (a)** preferable (to)
prefigurar [prefigu'ra^{r}] VT to prefigure
prefiro *etc* [pre'firu] VB *v* **preferir**
prefixo [pre'fiksu] M (*Ling*) prefix; (*Tel*) code
prega ['prɛga] F pleat, fold
pregado, -a [pre'gadu, a] ADJ exhausted
pregador [prega'do^{r}] M preacher; (*de roupa*) peg
pregão [pre'gãw] (*pl* **-ões**) M proclamation, cry; **o ~** (*na Bolsa*) trading; (*em leilão*) bidding
pregar[1] [pre'ga^{r}] VT (*sermão*) to preach; (*anunciar*) to proclaim; (*idéias, virtude*) to advocate ■ VI to preach
pregar[2] [pre'ga^{r}] VT (*com prego*) to nail; (*fixar*) to pin, fasten; (*cosendo*) to sew on ■ VI to give out; **~ uma peça** to play a trick; **~ os olhos em** to fix one's eyes on; **não ~ olho** not to sleep a wink; **~ mentiras em alguém** to fob sb off with lies; **~ um susto em alguém** to give sb a fright
prego ['prɛgu] M nail; (*col*: *casa de penhor*) pawn shop; **dar o ~** (*pessoa, carro*) to give out; **pôr algo no ~** to pawn sth; **não meter ~ sem estopa** (*fig*) to be out for one's own advantage
pregões [pre'gõjʃ] MPL *de* **pregão**
pré-gravado, -a [-gra'vadu, a] ADJ prerecorded
pregresso, -a [pre'grɛsu, a] ADJ past, previous
preguear [pre'gja^{r}] VT to pleat, fold
preguiça [pre'gisa] F laziness; (*animal*) sloth; **estar com ~** to feel lazy; **estou com ~ de cozinhar** I can't be bothered to cook
preguiçar [pregi'sa^{r}] VI to laze around
preguiçoso, -a [pregi'sozu, ɔza] ADJ lazy ■ M/F

NB: *European Portuguese adds the following consonants to certain words*: **b** (sú(b)dito, su(b)til); **c** (a(c)ção, a(c)cionista, a(c)to); **m** (inde(m)ne); **p** (ado(p)çã, ado(p)tar); *for further details see p. xiii.*

lazybones
pré-história F prehistory
pré-histórico, -a ADJ prehistoric
preia ['prɛja] F prey
preia-mar (PT) F high tide
preito ['prejtu] M homage, tribute; **render ~ a** to pay homage to
prejudicar [preʒudʒi'ka^{r}] VT to damage; (*atrapalhar*) to hinder; **prejudicar-se** VR (*pessoa*) to do o.s. no favours (*Brit*) *ou* favors (*US*)
prejudicial [preʒudʒi'sjaw] (*pl* **-ais**) ADJ damaging; (*à saúde*) harmful
prejuízo [pre'ʒwizu] M (*dano*) damage, harm; (*em dinheiro*) loss; **com ~** (*Com*) at a loss; **em ~ de** to the detriment of
prejulgar [preʒuw'ga^{r}] VT to prejudge
prelado [pre'ladu] M prelate
preleção [prele'sãw] (PT **-cç-**, *pl* **-ões**) F lecture
preliminar [prelimi'na^{r}] ADJ preliminary ■ F (*partida*) preliminary ■ M (*condição*) preliminary
prelo ['prɛlu] M (printing) press; **no ~** in the press
prelúdio [pre'ludʒju] M prelude
prematuro, -a [prema'turu, a] ADJ premature
premeditação [premedʒita'sãw] F premeditation
premeditado, -a [premedʒi'tadu, a] ADJ premeditated
premeditar [premedʒi'ta^{r}] VT to premeditate
premência [pre'mẽsja] F urgency, pressing nature
pré-menstrual (*pl* **-ais**) ADJ premenstrual
premente [pre'mẽtʃi] ADJ pressing
premer [pre'me^{r}] VT to press
premiado, -a [pre'mjadu, a] ADJ prize-winning; (*bilhete*) winning ■ M/F prize-winner
premiar [pre'mja^{r}] VT to award a prize to; (*recompensar*) to reward
premiê [pre'mje] M (*Pol*) premier
premier [pre'mje] M = **premiê**
prêmio ['premju] M prize; (*recompensa*) reward; (*Seguros*) premium; **Grande P~** Grand Prix; **~ de consolação** consolation prize
premir [pre'mi^{r}] VT = **premer**
premissa [pre'misa] F premise
pré-moldado, -a [-mow'dadu, a] ADJ precast ■ M breeze block
premonição [premoni'sãw] (*pl* **-ões**) F premonition
premonitório, -a [premoni'tɔrju, a] ADJ premonitory
pré-natal [prɛ-] (*pl* **-ais**) ADJ antenatal (*Brit*), prenatal (*US*)
prenda ['prẽda] F gift, present; (*em jogo*) forfeit; **prendas** FPL (*aptidões*) talents; **~s domésticas** housework *sg*
prendado, -a [prẽ'dadu, a] ADJ gifted, talented; (*homem: em afazeres domésticos*) domesticated
prendedor [prẽde'do^{r}] M fastener; (*de cabelo, gravata*) clip; **~ de roupa** clothes peg; **~ de papéis** paper clip
prender [prẽ'de^{r}] VT (*pregar*) to fasten, fix; (*roupa, cabelo*) to clip; (*capturar*) to arrest; (*atar, ligar*) to tie; (*atenção*) to catch; (*afetivamente*) to tie, bind; (*reter: doença, compromisso*) to keep; (*movimentos*) to restrict; **prender-se** VR to get caught, stick; **~-se a alguém** (*por amizade*) to be attached to sb; (*casar-se*) to tie o.s. down to sb; **~-se a algo** (*detalhes, maus hábitos*) to get caught up in sth; **~-se com algo** to be connected with sth
prenhe ['prɛɲi] ADJ pregnant
prenhez [pre'ɲeʒ] F pregnancy
prenome [pre'nɔmi] M first name, Christian name
prensa ['prẽsa] F (*ger*) press
prensar [prẽ'sa^{r}] VT to press, compress; (*fruta*) to squeeze; (*uvas*) to press; **~ alguém contra a parede** to push sb up against the wall
prenunciar [prenũ'sja^{r}] VT to predict, foretell; **as nuvens prenunciam chuva** the clouds suggest rain
prenúncio [pre'nũsju] M forewarning, sign
preocupação [preokupa'sãw] (*pl* **-ões**) F (*idéia fixa*) preoccupation; (*inquietação*) worry, concern
preocupante [preoku'pãtʃi] ADJ worrying
preocupar [preoku'pa^{r}] VT (*absorver*) to preoccupy; (*inquietar*) to worry; **preocupar-se** VR: **preocupar-se com** to worry about, be worried about
preparação [prepara'sãw] (*pl* **-ões**) F preparation
preparado [prepa'radu] M preparation
preparar [prepa'ra^{r}] VT to prepare; **preparar-se** VR to get ready; **~-se para algo/para fazer** to prepare for sth/to do; **preparativos** [prepara'tʃivuʃ] MPL preparations, arrangements
preparo [pre'paru] M preparation; (*instrução*) ability; **~ físico** physical fitness
preponderância [prepõde'rãsja] F preponderance, predominance
preponderante [prepõde'rãtʃi] ADJ predominant
preponderar [prepõde'ra^{r}] VI: **~ (sobre)** to prevail (over)
preposição [prepozi'sãw] (*pl* **-ões**) F preposition
preposto, -a [pre'poʃtu, 'pɔʃta] M/F person in charge; (*representante*) representative
prepotência [prepo'tẽsja] F superiority; (*despotismo*) absolutism
prepotente [prepo'tẽtʃi] ADJ (*poderoso*) predominant; (*despótico*) despotic; (*atitude*) overbearing
prerrogativa [prexoga'tʃiva] F prerogative, privilege
presa ['preza] F (*na guerra*) spoils *pl*; (*vítima*) prey; (*dente de animal*) fang
presbiteriano, -a [preʒbite'rjanu, a] ADJ, M/F Presbyterian
presbitério [preʒbi'tɛrju] M presbytery
presciência [pre'sjẽsja] F foreknowledge, foresight
presciente [pre'sjẽtʃi] ADJ far-sighted, prescient

prescindir [presĩ'dʒiʳ] VI: **~ de algo** to do without sth

prescindível [presĩ'dʒivew] (*pl* **-eis**) ADJ dispensable

prescrever [preʃkre'veʳ] VT to prescribe; (*prazo*) to set ■ VI (*Jur: crime, direito*) to lapse; (*cair em desuso*) to fall into disuse

prescrição [preʃkri'sãw] (*pl* **-ões**) F order, rule; (*Med*) instruction; (: *de um remédio*) prescription; (*Jur*) lapse

prescrito, -a [preʃ'kritu, a] PP *de* **prescrever**

presença [pre'zẽsa] F presence; (*freqüência*) attendance; **~ de espírito** presence of mind; **ter boa ~** to be presentable; **na ~ de** in the presence of; **presenciar** [prezẽ'sjaʳ] VT to be present at; (*testemunhar*) to witness

presente [pre'zẽtʃi] ADJ present; (*fig: interessado*) attentive; (: *evidente*) clear, obvious ■ M present ■ F (*Com: carta*): **a ~** this letter; **os presentes** MPL (*pessoas*) those present; **ter algo ~** to bear sth in mind; **dar/ganhar de ~** to give/get as a present; **~ de grego** undesirable gift, mixed blessing; **anexamos à ~** we enclose herewith; **pela ~** hereby; **presentear** [prezẽ'tʃjaʳ] VT: **presentear alguém (com algo)** to give sb (sth as) a present

presentemente [prezẽtʃe'mẽtʃi] ADV at present

presepada [preze'pada] F (*fanfarrice*) boasting; (*atitude, espetáculo ridículo*) joke

presépio [pre'zɛpju] M Nativity scene, crib

preservação [prezexva'sãw] F preservation

preservar [prezex'vaʳ] VT to preserve, protect

preservativo [prezexva'tʃivu] M preservative; (*anticoncepcional*) condom

presidência [prezi'dẽsja] F (*de um país*) presidency; (*de uma assembléia*) chair, presidency; **assumir a ~** (*Pol*) to become president

presidencial [prezidẽ'sjaw] (*pl* **-ais**) ADJ presidential

presidencialismo [prezidẽsja'liʒmu] M presidential system

presidenciável [prezidẽ'sjavew] (*pl* **-eis**) ADJ eligible for the presidency ■ M/F presidential candidate

presidente, -a [prezi'dẽtʃi, ta] M/F (*de um país*) president; (*de uma assembléia, Com*) chair, president; **o P~ da República** the President (of Brazil)

presidiário, -a [prezi'dʒjarju, a] M/F convict

presídio [pre'zidʒju] M prison

presidir [prezi'dʒiʳ] VT, VI: **~ (a)** to preside over; (*reunião*) to chair; (*suj: leis, critérios*) to govern

presilha [pre'ziʎa] F fastener; (*para o cabelo*) slide

preso, -a ['prezu, a] ADJ (*em prisão*) imprisoned; (*capturado*) under arrest, captured; (*atado*) bound, tied; (*moralmente*) bound ■ M/F prisoner; **ficar ~ a detalhes** to get bogged down in detail(s); **ficar ~ em casa** (*com filhos pequenos etc*) to be stuck at home; **estar ~ a alguém** to be attached to sb; **você está ~!** you're under arrest!; **com a greve dos ônibus, fiquei ~ na cidade** with the bus strike I got stuck in town

pressa ['prɛsa] F haste, hurry; (*rapidez*) speed; (*urgência*) urgency; **às ~s** hurriedly; **estar com ~** to be in a hurry; **sem ~** unhurriedly; **não tem ~** there's no hurry; **ter ~ de** *ou* **em fazer** to be in a hurry to do

pressagiar [presa'ʒjaʳ] VT to foretell, presage

presságio [pre'saʒu] M omen, sign; (*pressentimento*) premonition

pressago, -a [pre'sagu, a] ADJ (*comentário*) portentous

pressão [pre'sãw] (*pl* **-ões**) F pressure; **(colchete de) ~** press stud, popper; **fazer ~ (sobre alguém/algo)** to put pressure on (sb/sth); **~ arterial** *ou* **sanguínea** blood pressure

pressentimento [presẽtʃi'mẽtu] M premonition, presentiment

pressentir [presẽ'tʃiʳ] VT (*pressagiar*) to foresee; (*suspeitar*) to sense; (*inimigo*) to preempt

pressionar [presjo'naʳ] VT (*botão*) to press; (*coagir*) to pressure ■ VI to press, put on pressure

pressões [pre'sõjʃ] FPL *de* **pressão**

pressupor [presu'poʳ] (*irreg*) VT to presuppose

pressuposto, -a [presu'poʃtu, 'pɔʃta] PP *de* **pressupor** ■ M (*conjetura*) presupposition

pressupunha *etc* [presu'puɲa] VB *v* **pressupor**

pressupus *etc* [presu'puʃ] VB *v* **pressupor**

pressupuser *etc* [presu'puzeʳ] VB *v* **pressupor**

pressurização [presuriza'sãw] F pressurization

pressurizado, -a [presuri'zadu, a] ADJ pressurized

pressuroso, -a [presu'rozu, ɔza] ADJ (*apressado*) hurried, in a hurry; (*zeloso*) keen, eager

prestação [preʃta'sãw] (*pl* **-ões**) F instalment (*Brit*), installment (*US*); (*por uma casa*) repayment; **à ~, a prestações** in instal(l)ments; **~ de contas/serviços** accounts/services rendered

prestamente [preʃta'mẽtʃi] ADV promptly

prestamista [preʃta'miʃta] M/F moneylender; (*comprador*) person paying hire purchase (*Brit*) *ou* on the installment plan (*US*)

prestar [preʃ'taʳ] VT (*cuidados*) to give; (*favores, serviços*) to do; (*contas*) to render; (*informações*) to supply; (*uma qualidade a algo*) to lend ■ VI: **~ a alguém para algo** to be of use to sb for sth; **prestar-se** VR: **prestar-se a** (*servir*) to be suitable for; (*admitir*) to lend o.s. to; (*dispor-se*) to be willing to; **~ atenção** to pay attention; **~ juramento** to take an oath; **isto não presta para nada** it's absolutely useless; **ele não presta** he's good for nothing; **~ homenagem/culto a** to pay tribute to/worship

prestativo, -a [preʃta'tʃivu, a] ADJ helpful, obliging

prestável [preʃ'tavew] (*pl* **-eis**) ADJ serviceable

NB: *European Portuguese adds the following consonants to certain words*: **b** (sú(b)dito, su(b)til); **c** (a(c)ção, a(c)cionista, a(c)to); **m** (inde(m)ne); **p** (ado(p)çã, ado(p)tar); *for further details see p. xiii.*

prestes ['prɛʃtʃiʃ] ADJ INV (*pronto*) ready; (*a ponto de*): **~ a partir** about to leave
presteza [preʃ'teza] F (*prontidão*) promptness; (*rapidez*) speed; **com ~** promptly
prestidigitação [preʃtʃidʒiʒita'sãw] F sleight of hand, conjuring, magic tricks *pl*
prestidigitador [preʃtʃidʒiʒita'do^{r}] M conjurer, magician
prestigiar [preʃtʃi'ʒja^{r}] VT to give prestige to
prestígio [preʃ'tʃiʒu] M prestige
prestigioso, -a [preʃtʃi'ʒozu, ɔza] ADJ prestigious, eminent
préstimo ['prɛʃtʃimu] M use, usefulness; **préstimos** MPL (*obséquios*) favours (*Brit*), favors (*US*), services; **sem ~** useless, worthless
presto, -a ['prɛʃtu, a] ADJ swift
presumido, -a [prezu'midu, a] ADJ vain, self-important
presumir [prezu'mi^{r}] VT to presume
presunção [prezũ'sãw] (*pl* **-ões**) F (*suposição*) presumption; (*vaidade*) conceit, self-importance; **presunçoso, -a** [prezũ'sozu, ɔza] ADJ vain, self-important
presunto [pre'zũtu] M ham; (*col*: *cadáver*) stiff
pret-à-porter [prɛtapox'te] ADJ INV ready to wear
pretendente [pretẽ'dẽtʃi] M/F claimant; (*candidato*) candidate, applicant ■ M (*de uma mulher*) suitor
pretender [pretẽ'de^{r}] VT to claim; (*cargo, emprego*) to go for; **~ fazer** to intend to do
pretensamente [pretẽsa'mẽtʃi] ADV supposedly
pretensão [pretẽ'sãw] (*pl* **-ões**) F (*reivindicação*) claim; (*vaidade*) pretension; (*propósito*) aim; (*aspiração*) aspiration; **pretensões** FPL (*presunção*) pretentiousness; **pretensioso, -a** [pretẽ'sjozu, ɔza] ADJ pretentious
pretenso, -a [pre'tẽsu, a] ADJ alleged, supposed
pretensões [pretẽ'sõjʃ] FPL *de* **pretensão**
preterir [prete'ri^{r}] VT (*desprezar*) to ignore; (*deixar de promover*) to pass over; (*ocupar cargo de*) to displace; (*ser usado em lugar de*) to usurp; (*omitir*) to disregard
pretérito, -a [pre'tɛritu, a] ADJ past ■ M (*Ling*) preterite
pretextar [preteʃ'ta^{r}] VT to give as an excuse
pretexto [pre'teʃtu] M pretext, excuse; **a ~ de** on the pretext of
preto, -a ['pretu, a] ADJ black ■ M/F Black (man/woman); **pôr o ~ no branco** to put it down in writing
preto-e-branco ADJ INV (*filme, TV*) black and white
pretume [pre'tumi] M blackness
prevalecente [prevale'sẽtʃi] ADJ prevalent
prevalecer [prevale'se^{r}] VI to prevail; **prevalecer-se** VR: **prevalecer-se de** (*aproveitar-se*) to take advantage of; **~ sobre** to outweigh
prevaricar [prevari'ka^{r}] VI (*faltar ao dever*) to fail in one's duty; (*proceder mal*) to behave badly; (*cometer adultério*) to commit adultery
prevê *etc* [pre've] VB *v* **prever**
prevejo *etc* [pre'veʒu] VB *v* **prever**
prevenção [prevẽ'sãw] (*pl* **-ões**) F (*ato de evitar*) prevention; (*preconceito*) prejudice; (*cautela*) caution; **estar de ~ com** *ou* **contra alguém** to be bias(s)ed against sb
prevenido, -a [preve'nidu, a] ADJ (*cauteloso*) cautious, wary; (*avisado*) forewarned; **estar ~** (*com dinheiro*) to have cash on one
prevenir [preve'ni^{r}] VT (*evitar*) to prevent; (*avisar*) to warn; (*preparar*) to prepare; **prevenir-se** VR: **prevenir-se contra** (*acautelar-se*) to be wary of; **~-se de** (*equipar-se*) to equip o.s. with; **~-se para** to prepare (o.s.) for
preventivo, -a [prevẽ'tʃivu, a] ADJ preventive
prever [pre've^{r}] (*irreg*) VT to predict, foresee; (*pressupor*) to presuppose
pré-vestibular [-veʃtʃibu'la^{r}] ADJ (*curso*) preparing for university entry ■ M preparation for university entry
previa *etc* [pre'via] VB *v* **prever**
prévia ['prɛvja] F opinion poll
previamente [prevja'mẽtʃi] ADJ previously
previdência [previ'dẽsja] F (*previsão*) foresight; (*precaução*) precaution; **~ social** social welfare; (*instituição*) ≈ DSS (*Brit*), ≈ Welfare Department (*US*)
previdente [previ'dẽtʃi] ADJ: **ser ~** to show foresight
previno *etc* [pre'vinu] VB *v* **prevenir**
prévio, -a ['prɛvju, a] ADJ prior; (*preliminar*) preliminary
previr *etc* [pre'vi^{r}] VB *v* **prever**
previsão [previ'zãw] (*pl* **-ões**) F (*antevisão*) foresight; (*prognóstico*) prediction, forecast; **~ do tempo** weather forecast
previsível [previ'zivew] (*pl* **-eis**) ADJ predictable
previsões [previ'zõjʃ] FPL *de* **previsão**
previsto, -a [pre'viʃtu, a] PP *de* **prever** ■ ADJ predicted; (*na lei etc*) prescribed
prezado, -a [pre'zadu, a] ADJ esteemed; (*numa carta*) dear
prezar [pre'za^{r}] VT (*amigos*) to value highly; (*autoridade*) to respect; (*gostar de*) to appreciate; **prezar-se** VR (*ter dignidade*) to have self-respect; **~-se de** (*orgulhar-se*) to pride o.s. on
primado [pri'madu] M (*primazia*) primacy
prima-dona (*pl* **-s**) F leading lady
primar [pri'ma^{r}] VI to excel, stand out
primário, -a [pri'marju, a] ADJ primary; (*elementar*) basic, rudimentary; (*primitivo*) primitive ■ M (*curso*) elementary education
primata [pri'mata] M (*Zool*) primate
primavera [prima'vɛra] F spring; (*planta*) primrose
primaveril [primave'riw] (*pl* **-is**) ADJ spring *atr*; (*pessoa*) youthful, young
primaz [pri'majʒ] M primate
primazia [prima'zia] F primacy; (*prioridade*) priority; (*superioridade*) superiority
primeira [pri'mejra] F (*Auto*) first gear
primeira-dama (*pl* **primeiras-damas**) F (*Pol*)

first lady

primeiranista [primejra'niʃta] M/F first-year (student)

primeiro, -a [pri'mejru, a] ADJ first; (*fundamental*) fundamental, prime ■ ADV first; **de primeira** (*pessoa, restaurante*) first-class; (*carne*) prime; **viajar de primeira** to travel first class; **à primeira vista** at first sight; **em ~ lugar** first of all; **de ~** first; **primeira página** (*de jornal*) front page; **ele foi o ~ que disse isso** he was the first to say this

primeiro-de-abril (*pl* **primeiros-de-abril**) M April fool

primeiro-time (*col*) ADJ INV top-notch, first-rate

primitivo, -a [primi'tʃivu, a] ADJ primitive; (*original*) original

primo, -a ['primu, a] M/F cousin; **~ irmão** first cousin; **~ em segundo grau** second cousin; **(número) ~** prime number

primogênito, -a [primo'ʒenitu, a] ADJ, M/F first-born

primor [pri'moʳ] M excellence, perfection; (*beleza*) beauty; **com ~** to perfection; **é um ~** it's perfect

primordial [primox'dʒjaw] (*pl* **-ais**) ADJ (*primitivo*) primordial, primeval; (*principal*) principal, fundamental

primórdio [pri'mɔxdʒju] M origin

primoroso, -a [primo'rozu, ɔza] ADJ (*excelente*) excellent; (*belo*) exquisite

princesa [prĩ'seza] F princess

principado [prĩsi'padu] M principality

principal [prĩsi'paw] (*pl* **-ais**) ADJ principal; (*entrada, razão, rua*) main ■ M (*chefe*) head, principal; (*essencial, de dívida*) principal ■ F (*Ling*) main clause

príncipe ['prĩsipi] M prince

principiante [prĩsi'pjãtʃi] M/F beginner

principiar [prĩsi'pjaʳ] VT, VI to begin; **~ a fazer** to begin to do

princípio [prĩ'sipju] M (*começo*) beginning, start; (*origem*) origin; (*legal, moral*) principle; **princípios** MPL (*de matéria*) rudiments; **em ~** in principle; **no ~** in the beginning; **por ~** on principle; **do ~ ao fim** from beginning to end; **uma pessoa de ~s** a person of principle

prior [prjoʳ] M (*sacerdote*) parish priest; (*de convento*) prior

prioridade [prjori'dadʒi] F priority; **ter ~ sobre** to have priority over

prioritário, -a [prjori'tarju, a] ADJ priority *atr*

prisão [pri'zãw] (*pl* **-ões**) F (*encarceramento*) imprisonment; (*cadeia*) prison, jail; (*detenção*) arrest; **ordem de ~** warrant for arrest; **~ perpétua** life imprisonment; **~ preventiva** protective custody; **~ de ventre** constipation; **prisioneiro, -a** [prizjo'nejru, a] M/F prisoner

prisma ['priʒma] M prism; **sob esse ~** (*fig*) in this light, from this angle

prisões [pri'zõjʃ] FPL *de* **prisão**

privação [priva'sãw] (*pl* **-ões**) F deprivation; **privações** FPL (*penúria*) hardship *sg*

privacidade [privasi'dadʒi] F privacy

privações [priva'sõjʃ] FPL *de* **privação**

privada [pri'vada] F toilet

privado, -a [pri'vadu, a] ADJ (*particular*) private; (*carente*) deprived

privar [pri'vaʳ] VT: **~ alguém de algo** to deprive sb of sth; **privar-se** VR: **privar-se de algo** to deprive o.s. of sth, go without sth

privativo, -a [priva'tʃivu, a] ADJ (*particular*) private; **~ de** peculiar to

privatização [privatʃiza'sãw] (*pl* **-ões**) F privatization

privatizar [privatʃi'zaʳ] VT to privatize

privilegiado, -a [privile'ʒjadu, a] ADJ privileged; (*excepcional*) unique, exceptional

privilegiar [privile'ʒjaʳ] VT to privilege; (*favorecer*) to favour (*Brit*), favor (*US*)

privilégio [privi'lɛʒu] M privilege

pro [pru] (*col*) = **para + o**

pró [prɔ] ADV for, in favour (*Brit*) *ou* favor (*US*) ■ M advantage; **os ~s e os contras** the pros and cons; **em ~ de** in favo(u)r of

pró- [prɔ] PREFIXO pro-; **~soviético** pro-Soviet

proa ['proa] F prow, bow

probabilidade [probabili'dadʒi] F probability, likelihood; **probabilidades** FPL (*chances*) odds; **segundo todas as ~s** in all probability

probabilíssimo, -a [probabi'lisimu, a] ADJ SUPERL *de* **provável**

problema [prob'lɛma] M problem

problemática [proble'matʃika] F problematics *sg*; (*problemas*) problems *pl*

problemático, -a [proble'matʃiku, a] ADJ problematic

procedência [prose'dẽsja] F (*origem*) origin, source; (*lugar de saída*) point of departure

procedente [prose'dẽtʃi] ADJ (*oriundo*) derived, rising; (*lógico*) logical

proceder [prose'deʳ] VI (*ir adiante*) to proceed; (*comportar-se*) to behave; (*agir*) to act; (*Jur*) to take legal action ■ M conduct; **~ a** to carry out; **~ de** (*originar-se*) to originate from; (*descender*) to be descended from; **procedimento** [prosedʒi'mẽtu] M (*comportamento*) conduct, behaviour (*Brit*), behavior (*US*); (*processo*) procedure; (*Jur*) proceedings *pl*

procela [pro'sɛla] F storm, tempest

proceloso, -a [prose'lozu, ɔza] ADJ stormy

prócer ['prɔseʳ] M chief, leader

processador [prosesa'doʳ] M processor; **~ de texto** word processor

processamento [prosesa'mẽtu] M (*de requerimentos, Comput*) processing; (*Jur*) prosecution; (*verificação*) verification; (*de depoimentos*) taking down; **~ de dados** data

NB: *European Portuguese adds the following consonants to certain words*: **b** (sú(b)dito, su(b)til); **c** (a(c)ção, a(c)cionista, a(c)to); **m** (inde(m)ne); **p** (ado(p)çã, ado(p)tar); *for further details see p. xiii.*

processing; **~ por lotes** batch processing; **~ de texto** word processing

processar [prose'sa^{r}] VT (*Jur*) to take proceedings against, prosecute; (*verificar*) to check, verify; (*depoimentos*) to take down; (*requerimentos, Comput*) to process

processo [pro'sɛsu] M process; (*procedimento*) procedure; (*Jur*) lawsuit, legal proceedings *pl*; (: *autos*) record; (*conjunto de documentos*) documents *pl*; (*de uma doença*) course, progress; **abrir um ~ (contra alguém)** to start legal proceedings (against sb); **~ inflamatório** (*Med*) inflammation

procissão [prosi'sãw] (*pl* **-ões**) F procession

proclamação [proklama'sãw] (*pl* **-ões**) F proclamation; **Proclamação da República** (BR) *see below*

PROCLAMAÇÃO DA REPÚBLICA

Commemorated on 15 November, which is a public holiday, the proclamation of the republic in 1889 was a military coup, led by Marshal Deodoro da Fonseca. It brought down the empire which had been established after independence and installed a federal republic in Brazil.

proclamar [prokla'ma^{r}] VT to proclaim

proclamas [pro'klamaʃ] MPL banns

procrastinar [prokraʃtʃi'na^{r}] VT to put off ■ VI to procrastinate

procriação [prokrja'sãw] F procreation

procriar [pro'krja^{r}] VT, VI to procreate

procura [pro'kura] F search; (*Com*) demand; **em ~ de** in search of

procuração [prokura'sãw] (*pl* **-ões**) F power of attorney; (*documento*) letter of attorney; **por ~** by proxy

procurado, -a [proku'radu, a] ADJ sought after, in demand

procurador, a [prokura'do^{r}(a)] M/F (*advogado*) attorney; (*mandatário*) proxy; **P~ Geral da República** Attorney General

procurar [proku'ra^{r}] VT to look for, seek; (*emprego*) to apply for; (*ir visitar*) to call on, go and see; (*contatar*) to get in touch with; **~ fazer** to try to do

prodigalizar [prodʒigali'za^{r}] VT (*gastar excessivamente*) to squander; (*dar com profusão*) to lavish

prodígio [pro'dʒiʒu] M prodigy

prodigioso, -a [prodʒi'ʒozu, ɔza] ADJ prodigious, marvellous (*Brit*), marvelous (*US*)

pródigo, -a ['prɔdʒigu, a] ADJ (*perdulário*) wasteful; (*generoso*) lavish; **filho ~** prodigal son

produção [produ'sãw] (*pl* **-ões**) F production; (*volume de produção*) output; (*produto*) product; **~ em massa** *ou* **série** mass production

produtividade [produtʃivi'dadʒi] F productivity

produtivo, -a [produ'tʃivu, a] ADJ productive; (*rendoso*) profitable

produto [pro'dutu] M product; (*renda*) proceeds *pl*, profit; **~s alimentícios** foodstuffs; **~s agrícolas** agricultural produce *sg*; **ser ~ de** to be a product of; **~ nacional bruto** gross national product; **~s acabados/semi-acabados** finished/semi-finished products

produtor, a [produ'to^{r}(a)] ADJ producing ■ M/F producer

produzido, -a [produ'zidu, a] ADJ trendy

produzir [produ'zi^{r}] VT to produce; (*ocasionar*) to cause, bring about; (*render*) to bring in ■ VI to be productive; (*Econ*) to produce

proeminência [proemi'nẽsja] F prominence; (*protuberância*) protuberance; (*elevação de terreno*) elevation

proeminente [proemi'nẽtʃi] ADJ prominent

proeza [pro'eza] F achievement, feat

profanação [profana'sãw] F sacrilege, profanation

profanar [profa'na^{r}] VT to desecrate, profane; **profano, -a** [pro'fanu, a] ADJ profane; (*secular*) secular ■ M/F layman/woman

profecia [profe'sia] F prophecy

proferir [profe'ri^{r}] VT to utter; (*sentença*) to pronounce; **~ um discurso** to make a speech

professar [profe'sa^{r}] VT to profess; (*profissão*) to practise (*Brit*), practice (*US*) ■ VI (*Rel*) to take religious vows

professo, -a [pro'fɛsu, a] ADJ (*católico etc*) confirmed; (*político etc*) seasoned

professor, a [profe'so^{r}(a)] M/F teacher; (*universitário*) lecturer; **~ titular** *ou* **catedrático** (university) professor; **~ associado** reader

professorado [profeso'radu] M (*professores*) teachers *pl*; (*magistério*) teaching profession

profeta, -isa [pro'fɛta, profe'tʃiza] M/F prophet

profético, -a [pro'fɛtʃiku, a] ADJ prophetic

profetisa [profe'tʃiza] F *de* **profeta**

profetizar [profetʃi'za^{r}] VT, VI to prophesy, predict

proficiência [profi'sjẽsja] F proficiency, competence

proficiente [profi'sjẽtʃi] ADJ proficient, competent

profícuo, -a [pro'fikwu, a] ADJ useful, advantageous

profiro *etc* [pro'firu] VB *v* **proferir**

profissão [profi'sãw] (*pl* **-ões**) F (*ofício*) profession; (*de fé*) declaration; **~ liberal** liberal profession; **profissional** [profisjo'naw] (*pl* **-ais**) ADJ, M/F professional

profissionalizante [profisjonali'zãtʃi] ADJ (*ensino*) vocational

profissionalizar [profisjonali'za^{r}] VT to professionalize; **profissionalizar-se** VR to turn professional; (*atividade*) to become professional

profissões [profi'sõjʃ] FPL *de* **profissão**

profundas [pro'fũdaʃ] FPL depths

profundidade [profũdʒi'dadʒi] F depth; (*fig*) profoundness, depth; **tem 4 metros de ~** it is 4

metres *ou* meters deep
profundo, -a [pro'fũdu, a] ADJ deep; (*fig*) profound
profusão [profu'zãw] F profusion, abundance
profuso, -a [pro'fuzu, a] ADJ (*abundante*) profuse, abundant
progênie [pro'ʒeni] F (*ascendência*) lineage; (*prole*) offspring, progeny
progenitor, a [proʒeni'to^{r}(a)] M/F ancestor; (*pai/mãe*) father/mother
prognosticar [prognoʃtʃi'ka^{r}] VT to predict, forecast ■ VI (*Med*) to make a prognosis
prognóstico [prog'nɔʃtʃiku] M prediction, forecast; (*Med*) prognosis
programa [pro'grama] M programme (*Brit*), program (*US*); (*Comput*) program; (*plano*) plan; (*diversão*) thing to do; (*de um curso*) syllabus; **fazer um ~** to go out; **~ de índio** (*col*) boring thing to do; **programação** [programa'sãw] F planning; (*TV, Rádio, Comput*) programming; **programação visual** graphic design
programador, a [programa'do^{r}(a)] M/F programmer; **~ visual** graphic designer
programar [progra'ma^{r}] VT to plan; (*Comput*) to program
programável [progra'mavew] (*pl* **-eis**) ADJ programmable
progredir [progre'dʒi^{r}] VI to progress, make progress; (*avançar*) to move forward; (*infecção*) to progress
progressão [progre'sãw] F progression
progressista [progre'siʃta] ADJ, M/F progressive
progressivo, -a [progre'sivu, a] ADJ progressive; (*gradual*) gradual
progresso [pro'grɛsu] M progress
progrido *etc* [pro'gridu] VB *v* **progredir**
proibição [proibi'sãw] (*pl* **-ões**) F prohibition, ban
proibir [proi'bi^{r}] VT to prohibit, forbid; (*livro, espetáculo*) to ban; **" é proibido fumar"** "no smoking"; **~ alguém de fazer, ~ que alguém faça** to forbid sb to do
proibitivo, -a [proibi'tʃivu, a] ADJ prohibitive
projeção [proʒe'sãw] (PT **-cç-**, *pl* **-ões**) F projection; (*arremesso*) throwing; (*proeminência*) prominence; **tempo de ~** (*de filme*) running time
projetar [proʒe'ta^{r}] (PT **-ct-**) VT to project; (*arremessar*) to throw; (*planejar*) to plan; (*Arq, Tec*) to design; **projetar-se** VR (*lançar-se*) to hurl o.s.; (*sombra etc*) to fall; (*delinear-se*) to jut out; **~ fazer** to plan to do
projétil [pro'ʒɛtʃiw] (PT **-ct-**, *pl* **-eis**) M projectile, missile; (*Mil*) missile
projetista [proʒe'tʃiʃta] (PT **-ct-**) ADJ design *atr* ■ M/F designer
projeto [pro'ʒɛtu] (PT **-ct-**) M (*empreendimento*) project; (*plano, Arq*) plan; (*Tec*) design; (*de tese etc*) draft; **~ de lei** bill; **~ assistido por computador** computer-aided design
projetor [proʒe'to^{r}] (PT **-ct-**) M (*Cinema*) projector; (*holofote*) searchlight
prol [prɔw] M advantage; **em ~ de** on behalf of, for the benefit of
pró-labore [-la'bɔri] M remuneration, fee
prolapso [pro'lapsu] M (*Med*) prolapse
prole ['prɔli] F offspring, progeny
proletariado [proleta'rjadu] M proletariat
proletário, -a [prole'tarju, a] ADJ, M/F proletarian
proliferação [prolifera'sãw] F proliferation
proliferar [prolife'ra^{r}] VI to proliferate
prolífico, -a [pro'lifiku, a] ADJ prolific
prolixo, -a [pro'liksu, a] ADJ long-winded, tedious
prólogo ['prɔlogu] M prologue
prolongação [prolõga'sãw] F extension
prolongado, -a [prolõ'gadu, a] ADJ (*demorado*) prolonged; (*alongado*) extended
prolongamento [prolõga'mẽtu] M extension
prolongar [prolõ'ga^{r}] VT (*tornar mais longo*) to extend, lengthen; (*decisão etc*) to postpone; (*vida*) to prolong; **prolongar-se** VR to extend; (*durar*) to last
promessa [pro'mɛsa] F promise; (*compromisso*) pledge
prometedor, a [promete'do^{r}(a)] ADJ promising
prometer [prome'te^{r}] VT to promise ■ VI to promise; (*ter potencial*) to show promise; **~ fazer/que** to promise to do/that
prometido, -a [prome'tʃidu, a] ADJ promised ■ M: **o ~** what one promised; **cumprir o ~** to keep one's promise
promiscuidade [promiʃkwi'dadʒi] F (*sexual*) promiscuity; (*desordem*) untidiness
promiscuir-se [promiʃ'kwixsi] VR: **~ (com)** to mix (with)
promíscuo, -a [pro'miʃkwu, a] ADJ (*misturado*) disorderly, mixed up; (*comportamento sexual*) promiscuous
promissor, a [promi'so^{r}(a)] ADJ promising
promissório, -a [promi'sɔrju, a] ADJ, F: **(nota) promissória** promissory note
promoção [promo'sãw] (*pl* **-ões**) F promotion; **fazer ~ de alguém/algo** to promote sb/sth
promontório [promõ'tɔrju] M headland, promontory
promotor, a [promo'to^{r}(a)] ADJ promoting ■ M/F promoter; (*Jur*) prosecutor; **~ público** public prosecutor
promover [promo've^{r}] VT (*dar impulso a*) to promote; (*causar*) to cause; (*elevar a cargo superior*) to promote; (*reunião, encontro*) to bring about
promulgação [promuwga'sãw] F promulgation
promulgar [promuw'ga^{r}] VT (*lei etc*) to promulgate; (*tornar público*) to declare publicly
pronome [pro'nɔmi] M pronoun

NB: *European Portuguese adds the following consonants to certain words*: **b** (sú(b)dito, su(b)til); **c** (a(c)ção, a(c)cionista, a(c)to); **m** (inde(m)ne); **p** (ado(p)çã, ado(p)tar); *for further details see p. xiii.*

pronta-entrega (*pl* **-s**) F immediate delivery department
prontidão [prõtʃi'dãw] F (*estar preparado*) readiness; (*rapidez*) promptness, speed; **estar de ~** to be at the ready
prontificar [prõtʃifi'ka^{r}] VT to have ready; **prontificar-se** VR: **prontificar-se a fazer/para algo** to volunteer to do/for sth
pronto, -a [prõtu, a] ADJ ready; (*rápido*) quick, speedy; (*imediato*) prompt; (*col*: *sem dinheiro*) broke ■ ADV promptly; **de ~** promptly; **estar ~ a ...** to be prepared *ou* willing to ...; **(e) ~!** (and) that's that!; **pronto-socorro** (*pl* **prontos-socorros**) M emergency hospital; (*PT*: *reboque*) tow truck
prontuário [prõ'twarju] M (*manual*) handbook; (*policial*) record
pronúncia [pro'nũsja] F pronunciation; (*Jur*) indictment
pronunciação [pronũsja'sãw] (*pl* **-ões**) F pronouncement; (*Ling*) pronunciation
pronunciamento [pronũsja'mẽtu] M proclamation, pronouncement
pronunciar [pronũ'sja^{r}] VT to pronounce; (*discurso*) to make, deliver; (*Jur*: *réu*) to indict; (: *sentença*) to pass; **pronunciar-se** VR (*expressar opinião*) to express one's opinion; **~ mal** to mispronounce
propagação [propaga'sãw] F propagation; (*fig*: *difusão*) dissemination
propaganda [propa'gãda] F (*Pol*) propaganda; (*Com*) advertising; (: *uma propaganda*) advert, advertisement; **fazer ~ de** to advertise
propagar [propa'ga^{r}] VT to propagate; (*fig*: *difundir*) to disseminate
propender [propẽ'de^{r}] VI to lean; **~ para algo** (*fig*) to incline *ou* tend towards sth
propensão [propẽ'sãw] (*pl* **-ões**) F inclination, tendency; **propenso, -a** [pro'pẽsu, a] ADJ: **propenso a** inclined to, with a tendency to; **ser propenso a** to be inclined to, have a tendency to
propensões [propẽ'sõjʃ] FPL *de* **propensão**
propiciar [propi'sja^{r}] VT (*tornar favorável*) to favour (*Brit*), favor (*US*); (*permitir*) to allow; (*proporcionar*) to provide
propício, -a [pro'pisju, a] ADJ (*favorável*) favourable (*Brit*), favorable (*US*), propitious; (*apropriado*) appropriate
propina [pro'pina] F (*gorjeta*) tip; (*PT*: *cota*) fee
propor [pro'po^{r}] (*irreg*) VT to propose; (*oferecer*) to offer; (*um problema*) to pose; (*Jur*: *ação*) to start, move; **propor-se** VR: **propor-se (a) fazer** (*pretender*) to intend to do; (*visar*) to aim to do; (*dispor-se*) to decide to do; (*oferecer-se*) to offer to do; **~-se a** *ou* **para governador** *etc* to stand for governor *etc*
proporção [propox'sãw] (*pl* **-ões**) F proportion; **proporções** FPL (*dimensões*) dimensions; **à ~ que** as
proporcionado, -a [propoxsjo'nadu, a] ADJ proportionate
proporcional [propoxsjo'naw] (*pl* **-ais**) ADJ proportional
proporcionar [propoxsjo'na^{r}] VT (*dar*) to provide, give; (*adaptar*) to adjust, adapt
proporções [propox'sõjʃ] FPL *de* **proporção**
propôs [pro'poʃ] VB *v* **propor**
proposição [propozi'sãw] (*pl* **-ões**) F proposition, proposal
propositado, -a [propozi'tadu, a] ADJ intentional
proposital [propozi'taw] (*pl* **-ais**) ADJ intentional
propósito [pro'pɔzitu] M (*intenção*) purpose; (*objetivo*) aim; **a ~** by the way; (*oportunamente*) at an opportune moment; **a ~ de** with regard to; **com o ~ de** with the purpose of; **de ~** on purpose; **fora de ~** irrelevant
proposta [pro'pɔʃta] F proposal; (*oferecimento*) offer
proposto, -a [pro'poʃtu, 'pɔʃta] PP *de* **propor**
propriamente [proprja'mẽtʃi] ADV properly, exactly; **~ falando** *ou* **dito** strictly speaking; **a Igreja ~ dita** the Church proper
propriedade [proprje'dadʒi] F property; (*direito de proprietário*) ownership; (*o que é apropriado*) appropriateness, propriety; **~ imobiliária** real estate
proprietário, -a [proprje'tarju, a] M/F owner, proprietor; (*de casa alugada*) landlord/lady; (*de jornal*) publisher
próprio, -a ['prɔprju, a] ADJ (*possessivo*) own, of one's own; (*mesmo*) very, selfsame; (*hora, momento*) opportune, right; (*nome*) proper; (*característico*) characteristic; (*sentido*) proper, true; (*depois de pronome*) -self; **~ (para)** suitable (for); **eu ~** I myself; **ele ~** he himself; **mora em casa própria** he lives in a house of his own; **por si ~** of one's own accord; **o ~ homem** the very man; **ele é o ~ inglês** he's a typical Englishman; **é o ~** it's him himself
propulsão [propuw'sãw] F propulsion; **~ a jato** jet propulsion
propulsor, a [propuw'so^{r}(a)] ADJ propelling ■ M propellor
propus *etc* [pro'puʃ] VB *v* **propor**
propuser *etc* [propu'ze^{r}] VB *v* **propor**
prorrogação [proxoga'sãw] (*pl* **-ões**) F extension; (*Com*) deferment; (*Jur*) stay; (*Futebol*) extra time
prorrogar [proxo'ga^{r}] VT to extend, prolong
prorrogável [proxo'gavel] (*pl* **-eis**) ADJ extendible
prorromper [proxõ'pe^{r}] VI (*águas, lágrimas*) to burst forth, break out; **~ em choro/gargalhadas** to burst into tears/burst out laughing
prosa ['prɔza] F prose; (*conversa*) chatter; (*fanfarrice*) boasting, bragging ■ ADJ full of oneself; **ter boa ~** to have the gift of the gab
prosador, a [proza'do^{r}(a)] M/F prose writer
prosaico, -a [pro'zajku, a] ADJ prosaic
proscênio [pro'senju] M proscenium
proscrever [proʃkre've^{r}] VT to prohibit, ban;

(*expulsar*) to ban, exile; (*vícios, usos*) to do away with

proscrição [proʃkri'sãw] (*pl* **-ões**) F proscription; (*proibição*) prohibition, ban; (*desterro*) exile; (*abolição*) abolition

proscrito, -a [proʃ'kritu, a] PP *de* **proscrever** ■ M/F (*desterrado*) exile

prosear [pro'zja^{r}] VI to chat

prosélito [pro'zɛlitu] M convert

prosódia [pro'zɔdʒja] F prosody

prosopopéia [prozopo'pɛja] F (*fig*) diatribe; (*col: pose*) pose

prospecto [proʃ'pɛktu] M (*desdobrável*) leaflet; (*em forma de livro*) brochure

prospector [proʃpek'to^{r}] M prospector

prosperar [proʃpe'ra^{r}] VI to prosper, thrive; **prosperidade** [proʃperi'dadʒi] F prosperity; (*bom êxito*) success; **próspero, -a** ['prɔʃperu, a] ADJ prosperous; (*bem sucedido*) successful; (*favorável*) favourable (*Brit*), favorable (*US*)

prosseguimento [prosegi'mẽtu] M continuation

prosseguir [prose'gi^{r}] VT to continue ■ VI to continue, go on; **~ em** to continue (with)

próstata ['prɔʃtata] F prostate

prostíbulo [proʃ'tʃibulu] M brothel

prostituição [proʃtʃitwi'sãw] F prostitution

prostituir [proʃtʃi'twi^{r}] VT to prostitute; (*fig: desonrar*) to debase; **prostituir-se** VR (*tornar-se prostituta*) to become a prostitute; (*ser prostituta*) to be a prostitute; (*no trabalho*) to prostitute o.s.; (*corromper-se*) to be corrupted; (*desonrar-se*) to debase o.s.

prostituta [proʃti'tuta] F prostitute

prostração [proʃtra'sãw] F (*cansaço*) exhaustion; (*moral*) desolation

prostrado, -a [proʃ'tradu, a] ADJ prostrate

prostrar [proʃ'tra^{r}] VT (*derrubar*) to knock down, throw down; (*extenuar*) to tire out; (*abater*) to lay low; **prostrar-se** VR to prostrate o.s.

protagonista [protago'niʃta] M/F protagonist

protagonizar [protagoni'za^{r}] VT to play the lead role in; (*fig*) to be at the centre (*Brit*) *ou* center (*US*) of

proteção [prote'sãw] (*PT* **-cç-**) F protection; (*amparo*) support, backing

protecionismo [protesjo'niʒmu] (*PT* **-cç-**) M protectionism

protector, a [protek'to^{r}(a)] (*PT*) = **protetor**

proteger [prote'ʒe^{r}] VT to protect; **protegido, -a** [prote'ʒidu, a] ADJ protected ■ M/F protégé(e)

proteína [prote'ina] F protein

protejo *etc* [pro'teʒu] VB *v* **proteger**

protelar [prote'la^{r}] VT to postpone, put off

PROTERRA (BR) ABR M = **Programa de Redistribuição da Terra e de Estímulo Agro-Industrial do Norte e Nordeste**

protestante [proteʃ'tãtʃi] ADJ, M/F Protestant

protestantismo [proteʃtã'tʃiʒmu] M Protestantism

protestar [proteʃ'ta^{r}] VT to protest; (*declarar*) to declare, affirm ■ VI to protest; **protesto** [pro'teʃtu] M protest; (*declaração*) affirmation

protetor, a [prote'to^{r}(a)] ADJ protective ■ M/F protector; **~ solar** sunscreen; **~ de tela** (*Comput*) screensaver

protocolar [protoko'la^{r}] ADJ protocol *atr* ■ VT to record

protocolo [proto'kɔlu] M protocol; (*recibo*) record slip

protótipo [pro'tɔtʃipu] M prototype

protuberância [protube'rãsja] F bump; **protuberante** [protube'rãtʃi] ADJ sticking out

prova ['prɔva] F proof; (*Tec: teste*) test, trial; (*Educ: exame*) examination; (*sinal*) sign; (*de comida, bebida*) taste; (*de roupa*) fitting; (*Esporte*) competition; (*Tip*) proof; **prova(s)** F(PL) (*Jur*) evidence *sg*; **à ~** on trial; **à ~ de bala/fogo/água** bulletproof/fireproof/water proof; **pôr à ~** to put to the test; **~ circunstancial/documental** (piece of) circumstantial/documentary evidence

provação [prova'sãw] F (*sofrimento*) trial

provado, -a [pro'vadu, a] ADJ proven

provar [pro'va^{r}] VT to prove; (*comida*) to taste, try; (*roupa*) to try on ■ VI to try

provável [pro'vavew] (*pl* **-eis**) ADJ probable, likely; **é ~ que não venha** he probably won't come

provê *etc* [pro've] VB *v* **prover**

provedor, a [prove'do^{r}(a)] M/F provider; **~ de acesso à Internet** Internet service provider

proveio *etc* [pro'veju] VB *v* **provir**

proveito [pro'vejtu] M (*vantagem*) advantage; (*ganho*) profit; **em ~ de** for the benefit of; **fazer ~ de** to make use of; **tirar ~ de** to benefit from; **proveitoso, -a** [provej'tozu, oza] ADJ profitable, advantageous; (*útil*) useful

provejo *etc* [pro'veʒu] VB *v* **prover**

proveniência [prove'njẽsja] F source, origin

proveniente [prove'njẽtʃi] ADJ: **~ de** originating from; (*que resulta de*) arising from

proventos [pro'vẽtuʃ] MPL proceeds *pl*

prover [pro've^{r}] (*irreg*) VT (*fornecer*) to provide, supply; (*vaga*) to fill ■ VI: **~ a** to take care of, see to; **prover-se** VR: **prover-se de algo** to provide o.s. with sth; **~ alguém de algo** to provide sb with sth; (*dotar*) to endow sb with sth

provérbio [pro'vɛxbju] M proverb

proveta [pro'veta] F test tube; **bebê de ~** test-tube baby

provi *etc* [pro'vi] VB *v* **prover**

provia *etc* [pro'via] VB *v* **prover**

providência [provi'dẽsja] F providence; **providências** FPL (*medidas*) measures, steps; **tomar ~s** to take steps; **providencial** [providẽ'sjaw] (*pl* **-ais**) ADJ opportune; **providenciar** [providẽ'sja^{r}] VT (*prover*) to

NB: *European Portuguese adds the following consonants to certain words:* **b** (sú(b)dito, su(b)til); **c** (a(c)ção, a(c)cionista, a(c)to); **m** (inde(m)ne); **p** (ado(p)çã, ado(p)tar); *for further details see p. xiii.*

provide; (*tomar providências*) to arrange ■ VI (*tomar providências*) to make arrangements, take steps; (*prover*): **providenciar a** to make provision for; **providenciar para que** to see to it that

providente [provi'dẽtʃi] ADJ provident; (*prudente*) prudent, careful

provido, -a [pro'vidu, a] ADJ (*fornecido*) supplied, provided; (*cheio*) full up, fully stocked

provier *etc* [pro'vjeʳ] VB *v* **provir**

provim *etc* [pro'vĩ] VB *v* **provir**

provimento [provi'mẽtu] M provision; **dar ~** (*Jur*) to grant a petition

província [pro'vĩsja] F province; **provinciano, -a** [provĩ'sjanu, a] ADJ provincial

provindo, -a [pro'vĩdu, a] PP *de* **provir** ■ ADJ: **~ de** coming from, originating from

provir [pro'viʳ] (*irreg*) VI: **~ de** to come from, derive from

provir *etc* VB *v* **prover**

provisão [provi'zãw] (*pl* **-ões**) F provision, supply; **provisões** FPL (*suprimentos*) provisions

provisoriamente [provizorja'mẽtʃi] ADV provisionally

provisório, -a [provi'zɔrju, a] ADJ provisional, temporary

provisto, -a [pro'viʃtu, a] PP *de* **prover**

provocação [provoka'sãw] (*pl* **-ões**) F provocation

provocador, a [provoka'doʳ(a)] ADJ provocative ■ M/F provoker

provocante [provo'kãtʃi] ADJ provocative

provocar [provo'kaʳ] VT to provoke; (*ocasionar*) to cause; (*atrair*) to tempt, attract; (*estimular*) to rouse, stimulate ■ VI to provoke, be provocative

proximidade [prosimi'dadʒi] F proximity, nearness; (*iminência*) imminence; **proximidades** FPL (*vizinhança*) neighbourhood *sg* (*Brit*), neighborhood *sg* (*US*), vicinity *sg*

próximo, -a ['prɔsimu, a] ADJ (*no espaço*) near, close; (*no tempo*) close; (*seguinte*) next; (*amigo, parente*) close; (*vizinho*) neighbouring (*Brit*), neighboring (*US*) ■ ADV near ■ M fellow man; **~ a** *ou* **de** near to, close to; **futuro ~** near future; **até a próxima!** see you again soon!

PRP (*BR*) ABR M = **Partido Renovador Progressista**

PRT (*BR*) ABR M = **Partido Reformador Trabalhista**

prudência [pru'dẽsja] F (*comedimento*) care, prudence; (*cautela*) care, caution; **prudente** [pru'dẽtʃi] ADJ sensible, prudent; (*cauteloso*) cautious

prumo ['prumu] M plumb line; (*Náut*) lead; **a ~** perpendicularly, vertically

prurido [pru'ridu] M itch

Prússia ['prusja] F: **a ~** Prussia

PS (*BR*) ABR M = **Partido Socialista**

PSB ABR M = **Partido Socialista Brasileiro**

PSC (*BR*) ABR M = **Partido Social Cristão**

PSD (*BR*) ABR M = **Partido Social Democrático.**

PSDB ABR M = **Partido Social-Democrata Brasileiro**

pseudônimo [psew'donimu] M pseudonym

psicanálise [psika'nalizi] F psychoanalysis

psicanalista [psikana'liʃta] M/F psychoanalyst

psicanalítico, -a [psikana'litʃiku, a] ADJ psychoanalytic(al)

psicodélico, -a [psiko'dɛliku, a] ADJ psychedelic

psicologia [psikolo'ʒia] F psychology; **psicológico, -a** [psiko'lɔʒiku, a] ADJ psychological; **psicólogo, -a** [psi'kɔlogu, a] M/F psychologist

psicopata [psiko'pata] M/F psychopath

psicose [psi'kɔzi] F psychosis; **estar com ~ de** to be obsessed with *ou* by

psicossomático, -a [psikoso'matʃiku, a] ADJ psychosomatic

psicoterapeuta [psikotera'pewta] M/F psychotherapist

psicoterapia [psikotera'pia] F psychotherapy

psicótico, -a [psi'kɔtʃiku, a] ADJ psychotic

psique ['psiki] F psyche

psiquiatra [psi'kjatra] M/F psychiatrist

psiquiatria [psikja'tria] F psychiatry

psiquiátrico, -a [psi'kjatriku, a] ADJ psychiatric

psíquico, -a ['psikiku, a] ADJ psychological

psiu [psiw] EXCL hey!

PST (*BR*) ABR M = **Partido Social Trabalhista**

PT (*BR*) ABR M = **Partido dos Trabalhadores**

PTN (*BR*) ABR M = **Partido Tancredista Nacional**

PTR (*BR*) ABR M = **Partido Trabalhista Renovador**

PUA (*BR*) ABR M (= *Pacto de Unidade e Ação*) *workers' movement*

pua ['pua] F (*de broca*) bit; **sentar a ~ em alguém** (*col*) to give sb a beating

puberdade [pubex'dadʒi] F puberty

púbere ['puberi] ADJ pubescent

púbis ['pubiʃ] M INV pubis

publicação [publika'sãw] F publication

publicar [publi'kaʳ] VT (*editar*) to publish; (*divulgar*) to divulge; (*proclamar*) to announce

publicidade [publisi'dadʒi] F publicity; (*Com*) advertising; **publicitário, -a** [publisi'tarju, a] ADJ publicity *atr*; (*Com*) advertising *atr* ■ M/F (*Com*) advertising executive

público, -a ['publiku, a] ADJ public ■ M public; (*Cinema, Teatro etc*) audience; **em ~** in public; **o grande ~** the general public

PUC (*BR*) ABR F = **Pontifícia Universidade Católica**

púcaro ['pukaru] (*PT*) M jug, mug

pude *etc* ['pudʒi] VB *v* **poder**

pudera *etc* [pu'dɛra] VB *v* **poder**

pudicícia [pudi'sisja] F modesty

pudico, -a [pu'dʒiku, a] ADJ bashful; (*pej*) prudish

pudim [pu'dʒĩ] (*pl* **-ns**) M pudding; **~ de leite** crème caramel

pudim-flã [pudĩ'flã] (*PT*) M crème caramel

pudins [pu'dʒĩʃ] MPL *de* **pudim**

pudor [pu'doʳ] M bashfulness, modesty; (*moral*)

decency; **atentado ao ~** indecent assault
puerícia [pwe'risja] F childhood
puericultura [pwerikuw'tura] F child care
pueril [pwe'riw] (*pl* **-is**) ADJ puerile
puerilidade [pwerili'dadʒi] F childishness, foolishness
pueris [pwe'riʃ] ADJ PL *de* **pueril**
pufe ['pufi] M pouf(fe)
pugilismo [puʒi'liʒmu] M boxing
pugilista [puʒi'liʃta] M boxer
pugna ['pugna] F fight, struggle
pugnar [pug'naʳ] VI to fight
pugnaz [pug'najʒ] ADJ pugnacious
puído, -a ['pwidu, a] ADJ worn
puir [pwiʳ] VT to wear thin
pujança [pu'ʒãsa] F vigour (*Brit*), vigor (*US*), strength; (*de vegetação*) lushness; **na ~ da vida** in the prime of life
pujante [pu'ʒãtʃi] ADJ powerful; (*saúde*) robust
pular [pu'laʳ] VI to jump; (*no Carnaval*) to celebrate ■ VT (*muro*) to jump (over); (*páginas, trechos*) to skip; **~ de alegria** to jump for joy; **~ Carnaval** to celebrate Carnival; **~ corda** to skip
pulga ['puwga] F flea; **estar/ficar com a ~ atrás da orelha** to smell a rat
pulgão [puw'gãw] (*pl* **-ões**) M greenfly
pulha ['puʎa] (*col*) M rat, creep
pulmão [puw'mãw] (*pl* **-ões**) M lung
pulmonar [puwmo'naʳ] ADJ pulmonary, lung *atr*
pulo ['pulu] M jump; **dar ~ s (de contente)** to be delighted; **dar um ~ em** to stop off at; **aos ~ s** by leaps and bounds; **a um ~ de** a stone's throw away from; **num ~** in a flash
pulo *etc* VB *v* **polir**
pulôver [pu'loveʳ] (BR) M pullover
púlpito ['puwpitu] M pulpit
pulsação [puwsa'sãw] F pulsation, beating; (*Med*) pulse
pulsar [puw'saʳ] VI (*palpitar*) to pulsate, throb
pulseira [puw'sejra] F bracelet; (*de sapato*) strap
pulso ['puwsu] M (*Anat*) wrist; (*Med*) pulse; (*fig*) vigour (*Brit*), vigor (*US*), energy; **obra de ~** work of great importance; **homem de ~** energetic man; **tomar o ~ de alguém** to take sb's pulse; **tomar o ~ de algo** (*fig*) to look into sth, sound sth out; **a ~** by force
pulular [pulu'laʳ] VI to abound; (*surgir*) to spring up; **~ de** to teem with; (*de turistas, mendigos*) to be crawling with
pulverizador [puwveriza'doʳ] M (*para líquidos etc*) spray, spray gun
pulverizar [puwveri'zaʳ] VT to pulverize; (*líquido*) to spray; (*polvilhar*) to dust
pum [pũ] EXCL bang! ■ M (*col*) fart (*!*)
pumba ['pũba] EXCL zoom!
punção [pũ'sãw] (*pl* **-ões**) M (*instrumento*) punch ■ F (*Med*) puncture
Pundjab [pũ'dʒabi] M: **o ~** the Punjab
pundonor [pũdo'noʳ] M dignity, self-respect
pungente [pũ'ʒẽtʃi] ADJ painful
pungir [pũ'ʒiʳ] VT to afflict ■ VI to be painful
punguear [pũ'gjaʳ] (*col*) VT (*bolso*) to pick; (*bolsa*) to snatch
punguista [pũ'giʃta] M pickpocket
punha *etc* ['puɲa] VB *v* **pôr**
punhado [pu'ɲadu] M handful
punhal [pu'ɲaw] (*pl* **-ais**) M dagger
punhalada [puɲa'lada] F stab
punho ['puɲu] M (*Anat*) fist; (*de manga*) cuff; (*de espada*) hilt; **de (seu) próprio ~** in one's own hand(writing)
punição [puni'sãw] (*pl* **-ões**) F punishment
punir [pu'niʳ] VT to punish
punitivo, -a [puni'tʃivu, a] ADJ punitive
punja *etc* ['pũʒa] VB *v* **pungir**
pupila [pu'pila] F (*Anat*) pupil; *v tb* **pupilo**
pupilo, -a [pu'pilu, a] M/F (*tutelado*) ward; (*aluno*) pupil
purê [pu're] M purée; **~ de batatas** mashed potatoes
pureza [pu'reza] F purity
purgação [puxga'sãw] (*pl* **-ões**) F purge; (*purificação*) purification
purgante [pux'gãtʃi] M purgative; (*col*: *pessoa*) bore
purgar [pux'gaʳ] VT to purge; (*purificar*) to purify
purgativo, -a [puxga'tʃivu, a] ADJ purgative ■ M purgative
purgatório [puxga'tɔrju] M purgatory
purificação [purifika'sãw] F purification
purificar [purifi'kaʳ] VT to purify
purista [pu'riʃta] M/F purist
puritanismo [purita'niʒmu] M puritanism
puritano, -a [puri'tanu, a] ADJ (*atitude*) puritanical; (*seita*) puritan ■ M/F puritan
puro, -a ['puru, a] ADJ pure; (*uísque*) neat; (*verdade*) plain; (*intenções*) honourable (*Brit*), honorable (*US*); (*estilo*) clear; **isto é pura imaginação sua** it's pure imagination on your part, you're just imagining it; **~ e simples** pure and simple
puro-sangue (*pl* **puros-sangues**) ADJ, M thoroughbred
púrpura ['puxpura] F purple
purpúreo, -a [pux'purju, a] ADJ (*cor*) crimson
purpurina [puxpu'rina] F metallic paint
purulento, -a [puru'lẽtu] ADJ festering, suppurating
pus [puʃ] M pus, matter
pus *etc* [pujʃ] VB *v* **pôr**
puser *etc* [pu'zeʳ] VB *v* **pôr**
pusilânime [puzi'lanimi] ADJ fainthearted; (*covarde*) cowardly
pústula ['puʃtula] F pustule; (*fig*) rotter
puta ['puta] (*col!*) F whore; **~ que pariu!** fucking hell! (*!*); **mandar alguém para a ~ que (o) pariu** to tell sb to fuck off (*!*); *v tb* **puto**

NB: *European Portuguese adds the following consonants to certain words*: **b** (sú(b)dito, su(b)til); **c** (a(c)ção, a(c)cionista, a(c)to); **m** (inde(m)ne); **p** (ado(p)çã, ado(p)tar); *for further details see p. xiii.*

putativo, -a [puta'tʃivu, a] ADJ supposed
puto, -a ['putu, a] (*col!*) M/F (*sem-vergonha*) bastard ■ ADJ (*zangado*) furious; (*incrível*): **um ~ ...** a hell of a ...; **o ~ de ...** the bloody ..
putrefação [putrefa'sãw] F rotting, putrefaction
putrefato, -a [putre'fatu, a] ADJ rotten
putrefazer [putrefa'ze^{r}] (*irreg*) VT to rot ■ VI to putrefy, rot; **putrefazer-se** VR to putrefy, rot
pútrido, -a ['putridu, a] ADJ putrid, rotten
puxa ['puʃa] EXCL gosh; **~ vida!** gosh!
puxada [pu'ʃada] F pull; (*puxão*) tug; **dar uma ~** (*nos estudos*) to make an effort
puxado, -a [pu'ʃadu, a] ADJ (*col: aluguel*) steep, high; (: *curso*) tough; (: *trabalho*) hard
puxador [puʃa'do^{r}] M handle, knob
puxão [pu'ʃãw] (*pl* **-ões**) M tug, jerk
puxa-puxa (*pl* **-s**) M toffee
puxar [pu'ʃa^{r}] VT to pull; (*sacar*) to pull out; (*assunto*) to bring up; (*conversa*) to strike up; (*briga*) to pick ■ VI: **~ de uma perna** to limp; **~ a** to take after; **~ por** (*alunos etc*) to push; **uma coisa puxa a outra** one thing leads to another; **os paulistas puxam pelo esse** the s is very pronounced in São Paulo
puxa-saco (*pl* **-s**) M creep, crawler
puxo ['puʃu] M (*em parto*) push
puxões [pu'ʃõjʃ] MPL *de* **puxão**

Qq

Q, q [ke] (*pl* **qs**) M Q, q; **Q de Quintela** Q for Queen
q. ABR (= *quartel*) *6o kg*
QG ABR M (= *Quartel-General*) HQ
QI ABR M (= *Quociente de Inteligência*) IQ
ql. ABR (= *quilate*) ct
qtd. ABR (= *quantidade*) qty
qua. ABR (= *quarta-feira*) Weds
quadra ['kwadra] F (*quarteirão*) block; (*de tênis etc*) court; (*período*) time, period; (*jogos*) four; (*estrofe*) quatrain
quadrado, -a [kwa'dradu, a] ADJ square; (*col*: *antiquado*) square ■ M square ■ M/F (*col*) square
quadragésimo, -a [kwadra'ʒɛzimu, a] NUM fortieth; *v tb* **quinto**
quadrangular [kwadrãgu'la^{r}] ADJ quadrangular
quadrângulo [kwa'drãgulu] M quadrangle
quadrar [kwa'dra^{r}] VT to square, make square ■ VI: **~ a** (*ser conveniente*) to suit; **~ com** (*condizer*) to square with
quadriculado, -a [kwadriku'ladu, a] ADJ checked; **papel ~** squared paper
quadril [kwa'driw] (*pl* **-is**) M hip
quadrilátero, -a [kwadri'lateru, a] ADJ quadrilateral
quadrilha [kwa'driʎa] F gang; (*dança*) square dance
quadrimotor [kwadrimo'to^{r}] ADJ four-engined ■ M four-engined plane
quadrinho [kwa'driɲu] M (*de tira*) frame; **história em ~s** (BR) cartoon, comic strip
quadris [kwa'drij] MPL *de* **quadril**
quadro ['kwadru] M (*pintura*) painting; (*gravura, foto*) picture; (*lista*) list; (*tabela*) chart, table; (*Tec*: *painel*) panel; (*pessoal*) staff; (*time*) team; (*Teatro, fig*) scene; (*fig*: *Med*) patient's condition; **~ de avisos** bulletin board; **~ de reserva** (*Mil*) reserve list; **~ clínico** clinical picture; **o ~ político** (*fig*) the political scene; **~ social** (*de um clube*) members *pl*; (*de uma empresa*) partners *pl*; **quadro-negro** (*pl* **quadros-negros**) M blackboard
quadrúpede [kwa'drupedʒi] ADJ, M quadruped ■ M/F (*fig*) blockhead
quadruplicar [kwadrupli'ka^{r}] VT, VI to quadruple
quádruplo, -a ['kwadruplu, a] ADJ quadruple ■ M quadruple ■ M/F (*quadrigêmeo*) quad
qual [kwaw] (*pl* **-ais**) PRON which ■ CONJ as, like ■ EXCL what!; **~ deles** which of them; **~ é o problema/o seu nome?** what's the problem/your name?; **o ~** which; (*pessoa*: *suj*) who; (*pessoa*: *objeto*) whom; **seja ~ for** whatever *ou* whichever it may be; **cada ~** each one; **~ é? *ou* ~ é a tua?** (*col*) what are you up to?; **~ seja** such as; **tal ~** just like; **~ nada!, ~ o quê!** no such thing!
qual. ABR (= *qualidade*) qual
qualidade [kwali'dadʒi] F quality; **na ~ de** in the capacity of; **produto de ~** quality product; **Q~ Carta** (*Comput*) letter quality
qualificação [kwalifika'sãw] (*pl* **-ões**) F qualification
qualificado, -a [kwalifi'kadu, a] ADJ qualified; **não ~** unqualified
qualificar [kwalifi'ka^{r}] VT to qualify; (*avaliar*) to evaluate; **qualificar-se** VR to qualify; **~ de** *ou* **como** to classify as
qualificativo, -a [kwalifika'tʃivu, a] ADJ qualifying ■ M qualifier
qualitativo, -a [kwalita'tʃivu, a] ADJ qualitative
qualquer [kwaw'ke^{r}] (*pl* **quaisquer**) ADJ, PRON any; **~ pessoa** anyone, anybody; **~ um dos dois** either; **~ outro** any other; **~ dia** any day; **~ que seja** whichever it may be; **um disco ~** any record at all, any record you like; **a ~ momento** at any moment; **a ~ preço** at any price; **de ~ jeito** *ou* **maneira** anyway; (*a qualquer preço*) no matter what; (*sem cuidado*) anyhow; **um(a) ~** (*pej*) any old person
quando ['kwãdu] ADV when ■ CONJ when; (*interrogativo*) when?; (*ao passo que*) whilst; **~ muito** at most; **~ quer que** whenever; **de ~ em ~, de vez em ~** now and then; **desde ~?** how long?, since when?; **~ mais não seja** if for no

NB: *European Portuguese adds the following consonants to certain words*: **b** (sú(b)dito, su(b)til); **c** (a(c)ção, a(c)cionista, a(c)to); **m** (inde(m)ne); **p** (ado(p)çã, ado(p)tar); *for further details see p. xiii.*

other reason; **~ de** on the occasion of; **~ menos se esperava** when we (*ou* they, I *etc*) least expected (it)

quant. ABR (= *quantidade*) quant

quantia [kwã'tʃia] F sum, amount

quantidade [kwãtʃi'dadʒi] F quantity, amount; **uma ~ de** a large amount of; **em ~** in large amounts

quantificar [kwãtʃifi'kaʳ] VT to quantify

quantitativo, -a [kwãtʃita'tʃivu, a] ADJ quantitative

PALAVRA CHAVE

quanto, -a ['kwãtu, a] ADJ **1** (*interrogativo*: *sg*) how much?; (: *pl*) how many?; **quanto tempo?** how long?

2 (*o (que for) necessário*) all that, as much as; **daremos quantos exemplares ele precisar** we'll give him as many copies as *ou* all the copies he needs

3: **tanto/tantos ... quanto** as much/many ... as

■ PRON **1** how much?; how many?; **quanto custa?** how much?; **a quanto está o jogo?** what's the score?

2: **tudo quanto** everything that, as much as

3: **tanto/tantos quanto ...** as much/as many as ...

4: **um tanto quanto** somewhat, rather

■ ADV **1**: **quanto a** as regards; **quanto a mim** as for me

2: **quanto antes** as soon as possible

3: **quanto mais** (*principalmente*) especially; (*muito menos*) let alone; **quanto mais cedo melhor** the sooner the better

4: **tanto quanto possível** as much as possible; **tão ... quanto ...** as ... as ...

■ CONJ: **quantoa mais trabalha, mais ele ganha** the more he works, the more he earns; **quanto mais, (tanto) melhor** the more, the better

quão [kwãw] ADV how

quarenta [kwa'rẽta] NUM forty; *v tb* **cinqüenta**

quarentão, -tona [kwarẽ'tãw, 'tɔna] (*pl* **-ões/-s**) ADJ in one's forties ■ M/F man/woman in his/her forties

quarentena [kwarẽ'tɛna] F quarantine

quarentões [kwarẽ'tõjʃ] MPL *de* **quarentão**

quarentona [kwarẽ'tɔna] F *de* **quarentão**

quaresma [kwa'reʒma] F Lent

quart. ABR = **quarteirão**

quarta ['kwaxta] F (*tb*: **quarta-feira**) Wednesday; (*parte*) quarter; (*Auto*) fourth (gear); (*Mús*) fourth

quarta-de-final (*pl* **quartas-de-final**) F quarter final

quarta-feira ['kwaxta-'fejra] (*pl* **quartas-feiras**) F Wednesday; **~ de cinzas** Ash Wednesday; *v tb* **terça-feira**

quartanista [kwaxta'niʃta] M/F fourth-year

quarteirão [kwaxtej'rãw] (*pl* **-ões**) M (*de casas*) block

quartel [kwax'tɛw] (*pl* **-éis**) M barracks *sg*; **quartel-general** (*pl* **quartéis-generais**) M headquarters *pl*

quarteto [kwax'tetu] M (*Mús*) quartet(te); **~ de cordas** string quartet

quarto, -a ['kwaxtu, a] NUM fourth ■ M (*quarta parte*) quarter; (*aposento*) room; (*Mil*) watch; (*anca*) haunch; **~ de banho** bathroom; **~ de dormir** bedroom; **~ de casal** double bedroom; **~ de solteiro** single room; **~ crescente/minguante** (*Astro*) first/last quarter; **três ~s de hora** three quarters of an hour; **passar um mau ~ de hora** (*fig*) to have a rough time; *v tb* **quinto**

quarto-e-sala (*pl* **-s**) M two-room apartment

quartzo ['kwaxtsu] M quartz

quase ['kwazi] ADV almost, nearly; **~ nada** hardly anything; **~ nunca** hardly ever; **~ sempre** nearly always

quaternário, -a [kwatex'narju, a] ADJ quaternary

quatorze [kwa'toxzi] NUM fourteen; *v tb* **cinco**

quatro ['kwatru] NUM four; **estar/ficar de ~** to be/get down on all fours; *v tb* **cinco**

quatrocentos, -tas [kwatro'sẽtuʃ] NUM four hundred

PALAVRA CHAVE

que [ki] CONJ **1** (*com oração subordinada*: *muitas vezes não se traduz*) that; **ele disse que viria** he said (that) he would come; **não há nada que fazer** there's nothing to be done; **espero que sim/não** I hope so/not; **dizer que sim/não** to say yes/no

2 (*consecutivo*: *muitas vezes não se traduz*) that; **é tão pesado que não consigo levantá-lo** it's so heavy (that) I can't lift it

3 (*comparações*): **(do) que** than; *v tb* **mais; menos; mesmo**

■ PRON **1** (*coisa*) which, that; (+ *prep*) which; **o chapéu que você comprou** the hat (that *ou* which) you bought

2 (*pessoa*: *suj*) who, that; (: *complemento*) whom, that; **o amigo que me levou ao museu** the friend who took me to the museum; **a moça que eu convidei** the girl (that *ou* whom) I invited

3 (*interrogativo*) what?; **o que você disse?** what did you say?

4 (*exclamação*) what!; **que pena!** what a pity!; **que lindo!** how lovely!

quê [ke] (*col*) M something ■ PRON what; **~!** what!; **não tem de ~** don't mention it; **para ~?** what for?; **por ~?** why?; **sem ~ nem por ~** for no good reason, all of a sudden

Quebec [ke'bɛk] N Quebec

quebra ['kɛbra] F break, rupture; (*falência*) bankruptcy; (*de energia elétrica*) cut; (*de disciplina*) breakdown; **de ~** in addition; **~ de página**

(*Comput*) page break; **quebra-cabeça** (*pl* **quebra-cabeças**) M puzzle, problem; (*jogo*) jigsaw puzzle

quebrada [ke'brada] F (*vertente*) slope; (*barranco*) ravine, gully

quebradiço, -a [kebra'dʒisu, a] ADJ fragile, breakable

quebrado, -a [ke'bradu, a] ADJ broken; (*cansado*) exhausted; (*falido*) bankrupt; (*carro, máquina*) broken down; (*telefone*) out of order; (*col: pronto*) broke

quebrados [ke'braduʃ] MPL loose change *sg*

quebra-galho (*pl* **-s**) (*col*) M lifesaver

quebra-gelos M INV (*Náut*) icebreaker

quebra-mar (*pl* **-es**) M breakwater, sea wall

quebra-molas M INV speed bump, sleeping policeman

quebra-nozes M INV nutcrackers *pl* (*Brit*), nutcracker (*US*)

quebrantar [kebrã'ta^{r}] VT to break; (*entusiasmo, ânimo*) to dampen; (*debilitar*) to weaken, wear out; **quebrantar-se** VR (*tornar-se fraco*) to grow weak

quebranto [ke'brãtu] M (*fraqueza*) weakness; (*mau-olhado*) evil eye

quebra-pau (*pl* **-s**) (*col*) M row

quebra-quebra (*pl* **-s**) M riot

quebrar [ke'bra^{r}] VT to break; (*entusiasmo*) to dampen; (*espancar*) to beat; (*dobrar*) to bend ■ VI to break; (*carro*) to break down; (*Com*) to go bankrupt; (*ficar sem dinheiro*) to go broke

quebra-vento (*pl* **-s**) M (*Auto*) fanlight

quéchua ['kɛʃwa] M (*Ling*) Quechua

queda ['kɛda] F fall; (*fig: ruína*) downfall; **ter ~ para algo** to have a bent for sth; **ter uma ~ por alguém** to have a soft spot for sb; **~ de barreira** landslide; **queda-d'água** (*pl* **quedas-d'água**) F waterfall

queda-de-braço F arm wrestling

quedê [ke'de] (*col*) ADV where is/are?

queijada [kej'ʒada] F cheesecake

queijadinha [kejʒa'dʒiɲa] F coconut sweet

queijeira [kej'ʒejra] F cheese dish

queijo ['kejʒu] M cheese; **~ prato** ≈ cheddar cheese; **~ ralado** grated cheese

queijo-de-minas M white cheese, ≈ Cheshire cheese

queijo-do-reino M ≈ Edam cheese

queima ['kejma] F burning; (*Com*) clearance sale

queimada [kej'mada] F burning (of forests)

queimado, -a [kej'madu, a] ADJ burnt; (*de sol: machucado*) sunburnt; (: *bronzeado*) brown, tanned; (*plantas, folhas*) dried up; **cheiro/gosto de ~** smell of burning/burnt taste

queimadura [kejma'dura] F burn; (*de sol*) sunburn; **~ de primeiro/terceiro grau** first-/third-degree burn

queimar [kej'ma^{r}] VT to burn; (*roupa*) to scorch; (*com líquido*) to scald; (*bronzear a pele*) to tan; (*planta, folha*) to wither; (*calorias*) to burn off ■ VI to burn; (*estar quente*) to be burning hot; (*lâmpada, fusível*) to blow; **queimar-se** VR (*pessoa*) to burn o.s.; to tan; (*zangar-se*) to get angry

queima-roupa F: **à ~** point-blank, at point-blank range

queira *etc* ['kejra] VB *v* **querer**

queixa ['kejʃa] F complaint; (*lamentação*) lament; **fazer ~ de alguém** to complain about sb; **ter ~ de alguém** to have a problem with sb

queixa-crime (*pl* **queixas-crime(s)**) F (*Jur*) citation

queixada [kej'ʃada] F (*de animal*) jaw; (*queixo grande*) prominent chin

queixar-se [kej'ʃaxsi] VR to complain; **~ de** to complain about; (*dores etc*) to complain of

queixo ['kejʃu] M chin; (*maxilar*) jaw; **ficar de ~ caído** to be open-mouthed; **bater o ~** to shiver

queixoso, -a [kej'ʃozu, ɔza] ADJ complaining; (*magoado*) doleful ■ M/F (*Jur*) plaintiff

queixume [kej'ʃumi] M complaint; (*lamentação*) lament

quem [kẽj] PRON who; (*como objeto*) who(m); **~ quer que** whoever; **seja ~ for** whoever it may be; **de ~ é isto?** whose is this?; **~ é?** who is it?; **a pessoa com ~ trabalha** the person he works with; **para ~ você deu o livro?** who did you give the book to?; **convide ~ você quiser** invite whoever you want; **~ disse isso, se enganou** whoever said that was wrong; **~ fez isso fui eu** it was me who did it, the person who did it was me; **~ diria!** who would have thought (it)!; **~ me dera ser rico** if only I were rich; **~ me dera que isso não fosse verdade** I wish it weren't true; **~ sabe** (*talvez*) perhaps; **~ sou eu para negar?** who am I to deny it?

Quênia ['kenja] M: **o ~** Kenya

queniano, -a [ke'njanu, a] ADJ, M/F Kenyan

quentão [kẽ'tãw] M ≈ mulled wine

quente ['kẽtʃi] ADJ hot; (*roupa*) warm; (*notícia*) reliable, solid; **o ~ agora é ...** (*col*) the big thing now is ..

quentinha [kẽ'tʃiɲa] F heatproof carton (*for food*)

quentura [kẽ'tura] F heat, warmth

quer [ke^{r}] CONJ: **~ ... ~ ...** whether ... or ...; **~ chova ~ não** whether it rains or not; **~ você queira, ~ não** whether you like it or not; **onde ~ que** wherever; **quando ~ que** whenever; **quem ~ que** whoever; **o que ~ que seja** whatever it is; **~ chova, ~ faça sol** come rain or shine

quer VB *v* **querer**

querela [ke'rela] F dispute; (*Jur*) complaint, accusation

querelado [kere'ladu] M (*Jur*) defendant

querelador, a [kerela'do^{r}(a)] M/F (*Jur*) plaintiff

querelante [kere'lãtʃi] M/F (*Jur*) plaintiff

querelar [kere'la^{r}] VT (*Jur*) to prosecute, sue ■ VI:

NB: *European Portuguese adds the following consonants to certain words*: **b** (sú(b)dito, su(b)til); **c** (a(c)ção, a(c)cionista, a(c)to); **m** (inde(m)ne); **p** (ado(p)çã, ado(p)tar); *for further details see p. xiii.*

~ **contra** *ou* **de** (*queixar-se*) to lodge a complaint against

PALAVRA CHAVE

querer [ke're^{r}] VT **1** (*desejar*) to want; **quero mais dinheiro** I want more money; **queria um chá** I'd like a cup of tea; **quero ajudar/que vá** I want to help/you to go; **você vai querer sair amanhã?** do you want to go out tomorrow?; **eu vou querer uma cerveja** (*num bar etc*) I'd like a beer; **por/sem querer** intentionally/unintentionally; **como queira** as you wish
2 (*perguntas para pedir algo*): **você quer fechar a janela?** will you shut the window?; **quer me dar uma mão?** can you give me a hand?
3 (*amar*) to love
4 (*convite*): **quer entrar/sentar** do come in/sit down
5: **querer dizer** (*significar*) to mean; (*pretender dizer*) to mean to say; **quero dizer** I mean; **quer dizer** (*com outras palavras*) in other words
■ VI: **querer bem a** to be fond of; **querer-se**
■ VR to love one another
■ M (*vontade*) wish; (*afeto*) affection

querido, -a [ke'ridu, a] ADJ dear ■ M/F darling; ~ **no grupo/por todos** prized in the group/by all; **o ator ~ das mulheres** the women's favo(u)rite actor; **Q~ João** Dear John
quermesse [kex'mɛsi] F fête
querosene [kero'zɛni] M kerosene
querubim [keru'bĩ] (*pl* **-ns**) M cherubim
quesito [ke'zitu] M (*questão*) query, question; (*requisito*) requirement
questão [keʃ'tãw] (*pl* **-ões**) F (*pergunta*) question, inquiry; (*problema*) matter, question; (*Jur*) case; (*contenda*) dispute, quarrel; **fazer ~ (de)** to insist (on); **em ~** in question; **há ~ de um ano** about a year ago; ~ **de tempo/de vida ou morte** question of time/matter of life and death; ~ **de ordem** point of order; ~ **fechada** point of principle; **questionar** [keʃtʃjo'na^{r}] VI to question ■ VT to question, call into question
questionário [keʃtʃjo'narju] M questionnaire
questionável [keʃtʃjo'navew] (*pl* **-eis**) ADJ questionable
questões [keʃ'tõjʃ] FPL *de* **questão**
qui. ABR (= *quinta-feira*) Thurs
quiabo ['kjabu] M okra
quibe ['kibi] M *deep-fried mince with flour and mint*
quibebe [ki'bɛbi] M pumpkin purée
quicar [ki'ka^{r}] VT (*bola*) to bounce ■ VI to bounce; (*col*: *pessoa*) to go mad
quiche ['kiʃi] F quiche
quieto, -a ['kjɛtu, a] ADJ quiet; (*imóvel*) still; **fica ~!** be quiet!; **quietude** [kje'tudʒi] F calm, tranquillity
quilate [ki'latʃi] M carat; (*fig*) calibre (*Brit*), caliber (*US*)
quilha ['kiʎa] F (*Náut*) keel
quilo ['kilu] M kilo; **quilobyte** [kilo'bajtʃi] M kilobyte; **quilograma** [kilo'grama] M kilogram
quilohertz [kilo'hɛxts] M kilohertz
quilometragem [kilome'traʒẽ] F number of kilometres *ou* kilometers travelled, ≈ mileage
quilometrar [kilome'tra^{r}] VT to measure in kilometres *ou* kilometers
quilométrico, -a [kilo'mɛtriku, a] ADJ (*distância*) in kilometres *ou* kilometers; (*fig*: *fila etc*) ≈ mile-long
quilômetro [ki'lometru] M kilometre (*Brit*), kilometer (*US*)
quilowatt [kilo'watʃi] M kilowatt
quimbanda [kĩ'bãda] M (*ritual*) *macumba* ceremony; (*feiticeiro*) medicine man; (*local*) *macumba* site
quimera [ki'mɛra] F chimera
quimérico, -a [ki'mɛriku, a] ADJ fantastic
química ['kimika] F chemistry; *v tb* **químico**
químico, -a ['kimiku, a] ADJ chemical ■ M/F chemist
quimioterapia [kimjotera'pia] F chemotherapy
quimono [ki'mɔnu] M kimono; (*penhoar*) robe
quina ['kina] F (*canto*) corner; (*de mesa etc*) edge; **de ~** edgeways (*Brit*), edgewise (*US*)
quindim [kĩ'dʒĩ] M *sweet made of egg yolks, coconut and sugar*
quinhão [ki'ɲãw] (*pl* **-ões**) M share, portion
quinhentista [kiɲẽ'tʃiʃta] ADJ sixteenth century *atr*
quinhentos, -tas [ki'ɲẽtuʃ] NUM five hundred; **isso são outros ~** (*col*) that's a different matter, that's a different kettle of fish
quinhões [ki'ɲõjʃ] MPL *de* **quinhão**
quinina [ki'nina] F quinine
qüinquagésimo, -a [kwĩkwa'ʒɛzimu, a] NUM fiftieth
quinquilharias [kĩkiʎa'riaʃ] FPL odds and ends; (*miudezas*) knicknacks, trinkets
quinta ['kĩta] F (*tb*: **quinta-feira**) Thursday; (*propriedade*) estate; (*PT*) farm
quinta-essência (*pl* **-s**) F quintessence
quinta-feira ['kĩta-'fejra] (*pl* **quintas-feiras**) F Thursday; *v tb* **terça-feira**
quintal [kĩ'taw] (*pl* **-ais**) M back yard
quintanista [kĩta'niʃta] M/F fifth-year
quinteiro [kĩ'tejru] (*PT*) M farmer
quinteto [kĩ'tetu] M quintet(te)
quinto, -a ['kĩtu, a] NUM fifth; **ele tirou o ~ lugar** he came fifth; **eu fui o ~ a chegar** I was the fifth to arrive, I arrived fifth; (*numa corrida*) I came fifth
quintuplo, -a [kĩ'tuplu, a] ADJ, M quintuple ■ M/F: **~s** (*crianças*) quins, quintuplets
quinze ['kĩzi] NUM fifteen; **duas e ~** a quarter past (*Brit*) *ou* after (*US*) two; ~ **para as sete** a quarter to (*Brit*) *ou* of (*US*) seven; *v tb* **cinco**
quinzena [kĩ'zɛna] F two weeks, fortnight (*Brit*); (*salário*) two weeks' wages; **quinzenal** [kĩze'naw] (*pl* **-ais**) ADJ fortnightly; **quinzenalmente** [kĩzenaw'mẽtʃi] ADV

fortnightly

quiosque ['kjɔʃki] M kiosk; (*de jardim*) gazebo

qüiproquó [kwipro'kwɔ] M misunderstanding, mix-up

quiromante [kiro'mãtʃi] M/F palmist, fortune teller

quis *etc* [kiʒ] VB *v* **querer**

quiser *etc* [ki'zeʳ] VB *v* **querer**

quisto ['kiʃtu] M cyst

quitação [kita'sãw] (*pl* **-ões**) F (*remissão*) discharge, remission; (*pagamento*) settlement; (*recibo*) receipt

quitanda [ki'tãda] F (*loja*) grocer's (shop) (*Brit*), grocery store (*US*)

quitandeiro, -a [kitã'dejru, a] M/F grocer; (*vendedor de hortaliças*) greengrocer (*Brit*), produce dealer (*US*)

quitar [ki'taʳ] VT (*dívida: pagar*) to pay off; (: *perdoar*) to cancel; (*devedor*) to release

quite ['kitʃi] ADJ (*livre*) free; (*com um credor*) squared up; (*igualado*) even; **estar ~ (com alguém)** to be quits (with sb)

quitute [ki'tutʃi] N titbit (*Brit*), tidbit (*US*)

quizumba [ki'zũba] (*col*) F punch-up, brawl

quociente [kwo'sjẽtʃi] M quotient; **~ de inteligência** intelligence quotient

quorum ['kwɔrũ] M quorum

quota ['kwota] F quota; (*porção*) share, portion

quotidiano, -a [kwotʃi'dʒjanu, a] ADJ everyday

q.v. ABR (= *queira ver*) q.v

Rr

R, r ['ɛxi] (*pl* **rs**) M R, r; **R de Roberto** R for Robert (*Brit*) *ou* Roger (*US*)
R ABR (= *rua*) St
R$ ABR = **real**
rã [xã] F frog
rabada [xa'bada] F (*rabo*) tail; (*fig*) tail end; (*Culin*) oxtail stew
rabanada [xaba'nada] F (*Culin*) cinnamon toast; (*golpe*) blow with the tail; **dar uma ~ em alguém** (*col*) to give sb the brush-off
rabanete [xaba'netʃi] M radish
rabear [xa'bjaʳ] VI (*cão*) to wag its tail; (*navio*) to wheel around; (*carro*) to skid round
rabecão [xabe'kãw] (*pl* **-ões**) M mortuary wagon
rabicho [xa'biʃu] M ponytail
rabino [xa'binu] M rabbi
rabiscar [xabiʃ'kaʳ] VT (*escrever*) to scribble; (*papel*) to scribble on ■ VI to doodle; (*escrever mal*) to scribble; **rabisco** [xa'biʃku] M scribble
rabo ['xabu] M (*cauda*) tail; (*col!*) arse (*!*); **meter o ~ entre as pernas** (*fig*) to be left with one's tail between one's legs; **olhar alguém com o ~ do olho** to look at sb out of the corner of one's eye; **pegar em ~ de foguete** (*col*) to stick one's neck out; **ser ~ de foguete** (*col*) to be a minefield
rabo-de-cavalo (*pl* **rabos-de-cavalo**) M ponytail
rabo-de-saia (*pl* **rabos-de-saia**) (*col*) M woman; **não poder ver ~** to be a womanizer
rabugento, -a [xabu'ʒẽtu, a] ADJ grumpy
rabugice [xabu'ʒisi] F grumpiness
rabujar [xabu'ʒaʳ] VI to be grumpy; (*criança*) to have a tantrum
raça ['xasa] F breed; (*grupo étnico*) race; **cão/cavalo de ~** pedigree dog/thoroughbred horse; **(no peito e) na ~** (*col*) by sheer effort; **ter ~** to have guts; (*ter ascendência africana*) to be of African origin
ração [xa'sãw] (*pl* **-ões**) F ration; (*para animal*) food; **~ de cachorro** dog food
racha ['xaʃa] F (*fenda*) split; (*greta*) crack ■ M (*col*) scrap; **rachadura** [xaʃa'dura] F crack; **rachar** [xa'ʃaʳ] VT to crack; (*objeto, despesas*) to split; (*lenha*) to chop ■ VI to split; (*cristal*) to crack; **rachar-se** VR to split; to crack; **frio de rachar** bitter cold; **sol de rachar** scorching sun; **ou vai ou racha** it's make or break
racial [xa'sjaw] (*pl* **-ais**) ADJ racial; **preconceito ~** racial prejudice
raciocinar [xasjosi'naʳ] VI to reason
raciocínio [xasjo'sinju] M reasoning
racional [xasjo'naw] (*pl* **-ais**) ADJ rational
racionalização [xasjonaliza'sãw] F rationalization
racionalizar [xasjonali'zaʳ] VT to rationalize
racionamento [xasjona'mẽtu] M rationing
racionar [xasjo'naʳ] VT (*distribuir*) to ration out; (*limitar a venda de*) to ration
racismo [xa'siʒmu] M racism; **racista** [xa'siʃta] ADJ, M/F racist
raçoes [xa'sõjʃ] FPL *de* **ração**
radar [xa'daʳ] M radar
radiação [xadʒja'sãw] (*pl* **-ões**) F radiation; (*raio*) ray
radiador [xadʒja'doʳ] M radiator
radialista [xadʒja'liʃta] M/F radio announcer; (*na produção*) radio producer
radiante [xa'dʒjãtʃi] ADJ radiant; (*de alegria*) overjoyed
radical [xadʒi'kaw] (*pl* **-ais**) ADJ radical ■ M radical; (*Ling*) root
radicalismo [xadʒika'liʒmu] M radicalism
radicalizar [xadʒikali'zaʳ] VT to radicalize; **radicalizar-se** VR to become radical
radicar-se [xadʒi'kaxsi] VR to take root; (*fixar residência*) to settle
rádio ['xadʒju] M radio; (*Quím*) radium ■ F radio station
radioactivo, -tiva [xadjua'tivu] (*PT*) ADJ = **radioativo** *etc*
radioamador, a [xadʒjuama'doʳ(a)] M/F radio ham
radioatividade [xadʒjuatʃivi'dadʒi] F radioactivity
radioativo, -a [xadʒjua'tʃivu, a] ADJ radioactive
radiodifusão [xadʒjodʒifu'zãw] F broadcasting
radiodifusora [xadʒjodʒifu'zora] F radio station
radioemissora [xadʒjuemi'sora] F radio station
radiografar [xadʒjogra'faʳ] VT (*Med*) to X-ray; (*notícia*) to radio
radiografia [xadʒjogra'fia] F X-ray
radiograma [xadʒjo'grama] M cablegram
radiogravador [xadʒjograva'doʳ] M radio cassette

radiojornal [xadʒjoʒox'naw] (*pl* **-ais**) M radio news *sg*
radiologia [xadʒjolo'ʒia] F radiology
radiologista [xadʒjolo'ʒiʃta] M/F radiologist
radionovela [xadʒjono'vɛla] F radio serial
radiooperador, a [xadʒjoopera'doʳ(a)] M/F radio operator
radiopatrulha [xadʒjopa'truʎa] F (*viatura*) patrol car
radiorrepórter [xadʒjoxe'pɔxteʳ] M/F radio reporter
radioso, -a [xa'dʒjozu, ɔza] ADJ radiant, brilliant
radiotáxi [xadʒjo'taksi] M radio taxi *ou* cab
radioterapia [xadʒjotera'pia] F radiotherapy
radiouvinte [xadʒjo'vĩtʃi] M/F (radio) listener
ragu [xa'gu] M stew, ragoût
raia ['xaja] F (*risca*) line; (*fronteira*) boundary; (*limite*) limit; (*de corrida*) lane; (*peixe*) ray; **chegar às ~s** to reach the limit
raiado, -a [xa'jadu, a] ADJ striped
raiar [xa'jaʳ] VI (*brilhar*) to shine; (*madrugada*) to dawn; (*aparecer*) to appear
rainha [xa'iɲa] F queen; **ela é a ~ da preguiça** (*col*) she's the world's worst for laziness
rainha-mãe (*pl* **rainhas-mães**) F queen mother
raio ['xaju] M (*de sol*) ray; (*de luz*) beam; (*de roda*) spoke; (*relâmpago*) flash of lightning; (*distância*) range; (*Mat*) radius; **~s X** X-rays; **~ de ação** range; **onde está o ~ da chave?** (*col*) where's the blasted key?
raiva ['xajva] F rage, fury; (*Med*) rabies *sg*; **estar/ficar com ~ (de)** to be/get angry (with); **estar morto de ~** to be furious; **ter ~ de** to hate; **tomar ~ de** to begin to hate; **que ~!** I am (*ou* was *etc*) furious!; **raivoso, -a** [xaj'vozu, ɔza] ADJ furious; (*Med*) rabid, mad
raiz [xa'ĩz] F root; (*origem*) source; **~ quadrada** square root; **criar raízes** to put down roots
rajada [xa'ʒada] F (*vento*) gust; (*de tiros*) burst
ralado, -a [xa'ladu, a] ADJ grated; (*esfolado*) grazed; **ralador** [xala'doʳ] M grater
ralar [xa'laʳ] VT to grate; (*esfolar*) to graze
ralé [xa'lɛ] F common people *pl*, rabble
ralhar [xa'ʎaʳ] VI to scold; **~ com alguém** to tell sb off
rali [xa'li] M rally
ralo, -a ['xalu, a] ADJ (*cabelo*) thinning; (*tecido*) thin, flimsy; (*vegetação*) sparse; (*sopa*) thin, watery; (*café*) weak ■ M (*de regador*) rose, nozzle; (*de pia, banheiro*) drain
rama ['xama] F branches *pl*, foliage; **algodão em ~** raw cotton; **pela ~** superficially; **ramagem** [xa'maʒẽ] F branches *pl*, foliage; (*num tecido*) floral pattern; **ramal** [xa'maw] (*pl* **-ais**) M (*Ferro*) branch line; (*Tel*) extension; (*Auto*) side road
ramalhete [xama'ʎetʃi] M bouquet, posy
rameira [xa'mejra] F prostitute
ramerrão [xame'xãw] (*pl* **-ões**) M routine, round
ramificação [xamifika'sãw] (*pl* **-ões**) F (*tb*: *Comput*) branching; (*ramo*) branch
ramificar-se [xamifi'kaxsi] VR to branch out
ramo ['xamu] M branch; (*profissão, negócios*) line; (*de flores*) bunch; **Domingo de R~s** Palm Sunday; **um perito do ~** an expert in the field
rampa ['xãpa] F ramp; (*ladeira*) slope
rançar [xã'saʳ] VI to go rancid
rancheiro [xã'ʃejru] M cook
rancho ['xãʃu] M (*grupo*) group, band; (*cabana*) hut; (*refeição*) meal
rancor [xã'koʳ] M (*ressentimento*) bitterness; (*ódio*) hatred
rancoroso, -a [xãko'rozu, ɔza] ADJ bitter, resentful; (*odiento*) hateful
rançoso, -a [xã'sozu, ɔza] ADJ rancid; (*cheiro*) musty
randevu [xãde'vu] M brothel
ranger [xã'ʒeʳ] VI to creak ■ VT: **~ os dentes** to grind one's teeth
rangido [xã'ʒidu] M creak
rango ['xãgu] (*col*) M grub
Rangum [xã'gũ] N Rangoon
ranheta [xa'ɲeta] ADJ sullen, surly
ranhetice [xaɲe'tʃisi] F sullenness; (*ato*) surly thing
ranho ['xaɲu] (*col*) M snot
ranhura [xa'ɲura] F groove; (*para moeda*) slot
ranjo *etc* ['xãju] VB *v* **ranger**
ranzinza [xã'zĩza] ADJ peevish
rapa ['xapa] M (*de comida*) remains *pl*; (*carro*) *illegal trading patrol car*; (*policial*) *policeman concerned with illegal street trading*
rapadura [xapa'dura] F (*doce*) raw brown sugar
rapagão [xapa'gãw] (*pl* **-ões**) M hunk
rapapé [xapa'pɛ] M touch of the forelock; **rapapés** MPL (*bajulação*) bowing and scraping; (*lisonja*) flattery *sg*; **fazer ~s a alguém** to bow and scrape to sb
rapar [xa'paʳ] VT to scrape; (*barbear*) to shave; (*o cabelo*) to crop; **~ algo a alguém** (*roubar*) to steal sth from sb
rapariga [xapa'riga] F girl
rapaz [xa'pajʒ] M boy; (*col*) lad; **ô, ~, tudo bem?** hi, mate, how's it going?
rapaziada [xapa'zjada] F (*grupo*) lads *pl*
rapazote [xapa'zɔtʃi] M little boy
rapé [xa'pɛ] M snuff
rapidez [xapi'deʒ] F speed, rapidity; **com ~** quickly, fast
rápido, -a ['xapidu, a] ADJ quick, fast ■ ADV fast, quickly ■ M (*trem*) express
rapina [xa'pina] F robbery; **ave de ~** bird of prey
raposo, -a [xa'pozu, ɔza] M/F fox/vixen; (*fig*) crafty person
rapsódia [xap'sɔdʒja] F rhapsody
raptado, -a [xap'tadu, a] M/F kidnap victim
raptar [xap'taʳ] VT to kidnap; **rapto** ['xaptu] M

NB: *European Portuguese adds the following consonants to certain words*: **b** (sú(b)dito, su(b)til); **c** (a(c)ção, a(c)cionista, a(c)to); **m** (inde(m)ne); **p** (ado(p)çã, ado(p)tar); *for further details see p. xiii.*

kidnapping; **raptor** [xap'to^{r}] M kidnapper
raqueta [xa'keta] (PT) F = **raquete**
raquetada [xake'tada] F stroke with a (*ou* the) racquet
raquete [xa'ketʃi] F (*de tênis*) racquet; (*de ping-pongue*) bat
raquidiana [xaki'dʒjana] F (*anestesia*) epidural
raquítico, -a [xa'kitʃiku, a] ADJ (*Med*) suffering from rickets; (*franzino*) puny; (*vegetação*) poor
raquitismo [xaki'tʃiʒmu] M (*Med*) rickets *sg*
raramente [xara'mẽtʃi] ADV rarely, seldom
rarear [xa'rja^{r}] VT to make rare; (*diminuir*) to thin out ■ VI to become rare; (*cabelos*) to thin; (*casas etc*) to thin out
rarefazer [xarefa'ze^{r}] (*irreg*) VT, VI to rarefy; (*nuvens*) to disperse, blow away; (*multidão*) to thin out
rarefeito, -a [xare'fejtu, a] PP *de* **rarefazer** ■ ADJ rarefied; (*multidão, população*) sparse
rarefez [xare'fe3] VB *v* **rarefazer**
rarefizer *etc* [xarefi'ze^{r}] VB *v* **rarefazer**
raridade [xari'dadʒi] F rarity
raro, -a ['xaru, a] ADJ rare ■ ADV rarely, seldom; **não ~** often
rasante [xa'zãtʃi] ADJ (*avião*) low-flying; (*vôo*) low
rascunhar [xaʃku'ɲa^{r}] VT to draft, make a rough copy of
rascunho [xaʃ'kuɲu] M rough copy, draft
rasgado, -a [xa3'gadu, a] ADJ (*roupa*) torn, ripped; (*cumprimentos, elogio, gesto*) effusive
rasgão [xa3'gãw] (*pl* **-ões**) M tear, rip
rasgar [xa3'ga^{r}] VT to tear, rip; (*destruir*) to tear up, rip up; **rasgar-se** VR to split; **rasgo** ['xa3gu] M (*rasgão*) tear, rip; (*risco*) stroke; (*ação*) feat; (*ímpeto*) burst; (*da imaginação*) flight
rasgões [xa3'gõjʃ] MPL *de* **rasgão**
rasguei *etc* [xa3'gej] VB *v* **rasgar**
raso, -a ['xazu, a] ADJ (*liso*) flat, level; (*sapato*) flat; (*não fundo*) shallow; (*baixo*) low; (*colher: como medida*) level ■ M: **o ~** the shallow water; **soldado ~** private
raspa ['xaʃpa] F (*de madeira*) shaving; (*de metal*) filing
raspadeira [xaʃpa'dejra] F scraper
raspão [xaʃ'pãw] (*pl* **-ões**) M scratch, graze; **tocar de ~** to graze
raspar [xaʃ'pa^{r}] VT (*limpar, tocar*) to scrape; (*alisar*) to file; (*tocar de raspão*) to graze; (*arranhar*) to scratch; (*pêlos, cabeça*) to shave; (*apagar*) to rub out ■ VI: **~ em** to scrape; **passar raspando (num exame)** to scrape through (an exam)
raspões [xaʃ'põjʃ] MPL *de* **raspão**
rasteira [xaʃ'tejra] F (*pernada*) trip; **dar uma ~ em alguém** to trip sb up
rasteiro, -a [xaʃ'tejru, a] ADJ (*que se arrasta*) crawling; (*planta*) creeping; (*a pouca altura*) low-lying; (*ordinário*) common
rastejante [xaʃte'ʒãtʃi] ADJ trailing; (*arrastando-se*) creeping; (*voz*) slurred
rastejar [xaʃte'ʒa^{r}] VI to crawl; (*furtivamente*) to creep; (*fig: rebaixar-se*) to grovel ■ VT (*fugitivo etc*) to track
rastilho [xaʃ'tʃiʎu] M (*de pólvora*) fuse
rasto ['xaʃtu] M (*pegada*) track; (*de veículo*) trail; (*fig*) sign, trace; **de ~s** crawling; **andar de ~s** to crawl; **levar de ~s** to drag along
rastrear [xaʃ'trja^{r}] VT to track; (*investigar*) to scan ■ VI to track
rastro ['xaʃtru] M = **rasto**
rasura [xa'zura] F deletion
rasurar [xazu'ra^{r}] VT to delete items from
rata ['xata] F rat; (*pequena*) mouse; **dar uma ~** to slip up
ratão [xa'tãw] (*pl* **-ões**) M rat
rataplã [xata'plã] M drum roll
ratazana [xata'zana] F rat
ratear [xa'tʃja^{r}] VT (*dividir*) to share ■ VI (*motor*) to miss
rateio [xa'teju] M (*de custos*) sharing, spreading
ratificação [xatʃifika'sãw] F ratification
ratificar [xatʃifi'ka^{r}] VT to confirm, ratify
rato ['xatu] M rat; (*rato pequeno*) mouse; **~ de biblioteca** bookworm; **~ de hotel/praia** hotel/beach thief; **ratoeira** [xa'twejra] F rat trap; (*pequena*) mousetrap
ratões [xa'tõjʃ] MPL *de* **ratão**
ravina [xa'vina] F ravine
ravióli [xa'vjɔli] M ravioli
razão [xa'zãw] (*pl* **-ões**) F reason; (*bom senso*) common sense; (*argumento*) reasoning, argument; (*conta*) account; (*Mat*) ratio ■ M (*Com*) ledger; **à ~ de** at the rate of; **com/sem ~** with good reason/for no reason; **em ~ de** on account of; **dar ~ a alguém** to support sb; **ter/não ter ~** to be right/wrong; **ter toda ~ (em fazer)** to be quite right (to do); **estar coberto de ~** to be quite right; **a ~ pela qual ...** the reason why ...; **~ demais para você ficar aqui** all the more reason for you to stay here; **~ de Estado** reason of State; **razoável** [xa'zwavew] (*pl* **-eis**) ADJ reasonable
razões [xa'zõjʃ] FPL *de* **razão**
r/c (PT) ABR = **rés-do-chão**
RDA ABR F (*antes: = República Democrática Alemã*) GDR
ré [xɛ] F (*Auto*) reverse (gear); **dar (marcha à) ré** to reverse, back up; *v tb* **réu**
reá [xe'a] VB *v* **reaver**
reabastecer [xeabaʃte'se^{r}] VT (*avião*) to refuel; (*carro*) to fill up; **reabastecer-se** VR: **reabastecer-se de** to replenish one's supply of
reabastecimento [xeabaʃtesi'mẽtu] M (*de avião*) refuelling; (*de uma cidade*) reprovisioning
reaberto, -a [xea'bɛxtu, a] PP *de* **reabrir**
reabertura [xeabex'tura] F reopening
reabilitação [xeabilita'sãw] F rehabilitation; **~ motora** physiotherapy
reabilitar [xeabili'ta^{r}] VT to rehabilitate; (*falido*) to discharge, rehabilitate
reabrir [xea'bri^{r}] VT to reopen
reaça [xe'asa] (*col*) M/F reactionary
reação [xea'sãw] (PT **-ç-**, *pl* **-ões**) F reaction; **~ em cadeia** chain reaction

reacender [xeasẽ'de^{r}] VT to relight; (*fig*) to rekindle
reacionário, -a [xeasjo'narju, a] ADJ reactionary
reações [xea'sõjʃ] FPL *de* **reação**
reactor [xea'to^{r}] (*PT*) M = **reator**
readaptar [xeadap'ta^{r}] VT to readapt
readmitir [xeadʒimi'tʃi^{r}] VT to readmit; (*funcionário*) to reinstate
readquirir [xeadʒiki'ri^{r}] VT to reacquire
reafirmar [xeafix'ma^{r}] VT to reaffirm
reagir [xea'ʒi^{r}] VI to react; (*doente, time perdedor*) to fight back; **~ a** (*resistir*) to resist; (*protestar*) to rebel against
reais [xe'ajʃ] ADJ PL *de* **real**
reaja *etc* [xe'aʒa] VB *v* **reagir**; **reaver**
reajustar [xeaʒuʃ'ta^{r}] VT to readjust; (*Mecânica*) to regulate; (*salário, preço*) to adjust (*in line with inflation*)
reajuste [xea'ʒuʃtʃi] M adjustment; **~ salarial/de preços** wage/price adjustment (*in line with inflation*)
real [xe'aw] (*pl* **-ais**) ADJ real; (*relativo à realeza*) royal ■ M (*moeda*) real
realçar [xeaw'sa^{r}] VT to highlight; **realce** [xe'awsi] M (*destaque*) emphasis; (*mais brilho*) highlight; **dar realce a** to enhance
realejo [xea'leʒu] M barrel organ
realeza [xea'leza] F royalty
realidade [xeali'dadʒi] F reality; **na ~** actually, in fact
realimentação [xealimẽta'sãw] F (*Elet*) feedback
realismo [xea'liʒmu] M realism
realista [xea'liʃta] ADJ realistic ■ M/F realist
reality TV [xe'alitʃite've] F reality TV
realização [xealiza'sãw] F fulfilment (*Brit*), fulfillment (*US*), realization; (*de projeto*) execution, carrying out; (*transformação em dinheiro*) conversion into cash
realizado, -a [xeali'zadu, a] ADJ (*pessoa*) fulfilled
realizador, a [xealiza'do^{r}(a)] ADJ (*pessoa*) enterprising
realizar [xeali'za^{r}] VT (*um objetivo*) to achieve; (*projeto*) to carry out; (*ambições, sonho*) to fulfil (*Brit*), fulfill (*US*), realize; (*negócios*) to transact; (*perceber, convertir en dinheiro*) to realize; **realizar-se** VR (*acontecer*) to take place; (*ambições*) to be realized; (*sonhos*) to come true; (*pessoa*) to fulfil(l) o.s.; **o congresso será realizado em Lisboa** the conference will be held in Lisbon
realizável [xeali'zavew] (*pl* **-eis**) ADJ realizable
realmente [xeaw'mẽtʃi] ADV really; (*de fato*) actually
reanimar [xeani'ma^{r}] VT to revive; (*encorajar*) to encourage; **reanimar-se** VR (*pessoa*) to cheer up
reão [xe'ãw] VB *v* **reaver**
reaparecer [xeapare'se^{r}] VI to reappear
reaprender [xeaprẽ'de^{r}] VT to relearn
reapresentar [xeaprezẽ'ta^{r}] VT (*espetáculo*) to put on again
reaproximação [xeaprosima'sãw] (*pl* **-ões**) F (*entre pessoas, países*) rapprochement
reaproximar [xeaprosi'ma^{r}] VT to bring back together; **reaproximar-se** VR to be brought back together
reaquecer [xeake'se^{r}] VT to reheat
reassumir [xeasu'mi^{r}] VT, VI to take over again
reatar [xea'ta^{r}] VT (*continuar*) to resume, take up again; (*nó*) to retie
reativar [xeatʃi'va^{r}] VT to reactivate; (*organização, lei*) to revive
reator [xea'to^{r}] M reactor
reavaliação [xeavalja'sãw] F revaluation
reaver [xea've^{r}] VT to recover, get back
reavivar [xeavi'va^{r}] VT (*cor*) to brighten up; (*lembrança*) to revive; (*sofrimento, dor*) to bring back
rebaixa [xe'bajʃa] F reduction
rebaixar [xebaj'ʃa^{r}] VT (*tornar mais baixo*) to lower; (*o preço de*) to lower the price of; (*humilhar*) to put down, humiliate ■ VI to drop; **rebaixar-se** VR to demean o.s.
rebanho [xe'banu] M (*de carneiros, fig*) flock; (*de gado, elefantes*) herd
rebarbar [xebax'ba^{r}] VT (*opor-se a*) to oppose ■ VI (*reclamar*) to complain
rebarbativo, -a [xebaxba'tʃivu, a] ADJ (*pessoa*) disagreeable, unpleasant
rebate [xe'batʃi] M (*sinal*) alarm; (*Com*) discount; **~ falso** false alarm
rebater [xeba'te^{r}] VT (*golpe*) to ward off; (*acusações, argumentos*) to refute; (*bola*) to knock back; (*à máquina*) to retype
rebelar [xebe'la^{r}] VT to cause to rebel; **rebelar-se** VR to rebel
rebelde [xe'bɛwdʒi] ADJ rebellious; (*indisciplinado*) unruly, wild ■ M/F rebel
rebeldia [xebew'dʒia] F rebelliousness; (*fig: obstinação*) stubbornness; (: *oposição*) defiance
rebelião [xebe'ljãw] (*pl* **-ões**) F rebellion
rebentar [xebẽ'ta^{r}] VI (*guerra*) to break out; (*louça*) to smash; (*corda*) to snap; (*represa*) to burst; (*ondas*) to break ■ VT (*louça*) to smash; (*corda*) to snap; (*porta, ponte*) to break down
rebento [xe'bẽtu] M (*filho*) offspring
rebite [xe'bitʃi] M (*Tec*) rivet
reboar [xe'bwa^{r}] VI to resound, echo
rebobinar [xebobi'na^{r}] VT (*vídeo*) to rewind
rebocador [xeboka'do^{r}] M (*Náut*) tug(boat)
rebocar [xebo'ka^{r}] VT (*paredes*) to plaster; (*veículo mal estacionado*) to tow away; (*dar reboque a*) to tow
reboco [xe'boku] M plaster
rebolar [xebo'la^{r}] VT to swing ■ VI to sway; (*fig*) to work hard; **rebolar-se** VR to sway
rebolo [xe'bolu] M (*mó*) grindstone; (*cilindro*) cylinder

NB: *European Portuguese adds the following consonants to certain words*: **b** (sú(b)dito, su(b)til); **c** (a(c)ção, a(c)cionista, a(c)to); **m** (inde(m)ne); **p** (ado(p)çã, ado(p)tar); *for further details see p. xiii.*

reboque [xe'bɔki] M (*ato*) tow; (*veículo*: *tb*: **carro reboque**) trailer; (*cabo*) towrope; (*BR*: *de socorro*) towtruck; **a ~** on *ou* in (*US*) tow
reboque *etc* VB *v* **rebocar**
rebordo [xe'boxdu] M rim, edge; **~ da lareira** mantelpiece
rebordosa [xebox'dɔza] F (*situação difícil*) difficult situation; (*doença grave*) serious illness; (*reincidência de moléstia*) recurrence; (*pancadaria*) commotion
rebu [xe'bu] (*col*) M commotion, rumpus
rebuçado [xebu'sadu] (*PT*) M sweet, candy (*US*)
rebuliço [xebu'lisu] M commotion, hubbub
rebuscado, -a [xebuʃ'kadu, a] ADJ affected
recado [xe'kadu] M message; **menino de ~s** errand boy; **dar o ~, dar conta do ~** (*fig*) to deliver the goods; **deixar ~** to leave a message; **mandar ~** to send word
recaída [xeka'ida] F relapse
recair [xeka'iʳ] VI (*doente*) to relapse; **~ em erro** *ou* **falta** to go wrong again; **a culpa recaiu nela** she got the blame; **o acento recai na última sílaba** the accent falls on the last syllable
recalcado, -a [xekaw'kadu, a] ADJ repressed
recalcar [xekaw'kaʳ] VT to repress
recalcitrante [xekawsi'trãtʃi] ADJ recalcitrant
recalque [xe'kawki] M repression
recalque *etc* VB *v* **recalcar**
recamado, -a [xeka'madu, a] ADJ embroidered
recambiar [xekã'bjaʳ] VT to send back
recanto [xe'kãtu] M (*lugar aprazível*) corner, nook; (*esconderijo*) hiding place
recapitulação [xekapitula'sãw] F (*resumo*) recapitulation; (*rememorar*) revision
recapitular [xekapitu'laʳ] VT (*resumir*) to sum up, recapitulate; (*fatos*) to review; (*matéria escolar*) to revise
recarga [xe'kaxga] F (*de celular*) top-up; **preciso fazer a ~ do meu celular** I need to get a top-up for my mobile
recarregar [xekaxe'gaʳ] VT (*celular*) to top up; (*bateria*) recharge; (*cartucho*) refill
recatado, -a [xeka'tadu, a] ADJ (*modesto*) modest; (*reservado*) reserved
recatar-se [xeka'taxsi] VR to become withdrawn; (*ocultar-se*) to hide
recato [xe'katu] M (*modéstia*) modesty
recauchutado, -a [xekawʃu'tadu, a] ADJ (*fig*) revamped; (*col*: *pessoa*) having had cosmetic surgery; **pneu ~** (*Auto*) retread, remould (*Brit*)
recauchutagem [xekawʃu'taʒẽ] (*pl* **-ns**) F (*de pneu*) retreading; (*fig*) face-lift
recauchutar [xekawʃu'taʳ] VT (*pneu*) to retread; (*fig*) to give a face-lift to
recear [xe'sjaʳ] VT to fear ■ VI: **~ por** to fear for; **~ fazer/que** to be afraid to do/that
recebedor, a [xesebe'doʳ(a)] M/F recipient; (*de impostos*) collector
receber [xese'beʳ] VT to receive; (*ganhar*) to earn, get; (*hóspedes*) to take in; (*convidados*) to entertain; (*acolher bem*) to welcome ■ VI (*receber convidados*) to entertain; (*ser pago*) to be paid; **a ~** (*Com*) receivable; **recebimento** [xesebi'mẽtu] (*BR*) M reception; (*de uma carta*) receipt; **acusar o recebimento de** to acknowledge receipt of
receio [xe'seju] M fear; **não tenha ~** never fear; **ter ~ de que** to fear that
receita [xe'sejta] F (*renda*) income; (*do Estado*) revenue; (*Med*) prescription; (*culinária*) recipe; **~ pública** tax revenue; **R~ Federal** ≈ Inland Revenue (*Brit*), ≈ IRS (*US*); **receitar** [xesej'taʳ] VT to prescribe ■ VI to write prescriptions
recém [xe'sẽ] ADV recently, newly; **recém-casado, -a** ADJ newly-married; **os recém-casados** the newlyweds
recém-chegado, -a M/F newcomer
recém-nascido, -a M/F newborn child
recém-publicado, -a ADJ newly *ou* recently published
recender [xesẽ'deʳ] VT: **~ um cheiro** to give off a smell ■ VI to smell; **~ a** to smell of
recenseamento [xesẽsja'mẽtu] M census
recensear [xesẽ'sjaʳ] VT to take a census of
recente [xe'sẽtʃi] ADJ recent; (*novo*) new ■ ADV recently; **recentemente** [xesẽtʃi'mẽtʃi] ADV recently
receoso, -a [xe'sjozu, ɔza] ADJ (*medroso*) frightened, fearful; (*apreensivo*) afraid; **estar ~ de (fazer)** to be afraid of (doing)
recepção [xesep'sãw] (*pl* **-ões**) F reception; (*PT*: *de uma carta*) receipt; **acusar a ~ de** (*PT*) to acknowledge receipt of
recepcionar [xesepsjo'naʳ] VT to receive
recepcionista [xesepsjo'niʃta] M/F receptionist
recepções [xesep'sõjʃ] FPL *de* **recepção**
receptáculo [xesep'takulu] M receptacle
receptador, a [xesepta'doʳ(a)] M/F fence, receiver of stolen goods
receptar [xesep'taʳ] VT to fence, receive
receptivo, -a [xesep'tʃivu, a] ADJ receptive; (*acolhedor*) welcoming
receptor [xesep'toʳ] M (*Tec*) receiver
recessão [xese'sãw] (*pl* **-ões**) F recession
recesso [xe'sɛsu] M recess
recessões [xese'sõjʃ] FPL *de* **recessão**
rechaçar [xeʃa'saʳ] VT (*ataque*) to repel; (*idéias, argumentos*) to oppose; (*oferta*) to turn down
réchaud [xe'ʃo] M (*pl* **-s**) plate-warmer
recheado, -a [xe'ʃjadu, a] ADJ (*ave, carne*) stuffed; (*empada, bolo*) filled; (*cheio*) full, crammed
rechear [xe'ʃjaʳ] VT to fill; (*ave, carne*) to stuff; **recheio** [xe'ʃeju] M (*para carne assada*) stuffing; (*de empada, de bolo*) filling; (*o conteúdo*) contents *pl*
rechonchudo, -a [xeʃõ'ʃudu, a] ADJ chubby, plump
recibo [xe'sibu] M receipt
reciclagem [xesi'klaʒẽ] F (*de papel etc*) recycling; (*de professores, funcionários*) retraining
reciclável [xesi'klavew] (*pl* **-eis**) ADJ recyclable
reciclar [xesi'klaʳ] VT (*papel etc*) to recycle; (*professores, funcionários*) to retrain
recidiva [xesi'dʒiva] F recurrence
recife [xe'sifi] M reef
recifense [xesi'fẽsi] ADJ from Recife ■ M/F

person from Recife
recinto [xe'sĩtu] M (*espaço fechado*) enclosure; (*lugar*) area
recipiente [xesi'pjẽtʃi] M container, receptacle
recíproca [xe'siproka] F reverse
reciprocar [xesipro'kaʳ] VT to reciprocate
reciprocidade [xesiprosi'dadʒi] F reciprocity
recíproco, -a [xe'siproku, a] ADJ reciprocal
récita ['xɛsita] F (*teatral*) performance
recitação [xesita'sãw] (*pl* **-ões**) F recitation
recital [xesi'taw] (*pl* **-ais**) M recital
recitar [xesi'taʳ] VT (*declamar*) to recite
reclamação [xeklama'sãw] (*pl* **-ões**) F (*queixa*) complaint; (*Jur*) claim
reclamante [xekla'mãtʃi] M/F claimant
reclamar [xekla'maʳ] VT (*exigir*) to demand; (*herança*) to claim ■ VI: **~ (de)** (*comida etc*) to complain (about); (*dores etc*) to complain (of); **~ contra** to complain about
reclame [xe'klami] M advertisement
reclinado, -a [xekli'nadu, a] ADJ (*inclinado*) leaning; (*recostado*) lying back
reclinar [xekli'naʳ] VT to rest, lean; **reclinar-se** VR to lie back; (*deitar-se*) to lie down
reclinável [xekli'navew] (*pl* **-eis**) ADJ (*cadeira*) reclinable
reclusão [xeklu'zãw] F (*isolamento*) seclusion; (*encarceramento*) imprisonment
recluso, -a [xe'kluzu, a] ADJ reclusive ■ M/F recluse; (*prisioneiro*) prisoner
recobrar [xeko'braʳ] VT to recover, get back; **recobrar-se** VR to recover
recolher [xeko'ʎeʳ] VT to collect; (*coisas dispersas*) to collect up; (*gado, roupa do varal*) to bring in; (*juntar*) to gather together; (*abrigar*) to give shelter to; (*notas antigas*) to withdraw; (*encolher*) to draw in; **recolher-se** VR (*ir para casa*) to go home; (*deitar-se*) to go to bed; (*ir para o quarto*) to retire; (*em meditações*) to meditate; **~ alguém a algum lugar** to take sb somewhere; **recolhido, -a** [xeko'ʎidu, a] ADJ (*lugar*) secluded; (*pessoa*) withdrawn; **recolhimento** [xekoʎi'mẽtu] M (*vida retraída*) retirement; (*arrecadação*) collection; (*ato de levar*) taking
recomeçar [xekome'saʳ] VT, VI to restart; **~ a fazer** to start to do again
recomeço [xeko'mesu] M restart
recomendação [xekomẽda'sãw] (*pl* **-ões**) F recommendation; **recomendações** FPL (*cumprimentos*) regards; **carta de ~** letter of recommendation
recomendar [xekomẽ'daʳ] VT to recommend; (*confiar*) to entrust; **~ alguém a alguém** (*enviar cumprimentos*) to remember sb to sb, give sb's regards to sb; (*pedir favor*) to put in a word for sb with sb; **~ algo a alguém** (*confiar*) to entrust sth to sb; **~ que alguém faça** to recommend that sb do; (*lembrar, pedir*) to urge that sb do; **recomendável** [xekomẽ'davew] (*pl* **-eis**) ADJ advisable
recompensa [xekõ'pẽsa] F (*prêmio*) reward; (*indenização*) recompense; **recompensar** [xekõpẽ'saʳ] VT (*premiar*) to reward; **recompensar alguém de algo** (*indenizar*) to compensate sb for sth
recompor [xekõ'poʳ] (*irreg*) VT (*reorganizar*) to reorganize; (*restabelecer*) to restore
recôncavo [xe'kõkavu] M (*enseada*) bay area
reconciliação [xekõsilja'sãw] (*pl* **-ões**) F reconciliation
reconciliar [xekõsi'ljaʳ] VT to reconcile; **reconciliar-se** VR to become reconciled
recondicionar [xekõdʒisjo'naʳ] VT to recondition
recôndito, -a [xe'kõdʒitu, a] ADJ (*escondido*) hidden; (*lugar*) secluded
reconfortar [xekõfox'taʳ] VT to invigorate; **reconfortar-se** VR to be invigorated
reconhecer [xekoɲe'seʳ] VT to recognize; (*admitir*) to admit; (*Mil*) to reconnoitre (*Brit*), reconnoiter (*US*); (*assinatura*) to witness; **reconhecido, -a** [xekoɲe'sidu, a] ADJ recognized; (*agradecido*) grateful, thankful; **reconhecimento** [xekoɲesi'mẽtu] M recognition; (*admissão*) admission; (*gratidão*) gratitude; (*Mil*) reconnaissance; (*de assinatura*) witnessing; **reconhecível** [xekoɲe'sivew] (*pl* **-eis**) ADJ recognizable
reconquista [xekõ'kiʃta] F reconquest
reconsiderar [xekõside'raʳ] VT, VI to reconsider
reconstituinte [xekõʃtʃi'twĩtʃi] M tonic
reconstituir [xekõʃtʃi'twiʳ] VT to reconstitute; (*doente*) to build up; (*crime*) to piece together
reconstrução [xekõʃtru'sãw] F reconstruction
reconstruir [xekõʃ'trwiʳ] VT to rebuild, reconstruct
recontar [xekõ'taʳ] VT (*objetos, pessoas*) to recount; (*história*) to retell
recordação [xekoxda'sãw] (*pl* **-ões**) F (*reminiscência*) memory; (*objeto*) memento
recordar [xekox'daʳ] VT (*relembrar*) to remember; (*parecer*) to look like; (*lição*) to revise; **recordar-se** VR: **recordar-se de** to remember; **~ algo a alguém** to remind sb of sth
recorde [xe'kɔxdʒi] ADJ INV record *atr* ■ M record; **em tempo ~** in record time; **bater um ~** to break a record
recordista [xekox'dʒiʃta] ADJ record-breaking ■ M/F record-breaker; (*quem detém o recorde*) record-holder; **~ mundial** world record-holder
recorrer [xeko'xeʳ] VI: **~ a** (*para socorro*) to turn to; (*valer-se de*) to resort to; **~ da sentença/decisão** to appeal against the sentence/decision
recortar [xekox'taʳ] VT to cut out; **recorte** [xe'kɔxtʃi] M (*ato*) cutting out; (*de jornal*) cutting, clipping
recostar [xekoʃ'taʳ] VT to lean, rest; **recostar-se** VR to lean back; (*deitar-se*) to lie down

NB: *European Portuguese adds the following consonants to certain words:* **b** (sú(b)dito, su(b)til); **c** (a(c)ção, a(c)cionista, a(c)to); **m** (inde(m)ne); **p** (ado(p)çã, ado(p)tar); *for further details see p. xiii.*

recosto [xe'koʃtu] M back(rest)
recreação [xekrja'sãw] F recreation
recrear [xe'krjaʳ] VT to entertain, amuse; **recrear-se** VR to have fun
recreativo, -a [xekrja'tʃivu, a] ADJ recreational
recreio [xe'kreju] M recreation; (*Educ*) playtime; **viagem de ~** trip, outing; **hora do ~** break
recriar [xe'krjaʳ] VT to recreate
recriminação [xekrimina'sãw] (*pl* **-ões**) F recrimination
recriminador, a [xekrimina'doʳ(a)] ADJ reproving
recriminar [xekrimi'naʳ] VT to reproach, reprove
recrudescência [xekrude'sẽsja] F = **recrudescimento**
recrudescer [xekrude'seʳ] VI to grow worse, worsen
recrudescimento [xekrudesi'mẽtu] M worsening
recruta [xe'kruta] M/F recruit
recrutamento [xekruta'mẽtu] M recruitment
recrutar [xekru'taʳ] VT to recruit
rectângulo *etc* [xek'tãgulu] (PT) = **retângulo** *etc*
rectificar *etc* [xektifi'kaʳ] (PT) = **retificar** *etc*
recto, -a ['xɛkto] (PT) = **reto** *etc*
récua ['xɛkwa] F (*de mulas*) pack, train; (*de cavalos*) drove
recuado, -a [xe'kwadu, a] ADJ (*prédio*) set back
recuar [xe'kwaʳ] VT to move back ■ VI to move back; (*exército*) to retreat; (*num intento*) to back out; (*num compromisso*) to backpedal; (*ciência*) to regress; **~ a** *ou* **para** (*no tempo*) to return *ou* regress to; (*numa decisão, opinião*) to back down to; **~ de** (*lugar*) to move back from; (*intenções, planos*) to back out of
recuo [xe'kuu] M retreat; (*de ciência*) regression; (*de intento*) climbdown; (*de um prédio*) frontage
recuperação [xekupera'sãw] F recovery
recuperar [xekupe'raʳ] VT to recover; (*tempo perdido*) to make up for; (*reabilitar*) to rehabilitate; **recuperar-se** VR to recover; **~-se de** to recover *ou* recuperate from
recurso [xe'kuxsu] M (*meio*) resource; (*Jur*) appeal; **recursos** MPL (*financeiros*) resources; **em último ~** as a last resort; **o ~ à violência** resorting to violence; **não há outro ~ contra a fome** there is no other solution to famine; **~s próprios** (*Com*) own resources
recusa [xe'kuza] F refusal; (*negação*) denial; **recusar** [xeku'zaʳ] VT to refuse; (*negar*) to deny; **recusar-se** VR: **recusar-se a** to refuse to; **recusar fazer** to refuse to do; **recusar algo a alguém** to refuse *ou* deny sb sth
redação [xeda'sãw] (PT **-cç-**, *pl* **-ões**) F (*ato*) writing; (*Educ*) composition, essay; (*redatores*) editorial staff; (*lugar*) editorial office
redactor, a [xeda'toʳ(a)] (PT) M/F = **redator(a)** *etc*
redargüir [xedax'gwiʳ] VI to retort
redator, a [xeda'toʳ(a)] M/F journalist; (*editor*) editor; (*quem redige*) writer
redator, a M/F editor in chief
rede ['xedʒi] F net; (*de salvamento*) safety net; (*de cabelos*) hairnet; (*de dormir*) hammock; (*cilada*) trap; (*Ferro, Tec, fig*) network; **a R~** (*a Internet*) the Net; **~ bancária** banking system; **~ de esgotos** drainage system; **comunicar-se em ~ (com)** (*Comput*) to network (with); **operação em ~** (*Comput*) networking
rédea ['xɛdʒja] F rein; **dar ~ larga a** to give free rein to; **tomar as ~s** (*fig*) to take control, take over; **falar à ~ solta** to talk nineteen to the dozen
redenção [xedẽ'sãw] F redemption
redentor, a [xedẽ'toʳ(a)] ADJ redeeming ■ M/F redeemer
redigir [xedʒi'ʒiʳ] VT, VI to write
redime *etc* [xe'dʒimi] VB *v* **remir**
redimir [xedʒi'miʳ] VT (*livrar*) to free; (*Rel*) to redeem
redobrar [xedo'braʳ] VT (*dobrar de novo*) to fold again; (*aumentar*) to increase; (*esforços*) to redouble; (*sinos*) to ring ■ VI to increase; (*intensificar*) to intensify; to ring out
redoma [xe'dɔma] F glass dome
redondamente [xedõda'mẽtʃi] ADV (*completamente*) completely
redondeza [xedõ'deza] F roundness; **redondezas** FPL (*arredores*) surroundings
redondo, -a [xe'dõdu, a] ADJ round; (*gordo*) plump
redor [xe'doʳ] M: **ao** *ou* **em ~ (de)** around, round about
redução [xedu'sãw] (*pl* **-ões**) F reduction; (*conversão: de moeda*) conversion
redundância [xedũ'dãsja] F redundancy; **redundante** [xedũ'dãtʃi] ADJ redundant
redundar [xedũ'daʳ] VI: **~ em** (*resultar em*) to result in
reduto [xe'dutu] M stronghold; (*refúgio*) haven
reduzido, -a [xedu'zidu, a] ADJ reduced; (*limitado*) limited; (*pequeno*) small; **ficar ~ a** to be reduced to
reduzir [xedu'ziʳ] VT to reduce; (*converter: dinheiro*) to convert; (*abreviar*) to abridge; **reduzir-se** VR: **reduzir-se a** to be reduced to; (*fig: resumir-se em*) to come down to; **"reduza a velocidade"** "reduce speed now"
reedificar [xeedʒifi'kaʳ] VT to rebuild
reeditar [xeedʒi'taʳ] VT (*livro*) to republish; (*repetir*) to repeat
reeducar [xeedu'kaʳ] VT to reeducate
reeleger [xeele'ʒeʳ] VT to re-elect; **reeleger-se** VR to be re-elected
reeleição [xeelej'sãw] F re-election
reelejo *etc* [xee'leʒu] VB *v* **reeleger**
reembolsar [xeẽbow'saʳ] VT (*reaver*) to recover; (*restituir*) to reimburse; (*depósito*) to refund; **~ alguem de algo** *ou* **algo a alguém** to reimburse sb for sth; **reembolso** [xeẽ'bowsu] M (*de depósito*) refund; (*de despesa*) reimbursement; **reembolso postal** cash on delivery
reencarnação [xeẽkaxna'sãw] F reincarnation

reencarnar [xeẽkax'na^{r}] VI to be reincarnated
reencontrar [xeẽkõ'tra^{r}] VT to meet again; **reencontrar-se** VR: **reencontrar-se (com)** to meet up (with)
reencontro [xeẽ'kõtru] M reunion
reentrância [xeẽ'trãsja] F recess
reescalonamento [xeeʃkalona'mẽtu] M rescheduling
reescalonar [xeeʃkalo'na^{r}] VT (*dívida*) to reschedule
reescrever [xeeʃkre've^{r}] VT to rewrite
reexaminar [xeezami'na^{r}] VT to re-examine
refaço *etc* [xe'fasu] VB *v* **refazer**
refastelado, -a [xefaʃte'ladu, a] ADJ stretched out
refastelar-se [xefaʃte'laxsi] VR to stretch out, lounge
refazer [xefa'ze^{r}] (*irreg*) VT (*trabalho*) to redo; (*consertar*) to repair, fix; (*forças*) to restore; (*finanças*) to recover; (*vida*) to rebuild; **refazer-se** VR (*Med etc*) to recover; **~-se de despesas** to recover one's expenses
refeição [xefej'sãw] (*pl* **-ões**) F meal; **na hora da ~** at mealtimes
refeito, -a [xe'fejtu, a] PP *de* **refazer**
refeitório [xefej'tɔrju] M dining hall, refectory
refém [xe'fẽ] (*pl* **-ns**) M hostage
referência [xefe'rẽsja] F reference; **referências** FPL (*informações para emprego*) references; **com ~ a** with reference to, about; **fazer ~ a** to make reference to, refer to
referendar [xeferẽ'da^{r}] VT to countersign, endorse; (*aprovar: tratado etc*) to ratify
referendum [xefe'rẽdũ] M (*Pol*) referendum
referente [xefe'rẽtʃi] ADJ: **~ a** concerning, regarding
referido, -a [xefe'ridu, a] ADJ aforesaid, already mentioned
referir [xefe'ri^{r}] VT (*contar*) to relate, tell; **referir-se** VR: **referir-se a** to refer to
REFESA F (= *Rede Ferroviária SA*) ≈ BR
refestelar-se [xefeʃte'laxsi] VR = **refastelar-se**
refez [xe'fez] VB *v* **refazer**
refil [xe'fiw] (*pl* **-is**) M refill
refiz [xe'fiz] VB *v* **refazer**
refinado, -a [xefi'nadu, a] ADJ refined
refinamento [xefina'mẽtu] M refinement
refinanciamento [xefinãsja'mẽtu] M refinancing
refinanciar [xefinã'sja^{r}] VT to refinance
refinar [xefi'na^{r}] VT to refine
refinaria [xefina'ria] F refinery
refiro *etc* [xe'firu] VB *v* **referir**
refis [xe'fiʃ] MPL *de* **refil**
refizer *etc* [xefi'ze^{r}] VB *v* **refazer**
refletido, -a [xefle'tʃidu, a] (PT **-ct-**) ADJ reflected; (*prudente*) thoughtful; (*ação*) prudent, shrewd
refletir [xefle'tʃi^{r}] (PT **-ct-**) VT (*espelhar*) to reflect; (*som*) to echo; (*fig: revelar*) to reveal ■ VI: **~ em** *ou* **sobre** (*pensar*) to consider, think about; **refletir-se** VR to be reflected; **~-se em** (*repercutir-se*) to have implications for
refletor, a [xefle'to^{r}(a)] (PT **-ct-**) ADJ reflecting ■ M reflector
reflexão [xeflek'sãw] (*pl* **-ões**) F reflection; (*meditação*) thought, reflection
reflexivo, -a [xeflek'sivu, a] ADJ reflexive
reflexo, -a [xe'flɛksu, a] ADJ (*luz*) reflected; (*ação*) reflex ■ M reflection; (*Anat*) reflex; (*no cabelo*) streak
reflexões [xeflek'sõjʃ] FPL *de* **reflexão**
reflito *etc* [xe'flitu] VB *v* **refletir**
refluxo [xe'fluksu] M ebb
refogado, -a [xefo'gadu, a] ADJ sautéed ■ M (*molho*) tomatoes, onion, garlic and herbs fried together; (*prato*) stew
refogar [xefo'ga^{r}] VT to sauté
reforçado, -a [xefox'sadu, a] ADJ reinforced; (*pessoa*) strong; (*café da manhã, jantar*) hearty
reforçar [xefox'sa^{r}] VT to reinforce; (*revigorar*) to invigorate; **reforço** [xe'foxsu] M reinforcement
reforma [xe'fɔxma] F reform; (*Arq*) renovation; (*Rel*) reformation; (*Mil*) retirement; **fazer ~s em casa** to have building work done in the house; **o banheiro está em ~** the bathroom is being done up; **~ agrária** land reform; **~ ministerial** cabinet reshuffle; **reformado, -a** [xefox'madu, a] ADJ reformed; (*Arq*) renovated; (*Mil*) retired; **reformar** [xefox'ma^{r}] VT to reform; (*Arq*) to renovate; (*Mil*) to retire; (*sentença*) to commute; **reformar-se** VR (*militar*) to retire; (*criminoso*) to reform, mend one's ways
reformatar [xefoxma'ta^{r}] VT to reformat
reformatório [xefoxma'tɔrju] M reformatory, approved school (*Brit*)
refractário, -a [xefra'tarju, a] (PT) ADJ = **refratário**
refrão [xe'frãw] (*pl* **-ãos**) M (*cantado*) chorus, refrain; (*provérbio*) saying
refratário, -a [xefra'tarju, a] ADJ (*rebelde*) difficult, unmanageable; (*Tec*) heat-resistant; (*Culin*) ovenproof; **ser ~ a** (*admoestações etc*) to be impervious to
refrear [xefre'a^{r}] VT (*cavalo*) to rein in; (*inimigo*) to contain, check; (*paixões, raiva*) to control; **refrear-se** VR to restrain o.s.; **~ a língua** to mind one's language
refrega [xe'frɛga] F fight
refrescante [xefreʃ'kãtʃi] ADJ refreshing
refrescar [xefreʃ'ka^{r}] VT (*ar, ambiente*) to cool; (*pessoa*) to refresh ■ VI to cool down; **refrescar-se** VR to refresh o.s.
refresco [xe'freʃku] M cool fruit drink, squash; **refrescos** MPL (*refrigerantes*) refreshments
refrigeração [xefriʒera'sãw] F cooling; (*de alimentos*) refrigeration; (*de casa*) air conditioning

NB: *European Portuguese adds the following consonants to certain words:* **b** (sú(b)dito, su(b)til); **c** (a(c)ção, a(c)cionista, a(c)to); **m** (inde(m)ne); **p** (ado(p)çã, ado(p)tar); *for further details see p. xiii.*

refrigerado, -a [xefriʒe'radu, a] ADJ cooled; (*casa*) air-conditioned; (*alimentos*) refrigerated; **~ a ar** air-cooled
refrigerador [xefriʒera'do^{r}] M refrigerator, fridge (*Brit*)
refrigerante [xefriʒe'rãtʃi] M soft drink
refrigerar [xefriʒe'ra^{r}] VT to keep cool; (*com geladeira*) to refrigerate; (*casa*) to air-condition
refrigério [xefri'ʒɛrju] M solace, consolation
refugar [xefu'ga^{r}] VT (*alimentos*) to reject; (*proposta, conselho*) to reject, dismiss ■ VI (*cavalo*) to balk; (*Hipismo*) to refuse
refugiado, -a [xefu'ʒjadu, a] ADJ, M/F refugee
refugiar-se [xefu'ʒjaxsi] VR to take refuge; **~ na leitura** *etc* to seek solace in reading *etc*; **refúgio** [xe'fuʒju] M refuge
refugo [xe'fugu] M rubbish, garbage (*US*); (*mercadoria*) reject
refulgência [xefuw'ʒẽsja] F brilliance
refulgir [xefuw'ʒi^{r}] VI to shine
refutação [xefuta'sãw] (*pl* **-ões**) F refutation
refutar [xefu'ta^{r}] VT to refute
reg ABR = **regimento**; = **regular**
rega ['xɛga] F watering; (*PT: irrigação*) irrigation
regaço [xe'gasu] M (*colo*) lap
regador [xega'do^{r}] M watering can
regalado, -a [xega'ladu, a] ADJ (*encantado*) delighted; (*confortável*) comfortable ■ ADV comfortably
regalar [xega'la^{r}] VT (*causar prazer*) to delight; **regalar-se** VR (*divertir-se*) to enjoy o.s.; (*alegrar-se*) to be delighted; **~ alguém com algo** to give sb sth, present sb with sth
regalia [xega'lia] F privilege
regalo [xe'galu] M (*presente*) present; (*prazer*) pleasure, treat
regar [xe'ga^{r}] VT (*plantas, jardim*) to water; (*umedecer*) to sprinkle; **~ o jantar a vinho** to wash one's dinner down with wine
regata [xe'gata] F regatta
regatear [xega'tʃja^{r}] VT (*o preço*) to haggle over, bargain for ■ VI to haggle
regateio [xega'teju] M haggling
regato [xe'gatu] M brook, stream
regência [xe'ʒẽsja] F regency; (*Ling*) government; (*Mús*) conducting
regeneração [xeʒenera'sãw] F regeneration; (*de criminosos*) reform
regenerar [xeʒene'ra^{r}] VT to regenerate; (*criminoso*) to reform; **regenerar-se** VR to regenerate; to reform
regente [xe'ʒẽtʃi] M (*Pol*) regent; (*de orquestra*) conductor; (*de banda*) leader
reger [xe'ʒe^{r}] VT to govern, rule; (*regular, Ling*) to govern; (*orquestra*) to conduct; (*empresa*) to run ■ VI (*governar*) to rule; (*maestro*) to conduct; **~ uma cadeira** (*Educ*) to hold a chair
região [xe'ʒjãw] (*pl* **-ões**) F region; (*de uma cidade*) area
regime [xe'ʒimi] M (*Pol*) regime; (*dieta*) diet; (*maneira*) way; **meu ~ agora é levantar cedo** my routine now is to get up early; **fazer ~** to diet; **estar de ~** to be on a diet; **o ~ das prisões/dos hospitais** the prison/hospital system; **~ de vida** way of life
regimento [xeʒi'mẽtu] M regiment; (*regras*) regulations *pl*, rules *pl*; **~ interno** (*de empresa*) company rules *pl*
régio, -a ['xɛʒju, a] ADJ (*real*) royal; (*digno do rei*) regal; (*suntuoso*) princely
regiões [xe'ʒjõjʃ] FPL *de* **região**
regional [xeʒjo'naw] (*pl* **-ais**) ADJ regional
registrador, a [xeʒiʃtra'do^{r}(a)] (*PT* **-ista-**) M/F registrar, recorder ■ F: **(caixa) ~a** cash register, till
registrar [xeʒiʃ'tra^{r}] (*PT* **-ista-**) VT to register; (*anotar*) to record; (*com máquina registradora*) to ring up
registro [xe'ʒiʃtru] (*PT* **-to**) M (*ato*) registration; (: *anotação*) recording; (*livro, Ling*) register; (*histórico, Comput*) record; (*relógio*) meter; (*Mús*) range; (*torneira*) stopcock; **~ civil** registry office
rego ['xegu] M (*para água*) ditch; (*de arado*) furrow; (*col!*) crack
reg° ABR = **regulamento**
regozijar [xegozi'ʒa^{r}] VT to gladden; **regozijar-se** VR to be delighted, rejoice
regozijo [xego'ziʒu] M joy, delight
regra ['xɛgra] F rule; **regras** FPL (*Med*) periods; **sair da ~** to step out of line; **em ~** as a rule, usually; **por via de ~** as a rule
regrado, -a [xe'gradu, a] ADJ (*sensato*) sensible
regravável [xegra'vavew] (*pl* **-eis**) ADJ rewritable
regredir [xegre'dʒi^{r}] VI to regress; (*doença*) to retreat
regressão [xegre'sãw] F regression
regressar [xegre'sa^{r}] VI to come (*ou* go) back, return
regressivo, -a [xegre'sivu, a] ADJ regressive; **contagem regressiva** countdown
regresso [xe'grɛsu] M return
regrido *etc* [xe'gridu] VB *v* **regredir**
régua ['xɛgwa] F ruler; **~ de calcular** slide rule
regulador, a [xegula'do^{r}(a)] ADJ regulating ■ M regulator
regulagem [xegu'laʒẽ] F (*de motor, carro*) tuning
regulamentação [xegulamẽta'sãw] F regulation; (*regras*) regulations *pl*
regulamento [xegula'mẽtu] M rules *pl*, regulations *pl*
regular [xegu'la^{r}] ADJ regular; (*estatura*) average, medium; (*tamanho*) normal; (*razoável*) not bad ■ VT to regulate; (*reger*) to govern; (*máquina*) to adjust; (*carro, motor*) to tune; (*relógio*) to put right ■ VI to work, function; **regular-se** VR: **regular-se por** to be guided by; **ele não regula (bem)** he's not quite right in the head; **~ por** to be about; **~ com alguém** to be about the same age as sb; **regularidade** [xegulari'dadʒi] F regularity
regularizar [xegulari'za^{r}] VT to regularize
regurgitar [xeguxʒi'ta^{r}] VT, VI to regurgitate
rei [xej] M king; **ele é o ~ da bagunça** (*col*)

he's the world's worst for untidiness; **ter o ~ na barriga** to be full of oneself; **Dia de R~s** Epiphany; **R~ Momo** carnival king

reimprimir [xeĩpri'mir] VT to reprint

reinado [xej'nadu] M reign

reinar [xej'nar] VI to reign; (*fig*) to reign, prevail

reincidência [xeĩsi'dẽsja] F backsliding; (*de criminoso*) recidivism

reincidir [xeĩsi'dʒir] VI to relapse; (*criminoso*) to re-offend; **~ em erro** to do wrong again

reingressar [xeĩgre'sar] VI: **~ (em)** to re-enter

reiniciar [xejni'sjar] VT to restart

reino ['xejnu] M kingdom; (*fig*) realm; **~ animal** animal kingdom; **o R~ Unido** the United Kingdom

reintegrar [xeĩte'grar] VT (*em emprego*) to reinstate; (*reconduzir*) to return, restore

reiterar [xeite'rar] VT to reiterate, repeat

reitor, a [xej'tor(a)] M/F (*de uma universidade*) vice-chancellor (*Brit*), president (*US*) ■ M (*PT*: *pároco*) rector

reitoria [xejto'ria] F (*de universidade*: *cargo*) vice-chancellorship (*Brit*), presidency (*US*); (*gabinete*) vice-chancellor's (*Brit*) *ou* president's (*US*) office

reivindicação [xejvĩdʒika'sãw] (*pl* **-ões**) F claim, demand

reivindicar [rejvĩdʒi'kar] VT to claim; (*aumento salarial, direitos*) to demand

rejeição [xeʒej'sãw] (*pl* **-ões**) F rejection

rejeitar [xeʒej'tar] VT to reject; (*recusar*) to refuse

rejo *etc* ['xeju] VB *v* **reger**

rejubilar [xeʒubi'lar] VT to fill with joy ■ VI to rejoice; **rejubilar-se** VR to rejoice

rejuvenescedor, a [xeʒuvenese'dor(a)] ADJ rejuvenating

rejuvenescer [xeʒuvene'ser] VT to rejuvenate ■ VI to be rejuvenated; **rejuvenescer-se** VR to be rejuvenated

relação [xela'sãw] (*pl* **-ões**) F relation; (*conexão*) connection, relationship; (*relacionamento*) relationship; (*Mat*) ratio; (*lista*) list; **com** *ou* **em ~ a** regarding, with reference to; **ter relações com alguém** to have intercourse with sb; **relações públicas** public relations

relacionado, -a [xelasjo'nadu, a] ADJ (*listado*) listed; (*ligado*) related, connected; **uma pessoa bem** *ou* **muito relacionada** a well-connected person

relacionamento [xelasjona'mẽtu] M relationship

relacionar [xelasjo'nar] VT (*listar*) to make a list of; (*ligar*): **~ algo com algo** to connect sth with sth, relate sth to sth; **relacionar-se** VR to be connected *ou* related; **~ alguém com alguém** to bring sb into contact with sb; **~-se com** (*ligar-se*) to be connected with, have to do with; (*conhecer*) to become acquainted with

relaçoes [xela'sõjʃ] FPL *de* **relação**

relações-públicas M/F INV PR person

relâmpago [xe'lãpagu] M flash of lightning ■ ADJ INV (*visita*) lightning *atr*; **relâmpagos** MPL (*clarões*) lightning *sg*; **passar como um ~** to flash past; **como um ~** like lightning, as quick as a flash

relampejar [xelãpe'ʒar] VI to flash; **relampejou** the lightning flashed

relance [xe'lãsi] M glance; **olhar de ~** to glance at

relapso, -a [xe'lapsu, a] ADJ (*reincidente*) recidivous; (*negligente*) negligent

relatar [xela'tar] VT to give an account of

relativo, -a [xela'tʃivu, a] ADJ relative

relato [xe'latu] M account

relator, a [xela'tor(a)] M/F storyteller

relatório [xela'tɔrju] M report; **~ anual** (*Com*) annual report

relaxado, -a [xela'ʃadu, a] ADJ relaxed; (*desleixado*) slovenly, sloppy; (*relapso*) negligent

relaxamento [xelaʃa'mẽtu] M relaxation; (*de moral, costumes*) debasement; (*desleixo*) slovenliness; (*de relapsos*) negligence

relaxante [xela'ʃãtʃi] ADJ relaxing ■ M tranquillizer

relaxar [xela'ʃar] VT to relax; (*moral, costumes*) to debase ■ VI to relax; (*tornar-se negligente*): **~ (em)** to grow complacent (in); **~ com** (*transigir*) to acquiesce in

relaxe [xe'laʃi] M relaxation

relê [xe'le] VB *v* **reler**

relegar [xele'gar] VT to relegate

releio *etc* [xe'leju] VB *v* **reler**

relembrar [xelẽ'brar] VT to recall

relento [xe'lẽtu] M: **ao ~** out of doors

reler [xe'ler] (*irreg*) VT to reread

reles ['xɛliʃ] ADJ INV (*gente*) common, vulgar; (*comportamento*) despicable; (*mero*) mere

relevância [xele'vãsja] F relevance

relevante [xele'vãtʃi] ADJ relevant

relevar [xele'var] VT (*tornar saliente*) to emphasize; (*atenuar*) to relieve; (*desculpar*) to pardon, forgive

relevo [xe'levu] M relief; (*fig*) prominence, importance; **pôr em ~** to emphasize

reli [xe'li] VB *v* **reler**

relicário [xeli'karju] M reliquary, shrine

relido, -a [xe'lido, a] PP *de* **reler**

religião [xeli'ʒãw] (*pl* **-ões**) F religion; **religioso, -a** [xeli'ʒozu, ɔza] ADJ religious; (*casamento*) church *atr* ■ M/F religious person; (*frade/freira*) monk/nun ■ M (*casamento*) church wedding

relinchar [xelĩ'ʃar] VI to neigh

relincho [xe'lĩʃu] M (*som*) neigh; (*ato*) neighing

relíquia [xe'likja] F relic; **~ de família** family heirloom

relógio [xe'lɔʒu] M clock; (*de gás*) meter; **~ de pé** grandfather clock; **~ de ponto** time clock; **~ (de pulso)** (wrist)watch; **~ de sol** sundial; **corrida contra o ~** race against the clock

NB: *European Portuguese adds the following consonants to certain words*: **b** (sú(b)dito, su(b)til); **c** (a(c)ção, a(c)cionista, a(c)to); **m** (inde(m)ne); **p** (ado(p)çã, ado(p)tar); *for further details see p. xiii.*

relojoaria [xelo3wa'ria] F watchmaker's, watch shop
relojoeiro, -a [xelo'3wejru, a] M/F watchmaker, clockmaker
relutância [xelu'tãsja] F reluctance
relutante [xelu'tãtʃi] ADJ reluctant
relutar [xelu'ta^{r}] VI: **~ (em fazer)** to be reluctant (to do); **~ contra algo** to be reluctant to accept sth
reluzente [xelu'zẽtʃi] ADJ brilliant, shining
reluzir [xelu'zi^{r}] VI to gleam, shine
relva ['xɛwva] F grass; (*terreno gramado*) lawn
relvado [xew'vadu] (PT) M lawn
rem ABR (= *remetente*) sender
remador, a [xema'do^{r}(a)] M/F rower, oarsman/woman
remanchar [xemã'ʃa^{r}] VI to delay, take one's time
remanescente [xemane'sẽtʃi] ADJ remaining ■ M remainder; (*excesso*) surplus
remanescer [xemane'se^{r}] VI to remain
remanso [xe'mãsu] M (*pausa*) pause, rest; (*sossego*) stillness, quiet; (*água*) backwater
remar [xe'ma^{r}] VT to row; (*canoa*) to paddle ■ VI to row; **~ contra a maré** (*fig*) to swim against the tide
remarcação [xemaxka'sãw] F (*de preços*) changing; (*de artigos*) repricing; (*artigos remarcados*) repriced goods *pl*
remarcar [xemax'ka^{r}] VT (*preços*) to adjust; (*artigos*) to reprice
rematado, -a [xema'tadu, a] ADJ (*concluído*) completed
rematar [xema'ta^{r}] VT to finish off; **remate** [xe'matʃi] M (*fim*) end; (*acabamento*) finishing touch; (*Arq*) coping; (*fig: cume*) peak; (*de piada*) punch line
remedeio *etc* [xeme'deju] VB *v* **remediar**
remediado, -a [xeme'd3jadu, a] ADJ comfortably off
remediar [xeme'd3ja^{r}] VT (*corrigir*) to put right, remedy
remediável [xeme'd3javew] (*pl* **-eis**) ADJ rectifiable
remédio [xe'mɛd3ju] M (*medicamento*) medicine; (*recurso, solução*) remedy; (*Jur*) recourse; **não tem ~** there's no way; **que ~?** what else can one do?; **~ caseiro** home remedy
remela [xe'mɛla] F (*nos olhos*) sleep
remelento, -a [xeme'lẽtu, a] ADJ bleary-eyed
remelexo [xeme'leʃu] M (*requebro*) swaying
rememorar [xememo'ra^{r}] VT to remember
rememorável [xememo'ravew] (*pl* **-eis**) ADJ memorable
remendar [xemẽ'da^{r}] VT to mend; (*com pano*) to patch; **remendo** [xe'mẽdu] M repair; (*de pano*) patch
remessa [xe'mɛsa] F (*Com*) shipment; (*de dinheiro*) remittance
remetente [xeme'tẽtʃi] M/F (*de carta*) sender; (*Com*) shipper
remeter [xeme'te^{r}] VT (*expedir*) to send, dispatch; (*dinheiro*) to remit; (*entregar*) to hand over; **remeter-se** VR: **remeter-se a** (*referir-se*) to refer to
remexer [xeme'ʃe^{r}] VT (*papéis*) to shuffle; (*sacudir: braços*) to wave; (*folhas*) to shake; (*revolver: areia, lama*) to stir up ■ VI: **~ em** to rummage through; **remexer-se** VR (*mover-se*) to move around; (*rebolar-se*) to sway
remição [xemi'sãw] F redemption
reminiscência [xemini'sẽsja] F reminiscence
remir [xe'mi^{r}] VT (*coisa penhorada, Rel*) to redeem; (*livrar*) to free; (*danos, perdas*) to make good; **remir-se** VR (*pecador*) to redeem o.s.
remissão [xemi'sãw] (*pl* **-ões**) F (*Com, Rel*) redemption; (*compensação*) payment; (*num livro*) cross-reference
remisso, -a [xe'misu, a] ADJ remiss; **~ em fazer** (*lento*) slow to do
remissões [xemi'sõjʃ] FPL *de* **remissão**
remível [xe'mivew] (*pl* **-eis**) ADJ redeemable
remo ['xɛmu] M oar; (*de canoa*) paddle; (*Esporte*) rowing
remoa *etc* [xe'moa] VB *v* **remoer**
remoção [xemo'sãw] F removal
remoçar [xemo'sa^{r}] VT to rejuvenate ■ VI to be rejuvenated
remoer [xe'mwe^{r}] VT (*café*) to regrind; (*no pensamento*) to turn over in one's mind; (*amofinar*) to eat away; **remoer-se** VR (*amofinar-se*) to be consumed *ou* eaten away
remoinho [xemo'iɲu] M = **rodamoinho**
remontar [xemõ'ta^{r}] VT (*elevar*) to raise; (*tornar a armar*) to re-assemble ■ VI (*em cavalo*) to remount; **~ ao passado** to return to the past; **~ ao século XV** *etc* to date back to the 15th century *etc*; **~ o vôo** to soar
remoque [xe'mɔki] M gibe, taunt
remorso [xe'mɔxsu] M remorse
remoto, -a [xe'mɔtu, a] ADJ remote, far off; (*controle, Comput*) remote
remover [xemo've^{r}] VT (*mover*) to move; (*transferir*) to transfer; (*demitir*) to dismiss; (*retirar, afastar*) to remove; (*terra*) to churn up
remuneração [xemunera'sãw] (*pl* **-ões**) F remuneration; (*salário*) wage
remunerador, a [xemunera'do^{r}(a)] ADJ remunerative; (*recompensador*) rewarding
remunerar [xemune'ra^{r}] VT to remunerate; (*premiar*) to reward
rena ['xɛna] F reindeer
renal [xe'naw] (*pl* **-ais**) ADJ renal, kidney *atr*
Renamo [xe'namu] ABR F = **Resistência Nacional Moçambicana**
Renascença [xena'sẽsa] F: **a ~** the Renaissance
renascer [xena'se^{r}] VI to be reborn; (*fig*) to revive
renascimento [xenasi'mẽtu] M rebirth; (*fig*) revival; **o R~** the Renaissance
Renavam (BR) ABR M = **Registro Nacional de Veículos Automotores**
renda ['xẽda] F income; (*nacional*) revenue; (*de aplicação, locação*) yield; (*tecido*) lace; **~ bruta/líquida** gross/net income; **imposto de ~** (BR)

income tax; ~ **per capita** per capita income
rendado, -a [xẽ'dadu, a] ADJ lace-trimmed; (*com aspecto de renda*) lacy ■ M lacework
rendeiro, -a [xẽ'dejru, a] M/F lacemaker
render [xẽ'de^{r}] VT (*lucro, dinheiro*) to bring in, yield; (*preço*) to fetch; (*homenagem*) to pay; (*graças*) to give; (*serviços*) to render; (*armas*) to surrender; (*guarda*) to relieve; (*causar*) to bring ■ VI (*dar lucro*) to pay; (*trabalho*) to be productive; (*comida*) to go a long way; (*conversa, caso*) to go on, last; **render-se** VR to surrender
rendez-vous [xãde'vu] M INV = **randevu**
rendição [xẽdʒi'sãw] F surrender
rendido, -a [xẽ'dʒidu, a] ADJ subdued
rendimento [xẽdʒi'mẽtu] M (*renda*) income; (*lucro*) profit; (*juro*) yield, interest; (*produtividade*) productivity; (*de máquina*) efficiency; (*de um produto*) value for money; ~ **por ação** (*Com*) earnings per share, earnings yield; ~ **de capital** (*Com*) return on capital
rendoso, -a [xẽ'dozu, ɔza] ADJ profitable
renegado, -a [xene'gadu, a] ADJ, M/F renegade
renegar [xene'ga^{r}] VT (*crença*) to renounce; (*detestar*) to hate; (*trair*) to betray; (*negar*) to deny; (*desprezar*) to reject
renhido, -a [xe'ɲidu, a] ADJ hard-fought; (*batalha*) bloody
renitência [xeni'tẽsja] F obstinacy
renitente [xeni'tẽtʃi] ADJ obstinate, stubborn
Reno ['xenu] M: **o** ~ the Rhine
renomado, -a [xeno'madu, a] ADJ renowned
renome [xe'nɔmi] M fame, renown; **de** ~ renowned
renovação [xenova'sãw] (*pl* **-ões**) F renewal; (*Arq*) renovation
renovar [xeno'va^{r}] VT to renew; (*Arq*) to renovate; (*ensino, empresa*) to revamp ■ VI to be renewed
renque ['xẽki] M row
rentabilidade [xẽtabili'dadʒi] F profitability
rentável [xẽ'tavew] (*pl* **-eis**) ADJ profitable
rente ['xẽtʃi] ADJ (*cabelo*) close-cropped; (*casa*) nearby ■ ADV close; (*muito curto*) very short; ~ **a** close by
renúncia [xe'nũsja] F renunciation; (*de cargo*) resignation; ~ **a um direito** waiver (of a right)
renunciar [xenũ'sja^{r}] VT to give up, renounce ■ VI to resign; (*abandonar*): ~ **a algo** to give sth up; (*direito*) to surrender sth; (*fé, crença*) to renounce sth
reorganizar [xeoxgani'za^{r}] VT to reorganize
reouve *etc* [xe'ovi] VB *v* **reaver**
reouver *etc* [xeo've^{r}] VB *v* **reaver**
reparação [xepara'sãw] (*pl* **-ões**) F (*conserto*) mending, repairing; (*de mal, erros*) remedying; (*de prejuizos, ofensa*) making amends; (*fig*) amends *pl*, reparation
reparar [xepa'ra^{r}] VT (*consertar*) to repair; (*forças*) to restore; (*mal, erros*) to remedy; (*prejuizo, danos, ofensa*) to make amends for; (*notar*) to notice ■ VI: ~ **em** to notice; **não repare em** pay no attention to; **repare em** (*olhe*) look at; **reparo** [xe'paru] M (*conserto*) repair; (*crítica*) criticism; (*observação*) observation
repartição [xepaxtʃi'sãw] (*pl* **-ões**) F (*ato*) distribution; (*seção*) department; (*escritório*) office; ~ **(pública)** government department
repartir [xepax'tʃi^{r}] VT (*distribuir*) to distribute; (*dividir entre vários*) to share out; (*dividir em várias porções*) to divide up; (*cabelo*) to part; **repartir-se** VR (*dividir-se*) to divide
repassar [xepa'sa^{r}] VT (*ponte, fronteira*) to go over again; (*lição*) to revise, go over ■ VI to go by again; **passar e** ~ to go back and forth
repasto [xe'paʃtu] M (*refeição*) meal, repast; (*banquete*) feast
repatriar [xepa'trja^{r}] VT to repatriate; **repatriar-se** VR to go back home
repelão [xepe'lãw] (*pl* **-ões**) M push, shove; **de** ~ brusquely
repelente [xepe'lẽtʃi] ADJ, M repellent
repelir [xepe'li^{r}] VT to repel; (*curiosos*) to drive away; (*idéias, atitudes*) to reject, repudiate; **seu estômago repele certos alimentos** his stomach cannot take certain foods
repelões [xepe'lõjʃ] FPL *de* **repelão**
repensar [xepẽ'sa^{r}] VI to reconsider, rethink
repente [xe'pẽtʃi] M outburst; **de** ~ suddenly; (*col: talvez*) maybe
repentino, -a [xepẽ'tʃinu, a] ADJ sudden
repercussão [xepexku'sãw] (*pl* **-ões**) F repercussion
repercutir [xepexku'tʃi^{r}] VT (*som*) to echo ■ VI (*som*) to reverberate, echo; (*fig*): ~ **(em)** to have repercussions (on)
repertório [xepex'tɔrju] M (*lista*) list; (*coleção*) collection; (*Mús*) repertoire
repetição [xepetʃi'sãw] (*pl* **-ões**) F repetition
repetidamente [xepetʃida'mẽtʃi] ADJ repeatedly
repetido, -a [xepe'tʃidu, a] ADJ repeated; **repetidas vezes** repeatedly, again and again
repetir [xepe'tʃi^{r}] VT to repeat; (*vestido*) to wear again ■ VI (*ao comer*) to have seconds; **repetir-se** VR (*acontecer de novo*) to happen again; (*pessoa*) to repeat o.s.; **repetitivo, -a** [xepetʃi'tʃivu, a] ADJ repetitive
repicar [xepi'ka^{r}] VT (*sinos*) to ring ■ VI to ring (out)
repilo *etc* [xe'pilu] VB *v* **repelir**
repimpado, -a [xepĩ'padu, a] ADJ (*refestelado*) lolling; (*satisfeito*) full up
repique [xe'pikɪ] M (*de sinos*) peal; ~ **falso** false alarm
repique *etc* VB *v* **repicar**
repisar [xepi'za^{r}] VT (*repetir*) to repeat; (*uvas*) to tread ■ VI: ~ **em** (*assunto*) to keep on about, harp on

NB: *European Portuguese adds the following consonants to certain words*: **b** (sú(b)dito, su(b)til); **c** (a(c)ção, a(c)cionista, a(c)to); **m** (inde(m)ne); **p** (ado(p)çã, ado(p)tar); *for further details see p. xiii.*

repito *etc* [xe'pitu] VB *v* **repetir**
replay [xe'plei] (*pl* **-s**) M (*TV*) (action) replay
repleto, -a [xe'plɛtu, a] ADJ replete, full up
réplica ['xɛplika] F (*cópia*) replica; (*contestação*) reply, retort
replicar [xepli'ka^{r}] VT to answer, reply to ■ VI to reply, answer back
repõe *etc* [xe'põj] VB *v* **repor**
repolho [xe'poʎu] M cabbage
repomos [xe'pomoʃ] VB *v* **repor**
reponho *etc* [xe'poɲu] VB *v* **repor**
repontar [xepõ'ta^{r}] VI (*aparecer*) to appear
repor [xe'po^{r}] (*irreg*) VT to put back, replace; (*restituir*) to return; **repor-se** VR (*pessoa*) to recover
reportagem [xepox'taʒẽ] (*pl* **-ns**) F (*ato*) reporting; (*notícia*) report; (*repórteres*) reporters *pl*
reportar [xepox'ta^{r}] VT: **~ a** (*o pensamento*) to take back to; (*atribuir*) to attribute to; **reportar-se** VR: **reportar-se a** to refer to; (*relacionar-se a*) to be connected with
repórter [xe'pɔxte^{r}] M/F reporter
repôs [xe'poʃ] VB *v* **repor**
reposição [xepozi'sãw] (*pl* **-ões**) F replacement; (*restituição*) return; **~ salarial** wage adjustment
repositório [xepozi'tɔrju] M repository
reposto, -a [xe'poʃtu, 'pɔʃta] PP *de* **repor**
repousar [xepo'za^{r}] VI to rest; **repouso** [xe'pozu] M rest
repreender [xeprjẽ'de^{r}] VT to reprimand
repreensão [xeprjẽ'sãw] (*pl* **-ões**) F rebuke, reprimand
repreensível [xeprjẽ'sivew] (*pl* **-eis**) ADJ reprehensible
repreensões [xeprjẽ'sõjʃ] FPL *de* **repreensão**
represa [xe'preza] F dam
represália [xepre'zalja] F reprisal
representação [xeprezẽta'sãw] (*pl* **-ões**) F representation; (*representantes*) representatives *pl*; (*Teatro*) performance; (*atuação do ator*) acting; **representante** [xeprezẽ'tãtʃi] M/F representative
representar [xeprezẽ'ta^{r}] VT to represent; (*Teatro*: *papel*) to play; (: *encenar*) to put on ■ VI (*ator*) to act; (*tb*: *Jur*) to make a complaint; **representativo, -a** [xeprezẽta'tʃivu, a] ADJ representative
repressão [xepre'sãw] (*pl* **-ões**) F repression
repressivo, -a [xepre'sivu, a] ADJ repressive
repressões [xepre'sõjʃ] FPL *de* **repressão**
reprimido, -a [xepri'midu, a] ADJ repressed
reprimir [xepri'mi^{r}] VT to repress; (*lágrimas*) to keep back
reprise [xe'prizi] F reshowing
réprobo, -a ['xɛprobu, a] ADJ, M/F reprobate
reprodução [xeprodu'sãw] (*pl* **-ões**) F reproduction
reprodutor, a [xeprodu'to^{r}(a)] ADJ reproductive
reproduzir [xeprodu'zi^{r}] VT to reproduce; (*repetir*) to repeat; **reproduzir-se** VR to breed, multiply; to be repeated
reprovação [xeprova'sãw] (*pl* **-ões**) F disapproval; (*em exame*) failure
reprovado, -a [xepro'vadu, a] M/F failed candidate, failure; **taxa de ~s** failure rate
reprovador, a [xeprova'do^{r}(a)] ADJ (*olhar*) disapproving, reproving
reprovar [xepro'va^{r}] VT (*condenar*) to disapprove of; (*aluno*) to fail
réptil ['xɛptʃiw] (*pl* **-eis**) M reptile
repto ['xɛptu] M challenge, provocation
república [xe'publika] F republic; **~ de estudantes** students' house; **~ popular** people's republic; **republicano, -a** [xepubli'kanu, a] ADJ, M/F republican
repudiar [xepu'dʒja^{r}] VT to repudiate, reject; (*abandonar*) to disown; **repúdio** [xe'pudʒju] M rejection, repudiation
repugnância [xepug'nãsja] F repugnance; (*por comida etc*) disgust; (*aversão*) aversion; (*moral*) abhorrence
repugnante [xepug'nãtʃi] ADJ repugnant, repulsive
repugnar [xepug'na^{r}] VT to oppose ■ VI to be repulsive; **~ a alguém** to disgust sb; (*moralmente*) to be repugnant to sb
repulsa [xe'puwsa] F (*ato*) rejection; (*sentimento*) repugnance; (*física*) repulsion
repulsão [xepuw'sãw] (*pl* **-ões**) F repulsion; (*rejeição*) rejection
repulsivo, -a [xepuw'sivu, a] ADJ repulsive
repulsões [xepuw'sõjʃ] FPL *de* **repulsão**
repunha *etc* [xe'puɲa] VB *v* **repor**
repus *etc* [xe'puʃ] VB *v* **repor**
repuser *etc* [xepu'ze^{r}] VB *v* **repor**
reputação [reputa'sãw] (*pl* **-ões**) F reputation
reputado, -a [xepu'tadu, a] ADJ renowned
reputar [xepu'ta^{r}] VT to consider, regard as
repuxado, -a [xepu'ʃadu, a] ADJ (*pele*) tight, firm; (*olhos*) slanted
repuxar [xepu'ʃa^{r}] VT (*puxar*) to tug; (*esticar*) to pull tight
repuxo [xe'puʃu] M (*de água*) fountain; **agüentar o ~** (*col*) to bear up
requebrado [reke'bradu] M (*rebolado*) swing, sway
requebrar [xeke'bra^{r}] VT to wiggle, swing; **requebrar-se** VR to wiggle, swing
requeijão [xekej'ʒãw] M cheese spread
requeira *etc* [xe'kejra] VB *v* **requerer**
requentar [xekẽ'ta^{r}] VT to reheat, warm up
requer [xe'ke^{r}] VB *v* **requerer**
requerente [xeke'rẽtʃi] M/F (*Jur*) petitioner
requerer [xeke're^{r}] VT (*emprego*) to apply for; (*pedir*) to request, ask for; (*exigir*) to require; (*Jur*) to petition for; **requerimento** [xekeri'mẽtu] M application; (*pedido*) request; (*petição*) petition
réquiem ['xɛkjẽ] (*pl* **-ns**) M requiem
requintado, -a [xekĩ'tadu, a] ADJ refined, elegant
requintar [xekĩ'ta^{r}] VT to refine ■ VI: **~ em** to be refined in
requinte [xe'kĩtʃi] M refinement, elegance; (*cúmulo*) height

requisição [xekizi'sãw] (*pl* **-ões**) F request, demand
requisitado, -a [xekizi'tadu, a] ADJ (*requerido*) required; (*muito procurado*) sought after
requisitar [xekizi'ta^{r}] VT to make a request for; (*Mil*) to requisition
requisito [xeki'zitu] M requirement
rês [xeʃ] F head of cattle; **reses** FPL (*gado*) cattle, livestock *sg*
rescindir [xesĩ'dʒi^{r}] VT (*contrato*) to rescind
rescrever [xeʃkre've^{r}] VT = **reescrever**
rés-do-chão [xɛʒ-] (PT) M INV (*andar térreo*) ground floor (*Brit*), first floor (*US*)
resenha [xe'zɛɲa] F (*relatório*) report; (*resumo*) summary; (*de livro*) review; **fazer a ~ de** (*livro*) to review
reserva [xe'zɛxva] F reserve; (*para hotel, fig: ressalva*) reservation; (*discrição*) discretion ■ M/F (*Esporte*) reserve; **~ de mercado** (*Com*) protected market; **~ de petróleo** oil reserve; **~ natural** nature reserve; **~ em dinheiro** cash reserve
reservado, -a [xezex'vadu, a] ADJ reserved; (*pej: retraído*) standoffish
reservar [xezex'va^{r}] VT to reserve; (*guardar de reserva*) to keep; (*forças*) to conserve; **reservar-se** VR to save o.s.; **~-se o direito de fazer** to reserve the right to do; **ele não sabe o que o futuro lhe reserva** he does not know what the future has in store for him
reservatório [xezexva'tɔrju] M (*lago*) reservoir
reservista [xezex'viʃta] M/F (*Mil*) member of the reserves
resfolegar [xeʃfole'ga^{r}] VI to pant
resfriado, -a [xeʃ'frjadu, a] (BR) ADJ: **estar ~** to have a cold ■ M cold, chill; **ficar ~** to catch (a) cold
resfriar [xeʃ'frja^{r}] VT to cool, chill ■ VI (*pessoa*) to catch (a) cold; **resfriar-se** VR to catch (a) cold
resgatar [xeʒga'ta^{r}] VT (*salvar*) to rescue; (*retomar*) to get back, recover; (*dívida*) to pay off; (*Com: ação, coisa penhorada*) to redeem
resgatável [xeʒga'tavew] (*pl* **-eis**) ADJ redeemable
resgate [xeʒ'gatʃi] M (*salvamento*) rescue; (*para livrar reféns*) ransom; (*Com: de ações, coisa penhorada*) redemption; (*retomada*) recovery
resguardar [xeʒgwax'da^{r}] VT to protect; **resguardar-se** VR: **resguardar-se de** to guard against
resguardo [xeʒ'gwaxdu] M protection; (*cuidado*) care; (*convalescência*): **estar** *ou* **ficar de ~** to take *ou* be taking things easy
residência [xezi'dẽsja] F residence; **residencial** [xezidẽ'sjaw] (*pl* **-ais**) ADJ (*zona, edifício*) residential; (*computador, telefone etc*) home *atr*; **residente** [xezi'dẽtʃi] ADJ, M/F resident; **residente na memória** (*Comput*) memory-resident
residir [xezi'dʒi^{r}] VI to live, reside; (*achar-se*) to reside
resíduo [xe'zidwu] M residue
resignação [xezigna'sãw] (*pl* **-ões**) F resignation
resignadamente [xezignada'mẽtʃi] ADJ with resignation
resignado, -a [xezig'nadu, a] ADJ resigned
resignar-se [xezig'naxsi] VR: **~ com** to resign o.s. to
resiliente [xezi'ljẽtʃi] ADJ resilient
resina [xe'zina] F resin
resistência [xeziʃ'tẽsja] F resistance; (*de atleta*) stamina; (*de material, objeto*) strength; (*moral*) morale
resistente [xeziʃ'tẽtʃi] ADJ resistant; (*material, objeto*) hard-wearing, strong; **~ a traças** mothproof
resistir [xeziʃ'tʃi^{r}] VI (*suporte*) to hold; (*pessoa*) to hold out; **~ a** (*não ceder*) to resist; (*sobreviver*) to survive; **~ ao uso** to wear well; **~ (ao tempo)** to endure, stand the test of time
resma ['xeʒma] F ream
resmungar [xeʒmũ'ga^{r}] VT, VI to mutter, mumble
resmungo [xeʒ'mũgu] M grumbling
resolução [xezolu'sãw] (*pl* **-ões**) F resolution; (*coragem*) courage; (*de um problema*) solution; **de alta ~ (gráfica)** (*Comput*) high-resolution; **resoluto, -a** [xezo'lutu, a] ADJ decisive; **resoluto a fazer** resolved to do
resolver [xezow've^{r}] VT to sort out; (*problema*) to solve; (*questão*) to resolve; (*decidir*) to decide; **resolver-se** VR: **resolver-se (a fazer)** to make up one's mind (to do), decide (to do); **chorar não resolve** crying doesn't help, it's no use crying; **~-se por** to decide on
resolvido, -a [xezow'vidu, a] ADJ (*pessoa*) decisive
respaldo [xeʃ'pawdu] M (*de cadeira*) back; (*fig*) support, backing
respectivo, -a [xeʃpek'tʃivu, a] ADJ respective
respeitador, a [xeʃpejta'do^{r}(a)] ADJ respectful
respeitante [xeʃpej'tãtʃi] ADJ: **~ a** concerning, with regard to
respeitar [xeʃpej'ta^{r}] VT to respect; **respeitável** [xeʃpej'tavew] (*pl* **-eis**) ADJ respectable; (*considerável*) considerable
respeito [xeʃ'pejtu] M: **~ (a** *ou* **por)** respect (for); **respeitos** MPL (*cumprimentos*) regards; **a ~ de, com ~ a** as to, as regards; (*sobre*) about; **dizer ~ a** to concern; **faltar ao ~ a** to be rude to; **em ~ a** with respect to; **dar-se ao ~** to command respect; **pessoa de ~** respected person; **ela não me disse nada a seu ~** she didn't tell me anything about you; **não sei nada a ~ (disso)** I know nothing about it
respeitoso, -a [xeʃpej'tozu, ɔza] ADJ respectful
respingar [xeʃpĩ'ga^{r}] VT, VI to splash, spatter
respingo [xeʃ'pĩgu] M splash
respiração [xeʃpira'sãw] F breathing; (*Med*)

NB: *European Portuguese adds the following consonants to certain words*: **b** (sú(b)dito, su(b)til); **c** (a(c)ção, a(c)cionista, a(c)to); **m** (inde(m)ne); **p** (ado(p)çã, ado(p)tar); *for further details see p. xiii.*

respiration
respirador [xeʃpira'dor] M respirator
respirar [xeʃpi'rar] VT to breathe; (*revelar*) to reveal, show ■ VI to breathe; (*descansar*) to have a respite
respiratório, -a [xeʃpira'tɔrju, a] ADJ respiratory
respiro [xeʃ'piru] M breath; (*descanso*) respite; (*abertura*) vent
resplandecente [xeʃplãde'sẽtʃi] ADJ resplendent
resplandecer [xeʃplãde'ser] VI to gleam, shine (out)
resplendor [xeʃplẽ'dor] M brilliance; (*fig*) glory
respondão, -dona [xeʃpõ'dãw, 'dɔa] (*pl* **-ões/-s**) ADJ cheeky, insolent
responder [xeʃpõ'der] VT to answer ■ VI to answer; (*ser respondão*) to answer back; **~ a** (*tratamento, agressão*) to respond to; (*processo, inquérito*) to undergo; **~ por** to be responsible for, answer for; (*Com*) to be liable for
respondões [xeʃpõ'dõjʃ] MPL *de* **respondão**
respondona [xeʃpõ'dɔna] F *de* **respondão**
responsabilidade [xeʃpõsabili'dadʒi] F responsibility; (*Jur*) liability
responsabilizar [xeʃpõsabili'zar] VT: **~ alguém (por algo)** to hold sb responsible (for sth); **responsabilizar-se** VR: **responsabilizar-se por** to take responsibility for
responsável [xeʃpõ'savew] (*pl* **-eis**) ADJ: **~ (por)** responsible (for) ■ M person responsible *ou* in charge; **~ a** answerable to, accountable to
resposta [xeʃ'pɔʃta] F answer, reply
resquício [xeʃ'kisju] M (*vestígio*) trace
ressabiado, -a [xesa'bjadu, a] ADJ (*desconfiado*) wary; (*ressentido*) resentful
ressaca [xe'saka] F (*refluxo*) undertow; (*mar bravo*) rough sea; (*fig*: *de quem bebeu*) hangover; **estar de ~** (*mar*) to be rough; (*pessoa*) to have a hangover
ressaibo [xe'sajbu] M (*mau sabor*) unpleasant taste; (*fig*: *indício*) trace; (: *ressentimento*) ill feeling
ressaltar [xesaw'tar] VT to emphasize ■ VI to stand out
ressalva [xe'sawva] F (*proteção*) safeguard; (*Mil*) exemption certificate; (*correção*) correction; (*restrição*) reservation, proviso; (*exceção*) exception
ressarcir [xesax'sir] VT (*pagar*) to compensate; (*compensar*) to compensate for; **~ alguém de** to compensate sb for
ressecado, -a [xese'kadu, a] ADJ (*terra, lábios*) parched; (*pele, planta*) very dry
ressecar [xese'kar] VT, VI to dry up
resseguro [xese'guru] M reinsurance
ressentido, -a [xesẽ'tʃidu, a] ADJ resentful
ressentimento [xesẽtʃi'mẽtu] M resentment
ressentir-se [xesẽ'tʃixsi] VR: **~ de** (*ofender-se*) to resent; (*magoar-se*) to be hurt by; (*sofrer*) to suffer from, feel the effects of
ressequido, -a [xese'kidu, a] ADJ = **ressecado**
ressinto *etc* [xe'sĩtu] VB *v* **ressentir-se**
ressoar [xe'swar] VI to resound; (*ecoar*) to echo
ressonância [xeso'nãsja] F resonance; (*eco*) echo
ressonante [xeso'nãtʃi] ADJ resonant
ressurgimento [xesuxʒi'mẽtu] M resurgence, revival
ressurreição [xesuxej'sãw] (*pl* **-ões**) F resurrection
ressuscitar [xesusi'tar] VT to revive, resuscitate; (*costumes etc*) to revive ■ VI to revive
restabelecer [xeʃtabele'ser] VT to re-establish; (*ordem, forças*) to restore; (*doente*) to restore to health; **restabelecer-se** VR to recover, recuperate; **restabelecimento** [xeʃtabelesi'mẽtu] M re-establishment; (*da ordem*) restoration; (*Med*) recovery
restante [xeʃ'tãtʃi] ADJ remaining ■ M rest
restar [xeʃ'tar] VI to remain, be left; (*esperança, dúvida*) to remain; **não lhe resta nada** he has nothing left; **resta-me fechar o negócio** I still have to close the deal; **não resta dúvida de que** there is no longer any doubt that
restauração [xeʃtawra'sãw] (*pl* **-ões**) F restoration; (*de doente*) restoring to health; (*de costumes, usos*) revival
restaurante [xeʃtaw'rãtʃi] M restaurant
restaurar [xeʃtaw'rar] VT to restore; (*recuperar*: *doente*) to restore to health; (*costumes, usos*) to revive, restore
réstia ['xɛʃtʃja] F (*de cebolas*) string; (*luz*) ray
restinga [xeʃ'tʃĩga] F spit
restituição [xeʃtʃitwi'sãw] (*pl* **-ões**) F restitution, return; (*de dinheiro*) repayment; (*a cargo*) reinstatement
restituir [xeʃtʃi'twir] VT to return; (*dinheiro*) to repay; (*forças, saúde*) to restore; (*usos*) to revive; (*reempossar*) to reinstate
resto ['xɛʃtu] M rest; (*Mat*) remainder; **restos** MPL (*sobras*) remains; (*de comida*) scraps; **~s mortais** mortal remains; **de ~** apart from that
restrição [xeʃtri'sãw] (*pl* **-ões**) F restriction
restringir [xeʃtrĩ'ʒir] VT to restrict; **restringir-se** VR: **~-se a** to be restricted to; (*pessoa*) to restrict o.s. to
restrito, -a [xeʃ'tritu, a] ADJ restricted
resultado [xezuw'tadu] M result; **dar ~** to work, be effective; **~ ...** (*col*) the upshot being ....
resultante [xezuw'tãtʃi] ADJ resultant; **~ de** resulting from
resultar [xezuw'tar] VI: **~ (de/em)** to result (from/in) ■ VI (*vir a ser*) to turn out to be
resumido, -a [xezu'midu, a] ADJ abbreviated, abridged; (*curto*) concise
resumir [xezu'mir] VT to summarize; (*livro*) to abridge; (*reduzir*) to reduce; (*conter em resumo*) to sum up; **resumir-se** VR: **resumir-se a** *ou* **em** to consist in *ou* of; **resumo** [xe'zumu] M summary, résumé; **em resumo** in short, briefly
resvalar [xezva'lar] VT to slide, slip
resvés [xeʃ'vɛʃ] ADJ tight ■ ADV closely; **~ a** right by; (*na conta*) just
reta ['xɛta] F (*linha*) straight line; (*trecho de estrada*) straight; **~ final** *ou* **de chegada** home

straight; **na ~ final** (*tb fig*) on the home straight
retaguarda [xeta'gwaxda] F rearguard; (*posição*) rear
retalhar [xeta'ʎaʳ] VT to cut up; (*separar*) to divide; (*despedaçar*) to shred; (*ferir*) to slash
retalho [xe'taʎu] M (*de pano*) scrap, remnant; **vender a ~** (PT) to sell retail; **colcha de ~s** patchwork quilt
retaliação [xetalja'sãw] (*pl* **-ões**) F retaliation
retaliar [xeta'ljaʳ] VT to repay ■ VI to retaliate
retangular [xetãgu'laʳ] ADJ rectangular
retângulo [xe'tãgulu] M rectangle
retardado, -a [xetax'dadu, a] ADJ (*Psico*) retarded
retardar [xetax'daʳ] VT to hold up, delay; (*adiar*) to postpone
retardatário, -a [xetaxda'tarju, a] M/F latecomer
retardo [xe'taxdu] M (*Psico*) retardedness
retenção [xetẽ'sãw] F retention
reter [xe'teʳ] (*irreg*) VT (*guardar, manter*) to keep; (*deter*) to stop, detain; (*segurar*) to hold; (*ladrão, suspeito*) to detain, hold; (*na memória*) to retain; (*lágrimas, impulsos*) to hold back; (*impedir de sair*) to keep back; **reter-se** VR to restrain o.s.
retesado, -a [xete'zadu, a] ADJ taut
retesar [xete'zaʳ] VT (*músculo*) to flex; (*corda*) to pull taut
reteve [xe'tevi] VB *v* **reter**
reticência [xetʃi'sẽsja] F reticence, reserve; **reticências** FPL (*Ling*) suspension points
reticente [xetʃi'sẽtʃi] ADJ reticent
retidão [xetʃi'dãw] F (*integridade*) rectitude; (*de linha*) straightness
retificar [xetʃifi'kaʳ] VT to rectify
retinha *etc* [xe'tʃiɲa] VB *v* **reter**
retinir [xetʃi'niʳ] VI (*ferros*) to clink; (*campainha*) to ring, jingle; (*ressoar*) to resound
retirada [xetʃi'rada] F (*Mil*) withdrawal, retreat; (*salário, saque*) withdrawal; **bater em ~** to beat a retreat
retirado, -a [xetʃi'radu, a] ADJ (*vida*) solitary; (*lugar*) isolated
retirante [xetʃi'rãtʃi] M/F migrant (*from the NE of Brazil*)
retirar [xetʃi'raʳ] VT to withdraw; (*tirar*) to take out; (*afastar*) to take away, remove; (*fazer sair*) to get out; (*ganhar*) to make; **retirar-se** VR to withdraw; (*de uma festa etc*) to leave; (*da política etc*) to retire; (*recolher-se*) to retire, withdraw; (*Mil*) to retreat
retiro [xe'tʃiru] M retreat
retitude [xetʃi'tudʒi] F rectitude
retive *etc* [xe'tʃivi] VB *v* **reter**
retiver *etc* [xetʃi'veʳ] VB *v* **reter**
reto, -a ['xɛtu, a] ADJ straight; (*fig: justo*) fair; (: *honesto*) honest, upright ■ M (*Anat*) rectum
retocar [xeto'kaʳ] VT (*pintura*) to touch up; (*texto*) to tidy up
retomar [xeto'maʳ] VT to take up again; (*reaver*) to get back
retoque [xe'tɔki] M finishing touch
retoque *etc* VB *v* **retocar**
retorcer [xetox'seʳ] VT to twist; **retorcer-se** VR to wriggle, writhe; **~-se de dor** to writhe in pain
retórica [xe'tɔrika] F rhetoric; (*pej*) affectation
retórico, -a [xe'tɔriku, a] ADJ rhetorical; (*pej*) affected
retornar [xetox'naʳ] VI to return, go back; **retorno** [xe'toxnu] M return; (*Com*) barter, exchange; (*em rodovia*) turning area; **dar retorno** to do a U-turn; **retorno sobre investimento** return on investment; **retorno (do carro)** (*Comput*) (carriage) return
retorquir [xetox'kiʳ] VT to answer, say in reply ■ VI to retort, reply; **ela não retorquiu nada** she said nothing in reply
retractação [xetrata'sãw] (PT) F = **retratação**
retraído, -a [xetra'idu, a] ADJ retracted; (*tímido*) reserved, timid
retraimento [xetraj'mẽtu] M withdrawal; (*contração*) contraction; (*fig: de pessoa*) timidity, shyness
retrair [xetra'iʳ] VT to withdraw; (*contrair*) to contract; (*pessoa*) to make reserved; **retrair-se** VR to withdraw; (*encolher-se*) to retract
retrasado, -a [xetra'zadu, a] ADJ: **a semana retrasada** the week before last
retratação [xetrata'sãw] (*pl* **-ões**) F retraction
retratar [xetra'taʳ] VT to portray, depict; (*mostrar*) to show; (*dito*) to retract; **retratar-se** VR: **~-se (de algo)** to retract (sth)
retrátil [xe'tratʃiw] (*pl* **-eis**) ADJ retractable; **cinto de segurança ~** inertia-reel seat belt
retratista [xetra'tʃiʃta] M/F portrait painter
retrato [xe'tratu] M portrait; (*Foto*) photo; (*fig: efígie*) likeness; (: *representação*) portrayal; **ela é o ~ da mãe** she's the image of her mother; **tirar um ~ (de alguém)** to take a photo (of sb); **~ a meio corpo/de corpo inteiro** half/full-length portrait; **~ falado** Identikit® picture
retribuição [xetribwi'sãw] (*pl* **-ões**) F reward, recompense; (*pagamento*) remuneration; (*de hospitalidade, favor*) return, reciprocation
retribuir [xetri'bwiʳ] VT (*recompensar*) to reward, recompense; (*pagar*) to remunerate; (*hospitalidade, favor, sentimento, visita*) to return
retroactivo, -a [xetroa'tivu, a] (PT) ADJ = **retroativo**
retroagir [xetroa'ʒiʳ] VI (*lei*) to be retroactive; (*modificar o que está feito*) to change what has been done
retroativo, -a [xetroa'tʃivu, a] ADJ retroactive; (*pagamento*): **~ (a)** backdated (to)
retroceder [xetrose'deʳ] VI to retreat, fall back; (*decair*) to decline; (*num intento*) to back down; **retrocesso** [xetro'sɛsu] M retreat; (*ao passado*)

NB: *European Portuguese adds the following consonants to certain words:* **b** (sú(b)dito, su(b)til); **c** (a(c)ção, a(c)cionista, a(c)to); **m** (inde(m)ne); **p** (ado(p)çã, ado(p)tar); *for further details see p. xiii.*

return; (*decadência*) decline; (*tecla*) backspace (key); (*da economia*) slowdown
retrógrado, -a [xe'trɔgradu, a] ADJ retrograde; (*reacionário*) reactionary
retroprojetor [xetroproʒe'to^{r}] M overhead projector
retrospectiva [xetroʃpek'tʃiva] F retrospective
retrospectivamente [xetroʃpektʃiva'mẽtʃi] ADV in retrospect
retrospectivo, -a [xetroʃpek'tʃivu, a] ADJ retrospective
retrospecto [xetro'ʃpɛktu] M retrospective look; **em ~** in retrospect
retrovisor [xetrovi'zo^{r}] ADJ, M: **(espelho) ~** (*rear-view*) mirror
retrucar [xetru'ka^{r}] VT to answer ■ VI to retort, reply
retumbância [xetũ'bãsja] F resonance
retumbante [xetũ'bãtʃi] ADJ (*tb fig*) resounding
retumbar [xetũ'ba^{r}] VI to resound, echo; (*ribombar*) to rumble, boom
returco *etc* [xe'tuxku] VB *v* **retorquir**
réu, ré [xɛw, xɛ] M/F defendant; (*culpado*) culprit, criminal; **~ de morte** condemned man
reumático, -a [xew'matʃiku, a] ADJ rheumatic
reumatismo [xewma'tʃiʒmu] M rheumatism
reumatologista [xewmatolo'ʒiʃta] M/F rheumatologist
reunião [xeu'njãw] (*pl* **-ões**) F meeting; (*ato, reencontro*) reunion; (*festa*) get-together, party; **~ de cúpula** summit (meeting); **~ de diretoria** board meeting
reunir [xeu'ni^{r}] VT (*pessoas*) to bring together; (*partes*) to join, unite; (*qualidades*) to combine; **reunir-se** VR to meet; (*amigos*) to meet, get together; **~-se a** to join
reutilizar [xeutʃili'za^{r}] VT to re-use
revalorizar [xevalori'za^{r}] VT (*moeda*) to revalue
revanche [xe'vãʃi] F revenge; (*Esporte*) return match
revê *etc* [xe've] VB *v* **rever**
reveillon [xeve'jõ] M New Year's Eve
revejo *etc* [xe'veʒu] VB *v* **rever**
revelação [xevela'sãw] (*pl* **-ões**) F revelation; (*Foto*) development; (*novo cantor, ator etc*) promising newcomer
revelar [xeve'la^{r}] VT to reveal; (*mostrar*) to show; (*Foto*) to develop; **revelar-se** VR to turn out to be; **ela se revelou nessa crise** she showed her true colo(u)rs in this crisis
revelia [xeve'lia] F default; **à ~** by default; **à ~ de** without the knowledge *ou* consent of
revendedor, a [xevẽde'do^{r}(a)] M/F dealer
revender [xevẽ'de^{r}] VT to resell
rever [xe've^{r}] (*irreg*) VT to see again; (*examinar*) to check; (*revisar*) to revise; (*provas tipográficas*) to proofread
reverberar [xevexbe'ra^{r}] VT (*luz*) to reflect ■ VI to be reflected
reverdecer [xevexde'se^{r}] VT, VI to turn green again
reverência [xeve'rẽsja] F reverence, respect; (*ato*) bow; (: *de mulher*) curtsey; **fazer uma ~** to bow; to curtsey
reverenciar [xeverẽ'sja^{r}] VT to revere, venerate; (*obedecer*) to obey
reverendo, -a [xeve'rẽdu, a] ADJ reverend ■ M priest, clergyman
reverente [xeve'rẽtʃi] ADJ reverential
reversão [xevex'sãw] (*pl* **-ões**) F reversion
reversível [xevex'sivew] (*pl* **-eis**) ADJ reversible
reverso [xe'vɛxsu] M reverse; **o ~ da medalha** (*fig*) the other side of the coin
reversões [xevex'sõjʃ] FPL *de* **reversão**
reverter [xevex'te^{r}] VT to revert; (*a questão*) to return; **~ em benefício de** to benefit
revertério [xevex'tɛrju] M: **dar o ~** (*col*) to go wrong
revés [xe'vɛʃ] M reverse; (*infortúnio*) setback, mishap; **ao ~** (*roupa*) inside out; **de ~** (*olhar*) askance
revestimento [xeveʃtʃi'mẽtu] M (*da parede*) covering; (*de sofá*) cover; (*de caixa*) lining
revestir [xeveʃ'tʃi^{r}] VT (*traje*) to put on; (*cobrir: paredes etc*) to cover; (*interior de uma caixa etc*) to line; **revestir-se** VR: **revestir-se de** (*poderes*) to assume, take on; (*paciência*) to arm o.s. with; (*coragem*) to take, pluck up; **~ alguém de poderes** *etc* to invest sb with powers *etc*
revezamento [xeveza'mẽtu] M alternation
revezar [xeve'za^{r}] VT to alternate ■ VI to take turns, alternate; **revezar-se** VR to take turns, alternate
revi [xe'vi] VB *v* **rever**
revia *etc* [xe'via] VB *v* **rever**
revidar [xevi'da^{r}] VT (*soco, insulto*) to return; (*retrucar*) to answer; (*crítica*) to rise to, respond to ■ VI to hit back; (*retrucar*) to respond
revide [xe'vidʒi] M response
revigorar [xevigo'ra^{r}] VT to reinvigorate ■ VI to regain one's strength; **revigorar-se** VR to regain one's strength
revir *etc* [xe'vi^{r}] VB *v* **rever**
revirado, -a [xevi'radu, a] ADJ (*casa*) untidy, upside-down
revirar [xevi'ra^{r}] VT to turn round; (*gaveta*) to turn out, go through; **revirar-se** VR (*na cama*) to toss and turn; **~ os olhos** to roll one's eyes
reviravolta [xevira'vɔwta] F about-turn, U-turn; (*mudança da situação*) turn
revisão [xevi'zãw] (*pl* **-ões**) F revision; (*de máquina*) overhaul; (*de carro*) service; (*Jur*) appeal; **~ de provas** proofreading
revisar [xevi'za^{r}] VT to revise; (*prova tipográfica*) to proofread
revisões [xevi'zõjʃ] FPL *de* **revisão**
revisor, a [xevi'zo^{r}(a)] M/F (*Ferro etc*) ticket inspector; (*de provas*) proofreader
revista [xe'viʃta] F (*busca*) search; (*Mil, exame*) inspection; (*publicação*) magazine; (: *profissional, erudita*) journal; (*Teatro*) revue; **passar ~ a** to review; (*Mil*) to inspect, review; **~ em quadrinhos** comic; **~ literária** literary review; **~ para mulheres** women's magazine

revistar [xeviʃ'ta^{r}] VT to search; (*tropa*) to review; (*examinar*) to examine
revisto *etc* [xe'viʃtu] VB *v* **revestir**
revisto, -a [xe'viʃtu, a] PP *de* **rever**
revitalizar [xevitali'za^{r}] VT to revitalize
reviu [xe'viu] VB *v* **rever**
reviver [xevi've^{r}] VT to relive; (*costumes, palavras*) to revive ■ VI to revive; (*doente*) to pick up
revocar [xevo'ka^{r}] VT (*o passado*) to evoke; (*mandar voltar*) to recall; **~ alguém a/de** to bring sb back to/from
revogação [xevoga'sãw] (*pl* **-ões**) F (*de lei*) repeal; (*de ordem*) reversal
revogar [xevo'ga^{r}] VT to revoke
revolta [xe'vɔwta] F revolt; (*fig: indignação*) disgust; **Revolta da vacina**; *see below*; **revoltado, -a** [xevow'tadu, a] ADJ in revolt; (*indignado*) disgusted; (*amargo*) bitter; **revoltante** [xevow'tãtʃi] ADJ disgusting; (*repugnante*) revolting

REVOLTA DA VACINA

This was a popular movement of opposition to the government which took place in Rio de Janeiro in 1904, following the passing of a law which made vaccination against smallpox compulsory. It was the culmination of general dissatisfaction with health reforms undertaken at that time by the scientist Osvaldo Cruz, and the relocation programme of the prefect Pereira Passos, as a result of which part of the population of Rio had been moved from the slums and shanty towns of the central region to suburbs much further out.

revoltar [xevow'ta^{r}] VT to disgust; (*insurgir*) to incite to revolt ■ VI to cause indignation; **revoltar-se** VR to rebel, revolt; (*indignar-se*) to be disgusted
revolto, -a [xe'vowtu, a] PP *de* **revolver** ■ ADJ (*década*) turbulent; (*mundo*) troubled; (*cabelo*) dishevelled; (*mar*) rough; (*desarrumado*) untidy
revoltoso, -a [xevow'tozu, ɔza] ADJ in revolt
revolução [xevolu'sãw] (*pl* **-ões**) F revolution; **revolucionar** [xevolusjo'na^{r}] VT to revolutionize; **revolucionário, -a** [xevolusjo'narju, a] ADJ, M/F revolutionary
revoluções [xevolu'sõjʃ] FPL *de* **revolução**
revolver [xevow've^{r}] VT (*terra*) to turn over, dig over; (*gaveta*) to rummage through; (*olhos*) to roll; (*suj: vento*) to blow around ■ VI (*girar*) to revolve, rotate
revólver [xe'vɔwve^{r}] M revolver, gun
reza ['xɛza] F prayer; **rezar** [xe'za^{r}] VT (*missa, prece*) to say ■ VI to pray; **rezar (que)** (*contar, dizer*) to state (that)
RFA ABR F (*antes: = República Federal Alemã*) FRG
RFFSA (BR) ABR F = **Rede Ferroviária Federal SA**
RG (BR) ABR M (= *Registro Geral*) *identity document*
rh ABR: **factor rezar** Rh. *ou* rhesus (*Brit*) factor; **rh negativo/positivo** rhesus negative/positive
riacho ['xjaʃu] M stream, brook
ribalta [xi'bawta] F footlights *pl*; (*fig*) boards *pl*
ribanceira [xibã'sejra] F (*margem*) steep river bank; (*rampa*) steep slope; (*precipício*) cliff
ribeira [xi'bejra] F riverside; (*riacho*) river
ribeirão [xibej'rãw] (BR) (*pl* **-ões**) M stream
ribeirinho, -a [xibej'riɲu, a] ADJ riverside *atr*
ribeiro [xi'bejru] M brook, stream
ribeirões [xibej'rõjʃ] MPL *de* **ribeirão**
ribombar [xibõ'ba^{r}] VI (*trovão*) to rumble, boom; (*ressoar*) to resound
ricaço [xi'kasu] M plutocrat, very rich man
rícino ['xisinu] M castor-oil plant; **óleo de ~** castor oil
rico, -a ['xiku, a] ADJ rich; (*PT: lindo*) beautiful; (*: *excelente*) splendid ■ M/F rich man/woman
ricochetear [xikoʃe'tʃja^{r}] VI to ricochet
ricota [xi'kɔta] F cream cheese
ridicularizar [xidʒikulari'za^{r}] VT to ridicule
ridículo, -a [xi'dʒikulu, a] ADJ ridiculous
rifa ['xifa] F raffle
rifão [xi'fãw] (*pl* **-ões**) M proverb, saying
rifar [xi'fa^{r}] VT to raffle; (*col: abandonar*) to dump
rififi [xifi'fi] (*col*) M fight, brawl
rifle ['xifli] M rifle
rifões [xi'fõjʃ] MPL *de* **rifão**
rigidez [xiʒi'deʒ] F rigidity, stiffness; (*austeridade*) severity, strictness; (*inflexibilidade*) inflexibility
rígido, -a ['xiʒidu, a] ADJ rigid, stiff; (*fig*) strict
rigor [xi'go^{r}] M rigidity; (*meticulosidade*) rigour (*Brit*), rigor (*US*); (*severidade*) harshness, severity; (*exatidão*) precision; **a ~** strictly speaking; **vestido a ~** in full evening dress; **ser de ~** to be essential *ou* obligatory; **no ~ do inverno** in the depths of winter; **rigoroso, -a** [xigo'rozu, -ɔza] ADJ rigorous, strict; (*severo*) strict; (*exigente*) demanding; (*minucioso*) precise, accurate; (*inverno*) hard, harsh
rijo, -a ['xiʒu, a] ADJ tough, hard; (*severo*) harsh, severe; (*músculos, braços*) firm
rim [xĩ] (*pl* **-ns**) M kidney; **rins** MPL (*parte inferior das costas*) small *sg* of the back
rima ['xima] F rhyme; (*poema*) verse, poem; **rimar** [xi'ma^{r}] VT, VI to rhyme; **rimar com** (*condizer*) to agree with, tally with
rímel® ['ximew] (*pl* **-eis**) M mascara
rinçagem [xĩ'saʒẽ] (*pl* **-ns**) F rinse
rinçar [xĩ'sa^{r}] VT to rinse
rinchar [xĩ'ʃa^{r}] VI to neigh, whinny
rincho ['xĩʃu] M neigh(ing)
ringue ['xĩgi] M ring
rinha ['xiɲa] F cock-fight
rinoceronte [xinose'rõtʃi] M rhinoceros
rinque ['xĩki] M rink

NB: *European Portuguese adds the following consonants to certain words*: **b** (sú(b)dito, su(b)til); **c** (a(c)ção, a(c)cionista, a(c)to); **m** (inde(m)ne); **p** (ado(p)çã, ado(p)tar); *for further details see p. xiii.*

rins [xĩʃ] MPL *de* **rim**
Rio ['xiu] M: **o ~ (de Janeiro)** Rio (de Janeiro)
rio ['xiu] M river
ripa ['xipa] F lath, slat
riqueza [xi'keza] F wealth, riches *pl*; (*qualidade*) richness; (*fartura*) abundance; (*fecundidade*) fertility
rir [xiʳ] VI to laugh; **~ de** to laugh at; **morrer de ~** to laugh one's head off
risada [xi'zada] F (*riso*) laughter; (*gargalhada*) guffaw
risca ['xiʃka] F stroke; (*listra*) stripe; (*no cabelo*) parting; **à ~** to the letter, exactly
riscar [xiʃ'kaʳ] VT (*papel*) to draw lines on; (*marcar*) to mark; (*apagar*) to cross out; (*desenhar*) to outline; (*fósforo*) to strike; (*expulsar: sócios*) to expel, throw out; (*eliminar*) to do away with; (*amigo*) to write off
risco ['xiʃku] M (*marca*) mark, scratch; (*traço*) stroke; (*desenho*) drawing, sketch; (*perigo*) risk; **sob o ~ de** at the risk of; **correr o ~ de** to run the risk of; **correr ~s** to take risks; **pôr em ~** to put at risk, risk
risível [xi'zivew] (*pl* **-eis**) ADJ laughable, ridiculous
riso ['xizu] M laughter; **não ser motivo de ~** to be no laughing matter; **risonho, -a** [xi'zɔɲu, a] ADJ smiling; (*contente*) cheerful; **estar muito risonho** to be all smiles
risoto [xi'zotu] M risotto
rispidez [xiʃpi'deʒ] F brusqueness; (*aspereza*) harshness
ríspido, -a ['xiʃpidu, a] ADJ brusque; (*áspero*) harsh
risquei *etc* [xiʃ'kej] VB *v* **riscar**
rissole [xi'sɔli] M rissole
riste ['xiʃtʃi] M: **em ~** (*dedo*) pointing; (*orelhas*) pointed
rítmico, -a ['xitʃmiku, a] ADJ rhythmic(al)
ritmo ['xitʃmu] M rhythm
rito ['xitu] M rite; (*seita*) cult
ritual [xi'twaw] (*pl* **-ais**) ADJ, M ritual
rival [xi'vaw] (*pl* **-ais**) ADJ, M/F rival; **rivalidade** [xivali'dadʒi] F rivalry; **rivalizar** [xivali'zaʳ] VT to rival ■ VI: **rivalizar com** to compete with, vie with
rixa ['xiʃa] F quarrel, fight
RJ ABR = **Rio de Janeiro**
RN ABR = **Rio Grande do Norte**
RNVA (BR) ABR M = **Registro Nacional de Veículos Automotores**
RO ABR = **Rondônia**
roa *etc* ['xoa] VB *v* **roer**
robalo [xo'balu] M snook (*type of fish*)
robô [xo'bo] M robot
robustecer [xobuʃte'seʳ] VT to strengthen ■ VI to become stronger; **robustecer-se** VR to become stronger
robustez [xobuʃ'teʒ] F strength
robusto, -a [xo'buʃtu, a] ADJ strong, robust
roça ['xɔsa] F plantation; (*no mato*) clearing; (*campo*) country
roçado [xo'sadu] M clearing
rocambole [xokã'bɔli] M roll
roçar [xo'saʳ] VT (*terreno*) to clear; (*tocar de leve*) to brush against ■ VI: **~ em** *ou* **por** to brush against
roceiro, -a [xo'sejru, a] M/F (*lavrador*) peasant; (*caipira*) country bumpkin
rocha ['xɔʃa] F rock; (*penedo*) crag
rochedo [xo'ʃedu] M crag, cliff
rock ['xɔki] M = **roque**
rock-and-roll [-ã'xɔw] M rock and roll
roda ['xɔda] F wheel; (*círculo, grupo de pessoas*) circle; (*de saia*) width, fullness; **~ dentada** cog(wheel); **alta ~** high society; **em** *ou* **à ~ de** round, around; **~ de direção** steering wheel; **~ do leme** ship's wheel, helm; **brincar de ~** to play in the round
rodada [xo'dada] F (*de bebidas, Esporte*) round
roda-d'água (*pl* **rodas-d'água**) F water wheel
rodado, -a [xo'dadu, a] ADJ (*saia*) full, wide; **o carro tem 5000 km ~s** the car has 5000 km on the clock
rodagem [xo'daʒẽ] (*pl* **-ns**) F: **estrada de ~** (trunk) road (*Brit*)
roda-gigante (*pl* **rodas-gigantes**) F big wheel
rodamoinho [xodamo'inu] M (*na água*) whirlpool; (*de vento*) whirlwind; (*no cabelo*) swirl
Ródano ['xɔdanu] M: **o ~** the Rhône
rodapé [xoda'pɛ] M skirting board (*Brit*), baseboard (*US*); (*de página*) foot
rodar [xo'daʳ] VT (*fazer girar*) to turn, spin; (*viajar por*) to tour, travel round; (*quilômetros*) to do; (*filme*) to make; (*imprimir*) to print; (*Comput: programa*) to run ■ VI (*girar*) to turn round; (*Auto*) to drive around; (*col: ser reprovado*) to fail; (: *sair*) to make o.s. scarce; (: *ser excluído*) to be ruled out; **~ por** (*a pé*) to wander around; (*de carro*) to drive around
roda-viva (*pl* **rodas-vivas**) F bustle, commotion; **estou numa ~ danada** I'm in a real flap
rodear [xo'dʒjaʳ] VT to go round; (*circundar*) to encircle, surround; (*pessoa*) to surround
rodeio [xo'deju] M (*em discurso*) circumlocution; (*subterfúgio*) subterfuge; (*de gado*) round-up; **fazer ~s** to beat about the bush; **sem ~s** plainly, frankly
rodela [xo'dɛla] F (*pedaço*) slice
rodízio [xo'dʒizju] M rota; **à ~** (*em restaurante*) at discretion; **em ~** on a rota basis
rodo ['xodu] M rake; (*para puxar água*) water rake; **a ~** in abundance
rododentro [xodo'dẽtru] M rhododendron
rodoferroviário, -a [xodofexo'vjarju, a] ADJ road and rail *atr*
rodopiar [xodo'pjaʳ] VI to whirl around, swirl
rodopio [xodo'piu] M spin
rodovia [xodo'via] F highway, ≈ motorway (*Brit*), ≈ interstate (*US*)
rodoviária [xodo'vjarja] F (*tb*: **estação rodoviária**) bus station; *v tb* **rodoviário**
rodoviário, -a [xodo'vjarju, a] ADJ road *atr*; (*polícia*) traffic *atr* ■ M/F roadworker

roedor, a [xwe'do^{r}(a)] ADJ gnawing ■ M rodent
roer [xwe^{r}] VT to gnaw, nibble; (*enferrujar*) to corrode; (*afligir*) to eat away; **ser duro de ~** to be a hard nut to crack
rogado [xo'gadu] ADJ: **fazer-se de ~** to play hard to get
rogar [xo'ga^{r}] VI to ask, request; **~ a alguém que faça** to beg sb to do
rogo ['xogu] M request; **a ~ de** at the request of
rói [xɔj] VB *v* **roer**
roía *etc* [xo'ia] VB *v* **roer**
róis [xɔjʃ] MPL *de* **rol**
rojão [xo'ʒãw] (*pl* **-ões**) M (*foguete*) rocket; (*fig: ritmo intenso*) hectic pace; **agüentar o ~** (*fig*) to stick it out
rol [xɔw] (*pl* **róis**) M roll, list
rolagem [xo'laʒẽ] F (*de uma dívida*) snowball ing
rolar [xo'la^{r}] VT to roll; (*dívida*) to run up ■ VI to roll; (*na cama*) to toss and turn; (*col: vinho etc*) to flow; (*: *estender-se*) to roll on
roldana [xow'dana] F pulley
roleta [xo'leta] F roulette; (*borboleta*) turnstile
roleta-paulista F: **fazer uma ~** (*Auto*) to go through a red light
roleta-russa F Russian roulette
rolha ['xoʎa] F cork; (*fig*) gag (on free speech)
roliço, -a [xo'lisu, a] ADJ (*pessoa*) plump, chubby; (*objeto*) round, cylindrical
rolo ['xolu] M (*de papel etc*) roll; (*para nivelar o solo, para pintura*) roller; (*almofada*) bolster; (*para cabelo*) curler; (*col: briga*) brawl, fight; **~ compressor** steamroller; **~ de massa** *ou* **pastel** rolling pin
Roma ['xoma] N Rome
romã [xo'mã] F pomegranate
romance [xo'mãsi] M (*livro*) novel; (*caso amoroso*) romance; (*fig: história*) complicated story; **~ policial** detective story; **fazer um ~ (de algo)** (*exagerar*) to dramatize (sth)
romanceado, -a [xomã'sjadu, a] ADJ (*biografia*) in the style of a novel; (*exagerado*) exaggerated, fanciful
romancear [xomã'sja^{r}] VT (*biografia*) to write in the style of a novel; (*exagerar*) to exaggerate, embroider ■ VI (*inventar histórias*) to tell tales
romancista [xomã'siʃta] M/F novelist
românico, -a [xo'maniku, a] ADJ (*Ling*) Romance; (*Arq*) romanesque
romano, -a [xo'manu, a] ADJ, M/F Roman
romântico, -a [xo'mãtʃiku, a] ADJ romantic
romantismo [xomã'tʃiʒmu] M romanticism; (*romance*) romance
romaria [xoma'ria] F (*peregrinação*) pilgrimage; (*festa*) festival
rombo ['xõbu] M (*buraco*) hole; (*Mat*) rhombus; (*fig: desfalque*) embezzlement; (*: *prejuízo*) loss, shortfall
rombudo, -a [xõ'budu, a] ADJ very blunt
romeiro, -a [xo'mejru, a] M/F pilgrim
Romênia [xo'menja] F: **a ~** Romania; **romeno, -a** [xo'mɛnu, a] ADJ, M/F Rumanian ■ M (*Ling*) Rumanian
romeu-e-julieta [xo'mewiʒu'ljeta] M (*Culin*) *guava jelly with cheese*
rompante [xõ'pãtʃi] M outburst
romper [xõ'pe^{r}] VT to break; (*rasgar*) to tear; (*relações*) to break off ■ VI (*sol, manhã*) to break through; **~ com** to break with; **~ de** (*jorrar*) to well up from; **~ em pranto** *ou* **lágrimas** to burst into tears; **~ em soluços** to sob; **rompimento** [xõpi'mẽtu] M (*ato*) breakage; (*fenda*) break; (*de relações*) breaking off
roncar [xõ'ka^{r}] VI to snore; **ronco** ['xõku] M snore; (*de motor*) roar; (*de porco*) grunt
ronda ['xõda] F patrol, beat; **fazer a ~** to go the rounds; **rondar** [xõ'da^{r}] VT to patrol, go the rounds of; (*espreitar*) to prowl, hang around; (*rodear*) to go round ■ VI to prowl, lurk; (*fazer a ronda*) to patrol, do the rounds; **a inflação ronda os 30% ao mês** inflation is in the region of 30% a month
rondoniano, -a [xõdo'njanu, a] ADJ from Rondônia ■ M/F person from Rondônia
ronquei *etc* [xõ'kej] VB *v* **roncar**
ronqueira [xõ'kejra] F wheeze
ronrom [xõ'xõ] M purr
ronronar [xõxo'na^{r}] VI to purr
roque ['xɔki] M (*Xadrez*) rook, castle; (*Mús*) rock
roqueiro, -a [xo'kejru, a] M/F rock musician
roraimense [xoraj'mẽsi] ADJ from Roraima ■ M/F person from Roraima
rosa ['xɔza] ADJ INV pink ■ F rose; **a vida não é feita de ~s** life is not a bed of roses; **rosado, -a** [xo'zadu, a] ADJ rosy, pink
rosa-dos-ventos F INV compass
rosário [xo'zarju] M rosary
rosa-shocking [-'ʃɔkĩŋ] ADJ INV shocking pink
rosbife [xoʒ'bifi] M roast beef
rosca ['xoʃka] F spiral, coil; (*de parafuso*) thread; (*pão*) *ring-shaped loaf*
roseira [xo'zejra] F rosebush
róseo, -a ['xɔzju, a] ADJ rosy
roseta [xo'zeta] F rosette
rosetar [xoze'ta^{r}] VI to loaf around
rosnar [xoʒ'na^{r}] VI (*cão*) to growl, snarl; (*murmurar*) to mutter, mumble
rossio [xo'siu] (PT) M large square
rosto ['xoʃtu] M (*cara*) face; (*frontispício*) title page
rota ['xɔta] F route, course
rotação [xota'sãw] (*pl* **-ões**) F rotation; **~ de estoques** turnover of stock
rotativa [xota'tʃiva] F rotary printing press
rotatividade [xotatʃivi'dadʒi] F rotation; **hotel de alta ~** hotel renting rooms by the hour, love hotel
rotativo, -a [xota'tʃivu, a] ADJ rotary
roteirista [xotej'riʃta] M/F scriptwriter
roteiro [xo'tejru] M (*itinerário*) itinerary; (*ordem*) schedule; (*guia*) guidebook; (*de filme*) script; (*de

NB: *European Portuguese adds the following consonants to certain words*: **b** (sú(b)dito, su(b)til); **c** (a(c)ção, a(c)cionista, a(c)to); **m** (inde(m)ne); **p** (ado(p)çã, ado(p)tar); *for further details see p. xiii.*

discussão, trabalho escrito) list of topics; (*fig: norma*) norm

rotina [xo'tʃina] F (*tb: Comput*) routine; **rotineiro, -a** [xotʃi'nejru, a] ADJ routine

roto, -a ['xotu, a] ADJ broken; (*rasgado*) torn; (*maltrapilho*) scruffy; **o ~ rindo do esfarrapado** the pot calling the kettle black

rótula ['xɔtula] F (*Anat*) kneecap

rotular [xotu'la^{r}] VT (*tb fig*) to label; **~ alguém/algo de** to label sb/sth as; **rótulo** ['xɔtulu] M label, tag; (*fig*) label

rotunda [xo'tũda] F (*Arq*) rotunda

rotundo, -a [xo'tũdu, a] ADJ (*redondo*) round; (*gorducho*) rotund

roubalheira [xoba'ʎejra] F (*do Estado, de empresa*) embezzlement

roubar [xo'ba^{r}] VT to steal; (*loja, casa, pessoa*) to rob ■ VI to steal; (*em jogo, no preço*) to cheat; **~ algo a alguém** to steal sth from sb; **roubo** ['xobu] M theft, robbery; **$100 é roubo** $100 is daylight robbery

rouco, -a ['roku, a] ADJ hoarse

round ['xãwdʒi] (*pl* **-s**) M (*Boxe*) round

roupa ['xopa] F clothes *pl*, clothing; **~ de baixo** underwear; **~ de cama** bedclothes *pl*, bed linen

roupagem [xo'paʒẽ] (*pl* **-ns**) F clothes *pl*, apparel; (*fig*) appearance

roupão [xo'pãw] (*pl* **-ões**) M dressing gown

rouquidão [xoki'dãw] F hoarseness

rouxinol [xoʃi'nɔw] (*pl* **-óis**) M nightingale

roxo, -a ['xoʃu, a] ADJ purple, violet; **~ por** (*col*) mad about; **~ de saudades** pining away

royalty ['xɔjawtʃi] (*pl* **-ies**) M royalty

RR ABR = **Roraima**

RS ABR = **Rio Grande do Sul**

rua ['xua] F street ■ EXCL: **~!** get out!, clear off!; **botar alguém na ~** to put sb out on the street; **ir para a ~** to go out; (*ser despedido*) to get the sack; **viver na ~** to be out all the time; **estar na ~ da amargura** to be going through hell; **~ principal** main street; **~ sem saída** no through road, cul-de-sac

Ruanda ['xwãda] F Rwanda

rubéola [xu'bɛola] F (*Med*) German measles

rubi [xu'bi] M ruby

rublo ['xublu] M rouble (*Brit*), ruble (*US*)

rubor [xu'bo^{r}] M blush; (*fig*) shyness, bashfulness

ruborizar [xubori'za^{r}] VT to make blush; **ruborizar-se** VR to blush

rubrica [xu'brika] F (signed) initials *pl*

rubricar [xubri'ka^{r}] VT to initial

rubro, -a ['xubru, a] ADJ ruby-red; (*faces*) rosy, ruddy

rubro-negro, -a ADJ of Flamengo FC

ruço, -a ['xusu, a] ADJ grey (*Brit*), gray (*US*), dun; (*desbotado*) faded; (*col*) tough, tricky

rude ['xudʒi] ADJ (*povo*) simple, primitive; (*ignorante*) simple; (*grosseiro*) rude

rudeza [xu'deza] F simplicity; (*grosseria*) rudeness

rudimentar [xudʒimẽ'ta^{r}] ADJ rudimentary

rudimento [xudʒi'mẽtu] M rudiment; **rudimentos** MPL (*noções básicas*) rudiments, first principles

ruela ['xwɛla] F lane, alley

rufar [xu'fa^{r}] VT (*tambor*) to roll ■ M roll

rufião [xu'fjãw] (*pl* **-ães**) M pimp

ruflar [xuf'la^{r}] VT, VI to rustle

ruga ['xuga] F (*na pele*) wrinkle; (*na roupa*) crease

rúgbi ['xugbi] M rugby

ruge ['xuʒi] M rouge

rugido [xu'ʒidu] M roar

rugir [xu'ʒi^{r}] VI to roar, bellow

ruibarbo [xwi'baxbu] M rhubarb

ruído ['xwidu] M noise, din; (*Elet, Tec*) noise; **ruidoso, -a** [xwi'dozu, ɔza] ADJ noisy

ruim [xu'ĩ] (*pl* **-ns**) ADJ bad; (*defeituoso*) defective; **achar ~** (*col*) to get upset

ruína ['xwina] F ruin; (*decadência*) downfall; **levar alguém à ~** to ruin sb, be sb's downfall

ruindade [xwĩ'dadʒi] F wickedness, evil; (*ação*) bad thing

ruins [xu'ĩʃ] ADJ PL *de* **ruim**

ruir ['xwi^{r}] VI to collapse, go to ruin

ruivo, -a ['xwivu, a] ADJ red-haired ■ M/F redhead

rujo *etc* ['xuju] VB *v* **rugir**

rulê [xu'le] ADJ: **gola ~** polo neck

rum [xũ] M rum

rumar [xu'ma^{r}] VT (*barco*) to steer ■ VI: **~ para** to head for

rumba ['xũba] F rumba

ruminação [xumina'sãw] (*pl* **-ões**) F rumination

ruminante [xumi'nãtʃi] ADJ, M ruminant

ruminar [xumi'na^{r}] VT to chew; (*fig*) to ponder ■ VI (*tb fig*) to ruminate

rumo ['xumu] M course, bearing; (*fig*) course; **~ a** bound for; **sem ~** adrift

rumor [xu'mo^{r}] M (*ruído*) noise; (*notícia*) rumour (*Brit*), rumor (*US*), report

rumorejar [xumore'ʒa^{r}] VI to murmur; (*folhas*) to rustle; (*água*) to ripple

rupia [xu'pia] F rupee

ruptura [xup'tura] F break, rupture

rural [xu'raw] (*pl* **-ais**) ADJ rural

rusga ['xuʒga] F (*briga*) quarrel, row

rush [xʌʃ] M rush; **(a hora do) ~** rush hour; **o ~ imobiliário** the rush to buy property

Rússia ['xusja] F: **a ~** Russia; **russo, -a** ['xusu, a] ADJ, M/F Russian ■ M (*Ling*) Russian

rústico, -a ['xuʃtʃiku, a] ADJ rustic; (*pessoa*) simple; (*utensílio, objeto*) rough; (*casa*) rustic-style; (*lugar*) countrified

Ss

S, s ['ɛsi] (*pl* **ss**) M S, s; **S de Sandra** S for Sugar
S. ABR (= *Santo* ou *São*) St
SA ABR (= *Sociedade Anônima*) Ltd., Inc. (*US*)
sã [sã] F *de* **são**
Saara [sa'ara] M: **o ~** the Sahara
sáb. ABR (= *sábado*) Sat
sábado ['sabadu] M Saturday; (*dos judeus*) Sabbath; **~ de aleluia** Easter Saturday; *v tb* **terça-feira**
sabão [sa'bãw] (*pl* **-ões**) M soap; (*descompostura*): **passar um ~ em alguém/levar um ~** to give sb a telling-off/get a telling-off; **~ de coco** coconut soap; **~ em pó** soap powder
sabatina [saba'tʃina] F revision test
sabedor, a [sabe'dor(a)] ADJ informed
sabedoria [sabedo'ria] F wisdom; (*erudição*) learning
saber [sa'ber] VT, VI to know; (*descobrir*) to find out ■ M knowledge; **a ~** namely; **~ fazer** to know how to do, be able to do; **ele sabe nadar?** can he swim?; **~ de cor (e salteado)** to know off by heart; **que eu saiba** as far as I know; **sei** (*col*) I see; **sei lá** (*col*) I've got no idea, heaven knows; **sabe de uma coisa?** (*col*) you know what?; **você é quem sabe, você que sabe** (*col*) it's up to you
Sabesp [sa'bɛʃpi] ABR M = **Saneamento Básico do Estado de São Paulo**
sabiá [sa'bja] M/F thrush
sabichão, -chona [sabi'ʃãw, 'ʃona] (*pl* **-ões/-s**) M/F know-it-all, smart aleck
sabido, -a [sa'bidu, a] ADJ (*versado*) knowledgeable; (*esperto*) shrewd, clever
sábio, -a ['sabju, a] ADJ wise; (*erudito*) learned ■ M/F wise person; (*erudito*) scholar
sabões [sa'bõjʃ] MPL *de* **sabão**
sabonete [sabo'netʃi] M toilet soap
saboneteira [sabone'tejra] F soap dish
sabor [sa'bor] M taste, flavour (*Brit*), flavor (*US*); **ao ~ de** at the mercy of; **saborear** [sabo'rjar] VT to taste, savour (*Brit*), savor (*US*); (*fig*) to relish; **saboroso, -a** [sabo'rozu, ɔza] ADJ tasty, delicious
sabotador, a [sabota'dor(a)] M/F saboteur
sabotagem [sabo'taʒẽ] F sabotage
sabotar [sabo'tar] VT to sabotage
saburrento, -a [sabu'xẽtu, a] ADJ (*língua*) furry
saca ['saka] F sack
sacada [sa'kada] F balcony; *v tb* **sacado**
sacado, -a [sa'kadu, a] M/F (*Com*) drawee
sacador, a [saka'dor(a)] M/F (*Com*) drawer
sacal [sa'kaw] (*col*) (*pl* **-ais**) ADJ boring; **ser ~** to be a pain
sacana [sa'kana] (*col!*) ADJ (*canalha*) crooked; (*lascivo*) randy
sacanagem [saka'naʒẽ] (*col*) (*pl* **-ns**) F (*sujeira*) dirty trick; (*libidinagem*) screwing; **fazer uma ~ com alguém** (*sujeira*) to screw sb; **filme de ~** blue movie
sacanear [saka'nja'] (*col!*) VT: **~ alguém** (*fazer sujeira*) to screw sb; (*amolar*) to take the piss out of sb (!)
sacar [sa'kar] VT to take out, pull out; (*dinheiro*) to withdraw; (*arma, cheque*) to draw; (*Esporte*) to serve; (*col: entender*) to understand ■ VI (*col: entender*) to understand; (: *mentir*) to tell fibs; (: *dar palpites*) to talk off the top of one's head; **~ de um revólver** to pull a gun; **~ sobre um devedor** to borrow money from sb
saçaricar [sasari'kar] VI to have fun, fool around
sacarina [saka'rina] F saccharine (*Brit*), saccharin (*US*)
saca-rolhas M INV corkscrew
sacerdócio [sasex'dɔsju] M priesthood
sacerdote [sasex'dɔtʃi] M priest
sachê [sa'ʃe] M sachet
saci [sa'si] M (*in Brazilian folklore*) *one-legged Black man who ambushes travellers*
saciar [sa'sjar] VT (*fome etc*) to satisfy; (*sede*) to quench
saco ['saku] M bag; (*enseada*) inlet; (*col: testículos*) balls *pl* (!); **~!** (*BR: col*) damn!; **que ~!** (*BR: col*) how boring!; **encher o ~ de alguém** (*BR: col*) to annoy sb, get on sb's nerves; **estar de ~ cheio (de)** to be fed up (with); **haja ~!** give me strength!; **puxar o ~ de alguém** (*col*) to suck up to sb; **ser um ~** (*col*) to be a drag; **ter ~** (*col*) to have patience; **ter ~ de fazer algo** to be

NB: *European Portuguese adds the following consonants to certain words*: **b** (sú(b)dito, su(b)til); **c** (a(c)ção, a(c)cionista, a(c)to); **m** (inde(m)ne); **p** (ado(p)çã, ado(p)tar); *for further details see p. xiii.*

bothered to do sth; **~ de água quente** hot water bottle; **~ de café** coffee filter; **~ de dormir** sleeping bag

sacode *etc* [sa'kɔdʒi] VB *v* **sacudir**

sacola [sa'kɔla] F bag

sacolejar [sakole'ʒa^{r}] VT, VI to shake

sacramentar [sakramẽ'ta^{r}] VT (*documento etc*) to legalize

sacramento [sakra'mẽtu] M sacrament

sacrificar [sakrifi'ka^{r}] VT to sacrifice; (*consagrar*) to dedicate; (*submeter*) to subject; (*animal*) to have put down; **sacrificar-se** VR to sacrifice o.s.; **sacrifício** [sakri'fisju] M sacrifice

sacrilégio [sakri'lɛʒu] M sacrilege

sacrílego, -a [sa'krilegu, a] ADJ sacrilegious

sacristão [sakri'ʃtãw] (*pl* **-s**) M sacristan, sexton

sacristia [sakriʃ'tʃia] F sacristy

sacristões [sakriʃ'tõjʃ] MPL *de* **sacristão**

sacro, -a ['sakru, a] ADJ sacred; (*santo*) holy; (*música*) religious

sacrossanto, -a [sakro'sãtu, a] ADJ sacrosanct

sacudida [saku'dʒida] F shake

sacudidela [sakudʒi'dela] F shake, jolt

sacudido, -a [saku'dʒidu, a] ADJ shaken; (*movimento*) rapid, quick; (*robusto*) sturdy

sacudir [saku'dʒi^{r}] VT to shake; **sacudir-se** VR to shake

sádico, -a ['sadʒiku, a] ADJ sadistic ■ M/F sadist

sadio, -a [sa'dʒiu, a] ADJ healthy

sadismo [sa'dʒiʒmu] M sadism

sadomasoquista [sadomazo'kiʃta] ADJ sadomasochistic ■ M/F sadomasochist

safadeza [safa'deza] F (*vileza*) meanness; (*imoralidade*) crudity; (*travessura*) mischief

safado, -a [sa'fadu, a] ADJ (*descarado*) shameless, barefaced; (*imoral*) dirty; (*travesso*) mischievous ■ M rogue; **estar/ficar ~ (da vida) com** to be/get furious with

safanão [safa'nãw] (*pl* **-ões**) M (*puxão*) tug; (*tapa*) slap

safári [sa'fari] M safari

safira [sa'fira] F sapphire

safo, -a ['safu, a] ADJ (*livre*) clear; (*col*: *esperto*) quick, clever

safra ['safra] F harvest; (*fig*: *de músicos etc*) crop

saga ['saga] F saga

sagacidade [sagasi'dadʒi] F sagacity, shrewdness

sagaz [sa'gajʒ] ADJ sagacious, shrewd

sagitariano, -a [saʒita'rjanu, a] ADJ, M/F Sagittarian

Sagitário [saʒi'tarju] M Sagittarius

sagrado, -a [sa'gradu, a] ADJ sacred, holy

saguão [sa'gwãw] (*pl* **-ões**) M (*pátio*) yard, patio; (*entrada*) foyer, lobby; (*de estação*) entrance hall

saia ['saja] F skirt; (*col*: *mulher*) woman; **viver agarrado às ~s de alguém** (*fig*) to be tied to sb's apron strings; **~ escocesa** kilt

saia-calça (*pl* **saias-calças**) F culottes *pl*

saiba *etc* ['sajba] VB *v* **saber**

saibro ['sajbru] M gravel

saída [sa'ida] F (*porta*) exit, way out; (*partida*) departure; (*ato*: *de pessoa*) going out; (*fig*: *solução*) way out; (*Comput*: *de programa*) exit; (: *de dados*) output; **de ~** (*primeiro*) first; (*de cara*) straight away; **estar de ~** to be on one's way out; **na ~ do cinema** on the way out of the cinema; **(não) ter boa ~** (*produto*) (not) to sell well; **uma mercadoria de muita ~** a commodity which sells well; **dar uma ~** to go out; **ter boas ~s** (*réplicas*) to be witty; **não tem ~** (*fig*) there is no escaping it; **~ de emergência** emergency exit

saideira [saj'dejra] F last drink

saidinha [saj'dʒinha] F: **dar uma ~** to pop out

saiote [sa'jɔtʃi] M short skirt

sair [sa'i^{r}] VI to go (*ou* come) out; (*partir*) to leave; (*realizar-se*) to turn out; (*Comput*) to exit; **sair-se** VR: **sair-se bem/mal de** to be successful/unsuccessful in; **~-se com** (*dito*) to come out with; **~ caro/barato** to work out expensive/cheap; **~ ganhando/perdendo** to come out better/worse off; **~ a alguém** (*parecer-se*) to take after sb; **~ de** (*casa etc*) to leave; (*situação difícil*) to get out of; (*doença*) to come out of; **a notícia saiu na TV/no jornal** the news was on TV/in the paper

sal [saw] (*pl* **sais**) M salt; **sem ~** (*comida*) salt-free; (*pessoa*) lacklustre (*Brit*), lackluster (*US*); **~ de banho** bath salts *pl*; **~ de cozinha** cooking salt

sala ['sala] F room; (*num edifício público*) hall; (*classe, turma*) class; **fazer ~ a alguém** to entertain sb; **~ de audiências** (*Jur*) courtroom; **~ (de aula)** classroom; **~ de bate-papo** (*Internet*) chatroom; **~ de conferências** conference room; **~ de embarque** departure lounge; **~ de espera** waiting room; **~ de espetáculo** concert hall; **~ (de estar)** living room, lounge; **~ de jantar** dining room; **~ de operação** (*Med*) operating theatre (*Brit*) *ou* theater (*US*); **~ de parto** delivery room

salada [sa'lada] F salad; (*fig*) confusion, jumble; **~ de frutas** fruit salad; **~ russa** (*Culin*) Russian salad; (*fig*) hotchpotch

saladeira [sala'dejra] F salad bowl

sala-e-quarto M two-room flat *ou* apartment

salafra [sa'lafra] (*col*) M/F rat

salafrário [sala'frarju] (*col*) M crook

salame [sa'lami] M (*Culin*) salami

salaminho [sala'minu] M pepperoni (sausage)

salão [sa'lãw] (*pl* **-ões**) M large room, hall; (*exposição*) show; (*cabeleireiro*) hairdressing salon; **de ~** (*jogos*) indoor; (*anedota*) proper, acceptable; **~ de baile** dance studio; **~ de beleza** beauty salon

salarial [sala'rjaw] (*pl* **-ais**) ADJ wage *atr*, pay *atr*

salário [sa'larju] M wages *pl*, salary; **~ mínimo** minimum wage

salário-família (*pl* **salários-família**) M family allowance

saldar [saw'da^{r}] VT (*contas*) to settle; (*dívida*) to pay off

saldo ['sawdu] M balance; (*sobra*) surplus; (*fig*: *resultado*) result; **~ anterior/credor/devedor** opening balance/credit balance/debit balance

saleiro [sa'lejru] M salt cellar; (*moedor*) salt mill

salgadinho [sawga'dʒiɲu] M savoury (*Brit*), savory (*US*), snack
salgado, -a [saw'gadu, a] ADJ salty, salted; (*preço*) exorbitant
salgar [saw'gaʳ] VT to salt
salgueiro [saw'gejru] M willow; **~ chorão** weeping willow
saliência [sa'ljẽsja] F projection; (*assanhamento*) forwardness
salientar [saljẽ'taʳ] VT to point out; (*acentuar*) to stress, emphasise; **salientar-se** VR (*pessoa*) to distinguish o.s.; **saliente** [sa'ljẽtʃi] ADJ jutting out, prominent; (*evidente*) clear, conspicuous; (*importante*) outstanding; (*assanhado*) forward
salina [sa'lina] F salt bed; (*empresa*) salt company
salino, -a [sa'linu, a] ADJ saline
salitre [sa'litri] M saltpetre (*Brit*), saltpeter (*US*), nitre (*Brit*), niter (*US*)
saliva [sa'liva] F saliva; **gastar ~** (*col*) to waste one's breath
salivar [sali'vaʳ] VI to salivate
salmão [saw'mãw] (*pl* **-ões**) M salmon ■ ADJ INV salmon-pink
salmo ['sawmu] M psalm
salmões [saw'mõjʃ] MPL *de* **salmão**
salmonela [sawmo'nɛla] F salmonella
salmoura [saw'mora] F brine
salobro, -a [sa'lobru, a] ADJ salty, brackish
salões [sa'lõjʃ] MPL *de* **salão**
saloio [sa'lɔju] (PT) M (*camponês*) country bumpkin
Salomão [salo'mãw]: **(as) ilhas** FPL: **(as) ilhas de ~** (the) Solomon Islands
salpicão [sawpi'kãw] (*pl* **-ões**) M (*paio*) pork sausage; (*prato*) fricassee
salpicar [sawpi'kaʳ] VT to splash; (*polvilhar, fig*) to sprinkle
salpicões [sawpi'kõjʃ] MPL *de* **salpicão**
salsa ['sawsa] F parsley
salsicha [saw'siʃa] F sausage; **salsichão** [sawsi'ʃãw] (*pl* **-ões**) M sausage
saltado, -a [saw'tadu, a] ADJ (*saliente*) protruding
saltar [saw'taʳ] VT to jump (over), leap (over); (*omitir*) to skip ■ VI to jump, leap; (*sangue*) to spurt out; (*de ônibus, cavalo*): **~ de** to get off; **~ à vista** *ou* **aos olhos** to be obvious
salteado, -a [saw'tʃjadu, a] ADJ broken up; (*Culin*) sautéed
salteador [sawtʃja'doʳ] M highwayman
saltear [saw'tʃjaʳ] VT (*trechos de um livro*) to skip; (*Culin*) to sauté
saltimbanco [sawtʃĩ'bãku] M travelling (*Brit*) *ou* traveling (*US*) player
saltitante [sawtʃi'tãtʃi] ADJ: **~ de alegria** as pleased as punch
saltitar [sawtʃi'taʳ] VI (*pássaros*) to hop; (*fig*: *de um assunto a outro*) to skip
salto ['sawtu] M jump, leap; (*de calçado*) heel; **dar um ~** to jump, leap; **dar ~s de alegria** *ou* **de contente** to jump for joy; **~ de vara** pole vault; **~ em altura** high jump; **~ em distância** long jump
salto-mortal (*pl* **saltos-mortais**) M somersault
salubre [sa'lubri] ADJ healthy, salubrious
salutar [salu'taʳ] ADJ salutary, beneficial
salva ['sawva] F salvo; (*bandeja*) tray, salver; (*Bot*) sage; **~ de palmas** round of applause; **~ de tiros** round of gunfire
salvação [sawva'sãw] F salvation; **~ da pátria** *ou* **da lavoura** (*col*) lifesaver
salvador [sawva'doʳ] M saviour (*Brit*), savior (*US*)
salvados [saw'vaduʃ] MPL salvage *sg*; (*Com*) salvaged goods
salvaguarda [sawva'gwaxda] F protection, safeguard
salvaguardar [sawvagwax'daʳ] VT to safeguard
salvamento [sawva'mẽtu] M rescue; (*de naufrágio*) salvage
salvar [saw'vaʳ] VT (*tb*: *Comput*) to save; (*resgatar*) to rescue; (*objetos, de ruína*) to salvage; (*honra*) to defend; **salvar-se** VR to escape
salva-vidas M INV (*bóia*) lifebuoy; (*pessoa*) lifeguard; **barco ~** lifeboat
salve ['sawvi] EXCL hooray (for)!
salvo, -a ['sawvu, a] ADJ safe ■ PREP except, save; **a ~** in safety; **pôr-se a ~** to run to safety; **todos ~ ele** all except him
salvo-conduto (*pl* **-s**) M safe-conduct
samambaia [samã'baja] F fern
samaritano [samari'tanu] M: **bom ~** good Samaritan; (*pej*) do-gooder
samba ['sãba] M samba; **cueca ~** boxer shorts *pl*

SAMBA

The greatest form of musical expression of the Brazilian people, the *samba* is a type of music and dance of African origin. It embraces a number of rhythmic styles, such as *samba de breque*, *samba-enredo*, *samba-canção* and *pagode*, among others. Officially, the first samba, entitled *Pelo telefone*", was written in Rio in 1917.

samba-canção (*pl* **sambas-canção**) M slow samba
sambar [sã'baʳ] VI to dance the samba
sambista [sã'biʃta] M/F (*dançarino*) samba dancer; (*compositor*) samba composer
sambódromo [sã'bɔdromu] M carnival parade ground
Samoa [sa'moa] M: **~ Ocidental** Western Samoa
samovar [samo'vaʳ] M tea urn
sanar [sa'naʳ] VT to cure; (*remediar*) to remedy
sanatório [sana'tɔrju] M sanatorium (*Brit*), sanitorium (*US*)
sanável [sa'navew] (*pl* **-eis**) ADJ curable;

NB: *European Portuguese adds the following consonants to certain words*: **b** (sú(b)dito, su(b)til); **c** (a(c)ção, a(c)cionista, a(c)to); **m** (inde(m)ne); **p** (ado(p)çã, ado(p)tar); *for further details see p. xiii.*

(*remediável*) remediable
sanca ['sãka] F cornice, moulding (*Brit*), molding (*US*)
sanção [sã'sãw] (*pl* **-ões**) F sanction; **sancionar** [sansjo'na^{r}] VT to sanction; (*autorizar*) to authorize
sanções [sã'sõjʃ] FPL *de* **sanção**
sandália [sã'dalja] F sandal
sândalo ['sãdalu] M sandalwood
sandes ['sãdəʃ] (*PT*) F INV sandwich
sanduíche [sand'wiʃi] (BR) M sandwich; **~ americano** ham and egg sandwich; **~ misto** ham and cheese sandwich; **~ natural** wholemeal sandwich
saneamento [sanja'mẽtu] M sanitation; (*de governo etc*) clean-up
sanear [sa'nja^{r}] VT to clean up; (*pântanos*) to drain
sanfona [sã'fɔna] F (*Mús*) accordion; (*Tricô*) ribbing
sanfonado, -a [sãfo'nadu, a] ADJ (*porta*) folding; (*suéter*) ribbed
sangrar [sã'gra^{r}] VT, VI to bleed; **~ alguém** (*fig*) to bleed sb dry; **sangrento, -a** [sã'grẽtu, a] ADJ bloody; (*ensanguentado*) bloodstained; (*Culin: carne*) rare
sangria [sã'gria] F bloodshed; (*extorsão*) extortion; (*bebida*) sangria
sangue ['sãgi] M blood; **~ pisado** bruise
sangue-frio M cold-bloodedness
sanguessuga [sãgi'suga] F leech
sanguinário, -a [sãgi'narju, a] ADJ bloodthirsty, cruel
sanguíneo, -a [sã'ginju, a] ADJ blood *atr*; **grupo ~** blood group; **pressão sanguínea** blood pressure; **vaso ~** blood vessel
sanha ['saɲa] F rage, fury
sanidade [sani'dadʒi] F (*saúde*) health; (*mental*) sanity
sanita [sa'nita] (*PT*) F toilet, lavatory
sanitário, -a [sani'tarju, a] ADJ sanitary; **vaso ~** toilet, lavatory (bowl); **sanitários** [sani'tarjuʃ] MPL toilets
sanitarista [sanita'riʃta] M/F health worker
Santiago [sã'tʃjagu] F: **~ (do Chile)** Santiago (de Chile)
santidade [sãtʃi'dadʒi] F holiness, sanctity; **Sua S~** His Holiness (the Pope)
santificar [sãtʃifi'ka^{r}] VT to sanctify, make holy
santinho [sãt'ʃiɲu] M (*imagem*) holy picture; (*col: pessoa*) saint
santista [sã'tʃiʃta] ADJ from Santos ■ M/F person from Santos
santo, -a ['sãtu, a] ADJ holy, sacred; (*pessoa*) saintly; (*remédio*) effective ■ M/F saint; **todo ~ dia** every single day; **ter ~ forte** (*col*) to have good backing
santuário [sã'twarju] M shrine, sanctuary
São [sãw] M Saint
são, sã [sãw] (*pl* **-s/-s**) ADJ healthy; (*conselho*) sound; (*atitude*) wholesome; (*mentalmente*) sane; **~ e salvo** safe and sound
São Lourenço [-lo'rẽsu] M: **o (rio) ~** the St. Lawrence river
São Marinho M San Marino
São Paulo [-'pawlu] N São Paulo
são-tomense [-to'mẽsi] ADJ from São Tomé e Príncipe ■ M/F native *ou* inhabitant of São Tomé e Príncipe
sapata [sa'pata] M (*do freio*) shoe
sapatão [sapa'tãw] (*pl* **-ões**) M big shoe; (*col: lésbica*) lesbian
sapataria [sapata'ria] F shoe shop
sapateado [sapa'tʃjadu] M tap dancing
sapateador, a [sapatʃja'do^{r}(a)] M/F tap dancer
sapatear [sapa'tʃja^{r}] VI to tap one's feet; (*dançar*) to tap-dance
sapateiro [sapa'tejru] M shoemaker; (*vendedor*) shoe salesman; (*que conserta*) shoe repairer; (*loja*) shoe repairer's
sapatilha [sapa'tʃiʎa] F (*de balé*) shoe; (*sapato*) pump; (*de atleta*) running shoe
sapato [sa'patu] M shoe
sapatões [sapa'tõjʃ] MPL *de* **sapatão**
sapé [sa'pɛ] M = **sapê**
sapê [sa'pe] M thatch; **teto de ~** thatched roof
sapeca [sa'pɛka] ADJ flirtatious; (*criança*) cheeky
sapecar [sape'ka^{r}] VT (*tapa, pontapé*) to land ■ VI (*flertar*) to flirt
sapiência [sa'pjẽsja] F wisdom, learning
sapiente [sa'pjẽtʃi] ADJ wise
sapinho [sa'piɲu] M (*Med*) thrush
sapo ['sapu] M toad; **engolir ~s** (*fig*) to sit back and take it
saque ['saki] M (*de dinheiro*) withdrawal; (*Com*) draft, bill; (*Esporte*) serve; (*pilhagem*) plunder, pillage; (*col: mentira*) fib; **~ a descoberto** (*Com*) overdraft
saque *etc* VB *v* **sacar**
saquear [sa'kja^{r}] VT to pillage, plunder
saracotear [sarako'tʃja^{r}] VI to wiggle one's hips; (*vaguear*) to wander around ■ VT to shake
Saragoça [sara'gɔsa] N Zaragoza
saraiva [sa'rajva] F hail
saraivada [sarai'vada] F hailstorm; **uma ~ de** (*fig*) a hail of
saraivar [sarai'va^{r}] VI to hail; (*fig*) to spray
sarampo [sa'rãpu] M measles *sg*
sarapintado, -a [sarapĩ'tadu, a] ADJ spotted, speckled
sarar [sa'ra^{r}] VT to cure; (*ferida*) to heal ■ VI to recover, be cured
sarau [sa'raw] M soirée
sarcasmo [sax'kaʒmu] M sarcasm
sarcástico, -a [sax'kaʃtʃiku, a] ADJ sarcastic
sarda ['saxda] F freckle
Sardenha [sax'dɛɲa] F: **a ~** Sardinia
sardento, -a [sax'dẽtu, a] ADJ freckled, freckly
sardinha [sax'dʒiɲa] F sardine; **como ~ em lata** (*apertado*) like sardines
sardônico, -a [sax'doniku, a] ADJ sardonic, sarcastic
sargento [sax'ʒẽtu] M sergeant
sári ['sari] M sari

sarjeta [sax'ʒeta] F gutter
sarna ['saxna] F scabies *sg*
sarrafo [sa'xafu] M: **baixar o ~ em alguém** (*col*) to let sb have it
sarro ['saxu] M (*de vinho, nos dentes*) tartar; (*na língua*) fur, coating; (*col*) laugh; **tirar um ~** (*col*) to pet, neck
Satã [sa'tã] M Satan, the Devil
Satanás [sata'naʃ] M Satan, the Devil
satânico, -a [sa'taniku, a] ADJ satanic; (*fig*) devilish
satélite [sa'tɛlitʃi] ADJ satellite *atr* ■ M satellite
sátira ['satʃira] F satire
satírico, -a [sa'tʃiriku, a] ADJ satirical
satirizar [satʃiri'zaʳ] VT to satirize
satisfação [satʃiʃfa'sãw] (*pl* **-ões**) F satisfaction; (*recompensa*) reparation; **dar uma ~ a alguém** to give sb an explanation; **ela não dá satisfações a ninguém** she answers to no-one; **tomar satisfações de alguém** to ask sb for an explanation
satisfaço *etc* [satʃiʃ'fasu] VB *v* **satisfazer**
satisfações [satʃiʃfa'sõjʃ] FPL *de* **satisfação**
satisfatório, -a [satʃiʃfa'tɔrju, a] ADJ satisfactory
satisfazer [satʃiʃfa'zeʳ] (*irreg*) VT to satisfy; (*dívida*) to pay off ■ VI (*ser satisfatório*) to be satisfactory; **satisfazer-se** VR to be satisfied; (*saciar-se*) to fill o.s. up; **~ a** to satisfy; **~ com** to fulfil (*Brit*), fulfill (*US*); **satisfeito, -a** [satʃiʃ'fejtu, a] PP *de* **satisfazer** ■ ADJ satisfied; (*alegre*) content; (*saciado*) full; **dar-se por satisfeito com algo** to be content with sth; **dar alguém por satisfeito** to make sb happy
satisfez [satʃiʃ'feʒ] VB *v* **satisfazer**
satisfiz *etc* [satʃiʃ'fiʒ] VB *v* **satisfazer**
saturado, -a [satu'radu, a] ADJ (*de comida*) full; (*aborrecido*) fed up; (*Com: mercado*) saturated
saturar [satu'raʳ] VT to saturate; (*de comida, aborrecimento*) to fill
Saturno [sa'tuxnu] M Saturn
saudação [sawda'sãw] (*pl* **-ções**) F greeting
saudade [saw'dadʒi] F (*desejo ardente*) longing, yearning; (*lembrança nostálgica*) nostalgia; **deixar ~s** to be greatly missed; **matar as ~s de alguém/algo** to catch up with sb/cure one's nostalgia for sth; **ter ~s de** (*desejar*) to long for; (*sentir falta de*) to miss; **~s (de casa** *ou* **da família** *ou* **dada pátria)** homesickness *sg*
saudar [saw'daʳ] VT (*cumprimentar*) to greet; (*dar as boas vindas*) to welcome; (*aclamar*) to acclaim
saudável [saw'davew] (*pl* **-eis**) ADJ healthy; (*moralmente*) wholesome
saúde [sa'udʒi] F health; (*brinde*) toast; **~!** (*brindando*) cheers!; (*quando se espirra*) bless you!; **à sua ~!** your health!; **beber à ~ de** to drink to, toast; **estar bem/mal de ~** to be well/ill; **não ter mais ~ para fazer** not to be up to doing; **vender ~** to be bursting with health; **~ pública** public health; (*órgão*) health service
saudosismo [sawdo'ziʒmu] M nostalgia
saudoso, -a [saw'dozu, ɔza] ADJ (*nostálgico*) nostalgic; (*da família ou terra natal*) homesick; (*de uma pessoa*) longing; (*que causa saudades*) much-missed
sauna ['sawna] F sauna; **fazer ~** to have *ou* take a sauna
saveiro [sa'vejru] M sailing boat
saxofone [sakso'fɔni] M saxophone
saxofonista [saksofo'niʃta] M/F saxophonist
sazonado, -a [sazo'nadu, a] ADJ ripe, mature
sazonal [sazo'naw] (*pl* **-ais**) ADJ seasonal
SBPC ABR F = **Sociedade Brasileira para o Progresso da Ciência**
SBT ABR M (= *Sistema Brasileiro de Televisão*) *television station*
SC ABR = **Santa Catarina**
SCDF ABR F = **Sagrada Congregação para a Doutrina da Fé**
SE ABR = **Sergipe**

PALAVRA CHAVE

se [si] PRON **1** (*reflexivo: impess*) oneself; (: *m*) himself; (: *f*) herself; (: *coisa*) itself; (: *você*) yourself; (: *pl*) themselves; (: *vocês*) yourselves; **ela está se vestindo** she's getting dressed; (*usos léxicos del pron*) *v o vb em questão p. ex.* **arrepender-se**
2 (*uso recíproco*) each other, one another; **olharam-se** they looked at each other
3 (*impess*): **come-se bem aqui** you can eat well here; **sabe-se que ...** it is known that ...; **vende(m)-se jornais naquela loja** they sell newspapers in that shop
■ CONJ if; (*em pergunta indireta*) whether; **se bem que** even though

sé [sɛ] F cathedral; **Santa Sé** Holy See
sê [se] VB *v* **ser**
Seade [se'adʒi] (BR) ABR M = **Sistema Estadual de Análise de Dados**
seara ['sjara] F (*campo de cereais*) wheat (*ou* corn) field; (*campo cultivado*) tilled field
sebe ['sɛbi] (PT) F fence; **~ viva** hedge
sebento, -a [se'bẽtu, a] ADJ greasy; (*sujo*) dirty, filthy
sebo ['sebu] M tallow; (*livraria*) secondhand bookshop
seborréia [sebo'xɛja] F seborrhoea (*Brit*), seborrhea (*US*)
seboso, -a [se'bozu, ɔza] ADJ greasy; (*sujo*) dirty; (*col*) stuck-up
seca ['seka] F (*estiagem*) drought
secador [seka'doʳ] M dryer; **~ de cabelo/roupa** hairdryer/clothes horse
secagem [se'kaʒẽ] F drying
seção [se'sãw] (*pl* **-ões**) F section; (*em loja,*

repartição) department; ~ **rítmica** rhythm section

secar [se'kaʳ] VT to dry; (*planta*) to parch; (*rio*) to dry up ■ VI to dry; (*oo*) to wither; (*fonte*) to dry up

secção [sek'sãw] (PT) = **seção**

seccionar [seksjo'naʳ] VT to split up

secessão [sese'sãw] (*pl* **-ões**) F secession

seco, -a ['seku, a] ADJ dry; (*árido*) arid; (*fruta, carne*) dried; (*ríspido*) curt, brusque; (*pancada, ruído*) dull; (*magro*) thin; (*pessoa: frio*) cold; (: *sério*) serious; **em ~** (*barco*) aground; **estar ~ por algo/para fazer algo** (*col*) to be dying for sth/to do sth

seções [se'sõjʃ] FPL *de* **seção**

secreção [sekre'sãw] (*pl* **-ões**) F secretion

secretaria [sekreta'ria] F (*escritório geral*) general office; (*de secretário*) secretary's office; (*ministério*) ministry

secretária [sekre'tarja] F (*mesa*) writing desk; ~ **eletrônica** (telephone) answering machine; *v tb* **secretário**

secretariar [sekreta'rjaʳ] VT to work as a secretary to ■ VI to work as a secretary

secretário, -a [sekre'tarju, a] M/F secretary; ~ **particular** private secretary; **S~ de Estado de ...** Secretary of State for ..

secretário, -ria-geral (*pl* **-s/as-gerais**) M/F secretary-general

secreto, -a [se'kreʳtu, a] ADJ secret

sectário, -a [sek'tarju, a] ADJ sectarian ■ M/F follower

sectarismo [sekta'riʒmu] M sectarianism

sector [sek'toʳ] (PT) M = **setor**

secular [seku'laʳ] ADJ (*leigo*) secular, lay; (*muito antigo*) age-old

secularizar [sekulari'zaʳ] VT to secularize

século ['sɛkulu] M (*cem anos*) century; (*época*) age; **há ~s** (*fig*) for ages; (: *atrás*) ages ago

secundar [sekũ'daʳ] VT (*apoiar*) to second, support; (*ajudar*) to help; (*pedido*) to follow up

secundário, -a [sekũ'darju, a] ADJ secondary

secura [se'kura] F dryness; (*fig*) coldness; (*col: desejo*) keenness

seda ['seda] F silk; **ser** *ou* **estar uma ~** to be nice; **bicho da ~** silkworm

sedã [se'dã] M (*Auto*) saloon (car) (*Brit*), sedan (*US*)

sedativo, -a [seda'tʃivu, a] ADJ sedative ■ M sedative

SEDE (BR) ABR M = **Sistema Estadual de Empregos**

sede¹ ['sɛdʒi] F (*de empresa, instituição*) headquarters *sg*; (*de governo*) seat; (*Rel*) see, diocese; ~ **social** head office

sede² ['sedʒi] F thirst; (*fig*): ~ **(de)** craving (for); **estar com** *ou* **ter ~** to be thirsty; **matar a ~** to quench one's thirst

sedentário, -a [sedẽ'tarju, a] ADJ sedentary

sedento, -a [se'dẽtu, a] ADJ thirsty; (*fig*): ~ **(de)** eager (for)

sediar [se'dʒjaʳ] VT to base

sedição [sedʒi'sãw] F sedition

sedicioso, -a [sedʒi'sjozu, ɔza] ADJ seditious

sedimentar [sedʒimẽ'taʳ] VI to silt up

sedimento [sedʒi'mẽtu] M sediment

sedoso, -a [se'dozu, ɔza] ADJ silky

sedução [sedu'sãw] (*pl* **-ões**) F seduction; (*atração*) allure, charm

sedutor, a [sedu'toʳ(a)] ADJ seductive; (*oferta etc*) tempting ■ M/F seducer

seduzir [sedu'ziʳ] VT to seduce; (*fascinar*) to fascinate; (*desencaminhar*) to lead astray

Sefiti [sefi'tʃi] (BR) ABR M = **Serviço de Fiscalização de Trânsito Interestadual e Internacional**

seg. ABR (= *segunda-feira*) Mon

segmentar [segmẽ'taʳ] VT to segment

segmento [seg'mẽtu] M segment

segredar [segre'daʳ] VT, VI to whisper

segredo [se'gredu] M secret; (*sigilo*) secrecy; (*de fechadura*) combination; **em ~** in secret; ~ **de estado** state secret

segregação [segrega'sãw] F segregation

segregar [segre'gaʳ] VT to segregate, separate

seguidamente [segida'mẽtʃi] ADV (*sem parar*) continuously; (*logo depois*) soon afterwards

seguido, -a [se'gidu, a] ADJ following; (*contínuo*) continuous, consecutive; ~ **de** *ou* **por** followed by; **três dias ~s** three days running; **horas seguidas** for hours on end; **em seguida** next; (*logo depois*) soon afterwards; (*imediatamente*) immediately, right away

seguidor, a [segi'doʳ(a)] M/F follower

seguimento [segi'mẽtu] M continuation; **dar ~ a** to proceed with; **em ~ de** after

seguinte [se'gĩtʃi] ADJ following, next; **(o negócio) é o ~** (*col*) the thing is; **eu lhe disse o ~** this is what I said to him; **pelo ~** hereby

seguir [se'giʳ] VT to follow; to continue ■ VI to follow; (*continuar*) to continue, carry on; (*ir*) to go; **seguir-se** VR: **seguir-se (a)** to follow; **logo a ~** next; **~-se (de)** to result (from); **ao jantar seguiu-se uma reunião** the dinner was followed by a meeting

segunda [se'gũda] F (*tb*: **segunda-feira**) Monday; (*Mús*) second; (*Auto*) second (gear); **de ~** second-rate; **segunda-feira** (*pl* **segundas-feiras**) F Monday; *v tb* **terça-feira**

segundanista [segũda'niʃta] M/F second year (student)

segundo, -a [se'gũdu, a] ADJ second ■ PREP according to ■ CONJ as, from what ■ ADV secondly ■ M second; **de segunda mão** second-hand; **de segunda (classe)** second-class; ~ **ele disse** according to what he said; ~ **dizem** apparently; ~ **me consta** as far as I know; ~ **se afirma** according to what is said, from what is said; **segundas intenções** ulterior motives; ~ **tempo** (*Futebol*) second half; *v tb* **quinto**

segundo-time ADJ INV (*pessoa*) second-rate

segurado, -a [segu'radu, a] ADJ, M/F (*Com*) insured

segurador, a [segura'doʳ(a)] M/F insurer ■ F

insurance company

seguramente [segura'mẽtʃi] ADV (*com certeza*) certainly; (*muito provavelmente*) surely

segurança [segu'rãsa] F security; (*ausência de perigo*) safety; (*confiança*) confidence; (*convicção*) assurance ■ M/F security guard; **com ~** assuredly; **~ nacional** national security

segurar [segu'ra^{r}] VT to hold; (*amparar*) to hold up; (*Com: bens*) to insure ■ VI: **~ em** to hold; **segurar-se** VR (*Com: fazer seguro*) to insure o.s.; **~-se em** to hold on to

seguro, -a [se'guru, a] ADJ (*livre de perigo*) safe; (*livre de risco, firme*) secure; (*certo*) certain, assured; (*confiável*) reliable; (*de si mesmo*) secure, confident; (*tempo*) settled ■ ADV confidently ■ M (*Com*) insurance; **~ de si** self-assured; **~ morreu de velho** better safe than sorry; **estar ~ de/de que** to be sure of/that; **fazer ~** to take out an insurance policy; **companhia de ~s** insurance company; **~ contra acidentes/incêndio** accident/fire insurance; **~ de vida/automóvel** life/car insurance; **seguro-saúde** (*pl* **seguros-saúde**) M health insurance

SEI (BR) ABR F = **Secretaria Especial da Informática**

sei [sej] VB *v* **saber**

seio ['seju] M breast, bosom; (*âmago*) heart; (*seio paranasal*) sinus; **no ~ de** in the heart of

seis [sejʃ] NUM six; *v tb* **cinco**

seiscentos, -tas [sej'sẽtuʃ] NUM six hundred

seita ['sejta] F sect

seiva ['sejva] F sap; (*fig*) vigour (*Brit*), vigor (*US*), vitality

seixo ['sejʃu] M pebble

seja *etc* ['seʒa] VB *v* **ser**

SELA ABR M = **Sistema Econômico Latino-Americano**

sela ['sɛla] F saddle

selagem [se'laʒẽ] F (*de cartas*) franking; **máquina de ~** franking machine

selar [se'la^{r}] VT (*carta*) to stamp; (*documento oficial, pacto*) to seal; (*cavalo*) to saddle; (*fechar*) to shut, seal; (*concluir*) to conclude

seleção [sele'sãw] (PT **-cç-**, *pl* **-ões**) F selection; (*Esporte*) team

selecionado [selesjo'nadu] (PT **-cc-**) M (*Esporte*) team

selecionador, a [selesjona'do^{r}(a)] (PT **-cc-**) M/F selector

selecionar [selesjo'na^{r}] (PT **-cc-**) VT to select

seleções [sele'sõjʃ] FPL *de* **seleção**

seleta [se'leta] (PT **-ct-**) F anthology

seletivo, -a [sele'tʃivu, a] (PT **-ct-**) ADJ selective

seleto, -a [se'letu, a] (PT **-ct-**) ADJ select

selim [se'lĩ] (*pl* **-ns**) M saddle

selo ['selu] M stamp; (*carimbo, sinete*) seal; (*fig*) stamp, mark

selva ['sɛwva] F jungle

selvagem [sew'vaʒẽ] (*pl* **-ns**) ADJ (*silvestre*) wild; (*feroz*) fierce; (*povo*) savage; (*fig: indivíduo, maneiras*) coarse; **selvageria** [sewvaʒe'ria] F savagery

sem [sẽ] PREP without ■ CONJ: **~ que eu peça** without my asking; **a casa está ~ limpar há duas semanas** the house hasn't been cleaned for two weeks; **estar/ficar ~ dinheiro/gasolina** to have no/have run out of money/petrol; **~ quê nem para quê** for no apparent reason

SEMA (BR) ABR F = **Secretaria Especial do Meio Ambiente**

semáforo [se'maforu] M (*Auto*) traffic lights *pl*; (*Ferro*) signal

semana [se'mana] F week

semanada [sema'nada] F (weekly) wages *pl*; (*mesada*) weekly allowance

semanal [sema'naw] (*pl* **-ais**) ADJ weekly; **ganha $200 semanais** he earns $200 a week

semanário [sema'narju] M weekly (publication)

semântica [se'mãtʃika] F semantics *sg*

semântico, -a [se'mãtʃiku, a] ADJ semantic

semblante [sẽ'blãtʃi] M face; (*fig*) appearance, look

semeadura [semja'dura] F sowing

semear [se'mja^{r}] VT to sow; (*fig*) to spread; (*espalhar*) to scatter

semelhança [seme'ʎãsa] F similarity, resemblance; **a ~ de** like; **ter ~ com** to resemble

semelhante [seme'ʎãtʃi] ADJ similar; (*tal*) such ■ M fellow creature

semelhar [seme'ʎa^{r}] VI: **~ a** to look like, resemble ■ VT to look like, resemble; **semelhar-se** VR to be alike

sêmen ['semẽ] M semen

semente [se'mẽtʃi] F seed

sementeira [semẽ'tejra] F sowing, spreading

semestral [semeʃ'traw] (*pl* **-ais**) ADJ half-yearly, bi-annual

semestralmente [semeʃtraw'mẽtʃi] ADV every six months

semestre [se'mɛʃtri] M six months; (*Educ*) semester

sem-fim M: **um ~ de perguntas** *etc* endless questions *etc*

semi... [semi] PREFIXO semi..., half..

semi-aberto, -a ADJ half-open

semi-analfabeto, -a ADJ semiliterate

semibreve [semi'brɛvi] F (*Mús*) semibreve

semicírculo [semi'sixkulu] M semicircle

semicondutor [semikõdu'to^{r}] M semiconductor

semiconsciente [semikõ'sjẽtʃi] ADJ semiconscious

semifinal [semi'finaw] (*pl* **-ais**) F semi-final

semifinalista [semifina'liʃta] M/F semi-finalist

semi-internato M day school

semi-interno, -a M/F (*tb*: **aluno semi-interno**) day pupil

NB: *European Portuguese adds the following consonants to certain words*: **b** (sú(b)dito, su(b)til); **c** (a(c)ção, a(c)cionista, a(c)to); **m** (inde(m)ne); **p** (ado(p)çã, ado(p)tar); *for further details see p. xiii.*

seminal [semi'naw] (*pl* **-ais**) ADJ seminal
seminário [semi'narju] M (*Educ, congresso*) seminar; (*Rel*) seminary
seminarista [semina'riʃta] M seminarist
seminu, a [semi'nu(a)] ADJ half-naked
semiótica [se'mjɔtʃika] F semiotics *sg*
semiprecioso, -a [semipre'sjozu, ɔza] ADJ semi-precious
semita [se'mita] ADJ Semitic
semítico, -a [se'mitʃiku, a] ADJ Semitic
semitom [semi'tõ] M (*Mús*) semitone
sem-lar M/F INV homeless person
sem-número M: **um ~ de coisas** loads of things
semolina [semo'lina] F semolina
sem-par ADJ INV unequalled, unique
sempre ['sẽpri] ADV always; **você ~ vai?** (*PT*) are you still going?; **~ que** whenever; **como ~** as usual; **a comida/hora** *etc* **de ~** the usual food/time *etc*; **a mesma história de ~** the same old story; **para ~** forever; **para todo o ~** for ever and ever; **quase ~** nearly always
sem-sal ADJ INV insipid
sem-terra M/F INV landless labourer (*Brit*) *ou* laborer (*US*)
sem-teto M/F INV: **os ~** the homeless
sem-vergonha ADJ INV shameless ■ M/F INV (*pessoa*) rogue
Sena ['sɛna] M: **o ~** the Seine
Senac [se'naki] (BR) ABR M = **Serviço Nacional de Aprendizagem Comercial**
senado [se'nadu] M senate; **senador, a** [sena'do^{r}(a)] M/F senator
Senai [se'naj] (BR) ABR M = **Serviço Nacional de Aprendizagem Industrial**
senão [se'nãw] (*pl* **-ões**) CONJ (*do contrário*) otherwise; (*mas sim*) but, but rather ■ PREP (*exceto*) except ■ M flaw, defect; **~ quando** suddenly
Senav [se'navi] (BR) ABR F = **Superintendência Estadual de Navegação**
senda ['sẽda] F path
Senegal [sene'gaw] M: **o ~** Senegal
senha ['sɛɲa] F (*sinal*) sign; (*palavra de passe, Comput*) password; (*de caixa automática*) PIN number; (*recibo*) receipt; (*bilhete*) ticket, voucher
senhor, a [se'ɲo^{r}(a)] M (*homem*) man; (*formal*) gentleman; (*homem idoso*) elderly man; (*Rel*) lord; (*dono*) owner; (*tratamento*) Mr(.); (*tratamento respeitoso*) sir ■ F (*mulher*) lady; (*esposa*) wife; (*mulher idosa*) elderly lady; (*dona*) owner; (*tratamento*) Mrs(.), Ms(.); (*tratamento respeitoso*) madam ■ ADJ marvellous (*Brit*), marvelous (*US*); **uma ~a gripe** a bad case of flu; **o ~/a ~a** (*você*) you; **nossa ~a!** (*col*) gosh; **sim, ~(a)!** yes indeed; **estar ~ de si** to be cool *ou* collected; **estar ~ da situação** to be in control of the situation; **ser ~ do seu nariz** to be one's own boss; **~ de engenho** plantation owner
senhoria [seɲo'ria] F (*proprietária*) landlady; **Vossa S~** (*em cartas*) you
senhoril [seɲo'riw] (*pl* **-is**) ADJ (*roupa etc*) gentlemen's/ladies'; (*distinto*) lordly
senhorio [seɲo'riu] M (*proprietário*) landlord; (*posse*) ownership
senhoris [seɲo'riʃ] ADJ PL *de* **senhoril**
senhorita [seɲo'rita] F young lady; (*tratamento*) Miss, Ms(.); **a ~** (*você*) you
senil [se'niw] (*pl* **-is**) ADJ senile
senilidade [senili'dadʒi] F senility
senilizar [senili'za^{r}] VT to age
senis [se'niʃ] ADJ PL *de* **senil**
senões [se'nõjʃ] MPL *de* **senão**
sensação [sẽsa'sãw] (*pl* **-ões**) F sensation; **a ~ de que/uma ~ de** the feeling that/a feeling of; **causar ~** to cause a sensation; **sensacional** [sẽsasjo'naw] (*pl* **-ais**) ADJ sensational
sensacionalismo [sẽsasjona'liʒmu] M sensationalism
sensacionalista [sẽsasjona'liʃta] ADJ sensationalist
sensações [sẽsa'sõjʃ] FPL *de* **sensação**
sensatez [sẽsa'teʒ] F good sense
sensato, -a [sẽ'satu, a] ADJ sensible
sensibilidade [sẽsibili'dadʒi] F sensitivity; (*artística*) sensibility; (*física*) feeling; **estou com muita ~ neste dedo** this finger is very sensitive
sensibilizar [sẽsibili'za^{r}] VT to touch, move; (*opinião pública*) to influence; **sensibilizar-se** VR to be moved
sensitivo, -a [sẽsi'tʃivu, a] ADJ sensory; (*pessoa*) sensitive
sensível [sẽ'sivew] (*pl* **-eis**) ADJ sensitive; (*visível*) noticeable; (*considerável*) considerable; (*dolorido*) tender
sensivelmente [sẽsivew'mẽtʃi] ADV perceptibly, markedly
senso ['sẽsu] M sense; (*juízo*) judgement; **~ comum** *ou* **bom ~** common sense; **~ de humor/responsabilidade** sense of humour (*Brit*) *ou* humor (*US*) /responsibility
sensorial [sẽso'rjaw] (*pl* **-ais**) ADJ sensory
sensual [sẽ'swaw] (*pl* **-ais**) ADJ sensual, sensuous
sensualidade [sẽswali'dadʒi] F sensuality, sensuousness
sentado, -a [sẽ'tadu, a] ADJ sitting; (*almoço*) sit-down
sentar [sẽ'ta^{r}] VT to seat ■ VI to sit; **sentar-se** VR to sit down
sentença [sẽ'tẽsa] F (*Jur*) sentence; **~ de morte** death sentence; **sentenciar** [sẽtẽ'sja^{r}] VT (*julgar*) to pass judgement on; (*condenar por sentença*) to sentence ■ VI to pass judgement; to pass sentence
sentidamente [sẽtʃida'mẽtʃi] ADV (*chorar*) bitterly; (*desculpar-se*) abjectly
sentido, -a [sẽ'tʃidu, a] ADJ (*magoado*) hurt; (*choro, queixa*) heartfelt ■ M sense; (*significação*) sense, meaning; (*direção*) direction; (*atenção*) attention; (*aspecto*) respect; **~!** (*Mil*) attention!; **em certo ~** in a sense; **sem ~** meaningless;

fazer ~ to make sense; **perder/recobrar os ~s** to lose/recover consciousness; **(não) ter ~** (not) to be acceptable; **~ figurado** figurative sense; **"~ único"** (*PT: sinal*) "one-way"

sentimental [sẽ'tʃimẽ'taw] (*pl* **-ais**) ADJ sentimental; **aventura ~** romance; **vida ~** love life

sentimentalismo [sẽtʃimẽta'liʒmu] M sentimentality

sentimento [sẽtʃi'mẽtu] M feeling; (*senso*) sense; **sentimentos** MPL (*pêsames*) condolences; **fazer algo com ~** to do sth with feeling; **ter bons ~s** to be good-natured

sentinela [sẽtʃi'nɛla] F sentry, guard; **estar de ~** to be on guard duty; **render ~** to relieve the guard

sentir [sẽ'tʃiʳ] VT to feel; (*perceber, pressentir*) to sense; (*ser afetado por*) to be affected by; (*magoar-se*) to be upset by ■ VI to feel; (*sofrer*) to suffer; **sentir-se** VR to feel; (*julgar-se*) to consider o.s. (to be); **~ (a) falta de** to miss; **~ cheiro/gosto (de)** to smell/taste; **~ tristeza** to feel sad; **~ vontade de** to feel like; **você sente a diferença?** can you tell the difference?; **sinto muito** I am very sorry

senzala [sẽ'zala] F slave quarters *pl*

separação [separa'sãw] (*pl* **-ões**) F separation

separado, -a [sepa'radu, a] ADJ separate; (*casal*) separated; **em ~** separately, apart

separar [sepa'raʳ] VT to separate; (*dividir*) to divide; (*pôr de lado*) to put aside; **separar-se** VR to separate; to be divided; **~-se de** to separate from

separata [sepa'rata] F offprint

separatismo [separa'tʃiʒmu] M separatism

séptico, -a ['sɛptʃiku, a] ADJ septic

septuagésimo, -a [septwa'ʒɛzimu, a] (*PT*) NUM seventieth; = **setuagésimo**

sepulcro [se'puwkru] M tomb

sepultamento [sepuwta'mẽtu] M burial

sepultar [sepuw'taʳ] VT to bury; (*esconder*) to hide, conceal; (*segredo*) to keep quiet; **sepultura** [sepuw'tura] F grave, tomb

sequei *etc* [se'kej] VB *v* **secar**

seqüela [se'kwɛla] F sequel; (*conseqüência*) consequence; (*Med*) after-effect

seqüência [se'kwẽsja] F sequence

seqüencial [sekwẽ'sjaw] (*pl* **-ais**) ADJ (*Comput*) sequential

sequer [se'kɛʳ] ADV at least; **(nem) ~** not even

seqüestrador, a [sekweʃtra'doʳ(a)] M/F (*raptor*) kidnapper; (*de avião etc*) hijacker

seqüestrar [sekweʃ'traʳ] VT (*bens*) to seize, confiscate; (*raptar*) to kidnap; (*avião etc*) to hijack; **seqüestro** [se'kweʃtru] M seizure; (*rapto*) abduction, kidnapping; (*de avião etc*) hijack

sequidão [seki'dãw] F dryness; (*de pessoa*) coldness

sequioso, -a [se'kjozu, ɔza] ADJ (*sedento*) thirsty; (*fig: desejoso*) eager

séquito ['sɛkitu] M retinue

PALAVRA CHAVE

ser [seʳ] VI **1** (*descrição*) to be; **ela é médica/muito alta** she's a doctor/very tall; **é Ana** (*Tel*) Ana speaking *ou* here; **ela é de uma bondade incrível** she's incredibly kind; **ele está é danado** he's really angry; **ser de mentir/briga** to be the sort to lie/fight
2 (*horas, datas, números*): **é uma hora** it's one o'clock; **são seis e meia** it's half past six; **é dia 1°o de junho** it's the first of June; **somos/são seis** there are six of us/them
3 (*origem, material*): **ser de** to be *ou* come from; (*feito de*) to be made of; (*pertencer*) to belong to; **sua família é da Bahia** his (*ou* her *etc*) family is from Bahia; **a mesa é de mármore** the table is made of marble; **é de Pedro** it's Pedro's, it belongs to Pedro
4 (*em orações passivas*): **já foi descoberto** it had already been discovered
5 (*locuções com subjun*): **ou seja** that is to say; **seja quem for** whoever it may be; **se eu fosse você** if I were you; **se não fosse você, ...** if it hadn't been for you ...
6 (*locuções*): **a não ser** except; **a não ser que** unless; **é** (*resposta afirmativa*) yes; **..., não é?** isn't it?, don't you? *etc*; **ah, é?** really?; **que foi?** (*o que aconteceu?*) what happened?; (*qual é o problema?*) what's the problem?; **será que ...?** I wonder if ...?
■ M being
seres MPL (*criaturas*) creatures

serão [se'rãw] (*pl* **-ões**) M (*trabalho noturno*) night work; (*horas extraordinárias*) overtime; **fazer ~** to work late; (*dormir tarde*) to go to bed late

sereia [se'reja] F mermaid

serelepe [sere'lɛpi] ADJ frisky

serenar [sere'naʳ] VT to calm ■ VI (*pessoa*) to calm down; (*mar*) to grow calm; (*dor*) to subside

serenata [sere'nata] F serenade

serenidade [sereni'dadʒi] F serenity, tranquillity

sereno, -a [se'rɛnu, a] ADJ calm; (*olhar*) serene; (*tempo*) fine, clear ■ M (*relento*) damp night air; **no ~** in the open

seresta [se'rɛʃta] F serenade

SERFA (*BR*) ABR M = **Serviço de Fiscalização Agrícola**

sergipano, -a [sexʒi'panu, a] ADJ from Sergipe ■ M/F person from Sergipe

seriado, -a [se'rjadu, a] ADJ (*número*) serial; (*publicação, filme*) serialized

serial [se'rjaw] (*pl* **-ais**) ADJ (*Comput*) serial

série ['sɛri] F series; (*seqüência*) sequence, succession; (*Educ*) grade; (*categoria*) category;

NB: *European Portuguese adds the following consonants to certain words:* **b** (sú(b)dito, su(b)til); **c** (a(c)ção, a(c)cionista, a(c)to); **m** (inde(m)ne); **p** (ado(p)çã, ado(p)tar); *for further details see p. xiii.*

fora de ~ out of order; (*fig*) extraordinary; **fabricar em** ~ to mass-produce

seriedade [serje'dadʒi] F seriousness; (*honestidade*) honesty

seringa [se'rĩga] F syringe

seringal [serĩ'gaw] (*pl* **-ais**) M rubber plantation

seringalista [serĩga'liʃta] M rubber plantation owner

seringueira [serĩ'gejra] F rubber tree; *v tb* **seringueiro**

seringueiro, -a [serĩ'gejru, a] M/F rubber tapper

sério, -a ['sɛrju, a] ADJ serious; (*honesto*) honest, decent; (*responsável*) responsible; (*confiável*) reliable; (*roupa*) sober ■ ADV seriously; **a** ~ seriously; **falando** ~ **...** seriously ...; ~**?** really?

sermão [sex'mãw] (*pl* **-ões**) M sermon; (*fig*) telling-off; **levar um ~ de alguém** to get a telling-off from sb; **passar um ~ em alguém** to give sb a telling-off

serões [se'rõjʃ] MPL *de* **serão**

serpeante [sex'pjãtʃi] ADJ wriggling; (*fig*: *caminho, rio*) winding, meandering

serpear [sex'pjaʳ] VI (*como serpente*) to wriggle; (*fig*: *caminho, rio*) to wind, meander

serpente [sex'pẽtʃi] F snake; (*pessoa*) snake in the grass

serpentear [sexpẽ'tʃjaʳ] VI = **serpear**

serpentina [sexpẽ'tʃina] F (*conduto*) coil; (*fita de papel*) streamer

serra ['sɛxa] F (*montanha*) mountain range; (*Tec*) saw; ~ **circular** circular saw; ~ **de arco** hacksaw; ~ **de cadeia** chain saw; ~ **tico-tico** fret saw

serrado, -a [se'xadu, a] ADJ serrated

serragem [se'xaʒẽ] F (*pó*) sawdust

Serra Leoa F Sierra Leone

serralheiro, -a [sexa'ʎejru, a] M/F locksmith

serrania [sexa'nia] F mountain range

serrano, -a [se'xanu, a] ADJ highland *atr* ■ M/F highlander

serrar [se'xaʳ] VT to saw

serraria [sexa'ria] F sawmill

serrote [se'xɔtʃi] M handsaw

sertanejo, -a [sexta'neʒu, a] ADJ rustic, country ■ M/F inhabitant of the "sertão"

sertão [sex'tãw] (*pl* **-ões**) M backwoods *pl*, bush (country)

servente [sex'vẽtʃi] M/F (*criado*) servant; (*operário*) labourer (*Brit*), laborer (*US*); ~ **de pedreiro** bricklayer's mate

serventuário, -a [sexvẽ'twarju, a] M/F (*Jur*) legal official

serviçal [sexvi'saw] (*pl* **-ais**) ADJ obliging, helpful ■ M/F (*criado*) servant; (*trabalhador*) wage earner

serviço [sex'visu] M service; (*de chá etc*) set; **o** ~ (*emprego*) work; **um** ~ (*trabalho*) a job; **não brincar em** ~ not to waste time; **dar o** ~ (*col*: *confessar*) to blab; **estar de** ~ to be on duty; **matar o** ~ to cut corners; **prestar** ~ to help; ~ **doméstico** housework; ~ **ativo** (*Mil*) active duty; ~ **de informações** (*Mil*) intelligence service; ~ **militar** military service; **S~ Nacional de Saúde** National Health Service; **S~ Público** Civil Service; ~**s públicos** public utilities

servidão [sexvi'dãw] F servitude, serfdom; (*Jur*: *de passagem*) right of way

servidor, a [sexvi'doʳ(a)] M/F (*criado*) servant; (*funcionário*) employee; ~ **público** civil servant

servil [sex'viw] (*pl* **-is**) ADJ servile

servir [sex'viʳ] VT to serve ■ VI to serve; (*ser útil*) to be useful; (*ajudar*) to help; (*roupa*: *caber*) to fit; **servir-se** VR: **servir-se (de)** (*comida, café*) to help o.s. (to); ~**-se de** (*meios*) to use, make use of; ~ **de** (*prover*) to supply with, provide with; **você está servido?** (*num bar*) are you all right for a drink?; ~ **de algo** to serve as sth; **para que serve isto?** what is this for?; **ele não serve para trabalhar aqui** he's not suitable to work here; **qualquer ônibus serve** any bus will do

servis [sex'viʃ] ADJ PL *de* **servil**

servível [sex'vivew] (*pl* **-eis**) ADJ serviceable; (*roupa*) wearable

servo, -a ['sɛxvu, a] M/F (*feudal*) serf; (*criado*) servant

servo-croata [sɛxvu'krwata] M (*Ling*) Serbo-Croat

Sesc ['sɛʃki] (BR) ABR M = **Serviço Social do Comércio**

Sesi [sɛ'zi] (BR) ABR M = **Serviço Social da Indústria**

sessão [se'sãw] (*pl* **-ões**) F (*do parlamento etc*) session; (*reunião*) meeting; (*de cinema*) showing; **primeira/segunda** ~ first/second show; ~ **coruja** late show; ~ **da tarde** matinée

sessenta [se'sẽta] NUM sixty; *v tb* **cinqüenta**

sessões [se'sõjʃ] FPL *de* **sessão**

sesta ['sɛʃta] F siesta, nap

set ['setʃi] M (*Tênis*) set

set. ABR (= *setembro*) Sept

seta ['sɛta] F arrow

sete ['sɛtʃi] NUM seven; **pintar o** ~ (*fig*) to get up to all sorts; *v tb* **cinco**

setecentos, -as [sete'sẽtuʃ, aʃ] NUM seven hundred

sete-e-meio M seven-and-a-half (*card game similar to pontoon*)

setembro [se'tẽbru] (*PT* **S-**) M September; *v tb* **julho**; **7 de setembro**; *see below*

7 DE SETEMBRO

Brazil's independence from Portugal is commemmorated on 7 September. Independence was declared in 1822 by the Portuguese prince regent, Dom Pedro, who rebelled against several orders from the Portuguese crown, among them the order to swear loyalty to the Portuguese constitution. It is a national holiday and the occasion for processions and military parades through the main cities.

setenta [se'tẽta] NUM seventy; *v tb* **cinqüenta**

setentrional [setẽtrjo'naw] (*pl* **-ais**) ADJ northern
sétima ['sɛtʃima] F (*Mús*) seventh
sétimo, -a ['sɛtʃimu, a] NUM seventh; *v tb* **quinto**
setor [se'to^{r}] M sector
setuagésimo, -a [setwa'ʒɛzimu, a] NUM seventieth; *v tb* **quinto**
seu, sua [sew, 'sua] ADJ (*dele*) his; (*dela*) her; (*de coisa*) its; (*deles, delas*) their; (*de você, vocês*) your ■ PRON (*dele*) his; (*dela*) hers; (*deles, delas*) theirs; (*de você, vocês*) yours ■ M (*senhor*) Mr(.); **um homem de ~s 60 anos** a man of about sixty; **~ idiota!** you idiot!
Seul [se'uw] N Seoul
severidade [severi'dadʒi] F severity, harshness
severo, -a [se'vɛru, a] ADJ severe, harsh
seviciar [sevi'sja^{r}] VT to ill-treat; (*mulher, criança*) to batter
sevícias [se'visjaʃ] FPL (*maus tratos*) ill treatment *sg*; (*desumanidade*) inhumanity *sg*, cruelty *sg*
Sevilha [se'viʎa] N Seville
sex. ABR (= *sexta-feira*) Fri
sexagésimo, -a [seksa'ʒɛzimu, a] NUM sixtieth; *v tb* **quinto**
sexo ['sɛksu] M sex; **de ~ feminino/masculino** female/male
sexta ['seʃta] F (*tb*: **sexta-feira**) Friday; (*Mús*) sixth; **sexta-feira** (*pl* **sextas-feiras**) F Friday; **Sexta-feira Santa** Good Friday; *v tb* **terça-feira**
sexto, -a ['seʃtu, a] NUM sixth; *v tb* **quinto**
sexual [se'kswaw] (*pl* **-ais**) ADJ sexual; (*vida, ato*) sex *atr*
sexualidade [sekswali'dadʒi] F sexuality
sexy ['sɛksi] (*pl* **-s**) ADJ sexy
Seychelles [sej'ʃɛliʃ] F OU FPL: **a(s) ~** the Seychelles
sezão [se'zãw] (*pl* **-ões**) F (*febre*) (intermittent) fever; (*malária*) malaria
s.f.f. (*PT*) ABR = **se faz favor**
SFH (*BR*) ABR M = **Sistema Financeiro de Habitação**
shopping center ['ʃɔpĩŋ('sẽte^{r})] M shopping centre (*Brit*), (shopping) mall (*US*)
short ['ʃɔxtʃi] M (pair of) shorts *pl*
show [ʃow] (*pl* **-s**) M show; (*de cantor, conjunto*) concert, gig; **dar um ~** (*fig*) to put on a real show; (*dar escândalo*) to make a scene; **ser um ~** (*col*) to be a sensation
showroom [ʃow'rũ] (*pl* **-s**) M showroom
si [si] PRON oneself; (*ele*) himself; (*ela*) herself; (*coisa*) itself; (*PT*: *você*) yourself, you; (: *vocês*) yourselves; (*eles, elas*) themselves; **em si** in itself; **fora de si** beside oneself; **cheio de si** full of oneself; **voltar a si** to come round
siamês, -esa [sja'meʃ, eza] ADJ Siamese
Sibéria [si'bɛrja] F: **a ~** Siberia
sibilar [sibi'la^{r}] VI to hiss
sicário [si'karju] M hired assassin
Sicília [si'silja] F: **a ~** Sicily
sicrano [si'kranu] M: **fulano e ~** so-and-so
SIDA ['sida] (*PT*) ABR F: **síndrome de deficiência imunológica adquirida, a sicrano** AIDS
siderúrgica [side'rurʒika] F steel industry
siderúrgico, -a [side'rurʒiku, a] ADJ iron and steel *atr*; **(usina) siderúrgica** steelworks *sg*
sidra ['sidra] F cider
SIF (*BR*) ABR M = **Serviço de Inspeção Federal**
sifão [si'fãw] (*pl* **-ões**) M syphon
sífilis ['sifiliʃ] F syphilis
sifões [si'fõjʃ] MPL *de* **sifão**
sigilo [si'ʒilu] M secrecy; **guardar ~ sobre algo** to keep quiet about sth
sigiloso, -a [siʒi'lozu, ɔza] ADJ secret
sigla ['sigla] F acronym; (*abreviação*) abbreviation
signatário, -a [signa'tarju, a] M/F signatory
significação [significa'sãw] F significance
significado [signifi'kadu] M meaning
significante [signifi'kãtʃi] ADJ significant
significar [signifi'ka^{r}] VT to mean, signify; **significativo, -a** [significa'tʃivu, a] ADJ significant
signo ['signu] M sign; **~ do zodíaco** sign of the zodiac
sigo *etc* ['sigu] VB *v* **seguir**
sílaba ['silaba] F syllable
silenciar [silẽ'sja^{r}] VT (*pessoa*) to silence; (*escândalo*) to hush up ■ VI to remain silent
silêncio [si'lẽsju] M silence, quiet; **~!** silence!; **ficar em ~** to remain silent; **silencioso, -a** [silẽ'sjozu, ɔza] ADJ silent, quiet ■ M (*Auto*) silencer (*Brit*), muffler (*US*)
silhueta [si'ʎweta] F silhouette
silício [si'lisju] M silicon; **plaqueta de ~** silicon chip
silicone [sili'kɔni] M silicone
silo ['silu] M silo
silvar [siw'va^{r}] VI to hiss; (*assobiar*) to whistle
silvestre [siw'vɛʃtri] ADJ wild
silvícola [siw'vikola] ADJ wild
silvicultura [siwvikuw'tura] F forestry
sim [sĩ] ADV yes; **creio que ~** I think so; **isso ~** that's it!; **pelo ~, pelo não** just in case; **dar** *ou* **dizer o ~** to consent, say yes
simbólico, -a [sĩ'bɔliku, a] ADJ symbolic
simbolismo [sĩbo'liʒmu] M symbolism
simbolizar [sĩboli'za^{r}] VT to symbolise
símbolo ['sĩbolu] M symbol
simetria [sime'tria] F symmetry
simétrico, -a [si'mɛtriku, a] ADJ symmetrical
similar [simi'la^{r}] ADJ similar
similaridade [similari'dadʒi] F similarity
símile ['simili] M simile
similitude [simili'tudʒi] F similarity
simpatia [sĩpa'tʃia] F (*por alguém, algo*) liking; (*afeto*) affection; (*afinidade, solidariedade*) sympathy; **simpatias** FPL (*inclinações*) sympathies; **com ~** sympathetically; **ser uma ~** to be very nice; **ter** *ou* **sentir ~ por** to

NB: *European Portuguese adds the following consonants to certain words*: **b** (sú(b)dito, su(b)til); **c** (a(c)ção, a(c)cionista, a(c)to); **m** (inde(m)ne); **p** (ado(p)çã, ado(p)tar); *for further details see p. xiii.*

like; **simpático, -a** [sĩ'patʃiku, a] ADJ (*pessoa, decoração etc*) nice; (*lugar*) pleasant, nice; (*amável*) kind ■ M (*Anat*) nervous system; **ser simpático a** to be sympathetic to

simpatizante [sĩpatʃi'zãtʃi] ADJ sympathetic ■ M/F sympathizer

simpatizar [sĩpatʃi'zaʳ] VI: ~ **com** (*pessoa*) to like; (*causa*) to sympathize with

simples ['sĩpliʃ] ADJ INV simple; (*único*) single; (*fácil*) easy; (*mero*) mere; (*ingênuo*) naïve ■ ADV simply; **simplicidade** [sĩplisi'dadʒi] F simplicity; (*ingenuidade*) naïvety; (*modéstia*) plainness; (*naturalidade*) naturalness

simplicíssimo, -a [sĩpli'sisimu, a] ADJ SUPERL *de* **simples**

simplificação [sĩplifika'sãw] (*pl* **-ões**) F simplification

simplificar [sĩplifi'kaʳ] VT to simplify

simplíssimo, -a [sĩ'plisimu, a] ADJ SUPERL *de* **simples**

simplista [sĩ'pliʃta] ADJ simplistic

simplório, -a [sĩ'plɔrju, a] ADJ simple ■ M/F simple person

simpósio [sĩ'pɔzju] M symposium

simulação [simula'sãw] (*pl* **-ões**) F simulation; (*fingimento*) pretence (*Brit*), pretense (*US*), sham

simulacro [simu'lakru] M (*imitação*) imitation; (*fingimento*) pretence (*Brit*), pretense (*US*)

simulado, -a [simu'ladu, a] ADJ simulated

simular [simu'laʳ] VT to simulate

simultaneamente [simuwtanja'mẽtʃi] ADV simultaneously

simultâneo, -a [simuw'tanju, a] ADJ simultaneous

sina ['sina] F fate, destiny

sinagoga [sina'gɔga] F synagogue

Sinai [sina'i] M Sinai

sinal [si'naw] (*pl* **-ais**) M (*ger*) sign; (*gesto, Tel*) signal; (*na pele*) mole; (: *de nascença*) birthmark; (*depósito*) deposit; (*tb*: **sinal de tráfego luminoso**) traffic light; ~ **rodoviário** road sign; **dar de** ~ to give as a deposit; **em** ~ **de** (*fig*) as a sign of; **por** ~ (*por falar nisso*) by the way; (*aliás*) as a matter of fact; **avançar o** ~ (*Auto*) to jump the lights; (*fig*) to jump the gun; **dar** ~ **de vida** to show up; **fazer** ~ to signal; ~ **de alarma** alarm; ~ **de chamada** (*Tel*) ringing tone; **de discar** (*BR*) *ou* **de marcar** (*PT*) dialling tone (*Brit*), dial tone (*US*); ~ **de ocupado** (*BR*) *ou* **de impedido** (*PT*) engaged tone (*Brit*), busy signal (*US*); ~ **de mais/menos** (*Mat*) plus/minus sign; ~ **de perigo** danger signal; ~ **de pontuação** punctuation mark; ~ **verde** *ou* **aberto/vermelho** *ou* **fechado** green/red light

sinal-da-cruz M sign of the cross; **fazer o** ~ to cross o.s.

sinaleiro [sina'lejru] M (*Ferro*) signalman; (*aparelho*) traffic lights *pl*

sinalização [sinaliza'sãw] F (*ato*) signalling; (*para motoristas*) traffic signs *pl*; (*Ferro*) signals *pl*

sinalizar [sinali'zaʳ] VI to signal

sinceridade [sĩseri'dadʒi] F sincerity

sincero, -a [sĩ'sɛru, a] ADJ sincere; (*opinião, confissão*) honest

sincopado, -a [sĩko'padu, a] ADJ (*Mús*) syncopated

síncope ['sĩkopi] F fainting fit

sincronizar [sĩkroni'zaʳ] VT to synchronize

sindical [sĩdʒi'kaw] (*pl* **-ais**) ADJ (trade) union *atr*

sindicalismo [sĩdʒika'liʒmu] M trade unionism

sindicalista [sĩdʒika'liʃta] M/F trade unionist

sindicalizar [sĩdʒikali'zaʳ] VT to unionize; **sindicalizar-se** VR to become unionized

sindicância [sĩdʒi'kãsja] F inquiry, investigation

sindicato [sĩdʒi'katu] M (*de trabalhadores*) trade union; (*financeiro*) syndicate

síndico, -a ['sĩdʒiku, a] M/F (*de condomínio*) manager; (*de massa falida*) receiver

síndrome ['sĩdromi] F syndrome; ~ **de deficiência imunológica adquirida** acquired immune deficiency syndrome

SINE (*BR*) ABR M = **Sistema Nacional de Empregos**

sinecura [sine'kura] F sinecure

sineta [si'neta] F bell

sinfonia [sĩfo'nia] F symphony

sinfônica [sĩ'fonika] F (*tb*: **orquestra sinfônica**) symphony orchestra

sinfônico, -a [sĩ'foniku, a] ADJ symphonic

singeleza [sĩʒe'leza] F simplicity

singelo, -a [sĩ'ʒɛlu, a] ADJ simple

singular [sĩgu'laʳ] ADJ singular; (*extraordinário*) exceptional; (*bizarro*) odd, peculiar

singularidade [sĩgulari'dadʒi] F peculiarity

singularizar [sĩgulari'zaʳ] VT (*distinguir*) to single out; **singularizar-se** VR to stand out, distinguish o.s.

sinistrado, -a [siniʃ'tradu, a] ADJ damaged

sinistro, -a [si'niʃtru, a] ADJ sinister ■ M disaster, accident; (*prejuízo*) damage

sino ['sinu] M bell

sinônimo, -a [si'nonimu, a] ADJ synonymous ■ M synonym

sinopse [si'nɔpsi] F synopsis

sintático, -a [sĩ'tatʃiku, a] ADJ syntactic

sintaxe [sĩ'tasi] F syntax

síntese ['sĩtezi] F synthesis; **em** ~ in short; **sintético, -a** [sĩ'tɛtʃiku, a] ADJ synthetic; (*resumido*) brief; **sintetizar** [sĩtetʃi'zaʳ] VT to synthesize; (*resumir*) to summarize

sinto *etc* ['sĩtu] VB *v* **sentir**

sintoma [sĩ'tɔma] M symptom

sintomático, -a [sĩto'matʃiku, a] ADJ symptomatic

sintonizador [sĩtoniza'doʳ] M tuner

sintonizar [sĩtoni'zaʳ] VT (*Rádio*) to tune ■ VI to tune in; ~ **(com)** (*pessoa*) to get on (with); (*opinião*) to coincide (with)

sinuca [si'nuka] F snooker; (*mesa*) snooker table; **estar numa** ~ (*col*) to be snookered

sinuoso, -a [si'nwozu, ɔza] ADJ (*caminho*) winding; (*linha*) wavy

sinusite [sinu'zitʃi] F sinusitis

sionismo [sjo'niʒmu] M Zionism
sionista [sjo'niʃta] ADJ, M/F Zionist
sirena [si'rɛna] F siren
sirene [si'rɛni] F = **sirena**
siri [si'ri] M crab; **casquinha de ~** (*Culin*) crab au gratin
sirigaita [siri'gajta] (*col*) F floozy
Síria ['sirja] F: **a ~** Syria
sírio, -a ['sirju, a] ADJ, M/F Syrian
sirvo *etc* ['sixvu] VB *v* **servir**
siso ['sizu] M good sense; **dente de ~** wisdom tooth
sísmico, -a ['siʒmiku, a] ADJ seismic
sismógrafo [siʒ'mɔgrafu] M seismograph
sistema [siʃ'tɛma] M system; (*método*) method; **~ operacional** (*Comput*) operating system; **~ solar** solar system
sistemático, -a [siʃte'matʃiku, a] ADJ systematic
sistematizar [siʃtematʃi'zaʳ] VT to systematize
sisudo, -a [si'zudu, a] ADJ serious, sober
site ['sajtʃi] M (*na Internet*) website
sitiar [si'tʃjaʳ] VT to besiege
sítio ['sitʃju] M (*Mil*) siege; (*propriedade rural*) small farm; (*PT: lugar*) place; **estado de ~** state of siege
situação [sitwa'sãw] (*pl* **-ões**) F situation; (*posição*) position; (*social*) standing
situado, -a [si'twadu, a] ADJ situated; **estar** *ou* **ficar ~** to be situated
situar [si'twaʳ] VT (*pôr*) to place, put; (*edifício*) to situate, locate; **situar-se** VR (*pôr-se*) to position o.s.; (*estar situado*) to be situated
SL ABR = **sobreloja**
sl ABR = **SL**
slogan [iʃ'lɔgã] (*pl* **-s**) M slogan
smoking [iʒ'mokĩʃ] (*pl* **-s**) M dinner jacket (*Brit*), tuxedo (*US*)
SMTU (BR) ABR F = **Superintendência Municipal de Transportes Urbanos**
SNI (BR) ABR M (*antes: = Serviço Nacional de Informações*) *state intelligence service*
só [sɔ] ADJ alone; (*único*) single; (*solitário*) solitary ■ ADV only; **um só** only one; **a sós** alone; **por si só** by himself (*ou* herself, itself); **é só!** that's all!; **é só discar** all you have to do is dial; **veja/imagine só** just look/imagine; **não só ... mas também ...** not only ... but also ...; **que** *ou* **como só ele** *etc* like nobody else; **só isso?** is that all?
soalho ['swaʌu] M = **assoalho**
soar [swaʳ] VI to sound; (*cantar*) to sing; (*sinos, clarins*) to ring; (*apito*) to blow; (*boato*) to go round ■ VT (*horas*) to strike; (*instrumento*) to play; **~ a** to sound like; **~ bem/mal** (*fig*) to go down well/badly
sob [sob] PREP under; **~ emenda** subject to correction; **~ juramento** on oath; **~ medida** (*roupa*) made to measure; (*software*) bespoke; **~ minha palavra** on my word; **~ pena de** on pain of
sobe *etc* ['sɔbi] VB *v* **subir**
sobejar [sobe'ʒaʳ] VI (*superabundar*) to abound; (*restar*) to be left over
sobejos [so'beʒuʃ] MPL remains, leftovers
soberania [sobera'nia] F sovereignty
soberano, -a [sobe'ranu, a] ADJ sovereign; (*fig: supremo*) supreme; (: *altivo*) haughty ■ M/F sovereign
soberba [so'bexba] F haughtiness, arrogance
soberbo, -a [so'bexbu, a] ADJ (*arrogante*) haughty, arrogant; (*magnífico*) magnificent, splendid
sobra ['sɔbra] F surplus, remnant; **sobras** FPL remains; (*de tecido*) remnants; (*de comida*) leftovers; **ter algo de ~** to have sth extra; (*tempo, comida, motivos*) to have plenty of sth; **ficar de ~** to be left over
sobraçar [sobra'saʳ] VT (*levar debaixo do braço*) to carry under one's arm; (*meter debaixo do braço*) to put under one's arm
sobrado [so'bradu] M (*andar*) floor; (*casa*) house (*of two or more storeys*)
sobranceiro, -a [sobrã'sejru, a] ADJ (*que está acima de*) lofty, towering; (*proeminente*) prominent; (*arrogante*) haughty, arrogant
sobrancelha [sobrã'seʌa] F eyebrow
sobrar [so'braʳ] VI to be left; (*dúvidas*) to remain; **ficar sobrando** (*pessoa*) to be left out; (: *não ter parceiro*) to be the odd one out; **sobram-me cinco** I have five left; **isto dá e sobra** this is more than enough
sobre ['sobri] PREP on; (*por cima de*) over; (*acima de*) above; (*a respeito de*) about; **ser meio ~ o chato** (*col*) to be a bit boring
sobreaviso [sobrja'vizu] M warning; **estar de ~** to be alert, be on one's guard
sobrecapa [sobri'kapa] F cover
sobrecarga [sobri'kaxga] F overload
sobrecarregar [sobrikaxe'gaʳ] VT to overload
sobreestimar [sobrjeʃtʃi'maʳ] VT to overestimate
sobre-humano, -a ADJ superhuman
sobrejacente [sobriʒa'sẽtʃi] ADJ: **~ a** over
sobreloja [sobri'lɔʒa] F mezzanine (floor)
sobremaneira [sobrema'nejra] ADV exceedingly
sobremesa [sobri'meza] F dessert
sobremodo [sobri'mɔdu] ADV exceedingly
sobrenatural [sobrinatu'raw] (*pl* **-ais**) ADJ supernatural; (*esforço*) superhuman ■ M: **o ~** the supernatural
sobrenome [sobri'nɔmi] (BR) M surname, family name
sobrepairar [sobripaj'raʳ] VI: **~ a** to hover above; (*crise*) to rise above
sobrepor [sobri'poʳ] (*irreg*) VT: **~ algo a algo** (*pôr em cima*) to put sth on top of sth; (*adicionar*) to add sth to sth; (*dar preferência*) to put sth before sth; **sobrepor-se** VR: **sobrepor-se a** (*pôr-se sobre*) to cover, go on top of; (*sobrevir*) to succeed

NB: *European Portuguese adds the following consonants to certain words:* **b** (sú(b)dito, su(b)til); **c** (a(c)ção, a(c)cionista, a(c)to); **m** (inde(m)ne); **p** (ado(p)çã, ado(p)tar); *for further details see p. xiii.*

sobrepujar [sobripu'ʒa^{r}] VT (*exceder em altura*) to rise above; (*superar*) to surpass; (*obstáculos, perigos*) to overcome; (*inimigo*) to overwhelm
sobrepunha *etc* [sobri'puɲa] VB *v* **sobrepor**
sobrepus *etc* [sobri'pujʃ] VB *v* **sobrepor**
sobrepuser *etc* [sobripu'ze^{r}] VB *v* **sobrepor**
sobrescritar [sobreʃkri'ta^{r}] VT to address
sobrescrito [sobreʃ'kritu] M address
sobressair [sobrisa'i^{r}] VI to stand out; **sobressair-se** VR to stand out
sobressalente [sobrisa'lẽtʃi] ADJ, M spare
sobressaltado, -a [sobrisaw'tadu, a] ADJ: **viver ~** to live in fear; **acordar ~** to wake up with a start
sobressaltar [sobrisaw'ta^{r}] VT to startle, frighten; **sobressaltar-se** VR to be startled
sobressalto [sobri'sawtu] M (*movimento brusco*) start; (*temor*) trepidation; **de ~** suddenly; **o seu ~ com aquele estrondo/aquela notícia** his fright at that noise/his shock at that news; **ter um ~** to get a fright
sobretaxa [sobri'taʃa] F surcharge
sobretudo [sobri'tudu] M overcoat ■ ADV above all, especially
sobrevir [sobri'vi^{r}] (*irreg*) VI to occur, arise; **~ a** (*seguir*) to follow (on from); **sobreveio-lhe uma doença** he was struck down by illness
sobrevivência [sobrivi'vẽsja] F survival; **sobrevivente** [sobrivi'vẽtʃi] ADJ surviving ■ M/F survivor
sobreviver [sobrivi've^{r}] VI: **~ (a)** to survive
sobrevoar [sobrivo'a^{r}] VT, VI to fly over
sobriedade [sobrje'dadʒi] F soberness; (*comedimento*) moderation, restraint
sobrinho, -a [so'briɲu, a] M/F nephew/niece
sóbrio, -a ['sɔbrju, a] ADJ sober; (*moderado*) moderate, restrained
socado, -a [so'kadu, a] ADJ (*alho*) crushed; (*escondido*) hidden; (*pessoa*) stout
socador [soka'do^{r}] M crusher; **~ de alho** garlic press
soçaite [so'sajtʃi] (*col*) M high society
socapa [so'kapa] F: **à ~** furtively, on the sly
socar [so'ka^{r}] VT (*esmurrar*) to hit, strike; (*calcar*) to crush, pound; (*massa de pão*) to knead
social [so'sjaw] (*pl* **-ais**) ADJ social; (*entrada, elevador*) private; (*camisa*) dress *atr*
socialismo [sosja'liʒmu] M socialism
socialista [sosja'liʃta] ADJ, M/F socialist
socialite [sosja'lajtʃi] M/F socialite
socializar [sosjali'za^{r}] VT to socialize
sociável [so'sjavew] (*pl* **-eis**) ADJ sociable
sociedade [sosje'dadʒi] F society; (*Com: empresa*) company; (: *de sócios*) partnership; (*associação*) association; **~ anônima** limited company (*Brit*), incorporated company (*US*); **~ anônima aberta/fechada** public/private limited company
sócio, -a ['sɔsju, a] M/F (*Com*) partner, associate; (*de clube*) member; **~ comanditário** (*Com*) silent partner
socio-econômico, -a ADJ socio-economic
sociolingüística [sosjolĩ'gwiʃtʃika] F sociolinguistics *sg*
sociologia [sosjolo'ʒia] F sociology
sociológico, -a [sosjo'lɔʒiku, a] ADJ sociological
sociólogo, -a [so'sjɔlogu, a] M/F sociologist
socio-político, -a ADJ socio-political
soco ['soku] M punch; **dar um ~ em** to punch
soçobrar [sosoʒ'bra^{r}] VT (*afundar*) to sink ■ VI to sink; (*esperanças*) to founder; **~ em** (*fig: no vício etc*) to sink into
soco-inglês (*pl* **socos-ingleses**) M knuckleduster
socorrer [soko'xe^{r}] VT (*ajudar*) to help, assist; (*salvar*) to rescue; **socorrer-se** VR: **socorrer-se de** to resort to, have recourse to; **socorro** [so'koxu] M help, assistance; (*reboque*) breakdown (*Brit*) *ou* tow (*US*) truck; **socorro!** help!; **ir em socorro de** to come to the aid of; **primeiros socorros** first aid *sg*; **equipe de socorro** rescue team
soda ['sɔda] F soda (water); **pedir ~** (*col*) to back off, back down; **~ cáustica** caustic soda
sódio ['sɔdʒju] M sodium
sodomia [sodo'mia] F sodomy
sofá [so'fa] M sofa, settee; **sofá-cama** (*pl* **sofás-camas**) M sofa-bed
Sófia ['sɔfja] N Sofia
sofisma [so'fiʒma] M sophism; (*col*) trick
sofismar [sofiʒ'ma^{r}] VT (*fatos*) to twist; (*enganar*) to swindle, cheat
sofisticação [sofiʃtʃika'sãw] F sophistication
sofisticado, -a [sofiʃtʃi'kadu, a] ADJ sophisticated; (*afetado*) pretentious
sofisticar [sofiʃtʃi'ka^{r}] VT to refine
sôfrego, -a ['sofregu, a] ADJ (*ávido*) keen; (*impaciente*) impatient; (*no comer*) greedy
sofreguidão [sofregi'dãw] F keenness; (*impaciência*) impatience; (*no comer*) greed
sofrer [so'fre^{r}] VT to suffer; (*acidente*) to have; (*agüentar*) to bear, put up with; (*experimentar*) to undergo, experience ■ VI to suffer; **~ de reumatismo/do fígado** to suffer from rheumatism/with one's liver; **sofrido, -a** [so'fridu, a] ADJ long-suffering; **sofrimento** [sofri'mẽtu] M suffering
sofrível [so'frivew] (*pl* **-eis**) ADJ bearable; (*razoável*) reasonable
soft ['sɔftʃi] (*pl* **-s**) M (*Comput*) piece of software, software package
software [sof'twe^{r}] (*pl* **-s**) M (*Comput*) software; **um ~** a piece of software
sogro, -a ['sogru, 'sɔgra] M/F father-in-law/mother-in-law
sóis [sɔjʃ] MPL *de* **sol**
soja ['sɔʒa] F soya (*Brit*), soy (*US*); **leite de ~** soya *ou* soy milk
sol [sɔw] (*pl* **sóis**) M sun; (*luz*) sunshine, sunlight; **ao** *ou* **no ~** in the sun; **fazer ~** to be sunny; **pegar ~** to sunbathe; **tomar (banho de) ~** to sunbathe
sola ['sɔla] F sole
solado, -a [so'ladu, a] ADJ (*bolo*) flat
solão [so'lãw] M very hot sun

solapar [sola'pa^{r}] VT (*escavar*) to dig into; (*abalar*) to shake; (*fig*: *arruinar*) to destroy
solar [so'la^{r}] ADJ solar ■ M manor house ■ VT (*sapato*) to sole ■ VI (*bolo*) not to rise; (*cantor, músico*) to sing (*ou* play) solo
solavanco [sola'vãku] M jolt, bump; **andar aos ~s** to jog along
solda ['sɔwda] F solder
soldado [sow'dadu] M soldier; **~ de chumbo** toy soldier; **~ raso** private soldier
soldador, a [sowda'do^{r}(a)] M/F welder
soldadura [sowda'dura] F (*ato*) welding; (*parte soldada*) weld
soldagem [sow'daʒẽ] F welding
soldar [sow'da^{r}] VT to weld; (*fig*) to unite, amalgamate
soldo ['sowdu] M (*Mil*) pay
soleira [so'lejra] F doorstep
solene [so'lɛni] ADJ solemn; **solenidade** [soleni'dadʒi] F solemnity; (*cerimônia*) ceremony
solenizar [soleni'za^{r}] VT to solemnize
solércia [so'lɛxsja] F ploy
soletração [soletra'sãw] F spelling
soletrar [sole'tra^{r}] VT to spell; (*ler devagar*) to read out slowly
solicitação [solisita'sãw] (*pl* **-ões**) F request; **solicitações** FPL (*apelo*) appeal *sg*
solicitar [solisi'ta^{r}] VT to ask for; (*requerer: emprego etc*) to apply for; (*amizade, atenção*) to seek; **~ algo a alguém** to ask sb for sth
solícito, -a [so'lisitu, a] ADJ helpful
solicitude [solisi'tudʒi] F (*zelo*) care; (*boa vontade*) concern, thoughtfulness; (*empenho*) commitment
solidão [soli'dãw] F solitude, isolation; (*sensação*) loneliness; (*de lugar*) desolation; **sentir ~** to feel lonely
solidariedade [solidarje'dadʒi] F solidarity
solidário, -a [soli'darju, a] ADJ (*pessoas*) who show solidarity; (*a uma causa etc*) sympathetic; (*Jur*: *obrigação*) mutually binding; (: *devedores*) jointly liable; **ser ~ com** to stand by
solidarizar [solidari'za^{r}] VT to bring together; **solidarizar-se** VR to join forces
solidez [soli'deʒ] F solidity, strength
solidificar [solidʒifi'ka^{r}] VT to solidify; (*fig*) to consolidate; **solidificar-se** VR to solidify; to be consolidated
sólido, -a ['sɔlidu, a] ADJ solid
solilóquio [soli'lɔkju] M soliloquy
solista [so'liʃta] M/F soloist
solitária [soli'tarja] F (*verme*) tapeworm; (*cela*) solitary confinement
solitário, -a [soli'tarju, a] ADJ lonely, solitary ■ M hermit; (*jóia*) solitaire
solo ['sɔlu] M ground, earth; (*Mús*) solo
soltar [sow'ta^{r}] VT (*tornar livre*) to set free; (*desatar*) to loosen, untie; (*afrouxar*) to slacken, loosen; (*largar*) to let go of; (*emitir*) to emit; (*grito, risada*) to let out; (*foguete, fogos de artifício*) to set *ou* let off; (*cabelo*) to let down; (*freio, animais*) to release; (*piada*) to tell; **soltar-se** VR (*desprender-se*) to come loose; (*desinibir-se*) to let o.s. go; **~ palavrão** to swear
solteira [sol'tejra] F single woman, spinster
solteirão [sowtej'rãw] (*pl* **-ões**) M bachelor
solteiro, -a [sow'tejru, a] ADJ unmarried, single ■ M bachelor
solteirões [sowtej'rõjʃ] MPL *de* **solteirão**
solteirona [sowtej'rɔna] F old maid
solto, -a ['sowtu, a] PP *de* **soltar** ■ ADJ loose; (*livre*) free; (*sozinho*) alone; (*arroz*) fluffy; **à solta** freely
soltura [sow'tura] F looseness; (*liberdade*) release, discharge
solução [solu'sãw] (*pl* **-ões**) F solution
soluçar [solu'sa^{r}] VI (*chorar*) to sob; (*Med*) to hiccup
solucionar [solusjo'na^{r}] VT to solve; (*decidir*) to resolve
soluço [so'lusu] M (*pranto*) sob; (*Med*) hiccup
soluções [solu'sõjʃ] FPL *de* **solução**
solúvel [so'luvew] (*pl* **-eis**) ADJ soluble
solvência [sow'vẽsja] F solvency
solvente [sow'vẽtʃi] ADJ, M solvent
som [sõ] (*pl* **-ns**) M sound; (*Mús*) tone; (*BR: equipamento*) hi-fi, stereo; (: *música*) music; **ao ~ de** (*Mús*) to the accompaniment of
soma ['sɔma] F sum
Somália [so'malja] F: **a ~** Somalia
somar [so'ma^{r}] VT (*adicionar*) to add (up); (*chegar a*) to add up to, amount to ■ VI to add up
somatório [soma'tɔrju] M sum; (*fig*) sum total
sombra ['sõbra] F shadow; (*proteção*) shade; (*indício*) trace, sign; **à ~ de** in the shade of; (*fig*) under the protection of; **sem ~ de dúvida** without a shadow of a doubt; **querer ~ e água fresca** (*fig*) to want the good things in life
sombreado, -a [sõ'brjadu, a] ADJ shady ■ M shading
sombrear [sõ'brja^{r}] VT to shade
sombreiro [sõ'brejru] M (*chapéu*) sombrero
sombrinha [sõ'briɲa] F parasol, sunshade; (*BR*) lady's umbrella
sombrio, -a [sõ'briu, a] ADJ (*escuro*) shady, dark; (*triste*) gloomy; (*rosto*) grim
some *etc* ['sɔmi] VB *v* **sumir**
somenos [so'menuʃ] ADJ inferior, poor; **de ~ importância** unimportant
somente [sɔ'mẽtʃi] ADV only; **tão ~** only
somos ['somoʃ] VB *v* **ser**
sonambulismo [sonãbu'liʒmu] M sleepwalking
sonâmbulo, -a [so'nãbulu, a] ADJ sleepwalking ■ M/F sleepwalker
sonante [so'nãtʃi] ADJ: **moeda ~** cash
sonata [so'nata] F sonata

sonda ['sõda] F (*Náut*) plummet, sounding lead; (*Med*) probe; (*de petróleo*) drill; (*de alimentação*) drip; **~ espacial** space probe
sondagem [sõ'daʒẽ] (*pl* **-ns**) F (*Náut*) sounding; (*de terreno, opinião*) survey; (*para petróleo*) drilling; (*para minerais*) boring; (*atmosférica*) testing
sondar [sõ'da^{r}] VT to probe; (*opinião etc*) to sound out
soneca [so'nɛka] F nap, snooze; **tirar uma ~** to have a nap
sonegação [sonega'sãw] F withholding; (*furto*) theft; **~ de impostos** tax evasion
sonegar [sone'ga^{r}] VT (*dinheiro, valores*) to conceal, withhold; (*furtar*) to steal, pilfer; (*impostos*) to dodge, evade; (*informações, dados*) to withhold
soneto [so'netu] M sonnet
sonhador, a [soɲa'do^{r}(a)] ADJ dreamy ■ M/F dreamer
sonhar [so'ɲa^{r}] VT, VI to dream; **~ com** to dream about; **~ em fazer** to dream of doing; **~ acordado** to daydream; **nem sonhando** *ou* **~!** (*col*) no way!; **sonho** ['sɔɲu] M dream; (*Culin*) doughnut
sono ['sɔnu] M sleep; **estar caindo de ~** to be half-asleep; **estar com** *ou* **ter ~** to be sleepy; **estar sem ~** not to be sleepy; **ferrar no ~** to fall into a deep sleep; **pegar no ~** to fall asleep; **ter o ~ leve/pesado** to be a light/heavy sleeper
sonolência [sono'lẽsja] F drowsiness
sonolento, -a [sono'lẽtu, a] ADJ sleepy, drowsy
sonoridade [sonori'dadʒi] F sound quality
sonoro, -a [so'nɔru, a] ADJ resonant; (*consoante*) voiced
sonoterapia [sonotera'pia] F hypnotherapy
sons [sõʃ] MPL *de* **som**
sonso, -a ['sõsu, a] ADJ sly, artful
sopa ['sopa] F soup; (*col*) pushover, cinch; **dar ~** (*abundar*) to be plentiful; (*estar disponível*) to go spare; (*descuidar-se*) to be careless; **essa ~ vai acabar** (*col*) all good things come to an end; **~ de legumes** vegetable soup
sopapear [sopa'pja^{r}] VT to slap
sopapo [so'papu] M slap, cuff; **dar um ~ em** to slap
sopé [so'pɛ] M foot, bottom
sopeira [so'pejra] F (*Culin*) soup dish
sopitar [sopi'ta^{r}] VT (*conter*) to curb, repress
soporífero, -a [sopo'riferu, a] ADJ soporific ■ M sleeping drug
soporífico, -a [sopo'rifiku, a] ADJ, M = **soporífero**
soprano [so'pranu] ADJ, M/F soprano
soprar [so'pra^{r}] VT to blow; (*balão*) to blow up; (*vela*) to blow out; (*dizer em voz baixa*) to whisper ■ VI to blow; **sopro** ['sopru] M blow, puff; (*de vento*) gust; (*no coração*) murmur; **instrumento de sopro** wind instrument
soquei *etc* [so'kej] VB *v* **socar**
soquete [so'kɛtʃi] F ankle sock
sordidez [soxdʒi'deʒ] F sordidness; (*imundície*) squalor
sórdido, -a ['sɔxdʒidu, a] ADJ sordid; (*imundo*) squalid; (*obsceno*) indecent, dirty
soro ['soru] M (*Med*) serum; (*do leite*) whey
sóror ['sɔro^{r}] F (*Rel*) sister
sorrateiro, -a [soxa'tejru, a] ADJ sly, sneaky
sorridente [soxi'dẽtʃi] ADJ smiling
sorrir [so'xi^{r}] VI to smile; **sorriso** [so'xizu] M smile; **sorriso amarelo** forced smile
sorte ['sɔxtʃi] F luck; (*casualidade*) chance; (*destino*) fate, destiny; (*condição*) lot; (*espécie*) sort, kind; **de ~** (*pessoa etc*) lucky; **desta ~** so, thus; **de ~ que** so that; **por ~** luckily; **dar ~** (*trazer sorte*) to bring good luck; (*ter sorte*) to be lucky; **estar com** *ou* **ter ~** to be lucky; **tentar a ~** to try one's luck; **ter a ~ de** to be lucky enough to; **tirar a ~** to draw lots; **tirar a ~ grande** (*tb fig*) to hit the jackpot; **~ grande** big prize
sorteado, -a [sox'tʃjadu, a] ADJ (*pessoa, bilhete*) winning; (*Mil*) conscripted
sortear [sox'tʃja^{r}] VT to draw lots for; (*rifar*) to raffle; (*Mil*) to draft; **sorteio** [sox'teju] M draw; (*rifa*) raffle; (*Mil*) draft
sortido, -a [sox'tʃidu, a] ADJ (*abastecido*) supplied, stocked; (*variado*) assorted; (*loja*) well-stocked
sortilégio [soxtʃi'lɛʒu] M (*bruxaria*) sorcery; (*encantamento*) charm, fascination
sortimento [soxtʃi'mẽtu] M assortment, stock
sortir [sox'tʃi^{r}] VT (*abastecer*) to supply, stock; (*variar*) to vary, mix
sortudo, -a [sox'tudu, a] (*col*) ADJ lucky ■ M/F lucky beggar
sorumbático, -a [sorũ'batʃiku, a] ADJ gloomy, melancholy
sorvedouro [soxve'doru] M whirlpool; (*abismo*) chasm; **um ~ de dinheiro** (*fig*) a drain on resources
sorver [sox've^{r}] VT (*beber*) to sip; (*inalar*) to inhale; (*tragar*) to swallow up; (*absorver*) to soak up, absorb
sorvete [sox'vetʃi] (BR) M (*feito com leite*) ice cream; (*feito com água*) sorbet; **~ de chocolate/creme** chocolate/dairy ice cream
sorveteiro [soxve'tejru] M ice-cream man
sorveteria [soxvete'ria] F ice-cream parlour (*Brit*) *ou* parlor (*US*)
sorvo ['soxvu] M sip
SOS ABR SOS
sósia ['sɔzja] M/F double
soslaio [soʒ'laju]: **de ~** ADV sideways, obliquely; **olhar algo de ~** to squint at sth
sossegado, -a [sose'gadu, a] ADJ peaceful, calm
sossegar [sose'ga^{r}] VT to calm, quieten ■ VI to quieten down
sossego [so'segu] M peace (and quiet)
sotaina [so'tajna] F cassock, soutane
sótão ['sɔtãw] (*pl* **-s**) M attic, loft
sotaque [so'taki] M accent
sotavento [sota'vẽtu] M (*Náut*) lee; **a ~** to leeward
soterrar [sote'xa^{r}] VT to bury
soturno, -a [so'tuxnu, a] ADJ sad, gloomy
sou [so] VB *v* **ser**
soube *etc* ['sobi] VB *v* **saber**

soutien [su'tʃjã] M = **sutiã**
sova ['sɔva] F beating, thrashing; **dar uma ~ em alguém** to beat sb up; **levar uma ~ (de alguém)** to be beaten up (by sb)
sovaco [so'vaku] M armpit
sovaqueira [sova'kejra] F body odour (*Brit*) *ou* odor (*US*)
sovar [so'vaʳ] VT (*surrar*) to beat, thrash; (*massa*) to knead; (*uva*) to tread; (*roupa*) to wear out; (*couro*) to soften up
soviético, -a [so'vjɛtʃiku, a] ADJ, M/F Soviet
sovina [so'vina] ADJ mean, stingy ■ M/F miser, skinflint
sovinice [sovi'nisi] F meanness
sozinho, -a [sɔ'ziɲu, a] ADJ (all) alone, by oneself; (*por si mesmo*) by oneself
SP ABR = **São Paulo**
spam [iʃ'pã] (*pl* **-s**) M (*Comput*) spam
SPI (*BR*) ABR M = **Serviço de Proteção ao Índio**
spot [iʃ'pɔtʃi] (*pl* **-s**) M spotlight
spray [iʃ'prej] (*pl* **-s**) M spray
spread [iʃ'prɛdʒi] M (*Com*) spread
SPU (*BR*) ABR M = **Serviço de Patrimônio da União**; = **Serviço Psiquiátrico de Urgência**
squash [iʃ'kwɛʃ] M squash
Sr. ABR (= *senhor*) Mr(.)
Sr.ª ABR (= *senhora*) Mrs
Sri Lanka [ʃri'lãka] M: **o ~** Sri Lanka
Sr.ª ABR: **senhorita** Miss
SSP (*BR*) ABR F = **Secretaria de Segurança Pública**
staff [iʃ'tafi] M staff
standard [iʃ'tãdaxdʒi] ADJ INV standard
status [iʃ'tatus] M status
STF (*BR*) ABR M = **Supremo Tribunal Federal**
STM (*BR*) ABR M = **Supremo Tribunal Militar**
sua ['sua] F *de* **seu**
suado, -a ['swadu, a] ADJ sweaty; (*fig*: *dinheiro etc*) hard-earned
suadouro [swa'doru] M sweat; (*lugar*) sauna
suar [swaʳ] VT to sweat ■ VI to sweat; (*fig*): **~ por algo/para conseguir algo** to sweat blood for sth/to get sth; **~ em bicas** to sweat buckets; **~ frio** to come out in a cold sweat
suástica ['swaʃtʃika] F swastika
suave ['swavi] ADJ gentle; (*música, voz*) soft; (*sabor, vinho*) smooth; (*cheiro*) delicate; (*dor*) mild; (*trabalho*) light; (*prestações*) easy; **suavidade** [suavi'dadʒi] F gentleness; (*de voz*) softness
suavizar [swavi'zaʳ] VT to soften; (*dor, sofrimento*) to alleviate
subalimentado, -a [subalimẽ'tadu, a] ADJ undernourished
subalterno, -a [subaw'tɛxnu, a] ADJ inferior, subordinate ■ M/F subordinate
subalugar [subalu'gaʳ] VT to sublet
subarrendar [subaxẽ'daʳ] (*PT*) VT = **subalugar**
subconsciência [subkõ'sjẽsja] F subconscious
subconsciente [subkõ'sjẽtʃi] ADJ, M subconscious
subdesenvolvido, -a [subdʒizẽvow'vidu, a] ADJ underdeveloped ■ M/F (*pej*) degenerate
subdesenvolvimento [subdʒizẽvowvi'mẽtu] M underdevelopment
súbdito ['subditu] (*PT*) M = **súdito**
subdividir [subdʒivi'dʒiʳ] VT to subdivide; **subdividir-se** VR to subdivide
subeditor, a [subedʒi'toʳ(a)] M/F subeditor
subemprego [subẽ'pregu] M low-paid unskilled job
subentender [subẽtẽ'deʳ] VT to understand, assume; **subentendido, -a** [subẽtẽ'dʒidu, a] ADJ implied ■ M implication
subestimar [subeʃtʃi'maʳ] VT to underestimate
subida [su'bida] F ascent, climb; (*ladeira*) slope; (*de preços*) rise
subido, -a [su'bidu, a] ADJ high
subir [su'biʳ] VI to go up; (*preço, de posto etc*) to rise ■ VT (*levantar*) to raise; (*ladeira, escada, rio*) to climb, go up; **~ em** (*morro, árvore*) to climb, go up; (*cadeira, palanque*) to climb onto, get up onto; (*ônibus*) to get on
súbito, -a ['subitu, a] ADJ sudden ■ ADV (*tb*: **de súbito**) suddenly
subjacente [subʒa'sẽtʃi] ADJ (*tb fig*) underlying
subjetivo, -a [subʒe'tʃivu, a] (*PT* **-ct-**) ADJ subjective
subjugar [subʒu'gaʳ] VT to subjugate, subdue; (*inimigo*) to overpower; (*moralmente*) to dominate
subjuntivo, -a [subʒũ'tʃivu, a] ADJ subjunctive ■ M subjunctive
sublevação [subleva'sãw] (*pl* **-ões**) F (up)rising, revolt
sublevar [suble'vaʳ] VT to stir up (to revolt), incite (to revolt); **sublevar-se** VR to revolt, rebel
sublimar [subli'maʳ] VT (*pessoa*) to exalt; (*desejos*) to sublimate
sublime [su'blimi] ADJ sublime; (*nobre*) noble; (*música, espetáculo*) marvellous (*Brit*), marvelous (*US*)
sublinhado [subli'ɲadu] M underlining
sublinhar [subli'ɲaʳ] VT (*pôr linha debaixo de*) to underline; (*destacar*) to emphasize, stress
sublocar [sublo'kaʳ] VT, VI to sublet
sublocatário, -a [subloka'tarju, a] M/F sub-tenant
submarino, -a [subma'rinu, a] ADJ underwater ■ M submarine
submergir [submex'ʒiʳ] VT to submerge; **submergir-se** VR to submerge
submerso, -a [sub'mɛxsu, a] ADJ submerged; (*absorto*): **~ em** immersed *ou* engrossed in
submeter [subme'teʳ] VT (*povos, inimigo*) to subdue; (*plano*) to submit; (*sujeitar*): **~ a** to subject to; **submeter-se** VR: **submeter-se a** to submit to; (*operação*) to undergo
submirjo *etc* [sub'mixju] VB *v* **submergir**

NB: *European Portuguese adds the following consonants to certain words*: **b** (sú(b)dito, su(b)til); **c** (a(c)ção, a(c)cionista, a(c)to); **m** (inde(m)ne); **p** (ado(p)çã, ado(p)tar); *for further details see p. xiii.*

submissão [submi'sãw] F submission
submisso, -a [sub'misu, a] ADJ submissive, docile
submundo [sub'mũdu] M underworld
subnutrição [subnutri'sãw] F malnutrition
subnutrido, -a [subnu'tridu, a] ADJ undernourished
subordinar [suboxdʒi'na^{r}] VT to subordinate
subornar [subox'na^{r}] VT to bribe; **suborno** [su'boxnu] M bribery
subproduto [subpro'dutu] M by-product
sub-reptício, -a [subxep'tʃisju, a] ADJ surreptitious
subrotina [subxo'tʃina] F (*Comput*) subroutine
subscrever [subʃkre've^{r}] VT to sign; (*opinião, Com: ações*) to subscribe to; (*contribuir*) to put in ■ VI: **~ a** to endorse; **subscrever-se** VR to sign one's name; **~ para** to contribute to; **subscrevemo-nos ...** (*Com: em cartas*) ≈ we remain ..
subscrição [subʃkri'sãw] (*pl* **-ões**) F subscription; (*contribuição*) contribution
subscritar [subʃkri'ta^{r}] VT to sign
subscrito, -a [sub'ʃkritu, a] PP *de* **subscrever**
subsecretário, -a [subsekre'tarju, a] M/F under-secretary
subseqüente [subse'kwẽtʃi] ADJ subsequent
subserviente [subsex'vjẽtʃi] ADJ obsequious, servile
subsidiar [subsi'dʒja^{r}] VT to subsidize
subsidiária [subsi'dʒjarja] F (*Com*) subsidiary (company)
subsidiário, -a [subsi'dʒjarju, a] ADJ subsidiary
subsídio [sub'sidʒu] M subsidy; (*ajuda*) aid; **subsídios** MPL (*informações*) data *sg*, information *sg*
subsistência [subsiʃ'tẽsja] F (*sustento*) subsistence; (*meio de vida*) livelihood
subsistir [subsiʃ'tʃi^{r}] VI (*existir*) to exist; (*viver*) to subsist, live; (*estar em vigor*) to be in force; (*perdurar*) to remain, survive
subsolo [sub'sɔlu] M subsoil; (*de prédio*) basement
substabelecer [subiʃtabele'se^{r}] VT to delegate
substância [sub'ʃtãsja] F substance; **substancial** [subʃtã'sjaw] (*pl* **-ais**) ADJ substantial
substantivo, -a [subʃtã'tʃivu, a] ADJ substantive ■ M noun
substituição [subʃtʃitwi'sãw] (*pl* **-ões**) F substitution, replacement
substituir [subʃtʃi'twi^{r}] VT to substitute, replace
substituto, -a [subʃti'tutu, a] ADJ, M/F substitute
subterfúgio [subtex'fuʒu] M subterfuge
subterrâneo, -a [subite'xanju, a] ADJ subterranean, underground
subtil *etc* [sub'tiw] (*PT*) = **sutil** *etc*
subtítulo [subi'tʃitulu] M subtitle
subtrair [subtra'i^{r}] VT (*furtar*) to steal; (*deduzir*) to subtract ■ VI to subtract
subumano, -a [subu'manu, a] ADJ subhuman; (*desumano*) inhuman
suburbano, -a [subux'banu, a] ADJ suburban; (*pej*) uncultivated
subúrbio [su'buxbju] M suburb
subvenção [subvẽ'sãw] (*pl* **-ões**) F subsidy, grant
subvencionar [subvẽsjo'na^{r}] VT to subsidize
subvenções [subvẽ'sõjʃ] FPL *de* **subvenção**
subversivo, -a [subvex'sivu, a] ADJ, M/F subversive
subverter [subvex'te^{r}] VT to subvert; (*povo*) to incite (to revolt); (*planos*) to upset
Sucam ['sukã] (BR) ABR F = **Superintendência da Campanha de Saúde Pública**
sucata [su'kata] F scrap metal
sucatar [suka'ta^{r}] VT to scrap
sucção [suk'sãw] F suction
sucedâneo, -a [suse'danju, a] ADJ substitute ■ M (*substância*) substitute
suceder [suse'de^{r}] VI to happen ■ VT to succeed; **suceder-se** VR to succeed one another; **~ a** (*num cargo*) to succeed; (*seguir*) to follow; **~ com** to happen to; **~-se a** to follow
sucedido [suse'dʒidu] M event, occurrence
sucessão [suse'sãw] (*pl* **-ões**) F succession; **sucessivo, -a** [suse'sivu, a] ADJ successive
sucesso [su'sɛsu] M success; (*música, filme*) hit; **com/sem ~** successfully/unsuccessfully; **de ~** successful; **fazer** *ou* **ter ~** to be successful
sucessor, a [suse'so^{r}(a)] M/F successor
súcia ['susja] F gang, band
sucinto, -a [su'sĩtu, a] ADJ succinct
suco ['suku] (BR) M juice; **~ de laranja** orange juice
suculento, -a [suku'lẽtu, a] ADJ succulent, juicy; (*substancial*) substantial
sucumbir [sukũ'bi^{r}] VI (*render*) to succumb, yield; (*morrer*) to die, perish
sucursal [sukux'saw] (*pl* **-ais**) F (*Com*) branch
Sudam ['sudã] ABR F = **Superintendência de Desenvolvimento da Amazônia**
Sudão [su'dãw] M: **o ~** (*the*) Sudan
Sudeco [su'dɛku] (BR) ABR F = **Superintendência de Desenvolvimento do Centro-Oeste**
Sudene [su'dɛni] (BR) ABR F = **Superintendência de Desenvolvimento do Nordeste**
Sudepe [su'dɛpi] (BR) ABR F = **Superintendência de Desenvolvimento da Pesca**
sudeste [su'dɛʃtʃi] ADJ southeast ■ M south-east
Sudhevea [sude'vɛa] (BR) ABR F = **Superintendência da Borracha**
súdito ['sudʒitu] M (*de rei etc*) subject
sudoeste [sud'wɛʃtʃi] ADJ southwest ■ M south-west
Suécia ['swɛsja] F: **a ~** Sweden; **sueco, -a** ['swɛku, a] ADJ Swedish ■ M/F Swede ■ M (*Ling*) Swedish
suéter ['swɛte^{r}] (BR) M OU F sweater
Suez [swɛʒ]: **o canal de ~** the Suez canal
suficiência [sufi'sjẽsja] F sufficiency
suficiente [sufi'sjẽtʃi] ADJ sufficient, enough; **o ~** enough
sufixo [su'fiksu] M suffix

suflê [su'fle] M soufflé
sufocante [sufo'kãtʃi] ADJ suffocating; (*calor*) sweltering, oppressive
sufocar [sufo'kaʳ] VT to suffocate; (*revolta*) to put down ■ VI to suffocate
sufoco [su'foku] M (*afã*) eagerness; (*ansiedade*) anxiety; (*dificuldade*) hassle
sufrágio [su'fraʒu] M (*direito de voto*) suffrage; (*voto*) vote; **~ universal** universal suffrage
sugar [su'gaʳ] VT to suck; (*fig*) to extort
sugerir [suʒe'riʳ] VT to suggest
sugestão [suʒeʃ'tãw] (*pl* **-ões**) F suggestion; **dar uma ~** to make a suggestion
sugestionar [suʒeʃtʃjo'naʳ] VT to influence; **sugestionar-se** VR to be influenced
sugestionável [suʒeʃtʃjo'navew] (*pl* **-eis**) ADJ impressionable
sugestivo, -a [suʒeʃ'tʃivu, a] ADJ suggestive
sugestões [suʒeʃ'tõjʃ] FPL *de* **sugestão**
sugiro *etc* [su'ʒiru] VB *v* **sugerir**
suguei *etc* [su'gej] VB *v* **sugar**
Suíça ['swisa] F: **a ~** Switzerland
suíças ['swisaʃ] FPL sideburns; *v tb* **suíço**
suicida [swi'sida] ADJ suicidal ■ M/F suicidal person; (*morto*) suicide; **suicidar-se** [swisi'daxsi] VR to commit suicide; **suicídio** [swi'sidʒju] M suicide
suíço, -a ['swisu, a] ADJ, M/F Swiss
sui generis [swi'ʒɛneris] ADJ INV in a class of one's own, unique
suíno ['swinu] M pig, hog ■ ADJ *v* **gado**
Suipa ['swipa] (BR) ABR F = **Sociedade União Internacional Protetora dos Animais**
suíte ['switʃi] F (*Mús, em hotel*) suite; (*em residência*) maid's quarters *pl*
sujar [su'ʒaʳ] VT to dirty; (*fig: honra*) to sully ■ VI to make a mess; **sujar-se** VR to get dirty; (*fig*) to sully o.s.
sujeição [suʒej'sãw] F subjection
sujeira [su'ʒejra] F dirt; (*estado*) dirtiness; (*col*) dirty trick; **fazer uma ~ com alguém** to do the dirty on sb
sujeitar [suʒej'taʳ] VT to subject; **sujeitar-se** VR to submit
sujeito, -a [su'ʒejtu, a] ADJ: **~ a** subject to ■ M (*Ling*) subject ■ M/F man/woman; **~ a espaço** (*Aer*) stand-by
sujidade [suʒi'dadʒi] (PT) F dirt; (*estado*) dirtiness
sujo, -a ['suʒu, a] ADJ dirty; (*fig: desonesto*) nasty, dishonest ■ M dirt; **estar/ficar ~ com alguém** to be/get into sb's bad books
sul [suw] ADJ INV south, southern ■ M: **o ~** the south; **sul-africano, -a** ADJ, M/F South African
sul-americano, -a ADJ, M/F South American
sulcar [suw'kaʳ] VT to plough (*Brit*), plow (*US*); (*rosto*) to line, furrow
sulco [suw'ku] M furrow
sulfato [suw'fatu] M sulphate (*Brit*), sulfate (*US*)
sulfúrico, -a [suw'furiku, a] ADJ: **ácido ~** sulphuric (*Brit*) *ou* sulfuric (*US*) acid
sulista [su'liʃta] ADJ Southern ■ M/F Southerner
sultão, -tana [suw'tãw, 'tana] (*pl* **-ões/-s**) M/F sultan(a)
suma ['suma] F: **em ~** in short
sumamente [suma'mẽtʃi] ADV extremely
sumário, -a [su'marju, a] ADJ (*breve*) brief, concise; (*Jur*) summary; (*biquíni*) brief, skimpy ■ M summary
sumiço [su'misu] M disappearance; **dar ~ a** *ou* **em** to do away with; (*comida*) to put away
sumidade [sumi'dadʒi] F (*pessoa*) genius
sumido, -a [su'midu, a] ADJ (*apagado*) faint, indistinct; (*voz*) low; (*desaparecido*) vanished; (*escondido*) hidden; **ela anda sumida** she's not around much
sumir [su'miʳ] VI to disappear, vanish
sumo, -a ['sumu, a] ADJ (*importância*) extreme; (*qualidade*) supreme ■ M (PT) juice
sumptuoso, -a [sũ'twozu, ɔza] (PT) ADJ = **suntuoso**
Sunab [su'nabi] (BR) ABR F = **Superintendência Nacional de Abastecimento**
Sunamam [suna'mami] (BR) ABR F = **Superintendência Nacional da Marinha Mercante**
sundae ['sãdej] M sundae
sunga ['sũga] F swimming trunks *pl*
sungar [sũ'gaʳ] VT to hitch up
suntuoso, -a [sũ'twozu, ɔza] ADJ sumptuous
suor [swɔʳ] M sweat; (*fig*): **com o meu ~** by the sweat of my brow
super- [supeʳ-] PREFIXO super-; (*col*) really
superabundante [superabũ'dãtʃi] ADJ overabundant
superado, -a [supe'radu, a] ADJ (*idéias*) outmoded
superalimentar [superalimẽ'taʳ] VT to overfeed
superaquecer [superake'seʳ] VT to overheat
superar [supe'raʳ] VT (*rival*) to surpass; (*inimigo, dificuldade*) to overcome; (*expectativa*) to exceed
superávit [supe'ravitʃi] M (*Com*) surplus
superdose [supex'dɔzi] F overdose
superdotado, -a [supexdo'tadu, a] ADJ exceptionally gifted
superestimar [supereʃtʃi'maʳ] VT to overestimate
superestrutura [supereʃtru'tura] F superstructure
superficial [supexfi'sjaw] (*pl* **-ais**) ADJ superficial; (*pessoa*) shallow
superfície [supex'fisi] F (*parte externa*) surface; (*extensão*) area; (*fig: aparência*) appearance
superfino, -a [supex'finu, a] ADJ (*de largura*) extra fine; (*de qualidade*) excellent quality
supérfluo, -a [su'pɛxflwu, a] ADJ superfluous, unnecessary

NB: *European Portuguese adds the following consonants to certain words:* **b** (sú(b)dito, su(b)til); **c** (a(c)ção, a(c)cionista, a(c)to); **m** (inde(m)ne); **p** (ado(p)çã, ado(p)tar); *for further details see p. xiii.*

super-homem (*pl* **-ns**) M superman
superintendência [superĩtẽ'dẽsja] F (*órgão*) bureau
superintendente [superĩtẽ'dẽtʃi] M superintendent; (*de empresa*) chief executive
superintender [superĩtẽ'der] VT to superintend
superior [supe'rjor] ADJ superior; (*mais elevado*) higher; (*quantidade*) greater; (*mais acima*) upper ■ M superior; (*Rel*) superior, abbot; **~ a** superior to; **um número ~ a 10** a number greater *ou* higher than 10; **curso/ensino ~** degree course/ higher education; **lábio ~** upper lip
superiora [supe'rjora] ADJ, F: **(madre) ~** mother superior
superioridade [superjori'dadʒi] F superiority
superlativo, -a [supexla'tʃivu, a] ADJ superlative ■ M superlative
superlotação [supexlota'sãw] F overcrowding
superlotado, -a [supexlo'tadu, a] ADJ (*cheio*) crowded; (*excessivamente cheio*) overcrowded
supermercado [supexmex'kadu] M supermarket
supermicro [supex'mikru] M (*Comput*) supermicro
supermíni [supex'mini] M (*Comput*) supermini
superpor [supex'por] (*irreg*) VT: **~ algo a algo** to put sth before sth
superpotência [supexpo'tẽsja] F superpower
superpovoado, -a [supexpo'vwadu, a] ADJ overpopulated
superprodução [supexprodu'sãw] F overproduction
superproteger [supexprote'ʒer] VT to overprotect
superpunha *etc* [supex'puɲa] VB *v* **superpor**
superpus *etc* [supex'puʃ] VB *v* **superpor**
superpuser *etc* [supexpu'zer] VB *v* **superpor**
supersecreto, -a [supexse'krɛtu, a] ADJ top secret
supersensível [supexsẽ'sivew] (*pl* **-eis**) ADJ oversensitive
supersimples [supex'sĩpliʃ] ADJ INV extremely simple
supersônico, -a [supex'soniku, a] ADJ supersonic
superstição [supexʃtʃi'sãw] (*pl* **-ões**) F superstition; **supersticioso, -a** [supexʃtʃi'sjozu, ɔza] ADJ superstitious
superstições [supexʃtʃi'sõjʃ] FPL *de* **superstição**
supervisão [supexvi'zãw] F supervision; **supervisionar** [supexvizjo'nar] VT to supervise; **supervisor, a** [supexvi'zor(a)] M/F supervisor
supetão [supe'tãw] M: **de ~** all of a sudden
suplantar [suplã'tar] VT to supplant, supersede
suplementar [suplemẽ'tar] ADJ supplementary ■ VT to supplement
suplemento [suple'mẽtu] M supplement
suplente [su'plẽtʃi] M/F substitute
súplica ['suplika] F supplication, plea
suplicante [supli'kãtʃi] M/F supplicant; (*Jur*) plaintiff
suplicar [supli'kar] VT, VI to plead, beg; **~ algo a** *ou* **de alguém** to beg sb for sth; **~ a alguém que faça** to beg sb to do
suplício [su'plisju] M torture; (*experiência penosa*) trial
supor [su'por] (*irreg*) VT to suppose; (*julgar*) to think; **suponhamos que** let us suppose that; **vamos ~** let us suppose *ou* say; **suponho que sim** I suppose so; **era de ~ que** one could assume that
suportar [supox'tar] VT to hold up, support; (*tolerar*) to bear, tolerate; **suportável** [supox'tavew] (*pl* **-eis**) ADJ bearable, tolerable; **suporte** [su'pɔxtʃi] M support, stand; **suporte atlético** athletic support
suposição [supozi'sãw] (*pl* **-ões**) F supposition, presumption
supositório [supozi'tɔrju] M suppository
supostamente [supoʃta'mẽtʃi] ADV supposedly
suposto, -a [su'poʃtu, 'pɔʃta] PP *de* **supor** ■ ADJ supposed ■ M assumption, supposition
supracitado, -a [suprasi'tadu, a] ADJ foregoing ■ M foregoing
supra-sumo ['supra-] M: **o ~ da beleza** *etc* the pinnacle of beauty *etc*
supremacia [suprema'sia] F supremacy
supremo, -a [su'prɛmu, a] ADJ supreme ■ M: **o S~** the Supreme Court; **S~ Tribunal Federal** (*BR*) Federal Supreme Court
supressão [supre'sãw] (*pl* **-ões**) F suppression; (*omissão*) omission; (*abolição*) abolition
suprimento [supri'mẽtu] M supply
suprimir [supri'mir] VT to suppress; (*frases de um texto*) to delete; (*abolir*) to abolish
suprir [su'prir] VT (*fazer as vezes de*) to take the place of; **~ alguém de** to provide *ou* supply sb with; **~ algo por algo** to substitute sth with sth; **~ uma quantia** to make up an amount; **~ a falta de alguém/algo** to make up for sb's absence/the lack of sth; **~ as necessidades/ uma família** to provide for needs/a family
supunha *etc* [su'puɲa] VB *v* **supor**
supus *etc* [su'puʃ] VB *v* **supor**
supuser *etc* [supu'zer] VB *v* **supor**
supurar [supu'rar] VI to go septic, suppurate
surdez [sux'deʒ] F deafness; **aparelho para a ~** hearing aid
surdina [sux'dʒina] F (*Mús*) mute; **em ~** stealthily, on the quiet
surdo, -a ['suxdu, a] ADJ deaf; (*som*) muffled, dull; (*consoante*) voiceless ■ M/F deaf person; **~ como uma porta** as deaf as a post
surdo, -a-mudo/a ADJ deaf and dumb ■ M/F deaf-mute
surfe ['suxfi] M surfing
surfista [sux'fĩʃta] M/F surfer
surgir [sux'ʒir] VI to appear; (*problema, dificuldade*) to arise, crop up; (*oportunidade*) to arise, come up; **~ de** (*proceder*) to come from; **~ à mente** to come *ou* spring to mind
Suriname [suri'nami] M: **o ~** Surinam
surjo *etc* ['suxju] VB *v* **surgir**
surpreendente [suxprjẽ'dẽtʃi] ADJ surprising

surpreender [suxprjẽ'de^{r}] VT to surprise; (*pegar de surpresa*) to take unawares ■ VI to be surprising; **surpreender-se** VR: **surpreender-se (de)** to be surprised (at); **surpresa** [sux'preza] F surprise; **de surpresa** by surprise
surpreso, -a [sux'prezu, a] PP *de* **surpreender** ■ ADJ surprised
surra ['suxa] F (*ger, Esporte*) thrashing; **dar uma ~ em** to thrash; **levar uma ~ (de)** to get thrashed (by)
surrado, -a [su'xadu, a] ADJ (*espancado*) beaten up; (*roupa*) worn out
surrar [su'xa^{r}] VT to beat, thrash; (*roupa*) to wear out
surrealismo [suxea'liʒmu] M surrealism
surrealista [suxea'liʃta] ADJ, M/F surrealist
surrupiar [suxu'pja^{r}] VT to steal
sursis [sux'si] M INV (*Jur*) suspended sentence
surte *etc* ['suxtʃi] VB *v* **sortir**
surtir [sux'tʃi^{r}] VT to produce, bring about ■ VI: **~ bem** to turn out well; **~ efeito** to have an effect
surto ['suxtu] M (*de doença*) outbreak; (*de progresso*) surge
suscetibilidade [susetʃibili'dadʒi] F susceptibility; (*sensibilidade*) sensitivity
suscetível [suse'tʃivew] (*pl* **-eis**) ADJ susceptible; **~ de** liable to
suscitar [susi'ta^{r}] VT to arouse; (*admiração*) to cause; (*dúvidas*) to raise; (*obstáculos*) to throw up
Susep [su'zɛpi] (BR) ABR F = **Superintendência de Seguros Privados**
suspeição [suʃpej'sãw] (*pl* **-ões**) F suspicion
suspeita [suʃ'pejta] F suspicion; **suspeitar** [suʃpej'ta^{r}] VT to suspect ■ VI: **suspeitar de algo** to suspect sth; **suspeitar de alguém** to be suspicious of sb
suspeito, -a [suʃ'pejtu, a] ADJ suspect, suspicious ■ M/F suspect
suspeitoso, -a [suʃpej'tozu, ɔza] ADJ suspicious
suspender [suʃpẽ'de^{r}] VT (*levantar*) to lift; (*pendurar*) to hang; (*trabalho, pagamento etc*) to suspend, stop; (*funcionário, aluno*) to suspend; (*jornal*) to suspend publication of; (*encomenda*) to cancel; (*sessão*) to adjourn, defer; (*viagem*) to put off; **suspensão** [suʃpẽ'sãw] (*pl* **-ões**) F (*ger, Auto*) suspension; (*de trabalho, pagamento*) stoppage; (*de viagem, sessão*) deferment; (*de encomenda*) cancellation; **suspense** [suʃ'pẽsi] M suspense; **filme de suspense** thriller
suspenso, -a [suʃ'pẽsu, a] PP *de* **suspender**
suspensões [suʃpẽ'sõjʃ] FPL *de* **suspensão**
suspensórios [suʃpẽ'sɔrjuʃ] MPL braces (*Brit*), suspenders (*US*)
suspicácia [suʃpi'kasja] F distrust, suspicion
suspicaz [suʃpi'kajʒ] ADJ (*suspeito*) suspect; (*desconfiado*) suspicious
suspirar [suʃpi'ra^{r}] VI to sigh; **~ por algo** to long for sth; **suspiro** [suʃ'piru] M sigh; (*doce*) meringue
sussurrar [susu'xa^{r}] VT, VI to whisper; **sussurro** [su'suxu] M whisper
sustância [suʃ'tãsja] F (*força*) strength; (*de comida*) nourishment
sustar [suʃ'ta^{r}] VT, VI to stop
sustenho *etc* [suʃ'teɲu] VB *v* **suster**
sustentáculo [suʃtẽ'takulu] M (*tb fig*) support
sustentar [suʃtẽ'ta^{r}] VT to sustain; (*prédio*) to hold up; (*padrão*) to maintain; (*financeiramente, acusação*) to support; **sustentar-se** VR (*alimentar-se*) to sustain o.s.; (*financeiramente*) to support o.s.; (*equilibrar-se*) to balance; **~ que** to maintain that; **sustento** [suʃ'tẽtu] M sustenance; (*subsistência*) livelihood; (*amparo*) support
suster [suʃ'te^{r}] (*irreg*) VT to support, hold up; (*reprimir*) to restrain, hold back
susto ['suʃtu] M fright, scare; **tomar** *ou* **levar um ~** to get a fright; **que ~!** what a fright!
sutiã [su'tʃjã] M bra(ssiere)
sutil [su'tʃiw] (*pl* **-is**) ADJ subtle; (*fino*) fine, delicate; **sutileza** [sutʃi'leza] F subtlety; (*finura*) fineness, delicacy
sutilizar [sutʃili'za^{r}] VT to refine
sutis [su'tʃiʃ] ADJ PL *de* **sutil**
sutura [su'tura] F (*Med*) suture
suturar [sutu'ra^{r}] VT, VI to suture

NB: *European Portuguese adds the following consonants to certain words*: **b** (sú(b)dito, su(b)til); **c** (a(c)ção, a(c)cionista, a(c)to); **m** (inde(m)ne); **p** (ado(p)çã, ado(p)tar); *for further details see p. xiii.*

Tt

T, t [te] (*pl* **ts**) M T, t; **T de Tereza** T for Tommy
ta [ta] = **te + a**
tá [ta] (*col*) = **está** EXCL OK; **tá bom** OK, fine
tabacaria [tabaka'ria] F tobacconist's (shop)
tabaco [ta'baku] M tobacco
tabefe [ta'bɛfi] (*col*) M slap
tabela [ta'bɛla] F table, chart; (*lista*) list; **por ~** indirectly; **estar caindo pelas ~s** (*fig*) to be feeling low; **~ de preços** price table
tabelado, -a [tabe'ladu, a] ADJ (*produto*) price-controlled; (*preço*) controlled
tabelar [tabe'laʳ] VT (*produto*) to fix the price of; (*preço*) to fix; (*dados*) to tabulate
tabelião [tabe'ljãw] (*pl* **-ães**) M notary public
taberna [ta'bɛxna] F tavern, bar
tabique [ta'biki] M partition
tablado [ta'bladu] M platform; (*para espectadores*) grandstand
tablete [ta'blɛtʃi] M (*de chocolate*) bar; (*de manteiga*) pat
tablóide [ta'blɔjdʒi] M tabloid
tabu [ta'bu] ADJ, M taboo
tábua ['tabwa] F (*de madeira*) plank, board; (*Mat*) list, table; (*de mesa*) leaf; **~ de passar roupa** ironing board; **~ de salvação** (*fig*) last resort
tabuada [ta'bwada] F times table; (*livro*) tables book
tabulador [tabula'doʳ] M tab(ulator key)
tabular [tabu'laʳ] VT to tabulate
tabuleiro [tabu'lejru] M tray; (*Xadrez*) board
tabuleta [tabu'leta] F (*letreiro*) sign, signboard
taça ['tasa] F cup; **~ de champanhe** champagne glass *ou* flute
tacada [ta'kada] F shot; **de uma ~** in one go
tacanho, -a [ta'kaɲu, a] ADJ mean; (*de idéias curtas*) narrow-minded; (*baixo*) small
tacar [ta'kaʳ] VT (*bola*) to hit; (*col: jogar*) to chuck; **~ a mão** *ou* **um soco em alguém** to punch sb
tacha ['taʃa] F (*prego*) tack; (*em calça jeans*) stud
tachar [ta'ʃaʳ] VT: **~ algo de** to brand sth as
tachinha [ta'ʃiɲa] F drawing pin (*Brit*), thumb tack (*US*)
tácito, -a ['tasitu, a] ADJ tacit, implied
taciturno, -a [tasi'tuxnu, a] ADJ taciturn, reserved
taco ['taku] M (*Bilhar*) cue; (*Golfe*) club; (*Hóquei*) stick; (*bucha*) plug, wad; (*de assoalho*) parquet block
táctico, -ca ['tatiku] (*PT*) = **tático** *etc*
táctil ['tatiw] (*PT*) ADJ = **tátil**
tacto ['tatu] (*PT*) M = **tato**
tadinho, -a [ta'dʒiɲu, a] (*col*) EXCL poor thing!; **~ dele!** poor him!
tafetá [tafe'ta] M taffeta
tagarela [taga'rɛla] ADJ talkative ■ M/F chatterbox; **tagarelar** [tagare'laʳ] VI to chatter
tagarelice [tagare'lisi] F chat, chatter, gossip
tailandês, -esa [tajlã'deʃ, eza] ADJ, M/F Thai ■ M (*Ling*) Thai
Tailândia [taj'lãdʒja] F: **a ~** Thailand
tailleur [taj'ɛʳ] M suit
tainha [ta'iɲa] F mullet
taipa ['tajpa] F: **parede de ~** mud wall
tais [tajʃ] ADJ PL *de* **tal**
Taiti [taj'tʃi] M: **o ~** Tahiti
tal [taw] (*pl* **tais**) ADJ such; **~ e coisa** this and that; **um ~ de Sr. X** a certain Mr. X; **que ~?** what do you think?; (*PT*) how are things?; **que ~ um cafezinho?** what about a coffee?; **que ~ nós irmos ao cinema?** what about (us) going to the cinema?; **~ pai, ~ filho** like father, like son; **~ como** such as; (*da maneira que*) just as; **~ qual** just like; **o ~ professor** that teacher; **a ~ ponto** to such an extent; **de ~ maneira** in such a way; **e ~** and so on; **o/a ~** (*col*) the greatest; **o Pedro de ~** Peter what's-his-name; **na rua ~** in such and such a street; **foi um ~ de gente ligar lá para casa** there were people ringing home non-stop
tala ['tala] F (*Med*) splint
talão [ta'lãw] (*pl* **-ões**) M (*de recibo*) stub; **~ de cheques** cheque book (*Brit*), check book (*US*)
talco ['tawku] M talcum powder; **pó de ~** (*PT*) talcum powder
talento [ta'lẽtu] M talent; (*aptidão*) ability
talentoso, -a [talẽ'tozu, ɔza] ADJ talented
talha ['taʎa] F (*corte*) carving; (*vaso*) pitcher; (*Náut*) tackle
talhado, -a [ta'ʎadu, a] ADJ (*apropriado*) appropriate, right; (*leite*) curdled
talhar [ta'ʎaʳ] VT to cut; (*esculpir*) to carve ■ VI (*coalhar*) to curdle
talharim [taʎa'rĩ] M tagliatelle
talhe ['taʎi] M cut, shape; (*de rosto*) line

talher [ta'ʎeʳ] M set of cutlery; **talheres** MPL cutlery *sg*
talho ['taʎu] M (*corte*) cutting, slicing; (*PT: açougue*) butcher's (shop)
talismã [taliʒ'mã] M talisman
talo ['talu] M stalk, stem; (*Arq*) shaft
talões [ta'lõjʃ] MPL *de* **talão**
talude [ta'ludʒi] M slope, incline
taludo, -a [ta'ludu, a] ADJ stocky
talvez [taw'veʒ] ADV perhaps, maybe; **~ tenha razão** maybe you're right
tamanco [ta'mãku] M clog, wooden shoe
tamanduá [tamã'dwa] M anteater
tamanho, -a [ta'maɲu, a] ADJ such (a) great ■ M size; **em ~ natural** life-size; **de que ~ é?** what size is it?; **uma casa que não tem ~** (*col*) a huge house; **do ~ de um bonde** (*col*) enormous
tamanho-família ADJ INV family-size; (*fig*) giant-size
tamanho-gigante ADJ INV giant-size
tâmara ['tamara] F date
tamarindo [tama'rĩdu] M tamarind
também [tã'bẽj] ADV also, too, as well; (*além disso*) besides; **~ não** not ... either, nor; **eu ~** me too; **eu ~ não** nor me, neither do (*ou* did *ou* am *ou* have *etc*) I
tambor [tã'boʳ] M drum
tamborilar [tãbori'laʳ] VI (*com os dedos*) to drum; (*chuva*) to pitter-pat
tamborim [tãbo'rĩ] (*pl* **-ns**) M tambourine
Tâmisa ['tamiza] M: **o ~** the Thames
tampa ['tãpa] F lid; (*de garrafa*) cap
tampão [tã'pãw] (*pl* **-ões**) M tampon; (*para curativos*) compress; (*rolha*) stopper, plug
tampar [tã'paʳ] VT (*lata, garrafa*) to put the lid on; (*cobrir*) to cover
tampinha [tã'piɲa] F lid, top ■ M/F (*col*) shorty
tampo ['tãpu] M lid; (*Mús*) sounding board
tampões [tã'põjʃ] MPL *de* **tampão**
tampouco [tã'poku] ADV nor, neither
tanga ['tãga] F loincloth; (*biquíni*) bikini
tangente [tã'ʒẽtʃi] F tangent; (*trecho retilíneo*) straight section; **pela ~** (*fig*) narrowly
tanger [tã'ʒeʳ] VT (*Mús*) to play; (*sinos*) to ring; (*cordas*) to pluck ■ VI (*sinos*) to ring; **~ a** (*dizer respeito a*) to concern; **no que tange a** as regards, with respect to
tangerineira [tãʒeri'nejra] F tangerine tree
tangerina [tãʒe'rina] F tangerine
tangível [tã'ʒivew] (*pl* **-eis**) ADJ tangible
tango ['tãgu] M tango
tanjo *etc* ['tãʒu] VB *v* **tanger**
tanque ['tãki] M (*reservatório, Mil*) tank; (*de lavar roupa*) sink
tantã [tã'tã] (*col*) ADJ crazy
tanto, -a ['tãtu, a] ADJ, PRON (*sg*) so much; (: + *interrogativa/negativa*) as much; (*pl*) so many; (: + *interrogativa/negativa*) as many ■ ADV so much; **~ melhor/pior** so much the better/more's the pity; **~ ... como ...** both ... and ...; **~ mais ... quanto mais ...** the more ... the more ...; **~ ... quanto ...** as much ... as ...; **~s ... quanto ...** as many ... as ...; **~ tempo** so long; **quarenta e ~s anos** forty-odd years; **vinte e tantas pessoas** twenty-odd people; **~ a Lúcia, quanto o Luís** both Lúcia and Luís; **~ faz** it's all the same to me, I don't mind; **um ~ de vinho** some wine; **um outro ~ de vinho** a little more wine; **um ~ (quanto)** (*como adv*) rather, somewhat; **as tantas** the small hours; **lá para as tantas** late, in the small hours; **um médico e ~** quite a doctor; **não é para ~** it's not such a big deal; **não** *ou* **nem ~ assim** not as much as all that; **~ (assim) que** so much so that
Tanzânia [tã'zanja] F: **a ~** Tanzania
tão [tãw] ADV so; **~ rico quanto** as rich as; **tão-só** ADV only
tapa ['tapa] M OU F slap; **no ~** (*col*) by force
tapado, -a [ta'padu, a] ADJ (*col: bobo*) stupid
tapar [ta'paʳ] VT to cover; (*garrafa*) to cork; (*caixa*) to put the lid on; (*ouvidos*) to block; (*orifício*) to block up; (*encobrir*) to block out
tapeação [tapja'sãw] F cheating
tapear [ta'pjaʳ] VT, VI to cheat
tapeçaria [tapesa'ria] F tapestry; (*loja*) carpet shop
tapetar [tape'taʳ] VT to carpet
tapete [ta'petʃi] M carpet, rug
tapioca [ta'pjɔka] F tapioca
tapume [ta'pumi] M fencing, boarding
taquicardia [takikax'dʒia] F palpitations *pl*
taquigrafar [takigra'faʳ] VT, VI to write in shorthand
taquigrafia [takigra'fia] F shorthand
taquígrafo, -a [ta'kigrafu, a] M/F shorthand typist (*Brit*), stenographer (*US*)
tara ['tara] F fetish, mania; (*Com*) tare
tarado, -a [ta'radu, a] ADJ, M/F sex maniac; **ser ~ por** to be mad about
tarar [ta'raʳ] VI: **~ (por)** to be smitten (with)
tardança [tax'dãsa] F delay, slowness
tardar [tax'daʳ] VI to delay, be slow; (*chegar tarde*) to be late ■ VT to delay; **sem mais ~** without delay; **~ a** *ou* **em fazer** to take a long time to do; **o mais ~** at the latest
tarde ['taxdʒi] F afternoon ■ ADV late; **ele chegou ~ (demais)** he got there too late; **mais cedo ou mais ~** sooner or later; **antes ~ do que nunca** better late than never; **boa ~!** good afternoon!; **hoje à ~** this afternoon; **à** *ou* **de ~** in the afternoon; **às três da ~** at three in the afternoon; **~ da noite** late at night; **ontem/sexta à ~** yesterday/(on) Friday afternoon
tardinha [tax'dʒiɲa] F late afternoon; **de ~** late in the afternoon
tardio, -a [tax'dʒiu, a] ADJ late
tarefa [ta'rɛfa] F task, job; (*faina*) chore
tarifa [ta'rifa] F tariff; (*para transportes*) fare; (*lista*

de preços) price list; **~ alfandegária** customs duty; **~ de embarque** (*Aer*) airport tax
tarimba [ta'rĩba] F bunk; (*fig*) army life; (: *experiência*) experience; **ter ~** to be an old hand
tarimbado, -a [tarĩ'badu, a] ADJ experienced
tartamudear [taxtamu'dʒjaʳ] VI, VT to mumble; (*gaguejar*) to stammer, stutter
tartamudo, -a [taxta'mudu, a] M/F mumbler; (*gago*) stammerer, stutterer
tártaro ['taxtaru] M tartar
tartaruga [taxta'ruga] F turtle; **pente de ~** tortoiseshell comb
tasca ['taʃka] (PT) F cheap eating place
tascar [taʃ'kaʳ] VT (*tapa, beijo*) to plant
tasco ['taʃku] (*col*) M bit, mouthful
Tasmânia [taʒ'manja] F: **a ~** Tasmania
tatear [ta'tʃjaʳ] VT to touch, feel; (*fig*) to sound out ■ VI to feel one's way
táteis ['tatejʃ] ADJ PL *de* **tátil**
tática ['tatʃika] F tactics *pl*
tático, -a ['tatʃiku, a] ADJ tactical
tátil ['tatʃiw] (*pl* **-eis**) ADJ tactile
tato ['tatu] M touch; (*fig: diplomacia*) tact
tatu [ta'tu] M armadillo
tatuador, a [tatwa'doʳ(a)] M/F tattooist
tatuagem [ta'twaʒẽ] (*pl* **-ns**) F tattoo
tatuar [ta'twaʳ] VT to tattoo
tauromaquia [tawroma'kia] F bullfighting
tautologia [tawtolo'ʒia] F tautology
tautológico, -a [tawto'lɔʒiku, a] ADJ tautological
taxa ['taʃa] F (*imposto*) tax; (*preço*) fee; (*índice*) rate; **~ de câmbio** exchange rate; **~ de juros** interest rate; **~ bancária** bank rate; **~ de desconto** discount rate; **~ de matrícula** *ou* **inscrição** enrollment *ou* registration fee; **~ de exportação** export duty; **~ rodoviária** road tax; **~ fixa** (*Com*) flat rate; **~ de retorno** (*Com*) rate of return; **~ de crescimento** growth rate; **taxação** [taʃa'sãw] F taxation; (*de preços*) fixing; **taxar** [ta'ʃaʳ] VT (*fixar o preço de*) to fix the price of; (*lançar impostos sobre*) to tax
taxativo, -a [taʃa'tʃivu, a] ADJ categorical, firm
táxi ['taksi] M taxi, cab; **~ aéreo** air taxi
taxímetro [tak'simetru] M taxi meter
tchã [tʃã] (*col*) M (*toque*) special touch; (*charme*) charm
tchau [tʃaw] EXCL bye!
tcheco, -a ['tʃɛku, a] ADJ, M/F Czech
Tcheco-Eslováquia [tʃɛkuiʒlo'vakja] F = **Tchecoslováquia**
Tchecoslováquia [tʃekoʒlo'vakja] F: **a ~** Czechoslovakia
TCU (BR) ABR M = **Tribunal de Contas da União**
te [tʃi] PRON you; (*para você*) (to) you
té [tɛ] PREP ABR *de* **até**
tear [tʃjaʳ] M loom
teatral [tʃja'traw] (*pl* **-ais**) ADJ theatrical; (*grupo*) theatre *atr* (*Brit*), theater *atr* (*US*); (*obra, arte*) dramatic
teatralizar [tʃjatrali'zaʳ] VT to dramatize
teatro ['tʃjatru] M theatre (*Brit*), theater (*US*); (*obras*) plays *pl*, dramatic works *pl*; (*gênero, curso*) drama; **peça de ~** play; **fazer ~** (*fig*) to be dramatic; **~ de arena** theatre-in-the-round; **~ de bolso** small theatre; **~ de marionetes** puppet theatre; **~ de variedades** vaudeville theatre; **~ rebolado** burlesque theatre
teatrólogo, -a [tʃja'trɔlogu, a] M/F playwright, dramatist
teatro-revista (*pl* **teatros-revista**) M review theatre (*Brit*) *ou* theater (*US*)
tecelão, -lã [tese'lãw, 'lã] (*pl* **-ões/-s**) M/F weaver
tecer [te'seʳ] VT to weave; (*fig: intrigas*) to weave; (*disputas*) to cause ■ VI to weave; **tecido** [te'sidu] M cloth, material; (*Anat*) tissue
tecla ['tɛkla] F key; **bater na mesma ~** (*fig*) to harp on the same subject; **~ de controle** (*Comput*) control key; **~ de função** (*Comput*) function key; **~ de saída** (*Comput*) exit key
tecladista [tekla'dʒiʃta] M/F (*Mús*) keyboards player; (*Comput*) keyboard operator
teclado [tek'ladu] M keyboard; **~ complementar** (*Comput*) keypad
teclar [tek'laʳ] VT (*dados*) to key (in)
tecnicalidade [teknikali'dadʒi] F technicality
técnica ['tɛknika] F technique; *v tb* **técnico**
técnico, -a ['tɛkniku, a] ADJ technical ■ M/F technician; (*especialista*) expert
tecnicolor [tekniko'loʳ] ADJ Technicolour® (*Brit*), Technicolor® (*US*) ■ M: **em ~** in technicolo(u)r
tecnocrata [tekno'krata] M/F technocrat
tecnologia [teknolo'ʒia] F technology; **~ de ponta** leading edge technology; **tecnológico, -a** [tekno'lɔʒiku, a] ADJ technological
teco ['tɛku] M hit; (*tiro*) shot; (*peteleco*) flick
teco-teco (*pl* **-s**) M small plane, light aircraft
tecto ['tɛktu] (PT) M = **teto**
tédio ['tɛdʒju] M tedium, boredom; **tedioso, -a** [te'dʒjozu, ɔza] ADJ tedious, boring
Teerã [tee'rã] N Teheran
teia ['teja] F web; (*fig: enredo*) intrigue, plot; (: *série*) series; **~ de aranha** cobweb; **~ de espionagem** spy ring, web of espionage
teima ['tejma] F insistence
teimar [tej'maʳ] VI to insist, keep on; **~ em** to insist on
teimosia [tejmo'zia] F stubbornness; **~ em fazer** insistence on doing
teimoso, -a [tej'mozu, ɔza] ADJ obstinate; (*criança*) wilful (*Brit*), willful (*US*)
teixo ['tejʃu] M yew
Tejo ['teʒu] M: **o (rio) ~** the (river) Tagus
tel. ABR (= *telefone*) tel
tela ['tɛla] F (*tecido*) fabric, material; (*de pintar*) canvas; (*Cinema, TV*) screen
telão [te'lãw] (*pl* **-ões**) M big screen
Telavive [tela'vivi] N Tel Aviv
tele... ['tele] PREFIXO tele..
telecomandar [telekomã'daʳ] VT to operate by remote control
telecomando [teleko'mãdu] M remote control
telecomunicações [telekomunika'sõjʃ] FPL

telecommunications
teleconferência [telekõfe'rẽsja] F teleconference
teleférico [tele'fɛriku] M cable car
telefonar [telefo'naʳ] VI to (tele)phone, phone; **~ para alguém** to (tele)phone sb
telefone [tele'fɔni] M phone, telephone; (*número*) (tele)phone number; (*telefonema*) phone call; **estar/falar no ~** to be/talk on the phone; **~ público** public phone; **~ sem fio** cordless (tele)phone; **telefonema** [telefo'nɛma] M phone call; **dar um telefonema** to make a phone call
telefônico, -a [tele'foniku, a] ADJ telephone *atr*
telefonista [telefo'niʃta] M/F telephonist; (*na companhia telefônica*) operator
telegrafar [telegra'faʳ] VT, VI to telegraph, wire
telegrafia [telegra'fia] F telegraphy
telegráfico, -a [tele'grafiku, a] ADJ telegraphic
telegrafista [telegra'fiʃta] M/F telegraph operator
telégrafo [te'lɛgrafu] M telegraph
telegrama [tele'grama] M telegram, cable; **passar um ~** to send a telegram; **~ fonado** telemessage
teleguiado, -a [tele'gjadu, a] ADJ remote-controlled
teleguiar [tele'gjaʳ] VT to operate by remote control
teleimpressor [teleĩpre'soʳ] M teleprinter
telejornal [teleʒox'naw] (*pl* **-ais**) M television news *sg*
telêmetro [te'lemetru] M rangefinder
telemóvel [tɛle'mɔvel] (*pl* **-eis**) M (*PT*) mobile (phone) (*Brit*), cellphone (*US*)
telenovela [teleno'vɛla] F (TV) soap opera
teleobjetiva [teleobʒe'tʃiva] (*PT* **-ct-**) F telephoto lens
telepatia [telepa'tʃia] F telepathy
telepático, -a [tele'patʃiku, a] ADJ telepathic
teleprocessamento [teleprosesa'mẽtu] M teleprocessing
Telerj [te'lɛxʒi] ABR F *Rio telephone company*
telescópico, -a [tele'skɔpiku, a] ADJ telescopic
telescópio [tele'skɔpju] M telescope
Telesp [te'lɛʃpi] ABR F *São Paulo telephone company*
telespectador, a [teleʃpekta'doʳ(a)] M/F viewer ■ ADJ (*público*) viewing
teletexto [tele'teʃtu] M teletext
teletipista [teletʃi'piʃta] M/F teletypist
teletipo [tele'tʃipu] M teletype
teletrabalho [teletra'baʎu] M teleworking
televendas [tele'vẽdaʃ] FPL telesales
televisão [televi'zãw] F television; **~ por assinatura** pay television; **~ a cores** colo(u)r television; **~ a cabo** cable television; **~ digital** digital television; **aparelho de ~** television set
televisar [televi'zaʳ] VT = **televisionar**
televisionar [televizjo'naʳ] VT to televise
televisivo, -a [televi'zivu, a] ADJ television *atr*
televisor [televi'zoʳ] M (*aparelho*) television (set), TV (set)
telex [te'lɛks] M telex; **enviar por ~** to telex
telexar [telɛks'aʳ] VT to telex
telha ['teʎa] F tile; (*col: cabeça*) head; **ter uma ~ de menos** to have a screw loose; **não estar bom da ~** not to be right in the head; **deu-lhe na ~ (de) viajar** he got it into his head to go travel(l)ing
telhado [te'ʎadu] M roof
telões [te'lõjʃ] MPL *de* **telão**
tema ['tɛma] M theme; (*assunto*) subject; **temática** [te'matʃika] F theme
temático, -a [te'matʃiku, a] ADJ thematic
temer [te'meʳ] VT to fear, be afraid of ■ VI to be afraid; **~ por** to fear for; **~ que** to be afraid that; **~ fazer** to be afraid of doing
temerário, -a [teme'rarju, a] ADJ reckless; (*arriscado*) risky; (*juízo*) unfounded
temeridade [temeri'dadʒi] F recklessness
temeroso, -a [teme'rozu, ɔza] ADJ fearful, afraid; (*pavoroso*) dreadful
temido, -a [te'midu, a] ADJ fearsome, frightening
temível [te'mivew] (*pl* **-eis**) ADJ = **temido**
temor [te'moʳ] M fear
tempão [tẽ'pãw] (*col*) M: **um ~** a long time, ages *pl*
têmpera ['tẽpera] F (*de metais*) tempering; (*caráter*) temperament; (*pintura*) distemper, tempera
temperado, -a [tẽpe'radu, a] ADJ (*metal*) tempered; (*clima*) temperate; (*comida*) seasoned
temperamental [tẽperamẽ'taw] (*pl* **-ais**) ADJ temperamental
temperamento [tẽpera'mẽtu] M temperament, nature
temperança [tẽpe'rãsa] F temperance
temperar [tẽpe'raʳ] VT (*metal*) to temper, harden; (*comida*) to season
temperatura [tẽpera'tura] F temperature
tempero [tẽ'peru] M seasoning, flavouring (*Brit*), flavoring (*US*)
tempestade [tẽpeʃ'tadʒi] F storm, tempest; **fazer uma ~ em copo de água** to make a mountain out of a molehill; **tempestuoso, -a** [tẽpeʃ'twozu, ɔza] ADJ stormy; (*fig*) tempestuous
templo ['tẽplu] M temple; (*igreja*) church
tempo ['tẽpu] M time; (*meteorológico*) weather; (*Ling*) tense; **o ~ todo** the whole time; **a ~** on time; **ao mesmo ~** at the same time; **a um ~** at once; **a ~ e a hora** at the appropriate time; **antes do ~** before time; **com ~** in good time; **de ~ em ~** from time to time; **nesse ~** at that time; **nesse meio ~** in the meantime; **em ~ de fazer** about to do; **em ~ recorde** in record time; **em seu devido ~** in due course; **quanto ~?** how

NB: *European Portuguese adds the following consonants to certain words*: **b** (sú(b)dito, su(b)til); **c** (a(c)ção, a(c)cionista, a(c)to); **m** (inde(m)ne); **p** (ado(p)çã, ado(p)tar); *for further details see p. xiii.*

long?; **muito/pouco ~** a long/short time; **mais ~** longer; **ganhar/perder ~** to gain/waste time; **já era ~** it's about time; **não dá ~** there isn't time; **dar ~ ao ~** to bide one's time, wait and see; **matar o ~** to kill time; **nos bons ~s** in the good old days; **o maior de todos os ~s** the greatest of all time; **há ~s** for ages; (*atrás*) ages ago; **com o passar do ~** in time; **primeiro/segundo ~** (*Esporte*) first/second half; **~ integral** full time; **~ real** (*Comput*) real time

tempo-quente M fight, set-to

têmpora ['tẽpora] F (*Anat*) temple

temporada [tẽpo'rada] F season; (*tempo*) spell; **~ de ópera** opera season

temporal [tẽpo'raw] (*pl* **-ais**) ADJ worldly ■ M storm, gale

temporário, -a [tẽpo'rarju, a] ADJ temporary, provisional

tenacidade [tenasi'dadʒi] F tenacity

tenaz [te'najʒ] ADJ tenacious ■ F tongs *pl*

tenção [tẽ'sãw] (*pl* **-ões**) F intention; **fazer ~ de fazer** to decide to do

tencionar [tẽsjo'naʳ] VT to intend, plan

tenções [tẽ'sõjʃ] FPL *de* **tenção**

tenda ['tẽda] F (*barraca*) tent; **~ de oxigênio** oxygen tent

tendão [tẽ'dãw] (*pl* **-ões**) M tendon; **~ de Aquiles** Achilles tendon

tendência [tẽ'dẽsja] F tendency; (*da moda etc*) trend; **a ~ de** *ou* **em** *ou* **a fazer** the tendency to do

tendencioso, -a [tẽdẽ'sjozu, ɔza] ADJ tendentious, bias(s)ed

tendente [tẽ'dẽtʃi] ADJ: **~ a** tending to

tender [tẽ'deʳ] VI: **~ para** to tend towards; **~ a fazer** to tend *ou* have a tendency to do; (*encaminhar-se*) to head towards doing; (*visar*) to aim to do

tendinha [tẽ'dʒiɲa] F (*botequim*) bar; (*birosca*) (small) shop

tendões [tẽ'dõjʃ] MPL *de* **tendão**

tenebroso, -a [tene'brozu, ɔza] ADJ dark, gloomy; (*fig*) horrible

tenente [te'nẽtʃi] M lieutenant

tenho *etc* ['teɲu] VB *v* **ter**

tênis ['teniʃ] M INV (*jogo*) tennis; (*sapatos*) training shoes *pl*; (*um sapato*) training shoe; **~ de mesa** table tennis; **tenista** [te'niʃta] M/F tennis player

tenor [te'noʳ] ADJ, M (*Mús*) tenor

tenro, -a ['tẽxu, a] ADJ tender; (*macio*) soft; (*delicado*) delicate; (*novo*) young

tensão [tẽ'sãw] F tension; (*pressão*) pressure, strain; (*rigidez*) tightness; (*Tec*) stress; (*Elet: voltagem*) voltage; **~ nervosa** nervous tension; **~ pré-menstrual** premenstrual tension

tenso, -a ['tẽsu, a] ADJ tense; (*sob pressão*) under stress, strained

tentação [tẽta'sãw] F temptation

tentáculo [tẽ'takulu] M tentacle

tentado, -a [tẽ'tadu, a] ADJ (*pessoa*) tempted; (*crime*) attempted

tentador, a [tẽta'doʳ(a)] ADJ tempting; (*sedutor*) inviting ■ M/F tempter/temptress

tentar [tẽ'taʳ] VT to try; (*seduzir*) to tempt, entice ■ VI to try; **~ fazer** to try to do; **tentativa** [tẽta'tʃiva] F attempt; **tentativa de fazer** attempt to do; **tentativa de homicídio/suicídio/roubo** (*Jur*) attempted murder/suicide/robbery; **por tentativas** by trial and error

tentativo, -a [tẽta'tʃivu, a] ADJ tentative

tentear [tẽ'tʃjaʳ] VT (*tentar*) to try

tênue ['tenwi] ADJ tenuous; (*fino*) thin; (*delicado*) delicate; (*luz, voz*) faint; (*pequeníssimo*) minute

tenuidade [tenwi'dadʒi] F tenuousness

teologia [teolo'ʒia] F theology

teológico, -a [teo'lɔʒiku, a] ADJ theological

teólogo, -a [te'ɔlogu, a] M/F theologian

teor [te'oʳ] M (*conteúdo*) tenor; (*sentido*) meaning, drift; (*fig: norma*) system; (: *modo*) way; (*Quím*) grade; **~ alcoólico** alcoholic content; **baixo ~ de nicotina** low tar

teorema [teo'rɛma] M theorem

teoria [teo'ria] F theory; **teoricamente** [teorika'mẽtʃi] ADV theoretically, in theory; **teórico, -a** [te'ɔriku, a] ADJ theoretical ■ M/F theoretician

teorizar [teori'zaʳ] VI to theorize

tépido, -a ['tɛpidu, a] ADJ tepid, lukewarm

PALAVRA CHAVE

ter [teʳ] VT **1** (*possuir, ger*) to have; (*na mão*) to hold; **você tem uma caneta?** have you got a pen?; **ela vai ter neném** she is going to have a baby
2 (*idade, medidas, estado*) to be; **ela tem 7 anos** she's 7 (years old); **a mesa tem 1 metro de comprimento** the table is 1 metre long; **ter fome/sorte** to be hungry/lucky; **ter frio/calor** to be cold/hot
3 (*conter*) to hold, contain; **a caixa tem um quilo de chocolates** the box holds one kilo of chocolates
4: **ter que** *ou* **de fazer** to have to do
5: **ter a ver com** to have to do with
6: **ir ter com** to (go and) meet
■ VB IMPESS **1**: **tem** (*sg*) there is; (*pl*) there are; **tem 3 dias que não saio de casa** I haven't been out for 3 days
2: **não tem de quê** don't mention it

ter. ABR (= *terça-feira*) Tues

terapeuta [tera'pewta] M/F therapist

terapêutica [tera'pewtʃika] F therapeutics *sg*

terapêutico, -a [tera'pewtʃiku, a] ADJ therapeutic

terapia [tera'pia] F therapy; **~ ocupacional** occupational therapy; **~ de reposição de estrogênio** hormone replacement therapy

terça ['texsa] F (*tb*: **terça-feira**) Tuesday; **terça-feira** (*pl* **terças-feiras**) F Tuesday; **terça-feira gorda** Shrove Tuesday; **terça-feira que vem** next Tuesday; **terça-feira passada/retrasada**

last Tuesday/Tuesday before last; **hoje é terça-feira dia 12 de junho** today is Tuesday the 12th of June; **na terça-feira** on Tuesday; **nas terças-feiras** on Tuesdays; **todas as terças-feiras** every Tuesday; **terça-feira sim, terça-feira não** every other Tuesday; **na terça-feira de manhã** on Tuesday morning; **o jornal da terça-feira** Tuesday's newspaper

terceiranista [texsejra'niʃta] M/F third-year

terceiro, -a [tex'sejru, a] NUM third ■ M (*Jur*) third party; **terceiros** MPL (*os outros*) outsiders; **o T~ Mundo** the Third World; *v tb* **quinto**

terciário, -a [tex'sjarju, a] ADJ tertiary

terço ['texsu] M third (part)

terçol [tex'sɔw] (*pl* **-óis**) M stye

tergal® [tex'gaw] M Terylene®

tergiversar [texʒivex'sa^{r}] VI to prevaricate, evade the issue

termal [tex'maw] (*pl* **-ais**) ADJ thermal

termas ['tɛxmaʃ] FPL bathhouse *sg*

térmico, -a ['tɛxmiku, a] ADJ thermal; **garrafa térmica** (Thermos®) flask; **impressora térmica/papel ~** (*Comput*) thermal printer/paper

terminação [texmina'sãw] (*pl* **-ões**) F (*Ling*) ending

terminal [texmi'naw] (*pl* **-ais**) ADJ terminal ■ M (*de rede, Elet, Comput*) terminal ■ F terminal; **~ (de vídeo)** monitor, visual display unit

terminante [texmi'nãtʃi] ADJ final; (*categórico*) categorical, firm; (*decisivo*) decisive

terminantemente [texminãtʃi'mẽtʃi] ADV categorically, expressly

terminar [texmi'na^{r}] VT to finish ■ VI (*pessoa*) to finish; (*coisa*) to end; **~ de fazer** to finish doing; (*ter feito há pouco*) to have just done; **~ por algo/fazer algo** to end with sth/end up doing sth

término ['tɛxminu] M (*fim*) end, termination

terminologia [texminolo'ʒia] F terminology

termo ['texmu] M term; (*fim*) end, termination; (*limite*) limit, boundary; (*prazo*) period; (PT: *garrafa*) (Thermos®) flask; **pôr ~ a** to put an end to; **meio ~** compromise; **em ~s (de)** in terms (of)

termodinâmica [texmodʒi'namika] F thermodynamics *sg*

termômetro [tex'mometru] M thermometer

termonuclear [texmonukle'a^{r}] ADJ thermonuclear ■ F nuclear power station

termostato [texmoʃ'tatu] M thermostat

terninho [tex'ninju] M trouser suit (*Brit*), pantsuit (*US*)

terno, -a ['tɛxnu, a] ADJ gentle, tender ■ M (BR: *roupa*) suit; **ternura** [tex'nura] F gentleness, tenderness

terra ['tɛxa] F (*mundo*) earth, world; (*Agr, propriedade*) land; (*pátria*) country; (*chão*) ground; (*Geo*) soil, earth; (*pó*) dirt; (*Elet*) earth; **~ firme** dry land; **por ~** on the ground; **nunca viajei por essas ~s** I've never been to those parts; **ela não é da ~** she's not from these parts; **caminho de ~ batida** dirt road; **~ de ninguém** no man's land; **~ natal** native land; **~ prometida** promised land; **a T~ Santa** the Holy Land; **~ vegetal** black earth; **soltar em ~** to disembark

terraço [te'xasu] M terrace

terracota [texa'kɔta] F terracotta

Terra do Fogo F Tierra del Fuego

terramoto [texa'mɔtu] (PT) M earthquake

Terra Nova F: **a ~** Newfoundland

terraplenagem [texaple'naʒẽ] F earth-moving

terreiro [te'xejru] M yard, square; (*de macumba*) shrine

terremoto [texe'mɔtu] M earthquake

terreno, -a [te'xɛnu, a] M ground, land; (*porção de terra*) plot of land; (*Geo*) terrain ■ ADJ earthly; **ganhar/perder ~** (*fig*) to gain/lose ground; **sondar o ~** (*fig*) to test the ground

térreo, -a ['tɛxju, a] ADJ ground level *atr*; **andar ~** (BR) ground floor (*Brit*), first floor (*US*)

terrestre [te'xɛʃtri] ADJ land *atr*; **globo ~** globe, Earth

terrificante [texifi'kãtʃi] ADJ terrifying

terrífico, -a [te'xifiku, a] ADJ terrifying

terrina [te'xina] F tureen

territorial [texito'rjaw] (*pl* **-ais**) ADJ territorial

território [texi'tɔrju] M territory; (*distrito*) district, region

terrível [te'xivew] (*pl* **-eis**) ADJ terrible, dreadful

terror [te'xo^{r}] M terror, dread

terrorismo [texo'riʒmu] M terrorism

terrorista [texo'riʃta] ADJ, M/F terrorist; **~ suicida** suicide bomber

tertúlia [tex'tulja] F gathering (of friends)

tesão [te'zãw] (*pl* **-ões**) (*col!*) M randiness; (*pessoa, coisa*) turn-on; (*ereção*) hard-on; **sentir ~ por alguém** to fancy sb; **estar de ~** to feel randy; (*ter ereção*) to have a hard-on

tese ['tɛzi] F proposition, theory; (*Educ*) thesis; **em ~** in theory

teso, -a ['tezu, a] ADJ (*cabo*) taut; (*rígido*) stiff; **estar ~** (*col*) to be broke *ou* skint

tesões [te'zõjʃ] MPL *de* **tesão**

tesoura [te'zora] F scissors *pl*; (*fig*) backbiter; **uma ~** a pair of scissors

tesourar [tezo'ra^{r}] VT to cut; (*col*) to run down

tesouraria [tezora'ria] F treasury

tesoureiro, -a [tezo'rejru, a] M/F treasurer

tesouro [te'zoru] M treasure; (*erário*) treasury, exchequer; (*livro*) thesaurus; **um ~ (de informações)** a treasure trove of information

testa ['tɛʃta] F brow, forehead; **à ~ de** at the head of

testa-de-ferro (*pl* **testas-de-ferro**) F figurehead, dummy

testamentário, -a [teʃtamẽ'tarju, a] ADJ of a will

testamento [teʃta'mẽtu] M will, testament; (*Rel*): **Velho/Novo T~** Old/New Testament
testar [teʃ'ta^{r}] VT to test; (*deixar em testamento*) to bequeath
teste ['tɛʃtʃi] M test; **~ de aptidão** aptitude test
testemunha [teʃte'muɲa] F witness; **~ ocular** eyewitness; **~ de acusação** prosecution witness; **~s de Jeová** Jehovah's witnesses; **testemunhar** [teʃtemu'ɲa^{r}] VI to testify ■ VT to give evidence about; (*presenciar*) to witness; (*confirmar*) to demonstrate
testemunho [teʃte'muɲu] M evidence, testimony; (*prova*) evidence; **dar ~** to give evidence
testículo [teʃ'tʃikulu] M testicle
testificar [teʃtʃifi'ka^{r}] VT to testify to; (*comprovar*) to attest; (*assegurar*) to maintain
testudo, -a [teʃ'tudu, a] ADJ big-headed
teta ['tɛta] F teat, nipple
tétano ['tɛtanu] M tetanus
tête-à-tête [tɛta'tɛtʃi] M tête-à-tête
tetéia [te'tɛja] F (*pessoa*) gem
teto ['tɛtu] M ceiling; (*telhado*) roof; (*habitação*) home; (*para preço etc*) ceiling; **~ solar** sun roof
tetracampeão [tetrakã'pjãw] (*pl* **-ões**) M four-times champion
tétrico, -a ['tɛtriku, a] ADJ (*lúgubre*) gloomy, dismal; (*horrível*) horrible
teu, tua [tew, 'tua] ADJ your ■ PRON yours
teve ['tevi] VB *v* **ter**
tevê [te've] F telly (*Brit*), TV
têxtil ['teʃtʃiw] (*pl* **-eis**) M textile
texto ['teʃtu] M text
textual [teʃ'twaw] (*pl* **-ais**) ADJ textual; **estas são suas palavras textuais** these are his exact words
textualmente [teʃtwaw'mẽtʃi] ADV (*exatamente*) exactly, to the letter
textura [teʃ'tura] F texture
texugo [te'ʃugu] M badger
tez [teʒ] F complexion; (*pele*) skin
TFR (*BR*) ABR M = **Tribunal Federal de Recursos**
thriller ['srila^{r}] (*pl* **-s**) M thriller
ti [tʃi] PRON you
tia ['tʃia] F aunt
tia-avó (*pl* **tias-avós**) F great aunt
tiara ['tʃjara] F tiara
Tibete [tʃi'bɛtʃi] M: **o ~** Tibet
tíbia ['tʃibja] F shinbone
ticar [tʃi'ka^{r}] VT to tick
tico ['tʃiku] M: **um ~ (de)** a little bit (of)
tido, -a [t'ʃidu, a] PP *de* **ter** ■ ADJ: **~ como** *ou* **por** considered to be
tiete ['tʃjɛtʃi] (*col*) M/F fan
tifo ['tʃifu] M typhus
tifóide [tʃi'ɔidʒi] ADJ: **febre ~** typhoid (fever)
tigela [tʃi'ʒela] F bowl; **de meia ~** (*fig, col*) second-rate, small-time
tigre ['tʃigri] M tiger
tigresa [tʃi'greza] F tigress
tijolo [tʃi'ʒolu] M brick; **~ furado** air brick
til [tʃiw] (*pl* **tis**) M tilde
tilintar [tʃilĩ'ta^{r}] VT, VI to jingle ■ M jingling
timaço [tʃi'masu] (*col*) M great team
timão [tʃi'mãw] (*pl* **-ões**) M (*Náut*) helm, tiller; (*time*) great team
timbre ['tʃĩbri] M insignia, emblem; (*selo*) stamp; (*Mús*) tone, timbre; (*de voz*) tone; (*Ling: de vogal*) quality; (*em papel de carta*) heading
time ['tʃimi] (BR) M team; **de segundo ~** (*fig*) second-rate; **tirar o ~ de campo** (*col*) to get going
timer ['tajme^{r}] (*pl* **-s**) M timer
timidez [tʃimi'deʒ] F shyness, timidity
tímido, -a ['tʃimidu, a] ADJ shy, timid
timões [tʃi'mõjʃ] MPL *de* **timão**
timoneiro [tʃimo'nejru] M helmsman, coxswain
tímpano ['tʃĩpanu] M eardrum; (*Mús*) kettledrum
tina ['tʃina] F vat
tingimento [tʃĩʒi'mẽtu] M dyeing
tingir [tʃĩ'ʒi^{r}] VT to dye; (*fig*) to tinge
tinha *etc* ['tʃiɲa] VB *v* **ter**
tinhoso, -a [tʃi'ɲozu, oza] ADJ single-minded
tinido [tʃi'nidu] M jingle
tinir [tʃi'ni^{r}] VI to jingle, tinkle; (*ouvidos*) to ring; (*de frio, febre*) to shiver; (*de raiva, fome*) to tremble; **estar tinindo** (*carro, atleta*) to be in tip-top condition
tinjo *etc* ['tʃĩʒu] VB *v* **tingir**
tino ['tʃinu] M (*juízo*) discernment, judgement; (*intuição*) intuition; (*prudência*) prudence; **perder o ~** to lose one's senses; **ter ~ para algo** to have a flair for sth
tinta ['tʃĩta] F (*de pintar*) paint; (*de escrever*) ink; (*para tingir*) dye; (*fig: vestígio*) shade, tinge; **carregar nas ~s** (*fig*) to exaggerate, embroider; **~ de impressão** printing ink
tinteiro [tʃĩ'tejru] M inkwell
tintim [tʃĩ'tʃĩ] EXCL cheers! ■ M: **~ por ~** blow by blow
tinto, -a ['tʃĩtu, a] ADJ dyed; (*fig*) stained; **vinho ~** red wine
tintura [tʃĩ'tura] F dye; (*ato*) dyeing; (*fig*) tinge, hint
tinturaria [tʃĩtura'ria] F (*lavanderia a seco*) dry-cleaner's
tintureiro, -a [tʃĩtu'rejru, a] (*col*) M/F dry cleaner ■ M police van
tio ['tʃiu] M uncle; **meus ~s** my uncle and aunt
tio-avô (*pl* **tios-avôs**) M great uncle
tipa ['tʃipa] (*col: pej*) F dolly bird
tipão [tʃi'pãw] (*col*) (*pl* **-ões**) M good looker
típico, -a ['tʃipiku, a] ADJ typical
tipificar [tʃipifi'ka^{r}] VT to typify
tipo ['tʃipu] M type; (*de imprensa*) print; (*de impressora*) typeface; (*classe*) kind; (*col: sujeito*) guy, chap; (*pessoa*) person
tipões [tʃi'põjʃ] MPL *de* **tipão**
tipografia [tʃipogra'fia] F printing, typography; (*estabelecimento*) printer's
tipógrafo, -a [tʃi'pɔgrafu, a] M/F printer
tipóia [tʃi'pɔja] F (*tira de pano*) sling

tique ['tʃiki] M (*Med*) twitch, tic; (*sinal*) tick
tique-taque [-'taki] (*pl* **-s**) M tick-tock
tíquete ['tʃiketʃi] M ticket
tiquinho [tʃi'kiɲu] M: **um ~ (de)** a little bit (of)
tira ['tʃira] F strip ■ M (BR: *col*) cop
tiracolo [tʃira'kɔlu] M: **a ~** slung from the shoulder; **com o marido a ~** with her husband in tow
tirada [tʃi'rada] F (*dito*) tirade
tiragem [tʃi'raʒẽ] F (*de livro*) print run; (*de jornal, revista*) circulation; (*de chaminé*) draught (*Brit*), draft (*US*)
tira-gosto (*pl* **-s**) M snack, savoury (*Brit*)
tira-manchas M INV stain remover
tirania [tʃira'nia] F tyranny
tirânico, -a [tʃi'raniku, a] ADJ tyrannical
tiranizar [tʃirani'zaʳ] VT to tyrannize
tirano, -a [tʃi'ranu, a] ADJ tyrannical ■ M/F tyrant
tirante [tʃi'rãtʃi] M (*de arreio*) brace; (*Mecânica*) driving rod; (*viga*) tie beam ■ PREP except; **uma cor ~ a vermelho** *etc* a reddish *etc* colo(u)r
tirar [tʃi'raʳ] VT to take away; (*de dentro*) to take out; (*de cima*) to take off; (*roupa, sapatos*) to take off; (*arrancar*) to pull out; (*férias*) to take, have; (*boas notas*) to get; (*salário*) to get, earn; (*curso*) to do, take; (*mancha*) to remove; (*foto, cópia*) to take; (*radiografia*) to have; (*mesa*) to clear; (*música, letra*) to take down; (*libertar*) to get out; **~ algo a alguém** to take sth from sb; **sem ~ nem pôr** exactly, precisely; **~ proveito/conclusões de** to benefit/draw conclusions from; **~ alguém para dançar** to ask sb to dance; **~ a tampa de** to take the lid off
tiririca [tʃiri'rika] (*col*) ADJ hopping mad
tiritante [tʃiri'tãtʃi] ADJ shivering
tiritar [tʃiri'taʳ] VI to shiver
tiro ['tʃiru] M (*disparo*) shot; (*ato de disparar*) shooting, firing; **~ ao alvo** target practice; **trocar ~s** to fire at one another; **o ~ saiu pela culatra** (*fig*) the plan backfired; **dar um ~ no escuro** (*fig*) to take a shot in the dark; **ser ~ e queda** (*fig*) to be a dead cert
tirocínio [tʃiro'sinju] M apprenticeship, training
tiroteio [tʃiro'teju] M shooting, exchange of shots
tis [tʃiʃ] MPL *de* **til**
tísica ['tʃizika] F consumption; *v tb* **tísico**
tísico, -a ['tʃiziku, a] ADJ, M/F consumptive
tisnar [tʃiz'naʳ] VT (*enegrecer*) to blacken; (*tostar*) to brown
titânico, -a [tʃi'taniku, a] ADJ titanic
titânio [tʃi'tanju] M titanium
títere ['tʃiteri] M (*tb fig*) puppet
titia [tʃi'tʃia] F aunty; **ficar para ~** to be left on the shelf
titica [tʃi'tʃika] (*col*) F (piece of) junk ■ M/F good-for-nothing
titio [tʃi'tʃiu] M uncle
tititi [tʃitʃi'tʃi] M (*tumulto*) hubbub; (*falatório*) gossip, talk
titubeante [tʃitu'bjãtʃi] ADJ tottering; (*vacilante*) hesitant
titubear [tʃitu'bjaʳ] VI (*cambalear*) to totter, stagger; (*vacilar*) to hesitate
titular [tʃitu'laʳ] ADJ titular ■ M/F holder; (*Pol*) minister ■ VT to title
título ['tʃitulu] M title; (*Com*) bond; (*universitário*) degree; **a ~ de** by way of, as; **a ~ de que você fez isso?** what was your reason for doing that?; **a ~ de curiosidade** out of curiosity; **~ ao portador** (*Com*) bearer bond; **~ de propriedade** title deed; **~ de câmbio** (*Com*) bill of exchange
tive *etc* ['tʃivi] VB *v* **ter**
TJ (BR) ABR M = **Tribunal do Júri; Tribunal de Justiça**
tlim [tʃlĩ] M ring
TO ABR = **Tocantins**
to [tu] = **te + o**
toa ['toa] F towrope; **à ~** (*sem reflexão*) at random; (*sem motivo*) for no reason; (*inutilmente*) in vain, for nothing; (*sem ocupação*) with nothing to do; (*sem mais nem menos*) out of the blue; **andar à ~** to wander aimlessly; **não é à ~ que** it is not for nothing *ou* without reason that
toada [to'ada] F tune, melody
toalete [twa'lɛtʃi] F washing and dressing ■ M (*banheiro*) toilet; (*traje*) outfit; **fazer a ~** to have a wash
toalha [to'aʎa] F towel; **~ de mesa** tablecloth; **~ de banho** bath towel; **~ de rosto** hand towel
toar [to'aʳ] VI to sound, resound
tobogã [tobo'gã] M toboggan
toca ['tɔka] F burrow, hole; (*fig*: *refúgio*) bolt-hole; (: *casebre*) hovel
toca-discos (BR) M INV record-player
tocado, -a [to'kadu, a] ADJ (*col*: *alegre*) tipsy; (*expulso*) thrown out
tocador [toka'doʳ] M player; **~ MP3** MP3 player
toca-fitas M INV cassette player
tocaia [to'kaja] F ambush
tocante [to'kãtʃi] ADJ moving, touching; **no ~ a** regarding, concerning
tocar [to'kaʳ] VT to touch; (*Mús*) to play; (*campainha*) to ring; (*comover*) to touch; (*programa, campanha*) to conduct; (*ônibus, gado*) to drive; (*expulsar*) to drive out; (*chegar a*) to reach ■ VI to touch; (*Mús*) to play; (*campainha, sino, telefone*) to ring; (*em carro*) to drive; **tocar-se** VR to touch (each other); (*ir-se*) to head off; (*perceber*) to realize; **~ a** (*dizer respeito a*) to concern, affect; **~ em** to touch; (*assunto*) to touch upon; (*Náut*) to call at; **~ para alguém** (*telefonar*) to ring sb (up), call sb (up); **~ (o bonde) para frente** (*fig*) to get going, get a move on; **pelo que me toca** as far as I am concerned
tocha ['tɔʃa] F torch

NB: *European Portuguese adds the following consonants to certain words*: **b** (sú(b)dito, su(b)til); **c** (a(c)ção, a(c)cionista, a(c)to); **m** (inde(m)ne); **p** (ado(p)çã, ado(p)tar); *for further details see p. xiii.*

toco ['toku] M (*de cigarro*) stub; (*de árvore*) stump
todavia [toda'via] ADV yet, still, however

PALAVRA CHAVE

todo, -a ['todu, 'tɔda] ADJ **1** (*com artigo sg*) all; **toda a carne** all the meat; **toda a noite** all night, the whole night; **todo o Brasil** the whole of Brazil; **a toda (velocidade)** at full speed; **todo o mundo** (BR), **toda a gente** (PT) everybody, everyone; **em toda (a) parte** everywhere
2 (*com artigo pl*) all; (: *cada*) every; **todos os livros** all the books; **todos os dias/todas as noites** every day/night; **todos os que querem sair** all those who want to leave; **todos nós** all of us
■ ADV: **ao todo** altogether; (*no total*) in all; **de todo** completely
■ PRON: **todo/as**
■ MPL everybody *sg*, everyone *sg*

todo-poderoso, -a ADJ almighty, all-powerful ■ M: **o T~** the Almighty
tofe ['tɔfi] M toffee
toga ['tɔga] F toga; (*Educ, de magistrado*) gown
toicinho [toj'siɲu] M bacon fat
toldo ['towdu] M awning, sun blind
toleima [to'lɛjma] F folly, stupidity
tolerância [tole'rãsja] F tolerance; **tolerante** [tole'rãtʃi] ADJ tolerant
tolerar [tole'ra^{r}] VT to tolerate; **tolerável** [tole'ravew] (*pl* **-eis**) ADJ tolerable, bearable; (*satisfatório*) passable; (*falta*) excusable
tolher [to'ʎe^{r}] VT to impede, hinder; (*voz*) to cut off; **~ alguém de fazer** to stop sb doing
tolice [to'lisi] F stupidity, foolishness; (*ato, dito*) stupid thing
tolo, -a ['tolu, a] ADJ foolish, silly, stupid ■ M/F fool; **fazer alguém/fazer-se de ~** to make a fool of sb/o.s.
tom [tõ] (*pl* **-ns**) M tone; (*Mús: altura*) pitch; (: *escala*) key; (*cor*) shade; **ser de bom ~** to be good manners; **~ agudo/grave** high/low note; **~ maior/menor** (*Mús*) major/minor key
tomada [to'mada] F capture; (*Elet*) socket; (*Cinema*) shot; **~ de posse** investiture; **~ de preços** tender
tomar [to'ma^{r}] VT to take; (*capturar*) to capture, seize; (*decisão*) to make; (*bebida*) to drink; **tomar-se** VR: **tomar-se de** to be overcome with; **~ alguém por algo** to take sb for sth; **~ algo como** to take sth as; **toma!** here you are!; **quer ~ alguma coisa?** do you want something to drink?; **~ café** (*de manhã*) to have breakfast; **toma lá, dá cá** give and take
tomara [to'mara] EXCL: **~!** if only!; **~ que venha hoje** I hope he comes today
tomara-que-caia ADJ INV: **(vestido) ~** strapless dress
tomate [to'matʃi] M tomato
tombadilho [tõba'dʒiʎu] M deck
tombar [tõ'ba^{r}] VI to fall down, tumble down ■ VT to knock down, knock over; (*conservar: edifício*) to list; **tombo** ['tõbu] M (*queda*) tumble, fall; (*registro*) archives *pl*, records *pl*
tomilho [to'miʎu] M thyme
tomo ['tɔmu] M tome, volume
tona ['tɔna] F surface; **vir à ~** to come to the surface; (*fig*) to emerge; **trazer à ~** to bring up; (*recordações*) to bring back
tonalidade [tonali'dadʒi] F (*de cor*) shade; (*Mús*) tonality; (: *tom*) key
tonel [to'nɛw] (*pl* **-éis**) M cask, barrel
tonelada [tone'lada] F ton; **uma ~ de** (*fig*) tons of
tonelagem [tone'laʒẽ] F tonnage
toner ['tone^{r}] M toner
tônica ['tonika] F (*água*) tonic (water); (*Mús*) tonic; (*Ling*) stressed syllable; (*fig*) keynote
tônico, -a ['toniku, a] ADJ tonic; (*sílaba*) stressed ■ M tonic; **acento ~** stress
tonificante [tonifi'kãtʃi] ADJ invigorating
tonificar [tonifi'ka^{r}] VT to tone up
tons [tõʃ] MPL *de* **tom**
tontear [tõ'tʃja^{r}] VT: **~ alguém** to make sb dizzy; (*suj: barulheira*) to get sb down, give sb a headache; (: *alvoroço, notícia*) to stun sb ■ VI (*pessoa: com bebida*) to get dizzy; (: *com barulho*) to get a headache; (: *com alvoroço*) to be dazed; (*barulho*) to be wearing; (*alvoroço*) to be upsetting; **~ de sono** to be half-asleep
tonteira [tõ'tejra] F dizziness
tontice [tõ'tʃisi] F stupidity, nonsense
tonto, -a ['tõtu, a] ADJ (*tolo*) stupid, silly; (*zonzo*) dizzy, lightheaded; (*atarantado*) flustered; **às tontas** impulsively
tontura [tõ'tura] F dizziness, light-headedness
topada [to'pada] F trip; **dar uma ~ em** to stub one's toe on
topar [to'pa^{r}] VT to agree to ■ VI: **~ com** to come across; **topar-se** VR (*duas pessoas*) to run into one another; **~ em** (*tropeçar*) to stub one's toe on; (*esbarrar*) to run into; (*tocar*) to touch; **você topa ir ao cinema?** do you fancy going to the cinema?; **~ que alguém faça** to agree that sb should do
topa-tudo ['tɔpa-] M INV person who can't say no
topázio [to'pazju] M topaz
tope ['tɔpi] M top
topete [to'petʃi] M quiff; **ter o ~ de fazer** (*fig*) to have the cheek to do
tópico, -a ['tɔpiku, a] ADJ topical ■ M topic
topless [tɔp'lɛs] ADJ INV topless ■ M INV (*na praia*) topless bikini
topo ['topu] M top; (*extremidade*) end, extremity
topografia [topogra'fia] F topography
topográfico, -a [topo'grafiku, a] ADJ topographical
topônimo [to'ponimu] M place name, toponym
toque ['tɔki] M touch; (*de instrumento musical*) playing; (*de campainha*) ring; (*fig: vestígio*) touch; (*de celular*) ringtone; (*retoque*) finishing touch; **os últimos ~ s** the finishing touches; **dar um**

~ em alguém (*col*: *avisar*) to let sb know; (: *falar com*) to have a word with sb; **a ~ de caixa** in all haste

toque *etc* VB *v* **tocar**

Tóquio ['tɔkju] N Tokyo

tora ['tɔra] F (*pedaço*) piece; (*de madeira*) log; (*sesta*) nap; **tirar uma ~** to have a nap

toranja [to'rãʒa] F grapefruit

tórax ['tɔraks] M INV thorax

torção [tox'sãw] (*pl* **-ões**) M twist, twisting; (*Med*) sprain

torcedor, a [toxse'dor(a)] M/F supporter, fan

torcedura [toxse'dura] F twist; (*Med*) sprain

torcer [tox'ser] VT to twist; (*Med*) to sprain; (*desvirtuar*) to distort, misconstrue; (*roupa*: *espremer*) to wring; (: *na máquina*) to spin; (*vergar*) to bend ■ VI: **~ por** (*time*) to support; (*amigo etc*) to keep one's fingers crossed for; **torcer-se** VR (*contorcer-se*) to squirm, writhe; **~ para** *ou* **por** to cheer for; **~ para que tudo dê certo** to keep one's fingers crossed that everything works out right

torcicolo [toxsi'kɔlu] M stiff neck

torcida [tox'sida] F (*pavio*) wick; (*Esporte*: *ato de torcer*) cheering; (: *torcedores*) supporters *pl*; **dar uma ~ em algo** to twist sth; (*roupa*) to wring sth out

torções [tox'sõjʃ] MPL *de* **torção**

tormenta [tox'mẽta] F storm; (*fig*) upset

tormento [tox'mẽtu] M torment, torture; (*angústia*) anguish

tormentoso, -a [toxmẽ'tozu, ɔza] ADJ stormy, tempestuous

tornado [tox'nadu] M tornado

tornar [tox'nar] VI (*voltar*) to return, go back ■ VT: **~ algo em algo** to turn *ou* make sth into sth; **tornar-se** VR to become; **~ a fazer algo** to do sth again

torneado, -a [tox'njadu, a] ADJ: **bem ~** (*pernas, pescoço*) shapely

tornear [tox'njar] VT to turn (on a lathe), shape

torneio [tox'neju] M tournament

torneira [tox'nejra] F tap (*Brit*), faucet (*US*)

torniquete [toxni'ketʃi] M (*Med*) tourniquet; (*PT*: *roleta*) turnstile

torno ['toxnu] M lathe; (*Cerâmica*) wheel; **em ~ de** (*ao redor de*) around; (*sobre*) about; **em ~ de 5 milhões** around 5 million

tornozeleira [toxnoze'lejra] F ankle support

tornozelo [toxno'zelu] M ankle

toró [to'rɔ] M (*chuva*) downpour, shower; **caiu um ~** there was a sudden downpour

torpe ['toxpi] ADJ vile

torpedear [toxpe'dʒjar] VT to torpedo

torpedo [tox'pedu] M torpedo; (*col*: *mensagem*) text (message)

torpeza [tox'peza] F vileness

torpor [tox'por] M torpor; (*Med*) numbness

torrada [to'xada] F toast; **uma ~** a piece of toast;

torradeira [toxa'dejra] F toaster

torrão [to'xãw] (*pl* **-ões**) M turf, sod; (*terra*) soil, land; (*de açúcar*) lump; **~ natal** native land

torrar [to'xar] VT (*pão*) to toast; (*café*) to roast; (*plantação*) to parch; (*dinheiro*) to blow, squander; (*vender*) to sell off cheap; **~ (alguém)** (*col*) to get on sb's nerves; **~ a paciência** *ou* **o saco** (*col*) **de alguém** to try sb's patience

torre ['toxi] F tower; (*Xadrez*) castle, rook; (*Elet*) pylon; **~ de controle** (*Aer*) control tower; **~ de vigia** watchtower

torreão [to'xjãw] (*pl* **-ões**) M turret

torrefação [toxefa'sãw] (*PT* **-cç-**, *pl* **-ões**) F coffee-roasting house

torrencial [toxẽ'sjaw] (*pl* **-ais**) ADJ torrential

torrente [to'xẽtʃi] F (*tb fig*) torrent

torreões [to'xjõjʃ] MPL *de* **torreão**

torresmo [to'xeʒmu] M crackling

tórrido, -a ['tɔxidu, a] ADJ torrid

torrinha [to'xiɲa] F (*Teatro*) gallery; **as ~s** the gods

torrões [to'xõjʃ] MPL *de* **torrão**

torrone [to'xɔni] M nougat

torso ['toxsu] M torso, trunk

torta ['tɔxta] F pie, tart; **~ de maçã** apple pie

torto, -a ['toxtu, 'tɔxta] ADJ twisted, crooked; **a ~ e a direito** indiscriminately; **cometer erros a ~ e a direito** to make mistakes left, right and centre

tortuoso, -a [tox'twozu, ɔza] ADJ winding

tortura [tox'tura] F torture; (*fig*) anguish, agony

torturador, a [toxtura'dor(a)] M/F torturer

torturante [toxtu'rãtʃi] ADJ (*sonhos*) haunting; (*dor*) excruciating

torturar [toxtu'rar] VT to torture; (*fig*: *afligir*) to torment

torvelinho [toxve'liɲu] M (*de vento*) whirlwind; (*de água*) whirlpool; (*fig*: *de pensamentos*) swirl

tos [tuʃ] = **te + os**

tosão [to'zãw] (*pl* **-ões**) M fleece

tosar [to'zar] VT (*ovelha*) to shear; (*cabelo*) to crop

tosco, -a ['toʃku, a] ADJ rough, unpolished; (*grosseiro*) coarse, crude

tosões [to'zõjʃ] MPL *de* **tosão**

tosquiar [toʃ'kjar] VT (*ovelha*) to shear, clip

tosse ['tɔsi] F cough; **~ de cachorro** whooping cough; **~ seca** dry *ou* tickly cough; **tossir** [to'sir] VI to cough ■ VT to cough up

tosta ['tɔʃta] (*PT*) F toast; **~ mista** toasted cheese and ham sandwich

tostado, -a [toʃ'tadu, a] ADJ toasted; (*pessoa*) tanned; (*carne*) browned

tostão [toʃ'tãw] M (*dinheiro*) cash; **estar sem um ~** to be completely penniless

tostar [toʃ'tar] VT to toast; (*pele, pessoa*) to tan; (*carne*) to brown; **tostar-se** VR to get tanned

total [to'taw] (*pl* **-ais**) ADJ, M total

totalidade [totali'dadʒi] F totality, entirety; **em sua ~** in its entirety; **a ~ da população/dos**

políticos the entire population/all politicians
totalitário, -a [totali'tarju, a] ADJ totalitarian
totalitarismo [totalita'riʒmu] M totalitarianism
totalizar [totali'zaʳ] VT to total up
totalmente [totaw'mẽtʃi] ADV totally, completely
touca ['toka] F bonnet; (*de freira*) veil; **~ de banho** bathing cap
toucador [toka'doʳ] M (*penteadeira*) dressing table
toucinho [to'siɲu] M = **toicinho**
toupeira [to'pejra] F mole; (*fig*) numbskull, idiot
tourada [to'rada] F bullfight
tourear [to'rjaʳ] VI to fight bulls
toureiro [to'rejru] M bullfighter
touro ['toru] M bull; **T~** (*Astrologia*) Taurus; **pegar o ~ à unha** to take the bull by the horns
toxemia [tokse'mia] F blood poisoning
tóxico, -a ['tɔksiku, a] ADJ poisonous, toxic ■ M (*veneno*) poison; (*droga*) drug; **toxicômano, -a** [toksi'komanu, a] M/F drug addict
toxina [tok'sina] F toxin
trabalhadeira [trabaʎa'dejra] F: **ela é ~** she's a hard worker
trabalhador, a [trabaʎa'doʳ(a)] ADJ (*laborioso*) hard-working, industrious; (*Pol*: *classe*) working ■ M/F worker; **~ braçal** manual worker
trabalhão [traba'ʎãw] (*pl* **-ões**) M big job
trabalhar [traba'ʎaʳ] VI to work; (*Teatro*) to act ■ VT (*terra*) to till, work; (*madeira, metal*) to work; (*texto*) to work on; **~ com** (*comerciar*) to deal in; **~ de** *ou* **como** to work as
trabalheira [traba'ʎejra] F big job
trabalhista [traba'ʎiʃta] ADJ labour *atr* (*Brit*), labor *atr* (*US*) ■ M/F Labour Party member (*Brit*); **Partido T~** (*Pol*) Labour Party (*Brit*)
trabalho [tra'baʎu] M work; (*emprego, tarefa*) job; (*Econ*) labour (*Brit*), labor (*US*); (*Educ*: *tarefa*) assignment; **~ braçal** manual work; **~s forçados** hard labo(u)r, forced labo(u)r; **estar sem ~** to be out of work; **dar ~** to need work; **dar ~ a alguém** to cause sb trouble; **dar-se o ~ de fazer** to take the trouble to do; **um ~ ingrato** a thankless task; **~ doméstico** housework; **~ de parto** labo(u)r
trabalhões [traba'ʎõjʃ] MPL *de* **trabalhão**
trabalhoso, -a [traba'ʎozu, ɔza] ADJ laborious, arduous
traça ['trasa] F moth
traçado [tra'sadu] M sketch, plan
tração [tra'sãw] F traction
traçar [tra'saʳ] VT to draw; (*determinar*) to set out, outline; (*limites, fronteiras*) to mark out; (*planos*) to draw up; (*escrever*) to compose; (*col*: *comer, beber*) to guzzle down
tracçao [tra'sãw] (PT) F = **tração**
traço ['trasu] M (*linha*) line, dash; (*de lápis*) stroke; (*vestígio*) trace, vestige; (*aspecto*) feature, trait; **traços** MPL (*do rosto*) features; **~ (de união)** hyphen; (*entre frases*) dash
tractor [tra'toʳ] (PT) M = **trator**
tradição [tradʒi'sãw] (*pl* **-ões**) F tradition; **tradicional** [tradʒisjo'naw] (*pl* **-ais**) ADJ traditional
tradições [tradʒi'sõjʃ] FPL *de* **tradição**
tradução [tradu'sãw] (*pl* **-ões**) F translation
tradutor, a [tradu'toʳ(a)] M/F translator; **~ juramentado** legally recognized translator
traduzir [tradu'ziʳ] VT to translate; **traduzir-se** VR to come across; **~ do inglês para o português** to translate from English into Portuguese
trafegar [trafe'gaʳ] VI to move, go
trafegável [trafe'gavew] (*pl* **-eis**) ADJ (*rua*) open to traffic
tráfego ['trafegu] M (*trânsito*) traffic; **~ aéreo/marítimo** air/sea traffic
traficante [trafi'kãtʃi] M/F trafficker, dealer; **~ de drogas** drug trafficker, pusher (*col*)
traficar [trafi'kaʳ] VI: **~ (com)** to deal (in), traffic (in)
tráfico ['trafiku] M traffic; **~ de drogas** drug trafficking
tragada [tra'gada] F (*em cigarro*) drag, puff
tragar [tra'gaʳ] VT to swallow; (*fumaça*) to inhale; (*suportar*) to tolerate ■ VI to inhale
tragédia [tra'ʒɛdʒja] F tragedy; **fazer ~ de algo** to make a drama out of sth; **trágico, -a** ['traʒiku, a] ADJ tragic; (*dado a fazer tragédia*) dramatic
tragicomédia [traʒiko'mɛdʒja] F tragicomedy
tragicômico, -a [traʒi'komiku, a] ADJ tragicomic
trago ['tragu] M mouthful; (*em cigarro*) drag, puff; **tomar um ~** to have a mouthful; to have a drag; **de um ~** in one gulp
trago *etc* VB *v* **trazer**
traguei *etc* [tra'gej] VB *v* **tragar**
traição [traj'sãw] (*pl* **-ões**) F treason, treachery; (*deslealdade*) disloyalty; (*infidelidade*) infidelity; **alta ~** high treason
traiçoeiro, -a [traj'swejru, a] ADJ treacherous; (*infiel*) disloyal
traições [traj'sõjʃ] FPL *de* **traição**
traidor, a [traj'doʳ(a)] M/F traitor
trailer ['trejlaʳ] (*pl* **-s**) M trailer; (*tipo casa*) caravan (*Brit*), trailer (*US*)
traineira [traj'nejra] F trawler
training ['trejnĩŋ] (*pl* **-s**) M track suit
trair [tra'iʳ] VT to betray; (*mulher, marido*) to be unfaithful to; (*esperanças*) not to live up to; **trair-se** VR to give o.s. away
trajar [tra'ʒaʳ] VT to wear; **trajar-se** VR: **trajar-se de preto** to be dressed in black
traje ['traʒi] M dress, clothes *pl*; **~ de banho** swimsuit; **~ de noite** evening gown; **~ a rigor** evening dress; **~ de passeio** smart dress; **em ~s de Adão** in one's birthday suit; **~s menores** smalls, underwear *sg*
trajeto [tra'ʒɛtu] (*PT* **-ct-**) M course, path
trajetória [traʒe'tɔrja] (*PT* **-ct-**) F trajectory, path; (*fig*) course
tralha ['traʎa] F fishing net; (*col*) junk
trama ['trama] F (*tecido*) weft (*Brit*), woof (*US*);

(*enredo, conspiração*) plot
tramar [tra'mar] VT (*tecer*) to weave; (*maquinar*) to plot ■ VI: **~ contra** to conspire against
trambicar [trãbi'kar] (*col*) VT to con
trambique [trã'biki] (*col*) M con
trambiqueiro, -a [trãbi'kejru, a] M/F con merchant ■ ADJ slippery
trambolhão [trambo'ʎãw] (*pl* **-ões**) M tumble; **andar aos trambolhões** to stumble along
trambolho [trã'boʎu] M encumbrance
trambolhões [trambo'ʎõjʃ] MPL *de* **trambolhão**
tramitar [trami'tar] VI to go through the procedure
trâmites ['tramitʃiʃ] MPL procedure *sg*, channels
tramóia [tra'mɔja] F (*fraude*) swindle, trick; (*trama*) plot, scheme
trampolim [trãpo'lĩ] (*pl* **-ns**) M trampoline; (*de piscina*) diving board; (*fig*) springboard
trampolinagem [trãpoli'naʒẽ] (*pl* **-ns**) F trick, swindle
trampolineiro [trãpoli'nejru] M trickster, swindler
trampolinice [trãpoli'nisi] F trick, swindle
trampolins [trãpo'lĩʃ] MPL *de* **trampolim**
tranca ['trãka] F (*de porta*) bolt; (*de carro*) lock
trança ['trãsa] F (*cabelo*) plait; (*galão*) braid
trançado, -a [trã'sadu, a] ADJ (*cesto*) woven
trancafiar [trãka'fjar] VT to lock up
trancão [trã'kãw] (*pl* **-ões**) M bump
trancar [trã'kar] VT to lock; (*matrícula*) to suspend; (*Futebol*) to shove; **trancar-se** VR (*mostrar-se fechado*) to clam up; **~-se no quarto** to lock o.s. (away) in one's room
trançar [trã'sar] VT to weave; (*cabelo*) to plait, braid ■ VI (*col*) to wander around
tranco ['trãku] M (*solavanco*) jolt; (*esbarrão*) bump; (*de cavalo*) walk; (*col: admoestação*) put-down; **aos ~s** jolting; **aos ~s e barrancos** with great difficulty; (*aos saltos*) jolting
trancões [trã'kõjʃ] MPL *de* **trancão**
tranqüilamente [trãkwila'mẽtʃi] ADV calmly; (*facilmente*) easily; (*seguramente*) for sure
tranqüilidade [trãkwili'dadʒi] F tranquillity; (*paz*) peace
tranqüilizador, a [trãkwiliza'dor(a)] ADJ reassuring; (*música*) soothing
tranqüilizante [trãkwili'zãtʃi] ADJ = **tranqüilizador** ■ M (*Med*) tranquillizer
tranqüilizar [trãkwili'zar] VT to calm, quieten; (*despreocupar*): **~ alguém** to reassure sb, put sb's mind at rest; **tranqüilizar-se** VR to calm down; (*pessoa preocupada*) to be reassured
tranqüilo, -a [trã'kwilu, a] ADJ peaceful; (*mar, pessoa*) calm; (*criança*) quiet; (*consciência*) clear; (*seguro*) sure, certain ■ ADV with no problems
transa ['trãza] (BR: *col*) F (*namoro*) affair; (*combinação*) arrangement; (*trama, negócios*) business; (*ligação*) relationship; (*assunto*) matter; **combinar altas ~s** to be into all sorts of things
transação [trãza'sãw] (PT **-cç-**, *pl* **-ões**) F (*Com*) transaction, deal; (*combinação*) arrangement; (*col: maquinação*) business
transada [trã'zada] F: **dar uma ~** (*col*) to have sex
transado, -a [trã'zadu, a] ADJ: **bem ~** (*col: objeto*) well made; (*relacionamento*) healthy; (*pessoa, casa*) classy
Transamazônica [trãzama'zonika]: **a ~** the trans-Amazonian highway
transamazônico, -a [trãzama'zoniku, a] ADJ trans-Amazonian
transar [trã'zar] (*col*) VT (*combinar*) to arrange; (*arranjar*) to fix up; (*tramar*) to plan; (*drogas*) to do ■ VI (*namorar*) to go out; (*ter relação sexual*) to have sex; **~ com** (*relacionar-se*) to hang out with; (*negociar*) to deal in
transatlântico, -a [trãzat'lãtʃiku, a] ADJ transatlantic ■ M (transatlantic) liner
transbordar [trãʒbox'dar] VI to overflow; **~ de alegria** to burst with happiness
transbordo [trãʒ'boxdu] M (*de viajantes*) change, transfer
transcendental [trãsẽdẽ'taw] (*pl* **-ais**) ADJ transcendental
transcender [trãsẽ'der] VT, VI: **~ (a)** to transcend
transcorrer [trãʃko'xer] VI to elapse, go by; (*evento*) to pass off
transcrever [trãʃkre'ver] VT to transcribe
transcrição [trãʃkri'sãw] (*pl* **-ões**) F transcription
transcrito, -a [trãʃ'kritu, a] PP *de* **transcrever** ■ M transcript
transe ['trãzi] M ordeal; (*lance*) plight; (*hipnótico*) trance; **a todo ~** at all costs
transeunte [trã'zjũtʃi] M/F passer-by
transferência [trãʃfe'rẽsja] F transfer; (*Jur*) conveyancing
transferir [trãʃfe'rir] VT to transfer; (*adiar*) to postpone
transferível [trãʃfe'rivew] (*pl* **-eis**) ADJ transferable
transfigurar [trãʃfigu'rar] VT to transfigure, transform; **transfigurar-se** VR to transform
transfiro *etc* [trãʃ'firu] VB *v* **transferir**
transformação [trãʃfoxma'sãw] (*pl* **-ões**) F transformation
transformador [trãʃfoxma'dor] M (*Elet*) transformer
transformar [trãʃfox'mar] VT to transform, turn; **transformar-se** VR to turn; **~ algo em algo** to turn *ou* transform sth into sth
trânsfuga ['trãʃfuga] M (*desertor*) deserter; (*político*) turncoat; (*da Rússia etc*) defector
transfusão [trãʃfu'zãw] (*pl* **-ões**) F transfusion; **~ de sangue** blood transfusion
transgredir [trãʒgre'dʒir] VT to infringe
transgressão [trãʒgre'sãw] (*pl* **-ões**) F transgression, infringement
transgrido *etc* [trãʒ'gridu] VB *v* **transgredir**

NB: *European Portuguese adds the following consonants to certain words*: **b** (sú(b)dito, su(b)til); **c** (a(c)ção, a(c)cionista, a(c)to); **m** (inde(m)ne); **p** (ado(p)çã, ado(p)tar); *for further details see p. xiii.*

transição [trãzi'sãw] (*pl* **-ões**) F transition; **período** *ou* **fase de ~** transition period
transicional [trãzisjo'naw] (*pl* **-ais**) ADJ transitional
transições [trãzi'sõjʃ] FPL *de* **transição**
transido, -a [trã'zidu, a] ADJ numb
transigente [trãzi'ʒẽtʃi] ADJ willing to compromise
transigir [trãzi'ʒiʳ] VI to compromise, make concessions; **~ com alguém** to compromise with sb, meet sb halfway
transistor [trãziʃ'toʳ] M transistor
transitar [trãzi'taʳ] VI: **~ por** to move through; (*rua*) to go along
transitável [trãzi'tavew] (*pl* **-eis**) ADJ (*caminho*) passable
transitivo, -a [trãzi'tʃivu, a] ADJ (*Ling*) transitive
trânsito ['trãzitu] M (*ato*) transit, passage; (*na rua*: *veículos*) traffic; (: *pessoas*) flow; **em ~** in transit; **sinal de ~** traffic signal; **transitório, -a** [trãzi'tɔrju, a] ADJ transitory, passing; (*período*) transitional
transladar [trãʒla'daʳ] VT = **trasladar**
translado [trãʒ'ladu] M = **traslado**
translúcido, -a [trãʒ'lusidu, a] ADJ translucent
transmissão [trãʒmi'sãw] (*pl* **-ões**) F transmission; (*Rádio, TV*) transmission, broadcast; (*transferência*) transfer; **~ ao vivo** live broadcast; **~ de dados** data transmission
transmissível [trãʒmi'sivew] (*pl* **-eis**) ADJ transmittable
transmissões [trãʒmi'sõjʃ] FPL *de* **transmissão**
transmissor, a [trãʒmi'soʳ(a)] ADJ transmitting ■ M transmitter
transmitir [trãʒmi'tʃiʳ] VT to transmit; (*Rádio, TV*) to broadcast, transmit; (*transferir*) to transfer; (*recado, notícia*) to pass on; (*aroma, som*) to carry; **transmitir-se** VR (*doença*) to be transmitted; **~ algo a alguém** (*paz etc*) to bring sb sth
transparecer [trãʃpare'seʳ] VI to be visible, appear; (*revelar-se*) to be apparent
transparência [trãʃpa'rẽsja] F transparency; (*de água*) clarity
transparente [trãʃpa'rẽtʃi] ADJ transparent; (*roupa*) see-through; (*água*) clear; (*evidente*) clear, obvious
transpassar [trãʃpa'saʳ] VT = **traspassar**
transpiração [trãʃpira'sãw] F perspiration
transpirar [trãʃpi'raʳ] VI (*suar*) to perspire; (*divulgar-se*) to become known; (*verdade*) to come out ■ VT to exude
transplantar [trãʃplã'taʳ] VT to transplant
transplante [trãʃ'plãtʃi] M transplant
transpor [trãʃ'poʳ] (*irreg*) VT to cross; (*inverter*) to transpose
transportação [trãʃpoxta'sãw] F transportation
transportadora [trãʃpoxta'dora] F haulage company
transportar [trãʃpox'taʳ] VT to transport; (*levar*) to carry; (*enlevar*) to entrance, enrapture; (*fig*: *remontar*) to take back; **transportar-se** VR to be entranced; (*remontar*) to be transported back; **a ~** (*Com*: *quantia*) carry forward, c/f
transporte [trãʃ'pɔxtʃi] M transport; (*Com*) haulage; (*em contas*) amount carried forward; (*fig*: *êxtase*) rapture, delight; **despesas de ~** transport costs; **Ministério dos T~s** Ministry of Transport (*Brit*), Department of Transportation (*US*); **~ rodoviário** road transport; **~s coletivos** public transport *sg*
transposição [trãʃpozi'sãw] F transposition; (*de rio*) crossing
transpôs [trãʃ'poʃ] VB *v* **transpor**
transposto, -a [trãʃ'poʃtu, 'pɔʃta] PP *de* **transpor**
transpunha *etc* [trãʃ'puɲa] VB *v* **transpor**
transpus *etc* [trãʃ'puʃ] VB *v* **transpor**
transpuser *etc* [trãʃpu'zeʳ] VB *v* **transpor**
transtornar [trãʃtox'naʳ] VT to upset; (*rotina, reunião*) to disrupt; **transtornar-se** VR to get upset; to be disrupted
transtorno [trãʃ'toxnu] M upset, disruption; (*contrariedade*) hardship; (*mental*) distraction
transversal [trãʒvex'saw] (*pl* **-ais**) ADJ transverse, cross; **(rua) ~** cross street
transverso, -a [trãʒ'vɛxsu, a] ADJ transverse, cross
transviado, -a [trãʒ'vjadu, a] ADJ wayward, erring
transviar [trãʒ'vjaʳ] VT to lead astray; **transviar-se** VR to go astray
trapaça [tra'pasa] F swindle, fraud
trapacear [trapa'sjaʳ] VT, VI to swindle
trapaceiro, -a [trapa'sejru, a] ADJ crooked, cheating ■ M/F swindler, cheat
trapalhada [trapa'ʎada] F confusion, mix-up
trapalhão, -lhona [trapa'ʎãw, 'ʎ] (*pl* **-ões/-s**) M/F bungler, blunderer
trapézio [tra'pɛzju] M trapeze; (*Mat*) trapezium
trapezista [trape'ziʃta] M/F trapeze artist
trapo ['trapu] M rag; **ser** *ou* **estar um ~** (*pessoa*) to be washed up
traquéia [tra'kɛja] F windpipe
traquejo [tra'keʒu] M experience
traqueotomia [trakjoto'mia] F tracheotomy
traquinas [tra'kinaʃ] ADJ INV mischievous
trarei *etc* [tra'rej] VB *v* **trazer**
trás [trajʃ] PREP, ADV: **para ~** backwards; **por ~ de** behind; **de ~** from behind; **a luz de ~** the back light; **de ~ para frente** back to front; **ano ~ ano** year after year; **dar para ~** (*fig*: *pessoa*) to go wrong
traseira [tra'zejra] F rear; (*Anat*) bottom
traseiro, -a [tra'zejru, a] ADJ back, rear ■ M (*Anat*) bottom, behind
trasladar [traʒla'daʳ] VT to remove, transfer; (*copiar*) to transcribe
traslado [traʒ'ladu] M (*cópia*) transcript; (*deslocamento*) removal, transference
traspassar [traʃpa'saʳ] VT (*rio etc*) to cross; (*penetrar*) to pierce, penetrate; (*exceder*) to exceed, overstep; (*transferir*) to transmit, transfer; (*PT*:

sublocar) to sublet
traspasse [traʃ'pasi] M transfer; (*sublocação*) sublease
traste ['traʃtʃi] M thing; (*coisa sem valor*) piece of junk; (*patife*) rogue, rascal; **estar** *ou* **ficar um ~** to be devastated
tratado [tra'tadu] M treaty; (*Literatura*) treatise; **~ de paz** peace treaty
tratador, a [trata'do^{r}(a)] M/F: **~ de cavalos** groom
tratamento [trata'mẽtu] M treatment; (*título*) title; **forma de ~** form of address; **~ de choque** shock treatment
tratante [tra'tãtʃi] M/F rogue
tratar [tra'ta^{r}] VT to treat; (*tema*) to deal with, cover; (*combinar*) to agree ■ VI: **~ com** to deal with; (*combinar*) to agree with; **tratar-se** VR (*Med*) to take treatment; (*cuidar-se*) to take care of o.s.; **~ de** to deal with; **~ por** *ou* **de** to address as; **de que se trata?** what is it about?; **trata-se de** it is a question of; **~ de fazer** (*esforçar-se*) to try to do; (*resolver*) to resolve to do; **trate da sua vida!** mind your own business!; **~-se a pão e água** to live on bread and water
tratável [tra'tavew] (*pl* **-eis**) ADJ treatable; (*afável*) approachable, amenable
trato ['tratu] M (*tratamento*) treatment; (*contrato*) agreement, contract; **tratos** MPL (*relações*) dealings; **maus ~s** ill-treatment; **pessoa de fino ~** refined person; **dar ~s à bola** to rack one's brains
trator [tra'to^{r}] M tractor
traulitada [trawli'tada] F beating
trauma ['trawma] M trauma
traumático, -a [traw'matʃiku, a] ADJ traumatic
traumatizante [trawmatʃi'zãtʃi] ADJ traumatic, harrowing
traumatizar [trawmatʃi'za^{r}] VT to traumatize
travada [tra'vada] F: **dar uma ~** to put on the brake
travão [tra'vãw] (*PT*) (*pl* **-ões**) M brake
travar [tra'va^{r}] VT (*roda*) to lock; (*iniciar*) to engage in; (*conversa*) to strike up; (*luta*) to wage; (*carro*) to stop; (*passagem*) to block; (*movimentos*) to hinder ■ VI (*PT*) to brake; **~ amizade com** to become friendly with, make friends with
trave ['travi] F beam, crossbeam; (*Esporte*) crossbar; **foi na ~** (*col: resposta etc*) (it was) close
través [tra'vɛʃ] M slant, incline; **de ~** across, sideways; **olhar de ~** to look sideways (at)
travessa [tra'vɛsa] F crossbeam, crossbar; (*rua*) lane, alley; (*prato*) dish; (*para o cabelo*) comb, slide
travessão [trave'sãw] (*pl* **-ões**) M (*de balança*) bar, beam; (*pontuação*) dash
travesseiro [trave'sejru] M pillow; **consultar o ~** to sleep on it
travessia [trave'sia] F (*viagem*) journey, crossing
travesso, -a[1] [tra'vɛsu, a] ADJ cross, transverse
travesso, -a[2] [tra'vesu, a] ADJ mischievous, naughty
travessões [trave'sõjʃ] MPL *de* **travessão**
travessura [trave'sura] F mischief, prank; **fazer ~s** to get up to mischief
travesti [traveʃ'tʃi] M/F transvestite; (*artista*) drag artist
travões [tra'võjʃ] MPL *de* **travão**
trazer [tra'ze^{r}] VT to bring; (*roupa*) to wear; (*nome, marcas*) to bear; **~ à memória** to bring to mind; **o jornal traz uma notícia sobre isso** the newspaper has an item about that; **~ de volta** to bring back
TRE (*BR*) ABR M = **Tribunal Regional Eleitoral**
trecho ['treʃu] M passage; (*de rua, caminho*) stretch; (*espaço*) space
treco ['trɛku] (*col*) M (*tralha*) thing; (*indisposição*) bad turn; **trecos** MPL (*bugigangas*) stuff *sg*; **ter um ~** (*sentir-se mal*) to be taken bad; (*zangar-se*) to have a fit
trégua ['trɛgwa] F truce; (*descanso*) respite, rest; **não dar ~ a** to give no respite to
treinado, -a [trej'nadu, a] ADJ (*atleta*) fit; (*animal*) trained; (*acostumado*) practised (*Brit*), practiced (*US*)
treinador, a [trejna'do^{r}(a)] M/F trainer
treinamento [trejna'mẽtu] M training
treinar [trej'na^{r}] VT to train; **treinar-se** VR to train; **~ seu inglês** to practise (*Brit*) *ou* practice (*US*) one's English; **treino** ['trejnu] M training
trejeito [tre'ʒejtu] M (*gesto*) gesture; (*careta*) grimace, face
trela ['trɛla] F (*correia*) lead, leash; (*col: conversa*) chat; **dar ~ a** (*col: conversar*) to chat with; (*encorajar*) to lead on
treliça [tre'lisa] F trellis
trem [trẽj] (*pl* **-ns**) M train; (*PT: carruagem*) carriage, coach; **ir de ~** to go by train; **mudar de ~** to change trains; **pegar um ~** to catch a train; **puxar o ~** (*col*) to make tracks; **trens** MPL (*col: coisas, objetos*) gear *sg*, belongings; **~ de carga/passageiros** freight/passenger train; **~ correio** mail train; **~ de aterrissagem** (*avião*) landing gear; **~ da alegria** (*Pol*) jobs *pl* for the boys, nepotism
trema ['trɛma] M di(a)eresis
tremedeira [treme'dejra] F trembling
tremelicante [tremeli'kãtʃi] ADJ trembling
tremelicar [tremeli'ka^{r}] VI to tremble, shiver
tremelique [treme'liki] M trembling
tremeluzir [tremelu'zi^{r}] VI to twinkle, glimmer
tremendo, -a [tre'mẽdu, a] ADJ tremendous; (*terrível*) terrible, awful
tremer [tre'me^{r}] VI to shudder, quake; (*terra*) to shake; (*de frio, medo*) to shiver
tremor [tre'mo^{r}] M tremor, trembling; **~ de terra** (earth) tremor
tremular [tremu'la^{r}] VI (*bandeira*) to flutter,

wave; (*luz*) to glimmer, flicker
trêmulo, -a ['tremulu, a] ADJ shaky, trembling; (*voz*) faltering
trena ['trɛna] F tape measure
trenó [tre'nɔ] M sledge, sleigh (*Brit*), sled (*US*)
trens [trẽjʃ] MPL *de* **trem**
trepadeira [trepa'dejra] F (*Bot*) creeper
trepada [tre'pada] (*col!*) F screw, fuck (!)
trepar [tre'pa^{r}] VT to climb ■ VI: ~ **em** to climb; ~ **(com alguém)** (*col!*) to screw (sb)
trepidação [trepida'sãw] F shaking
trepidar [trepi'da^{r}] VI to tremble, shake
trépido, -a ['trɛpidu, a] ADJ fearful
três [treʃ] NUM three; **a ~ por dois** every five minutes, all the time; *v tb* **cinco**
tresloucado, -a [treʒlo'kadu, a] ADJ crazy, deranged
três-quartos ADJ INV (*saia, manga*) three-quarter-length ■ M INV (*apartamento*) three-room flat (*Brit*) *ou* apartment
trespassar [treʃpa'sa^{r}] VT = **traspassar**
trespasse [treʃ'pasi] M = **traspasse**
trevas ['trɛvaʃ] FPL darkness *sg*
trevo ['trevu] M clover; (*de vias*) intersection
treze ['trezi] NUM thirteen; *v tb* **cinco**
trezentos, -as [tre'zẽtuʃ] NUM three hundred
tríade ['triadʒi] F triad
triagem ['trjaʒẽ] F selection; (*separação*) sorting; **fazer uma ~ de** to make a selection of, sort out
triangular [trjãgu'la^{r}] ADJ triangular
triângulo ['trjãgulu] M triangle
tribal [tri'baw] (*pl* **-ais**) ADJ tribal
tribo ['tribu] F tribe
tribulação [tribula'sãw] (*pl* **-ões**) F tribulation, affliction
tribuna [tri'buna] F platform, rostrum; (*Rel*) pulpit
tribunal [tribu'naw] (*pl* **-ais**) M court; (*comissão*) tribunal; **~ de apelação** *ou* **de recursos** court of appeal; **T~ de Justiça/Contas** Court of Justice/Accounts; **T~ do Trabalho** Industrial Tribunal
tributação [tributa'sãw] F taxation
tributar [tribu'ta^{r}] VT (*impor impostos a*) to tax; (*pagar*) to pay
tributário, -a [tribu'tarju, a] ADJ tax *atr* ■ M (*de rio*) tributary
tributável [tribu'tavew] (*pl* **-eis**) ADJ taxable
tributo [tri'butu] M tribute; (*imposto*) tax
tricampeão, -peã [trikã'pjãw, 'pjã] (*pl* **-ões/-s**) M/F three-times champion
tricô [tri'ko] M knitting; **artigos de ~** knitted goods, knitwear *sg*; **ponto de ~** plain stitch
tricolor [triko'lo^{r}] ADJ three-coloured (*Brit*), three-colored (*US*)
tricotar [triko'ta^{r}] VT, VI to knit
tridimensional [tridimẽsjo'naw] (*pl* **-ais**) ADJ three-dimensional
triênio ['trjenju] M three-year period
trigal [tri'gaw] (*pl* **-ais**) M wheat field
trigêmeo, -a [tri'ʒemju, a] M/F triplet
trigésimo, -a [tri'ʒɛzimu, a] ADJ thirtieth; *v tb* **quinto**
trigo ['trigu] M wheat
trigonometria [trigonome'tria] F trigonometry
trigueiro, -a [tri'gejru, a] ADJ dark, swarthy
trilátero, -a [tri'lateru, a] ADJ trilateral
trilha ['triʎa] F (*caminho*) path; (*rasto*) track, trail; (*Comput*) track; **~ sonora** soundtrack
trilhado, -a [tri'ʎadu, a] ADJ (*pisado*) well-worn, well-trodden; (*percorrido*) covered
trilhão [tri'ʎãw] (*pl* **-ões**) M billion (*Brit*), trillion (*US*)
trilhar [tri'ʎa^{r}] VT (*vereda*) to tread, wear
trilho ['triʎu] M (*BR: Ferro*) rail; (*vereda*) path, track
trilhões [tri'ʎõjʃ] MPL *de* **trilhão**
trilíngüe [tri'lĩgwi] ADJ trilingual
trilogia [trilo'ʒia] F trilogy
trimestral [trimeʃ'traw] (*pl* **-ais**) ADJ quarterly
trimestralidade [trimeʃtrali'dadʒi] F quarterly payment
trimestralmente [trimeʃtraw'mẽtʃi] ADV quarterly
trimestre [tri'mɛʃtri] M (*Educ*) term; (*Com*) quarter
trinca ['trĩka] F set of three; (*col: trio*) threesome
trincar [trĩ'ka^{r}] VT to crunch; (*morder*) to bite; (*dentes*) to grit ■ VI to crunch
trinchar [trĩ'ʃa^{r}] VT to carve
trincheira [trĩ'ʃejra] F trench
trinco ['trĩku] M latch
trindade [trĩ'dadʒi] F: **a T~** the Trinity; **trindades** FPL (*sino*) angelus *sg*
Trinidad e Tobago [trinidadʒito'bagu] M Trinidad and Tobago
trinta ['trĩta] NUM thirty; *v tb* **cinqüenta**
trio ['triu] M trio; **trio elétrico** music float; *see below*

TRIO ELÉTRICO

Trios elétricos are lorries, carrying floats equipped for sound and/or live music, which parade through the streets during *carnaval*, especially in Bahia. Bands and popular performers on the floats draw crowds by giving frenzied performances of various types of music.

tripa ['tripa] F gut, intestine; **tripas** FPL (*intestinos*) bowels; (*vísceras*) guts; (*Culin*) tripe *sg*; **fazer das ~s coração** to make a great effort
tripé [tri'pɛ] M tripod
tríplex ['tripleks] ADJ INV three-storey (*Brit*), three-story (*US*) ■ M INV three-stor(e)y apartment
triplicar [tripli'ka^{r}] VT, VI to treble; **triplicar-se** VR to treble
Trípoli ['tripoli] N Tripoli
tripulação [tripula'sãw] (*pl* **-ões**) F crew
tripulante [tripu'lãtʃi] M/F crew member

tripular [tripu'la^{r}] VT to man
trisavô, -vó [triza'vo, 'vɔ] M/F great-great-grandfather/mother
triste ['triʃtʃi] ADJ sad; (*lugar*) depressing
tristeza [triʃ'teza] F sadness; (*de lugar*) gloominess; **esse professor é uma ~** (*col*) this teacher is awful
tristonho, -a [triʃ'tɔɲu, a] ADJ sad, melancholy
triturar [tritu'ra^{r}] VT (*moer*) to grind; (*espancar*) to beat to a pulp; (*afligir*) to beset
triunfal [trjũ'faw] (*pl* **-ais**) ADJ triumphal
triunfante [trjũ'fãtʃi] ADJ triumphant
triunfar [trjũ'fa^{r}] VI to triumph; **triunfo** ['trjũfu] M triumph
trivial [tri'vjaw] (*pl* **-ais**) ADJ (*comum*) common(place), ordinary; (*insignificante*) trivial, trifling ■ M (*pratos*) everyday food
trivialidade [trivjali'dadʒi] F triviality; **trivialidades** FPL (*futilidades*) trivia *sg*
triz [triʒ] M: **por um ~** by a hair's breadth; **escapar por um ~** to have a narrow escape
troca ['trɔka] F exchange, swap; **em ~ de** in exchange for
troça ['trɔsa] F ridicule, mockery; **fazer ~ de** to make fun of
trocadilho [troka'dʒiʎu] M pun, play on words
trocado, -a [tro'kadu, a] ADJ mixed up ■ M: **~(s)** (*small*) change
trocador, a [troka'do^{r}(a)] M/F (*em ônibus*) conductor
trocar [tro'ka^{r}] VT to exchange, swap; (*mudar*) to change; (*inverter*) to change *ou* swap round; (*confundir*) to mix up; **trocar-se** VR to change; **~ dinheiro** to change money; **~ algo por algo** to exchange *ou* swap sth for sth; **~ algo de lugar** to move sth; **~ de roupa/lugar** to change (clothes)/places; **~ de bem/mal** to make up/fall out
troçar [tro'sa^{r}] VI: **~ de** to ridicule, make fun of
troca-troca (*pl* **-s**) M swap
trocista [tro'siʃta] M/F joker
troco ['troku] M (*dinheiro*) change; (*revide*) retort, rejoinder; **a ~ de** at the cost of; (*por causa de*) because of; **em ~ de** in exchange for; **dar o ~ a alguém** (*fig*) to pay sb back
troço ['trɔsu] (BR: *col*) M (*coisa inútil*) piece of junk; (*coisa*) thing; **ser ~** (*pessoa*) to be a big-shot; **ser um ~** to be amazing; **ter um ~** (*sentir-se mal*) to be taken bad; (*zangar-se*) to get mad; **senti** *ou* **me deu um ~** I felt bad; **ele é um ~ de feio** he's incredibly ugly; **meus ~s** my things
troféu [tro'fɛw] M trophy
tromba ['trõba] F (*do elefante*) trunk; (*de outro animal*) snout; (*col*) poker face; **estar de ~** (*col*) to be poker-faced
trombada [trõ'bada] F crash; **dar uma ~** to have a crash
tromba-d'água (*pl* **trombas-d'água**) F waterspout; (*chuva*) downpour
trombadinha [trõba'dʒiɲa] F child thief
trombeta [trõ'beta] F (*Mús*) trumpet
trombone [trõ'bɔni] M (*Mús*) trombone; **botar a boca no ~** (*fig*: *col*) to tell the world
trombose [trõ'bɔzi] F thrombosis
trombudo, -a [trõ'budu, a] ADJ (*fig*) poker-faced
trompa ['trõpa] F (*Mús*) horn; **~ de Falópio** (*Anat*) Fallopian tube
tronchar [trõ'ʃa^{r}] VT to cut off, chop off
troncho, -a ['trõʃu, a] ADJ (*torto*) crooked; **~ de uma perna** one-legged
tronco ['trõku] M (*caule*) trunk; (*ramo*) branch; (*de corpo*) torso, trunk; (*de família*) lineage; (*Tel*) trunkline
troncudo, -a [trõ'kudu, a] ADJ stocky
trono ['trɔnu] M throne
tropa ['trɔpa] F troop, gang; (*Mil*) troop; (*exército*) army; **ir para a ~** (PT) to join the army; **~ de choque** riot police, riot squad
tropeção [trope'sãw] (*pl* **-ões**) M trip-up; (*fig*) faux pas, slip-up; **dar um ~ (em)** to stumble (on)
tropeçar [trope'sa^{r}] VI to stumble, trip; (*fig*) to blunder; **~ em dificuldades** to meet with difficulties
tropeço [tro'pesu] M stumbling block
tropeções [trope'sõjʃ] MPL *de* **tropeção**
trôpego, -a ['tropegu, a] ADJ shaky, unsteady
tropel [tro'pɛw] (*pl* **-éis**) M (*ruído*) uproar, tumult; (*confusão*) confusion; (*estrépito de pés*) stamping of feet; (*turbamulta*) mob
tropical [tropi'kaw] (*pl* **-ais**) ADJ tropical
trópico ['trɔpiku] M tropic; **T~ de Câncer/Capricórnio** Tropic of Cancer/Capricorn
troquei *etc* [tro'kej] VB *v* **trocar**
trotar [tro'ta^{r}] VI to trot; **trote** ['trɔtʃi] M trot; (*por telefone etc*) hoax call; (: *obsceno*) obscene call; (*em calouro*) trick; **passar um trote** to play a hoax
trottoir [tro'twa^{r}] M: **fazer ~** to go on the streets (as a prostitute)
trouxa ['troʃa] ADJ (*col*) gullible ■ F bundle of clothes ■ M/F (*col*: *pessoa*) sucker
trouxe *etc* ['trosi] VB *v* **trazer**
trova ['trɔva] F ballad, folksong
trovador [trova'do^{r}] M troubadour, minstrel
trovão [tro'vãw] (*pl* **-ões**) M clap of thunder; (*trovoada*) thunder; **trovejar** [trove'ʒa^{r}] VI to thunder; **trovoada** [tro'vwada] F thunderstorm
trovoar [tro'vwa^{r}] VI to thunder
trovões [tro'võjʃ] MPL *de* **trovão**
TRT (BR) ABR M = **Tribunal Regional do Trabalho**
TRU (BR) ABR F = **Taxa Rodoviária Única**
trucidar [trusi'da^{r}] VT to butcher, slaughter
truculência [truku'lẽsja] F cruelty, barbarism
truculente [truku'lẽtʃi] ADJ cruel, barbaric
trufa ['trufa] F (*Bot*) truffle

NB: *European Portuguese adds the following consonants to certain words*: **b** (sú(b)dito, su(b)til); **c** (a(c)ção, a(c)cionista, a(c)to); **m** (inde(m)ne); **p** (ado(p)çã, ado(p)tar); *for further details see p. xiii.*

truísmo [tru'iʒmu] M truism
trumbicar-se [trũbi'kaxsi] (*col*) VR to come a cropper
truncar [trũ'kaʳ] VT to chop off, cut off; (*texto*) to garble
trunfo ['trũfu] M trump (card)
truque ['truki] M trick; (*publicitário*) gimmick
truste ['truʃtʃi] M trust, monopoly
truta ['truta] F trout
TSE (BR) ABR M = **Tribunal Superior Eleitoral**
TST (BR) ABR M = **Tribunal Superior do Trabalho**
tu [tu] (PT) PRON you
tua ['tua] F *de* **teu**
tuba ['tuba] F tuba
tubarão [tuba'rãw] (*pl* **-ões**) M shark
tubário, -a [tu'barju, a] ADJ: **gravidez tubária** ectopic pregnancy
tubarões [tuba'rõjʃ] MPL *de* **tubarão**
tuberculose [tubexku'lɔzi] F tuberculosis, TB
tuberculoso, -a [tubexku'lozu, ɔza] ADJ suffering from tuberculosis ■ M/F TB sufferer
tubinho [tu'biɲu] M tube dress
tubo ['tubu] M tube, pipe; **~ de ensaio** test tube; **gastar/custar os ~s** (*col*) to spend/cost a bomb
tubulação [tubula'sãw] F piping, plumbing; **entrar pela ~** to come a cropper
tubular [tubu'laʳ] ADJ tubular
tucano [tu'kanu] M toucan
tudo ['tudu] PRON everything; **~ quanto** everything that; **antes de ~** first of all; **apesar de ~** despite everything; **acima de ~** above all; **depois de ~** after all; **~ ou nada** all or nothing; **estar com ~** to be sitting pretty
tufão [tu'fãw] (*pl* **-ões**) M typhoon
tugúrio [tu'gurju] M (*cabana*) hut, shack; (*refúgio*) shelter
tulipa [tu'lipa] F tulip; (*copo*) tall glass
tumba ['tũba] F (*sepultura*) tomb; (*lápide*) tombstone
tumido, -a [tu'midu, a] ADJ (*inchado*) swollen
tumular [tumu'laʳ] ADJ (*pedra*) tomb *atr*; (*silêncio*) like the grave
túmulo ['tumulu] M tomb; (*sepultura*) burial; **ser um ~** (*pessoa*) to be very discreet
tumor [tu'moʳ] M tumour (*Brit*), tumor (*US*); **~ benigno/maligno** benign/malignant tumo(u)r; **~ cerebral** brain tumo(u)r
tumulto [tu'muwtu] M (*confusão*) uproar, trouble; (*grande movimento*) bustle; (*balbúrdia*) hubbub; (*motim*) riot; **tumultuado, -a** [tumuw'twadu, a] ADJ riotous, heated; **tumultuar** [tumuw'twaʳ] VT (*fazer tumulto em*) to disrupt; (*amotinar*) to rouse, incite
tumultuoso, -a [tumuw'twozu, ɔza] ADJ tumultuous; (*revolto*) stormy
tunda ['tũda] F thrashing, beating; (*fig*) dressing-down
túnel ['tunew] (*pl* **-eis**) M tunnel
túnica ['tunika] F tunic
Tunísia [tu'nizja] F: **a ~** Tunisia
tupi [tu'pi] M Tupi (tribe); (*Ling*) Tupi ■ M/F Tupi Indian
tupi-guarani [-gwara'ni] M (*Ling*) *see below*

TUPI-GUARANI

This is an important branch of indigenous languages from the tropical region of South America. It takes in thirty indigenous peoples and includes Tupi, Guarani, and other languages. Before Brazil was discovered by the Portuguese it had 1,300 indigenous languages, 87% of which are now extinct due to the extermination of indigenous peoples and the loss of territory.

tupiniquim [tupini'kĩ] (*pej*) (*pl* **-ns**) ADJ Brazilian (Indian)
turba ['tuxba] F throng; (*em desordem*) mob
turbamulta [tuxba'muwta] F mob
turbante [tux'bãtʃi] M turban
turbar [tux'baʳ] VT (*escurecer*) to darken, cloud; (*perturbar*) to perturb; **turbar-se** VR to be perturbed
turbilhão [tuxbi'ʎãw] (*pl* **-ões**) M (*de vento*) whirlwind; (*de água*) whirlpool; **um ~ de** a whirl of
turbina [tux'bina] F turbine
turbulência [tuxbu'lẽsja] F turbulence; **turbulento, -a** [tuxbu'lẽtu, a] ADJ turbulent, stormy; (*pessoa*) disorderly
turco, -a ['tuxku, a] ADJ Turkish ■ M/F Turk ■ M (*Ling*) Turkish
turfa ['tuxfa] F peat
turfe ['tuxfi] M horse-racing
túrgido, -a ['tuxʒidu, a] ADJ swollen, bloated
turíbulo [tu'ribulu] M incense-burner
turismo [tu'riʒmu] M tourism; (*indústria*) tourist industry; **fazer ~** to go sightseeing; **agência de ~** travel agency; **turista** [tu'riʃta] M/F tourist; (*aluno*) persistent absentee ■ ADJ (*classe*) tourist *atr*
turístico, -a [tu'riʃtʃiku, a] ADJ tourist *atr*; (*viagem*) sightseeing *atr*
turma ['tuxma] F group; (*Educ*) class; **a ~ da pesada** (*col*) the in crowd
turnê [tux'ne] F tour
turnedô [tuxne'do] M (*Culin*) tournedos
turno ['tuxnu] M shift; (*vez*) turn; (*Esporte, de eleição*) round; **por ~s** alternately, by turns, in turn; **~ da noite** night shift
turquesa [tux'keza] ADJ INV turquoise
Turquia [tux'kia] F: **a ~** Turkey
turra ['tuxa] F (*disputa*) argument, dispute; **andar** *ou* **viver às ~s** to be at loggerheads
turvar [tux'vaʳ] VT to cloud; (*escurecer*) to darken; **turvar-se** VR to become clouded; to darken
turvo, -a ['tuxvu, a] ADJ clouded
tusso *etc* ['tusu] VB *v* **tossir**
tusta ['tuʃta] (*col*) M: **nem um ~** not a penny
tutano [tu'tanu] M (*Anat*) marrow
tutela [tu'tɛla] F protection; (*Jur*) guardianship;

estar sob a ~ de (*fig*) to be under the protection of

tutelar [tute'la^{r}] ADJ protective; (*Jur*) guardian
■ VT to protect; to act as a guardian to

tutor, a [tu'to^{r}(a)] M/F guardian

tutu [tu'tu] M (*Culin*) *beans, bacon and manioc flour*; (*de balé*) tutu; (*col*: *dinheiro*) cash

TV [te've] ABR F (= *televisão*) TV

TVE (BR) ABR F (= *Televisão Educativa*) *educational television station*

TVS (BR) ABR F = **Televisão Stúdio Sílvio Santos**

tweed ['twidʒi] M tweed

Uu

U, u [u] (*pl* **us**) M U, u; **U de Úrsula** U for Uncle
uai [waj] EXCL ah
UBE ABR F = **União Brasileira de Empresários**
úbere ['uberi] ADJ fertile ■ M udder
ubérrimo, -a [u'bɛximu, a] ADJ SUPERL *de* **úbere**
ubiqüidade [ubikwi'dadʒi] F ubiquity
ubíquo, -a [u'bikwu, a] ADJ ubiquitous
Ucrânia [u'kranja] F: **a ~** the Ukraine
UD (BR) ABR F = **Feira de Utilidades Domésticas**
UDN ABR F (= *União Democrática Nacional*) *former Brazilian political party*
UE ABR F (= *União Européia*) EU
ué [wɛ] EXCL what?, just a minute!
UERJ ['wɛxʒi] ABR F = **Universidade Estadual do Rio de Janeiro**
ufa ['ufa] EXCL phew!
ufanar-se [ufa'naxsi] VR: **~ de** to take pride in, pride o.s. on
ufanismo [ufa'niʒmu] (BR) M boastful nationalism, chauvinism
Uferj [u'fɛxʒi] ABR F = **Unidade Fiscal do Estado do Rio de Janeiro**
UFF ABR F = **Universidade Federal Fluminense**
UFMG ABR F = **Universidade Federal de Minas Gerais**
UFPE ABR F = **Universidade Federal de Pernambuco**
UFRJ ABR F = **Universidade Federal do Rio de Janeiro**
Uganda [u'gãda] M Uganda
ugandense [ugã'dẽsi] ADJ, M/F Ugandan
uh [uh] EXCL ooh!; (*de repugnância*) ugh!
ui [ui] EXCL (*de dor*) ouch, ow; (*de surpresa*) oh; (*de repugnância*) ugh
uísque ['wiʃki] M whisky (*Brit*), whiskey (*US*)
uisqueria [wiʃke'ria] F whisk(e)y bar
uivada [wi'vada] F howl
uivante [wi'vãtʃi] ADJ howling
uivar [wi'vaʳ] VI to howl; (*berrar*) to yell; **uivo** ['wivu] M howl; (*fig*) yell
úlcera ['uwsera] F ulcer
ulceração [uwsera'sãw] F ulceration
ulcerar [uwse'raʳ] VT, VI to ulcerate; **ulcerar-se** VR to ulcerate
ulceroso, -a [uwse'rozu, ɔza] ADJ ulcerous
ulterior [ulte'rjoʳ] ADJ (*além*) further, farther; (*depois*) later, subsequent
ulteriormente [uwteriox'mẽtʃi] ADV later on, subsequently
ultimamente [uwtʃima'mẽtʃi] ADV lately
ultimar [uwtʃi'maʳ] VT to finish; (*negócio, compra*) to complete
ultimato [uwtʃi'matu] M ultimatum
ultimátum [uwtʃi'matũ] M = **ultimato**
último, -a ['uwtʃimu, a] ADJ last; (*mais recente*) latest; (*qualidade*) lowest; (*fig*) final; **por ~** finally; **fazer algo por ~** to do sth last; **nos ~s anos** in recent years; **em ~ caso** if the worst comes to the worst; **pela última vez** (for) the last time; **a última** (*notícia*) the latest (news); (*absurdo*) the latest folly; **dizer as últimas a alguém** to insult sb; **estar nas últimas** (*na miséria*) to be down and out; (*agoniando*) to be on one's last legs
ultra- [uwtra-] PREFIXO ultra-
ultracheio, -a [uwtra'ʃeju, a] ADJ packed
ultrajante [uwtra'ʒãtʃi] ADJ outrageous; (*que insulta*) insulting
ultrajar [uwtra'ʒaʳ] VT to outrage; (*insultar*) to insult, offend; **ultraje** [uw'traʒi] M outrage; (*insulto*) insult, offence (*Brit*), offense (*US*)
ultraleve [uwtra'lɛvi] ADJ ultralight ■ M microlite
ultramar [uwtra'maʳ] M overseas
ultramarino, -a [uwtrama'rinu, a] ADJ overseas
ultramoderno, -a [uwtramo'dɛxnu, a] ADJ ultramodern
ultrapassado, -a [uwtrapa'sadu, a] ADJ (*idéias etc*) outmoded
ultrapassagem [uwtrapa'saʒẽ] F overtaking (*Brit*), passing (*US*)
ultrapassar [uwtrapa'saʳ] VT (*atravessar*) to cross, go beyond; (*ir além de*) to exceed; (*transgredir*) to overstep; (*Auto*) to overtake (*Brit*), pass (*US*); (*ser superior a*) to surpass ■ VI (*Auto*) to overtake (*Brit*), pass (*US*)
ultra-secreto, -a ADJ top secret
ultra-sensível (*pl* **-eis**) ADJ hypersensitive
ultra-som M ultrasound
ultra-sônico, -a [-'soniku, a] ADJ ultrasonic; (*Med*) ultrasound *atr*
ultra-sonografia [-sonogra'fia] F ultrasound scanning
ultravioleta [uwtravjo'leta] ADJ ultraviolet

ululante [ulu'lãtʃi] ADJ howling; (*mentira, óbvio*) blatant
ulular [ulu'la^{r}] VI to howl, wail ■ M howling, wailing

PALAVRA CHAVE

um(a) [ũ, 'uma] (*pl* **uns/um(a)s**) NUM one; **um(a) e outro** both; **um(a) a um(a)** one by one; **à uma (hora)** at one (o'clock)
■ ADJ: **uns cinco** about five; **uns poucos** a few
■ ART INDEF **1** (*sg*) a; (: *antes de vogal ou `h' mudo*) an; (*pl*) some; **ela é de uma beleza incrível** she's incredibly beautiful
2 (*dando ênfase*): **estou com uma fome!** I'm so hungry!
3: **um ao outro** one another; (*entre dois*) each other

umbanda [ũ'bãda] M umbanda (*Afro-Brazilian cult*)
umbigo [ũ'bigu] M navel
umbilical [ũbili'kaw] (*pl* **-ais**) ADJ: **cordão ~** umbilical cord
umbral [ũ'braw] (*pl* **-ais**) M (*limiar*) threshold
umedecer [umede'se^{r}] VT to moisten, wet; **umedecer-se** VR to get wet
umedecido, -a [umede'sidu, a] ADJ damp
umidade [umi'dadʒi] F dampness; (*clima*) humidity
úmido, -a ['umidu, a] ADJ wet, moist; (*roupa*) damp; (*clima*) humid
unânime [u'nanimi] ADJ unanimous
unanimidade [unanimi'dadʒi] F unanimity
unção [ũ'sãw] F anointing; (*Rel*) unction
UNE (*BR*) ABR F = **União Nacional de Estudantes**
UNESCO [u'nɛʃku] ABR F UNESCO
ungir [ũ'ʒi^{r}] VT to rub with ointment; (*Rel*) to anoint
ungüento [ũ'gwẽtu] M ointment
unha ['uɲa] F nail; (*garra*) claw; **com ~s e dentes** tooth and nail; **ser ~ e carne (com)** to be hand in glove (with); **fazer as ~s** to do one's nails; (*por outra pessoa*) to have one's nails done; **~ encravada** (*no pé*) ingrowing toenail; **unhada** [u'ɲada] F scratch
unha-de-fome (*pl* **unhas-de-fome**) ADJ mean ■ M/F miser
unhar [u'ɲa^{r}] VT to scratch
união [u'njãw] (*pl* **-ões**) F union; (*ato*) joining; (*unidade, solidariedade*) unity; (*casamento*) marriage; (*Tec*) joint; **a U~ Soviética** the Soviet Union; **a ~ faz a força** unity is strength; **a U~** (*no Brasil*) the Union, the Federal Government
unicamente [unika'mẽtʃi] ADV only
único, -a ['uniku, a] ADJ only; (*sem igual*) unique; (*um só*) single; **ele é o ~ que ...** he is the only one who ...; **ela é filha única** she's an only child; **um caso ~** a one-off; **preço ~** one price
unicórnio [uni'kɔxnju] M unicorn
unidade [uni'dadʒi] F unity; (*Tec, Com*) unit; **~ central de processamento** (*Comput*) central processing unit; **~ de disco** (*Comput*) disk drive; **~ de fita** (*Comput*) tape streamer
unido, -a [u'nidu, a] ADJ joined, linked; (*fig*) united; **manter-se ~s** to stick together
Unif [u'nifi] (*BR*) ABR F = **Unidade Fiscal**
unificação [unifika'sãw] F unification
unificar [unifi'ka^{r}] VT to unite; **unificar-se** VR to join together
uniforme [uni'fɔxmi] ADJ uniform; (*semelhante*) alike, similar; (*superfície*) even ■ M uniform; **de ~** uniformly
uniformidade [unifoxmi'dadʒi] F uniformity
uniformizado, -a [unifoxmi'zadu, a] ADJ (*uniforme*) uniform, standardized; (*vestido de uniforme*) in uniform
uniformizar [unifoxmi'za^{r}] VT to standardize; (*pessoa*) to put into uniform; **uniformizar-se** VR to put on one's uniform
unilateral [unilate'raw] (*pl* **-ais**) ADJ unilateral
unilíngüe [uni'lĩgwi] ADJ monolingual
uniões [u'njõjʃ] FPL *de* **união**
unir [u'ni^{r}] VT (*juntar*) to join together; (*ligar*) to link; (*pessoas, fig*) to unite; (*misturar*) to mix together; (*atar*) to tie together; **unir-se** VR to come together; (*povos etc*) to unite; **~-se a alguém** to join forces with sb
unissex [uni'sɛks] ADJ INV unisex
uníssono [u'nisonu] M: **em ~** in unison
Unita [u'nita] ABR F (= *União Nacional pela Libertação de Angola*) Unita
unitário, -a [uni'tarju, a] ADJ (*preço*) unit *atr*; (*Pol*) unitarian ■ M/F (*Pol, Rel*) unitarian
universal [univex'saw] (*pl* **-ais**) ADJ universal; (*geral*) general; (*mundial*) worldwide; (*espírito*) broad
universalidade [univexsali'dadʒi] F universality
universalizar [univexsali'za^{r}] VT to universalize
universidade [univexsi'dadʒi] F university; **universitário, -a** [univexsi'tarju, a] ADJ university *atr* ■ M/F (*professor*) lecturer; (*aluno*) university student
universo [uni'vɛxsu] M universe; (*mundo*) world
unjo *etc* ['ũʒu] VB *v* **ungir**
uno, -a ['unu, a] ADJ one
uns [ũʃ] MPL *de* **um**
untar [ũ'ta^{r}] VT (*esfregar*) to rub; (*com óleo, manteiga*) to grease
upa ['upa] EXCL (*quando algo cai*) whoops!; (*para animar a se levantar*) up you get!; (*de espanto*) wow!
UPC (*BR*) ABR F = **Unidade Padrão de Capital**
Urais [u'rajʃ] MPL: **os ~** the Urals
urânio [u'ranju] M uranium
Urano [u'ranu] M Uranus
urbanidade [uxbani'dadʒi] F courtesy,

politeness
urbanismo [uxba'niʒmu] M town planning
urbanista [uxba'niʃta] M/F town planner
urbanístico, -a [uxba'niʃtʃiku, a] ADJ town planning *atr*
urbanização [uxbaniza'sãw] F urbanization
urbanizado, -a [uxbani'zadu, a] ADJ (*zona*) built-up
urbanizar [uxbani'zaʳ] VT to urbanize; (*pessoa*) to refine
urbano, -a [ux'banu, a] ADJ (*da cidade*) urban; (*fig*) urbane
urbe ['uxbi] F city
urdir [ux'dʒiʳ] VT to weave; (*fig*: *maquinar*) to weave, hatch
urdu [ux'du] M (*Ling*) Urdu
uretra [u'rɛtra] F urethra
urgência [ux'ʒẽsja] F urgency; **com toda ~** as quickly as possible; **de ~** urgent; **pedir algo com ~** to ask for sth insistently; **urgente** [ux'ʒẽtʃi] ADJ urgent
urgir [ux'ʒiʳ] VI to be urgent; (*tempo*) to be pressing ■ VT to require urgently; **são providências que urge sejam tomadas** they are steps which urgently need to be taken; **urge fazermos** we must do
urina [u'rina] F urine
urinado, -a [uri'nadu, a] ADJ (*molhado*) soaked with urine; (*manchado*) urine-stained
urinar [uri'naʳ] VI to urinate ■ VT (*sangue*) to pass; (*cama*) to wet; **urinar-se** VR to wet o.s.
urinário, -a [uri'narju, a] ADJ urinary
urinol [uri'nɔw] (*pl* **-óis**) M chamber pot
urna ['uxna] F urn; **as urnas** FPL (*eleiçoes*) the polls; **~ eleitoral** ballot box
urologia [urolo'ʒia] F urology
urologista [urolo'ʒiʃta] M/F urologist
URP (BR) ABR F = **Unidade de Referência de Preços**
URPE (BR) ABR FPL = **Urgências Pediátricas**
urrar [u'xaʳ] VT, VI to roar; (*de dor*) to yell
urro ['uxu] M roar; (*de dor*) yell
ursa ['uxsa] F bear; **U~ Maior/Menor** Ursa Major/Minor
urso ['uxsu] M bear
urso-branco (*pl* **ursos-brancos**) M polar bear
URSS ABR F = **União das Repúblicas Socialistas Soviéticas; a urso-branco** the USSR
urticária [uxtʃi'karja] F nettle rash
urtiga [ux'tʃiga] F nettle
urubu [uru'bu] M vulture
urubusservar [urubusex'vaʳ] (*col*) VT, VI to watch
urucubaca [uruku'baka] F bad luck; **estar com uma ~** to be unlucky
Uruguai [uru'gwaj] M: **o ~** Uruguay
uruguaio, -a [uru'gwaju, a] ADJ, M/F Uruguayan
urze ['uxzi] M heather
usado, -a [u'zadu, a] ADJ used; (*comum*) common; (*roupa*) worn; (*gasto*) worn out; (*de segunda mão*) second-hand; **~ a** (*acostumado*) accustomed to
usar [u'zaʳ] VT (*servir-se de*) to use; (*vestir*) to wear; (*gastar com o uso*) to wear out; (*barba, cabelo curto*) to have, wear ■ VI: **~ de** to use; **~ fazer** to be in the habit of doing; **modo de ~** directions *pl*
usina [u'zina] F (*fábrica*) factory; (*de energia*) plant; **~ de açúcar** sugar mill; **~ de aço** steelworks; **~ hidrelétrica** hydroelectric power station; **~ termonuclear** nuclear power plant
usineiro, -a [uzi'nejru, a] ADJ plant *atr* ■ M/F sugar mill owner
uso ['uzu] M (*emprego*) use; (*utilização*) usage; (*prática*) practice; (*moda*) fashion; (*costume*) custom; (*vestir*) wearing; **~ e desgaste normal** (*Com*) fair wear and tear
USP ['uʃpi] ABR F = **Universidade de São Paulo**
usual [u'zwaw] (*pl* **-ais**) ADJ usual; (*comum*) common
usuário, -a [u'zwarju, a] M/F user; **~ do telefone** telephone subscriber
usucapião [uzuka'pjãw] M (*Jur*) prescription
usufruir [uzu'frwiʳ] VT to enjoy ■ VI: **~ de** to enjoy
usufruto [uzu'frutu] M (*Jur*) usufruct
usura [u'zura] F (*juro*) interest; (*avareza*) avarice
usurário, -a [uzu'rarju, a] M/F (*avaro*) miser; (*col*: *agiota*) loan shark ■ ADJ avaricious
usurpar [uzux'paʳ] VT to usurp
úteis ['utejʃ] ADJ PL *de* **útil**
utensílio [utẽ'silju] M utensil
uterino, -a [ute'rinu, a] ADJ uterine
útero ['uteru] M womb, uterus
UTI ['utʃi] ABR F (= *Unidade de Terapia Intensiva*) intensive care (unit), ICU
útil ['utʃiw] (*pl* **-eis**) ADJ useful; (*vantajoso*) profitable, worthwhile; (*tempo*) working; (*prazo*) stipulated; **dias úteis** weekdays, working days; **em que lhe posso ser ~?** how can I be of assistance (to you)?; **utilidade** [utʃili'dadʒi] F usefulness; (*vantagem*) advantage; (*utensílio*) utility
utilitário, -a [utʃili'tarju, a] ADJ utilitarian, practical; (*pessoa*) matter-of-fact, pragmatic; (*veículo*) general purpose *atr*; **programa ~** (*Comput*) utilities program
utilização [utʃiliza'sãw] F use
utilizar [utʃili'zaʳ] VT to use; **utilizar-se** VR: **utilizar-se de** to make use of
utilizável [utʃili'zavew] (*pl* **-eis**) ADJ usable
utopia [uto'pia] F Utopia
utópico, -a [u'tɔpiku, a] ADJ Utopian
uva ['uva] F grape; (*col*: *mulher*) peach; (: *coisa*) lovely thing; **ser uma ~** (*pessoa, objeto*) to be lovely; **uma ~ de pessoa/broche** a lovely person/brooch
úvula ['uvula] F uvula

Vv

V, v [ve] (*pl* **vs**) M V, v; **V de Vera** V for Victor
v ABR (= *volt*) v
vá *etc* [va] VB *v* **ir**
vã [vã] F *de* **vão**
vaca ['vaka] F cow; **carne de ~** beef; **tempo das ~s magras** (*fig*) lean period; **a ~ foi para o brejo** (*fig*) everything went wrong; **voltar à ~ fria** to get back to the subject
vacância [va'kãsja] F vacancy
vacante [va'kãtʃi] ADJ vacant
vaca-preta (*pl* **vacas-pretas**) F *coca-cola with ice cream*
vacilação [vasila'sãw] F (*hesitação*) hesitation; (*balanço*) swaying
vacilada [vasi'lada] F slip-up; **dar uma ~** (*col*) to slip up
vacilante [vasi'lãtʃi] ADJ (*hesitante*) hesitant; (*pouco firme*) unsteady; (*luz*) flickering
vacilar [vasi'la^{r}] VI (*hesitar*) to hesitate; (*balançar*) to sway; (*cambalear*) to stagger; (*luz*) to flicker; (*col*) to slip up
vacina [va'sina] F vaccine
vacinação [vasina'sãw] (*pl* **-ões**) F vaccination
vacinar [vasi'na^{r}] VT to vaccinate; (*fig*) to immunize; **vacinar-se** VR to take vaccine
vacuidade [vakwi'dadʒi] F emptiness
vacum [va'kũ] ADJ: **gado ~** cattle
vácuo ['vakwu] M vacuum; (*fig*) void; (*espaço*) space; **empacotado a ~** vacuum-packed
vadear [va'dʒja^{r}] VT to wade through
vadiação [vadʒja'sãw] F vagrancy
vadiagem [va'dʒjaʒẽ] F = **vadiação**
vadiar [va'dʒja^{r}] VI to lounge about; (*não trabalhar*) to idle about; (*não estudar*) to skive; (*perambular*) to wander
vadio, -a [va'dʒiu, a] ADJ (*ocioso*) idle, lazy; (*vagabundo*) vagrant ■ M/F idler; vagabond, vagrant
vaga ['vaga] F (*onda*) wave; (*em hotel, trabalho*) vacancy; (*em estacionamento*) parking place; **ser bom de ~** to be good at parking
vagabundear [vagabũ'dʒja^{r}] VI to wander about, roam about; (*vadiar*) to laze around
vagabundo, -a [vaga'bũdu, a] ADJ vagrant; (*vadio*) lazy, idle; (*de má qualidade*) shoddy; (*canalha*) rotten; (*mulher*) easy ■ M/F tramp; (*canalha*) bum
vagalhão [vaga'ʎãw] (*pl* **-ões**) M big wave, breaker
vaga-lume [vaga'lumi] (*pl* **-s**) M (*Zool*) glow-worm; (*no cinema*) usher
vagão [va'gãw] (*pl* **-ões**) M (*de passageiros*) carriage; (*de cargas*) wagon; **vagão-leito** (*pl* **vagões-leitos**) (PT) M sleeping car; **vagão-restaurante** (*pl* **vagões-restaurantes**) M buffet car
vagar [va'ga^{r}] VI to wander about, roam about; (*barco*) to drift; (*ficar vago*) to be vacant ■ M slowness; **fazer algo com mais ~** to do sth at a more leisurely pace
vagareza [vaga'reza] F slowness; **com ~** slowly
vagaroso, -a [vaga'rozu, ɔza] ADJ slow
vagem ['vaʒẽ] (*pl* **-ns**) F green bean
vagido [va'ʒidu] M wail
vagina [va'ʒina] F vagina
vaginal [vaʒi'naw] (*pl* **-ais**) ADJ vaginal
vago, -a ['vagu, a] ADJ (*indefinido*) vague; (*desocupado*) vacant, free; **tempo ~, horas vagas** spare time
vagões [va'gõjʃ] MPL *de* **vagão**
vaguear [va'gja^{r}] VI to wander, roam; (*passear*) to ramble
vai *etc* [vaj] VB *v* **ir**
vaia ['vaja] F booing; **vaiar** [va'ja^{r}] VT, VI to boo, hiss
vaidade [vaj'dadʒi] F vanity; (*futilidade*) futility
vai-da-valsa M: **ir no ~** to take life as it comes, go with the flow
vaidoso, -a [vaj'dozu, ɔza] ADJ vain
vai-e-vem M INV = **vaivém**
vai-não-vai M INV shilly-shallying
vaivém [vaj'vẽj] M to-ing and fro-ing
vala ['vala] F ditch; **~ comum** pauper's grave
vale ['vali] M valley; (*poético*) vale; (*escrito*) voucher; (*reconhecimento de dívida*) I O U; **~ postal** postal order
valentão, -tona [valẽ'tãw, 'tɔa] (*pl* **-ões/-s**) ADJ tough ■ M/F tough nut

NB: *European Portuguese adds the following consonants to certain words:* **b** (sú(b)dito, su(b)til); **c** (a(c)ção, a(c)cionista, a(c)to); **m** (inde(m)ne); **p** (ado(p)çã, ado(p)tar); *for further details see p. xiii.*

valente [va'lẽtʃi] ADJ brave
valentia [valẽ'tʃia] F courage, bravery; (*proeza*) feat
valentões [valẽ'tõjʃ] MPL *de* **valentão**
valentona [valẽ'tɔna] F *de* **valentão**
valer [va'leʳ] VI to be worth; (*ser válido*) to be valid; (*ter influência*) to carry weight; (*servir*) to serve; (*ser proveitoso*) to be useful; **valer-se** VR: **valer-se de** to use, make use of; **~ a pena** to be worthwhile; **não vale a pena** it isn't worth it; **vale a pena fazer** it is worth doing; **~ a** (*ajudar*) to help; **~ por** (*equivaler*) to be worth the same as; **para ~** (*muito*) very much, a lot; (*realmente*) for real, properly; **vale dizer** in other words; **fazer ~ os seus direitos** to stand up for one's rights; **vale examinar os detalhes** we should examine the details; **mais vale ... (do que ...)** it would be better to ... (than ...); **não vale empurrar** (*Esporte etc*) you're not allowed to push; **assim não vale!** that's not fair!; **vale tudo** anything goes; **ser para ~** (*col*) to be for real; **ou coisa que o valha** or something like it; **valeu!** (*col*) you bet!
valeta [va'leta] F gutter
valete [va'letʃi] M (*Cartas*) jack
vale-tudo M INV (*Esporte*) all-in wrestling; (*fig*) "anything goes" principle
valha *etc* ['vaʎa] VB *v* **valer**
valia [va'lia] F value; **de grande ~** valuable
validação [valida'sãw] F validation
validade [vali'dadʒi] F validity
validar [vali'daʳ] VT to validate, make valid; **válido, -a** ['validu, a] ADJ valid
valioso, -a [va'ljozu, ɔza] ADJ valuable
valise [va'lizi] F case, grip
valor [va'loʳ] M value; (*mérito*) merit; (*coragem*) courage; (*preço*) price; (*importância*) importance; **valores** MPL (*morais*) values; (*num exame*) marks; (*Com*) securities; **dar ~ a** to value; **sem ~** worthless; **no ~ de** to the value of; **objetos de ~** valuables; **~ nominal** face value; **~ contábil** *ou* **contabilizado** (*Com*) book value; **~ ao par** (*Com*) par value
valorização [valoriza'sãw] F increase in value
valorizar [valori'zaʳ] VT to value; (*aumentar o valor*) to raise the value of; **valorizar-se** VR to go up in value; (*pessoa*) to value o.s.
valoroso, -a [valo'rozu, ɔza] ADJ brave
valsa ['vawsa] F waltz
válvula ['vawvula] F valve
vampe ['vãpi] F vamp, femme fatale
vampiro, -a [vã'piru, a] M/F vampire
vandalismo [vãda'liʒmu] M vandalism
vândalo, -a ['vãdalu, a] M/F vandal
vangloriar-se [vãglo'rjaxsi] VR: **~ de** to boast of *ou* about
vanguarda [vã'gwaxda] F vanguard, forefront; (*arte*) avant-garde; **artista de ~** avant-garde artist
vantagem [vã'taʒẽ] (*pl* **-ns**) F advantage; (*ganho*) profit, benefit; **contar ~** (*col*) to brag, boast; **levar ~** to get the upper hand; **tirar ~ de** to take advantage of; **vantajoso, -a** [vãta'ʒozu, ɔza] ADJ advantageous; (*lucrativo*) profitable; (*proveitoso*) beneficial
vão¹ [vãw] VB *v* **ir**
vão², vã [vãw, vã] (*pl* **-s, vãs**) ADJ vain; (*fútil*) futile ■ M (*intervalo*) space; (*de porta etc*) opening; (*Arq*) empty space; **em ~** in vain
vapor [va'poʳ] M steam; (*navio*) steamer; (*de gas*) vapour (*Brit*), vapor (*US*); **cozer no ~** to steam; **ferro a ~** steam iron; **a todo o ~** at full speed
vaporizador [vaporiza'doʳ] M vaporizer; (*de perfume*) spray
vaporizar [vapori'zaʳ] VT to vaporize; (*perfume*) to spray
vaporoso, -a [vapo'rozu, ɔza] ADJ steamy, misty; (*transparente*) transparent, see-through
vaqueiro [va'kejru] M cowboy, cowhand
vaquinha [va'kiɲa] F: **fazer uma ~** to have a whip-round
vara ['vara] F (*pau*) stick; (*Tec*) rod; (*Jur*) jurisdiction; (*de porcos*) herd; **salto de ~** pole vault; **~ de condão** magic wand
varal [va'raw] (*pl* **-ais**) M clothes line
varanda [va'rãda] F verandah; (*balcão*) balcony
varão, -roa [va'rãw, 'roa] (*pl* **-ões/-s**) ADJ male ■ M man, male; (*de ferro*) rod
varapau [vara'paw] (*col*) M (*pessoa*) beanpole
varar [va'raʳ] VT (*furar*) to pierce; (*passar*) to cross ■ VI to beach, run aground
varejar [vare'ʒaʳ] VT (*com vara*) to beat; (*revistar*) to search
varejeira [vare'ʒejra] F bluebottle
varejista [vare'ʒiʃta] (*BR*) M/F retailer ■ ADJ (*mercado*) retail
varejo [va'reʒu] (*BR*) M (*Com*) retail trade; **loja de ~** retail store; **a ~** retail; **preço no ~** retail price
variação [varja'sãw] (*pl* **-ões**) F variation, change
variado, -a [va'rjadu, a] ADJ varied; (*sortido*) assorted
variante [va'rjãtʃi] ADJ, F variant
variar [va'rjaʳ] VT, VI to vary; **para ~** for a change; **variável** [va'rjavew] (*pl* **-eis**) ADJ variable; (*tempo, humor*) changeable ■ F variable
varicela [vari'sɛla] F chickenpox
variedade [varje'dadʒi] F variety; **variedades** FPL (*Teatro*) variety *sg*; **espetáculo/teatro de ~s** variety show/theatre (*Brit*) *ou* theater (*US*)
Varig ['varigi] ABR F (= *Viação Aérea Rio-Grandense*) *Brazilian national airline*
varinha [va'riɲa] F wand; **~ de condão** magic wand
vário, -a ['varju, a] ADJ (*diverso*) varied; (*pl*) various, several; (*Com*) sundry
varíola [va'riola] F smallpox
varizes [va'rizi∫] FPL varicose veins
varoa [va'roa] F *de* **varão**
varões [va'rõjʃ] MPL *de* **varão**
varonil [varo'niw] (*pl* **-is**) ADJ manly, virile
VAR-Palmares ABR F (= *Vanguarda Armada Revolucionária*) *former Brazilian terrorist movement*
varredor, a [vaxe'doʳ(a)] ADJ sweeping ■ M/F sweeper; **~ de rua** road sweeper

varrer [va'xeʳ] VT to sweep; (*sala*) to sweep out; (*folhas*) to sweep up; (*fig*) to sweep away
varrido, -a [va'xidu, a] ADJ: **um doido ~** a raving lunatic
Varsóvia [vax'sɔvja] N Warsaw; **pacto de ~** Warsaw Pact
várzea ['vaxzja] F meadow, field
vascular [vaʃku'laʳ] ADJ vascular
vasculhar [vaʃku'ʎaʳ] VT (*pesquisar*) to research; (*remexer*) to rummage through
vasectomia [vazekto'mia] F vasectomy
vaselina® [vaze'lina] F Vaseline®; (*col: pessoa*) smooth talker
vasilha [va'ziʎa] F (*para líquidos*) jug; (*para alimentos*) dish, container; (*barril*) barrel
vaso ['vazu] M pot; (*para flores*) vase; **~ (sanitário)** toilet (bowl); **~ sanguíneo** blood vessel
Vasp ['vaʃpi] ABR F (= *Viação Aérea de São Paulo*) *Brazilian internal airline*
vassoura [va'sora] F broom
vastidão [vaʃtʃi'dãw] F vastness, immensity
vasto, -a ['vaʃtu, a] ADJ vast
vatapá [vata'pa] M *fish or chicken with coconut milk, shrimps, peanuts, palm oil and spices*
Vaticano [vatʃi'kanu] M: **o ~** the Vatican; **a Cidade do ~** the Vatican City
vaticinar [vatʃisi'naʳ] VT to foretell, prophesy
vaticínio [vatʃi'sinju] M prophecy
vau [vaw] M ford, river crossing; (*Náut*) beam
vazamento [vaza'mẽtu] M leak
vazante [va'zãtʃi] F ebb tide
vazão [va'zãw] (*pl* **-ões**) F flow; (*venda*) sale; **dar ~ a** (*expressar*) to give vent to; (*Com*) to clear; (*atender*) to deal with; (*resolver*) to attend to
vazar [va'zaʳ] VT (*tornar vazio*) to empty; (*derramar*) to spill; (*verter*) to pour out ■ VI to leak; (*maré*) to go out; (*notícia*) to leak; **ser vazado em** (*moldado*) to be modelled on
vazio, -a [va'ziu, a] ADJ empty; (*pessoa*) empty-headed, frivolous; (*cidade*) deserted ■ M (*tb fig*) emptiness; (*deixado por alguém/algo*) void; **~ de** (*fig: sem*) devoid of
vazões [va'zõjʃ] FPL *de* **vazão**
VBC (*BR*) ABR M = **Valor Básico de Custeio**
vê *etc* [ve] VB *v* **ver**
veado ['vjadua] M deer; (*BR: col: ofensivo*) poof (*Brit*), fag (*US*); **carne de ~** venison
vedado, -a [ve'dadu, a] ADJ (*proibido*) forbidden; (*fechado*) enclosed
vedar [ve'daʳ] VT (*proibir*) to ban, prohibit; (*sangue*) to stop (the flow of); (*buraco*) to stop up; (*garrafa*) to cork; (*entrada, passagem*) to block; (*terreno*) to close off
vedete [ve'dɛtʃi] F star
veemência [vje'mẽsja] F vehemence
veemente [vje'mẽtʃi] ADJ vehement
vegetação [veʒeta'sãw] F vegetation
vegetal [veʒe'taw] (*pl* **-ais**) ADJ vegetable *atr*; (*reino, vida*) plant *atr* ■ M vegetable; **medicamento ~** herbal remedy
vegetar [veʒe'taʳ] VI to vegetate
vegetariano, -a [veʒeta'rjanu, a] ADJ, M/F vegetarian
vegetativo, -a [veʒeta'tʃivu, a] ADJ: **vida vegetativa** (*fig*) insular life
veia ['veja] F (*Med, Bot*) vein; (*fig: pendor*) bent
veicular [vejku'laʳ] VT to convey; (*anúncios*) to distribute
veículo [ve'ikulu] M vehicle; (*fig: meio*) means *sg*; **~ com tração nas quatro rodas, ~ 4x4** sports utility vehicle; **~ de propaganda** advertising medium
veio ['veju] M (*de rocha*) vein; (*na mina*) seam; (*de madeira*) grain; (*eixo*) shaft
veio VB *v* **vir**
vejo *etc* ['veʒu] VB *v* **ver**
vela ['vɛla] F candle; (*Auto*) spark plug; (*Náut*) sail; **fazer-se à** *ou* **de ~** to set sail; **segurar a ~** (*col*) to play gooseberry; **barco à ~** sailing boat; **~ mestra** mainsail
velar [ve'laʳ] VT (*cobrir*) to veil; (*ocultar*) to hide; (*vigiar*) to keep watch over; (*um doente*) to sit up with ■ VI (*não dormir*) to stay up; (*vigiar*) to keep watch; **~ por** to look after
veleidade [velej'dadʒi] F (*capricho*) whim, fancy; (*inconstância*) fickleness
veleiro [ve'lejru] M (*barco*) sailing boat
velejar [vele'ʒaʳ] VI to sail
velhaco, -a [ve'ʎaku, a] ADJ crooked ■ M/F crook
velha-guarda F old guard
velharia [veʎa'ria] F (*os velhos*) old people *pl*; (*coisa*) old thing
velhice [ve'ʎisi] F old age
velho, -a ['vɛʎu, a] ADJ old ■ M/F old man/woman; (*col: pai/mãe*) old man/lady; **meus ~s** (*col: pais*) my folks; **meu ~!** (*col*) old chap
velhote, -ta [ve'ʎɔtʃi] ADJ elderly ■ M/F elderly man/woman
velocidade [velosi'dadʒi] F speed, velocity; (*PT: Auto*) gear; **a toda ~** at full speed; **trem de alta ~** high-speed train; **"diminua a ~"** "reduce speed now"; **~ máxima** (*em estrada*) speed limit; **~ de processamento** (*Comput*) processing speed
velocímetro [velo'simetru] M speedometer
velocíssimo, -a [velo'sisimu, a] ADJ SUPERL *de* **veloz**
velocista [velo'siʃta] M/F sprinter
velódromo [ve'lɔdromu] M cycle track
velório [ve'lɔrju] M wake
veloz [ve'lɔʒ] ADJ fast
velozmente [veloʒ'mẽtʃi] ADV fast
veludo [ve'ludu] M velvet; **~ cotelê** corduroy
vem [vẽj] VB *v* **vir**
vêm [vẽj] VB *v* **vir**
vencedor, a [vẽse'doʳ(a)] ADJ winning ■ M/F winner
vencer [vẽ'seʳ] VT (*num jogo*) to beat; (*competição*) to win; (*inimigo*) to defeat; (*exceder*) to surpass;

NB: *European Portuguese adds the following consonants to certain words:* **b** (sú(b)dito, su(b)til); **c** (a(c)ção, a(c)cionista, a(c)to); **m** (inde(m)ne); **p** (ado(p)çã, ado(p)tar); *for further details see p. xiii.*

(*obstáculos*) to overcome; (*percorrer*) to pass ■ VI (*num jogo*) to win; **vencer(-se)** VR (*prazo*) to run out; (*promissória*) to become due; (*apólice*) to mature; **vencido, -a** [vẽ'sidu, a] ADJ: **dar-se por vencido** to give in

vencimento [vẽsi'mẽtu] M (*Com*) expiry; (: *de letra, dívida*) maturation; (*data*) expiry date; (: *de promissória*) due date; (*salário*) salary; (*de gêneros alimentícios etc*) sell-by date; **vencimentos** MPL (*ganhos*) earnings

venda ['vẽda] F sale; (*pano*) blindfold; (*mercearia*) general store; **à ~** on sale, for sale; **pôr algo à ~** to put sth up for sale; **preço de ~** selling price; **~ a crédito** credit sale; **~ a prazo** *ou* **prestação** sale in instal(l)ments; **~ à vista** cash sale; **~ por atacado** wholesale; **~ pelo correio** mail-order

vendar [vẽ'da^{r}] VT to blindfold

vendaval [vẽda'vaw] (*pl* **-ais**) M gale

vendável [vẽ'davew] (*pl* **-eis**) ADJ marketable

vendedor, a [vẽde'do^{r}(a)] M/F seller; (*em loja*) sales assistant; (*de imóvel*) vendor; **~ ambulante** street vendor

vender [vẽ'de^{r}] VT, VI to sell; **vender-se** VR (*pessoa*) to allow o.s. to be bribed; **~ por atacado/a varejo** to sell wholesale/retail; **~ fiado/a prestações** *ou* **a prazo** to sell on credit/in instal(l)ments; **~ à vista** to sell for cash; **ela está vendendo saúde** she's bursting with health

vendeta [vẽ'deta] F vendetta

vendinha [vẽ'dʒiɲa] F corner shop

veneno [ve'nɛnu] M poison; (*fig, de serpente*) venom; **ser um ~ para** (*fig*) to be very bad for; **venenoso, -a** [vene'nozu, ɔza] ADJ poisonous; (*fig*) venomous

veneração [venera'sãw] F reverence

venerar [vene'ra^{r}] VT to revere; (*Rel*) to worship

venéreo, -a [ve'nɛrju, a] ADJ: **doença venérea** venereal disease

veneta [ve'neta] F: **ser de ~** (*pessoa*) to be moody; **deu-lhe na ~ (que)** he got it into his head (that)

Veneza [ve'neza] N Venice

veneziana [vene'zjana] F (*porta*) louvre (*Brit*) *ou* louver (*US*) door; (*janela*) louvre *ou* louver window

Venezuela [vene'zwɛla] F: **a ~** Venezuela

venezuelano, -a [venezwe'lanu, a] ADJ, M/F Venezuelan

venha *etc* ['vɛɲa] VB *v* **vir**

vênia ['venja] F (*desculpa*) forgiveness; (*licença*) permission

venial [ve'njaw] (*pl* **-ais**) ADJ venial, forgiveable

venta ['vẽta] F nostril; **ventas** FPL (*nariz*) nose *sg*

ventania [vẽta'nia] F gale

ventar [vẽ'ta^{r}] VI: **está ventando** it is windy

ventarola [vẽta'rɔla] F fan

ventilação [vẽtʃila'sãw] F ventilation

ventilador [vẽtʃila'do^{r}] M ventilator; (*elétrico*) fan

ventilar [vẽtʃi'la^{r}] VT to ventilate; (*roupa, sala*) to air; (*fig*) to discuss; (: *hipótese, possibilidade*) to entertain

vento ['vẽtu] M wind; (*brisa*) breeze; **de ~ em popa** (*fig*) swimmingly, very well; **ventoinha** [vẽ'twiɲa] F (*cata-vento*) weathercock, weather vane; (PT: *Auto*) fan

ventoso, -a [vẽ'tozu, ɔza] ADJ windy

ventre ['vẽtri] M belly; (*literário: útero*) womb

ventríloquo, -a [vẽ'trilokwu, a] M/F ventriloquist

ventura [vẽ'tura] F fortune; (*felicidade*) happiness; **se por ~** if by any chance

venturoso, -a [vẽtu'rozu, ɔza] ADJ happy

Vênus ['venuʃ] F Venus

ver [ve^{r}] VT to see; (*olhar para, examinar*) to look at; (*resolver*) to see to; (*televisão*) to watch ■ VI to see ■ M: **a meu ~** in my opinion; **ver-se** VR (*achar-se*) to be, find o.s.; (*no espelho*) to see o.s.; (*duas pessoas*) to see each other; **vai ~ que ...** maybe ...; **viu?** (*col*) OK?; **deixa eu ~** let me see; **ele tem um carro que só vendo** (*col*) he's got a car like you wouldn't believe; **não tem nada a ~ (com)** it has nothing to do (with); **não tenho nada que ~ com isto** it is nothing to do with me, it is none of my concern; **~-se com** to settle accounts with; **bem se vê que** it's obvious that; **já se vê** of course; **pelo que se vê** apparently

veracidade [verasi'dadʒi] F truthfulness

veranear [vera'nja^{r}] VI to spend the summer; (*tirar férias*) to take summer holidays (*Brit*) *ou* a summer vacation (*US*)

veraneio [vera'neju] M summer holidays *pl* (*Brit*) *ou* vacation (*US*)

veranista [vera'niʃta] M/F holidaymaker (*Brit*), (summer) vacationer (*US*)

verão [ve'rãw] (*pl* **-ões**) M summer

veraz [ve'rajʒ] ADJ truthful

verba ['vɛxba] F allowance; **verba(s)** FPL (*recursos*) funds *pl*

verbal [vex'baw] (*pl* **-ais**) ADJ verbal

verbalizar [vexbali'za^{r}] VT, VI to verbalize

verbete [vex'betʃi] M (*num dicionário*) entry

verbo ['vɛxbu] M verb; **deitar o ~** (*col*) to say a few words; **soltar o ~** (*col*) to start talking

verborragia [vexboxa'ʒia] F verbiage, waffle

verboso, -a [vex'bozu, ɔza] ADJ wordy, verbose

verdade [vex'dadʒi] F truth; **na ~** in fact; **é ~** it's true; **é ~?** (*col*) really?; **uma princesa de ~** a real princess; **de ~** (*falar*) truthfully; (*ameaçar etc*) really; **dizer umas ~s a alguém** to tell sb a few home truths; **a ~ nua e crua** the plain truth; **para falar a ~** to tell the truth; **..., não é ~?** (*col*) ..., isn't that so?

verdadeiramente [vexdadejra'mẽtʃi] ADV really

verdadeiro, -a [vexda'dejru, a] ADJ true; (*genuíno*) real; (*pessoa*) truthful; **foi um ~ desastre** it was a real disaster

verde ['vexdʒi] ADJ green; (*fruta*) unripe; (*fig*) inexperienced ■ M green; (*plantas etc*) greenery; **~ de medo** pale with fear; **~ de fome/raiva** terribly hungry/angry; **jogar ~ (para colher maduro)** to fish, ask leading questions; **Partido V~** Green Party

verde-abacate ADJ INV avocado (green)

verde-garrafa ADJ INV bottle-green
verdejar [vexde'ʒaʳ] VI to turn green
verdor [vex'doʳ] M greenness; (*Bot*) greenery; (*fig*) inexperience
verdugo [vex'dugu] M executioner; (*fig*) beast
verdura [vex'dura] F (*hortaliça*) greens *pl*; (*Bot*) greenery; (*cor verde*) greenness
verdureiro, -a [vexdu'rejru, a] M/F greengrocer (*Brit*), produce dealer (*US*)
vereador, a [verja'doʳ(a)] M/F councillor (*Brit*), councilor (*US*)
vereda [ve'reda] F path
veredicto [vere'dʒiktu] M verdict
verga ['vexga] F (*vara*) stick; (*de metal*) rod
vergão [vex'gãw] (*pl* **-ões**) M weal
vergar [vex'gaʳ] VT (*curvar*) to bend ■ VI to bend; (*com um peso*) to sag
vergões [vex'gõjʃ] MPL *de* **vergão**
vergonha [vex'gɔɲa] F shame; (*timidez*) embarrassment; (*humilhação*) humiliation; (*ato indecoroso*) indecency; (*brio*) self-respect; **é uma ~** it's disgraceful; **ter ~** to be ashamed; (*tímido*) to be shy; **ter ~ de fazer** to be ashamed of doing; (*ser tímido*) to be too shy to do; **não ter ~ na cara** to have a cheek, have no shame; **vergonhoso, -a** [vexgo'ɲozu, ɔza] ADJ (*infame*) shameful; (*indecoroso*) disgraceful
verídico, -a [ve'ridʒiku, a] ADJ true, truthful
verificação [verifika'sãw] F (*exame*) checking; (*confirmação*) verification
verificar [verifi'kaʳ] VT to check; (*confirmar, Comput*) to verify; **verificar-se** VR (*acontecer*) to happen; (*realizar-se*) to come true; **~ se ...** to check that ..
verme ['vɛxmi] M worm
vermelhidão [vexmeʎi'dãw] F redness; (*da pele*) rosiness
vermelho, -a [vex'meʎu, a] ADJ red ■ M red; **estar no ~** to be in the red; **ficar ~** to go red
vermute [vex'mutʃi] M vermouth
vernáculo, -a [vex'nakulu, a] ADJ: **língua vernácula** vernacular ■ M vernacular
vernissage [vexni'saʒ] M opening, vernissage
verniz [vex'niʒ] M varnish; (*couro*) patent leather; (*fig*) whitewash; (: *polidez*) veneer; **sapatos de ~** patent shoes
verões [ve'rõjʃ] MPL *de* **verão**
verossímil [vero'simiw] (PT **-osí**, *pl* **-eis**) ADJ (*provável*) likely, probable; (*crível*) credible
verossimilhança [verosimi'ʎãsa] (PT **-osi-**) F probability
verruga [ve'xuga] F wart
versado, -a [vex'sadu, a] ADJ: **~ em** clever at, good at
versão [vex'sãw] (*pl* **-ões**) F version; (*tradução*) translation
versar [vex'saʳ] VI: **~ sobre** to be about, concern
versátil [vex'satʃiw] (*pl* **-eis**) ADJ versatile
versatilidade [vexsatʃili'dadʒi] F versatility
versículo [vex'sikulu] M (*Rel*) verse; (*de artigo*) paragraph
verso ['vɛxsu] M verse; (*linha*) line of poetry; (*da página*) other side, reverse; **vide ~** see over; **~ solto** blank verse; **~s brancos** blank verse *sg*
versões [vex'sõjʃ] FPL *de* **versão**
vértebra ['vɛxtebra] F vertebra
vertebrado, -a [vexte'bradu, a] ADJ vertebrate ■ M vertebrate
vertebral [vexte'braw] (*pl* **-ais**) ADJ: **coluna ~** spine
vertente [vex'tẽtʃi] F slope
verter [vex'teʳ] VT to pour; (*por acaso*) to spill; (*traduzir*) to translate; (*lágrimas, sangue*) to shed ■ VI: **~ de** to spring from; **~ em** (*rio*) to flow into
vertical [vextʃi'kaw] (*pl* **-ais**) ADJ vertical; (*de pé*) upright, standing ■ F vertical
vértice ['vɛxtʃisi] M apex
vertigem [vex'tʃiʒẽ] F (*medo de altura*) vertigo; (*tonteira*) dizziness
vertiginoso, -a [vextʃiʒi'nozu, ɔza] ADJ dizzy, giddy; (*velocidade*) frenetic
verve ['vɛxvi] F verve
vesgo, -a ['veʒgu, a] ADJ cross-eyed
vesícula [ve'zikula] F: **~ (biliar)** gall bladder
vespa ['veʃpa] F wasp
véspera ['vɛʃpera] F: **a ~** the day before; **vésperas** FPL (*Rel*) vespers; **a ~ de Natal** Christmas Eve; **nas ~s de** on the eve of; (*de eleição etc*) in the run-up to; **estar nas ~s de** to be about to
vesperal [veʃpe'raw] (*pl* **-ais**) ADJ afternoon *atr* ■ F matinée
vespertino, -a [veʃpex'tʃinu, a] ADJ evening *atr*
veste ['vɛʃtʃi] F garment; (*Rel*) vestment, robe
vestiário [veʃ'tʃjarju] M (*em casa, teatro*) cloakroom; (*Esporte*) changing room; (*de ator*) dressing room
vestibular [veʃtʃibu'laʳ] M college entrance exam
vestíbulo [veʃ'tʃibulu] M hall(way), vestibule; (*Teatro*) foyer
vestido, -a [veʃ'tʃidu, a] ADJ: **~ de branco** *etc* dressed in white *etc* ■ M dress; **~ de baile** ball gown; **~ de noiva** wedding dress
vestidura [veʃtʃi'dura] F (*Rel*) robe
vestígio [veʃ'tʃiʒju] M (*rastro*) track; (*fig*) sign, trace
vestimenta [veʃtʃi'mẽta] F (*roupa*) garment; (*Rel*) vestment
vestir [veʃ'tʃiʳ] VT (*uma criança*) to dress; (*pôr sobre si*) to put on; (*trajar*) to wear; (*comprar, dar roupa para*) to clothe; (*fazer roupa para*) to make clothes for; **vestir-se** VR to dress; (*pôr roupa*) to get dressed; **~-se de algo** to dress up as sth; **ela se veste naquela butique** she buys her clothes in that boutique; **~-se de preto** *etc* to dress in black *etc*; **este terno veste bem** this suit is a good fit
vestuário [veʃ'twarju] M clothing

NB: *European Portuguese adds the following consonants to certain words*: **b** (sú(b)dito, su(b)til); **c** (a(c)ção, a(c)cionista, a(c)to); **m** (inde(m)ne); **p** (ado(p)çã, ado(p)tar); *for further details see p. xiii.*

vetar [ve'ta^{r}] VT to veto; (*proibir*) to forbid
veterano, -a [vete'ranu, a] ADJ, M/F veteran
veterinário, -a [veteri'narju, a] ADJ veterinary ■ M/F vet(erinary surgeon)
veto ['vɛtu] M veto
véu [vɛw] M veil; **~ do paladar** (*Anat*) soft palate, velum
vexame [ve'ʃami] F (*vergonha*) shame, disgrace; (*tormento*) affliction; (*humilhação*) humiliation; (*afronta*) insult; **passar um ~** to be disgraced; **dar um ~** to make a fool of o.s.
vexaminoso, -a [veʃami'nozu, ɔza] ADJ shameful, disgraceful
vexar [ve'ʃa^{r}] VT (*atormentar*) to upset; (*envergonhar*) to put to shame; **vexar-se** VR to be ashamed
vez [veʒ] F time; (*turno*) turn; **uma ~** once; **duas ~es** twice; **alguma ~** ever; **algumas ~es, às ~es** sometimes; **~ por outra** sometimes; **cada ~ (que)** every time; **cada ~ mais/menos** more and more/less and less; **desta ~** this time; **de ~** once and for all; **de uma ~** (*ao mesmo tempo*) at once; (*de um golpe*) in one go; **de ~ em quando** from time to time; **em ~ de** instead of; **fazer as ~es de** (*pessoa*) to stand in for; (*coisa*) to replace; **mais uma ~, outra ~** again, once more; **raras ~es** seldom; **uma ~ que** since; **3 ~es 6** 3 times 6; **de uma ~ por todas** once and for all; **ter ~** (*pessoa*) to have a chance; (*argumento etc*) to apply; **muitas ~es** many times; (*freqüentemente*) often; **mais ~es** more often; **na maioria das ~es** most times; **toda ~ que** every time; **um de cada ~** one at a time; **repetidas ~es** repeatedly; **uma ~ ou outra** once in a while; **uma ~ na vida, outra na morte** once in a blue moon; **era uma ~ ...** once upon a time there was ....
vi [vi] VB *v* **ver**
via ['via] F road, route; (*meio*) way; (*documento*) copy; (*conduto*) channel ■ PREP via, by way of; **~ aérea** airmail; **~ de acesso** access road; **V~ Láctea** Milky Way; **primeira ~** (*de documento*) top copy; **chegar às ~ s de fato** to come to blows; **em ~ s de** about to; **por ~ aérea** by airmail; **por ~ das dúvidas** just in case; **por ~ de regra** generally, as a rule; **por ~ terrestre/marítima** by land/sea
via *etc* VB *v* **ver**
viabilidade [vjabili'dadʒi] F feasibility, viability
viação [vja'sãw] (*pl* **-ões**) F transport; (*companhia de ônibus*) bus (*ou* coach) company; (*conjunto de estradas*) roads *pl*
viaduto [vja'dutu] M viaduct
viageiro, -a [vja'ʒejru, a] ADJ travelling (*Brit*), traveling (*US*)
viagem ['vjaʒẽ] (*pl* **-ns**) F journey, trip; (*o viajar*) travel; (*Náut*) voyage; (*com droga*) trip; **viagens** FPL (*jornadas*) travels; **~ de ida e volta** return trip, round trip; **~ de núpcias** honeymoon; **~ de ida** outward trip; **~ de negócios** business trip; **~ inaugural** (*Náut*) maiden voyage; **boa ~!** bon voyage!, have a good trip!
viajado, -a [vja'ʒadu, a] ADJ well-travelled (*Brit*), well-traveled (*US*)
viajante [vja'ʒãtʃi] ADJ travelling (*Brit*), traveling (*US*) ■ M traveller (*Brit*), traveler (*US*); (*Com*) commercial travel(l)er
viajar [vja'ʒa^{r}] VI to travel; **~ por** to travel, tour
viário, -a ['vjarju, a] ADJ road *atr*
viatura [vja'tura] F vehicle
viável ['vjavew] (*pl* **-eis**) ADJ feasible, viable
víbora ['vibora] F viper; (*fig: pessoa*) snake in the grass
vibração [vibra'sãw] (*pl* **-ões**) F vibration; (*fig*) thrill
vibrante [vi'brãtʃi] ADJ vibrant; (*discurso*) stirring
vibrar [vi'bra^{r}] VT (*brandir*) to brandish; (*fazer estremecer*) to vibrate; (*cordas*) to strike ■ VI to vibrate; (*som*) to echo; (*col*) to be thrilled
vice ['visi] M/F deputy
vice- [visi-] PREFIXO vice-
vice-campeão, -peã (*pl* **-ões/-s**) M/F runner-up
vicejar [vise'ʒa^{r}] VI to flourish
vice-presidente, -a M/F vice president
vice-rei M viceroy
vice-reitor, a M/F deputy head
vice-versa [-'vɛxsa] ADV vice versa
viciado, -a [vi'sjadu, a] ADJ addicted; (*ar*) foul ■ M/F addict; **um ~ em entorpecentes** a drug addict; **~ em algo** addicted to sth
viciar [vi'sja^{r}] VT (*criar vício em*) to make addicted; (*falsificar*) to falsify; (*taxímetro etc*) to fiddle; **viciar-se** VR to become addicted; **~/~-se em algo** to make/become addicted to sth
vicinal [visi'naw] (*pl* **-ais**) ADJ local
vício ['visju] M vice; (*defeito*) failing; (*costume*) bad habit; (*em entorpecentes*) addiction
vicioso, -a [vi'sjozu, ɔza] ADJ corrupt, defective; **círculo ~** vicious circle
vicissitude [visisi'tudʒi] F vicissitude; **vicissitudes** FPL ups and downs
viço ['visu] M vigour (*Brit*), vigor (*US*); (*da pele*) freshness
viçoso, -a [vi'sozu, ɔza] ADJ (*plantas*) luxuriant; (*fig*) exuberant
vida ['vida] F life; (*duração*) lifetime; (*fig*) vitality; **com ~** alive; **modo de ~** way of life; **para toda a ~** forever; **sem ~** dull, lifeless; **na ~ real** in real life; **cair na ~** (*col*) to go on the game; **dar ~ a** (*festa, ambiente*) to liven up; **dar a ~ por algo/por fazer algo** to give one's right arm for sth/to do sth; **estar bem de ~** to be well off; **estar entre a ~ e a morte** to be at death's door; **mete-se com a sua ~** mind your own business; **é a ~!** that's life!; **danado/feliz da ~** really angry/happy; **siga essa rua toda a ~** follow this street as far as you can go; **ele trabalha que não é ~** (*col*) he works really hard; **a ~ mansa** the easy life; **~ civil/privada/pública/sentimental/sexual/social** civilian/private/public/love/sex/social life; **~ conjugal/doméstica** married/home life; **~ útil** (*Com*) useful life
vidão [vi'dãw] M good life
vide ['vidʒi] VT see; **~ verso** see over
videira [vi'dejra] F grapevine

vidente [vi'dẽtʃi] M/F clairvoyant; (*no mundo antigo*) seer
vídeo ['vidʒju] M video; (*televisão*) TV; (*tela*) screen
videocâmara [vidʒju'kamara] F video camera
videocassete [vidʒjuka'sɛtʃi] M (*fita*) video cassette *ou* tape; (*aparelho*) video (recorder)
videoclipe [vidʒju'klipi] M video
videoclube [vidʒju'klubi] M video club
videodisco [vidʒju'dʒiʃku] M video disk
vídeo game ['gejmi] (*pl* **-s**) M video game
videoteipe [vidʒju'tejpi] M (*fita*) video tape; (*processo*) (video-)taping
videotexto [vidʒju'teʃtu] M Teletext®
vidraça [vi'drasa] F window pane
vidraçaria [vidrasa'ria] F glazier's; (*fábrica*) glass factory; (*conjunto de vidraças*) glasswork
vidraceiro [vidra'sejru] M glazier
vidrado, -a [vi'dradu, a] ADJ glazed; (*porta*) glass *atr*; (*olhos*) glazed, glassy; **estar** *ou* **ser ~ em** *ou* **por** (*col*) to be crazy about
vidrar [vi'dra^{r}] VT to glaze ■ VI: **~ em** *ou* **por** (*col*) to fall in love with
vidreiro [vi'drejru] M glazier, glassmaker
vidro ['vidru] M glass; (*frasco*) bottle; **fibra de ~** fibreglass (*Brit*), fiberglass (*US*); **~ fosco** frosted glass; **~ fumê** tinted glass; **~ de aumento** magnifying glass
viela ['vjɛla] F alley
Viena ['vjɛna] N Vienna
vier *etc* [vje^{r}] VB *v* **vir**
viés [vjɛʃ] M slant; (*Costura*) bias strip; **ao** *ou* **de ~** diagonally
vieste ['vjeʃtʃi] VB *v* **vir**
viga ['viga] F beam; (*de ferro*) girder
Vietnã [vjet'nã] (*BR*) M: **o ~** Vietnam; **vietnamita** [vjetna'mita] ADJ, M/F Vietnamese
vigarice [viga'risi] F swindle
vigário [vi'garju] M vicar
vigarista [viga'riʃta] M swindler, confidence trickster
vigência [vi'ʒẽsja] F validity; **durante a ~ da lei** while the law is in force
vigente [vi'ʒẽtʃi] ADJ in force, valid
viger [vi'ʒe^{r}] VI to be in force
vigésimo, -a [vi'ʒɛzimu, a] NUM twentieth; *v tb* **quinto**
vigia [vi'ʒia] F (*ato*) watching; (*Náut*) porthole ■ M night watchman; **de ~** on watch
vigiar [vi'ʒja^{r}] VT to watch, keep an eye on; (*ocultamente*) to spy on; (*velar por*) to keep watch over; (*presos, fronteira*) to guard ■ VI to be on the lookout
vigilância [viʒi'lãsja] F vigilance; **vigilante** [viʒi'lãtʃi] ADJ vigilant; (*atento*) alert
vigília [vi'ʒilja] F (*falta de sono*) wakefulness; (*vigilância*) vigilance
vigor [vi'go^{r}] M energy; **em ~** in force; **entrar/pôr em ~** to take effect/put into effect
vigorar [vigo'ra^{r}] VI to be in force; **a ~ a partir de** effective as of
vigoroso, -a [vigo'rozu, ɔza] ADJ vigorous
vil [viw] (*pl* **vis**) ADJ vile, low
vila ['vila] F town; (*casa*) villa; (*conjunto de casas*) *group of houses round a courtyard*; **~ militar** military base
vilã [vi'lã] F *de* **vilão**
vilania [vila'nia] F villainy
vilão, -lã [vi'lãw, 'lã] (*pl* **-s/-s**) M/F villain
vilarejo [vila'reʒu] M village
vileza [vi'leza] F vileness; (*ação*) mean trick
vilipendiar [vilipẽ'dʒja^{r}] VT to revile; (*desprezar*) to despise
vim [vĩ] VB *v* **vir**
vime ['vimi] M wicker
vinagre [vi'nagri] M vinegar
vinagrete [vina'grɛtʃi] M vinaigrette
vincar [vĩ'ka^{r}] VT to crease; (*produzir sulco em*) to furrow; (*rosto*) to line
vinco ['vĩku] M crease; (*sulco*) furrow; (*no rosto*) line
vincular [vĩku'la^{r}] VT to link, tie; **vincular-se** VR to be linked *ou* tied; **vínculo** [vĩkulu] M bond, tie; (*relação*) link; **vínculo de parentesco** blood tie; **vínculo empregatício** contract of employment
vinda ['vĩda] F arrival; (*ato de vir*) coming; (*regresso*) return; **dar as boas ~s a** to welcome
vindicar [vĩdʒi'ka^{r}] VT to vindicate
vindima [vĩ'dʒima] F grape harvest
vindique *etc* [vĩ'dʒiki] VB *v* **vindicar**
vindouro, -a [vĩ'doru, a] ADJ future, coming
vingador, a [vĩga'do^{r}(a)] ADJ avenging ■ M/F avenger
vingança [vĩ'gãsa] F vengeance, revenge; **vingar** [vĩ'ga^{r}] VT to avenge ■ VI (*ter êxito*) to be successful; (*planta*) to grow; **vingar-se** VR: **vingar-se de** to take revenge on
vingativo, -a [vĩga'tʃivu, a] ADJ vindictive
vingue *etc* ['vĩgi] VB *v* **vingar**
vinha ['viɲa] F vineyard; (*planta*) vine
vinha *etc* VB *v* **vir**
vinha-d'alho (*pl* **vinhas d'alho**) F marinade
vinhedo [vi'ɲedu] M vineyard
vinho ['viɲu] M wine ■ ADJ INV maroon; **~ branco/rosado/tinto** white/rosé/red wine; **~ seco/doce** dry/sweet wine; **~ espumante/de mesa** sparkling/table wine; **~ do Porto** port
vinícola [vi'nikola] ADJ INV wine-producing
vinicultor, a [vinikuw'to^{r}(a)] M/F wine grower
vinicultura [vinikuw'tura] F wine growing, viticulture
vinil [vi'niw] M vinyl
vinte ['vĩtʃi] NUM twenty; **o século ~** the twentieth century; **as ~** (*col*: *de cigarro, bebida*) the last bit; *v tb* **cinqüenta**
vintém [vĩ'tẽj] M: **sem um ~** penniless
vintena [vĩ'tɛna] F: **uma ~** twenty, a score
viola ['vjɔla] F viola

NB: *European Portuguese adds the following consonants to certain words*: **b** (sú(b)dito, su(b)til); **c** (a(c)ção, a(c)cionista, a(c)to); **m** (inde(m)ne); **p** (ado(p)çã, ado(p)tar); *for further details see p. xiii.*

violação [vjola'sãw] (*pl* **-ões**) F violation; **~ da lei** lawbreaking; **~ de domicílio** housebreaking
violão [vjo'lãw] (*pl* **-ões**) M guitar
violar [vjo'la^{r}] VT to violate; (*a lei*) to break
violência [vjo'lẽsja] F violence; **violentar** [vjolẽ'ta^{r}] VT to force; (*mulher*) to rape; (*fig: sentido*) to distort; **violento, -a** [vjo'lẽtu, a] ADJ violent; (*furioso*) furious
violeta [vjo'leta] F violet ■ ADJ INV violet
violinista [vjoli'niʃta] M/F violinist, violin player
violino [vjo'linu] M violin
violões [vjo'lõjʃ] MPL *de* **violão**
violoncelista [vjolõse'liʃta] M/F 'cellist
violoncelo [vjolõ'sɛlu] M 'cello
VIP ['vipi] M/F VIP ■ ADJ (*sala*) VIP *atr*
vir [vi^{r}] VI to come; **~ a ser** to turn out to be; **a semana que vem** next week; **~ abaixo** to collapse; **mandar ~** to send for; **~ fazendo algo** to have been doing sth; **~ fazer** to come to do; **~ buscar** to come for; **~ com** (*alegar*) to come up with; **isso não vem ao caso** that's irrelevant; **veio-lhe uma idéia** he had an idea, an idea came to him; **~ a saber** to come to know; **venha o que vier** come what may; **vem cá!** come here!; (*col: escuta*) listen!; **não vem que não tem!** (*col*) come off it!
vir *etc* VB *v* **ver**
viração [vira'sãw] (*pl* **-ões**) F breeze
vira-casaca ['vira-] (*pl* **-s**) M/F turncoat
virada [vi'rada] F turning; (*guinada*) swerve; (*Esporte*) turnaround; **dar uma ~** (*col*) to put on a last burst
virado, -a [vi'radu, a] ADJ (*às avessas*) upside down ■ M (*Culin*): **~ (de feijão)** *fried beans with sausage and eggs*; **~ para** facing
vira-lata ['vira-] (*pl* **-s**) M (*cão*) mongrel; (*pessoa*) bum
virar [vi'ra^{r}] VT to turn; (*página, disco, barco*) to turn over; (*esquina*) to turn; (*bolsos*) to turn inside out; (*copo*) to empty; (*despejar*) to tip; (*opinião*) to turn round; (*transformar-se em*) to become ■ VI to turn; (*barco*) to turn over, capsize; (*mudar*) to change; **virar-se** VR to turn; (*voltar-se*) to turn round; (*defender-se*) to fend for o.s.; **~ de cabeça para baixo** to turn upside down; **~ do avesso** to turn inside out; **~ para** to face; **vira e mexe** every so often; **~(-se) contra** to turn against; **~-se para** (*recorrer a*) to turn to; **~-se de bruços** to turn onto one's stomach
viravolta [vira'vɔwta] F (*fig*) turnabout; (*volta completa*) complete turn; (*giro sobre si mesmo*) about-turn; (*cambalhota*) somersault
virgem ['vixʒẽ] (*pl* **-ns**) ADJ (*puro*) pure; (*mata*) virgin; (*não usado*) unused; (: *fita*) blank ■ F virgin; **V~** (*Astrologia*) Virgo; **~ de** free of
virgindade [vixʒĩ'dadʒi] F virginity
vírgula ['vixgula] F comma; (*decimal*) point; **uma ~!** (*col*) my eye!
virgular [vixgu'la^{r}] VT: **~ com** *ou* **de** (*entremear*) to punctuate with
viril [vi'riw] (*pl* **-is**) ADJ virile
virilha [vi'riʎa] F groin
virilidade [virili'dadʒi] F virility
viris [vi'riʃ] ADJ PL *de* **viril**
virose [vi'rɔzi] F viral illness
virtual [vix'twaw] (*pl* **-ais**) ADJ virtual; (*potencial*) potential
virtualmente [vixtwaw'mẽtʃi] ADV virtually
virtude [vix'tudʒi] F virtue; **em ~ de** owing to, because of
virtuosidade [vixtwozi'dadʒi] F virtuosity
virtuosismo [vixtwo'ziʒmu] M = **virtuosidade**
virtuoso, -a [vix'twozu, ɔza] ADJ virtuous ■ M virtuoso
virulência [viru'lẽsja] F virulence
virulento, -a [viru'lẽtu, a] ADJ virulent
vírus ['viruʃ] M INV virus
vis [viʃ] ADJ PL *de* **vil**
visado, -a [vi'zadu, a] ADJ stamped; (*pessoa: pela polícia, imprensa*) under observation
visão [vi'zãw] (*pl* **-ões**) F vision; (*Anat*) eyesight; (*vista*) sight; (*maneira de perceber*) view; **~ de conjunto** overall view
visar [vi'za^{r}] VT (*alvo*) to aim at; (*ter em vista*) to have in view; (*ter como objetivo*) to aim for; (*passaporte, cheque*) to stamp ■ VI: **~ a** to have in view; to aim for; **~ fazer** to aim to do
Visc. ABR = **Visconde**
vísceras ['viseraʃ] FPL innards, bowels; (*fig*) heart *sg*
visconde [viʃ'kõdʒi] M viscount
viscondessa [viʃkõ'desa] F viscountess
viscoso, -a [viʃ'kozu, ɔza] ADJ sticky, viscous
viseira [vi'zejra] F visor
visibilidade [vizibili'dadʒi] F visibility
visionário, -a [vizjo'narju, a] ADJ, M/F visionary
visita [vi'zita] F visit, call; (*pessoa*) visitor; (*na Internet*) hit; **fazer uma ~ a** to visit; **ter ~s** to have company; **~ de médico** (*col*) flying visit; **horário de ~s** visiting hours *pl*; **visitante** [vizi'tãtʃi] ADJ visiting ■ M/F visitor
visitar [vizi'ta^{r}] VT to visit; (*inspecionar*) to inspect
visível [vi'zivew] (*pl* **-eis**) ADJ visible
vislumbrar [viʒlũ'bra^{r}] VT to glimpse, catch a glimpse of; **vislumbre** [viʒ'lũbri] M glimpse
visões [vi'zõjʃ] FPL *de* **visão**
visom [vi'zõ] (*pl* **-ns**) M mink; **casaco de ~** mink coat
visor [vi'zo^{r}] M (*Foto*) viewfinder
visse *etc* ['visi] VB *v* **ver**
vista ['viʃta] F sight; (*Med*) eyesight; (*panorama*) view; (*braguilha*) fly, flies *pl*; **à** *ou* **em ~ de** in view of; **conhecer de ~** to know by sight; **dar na ~** to attract attention; **dar uma ~ de olhos em** to glance at; **fazer ~ grossa (a)** to turn a blind eye (to); **pôr à ~** to show; **ter em ~** to have in mind; **à primeira ~** at first sight; **à ~** visible, showing; (*Com*) in cash; **até a ~!** see you!; **na ~ de todos** in view of everyone; **perder de ~** to lose sight of; **a perder de ~** as far as the eye can (*ou* could) see; (*pagamento*) over a long period; **saltar à ~** to be obvious; **fazer ~** to look nice; **~ cansada/curta** eye strain/shortsightedness

vista-d'olhos F glance, quick look; **dar uma vista-d'olhos em** to have a quick look at
visto, -ta ['viʃtu] PP *de* **ver** ■ ADJ seen ■ M (*em passaporte*) visa; (*em documento*) stamp; **hoya ~** witness; **pelo ~** by the looks of things
visto VB *v* **vestir**
vistoria [viʃto'ria] F inspection
vistoriar [viʃto'rjaʳ] VT to inspect
vistoso, -a [viʃ'tozu, ɔza] ADJ eye-catching
visual [vi'zwaw] (*pl* **-ais**) ADJ visual ■ M (*col: de pessoa*) look; (*aparência*) appearance; (*vista*) view; **visualizar** [vizwali'zaʳ] VT to visualize
vital [vi'taw] (*pl* **-ais**) ADJ vital; (*essencial*) essential; **vitalício, -a** [vita'lisju, a] ADJ for life
vitalidade [vitali'dadʒi] F vitality
vitalizar [vitali'zaʳ] VT to revitalize
vitamina [vita'mina] F vitamin; (*para beber*) fruit crush
vitaminado, -a [vitami'nadu, a] ADJ with added vitamins
vitamínico, -a [vita'miniku, a] ADJ vitamin *atr*
vitela [vi'tɛla] F calf; (*carne*) veal
viticultura [vitʃikuw'tura] F wine growing
vítima ['vitʃima] F victim; **fazer-se de ~** to play the martyr
vitimar [vitʃi'maʳ] VT to sacrifice; (*matar*) to kill, claim the life of; (*danificar*) to damage
vitória [vi'tɔrja] F victory; (*Esporte*) win
vitória-régia (*pl* **vitórias-régias**) F giant water lily
vitorioso, -a [vito'rjozu, ɔza] ADJ victorious; (*time*) winning
vitral [vi'traw] (*pl* **-ais**) M stained glass window
vítreo, -a ['vitrju, a] ADJ (*feito de vidro*) glass *atr*; (*com o aspecto de vidro*) glassy; (*água*) clear
vitrina [vi'trina] F = **vitrine**
vitrine [vi'trini] F shop window; (*armário*) display case
vitrola [vi'trɔla] F record player
viuvez [vju'veʒ] F widowhood
viúvo, -a ['vjuvu, a] ADJ widowed ■ M/F widower/widow
viva ['viva] M cheer; **~!** hurray!; **~ o rei!** long live the king!
vivacidade [vivasi'dadʒi] F vivacity; (*energia*) vigour (*Brit*), vigor (*US*)
vivalma [vi'vawma] F: **não ver ~** not to see a (living) soul
vivamente [viva'mẽtʃi] ADV animatedly; (*descrever, sentir*) vividly; (*protestar*) loudly
vivar [vi'vaʳ] VT, VI to cheer
viva-voz [viva'vɔʃ] M (*BR: Tel: em telefone*) speakerphone; (*para celular*) hands-free kit
vivaz [vi'vajʒ] ADJ (*animado*) lively
viveiro [vi'vejru] M nursery
vivência [vi'vẽsja] F existence; (*experiência*) experience
vivenda [vi'vẽda] F (*casa*) residence
vivente [vi'vẽtʃi] ADJ living ■ M/F living being; **os ~s** the living
vivido, -a [vi'vidu, a] ADJ experienced in life
vívido, -a ['vividu, a] ADJ vivid
viver [vi'veʳ] VI to live; (*estar vivo*) to be alive ■ VT (*vida*) to live; (*experimentar*) to have, experience ■ M life; **~ de** to live on; **~ à custa de** to live off; **ela vive viajando/cansada** she's always travel(l)ing/tired; **ele vive resfriado/com dor de estômago** he's always got a cold/stomach ache; **vivendo e aprendendo** live and learn
víveres ['viveres] MPL provisions
vivificar [vivifi'kaʳ] VT to bring to life
vivissecção [vivisek'sãw] F vivisection
vivo, -a ['vivu, a] ADJ living; (*esperto*) clever; (*cor*) bright; (*criança, debate*) lively ■ M: **os ~s** the living; **televisionar ao ~** to televise live; **estar ~** to be alive
vizinhança [vizi'ɲãsa] F neighbourhood (*Brit*), neighborhood (*US*)
vizinho, -a [vi'ziɲu, a] ADJ neighbouring (*Brit*), neighboring (*US*); (*perto*) nearby ■ M/F neighbour (*Brit*), neighbor (*US*)
voador, a [vwa'doʳ(a)] ADJ flying
voar [vo'aʳ] VI to fly; (*explodir*) to blow up, explode; **fazer ~ (pelos ares)** (*dinamitar*) to blow up, blast; **~ para cima de alguém** to fly at sb; **estar voando** (*col*) to be in the dark; **~ alto** (*fig*) to aim high; **fazer algo voando** to do sth in a hurry
vocabulário [vokabu'larju] M vocabulary
vocábulo [vo'kabulu] M word
vocação [voka'sãw] (*pl* **-ões**) F vocation
vocacional [vokasjo'naw] (*pl* **-ais**) ADJ vocational; (*orientação*) careers *atr*
vocações [voka'sõjʃ] FPL *de* **vocação**
vocal [vo'kaw] (*pl* **-ais**) ADJ vocal
você [vo'se] PRON you
vocês [vo'seʃ] PRON PL you
vociferação [vosifera'sãw] (*pl* **-ões**) F shouting; (*censura*) harangue
vociferar [vosife'raʳ] VT, VI to shout, yell; **~ contra** to decry
vodca ['vɔdʒka] F vodka
voga ['vɔga] F (*Náut*) rowing; (*moda*) fashion; (*popularidade*) popularity; **em ~** popular, fashionable
vogal [vo'gaw] (*pl* **-ais**) F (*Ling*) vowel ■ M/F (*votante*) voting member
vogar [vo'gaʳ] VI to sail; (*boiar*) to float; (*importar*) to matter; (*estar na moda*) to be popular; (*lei*) to be in force; (*palavra*) to be in use
voile ['vwali] M voile; **cortina de ~** net curtain
vol. ABR (= *volume*) vol
volante [vo'lãtʃi] M (*Auto*) steering wheel; (*piloto*) racing driver; (*impresso para apostas*) betting slip; (*roda*) flywheel
volátil [vo'latʃiw] (*pl* **-eis**) ADJ volatile
vôlei ['volej] M volleyball
voleibol [volej'bɔw] M = **vôlei**

NB: *European Portuguese adds the following consonants to certain words:* **b** (sú(b)dito, su(b)til); **c** (a(c)ção, a(c)cionista, a(c)to); **m** (inde(m)ne); **p** (ado(p)çã, ado(p)tar); *for further details see p. xiii.*

volt ['vɔwtʃi] (*pl* **-s**) M volt

volta ['vɔwta] F turn; (*regresso*) return; (*curva*) bend, curve; (*circuito*) lap; (*resposta*) retort; **passagem de ida e ~** return ticket (*Brit*), round trip ticket (*US*); **dar uma ~** (*a pé*) to go for a walk; (*de carro*) to go for a drive; **dar ~s** *ou* **uma ~ (a)** to go round; **estar de ~** to be back; **na ~ do correio** by return (post); **por ~ de** about, around; **à** *ou* **em ~ de** around; **na ~** (*no caminho de volta*) on the way back; **vou resolver isso na ~** I'll sort this out when I get back; **estar** *ou* **andar às ~s com** to be tied up with; **fazer a ~, dar meia ~** (*Auto*) to do a U-turn; **dar meia ~** (*Mil*) to do an about-turn; **dar a ~ por cima** (*fig*) to get over it, pick o.s. up; **~ e meia** every so often

voltado, -a [vow'tadu, a] ADJ: **estar ~ para** to be concerned with

voltagem [vowl'taʒẽ] F voltage

voltar [vow'ta^{r}] VT to turn ■ VI to return, go (*ou* come) back; **voltar-se** VR to turn round; **~ uma arma contra** to turn a weapon on; **~ a fazer** to do again; **~ a si** to come to; **~ atrás** (*fig*) to backtrack; **~-se para** to turn to; **~-se contra** to turn against

voltear [vow'tʃja^{r}] VT to go round; (*manivela*) to turn ■ VI to spin; (*borboleta*) to flit around

volubilidade [volubili'dadʒi] F fickleness

volume [vo'lumi] M volume; (*tamanho*) bulk; (*pacote*) package; **volumoso, -a** [volu'mozu, ɔza] ADJ bulky, big; (*som*) loud

voluntário, -a [volũ'tarju, a] ADJ voluntary ■ M/F volunteer

voluntarioso, -a [volũta'rjozu, ɔza] ADJ headstrong

volúpia [vo'lupja] F pleasure, ecstasy

voluptuoso, -a [volup'twozu, ɔza] ADJ voluptuous

volúvel [vo'luvew] (*pl* **-eis**) ADJ fickle, changeable

volver [vow've^{r}] VT to turn ■ VI to go (*ou* come) back

vomitar [vomi'ta^{r}] VT, VI to vomit; (*fig*) to pour out; **vômito** ['vomitu] M (*ato*) vomiting; (*efeito*) vomit

vontade [võ'tadʒi] F will; (*desejo*) wish; **boa/má ~** good/ill will; **de boa/má ~** willingly/grudgingly; **frutas à ~** fruit galore; **coma à ~** eat as much as you like; **fique** *ou* **esteja à ~** make yourself at home; **não estar à ~** to be uncomfortable *ou* ill at ease; **com ~** (*com prazer*) with pleasure; (*com gana*) with gusto; **estar com** *ou* **ter ~ de fazer** to feel like doing; **dar ~ a alguém de fazer** to make sb want to do; **essa música dá ~ de bailar** this music makes you want to dance; **fazer a ~ de alguém** to do what sb wants; **de livre e espontânea ~** of one's own free will; **por ~ própria** off one's own bat; **força de ~** will power; **ser cheio de ~s** to be spoilt

vôo ['vou] (PT **voo**) M flight; **levantar ~** to take off; **~ cego** flying blind, instrument flying; **~ livre** (*Esporte*) hang-gliding; **~ picado** nose dive

voragem [vo'raʒẽ] (*pl* **-ns**) F abyss, gulf; (*de águas*) whirlpool; (*fig*: *de paixões*) maelstrom

voraz [vo'raj3] ADJ voracious, greedy

vórtice ['vɔxtʃisi] M vortex

vos [vuʃ] PRON you; (*a vós*) to you

vós [vɔʃ] PRON you

vosso, -a ['vɔsu, a] ADJ your ■ PRON: **(o) ~** yours

votação [vota'sãw] (*pl* **-ões**) F vote, ballot; (*ato*) voting; **submeter algo a ~** to put sth to the vote; **~ secreta** secret ballot

votado, -a [vo'tadu, a] ADJ: **o deputado mais ~** the MP (*Brit*) *ou* Member of Congress (*US*) with the highest number of votes

votante [vo'tãtʃi] M/F voter

votar [vo'ta^{r}] VT (*eleger*) to vote for; (*aprovar*) to pass; (*submeter a votação*) to vote on; (*dedicar*) to devote ■ VI to vote; **votar-se** VR: **votar-se a** to devote o.s. to; **~ em** to vote for; **~ por/contra** to vote for/against; **voto** ['vɔtu] M vote; (*promessa*) vow; **votos** MPL (*desejos*) wishes; **fazer votos por** to wish for; **fazer votos que** to hope that; **fazer voto de castidade** to take a vow of chastity; **voto nulo** *ou* **em branco** blank vote; **voto de confiança** vote of confidence; **voto secreto** secret ballot

vou [vo] VB *v* **ir**

vovó [vo'vɔ] F grandma

vovô [vo'vo] M grandad

voz [vɔʒ] F voice; (*clamor*) cry; **a meia ~** in a whisper; **dar ~ de prisão a alguém** to tell sb he is under arrest; **de viva ~** orally; **ter ~ ativa** to have a say; **em ~ baixa** in a low voice; **em ~ alta** aloud; **levantar a ~ para alguém** to raise one's voice to sb; **~ de cana rachada** (*col*) screeching voice; **~ de comando** command, order

vozearia [vozja'ria] F = **vozerio**

vozeirão [vozej'rãw] (*pl* **-ões**) M loud voice

vozerio [voze'riu] M hullabaloo

VPR ABR F (= *Vanguarda Popular Revolucionária*) *former Brazilian revolutionary movement*

vulcânico, -a [vuw'kaniku, a] ADJ volcanic

vulcão [vuw'kãw] (*pl* **-s**) M volcano

vulgar [vuw'ga^{r}] ADJ (*comum*) common; (*reles*) cheap; (*pej*: *pessoa etc*) vulgar

vulgaridade [vuwgari'dadʒi] F commonness; (*pej*) vulgarity

vulgarizar [vuwgari'za^{r}] VT to popularize; (*abandalhar*) to cheapen

vulgarmente [vuwgax'mẽtʃi] ADV commonly, popularly

vulgo ['vuwgu] M common people *pl* ■ ADV commonly known as

vulnerabilidade [vuwnerabili'dadʒi] F vulnerability

vulnerável [vuwne'ravew] (*pl* **-eis**) ADJ vulnerable

vulto ['vuwtu] M figure; (*volume*) mass; (*fig*) importance; (*pessoa importante*) important person; **obras de ~** important works; **tomar ~** to take shape

vultoso, -a [vuw'tozu, ɔza] ADJ bulky; (*importante*) important; (*quantia*) considerable

vulva ['vuwva] F vulva

vupt ['vuptʃi] EXCL wham!

Ww

W, w ['dablju] (*pl* **ws**) M W, w; **W de William** W for William
w. ABR (= *watt*) w
walkie-talkie [wɔki'tɔki] (*pl* **-s**) M walkie-talkie
watt ['wɔtʃi] (*pl* **-s**) M watt
watt-hora (*pl* **watts-horas**) M watt-hour
Web [u'ɛbi] F (*Comput*) web
webcam [wɛb'cã] F webcam
weblog [wɛb'lɔgui] M weblog
western ['wɛʃtexn] (*pl* **-s**) M western
windsurfe [wĩ'suxfi] M windsurfing
windsurfista [wĩsux'fiʃta] M/F windsurfer
WWW ABR F (= *World Wide Web*) WWW

NB: *European Portuguese adds the following consonants to certain words*: **b** (sú(b)dito, su(b)til); **c** (a(c)ção, a(c)cionista, a(c)to); **m** (inde(m)ne); **p** (ado(p)çã, ado(p)tar); *for further details see p. xiii.*

Xx

X, x [ʃiʃ] (*pl* **xs**) M X, x; **o ~ do problema** the crux of the problem; **X de Xavier** X for Xmas
xá [ʃa] M shah
xadrez [ʃa'dreʒ] M (*jogo*) chess; (*tabuleiro*) chessboard; (*tecido*) checked cloth; (*col*: *cadeia*) clink ■ ADJ INV check(ered); **tecido de ~** check material
xale ['ʃali] M shawl
xampu [ʃã'pu] M shampoo
Xangai [ʃã'gaj] N Shanghai
xangô [ʃã'go] M (*orixá*) Afro-Brazilian deity; (*culto*) Afro-Brazilian religion
xará [ʃa'ra] M/F namesake; (*companheiro*) mate
xaropada [ʃaro'pada] (*col*) F bore; (*conversa*) boring talk
xarope [ʃa'rɔpi] M syrup; (*para a tosse*) cough syrup
xavante [ʃa'vãtʃi] ADJ, M/F Shavante Indian
xaveco [ʃa'vɛku] M (*coisa sem valor*) piece of junk
xaxim [ʃa'ʃĩ] M plant fibre (*Brit*) *ou* fiber (*US*) (*used to plant indoor plants*)
xelim [ʃe'lĩ] (*pl* **-ns**) M shilling
xenofobia [ʃenofo'bia] F xenophobia
xenófobo, -a [ʃe'nɔfobu, a] ADJ xenophobic ■ M/F xenophobe
xepa ['ʃepa] (*col*) F leftovers *pl*
xepeiro, -a [ʃe'pejru, a] M/F rubbish (*Brit*) *ou* garbage (*US*) picker
xeque ['ʃɛki] M (*Xadrez*) check; (*soberano*) sheikh; **pôr em ~** (*fig*) to call into question; **xeque-mate** (*pl* **xeques-mate**) M checkmate
xereta [ʃe'reta] M/F busybody ■ ADJ nosy
xeretar [ʃere'ta^{r}] VI to poke one's nose in
xerez [ʃe'reʒ] M sherry
xerife [ʃe'rifi] M sheriff
xerocar [ʃero'ka^{r}] VT to photocopy, Xerox®
xerocópia [ʃero'kɔpja] F photocopy
xerocopiar [ʃeroko'pja^{r}] VT = **xerocar**
xerox® [ʃe'rɔks] M (*copia*) photocopy; (*máquina*) photocopier
xexelento, -a [ʃeʃe'lẽtu, a] (*col*) ADJ scruffy ■ M/F scruff
xexéu [ʃe'ʃɛw] M stink
xi [ʃi] EXCL cor! (*Brit*), gee! (*US*)
xícara ['ʃikara] (*BR*) F cup
xicrinha [ʃi'kriɲa] (*BR*) F little cup
xiita [ʃi'ita] ADJ, M/F Shiite
xilindró [ʃilĩ'drɔ] (*col*) M clink
xilofone [ʃilo'fɔni] M xylophone
xilografia [ʃilogra'fia] F woodcut
xingação [ʃĩga'sãw] (*pl* **-ões**) F curse
xingamento [ʃĩga'mẽtu] M = **xingação**
xingar [ʃĩ'ga^{r}] VT to swear at ■ VI to swear; **~ alguém de algo** to call sb sth
xingatório [ʃĩga'tɔrju] M stream of invectives
Xingu [ʃĩ'gu] M *see below*

XINGU

The *Xingu* National Park was created in 1961 by the federal government and directed by the brothers Orlando and Cláudio Vilasboas, who were known internationally for their efforts to preserve Brazil's indigenous people. Situated in the north of the state of Mato Grosso, it aims to preserve indigenous culture. It brings together sixteen communities, a total of two thousand Indians.

xinxim [ʃĩ'ʃĩ] M (*tb*: **xinxim de galinha**) chicken ragout
xixi [ʃi'ʃi] (*col*) M wee, pee; **fazer ~** to wee, have a wee
xô [ʃo] EXCL shoo
xodó [ʃo'dɔ] M (*pessoa*) sweetheart; (*coisa*) passion; **ter ~ por alguém/algo** to have a soft spot for sb/sth

Zz

Z, z [ze] (*pl* **zs**) M Z, z; **Z de Zebra** Z for Zebra
zaga ['zaga] F (*Futebol*) fullback position
zagueiro [za'gejru] M (*Futebol*) fullback
Zaire ['zajri] M: **o ~** Zaire
Zâmbia ['zãbja] F Zambia
zanga ['zãga] F (*raiva*) anger; (*irritação*) annoyance
zangado, -a [zã'gadu, a] ADJ angry; (*irritado*) annoyed; (*irritadiço*) bad-tempered; **ele está ~ comigo** (*de relações cortadas*) he's not speaking to me
zangão [zã'gãw] (*pl* **-s**) M (*inseto*) drone
zangar [zã'gaʳ] VT to annoy, irritate ■ VI to get angry; **zangar-se** VR (*aborrecer-se*) to get annoyed; **~-se com** to get cross with
zangões [zã'gõjʃ] MPL *de* **zangão**
zanzar [zã'zaʳ] VI to wander
zarolho, -a [za'roʎu, a] ADJ blind in one eye
zarpar [zax'paʳ] VI (*navio*) to set sail; (*ir-se*) to set off; (*fugir*) to run away
Zé [zɛ] ABR (= *José*) Joe
zebra ['zebra] F zebra; (*col*: *pessoa*) silly ass; (*jogo*) upset, turn-up for the books; **deu ~** (*col*) there was an upset
zebrar [ze'braʳ] VI to be a turn-up for the books
zelador, a [zela'doʳ(a)] M/F caretaker ■ ADJ caring
zelar [ze'laʳ] VT, VI: **~ (por)** to look after
zelo ['zelu] M devotion, zeal; **~ por alguém/algo** devotion to sb/sth
zeloso, -a [ze'lozu, ɔza] ADJ zealous; (*diligente*) hard-working
zen-budismo [zẽ-] M Zen (Buddhism)
zênite ['zenitʃi] M zenith
zé-povinho [-po'viɲu] (*pl* **-s**) M the man in the street; (*o povo*) the masses *pl*; (*ralé*) riff raff
zerar [ze'raʳ] VT (*conta, inflação*) to reduce to zero; (*déficit*) to pay off, wipe out; (*aluno*) to give no marks to ■ VI: **~ em** (*aluno*) to get no marks in
zerinho, -a [ze'riɲu, a] (*col*) ADJ brand new
zero ['zɛru] M zero; (*Esporte*) nil; **ser um ~ à esquerda** to be useless; **8 graus abaixo/acima de ~** 8 degrees below/above zero; **reduzir alguém a ~** to clean sb out; **ficar a ~** to lose everything; **começar do ~** (*fig*) to start from nothing; **zero-quilômetro** ADJ INV brand new ■ M INV brand new car
ziguezague [zigi'zagi] M zigzag
ziguezagueante [zigiza'gjãtʃi] ADJ zigzag
ziguezaguear [zigiza'gjaʳ] VI to zigzag
Zimbábue [zĩ'babwi] M: **o ~** Zimbabwe
zinco ['zĩku] M zinc; **folha de ~** corrugated iron
-zinho, -a [-'ziɲu, a] SUFIXO little; **florzinha** little flower
zipe ['zipi] M = **zíper**
zíper ['zipeʳ] M zip (*Brit*), zipper (*US*)
ziquizira [ziki'zira] (*col*) F lurgy
zoada ['zwada] F = **zoeira**
zodíaco [zo'dʒiaku] M zodiac
zoeira ['zwejra] F din
zombador, a [zõba'doʳ(a)] ADJ mocking ■ M/F mocker
zombar [zõ'baʳ] VI to mock; **~ de** to make fun of; **zombaria** [zõba'ria] F mockery, ridicule
zona ['zɔna] F area; (*de cidade*) district; (*Geo*) zone; (*col*: *local de meretrício*) red-light district; (: *confusão*) mess; (: *tumulto*) free-for-all; **fazer a ~** to be on the game; **fazer uma ~** to raise hell, make a fuss; **~ eleitoral** electoral district, constituency; **~ franca** free-trade area; **Z~ Norte/Sul** (*do Rio, São Paulo etc*) Northern/Southern District; **a Z~ Sul carioca** *the fashionable middle-class suburbs along the beaches in Rio*
zonear [zo'njaʳ] VT to divide into districts; (*col*) to make a mess in ■ VI (*col*) to raise hell
zonzeira [zõ'zejra] F dizziness; **dar/sentir ~** to make/feel dizzy
zonzo, -a ['zõzu, a] ADJ dizzy
zôo ['zou] M zoo
zoologia [zolo'ʒia] F zoology
zoológico, -a [zo'lɔʒiku, a] ADJ zoological; **jardim ~** zoo
zoólogo, -a [zo'ɔlogu, a] M/F zoologist
zoom [zũ] M = **zum**
zorra ['zoxa] (*col*) F mess
zuarte ['zwaxtʃi] M denim
zulu [zu'lu] ADJ, M/F Zulu ■ M (*Ling*) Zulu

NB: *European Portuguese adds the following consonants to certain words*: **b** (sú(b)dito, su(b)til); **c** (a(c)ção, a(c)cionista, a(c)to); **m** (inde(m)ne); **p** (ado(p)çã, ado(p)tar); *for further details see p. xiii.*

zum [zũ] M zoom lens
zumbido [zũ'bidu] M buzz(ing); (*de tráfego*) hum; **um ~ no ouvido** a ringing in one's ear
zumbir [zũ'bi^{r}] VI to buzz; (*ouvido*) to ring ■ M buzzing; ringing
zunido [zu'nidu] M (*de vento*) whistling; (*de inseto*) buzz
zunir [zu'ni^{r}] VI (*vento*) to whistle; (*seta*) to whizz; (*bala*) to zip; (*inseto*) to buzz
zunzum [zũ'zũ] M buzz(ing); (*boato*) rumour (*Brit*), rumor (*US*)
zunzunzum [zũzũ'zũ] M rumour (*Brit*), rumour (*US*)
zura ['zura] M/F INV miser ■ ADJ INV mean, stingy
zureta [zu'reta] (*col*) M/F loony
Zurique [zu'riki] N Zurich
zurrapa [zu'xapa] F rough wine, plonk (*col*)
zurrar [zu'xa^{r}] VI to bray
zurro ['zuxu] M bray